Gauch / Stöckli

Präjudizienbuch OR

Die Rechtsprechung des Bundesgerichts (1875–2020)

Die Bearbeiterinnen und Bearbeiter der 10. Auflage

Prof. Dr. Andreas Abegg	Art. 319–362
Christof Bernauer, MLaw	Art. 319–362
Dr. Thomas Ender	Art. 363–379
Prof. Dr. Tarkan Göksu	Art. 1–40g, Art. 97–126
Dr. Brigitta Kratz	Vorbemerkungen zu Art. 184–551, Art. 239–252
Prof. Dr. Frédéric Krauskopf	Art. 62–67, Art. 127–183, Art. 380–529
Dr. Sebastian Reichle	Art. 41–61, Art. 68–96, Art. 620–827, Art. 965–1186
Dr. Pascal Rey	Art. 253–318
Dr. Bernhard Stehle	Art. 41–61, Art. 68–96, Art. 620–827, Art. 965–1186
Dr. Christof Truniger	Art. 530–619, Art. 828–964
Prof. Dr. Corinne Zellweger-Gutknecht	Art. 184–238

Die Bearbeiterinnen und Bearbeiter der Vorauflagen

1.–4. Auflage (1983, 1989, 1992 und 1996)
Prof. Dr. Viktor Aepli
Prof. Dr. Hugo Casanova

5. Auflage (2002)
Prof. Dr. Viktor Aepli
Prof. Dr. Hubert Stöckli

6. Auflage (2006)
PD Dr. iur. Andreas Abegg
Prof. Dr. Viktor Aepli
Dr. Sebastian Aeppli
Prof. Dr. Marc Amstutz
Petra Ducksch
Dr. Frédéric Krauskopf
Dr. Thomas Siegenthaler
Prof. Dr. Hubert Stöckli
Dr. Christof Truniger

7. Auflage (2009)
PD Dr. iur. Andreas Abegg
Prof. Dr. Viktor Aepli
Dr. Sebastian Aeppli
Petra Ducksch
Dr. Brigitta Kratz
Dr. Frédéric Krauskopf
Dr. Michael Schöll
Dr. Thomas Siegenthaler
Prof. Dr. Hubert Stöckli
Dr. Christof Truniger
Dr. Corinne Zellweger-Gutknecht

8. Auflage (2012)
PD Dr. Andreas Abegg
Dr. Sebastian Aeppli
Dr. Luca Dalla Torre
Dr. Hedwig Dubler
Petra Ducksch
Dr. Tarkan Göksu
Dr. Brigitta Kratz
Prof. Dr. Frédéric Krauskopf
Dr. Thomas Siegenthaler
Dr. Bernhard Stehle
Dr. Christof Truniger
Dr. Corinne Zellweger-Gutknecht

9. Auflage (2016)
Prof. Dr. Andreas Abegg
Dr. Sebastian Aeppli
Dr. Luca Dalla Torre
Prof. Dr. Tarkan Göksu
Dr. Brigitta Kratz
Prof. Dr. Frédéric Krauskopf
Dr. Nadja Schwery
Dr. Thomas Siegenthaler
Dr. Bernhard Stehle
Dr. Christof Truniger
PD Dr. Corinne Zellweger-Gutknecht

Präjudizienbuch OR

Die Rechtsprechung des Bundesgerichts (1875–2020)

Zehnte, nachgeführte und erweiterte Auflage

Herausgegeben von

Prof. em. Dr. iur. Dr. Dr. h.c. Peter Gauch
und Prof. Dr. Hubert Stöckli

Universität Freiburg Schweiz

Bearbeitet von

Prof. Dr. Andreas Abegg
Rechtsanwalt, LL.M., Professor an der ZHAW School of Management and Law und Titularprofessor an der Universität Luzern, Zürich

Christof Bernauer
MLaw, Gerichtsschreiber am Bezirksgericht Bülach, Zürich

Dr. Thomas Ender
Rechtsanwalt und Notar, Fachanwalt SAV Bau- und Immobilienrecht, Lehrbeauftragter an der ETH Zürich, Baden

Prof. Dr. Tarkan Göksu
Rechtsanwalt, Titularprofessor an der Universität Freiburg, Freiburg

Dr. Brigitta Kratz
Rechtsanwältin, LL.M., Lehrbeauftragte an der Universität St. Gallen, Zürich

Prof. Dr. Frédéric Krauskopf
Rechtsanwalt, LL.M., Professor an der Universität Bern, Freiburg

Dr. Sebastian Reichle
Rechtsanwalt, Lehrbeauftragter an der Universität St. Gallen sowie an der OST – Ostschweizer Fachhochschule, St. Gallen

Dr. Pascal Rey
Rechtsanwalt, Bern

Dr. Bernhard Stehle
Rechtsanwalt, Lehrbeauftragter an der Universität St. Gallen sowie an der OST – Ostschweizer Fachhochschule, St. Gallen

Dr. Christof Truniger
Rechtsanwalt, LL.M., Fachanwalt SAV Bau- und Immobilienrecht, Luzern

Prof. Dr. Corinne Zellweger-Gutknecht
Rechtsanwältin, Professorin an der Universität Basel sowie an der Law School der Kalaidos Fachhochschule, Zürich

Organisations- und Abschlussarbeiten:
Nathalie Wyss (MLaw), Benjamin Trachsel (MLaw) und Tobias Ziegler (BLaw) sowie Raja-Marie Achermann (MLaw), Gregor Jordi (BLaw), Nina Peter (MLaw) und Julian Wyss (stud. iur.), alle Lehrstuhl für Zivil- und Handelsrecht der Universität Freiburg

Sichtung der Urteile: Richard Schmidt, lic. iur., Rechtsanwalt, Glarus

Schulthess § 2021

Zitiervorschlag: Präjudizienbuch OR (Rey), Rz. 4 zu Art. 257f OR

Die abgedruckten gesetzlichen Bestimmungen geben den Stand der Gesetzgebung am 1. Juli 2021 wieder. Verarbeitet wurde die Rechtsprechung des Bundesgerichts, die bis zum 31. Mai 2020 publiziert wurde.

Bibliografische Information der Deutschen Nationalbibliothek
Die Deutsche Nationalbibliothek verzeichnet diese Publikation in der Deutschen Nationalbibliografie; detaillierte bibliografische Daten sind im Internet über http://dnb.d-nb.de abrufbar.

ISBN 978-3-7255-8161-0

www.schulthess.com

Zu diesem Buch

Die höchstrichterliche Rechtsprechung zum Schweizerischen Obligationenrecht artikelweise, kondensiert, aber dennoch übersichtlich darzustellen – das ist die Funktion des Präjudizienbuchs OR. Seine erste Auflage erschien im November 1983, erarbeitet von den nachmaligen Professoren Viktor Aepli und Hugo Casanova. Seither hat das Buch weite Verbreitung gefunden und sich vielfach bewährt. Es bietet einen raschen und einfachen Zugriff auf die massgebenden Urteilsstellen und ist ein überaus effizientes Arbeitsmittel in der Hand all jener, die sich in Praxis, Studium und Lehre mit der Gerichtspraxis auseinandersetzen wollen.

Die Rechtsprechung der I. Zivilabteilung des Bundesgerichts hat sich seit der letzten, neunten Auflage vermehrt und weiterentwickelt. Um mit dieser Entwicklung Schritt zu halten, legen wir das Präjudizienbuch OR zum zehnten Mal auf. Auch diese Neuauflage berücksichtigt nicht nur die seit 1875 amtlich publizierten Entscheide (BGE), sondern überdies jene Urteile, die das Bundesgericht lediglich im Internet (bger.ch) veröffentlicht. Der Einbezug auch dieser «Internet-Urteile» ist für den Umgang mit dem Gesetz unverzichtbar, da diese Urteile in ihrer Bedeutung den amtlich publizierten BGE kaum nachstehen und auch das Bundesgericht selber sie zitiert, um seine Rechtsprechung zu stützen.

Die grosse Fülle der seit der letzten Auflage ergangenen Urteile wurde wiederum von einem Team fachkundiger Juristinnen und Juristen bearbeitet, welche die Urteilserwägungen analysierten, die relevanten Passagen herausdestillierten und diese Passagen in prägnanter Form den einzelnen Artikeln des OR zuordneten. Darob wurde die Sammlung um eine Vielzahl neuer Urteilssätze angereichert und der Informationsgehalt des Buches weiter gesteigert. So enthält das Präjudizienbuch die Essenz der bundesgerichtlichen OR-Rechtsprechung, die es unverändert in knappen, konzisen, dabei aber leicht lesbaren Texten wiedergibt.

Dank

Die Arbeit, die mit der Analyse und der Aufbereitung der zahlreichen Urteile verbunden war, liess sich nur im Team bewältigen. Als Herausgeber sind wir all jenen, die sich für diese Neuauflage des Präjudizienbuchs OR engagierten, zu grossem Dank verpflichtet. Es sind dies Prof. Dr. Andreas Abegg, Christof Bernauer (MLaw), Dr. Thomas Ender, Prof. Dr. Tarkan Göksu, Dr. Brigitta Kratz, Prof. Dr. Frédéric Krauskopf, Dr. Sebastian Reichle, Dr. Pascal Rey, Dr. Bernhard Stehle, Dr. Christof Truniger und Prof. Dr. Corinne Zellweger-Gutknecht. Für die Sichtung der zahlreichen Urteile war Rechtsanwalt Richard Schmidt verantwortlich. Die anspruchsvollen Organisations- und Abschlussarbeiten, die

Nachführung der Register und die Aktualisierung des Gesetzestextes wurden mit grösster Sorgfalt und hohem Engagement von Mitarbeiterinnen und Mitarbeitern am Lehrstuhl für Zivil- und Handelsrecht der Universität Freiburg (unifr.ch/ius/stoeckli) geleistet. Es waren dies Nathalie Wyss (MLaw), die diese Arbeiten über längere Zeit leitete, Benjamin Trachsel (MLaw) und Tobias Ziegler (BLaw) sowie Raja-Marie Achermann (MLaw), Gregor Jordi (BLaw), Nina Peter (MLaw) und Julian Wyss (stud. iur.). Danken möchten wir schliesslich dem Team der Schulthess Juristische Medien AG, das auch diese Neuauflage umsichtig und fachkundig begleitet hat.

Unser Dank an die vielen zeigt, dass es sich bei unserem Präjudizienbuch OR um ein Gemeinschaftswerk vieler handelt. Den wichtigsten Beitrag aber lieferten die ungenannten Richterinnen und Richter, denen wir die verarbeiteten Entscheide und damit die geistige Grundlage des Buches verdanken. Während sich die zitierten Urteilssätze ihnen nicht namentlich zuordnen lassen, sind ihre Entscheide für die Auslegung des Gesetzes und die Fortentwicklung des Rechts von erstrangiger Bedeutung. Gerade dies ist auch der Grund, weshalb dieses Präjudizienbuch geschaffen wurde und seit seiner ersten Auflage im Jahre 1983 zum Handwerkszeug vieler Juristinnen und Juristen gehört.

Freiburg, im Mai 2021 — Peter GAUCH und Hubert STÖCKLI

Inhaltsverzeichnis

Artikel Seite

Zweite Abteilung
Die einzelnen Vertragsverhältnisse

Abkürzungen

a	alt: frühere Fassung des betreffenden Gesetzes oder Artikels bzw. aufgehobenes Gesetz oder aufgehobener Artikel (z.B. aHRAG)
a.a.O.	am angegebenen Ort
Abs.	Absatz
aAFG	aBG über die Anlagefonds vom 18. März 1994
AG	Aktiengesellschaft (= SA/S.A.)
AGB	Allgemeine Geschäftsbedingungen
AHV	Alters- und Hinterlassenenversicherung
AHVG	BG über die Alters- und Hinterlassenenversicherung vom 20. Dezember 1946 (SR 831.10)
AHVV	V über die Alters- und Hinterlassenenversicherung vom 31. Oktober 1947 (SR 831.101)
ALB	Allgemeine Leasingbedingungen
ALV	Arbeitslosenversicherung
ArG	BG über die Arbeit in Industrie, Gewerbe und Handel vom 13. März 1964 (SR 822.11)
Art.	Artikel
AS	Amtliche Sammlung des Bundesrechts
AT	Allgemeiner Teil
aAtG	aBG über die friedliche Verwendung der Atomenergie und den Strahlenschutz vom 23. Dezember 1959
ATSG	BG über den Allgemeinen Teil des Sozialversicherungsrechts vom 6. Oktober 2000 (SR 830.1)
Aufl.	Auflage
AVB	Allgemeine Versicherungsbedingungen
AVEG	BG über die Allgemeinverbindlicherklärung von Gesamtarbeitsverträgen vom 28. September 1956 (SR 221.215.311)
AVG	BG über die Arbeitsvermittlung und den Personalverleih vom 6. Oktober 1989 (SR 823.11)
AVIG	BG über die obligatorische Arbeitslosenversicherung und die Insolvenzentschädigung vom 25. Juni 1982 (SR 837.0)
AVV	V über die Arbeitsvermittlung und den Personalverleih vom 16. Januar 1991 (SR 823.111)
BankG	BG über die Banken und Sparkassen vom 8. November 1934 (SR 952.0)
BauAV	V über die Sicherheit und den Gesundheitsschutz der Arbeitnehmerinnen und Arbeitnehmer bei Bauarbeiten vom 29. Juni 2005 (SR 832.311.141)
BB	Bundesbeschluss
BBl	Bundesblatt

BBSG	Bundesbeschluss über eine Sperrfrist für die Veräusserung nichtlandwirtschaftlicher Grundstücke und die Veröffentlichung von Eigentumsübertragungen von Grundstücken vom 6. Oktober 1989 (SR 211.437.1)
BEHG	BG über die Börsen und den Effektenhandel vom 24. März 1995 (SR 954.1)
betr.	betreffend, betreffs
aBewB	aBB über die Bewilligungspflicht für den Erwerb von Grundstücken durch Personen im Ausland vom 23. März 1961
BewG	BG über den Erwerb von Grundstücken durch Personen im Ausland vom 16. Dezember 1983 (SR 211.412.41)
BewV	V über den Erwerb von Grundstücken durch Personen im Ausland vom 1. Oktober 1984 (SR 211.412.411)
BG	Bundesgesetz
BGB	Bürgerliches Gesetzbuch (Deutschland, Ausfertigungsdatum: 18. August 1896)
BGBB	BG über das bäuerliche Bodenrecht vom 4. Oktober 1991 (SR 211.412.11)
BGer	Bundesgericht
BGE	Entscheidungen des Schweizerischen Bundesgerichts, Amtliche Sammlung
BGFA	BG über die Freizügigkeit der Anwältinnen und Anwälte vom 23. Juni 2000 (SR 935.61)
BGG	BG über das Bundesgericht vom 17. Juni 2005 (SR 173.110)
aBMB	aBRB über Massnahmen gegen die Bodenspekulation vom 19. Januar 1940
aBMM	aBB über Massnahmen gegen Missbräuche im Mietwesen vom 30. Juni 1972
BPV	Bundespersonalverordnung vom 3. Juli 2001 (SR 172.220.111.3)
BR	Bundesrat / Baurecht
BRB	Bundesratsbeschluss
bspw.	beispielsweise
Bst.	Buchstabe (= litera)
BV	Bundesverfassung der Schweizerischen Eidgenossenschaft vom 18. April 1999 (SR 101)
BVG	BG über die berufliche Alters-, Hinterlassenen- und Invalidenvorsorge vom 25. Juni 1982 (SR 831.40)
BVV2	V über die berufliche Alters-, Hinterlassenen- und Invalidenvorsorge vom 18. April 1984 (SR 831.441.1)
aBVO	aV über die Begrenzung der Zahl der Ausländer vom 6. Oktober 1986
bzgl.	bezüglich
BZP	BG über den Bundeszivilprozess vom 4. Dezember 1947 (SR 273)
bzw.	beziehungsweise
ca.	circa
CHF	Schweizer Franken
c.i.c.	culpa in contrahendo

CIF	«Cost, Insurance and Freight»-Klausel der INCOTERMS der Internationalen Handelskammer
CISG	United Nations Convention on Contracts for the International Sale of Goods vom 11. April 1980 (SR 0.221.211.1)
cm	Zentimeter
CMR	Übereinkommen über den Beförderungsvertrag im internationalen Strassengüterverkehr vom 19. Mai 1956 (SR 0.741.611)
dgl.	dergleichen
d.h.	das heisst
DM	Deutsche Mark
DSG	BG über den Datenschutz vom 19. Juni 1992 (SR 235.1)
E.	Erwägung
EBG	Eisenbahngesetz vom 20. Dezember 1957 (SR 742.101)
EC	electronic cash
EDV	elektronische Datenverarbeitung
EG	Einführungsgesetz
aEGG	aBG über die Erhaltung des bäuerlichen Grundbesitzes vom 12. Juni 1951 (heute BGBB)
EGMR	Europäischer Gerichtshof für Menschenrechte
aEHG	aBG über die Haftpflicht der Eisenbahn- und Dampfschifffahrtsunternehmungen und der Schweizerischen Post vom 28. März 1905
EHRA	Eidgenössisches Amt für das Handelsregister
Eidg.	Eidgenössisch
EMRK	Konvention zum Schutze der Menschenrechte und Grundfreiheiten vom 4. November 1950 (SR 0.101)
EntG	BG über die Enteignung vom 20. Juni 1930 (SR 711)
EO	Erwerbsersatzordnung
EOG	BG über den Erwerbsersatz für Dienstleistende, bei Mutterschaft und bei Vaterschaft vom 25. September 1952 (SR 834.1)
EPFL	Ecole Polytechnique Fédérale de Lausanne
aEpG	aBG über die Bekämpfung übertragbarer Krankheiten des Menschen vom 18. Dezember 1970
etc.	et cetera
EU	Europäische Union
EuGH	Gerichtshof der Europäischen Union
EVG	Eidgenössisches Versicherungsgericht
EVK	Eidgenössische Versicherungskasse
f.	und folgende Seite bzw. folgender Artikel

FamZV	V über die Familienzulagen vom 31. Oktober 2007 (SR 836.21)
ff.	und folgende Seiten bzw. folgende Artikel
FINA	Fédération Internationale de Natation
FMG	Fernmeldegesetz vom 30. April 1997 (SR 784.10)
fr.	französisch
FusG	BG über Fusion, Spaltung, Umwandlung und Vermögensübertragung vom 3. Oktober 2003 (SR 221.301)
FZA	Abkommen zwischen der Schweizerischen Eidgenossenschaft einerseits und der Europäischen Gemeinschaft und ihrer Mitgliedstaaten andererseits über die Freizügigkeit vom 21. Juni 1999 (SR 0.142.112.681)
FZG	BG über die Freizügigkeit in der beruflichen Alters-, Hinterlassenen- und Invalidenvorsorge vom 17. Dezember 1993 (SR 831.42)
GAV	Gesamtarbeitsvertrag
GBV	Grundbuchverordnung vom 23. September 2011 (SR 211.432.1)
GE	Kanton Genf
GebV SchKG	Gebührenverordnung zum BG über Schuldbetreibung und Konkurs vom 23. September 1996 (SR 281.35)
gem.	gemäss
aGestG	aBG über den Gerichtsstand in Zivilsachen vom 24. März 2000
GlG	BG über die Gleichstellung von Frau und Mann vom 24. März 1995 (SR 151.1)
GmbH	Gesellschaft mit beschränkter Haftung
GV	Generalversammlung
GSchG	BG über den Schutz der Gewässer vom 24. Januar 1991 (SR 814.20)
GwG	BG über die Bekämpfung der Geldwäscherei und der Terrorismusfinanzierung vom 10. Oktober 1997 (SR 955.0)
HArG	BG über die Heimarbeit vom 20. März 1981 (SR 822.31)
HIV	Human Immunodeficiency Virus
aHRAG	aBG über das Anstellungsverhältnis der Handelsreisenden vom 13. Juni 1941
HR/HReg	Handelsregister
aHRegV	aV über das Handelsregister vom 7. Juni 1937
HRegV	Handelsregisterverordnung vom 17. Oktober 2007 (SR 221.411)
i.c.	in casu
i.d.R.	in der Regel
i.f.	in fine
inkl.	inklusive
insb./insbes.	insbesondere
insg.	insgesamt
IPR	Internationales Privatrecht

IPRG	BG über das Internationale Privatrecht vom 18. Dezember 1987 (SR 291)
IRSG	BG über internationale Rechtshilfe in Strafsachen vom 20. März 1981 (SR 351.1)
i.S.	im Sinne
ISBN	Internationale Standardbuchnummer
i.S.v.	im Sinne von
it.	italienisch
IV	Invalidenversicherung
i.V.m.	in Verbindung mit
JdT	Journal des Tribunaux (Renens)
aJFG	aBG über die Förderung der ausserschulischen Jugendarbeit vom 6. Oktober 1989
KAG	BG über die kollektiven Kapitalanlagen vom 23. Juni 2006 (SR 951.31)
KHG	Kernenergiehaftpflichtgesetz vom 18. März 1983 (SR 732.44)
KIGA	Amt für Industrie, Gewerbe und Arbeit
KG	BG über Kartelle und andere Wettbewerbsbeschränkungen vom 6. Oktober 1995 (SR 251)
KKG	BG über den Konsumkredit vom 23. März 2001 (SR 221.214.1)
KMG	BG über das Kriegsmaterial vom 13. Dezember 1996 (SR 514.51)
KOV	V des BGer über die Geschäftsführung der Konkursämter vom 13. Juli 1911 (SR 281.32)
Kt.	Kanton
aKUVG	aBG über die Kranken- und Unfallversicherung vom 13. Juni 1911
KVG	BG über die Krankenversicherung vom 18. März 1994 (SR 832.10)
aLEG	aBG über die Entschuldung landwirtschaftlicher Heimwesen vom 12. Dezember 1940
lic. iur.	Lizenziat der Rechtswissenschaft
lit.	litera (= Buchstabe)
LMV	Landesmantelvertrag
LPG	BG über die landwirtschaftliche Pacht vom 4. Oktober 1985 (SR 221.213.2)
LugÜ	Übereinkommen über die gerichtliche Zuständigkeit und die Anerkennung und Vollstreckung von Entscheidungen in Zivil-und Handelssachen (mit Prot. und Anhängen) vom 30. Oktober 2007 (SR 0.275.12)
m.a.W.	mit anderen Worten
m.E.	meines Erachtens
Mio.	Million/en
aMO	aBG über die Militärorganisation vom 12. April 1907
m.V.a.	mit Verweis auf
m.w.H.	mit weiteren Hinweisen

MSchG	BG über den Schutz von Marken und Herkunftsangaben vom 28. August 1992 (SR 232.11)
MStG	Militärstrafgesetz vom 13. Juni 1927 (SR 321.0)
MTRA	medizinisch-technische Radiologie
MwG	BG über die Information und Mitsprache der Arbeitnehmerinnen und Arbeitnehmer in den Betrieben vom 17. Dezember 1993 (SR 822.14)
MWST	Mehrwertsteuer
m^2	Quadratmeter
n.p.	nicht publiziert
Nr.	Nummer
aOG	aBG über die Organisation der Bundesrechtspflege vom 16. Dezember 1943
aOHG	aBG über die Hilfe an Opfer von Straftaten vom 4. Oktober 1991
OHG	BG über die Hilfe an Opfer von Straftaten vom 23. März 2007 (SR 312.5)
OR	BG betreffend die Ergänzung des Schweizerischen Zivilgesetzbuches (Fünfter Teil: Obligationenrecht) vom 30. März 1911 (SR 220)
PatG	BG über die Erfindungspatente vom 25. Juni 1954 (SR 232.14)
PDF	Portable Document Format
PG	Postgesetz vom 17. Dezember 2010 (SR 783.0)
PIN	persönliche Identifikationsnummer
Pra	Die Praxis, Entscheidungen des Schweizerischen Bundesgerichts und des Eidgenössischen Versicherungsgerichts – Entscheidungen des Europäischen Gerichtshofes für Menschenrechte (Basel)
PRG	BG über Pauschalreisen vom 18. Juni 1993 (SR 944.3)
PrHG	BG über die Produktehaftpflicht vom 18. Juni 1993 (SR 221.112.944)
PTT	Post-, Telefon- und Telegrafenbetriebe
Publ.	Publikation
publ.	publiziert
RAG	BG über die Zulassung und Beaufsichtigung der Revisorinnen und Revisoren vom 16. Dezember 2005 (SR 221.302)
RAV	V über die Zulassung und Beaufsichtigung der Revisorinnen und Revisoren vom 22. August 2007 (SR 221.302.3)
resp.	respektive
RLG	BG über Rohrleitungsanlagen zur Beförderung flüssiger oder gasförmiger Brenn- oder Treibstoffe vom 4. Oktober 1963 (SR 746.1)
RUF	Revolving Underwriting Facility
Rz .	Randziffer
S.	Seite(n) / Siehe
s.	siehe

SA/S.A.	Société anonyme (= AG)
SAKE	Schweizerische Arbeitskräfteerhebung
SBB	Schweizerische Bundesbahnen
SBS	Verband Seilbahnen Schweiz
SchKG	BG über Schuldbetreibung und Konkurs vom 11. April 1889 (SR 281.1)
SchlBest	Schlussbestimmungen
SchlT	Schlusstitel
SHAB	Schweizerisches Handelsamtsblatt (Bern)
SIA	Schweizerischer Ingenieur- und Architekten-Verein
SIC	Swiss Interbank Clearing
SJZ	Schweizerische Juristen-Zeitung (Zürich)
SKUS	Schweizerische Kommission für Unfallverhütung auf Schneesportabfahrten
sog.	sogenannt
SR	Systematische Sammlung des Bundesrechts
SSG	BG über die Seeschifffahrt unter der Schweizer Flagge vom 23. September 1953 (SR 747.30)
StGB	Schweizerisches Strafgesetzbuch vom 21. Dezember 1937 (SR 311.0)
StPO	Schweizerische Strafprozessordnung vom 5. Oktober 2007 (SR 312.0)
StromVG	BG über die Stromversorgung vom 23. März 2007 (SR 734.7)
SUISA	Schweizerische Gesellschaft für die Rechte der Urheber musikalischer Werke
SUVA	Schweizerische Unfallversicherungsanstalt
SVG	Strassenverkehrsgesetz vom 19. Dezember 1958 (SR 741.01)
SVIT	Schweizerischer Verband der Immobilienwirtschaft
SVS	Seilbahnen Schweiz (heute: SBS)
SWX	Swiss Stock Exchange
TG	BG über den Transport im öffentlichen Verkehr vom 4. Oktober 1985 (SR 742.40)
u.	und
u.a.	unter anderem / unter anderen / und andere
u.dgl.	und dergleichen
UN	United Nations
UNICITRAL	United Nations Commission on International Trade Law
unveröffentl.	unveröffentlicht
URG	BG über das Urheberrecht und verwandte Schutzrechte vom 9. Oktober 1992 (SR 231.1)
US	United States
USG	BG über den Umweltschutz vom 7. Oktober 1983 (SR 814.01)
usw.	und so weiter

u.U.	unter Umständen
UVG	BG über die Unfallversicherung vom 20. März 1981 (SR 832.20)
UWG	BG gegen den unlauteren Wettbewerb vom 19. Dezember 1986 (SR 241)
V/VE	Verordnung
v.a.	vor allem
VG	BG über die Verantwortlichkeit des Bundes sowie seiner Behördenmitglieder und Beamten vom 14. März 1958 (SR 170.32)
VGeK	V des Bundesgerichts über den Genossenschaftskonkurs vom 20. Dezember 1937 (SR. 281.52)
vgl.	vergleiche
aVMM	aV über Massnahmen gegen Missbräuche im Mietwesen vom 10. Juli 1972
VMWG	V über die Miete und Pacht von Wohn- und Geschäftsräumen vom 9. Mai 1990 (SR 221.213.11)
Vorb.	Vorbemerkung(en)
VR	Verwaltungsrat
VRA	V über Rahmenmietverträge und deren Allgemeinverbindlicherklärung vom 31. Januar 1996 (SR 221.213.151)
VStG	BG über die Verrechnungssteuer vom 13. Oktober 1965 (SR 642.21)
VVAG	V des BGer über die Pfändung und Verwertung von Anteilen an Gemeinschaftsvermögen (SR 281.41)
VVG	BG über den Versicherungsvertrag vom 2. April 1908 (SR 221.229.1)
VZG	V des BGer über die Zwangsverwertung von Grundstücken vom 23. April 1920 (SR 281.42)
WEG	Wohnbau- und Eigentumsförderungsgesetz vom 4. Oktober 1974 (SR 843)
WRG	BG über die Nutzbarmachung der Wasserkräfte vom 22. Dezember 1916 (SR 721.80)
z.B.	zum Beispiel
ZG	Zollgesetz vom 18. März 2005 (SR 631.0)
ZGB	Schweizerisches Zivilgesetzbuch vom 10. Dezember 1907 (SR 210)
ZH	Kanton Zürich
Ziff.	Ziffer
zit.	zitiert
ZPO	Schweizerische Zivilprozessordnung vom 19. Dezember 2008 (SR 272)
z.T.	zum Teil

Erste Abteilung
Allgemeine Bestimmungen

Erster Titel
Die Entstehung der Obligationen

Erster Abschnitt
Die Entstehung durch Vertrag

Vorb. Art. 1–40f

▪ Allgemeines (1) ▪ Zu vor-, quasi- und ausservertraglichen Situationen (18) ▪ Zum Zustandekommen des Vertrags (46) ▪ Zum bestehenden Vertrag (58) ▪ Zur Beendigung des Vertrags (80) ▪ Zur Anspruchsdurchsetzung (92)

Allgemeines

▪ Auslegung des Gesetzes (1) ▪ Zwingendes Recht (9) ▪ Gewohnheitsrecht (10) ▪ Übung und Ortsgebrauch (11) ▪ Private Regelwerke (12) ▪ Öffentlich-rechtlicher Vertrag (13) ▪ Staatsverträge (14) ▪ Realobligation (15) ▪ Dereliktion und Aneignung (16) ▪ Gleichbehandlungsprinzip (17)

Auslegung des Gesetzes. Das Gesetz ist in erster Linie aus sich selbst, d.h. nach Wortlaut, Sinn und Zweck und den ihm zugrunde liegenden Wertungen und Zielsetzungen auszulegen; dabei hat sich die Gesetzesauslegung vom Gedanken leiten zu lassen, dass nicht schon der Wortlaut die Rechtsnorm darstellt, sondern erst das an Sachverhalten verstandene und konkretisierte Gesetz. Gefordert ist die sachlich richtige Entscheidung im normativen Gefüge (im Zusammenhang mit anderen Vorschriften 132 III 18/20 f. E. 4.1), ausgerichtet auf ein befriedigendes Ergebnis aus der ratio legis 140 III 206/214 E. 3.5.4, 140 I 305/310 E. 6.1, 139 II 78/83 E. 2.4, 135 III 112/116, 133 III 645/651 E. 4 (in casu SchKG Art. 274a ff. und Art. 83 Abs. 2), 129 III 335/340 E. 4 (Auslegung von Art. 333 Abs. 3), 131 III 33/35 E. 2 (Auslegung von Art. 271a Abs. 1 lit. d), vgl. auch 131 III 61/65 E. 2.2 Pra 2005 (Nr. 121) 839 f., 131 III 623/630 E. 2.4.4 Pra 2006 (Nr. 131) 899 ff. (in casu Auslegung von Art. 324a), 132 III 18/20 f. E. 4.1, 132 III 226/237 E. 3.3.5 fr. (in casu Änderung der Rechtsprechung zum Verjährungsverzicht), 132 III 707/710 f. E. 2, 133 III 257/265 f. E. 2.4 (in casu Auslegung von Art. 208), 133 III 497/499 E. 4.1 (in casu Auslegung von ZGB Art. 123 Abs. 2). Die Auslegung des Gesetzes ist zwar nicht entscheidend historisch zu orientieren, im Grundsatz aber dennoch auf die Regelungsabsicht des Gesetzgebers und die damit erkennbar getroffenen Wertentscheidungen auszurichten (140 II 509/515 E. 2.6), da sich die Zweckbezogenheit des rechtsstaatlichen Normverständnisses nicht aus sich selbst begründen lässt, sondern aus den Absichten des Gesetzgebers abzuleiten ist 140 I 305/311 E. 6.2. Diese Regelungsabsicht bleibt zusammen mit den zu ihrer Verfolgung getroffenen Wertentscheidungen verbindliche Richtschnur des Gerichts (140 III 206/213 f. E. 3.5.3), auch wenn es das Gesetz mittels teleologischer Auslegung oder Rechtsfortbildung veränderten, vom Gesetzgeber nicht vorausgesehenen Umständen anpasst oder ergänzt 138 III 359/361 E. 6.2. Die Regelungsabsicht des Gesetzgebers gilt es mithilfe der herkömmlichen Auslegungselemente zu ermitteln. Das Bundesgericht 1 befolgt dabei einen *pragmatischen Methodenpluralismus* und lehnt es namentlich ab, die einzelnen Auslegungselemente einer hierarchischen Prioritätsordnung zu unterstellen 140 III 206/214 E. 3.5.4, 140 I 305/310 E. 6.1, 139 II 78/83 E. 2.4, 135 III 112/116, 131 III 314/315 f. E. 2.2 (in casu Auslegung von VVG Art. 40), 131 II 710/715 f. E. 4.1 (steuerrechtlicher Entscheid), 129 III 55/56 f. E. 3.1.1 Pra 2003 (Nr. 101) 547 (Auslegung von ZGB Art. 133 Abs. 1), 124 III 259/262 E. 3a, 123 III 24/26 E.a.

2 Vom klaren, d.h. eindeutigen und unmissverständlichen Wortlaut darf aber nur ausnahmsweise abgewichen werden, wenn triftige Gründe dafür vorliegen, dass der Wortlaut nicht den wahren Sinn der Bestimmung wiedergibt. Solche Gründe können sich aus der Entstehungsgeschichte der Bestimmung, aus ihrem Sinn und Zweck oder aus dem Zusammenhang mit andern Vorschriften ergeben 140 II 415/421 E. 5.4, 140 II 129/131 E. 3.2, 139 V 66/68 E. 2.2, 138 V 86/94 E. 5.1, 124 III 266/268 E. 4 (in casu Auslegung von URG Art. 80 Abs. 1), vgl. auch 126 III 49/54 E. d (in casu Auslegung von ZGB Art. 287 Abs. 1). Ist der Text nicht ganz klar und sind verschiedene Auslegungen möglich, so muss nach seiner wahren Tragweite gesucht werden unter Berücksichtigung aller Auslegungselemente, namentlich von Sinn und Zweck sowie der dem Text zugrunde liegenden Wertung. Wichtig ist ebenfalls der Sinn, der einer Norm im Kontext zukommt 140 II 415/421 E. 5.4, 140 II 129/131 E. 3.2, 139 V 66/68 E. 2.2, 138 V 86/94 E. 5.1, 134 III 16/21 ff. E. 3 (Berücksichtigung der Gesetzesmaterialien, in casu GestG Art. 19 Abs. 1 lit. c), 127 III 318/322 f. E. b (in casu Auslegung von normativen Bestimmungen eines Gesamtarbeitsvertrages), 122 III 308/310 E. b (in casu Auslegung von ZGB Art. 154 Abs. 2), 121 III 408/412 E. b Pra 1996 (Nr. 151) 520, 4C.282/2000.

3 Die Gesetzesmaterialien sind zwar nicht unmittelbar entscheidend, dienen aber als Hilfsmittel, um den Sinn der Norm zu erkennen 140 II 509/515 f. E. 2.6, 140 III 206/213 f. E. 3.5.3 f. Sie sind insbesondere bei jüngeren Gesetzen zu beachten, wenn sie auf die streitige Frage eine klare Antwort geben und dem Gericht damit weiterhelfen 140 I 305/311 E. 6.1, 140 V 8/11 E. 2.2.1, 138 III 694/698 E. 2.4, 135 III 112/116. Berücksichtigung der Materialien, wenn es um eine erst kürzlich ergangene Vorschrift geht und eine Anpassung an veränderte Umstände oder ein gewandeltes Rechtsverständnis weniger infrage kommt 124 II 372/377 E. a, vgl. auch 125 II 206/209 E. a, 133 III 273/278 E. 3.2.2, 135 III 59/63 E. 4.3. Die Auslegung anhand von Vorarbeiten zu Gesetzesentwürfen (vor Inkrafttreten des geänderten Gesetzes) rechtfertigt sich vor allem dann, wenn das geltende System nicht grundsätzlich geändert werden soll und nur eine Konkretisierung des bestehenden Rechtszustandes angestrebt wird oder Lücken des geltenden Rechts ausgefüllt werden sollen 124 II 193/201 E.d.

4 Auch wenn es den rechtsanwendenden Behörden untersagt ist, Bundesgesetze auf ihre *Verfassungsmässigkeit* zu überprüfen, schliesst das die Anwendung allgemein anerkannter Prinzipien, insbesondere die Regel, dass Bundesgesetze verfassungskonform auszulegen sind, nicht aus 122 V 85/93 E. 5aa. Sind also mehrere Auslegungen möglich, ist jene zu wählen, die der Verfassung am besten entspricht. Allerdings findet die verfassungskonforme Interpretation – auch bei einer festgestellten Verfassungswidrigkeit (122 V 85/93 E. 5aa) – im klaren Wortlaut und Sinn einer Gesetzesbestimmung ihre Grenzen 138 II 440/453 E. 13, 137 III 217/221 f. E. 2.4.1, 131 II 697/703 E. 4.1, 122 V 85/93 E. 5aa. Vgl. ferner 122 III 469/474 E. a Pra 1997 (Nr. 91) 495.

Gleiche Gesetzesbegriffe (in casu dringender Eigenbedarf) sind grundsätzlich gleich auszulegen 118 II 50/53 E.a. 5

Zur ***Berücksichtigung der drei Amtssprachen*** bei der Auslegung des Gesetzes vgl. 134 III 97/99 f. E. 4.2 (in casu Art. 47), 133 III 701/702 ff. E. 2.1, 133 III 175/178 ff. E. 3.3, 133 III 497/499 E. 4.2, 132 III 249/253 f. E. 3.2, 129 III 468/472 E. 2 und 476/476 E. 1.1, 129 III 646/652 E. 4.2, 129 II 114/118 ff. E. 3, 126 III 452/455 f. E. c, 4C.390/2005 (2.5.06) E. 2.1; vgl. ferner 130 III 258/261 f. E. 4.3 zur Mehrsprachigkeit des UN-Kaufrechts (CISG), 130 III 607/609 E. 5.1 (LugÜ), 130 III 620/623 ff. E. 3 (IPRG Art. 19). 6

Rechtsvergleichend mögen ausländische Regelungen zur Auslegung des geltenden schweizerischen Rechts insbesondere dann gewinnbringend beigezogen werden, wenn sie dem schweizerischen Gesetzgeber als Vorbild gedient haben, ohne dass im Konkreten eine Abweichung festzustellen ist, oder wenn eine bewusste Harmonisierung mit ausländischen Rechtsordnungen angestrebt worden ist 133 III 180/184 E. 3.5. S.z.B. zur Auslegung des LugÜ 140 III 320/322 E. 6.1, 139 III 345/347 E. 4, 139 III 232/234 E. 2.2 Pra 2013 (Nr. 116) 901, 138 III 386/392 E. 2.6, 135 III 185/189 E. 3.2; zur Auslegung des PrHG 137 III 226/229 E. 2.2 Pra 2011 (Nr. 116) 838. 7

Zur ***Gesetzeslücke*** vgl. 140 III 206/212 ff. E. 3.5 ff., 132 III 470/478 f. E. 5 (in casu FusG), 132 III 707/711 E. 2, 133 III 213/218 E. 5.2 (in casu normative Bestimmungen eines Sozialplanes), ferner 129 V 1/6 f. E. 4.1.1 und 127 V 38/41 E.cc. 8

Zwingendes Recht. Um den Schutzzweck des zwingenden Rechts nicht zu umgehen, ist der Widerspruch zwischen der Zustimmung zu einer Vereinbarung und der nachträglichen Geltendmachung ihrer Ungültigkeit nicht geeignet, einen Rechtsmissbrauch zu begründen, wenn nicht zusätzliche besondere Umstände gegeben sind 4C.233/2000 (15.11.00) E. 5a. 9

Gewohnheitsrecht. Gewohnheitsrecht ist ungeschriebenes, objektives Recht. Seine Entstehung setzt eine längere Zeit andauernde, ununterbrochene Übung voraus, welche auf der Rechtsüberzeugung sowohl der rechtsanwendenden Behörden als auch der vom angewendeten Grundsatz Betroffenen (opinio iuris et necessitatis) beruht. Erforderlich ist zudem, dass eine Lücke des geschriebenen Rechts vorliegt und ein unabweisliches Bedürfnis besteht, sie zu füllen 119 Ia 59/62 E. 4b. Zum öffentlichen Recht 138 I 196 Pra 2012 (Nr. 126) 899 ff. 10

Übung und Ortsgebrauch sind Erscheinungen der Verkehrssitte. Als solche ist die Sitte zu betrachten, die von einer mehr oder minder grossen Anzahl Personen im Geschäftsverkehr beobachtet wird; es ist die den Verkehr tatsächlich beherrschende Übung. Übung und Ortsgebrauch sind mithin das Verhalten, das sich nach dem richtet, was allgemein in bestimmten Verhältnissen zu geschehen pflegt 113 V 230/235 E.b. Die Feststellung über das Bestehen oder Nichtbestehen einer Verkehrsübung ist tatsächlicher Natur (Tatfrage) 127 III 519/524 E. d Pra 2001 (Nr. 195) 1187, 4C.152/2002 (22.7.02) E. 2.2 fr. Vgl. auch unter Art. 1 Abs. 1/Handelsbräuche/Verkehrssitte. 11

Private Regelwerke. Nach der Praxis des Bundesgerichts kommt Regelwerken privater Organisationen auch dann nicht die Qualität von Rechtsnormen zu, wenn sie sehr detailliert und ausführlich sind wie beispielsweise die SIA-Normen oder die Verhaltensregeln 12 des internationalen Skiverbandes. Von privaten Verbänden aufgestellte Bestimmungen stehen vielmehr grundsätzlich zu den staatlichen Gesetzen in einem Subordinationsverhältnis und können nur Beachtung finden, soweit das staatliche Recht für eine autonome Regelung Raum lässt. Sie bilden kein «Recht» im Sinne von IPRG Art. 116 Abs. 1 und können auch nicht als «lex sportiva transnationalis» anerkannt werden. Die Regeln der (internationalen) Sportverbände können nur im Rahmen einer materiellrechtlichen Verweisung Anwendung finden und daher nur als Parteiabreden anerkannt werden, denen zwingende nationalrechtliche Bestimmungen vorgehen 132 III 285/288 E. 1.3. Vgl. demgegenüber 133 III 221/226 E. 5.2.3 Pra 2007 (Nr. 127) 888, wonach die Regelwerke der SWX Swiss Exchange (Statuten, AGB, Reglemente und Weisungen) eine normative Funktion haben.

13 **Öffentlich-rechtlicher Vertrag.** Ein verwaltungsrechtlicher Vertrag lässt sich dadurch charakterisieren, dass er direkt die Erfüllung einer öffentlichen Aufgabe zum Inhalt hat oder dass er einen öffentlich-rechtlich normierten Gegenstand betrifft, wie zum Beispiel Erschliessungen, Enteignungen oder Subventionen 128 III 250/253 E. 2b. Der verwaltungsrechtliche Vertrag ist heute als Handlungsform des Verwaltungsrechts anerkannt und weit verbreitet 136 I 142/145 f. E. 4.1 (mit Ausführungen zu den Voraussetzungen des verwaltungsrechtlichen Vertrags). Es ist im konkreten Fall zu prüfen, ob ein vom Gemeinwesen geschlossener Vertrag verwaltungsrechtlicher oder privatrechtlicher Natur ist, was sich vorab nach dem Gegenstand der durch ihn begründeten Rechte und Pflichten beurteilt 134 II 297/301 E. 2.2 (in casu Vertrag über Dienstleistungen für die Abfallentsorgung als privatrechtlicher Vertrag qualifiziert; Zustandekommen verneint infolge verspäteten Akzepts gemäss Art. 5). Öffentlich-rechtliche Verträge unterliegen in erster Linie dem kantonalen Verwaltungsrecht; sieht dieses keine (vollständige) Regelung vor, so kann zur Lückenfüllung auf OR und ZGB als ergänzendes *kantonales* Recht zurückgegriffen werden 122 I 328/332. Anwendbar ist das Vertrauensprinzip. Bei der Auslegung öffentlich-rechtlicher Verträge ist besonders zu beachten, dass die Verwaltung beim Abschluss solcher Verträge dem öffentlichen Interesse Rechnung zu tragen hat; in Zweifelsfällen ist deshalb zu vermuten, dass sie keinen Vertrag abschliessen wollte, der mit den von ihr wahrzunehmenden öffentlichen Interessen in Widerspruch steht, und dass sich der Vertragspartner hierüber Rechenschaft gab 122 I 328/335 E.e. Sofern das kantonale Recht keine besonderen Bestimmungen enthält, kommen im Falle von Vertragsverletzungen die Regeln des OR als Ausdruck allgemeiner Rechtsgrundsätze zur Anwendung 122 I 328/340 E. 7b. – Verträge im Bereich öffentlicher Finanzhilfe sind regelmässig als öffentlich-rechtlich zu qualifizieren (Ausführungen zu weiteren Beispielen) 128 III 250/253 ff. E. 2b, c. Verwaltungsrechtlicher Vertrag im Zusammenhang mit der Entschädigung nach Enteignungsgesetz 129 II 420/426 f. E. 3.2.1 fr., verwaltungsrechtlicher Vertrag im Zusammenhang mit der Abfallentsorgung 132 I 140/143 f. E. 1.3.3 it., Konzession zur Nutzung der Wasserkraft 130 III 19/21 E. 3.1 fr. Öffentlich-rechtlicher Arbeitsvertrag 132 II 161/163 ff. E. 3. – Zur Unterscheidung öffentliches Recht/Privatrecht siehe Vorb. Art. 184–551.

14 **Staatsverträge.** Staatsverträge sind völkerrechtliche Vereinbarungen zwischen zwei oder mehreren ausländischen Staaten oder anderen Völkerrechtssubjekten, die durch übereinstimmende Willenserklärungen zustande kommen und zwischen den Vertrags-

parteien Rechte und Pflichten begründen. Die Staatsvertragsparteien gewähren sich darin Rechte und Vergünstigungen, die über das ohne den Staatsvertrag Geltende hinausgehen. Dabei wird in der Regel Gegenrecht gehalten und beide Seiten profitieren von den Vergünstigungen 136 I 297/306 E. 7.3.

Realobligation. Als Realobligationen werden Schuldverhältnisse bezeichnet, die eine positive Leistung zum Gegenstand haben und bei denen der Schuldner, oft auch der Gläubiger, durch die dingliche Berechtigung oder den Besitz an einer Sache bestimmt werden 116 II 677/682 E. 3. Der Ersatzanspruch aus ZGB Art. 649 Abs. 2 stellt eine Realobligation zulasten der jeweiligen Miteigentümer und zugunsten desjenigen Miteigentümers dar, welcher im Rahmen der Befugnisse von ZGB Art. 647–647e gehandelt und hiefür Auslagen über seinen Anteil hinaus getätigt hat 119 II 404/407. – Bauhandwerkerpfandrecht als Realobligation 125 III 248/249 E. 2a. – Ist bloss die Dienstbarkeit, nicht jedoch die im Dienstbarkeitsvertrag vereinbarte Verpflichtung zu einer Leistung im Grundbuch eingetragen, so behält die entsprechende Vereinbarung ihren rein obligatorischen Charakter (Rechtsnachfolger der ursprünglichen Vertragsparteien können nur dann zur Leistung angehalten werden, wenn ihnen die Verpflichtung eigens überbunden wurde; blosse Kenntnis von der Verpflichtung bedeutet grundsätzlich nicht deren Übernahme) 124 III 289/291 f. E. 1. Die Bestimmungen eines Baurechtsvertrages lassen sich unterscheiden in dingliche, realobligatorische und rein obligatorische 4C.374/1999 (11.2.00) E. 3a. Nicht realobligatorischer Natur ist der Baurechtszins 127 III 300/303 E.bb. – Zum Verhältnis zwischen Sachenrecht und Vertragsrecht siehe auch Vorb. Art. 184–551. 15

Dereliktion und Aneignung sind nur an körperlichen Sachen möglich, nicht auch an Rechten 118 II 115/118. 16

Gleichbehandlungsprinzip. Im Privatrecht gibt es kein allgemeines Gleichbehandlungsprinzip; Private sind somit nicht gehalten, Gleiches gleich und Ungleiches ungleich zu behandeln. Jedenfalls besteht ein solches Prinzip nicht im Erb-, Sachen- und Vertragsrecht 133 III 167/172 f. E. 4.2 Pra 2007 (Nr. 103) 681 f. (in casu Stiftung; keine Einschränkung der Stiftungs- und Stifterfreiheit durch das verfassungsrechtliche Diskriminierungsverbot). 17

Zu vor-, quasi- und ausservertraglichen Situationen

▪ «Letter of intent» (18) ▪ Faktisches Vertragsverhältnis (19) ▪ Gefälligkeitshandlungen ohne Rechtsbindungswillen (20) ▪ Haftung für erwecktes Vertrauen (24) ▪ Culpa in contrahendo/(c.i.c) (33) ▪ Haftung für falsche Auskunft (45)

«Letter of intent». Mit einem sogenannten «letter of intent» bringen die Parteien die Absicht zum Ausdruck, über einen Vertragsentwurf in ernstliche Verhandlungen zu treten, wobei ein rechtlicher Bindungswille nicht gewollt ist. Dieser fehlende Bindungswillen kann sich aus einer ausdrücklichen Klausel («no binding clause») oder aus Indizien ergeben 4C.36/2001 (2.7.01) E. 5a. Ausführlich zum Letter of intent (lettre d'intention) und seiner Abgrenzung zum Vorvertrag nach Art. 22 4C.409/2005 (21.3.06) E. 2 fr. 18

19 **Faktisches Vertragsverhältnis.** Anwendungsbeispiele 119 II 437/441 E. bb Pra 1994 (Nr. 226) 744 (in casu Weiterbenützung des Mietgegenstandes nach Kündigung, ohne dass sich der Vermieter dem widersetzt; Anwendung der Regeln über die ungerechtfertigte Bereicherung), 132 III 242/244 ff. E. 4 (in casu Arbeitsvertrag/Art. 320 Abs. 3), vgl. auch 4A_207/2007 (21.8.07) E. 5.1. Ausführungen zum faktischen Vertragsverhältnis im Zusammenhang mit der Auflösung einer Unternehmenspacht (faktisches Vertragsverhältnis im beurteilten Fall verneint) 131 III 257/259 ff. E. 1, 2. Zu Art. 320 Abs. 2 s. 4A_19/2015 (20.5.15) E. 3.2 (wonach in der Lehre im Fall von Art. 320 Abs. 2 auch von einem faktischen Vertragsverhältnis gesprochen werde).

20 **Gefälligkeitshandlungen ohne Rechtsbindungswillen.** Im Bereich der Arbeitsleistungen für Dritte ist die Schwelle vertraglicher Bindungen relativ tief angesetzt, indem vordringlich auf das tatsächliche Leistungsversprechen abzustellen ist (etwa Art. 320 Abs. 2), die Vereinbarung eines Entgelts für die Arbeitsleistung nicht Gültigkeitsvoraussetzung (Art. 320 Abs. 2, 322 Abs. 1, 374 und 394 Abs. 3) und im Auftragsrecht nicht einmal essentiale des Vertrages ist (Art. 394 Abs. 3). Indessen kommen auch im Bereich der Arbeitsleistungen unverbindliche Gefälligkeiten vor, welche eine Vertragsbindung nicht entstehen lassen und insbesondere zu keiner Vertragshaftung des Leistenden bei Nicht- oder Schlechterfüllung führen 116 II 695/697 E. 2b/bb. Ob Vertrag oder Gefälligkeit vorliegt, entscheidet sich nach den Umständen des Einzelfalles, insbesondere der Art der Leistung, ihrem Grund und Zweck, ihrer rechtlichen und wirtschaftlichen Bedeutung, den Umständen, unter denen sie erbracht wird und der Interessenlage der Parteien. Für einen Bindungswillen spricht ein eigenes, rechtliches oder wirtschaftliches Interesse der Person, welche die Leistung erbringt, oder ein erkennbares Interesse des Begünstigten an fachkundiger Beratung oder Unterstützung 141 V 112 (wiederholtes Tätigwerden einer Finanzdienstleisterin im Interesse der Vorsorgeeinrichtung als Auftragsverhältnis qualifiziert), 137 III 539/541 f. E. 4.1 (in casu Kinderhüten für beschränkte Dauer), 129 III 181/182 E. 3.1, 116 II 695/697 f. E. 2b/bb. Keine Gefälligkeit liegt vor, wenn der Eigentümer die von ihm mit Aushub-, Erd- und Gartenarbeiten betrauten Personen unterstützt. Denn die Hilfeleistung erfolgte zumindest auch in seinem eigenen Interesse und es ist gar nicht erst ersichtlich, inwiefern er überhaupt eine Gefälligkeit erbracht hätte 4A_104/2012 (3.8.12) E. 3.2.

21 Die Person, welche aus Gefälligkeit eine Leistung erbringt, haftet aus unerlaubter Handlung. Es muss in der Regel genügen, dass der Gefällige jene Sorgfalt aufwendet, die er auch in eigenen Angelegenheiten beachtet (sog. eigenübliche Sorgfalt oder diligentia quam in suis). Denn wer im vertragsfreien Raum um eine Gefälligkeit bittet, kann vom Gefälligen nicht verlangen, eine höhere Sorgfalt als die eigenübliche aufzuwenden 137 III 539/545 E. 5.2.

22 Die Person, die Nutzen aus der Gefälligkeit zieht, haftet sinngemäss nach den Regeln über die Geschäftsführung ohne Auftrag (analoge Anwendung von Art. 422 Abs. 1) 137 III 539/543 E. 5.1, 129 III 181/182 ff. E. 3, 4.

23 Unentgeltliche Gefälligkeit oder Anspruch auf Vergütung? (im beurteilten Fall [Vorleistungen eines Architekten] wurde die Entgeltlichkeit bejaht) 4C.336/2001 (22.1.02) E. 3a fr. Die Abgrenzung eines entgeltlichen Vertrages von einer simplen Offerte (per de-

finitionem gratis) ist oft schwierig zu treffen 4C.341/2003 (25.3.04) E. 2.1.1 fr., ferner 4C.347/2003 (1.4.04) E. 2.3 fr.

Haftung für erwecktes Vertrauen. ***Begriff und Voraussetzungen*** (ausführlich 4A_306/2009 [8.2.10] E. 5): Die Haftung aus erwecktem Vertrauen wurde aus der culpa in contrahendo heraus entwickelt 120 II 331/335 E. 5a. Sie erfasst als Oberbegriff die Haftung aus culpa in contrahendo (140 III 200/203 E. 5.2 Pra 2014 [Nr. 102] 816, 121 III 350/355 E. 6c Pra 1996 [Nr. 168] 613) und die weiteren interessenmässig gleich gelagerten Tatbestandsgruppen wie etwa die Haftung für falsche Auskunft (124 III 363/369 E.II.5.b). Sie ist zwischen Vertrag und Delikt angesiedelt 134 III 390/395 E. 4.3.2 (dritte Haftungsform zwischen vertragsrechtlicher und deliktsrechtlicher Haftung 4C.202/2002 [30.10.02] E. 4.1. fr., 131 III 377/380 E. 3 Pra 2006 [Nr. 31] 219), 130 III 345/349 E. 2.1, 4A_565/2012 (21.3.13) E. 2.3. Es geht dabei um die Haftung eines (vertragsfremden) Dritten, die zum Tragen kommt, wenn der Dritte zunächst schutzwürdiges Vertrauen erweckt und dieses dann treuwidrig enttäuscht 133 III 449/451 E. 4.1. Art und Umfang der sich aus Treu und Glauben ergebenden Verhaltenspflichten sind nach den gesamten Umständen des Einzelfalls zu beurteilen 130 III 345/350 E. 2.2, 4A_565/2012 (21.3.13) E. 2.3. 24

Die Vertrauenshaftung ist im Verhältnis zur Haftung aus Vertrag subsidiär, greift also nur, wenn keine vertragliche Haftung gegeben ist 131 III 377/380 E. 3 Pra 2006 (Nr. 31) 219. Hält die Wechselinhaberin gestützt auf das Verhalten der Bezogenen, das in ihr Vertrauen erweckt, deren Unterschrift auf dem Wechsel für echt, haftet ihr diese für den daraus erwachsenen Schaden. Diese Haftung ist den Regeln der Vertragshaftung zu unterstellen 128 III 324. 25

Die Vertrauenshaftung setzt voraus, dass die Beteiligten in eine sogenannte «rechtliche Sonderverbindung» zueinander getreten sind, die erst rechtfertigt, die aus Treu und Glauben hergeleiteten Schutzpflichten greifen zu lassen 134 III 390/395 E. 4.3.2. Diese Sonderverbindung unterscheidet sich von der deliktsrechtlichen Konstellation des zufälligen und ungewollten Zusammenpralls beliebiger Personen dadurch, dass die Beteiligten – ausserhalb einer vertraglichen Bindung – rechtlich in besonderer Nähe zueinander stehen, wobei sie einander gegenseitig Vertrauen gewähren und Vertrauen in Anspruch nehmen. Ein unmittelbarer Kontakt zwischen Ansprecher und Schädiger ist nicht zwingend erforderlich 142 III 84/88 E. 3.3. Aus dieser rechtlichen Sonderverbindung ergeben sich aus Treu und Glauben (ZGB Art. 2) hergeleitete Schutz- und Aufklärungspflichten 128 III 324/327 E. 2.2 (in casu Sonderverbindung zwischen Wechselinhaber und Bezogener; Haftung der Bezogenen für das von ihr bezüglich der Echtheit der Unterschrift erweckte Vertrauen nach den Regeln der Vertragshaftung E. 2.4 f.), 130 III 345/349 (in casu Haftung eines Liegenschaftsschätzers verneint für sein Gutachten, das in einem späteren Zeitpunkt in dritte Hände gelangte), 4C.225/2002 (7.2.03) E. 3.3 (Sonderverbindung zwischen Generalunternehmerin und Kreditgeberin verneint), 4C.215/2002 (11.11.02) E. 2.2 (Sonderverbindung verneint). Entscheidend ist bei Gutachten und Prüfungsberichten, in welchem Masse der sich auf das fragliche Dokument verlassende Dritte berechtigten Anlass hatte, den ihm unterbreiteten Informationen zu vertrauen 142 III 84/89 E. 3.3. – Bei einer Zertifizierung muss die Zertifizierungsstelle davon ausgehen, dass die zertifizierte Gesellschaft dies zur Kundenwerbung benützt; allerdings kommt es für die 26

Vertrauenshaftung auf den Inhalt der Zertifizierung an (in casu Vertrauenshaftung gegenüber dem Kunden der zertifizierten Gesellschaft verneint) 142 III 84/89 f. E. 3.4 und 3.5.

27 Das Bundesgericht knüpft die Haftung aus erwecktem und enttäuschtem Vertrauen an strenge Voraussetzungen 133 III 449/451 f. E. 4.1: Schutz verdient nicht, wer bloss Opfer seiner eigenen Unvorsichtigkeit und Vertrauensseligkeit oder der Verwirklichung allgemeiner Geschäftsrisiken wird, sondern nur, wessen berechtigtes Vertrauen missbraucht wird (124 III 297/303 E. 6a, 120 II 331/336 E. 5a). Insbesondere ist die Erwartung, dass der Partner ohne vertragliche Verpflichtung eine Leistung erbringe, grundsätzlich nicht schützenswert, da es dem Vertrauenden in aller Regel zumutbar ist, sich durch einen entsprechenden Vertragsschluss abzusichern. Die Anerkennung der Vertrauenshaftung darf nicht dazu führen, dass das Rechtsinstitut des Vertrags ausgehöhlt wird. Das Vertrauen auf eine freiwillige Leistungserbringung kann deshalb nur ganz ausnahmsweise Schutz finden, namentlich wenn der Vertragsschluss aufgrund der bestehenden Machtverhältnisse oder der Abhängigkeit des Vertrauenden faktisch nicht möglich ist und dem Vertrauenden gleichzeitig der Verzicht auf das Geschäft bzw. auf die Geschäftsbeziehung nicht zugemutet werden kann (4A_306/2009 [8.2.10] E. 5.1).

28 ***Hilfspersonenhaftung und Verjährung.*** Die Verantwortlichkeit für Gehilfen richtet sich nach Art. 101 und nicht nach Art. 55 108 II 419/422 E. 5, 4C.394/2006 (24.4.07) E. 4.3.3 fr. (beide culpa in contrahendo); vgl. auch 4A_70/2007 (22.5.07) E. 5.1 fr.

29 Ansprüche aus Vertrauenshaftung verjähren nach Art. 60 (141 V 127/129 E. 2). Denn die Rechtssicherheit gebietet, eine ungerechtfertigte Ausdehnung der Vertrauenshaftung, die weder auf einer Verletzung einer Vertragspflicht noch auf einem Verstoss gegen allgemeine gesetzliche Gebote oder Verbote beruht, auch in zeitlicher Hinsicht zu vermeiden 134 III 390/397 f. E. 4.3.3.

30 ***Vertrauenshaftung im Konzern.*** Das Vertrauen in das Konzernverhalten der Muttergesellschaft kann bei Fehlen einer vertraglichen oder deliktischen Grundlage haftungsbegründend sein. Eine derartige Vertrauenshaftung kommt jedoch nur unter strengen Voraussetzungen in Betracht 124 III 297/303 E. 6a. Insbesondere muss der Geschäftspartner einer Tochtergesellschaft deren Kreditwürdigkeit selbst beurteilen und kann das Bonitätsrisiko nicht einfach generell auf die Muttergesellschaft abwälzen. Die Muttergesellschaft hat nicht unbesehen für den Erfolg des Tochterunternehmens einzustehen und haftet bei dessen Scheitern nicht ohne Weiteres für allfälligen Schaden, der Dritten aus diesem Misserfolg erwächst. Schutz verdient nicht, wer bloss Opfer seiner eigenen Unvorsichtigkeit oder der Verwirklichung allgemeiner Geschäftsrisiken wird, sondern nur, wessen berechtigtes Vertrauen missbraucht wird. Eine Haftung entsteht nur, wenn die Muttergesellschaft durch ihr Verhalten bestimmte Erwartungen in ihr Konzernverhalten erweckt, später aber in treuwidriger Weise enttäuscht 4A_306/2009 (8.2.10) E. 5.1 (in casu wurde in einem Information Memorandum beschrieben, welchen Umsatz die Tochtergesellschaft im Geschäft mit der Muttergesellschaft erzielt; zudem hat die Muttergesellschaft die Verhandlungen eingeleitet und geführt; diese Umstände reichten aber für eine Vertrauenshaftung nicht aus; der Vertrauende hätte sich vertraglich absichern können), 124 III 297/303 f. E. 6a. Die Haftung setzt überdies voraus, dass zwischen dem Ansprecher und der Tochtergesellschaft vertragliche Beziehungen nachgewiesen sind (in casu Nachweis verneint) 4C.322/2001 (15.2.02) E. 5. Vertrauenshaftung auch ausserhalb einer formellen Firmengruppe 4C.202/2002 (30.10.02) E. 4.2 f. Nicht von vornherein ist

auszuschliessen, dass unter besonderen Umständen auch eine Tochtergesellschaft einen Vertrauenstatbestand schaffen kann 123 III 220/231.

Vermischung der Sphären der Mutter- und Tochtergesellschaft: Werden die Sphären von Mutter- und Tochtergesellschaft vermischt (der Anschein der Einheit kann durch äusserliche Anzeichen, wie identische oder sehr ähnliche Firmen oder identische Sitze, Räumlichkeiten, Organe, Angestellte oder Telefonnummern erweckt werden), kann der Berechtigte sowohl von der Mutter- als auch von der Tochtergesellschaft Schadenersatz verlangen. Dafür kommen verschiedene Rechtsgrundlagen infrage: Durchgriff, Anscheinsvollmacht oder Vertrauenshaftung 137 III 550/553 E. 2.3.2. 31

Vertrauenshaftung bejaht in 121 III 350 Pra 1996 (Nr. 168) 613 («Ringer-Fall»: Ein Sportverein handelt rechtsmissbräuchlich, wenn er kurz vor Wettkampfbeginn und ohne hinreichenden Grund einem Athleten, der bereits nach den unlängst aufgestellten Selektionskriterien qualifiziert ist, einen zusätzlichen Ausscheidungskampf auferlegt); 120 II 331 («Swissair-Fall»: Haftung einer Muttergesellschaft aus Erklärungen, die sie gegenüber Geschäftspartnern ihrer Tochtergesellschaft abgibt; entscheidend war in diesem Fall (im Vergleich zu 124 III 297), dass nicht bloss allgemein auf die Konzernstrukturen hingewiesen, sondern die Einbindung der Tochtergesellschaft in den Konzern der Muttergesellschaft werbemässig stark herausgestrichen und in den Werbeunterlagen vor allem auch ausdrücklich zugesichert worden war, dass die Tochtergesellschaft nach den «gleichen unternehmerischen Maximen wie ihre Mutter» arbeite, und dass der Konzern hinter dem Tochterunternehmen stehe, was sich von Anfang an auf dessen Zuverlässigkeit auswirke 124 III 297/304 E. 6b). 32

Culpa in contrahendo/(c.i.c.). Die Haftung aus c.i.c. ist eine Erscheinungsform der Vertrauenshaftung 140 III 200/203 E. 5.2 Pra 2014 (Nr. 102) 816, 134 III 390/395 E. 4.3.2. Die Verantwortlichkeit aus der culpa in contrahendo beruht auf dem Gedanken, dass sich die Parteien während Vertragsverhandlungen nach Treu und Glauben verhalten müssen. Mit dem Beginn der Vertragsverhandlungen entsteht zwischen den Parteien eine rechtliche Bindung und ihnen erwachsen gegenseitige Pflichten, wie z.B. die Pflicht, ernsthaft und gemäss den wahren Absichten zu verhandeln 140 III 200/203 E. 5.2 Pra 2014 (Nr. 102) 816, 121 III 350/354 f. E. 6c Pra 1996 (Nr. 168) 616 f., 116 II 695/698 E. 3, 105 II 75/79 f. E. 2a. Zu den Pflichten der Parteien gehört es zudem, einander in gewissem Masse über Tatsachen zu unterrichten, die den Entscheid der Gegenpartei über den Vertragsschluss oder dessen Bedingungen beeinflussen können 132 III 24/31 E. 6.1.2, 105 II 75/80 E. 2a, 77 II 135/136 E. 2a Pra 1951 (Nr. 122) 333. In welchem Masse die Parteien einander gegenseitig aufzuklären haben, entscheidet sich nicht allgemein, sondern hängt von den Umständen des einzelnen Falles, namentlich von der Natur des Vertrages, der Art, wie sich die Verhandlungen abwickeln sowie den Absichten und Kenntnissen der Beteiligten ab 105 II 75/79 f. E. 2a. Die Haftung aus culpa in contrahendo setzt kein doloses Verhalten voraus. Wer Verhandlungen anbahnt und fortführt, aber nicht auf Umstände aufmerksam macht, von denen sich die Gegenpartei selber weder Kenntnis verschaffen kann noch verschaffen muss, haftet vielmehr auch bei fahrlässiger Verletzung der Aufklärungspflicht 140 III 200/203 f. E. 5.2 Pra 2014 (Nr. 102) 816, 105 II 75/79 f. E. 2a, 77 II 135/136 f. E. 2a Pra 1951 (Nr. 122) 333 (in 130 III 345/348 E. 1 offengelassen, ob Fahrlässigkeit genügt). Keine Offenbarungspflicht besteht, wenn der Verkäufer nach Treu und 33

Glauben annehmen durfte, die Gegenpartei werde den richtigen Sachverhalt ohne Weiteres erkennen 116 II 431/434 E. 3. Die c.i.c. ist somit die Verletzung der schon zu Beginn der Vertragsverhandlungen erwachsenden Pflicht zur gegenseitig richtigen Aufklärung über erhebliche Tatsachen, welche die Gegenpartei nicht kennt und nicht zu kennen verpflichtet ist, die aber ihren Entscheid über den Vertragsschluss oder dessen Bedingungen beeinflussen können 125 III 86/89 E. 3c, 68 II 295/303 (in casu schuldhaft unrichtige Raterteilung in engem Zusammenhang mit dem nachfolgenden Hauptvertrag), 108 II 305/313 E. d, 101 Ib 422/432 E. b Pra 1976 (Nr. 64) 145, vgl. ferner 129 IV 119/123 E. 2.3 fr., 4C.364/1999 (24.2.00) E. 2c/bb, ausführlich: 4C.237/1999 (4.1.00) E. 2, 4C.152/2001 (29.10.01) E. 3a fr. und 4C.247/2005 (17.11.05) E. 3.1 fr. Siehe zum Beginn der Vertragsverhandlungen 4A_202/2011 (16.6.11) E. 2.3 (die Parteien hatten bereits diverse Kontakte miteinander gehabt, befanden sich deswegen aber noch nicht in Vertragsverhandlungen).

34 Ein Anspruch aus culpa in contrahendo kann auch dann bestehen, wenn kein Vertrag zustande kommt oder der Vertrag nichtig ist 77 II 135/137 Pra 1951 (Nr. 122) 333, vgl. auch 4C.364/1999 (24.2.00) E. 2c/bb. Im Falle des Abbruchs der Vertragsverhandlungen kommt die Figur der culpa in contrahendo nur ausnahmsweise zur Anwendung (die Parteien investieren grundsätzlich auf eigene Gefahr in Vertragsverhandlungen) 4C.56/2004 (16.6.04) E. 2.3 fr., 4C.399/2005 (10.5.06) E. 5.2.1 it. Im blossen Abbruch von Vertragsverhandlungen liegt keine Treuwidrigkeit (grundsätzlich hat jede Partei das Risiko für vergeblich aufgebrachte Zeit und nutzlosen Aufwand selber zu tragen) 140 III 200/203 E. 5.2 Pra 2014 (Nr. 102) 816, 105 II 75/79 f. E. 2a, 4A_229/2014 (19.9.14) E. 4.3 (Abbruch nach fast dreijähriger Verhandlung), 4A_615/2010 (14.1.11) E. 4.1.1 fr. (Abbruch auch nach langen Verhandlungen und in Kenntnis der Investitionen der Gegenpartei in die Verhandlung), 4C.320/2002 (3.2.03) E. 3.2. Hingegen verletzt das Gebot von Treu und Glauben jener, der beim Verhandeln seinen eigenen Abschlusswillen stärker darstellt als er in Wirklichkeit vorhanden ist 4A_615/2010 (14.1.11) E. 4.1.1 fr., 4C.381/2002 (29.4.03) E. 5.1 fr. Eine Partei darf nicht eine ihren wirklichen Absichten widersprechende Haltung einnehmen und in der anderen die trügerische Hoffnung erwecken, dass ein Geschäft abgeschlossen wird, und sie so veranlassen, im Hinblick auf den Vertragsabschluss zu disponieren 140 III 200/203 E. 5.2 Pra 2014 (Nr. 102) 816, 77 II 135/137 E. 2a Pra 1951 (Nr. 122) 333. Erfolgen die Leistungen subjektiv wie vertrauenstheoretisch bloss gefälligkeitshalber, bleibt für die Annahme von Vertragsverhandlungen und damit für eine culpa in contrahendo kein Raum, 116 II 695/698 f. E. 3.

35 Das Mass der Aufklärungspflicht bestimmt sich nach den konkreten Umständen, der Natur des Vertrages, der Art der Verhandlungen sowie den Absichten und Kenntnissen der Beteiligten 105 II 75/79 f. E. 2a, 4C.192/1998 (19.4.00) E. 2 b (im beurteilten Fall standen sich zwei gleichermassen sachkundige Geschäftsbanken gegenüber), vgl. auch 4C.409/2005 (21.3.06) E. 3.3.4 fr. (Berücksichtigung des Umstandes, dass eine Partei durch in der betreffenden Materie [Flugzeug-Leasing] spezialisierte Anwälte vertreten war). In der Regel besteht keine Pflicht zur Aufklärung über die eigene Zahlungsfähigkeit und Kreditwürdigkeit 125 III 86/89 E. 3c. So wenig wie jeder andere Verhandlungspartner ist die Bank verpflichtet, dem potenziellen Kunden in der Vorstufe des Vertrages das Entscheidungsrisiko abzunehmen 4C.20/2005 (21.2.06) E. 4.2.3 Pra 2006 (Nr. 132) 912. Zur Haftung aus culpa in contrahendo bei zwei verschiedenen, inhaltlich aber zusammen-

hängenden Verträgen 4C.237/1999 (4.1.00) E. 2c. Niemand ist gehalten, im Interesse des Vertragspartners umsichtiger zu sein als dieser ist und sein kann 102 II 81/84, vgl. auch 120 II 331/336.

Ist die Verletzung der vorvertraglichen Aufklärungspflicht gleichzeitig eine Verletzung 36 des dann abgeschlossenen Vertrages (in casu Darlehensvertrag mit einer Bank), so verdrängen die Regeln der vertraglichen Haftung jene der vorvertraglichen Haftung 4C.82/2005 (4.8.05) E. 7.1 fr., vgl. auch 131 III 377/380 E. 3 Pra 2006 (Nr. 31) 219. Ansprüche aus culpa in contrahendo infolge Verletzung der Aufklärungspflicht während Vertragsverhandlungen sind wie Schadenersatzansprüche wegen absichtlicher Täuschung zu behandeln 109 Ia 5/10 E.b. Schadenskausalität als eine Voraussetzung der culpa in contrahendo 115 II 15/23. Offengelassen, ob derjenige, der eine vorvertragliche Aufklärungspflicht verletzt, dafür beweispflichtig ist, dass der Schaden auch eingetreten wäre, wenn er sich pflichtgemäss verhalten hätte 124 III 155/166.

Zu ersetzen ist das ***negative Vertragsinteresse*** 140 III 200/203 E. 5.2 Pra 2014 37 (Nr. 102) 816 f., 130 III 345/348, 105 II 75/81 E. 3, 4C.399/2005 (10.5.06) E. 5.2.1 it.; Anspruch auf Ersatz jenes Schadens, der aus dem von der Gegenseite erweckten Vertrauen auf das Zustandekommen des Vertrages erwachsen ist 4C.320/2002 (3.2.03) E. 4.2. Bei der Berechnung des Schadens ist ein Mitverschulden des Geschädigten zu berücksichtigen 68 II 295/304 f. E. 6 (s. aber 106 II 36/41 f. E. 5 Pra 1980 (Nr. 226) 594 wonach ein Anspruch aus culpa in contrahendo ausgeschlossen ist, wenn die Ungültigkeit des Vertrages wegen Formmangels auf die Nachlässigkeit in gleichem Mass der einen wie der andern Partei zurückzuführen ist).

Hilfspersonenhaftung und Verjährung. Die Haftung für Hilfspersonen aus c.i.c. 38 richtet sich nach Art. 101 108 II 419/422 E. 5, 68 II 295/303 E. 5, 4C.394/2006 (24.4.07) E. 4.3.3 fr.

Die Verjährung unterliegt Art. 60, 104 II 94/94 f. E. 3a Pra 1978 (Nr. 204) 532, 101 II 39 266/269 E. 4c, 4C.409/2005 (21.3.06) E. 3.1 fr., vgl. auch 134 III 390/397 E. 4.3.2 (der sich allgemein zur Vertrauenshaftung äussert).

Culpa in contrahendo und Formmangel. Es kann eine culpa in contrahendo beste- 40 hen, wenn ein Grundstückkaufvertrag von den Parteien bereits unterzeichnet worden ist, allerdings in einer Form, die nicht den gesetzlichen Vorschriften entspricht, und der Verkäufer sich weigert, die öffentliche Urkunde zu unterzeichnen, insbesondere weil er das Grundstück jemand anderem verkaufen will: In einem solchen Fall kann vom Verkäufer, der voraussehen konnte, dass er dem Käufer Schaden zufügen würde, verlangt werden, dass er diesen Schaden ersetzt, sodass der Käufer sich wieder in derselben Situation befindet, wie wenn er keine Verhandlungen aufgenommen hätte. Das gegen Treu und Glauben verstossende Verhalten liegt nicht im Abbruch der Verhandlungen, sondern darin, die Gegenpartei in der Überzeugung zu belassen, der Vertrag werde abgeschlossen, bzw. darin, diesen Irrtum nicht aufzuklären. Zwar ist eine culpa in contrahendo bei Rechtsgeschäften, die Formvorschriften unterliegen, schwieriger anzuerkennen, wenn die Formvorschriften den Zweck haben, die Parteien vor übereilten Engagements zu schützen, doch bleibt es ein Verstoss gegen die Regeln von Treu und Glauben, vorbehaltlos seine grundsätzliche Zustimmung zum Abschluss eines formgerechten Vertrages zu geben und sich dann im letzten Moment zu weigern, den Vertrag in die gesetzlich vorgeschriebene Form umzusetzen 140 III 200/203 f. E. 5.2 Pra 2014 (Nr. 102) 816 f., 4A_229/2014

(19.9.14) E. 4.1 fr., 4A_615/2010 (14.1.11) E. 4.1.1 f. fr., 4C.152/2001 (29.10.01) E. 3a fr. Vgl. bereits 117 II 259/266 E. 2c. (culpa in contrahendo unter dem Gesichtspunkt, dass vor dem formgültigen Abschluss des Grundstückkaufs klare und übereinstimmende Absichtserklärungen vorlagen, der Kauf aber nicht zustande kommt; in casu offengelassen).

41 «Volenti non fit iniuria» gilt auch für die Vertragsverhandlungen: Wenn beide Parteien einen Formfehler eines Vertrages wollen (in casu zu niedrig verurkundeter Kaufpreis für ein Grundstück), kann sich keine Partei auf culpa in contrahendo der Gegenpartei berufen 98 II 23/28 f. E. 3 Pra 1972 (Nr. 120) 373 f. Ebenso ist ein Anspruch ausgeschlossen, wenn die Ungültigkeit des Vertrages wegen Formmangels auf die Nachlässigkeit in gleichem Mass der einen wie der andern Partei zurückzuführen ist (in casu fehlende rechtliche Nachforschungen, die beide Parteien hätten anstellen müssen) 106 II 36/41 f. E. 5 Pra 1980 (Nr. 226) 594.

42 ***Beispiele.*** Culpa in contrahendo des Versicherers, der es bei der Prüfung des Antrages unterlässt, die Akten der früher vom gleichen Versicherungsnehmer eingegangenen andern Verträge nachzusehen 90 II 449/455 f. E. 4 Pra 1965 (Nr. 38) 131 f. Keine culpa in contrahendo des Versicherers, wenn er auf einen Antrag nicht antwortet oder mit der Antwort zuwartet und das Schadenereignis beim Antragsteller inzwischen eintritt 112 II 245/256 E. b Pra 1987 (Nr. 238) 821. Wer über Jahre hinweg Differenzabrechnungen bezüglich Akontozahlungen (in casu für Nebenkosten einer Wohnungsmiete) anstandslos akzeptiert, kann sich später nicht auf culpa in contrahendo der Gegenpartei berufen mit der Begründung, diese hätte auf die letztlich zu tief angesetzten Akontozahlungen bei Vertragsabschluss hinweisen müssen 132 III 24/31 E. 6.1.2. Haftung für falsche Auskunft in casu nach den deliktsrechtlichen Regeln oder nach den Grundsätzen der Vertrauenshaftung bzw. culpa in contrahendo 124 III 363/369 E.b. Zu den differenzierten Anforderungen an die Aufklärungspflichten einer Bank 4C.20/2005 (21.1.06) E. 4.2. Zu den vorvertraglichen Aufklärungs- und Offenbarungspflichten beim Abschluss eines öffentlich-rechtlichen Arbeitsverhältnisses vgl. 132 II 161/166 f. E. 4.2.

43 ***Analoge Anwendung*** auf den prozessrechtlichen Vertrag des Schiedsrichters: Er hat die Parteien über Tatsachen zu informieren, die ein Ablehnungsbegehren zu begründen vermögen 111 Ia 72/76 E. c fr.

44 ***Weiteres.*** Offengelassen, ob die Haftung aus culpa in contrahendo ein Anwendungsfall der aquilianischen Haftung ist 115 II 15/18 E. 2. Im beurteilten Fall offengelassen, ob die Informations- und Aufklärungspflicht der Bank aus dem Auftragsverhältnis oder dem Prinzip von Treu und Glauben bzw. aus culpa in contrahendo folgt 4C.202/2004 (14.9.04) E. 3.2 fr.

45 **Haftung für falsche Auskunft.** Nach der bundesgerichtlichen Rechtsprechung ist die Erteilung einer Auskunft, die weder in Ausübung eines Gewerbes noch sonst gegen Entgelt gegeben wird, nicht als Erfüllung einer übernommenen vertraglichen Verpflichtung anzusehen, sondern als ausservertragliches Handeln (das gilt beispielsweise auch für Bankauskünfte, die ein Kunde unabhängig von einem bestimmten Geschäft erbittet und erhält) 4C.394/2005 (29.3.06) E. 2.1 (in casu Vertragsverhältnis bejaht). Haftung für falsche Auskunft nach den deliktsrechtlichen Regeln oder nach den Grundsätzen der Vertrauenshaftung bzw. culpa in contrahendo 124 III 363/369 E.b.Vgl. auch 129 IV 119/122 f. E. 2.3 und 2.4 Pra 2003 (Nr. 165) 904 f., 4C.237/1999 (4.1.00) E. 2b. Die falsche Auskunftser-

teilung kann also auch ausserhalb einer vertraglichen Bindung eine Haftung begründen 4C.152/2002 (22.7.02) E. 2.3 fr. Vertrauenshaftung im beurteilten Fall verneint 4C.280/1999 (28.1.00) E. 3a, 4C.296/1999 (28.1.00) E. 3a.

Zum Zustandekommen des Vertrags

▪ Zugang empfangsbedürftiger Willenserklärungen (46) ▪ Kontrahierungspflicht (48) ▪ Genehmigungspflichtiges Rechtsgeschäft (49) ▪ Konversion (50) ▪ Allgemeine Geschäftsbedingungen (56) ▪ Vertrauensprinzip (57)

Zugang empfangsbedürftiger Willenserklärungen, ausführlich 137 III 208/213 ff. 46
E. 3.1.2 f. Pra 2011 (Nr. 106) 760 ff.: Löst der Zugang einer Willenserklärung den Lauf einer Frist des materiellen Bundesrechts aus, kommt die uneingeschränkte Empfangstheorie zur Anwendung. Danach beginnt die Frist zu laufen, sobald die Willenserklärung in den Machtbereich des Empfängers gelangt. Bei einer Sendung, die privat oder durch die Post uneingeschrieben zugestellt wird, ist dies dann der Fall, wenn sie zu einer Zeit, in der mit der Leerung gerechnet werden darf, in den Briefkasten des Adressaten gelegt wird. Ob der Adressat auch tatsächlich von der Sendung Kenntnis nimmt, ist dagegen nicht entscheidend. Insbesondere trägt der Adressat das Risiko, dass ihm die mit der Leerung des Briefkastens betraute Person die Sendung verheimlicht. Demzufolge bedeutet auch die Aushändigung einer empfangsbedürftigen Willenserklärung an eine Drittperson Zugang, sofern diese entweder nach dem Willen des Adressaten zur Entgegennahme ermächtigt oder aber nach der Verkehrsauffassung als befugt und geeignet anzusehen ist, die Erklärung in Empfang zu nehmen 118 II 42/44 E. 3b (in casu Art. 266n). Der Versand eines uneingeschriebenen Briefs ist aber kein Beweis für seinen Empfang. Der eingeschriebene Brief gilt mit dem Einwurf der Abholungseinladung in den Briefkasten des Empfängers als zugestellt, falls man von ihm erwarten konnte, dass er der Einladung so früh nachkommt. Ansonsten gilt der Brief am nächsten Tag als zugestellt.

Von diesem Grundsatz der uneingeschränkten Empfangstheorie gibt es nur zwei Aus- 47
nahmen: Im Bereich von Art. 257d Abs. 1 und Art. 269 gilt die eingeschränkte Empfangstheorie: Kann ein eingeschriebener Brief nicht direkt dem Empfänger (oder seinem Vertreter) zugestellt werden, gilt er als zugestellt, wenn ihn der Empfänger von der Post abholt, spätestens aber am 7. Tag der Abholfrist gemäss Abholeinladung 137 III 208/213 ff. E. 3.1.2. f. Pra 2011 (Nr. 106) 760 ff. S. auch 140 III 247 ff. E. 5.1 f. Pra 2014 (Nr. 95) 757 ff. (für die Frist gemäss Art. 273 Abs. 1 gilt die absolute Empfangstheorie), ebenso 4A_471/2013 (11.11.13) E. 2 fr.

Kontrahierungspflicht. Die Abschluss-, Partnerwahl- und Aufhebungsfreiheit als Teil- 48
aspekte der Vertragsfreiheit können ausnahmsweise durch Kontrahierungspflichten eingeschränkt werden. Solche Kontrahierungspflichten beruhen entweder auf Vertrag oder auf gesetzlicher Grundlage 4A_417/2009 (26.3.10) E. 3.3. Die Pflicht kann sich auch aus allgemeinen Prinzipien des Privatrechts wie dem Verbot sittenwidrigen Verhaltens ergeben. Ausserhalb einer ausdrücklichen gesetzlichen Grundlage haben Kontrahierungspflichten aber ausgesprochenen Ausnahmecharakter (nähere Ausführungen zu vier Voraussetzungen, die kumulativ vorliegen müssen) 129 III 35/45 f. E. 6.3 (in casu Verpflichtung der Post zur Beförderung von nicht abonnierten Druckerzeugnissen bejaht). Weder die

Ausschreibung noch die Zuschlagsverfügung in einem Submissionsverfahren begründen eine Kontrahierungspflicht des Submittenten 129 I 410/416 E. 3.4, 134 II 192/196 E. 1.4, 134 II 297/303 E. 4.1. Im Bereich des Zahlungsverkehrs (und Führens von Postkonti) besteht für die Post ein Kontrahierungszwang. Offengelassen, ob ein strafbares Verhalten des Kunden eine Kündigung aus wichtigem Grund rechtfertigt 4A_417/2009 (26.3.10) E. 3.4, 3.8.

49 **Genehmigungspflichtiges Rechtsgeschäft.** Dem Rechtsgeschäft einer handlungsunfähigen Person (in casu Unterhaltsvertrag für ein unmündiges Kind) droht im Hinblick auf die Mitwirkungspflicht der Eltern, des Vormundes und der vormundschaftlichen Behörden stets die Nichtigkeit, auf die sich alle Beteiligten berufen können 126 III 49/58 E.a.

50 **Konversion.** Mit der Konversion soll das, was geäussert wurde (und ungültig ist) durch das ersetzt werden, was beabsichtigt war (und rechtsgültig ist) 135 III 441/445 E. 3.3 Pra 2010 (Nr. 30) 220. Entspricht ein nichtiges Rechtsgeschäft den Erfordernissen eines andern Geschäftes, das einen ähnlichen Zweck und Erfolg hat wie der mit dem nichtigen erstrebte, so gilt nach einem ungeschriebenen Rechtssatz des schweizerischen Rechts jenes andere Geschäft, wenn anzunehmen ist, die handelnden Personen hätten das bei Kenntnis der Nichtigkeit ihres Geschäftes gewollt 93 II 439/452 E. 5, 135 III 441/444 E. 3.3 Pra 2010 (Nr. 30) 219, 124 III 112/119 E. 2b/bb. Die Möglichkeit der Konversion eines ungültigen Rechtsgeschäfts in eine gültige Rechtshandlung beschränkt sich nicht auf zweiseitige Handlungen 135 III 441/444 E. 3.3 Pra 2010 (Nr. 30) 219. Das substituierte Rechtsgeschäft darf auf keinen Fall weiterreichen als das von den Parteien beabsichtigte und weder der einen noch der andern Partei strengere Verpflichtungen auferlegen 80 II 82/86 f. E. 3 Pra 1954 (Nr. 46) 124 f., 126 III 182/184 E.b. Bei Formungültigkeit muss das Ersatzgeschäft im formungültigen Geschäft enthalten sein 124 III 112/119 E. 2b/bb. Die Konversion findet ihre Grenze an der Zweckfunktion der die Nichtigkeit begründenden Norm. Eine Umdeutung ist demnach ausgeschlossen, wenn sie auf eine Umgehung dieser Norm hinauslaufen oder zumindest deren Sinn und Zweck widersprechen würde 126 III 182/184 E. b (Unzulässigkeit des gewerbsmässigen Kaufs auf Rückkauf im Hinblick auf die Absicherung eines Kredites; die Konversion in eine Faustpfandbestellung ist nicht möglich). Die Frage nach der Absicht der Parteien im Falle der Kenntnis der Nichtigkeit ist Rechtsfrage, da es dabei nicht um die Erforschung eines tatsächlichen, sondern eines hypothetischen Parteiwillens geht (somit freie Überprüfung durch das Bundesgericht) 103 II 185 E. 4.

51 ***Konversion einer Kündigung.*** Die Ausübung eines Gestaltungsrechts schliesst die Möglichkeit einer Konversion im Allgemeinen aus. Eine unwirksame vorzeitige Kündigung kann deshalb nicht in eine wirksame ordentliche Kündigung konvertiert werden 135 III 441/444 f. E. 3.3 Pra 2010 (Nr. 30) 220, 123 III 124/129 E. 3d. Eine Ausnahme von diesem Grundsatz besteht dann, wenn die Kündigung bloss irrtümlich als ausserordentliche Kündigung bezeichnet worden ist 138 III 304/321 E. 11. Weiter ist es zulässig, dem Mieter subsidiär eine ordentliche Kündigung zukommen zu lassen, die Wirkung entfalten soll, falls sich die auf einen ausserordentlichen Kündigungsgrund gestützte Kündigung als unzulässig erweisen sollte. Der Wille, subsidiär ein derartiges Gestaltungsrecht auszuüben, muss allerdings deutlich zum Ausdruck gebracht werden 137 III 389 Pra 2012 (Nr. 6) 35.

Sodann kann eine mangels wichtiger Gründe unwirksame Kündigung in eine Offerte zur Vertragsauflösung umgedeutet werden, die vom Vertragspartner (stillschweigend) angenommen werden kann (worauf indes nicht leichthin geschlossen werden darf) 4A_589/2011 (5.4.12) E. 8.1. Beim Arbeitsvertrag kommt eine solche Umdeutung aber nur in den Ausnahmefällen in Betracht, in denen für den Arbeitnehmer aufgrund der Umstände eindeutig erkennbar ist, dass der kündigende Arbeitgeber bei Kenntnis der Unwirksamkeit seiner Erklärung einen Aufhebungsvertrag gewollt hätte; zudem muss der Arbeitgeber aufgrund des Verhaltens des Arbeitnehmers zweifelsfrei darauf schliessen können, dass auch dieser sich aus dem Arbeitsverhältnis lösen will 4C.230/2005 (1.9.05) E. 2 (aus dem Umstand allein, dass der Arbeitnehmer auf eine Kündigung des Arbeitgebers nicht reagiert, lässt sich keine Zustimmung zu einem Aufhebungsvertrag ableiten). 52

Konversion eines Rechtsmittels. Die unrichtige Bezeichnung des Rechtsmittels schadet nicht, wenn bezüglich des statthaften Rechtsmittels sämtliche formellen Voraussetzungen erfüllt sind und daher eine Konversion möglich ist 131 I 291/296 E. 1.3, 126 III 431/437 E. 3. Eine solche setzt voraus, dass das Rechtsmittel als Ganzes konvertiert werden kann; denn eine Umwandlung ist ausgeschlossen, wenn bestimmte Rügen dem gewählten Rechtsmittel entsprechen, während andere in einer anderen Beschwerde erhoben werden müssten 134 III 379/382 E. 1.2 Pra 2009 (Nr. 12) 68 f., 131 III 268/279 E. 6 Pra 2006 (Nr. 19) 151 f., 5A_895/2014 (6.5.15) E. 2.4.2 (die Vorinstanz hätte die Rechtsmitteleingabe des Beschwerdeführers nicht gesamthaft als Beschwerde entgegen nehmen können, da hinsichtlich des Abänderungs- und Forderungsverfahrens insgesamt die Berufung das zutreffende Rechtsmittel war); 4A_493/2014 (26.1.15) E. 1.1.4 (Beschwerde in Zivilsachen mangels Erreichens des Streitwerts gemäss BGG Art. 74 Abs. 1 lit. a nicht möglich, allerdings findet mit Blick darauf, dass der Beschwerdeführer letztinstanzlich auch eine Verletzung verfassungsmässiger Rechte geltend macht, eine Konversion des Rechtsmittels in eine subsidiäre Verfassungsbeschwerde [BGG Art. 113 ff.] statt), 8D_5/2013 (27.1.14) E. 2.1, 5A_433/2012 (21.8.12) E. 4 (Konversion möglich für den integralen zweiten Teil der Eingabe; die entsprechenden Verfassungsrügen waren deshalb im Rahmen einer Beschwerde in Zivilsachen entgegenzunehmen). 53

Beispiele. Konversion einer testamentarisch angeordneten Familienstiftung (die als sogenannte Unterhaltsstiftung ungültig ist) in eine Nacherbeneinsetzung (in casu abgelehnt) 89 II 437/440 ff. E. 1, 2; einer nichtigen Familienstiftung in eine zulässige gewöhnliche Stiftung (hier: in eine Stiftung zur Erhaltung eines Baudenkmals und seiner Umgebung) 93 II 439/452 f. E. 5 f.; eines nichtigen Erbvertrages in eine öffentliche letztwillige Verfügung 93 II 223/228 f. E. 3; eines dem schweizerischen Recht unbekannten und damit ungültigen gemeinschaftlichen Testaments in eine letztwillige Verfügung des einen der beiden Erblasser (in casu abgelehnt) 89 II 284/285 f. E. 4 Pra 1964 (Nr. 21) 63 f.; einer formnichtigen Schenkung von Todes wegen in ein testamentarisches Vermächtnis (in casu abgelehnt) 76 II 273/278 ff. E. 3; eines formnichtigen Ehevertrages in einen Erbvertrag (in casu bejaht) 76 II 8/13 ff. E. 5; eines ungültigen Ordrepapiers in eine abstrakte Schuldanerkennung (in casu bejaht) 65 II 66/79 f. E. 7; eines formungültiger Checks in eine Anweisung 80 II 82/87 E. 4 fr.; einer nach ZGB Art. 781 Abs. 2 nichtigen Personaldienstbarkeit (in casu ein dem Wohnrecht entsprechendes, aber erbliches und übertragbares Benützungsrecht an einer Wohnung) in ein Wohnrecht oder in ein Mietverhältnis von unbestimmter Dauer (in casu abgelehnt) 103 II 176/185 f. E. 4; eines formungültigen 54

Kaufsrechts in einen Vorkaufsvertrag (generell [?] abgelehnt) 54 II 323/330 f. E. 4. Wechselbürgschaft: Die Konversion einer ungültigen Ehrenzahlung in ein Nachindossament ist grundsätzlich möglich 124 III 112/116 ff. E. 2. Umwandlung eines infolge rechtlicher Unmöglichkeit nichtigen Baurechts in ein gültiges Rechtsgeschäft 133 III 311/318 ff. E. 3.4 fr.

55 Keine Konversion der Dienstbarkeit in eine Grundlast (da der Vertrag zur Errichtung einer Grundlast der öffentlichen Beurkundung bedarf und diesem Formerfordernis nicht nachgelebt wurde) 93 II 290/299 E. 6a. Keine Konversion einer formungültigen Bürgschaft in eine Garantie 125 III 305/311 E. d Pra 1999 (Nr. 172) 901. Keine Konversion einer unzulässigen Stimmrechtszession bei vinkulierten Namenaktien in ein gültiges Rechtsgeschäft, da mit der Zession die Umgehung statutarischer Vinkulierungsvorschriften beabsichtigt wird und die Vereinbarung somit ohnehin rechtsmissbräuchlich ist 109 II 43/44 ff. E. 2, 3 (Entscheid, der unter altem Aktienrecht ergangen ist). Keine Umdeutung einer auf Art. 261 Abs. 2 lit. a beruhenden ausserordentlichen Kündigung in eine ordentliche Kündigung 135 III 441/441 ff. Pra 2010 (Nr. 30) 215 ff. Zur Konversion einer Universalversammlung in eine normale Generalversammlung 137 III 460/467 E. 3.3.2.

56 **Allgemeine Geschäftsbedingungen** siehe unter Art. 1 Abs. 1.

57 **Vertrauensprinzip** siehe unter Art. 1 Abs. 1 und unter Art. 18 Abs. 1.

Zum bestehenden Vertrag

▪ Austauschvertrag (58) ▪ Dauerverträge (59) ▪ Rückwirkung (65) ▪ Vertragsbeitritt (66) ▪ Vertrag mit Schutzwirkung zugunsten Dritter (67) ▪ Vertragsübergang/Vertragsübertragung/Vertragsübernahme (68) ▪ Gestaltungsrechte (72) ▪ Wahl zwischen zwei alternativen Forderungen (75) ▪ Fiduziarisches Rechtsgeschäft (76) ▪ Vertragliche Nebenpflichten (77) ▪ Vertragsanpassung durch den Richter (78) ▪ Vertragsergänzung durch den Richter (79)

58 **Austauschvertrag.** Auch bei Austauschverträgen können Klauseln vorkommen, die von einem Gleichlauf der Interessen beherrscht sind (Beteiligung an einer Transfersumme im beurteilten Fall als Teil des Arbeitsvertrags und nicht als selbständigen Gesellschaftsvertrag betrachtet) 4A_59/2007 (17.7.07) E. 3.

59 **Dauerverträge.** Dauerschuldverhältnisse werden dadurch charakterisiert, dass der Umfang der Gesamtleistung von der Länge der Zeit abhängt, während der die Leistungen fortgesetzt werden sollen 128 III 428/430 E.b. Das Dauerschuldverhältnis lässt laufend neue Rechte und Pflichten entstehen, 138 III 659/664 E. 3.4, und verlangt ein fortdauerndes oder wiederholtes Leistungsverhalten, solange die Schuld besteht 4A_141/2007 (20.8.07) E. 4. Klassische Dauerschuldverhältnisse sind Arbeitsvertrag und Miete 138 III 659/664 E. 3.4. Ebenso kann der Auftrag (ungeachtet des jederzeitigen Widerrufsrechts nach Art. 404) als Dauerschuldverhältnis ausgestaltet sein 4A_284/2013 (13.2.14) E. 3.4.6 (in 138 III 659/664 E. 3.4 wird er als klassisches Dauerschuldverhältnis bezeichnet), wie auch der Franchisevertrag 4A_148/2011 (8.9.11) E. 4.3. In 138 III 304/318 E. 6 offengelassen, ob es sich bei der Markenabgrenzungsvereinbarung um ein eigentliches

Dauerschuldverhältnis handelt oder bloss um ein Schuldverhältnis, das wie ein Dauerschuldverhältnis wirkt.

Obligatorische Verträge können nicht auf unbeschränkte Zeit abgeschlossen werden (siehe Art. 20 und ZGB Art. 27). Die konkrete *Höchstdauer* hängt ab von der Intensität der dadurch bewirkten Beschränkung des Verpflichteten: Hindert sie die gesamte Betätigung im wirtschaftlichen Bereich, wird die Bindung nur für kurze Zeit rechtmässig erfolgen dürfen; handelt es sich dagegen um einen weniger grossen Eingriff, ist ein weiterer Massstab anzulegen 93 II 290/300 f. E. 7, grundlegend 113 II 209/210 ff. E. 4, 5 Pra 1988 (Nr. 105) 387 ff. (Anwendung von ZGB Art. 2; in casu privatrechtlicher Vertrag zwischen zwei Gemeinden über dauernde Wasserlieferung), 114 II 159/161 f. E. 2a (grosse Bedeutung der konkreten Umstände; in casu juristische Person). Vgl. auch 127 II 69/77. – Ein für den Vermieter auf die Dauer der Berufsausübung des Mieters unkündbarer *Mietvertrag* ist zulässig 56 II 189/190 ff., ebenso ein *Bierlieferungsvertrag* mit einer Geltungsdauer von fünfzehn Jahren 40 II 233/239 ff.; gültig (unter den in casu gegebenen Umständen) ist ein Bierlieferungsvertrag über die Dauer von zwanzig Jahren 114 II 159/164 E.aa. 60

Ein ***richterlicher Eingriff*** in den bestehenden Vertragsinhalt auf Verlangen einer Partei gestützt auf ZGB Art. 2 ist nur zulässig, wenn das Verhältnis von Leistung und Gegenleistung wegen *ausserordentlicher Änderung der Umstände* so gestört ist, dass die sich aus dem Vertrag ergebende Risikoverteilung für die eine Partei nicht mehr tragbar und das Festhalten der Gegenpartei an ihrem Anspruch nach den gesamten Umständen rechtsmissbräuchlich ist 107 II 343/347 f. E. 2, 100 II 345/348 f. E. 2b, mithin, wenn sich die Umstände nach Vertragsschluss so grundlegend ändern, dass eine gravierende Äquivalenzstörung eintritt 135 III 1/9 f. Soweit die nach ZGB Art. 27 zulässige Höchstdauer überschritten wird, führt sie zur Teilnichtigkeit des Vertrages gemäss Art. 20 Abs. 2, die durch Vertragsergänzung aufgrund des hypothetischen Parteiwillens zu beheben ist 114 II 159/163 E.c. – Siehe auch unter Art. 18/Vertragsanpassung durch das Gericht. 61

Die ***Auflösung*** von Dauerverträgen kann durch Kündigung erfolgen 97 II 390/395 E. 3, 93 II 290/301 E. 8. Dauerschuldverhältnisse können vorzeitig aus wichtigem Grund aufgelöst werden (auch wenn im konkreten Fall eine entsprechende gesetzliche Regelung fehlt) 138 III 304/319 E. 7 (Abgrenzungsvereinbarung), 128 III 428/429 E. 3 (Darlehensverhältnis), vgl. auch 131 III 314/318 E. 2.3.1, 4C.121/2004 (8.9.04) E. 3.1 it., 4C.67/2006 (12.5.06) E. 2, 133 III 360/364 f. E. 8.1 Pra 2008 (Nr. 6) 46 (Lizenzvertrag), 135 III 1/10 E. 2.4. S. auch Rz. 84 f. zu Vorb. Art. 1–40f. Dieser Grundsatz entspricht dem Gebot des Handelns nach Treu und Glauben bzw. dem Verbot des Rechtsmissbrauchs und ist daher dem Ordre public zuzurechnen 4P.172/1999 (17.2.00) E. 5d. Die allgemeinen Regeln über die Auflösung von Dauerschuldverhältnissen und damit auch die Regeln über die Auflösung eines Dauerschuldverhältnisses aus wichtigem Grund sind auch auf Verträge anwendbar, die wie Dauerschuldverhältnisse wirken (Verträge mit dauerhafter Wirkung) 138 III 304/318 f. (Markenabgrenzungsvereinbarung). – S. auch nachfolgend Beendigung von Dauerschuldverhältnissen. 62

Ein Dauervertragsverhältnis, das eine einseitige Kündigung nur unter Einhaltung bestimmter Fristen vorsieht, kann trotzdem durch übereinstimmende Willensäusserung der Vertragsparteien jederzeit aufgehoben werden, solange dadurch nicht zwingende Bestimmungen des Gesetzes umgangen werden 134 III 625/634 E. 3.5.2. – Bei Dauerschuldverhältnissen, in welchen die eine Partei wirtschaftlich von der andern abhängig ist, kann die 63

Schutzbedürftigkeit der schwächeren Vertragspartei *die sinngemässe Anwendung zwingender Vorschriften* erheischen, welche das Gesetz für verwandte Vertragstypen vorsieht (in casu Franchisevertrag; analoge Anwendung arbeitsrechtlicher Schutzvorschriften) 118 II 157/163 f. E. 4.

64 Bei Dauerverträgen entspricht es der allgemeinen Erwartungshaltung, dass eine Anpassungsklausel mit einem Kündigungsrecht verbunden ist, wenn sie auf einem nicht hinreichend bestimmten Ereignis beruht 135 III 1/11 (eine Klausel, die ein solches Kündigungsrecht ausschliesst, ist ungewöhnlich und damit vom Konsens der Parteien nicht erfasst).

65 **Rückwirkung.** Aus Art. 1 folgt, dass Rechte und Pflichten aus einem Vertrag frühestens ab dessen Abschluss entstehen können (Wirksamkeit ex nunc und pro futuro). Eine Rückwirkung im Rechtssinne kann nur vom Gesetz angeordnet werden (z.B. in Art. 10 Abs. 1, 124 Abs. 2; Art. 259d: 130 III 504/509 E. 5.1 Pra 2005 [Nr. 6] 51). Die Parteien können zwar vereinbaren, dass ihr Vertrag ab einem Datum Wirkung entfaltet, das vor dem Zeitpunkt des Vertragsschlusses liegt. Es ist aber unzulässig, dadurch rechtliche Verpflichtungen umzuqualifizieren und damit die vergangene rechtliche Ordnung zu verletzen. Diese Grundsätze gelten auch bei einem Übergang von Arbeitsverhältnissen im Sinne von Art. 333. Grundsätzlich verbieten sowohl die ratio legis von Art. 333, den Schutz der Arbeitnehmer bei der Übertragung eines Betriebes zu verstärken, als auch – allgemeiner – die Rechtssicherheit, dass ein solcher Übergang eine Rückwirkung entfaltet. Im gegenteiligen Fall liefe der Arbeitnehmer Gefahr, gewisse Rechte zu verlieren, die sich aus der Dauer seines Arbeitsverhältnisses ergeben, wie zum Beispiel den Anspruch auf einen Anteil am Geschäftsergebnis (Art. 322a) oder auf Provisionen aufgrund der Tätigkeit des Arbeitnehmers (Art. 322b und 322c), sowie der Anspruch auf ein Arbeitszeugnis mit Angaben über die Art und die Dauer des Arbeitsverhältnisses (Art. 330a) oder auch die im Rahmen der Vorsorge erworbenen Vorzugsrechte 137 V 463/470 E. 5.2 Pra 2012 (Nr. 45) 320. Ein Vertrag, der laufend beidseitig erfüllt wurde (in casu Mietvertrag), kann also durch Parteivereinbarung nicht «rückwirkend» geändert werden. Was die Parteien in solchen Fällen einzig tun können, ist ein der Rückwirkung ähnliches Recht auf obligatorischem Weg herzustellen und sich zu verpflichten, das zu leisten, was sie haben würden, wenn der von ihnen gewünschte Rechtszustand schon in einem früheren Zeitpunkt bestanden hätte (in casu intertemporales Recht, aBMM Art. 34: Wird in einer am 23. März 1972 vereinbarten «Ergänzung» der aufgrund eines bestehenden Vertrages entrichtete Mietzins ab 1. Januar 1968 erhöht, so liegt eine Forderung vor, die ihre Wirkung nach dem Inkrafttreten der Bestimmung [5. März 1972] entfaltet und daher der Missbrauchsgesetzgebung unterliegt) 99 II 297/300 ff. E. 3.

66 **Vertragsbeitritt.** Der Eintritt einer Drittperson in einen bestehenden Vertrag setzt die Einwilligung aller Vertragsparteien voraus 4C.412/1999 (8.2.00) E. 3. Beitritt einer neuen Partei in einen bestehenden Vertrag oder neuer Vertrag? 4C.62/2006 (21.4.06) E. 3 (in casu Arbeitsvertrag im Konzern). Beispiel für die Prüfung, ob Vertragsbeitritt vorliegt 4A_41/2009 (1.4.09).

Vertrag mit Schutzwirkung zugunsten Dritter. Offengelassen, ob in der Schweiz eine solche Rechtsfigur besteht 130 III 345/347 f. E. 1, 4C.280/1999 (28.1.00) E. 3b, 4C.296/1999 (28.1.00) E. 3b. 67

Vertragsübergang/Vertragsübertragung/Vertragsübernahme. Beim Vertragsübergang geht der gesamte Vertrag mit allen Rechten und Pflichten von einem Vertragspartner auf einen Dritten über. Die Vertragsübertragung/-übernahme ist im OR nicht ausdrücklich geregelt. Sie ist nicht bloss eine Kombination aus Zession und Schuldübernahme, sondern ein Vertrag sui generis. Im Vergleich zur Zession setzt dieser Vertrag denn auch die Zustimmung aller Beteiligten voraus 4A_143/2017 (15.5.17) E. 5.3, 4A_650/2014 (5.6.15) E. 6.1 fr., 4A_258/2014 (8.7.14) E. 1.3 fr., 4A_77/2012 (16.7.12) E. 3.2, 4A_75/2012 (16.7.12) E. 2.3, 4A_311/2011 (19.7.11) E. 3.2.1 fr., 5C.51/2004 (28.5.04) E. 3.1 fr. Der Eintritt eines Dritten in ein zweiseitiges Rechtsverhältnis anstelle der ausscheidenden Vertragspartei kann deshalb nur unter der Voraussetzung erfolgen, dass die verbleibende Vertragspartei sich hiermit einverstanden erklärt 47 II 416/421 E. 2, 4A_75/2012 (16.7.12) E. 2.3. Die Vertragsübertragung unterliegt keinem Formerfordernis, sofern der ursprüngliche Vertrag nicht formgebunden ist 4A_258/2014 (8.7.14) E. 1.3 fr., 4A_311/2011 (19.7.11) E. 3.2.1 fr. (zur Formfreiheit auch 4A_650/2014 (5.6.15) E. 6.1 fr., 5C.51/2004 [28.5.04] E. 3.1 fr.). Zur Übertragung der Miete auf einen Dritten (Art. 263) 138 III 353 fr., 125 III 226 fr., 4A_130/2015 (2.9.15) fr. 68

Beim unbegrenzten Vertragsübergang übernimmt die übernehmende Partei den Vertrag (Grundvertrag) auch für die Zeit vor seinem Übergang. Sie übernimmt also alle Rechte und Pflichten des Grundvertrags, die seit seinem Abschluss entstanden sind. Bei der begrenzten Vertragsübertragung übernimmt dagegen die eintretende Partei den Platz der ausscheidenden nur für die Zeit ab Vertragsübergang 4A_313/2014 (9.9.14) E. 3 fr., 4A_311/2011 (19.7.11) E. 3.1.2 fr., 4A_665/2010 (1.3.11) E. 4.1 fr. Ob der Vertragsübergang unbegrenzt oder begrenzt ist, ist eine Frage der Auslegung. Im Zweifelsfall ist auf das Interesse des neuen (eintretenden) Vertragspartners abzustellen 4A_311/2011 (19.7.11) E. 3.1.2 fr., 4A_665/2010 (1.3.11) E. 4.1 fr. Ist der Grundvertrag ein Dauerschuldverhältnis, liegt das Interesse des neuen Vertragspartners grundsätzlich darin, einen begrenzten Vertragsübergang zu vereinbaren 4A_311/2011 (19.7.11) E. 3.1.2 fr., 4A_665/2010 (1.3.11) E. 4.1 fr., 4A_79/2010 (29.4.10) E. 2.4. 69

Vertragsübertragung und Schiedsklausel. Nach dem Grundsatz der Relativität vertraglicher Verpflichtungen («Alteri stipulari nemo potest»; ULP. D. 45,1,38,17) bindet eine Schiedsklausel in einem Schuldvertrag grundsätzlich nur die Vertragsparteien. Allerdings bejaht das Bundesgericht seit Langem, dass eine Schiedsklausel unter gewissen Voraussetzungen auch Personen binden kann, die den Vertrag nicht unterzeichnet haben und darin auch nicht erwähnt werden, so etwa bei der Abtretung einer Forderung, bei einer (einfachen oder kumulativen) Schuldübernahme oder bei einer Vertragsübernahme 134 III 565/567 f. E. 3.2 Pra 2009 (Nr. 37) 218, 129 III 727/735 E. 5.3.1 Pra 2004 (Nr. 178) 1033, 4A_627/2011 (8.7.12) E. 3.2. 70

Kein automatischer Vertragsübergang auf Nachfolgestaaten 139 V 263 (in casu kein Übergang des Abkommens vom 8. Juni 1962 zwischen der Schweizerischen Eidgenossenschaft und der [ehemaligen] Föderativen Volksrepublik Jugoslawien über Sozialversicherung auf den Kosovo). 71

72 **Gestaltungsrechte.** Gestaltungsrechte gestatten einer Vertragspartei, einseitig (d.h. ohne die Mitwirkung der Gegenpartei) die Rechtslage zu ändern 135 III 441/444 E. 3.3 Pra 2010 (Nr. 30) 215,133 III 360/364 E. 8.1.1 Pra 2008 (Nr. 6) 46 (in casu Kündigung). Der einseitigen Gestaltungsmacht des Berechtigten entspricht auf der Seite des Erklärungsgegners eine Gebundenheit, diese Gestaltung und den in ihr liegenden Einbruch in den eigenen Rechtskreis hinzunehmen und gegen sich gelten zu lassen. Da dem Berechtigten durch das Gestaltungsrecht eine einseitige Gestaltungsmacht eingeräumt ist, müssen Sicherungen im Interesse der Gegenpartei vorgesehen werden, damit der Eingriff in die Rechtssphäre für diesen überschaubar und auf das notwendige Mass begrenzt wird. Aus diesem Schutzbedürfnis der Gegenpartei, ihrem Interesse an klaren Verhältnissen, folgt der Grundsatz, dass die Ausübung von Gestaltungsrechten bedingungsfeindlich und unwiderruflich ist 128 III 70/75 E. 2. Zudem schliesst die Ausübung eines Gestaltungsrechts die Möglichkeit einer Konversion im Allgemeinen aus 135 III 441/444 E. 3.3 Pra 2010 (Nr. 30) 220. Sodann kann das Gestaltungsrecht nur vom Inhaber dieses Rechts ausgeübt werden. Der Richter kann grundsätzlich nicht eine ausgebliebene Willensäusserung ersetzen 136 III 273/274 E. 2.2 Pra 2010 (Nr. 129) 852 f., 135 III 441/444 E. 3.3 Pra 2010 (Nr. 30) 220.

73 ***Ausnahmen vom Grundsatz der Unwiderruflichkeit.*** Der Grundsatz der Unwiderruflichkeit erleidet Ausnahmen, die sich teils unmittelbar aus dem Gesetz und teils aus dessen teleologischer Auslegung ergeben, wobei in diesem Zusammenhang wiederum massgebend ist, ob und wie weit ein Schutzbedürfnis der Gegenpartei besteht. So kann eine Anfechtungserklärung analog der Regel von Art. 9 zurückgenommen werden oder wegen Verstosses gegen Treu und Glauben ungültig sein (ZGB Art. 2 und OR Art. 25 Abs. 1). Möglich ist ferner, dass die Erklärung ihrerseits wegen eines Willensmangels unwirksam ist. Schliesslich ist ein Zurückkommen auf die Anfechtungserklärung nach der Lehre zulässig, wenn der Erklärungsgegner das Gestaltungsrecht oder dessen wirksame Ausübung bestreitet, weil dann nur der von ihm für richtig gehaltene Zustand hergestellt wird 128 III 70/75 f. E. 2. Sodann erleidet der Grundsatz der Unwiderruflichkeit dann eine Ausnahme, wenn der Erklärungsempfänger gar nicht schutzbedürftig ist, z.B. dann, wenn er mit der Rücknahme der Gestaltungserklärung einverstanden ist 4A_261/2007 (29.10.07) E. 3 (Kündigung eines Agenturvertrages, der im Anschluss daran von den Vertragsparteien einvernehmlich weitergeführt wurde).

74 ***Ausnahme vom Grundsatz der Bedingungsfeindlichkeit.*** Bedingungen sind zulässig, soweit deren Eintritt ausschliesslich vom Willen der Gegenpartei (hier: des Gekündigten) abhängt, sodass sich diese nicht in einer unsicheren Lage befindet, 128 III 129/135 f. E. 2 4C.104/2004 (2.6.04) E. 6.2 fr.

75 **Wahl zwischen zwei alternativen Forderungen.** Nach einem allgemeinen Grundsatz, der auch bei Ausübung von Gestaltungsrechten wie der Kündigung eines Vertrages Anwendung findet, verliert der Gläubiger, welcher die Wahl zwischen zwei alternativen Forderungen hat, diesen Vorteil, sobald er sein Wahlrecht ausübt und sich für die eine Alternative entscheidet; in diesem Zeitpunkt erlischt der nicht gewählte Anspruch 123 III 86/88 E. b Pra 1997 (Nr. 108) 589 (in casu Kündigung eines Arbeitsvertrages: Wer den Vertrag ordentlich kündigt, obwohl er einen Grund zur fristlosen Vertragsauflösung hat

und kennt, kann später nicht gestützt auf den gleichen Grund den Vertrag fristlos auflösen).

Fiduziarisches Rechtsgeschäft siehe unter Art. 18 Abs. 1. 76

Vertragliche Nebenpflichten siehe Vorb. Art. 184–551. 77

Vertragsanpassung durch den Richter (clausula rebus sic stantibus) siehe unter Art. 18 78
Abs. 1.

Vertragsergänzung durch den Richter siehe unter Art. 2 und 18 Abs. 1. 79

Zur Beendigung des Vertrags

▪ Aufhebungsvertrag (80) ▪ Kündigung und Rücktritt (85) ▪ Beendigung von Dauerschuldverhältnissen (87) ▪ Rückabwicklung von Verträgen (89)

Aufhebungsvertrag. Mit dem Aufhebungsvertrag («contrarius actus») wird ein früher 80
abgeschlossener Vertrag aufgehoben: Die gegenseitigen Forderungen erlöschen und bereits erbrachte Leistungen bilden Gegenstand einer vertraglichen Rückabwicklung 4C.286/2005 (18.1.06) E. 2.1 (in casu lückenhafter Aufhebungsvertrag/Lückenfüllung unter Anwendung von Art. 109 Abs. 2). – Ein Dauervertragsverhältnis, das eine einseitige Kündigung nur unter Einhaltung bestimmter Fristen vorsieht, kann trotzdem durch übereinstimmende Willensäusserung der Vertragsparteien jederzeit aufgehoben werden, solange dadurch nicht zwingende Bestimmungen des Gesetzes umgangen werden 134 III 625/634 E. 3.5.2.

Zum Verhältnis zwischen Aufhebungsvertrag und arbeitsrechtlichem Kündigungs- 81
schutz (und Art. 341) 4A_563/2011 (19.1.12) E. 4.

Siehe auch Art. 115. 82

Forderungsverzicht. Ausserhalb eines Nachlassverfahrens ist ein Forderungsver- 83
zicht nach schweizerischem Recht allein in einem Aufhebungsvertrag nach Art. 115 möglich 4C.437/2006 (13.3.07) E. 2.3.2 (in 133 III 356/356 ff. n.p. E.).

Vereinsrecht. Anstatt durch einseitige Austrittserklärung kann die Mitgliedschaft 84
auch durch einvernehmliche vertragliche Regelung zwischen Mitglied und Verein aufgelöst werden (Art. 1 Abs. 1) 134 III 625/633 E. 3.5.2.

Kündigung und Rücktritt. Die Kündigung wirkt ex nunc und damit pro futuro, was zur 85
Folge hat, dass bereits erbrachte Leistungen nicht zurückgefordert werden können und die Leistungspflicht aus bereits eingetretenen Ereignissen fortbesteht. Demgegenüber lässt der Rücktritt das Vertragsverhältnis im Grundsatz ex tunc dahinfallen und begründet für bereits erbrachte Leistungen einen Rückforderungsanspruch aus ungerechtfertigter Bereicherung 131 III 314/317.

Die Kündigung stellt ein Gestaltungsrecht dar, welches einer Vertragspartei die Mög- 86
lichkeit verleiht, die Rechtsstellung der anderen (Partei) einseitig und ohne deren Mitwirkung zu verändern (128 III 129/135 E. 2 a). Grundsätzlich entfaltet diese ihre Rechtswirkungen nur, wenn sie nicht Treu und Glauben widerspricht (ZGB Art. 2) und, im Falle

einer vorzeitigen Kündigung, wenn sie durch einen wichtigen Grund gerechtfertigt ist. Andernfalls ist sie unwirksam und die vertraglichen Verpflichtungen bleiben bestehen. Eine Ausnahme bilden ausdrücklich gesetzlich geregelte Fälle. Beim Mietvertrag z.B. sieht das Gesetz nicht die Nichtigkeit einer gegen Treu und Glauben verstossenden Kündigung vor, sondern deren blosse Anfechtbarkeit (Art. 271 Abs. 1), sodass sie wirksam wird, wenn sie nicht innert der vorgesehenen Frist bestritten wird (133 III 175/176 ff. E. 3). Der Arbeitsvertrag geht noch weiter, da eine Kündigung aus wichtigen Grund (Art. 337) auf jeden Fall die vertragliche Beziehung beendet, unabhängig davon, ob sie durch wichtige Gründe gerechtfertigt ist oder nicht; sie belässt dem ehemaligen Arbeitnehmer nur noch die Möglichkeit, Schadenersatz zu verlangen 133 III 360/364 f. E. 8.1 Pra 2008 (Nr. 6) 46 f.

87 **Beendigung von Dauerschuldverhältnissen** (s. auch Rz. 59 f. zu Vorb. Art. 1–40f). Dauerschuldverhältnisse können aus wichtigen Gründen, welche die Vertragserfüllung unzumutbar machen, vorzeitig beendet werden 138 III 304/319 E. 7, 128 III 428/429 f. E. 3, 122 III 262/265 E. 2a/aa. Ein wichtiger Grund liegt vor, wenn das Gebundensein an den Vertrag für die Partei wegen veränderter Umstände ganz allgemein unzumutbar geworden ist, also nicht nur unter wirtschaftlichen, sondern auch unter anderen die Persönlichkeit berührenden Gesichtspunkten 138 III 304/319 E. 7, 128 III 428/432 E. 3c. Ob im Einzelfall ein wichtiger Grund vorliegt, entscheidet das Gericht nach seinem Ermessen. Es geht dabei um eine Billigkeitsentscheidung, die auf objektiver Interessenabwägung unter Beachtung der Umstände des Einzelfalls beruht 128 III 428/432 E. 4, 4A_87/2010 (9.4.10) E. 3.2. Bei Vorliegen eines wichtigen Grundes, nach dem einer Partei eine Weiterführung des Vertrags nicht mehr zugemutet werden kann, besteht ohne Weiteres ein Recht dieser Partei auf eine sofortige Auflösung eines Dauervertrages (diese Möglichkeit besteht unabhängig von einem Vorgehen nach Art. 107 ff.). Es muss der Partei unter dieser Voraussetzung möglich sein, sich vom Vertrag zu lösen (4A_148/2011 [8.9.11] E. 4.3.1). Bei besonders schweren Vertragsverletzungen ist ein wichtiger Grund regelmässig zu bejahen. Auch weniger gravierende Vertragsverletzungen können aber eine Fortsetzung des Vertrags für die Gegenpartei unzumutbar machen, wenn sie trotz Verwarnung oder Abmahnung immer wieder vorgekommen sind, sodass nicht zu erwarten ist, weitere Verwarnungen würden den Vertragspartner von neuen Vertragsverletzungen abhalten 138 III 304/319 E. 7, vgl. auch 127 III 153/155 E. 1a fr. und 117 II 560/562 E. 3b (beide im Zusammenhang mit Art. 337 Abs. 2).

88 Die allgemeinen Regeln über die Auflösung von Dauerschuldverhältnissen und damit auch die Regeln über die Auflösung eines Dauerschuldverhältnisses aus wichtigem Grund sind auch auf Verträge anwendbar, die wie Dauerschuldverhältnisse wirken (Verträge mit dauerhafter Wirkung) 138 III 304/318 f. E. 6 (Markenabgrenzungsvereinbarung).

89 **Rückabwicklung von Verträgen,** 137 III 243/247 ff. E. 4.4.1 ff.: ***Im Fall eines ungültigen Vertrags:*** Wird ein Vertrag wegen Mängeln bei der Vertragsentstehung (Form-, Inhalts-, Willensmängel) aufgehoben, ist er von Anfang an – ex tunc – ungültig (Ungültigkeitstheorie). Deshalb erfolgt seine Rückabwicklung nach den Regeln der Vindikation und der ungerechtfertigten Bereicherung. Die Rückleistungen sind (bei synallagmatischen Verträgen) Zug um Zug zu erbringen. Dieselben Grundsätze gelten, wenn im Hinblick auf einen erst zu schliessenden, aber nie zustande gekommenen Vertrag Leistungen erbracht wur-

den, und ebenso bei einem suspensiv bedingten, aber teilweise erfüllten Vertrag, wenn die Bedingung ausgefallen ist. Die Rückforderung ist nach Art. 66 dann ausgeschlossen, wenn die Leistung zur Anstiftung oder Belohnung eines rechts- oder sittenwidrigen Verhaltens erfolgte (Gaunerlohn). Sofern der Zweck der verletzten Norm nicht eindeutig den Ausschluss der Rückerstattung bereits erbrachter Leistungen erfordert, sind diese daher im Falle der Vertragsnichtigkeit zurückzuerstatten (Änderung der Rechtsprechung) 134 III 438/445 E. 3.2 (in casu Konsortialvertrag/Kartellrecht).

Im Fall eines gültigen Vertrags. Scheitert dagegen ein zunächst gültig zustande gekommener Vertrag aus nachträglich eingetretenen Gründen, so kommt eine Rückabwicklung nach vertraglichen Regeln in Betracht, nachdem der Vertrag in ein vertragliches Rückabwicklungsverhältnis umgewandelt wurde (Umwandlungstheorie). Ein solches Rückabwicklungsverhältnis nimmt die Rechtsprechung beim Dahinfallen des Vertrags infolge eines Rücktritts wegen Erfüllungsmängeln (Art. 109) an. Von diesem Grundsatz gibt es zwei Ausnahmen: 1) Gemäss einer älteren Rechtsprechung unterstehen Rückabwicklungsansprüche aus einem Vertrag, der wegen nachträglich eingetretener Zahlungsunfähigkeit einer Partei aufgelöst wurde (s. Art. 83 Abs. 2), dem Bereicherungsrecht. Das Bundesgericht hat offengelassen, ob diese ältere Rechtsprechung noch gilt. 2) Art. 119 Abs. 2, wobei das Bundesgericht aber festhielt, dass der Erlass dieser Bestimmung lange vor der verbreiteten Anerkennung der Umwandlungstheorie in der Rechtsprechung und Lehre erfolgte. 90

Eine besondere Regelung gilt für ***Dauerschuldverhältnisse,*** wenn Leistungen erbracht wurden, die nicht in natura zurückerstattet werden können: Hier misst die Rechtsprechung einer erfolgreichen Anfechtung wegen Entstehungsmängeln (Willens- und Formmängel) grundsätzlich nur die Bedeutung einer Kündigung ex nunc zu. Wirkte sich der Willensmangel aber im Synallagma selbst aus, d.h. war er für das Leistungsversprechen in quantitativer Hinsicht bestimmend, erfolgt die Rückabwicklung gemäss gerichtlicher Vertragsanpassung in Anwendung von Art. 20 Abs. 2, 134 III 433/437 E. 2.4. 91

Zur Anspruchsdurchsetzung

Aktiv- und Passivlegitimation. Beides ist eine Frage des materiellen Rechts und entspringt dem Bundesprivatrecht, soweit es um solche Ansprüche geht. Fehlt die Aktivlegitimation, führt dies zur Abweisung der Klage (und nicht zum Nicht-Eintreten) 128 III 50/55 E. 2b/bb, 4C.356/2001 (12.3.02) E. 4a fr. 92

Tatfrage und Rechtsfrage. Das Bundesgericht ist im Berufungsverfahren an *Feststellungen tatsächlicher Natur* der letzten kantonalen Instanz gebunden (aOG Art. 63 Abs. 2; es wäre denn, dass diese Feststellungen unter Verletzung bundesrechtlicher Beweisvorschriften zustande gekommen sind; vorbehalten bleibt ferner die Berichtigung offensichtlich auf Versehen beruhender Feststellungen von Amtes wegen) 105 II 16/18 E. 2, 4C.397/2002 (5.3.03) E. 3 (in casu Vertragsauslegung/tatsächlicher Parteiwille). Das Bundesgericht prüft im Berufungsverfahren Schlüsse aus der allgemeinen Lebenserfahrung, soweit diese über den konkreten Sachverhalt hinaus Bedeutung haben und gleich- 93 sam die Funktion von Normen übernehmen. Wo dagegen der Sachrichter sich bloss auf allgemeine Lebenserfahrung stützt, um aus den gesamten Umständen des konkreten Falles oder den bewiesenen Indizien auf einen bestimmten Sachverhalt zu schliessen, liegt unüberprüfbare Beweiswürdigung vor 4C.92/2002 (19.8.02) E. 2.2. – *Rechtsfragen* unterliegen im Berufungsverfahren der freien Überprüfung durch das Bundesgericht 108 II 112/114 E. 4. – Siehe im Weiteren bei den einzelnen Bestimmungen, insbesondere auch unter Art. 1 und 18.

A. Abschluss des Vertrages I. Übereinstimmende Willensäusserung 1. Im Allgemeinen

Art. 1

[1] Zum Abschlusse eines Vertrages ist die übereinstimmende gegenseitige Willensäusserung der Parteien erforderlich.

[2] Sie kann eine ausdrückliche oder stillschweigende sein.

▪ Abs. 1 Übereinstimmung der gegenseitigen Willensäusserung (2) ▪ Parteien (10) ▪ Allgemeine Geschäftsbedingungen (11) ▪ Handelsbräuche/Verkehrssitte (22) ▪ Weiteres (26) ▪ Abs. 2 (30)

1 Die Abgrenzung eines entgeltlichen Vertrages von einer simplen Offerte (per definitionem gratis) ist oft schwierig zu treffen 4C.341/2003 (25.3.04) E. 2.1.1 fr., vgl. auch 4C.336/2001 (22.1.02) E. 3a fr., 4C.347/2003 (1.4.04) E. 2.3 fr. Im beurteilten Fall Entgeltlichkeit einer Vorstudie im Hinblick auf einen Totalunternehmervertrag bejaht, obwohl letzterer nicht zustande kam 4C.285/2006 (2.2.07) E. 2.2 fr.; grundlegend 119 II 40/42 ff. E. 2 Pra 1995 (Nr. 12) 46 ff. – Der tatsächliche Austausch der versprochenen Leistungen betrifft nicht das Zustandekommen, sondern die Erfüllung des Vertrages 4C.360/2006 (25.1.07) E. 5.2.2 fr.

2 *Abs. 1* **Übereinstimmung der gegenseitigen Willensäusserung.** Damit ein Vertrag zustande kommt, müssen sich die Parteien über alle wesentlichen Vertragspunkte einig sein; das gilt sowohl für die objektiv wie für die subjektiv wesentlichen Punkte (Art. 2) 4C.247/2001 (1.10.01) E. 2a, 4C.72/2006 (30.5.06) E. 2 fr. (wer objektiv unwesentliche Punkte als Bedingung seines Vertragswillens ansieht, muss das deutlich zu erkennen geben; andernfalls Anwendung von Art. 2 Abs. 1, 118 II 32/34 E. d). Wenn die Parteien sich nicht über alle wesentlichen Elemente des Vertrages geeinigt haben, ist dieser nicht zustande gekommen (wesentliche Elemente: Rechtsfrage) 127 III 248/254 E. 3d Pra 2002 (Nr. 72) 417. Die objektiv wesentlichen Punkte umfassen den unentbehrlichen Geschäftskern, das heisst jene Elemente, die nach den Umständen ein sinnvolles Ganzes darstellen 4C.155/2004 (6.7.04) E. 2.2. Das Zustandekommen des Vertrages bedingt auch Einigkeit darüber, ob er in mündlicher oder schriftlicher Form gültig sein soll (Art. 16) 4C.288/2001 (16.1.02) E. 1. Das Erkennen der rechtlichen Qualifikation ist für das Zustandekommen des Vertrages nicht notwendig 4C.305/1999 (19.1.01) E. 3b. Die allgemeinen Regeln über das Zustandekommen von Verträgen gelten auch bei formbedürftigen Verträgen 127 III 248/254 E. 3c Pra 2002 (Nr. 72) 416 f.

Vertrauensprinzip. Im schweizerischen Vertragsrecht gilt bei Fragen des Konsenses oder der Auslegung der Grundsatz des Primats des subjektiv übereinstimmend Gewollten vor dem objektiv Erklärten, subjektiv aber unterschiedlich Verstandenen (s. auch 137 III 145/148 E. 3.2.1). Im Konsens- wie im Auslegungsstreit hat das Sachgericht daher vorab zu prüfen, ob die Parteien sich tatsächlich übereinstimmend geäussert, verstanden und in diesem Verständnis geeinigt haben. Ist dies für den Vertragsschluss als solchen zu bejahen, liegt ein tatsächlicher Konsens vor. Haben die Parteien sich in den Vertragsverhandlungen zwar übereinstimmend verstanden, aber nicht geeinigt, besteht ein offener Dissens und damit kein Vertragsschluss. Haben sie sich übereinstimmend geäussert, aber abweichend verstanden, liegt ein versteckter Dissens vor, welcher zum Vertragsschluss führt, wenn eine der Parteien nach dem Vertrauensgrundsatz in ihrem Verständnis der gegnerischen Willensäusserung zu schützen und damit die andere auf ihrer Äusserung in deren objektivem Sinn zu behaften ist. Diesfalls liegt ein normativer Konsens vor 123 III 35/39 f. E. 2b, 4A_574/2013 (15.5.14) E. 3.1. Lässt sich aufgrund der gesamten Umstände nach dem Vertrauensprinzip kein eindeutiger Sinn ermitteln, kommt keine vertragliche Bindung zustande, da auch normativ kein objektiv massgebender Vertragsinhalt festgestellt werden kann; in solchen Fällen liegt ein durch richterliche Vertragsauslegung nicht auflösbarer Dissens vor 64 II 9/11 E. 2a, b fr., 4C.156/2006 (17.8.06) E. 3.4. Der Vertrauensgrundsatz entscheidet auch darüber, ob überhaupt eine Willenserklärung vorliegt 4A_437/2007 (5.2.08) E. 2.4. Zum Vorrang der subjektiven Auslegung vor der objektiven, dem Vertrauensprinzip und der Auslegung von Verträgen s. Art. 18. 3

Da die allgemeinen Regeln über das Zustandekommen von Verträgen auch bei formbedürftigen Verträgen gelten, ist auch bei einem formbedürftigen Vertrag möglich, dass dessen Inhalt nicht dem übereinstimmenden wirklichen Willen der Parteien entspricht 127 III 248/254 E. 3c Pra 2002 (Nr. 72) 416 f. 4

Fehlt auf beiden Seiten ein Verpflichtungswille, so kommt es nicht zu einer rechtsgeschäftlichen Bindung, denn es gibt keinen beidseitig unbewussten Vertragsschluss 117 II 404/406 E. 2, 4C.24/2000 (28.3.00) E. 3d (in casu einfache Gesellschaft), 4A_27/2008 (9.5.08) E. 2.3. 5

Die Unterzeichnung eines «***Vorkaufsvertrages***», welcher wesentliche Punkte des in Aussicht genommenen Kaufes offenlässt, kann nicht als Vertragsabschluss gewertet werden 81 II 358/362 ff. E. 2. 6

Ersatz fehlender Willensäusserungen durch richterliches Urteil. Fehlender Konsens lässt sich, wenn es um den Willen zur Begründung eines Vertragsverhältnisses überhaupt geht, nicht durch ein gerichtliches Urteil ersetzen 119 II 347/348 (mietrechtlicher Entscheid). – Ersatz verneint, wenn der Scheidungsrichter als vorsorgliche Massnahme das eheliche Haus der Ehefrau zur alleinigen Benützung zuweist (mit dieser Zuweisung kommt kein Mietvertrag zustande; in casu Verwertung des Grundstücks gemäss VZG) 113 III 42/46 E.a. – Vgl. auch unter Art. 22 Abs. 1. 7

Prozess. Der Richter muss von Amtes wegen prüfen, ob der geltend gemachte Vertrag zustande gekommen ist; dies gilt auf jeden Fall dann, wenn eine Partei behauptet, nicht gebunden zu sein 127 III 248/253 E. b Pra 2002 (Nr. 72) 416. Indizienbeweis für den Vertragsabschluss 57 II 170/173 f. – Beweis eines tatsächlich übereinstimmenden Willens: Die Erklärung nur einer Partei zu einer bestimmten Frage ist niemals geeignet, das Zustandekommen eines bestimmten Vertragsinhalts zu beweisen; notwendig ist der Nach- 8 weis der Zustimmung der Gegenpartei zu diesem Vertragsinhalt 4A_498/2007 (3.7.08) E. 2.

9 *Tatfrage/Rechtsfrage.* Ob ein Rechtsfolgewille oder Geschäftswille tatsächlich geäussert und vom Erklärungsempfänger übereinstimmend mit dem Erklärenden verstanden wurde, ist Tatfrage. Rechtsfrage ist, wie die Geschäftspartner die gegenseitigen Willensäusserungen nach Treu und Glauben verstehen durften und mussten 116 II 695/696 E. 2a, 4C.290/2003 (29.6.04) E. 3.1 fr. Feststellungen über das Wissen und den Willen einer Partei bei Vertragsabschluss betreffen tatsächliche Verhältnisse (das Bundesgericht ist im Berufungsverfahren an die tatsächlichen Feststellungen gebunden) 4P.27/2003 (22.5.03) E. 2.2.1. – Zu Tat- und Rechtsfragen s. Art. 18; zur Bedeutung der Unterscheidung Tatfrage/Rechtsfrage siehe Vorb. Art. 1–40f.

10 **Parteien.** Erforderlich ist die übereinstimmende Willensäusserung aller Parteien (in casu Auflösung einer einfachen Gesellschaft gemäss Art. 545 Abs. 1 Ziff. 4) 4C.447/1999 (9.3.00) E. 2a/bb. – Unterzeichnung einer Vereinbarung als Organ einerseits und im eigenen Namen anderseits 4C.24/2007 (26.4.07) E. 4 fr.

11 **Allgemeine Geschäftsbedingungen.** Allgemeine Vertragsbedingungen oder vorgeformte Vertragsinhalte sind vertragliche Bestimmungen, die im Hinblick auf typische Verträge von Privaten standardmässig vorformuliert sind und insbesondere der Rationalisierung des Vertragsabschlusses dienen 4C.282/2003 (15.12.03) E. 3.1. Ausführlich zur Abgrenzung Formularvertrag – individuell ausgehandelter Vertrag: 4P.135/2002 (28.11.02) E. 3.

12 *Übernahme.* Die Übernahme Allgemeiner Geschäftsbedingungen kann durch ausdrücklichen 94 II 197/202 E. 7 oder stillschweigenden 77 II 154/156 Verweis erfolgen (unter Kaufleuten ist es ein selbstverständlicher Grundsatz, dass Allgemeine Geschäftsbedingungen, auf welche Bezug genommen wurde, Vertragsinhalt werden 77 II 154/156); vgl. 111 II 76/78 E. 3a Pra 1985 (Nr. 180) 525, 122 III 463/464 E. 5c, 4C.282/2003 (15.12.03) E. 3.1, 4C.347/2003 (1.4.04) E. 3.1.2 fr. (in casu SIA-Norm 102), vgl. auch 4C.371/2006 (19.1.07) E. 5 (in casu Übernahme der SIA-Norm 102 verneint), 4C.427/2006 (4.5.06) E. 2.1 fr. (in casu AGB einer Bank), 4A_186/2007 E. 5 fr. Wer einen Vertrag unterzeichnet, der ausdrücklich auf Beilagen oder Allgemeine Geschäftsbedingungen verweist, ist in gleicher Weise gebunden wie derjenige, der seine Unterschrift unter den Text der Beilagen oder Allgemeinen Geschäftsbedingungen setzt. Es kommt demnach im Prinzip nicht darauf an, ob er den Text wirklich gelesen hat 108 II 416/418 E. b Pra 1983 (Nr. 53) 136, vgl. 109 II 452/456 E. 4, 119 II 443/445 f. E. 1a Pra 1994 (Nr. 229) 754 (in casu verstiess eine Klausel des Autovermieters, welche erheblich von den üblichen Regeln der Kaskoversicherung abwich, gegen aUWG Art. 8). In 103 II 59/63 E. 2 offengelassen, ob der blosse Hinweis auf Allgemeine Geschäftsbedingungen genügt, um diese zum Vertragsinhalt zu machen. – Will eine Partei eine vorgedruckte Klausel (in casu Freizeichnungsklausel) gegen sich nicht gelten lassen, so muss sie der Gegenpartei sogleich widersprechen 109 II 116/119 E. 2.

13 *Keine Geltung trotz Übernahme.* Trotz Übernahme gelten Allgemeine Geschäftsbedingungen nicht: *Erstens,* wenn sie gegen zwingendes Recht verstossen 102 II 256/263 f. E. 4; zur geltungserhaltenden Reduktion s. Art. 20 Abs. 2. – *Zweitens,* wenn eine abweichende individuelle Abrede getroffen wurde, denn die besondere Parteiabrede geht den

Allgemeinen Vertragsbestimmungen vor 135 III 225/228 E. 1.4 (Krankentaggeldversicherung nach VVG), 125 III 263/266 f. E. 4b/bb (Software-Lizenzvertrag), 123 III 35/44 E. 2c/bb (AGB im Rahmen eines Versicherungsvertrages), 93 II 317/325 f. E. 4b, 81 II 346/350 E. 2, vgl. auch 70 II 212/213 f. Pra 1944 (Nr. 180) 431 f. (die an sich zulässige Allgemeine Geschäftsbedingung, dass ein eingeräumter Bankkredit jederzeit widerrufen werden könne, wird durch eine Sondervereinbarung über die Dauer der Kreditgewährung ausgeschaltet), 4C.157/2006 (31.8.06) E. 2.3 (in casu Einigung der Parteien über die fristlose und vorzeitige Aufhebung eines Leasingvertrages; somit keine Bedeutung, was sie diesbezüglich in den ALB vereinbart hatten), 4C.420/2006 (3.8.07) E. 4 fr. – *Drittens,* wenn die zustimmende Partei keine Möglichkeit hatte, sich vom Inhalt in zumutbarer Weise Kenntnis zu verschaffen 100 II 200/209 f. E. d fr. (zur zumutbaren Möglichkeit der Kenntnisnahme von AGB gemäss den Formerfordernissen von LugÜ Art. 23 s. unten, Rz. 18) – *Viertens,* wenn die Gegenpartei weiss oder nach der allgemeinen Lebenserfahrung wissen muss, dass der Erklärungsinhalt nicht gewollt ist 108 II 416/418 E. b Pra 1983 (Nr. 53) 136, vgl. 109 II 452/456 ff. E. 4, 5, sog. ***Ungewöhnlichkeitsregel.*** Die Ungewöhnlichkeitsregel besagt allgemein formuliert, dass eine globale Übernahme vorformulierter Klauseln nicht gültig ist, soweit die zustimmende Partei mit ihnen nicht gerechnet hat und aus ihrer Sicht zur Zeit des Vertragsabschlusses vernünftigerweise auch nicht rechnen musste, weil sie unerwartet oder atypisch sind 4C.282/2003 (15.12.03) E. 3.1. Bezogen auf die schwächere Partei (in der Regel kann sich nur die schwache oder unerfahrene Partei auf die Ungewöhnlichkeitsregel berufen, wobei als schwächere Partei auch die eigentlich stärker erscheinende Partei gelten muss, die gezwungen ist, AGB als Vertragsbestandteil zu akzeptieren, weil sie andernfalls kaum einen Vertragspartner findet 109 II 452/457 E. 5a) lautet die Formulierung, dass von der global erklärten Zustimmung zu Allgemeinen Vertragsbedingungen alle ungewöhnlichen Klauseln ausgenommen sind, auf deren Vorhandensein die schwächere oder weniger geschäftserfahrene Partei nicht gesondert aufmerksam gemacht worden ist. Der Verfasser von Allgemeinen Geschäftsbedingungen muss nämlich nach dem Vertrauensgrundsatz davon ausgehen, dass ein unerfahrener Geschäftspartner ungewöhnlichen Klauseln nicht zustimmt. Die Ungewöhnlichkeit beurteilt sich aus der Sicht des Zustimmenden im Zeitpunkt des Vertragsabschlusses. Für einen Branchenfremden können deshalb auch branchenübliche Klauseln ungewöhnlich sein. Die Ungewöhnlichkeitsregel kommt jedoch nur dann zur Anwendung, wenn neben der subjektiven Voraussetzung des Fehlens von Branchenerfahrung die betreffende Klausel objektiv beurteilt einen geschäftsfremden Inhalt aufweist. Dies ist dann zu bejahen, wenn sie zu einer wesentlichen Änderung des Vertragscharakters führt oder in erheblichem Masse aus dem gesetzlichen Rahmen des Vertragstypus fällt. Je stärker eine Klausel die Rechtsstellung des Vertragspartners beeinträchtigt, desto eher ist sie als ungewöhnlich zu qualifizieren 138 III 411/412 f. E. 3.1, 135 III 225/227 E. 1.3, 135 III 1/7 E. 2.1, 4A_475/2013 (15.7.14) E. 5.1. Auf die individuellen Vorstellungen des Zustimmenden darf nur so weit abgestellt werden, als sie der Gegenpartei erkennbar sind, denn wegleitend ist das Vertrauensprinzip 109 II 452/458 E. 5b. – Allein aus der Ungewöhnlichkeit einer vertraglichen Regelung ergibt sich weder Rechts- noch Sittenwidrigkeit 4C.374/1999 (11.2.00) E. 5a.

Zum zeitlichen Anwendungsbereich von UWG Art. 8 (der in Konsumentenverträgen 14
eine Inhaltskontrolle von AGB ermöglicht) 140 III 404.

15 ***Beispiele zur Ungewöhnlichkeitsregel.*** Eine Klausel, welche die Kürzung der bei Krankheit geschuldeten Taggelder um die Hälfte vorsieht, wenn eine psychische Krankheit vorliegt, ist objektiv ungewöhnlich. Die subjektive Ungewöhnlichkeit einer solchen Klausel kann gestützt auf die allgemeine Lebenserfahrung nicht deshalb verneint werden, weil die versicherte Person über eine Ausbildung als Arzt und Zahnarzt verfügt 138 III 411. Eine Klausel, wonach sich ein befristeter Vertrag automatisch verlängert, ist nicht per se ungewöhnlich. Dies ist im Allgemeinen jedenfalls dann nicht der Fall, wenn durch die entsprechende Ausgestaltung der Vertragsdauer einem für die Gegenseite erkennbaren Interesse des Anbieters Rechnung getragen wird. Wenn die vertragliche Regelung zudem nicht über das zur Wahrung dieser Interessen erforderliche Mass hinausgeht, namentlich etwa durch eine ausserordentlich lange Kündigungsfrist, ist die Klausel in der Regel nicht als ungewöhnlich anzuschauen 4A_475/2013 (15.7.14) E. 5.3.2 (in 140 III 404 n.p. E.; Abonnementsverlängerungsklausel in einem befristeten Fitnessvertrag). Ungewöhnlich ist deshalb eine Klausel, wonach die Kündigung des abgeschlossenen Insertionsvertrags spätestens zwei Jahre vor Ablauf der dreijährigen Vertragsdauer zu erfolgen hat 5P.115/2005 (13.5.05) E. 1.2 (das Bundesgericht hat die entsprechende Würdigung der Vorinstanz nicht als willkürlich erachtet). Ungewöhnlich ist eine Bestimmung, wonach der Versicherer den maximalen zeitlichen Umfang seiner Leistungspflicht nach Eintritt des Versicherungsfalles durch einseitige Willenserklärung beeinflussen kann 135 III 225/225 ff. Ungewöhnlich ist eine Anpassungsklausel in einem Dauervertrag, die nicht auf einem hinreichend bestimmten Ereignis beruht und dennoch für die Gegenpartei kein Kündigungsrecht vorsieht 135 III 1/11 E. 2.6. Art. 154 und 155 SIA-Norm 118 (1977) (Ermächtigung des bauleitenden Architekten zur umfassenden Vertretung des Bauherrn bei der Prüfung und Genehmigung der Schlussabrechnung) sind geschäftsfremd und daher für den baunkundigen Bauherrn ungewöhnlich 109 II 452/456 ff. E. 5. Ob der generelle Verzicht auf die Einrede der Vorausverwertung in AGB von Banken als ungewöhnlich zu betrachten ist, beurteilt sich nach der Art des zwischen der Bank und dem Kunden getätigten Geschäftes 7B.249/2003 (7.1.04) E. 5 Pra 2004 (Nr. 103) 585. Nicht ungewöhnlich ist im Rahmen eines Kaufvertrages die vorgedruckte Klausel, wonach der Käufer gegenüber der die Kaufpreisforderung erwerbenden Bank auf die Geltendmachung von Gewährleistungsansprüchen und deren Verrechnung mit der Kaufpreisforderung verzichtet 109 II 213/218 E.b. AGB einer Bank: Im beurteilten Fall (geschäftserfahrener Kunde) nicht ungewöhnlich die Klausel «Eingang vorbehalten» («clause de bonne fin») 4C.427/2005 (4.5.06) E. 2 fr., ferner 4A_186/2007 (24.8.07) E. 5 fr. – Ausführlich zur Ungewöhnlichkeitsregel 135 III 1/6 ff. E. 2. – Ungewöhnlichkeitsregel als Auslegungsmittel 119 II 368/373, ferner 122 V 142/146 E.c. Zusammenstellung von Beispielen zur Ungewöhnlichkeit von Klauseln in Versicherungs-AGB in 4A_119/2015 (3.6.15) E. 2.2. Ungewöhnlichkeit kann z.B. vorliegen wenn der durch Bezeichnung und Werbung beschriebene Deckungsumfang ganz erheblich reduziert wird, sodass gerade die häufigsten Risiken nicht mehr gedeckt sind, wenn Sinn und Tragweite einer Bestimmung infolge komplizierter Formulierung verklausuliert sind oder wenn sie aufgrund ihres Standorts innerhalb der AVB für den Versicherungsnehmer überraschend und unerwartet erscheint 5C.134/2004 (1.10.04) E. 4.2.

16 ***Gerichtsstandsklausel.*** Bei einer Globalübernahme ist der Verzicht auf den Wohnsitzrichter (aBV Art. 59 [vgl. BV Art. 30 Abs. 2]) nur dann gültig, wenn der Verzichtende von der vorformulierten Gerichtsstandsklausel tatsächlich Kenntnis genommen und in

richtiger Erkennung ihres Inhalts zugestimmt hat. Ist der Verzichtende geschäftserfahren und rechtskundig, so darf sein Vertragspartner einen solchen bewussten Verzicht auf den Wohnsitzrichter in aller Regel dann annehmen, wenn die Klausel den formellen Anforderungen der bundesgerichtlichen Rechtsprechung entspricht, d.h., wenn sie unmissverständlich ist, sich an einer gut sichtbaren Stelle befindet und durch ihre drucktechnische Gestaltung hervortritt 104 Ia 278/279 f. E. 3, ferner 122 III 439/446 E. bb/bb; in 109 Ia 55/57 E. a insofern präzisiert, als nicht schlechthin zwischen geschäftserfahrenen und rechtskundigen Personen einerseits und nicht gewandten und rechtsunkundigen Personen anderseits unterschieden werden kann; vielmehr bestehen in dieser Hinsicht Zwischenstufen, für die je nach dem konkreten Stand der Erfahrungen der betreffenden Personen sowie nach dem Grad der formellen Klarheit und der inhaltlichen Deutlichkeit der Klausel im Einzelfall die Verbindlichkeit der Vereinbarung entweder zu bejahen oder zu verneinen ist (in casu Gerichtsstandsvereinbarung im Rahmen eines vorgedruckten Vollmachtsformulars des Vereins zürcherischer Rechtsanwälte) 118 Ia 294/297 f. E. 2 Pra 1993 (Nr. 230) 863 f. Zusammenfassung (mit Hinweisen) in 4A_247/2013 (14.10.13) E. 2.1.2: Da die in Allgemeinen Geschäftsbedingungen enthaltene Gerichtsstandsklausel in der Regel eine geschäftsfremde und damit ungewöhnliche Bestimmung darstellt und zudem ein verfassungsmässiges Recht (BV Art. 30 Abs. 2) beschränkt, ist diese Annahme (der Kontrahent habe mit dem Akzept zum Vertrag auch der Gerichtsstandsvereinbarung zugestimmt) nur dann gerechtfertigt, wenn davon ausgegangen werden kann, der Verzichtende habe von der Gerichtsstandsklausel tatsächlich Kenntnis genommen und ihre Bedeutung richtig erkannt. Eine tatsächliche Kenntnisnahme darf angenommen werden, wenn die Allgemeinen Geschäftsbedingungen der Vertragsofferte beigelegt waren oder wenn aus früheren Geschäftsbeziehungen deren Anwendbarkeit und Inhalt bekannt waren. Namentlich von einem geschäftserfahrenen und rechtskundigen Vertragspartner kann diesfalls erwartet werden, dass er die Gerichtsstandsklausel beachtet und versteht, ferner, dass er sie ausdrücklich ablehnt, wenn er mit dem Verzicht auf den Wohnsitzrichter nicht einverstanden ist. Der Nachweis besonderer geschäftlicher oder juristischer Kenntnisse ist dabei freilich nicht vorausgesetzt. Ist die Klausel klar und eindeutig, genügt nach dem Vertrauensprinzip auch die Erfahrung eines durchschnittlich gebildeten Vertragspartners.

Eine Gerichtsstandsklausel, auf die erst bei der Auftragsbestätigung oder Rechnungs- 17
stellung hingewiesen wird, ist selbst dann unbeachtlich, wenn sie unmissverständlich formuliert ist; nur dann wird sie Vertragsinhalt, wenn der Adressat sich ausdrücklich für deren Übernahme ausspricht 98 Ia 314/322 E.b. – Verhältnis einer in einem aussergerichtlichen Vergleich festgelegten Gerichtsstandsklausel zu einer in einem früheren Vertrag vereinbarten Schiedsklausel 121 III 495/496 ff. E. 5 fr. – Die Grundsätze zu den Gerichtsstandsklauseln sind sinngemäss auch auf Schiedsklauseln anwendbar 4C.282/2003 (15.12.03) E. 3.1.

Zumutbare Möglichkeit der Kenntnisnahme von AGB. Kommunizieren die Par- 18
teien per E-Mail, ist es dem Vertragspartner zumutbar, einem Hinweis des AGB-Verwenders auf seine Internetseite nachzugehen und die AGB dort zur Kenntnis zu nehmen. Denn es besteht nur ein vernachlässigbarer Unterschied zwischen dem Öffnen eines dem E-Mail beigefügten Dokuments, das die AGB enthält, und dem Aufrufen der Internetseite des AGB-Verwenders oder gar nur dem Anklicken eines entsprechenden Links. Demgegenüber

stellt der Hinweis, die AGB könnten unter einer bestimmten Faxnummer abgerufen werden, keine zumutbare Möglichkeit der Kenntnisnahme dar 139 III 345/349 f. E. 4.4.1 (betreffend die Formerfordernisse von LugÜ Art. 23 Abs. 1 lit. a).

19 Zur ***Auslegung*** Allgemeiner Geschäftsbedingungen siehe unter Art. 18 Abs. 1.

20 ***Weitere Beispiele.*** aKUVG Art. 1 und 4: Wesentliche neue statutarische oder reglementarische Bestimmungen sind mitteilungsbedürftig und für den Versicherten grundsätzlich erst ab gehöriger Bekanntgabe verbindlich 107 V 161/163 E. 3. Krankenversicherung: Anforderungen an die Mitteilung, dass die Versicherungsbedingungen abgeändert worden sind 120 V 33/34 ff. E. 2, 3, ferner Pra 2002 (Nr. 98) 566 ff. E. 3. – Allgemeine Auktionsbedingungen 112 II 337/341; Allgemeine Geschäftsbedingungen einer Bank 112 II 450/453 ff. E. 3 Pra 1987 (Nr. 144) 510 ff., 127 III 147/150 E. c fr., 4C.81/2002 (1.7.02) E. 4 (Grenzen der an sich zulässigen Genehmigungsfiktion), vgl. auch 4C.378/2004 (30.5.05) E. 2.2 fr., 4C.194/2005 (28.9.05) E. 3, 4C.175/2006 (4.8.06) E. 2.1; Personalvorsorgereglement 112 II 245/249 E. b Pra 1987 (Nr. 238) 815; Reglement eines Vorsorgevertrages 132 V 280 ff. E. 4; Allgemeine Versicherungsbedingungen 112 II 245/253 E. b Pra 1987 (Nr. 238) 818, 4A_187/2007 (9.5.08) E. 5. Auslegung einer Freizeichnungsklausel in Auktionsbedingungen 123 III 165/168 f. E. 3. Auslegung von Allgemeinen Geschäftsbedingungen im Rahmen eines Vertrages über Beratung, Vermittlung und Verwaltung bei Erwerb und Veräusserung von börsenmässig gehandelten Terminoptionen 124 III 155/157 ff. E. 1. – Tragweite eines vertraglichen Verweises auf einen vorformulierten Dritttext im Verhältnis zu den ursprünglichen Vertragsverhandlungen 4C.8/2001 (16.8.01) E. 2e/cc. – Abgrenzung des Vermittlers einer Pauschalreise vom Veranstalter: vertrauenstheoretische Gesichtspunkte in AGB unter Berücksichtigung der Kataloggestaltung und anderer Werbeauftritte 4C.125/2004 (29.6.04) E. 2.1. – AGB einer Bank/Anwendung der Zugangsfiktion bei der Klausel «banque restante» 4C.378/2004 (30.5.05) E. 2 fr. AGB einer Bank: Die Fiktion einer Saldoanerkennung bei nicht fristgerechter Bestreitung ist im Rechtsöffnungsverfahren bedeutungslos 132 III 480/482 E. 4.3. – Vertragliche Übernahme der SIA-Norm 118: Keine Willkür des kantonalen Gerichts, wenn es die Norm anwendet, obwohl sie nicht Gegenstand der Prozessakten ist (Notorietät der SIA-Norm 118 bejaht) 4P.209/2001 (4.12.01) E. 3a (staatsrechtliche Beschwerde), vgl. aber 4P.47/2006 (2.6.06) E. 2.4 fr. und 4C.125/2005 (2.6.06) E. 5 fr. – Auslegung einer Zusatzvereinbarung unter Berücksichtigung bereits vereinbarter AGB 4C.345/2002 (3.3.03) E. 3 fr. (in casu Bankkreditvertrag). – AGB der Schweizer Börse (SWX Swiss Exchange) 133 III 221/226 E. 5.2.3 it.

21 Zur ***Unklarheitsregel*** siehe unter Art. 18 Abs. 1/Regeln für die Vertragsauslegung/Unklarheitsregel.

22 **Handelsbräuche/Verkehrssitte.** Gemäss ständiger Rechtsprechung ist eine Übung nur dann objektives Recht, wenn das Gesetz auf sie verweist (ZGB Art. 5 Abs. 2). Die *Verkehrssitte* gilt nicht ohne Weiteres als Vertragsinhalt; sie verpflichtet die Parteien bloss dann, wenn diese sich ihr durch übereinstimmende gegenseitige Willensäusserung (ausdrücklich, stillschweigend oder durch konkludentes Verhalten) unterwerfen 94 II 157/159 E. 4b, 91 II 356/358 f. E. 2, 4C.223/2005 (24.10.06) E. 3.5.1. Selbst wer den Bestand von Handelsbräuchen voraussetzt, anerkennt damit nicht notwendigerweise, dass sie durch gegenseitige Willensäusserung zum Inhalt des Vertrages geworden seien; nicht einmal

dann, wenn Fachkreise die Handelsbräuche «kodifiziert» haben 91 II 356/360 E. 4. Die Übung kann als Hilfsmittel für die Auslegung der Parteierklärungen nach der Vertrauenstheorie in Betracht kommen, jedoch nur unter der Voraussetzung, dass die durch die Verkehrssitte belastete Partei diese kannte oder doch wenigstens mit ihrem Bestehen rechnen musste 94 II 157/159 E. b, 90 II 92/101 E. 4.

Autonome Tarife von Berufsverbänden, welche einseitig die Interessen einer Vertrags- 23
partei wahren, können im Allgemeinen nicht als Ausdruck der Verkehrsübung gelten 117 II 286/290 E. 5b. Dasselbe gilt für vorgeformte Vertragsinhalte: Sie können zwar Ausdruck der Verkehrsauffassung oder der Verkehrsübung sein; zu vermuten ist dies aber nicht, sondern muss im Einzelfall nachgewiesen werden 118 II 295/296 E.a. – So haben die *SIA-Normen* ohne Übernahme durch die Parteien keine Geltung; dagegen ist auch mit dem Einwand nicht aufzukommen, sie gälten als Ausdruck des im Baugewerbe Üblichen 107 II 172/178 E. 1c, 117 II 282/284 E. b, 118 II 295/296 E. 2a, 4C.347/2003 (1.4.04) E. 3.1.2 fr., 4C.1/2005 (20.12.05) E. 1.3.

Technische Usanzen können im Gegensatz zu rechtlichen Verbandsnormen auch ohne 24
ausdrückliche Übernahme die Auslegung von Parteierklärungen bestimmen, sofern sie die massgebende Verkehrssitte konkretisieren 118 II 295/297. Auch Standesregeln wie diejenigen des Verbandes Schweizerischer Vermögensverwalter können nach der Rechtsprechung als Ausdruck einer Berufsübung zur Auslegung und Ergänzung eines Vertrags beigezogen werden 132 III 460/466 f. E. 4.3.

Ob eine Übung (in casu nach Art. 212) bestehe, ist Tatfrage (vgl. auch 59 II 254/258); 25
die Überprüfung durch das Bundesgericht ist auch dann ausgeschlossen, wenn die kantonale Instanz nicht allein aufgrund der Prozessakten, sondern auch aufgrund ihrer eigenen Fach- und Lokalkenntnisse zu einem Ergebnis gelangt ist 41 II 252/257 E. 4, vgl. auch 127 III 519/524 E. d Pra 2001 (Nr. 195) 1187. Vorbehalten bleibt der Fall, wo die Feststellung auf einer Verkennung des Rechtsbegriffs der Übung beruht (42 II 112/121). Auch steht dem Bundesgerichte zu, die als Übung festgestellten Regeln wie Willensäusserungen von Vertragschliessenden auszulegen (34 II 638/640) 86 II 256/257.

Weiteres. Bei Verträgen, welche unter Verwendung von *Formularen* abgeschlossen wer- 26
den, sind auch die bei den Verhandlungen nicht erwähnten Klauseln gültig, wenn bei der nachfolgenden Unterzeichnung kein Widerspruch erhoben wird 51 II 273/280. – Vertragsabschluss durch den Austausch von Telexmeldungen 112 II 326/327 ff. E. 3. Den Parteien steht es grundsätzlich frei, die Modalitäten des Vertragsabschlusses festzulegen (in casu Innominatvertrag [Vorsorgevertrag im Bereich der freiwilligen beruflichen Vorsorge]) 116 V 218/223 E.b. – Ein Vertrag kann zwischen mehr als zwei Parteien geschlossen werden und es müssen nicht sämtliche Vertragspunkte alle Parteien betreffen 5C.275/2002 (3.7.03) E. 1.4 Pra 2004 (Nr. 27) 133. – Im beurteilten Fall zweistufiger mündlicher Vertragsabschluss (zuerst Abschluss eines Werkvertrages, dann Vereinbarung über die Höhe des Werklohnes) 4C.371/2006 (19.1.07) E. 5 fr., 4A_100/2008 (29.5.08) E. 4.1 fr. (in casu Auftrag). – Der *Versicherungsvertrag* kommt durch übereinstimmende gegenseitige Willensäusserungen zustande; indessen sind Antrag und Annahme besonderen Regeln unterworfen 112 II 245/251 f. E. II/1 Pra 1987 (Nr. 238) 817, 120 II 133/134 E. 3 fr. (in casu Frage, ob eine blosse Vertragsabänderung oder aber der Abschluss eines neuen Versicherungsvertrages vorliegt; dazu auch 132 III 264). – *Vereinsrecht:* Anstatt

durch einseitige Austrittserklärung kann die Mitgliedschaft auch durch einvernehmliche vertragliche Regelung zwischen Mitglied und Verein aufgelöst werden 134 III 625/633 E. 3.5.2. – Auf den *Freihandverkauf nach SchKG* (Verwertungsakt im Sinne einer Verwaltungsverfügung) finden die privatrechtlichen Regeln über die Willenserklärungen und über den Vertragsschluss analoge Anwendung 131 III 237/239 f. E. 2.2 (in casu Nichtigkeit der Freihandverkaufsverfügung nach SchKG Art. 22 mangels genügender Individualisierung des zu verwertenden Objektes). Fall einer prozessual mangelhaften Substanziierung des behaupteten Vertragsabschlusses 4C.24/2006 (14.3.07) E. 5.

27 Die ***Vertragstreue*** (pacta sunt servanda) gilt nicht nur für den ursprünglichen Vertrag, sondern auch für dessen allfällige Abänderungen 119 II 348/351 E. aa Pra 1994 (Nr. 227) 747 f. (mietrechtlicher Entscheid). Einseitige Vertragsabänderung als blosser Antrag, der von der Gegenpartei angenommen werden muss (in casu arbeitsrechtlicher Sozialplan) 4A_140/2008 (30.5.08) E. 2.2 fr. Ein undefiniertes Gestaltungsrecht zur einseitigen Abänderung vertraglicher Leistungspflichten widerspricht der Natur und dem Zweck des Vertrages, mit dem Rechte und Pflichten jeder Vertragspartei gerade definiert werden sollen 135 III 1/10 E. 2.5. Werden die vertraglichen Beziehungen zum bisherigen Vertragspartner beendet, um mit einer anderen Partei neue vertragliche Bindungen einzugehen, haftet der neue Vertragspartner nicht für Forderungen aus der Vertragsbeziehung zum bisherigen Partner 4C.72/2007 (24.4.07) E. 3.2.

28 ***Submission.*** Erst nach Abschluss des Vergabeverfahrens beginnen die Vertragsverhandlungen zwischen Vergabebehörde und Zuschlagsempfänger (selbst wenn bezüglich der Essentialia des Vertrages keine Abweichungen von Ausschreibungsunterlagen und ausgewähltem Angebot mehr zulässig sind; hingegen freie Verständigung bezüglich blosser Nebenpunkte); mithin haben auf den Zuschlag, wie bei einem vom Submissionsverfahren unabhängigen Vertragsschluss, Offerte und Akzept zu folgen 134 II 297/304 E. 4.2 (in casu Zustandekommen des Vertrags infolge verspäteten Akzepts gemäss Art. 5 verneint), anders aber 2C_346/2013 (20.1.14) E. 1.3.3, wonach das Angebot eine verbindliche Offerte ist.

29 Zur *Auslegung, Anpassung* und *Ergänzung des Vertrages* sowie zum *fiduziarischen Rechtsgeschäft* siehe unter Art. 18 Abs. 1. Zum *Zugang empfangsbedürftiger Willenserklärungen* und zur *Kontrahierungspflicht* siehe Vorb. Art. 1–40f.

30 ***Abs. 2*** Vorbehalten ist eine gesetzlich vorgeschriebene oder vertraglich vereinbarte Form (vgl. Art. 11 Abs. 1 und Art. 16 Abs. 1) 4C.19/2007 (15.3.07) E. 2.2.1 fr. Eine stillschweigende Willensäusserung (im Hinblick auf den Abschluss eines Vertrages oder auf die Abänderung eines bereits bestehenden Vertrages 4A_34/2007 [26.7.07] E. 4.2.1 it.) kann nur bei Vorliegen eines eindeutigen Verhaltens angenommen werden, dessen Auslegung keine vernünftigen Zweifel hervorruft. Ein rein passives Verhalten kann somit grundsätzlich nicht als Äusserung eines Verpflichtungswillens ausgelegt werden, insbesondere nicht als Annahme eines Antrages 123 III 53/59 E. 5a Pra 1997 (Nr. 87) 482, 129 III 476/478, 4C.304/2001 (22.1.02) E. 4b it., 4C.193/2003 (4.11.03) E. 4.1 fr., vgl. auch 4C.29/2003 (12.3.03) E. 4 fr., 4C.232/2006 (4.1.07) E. 4.2 fr., 4A_34/2007 (16.7.07) E. 4.2 it., 4A_437/2007 (5.2.08) E. 2.4.2.

31 ***Beispiele.*** Stillschweigend geschlossener Lizenzvertrag 101 II 293/299 f. E. 2 c. Stillschweigende (oder allenfalls konkludente) Annahme des Antrages, einen Kunstgegenstand zu schätzen 112 II 347/350 f. E. a, b. Umschreibung der Vollmacht des Vertreters

durch stillschweigende Willenskundgebung des Vertretenen 93 II 461/482 E. a fr. Stillschweigende Vereinbarung von Provisionsguthaben 116 II 700/703 E. 3. Bei einem privaten Kompensationsgeschäft mit dem Ausland gelten die schweizerischen öffentlich-rechtlichen Vorschriften zwingend als stillschweigend vereinbarter Vertragsinhalt 73 II 171/175 f. E. 3. Der Kläger, der im Vorprozess die Verzugszinsen einklagt, im Hauptprozess jedoch nicht mehr, hat damit stillschweigend einen Verzicht offeriert, das Stillschweigen des Beklagten wird als Zustimmung gedeutet 52 II 215/220 ff. E. 5. Zustandekommen eines Vertrages durch konkludentes Verhalten (in casu Teillieferung) 38 II 516/519 E. 3. Konkludent geschlossener Mietvertrag nach Auflösung des bestehenden Vertrages: Massgebend sind die konkreten Umstände 4A_247/2008 (19.8.08) E. 3.2.1 fr., s. auch 119 II 147/156 E. 5 (Voraussetzung, dass der Vermieter die Kündigung während längerer Zeit nicht durchsetzt) und 4A_537/2010 (25.11.10) E. 5 fr. Die Verpflichtung zur Ausrichtung einer Gratifikation im Arbeitsverhältnis kann durch konkludentes Verhalten entstehen, wie beispielsweise durch die regelmässige und vorbehaltlose Ausrichtung eines entsprechenden Betrages (hingegen kann die einmalige, versehentliche Unterlassung eines im Übrigen stets angebrachten Vorbehalts noch nicht zu einer stillschweigenden Vertragsabänderung führen) 129 III 276/278 ff. E. 2 und 2.2. Konkludent geschlossener Auftrag verneint 113 II 522/527 E. c Pra 1988 (Nr. 231) 865. Konkludenter Vertragsschluss in casu verneint 127 III 519/519 fr. Im beurteilten Fall wurde der schriftliche Verzicht auf den 13. Monatslohn für ein bestimmtes Jahr nicht als stillschweigender Verzicht für die Folgejahre ausgelegt 4C.14/2001 (26.3.01) E. 2a fr. Abschluss eines ordentlichen Hinterlegungsvertrags verneint 120 II 252/256 ff. E. 3 Pra 1995 (Nr. 275) 941 ff. Verweis im Einzelarbeitsvertrag auf eine einzelne Bestimmung des Gesamtarbeitsvertrags genügt nicht, um das Vorhandensein einer Übereinkunft der Parteien bezüglich der Anwendung aller normativen Bestimmungen des Gesamtarbeitsvertrags zu belegen 123 III 129/135 E. 3c Pra 1997 (Nr. 110) 599 f. Konkludent geschlossener Mäklervertrag: Um den «Auftraggeber» vor Zudringlichkeit zu schützen, darf aus der blossen Duldung gewisser Vermittlungstätigkeiten nicht ohne Weiteres auf einen Vertragswillen geschlossen werden 4C.282/2002 (10.12.02) E. 2.3. Konkludente Vertragsübernahme gemäss Art. 645 Abs. 2 4C.8/2001 (16.8.01) E. 2b. – In casu Verneinung eines stillschweigenden oder konkludenten Krankenkassenaustritts 118 V 264/272 ff. E. 7. – Beispiel eines durch konkludentes Verhalten geschlossenen Pachtvertrages 118 II 441/443 E. 1. – Eine einfache Gesellschaft und als deren Sonderform auch die Kollektivgesellschaft können konkludent entstehen und sich namentlich aus dem Verhalten der Partner ergeben, ohne dass ihnen diese Rechtsfolge bewusst sein muss 124 III 363/365 E.a. Eine rechtsverbindliche Absprache ist auch stillschweigend möglich, was insbesondere für die Bildung einer einfachen Gesellschaft gilt, die durch konkludentes Verhalten begründet werden kann, selbst ohne dass dies den Betroffenen bewusst ist 130 II 530/550 E. 6.4.4 und 553 E. 6.4.5. Blosses Gewährenlassen als Indiz für einen stillschweigenden Vertragsabschluss? 4C.54/2001 (9.4.02) E. 2a fr. – SchKG Art. 82: Ist der Sinn oder die Auslegung des Rechtsöffnungstitels derart zweifelhaft oder ergibt sich eine Schuldanerkennung höchstens aus konkludenten Tatsachen, darf die provisorische Rechtsöffnung nach anerkannten Grundsätzen nicht erteilt werden Pra 2003 (Nr. 163) 893 E. 3. – Das Dulden einer vom schriftlichen Arbeitsvertrag abweichenden betrieblichen Praxis (in casu betreffend Überstunden) führt zu einer entsprechenden Vertragsänderung 4C.110/2000 (9.10.00) E. 3d. – Beispiel eines ausdrücklichen Antrages und dessen konkludenter Annahme 4C.162/2005 (18.5.06) E. 2.3. – Stillschweigend geschlossener Zusatzvertrag? 4C.118/2006 (11.7.06) E. 2.1 fr. – Stillschweigende Vereinbarung über die Beendigung einer Vereinsmitgliedschaft 134 III 625/632 E. 3.4. – Konkludente Genehmigung eines Kaufvertrags 138 III 137/143 E. 5.3.3.

2. Betreffend Nebenpunkte

Art. 2

[1] Haben sich die Parteien über alle wesentlichen Punkte geeinigt, so wird vermutet, dass der Vorbehalt von Nebenpunkten die Verbindlichkeit des Vertrages nicht hindern solle.

[2] Kommt über die vorbehaltenen Nebenpunkte eine Vereinbarung nicht zustande, so hat der Richter über diese nach der Natur des Geschäftes zu entscheiden.

[3] Vorbehalten bleiben die Bestimmungen über die Form der Verträge.

1 Verhältnis zu FMG Art. 11 Abs. 3 bezüglich der Anordnung von Nebenbestimmungen bei behördlich verfügten Interkonnektionsbedingungen 132 II 284/287 E. 6.2.

2 *Abs. 1* **Grundsatz.** Für die nach Art. 1 Abs. 1 notwendigen übereinstimmenden Willenserklärungen der Parteien ist es nicht erforderlich, dass sich dieselben auf alle Punkte erstrecken, welche für die Gestaltung des Vertragsverhältnisses von Bedeutung sein können; vielmehr genügt es, dass sich die Parteien über alle wesentlichen Punkte geeinigt haben 54 II 300/303 f. E. 1, 103 II 190/194 f. E. 2 Pra 1977 (Nr. 215) 530 f. (Der Umkehrschluss ist unzulässig: Haben sich die Parteien über alle objektiv und subjektiv wesentlichen Punkte geeinigt, so kommt der Vertrag auch dann zustande, wenn sie die Regelung der Nebenpunkte nicht vorbehalten haben; es wird vermutet, dass der Vertrag insoweit zustande gekommen ist, als die Parteien eine Einigung erzielt haben). Fehlt ein wesentlicher Punkt, so ist die Bestimmung nicht anwendbar 127 III 248/255 E. 3d Pra 2002 (Nr. 72) 417. – Ein Nebenpunkt ist vorbehalten im Sinne der Bestimmung, wenn die Parteien diesen Punkt besprochen, darüber aber keinen Konsens gefunden haben 132 III 24/30 E. 6.1.1. Der Vorbehalt betreffend einen noch zu regelnden Punkt kann selbst im Rahmen eines formbedürftigen Vertrages (in casu öffentliche Beurkundung) formlos erfolgen 127 III 248/255 E. 3e Pra 2002 (Nr. 72) 417, vgl. auch 4C.247/2001 (1.10.01) E. 2a.

3 **Wesentliche Punkte.** Nach Lehre und Rechtsprechung setzt ein Vertrag voraus, dass alle geschuldeten und wesentlichen Leistungen der Parteien bestimmt oder bestimmbar sind; andernfalls fehlt es an den zum Vertragsschluss notwendigen gegenseitig übereinstimmenden Willenserklärungen über die wesentlichen Punkte 84 II 266/272 E. 2. – Zu den wesentlichen Punkten gehören die begriffsnotwendigen Bestandteile eines bestimmten Vertragstypus (objektiv wesentliche Punkte, essentialia negotii) und jene Vertragspunkte, die den Parteien gleich wichtig sind wie die essentialia, von denen somit anzunehmen ist, dass eine Partei den Vertrag ohne Einigung darüber nicht geschlossen hätte (subjektiv wesentliche Punkte, «condicio sine qua non») 54 II 300/305 E. 1, 97 II 53/55 f. E. 3, 110 II 287/291 E.b. Wer objektiv unwesentliche Punkte als Bedingung seines Ver-

tragswillens ansieht, muss das deutlich zu erkennen geben, sonst wirkt die Vermutung aus Art. 2 Abs. 1 gegen ihn und für die Bindung 118 II 32/34 E. d (nicht zu beanstanden ist, wenn technische Einzelheiten der zu errichtenden Baute nicht als essentialia negotii qualifiziert werden), 4C.72/2006 (30.5.06) E. 2 fr.

Beispiele. Beim Vorvertrag die wesentlichen Punkte des Hauptvertrages 31 II 640/645; beim Kauf einer Fabrik die künftige Organisation der Geschäftsleitung 31 II 640/646 (subjektiv wesentlicher Punkt); beim Distanzkauf die Abmachung, ob das Original- oder das Effektivgewicht für den Kaufpreis massgebend sei 41 II 252/256; beim Steigerungskauf der Umfang der zu übernehmenden Zinsen 30 II 171/179; beim Vertrag über ein Vorkaufsrecht die Dauer des Rechtes (ausser es werde bewiesen, dass ihr die Parteien keine Bedeutung beigemessen haben) 97 II 53/56 (vgl. heute Art. 216a); beim Grundstückkauf Form und Lage der Parzelle (diese müssen bestimmt sein; die blosse Flächenangabe des Grundstücks genügt nicht) 127 III 248/254 f. E. 3d Pra 2002 (Nr. 72) 417; beim Pachtvertrag der Pachtzins (daraus darf aber nicht geschlossen werden, dass bei jeder Pachtzinsänderung ein neuer Vertrag abgeschlossen werde) 103 II 149/154 f. E. 4; beim Mäklervertrag, ob es um den Nachweis der Gelegenheit eines Vertragsabschlusses oder um die Vermittlung eines Vertragsabschlusses geht 90 II 92/103 E. 6; beim Versicherungsvertrag die Höhe der Prämie 25 II 458/466 E. 5 fr.; bei der Begründung eines Vorkaufsrechtes, das sich auf einen realen Teil eines Grundstückes beziehen soll, die Begrenzung dieses Teils 81 II 502/507 E. 4, vgl. aber 114 II 127/129 ff. E. 2, wonach ein Vorkaufsrecht an einem zukünftig zu begründenden Stockwerkeigentumsanteil nicht im Grundbuch vorgemerkt werden kann, wenn die Wertquoten der einzelnen Stockwerkeinheiten noch nicht bestimmt sind und im Vorkaufsvertrag (auch sonst) keine Methode festgelegt worden ist, wie im Falle des Verkaufes der ganzen Liegenschaft der Vorkaufspreis bestimmt werden soll; beim Mietvertrag die Überlassung einer Sache zum Gebrauch und der Mietzins 98 II 211/216 f. E. 5b fr. (kein wesentlicher Punkt ist die Gewissheit über den Zeitpunkt, in dem die Mieträume bezogen werden können) 97 II 58/63 E. 4 Pra 1971 (Nr. 143) 448, 119 II 347/347 f. E. 5. 4

Die Kaufsache muss nicht schon zur Zeit des Vertragsabschlusses bestimmbar sein, sondern es genügt, wenn sie zur Zeit der Lieferung bestimmt werden kann 84 II 266/273 E.a. 5

Sind sich die Parteien darüber einig, dass ein Vertrag zustande gekommen ist, und haben sie den Vertrag während längerer Zeit erfüllt, so hat der Richter nicht von sich aus zu erklären, es fehle an den nach Art. 1 und 2 erforderlichen gegenseitig übereinstimmenden Willenserklärungen über die wesentlichen Punkte 29 II 114/125. S. aber 127 III 248/253 E. 3b Pra 2002 (Nr. 72) 416, wonach der Richter von Amtes wegen prüfen muss, ob der geltend gemachte Vertrag zustande gekommen ist. 6

Nebenpunkte (d.h. keine wesentlichen Punkte) sind z.B.: beim Kauf die genaue Höhe des gemäss verkehrsüblicher Abrede bestimmbaren Kaufpreises sowie der Erfüllungsort 20 1070/1076 f. E. 3 fr., die Ordnung der Zahlungsbedingungen (die Zahlungsbedingungen gehören jedoch dann zu den wesentlichen Punkten, wenn es sich um den Kauf aller Aktien einer Immobilien-AG handelt) 71 II 270 f. E. c, die Zahlungsbedingungen hinsichtlich eines Kaufpreisrestes 85 II 402/410 ff. E. bb; beim Vorauszahlungsvertrag die Zahlungsbedingungen 84 II 266/275; beim Werkvertrag die Zahlungsmodalitäten 83 II 522/524 E. b 7

Pra 1958 (Nr. 2) 4, das Format eines im Vertrag umschriebenen Druckwerkes 38 II 583/588 f. – Übertragung eines Unternehmens: Die Ungenauigkeit, mit der die Parteien in casu das Problem der Markenübertragung aufgeworfen haben, erlaubt nicht die Annahme, man habe die Markenübertragung als untergeordneten Punkt einer späteren, nun durch richterliche Vertragslückenfüllung nachzuholende Einigung vorbehalten wollen; daher ist der Vertrag nicht zu ergänzen im Sinne von Abs. 2, sondern auszulegen (in casu Übertragung der Marke angenommen) 111 II 291/293 E. b Pra 1986 (Nr. 36) 114 (teilweise ungenau übersetzt). – Vorvertrag über den Kauf eines Einfamilienhauses mit (noch nicht konkret bestimmtem) Einstellplatz: Nicht wesentlich ist die Erwähnung, dass es sich beim Einstellplatz um ein Baurechtsgrundstück handelt; ebenfalls unmassgeblich für den Abschluss des Vorvertrages ist die Tatsache, dass das Benutzungsreglement im Zeitpunkt des Vertragsschlusses noch nicht vorgelegen hat 118 II 32/35 f. E. cc, dd. – Auch als Bedingungen ausgestaltete Vertragsklauseln können in Wahrheit Nebenpunkte sein 135 III 295/295 ff.

8 ***Abs. 2*** Bei der Ergänzung eines Vertrages nach Art. 2 Abs. 2 geht die Natur des Geschäftes dem dispositiven Gesetzesrecht vor 107 II 411/416 E. 9 (in casu Festsetzung einer Kündigungsfrist durch den Richter in Abweichung von Art. 290 [heute Art. 296]). Vorbehalten ist ein Nebenpunkt, wenn die Parteien ihn besprochen haben, ohne aber über den Punkt einen Konsens zu finden 132 III 24/30 E. 6.1.1. – *Natur des Geschäftes.* Wie beim Ausfüllen einer Vertragslücke hat sich der Richter vom Wesen und Zweck des Vertrages leiten zu lassen und den gesamten Umständen des Falles Rechnung zu tragen 107 II 411/414 E. 7, 84 II 628/632 E. 1 (Entscheid nach Recht und Billigkeit gemäss ZGB Art. 4), vgl. ferner 111 II 260/262 E. 2a fr. – Die Ergänzung des Vertrages gemäss Art. 2 Abs. 2 ist *Rechtsfrage* 108 II 112/114 E. 4, somit freie Überprüfung durch das Bundesgericht im Berufungsverfahren aufgrund des von der Vorinstanz festgestellten Sachverhalts 4C.369/2000 (17.8.01) E. 7b it. – *Die Bestimmung ist nicht anwendbar,* wenn die Vertragsparteien einen Nebenpunkt weder geregelt noch seine Regelung einer späteren Vereinbarung vorbehalten haben; in einem solchen Fall muss der Punkt nach den dispositiven Gesetzesbestimmungen entschieden werden, denen der betreffende Vertrag untersteht 83 II 522/523 E. a Pra 1958 (Nr. 2) 4, vgl. auch 132 III 24/30 E. 6.1.1. – *Richter:* auch Schiedsrichter bzw. Schiedsgericht 69 II 118/119 E.a.

9 ***Beispiele.*** Haben die Parteien hinsichtlich des allfälligen Kaufpreisrestes auf die Teilzahlungsbedingungen des Verkäufers verwiesen und fehlen solche im Geschäft des Verkäufers, so setzt sie der Richter nach Recht und Billigkeit fest 84 II 628/630 ff. E. 1. – Wurde eine Sache (in casu privates Hallenschwimmbad) zum entgeltlichen Gebrauch überlassen, ohne dass die Höhe der Vergütungen bestimmt worden ist, so obliegt es im Streitfall dem Richter, die geschuldete Vergütung durch Vertragsergänzung festzulegen 108 II 112/113 f. E. 4; die richterliche Ergänzung bezieht sich aber nur auf das Entgelt im Hinblick auf die bereits erfolgte Benutzung 119 II 347/347 f. E. 5. – Arbeitsvertrag mit Versprechen zu Unterhalt und Pflege auf Lebenszeit/vorzeitige Vertragsauflösung: Die vertragliche Pflicht zu Unterhalt und Pflege wurde durch den Richter nach dem hypothetischen Willen der Parteien durch eine kapitalisierte Leibrente ersetzt 111 II 260/262 f. E. 2a und 4a fr. Bauverbotsdienstbarkeit: Bei Uneinigkeit der Parteien über den Betrag, auf den die Vergütung gemäss Vertrag nach fünfzig Jahren neu festzusetzen ist, hat der Rich-

ter die Höhe der Vergütung festzulegen 93 II 185/188 f. E. 4 Pra 1967 (Nr. 143) 482 f. – Ergänzung der Vereinbarung über die Liquidation einer einfachen Gesellschaft in analoger Anwendung von Art. 2 Abs. 2 4C.105/2005 (17.6.05) E. 5.3. – Vergleich zum Rückzug einer Baueinsprache: Hauptpunkte sind die Konzessionen der Bauherrin einerseits (Garage wird tiefer, Bäume müssen regelmässig gestutzt werden) und der Rückzug der Einsprache trotz Unterschreitung des Mindestabstands andererseits, ein Nebenpunkt dagegen die genaue Modalität der Konzession (in casu diejenigen des Bäumeschneidens) 4A_418/2011 (1.12.11) E. 6.

Zur *Vertragsergänzung durch den Richter* siehe auch unter Art. 18 Abs. 1. 10

II. Antrag und Annahme

Vorb. Art. 3–9

Antrag. Der Antrag (Offerte) muss die (objektiv und subjektiv) wesentlichen Punkte des angestrebten Vertrages enthalten 4A_69/2019 (27.9.19) E. 3.1 fr. Das Nichterwähnen wichtiger Punkte kann bei individuell zu gestaltenden Verträgen ein Indiz dafür bilden, dass eine Äusserung nicht als Ausdruck der Vertragsbereitschaft und damit nicht als Antrag auszulegen ist 31 II 640/644 ff. E. 2. Ein Antrag ist nicht notwendigerweise das Resultat von Vertragsverhandlungen; er kann den Verhandlungen auch vorausgehen 4C.409/2006 (31.10.07) E. 4.1. Entscheidend für die Frage, ob ein Angebot (Antrag) im Rechtssinne vorliegt, ist der Empfängerhorizont 4A_437/2007 (5.2.08) E. 2.4.1. – Ein Antrag kann an eine unbestimmte Person oder an eine Vielzahl von Personen gerichtet sein in der Meinung, dass der Vertrag mit demjenigen geschlossen sein soll, der den Antrag annimmt 47 II 208/209 f. E. 1. Eine zum Voraus erklärte Beschränkung des Personenkreises, an den sich der Antrag richtet, ist zulässig 80 II 26/37 E.b. – Unverbindliche Einladung zur Offertstellung (invitatio ad offerendum) oder verbindliche Erklärung eines Geschäftswillens und damit Antrag gemäss Art. 3? 4C.162/2005 (18.5.06) E. 2.2 (in casu Gemeinderatsbeschluss als Antrag qualifiziert). Offengelassen, ob die Zustellung einer Honorarnote im Auftragsverhältnis den Antrag für die (nachträgliche) Vereinbarung des geschuldeten Entgelts darstellt 4C.380/2006 (6.3.07) E. 8.2.2 fr. 1

Kein Antrag ist ein interner Beschluss (in casu Gemeindebeschluss): Er kann ohne rechtliche Konsequenzen widerrufen werden 51 II 495/498. Kein Antrag auch das Angebot in einem Ausschreibungsverfahren nach öffentlichem Vergaberecht 134 II 297/304 E. 4.2. Abänderungsvorschläge des Adressaten eines Antrages heben die Verbindlichkeit des Antrages auf 31 II 640/649 E. 4. 2

Weiteres. Die durch das Betreibungsamt aufgestellten Steigerungsbedingungen sind insofern mit einem Antrag nach Art. 3 ff. vergleichbar (dem sie aber jedenfalls nicht grundsätzlich gleichgestellt werden können), als sie für den Ersteigerer die Grundlage seiner Verpflichtung darstellen 123 III 53/57 f. E. 4a Pra 1997 (Nr. 87) 480. Blosser Erfüllungsgehilfe und nicht Antragsteller 4C.103/2003 (4.8.03) E. 4.4. – Die Abgrenzung eines entgeltlichen Vertrages von einer simplen Offerte (per definitionem gratis) ist oft schwierig zu treffen 4C.341/2003 (25.3.04) E. 2.1.1 fr. Im beurteilten Fall Entgeltlichkeit einer Vorstudie im Hinblick auf einen Totalunternehmervertrag bejaht, obwohl letzterer nicht zustande kam 4C.285/2006 (2.2.07) E. 2.2 fr.; grundlegend 119 II 40/42 ff. E. 2 Pra 3

1995 (Nr. 12) 46 ff. Stellt der Arbeitgeber freiwillig und einseitig einen Sozialplan auf, handelt es sich um eine Offerte; nimmt ein Arbeitnehmer diese an, wird der Sozialplan integrierender Bestandteil seines Einzelarbeitsvertrages 133 III 213/216 f. E. 4.3.3, vgl. auch 4A_140/2008 (30.5.08) E. 2.1 fr.

4 **Annahme** durch konkludentes Verhalten (in casu Teillieferung) 38 II 516/519 E. 3, 4C.162/2005 (18.5.06) E. 2.3. Eine «Annahme», die vom Antrag abweicht, ist ihrerseits als Gegenofferte zu betrachten 38 II 90/93 fr., auf welche die Regeln über das Angebot anwendbar sind 4A_69/2019 (27.9.19) E. 3.1 fr. Blosses Schweigen bedeutet in der Regel keine Annahme, auch nicht im kaufmännischen Verkehr 30 II 298/301 (siehe aber Art. 6). Antrags- und Annahmeerklärung müssen gegenseitig, also aufeinander bezogen sein 4A_265/2018 (3.9.18) E. 2.2.3 (in casu bei Beschlussprotokoll einer AG verneint).

5 **Weiteres.** Der Versicherungsvertrag kommt durch übereinstimmende gegenseitige Willensäusserungen zustande (Art. 1); indessen sind Antrag und Annahme besonderen Regeln unterworfen 112 II 245/251 f. E. II/1 Pra 1987 (Nr. 238) 817, 120 II 133/134 E. 3 fr. (in casu wurde das Ersetzen einer Vollkaskoversicherung durch eine Teilkaskoversicherung als Änderung eines bestehenden Vertragsverhältnisses betrachtet und nicht als Abschluss eines neuen Vertrages; zu dieser Abgrenzung 132 III 264). Stellt der Versicherer (und nicht der Versicherungsnehmer) den Antrag, so beurteilt sich der Vertragsabschluss nach den OR-Regeln (trotzdem findet aber VVG Art. 4 Anwendung) 126 III 82/83 f. E. 3 Pra 2000 (Nr. 102) 601 f. – Weder direkte noch sinngemässe Anwendung der Bestimmungen im Rahmen von Art. 231 (ein schriftliches Steigerungsangebot kann bis zu seiner Bekanntgabe bei Steigerungsbeginn zurückgezogen werden) 128 III 198/199 E. 3a. – Zum Antrag bei formbedürftigen Geschäften 123 III 35/41 E.aa.

1. Antrag mit Annahmefrist

Art. 3

¹ Wer einem andern den Antrag zum Abschlusse eines Vertrages stellt und für die Annahme eine Frist setzt, bleibt bis zu deren Ablauf an den Antrag gebunden.

² Er wird wieder frei, wenn eine Annahmeerklärung nicht vor Ablauf dieser Frist bei ihm eingetroffen ist.

1 ***Abs. 1*** Die Fristansetzung kann durch Stillschweigen erfolgen 12 646/650 E. 6. – Konkursamt als Antragsteller 113 III 90/92 fr. Die Bindung des Antragstellers an die Frist entfällt, sobald der Empfänger den Antrag ablehnt (zum Beispiel durch das Stellen eines eigenen Antrages); steht nicht fest, dass der Antragsteller die Reaktion des Empfängers richtig verstanden hat, ist in Anwendung des Vertrauensprinzips zu entscheiden 4C.409/2007 (31.10.07) E. 4.1. – Zum Antrag und zur Annahme im Allgemeinen siehe Vorb. Art. 3–9.

2 ***Abs. 2*** Empfangstheorie; die Bestimmung ist dispositiv 84 II 187/197 f. E. 4. *«wird wieder frei …»:* Trifft die Annahmeerklärung nicht innert Frist beim Antragsteller ein, so fällt der Antrag ohne Weiteres dahin – es sein denn, die Annahmeerklärung sei rechtzeitig ab-

gesandt worden, Art. 5 Abs. 3 (der auch auf Fälle anwendbar ist, in denen der Antragsteller eine Frist gesetzt hat) s. 4A_649/2011 (1.12.11) E. 3.2.3 f. (in casu gesetzte Frist nicht eingehalten, auch nicht im Sinne von Art. 5 Abs. 3).

2. Antrag ohne Annahmefrist a. Unter Anwesenden

Art. 4

1 Wird der Antrag ohne Bestimmung einer Frist an einen Anwesenden gestellt und nicht sogleich angenommen, so ist der Antragsteller nicht weiter gebunden.

2 Wenn die Vertragschliessenden oder ihre Bevollmächtigten sich persönlich des Telefons bedienen, so gilt der Vertrag als unter Anwesenden abgeschlossen.

b. Unter Abwesenden

Art. 5

1 Wird der Antrag ohne Bestimmung einer Frist an einen Abwesenden gestellt, so bleibt der Antragsteller bis zu dem Zeitpunkte gebunden, wo er den Eingang der Antwort bei ihrer ordnungsmässigen und rechtzeitigen Absendung erwarten darf.

2 Er darf dabei voraussetzen, dass sein Antrag rechtzeitig angekommen sei.

3 Trifft die rechtzeitig abgesandte Annahmeerklärung erst nach jenem Zeitpunkte bei dem Antragsteller ein, so ist dieser, wenn er nicht gebunden sein will, verpflichtet, ohne Verzug hievon Anzeige zu machen.

Abs. 1 Die Normaldauer der Bindungswirkung setzt sich aus der Übermittlungsdauer 1
der Offerte und der Annahmeerklärung sowie aus einer angemessenen Überlegungsfrist zusammen. Diese drei Perioden bildeten zusammen die Gesamtdauer, weshalb die Verkürzung der einen eine Überdehnung der anderen auszugleichen vermag. Die Übermittlungsdauer der Annahmeerklärung bemisst sich nach dem Zeitbedarf des «Transportmittels», das der Antragsteller für sein Angebot gewählt hat 4A_515/2008 (16.1.09) E. 4.1. Die Dauer der angemessenen Überlegungsfrist richtet sich im konkreten Fall nach der Art des Geschäftes (relativ kurze Bedenkfrist, wenn alle Essentialia der Vereinbarung bereits durch die öffentliche Ausschreibung und das darauf hin eingereichte Angebot bestimmt waren; in casu verspätetes Akzept) 134 II 297/304 f. E. 4.3.1, 4A_649/2011 (1.12.11) E. 3.2.3. Aus den Umständen und dem Inhalt eines Antrages kann sich ergeben, dass eine rasche Antwort erwartet wird und somit die Überlegungszeit kurz ist 98 II 109/111 ff. E. 2b. – Bei einer *sukzessiven Unterzeichnung* eines (angeblichen) Teilungsvertrages sind die Erstunterzeichner gegenüber den übrigen Mitgliedern der Erbengemeinschaft während einer gewissen Zeit gebunden, sicher aber nicht während 25 Jahren 86 II 347/351 ff. E. 3a. – Im *kaufmännischen Verkehr* sind für die Berechnung der Frist, während welcher der Antragsteller gebunden ist, die in der betreffenden Branche üblichen Sitten massgebend (in casu galt im Eierhandel zwischen Ungarn und der Schweiz bei telegraphischer Offerte eine Annahmefrist von 24 Stunden) 50 II 13/16 ff. E. 2. Es ist Sache des Geschäftsführers, dafür zu sorgen, dass Geschäftsbriefe, die in seinem Geschäftslokal abgegeben werden, zu seiner eigenen Kenntnis oder doch zur Kenntnis einer Person gelangen, welche

zu deren Öffnung sowie zu deren Beantwortung oder Nichtbeantwortung gehörig bevollmächtigt ist 32 II 281/286 f. E. 6. – Für die *Form der Annahme* gilt mangels besonderer Umstände der Grundsatz der Adäquanz zur Form des Antrages, sofern dieser mit einem üblichen Kommunikationsmittel gestellt worden ist 19 921/930. – Anwendungsbeispiel 4C.72/2006 (30.5.06) E. 3 fr.

3. Stillschweigende Annahme

Art. 6

Ist wegen der besonderen Natur des Geschäftes oder nach den Umständen eine ausdrückliche Annahme nicht zu erwarten, so gilt der Vertrag als abgeschlossen, wenn der Antrag nicht binnen angemessener Frist abgelehnt wird.

1 **Allgemeines.** Ausnahme zu den Regeln in Art. 1 Abs. 2 4C.304/2001 (22.1.02) E. 4b it. Die Bestimmung konkretisiert das Prinzip von Treu und Glauben gemäss ZGB Art. 2 Abs. 1 4C.378/2004 (30.5.05) E. 2.2 fr., 4A_437/2007 (5.2.08) E. 2.4.2. Richtig ist, dass Stillschweigen an und für sich weder im Allgemeinen noch speziell im Handelsverkehr von vornherein und ohne Hinzukommen anderer Momente als Einwilligung zu interpretieren ist. Allein ebenso richtig ist, dass Schweigen dann als Zustimmung gilt, wenn Redlichkeit oder praktische Vernunft einen Widerspruch gefordert hätten, falls das scheinbare Einverständnis in Wirklichkeit nicht bestand 30 II 298/301 f. E. 3, 4C.303/2001 (4.3.02) E. 2b Pra 2002 (Nr. 150) 816. Abzustellen ist nicht auf die subjektiven Vorstellungen der Parteien, sondern die Umstände sind nach objektivierendem Massstab zu deuten 4C.437/2006 (13.3.07) E. 2.3.1.

2 Nur das rein begünstigende Angebot gilt als durch Stillschweigen angenommen 124 III 67/69 f. E. a (in casu Herabsetzung des Mietzinses: Die stillschweigende Annahme einer vom Vermieter angezeigten Mietzinsherabsetzung stellt mangels besonderer Umstände keine konkludente Willensäusserung des Inhalts dar, dass damit auf den gesetzlichen Anspruch, gegebenenfalls eine weitergehende Herabsetzung zu beanspruchen, verzichtet werde), 4C.212/2004 (25.10.04) E. 2.2 fr. (in casu ein rein begünstigendes Angebot verneint), 4A_23/2007 (8.5.07) E. 4.2 fr. (in casu Arbeitsvertrag), weiter z.B. bei einer Schenkung ohne Auflagen 69 II 305/310 E. b Pra 1943 (Nr. 149) 387 f., 110 II 156/161 E. d Pra 1984 (Nr. 243) 664, 4C.320/2005 (20.3.06) E. 5.5 fr. (in casu Arbeitsvertrag); es genügt, wenn der Schenker dem Beschenkten oder seinem Vertreter von der Schenkung Kenntnis gibt und dieser weder ausdrücklich noch durch konkludentes Verhalten die Annahme ablehnt 64 II 359/360 E. a; stillschweigende Annahme der Schenkung durch Überweisung eines Geldbetrags von einem Konto, an dem der Schenker und der Beschenkte einzelzeichnungsberechtigt waren, auf ein eigenes Konto des Beschenkten 136 III 142/145 E. 3.3 Pra 2010 (Nr. 100) 693 f.; stillschweigende Annahme eines Pauschalreisevertrags in einem Fall, in dem die Offerte mehrere Monate lang offen stand, das Abreisedatum sich näherte und die Rechnung des Anbieters zehn Tage lang unbeantwortet blieb 4A_555/2014 (12.3.15) E. 3 fr.; Bürgschaftsvertrag 15 361/364 f. E. 3, 123 III 35/41 E.aa. Schweigen nach Vorlesen eines Briefes über ausstehende Zahlungen betreffend gemeinschaftliche Kosten in der Zwangsversteigerung einer Stockwerkeinheit (kein konkludenter Vertragsschluss) 123 III 53/59 E. 5a Pra 1997 (Nr. 87) 482. – Auslegung einer vom Gläubiger still-

schweigend angenommenen Erklärung einer Schuldübernahme (Art. 176) nach dem Vertrauensprinzip 110 II 360/365 f. E.b. – Stehen die Parteien seit Jahren miteinander im Geschäftsverkehr, so ist der Adressat einer Bestellung, die er nicht annehmen will, verpflichtet, zu widersprechen 38 II 516/519 E. 3. In der Säumnis in der richterlichen Weiterverfolgung liegt keine rechtsgeschäftliche Verzichtsofferte, die nach Art. 6 durch Stillschweigen als angenommen zu gelten hätte 124 III 21/24. – Ein stillschweigender Aufhebungsantrag des Gläubigers wird nur mit Zurückhaltung angenommen, da in der Regel auf Forderungen nicht ohne Gegenleistung verzichtet wird 4A_344/2018 (27.2.19) E. 2.2.1 fr.

Arbeitsvertrag. Antrag des Arbeitgebers durch schlüssiges Verhalten, auf Ansprüche gegen den Arbeitnehmer zu verzichten; stillschweigende Annahme durch den Arbeitnehmer 110 II 344/346 E. b Pra 1985 (Nr. 58) 162, 4A_344/2018 (27.2.19) E. 2.2.1 fr. Die Freistellung des Arbeitnehmers durch den Arbeitgeber stellt einen Schulderlass und damit ein Rechtsgeschäft dar, das keiner ausdrücklichen Annahme bedarf 128 III 212/220 E. cc Pra 2002 (Nr. 153) 833. Die besondere Natur des Geschäfts wird im Arbeitsrecht angenommen, wenn der Antrag für den Empfänger nur vorteilhaft ist. Dies trifft etwa bei einer vom Arbeitgeber angebotenen Lohnkürzung nicht zu (4A_216/2013 [29.7.13] E. 6.3). Auch eine Änderung der Bonusregelung, die sich zuungunsten des Arbeitnehmers auswirken kann, ist für diesen nicht nur vorteilhaft. Demnach darf insoweit nur von einer stillschweigenden Zustimmung des Arbeitnehmers ausgegangen werden, wenn er nach den Umständen nach Treu und Glauben gehalten ist, eine mögliche Ablehnung ausdrücklich zu erklären (109 II 327/330 E. 2b Pra 1984 [Nr. 35] 84, 4A_216/2013 [29.7.13] E. 6.3, 4A_443/2010 [26.11.10] E. 10.1.4). Das Vorliegen solcher Umstände hat der Arbeitgeber zu beweisen. Sie liegen namentlich vor, wenn für den Arbeitnehmer erkennbar ist, dass der Arbeitgeber von seinem (stillschweigenden) Einverständnis ausgeht und andernfalls bestimmte Massnahmen ergreifen oder eine Kündigung aussprechen würde 4A_131/2015 (14.8.15) E. 2.1, 4A_434/2014 (27.3.15) E. 3.2 fr. (mit dem Beispiel, in dem ein Arbeitnehmer mehrere Male einen tieferen Lohn akzeptierte als abgemacht), 4A_443/2010 (26.11.10) E. 10.1.4. Nach Lehre und Rechtsprechung gilt bei vorbehaltloser Annahme des gekürzten Lohnes während drei Monaten eine tatsächliche Vermutung für eine stillschweigende Zustimmung zur Lohnkürzung. Diese Vermutung kann der Arbeitnehmer allerdings umstossen, wenn er besondere Umstände nachweist, gestützt auf welche der Arbeitgeber trotz des langen Schweigens des Arbeitnehmers nicht auf dessen Zustimmung zur Reduktion schliessen durfte (4C.242/2005 [9.11.05] E. 4.3 fr.). In der widerspruchslosen Annahme des gekürzten Lohnes während einer sechsmonatigen Vertragsdauer erblickte das Bundesgericht eine konkludente Zustimmung, obwohl der Arbeitnehmer einen ihm vor Arbeitsantritt unterbreiteten neuen Vertrag, der die Lohnkürzung enthielt, nicht unterzeichnet hatte (4C.242/2005 [9.11.05] E. 4 fr.). Demgegenüber kann allein daraus, dass der Arbeitnehmer eine Lohnquittung über einen unter dem vertraglichen Lohn liegenden Betrag unterzeichnet, nicht abgeleitet werden, der künftige Lohn sei im Einverständnis mit dem Arbeitnehmer geändert worden (109 II 327 E. 2b Pra 1984 [Nr. 35] 84), 4A_223/2010 (12.7.10) E. 2.1.2. 3

Keine Anwendung der Bestimmung auf ein streitiges Abrechnungsverhältnis in dem Sinn, dass Stillschweigen auf Zustellung einer unrichtigen Abrechnung als deren verbind- 4 liche Anerkennung betrachtet werden könnte 88 II 81/89 E. c, 112 II 500/502 E. b Pra 1987 (Nr. 259) 915 f. (schweigt der Besteller nach Erhalt der Rechnung des Unternehmers während einiger Monate, so liegt darin keine stillschweigende Anerkennung; dasselbe gilt beim Erhalt eines Kontoauszuges), 4C.193/2003 (4.11.03) E. 4.3.4 fr. Eine stillschweigende Annahme ist ausgeschlossen, wenn es sich um eine Vereinbarung handelt, die eine Last auferlegt 128 III 295/302 E. c Pra 2003 (Nr. 13) 64, vgl. auch 4C.346/2001 (13.5.02) E. 3.5 fr.

5 **Bestätigungsschreiben.** Eine analoge Anwendung von Art. 6 auf Fälle, in denen die Parteien sich in wesentlichen Punkten nicht haben einigen können, die mündlichen Verhandlungen somit vorläufig oder endgültig als gescheitert betrachtet werden müssen, erweckt Bedenken. Ob diesfalls schon die Tatsache, dass verhandelt worden ist und eine Partei der andern gutgläubig eine schriftliche Bestätigung zugestellt hat, bei Stillschweigen des Empfängers auf dessen Zustimmung schliessen lasse, scheint ohne besondere Umstände selbst im kaufmännischen Verkehr zweifelhaft zu sein (Frage offengelassen) 100 II 18/22 f. E. 3a (analoge Anwendung von Art. 6 noch bejaht in 71 II 223/223 f.). Das blosse Schweigen auf ein angebliches Bestätigungsschreiben kann selbst im kaufmännischen Verkehr nur unter sehr eingeschränkten Voraussetzungen nach Treu und Glauben rechtsbegründend wirken 4C.206/2002 (1.10.02) E. 2.6. Die rechtserzeugende Kraft eines Bestätigungsschreibens kann sich nur aus dem Grundsatz der Vertrauenshaftung ergeben, welcher sich der Empfänger aussetzt, wenn er schweigt, obschon er an sich Anlass gehabt hätte, dem Schreiben zu widersprechen. Der Absender darf nicht von einer Bindung des Empfängers ausgehen, wenn sein Schreiben vom Verhandlungsergebnis derart abweicht, dass nach Treu und Glauben nicht mehr mit dem Einverständnis des Empfängers gerechnet werden darf (objektiver Massstab) 114 II 250/252 E. a, 4C.174/2006 (16.5.07) E. 5.1 (in casu inhaltlich mehrschichtiges Schreiben, Bindungswirkung verneint). Zur Auslegung des Bestätigungsschreibens 123 III 35/42 E. aa, 4C.29/2003 (12.3.03) E. 4 fr., 4C.303/2001 (4.3.02) E. 2b Pra 2002 (Nr. 150) 816, 4C.382/2001 (12.3.02) E. 3b. Die Bindungswirkung eines unwidersprochenen Bestätigungsschreibens beurteilt sich nach einem objektiven Massstab und hängt nicht von der subjektiven Einstellung des Absenders ab 4C.16/2000 (24.1.01) E. 3b/cc, vgl. auch 4C.103/2003 (4.8.03) E. 3.3 (siehe auch unter Art. 18 Abs. 1/Weiteres).

6 **Weiteres.** Ist es Verkehrssitte, dass ein bestimmtes Geschäft schriftlich abgeschlossen wird (in casu Mietvertrag über Liegenschaften in der Schweiz), so ist dies unvereinbar mit der Annahme, der Vertrag gelte gemäss Art. 6 infolge Schweigens des Empfängers des Bestätigungsschreibens als abgeschlossen 100 II 18/23 E.b. – Aufhebung einer freiwilligen Taggeldversicherung unter Verzicht auf die Einhaltung der reglementarischen Kündigungsfristen Pra 2002 (Nr. 32) 162 f. E.c. Anwendungsfall (Mäklervertrag) 4C.244/2002 (4.10.02) E. 2.2. Anwendungsfall im Rahmen von Art. 333 4A_176/2007 (29.8.07) E. 3.2 fr., vgl. auch 4A_140/2008 (30.5.08) E. 2.1 fr. (in casu arbeitsrechtlicher Sozialplan). AGB von Banken: Mit der Genehmigungsfiktion im Kontokorrent-Verhältnis vereinbaren die Parteien, dass ein passives Verhalten des Bankkunden als Annahme des Kontoauszugs im Sinne von Art. 6 zu werten ist 4C.175/2006 (4.8.06) E. 2.1.

7 Zur Anwendung im öffentlichen Recht vgl. 111 V 156/158 E. b fr.

3a. Zusendung unbestellter Sachen

Art. 6a

[1] Die Zusendung einer unbestellten Sache ist kein Antrag.

[2] Der Empfänger ist nicht verpflichtet, die Sache zurückzusenden oder aufzubewahren.

[3] Ist eine unbestellte Sache offensichtlich irrtümlich zugesandt worden, so muss der Empfänger den Absender benachrichtigen.

4. Antrag ohne Verbindlichkeit, Auskündung, Auslage

Art. 7

[1] Der Antragsteller wird nicht gebunden, wenn er dem Antrage eine die Behaftung ablehnende Erklärung beifügt, oder wenn ein solcher Vorbehalt sich aus der Natur des Geschäftes oder aus den Umständen ergibt.

[2] Die Versendung von Tarifen, Preislisten u. dgl. bedeutet an sich keinen Antrag.

[3] Dagegen gilt die Auslage von Waren mit Angabe des Preises in der Regel als Antrag.

Abs. 2 Versicherungsprospekt 15 404/414 E. 6. 1

Abs. 3 Die Bestimmung ist *dispositiv;* sie findet nur Anwendung auf Verträge, die *Waren* zum Gegenstand haben (in casu analoge Anwendung auf eine Filmvorführung abgelehnt) 80 II 26/35 f. E. 4a. Nicht notwendig ist, dass die Ware im Geschäftslokal ausgestellt ist; es genügt, wenn sie sich in einem Schaukasten befindet 105 II 23/24 E. 1. – Die Bestimmung schliesst die *Berufung auf den Erklärungsirrtum* nicht aus (in casu ausgestelltes Juwel mit CHF 1380 statt CHF 13 800 beschriftet) 105 II 23/24 ff. E. 2. 2

5. Preisausschreiben und Auslobung

Art. 8

[1] Wer durch Preisausschreiben oder Auslobung für eine Leistung eine Belohnung aussetzt, hat diese seiner Auskündung gemäss zu entrichten.

[2] Tritt er zurück, bevor die Leistung erfolgt ist, so hat er denjenigen, die auf Grund der Auskündung in guten Treuen Aufwendungen gemacht haben, hierfür bis höchstens zum Betrag der ausgesetzten Belohnung Ersatz zu leisten, sofern er nicht beweist, dass ihnen die Leistung doch nicht gelungen wäre.

Abs. 1 Die Auslobung besteht in einem Versprechen an eine Mehrheit nicht individuell bezeichneter Personen 39 II 591/595 E. 4. – Mündlichkeit genügt 39 II 591/595 E. 5. – Aus dem französischen und italienischen Text («promesses publiques» bzw. «offerta pubblica») darf hinsichtlich der Voraussetzung der Öffentlichkeit nicht auf mehr geschlossen werden, als schon aus dem Begriff im deutschen Text hervorgeht: Öffentlichkeit in dem Sinn, dass sich die Auslobung an eine Mehrheit nicht individuell bezeichneter Personen richtet 39 II 591/596. Die Auslobung kommt somit bereits mit der Willensäusserung des Auslobenden zustande 39 II 591/597 E. 6. – Ob eine Leistung in Kenntnis der Auslobung 1 und mit Rücksicht auf diese erfolgt sein muss, hängt von der Interpretation der Willenserklärung des Auslobenden im einzelnen Fall ab (in casu das Erfordernis «in Kenntnis der Auslobung» verneint) 39 II 591/598 f.

2 Wird bei einer Auslobung (Preisausschreiben) zur Beurteilung der eingereichten Arbeiten ein Preisgericht eingesetzt, so ist dessen Entscheid beim Richter nicht anfechtbar, ausser er sei offensichtlich unrichtig und unhaltbar 43 II 190/203.

6. Widerruf des Antrages und der Annahme

Art. 9

[1] Trifft der Widerruf bei dem anderen Teile vor oder mit dem Antrage ein, oder wird er bei späterem Eintreffen dem andern zur Kenntnis gebracht, bevor dieser vom Antrag Kenntnis genommen hat, so ist der Antrag als nicht geschehen zu betrachten.

[2] Dasselbe gilt für den Widerruf der Annahme.

III. Beginn der Wirkungen eines unter Abwesenden geschlossenen Vertrages

Art. 10

[1] Ist ein Vertrag unter Abwesenden zustande gekommen, so beginnen seine Wirkungen mit dem Zeitpunkte, wo die Erklärung der Annahme zur Absendung abgegeben wurde.

[2] Wenn eine ausdrückliche Annahme nicht erforderlich ist, so beginnen die Wirkungen des Vertrages mit dem Empfange des Antrages.

1 *Abs. 1* **Wirkungen.** Es handelt sich um die sogenannte Gestaltungswirkung, welche die Forderung entstehen lässt 99 II 297/301.

B. Form der Verträge

Vorb. Art. 11–16

1 Was im OR über die Form der Verträge bestimmt wird, ist analog auf einseitige Rechtsgeschäfte anzuwenden (in casu Auszahlungsbegehren betreffend Freizügigkeitsleistung/keine gesetzliche Formvorschrift) 121 III 31/34 E.c. – Formbedürftige Rechtsgeschäfte sind nach den allgemeinen Grundsätzen auszulegen (es ist nach den gesamten Umständen zu ermitteln, was die Parteien tatsächlich gewollt haben oder wie ihre Erklärungen nach Treu und Glauben zu verstehen sind); in einem zweiten Schritt ist zu beurteilen, ob der ermittelte Vertragsinhalt in der gesetzlich vorgeschriebenen Form hinreichend zum Ausdruck gebracht worden ist 122 III 361/366 E. 4, 146 III 37/41 E. 4. Die Form bestimmt nicht die Auslegung, sondern die Gültigkeit des Rechtsgeschäftes. Eine Ungültigkeit ist erst dann gegeben, wenn der Geschäftswille nicht formgenüglich verurkundet ist, und nicht bereits dann, wenn das subjektive Vertragsverständnis der Parteien nicht mit dem objektiven Wortsinn ihrer Erklärungen übereinstimmt 121 III 118/124 E.bb. – Ob eine Vertragspartei mit ihrem späteren Verhalten den Schutz der Formvorschrift (in casu

Art. 493) verdient, ist ohne Bedeutung, da die Formvorschriften unabhängig davon einzuhalten sind 125 III 305/311 E. c Pra 1999 (Nr. 172) 900 f.

Zur Auslegung formbedürftiger Verträge siehe unter Art. 18 Abs. 1. 2

I. Erfordernis und Bedeutung im Allgemeinen

Art. 11

[1] Verträge bedürfen zu ihrer Gültigkeit nur dann einer besonderen Form, wenn das Gesetz eine solche vorschreibt.

[2] Ist über Bedeutung und Wirkung einer gesetzlich vorgeschriebenen Form nicht etwas anderes bestimmt, so hängt von deren Beobachtung die Gültigkeit des Vertrages ab.

▪ Abs. 1 (1) ▪ Umfang des Formzwangs (2) ▪ Weiteres (3) ▪ Abs. 2 Gültigkeitsform (5) ▪ Nichtigkeit (6) ▪ Konversion (7) ▪ Treu und Glauben als Ersatz für die Schriftform (8) ▪ Rechtsmissbräuchliche Berufung auf einen Formmangel (9) ▪ Öffentliche Beurkundung (19) ▪ Haftung (25)

Abs. 1 Das Gesetz geht von der Formfreiheit aus; Formzwang besteht demnach nur, wenn eine Gesetzesbestimmung die Formfreiheit beschränkt. Auch Innominatverträge unterliegen nur dann einem Formzwang, wenn ein formelles Bundesgesetz diesen begründet (Ausführungen zur Formfrage beim Immobilien-Leasingvertrag) 132 III 549/552 ff. E. 2. Mit der gesetzlich vorgeschriebenen Form werden bestimmte rechtspolitische Ziele verfolgt, wie etwa Schutz vor Übereilung, Gewährleistung von Klarheit und Rechtssicherheit, Herstellung einer sicheren Grundlage für die Führung öffentlicher Register, Verfahrenskontrolle oder Information. Für die Gültigkeit des formbedürftigen Rechtsgeschäfts ist die Wahrung der Form unbesehen darum erforderlich, ob der angestrebte Zweck im Einzelfall anderweitig gewährleistet ist. Die Formgültigkeit ist zudem unabhängig von der materiellen Gültigkeit und Auslegung der formbedürftigen Rechtsgeschäfte zu beurteilen und gesondert zu prüfen 4C.110/2003 (8.7.03) E. 3.1. – Formvorschriften sind *eng* auszulegen 89 II 185/191 E. 3 Pra 1963 (Nr. 155) 460, 113 II 402/405 E. c, 112 II 23/24 fr. (in casu ZGB Art. 512), 4C.189/1999 (19.4.00) E. 2b. Das gilt aufgrund von ZGB Art. 7 auch im Bereich erbrechtlicher Verfügungen 116 II 117/127 E. b (in casu führte ein inhaltlich unrichtiges Datum nicht zur Ungültigkeit des Testaments; Änderung der Rechtsprechung). Wo dem Gesetz klare Regeln entnommen werden können, ist es ausgeschlossen, über ZGB Art. 7 Vorschriften des Allgemeinen Teils des OR (in casu Art. 11 Abs. 1) anzuwenden 127 III 506/510 E. b (in casu Stockwerkeigentümergemeinschaft: Sie kann nicht formlos ein ausschliessliches Benutzungsrecht an einer Terrasse einräumen). – Bedarf der Abschluss eines Vertrages einer bestimmten Form, so können die Willensübereinstimmung und die Formerfüllung nicht vollständig auseinandergehalten werden. Die Form ist nur erfüllt, wenn die formgemässe Erklärung den Geschäftswillen der entsprechenden Partei zum Zeitpunkt, zu dem sie abgegeben worden ist, wiedergegeben hat. Dazu gehört aber auch, dass sich die entsprechende Person mit dieser Willenserklärung hat binden wollen. Eine formgemässe Erklärung, mit der sich der Erklärende gar nicht binden wollte, genügt zum Vertragsschluss nicht (in casu nicht formgültig zustande gekommenes Kaufsrecht) 118 II 395/400 E.b. – Auch der formgebundene Vertragsabschluss unterliegt den allgemeinen Bestimmungen von Art. 1 und 2, und die Auslegung 1 des Rechtsgeschäftes erfolgt gemäss Art. 18 (folglich ist selbst beim formbedürftigen Vertrag nicht ausgeschlossen, dass sein Inhalt nicht dem übereinstimmenden wirklichen Willen der Parteien entspricht) 127 III 248/254 E. c Pra 2002 (Nr. 72) 416 f., vgl. auch 4C.397/2002 (5.3.03) E. 3 it. (in casu Art. 216 Abs. 1). – Ist Schriftlichkeit nicht erforderlich, so entfaltet auch eine formfrei abgegebene Willenserklärung Rechtswirkung (in casu Auszahlungsbegehren betreffend Freizügigkeitsleistung) 121 III 31/35 E. 3. – Der Vorbehalt betreffend einen noch zu regelnden (in casu wesentlichen) Punkt kann selbst im Rahmen eines formbedürftigen Vertrages formlos erfolgen 127 III 248/255 E. e Pra 2002 (Nr. 72) 417. Dem Richter ist es nicht verwehrt, auch bei formbedürftigen Verträgen «konstruktiv» bzw. «modifizierend» einzugreifen, wenn dies als notwendig und sinnvoll erscheint 127 III 529/532.

2 **Umfang des Formzwangs.** Dem Formerfordernis unterliegen alle objektiv und subjektiv wesentlichen Punkte 90 II 34/37 f. E. 2 Pra 1964 (Nr. 71) 195 f., 95 II 309/310 E. 2, 107 II 211/215 f. E. 4 Pra 1981 (Nr. 240) 635, 118 II 32/34 E. 3d, soweit diese Letzteren wegen ihrer Natur ein Element des Vertrags darstellen; es geht um alle Elemente, die das Verhältnis zwischen der sich aus dem Verkauf ergebenden Leistung und Gegenleistung bestimmen 5A_251/2010 (19.11.10) E. 6.1.1 fr. (mit Verweis auf 135 III 295/299 E. 3.2 Pra 2009 [Nr. 121] 833). – Beim *Grundstückkauf* stellt eine Nebenabrede nur unter zwei kumulativen Voraussetzungen einen wesentlichen Vertragspunkt dar: Einerseits muss die eingegangene Verpflichtung ihren Rechtsgrund in einem Anspruch haben, der nicht ausserhalb des natürlichen Inhalts der Vereinbarung liegt, anderseits muss die Verpflichtung in den Rahmen eines Kaufvertrages fallen, die rechtliche Situation der Kaufsache beeinflussen und unmittelbar den Geschäftsinhalt betreffen 90 II 34/37 f. E. 2 Pra 1964 (Nr. 71) 195 f., 107 II 211/215 f. E. 4 Pra 1981 (Nr. 240) 635. Zu den wesentlichen Elementen gehören die genaue Bezeichnung des Grundstückes (wobei im Rahmen eines Kauf- und Tauschvertrages die Bezeichnung «ein gleichwertiges Stück Boden» genügend sein kann 95 II 309/310 f. E. 2, 3; ungenügend im Rahmen eines Kaufsrechtsvertrages jedoch die Umschreibung «eine Parzelle von ca. 2300 m^2» bei einem Grundstück von insgesamt 5000 m^2 106 II 146/148) und die ganze dafür versprochene Gegenleistung («wahrer Kaufpreis» 78 II 221/224 E. c; auch dann, wenn die Gegenleistung teilweise schon vor Beurkundung des Vertrages erbracht wurde 86 II 221/231) 101 II 329/331 E. 3a. Kauf einer Stockwerkeinheit *vor* Erstellung des Gebäudes: Übernimmt der Verkäufer nicht die Pflicht zur Lieferung eines fertigen Wohn- oder Geschäftsraumes, so ist es zulässig, den Preis lediglich nach dem Wert des Bodens und der allenfalls bereits geleisteten Arbeit festzusetzen. Die Prüfung der Frage, ob ein gleichzeitig abgeschlossener Werkvertrag ebenfalls der öffentlichen Beurkundung bedurft hätte, ist dem Zivilrichter (und nicht dem Grundbuchführer) vorbehalten 107 II 211/214 f. E. 3 Pra 1981 (Nr. 240) 634 f. Leistungen, die der Käufer dem Verkäufer zwar im Zusammenhang mit dem Abschluss des Kaufvertrages verspricht, die jedoch nicht im Austausch gegen das Grundstück, sondern für andere Leistungen des Verkäufers zu erbringen sind, bedürfen selbst dann nicht der öffentlichen Beurkundung, wenn die Parteien den Kaufvertrag ohne diese Leistungen nicht abschliessen würden 86 II 33/37 E.a. Beispiel einer nicht formbedürftigen Nebenabrede 75 II 144/147 f. E.c.

Weiteres. Zur Frage der Formbedürftigkeit zweier Verträge, die zusammenhängen 113 II 402/403 ff. E. 2 (in casu Kaufsrecht und Darlehen). Kumulative Schuldübernahme oder Bürgschaft: Dass in Zweifelsfällen für Bürgschaft zu entscheiden ist, ergibt sich bereits aus der Notwendigkeit, den gesetzlichen Formvorschriften zum Durchbruch zu verhelfen 4A_420/2007 (19.12.07) E. 2.4.1. – Der *aussergerichtliche Vergleich* ist selbst dann formfrei gültig, wenn das streitige Rechtsverhältnis, das Anlass zum Vergleich gab, einer besonderen Form bedurfte. Eine besondere Form muss nur eingehalten werden, wenn die im Vergleich getroffenen Abreden die Merkmale eines formbedürftigen Vertrages aufweisen 95 II 419/424 E. c, 106 II 222/223. – Der dem VVG unterstellte *Versicherungsantrag* bedarf keiner besonderen Form; er muss aber alle wesentlichen Vertragspunkte, miteingeschlossen die allgemeinen Versicherungsbedingungen, umfassen 120 II 266/269 E. bb Pra 1995 (Nr. 176) 568 f. – Ein *Bevormundeter,* der in urteilsfähigem Zustand ein formbedürftiges Rechtsgeschäft den Formerfordernissen entsprechend, jedoch ohne Einwilligung des Vormundes, getätigt hat, kann nach Ende der Vormundschaft das betreffende Geschäft *formfrei* genehmigen 75 II 337/340 f. (anders noch 54 II 77/82 f. E. 2). – ZGB Art. 287 Abs. 1/*Kinderunterhaltsvertrag:* Nach ZGB Art. 7 in Verbindung mit OR Art. 11 ist eine Unterhaltsvereinbarung formlos gültig (dass sich aus Praktikabilitätsgründen im Genehmigungsverfahren einfache Schriftlichkeit aufdrängt, vermag keinen Formzwang zu begründen) 126 III 49/53 E.b. – *Verfügungen von Todes wegen,* die an einem Formmangel leiden, sind wegen dieses Mangels nicht schlechthin nichtig, sondern werden nur auf Klage hin für ungültig erklärt 96 II 79/99 E.b. Teilungsvertrag/Schriftform gemäss ZGB Art. 634 Abs. 2: Der Vertrag muss von sämtlichen Erben unterzeichnet sein (ungenügend ist die Unterzeichnung durch den Willensvollstrecker aus «Geschäftsführung ohne Auftrag» [Art. 419 ff.] anstelle einzelner Erben) 102 II 197/201 ff. E. 2. – Ist eine nachträgliche Einschränkung oder Herabsetzung einer formbedürftigen Verpflichtung formlos möglich, so muss es auch zulässig sein, eine in ihrem möglichen Maximalumfang verurkundete Verpflichtung zum Voraus formlos zu beschränken (in casu verurkundeter Preis bei einem Grundstückkauf, der formlos zum Voraus von einer Bedingung abhängig gemacht wird) 75 II 144/146 f. E.a. Unzulässig ist jedoch die formlos zum Voraus vereinbarte bedingungslose Herabsetzung des verurkundeten Kaufpreises 78 II 221/225 f. – Beispiel einer *qualifizierten Schriftform:* Art. 269d (gesetzlich vorgeschrieben ist eine qualifizierte Schriftform, da sie nicht nur die Art, sondern auch den Inhalt der Mitteilung erfasst) 118 II 130/132 E. b, 120 II 206/208 E. 3a, 121 III 6/8 ff. E. 3 fr., 121 III 214/216 ff. E. 3. – *Verhältnis zu Art. 271a Abs. 1* 115 II 361/364 E. a Pra 1990 (Nr. 37) 148 f. – Den Kantonen ist es untersagt, durch *öffentlich-rechtliche Vorschriften* ein Formerfordernis für einen bestimmten Vertrag einzuführen, dessen Abschluss nach Bundesrecht keiner besonderen Form bedarf 85 I 17/24 E. 12. 3

Zur Auslegung formbedürftiger Verträge siehe unter Art. 18 Abs. 1. 4

Abs. 2 Die Bestimmung regelt die **Gültigkeitsform,** nicht die Beweisform: Für den Beweis ist die formgerechte Urkunde (in casu Testament, ZGB Art. 510 Abs. 2) nicht erforderlich 101 II 211/216 E.b. – Die Bestimmung füllt lückenhafte Formvorschriften, welche keine Regelung über die Folgen der Nichteinhaltung der vorgeschriebenen Form enthalten (in casu Art. 226c Abs. 1 [heute aufgehoben]), gesamthaft und zwingend aus, und zwar in dem Sinne, dass die betreffende Form Gültigkeitserfordernis ist 108 II 296/299 f., 5 vgl. aber 120 II 341/350 E. 6c Pra 1995 (Nr. 252) 841 (in casu Auslegung von Art. 270 Abs. 2/Lückenfüllung gemäss ZGB Art. 1 Abs. 2), ferner 121 III 56/58 f. E. c Pra 1995 (Nr. 173) 561 f. – Die Bestimmung gilt auch im Wechselrecht 90 II 121/131. Ungültigkeit des Lehrvertrages, wenn er nicht sämtliche in Art. 344a Abs. 2 genannten Punkte schriftlich festhält (in casu fehlte eine Lohnvereinbarung) 132 III 753/756 f. E. 2.3.

6 **Nichtigkeit.** Nach ständiger Rechtsprechung des Bundesgerichts ist unter Formungültigkeit eines Vertrages dessen *absolute Nichtigkeit* zu verstehen; somit können sich auch Dritte, die am Vertrag nicht beteiligt, aber vom Mangel betroffen sind, auf die Nichtigkeit berufen 106 II 146/151 E. 3. – Der Richter hat die Nichtigkeit wegen Formmangels *von Amtes wegen* festzustellen, sobald der Formmangel aus dem Sachverhalt ersichtlich ist 90 II 34/38 E. 3 Pra 1964 (Nr. 71) 196 f., 98 II 313/316 E. 2, 85 II 565/569. Das bedeutet jedoch nicht, dass das Bundesgericht sich im Rahmen dieser Prüfung über tatsächliche Feststellungen der kantonalen Instanz hinwegsetzen darf oder den Sachverhalt unabhängig von den kantonalen Prozessvorschriften über die Behauptungspflicht abzuklären hat 94 II 270/274. In 112 II 330/333 f. E. a, b wurde offengelassen, ob die Formungültigkeit unabhängig von der Art des Formmangels zur absoluten Vertragsnichtigkeit führe und der Formmangel stets von Amtes wegen zu berücksichtigen sei. – *Analoge Anwendung von Art. 20 Abs. 2:* Sind nur einzelne Bestimmungen eines Vertrages formbedürftig, so sind nur diese Teile nichtig, sofern nicht anzunehmen ist, dass der Vertrag ohne den nichtigen Teil überhaupt nicht geschlossen worden wäre 60 II 98/98 f., 4C.175/2003 (28.10.03) E. 5. Z.B. ist Art. 270 Abs. 2 eng auszulegen: Falls der Vermieter das offizielle Formular nicht verwendet, obwohl es obligatorisch ist, oder falls er die Mietzinserhöhung gegenüber dem vom Vormieter bezahlten Mietzins nicht begründet, zieht dieser Mangel – wie das Bundesgericht im Leitentscheid 120 II 341/347 ff. E. 5 Pra 1995 (Nr. 252) 837 ff. erwogen hat – nicht die Nichtigkeit des Mietvertrages als Ganzen nach sich, sondern nur die Nichtigkeit des festgesetzten Mietzinses, 140 III 583/587 f. E. 3.2.1 f. Pra 2015 (Nr. 102) 833 f., 137 III 547/548 E. 2.3 Pra 2012 (Nr. 40) 291. – Bei Nichtigkeit eines Vertrages haben die Parteien die bereits erbrachten Leistungen nach den Regeln der *ungerechtfertigten Bereicherung* (Art. 62 ff.) zurückzuerstatten 90 II 34/39 E. 5 Pra 1964 (Nr. 71) 197. *Art. 63 Abs. 1:* Bei gestörten Austauschverhältnissen darf die Rückforderung nicht von der Voraussetzung einer irrtümlichen Leistung abhängig gemacht werden 115 II 28/29 E.a. – Enthält ein Rechtsgeschäft *mehrere Verträge* (in casu Verpfründung und Schenkung), zwischen denen in wirtschaftlicher Hinsicht und nach Ansicht der Parteien ein innerer Zusammenhang besteht, so hat die Nichtigkeit wegen Formmangels eines dieser Verträge die Nichtigkeit der übrigen Verpflichtungen zur Folge 44 II 343/345 fr., vgl. 107 II 211/215 f. E. 4 Pra 1981 (Nr. 240) 635. – Ein formnichtiger Vertrag enthält *keine Verpflichtung* zum Abschluss eines formgültigen Vertrages 50 II 250/253 E. 2. – Ein *Vorvertrag über einen Grundstückkauf* ist nichtig, wenn in der öffentlichen Urkunde das Grundstück nicht genau bezeichnet ist 95 II 42/42 f. E. 1 fr. – Die Frage der Gültigkeit eines Vertrages fällt in die ausschliessliche Zuständigkeit des Zivilrichters und kann nicht von der Konkursverwaltung oder den betreibungsrechtlichen Aufsichtsbehörden entschieden werden 110 III 84/86 Pra 1985 (Nr. 43) 122.

7 **Konversion.** Zur Konversion eines formungültigen Rechtsgeschäfts s. Vorb. Art. 1–40f.

Treu und Glauben als Ersatz für die Schriftform 121 III 38/45 E. 3 Pra 1995 (Nr. 205) 678 (Fall, in dem es um die Gültigkeit einer Schiedsklausel ging, die in einem Konnossement enthalten war, das eine Partei – der Ablader – nicht unterzeichnet hatte; es trug also kein Dokument in Zusammenhang mit der Beförderung der betreffenden Ware die Unterschrift des Abladers): Unter gewissen Umständen kann ein bestimmtes Verhalten aufgrund von Treu und Glauben die Schriftform überflüssig machen. Eine solche Konstellation liegt gerade hier vor. Die Parteien, die seit Langem geschäftliche Beziehungen unterhalten, bewegen sich im Rahmen der Allgemeinen Geschäftsbedingungen, in deren Ziffer 2 die Schiedsabrede enthalten ist. Der Ablader hat ausserdem das Konnossement selber ausgefüllt, bevor er es dem Frachtführer weitergegeben hat, der es seinerseits unterschrieben hat. Abgesehen davon, dass sich ein solches Vorgehen kaum von dem Telexverkehr oder vom Wechsel von ähnlichen Schriftstücken unterscheidet, konnte der Frachtführer zudem in gutem Glauben davon ausgehen, dass der Ablader, sein langjähriger Geschäftspartner, mit den Vertragsdokumenten, die er selber ausgefüllt hatte, inklusive der Allgemeinen Geschäftsbedingungen mit der Schiedsabrede, die auf der Vorderseite abgedruckt waren, einverstanden war. Die kantonale Instanz hat demnach auf keinen Fall Bundesrecht verletzt, indem sie die genannte Schiedsabrede in Betracht aller Umständen als gültig anerkannte. 8

Rechtsmissbräuchliche Berufung auf einen Formmangel. Gemäss ZGB Art. 2 Abs. 2 findet der offenbare Missbrauch eines Rechtes keinen Rechtsschutz. Ob eine Partei ihr Recht missbraucht, wenn sie die Nichtigkeit eines Vertrages wegen Formmangels geltend macht, ist nicht nach starren Regeln zu entscheiden, sondern aufgrund der konkreten Umstände (138 III 123/128 E. 2.4.2, 116 II 700/702 E. 3b). Um zu bestimmen, ob (insbesondere im Rahmen eines Grundstückverkaufs) ein Rechtsmissbrauch vorliegt, misst die Rechtsprechung dem Umstand besondere Bedeutung zu, dass die Parteien freiwillig und in Kenntnis des Formmangels (138 III 401/404 E. 2.3.1) den nichtigen Vertrag vollständig oder zumindest in der Hauptsache erfüllt haben (116 II 700/702 E. 3b, 112 II 107/111 f. E. 3b, 112 II 330/332 ff. E. 2, 72 II 39/43 E. 3). Zu berücksichtigen ist auch, ob der Schutzzweck einer Formvorschrift bezüglich der Partei verletzt wurde, die sich auf den Formmangel beruft (138 III 123/128 E. 2.4.2, 112 II 330/336 f. E. 3b, 72 II 39/43 E. 3) 140 III 200/202 E. 4.2 Pra 2014 (Nr. 102) 815, 4A_281/2014 (17.12.14) E. 4.1. 9

Schutzzweck der Form. Die Anbringung der Unterschrift (Art. 13) dient dazu, die Person des Erklärenden zu identifizieren und den festgehaltenen Inhalt anzuerkennen 140 III 54/56 E. 2.3 Pra 2014 (Nr. 58) 442, 138 III 123/127 f. E. 2.4.1, 119 III 4/6 E. 3. Die in Art. 216 vorgesehene Form der öffentlichen Beurkundung hat den Zweck, die Parteien vor übereilten Entscheidungen zu schützen, ihnen eine fachkundige Beratung zu gewährleisten und eine sichere Grundlage für den Eintrag im Grundbuch zu schaffen, 140 III 200/202 E. 4.2 Pra 2014 (Nr. 102) 815, 4A_281/2014 (17.12.14) E. 4.1. Beispiel einer zweckwidrigen Berufung auf den Formmangel in 137 III 547/549 E. 2.3 Pra 2012 (Nr. 40) 291 f., wo der Mieter die Nichtigkeit des festgesetzten Mietzinses (gemäss Art. 269d) geltend machte, um sich der sofortigen Kündigung des Mietvertrages und seiner Ausweisung zu widersetzen. – Vgl. auch oben, Rz. 8. 10

Beurteilung nach dem Grad der Erfüllung. Wird der formungültige Vertrag (in casu Grundstückkauf) *freiwillig, irrtumsfrei und vollständig erfüllt* (d.h. jene Vermögenslage 11 hergestellt, die dem wirklichen, nicht verurkundeten Parteiwillen entspricht), so ist die Berufung auf den Formmangel rechtsmissbräuchlich, wenn nicht die Würdigung aller übrigen Umstände, wie namentlich das Verhalten der Parteien bei und nach Vertragsschluss, eindeutig zum gegenteiligen Ergebnis führt.

12 Wird der formungültige Vertrag (nur) *zur Hauptsache erfüllt* (in casu vollständige Erfüllung seitens des Verkäufers [Eigentumsübergang im Grundbuch] und Zahlung des verurkundeten Kaufpreises seitens des Käufers, jedoch ohne des mündlich vereinbarten, zusätzlichen Betrages), so ist nicht ausgeschlossen, dass die Berufung auf den Formmangel rechtsmissbräuchlich ist.

13 Bleibt der formungültige Vertrag *gänzlich unerfüllt,* so ist eine Berufung auf den Formmangel nicht rechtsmissbräuchlich (ZGB Art. 2 begründet keinen Erfüllungsanspruch, vgl. aber 116 II 700/703 E. 3) 104 II 99/101 ff. E. 3, vgl. auch 112 II 107/111 f. E. 3b, c (Beispiel eines zur Hauptsache erfüllten Vertrages; massgebend zur Beurteilung des Erfüllungsgrades war in casu ein ganzes Vertragswerk [Erschliessungsvereinbarungen mit nach ZGB Art. 657 formbedürftiger Übertragung von Grundeigentum an öffentlichen Wegparzellen]); 112 II 330/336 f. E. 3b (in casu war die Berufung des Käufers auf die unrichtige Beurkundung des Vertretungsverhältnisses bezüglich der Verkäuferseite rechtsmissbräuchlich), 115 II 331/338 E. 5a, 4C.399/2005 (10.5.06) E. 4.1 it. Sodann 140 III 200/202 E. 4.2 Pra 2014 (Nr. 102) 815 (Vorvertrag nicht zur Hauptsache erfüllt; kein Rechtsmissbrauch), 4A_281/2014 (17.12.14) E. 4.1 (keine Erfüllung; kein Rechtsmissbrauch).

14 ***Kenntnis und Unkenntnis des Formmangels.*** Die Berufung auf den Formmangel kann grundsätzlich nur unstatthaft sein, wenn die Parteien bei Abschluss und Erfüllung des Vertrags wussten oder in zurechenbarer Weise wissen konnten, dass das durch sie getätigte Rechtsgeschäft der gesetzlichen Formpflicht widerspricht (4C.175/2003 [28.10.03] E. 3.2). Wer einen formnichtigen Vertrag freiwillig erfüllt, ohne den Mangel zu kennen, verhält sich nicht widersprüchlich und handelt folglich auch nicht missbräuchlich, wenn er sich nachträglich wegen des Mangels auf Nichtigkeit beruft. Das gilt selbst dann, wenn angenommen wird, die beidseitige Erfüllung des Vertrages heile den Formmangel, mache also nicht nur dessen Anrufung missbräuchlich (112 II 330/334 E. 2b). Die blosse Erfüllung eines formungültigen Rechtsgeschäfts als solche, wenn sie in Unkenntnis des Formmangels erfolgt, genügt also nicht zur Begründung berechtigten Vertrauens der Gegenpartei in die Gültigkeit des Rechtsgeschäfts (vgl. 113 II 187/189 E. 1b Pra 1988 [Nr. 171] 625), 138 III 401/404 f. E. 2.3.1, 2.3.3.

15 Rechtsmissbräuchlich kann handeln, wer sich des Formmangels bewusst ist und in der Absicht schweigt, allenfalls später davon zu profitieren 140 III 583/589 E. 3.2.4 Pra 2015 (Nr. 102) 835, 138 III 401/404 E. 2.3.2 (rechtsmissbräuchlich kann handeln, wer mit der Klageanhebung zuwartet, um sich später aus der Berufung auf Nichtigkeit Vorteile zu verschaffen), 129 III 493/498 E. 5.1, 113 II 187/189 E. 1a Pra 1988 (Nr. 171) 624 f., 4A_281/2014 (17.12.14) E. 4.1. Rechtsmissbräuchlich handelt auch, wer sich auf einen Formmangel beruft, den er selber arglistig herbeigeführt hat 90 II 21/27 E.c. Ebenso, wer sich auf einen Formmangel beruft, obschon er ihn beim Abschluss des Vertrages bewusst in Kauf genommen oder ihn zum eigenen Vorteil sogar gewollt hat 84 II 636/642.

16 Berührt die Verletzung der Formvorschrift nicht die Gültigkeit des ganzen Vertrages, so kommt dem Gesichtspunkt des ***Vertrauensschutzes*** (d.h. der Missbilligung wider-

sprüchlichen Verhaltens) entscheidende Bedeutung zu. In Fällen, in denen der Schutzzweck der Formvorschrift für die Aufrechterhaltung der (günstigeren) mündlichen Vereinbarung spricht und es um regelmässig wiederkehrende und während längerer Zeit erbrachte Leistungen im Rahmen eines Dauerschuldverhältnisses geht, besteht ein besonderes Bedürfnis, den Rechtsmissbrauch auch dann zu bejahen, wenn sich daraus ein Erfüllungsanspruch jener Partei ergibt, die sich auf die Verbindlichkeit der an einem Formmangel leidenden Vereinbarung beruft (in casu Vereinbarung über Provisionsansprüche des Handelsreisenden, Art. 347a Abs. 1) 116 II 700/702 f. E.b.

In jeder Instanz ist ***von Amtes wegen zu überprüfen,*** ob die Berufung auf einen Form- 17
mangel rechtsmissbräuchlich sei; dabei genügt es, wenn jene Partei, die der andern das Recht zur Anrufung der Nichtigkeit bestreitet, besondere Umstände nachweist, die offensichtlich machen, dass die Berufung auf die Nichtigkeit treuwidrig ist; einer besonderen Einrede im Prozess bedarf es dabei nicht 104 II 99/101 E. b (Hinweis auf abweichende Lehrmeinungen: 4C.175/2003 [28.10.03] E. 3.2 Pra 2004 [Nr. 118] 666 f.). Ob Rechtsmissbrauch vorliegt, hat der Richter nicht nach starren Regeln, sondern unter Würdigung aller Umstände des konkreten Falles zu entscheiden 112 II 107/111 E. b, 115 II 331/339 E.a.

Weitere Beispiele für Rechtsmissbrauch. Wer einen Kaufvertrag freiwillig erfüllt 18
und sich dann auf den Formmangel nur beruft, um sich eines Gewährleistungsanspruches wegen Mängeln an der Kaufsache zu erwehren 90 II 154/158 E. 3 Pra 1964 (Nr. 122) 347, 86 II 398/403 E. b, 53 II 162/166 (in casu missbräuchliche Berufung des Käufers auf einen Formmangel), handelt rechtsmissbräuchlich. Formungültige Erschliessungsvereinbarung (das Erfordernis der öffentlichen Beurkundung gilt auch für die Übertragung von Grundeigentum durch öffentlich-rechtlichen Vertrag): Rechtsmissbräuchlich verhält sich, wer seine Verpflichtungen aus dem Erschliessungsvertrag genau so weit erfüllt (Erstellung einer Erschliessungsstrasse), um seine Ziele zu erreichen (Parzellierung und Überbauung seines Grundstücks), und die vollständige Erfüllung (entschädigungslose Eigentumsübertragung der Erschliessungsparzelle) nur mit der Absicht verweigert, eine vertraglich nicht geschuldete Entschädigung zu erwirken 4C.162/2005 (18.5.06) E. 3.3. Vgl. auch 112 II 107/112 E. c, 123 III 70/75 E.d.

Öffentliche Beurkundung. Die öffentliche Beurkundung ist die Aufzeichnung rechts- 19
erheblicher Tatsachen oder rechtsgeschäftlicher Erklärungen durch eine vom Staat mit dieser Aufgabe betraute Person, in der vom Staat geforderten Form und in dem dafür vorgesehenen Verfahren 99 II 159/161 E. 2a. Die öffentliche Beurkundung ist eine amtliche, hoheitliche Tätigkeit und die Urkundsperson ein staatliches Organ (unabhängig davon, ob Beamter oder freierwerbender Notar oder Anwalt) 128 I 280/281 E. 3. Mit dem Erfordernis der öffentlichen Beurkundung bezweckt das Gesetz den Schutz der Vertragsparteien und der Rechtssicherheit 112 II 330/335 E.a. Wo das Bundesrecht die öffentliche Beurkundung eines Vertrages fordert, verfolgt es den Zweck, die Vertragsparteien vor unüberlegten Entschlüssen zu bewahren und dafür zu sorgen, dass sie die Tragweite ihrer Verpflichtung erkennen und dass ihr Wille klar und vollständig zum Ausdruck kommt. Es gehört nach Bundesrecht zur öffentlichen Beurkundung eines Vertrages, dass die Urkundsperson in der von ihr errichteten Urkunde die Tatsachen und Willenserklärungen feststellt, die für das infrage stehende Geschäft wesentlich sind 118 II 32/34 E.d.

20 Der Begriff der öffentlichen Beurkundung ist *bundesrechtlicher Natur* (das Bundesrecht bestimmt auch den Umfang des Formzwanges 113 II 402/404). Die ausdrücklichen Bestimmungen des Bundeszivilrechtes gehen den kantonalen Regelungen vor 106 II 146/147 f. E. 1. Das materielle Bundesrecht bestimmt den Mindestinhalt, den die öffentliche Urkunde abdecken muss, um gültig zu sein (in casu Bürgschaft, Art. 493 Abs. 2) 125 III 131/133 E. a Pra 1999 (Nr. 132) 713 (nähere Ausführungen zu den bundesrechtlichen Voraussetzungen). Nach SchlT ZGB Art. 55 haben die Kantone das Verfahren der öffentlichen Beurkundung zu regeln. Diese Regelung muss einerseits den sich aus Begriff und Zweck der öffentlichen Beurkundung ergebenden Mindestanforderungen genügen (dazu gehört insbesondere, dass die gesetzlich vorgeschriebene Form sich auf alle Tatsachen und Willenserklärungen beziehen muss, die für den materiellrechtlichen Inhalt des betreffenden Rechtsgeschäftes wesentlich sind 106 II 146/147 f. E. 1), darf aber anderseits die Wirksamkeit des Bundeszivilrechts weder verunmöglichen noch beeinträchtigen; insbesondere darf sie nicht die Gültigkeit eines formbedürftigen Vertrages von der Beurkundung einer Tatsache abhängig machen, die von Bundesrechts wegen keiner besonderen Form bedarf 99 II 159/161 f. E. 2a. Es ist in der Kompetenz der Kantone, jene Personen zu bezeichnen, die öffentliche Beurkundungen vornehmen können (die Beurkundungstätigkeit ist sowohl beim freien Notariat wie auch beim Amtsnotariat eine öffentliche Funktion) 124 I 297/299 E. 4a Pra 1999 (Nr. 1) 4 – Soweit das kantonale Recht die Einzelheiten der öffentlichen Beurkundung regelt, bestimmt es auch darüber, ob es sich um Gültigkeits- oder blosse Ordnungsvorschriften handelt 106 II 147/151 E. 3. Ausführlich zur Abgrenzung zwischen Bundesrecht und kantonalem Recht im Rahmen der Regelung der öffentlichen Beurkundung 133 I 259/260 f. E. 2.1 und 2.2.

21 *Analoge Anwendung von Art. 12* auf das Formerfordernis der öffentlichen Beurkundung 95 II 419/422 f. E. b und 523/529 E. 4.

22 Erwägungen der letzten kantonalen Instanz, die sich ausschliesslich auf kantonales Beurkundungsrecht stützen, binden im Berufungsverfahren das Bundesgericht (aOG Art. 55 Abs. 1 lit. c), auch wenn die kantonale Instanz bei dessen Auslegung von Grundsätzen ausgegangen ist, die in Lehre und Rechtsprechung zu bundesrechtlichen Bestimmungen entwickelt worden sind 106 II 146/150 E.a.

23 Das Erfordernis der öffentlichen Beurkundung steht der Annahme einer für das Geschäft bedeutsamen stillschweigenden Bedingung entgegen (möglich ist jedoch die Annahme eines wesentlichen Irrtums über einen zukünftigen Sachverhalt) 109 II 105/110. Zwar gilt für Tatsachen, die in einer öffentlichen Urkunde festgestellt sind, die Vermutung der Richtigkeit; diese Vermutung kann jedoch widerlegt werden (ZGB Art. 9) 127 III 248/254 E. c Pra 2002 (Nr. 72) 417.

24 Zur öffentlichen Beurkundung siehe auch unter Art. 216 Abs. 1. – Zur Abklärungspflicht von Urkundsperson und Grundbuchverwalter bezüglich der Handlungsfähigkeit der Vertragsparteien 124 III 341/344 ff. E.bb. – Zum Verhältnis zur einfachen Schriftlichkeit siehe unter Art. 13 Abs. 1; zur Unterschrift siehe unter Art. 14.

25 **Haftung.** Allein aus dem Umstand, dass jemand ein Rechtsgeschäft abschliesst, das sich wegen Formmangels als ungültig herausstellt, folgt noch keine Haftung aus unerlaubter Handlung 50 II 289/292. – Nur wer *arglistig* handelt, kann zum Ersatz des Schadens infolge Formungültigkeit eines Vertrages verpflichtet werden 106 II 36/42 E. 5 Pra 1980

(Nr. 226) 594, ungenaue Übersetzung?, 68 II 229/237 E. IV, 49 II 54/64 E. 2, 39 II 224/227 E. 4. – Ein Anspruch aus culpa in contrahendo ist ausgeschlossen, wenn die Ungültigkeit eines Vertrages infolge Formmangels gleichermassen auf die Nachlässigkeit der einen wie der andern Vertragspartei zurückzuführen ist 106 II 36/41 f. E. 5 Pra 1980 (Nr. 226) 594.

II. Schriftlichkeit 1. Gesetzlich vorgeschriebene Form

Vorb. Art. 12–16

Die Bestimmungen sind gemäss ZGB Art. 7 auch auf andere zivilrechtliche Verhältnisse anwendbar (in casu Vertrag über eine noch nicht angefallene Erbschaft, ZGB Art. 636) 98 II 281/286 E.f. – Schriftlichkeit eigener Art bei Reglementen und Statuten im Bereich der Vorsorgeverträge 118 V 229/236 (Schriftlichkeit erforderlich bei einer vom Reglement der Vorsorgeeinrichtung nach BVG abweichenden Vereinbarung). 1

a. Bedeutung

Art. 12

Ist für einen Vertrag die schriftliche Form gesetzlich vorgeschrieben, so gilt diese Vorschrift auch für jede Abänderung, mit Ausnahme von ergänzenden Nebenbestimmungen, die mit der Urkunde nicht im Widerspruche stehen.

Der Bestimmung gehen spezielle gesetzliche Regelungen vor (in casu *stillschweigende* Verlängerung eines zwingend in der Schriftform [Art. 344a] abgeschlossenen Lehrvertrages nach Art. 355 bzw. Art. 335 Abs. 2) 103 II 127/128 f. – Schriftlichkeit ist *nicht notwendig* bei der Abänderung von Verträgen, für welche die Schriftform durch Parteivereinbarung festgesetzt wurde 40 II 614/615 f. fr., 5A_251/2010 (19.11.10) E. 6.1.1 fr. – Nebenbestimmungen, die nicht vom Formzwang erfasst sind, bleiben stets formfrei und können entsprechend modifiziert werden (Kündigungsbestimmungen gehören nicht zu den objektiv wesentlichen Punkten des Pfandvertrags und des Schuldbriefs) 123 III 97/99 f. 1

Abgrenzung zu Art. 115. Bei der Abgrenzung zwischen Art. 12 und Art. 115 ist entscheidend darauf abzustellen, ob der unter Einhaltung der Formerfordernisse abgeschlossene Vertrag immer noch, zumindest teilweise, in Kraft steht oder gemäss der betreffenden Vereinbarung der Parteien in seiner Gesamtheit dahingefallen ist; eine derartige Vertragsaufhebung kann formfrei erfolgen 4A_49/2008 (9.4.08) E. 2.1. 2

Analoge Anwendung der Bestimmung auf das Formerfordernis der öffentlichen Beurkundung 95 II 419/422 f. E. b und 523/529 E. 4, bestätigt in 111 II 143/146 E. a it. (in casu Abtretung eines Kaufsrechts), 118 II 291/294 E. b Pra 1993 (Nr. 163) 633 (in casu Eintragung von Stockwerkeigentum; ist die ursprüngliche Aufteilung verändert worden, so genügt ein von allen unterzeichneter neuer Plan nicht, sondern es ist eine öffentliche Urkunde über die neue Aufteilung erforderlich), 4A_49/2008 (9.4.08) E. 1 und 2, 123 III 97/99 f. (die Kündigungsbestimmungen gehören nicht zu den objektiv wesentlichen Bestimmungen des Pfandvertrags und des Schuldbriefs). 3

b. Erfordernisse

Art. 13

[1] Ein Vertrag, für den die schriftliche Form gesetzlich vorgeschrieben ist, muss die Unterschriften aller Personen tragen, die durch ihn verpflichtet werden sollen.

[2] ...

1 ***Abs. 1*** Die Anbringung der Unterschrift dient dazu, die Person des Erklärenden zu identifizieren und den festgehaltenen Inhalt anzuerkennen 140 III 54/56 E. 2.3 Pra 2014 (Nr. 58) 442, 138 III 123/127 f. E. 2.4.1, 119 III 4/6 E. 3. – Unterzeichnung einer Vereinbarung als Organ einerseits und im eigenen Namen anderseits 4C.24/2007 (26.4.07) E. 4 fr. – Die Bestimmung gilt nicht nur bei Verträgen, sondern bei *allen rechtsgeschäftlichen Erklärungen* im Privatrecht; darüber hinaus stellt sie einen Rechtsgrundsatz dar, der auch im *öffentlichen Recht* wie z.B. im Verfahrens- und Verwaltungsrecht Anwendung findet 101 III 65/66 E. 3 Pra 1975 (Nr. 274) 780, vgl. ferner 120 V 74/76 f. E. 3a, 4C.110/2003 (8.7.03) E. 3.2 (die Formularpflicht [in casu gemäss Art. 269d] ist als qualifizierte Schriftform zu verstehen, für deren Wahrung die Unterschrift des Erklärenden erforderlich ist), 133 III 353/354 E. 2.1 (in casu Verfahren nach ZGB Art. 397d Abs. 1). – *Nicht erforderlich* ist die Unterschrift des aus dem Vertrage nur Berechtigten 101 II 222/231 E. c (in casu Abtretung von Erbanteilen mit weit mehr Aktiven als Passiven); ebenso wenig die Datierung des Schriftstücks 95 II 426/432 E.b. Durch die stillschweigende Entgegennahme eines Schreibens, das eine auch den Empfänger verpflichtende Abmachung bestätigt, werden die Erfordernisse der Schriftform nicht erfüllt 92 II 102/103 E. 2c. – Trägt ein öffentlich beurkundeter Kaufvertrag, der zusätzlich ein *Vorkaufsrecht* enthält, die Unterschrift beider Vertragsparteien, so sind damit auch die Anforderungen der einfachen Schriftlichkeit erfüllt 81 II 502/505 f. E. 2 (offengelassen für den Fall, dass nach kantonalem Recht die öffentliche Urkunde die Unterschriften nicht enthalten muss und sie dementsprechend nicht enthält; in 57 II 142/148 E. 1 noch so entschieden, dass die nach kantonalem Recht gültige öffentliche Urkunde an sich schon die Anforderungen der einfachen Schriftlichkeit implizit erfüllt). – Wird ein *Erbverzichtsvertrag* ohne Bedingungen und ohne Gegenleistungen aufgehoben, so besteht kein Grund, von den Bestimmungen über die Schriftform abzuweichen: es genügt, dass der Aufhebungsvertrag die Unterschrift derjenigen Person trägt, die durch ihn verpflichtet wird (d.h. des Erblassers) 104 II 341/344 ff. E. 2–5 Pra 1979 (Nr. 179) 447 ff. – Sind die in den Händen der Parteien verbliebenen Vertragsdoppel unterzeichnet, so ist die Schriftform erfüllt, auch wenn die Unterschrift einer Partei auf dem vom Grundbuchamt aufbewahrten Exemplar infolge eines Versehens fehlt (in casu Vertrag über ein Vorkaufsrecht, Art. 216 Abs. 3) 83 II 12/14 E. 1. Dem Austausch von Telexmeldungen kommt nicht die Bedeutung der Schriftlichkeit gemäss Art. 13 zu; dennoch erfüllen sie eine Beweisfunktion, die der eines schriftlichen Vertrages im Sinne von Art. 13 nahekommt 112 II 326/328 f. E.a. – Die Mitteilung der Gefahrtatsachen durch den Antragsteller (VVG Art. 4) unterliegt den Formvorschriften von Art. 13. Der Antragsteller soll damit vor Übereilung, Unachtsamkeit oder Sorglosigkeit geschützt werden 4A_285/2009 (27.10.09) E. 2.1.

2 Die Zustimmung der vormundschaftlichen Behörden bedarf nicht der gleichen Form wie der Grundstückskaufvertrag 117 II 18/21 E. 4b, 98 II 281/287, 75 II 337/341 f.

Zur *Schriftlichkeit* vgl. 9C_597/2014 (10.12.14) E. 4.5: Die elektronische Hinterlegung im PDF-Format, entsprechend den Nutzungsbestimmungen des Online-Vertrags, genügt den formellen Anforderungen gemäss KVG Art. 64a Abs. 1; eine Mahnung in Papierform ist nicht erforderlich. Mit diesem Auslegungsresultat stimmt auch die in der Literatur vertretene und von der Vorinstanz zitierte Auffassung überein, wonach PDF-Dokumente die Erfordernisse der Dauerhaftigkeit und Beständigkeit gleichermassen erfüllen wie Papierdokumente. 3

Man darf nicht ausser Acht lassen, dass mit der Entwicklung der modernen Formen der Nachrichtenübermittlungen die nicht unterschriebenen Schriftstücke eine immer grössere Bedeutung und Verbreitung erlangt haben, dass sich das Erfordernis der Unterschrift, im internationalen Handel insbesondere, zwangsmässig abschwächt und dass die unterschiedliche Behandlung von unterschriebenen und nicht unterschriebenen Dokumenten infrage gestellt wird. Unter gewissen Umständen kann ausserdem ein bestimmtes Verhalten aufgrund von Treu und Glauben die Schriftform überflüssig machen 121 III 38/45 E. 3 Pra 1995 (Nr. 205) 678 (Beschreibung des Falls bei Art. 11). 4

c. Unterschrift

Art. 14

[1] Die Unterschrift ist eigenhändig zu schreiben.

[2] Eine Nachbildung der eigenhändigen Schrift auf mechanischem Wege wird nur da als genügend anerkannt, wo deren Gebrauch im Verkehr üblich ist, insbesondere wo es sich um die Unterschrift auf Wertpapieren handelt, die in grosser Zahl ausgegeben werden.

[2bis] Der eigenhändigen Unterschrift gleichgestellt ist die mit einem qualifizierten Zeitstempel verbundene qualifizierte elektronische Signatur gemäss Bundesgesetz vom 18. März 2016 über die elektronische Signatur. Abweichende gesetzliche oder vertragliche Regelungen bleiben vorbehalten.

[3] Für den Blinden ist die Unterschrift nur dann verbindlich, wenn sie beglaubigt ist, oder wenn nachgewiesen wird, dass er zur Zeit der Unterzeichnung den Inhalt der Urkunde gekannt hat.

Allgemeines. Die Anbringung der Unterschrift dient dazu, die Person des Erklärenden zu identifizieren und den festgehaltenen Inhalt anzuerkennen 140 III 54/56 E. 2.3 Pra 2014 (Nr. 58) 442, 138 III 123/127 f. E. 2.4.1, 119 III 4/6 E. 3. Aus dem Zweck der Unterschrift, den Urheber der Willenserklärung festzustellen, folgt auf alle Fälle so viel, dass dazu nur Zeichen gerechnet werden können, aus denen sich selbst unmittelbar ein Schluss auf die Person des Zeichnenden ziehen lässt 45 II 135/138. 1

Art. 14 verlangt nicht, dass eine eigenhändige Unterschrift in einem offiziellen Formular am Ende der Urkunde selber stehen müsste. Die Willensäusserung kann aus dem einen Dokument hervorgehen und die Unterschrift auf einem anderen Dokument, wie einem Begleitschreiben, angebracht sein, sofern zwischen diesen beiden Dokumenten eine offensichtliche Verbindung besteht, die aus dem Inhalt beider Dokumente hervorgeht 140 III 54/56 f. E. 2.3 Pra 2014 (Nr. 58) 442 (die vom Vermieter auf einem offiziellen, nicht unterzeichneten Formular ausgesprochene Kündigung ist gültig, wenn das Begleitschreiben selbst eine eigenhändige Originalunterschrift enthält; Kündigungsformular und Be- 2 gleitschreiben bildeten eine Einheit, da das Begleitschreiben auf das Kündigungsformular verwies), 132 III 480/481 E. 4.1 (Schuldanerkennung im Sinne von SchKG Art. 82; diese kann sich auch aus einer Gesamtheit von Urkunden ergeben, sofern die notwendigen Elemente daraus hervorgehen; dies bedeutet, dass die unterzeichnete Urkunde auf die Schriftstücke, welche die Schuld betragsmässig ausweisen, klar und unmittelbar Bezug nehmen bzw. verweisen muss), 34 II 665/672 f. fr. (amtlich beglaubigte Unterschrift, die bei einer Firmengründung den von den übrigen Gründern unterschriebenen Statuten beigegeben wird). Vgl. auch 40 II 190/194 f. E. 4 Pra 1914 (Nr. 128) 323 (Testament, das aus mehreren Blättern besteht, von denen nur eines unterschrieben ist).

3 *Fall, in dem ein genügender Bezug verneint wurde,* 85 II 565/569 f.: Da die Vorkaufsklausel als solche nicht unterschrieben ist, geht die Frage nur dahin, ob die auf der vorhergehenden Seite des gesamten Vertrages unter dem eigentlichen Pachtvertrag angebrachte Unterschrift auch auf jene auf dem folgenden Blatt beigefügte Klausel zu beziehen sei. Das ist zu verneinen, wenn einfach die räumliche Stellung der Unterschrift in Betracht gezogen wird. Denn wenn diese auch nicht unbedingt unter dem durch sie zu bekräftigenden Texte stehen muss, sondern unter Umständen ihren Zweck auch zu erfüllen vermag, wenn sie neben den letzten Worten des Textes oder am Rande der durch den Text bereits voll beschriebenen letzten Seite eines Vertrages angebracht ist, so muss sie doch nach ihrer räumlichen Stellung den Inhalt der Urkunde decken, d.h. in der Schriftrichtung dem Text nachfolgen. Die vorliegende Klausel betreffend das Vorkaufsrecht befindet sich ausserhalb des durch die Unterschrift gedeckten Textes. Dieser enthält auch keinerlei Hinweis auf die nachfolgende Klausel; wie dieser Hinweis beschaffen sein müsste, um die Klausel als mitunterzeichnet erscheinen zu lassen, ist daher nicht zu prüfen. Eine geringere Rolle wäre der räumlichen Stellung der Unterschrift allenfalls dann beizumessen, wenn erwiesen wäre, dass den Vertragsparteien der als Anspruchsgrundlage angerufene Text vor der Unterzeichnung vorlag und sie ihn als bindend ansahen. Im vorliegenden Fall ist aber nicht festgestellt (was der Kläger hätte nachweisen müssen), dass die auf Seite 13 des Vertrages stehende Erklärung im Zeitpunkt der auf Seite 12 erfolgten Unterzeichnung bereits geschrieben war und nach dem Willen der Beteiligten als mitunterzeichnet gelten sollte. Es wäre übrigens auf alle Fälle angezeigt gewesen, den nicht das eigentliche Pachtverhältnis betreffenden, sondern ein Vertragsverhältnis besonderer Art begründenden, räumlich getrennten Zusatz eigens zu unterzeichnen.

4 Zum Wechselrecht (Art. 1096 Ziff. 7) 103 II 145/147(ob eine Unterschrift, die der Aussteller eines Eigenwechsels am Rande der Urkunde quer zum übrigen Wechseltext anbringt, den Unterzeichner verpflichtet, ist umstritten; es ist deshalb nicht willkürlich, die Frage zu verneinen), s. sodann 106 II 146/149 E. a (kantonales Beurkundungsrecht, nach dem es nicht genügte, dass eine nicht unterschriebene Planskizze dem unterschriebenen Textteil, in dem auf die Skizze verwiesen wurde, beigeheftet war).

5 **Rechtsschriften.** Die Bestimmung ist massgebend für die Anforderungen an die Unterschrift in Rechtsschriften an das Bundesgericht (aOG Art. 30 Abs. 1); der Rekurs nach SchKG Art. 19 muss handschriftlich unterzeichnet sein, ansonsten er ungültig ist 86 III 1/3 f. Die Unterzeichnung einer Beschwerde ist gemäss ständiger Rechtsprechung eine Voraussetzung ihrer Zulässigkeit 108 Ia 289/291 E. 2 Pra 1983 (Nr. 257) 690, vgl. auch 112 Ia 173/173 E. 1 (Ungültigkeit einer Unterschrift nur in Photokopie), 121 II 252/254 f.

E. 3 Pra 1996 (Nr. 147) 504 f., Pra 1992 (Nr. 26) 89 f. (Ungültigkeit einer Unterschrift per Telefax; in casu Verwaltungsbeschwerde), 121 II 252/255 f. E. 4 Pra 1996 (Nr. 147) 505 f. (fehlende Originalunterschrift bei einer Verwaltungsbeschwerde: Die Unterschrift kann nur bei einem Versehen, nicht aber bei einer freiwilligen Unterlassung [so in casu: Telefax] innert der Nachfrist beigebracht werden), vgl. auch 4P.71/2001 (12.6.01) E. 3a fr. – Immerhin ist dem Erfordernis bereits genügend Rechnung getragen, wenn der Begleitbrief unterzeichnet ist, oder sogar selbst dann, wenn die Unterschrift auf der Rückseite des die Eingabe an das Gericht enthaltenden Umschlags angebracht ist. Diese Rechtsprechung betrifft hauptsächlich Fälle, in denen für die betreffenden Eingaben Bundesrecht gilt. Die von ihr aufgestellten Regeln sind aber von allgemeiner Tragweite und müssen auch Anwendung finden, wenn es sich um die Unterzeichnung kantonaler Rechtsschriften handelt, wenigstens insoweit, als das kantonale Recht aBV Art. 4 (vgl. BV Art. 9) nicht in zulässiger Weise vorgeht 108 Ia 289/291 E. 2 Pra 1983 (Nr. 257) 690. – Kennt ein Kanton das Anwaltsmonopol und erlaubt er Anwaltspraktikanten, Rekursschriften zu unterzeichnen, so verstösst die Rekursinstanz gegen aBV Art. 4 (vgl. BV Art. 9), wenn sie, ohne die Identität des Praktikanten zu überprüfen, auf einen Rekurs nicht eintritt, der mit «im Namen von Rechtsanwalt ...» eingelegt wird und mit einer unleserlichen, der Behörde nicht bekannten Unterschrift versehen ist 108 Ia 289/291 f. E. 3 Pra 1983 (Nr. 257) 690 f. *Fehlende Unterschrift:* Es muss davon ausgegangen werden, dass die Behörde bei Entgegennahme einer nicht unterschriebenen Eingabe den Verfasser insbesondere dann auf diesen Mangel aufmerksam machen muss, wenn dieser nach den Umständen auf den ersten Blick erkennbar ist und die noch zur Verfügung stehende Frist es dem Verfasser ermöglicht, den Mangel rechtzeitig zu beheben 114 Ia 20/22 ff. E. 2a, b Pra 1988 (Nr. 155) 555 f. (Präzisierung der Rechtsprechung), vgl. auch 120 V 413/417 ff. E. 5, 1P.11/2002 (2.4.02) E. 3.2.

Abs. 1 Das Gültigkeitserfordernis der Eigenhändigkeit ist dann nicht mehr erfüllt, wenn die Mitwirkung eines Dritten so weit geht, dass nicht mehr der Testator, sondern der Dritte das Schriftbild bestimmt 98 II 73/79 f. E.a. – Unzulässig, seinen eigenen Namen durch einen Dritten schreiben zu lassen 13 88/90 f. E. 4. – Bei Vertretungsverhältnissen hat der Vertreter mit eigenem Namen zu unterschreiben und das Vertretungsverhältnis anzugeben 102 II 197/201 f. E.b. – Bei der einfachen Schriftlichkeit ist die Beglaubigung der Unterschrift kein Gültigkeitserfordernis 50 II 389/392 E. 2a. 6

Abs. 2 Die Verkehrsüblichkeit faksimilierter Unterschriften ist Tatfrage (in casu Art. 269d, bundesrechtskonforme Verneinung der Verkehrsüblichkeit durch die kantonale Instanz) 4C.110/2003 (8.7.03) E. 3.5. 7

Abs. 2bis Zur Anwendbarkeit des elektronischen Verkehrs im Rahmen von Gerichts- und Verwaltungsverfahren 143 I 187/190 E. 3.1. 8

d. Ersatz der Unterschrift

Art. 15

Kann eine Person nicht unterschreiben, so ist es, mit Vorbehalt der Bestimmungen über den Wechsel, gestattet, die Unterschrift durch ein beglaubigtes Handzeichen zu ersetzen oder durch eine öffentliche Beurkundung ersetzen zu lassen.

1 Anwendbar auf den Erbvertrag 46 II 11/14 ff., nicht aber auf das Testament 45 II 135/138 f.

2. Vertraglich vorbehaltene Form

Art. 16

[1] Ist für einen Vertrag, der vom Gesetze an keine Form gebunden ist, die Anwendung einer solchen vorbehalten worden, so wird vermutet, dass die Parteien vor Erfüllung der Form nicht verpflichtet sein wollen.

[2] Geht eine solche Abrede auf schriftliche Form ohne nähere Bezeichnung, so gelten für deren Erfüllung die Erfordernisse der gesetzlich vorgeschriebenen Schriftlichkeit.

1 ***Abs. 1*** Anwendbar auch auf vertraglich eingeräumte Gestaltungsrechte 138 III 123/128 E. 2.4.1 (z.B. auf die Kündigung einer Inhaberobligation 48 II 114/117 f. E. 2 JdT 70 [1922] I 329), jedoch nicht auf die Abmahnung im Sinne von Art. 369 (Art. 21 Abs. 2 SIA-Norm 118 [1962] ist blosse Ordnungsvorschrift) 95 II 43/46 ff. Anwendbar auch auf einseitige Rechtshandlungen. Grundsätzlich ist die Form strikt einzuhalten bei der Ausübung von Gestaltungsrechten (z.B. Kündigung); demgegenüber hat die Form nur Beweisfunktion bei Erklärungen, die keine Änderung der rechtlichen Lage bewirken (rechtswahrende und -konkretisierende Erklärungen). Diese Frage muss je nach Auslegung des Grundvertrages entschieden werden, mit dem diese einseitigen Erklärungen verbunden sind 128 III 212/215 E. 2b/aa Pra 2002 (Nr. 153) 828.

2 Die Anwendung der Bestimmung setzt voraus, dass eine besondere Form spätestens mit der Einigung über den Vertragsinhalt verabredet worden ist 105 II 75/77 ff. E. 1, 100 II 18/21 E. 2, 54 II 300/306. Ist die Schriftform nach Einigung über den Vertragsinhalt verabredet worden, so kann sie lediglich der Beweissicherung dienen 105 II 75/78, 4C.57/1999 (15.3.00) E. 3b, Anwendungsfälle 41 II 252/254 f. E. 2, 54 II 300/306 f., 112 II 326/327 f. E. 3 (in casu Vertragsabschluss bereits durch den Austausch von Telexmeldungen angenommen trotz allenfalls vertraglich vorbehaltener Schriftform). Immerhin kann die spätere Formabrede ein Indiz gegen die Annahme bilden, dass sich die Parteien schon mit der Einigung über den Vertragsinhalt binden wollten 4A_409/2017 (17.1.18) E. 5.3.

3 Ob ein Konsens zustande gekommen ist, beurteilt sich nach den allgemeinen Regeln von Art. 1 und 18 4C.85/2000 (23.10.00) E. 3b/bb fr., Pra 1996 (Nr. 128) 425 E. 5c. Der Vorbehalt einer besonderen Form kann stillschweigend vereinbart werden 139 III 160/163 E. 2.6 Pra 2013 (Nr. 106) 824 f., 23 769/771 f. E. 4. Schickt beispielsweise eine Partei der anderen Exemplare eines schriftlichen Vertragsentwurfes zur Unterzeichnung zu, ist anzunehmen, dass es zur Eingehung der Verpflichtung der Schriftform bedarf 139 III 160/163 E. 2.6 Pra 2013 (Nr. 106) 824 f., 105 II 75/79 E. 1 (Vorbehalt der Schriftform

durch Zustellung von Vertragsdoppeln zur Unterschrift), 4C.1/2000 (27.3.00) E. 3a; Bestand und Umfang einer vereinbarten Form beurteilen sich nach den allgemeinen Auslegungsregeln 4P.58/2005 (17.5.05) E. 3.1. fr. Zur Frage des konkreten Umfangs der Abrede bei einem Vertrag mit mehreren Komponenten (Miete und Darlehen) vgl. 4C.53/2006 (27.11.06) E. 2.3, ferner 4A_207/2007 (21.8.07) E. 5.3. Sendet eine Partei der Gegenpartei Vertragsexemplare im Hinblick auf die Unterzeichnung zu, ist zu vermuten, dass sie sich nur unter Einhaltung der Schriftform verpflichten will 4C.1/2000 (27.3.00) E. 3a, vgl. auch 4C.126/2001 (7.2.03) E. 4.4.2, 4C.85/2000 (23.10.00) E. 3b/bb fr., wohl abweichend 4P.58/2005 (17.5.05) E. 3.2.2. fr., wenn der Absender von ihm selber nicht unterzeichnete Vertragsurkunden zustellt. Der blosse Umstand, dass bei bedeutenden Verträgen die Schriftlichkeit üblich ist, vermag den Vorbehalt dieser Form im Sinne der Bestimmung nicht zu begründen 54 II 300/307 E. 2, kann aber unter dem Gesichtspunkt von Art. 6 von Bedeutung sein 100 II 18/22 ff. E. 3.

Ein Verzicht auf eine vertraglich vorbehaltene Schriftform ist anzunehmen, wenn die 4
Leistungen trotz Nichteinhaltung der Form vorbehaltlos erbracht und entgegengenommen werden 105 II 75/78. Auf die vorbehaltene Form kann also durch konkludentes Verhalten nachträglich verzichtet werden 125 III 263/268 E. c, vgl. auch 4A_23/2007 (8.5.07) E. 4.2 fr., 4A_554/2009 (1.4.10) E. 2.2 fr.

Die Vermutung in Abs. 1 kann durch den Nachweis widerlegt werden, dass die Parteien 5
die Form bloss zu Beweiszwecken vereinbart haben 138 III 123/128 E. 2.4.1, 128 III 212/215 E. 2b/aa Pra 2002 (Nr. 153) 828 oder dadurch, dass sie in einem späteren Zeitpunkt auf das Formerfordernis ausdrücklich oder konkludent verzichtet haben 4A_663/2012 (6.3.13) E. 4.3, 5.2 fr., 4C.57/1999 (15.3.00) E. 3b, 4A_75/2011 (9.12.11) E. 3.2.1 (in casu stillschweigende Zustimmung zu zusätzlichen Arbeiten gemäss Werkvertrag). Der Beweis für den vertraglichen Formvorbehalt obliegt jener Partei, die sich auf die Unwirksamkeit des mündlich Vereinbarten beruft, während bei feststehendem Formvorbehalt die Beweislast für die Umstossung der gesetzlichen Vermutung diejenige Partei trifft, die trotz Nichteinhaltung der Form die Gültigkeit des mündlich oder konkludent Vereinbarten behauptet 4A_633/2012 (6.3.13) E. 5.2.1 fr., 4C.92/2002 (19.8.02) E. 2.2, vgl. auch 4C.290/2003 (29.6.04) E. 3.4 fr. – Anwendungsfälle 4C.96/1999 (29.9.00) E. 2, 4C.397/2004 (15.3.05) E. 3 fr. (in casu Aufhebungsvertrag).

Abs. 2 Die Bestimmung verweist auf die Artikel 13–15, jedoch nicht auf Art. 12; damit 6
gilt die Vermutung der Nichtbindung vor Erfüllung der besonderen Form nicht für spätere Vertragsänderungen 40 II 614/615 f. fr., 4C.189/1999 (19.4.00) E. 2b, wohl abweichend 4C.57/1999 (15.3.00) E. 3b. – Haben die Parteien die Schriftform vorbehalten, so wird vermutet, dass ein Vertrag erst mit dem Unterzeichnen zustandekommt (in casu Zusendung von zwei Vertragsdoppeln) 50 II 267/283 fr.

C. Verpflichtungsgrund

Art. 17

Ein Schuldbekenntnis ist gültig auch ohne die Angabe eines Verpflichtungsgrundes.

1 **Allgemeines.** Mit einer Schuldanerkennung erklärt der Anerkennende dem Anerkennungsempfänger, dass er ihm gegenüber eine Schuld hat. Es handelt sich also um eine rechtsgeschäftliche Erklärung 4A_426/2013 (27.1.14) E. 3.4. Das Schuldbekenntnis ist ein einseitiges Rechtsgeschäft, das keiner besonderen gesetzlichen Form unterworfen ist 4C.326/2004 (19.4.05) E. 3.2.1 fr. – Es enthält notwendigerweise einen Verpflichtungswillen 4C.53/2001 (17.8.01) E. 2b fr. Es kann kausal oder abstrakt sein, den Grund der Schuld also nennen oder nicht. Immer aber bedarf die Schuldanerkennung eines gültigen Grundes. Der Schuldner kann eine vorbestehende Schuld anerkennen, es kann aber auch erst mit der Schuldanerkennung die Schuld begründet werden (z.B. schenkungshalber) 4A_201/2018 (12.2.19) E. 3.1 fr. Mittels der Schuldanerkennung wird nur die Beweislast für das Bestehen einer Schuld umgedreht. Man spricht von der *blossen Beweisabstraktheit* eines abstrakten Schuldversprechens: Der Gläubiger braucht für die Geltendmachung seines Anspruches weder den Schuldgrund noch andere als die im Verpflichtungsschreiben angeführten Voraussetzungen darzutun. Sache des Schuldners ist es, nachzuweisen, dass und warum er trotz der Schuldurkunde nichts schulde oder noch nicht zur Leistung verhalten werden könne 65 II 67/84 E. 10, 105 II 183/187 E. 4a Pra 1980 (Nr. 30) 74 f., 119 II 452/455 E. 1d Pra 1994 (Nr. 225) 741, 4C.244/1999 (22.2.00) E. 2a, 4C.268/2003 (4.2.04) E. 2.1, 4C.326/2004 (19.4.05) E. 3.2.1 fr., 127 III 559/563 f. E. 4a (die Ausstellung eines Eigenwechsels begründet keine vom Rechtsgrund der ursprünglichen Schuld gelöste Rechtsbeziehung zwischen Schuldner und erstem Nehmer), 4A_17/2009 (14.4.09) E. 3.2 fr., 4A_600/2018 (1.4.19) E. 5.1 fr. Vgl. auch 4C.30/2006 (18.5.06) E. 3.2 fr. (in casu Bestand einer Forderung verneint). – Ergibt sich der Rechtsgrund der Forderung aus den gesamten Umständen der Schuldanerkennung, ist letztere nicht abstrakt im Sinne von Art. 17 4C.93/2007 (13.8.07) E. 2.1. Kein abstraktes Schuldbekenntnis, wenn die Urkunde die «abgetretene Forderung» schlechthin erwähnt, der Zessionar aber den Rechtsgrund der Forderung im Zeitpunkt der Abtretung kannte 96 II 383/391 f. E. 4. – Offengelassen, ob die Praxis zur Schuldanerkennung gemäss Art. 82 SchKG auf die Schuldanerkennung gemäss Art. 17 übertragen werden kann (tendenziell verneinend) 4A_8/2020 (9.4.20) E. 4.6.

2 Auch wenn die Schuldanerkennung sich unmittelbar oder mittelbar an die als Gläubigerin erachtete Person richtet, beziehen sich die Rechtswirkungen der Erklärung wesensgemäss auf den Bestand des obligatorischen Anspruchs (die Schuldanerkennung wirkt namentlich auch zugunsten des Zessionars) 4C.433/1999 (22.2.00) E. 2.

3 **Weiteres.** Auslegung einer Erklärung nach Treu und Glauben als Schuldanerkennung im Sinne der Bestimmung 4A_174/2008 (10.7.08) E. 6.3.2 fr. (kein Vergleichsangebot, sondern Schuldanerkennung, da im Schreiben kein Zugeständnis der anderen Seite enthalten ist). – Ein grundpfandgesichertes abstraktes Schuldbekenntnis, das zur Sicherstellung eines bestimmten Anspruches dient, kann nicht infolge späterer Zession eine andere Forderung sicherstellen 105 II 183/186 ff. E. 4, 6 Pra 1980 (Nr. 30) 74 ff. – Ungültiger

Eigenwechsel als abstraktes Schuldbekenntnis im Sinne von Art. 17 4C.199/2004 (11.1.05) E. 6.2.2 fr. – Der Lohnausweis stellt keine Schuldanerkennung dar, schon weil die ausgewiesenen Beträge in der Regel bereits bezahlt wurden, sodass dem Lohnausweis nicht zu entnehmen ist, wie viel der Arbeitgeber dem Arbeitnehmer schuldet 136 III 313/318 E. 2.1. – Der als richtig befundene Saldo eines Kontokorrents ist eine Schuldanerkennung, was aber die Berücksichtigung der aus Unachtsamkeit anerkannten Positionen nicht ausschliesst 4A_69/2018 (12.2.19) E. 5.1 fr. – Schuldanerkennung ist die auf einer Rechnung stehende Verrechnungserklärung mit dem Wortlaut «Bezahlung erfolgt durch Verrechnung mit Ihrem Rückforderungsanspruch», auch wenn sich die in Rechnung gestellte Forderung nachträglich als unbegründet erweist 4A_8/2020 (9.4.20) E. 4.

Einreden. Dem Schuldner bleiben alle Einreden (gegen die anerkannte Schuld) erhalten (da die Schuldanerkennung nur die Beweislast umdreht) 131 III 268/273 E. 3.2 Pra 2006 (Nr. 19) 146, 127 III 559/564 E. 4a (ohne gegenteilige Abrede ist der Schuldner keinem Einredeausschluss ausgesetzt). Dies im Gegensatz zu den Wertpapieren 65 II 67/84 E. 10. Der Schuldner kann auch Einreden aus der Schuldanerkennung selber erheben, insbesondere im Hinblick auf die Echtheit der Schuldurkunde 4C.59/2002 (18.6.02) E. 3a fr. Ein abstraktes Schuldbekenntnis schliesst die Berufung auf einen wesentlichen Irrtum (Art. 23 ff.) nicht aus 96 II 25/26 E. 1, 4C.53/2001 (17.8.01) E. 2b fr., vgl. auch 131 III 268/272 f. E. 3.2 Pra 2006 (Nr. 19) 145 f. (Aufzählung möglicher Einreden des Schuldners), vgl. ferner 134 III 643/650 f. E. 5.3 fr. 4

Verzicht auf Einreden. Nur ausnahmsweise ist mit der Schuldanerkennung eine zusätzliche Abrede verbunden, dass der Schuldner bezüglich der anerkannten Schuld auf bestimmte Einreden verzichte. Ein solcher Einredeverzicht ist nicht leichthin anzunehmen und muss eindeutig sein, da er für den Schuldner von grosser Tragweite ist 4A_604/2011 (22.5.12) E. 5.1. Es geht deshalb nicht an, den Verzicht einfach zu vermuten. Er muss vielmehr ausdrücklich erfolgen und sich auf eine ganz bestimmte Einrede beziehen. Diesen Anforderungen genügt die Aufnahme einer Ordreklausel in einem zivilen Schuldbekenntnis nicht 65 II 67/82 E. 8b. 5

Nichtigkeit einer abstrakten Schuldanerkennung, wenn das Grundgeschäft rechts- oder sittenwidrig ist 29 II 471/477 E. 4 fr., vgl. auch 4C.172/2000 (28.3.01) E. 3 ff. (in casu offengelassen, ob der Inhalt der streitgegenständlichen «Promissory Note» einer Bankgarantie, einem Schuldbeitritt, einem Anweisungsakzept oder einer beweisabstrakten Schuldanerkennung nach Art. 17 entspricht), 4C.326/2004 (19.4.05) E. 3.2.1 fr. oder wenn das Grundgeschäft formungültig ist 4A_205/2011 (15.7.11) E. 4 (in casu Art. 243); grundlegend 131 III 268/272 f. E. 3.2 Pra 2006 (Nr. 19) 146. – Die Nichtigkeit des Grundgeschäftes und der Ausschluss der Rückforderung nach Art. 66 erstrecken sich nicht auf ein nachträgliches, unter besonderen Umständen abgegebenes Zahlungsversprechen 75 II 293/296 ff. E.a. 6

D. Auslegung der Verträge, Simulation

Art. 18

[1] Bei der Beurteilung eines Vertrages sowohl nach Form als nach Inhalt ist der übereinstimmende wirkliche Wille und nicht die unrichtige Bezeichnung oder Ausdrucksweise zu beachten, die von den Parteien aus Irrtum oder in der Absicht gebraucht wird, die wahre Beschaffenheit des Vertrages zu verbergen.

[2] Dem Dritten, der die Forderung im Vertrauen auf ein schriftliches Schuldbekenntnis erworben hat, kann der Schuldner die Einrede der Simulation nicht entgegensetzen.

▪ Abs. 1 Anwendungsbereich (1) ▪ Regeln für die Vertragsauslegung (7) ▪ Auslegungsmittel (18) ▪ Auslegung formbedürftiger Verträge (29) ▪ Auslegung Allgemeiner Geschäftsbedingungen (33) ▪ Weitere Fälle (36) ▪ Vertragsergänzung durch das Gericht (59) ▪ Vertragsanpassung durch das Gericht/clausula rebus sic stantibus (65) ▪ Simulation (73) ▪ Fiduziarisches Rechtsverhältnis (78) ▪ Umgehungsgeschäft (84) ▪ Rechtliche Qualifizierung eines Rechtsgeschäftes (85) ▪ Behauptungs- und Beweislast (86) ▪ Tatfrage/Rechtsfrage (87) ▪ Beispiele (94) ▪ Vertrauensprinzip (95) ▪ Allgemeine Geschäftsbedingungen (96) ▪ Abs. 2 (97)

1 *__Abs. 1__* **Anwendungsbereich.** Der in der Bestimmung für die Spezialfälle der so genannten falsa demonstratio und der Simulation zum Ausdruck gelangende Gedanke ist nicht nur auf die Vertragsauslegung, sondern auf die Auslegung von Willenserklärungen generell übertragbar 4C.16/2000 (24.1.01) E. 2a. Die Bestimmung bezieht sich ihrem Wortlaut nach nur auf solche Fälle, in denen aus Irrtum oder zu Simulationszwecken eine dem wirklichen Vertragswillen nicht entsprechende Bezeichnung gewählt wurde; allein sie muss auch dann anwendbar sein, wenn die dem wirklichen Vertragswillen nicht genau entsprechende Bezeichnung einfach deshalb gewählt worden ist, weil sie den üblichen Formen des Rechtsverkehrs entspricht (in casu im Bankenverkehr als Darlehen bezeichnete Schuldanerkennung) 41 II 631/635, 107 II 479/482.

2 Die allgemeinen Regeln über die Auslegung der Verträge gelten auch im Bereich der Schiedsklauseln 140 III 134/138 f. E. 3.2 (zu den Besonderheiten der Auslegung von Schiedsklauseln unten, Rz. 47), des aussergerichtlichen Vergleichs 4C.186/2002 (22.10.02) E. 2.2 fr., 133 III 116/121 E. 4.3 (in casu Vergleich mit einem Solidarschuldner), der Privatversicherung 112 II 245/253 E. c Pra 1987 (Nr. 238) 819, vgl. auch 116 II 345/347 E. b Pra 1991 (Nr. 231) 967, 118 II 342/344 E. 1a Pra 1993 (Nr. 211) 801 f. (Anwendung der allgemeinen Auslegungsregeln unter Vorbehalt besonderer Bestimmungen des VVG), 4C.314/1992 (11.12.01) 3 b/bb fr., 4A.45/2007 (12.6.07) E. 4.1 fr., 4A_140/2007 (3.8.07) E. 5.1 fr. (Verweis auf VVG Art. 100), sowie bei der Auslegung Statuten und Reglementen von Vorsorgeeinrichtungen 141 V 127/130 E. 3.1, 134 V 369/375 E. 6.2 (zusätzlich ist das verfassungsrechtliche Diskriminierungsverbot zu beachten), 129 V 145/147 E. 3.1 fr. Auch die Auslegung von Generalklauseln, nach denen Strafe für jede vertragliche Pflichtverletzung geschuldet ist, richtet sich nach Art. 18 – das strafrechtliche Bestimmtheitsgebot findet keine Anwendung 135 III 433/440 E. 4.2 f. Anwendung auf die Auslegung von Erbverträgen, soweit sie vertragsrechtliche Komponenten enthalten 5C.109/2004 (16.7.04) E. 3.3.1 Pra 2005 (Nr. 28) 212 f., z.B. auf die Frage nach der Abgrenzung von Rechtsgeschäften unter Lebenden von Verfügungen von Todes wegen 4A_575/2009 (11.2.10) E. 2.2. Ob eine vertragsmässige und damit bindende oder eine einseitige und damit widerrufliche Anordnung vorliegt, muss aufgrund der Interessenlage

der Vertragsparteien entschieden werden (die Einsetzung von Dritten als Erben, die mit dem erstversterbenden Ehegatten weder in einer verwandtschaftlichen noch in einer persönlichen Beziehung standen, kann der überlebende Ehegatte grundsätzlich frei widerrufen) 133 III 406/408 ff. E. 2, 3. Anwendung auch auf Schuldanerkennungen 4A_757/2011 (3.4.11) E. 2.3 fr., 4A_426/2013 (27.1.14) E. 3.4.

Analoge Anwendung der Bestimmung auf einseitige Rechtsgeschäfte 115 II 323/329 E. b (Ausschlagung gemäss ZGB Art. 577), 121 III 6/10 E. c fr. (in casu Begründung einer Mietzinserhöhung nach Art. 269d), 123 III 16/22 E. b (in casu Wahlerklärung nach Art. 107 Abs. 2), 123 III 124/129 E. 3d (wer gestützt auf einen klar umschriebenen Sachverhalt eine ausserordentliche Kündigung ausspricht, dem schadet nicht, wenn er – rechtsirrtümlich – als rechtliche Grundlage seiner Gestaltungserklärung eine unzutreffende Gesetzesbestimmung anruft, sofern eine Ersatznorm zur Verfügung steht, die seinen Anspruch stützt), 4C.53/2006 (27.11.06) E. 1.2 (Kündigung des Mietverhältnisses), 4A_544/2012 (28.1.13) E. 4.2, auf die Auslegung von Willenserklärungen mit Bezug auf Schiedsabreden 116 Ia 56/58 E. a (freie Überprüfung von Konkordatsrecht durch das Bundesgericht auf staatsrechtliche Beschwerde hin), auf die Auslegung einer Quittung 127 III 444/445 E. 1a Pra 2002 (Nr. 22) 110, 4D_21/2012 (3.4.12) E. 2.1 fr. Zur Anwendung auf einseitige Rechtsgeschäfte vgl. auch 4C.104/2004 (2.6.04) E. 4.1 fr. – Der Freihandverkauf im Konkurs (öffentlich-rechtlicher Vorgang) wird nach den allgemeinen vertragsrechtlichen Grundsätzen ausgelegt 131 III 280/286 E. 3.1 fr. 3

Öffentlich-rechtlicher Vertrag. Die Auslegung eines verwaltungsrechtlichen Vertrags erfolgt grundsätzlich wie jene von privatrechtlichen Verträgen. Mangels eines übereinstimmenden tatsächlichen Willens (vgl. Art. 18) müssen allfällige Unklarheiten und Lücken nach dem Vertrauensprinzip ausgelegt oder gefüllt werden 139 V 82/83 f. E. 3.1.2. Zusätzlich ist in Zweifelsfällen zu vermuten, dass die Behörden und Privaten, welche öffentliche Funktionen wahrnehmen, keine Vereinbarung treffen wollten, die mit den von ihnen zu wahrenden öffentlichen Interessen im Widerspruch steht, und dass auch der Vertragspartner sich hierüber Rechenschaft gibt. So oder anders darf der Vertrag nicht dem Gesetz widersprechen und ist er daher im Zweifelsfalle gesetzeskonform auszulegen 135 V 237/241 f. E. 3.6, s. auch 139 V 82/83 f. E. 3.1.2. Die Auslegung eines Konzessionsvertrags, der auf kantonalem öffentlichem Recht beruht, kann das Bundesgericht im Berufungsverfahren nicht überprüfen 123 III 395/399 E. 1b. 4

Die ***Abtretungserklärung nach SchKG Art. 260*** ist gemäss Art. 18 auszulegen 107 III 91/93 E. 1 fr. SchKG Art. 82: Ist der Sinn oder die Auslegung des Rechtsöffnungstitels derart zweifelhaft oder ergibt sich eine Schuldanerkennung höchstens aus konkludenten Tatsachen, darf die provisorische Rechtsöffnung nach anerkannten Grundsätzen nicht erteilt werden 5P.449/2002 (20.2.03) E. 3. 5

Wenn eine Vertragspartei ihren Willen durch einen Vertreter äussert, ist der durch den Vertreter geäusserte Wille für den Vertragsabschluss massgebend. Wird dessen Inhalt durch Auslegung ermittelt (Art. 18 Abs. 1), kommt es darauf an, was der Vertreter wollte. Die Aussagen des Vertreters werden übereinstimmend mit Art. 32 Abs. 1 dem Vertretenen zugerechnet (73 II 6/13 f. E. 5, 4C.332/2005 [27.1.06] E. 3.3), und der Vertretene hat sich das Wissen des Vertreters oder das, was er hätte wissen müssen, als Eigenes anzurechnen (4A_303/2007 [29.11.07] E. 3.4.3), 140 III 86/91 E. 4.1 Pra 2014 (Nr. 79) 588. 6

7 **Regeln für die Vertragsauslegung.** ***Vorrang des wirklichen Willens vor dem Vertrauensprinzip.*** 141 V 127/130 E. 3.1, 140 III 86/90 E. 4.1 Pra 2014 (Nr. 79) 587, 139 III 404/406 E. 7.1, 138 III 659/666 f. E. 4.2.1, 131 III 606/611 E. 4.1 Pra 2006 (Nr. 80) 572: Die empirische oder subjektive hat gegenüber der normativen oder objektivierten Vertragsauslegung den Vorrang 144 III 93/97 f. E. 5.2.1 fr., 137 III 145/148 E. 3.2.1, 4A_598/2019 (27.4.20) E. 6. Steht eine tatsächliche Willensübereinstimmung fest, bleibt für eine Auslegung nach dem Vertrauensgrundsatz kein Raum 132 III 626/632 E. 3.1. Somit muss sich der Richter bei Streitigkeiten über die Auslegung eines Vertrages zunächst bemühen, den übereinstimmenden wirklichen Parteiwillen festzustellen (subjektive Auslegung, 4A_574/2013 [15.5.14] E. 3.1, 131 III 467/469 E. 1.1, 128 III 419/422 E. 2.2), gegebenenfalls durch Indizien 125 III 305/308 E. 2b Pra 1999 (Nr. 172) 898. Was ein Vertragspartner im Zeitpunkt des Abschlusses wusste und wollte, sind Feststellungen tatsächlicher Natur, die das Bundesgericht binden 129 III 664/667 E. 3.1 Pra 2004 (Nr. 67) 383, 118 II 58/62 E. 3a Pra 1993 (Nr. 142) 553. Wenn sich das kantonale Gericht von einem übereinstimmenden wirklichen Willen der Parteien überzeugt, handelt es sich dabei um eine Tatsachenfeststellung, die unter Vorbehalt der Ausnahmen von OG Art. 63 Abs. 2 und Art. 64 der bundesgerichtlichen Überprüfung im Berufungsverfahren entzogen ist 128 III 419/422 E. 2.2, 126 III 25/29 E. 3c fr., 126 III 375/379 E. 2e/aa. Der beidseitige Irrtum über die angebliche Unzulässigkeit einer Vereinbarung (in casu vertragliche Beendigung einer Vereinsmitgliedschaft entgegen der Ansicht der Parteien zulässig, wobei sie zudem den unnötigen und erfolglosen Weg der Statutenänderung eingeschlagen haben) hindert nicht das Vorliegen eines übereinstimmenden wirklichen Willens gemäss Art. 18 134 III 625/632 E. 3.4.

8 ***Vertrauensprinzip,*** 132 III 626/632 E. 3.1: Erst wenn eine tatsächliche Willensübereinstimmung unbewiesen bleibt (weil der wirkliche Wille nicht festgestellt werden kann oder weil die wirklichen Willen der Parteien nicht übereinstimmen, 131 III 606/611 E. 4.1 Pra 2006 [Nr. 80] 572), sind zur Ermittlung des mutmasslichen Parteiwillens die Erklärungen der Parteien aufgrund des Vertrauensprinzips (das auf ZGB Art. 2 gründet 87 II 96 E. 3, 4C.120/2006 [30.6.06] E. 3.2) so auszulegen, wie sie nach ihrem Wortlaut und Zusammenhang sowie den gesamten Umständen verstanden werden durften und mussten, was dazu führen kann, dass einer Partei ein Wille (in casu Schenkungswille) zugeschrieben wird, den sie gar nicht hatte 144 III 93/99 E. 5.2.3 fr. Das Bundesgericht überprüft diese objektivierte Auslegung von Willenserklärungen im Berufungsverfahren als Rechtsfrage, wobei es an die Feststellungen der kantonalen Vorinstanz über die äusseren Umstände sowie das Wissen und Wollen der Beteiligten grundsätzlich gebunden ist (138 III 659/666 f. E. 4.2.1, 132 III 24/27 f. E. 4, 131 III 606/611 E. 4.1 Pra 2006 [Nr. 80] 572, 129 III 118/122 f. E. 2.5, 129 III 702/707 E. 2.4 Pra 2003 [Nr. 123] 658). Massgebend ist der Zeitpunkt des Vertragsabschlusses. Nachträgliches Parteiverhalten ist bei der Auslegung nach dem Vertrauensprinzip nicht von Bedeutung; es kann allenfalls auf einen tatsächlichen Willen der Parteien schliessen lassen (129 III 675/680 E. 2.3, 118 II 365/366 E. 1, 107 II 417/418 E. 6, anders noch 96 II 325/333 E. 6d). Wiederholung der Definition des Vertrauensprinzips z.B. in 144 III 93/98 f. E. 5.2.3 fr., 141 V 127/130 E. 3.1, 136 III 186/188 E. 3.2.1 Pra 2010 (Nr. 113) 771 f.

9 Die empirische oder subjektive hat gegenüber der normativen oder objektivierten Vertragsauslegung den Vorrang 141 V 127/130 E. 3.1, 138 III 659/666 E. 4.2.1, 137 III

145/148 E. 3.2.1, 130 III 554/557 E. 3.1, 121 III 118/123 E. 4b/aa. Dieser Vorrang ergibt sich aus Art. 18 als Auslegungsregel; die Verletzung dieses Grundsatzes kann deshalb mit Berufung an das Bundesgericht gerügt werden 131 III 467/470 E. 1.1, 121 III 118/123 E. 4b/aa. Beispiel einer Verletzung in 4A_627/2012 (9.4.13) E. 8.6: Mit Blick auf das tatsächliche Verständnis des Klägers kommt seinem nachträglichen Verhalten aber sehr wohl Bedeutung zu. Indem die Vorinstanz die diesbezüglichen Vorbringen der Beklagten nicht geprüft und die vorgelegten Beweise nicht gewürdigt hat, sondern direkt eine objektivierte Auslegung vornahm, hat sie Art. 18 verletzt.

Wortlaut als Grundlage, nicht Grenze der Auslegung. Es kann nicht zum Grundsatz erhoben werden, dass andere Auslegungsmethoden bei «klarem Wortlaut» von vornherein auszuschliessen seien. Aus Art. 18 Abs. 1 geht hervor, dass selbst der Sinn eines klaren Wortlautes nicht zwangsläufig massgebend ist und dass die reine Auslegung nach dem Wortlaut im Gegenteil gesetzeswidrig ist. Selbst wenn der Wortlaut einer Vertragsklausel auf den ersten Blick klar erscheint, kann sich aus andern Vertragsbedingungen, aus dem von den Parteien verfolgten Zweck oder andern Umständen ergeben, dass der Wortlaut der genannten Klausel den Sinn des geschlossenen Vertrages nicht genau wiedergibt (Relativierung der Eindeutigkeitsregel, 5C.134/2004 [1.10.04] E. 4.3), 127 III 444/445 E. 1b Pra 2002 (Nr. 22) 111 (Präzisierung der Rechtsprechung), 131 III 606/611 f. E. 4.2, 128 III 265/267 E. 3a (wonach der klare Wortlaut Vorrang hat vor weiteren Auslegungsmitteln, es sei denn, er erweise sich aufgrund anderer Vertragsbedingungen, dem von den Parteien verfolgten Zweck oder weiteren Umständen als nur scheinbar klar; den wahren Sinn einer Vertragsklausel erschliesst zudem erst der Gesamtzusammenhang, in dem sie steht). Ein Abweichen vom wortlautbezogenen Sinn des von den Betroffenen vereinbarten Textes ist indessen nicht angebracht, wenn es keine ernsthaften Gründe zur Annahme gibt, dass er nicht ihrem Willen entspricht 136 III 186/188 E. 3.2.1 Pra 2010 (Nr. 113) 771 f., 135 III 295/302 E. 5.2 Pra 2009 (Nr. 121) 836, 133 III 61/67 E. 2.2.1, 130 III 417/425 E. 3.2 Pra 2005 (Nr. 30) 228, 129 III 118/122 E. 2.5 Pra 2003 (Nr. 123) 659. 10

Sachgerechtigkeit. Das Gericht hat zu berücksichtigen, was sachgerecht ist, weil nicht anzunehmen ist, dass die Parteien eine unangemessene Lösung gewollt haben 122 III 420/424 E. 3a, 115 II 264/268 E. 5a, 4A_298/2014 (4.12.14) E. 3.4 (Vergleich), 4A_500/2011 (8.5.12) E. 3. 11

Orientierung am dispositiven Recht. Das Gericht orientiert sich am dispositiven Recht, weil derjenige Vertragspartner, der dieses verdrängen will, das mit hinreichender Deutlichkeit zum Ausdruck bringen muss 133 III 607/610 E. 2.2, 122 III 118/121 E. a, 115 II 264/268 E. 5a, 113 II 49/51 E.b. Vom dispositiven Recht abweichende Abreden sind im Zweifel eng auszulegen, namentlich dann, wenn sie die Stellung des Kunden verschlechtern 115 II 474/479 E.d. 12

Die zeitlich spätere Vereinbarung geht der früheren vor 121 III 495/497 f. fr. (in casu aussergerichtlicher Vergleich mit Gerichtsstandsvereinbarung: Letztere lässt die in einem früheren Vertrag vereinbarte Schiedsklausel dahinfallen, wenn im Vergleich kein gegenteiliger Wille zum Ausdruck kommt). 13

In dubio contra stipulatorem/Unklarheitsregel. Unklare Bestimmungen sind zuungunsten jener Partei auszulegen, die sie verfasst hat; die Regel kommt erst zur Anwendung, wenn die übrigen Auslegungsmittel versagen und bestehende Zweifel nicht anders behoben werden können 4C.215/2002 (11.11.02) E. 2.4, 4C.351/2002 (25.2.03) E. 2.2.2 14 fr. (in casu Kaufvertrag), 4C.339/2003 (19.2.04) E. 2.1 fr. (in casu Arbeitsvertrag), 133 III 61/69 E. 2.2.2.3 fr., 4A_172/2008 (16.5.08) E. 3.3 fr. (in casu AGB), 109 II 213/219 E. 2b, 107 II 226/230 E. 5, 100 II 145/153; vgl. auch 110 II 141/146 fr. (in casu Allgemeine Geschäftsbedingungen), 124 III 155/158 f. E. b (in casu Allgemeine Geschäftsbedingungen im Rahmen eines Vertrages über Beratung, Vermittlung und Verwaltung bei Erwerb und Veräusserung von börsenmässig gehandelten Terminoptionen/Auslegung des Fachbegriffes «Kontrakt»), 113 II 49/52, 132 III 264/267 E. 2.2 (in casu Versicherungsvertrag; blosse Vertragsänderung oder Neuabschluss?), 112 II 245/254 f. E. c, d Pra 1987 (Nr. 238) 818 ff. (in casu keine Anwendung von «in dubio contra assecuratorem»), 115 II 474/479 E. d (in casu Allgemeine Geschäftsbedingungen eines gewerbsmässigen Anbieters von Ferienwohnungen), 117 II 609/622, 118 V 47/52 (in casu Auslandversicherung), 118 II 342/344 E. 1a Pra 1993 (Nr. 211) 801 f. (in casu Versicherungsvertrag, vgl. auch 126 V 499/504 fr.), 119 II 368/373 (in casu allgemeine Versicherungsbedingungen), 120 V 445/452 E. a, 122 III 118/124 E. d (Verletzung von Bundesrecht, wenn sich ein Gericht nicht an die Stufenfolge der Auslegungsgrundsätze hält, wonach die Unklarheitsregel erst bei Versagen aller übrigen Auslegungsgrundsätze herangezogen werden darf; in casu Auslegung vorformulierter Bestimmungen eines Versicherungsvertrages), 122 V 142/146 E. c, 123 III 35/44, 4C.302/1998 (16.3.00) E. 3, 4C.20/2000 (11.4.00) E. 2d (in casu Aktienkauf), 4C.107/2004 (15.7.04) E. 4, ferner 4C.374/2006 (15.3.07) E. 2.2.4 fr. – Vorwiegendes Anwendungsgebiet sind die vorgeformten Verträge 99 II 290/292 f. E. 5, 99 II 85/90 E. 3 Pra 1973 (Nr. 212) 645 f., 119 II 443/448 E. 1c Pra 1994 (Nr. 229) 755, 4A_191/2008 (28.7.08) E. 4. – Keine Anwendung, wenn beide Parteien an der Abfassung des Textes beteiligt waren 99 II 290/293 E. 5. Ist der Wortlaut klar, so kann er nicht zuungunsten des Verfassers ausgelegt werden 99 II 303/304 E. 3 Pra 1974 (Nr. 31) 98 f. Ist der Vertragsinhalt unbestritten, besteht von vornherein kein Raum für eine Auslegung «contra stipulatorem» 4C.37/2003 (22.5.03) E. 1. – Hat der Versicherer eine Vertragsbestimmung ungenau formuliert, so kann er sich nicht auf den error in quantitate (Art. 24 Abs. 1 Ziff. 3) berufen 59 II 318/323 f. E. 2 fr. VVG Art. 33 konkretisiert die Unklarheitsregel für den Versicherungsvertrag 115 II 264/269 E.a.

15 ***Grundsatz des favor negotii.*** Im Zweifel ist jene Bedeutung vorzuziehen, die nicht die Ungültigkeit des Vertrages zur Folge hat 99 II 268/274 E.f.; 4A_575/2009 (11.2.10) E. 2.2.

16 ***In dubio pro mitius.*** Der Richter hat im Zweifel anzunehmen, die Parteien hätten sich mit der geringeren Belastung begnügen wollen 48 II 227/230 f., vgl. auch 116 II 259/264 f. Eine Liberalität ist im Zweifel einschränkend auszulegen (in casu Mäklervertrag [Art. 412 ff.]: Zusicherung einer Provision auch für den Fall, dass die Mäklertätigkeit mit dem erzielten Erfolg in keinem Kausalzusammenhang steht) 43 II 651/654 f. E. 3, 64 II 284/291 E. 3 (Bürgschaftserklärungen müssen wegen ihres einseitig onerosen Charakters einschränkend ausgelegt werden), vgl. auch 113 II 434/441 E. g, 111 II 276/279 E. b fr. und 118 II 142/145 E. a (Werkvertrag: Freizeichnungsklauseln sind im Zweifel eng und somit zuungunsten des Unternehmers auszulegen), 5C.56/2005 (15.7.05) E. 3.2.

17 ***Auslegung ex tunc*** 57 II 447/452 E. 2 fr.

18 **Auslegungsmittel.** ***Wortlaut.*** Zum Verhältnis zwischen dem Wortlaut und den weiteren Auslegungsmitteln s. oben, Wortlaut als Grundlage, nicht Grenze. – Gewöhnlicher

Sprachgebrauch oder technischer Sinn? – Für den gewöhnlichen Sprachgebrauch: Bei der Auslegung des Wortlautes ist vom gewöhnlichen (unter Laien geltenden 44 II 96/102) Sprachgebrauch (Alltagssprache 82 II 445/454 f. E. 4) auszugehen 104 II 281/283 E. 3a und nicht von einem juristischen, technischen oder wissenschaftlichen Wortsinn 44 II 96/102; 125 III 305/309 E. c Pra 1999 (Nr. 172) 899, wonach juristischen Ausdrücken dann keine entscheidende Bedeutung beizumessen ist, wenn sie von ausländischen natürlichen oder juristischen Personen verwendet werden [in casu «porte-fort» als Bürgschaft und nicht als Garantie qualifiziert]); 4C.160/2002 (8.7.02) E. 2b fr., 4C.456/2004 (5.8.05) E. 4.2 fr. s. auch 4D_21/2012 (3.4.12) E. 2.2 fr. (Ausdruck «appartement»; Berücksichtigung der Tatsache, dass die Parteien nicht gut Französisch sprachen). Im beurteilten Fall einen Schuldnerwechsel als Verrechnung bezeichnet 4C.98/2006 (3.7.06) E. 3.2. Die Bezeichnung des Vertrages als solche ist nicht entscheidend, es sei denn, die verwendete Bezeichnung lasse in einem bestimmten Verkehrskreis ohne Weiteres darauf schliessen, sie sei in ihrer rechtlichen Bedeutung verwendet worden 113 II 434/438 E. 3a, vgl. auch 131 III 217/219 fr. – Dem Umstand, dass die Parteien präzise juristische Bezeichnungen verwenden, kommt für sich allein keine entscheidende Bedeutung zu. Insbesondere darf nicht ohne weitere Prüfung auf einen entsprechenden Wortlaut abgestellt werden, wenn die verpflichtende Partei eine ausländische Person ist oder die Willenserklärung von ihr in einer Fremdsprache abgegeben wurde. Gegenüber geschäftserfahrenen, im Gebrauch von Fachbegriffen gewandten Personen kann allerdings eine strikte Auslegung nach dem Wortlaut angezeigt sein 129 III 702/708 E. 2.4.1. Entgegen 111 II 284/287 E. 2 fr. unterliegen auch an sich klare juristische Ausdrücke der Auslegung 131 III 606/612 E. 4.2 Pra 2006 (Nr. 80) 573, 4C.456/2004 (5.8.05) E. 2 fr. (mit irrtümlichem Literaturhinweis). – Demgegenüber für den technischen Sinn: Bei der Verwendung juristischer Fachausdrücke ist in der Regel zu vermuten, dass der technische Sinn gemeint ist 120 V 445/452 E. a (in casu BVG-Anschlussvertrag), 119 II 368/373, vgl. auch 122 III 426/429 E. 5 (in casu Fachkreis der Immobilienbranche); 121 III 310/318: Auslegung der Ausdrücke «Sperrkonto» sowie «Und-Konto» gemäss der massgebenden Fachsprache; ferner 119 II 344/345 E. a, wo im Rahmen der Auslegung einer Vereinbarung über die Verwertung von gepfändeten Aktien das Vertrautsein der Parteien mit den Gebräuchen der Bankbranche berücksichtigt wurde; 125 III 263/267, wo im Rahmen eines Software-Lizenzvertrags unter den gegebenen Umständen eine Aufklärungspflicht der Lizenzgeberin über den Ausdruck «Object Code» verneint wurde. Sind beide Parteien geschäftserfahren, so ist zu vermuten, dass sie die von ihnen verwendeten Wörter auch in ihrer rechtlichen und wirtschaftlichen Bedeutung verstanden haben (in casu Auslegung des Begriffes «the shares» im Rahmen einer «Personal Guarantee») 5C.122 und 169/2002 (7.10.02) E. 2.2. Nach 4C.301/2004 (9.12.04) E. 2.1 ist in Rechtsprechung und Lehre anerkannt, dass juristisch-technische Begriffe (in casu «Altlast» im Rahmen eines Grundstückkaufvertrages) entsprechend ihrem juristischen Sinn zu verstehen sind. Der Ausdruck «prêter» wird in der Umgangssprache und der juristischen Fachsprache übereinstimmend verstanden 131 III 268/274 E. 4.1 fr. Den objektiven juristischen Sinn der verwendeten Ausdrücke muss sich entgegenhalten lassen, wer über eine in der Schweiz erworbene juristische Ausbildung verfügt oder beim Vertragsabschluss von einer solchen Person beraten wurde, sofern feststeht, dass diese den Sinn der verwendeten Begriffe klar gemacht hat 4A_316/2007 (21.11.07) E. 3.1.

19 Ergibt sich aufgrund besonderer Umstände, dass beide Parteien übereinstimmend dem Wortlaut einen vom allgemeinen Sprachgebrauch abweichenden Sinn beigelegt haben (Tatfrage), so ist dieser massgebend 95 II 547/553 E. a, 102 II 243/246 E. 2. Beispiel in 4A_580/2012 (18.2.13) E. 5.2.1 (indirekte Vereinbarung durch Übernahme der SIA-Norm 118, die Begriffsdefinitionen enthält: jeder Besteller eines Bauwerkes [unabhängig welcher Vergabestufe] wird als «Bauherr» bezeichnet).

20 ***Parteiwillen.*** Bei der Beurteilung eines Vertrages ist der übereinstimmende wirkliche Wille zu beachten und nicht die unrichtige Bezeichnung oder Ausdrucksweise 115 II 349/355 f. (in casu unzutreffende Verwendung der Bezeichnung «Zins»; der Wille der Parteien war nicht darauf gerichtet, eine eigentliche Zinsabrede zu treffen, sondern nur den Umfang des als Sicherheit dienenden Gesamtbetrages festzulegen); ferner 117 Ia 365/371 Pra 1992 (Nr. 153) 566 (in casu Verwendung der Ausdrücke «arbitri» [Schiedsrichter] und «arbitrato» [Schiedsgericht] durch Rechtsanwälte; Art. 41 ff. Schiedsgerichtskonkordat/Abgrenzung zwischen Schiedsspruch und Schiedsgutachten), 129 III 675/678 ff. E. 2.

21 ***Garantiestrenge*** 138 III 241/241 E. 3.4: In Bezug auf den Eintritt des Garantiefalls gilt nach der bundesgerichtlichen Rechtsprechung eine streng formalisierte Betrachtungsweise, die allein auf den Wortlaut der Garantieklausel abstellt. Der Begünstigte muss dem Garanten gegenüber nur die (aber auch alle) Voraussetzungen erfüllen, die in der jeweiligen Garantieklausel als Bedingung für das Entstehen der Zahlungspflicht des Garanten ihm gegenüber festgelegt sind (122 III 321/322 E. 4a, 122 III 273/275 f. E. 3a fr.). So kann der Garant etwa keine Vorleistungen verlangen, die sich nicht eindeutig aus dem Garantietext ergeben (4C.144/2003 vom 10. September 2003 E. 2.2).

22 ***Unverbindliche Floskel.*** Nach Lehre und Rechtsprechung darf einer Klausel nur dann der Charakter einer inhaltlosen und damit unwirksamen Floskel beigelegt werden, wenn sie in einem für die betreffende Vertragsart allgemein gebräuchlichen Formular verwendet wird und die Parteien sie daraus in ihren eigenen Vertrag übernommen haben, wobei sie sich vom Formular zwar haben inspirieren lassen, ohne jedoch dessen Inhalt zu wollen 83 II 401/407 Pra 1957 (Nr. 130) 430 f., 107 II 161/163 f. E. c (traditionelle Wegbedingungsfloskel beim Grundstückkauf). – Gratifikation im Arbeitsvertrag: Ein Vorbehalt der Freiwilligkeit ist unbehelflich, wenn er als nicht ernst gemeinte, leere Floskel angebracht wird (der Arbeitgeber durch sein ganzes Verhalten zeigt, dass er sich zur Leistung einer Gratifikation verpflichtet fühlt) 129 III 276/280 f. E. 2.3.

23 ***Weitere Auslegungsmittel.*** Vorverhandlungen und Begleitumstände 72 II 29/35 E. 1, 128 III 265/267 E. 3a, 4C.444/1999 (31.1.00) E. 3b/bb, 4C.203/2002 (30.10.02) E. 2.2, 4C.8/2001 (16.8.01) E. 2d, 4A_479/2011 (28.11.11) E. 2; zwischen den Vertragsparteien bereits getätigte Rechtsgeschäfte 46 II 45/47 fr., 120 II 237/239 E. c, 4A_757/2011 (3.4.12) E. 2.4 fr.; Interessenlage der Parteien bei Vertragsabschluss 53 II 25/31, vgl. auch 109 II 24/25 E. 4, 120 V 445/452 E. a, 128 III 265/269 E. 3c; persönliche Verhältnisse der Beteiligten 99 II 303/304 E. 3 Pra 1974 (Nr. 31) 98 f.; allgemeine Lebensverhältnisse bei Vertragsabschluss 99 II 290/294 f. E.b.

24 ***Systematik.*** Welcher Sinn einer Willenserklärung beigelegt werden muss, ergibt sich nicht bloss aus dem Wortlaut, sondern auch aus dem Zusammenhang, in dem sie steht, und den Umständen, unter denen sie abgegeben wurde 101 II 323/325 E. 1, vgl. auch 109 II 219/225 f. E. d Pra 1984 (Nr. 11) 32 f., 115 II 344/348 f. E. d Pra 1990

(Nr. 139) 479 (Systematik des Vertrages), Umstände des Vertragsabschlusses 4C.275/2005 (21.12.05) E. 3.1.2. Die einzelne Vertragsbestimmung ist anhand des Vertrages in seiner Gesamtheit auszulegen 117 II 609/622 E.bb. – Bei der Interpretation breit angelegter allgemeiner Vertragsbestimmungen (in casu Versicherungsvertrag) muss der systematischen Auslegung erhebliches Gewicht beigemessen werden 122 III 118/122 E. 2c. (– Im beurteilten Fall liess sich eine Unklarheit im Vertragswortlaut mit einer Nachlässigkeit bei der Ausfertigung des vorformulierten Textes erklären 4C.275/2005 [21.12.05] E. 3.1.4).

Vertragszweck 99 II 315/323, 114 II 357/359 E. b, 119 II 368/373, 4C.302/2006 (26.3.07) E. 3.4 fr. (in casu Beurteilung der Tragweite einer öffentlich beurkundeten Schenkung im Zusammenhang mit der Auflösung einer einfachen Gesellschaft/Konkubinat), 4C.120/2006 (30.6.06) E. 3.1 (die normative Auslegung beruht letztlich auf ZGB Art. 2), 4A_51/2007 (11.9.07) E. 3.2 (der vom Erklärenden verfolgte Regelungszweck, wie ihn der Erklärungsempfänger in guten Treuen verstehen durfte und musste), 4A_423/2013 (13.11.13) E. 4, 4A_439/2013 (3.2.14) E. 3.4, 4A_627/2012 (9.4.13) E. 5.5.3 (Unternehmenskauf, Zweck einer Preisanpassungsklausel auf der Basis eines garantierten Eigenkapitals). 25

Nachträgliches Verhalten. Später eintretende Umstände wie hier das nachträgliche Verhalten der Parteien lassen erkennen, wie sie selbst den Vertrag seinerzeit gemeint hatten 117 II 415/418 E. 6. Demgegenüber dürfen bei der Vertragsauslegung nach dem Vertrauensprinzip nur Umstände berücksichtigt werden, die den Parteien beim Vertragsabschluss bekannt oder erkennbar waren 133 III 61/69 E. 2.2.2.2, 132 III 626/632 E. 3.1, 125 III 263/268 E. 4c, 4A_517/2011 (10.2.12) E. 1.3, 1.6. 26

Andere Verträge oder Vertragsentwürfe. Bedeutung eines Vertragsentwurfes 94 II 122/125 E. 3 Pra 1968 (Nr. 147) 518. Keine Berücksichtigung von Formularverträgen, die zwischen den Parteien nie galten oder nicht mehr gelten 113 II 174/177. Tragweite eines vertraglichen Verweises auf einen vorformulierten Dritttext im Verhältnis zu den ursprünglichen Vertragsverhandlungen 4C.8/2001 (16.8.01) E. 2e/cc. Keine Bedeutung von Dritterklärungen für den Umfang einer Verpflichtung 40 II 400/404 E. 3. Berücksichtigung eines (zwischen anderen Parteien) geschlossenen Drittvertrages zur Auslegung des streitigen Vertrages 4C.98/2006 (3.7.06) E. 3.1. 27

Eine ***Verkehrsübung*** kann als Hilfsmittel für die Auslegung nach Vertrauenstheorie in Betracht kommen unter der Voraussetzung, dass die durch sie belastete Partei diese Übung kannte oder doch wenigstens mit ihrem Bestehen rechnen musste (objektives Recht ist eine Verkehrsübung nur dann, wenn das Gesetz auf sie verweist) 94 II 157/159 E.b. *Standesregeln* (in casu jene des Verbandes Schweizerischer Vermögensverwalter) können als Ausdruck einer Berufsübung zur Auslegung und Ergänzung eines Vertrages beigezogen werden (in casu Vermögensverwaltungsvertrag, Art. 400 Abs. 1/Herausgabe von sogenannten Retrozessionen und Finder's Fees) 132 III 460/466 f. E. 4.3. Technische Usanzen können im Gegensatz zu rechtlichen Verbandsnormen auch ohne ausdrückliche Übernahme die Auslegung von Parteierklärungen bestimmen, sofern sie die massgebende Verkehrssitte konkretisieren 118 II 295/297 E. 2b. Bedeutung von versicherungstechnischen und -mathematischen Grundsätzen für die Auslegung eines Vorsorgereglements 132 V 278/282 E. 4.3. – Bedeutung von Vertrag und *Usanzen* bei der Bestimmung der Rechte und Pflichten der Parteien beim Rückversicherungsvertrag 140 III 115/124 f. E. 6.3, 107 28

II 196/198 ff. E. 2 fr. – Berechnungspraxis in der Westschweiz, wonach Quadratmeterangaben netto und nicht brutto zu verstehen sind 4A_65/2012 (21.5.12) E. 10.3.3 fr.

29 **Auslegung formbedürftiger Verträge.** Die in Art. 18 Abs. 1 verankerte Auslegung nach dem Willensprinzip gilt uneingeschränkt auch für formbedürftige Verträge. Auch bei ihnen ist der Wille der Parteien ohne Begrenzung durch den Vertragswortlaut zu erforschen und erst danach die Frage zu stellen, ob das Rechtsgeschäft den gesetzlichen Formvorschriften entspricht 121 III 118/124 E. bb, 122 III 361/366 E. 4, 4C.298/2001 (12.2.02) E. 1c, 127 III 248/254 E. c Pra 2002 (Nr. 72) 416 f., 4A_309/2007 (22.10.07) E. 3. Auch formbedürftige Verträge dürfen und müssen nach dem Grundsatz von Treu und Glauben ausgelegt werden 105 II 83/84 E. 2, 96 II 139/141 E. 2.

30 Jedoch darf die Auslegung nicht zu einer Erweiterung der formrichtig erklärten Verpflichtung führen; auf einen nicht verurkundeten Willen kommt es nicht an (in casu konnte der Kläger sich nicht auf einen der Abtretungsurkunde widersprechenden wirklichen Willen von Zedent und Zessionar berufen und auch nicht verlangen, dass darüber Beweise erhoben werden) 105 II 83/84 E. 2.

31 Ist der Wortlaut eines *Testaments* unklar, so dürfen ausserhalb der Testamentsurkunde liegende Beweismittel zur Auslegung herangezogen werden 100 II 440/446 E. 6.

32 Qualifizierte Schriftlichkeit gemäss Art. 269d Abs. 2/Begründung der Mietzinserhöhung als Willenserklärung des Vermieters: Ein Begleitbrief des Vermieters ist nur insoweit zu berücksichtigen, als damit eine unklare Formularangabe verdeutlicht wird; jedoch vermag ein solcher Brief die im Formular fehlende Begründung nicht zu ersetzen 118 II 130/133 E. 2.

33 **Auslegung Allgemeiner Geschäftsbedingungen.** Vorformulierte Vertragsbestimmungen sind grundsätzlich nach den gleichen Regeln auszulegen, wie sie bei individuell verfassten Vertragsklauseln zur Anwendung gelangen 142 III 671/675 E. 3.3, 135 III 1/6 E. 2, 133 III 675/681 E. 3.3 Pra 2008 (Nr. 65) 436 f. (in casu Allgemeine Versicherungsbedingungen), 133 III 607/610 E. 2.2 (in casu Krankenkassen – AVB), 7B.249/2003 (7.1.04) E. 3 Pra 2004 (Nr. 103) 584, 4C.302/2003 (26.5.04) E. 1.3, ausführlich 4C.110/2004 (17.6.04) E. 3, 4C.157/2006 (31.8.06) E. 3, 131 V 27/29 E. 2.2 (in casu Allgemeine Versicherungsbedingungen/Auslegung des Reglements eines Vorsorgevertrages), 132 V 286/292 E. 3.2.1 fr. (Vorsorgereglement), 4C.352/2005 (17.1.06) E. 2 fr., 4A.45/2007 (12.6.07) E. 4 fr. (in casu Versicherungsvertrag/AVB/Besondere Bedingungen), 135 III 1/6 E. 2 (in casu Allgemeine Versicherungsbedingungen). Bei der Interpretation breit angelegter Allgemeiner Vertragsbedingungen muss der systematischen Auslegung erhebliches Gewicht beigemessen werden 122 III 118/122 E.c. Wie bei jedem Vertrag ist der wirkliche Wille zu ermitteln 119 II 368/372 E. b (in casu allgemeine Vertragsbedingungen beim Versicherungsvertrag), 122 III 106/108 f. E. 5a (in casu war aufgrund der Umstände festzuhalten, dass die Meinung der Vertragsparteien von vornherein bloss auf eine analoge Anwendbarkeit der vereinbarten «Incoterms» ging), 122 III 118/121 E. a (in casu Auslegung vorformulierter Bestimmungen eines Versicherungsvertrages, vgl. auch 127 III 100/104 f. E. c, d), 126 III 388/391 fr. (in casu Auslegung von Art. 1.6 SIA-Norm 102/«dommage direct»). Allgemeine Geschäftsbedingungen sind nach dem Vertrauensgrundsatz und im Zweifel gegen den Verfasser auszulegen 110 II 141/146 fr., 110 II 283/286 E. 4, 112 II 245/249 f. E. b Pra 1987 (Nr. 238) 815 f. (in casu Vorsorgevertrag), 131 V 27/29

E. 2.2 (in casu Auslegung des Reglements eines Vorsorgevertrages); 116 II 459/461 E. 2a fr. (in casu allgemeine Geschäftsbedingungen einer Bank), 122 V 142/146 E. c, zum Bankbereich vgl. auch 4C.6/2004 (17.2.04) E. 2.4 Pra 2004 (Nr. 116) 657 f. (in casu Auslegung einer PIN-Erklärung nach Vertrauensprinzip; Frage der Prüfungspflicht der Bank im Zusammenhang mit der Legitimation bei Bargeldbezügen), 132 III 268/273 ff. E. 2.3 (Gerichtsstandsklausel, Auslegung der Vereinbarung «(...) Gerichtsstand ist der Ort des Sitzes der Bank»), 4C.353/1999 (28.1.00) E. 2b (in casu Gerichtsstandsklausel), 4C.176/2000 (2.10.00) E. 3c/dd (in casu «contrat d'option»; Frage, wann die Kommission geschuldet ist), 4C.410/2004 (16.3.05) E. 2.2 (nachträgliche mündliche Abänderung der AGB bzw. rechtsmissbräuchliches Verhalten der Bank), 132 III 449/453 E. 3 Pra 2007 (Nr. 31) 198 f. (Fall einer am Bankschalter erteilten Weisung: In casu hätte die Bank keine bloss kopierte Unterschrift akzeptieren dürfen, weshalb ihr eine Berufung auf die Risikoverteilung gemäss AGB verwehrt war), 4C.194/2005 (28.5.05) E. 3.2.3 Pra 2006 (Nr. 119) 840 f. (in casu Genehmigungsfiktion). Vom dispositiven Recht abweichende Abreden sind im Zweifel eng auszulegen, namentlich dann, wenn sie die Stellung des Kunden verschlechtern 115 II 474/479 E.d. (in casu gewerbsmässiger Anbieter von Ferienwohnungen), 117 II 609/621 E. b (in casu vorgeformte Versicherungsbedingung). Im beurteilten Fall liess sich eine Unklarheit im Vertragswortlaut mit einer Nachlässigkeit bei der Ausfertigung des vorformulierten Textes erklären 4C.275/2005 (21.12.05) E. 3.1.4.

Die Individualabreden gehen den vorformulierten vor 135 III 225/228 E. 1.4, 125 III 263/266 f. E. 4b/bb, 123 III 35/44 E. 2c/bb. 34

Zur Ungewöhnlichkeitsregel s. Art. 1. 35

Weitere Fälle. Kollektive Erklärungsakte, insbesondere Beschlüsse der GV von Kapitalgesellschaften oder Beschlüsse von Vereinsversammlungen, sind nach dem Vertrauensprinzip auszulegen 5C.328/2001 (27.6.02) E. 1.3. 36

Gesellschaftsstatuten. Wenn es um die Auslegung von Statuten geht, dann sind die Auslegungsmethoden je nach Gesellschaftstyp unterschiedlich. Bei Statuten von grossen Gesellschaften werden eher die gleichen Methoden angewandt wie bei der Gesetzesauslegung. Handelt es sich um Statuten von kleinen Gesellschaften, werden eher die für Verträge geltenden Auslegungsmethoden herangezogen, das heisst eine Auslegung nach dem Vertrauensprinzip; die subjektive Auslegung kommt nur in Betracht, wenn die Zahl der Gesellschafter sehr klein ist 140 III 349/352 2.3 Pra 2015 (Nr. 3) 34, 107 II 179/186 E. 4c (Voraussetzungen für die subjektive Auslegung nicht erfüllt: Zum einen ist nicht festgestellt, dass alle Kläger an der Gründungsversammlung teilgenommen, geschweige denn an der Schaffung oder Beratung der Statuten mitgewirkt haben. Dazu kommt, dass die streitige Frage am 25. Mai 1977 durch Mehrheitsbeschluss der Generalversammlung entschieden worden ist, was einen übereinstimmenden wirklichen Willen im Sinne von Art. 18 Abs. 1 ausschliesst), 4C.350/2002 (25.2.03) E. 3.2 fr. In 114 II 193/196 f. E. 5a Pra 1989 (Nr. 33) 137 f. hat das Bundesgericht offengelassen, ob Statuten (in casu eines Vereins), soweit sie Bestimmungen über die Zusammensetzung der juristischen Person enthalten (d.h. die Wahl ihrer Organe, die Festlegung ihrer jeweiligen Kompetenzen und die Form der Beschlussfassung), nicht eher nach dem objektiven Sinn als nach dem Vertrauensprinzip auszulegen sind. – Massgebend für Art und Inhalt der von einer juristischen Person eingegangenen Verpflichtung ist der wirkliche Mehrheitswille des beschlussfas- 37 senden Organs 76 II 346/365. – Auslegung von Statuten einer Wohngenossenschaft 118 II 168/171 E. aa Pra 1993 (Nr. 112) 443; Auslegung der Statuten einer nicht konzessionierten Versicherungsgenossenschaft im Hinblick auf die Frage, ob das Versicherungsverhältnis mitgliedschaftlicher oder vertraglicher Natur ist 124 III 30/32 f. E.c. Zur Auslegung der Statuten von Vorsorgeeinrichtungen vorne Rz. 2.

38 ***Gesamtarbeitsvertrag.*** Bezüglich der anwendbaren Auslegungsregeln ist zwischen den schuldrechtlichen (Vertragsauslegung) und den normativen Bestimmungen (Gesetzesauslegung, 140 V 449/454 f. E. 4.2, 139 III 165/168 E. 3.2) zu unterscheiden 127 III 318/322 E. 2a, 129 III 559/569 E. 4.1, wobei aber der Unterschied zwischen den jeweiligen Auslegungsregeln nicht überbewertet werden darf; der Wille der Parteien und das Vertrauensprinzip stellen auch bei der Auslegung normativer Bestimmungen Auslegungsmittel dar 136 III 283/284 E. 2.3.1 Pra 2011 (Nr. 29) 201. – Auslegung eines *Sozialplanes* 133 III 213/218 f. E. 5.2.

39 ***Nachlassvertrag.*** Beim gerichtlichen Nachlassvertrag handelt es sich um eine dem öffentlichen Recht angehörige Form der Zwangsvollstreckung, deren Anwendbarkeit allerdings von der Zustimmung der Gläubigermehrheit abhängt; bei der Auslegung stehen die objektiven Elemente (wie Wortlaut, Sinnzusammenhang und Entstehungsgeschichte) im Vordergrund; von Bedeutung ist auch, wie die Nachlassbehörde eine Vertragsbestimmung verstanden hat 122 III 176/183 f. E. c (in casu Auslegung bezüglich der Frage, ob auch die aktienrechtlichen Verantwortlichkeitsansprüche den Gläubigern überlassen wurden), 129 III 559/569 E. 4.1 (strukturelle Verwandtschaft mit den normativen Bestimmungen eines allgemeinverbindlich erklärten Gesamtarbeitsvertrages).

40 Zur Auslegung eines ***Testaments*** 120 II 182/184 E. 2a (massgebend ist der Wille des Erblassers, nicht das Verständnis eines Adressaten), vgl. ferner 122 III 308/311 f. E. bb und 131 III 106/108 E. 1.1.

41 ***Bestätigungsschreiben.*** Ein Schreiben, das eine bereits getroffene mündliche Vereinbarung bestätigt, dient grundsätzlich nur zum Beweis dieses bereits zustande gekommenen Vertrages; bleibt es unwidersprochen, hat es die Vermutung der Richtigkeit für sich. Schweigt der Empfänger, so trägt er die Beweislast dafür, dass der Inhalt der schriftlichen Bestätigung der tatsächlich getroffenen Abmachung nicht entspricht 4C.303/2001 (4.3.02) E. 2b. Der sich aus dem Vertrauensgrundsatz ergebenden Bindung des Absenders auf das von ihm Offerierte oder Bestätigte kann weder ein abweichendes Verhandlungsergebnis noch eine abweichende tatsächliche Einigung entgegengehalten werden, sofern die Berufung des begünstigten Empfängers auf den Vertrauensschutz nicht ihrerseits missbräuchlich ist 123 III 35/42 E.aa. – Zum Bestätigungsschreiben siehe unter Art. 6.

42 Zur Auslegung eines ***Staatsvertrages*** (in casu Patentschutzvertrag vom 22. Dezember 1978, SR 0.232.149.514) 127 III 461/465 f. E.b.

43 Zur Auslegung von ***Urteilssprüchen*** 129 III 626/630 E. 5.1.

44 Für die Ermittlung von Inhalt und Umfang einer ***Dienstbarkeit*** gibt ZGB Art. 738 eine Stufenordnung vor. Ausgangspunkt ist der Grundbucheintrag. Soweit sich Rechte und Pflichten aus dem Eintrag deutlich ergeben, ist dieser für den Inhalt der Dienstbarkeit massgebend (ZGB Art. 738 Abs. 1). Nur wenn sein Wortlaut unklar ist, darf im Rahmen des Eintrags auf den Erwerbsgrund, das heisst den Begründungsakt, zurückgegriffen werden. Ist auch der Erwerbsgrund nicht schlüssig, kann sich der Inhalt der Dienstbarkeit – im Rahmen des Eintrags – aus der Art ergeben, wie sie während längerer Zeit unangefochten

und in gutem Glauben ausgeübt worden ist (ZGB Art. 738 Abs. 2) 137 III 145/147 f. E. 3.1, 132 III 651/655 E. 8, 131 III 345/347 E. 1.1, 130 III 554/556 f., 128 III 169/172 E. 3a.

Grundsätze für die *Auslegung eines Dienstbarkeitsvertrags (Erwerbsgrund, Begründungsakt):* Die Auslegung des Grunddienstbarkeitsvertrags erfolgt in gleicher Weise wie die sonstiger Willenserklärungen. Gemäss Art. 18 Abs. 1 bestimmt sich der Inhalt des Vertrags nach dem übereinstimmenden wirklichen Willen der Parteien. Nur wenn eine tatsächliche Willensübereinstimmung unbewiesen bleibt, ist der Vertrag nach dem Vertrauensgrundsatz auszulegen. Die empirische oder subjektive hat gegenüber der normativen oder objektivierten Vertragsauslegung den Vorrang. Diese allgemeinen Auslegungsgrundsätze gelten vorbehaltlos unter den ursprünglichen Vertragsparteien (vgl. 132 III 651/655 E. 8), im Verhältnis zu Dritten dagegen nur mit einer Einschränkung, die sich aus dem öffentlichen Glauben des Grundbuchs (ZGB Art. 973) ergibt, zu dem auch der Dienstbarkeitsvertrag gehört. Bei dessen Auslegung können gegenüber Dritten, die an der Errichtung der Dienstbarkeit nicht beteiligt waren und im Vertrauen auf das Grundbuch das dingliche Recht erworben haben, individuelle persönliche Umstände und Motive nicht berücksichtigt werden, die für die Willensbildung der ursprünglichen Vertragsparteien bestimmend waren, aus dem Dienstbarkeitsvertrag selber aber nicht hervorgehen und für einen unbeteiligten Dritten normalerweise auch nicht erkennbar sind. Im gezeigten Umfang wird der Vorrang der subjektiven vor der objektivierten Vertragsauslegung eingeschränkt 139 III 404/406 f. E. 7.1, 137 III 145/148 E. 3.2.2. Diese Rechtslage bringen Lehre und Rechtsprechung teilweise nur verkürzt zum Ausdruck, wenn es heisst, der Dienstbarkeitsvertrag sei objektiviert bzw. nach Massgabe des Vertrauensprinzips auszulegen, wo sich nicht mehr die Begründungsparteien, sondern Dritte gegenüberstünden 130 III 554/558 E. 3.1. 45

Vergleichsvertrag 4A_596/2014 E. 3.1: Das Ziel, einen Streit oder eine Ungewissheit über ein Rechtsverhältnis zu beenden, lässt sich regelmässig nur erreichen, wenn sämtliche mit dem Streit oder der Ungewissheit zusammenhängende Fragen geregelt werden. Dieses Anliegen ist bei der Auslegung zu berücksichtigen, auch wenn der Umfang einer vergleichsweisen Beilegung von Streitigkeiten oder Meinungsverschiedenheiten unterschiedlich weit gezogen werden kann. Wenn daher Fragen nicht ausdrücklich geregelt sind, die in engem Zusammenhang mit den vergleichsweise beigelegten Meinungsverschiedenheiten stehen und deren Beantwortung sich zur Beilegung des Streits aufdrängt, darf in der Regel davon ausgegangen werden, dass sie von den Parteien mangels eines ausdrücklichen Vorbehalts nicht vom Vergleich ausgenommen werden sollten (4A_298/2014 [4.12.14] E. 3.4, 4A_288/2014 [6.8.14] E. 2.2, 5A_353/2010 [16.8.10] E. 3.2.2). Nach dem mutmasslichen Willen der Parteien rechtfertigt sich daher in der Regel die Annahme, dass solche Fragen sinngemäss im Vergleich beantwortet sind (4A_298/2014 [4.12.14] E. 3.4). Bei der Auslegung des Vergleichsvertrags hat das Gericht schliesslich zu berücksichtigen, was sachgerecht ist, weil nicht anzunehmen ist, dass die Parteien eine unangemessene Lösung gewollt haben (122 III 420/424 E. 3a, 126 III 119/121 E. 2c). 46

Saldoquittung. Als einseitige Willenserklärung unterscheidet sich die Saldoquittung vom Vergleich; eine Saldoquittung kann jedoch Bestandteil eines Vergleiches sein. Die Auslegung der Saldoquittung richtet sich nach den allgemeinen Regeln der Auslegung von Willenserklärungen 127 III 444/445 E. 1a Pra 2002 (Nr. 22) 110. Die Unterzeichnung einer *Saldoquittung* hindert den Versicherten nur insoweit an der Erhebung neuer Ansprü- 47 che gegen den Versicherer, als sie einen Verzicht auf diese darstellt. Verzichten kann der Versicherte aber nur auf Rechte, die er kannte oder deren Erwerb er wenigstens als möglich in Betracht zog 100 II 42/44 f. E. 1 Pra 1974 (Nr. 200) 571 f., 4C.20/2007 (22.10.07) E. 2.1 (in casu Arbeitsvertrag).

48 Zur Auslegung von ***Patentansprüchen*** 107 II 366/369 E. 2, 115 II 490/492 E.c.

49 ***Scheidungskonvention*** 107 II 465/475 f. E.c.

50 Auslegung einer kantonalen ***Konzession*** an eine Kraftwerk AG 126 II 171/182 E.bb. – Anwendung des Vertrauensprinzips auf einen Vertrag, dessen Parteien zwei juristische Personen des öffentlichen Rechts sind (für die Anrufung des öffentlich-rechtlichen Vertrauensschutzes besteht dann kein Raum, wenn die Rechtsbeziehungen zwischen zwei juristischen Personen des öffentlichen Rechts [verwaltungs- oder privat-]vertraglicher Natur sind) 120 V 445/450 E. b und c.

51 Wer ein Schriftstück unterschreibt und damit einem andern eine Erklärung abgibt, muss diese, auch wenn er sich um deren Inhalt nicht gekümmert hat, gegen sich gelten lassen, sofern nicht dem Empfänger bekannt war oder nach der Erfahrung des Lebens vernünftigerweise bekannt sein musste, dass der Erklärungsinhalt nicht gewollt sei 76 I 338/350. Dies gilt auch dann, wenn das Schriftstück in einer dem Unterzeichnenden nicht verständlichen Sprache abgefasst ist 34 II 523/527 ff. E. 3.

52 Hat der Arbeitnehmer eine Lohnquittung für einen Betrag, der unter dem vertraglichen Salär liegt, unterschrieben, so kann der Arbeitgeber allein daraus nach dem Vertrauensprinzip nicht ableiten, der künftige Lohn sei im Einverständnis mit dem Arbeitnehmer geändert 109 II 327/329 f. E. 2a Pra 1984 (Nr. 35) 84 f. Auslegung der Erklärung des Arbeitgebers, für den Unterhalt des Arbeitnehmers auf Lebenszeit aufzukommen 111 II 260/262 f. E. 4a fr.

53 Auslegung einer ***Gerichtsstandsvereinbarung*** 122 III 439/443 E.c.

54 ***Auslegung von Schiedsvereinbarungen.*** Die allgemeinen Regeln über die Auslegung der Verträge gelten auch im Bereich der Schiedsklauseln. Indes ist deren Rechtsnatur zu berücksichtigen; insbesondere ist zu beachten, dass mit dem Verzicht auf ein staatliches Gericht die Rechtsmittelwege stark eingeschränkt werden. Ein solcher Verzichtswille kann nicht leichthin angenommen werden (da ein Schiedsverfahren zusätzlich zur Einschränkung der Rechtsmittelwege, im Vergleich zu staatlichen Gerichtsverfahren regelmässig auch noch zu höheren Kosten führt und mit dem Verzicht auf ein staatliches Gericht die Rechtsmittelwege eingeschränkt werden, 129 III 675/680 f. E. 2.3, 116 Ia 56/58 E. 3b und da es sich um eine Abweichung von einer verfassungsmässigen Garantie [EMRK Art. 6, BV Art. 30] handelt, 128 III 50/58 E. 2c/aa Pra 2002 [Nr. 90] 520). Steht demgegenüber fest, dass eine Schiedsvereinbarung vorliegt, besteht kein Anlass zu einer restriktiven Auslegung; vielmehr ist davon auszugehen, dass die Parteien eine umfassende Zuständigkeit des Schiedsgerichts wünschten (138 III 681/687 E. 4.4, 116 Ia 56/58 f. E. 3b), 140 III 134/138 f. E. 3.2. Wenn z.B. eine Schiedsvereinbarung so formuliert ist, dass sie auch die sich «im Zusammenhang mit dem» Vertrag ergebenden Streitigkeiten erfassen soll, ist im Sinne des mutmasslichen Parteiwillens davon auszugehen, dass die Parteien alle Ansprüche, die sich aus dem vom Vertrag geregelten Sachverhalt ergeben oder diesen unmittelbar berühren, der ausschliesslichen Zuständigkeit des Schiedsgerichts zuweisen wollten 138 III 681 Regeste, 140 III 134 («any dispute or disagreement between them relating to or arising out of any provision of this Agreement»).

Zudem ist hinsichtlich pathologischer Klauseln (Bestimmungen in Schiedsvereinbarungen, die unvollständig, unklar oder widersprüchlich sind) zu beachten: Sofern sie nicht zwingende Elemente der Schiedsvereinbarung zum Gegenstand haben, namentlich die verbindliche Unterstellung der Streitentscheidung unter ein privates Schiedsgericht, führen sie nicht ohne Weiteres zu deren Ungültigkeit. Vielmehr ist vorerst durch Auslegung und allenfalls Vertragsergänzung in Anlehnung an das allgemeine Vertragsrecht nach einer Lösung zu suchen, die den grundsätzlichen Willen der Parteien respektiert, sich einer Schiedsgerichtsbarkeit zu unterstellen. Steht also als Auslegungsergebnis fest, dass die Parteien die Streitsache von der staatlichen Gerichtsbarkeit ausnehmen und einer Entscheidung durch ein Schiedsgericht unterstellen wollten, bestehen jedoch Differenzen hinsichtlich der Abwicklung des Schiedsverfahrens, greift grundsätzlich der Utilitätsgedanke Platz; danach ist möglichst ein Vertragsverständnis zu suchen, das die Schiedsvereinbarung bestehen lässt. Eine unpräzise oder fehlerhafte Bezeichnung des Schiedsgerichts führt daher nicht zwingend zur Ungültigkeit der Schiedsvereinbarung 138 III 29/35 f. E. 2.2.3, 130 III 66/70 ff. E. 3.1 f. 55

Die Regel, dass Verträge nach Treu und Glauben, d.h. nach dem Vertrauensprinzip auszulegen sind, ist nicht grundrechtlicher Natur 122 I 328/334 E. 3a. 56

Auslegung eines ***Mietvertrags,*** der auf den Gesetzestext (WEG Art. 38) verwies: Berücksichtigung der Tatsache, dass die Mieter keine Juristen waren 135 III 591/596 E. 4.3.3 Pra 2010 (Nr. 53) 388 f. 57

Rechtsvorschlag. Bleibt unklar, ob mit dem Rechtsvorschlag nur die Einrede des fehlenden neuen Vermögens erhoben wird oder ob sich dieser auch gegen die in Betreibung gesetzte Forderung richtet, so befürwortet die Rechtsprechung und die Lehre teilweise den Grundsatz «in dubio pro debitore» (so in 108 III 6/9 E. 3 Pra 1982 [Nr. 160] 408). Davon scheint auch die Vorinstanz auszugehen. Dieser Standpunkt ist indes von der Lehre auch kritisch hinterfragt worden. Zu Recht wird dabei betont, dass keine der am Betreibungsverfahren beteiligten Personen von vornherein schutzwürdiger ist als die andere. Eine Auslegung nach dem Vertrauensprinzip, welche von der gesetzgeberischen Entscheidung ausgeht, dass der fristgerecht erhobene Rechtsvorschlag formfrei erfolgen kann, ist der Rechtssicherheit dienlicher und wird auch im Einzelfall dem sich unbeholfen ausdrückenden Laien durchaus gerecht. Nichts anderes wurde bereits im Grundsatzentscheid aus dem Jahre 1902 festgehalten, wonach es genügt, wenn der Wille, gegen die Betreibung Einsprache zu erheben, «in gehörig erkennbarer» Weise dem Amt zur Kenntnis gebracht wird (28 I 397/399), 140 III 567/569 f. E. 2.3. 58

Vertragsergänzung durch das Gericht. ***Voraussetzung der Vertragslücke:*** Eine Vertragslücke liegt vor, wenn die Parteien eine Rechtsfrage, die den Vertragsinhalt betrifft, nicht oder nicht vollständig geregelt haben. Ob der Vertrag einer Ergänzung bedarf, ist vorerst durch empirische, bei deren Ergebnislosigkeit durch normative Auslegung zu ermitteln 115 II 484/487 E. 4a, 4C.203/2002 (30.10.02) E. 2, 4C.287/2000 (8.2.01) E. 2a (allgemeine Ausführungen zum Unterschied zwischen Vertragsauslegung und Vertragsergänzung; in casu Vertragsergänzung im Zusammenhang mit der Umschreibung des Garantiefalles), ferner 4C.78/2004 (2.6.04) E. 5.4 it., 4C.41/2007 (28.3.07) E. 4 (in casu Arbeitsvertrag). Verträge, die gültig zustande gekommen sind, aber für eine zwischen den Parteien aufgetretene Schwierigkeit keine Regelung vorsehen (in casu Folgen des Dahin- 59 fallens eines Teils eines zusammengesetzten Vertrages wegen unverschuldeter Unmöglichkeit der Erfüllung für den verbleibenden Teil), muss der Richter ergänzen. Auch werden bei Dauerschuldverhältnissen richterliche Vertragsergänzungen selbst dann zugelassen, wenn sie wesentliche Vertragspunkte (Höhe Mietzins) betreffen 4A_70/2018 (20.8.18) E. 4.5.1.

60 Zur Lückenfüllung durch die Vertragsparteien selbst s. 129 III 535/543 E. 4.2.

61 ***Mittel der Vertragsergänzung.*** Zur Füllung von Lücken in einem Vertrag sind die dispositiven Bestimmungen der einschlägigen Gesetze heranzuziehen, soweit sich nicht genügend klar aus dem Vertrag ergibt, dass davon abgewichen werden sollte 2C_828/2013 (24.3.14) E. 2.2. Beim Fehlen dispositiver Normen (vgl. 4C.54/2001 [9.4.02] E. 2a, in casu Art. 414; 4C.286/2005 [18.1.06] E. 2, in casu Art. 109 Abs. 2) kann der Richter den Vertrag nur ergänzen, indem er ermittelt, was die Parteien nach den Grundsätzen von Treu und Glauben («vernünftigerweise»: 54 II 314/317 E. 3) hätten vereinbaren müssen, wenn sie den nicht geregelten Punkt in Betracht gezogen hätten 61 I 65/77 E. 4; dabei hat er sich vom Wesen und Zweck des Vertrages leiten zu lassen und den gesamten Umständen des Falles Rechnung zu tragen 107 II 144/149 Pra 1981 (Nr. 176) 465, 90 II 235/244 f. E. c, vgl. auch 115 II 484/488 E.b. (der Richter hat sich unter anderem am Denken und Handeln vernünftiger und redlicher Vertragspartner zu orientieren), 111 II 260/262 E. 2a fr. (in casu vorzeitige Auflösung eines Arbeitsvertrages und richterliche Ergänzung des lückenhaften Vertrages nach dem hypothetischen Parteiwillen: Die vertragliche Verpflichtung des Arbeitgebers zu Unterhalt und Pflege des Arbeitnehmers auf Lebenszeit wurde ersetzt durch die Verpflichtung, eine kapitalisierte Leibrente zu zahlen), Pra 1988 (Nr. 173) 630 E. 3c (in der amtlichen Sammlung nicht wiedergegebene Erwägung, vgl. 114 II 53/54 ff.), 117 II 259/266 E. c, 121 III 414/419 E. b (in casu Disharmonie zwischen gesetzlicher Regelung und dem von den Parteien vereinbarten Vertragsinhalt nicht behauptet), 4A.28/2007 (30.5.07) E. 4.1 fr. (in casu Schenkungsvertrag / mehrere Schenker / Lücke betreffend die Ausübung des Widerrufsrechts), vgl. auch 4A_156/2008 (8.7.08) E. 1.6. 138 III 29/39 E. 2.3.3 (Teilnichtige Schiedsklausel, Vertragsergänzung aufgrund des hypothetischen Parteiwillens).

62 ***Weitere Mittel.*** Von Bedeutung ist auch die Natur des Vertrages (4C.347/2003 [1.4.04] E. 4.1.1 fr. [in casu Werkvertrag / Liefertermin]), dessen normale Art der Abwicklung 72 II 29/37 E. 2, eine bestehende Verkehrsübung 84 II 628/632 E. 1, eine angemessene Interessenabwägung 61 I 65/77 E. 4. – Ist der Wille der Vertragsparteien klar, aber gesetzwidrig (in casu Vereinbarung einer Probezeit, die gegen zwingendes Recht verstösst), so ist zu fragen, ob die Parteien für diesen Fall einen subsidiären Willen hatten, oder ob dispositives Recht zur Anwendung kommt 131 III 467/470 E. 1.2. – Standesregeln (in casu jene des Verbandes Schweizerischer Vermögensverwalter) können als Ausdruck einer Berufsübung zur Auslegung und Ergänzung eines Vertrages beigezogen werden (in casu Vermögensverwaltungsvertrag, Art. 400 Abs. 1 / Herausgabe von sogenannten Retrozessionen und Finder's Fees) 132 III 460/466 f. E. 4.3.

63 ***Zum Anwendungsbereich.*** Die gleichen Grundsätze gelten auch für die Ergänzung von Innominatverträgen und gemischten Verträgen 107 II 144/149 Pra 1981 (Nr. 176) 465, 4C.369/2000 (17.8.01) E. 7a it., 132 V 278/282 E. 4.3. Ergänzung eines EDV-Vertrages bezüglich der Auflösungsordnung 4C.382/2001 (12.3.02) E. 2. – Vertragsergänzung auch bezüglich wesentlicher Punkte (in casu vereinbarten die Parteien, einen Mietvertrag

bei dessen Ablauf um weitere zehn Jahre zu verlängern, ohne sich jedoch über die konkrete Höhe des Mietzinses auszusprechen) 100 II 330/330 f. – Dem Richter ist es auch bei formbedürftigen Verträgen nicht verwehrt, «konstruktiv» bzw. «modifizierend» einzugreifen, wenn dies als notwendig und sinnvoll erscheint 127 III 529/532. – Vertragsergänzung beim verwaltungsrechtlichen Vertrag 113 Ia 357/360 ff. E. 6, im Rahmen eines Vorsorgevertrages (das Vorliegen einer Lücke in casu verneint) 129 V 145/147 ff. E. 3 fr. – Ein lückenhafter Erwerbsgrund einer Grunddienstbarkeit darf (im Gegensatz zur lückenhaften Eintragung im Grundbuch) gerichtlich ergänzt werden 131 III 345/351 E. 2.2.1. – Keine Vertragsergänzung in einem Nebenpunkt, der nicht notwendigerweise der Regelung bedarf 82 II 378/387 E. 4; keine Ergänzung durch ein zufälliges Element 93 II 272/275 f. E. 2 (in casu wurde die Ergänzung eines Werkvertrages durch eine beim Vertragsschluss vergessene Konkurrenzverbotsklausel abgelehnt E. 5), vgl. ferner 122 III 10/19 E. 5. – Zur Vertragsergänzung bezüglich Nebenpunkten siehe auch unter Art. 2 Abs. 2. Schiedsvereinbarung.

Verfahren. Das Ergebnis der normativen Tätigkeit (Feststellung des hypothetischen Parteiwillens) überprüft das Bundesgericht im Berufungsverfahren zwar frei, aber mit einer gewissen Zurückhaltung, da die Ergänzung regelmässig mit richterlichem Ermessen verbunden ist; verbindlich sind dagegen Feststellungen der Vorinstanz über Tatsachen, die bei der Ermittlung des hypothetischen Willens in Betracht kommen 4C.90/2002 (8.7.02) E. 3.1, 4C.286/2005 (18.1.06) E. 2.2 (in casu lückenhafter Aufhebungsvertrag betreffend einen Grundstückkauf, analoge Anwendung von Art. 109). 64

Vertragsanpassung durch das Gericht/clausula rebus sic stantibus. ***Voraussetzungen.*** 127 III 300/302 ff.: *Erstens* eine Änderung der äusseren Umstände nach Vertragsabschluss (von denen alle Vertragsparteien gleichermassen betroffen sind, 128 III 428/432 E. 3); somit keine Vertragsanpassung, wenn das Missverhältnis von Leistung und Gegenleistung schon bei Abschluss des Vertrages bestanden hat 97 II 390/398 f. – *Zweitens,* dass die betroffene Partei die Änderung der Umstände nicht selbst verursacht hat 47 II 440/460 f. – *Drittens,* dass diese Änderung der Umstände weder vorhersehbar noch vermeidbar war. Ist eine Änderung der Umstände voraussehbar oder vermeidbar, so ist eine Berufung auf die clausula rebus sic stantibus ausgeschlossen 135 III 1/10 E. 2.4, 101 II 17/21 E. 2 (in casu Geldentwertung). Nach der Rechtsprechung müssen die Parteien bei langfristigen Verträgen damit rechnen, dass sich die zur Zeit des Vertragsabschlusses bestehenden Verhältnisse später ändern. Sehen sie ausdrücklich oder dem Sinne nach davon ab, den Einfluss solcher Änderungen auf die gegenseitigen Leistungen auszuschliessen, so entspricht es dem Wesen des Vertrages, dass er so erfüllt wird, wie er abgeschlossen worden ist 107 II 343/347 f. E. 2, 100 II 345/348 f. Änderungen der Gesetzeslage gelten grundsätzlich nicht als unvorhersehbar 127 III 300/305 E. 5b/aa. Möglich ist die Berufung auf die clausula aber dann, wenn die an sich voraussehbare Änderung der Umstände ein unerwartetes Ausmass angenommen hat 50 II 158/166 fr. Für Dauerverträge hat die Rechtsprechung zudem regelmässig ein Kündigungsrecht aus wichtigem Grund angenommen, 128 III 428/429 E. 3. – *Viertens,* dass die Änderung der Umstände eine gravierende Äquivalenzstörung zur Folge hat. Das Verhältnis von Leistung und Gegenleistung muss so gestört sein, dass das Beharren des Gläubigers auf seinem Vertragsanspruch geradezu eine wucherische Ausbeutung des Missverhältnisses und damit einen offenbaren 65

Rechtsmissbrauch darstellt 122 III 97/98 E. 3a, 107 II 343/343 E. 2, 101 II 17/17 E. 2, 100 II 345/345 E. 2b, 4C.49/2004 (30.3.04) E. 2.2, 4C.150/2005 (28.11.05) E. 5.2 it. Denn eine Partei hat selbst bei langfristigen Verträgen mit folgenschweren Verpflichtungen keinen Anspruch darauf, dass die Erfüllung sich für sie zu einem «guten Geschäft» gestalte oder der Vertrag aufgehoben oder angepasst werde, wenn die Verhältnisse sich während der Vertragsdauer zu ihrem Nachteil ändern oder nicht mehr ihren Erwartungen entsprechen 104 II 314/315 E. a (in casu Art. 373 Abs. 2, der einen gesetzlich geregelten Fall der clausula rebus sic stantibus enthält).

66 ***Beispiel für die Anwendung der clausula*** 127 III 300 (Baurechtsvertrag).

67 ***Beispiel für die Ablehnung der clausula*** 138 V 366/371 f. E. 5.2 (Finanzmärkte, Finanzkrise). Die zivilrechtliche clausula rebus sic stantibus kommt nicht zum Tragen, weil die Veränderung der Verhältnisse (Ausmass der Kurseinbrüche in den Anlagemärkten) seit dem Vertragsschluss (hier die Begründung des reglementarischen Vorsorgeverhältnisses) nicht unvorhersehbar war. Wohl zeigen Statistiken, dass nach periodisch auftretenden Krisen an den Finanzmärkten regelmässig Phasen der Erholung und des Aufschwungs folgten. Doch kam es auch schon in der Vergangenheit wiederholt vor, dass es längere Zeit dauerte, bis die Börsen nur schon wieder dasjenige Niveau erreicht hatten, auf welchem sie sich vor den Rückschlägen befunden hatten. So verhielten sich beispielsweise die Börsen während der Weltwirtschaftskrise der beginnenden Dreissigerjahre und auch in den Kriegs- und Nachkriegsjahren bis 1948 äusserst unstet. Auch während der Ölkrise in den Jahren 1972 bis 1985 durchliefen die Märkte eine lange Phase der Baisse und Stagnation. Dies zeigt, dass die Finanzkrisen der vergangenen Jahre im historischen Vergleich keinesfalls einzigartig sind. Unbestreitbar ist, dass die wiederholten Erschütterungen der Märkte das finanzielle Fundament der beruflichen Vorsorge schwächten. Das Ausmass der Wertschwankungen in den letzten Jahren erscheint jedoch nicht derart aussergewöhnlich und singulär, dass es schlicht nicht erwartet werden konnte. Die finanziellen Schwierigkeiten (Unterdeckungen) der Pensionskassen folgen ausserdem nicht nur aus dem Verlauf der Anlagemärkte; grossen Einfluss auf den Deckungsgrad hat auch die in den Grenzen von Gesetz und Verordnung (BVG Art. 71 Abs. 1; BVV 2 Art. 49 ff.) gewählte Anlagestrategie. Die – auf Ausnahmefälle zu beschränkende – Voraussetzung der Nichtvorhersehbarkeit einer Äquivalenzstörung ist daher nicht gegeben.

68 Für ***Dauerverträge*** besteht zudem ein ***Kündigungsrecht aus wichtigem Grund:*** Für gesetzlich geregelte Dauerschuldverhältnisse gibt es regelmässig Vorschriften, die ihre vorzeitige Auflösung aus wichtigem Grund vorsehen (vgl. neben Art. 337 zum Beispiel Art. 266g, 418r und 527). Diese Vorschriften sind Ausdruck eines allgemeinen Prinzips, das für alle Dauerverträge gilt. Bei der vorzeitigen Kündigung von Dauerschuldverhältnissen aus wichtigem Grund steht der Schutz der Persönlichkeit im Sinne von ZGB Art. 27 im Vordergrund. Die betreffende Partei soll sich von der Vertragsbindung befreien können, weil eine Fortführung des Vertragsverhältnisses eine unzumutbare Einschränkung ihrer Persönlichkeitsrechte bedeuten würde. Darin kann im Übrigen auch die Abgrenzung zum Anwendungsbereich der clausula rebus sic stantibus gesehen werden. Die clausula setzt Veränderungen der äusseren Umstände voraus, von denen alle Vertragsparteien gleichermassen betroffen sind und die zu einer gravierenden Äquivalenzstörung geführt haben. Im Gegensatz dazu hat die Kündigung aus wichtigem Grund keine Äquivalenzstörung zur Voraussetzung. Im Vordergrund steht vielmehr die Frage, ob das Gebundensein an den

Vertrag für die Partei wegen veränderter Umstände ganz allgemein unzumutbar geworden ist, also nicht nur unter wirtschaftlichen, sondern auch unter anderen die Persönlichkeit berührenden Gesichtspunkten 128 III 428/429 ff. E. 3.

Mittel der Vertragsanpassung. Bei der Zuweisung des Änderungsrisikos ist in erster Linie auf eine allfällige privatautonome Regelung und in zweiter Linie auf dispositive gesetzliche Regeln zurückzugreifen. Bei deren Fehlen ist auf den hypothetischen Parteiwillen abzustellen. Das Gericht hat demnach zu ermitteln, was die Parteien nach dem Grundsatz von Treu und Glauben vereinbart haben würden, wenn sie den eingetretenen Verlauf der Dinge in Betracht gezogen hätten. Dabei hat es sich am Denken und Handeln vernünftiger und redlicher Vertragspartner sowie an Wesen und Zweck des konkret infrage stehenden Vertrages zu orientieren. Das Ergebnis dieser normativen Tätigkeit überprüft das Bundesgericht im Berufungsverfahren grundsätzlich als Rechtsfrage 127 III 300/307 E. 6a, 115 II 484/488 E. 4b. 69

Arten der Vertragsanpassung. Als Hauptfolge kommen die vorzeitige Vertragsauflösung einerseits und eine Modifikation der vertraglichen Leistungspflichten anderseits in Betracht (in casu Baurechtsvertrag) 127 III 300/307 E.b. Der Richter kann den Vertrag ändern oder aufheben 97 II 390/398 E. 6. Die Aufhebung fällt dann ausser Betracht, wenn beide Parteien den Vertrag mit ihrem Willen fortgesetzt haben und noch fortsetzen 47 II 314/319. Ist anzunehmen, dass der Gegner desjenigen, der sich auf die clausula rebus sic stantibus beruft, eine Vertragsauflösung der verlangten Änderung vorziehen würde, so wird der Richter – prozessuale Hindernisse vorbehalten – in der Regel auf Auflösung erkennen 59 II 371/376. 70

Gesetzlich geregelte Fälle der clausula rebus sic stantibus sind z.B. Art. 266g Abs. 1, Art. 337 Abs. 1 und Art. 373 Abs. 2 135 III 1/10 E. 2.4 sowie ZGB Art. 736 127 III 300/303 f. E. 5a/bb. 71

Anwendung der clausula rebus sic stantibus auf einen ***öffentlich-rechtlichen Vertrag*** 122 I 328/341 f. E. c, d. 72

Simulation. ***Begriff.*** Ein simuliertes Rechtsgeschäft im Sinne von Art. 18 liegt vor, wenn sich die Parteien einig sind, dass die gegenseitigen Erklärungen nicht ihrem Willen entsprechende Rechtswirkungen haben sollen, weil sie entweder ein Vertragsverhältnis vortäuschen oder mit dem Scheingeschäft einen wirklich beabsichtigten Vertrag verdecken wollen 97 II 201/207 E. 5 fr., 112 II 337/343 E. 4a, 4A_551/2014 (6.11.14) E. 3.1. Nach ihrem Willen soll entweder überhaupt keine Rechtswirkung (sog. absolute oder reine Simulation) oder eine andere als im Scheingeschäft angegebene Rechtswirkung erzielt werden 4A_362/2012 (28.9.12) E. 4.1 fr., 4A_414/2008 (3.2.09) E. 2.1. Ein Vertrag kann auch bloss teilweise simuliert sein 4C.279/2002 (28.3.03) E. 5 fr. – Eine Simulationsabrede kann stillschweigend erfolgen 24 II 576/581 ff. E. 4, 5. – Sie muss spätestens zeitgleich mit dem simulierten Vertrag erfolgen 4A_381/2010 (5.10.10) E. 2.2. – Zur Abgrenzung zum fiduziarischen Rechtsverhältnis vgl. 71 II 99/99 ff. E. 2. 73

Form. Die Simulationsabrede bedarf keiner besonderen Form 112 II 337/343 E. b und zwar auch dann nicht, wenn sie ein öffentlich zu beurkundendes Grundstückgeschäft betrifft 4A_381/2010 (5.5.10) E. 2.2. 74

Einrede der Simulation. Die Unverbindlichkeit eines simulierten Rechtsgeschäftes kann auf dem Weg der Feststellungsklage oder der Einrede *jederzeit* geltend gemacht wer- 75 den 72 II 154/156. Die Einrede der Simulation kann (mit Einschränkungen 4A_414/2008 [3.2.09] E. 2.1) auch von Dritten erhoben werden 72 II 275/279 f. E. 1. – Wer Simulation behauptet, ist dafür beweispflichtig (ZGB Art. 8); strenge Beweisanforderungen 112 II 337/342 E. a (in casu Auktionsvertrag, Zuschlag an den mitbietenden Einlieferer, der sich in der Folge auf Simulation beruft), 131 III 49/55 E. 4.1.1, 4A_551/2014 (6.11.14) E. 3.1. Einfache Behauptungen oder Vermutungen genügen nicht 4C.68/2000 (23.8.00) E. 4b aa fr., vgl. auch 4C.279/2002 (28.11.03) E. 5 fr. – Für das Bundesgericht sind die tatsächlichen Feststellungen über den wirklichen Willen der Parteien verbindlich; *Rechtsfrage* ist jedoch, ob diese für die Annahme einer Simulation genügen 106 II 141/144 E.b., vgl. auch 4C.212/2000 (4.10.00) E. 2b. Tatfrage ist, was der wirkliche Wille der Parteien bei Vertragsabschluss war; Rechtsfrage ist, ob die Parteien ihre Simulationsabsicht genügend zum Ausdruck gebracht haben; ebenso ist Rechtsfrage, ob die kantonale Instanz den Begriff der Simulation zutreffend umschrieben hat 4C.227/2003 (9.12.04) E. 2.1.1 fr.

76 ***Folgen der Simulation.*** Das *simulierte Rechtsgeschäft* ist nichtig. Der Richter prüft die Frage der Simulation von Amtes wegen 97 II 201/207 E. 5 fr., 4C.227/2003 (9.12.04) E. 2.1.1 fr., zur Tragweite der Unwirksamkeit vgl. auch 4C.324/2000 (22.1.01) E. 5. Die Nichtigkeit ist dann unbeachtlich, wenn die Berufung darauf einen Rechtsmissbrauch darstellt 78 II 221/226 f. E. 2. – Der *dissimulierte Vertrag* ist gültig, sofern die übrigen Gültigkeitsvoraussetzungen bezüglich Form und Inhalt erfüllt sind 4A_362/2012 (28.9.12) E. 4.1 fr., 4A_414/2008 (3.2.09) E. 2.1. – Bei einem simulierten oder dissimulierten Rechtsgeschäft teilt eine *Nebenpflicht* hinsichtlich der Verbindlichkeit zwischen den Parteien in der Regel das Schicksal der Hauptpflicht, auf die sie sich bezieht 98 II 23/30 ff. E. 5 Pra 1972 (Nr. 120) 375 ff. – Lassen die Parteien einen *Grundstückkauf* öffentlich beurkunden, während sie in Wirklichkeit eine Schenkung vornehmen wollen, so sind beide Geschäfte nichtig: jenes wegen Simulation, dieses wegen Nichterfüllung der vom Gesetz vorgeschriebenen Form 71 II 99/100, 98 II 313/316 E. 2, 84 II 369/374 E. 1 Pra 1958 (Nr. 137) 439, 78 II 221/224 E. b, 117 II 382/385 E. b (es genügt nicht, dass die Parteien ihre simulierte Honorarabrede schriftlich festgehalten haben: Damit ein nach Art. 243 Abs. 1 formgültiges Schenkungsversprechen vorläge, müsste vielmehr das dissimulierte Schenkungsversprechen beurkundet sein, was nur dann der Fall wäre, wenn sich die Schenkungsabsicht der Vereinbarung entnehmen liesse; in casu Teilsimulation). – S. aber zur rechtsmissbräuchlichen Berufung auf einen Formmangel unter Art. 11/Rechtsmissbräuchliche Berufung auf einen Formmangel.

77 ***Weiteres.*** Ist die Gründung der AG oder die Kapitalerhöhung im Handelsregister eingetragen, so kann sie nicht mehr z.B. wegen Simulation angefochten werden 117 II 290/295 E. c Pra 1992 (Nr. 137) 484. – Simulation mit Bezug auf die Frage einer strafrechtlich relevanten Falschbeurkundung 120 IV 25/29 E. f., 123 IV 61/68 E. cc; simulierter Darlehensvertrag 131 III 268/274 E. 4.2 fr., 4D_10/2011 [12.4.11] (in Wirklichkeit Kauf), Indizien für ein simuliertes Darlehen an Aktionäre 138 II 57/62 ff. E. 5 (steuerrechtlicher Entscheid); simulierte Auflösung eines Arbeitsvertrages 4A_446/2008 (3.12.08) E. 3 fr.; simulierte Vereinbarung eines Werklohnes 4A_414/2008 (3.2.09) E. 2.1.

78 **Fiduziarisches Rechtsverhältnis.** ***Begriff.*** Das fiduziarische Rechtsgeschäft zeichnet sich dadurch aus, dass der Fiduziar mehr kann, als er darf; er ist verpflichtet, von dieser

überschiessenden Rechtsmacht nur im vereinbarten Rahmen Gebrauch zu machen 119 II 326/328 E. b (in casu fiduziarische Übereignung von Schuldbriefen). Der Beauftragte und Fiduziar handelt in eigenem Namen, aber für Rechnung seines Auftraggebers 109 III 112/120 E. 4 Pra 1984 (Nr. 66) 163. Im schweizerischen Recht gibt es weder einen gesetzlich festgelegten noch einen allgemein anerkannten Treuhandbegriff; zwar handelt der Treuhänder im Allgemeinen im eigenen Namen und auf fremde Rechnung, d.h. als indirekter Stellvertreter, doch ist dies keineswegs zwingend, sondern ist namentlich auch der Begriff der Vollmachttreuhand geläufig, welche nichts anderes bedeutet als die Verwendung der Stellvertretung zur Erfüllung des Treuhandvertrages 4C.287/2002 (15.12.03) E. 3.1. Der Treuhandvertrag verpflichtet den Fiduziar, sich bei der Ausübung eines Rechts nach dem vom Fiduzianten festgesetzten Zweck zu richten. Er entfaltet die Wirkungen eines Auftrages oder auftragsähnlichen Verhältnisses und bestimmt, inwiefern der Fiduziar an Weisungen gebunden ist oder selbständig handelt 85 II 97/99 ff. E. 1 Pra 1959 (Nr. 127) 366 f.; zur Qualifikation als Auftrag siehe auch 99 II 393/396 Pra 1974 (Nr. 121) 364, 106 Ib 145/150, 108 Ib 188/192 E. 5a (das Auftragsrecht auferlegt dem Fiduziar Sorgfaltspflichten [Art. 398], deren Nichtbeachtung eine haftungsbegründende Vertragsverletzung darstellt), 112 III 90/95 E. 4b Pra 1987 (Nr. 73) 276. – Abgrenzung zur Simulation vgl. 71 II 99/99 ff. E. 2.

Zulässigkeit. Die fiduziarischen Verhältnisse (Rechtsgeschäft «per interpositam personam», «convention de prête-nom» 72 II 67/73 E. 2 Pra 1946 [Nr. 46] 91) sind grundsätzlich erlaubt 85 II 97/99 ff. E. 1 Pra 1959 (Nr. 127) 366 f., dann aber nichtig, wenn sie z.B. formbedürftige Geschäfte enthalten, ohne die betreffende Form zu beachten 71 II 106, 72 II 360 E. 2 (in casu nichtige fiduziarische Übertragung von Grundeigentum, da als Kauf bezeichnet, vgl. auch 4A_530/2016 [20.1.17] E. 5.1), oder wenn sie eine Umgehung zwingender Vorschriften bezwecken 85 II 97/102 E. 3 Pra 1959 (Nr. 127) 368 f., 56 II 195/198 E. 2 fr. (in casu unzulässige fiduziarische Abtretung zur Umgehung kantonalen Anwaltsrechtes). Auch die bloss fiduziarische Rechtsübertragung führt zum vollen Rechtserwerb des Fiduziars, sofern sie ernsthaft gewollt und nicht lediglich simuliert ist 4C.7/2000 (5.6.00) E. 4. 79

Fiduzia und Eigentum. Der Fiduziar erwirbt (gegenüber Dritten 114 II 45/50 E. c Pra 1988 [Nr. 203] 756) das volle Eigentum mit allen damit verbundenen Wirkungen 107 III 103/104 f. E. 1 JdT 131 (1983) II 67 f. E. 1, 106 III 86/89, 96 II 79/93 E. a; vgl. auch 109 II 239/242 E. b (in casu fiduziarisches Eigentum von Inhaberaktien), ferner 115 II 468/471 E. a (wer als Strohmann Aktien einer zu gründenden AG fiduziarisch zeichnet, ist wahres Gründungsmitglied und Aktionär; in casu Frage der Legalzession nach Art. 401 Abs. 1 und der Anfechtbarkeit von Beschlüssen der Generalversammlung nach aOR Art. 706, vgl. auch 123 IV 132/139 E. bb), Pra 1997 (Nr. 55) 296 E. 3 (in casu Treuhandverhältnis über Vorratsaktien), 117 II 290/294 f. E. b, c Pra 1992 (Nr. 137) 483 f. (in casu Vorratsaktien; eine mögliche Einschränkung der Rechte des Treuhänders hat rein obligatorischen Charakter; sie zieht keinerlei aktienrechtliche Wirkungen nach sich 117 II 290/298 Pra 1992 [Nr. 137] 487), 117 II 429/430 f. E. b (Sachen und Rechte, die dem Treuhänder fiduziarisch gehören, können grundsätzlich bei ihm gepfändet werden und fallen in einer Generalexekution in seine Konkurs- und Nachlassmasse; kein Aussonderungsrecht des Treugebers gemäss Art. 401 Abs. 3), 117 II 463/464 E. 3 (der Dritte hat sich um die internen Rechtsbeziehungen zwischen Treugeber und Treuhänder nicht zu 80 kümmern), 112 III 75/78 (in casu Dokumentarakkreditiv). Eine Sache, die dem Arrestschuldner nur fiduziarisch gehört, kann in einer gegen ihn gerichteten Betreibung grundsätzlich gepfändet werden; Ausnahmen nur bei ganz aussergewöhnlichen Umständen, die in casu vorliegen 113 III 26/31 E. 3. Mehrere Treuhänder haben am verwalteten Gut Gesamteigentum. Mangels besonderer Umstände wird vermutet, dass beim Ausscheiden eines der Treuhänder durch Tod die Treuhandschaft weiterbesteht; dessen Rechte gehen nicht auf seine Erben über, sondern wachsen den Mitfiduziaren an 78 II 445/452.

81 Der fiduziarischen Abrede kommt ***keine selbständige Bedeutung*** zu; sie teilt das rechtliche Schicksal des zugrunde liegenden Rechtsgeschäftes (in casu Auftrag) 94 II 263/266 E. 1.

82 ***Weiteres.*** Für den Rückerstattungsanspruch des Auftraggebers oder Hinterlegers (Art. 400 Abs. 1, 475 Abs. 1) beginnt die Verjährung nicht schon mit der Übergabe der Vermögenswerte an den Beauftragten bzw. Aufbewahrer, sondern grundsätzlich erst mit der Beendigung des Vertragsverhältnisses infolge gegenseitiger Übereinkunft, Ablaufs der vereinbarten Dauer, Widerrufs oder Kündigung (Änderung der Rechtsprechung) 91 II 442/449 ff. E. 5. – Legalzession (Art. 401) und Verrechnungsbefugnis 130 III 312/315 ff.

83 ***Beispiele.*** Inkassozession 71 II 167/168 f. E. 1; fiduziarische Abtretung (in casu jedoch nichtig infolge Verstosses gegen ein gesetzliches Verbot) 123 III 60/63 E. c Pra 1997 (Nr. 107) 583, 130 III 248/252 E. 3.1 Pra 2004 (Nr. 83) 485; Sicherungsübereignung 72 II 235/238 ff. E. 2, 3; Anlagefonds/Fondsleitung als fiduziarische Eigentümerin der Werte, welche den Anlagefonds bilden 99 Ib 437/438; fiduziarisches Eigentum an vinkulierten Namenaktien 81 II 534/541; ein fiduziarisches Rechtsverhältnis besteht zwischen der AG und dem Zeichner von Vorratsaktien 117 II 290/294 E. b Pra 1992 (Nr. 137) 483; Treuhandgeschäft im Sinne von BankV Anhang II lit. C 106 Ib 145/149 f. E. 3, vgl. auch 108 Ib 188/192 E. 5a; Bräutigam als Treuhänder der Braut bei einem Liegenschaftskauf (in casu verneint) 109 II 92/94 E. b (mit Hinweis auf 89 II 410/412 E. 3); fiduziarische Gründung einer AG 115 II 468/470 ff. E. 1–3; fiduziarische Übertragung von Werknutzungsrechten des Urhebers 117 II 463/464 E. 3. – Die Zeichnung von Obligationen ist kein Auftrag für eine treuhänderische Geldanlage 112 II 444/448 E. 2 Pra 1988 (Nr. 62) 246.

84 **Umgehungsgeschäft.** Beim Umgehungsgeschäft wollen die Beteiligten durch die Art der Rechtsgestaltung eine gesetzliche oder rechtsgeschäftliche Regelung umgehen; seine Zulässigkeit hängt vom Inhalt der Regelung ab, die umgangen werden soll (massgebend sind die Umstände des Einzelfalls) 125 III 257/262 E. b (in casu einfache Gesellschaft; Vertragsumgehung verneint, weil die Verletzung eines Ziel- oder Zweckverbotes nicht auszumachen war).

85 **Rechtliche Qualifizierung eines Rechtsgeschäftes.** Sie ist dem Parteiwillen entzogen 99 II 313/313 Pra 1974 (Nr. 55) 174 und erfolgt *von Amtes wegen* 84 II 493/496 E. 2, 112 II 41/43 E. 1 fr., Rechtsfrage 131 III 217/219 fr. Entsprechend schadet die unrichtige Bezeichnung des Rechtsgeschäfts nicht (falsa demonstratio non nocet) 135 III 433/440 E. 4.3 (Qualifikation einer Potestativbedingung des vertragsgemässen Verhaltens als Konventionalstrafe). Auch wenn die Bezeichnung eines Rechtsgeschäftes durch die Parteien nicht ohne Weiteres massgebend ist, muss ihr doch dann wesentliche Bedeutung beigemessen werden, wenn die Parteien geschäftsgewandte Personen sind, bei denen eine gewisse Vertrautheit mit der Terminologie des Gesetzes vorausgesetzt werden darf (in casu

konnte sich ein Baumeister nicht auf den Standpunkt stellen, er habe mit der Bezeichnung «Vorkaufsrecht» ein Kaufsrecht gemeint) 48 II 227/229 E. 2, vgl. auch 113 II 434/438 E. 3a (in casu «Unlimited Guarantee»), 113 II 264/266 E. 2a (in casu das Aufstellen eines Leergerüstes [Werkvertrag] von den Parteien als Gegenstand eines Auftrages bezeichnet). Bei Verwendung juristischer Fachausdrücke ist in der Regel zu vermuten, dass der technische Sinn gemeint ist 119 II 368/373; zur Bedeutung einer verwendeten juristischen Fachsprache vgl. auch vorne Auslegungsmittel/Wortlaut. «Vertretungs-Vertrag» als Agenturvertrag mit Alleinvertretungsrecht im Sinne von Art. 418a–418v qualifiziert 122 III 66/68 E. 3. Die Qualifikation durch eine ausländische Behörde ist nicht massgeblich 135 III 474/479 E. 3.2.2 (Qualifikation eines Vermögenstransfers als Veräusserungsvertrag durch die dänische Steuerbehörde). Die Tatsache, dass das wirtschaftliche Ergebnis eines Vertrages einfacher durch einen andern Vertrag (in casu durch einen Nominatvertrag) hätte erreicht werden können, führt nicht zur Anwendung der Bestimmungen dieses andern Vertrags 4A_302/2008 (20.11.08) E. 4.4. – Berufung gegen einen Vor- oder Zwischenentscheid gemäss aOG Art. 50 Abs. 1 der kantonalen Instanz über die Qualifizierung eines Vertragsverhältnisses (in casu war streitig, ob ein Agentur- oder ein Arbeitsvertrag vorlag): Ficht der Berufungskläger und Beklagte nur die Qualifikation durch die Vorinstanz an, ohne gleichzeitig die Abweisung der Klage zu verlangen, so ist auf die Berufung nicht einzutreten, da in diesem Fall ein Endentscheid nicht sofort herbeigeführt werden kann 110 II 90/91 f. Pra 1984 (Nr. 104) 265.

Behauptungs- und Beweislast. Die Behauptungs- und Beweislast für Bestand und Inhalt eines vom normativen Auslegungsergebnis abweichenden subjektiven Vertragswillens trägt jene Partei, welche aus diesem Willen zu ihren Gunsten eine Rechtsfolge ableitet 121 III 118/123 E. aa, 4C.372/1999 (20.4.00) E. 3, vgl. auch 4C.94/2006 (17.7.07) E. 7.3. 86

Tatfrage/Rechtsfrage. Zur Bedeutung der Unterscheidung siehe Vorb. Art. 1–40f. Die Abgrenzung von Tat- und Rechtsfrage kann vorab bei der Vertragsauslegung schwierig sein (ob ein kantonales Urteil im einen oder anderen Sinn zu verstehen ist, wird aus seiner Begründung oft nicht ohne Weiteres klar) 130 III 554/558 E. 3.2, vgl. auch 4C.190/2003 (28.11.03) E. 3.2 fr. 87

Vertragsauslegung. Die Vertragsauslegung nach Treu und Glauben (oder nach Vertrauensprinzip) ist eine Rechtsfrage, die das Bundesgericht frei prüft 136 III 186/188 E. 3.2.1 Pra 2010 (Nr. 113) 771. Um diese Rechtsfrage zu entscheiden, muss man sich jedoch auf den Inhalt der Willensäusserung und auf die Umstände stützen, die zum Sachverhalt gehören 130 III 417/425 E. 3.2 Pra 2005 (Nr. 30) 228, 131 III 268/276 E. 5.3.1 fr. Die Frage nach dem hypothetischen Parteiwillen bei erkannter Nichtigkeit ist eine Rechtsfrage 124 III 112/119 E. 2b/bb. Soweit die Auslegung eines Rechtsgeschäftes sich in der Ermittlung der Tragweite der abgegebenen Erklärungen nach allgemeiner Lebenserfahrung erschöpft, ist sie *Rechtsfrage* 69 II 319/322 f., ferner 99 II 303/304 E. 3 Pra 1974 (Nr. 31) 99. Wie der Text auszulegen ist und ob er als unzweideutig bezeichnet werden kann, sind Rechtsfragen 115 II 264/269 E. 5a. 88

Tatfragen hingegen sind die Feststellungen der letzten kantonalen Instanz über die tatsächlichen Verhältnisse und über den inneren Willen der Parteien 129 III 664/667 E. 3.1 Pra 2004 (Nr. 67) 383, 129 III 702/707 E. 2.4. Nach Vertragsschluss eintretende Umstände (in casu nachträgliches Verhalten der Parteien) ergeben nicht einen hypothetischen, 89 sondern den wirklichen Willen 107 II 417/418 E. 6, 115 II 434/438 E. b, 118 II 365/366 E. 1. Die Feststellung, dass die Parteien im konkreten Fall dem Wortlaut einen besonderen Sinn beigelegt haben, ist Tatfrage 69 II 319/322 f., ferner 99 II 303/304 E. 3 Pra 1974 (Nr. 31) 99. Tatfrage ist, was eine Partei bei Vertragsschluss gewusst oder nicht gewusst hat 83 II 297/308; was die Willensmeinung der Parteien gewesen ist 87 II 169/175 E. 3 bzw. was die Beteiligten bei Vertragsschluss dachten und wollten 5A_198/2008 (26.9.08) E. 4.2 fr., 107 II 226/229 E. 4, 117 II 490/492. Die Umstände, welche die Parteien im Zeitpunkt der Vertragsverhandlungen und des Vertragsschlusses vor Augen hatten, was sie wollten und wussten, sind Tatfragen 115 II 57/60 E. 1c Pra 1989 (Nr. 249) 889, ferner 128 III 419/422 fr., 4C.160/2002 (8.7.02) E. 2a fr. Bei der Ermittlung des tatsächlichen Parteiwillens darf der Richter seine Überzeugung mit einer auf der Lebenserfahrung beruhenden überwiegenden Wahrscheinlichkeit begründen 4C.225/2002 (7.2.03) E. 2.2.

90 ***Rechtsnatur eines Vertragsverhältnisses.*** Die Prüfung der Rechtsnatur der Vertragsbeziehungen unter Würdigung der gesamten Umstände ist Rechtsfrage 97 II 123/126 f. E. 2b Pra 1971 (Nr. 209) 667 f., 4C.64/2006 (28.6.06) E. 2.1 fr.

91 ***Auslegung prozessualer Erklärungen.*** Die Auslegung prozessualer Erklärungen ist vom massgeblichen Verfahrensrecht beherrscht und der Überprüfung durch das Bundesgericht entzogen 94 II 263/266 E. 1. Vgl. auch 116 Ia 56/57 ff. E. 3 (in casu Willenserklärung mit Bezug auf eine Schiedsabrede/freie Überprüfung von Konkordatsrecht durch das Bundesgericht auf staatsrechtliche Beschwerde hin). Sinngemässe Anwendung der Regeln von Art. 18 für die Auslegung prozessualer Erklärungen (in casu Frage, ob die Einrede der schiedsgerichtlichen Unzuständigkeit erhoben wurde) 128 III 55/59 E. aa Pra 2002 (Nr. 90) 521. Vgl. ferner 4C.364/2002 (31.1.03) E. 2.3. Anwendung der allgemeinen Auslegungsregeln bei einer Schiedsklausel 4C.161/2005 (10.11.05) E. 2 it. (in casu Schiedsklausel im Rahmen eines Mietverhältnisses). Begehren sind im Lichte der Begründung auszulegen 4C.67/2005 (4.5.05) 4. 1. Vgl. auch 131 III 640/645 f. E. 4.3.

92 ***Vertragsergänzung.*** Die Vertragsergänzung ist Rechtsfrage 107 II 144/149 Pra 1981 (Nr. 176) 465, 115 II 484/488 E.b. Von Ermessensentscheiden im Rahmen der Vertragsergänzungen kann das Bundesgericht nur abgehen, wenn ein offensichtliches Versehen der Vorinstanz vorliegt 48 II 254/259 E. 1, 115 II 484/488 E.b. Verbindlich sind dagegen Feststellungen der Vorinstanz über Tatsachen, die bei der Ermittlung des hypothetischen Willens in Betracht kommen 115 II 484/488 E.b.

93 ***Übung.*** Ob eine Übung bestehe oder nicht, ist Tatfrage; vorbehalten bleibt der Fall, dass die Feststellung auf einer Verkennung des Rechtsbegriffs der Übung beruht. Das Bundesgericht kann die als Übung festgestellten Regeln wie Willensäusserungen der Vertragsschliessenden auslegen 86 II 256/257. Vgl. auch 127 III 519/524 E. d Pra 2001 (Nr. 195) 1187.

94 **Beispiele.** Auslegung eines Briefwechsels und von Fernschreiben im Hinblick auf die Frage des Zustandekommens eines Vertrages 105 II 16/20 ff. E. 4. – Auslegung des Begriffs «unentgeltlich» mit Bezug auf ein Wohnrecht, das Gegenstand eines Erbvertrages ist 115 II 344/346 ff. E. 4 Pra 1990 (Nr. 139) 477 ff. Auslegung eines Erbteilungsvertrages 121 III 118/122 ff. E. 4. Auslegung eines Erbauskaufvertrages 5C.91/2000 (25.5.00) E. 2. – Auslegung des Begriffs «umsatzabhängig» («chiffre d'affaires») im Rahmen eines Mietverhältnisses mit umsatzabhängigem Mietzins 116 II 587/593 E. 5 Pra 1991 (Nr. 185)

806 f. – Der Sinn und die Tragweite der vom Versicherer gestellten Fragen sind nach den gleichen Auslegungsgrundsätzen zu ermitteln, wie sie für Verträge gelten, somit normativ nach dem Grundsatz von Treu und Glauben (Vertrauensprinzip) sowie unter Berücksichtigung der speziell für den Versicherungsvertrag im Gesetz (VVG Art. 4 Abs. 3) statuierten Erfordernisse der Bestimmtheit und Unzweideutigkeit der Fragenformulierung 134 III 511/515 E. 3.3.4 (in casu keine Anzeigepflichtverletzung eines alkoholabhängigen Antragstellers, der die offen gehaltene Frage «Bestanden in den letzten 5 Jahren jemals Krankheiten …?» verneint hat). Auslegung des Wortes «regelmässig» im Rahmen der Fragen eines Versicherungsantrages (massgebend zur Auslegung ist nicht die Absicht des Versicherers, sondern das Verständnis des Antragstellers nach Treu und Glauben) 5C.240/2001 (13.12.01) E. 4b. – Die Begründung einer Mietzinserhöhung ist als Willenserklärung des Vermieters nach dem Vertrauensgrundsatz auszulegen 116 II 594/596 E.b. Auslegung des Begriffs «Akontozahlung» betreffend Nebenkosten im Rahmen einer Wohnungsmiete 132 III 24/28 ff. E. 5. Auslegung der Mängelrüge (Art. 201) nach Vertrauensprinzip 4C.395/2001 (28.5.02) E. 2.1.1. – Da die Ausdrücke «Skonto» und «Rabatt» bisweilen in untechnischer Weise verwendet werden, ist der Sinn der getroffenen Vereinbarung gegebenenfalls durch Auslegung zu ermitteln (in casu Skonto: Ein vertraglich vereinbarter Skonto kann nur bei fristgemässer Zahlung abgezogen werden. Der Besteller [in casu Werkvertrag], der seine Zahlung zurückhält, verliert den Anspruch auf den Skontoabzug auch dann, wenn er begründeten Anlass hatte, an der Richtigkeit der Rechnung zu zweifeln) 118 II 63/64 f. E. 4. Auslegung der Ermächtigung im Rahmen einer Verpfändung von kotierten Aktien zur börsenmässigen oder freihändigen Verwertung (Zulässigkeit auch des Selbsteintritts bejaht) 119 II 344/345 f. E. 2a. Auslegung nach Treu und Glauben, ob die bezogene Bank eine Checkeinlösungszusage oder eine blosse Deckungsbestätigung abgegeben hat 120 II 128/131 E.cc. Auslegung einer Gerichtsstandsklausel 4C.272/2002 (14.3.03) E. 4 it., 4P.208/2000 (28.2.01) E. 3 it. Auslegung eines Aufhebungsvertrages (Art. 115) 4C.397/2004 (15.3.05) E. 2.1 fr. Das Wort «prêter» wird in der juristischen Fachsprache und in der Umgangssprache identisch verstanden 131 III 268/274 E. 4.2 Pra 2006 (Nr. 19) 147. – Auslegung einer Vereinbarung über eine Konventionalstrafe 122 III 420/424 ff. E. 3. Weisung im Auftragsverhältnis: Besteht kein Raum für eine Auslegung einer widersprüchlichen Weisung, so fällt auch die Berücksichtigung des Verhaltens Dritter als Auslegungshilfe ausser Betracht 126 III 20/22 E.bb. – Bezeichnung als «Verrechnungspartner», obwohl damit gar kein Verrechnungssachverhalt im Sinne von Art. 120–126 angesprochen wurde 126 III 361/369. – Krankenkassenbestimmungen sind so auszulegen, wie sie der Versicherte bei pflichtgemässer Aufmerksamkeit verstehen durfte und musste; eine mangelnde Klarheit darf sich nicht zum Nachteil des Versicherten auswirken Pra 2002 (Nr. 98) 568 E. 3. – Unterstützung bei der Vertragsgestaltung bedeutet nicht, damit auch die Kontrolle des Vollzuges dieses Vertrages zu übernehmen 4C.53/2007 (11.10.07) E. 3.3.

Zum **Vertrauensprinzip** siehe unter Art. 1 Abs. 1. 95

Zu den **Allgemeinen Geschäftsbedingungen** siehe unter Art. 1 Abs. 1 und Rz. 33 zu 96
Art. 18.

97 *Abs. 2* Die Bestimmung schützt nur den Abtretungsgläubiger, der die Forderung im Vertrauen auf ein schriftliches Schuldbekenntnis erworben hat (analoge Anwendung für den Fall der nachträglichen Schuldanerkennung abgelehnt) 96 II 383/391 E. 3. – Kein schriftliches Schuldbekenntnis im Sinne der Bestimmung ist die Abtretung einer Forderung nach SchKG Art. 260: Der Schuldner der abgetretenen Forderung kann den Abtretungsgläubigern die Einrede der Simulation entgegenhalten 106 II 141/145 E.c. – *Analoge Anwendung* auf den Blankettmissbrauch: Der Aussteller eines Blanketts kann dem gutgläubigen Dritten gegenüber nicht geltend machen, die über die Blankounterschrift gesetzte Schuldanerkennung sei gefälscht 88 II 422/424 f. E. 1. – Anwendungsfall 4C.54/2002 (10.6.02) E. 2–4.

Vorb. Art. 19–31

1 Die pönale Sanktionsfunktion gegenüber Korruption kommt primär dem Strafrecht und dem Recht des öffentlichen Dienstes zu. Das Privatrecht greift nur insoweit ein, als es die Lösung der betroffenen Partei von einem makelbehafteten Vertrag erlaubt und Anspruch auf Ausgleich rechtswidrig oder rechtlos bewirkter Vermögensbussen, Vermögenszugänge und Vermögensverschiebungen gibt. Diese Ansprüche aber haben eine Ausgleichs- und keine Privilegierungs- oder Diskriminierungsfunktion. Das Privatrecht gründet insoweit auf dem Prinzip der relativen zweiseitigen Rechtfertigung, was ausserhalb klarer gesetzlicher Anordnungen oder vertraglicher Regelung (z.B. Konventionalstrafe) keine privatrechtlichen Sanktionen gegenüber einer Partei zulässt, denen keine Ausgleichsfunktion auf der anderen Seite zukommt 129 III 320/330 f. E. 7.2. Die gesetzlichen Schranken der Vertragsfreiheit gemäss Art. 19 und 20 beziehen sich auf die Lage anlässlich des Vertragsabschlusses (anders die Herabsetzung einer übermässig hohen Konventionalstrafe gemäss Art. 163 Abs. 3: Erst nach der Verletzung des Vertrages lässt sich richtig abmessen, wie es sich mit der Rechtfertigung der vereinbarten Höhe verhält) 133 III 43/48 E. 3.3.1.

2 **Verhältnis zu ZGB Art. 2.** ZGB Art. 2 richtet (im Unterschied zu Art. 19 ff. und ZGB Art. 27) keine Schranke der rechtsgeschäftlichen Freiheit auf. Weder der Grundsatz von Treu und Glauben noch das Verbot des Rechtsmissbrauchs sind dazu da, einer allgemeinen Vertragsgerechtigkeit zum Durchbruch zu verhelfen 115 II 236/236 f. E. d (keine Korrektur eines Missverhältnisses zwischen Leistung und Gegenleistung über das Verbot des Rechtsmissbrauchs).

3 Zur **Konversion** eines nichtigen Geschäftes in ein gültiges siehe Vorb. Art. 1–40f und unter Art. 11 Abs. 1. Zur *Kontrahierungspflicht* siehe Vorb. Art. 1–40f. – Zum Verhältnis von Art. 19/20 zu *ZGB Art. 27* siehe unter Art. 20 Abs. 1/Verhältnis zu ZGB Art. 27.

E. Inhalt des Vertrages I. Bestimmung des Inhaltes

Art. 19

[1] Der Inhalt des Vertrages kann innerhalb der Schranken des Gesetzes beliebig festgestellt werden.

[2] Von den gesetzlichen Vorschriften abweichende Vereinbarungen sind nur zulässig, wo das Gesetz nicht eine unabänderliche Vorschrift aufstellt oder die Abweichung nicht einen Verstoss gegen die öffentliche Ordnung, gegen die guten Sitten oder gegen das Recht der Persönlichkeit in sich schliesst.

Vertragsfreiheit. Die Vertragsfreiheit (107 II 264/268 E. c Pra 1981 (Nr. 237) 624, 129 1
III 276/281 E. 3.1) umfasst neben der *Inhaltsfreiheit* (109 II 15/19 E. 2, 4C.104/2006 [9.6.06] E. 3 fr.: in casu kumulative Schuldübernahme) insbesondere auch die *Abschlussfreiheit* (die Abschlussfreiheit wirkt nach Art. 335b auf die Probezeit nach, indem die Parteien den Entscheid über eine langfristige Bindung aufgrund der in der Probezeit gewonnenen Erkenntnisse grundsätzlich frei treffen können 134 III 108/111 E. 7.1.1) sowie die *Freiheit, den Vertragspartner auszuwählen* 80 II 26/39 f., 100 Ia 445/449 E. 4 fr., 129 III 35/42 E. 6.1; *Freiheit in der Wahl des Abschlussortes* 113 II 501/504 E. a (Ausnahmen im Zusammenhang mit Liegenschaften möglich, vgl. auch unten Kantonalrechtliche Bestimmungen). Zur Vertragsfreiheit gehört auch die *Formfreiheit* und die *Aufhebungsfreiheit* 129 III 35/42 E. 6.1 (Entscheid zur Kontrahierungspflicht). Mit dem Aufhebungsvertrag («contrarius actus») wird ein früher abgeschlossener Vertrag aufgehoben: Die gegenseitigen Forderungen erlöschen und bereits erbrachte Leistungen bilden Gegenstand einer vertraglichen Rückabwicklung 4C.286/2005 (18.1.06) E. 2.1, vgl. auch 4C.185/2002 (27.9.02) E. 4.1 fr. (in casu Arbeitsvertrag), 4C.339/2003 (19.2.04) E. 3.1 fr. (in casu Arbeitsvertrag, Aufhebungsvereinbarung verneint), 4C.286/2005 (18.1.06) E. 2 (in casu Aufhebung eines Grundstückkaufs/Vertragsergänzung in analoger Anwendung von Art. 109). Die *Änderungsfreiheit* gehört zum Sinngehalt der Vertragsfreiheit und gibt den Parteien die Befugnis, den geschlossenen Vertrag jederzeit inhaltlich zu ändern oder eine Änderung abzulehnen (einseitige Vertragsabänderungen [Randtitel zu Art. 269d und 270b] sind begrifflich ein Widerspruch in sich selbst, da jede Vertragsänderung einer konsensualen Grundlage bedarf) Pra 1996 (Nr. 129) 426 E.b. Im Bereich des Schuldrechts besteht kein numerus clausus: Ausserhalb der zwingenden Normen sind die Parteien frei, auch unabhängig von den gesetzlichen oder von den in Lehre und Praxis entwickelten *Vertragstypen* gültig Verträge abzuschliessen 4C.228/2000 (11.10.00) E. 3a.

Der Grundsatz der Vertragsfreiheit ist ein tragender Pfeiler der privatrechtlichen 2
Grundfreiheiten 4C.41/2007 (28.3.07) E. 5. Es gehört zum Wesen der Vertragsfreiheit, dass die Parteien selber bestimmen, welche Motive als «sachgemäss» anzusehen sind (diesen Grundsatz schränkt die Rechtsordnung allerdings durch gewisse besondere Regelungen ein, wie sie etwa im Gleichstellungsgesetz, im Heimarbeitsgesetz oder in gewissen Staatsverträgen zu finden sind) 129 III 276/282, vgl. auch 132 V 149/153 f. E. 5.2.4 (Einschränkungen im Bereich der beruflichen Vorsorge). Aufgrund der Vertragsfreiheit sind grundsätzlich beliebige Differenzierungen zwischen den einzelnen Vertragspartnern erlaubt (anders im Bereich der körperschaftlich organisierten Gesellschaften: Insbesondere im Vereins- und Gesellschaftsrecht gilt der Grundsatz der Gleichbehandlung seit jeher als ungeschriebener allgemeiner Grundsatz) 131 III 459/464 f. E. 5.4.2, vgl. auch

4C.228/2000 (11.10.00) E. 3a. Die Vertragsfreiheit wird durch den Grundsatz der derogatorischen Kraft des Bundesrechts geschützt 113 Ia 126/139 E. c Pra 1988 (Nr. 157) 570. Dennoch können gewisse Einschränkungen dieser Freiheit gerechtfertigt sein, vor allem im Wohnungsbereich 145 I 73/95 E. 6.1, 142 I 76/79 E. 3.1, 135 I 233/250 E. 5.4 Pra 2010 (Nr. 36) 273 (vgl. auch unten Kantonalrechtliche Bestimmungen). Da das schweizerische Recht auf dem Prinzip der Vertragsfreiheit beruht, dürfen restriktive Bestimmungen auch im Bereich des bäuerlichen Bodenrechts nicht extensiv ausgelegt werden 116 II 164/166 E. b (in casu aEGG Art. 6 und 11). Die Vertragsfreiheit erlaubt es den Parteien, einen beliebigen Preis festzusetzen (in casu Grundstückkauf) 94 II 270/273, vgl. auch 112 Ia 382/387 Pra 1988 (Nr. 158) 578, 115 II 232/236 f. E. d, 116 II 587/590 E. 2a Pra 1991 (Nr. 185) 803 f. (in casu umsatzabhängiger Mietzins), 114 II 264/264 E. a (in casu Konventionalstrafe/Art. 163 Abs. 3), siehe ferner Vorb. Art. 19–31. Beschränkung der Vertragsfreiheit durch die Bestimmungen über missbräuchliche Mietzinse 123 III 69/73 E. a, ferner 125 III 358/360 E. a, im Arbeitsvertragsrecht durch Lohnvorschriften einer Verwaltungsbehörde 129 III 618/621 E. 5.1 Pra 2004 (Nr. 66) 376 f. Zur Freiheit, im Rahmen einer Wohnungsmiete bezüglich Nebenkosten Akontozahlungen zu vereinbaren, vgl. 132 III 24/28 ff. E. 5.1.1. – Verletzung des bundesrechtlichen Grundsatzes der Vertragsfreiheit bei Gutheissung einer kantonalrechtlichen Provokationsklage, durch die der Provokat zur Einräumung eines vertraglichen Rechts an den Provokanten gezwungen wird, wenn er vermeiden will, dass sonst diesem das Recht entschädigungslos zufällt 79 II 389/393 f. E. 2. – Aufgrund der Inhaltsfreiheit steht es den Parteien bei der Übertragung eines Gegenstandes oder eines Rechts frei, eine Zahlung zu vereinbaren oder eine andere Leistung wie zum Beispiel eine Unterlassungspflicht gegenüber dem Vertragspartner oder gegenüber einem Dritten (Art. 112) 4C.459/1999 (6.3.00) E. 5. Die Inhaltsfreiheit gilt auch im Bereich der Vereinbarungen von Arbeitsleistungen 4C.369/2000 (17.8.01) E. 5a it., 4C.369/2006 (16.1.07) E. 3.2 fr. (Vereinbarung über den Arbeitslohn). Die privatautonome Freiheit zur Festlegung des Vertragsinhaltes gilt unter Vorbehalt von staatlichen und kollektivvertraglichen Mindestlohnvorschriften namentlich auch für die Entlöhnung von Arbeitnehmern, erst recht aber für sämtliche übrigen Dienstleistungserbringer. Das OR enthält jedenfalls keine Bestimmungen, die zwingend die Vereinbarung einer Bruttoentschädigung vorsehen 127 III 449/451 E. c (in casu Agenturvertrag). Vorrang von eidgenössischen energiepolitischen Bestimmungen gegenüber den Grundsätzen der Vertragsautonomie, des guten Glaubens und des Grundsatzes «pacta sunt servanda» 122 II 252/259 E. 5b Pra 1996 (Nr. 222) 866 f.

3 *Vereinsrecht.* Da der Erwerb der Mitgliedschaft durch Vertrag zwischen dem Verein und dem Mitglied zustande kommt, ist auch eine Beendigung der Mitgliedschaft durch vertragliche Einigung zulässig, selbst wenn sie in den Statuten nicht ausdrücklich vorgesehen ist 134 III 625/633 f. E. 3.5.2.

4 Bei den *Dienstbarkeiten* bezieht sich der Numerus clausus lediglich auf die Kategorien; soweit das Gesetz den Inhalt der einzelnen Dienstbarkeiten nicht durch zwingende Normen festlegt, sind die Parteien in der inhaltlichen Ausgestaltung frei 108 II 39/43 E. b it., 103 II 176/181. Fliesst die Befugnis, Einsprache gegen Baugesuche und Zonenpläne zu erheben, nicht aus dem Eigentumsrecht, sondern ist sie ein Instrument des Verfahrensrechts, lässt sich der vereinbarte Einspracheverzicht nicht im rechtlichen Kleid einer Grunddienstbarkeit verdinglichen 131 III 414/417 (offengelassen, inwieweit die Verein-

barung eines Rechtsmittelverzichts materiellrechtlich überhaupt zulässig ist). – Ein unentgeltliches Wohnrecht muss nicht in der Form einer Dienstbarkeit, sondern kann auch als obligatorisches Recht begründet werden 109 II 15/19 E. 2.

Die Rechtsordnung kennt zahlreiche Schranken, welche die Vertragsfreiheit in dieser 5
oder jener Hinsicht einschränken, namentlich durch Kontrahierungspflichten, die regelmässig auch den Inhalt des abzuschliessenden Vertrages beschlagen, ohne dass der gestützt darauf abzuschliessende Vertrag seinen privatrechtlichen Charakter verlieren würde 123 V 324/329 E. b, 124 III 44/47 E. bb (in casu Zusatzversicherung zur Krankenversicherung nach KVG). Krankentaggeld-Vereinbarung nach KVG Art. 72 Abs. 1: Die Vertragsfreiheit muss sich an den allgemeinen Rechtsgrundsätzen orientieren, wie sie sich aus dem Bundessozialversicherungsrecht und dem übrigen Verwaltungsrecht sowie der Bundesverfassung ergeben (Grundsätze der Gegenseitigkeit, der Verhältnismässigkeit und der Gleichbehandlung) 129 V 51/53 E. 1.1. Zur Vertragsfreiheit im Rahmen eines Vorsorgevertrages vgl. 129 III 305/308 f. E. 2.3.

Gleich wie die Vertragsfreiheit nur in den Schranken des Gesetzes, der öffentlichen 6
Ordnung, des Rechts der Persönlichkeit und der guten Sitten besteht, so besteht auch die Freiheit zur beliebigen Gestaltung von *Verbandsstatuten* nur innerhalb dieser Schranken 80 II 123/132 E.a. Die an einem Gesamtarbeitsvertrag beteiligten Parteien können sich nicht auf die Vertragsfreiheit berufen, um eine die Arbeitnehmer ausreichend vertretende Minderheitsgewerkschaft ohne berechtigtes Interesse daran zu hindern, dem Gesamtarbeitsvertrag beizutreten 113 II 37/45 Pra 1988 (Nr. 83) 322. Zur Inhaltsfreiheit beim öffentlichen (gerichtlich bestätigten) Nachlassvertrag vgl. 129 III 559/566.

Zum Verhältnis zwischen der Vertragsfreiheit und ZGB Art. 27: siehe unter Art. 20 7
Abs. 1/Verhältnis zu ZGB Art. 27. Zum Verhältnis zwischen der privatrechtlichen Vertragsfreiheit und der Handels- und Gewerbefreiheit ausführlich 102 Ia 533/539 ff. it. (kurze Zusammenfassung im JdT 126 [1978] I 647 f.). Zur Vertragsfreiheit im Zusammenhang mit der Auslegung einer Willenserklärung 111 II 276/280 E. b fr.

Kantonalrechtliche Bestimmungen. Art. 19 hindert die Kantone nicht, von der Mög- 8
lichkeit des Erlasses öffentlich-rechtlicher Bestimmungen gemäss ZGB Art. 6 Gebrauch zu machen. Vorausgesetzt ist jedoch erstens ein bestehendes öffentliches Interesse, zweitens, dass das Bundesrecht die Materie nicht abschliessend regelt, drittens, dass sie die Anwendung des Bundesrechts nicht vereiteln und viertens, dass sie nicht dessen Sinn und Geist widersprechen 145 I 73/95 E. 6.1, 142 I 76/79 E. 3.1, 135 I 233/253 E. 8.2 Pra 2010 (Nr. 36) 275 (in casu gerechtfertigte Einschränkungen der Vertragsfreiheit im Wohnungsbereich). Ob ein kantonaler Rechtssatz oder die ihm gegebene Auslegung mit dem Bundesrecht vereinbar ist, prüft das Bundesgericht frei 102 Ia 153/155 E. 1.

Zulässig ist ein kantonales Dekret, das den Umbau und Abbruch von Wohnhäusern an 9
Orten mit grosser Wohnungsnot einer Bewilligungspflicht unterwirft, wobei die Bewilligung mit Bedingungen bezüglich Kontrolle der Mietzinse neuer und der Verkaufspreise aller Wohnungen versehen werden kann 101 Ia 502/509 f. E. 3 fr., vgl. ferner 113 Ia 126/129 ff. E. 3–11 Pra 1988 (Nr. 157) 562 ff. Art. 237 Abs. 2 des Zürcher EG zum ZGB, der für die Beurkundung von Rechtsgeschäften über im Kanton gelegene Grundstücke die *lex rei sitae* vorsieht, verstösst nicht gegen Bundesrecht, auch wenn bei Geschäften unter Ehegatten mit mehreren Grundstücken in verschiedenen Kantonen unter Umständen

mehrere Eheverträge abgeschlossen werden müssen (Bestätigung der Rechtsprechung) 113 II 501/502 ff. E. 1–3, vgl. auch 131 I 333/337 E. 2.3 fr. (in casu Zulässigkeit eines Gemeindereglements zur Benützung von staatlich subventionierten Wohnungen). Zur Zulässigkeit einer kommunalen Regelung über Quoten und Kontingente von Zweitwohnungen 135 I 233/233 ff. Pra 2010 (Nr. 36) 258 ff.

10 Unzulässig ist z.B. eine kantonale Regelung des Spar- und Vorauszahlungsvertrages, wonach der Vertragsschluss einer behördlichen Bewilligung bedarf und diese nur erteilt wird, wenn der Vertrag in schriftlicher Form abgeschlossen wird 85 I 17/25 ff. E. 13. Zur Vertragsfreiheit gehört auch die freie Preisbestimmung durch die Parteien; in casu Ungültigerklärung einer Volksinitiative auf kantonaler Ebene, die Grundstückspreise einzufrieren 112 Ia 382/387 Pra 1988 (Nr. 158) 578 f.

11 Zu den **Innominatverträgen** und den **gemischten Verträgen** siehe Vorb. Art. 184–551.

12 ***Abs. 2*** Das Erfordernis der genügenden Bestimmbarkeit der verbürgten Forderung folgt aus Art. 19 Abs. 2 und ZGB Art. 27 Abs. 2 120 II 35/38 E. a Pra 1995 (Nr. 146) 473 (in casu Anwendung von Art. 20 Abs. 2). – Vertrag über eine Mitarbeiterbeteiligung: Der Arbeitnehmerschutz (durch die zwingenden Regeln des Arbeitsvertragsrechts) entfällt, wenn der Arbeitnehmer beim Erwerb der Mitarbeiterbeteiligung vornehmlich als Anleger handelt, der das Risiko aus freien Stücken eingeht 130 III 495/501 E. 4.2.2. – Verstoss gegen die öffentliche Ordnung im entschiedenen Fall verneint (in casu vorformulierte Bedingungen einer Bank für die Benützung der EC-Karte) 122 III 382/381 E. b Pra 1997 (Nr. 25) 148. Beispiel eines Verstosses gegen zwingendes Recht (Art. 270a) 133 III 61/70 ff. E. 3.2 Pra 2008 (Nr. 4) 29 ff. Ausführlich zur Frage des zwingenden Rechts im Zusammenhang mit dem Verjährungsverzicht 132 III 226/233 ff. E. 3 Pra 2006 (Nr. 146) 1005 ff. (Änderung der Rechtsprechung).

13 Zur **Sittenwidrigkeit** und **Widerrechtlichkeit** siehe unter Art. 20.

II. Nichtigkeit

Art. 20

[1] Ein Vertrag, der einen unmöglichen oder widerrechtlichen Inhalt hat oder gegen die guten Sitten verstösst, ist nichtig.

[2] Betrifft aber der Mangel bloss einzelne Teile des Vertrages, so sind nur diese nichtig, sobald nicht anzunehmen ist, dass er ohne den nichtigen Teil überhaupt nicht geschlossen worden wäre.

▪ Abs. 1 Tatbestand (1) ▪ Rechtsfolge (7) ▪ Prozessuales (14) ▪ Verhältnis zu ZGB Art. 27 (15) ▪ Weiteres (16) ▪ Abs. 2 Teilnichtigkeit (17)

1 ***Abs. 1*** **Tatbestand.** ***Unmöglichkeit.*** Die Unmöglichkeit im Sinne der Bestimmung ist dann gegeben, wenn sie von Anfang an bestanden hat; die versprochene Leistung muss zudem aus tatsächlichen oder rechtlichen Gründen überhaupt nicht erbringbar sein (objektive Unmöglichkeit 39 II 56/61 E. 2) 102 II 339/341 E. 3. Unrealistisch bedeutet noch nicht unmöglich 4C.142/2002 (19.8.02) E. 2. Anwendungsfall eines rechtlich unmögli-

chen Baurechts (ZGB Art. 675) 111 II 134/138 ff. E. 2–6 (in casu Anwendung von Art. 20 Abs. 2 offengelassen), vgl. auch 133 III 311/319 E. 3.4.1 Pra 2007 (Nr. 125) 870; einer rechtlich unmöglichen Personaldienstbarkeit 103 II 176/186. Fehlt dem Zedenten die Verfügungsmacht über die Forderung, ist die Abtretung rechtlich unmöglich (unter Vorbehalt einer späteren Konvaleszenz) 4C.7/2000 (5.6.00) E. 4C. Rechtliche Unmöglichkeit im Zusammenhang mit der Verschaffung einer Pflichtaktie 4C.275/2005 (21.12.05) E. 3.2. Unmöglichkeit einer Suspensivbedingung 4D_122/2010 (10.1.11) E. 2 (Unmöglichkeit verneint). – Schadenersatzpflichtig (negatives Vertragsinteresse) wird jene Partei, die einen unmöglichen Vertrag eingeht, obwohl sie im Gegensatz zur andern Partei von der Unmöglichkeit weiss 40 II 370/372. – Eine unmögliche Leistung kann gültig garantiert werden 76 II 33/38 E. 4 (zum Garantievertrag siehe unter Art. 111). – Ein Kaufvertrag ist auch dann gültig, wenn der Verkäufer im Zeitpunkt des Vertragsabschlusses noch nicht Eigentümer der Kaufsache ist 96 II 18/21 E.a. – Werkvertrag: Unmöglichkeit verneint, wenn die unmögliche Mängelbehebung an bestehendem Werk durch Neuherstellung des Werkes ersetzt werden kann 4C.80/2000 (4.4.01) E. 3b. – Beim Lizenzvertrag und beim Patentkauf beurteilen sich die Auswirkungen der nachträglichen Feststellung der Patentnichtigkeit nach Art. 171/192 75 II 166/169 ff. E. 3, 110 II 239/240 ff. E. 1 Pra 1984 (Nr. 241) 656 ff. (siehe auch unter Art. 192/Patentkauf), vgl. ferner 111 II 455/456 E. 2, 116 II 191/195 E.a. – Schiedsklausel mit teilweise unmöglichem Inhalt (Parteien bezeichneten eine Institution, die sich für unzuständig erklärt) 138 III 29/37 ff. E. 2.3.2.

Widerrechtlichkeit. Widerrechtlich ist ein Vertrag dann, wenn sein Gegenstand, der 2
Abschluss mit dem vereinbarten Inhalt (nicht zum Vertragsinhalt gehört die blosse Absicht oder der Beweggrund als unausgesprochenes Motiv, im Gegensatz zur Beurteilung unter dem Gesichtspunkt der Unsittlichkeit, 42 II 485/492) oder sein gemeinsamer mittelbarer Zweck gegen objektives Recht verstösst 134 III 438/442 E. 2.2. Dabei kann es sich um privatrechtliche oder öffentlich-rechtliche Normen (namentlich solche des Strafrechts) handeln 114 II 279/280 E. 2. Als Gesetzesumgehung ist auch ein Verhalten zu betrachten, das wohl den Wortlaut einer Verbotsnorm beachtet, hingegen deren Sinn missachtet 107 II 440/445 f. – Beidseitig gewolltes Handeln auch nur einer Partei gegen ein rechtliches Verbot macht den Vertrag seinem Inhalt nach rechtswidrig; nicht notwendig ist somit, dass Leistung und Gegenleistung einen widerrechtlichen Inhalt aufweisen 80 II 327/331 E.a. Verstoss gegen zwingendes Recht 4C.203/2006 (26.10.06) E. 3.2.3 fr. – Die blosse Möglichkeit eines Verstosses genügt nicht, zumindest muss die Wahrscheinlichkeit eines Verstosses gegeben sein, 82 II 129/130 E. 2. – Vorausgesetzt ist die Verletzung einer schweizerischen Rechtsnorm (in casu keine Widerrechtlichkeit im Sinne der Bestimmung bei einer Verletzung ausländischer Devisenvorschriften) 80 II 49/51 E. 3 (vgl. auch 131 III 418/427 f. E. 3.2.2 Pra 2006 (Nr. 42) 316 f./Ausfuhrverbot eines fremden Staates), einschliesslich kantonalem öffentlichem Recht 41 II 474/484 f. E. d, 117 II 47/48 E. 2a Pra 1991 (Nr. 205) 877 f., 117 II 286/288 E.c. Offengelassen, inwieweit die Vereinbarung eines Rechtsmittelverzichts materiellrechtlich überhaupt zulässig ist 131 III 414/417. Keine Norm des Schweizer Rechts ist das Reglement des Schweizerischen Fussballverbandes; dessen Verletzung macht den Vertrag (in casu Arbeitsvertrag) nicht nichtig im Sinne von Art. 20 4C.266/2001 (8.11.01) E. 2b it. Zur Nichtigkeit bei einem Verstoss gegen Statutenbestimmungen 117 II 290/296 E. 4c Pra 1992 (Nr. 137) 485. Der durch Bestechung eines

Beamten bewirkte Vertrag fällt nur dann unter die Verbotsnorm von Art. 19 und 20, wenn das strafbare Verhalten sich auf den Inhalt ausstreckt 129 III 320/320 ff.

3 ***Sittenwidrigkeit.*** Sittenwidrig sind Verträge, die gegen die herrschende Moral, d.h. gegen das allgemeine Anstandsgefühl oder die der Gesamtrechtsordnung immanenten ethischen Prinzipien und Wertmassstäbe verstossen 132 III 455/458 E. 4 (in casu Ausführungen zur Frage, unter welchen Umständen eine Schenkung an eine Vertrauensperson sittenwidrig ist), 133 III 167/173 E. 4.3 Pra 2007 (Nr. 103) 682 (in casu Stiftung; Art. 20 Abs. 1 in Verbindung mit ZGB Art. 7), 6B_572/2020 (8.1.21) E. 7.1 (in casu Vertrag zwischen einer sich prostituierenden Person und ihrem Kunden; strafrechtliche Schutzwürdigkeit des Anspruchs auf Entschädigung). Ein solcher Verstoss kann einerseits in der vereinbarten Leistung oder in dem damit angestrebten mittelbaren Zweck oder Erfolg liegen, sich anderseits aber auch daraus ergeben, dass eine notwendig unentgeltliche Leistung mit einer geldwerten Gegenleistung verknüpft wird 115 II 232/235 E. a, Pra 2001 (Nr. 136) 813 E. 5c (s. unten). Sittenwidrig können nur Rechtsgeschäfte mit eindeutig schwerwiegenden Verstössen gegen die öffentliche Ordnung oder anerkannte und im Wandel der Zeit beständige Moralvorstellungen sein 4C.172/2000 (28.3.01) E. 5 f., 129 III 604/617 E. 5.3 Pra 2004 (Nr. 100) 577. «Gegen die guten Sitten verstossend» entspricht dem Ausdruck «die Sittlichkeit verletzend» in ZGB Art. 27 Abs. 2 40 II 233/238 E. 5, vgl. ferner 76 II 144/145 f. E. 4. – Die *Einrede der Unsittlichkeit* kann in jedem Prozessstadium geltend gemacht werden 30 II 413/416 E. 3. – Ob ein Vertrag sittenwidrig ist (Rechtsfrage 40 II 233/237 f. E. 4), bestimmt sich also grundsätzlich nach seinem *Inhalt* (und nicht z.B. nach den Mitteln, die dem Schuldner zur Erfüllung zur Verfügung stehen; ZGB Art. 27 verbietet niemandem, sich über seine finanziellen Kräfte hinaus zu verpflichten) 95 II 55/58; bzw. nach den *Folgen,* die sich aus seinem Sinn ergeben 84 II 13/22 ff. E. 4, 5. Nach allgemein anerkannter Rechtslehre vermögen der *unsittliche Zweck* und das *unsittliche Motiv* ein Rechtsgeschäft mit sittlich einwandfreiem Leistungsinhalt nur dann zu einem unsittlichen zu machen, wenn der Zweck oder das Motiv den Parteien bei Vertragsschluss bekannt war und zudem für beide Parteien Bestandteil des Vertragswillens bildete 47 II 86/88 E. 2. Sittlich bedenkliche Machenschaften im Vorfeld des Vertrages, die sich nicht in seinem Inhalt niederschlagen, machen ihn nicht sittenwidrig 129 III 320/324 E. 5.2 (in casu Beamtenbestechung). Das behördliche Verbot einer Theateraufführung wegen Sittenwidrigkeit genügt nicht zum Nachweis der Unsittlichkeit im Sinne des OR 54 II 333/335 f. E. 2 fr. – *Beidseitig gewolltes Handeln* auch nur einer Partei gegen ein sittliches Verbot macht den Vertrag seinem Inhalt nach unsittlich; nicht notwendig ist somit, dass Leistung und Gegenleistung gegen die guten Sitten verstossen 80 II 327/331 E.a. – *Schenkung an eine Vertrauensperson:* Als Verstoss gegen die guten Sitten kann nicht jede Zuwendung unter Lebenden qualifiziert werden, wenn sie an eine Person erfolgt, die durch ihre berufliche Tätigkeit im Umfeld der verfügenden Person deren Vertrauen gewonnen hat. Es bedarf vielmehr einer unlauteren Beeinflussung oder eines Verstosses gegen elementare Standesregeln, deren Zweck gerade darin besteht, von vornherein Interessenkonflikte und Zweifel über mögliche unerwünschte Beeinflussungen zu verhindern 132 III 455/458 f. E. 4.1 f., 4A_3/2014 (9.4.14) E. 3 (Zuwendung an Hausarzt, der aber das Vertrauen der Verfügenden nicht durch seine berufliche Tätigkeit als Hausarzt gewonnen hat). Eine Vereinbarung, die gegen *vertragliche Rechte Dritter* verstösst, ist nicht schlechthin rechts- oder sittenwidrig; es müssen noch weitere Umstände hinzukommen, welche die Pflichtverletzung

als besonders anstössig erscheinen lassen 102 II 339/340 E. 2, vgl. auch 114 II 91/97 ff. E. a (in casu Frage des unlauteren Wettbewerbs), 4C.345/2000 (1.5.01) E. 4b, vgl. ferner 4C.7/2005 (30.6.05) E. 4.3 fr. – Ein *auffälliges Missverhältnis zwischen Leistung und Gegenleistung* genügt für sich allein grundsätzlich nicht zur Annahme der Sittenwidrigkeit; erforderlich ist das Hinzutreten weiterer Momente, die den Vertrag nach Anlass, Inhalt und Zweck in seinem Gesamtcharakter als sittenwidrig erscheinen lassen 47 II 166/174, 115 II 232/236 E. c (der Problemkreis eines Missverhältnisses von Leistung und Gegenleistung wird abschliessend vom Übervorteilungstatbestand des Art. 21 erfasst), 4C.81/2004 (10.5.04) E. 4, 4A_21/2009 (11.3.09) E. 5.2. – Die *Verletzung ausländischen Rechts* ist dann sittenwidrig, wenn ein Geschäft gerade wegen seines dem ausländischen Recht zuwiderlaufenden Inhalts und Zwecks auch nach schweizerischer Auffassung als sittenwidrig empfunden wird (strenger Massstab) 76 II 33/41, Pra 2001 (Nr. 136) 813 E. 5d (in casu Handel von Kriegsmaterial in Krisengebieten), 4A_263/2019 (2.12.19) E. 2.3 (in casu Herausgabe nicht versteuerter Vermögenswerte). – *Konkurrenzverbote* ausserhalb des Arbeitsvertrages beurteilen sich ausschliesslich nach den allgemeinen Grundsätzen von OR Art. 19 und 20, ZGB Art. 27 und 28 95 II 532/536. – *Konkubinat:* Die Zuwendung eines verheirateten Mannes an seine Konkubinatspartnerin ist nur dann unsittlich, wenn sie dazu bestimmt ist, das ehebrecherische Verhalten zu fördern (wenn es sich also um ein eigentliches pretium stupri handelt; in casu verneint bei Zuwendungen von Todes wegen, von denen die Konkubinatspartnerin keine Kenntnis hatte) 109 II 15/16 ff. E. 1, 111 II 295/298. – Die Unsittlichkeit kann sich auch daraus ergeben, dass eine notwendig unentgeltliche Leistung mit einer geldwerten Gegenleistung verknüpft wird; der *entgeltliche Verzicht auf eine rechtliche Befugnis* wird als sittenwidrig betrachtet, wenn er auf einer verpönten Kommerzialisierung der Rechtsposition der verzichtenden Partei beruht 139 II 363/368 f. E. 2.5 (unbedenklich ist die Verabredung einer Vergütung für den Rückzug eines nicht aussichtslosen Baurechtsmittels (115 II 232/235 f. E. 4b); soweit sich der wirtschaftliche Wert des Verzichts aber bloss aus dem möglichen Schaden wegen der Verlängerung des Baubewilligungsverfahrens und nicht aus den schutzwürdigen Interessen des rechtsmittelführenden Nachbarn ergibt, ist die «Kommerzialisierung des Verzichts» praxisgemäss sittenwidrig), 4C.309/2003 (26.2.04) E. 2.1, 123 III 101/105 E. 2c (entgeltlicher Rückzug eines Rechtsmittels in einem Bauverfahren; eine verpönte Kommerzialisierung ist gegeben, wenn mit einer entgeltlichen Verzichtsvereinbarung allein der drohende Verzögerungsschaden des Bauherrn vermindert werden soll; in casu Sittenwidrigkeit bejaht), 4A_37/2008 (12.6.08) E. 3 fr. (sittenwidrig ist der entgeltliche Verzicht, wenn sich die Einsprache gegen ein Bauvorhaben richtet, das offensichtlich gesetzeskonform ist [Beweislast beim Bauherrn]), 4A_657/2011 (8.2.12) E. 3. – *Höhe des Zinses:* Relevant für die Frage, welche Zinshöhe noch als nach den herkömmlichen Anschauungen angemessen betrachtet werden kann, ist vor allem das Verlustrisiko, das mit der Kreditgewährung verbunden ist 4A_69/2014 (28.4.14) E. 6.3 (Beispiele sogleich Rz. 4). – Unter bestimmten Voraussetzungen kann aus dem Grundsatz des Verbotes sittenwidrigen Verhaltens eine *Kontrahierungspflicht* abgeleitet werden 129 III 35/45 E. 6.3 (zur Kontrahierungspflicht siehe unter Vorb. Art. 1–40f).

Sittenwidrigkeit bejaht. Eine vertragliche Freiheitsbeschränkung (in casu Fussballklub und Spieler), welche die wichtigsten Lebensgüter des Schuldners beeinträchtigt, die freie Entfaltung seiner Tätigkeit aufhebt und ihn der schrankenlosen Willkür des Gläubi- 4 gers ausliefert 102 II 211/218 E. 6 Pra 1976 (Nr. 263) 656; ein «Management-Vertrag», im Rahmen einer Gesangsausbildung in der Unterhaltungsbranche mit übermässigen Bindungen, die zu einer schwerwiegenden Beschränkung der persönlichen Freiheit führen 104 II 108/116 ff. E. 5; ein Schmiergeldversprechen 95 II 37/39 f. E. 2, 119 II 380/384 f. E. 4 Pra 1994 (Nr. 230) 759 f.; ein Schweigegeldvertrag 76 II 346/362 E. 4a; eine Zinsabrede von 26% 93 II 189/191 f. E. b; ein Zins von 42,88% für die Monate Januar und Februar 2007 sowie der Zins für die beiden anderen Zeitabschnitte des Vertrags, soweit der Zins über 18% hinausging 4A_69/2014 (28.4.14) E. 6.3; eine Zession, die alle dem Zedenten gegen irgendwelche Dritte zustehenden (auch künftigen) Forderungen umfasst (die Abtretung einer zukünftigen Forderung ist dann zulässig, wenn die abzutretende Forderung hinsichtlich der Person des debitor cessus, Rechtsgrund und Höhe hinreichend bestimmt oder bestimmbar ist) 84 II 355/366 f. E. 3, 106 II 369/377 ff. E. 4 Pra 1981 (Nr. 89) 225 f. (weniger strenger Massstab bei einer Abtretungsvereinbarung zwischen juristischen Personen), 112 II 433/436 f. E. 3 (in casu Sicherungsabtretung), 142 III 746/755 E. 2.3 (offen gelassen für Pfandrecht zur Sicherung aller gegenwärtiger und zukünftiger Forderungen der Bank); die Verpflichtung, in Zukunft weder mit einem Arbeitgeber noch mit einem anderen Vertragspartner ein Abtretungsverbot zu vereinbaren 112 II 241/244 E. b; ein pactum de non licitando (grundsätzlich nicht unzulässig), das darauf abzielt, durch rechtswidrige und unsittliche Machenschaften auf den Ausgang einer öffentlichen Versteigerung im Sinne von Art. 230 einzuwirken 83 II 18/23 f. E. 1 Pra 1956 (Nr. 86) 281 f.; eine Statutenbestimmung einer genossenschaftlichen Pensionskasse, wonach bei Ausschluss oder Austritt bereits entstandene Rentenansprüche dahinfallen 80 II 123/133 f. E. c; ein Schweigegeldvertrag 76 II 346/370; ein Vertrag über Beihilfe zur Erbschleicherei 66 II 256/257 f. E. 1; die Bevorzugung eines Gläubigers im aussergerichtlichen Nachlassvertrag, die den andern Gläubigern vorenthalten wird 50 II 501/504 ff. E. 2; die Vereinbarung einer Konventionalstrafe für den Fall des Austritts aus einer (einfachen) Gesellschaft, welche die Erhebung einer Strafklage gegen einen Dritten bezweckt 48 II 439/441 ff. E. 2, 3; eine Konkurrenzklausel, die eine zu grosse Belastung des einen Teils zum Vorteil des andern enthält 39 II 541/546 f.; der vertragliche Ausschluss der Kündigungsmöglichkeit aufseiten des Borgers im Darlehensvertrag (Art. 318) 76 II 144/145 f. E. 4; Handel von Kriegsmaterial in Krisengebieten (in casu sittenwidrig, obwohl abgesehen von der Rechtswahl und dem Gerichtsstand des Arrests kein Bezug zur Schweiz ersichtlich war) 4C.172/2000 (28.3.01) E. 5; im beurteilten Fall ein Doppelverkauf (Grundstückkauf, Anspruch auf Realerfüllung) 4C.273/2002 (28.11.02) E. 3.2. – Die Gültigkeit eines antizipierten Verzichts auf den Widerruf der Schenkung (in den Fällen von Art. 249 Ziff. 2) ist in Anbetracht von ZGB Art. 27 und OR Art. 19 und 20 sehr fraglich 113 II 252/258 E. 5 Pra 1988 (Nr. 39) 160. – Das Vergütungsversprechen gegenüber einer Person, welche sich prostituiert, wird als unsittlich erachtet 129 III 604/617 E. 5.3 Pra 2004 (Nr. 100) 577. Allerdings zeichnet sich hier eine Änderung der Rechtsprechung ab 6B_572/2020 (8.1.21) E. 7.2.

5 ***Sittenwidrigkeit verneint.*** Der Vertrag über die Veröffentlichung eigener Bilder erotischen Inhalts im Internet verstösst im Licht der heutigen Moralvorstellungen und der Verbreitung pornografischen Materials im Internet weder gegen ZGB Art. 27 noch OR Art. 20 136 III 401/401 ff.; die Verträge zwischen dem Benützer des Telefonanschlusses und den Anbietern von erotischen oder pornografischen Dienstleistungen sind weder wi-

derrechtlich noch unsittlich im Sinne von Art. 20 Abs. 1 (die Erbringung von erotischen oder pornografischen Leistungen über das Telefon kommt nicht einem entgeltlichen Anbieten des Körpers gleich) 129 III 604/617 E. 5.3 Pra 2004 (Nr. 100) 577; bei der grossen, aber aus freien Stücken erbrachten Schenkung eines sehr reichen Klienten an seinen Anwalt als Zeichen der Dankbarkeit für 30 Jahre Rat und Freundschaft 136 III 142/147 E. 3.5 Pra 2010 (Nr. 100) 695; bei einer Überweisung von Geld, das für Bestechungszwecke bestimmt ist, von einer Gesellschaft auf eine andere, mit der Weisung, es einem Dritten zur Verfügung zu halten; verstösst der Beauftragte gegen die Weisung, so kann er sich nicht auf Art. 66 berufen (erst mit der Weisung, mit dem Geld jemanden zu bestechen, würde der Verstoss gegen die guten Sitten beginnen) 99 Ia 417/420 f. E. c; bei einem Vertrag über eine Mitarbeiterbeteiligung, der die Ausübung von Optionen erst fünf Jahre nach deren Erwerb zulässt 130 III 495/503 f. E. 5; bei einem Energielieferungsvertrag, durch den das Gemeinwesen einem Grossabnehmer elektrischer Energie Vergünstigungen gewährt, die im Zusammenhang mit einem Kaufvertrag und der Abtretung einer Wasserrechtskonzession ausbedungen worden sind 97 II 390/397 f. E. 5; bei einer Vereinbarung einer Aktionärsgruppe, ihr Stimmrecht nach der Kopfstimmen-Mehrheit der Gruppe auszuüben 88 II 172/174 E. 1 Pra 1962 (Nr. 128) 385 f.; bei einer Familienstiftung, welche die Frauen aus dem Kreis der Begünstigten ausschliesst, sobald sie heiraten und den Namen ändern 133 III 167/173 f. E. 4.3 fr.; bei einem Vertrag mit einer Gemeinde über eine zeitlich unbegrenzte Wasserbezugspflicht zu den Bedingungen des jeweiligen Wasserreglementes 67 II 221/224 ff. E. 3, vgl. aber auch 113 II 209/210 ff. E. 4, 5 Pra 1988 (Nr. 105) 387 ff. (in casu Auflösung eines «ewigen» Vertrages über Wasserlieferungen), siehe auch Vorb. Art. 1–40f/Dauerverträge; bei der Doppelmäkelei unter gewissen Umständen 111 II 366/368 E. b (siehe auch unter Art. 415 und 417), s. aber 141 III 64 ff.; bei einer Wirtschaftsmiete die Nebenabrede über den Bezug der Weinernte des Vermieters durch den Mieter 41 II 379/386; bei der Vereinbarung einer Vergütung für den Rückzug eines nicht aussichtslosen Baurekurses 115 II 232/235 E.b., vgl. aber auch 123 III 101/102 ff. E. 2. Auch wenn der erbrechtliche Pflichtteilsschutz auf sittlicher Grundlage beruht, ist ein Erbauskauf des pflichtteilsgeschützten Erben grundsätzlich zulässig (vgl. ZGB Art. 495) 5C.91/2000 (25.5.00) E. 3.

Allein aus der Ungewöhnlichkeit einer vertraglichen Regelung ergibt sich weder Rechts- noch Sittenwidrigkeit 4C.374/1999 (11.2.00) E. 5a. 6

Rechtsfolge. ***Nichtigkeit.*** Nichtigkeit bedeutet Ungültigkeit ex tunc 137 III 243/251 E. 4.4.6. Zur Rückabwicklung nichtiger Verträge s. Vorb. Art. 1–40f/Rückabwicklung von Verträgen. 7

Einschränkungen im Fall der Widerrechtlichkeit. Für die Nichtigkeit genügt nicht, dass nur die subjektive Beteiligung eines Vertragspartners verboten ist 102 II 401/404 E. b (ist der Abschluss jedoch beiden Parteien untersagt, so ist der Vertrag widerrechtlich 34 II 681/685 f. E. 2, 3), 114 II 279/280 ff. E. 2 Pra 1989 (Nr. 37) 148 ff. (Arbeitsvertrag mit einem Ausländer ohne Arbeitsbewilligung: in casu Nichtigkeit des Vertrages verneint; die Nichtigkeit muss für jene Fälle vorbehalten bleiben, in denen ein überwiegendes öffentliches Interesse sie verlangt [insbesondere der soziale Schutzzweck], welches für das Verbot der betreffenden Tätigkeit bestimmend gewesen ist), 122 III 110/116 Pra 1997 (Nr. 9) 45 (in casu Arbeitsvertrag/Festsetzung des Lohnes eines ausländischen Arbeitnehmers), 8

4C.61/2006 (24.5.06) E. 3.2.1 fr., 117 II 47/48 E. 2a Pra 1991 (Nr. 205) 877 f. (in casu keine Nichtigkeit eines Vertrages mit einem Architekten, der zur Ausübung des Architektenberufes nach kantonalem Recht nicht berechtigt ist; nichtig wäre hingegen aus Gründen des öffentlichen Interesses ein Vertrag mit einem zur Berufsausübung nicht zugelassenen Arzt, Anwalt oder Notar), 117 II 286/287 E. 4a, 121 IV 365/371 E. a (KMG, in casu Nichtigkeit nach Art. 20 verneint), 4C.305/1999 (19.1.01) E. 4b (keine Nichtigkeit eines Darlehensvertrages, wenn eine der Parteien das Geld damit entgegen BVV2 Art. 57 anlegt).

9 Art. 20 ist zudem insoweit einschränkend auszulegen, als gegen zwingendes Recht verstossende Verträge nur nichtig sind, wenn diese ***Rechtsfolge gesetzlich ausdrücklich vorgesehen*** ist oder sich ***aus Sinn und Zweck der verletzten Norm*** ergibt 143 III 600/615 E. 2.8.1, 129 III 209/213 E. 2.2 (in casu Verstoss gegen ZGB Art. 27 Abs. 2), 134 III 52/54 E. 1.1 (nach diesen Grundsätzen behandelt das Bundesgericht auch den Fall, dass sich das Verbot nicht auf den Vertragsinhalt, sondern auf die subjektive Beteiligung einer Partei am Vertrag bezieht), 134 III 438/442 E. 2.2. Zudem reicht die Nichtigkeit nach dem allgemeinen Grundsatz der geltungserhaltenden Reduktion nur so weit, als es der Schutzzweck der verletzten Norm verlangt 134 III 438/443 E. 2.3. Keine Nichtigkeitsfolge, sofern und soweit ein Vertrag sich gesetzes- und sittenkonform auslegen lässt 117 II 273/275 E.c.

10 Sinn und Zweck einer Verbotsnorm ergeben sich aus der Bedeutung des zu bekämpfenden Erfolges 102 II 401/406 E. b, 111 II 52/53 Pra 1985 (Nr. 150) 437. Jedoch ist nicht alles, was dem Zweck einer Norm zuwiderläuft, widerrechtlich. Der Zweck ist nur gesetzgeberischer Beweggrund, nicht Norm. Durch welche Massnahmen er zu verfolgen sei, bestimmt der Gesetzgeber, nicht der Richter. Dieser darf nur als widerrechtlich erklären, was jener verboten hat, nicht alles, was er zur Erreichung des gesteckten Zieles hätte verbieten können (in casu war es trotz des Vorkaufsrechts in aEGG Art. 6 zulässig, den Verkauf eines landwirtschaftlichen Gewerbes durch die Vereinbarung einer Konventionalstrafe zu bekräftigen) 87 II 147/152 f. Nach denselben Regeln ist die Nichtigkeit sogenannter echter Umgehungsgeschäfte zu beurteilen (in casu Treuhandvertrag zur Umgehung des kantonalen Steuerrechts; dass an die kantonalrechtliche Nichtigkeit bundesrechtliche Folgen zu knüpfen sind, gibt dem Bundesgericht keine Kompetenz, ihre Rechtsgrundlage im Berufungsverfahren zu überprüfen) 4C.163/2002 (9.7.03) E. 1.1 und 1.2. – Es ist unerlässlich, aber auch ausreichend, die Bestimmung immer dann anzuwenden, wenn Sinn und Zweck der verletzten Norm keine andere Rechtsfolge nahelegen; die allgemeine Bestimmung enthält dann eine Vermutung für die Nichtigkeit 102 II 401/408 E.d. Für die Frage der Nichtigkeit ist unerheblich, dass eine Vertragspartei sich mit dem Abschluss bzw. der Erfüllung des Vertrages einer Bestrafung nach Verwaltungsstrafrecht aussetzt (Präzisierung der Rechtsprechung) 111 II 52/54 Pra 1985 (Nr. 150) 438.

11 ***Nichtigkeit bejaht.*** Eine vertragliche Abrede verstösst gegen KG Art. 5 134 III 437/437; ein Drogengeschäft 106 IV 295/297, 117 IV 139/148 E. bb; eine Vereinbarung, die gegen das Verbot der Anlage ausländischer Gelder in inländischen Grundstücken verstösst 105 II 308/312 f. E. 3; eine zum blossen Zweck der Umgehung des kantonalen Anwaltsrechtes vorgenommene Abtretung 87 II 203/206 f. E. b; das Kopplungsgeschäft nach Art. 254 4C.161/2001 (26.9.01) E. 2 und 3 fr.; eine entgegen dem Verbot in aBMM Art. 18 (Bundesbeschluss vom 20. Juni 1972 über Massnahmen gegen Missbräuche im Mietwesen, SR 221.213.1) mit einer Kündigungsdrohung versehene Mitteilung einer Mietzins-

erhöhung 107 II 189/195 E. 3 Pra 1981 (Nr. 177) 469; aBMM Art. 18: alle Mitteilungen von Mietzinserhöhungen, die nicht mit dem amtlichen Formular erfolgen (der Mieter kann die Nichtigkeit jederzeit geltend machen, selbst wenn er den erhöhten Mietzins bereits bezahlt hat/Umkehrung der Rechtsvermutung in Art. 63 Abs. 1, wonach Rechtsirrtum schadet) 113 II 187/188 f. E. 1a Pra 1988 (Nr. 171) 624; eine Kündigung, die unter aBMM Art. 31 Ziff. 1 Abs. 2 fällt 111 II 384/386 f. E. 2 fr., 113 II 460/462 E. c Pra 1988 (Nr. 202) 752; ein Schuldbrief, mit dem bezweckt wird, einer nicht im Besitz einer Bewilligung befindlichen Person im Ausland in Umgehung des aBewB (Bundesbeschluss vom 23. März 1961 über den Erwerb von Grundstücken durch Personen im Ausland, SR 211.412.41) eine eigentümerähnliche Stellung an einem Grundstück in der Schweiz zu verschaffen 107 II 440/444 ff. E. 1, 2 (zum Verhältnis Zivilrichter-Verwaltungsbehörden siehe 108 II 456/460 f. E. 2, 107 II 440/449 E. c); Gesetzesumgehung durch das Geschäft, sich eine durch ein Pfandrecht an einem landwirtschaftlichen Grundstück gesicherte Forderung abtreten zu lassen mit dem Ziel, dieses Grundstück im Rahmen einer Zwangsverwertung dank der in BGBB Art. 64 Abs. 1 lit. g vorgesehenen Ausnahme vom Prinzip der Selbstbewirtschaftung zu erwerben 132 III 212/219 ff. E. 4 Pra 2007 (Nr. 9) 53 ff.; ein teilweiser oder ganzer Verzicht auf die Handlungsfähigkeit (ZGB Art. 27 Abs. 2; in casu nichtige Verpflichtung zum Abschluss eines Erbvertrages) 108 II 405/409 E. 3 Pra 1983 (Nr. 87) 236; ein «ewiger Vertrag» (in casu Verkürzung nach Abs. 2 auf das zulässige Mass) 107 II 216/217 ff. E. 3, 143 III 480 (Aktionärsbindungsvertrag) (zur zulässigen Dauer eines Vertrages siehe Vorb. Art. 1–40f/Dauerverträge); ein Arbeitsvertrag, der gegen die zwingende Regel in Art. 329d Abs. 2 verstösst 107 II 430/433 f. E. 3a Pra 1982 (Nr. 62) 138 f. (Ausnahmen offengelassen); eine solidarische Verpflichtung von Arbeitnehmer und Arbeitgeber gegenüber einem Dritten, die Art. 327a Abs. 3 verletzt 124 III 305/306 ff. E. 1–3 Pra 1998 (Nr. 154) 823 ff.; das Versprechen einer Bank, ein ausländisches Guthaben ohne Abzug des Negativzinses und der Verrechnungssteuer zu verzinsen (Verstoss gegen Art. 4 und 5 der V über Massnahmen gegen den Zufluss ausländischer Gelder vom 20. November 1974/22. Januar 1975) 110 II 360/371 E. e JdT 133 (1985) I 141 E. e; die Vereinbarung, welche einen Dritten verpflichtet, eine Busse ganz oder teilweise zu bezahlen (in casu Steuerbusse, die dem Gebüssten aufgrund seines Verschuldens auferlegt wurde; kein zivilrechtlich ersatzfähiger Schaden) 134 III 59/64 ff. E. 2.3 und 2.4; eine Bürgschaft im Hinblick auf die Bezahlung einer Geldbusse 86 II 71/75 ff. E. 4. Ein Schenkungsversprechen des Bedürftigen an seinen unentgeltlichen Rechtsbeistand wäre wohl als Umgehungsgeschäft zu betrachten und daher unzulässig 4C.156/2006 (17.8.06) E. 3.5.2. Abtretungen sind dann nichtig, wenn damit einzelne Gesellschaftsgläubiger einer Bank in Nachlassliquidation ihre Schadenersatzforderungen gegen die Bankrevisionsstelle nach BankG Art. 18 ff. mit dem Zweck abtreten, ihre Forderungen auf Kosten der Masse und zugunsten der Gläubigergesamtheit geltend zu machen 123 III 60/62 ff. E. 3–5 Pra 1997 (Nr. 107) 582 ff. – Die Widerrechtlichkeit oder Sittenwidrigkeit eines *Konkubinates* kann jedenfalls dann nicht eingewendet werden, wenn es nicht um Aufnahme, Aufrechterhaltung oder Ausgestaltung des Zusammenlebens geht, sondern (wie in casu) ausschliesslich um die rechtliche Auseinandersetzung nach der Auflösung (in diesem Fall analoge Anwendung der Bestimmungen über die einfache Gesellschaft) 108 II 204/208 E. b, vgl. 109 II 15/17 und 228/230 E.b. – Der *Boykott* ist grundsätzlich widerrechtlich. Nur wer überwiegende berechtigte Interessen verfolgt, die er auf keine andere Weise wahren kann, verstösst nicht gegen das Recht 86 II 365/374 ff. E. 4. Vgl. nun auch die besonderen gesetzlichen Regeln des Kartellgesetzes (SR 251). – Der Mieter, der eine Mietzinserhöhung rechtsmissbräuchlich anficht, kann sich nicht auf die Nichtigkeit einer Kündigung infolge Verletzung des gesetzlichen Kündigungsschutzes berufen 114 II 79/81 f. E. b Pra 1988 (Nr. 172) 626. – Die Vereinbarung eines unzulässigen Erfolgshonorars für einen Anwalt ist nichtig 143 III 600/615 E. 2.8.2 (offengelassen ob teilnichtig).

12 ***Nichtigkeit verneint.*** Wenn der Vertrag gegen eine blosse Ordnungsvorschrift verstösst (in casu Art. 2 der V vom 10. Dezember 1973 über den Anwerbebetrieb der Lebensversicherungsgesellschaften) 111 II 52/53 f. Pra 1985 (Nr. 150) 437 f. Zulässig ist eine Bauverpflichtung unter der Bedingung des Erwerbs eines geeigneten Grundstücks oder der Bauverwirklichung auf einem sonstigen (fremden) Grundstück 117 II 273/279 E.b. Keine Nichtigkeit eines Vertrages über die Veräusserung einer Arztpraxis, auch wenn der übernehmende Arzt die Verfügung über die bestehende Patientenkartei erhält 119 II 222/224 ff. E. 2 (Entscheid vor Inkrafttreten des BG über den Datenschutz [DSG]). Nicht Zweck von StGB Art. 167 (widerrechtliche Gläubigerbevorzugung) ist der Schutz von Drittpersonen, namentlich des Schuldners einer zedierten Forderung; ein Verstoss gegen diese Strafnorm hat daher nicht die Nichtigkeit des verpönten Rechtsgeschäfts zur Folge 4A_415/2007 (14.1.08) E. 3.2. Auch der Verstoss gegen StGB Art. 164 Abs. 3 hat nicht die Nichtigkeit des Rechtsgeschäfts zur Folge, da sonst das Gläubigerschutzsystem des SchKG über Art. 164 Abs. 3 i.V.m. Art. 20 unterlaufen würde. Zudem ist Schutz von Drittpersonen, namentlich des Schuldners einer unentgeltlich zedierten Forderung, nicht Zweck von StGB Art. 164. Dieselbe Überlegung spielt beim Tatbestand des Wuchers (StGB Art. 157). Ein Verstoss gegen diesen führt nicht zur Nichtigkeit des Vertrags; andernfalls würde Art. 21 über StGB Art. 157 i.V.m. Art. 20 ausgehebelt 134 III 52/56 ff. E. 1.3.3 f., 141 III 527/536 f. E. 3.5.

13 ***Blosse Ungültigkeit*** (im Unterschied zur absoluten Nichtigkeit). Ein Vertrag ist dann als ungültig zu betrachten, wenn er autonomes Recht verletzt, alle Beteiligten diesem Recht unterstehen und dessen Verletzung zu verantworten haben. An die Stelle einer absoluten Nichtigkeit tritt diesfalls die parteiinterne Unwirksamkeit, die Ungültigkeit unter den Beteiligten. Alle aus dem autonomen Recht Berechtigten können sich darauf berufen und damit den Vertrag zu Fall bringen (in casu: Ein Grundstückkauf unter zwei Erben, die sich damit über das im Erbteilungsvertrag vereinbarte Veräusserungsverbot hinwegsetzen, ist unter allen Beteiligten als ungültig zu betrachten [Recht eines am Kaufvertrag nicht beteiligten Erben auf Feststellung der Ungültigkeit], wenn das Veräusserungsverbot nach ZGB Art. 2 und 27 nicht zu beanstanden ist und der Käufer sich insbesondere nicht auf guten Glauben berufen kann) 114 II 329/331 ff. E. 2.

14 **Prozessuales.** Die Bestimmung gewährt einen *Feststellungsanspruch* 69 II 76/78. Der Richter kann frei prüfen, ob ein Vertrag oder eine Vertragsklausel im Lichte des Privatrechts nichtig ist 110 II 360/368 E. 4 JdT 133 (1985) I 138 E. 4, ferner 111 II 134/138 E. 1, 114 II 329/333 E.b. Die Frage nach dem hypothetischen Parteiwillen bei erkannter Nichtigkeit ist eine Rechtsfrage, die das Bundesgericht frei prüft 124 III 112/119 E.bb. Die Unwirksamkeit ist von Amtes wegen zu beachten, kann aber auch von jedermann und jederzeit geltend gemacht werden 4C.305/1999 (19.1.01) E. 4a, 127 V 441 f. 4. 2 fr. – Unter der Geltung des Verhandlungsgrundsatzes (ZPO Art. 55 Abs. 1) entbindet die amtswegige

Berücksichtigung der Nichtigkeit die beweisbelastete Partei nicht von der entsprechenden Behauptungs- und Beweislast und das Gericht muss nicht von selber nach solchen Gründen suchen; die Partei wird aber von der Erhebung einer entsprechenden Einrede entbunden 4A_295/2017 (25.4.18) E. 3.3.2 fr.

Verhältnis zu ZGB Art. 27. Drei Arten von Verträgen sind zu unterscheiden 136 III 15
401/407 f. E. 5.4: *Erstens* Verträge, in denen über den höchstpersönlichen Kernbereich einer Person verfügt wird. Sie verstossen gemäss ZGB Art. 27 gegen die guten Sitten und sind damit nach Art. 20 nichtig. – *Zweitens* Verträge, die eine Person übermässig binden. Die Bindung wäre an sich zulässig, nicht aber im vereinbarten Umfang. (Eine vertragliche oder statutarische Einschränkung der wirtschaftlichen Bewegungsfreiheit ist grundsätzlich nur dann übermässig, wenn sie den Verpflichteten der Willkür eines andern ausliefert, seine wirtschaftliche Freiheit aufhebt oder in einem Masse einschränkt, dass die Grundlagen seiner wirtschaftlichen Existenz gefährdet sind 111 II 134/337 E. 4.) Der mit ZGB Art. 27 Abs. 2 bezweckte Schutz der persönlichen Freiheit erfordert nicht die von Amtes wegen zu beachtende Nichtigkeit übermässiger Bindungen, sondern bloss das Recht der übermässig gebundenen Partei, die Vertragserfüllung zu verweigern. Dieses Recht ist höchstpersönlicher Natur und damit unvererblich 129 III 209/214 E. 2.2. – *Drittens* Verträge, bei welchen die Verwerflichkeit (Sittenwidrigkeit) in deren Inhalt liegt, d.h. in dem tatsächlichen Verhalten, zu dem sich die Parteien vertraglich verpflichten. Einer rechtlichen Verbindlichkeit solcher Verträge stehen objektive Gesichtspunkte der Moral und der guten Sitten entgegen. Die Gültigkeit dieser Verträge richtet sich ausschliesslich nach Art. 20.

Weiteres. Die Bestimmung ist auch auf die Ausübung *von Gestaltungsrechten* anwendbar 16
113 II 460/462 f. E. c Pra 1988 (Nr. 202) 752, 114 II 79/82 Pra 1988 (Nr. 172) 626. – Zu den Prozessfinanzierungsverträgen vgl. 131 I 223/233 ff. E. 4.5 und 4.6.

<u>Abs. 2</u> **Teilnichtigkeit.** Die Regel ist eine Ausprägung des allgemeinen Grundsatzes, 17
wonach im Sinne einer *geltungserhaltenden Reduktion* die Nichtigkeit nur so weit reichen soll, als es der Schutzzweck der verletzten Norm verlangt 123 III 292/298 E. 2e/aa, 4A_133/2012 (28.6.12) E. 2.3, 4C.156/2006 (17.8.06) E. 3; vgl. auch 131 III 467/470 E. 1.3. Beispiel in 140 III 583/587 E. 3.2.1 Pra 2015 (Nr. 102) 833 (Anwendung von Art. 20 Abs. 2 auf Art. 270 Abs. 2: Falls der Vermieter das offizielle Formular nicht verwendet, obwohl es obligatorisch ist, oder falls er die Mietzinserhöhung gegenüber dem vom Vormieter bezahlten Mietzins nicht begründet, zieht dieser Mangel nicht die Nichtigkeit des Mietvertrages als Ganzen nach sich, sondern nur die Nichtigkeit des festgesetzten Mietzinses [120 II 341/347 ff. E. 5 Pra 1995 {Nr. 252} 837 ff.; 4A_450/2018 (3.4.19) E. 3.3.1]). – *Voraussetzung* einer Teilnichtigkeit ist die Teilbarkeit des Vertrages. Ein vollkommen zweiseitiger Vertrag lässt sich im Allgemeinen nicht in Leistung und Gegenleistung aufspalten. Der unvollkommen zweiseitige Vertrag ist der Teilnichtigkeit zugänglich 80 II 327/334 E. a, Herabsetzung eines Zinssatzes bei einem Darlehen von 26% auf 18% 93 II 189/192. – Die Bestimmung kommt auch dann zur Anwendung, wenn die Nichtigkeit einen *Hauptpunkt* betrifft; besteht kein dispositives Recht oder wird eine analoge Anwendung (in casu auf einen Innominatkontrakt) den bestehenden Verhältnissen nicht gerecht, so ist für das Füllen der durch die Nichtigkeit entstandenen Lücke auf den mut-

masslichen Parteiwillen abzustellen, d.h. der Richter hat zu untersuchen, was die Parteien vereinbart hätten, wenn ihnen die Nichtigkeit der betreffenden Klausel bekannt gewesen wäre (Rechtsfrage 107 II 419/424 f. E. a) 107 II 216/218 f. E. a, b (in casu Verkürzung einer übermässig langen Vertragsdauer), 124 III 57/60 E. c, 4C.25/2005 (15.8.05) E. 2.3. Auch einzelne Klauseln können teilnichtig sein 4A_404/2008 (18.12.08) E. 5.6.2 f.

18 Massgebend für die Bestimmung des hypothetischen Parteiwillens ist der Zeitpunkt des Vertragsschlusses 138 III 29/39 E. 2.3.3 (Behebung der Teilnichtigkeit einer teilunmöglichen Schiedsvereinbarung durch Vertragsergänzung aufgrund des hypothetischen Parteiwillens), 124 III 57/60 E.c. Anwendungsfall (Einräumung eines rechtlich unmöglichen Baurechts) 111 II 134/142 f. E. 6 (Rückweisung an die Vorinstanz); ferner 93 II 97/106 E. a Pra 1967 (Nr. 128) 425 (Herabsetzung eines übersetzten Pachtzinses), 120 II 35/40 f. E. 4 Pra 1995 (Nr. 146) 474 f. (Bürgschaft für unbestimmte zukünftige Schulden), 124 III 62/64 E. 2a Pra 1998 (Nr. 53) 352 (Festsetzung des Anfangsmietzinses), 129 III 124/125 f. E. 3.1 Pra 2003 (Nr. 138) 748 (Leiharbeit/Arbeitsvertrag, Kündigungsschutz), 131 III 476/470 f. E. 1.3 (Arbeitsvertrag/Festsetzung der Kündigungsfrist, nachdem die Parteien eine gesetzeswidrige Dauer der Probezeit vereinbart hatten). Anwendung auf den Fall einer Teilsimulation 117 II 382/386 E. 2. – Bei Zweifeln am Bestehen eines auf Ganznichtigkeit gerichteten hypothetischen Parteiwillens ist nach den Regeln des allgemeinen Vertragsrechts der Teilnichtigkeit der Vorzug zu geben 138 III 29/39 E. 2.3.2, 4A_133/2012 (28.6.12) E. 2.4, 4C.156/2006 (17.8.06) E. 3.2. Kann nicht ermittelt werden, mit welchem Inhalt die Vereinbarung ohne die nichtigen Bestimmungen nach dem tatsächlichen Willen der Parteien, nach dem individuell konkretisierten, hypothetischen Parteiwillen oder nach dem objektiven Willen redlich handelnder Vertragspartner geschlossen worden wäre, stösst die richterliche Aufrechterhaltung eines teilweise nichtigen Vertrages an ihre Grenzen, und der Vertrag ist im gesamten Umfang als nichtig zu behandeln 4C.156/2006 (17.8.06) E. 3.4. Weicht der Vertrag (bzw. eine Klausel) von einer unabänderlichen Vorschrift des Privatrechts ab, kann keine Partei einwenden, dass sie den Vertrag in einer der gesetzlichen Regelung entsprechenden Weise nicht geschlossen hätte 4A_404/2008 (18.12.08) E. 5.6.2.

19 ***«Ewiger Vertrag».*** Es ist zivilrechtlich ausgeschlossen, obligatorische Verträge auf «ewige» Zeiten abzuschliessen und aufrechtzuerhalten 131 I 321/329. Soweit die nach ZGB Art. 27 zulässige Höchstdauer überschritten wird, führt sie zur Teilnichtigkeit des Vertrages, die durch Vertragsergänzung aufgrund des hypothetischen Parteiwillens zu beheben ist 114 II 159/163 E. c (in casu Bierlieferungsvertrag: zwanzig Jahre überschreiten unter den gegebenen Umständen die nach ZGB Art. 27 zulässige Höchstdauer nicht). Zum Dauervertrag vgl. auch Vorb. Art. 1–40f.

20 *Die **Bestimmung schützt jene Partei,*** die durch blosse Teilnichtigkeit des Vertrages benachteiligt würde, und verbietet daher dem Richter, die Ganznichtigkeit auszusprechen, wenn die dem Nachteil ausgesetzte Partei am Vertrag mit geändertem Inhalt selber festhält 81 II 613/622 E. c, 109 II 239/244 E. b (in casu Anfechtung von Umtauschbedingungen, die vom Verwaltungsrat in Ausführung eines entsprechenden Generalversammlungsbeschlusses festgesetzt wurden, zum Teil aber nichtig sind). Es liegt im Wesen der nicht im öffentlichen, sondern im privaten Interesse und durch Treu und Glauben gebotenen Ordnung der Nichtigkeitsausdehnung vom Teil auf das Ganze, dass die *Verhältnisse im Zeit-*

punkt des Prozesses und nicht der Vertragseingehung entscheidend sein müssen 80 II 327/335.

Analoge Anwendung der Bestimmung bei Ungültigkeit wegen Formmangels 60 II 98/99, vgl. auch 120 II 341/349 E. 5d Pra 1995 (Nr. 252) 839 (in casu Auslegung von Art. 270 Abs. 2), 4C.175/2003 (28.10.03) E. 5; auf die Übervorteilung 123 III 292/300 E. 2f; auf den zusammengesetzten Vertrag 63 II 414/418 f. E. 3; auf eine Vereinbarung über die Nebenfolgen der Scheidung 93 II 156/159 f., 104 II 237/241 E. b it.; auf die Unverbindlichkeit wegen Willensmängeln 129 III 320/329 f. E. 7.1.4, 96 II 101/106 f. E. a (dolus incidens 99 II 308/308 f. E. 4 c fr.), 107 II 419/423 f. E. a (teilbar ist ein Vertrag dann, wenn die vereinbarten Leistungen und Gegenleistungen durch die Beschränkung der Nichtigkeit oder Unverbindlichkeit auf einen Teil des Vertrages miteinander in das zulässige Gleichgewicht gebracht werden können), 125 III 353/356 E. 3 (in casu Unverbindlichkeit wegen Drohung: Die Geltendmachung der Teilunverbindlichkeit steht grundsätzlich nur dem Bedrohten zu); auf eine Schiedsvereinbarung 138 III 29/29 ff., 130 III 66/74 E. 3.3; auf das Testament 98 II 73/84 f., 107 II 144/148 E. 3 Pra 1981 (Nr. 176) 464 f., vgl. auch 50 II 370/374 f. E. 2. Die Rechtsfolge der Nichteinhaltung von Publizitätsvorschriften (in casu Gründervorteile/aOR Art. 628 Abs. 2) kann in einer blossen Teilnichtigkeit bestehen 131 III 636/640. 21

Keine Anwendung der Bestimmung. Fallen beim zusammengesetzten Vertrag gegenseitige Verpflichtungen dahin, weil deren Erfüllung ohne Verschulden der Parteien (in casu gemäss Art. 119 Abs. 1) unmöglich geworden ist, so findet Art. 20 Abs. 2 auf jenen Teil des Vertrages, der für sich allein weiterbestehen könnte, keine Anwendung (fehlt es an einer Regelung durch die Parteien, so hat der Richter den Vertrag zu ergänzen; zur Vertragsergänzung siehe unter Art. 18 Abs. 1) 107 II 144/148 f. E. 3 Pra 1981 (Nr. 176) 465. Die aus der umfassenden Abtretung aller gegenwärtigen und zukünftigen Forderungen folgende Nichtigkeit schliesst eine auf bestimmte Forderungen beschränkte Teilnichtigkeit aus 112 II 433/437 f. E. 4. – Art. 162 erlaubt mit seinem Verweis auf Art. 163 allenfalls die Herabsetzung (und damit die Rückerstattung) der bereits erfolgten Teilzahlungen, und dies ohne dass die geschädigte Partei eine zu derjenigen von Art. 21 analoge Frist zu beachten hat 133 III 201/207 f. E. 3.2. Pra 2007 (Nr. 126) 878. Keine geltungserhaltende Reduktion, wenn in vorgedruckten AGB von einer zwingenden Norm zum Schutz der schwächeren Partei in einer Weise erheblich von der gesetzlichen Ordnung abgewichen wird, dass die Vermutung nahe liegt, es werde damit gezielt der Schutzzweck derselben unterlaufen 4A_404/2008 (18.12.08) E. 5.6.3.2.1 (Leasingvertrag, Amortisationstabelle, die Nachzahlungen bei vorzeitiger Vertragsauflösung vorsah, und zwar so, dass der Ausstieg teurer war als die ordentliche Beendigung). 22

III. Übervorteilung

Art. 21

[1] Wird ein offenbares Missverhältnis zwischen der Leistung und der Gegenleistung durch einen Vertrag begründet, dessen Abschluss von dem einen Teil durch Ausbeutung der Notlage, der Unerfahrenheit oder des Leichtsinns des andern herbeigeführt worden ist, so kann der Verletzte innerhalb Jahresfrist erklären, dass er den Vertrag nicht halte, und das schon Geleistete zurückverlangen.

[2] **Die Jahresfrist beginnt mit dem Abschluss des Vertrages.**

1 *Anwendbar* auch auf den gerichtlichen Vergleich 114 Ib 74/78 E. 2 Pra 1988 (Nr. 185) 664; unter Umständen auch auf den Erbvertrag (in casu offengelassen) 5C.91/2000 (25.5.00) E. 3. Auf eine zu hohe Erfolgsbeteiligung beim Anwaltshonorar 143 III 600/613 E. 2.7.4.

2 ***Abs. 1*** **Allgemeines.** Ausnahme vom Grundsatz der Vertragsfreiheit 4A_491/2015 (14.1.16) E. 4.1 fr., 4C.238/2004 (13.10.05) E. 2. fr. (restriktive Anwendung). – Bei der Beurteilung der Übervorteilung sind die gesamten Umstände in Betracht zu ziehen 92 II 168/177 E.a. – Für die Annahme einer Übervorteilung ist neben dem *objektiven* Tatbestand des offenbaren Missverhältnisses in *subjektiver* Hinsicht vorausgesetzt, dass die eine Vertragspartei die Notlage oder Unerfahrenheit oder den Leichtsinn der andern gekannt, die Übervorteilungsmöglichkeit also bewusst zu ihren Gunsten ausgenützt hat 54 II 188/190 E. 1, vgl. auch 4C.368/2000 (26.3.01) E. 3 it. Massgebend sind die Verhältnisse im Zeitpunkt des Vertragsabschlusses 109 II 347/348 f. E. 2.

3 **Verhältnis zu Art. 20.** Die Frage des Missverhältnisses von Leistung und Gegenleistung wird durch den Übervorteilungstatbestand des Art. 21 abschliessend erfasst; eine Wertdisparität der Vertragsleistungen zu verbieten, ist gerade nicht Ziel der Grundwerte der Rechtsordnung; daher keine Anwendung von Art. 20 Abs. 1 115 II 232/236 E. c, 4A_21/2009 (11.3.09) E. 5.2, 4A_542/2012 (24.1.13) E. 2.5 fr. Erfüllt eine der Vertragsparteien den Tatbestand des Wuchers (StGB Art. 157), so hat dies nicht die Nichtigkeit des Vertrags zur Folge; andernfalls würde Art. 21 über StGB Art. 157 i.V.m. Art. 20 OR ausgehebelt 134 III 52/56 f. E. 1.3.3.

4 **Offenbares Missverhältnis.** Vorausgesetzt ist ein offenbares (in die Augen fallendes 53 II 483/488) Missverhältnis zwischen den *versprochenen* Leistungen bei objektiver Betrachtung 92 II 168/170 f. E. 2; massgebend ist der Zeitpunkt des Vertragsabschlusses 123 III 292/303 E. 6a (in casu Beurteilung einer Marktmiete; Rückweisung an die Vorinstanz), 4C.238/2004 (13.10.05) E. 2.2 fr. Bei Sachleistungen entspricht der objektive Wert dem Verkehrswert 4C.228/2000 (11.10.00) E. 2. – Ob ein offenbares Missverhältnis vorliegt, ist *Rechtsfrage;* tatsächlicher Natur sind jedoch Feststellungen der Vorinstanz z.B. über den objektiven Wert einer Kaufsache und die absolute Höhe eines Kaufpreises 61 II 31/34 E. a, vgl. auch 4C.238/2004 (13.10.05) E. 2.2 fr. – *Beispiele:* Ein Stundenhonorar von CHF 100 (im Jahre 1962) lässt sich nur für einen hochqualifizierten Spezialisten rechtfertigen 92 II 168/171 f. E. 3; Wucherzins 84 II 107/111 f. E. 3; Verkaufspreis, der den Verkehrswert um 100% übersteigt 61 II 31/34 f. E.a. Beispiele aus der bundesgerichtlichen Rechtsprechung zum Missverhältnis zwischen Leistung und Gegenleistung in 4C.368/2000 (26.3.01) E. 5b it., 4C.238/2004 (13.10.05) E. 2.2 fr. (in casu Übernahme eines Gastbetriebes: nach Art. 21 relevantes Missverhältnis bei einem Preis von CHF 720 000 und einem Wert zwischen CHF 350 000 und 400 000). Zum Missverhältnis im Rahmen eines aussergerichtlichen Vergleichs, ausführlich: 4C.254/2004 (3.11.04) E. 3.3 fr.

Ausbeutung. Ausbeuten ist bewusstes Ausnützen 92 II 168/177 E. b, vgl. auch 4C.238/2004 (13.10.05) E. 2.6 fr. Ausbeutung setzt nicht voraus, dass die Anregung zum Vertragsabschluss vom Übervorteilenden ausgegangen ist 123 III 292/305 E. 7. 5

Notlage. Sie liegt vor, wenn sich eine Partei bei Vertragsabschluss in starker Bedrängnis, in einer Zwangslage befindet (die romanischen Gesetzestexte sind diesbezüglich aussagekräftiger als der deutsche); in einer Notlage kann sich auch befinden, wer die Mittel zur Verfügung hat, das von der Gegenpartei verlangte Übermass zu leisten 123 III 292/301 f. E. 5. Keine Rolle spielt hingegen der Umstand, dass die betreffende Partei durch den Abschluss des Vertrages in eine Notlage geraten ist 4C.226/2001 (21.11.01) E. 4. Die Notlage muss nicht wirtschaftlicher Natur sein, sondern kann auch familiärer, politischer oder anderer rechtserheblicher Natur sein (vgl. bereits 61 II 31/35 f. E. 2b). Entscheidend ist, dass ein Verhandlungspartner den Abschluss des für ihn ungünstigen Vertrags gegenüber der Inkaufnahme drohender Nachteile als das kleinere Übel betrachtet, sofern diese Güterabwägung auch in objektiver Betrachtung (ZGB Art. 2 Abs. 1) als vertretbar erscheint 123 III 292/301 E. 5, 4A_21/2009 (11.3.09) E. 3.3 (hohe Schwelle). Notlage infolge Arbeitslosigkeit 4C.368/2000 (26.3.01) E. 6 it. – Auch die finanzielle Notlage einer *juristischen Person* fällt unter die Bestimmung 84 II 107/110 f. E. 2, 123 III 292/301 E. 5. – Ein «ernstlicher Nachteil» im Sinne von StGB Art. 156 (Erpressung) bedeutet nicht unbedingt auch eine Notlage im Sinne von Art. 21 4A_21/2009 (11.3.09) E. 3.4 (in casu Vergleich zum Rückzug einer Baueinsprache; keine Annahme einer Notlage, obwohl das Bundesgericht in einem andern Entscheid die Androhung einer Bauverzögerung als «ernstlichen Nachteil» im Sinne des Erpressungstatbestandes hatte genügen lassen). 6

Unerfahrenheit. Unerfahrenheit *in concreto* genügt (anders noch z.B. 41 II 571/578 f. E. 7). Es genügt somit, wenn eine Vertragspartei auf dem infrage stehenden Gebiet die Tragweite eines ihr vorgeschlagenen Geschäftes nicht zu erfassen vermag 92 II 168/175 f. E.a.Vgl. auch 4P.286/2000 (26.301) E. 5 it. (in casu staatsrechtliche Beschwerde, Überprüfung der Beweiswürdigung bezüglich der Unerfahrenheit der betreffenden Vertragspartei). Keine Bejahung der Unerfahrenheit im Sinne der Bestimmung, wenn jemand aus Optimismus mit einem Geschäft bestimmte Risiken eingeht 4C.238/2004 (13.10.05) E. 2.4 fr. 7

Leichtsinn. Leichtsinn *in concreto* genügt 61 II 31/36 f. Nicht vorausgesetzt ist ein pathologischer Zustand 4C.238/2004 (13.10.05) E. 2.5 fr. 8

Unverbindlichkeit. Macht der Übervorteilte die vollständige Unverbindlichkeit des Vertrages geltend, so darf der Richter nicht in Analogie zu Art. 20 Abs. 2 auf blosse «Teilnichtigkeit» schliessen 84 II 107/112 f. E. 4 (Frage offengelassen 92 II 168/179 E. c). Die gänzliche Unverbindlichkeit greift dann nicht Platz, wenn ein Vertrag verschiedene Verpflichtungen umfasst und sich darunter eine befindet, die eine ausgesprochene Sonderstellung einnimmt und für sich allein betrachtet einwandfrei erscheint 64 I 39/47. – *Präzisierung der Rechtsprechung* in 123 III 292/294 ff. E. 2: Die Rechtsfolge der bloss teilweisen Unwirksamkeit ist auch im wucherischen Vertragsverhältnis zu ermöglichen (offengelassen, ob eine geltungserhaltende Reduktion bloss vom Übervorteilten oder auch vom Übervorteiler beansprucht werden kann, wenn der Anfechtende die weiter gehende volle Un- 9 wirksamkeit will). Der Wucherer kann sich bei Vorliegen des Übervorteilungstatbestandes nicht auf die gänzliche Unwirksamkeit des Vertrages infolge wesentlichen Irrtums berufen 123 III 292/300 f. E. 3, vgl. auch 125 III 353/357.

10 **Rückforderung.** Die Rückforderungsklage besteht in einer *condictio indebiti.* Es ist Sache des Beklagten, Umstände zu behaupten und zu beweisen, die seine Rückerstattungspflicht ausschliessen oder mindern 92 II 168/179 f. E.c.

11 **Keine Anwendung der Bestimmung,** wenn eine Leistung den getroffenen Vereinbarungen nicht entspricht (Art. 97 ff.) 92 II 168/170 f. E. 2; bei Verstoss gegen ein kantonales Zinsverbot (Art. 20) 80 II 327/331 ff. E.b. – Sind nicht alle Elemente der Bestimmung gegeben, so bleibt allenfalls für die Anwendung von Art. 20 Raum, wenn der Vertrag aus einem besonderen Grund – der nicht schon lediglich in dem vorhandenen Missverhältnis zwischen Leistung und Gegenleistung gefunden werden darf – widerrechtlich oder sittenwidrig ist 51 II 169. – Anwendung von Art. 21 im beurteilten Fall verneint 4C.420/1999 (20.1.00) E. 2d.

12 ***Abs. 2*** Offengelassen, ob der Vertrag ausnahmsweise nichtig ist, wenn der Übervorteilte verhindert war, den Vertrag innerhalb der Frist anzufechten 95 II 109/112 E.b.

IV. Vorvertrag

Art. 22

[1] Durch Vertrag kann die Verpflichtung zum Abschluss eines künftigen Vertrages begründet werden.

[2] Wo das Gesetz zum Schutze der Vertragschliessenden für die Gültigkeit des künftigen Vertrages eine Form vorschreibt, gilt diese auch für den Vorvertrag.

1 ***Abs. 1*** Durch den Abschluss eines Vorvertrages (promesse de contracter) verpflichten sich eine oder beide Parteien zum zukünftigen Abschluss des Hauptvertrages 4A_297/2013 (4.9.13) E. 3.2.1 fr., 4C.60/2004 (2.6.04) E. 5.2 fr. Der Vorvertrag ist gültig, wenn sein Inhalt bestimmt oder bestimmbar ist 98 II 305/307 E. 1 (in casu Architektenklausel bei einem Kaufvertrag über eine Liegenschaft), 118 II 32/33 E. 3b, 4A_362/2012 (28.9.12) E. 5 fr. – Verpflichtet sich die eine Partei, während zwei Jahren das von ihr zu vertreibende Getränk zu einem bestimmten Preis abzugeben, und die andere, das Getränk zu beziehen, so handelt es sich um einen Vorvertrag über eine Mehrzahl während dieser Zeit abzuschliessender Kaufverträge 41 II 105/109. – Einstufentheorie: Eine als «Vorvertrag» bezeichnete Vereinbarung, die bereits alle Elemente eines Grundstückkaufs konkret enthält, bildet einen Kaufvertrag 42 II 494/497 E. 2, vgl. auch 110 II 287/289 E. 1, 103 III 97/106 ff. E. 2a Pra 1978 (Nr. 168) 431 f., Bestätigung dieser Rechtsprechung in 118 II 32/33 E. 3c (damit erweist sich die Zweistufentheorie in 97 II 48/51 f. E. 4a fr. als überholt, vgl. auch 31 II 640/645 E. 2), 129 III 264/267 E. 3.2.1 Pra 2003 (Nr. 176) 982, 4C.68/2002 (6.6.02) E. 2a fr., 4C.25/2004 (13.9.04) E. 3.1.2 fr., vgl. auch 4C.399/2005 (10.5.06) E. 4.5 it. (mit irrtümlichem Verweis auf die Rechtsprechung: DTF [BGE] 129 III 64 [recte: 264]). Wenn der Vorvertrag bereits alle wesentlichen Elemente des Hauptvertrages enthält, kann di-

rekt auf Erfüllung geklagt werden 118 II 32/34 E. c, vgl. auch 122 III 10/15 E. 4a. Abschluss eines Vorvertrages (in casu im Hinblick auf einen Kaufvertrag) durch einen Vertreter 4A_239/2007 (9.10.07) E. 5.

Abgrenzung. Vom Vorvertrag zu unterscheiden ist der *Optionsvertrag:* Dieser verleiht dem Berechtigten die Befugnis, durch einseitige Willenserklärung ein inhaltlich bereits fixiertes Vertragsverhältnis unmittelbar herbeizuführen oder ein bestehendes Vertragsverhältnis zu verlängern 113 II 31/34 f. E. a, 4C.170/2003 (16.2.04) E. 3.2 it. Ein optionsbelasteter Vertrag ist ein aufschiebend bedingtes Rechtsgeschäft 122 III 10/15 E. 4b (Wollensbedingung). Mit einem sogenannten «letter of intent» bringen die Parteien die Absicht zum Ausdruck, über einen Vertragsentwurf in ernstliche Verhandlungen zu treten, wobei ein rechtlicher Bindungswille nicht gewollt ist. Dieser fehlende Bindungswillen kann sich aus einer ausdrücklichen Klausel («no binding clause») oder aus Indizien ergeben 4C.36/2001 (2.7.01) E. 5a, ausführlich zur Abgrenzung des Vorvertrages vom Letter of intent (lettre d'intention) 4C.409/2005 (21.3.06) E. 2 fr. – Architektenklausel im Rahmen eines Grundstückkaufvertrages als Vorvertrag? (in casu verneint) 4C.397/2002 (5.3.03) E. 6 it. 2

Zulässigkeit. Zulässig ist die Vereinbarung, dass Rechte und Pflichten aus dem Vorvertrag auf einen erst später zu bezeichnenden Dritten übertragen werden können 84 II 13/20 f. E. 3. Ausgeschlossen und *nichtig* ist ein Vorvertrag zum Abschluss eines Erbvertrages 108 II 405/406 ff. E. 2 Pra 1983 (Nr. 86) 234 ff. 3

Abs. 2 Verpflichtet sich eine Partei, für das Erfüllungsinteresse einzustehen, falls ein unbestimmter Dritter einen Kaufvertrag über eine Liegenschaft nicht abschliesst, so handelt es sich um einen Vorvertrag (mit dem Formerfordernis von Art. 216 Abs. 2) und nicht um einen Auftrag 50 II 250/254 f. E. 3. Ein Vorvertrag über einen Grundstückkauf bedarf der öffentlichen Beurkundung (Art. 216 Abs. 1) 4C.278/2001 (20.2.02) E. 5d it. (irrtümlicher Verweis auf Art. 261 Abs. 1). Ein Vorvertrag über einen Grundstückkauf ist nichtig, wenn in der öffentlichen Urkunde das Grundstück nicht genau bezeichnet ist 95 II 42/42 f. E. 1 fr. Vorvertrag zu einem Grundstückkaufvertrag: Die Klausel über den Verfall der Anzahlung untersteht dem Formzwang 4C.271/2003 (17.2.04) E. 2.2, vgl. auch 131 II 137/145 E. 2 fr. – *Der Auftrag, die Liegenschaft eines Dritten zu erwerben,* um sie dem Auftraggeber zu übertragen, bedarf grundsätzlich nicht der öffentlichen Beurkundung. Vorbehalten bleibt der Fall der vertraglich vereinbarten Unwiderruflichkeit des Auftrages oder der Vollmacht sowie der Fall, dass mit dem Auftrag der Abschluss eines Kaufvertrages angestrebt wird, der sonst am Formerfordernis scheitern müsste 65 II 161/162 ff. fr. – Die Verpflichtung des Grundeigentümers zur Verpfändung eines erst noch zu errichtenden Eigentümer- oder Inhaberschuldbriefes bedarf der öffentlichen Beurkundung (ZGB Art. 799 Abs. 2) 71 II 262/264 f. E. 1. – Ungültigkeit eines bloss schriftlich abgefassten Vorvertrages über die Gründung einer Aktiengesellschaft mit der Verpflichtung eines Gesellschafters, der zu gründenden AG Grundeigentum zu verschaffen 58 II 362/364. – Art. 637 und 638 (altes Aktienrecht, vgl. heute Art. 629) verlangen die öffentliche Beurkundung nicht zum Schutz der Gründer: die Verpflichtung, zwei Aktiengesellschaften zu einer Holding zusammenzuschliessen, kann formfrei vereinbart werden 102 II 427/424 f. E.b. 4

F. Mängel des Vertragsabschlusses

Vorb. Art. 23–31

1 **Anwendbar** auf den gerichtlichen Vergleich 110 II 44/46 E. 4 (zur Anfechtung siehe unter Art. 31 Abs. 1/Anfechtung), 114 Ib 74/78 E. 2 Pra 1988 (Nr. 185) 664; auf den aussergerichtlichen Vergleich 130 III 49/51 E.f.E. 1.2 (sofern die Rechtsbehelfe nach Art. 23 ff. seiner besonderen Natur nicht widersprechen), vgl. ferner 132 III 737/740 E. 1.3, 4A_279/2007 (15.10.07) E. 4.1 fr.; auf den öffentlich-rechtlichen Vertrag 105 Ia 207/211 E. c (die Berufung an das Bundesgericht ist jedoch ausgeschlossen, wenn Bundesrecht als kantonales öffentliches Recht zur Anwendung kommt) 108 II 495 E. 7; auf die Vereinbarung, einen Arbeitsvertrag aufzulösen 118 II 58/62 f. E. 3 Pra 1993 (Nr. 142) 552 f. (in casu blosser Motivirrtum [Art. 24 Abs. 2] über die finanziellen Folgen/Recht auf bezahlten Mutterschaftsurlaub); auf einseitige Rechtsgeschäfte (in casu Rückzug eines Patentgesuches infolge Irrtums) 102 Ib 115/118 f. E. 2 Pra 1976 (Nr. 245) 607 f.; auf die Eintragung in das Aktienbuch 117 II 290/311 Pra 1992 (Nr. 137) 498 (in casu aOR Art. 685; vgl. heute Art. 686); auf den Adoptionsvertrag (jedoch gerichtliche Anfechtung nötig) 101 II 203/207 ff. E. c; auf den Eintrag der Vaterschaft im Zivilstandsregister (jedoch gerichtliche Anfechtung nötig) 100 II 278/281 E. 1 Pra 1975 (Nr. 119) 345; auf die Wiederherstellung der Frist für Begehren um Erstellung des öffentlichen Inventars in analoger Anwendung von ZGB Art. 576 (offengelassen) 104 II 249/252 ff. E. 4, 5 Pra 1979 (Nr. 30) 80 f.; auf ein einseitiges abstraktes Schuldbekenntnis und auf einen Vergleich 96 II 25/26 E. 1; auf den Versicherungsvertrag 90 II 449/454 E. 2 Pra 1965 (Nr. 38) 130; auf die Kindesanerkennung 79 II 25/28 f. E. 1 (aZGB Art. 303); auf den Bausparvertrag 65 II 161/165 E. 1 fr.; auf die freiwillige Versteigerung (die ordentlichen Anfechtungsgründe gelten neben jenen von Art. 230) 40 II 380/383 f. E. 4. Im Rahmen einer negativen Schuldanerkennung (vgl. Art. 115) sind die Möglichkeiten, sich auf einen wesentlichen Irrtum zu berufen, sehr eingeschränkt 127 III 147/151 E. d fr.

2 **Anwendung im öffentlichen Recht.** Ob ein öffentlich-rechtlicher Vertrag an einem Willensmangel leide, ist unter Heranziehung der Bestimmungen des Obligationenrechts zu beurteilen. Diese finden ausserhalb des Privatrechts zwar keine direkte Anwendung, doch ist auf sie als Ausdruck allgemeiner Rechtsgrundsätze insoweit abzustellen, als sich die Regelung auch auf dem Gebiet des öffentlichen Rechts als sachgerecht erweist. Das ist hinsichtlich der Bestimmungen über die Drohung und die Geltendmachung der Willensmängel (Art. 29–31) der Fall 105 Ia 207/211 f. E.c. Allgemeiner öffentlich-rechtlicher Grundsatz, wonach auf Willensmängel bei verwaltungsrechtlichen Verträgen die Regeln der Art. 23 ff. analog anzuwenden sind 132 II 161/163 ff. E. 3 (in casu öffentlich-rechtliches Arbeitsverhältnis).

3 **Keine Anwendung** auf die Anzeigepflichtverletzung im Bereich der freiwilligen Vorsorge Selbständigerwerbender (mangels statutarischer oder reglementarischer Bestimmungen finden VVG Art. 4 ff. analoge Anwendung) 116 V 218/225 f. E. 4, vgl. auch 118 II 333/341 E. d Pra 1993 (Nr. 210) 800; auch wenn der Antrag vom Versicherer ausgeht (und für den Vertragsabschluss somit die OR-Regeln gelten), ist VVG Art. 4 anwendbar 126 III 82/84 E. b fr.; auf die Aktienzeichnung (aOR Art. 631 ff.), sobald die Gesellschaft bzw. die Er-

höhung des Grundkapitals in das Handelsregister eingetragen worden ist 102 Ib 21/24, 117 II 290/295 E. c Pra 1992 (Nr. 137) 484; auf den Rückzug eines Rechtsmittels 83 II 61 E. 1; auf Willenserklärungen im Strafrecht und Strafprozessrecht (in casu Rückzug eines Strafantrages) 79 IV 97/101 f. E. 4; auf betreibungsrechtliche Erklärungen wie z.B. Rechtsvorschlag 75 III 41/42 ff.; auf eine gerichtlich genehmigte Scheidungskonvention 60 II 80/82 E. 1, 119 II 297/300 f. E. 3. Der Wucherer (Art. 21) kann sich bei Vorliegen des Übervorteilungstatbestandes nicht auf die gänzliche Unwirksamkeit des Vertrages infolge wesentlichen Irrtums berufen 123 III 292/300 f. E. 3. Der Aussteller eines Blanketts kann dem gutgläubigen Dritten gegenüber nicht geltend machen, die über die Blanko-Unterschrift gesetzte Schuldanerkennung sei gefälscht und daher befinde er sich in einem Irrtum 88 II 422/427 f. Eine betreibungsrechtliche Steigerung kann nicht wegen Unrichtigkeit des in den Steigerungsbedingungen enthaltenen, den Gläubigern nicht besonders mitgeteilten Lastenverzeichnisses angefochten werden, nachdem die Frist zur Beschwerde abgelaufen ist, und zwar selbst dann nicht, wenn der anfechtende Gläubiger von der Unrichtigkeit des Lastenverzeichnisses erst später Kenntnis erhalten hat 41 III 41/45 ff. E. 2, 3.

Anwendung offengelassen. In 129 III 305/315 f. E. 4.3 offengelassen, ob die erbrechtliche Ausschlagungserklärung in sinngemässer Anwendung von Art. 23 ff. der Anfechtung zu unterstellen sei. 4

Zu **den Auswirkungen eines mangelhaft abgeschlossenen Vertrags** (Ungültigkeit ex tunc/Kündigung ex nunc) s. Art. 31. 5

Verhältnis Irrtumsregeln – Vertragsabschluss/Vertrauensprinzip. Ein Vertrag kommt zustande, wenn übereinstimmende gegenseitige Willenserklärungen vorliegen (Art. 1 Abs. 1); ob das zutrifft, ist gegebenenfalls unter Heranziehung des Vertrauensgrundsatzes zu ermitteln (zum Vertrauensprinzip siehe unter Art. 1 Abs. 1). Erst wenn feststeht, dass dergestalt ein Vertrag zustande gekommen ist, stellt sich die weitere Frage, ob er allenfalls wegen eines wesentlichen Irrtums für die eine Partei unverbindlich ist 105 II 23/26 E. b, 4C.226/2002 (27.9.02) E. 3 fr. Eine Anfechtung ist nur dort erforderlich, wo aufgrund des Vertrauensprinzips das Erklärte und nicht das Gewollte gilt; die Auslegung muss also einer eventuellen Prüfung eines Willensmangels immer vorausgehen 4C.195/2005 (9.9.05) E. 2. Die Anfechtung setzt notwendigerweise einen Konsens voraus; wirksamer Dissens und Willensmangel schliessen sich gegenseitig aus 129 III 320/326 E. 6.2. – Tatsächlicher Konsens schliesst einen Irrtum von vornherein aus 4C.348/2006 (17.1.07) E. 6. 6

Verhältnis Irrtumsregeln – Stellvertretung. Da der Vertreter das Geschäft abschliesst, beurteilt sich die Frage, ob es an einem Willensmangel leidet, grundsätzlich aus der Lage des Vertreters. Das Wissen des Vertreters wird dem Vertretenen zugerechnet, weshalb das Geschäft als mängelfrei gilt, wenn der Vertreter den richtigen Sachverhalt kannte. Der Vertragspartner kann sich nicht auf die Wissenszurechnung berufen, wenn er den Irrtum des Vertretenen durch Täuschung verursachte und damit kannte. Wurde eine Weisung des Vertretenen vom Vertreter falsch verstanden, liegt ein unbeachtlicher Irrtum im Be- 7 weggrund vor 4A_303/2007 (29.11.07) E. 3.4.3. S. zudem 140 III 86/91 E. 4.1 Pra 2014 (Nr. 79) 588.

8 **Verhältnis Willensmängel – Gewährleistung.** Nach ständiger Rechtsprechung hat der Käufer bei unrichtiger Erfüllung (durch Lieferung einer mangelhaften Kaufsache) die Wahl, ob er gemäss Art. 197 ff. auf Gewährleistung klagen oder nach Art. 97 ff. Schadenersatz wegen Nichterfüllung verlangen oder den Vertrag wegen eines Willensmangels im Sinne der Art. 23 ff. anfechten will (anders jedoch beim Viehkauf 70 II 48/50 f. E. 1 Pra 1944 [Nr. 49] 133 f.), 108 II 102/104 E. a, 114 II 131/133 ff. E. 1 (wenn der Verkäufer eine bestimmte Einzelsache verspricht und sie auch liefert, wird der Vertrag erfüllt, wenn auch allenfalls schlecht; für eine Klage gemäss Art. 97 ff. auf Erfüllung oder auf Schadenersatz wegen Nichterfüllung bleibt in diesem Fall kein Raum), 127 III 83/85 E. a, 4C.321/2006 (1.5.07) E. 4 fr. Die Möglichkeit einer Wahl ist auch dann gerechtfertigt, wenn es um eine rechtlich mangelhafte Erfüllung gemäss Art. 192 ff. geht 109 II 319/322 E. 2. Die Anfechtung wegen Irrtums hängt nicht von den besonderen Voraussetzungen der Sachgewährleistung ab, selbst wenn der Irrtum sich auf eine wesentliche Eigenschaft der Kaufsache bezieht; es genügt, dass der Käufer sich innert der Frist von Art. 31 auf Irrtum beruft, gleichviel, ob er die Sache geprüft und allfällige Mängel dem Verkäufer sogleich angezeigt hat (in einer verspäteten Prüfung und Anzeige kann jedoch im Einzelfall ein Verhalten erblickt werden, das der Käufer sich im Rahmen der Art. 25 und 26 entgegenhalten lassen muss) 82 II 411/420 ff. E. 6, 107 II 419/421 E. 1, 108 II 102/104 E.a.

9 Entschliesst sich der Verkäufer zur Anfechtung des Vertrages wegen eines Willensmangels, so darf er bei seiner Erklärung, den Vertrag als nicht bestehend anzusehen und daher nicht halten zu wollen, behaftet werden 108 II 102/104 E.a. Umgekehrt ist die Geltendmachung eines Mängelrechts ohne Weiteres als Genehmigung des Vertrags nach Art. 31 anzusehen (und damit die Irrtumsanfechtung ausgeschlossen) 127 III 83/85 f. E. 1b, 4A_570/2012 (16.4.13) E. 3.6 (Fall der Täuschung). S. aber 4A_551/2010 E. 2.3, nach dem die beiden Möglichkeiten alternativ (aber nicht kumulativ) bestehen, wobei der Käufer die Wahl hat. Nichts hindere den Käufer daran, den Vertrag für ungültig zu erklären, und für den Fall, dass die Voraussetzungen der Ungültigkeit nicht gegeben sind, die Gewährleistungsklage geltend zu machen.

10 Die Berufung auf Grundlagenirrtum versagt, wenn der Irrtum mit der fehlenden Eigenschaft der Kaufsache begründet wird, für welche der Verkäufer die Gewährleistung wegbedungen hat 126 III 59/66 E. 3 Pra 2000 (Nr. 117) 694 f., 4A_492/2012 (22.11.12) E. 5 fr., 4A_237/2009 (26.10.09) E. 5.1. Sie ist aber möglich, wenn die Vertragsbestimmungen die Gewährspflicht weder allgemein noch hinsichtlich bestimmter Eigenschaften der Kaufsache aufheben, sondern sie nur zeitlich und inhaltlich (mit Bezug auf die Ansprüche des Käufers) beschränken 91 II 275/279 E. 2b. Zudem fällt ein Mangel bei objektivierter Auslegung dann nicht unter den Gewährleistungsausschluss, wenn er gänzlich ausserhalb dessen lag, womit ein Käufer vernünftigerweise rechnen musste. Dabei hängt von den konkreten Umständen des Einzelfalls ab, womit ein Käufer zu rechnen hat (107 II 161/164 E. 6c). Es kommt für die Auslegung wesentlich darauf an, zu welchem erkennbaren Zweck jemand einen Gegenstand gekauft hat. Insofern sind Mängel, die eine Sache weitgehend für den vorgesehenen Gebrauch untauglich machen, anders zu werten als solche, die diesen zwar erschweren, aber dennoch zulassen. Für die Beurteilung der Frage,

ob ein bestimmter Mangel unter den Gewährleistungsausschluss fällt oder nicht, ist deshalb auf den wirtschaftlichen Zweck des Kaufvertrages abzustellen 130 III 686/689 f. E. 4.3.1, 4A_492/2012 (22.11.12) E. 5 fr. So verhinderte z.B. der Gewährleistungsausschluss beim Kauf eines Chalets nicht den Grundlagenirrtum über die Tatsache, dass das Chalet nicht genügend mit Wasser versorgt wurde 4A_551/2010 (2.12.10) E. 2.6.

Auch beim Mietvertrag kann der Mieter zwischen Gewährleistung und Grundlagenirrtum wählen s. 135 III 537 Pra 2010 (Nr. 40) 293 ff. Demgegenüber enthält das Werkvertragsrecht mit Art. 373 Abs. 2 eine Sonderregel, welche der allgemeinen Bestimmung des Art. 24 Abs. 1 Ziff. 4 vorgeht, 109 II 333. 11

Verhältnis Irrtumsregeln – Verzugsregeln. Im Fall der Nichterfüllung eines Vertrages finden die Verzugsregeln Anwendung unter Ausschluss der Irrtumsregeln 4A.28/2007 (30.5.07) E. 2.3 fr. (in 133 III 421 n.p. E.; in casu Schenkung/Rechtsbehelfe gemäss Art. 246 Abs. 1 und Art. 249 Ziff. 3). 12

Verfahren. Feststellungen des kantonalen Richters über die Umstände des Vertragsabschlusses sowie das Wissen und Wollen der Vertragsschliessenden beschlagen Tatfragen; das kantonale Gericht beurteilt namentlich grundsätzlich abschliessend, ob sich eine Partei beim Vertragsschluss in einem Irrtum befunden hat 4C.268/2000 (21.12.00) E. 1b, 4C.82/2005 (4.8.05) E. 4.1 fr. Rechtsfrage hingegen ist die Frage nach der Wesentlichkeit des Irrtums 4C.321/2006 (1.5.07) E. 4.1 fr., 4A_408/2007 (7.2.08) E. 3.2 fr. 13

Weiteres. Wer erklärt, den Vertrag abändern zu wollen, verzichtet nicht darauf, ihn wegen Unverbindlichkeit anzufechten, wenn die Gegenpartei eine Änderung ablehnt 96 II 101/105 E. 2. – Analoge Anwendung von Art. 20 Abs. 2 auf Verträge mit Willensmängeln 96 II 101/106 f. E. a, 107 II 419/423 f. E. a, 116 II 685/687 E. aa, 130 III 49/56 E. 3.2 (ausführlich zur Frage einer Teilanfechtung), 137 III 539/541 E. 2.1 Pra 2010 (Nr. 40) 296. – Die Geltendmachung der einseitigen Unverbindlichkeit (oder Nichtigkeit) des Kaufvertrages bleibt auch gegenüber dem Vorkaufsberechtigten vorbehalten 82 II 576/583 E. 3. – Der Irrtum im Sinne von ZGB Art. 469 Abs. 1 muss kein wesentlicher im Sinne von Art. 23 ff. sein 119 II 208/210 f. E. 3 bb Pra 1994 (Nr. 114) 395 f. 14

I. Irrtum 1. Wirkung

Art. 23

Der Vertrag ist für denjenigen unverbindlich, der sich beim Abschluss in einem wesentlichen Irrtum befunden hat.

Irrtum ist die falsche 98 II 15/18 E. 1 oder fehlende Vorstellung (Unkenntnis) 53 II 143/154 einer Partei über einen Sachverhalt (Tatfrage 91 II 275/277 E. 1, 4P.27/2003 [22.5.03] E. 2.2.1). – Bei Zweifeln an der Richtigkeit der eigenen Vorstellung fällt ein Irrtum ausser Betracht 95 II 407/409 E. 1. – Wird der Vertrag durch einen Vertreter abgeschlossen, so ist allein auf dessen Vorstellung abzustellen; falsche oder fehlende Vorstellungen des Vertretenen finden keine Berücksichtigung 56 II 96/105 f. E. 4; zum Verhältnis Irrtumsregeln – Stellvertretung vgl. auch Vorb. Art. 23–31. – Das Gesetz sieht als Rechts- 1 folge der Irrtumsanfechtung die Unverbindlichkeit des Vertrages mit allen Unannehmlichkeiten vor, die sich daraus für die Parteien ergeben können (Milderung dieser Nachteile allfällig durch blosse Teilunverbindlichkeit und bei Fahrlässigkeit Haftung der anfechtenden Partei). Es fehlt die Rechtsgrundlage für eine Prüfung, ob die einseitige Unverbindlichkeit des Vertrages als unverhältnismässige Rechtsfolge erscheint 123 III 200/203 E.a.

2 **Wesentlich** ist nur jener Irrtum, der sich auf die von der einen oder andern Vertragspartei gemachte oder versprochene Leistung sowie auf deren Wert für den *irrenden* Teil bezieht; unwesentlich ist somit ein Irrtum z.B. dann, wenn eine Vertragspartei sich lediglich über den Wert, den die Leistung des Vertragsgegners für *diesen* hat, irrt und infolgedessen bei der Bestimmung des Umfanges ihrer eigenen Leistung die Lage nicht optimal ausnützt 41 II 356/364 f. E. 2. – Für die Frage der Wesentlichkeit eines Irrtums sind die gesamten Umstände zu berücksichtigen 40 II 53/57 E. 2. – Massgebend ist der Zeitpunkt des Vertragsabschlusses 56 II 96/104 f. – Nicht wesentlich ist der Rechtsirrtum, der sich auf eine gesetzliche Nebenfolge des Vertrages bezieht (in casu Kündigungsklausel in einem Mäklervertrag) 103 II 129/131. Der Irrtum muss für den Vertragsschluss kausal sein 4C.253/2003 (22.1.04) E. 3.1 fr., 4C.5/2001 (16.3.01) E. 3b it.

3 **Folgen.** Der im Zeitpunkt der Anfechtung bereits abgewickelte Teil eines Dauerschuldverhältnisses bleibt gültig und lässt das Synallagma bis zu diesem Zeitpunkt unberührt (es sei denn, der Willensmangel wirke sich selber auf das Synallagma aus, was zu einer richterlichen Vertragsanpassung nach dem Regelungsgedanken des Art. 20 Abs. 2 führt) 129 III 320/327 ff. E. 7, 4C.197/2004 (27.9.04) E. 4.1 fr., 4A_16/2008 (12.6.08) E. 2.4. Die gegenseitigen Leistungen der Parteien beim Hinfall eines Vertrages wegen Irrtums sind nicht unversehrt, sondern nur nach den Grundsätzen über die *ungerechtfertigte Bereicherung* zurückzuerstatten 97 II 43/48, 114 II 131/141 ff. E. 3 (in casu Kaufvertrag; Art. 67 Abs. 1: Die absolute Verjährung für den Rückforderungsanspruch des Käufers beginnt mit der Bezahlung des Preises zu laufen). Die gegenseitigen Forderungen aus ungerechtfertigter Bereicherung, allenfalls die Vindikationsansprüche, sind voneinander nicht unabhängig; die ursprüngliche Verknüpfung und Abhängigkeit der Leistungen ist auch in der Phase der Rückerstattung zu beachten. Das führt zur Rückerstattung der Leistungen «Zug um Zug» (allfällige Retentionsrechte finden bei der Rückabwicklung keine Berücksichtigung) 83 II 18/24 f. E. 7, 129 III 320/328 E. 7.1.1. – Die Berufung auf einen wesentlichen Irrtum setzt nicht voraus, dass die Leistung, die der Irrende erhalten hat, im Zeitpunkt der Rückgabe mindestens gleich viel wert sei wie im Zeitpunkt des Empfanges (in casu Geschäftsübernahme mit Aktiven und Passiven durch Kauf aller Aktien/Grundlagenirrtum des Käufers über die finanzielle Lage der Gesellschaft: Der Umstand, dass die Gesellschaft *nach* der Übernahme durch den Käufer Verluste erlitten hat, hindert diesen nicht, sich auf einen wesentlichen Irrtum zu berufen) 97 II 43/47 f. E. 3.

4 Wird im Prozess neben wesentlichem Irrtum auch *absichtliche Täuschung* (Art. 28) angerufen, so geht letzteres vor, da Art. 28 einen weiter gehenden Schutz gewährt 40 II 534/538 E. 4.

5 Wer sich auf Irrtum beruft, hat ihn, seine Wesentlichkeit und seine Kausalität für den Vertragsschluss zu *beweisen* 82 II 411/422.

2. Fälle des Irrtums

Art. 24

[1] Der Irrtum ist namentlich in folgenden Fällen ein wesentlicher:

1. **wenn der Irrende einen andern Vertrag eingehen wollte als denjenigen, für den er seine Zustimmung erklärt hat;**
2. **wenn der Wille des Irrenden auf eine andere Sache oder, wo der Vertrag mit Rücksicht auf eine bestimmte Person abgeschlossen wurde, auf eine andere Person gerichtet war, als er erklärt hat;**
3. **wenn der Irrende eine Leistung von erheblich grösserem Umfange versprochen hat oder eine Gegenleistung von erheblich geringerem Umfange sich hat versprechen lassen, als es sein Wille war;**
4. **wenn der Irrtum einen bestimmten Sachverhalt betraf, der vom Irrenden nach Treu und Glauben im Geschäftsverkehr als eine notwendige Grundlage des Vertrages betrachtet wurde.**

[2] Bezieht sich dagegen der Irrtum nur auf den Beweggrund zum Vertragsabschlusse, so ist er nicht wesentlich.

[3] Blosse Rechnungsfehler hindern die Verbindlichkeit des Vertrages nicht, sind aber zu berichtigen.

▪ Abs. 1 (1) ▪ Abs. 1 Ziff. 1 (4) ▪ Abs. 1 Ziff. 2 (5) ▪ Abs. 1 Ziff. 3 (6) ▪ Abs. 1 Ziff. 4 Grundlagenirrtum (8) ▪ Abs. 2 Motivirrtum (21) ▪ Abs. 3 Rechnungsfehler (23)

Abs. 1 Ein Erklärungsirrtum gemäss Ziffern 1–3 liegt vor, wenn ein Vertragspartner eine Erklärung abgibt, die nicht seinem Willen entspricht; der Erklärungsirrtum betrifft somit nicht die Willensbildung, sondern die Äusserung des fehlerfrei gebildeten Willens 4A_417/2007 (14.2.08) E. 3.2. Das tatsächlich Erklärte entspricht objektiv nicht dem, was der Irrende ausdrücken wollte 4A_47/2009 (15.9.09) E. 1.3.1, d.h., der Irrende hat erstens entweder den Wortlaut nicht gewollt oder der Erklärung eine andere Bedeutung beigemessen 57 II 284/288, vgl. auch 110 II 304/302 E. a (in casu Entscheid zu Ziff. 3) und die Gegenpartei darf sich zweitens nach Treu und Glauben auf das Erklärte verlassen; darf sie dies nicht, so liegt kein Erklärungsirrtum aufseiten des Erklärenden vor, sondern ein Missverständnis aufseiten des Empfängers 4C.195/2005 (9.9.05) E. 2. 1

Die Anfechtungsmöglichkeit ist gegeben, sobald der Unterschied zwischen der gewollten und der tatsächlich abgegebenen Willenserklärung wesentlich ist, ohne Rücksicht auf die Erkennbarkeit des Unterschiedes und ohne dass die Voraussetzungen der exceptio doli (Einrede der Arglist) oder der Mangel guten Glaubens beim Vertragsgegner vorliegen müssen. Ausgeschlossen ist die Anfechtung dann, wenn ersichtlich ist, dass der Erklärende im Bewusstsein der Unkenntnis des Inhalts des Erklärten sich allem, was der Vertragsgegner will, unterwirft 49 II 167/181 f. E. 5, 34 II 523/531 f. E. 7 (vgl. aber Art. 26). 2

Die Aufzählung in Abs. 1 ist *nicht abschliessend* 41 II 356/364 E. 2. 3

Abs. 1 Ziff. 1 Irrtum darauf beruhend, dass eine Partei beim Vertragsschluss den gebrauchten Ausdrücken nicht den üblichen Sinn beilegte («sans engagement» = gratis?) 64 II 9/10 E. 2 fr. Irrtümliche Unterzeichnung einer Solidarbürgschaft statt einer Grundpfandverschreibung 49 II 167/180 E. 3; irrtümliche Bezeichnung einer terminierten Bürgschaft als solidarische Schuldübernahme 34 II 523/530 f. E. 5. 4

5 ***Abs. 1 Ziff. 2*** Die Bestimmung regelt einzig den Irrtum über die Identität und nicht denjenigen über die Eigenschaften des Vertragspartners (letzterer ist entweder Grundlagenirrtum gemäss Ziff. 4 [falls das Kriterium der objektiven Wesentlichkeit erfüllt ist] oder unbeachtlicher Motivirrtum gemäss Abs. 2) 118 II 297/299 E. 2. Error in persona liegt vor, wenn sich eine Partei über die Gegenpartei dahingehend irrt, dass sie diese mit einer anderen Person verwechselt; wesentlich ist ein solcher Irrtum, wenn die Person der Gegenpartei für die erklärende Partei von Bedeutung war (Abschluss des Vertrages intuitu personae) 4C.389/2002 (21.3.03) E. 5 fr. (in casu error in persona verneint). – *Kein Identitätsirrtum,* wenn es nur um bestimmte Eigenschaften eines individualisierten Kaufobjektes geht 57 II 284/288 E. 2, 126 III 59/66 E. 3 fr. – Der Käufer kann sich nicht auf Irrtum berufen, wenn ein Teil der verkauften Liegenschaft mit einem Vorkaufsrecht des Pächters belastet ist 111 II 487/497 E. bb fr.

6 ***Abs. 1 Ziff. 3*** Auch wenn die Willensäusserungen äusserlich übereinstimmen (der Vertrag nach Vertrauensprinzip somit zustande gekommen ist), ist eine Berufung auf den *error in quantitate* nicht ausgeschlossen 105 II 23/25 f. E. b, c. Bei der Beurteilung, ob die Differenz zwischen gewollter und tatsächlich vereinbarter Leistung als erheblich betrachtet werden kann, ist auf die Umstände des Einzelfalls abzustellen 4C.219/2004 (25.10.04) E. 3.3.1 und 3.3.2.

7 Hat der Versicherer eine Vertragsbestimmung ungenau formuliert, so kann er sich nicht auf den error in quantitate berufen 59 II 318/323 f. E. 2 fr. (zur Unklarheitsregel siehe unter Art. 18/Regeln für die Vertragsauslegung). – Wesentlicher Irrtum im Sinne der Bestimmung, wenn die Angestellte eines Schmuckgeschäftes einen Ring aus Versehen mit CHF 1380 statt CHF 13 800 beschriftet 105 II 23/24 f. E. 2 a. Error in quantitate durch irrtümliche Mitteilung der Vertragsbestimmungen an den Vorkaufsberechtigten 82 II 576/585 f. E. 6. Die Zusicherung bloss eines Zirkamasses hinsichtlich einer Pachtliegenschaft schliesst einen Irrtum über die Grösse des Grundstückes nicht aus 39 II 238/241 f. E. 5. – Kein Erklärungsirrtum (falsche Vorstellung über die Ausdruckskraft des Erklärungsverhaltens) im Sinne der Bestimmung liegt vor, wenn eine AG den wirklichen Wert der von ihr infolge Erbganges übernommenen Aktien (aOR Art. 686 Abs. 4) unterschätzt hat 110 II 293/303 E.b.

8 ***Abs. 1 Ziff. 4*** **Grundlagenirrtum** ist qualifizierter Motivirrtum 79 II 272/274 E. 5, 4C.5/2001 (16.3.01) E. 3 it. Grundlagenirrtum liegt vor, wenn eine Partei sich über eine Rechtslage oder über einen bestimmten Sachverhalt geirrt hat, der für sie notwendige Vertragsgrundlage war (subjektive Wesentlichkeit) und den sie zudem nach Treu und Glauben im Geschäftsverkehr als notwendige Vertragsgrundlage betrachten durfte (objektive Wesentlichkeit) 136 III 528/531 E. 3.4.1, 135 III 537/541 f. E. 2.2 Pra 2010 (Nr. 40) 296. Dabei sind die Besonderheiten des konkreten Geschäfts und die Eigenschaften der am Vertrag beteiligten Parteien zu beachten (so ist z.B. für den Darlehensnehmer in der Regel belanglos, woher die vom Darlehensgeber zur Verfügung gestellten Geldmittel stammen) 4A_47/2009 (15.9.09) E. 1.3.2. Es genügt nicht, dass die Partei sich über den Inhalt oder Umfang der gegenseitigen Leistungen oder bloss über die Wirkungen des Vertrages geirrt hat; erforderlich ist vielmehr eine falsche Vorstellung, die notwendigerweise beiden Parteien bewusst oder unbewusst gemeinsam und bei objektiver Betrachtung eine unerlässliche Voraussetzung für den Abschluss des Vertrages (Kausalität zwischen Irrtum und Ver-

tragsabschluss 4C.23/2006 [4.5.06] E. 3 fr., 4C.226/2002 [27.9.02] E. 5.1 fr.) gewesen ist 132 III 737/741 E. 1.3, 113 II 25/27 E. 1, vgl. auch 110 II 360/366 f. E. 3a JdT 133 (1985) I 137 E. 3a, 118 II 58/62 f. E. 3 Pra 1993 (Nr. 142) 552 f., ferner 123 III 200/202 E. 2, 4C.316/2000 (3.1.01) E. 2 (Werterwartung als notwendige Vertragsgrundlage eines Schenkungsvertrages, in casu verneint), ferner 4C.43/2005 (24.6.05) E. 3 (in casu Grundlagenirrtum verneint), 4A_408/2007 (7.2.08) E. 3.2 fr. Es muss sich um eine Grundlage handeln, die nach Treu und Glauben die Ungültigkeit des Vertrags rechtfertigt 4A_504/2008 (6.7.09) E. 2.2. Ein Grundlagenirrtum darf nur angenommen werden, wenn der Vertragspartner bei gebührender Sorgfalt hätte erkennen müssen, welche Bedeutung der entsprechende Sachverhalt für den Irrenden hatte 4C.37/2004 (19.4.04) E. 3.2. Für eine Anfechtung kommt es grundsätzlich nicht darauf an, ob der Anfechtende sich bloss fahrlässig geirrt hat. Hingegen: Kümmert sich jemand bei Vertragsabschluss nicht um die Klärung einer bestimmten Frage, obwohl es auf der Hand liegt, dass diese sich stellt, so darf die Gegenpartei daraus grundsätzlich den Schluss ziehen, dieser Punkt sei für den Partner im Hinblick auf den Vertragsabschluss nicht von Bedeutung 117 II 218/223 f. E. b (in casu gerichtlich genehmigte Scheidungskonvention; zur Anfechtung der richterlich genehmigten Scheidungskonvention siehe aber die in 119 II 297/300 f. E. 3 geänderte Rechtsprechung), 4C.250/1999 (3.2.00) E. 4a (in casu Mietvertrag), 4C.218/2001 (15.5.02) E. 6b. – Abzustellen ist auf die tatsächlichen Verhältnisse – die Vorstellungen der Parteien – im Zeitpunkt des Vertragsabschlusses 4C.226/2001 (21.11.01) E. 5, 132 III 737/741 E. 1.3 (die Anfechtbarkeit darf nicht im Sinne einer Abwägung der im Zeitpunkt der Berufung auf den Irrtum bestehenden Vertragsinteressen der Parteien davon abhängig gemacht werden, ob die einseitige Unverbindlichkeit des Vertrages als unverhältnismässige Rechtsfolge erscheint; die Geltendmachung verstösst vielmehr nur dann gegen Treu und Glauben, wenn es sich um unnütze Rechtsausübung handelt oder ein krasses Missverhältnis der Interessen besteht). – Die Wesentlichkeit des Irrtums ist *Rechtsfrage* 87 II 137/138 E. 3, 113 II 25/27 E. a, 118 II 297/299 E. 2.

Der Grundlagenirrtum kann sich auch nur ***auf einen Teil des Vertrages*** beziehen 56 II 9
424/426 f. Analoge Anwendung von Art. 20 Abs. 2 96 II 101/106 f. E.a.

Ausserhalb des Vertrags liegende Verhältnisse gehören nur dann zur notwendigen 10
Vertragsgrundlage, wenn besondere Umstände der Gegenpartei erkennbar machten, dass der Irrende nur im Hinblick auf sie sich zum Vertragsabschluss entschloss und sie es unterliess, ihrerseits einen Vorbehalt anzubringen (in casu irrtümliche Annahme beider Parteien, das gekaufte Haus werde subventioniert) 48 II 236/238 f. E. 3.

Irrtum über einen zukünftigen Sachverhalt. Vertragsgrundlage im Sinne der Be- 11
stimmung kann auch ein Umstand sein, der den Einflüssen der Parteien von vornherein entzogen ist, folglich entgegen ihrem Willen vorliegen oder eintreten, fehlen oder ausbleiben kann (bei Irrtum über die rechtlichen oder tatsächlichen Voraussetzungen der Überbaubarkeit von Grundstücken ist dies sogar die Regel) 109 II 105/108 E.a. Das Kriterium zur Abgrenzung eines wesentlichen Irrtums über ein künftiges Ereignis von einem unwesentlichen ist darin zu erblicken, dass der Irrtum nach dem Wortlaut des Gesetzes «einen bestimmten Sachverhalt» betreffen muss. Blosse Hoffnungen, übertriebene Erwartungen oder gar Spekulationen (z.B. über die Entwicklung von Bodenpreisen, über Kurse von Wertpapieren oder die Änderung einer Bewilligungspraxis) reichen dafür von vornherein nicht aus 118 II 297/300 f. E. 2c; die Verwirklichung des vorgestellten Sachverhaltes muss

vielmehr von beiden Parteien als sicher angesehen werden 109 II 105/110 f. (in casu Frage der künftigen Öffentlicherklärung einer Strasse), 4A_279/2007 (15.10.07) E. 4.1 fr. 4A_95/2008 (25.3.09) E. 4 (in 135 III 295 ff. n.p. Erwägung), 4A_335/2018 (9.5.19) E. 5.1.2 (Erteilung einer Veräusserungsbewilligung bzw. keine Änderung der Bewilligungspraxis), vgl. auch 4A_286/2018 (5.12.18) E. 3.1 fr. (keine Baubewilligung infolge Lärmvorschriften). Dabei genügt es, wenn nur eine Partei fälschlicherweise annahm, ein zukünftiges Ereignis sei sicher, sofern die Gegenpartei nach Treu und Glauben hätte erkennen müssen, dass die Sicherheit für die andere Partei Vertragsvoraussetzung war, 118 II 297/300 E. 2b, 117 II 218/224 E. 4. 4A_217/2014 (4.8.14) E. 2.2. – Die Anfechtung eines Vertrages wegen Irrtums erweist sich als unbegründet, wenn der von den Parteien unterstellte Sachverhalt noch verwirklicht werden kann 109 II 105/111 f. E.c.

12 *Beispiele.* 4A_641/2010 (23.2.11) E. 3.5 (Irrtum verneint: Partei charterte Flugzeuge für Flüge in den Kosovo während des Winters, in der Überzeugung, später die Flugzeuge auch für den Sommer chartern zu können. Darüber bestand aber keinerlei Sicherheit); 4A_494/2011 (1.11.11) E. 2.1.2 f. (Irrtum verneint).

13 Grundlagenirrtum kann auch im blossen ***Verkennen einer Rechtslage*** bestehen 96 II 101/104 E. c, 127 V 301/308 E. c fr.; Rechtsirrtum 80 II 152/156 E. 1. Ein Irrtum über die Rechtslage ist unwesentlicher Motivirrtum, wenn er bloss die rechtlichen Nebenfolgen des geschlossenen Vertrages betrifft 4A_228/2007 (1.10.07) E. 2. Der Meinungsäusserung eines erstinstanzlichen Gerichts zu einer hochkontroversen Frage anlässlich der Präsentation eines unverbindlichen Vergleichsvorschlages geht von vornherein jede Eignung ab, einen Rechtsirrtum «aufzudecken» 129 III 305/316 E. 4.3. – Siehe aber Abs. 2.

14 Zum Verhältnis Grundlagenirrtum/Willensmängel und Gewährleistung s. Rz. 9 zu Vorb. Art. 23–31.

15 Anwendung der Bestimmung auf den ***Vergleich*** 82 II 372/375 E. 2, 4C.187/2006 (6.9.06) E. 1.3; jedoch ist die Anfechtung über zur Zeit des Abschlusses bestrittene und ungewisse Punkte bei späterer Aufklärung darüber ausgeschlossen, da sonst jene Fragen wieder aufgerollt würden, derentwegen sich die Beteiligten verglichen haben 54 II 188/190 f. E. 2, vgl. auch 114 Ib 74/79 E. b Pra 1988 (Nr. 185) 665. Ausgeschlossen ist also die Irrtumsanfechtung bezüglich des caput controversum 130 III 49/52 E. 1.2. Die Irrtumsanfechtung ist beim Vergleich zulässig, sofern der Irrtum sich auf einen Sachverhalt bezieht, von dessen Existenz beide Parteien bei Abschluss des Vergleichs ausgingen oder doch die eine Partei mit Wissen der anderen 117 II 218/226 (in casu gerichtlich genehmigte Scheidungskonvention; zur Anfechtung der richterlich genehmigten Scheidungskonvention siehe aber die in 119 II 297/300 f. E. 3 geänderte Rechtsprechung).

16 ***Analoge Anwendung*** der auf Verkehrsgeschäfte zugeschnittenen Bestimmung auf andere Verträge in der Weise, dass statt auf Treu und Glauben «im Geschäftsverkehr» auf die besonderen Umstände des Vertragsabschlusses abgestellt wird (in casu Alimentationsvertrag) 70 II 195/198 f. – Anwendbar auch auf die Décharge-Erteilung der Organe einer AG durch die Generalversammlung 65 II 2/15 f. – Die Anfechtung eines Aktienkaufs wegen Irrtums über den Wert der erworbenen Aktien ist unter gewissen Umständen möglich 79 II 155/161 f. E. bb, so wie generell der Wert einer Kaufsache Gegenstand einer Fehlvorstellung sein kann 4A_97/2018 (11.8.16) E. 2.4. – Der Irrtum im Sinne von ZGB Art. 469 Abs. 1 muss kein wesentlicher im Sinne von Art. 23 ff. sein 119 II 208/210 f. E. 3 bb Pra 1994 (Nr. 114) 395 f., anders noch 99 II 382/384 ff. E.a. Will der Erblasser den Erbvertrag

wegen Willensmangels aufheben, so hat er dem Vertragspartner davon Kenntnis zu geben 99 II 382/386 f. E.b. Offengelassen, ob sich die Erben auf einen Grundlagenirrtum des Erblassers berufen können, wenn der Erblasser sich über das Verhältnis zwischen Leistung und Gegenleistung irrte Pra 2000 (Nr. 153) 919 f. E. c (in der Amtlichen Sammlung nicht veröffentlichte Erwägung, vgl. 126 III 171/176).

Keine Anwendung. Werkvertrag: Art. 373 Abs. 2 ist eine Sonderregel, welche der allgemeinen Bestimmung von Art. 24 Abs. 1 Ziff. 4 vorgeht (ebenso sehen Rechtsprechung und Literatur in Art. 375 eine spezielle Ausgestaltung der Irrtumsanfechtung im Werkvertragsrecht) 109 II 333/335 f. E.b. – Das CISG enthält bezüglich Beschaffenheit der Kaufsache eine dem Grundlagenirrtum funktional äquivalente Regelung, weshalb im Anwendungsbereich des CISG eine Berufung auf Art. 24 Abs. 1 Ziff. 4 (anders als auf Erklärungsirrtum nach Art. 24 Abs. 1 Ziff. 1) ausgeschlossen ist 145 III 383/388 E. 5.3.1. 17

Beispiele. Irrtum über die Qualität eines Baugrundes 87 II 137/138 E. 3; über die Überbaubarkeit eines Grundstückes (irreführendes Lastenverzeichnis bei einer Versteigerung) 95 III 21/22 ff. E. 2, 3 (hingegen kein Grundlagenirrtum, wenn die verkleinerte überbaubare Fläche durch eine im Lastenverzeichnis aufgenommene Bauverbotsdienstbarkeit begründet ist 129 III 363/365 E. 5.3 Pra 2004 [Nr. 10] 54 f.; 98 II 15/18 E. 1 (vgl. aber 107 II 343/346 f. E. b, wonach im Rahmen eines Baurechtsvertrages ein Irrtum bezüglich der Überbaubarkeit einer Parzelle, die mehrere Jahre nach Abschluss des Vertrages von einem Baustopp erfasst wird, nicht wesentlich ist); über die tatsächliche Belastungssituation eines Grundstücks 4A_37/2009 (26.10.09) E. 4.2; über die Grösse (Fläche) einer Wohnung 113 II 25/28 f. E. b, 4C.5/2001 (16.3.01) E. 3a (Grundlagenirrtum bei Unterschied von mehr als 10% der Fläche), 4A_108/2019 (22.1.20) E. 2.3.2 fr. (Grundlagenirrtum bei 4,15% zu kleiner Mietfläche), 135 III 537/544 E. 2.2 Pra 2010 (Nr. 40) 298 f. (Mietzins in Funktion der Fläche in m^2 festgelegt), aber kein Grundlagenirrtum, weil Mietfläche nicht subjektiv wesentlich war 4A_249/2017 (8.12.17) E. 3 fr.; über die Echtheit eines Gemäldes 82 II 411/424 f. E. 7, 114 II 131/139 f. E. 2a; über die finanzielle Lage eines unterstützungspflichtigen Verwandten (Vergleich mit der Armenbehörde) 82 II 371/375 ff. E. 2; über die finanzielle Lage einer AG beim Kauf aller Aktien 97 II 43/45 f. E. 2, 107 II 419/425 f. E. c (in casu Irrtum über den Wert des Warenlagers), 4A_87/2018 (27.6.18) E. 5.2 (fehlerhafte Unternehmensbewertung als Kaufpreisgrundlage); über die Tatsache, dass die gekaufte AG noch zusätzliche Maschinen angeschafft hat (und entsprechende offene Rechnungen hat) oder darüber, dass das Versprechen, den Maschinenkaufvertrag zu annullieren, nicht eingehalten wurde 4A_195/2008 (4.9.08) E. 3; über die Tatsache, dass die im Rahmen eines Konkurses ersteigerten Namenaktien nur zu 40% liberiert sind 79 III 114/116 ff. E. 2; über die Tatsache, dass der gekaufte Wagen gestohlen ist (auch dann Grundlagenirrtum, wenn der Verkäufer ihn seinerzeit gutgläubig erworben hat und der Bestohlene sich nicht meldet) 109 II 319/324 ff. E. 4; über die Verantwortung für einen Verkehrsunfall 96 II 25/27 E. b; über die Leistungsfähigkeit einer Maschine und den mit ihr erzielbaren Gewinn 84 II 515/518 ff. E. 2–4; über die Höhe des Absatzes bei der Übernahme von Vertretungsverträgen 78 II 216/217 ff. E. 5; über die zukünftige Erteilung eines Wirtschaftspatents beim Kauf einer Liegenschaft mit Gastwirtschaft 55 II 184/188 f. E. 5; über das Bestehen von Verpflichtungen, die dem Abschluss des betreffenden Vertrages entgegenstehen 51 II 49/53 E. 2; über den Inhalt der Steigerungsbedingungen bei einer freiwilligen Versteigerung, wenn diese keinen Vermerk darüber enthalten, dass die auf 18 dem Grundstück lastenden Hypotheken zu einem wesentlichen Teil bereits gekündigt sind 40 II 380/384 f. E. 5; über die medizinischen Grundlagen eines Entschädigungsvergleichs mit einer Versicherung (Rückweisung an die Vorinstanz) 130 III 49/55 E. 2.4. Weiterleben des Vertragspartners als Geschäftsgrundlage im Sinne der Bestimmung (in casu offengelassen) 116 II 259/263 E. 4. Grundlagenirrtum einer Bank bei der Vereinbarung eines Schulderlasses 4C.335/1999 (25.8.00) E. 4c bb fr. – Kann der Unternehmer bei Beobachtung der üblichen Sorgfalt erkennen, dass sich der Besteller des Missverhältnisses zwischen Preis und erhofftem Vorteil nicht bewusst ist, so muss er diesen Irrtum zerstreuen, ansonsten er Gefahr läuft, dass der Besteller sich auf Grundlagenirrtum beruft 92 II 328/333 E. a Pra 1967 (Nr. 91) 291. Irrtum über Eigenschaften des Vertragspartners vermögen unter Umständen einen Grundlagenirrtum zu begründen 132 III 737/741 E. 1.3. Kauf eines Chalets, in dem der Käufer nach seiner Pensionierung leben wollte und bei dem die Versorgung mit Trinkwasser ungenügend war 4A_551/2010 (2.12.10) E. 2.4. Kauf eines Cabarets; Irrtum über den Zeitpunkt, in dem dieses als Disco eröffnet werden kann 4A_297/2013 (4.9.13) E. 3.2.2 fr. Irrtum über die Behebung der Lärmproblematik vor Mietantritt, die Quelle des Lärms und die sich daraus ergebenden Konsequenzen sowie über die Einhaltung der (gesetzlichen) Lärmgrenzwerte 4A_125/2014 (2.6.14) E. 3 f.

19 Kein Grundlagenirrtum, wenn der Drittpfandgeber sich über die finanzielle Lage des Schuldners irrt 108 II 410/412 E. a, vgl. auch 110 II 293/303 E. b (in casu konnte sich eine AG, die den wirklichen Wert der von ihr infolge Erbganges übernommenen Aktien [aOR Art. 686 Abs. 4] unterschätzte, nicht auf Grundlagenirrtum berufen). Siehe zudem 4A_343/2009 (5.1.10) E. 3.2. In 4A_270/2010 (21.1.11) verneinte das Bundesgericht nicht nur den Grundlagenirrtum, sondern den Irrtum überhaupt (Tatfrage) und korrigierte damit die Feststellungen der Vorinstanz (was nur bei Willkür möglich ist).

20 ***Weiteres.*** Auch der fahrlässig Irrende kann sich auf Grundlagenirrtum berufen, jedoch mit allfälliger Schadenersatzpflicht nach Art. 26 130 III 49/54 E. 2.3. – Die Teilanfechtung wegen Grundlagenirrtums setzt voraus, dass der Vertragsinhalt in subjektiver und objektiver Hinsicht teilbar ist, sodass der verbleibende Teil noch immer ein Vertragsganzes bildet 130 III 49/56 E. 3.2. – Wer sich auf Grundlagenirrtum beruft, hat darzutun, dass er ihn innert der einjährigen Verwirkungsfrist gemäss Art. 31 geltend gemacht hat 4C.147/2000 (23.8.00) E. 2a/cc.

21 ***Abs. 2*** **Motivirrtum.** Die Nichtvoraussehbarkeit hat in der Regel die Unwesentlichkeit des Irrtums zur Folge 79 II 272/275 E. a (zum Irrtum über einen zukünftigen Sachverhalt im Allgemeinen vgl. Abs. 1 Ziff. 4). – Unwesentlich ist der Rechtsirrtum, der sich auf eine gesetzliche Nebenpflicht des Vertrages bezieht (in casu Kündigungsklausel in einem Mäklervertrag) 103 II 129/131, 4C.421/1999 (17.2.00) E. 3a. Insbesondere setzen sich zwingende Regelungen auch dann durch, wenn sich die Parteien darüber im Irrtum befinden 4C.421/1999 (17.2.00) E. 3a.

22 ***Beispiele.*** Motivirrtum im Sinne der Bestimmung: beim Irrtum über die rechtlichen Nebenfolgen des geschlossenen Vertrages 4C.37/2004 (19.4.04) E. 3.3; wenn sich der Bürge falsche Vorstellungen über die finanziellen Verhältnisse des Schuldners macht 45 II 43/47 E. 2; wenn der Bürge irrtümlich annimmt, bezüglich der Schuld sei eine Pfandbestellung rechtsgültig zustande gekommen 48 II 375/379 f. E. 1; wenn sich eine Partei über die Einträglichkeit eines Geschäftes irrt 45 II 317/321 f. E. 5; wenn sich eine Partei über

den Wert der verkauften Sache irrt 4A_542/2012 (24.1.13) E. 2.3 fr.; wenn sich eine Partei über die zukünftige Marktlage irrt 47 II 314/315 f. E. 1 – so war z.B. eine «unerwartet schlechte wirtschaftliche Entwicklung» keine hinreichend bestimmte (zukünftige) Tatsache, welche die andere Partei nach Treu und Glauben als Vertragsgrundlage hätte erkennen müssen 4A_217/2014 (4.8.14) E. 2.4; wenn ein Angestellter eine Weisung des Mutterhauses falsch versteht 105 II 16/22; wenn sich die Aktionäre über die Besteuerung von Gratisaktien als Einkommen irren 102 Ib 21/25 E. 4; wenn bei einer Liegenschaftsversteigerung ein bietender Grundpfandgläubiger sich über den Betrag einer Forderung irrt, für die der Eigentümer auf der Liegenschaft lastende Hypothekartitel verpfändet hat 40 III 222/225 f.; wenn sich die Parteien über die von Gesetzes wegen eintretenden Rechtsfolgen ihrer Vereinbarung irren (in casu glaubten die Parteien, dass durch die Löschung einer Schuldbriefforderung im Grundbuch eine zu ihrer Sicherung eingegangene Bürgschaft unberührt bleibe) 64 II 284/286 f. E. a; bei der Vereinbarung über die Auflösung eines Arbeitsvertrages, wenn sich eine Partei über ihr Recht auf bezahlten Mutterschaftsurlaub irrt 118 II 58/62 f. E. 3 Pra 1993 (Nr. 142) 552 f. Vgl. auch 127 III 147/152 fr. (in casu Kontokorrent/negative Schuldanerkennung im Rahmen der Rückbelastung einer Gutschrift), 4C.125/2006 (4.7.06) E. 7 fr.; irrtümliche Annahme, die Arbeitslosenversicherung würde bei einer Reduktion des Arbeitspensums Taggelder ausrichten 4A_624/2018 (2.9.19) E. 4.4.2 fr. – Das Rechtsverhältnis zwischen dem Schuldner und dem Schuldübernehmer ist für diesen lediglich Motiv für seinen Vertrag mit dem Gläubiger 58 II 18/20 fr. Rechtsirrtum als unbeachtlicher Motivirrtum im Rahmen einer erbrechtlichen Ausschlagungserklärung 129 III 305/315 f. E. 4.3. Unkenntnis einer Rechtsnorm ist nicht wesentlich 4A_36/2013 (4.6.13) E. 2.4 fr. (Unkenntnis von Art. 404 Abs. 2). Schenkung einer Villa an ein Ehepaar; unwesentlicher Irrtum der Schenkerin, die angenommen hatte, das Ehepaar werde sich in Zukunft (und bis zu ihrem Tod) um sie und das Grundstück kümmern, da diese Vorstellung sehr unsicher, zufällig und abstrakt war.

Abs. 3 **Rechnungsfehler.** Die Bestimmung enthält eine Konsensregel. Sie besagt namentlich, dass im Abrechnungsverhältnis der Behandlung der einzelnen Rechnungspositionen nach dem Vertragswillen der Vorrang vor dem äusserlich erklärten Endresultat zukommt 116 II 685/688 E.bb. Ein Rechnungsfehler im Sinn der Bestimmung liegt nur vor, wenn die Parteien einem Vertrag bestimmte Einheiten von Mass, Zahl oder Gewicht zugrunde legen und sich dann bei der arithmetischen Operation ein Fehler einschleicht, sodass das Endresultat unrichtig ist 71 II 242/242 ff. E. a, b Pra 1946 (Nr. 1) 1 ff. (in casu Abgrenzung zum unbeachtlichen Motivirrtum im Rahmen einer Offerte), 4P.82/2000 (19.6.00) E. 2c (staatsrechtliche Beschwerde) 135 III 537/540 E. 2.1 Pra 2010 (Nr. 40) 295. – Die Bestimmung gilt nur für Rechnungsfehler, die in den übereinstimmenden Willensäusserungen beider Parteien zutage treten. Versehen bei der Ausarbeitung eines Angebotes, welche die Gegenpartei nicht als Rechnungsfehler erkennen kann, fallen nicht unter die Bestimmung (Motivirrtum, allenfalls Grundlagenirrtum) 102 II 81/82 f. E. 1, 116 II 685/688 E. bb, 119 II 341/342 f. E. 2 Pra 1994 (Nr. 81) 299 f. (Rechnungsfehler im Sinne der Bestimmung verneint, wenn der Unterschied zwischen der im Kaufvertrag genannten Grundstücksfläche und jener einer neuen Katastermessung auf der Anwendung einer genaueren Vermessungsmethode beruht). – Wurde die Berechnungsgrundlage nicht zum Vertragsgegenstand gemacht, kommt die Bestimmung nicht zur Anwendung; 23

diesfalls stellt eine falsche Berechnung einen versteckten internen Kalkulationsirrtum dar, der grundsätzlich als unbeachtlicher Motivirrtum zu qualifizieren ist 4A_417/2007 (14.2.08) E. 2.3 (in casu Kauf von Stockwerkeigentum/Berechnung der Fläche). Keine Anwendung der Bestimmung auf den Fall, dass beim Rechnungsposten «Leasingraten» ein die Vorschriften des KKG verletzender Betrag eingesetzt wurde (Vertragsnichtigkeit gemäss KKG Art. 15) 4C.58/2006 (13.6.06) E. 5.

3. Geltendmachung gegen Treu und Glauben

Art. 25

[1] Die Berufung auf Irrtum ist unstatthaft, wenn sie Treu und Glauben widerspricht.

[2] Insbesondere muss der Irrende den Vertrag gelten lassen, wie er ihn verstanden hat, sobald der andere sich hierzu bereit erklärt.

1 ***Abs. 1*** Ob unstatthafte Berufung auf Irrtum vorliegt, ist durch eine Abwägung des Interesses des Irrenden an der Anfechtung gegen jenes des Vertragspartners an der Aufrechterhaltung des Vertrages zu ermitteln. Massgebend ist der Zeitpunkt der Geltendmachung des Irrtums 132 III 737/743 E. 3.1 (in casu Vergleich im Rahmen eines Mietvertrags; Anfechtung zugelassen infolge Irrtums über die Person des Vermieters), 4A_146/2009 (16.6.09) E. 5.3. Der Umstand allein, dass der Irrende den Irrtum seiner eigenen Fahrlässigkeit zuzuschreiben hat, macht die Berufung auf den Irrtum nicht rechtsmissbräuchlich 105 II 23/26 E.b. Die Geltendmachung des Irrtums ist nur dann ein Verstoss gegen Treu und Glauben, wenn es sich um unnütze Rechtsausübung handelt oder ein krasses Missverhältnis der Interessen besteht 123 III 200/203 E. a (bei einer Geldleistung ist kaum ersichtlich, warum die Geltendmachung des Willensmangels nutzlos sein soll). Die Bestimmung (der Entscheid verweist irrtümlich auf Art. 24 Abs. 1) verbietet es dem Wucherer (Art. 21), sich auf wesentlichen Irrtum zu berufen 123 III 292/300 f. E. 3. – Die Bestimmung verbietet dem Irrenden nicht, sich auf einen vom Vertragsgegner unverschuldeten Irrtum zu berufen 97 II 43/47 E. 3. – Lehnt es der Vertragsgegner des Irrenden ab, den Vertrag so gelten zu lassen, wie ihn der Irrende verstanden hat, so kann der Irrende diese Erklärung als rechtsverbindlich betrachten: Die Anfechtung des Vertrages durch den Irrenden verstösst auch dann nicht gegen Treu und Glauben, wenn der Vertragsgegner den Vertrag *nachträglich* nun doch so gelten lassen will, wie ihn der Irrende verstanden hat 40 II 380/385 f. E. 6. – Wer erklärt, den Vertrag abändern zu wollen, verzichtet nicht darauf, ihn wegen Unverbindlichkeit anzufechten, wenn die Gegenpartei die Änderung ablehnt 96 II 101/105 E. 2. – Hat der Versicherer unklare Bestimmungen aufgestellt, so hat er daraus die Konsequenzen zu tragen (zur Unklarheitsregel siehe bei den Regeln für die Vertragsauslegung unter Art. 18) und ist von der Berufung auf Irrtum (in casu error in quantitate) ausgeschlossen 59 II 318/323 f. E. 2 fr. – Geschäftsübernahme mit Aktiven und Passiven/Grundlagenirrtum des Käufers über die finanzielle Lage der Gesellschaft: Die Tatsache, dass die Gesellschaft *nach* der Übernahme durch den Käufer Verluste erlitten hat, hindert diesen nach Treu und Glauben nicht, sich auf einen wesentlichen Irrtum zu berufen 97 II 43/47 f. E. 3.

Abs. 2 Obwohl die Bestimmung für die Erklärung des Gegners des Irrenden, er lasse den Vertrag so gelten, wie ihn der Irrende verstanden habe, nicht ausdrücklich eine Frist setzt, gilt, dass diese Erklärung unmittelbar erfolgen muss, nachdem sich der Irrende auf den Irrtum berufen hat 57 II 284/291. – Offengelassen, ob die Bestimmung auch auf den Fall des Grundlagenirrtums Anwendung findet 96 II 101/106 E.a. – Die irrende Vertragspartei kann nicht gegen den Willen der andern Partei einen Vertrag mit geändertem Inhalt durchsetzen 88 II 410/412 E. 2. 2

4. Fahrlässiger Irrtum

Art. 26

[1] Hat der Irrende, der den Vertrag nicht gegen sich gelten lässt, seinen Irrtum der eigenen Fahrlässigkeit zuzuschreiben, so ist er zum Ersatze des aus dem Dahinfallen des Vertrages erwachsenen Schadens verpflichtet, es sei denn, dass der andere den Irrtum gekannt habe oder hätte kennen sollen.

[2] Wo es der Billigkeit entspricht, kann der Richter auf Ersatz weiteren Schadens erkennen.

Abs. 1 Das Verhalten des Irrenden ist mit einer gewissen *Strenge* zu beurteilen, weil die Bestimmung ihn an sich schon günstig behandelt und von jeglicher Haftung befreit, wenn ihn kein Verschulden trifft 105 II 23/27 E. 3 (in casu Haftung für das Verhalten einer Hilfsperson). – Die Haftung des Irrenden ist eine *Haftung sui generis* und nicht ein Sonderfall der Haftung aus unerlaubter Handlung; Art. 44 findet somit keine Anwendung 69 II 234/239 f. E. 3, 113 II 25/31 (offengelassen, ob die besondere Voraussetzung der Bestimmung eine Anwendung von Art. 44 in den Fällen von Grundlagenirrtum stets ausschliesse). – Ersetzt werden muss das *negative Vertragsinteresse* 64 II 9/13 E. 4 fr. – *Fahrlässig handelt,* wer unterschreibt, ohne die Vertragsurkunde gelesen zu haben 69 II 234/238 E. 2. – *Nicht fahrlässig handelt,* wer sich irrt, weil er sich auf eine vom Anwalt der Gegenpartei und vom Grundbuchamt vertretene Rechtsauffassung verlässt, ohne selber einen Anwalt zu konsultieren 80 II 152/159 E. 3; der Mieter, der sich auf die unrichtigen Angaben des Vermieters zur Fläche des Mietgegenstandes (in casu Wohnung) verlassen hat 113 II 25/29 ff. E. 2, 4C.5/2001 (16.3.01) E. 3a, 135 III 537/541 E. 2.1 Pra 2010 (Nr. 40) 296. 1

5. Unrichtige Übermittlung

Art. 27

Wird beim Vertragsabschluss Antrag oder Annahme durch einen Boten oder auf andere Weise unrichtig übermittelt, so finden die Vorschriften über den Irrtum entsprechende Anwendung.

Die Abgrenzung zwischen blossem Boten oder aber Vertreter eines Dritten kann bei mündlichen Willenserklärungen schwierig sein (in casu Bankenombudsmann als Erklärungs- und Empfangsbote beider Parteien) 4C.434/2005 (22.1.07) E. 4, 5. 1

II. Absichtliche Täuschung

Art. 28

[1] Ist ein Vertragschliessender durch absichtliche Täuschung seitens des andern zu dem Vertragsabschlusse verleitet worden, so ist der Vertrag für ihn auch dann nicht verbindlich, wenn der erregte Irrtum kein wesentlicher war.

[2] Die von einem Dritten verübte absichtliche Täuschung hindert die Verbindlichkeit für den Getäuschten nur, wenn der andere zur Zeit des Vertragsabschlusses die Täuschung gekannt hat oder hätte kennen sollen.

1 Art. 28 schützt die freie Bildung des Geschäftswillens 4A_286/2018 (5.12.18) E. 3.1 fr. – Die Einrede der Täuschung verjährt nicht und der Getäuschte muss auch nicht die Jahresfrist von Art. 31 Abs. 1 einhalten, sofern er seine Leistung noch nicht erbracht hat 4C.197/2000 (27.2.01) E. 3a. – Die Bestimmung dient nicht dazu, voll geschäftsfähigen Vertragspartnern, die unbekümmert einen folgenschweren Vertrag abschliessen bzw. zum Abschluss eines solchen eine Vollmacht erteilen, eine Hintertüre zu öffnen, um sich von einer unter Missachtung elementarer Sorgfaltspflichten eingegangenen Verbindlichkeit zu befreien 4A_106/2008 (15.5.08) E. 6.2.

2 ***Abs. 1*** Die absichtliche Täuschung im Sinne der Bestimmung ist eine unerlaubte Handlung 4C.202/2002 (30.10.02) E. 3.1 fr.

3 **Anwendung.** Die Bestimmung findet Anwendung sowohl auf den *dolus causam dans* (der Getäuschte hätte bei Kenntnis der wahren Sachlage den Vertrag überhaupt nicht geschlossen) als auch auf den *dolus incidens* (der Getäuschte hätte bei Kenntnis der wahren Sachlage den Vertrag zu günstigeren Bedingungen geschlossen). Bezieht sich die Täuschung bloss auf einen Punkt von ganz untergeordneter Bedeutung, so hat der Richter zu prüfen, ob der Getäuschte den Vertrag auch ohne sie gleichwohl zu denselben Bedingungen abgeschlossen hätte. Erscheint eine Vertragsaufhebung bei einem dolus incidens als stossend, so kann der Richter die Leistung des Getäuschten bis zu dem Mass herabsetzen, zu welchem dieser den Vertrag abgeschlossen hätte, wenn er nicht getäuscht worden wäre 81 II 213/219 E. c Pra 1955 (Nr. 204) 579. Beim dolus incidens analoge Anwendung von *Art. 20 Abs. 2* 99 II 308/308 E. 4c fr. – Der blosse Irrtum im Beweggrund genügt 41 II 575/575 E. 6. – Die Bestimmung gilt nur im Fall, dass ein im Übrigen rechtsgültiger Vertrag zustande gekommen ist, nicht aber für den Fall, dass jemand durch Täuschung im Glauben gelassen wird, ein rechtsungültiger Vertrag sei rechtsgültig 41 II 95/101 E. 2. – Die Bestimmung ist auch auf *familienrechtliche Leistungsverträge* anwendbar 86 II 206/210 E. 1, ebenso auf den gerichtlichen Vergleich 114 Ib 74/78 E. 2 Pra 1988 (Nr. 185) 664, 117 II 218/228 ff. E. 6a (in casu gerichtlich genehmigte Scheidungskonvention; zur Anfechtung der richterlich genehmigten Scheidungskonvention siehe aber die in 119 II 297/300 f. E. 3 geänderte Rechtsprechung), 4A_23/2016 (19.7.16) E. 8.2. – Wird im Prozess neben wesentlichem Irrtum auch absichtliche Täuschung geltend gemacht, so geht letzteres vor, da Art. 28 einen weiter gehenden Schutz gewährt 40 II 534/538 E. 4. – Täuschungshandlungen des *Abschlussgehilfen* sind der betreffenden Vertragspartei wie eigene anzurechnen (sie haftet nach Art. 101 ohne die Möglichkeit des Entlastungsbeweises nach Art. 55) 108 II 419/421 ff. E. 5. Die Täuschung durch Organe oder Hilfspersonen ist der

juristischen Person zuzurechnen (Art. 55 Abs. 2 bzw. Art. 101 Abs. 1) 4C.383/2001 (11.4.02) E. 1e fr., ferner 4A.70/2007 (22.5.07) E. 5.2.3 fr. (Verantwortlichkeit des Inhabers einer Privatschule für wahrheitswidrige Informationsbroschüren, die von seinen Hilfspersonen an zukünftige Schüler ausgehändigt wurden; Wissen des Inhabers um die Wahrheitswidrigkeit bejaht). Verantwortlichkeit des Vertretenen für die durch seinen *Vertreter* begangene absichtliche Täuschung 41 II 467/471 f. E. 2 JdT 64 (1916) I 201 f. E. 2. – Der bösgläubige Vertretene kann sich nicht auf den guten Glauben seines Vertreters berufen 43 II 487/491 E. 2 JdT 66 (1918) I 145 E. 2. Die vom Angestellten, Agenten oder sonstigen Gehilfen begangene Täuschung ist der Partei als ihr eigenes Verhalten anzurechnen 63 II 77/78 E. 2. Abschluss eines Rechtsgeschäftes durch mehrere Organpersonen/anrechenbares Wissen 4C.26/2000 (6.9.00) E. 2c/aa, vgl. auch 4C.257/2000 (22.11.00) E. 2b.

Massgebender Zeitpunkt ist der Vertragsabschluss 81 II 213/217 f. E. b Pra 1955 (Nr. 204) 578. 4

Ersatzanspruch. Die dem Getäuschten vorbehaltene Forderung ist ein Anspruch aus *Delikt* (Art. 41 ff.) 66 II 158/159 E. 4. *Ermässigung der Ersatzpflicht* wegen Mitverschuldens des Getäuschten (Art. 44 Abs. 1); wer vorkehrt, was im Verkehr mit ehrlichen Leuten genügt, soll gegenüber einem Betrüger in seinem Ersatzanspruch nicht geschmälert werden 68 II 283/286 f. Siehe auch unter Art. 31 Abs. 3. – Auf bereits erfolgte Leistungen kommen die Regeln der ungerechtfertigten Bereicherung zur Anwendung 4C.257/2000 (22.11.00) E. 2b. S. dazu auch Vorb. Art. 1–40f/Rückabwicklung von Verträgen. 5

Absichtliche Täuschung. Das fahrlässige Aufstellen einer falschen Behauptung genügt nicht für eine absichtliche Täuschung; jedoch genügt ein *Eventualvorsatz* (dolus eventualis) 136 III 528/532 E. 3.4.2, 53 II 143/150, vgl. auch 123 III 165/169 (in casu Freizeichnungsklausel in Auktionsbedingungen/absichtliche Täuschung verneint), 4C.330/1999 (5.4.00) E. 1e (in casu Kaufvertrag/absichtliche Täuschung bejaht), 4C.26/2000 (6.9.00) E. 3. Die Absicht gemäss Art. 28 ist weniger streng als bei Betrug gemäss StGB Art. 146 4A_286/2018 (5.12.18) E. 3.3 fr. 6

Das Verschweigen von Tatsachen ist dabei insoweit verpönt, als eine *Aufklärungspflicht* besteht 132 II 161/166 E. 4.1, 116 II 431/434 E. 3a. Eine Aufklärungspflicht kann sich aus besonderer gesetzlicher Vorschrift oder aus Vertrag ergeben sowie daraus, dass eine Mitteilung nach Treu und Glauben und den herrschenden Anschauungen geboten ist 117 II 218/228 E. 6a, 4A_721/2011 (3.5.12) E. 4.1, 4C.79/2004 (27.5.04) E. 2, 4C.348/2006 (17.1.07) E. 7.1, 4A.70/2007 (22.5.07) E. 5.1 fr. Massgebend sind die Umstände des Einzelfalls 132 II 161/166 E. 4.1. Im Rahmen von Vertragsverhandlungen besteht ein Vertrauensverhältnis, das die Parteien verpflichtet, sich bis zu einem gewissen Grad über entscheidrelevante Tatsachen zu informieren 4A_316/2008 (3.10.08) E. 2.1, 106 II 346/351 E. 4a, 105 II 75/80 E. 2a. Keine Täuschung bei üblichen Anpreisungen (in casu «excellente affaire» im Zusammenhang mit der Übernahme eines Gastbetriebes) 4C.238/2004 (13.10.05) E. 3 fr. Dass der Getäuschte die Möglichkeit hatte, sich selber zu informieren, hebt die Aufklärungspflicht nicht zwingend auf 4A_286/2018 (5.12.18) E. 3.1 fr. 7

Das *Mass der Aufklärungspflicht* hängt von den konkreten Umständen ab (Natur des Vertrages, Abwicklung der Verhandlungen, Absichten und Kenntnisse der Parteien); hö- 8 here Anforderungen an die Aufklärungspflicht bei Verträgen über längerdauernde oder persönliche Leistungen als bei einmaligen Austauschverträgen 4C.26/2000 (6.9.00) E. 2a/bb (in casu Kaufvertrag, Aufklärungspflicht bejaht).

9 Der Täuschende kann sich nicht auf Art. 26 berufen, denn diese Haftung des fahrlässig Irrenden setzt die Gutgläubigkeit des Vertragspartners voraus, die der absichtlich Täuschende nicht für sich beanspruchen kann 4A_533/2013 (27.3.14) E. 4.4.

10 **Kausalität.** Ein täuschendes Verhalten im Sinne der Bestimmung ist anzunehmen, wenn dem Betroffenen widerrechtlich Tatsachen vorgespiegelt oder verschwiegen wurden, ohne die er den Vertrag nicht oder nicht mit dem entsprechenden Inhalt abgeschlossen hätte. Der durch die Täuschung hervorgerufene Irrtum muss somit kausal für den Abschluss des Vertrags gewesen sein, 136 III 528/532 E. 3.4.2. Die Kausalität bzw. Täuschung fehlt, wenn die betroffene Partei den wahren Sachverhalt kannte oder die Willenserklärung auch bei dessen Kenntnis abgegeben hätte 4C.226/2001 (21.11.01) E. 6, 4C.225/2004 (11.1.05) E. 3.2. Die Kausalität zwischen der absichtlichen Täuschung und dem Vertragsabschluss entfällt, wenn der Getäuschte die Täuschung hätte erkennen müssen 39 II 272/276, ferner 116 II 431/434 E. 3a, wobei das Bundesgericht inzwischen ausdrücklich davon ausgeht, dass dem Täuschenden der Einwand der fahrlässigen Unkenntnis verwehrt ist 4A_141/2017 (4.9.17) E. 3.1.4, 4A_533/2013 (27.3.14) E. 4.3 und keine irgendwie geartete «Opfermitverantwortung» besteht 4A_141/2017 (4.9.17) E. 3.3. – Die Beweislast für die Kausalität trägt der Geschädigte 129 III 320/326 f. E. 6.3, welche aber mit Nachweis der Täuschungshandlung vermutet wird 4A_141/2017 (4.9.17) E. 3.1.3; dem Täuschenden steht dann der Gegenbeweis offen, dass der Getäuschte den Vertrag auch ohne die Täuschung geschlossen hätte 4A_533/2013 (27.3.14) E. 3.1.

11 **Weiteres.** Ansprüche aus culpa in contrahendo infolge Verletzung der Aufklärungspflicht während Vertragsverhandlungen sind wie Schadenersatzansprüche wegen absichtlicher Täuschung zu behandeln 109 Ia 5/10 E. 4b. Jedoch setzt die Haftung aus culpa in contrahendo kein doloses Verhalten voraus. Wer Verhandlungen anbahnt und fortführt, aber nicht auf Umstände aufmerksam macht, von denen sich die Gegenpartei selber weder Kenntnis verschaffen kann noch verschaffen muss, haftet vielmehr auch bei fahrlässiger Verletzung der Aufklärungspflicht 105 II 75/79 ff. E. 3.

12 Die *Genehmigung* des Rechtsgeschäftes (Art. 31) hat der Gegner des Getäuschten zu beweisen. Der Richter darf sie nicht von Amtes wegen annehmen 59 II 236/240 E. 2. Kaufvertrag: Im Falle der Täuschung gilt gemäss Art. 203 die Genehmigungsfiktion nicht 4C.387/2005 (30.1.06) E. 4.3. Zur Genehmigung des Vertrags durch Geltendmachung der Gewährleistung s. Vorb. Art. 23–31.

13 Sind die Voraussetzungen der Bestimmung nicht erfüllt, so kann das Geschäft auch nicht gestützt auf Art. 20 oder ZGB Art. 2 angefochten werden 41 II 571/578 f. E. 7. – Der Verzicht auf eine genaue Massgabe beim Liegenschaftskauf (Art. 219/Wegbedingung der Gewährleistung) schliesst eine Berufung auf Art. 28 nicht aus 40 II 534/540 f. Bei absichtlicher Täuschung gilt für den Gewährleistungsanspruch wegen Sachmängeln (Art. 210 Abs. 3) die zehnjährige Verjährungsfrist 107 II 231/232 f. E.b.

14 Wenn die *Strafbehörden* rechtskräftig festgestellt haben, dass dem Staat aus der infrage stehenden Handlung kein Strafanspruch erwachsen sei, kann der Zivilrichter die Strafbarkeit nicht hinterher noch einmal prüfen (massgebend für die allfällige Anwendung von

Art. 60 Abs. 2) 66 II 158/160 E. 4. Ansonsten ist aber zu beachten, dass der Zivilrichter gemäss Art. 53 gegenüber dem Strafgesetz, dem freisprechenden Urteil des Strafgerichts und dem Urteil des Strafrichters überhaupt unabhängig ist; diese Unabhängigkeit betrifft die Bestimmungen über die strafrechtliche Zurechnungsfähigkeit bei der Beurteilung der zivilrechtlichen Schuld oder Nichtschuld und die Freisprechung (Abs. 1) sowie die strafgerichtlichen Erkenntnisse hinsichtlich Schuld und Schaden (Abs. 2). Seine Unabhängigkeit in der Feststellung und Beurteilung des Sachverhalts hindert den Zivilrichter zwar nicht daran, die Beweisergebnisse der Strafuntersuchung abzuwarten und mitzuberücksichtigen; dass er dannzumal nicht grundlos von der Auffassung des Strafrichters abgehen wird, ist jedoch eine Frage der Zweckmässigkeit und nicht ein Satz des Bundesrechts 125 III 401/410 f. E. 3, 4A_533/2013 (27.3.14) E. 3.3.

Beispiele. ***Täuschung.*** Absichtliche Täuschung bei einem rechtsgeschäftlichen Bekenntnis der Vaterschaft, nachdem die Mutter wahrheitswidrig anderweitigen Geschlechtsverkehr ausdrücklich in Abrede gestellt hat 60 II 261/264. – Eine Aufklärungspflicht und infolgedessen Täuschung bei absichtlichem Verschweigen besteht nur dann, wenn der Gläubiger weiss, dass der Bürge bei Kenntnis des wirklichen Sachverhalts die Bürgschaft nicht eingehen würde 59 II 236/242 E. 4. – Täuschung durch Reklame (in casu verneint) 53 II 127/138 E.c. – Täuschung bei Angabe nur ungefährer Bilanzziffern (in casu verneint) 53 II 483/489 f. E. 3. – Täuschung durch Verletzung der Auskunftspflicht durch den Verkäufer (Verschweigen der Nichteinlösbarkeit ausgeloster Wertpapiere) 47 II 534/545 f. E. 6. – Verletzung der Auskunftspflicht durch den Verkäufer beim Kauf nach Muster ohne Besichtigung der Ware 44 II 485/487 f. E. 1. – Täuschung durch Zeitungsinserat 42 II 494/498 f. E.a. – Täuschung, wenn der Verkäufer dem Käufer verschweigt, dass der Urkundsbeamte aus Versehen einige Grundstücke nicht in den Vertrag aufgenommen hat 42 II 618/620 f. E. 3. – Täuschung des Käufers über die Grösse einer Liegenschaft 40 II 534/538 f. E. 5. – Täuschung im Rahmen eines Architektenvertrages über die Chancen einer behördlichen Ausnahmegenehmigung 4C.64/2002 (2.5.02) E. 5 ff. – Täuschung durch Angabe zu hoher Umsatzzahlen 4C.257/2000 (22.11.00) E. 2c fr. – Täuschung durch ein selber verfasstes Arbeitszeugnis (in casu trotzdem Bejahung eines faktischen Arbeitsverhältnisses im Sinne von Art. 320 Abs. 3) 132 III 242/248 f. E. 4.3. – Täuschung beim Abschluss einer Scheidungskonvention (durch Verletzung der Aufklärungspflicht mit Bezug auf die Vermögensverhältnisse/Rückweisung an die Vorinstanz) 117 II 218/228 ff. E. 6 (zur Anfechtung einer richterlich genehmigten Scheidungskonvention siehe aber die in 119 II 297/300 f. E. 3 geänderte Rechtsprechung). – Täuschung im Rahmen einer Abtretung durch Falschangaben zum wirtschaftlich Berechtigten 4A_554/2008 (21.1.08) E. 3.3. Täuschung durch Verschweigen: Der Verkäufer setzte den Käufer über eine von der Gemeinde erlassene und die Heizung betreffende Sanierungsverfügung nicht in Kenntnis. Die Kosten der Sanierung betrugen ca. CHF 18 500 und die Gemeinde setzte dafür eine Frist von rund sieben Jahren an 4A_721/2011 (3.5.12) E. 4.2. – Täuschung durch Verschweigen eines gekündigten Mietverhältnisses infolge Zahlungsrückstand bei Übertragung eines Tea-Rooms 4A_62/2017 (22.11.17) E. 2 fr. 15

Keine Täuschung. Wenn die streitige Gewinnbeteiligungsklausel eindeutig formuliert und inhaltlich vertretbar ist, der Vertrag vorab zur Prüfung zugestellt und vom Notar erläutert wurde 4C.37/2003 (22.5.03) E. 2.1.1. Es geht nicht an, eine Privatperson, die 16 sich für den Erwerb eines Verlustscheins interessiert, mit einer Aufklärungspflicht über Fakten zu belasten, welche die Inkassofirma mit eigenen Mitteln ohne Weiteres feststellen kann und im Rahmen ihrer Geschäftstätigkeit auch feststellen muss (von einer international tätigen und auf Verlustschein-Management spezialisierten Firma kann erwartet werden, dass sie entsprechende Abklärungen trifft, bevor sie neben dem Schuldner, auf dessen Namen der Verlustschein lautet, auch den Solidarschuldner aus der Haftung entlässt) 4C.348/2006 (17.1.07) E. 7.2. Fehlende Kausalität der (potenziellen) Täuschung 4A_527/2014 (4.3.15) E. 3.2.3.

17 ***Abs. 2*** Der *Aktienzeichner* kann sich gegenüber den Gesellschaftsgläubigern nicht darauf berufen, er sei durch absichtliche Täuschung seitens der Gesellschaftsorgane (Dritte im Sinne der Bestimmung) zur Zeichnung verleitet worden 41 III 140/147 f. E. 3. – Der *Gesellschafter* (sowohl in der Kommandit- wie auch in der Kollektivgesellschaft), der durch absichtliche Täuschung der Mitgesellschafter (Dritte im Sinne der Bestimmung) zur Eingehung des Gesellschaftsvertrages verleitet worden ist, kann den Gesellschaftsgläubigern die Einrede der Unverbindlichkeit nicht entgegenhalten 31 II 67/71 E. 4. Dem Vertretenen ist das Wissen des bösgläubigen Vertreters nicht zuzurechnen, wenn dieser wirtschaftlich identisch ist mit dem täuschenden Vertragspartner 112 II 503/505 E.b. – Geht die Täuschung, durch die der Bürge sich zur Eingehung der Bürgschaft verleiten lässt, vom *Hauptschuldner* aus, so ist der Bürgschaftsvertrag anfechtbar, wenn der Gläubiger die Täuschung gekannt hat oder hätte kennen sollen oder wenn er sich an der dem Hauptschuldner obliegenden Beibringung des Bürgen beteiligt hat, namentlich als Beauftragter des Schuldners tätig geworden ist (in casu keine Verleitung zum Vertragsschluss, wenn der Wechselschuldner dem Bürgen verheimlicht, dass die Unterschriften angeblicher Bürgen auf früheren Wechseln gefälscht sind) 41 II 52/54 f. E. 3. – Abschluss eines Rechtsgeschäftes durch mehrere Organpersonen/anrechenbares Wissen 4C.26/2000 (6.9.00) E. 2c/aa (Kennenmüssen bejaht, wenn die mit dem Rechtsgeschäft befasste Person sich nach Treu und Glauben bei anderen Organpersonen hätte erkundigen oder diesen ihr Wissen hätte mitteilen müssen).

18 *Nicht Dritter* im Sinne der Bestimmung ist, wer zur Führung von Vorverhandlungen ermächtigt und beim Vertragsabschluss als Gehilfe des Vertreters tätig war, ebenso, wer infolge eines besonderen Rechtsverhältnisses am Vertragsabschluss interessiert und rechtlich mittelbar beteiligt ist 40 II 534/541 f. E. 6, 108 II 419/421 f. E. 5 (in casu Anwendung von Art. 101).

III. Furchterregung

Vorb. Art. 29–30

1 **Voraussetzungen im Allgemeinen.** Im Allgemeinen kann ein Vertrag wegen gegründeter Furcht nur bei Vorliegen der folgenden vier Voraussetzungen für ungültig erklärt werden: eine widerrechtlich gegen eine Partei gerichtete Massnahme; eine begründete Furcht, die daraus resultiert; die Absicht des Drohenden, den andern zu einer Willenserklärung zu veranlassen, und der Kausalzusammenhang zwischen der Furcht und dem Willensentschluss 111 II 349/350 f. E. 2 Pra 1986 (Nr. 114) 374 (in casu aussergerichtlicher Ver-

gleich/gegründete Furcht verneint), 4C.81/2001 (13.7.01) E. 3a fr., betreffend Kausalzusammenhang 4C.390/2005 (2.5.06) E. 4. Die Drohung muss eine conditio sine qua non für die Abgabe der Willenserklärung bilden 4C.380/2002 (1.3.04) E. 4.1 (Tatfragen bezüglich des natürlichen Kausalzusammenhangs). – Die Bestimmungen sind anwendbar auch auf den gerichtlichen Vergleich 114 Ib 74/78 E. 2 Pra 1988 (Nr. 185) 664. – Zur Anwendung im öffentlichen Recht siehe Vorb. Art. 23–31.

Teilunverbindlichkeit (Art. 20 Abs. 2). Bei Verträgen, die aufgrund einer Drohung geschlossen wurden, steht die Geltendmachung der Teilunverbindlichkeit grundsätzlich nur dem Bedrohten zu 125 III 353/356 E. 3. 2

1. Abschluss des Vertrages

Art. 29

[1] Ist ein Vertragschliessender von dem anderen oder von einem Dritten widerrechtlich durch Erregung gegründeter Furcht zur Eingehung eines Vertrages bestimmt worden, so ist der Vertrag für den Bedrohten unverbindlich.

[2] Ist die Drohung von einem Dritten ausgegangen, so hat, wo es der Billigkeit entspricht, der Bedrohte, der den Vertrag nicht halten will, dem anderen, wenn dieser die Drohung weder gekannt hat noch hätte kennen sollen, Entschädigung zu leisten.

Verfahren. Ob im Zusammenhang mit dem Vertragsabschluss eine Drohung ausgesprochen wurde, beschlägt eine im bundesgerichtlichen Berufungsverfahren nicht prüfbare Tatfrage. Gleich verhält es sich mit der durch die Drohung bewirkten Furchterregung (zum Sachverhalt gehören auch innere Tatsachen, sodass vorinstanzliche Feststellungen darüber, was die Vertragsparteien gewusst, gewollt oder empfunden haben, nicht gerügt werden können) 4C.380/2002 (1.3.04) E. 2. 1

Abs. 1 Die **Widerrechtlichkeit** erfordert, dass die Zufügung des Übels entweder eine unerlaubte Handlung im Sinne von Art. 41 ist oder doch zum Mindesten nicht als das nach den Gepflogenheiten des Lebens geeignete Mittel erscheint, den Willen der Gegenpartei zu beeinflussen (in casu Zulässigkeit einer Boykottandrohung, die nicht die wirtschaftliche Vernichtung des Gegners bezweckte, sondern seine Beteiligung an einer Aktion zur Preissanierung herbeiführen wollte) 62 II 97/104 ff. E. 5. – Auch eine *juristische Person* kann durch Erregung gegründeter Furcht zur Eingehung eines Vertrages gezwungen werden. Dabei genügt es, wenn das antragstellende Organ um die Drohung weiss und deswegen anders handelt, als es sonst gehandelt hätte 76 II 346/366 ff. E.b. Drohung im Sinne einer direkten Einflussnahme 123 III 101/109. Erforderlich ist, dass die gegründete Furcht aufgrund einer Bedrohung entsteht 4C.81/2001/13.7.01) E. 3a fr. Hingegen ist die Person des Drohenden ohne Belang 4C.81/2001 (13.7.01) E. 3a fr. 2

Die ***Unverbindlichkeit des Vertrages*** ergibt sich nur dann, wenn er infolge der Furchterregung überhaupt oder mit dem gegebenen Inhalt abgeschlossen wurde 110 II 132/133 E. 2. 3

4 Wer die zur Herbeiführung eines sittenwidrigen Erfolges bestimmte Leistung durch Drohung erwirkt hat, darf sich nicht auf den gesetzlichen Ausschluss in *Art. 66* berufen 76 II 346/370 f.

5 ***Anwendungsfall*** (in casu Rückweisung der Streitsache gemäss aOG Art. 52, weil das angefochtene Urteil widersprüchliche Feststellungen über das Ergebnis der Beweisführung enthielt) 110 II 132/133 ff. E. 3, vgl. ferner 105 Ia 207/212 (in casu öffentlich-rechtlicher Vertrag).

6 ***Keine Anwendung*** der Bestimmung, wenn die gegründete Furcht auf Umständen beruht, die ausserhalb menschlichen Handelns liegen 4C.81/2001 (13.7.01) E. 3a fr.

2. Gegründete Furcht

Art. 30

[1] Die Furcht ist für denjenigen eine gegründete, der nach den Umständen annehmen muss, dass er oder eine ihm nahe verbundene Person an Leib und Leben, Ehre oder Vermögen mit einer nahen und erheblichen Gefahr bedroht sei.

[2] Die Furcht vor der Geltendmachung eines Rechtes wird nur dann berücksichtigt, wenn die Notlage des Bedrohten benutzt worden ist, um ihm die Einräumung übermässiger Vorteile abzunötigen.

1 ***Abs. 1*** Damit ein Vertrag wegen gegründeter Furcht ungültig ist, müssen vier Voraussetzungen gegeben sein: Eine widerrechtlich gegen eine Partei gerichtete Massnahme; eine gegründete Furcht, welche daraus resultiert; die Absicht des Drohenden, den andern zu einer Willenserklärung zu veranlassen; der Kausalzusammenhang zwischen der Furcht und dem Willensentschluss 111 II 349/350 E. 2 Pra 1986 (Nr. 114) 374. Die Widerrechtlichkeit der Drohung muss gewürdigt werden unter Berücksichtigung des Zusammenhangs, in dem sie ausgestossen wurde 4A_259/2009 (5.8.09) E. 2.1.1 (in casu Vergleichsverhandlungen). Bei der Beurteilung, wie sich eine Drohung konkret auswirkte, sind die gesamten Umstände zu berücksichtigen 45 II 73/81 ff. E. 3, 4 fr.

2 Eine nahe und erhebliche Gefahr für das Vermögen liegt vor, wenn der Bedrohte einen totalen Verlust in naher Zukunft befürchten muss 111 II 349/350 E. 2 Pra 1986 (Nr. 114) 374.

3 Das Verhältnis eines Verbandes zu seinem Präsidenten ist gleichzustellen dem Verhältnis zweier sich nahestehender natürlicher Personen 76 II 346/369 E. 4.

4 ***Abs. 2*** Die Drohung des Gläubigers, eine Forderung auf dem Weg der Konkursbetreibung geltend zu machen, ist an sich zulässig; unzulässig jedoch dann, wenn der Gläubiger die Notlage zur Einräumung übermässiger Vorteile ausnützt, wie z.B. zur Anerkennung einer erheblich grösseren Schuld, als sie tatsächlich besteht 84 II 621/624 f. E. 2a. Zulässig ist eine Drohung, welche die vollständige Befriedigung einer Forderung bezweckt (in casu durch abgenötigte Sicherstellung) 50 III 141/144 f. E. 1. – Widerrechtlich ist die Drohung mit einer *Strafanzeige* dann, wenn ein innerer Zusammenhang mit dem angestrebten Zweck fehlt; betrifft die angedrohte Strafanzeige Delikte, durch die der Drohende oder eine ihm nahestehende Person geschädigt worden ist, so ist die Drohung erlaubt, solange der Drohende nicht mehr erlangen will, als ihm als Schadenersatz zusteht 125 III 353/355

(in casu überstieg die geforderte Summe das Mass des Nachvollziehbaren), vgl. auch 4A_229/2007 (7.11.07) E. 3.2 fr. und 4C.4/2007 (15.11.07) E. 3. – Anwendungsfall (Drohung mit einem Prozess, wobei in casu die Parteien Vergleichsverhandlungen führten/ Rückweisung der Sache an die Vorinstanz) 110 II 132/135 f. E. 4. – Ob ein übermässiger Vorteil vorliegt, bestimmt sich nach denselben Kriterien, die auch für den Wucher (StGB Art. 157) gelten. Der geldwerte Vorteil muss objektiv in einem offensichtlichen Missverhältnis zur erbrachten Leistung stehen. Unter die übermässigen Vorteile fallen auch die inadäquaten Vorteile, mithin wenn das an sich rechtmässige Drohmittel den angemessenen adäquaten Zweck übersteigt oder andere oder weitere Interessen verfolgt und deshalb gegen Treu und Glauben verstösst 4A_259/2009 (5.8.09) E. 2.1.1.

IV. Aufhebung des Mangels durch Genehmigung des Vertrages

Art. 31

[1] Wenn der durch Irrtum, Täuschung oder Furcht beeinflusste Teil binnen Jahresfrist weder dem anderen eröffnet, dass er den Vertrag nicht halte, noch eine schon erfolgte Leistung zurückfordert, so gilt der Vertrag als genehmigt.

[2] Die Frist beginnt in den Fällen des Irrtums und der Täuschung mit der Entdeckung, in den Fällen der Furcht mit deren Beseitigung.

[3] Die Genehmigung eines wegen Täuschung oder Furcht unverbindlichen Vertrages schliesst den Anspruch auf Schadenersatz nicht ohne weiteres aus.

<u>*Abs. 1*</u> **Allgemeines.** Nach schweizerischem Recht obliegt es dem durch einen Willensmangel beeinflussten Teil nur, die Unverbindlichkeit innert Frist *gegenüber dem Vertragspartner* zu erklären (somit genügt *Feststellungsklage,* falls auf «Aufhebung» eines Vertrages wegen Willensmangels geklagt wird) 84 II 685/690 f. E. 1. – Die Unverbindlichkeit wirkt *ex tunc* 137 III 243/248 E. 4.4.3, 64 II 132/135 E. 3; zur Wirkung *ex nunc* bei der Anfechtung eines ganz oder teilweise abgewickelten Dauerschuldverhältnisses 137 III 243/250 E. 4.4.4, 129 III 320/327 ff. E. 7, ferner 132 III 242/245 E. 4.2. (in casu Arbeitsvertrag, Sonderregel von Art. 320 Abs. 3), 4A_335/2018 (9.5.19) E. 5.2 (in casu Kauf-/ Mietvertrag). – Klagen auf Erfüllung und solche wegen Willensmängeln schliessen sich aus; anders verhält es sich nur, wenn der Kläger bloss eventuell, falls der Richter den Vertrag als verbindlich betrachten sollte, daran ganz oder teilweise festhalten will 108 II 102/104 E. a (entschliesst sich der Käufer, dem auch die Rechtsbehelfe nach Art. 97 ff. und 197 ff. zustehen, zur Anfechtung nach Art. 23 ff., so muss der Richter nicht danach forschen, wie die gegenseitigen Verpflichtungen der Vertragspartner unter den anderen rechtlichen Gesichtspunkten zu beurteilen wären), 83 II 297/300 E. 1. – Zur Rückerstattung der Leistungen bei Unverbindlichkeit eines Vertrages wegen Willensmangels siehe unter Art. 23. 1

Anfechtung. Die Anfechtungserklärung ist nur dann wirksam, wenn beim Vertragsabschluss tatsächlich ein Willensmangel vorgelegen hat 128 III 70/74. Beruft sich der Irrende nach Aufdeckung des Irrtums auf die Rechtsfolge dieses Willensmangels, so übt er damit ein Gestaltungsrecht aus, das grundsätzlich nicht mehr widerrufen werden darf 109 II 319/326 E. b, 128 III 70/75 f. E. 2 (Ausführungen zu den Ausnahmen der Unwider- 2 ruflichkeit). Die Ausübung des Gestaltungsrechts ist unwiderruflich und unbedingt 4C.53/2002 (4.6.02) E. 3.1 fr. Unzulässig ist die bloss bedingte Geltendmachung der Unverbindlichkeit 79 II 144/145 f. E. 3. Zu den Ausnahmen vom Grundsatz der Unwiderruflichkeit und Bedingungsfeindlichkeit von Gestaltungsrechten s. Vorb. Art. 1–40f/Gestaltungsrechte. – Die Anfechtungserklärung bedarf keiner besonderen Form oder Begründung, selbst wenn ein formbedürftiges Geschäft vorliegt 132 II 161/165 E. 3.2.2. Der Wille zur Anfechtung kann durch die Rückforderung der schon erfolgten Leistung kundgetan werden 64 II 132/135 E. 3 fr. Die Erklärung, eine Schuldanerkennung werde wegen Willensmangels als unverbindlich betrachtet, genügt (keine Spezifizierung erforderlich) 106 II 346/349 E.a. – Wird in der Anfechtungserklärung nur Grundlagenirrtum geltend gemacht, so kann darin nicht ein Verzicht auf die Anrufung absichtlicher Täuschung gesehen werden 106 II 346/349 f. E.b. – Die Ablehnungserklärung des Getäuschten ist eine einseitige, empfangsbedürftige (jedoch nicht annahmebedürftige) Willenserklärung 72 II 402/403 f. – Grundlagenirrtum über einen zukünftigen Sachverhalt: Die Anfechtung erweist sich als unbegründet, wenn der von den Parteien unterstellte Sachverhalt noch verwirklicht werden kann 109 II 105/111 f. E.c. – *Kaufvertrag/Werkvertrag:* Die Anfechtung wegen Grundlagenirrtums oder absichtlicher Täuschung hängt nicht von den besonderen Voraussetzungen der Sachgewährleistung ab. Art. 31 räumt dem dazu Berechtigten im Unterschied zu den Vorschriften über die Beanstandung der gekauften Sache oder des bestellten Werkes (Art. 201 bzw. 367 und 370) ein volles Jahr Zeit ein; er ist daher nicht verpflichtet, von der faktischen Möglichkeit, sich auf die einseitige Unverbindlichkeit des Vertrages zu berufen, sofort Gebrauch zu machen. Es kann ihm namentlich bei falschen Angaben oder Zusicherungen des Verkäufers nicht verwehrt werden, zunächst einen Überblick über den Schaden zu gewinnen, der ihm allenfalls aus der Täuschung droht; diesen Schwebezustand und die damit verbundene Ungewissheit muss sich der Täuschende, der keine besondere Rücksicht verdient, gefallen lassen. Es genügt daher in der Regel, dass der Anfechtungsberechtigte sich vor Ablauf der Frist auf den Willensmangel beruft, mag in einer Verzögerung unter Umständen auch ein Verhalten erblickt werden, das der Berechtigte sich im Rahmen der Art. 25 und 26 entgegenhalten lassen muss 108 II 102/104 f. E. a, vgl. auch 4C.321/2006 (1.5.07) E. 4.3.1 fr. – *Gerichtlicher Vergleich:* Willensmängel sind auf dem Weg der Revision geltend zu machen (ZPO Art. 328 Abs. 1 lit. c); vgl. auch zur Zürcher ZPO 293 Abs. 2 110 II 44/46 ff. E. 4, 5.

3 ***Teilanfechtung.*** Die Teilanfechtung wegen Grundlagenirrtums setzt voraus, dass der Vertragsinhalt subjektiv und objektiv teilbar ist, sodass der verbleibende Teil noch immer ein sinnvolles Vertragsganzes bildet 130 III 49/56 E. 3.2 (in casu Anfechtung eines aussergerichtlichen Vergleichs; Rückweisung an die Vorinstanz).

4 Die ***Einrede der Täuschung*** ist auch nach Ablauf der Jahresfrist zulässig, ausser der Vertrag sei in Kenntnis des Willensmangels genehmigt worden 106 II 346/349 E. a, 127 III 83/85 E. a, vgl. auch 4C.197/2000 (27.2.01) E. 3a.

5 Die ***Einrede der Drohung*** im Sinne der Art. 28/29 ist unverjährbar 84 II 621/625 E. b; jedoch dann ausgeschlossen, wenn der Vertrag nach Wegfall der Furcht ausdrücklich oder durch positives schlüssiges Verhalten genehmigt wurde 84 II 621/625 E.c.

Frist. Es handelt sich nicht um eine Verjährungsfrist (die der Richter gemäss Art. 142 nur auf Einrede hin berücksichtigen dürfte), sondern um eine *Verwirkungsfrist* 4C.37/2007 (11.10.07) E. 3. Analoge Anwendung von Art. 139 bzw. generell der Bestimmungen über die Berechnung der Verjährungsfristen 61 II 148/154 E.c. Aus Art. 31 folgt weder ausdrücklich noch sinngemäss, dass der Irrende neben der relativen Frist von einem Jahr auch eine absolute von zehn Jahren zu beachten hat 114 II 131/140 f. E. 2b, c. Die Anfechtungsfrist nach Art. 31 Abs. 2 beginnt mit der Entdeckung der Täuschung zu laufen. Erforderlich ist die sichere Kenntnis, bloss unbestimmte, nicht näher belegte Zweifel genügen nicht (82 II 411/426 E. 8a, 4A_570/2012 [16.4.13] E. 3.5). Im Falle der Täuschung ist neben der Entdeckung des Irrtums zudem die Erkenntnis erforderlich, dass der Mangel durch absichtliche falsche Vorspiegelungen verursacht worden ist 108 II 102/105 E. 2a, 4C.383/2001 (11.4.02) E. 1 f. fr. 6

Genehmigung des Vertrages. Die Fiktion der Genehmigung eines vom Betroffenen noch nicht erfüllten Vertrages setzt voraus, dass der Willensmangel nicht durch eine unerlaubte Handlung gegründet worden ist (Art. 60 Abs. 3 sinngemäss) 127 III 83/85 E.a. – Eine Genehmigung des Vertrages ist selbst nach einer Berufung auf die Unverbindlichkeit noch möglich, wenn die Gegenpartei einverstanden ist, dass der Vertrag aufrecht bleibe 108 II 102/105 (anders noch 72 II 402/404), 4C.53/2002 (4.6.02) E. 3.1 fr. (in diesem Fall schliessen sie einen neuen Vertrag mit gleichem Inhalt). – Die Genehmigung des Vertrages kann schon während der Jahresfrist angenommen werden, wenn der Anfechtungsberechtigte durch positive Handlungen oder durch eine ausdrückliche Willenserklärung deutlich zu verstehen gibt, dass er sich mit dem mangelhaften Vertrag abgefunden habe. Wo eine ausdrückliche Genehmigung fehlt, darf angesichts der Tragweite des Rechtsverzichtes, der in einer Genehmigung liegt, namentlich bei einer absichtlichen Täuschung, nicht leichthin auf vorbehaltloses Einverständnis geschlossen werden (109 II 319/327 E. c, 4C.326/2002 [7.2.02] E. 3.2 Pra 2003 [Nr. 211] 1154). Ob eine bestimmte Handlung des Anfechtungsberechtigten als eindeutiger Ausdruck einer Genehmigung zu verstehen sei, beurteilt sich nach den Grundsätzen der Vertrauenstheorie (zum Vertrauensprinzip siehe unter Art. 1 Abs. 1). Die Beweislast für die behauptete Genehmigung trägt die Gegenpartei; dazu gehört auch der Nachweis, dass der Irrende den Willensmangel bereits *vor* der als Genehmigung geltend gemachten Handlung entdeckt habe (bloss unbestimmte, nicht näher belegte Zweifel genügen nicht) 108 II 102/105 f. Genehmigung durch Vertragserfüllung 116 II 259/263 E. 4. – Die Erhebung der Preisminderungsklage gilt im Fall der absichtlichen Täuschung als Genehmigung des Kaufvertrages 88 II 410/412 f. E. 2, 127 III 83/85 f. E. b (in casu Wandelung, eventuell Minderung), vgl. ferner 129 III 18/23 E. 2.3 Pra 2003 (Nr. 30) 155, 4C.43/2001 (20.6.01) E. 3a fr. (in casu Mietvertrag). Konkludente Genehmigung, wenn sich der Käufer auf die kaufrechtliche Sachgewährleistung beruft, wenn der Mieter eine Klage auf Herabsetzung des Mietzinses erhebt; vorausgesetzt ist, dass der Genehmigende in sicherer Kenntnis des Willensmangels gehandelt hat 4C.326/2002 (7.2.02) E. 3 Pra 2003 (Nr. 211) 1153 f. Die Genehmigung kann durch ausdrückliche oder konkludente Erklärung erfolgen (in casu Genehmigungserklärung in Anwendung des Vertrauensgrundsatzes bejaht) 4C.363/1999 (8.12.00) E. 2b aa. Konkludente Genehmigung liegt insbesondere vor, wenn die irrende Partei in Kenntnis des Irrtums die Erfüllung des Vertrages verlangt oder Ansprüche aus 7

Sachgewährleistung geltend macht oder verzugsrechtlich vorgeht 4C.296/2000 (22.12.00) E. 3b. Keine Genehmigung, wenn der Käufer nach Entdeckung des Irrtums den Kaufgegenstand (in casu Occasionswagen) weiter benützt, zumal der Verkäufer die Rücknahme der Sache verweigert hat 4C.197/2004 (27.9.04) E. 3.1 fr. (hingegen Entschädigungspflicht für den Weitergebrauch: E. 4.2).

8 **Weiteres.** Das Anfechtungsrecht nach Art. 31 geht nicht auf den Zessionar über (ein gegen die Grundlage der abgetretenen Forderung gerichtetes Gestaltungsrecht darf der Zedent allerdings nur mit Zustimmung des Zessionars ausüben) 84 II 355/367 f. – Legitimation zur Vertragsanfechtung bei *mehreren am Vertrag Beteiligten* (in casu Miterben) 74 II 215/217 E. 3. – Offengelassen, ob für die Anfechtung eines Adoptionsvertrages wegen Willensmängeln eine absolute Verwirkungsfrist von zehn Jahren gilt 101 II 203/206 ff. E. 3. – Die Geltendmachung der einseitigen Unverbindlichkeit (oder Nichtigkeit) des Kaufvertrages bleibt auch gegenüber dem Vorkaufsberechtigten vorbehalten 82 II 576/583 E. 3.

9 ***Abs. 2*** **Irrtum.** Die Frist beginnt dann zu laufen, wenn der Irrtum feststeht (in casu Kauf von Bauland, das nachträglich wegen Lawinengefahr mit einem Bauverbot belegt wurde: Dem Käufer schadet es nicht, den infolge der Lawinengefahr ablehnenden Entscheid über sein Baugesuch weiterzuziehen und den Lawinenzonenplan anzufechten, bevor er sich der andern Vertragspartei gegenüber auf Irrtum beruft) 98 II 15/21 f. – Bloss unbestimmte, nicht näher belegte Zweifelsäusserungen eines Dritten sind nicht geeignet, die für eine Irrtumsanfechtung notwendige Kenntnis zu vermitteln (in casu Irrtum über die Echtheit eines Gemäldes) 82 II 411/426. Wann eine Partei ihren Irrtum erkannte und wann sie ihren Willen zum Ausdruck brachte, den Vertrag für ungültig zu erklären, sind Tatfragen 135 III 446/540 E. 2.1 Pra 2010 (Nr. 40) 296.

10 **Gegründete Furcht.** Im Zweifel über den Beginn der Frist ist in den Fällen gegründeter Furcht zugunsten des Anfechtungsberechtigten zu entscheiden 84 II 621/627.

11 ***Abs. 3*** Anspruch aus *Delikt* (Art. 41 ff.); Verjährungsfrist somit ein Jahr (vgl. 109 Ia 5/10 f. E. b, c). Rechtskräftiger Freispruch über die Strafbehörden bindet den Zivilrichter und schliesst daher die Anwendung von Art. 66 Abs. 2 aus 66 II 158/159 f. E. 4. Die Möglichkeit einer Schadenersatzforderung trotz Genehmigung ist nur *ausnahmsweise* zuzugestehen. Wer in Kenntnis der Täuschung erfüllt, kann jedenfalls den Schaden nicht ersetzt verlangen, der ihm aus der Genehmigung entsteht, ausser es würde durch Nichtgenehmigung ein grösserer Schaden entstehen 40 II 40/43, 89 II 239/249 E. 6; bestätigt in 109 Ib 5/10 f. E.b.

G. Stellvertretung

Vorb. Art. 32–40

▪ Anwendungsbereich (1) ▪ Grundsatz (2) ▪ Selbstkontrahieren/Doppelvertretung (3) ▪ Interessenkonflikt zwischen der juristischen Person und dem handelnden Organ (4) ▪ Solidarvollmacht und Kollektivvollmacht (5) ▪ Abgrenzung Stellvertreter – Bote (6) ▪ Stellvertretung ausgeschlossen (7) ▪ Keine Anwendung der vertretungsrechtlichen Gutglaubensvorschriften (8) ▪ Gutgläubigkeit des Dritten (9) ▪ Verhältnis Stellvertretung/Irrtumsregeln (10) ▪ Verhältnis Vertretung/Organstellung (11) ▪ Wissen und Wollen des Bevollmächtigten (12) ▪ Verfahren (13) ▪ Weiteres (15)

Anwendungsbereich. Die Regeln der Stellvertretung sind grundsätzlich auf alle Willenserklärungen des Privatrechts anwendbar (so zum Beispiel auch im Rahmen der Kündigung eines Mietvertrages) 4D_14/2008 (31.3.08) E. 2.1 fr. (in casu Art. 32 Abs. 2). Anwendbar auch in Rahmen des Gesellschaftsrechts, wobei die speziellen Normen des Gesellschaftsrechts und Art. 40 vorgehen 4C.136/2004 (13.7.04) E. 2.2.2.1 fr. Zur Beurteilung der Frage, ob ein Ehegatte vom andern zur Vertretung der ehelichen Gemeinschaft ermächtigt worden ist, sind die allgemeinen Regeln der Art. 32 ff. massgebend (in casu Art. 33 Abs. 3) 4C.131/2006 (4.7.06) E. 2.2. – Zu den spezialgesetzlichen Regelungen der Stellvertretungsvollmacht des Versicherungsagenten vgl. 133 V 408/414 E. 5.3.4 (in casu VVG Art. 34 Abs. 1 in der bis Ende 2006 gültigen Fassung). – Zur analogen Anwendung im Verwaltungsrecht und im Verwaltungsverfahren vgl. 132 V 166/176 f. E. 8.5.1. 1

Grundsatz. Handelt ein Vertreter im Namen einer andern Person, wird diese Person berechtigt und verpflichtet: erstens, wenn der Vertreter die entsprechende Vertretungsmacht besass, sei es gestützt auf das öffentliche Recht, das Gesetz oder den Willen des Vertretenen; zweitens, wenn der Vertretene den Vertrag genehmigt (Art. 38); drittens, wenn sich der Dritte in gutem Glauben auf die Kundgebung der Vertretungsmacht durch den Vertretenen (die auch stillschweigend möglich ist) verlassen konnte (Art. 33 Abs. 3, Art. 34 Abs. 3, Art. 37) 131 III 511/517 E. 3.1 Pra 2006 (Nr. 66) 472 f., 4A_271/2009 (3.8.09) E. 2.6, 4A_313/2010 (3.9.10) E. 3.4.2.2, 4A_82/2011 (19.5.11) E. 4.4. 2

Selbstkontrahieren/Doppelvertretung. Nach herrschender Lehre und ständiger Rechtsprechung des Bundesgerichts ist das Kontrahieren eines Vertreters mit sich selbst grundsätzlich unzulässig, weil es regelmässig zu Interessenkollisionen führt 144 III 388/390 E. 5.1, 138 III 755/772 E. 6.2. Selbstkontrahieren hat deshalb die Ungültigkeit des betreffenden Rechtsgeschäftes zur Folge, es sei denn, die Gefahr einer Benachteiligung des Vertretenen sei nach der Natur des Geschäftes ausgeschlossen oder der Vertretene habe den Vertreter zum Vertragsschluss mit sich selbst besonders ermächtigt oder das Geschäft nachträglich genehmigt. Dieselben Regeln gelten auch für die Doppelvertretung zweier Vertragsparteien durch ein und denselben Vertreter sowie die gesetzliche Vertretung juristischer Personen durch deren Organe. Auch in diesen Fällen bedarf es einer besonderen Ermächtigung oder einer nachträglichen Genehmigung durch ein über- oder nebengeordnetes Organ, wenn die Gefahr einer Benachteiligung besteht 127 III 332/333 f., 126 III 361/363 E. 3a, 95 II 442/452 f. E. 5, 89 II 321/324 ff. E. 5, 82 II 388/392 ff. E. 4 it., 4A_360/2012 (3.12.12) E. 4. Strenge Anforderungen an eine Genehmigung 4C.327/2005 3

(24.11.06) E. 3.2.8.1, wenn der Vertreter einer Partei gleichzeitig Vertreter oder Organ der Gegenpartei ist 106 Ib 145/148 E. b, 95 II 617/621 E. a, 41 II 387/392 E. 4, vgl. auch 112 II 503/506 E. b, 100 IV 167/170 f. E. b, 117 II 290/297 E. aa Pra 1992 (Nr. 137) 486, Pra 2000 (Nr. 50) 287 E. b (in casu Doppelvertretung verneint), 126 III 361/363 E. 3a, 127 III 332/333 E. 2a, 4C.335/1999 (25.8.00) E. 4a aa fr., 4C.148/2002 (30.7.02) E. 3 fr., 4C.327/2005 (24.11.06) E. 3.2.1, 4C.235/2006 (23.10.06) E. 3.5.3 fr. Ein Schutzbedürfnis entfällt hingegen dann, wenn der mit sich selbst kontrahierende Vertreter zugleich Alleinaktionär ist (das Verbot des Selbstkontrahierens dient allein dem Schutz der Gesellschaft und nicht dem Interesse von Gesellschaftsgläubigern; letzteren stehen mit den paulianischen Anfechtungsklagen nach SchKG Art. 285 ff. und der Verantwortlichkeitsklage nach Art. 754 andere Rechtsbehelfe zur Durchsetzung ihrer Ansprüche zur Verfügung) 126 III 361/366 f. Bei einem Rechtsgeschäft zwischen zwei rechtlich verschiedenen, indessen wirtschaftlich identischen Subjekten besteht aber grundsätzlich keine Gefahr einer Interessenkollision, sodass entsprechende Geschäfte aus der Natur der Sache rechtsgültig in Doppelvertretung getätigt werden können 4C.294/2003 (15.12.03) E. 1.3. Im beurteilten Fall aufgrund der konkreten Umstände ausnahmsweise gültiges Geschäft 4C.35/2005 (11.8.05) E. 3.2 fr. Die natürliche Person kann, soweit ihre eigenen Interessen nicht infrage stehen, zwischen zwei juristischen Personen, deren Organ sie ist, Rechtsgeschäfte abschliessen 98 II 211/219 E. 8 fr. Doppelvertretung des Mäklers (in casu unter den gegebenen Umständen für zulässig erklärt) 35 II 63/66 f. (S. zur Doppelmäkelei auch Art. 20/Sittenwidrigkeit). Das Selbstkontrahieren des Organs einer juristischen Person ist ohne Ermächtigung oder Genehmigung seitens eines über- oder nebengeordneten Organs nicht zulässig, wenn es die Gefahr einer Benachteiligung der juristischen Person in sich birgt (in casu Gefahr bejaht, wenn der Geschäftsführer einer GmbH Wertpapiere nur für den Fall des Fehlschlagens der eigenen Spekulation für die Gesellschaft kauft) 95 II 442/452 ff. E. 5, 99 Ia 1/9 E.d. – Das Selbstkontrahieren ist *zulässig,* wenn der Vertreter dazu besonders ermächtigt wurde oder wenn die Natur des Geschäftes eine Benachteiligung des Vertretenen ausschliesst (offengelassen für die reinen Erfüllungsgeschäfte) 89 II 321/324 ff. E. 5. Zulässig, wenn bei der Abonnentenversicherung der Vertreter für sich selber abonniert 64 II 294/299 f. fr. – Selbstkontrahieren im *Auftragsverhältnis* 82 II 388/392 ff. E. 4 JdT 104 (1956) I 594 ff. E. 4. – Der *Selbsthilfeverkäufer nach Art. 93* kann die Ware selber erwerben 42 II 219/227 f. E. 5. – Zum Selbstkontrahierungsverbot in SchKG Art. 11 vgl. 7B.50/2001 (30.4.01) E. 7–9, 7B.283/2001 (19.3.02) E. 4. Vom Selbstkontrahieren und der Doppelvertretung zu unterscheiden sind die Fälle, wo für die beiden Vertragsparteien verschiedene Personen handeln, aber aufseiten der einen Partei ein Konflikt zwischen den Interessen der vertretenen juristischen Person und jenen des handelnden Organs vorliegt. Der Interessenkonflikt begrenzt die Vertretungsmacht des handelnden Organs, wenn er für die andere Vertragspartei erkennbar war oder sie ihn bei gebührender Sorgfalt hätte erkennen müssen. Die Regeln des Selbstkontrahierens sind diesfalls analog anzuwenden 144 III 388/390 E. 5.1, 4C.25/2005 (15.8.05) E. 1.1. Der gleiche verpönte Erfolg einer Gefährdung der Interessen des Vertretenen wird erzielt, wenn der Organvertreter für eine AG einen Vertrag mit einer wirtschaftlich von ihm beherrschten (und daher mit ihm wirtschaftlich identischen) Gesellschaft abschliesst; auch ein solcher, mit dem Abschluss eines Geschäftes mit sich selber verwandter Tatbestand ist den Regeln des Selbstkontrahierens zu unterwerfen 4C.327/2005 (24.11.06)

E. 3.2.5. – Zusammenfassung der Rechtsprechung zum Selbstkontrahieren in 4A_134/2007 (31.7.07) E. 2.2 und 3.1.

Interessenkonflikt zwischen der juristischen Person und dem handelnden Organ. Während beim Selbstkontrahieren und bei der Doppelvertretung die Vertretungsmacht grundsätzlich fehlt und nur ausnahmsweise aufgrund besonderer Umstände besteht, schliesst der blosse Interessenkonflikt aus Gründen der Verkehrssicherheit die Vertretungsmacht nicht von vornherein aus, sondern lässt sie nur entfallen, wenn der Dritte den Interessenkonflikt auch erkannt hat bzw. hätte erkennen müssen (alsdann keine Wirksamkeit des Rechtsgeschäftes für den Vertretenen) 126 III 361/364 E.a. Sind neben dem handelnden Organ keine weiteren Aktionäre vorhanden, so entfällt das Schutzbedürfnis (die beschränkte Gültigkeit von Rechtsgeschäften mit Interessenkonflikten dient allein dem Schutz der Gesellschaft und nicht dem Interesse von Gesellschaftsgläubigern; Letzteren stehen mit den paulianischen Anfechtungsklagen gemäss SchKG Art. 285 ff. und der Verantwortlichkeitsklage nach Art. 754 andere Rechtsbehelfe zur Durchsetzung ihrer Ansprüche zur Verfügung) 126 III 361/366 f. Vgl. auch 127 III 332/333 ff. E. 1, 2 und 4C.93/2007 (13.8.07) E. 2. 4

Solidarvollmacht und Kollektivvollmacht. Im Unterschied zur Solidarvollmacht, bei welcher jeder Bevollmächtigte einzeln für den Vollmachtgeber handeln kann, können mehrere Bevollmächtigte bei der Kollektivvollmacht den Vollmachtgeber im Rahmen der aktiven Vertretung nur gemeinsam vertreten. Demgegenüber gilt bei der passiven Vertretung die Regel, dass die Vertretungsmacht jedem Kollektivvertreter einzeln zusteht. Dies bedeutet, dass die Vertretungswirkung auch dann eintritt, wenn die Erklärung von Dritten (z.B. die Aufforderung des Gerichts zur Leistung einer Kaution) sich nur an einen einzelnen Kollektivvertreter richtet 4C.244/2005 (7.10.05) E. 2. 5

Abgrenzung Stellvertreter – Bote. Die Abgrenzung zwischen Stellvertreter und blossem Boten kann bei mündlichen Willensäusserungen schwierig sein (in casu Bankenombudsmann als Erklärungs- und Empfangsbote beider Parteien). Ein Unterschied besteht namentlich darin, dass bei Hilfspersonen, anders als beim Vertreter, alle auf diese bezogenen subjektiven Elemente (Handlungsfähigkeit, Wissen oder Nichtwissen von bestimmten Umständen usw.) ausser Betracht bleiben, da sie keinen eigenen Willen formulieren 4C.434/2005 (22.1.07) E. 4, 5. 6

Die Stellvertretung ist ausgeschlossen für die Ausübung höchstpersönlicher Rechte (in casu Erklärung des letzten Willens: sie kann weder durch Dritte noch durch den Richter erfolgen) 108 II 405/408 E. b Pra 1983 (Nr. 86) 235, vgl. auch 122 III 344/349 E. b (Eheauflösung als vertretungsfeindliche Handlung; in casu IPR/Ordre public). Die Zulässigkeit der Stellvertretung ist vor allem im Familien- und Erbrecht eingeschränkt 132 V 166/177 E. 8.5.1 (in casu Kündigungsrecht nach KVG Art. 7 Abs. 2 als einer Stellvertretung zugänglich erachtet). 7

Keine Anwendung der vertretungsrechtlichen Gutglaubensvorschriften, wenn jemand nicht in, sondern unter fremdem Namen handelt 4C.389/2002 (21.3.03) E. 3.1 fr. 8

9 **Gutgläubigkeit des Dritten.** Wenn im Fall der Übertretung der Vollmacht im engen Sinn nur ernste Zweifel über die tatsächliche Vollmacht des Vertreters genügen, um den guten Glauben des dritten Vertragspartners zu verneinen, so genügen im Fall eines eigentlichen Missbrauchs bereits relativ schwache Zweifel 119 II 23/26 f. E. c Pra 1995 (Nr. 10) 40 (in casu guter Glaube des Dritten verneint), 146 III 121/133 ff. E. 3.3 fr. (in casu Gutgläubigkeit der Bank verneint). Zur Frage der Gutgläubigkeit des Dritten im Rahmen der Sonderregel in Art. 543 Abs. 3 124 III 355/358 f. E.a. Vgl. auch Art. 33 Abs. 3 und Vorb. Art. 38–39.

10 **Verhältnis Stellvertretung/Irrtumsregeln.** Siehe Vorb. Art. 23–31.

11 **Verhältnis Vertretung/Organstellung.** Organe juristischer Personen sind nicht Vertreter im Sinne der Art. 32 ff., sondern bringen direkt den Willen der juristischen Person zum Ausdruck und verpflichten diese durch ihre Rechtsgeschäfte bzw. unerlaubten Handlungen 146 III 37/41 E. 5.1.1 fr., 111 II 284/289 fr., 4C.55/2002 (30.7.02) E. 2.3 fr. (analoge Anwendung der Art. 32 ff. auf die Organe juristischer Personen). Auch ein Organ einer juristischen Person kann aber als Vertreter bestimmt werden und sodann mit Einzelunterschrift zeichnen, obwohl es sonst nur kollektiv zu zweien zeichnen kann. Ist jedoch die Zeichnungsbefugnis des Organs im Handelsregister eingetragen, wird eine darüber hinausgehende Vertretungsmacht nur mit Zurückhaltung angenommen, wenn sie sich auf eine Anscheinsvollmacht stützt 4A_271/2009 (3.8.09) E. 2.3.

12 **Wissen und Wollen des Bevollmächtigten.** Wenn eine Vertragspartei ihren Willen durch einen Vertreter äussert, ist der durch den Vertreter geäusserte Wille für den Vertragsabschluss massgebend. Wird dessen Inhalt durch Auslegung ermittelt, kommt es darauf an, was der Vertreter wollte. Die Aussagen des Vertreters werden übereinstimmend mit Art. 32 Abs. 1 dem Vertretenen zugerechnet (145 II 201/203 E. 5.1, 143 III 157/159 E. 1.2.2, 4C.332/2005 [27.1.06] E. 3.3) und der Vertretene hat sich das Wissen des Vertreters oder das, was er hätte wissen müssen, als Eigenes anzurechnen (4C.68/2007 [13.6.2008] E. 11) 140 III 86/91 E. 4.1 Pra 2014 (Nr. 79) 587 f. Ob der Vertretene tatsächlich über die Kenntnis des Vertreters verfügte, ist im Verhältnis zur Gegenpartei nicht massgebend 4C.16/2000 (24.1.01) E. 3b/bb. Ein Geschäft gilt demnach als mängelfrei, wenn der Vertreter den richtigen Sachverhalt kannte 4A_303/2007 (29.11.07) E. 3.4.3. Der Vollmachtgeber hat sich das Wissen des Bevollmächtigten jedoch nur insoweit als eigenes anrechnen zu lassen, als er ihn zu seinem Vertreter gemacht hat, d.h. soweit die Vollmacht reicht 73 II 6/13 f. E. 5 (in casu ZGB Art. 533: obwohl der Notar die Anfechtungsgründe kannte, begann die Frist für den Auftraggeber nicht zu laufen, da er den Notar nicht mit einer Prozessführung beauftragt hatte), 4C.332/2005 (27.1.06) E. 3.3 – Zur Frage, ob das Wissen eines Organs der juristischen Person zuzurechnen ist (sog. «Wissensvertretung»), vgl. 4C.335/1999 (25.8.00) E. 5 fr. – Vertretung des Bürgen durch den Vertreter des Schuldners: Der Bürge muss sich die Kenntnis des Vertreters anrechnen lassen 56 II 96/101 f. E. 2.

13 **Verfahren.** Im Prozess des Dritten gegen den Vertreter hat letzterer (wenn er seine Passivlegitimation bestreiten will) als Beklagter nachzuweisen, dass er im Namen eines Vertretenen gehandelt hat 4C.154/2004 (20.8.04) E. 2.2.2.

Eine bloss bürgerliche Bevollmächtigung (Art. 32 ff.) reicht für das persönliche Erscheinen einer juristischen Person an der Schlichtungsverhandlung nicht aus. Wird eine Person schriftlich bevollmächtigt, eine Partei an der Schlichtungsverhandlung zu vertreten, so stellt sich die Frage, ob lediglich eine (unzureichende) bürgerliche Bevollmächtigung nach Art. 32 oder ob eine nach Art. 462 Abs. 2 erforderliche, einem Handlungsbevollmächtigten i.S.v. Art. 462 ausdrücklich erteilte Befugnis zur Prozessführung vorliegt. Die Ermächtigung zur Prozessführung nach Art. 462 Abs. 2 kann nur einer Person erteilt werden, die (bereits) Handlungsbevollmächtigte i.S.v. Art. 462 Abs. 1 ist 141 III 159/167 ff. E. 3. 14

Weiteres. Der Vollmacht liegt meist ein Auftragsverhältnis zugrunde 4C.263/2004 (23.5.05) E. 2.2. – *Inkassovollmacht.* Die Vollmacht des Vertreters, eine Forderung in eigenem Namen, jedoch auf Rechnung des Vertretenen einzutreiben, unterscheidet sich von der indirekten Stellvertretung dahingehend, dass der mit einer solchen Vollmacht ausgestattete Vertreter nicht Inhaber der einzutreibenden Forderung ist, im Unterschied zum indirekten Vertreter, der sich eine Forderung zum Inkasso hat abtreten lassen; der Schuldner kann dem zum Inkasso beauftragten Vertreter nur Einreden bezüglich der Forderung an sich oder bezüglich der Vertretungsbefugnis entgegenhalten (dagegen kann er dem Vertreter, dem er ausdrücklich das Recht zugestanden hat, die Leistung in eigenem Namen zu fordern, nicht entgegenhalten, er sei nicht Inhaber der Forderung) 119 II 452/454 f. E. c, d Pra 1994 (Nr. 225) 740 f. – Zur Anwendung der Stellvertretungsregeln auf juristische Personen vgl. 131 III 606/612 E. 4.2.1 fr. – Art. 28: Dem Vertretenen ist das Wissen des bösgläubigen Vertreters nicht zuzurechnen, wenn dieser wirtschaftlich identisch ist mit dem täuschenden Vertragspartner 112 II 503/505 E.b. – *Öffentlich-rechtliche Körperschaften* können für privatrechtliche Rechtshandlungen Stellvertreter im Sinne von Art. 32 f. bestellen 4C.362/2001 (7.5.03) E. 3.2. – Vom Stellvertretungsrecht bzw. vom organschaftlichen Handeln her ist nicht ausgeschlossen, dass an einem Vertrag beteiligte Privatpersonen einmal für sich und ein zweites Mal für die juristische Person unterzeichnen (alsdann sind aber zwei entsprechende Unterschriften erforderlich) 5C.275/2002 (3.7.03) E. 1.4 Pra 2004 (Nr. 27) 133 f. – Stellvertretungsproblematik im Rahmen eines *Werbevertrages* 4C.181/2002 (10.10.02) E. 2. – SchKG Art. 65 regelt die Zustellung der Betreibungsurkunde an eine juristische Person oder Gesellschaft abschliessend; keine Anwendung der Stellvertretungsregeln in Art. 32 ff. 118 III 10/12 E.b. – Provisorische Rechtsöffnung (SchKG Art. 82): Nicht willkürlich ist der Entscheid, wonach eine schriftliche Schuldanerkennung auch dann einen Rechtsöffnungstitel darstellt, wenn sie nicht durch den betriebenen Schuldner persönlich, sondern durch einen Vertreter unterzeichnet worden ist, selbst wenn keine schriftliche Vollmacht des Betriebenen vorliegt 112 III 88/88 f. E. 2, vgl. ferner 119 II 452/454 f. E. c Pra 1994 (Nr. 225) 740 f. (in casu Inkassoauftrag), 132 III 140/142 E. 4.1.1 Pra 2006 (Nr. 133) 918 f. SchKG Art. 288: Schädigungsabsicht und deren Erkennbarkeit durch Organe oder rechtsgeschäftlich bestellte Stellvertreter sind der juristischen Person bzw. dem Vertretenen anzurechnen 134 III 452/457 E. 4.3. – Bei der Stellvertretung können auf beiden Seiten mehrere Personen beteiligt sein 132 V 166/177 E. 8.5.1 (der Vollmachtgeber kann aus einer Mehrheit von Personen zusammengesetzt sein). – In erster Linie obliegt es dem Vertretenen (und nicht dem Vertragspartner), in seinem eigenen Interesse den Vertreter sorgfältig auszuwählen und zu 15 überwachen 131 III 511/522. – Zum Begriff des Vertreters in aOG Art. 35 114 Ib 67/69 ff. E. 2. – Die Vertretungsmacht des Beistands und des Vormunds leitet sich aus dem Gesetz ab und ist nicht vom Willen des Vertretenen abhängig wie bei der gewillkürten Stellvertretung nach Art. 32 ff. 115 V 244/250 E. bb fr. – Falschbeurkundung nach StGB Art. 251 Ziff. 1 ist das nachträgliche Ausstellen und Rückdatieren einer Vollmachtsurkunde 122 IV 332/338 ff.; zur strafrechtsrelevanten Urkundenfälschung vgl. ferner 128 IV 255/258 ff.

16 Zur Duldungs- und Anscheinsvollmacht vgl. Vorb. Art. 38–39.

I. Mit Ermächtigung 1. Im Allgemeinen a. Wirkung der Vertretung

Art. 32

[1] Wenn jemand, der zur Vertretung eines andern ermächtigt ist, in dessen Namen einen Vertrag abschliesst, so wird der Vertretene und nicht der Vertreter berechtigt und verpflichtet.

[2] Hat der Vertreter bei dem Vertragsabschlusse sich nicht als solcher zu erkennen gegeben, so wird der Vertretene nur dann unmittelbar berechtigt oder verpflichtet, wenn der andere aus den Umständen auf das Vertretungsverhältnis schliessen musste, oder wenn es ihm gleichgültig war, mit wem er den Vertrag schliesse.

[3] Ist dies nicht der Fall, so bedarf es einer Abtretung der Forderung oder einer Schuldübernahme nach den hierfür geltenden Grundsätzen.

1 Die Absätze 1 und 2 befassen sich mit der *direkten Stellvertretung,* Abs. 3 mit der *indirekten* 4C.436/1999 (28.3.00) E. 3, vgl. ferner 4C.203/2001 (8.11.01) E. 2c fr. Handeln für einen noch zu bestimmenden Dritten («nommable») als Sonderform der direkten Stellvertretung 4C.356/2001 (12.3.02) E. 3b fr. Auslegung der Wendung «pour le compte d'un tiers» nach dem Vertrauensprinzip (in casu direkte Stellvertretung angenommen) 126 III 59/64 f. E. b, c Pra 2000 (Nr. 117) 692 f. – Die Befugnis zum Vertragsabschluss schliesst die Befugnis zur Vertragsabänderung mit ein 4C.177/2000 (24.4.01) E. 2a fr. Inwieweit der Bevollmächtigte befugt ist, über den Abschluss des Geschäftes und dessen inhaltliche Gestaltung selber zu entscheiden, ist eine Frage des Innenverhältnisses zwischen ihm und dem Vollmachtgeber (im Falle einer Mitteilung an einen Dritten findet Art. 33 Abs. 3 Anwendung) 4P. 325/2001 (21.11.02) E. 1.3 (in casu Bevollmächtigung eines Anwalts).

2 ***<u>Abs. 1</u>*** **Voraussetzungen.** Der Eintritt der Vertretungswirkung setzt voraus, dass (1.) der Vertreter im fremdem Namen handelt, und (2.) eine Vollmacht (Ermächtigung) vorliegt 146 III 121/129 E. 3.2.1 fr., 146 III 37/45 E. 7.1 fr.; ist die erste Voraussetzung erfüllt, nicht aber die zweite, kann Ermächtigung durch nachträgliche Genehmigung (Art. 38 Abs. 1) oder gestützt auf Art. 33 Abs. 3 (Anscheinsvollmacht) ersetzt werden 146 III 121/129 f. E. 3.2.2 fr., 4A_187/2018 (21.2.19) E. 3.2 fr., 4A_487/2018 (30.1.19) E. 5.2.1 fr. – Ob Handeln in fremdem Namen vorliegt, beurteilt sich nach der Vorstellung des Dritten (nicht des Vertreters), der darauf vertrauen durfte und konnte, dass für den Namensträger gehandelt wurde. Mithin kann auch Handeln unter fremdem Namen Handeln in fremdem Namen sein 4A_421/2015 (11.2.16) E. 4.3.2 – Ein Stellvertretungsverhältnis setzt eine *Ermächtigung* voraus 90 II 285/288 E. a und den *Willen des Vertreters,* als solcher zu handeln 88 II 350/352 ff. E. 1, 88 II 191/194 f. E. 3, 4 Pra 1962 (Nr. 126) 382 f.; vgl. auch 109 III 112/120 E. 4 Pra 1984 (Nr. 66) 163, 130 III 87/89 E. 3.3 Pra 2004

(Nr. 175) 1015 (in casu Frage der Schuldanerkennung nach SchKG Art. 82 Abs. 1), 4C.127/2001 (22.8.01) E. 2a fr., 4C.199/2004 (11.1.05) E. 7.1 fr. (der Vertreter kann seinen Vertretungswillen dem Dritten ausdrücklich oder konkludent bis zum Zeitpunkt des Vertragsabschlusses kundtun, Anwendung des Vertrauensprinzips), 4P.109/2004 und 4P.111/2004 (beide 11.1.05) E. 5.2.2.1 fr. (es genügt, wenn der Dritte aus dem Verhalten nach Treu und Glauben auf ein Vertretungsverhältnis schliessen durfte). Die Erteilung der Vollmacht wird erst mit ihrer Mitteilung an den Vertreter wirksam 101 II 117/119 E. 4 (offengelassen, ob die blosse Mitteilung der Ermächtigung an einen Dritten [in casu Bank] vertretungsrechtlich die Mitteilung an den Vertreter zu ersetzen vermag). – Die Bestimmung setzt bloss voraus, dass der Vertreter im Namen des Vertretenen handelt, nicht aber, dass der Vertretene dem Dritten vom Inhalt der Vollmacht, sei es direkt oder über den Vertreter, Kenntnis gibt; ebenso wenig ist vorausgesetzt, dass der Vertreter die allfällige Vollmachtsurkunde dem Dritten vorlegt 99 II 39/40 f. E. 1, 4A_349/2011 (5.10.11) E. 3.2. – Nicht nötig ist, dass der Vertretene seinen Vertreter persönlich kennt 97 IV 46/49 E.a. – Die Bevollmächtigung, ein einseitiges und empfangsbedürftiges Rechtsgeschäft, ist selbständig und besteht unabhängig vom Kausalverhältnis 78 II 369/372 E.a. – Damit die Vertragswirkungen beim Vertretenen eintreten, ist seine Existenz im Zeitpunkt des Vertragsschlusses vorausgesetzt (vorbehältlich des besonderen Falles eines nasciturus, ZGB Art. 31 Abs. 2) 130 III 633/635 E. 2.2.2.2.1 fr.

Form. Die *Erteilung der Vollmacht* ist an keine Form gebunden. Sie kann durch konklu- 3
dentes Verhalten erfolgen 126 III 59/64 E. 1b Pra 2000 (Nr. 117) 692, 4A_496/2014 (11.2.15) E. 3.2 fr. (Umfang der Ermächtigung in diesem Fall: 93 II 461/482 E. a fr.) und gegebenenfalls aus dem Stillschweigen des Geschäftsherrn zu Rechtshandlungen geschlossen werden, die sein Angestellter vornimmt 74 II 149/151 E. 2, 76 I 338/351 E. 5. Eine stillschweigende (interne) Bevollmächtigung kann auch aus Duldung oder Anschein beansprucht werden 141 III 289/290 f. E. 4.1. – Die Ermächtigung kann aus dem Verhalten des Vertretenen folgen (in casu durfte der Vertragsgegner bei der Verwendung eines Vertragsformulars annehmen, dass derjenige, der das Formular verwendet, zur Vertretung der betreffenden juristischen Person ermächtigt sei) 49 II 208/215 f. fr. Bei *öffentlicher Urkunde* über Verträge, die Rechte an Grundstücken zum Gegenstand haben, müssen die Vertragschliessenden und allfällige Stellvertreter richtig angegeben sein (vgl. auch 112 II 330/336 f. E. b; in casu war die Berufung des Käufers auf die unrichtige Beurkundung des Vertretungsverhältnisses bezüglich der Verkäuferseite rechtsmissbräuchlich). Hingegen ist die Vollmacht zum Abschluss eines Rechtsgeschäftes über Eigentum oder beschränkte dingliche Rechte an Grundstücken formfrei gültig 99 II 159/162 E. b, 76 I 338/351 E. 5. – Die Vollmacht zu einer *Schenkung von Todes wegen* muss in der Form des Testaments erteilt werden 58 II 423/427 f.

Weiteres. *Gesamtvertreter* müssen weder gemeinsam noch gleichzeitig handeln; die 4
Wirksamkeit des Rechtsgeschäftes tritt jedoch erst dann ein, wenn die Erklärung aller vorliegt (in casu Wechselakzept) 58 II 157/160 E. 3, vgl. auch vorstehend Solidarvollmacht und Kollektivvollmacht. – Besteht bei einer Handelsgesellschaft oder juristischen Person eine *kollektive Zeichnungsberechtigung,* so kann der eine der nur gemeinsam Zeichnungsberechtigten zwar allein für die Gesellschaft gültig Rechtsvorschlag erheben, nicht aber beim Widerspruch des andern namens der Gesellschaft Beschwerde nach SchKG Art. 17

führen oder einen Beschwerdeentscheid weiterziehen 65 III 72/73 f. – Bei Anmeldung eines Grundstückzuschlages zur Eintragung im Grundbuch tritt das *Betreibungsamt* als Vertragspartei auf und nicht bloss als Vertreter 56 II 261/265. – Die Ermächtigung im Rahmen eines Auftrages kann sich auf direkte oder indirekte Stellvertretung beziehen 41 II 268/271 E. 3. Die Erklärung, jemand handle im Rahmen eines Auftrages, genügt nicht zur Beurteilung, ob er als direkter oder indirekter Vertreter zu gelten habe (in casu offengelassen, welche Bedeutung dem Begriff «auftrags» insbesondere nach Bankusanzen zukomme) 110 II 183/186 E. 2a Pra 1984 (Nr. 178) 491. – Die *Bank,* bei der jemand Vermögenswerte in eigenem Namen hinterlegt, geht nur mit dem Kontoinhaber eine Verpflichtung ein, auch wenn sie weiss, dass er nicht Eigentümer, sondern bloss Verwalter der Vermögenswerte ist 100 II 200/211 ff. E. 8 fr. Schliesst jemand im Namen eines Dritten einen Girovertrag mit einer Bank ab, so muss er dazu ermächtigt sein und die Bank seine Vertretungsbefugnis überprüfen 100 II 368/370 ff. E. 3, 4. – Übergibt der *Bürge* die auf einen noch zu bestimmenden Gläubiger lautende Bürgschaftsurkunde einem andern zur Verwendung, so ist zwischen letzterem und dem noch zu bestimmenden Gläubiger ein Stellvertretungsverhältnis für den Vertragsabschluss anzunehmen 45 II 162/172 f. – Bei Vertretungsverhältnissen hat der Vertreter mit eigenem Namen zu unterschreiben und das Vertretungsverhältnis anzugeben 102 II 197/201 f. E.b. Leiter eines Unterhaltungsorchesters als Vertreter der einzelnen Orchestermitglieder 112 II 41/48 E. aa fr. – Der *Rechtsanwaltskandidat* ist nicht ermächtigt, als Parteivertreter vor Bundesgericht aufzutreten (aOG Art. 29 Abs. 2; in casu Unzulässigkeit einer Berufungsschrift, die von einem bernischen Fürsprecherkandidaten unterzeichnet war) 99 II 121/122 f. E. 2. fr. Ein Anwaltspraktikant ist, selbst wenn ihm der betreffende Kanton (in casu Neuenburg) die Übernahme der Strafverteidigung in eigener Verantwortung gestattet, einem patentierten Anwalt nicht gleichgestellt und kann daher eine Beschwerdeerklärung an das Bundesgericht nicht rechtsgültig unterzeichnen (aOG Art. 29 Abs. 2) 105 IV 285/286 E. 2 Pra 1980 (Nr. 17) 46; zum Erfordernis der Unterschrift in Rechtsschriften siehe unter Art. 14. – *Organe* sind nicht Vertreter der juristischen Person, sondern bringen den Willen der juristischen Person unmittelbar zum Ausdruck (ZGB Art. 55) 99 Ia 9 E.d. Zum Unterschied zwischen der von der Muttergesellschaft stillschweigend erteilten Vollmacht und der Organstellung in der Tochtergesellschaft vgl. 131 III 606/612 E. 4.2.1 fr. – Die AG kann durch einen Vertreter Verträge abschliessen, auch wenn sie gleichzeitig daran ist, ihre Firma zu ändern 130 III 633/635 f. E. 2.2.2.2.1 Pra 2005 (Nr. 49) 388 f. – Art. 929 Abs. 1/Gebührentarif Handelsregister Art. 21 Abs. 1: Der Bundesrat ist angesichts der besonderen Bedürfnisse der Registerbehörden befugt, eine autonome Haftungsregelung zu schaffen, die unter Umständen über den Grundsatz von Art. 32 Abs. 1 hinausgeht (in casu Haftung eines Notars für Gebühren und Auslagen, auch wenn er im Auftrag Dritter gehandelt hat) 115 II 93/95 E.a. Die Rechtswirkungen treten beim Vertretenen ein (in casu fälschlicherweise Betreibung gegen den Vertreter: negative Feststellungsklage des Vertreters gutgeheissen) 120 II 20/25 f. E.c. – Zu den Anforderungen an den Nachweis eines Vertretungsverhältnisses im Rahmen der Beurteilung eines Rechtsöffnungstitels gemäss SchKG Art. 82 Abs. 1 130 III 87/87 ff. E. 3 Pra 2004 (Nr. 175) 1013 ff. (im Bestreitungsfalle muss sich die Vertretungsbefugnis klar aus den Akten ergeben; in casu verneint). – Anwendungsfall (in casu Kunstgalerie als direkte Stellvertreterin im Rahmen eines Kaufvertrages) 126 III 59/64 f. E. b, c Pra 2000 (Nr. 117) 692 f. Stellvertretungsproblematik im

Rahmen eines Werbevertrages 4C.181/2002 (10.10.02) E. 2. – Unterzeichnet der Botschafter eines ausländischen Staates in dessen Namen einen Arbeitsvertrag (in casu betreffend Chauffeur-Dienste), handelt er nicht als Vertreter i.S.v. Art. 32 ff., sondern als Verwaltungsorgan des betreffenden Staates 4C.177/2000 (24.4.01) E. 1b fr. – Die Bank, die im Rahmen einer Fremdemission vom Emittenten Anleihensobligationen fest übernimmt und ausgibt, ist gegenüber dem Anleihensgläubiger nicht Stellvertreterin des Emittenten. Vielmehr tritt sie in eigenem Namen und auf eigenes Risiko auf 135 III 171/174 E. 3.

Zur Frage des Umfangs der Ermächtigung siehe auch unter Art. 33 Abs. 2. Zum *Selbstkontrahieren* und zur *Doppelvertretung* siehe Vorb. Art. 32–40. 5

Abs. 2 Auch zur Anwendung von Abs. 2 sind eine *Ermächtigung* und der *Wille* des Vertreters, als solcher zu handeln, vorausgesetzt 109 III 112/120 E. 4 Pra 1984 (Nr. 66) 163. Anwendung des Vertrauensprinzips 101 Ia 39/43 E. 3, 146 III 121/129 E. 3.2.1 fr. Das Handeln «für wen es angeht» ist grundsätzlich zulässig 84 II 13/20 f. E. 3. – Erkennbarkeit des Vertretungsverhältnisses: Anwendungsfall 90 II 285/289 f. E.b. – Das fiduziarische Verhältnis schliesst direkte Stellvertretung zwischen dem Fiduziar und dem Auftraggeber aus 109 III 112/120 E. 4 Pra 1984 (Nr. 66) 163. – Art. 535/543 Abs. 3: Aussergewöhnliche Rechtsgeschäfte sind von der gesetzlichen Vermutung nicht erfasst 4C.191/2003 (15.6.04) E. 2 Pra 2005 (Nr. 65) 499 f. – Anwendungsfall (in casu Kündigungserklärung) 4D_14/2008 (31.3.08) E. 2.1 fr. – Fehlt die Zeichnung «im Namen der Gesellschaft», kann die Vertretungswirkung gestützt auf Art. 32 Abs. 2 dennoch zustande kommen 135 III 509/512 E. 3.3.1. 6

«... oder wenn es ihm gleichgültig war, mit wem er den Vertrag schliesse.» Die Bestimmung findet auch dann Anwendung, wenn sich der Dritte nicht Rechenschaft darüber geben konnte, dass sein Verhandlungspartner im Namen eines Dritten abschliessen wollte. Vorausgesetzt ist, dass der Verhandlungspartner den Willen hatte, als Stellvertreter zu handeln 117 II 387/389 E. a Pra 1992 (Nr. 184) 679 f. – Die Vertretungswirkung tritt dann ein, wenn es dem Dritten gleichgültig war, ob er den Vertrag mit dem Vertreter oder mit dem Vertretenen abschliesse (massgebend der französische Gesetzestext: «... s'il lui était indifférent de traiter *avec l'un ou l'autre*») 117 II 387/391 E. c Pra 1992 (Nr. 184) 680 f. – Weder das Vorliegen eines Auftrages noch der Umstand, dass die gegenseitigen Verpflichtungen nicht sofort erfüllt werden müssen, stehen der Anwendung der Bestimmung entgegen 117 II 387/391 f. E. d Pra 1992 (Nr. 184) 681 f. – Beispiel, in dem es dem Vertragspartner nicht gleichgültig war, mit wem er den Vertrag schliesse (mit einer natürlichen Person oder mit einer juristischen, deren Zukunft unsicher war) 4A_757/2011 (3.4.12) E. 2.2 fr. 7

Beweislast. Hat sich der Vertreter als solcher nicht zu erkennen gegeben, so obliegt es dem Vertretenen, wenn er seine Gläubigerstellung dem Dritten gegenüber geltend macht, jene Umstände nachzuweisen, die auf die Gleichgültigkeit des Dritten schliessen lassen 117 II 387/393 E. e Pra 1992 (Nr. 184) 683. 8

Tatfrage/Rechtsfrage. Tatfrage ist, ob Gleichgültigkeit des Dritten vorliegt (innerer Wille des Dritten); Rechtsfrage ist, ob der Begriff der Gleichgültigkeit und die Umschreibung der dazu notwendigen Umstände von der kantonalen Instanz verkannt worden sind 117 II 387/390 E. b Pra 1992 (Nr. 184) 680, 4C.134/2005 (13.9.05) E. 2.4.2.3 fr. 9

10 ***Keine Anwendung der Bestimmung.*** Im mehrgliedrigen Überweisungsverkehr (in casu mithilfe des Bankenclearingsystems) handeln die zwischengeschalteten Banken in eigenem Namen, aber auf fremde Rechnung, somit als indirekte Stellvertreterinnen (in casu vertraglicher Schadenersatzanspruch des Überweisenden gegen die Empfängerbank) 121 III 310/312 f. E. 3.

11 *Abs. 3* Die indirekte Stellvertretung unterscheidet sich von der direkten Stellvertretung dadurch, dass der Vertreter auf Rechnung des Dritten handelt, aber nicht in dessen Namen. Wenn der Vertreter dem Vertragspartner offenbart hat, dass er nicht auf eigene Rechnung handelt, dann kann die Abgrenzung zwischen direkter und indirekter Vertretung problematisch werden 126 III 59/64 E. 1b Pra 2000 (Nr. 117) 692, 4A_496/2014 (11.2.15) E. 3.2 fr. (vorliegend indirekte Stellvertretung). Anwendungsfälle: 4C.134/2005 (13.9.05) E. 2.2 fr., 4C.397/2006 (5.6.07) E. 3 fr., 4A_59/2009 (7.9.09) E. 4.1 (Fiduzia als Fall der indirekten Stellvertretung).

b. Umfang der Ermächtigung

Art. 33

[1] Soweit die Ermächtigung, im Namen eines andern Rechtshandlungen vorzunehmen, aus Verhältnissen des öffentlichen Rechtes hervorgeht, ist sie nach den Vorschriften des öffentlichen Rechtes des Bundes und der Kantone zu beurteilen.

[2] Ist die Ermächtigung durch Rechtsgeschäft eingeräumt, so beurteilt sich ihr Umfang nach dessen Inhalt.

[3] Wird die Ermächtigung vom Vollmachtgeber einem Dritten mitgeteilt, so beurteilt sich ihr Umfang diesem gegenüber nach Massgabe der erfolgten Kundgebung.

1 Zum Selbstkontrahieren, zur Doppelvertretung und zum Interessenkonflikt zwischen der juristischen Person und dem handelnden Organ siehe Vorb. Art. 32–40.

2 *Abs. 1* Anwendungsfälle: 110 II 196/198 E. 2 fr. (gestützt auf aOR Art. 706 können Generalversammlungsbeschlüsse einer AG aufgehoben werden, wenn daran Gemeindedelegierte als Vertreter der Mehrheit der Aktien mitgewirkt haben, ohne über die nach kantonalem öffentlichem Recht erforderliche Vertretungsbefugnis zu verfügen), 124 III 418/419 ff. E. 1 Pra 1999 (Nr. 34) 208 ff. (in casu Verpflichtung einer juristischen Person des öffentlichen Rechts gemäss Art. 33 Abs. 3).

3 *Abs. 2* Für das Zustandekommen eines Stellvertretungsverhältnisses ist die Mitteilung der Vollmacht an Dritte *nicht* notwendig 99 II 39/41. – Den *Umfang* einer Vollmacht kann der Vollmachtgeber frei bestimmen (Spezialvollmacht, Gattungsvollmacht, Generalvollmacht). Selbst bei der Generalvollmacht sind jedoch besondere Ermächtigungen vorbehalten (durch Umstände oder Gesetz: Art. 396 Abs. 3, 459 Abs. 2, 462 Abs. 2, 463 Abs. 1 [aufgehoben und ersetzt durch Art. 348b], VVG Art. 34). Ob eine Aufzählung vollständig ist, entscheidet sich nach der Vertrauenstheorie 99 II 39/43 f. – Wird die Vollmacht dem Dritten nicht mitgeteilt, so wird der Vollmachtgeber bei Nichtbeachtung seiner Weisungen durch den Vertreter so wenig gebunden wie bei der Überschreitung der Ermächtigung, da

er sich auch dem Dritten gegenüber auf den Inhalt des Ermächtigungsgeschäftes berufen kann 99 II 39/44 E. 3.

Wenn verlangt ist, dass sich der Gegenstand der *Prozessvollmacht* in sachlicher und persönlicher Beziehung aus der Urkunde deutlich ergebe, so heisst dies gleichzeitig, dass der Vertreter nur zum Vorgehen gegen die in der Urkunde genannten Personen ermächtigt ist 85 I 39/45 E. 3. – Das Bestehen der generellen Vollmacht für einen Anwalt macht diesen nicht schon zum Zustellungsermächtigten im Sinne von SchKG Art. 66 Abs. 1 (in casu durfte ein Anwalt die Entgegennahme eines Zahlungsbefehls für den Schuldner ablehnen) 69 III 82/84 f. 4

Eine (interne) Anscheinsvollmacht liegt vor, wenn einerseits der Vertretene keine Kenntnis hat, dass ein anderer sich als sein Vertreter ausgibt, er bei pflichtgemässer Aufmerksamkeit das Vertreterhandeln aber hätte erkennen müssen, und anderseits der Vertreter das Verhalten des Vertretenen nach Treu und Glauben als Bevollmächtigung auffassen darf. In gleicher Weise wird der Vertretene gebunden, wenn der gutgläubige Dritte, dem gegenüber der Vertreter ohne Vollmacht handelt, bestimmte Äusserungen oder ein bestimmtes Verhalten des angeblich Vertretenen als Vollmachtskundgabe verstehen und deshalb darauf vertrauen darf 4C.287/2002 (15.12.03) E. 4, 141 III 289/293 f. E. 4.4.2 (in casu bejaht für Verjährungsverzichtserklärung); weiss der Vertretene, dass er gegen seinen Willen vertreten wird, schreitet aber trotzdem nicht ein, liegt eine (interne) Duldungsvollmacht vor 141 III 289/291 E. 4.1. Jeder, der einem andern eine Stellung einräumt, die ihn Dritten gegenüber als zur Geschäftsführung in einem bestimmten Rahmen ermächtigt erscheinen lässt, muss die von diesem eingegangenen Verpflichtungen gegen sich gelten lassen (Grundsatz von Treu und Glauben); dies gilt auch auf dem Gebiet des Zivilprozessrechtes (in casu Begründung eines Gerichtsstandes durch «Zweigniederlassung») 101 Ia 39/43 f. E. 3. 5

Die Blanko-Vollmacht ist zulässig 78 II 369/372 E.a. – Ermittlung des Inhalts einer Willenserklärung bei Kollektivvertretung einer juristischen Person (in casu Gemeinde) 70 II 31/43 f. – Die Vollmacht zum Abheben eines Bankguthabens schliesst nicht die Ermächtigung zur Vornahme von Schenkungen aus diesem Guthaben mit ein 58 II 423/425 ff. 6

Abs. 3 Die Vollmachtsmitteilung als solche schafft keine Vertretungsbefugnis. Hingegen kann der gutgläubige Dritte geschützt sein, der im Vertrauen auf eine Vollmachtskundgebung kontrahiert 135 III 464/469 E. 3.3.4. Weisungen des Vollmachtgebers über den Gebrauch der Vollmacht berühren nicht deren Inhalt, sondern nur das Ermächtigungsgeschäft; der Vertretene wird rechtsgültig verpflichtet, wenn der Abschluss eines Vertrages zwar einer Weisung widerspricht, sich aber mit der dem Dritten mitgeteilten Vollmacht verträgt 99 II 39/44 E. 3. Die Kundgebung einer in Wirklichkeit nicht erteilten Vollmacht hat gegenüber dem gutgläubigen Dritten also die gleiche Wirkung wie eine Vollmachtserteilung 53 III 171/175 E. 2. Auch bei Vollmachtsmissbrauch wird der Vertretene verpflichtet, sofern die mitgeteilte Vollmacht die entsprechende Handlung umfasst, vorbehältlich des bösen Glaubens des Dritten 146 III 121/130 E. 3.2.3 fr. 7

Wird nachgewiesen, dass der Vertretene und die Gegenpartei tatsächlich übereinstimmend vom gleichen Vollmachtsumfang ausgegangen sind, gilt die Vollmacht in diesem Umfang und es bleibt kein Raum für eine Auslegung nach dem Vertrauensprinzip 4C.299/2005 (19.2.05) E. 4.1, 4C.72/2005 (23.2.06) E. 3.2 (zum Vorrang der subjekti- 8 ven Auslegung Art. 18). Andernfalls ist für den Umfang der Vollmacht im Verhältnis zum gutgläubigen Dritten massgebend, wie dieser die Mitteilung über den Umfang der Vollmacht nach dem Vertrauensprinzip verstehen durfte und musste 146 III 121/130 E. 3.2.2 fr., 4D_105/2014 (3.2.15) E. 3, 131 III 511/517 E. 3.2.1 Pra 2006 (Nr. 66) 473, 120 II 197/200 E. 2b/aa, 4A_576/2008 (10.2.09) E. 5.3. Dabei kann das Verhalten des Vertretenen auch in einem passiven Verhalten bestehen 4A_313/2010 (3.9.10) E. 3.4.2.3, muss aber immer als Vollmachtsmitteilung verstanden werden können 4A_487/2018 (30.1.19) E. 5.2.2 fr.

9 Dem Vertretenen steht der Nachweis offen, dass der Dritte nicht mit dem gehörigen Mass an Sorgfalt gehandelt hat, das nach den Umständen von ihm zu verlangen gewesen wäre, und damit nicht gutgläubig war. Zerstört wird der gute Glaube vor allem dann, wenn der Dritte erkannte oder hätte erkennen sollen, dass das abgeschlossene Geschäft den Interessen des Vertretenen widerspricht, wobei aber keine generelle Erkundungs- oder Nachforschungspflicht besteht. Vielmehr müssen besondere Anzeichen vorliegen, damit der Dritte die Weisung des Bevollmächtigten infrage stellen muss 4A_536/2008 (10.2.09) E. 5.3 f., s. zudem 77 II 138/142 ff. Eingehend zum Erfordernis des guten Glaubens 4A_600/2014 (12.3.15) E. 4.2.2 (zu Art. 64).

10 **Beispiele und besondere Fälle.** ***Kaufmännische Rechtsscheinsvollmacht.*** Geht die eingegangene Verpflichtung wesentlich über den normalen Geschäftsbetrieb hinaus (wie in casu), so bedarf es für eine Bindung des Vertretenen besonderer vertrauensbildender Umstände 120 II 197/202 ff. E. 3. Der Vertrauensschutz kommt im kaufmännischen Verkehr in Anbetracht der in Art. 933 Abs. 1 vorgesehenen positiven Publizitätswirkung des Handelsregistereintrags nur ausnahmsweise in Betracht, namentlich wenn die Gesellschaft mehrmals Einzelhandlungen des Kollektivvertreters duldet 4C.293/2006 (17.11.06) E. 2.1.2 und 2.2.2. Kundgabe der Vertretungsmacht durch den Handelsregistereintrag 58 II 157/160 E. 3. – Weitgefasste Vertretungsmacht des Direktors eines Universitätsspitals aufgrund fehlender Richtlinien und unterschiedlicher Handhabung bei der Gesundheitsdirektion Pra 1996 (Nr. 128) 423 E.e. – *Bank:* Kein besonderes Anzeichen, das den guten Glauben des Dritten (hier der Bank) zerstört, wenn die Vollmacht 14 Jahre vor der strittigen Überweisung erteilt wurde und sich der Kontoinhaber während dieser Zeit nie selbst aktiv um das Konto kümmerte 4A_536/2008 (10.2.09) E. 5.4.1. In Pra 1987 (Nr. 144) 507 ff. E. 2a, b (in der amtlichen BGE-Sammlung nur stark verkürzt wiedergegeben: vgl. 112 II 450/453 E. 2) konnte sich die Bank als Dritte nicht auf ihren guten Glauben berufen, da sie ihre Sorgfaltspflicht verletzt hatte. – Verpflichtung des *Anwalts* durch die von seinem Praktikanten während seiner Ferienabwesenheit vorgenommenen Handlungen (in casu Rückzug eines Verwertungsbegehrens) 53 III 171/175 E. 2. – *Architekt* als Vertreter des Bauherrn/Erfordernis einer Sondervollmacht für Rechtshandlungen, welche den Bauherrn finanziell in erheblichem Mass verpflichten (z.B. Genehmigung von Unternehmerrechnungen): Eine – tatsächlich unter Umständen gar nie erteilte – Vollmacht kann auch dadurch begründet werden, dass der Bauherr sie dem gutgläubigen Unternehmer gegenüber kundgibt (Art. 33 Abs. 3); diese Kundgabe erlangt namentlich Bedeutung im Bereich der gültig zum Bestandteil von Werkverträgen erhobenen SIA-Norm 118 118 II 313/316 E. a, vgl. auch 4C.57/1999 (15.3.00) E. 4, 4C.232/2006 (4.1.07) E. 3.1.2.2 fr. – *Ehegatte* als Vertreter der ehelichen Gemeinschaft (ZGB Art. 166

Abs. 2 Ziff. 1) 4C.131/2006 (4.7.06) E. 2. – Verpflichtung einer *juristischen Person des öffentlichen Rechts,* auch wenn der Vertreter ihr gegenüber in einem öffentlich-rechtlichen Verhältnis steht 124 III 418/421 f. E. c Pra 1999 (Nr. 34) 209 f. – Offengelassen, ob über den Wortlaut der Bestimmung hinaus die Mitteilung der Vollmacht an einen Dritten (in casu Bank) vertretungsrechtlich die Mitteilung an den Vertreter zu ersetzen vermag 101 II 117/119 E. 4.

Keine Anwendung der vertretungsrechtlichen Gutglaubensvorschriften, wenn jemand nicht in, sondern unter fremdem Namen handelt 4C.389/2002 (21.3.03) E. 3.1 fr. 11

2. Auf Grund von Rechtsgeschäft a. Beschränkung und Widerruf

Art. 34

[1] Eine durch Rechtsgeschäft erteilte Ermächtigung kann vom Vollmachtgeber jederzeit beschränkt oder widerrufen werden, unbeschadet der Rechte, die sich aus einem unter den Beteiligten bestehenden anderen Rechtsverhältnis, wie Einzelarbeitsvertrag, Gesellschaftsvertrag, Auftrag, ergeben können.

[2] Ein vom Vollmachtgeber zum voraus erklärter Verzicht auf dieses Recht ist ungültig.

[3] Hat der Vertretene die Vollmacht ausdrücklich oder tatsächlich kundgegeben, so kann er deren gänzlichen oder teilweisen Widerruf gutgläubigen Dritten nur dann entgegensetzen, wenn er ihnen auch diesen Widerruf mitgeteilt hat.

Die Vollmacht kann auch erlöschen, nämlich bei langer Untätigkeit des Vertreters und bei wesentlicher Veränderung der Verhältnisse 135 III 464/468 E. 3.3.3. 1

Abs. 1 Im Vollmachtswiderruf liegt die Ausübung eines aufhebenden Gestaltungsrechtes 127 III 515/517 E. 2a fr. (in casu gleichzeitig Beendigung eines Vertrages, der unter der Bedingung geschlossen wurde, dass die erteilte Vollmacht nicht widerrufen wird). Anwendungsfall 109 II 43/45 E. 2. Beruft sich der Vollmachtgeber auf eine Widerrufserklärung, so hat er sie gemäss ZGB Art. 8 zu beweisen 4A_99/2007 (15.8.07) E. 3.3. 2

Abs. 2 Auch die Verpflichtung, das Widerrufsrecht nicht auszuüben (allenfalls verbunden mit einer Konventionalstrafe), ist unzulässig 98 II 305/309 f. E.c. 3

Abs. 3 Pflicht des Vertretenen zur Bekanntgabe des Vollmachtwiderrufes 54 II 278/282 fr. – Die Beschränkung einer dem Dritten *nicht* mitgeteilten Vollmacht wird schon mit der Erklärung gegenüber dem Vertreter wirksam; wenn der Vertreter sich darüber hinwegsetzt, kann der Vollmachtgeber die Beschränkung auch dem Dritten entgegenhalten. Er ist damit nur ausgeschlossen, wenn er dem Dritten die Vollmacht, nicht aber die Beschränkung mitgeteilt hat und der Dritte vom teilweisen Widerruf *auch sonst* keine Kenntnis erhalten hat 99 II 39/45. – *Wertpapier* (in casu Sparheft mit Präsentationsklausel): Der Gutglaubensschutz nach Art. 34 Abs. 3 hat hinter dem Schutz des Vertrauens des Gläubigers in die wertpapiermässige Verbriefung seines Forderungsrechts zurückzutreten 117 II 166/169. 4

b. Einfluss von Tod, Handlungsunfähigkeit u.a.

Art. 35

[1] Die durch Rechtsgeschäft erteilte Ermächtigung erlischt, sofern nicht das Gegenteil bestimmt ist oder aus der Natur des Geschäfts hervorgeht, mit dem Verlust der entsprechenden Handlungsfähigkeit, dem Konkurs, dem Tod oder der Verschollenerklärung des Vollmachtgebers oder des Bevollmächtigten.

[2] Die nämliche Wirkung hat die Auflösung einer juristischen Person oder einer in das Handelsregister eingetragenen Gesellschaft.

[3] Die gegenseitigen persönlichen Ansprüche werden hievon nicht berührt.

1 *Abs. 1* Ist die Vollmacht erloschen, so darf der Vertreter davon keinen Gebrauch mehr machen 101 II 117/119 E. 4. – Trotz aktuellem Fehlen von Organträgern (in casu AG ohne Verwaltungsrat) tritt keine Handlungsunfähigkeit ein, wenn Organe seinerzeit einem Dritten eine Vollmacht erteilt haben (Fortbestand der Vollmacht für eine gewisse Zeit) 4C.399/2001 (21.11.02) E. 2.3 (Frage noch offengelassen in 78 II 369/372 f. E. b). Scheidet das vollmachterteilende Organ einer juristischen Person aus seinem Amt aus, hat dies keinen Einfluss auf den Fortbestand der von ihm namens der juristischen Person erteilten Vollmacht 4C.399/2001 (21.11.02) E. 2.2. – Wenn es sich um Konti, Depots, Bankschliessfächer usw. handelt, muss die Bank die Interessen der Erben wahren, welche keine Kenntnis von der Bevollmächtigung eines Dritten haben 4C.234/1999 (12.1.00) E. 3d Pra 2002 (Nr. 73) 424. – Dispositive Natur der Bestimmung: Es kann im Interesse des Vollmachtgebers liegen, dass die durch Rechtsgeschäft erteilte Vollmacht mit dem Verlust seiner Urteilsfähigkeit nicht ohne Weiteres erlischt 132 III 222/225 E. 2.2.

2 **Prozessvollmacht.** Die Prozessvollmacht des Anwalts geht unter Vorbehalt des Widerrufs über den Tod des Vollmachtgebers (oder Löschung einer Gesellschaft im Handelsregister 50 II 27/30 E. 1) hinaus bis zur Beendigung des Prozesses 75 II 190/192 E. 1. Die Gegenpartei kann aber verlangen, dass sich der Rechtsnachfolger über die Weiterführung des Prozesses erkläre und allfällig auch seinerseits Vollmacht erteile 50 II 27/30 E. 1, vgl. auch 110 V 389/390 ff. E. 2 Pra 1985 (Nr. 168) 486 f. (in casu Anwendungsfall von Art. 405 Abs. 1: Stirbt der Auftraggeber im Laufe des Prozesses und mangelt es an einer diesbezüglichen Vereinbarung, so muss das Auftragsverhältnis in Beachtung des Vertrauensschutzprinzips fortbestehen, wenigstens bis zu jenem Zeitpunkt, in welchem – nachdem die Erben ermittelt sind – abgeklärt ist, ob diese den Prozess fortzuführen gedenken und wer gegebenenfalls hiezu ermächtigt ist), ferner 102 IV 145/148 E.a. – Die infolge Konkurseröffnung erloschene Prozessvollmacht lebt bei Einstellung des Konkursverfahrens mangels Aktiven nicht wieder auf (keine Anwendung von Art. 405 Abs. 2) 46 II 411/411 f. E. 1. Der Anwalt, der ohne Vollmacht Berufung erklärt, wird unabhängig vom Verschulden nach Art. 39 Abs. 1 schadenersatzpflichtig für die Prozesskosten sowie die Prozessentschädigung an die Gegenpartei 46 II 411/412 f. E. 2.3

3 Offengelassen, ob im *Grundbuchverkehr* eine Vollmacht über den Tod des Vollmachtgebers hinaus zulässig ist 97 I 268/274 E. 4, vgl. auch 111 II 39/40 E. 1. – Anwendungsbeispiel (in casu Anwaltsvollmacht) 4C.263/2004 (23.5.05) E. 2, ferner 132 III 222/224 ff. E. 2.

Abs. 2 **Fortdauer der Prozessvollmacht.** Analoge Anwendung der Grundsätze im Rahmen von Abs. 1, vgl. 102 IV 145/148 E.a. 4

c. Rückgabe der Vollmachtsurkunde

Art. 36

[1] Ist dem Bevollmächtigten eine Vollmachtsurkunde ausgestellt worden, so ist er nach dem Erlöschen der Vollmacht zur Rückgabe oder gerichtlichen Hinterlegung der Urkunde verpflichtet.

[2] Wird er von dem Vollmachtgeber oder seinen Rechtsnachfolgern hierzu nicht angehalten, so sind diese den gutgläubigen Dritten für den Schaden verantwortlich.

Abs. 1 Der Vertreter hat nach dem Erlöschen der Vollmacht (in casu über ein Bankdepot) gegenüber dem Vertragspartner des Vertretenen (in casu Bank) keinen Anspruch auf Auskunft aus dem Vertretungsverhältnis 101 II 117/119 E. 4. 1

d. Zeitpunkt der Wirkung des Erlöschens der Vollmacht

Art. 37

[1] Solange das Erlöschen der Vollmacht dem Bevollmächtigten nicht bekannt geworden ist, berechtigt und verpflichtet er den Vollmachtgeber oder dessen Rechtsnachfolger, wie wenn die Vollmacht noch bestehen würde.

[2] Ausgenommen sind die Fälle, in denen der Dritte vom Erlöschen der Vollmacht Kenntnis hatte.

Keine Anwendung der Bestimmung im Verfahren der Grundbucheintragung 111 II 39/41 f. E. 2. 1

II. Ohne Ermächtigung

Vorb. Art. 38–39

Eine vollmachtlose Stellvertretung nach Art. 38 f. ist nur dort denkbar, wo auch direkte Stellvertretung möglich wäre (Abgrenzung zu Art. 645 Abs. 1) 128 III 137/139 E. b, 4C.206/2002 (1.10.02) E. 2.3. 1

Duldungs- und Anscheinsvollmacht. Die Vertrauenshaftung des durch eine Duldungs- oder Anscheinsvollmacht Vertretenen setzt voraus, dass der Vertreter dem Dritten gegenüber in fremdem Namen gehandelt hat und dass das tatsächliche Verhalten des Vertretenen nach Treu und Glauben auf einen Mitteilungswillen schliessen lässt; zudem tritt die Vertretungswirkung bei fehlender Vollmacht nur ein, wenn der gute Glaube des Dritten berechtigt ist (bei letzterem kommt es auf die Umstände an, die dem Dritten im Zeitpunkt des Vertragsabschlusses bekannt waren) 4C.12/2002 (14.5.02) E. 3.2 Pra 2002 (Nr. 171) 924, 4C.203/2001 (8.11.01) E. 2d fr., 4A_482/2018 (7.5.19) E. 2.4.3 (Bauherr, der auf 2 das Treffen verzichtet und stattdessen «unseren GU-Leiter und Architekten» schickt). Zur Anscheins- und Duldungsvollmacht im Konzern vgl. 131 III 606/612 E. 4.2.1 fr.

1. Genehmigung

Art. 38

[1] Hat jemand, ohne dazu ermächtigt zu sein, als Stellvertreter einen Vertrag abgeschlossen, so wird der Vertretene nur dann Gläubiger oder Schuldner, wenn er den Vertrag genehmigt.

[2] Der andere ist berechtigt, von dem Vertretenen innerhalb einer angemessenen Frist eine Erklärung über die Genehmigung zu verlangen und ist nicht mehr gebunden, wenn der Vertretene nicht binnen dieser Frist die Genehmigung erklärt.

1 Vollmachtlose Stellvertretung ist nur denkbar, wo (mindestens) nach dem erweckten Rechtsschein auch echte, direkte Stellvertretung gegeben sein könnte; wo indessen nach dem Wissensstand beider Parteien der angeblich Vertretene gar nicht besteht und damit nicht rechtsfähig ist, verbietet sich – vorbehältlich des in casu nicht interessierenden nasciturus gemäss ZGB Art. 31 Abs. 2 – die Annahme einer Vollmacht ebenso wie deren Fiktion 123 III 24/28 f. (in casu Art. 645). Vgl. auch Vorb. Art. 38 und 39.

2 ***Abs. 1*** Die *Genehmigung* des Vertrages kann sowohl gegenüber dem Vertreter wie auch gegenüber dessen Vertragsgegner erklärt werden (vgl. 41 II 268/273 E. 4). Weicht sie vom Vertrag ab (gleichgültig ob in Haupt- oder Nebenpunkten), so ist sie ihrerseits Offerte: Der ursprüngliche Vertrag ist somit nicht genehmigt (in casu Frage der Genehmigung eines Vertrages, den ein Mäkler ohne Ermächtigung abgeschlossen hat) 93 II 302/307 ff. E. 4, 5 fr., vgl. auch 101 V 229/232 E. 3 fr., 4C.147/2000 (23.8.00) E. 2a/aa (in casu analoge Anwendung der Bestimmung auf die Genehmigung einer Zession, konkludente Genehmigung verneint), 4A_239/2007 (9.10.07) E. 4. Die Genehmigung verpflichtet auch dann, wenn bei angemasster Stellvertretung der Stellvertreter an sich ein Eigengeschäft abgeschlossen hat 120 II 197/198 E. 2. Ist streitig, ob der Vertretene durch eine bestimmte Erklärung eine Genehmigung vorgenommen hat, und steht nicht fest, dass die Parteien sich tatsächlich richtig verstanden haben, ist die Erklärung nach dem Vertrauensprinzip auszulegen 4C.293/2006 (17.11.06) E. 3.1.

3 Das Genehmigungsrecht ist *unbefristet* und kann auch durch *Stillschweigen* (4C.115/2001 [6.7.01] E. 3c, 4C.335/1999 [25.8.00] E. 4a cc fr.) oder durch *konkludentes Verhalten* (z.B. Erfüllung des Vertrages 43 II 293/300 f. E. 3) ausgeübt werden 128 III 129/136 E. 2b, 101 II 222/230 E. bb, vgl. auch 4C.127/2001 (22.8.01) E. 2c fr., ferner 4C.151/2003 (26.8.03) E. 4.3 fr., 101 V 229/232 E. 3 fr., Pra 1987 (Nr. 144) 509 f. E.c (Beurteilung nach den Grundsätzen von Treu und Glauben und den den Parteien bekannten Umständen, ob eine Handlung als Genehmigung gelten kann; in casu Genehmigung verneint; diese Urteilserwägung ist in der amtlichen BGE-Sammlung nicht wiedergegeben, vgl. 112 II 450/453 E. 2), 4A_271/2009 (3.8.09) E. 2.6 (wo die Vertretung für den Vertretenen nur Vorteile bewirkte). Stillschweigen bedeutet nur dann Genehmigung, wenn ein Widerspruch möglich und zumutbar war. Voraussetzung ist, dass der Geschäftspartner in guten Treuen davon ausgehen konnte, der Vertretene werde bei fehlendem Einverständnis widersprechen, und dessen Stillschweigen daher nach Treu und Glauben als Zustimmung

auffassen durfte 124 III 355/361 E. 5a, 93 II 302/307 E. 4 f. Eine stillschweigende Genehmigung ist grundsätzlich auch dann möglich, wenn sich das Geschäft bereits in Abwicklung befindet oder bereits abgewickelt ist (konkrete Umstände massgebend) 124 III 355/361 E. 5a, 4C.115/2001 (6.7.01) E. 3a, 4C.293/2006 (17.11.06) E. 3.2. Die Genehmigung untersteht auch dann keiner besonderen Form, wenn der zu genehmigende Vertrag selber einer besonderen Form bedarf 4C.148/2002 (30.7.02) E. 3.1 fr. Genehmigung durch wiederholtes Zahlen, was eine blosse Unachtsamkeit ausschliesst 4C.203/2001 (8.11.01) E. 2e fr.

Eine juristische Person kann auch in anderer als der statutarisch vorgesehenen Weise rechtsgültig verpflichtet werden; die Vertretungsbefugnis einer in ihrem Namen handelnden Person kann sich auch aus den besonderen Umständen ergeben 50 II 168/184 f. E. 6. – Art. 38 Abs. 1 ist analog auf Organe juristischer Personen anwendbar: Hat eine nur kollektivzeichnungsberechtigte Person allein gehandelt (in casu Kündigung eines mit einem Vizedirektor abgeschlossenen Arbeitsvertrages), kann dieser Mangel durch die (allenfalls bloss stillschweigende) Zustimmung eines zweiten Zeichnungsberechtigten geheilt werden 128 III 129/136 E. 2b, 4A_87/2011 (16.5.11) E. 2.1. 4

Die Genehmigung ist ein Gestaltungsrecht und deshalb unwiderruflich 4A_87/2011 (16.5.11) E. 2.2. 5

Vollmachtloser Stellvertreter ist der Versicherungsagent, der die Ermächtigung zur Anerkennung und zum Verzicht auf Einreden vortäuscht 60 II 445/454. – Vollmachtlose Stellvertretung bei einem Generalbauunternehmer 97 II 66/69 f. E. 2 Pra 1971 (Nr. 124) 387 f. – Die Wirksamkeit einer Vereinbarung über Unterhaltsbeiträge für die Zeit nach der Mündigkeit des Kindes hängt von der in der Regel stillschweigenden Genehmigung des mündig gewordenen Kindes ab 107 II 465/472 f. Ein Missbrauchsfall liegt namentlich bei einer Kollusion vor, d.h., wenn der Vertreter und der Dritte einverständlich zusammenwirken, um den Vertretenen durch Abschluss eines Geschäftes absichtlich zu schädigen 4C.243/2004 (30.3.05) E. 2.1. – Anwendungsfall 4C.287/1999 (5.5.00) E. 1b. 6

Abs. 2 Keine Anwendung der Bestimmung in der Zwangsversteigerung (Steigerungszuschlag, SchKG Art. 126 Abs. 1): Es ist nicht angängig, dass der Steigerungsbeamte den Zuschlag auf das Angebot eines vollmachtlosen Stellvertreters hin erteilt und dann nach Art. 38 Abs. 2 vorgeht (in casu Nichtigkeit des Zuschlages, der einer in Konkurs stehenden Aktiengesellschaft auf das Steigerungsangebot eines ihrer Organe hin erteilt wurde) 117 III 39/42 f. E.b. 7

2. Nichtgenehmigung

Art. 39

[1] Wird die Genehmigung ausdrücklich oder stillschweigend abgelehnt, so kann derjenige, der als Stellvertreter gehandelt hat, auf Ersatz des aus dem Dahinfallen des Vertrages erwachsenen Schadens belangt werden, sofern er nicht nachweist, dass der andere den Mangel der Vollmacht kannte oder hätte kennen sollen.

[2] Bei Verschulden des Vertreters kann der Richter, wo es der Billigkeit entspricht, auf Ersatz weitern Schadens erkennen.

[3] In allen Fällen bleibt die Forderung aus ungerechtfertigter Bereicherung vorbehalten.

1 Wird die Genehmigung abgelehnt, so ist diese Ablehnung definitiv 4A_11/2009 (27.3.09) E. 4.4.

2 Der gute Glaube des Vertragsgegners, der Stellvertreter sei bevollmächtigt, verschafft im Fall der Nichtgenehmigung dem Vertragsgegner keine Ansprüche gegen den *Vertretenen* 95 II 442/455 f. E. 7. Der Missbrauch einer formellen Stellvertretungsbefugnis ist ein typischer Fall von Geschäftsführung ohne Auftrag (Art. 423) 4C.234/1999 (12.1.00) E. 6aa/bb Pra 2002 (Nr. 73) 429 f., vgl. auch 4A_378/2016 (11.1.17) E. 3.2.3.2 fr. – Anwendung der Bestimmung auf den, der für eine nicht existierende Person gehandelt hat 51 II 212/219 f. fr. – Die *Schadenersatzforderung* (Abs. 1 und 2) des geschädigten Dritten gegen den vollmachtlosen Stellvertreter beruht auf vorvertraglicher Haftung (*culpa in contrahendo,* siehe Vorb. Art. 1–40f); *Verjährung* nach Art. 60 104 II 94/94 f. E. 3a Pra 1978 (Nr. 204) 532. – Analoge Anwendung der Bestimmungen über die vertragliche Haftung; in casu Art. 403 (solidarische Haftung mehrerer vollmachtloser Stellvertreter) 58 II 429/429 f. – Die Rechtsnatur der Haftung aus Art. 645 Abs. 1 stellt keinen unmittelbaren Anwendungsfall von Art. 39 dar 123 III 24/28.

3 ***Abs. 1*** Die Haftung setzt im Gegensatz zu Abs. 2 *kein Verschulden* voraus 58 II 429/429 f. – Ersatz des *negativen Vertragsinteresses* 106 II 131/132 E. 5, 116 II 689/690 E. a, 123 III 24/28. – *«Kennen sollen»:* Das Kennenmüssen entspricht der fahrlässigen Unkenntnis des Mangels, der Missachtung der nach den Umständen gebotenen Aufmerksamkeit (Kausalität zwischen Unaufmerksamkeit und Unkenntnis des Vollmachtsmangels erforderlich) 116 II 689/692 f. E. aa (in casu relevante Unaufmerksamkeit einer Bank bejaht). – *Schadensbemessung* 44 II 500/507 f. Nicht jede als Sorgfaltspflicht zu wertende Unaufmerksamkeit des Partners führt zum (gänzlichen) Haftungsausschluss, zumal dann nicht, wenn (wie in casu) auch der vollmachtlose Stellvertreter schuldhaft, namentlich vorsätzlich handelt 116 II 689/694 E. bb (analoge Anwendung des Art. 44). – Der Anwalt, der ohne Prozessvollmacht die Berufung erklärt, hat die Prozesskosten zu bezahlen, auch wenn ihn kein Verschulden trifft 46 II 411/412. – Siehe auch unter Art. 998.

4 ***Abs. 2*** Ersatz des *positiven Vertragsinteresses* 106 II 131/132 E. 5, 116 II 689/690 E.a. – Der Billigkeitsentscheid hat in Berücksichtigung *aller wesentlichen Umstände* zu ergehen 106 II 131/133 E.c.

5 ***Abs. 3*** Der *Bereicherungsanspruch* ist in allen Fällen vorbehalten (somit auch beim Fehlen von Schadenersatzansprüchen gemäss Abs. 1 und 2) und steht dem Dritten nicht nur gegenüber dem angeblich Vertretenen zu, sondern auch gegenüber dem vollmachtlosen Stellvertreter, der eine Leistung zuhanden des angeblich Vertretenen entgegengenommen hat 90 II 404/414 E. b, 97 II 66/71 E. b Pra 1971 (Nr. 124) 389, ferner 116 II 689/691 E.b. Der vollmachtlose Stellvertreter wird auch dann rückerstattungspflichtig, wenn er die Leistung seinerseits einem unbeteiligten Vierten weitergegeben hat oder wenn er die Leistung selber nicht empfangen hat, sondern durch eine Anweisung einem Vierten zukommen liess 116 II 689/691 E.b.

III. Vorbehalt besonderer Vorschriften

Art. 40

In Bezug auf die Vollmacht der Vertreter und Organe von Gesellschaften, der Prokuristen und anderer Handlungsbevollmächtigter bleiben die besonderen Vorschriften vorbehalten.

H. Widerruf bei Haustürgeschäften und ähnlichen Verträgen

Vorb. Art. 40a–40f

Der Widerruf bei Haustürgeschäften und ähnlichen Verträgen gemäss Art. 40a ff. ist die Ausübung eines Gestaltungsrechts, mit der – je nach zeitlicher Abfolge – der Antrag oder die Annahmeerklärung zurückgezogen, mithin vernichtet wird. Die Bestimmungen von Art. 40a ff. bezwecken den Schutz des Konsumenten als unerfahrener Vertragspartei vor nachteiligen Vertragsschlüssen infolge Überrumpelung oder anderer unredlicher Mittel. Sie sollen ihm eine freie Willensbildung erlauben und ihm ermöglichen, einen Vertrag in Kenntnis aller Umstände und nach reiflicher Überlegung abzuschliessen. Der Grund für das Widerrufsrecht liegt damit in den Umständen des Vertragsschlusses bzw. in der Art der Vertragsanbahnung, unter denen eine besondere Gefahr einer erheblichen Beeinflussung oder gar von Missbräuchen besteht 137 III 243/252 E. 4.5. 1

I. Geltungsbereich

Art. 40a

[1] Die nachfolgenden Bestimmungen sind auf Verträge über bewegliche Sachen und Dienstleistungen, die für den persönlichen oder familiären Gebrauch des Kunden bestimmt sind, anwendbar, wenn:

a. der Anbieter der Güter oder Dienstleistungen im Rahmen einer beruflichen oder gewerblichen Tätigkeit gehandelt hat und

b. die Leistung des Kunden 100 Franken übersteigt.

[2] Die Bestimmungen gelten nicht für Versicherungsverträge und für Rechtsgeschäfte, die im Rahmen von bestehenden Finanzdienstleistungsverträgen gemäss Bundesgesetz vom 15. Juni 2018 über die Finanzdienstleistungen durch Finanzinstitute und Banken abgeschlossen werden.

[3] Bei wesentlicher Veränderung der Kaufkraft des Geldes passt der Bundesrat den in Absatz 1 Buchstabe b genannten Betrag entsprechend an.

II. Grundsatz

Art. 40b

Der Kunde kann seinen Antrag zum Vertragsabschluss oder seine Annahmeerklärung widerrufen, wenn ihm das Angebot gemacht wurde:

a. an seinem Arbeitsplatz, in Wohnräumen oder in deren unmittelbaren Umgebung;

b. in öffentlichen Verkehrsmitteln oder auf öffentlichen Strassen und Plätzen;

c. an einer Werbeveranstaltung, die mit einer Ausflugsfahrt oder einem ähnlichen Anlass verbunden war;
d. am Telefon oder über vergleichbare Mittel der gleichzeitigen mündlichen Telekommunikation.

III. Ausnahmen

Art. 40c

Der Kunde hat kein Widerrufsrecht, wenn er:
a. die Vertragsverhandlungen ausdrücklich gewünscht hat;
b. seine Erklärung an einem Markt- oder Messestand abgegeben hat.

1 *Lit. a* Entscheid zu Art. 40c lit. a in seiner altrechtlichen Fassung von 1991: 4C.120/1999 (25.4.00) E. 2.

IV. Orientierungspflicht des Anbieters

Art. 40d

[1] Der Anbieter muss den Kunden schriftlich oder in einer anderen Form, die den Nachweis durch Text ermöglicht, über das Widerrufsrecht sowie über Form und Frist des Widerrufs unterrichten und ihm seine Adresse bekannt geben.

[2] Diese Angaben müssen datiert sein und die Identifizierung des Vertrags ermöglichen.

[3] Sie sind dem Kunden so zu übermitteln, dass er sie kennt, wenn er den Vertrag beantragt oder annimmt.

V. Widerruf 1. Form und Frist

Art. 40e

[1] Der Widerruf ist an keine Form gebunden. Der Nachweis des fristgemässen Widerrufs obliegt dem Kunden.

[2] Die Widerrufsfrist beträgt 14 Tage und beginnt, sobald der Kunde:
a. den Vertrag beantragt oder angenommen hat; und
b. von den Angaben nach Artikel 40d Kenntnis erhalten hat.

[3] Der Beweis des Zeitpunkts, in dem der Kunde von den Angaben nach Artikel 40d Kenntnis erhalten hat, obliegt dem Anbieter.

[4] Die Frist ist eingehalten, wenn der Kunde am letzten Tag der Widerrufsfrist dem Anbieter seinen Widerruf mitteilt oder seine Widerrufserklärung der Post übergibt.

2. Folgen

Art. 40f

[1] Hat der Kunde widerrufen, so müssen die Parteien bereits empfangene Leistungen zurückerstatten.

[2] Hat der Kunde eine Sache bereits gebraucht, so schuldet er dem Anbieter einen angemessenen Mietzins.

[3] Hat der Anbieter eine Dienstleistung erbracht, so muss ihm der Kunde Auslagen und Verwendungen nach den Bestimmungen über den Auftrag (Art. 402) ersetzen.

[4] Der Kunde schuldet dem Anbieter keine weitere Entschädigung.

Der Anspruch auf Rückerstattung einer bereits empfangenen Leistung nach Art. 40f Abs. 1 1
ist bereicherungsrechtlicher Natur (mithin nicht vertraglicher Natur) und unterliegt der Verjährungsfrist nach Art. 67 137 III 243/243 ff.

Art. 40g

Diese Bestimmung wurde auf den 1. Januar 2001 aufgehoben (AS 2000 2355).

Zweiter Abschnitt
Die Entstehung durch unerlaubte Handlungen

Vorb. Art. 41–61

▪ Geltungsbereich (1) ▪ Verhältnis zur Vertragshaftung (2) ▪ Verhältnis zur Vertrauenshaftung (5) ▪ Verhältnis zu weiteren Haftungsgründen (6) ▪ Weiteres (10) ▪ Gerichtsstand (11) ▪ Beweis (12)

1 **Geltungsbereich.** Die *Art. 41 ff.* gelten grundsätzlich (d.h. unter Vorbehalt von Art. 61) für die Haftung von öffentlichen Beamten und Angestellten für den von ihnen verursachten Schaden 122 III 101/103 E. 2a Pra 1996 (Nr. 188) 699; für die Haftung des öffentlichen Beamten, der in Ausübung seiner amtlichen Verrichtungen dem Staat Schaden zufügt 71 II 225/227; für die Haftung des Gemeinwesens, soweit es eine privatrechtliche Pflicht verletzt 59 II 171/182, 49 II 254/267; für die Haftung zwischen Militärpersonen, wenn der Schaden nicht in Erfüllung von Dienstpflichten verursacht wird oder wenn zwar die Erfüllung einer militärischen Pflicht beabsichtigt ist, jedoch ein dermassen grober Fehler begangen wird, dass das Verhalten mit einem vernünftig gemeinten Dienstbetrieb nichts mehr gemein hat 79 II 147/149 f. E. 2. Pra 1953 (Nr. 148) 430, vgl. auch 114 Ia 191/198; für die Haftung aus Verletzung der gesetzlichen Bestimmungen über Firmenbildung und Firmengebrauchspflicht 123 III 220/227 E. 4b, c Pra 1997 (Nr. 126) 682; für Schadenersatzansprüche im Immaterialgüterrecht 132 III 379/381 E. 3.1; für die Haftung eines Motorfahrzeughalters gegenüber einem Mithalter 120 II 58/61 E. a; für die Haftung bei Gefälligkeiten, welche weder in Ausübung eines Gewerbes noch gegen Entgelt erfolgen 116 II 695/699 E. 4, bestätigt in 137 III 539/543 E. 5.1 (Kinderhüten unter Nachbarinnen für eine beschränkte Dauer); für die Haftung des Vormundes gegenüber Dritten 115 II 15/17 E. 2; für die bei Genehmigung eines wegen Täuschung unverbindlichen Vertrages vorbehaltenen Ansprüche des Getäuschten auf Schadenersatz (Art. 31 Abs. 3) 109 Ia 5/10 f. E. 4b; für die direkte Haftung des Personals einer Eisenbahnunternehmung 56 II 396/398 f.; für die Haftung des Elternteils, dem die elterliche Gewalt entzogen worden ist, für sein minderjähriges Kind 41 II 90/92 fr. Offengelassen, ob die Art. 41 ff. auch auf jenen Schaden anwendbar sind, der durch die Nichtablieferung von Sozialversicherungsbeiträgen (AHVG Art. 52) entsteht 108 V 189/195 E. 2e Pra 1983 (Nr. 192) 523. – *Analoge Anwendung* der sich aus Art. 41 ergebenden Grundsätze auf die Kostenauflage bei Freispruch oder Einstellung des Strafverfahrens 116 Ia 162/162 ff., vgl. StPO Art. 429. Auch im Bereich der Staatshaftung können die zivilrechtlichen Regeln des Schadenersatzrechts ergänzend herangezogen werden 112 Ib 322/330, vgl. auch 123 II 577/581 E. 4c ff.

2 **Verhältnis zur Vertragshaftung.** ***Allgemeines.*** Ob die Haftungsgrundlage vertraglicher oder ausservertraglicher Natur sei, ist vor allem insofern von Bedeutung, als die Rechtsstellung des Geschädigten bei vertraglicher Haftung bezüglich der Beweislast für das Verschulden (Art. 97 Abs. 1 im Vergleich zu Art. 41) und bezüglich der Verjährungsfrist (Art. 127 im Vergleich zu Art. 60) günstiger ist 113 II 246/247 E. 3. Hingegen ändert es nichts am Inhalt einer Verkehrssicherungspflicht 121 III 358/360 E. 4a, 126 III 113/115 E. bb Pra 2000 (Nr. 185) 1135, auch 130 III 571/575 E. 4, 4A_489/2014 (20.2.15), E. 5.1

(Schlittelbahn), 4C.54/2004 (1.6.04) E. 2.2 Pra 2004 (Nr. 145) 823, 4A_235/2007 (1.10.07) E. 5 Pra 2008 (Nr. 63) 419 (Skiliftspur), 130 III 193/195 E. 2.2 (Skipiste), 4C.257/2002 (28.8.03) E. 5 fr. (Skitour). Die objektiv gebotene Sorgfalt wird bei der vertraglichen Haftung von der Vertragsverletzung, bei der ausservertraglichen (zu der auch die Staatshaftung zu zählen ist) dagegen von der Widerrechtlichkeit erfasst. Doch gehört sie in beiden Fällen zum Beweisthema des Geschädigten 120 Ib 411/414 E.a.

Anspruchskonkurrenz. Erfüllt das Verhalten des Schädigers gleichzeitig den Tatbestand der Nichterfüllung eines Vertrages und denjenigen einer unerlaubten Handlung nach Art. 41, so bestehen der vertragliche und der ausservertragliche Schadenersatzanspruch nebeneinander im Sinne der Anspruchskonkurrenz 113 II 246/247 E. 3, 120 II 58/61 E. a, siehe auch 123 III 204/212 E. 2f (hinsichtlich der Verjährung). Für eine solche Anspruchskonkurrenz ist in erster Linie erforderlich, dass die Vertragsverletzung zugleich einen Verstoss gegen ein allgemeines Gebot der Rechtsordnung darstellt 90 II 86/88 E. 2. – *Beispiele:* Konkurrenz der Haftung aus unerlaubter Handlung mit jener aus Kaufvertrag 107 II 161/168 E. 8a; aus Arbeitsvertrag 112 II 138/138 fr.; aus Werkvertrag 64 II 254/259 f. E. a; aus Transportvertrag (in casu Haftung der Bergbahnunternehmung für die Pistensicherheit) 113 II 246/246, vgl. auch 121 III 358/360 E. 4a, 130 III 193/195 E. 2.2; aus einem Gastaufnahmevertrag 71 II 107/114 f. E. 4 Pra 1945 (Nr. 131) 314; aus einfachem Gesellschaftsvertrag 99 II 315/321 E. 5. – Konkurrenz mit der vertragsähnlichen Haftung aus einem öffentlich-rechtlichen Dienstverhältnis 71 II 225/227. *Keine Anspruchskonkurrenz.* Mit der Anerkennung der grundsätzlichen Zulässigkeit einer Haftungskonkurrenz ist keineswegs gesagt, dass nicht auch eine gegenteilige gesetzliche Regelung einschlägiger Verhältnisse möglich sei. Vielmehr muss bei jeder Vertragsart geprüft werden, ob der Gesetzgeber die Haftung aus den zugehörigen Tatbeständen nicht etwa im Vertragsrecht erschöpfend geregelt habe 37 II 1/10, 67 II 132/137 fr. 3

Vertragliche Haftungsbeschränkung. Besteht eine Haftung aus Art. 41 ff. neben einem vertraglichen Gewährleistungsanspruch (in casu für Sachmängel), so ist eine Haftungsbeschränkungsabrede grundsätzlich auch in dieser Hinsicht zu beachten 107 II 161/168 E. 8, 120 II 58/61 E. a, vgl. aber auch 111 II 480. 4

Verhältnis zur Vertrauenshaftung. Erwecktes Vertrauen in das Konzernverhalten der Muttergesellschaft kann unter Umständen auch bei Fehlen einer vertraglichen oder deliktischen Haftungsgrundlage haftungsbegründend sein, aber nur wenn das erweckte Vertrauen später treuwidrig enttäuscht wird 4A_306/2009 (8.2.10) E. 5.1; das ergibt sich aus einer Verallgemeinerung der Grundsätze über die Haftung aus culpa in contrahendo 120 II 331/335 E. 5a, vgl. ferner 124 III 297/303 E. 6 (Haftung in casu abgelehnt), 121 III 350/354 f. E. c Pra 1996 (Nr. 168) 616 f. (in casu Haftung eines Sportvereins gegenüber einem zunächst selektionierten, dann aber ausgeschlossenen Sportler). Diese durch das Bundesgericht entwickelte Vertrauenshaftung ist darauf angelegt, den Begriff der Widerrechtlichkeit auszuweiten 4C.202/2002 (30.10.02) E. 4.1 fr. (in casu ausservertragliche Auskunft). Während zunächst offengelassen wurde, ob die Haftung aus culpa in contrahendo ein Anwendungsfall der aquilianischen Haftung ist 115 II 15/18 E. 2, steht nunmehr fest, dass sie eine Erscheinungsform der Haftung aus erwecktem Vertrauen ist, die zwischen Vertrag und Delikt angesiedelt ist. Die Vertrauenshaftung erfasst neben der Culpa-Haftung weitere interessenmässig gleich gelagerte Tatbestandsgruppen, wie etwa 5 die Haftung für falsche Auskunft 133 III 449/451 E. 4.1, 130 III 345/349 E. 2.1, 121 III 350/354 E. c, 120 II 331/335 E. 5a und die Drittschutzwirkung von Verträgen 4C.194/1999 (18.1.00) E. 4 fr., wobei die Anwendbarkeit der letzteren offengelassen wurde 4C.133/2001 (24.9.02) E. 5.2 fr., siehe aber 4C.139/2005 (29.3.06) E. 3.3. Die Vertrauenshaftung setzt voraus, dass die Beteiligten in eine sog. «rechtliche Sonderverbindung» zueinander getreten sind, die erst rechtfertigt, die aus Treu und Glauben (ZGB Art. 2) hergeleiteten Schutz- und Aufklärungspflichten greifen zu lassen 134 III 390/395 E. 4.3.2, 130 III 345/349 E. 2.2, 120 II 331/335 E. 5a. Da es sich bei der Vertrauenshaftung um eine eigenständige Haftungsgrundlage zwischen Vertrag und Delikt handelt, ist die Frage nach der Rechtsnatur dieser (gesetzlich nicht geregelten) Rechtsfigur im Hinblick auf die massgebende Verjährungsfrist nicht zielführend, wobei sich die Verjährung der Ansprüche aus Vertrauenshaftung nach Art. 60 richtet 134 III 390/398. Die Vertrauenshaftung ist subsidiär und kommt von vornherein nur in Betracht, wenn keine vertragliche Verbindung besteht 131 III 377/380 E. 3 Pra 2006 (Nr. 31) 219 f., 4A_213/2010 (28.9.10) E. 7.

6 **Verhältnis zu weiteren Haftungsgründen.** ***Allgemeines.*** Sieht das Gesetz für gleiche Tatbestände mehrere Rechtsbehelfe mit unterschiedlichen Rechtsfolgen vor, so sind seine Normen vermutungsweise alternativ anwendbar, wenn deren Auslegung nicht ergibt, dass die eine als Sonderbestimmung den andern vorgeht. Dies gilt auch im ausservertraglichen Haftpflichtrecht, wobei eine allgemeine Einschränkung schon darin zu erblicken ist, dass die Kausalhaftungen als lex specialis die Verschuldenshaftung gemäss Art. 41 ausschliessen 115 II 237/242 E. a, vgl. auch 117 II 379/379. Die Einführung einer Haftung im Wege der Lückenfüllung abgelehnt 116 Ib 367/377 E.d. Eine Ersatzpflicht für rechtmässiges Handeln wurde bisher, soweit keine Sondernorm für eine solche Haftung besteht, nicht anerkannt. Sie käme auch, wenn überhaupt, höchstens infrage bei behördlichen Eingriffen in geschützte Rechtsgüter der Privaten 118 Ib 473/481 E. 6b.

7 ***Anspruchskonkurrenz*** kann auch gegenüber speziellen ausservertraglichen Haftungen gelten: im Verhältnis zur Werkeigentümerhaftung, wenn über Art. 58 hinausgehende Sorgfaltspflichten verletzt wurden 72 II 198/202 E. b, 116 II 422/424 E. 1; zu den Bestimmungen über die Verantwortlichkeit der Kontrollstelle (heute: Revisionsstelle) einer Aktiengesellschaft 106 II 232/235 E. c, vgl. auch 122 III 176/190 E. a; zur Haftung aus Nachbarrecht 96 II 337/347 E. 5a Pra 1971 (Nr. 83) 264, vgl. auch 111 II 236/239; zur Haftung für ungerechtfertigte vorsorgliche Massnahmen 112 II 32/34 fr., 117 II 394/396 E. b (vgl. nun ZPO Art. 264) sowie zur verfahrensrechtlichen Kostentragungspflicht der unterliegenden Partei 113 Ia 104/107 E. e, 117 II 394/396 f. E. b (vgl. ZPO Art. 106 ff.); zum Rückgabeanspruch nach SchKG Art. 285 ff. 44 III 205/207 f. E. 1. Aus eigener unerlaubter Handlung haftet der Geschäftsherr wegen einer Handlung oder Unterlassung eines Angestellten nur, wenn ihm vorgeworfen werden kann, er habe rechtswidrige Weisungen erteilt 96 II 108/114 Pra 1971 (Nr. 1) 5, 77 II 243/248, d.h., wenn diese gegen ein allgemeines Gebot der Rechtsordnung oder gegen eine Sondervorschrift verstossen 80 II 247/251 E. b Pra 1955 (Nr. 18) 66. – Ein direkter Zusammenhang zwischen Art. 41 ff. und ZGB Art. 28 besteht nur insoweit, als eine Persönlichkeitsverletzung einen eingetretenen Schaden als widerrechtlich erscheinen lassen kann 109 II 4/6 E. 3. – Bei deliktischer Beiwohnung sind unter Umständen neben den familienrechtlichen Ansprüchen auch solche aus unerlaubter Handlung gegeben 72 II 13/17 ff. E. 2, vgl. auch 109 II 4/4.

Keine Anspruchskonkurrenz. Die Unterlassung der gebotenen Instruktion und Überwachung der Arbeiter fällt ausschliesslich unter den besonderen Haftungsgrund des Art. 55 77 II 248/248, 96 II 108/114 Pra 1971 (Nr. 1) 5. Die Spezialgesetze über den gewerblichen Rechtsschutz und das Urheberrecht schliessen die Anwendung der gemeinrechtlichen Bestimmungen über die Haftung aus unerlaubter Handlung insoweit aus, als sie die Materie erschöpfend regeln und namentlich gegenüber dem gemeinen Recht einen erhöhten Rechtsschutz gewähren. Nur Handlungen, die nicht durch Spezialgesetze verboten, den untersagten Tatbeständen aber ähnlich sind und die Voraussetzungen unerlaubter Handlungen nach Art. 41 ff. erfüllen, können aufgrund dieser Bestimmungen verfolgt werden 54 II 56/63 E. 5, 60 II 62/68 f. E. 2/70 E. 3 fr. Keine Anspruchskonkurrenz besteht im Weiteren aufgrund von Art. 41 ff. und WRG Art. 44 (SR 721.80) 85 II 236/239 f. E. 2. Das EBG (SR 742.101; vormals EHG) schliesst andere vertragliche oder ausservertragliche Haftungsgründe nur soweit aus, als es überhaupt anwendbar ist 113 II 246/251 E. 8. – Abgrenzung zwischen verfahrensrechtlicher Haftung und solcher aus unerlaubter Handlung für prozessbedingte Schäden 112 II 32/34 fr., 117 II 394/395 ff. E. 3. – Gegen die bankengesetzliche Revisionsstelle, die kein Kontrollorgan i.S. des Gesellschaftsrechts ist, können die Bankengläubiger nur aus unerlaubter Handlung klagen 117 II 315/315 ff. Pra 1993 (Nr. 58) 214 ff., 123 III 60/63 E. 4b Pra 1997 (Nr. 107) 583. – Keine Anspruchskonkurrenz im Verhältnis zur aktienrechtlichen Verantwortlichkeit (aOR Art. 754) beim unmittelbaren Gläubigerschaden (unmittelbare Schadenersatzansprüche entstehen nur dann, wenn gleichzeitig noch weitere Bestimmungen verletzt werden, die allein dem Schutz des betreffenden Dritten dienen, oder allenfalls ein Tatbestand der culpa in contrahendo vorliegt, welcher eine persönliche Haftung des Handelnden begründet) 122 III 176/191 ff. 8

Verhältnis zu anderen Haftungen. Verhältnis zur *Haftung nach aAFG* 112 II 172/172; nach *SchKG Art. 5*126 III 431/433 E. 1b; nach *SchKG Art. 273* 115 III 125/125 ff. Pra 1990 (Nr. 175) 621 ff. 9

Weiteres. Offengelassen, ob eine Wegbedingung der Haftung bei ausservertraglicher Haftung möglich ist 111 II 480/480, dazu auch 107 II 161/168 E. 8, 120 II 58/61 E.a. – Aus der Tatsache, dass die haftpflichtrechtliche Inanspruchnahme von Familienangehörigen selten ist und im UVG das Haftungsprivileg unter Familienangehörigen gesetzlich verankert ist, kann nicht ein für das gesamte Haftpflichtrecht geltendes Prinzip abgeleitet werden 117 II 609/617 E. 4. – Eine kantonale Vorschrift, wonach bei Ehrverletzungen durch die Presse hinter dem belangten Verfasser subsidiär die in StGB Art. 27 genannten anderen Personen für die Prozesskosten haften, hat neben Art. 41 ff. keinen Bestand, denn es gibt keinen entsprechenden Vorbehalt zugunsten kantonalen Rechts 72 II 307/310. – Lässt der Kläger die Widerspruchsklage gegen die vom Beklagten im Einverständnis mit dem Betreibungsschuldner erhobene Eigentumsansprache fallen, so verwirkt er einen allfälligen Deliktsanspruch nicht; ebenso wenig wird der Entscheid über das Vorliegen einer unerlaubten Handlung durch den Ausgang des Widerspruchsverfahrens präjudiziert 44 III 205/208 E. 2. – Im Konkurs des Schuldners kann der Kreditgeber nicht neben der Kollokation seiner Forderung aus dem Kreditgeschäft noch die Kollokation einer gleich grossen Schadenersatzforderung aus unerlaubter Handlung verlangen 58 III 121/127 f. E. 4. – Der Grundsatz der Subsidiarität des Strafrechts (Strafwürdigkeit) ist nicht anwendbar beim 10

Fehlen vertraglicher Beziehungen zwischen dem Täter und dem Geschädigten. Die Art. 41 ff. machen die Bestimmungen des Strafgesetzbuches zum Schutz der Bürger gegen gewisse Straftaten nicht überflüssig 118 IV 167/173 f. E. 3b Pra 1993 (Nr. 19) 59 f. – Mit dem Anspruch aus Art. 41 nicht zu verwechseln ist die in StGB Art. 69 (vormals 58) vorgesehene Einziehung, welche keine Form des Schadenersatzes darstellt 119 IV 17/21 E. b fr.

11 **Gerichtsstand.** Die Anwendbarkeit von *aBV Art. 59* (vgl. BV Art. 30 Abs. 2 sowie heute ZPO Art. 9 ff.) wird durch ein forum delicti commissi grundsätzlich nicht eingeschränkt 53 I 51/53 E. 2 fr. Eine Ausnahme gilt, wenn der Entschädigungsanspruch adhäsionsweise im Strafprozess geltend gemacht wird und auf der gleichen tatsächlichen Grundlage beruht wie der Strafanspruch, der Hauptgegenstand des Prozesses ist; die Gutheissung der Adhäsionsklage gegen den nicht im Strafverfolgungskanton wohnenden Angeschuldigten setzt jedoch ein verurteilendes Straferkenntnis voraus 101 Ia 141/143 f. E. 2. Verweist der Strafrichter den Geschädigten zur Beurteilung der Zivilansprüche gegen den strafrechtlich Verurteilten ganz oder teilweise an den Zivilrichter, so gilt für das nachfolgende Zivilverfahren die Gerichtsstandsgarantie von aBV Art. 59 (vgl. BV Art. 30 Abs. 2 sowie ZPO Art. 9 ff.) 101 Ia 141/144 ff. E. 3. – Zur Beurteilung der Zivilansprüche durch den Strafrichter gemäss aOHG Art. 9 (vgl. heute StPO Art. 122 ff.) siehe 122 IV 37/40 ff. E. 2 fr., vgl. auch 122 II 211/216 E. 3d–e Pra 1996 (Nr. 231) 897, 122 IV 79/82 E. 2a, 123 IV 78/80 E. 2, 125 IV 161/163 E. 2, 126 IV 38/39 E. 2, 3.

12 **Beweis.** Die objektiv gebotene Sorgfalt (dazu Pra 2000 [Nr. 155] 928 E. 1c) gehört zum Beweisthema des Geschädigten 115 Ib 175/181, 120 Ib 411/414 E. a, 4A_22/2008 (10.4.08) E. 5 (Regelbeweismass, keine Beweiserleichterung). Bei gegebener Garantenstellung und Handlungspflicht hat der Schädiger die gebotene Handlung und nicht der Geschädigte deren Unterlassung zu beweisen 115 II 15/20 E. 3b. Die Beweislast für einen Rechtfertigungsgrund (in casu Einwilligung des Patienten) trifft den Beklagten 113 Ib 420/425 E. 4, 117 Ib 197/202 E. 2d, 4C.66/2007 (9.1.08) E. 5.1 (hypothetische Einwilligung, wobei grundsätzlich auf den konkreten Patienten abzustellen ist). – Für die Beweislast besteht im Haftpflichtrecht gemäss Art. 41 ff. keine besondere, von ZGB Art. 8 abweichende Ordnung. Insbesondere rechtfertigen blosse Beweisschwierigkeiten noch keine Überwälzung der Beweislast 114 II 91/96 E. 3. Bei Unterlassungen ist der Beweisnot des Geschädigten dadurch Rechnung zu tragen, dass ein strikter Beweis nicht gefordert wird und den Schädiger eine Mitwirkungspflicht beim Nachweis negativer Tatsachen trifft Pra 2000 (Nr. 155) 929 E. 2c. Ob ein zu beurteilender bundesrechtlicher Schadenersatzanspruch durch die Sachvorbringen einer Partei ausreichend substanziiert sei, entscheidet sich im Übrigen nach materiellem Bundesrecht 112 II 172/181.

A. Haftung im Allgemeinen I. Voraussetzungen der Haftung

Art. 41

[1] Wer einem andern widerrechtlich Schaden zufügt, sei es mit Absicht, sei es aus Fahrlässigkeit, wird ihm zum Ersatze verpflichtet.

[2] Ebenso ist zum Ersatze verpflichtet, wer einem andern in einer gegen die guten Sitten verstossenden Weise absichtlich Schaden zufügt.

Allgemeines. Die Haftung nach dieser Bestimmung setzt herkömmlicherweise (143 III 254/257 E. 3.2, mit Verweis auf neuere Lehrmeinungen, wonach der zu ersetzende Schaden systematisch zu den Haftungsfolgen gehört) ein Vierfaches voraus: ein widerrechtliches Verhalten, ein Verschulden des Schädigers, einen Schaden und einen (natürlichen sowie adäquaten) Kausalzusammenhang zwischen dem schuldhaften Verhalten und dem Schaden 132 III 122/130 E. 4.1 fr., 130 V 448/455 E. 5.2. 1

Abs. 1 Die **Widerrechtlichkeit** insbesondere ist nicht nur hier, sondern auch im Bereich der Kausalhaftungen vorausgesetzt 112 II 118/128 E. e fr., 4C.119/2000 (2.10.00) E. 2b Pra 2001(Nr. 46) 270. Widerrechtliches Verhalten liegt vor, wenn gegen allgemeine, durch die Rechtsordnung aufgestellte Verhaltenspflichten verstossen wird. Diese Verhaltenspflichten sind allgemein in dem Sinne, als sie jedermann treffen, worin sie sich von relativen Verhaltenspflichten unterscheiden, wie sie durch Rechtsgeschäft begründet werden 4C.311/2001 (24.1.02) E. 2b fr. – Der in der Rechtsprechung am häufigsten verwendeten Formulierung zufolge liegt dieser Blankettnorm die sog. ***objektive Widerrechtlichkeitstheorie*** zugrunde. Danach ist die Schadenszufügung widerrechtlich, wenn sie gegen eine allgemeine gesetzliche Pflicht verstösst, sei es, dass ein absolutes Recht des Geschädigten verletzt wird *(Erfolgsunrecht),* ohne dass es darauf ankommt, wie die Verletzung verursacht wurde 4C.296/1999 (28.1.00) E. 1a, 4C.280/1999 (28.1.00) E. 1a; sei es, dass eine reine Vermögensschädigung durch einen (vom Verletzten zu beweisenden, 4C.152/2002 [22.7.02] E. 2.4 fr.) Verstoss gegen eine einschlägige Schutznorm bewirkt wird *(Verhaltensunrecht)* 139 V 176/188 E. 8.2 Pra 2013 (Nr. 119) 923 f., 4A_594/2009 (27.7.10) E. 3.3 fr., 4A_59/2009 (7.9.09) E. 6.2 fr. 2

Verhaltensnormen, die direkt oder indirekt Schädigungen untersagen bzw. den Rechtsunterworfenen ein Schädigungen vermeidendes Verhalten vorschreiben, ergeben sich aus der Gesamtheit der schweizerischen Rechtsordnung, unter anderem aus Privat-, Verwaltungs- und Strafrecht, gleichgültig ob es sich um eidgenössisches oder kantonales, geschriebenes oder ungeschriebenes Recht handelt 116 Ia 162/169, 133 III 323/330 E. 5.1, 4A_213/2010 (28.9.10) E. 4, 4A_59/2009 (7.9.09) E. 6.2 fr.; das Zivilgericht prüft eine solche Rechtsverletzung (z.B. Strafbarkeit) gegebenenfalls vorfrageweise 4A_59/2009 (7.9.09) E. 6.3.1 fr. Voraussetzung der widerrechtlichen Schadenszufügung ist, dass die verletzten Verhaltensnormen dem Schutz vor solchen Schädigungen dienen 116 Ib 3

367/374 E. b, 118 Ib 473/476 E. 2b, 124 III 297/301 E. 5b, 125 III 86/89 E. 3b, 126 III 521/522 E. 2a, 127 III 374/381 E. f., 129 IV 322/325. Eine Schutznorm liegt also nicht schon dann vor, wenn zwischen einem normwidrigen Verhalten und dem eingetretenen Schaden ein natürlicher Kausalzusammenhang besteht 4A_54/2008 (29.4.08) E. 5.3.2 fr. Vielmehr zeichnet sich eine Schutznorm dadurch aus, dass sie gerade den Geschädigten (subjektives Erfordernis) und diesen in seinem Vermögen schützen will (objektives Erfordernis) 4C.194/1999 (18.1.00) E. 2b fr. (in casu für Art. 328 Abs. 2 verneint), 4C.186/2001 (5.11.01) E. 3a fr., 134 III 529/533 E. 4.3 (für das GwG verneint), 4A_594/2009 (27.7.10) E. 3.5 fr., 133 III 323/330 E. 5.1 Pra 2008 (Nr. 7) 55 (für StGB Art. 305bis bejaht), wobei auch ungeschriebene Verhaltensgebote infrage kommen 4C.317/2002 (20.2.04) E. 3 fr., 133 III 323/330 E. 5.1 Pra 2008 (Nr. 7) 55, 4A_54/2008 (29.4.08) E. 5.2 fr. Der Schutzzweck ist auch dann zu prüfen, wenn eine Strafnorm infrage steht, sodass ein strafrechtlich sanktioniertes Verhalten nicht per se auch zivilrechtlich als widerrechtlich gelten muss 4C.156/2005 (28.9.05) E. 3.3 fr. (zu StGB Art. 318), 4A_54/2008 (29.4.08) E. 5.3.4 fr. (zum GwG). So ist etwa im Zusammenhang mit StGB Art. 181 (Nötigung) zu beachten, dass nicht jeder Einsatz eines der dort genannten Mittel widerrechtlich ist; die Widerrechtlichkeit ergibt sich erst aus dem Missverhältnis zwischen den eingesetzten Mitteln und dem damit verfolgten Zweck 132 III 122/131 E. 4.2 fr. Demgegenüber stellt StGB Art. 146 eine Schutznorm dar 4A_59/2009 (7.9.09) E. 6, vgl. auch 4A_270/2017 (1.9.17) E. 5.3.2. Dasselbe gilt für Art. 28 4A_285/2017 (3.4.18) E. 6.1, vgl. auch 4A_286/2018 (5.12.18) E. 2.2. – Als Verhaltensnormen gelten auch (allerdings in sehr engen Grenzen 116 Ib 359/376 E. 6c, vgl. auch 121 III 350/354 E. b Pra 1996 (Nr. 168) 616, 124 III 297/301 E. 5c) das Verbot des Handelns wider Treu und Glauben (ZGB Art. 2 Abs. 1) sowie das Verbot des rechtsmissbräuchlichen Handelns (ZGB Art. 2 Abs. 2). Der Verstoss gegen eine derartige Verhaltensnorm wird als widerrechtlich aufgefasst 116 Ia 162/169, wobei aber bei ZGB Art. 2 Abs. 1 zu beachten ist, dass die Bestimmung schon ihrem Wortlaut nach an bereits bestehende Rechte und Pflichten einer Person anknüpft, weshalb sie höchstens in eng umgrenzten Ausnahmefällen eine Handlungspflicht zu begründen vermag 108 II 305/305, 121 III 350/354, 124 III 297/301 E.c. – Keine unerlaubte Handlung ist die blosse Verletzung einer Vertragspflicht 74 II 23/26 E. b oder die Verletzung vertraglicher Rechte durch Dritte 114 II 91/97 f. E. aa (vgl. allerdings auch E. bb für den Bereich des unlauteren Wettbewerbs), vgl. auch 102 II 226/229 E. 2. Auch der Gefahrensatz für sich ersetzt bei Vermögensschäden eine Schutznorm nicht 4A_594/2009 (27.7.10) E. 3.4 fr. Die Verletzung allgemeiner Rechtsgrundsätze ist zwar rechtswidrig 118 Ib 473/476 E. 2a, aBV Art. 4 (vgl. BV Art. 9), bietet jedoch für sich allein keine Grundlage für die Feststellung widerrechtlichen Handelns 118 Ib 473/477 E. 3b.

4 Die Widerrechtlichkeit liegt im objektiven Normverstoss, weshalb sie bei Vorliegen eines ***Rechtfertigungsgrundes*** entfällt. Infrage kommen z.B. Einwilligung des Verletzten, Erfüllung einer gesetzlichen Pflicht, Notwehr, Notstand und Wahrung überwiegender Interessen 101 II 177/196 f. E. 6a. Dies gilt auch bei der Beeinträchtigung eines Menschen in seiner körperlichen Integrität, die nur dann widerrechtlich ist, wenn kein Grund besteht, der diese Beeinträchtigung rechtfertigt. Gleich wie die Einwilligung des Geschädigten kann die Inkaufnahme eines Risikos den widerrechtlichen Charakter der Handlung aufheben 117 II 547/548 E. 3b Pra 1992 (Nr. 229) 900.

Im Gegensatz zur objektiven Widerrechtlichkeitstheorie knüpft die sog. ***subjektive Widerrechtlichkeitstheorie*** beim Begriff der Befugnis an und erachtet grundsätzlich jede Drittschädigung als widerrechtlich, es sei denn, sie erfolge befugtermassen mit subjektiver Rechtfertigung. Sie hat sich in der Schweiz bisher nicht durchgesetzt. Auf die Ersatzpflicht für Schäden, die aus der Verletzung absolut geschützter Rechtsgüter resultieren oder deren Widerrechtlichkeit von vornherein aus gegebenem Rechtfertigungsgrund entfällt, bleibt der Theorienstreit ohne Auswirkungen. Dagegen erlangt die subjektive Theorie Bedeutung bei reinen Vermögensschäden ohne objektiven Schutznormverstoss 115 II 15/18 f. E. 3a, zur allgemeinen Formel vgl. auch 119 II 127/128 f. E. 3, 121 III 350/354 E. b Pra 1996 (Nr. 168) 616, 122 III 176/192, 123 II 577/581 E. 4c, 123 III 306/312 E. 4a Pra 1997 (Nr. 170) 916, 124 III 297/301 E. 5b, Pra 1998 (Nr. 121) 681, 4C.119/2000 (2.10.00) E. 2b Pra 2001 (Nr. 46) 270. Denn das Vermögen als solches ist kein Rechtsgut, seine Schädigung somit nicht per se objektiv widerrechtlich 118 Ib 163/163 f. E. 2 und 118 Ib 473/476 E. 2b; zur Begründung der objektiven Widerrechtlichkeit der Schädigung bedarf es vielmehr eines Verstosses gegen eine Norm, die vor Schädigungen von der Art der eingetretenen schützen soll 124 III 297/301 E. 5b, 125 III 86/89 E. 3b, 126 III 521/522 E. 2a, vgl. auch Pra 1997 (Nr. 20) 115 E. 3b (in casu VG Art. 3 Abs. 1). 5

Wer eine Handlung ***unterlässt,*** zu der er von der Rechtsordnung nicht verpflichtet ist, handelt nicht rechtswidrig. Denn es besteht keine allgemeine Rechtspflicht, im Interesse anderer tätig zu werden 4C.119/2000 (2.10.00) E. 2b Pra 2001 (Nr. 46) 271 und fremdes Vermögen vor Einbussen zu schützen 4C.296/1999 (28.1.00) E. 2c, 4C.280/1999 (28.1.00) E. 2c. Vielmehr setzt die Widerrechtlichkeit einer Unterlassung eine Garantenstellung für den Geschädigten (also die Verletzung einer rechtlichen Handlungspflicht 4C.119/2000 [2.10.00] E. 2b Pra 2001 [Nr. 46] 271) voraus 139 V 176/188 f. E. 8.2 Pra 2013 (Nr. 119) 923 f., 123 II 577/583 E. 4d/ff. (Staatshaftung), 118 II 502/506 f. E. 3 Pra 1994 (Nr. 13) 52, 116 Ib 367/374 E. c, 376 E. 6, vgl. auch 133 IV 158/162 fr., 127 III 453/456 E. d Pra 2001 (Nr. 179) 1087, 126 III 113/114 E. 2a/aa Pra 2000 (Nr. 185) 1134, 124 III 155/165 E. 3d, Pra 1999 (Nr. 21) 113 E. 3a, 4C.202/2002 (30.10.02) E. 3.1 fr., 123 II 577/583 E. 4d ff., Pra 2001 (Nr. 46) 271 E. 2b, 4C.186/2001 (5.11.01) E. 3a fr. Eine Haftung aus widerrechtlicher Unterlassung setzt auch bei Verletzungen absoluter Rechtsgüter ein Nichthandeln trotz Bestehens einer rechtlichen Handlungspflicht Pra 2001 (Nr. 46) 271 E. 2b, 4A_520/2007 (31.3.08) E. 2.1 Pra 2008 (Nr. 129) 818, also einer spezifischen Rechtspflicht zur Abwendung des drohenden Verletzungserfolges, und mithin ein vom Schädiger gesetztes Verhaltensunrecht voraus 4C.296/1999 (28.1.00) E. 1a, 4C.280/1999 (28.1.00) E. 1a. Denn der Grundsatz, dass die Verletzung eines absoluten Rechtsgutes per se widerrechtlich ist, ist auf die Beeinträchtigung durch aktives Handeln ausgerichtet Pra 2001 (Nr. 46) 271 E. 2b. Entsprechende Handlungspflichten können sich aus dem Privat-, dem Verwaltungs- oder dem Strafrecht 4C.296/1999 (28.1.00) E. 1b, 4C.280/1999 (28.1.00) E. 1b, 4A_520/2007 (31.3.08) E. 2.1 Pra 2008 (Nr. 129) 818 ergeben, während der ***Gefahrensatz*** nicht geeignet ist, die Widerrechtlichkeit einer Unterlassung zu begründen 124 III 297/300 E. 5b (dort auch zu dessen Stellenwert im Zusammenhang mit dem Kausalzusammenhang und mit dem Verschulden). Gegenteilig verhält es sich bei der Verletzung absoluter Rechtsgüter, insoweit der Gefahrensatz hier (anders als bei reinen Vermögensschäden) geeignet ist, bei Fehlen einer spezifischen Schutznorm die Widerrechtlichkeit zu begründen 4A_520/2007 (31.3.08) E. 2.1 Pra 2008 (Nr. 129) 6

818, siehe auch 4C.119/2000 (2.10.00) E. 2b Pra 2001 (Nr. 46) 272. – Die Beeinträchtigung eines Menschen in seiner körperlichen Integrität ist nur widerrechtlich, wenn kein Grund besteht, der diese Beeinträchtigung rechtfertigt. Gleich wie die Einwilligung des Geschädigten kann die Inkaufnahme eines Risikos den widerrechtlichen Charakter der Handlung aufheben 117 II 547/548 E. 3b Pra 1992 (Nr. 229) 900.

7 Zur Haftung für ***falschen Rat und mangelhafte Auskunft*** 121 III 350/355 E. 6c Pra 1996 (Nr. 168) 616, 124 III 363/368 E. 5a, 4C.193/2000 (26.9.01) E. 4a, wo zudem auf die enge Verwandtschaft zur Vertrauenshaftung hingewiesen wird (E. 5), 4C.205/2006 (21.2.07) zu BEHG Art. 11, auch 4C.152/2002 (22.7.02) E. 2.4 fr. In 134 III 390/395 E. 4.3.2 wird die Haftung für falsche Auskunft (neben der Haftung aus culpa in contrahendo) nunmehr ausdrücklich als Erscheinungsform der weiteren Vertrauenshaftung bezeichnet.

8 Eine ***strafbare Handlung*** stellt ein zivilrechtliches Delikt dar, wenn die Strafandrohung den Schutz von Privatpersonen und nicht des Staates bezweckt 101 Ib 252/255 f. E. d Pra 1975 (Nr. 272) 775 oder wenn durch die im allgemeinen Interesse erlassene Strafnorm implizit das verletzte private Interesse geschützt wird 102 II 85/88 E. 5 Pra 1976 (Nr. 154) 364, vgl. auch 117 II 259/270 und 117 IV 139/149 E.dd. Ebenso begründet der *Verstoss gegen eine Polizeivorschrift,* die zum Schutze des Einzelnen erlassen wurde, in der Regel auch die zivilrechtliche Widerrechtlichkeit 31 II 623/627 E. 3, 56 II 371/372 E. 2 fr., 4C.186/2001 (5.11.01) E. 3a fr. (in casu ein Genfer Reglement über die Baustellen aus dem Jahre 1958).

9 Der Begriff der ***Widerrechtlichkeit im Staatshaftungsrecht*** (in casu VG Art. 3 Abs. 1) stimmt mit demjenigen gemäss Art. 41 überein 132 II 305/317 E. 4.1 Pra 2007 (Nr. 53) 339, 123 II 577/581 E. 4d/bb, 2A_511/2005 (19.2.09) E. 5, was auch mit Bezug auf das kantonale Recht gilt 4C.378/1999 (23.11.04) E. 3.1, 4C.331/1997 (6.6.00) E. 4a fr. Das Element der Widerrechtlichkeit fehlt, wenn eine Amtspflicht ein bestimmtes Handeln gebietet und dieses fehlerfrei erfolgt 118 Ib 473/476 E. 2a. Umgekehrt ist das Verhalten eines Magistraten oder Beamten widerrechtlich, wenn es gegen Gebote oder Verbote der Rechtsordnung verstösst, die dem Schutze des verletzten Rechtsgutes dienen. Hingegen kann nicht jede Gesetzeswidrigkeit als unerlaubte Handlung betrachtet werden, wenn es nicht um gesetzeswidrige Tathandlungen geht, sondern um Entscheide oder Verfügungen. Wie bei der Verantwortlichkeit des Richters ist davon auszugehen, dass bei der Gesetzesauslegung oder Ermessensausübung durch eine Behörde nicht schon deshalb auf ein widerrechtliches Handeln geschlossen werden kann, weil eine obere Instanz in der Folge zu einem anderen Ergebnis gelangt. Ein Entscheid oder eine Verfügung kann nur als widerrechtlich qualifiziert werden, wenn eine schwerwiegende Rechtsverletzung vorliegt (wie z.B. Missbrauch oder Überschreitung des Ermessens, Verletzung einer klaren Gesetzesvorschrift, Missachtung eines allgemeinen Rechtsgrundsatzes, unkorrekte Untersuchung eines Falles oder böswilliges Handeln) 112 II 231/234 f. E. 4 Pra 1987 (Nr. 65) 232, vgl. auch 112 Ib 446/449 E. b Pra 1988 (Nr. 153) 543, 116 Ib 367/374 E. 5a, 120 Ib 248/249 E. 2b.

10 ***Weiteres.*** Ergibt sich die Widerrechtlichkeit aus der Verletzung einer kantonalen Norm, so kann deren Anwendung im eidgenössischen Berufungsverfahren nicht überprüft werden 90 II 274/280 E. 4, grundlegend 55 II 331/334 f. E. 2; diesbezüglich ist das Bundesrecht, das von den Kantonen als subsidiär anwendbar erklärt wird, dem kantona-

len Recht gleichzustellen 55 II 331/335 f. E. 3. Das Gleiche gilt nun im bundesgerichtlichen Beschwerdeverfahren (BGG Art. 72 ff.), wo die Kognition des Bundesgerichts auf Willkür beschränkt ist 4A_679/2010 (10.4.11) E. 3.

Beispiele zur Widerrechtlichkeit. ***Widerrechtlich handelt:*** wer zum Zwecke der Geldbeschaffung jemanden mit fingierten Verträgen dazu bringt, ihm Checks auszuhändigen (in casu Haftung der AG für die unerlaubte Handlung eines Organs, Art. 722/aOR Art. 718 Abs. 3) 121 III 176/181 E. c Pra 1995 (Nr. 271) 922; der Aussteller eines unwiderruflichen, nicht übertragbaren Akkreditivs, der einen mit dem Begünstigten intern vereinbarten Deckungsvorbehalt nicht offen in das Eröffnungsschreiben aufnimmt, um dessen missbräuchliche Verwendung durch den Begünstigten bei Dritten zu verhüten 93 II 329/339 f. E. 5; die Einlösung eines an Ordre ausgestellten Checks durch den Bankangestellten ohne die elementarsten Vorkehren zur Prüfung der Identität des Inhabers 61 II 184//187 E. 3 fr.; wer wissentlich einen falschen Jahresabschluss erstellt oder wissentlich einen falschen Jahresabschluss in Vertragsverhandlungen verwendet 4C.344/1998 (24.11.00) E. 3e; die Urkundsperson, die in der öffentlichen Urkunde eine Feststellung trifft, von der sie weiss, dass sie nicht stimmt 90 II 274/282 E. 6; der Notar, der durch die erkennbar falsche Legalisierung einer Unterschrift und in Verletzung seiner Aufklärungspflicht einen Rechtsirrtum verursacht 42 II 660/661 f.; s. zur möglichen Widerrechtlichkeit durch Verletzung (geschriebener oder ungeschriebener) notarieller Pflichten (des Bundes- oder kantonalen Rechts) auch 4A_337/2018 (9.5.19) E. 4.1.1; die Kontrollstelle der Aktiengesellschaft oder die Bankenrevisionsstelle, die ihre gesetzlichen Pflichten verletzt 106 II 232/235 E. c, 117 II 315/318 E. 4 Pra 1993 (Nr. 58) 216, vgl. auch 122 III 176/191 f.; der einzige Verwaltungsrat, der eine der Aktiengesellschaft zustehende Versicherungsleistung zur Rückzahlung eigener Schulden verwendet und darob mehrere aktienrechtliche Vorschriften verletzt, die den Schutz der Gläubiger bezwecken 4C.17/2000 (17.4.00) E. 5b/aa fr.; der Arzt, der eine Operation vornimmt, ohne seinen Patienten ausreichend aufzuklären und dessen Einwilligung einzuholen 4C.378/1999 (23.11.04) E. 3.1, 108 II 59/62 E. 3 Pra 1982 (Nr. 122) 300, 4C.66/2007 (9.1.08) E. 5.1, selbst wenn ihm kein Kunstfehler unterläuft 4C.331/1997 (6.6.00) E. 4a fr., 4P.9/2002 (19.3.02) E. 2c fr. (zur Aufklärungspflicht des Arztes bzw. Einwilligung des Patienten siehe auch 113 Ib 420/424 ff. E. 4 ff., 115 Ib 175/182 f. E. 3a, 117 Ib 197/197 ff., 123 II 577/583 E. 4d/ee, 4C.265/2003 [28.4.03] E. 4 fr., 4C.9/2005 [24.3.05] E. 4 und 5 fr., 4C.66/2007 [9.1.08] E. 5.1), wobei der Arzt hierfür die Beweislast trägt 4A_266/2011 (19.8.11) E. 2.1.2 fr.; der die Regeln der ärztlichen Kunst verletzende Arzt, auch wenn er den Patienten aufgeklärt hat 4C.378/1999 (23.11.04) E. 3.1 und 10, 4C.331/1997 (6.6.00) E. 4a fr., wobei eine Pflichtverletzung nur dort gegeben ist, wo eine Diagnose, eine Therapie oder ein sonstiges ärztliches Vorgehen nach dem allgemeinen fachlichen Wissensstand nicht mehr als vertretbar erscheint 4A_679/2010 (11.4.11) E. 6.2, 4A_48/2010 (9.7.10) E. 6.1, nicht aber für objektive Fehleinschätzungen, die in gewissem Umfang als unvermeidbar erscheinen 4A_668/2010 (17.2.11) E. 2.6, 4A_315/2011 (25.10.11) E. 3.1 fr.; der Arzt, der einen Patienten bei einem Eingriff über diesen hinaus in der körperlichen Integrität verletzt 115 Ib 175/180 f. E. b, vgl. auch 120 Ib 404/412 ff. E. 4a; der Arzt, der anstelle der Schilddrüsenader die Schlagader unterbindet 70 II 207/210 ff. E. c Pra 1944 (Nr. 178) 425 ff., oder ohne medizinische Notwendigkeit beide Brüste einer Patientin entfernt, obwohl nur eine Brust vom 11

Krebs befallen war 4A_266/2011 (19.8.11) E. 2.1 fr.; der Spitalarzt, der eine konkret erkennbare Suizidgefährdung oder die Gefahr des Entweichens des Patienten nicht erkennt, sie fehlerhaft einschätzt oder sie schlicht nicht beachtet (in casu Haftung allerdings verneint) 120 Ib 404/414 ff. E. b/c, vgl. 4A_668/2010 (17.2.11) E. 2.6; wer gegen eine Polizeivorschrift verstösst, die zum Schutze der Gesundheit der Einzelnen erlassen wurde (in casu Kurpfuscherin, die trotz der fehlenden medizinischen Ausbildung die Behandlung eines an Tuberkulose leidenden Patienten übernimmt und keinen Arzt beizieht) 56 II 371/372 f. E. 2 fr. (vgl. auch 59 II 37/41 fr.); der Unternehmer, der in einem unvollendeten Gebäude vor einem offenen Kellerhals keine Schutzvorrichtung anbringt 95 II 93/96 E. 2; wer die (inzwischen aufgehobenen) Richtlinien der Verordnung über die Unfallverhütung beim Graben- und Schachtbau sowie bei ähnlichen Arbeiten (vgl. SR 832.31) nicht beachtet, da dies eine Verletzung anerkannter Regeln der Baukunde i.S.v. StGB Art. 229 darstellt 109 IV 125/125, vgl. aber 117 II 270/270, wonach ein reines Gefährdungsdelikt dieser Art die Widerrechtlichkeit im Sinne von Art. 41 nicht zu begründen vermag; der Bauleiter, der, ohne geeignete Schutzmassnahmen zu treffen, Aushubmaterial in einer Bachrinne ablagern lässt, wodurch das fliessende Wasser gestaut und anstelle des ursprünglichen Weihers von bescheidenem Ausmass ein viel grösserer und tieferer Teich gebildet wird 93 II 89/92 E. 2 Pra 1968 (Nr. 21) 77 f.; der Richter, der mit der Mitteilung des Konkurserkenntnisses drei Wochen zuwartet 120 Ib 247/249 f. E. 2, siehe auch 127 III 374/381 E. f.; der Richter, der die ihm vorgelegten Akten offensichtlich ohne genügende Aufmerksamkeit prüft 79 II 424/439 E. 5 Pra 1954 (Nr. 75) 222 f. (zum Verschulden siehe 112 II 235/235 E. 4 Pra 1987 (Nr. 65) 232); die Gemeinde, die von der missbräuchlichen Benutzung ihrer Kanalisation unterrichtet wird und es trotzdem unterlässt, gegen die Zuleitung giftiger Stoffe einzuschreiten 91 II 183/189 f. E. c Pra 1966 (Nr. 6) 24; das Informationsbüro, das ungenaue Angaben über Drittpersonen verbreitet 43 II 236/238 fr.; wer durch Auskünfte und Empfehlungen die Entscheide einer anderen Person in für sie wichtigen Angelegenheiten zu beeinflussen sucht und wesentliche Tatsachen verschweigt 80 III 41/54 E. 4, 121 III 350/355 E. 6c Pra 1996 (Nr. 168) 616, 124 III 363/369 E. 5b; die Bank, welche (ausserhalb des Rahmens eines Geschäftes mit einem Bankkunden) wider besseres Wissen oder leichtfertig unrichtige positive Angaben macht oder Tatsachen verschweigt, die ihr bekannt sind und von denen sie sich sagen muss, dass ihre Kenntnis den infrage stehenden Entscheid beeinflussen könnte (in casu Auskunft über die Kreditwürdigkeit einer Handelsgesellschaft im Hinblick auf den Abschluss eines umfangreichen Handelsgeschäftes) 111 II 471/473 ff. E. 2 ff., vgl. auch 116 II 695/699 E. 4 sowie 120 II 331/331 ff., 121 III 350/355 E. c Pra 1996 (Nr. 168) 617 (Prüfung unter dem Gesichtspunkt der Vertrauenshaftung), 122 III 176/192, 4C.193/2000 E. 4a (unter Hinweis auf die sachliche Nähe zur Vertrauenshaftung); wer einem (in casu wegen Unterschlagung entlassenen) Angestellten ein falsches Arbeitszeugnis ausstellt 101 II 69/72 f. E. 2 Pra 1975 (Nr. 170) 477; wer seine Aufklärungspflicht, die sich aus Gesetz, aus Vertrag oder aus Treu und Glauben ergeben kann, verletzt 4C.202/2002 (30.10.02) E. 3.2 fr., 4C.265/2003 (28.4.03) E. 4 fr. (ärztliche Aufklärungspflicht); wer arglistig bei der Gegenpartei das Vertrauen erweckt oder unterhält, er werde einen Vertrag trotz Ungültigkeit erfüllen 49 II 54/64 E. 2; wer (ob als Vertragspartei oder nicht) einen andern absichtlich täuscht 61 II 228/233 f. E. 2, 108 II 419/421 E. 5, sei es durch Schweigen oder die Angabe falscher Tatsachen 4C.202/2002 (30.10.02) E. 3.2 fr.; die arglistige Täuschung gemäss aStGB Art. 148 (StGB Art. 146) 117 IV 139/139 ff. (in casu Verkauf von übermässig gestrecktem Heroin zum «handelsüblichen» Preis für durchschnittlich gestrecktes Heroin); der Grundeigentümer, der die gefährlich in die Strasse hineinragenden Äste eines Baumes nicht gemäss den Bestimmungen des öffentlichen Rechts zurückschneidet 112 II 439/441 E. 1b Pra 1987 (Nr. 90) 312; der Werkeigentümer, der eine erkannte Gefahr duldet 116 II 422/424 E. 1 (offengelassen, ob der Grundeigentümer, der einen durch Naturereignisse entstandenen Gefahrenzustand nicht beseitigt, widerrechtlich handelt 93 II 230/237 f.); wer in einem Wohnzimmer geladene Schusswaffen zur Schau stellt, ohne die erforderlichen Sicherheitsmassnahmen zu treffen 112 II 138/141 E. 3a fr.; der Skifahrer, der seine Fahrweise nicht dem persönlichen Können und den Verhältnissen anpasst 82 II 25/29 E. 1, vgl. auch 122 IV 17/17 ff. fr.; der Versicherer, der die Mitteilung nach KVG Art. 7 Abs. 5 Satz 1 unterlässt 130 V 448/455 E. 5.2; wer gegen StGB Art. 305bis (Geldwäscherei) verstösst 129 IV 322/324 E. 2.2, 133 III 323/330 E. 5.2.3 Pra 2008 (Nr. 7) 59 (keine Widerrechtlichkeit fahrlässiger Geldwäscherei, da diese nicht strafbar ist), auch 4A_21/2008 (13.6.08) E. 3, 4A_54/2008 (29.4.08) E. 5.3.3 fr.; wer gegen BEHG Art. 11 Abs. 1 verstösst, indem er falsche Angaben macht und verschweigt, dass das vereinbarte Ziel unerreichbar ist (4A_213/2010 [28.9.10] E. 4); wer URG Art. 12 Abs. 1bis verletzt 4A_142/2007 (26.9.07) E. 8.1 (Verleih und Verkauf von Filmen); wer Lawinen künstlich auslöst, obwohl sie Schaden anrichten können 100 II 120/124 E. 2a; wer in seiner Wirtschaft ein gefährliches, improvisiertes Scheibenschiessen duldet 71 II 107/113 E. 3 Pra 1945 (Nr. 131) 313; wer es zulässt, dass sein nicht versichertes Motorfahrzeug benutzt wird 61 II 85/88 f. fr.; wer unter Verhältnissen, bei denen die Zuschauer offensichtlich gefährdet sind, an einem Eishockeyspiel teilnimmt oder ein solches ohne die nötigen Schutzmassnahmen veranstaltet 79 II 66/69 ff. E. 2–4 Pra 1953 (Nr. 106) 306 ff.; wer ohne Konzession regelmässig Personentransporte durchführt mit der Folge, dass ein konzessioniertes Unternehmen dadurch einen Nachteil erleidet 75 II 212/213 E. 3 Pra 1949 (Nr. 174) 499 f. – *Widerrechtlich ist auch* die Teilnahme an ehewidrigen Beziehungen 109 II 4, 111 II 295/298 E. a, vgl. auch 72 II 13/17 ff.; die sexuelle Belästigung 126 III 395/398 E. 7b/cc; sexuelle Handlungen mit einem Knaben unter sechzehn Jahren, dessen Einwilligung keinen Rechtfertigungsgrund bildet und deshalb die Widerrechtlichkeit nicht beseitigt 4C.225/2003 (24.2.04) E. 3 (in casu aber Reduktion nach Art. 44); die Ausführung eines urheberrechtlich geschützten Projektes (in casu für einen Ladenumbau) 100 II 167/169 E. 2; die Erteilung einer ungerechtfertigten Gutschrift zum Zwecke der Täuschung Dritter 89 II 239/248; die Annahme wucherischer Vermittlerprovisionen 57 II 26/33; die Überschreitung des Rechts zur Wahrnehmung berechtigter Interessen 57 II 575/580 f. E. 3 JdT 80 I 473 f. E. 3; der mit unverhältnismässigen Mitteln durchgeführte Arbeitsstreik 132 III 122/129 E. 4 fr.; das Ableugnen des Besitzes von Erbschaftssachen gegenüber den Erben 71 II 147/154 E. 7; die Benutzung eines fremden Kontrollzeichens 52 I 192/201; die ehrverletzende Presseäusserung 95 II 481/495; die Hinderung, Störung oder Gefährdung einer Anstalt oder Anlage zur Verteilung von Wasser, Licht, Kraft oder Wärme an das Publikum (in casu Bruch eines elektrischen Kabels, wodurch ein Versorgungsbetrieb einen Stromunterbruch erleidet) 102 II 85/88 E. 5 Pra 1976 (Nr. 154) 365, vgl. auch 117 II 270.

Staatliche Verfahren/Rechtsmittel. Wer mit vertretbaren Gründen eine Änderung 12
der Rechtsprechung anstrebt, handelt auch dann nicht rechts- oder sittenwidrig, wenn die angerufene Behörde an der bisherigen Praxis festhält 4C.353/2002 (3.3.03) E. 5.3. An der

Widerrechtlichkeit fehlt es generell, wenn der Antragsteller in objektiv gerechtfertigter Weise von der Nützlichkeit seines Antrags (in casu auf Erlass einer vorsorglichen Verfügung) ausging und er mit der erforderlichen Sorgfalt handelte 4C.204/2002 (9.10.03) E. 3.1 fr. Doch handelt widerrechtlich, wer wider besseres Wissen oder ohne genügende Indizien eine Anzeige an die Aufsichtsbehörde 41 II 348/352 f. E. 2 fr. oder eine Strafklage einreicht 44 II 428/432 f. E. 2; wer missbräuchlich ein staatliches Verfahren in Anspruch nimmt (zum Erfordernis eines qualifizierten Verschuldens etwa 112 II 32/35 E. 2a fr., 117 II 394/398 E. 4) oder sich in diesem Verfahren treuwidrig oder böswillig verhält 117 II 394/398 f. E. 4, 4C.256/2001 (14.11.01) E. 1 fr., 127 III 496/500 fr. (Erfordernis der Aufhebung eines fehlerhaften, jedoch materiell rechtskräftigen Urteils im Wege der Revision), 4C.353/2002 (3.3.03) E. 5.1 (ungeschriebenes Gebot der Rechtsordnung); wer ohne sachlichen Grund eine vorsorgliche Verfügung erwirkt, die sich als materiell ungerechtfertigt erweist, und damit gegen ein ungeschriebenes Gebot der Rechtsordnung verstösst 88 II 276/281 E.b. So erfüllt zwar nicht jedes objektiv ungerechtfertigte Verfahren einen Haftungstatbestand, doch ist die Einleitung eines Verfahrens dann widerrechtlich, wenn das Verfahren zweckentfremdet wird oder von vornherein offensichtlich aussichtslos ist 4A_557/2014 (2.2.15), E. 2.1 fr. (Testamentsanfechtung), 4A_37/2008 (12.6.08), 4C.353/2002 (3.3.03) E. 5.1 (suspensiv wirkendes Rechtsmittel gegen eine Baubewilligung bei offensichtlicher Aussichtslosigkeit). Ob die Klage von vornherein offensichtlich aussichtslos war, beurteilt sich danach, was der Kläger bei Klageeinleitung wusste; was er nach Klageeinleitung erfährt, ist für die Beurteilung von Widerrechtlichkeit bzw. Sittenwidrigkeit unerheblich 4A_557/2014 (2.2.15), E. 2.3.1 fr. – Zur Sittenwidrigkeit missbräuchlichen prozessualen Verhaltens 4C.353/2002 (3.3.03) E. 5.1, für den entgeltlichen Rückzug eines Rechtsmittels in einem Bauverfahren 123 III 101 E. 2, 4A_657/2011 (8.2.12) E. 3 fr.

13 ***Nicht widerrechtlich ist:*** der Beschluss eines Verbandes, keine Mitgliederbeiträge mehr zu erheben, um Zahlungen an seine Gläubiger zu verunmöglichen 63 II 86/88 E. b; die richtige Erfüllung gültiger Verträge 96 II 145/152 f. E. 5; die blosse Verletzung einer Vertragspflicht 74 II 23/26 E. b; die Verletzung vertraglicher Rechte durch Dritte 114 II 91/97 f. E. aa, vgl. auch 102 II 339/340 E. 2; die auf sachlichen Gründen beruhende Erwirkung vorsorglicher Massnahmen 93 II 170/183 E. 9, grundlegend 88 II 276/281 E. b; die blosse Weigerung, eine Forderung anzuerkennen und zu bezahlen, sodass ein Verfahren nötig wird 113 Ia 104/107 E. e; die Ausübung eines Verfahrensrechtes (in casu Baueinsprache), bloss weil sie sich als erfolglos erweist 112 II 32/35 E. 2a fr., vgl. auch 117 II 394/398 E. 4; der Einsatz von in StGB Art. 181 erwähnten Zwangsmitteln, sofern deren Einsatz verhältnismässig ist 132 III 122/131 E. 4.2 fr.; der Streik, der von einer Gewerkschaft organisiert wird und bei dem (kumulativ) die Voraussetzungen nach BV Art. 28 Abs. 2 und 3 beachtet werden 132 III 122/129 E. 4 fr. – *Auch keine unerlaubte Handlung begeht:* wer beim Liegenschaftskauf einen zu niedrigen Preis verurkunden lässt 98 II 23/27 f. E. 2 Pra 1972 (Nr. 120) 372 f.; der Arbeitgeber, der mit dem Arbeitnehmer ein Zessionsverbot vereinbart und dessen früheres Versprechen einem Gläubiger gegenüber, u.a. künftigen Lohn abzutreten und kein Zessionsverbot einzugehen, nicht gegen sich gelten lassen will (vorausgesetzt, dass er vom Versprechen nichts gewusst hat) 112 II 241/244 E. b; der Vormund, der keine besonderen Vorkehren trifft zum Schutz des Vermögens Dritter vor Beeinträchtigungen durch sein Mündel (beschränkte Garantenpflicht) 115 II

15/20 ff. E. 4; (grundsätzlich) der Besteller eines Werkes, der beim Abschluss und bei der Abwicklung eines Generalunternehmervertrages keine geeigneten Vorkehren dafür trifft, dass die vom Generalunternehmer zu bezahlenden Handwerker für ihre Werklohnforderungen auch wirklich befriedigt werden 116 Ib 367/376 E. 6c, 108 II 305/311 E. b; wer nach geringem Alkoholkonsum ein Fahrzeug führt (in casu Haftung des Fahrzeuglenkers für die Untersuchungskosten nach Art. 41 ff. abgelehnt) 119 Ia 348/355 E. c; wer aus überwiegendem öffentlichem Interesse Passagen aus einem ihm zugegangenen Schreiben publiziert 127 III 481/495 E. b (ZGB Art. 28 Abs. 2); wer gegen straf- oder verwaltungsrechtliche Bestimmungen des Geldwäschereigesetzes (GwG Art. 3–10) verstösst, da sich diese Bestimmungen nicht als Schutznormen auffassen lassen 4A_54/2008 (29.4.08) E. 5.3.4 fr., da sie nicht individuelle Vermögensinteressen, sondern die Integrität des schweizerischen Finanzplatzes schützen sollen 4A_21/2008 (13.6.08) E. 4.3; der nicht verurteilte Angeschuldigte, der das Strafverfahren durch ein allein ethisch vorwerfbares Verhalten veranlasst hat 116 Ia 162/176 E.g. Noch kann in den Bestimmungen über die paulianische Anfechtung (SchKG Art. 285 ff.) oder die Anfechtung einer Verrechnung (SchKG Art. 214) ein Gebot oder Verbot der Rechtsordnung im Sinne des Widerrechtlichkeitsbegriffes erblickt werden 95 III 83/91 E.c.

Gefahrensatz. Nach einem wichtigen Grundsatz des ungeschriebenen Rechts hat derjenige, der einen gefährlichen Zustand schafft oder unterhält, für die nötigen Schutzmassnahmen zu sorgen 116 Ia 162/169, 121 III 358/360 E. 4a, 124 III 297/300 E. 5b, 126 III 113/115 E. 2a/aa Pra 2000 (Nr. 185) 1134, 4C.186/2001 (5.11.01) E. 3a fr., 4C.54/2004 (1.6.04) E. 2.2 Pra 2004 (Nr. 145) 823; vgl. auch 4A_604/2017 (30.4.18) E. 3.1. Dieser Gefahrensatz ist zunächst heranzuziehen, wenn der Kausal- bzw. der Rechtswidrigkeitszusammenhang zwischen einer Unterlassung und dem eingetretenen Schaden zu beurteilen ist. Weiter begründet die Verletzung des Gefahrensatzes Verschulden 124 III 297/300 E. b, 4C.448/1999 (11.4.00) E. 3b fr., 4A_520/2007 (31.3.08) E. 3.1 Pra 2008 (Nr. 129) 820, wobei er aber auch bei Kausalhaftungen eine Rolle spielt 4C.119/2000 (2.10.00) E. 2b Pra 2001 (Nr. 46) 272, 4A_44/2008 (13.5.08) E. 3.3.3 fr. So trifft denjenigen, der einen gefährlichen Zustand geschaffen oder ihn sonst in einer rechtlich verbindlichen Weise zu vertreten hat, eine rechtliche Handlungspflicht, soweit ein absolutes Recht auf dem Spiel steht, worin sich gleichzeitig die haftungsbegrenzende Funktion des Gefahrensatzes manifestiert 4C.119/2000 (2.10.00) E. 2b Pra 2001 (Nr. 46) 272, 4C.296/1999 (28.1.00) E. 2b, 4C.280/1999 (28.1.00) E. 2b. Hingegen ist der Gefahrensatz nicht geeignet, bei reinen Vermögensschäden 4C.119/2000 (2.10.00) E. 2b Pra 2001 (Nr. 46) 270 die Widerrechtlichkeit einer Unterlassung zu begründen, wo eine spezifische Schutznorm fehlt 124 III 297/300 E. 5b, vgl. auch 123 III 306/312 E. 4a Pra 1997 (Nr. 170) 917, 119 II 127/129 E. 3, anders noch 116 Ia 162/169. Die Widerrechtlichkeit darf hier also nicht dadurch begründet werden, dass im Widerspruch zur positiv-rechtlichen Haftungsordnung als Ersatz für eine fehlende Schutznorm der Gefahrensatz herangezogen wird 119 II 127/129 E. 3, 124 III 297/300 E. 5b. 14

Verschulden. Die Haftpflicht besteht schon bei leichter ***Fahrlässigkeit*** 139 V 176/189 E. 8.3 Pra 2013 (Nr. 119) 924. Die Beurteilung des Verschuldens unter straf-, sozialversicherungs- und zivilrechtlichen Aspekten braucht nicht gleich auszufallen 4C.286/2003 (18.2.04) E. 3.1 (dazu auch Art. 53). Verschulden im Sinne des *Zivilrechts* ist ein mensch- 15 liches Verhalten, das die Ursache eines Schadens darstellt und als so tadelnswert angesehen wird, dass es sich rechtfertigt, den Schädiger dafür haftbar zu machen. Das Verhalten des Schädigers ist dabei nach einem objektiven Massstab zu bewerten. Die vorausgesetzte Abweichung vom Durchschnittsverhalten ist die objektive Seite des Verschuldens, während die Urteils- oder Zurechnungsfähigkeit dessen subjektive Seite ist 116 Ia 162/169 f.; vgl. auch 139 V 176/189 E. 8.3 Pra 2013 (Nr. 119) 924. Festzustellen ist der Mangel an Sorgfalt durch den Vergleich des tatsächlichen Verhaltens des Schädigers mit dem hypothetischen Verhalten eines durchschnittlich sorgfältigen Menschen in der Situation des Schädigers 137 III 539/544 E. 5.2, 4A_604/2017 (30.4.18) E. 3.1; jede negative Abweichung von diesem geforderten Durchschnittsverhalten gilt als sorgfaltswidrig und damit als fahrlässig. Dabei ist dieser objektivierte Sorgfaltsmassstab aber nicht starr für alle Schädiger gleich zu handhaben, denn die erforderliche Sorgfalt ist nur für die einer bestimmten Kategorie angehörenden Schädiger dieselbe 4A_22/2008 (10.4.08) E. 4. Subjektive Umstände werden insofern in die Betrachtung einbezogen, als das Alter des Schädigers, sein Beruf und seine Erfahrung zu berücksichtigen sind. Die Anforderungen an die Sorgfaltspflicht richten sich im Übrigen nach der Art, Wichtigkeit und Gefährlichkeit einer Tätigkeit 4A_604/2017 (30.4.18) E. 3.1. – Der objektivierte Verschuldensbegriff des schweizerischen Rechts 124 III 155/164 E. 3b (in casu Vertragsverletzung), Pra 2001 (Nr. 119) 710 E. 3c dient vor allem dem Geschädigten, dessen Ersatzforderung sonst alle subjektiv verständlichen Entschuldigungsgründe entgegengehalten werden könnten 4C.286/2003 (18.2.04) E. 3.3. – Der Urteilsunfähige ist deliktsunfähig 102 II 363, vgl. auch 117 II 591/597. Ebenso wenig trifft denjenigen ein Verschulden, der als willenloses Werkzeug eines Dritten handelt 36 II 18/24 E. 3. Ein Minderjähriger haftet (Art. 54 Abs. 1 vorbehalten) für den durch seine unerlaubten Handlungen verursachten Schaden nur, sofern er urteilsfähig ist; je jünger ein Minderjähriger ist, desto schwächer ist die Vermutung seiner Urteilsfähigkeit 90 II 9/11 f. E. 3 Pra 1964 (Nr. 57) 154 f. Handelt es sich um die Haftpflicht einer juristischen Person, so ist ein Verschulden dann zu bejahen, wenn ein solches einem ihrer Organe zur Last fällt 107 II 489/496 E.b. – Ein Verschulden setzt nicht voraus, dass der Schädiger die Rechtswidrigkeit seines Verhaltens erkannt hat; ein Irrtum über die Rechtslage vermag ihn grundsätzlich nicht zu befreien, wobei es sich damit anders verhalten könnte, wenn der Schädiger nachweist, dass er die Rechtslage nach erfolgter Warnung ganz besonders sorgfältig prüfte und zur ehrlichen Überzeugung kommen durfte, dass die Warnung unbegründet war 4C.141/2002 (7.11.02) E. 5.1, auch 39 II 129/133 E. 5.

16 ***Absichtlich*** handelt, wer sich der schädigenden Wirkungen seiner Handlungsweise bewusst ist und dieses Ergebnis will 91 II 25/42 E. 7 Pra 1966 (Nr. 22) 82 f. Dabei braucht der Zweck der unerlaubten Handlung nicht in der eingetretenen Schädigung zu bestehen; es genügt, dass die Schädigung zur Erreichung eines anderen Zweckes mitgewollt ist 39 II 709/720. Unerheblich ist auch, ob sich der Täter der Widerrechtlichkeit seines Verhaltens bewusst ist 91 II 25/42 f. E. 7 Pra 1966 (Nr. 22) 83. – *Fahrlässigkeit* erfordert, dass das schädigende Ereignis für den Schädiger voraussehbar gewesen ist. Hingegen muss dieser sich des Schadenseintrittes nicht sicher sein; es genügt, wenn er sich nach der ihm zuzumutenden Aufmerksamkeit und Überlegung hätte sagen sollen, es bestehe eine konkrete Gefahr der Schädigung 99 II 176/180 E. 1. Es ist also nicht erforderlich, dass der Urheber der unerlaubten Handlung alle denkbaren Folgen hätte absehen können; das Bewusstsein,

eine Gefahr zu schaffen, genügt 90 II 9/12 E. 4 Pra 1964 (Nr. 57) 155. Dabei ist nach dem unter den gegebenen Umständen indizierten Normverhalten zu fragen, an dem das tatsächliche Verhalten des Schädigers zu messen ist 4C.286/2003 (18.2.04) E. 3.3. Massgebend ist der Grad der Aufmerksamkeit, der unter den konkreten Umständen und in Anbetracht der Wichtigkeit der Sache erwartet werden kann 41 II 77/85, 4C.257/2002 (28.8.03) E. 4.1 fr. – Sehr oft gibt es Verschuldensgrade mittlerer Schwere, weshalb es falsch ist, jedes nicht leichte Verschulden einem schweren gleichzusetzen. Wenn gewisse Gesetzestexte aus dem Vorliegen eines schweren oder leichten Verschuldens rechtliche Folgen ableiten, so bedeutet das keineswegs, dass es keine Zwischengrade von Verschulden geben könne 100 II 332/338 E. 3a Pra 1975 (Nr. 67) 196. Eine grobe Fahrlässigkeit ist zu bejahen, wenn elementare Vorsichtspflichten missachtet werden, die sich unter den gegebenen Umständen jedem vernünftigen Menschen aufdrängen müssen 107 II 161/167 E. c, 111 II 89/90 E. 1a Pra 74 (Nr. 155) 450; vgl. auch Pra 2001 (Nr. 119) 709 E. 3c (zu VVG Art. 14 Abs. 2), ohne dass (im Strassenverkehr) gerade ein besonders waghalsiges oder mutwilliges Verhalten oder gar die Inkaufnahme von Unfällen erforderlich wäre 4C.286/2003 (18.2.04) E. 3.1. Was als Grobfahrlässigkeit anzusehen und anzurechnen ist, muss im Einzelfall nach richterlichem Ermessen verdeutlicht werden. Die Beantwortung dieser Frage beruht auf einem Werturteil Pra 2001(Nr. 119) 710 E. 3c (zu VVG Art. 14 Abs. 2). Auch ein unbewusstes und bloss vorübergehendes Ausserachtlassen der gebotenen Vorsicht kann grobfahrlässig sein 92 II 250/254 f. – Steht eine Schadenersatzklage in Verbindung mit einer unbefugten Persönlichkeitsverletzung, so genügt jede Verschuldensform 109 II 4/8.

Nach dem ***Gefahrensatz*** trifft den, der eine Gefahr schafft oder unterhält, ohne die 17 nötigen Schutzmassnahmen zu treffen, ein Verschulden 124 III 297/300 E. b, 4A_604/2017 (30.4.18) E. 3.1. Die geschuldete Sorgfalt erschöpft sich nicht darin, dass die üblichen Vorsichtsmassnahmen ergriffen werden; vielmehr sind diejenigen Massnahmen zu treffen, die dem gegenwärtigen Stand der Technik entsprechen 79 II 66/69 E. 2 Pra 1953 (Nr. 106) 306, soweit sie nicht Kosten verursachen, die zum Umfang, zur Häufigkeit der Gefahr und zur wirtschaftlichen Lage des Pflichtigen in einem Missverhältnis stehen 93 II 230/236 E. c. Hingegen muss der Zugang dem Publikum nicht durch besondere Vorkehren verwehrt werden, wo es offensichtlich keinen berechtigten Grund hat, hinzugehen 63 II 204/207. Während der Gefahrensatz beim Verschulden und beim Kausalzusammenhang zum Tragen kommt, ist er nicht geeignet, die Widerrechtlichkeit einer Unterlassung zu begründen 124 III 297/300 E. b (Änderung der Rechtsprechung, vgl. 116 Ia 169 E. 2c); mit Bezug auf absolute Rechtsgüter aber 4A_520/2007 (31.3.08) E. 2.1 Pra 2008 (Nr. 129) 818. – Verletzung von *Verkehrssicherungspflichten.* Grundlage im Vertrag zwischen dem Betreiber und dem Nutzer einer Anlage (vertragliche Nebenpflicht) oder im Deliktsrecht (allgemeine Schutzpflicht dessen, der einen Zustand schafft, aus dem angesichts der erkennbaren konkreten Umstände ein Schaden entstehen könnte) 4A_22/2008 (10.4.08) E. 15.1, offengelassen, ob Skipisten Werkcharakter haben und Bergbahn- und Skiliftunternehmen neben der allgemeinen Deliktshaftung (Art. 41) auch aus der Werkeigentümerhaftung (Art. 58) belangt werden können 4A_206/2014 (18.9.14) E. 3.2. Verkehrssicherungsmassnahmen können nur verlangt werden, wenn sie eine gewisse Effizienz zur Bannung der Gefahr aufweisen, der mit ihnen begegnet werden soll 126 III 113/116 E. 2b, 4A_235/2007 (1.10.07) E. 5.5.1.2 Pra 2008 (Nr. 63) 423 (Tatfrage). Bergbahnunternehmungen, die Skipisten anlegen und unterhalten, trifft eine entsprechende Verkehrssicherungspflicht, die ausser den eigentlichen Pisten auch Randzonen und namentlich die unmittelbare Umgebung der Talstation umfasst 113 II 246/247 E. 3, 4C.54/2004 (1.6.04) E. 2.4 Pra 2004 (Nr. 145) 824 (auch zu «freeride areas»), vgl. auch 115 IV 189/191 ff. E. 3, 122 IV 193/194 E. 2a–b Pra 1997 (Nr. 15) 62 f. Skifahrer sind vor Gefahren zu schützen, welche nicht ohne Weiteres erkennbar sind und sich daher als eigentliche Fallen erweisen (Verweis auf einschlägige Richtlinien). Soweit es für die Bergbahnunternehmen zumutbar ist, haben sie zum andern zu verhindern, dass die Gefahren des Skifahrens, welche auch bei vorsichtigem Fahrverhalten nicht vermieden werden können (z.B. unkontrolliertes Abgleiten nach Sturz), nicht zu einer Schädigung der Skifahrer führen. Es ist zumutbar, vereinzelte am Pistenrand stehende Hindernisse (wie Masten und Bäume) zu sichern (Polsterung, vgl. 4A_206/2014 [18.9.14] E. 3.4), wenn sie eine erhebliche bzw. besondere Gefahrenquelle darstellen 121 III 358/360 f. E. 4a, 126 III 113/115 E. 2a/aa Pra 2000 (Nr. 185) 1135, 130 III 193/196 E. 2.3, 4A_235/2007 (1.10.07) E. 5.2 Pra 2008 (Nr. 63) 419 (in casu vereiste, steile Skiliftspur). Grenzen der Verkehrssicherungspflicht sind die Zumutbarkeit (das nach der Verkehrsübung Erforderliche und Mögliche) und die Selbstverantwortung des Pistenbenützers (der dem Schneesport inhärente Risiken zu tragen hat) 4A_206/2014 (18.9.14) E. 3.3. Im Übrigen hängt es von den Umständen des Einzelfalls ab, wie weit die Verkehrssicherungspflichten reichen, wobei als Massstab insbesondere gesetzliche Sicherheitsvorschriften für den Betrieb einer Anlage heranzuziehen sind 4A_22/2008 (10.4.08) E. 15.1, und zwar die von der Schweizerischen Kommission für Unfallverhütung auf Schneesportabfahrten ausgearbeiteten Richtlinien für Anlage, Betrieb und Unterhalt von Schneesportabfahrten (SKUS-Richtlinien, 130 III 193/196 E. 2.3, 126 III 113/116 E. 2b, 4A_235/2007 (1.10.07) E. 5.2 Pra 2008 (Nr. 63) 419, 4A_206/2014 [18.9.14] E. 3.3) und die vom Schweizerischen Verband der Seilbahnunternehmungen herausgegebenen Richtlinien (SBS-Richtlinien, ehemals SVS-Richtlinien), die auch für Schlittler gelten 4A_489/2014 (20.2.15), E. 5.4; obwohl diese Richtlinien kein objektives Recht darstellen, erfüllen sie eine wichtige Konkretisierungsfunktion im Hinblick auf die inhaltliche Ausgestaltung der Verkehrssicherungspflicht 4A_489/2014 (20.2.15), E. 5.1.Die örtlichen Verhältnisse können ausnahmsweise einen Sicherheitsstandard erfordern, der höher ist als ihn die SKUS-Richtlinien vorsehen 130 III 193/196 E. 2.3, 4A_235/2007 (1.10.07) E. 5.2 Pra 2008 (Nr. 63) 419, und zwar bei Vorliegen einer atypischen oder besonders grossen Gefahr für Leib und Leben sowie eine durch die Geländeverhältnisse indizierte Möglichkeit, dass auch vorsichtige Pistenbenützer ungewollt in den ausserhalb der Richtlinie liegenden Gefahrenbereich gelangen 4A_489/2014 (20.2.15), E. 6.1. Anwendungsfall zu den Sicherheitsempfehlungen des Schweizerischen Schwimmverbandes, die den FINA-Vorschriften entsprechen, im Zusammenhang mit einem Seebad 4A_458/2008 (21.1.09) E. 3.3, für ein Schwimmbad 4A_359/2013 (13.1.14) E. 3.4. Diese Richtlinien sind jedermann zugänglich und müssen als notorische Tatsachen weder behauptet noch bewiesen werden und sind (sogar noch im Verfahren vor Bundesgericht) von Amtes wegen zu berücksichtigen 4A_359/2013 (13.1.14) E. 3.4. – Anhaltspunkt für eine Verkehrssicherungspflicht kann sich auch aus einer Verkehrsübung ergeben 4A_206/2014 (18.9.14) E. 3.4.1.

18 ***Weiteres.*** Ein Übernahmeverschulden ist anzunehmen, wenn jemand etwa infolge seines Alters den besonderen Anforderungen, die mit einer bestimmten Tätigkeit verbun-

den sind, nicht zu genügen vermag und gleichwohl die Tätigkeit nicht unterlässt 4C.286/2003 (18.2.04) E. 4.4 (Reaktionsfähigkeit im Strassenverkehr). – Die Ausübung eines Verfahrensrechts (Verwaltungs-, Straf- oder Zivilverfahren) vermag grundsätzlich nur bei Absicht oder grober Fahrlässigkeit eine Haftpflicht zu begründen 112 II 32/35 E. 2a fr., 117 II 394/398 E. 4, dazu auch 4C.256/2001 (14.11.01) E. 1 fr., 127 III 496/500 fr., 4C.353/2002 (3.3.03) E. 5.1. – Ein haftungsbegründendes schuldhaftes Verhalten eines Magistraten setzt die Verletzung einer wesentlichen Amtspflicht voraus 132 II 305/317 E. 4.1 Pra 2007 (Nr. 53) 340, 112 II 231/235 E. 4 Pra 1987 (Nr. 65) 233, 2A_511/2005 (19.2.09) E. 5.1. – Die dem Verschuldensvorwurf zugrunde liegenden tatsächlichen Feststellungen können im Verfahren vor Bundesgericht nicht überprüft werden. Rechtsfrage ist hingegen, ob sich daraus eine grobe Fahrlässigkeit ergibt 107 II 167 E.c. Obschon es sich um eine rechtliche Würdigung handelt, kann die Beurteilung der Schwere des Verschuldens weitgehend von den Schlussfolgerungen eines Experten abhängen 108 II 422/425 f. E. b Pra 1983 (Nr. 30) 76. – Zur Beweislast und zum Beweismass hinsichtlich der Sorgfaltspflichtverletzung 4A_22/2008 (10.4.08) E. 5 (Regelbeweismass, keine Beweiserleichterung).

Beispiele zum Verschulden. *Grobe Fahrlässigkeit:* Ein Offizier führt mit einer gefährlichen Methode Eisensprengungen durch, ohne Vorkehren zur Abschirmung der Sprengherde zu treffen und im Gefahrenbereich arbeitende Angestellte eines benachbarten Betriebes zu informieren 111 Ib 192/197 ff. E. 4, vgl. auch 112 II 131/135 E. 4c; ein Verwaltungsrat einer Aktiengesellschaft wacht nicht darüber, dass die Sozialversicherungsbeiträge bezahlt werden 132 III 523/530; eine Fluggesellschaft unterlässt einfache, nicht kostspielige Sicherheitsvorkehren gegen Diebstahl von Wertsachen 93 II 345/352 f. E. 5; übersetzte Geschwindigkeit eines Karting-Fahrers 117 II 547/548 f. E. 4 fr. (in Pra 1992 [Nr. 229] 900 f. nicht wiedergegebene Erwägung); ein Automobilist fährt mit einem fremden Wagen nachts mit übersetzter Geschwindigkeit in eine Kurve 92 II 250/255; ein Bagger wird auf einem ungeeigneten Tiefgangwagen und schlecht befestigt transportiert 91 II 297 E. a; ein Notar verurkundet bewusst eine falsche Grundpfandbelastung 90 II 274/284 E. 8. – *Leichte Fahrlässigkeit:* Der Geschäftsführer einer Bergbahn lässt eine Lawine auslösen, durch welche eine Alphütte zerstört wird 96 II 172/176 f. E. 3a; der Führer einer Dampfwalze achtet während des Arbeitsvorganges nicht genügend darauf, was allenfalls in der Fahrbahn auftauchen könnte 104 II 259/263 E. 3b Pra 1979 (Nr. 73) 191 f.; ein Schüler, der seinem Skilehrer nachfährt, verfehlt eine Kurve und fährt einen auf dem nahen Weg stehenden Fussgänger an 82 II 25/31 E. 3. – Gemeinsames Verschulden beim persönlichkeitsverletzenden Ehebruch 109 II 4/7 f. E. 4. Duldung einer erkannten Gefahr durch den Werkeigentümer 116 II 422/424 E. 1. Schaffung oder Duldung eines gefährlichen Zustandes, wenn der Schädiger dabei in ihm vorwerfbarer Weise die notwendigen Sicherheitsvorkehrungen nicht trifft oder er die Gefährlichkeit des von ihm geschaffenen Zustandes verkennt und dadurch die gebotenen Sicherheitsvorkehrungen nicht trifft 4A_520/2007 (31.3.08) E. 3.1 Pra 2008 (Nr. 129) 820 (in casu gefährlicher Aufladevorgang im Wald). Zivilrechtlich vorwerfbares Verhalten im Prozess 116 Ia 162/171 ff. E. d, vgl. auch 127 III 496/500 fr. – Für ein ausführliches Beispiel fehlenden Verschuldens 4A_604/2017 (30.4.18) E. 3, 4A_606/2017 (30.4.18) E. 3, 4A_608/2017 (30.4.18) E. 4 (alle zum Drehschrankbetten-Fall). 19

20 **Schaden.** Das schweizerische Obligationenrecht definiert den ersatzfähigen Schaden nicht 132 III 359/366 E. 4. Der Begriff des Schadens ist ein Rechtsbegriff und ist im Haftpflichtrecht der gleiche wie im Opferhilferecht 131 II 656/666 E. 6.4 (Haushaltschaden), 131 II 217/227 E. 4.2 (Schadenszins), 131 II 121/125 fr. (Anwaltskosten), dazu auch 131 II 656/669, weiter 129 II 49/53 E. 4.3.2. Schaden ist die *unfreiwillige Verminderung des Reinvermögens.* Er kann in einer Verminderung der Aktiven, in einer Vermehrung der Passiven oder in entgangenem Gewinn bestehen und entspricht der Differenz zwischen dem gegenwärtigen Vermögensstand und dem Stand, den das Vermögen ohne das schädigende Ereignis hätte 104 II 189/199, 115 II 474/481 E. 3a, 126 III 388/393 E. 11a fr., 127 III 73/76 E. 4a Pra 2001 596 E. 4a, 127 III 403/404 E. 4a, 132 III 564/575 E. 6.2 fr., 132 III 359/366 E. 4, 139 V 176/187 f. E. 8.1.1, 145 III 225/232 E. 4.1, 4A_462/2009 (16.3.10) E. 2.1 (unveröffentl. Erwägung zu 136 III 322), 4A_436/2016 (7.2.17) E. 5.1, 4A_141/2015 (19.10.15) E. 5. Grundsätzlich wird im schweizerischen Haftpflichtrecht nicht nur für den unmittelbaren, sondern auch für den mittelbaren Schaden gehaftet, sofern dieser noch als adäquate Folge des schädigenden Ereignisses erscheint 118 II 176/180 E.c. In Betracht zu ziehen ist grundsätzlich nur der Schaden, der im Zeitpunkt des Urteils der letzten kantonalen Instanz, die noch Tatfragen aufgreifen kann, entstanden ist; vorbehalten bleibt der Personenschaden, wo nach Art. 46 auch inskünftig entstehender Schaden zu ersetzen ist, wobei es für einen bloss hypothetischen künftigen Schaden keinen Ersatz gibt 4C.114/2006 (30.8.06) E. 5.1 fr., 4A_99/2008 (1.4.08) E. 4.3.1 fr. Als Schaden können *nicht nur die bereits eingetretenen Nachteile* erfasst werden, sondern auch jene, die der Betroffene wegen der schädigenden Handlung voraussichtlich noch erleiden wird, und zwar selbst dann, wenn sie von künftigen Ereignissen abhängen und daher noch nicht mit Gewissheit ermittelt werden können 86 II 41/45 E. b; Voraussetzung hiefür ist aber, dass das schädigende Ereignis abgeschlossen ist 88 II 498/509 E. 7. Nur eine Vermögenseinbusse kann Schaden im Sinne des Art. 41 sein; dieser wirtschaftliche Schadensbegriff lässt weder Raum für die Berücksichtigung eines Nutzungsausfalls 126 III 388/392 E. 11 fr., 127 III 403/405 E. 4a; noch eines Affektionsinteresses, es sei denn, Letzteres werde von anderen Liebhabern geteilt und verleihe der Sache einen höheren Tauschwert 87 II 290/291 E. 4a Pra 1962 (Nr. 29) 86; noch des Verlustes der Chance, das Vermögen zu vergrössern oder eine Vermögenseinbusse abzuwenden («perte d'une chance», Verlust einer Chance) 133 III 462/471 E. 4.4.3 Pra 2008 (Nr. 27) 207 (unter dem Gesichtspunkt der Willkürprüfung entschieden), also der Anerkennung einer blossen (wie auch immer grossen oder geringen) Wahrscheinlichkeit als ersatzfähigen Schaden 4A_227/2007 (26.9.07) E. 3.5.3 fr. (diese Theorie soll bei unsicherer Kausalität eine Entscheidung im Sinne eines Alles-oder-Nichts, die nach Massgabe der natürlichen Kausalität zu treffen wäre, verhindern, hat aber nichts mit der Frage zu tun, wie bei zu bejahender Kausalität ein entgangener Gewinn abzuschätzen ist, E. 3.5.4). Noch liegt ein Vermögensschaden in den durch ein schädigendes Ereignis entzogenen Möglichkeiten zur Erzielung von Einkünften, ohne Rücksicht darauf, ob und in welcher Weise diese Möglichkeiten ohne Schädigung wirtschaftlich genutzt worden wären; allenfalls aber Berücksichtigung als immaterieller Schaden 127 III 403/405. Gleich verhält es sich, wenn eine bestimmte Aufwendung ihren inneren Wert verliert, weil sich der mit ihr angestrebte Zweck nicht oder nicht vollständig einstellt 115 II 474/481 f. E. 3a (entgangener Feriengenuss). Auch die Beeinträchtigung von persönlich-ideellen Rechtsgütern wie Ehre und Integrität zieht nur dann einen Schaden im Sinne

des Obligationenrechts nach sich, wenn auch das Vermögen mitbetroffen ist 127 III 403/405. Auch der Verlust des Familienlebens und eines Teils des gesellschaftlichen Lebens ist nicht vermögenswerter Natur, weshalb er lediglich über eine Genugtuungsleistung ausgeglichen werden kann 82 II 36/40 f. E. 4b Pra 1956 (Nr. 70) 222 (in casu Versorgungsschaden). Der in ständiger Rechtsprechung perpetuierte, wirtschaftliche Schadensbegriff ist allerdings nicht ausschliesslich objektiv zu verstehen, sondern enthält bereits aufgrund seiner historischen Wurzeln eine subjektive, das Erhaltungsinteresse des Geschädigten berücksichtigende Komponente, was die Berücksichtigung der Interessenlage des jeweiligen Grundeigentümers erlaubt (in casu Baumschaden). Hat dieser ein sachliches Interesse an der Unversehrtheit der zerstörten oder beschädigten Bäume, ist ein Vermögensschaden auch dann anzunehmen, wenn die Zerstörung bzw. Beschädigung den Verkehrswert des Grundstückes nicht verminderte 129 III 331/334 (Kosten der Neuanpflanzung als Schaden), 4C.87/2007 (26.9.07) E. 5.2 fr. Dazu kommt die Anerkennung *normativen Schadens* in 97 II 259/266 E. 5 (von Angehörigen zu Hause erbrachte, notwendige Pflegeleistungen), 127 III 403/405 ff. E. 4b, Pra 1995 (Nr. 172) 556 E. 5a (Haushaltschaden, der nach der Rechtsprechung zu ersetzen ist, ohne dass eine Vermögensverminderung nachzuweisen ist), 4C.324/2005 (5.1.06) E. 3.4 fr. (von Dritten im bäuerlichen Betrieb des Geschädigten freiwillig erbrachte Arbeitsleistungen), 4C.283/2005 (18.1.06) E. 4.1 (Pflegeleistungen). Sonst aber ist die Anerkennung ersatzfähigen immateriellen Schadens für das schweizerische Schadensrecht abzulehnen; eine für Beeinträchtigungen, die nicht das Vermögen betreffen, zu leistende Geldsumme ist Genugtuung. – *Immaterielle Unbill* stellt also keinen Schaden dar, sondern gibt gegebenenfalls Anspruch auf eine Genugtuungsleistung 123 IV 145/147 E. 4b/bb. Auch Steuerbussen sind kein ersatzfähiger Schaden, sondern öffentliche Lasten, die jedermann nach Massgabe des Gesetzes zu tragen hat 134 III 59/65, 115 II 72/75 E. 3b Pra 1989 (Nr. 206) 719 f., 112 Ia 124/127 E. d Pra 1986 (Nr. 208) 720, 4A_491/2013 (6.2.14) E. 2.4.2 fr. – Zu ersetzen ist dagegen der *Fortführungsschaden* zufolge Konkursverschleppung (Vergrösserung der Verschuldung des Konkursiten, welche durch eine verspätete Konkurserklärung entstanden ist), wobei die tatsächlich eingetretene Überschuldung des Konkursiten mit jener zu vergleichen ist, die bei einem Konkurs zum früheren Zeitpunkt bestanden hätte 136 III 322/325 E. 3.2, 132 III 342/348 E. 2.3.3, 132 III 564/575 f. E. 6.2 Pra 2007 (Nr. 57) 385, bzw. besteht der Schaden aus dem Vergleich der effektiven Konkursdividende mit der hypothetischen, die bei rechtzeitiger Benachrichtigung des Gerichts zu erwarten gewesen wäre 136 III 322/326 E. 3.3.

Nach der ***Art des Schadens*** wird üblicherweise unterschieden zwischen Personenscha- 21
den (dazu Art. 46), Sachschaden und sonstigem Vermögensschaden 127 III 73/76 E. 4a Pra 2001 (Nr. 100) 596. Als *reiner Vermögensschaden* wird die Vermögenseinbusse bezeichnet, die eintritt, ohne dass eine Person verletzt oder getötet oder eine Sache beschädigt oder zerstört worden bzw. verloren gegangen ist 133 III 323/329 E. 5.1, 118 II 176/179 E. b (in casu Sachschaden infolge Verunreinigung von Klärschlamm), 4A_337/2018 (9.5.19) E. 4.1.3, 4A_54/2008 (29.4.08) E. 5.2.1 fr., vgl. auch 119 II 127/128 f. E. 3. Offengelassen, ob es sich bei einem Nuklearschaden um einen Sachschaden oder um einen reinen Vermögensschaden handelte (in casu anwendbares KHG beschränkt Schadenersatzpflicht nicht auf Körper- oder Sachschäden) 116 II 480/490 f. E. 4.

22 *Sachschaden* entsteht infolge Zerstörung, Beschädigung oder Verlusts einer Sache. Dabei stellen die Zerstörung, die Beschädigung und der Verlust nicht selber den Schaden dar, sondern sind die Ursache eines solchen. Der Schaden ist die daraus resultierende Vermögenseinbusse, die dem Ersatzwert abzüglich der Wertverminderung, die auf die vor dem schädigenden Ereignis gezogene Nutzung zurückgeht, entspricht 4C.343/2001 (13.2.02) E. 2b fr. Auszugehen ist vom *objektiven oder gemeinen Wert,* d.h. vom Verkehrswert. Der Schaden entsteht also nicht erst, wenn der Betroffene die Sache verkauft und dabei eine entsprechende Einbusse erleidet, denn er ist frei, die minderwertige Sache zu behalten und nur den Ausgleich zu beanspruchen 64 II 137/138 E. 3c, vgl. auch 4A_61/2015 (25.6.15) E. 4.2 fr. Bei Zerstörung von *wertbeständigen* Gütern entspricht der Wert der (intakten) Sache vor dem schädigenden Ereignis den Anschaffungskosten eines neuen, gleichwertigen Gegenstandes; bei Sachen, deren *Wert sich mit der Zeit vermindert,* wird dem Wertverlust im Allgemeinen dadurch Rechnung getragen, dass nur der um die Abschreibungen verminderte Neuwert zu ersetzen ist 127 III 73/77 E. 5b Pra 2001 (Nr. 100) 597. Zur Berechnung eines Sachschadens bei einer Immobilie 4C.87/2007 (26.9.07) E. 5.2, bei einer hinterlegten Sache 4C.184/2005 (4.5.06) E. 4.3.1 fr. Der Totalschaden, der dann anzunehmen ist, wenn die Wiederherstellungskosten den ursprünglichen Wert einer Sache übersteigen 127 III 365/367 E. 2a oder die Sache untergeht 4C.87/2007 (26.9.07) E. 5.2 fr. oder verloren geht 4A_61/2015 (25.6.15) E. 3.1 fr., entspricht dem Ersatzwert 4A_61/2015 (25.6.15) E. 3.1 fr., oder bei Sachen (z.B. einem antiken Möbelstück), die keiner Entwertung unterliegen, dem Kaufpreis 4C.184/2005 (4.5.06) E. 4.3.1 fr. Wird eine Sache zwar in ihrer Substanz nicht verletzt, ist sie aber nicht reparierbar, kann der Geschädigte – wie bei einem Totalschaden – deren Ersetzung fordern (in casu zerkratzte Fensterscheiben); sollte der Geschädigte die beschädigte Sache gewinnbringend absetzen können, ist ihm dies als Vorteil anzurechnen 4A_61/2015 (25.6.15) E. 3.4 fr. Beim Teilschaden kann die Sache dergestalt repariert werden, dass sie wieder gebrauchstauglich ist; der Schaden entspricht den Reparationskosten, wobei ein allfälliger Wertverlust infolge Beschädigung des Gegenstands zur berücksichtigen ist 4A_61/2015 (25.6.15) E. 3.1 fr. – Zur Berücksichtigung des merkantilen Minderwerts, insbesondere bei Motorfahrzeugen und Immobilien (unter Berücksichtigung des Zeitablaufs im Rahmen der Schadensermittlung und der Behandlung von sich mit der Zeit ändernden Schäden) s. 145 III 225, 4A_113/2017 (6.9.17) E. 4 (s. sodann zum Nutzungsausfall E. 5).

23 *Entgangener Gewinn* liegt vor, wenn sich das Vermögen des Geschädigten ohne die schädigende Handlung in Zukunft vergrössert hätte 132 III 379/384 E. 3.3.3, 4C.52/2007 (14.5.07) E. 3.1; er entspricht also der Differenz zwischen den Einkünften, die nach dem schädigenden Ereignis tatsächlich erzielt worden sind, und denjenigen, die ohne dieses Ereignis zugeflossen wären 4C.406/2006 (16.2.07) E. 4.1. Ersatz ist nur dann geschuldet, soweit es sich um einen üblichen oder sonst wie (annähernd, 4C.52/2007 [14.5.07] E. 3.3) sicher in Aussicht stehenden Gewinn handelt 132 III 379/384 E. 3.3.3, 82 II 397/401, 90 II 417/424 fr., 4A_70/2008 (12.8.09) E. 5.2 – Dass die unerlaubte Handlung und die Verwirklichung des Schadens zeitlich nicht zusammenfallen und der Schaden allenfalls erst nach dem Tod des Urhebers eintritt, hat für dessen Haftung keine Bedeutung 103 II 330/334 E. 3 Pra 1978 (Nr. 89) 202 f.

24 ***Unmittelbarer/mittelbarer Schaden.*** Die für die Aktivlegitimation massgebende Frage, ob jemand unmittelbar oder bloss mittelbar (d.h. durch Reflexwirkung) geschädigt

ist, deckt sich mit jener nach der Widerrechtlichkeit der vorgeworfenen Handlung. Unmittelbares Opfer einer unerlaubten Handlung ist, wer durch die verletzte Rechtsnorm in seinem beeinträchtigten Rechtsgut geschützt wird 102 II 85/89 f. E. c Pra 1976 (Nr. 154) 365 f., 4C.317/2002 (20.2.04) E. 3 fr. Wer in seinen eigenen, durch absolute Rechte geschützten Gütern beeinträchtigt wird, ist auch dann unmittelbar geschädigt, wenn sich in der Kausalkette zwischen dem schädigenden Ereignis und dem Geschädigten eine mit diesem in Beziehung stehende Person befindet 112 II 220/222 E. 2a, grundlegend 112 II 118/124 ff. E. 5 fr. (in casu Schadenersatz für den Nervenschock eines Vaters, der durch einen Flugzeugabsturz zwei Kinder verloren hat, sog. «Hunter-Urteil») vgl. ausführlich auch 138 III 276/279 f. E. 2.2 betreffend Schockschaden der Eltern eines im Strassenverkehr tödlich verunfallten 17-Jährigen; s. auch 142 III 433/435 ff. E. 4.1 und 4.5 f.

Der Schaden umfasst insbesondere auch: die notwendigen vorprozessualen Anwaltskosten, soweit sie von den verfahrensrechtlichen Parteientschädigungsnormen nicht erfasst werden 139 III 190/191 f. E. 4.2, 117 II 394/395 f. E. 3a, 133 II 361/363 E. 4.1 fr. (OHG), 131 II 121/125 (OHG), 4A_76/2018 (8.10.18) E. 3, 4C.55/2006 (12.5.06) E. 4.2, 4A_485/2007 (7.2.08) E. 2.6 (Ersatz in Form eines Zuschlags auf das Grundhonorar), 4C.303/2004 (19.8.08) E. 6.1 fr., 4A_177/2011, 4A_179/2011 (2.9.11) E. 6, 4A_571/2011 (20.12.11) E. 5.2 fr., 4A_127/2011 (12.7.11) E. 12.2, 4A_266/2011 (19.8.11) E. 2.2 fr. (im Vorfeld eines Arzthaftungsprozesses), grundlegend 97 II 259/267 f. E. 5b fr., bestätigt durch 126 III 388/392 E. 10b fr., 4C.51/2000 (7.8.00) E. 2 fr., 4C.194/2002 (19.12.02) E. 5 fr., 4C.11/2003 (19.5.03) E. 5 Pra 2004 (Nr. 26) 128 (offengelassen, ob die allgemein anerkannten Grundsätze über die Verteilung der Prozesskosten analog anzuwenden sind), sowie notwendige und angemessene weitere Kosten, die mit der Ermittlung des Verschuldens und des Schadens in direktem Zusammenhang stehen (z.B. Kosten eines Gutachtens und – allerdings nur teilweise – nicht nach [kantonalem] Prozessrecht zu ersetzende Kosten eines Strafverfahrens) 117 II 101/104 ff. E. 2 ff. Pra 1991 (Nr. 163) 732 ff., auch 126 III 388/392 E. 10b fr., 4A_573/2010 (28.3.11) E. 4 fr., wobei die Anwaltskosten hinlänglich substanziiert werden müssen, d.h., die Ersatzforderung für die tatsächlichen Aufwendungen des Rechtsvertreters müssen dargelegt und konkretisiert werden, damit deren Notwendigkeit und Angemessenheit geprüft werden kann 4A_127/2011 (12.7.11) E. 12.4; prozessuale Anwaltskosten werden nach den Regeln des Zivilprozessrechts (Parteientschädigung) entschädigt und lassen keinen weiteren Raum mehr für materiellrechtliche Ersatzansprüche, vorbehältlich einer missbräuchlichen und damit widerrechtlichen Prozessführung, welche Ersatzansprüche nach Art. 41 vermittelt 139 III 190/192 f. E. 4.2 Pra 2013 (Nr. 107) 832 f., 4A_557/2014 (2.2.15) E. 2.1 fr.; den nach der Reparatur eines Fahrzeuges verbleibenden Verkaufsminderwert 64 II 137/138 f. E. 3c; die Kosten der Geschäftsführung im Interesse des Geschädigten 97 II 259/266 E. 4 fr. (in casu ausnahmsweise die für die Heilung des Verunfallten unentbehrlichen Verwandtenbesuche); die Kosten des Unterhaltes eines ungeplanten Kindes, das infolge einer vertragswidrig unterlassenen Sterilisation geboren wurde 132 III 359/362 ff. E. 3 und 4 (offengelassen, ob der Unterhalt für ein im Ehebruch gezeugtes Kind auch als Vermögensschaden angesehen werden kann 109 II 4/6 E. 3); die Kosten nach OHG Art. 3 Abs. 4 126 II 228/236 E. 2f; den Zins vom Zeitpunkt an, in welchem das schädigende Ereignis sich finanziell ausgewirkt hat 122 III 53/54 E. a, vgl. auch 121 III 176/182 f. E. 5a Pra 1995 (Nr. 271) 924, bzw. für die Wiederherstellungskosten vom Zeitpunkt an, in dem sie tatsächlich entstanden sind 25

70 II 85/95 E. 6. Der *Schadenszins* soll den Geschädigten wirtschaftlich so stellen, wie wenn der Schaden unmittelbar nach dem schädigenden Ereignis ersetzt worden wäre 130 III 591/599 (in casu vertraglicher Schadenszins), 4A_548/2013 (31.3.14) E. 5.1 fr., 4C.191/2004 (7.9.04) E. 7.2 fr., und ist vom Schadenseintritt bis zur Bezahlung des Ersatzes geschuldet 139 V 176/188 E. 8.1.2 Pra 2013 (Nr. 119) 923; er ist etwa auch beim Haushaltschaden zu entrichten 131 III 360/377, Pra 2006 (Nr. 19) 142. Er erfüllt zwar denselben Zweck wie der Verzugszins, setzt aber weder eine Mahnung noch den Verzug des Schuldners voraus. Kommt der Gläubiger in Verzug (Art. 91), entfällt der Anspruch auf Schadenszins, dies analog zur Rechtslage beim Verzugszins 4C.277/2005 (17.1.06) E. 5. Das Verbot von Zinseszinsen führt im Ergebnis dazu, dass der Schaden für die vorenthaltene Nutzung des Kapitals mit zunehmender Zeitdauer bloss linear, nicht exponentiell berechnet wird und der entgangene Nutzen für die aufgelaufenen Zinsen grundsätzlich unbeachtlich bleibt; dies gilt für die vertragliche und ausservertragliche Haftung gleichermassen 131 III 12/23 E. 9.3 und 9.4, 134 III 489/496 E. 4.5.4, 4A_514/2007 (22.2.08) E. 4.3, offengelassen in 122 III 53/56 f. E. c, Praxisänderung gegenüber 97 II 123/134 E. 9 Pra 1971 (Nr. 209) 673 f. (kumulative Verzugs-Verzinsung des auf den Urteilstag aufgerechneten Schadenszinses). Zur Verzinsung des Kapitalbetrags bei einer Kapitalisierung des künftigen Schadens 131 III 12/25 E. 9.5. Zahlungen des Belangten sind vorweg auf die bereits fälligen Zinsen und nur im Restbetrag auf die Hauptforderung anzurechnen 113 II 323/340 f. E. 8, siehe 132 II 353/362 ff. E. 3 und 4.

26 **Natürlicher Kausalzusammenhang.** Nach der Rechtsprechung ist ein (pflichtwidriges) Verhalten im natürlichen Sinn kausal, wenn es nicht weggedacht werden kann, ohne dass auch der eingetretene Erfolg entfiele (condicio sine qua non/Bedingungsformel) 139 V 176/189 f. E. 8.4.1 Pra 2013 (Nr. 119) 924 f., 4A_115/2014 (20.11.14) E. 5.2, 4A_444/2010 (22.3.11) E. 2.1, 4C.343/2003 (13.10.04) E. 6.1 fr., 126 V 353/361 E. 5c, 125 IV 195/197 E. 2b, Pra 1997 (Nr. 95) 516 E. 2e, Pra 1999 (Nr. 163) 861 E. 5c/bb. Die Beweislast liegt beim Geschädigten, während die von ihm belangte Partei die Einwendung rechtmässigen Alternativverhaltens erheben und geltend machen kann, dass der Schaden selbst dann eingetreten wäre, wenn sie sich rechtskonform verhalten hätte 4C.156/2005 (28.9.05) E. 3.5.6 fr. (zum Begriff des rechtmässigen Alternativverhaltens [bezogen auf Eintritt und Ausmass des Schadens] und dessen Abgrenzung von der hypothetischen, der überholenden, der kumulativen und der alternativen Kausalität 122 III 229/232 E. 5a/aa fr. [in casu natürliche Kausalität verneint], 4A_38/2008 [21.4.08] E. 2.5 fr.). Die natürliche Kausalität muss nicht mit wissenschaftlicher Genauigkeit und in zwingender Weise nachgewiesen werden 4C.145/1994 (12.2.02) E. 4b fr. Ein strikter und absoluter Beweis (Regelbeweismass der vollen Überzeugung) kann nicht verlangt werden 132 III 715/721. Während die Beweislast beim Geschädigten bleibt 132 III 715/722 E. 3.2.2, genügt es, wenn der Richter in Fällen, in denen der Natur der Sache nach ein direkter Beweis nicht geführt werden kann, die Überzeugung gewinnt, dass nach den Erfahrungen des Lebens und dem gewöhnlichen Lauf der Dinge die *überwiegende Wahrscheinlichkeit* für einen bestimmten (hypothetischen oder normativen 4A_416/2013 [28.1.14] E. 3.1 fr., 4A_220/2010 [11.10.10] E. 8.2.1, 4C.119/2000 [2.10.00] E. 2b Pra 2001 (Nr. 46) 271, 4C.296/1999 [28.1.00] E. 2b, 4C.280/1999 [28.1.00] E. 2b) Kausalverlauf spricht 107 II 269/273, 115 II 440/449 f. E. 6, 121 III 358/363 E. 5, 125 IV 195/197 E. 2b, 126 V 319/322 E. 5a–b

fr., 4C.222/2004 (14.9.04) E. 2.1 Pra 2005 (Nr. 119) 831, 132 III 715/720 E. 3.2, 4A_520/2007 (31.3.08) E. 4, 4A_22/2008 (10.4.08) E. 5, 4A_38/2008 (21.4.08) E. 3 fr., 4A_169/2010 (23.8.10) E. 2.2 fr., 4A_49/2016 (9.6.16) E. 4.1 f. Demgegenüber ist die Theorie der «perte d'une chance» (Verlust einer Chance), die in Fällen unsicherer Kausalität greifen und eine Entscheidung im Sinne eines Alles oder Nichts verhindern soll, indem sie schon die blosse Wahrscheinlichkeit als ersatzfähigen Schaden anerkennt 4A_227/2007 (26.9.07) E. 3.5.3 fr. (in casu keine Anwendung), mit der Konzeption der natürlichen Kausalität kaum vereinbar 133 III 462/471 E. 4.4.3 Pra 2008 (Nr. 27) 207 (unter dem Gesichtspunkt der Willkürprüfung). Ob die Vorinstanz an den Beweis den richtigen Massstab angelegt hat, kann im Verfahren vor Bundesgericht nachgeprüft werden 57 II 196/208, 115 II 440/449 f. E. 6. Für den natürlichen Kausalzusammenhang genügt es, dass das schädigende Ereignis (als condicio sine qua non) zusammen mit andern Bedingungen zu den eingetretenen Folgen geführt hat; es muss nicht deren alleinige oder unmittelbare Ursache sein 96 II 392/395 f. E. 1, 125 IV 195/197 E. 2b, 4P.122/2003 (1.10.03) E. 8.1 fr., 4P.163/2004 (16.11.04) E. 2.3 fr., 4A_45/2009 E. 2.3.1 fr., 4A_637/2015 (29.6.16) E. 3.1 (n.p. in 142 III 433). Anders verhält es sich, wenn nach den besonderen Umständen des Falles weitere Möglichkeiten bestehen, die neben der behaupteten Ursachenfolge ebenso ernsthaft infrage kommen oder sogar näher liegen 107 II 269/273 E. 1b, 115 II 440/449 f. E. 6, 121 III 358/363 E. 5, 4A_444/2010 (22.3.11) E. 2.1 und 4.4.3 (30%ige Unfallursache auch kausal, ausser die überwiegende Ursache hätte auch alleine, ohne den fraglichen Unfall denselben Schaden bewirkt), 4A_14/2011 (1.9.11) E. 2.1. So ist die natürliche Kausalität nicht erstellt, wenn gegenüber den vom Geschädigten geltend gemachten Umständen andere überwiegen oder diese zumindest den ausschlaggebenden Charakter der geltend gemachten Ursache zweifelhaft erscheinen lassen 119 Ib 334/342 E. c Pra 1994 (Nr. 74) 277. Zur Tragweite eines wissenschaftlichen Gutachtens 134 IV 193/199 E. 4 (in casu Nachweis einer direkten Übertragung des HIV-Virus); zur Würdigung ärztlicher Gutachten bei der natürlichen (und nicht bei der adäquaten) Kausalität 4C.402/2006 (27.2.07) E. 4.3. – Ob ein schädigendes Ereignis einer bestimmten Ursache zuzuschreiben sei, ist eine *Tatfrage* 126 V 319/322 E. 5a, 125 IV 195/197 E. 2b, Pra 1993 (Nr. 21) 113 E. 3a, die mit Berufung (heute: Beschwerde in Zivilsachen) nicht mehr aufgegriffen werden kann 4C.186/2001 (5.11.01) E. 3d/aa fr., auch 4C.459/2004 (2.5.05) E. 2.1 fr. (hypothetischer Kausalverlauf bei Unterlassung). Die Beantwortung dieser Tatfrage kann noch keine rechtliche Beurteilung einer Tatsache und folglich auch keine Verletzung eines Rechts- oder eines allgemeinen Erfahrungssatzes darstellen. Hält der kantonale Richter einen behaupteten Kausalverlauf gestützt auf Zeugenaussagen nicht für bewiesen, liegt vielmehr freie Beweiswürdigung vor, die im Verfahren vor Bundesgericht nicht überprüft werden kann. Vorbehalten bleiben nur Schlussfolgerungen, die nicht gestützt auf Beweismittel gezogen wurden, sondern ausschliesslich auf allgemeiner Lebenserfahrung beruhen. Denn Erfahrungssätze beschränken sich nicht auf den Tatbestand des konkreten Falles, sondern sie sind wie die Rechtssätze Massstab für die Beurteilung der im Prozess festgestellten Tatsachen 107 II 269/274 f. E. b, 4C.70/2005 (18.5.05) E. 3.2.3. Rechtsfrage ist und vom Bundesgericht überprüft wird dagegen, ob die Vorinstanz ihren Feststellungen den korrekten Begriff des natürlichen Kausalzusammenhangs zugrunde gelegt hat 4A_444/2010 (22.3.11) E. 2. – Auch ***im Falle von Unterlassungen*** ist nach der Rechtsprechung grundsätzlich zwischen natürlichem und adäquatem Kausalzusammenhang zu unterscheiden 132 III 715/718 E. 2.3, 4A_49/2016 (9.6.16) E. 4.1, 4C.449/2004 (9.3.05) E. 4.1 fr. Dabei kann eine Unterlassung aber nur dann als rechtserhebliche Ursache einer Schädigung angesehen werden, wenn eine Rechtspflicht zum Handeln bestand Pra 2001 (Nr. 46) 271 E. 2b, die Unterlassung also widerrechtlich war. Der natürliche Kausalzusammenhang bestimmt sich hier danach, ob der Schaden auch bei Vornahme der unterlassenen Handlung eingetreten wäre 139 V 176/190 E. 8.4.2 Pra 2013 (Nr. 119) 925; es geht um einen hypothetischen Kausalverlauf, für den nach den Erfahrungen des Lebens und dem gewöhnlichen Lauf der Dinge eine überwiegende Wahrscheinlichkeit sprechen muss 124 III 155/165 E. 3d (in casu Unterlassung auftragsrechtlicher Aufklärungspflichten), Pra 1996 (Nr. 181) 673 E. 4b, 57 II 196/209 f. Insoweit kann von einem normativen Zusammenhang gesprochen werden Pra 2001 (Nr. 46) 271 E. 2b, 4C.406/2006 (16.2.07) E. 4.4. In 115 II 440/447 f. E. 5a hat das Bundesgericht die Unterscheidung zwischen natürlichem und adäquatem Kausalzusammenhang bei Unterlassungen relativiert. Denn im Allgemeinen kann darauf verzichtet werden, einen festgestellten oder angenommenen hypothetischen Geschehensablauf auch noch auf seine Adäquanz hin zu prüfen, da üblicherweise die zur Beurteilung der rechtlichen Tragweite einer tatsächlichen Kausalität zu wertenden Gesichtspunkte (insbesondere die allgemeine Lebenserfahrung) schon bei der Prüfung der Tatfrage berücksichtigt werden Pra 1999 (Nr. 21) 113 E. 3a, 4A_49/2016 (9.6.16) E. 4.1, 4C.459/2004 (2.5.05) E. 2.1 fr. So ist es bei Unterlassungen in der Regel nicht sinnvoll, den festgestellten oder angenommenen hypothetischen Geschehensablauf auch noch auf seine Adäquanz hin zu überprüfen 4A_416/2013 (28.1.14) E. 3.1 fr., 4A_48/2010 (9.7.10) E. 7.2. Entsprechende Annahmen des Sachrichters sind für das Bundesgericht nach allgemeiner Regel verbindlich, soweit sie auf Beweismitteln und nicht ausschliesslich auf allgemeiner Lebenserfahrung beruhen 132 III 715/719, 4C.72/2004 (3.6.05) E. 3.1, 4C.190/2002 (29.10.02) E. 6.1 Pra 2003 (Nr. 121) 649, 4C.358/2005 (12.2.07) E. 5.4.1 (aktienrechtliche Verantwortlichkeit), 4C.68/2007 (13.6.08) E. 8.1, 4A_499/2009 (11.1.10) E. 7.1. Zur Substanziierungslast des Kausalzusammenhangs bei Unterlassung 4A_588/2011 (3.5.12) E. 2.2. – Im Haftpflicht- und Sozialversicherungsrecht bestehen bei der Prüfung des natürlichen Kausalzusammenhangs unterschiedliche Anforderungen an das Beweismass. Anders als im Sozialversicherungsrecht genügt im Haftpflichtrecht für die Bejahung des natürlichen Kausalzusammenhangs bei zwei konkurrierenden Ursachen das bloss leichte Überwiegen nicht 4A_658/2016 (2.4.17) E. 4.4; anders noch 4A_494/2009 (17.11.09) E. 2.2. – ***Natürlicher Kausalzusammenhang verneint:*** aufgrund der Geringfügigkeit des Unfalls und des Fehlens verlässlicher ärztlicher Angaben 4A_494/2009 (17.11.09) E. 2.9; gestützt auf ein biomechanisches Gutachten, wonach es sich um einen leichten Unfall gehandelt hatte und die gesundheitlichen Folgen nicht mit überwiegender Wahrscheinlichkeit auf den Unfall zurückzuführen waren 4A_744/2011 (12.7.12) E. 8 und 10.2; weil als Ursache der vom Geschädigten behaupteten nicht bildgebend objektivierbaren Kopf- und Nackenschmerzen, Ermüdbarkeit und zeitweiligen Angstzustände seine persönliche Lebenssituation und seine vorbestandenen psychischen Probleme ebenso ernsthaft in Frage gekommen sind oder sogar näher gelegen haben als der Unfall 4A_607/2014 (9.2.15) E. 4.2; weil auf dem Boden einer Persönlichkeitsakzentuierung mit histrionischen und narzisstischen Zügen schon vor dem Unfall Somatisierungstendenzen bestanden hatten und in diesen Störungen die Ursache der langanhaltenden geklagten Beschwerden lagen 4A_263/2015

(29.9.15) E. 5.1 ff.; insbesondere weil die Beschwerdebilder, die vor dem Unfall bestanden hatten, fast gleich aussahen wie diejenigen danach 4A_658/2016 (5.4.17) E. 4.1 und 4.4.

Adäquater Kausalzusammenhang. Für die Begründung der Haftung bedarf es neben des natürlichen auch des *adäquaten* Kausalzusammenhangs 103 II 240/244 E. 4b Pra 1978 (Nr. 68) 147. Denn der naturwissenschaftliche Ursachenbegriff (natürliche Kausalität) bedarf unter Umständen der rechtspolitischen Einschränkung, um hinsichtlich der rechtlichen Verantwortlichkeit tragbar zu sein und eine vernünftige Begrenzung der Haftung zu erlauben 107 II 269/276 E. 3, 123 III 110/112 E. 3a (wertende Zurechnungstheorie). – Ob ein Ereignis als adäquate Ursache eines Schadens anzusehen ist, ist eine (im Verfahren vor Bundesgericht überprüfbare 103 II 240/245 E. c Pra 1978 (Nr. 68) 148, 116 II 519/524 E. a, 119 Ib 334/342 f. E. c Pra 1994 [Nr. 74] 277 f. [in casu Verwaltungsgerichtsbeschwerde]) *Rechtsfrage,* die sich erst und nur dann stellt, wenn bereits der natürliche Kausalzusammenhang zu bejahen ist 107 II 269/276 E. 3, 4C.186/2001 (5.11.01) E. 3d/bb fr., 4C.108/2005 (20.5.05) E. 3.2. Entscheidend sind hier rechtliche Gesichtspunkte, während ärztliche Gutachten im Rahmen der natürlichen Kausalität zu würdigen sind 4C.402/2006 (27.2.07) E. 4.3. – Als adäquate oder rechtserhebliche Ursache eines Schadens ist ein Ereignis dann anzusehen, wenn es nach dem gewöhnlichen Lauf der Dinge und der allgemeinen Lebenserfahrung an sich (d.h. generell 93 II 329/337 f. E. 4) geeignet ist, einen Erfolg von der Art des eingetretenen herbeizuführen, der Eintritt dieses Erfolges also durch das Ereignis allgemein als begünstigt erscheint, z.B. 123 III 110/112 E. a, 102 II 232/237 E. 2 Pra 1977 (Nr. 26) 64, 112 II 439/442 E. d Pra 1987 (Nr. 90) 312, 119 Ib 224/343 E. 3c Pra 1994 (Nr. 74) 277, 123 III 110/112 E. 3a, 125 V 456/464 E. 5e, 126 V 353/361 E. 5c, Pra 1997 (Nr. 95) 517 E. 2e, Pra 1999 (Nr. 48) 274 E. 3c/aa, Pra 2001 (Nr. 74) 433 E. 3 (psychische Unfallfolgen), 4A_74/2016 (9.9.16) E. 3.3 fr. Die Beurteilung hat unter Berücksichtigung aller Umstände und im Lichte von ZGB Art. 4 zu erfolgen 123 III 110/112 E. 3a; ausschlaggebend ist, ob sich der eingetretene Schaden mit Blick auf den Zweck der anwendbaren Haftungsnorm dem Schädiger billigerweise noch zurechnen lasse 4C.422/2004 (13.9.05) E. 5.2.2.1 fr., 4C.103/2005 (1.6.05) E. 5.1. Beim adäquaten Kausalzusammenhang handelt es sich also um eine Generalklausel, die im Einzelfall durch das Gericht gemäss ZGB Art. 4 nach Recht und Billigkeit konkretisiert werden muss. Die Beantwortung der Adäquanzfrage beruht somit auf einem Werturteil. Es muss entschieden werden, ob eine unfallbedingte Störung billigerweise noch dem Schädiger oder Haftpflichtigen zugerechnet werden darf 145 III 72/81 E. 2.3.1, 142 III 433/439 E. 4.5. Am adäquaten Kausalzusammenhang zwischen der widerrechtlichen Handlung und dem Schaden fehlt es deshalb, wenn die verletzten Rechtssätze nicht zum Schutze des Geschädigten erlassen worden sind 94 I 628/643; seither hat das Bundesgericht jedoch offengelassen, ob das Erfordernis des Schutzzweckes der verletzten Norm unter dem Gesichtspunkt des adäquaten Kausalzusammenhanges oder der Widerrechtlichkeit zu prüfen sei 102 II 85/90 Pra 1976 (Nr. 154) 366, vgl. aber auch 116 Ib 367/374 E.b. Dies gilt grundsätzlich nicht nur für unmittelbar durch das schädigende Ereignis ausgelöste Folgen, sondern auch für solche, die sich erst nachträglich herausbilden 96 II 392/396 E. 2. Rechtserheblich kann sowohl eine Mitverursachung 57 II 47/52 f. E. 3, grundlegend 51 II 517/521 f. E. 2, als auch eine mittelbare Verursachung sein. Hat der Haftpflichtige eine Schadensursache gesetzt, ohne die es nicht zum Unfall gekommen wäre, so vermögen 27

Mitursachen den adäquaten Kausalzusammenhang in der Regel weder auszuschliessen noch zu unterbrechen 113 II 86/89 f. E. b, 123 III 110/115 E. 3c (in casu konstitutionelle Prädisposition des Geschädigten), 93 f. E. b, vgl. auch 123 V 137/141 E. 3d Pra 1998 (Nr. 30) 195, 4C.416/1999 (22.2.00) E. 2a Pra 2000 (Nr. 154) 921. Die Unvorhersehbarkeit einer Mitursache vermag den adäquaten Kausalzusammenhang in der Regel nicht zu unterbrechen 4A_169/2010 (23.8.10) E. 2.2 fr. – Die Adäquanz ist nicht schon deshalb zu verneinen, weil zwischen Ursache und Wirkung eine gewisse Zeit verfliesst 57 II 36/41. Der Richter, der über das Bestehen eines adäquaten Kausalzusammenhanges zu entscheiden hat, muss sich fragen, ob es bei der konkreten Verkettung von Umständen wahrscheinlich sei, dass das fragliche Ereignis den eingetretenen Erfolg herbeigeführt habe. Dabei kommt es nicht auf die subjektive, sondern auf die objektive Voraussehbarkeit an 101 II 69/73 E. 3a Pra 1975 (Nr. 170) 477, 4A_22/2020 (28.2.20) E. 7. Der Richter stellt hierfür eine objektive retrospektive Prognose: Er prüft vom Ende der behaupteten Kausalkette her, ob der eingetretene Schaden nach dem gewöhnlichen Lauf der Dinge und der allgemeinen Lebenserfahrung vernünftigerweise als Folge des inkriminierten Verhaltens infrage kommt 4C.324/2005 (5.1.06) E. 2.2 fr., 4C.422/2004 (13.9.05) E. 5.2.2.1 fr. Um diese Wahrscheinlichkeitsabklärung vorzunehmen, versetzt er sich im Allgemeinen an die Stelle eines neutralen Dritten; geht es um den Einfluss von komplexen natürlichen Phänomenen, ist jedoch die Ansicht von Experten einzuholen 119 Ib 334/345 E. b Pra 1994 (Nr. 74) 280, die für das Gericht zwar nicht verbindlich, von der es aber gleichwohl nur bei Vorliegen ernsthafter Gründe, die es in seinem Urteil darzulegen hat, abweichen darf 4C.88/2004 (2.6.04) E. 4.1 fr. (medizinisches Gutachten). Das Erfordernis der Adäquanz darf nicht dazu verleiten, nur solche Folgen des schädigenden Ereignisses zu berücksichtigen, die gewöhnlich zu erwarten sind. Vielmehr ist von den tatsächlichen Auswirkungen auszugehen und rückblickend zu entscheiden, ob und inwiefern das schädigende Ereignis noch als deren wesentliche Ursache erscheint und ob die Folgen billigerweise (ZGB Art. 4123 III 110/112 E. 3a) noch dem Schädiger zugerechnet werden dürfen 96 II 392/396 f. E. 2. Es ist nicht notwendig, dass die fragliche Folge regelmässig oder häufig eintritt; ein Ereignis kann unter Umständen die adäquate Ursache selbst singulärer, aussergewöhnlicher Folgen sein 139 V 176/190 E. 8.4.2 Pra 2013 (Nr. 119) 925, 4A_45/2009 (25.3.09) E. 3.4.1 fr., 4C.422/2004 (13.9.05) E. 5.2.2.1 fr., 102 II 232/237 E. 2 Pra 1977 (Nr. 26) 64, d.h. von Folgen, die lediglich einem Laien, nicht aber einem Experten als ungewöhnlich erscheinen 119 Ib 334/345 E. b Pra 1994 (Nr. 74) 280. Die Adäquanz ist grundsätzlich sogar dann zu bejahen, wenn z.B. die verursachten Gesundheitsschäden durch eine unzweckmässige Behandlung verschlimmert werden 80 II 348/353 Pra 1955 (Nr. 39) 126. Zu verneinen ist sie hingegen, wenn ein Unfall bloss äusserer Anlass einer Störung ist, diese im Übrigen aber auf einen fehlerhaften Willen des Verunfallten zurückgeht 96 II 392/397, oder wenn die eingetretene Folge so aussergewöhnlich ist, dass damit nicht gerechnet werden musste 103 IV 289/291 f. E. 2. Kein adäquater Kausalzusammenhang besteht zwischen dem Strafverfahren, das jemand infolge eines Verkehrsunfalls schuldlos über sich ergehen lassen muss, und den daraus resultierenden schweren bleibenden psychischen Schäden 4A_115/2014 (20.11.14) E. 6.1, was in casu aufgrund der besonderen vorbestehenden psychischen Prädisposition des Geschädigten aber dann doch bejaht wurde. Wird die Adäquanz in einem Grenzfall bejaht, kann dieser Umstand noch immer bei der Ersatzbemessung nach Art. 43 als Herabsetzungsgrund berücksichtigt werden 123 III 110/115, 4C.402/2006 (27.2.07) E. 5.4. – Bei *Schockschäden* wird die Adäquanz u.a. beurteilt anhand der Nähe der Beziehung zwischen dem direkten Unfallopfer und dem Schockgeschädigten, der Schwere der Betroffenheit des direkten Unfallopfers sowie der Nähe des schockauslösenden Miterlebens des primären Schadensereignisses durch den Dritten 138 III 276/287 E. 4, 142 III 433/439 E. 4.5.

Sozialversicherungsrecht. Die Abgrenzung adäquater Unfallfolgen von inadäquaten muss im Privatrecht nicht gleich ausfallen wie im *Sozialversicherungsrecht* 113 II 86/90 f. E.c. Zur Adäquanz des Kausalzusammenhanges im Sozialversicherungsrecht siehe 113 V 307/307 it. und 113 V 321/321 fr., präzisiert in 115 V 133/133 ff., vgl. auch 115 V 399/399 ff., 115 V 403/403 ff., 115 V 413/413 ff., 119 V 401/406 E. 4a Pra 1995 (Nr. 90) 277, 123 V 98/103 E. 3c, 127 V 102/102 f. E. 5b/aa, 4C.50/2006 (26.7.06) E. 4. Während die zuständigen Abteilungen des Bundesgerichts (früher EVG) die Adäquanz identisch umschreiben, sind doch die unterschiedlichen rechtspolitischen Zielsetzungen des Haftpflichtrechts zum einen und des Sozialversicherungsrechts zum andern zu berücksichtigen, weshalb der Zivilrichter den entsprechenden Befund des Sozialversicherers nicht abzuwarten braucht 4C.150/2003 (1.10.03) E. 9 fr. (in casu UV). Somit dürfen die sozialversicherungsrechtlichen Kriterien nicht unbesehen ins Haftpflichtrecht übernommen werden 123 III 110/113 E. 3a (Berücksichtigung des anwendbaren Normenkomplexes, E. 3b), 123 V 137/139 E. 3c Pra 1998 (Nr. 30) 193, 127 V 102/102 E. 5b/aa (identischer Begriff, aber unterschiedliche gesetzliche Haftungsvoraussetzungen); anders als im Sozialversicherungsrecht ist die Adäquanz haftpflichtrechtlich nicht danach zu beurteilen, ob der Unfall schwer oder leicht war 123 III 110/111 E. 3, 4C.402/2006 (27.2.07) E. 4.1, 4A_45/2009 (25.3.09) E. 3.3.2 fr. In der sozialen Unfallversicherung dürfen an den adäquaten Kausalzusammenhang höhere Anforderungen als im privaten Haftpflichtrecht gestellt werden 134 V 109/119 E. 8.1, 4A_45/2009 (25.3.09) E. 3.3.1 fr. Denn in der zivilrechtlichen Praxis besteht selbst bei weitgehender Preisgabe der steuernden oder begrenzenden Funktion des Adäquanzbegriffs im Gegensatz zum Sozialversicherungsrecht nach Art. 43 f. die Möglichkeit zu einem differenzierten Schadensausgleich, wenn die Haftungsvoraussetzungen im Grundsatz bejaht werden 123 V 98/104 E. 3d (starke Einschränkung des Kürzungskorrektivs durch UVG Art. 36), auch 127 V 102/103 E. 5b/aa, indem in Grenzfällen der Ersatz unter Umständen herabgesetzt wird 4C.402/2006 (27.2.07) E. 5.4. Die Zivilgerichte sind daher an sozialversicherungsrechtliche Urteile nicht gebunden und die Adäquanz wird in den verschiedenen Rechtsgebieten auch unterschiedlich beurteilt 4A_115/2014 (20.11.14) E. 6.3. 28

Beispiele zum Kausalzusammenhang. ***Adäquanz bejaht:*** zwischen dem krass verletzten Vertrauen in die Einhaltung eines festgelegten Selektionsverfahrens für eine Weltmeisterschaft und dem Aufwand eines Amateurringers für die Erfüllung der Qualifikationskriterien (unbezahlter Urlaub, Teilnahme an einem Trainingslager usw.) 121 III 35/357 E. 7a Pra 1996 (Nr. 168) 618; zwischen den Bohrarbeiten für einen Sondierungsstollen und dem Absinken des Untergrundes bzw. Zusammenrücken der Seeufer, welches Schäden an einer Staumauer bewirkt 119 Ib 334/345 f. E.b. Pra 1994 (Nr. 74) 280 f.; zwischen der Verunreinigung von Klärschlamm und den Kosten für die Beseitigung 118 II 176/180 E. c; zwischen einer ungenügenden ärztlichen Auskunft und einer eingetretenen Gesundheitsschädigung 116 II 519/519 ff.; zwischen einem Reaktorunfall und dem Scha- 29 den der Gemüseproduzenten und Gemüsevertriebsstellen infolge Konsumrückgangs 116 II 480/485 ff. E. 3a, b; zwischen mangelnden Schutzvorkehren der Werkeigentümerin und dem sportlichen Eintauchen eines Badegastes in ein untiefes «Plauschbad» 116 II 422/427 E. 3; zwischen ungenügender Wassertiefe und der Verletzung, die ein Turmspringer erlitt 123 III 306/313 E. 5b Pra 1997 (Nr. 170) 918; zwischen einem Flugzeugabsturz und den Folgen eines Nervenschockes, den der Vater zweier getöteter Kinder erlitt 112 II 118/127 E. e fr.; zwischen einem Verkehrsunfall, der die Invalidität einer Hausfrau verursachte, und der Notwendigkeit einer Haushaltshilfe 113 II 345/351 E. a; zwischen dem Zur-Schau-Stellen geladener Schusswaffen und den Verletzungen, die ein Hausangestellter bei der Manipulation mit einer Waffe einer Drittperson zufügte 112 II 138/141 f. E. 3a fr.; zwischen der Lagerung leerer, offener Benzinfässer auf einem öffentlichen Platz und der Explosion, welche sich ereignete, weil ein Knabe ein Streichholz in ein Fass warf 66 II 114/120 E. 3 fr.; zwischen der ungenügenden Überwachung eines Patienten und der Tatsache, dass dieser aus der psychiatrischen Klinik entwich und Selbstmord verübte 112 II 326/327 ff. E. 4; zwischen der Auskunftserteilung einer Bank über die Kreditwürdigkeit eines Bankkunden und der Lieferung auf Kredit ohne Sicherheit 111 II 471/479 E. 9, 10; zwischen den unzutreffenden Angaben zur Seriosität der Geschäfte eines Bankkunden und dem Schaden, den dessen auf diese Angaben vertrauende Vertragspartner in der Folge erleidet 4C.193/2000 (26.9.01) E. 4d; zwischen der Ausstellung eines falschen Arbeitszeugnisses und dem Schaden, den der neue Arbeitgeber infolge einer durch den Arbeitnehmer begangenen Unterschlagung erlitten hat 101 II 69/73 f. E. 3b Pra 1975 (Nr. 170) 477 f.; zwischen Fluorimmissionen und Schäden in einer Aprikosenplantage 109 II 304/312 E. 5 fr.; zwischen dem Unterlassen des Zurückschneidens eines in die Strasse hineinragenden Baumes und dem Schaden an einem Fahrzeug, dessen Dach die Äste gestreift haben 112 II 439/442 E. d Pra 1987 (Nr. 90) 312; zwischen der Teilnahme an ehewidrigen Beziehungen und dem Risiko einer Insolvenz der im Ehelichkeitsanfechtungsprozess unterliegenden Parteien (allerdings mit Vorbehalten; Willkürprüfung) 109 II 4/7 E. 3; zwischen einer Rechtsverzögerung in einem Scheidungsverfahren und den Unterhaltsbeiträgen, die ein Ehemann seiner Ehefrau bis zur Rechtskraft des Urteils übermässig lange bezahlen musste 107 Ib 160/162 f. E. 2; zwischen einem Unfall und den durch die Verletzungen ausgelösten psychischen Störungen (Begehrungsneurose), die den Verunfallten arbeitsunfähig machten 96 II 392/398 f. E. 3; zwischen der Stauung eines bis anhin harmlosen Teiches, ohne entsprechende Schutzvorkehren zu treffen, und der Tatsache, dass sich zwei Knaben auf die Eisfläche des Teiches wagten und im tiefen Wasser ertranken 93 II 89/94 E. 3 Pra 1968 (Nr. 21) 79; zwischen der Ausstellung eines unwiderruflichen Akkreditivs, ohne einen mit dem Begünstigten intern vereinbarten Deckungsvorbehalt offen in das Eröffnungsschreiben aufzunehmen, und dem Schaden, der Dritten durch die missbräuchliche Verwendung des Akkreditivs durch den Begünstigten entstand 93 II 329/338; zwischen fehlerhaften Angaben in einem Emissionsprospekt und dem Kaufentscheid von Käufern sowohl auf dem Primär- als auch auf dem Sekundärmarkt 132 III 715/723 E. 3.3; zwischen der Erteilung einer ungerechtfertigten Gutschrift zugunsten einer AG und der Zahlung eines übersetzten Preises durch irregeführte Aktienkäufer 89 II 239/249 f. E. 7; zwischen versäumter Benachrichtigung des Richters und dem Schaden der Gesellschaft im Falle einer Unterbilanz 132 III 564/576 E. 6.3 fr. – Im Bereich der aktienrechtlichen Verantwortlichkeit sind an die Adäquanz keine allzu hohen Anforderungen zu stellen 4C.344/1998 (24.11.00) E. 4c.

Adäquanz verneint: zwischen dem Arrestbegehren (SchKG Art. 271 ff.) und dem 30
Schaden, den der Schuldner erleidet, weil das Betreibungsamt mehr verarrestiert hat, als die Arrestverfügung bestimmt 113 III 94/99 fr.; zwischen dem blossen Laufenlassen des Motors eines sonst gesicherten Baggers und dem Schaden, den ein unbefugter Dritter während der Abwesenheit des Baggerführers durch eine falsche Manipulation am Bagger verursachte 98 II 288/291; zwischen der Teilnahme an einer unerlaubten Demonstration und der Verletzung infolge Schusswaffeneinsatzes 123 II 210/217 E. 3c; zwischen der verspäteten Übergabe und dem Verlust des Frachtgutes 98 II 231/243 f. E. 6; zwischen dem Liegenlassen von Stangen in einem umzäunten Bahngelände und den Verletzungen, die ein Knabe erlitt, der die Abzäunung überschritt und eine Stange gegen die Hochspannungsleitung hielt 75 II 68/72 E. 2 fr.; zwischen dem Eindringen der streitenden Tochter in das private Zimmer des sonst nicht gewalttätigen Vaters, der sich unmittelbar nach einem Streit zurückziehen wollte und nach der Störung durch die Tochter diese mit einem Revolver verfolgt und sie zu töten versucht 4A_66/2010 (27.5.10) E. 2.3.2 fr. Auch in einem Fall, in dem ein Liftmonteur, der die Örtlichkeit kannte, den mittleren Lift reparierte, ohne die beiden links und rechts verlaufenden Lifte ausser Betrieb zu setzen, hielt das Gericht den adäquaten Kausalzusammenhang zwischen einem hypothetischen Werkmangel und dem Unfall von vorneherein für nicht gegeben (da es sich bei dieser Massnahme um eine absolut elementare Sorgfaltsmassnahme handelt) 4A_469/2015 (19.1.17) E. 4. Verneint hat das Bundesgericht die Adäquanz sodann für «Helferschäden»: Es hielt fest, dass nicht in jedem Fall ein Schaden, den jemand beim Versuch erleidet, einem anderen zu helfen bzw. die Schädigung eines anderen abzuwenden, dem Verursacher jener Schädigung zugerechnet werden könne. Eine solchermassen generalisierende Zurechnung führe zu keiner vernünftigen Begrenzung der Haftung 4A_7/2007 (18.6.07) E. 5.4. Entsprechend verneinte das Bundesgericht die Adäquanz in einem Fall, in dem ein Hund ein Mädchen verfolgte und der zu Hilfe eilende Vater stolperte und sich das Bein brach. Ebenso verwarf es im Rahmen einer Tierhalterhaftung die Adäquanz für den Sturz eines Mannes, den dieser unterwegs zum Versuch erlitt, zwei aufeinander losgehende Kühe zu trennen 67 II 119/123 E. 3. Aus der kantonalen Rechtsprechung ist der Fall zu erwähnen, bei dem ein Brand zwar infolge eines Werkmangels ausgebrochen war, die Schädigung (Tod eines Feuerwehrmannes) aber bei der Brandbekämpfung eintrat; auch hier wurde die Adäquanz verneint (Urteil des Obergerichts Thurgau vom 27. März 1945, SJZ 1947 S. 159), 4A_7/2007 (18.6.07) E. 5.4. Auch in folgendem «Helfer-Fall» verneinte es die Adäquanz: Ein Mann entschloss sich aus freien Stücken, (zusammen mit anderen Personen) den Brand, den ein defekter Grill bei einem Nachbarn ausgelöst hatte, mit einem Gartenschlauch zu bekämpfen und verletzte sich dabei (weil er vom Balkongeländer ca. 5 m in die Tiefe fiel). Gemäss Bundesgericht setzte der Mann mit seinem Entschluss, den Brand zu bekämpfen, eine selbständige Ursache, in deren Verlauf sich der Unfall ereignete. Dieser Unfall könne bei wertender Betrachtung billigerweise nicht mehr dem Hersteller des fehlerhaften Grills zugerechnet werden 4A_7/2007 (18.6.07) E. 5.4. Schliesslich verneinte das Bundesgericht die Adäquanz zwischen der Verletzung einer Frau durch einen Verkehrsunfall und der Schädigung ihres Ehemannes, der für seine Frau Pflege- und Hilfe-

leistungen erbrachte und infolge der daraus resultierenden Überlastung eine somatoforme Schmerzstörung entwickelte 142 III 433/434 ff. E. 4.

31 **Unterbrechung des adäquaten Kausalzusammenhangs.** Der adäquate Kausalzusammenhang kann durch höhere Gewalt, durch grobes Selbstverschulden des Geschädigten oder durch grobes Verschulden eines Dritten unterbrochen werden, sofern dieser Umstand in der ursächlichen Bedeutung völlig überwiegt 95 II 630/635 E. 4 Pra 1970 (Nr. 97) 328, vgl. auch 124 III 155/164 E. 3b (in casu verneint), Pra 1997 (Nr. 6) 32 E. 4 (in casu Kumulation von Militärgefahr und Verschulden der Truppe, was einer Unterbrechung durch Drittverschulden [Vandalenakte] entgegenstand). Die Beweislast hinsichtlich der entsprechenden Tatsachen liegt beim Schädiger 119 Ib 334/342 f. E. c Pra 1994 (Nr. 74) 277 f., 4A_385/2013 (20.2.14) E. 6.2. Im Normalfall vermag das Verhalten des Geschädigten oder eines Dritten den adäquaten Kausalzusammenhang zwischen Schaden und Verhalten des Schädigers nicht zu beseitigen, selbst wenn das Verschulden des Geschädigten oder des Dritten dasjenige des Schädigers übersteigt. Entscheidend ist die Intensität der beiden Kausalzusammenhänge 116 II 519/524 E. b, 4C.365/2000 (11.1.00) E. 1a, sodass eine Unterbrechung erst anzunehmen ist, wenn zu einer an sich adäquaten Ursache eine andere adäquate Ursache hinzutritt, die einen derart hohen Wirkungsgrad aufweist, dass Erstere nach wertender Betrachtungsweise als rechtlich nicht mehr beachtlich erscheint 4A_385/2013 (20.2.14) E. 5, 4C.193/2000 (26.9.01) E. 4d, 4C.68/2007 (13.6.08) E. 11.1, 4A_177/2011, 4A_179/2011 (2.9.11) E. 5. Die Unvorhersehbarkeit einer konkurrierenden Handlung für sich allein reicht nicht aus, um den adäquaten Kausalzusammenhang zu unterbrechen Pra 1997 (Nr. 95) 517 E. 2e (strafrechtlicher Entscheid). Berücksichtigung von hypothetischen Ereignissen, die unabhängig vom Verhalten des Schädigers ebenfalls zum Schadeneintritt geführt hätten, als Befreiungsgrund 115 II 440/442 ff. E. 4, 119 Ib 334/346 E. c Pra 1994 (Nr. 74) 281. Zulassung des Einwandes der hypothetischen Einwilligung des Patienten in einen ärztlichen Eingriff 117 Ib 197/206 ff. E. 5, vgl. auch 119 II 456/463 E. 4 Pra 1995 (Nr. 73) 239, bejaht in 4C.66/2007 (9.1.08) E. 5.1, wobei grundsätzlich nicht auf einen durchschnittlich vernünftigen (also einen patient raisonnable), sondern auf den konkreten Patienten abzustellen ist.

32 ***Höhere Gewalt*** ist ein unvorhersehbares, aussergewöhnliches Ereignis, das mit unabwendbarer Gewalt von aussen hereinbricht 102 Ib 257/262. Im Übrigen ist der Begriff der höheren Gewalt insofern relativ, als der Tätigkeit oder dem Betrieb des Verantwortlichen nach den Umständen des konkreten Falles Rechnung zu tragen ist 111 II 429/433 E. 1b it. Als höhere Gewalt wurde z.B. der Niedergang einer Lawine betrachtet 80 II 216/220 E. 2a; jedoch nicht der heftige Föhnstoss, der einen nicht richtig befestigten Leitungsmast umwarf 90 II 9/11 E. 2 Pra 1964 (Nr. 57) 154, der Streik, der zu einem Leistungsverzug führte 38 II 94/100, der besonders starke Regenfall 91 II 474/487 E. 8 oder das heftige Unwetter in einer Berggegend 100 II 134/142 E. 5, 111 II 429/433 f. E. 1b it. – Doch nicht immer kommt höherer Gewalt dogmatisch die Bedeutung zu, den adäquaten Kausalzusammenhang zu unterbrechen 4C.45/2005 (18.5.05) E. 4.2.3 (zu Art. 58, in casu Lawinenniedergang).

33 Auch das ***Selbstverschulden*** des Geschädigten vermag den adäquaten Kausalzusammenhang nur zu unterbrechen, wenn es die unerlaubte Handlung völlig in den Hintergrund treten lässt 101 II 69/75 E. 4 Pra 1975 (Nr. 170) 479, vgl. auch 121 III 358/363 E. 5,

Pra 1999 (Nr. 48) 274 E. 3c/aa, wenn also die vom Geschädigten gesetzte Ursache einen derart hohen Wirkungsgrad aufweist, dass die vom Schädiger gesetzte Ursache nach wertender Betrachtungsweise als rechtlich nicht mehr beachtlich erscheint 4A_385/2013 (20.2.14) E. 5, 4C.422/2004 (13.9.05) E. 5.2.3.1 fr., 130 III 182/187 E. 5.4 bzw. wenn das Selbstverschulden des Geschädigten ein konkurrierendes Verschulden des Schädigers gleichsam verdrängt oder als unbedeutend erscheinen lässt 4C.72/2004 (3.6.05) E. 3.3. Wo ein Selbstverschulden den Kausalzusammenhang nicht zu unterbrechen vermag, ist es im Rahmen der Ersatzbemessung (als Reduktionsgrund nach Art. 44 Abs. 1) zu prüfen, was einen differenzierten Entscheid erlaubt, der die Gesamtheit der Umstände berücksichtigt 4C.193/2000 (26.9.01) E. 4d. Genügend grobes Selbstverschulden liegt vor, wenn der Geschädigte elementare Sorgfaltsregeln ausser Acht liess, die eine vernünftige Person in der gleichen Lage beachtet hätte 4C.278/1999 (13.7.00) E. 2c/aa fr., und wurde z.B. *bejaht:* weil die Entstehung eines Schadens aus mangelhafter Grundbuchführung nicht durch eine Grundbuchberichtigungsklage verhindert worden war 110 II 37/42 f. E. d; weil eine Person unvorsichtig in ein dunkles Treppenhaus gestiegen war 81 II 450/454 E. 3 Pra 1956 (Nr. 2) 6; jedoch *verneint,* weil ein unvorsichtig handelndes Kind vermindert urteilsfähig war 102 II 363/367 f. E. 4, wie überhaupt bei Kindern nicht nur das Verhalten, sondern auch deren Alter zu berücksichtigen ist und ein grobes Verschulden von Kindern (im Strassenverkehr) nur sehr zurückhaltend angenommen werden darf 4C.278/1999 (13.7.00) E. 2c/aa fr. (dort ausführlich auch zum Begriff des Kindes); bei einem jugendlichen Badegast, der mangels geeigneter Schutzvorkehren der Werkeigentümerin kopfvoran in ein sog. «Plauschbad» sprang 116 II 422/427 E. 3; bei einem jugendlichen, geübten Turmspringer, der kopfvoran in nicht ausreichend tiefes Wasser sprang und die Sprunghöhe noch gesteigert hatte, indem er den Sprung vom Geländer ausführte 123 III 310/314 E. 5b Pra 1997 (Nr. 170) 918; bei einem Autolenker, der mit übersetzter Geschwindigkeit eine vereiste Strasse befuhr 4C.190/2002 (29.10.02) E. 6.2 Pra 2003 (Nr. 121) 650. Allenfalls vermag auch die mangelhafte Beschaffenheit des beschädigten Werkes (hier eine Staumauer) im Sinne eines Selbstverschuldens des Geschädigten den adäquaten Kausalzusammenhang zu unterbrechen 119 Ib 334/346 E. c Pra 1994 (Nr. 74) 281 (in casu verneint), vgl. auch den Motorradfahrer, der sich beim unzulässigen Befahren eines nicht dem Publikumsverkehr offenen Kiesbergs verletzt (Unterbrechung bejaht, Mangelhaftigkeit des Werks offengelassen 4A_385/2013 [20.2.14] E. 6.2). Eine *konstitutionelle Prädisposition* des Geschädigten unterbricht den adäquaten Kausalzusammenhang grundsätzlich nicht 4A_45/2009 (25.3.09) E. 3.3.3 fr., kann aber als mitwirkender Zufall zu einer Kürzung des Ersatzanspruchs führen und insofern entweder die Schadensberechnung (Art. 42) oder die Bemessung des Schadenersatzes (Art. 43/44) beeinflussen 131 III 12/13 E. 4, 4A_481/2009 (26.1.10) E. 4.2.7 fr., 4A_571/2011 (20.12.11) E. 3.3.1 fr., 4A_115/2014 (20.11.14) E. 7; zur Bedeutung der Unterscheidung hinsichtlich des Quotenvorrechts 4C.75/2004 (16.11.04) E. 4.2 fr., 131 III 12/14.

Das ***Verhalten eines Dritten*** unterbricht den Kausalzusammenhang nur dann, wenn 34 diese Zusatzursache derart aussergewöhnlich ist 4C.193/2000 (26.9.01) E. 4d, derart ausserhalb des normalen Geschehens liegt, derart unsinnig ist 4P.74/2005 (12.4.05) E. 3, dass damit nicht zu rechnen war 4A_115/2014 (20.11.14) E. 6.4.1. Durch entsprechendes, grobes Drittverschulden wurde z.B. der adäquate Kausalzusammenhang mit der Betriebsgefahr der Eisenbahn unterbrochen, weil ein Artilleriegeschütz zu nahe an der

Bahnlinie aufgestellt worden war 68 II 253/260. Hingegen wurde der adäquate Kausalzusammenhang zwischen dem Zur-Schau-Stellen geladener Schusswaffen und den mit einer Waffe zugefügten Verletzungen nicht dadurch unterbrochen, dass ein Hausangestellter mit der Waffe manipuliert hatte 112 II 138/142 E. 3b fr. Der adäquate Kausalzusammenhang zwischen dem Unterlassen des Zurückschneidens eines in die Strasse hineinragenden Baumes und dem Schaden an einem Fahrzeug, dessen Dach die Äste gestreift hat, wurde weder dadurch, dass der Strasseneigentümer eine Aufforderung zum Zurückschneiden unterlassen hatte, noch durch eine eventuelle Unaufmerksamkeit des Autolenkers unterbrochen 112 II 439/442 f. E. 1d Pra 1987 (Nr. 90) 312 f. Das Fehlverhalten der Eltern eines kranken Kindes vermochte die doppelte Verletzung des Behandlungsvertrages als adäquat kausale Ursache nicht zu verdrängen 116 II 519/524 f. E. 4c. Verneint wurde die Unterbrechung der Adäquanz auch bei Dritteinwirkung (behördliche Empfehlungen, übertriebene Medienberichterstattung) nach einem Reaktorunfall 116 II 480/488 ff. E. 3c, d.

35 **Legitimation.** ***Aktivlegitimation.*** Grundsätzlich hat nur der unmittelbar Geschädigte Anspruch auf Schadenersatz, während der mittelbar Geschädigte, d.h. der nur durch Reflexwirkungen betroffene *Dritte,* nur ausnahmsweise zur Schadenersatzklage aus unerlaubter Handlung legitimiert ist 99 II 221/223, 104 II 95/98 E. 2a JdT 126 I 561 E. 2a, 126 III 521/522 E. 2a. Entsprechende Ausnahmen gelten nur, wenn das Gesetz sie begründet (wie in Art. 45 Abs. 3, 82 II 36/39 E. 4a Pra 1956 [Nr. 70] 220) oder wenn eine Verhaltensnorm spezifisch den Schutz des Reflexgeschädigten bezweckt 4C.51/2000 (7.8.00) E. 4 fr., vgl. auch für sog. Schockschäden 138 III 276 E. 3.2, 142 III 433/438 ff. E. 4.5 f. Wer in seinen eigenen, durch absolute Rechte geschützten Gütern beeinträchtigt wird, ist aber auch dann unmittelbar geschädigt, wenn sich in der Kausalkette zwischen dem schädigenden Ereignis und dem Geschädigten eine mit diesem in Beziehung stehende Person befindet 112 II 220/222 E. a, grundlegend 112 II 118/124 ff. E. 5 fr. Hingegen können Genossenschafter, die Misswirtschaft betrieben haben, von den Gläubigern der Genossenschaft nicht auf Ersatz des Schadens belangt werden, der diesen infolge des Konkurses der Genossenschaft entstanden ist 63 II 18/21 E. 5. Ebenso wenig steht dem Schadensversicherer gegenüber dem Verursacher des versicherten Schadens ein Schadenersatzanspruch aus unerlaubter Handlung zu 50 II 186/186 f. E. 2. Hingegen ist neben dem Eigentümer auch der Hinterleger direkt geschädigt und damit aktivlegitimiert, wenn die hinterlegte Ware durch ein Ereignis, für das ein Dritter einzustehen hat, beschädigt wird 81 II 129/131 E. 8a JdT 103 I 527 E. 8a.

36 ***Passivlegitimation.*** Stirbt der Urheber der unerlaubten Handlung, so richtet sich die Klage gegen seine Erben, sofern sich diese nicht durch Ausschlagung der belasteten Erbschaft ihrer Haftung entziehen 103 II 330/334 E. 3 Pra 1978 (Nr. 89) 202 f. – Handelt der Urheber einer unerlaubten Handlung als Organ einer juristischen Person, so haftet gemäss ZGB Art. 55 Abs. 2 auch diese 105 II 289/292 E. 5a.

37 ***Abs. 2*** Die Bestimmung erlaubt die Ausdehnung der sich aus Art. 41 Abs. 1 ergebenden Schadenersatzpflicht auf Fälle, in denen zwar keine Widerrechtlichkeit vorliegt, das Rechtsgefühl aber dennoch eine Ersatzpflicht verlangt 108 II 305/312 E.c. Ihrem Regelungsgedanken nach soll die Bestimmung eine letztlich moralische Unredlichkeit sanktionieren 120 II 65/70 E. 8. Sie soll ein ethisches Minimum gewährleisten und erfasst prak-

tisch in erster Linie die Schikane und damit ein Verhalten, das nicht der Wahrnehmung eigener Interessen dient, sondern ausschliesslich oder primär darauf abzielt, andere zu schädigen 124 III 297/303 E. 5e, 4C.256/2001 (14.11.01) E. 1 fr. Dabei kann aber Sittenwidrigkeit nur ausnahmsweise und mit grösster Zurückhaltung bejaht werden 4C.353/2002 (3.3.03) E. 5.1 (missbräuchliches prozessuales Verhalten), 95 III 83/92 E. e und nicht dazu dienen, das Erfordernis der Widerrechtlichkeit auszuhöhlen 124 III 297/302 E. 5e, 4C.256/2001 (14.11.01) E. 1 fr. – Die vorausgesetzte Absicht ist auch bei Eventualvorsatz (dolo eventuale) zu bejahen 4C.266/2000 (28.2.01) E. 5d it. – *Beispiele.* Die Bestimmung kann bei der Schädigung durch unterlassene Warnung vor einer Gefahr oder bei der unaufgeforderten Erteilung eines falschen Rates eine Ersatzpflicht begründen 108 II 305/312 E.c. Sittenwidrigkeit kann auch vorliegen, wenn im Rahmen einer Ausschreibung die Unternehmer zu zweckloser Bewerbung und Anwendung von Kosten veranlasst und die eingegangenen Bewerbungen grundlos unberücksichtigt gelassen werden 46 II 369/373 E. 3. Organhaftung nach Art. 722 für sittenwidrige Handlungen 124 III 297/299 E. 5a. Die richtige Erfüllung von Verträgen, deren Inhalt nicht zu beanstanden ist, verstösst nicht gegen die guten Sitten 96 II 145/153, 100 II 200/223 E. b fr. Eine Vereinbarung, die gegen vertragliche Rechte Dritter verstösst (in casu nach den Statuten der WIR-Genossenschaft verbotener WIR-Handel), ist nicht schlechthin sittenwidrig; es müssen noch weitere Umstände hinzukommen, welche die Pflichtverletzung als besonders anstössig erscheinen lassen 102 II 339/340 E. 2. In der Verleitung zum Vertragsbruch und in der wissentlichen Ausnützung desselben kann nicht ohne Weiteres ein Verstoss gegen die guten Sitten erblickt werden, sondern nur, wenn sie unter besonderen, gravierenden Umständen erfolgt 52 II 370/376 f. E. 2, 108 II 305/312 E. c; solche Umstände, welche die ausnahmsweise Ausdehnung der Haftung rechtfertigen, sind z.B. anzunehmen, wenn der Vertrag mit Wissen des Dritten in Schädigungsabsicht verletzt wird 114 II 91/98 E.aa. Schliesslich verstösst auch nicht gegen die guten Sitten, wer ohne Zustimmung des Garanten liefert, obwohl er weiss, dass der Schuldner seinen Verpflichtungen nicht nachkommen und der Garant für ihn wird einstehen müssen 39 II 290/294 E. 3. Wird der Formmangel der nicht eigenhändigen Unterzeichnung des Bürgschaftsvertrages unabsichtlich herbeigeführt, so entfällt eine Haftung aufgrund von Art. 41 Abs. 2 auch dann, wenn der Bürge die von seiner Ehefrau mit seinem Namen unterzeichnete Bürgschaftserklärung selber dem Hauptschuldner zustellt und diesen so zur irrtümlichen Annahme verleitet, die Unterschrift stamme von ihm persönlich 65 II 236/238. Kein sittenwidriges Handeln kann dem Arbeitgeber vorgeworfen werden, der mit dem Arbeitnehmer ein Zessionsverbot vereinbart und dessen früheres Versprechen einem Gläubiger gegenüber, u.a. künftigen Lohn abzutreten und kein Zessionsverbot einzugehen, nicht gegen sich gelten lassen will (vorausgesetzt, dass er vom Versprechen nichts gewusst hat) 112 II 241/244 E.b.Vgl. für den entgeltlichen Rückzug eines Rechtsmittels in einem Bauverfahren 123 III 101 E. 2, 4A_657/2011 (8.2.12) E. 3 fr. – Mit der Änderung der Rechtsprechung in 86 II 365/376 f. E. c und dem Erlass besonderer gesetzlicher Bestimmungen wurde der Boykott dem Anwendungsbereich des Art. 41 Abs. 2 entzogen.

II. Festsetzung des Schadens

Art. 42

[1] Wer Schadenersatz beansprucht, hat den Schaden zu beweisen.

[2] Der nicht ziffernmässig nachweisbare Schaden ist nach Ermessen des Richters mit Rücksicht auf den gewöhnlichen Lauf der Dinge und auf die vom Geschädigten getroffenen Massnahmen abzuschätzen.

[3] Bei Tieren, die im häuslichen Bereich und nicht zu Vermögens- oder Erwerbszwecken gehalten werden, können die Heilungskosten auch dann angemessen als Schaden geltend gemacht werden, wenn sie den Wert des Tieres übersteigen.

▪ Abs. 1 Konkrete oder abstrakte Schadensberechnung (1) ▪ Konstitutionelle Prädisposition (2) ▪ Tatfrage (3) ▪ Rechtsfrage (4) ▪ Abs. 2 Zulässigkeit der Schätzung (5) ▪ Anwendungsbereich (7) ▪ Schadenseintritt (8) ▪ Schadenshöhe (9) ▪ Substanziierungslast (10) ▪ Verjährung (11) ▪ Abs. 3 Affektionswert (12)

1 *Abs. 1* **Konkrete oder abstrakte Schadensberechnung.** Schaden ist nach der subjektiven (oder auch relativen) Methode zu berechnen: Abzustellen ist auf das konkrete (nicht abstrakte) Interesse des Geschädigten an der Unversehrtheit seines Vermögens 4C.87/2007 (26.9.07) E. 5.1 fr., 4C.184/2005 (4.5.06) E. 4.3.1 fr. Soweit zur Ermittlung des Vermögensstandes ohne schädigendes Ereignis auf Hypothesen abgestellt werden muss, ist vom gewöhnlichen Lauf der Dinge auszugehen unter Berücksichtigung sämtlicher konkreter Umstände 4A_27/2018 (3.1.19) E. 2.2. Grundsätzlich ist mithin ein *konkreter Schadensnachweis* erforderlich 99 II 214/216 E. 3a Pra 1974 (Nr. 30) 95, 113 II 345/347 f. E. a, vgl. auch 120 II 296/299 E. b Pra 1996 (Nr. 79) 228. Das gilt etwa für den Nutzungsausfall aufgrund der Beschädigung einer kommerziell genutzten Sache 4A_113/2017 (6.9.17) E. 5.3. Das gilt auch für den Schaden aus temporärem Einkommensverlust 127 III 403/408 E. c oder für das hypothetische Einkommen des Geschädigten, das der Schadensberechnung zugrunde gelegt wird. Bei dessen Ermittlung hat daher die konkrete Einkommenssituation vor der Verletzung als Anhalts- und Ausgangspunkt zu dienen. Das hypothetische künftige Durchschnittseinkommen lässt sich realistisch einzig in der Weise bestimmen, dass zunächst das Einkommen ermittelt wird, das der Geschädigte ohne Verletzung zum Zeitpunkt der Urteilsfällung erzielt hätte, und sodann auch die zu erwartenden künftigen Reallohnsteigerungen mitberücksichtigt werden 116 II 295/296 f. E. 3a. (In die Berechnung des Schadens sind auch die die Höhe der künftigen Rentenansprüche mitbeeinflussenden, zufolge verminderter Erwerbstätigkeit aber entfallenden Arbeitgeberbeiträge an AHV und Pensionskasse einzubeziehen 116 II 295/297 ff. E. 4.) Ausnahmen müssen im Gesetz ausdrücklich vorgesehen sein 89 II 214/219 E.b. Der Schaden muss bis zum Tag des Urteils derjenigen kantonalen Instanz konkret berechnet werden, die noch neue Tatsachen berücksichtigen kann 99 II 214/216 E. 3b Pra 1974 (Nr. 30) 95, vgl. auch 4C.260/2003 (6.2.04) E. 6.2.1 it., 122 III 53/56 f. E. c, 125 III 14/17 E. 2c, 4A_310/2014 (10.10.14) E. 2.2 fr., 4C.252/2003 (23.12.03) E. 2.1 fr. Konkret ist eine Schadensberechnung nur, wenn bestimmte schädigende Ereignisse oder (bei Geltendmachung entgangenen Gewinnes) bestimmte gewinnbringende Ereignisse, die durch das schädigende Verhalten verunmöglicht wurden, nachgewiesen werden können 89 II 214/219 E.a. Konkret kann der Schaden auch berechnet werden, wo objektive Kriterien Anhaltspunkte für das

richterliche Ermessen bieten 104 II 198/201 E.b. Die Ermittlung entgangenen Gewinns stellt daher oft keine eigentliche Schadensschätzung i.S.v. Art. 42 Abs. 2 dar, obwohl es sich regelmässig um eine hypothetische Frage handelt, die ihrerseits nach dem gewöhnlichen Lauf der Dinge beantwortet werden muss 105 II 87/90. Als entgangener Kapitalertrag gilt der Zins, den der Geschädigte nach dem gegenwärtigen Stand des Geldmarktes hätte erhalten können 81 II 213/221 Pra 1955 (Nr. 204) 581, vgl. auch 119 II 411/420 E. 7a, 121 III 176/182 f. E. 5a Pra 1995 (Nr. 271) 924 sowie 122 III 53/54 f. E.b. Der Schaden irregeführter Aktienkäufer ist gleich zu bestimmen wie der Minderwert einer Kaufsache im Falle der Preisminderung wegen eines Sachmangels (relative Berechnungsmethode) 89 II 239/253 f. E. 11. – Für die Kapitalisierung künftigen Erwerbsausfalls ist grundsätzlich die Tafel 20 von Stauffer/Schaetzle massgebend 116 II 295/297 E. 3c; jedoch Anwendung der Tafel 19 von Stauffer/Schaetzle im Fall einer unselbständig erwerbstätigen, 45-jährigen Frau 123 III 115/116 ff. E. 6 fr. – *Abstrakte Schadensberechnung* aber etwa beim künftigen Haushaltschaden 127 III 403/406.

Konstitutionelle Prädisposition. Die Rechtsprechung unterscheidet zwei Arten. Erstens: Aufgrund eines Vorzustandes wäre der Schaden sicher oder sehr wahrscheinlich auch ohne den Unfall eingetreten; zweitens: Der Schaden wäre ohne den Unfall mit grösster Wahrscheinlichkeit nicht eingetreten 4A_45/2009 (25.3.09) E. 3.3.3 fr. (beides Tatfragen 4A_571/2011 [20.12.11] E. 3.3.1 fr.). Die konstitutionelle Prädisposition des Verunfallten kann – je nachdem – sowohl die Schadensberechnung wie die Schadenersatzbemessung beeinflussen. Wenn angesichts des Vorzustandes der Schaden in vollem oder geringerem Umfang auch ohne den Unfall eingetreten wäre (zur Gerichtsnotorietät der negativen Entwicklung einer Scheuermann'schen Erkrankung 4C.75/2004 [16.11.04] E. 4.3.1 fr.), ist er insoweit keine Folge davon, dem Haftpflichtigen folglich nicht zurechenbar und von der Schadens*berechnung* (Art. 42) auszunehmen (z.B. durch Annahme einer verkürzten Lebens- oder Aktivitätsdauer oder Beschränkung des Schadens aus dem Erwerbsausfall auf die Folgen der vorzeitigen oder überschiessenden Invalidität) 113 II 86/88 ff. E. 1, 3, 4C.75/2004 (16.11.04) E. 4.2 fr., vgl. auch 4C.416/1999 (22.2.00) E. 2a Pra 2000 (Nr. 154) 921, 4C.402/2006 (27.2.07) E. 5.1, 4C.215/2001 (15.1.02) E. 3a Pra 2002 (Nr. 151) 818, wo einer konstitutionellen Prädisposition, die sich voraussichtlich unabhängig vom Unfall ausgewirkt hätte, im Rahmen von Art. 44 Abs. 1 (und nicht bei der Schadensberechnung) Rechnung getragen wurde. Praktisch bedeutsam mit Blick auf das Quotenvorrecht 4C.75/2004 (16.11.04) E. 4.2 fr., 131 III 12/14, 4A_571/2011 (20.12.11) E. 3.3.1 fr. Wäre dagegen der Schaden ohne den Unfall nicht eingetreten, ist der konstitutionellen Prädisposition im Rahmen der Schadenersatz*bemessung* (Art. 44) Rechnung zu tragen (evtl. Herabsetzung) 4A_45/2009 (25.3.09) E. 3.3.3 fr. 2

Tatfrage. Welchen Schaden der Betroffene erlitten hat, ist eine Tatfrage. Die diesbezüglichen Feststellungen im angefochtenen Urteil binden das Bundesgericht im Beschwerdeverfahren (vormals Berufungsverfahren), unter Vorbehalt einer Missachtung bundesrechtlicher Beweisvorschriften und offensichtlicher Versehen 107 II 222/224 f. E. 2, 122 III 61/65 E. bb, 122 III 219/222 E. 3b, 126 III 388/389 E. 8a fr., 127 III 453/455 E. 5c Pra 2001 (Nr. 179) 1086 (zu Art. 754), 127 III 543/546 E. b Pra 2001 (Nr. 194) 1181, 4C.427/2005 (4.5.06) E. 4.1 fr. Während der Schaden vom Geschädigten zu beweisen ist, ist der Schädiger insoweit beweisbelastet, als er unter Verweis auf kongruente Leistungen 3 eines Sozialversicherungsträgers eine Bereicherung des Geschädigten behauptet und den Direktschaden in seiner Höhe bestreitet 4A_307/2008 (27.11.08) E. 3.1.4. Zur Beweiswürdigung gehört die Frage, ob der Experte bei der Ermittlung eines entgangenen Gewinnes die richtigen Berechnungsmethoden seines Fachgebietes angewandt habe 107 II 222/225. Tatsächlicher Natur ist weiter der Schluss aus Indizien auf einen bestimmten Wert einer Sache 102 II 7/10 f. E. 2. Der behauptete Schaden ist ausreichend inhaltlich zu substanziieren 82 II 397/399 f. E. 4. Den Ausschlag geben die Tatbestandsmerkmale der angerufenen Norm und das prozessuale Verhalten der Gegenpartei 127 III 365/368 E.b. «Pflicht» zur Substanziierung bei Bestreitung des Schadens 115 II 1/2. Das Gesagte gilt auch hinsichtlich der Vorteilsanrechnung 128 III 22/28 Pra 2002 (Nr. 74) 438. Die blosse Existenz eines Kostenvoranschlags, der lediglich eine Prognose allfälliger künftiger Kosten enthält, ist allerdings nicht geeignet, einen Schaden zu belegen 129 III 18/24 Pra 2003 (Nr. 30) 156.

4 **Rechtsfrage** und vom Bundesgericht zu überprüfen ist dagegen, ob der kantonale Richter allgemeine Erfahrungssätze missachtet 105 II 75/81 f. E. 3, den Begriff des Schadens verkannt, auf unzulässige Berechnungsgrundsätze abgestellt oder das ihm zustehende Ermessen überschritten hat 113 II 86/89 E. a und 113 II 245/346 f. E. 1, 122 III 61/65 E. bb, 126 III 288/389 E. 8a fr., 127 III 543/546 E. b Pra 2001 (Nr. 194) 1181. Rechtsfrage ist sodann, welchen Grad die Wahrscheinlichkeit, dass ein Schaden eingetreten ist, erreichen muss, um die Anwendung von Art. 42 Abs. 2 zu rechtfertigen. Bundesrecht betrifft im Weiteren auch die Frage, ob der eingeklagte bundesrechtliche Schadenersatzanspruch durch die Sachvorbringen des Geschädigten hinreichend substanziiert ist 122 III 219/222 f. E. 3b, 127 III 365/368 E.b. Das Bundesgericht kann deshalb insbesondere auch prüfen, ob Umstände von der Art, wie sie der Geschädigte im kantonalen Verfahren vorgebracht hat, grundsätzlich geeignet sind, den Eintritt des geltend gemachten Schadens nach dem gewöhnlichen Lauf der Dinge als annähernd sicher erscheinen zu lassen 122 III 219/222 f. E. 3b, 4A_27/2018 (3.1.19) E. 2.2.1. – Misslingt der Schadensnachweis nach einer Spezialnorm (in casu die abstrakte Schadensberechnung nach Art. 191 Abs. 3), so verbietet es das Bundesrecht dem kantonalen Richter nicht, den Sachverhalt aufgrund der allgemeinen Normen zu würdigen 105 II 87/89 E. 2.

5 ***Abs. 2*** **Zulässigkeit der Schätzung.** Art. 42 Abs. 2, wonach der nicht ziffernmässig nachweisbare Schaden nach Ermessen des Richters mit Rücksicht auf den gewöhnlichen Lauf der Dinge und auf die vom Geschädigten getroffenen Massnahmen abzuschätzen ist, bezieht sich nicht nur auf den bereits eingetretenen Schaden, sondern auch auf Nachteile, die der Geschädigte voraussichtlich noch erleiden wird. Der Praktikabilität der Rechtsordnung wird in diesem Zusammenhang mehr Gewicht beigemessen als der genauen Richtigkeit des zugesprochenen Schadenersatzes 145 III 225/236 E. 4.1.3. Die Bestimmung bezieht sich sowohl auf das Vorhandensein wie auf die Höhe des Schadens 4A_127/2011 (12.7.11) E. 6.3, 132 III 379/381 E. 3.1, 145 III 225/235 E. 4.1.3, 4A_27/2018 (3.1.19) E. 2.2.1, 4A_113/2017 (6.9.17) E. 6.1.3, 4A_271/2016 und 4A_291/2016 (16.1.17) E. 3.2 (n.p. in 143 III 106). Sie ist allgemein anwendbar 4C.190/2000 (10.11.00) E. 6c (in casu Immaterialgüterrecht), und begründet eine Ausnahme von Art. 42 Abs. 1 97 II 216/218 E. 1, indem sie dem Sachgericht ein erweitertes Tatbestandsermessen (nicht Rechtsfolgeermessen, 131 III 360/364, 4C.406/2006 [16.2.07] E. 3.1) einräumt. Damit

soll sie dem Geschädigten den Schadensnachweis erleichtern 122 III 219/221 E. 3a Pra 1997 (Nr. 38) 213, Pra 2001 (Nr. 118) 703 E. 2a, 4A_691/2014 (1.4.15) E. 6 fr., ohne dass sie es dem Richter aber erlauben würde, seinen Entscheid nach Recht und Billigkeit (ZGB Art. 4) zu fällen 122 III 219/222 E. 3b Pra 1997 (Nr. 38) 213, 4C.80/2001 (19.6.01) E. 4a fr., 4C.190/2000 (10.11.00) E. 6c, 4C.371/1999 (8.3.00) E. 2a/cc fr., 4C.169/2006 (16.5.07) E. 7.1 fr., vgl. jedoch 4C.459/2004 (2.5.05) E. 3.1 fr. und 133 III 462/471 Pra 2008 (Nr. 27) 207, 4A_341/2016 (10.2.17) E. 3.2.1 fr., wo von einer richterlichen Schadensschätzung ex aequo et bono die Rede ist. Unzulässig sind die Ansinnen, den Schaden richterlich ex aequo et bono schätzen zu lassen, wo der genaue Schadensnachweis erbracht werden kann 92 II 328/334 E. 4, 4A_27/2018 (3.1.19) E. 2.2.2, 4C.350/2006 (9.1.07) E. 2.3.1. Die Schätzung des Schadens nach dieser Regel setzt voraus, dass ein strikter Beweis nach der Natur der Sache nicht möglich oder nicht zumutbar ist 144 III 155/160 E. 2.3, 105 II 87/89 E. 3, 4A_6/2019 (19.9.19) E. 4.3, 4A_113/2017 (6.9.17) E. 6.1.3, 4A_401/2009 (15.1.10) E. 2.3, 4C.169/2006 (16.5.07) E. 7.1 fr., 4C.184/2005 (4.5.06) E. 4.2.1 fr., vgl. auch 116 II 215/219 E. 4a und 116 II 225/230 E. b, Pra 1997 (Nr. 170) 921 E. 8a (unveröffentl. Erwägung zu 123 III 206/306 ff.) sowie Pra 2001 (Nr. 118) 703 E. 2a bzw. als konkrete Feststellungen unmöglich sind oder nur mit objektiv unverhältnismässigem und daher unzumutbarem Aufwand getroffen werden können 4C.351/2000 (20.7.01) E. 6b. Die Voraussetzung, dass der Schaden an sich oder dessen Höhe ziffernmässig nicht nachweisbar ist, hat der Geschädigte zumindest glaubhaft zu machen 4A_309/2009 (27.10.09) E. 4.3, 4A_341/2016 (10.2.17) E. 3.2.1 fr. Die Herabsetzung des Beweismasses darf im Ergebnis nicht zu einer Umkehr der Beweislast zu führen, der Geschädigte hat daher alle Umstände, die für die Verwirklichung des behaupteten Sachverhalts sprechen, soweit möglich und zumutbar zu behaupten und zu beweisen 140 III 409/416 E. 4.3.1, 128 III 271/276 f. E. 2b/aa, 122 III 219/221 E. 3a, 4A_436/2016 (7.2.17) E. 5.3.2, 4A_271/2016 und 4A_291/2016 (16.1.17) E. 3.2 (n.p. in 143 III 106), 4A_709/2011 (31.5.12) E. 3.3, 4A_221/2014 (11.9.14) E. 2.4 fr., 4A_127/2011 (12.7.11) E. 6.3. Das ist namentlich dann der Fall, wenn die Beklagte dem Kläger die notwendigen Informationen zur genauen Berechnung des Gewinns vorenthält, die der Kläger nicht selbst beizubringen vermag 4C.414/2006 (14.3.07) E. 3.2, zumindest dem Grundsatz nach aber nicht der Fall, wenn es sich um Tatsachen handelt, die ein buchführungspflichtiger Betrieb mit einer gehörigen Buchhaltung erbringen kann 134 III 306/312, oder wenn der Beweis (z.B. durch ein Gutachten) hätte erbracht werden können 4A_294/2009 (25.8.09) E. B und 5.3. Da die Bestimmung eine Ausnahme von ZGB Art. 8 statuiert, ist sie restriktiv auszulegen 133 III 462/471 Pra 2008 (Nr. 27) 207, 122 III 219/221 E. a und 4, 4C.74/2005 (16.6.05) E. 5.1 fr., 4C.169/2006 (16.5.07) E. 7.1 fr., 4A_341/2016 (10.2.17) E. 3.2.1 fr., weniger zurückhaltend noch etwa 83 II 154/164 E. 6b. Die Bestimmung hat nicht den Sinn, dem Kläger das Prozessrisiko, das sich aus der Anwendung materiellen Rechts oder richterlichen Ermessens ergibt, abzunehmen (in casu Bedeutung des Schadensnachweises für die Regelung der Kosten- und Entschädigungsfolgen) 113 II 323/343. Zulässigkeit der richterlichen Schätzung des nicht ziffernmässig nachweisbaren Schadens aus ungerechtfertigtem Verlassen der Arbeitsstelle durch den Arbeitnehmer 118 II 312/312 E. 2a. Keine Schätzung ist vorzunehmen, wenn der Schaden von einer ungewissen Konkursdividende abhängt (dafür Ersatz des ganzen Betrags und Abtretung der Konkursdividende) 111 II 164/166 ff. E. 1, 3. Das Rechtsbegehren, wonach der Richter den

Schaden schätzen solle, ohne dass ein Leistungsbegehren gestellt wird, ist im Lichte von Art. 42 Abs. 2 nicht zulässig 4A_232/2010 (19.7.10) E. 10.2.

6 ***Tatfrage.*** Die ermessensweise Schätzung beruht – von der ausnahmsweisen Berücksichtigung abstrakter Erfahrungssätze abgesehen – auf Tatbestandsermessen, gehört mithin zur Feststellung des Sachverhalts 144 III 155/158 f. E. 2.2.1, 143 III 297/324 E. 8.2.5.2 und ist daher vom Bundesgericht nur auf Willkür überprüfbar 144 III 155/158 f. E. 2.2.1, 4A_41/2016 (20.6.16) E. 3.6.2. Dabei ist zu berücksichtigen, dass bei der Schadensschätzung nach Art. 42 Abs. 2 eine gewisse Schematisierung zulässig ist 4A_49/2016 (9.6.16) E. 5.2.

7 **Anwendungsbereich.** In analoger Anwendung des Art. 42 Abs. 2 (eingehend dazu 128 III 271/275 E. b/aa) wurde(n): die Schätzung des Gewinns beim Anspruch auf Gewinnherausgabe bejaht 143 III 297/322 ff. E. 8.2.5.2 f.; der Schaden des Käufers (bürgerlicher Kauf) als Ausgleich («Tausch») berechnet, indem auf die Differenz zwischen dem unter den Parteien vereinbarten und dem bei einem eventuellen Weiterkauf erzielbaren Preis, geschätzt nach dem gewöhnlichen Lauf der Dinge, abgestellt wurde 120 II 296/300 Pra 1996 (Nr. 79) 229; bei einem ungenauen Kostenvoranschlag der subjektive Wert des Bauwerks geschätzt 4A_124/2007 (23.11.07) E. 5.3 fr.; die Zahl der von einem Arbeitnehmer geleisteten Überstunden geschätzt 4A_501/2013 (31.3.14) E. 6, 4C.73/2003 (18.7.03) E. 2.3 fr., 4C.142/2003 (28.7.03) E. 4 Pra 2004 (Nr. 84) 493, 4C.414/2005 (29.3.06) E. 5.1 fr., 4A_46/2008 (30.4.08) E. 2.4 fr., 4A_73/2008 (4.6.08) E. 3.2, 4A_207/2017 (7.12.17) E. 2.4, 4A_390/2018 (27.3.19) E. 3, 4A_285/2019 (18.11.19) E. 6.2.3, wobei vorausgesetzt ist, dass aufgrund der vorgebrachten Umstände die Leistung solcher Mehrstunden nicht bloss im Bereich des Möglichen liegt, sondern als annähernd sicher erscheint 4C.307/2006 (26.3.07) E. 3.2, 4A_293/2007 (15.1.08) E. 8.1; die Arbeitswegkosten geschätzt 4A_397/2016 (30.11.16) E. 5.2 f.; die Entreicherung geschätzt, die ein Arbeitgeber durch Lohnzahlungen erlitt, für die er keine Gegenleistung erhielt 4A_15/2007 (27.6.07) E. 6; die täglichen Überstunden geschätzt 4A_178/2017 (14.6.18) E. 3; die Höhe der Auslagen des Arbeitnehmers geschätzt 4A_533/2018 (23.4.19) E. 6.3; der Vorteil geschätzt, den sich der Geschädigte anrechnen lassen musste (compensatio lucri cum damno) 128 III 22/28 Pra 2002 (Nr. 74) 438; der Gewinn geschätzt, den ein Patentverletzer gestützt auf Art. 423 Abs. 1 herauszugeben hatte 134 III 306/309 E. 4.1.2; in einem aktienrechtlichen Verantwortlichkeitsprozess die Vergrösserung der Verschuldung geschätzt 4P.196/2006 (10.5.07) E. 3.3.3 fr.; die Möglichkeit einer Schätzung des künftig entgehenden Gewinns bejaht 4A_651/2015 (19.4.16) E. 3; der Anspruch auf den Anteil einer Investition geschätzt 4A_270/2018 (2.11.18) E. 3.2.2; die Höhe der geltend gemachten Auslagen einer Kommissionärin geschätzt 4A_258/2018 (14.11.18) E. 4. – Die Bestimmung ist auch auf Art. 46 und Art. 47 4C.283/2005 (18.1.06) E. 2.1 fr. sowie auf *zukünftige Nachteile* zugeschnitten, die der Betroffene wegen der schädigenden Handlung (z.B. Verletzung in den persönlichen Verhältnissen) voraussichtlich noch erleiden wird 86 II 41/45 E. b, 114 II 253/256 E.a. Dabei hat der Richter für die Abschätzung einen weiten Spielraum 89 II 56/62 E. 3 Pra 1963 (Nr. 97) 290 f. Nicht gestattet ist es demzufolge, die Klage zur Zeit abzuweisen oder ihre Beurteilung zu verzögern, weil der Umfang des Schadens von künftigen Ereignissen abhängt und daher noch nicht mit Sicherheit ermittelt werden kann; ausnahmsweise kann eine Abänderung des Urteils vorbehalten werden

95 II 255/262 f. E. 6. – Abzugrenzen ist die Schätzung eines künftigen Gewinns von der (vom Bundesgericht abgelehnten) Theorie der «perte d'une chance» (Verlust einer Chance) 4A_227/2007 (26.9.07) E. 3.5.4 fr., die darauf angelegt ist, in Fällen unsicherer natürlicher Kausalität eine Entscheidung im Sinne eines Alles oder Nichts abzuwenden, indem sie schon die blosse Wahrscheinlichkeit, dass der Geschädigte einen Gewinn erzielt hätte oder dass eine Verminderung seines Vermögens ausgeblieben wäre, als ersatzfähigen Schaden konzipiert 4A_227/2007 (26.9.07) E. 3.5.3 fr.

Schadenseintritt. Ihrem Gegenstand nach kann sich die richterliche Schätzung auch auf das Vorhandensein eines Schadens, nicht nur auf dessen Höhe beziehen 4A_271/2016 und 4A_291/2016 (16.1.17) E. 3.2 (n.p. in 143 III 106), 132 III 379/381 E. 3.1, Pra 2001 (Nr. 118) 703 E. 2a, Pra 1997 (Nr. 170) 921 E. 8a (n.p. in 123 III 306), 122 III 219/221 E. 3a Pra 1997 (Nr. 38) 213, 95 II 481/501 E. 12a. Ein Schaden gilt als nachgewiesen, wenn die Akten genügende Anhaltspunkte bieten, die nach dem gewöhnlichen Lauf der Dinge auf sein Vorhandensein (Eintritt und Ausmass 122 III 219/225 E. 4) schliessen lassen 93 II 453/458 Pra 1968 (Nr. 111) 403; diese Schlussfolgerung muss sich dem Richter jedoch mit einer gewissen Überzeugungskraft (hohe Wahrscheinlichkeit 87 II 364/374, im Sinne einer «quasi certitude» 4C.190/2000 [10.11.00] E. 6c, annähernd sicher 122 III 219/222 E. 3a, Pra 2001 (Nr. 118) 704 E. 3a, 132 III 379/381 E. 3.1, mit überwiegender Überzeugungskraft 4C.276/2000 [8.2.01] E. 1b) aufdrängen 4A_116/2008 (13.6.08) E. 3.2.2 (Reallohnentwicklung in einer bestimmten Branche), 95 II 481/501 f. E. 12a (schädigende Wirkung der satirischen Darstellung eines Reiseunternehmens verneint), Pra 2001 (Nr. 118) 703 E. 2a. Ob der Schadenseintritt wahrscheinlich ist, ist eine Tatfrage; welcher Grad der Wahrscheinlichkeit zu verlangen ist, ist eine Rechtsfrage 131 III 360/364 Pra 2006 (Nr. 18) 131. Ob der erforderliche Grad der Wahrscheinlichkeit erreicht ist, ist also eine durch das Bundesgericht überprüfbare Rechtsfrage 122 III 219/222 E. 3b Pra 1997 (Nr. 38) 214, 4C.305/2000 (22.3.01) E. 4 fr., während eine tatsächliche Feststellung vorliegt, insoweit das Sachgericht die an Sicherheit grenzende bzw. überwiegende Wahrscheinlichkeit des Vorliegens des geltend gemachten Schadens aufgrund der Würdigung von Beweisen und konkreten Umständen bejaht oder verneint 4C.163.2000 (5.1.01) E. 6a, 4C.377/2002 (19.5.03) E. 4.1 fr., siehe auch 130 III 321 (zum Beweismass hinsichtlich des Eintritts des Versicherungsfalls, VVG Art. 39). Hat sich das Gericht einmal eine Überzeugung gebildet, kommt Art. 42 Abs. 2 nicht mehr zum Tragen 4C.80/2001 (19.6.01) E. 4a fr. – Wird die Schwierigkeit, im Klagebegehren genaue Angaben über den Schaden zu machen, durch das Beweisverfahren behoben und lässt sich der Schaden nachher überblicken, so kann vom Geschädigten auch nach den allgemeinen Beweisregeln des Bundesrechts (ZGB Art. 8 und Art. 42 Abs. 1) verlangt werden, dass er den Schaden alsdann beziffert 113 II 323/343. Zur Möglichkeit der unbezifferten Forderungsklage vgl. ZPO Art. 85. 8

Schadenshöhe. Bei der Schätzung der Schadenshöhe ist im Interesse einer rechtsgleichen Anwendung des Haftpflichtrechts und überschaubarer Berechnungen nach einfachen und klaren Kriterien zu suchen 132 III 321/339 E. 3.7.2.2. Geschätzt wurde die Höhe des Schadens zum Beispiel: bei widerrechtlichen Möbelverkäufen 113 II 190/202 E. 2; bei Fluorimmissionen in Aprikosenplantagen 109 II 304/313 f. E. 6, 7 fr.; hinsichtlich der Zunahme des Aufwands, der aufgrund der künftigen Reallohnentwicklung mit einer 9 entgeltlichen Haushaltshilfe verbunden wäre 132 III 321/340 (in casu jährlich 1%); beim verhinderten Übertritt eines Fussballspielers in einen andern Club 102 II 211/223 E. d fr.; bei der Entweichung eines Häftlings aus der Anstalt 106 IV 378/384 E. 6c–e; beim unfallbedingten Erwerbsausfall eines Anwaltes 97 II 216/219 f.; bei der Patentnachahmung 98 II 325/334 E. c fr.; beim unlauteren Wettbewerb 79 II 409/422 f. E. 5; bei der Verletzung von ZGB Art. 404 Abs. 2 74 II 76/80 f. E. 5; in Verbindung mit ZGB Art. 674 Abs. 3 und 679 82 II 397/399 f. E. 4; teilweise bei einer culpa in contrahendo 105 II 75/81 f. E. 3; bei der Ermittlung des Ausfalls nach Art. 337c Abs. 1 4C.100/2001 (12.1.01) E. 6d fr.; bei der Schätzung eines Verlustes aus der Schlechterfüllung eines Vermögensverwaltungsauftrages 4A_351/2007 (15.1.08) E. 3.3.2 fr., 4A_548/2013 (31.3.14) E. 4.3 fr.; bei Verlust aus Vermögensanlage die Entwicklung des hypothetischen, vertragsgemäss geführten Wertschriftendepots 4C.18/2004 (3.12.04) E. 2, 4C.295/2006 (30.11.06) E. 5.2.2, nicht aber, wenn die klägerischen Vorbringen allgemein und unbestimmt sind 4A_254/2008 (18.8.08) E. 2.3.2 (Verletzung der Substanziierungsobliegenheit). – Angezeigt ist die Schätzung auch hinsichtlich der künftigen Erwerbssituation einer Person, die einer unbezahlten Tätigkeit nachging, oder im Falle eines ausschliesslich ästhetischen Mangels 4C.184/2005 (4.5.06) E. 4.2.1. Schadensschätzung abgelehnt aber im Zusammenhang mit unlauterer Wirtschaftsberichterstattung 122 III 219/224 E. 4 (im konkreten Fall kam der Kläger seiner Substanziierungsobliegenheit nicht nach, und die allgemeine Lebenserfahrung liess nicht ohne Weiteres auf einen Schaden schliessen). Zum Stellenwert eines Gutachtens über die Erschwerung des wirtschaftlichen Fortkommens 4C.167/2000 (28.9.00) E. 4 fr. – *Vertrauensschaden des Bauherrn:* Haftung des Architekten für Vertrauensschaden bei Überschreitung des Kostenvoranschlages: Existenz und Ausmass des subjektiven Vorteils (Differenz zwischen dem objektiven Wert der Baute und dem subjektiven Nutzen für den Bauherrn) bedürfen als Teil der Schadensbemessung richterlicher Schätzung gemäss Art. 42 Abs. 2 122 III 61/65 E. bb, 4C.300/2001 (27.2.02) E. 3b fr.

10 **Substanziierungslast.** Der Geschädigte kann nicht ohne nähere Anhaltspunkte gestützt auf Art. 42 Abs. 2 Ersatzforderungen in irgendwelcher Höhe stellen 144 III 155/160 E. 2.3, 143 III 297/323 E. 8.2.5.2, 4A_6/2019 (19.9.19) E. 4.3, 4A_27/2018 (3.1.19) E. 2.2.3, 4A_462/2017 (12.3.18) E. 6.2.4, 4A_651/2015 (19.4.16) E. 3, 4C.283/2005 (18.1.06) E. 2.1 fr., 131 III 360/364 Pra 2006 (Nr. 18) 131; vielmehr trifft ihn die Pflicht (die Substanziierungsobliegenheit 122 III 219/221 E. 3a), alle Umstände, die für den Eintritt eines Schadens sprechen und dessen Abschätzung erlauben oder erleichtern, soweit möglich und zumutbar nach Art. 42 Abs. 1 und ZGB Art. 8 zu behaupten und zu beweisen 144 III 155/160 E. 2.3, 122 III 219/221 E. 3a, 98 II 34/37 E. 2. Die vom Geschädigten vorgebrachten Umstände müssen geeignet sein, den Bestand des Schadens hinreichend zu belegen und seine Grössenordnung hinreichend fassbar werden zu lassen; der Schluss, dass tatsächlich ein Schaden vom behaupteten ungefähren Umfang eingetreten ist, muss sich dem Gericht mit einer gewissen Überzeugungskraft aufdrängen. Der Geschädigte trägt nach wie vor die Beweislast, doch sind Behauptungs- und Substanziierungslast eingeschränkt 143 III 297/323 E. 8.2.5.2, 122 III 219/221 E. 3a, 98 II 34/37 E. 2, 4A_27/2018 (3.1.19) E. 2.2.1; vgl. ferner 131 III 360/363 E. 5.1 Pra 2006 (Nr. 18) 130 (Schätzung eines künftigen Erwerbsausfalls), 122 III 463/468 E. 5c/cc (Berücksichtigung von Elementen, die ausserhalb der Lizenzanalogie stehen), 4C.439/1998 (5.12.00) E. 2a Pra 2001

(Nr. 118) 703, 122 III 219/221 E. 3a, 98 II 34/37 E. 2, 111 II 76, 4A_6/2019 (19.9.19) E. 4.3, 4A_175/2018 (19.11.18) E. 4.1.1, 4A_271/2016 (16.1.17) E. 3.2 (n.p. in 143 III 106); s. sodann 4C.340/1999 (31.1.00) E. 4a, 4C.278/1999 (13.7.00) E. 3b/aa fr., 4C.160/2001 (18.12.01) E. d/bb (Ersatzforderung aus aktienrechtlicher Verantwortlichkeit), 4C.215/2001 (15.1.02) E. 4a (vorprozessuale Anwaltskosten), 4C.180/2002 (26.8.02) E. 2.4, 4C.365/2002 (14.3.03) E. 4.2 it. (Ersatzforderung aus Art. 377), 4C.169/ 2006 (16.5.07) E. 7.1 fr. (Anhaltspunkte für das Vorliegen eines Schadens aus falscher Darstellung in einem Presseorgan), 4A_254/2008 (18.8.08) E. 2.3.2 (Verlauf eines hypothetischen, vertragsgemäss geführten Wertschriftendepots), 4C.468/2004 (27.10.05) E. 3.1, 4A_462/2017 (12.3.18) E. 6.2.4 (Sorgfaltspflichtverletzung des Anwalts), 4A_382/ 2015 (4.1.16) E. 12.1 (Substanziierung des Valideneinkommens). Diese Obliegenheit trifft den Geschädigten auch dann, wenn der Nachweis mit Schwierigkeiten verbunden ist 4C.74/2005 (16.6.05) E. 5.1 fr. Der Richter setzt den Schaden (nach seinem Tatbestandsermessen) fest, wenn ihm die Partei, welche die Beweislast trägt, alle diesbezüglichen Tatsachenelemente geliefert hat Pra 1997 (Nr. 170) 921 E. 8a (betreffend Erwerbsausfall, unveröffentl. Erwägung zu 123 III 306), 120 II 296/301 E.c. Pra 1996 (Nr. 79) 230. So hat, wer entgangenen (hypothetischen) Gewinn geltend macht, darzulegen, welchen Nettogewinn er aus den ihm entgangenen Geschäften erzielt hätte; die für seine eigenen Leistungen normalerweise anfallenden, aber mangels Abschlusses der Geschäfte nicht getätigten Aufwendungen sind dabei vom hypothetischen Umsatz als hypothetische Aufwendungen in Abzug zu bringen 4C.225/2006 (20.9.06) E. 2.4, 4A_293/2007 (15.1.08) E. 8.1; wer Schadenersatz für entgangene Verwendung eines Geräts beansprucht, muss behaupten und beweisen, dass aus der Weitervermietung des Geräts ein Gewinn erzielt worden wäre 4A_691/2014 (1.4.15) E. 6 fr. Wenn der Vermögensstand notwendigerweise auf einer Hypothese beruht (in casu pflichtgemässe bzw. rechtzeitige Konkursanmeldung), hat eine Schadensschätzung nach Art. 42 Abs. 2 im Rahmen der richterlichen Rechtsanwendung von Amtes wegen zu erfolgen 136 III 322/329 E. 3.4.5, 4A_214/2015 (8.9.15) E. 3.2.1 fr. Genügt der Geschädigte dieser Substanziierungslast nicht, indem er dem Gericht die für die Schätzung notwendigen Tatsachen liefert, kann Art. 42 Abs. 2 nicht angewendet werden, selbst wenn feststeht, dass ein Schaden eingetreten ist 4A_651/2015 (19.4.16) E. 3, 4A_691/2014 (1.4.15) E. 6 fr. Ein Kanton darf nicht auf einer ziffernmässigen Substanziierung bestehen, wo der Schaden ziffernmässig nicht nachweisbar und deshalb nach Art. 42 Abs. 2 zu schätzen ist 4C.198/2001 (3.12.01) E. 9a/aa. Eine genaue Substanziierung des Schadens darf also in Fällen, für die Art. 42 Abs. 2 gilt, durch kantonales Recht nicht verlangt werden, da so der Zweck der bundesrechtlichen Bestimmung vereitelt würde 97 II 216/218 E. 1, 108 II 337/341, vgl. auch 111 II 295/303 E.b. Zulässig ist hingegen eine verfahrensrechtliche Obliegenheit, den Schaden rahmenmässig zu beziffern 77 II 184/187 f. E. 10, vgl. auch 112 Ib 334/335 f. E. 1. Eingehend zur hinreichenden Substanziierung des Schadens 4C.207/2001 (3.1.02) E. 1b sowie zur Funktion des kantonalen Prozessrechts, zwar nicht die vom materiellen Bundesrecht bestimmte Substanziierung, aber doch (unter anderem) die Sammlung des Prozessstoffs zu regeln 4C.351/2000 (20.7.01) E. 3c. Eine Frage des kantonalen Rechts ist es, wie weit die Parteien die ihre Ansprüche begründenden Tatsachen vorzubringen haben (vgl. nun ZPO Art. 229) und wie weit der Richter nicht vorgebrachte Tatsachen von sich aus berücksichtigen darf (vgl. nun ZPO Art. 55 Abs. 1) 131 III 360/364 Pra 2006 (Nr. 18)

131. – Bundesrechtliche Voraussetzungen einer *Feststellungsklage* 114 II 253/255 ff. E. 2; neu ZPO Art. 88. Die Substanziierungsobliegenheit gilt unvermindert auch für den Fall, in dem zwar die Existenz eines Schadens, nicht aber dessen Umfang sicher ist 4A_6/2019 (19.9.19) E. 4.3, 4A_481/2012 (14.12.12) E. 4, 4A_154/2009 (8.9.09) E. 6. Liefert die geschädigte Person nicht alle im Hinblick auf die Schätzung des Schadens notwendigen Angaben, ist eine der Voraussetzungen von Art. 42 Abs. 2 nicht gegeben und die Beweiserleichterung kommt nicht zum Zuge 144 III 155/160 E. 2.3, 4A_6/2019 (19.9.19) E. 4.3 (wo die Vorinstanz aus der allgemeinen Erkenntnis, dass die Pflegebedürftigkeit bei querschnittgelähmten Personen mit dem Alter zunimmt, abgeleitet hat, dass die Beschwerdegegnerin im Alter von 50 Jahren täglich zwei Stunden, im Alter von 60 Jahren täglich vier Stunden und im Alter von 70 Jahren eine vollständige Pflege braucht; das Bundesgericht hielt fest, aus der allgemeinen Erkenntnis der zunehmenden Pflegebedürftigkeit könne nicht rechtskonform abgeleitet werden, die Beschwerdegegnerin werde in einem bestimmten Alter in einem bestimmten Ausmass pflegebedürftig sein), 4A_449/2017 (26.2.18) E. 4.1, 4A_129/2017 (11.6.18) E. 7.1 fr., 4A_431/2015 (19.4.16) E. 5.1.2 fr., 4A_113/2017 (6.9.17) E. 6.1.3.

11 **Verjährung.** Ist eine genaue Bezifferung nicht möglich oder nicht zumutbar, so besteht von Bundesrechts wegen ein Anspruch auf eine unbezifferte Klage, die alsdann für den ganzen nach richterlichem Ermessen festzusetzenden Schaden fristwahrend wirkt 126 II 97/101 E. 2d, vgl. auch 119 II 339/340 E. 1c/aa fr., 116 II 215/219 E. 4a; siehe neu zur unbezifferten Forderungsklage ZPO Art. 85.

12 ***Abs. 3*** **Affektionswert.** Qualifikation eines Pferdes, das in einiger Distanz vom Wohnort seines Halters gehalten wird, von diesem oder dessen Familie aber selber gepflegt wird, so wie diese ein im Haus (oder unmittelbar daneben) lebendes Haustier täglich selber versorgen würden, als ein «im häuslichen Bereich» gehaltenes Tier 143 III 646.

III. Bestimmung des Ersatzes

Art. 43

[1] Art und Grösse des Ersatzes für den eingetretenen Schaden bestimmt der Richter, der hiebei sowohl die Umstände als die Grösse des Verschuldens zu würdigen hat.

[1bis] Im Falle der Verletzung oder Tötung eines Tieres, das im häuslichen Bereich und nicht zu Vermögens- oder Erwerbszwecken gehalten wird, kann er dem Affektionswert, den dieses für seinen Halter oder dessen Angehörige hatte, angemessen Rechnung tragen.

[2] Wird Schadenersatz in Gestalt einer Rente zugesprochen, so ist der Schuldner gleichzeitig zur Sicherheitsleistung anzuhalten.

1 Die Bestimmung ist zwar (wie Art. 44) von Amtes wegen anzuwenden 111 II 156/161 E. 4, was die Parteien aber nicht davon befreit, ihre tatsächlichen Behauptungen korrekt in den Prozess einzubringen 4C.365/2000 (11.1.00) E. 2; vgl. ZPO Art. 55 Abs. 1. Sie legt nur die

Festsetzung des Umfanges und der Art des Schadenersatzes unter Berücksichtigung des Verschuldens und der Umstände in das freie Ermessen des Richters; sie begründet den Grundsatz der freien Beweiswürdigung nicht auch in Bezug auf die übrigen Elemente, die für die Festsetzung der Haftung massgebend sind 54 II 192/196 f. fr. – Inhalt und Mass der Schadenersatzpflicht bestimmen sich nach den Verhältnissen zur Zeit des Urteils und nicht der Klageerhebung 52 II 235/268. Als Urteilstag gilt der Tag des Urteils derjenigen kantonalen Instanz, bei welcher prozessual zulässig noch neue Tatsachen vorgebracht oder berücksichtigt werden können 77 II 152/153, auch 125 III 14/17 E. 2c. – Eine konstitutionelle Prädisposition des Verunfallten kann als mitwirkender Zufall zu einer Kürzung des Ersatzanspruches führen und sowohl die Schadensberechnung (Art. 42) wie auch die Schadenersatzbemessung (Art. 43/44) beeinflussen 113 II 86/88 ff. E. 1, 3, 131 III 12/13 E. 4, vgl. auch 4C.416/1999 (22.2.00) E. 2a Pra 2000 (Nr. 154) 921, zur Relevanz der Unterscheidung hinsichtlich des Quotenvorrechts, das die geschädigte Person vor den nachteiligen Folgen eines ungedeckten Schadens bewahren will 131 III 12/14, 4C.75/2004 (16.11.04) E. 4.2 fr., 4A_307/2008 (27.11.08) E. 2.1.2. – Anwendbarkeit auf die Haftung aus der Führung des Grundbuchs (ZGB Art. 955 Abs. 1) 110 II 37/40 E. 4; auf die Haftung nach aAFG Art. 49 Ziff. 1112 II 172/190 E.d. Die Bestimmung war sodann auf Entschädigungsleistungen gemäss aZGB Art. 151 anwendbar, jedoch nicht auf die Erfüllung der Unterhaltspflicht gegenüber Kindern 107 II 396/400 E.b. Nicht unmittelbar anwendbar auf die Erfüllung einer vertraglichen Obligation (in casu Zahlung einer Rente als Vertragsgegenstand) 111 II 260/262 E. 2a fr. Keine analoge Anwendung auf die Kürzung des Lohnanspruchs des Arbeitnehmers bei beidseitig verschuldeter Unmöglichkeit der Leistung 114 II 274/277 f. E. 4. Umgekehrt können die (dort nicht abschliessend genannten) Kriterien in Art. 321e Abs. 2 der Bestimmung des Ersatzes zugrunde gelegt werden 4C.87/2001 (7.12.01) E. 4b fr.

Abs. 1 **Allgemeines.** Gemäss Art. 99 Abs. 3 ist Art. 43 grundsätzlich auch auf die Schadenersatzpflicht aus Vertrag anzuwenden (in casu Haftung aus Art. 101) 99 II 176/183 E. 3, 4C.186/1999 (18.7.00) E. 5a. – Zur Anwendung im externen Verhältnis der unechten Solidarität 127 III 257/265 E. b; bei differenzierter Solidarität (Art. 759 Abs. 1), bei der sich der Umfang der Ersatzpflicht eines solidarisch Haftenden auch im Aussenverhältnis individuell bestimmt 132 III 564/577 E. 7, 4C.358/2005 (12.2.07) E. 5.5.1. – Analoge Anwendbarkeit auf die Regelung von: Art. 54 122 III 262/267 E. 2a/aa; Art. 266g 122 III 262/267 E. 2a/aa; Art. 377 117 II 273/277 f. E. 4 b (teilweise Praxisänderung). Nach Art. 43 kann z.B. auch die Ersatzforderung gemäss Art. 269 berechnet werden 61 II 259/261 f. E. 3a. – Der unbezifferte Berufungsantrag, nur eine nach richterlichem Ermessen herabgesetzte Schadenersatzsumme zuzusprechen, genügt an sich nicht (aOG Art. 55 Abs. 1 lit. b) 99 II 176/180 f. E. 2; gleiches dürfte unter dem BGG gelten. 2

Art des Ersatzes. Das Gericht hat nicht nur die Grösse, sondern auch die Art des Schadenersatzes zu bestimmen 4C.471/2004 (24.6.05) E. 3.3.1 (Obligationen statt Geldersatz). Auch liegt es im Ermessen des Richters, den Haftpflichtigen zu Schadenersatz gegen Herausgabe eines Gegenstandes (in casu gekaufte Aktien) 99 II 176/183 E. 3 oder gegen Abtretung einer Konkursdividende 111 II 164/166 ff. E. 1, 3 zu verurteilen anstatt nur zur Zahlung einer Wertdifferenz. Der Geschädigte hat grundsätzlich die *Wahl* zwischen Kapitalabfindung und (indexierter) Rente 125 III 312/321 E. 6c (Änderung der 3

Rechtsprechung, anders noch 117 II 609/625 f. E. c, wonach der Ersatz für Dauerschaden grundsätzlich in Form einer Kapitalsumme zuzusprechen war). Im Gegensatz dazu die ältere Rechtsprechung, nach der das Gericht (ohne Bindung an die Parteianträge 117 II 609/626 E. 10c) nach den konkreten Umständen und den Bedürfnissen des Anspruchsberechtigten abzuwägen hat, ob eine Rente oder die Kapitalabfindung besser geeignet ist, die Ersatzfunktion zu erfüllen, die darin besteht, möglichst den wirtschaftlichen Zustand vor dem schädigenden Ereignis wiederherzustellen 54 II 294/296 E. 2. Rente und Kapitalabfindung können auch verbunden werden 54 II 294/297 E. 3, vgl. auch 116 II 86/89 f. E. 4a (in casu unzulässige Begrenzung der Rentendauer). Von einer Rentenentschädigung ist in der Regel abzusehen, wenn die verursachte körperliche Schädigung die Prognose für die Lebensdauer des Verletzten ungünstig erscheinen lässt 53 II 419/428 E. 3d. – Für die *Kapitalisierung* zukünftiger Schäden infolge Verdienstausfalls oder Verlusts des Versorgers (Rente auf zwei verbundene Leben 81 II 38/46 E. 3a Pra 1955 [Nr. 61] 196 f.) sind die Barwerttafeln von Stauffer/Schaetzle anwendbar, sofern nicht die Umstände des konkreten Falles (vgl. z.B. 100 II 352/357 f. E. 6 Pra 1975 [Nr. 34] 92 f.) eine genauere Schätzung der Verdienst- bzw. Unterstützungsdauer erlauben 86 II 7/12 f. E. e Pra 1960 (Nr. 67) 196. Der Schaden aus bleibender Invalidität wird auf den Urteilstag, der Versorgerschaden auf den Zeitpunkt des Todes des Versorgers kapitalisiert 84 II 292/301 f., ein Abzug (in casu 5%) für den möglichen Tod zwischen Todes- und Kapitalisierungszeitpunkt ist bei der Kapitalisierung per Todeszeitpunkt nicht zulässig 4A_370/2009 (5.7.10) E. 7.2 fr. Hängt der Schaden von der Dauer der wirtschaftlichen Aktivität des Verletzten oder des Versorgers ab, so ist zur Errechnung des Barwertes dieses Verlustes auf die Aktivitätstabellen abzustellen 86 II 7/12 E. e Pra 1960 (Nr. 67) 196, 113 II 323/336 f. E. a, 113 II 345/349 E. a, vgl. auch 116 II 295/297 E. 3c sowie Pra 1995 (Nr. 172) 553 f. E. 4. Für die Berechnung des Gegenwartswertes einer lebenslänglichen Rente sind hingegen die Mortalitätstabellen massgebend 86 II 154/155 Pra 1960 (Nr. 144) 402. Der Invaliditätsschaden ist ein künftiger Schaden und ab dem Tag seiner Kapitalisierung zu verzinsen; dieser Tag fällt gewöhnlich mit dem Urteilstag zusammen 123 III 115/119 E. 9a fr. (in casu aber Rückbezug), 4C.170/2005 (9.11.05) E. 5. Kapitalisierung des zukünftigen Erwerbsausfalls nach Tafel 19 von Stauffer/Schaetzle im Fall einer unselbständig erwerbstätigen, 45-jährigen Frau 123 III 115/116 ff. E. 6 fr. Bei der Anwendung der Barwerttafeln sind in runden Zahlen ausgedrückte Entschädigungen zuzusprechen und die genauen Ergebnisse der Berechnungen abzurunden 86 II 7/12 E. e Pra 1960 (Nr. 67) 196. Für die Bestimmung des Kapitalisierungskoeffizienten ist das Alter massgebend, das dem Datum des Geburtstages am nächsten liegt 96 II 355/367 E. a Pra 1971 (Nr. 44) 145. Bei der Berechnung des Barwertes einer aufgeschobenen Rente ist ein entsprechender Abzug vorzunehmen 77 II 152/153 oder der Fälligkeitstermin hinauszuschieben 70 II 136/140 f. E. 3 fr. Auf die Kapitalabfindung des Versorgerschadens ist bis zum Urteilstag ein Schadenszins von 5% geschuldet 84 II 292/302, 101 II 346/352 f. E. 3c Pra 1975 (Nr. 264) 745, wobei es sich bei diesem aus analoger Anwendung des Art. 73 gewonnenen Zinsfuss um eine widerlegbare Vermutung handelt und dem Geschädigten der Nachweis eines grösseren Schadens offensteht 131 III 12/24 E. 9.4. Zur Kapitalisierung siehe auch unter Art. 45 Abs. 3 und 46 Abs. 1.

4 ***Kapitalisierungszinsfuss.*** Für die Kapitalisierung der Rente ist ein Zinsfuss von 3,5% anwendbar; massgebend ist nicht die momentane Lage auf dem Geldmarkt, sondern

ihre mutmassliche Entwicklung auf lange Sicht 96 II 446/446 f. E. 6d Pra 1971 (Nr. 167) 527 f. Der Schaden ist erst ab dem Urteilszeitpunkt mit 3,5% zu kapitalisieren, während die bis zum Urteilszeitpunkt geschuldeten Beträge nicht zu kapitalisieren, sondern zu addieren und auf den mittleren Verfall zu verzinsen sind. Der Schadenszins von 5% ist somit bis zum Urteilszeitpunkt aufzurechnen und die Beträge sind erst ab diesem Zeitpunkt mit 3,5% zu kapitalisieren 4C.178/2005 (20.12.05) E. 5.4. Entgegen früherer Entscheide (vgl. 117 II 609/628 f. E. 12b/bb) ist die Geldentwertung bei der Kapitalisierung zu berücksichtigen. Demnach hat der Kapitalisierungszinsfuss grundsätzlich dem Ertrag zu entsprechen, der sich auf dem Schadenersatzkapital real erzielen lässt (Realertrag) 125 III 312/317 E. 5a, 4C.349/2006 (22.1.07) E. 4.2, wobei ein Realertrag von 3,5% mit zumutbaren Anlagen in absehbarer Zukunft erreichbar erscheint 125 III 312/322 E. 7. Einlässlich zu diesem Kapitalisierungszinsfuss und den Faktoren, die bei seiner Bemessung in Rechnung zu stellen sind (Kapitalertrag und Geldentwertung) 125 III 312 (grundlegende Überprüfung der Rechtsprechung unter Beibehaltung dieses Zinsfusses), Pra 1999 (Nr. 171) 894 E. 4 (in casu keine Erhöhung des Zinsfusses bei Umzug nach Italien), bestätigt durch 4C.3/2004 (22.6.04) E. 2 Pra 2005 (Nr. 20) 150, wonach auch die Herabsetzung des BVG-Mindestzinssatzes daran nichts ändert, da dieser Zinssatz mindestens alle zwei Jahre überprüft und wenn nötig vom Bundesrat angepasst wird. Diese Flexibilisierung ist im Bereich der Schadensberechnung wegen der erforderlichen Rechtssicherheit nicht möglich (E. 2.2), auch 4C.178/2005 (20.12.05) E. 5.1, 4C.263/2006 (17.1.07) E. 5.1. Allenfalls ist zu berücksichtigen, dass der Kapitalisierungszinsfuss mehr oder weniger den Anstieg des Indexes der Lebenshaltungskosten bis zum Ablauf der Rentendauer ausgleicht 101 II 346/353 E. 3 Pra 1975 (Nr. 264) 746.

Der Haftende kann auch zu ***Naturalersatz*** verpflichtet werden 4C.377/2002 (19.5.03) 5
E. 2.3 (Transfer eines Domain-Namen), 107 II 134/139 E. 4 (Wiederherstellung des ursprünglichen Zustandes des geschädigten Grundstücks; vgl. auch 111 II 24), 110 II 183/187 f. E. 3 Pra 1984 (Nr. 178) 492 (in casu Goldbarren), 129 III 331/334 (Naturalrestitution in Form von Geldersatz bei einem Baumschaden), 4C.471/2004 (24.6.05) E. 3.3.1 (Obligationen statt Geldersatz, in casu abgelehnt), 4C.87/2007 (26.9.07) E. 5.2 (zum Abzug «Neu für alt» im Zusammenhang mit dem Einbau neuwertiger Baustoffe), siehe auch 4C.261/2006 (1.11.06) E. 3.2. Eine besondere Form der Wiedergutmachung eines Schadens kann die Veröffentlichung des Urteils darstellen 92 II 257/269 E. 9.

Faktoren der Schadenersatzbemessung. ***Grundsatz.*** Aus der Differenztheorie des 6
Schadens ergibt sich, dass der Schädiger grundsätzlich vollen Ersatz zu leisten hat, demnach der Schaden in seinem gesamten Ausmass zu berücksichtigen ist 127 III 73/78 E. 5c/cc Pra 2001 (Nr. 100) 598 (haftpflichtrechtlicher Grundsatz des vollen Ausgleichs wirtschaftlicher Einbusse E. 5f, auch 125 III 312/321 E. 7). Die Bestimmung ermächtigt das Gericht nicht, von einer korrekten Schadensberechnung abzusehen; der Schaden ist vielmehr auch dort zunächst ziffernmässig so genau wie möglich zu bestimmen, wo der Ersatz unter Berücksichtigung der Besonderheiten des Einzelfalls bemessen wird 127 III 73/80 E. 5e Pra 2001 (Nr. 100) 599. Zudem ist der Ersatz unabhängig von der Verwendung des Betrages durch den Geschädigten zu bemessen 108 II 422/428 E. 3 Pra 1983 (Nr. 30) 77, Pra 1999 (Nr. 171) 891 E. 2.

7 ***Verschulden.*** Der Grad des Verschuldens kann nur dann zu einer Ermässigung der Ersatzpflicht führen, wenn dem Schädiger bloss leichte Fahrlässigkeit zur Last fällt 4A_260/2007 (4.9.07) E. 7.2, 4C.198/2000 (28.9.00) E. 5a fr., 4C.365/1999 (11.1.00) E. 1a, 92 II 234/240 E. 3b, 91 II 291/297, grundlegend 82 II 25/31 E. 3. Dies trifft zu, wenn kein Verstoss gegen geradezu elementarste, sich jedem vernünftigen Menschen gebieterisch aufdrängende Gebote der Sorgfalt vorliegt 96 II 172/177. Bei der Beurteilung der Schwere des Verschuldens sind nicht nur die objektiven Umstände der Tat, sondern auch die subjektiven Eigenschaften des Urhebers zu berücksichtigen, insbesondere hinsichtlich der Urteilsfähigkeit 4C.260/2003 (6.2.04) E. 5.1 it. (SVG Art. 59). Ist das Verschulden von Kindern zu würdigen, so ist daher nicht nur ihr Verhalten, sondern auch ihr Alter in Betracht zu ziehen. Ihr Alter ist zunächst für die Frage, ob überhaupt Urteilsfähigkeit und Verschulden gegeben sind, und dann auch beim Entscheid über den Grad des Verschuldens von Bedeutung 111 II 89/90 f. E. 1a Pra 1985 (Nr. 155) 450 f. Eine eigentliche Skala der Ersatzbemessung je nach Verschuldensgrad lässt sich jedoch deshalb nicht erstellen, weil auch die neben dem Verschulden zu berücksichtigenden Faktoren das Resultat entscheidend zu beeinflussen vermögen (in casu Bemessung des Regresses nach aMO Art. 25) 111 Ib 192/199 f. E. 5a. – *Beispiele.* Infolge leichter Fahrlässigkeit herabgesetzt wurde die Ersatzpflicht: eines Schülers, der seinem Skilehrer nachgefahren war, eine Kurve verfehlt und einen auf dem nahen Weg stehenden Fussgänger angefahren hatte 82 II 25/31 E. 3; des Kantons, dessen Beamter ungenügende Massnahmen getroffen hatte, um die Ansteckung von Menschen durch kranke Schafe zu verhindern 89 I 483/497 E. a fr.; der Aktiengesellschaft (Bergbahn), deren Geschäftsführer die Sachlage falsch eingeschätzt hatte, als er eine Lawine auslösen liess 96 II 172/176 f. E. 3. – *Verweigert* wurde die Herabsetzung der Ersatzpflicht: weil ein geschäftskundiger Verwaltungsrat einen grossen Teil des Grundkapitals für hochspekulative Aktienkäufe verwendet hatte 99 II 176/181 E. a; weil ein Kranfachmann trotz ungenügender Schienenendsicherung die Demontage des Krans eingeleitet hatte 92 II 134/241; weil ein Baggerführer einen Bagger ungenügend befestigt und auf einem ungeeigneten Tiefgangwagen transportiert hatte 91 II 291/297 E. a; weil ein Anwalt eine Frist versäumt hatte 87 II 364/375 f. E. 3, vgl. auch 117 II 563/567 Pra 1992 (Nr. 185) 685 f.; weil die Kontrollstelle einer Aktiengesellschaft (heute: Revisionsstelle) ihre Pflichten verletzt hatte 93 II 22/30; bei einer absichtlichen Schädigung 99 II 228/237 E. 5. – Das Verschulden ist für die Bemessung des Ersatzes nur von Bedeutung, wenn es Voraussetzung der Ersatzpflicht ist, also nicht bei einer *Kausalhaftung* 97 II 221/228 E. 5, wo die Verletzung einer Sorgfaltspflicht, soweit eine einfache Kausalhaftung infrage steht, präsumiert wird 130 III 182/185 E. 4 (in casu Pauschalreisegesetz). Insofern kann die Haftung aus Art. 55 97 II 221/228 E. 5 oder aus Art. 56 Abs. 1 81 II 512/516 f. E. 3 nicht gemäss Art. 43 herabgesetzt werden. In Bezug auf die ausserhalb des Verschuldens liegenden Umstände steht hingegen der Anwendung von Art. 43 bei der Haftung aus Art. 55 57 II 36/46 oder aus ZGB Art. 333 49 II 439/446 nichts entgegen. Im Übrigen kann das Verschulden jedoch auch bei einer Kausalhaftung bewirken, dass ein allfälliges Selbstverschulden des Geschädigten an Gewicht verliert 97 II 339/345 E. 4, 111 II 429/442 ff. E. 3 it.

8 ***Umstände.*** Herabsetzungsgründe können als Umstände auch sein: die sog. Militärgefahr und die militärische Führung (in casu Bemessung des Regresses nach aMO Art. 25) 111 Ib 192/199 f. E. 5a; Elemente höherer Gewalt, welche zu wenig Gewicht haben, um

den adäquaten Kausalzusammenhang zu unterbrechen 109 II 304/312 E. 5 fr.; ein krasses Missverhältnis zwischen Schuld und Schaden 53 II 419/430, 59 II 364/370 fr.; ein Zufall, der die Entstehung oder Verschlimmerung des Schadens beeinflusst 89 I 483/497 f. E. c fr., vgl. auch 111 II 429/443 f. E. b it. – Infolge Zufalls wurde die Ersatzpflicht z.B. herabgesetzt, weil grosse Kälte die Nichtableitung giftiger Gase bewirkt und die ungenügende Isolierung des Kamins besonders gefährlich hatte werden lassen 57 II 104/110 f. E. 3; weil sich eine sehr unwahrscheinliche Ansteckungsgefahr verwirklicht hatte 89 I 483/497 f. E. c fr.; bei einer kaum voraussehbaren Verkettung von Umständen 40 II 274/277 E. a; weil die konstitutionelle Prädisposition des Geschädigten zu aussergewöhnlich schweren Folgen des schädigenden Ereignisses geführt hatte 80 II 348/353 f. Pra 1955 (Nr. 39) 126; weil – so die Vorinstanz – neben der schädigenden Handlung noch weitere Umstände ursächlich gewesen waren, insbesondere das ausgeprägte Vermeidungsverhalten der Geschädigten, deren bisher anscheinend unzweckmässige ärztliche Behandlung, namentlich die fragliche Diagnose von ADHS und die deshalb erfolglose Behandlung mit Ritalin, der Zufall der Entwicklung einer posttraumatischen Belastungsstörung an sich, die Umstände, welche die Beschwerdeführerin zur Kündigung gewisser Stellen veranlassten, sowie deren eingeschränkte Selbstdisziplin, regelmässig zur Arbeit zu erscheinen. Schliesslich habe auch die lange Verfahrensdauer die Geschädigte belastet. All diese Umstände konnten gemäss Vorinstanz nicht dem Haftpflichtigen angelastet werden, weshalb der Schadenersatz in Anwendung von Art. 43 aufgrund der schwachen Adäquanz bzw. dem Kürzungsfaktor Zufall angemessen zu reduzieren war; gemäss Bundesgericht hat die Vorinstanz ihren Ermessensspielraum nicht überschritten 4A_382/2015 (4.1.16) E. 12.5.1. – Während einfache konstitutionelle Schwächen mangels einer allgemeinen Eignung, einen Schaden herbeizuführen, als Herabsetzungsgründe ausser Betracht fallen, können eigentliche Anomalien sowie akut oder latent vorbestehende Leiden die Ansprüche des Verletzten schmälern; sie fallen unter den Begriff der konstitutionellen Prädisposition und gelten als mitwirkender Zufall, der die Bemessung des Schadenersatzes beeinflussen kann und daher auch haftpflichtrechtlich zu beachten ist, gleichviel ob sie als Mitursache des Unfalles anzusehen sind oder bloss dessen Folgen verschlimmern 113 II 86/90 (in casu Wirbelsäulenerkrankung des Geschädigten als rechtserhebliche Prädisposition), 4C.416/1999 (22.2.00) E. 2a Pra 2000 (Nr. 154) 921, 4C.75/2004 (16.11.04) E. 4.2 fr., vgl. auch 115 II 440/443, 123 III 110/115 E. 3c; hätte sich der krankhafte Vorzustand des Geschädigten ohne Unfall höchst wahrscheinlich nie manifestiert, rechtfertigt die konstitutionelle Prädisposition für sich allein eine Herabsetzung des Schadenersatzes nicht 4A_45/2009 (25.3.09) E. 4.2 fr. Zu einer Herabsetzung der Ersatzpflicht hat im Weiteren geführt: dass der Schädiger an sich im Interesse des Geschädigten handelte 89 I 483/497 E. b fr. oder diesem eine Gefälligkeit erwies 52 II 451/457, 127 III 446/448, 4C.26/2001 (11.7.01) E. 4b/bb Pra 2002 (Nr. 23) 113 (Überlassung eines Fahrzeuges aus Gefälligkeit); dass als Folge des rechtswidrigen Verhaltens zwar eine empfindliche Schädigung vorausgesehen werden konnte, aber eine Katastrophe, wie sie dann eingetreten ist, doch an der äussersten Grenze des Voraussehbaren lag 80 III 41/62; dass der Bedienungsmann, der den Bagger schuldhaft beschädigt hatte, dem Ersatzpflichtigen von der Geschädigten gegen Entgelt zur Verfügung gestellt worden war 91 II 291/298 E. 4. Als bedeutsame Umstände fallen auch die wirtschaftlichen und sozialen Verhältnisse beider Parteien in Betracht 104 II 184/188 E. 3a Pra 1978 (Nr. 234) 613, 4A_467/2010 (5.1.11) E. 3.4 fr.

Ein Versicherungsschutz des Pflichtigen kann indessen nicht dazu führen, dass die Haftung das allgemeine Mass übersteigt 113 II 323/328 E. c, vgl. auch 111 Ib 192/200 E.b.

9 ***Intensität der Schadensursache.*** Im Haftpflichtrecht kann der geringen Intensität einer Schadensursache im Zusammenspiel mit andern im Rahmen der Ersatzbemessung Rechnung getragen werden 123 III 110/115 E. 3c, 4A_74/2016 (9.6.16) E. 4.1, 4A_382/2015 (4.1.16) E. 12.5.2, 4C.402/2006 (27.7.07) E. 5.4. Auf diese Weise kann der Richter, der in einem Grenzfall zugunsten des Geschädigten zwar die Adäquanz bejaht, den Schadenersatz aber herabsetzt, eine ausgewogene Lösung finden 4A_74/2016 (9.6.16) E. 4.1, 4C.402/2006 (27.7.07) E. 5.4.

10 **Kein Herabsetzungsgrund** ist insbesondere das *Drittverschulden,* das einen Schädiger nur dann zu entlasten vermag, wenn es den adäquaten Kausalzusammenhang zwischen dessen Verhalten und dem Schaden unterbricht oder wenn und soweit es dessen Verschulden als gemindert erscheinen lässt 112 II 138/143 f. E. 4a fr., grundlegend 93 II 317/322 f. E. e, vgl. auch 113 II 323/331 E. b; s. sodann 4A_602/2018 (28.5.19), wonach sich nach Art. 43 die Haftung gegenüber dem Geschädigten nicht durch den Umstand verringert, dass auch andere Personen für denselben Schaden einzustehen haben. Für den zweiten Ausnahmefall ist kein Platz, wo das Verschulden des Dritten mit einer Kausalhaftung konkurriert 60 II 150/155 (vgl. auch 81 II 159/165 E. 3). Als Drittverschulden kann auch das Verschulden der Eltern des minderjährigen Geschädigten gelten 63 II 58/62. – Keine Herabsetzung rechtfertigte im Weiteren: die Selbstverwirklichung der Betriebsgefahr durch die Lenkerin 117 II 609/620 E. 5d; die Tatsache, dass der Schaden rein abstrakt möglicherweise ohnehin eingetreten wäre 96 II 172/178 f. E. b; dass der Richter die vorsorgliche Aufhebung der schädigenden Sperre ablehnte 99 II 228/237 E. 5; dass die regressierende Versicherungsanstalt für die Risikotragung eine Gegenleistung (Prämie) erhielt 96 II 172/179 E. c; dass eine freiwillige Zahlung zur Verhütung künftiger Schäden geleistet wurde 96 II 172/180 f. E. e; eine *Gefälligkeit* gegenüber Verwandten oder nahestehenden Personen, die das Alltägliche, das unter Menschen übliche Mass an Grosszügigkeit, an Freundlichkeit nicht übersteigt, 117 II 609/619 E. bb (in casu Überlassen des Fahrzeugs einem Familienmitglied zum Besuch von Verwandten). – Im Übrigen aber offengelassen, ob die Berücksichtigung der Gefälligkeit des Halters gegenüber Fahrgästen oder Fahrzeugentlehnern ungeachtet der Aufhebung des aSVG Art. 59 Abs. 3 als Umstand i.S.v. Art. 43 Abs. 1 zur Ermässigung der Ersatzpflicht führen könne 117 II 609/618 f. E. c (in casu Gefälligkeit verneint), in der Folge bejaht in 127 III 446/448. – Keine Berücksichtigung von *Drittleistungen,* die nicht unter dem Titel des Schadenersatzes/der Genugtuung erbracht werden, in der Opferhilfe 126 II 237/246 E. 6c/dd (in casu OHG Art. 14 Abs. 1).

11 **Vorteilsanrechnung.** Teils auch als compensatio lucri cum damno bezeichnet, z.B. 4A_351/2007 (15.1.08) E. 3.5 fr., 4A_227/2007 (26.9.07) E. 3.6.3 fr., wobei aber keine Verrechnung im Sinne des Art. 120 vorliegt. *Voraussetzung:* Die Vorteilsanrechnung setzt voraus, dass die Vorteile mit dem schädigenden Ereignis in einem inneren Zusammenhang stehen, ähnlich der adäquaten Kausalität. Dabei stellt sich auch ein Wertungsproblem, und es dürfen gewisse Billigkeitsüberlegungen einbezogen werden 112 Ib 322/330, 4A_106/2011 und 4A_108/2011 (30.8.11) E. 5.5 fr. (unveröffentl. Erwägung zu 137 III 127 Pra 2011 [Nr. 67] 472), s. auch 4A_436/2016 (7.2.17) E. 5.2.3. Sind die Voraussetzungen gegeben, kann als Vorteilsanrechnung auch eine Herausgabe des Vorteils in natu-

ra angeordnet werden 71 II 86/90, vgl. auch 111 II 164/167 f. E. 1b. *Beweis.* Wer geltend macht, dass sich der Geschädigte einen Vorteil anrechnen lassen muss, hat diesen Vorteil zu beweisen (ZGB Art. 8) 4A_351/2007 (15.1.08) E. 3.5 fr., 4A_227/2007 (26.9.07) E. 3.6.3 fr. Unter Umständen ist aber der Vorteil in analoger Anwendung von Art. 42 Abs. 2 zu schätzen 128 III 22/28 Pra 2002 (Nr. 74) 438. – *Vorteilsanrechnung bejaht:* Der arbeitsunfähige Arbeitnehmer muss sich den vom Arbeitgeber nach Art. 324a Abs. 1 (= aOR Art. 335) oder nach Vertrag bezahlten Lohn anrechnen lassen 97 II 259/265 E. 1 fr., nicht jedoch Lohnzahlungen mit Schenkungscharakter 62 II 290 fr. Im sofortigen Ersatz (samt Zins 81 II 512/519 E. 6) für einen Schaden, der erst später in vollem Umfang entstehen wird, liegt auch ein Vorteil, der gemäss Art. 43 Abs. 1 berücksichtigt werden kann (in casu Herabsetzung jedoch abgelehnt) 81 II 512/517 f. E. 4. Der Grundsatz der Vorteilsanrechnung gilt auch für den Schadenersatzanspruch des Mieters gegen den Vermieter wegen Bezahlung eines preiskontrollrechtlich unzulässigen Mietzinses 85 IV 101/106 f. E.b. Die Aktionäre müssen sich die Vorteile, die für sie aus dem Bestehen ihrer Gesellschaft abfallen, anrechnen lassen, auch wenn sie die Gesellschaft bei sorgfältiger Steuerberatung gar nicht gegründet hätten 128 III 22/28 E. cc Pra 2002 (Nr. 74) 437 (Tatfrage). Vorteilsanrechnung beim Ersatz der Kosten für bauliche Massnahmen (Gegensprechanlage usw.) zwecks Abwehr der Immissionen durch den Betrieb eines sog. Gassenzimmers 119 II 411/420 f. E. 7b. *Kapitalabfindung.* Gegebenenfalls sind auch tatsächliche Vorteile einer Kapitalabfindung auszugleichen 78 II 461/465 E.d. Zur Rechtfertigung des Abzuges genügt es, dass ein mit der Kapitalabfindung verbundener Vorteil in sicherer Aussicht steht, jedoch nicht schon die Tatsache allein, dass der Ersatzberechtigte die Kapitalabfindung irgendwie nutzbringend anlegen kann und will 78 II 461/465 f. E. d, zu den Vor- und Nachteilen kapitalisierten Schadenersatzes 125 III 312/317 E. 5a. Abzulehnen sind schematische Abzüge 60 II 397/398. Wirft der Geschädigte die Abfindungssumme in das Geschäft seines Arbeitgebers ein, um sich seine bisherige Stelle zu sichern, so geht es grundsätzlich nicht an, deswegen einen Abzug wegen Vorteils der Kapitalabfindung vorzunehmen 69 II 268/271 f. – *Keine Vorteilsanrechnung:* bei einer Preisunterbietung, die Anlass zur unzulässigen Liefersperre ist, die aber zugleich eine Umsatzsteigerung bewirkt, da es am inneren Zusammenhang fehlt 99 II 238; wenn sich Eltern über die Geburt eines an sich ungeplanten Kindes freuen, zumal die Freude als immaterieller Wert nicht quantifizierbar ist 132 III 359/379; bei der Bemessung des Schadenersatzanspruches wegen Verdienstausfalls, wenn ein durch Unfall invalid gewordener Ehemann teilweise den Haushalt führt 110 II 455 Pra 1985 (Nr. 100) 280; bei freiwilligen Pflegeleistungen, die Familienangehörige zugunsten eines Verletzten erbringen, da diese Leistungen nicht den Schädiger, sondern den Geschädigten begünstigen sollen 4C.276/2001 (26.3.02) E. 6b/aa Pra 2002 (Nr. 212) 1128, 97 II 259/266 E. 3 fr.

Abs. 1bis Die Bestimmung ist nur anwendbar bei Tieren, die im häuslichen Bereich leben, nicht auch bei Wildtieren 4C.317/2002 (20.2.04) E. 5.2 fr. 12

Abs. 2 Allgemein ist die Zusprechung des Schadenersatzes in Rentenform nur unter der Voraussetzung der Sicherheitsleistung durch den Schuldner zulässig 51 II 517/524 E. 5. Der kantonale Richter, der sich mangels Antrages der Parteien nicht über die Art der Sicherheitsleistung ausspricht, verletzt kein Bundesrecht. Die Sicherstellungsart ist dann allenfalls im Vollstreckungsverfahren zu bestimmen 107 II 396/402 E.e. Sie kann z.B. 13

durch Hinterlegung mündelsicherer Wertpapiere erfolgen 54 II 294/297 E. 2. – Die Bestimmung ist auch im Rahmen des ZGB entsprechend anwendbar 107 II 396/399 E.a. Die aus Art. 43 Abs. 2 in Verbindung mit ZGB Art. 7 abgeleitete Sicherstellungspflicht der Rentenzahlungen nach aZGB Art. 151 besteht jedoch nur, wenn eine konkrete Gefährdung der Erfüllung nachgewiesen und der rentenpflichtige Ehegatte zur Leistung einer Sicherheit überhaupt in der Lage ist 107 II 396/400 f. E. c (vgl. nur ZGB Art. 132 Abs. 1). Dabei kann die Möglichkeit der Sicherheitsleistung angenommen werden, wenn diese nicht von vornherein als ausgeschlossen erscheint 107 II 396/402 E.d. Da die Bedürftigkeitsrente gemäss aZGB Art. 152 nicht schadenersatzrechtlicher Natur ist, besteht kein Anspruch auf Sicherstellung gemäss Art. 43 Abs. 2 119 II 12/13 ff. E. 2c/bb.

IV. Herabsetzungsgründe

Art. 44

[1] Hat der Geschädigte in die schädigende Handlung eingewilligt, oder haben Umstände, für die er einstehen muss, auf die Entstehung oder Verschlimmerung des Schadens eingewirkt oder die Stellung des Ersatzpflichtigen sonst erschwert, so kann der Richter die Ersatzpflicht ermässigen oder gänzlich von ihr entbinden.

[2] Würde ein Ersatzpflichtiger, der den Schaden weder absichtlich noch grobfahrlässig verursacht hat, durch Leistung des Ersatzes in eine Notlage versetzt, so kann der Richter auch aus diesem Grunde die Ersatzpflicht ermässigen.

▪ Allgemeines (1) ▪ Abs. 1 (3) ▪ Einwilligung des Geschädigten (4) ▪ Selbstverschulden (5) ▪ Beispiele zum Selbstverschulden (10) ▪ Konstitutionelle Prädisposition (12) ▪ Schadenminderungspflicht (14) ▪ Weitere Umstände (15) ▪ Abs. 2 (16)

1 **Allgemeines.** Nach einem allgemeinen Grundsatz, der sich aus der Pflicht zur schonenden Rechtsausübung (ZGB Art. 2 Abs. 1) ergibt 4A_127/2011 (12.7.11) E. 8.2, 4A_37/2011 (27.4.11) E. 4.1, hat der Geschädigte den Schaden selber zu tragen, soweit er ihn selbstverantwortlich verursacht hat 4C.45/2007 (5.4.07) E. 3.1, 4C.225/2003 (24.2.04) E. 5, 4C.89/2005 (13.7.05) E. 4.2 fr., 4A_235/2007 (1.10.07) E. 5.5.1.1 Pra 2008 (Nr. 63) 422 (Selbstverantwortung eines Skiliftbenutzers). Dieser Grundsatz gilt nicht nur im privaten Haftungsrecht, sondern auch im öffentlichen Recht, insbesondere im Staatshaftungsrecht 122 V 185/187 E. 3b, weiter 4C.145/1994 (12.2.02) E. 5a fr. (ungerechtfertigte Untersuchungshaft). Stets vorausgesetzt ist aber eine Haftung, weshalb ein Versicherer sich im Verhältnis zum Versicherungsnehmer nicht auf die Bestimmung berufen kann, um die Versicherungsleistungen herabzusetzen 4A_307/2008 (27.11.08) E. 2.5.1 (Verweis auf VVG Art. 14 und SVG Art. 61 Abs. 2), bzw. die Bestimmung nicht zur Herabsetzung eines Erfüllungsanspruchs (wie Auszahlung des Invaliditätskapitals), welcher kein Schadenersatzanspruch ist, angerufen werden kann 4A_72/2009 (1.5.09) E. 3.2. – Art. 44 ist als bundesrechtliche Bestimmung *von Amtes wegen* anzuwenden. Im Antrag auf Abweisung einer Klageforderung ist sinngemäss auch jener auf Herabsetzung enthalten 111 II 156/161 E. 4. Ein Begehren um Herabsetzung der Ersatzpflicht ist trotz fehlender *Begründung* zulässig, wenn die Tatsachen, die vorgebracht wurden, um eine Unterbrechung des adäquaten Kausalzusammenhanges geltend zu machen, auch geeignet sind, eine Herab-

setzung der Entschädigung zu rechtfertigen 105 II 110/114 E. 6 fr. Die Bestimmung ist eine Kann-Vorschrift 4P.148/2001 (25.10.01) E. 3b, die dem Richter einen breiten Ermessensspielraum (ZGB Art. 4) belässt 127 III 453/459 E. c Pra 2001 (Nr. 179) 1090, 4C.198/2000 (28.9.99) E. 5b, 4C.215/2001 (15.1.02) E. 3c Pra 2002 (Nr. 151) 821, 4C.68/2007 (13.6.08) E. 13.1, vgl. auch 4A_273/2019 (17.4.20) E. 4.2, um im Einzelfall den beidseitigen Verantwortlichkeiten angemessen Rechnung zu tragen 4A_127/2011 (12.7.11) E. 8.2, 4A_37/2011 (27.4.11) E. 4. Die Beweislast trägt der Ersatzpflichtige 108 II 59/64 E. 3 Pra 1982 (Nr. 122) 301, 112 II 439/443 E. 2 Pra 1987 (Nr. 90) 313, 4C.89/2005 (13.7.05) E. 4.2 fr., 4A_546/2009 (1.2.10) E. 6.2 fr., wobei grundsätzlich keine Beweismassreduktion besteht (für das Selbstverschulden 4A_220/2010 [11.10.10] E. 8.2.2 und 8.2.3).

Anwendungsbereich. Die Bestimmung gilt auch beim Versorgungsschaden 101 II 133/137 E. 4 Pra 1975 (Nr. 98) 288, 117 II 50/61 E. a Pra 1992 (Nr. 140) 515, grundlegend 46 II 154/155 fr. und bei der Ersatzpflicht aufgrund besonderer Haftungsnormen wie z.B. bei der aktienrechtlichen Organhaftung 4C.198/2000 (28.9.00) E. 5b fr.; bei ZGB Art. 333 49 II 439/446; ZGB Art. 955 Abs. 1 110 II 37/40 E. 4; Art. 1112 in Verbindung mit ZGB Art. 940 Abs. 1 121 III 69/73 E. 4. Zudem ist sie grundsätzlich auch auf vertragliche Ersatzpflichten anwendbar (Nachweise auch bei Art. 99 Abs. 3) 98 II 211/220 E. 10 fr., vgl. auch 117 II 156/157 ff. E. 3a, so z.B. für die Berechnung der Ersatzforderung nach aOR Art. 269 61 II 259/261 E. 3a, vgl. auch Pra 1991 (Nr. 206) 880 f. E. 3a für die Haftung aus Seefrachtvertrag (SSG) 115 II 494/498, nicht aber bei der Erfüllung von vertragsgemässen Leistungen (z.B. ein Mitverschulden des Darlehensgebers bei der Gewährung riskanter Darlehen an den Schuldner) 4A_451/2009 (25.2.10) E. 4 fr. *Analoge Anwendung:* bei der Kausalhaftung aus Billigkeit (z.B. Art. 54 und Art. 266g) 122 III 262/267 E. 2/aa; bei der Liquidation eines Mangelfolgeschadens (Art. 368) 116 II 454/458 E. 3b; auf die Folgen der Vertragsauflösung nach Art. 377 117 II 273/277 f. E. 4b (teilweise Praxisänderung), wenn dem Besteller die Fortführung des Vertrages angesichts des schuldhaften Verhaltens des Unternehmers nicht zumutbar ist 4C.393/2006 (27.4.07) E. 3.3.3; auf die Haftung des vollmachtlosen Stellvertreters (Art. 39) 116 II 689/693 f.; bei der Haftung nach AHVG Art. 52 122 V 185/188 E. 3b (Änderung der Rechtsprechung). Der Zweckgedanke des Art. 44 Abs. 1 wird namentlich im Bereich des Arbeitsvertragsrechts weiter konkretisiert (Art. 324 Abs. 2 und 337c Abs. 2) Pra 1991 (Nr. 206) 880 f. E. 3a. – Der Richter kann auch eine Genugtuung gestützt auf Art. 44 ermässigen 6P.58/2003 (3.8.04) E. 13 Pra 2005 (Nr. 29) 221, 4P.34/2003 (30.4.03) E. 4 fr., 93 II 89/95 E. 5b Pra 1968 (Nr. 21) 80, 116 II 733/736 E. g Pra 1991 (Nr. 116) 566 f. – Keine analoge Anwendbarkeit der Bestimmung auf die Kürzung des Lohnanspruchs des Arbeitnehmers bei beidseitig verschuldeter Unmöglichkeit der Leistung 114 II 274/277 f. E. 4. Bei ungerechtfertigter fristloser Entlassung kann der Anspruch gemäss Art. 337c Abs. 1 (in der revidierten Fassung von 1988) nicht in analoger Anwendung der Bestimmung herabgesetzt werden. Ein Mitverschulden des Arbeitnehmers fällt als Herabsetzungsgrund einzig bei der Entschädigung gemäss Art. 337c Abs. 3 in Betracht 120 II 243/245 ff. E. 3 Pra 1996 (Nr. 80) 231 ff. Im Bereich der Halterhaftung wird die Herabsetzung der Ersatzpflicht (Ermässigung bzw. Entbindung) durch SVG Art. 59 in einer Weise geregelt, dass für die Anwendung des Art. 44 Abs. 1 kein Raum mehr bleibt 124 III 182/185 E. 4c Pra 1998 (Nr. 104) 600, 132 III 149/252, wonach anders als bei Art. 44 eine völlige Befreiung von der Haftpflicht nach 2

SVG Art. 59 Abs. 2 nur dann angeht, wenn die Voraussetzungen nach SVG Art. 59 Abs. 1 vorliegen (dort auch zur sektoriellen Verteilung bei mehreren erheblichen Mitursachen und zu einer Auseinandersetzung mit der Lehre). – Da eine vertragliche Rückerstattungspflicht keine Schadenersatzpflicht ist, sind die Regeln über die Herabsetzung der Ersatzpflicht nicht unmittelbar anwendbar. Grundlage für die Herabsetzung der Rückerstattungspflicht wegen eines Verschuldens des Gläubigers sind entweder ein vertragliches Verschulden oder eine unerlaubte Handlung (in casu Verhältnis Bank-Kontoinhaber) 112 II 450/457 E. 4 Pra 1987 (Nr. 144) 512. Offengelassen, ob die besondere Voraussetzung des Art. 26 Abs. 1 eine Anwendung von Art. 44 in Fällen von Grundlagenirrtum stets ausschliesse 113 II 25/31 (noch bejaht in 69 II 234/239 f. E. 3). Ausgeschlossen ist die Anwendung der Bestimmung, soweit die Leistung eines Garanten aus Garantievertrag infrage steht, da es sich dabei nicht um eine Ersatzleistung handelt 131 III 511/528 fr.

3 ***Abs. 1*** Zu den Umständen, für die der Geschädigte einstehen muss, gehört nicht nur dessen eigenes Verhalten, sondern auch das Verhalten jeder Hilfsperson, der er die Erfüllung einer Vertragspflicht übertragen hat (Art. 101) 95 II 43/53, bzw. der Organe i.S.v. ZGB Art. 55 106 Ib 367/363 E. d fr., vgl. auch 121 III 69/73 f. E. 4a. Hingegen muss sich ein Kind das Verhalten seiner Eltern nicht anrechnen lassen 81 II 159/165 f. E. 3, 4A_206/2014 (18.9.14) E. 4.6 mit Hinweisen auf die Entwicklung der Rechtsprechung. Für Erben, die infolge der Annahme der Erbschaft die Rechtsstellung des Erblassers einnehmen, ist allein dessen Verschulden massgebend 61 II 228/236.

4 **Einwilligung des Geschädigten.** Sie kann auch gegenüber der Klage Dritter nach Art. 45 Abs. 3 geltend gemacht werden (in casu Einwilligung zur Abtreibung) 46 II 154/155. – Angebot und Zahlung eines preiskontrollrechtlich unzulässigen Mietzinses stellen eine Einwilligung in die schädigende Handlung dar 85 IV 101/108, während in der Tatsache, dass sich eine Partei nicht mit letzter Entschlossenheit einem Vertragsbruch widersetzt, keine Einwilligung liegt 82 II 525/535 E. 6. – Die in Art. 31 Abs. 3 (Genehmigung eines wegen Täuschung oder Furchterregung unverbindlichen Vertrages) vorbehaltenen Ansprüche des Getäuschten auf Schadenersatz aus unerlaubter Handlung entfallen ganz oder teilweise, wenn der Getäuschte den Schaden durch Anfechtung des Vertrages hätte vermeiden oder doch vermindern können 109 Ia 5/10 f. E. 4b. – Die Teilnahme an einer Sportveranstaltung oder an einem Spiel ist nicht als stillschweigende Einwilligung in das Risiko eines grobfahrlässigen oder vorsätzlichen Fehlverhaltens anderer Teilnehmer zu werten 109 IV 102/105 f. E. 2 Pra 1983 (Nr. 216) 589 f., 117 II 547/548 E. 3b Pra 1992 (Nr. 229) 900. – Der Athlet, der (nach vergeblichem Widerstand) einen ihm auferlegten zusätzlichen Ausscheidungskampf für eine Weltmeisterschaft bestreitet, willigt nicht in den Schaden ein, der ihm durch die Verletzung der früher festgelegten Selektionskriterien entsteht 121 III 350/357 E. 7b Pra 1996 (Nr. 168) 618. – Zum Erfordernis einer gültigen Einwilligung zu einem medizinischen Eingriff und zu den Anforderungen an die ärztliche Aufklärungspflicht siehe zu Art. 398/Haftung des Arztes.

5 **Selbstverschulden.** Allgemeiner Grundsatz des Schadenersatzrechts, dass das Selbstverschulden des Geschädigten als Reduktionsgrund zu berücksichtigen ist; ein «Alles oder Nichts-Prinzip» bei der Bemessung des Schadenersatzes ist dem schweizerischen Recht fremd 130 III 182/189 E. 5.5.1. Dem Selbstverschulden gleichgestellt ist das Drittver-

schulden einer Hilfsperson, das sich der Geschädigte gemäss Art. 101 Abs. 1 anrechnen lassen muss 4C.365/2000 (11.1.00) E. 1a. Reduktion bei Solidarhaftung kommt ausnahmsweise infrage, wenn das Mitverschulden eines Mitschuldners ein für den Schaden kausaler Umstand ist, für den der Geschädigte nach Art. 101 einzustehen hat 130 III 591/603 E. 5.5.1. Das Verhalten des Geschädigten muss mit dem Schaden in einem (natürlichen und adäquaten) Kausalzusammenhang stehen 126 III 192/197 E. d fr., 126 III 192/197 E. 2d Pra 2001 (Nr. 49) 290, 4C.186/2001 (5.11.01) E. 5a fr., 4C.303/2004 (19.8.08) E. 6.1 fr., 94 II 157. Daher kann der Schadenersatz wegen Nichterfüllung des Vertrages nicht herabgesetzt werden, wenn das schuldhafte Verhalten des Geschädigten nur den Vertragsabschluss beeinflusst hat 99 II 308/312 E. 9b fr. Nicht kausal war z.B. die Tatsache, dass eine Klientin ihrem Anwalt gewisse Belege, die für die rechtzeitige Klageeinreichung nicht nötig gewesen waren, mit Verspätung zugestellt hatte 87 II 364/376. Stellt das Verhalten des Geschädigten sowohl ein Selbstverschulden als auch ein haftungsbegründendes Mitverschulden gegenüber anderen Geschädigten dar, so gelten für die Beurteilung je verschiedene Gesichtspunkte 69 II 412/415 f. E. 2. – Gleich wie das Verschulden, wird auch das Selbstverschulden nach einem objektiven Massstab beurteilt und das tatsächliche Verhalten des Geschädigten mit dem hypothetischen Verhalten eines durchschnittlich sorgfältigen Menschen in der Lage des Geschädigten verglichen 4C.225/2003 (24.2.04) E. 5.2, 6P.58/2003 (3.8.04) E. 12.1 Pra 2005 (Nr. 29) 219, 4C.68/2007 (13.6.08) E. 12.1, 102 II 232/239 f. E. 3a Pra 1977 (Nr. 26) 65, 4C.45/2007 (5.4.07) E. 3.1. Ein Selbstverschulden liegt vor, wenn der Geschädigte es unterlässt, zumutbare (4C.141/2002 [7.11.02] E. 5.2) Massnahmen zu ergreifen, die geeignet sind, der Entstehung oder Verschlimmerung des Schadens entgegenzuwirken. Der Geschädigte hat die Massnahmen zu treffen, die ein vernünftiger Mensch in der gleichen Lage ergreifen würde, wenn er keinerlei Schadenersatz zu erwarten hätte 107 Ib 155/158 E. 2b, 4C.100/2001 (12.6.01) E. 6a fr. (zu Art. 337c Abs. 2), 4C.186/2001 (5.11.01) E. 5a fr., 4A_124/2007 (23.11.07) E. 5.4.1 fr. Das Selbstverschulden wird prinzipiell nach den gleichen Regeln beurteilt wie das Verschulden des Schädigers, wobei aber ein Selbstverschulden unabhängig davon erheblich ist, ob die Mitverursachung widerrechtlich ist. Vielmehr wird dem Geschädigten vorgehalten, dass er die in seinem eigenen Interesse gebotene Sorgfalt nicht beachtet hat, was ihm indes nur dann vorwerfbar ist, wenn er die Möglichkeit einer Schädigung voraussah oder hätte voraussehen können und er sein Verhalten dieser Voraussicht nicht anpasste 4C.225/2003 (24.2.04) E. 5.1, 4A_520/2007 (31.3.08) E. 5.3 Pra 2008 (Nr. 129) 821. Zu berücksichtigen ist, dass dem Vertragspartner unter Umständen eine Abmahnungspflicht oblag, sodass den Geschädigten nur ein leichtes Selbstverschulden trifft 130 III 591/606.

Die ***Ausserachtlassung der gebotenen Sorgfalt*** durch den Geschädigten kann nicht nur bei leichter Fahrlässigkeit des Täters, sondern z.B. auch bei arglistiger Täuschung einen Herabsetzungsgrund darstellen 68 II 283/285. Die Haftung des Schädigers entfällt auf jeden Fall vollständig, wenn das Selbstverschulden den adäquaten Kausalzusammenhang zu unterbrechen vermag 124 III 182/186 E. 4d Pra 1998 (Nr. 104) 601, 106 Ib 357/363 E. d fr., vgl. auch 121 III 176/182 E. 4d Pra 1995 (Nr. 271) 923; erforderlich ist dazu allerdings, dass das sorgfaltswidrige Verhalten des Geschädigten aussergewöhnlich schwer wiegt und von solcher Bedeutung ist, dass es als die wahrscheinlichste und unmittelbarste Ursache des eingetretenen Schadens erscheint 4C.186/2001 (5.11.01) E. 5a fr. 6

Im Übrigen entspricht es jedoch dem Grundgedanken der Bestimmung, bei Selbstverschulden nur eine Ermässigung der Ersatzpflicht zuzulassen 113 II 323/328 E. c, 123 II 210/215 E. 3b/aa, 124 II 8/17 E. 5c. Bei gleichwertigem Verschulden beider Parteien ist der Gesamtschaden zu teilen und nicht jeder zur Tragung seines Schadens zu verurteilen 60 II 199/201 E. 3. Verschulden und Selbstverschulden im Verhältnis zwischen der Bank, welche Gelder an nicht berechtigte Dritte ausbezahlt, und dem Kontoinhaber 111 II 263/265, 112 II 450/457 f. E. 4 Pra 1987 (Nr. 144) 512 f. – Bei einer *Kausalhaftung* entlastet das Selbstverschulden nur dann vollständig, wenn es den adäquaten Kausalzusammenhang zu unterbrechen vermag 71 I 48//54 f. E. 2. Es verliert an Gewicht, wenn den kausal Haftenden ebenfalls ein Verschulden trifft 97 II 229/345 E. 4, 102 II 256/260 f. E. 2a. Je nach den Umständen kann ein zusätzliches Verschulden des kausal Haftpflichtigen ein Selbstverschulden des Geschädigten aufwiegen oder unbeachtlich werden lassen (Verschuldenskompensation) 111 II 429/442 ff. E. 3, 116 II 422/427 f. E. 4, vgl. auch 121 III 168/182 E. 4d Pra 1995 (Nr. 271) 923. Kompensation des Selbstverschuldens des Geschädigten in einem Fall, da einen kausal Haftpflichtigen zusätzlich ein Verschulden trifft 126 III 421/428 (zu Art. 58). Selbst wenn den geschädigten Fussgänger ein Selbstverschulden trifft, kann der Richter, der die Ersatzpflicht zu bestimmen hat, den Halter im Unterschied zur allgemeinen Norm des Art. 44 von der Haftpflicht nur dann völlig befreien, wenn die Voraussetzungen nach SVG Art. 59 Abs. 1 vorliegen. Doch ist auch im Rahmen von SVG Art. 59 Abs. 2 grundsätzlich der Gesamtschaden von 100% auf die einzelnen haftpflichtrechtlich relevanten Umstände zu verteilen 132 III 249/252, 4A_74/2016 (9.9.16) E. 5.2.2 fr. – Geht der Schaden auf Ursachen zurück, die den Parteien anzulasten sind, ist der Schaden im Verhältnis der erfüllten Haftungstatbestände zu verteilen. Die Quoten sind nach Massgabe der Relevanz der einzelnen Kausalhaftungen und des Mitverschuldens des Geschädigten festzulegen 129 III 65/70 E. 7.3 Pra 2003 (Nr. 121) 651 (in casu Werkeigentümerhaftung und Betriebsgefahr eines Fahrzeugs). Der Gesamtschaden ist mithin «sektoriell» auf jede der einzelnen erheblichen Mitursachen zu verteilen, wobei sich mit der zunehmenden Anzahl derartiger haftpflichtrelevanter Ursachen jeder einzelne Anteil entsprechend verringert. Denn den einzelnen Mitursachen kann nicht unbesehen der konkreten Umstände allein aus ihrer haftpflichtrechtlichen Begründung grössere oder geringere Bedeutung beigemessen werden 132 III 249/252.

7 Eine ***verminderte Urteilsfähigkeit*** schwächt die Folgen eines allfälligen Selbstverschuldens ab 102 II 363/368; daher muss dieses nach Massgabe des Alters beurteilt werden 104 II 184/188 E. 3a Pra 1978 (Nr. 234) 612, 123 III 306/314 E. 5b Pra 1997 (Nr. 170) 918, vgl. auch 116 II 422/427 E. 4. Bei Kindern ist auf die durchschnittliche Entwicklung abzustellen und deshalb (auch in Bezug auf die Urteilsfähigkeit) nach Altersklassen aufzugliedern 4A_520/2007 (31.3.08) E. 5.3 Pra 2008 (Nr. 129) 821, betreffend 10-jähriges Kind im Rahmen eines Skiunfalls 4A_206/2014 (18.9.14) E. 4.1–4.4. Zwar ist die Einwilligung eines Kindes in sexuelle Handlungen ungültig, was nicht ausschliesst, dass sein Verhalten als Herabsetzungsgrund berücksichtigt wird 4C.225/2003 (24.2.04) E. 3. Mit Bezug auf das Verschulden und das Selbstverschulden werden Vierzehn- bis Sechzehnjährige hinsichtlich einfacherer Sachverhalte weitgehend den Erwachsenen gleichgestellt 4C.225/2003 (24.2.04) E. 5.2, 4A_520/2007 (31.3.08) E. 5.3 Pra 2008 (Nr. 129) 821. Ein mitwirkendes Verhalten eines urteilsunfähigen Geschädigten kann in analoger Anwen-

dung von Art. 54 Abs. 1 zur Herabsetzung der Ersatzpflicht führen, wenn und soweit es die Billigkeit rechtfertigt 60 II 38/43 f. E. 3, siehe auch 4C.268/2004 (4.10.04) E. 4.

Beispiele. Ein Selbstverschulden muss sich vorwerfen lassen, wer sich an einem gefährlichen Spiel beteiligt und die damit verbundenen Risiken in Kauf nimmt 104 II 184/188 E. 3a Pra 1978 (Nr. 234) 612 oder wer sonst wie auf eigene Gefahr handelt 97 II 221/229 (mit zahlreichen Beispielen); von einem Handeln auf eigene Gefahr (acceptation du risque) ist allerdings nur dann auszugehen, wenn sich der eingetretene Schaden den Risiken zuordnen lässt, die dem Handeln des Geschädigten inhärent sind 4C.89/2005 (13.7.05) E. 4.2 fr. (in casu Kommission; auch zur dogmatischen Einordnung des Herabsetzungsgrundes). Karting kann nicht als gefährlicher Sport bezeichnet werden 117 II 547/548 E. 3b Pra 1992 (Nr. 229) 900 f. Ein erhebliches Risiko einer Fehleinschätzung geht z.B. ein, wer um Begutachtung eines Kunstgegenstandes lediglich anhand einer Fotografie ersucht (auch zu berücksichtigen, wenn kein eigentliches Selbstverschulden vorliegt) 112 II 347/355 E. b oder unter Umständen auch, wer ohne nähere Erkundigungen Aktien in erheblichem Umfang erwirbt 4C.198/2000 (28.9.00) E. 5b fr. Ein haftungsreduzierendes Mitverschulden des Arbeitgebers kann in der schlechten Organisation des Arbeitsablaufs, der mangelhaften Instruktion oder einer ungenügenden Kontrolle liegen 4C.103/2005 (1.6.05) E. 1.3. Nach dem Grundsatz der Selbstverantwortung hat in Vertragsverhandlungen bzw. beim Abschluss von Verträgen jedermann seine Interessen grundsätzlich selbst wahrzunehmen; er darf sich nicht auf deren Berücksichtigung durch den Verhandlungspartner oder durch Dritte verlassen 4C.193/2000 (26.9.01) E. 6a. Zudem gehört es zu den generellen Pflichten eines Gläubigers, seinen Vertragspartner auf den mit Blick auf das konkrete Vertragsverhältnis ausserordentlich hohen, jedoch für den Vertragspartner nicht erkennbaren Wert einer anvertrauten Sache aufmerksam zu machen, mit dem die Gefahr des Eintritts eines ungewöhnlich hohen Schadens verbunden ist und der daher eine erhöhte Sorgfalt im Umgang mit ihr als angebracht erscheinen lässt 130 III 182/186 E. 5.3 (in casu Versäumnis nach PRG Art. 15), 109 II 234/238 E. c, 46 II 116/120 E. 5 (Art. 488), 33 II 420/426 E. 5 fr. Hingegen besteht keine Pflicht, sich gegen bloss abstrakte Möglichkeiten rechtswidriger Eingriffe in sein Vermögen zu sichern 97 II 221/229 f. Kein Selbstverschulden trifft auch denjenigen, der sich, um einer nicht von ihm zu vertretenden plötzlichen Gefahrensituation zu entgehen, unter dem Druck des Vorfalles in der kurzen ihm zur Verfügung stehenden Zeit in einer Weise verhält, die sich bei ruhiger Überlegung nachträglich als unzweckmässig, der Sachlage nicht angepasst oder gar falsch herausstellt (in casu ungeschickte Flucht vor einem angreifenden Hund) 102 II 232/240 E. 3a Pra 1977 (Nr. 26) 65 f. 8

Rechtsfrage. Die Abwägung des beidseitigen Verschuldens durch den kantonalen Richter kann vom Bundesgericht überprüft werden 113 II 323/328 E. c, wobei die kantonalen Richter über einen grossen Ermessensspielraum verfügen 4C.300/2001 (27.2.02) E. 4b fr. Bei Kürzung des Schadenersatzanspruchs infolge Selbstverschuldens schreitet das Bundesgericht nur ein, wenn die Vorinstanz grundlos von in Lehre und Rechtsprechung anerkannten Grundsätzen abgegangen ist, wenn sie Tatsachen berücksichtigt hat, die für den Entscheid im Einzelfall keine Rolle hätten spielen dürfen, oder wenn sie umgekehrt Umstände ausser Betracht gelassen hat, die hätten beachtet werden müssen. Es greift ausserdem in Ermessensentscheide ein, wenn sich diese als offensichtlich unbillig, 9 als in stossender Weise ungerecht erweisen 128 III 390/399 E. 4.5, siehe auch 130 III 571/576 E. 4.3, 129 III 715/725 E. 4.4 (zu Art. 49), 126 III 266/273.

10 **Beispiele zum Selbstverschulden.** ***Infolge Selbstverschuldens herabgesetzt*** wurde die Ersatzpflicht: weil der Benützer eines Gasdurchlauferhitzers in einem Badezimmer nicht die gebotene Vorsicht hatte walten lassen 117 II 50/54 ff. E. c Pra 1992 (Nr. 140) 509 ff.; weil ein Jugendlicher, der Kopf voran in ein untiefes «Plauschbad» gesprungen war, die Tatsache ausser Acht gelassen hatte, dass der Ort seines Absprungs offensichtlich nicht als Einsprungstelle konzipiert war 116 II 422/427 f. E. 4; weil ein jugendlicher, geübter Turmspringer um die relative Untiefe des Wassers an der Eintauchstelle wusste und zudem die Sprunghöhe noch gesteigert hatte, indem er vom Geländer sprang 123 III 306/314 E. 5b Pra 1997 (Nr. 170) 918; weil der angefahrene Skifahrer an einer ungünstigen Stelle stehen geblieben war 82 II 25/32 E. 4; weil sich der Geschädigte in Kenntnis eines Werkmangels unvorsichtig verhalten hatte 106 II 208/212 f. E. 2a und 3 fr.; weil ein erfahrener Gipser den Gefahren eines mangelhaften Gerüstes nicht begegnete 6P.58/2003 (3.8.04) E. 12.3 Pra 2005 (Nr. 29) 220; weil sich ein vierzehn- bis sechzehnjähriger Knabe den homosexuellen Kontakten mit einem dreissigjährigen Jungscharleiter nicht widersetzte, obschon dieser weder physischen Zwang ausgeübt noch insistiert hatte, wenn andere Opfer weitere Kontakte ablehnten 4C.225/2003 (24.2.04) E. 5.2 (Reduktion um 25%); weil eine Fussgängerin unvorsichtig gewesen war 116 II 733/736 f. E. g, h Pra 1991 (Nr. 116) 566 ff.; weil eine Fahrzeuglenkerin die Sicherheitsgurten nicht getragen hatte 113 II 345/350 E. 1 cc, vgl. auch 117 II 609/617 f. E. 5a/b; weil eine Partei die prozessbedingten Schäden nicht durch Ergreifung eines Rechtsmittels zu verhindern versucht hatte 107 Ib 155/158 f. E. 2b und c, vgl. auch 113 III 94/99 f. E. 8 fr.; weil die Geschädigte an der teilweise unkorrekten Abrechnung über Werkvertragsleistungen ein Mitverschulden traf 4C.11/2003 (19.5.03) E. 5.3 (vorprozessuale Rechtsverfolgungskosten, Reduktion des Ersatzanspruchs um 50%); weil der Bauherr den Baufortschritt überwachte und bei baurelevanten Entscheidungen intervenierte im Falle eines ungenauen Kostenvoranschlages 4A_124/2007 (23.11.07) E. 5.4.2 fr.; weil ein Arbeitgeber den aufgrund eines falschen Arbeitszeugnisses angestellten Mitarbeiter nicht überwacht hatte 101 II 69/75 f. E. 5 Pra 1975 (Nr. 170) 479 f.; weil ein Geschäftsmann sich die Tragweite einer Unübertragbarkeitsklausel bei Ausrichtung der Provision vor Auszahlung der Akkreditivsumme nicht genügend überlegt und die sich aufdrängenden Erkundigungen nicht angestellt hatte 93 II 329/342 f. E. b; weil der Geschädigte sich trotz unrealistisch hohem Renditeversprechen auf ein Devisengeschäft eingelassen hatte und damit auf eigene Gefahr handelte 4C.89/2005 (13.7.05) E. 4.3 fr. (Reduktion um einen Drittel bei mittlerem Mitverschulden); weil ein Versicherungsnehmer die im Antrag und hernach in der Versicherungspolice enthaltenen Angaben über die versicherte Sache nicht nachgeprüft hatte 90 II 449/458 f. E. 6 Pra 1965 (Nr. 38) 133; weil nach dem Verlust von Inhaberpapieren die sich aufdrängenden Massnahmen nicht ergriffen worden waren 84 II 253/264 E. 5, grundlegend 83 II 126/140 E. 6 fr.; weil eine Bankkundin Verkaufsinstruktionen an ihre Bank unterliess, obschon sie erkennen musste, dass sie sonst zu Verlust kommen würde 4C.191/2004 (7.9.04) E. 5.5.2 fr.; weil eine Bank die Übermittlung eines Avis für den Geldtransport von 1,5 Mio. DM ohne Grund unterlassen hatte 128 III 390/399 E. 4.5; weil der Vertragspartner einer Aktiengesellschaft (in casu Haftung für die unerlaubte Handlung eines Organs, Art. 722/

aOR Art. 718 Abs. 3) beim Abschluss der Verträge die gebotene Aufmerksamkeit (ZGB Art. 3 Abs. 2) unterliess 121 III 176/179 ff. E. 3, 4d, 5b Pra 1995 (Nr. 271) 920 ff., 4C.193/2000 (26.9.01) E. 6a (Reduktion um 75%).

Nicht als Selbstverschulden bewertet wurde die Tatsache: dass ein Fahrzeuglenker ein in die Strasse ragendes Hindernis nicht gesehen hatte 112 II 439/443 f. E. 2 Pra 1987 (Nr. 90) 313, vgl. auch 117 II 609/617 f. E. 5a/b; dass das Opfer einer ungerechtfertigten Untersuchungshaft während der Untersuchung die Aussage verweigert hatte 112 Ib 446/453 ff. E. 4 Pra 1988 (Nr. 153) 546 ff., vgl. auch 113 Ia 177/182 E. 2c Pra 1988 (Nr. 51) 205; dass ein wegen Suizidgefahr in die psychiatrische Klinik eingewiesener Patient, der von dort mangels genügender Überwachung entweichen konnte, Selbstmord beging 112 Ib 322/331 E. 5b; dass eine Rollstuhlfahrerin eine mangelhafte Rampe benutzte, die Rollstuhlfahrern speziell empfohlen wurde 4C.186/2001 (5.11.01) E. 5b/aa; dass ein Käufer auf einer irrigen Vertragsauslegung bestanden hatte, bevor der Verkäufer ungerechtfertigt vom Vertrag zurücktrat 111 II 156/161 E. 4; dass der von einer Bank beratene ausländische Kunde die inländische Gesetzgebung und gewisse tatsächliche Verhältnisse nicht gekannt hatte 110 II 360/374 E. 6 JdT 133 (1985) I 144 E. 6; dass ein Gast bei der Abgabe seines Pelzmantels an der Garderobe des Gastbetriebes nicht auf den besonderen Wert hingewiesen hatte 109 II 234/236 ff. E. 2; dass ein Hotelgast die zur Hinterlegung bestimmten Wertsachen dem allein anwesenden Nachtportier anstatt dem Verwaltungspersonal übergeben hatte 105 II 110/114 E. 5 (und E. 6 fr.) Pra 1979 (Nr. 175) 440; dass ein siebenjähriger Knabe auf einen teilweise zugefrorenen Teich hinausgelaufen und eingebrochen war 93 II 89/96 E. 5d Pra 1968 (Nr. 21) 80 f.; dass ein sechsjähriges Kind die Fahrbahn auf dem Fussgängerstreifen im Laufschritt überquert hatte 89 II 56/60 E. 2a Pra 1963 (Nr. 97) 289. – Die Ersatzberechtigung kann auch dann nicht infolge Selbstverschuldens herabgesetzt werden, wenn der durch einen Vertragsbruch Geschädigte schon beim Vertragsschluss damit rechnen musste 55 II 35/38 f. 11

Konstitutionelle Prädisposition. Sie ist zu berücksichtigen, wenn sie zu aussergewöhnlich schweren Folgen des schädigenden Ereignisses führt 80 II 348/353 f. Pra 1955 (Nr. 39) 126, 4C.415/2006 (11.9.07) E. 3.2, aber nicht jede besondere Veranlagung zu psychischen Störungen 102 II 33/41 f. E. 3a Pra 1976 (Nr. 109) 257. Wäre der durch eine konstitutionelle Prädisposition beeinflusste Schaden ohne den Unfall voraussichtlich überhaupt nicht eingetreten, so bleibt der Haftpflichtige dafür zwar auch dann voll verantwortlich, wenn der krankhafte Vorzustand den Eintritt des Schadens begünstigt oder dessen Ausmass vergrössert hat. Dem Anteil der Prädisposition an der Kausalität kann dagegen im Rahmen von Art. 44 Rechnung getragen werden (in casu Wirbelsäulenerkrankung des Geschädigten als rechtserhebliche Prädisposition) 113 II 86/92 ff. E. 3, 4C.416/1999 (22.2.00) E. 2c/aa Pra 2000 (Nr. 154) 922, 131 III 12/13 E. 4, vgl. auch 115 II 440/443. Hätte sich der krankhafte Vorzustand ohne das schädigende Ereignis voraussichtlich überhaupt nicht ausgewirkt, wird die konstitutionelle Prädisposition für sich allein aber in der Regel nicht genügen, um zu einer Herabsetzung des Ersatzanspruchs zu führen 4C.416/1999 (22.2.00) E. 2c/aa Pra 2000 (Nr. 154) 924, 4C.75/2004 (16.11.04) E. 4.3.1 fr. (Gerichtsnotorietät der negativen Entwicklung der Scheuermann'schen Krankheit), 4A_307/2008 und 4A_311/2008 (27.11.08) E. 2.1.3 fr., 4A_45/2009 (25.3.09) E. 4.2.1, 4A_329/2012 (4.12.12) E. 2.4.5, 4A_695/2016 (22.6.17) E. 2.2.1, 4A_138/2018 12

(10.9.18) E. 3.1. Praktisch bedeutsam ist die Einordnung einer konstitutionellen Prädisposition mit Blick auf das Quotenvorrecht 131 III 12/14, 4C.75/2004 (16.11.04) E. 4.2 fr., 4A_307/2008 (27.11.08) E. 2.1.2. Der Entscheid darüber, ob und in welchem Umfang der Ersatzanspruch des Geschädigten aufgrund einer konstitutionellen Prädisposition (Art. 44) oder aufgrund von Umständen im Sinne von Art. 43 zu reduzieren ist, beruht auf richterlichem Ermessen, welches das Bundesgericht nur zurückhaltend überprüft. Es schreitet nur ein, wenn die Vorinstanz grundlos von in Lehre und Rechtsprechung anerkannten Grundsätzen abgegangen ist, wenn Tatsachen berücksichtigt wurden, die keine Rolle hätten spielen dürfen, oder wenn umgekehrt Umstände ausser Acht geblieben sind, die zwingend hätten beachtet werden müssen, ferner wenn sich diese Entscheide als offensichtlich unbillig, als in stossender Weise ungerecht erweisen 131 III 12/15 E. 4.2 (in casu Reduktion 20% infolge sehr leichten Verschuldens des Unfallverursachers), 4A_115/2014 (20.11.14) E. 8.1 (in casu Reduktion 20% infolge alleinigen und groben Verschuldens des Unfallverursachers).

13 ***Berücksichtigung bei der Schadensberechnung oder Ersatzbemessung.*** Die konstitutionelle Prädisposition der geschädigten Person kann nach der bundesgerichtlichen Rechtsprechung als mitwirkender Zufall zu einer Kürzung des Ersatzanspruchs führen und insofern die Schadensberechnung (Art. 42) oder die Bemessung des Schadenersatzes (Art. 43/44) beeinflussen (113 II 86/90 E. 1b). Eine vorbestehende Gesundheitsschädigung, die sich auch ohne das schädigende Ereignis ausgewirkt hätte, ist bei der Schadensberechnung gemäss Art. 42 zu berücksichtigen; dem Haftpflichtigen ist nur der tatsächlich auf das Ereignis zurückzuführende Schaden zurechenbar. Daher sind die vermögensrechtlichen Folgen vorbestehender Schwächen, die sich mit Sicherheit oder doch mit hoher Wahrscheinlichkeit auch ohne das schädigende Ereignis (z.B. in einer verkürzten Lebens- oder Aktivitätsdauer) ausgewirkt hätten, von der Schadensberechnung anteilsmässig auszuscheiden (113 II 86/93 f. E. 3b). Wäre der Schaden dagegen ohne den Unfall voraussichtlich überhaupt nicht eingetreten, so bleibt der Haftpflichtige dafür auch dann voll verantwortlich, wenn der krankhafte Vorzustand den Eintritt des Schadens begünstigt oder dessen Ausmass vergrössert hat. Dem Anteil der Prädisposition kann in diesem Fall im Rahmen von Art. 44 Rechnung getragen werden 131 III 12/14 E. 4, 4A_430/2019 (9.12.19) E. 2.4. – *Beispiele zur HWS-Distorsion:* Das Bundesgericht betrachtete die von der Vorinstanz vorgenommene Kürzung um 20% als Rechtsverletzung, insbesondere weil der Geschädigte seine verbleibende Arbeitskraft so gut als möglich verwertet hatte 4A_153/2008 (14.10.08) E. 3.5. In anderen Fällen wurde der Schadenersatz gestützt auf Art. 44 Abs. 1 gekürzt um 50% 4A_307/2008 und 4A_311/2008 (27.11.08) E. 2.5 fr.; um 75% 4A_65/2009 (17.2.10) E. 5.5 it.; um 80% (durch die Vorinstanz gestützt auf Art. 43) 4A_25/2011 (21.3.11) E. 4.1; um 20% 4A_275/2013 (30.10.13) E. 6.2.

14 **Schadenminderungspflicht.** Nach einem allgemeinen Rechtsgrundsatz des privaten Haftungsrechts 4C.177/2006 (22.9.06) E. 2.2.1, der als Konkretisierung der allgemeinen Pflicht zur schonenden Rechtsausübung (ZGB Art. 2 Abs. 2) gilt 4A_37/2011 (27.4.11) E. 4.1, können vom Geschädigten zumutbare schadensabwendende bzw. -mindernde Massnahmen erwartet werden, und dies mit Bezug auf künftigen, aber auch auf den schon entstandenen Schaden 4C.83/2006 (26.6.06) E. 4 fr.; kommt der Geschädigte dieser Obliegenheit nicht nach und entsteht ihm deshalb ein Schaden, ist diesbezüglich die adäqua-

te Kausalität zur Körperverletzung nicht gegeben oder ist sie durch grobes Selbstverschulden unterbrochen worden 4C.263/2006 (17.1.07) E. 3.2, 132 III 359/368. Alsdann kann der Geschädigte Ersatz nur für den Schaden verlangen, der auch bei Erfüllung der Schadenminderungspflicht eingetreten wäre 4A_37/2011 (27.4.11) E. 4.1, 4A_546/2009 (1.2.10) E. 6.2 fr., 4C.263/2006 (17.1.07) E. 3.2, 4C.83/2006 (26.6.06) E. 4, 4C.177/2006 (22.9.06) E. 2.2.1, 4C.83/2006 (26.6.06) E. 4 fr. Durch die Bestimmung wird indes nur der Geschädigte, nicht auch der Dritte dazu angehalten, den Schaden zu mindern Pra 1996 (Nr. 206) 793 E. 3 (in casu keine Schadensminderungspflicht des Versorgten). Die Verletzung dieser Obliegenheit ist vom Ersatzpflichtigen in den Prozess einzubringen, der sich im Sinne einer Einrede darauf beruft 4C.177/2006 (22.9.06) E. 2.2.2, 4C.137/2006 (17.1.08) E. 3.3, und die Beweislast dafür trägt 4A_70/2008 (12.8.09) E. 5.4; allerdings trifft den Geschädigten die Last zur substanziierten Bestreitung und er hat den Gegenbeweis zu erbringen 4A_127/2011 (12.7.11) E. 8.2, 4A_37/2011 (27.4.11) E. 4.3. ***Beispiele:*** Es ist dem Geschädigten kaum zumutbar, den Schaden durch die Verlegung seines Wohnsitzes zu mindern Pra 1999 (Nr. 171) 892 E. 2c (in casu keine Herabsetzung infolge der aufgrund eines freiwilligen Umzugs nach Italien tieferen Lebenshaltungskosten). Das Opfer eines Unfalles muss sich grundsätzlich einer ärztlichen Behandlung oder einer Operation unterziehen, wenn diese ungefährlich ist, keine bedeutenden Schmerzen und Leiden mit sich bringt und man mit Gewissheit auf eine wesentliche Besserung zählen kann 57 II 61/67 f. fr., 81 II 512/515 E. 2a, 128 III 34/38 (zu VVG Art. 61); zudem hat der Haftpflichtige dafür einen umfassenden Kostenvorschuss zu leisten 61 II 130/133 fr. Vgl. aber 4C.375/2000 (31.8.01) E. 3c Pra 2001 (Nr. 177) 1076, wonach dem Selbstbestimmungsrecht des Einzelnen, ob und wie er sich medizinisch behandeln lassen will, ein hoher Stellenwert beizumessen ist. Ob im Falle der Invalidität ein Berufswechsel zuzumuten ist, muss aufgrund der konkreten Umstände beurteilt werden 89 II 222/231, vgl. auch 111 II 295/302 E. a, ist aber nicht schon deshalb auszuschliessen, weil den Geschädigten keinerlei Verschulden trifft 4C.83/2006 (26.6.06) E. 4 (Praxisänderung, siehe 60 II 226/229). Bei teilweiser Arbeitsunfähigkeit hat der Verletzte die noch verbleibende Arbeitskraft soweit einzusetzen, wie es für ihn möglich und nach Treu und Glauben zumutbar ist 4C.263/2006 (17.1.07) E. 3.1, vgl. 4A_37/2011 (27.4.11) E. 4.1, oder aber hat er die Umstände darzutun, weshalb die verbliebene Arbeitsfähigkeit nicht verwertbar ist 4A_127/2011 (12.7.11) E. 8.3. Schadenminderungspflicht auch hinsichtlich des Haushaltschadens 4A_19/2008 (1.4.08) E. 3.3.2 fr. ***Bei Vertragsverletzungen:*** Sobald eine Partei erkennen kann, dass ihr Vertragspartner vertragliche Pflichten verletzt (in casu Verletzung vertraglicher Informationspflichten), darf sie nicht einfach zu dessen Nachteil untätig bleiben 4C.463/2004 (16.3.05) E. 3 (in casu keine Herabsetzung des Honoraranspruchs als Folge unterlassener Schadensminderung durch den Auftraggeber). Unzumutbar ist es, ein ungeplantes Kind abzutreiben oder zur Adoption freizugeben, um die anfallenden Unterhaltskosten abzuwenden 132 III 359/368 (vertragswidrig unterlassene Sterilisation). – Sowohl bei der *Berechnung* des bisherigen wie des künftigen Schadens wirkt sich die Verletzung der Schadensminderungspflicht dahingehend aus, dass das Invalideneinkommen entsprechend erhöht bzw. bei tatsächlichem Fehlen von Einkommen in der Vergangenheit ein solches aufgrund des vorgängig bestimmten Grades der Erwerbsfähigkeit in die Schadensberechnung eingesetzt wird 4C.170/2005 (9.11.05) E. 2.2, 4C.3/2004 (22.6.04) E. 1.2.2 Pra 2005 (Nr. 20) 148 (Annahme eines theoretischen Einkommens, auch soweit das Valideneinkommen tatsächlich unterschritten wurde, E. 1.4). – Grenze der Obliegenheit zur Schadenminderung ist die ***Zumutbarkeit.*** Der Geschädigte muss nur jene Massnahmen treffen, die ihm billigerweise zugemutet werden dürfen, wobei als Massstab das Verhalten eines vernünftigen Menschen in der gleichen Lage, der keinerlei Schadenersatz zu erwarten hätte, gilt. Welche Anstrengungen vom Geschädigten verlangt werden können, ist in Würdigung sämtlicher Umstände (d.h. Persönlichkeit des Geschädigten, dessen berufliche Fähigkeiten und Handfertigkeiten, Anpassungsfähigkeit und Intelligenz sowie Alter und Bildungsgrad) zu bestimmen 4A_37/2011 (27.4.11) E. 4.2.

15 **Weitere Umstände.** Gemäss 102 II 239/239 E. 3a Pra 1977 (Nr. 26) 65 müssen die in Art. 44 Abs. 1 erwähnten Umstände dem Geschädigten zum Verschulden gereichen. Dem steht jedoch die Praxis gegenüber, wonach auch nicht schuldhaft herbeigeführte Umstände haftungsmindernd i.S.v. Art. 44 Abs. 1 sein können 85 II 516/520, vgl. auch 112 Ib 446/454 E. a Pra 1988 (Nr. 153) 547. Als Umstand, für den der Geschädigte einstehen muss, gilt (neben den schon oben erwähnten) etwa auch: die von ihm als Motorfahrzeughalter gesetzte Betriebsgefahr 85 II 516/520, 108 II 51/57 E. a (jedoch nicht die Selbstverwirklichung der Betriebsgefahr durch die Lenkerin 117 II 609/620 E. 5d), 129 III 65/69 E. 7.1 Pra 2003 (Nr. 121) 650; ein Mangel des betroffenen Werkes 119 Ib 334/346 f. E. c. Pra 1994 (Nr. 74) 281 f.; Lage und Unterhalt der geschädigten Aprikosenplantage 109 II 304/312 E. 5 fr.; das Verhalten der Hilfsperson des Geschädigten im Sinne von Art. 101 Abs. 1 130 III 591/601. Herabgesetzt wurde auch der Ersatz von (vorprozessualen) Kosten eines Strafverfahrens, weil dieses nicht nur der Feststellung der Haftpflicht und des Schadens, sondern auch der eigenen Verteidigung des Geschädigten gedient hatte 117 II 101/104 ff. E. 2 und 6 Pra 1991 (Nr. 163) 732 ff. – Besteht eine Klagenkonkurrenz zugunsten des Geschädigten, so ist dieser nicht verpflichtet, beide oder mehrere Ansprüche geltend zu machen, um eine Erschwerung der Lage eines Schuldners zu verhindern 89 II 118/123 f. E. b Pra 1963 (Nr. 135) 403 f.

16 ***Abs. 2*** Die Anwendung der Bestimmung wird durch vorsätzliche Schädigung ausgeschlossen 61 II 228/235 E. 4, jedoch nicht durch ein mittleres (d.h. weder leichtes noch schweres) Verschulden 100 II 332/338 E. 3a Pra 1975 (Nr. 67) 196, 4C.103/2005 (1.6.05) E. 6 (mittlere Fahrlässigkeit eines Arbeitnehmers). – Der Begriff der Notlage i.S. der Bestimmung ist strenger als jener in aBMM Art. 17 114 II 74/77 E. c Pra 1988 (Nr. 254) 949. Für die Beurteilung der Notlage ist auf das Vermögen, die (künftige) Erwerbsfähigkeit, Erbanwartschaften 40 II 490/495 sowie allenfalls auf die Tatsache abzustellen, dass der Beklagte auf andere Ersatzpflichtige Rückgriff nehmen kann 90 II 14 f. E. 7 Pra 1964 (Nr. 57) 157. Eine Notlage ist nicht gegeben, wenn das Vermögen des Ersatzpflichtigen weit über der Summe liegt, die ihm nach SchKG als unpfändbar verbleiben muss 40 II 274/278. Der von drei 18-jährigen, in der beruflichen Ausbildung stehenden und vermögenslosen Solidarschuldnern zu leistende Schadenersatz von 12 375 Franken stellt (im Jahre 1974) eine durchaus tragbare finanzielle Belastung dar 100 II 332/339 Pra 1975 (Nr. 67) 197. Ein Schädiger, der schon die Prozesskosten nicht zu tragen vermochte, wäre in eine Notlage geraten, wenn er den Schadenersatz im verlangten Umfang von 35 000 Franken hätte bezahlen müssen 4C.103/2005 (1.6.05) E. 6 (Reduktion zugelassen). Haften mehrere solidarisch, so ist grundsätzlich bei jedem einzelnen Haftpflichtigen eine konkrete Würdigung vorzunehmen 100 II 332/338 f. E. 3b Pra 1975 (Nr. 67) 196 f. – Bei der

Anwendung von Art. 44 Abs. 2 ist auch die finanzielle Lage des Geschädigten zu berücksichtigen 49 II 439/447. So ist zu prüfen, wie die Geschädigte durch eine Kürzung der Ersatzleistung getroffen würde 4C.103/2005 (1.6.05) E. 6. Belanglos ist hingegen, ob der Ersatzberechtigte bei höherem Zuspruch Gefahr läuft, mit seiner Forderung leer auszugehen 40 II 274/278 f., vgl. aber auch 52 II 451/457 f. – Die Erben, die in die Rechtsstellung des Erblassers eingetreten sind, können sich nicht auf ihre Notlage berufen 61 II 228/236. – Die Bestimmung gilt nur zum Schutz des Ersatzpflichtigen persönlich, nicht auch zugunsten seines Haftpflichtversicherers 111 II 295/303 E.a. Im Versicherungsfall ist es dem Belangten und erst recht dem Versicherer verwehrt, sich auf eine Notlage zu berufen 113 II 323/328 E.c.

Zu den Entlastungsgründen von EBG Art. 40c 4A_602/2018 (28.5.19). 17

V. Besondere Fälle 1. Tötung und Körperverletzung a. Schadenersatz bei Tötung

Art. 45

[1] Im Falle der Tötung eines Menschen sind die entstandenen Kosten, insbesondere diejenigen der Bestattung, zu ersetzen.

[2] Ist der Tod nicht sofort eingetreten, so muss namentlich auch für die Kosten der versuchten Heilung und für die Nachteile der Arbeitsunfähigkeit Ersatz geleistet werden.

[3] Haben andere Personen durch die Tötung ihren Versorger verloren, so ist auch für diesen Schaden Ersatz zu leisten.

▪ Abs. 1 (2) ▪ Abs. 2 (3) ▪ Abs. 3 (4) ▪ Versorger (5) ▪ Unterstützungsbedürftigkeit (7) ▪ Versorgerschaden (8) ▪ Höhe der Unterstützung (10) ▪ Dauer der Unterstützung (11) ▪ Vorteilsanrechnung (12) ▪ Wiederverheiratung (13) ▪ Ersatz (14)

Auf das Rechtsverhältnis zwischen dem schuldhaften Urheber einer Tötung und den Hinterbliebenen sind die Art. 45 und 47 auch dann anwendbar, wenn zwischen dem Getöteten und dem Urheber der Tötung ein *Vertragsverhältnis* bestand (in casu ärztliches Auftragsverhältnis) und der Tod des Gegenkontrahenten durch vertragswidriges Verhalten herbeigeführt wurde. Das Vertragsverhältnis ist aber hinsichtlich der Verschuldensfrage von Bedeutung, weil die Haftung gegenüber den Hinterbliebenen nicht strenger sein kann, als sie es gegenüber der getöteten Vertragspartei selber wäre 64 II 200/202 f. E. 1. – Die Aufzählung der Ersatzansprüche in Art. 45 ist nur insofern abschliessend (54 II 222/224 fr.), als es um reinen Vermögensschaden (und nicht z.B. um durch eine Beeinträchtigung der körperlichen Integrität verursachten Schaden) anderer Personen als des Getöteten geht 112 II 118/128 E. e fr. (Praxisänderung), vgl. auch 112 II 118/222 f. E. 2a. 1

Abs. 1 Nach dem klaren Wortlaut der Bestimmung hat der Schädiger die Bestattungskosten zu übernehmen; mit dem Einwand, die getötete Person sei bejahrt gewesen (in casu 89 Jahre), ist er nicht zu hören 135 III 397/404 f. E. 2.3 Pra 2010 (Nr. 7) 47. Die Bestimmung erfasst nur solche Aufwendungen, die unmittelbar mit dem Tod zusammenhängen, wie z.B. Auslagen für Todesanzeigen, Beerdigung, Traueressen, Grabmal und dergleichen 113 II 323/338 E. 5, grundlegend 95 II 306/308 E. 5. Bei den Kosten des 2

Grabunterhaltes, die erst später entstehen, ist ein solch unmittelbarer Zusammenhang mit dem Tod nicht gegeben. Der Grabunterhalt ist in erster Linie eine Pietätspflicht der Angehörigen, sodass damit ein Ersatzanspruch gegen einen Dritten unvereinbar ist 113 II 323/338 E. 5, grundlegend 95 II 306/308 E. 5. Ob der Unterhalt des Grabes von den Angehörigen selber oder, wie vielfach vorgeschrieben, vom Friedhofsgärtner besorgt wird, ist bedeutungslos 65 II 250/254 f. E. 2. Auslagen für Trauerkleider sind nur dann nicht voll zu berücksichtigen, wenn die Angehörigen ohnehin Trauerkleider angeschafft hätten 113 II 323/339 E. 5. – Wird nur Ersatz der Bestattungskosten (und kein Versorgerschaden) geltend gemacht, so ist aufgrund von Billigkeitsüberlegungen und aus praktischen Gründen davon abzusehen, allenfalls wegen des Todes eingesparte Unterhaltsaufwendungen anzurechnen 112 Ib 322/330.

3 ***Abs. 2*** Im Verhältnis zu Art. 46 ist die Zeit des Urteils, nicht der Anhängigmachung des Rechtsstreites massgebend. Stirbt im Falle einer Körperverletzung der Verletzte vor dem Urteil oder der Anerkennung des von ihm erhobenen Anspruchs, so wird demnach auch für die Folgen dieser Körperverletzung nur noch insoweit Ersatz geschuldet, als aus ihr bereits ein Schaden für den Verletzten entstanden war 52 II 235/262.

4 ***Abs. 3*** Die Bestimmung stellt einen Einbruch in das allgemeine System des OR dar, wonach nur unmittelbar (also nicht bloss durch Reflexwirkung 4C.194/1999 [18.1.00] E. 2b fr.) Geschädigte einen Schadenersatzanspruch erheben können. Als *Ausnahmevorschrift* darf sie nicht extensiv ausgelegt werden 82 II 36/39 E. 4a Pra 1956 (Nr. 70) 220, 4C.51/2000 (7.8.00) E. 4 fr., 4C.195/2001 (12.3.02) E. 4 fr. Relativierung dieses Grundsatzes durch Anerkennung des Haushaltschadens 127 III 403/406 E. aa, 4C.222/2004 (14.9.04) E. 5 und der Entschädigung für die zugunsten des Ehegatten unentgeltlich erbrachte Mitarbeit im Betrieb 127 III 403/409 E.aa. – Die Wiedergutmachung des Versorgerschadens ist eine Verpflichtung, deren besondere Natur die tatsächliche Erfüllung an den Gläubiger verlangt; eine Verrechnung ist daher gemäss Art. 125 Ziff. 2 ausgeschlossen, wenn der Berechtigte dartut, dass seine Ansprüche für ihn unbedingt erforderlich sind 88 II 299/311 ff. E. 6b Pra 1963 (Nr. 4) 15 f. Hingegen ist die Forderung auf Ersatz des Versorgerschadens weder ihrem Inhalt noch ihrem Zweck nach unlösbar an die Person des ersten Gläubigers gebunden, sodass die Abtretung zulässig ist 63 II 157/158 f. – *Aktivlegitimiert* ist nur der Versorgte, also weder die Erbengemeinschaft des Versorgers 34 II 4/9 E. 5 fr. noch allfällige Mitversorger, die anstelle des Getöteten (höhere) Unterhaltsleistungen erbringen 34 II 4/10 E. 7 fr. Der Anspruchsberechtigte muss nicht Erbe des Getöteten sein, wie andererseits die Erbeneigenschaft zur Begründung des Forderungsrechts nicht genügt 52 II 235/263. – Die Bestimmung erfasst nur Versorgerschaden, also z.B. nicht die bis zum Tode der Kinder ausgelegten Erziehungs- und Unterhaltskosten 58 II 29/41. – Verjährung nach Art. 60 selbst dann, wenn Versorger und Haftpflichtiger in einem Vertragsverhältnis standen 4C.194/1999 (18.1.00) E. 1 fr., siehe auch 123 III 204/206 E. 2. – Das neue Eherecht, das den Schwerpunkt auf den Begriff der Pflichtengleichheit legt, bleibt nicht ohne Auswirkungen auf das Haftpflichtrecht 119 II 361/367 E. 5b Pra 1994 (Nr. 163) 548 f. – Ersatz des Versorgerschadens und SVG Art. 61 123 III 274/277 E. 1a/aa.

5 **Versorger.** ***Begriff.*** Als Versorger gilt, wer regelmässig (53 II 50/52 E. 3 fr.) durch grundsätzlich unentgeltliche Leistungen in irgendeiner Form (Zuwendung von Geld,

Sachgütern, Arbeitsleistung) ganz oder teilweise für den Unterhalt eines andern aufkommt 82 II 36/39 E. 4a Pra 1956 (Nr. 70) 220 f. oder diesen nach dem gewöhnlichen Lauf der Dinge und der Lebenserfahrung in mehr oder weniger naher Zukunft unterstützt haben würde, wenn der Tod nicht eingetreten wäre 72 II 192/196 f. E. 3, Pra 1996 (Nr. 206) 792, sodass der Versorgerschaden auch ein künftiger Schaden sein kann 4C.195/2001 (12.3.02) E. 4 fr. Die Versorgereigenschaft hängt nicht von einem rechtlichen, sondern von einem rein tatsächlichen Kriterium ab 111 II 295/299 E. c, 114 II 144/146 E. 2a. Daher ist gleichgültig, ob der Versorger gesetzlich zu einer Unterhaltsleistung verpflichtet ist oder nicht 114 II 144/146 E. 2a, 54 II 9/17 E. 2 fr. – Nicht abzuklären ist, auf welche Weise der Versorger sich die erforderlichen Mittel beschafft hat. Insbesondere kann dem Versorgungsanspruch eines Kindes nicht entgegengehalten werden, seine Mutter sei als Dirne einem unsittlichen Erwerb nachgegangen. Hingegen würde ein Anspruch des Zuhälters schon daran scheitern, dass er selber rechtswidrig gehandelt hat 111 II 295/299 E. c, vgl. auch 114 II 144/147 E.b. Auch die Unterstützung aus einem Vermögensertrag oder aus einer Pension kann die Grundlage für Versorgungsansprüche bilden 109 II 65/68 f. E. 2a. – Ob der Getötete einen Unterstützungsbedürftigen später unterstützt hätte, wenn er am Leben geblieben wäre, ist im Wesentlichen eine *Tat- und Ermessensfrage,* sodass dem Bundesgericht in diesem Punkte nur eine beschränkte Überprüfungsbefugnis zusteht 72 II 192/197 E. 3.

Beispiele. *Gegenwärtige wirkliche Versorger:* Der *Ehemann* für seine Ehefrau 113 II 323/332 ff. E. 3, (in casu pensionierter Beamter) 109 II 65/68 f. E. 2a, vgl. auch 119 II 361 Pra 1994 (Nr. 163) 545 ff., 93 I 586/592 E. 2 (in casu verneint); die *Ehefrau* für ihren Ehemann, wenn sie in seinem Geschäft mithilft Pra 1996 (Nr. 206) 793 E. 3, 57 II 180/182 oder eine selbständige Erwerbstätigkeit ausübt, aus welcher der Ehemann Vorteile zieht 82 II 132/134 f. E. 3 Pra 1956 (Nr. 71) 224 f., aber auch wenn sie ausschliesslich den Haushalt besorgt, sofern der Beitrag, den sie durch ihre Hausarbeit erbringt, die von ihrem Ehemann empfangenen Leistungen übersteigt 101 II 257/260 E. a Pra 1975 (Nr. 239) 667, 108 II 434/436 E. 2a Pra 1983 (Nr. 54) 137, siehe auch 53 II 123/126 f. E. 5 (in casu Versorgereigenschaft der Ehefrau verneint); der *Vater* für seine Kinder 101 II 346/351 ff. E. 3 Pra 1975 (Nr. 264) 744 f., vgl. auch 119 II 361 Pra 1994 (Nr. 163) 545 ff., auch wenn das Kind erst nach seinem Tod geboren wird und sich die Mutter kurz danach wieder verheiratet 72 II 165/168 ff. E. 6, wobei beim später geborenen Kind die Vaterschaft verbindlich feststehen muss 62 II 147/150 fr.; die *Mutter* für ihre Kinder Pra 1996 (Nr. 206) 793 E. 4b/aa, 102 II 90/92 E. a und 102 II 90/95 E. 3a, 101 II 257/260 f. E. a, b Pra 1975 (Nr. 239) 667 f., auch wenn der Vater durch eine grössere Unterhaltsleistung in die Lücke tritt 57 II 180/184, und vor allem, wenn die (geschiedene) Mutter mehr oder weniger allein für den Unterhalt ihrer Kinder aufkommen musste 57 II 104/111 E. 4; der *Stiefvater* für die von ihm versorgten Stiefkinder 72 II 165/170 E. 6; die (verdienenden) *Kinder* für ihre Eltern 64 II 53/60 E. 6 fr., 41 II 703/707 f. E. 4, wobei allenfalls gleichgültig ist, ob die Mittel, welche die Tochter ihren Eltern zuwendet, von ihrem Ehemann stammen 74 II 202/209 f. E. 7; der *Schwiegersohn* (in casu jedoch Anspruch verneint, weil der Unterhaltsbeitrag durch Gegenleistungen ausgeglichen worden war) 88 II 455/462 E. 5 Pra 1963 (Nr. 48) 150; die *Geschwister* 59 II 364/371 E. 2 fr., 53 II 50/52 f. E. 3; der *Konkubinatspartner* (wobei ein schematisches Abstellen auf eine bestimmte Mindestdauer des Konkubinatsverhältnisses für die Annahme eines eheähnlichen und dauerhaften Charakters ausser Be- 6 tracht fällt; offengelassen, ob der Entschädigungsanspruch entfällt, wenn das Verhältnis rechtswidrig war oder die Versorgungsleistungen aus unmoralischen Gründen erfolgten) 114 II 144/147 ff. E.b. – *Zukünftige, hypothetische Versorger:* Der *Bräutigam* für seine Braut 66 II 206/220 f. E. 3 fr. (auch wenn keine formelle Verlobung stattgefunden hat 57 II 53/56 E. 3 fr., 114 II 144/146 E. 2a), jedoch nur unter der Voraussetzung, dass die Heirat sehr wahrscheinlich in naher Zukunft stattgefunden hätte 57 II 53/56 E. 3 fr., was beim Verlöbnis zu vermuten ist 66 II 206/220 fr.; der *Ehemann,* der erst später an den Unterhalt seiner Ehefrau beigetragen hätte 35 II 238/246 E. 5; die *Ehefrau,* insofern sie bei einer allfälligen zukünftigen Verminderung der Arbeits- und Verdienstfähigkeit ihres älteren Ehemannes in die Lücke eingesprungen wäre 57 II 180/183; die noch *nicht erwerbsfähigen Kinder* für ihre Eltern 79 II 350/355 E. 3 Pra 1954 (Nr. 16) 39, in casu verneint 72 II 192/197 E. 3, wobei eine gewisse Zurückhaltung angebracht ist, wenn das getötete Kind noch sehr jung ist 62 II 58/58 f. E. a fr. Die Kinder können nur insoweit als Versorger ihrer Eltern betrachtet werden, als der Beitrag, den sie durch ihre Arbeit an das Familieneinkommen erbringen oder in Zukunft erbracht haben würden, das übersteigt, was sie ihrerseits von den Eltern erhalten, sodass diese ihre bisherige Lebenshaltung einschränken müssen 112 II 118/122 E. 3 fr.

7 **Unterstützungsbedürftigkeit.** Ein Ersatzanspruch des Versorgten setzt seine Unterstützungsbedürftigkeit voraus. Nicht erforderlich ist jedoch, dass er durch den Tod des Versorgers in eine eigentliche Notlage gerät; es genügt, dass er einen finanziellen Ausfall erleidet, der ihn (in erheblicher Weise 28 II 12/16, 102 II 90/93) in seiner standesgemässen Lebensführung beeinträchtigt 82 II 36/39 Pra 1956 (Nr. 70) 221 oder zu einer Einschränkung seiner bisherigen Lebensweise zwingt 113 II 323/334 E. 3, Pra 1996 (Nr. 206) 792. Der Anspruch einer Witwe, ihren Lebensstandard, den sie bis zum Tod ihres Ehemannes hatte, zu erhalten, geht weiter als der als allgemeine Folge der Ehe bestehende Unterhaltsanspruch 119 II 361/367 Pra 1994 (Nr. 163) 549. Die Unterstützungsbedürftigkeit ist vor allem gegeben, wenn die versorgte Person infolge des Todes ihres Versorgers wieder auf eine Erwerbstätigkeit angewiesen ist 59 II 461/464. Allenfalls ist zu berücksichtigen, dass die Kosten der Lebenshaltung einer einzelnen Person erfahrungsgemäss höher sind als ihr Anteil an den Kosten einer mehrköpfigen Haushaltung 72 II 165/168 E. 4. Übermässige Aufwendungen, selbst wenn sie bis anhin tatsächlich gemacht worden sind, fallen nicht in den Rahmen einer standesgemässen Lebensweise und sind daher nicht zu berücksichtigen 59 II 461/463 E. 2b. Hingegen ist es dem Ehemann nicht zuzumuten, wegen des Todes seiner Ehefrau ein Haus mit Umschwung gegen eine Mietwohnung aufzugeben 102 II 90/93. Ob und in welchem Ausmass die Anstellung einer Haushälterin gerechtfertigt ist, hängt von den konkreten Umständen ab 102 II 90/92 f. E. b, 101 II 257/260 f. E. b Pra 1975 (Nr. 239) 667 f. Für die Beurteilung der Notwendigkeit einer Haushaltshilfe kommt es jedoch nicht darauf an, ob nach dem Tode der Hausfrau tatsächlich eine Hilfskraft angestellt wurde 108 II 434/436 f. E. 2b Pra 1983 (Nr. 54) 138. Keine Unterstützungsbedürftigkeit liegt vor, wenn der standesgemässe Lebensunterhalt durch andere Einkünfte genügend gesichert ist 93 I 586/592 E. 2, wie z.B. durch den Ertrag des Liquidationsanteils am ehelichen Vermögen 99 II 207/210 E. 4 Pra 1973 (Nr. 209) 631 oder des ererbten Vermögens 95 II 411/416 Pra 1970 (Nr. 43) 146. Das ersatzfähige Interesse an der Unter-

stützung durch die getötete Person entfällt jedoch nicht, wenn andere Personen als Versorger in die Lücke treten 57 II 180/184.

Versorgerschaden (auch: Versorgungsschaden). ***Allgemeines.*** Gegenstand der Ersatzpflicht ist der konkrete Schaden, der sich aus dem Verlust des Versorgers ergibt 95 II 411/416 Pra 1970 (Nr. 43) 146. Die Lage des Versorgten nach dem Tode des Versorgers ist mit jener zu vergleichen, in der er sich befände, wenn der Versorger nicht vorzeitig gestorben wäre 101 II 257/260 E. a Pra 1975 (Nr. 239) 667, sodass Haushaltschaden auch hier möglich ist 4C.195/2001 (12.3.02) E. 5a fr. Der Verlust des Familienlebens und eines Teils des gesellschaftlichen Lebens ist nicht vermögenswerter Natur und kann lediglich durch eine Genugtuungsleistung ausgeglichen werden 82 II 36/40 f. E. 4b Pra 1956 (Nr. 70) 222. – Die *Berechnungsfaktoren* (insbesondere Alter des Getöteten und der Versorgten; zukünftiges Einkommen des Versorgers; Einkommensanteil, der für den Unterhalt der Unterstützten aufgewendet worden wäre, soweit diese darauf angewiesen gewesen wären) müssen von Fall zu Fall gewürdigt werden 90 II 79/83 f. E. 3 Pra 1964 (Nr. 83) 230. Der Schaden infolge Verlustes des Versorgers ist abstrakt auf den Todestag zu berechnen 4C.195/2001 (12.3.02) E. 5c fr., 124 III 222/228 E. 4c, Pra 1996 (Nr. 206) 792 E. 3, 119 II 361/366 E. 5b Pra 1994 (Nr. 163) 548, 101 II 346/351 f. E. 3b Pra 1975 (Nr. 264) 744, grundlegend 84 II 292/300 ff. E. 7. Das bedeutet nicht, dass der Richter bei der Beurteilung des Versorgerschadens erst nach dem Tode des Versorgers eingetretene Tatsachen völlig unberücksichtigt lassen muss 124 III 222/228 E. 4c (in casu Berücksichtigung der Teuerung, die aufgrund der Verfahrensdauer konkret berechnet werden konnte), Pra 1996 (Nr. 206) 792 E. 3 (in casu Wiederverheiratung des Versorgten); jedoch ist in der Berücksichtigung solcher Tatsachen Zurückhaltung geboten, da ungewiss ist, ob der Versorger am Urteilstag noch am Leben und arbeitsfähig gewesen wäre 97 II 123/131 E. 6 Pra 1971 (Nr. 209) 671. Insbesondere darf der Richter Umstände, die zum Zeitpunkt des Urteils bestehen, nicht einseitig würdigen. Somit rechtfertigt die Tatsache, dass eine Witwe, die bisher nicht erwerbstätig war, nach dem Tod ihres Mannes eine bezahlte Tätigkeit aufgenommen hat, für sich alleine genommen noch keine Kürzung des Versorgerschadenersatzes; umgekehrt ist es mit Blick auf die Schadensminderungspflicht des Geschädigten nicht ausschlaggebend, wenn eine Witwe aus subjektiven Gründen nach dem Tod des Versorgers auf eine Erwerbstätigkeit verzichtet. Entscheidend ist, was objektiv aufgrund der persönlichen Situation erwartet werden darf 119 II 361/366 f. E. 5b Pra 1994 (Nr. 163) 548 f. Die Wiederverheiratung des Versorgten hebt den Anspruch auf Versorgerschaden infolge Todes des ersten Ehegatten nicht zwingend auf Pra 1996 (Nr. 206) 793 E. 3 (in casu Berücksichtigung der durch die verstorbene Ehegattin im Geschäft des Versorgten unentgeltlich geleisteten Arbeit). Die Teuerung vom Todestag bis zum Urteilstag ist wie die zukünftige Teuerung zu berücksichtigen (d.h. nicht konkrete Berechnung) 113 II 323/333 E.a. – Der Anspruch auf Ersatz des Versorgerschadens muss für jeden Berechtigten gesondert berechnet und zugesprochen werden Pra 1996 (Nr. 206) 794 E. 4b/aa, 102 II 90/92 E.a. Eine Ausnahme von diesem Grundsatz besteht, wenn zeitlich begrenzte Ansprüche der Kinder praktisch im Anspruch des Ehemannes aufgehen und schon durch die diesem zustehende Ersatzleistung gedeckt werden Pra 1996 (Nr. 206) 793 E. 4b/aa, 102 II 90/92 E.a. Dies trifft z.B. dann zu, wenn der Ehemann nach dem Tode der Ehefrau schon aus eigenen Bedürfnissen Anspruch auf vollen Ersatz des durch die Anstellung einer Haus- 8 hälterin bedingten Mehraufwandes hat 102 II 90/92 f. E.b. Ist der Beizug einer Haushaltshilfe jedoch vor allem wegen der Kinder nötig, so ist der Schadenersatz aufzuteilen 101 II 257/262 E. 1d Pra 1975 (Nr. 239) 669. Kam der Verstorbene für den Unterhalt seines Ehegatten und eines oder mehrerer Kinder auf, werden die verschiedenen Unterhaltsansprüche als voneinander abhängig betrachtet; die jeder Person zufallende Quote erhöht sich demnach jedes Mal, wenn ein Kind wirtschaftlich unabhängig wird Pra 1996 (Nr. 206) 796 E. 4b/bb. – Der Versorgerschaden und die AHV-rechtliche Witwenrente sind funktional kongruent 124 III 222/226 E. 3b (in casu Regress der AHV auf privaten Haftpflichtversicherer).

9 *Tatfrage/Rechtsfrage.* Wie hoch der zu entschädigende Versorgerschaden festzusetzen ist, stellt im Wesentlichen eine Tat- und Ermessensfrage dar, die im Verfahren vor Bundesgericht nur in beschränktem Masse überprüft werden kann Pra 1996 (Nr. 206) 793 E. 4a, 79 II 350/355 E. 3 Pra 1954 (Nr. 16) 39, 66 II 197/203 E. 3 fr. So kann das Bundesgericht in die Würdigung des Sachrichters nur eingreifen, wenn dieser bei der Abschätzung der voraussichtlichen Entwicklung der Dinge von rechtlich unzutreffenden Voraussetzungen ausgegangen ist oder sich ohne konkrete Anhaltspunkte von Erwägungen hat leiten lassen, die mit der allgemeinen Lebenserfahrung im Widerspruch stehen. Hingegen sind Feststellungen über vergangene und gegenwärtige tatsächliche Verhältnisse für das Bundesgericht unter Vorbehalt offensichtlicher Versehen verbindlich 90 II 79/83 f. E. 3 Pra 1964 (Nr. 83) 230. Soweit die angewandten Berechnungsfaktoren aber auf Erfahrungswerten beruhen, können sie frei überprüft werden, selbst wenn sie nicht angefochten worden sind Pra 1996 (Nr. 206) 793 E. 4a. Sind die tatsächlichen Feststellungen über die Faktoren des Versorgerschadens so mangelhaft, dass die Rechtsanwendung vom Bundesgericht nicht überprüft werden kann, so ist die Sache zur Ergänzung an die Vorinstanz zurückzuweisen 90 II 79/85 Pra 1964 (Nr. 83) 231.

10 **Höhe der Unterstützung.** Für die Höhe des Versorgerschadens gibt es keinen schematischen Ansatz 72 II 165/166 E. 4. Ziel ist es, die Einkommensverhältnisse, wie sie sich ohne den Tod des Versorgers gestaltet hätten, annähernd zu erhalten, damit die anspruchsberechtigten Hinterlassenen ihre Lebensführung nicht wesentlich zu ändern brauchen 112 II 87/92 E. b, 129 II 49/50 E. 2. Wie beim Invaliditätsschaden, geht es auch beim Versorgerschaden in erster Linie darum, eine Entschädigung für das entgangene Erwerbseinkommen sicherzustellen, weshalb auch die Berechnung grundsätzlich auf dieselbe Weise zu erfolgen hat 126 II 237/241 E. 4d (in casu ging es um das Kapitalisierungsalter, das in beiden Fällen gleich ist). – Um zu beurteilen, ob Ersatz für einen Versorgerschaden beansprucht werden kann, ist zunächst festzustellen, welche Unterstützungsleistungen der Getötete ohne seinen vorzeitigen Tod dem überlebenden Versorgten erbracht hätte 108 II 434/436 E. 2b Pra 1983 (Nr. 54) 138; mithin ist die hypothetische Vermögenslage einer Person ohne den vorzeitigen Tod ihres Versorgers festzustellen und mit jener nach dem schädigenden Ereignis zu vergleichen 129 II 49/51. Der Berechnung des Versorgerschadens ist das Nettoeinkommen des Versorgers zugrunde zu legen. Darunter ist der Betrag zu verstehen, der nach Abzug der für die Erzielung des Bruttoeinkommens unmittelbar aufgewendeten Gewinnungskosten übrig bleibt 90 II 184/188, 113 II 345/349 E. 1b/aa, Pra 1996 (Nr. 206) 795 E. 4b/bb. Nicht abzuziehen sind jedoch obligatorische oder freiwillige Prämienbeiträge an öffentliche oder private Versicherungsinstitutionen (in

casu AHV-, IV- und EO-Beiträge sowie SUVA-Prämien) 90 II 184/187 f. E. 2 sowie die Steuern 101 II 346/353 f. E. 4 fr. Einzuschliessen ist der Vermögensertrag, an dem der Unterstützte teilhat 99 II 207/210 E. 4 Pra 1973 (Nr. 209) 631, 95 II 411/417 E. 1c Pra 59 147. In Bezug auf die Schätzung des zukünftigen Verdienstes des Versorgers darf nicht ohne Weiteres auf die Durchschnittslöhne am Tage des letztinstanzlichen kantonalen Urteils abgestellt werden oder auf jene, die in diesem Zeitpunkt für die Zukunft voraussehbar sind 101 II 346/352 E. 3b Pra 1975 (Nr. 264) 744 f. Berücksichtigung der Teuerung 113 II 323/332 f. E. 3a. Genauer absehbar sind die zukünftigen Einkommen aus Pensionskassen und der AHV 108 II 434/440 E. 5a Pra 1983 (Nr. 54) 140. Ohne genügende Indizien darf auch nicht von der Hypothese eines Berufswechsels ausgegangen werden 99 II 207/209 E. 3 Pra 1973 (Nr. 209) 630. – Welcher Einkommensanteil für die Versorgten aufgewendet worden wäre, kann nicht schematisch festgelegt werden; massgebend sind die Verhältnisse des Einzelfalles 72 II 165/166 E. 4. Die Frage ist im Wesentlichen Gegenstand von Feststellungen über tatsächliche Verhältnisse, die für das Bundesgericht (unter Vorbehalt eines Widerspruchs zur allgemeinen Lebenserfahrung) verbindlich sind 72 II 165/166 f. E. 4. Der Betrag ist z.B. mit Rücksicht auf besondere Kosten ärztlicher Behandlung des Versorgten höher festzusetzen 99 II 207/210 E. 5 Pra 1973 (Nr. 209) 631, doch ist allenfalls zu beachten, dass diese Kosten nur teilweise zulasten des ordentlichen Familienbudgets gehen und nach dem ordentlichen Lauf der Dinge die Ersparnismöglichkeiten herabgesetzt oder eine Anzehrung des Vermögens nötig gemacht hätten 99 II 207/212 E. 7 Pra 1973 (Nr. 209) 633. Offengelassen, ob eine allfällige Sparquote sich voll zulasten des Versorgeranteils auswirken müsste 113 II 323/333 f. E.b. Im Sinne einer tieferen Schätzung des Unterstützungsbeitrages wurde z.B. berücksichtigt, dass der Versorger einen Teil seines Einkommens für seine Geliebte ausgegeben hatte und dass die versorgte Ehefrau eine relativ hohe AHV-Rente bezog 99 II 207/210 f. E. 5 Pra 1973 (Nr. 209) 631 f. Der proportionale Anteil ist im Allgemeinen höher, je kleiner das Einkommen des Versorgers ist und je mehr Leute unterstützt werden. Dementsprechend wurde in casu auch berücksichtigt, dass der Ehemann nach Wegfall der Unterhaltsbeiträge für die Kinder einen grösseren Betrag für seine Ehefrau aufwenden kann 36 II 89/97 fr. und dass ein Kind seine Eltern nicht mehr im gleichen Masse versorgt, wenn es selber eine Familie gründet 59 II 364/371 E. 2 fr. Die Quote wurde z.B. für eine kinderlose Witwe auf 40% festgesetzt 95 II 411/417 E. 1c Pra 1970 (Nr. 43) 147; auf 60% für eine Witwe mit zwei Kindern 101 II 346/353 f. E. 4 fr.; auf 65% für einen Witwer 108 II 434/439 f. E. 4 Pra 1983 (Nr. 54) 139 f., vgl. auch 113 II 323/333 ff. E. b, 119 II 361 Pra 1994 (Nr. 163) 545 ff. Dem Sohn eines Mordopfers war (nach OHG) die Differenz zwischen der Halbwaisenrente und dem Unterhaltsbeitrag zu erstatten; unerheblich war, dass der tatsächlich ausgerichtete Unterhaltsbeitrag aufgrund einer Alimentenbevorschussung vom Gemeinwesen finanziert worden war 129 II 49/54. – Ist eine Hausfrau Versorgerin, so ist der wirtschaftliche Wert ihrer Haushaltsarbeit festzustellen. Ausgangspunkt dafür sind die Kosten für die Haushälterin oder Hilfskraft, die angestellt werden müsste, um die getötete Hausfrau möglichst gut zu ersetzen (in casu Stundenlohn von 10–12 Franken für die Jahre 1976/77, vgl. dazu bei Art. 46); zudem ist zu berücksichtigen, dass die Ehefrau im Allgemeinen den Haushalt mit grösserer Hingabe besorgt als eine Angestellte und dass demzufolge ihre Arbeit höher einzuschätzen ist (in casu 15 Franken pro Stunde) 108 II 434/439 E. 3d Pra 1983 (Nr. 54) 139, vgl. auch 117 II 609/623 f. E. 7 (in casu Wert der Arbeitsstunde auf CHF 22.70 festgesetzt) sowie Pra 1995 (Nr. 172) 555 f. E. 5a, den Qualitätszuschlag relativierend aber 4C.195/2001 (12.3.02) E. 5f/aa fr. Die (konkret oder allenfalls statistisch nachzuweisenden) Arbeitsstunden für den Haushalt sind um jenen Aufwand zu kürzen, den die Hausfrau für sich selbst erbringt 108 II 434/437 f. E. 3a Pra 1983 (Nr. 54) 138 f. Die Schätzung des Aufwandes für eine Haushälterin konnte vom Bundesgericht im Rahmen der Berufung überprüft werden 102 II 90/94 E. 3a; bei der Beschwerde in Zivilsachen (BGG Art. 72 ff.) dürfte das Gleiche gelten. Für die Verteilung des Unterstützungsbeitrages der Hausfrau auf den Ehemann und die Kinder gibt es keine starren Regeln 102 II 90/92 E.a.

11 **Dauer der Unterstützung.** Auf der *Seite des Versorgers* ist von Bedeutung, ob die Unterstützungsdauer mit der Aktivitätsdauer zusammenfällt, vgl. 97 II 123/133 Pra 1971 (Nr. 209) 673 (erwerbstätiger Ehemann als Versorger), siehe auch 126 II 237/241 E. 4d, oder ob sie die Dauer der Erwerbsfähigkeit übersteigt 108 II 434/441 E. b Pra 1983 (Nr. 54) 141 (in casu Haushaltsarbeit als Versorgungsleistung). Die wahrscheinliche Lebens- oder Aktivitätsdauer ist möglichst aufgrund der konkreten Umstände und subsidiär aufgrund statistischer Werte zu berechnen 81 II 38/46 E. 2 Pra 1955 (Nr. 61) 196. Allenfalls ist zu berücksichtigen, dass die Unterstützungsfähigkeit erst später eingetreten wäre 62 II 58/59 E. a fr. Nicht ins Gewicht fällt eine rein hypothetische Scheidungsmöglichkeit 37 II 462/470. Nach der allgemeinen Lebenserfahrung und dem gewöhnlichen Lauf der Dinge setzen kurz vor der Pensionierung stehende selbständig Erwerbstätige ihre berufliche Aktivität im AHV-Alter mehrheitlich fort 124 III 222/226 E. 3a (in casu während mindestens vier Jahren nach Erreichen des AHV-Alters). – *Beim Versorgten* ist die Lebenserwartung bzw. die von anderen Faktoren abhängende wahrscheinliche Dauer der Unterstützungsbedürftigkeit von Bedeutung. Stirbt der Versorgte bereits während des Prozesses, so ist dies (und nicht die wahrscheinliche Lebensdauer im Zeitpunkt des Todes des Versorgers) für die Berechnung der Unterstützungsdauer massgebend 66 II 175/177 fr. Kindern wird in der Regel bis zum zurückgelegten 20. Altersjahr 101 II 346/353 E. 3 Pra 1975 (Nr. 264) 746 oder allenfalls bis zum Abschluss der wahrscheinlichen Ausbildung 65 II 250/256 E. a (vgl. auch 257 E. 3c) eine Entschädigung gewährt. Gegebenenfalls ist auch zu berücksichtigen, dass ein Witwer keines Versorgers mehr bedarf, sobald die Kinder erwachsen sind 101 II 257/262 E. 1e Pra 1975 (Nr. 239) 669, oder dass die Witwe ihrem Ehemann erst später ganz zur Last gefallen wäre 99 II 207/208 f. E. 2 Pra 1973 (Nr. 209) 630.

12 **Vorteilsanrechnung.** Die Vorteilsanrechnung bei der Schadensermittlung, auf die sich der Ersatzpflichtige zu berufen 4C.137/2006 (17.1.08) E. 3.3 und die er zu beweisen hat 4A_70/2008 (12.8.09) E. 5.4, wird allgemein bejaht, soweit die Vorteile mit dem schädigenden Ereignis in einem inneren Zusammenhang stehen, ähnlich der adäquaten Kausalität. Dabei stellt sich auch ein Wertungsproblem, und es dürfen gewisse Billigkeitsüberlegungen einbezogen werden 112 Ib 322/330. Hinfällig gewordene Gegenleistungen sind grundsätzlich auszugleichen 88 II 455/462 E. 5 Pra 1963 (Nr. 48) 150. Daher sind vom Wert der Leistungen der Ehefrau die Aufwendungen abzuziehen, die der Ehemann infolge ihres Todes einspart. Massgebend ist jedoch nicht der Anteil der Getöteten am Haushaltsbudget, sondern nur der Betrag der Auslagen, die infolge des Todes das Budget des Überlebenden nicht mehr belasten, was für den Anteil der Ehefrau an den fixen Kosten nicht zutrifft 108 II 434/437 E. 2b und 108 II 434/436 ff. E. 2b und 4 Pra 1983 (Nr. 54) 138 ff.

Die Kosten des überlebenden Ehegatten sind daher höher als sein Anteil an den gemeinsamen Ausgaben 113 II 323/334. Auszugleichen sind auch die Kosten, welche die Eltern für den Unterhalt und die Erziehung ihrer Kinder (zukünftige Versorger) noch ausgelegt hätten, wenn diese nicht getötet worden wären. Dabei ergibt sich aus der allgemeinen Lebenserfahrung, dass in der Regel der Betrag der Unterstützung, den die Kinder bis zum 22. Lebensjahr ihren Eltern erbracht haben würden, rein wirtschaftlich betrachtet durch die Kosten für den Unterhalt kompensiert worden wäre 112 II 118/122 E. 3 fr. (Praxisänderung). Die Braut, die ihren zukünftigen Versorger verliert, muss sich anrechnen lassen, dass sie sich nicht vollumfänglich dem Haushalt widmen wird und weiterhin einer Erwerbstätigkeit nachgehen kann 66 II 206/221 E. 3 fr. Anzurechnen sind im Weiteren die Erträge aus dem Anteil am Nachlass des Verstorbenen 99 II 207/212 E. 7 Pra 1973 (Nr. 209) 633, grundlegend 95 II 411/416 f. E. b Pra 1970 (Nr. 43) 146. – Die früher (82 II 36/39 f. E. a Pra 1956 [Nr. 70] 221) geltende Regel, dass jedenfalls in bürgerlichen Verhältnissen beim Tod der Ehefrau, deren Tätigkeit auf die Führung des Haushaltes beschränkt war, für den Ehemann sich Nutzen und Aufwendungen im Allgemeinen gegenseitig aufheben, gilt angesichts der heute für Dienstleistungen zu zahlenden Löhne nicht mehr (weder für bescheidene städtische oder ländliche noch für sog. bürgerliche Verhältnisse) 102 II 90/94 f. E. 3a. Eine solche Vorteilsanrechnung ist auch Kindern gegenüber, die ihre Mutter verloren haben, nicht möglich 82 II 36/40 E. a Pra 1956 (Nr. 70) 222, 102 II 90/92 E.a. Auch ein allfälliger Genugtuungsanspruch führt zu keinem Abzug 74 II 202/210 E. 7. – Der Haftpflichtversicherer kann gegenüber dem regressierenden Sozialversicherer nur solche Vorteile in Anrechnung bringen, die bereits den Direktanspruch (des Versicherten) geschmälert haben 124 III 222/227 E. 3d.

Wiederverheiratung. Ein Abzug wegen Aussicht auf Wiederverheiratung ist nur insoweit gerechtfertigt, als die neue Heirat die Lage der Witwe wesentlich verbessern würde 13
95 II 411/418 E. 2b Pra 1970 (Nr. 43) 147 f. Er darf nicht allein auf den jährlichen Versorgerschaden beschränkt werden, sondern muss auch auf einer anzurechnenden UVG-Hinterlassenenrente vorgenommen werden 97 II 123/132 f. E. 8a Pra 1971 (Nr. 209) 672 f. – Bei *Einschätzung der Wiederverheiratungsmöglichkeit* sind die statistischen Grundlagen gebührend zu berücksichtigen. Die entsprechenden Tafeln von Stauffer/Schaetzle sind mit gewisser Vorsicht und nach den Besonderheiten des Einzelfalles zu benützen, was blosse Zahlenvergleiche verbietet 102 II 90/96, 113 II 323/335 E.c. Massgebende Umstände sind insbesondere Alter, Charakter, soziale Stellung, Milieu, familiäre Bindungen, Gesundheit, körperliche Reize, wirtschaftliche Verhältnisse, aber auch der Wille zu einer neuen Heirat. Die entsprechenden Sachverhaltsfeststellungen werden im Verfahren vor Bundesgericht nur daraufhin überprüft, ob sie auf unzutreffenden Voraussetzungen beruhen oder der Lebenserfahrung widersprechen 95 II 411/418 f. E. 2b Pra 1970 (Nr. 43) 148, vgl. auch 89 II 396/399 f. E. 3 Pra 1964 (Nr. 31) 86. Offengelassen, ob die Anzahl der Kinder bloss die Heiratsbereitschaft einer Witwe erhöhen könne oder auch ihre Heiratschancen verbessere 113 II 323/335 E.c. Massgebender Zeitpunkt für die Beurteilung ist grundsätzlich der Todestag des Versorgers 113 II 323/335 E. c, grundlegend 95 II 411/418 E. 2a Pra 1970 (Nr. 43) 147. Hat sich eine entschädigungsberechtigte Witwe bereits während der Hängigkeit des Prozesses wieder verheiratet, so bleibt zu beurteilen, ob und inwieweit die neue Lage der Witwe einen ökonomischen Unterschied bringt gegenüber der-

jenigen, welche sie unter ihrem früheren Ehemann gehabt hat und mit Recht beanspruchen konnte 54 II 367/370. Der Umstand, dass sich die Witwe nach Erlass des vorinstanzlichen Entscheides wieder verheiratet hat, kann vom Bundesgericht nicht berücksichtigt werden, da es aufgrund der Tatsachen zu entscheiden hat, die dem angefochtenen Urteil zugrunde liegen 72 II 214/215 E. 7 Pra 1946 (Nr. 123) 282 (vgl. nun BGG Art. 99). – Die spätere Wiederverheiratung der Mutter berührt den Versorgerschaden des Kindes nicht 72 II 165/169. – Offengelassen, ob ein *Konkubinat* den Versorgerschaden beeinflusst und ausreicht, die Grundsätze über die Abänderung von Scheidungsrenten sinngemäss anzuwenden. Auf jeden Fall darf ein Konkubinat versorgungsrechtlich nicht unbesehen einer Wiederverheiratung gleichgesetzt werden 113 II 323/336 E. 3c.

14 **Ersatz.** ***Bemessung.*** Stellt das Verhalten des Getöteten einen Herabsetzungsgrund i.S.v. Art. 44 Abs. 1 dar, so kann dieser auch einem Anspruch auf Ersatz des Versorgerschadens entgegengehalten werden 101 II 133/137 E. 4 Pra 1975 (Nr. 98) 288, 117 II 50/61 E. a Pra 1992 (Nr. 140) 515, grundlegend 46 II 154/155 fr. Erst recht können Umstände, für die der Versorgte einzustehen hat, zu einer Herabsetzung der Entschädigung Anlass geben 99 II 207/213 E. 8 Pra 1973 (Nr. 209) 634 (in casu jedoch Herabsetzung wegen einer durch Trunksucht vergrösserten Versorgungsbedürftigkeit verweigert).

15 ***Arten.*** Wird Schadenersatz in Form einer *Rente* gewährt, so kann für den Fall der Wiederverheiratung eine Abfindungssumme im dreifachen Betrag der jährlichen Rente zugesprochen werden 36 II 79/87 f. E. 8. – Allenfalls wird die Rente auf zwei verbundene Leben (Verbindungsrente) *kapitalisiert* 77 II 40/41 f. Pra 1951 (Nr. 67) 191 f. Versorgerschaden und Invaliditätsschaden sind grundsätzlich gleich zu berechnen, weshalb auch das Kapitalisierungsalter das gleiche ist 126 II 237/241 E. 4d (in casu Ehefrau als Versorgte). Für die Bestimmung des Kapitalisierungskoeffizienten ist je das Alter massgebend, das dem Datum des Geburtstages am nächsten liegt 108 II 434/441 E. 5b Pra 1983 (Nr. 54) 140. Soweit der Barwert von der Erwerbstätigkeit des Versorgers abhängt, sind die Aktivitätstafeln von Stauffer/Schaetzle massgebend 86 II 7/12 E. e Pra 1960 (Nr. 67) 196. Auf die Aktivitätsdauer ist grundsätzlich selbst dann abzustellen, wenn eine Pensionierung mit 65 Jahren wahrscheinlich ist 113 II 323/336 f. E. 4a. Ist eine Hausfrau Versorgerin, so wurde bislang das arithmetische Mittel zwischen dem Aktivitäts- und dem Mortalitätskoeffizienten errechnet 108 II 434/441 E. b Pra 1983 (Nr. 54) 141, 113 II 345/350 ff. E. 2 (Präzisierung der Rechtsprechung). Zu beachten ist aber die Praxisänderung, nach der allein auf die Aktivitätstabellen abzustellen und so die Arbeitsfähigkeit (und nicht die Erwerbstätigkeit) zu berücksichtigen ist 129 III 135/158 E. 4.2.2.3 Pra 2003 (Nr. 69) 364. Aufseiten des Versorgten ist auf die Lebenserwartungstafeln abzustellen 81 II 38/46 f. E. 3a Pra 1955 (Nr. 61) 196 f., es sei denn, die Versorgungsbedürftigkeit entfalle bereits vorher 101 II 257/262 E. e Pra 1975 (Nr. 239) 669. Auf jeden Fall sind die Kapitalisierungskoeffizienten soweit als möglich aufgrund der konkreten Umstände festzusetzen (in casu durch Gehirnarteriosklerose und chronische Trunksucht verminderte Lebenserwartung) 99 II 207/213 E. 8 Pra 1973 (Nr. 209) 634. Entgegen früherer Entscheide (vgl. 117 II 609/628 f. E. 12b/bb, 113 II 323/332 E. 3a) ist die Geldentwertung bei der Kapitalisierung zu berücksichtigen 125 III 312/317 E. 5a (Änderung der Rechtsprechung). Siehe auch unter Art. 43.

b. Schadenersatz bei Körperverletzung

Art. 46

[1] Körperverletzung gibt dem Verletzten Anspruch auf Ersatz der Kosten, sowie auf Entschädigung für die Nachteile gänzlicher oder teilweiser Arbeitsunfähigkeit, unter Berücksichtigung der Erschwerung des wirtschaftlichen Fortkommens.

[2] Sind im Zeitpunkte der Urteilsfällung die Folgen der Verletzung nicht mit hinreichender Sicherheit festzustellen, so kann der Richter bis auf zwei Jahre, vom Tage des Urteils an gerechnet, dessen Abänderung vorbehalten.

Die gemäss dieser Bestimmung zugesprochene Entschädigung ist nur beim Verletzten unpfändbar, jedoch nicht mehr bei seinen Erben. Der Anspruch auf die Entschädigung geht nicht auf die Erben über, welche die Erbschaft ausschlagen 58 II 127/128 ff. E. 4 fr. – Keine selbständige Schadenersatzansprüche der Angehörigen bei Körperverletzung 123 III 204/210 E. 2e (anders für die Genugtuung). 1

Abs. 1 **Körperverletzung.** Als solche gilt die Beeinträchtigung der physischen oder psychischen Integrität, die gesundheitliche Störungen bewirkt 96 II 392/395 f. E. 1. In Betracht fallen nicht nur anatomische Veränderungen des Körpers, sondern auch die blosse Schwächung eines funktionell wichtigen Organs 35 II 160/165; Neurosen 96 II 392/396 E. 2; eine Früh- oder Fehlgeburt 42 II 473/473; Gedächtnisschwund und Angstzustände 88 II 111/114 E. 6 Pra 1962 (Nr. 104) 320; ein Nervenschock 112 II 118/124 ff. E. 5 fr.; Verzerrung der Persönlichkeit 97 II 339/349 E. 8. Dabei stellt aber nicht die Körperverletzung an sich, sondern nur die durch sie bewirkten wirtschaftlichen Nachteile einen Schaden im Sinne der Bestimmung dar 95 II 255/264 E. a, 4C.3/2004 (22.6.04) E. 1.2.1 Pra 2005 (Nr. 20) 147. 2

Kostenersatz. Die Bestimmung gewährt der verletzten Person Anspruch auf Ersatz der Kosten, die sie aufwenden muss, um die Folgen der Körperverletzung zu beheben oder wenigstens einzuschränken 4C.276/2001 (26.3.02) E. 6b/aa Pra 2002 (Nr. 212) 1128. Zu ersetzen sind jedoch nur jene Kosten, die auf den Unfall zurückgehen 4C.433/2004 (2.3.05) E. 3.1 fr. – Infrage kommen vorprozessuale Anwaltskosten 4C.433/2004 (2.3.05) E. 3.1 fr., 130 II 113/127 E. 2.4 fr. (zur Erstattungsfähigkeit nach OHG), aber auch die (vorübergehenden oder dauernden, bisherigen oder künftigen 72 II 198/205 E. 3a) Auslagen für ärztliche Behandlung wie z.B.: die Kosten einer kosmetischen Operation 81 II 512/515 E. 2a; für den Spitalaufenthalt 126 III 36/38 E. 2a Pra 2001 (Nr. 12) 67; für Kranken- und Pflegeutensilien 35 II 216/223; für die Reisen ins Spital 21 141, JdT 122 I 479 E. 1 fr. (in 99 II 221 nicht veröffentlichte Erwägung); für Prothesen 89 II 23 Pra 1963 (Nr. 77) 239; aber auch für die Anstellung einer Pflegeperson oder eines ständigen Begleiters (in casu infolge Erblindung) 35 II 405/411 E. 4; die marktgerechten Kosten dauernder Betreuung und Pflege *(Betreuungsschaden* bzw. *Pflegeschaden),* wobei die unfallbedingte Pflege zu Hause (nicht aber die Pflege im Heim, deren Kosten mit dem Ersatz der Heim- 3 kosten entgolten wird) auch dann zulasten des Haftpflichtigen geht, wenn sie von Familienangehörigen und unentgeltlich besorgt wird 4C.276/2001 (26.3.02) E. 6b/aa Pra 2002 (Nr. 212) 1128 (keine Vorteilsanrechnung), und ist nach dem ortsüblichen Lohn einer ortsüblichen Pflegekraft unter Einbezug sämtlicher Lohnkosten und in Berücksichtigung von Zuschlägen (Sonntagsarbeit, Ferien- und Feiertagsentschädigung) zu entschädigen 4A_500/2009 (25.5.10) E. 2. Unter Umständen sind auch die Kosten einer Geschäftsführung im Interesse des Verletzten (in casu ausnahmsweise der für die Heilung unentbehrlichen Verwandtenbesuche) zu ersetzen, vgl. 4A_500/2009 (25.5.10) E. 3.3, 97 II 259/266 E. 4 fr. – Der Anspruch auf Ersatz der Heilungskosten ist ein Unterhaltsanspruch i.S.v. Art. 125 Abs. 2 88 II 200/311 f. E. 6b Pra 1963 (Nr. 4) 15.

4 **Nachteile der Arbeitsunfähigkeit.** ***Allgemeines.*** Ziel des Haftpflichtrechts ist es, dem Geschädigten die Fortsetzung seiner bisherigen Lebenshaltung zu ermöglichen 132 III 321/329 E. 2.3.2.4. Als Schaden zu ersetzen sind die wirtschaftlichen Auswirkungen der schädigenden Handlungen bei der geschädigten Person, die unfreiwillig erlittene Vermögensminderung oder der entgangene Gewinn 4C.3/2004 (22.6.04) E. 1.2.1 Pra 2005 (Nr. 20) 147, 95 II 255/264 E.a. Voraussetzung ist, dass die Beeinträchtigung einen wirtschaftlichen Nachteil verursacht. Entscheidend ist mithin nicht die Beeinträchtigung der Arbeitsfähigkeit als solche, also nicht die medizinisch-theoretische Arbeitsunfähigkeit bzw. -fähigkeit 4C.3/2004 (22.6.04) E. 1.2.2 Pra 2005 (Nr. 20) 148, 4C.433/2004 (2.3.05) E. 3.3 fr., 4C.101/2004 (29.6.04) E. 3.2.1 fr. (Tatfrage), 4C.8/2005 (11.4.05) E. 2.2 Pra 2005 (Nr. 120) 834, sondern die *Verminderung der Erwerbsfähigkeit* 99 II 214/216 E. 3a Pra 1974 (Nr. 30) 95, 4C.278/1999 (13.7.00) E. 3a/aa fr., 4C.260/2003 (6.2.04) E. 6.1 it., 4C.101/2004 (29.6.04) E. 3.2.1 fr., 4C.75/2004 (16.11.04) E. 4.2 fr., 4C.170/2005 (9.11.05) E. 2.2. Ersatzansprüche werden also nicht schon durch eine medizinisch-theoretische Invalidität (Tatfrage, 4C.237/2000 [24.1.01] E. 1a fr.) ausgelöst 104 II 307/308 E.b. Der Schaden besteht vielmehr darin, dass es dem Verletzten nicht möglich ist, seine Arbeitsfähigkeit voll auszunützen, und entspricht der Differenz zwischen Valideneinkommen (hypothetisches Einkommen ohne Unfall) und Invalideneinkommen (das nach dem Unfall vermutlich erzielbare Einkommen) 4A_437/2017 (14.6.18) E. 4.1, 4A_488/2010 (21.1.11) E. 3.2 fr., 4A_481/2009 (26.1.10) E. 3.2 fr., 4C.324/2005 (5.1.06) E. 3.2 fr., 4C.3/2004 (22.6.04) E. 1.2.2 Pra 2005 (Nr. 20) 148, 4C.252/2003 (23.12.03) E. 2.1 fr., dies unter Berücksichtigung hypothetischer Erhöhungen, aber auch allfälliger künftiger Verminderungen des Einkommens 4C.260/2003 (6.2.04) E. 6.1 it., 4C.343/2003 (13.10.04) E. 5.3.1 fr. (Tatfrage). Die Invalidität, die als abstrakte Grösse die persönlichen Verhältnisse des Geschädigten unberücksichtigt lässt, ist von der Arbeitsunfähigkeit, die auf den vom Geschädigten ausgeübten Beruf abstellt, zu unterscheiden 4A_571/2011 (20.12.11) E. 2.2.2 fr. – Der *Invaliditätsschaden* ist so weit wie möglich konkret zu berechnen 117 II 609/624 E. 9, 4C.237/2000 (24.1.01) E. 1a fr., 4C.3/2004 (22.6.04) E. 1.2.2 Pra 2005 (Nr. 20) 148, 4C.101/2004 (29.6.04) E. 3.2.1 fr., 4C.263/2006 (17.1.07) E. 4.1, 4A_19/2008 (1.4.08) E. 2.4 fr., 4A_481/2009 (26.1.10) E. 3.2 fr., wofür sich der Richter auf die persönliche Situation des Verletzten, dessen Beruf und dessen berufliche Zukunft zu stützen hat Pra 1997 (Nr. 170) 919 E. 7a (unveröffentl. Erwägung zu 123 III 306), 4C.252/2003 (23.12.03) E. 3.2 fr., 4C.197/2001 (12.2.02) E. 3, 4C.237/2000 (24.1.01) E. 1a. Zu berücksichtigen sind auch soziale Faktoren wie z.B. die Schwierigkeit der beruf-

lichen Wiedereingliederung wegen des Alters und der Benachteiligung auf dem Arbeitsmarkt 100 II 352/356 f. E. 5 Pra 1975 (Nr. 34) 91 f. Ebenso ist bei der Bestimmung des Invaliditätsgrades der durch die Jugendlichkeit bedingten Anpassungsfähigkeit Rechnung zu tragen 100 II 298/305 E.b. Ausgangspunkt der Berechnung ist regelmässig die Einkommenssituation des Geschädigten unmittelbar vor Schadenseintritt; allerdings kann sich der Richter nicht mit dessen Feststellung begnügen, da es für die Schadensberechnung darauf ankommt, was der Geschädigte in Zukunft verdient hätte 4A_488/2010 (21.1.11) E. 3.2 fr. Es obliegt dabei dem Geschädigten, die Tatsachen glaubhaft zu machen, die auf ein höheres zukünftiges Einkommen schliessen lassen 131 III 360/363 E. 5.1 Pra 2006 (Nr. 18) 130, was bei selbständig Erwerbenden mit besonderen Beweisschwierigkeiten, die mit einem Gutachten überwunden werden können, verbunden ist 4A_79/2011 (1.6.11) E. 2.2 fr. (betreffend geltend gemachte Lohnerhöhung infolge Stellenwechsels oder Beförderung, vgl. auch 4A_310/2014 (10.10.14) E. 3.2 fr.). – Im Anschluss an die mit 126 III 41/44 E. 3 angekündigte und mit 4C.197/2001 (12.2.02) Pra 2002 (Nr. 152) 821, 129 III 135/142 vollzogene Praxisänderung ist der Erwerbsausfall nicht mehr auf der Basis der Brutto-, sondern der entgangenen Netto-Einkünfte (also abzüglich Beiträge an die Sozialversicherungseinrichtungen, wie AHV, IV, EO, ALV und BVG 4A_481/2009 [26.1.10] E. 3.2 fr.), und zwar auch bei bloss vorübergehendem Erwerbsausfall 136 III 222/225 E. 4.1.3 Pra 2010 (Nr. 127) 844, 4A_169/2010 (23.8.10) E. 4.3.1 fr., 4A_79/2011 (1.6.11) E. 2.2 fr., 4A_310/2014 (10.10.14) E. 2.2 fr., der künftige Rentenschaden dagegen durch einen Vergleich der hypothetisch ohne das schädigende Ereignis erzielten Versicherungsleistungen mit den mutmasslich nach der Schädigung noch anfallenden Renten festzulegen 4C.222/2004 (14.9.04) E. 6.2, 4C.75/2004 (16.11.04) E. 5.2 fr. – Mit Blick auf das Bereicherungsverbot hat sich der Geschädigte die Leistungen der Sozialversicherungen anrechnen zu lassen (compensatio lucri cum damno) 4C.252/2003 (23.12.03) E. 2.4 fr., auch 4C.343/2003 (13.10.04) E. 5.3.1 fr., 128 III 22/28 E. cc Pra 2002 (Nr. 74) 437, allerdings nur, soweit die Rechte des Geschädigten durch Subrogation auf den Sozialversicherer übergehen (was z.B. bei IV-Leistungen, die teilweise mit einer vorbestehenden Erkrankung begründet sind, nicht der Fall ist) 4A_481/2009 (26.1.10) E. 4.2.6 fr. So etwa kompensiert das Taggeld die aus der Arbeitsunfähigkeit resultierende Erwerbseinbusse und ist deshalb in die Schadensbemessung einzubeziehen 4C.317/2003 (18.3.04) E. 3.3. – Hat der Verletzte einen zweiten Unfall erlitten, so ist zu prüfen, wie weit seine Erwerbsfähigkeit nach dem ersten Unfall durch den zweiten gemindert worden ist und welchen künftigen Verdienst er ohne den zweiten Unfall im Rahmen der durch den ersten Unfall bereits herabgesetzten Erwerbsfähigkeit gehabt hätte. Die aus dem ersten Unfall herrührende Schädigung kann sich dabei ohne Weiteres zulasten des Verantwortlichen für den zweiten Unfall auswirken, indem die Verletzung eines bereits teilinvaliden Menschen einen grösseren Schaden bewirkt als dieselbe Beeinträchtigung eines gesunden Menschen 113 II 345/347 f. E.a.

Vergangenheits- und Zukunftsberechnung. Bei der Berechnung des *Invaliditäts-* 5
schadens sind drei Phasen zu unterscheiden: die Phase zwischen schädigendem Ereignis und kantonalem Urteil, die Phase zwischen Urteil und Pensionierung und schliesslich die Phase nach der Pensionierung 4C.343/2003 (13.10.04) E. 5.3.1 fr. Die Unterscheidung zwischen bisherigem und künftigem Schaden (zum Rechnungstag 4P.163/2004 [16.11.04] E. 4.2 fr.) dient bloss dazu, die Schadensberechnung zu vereinfachen, wäh-

rend es sich aber bei beiden Posten um Teile des gleichen Schadens handelt 4A_437/2017 (14.6.18) E. 4.2, 4A_99/2008 (1.4.08) E. 4.3.1 fr., 4C.303/2004 (19.8.08) E. 5.1 fr., 4A_481/2009 (26.1.10) E. 3.2 fr., 4A_488/2010 (21.1.11) E. 3.2 fr. und sie in gleicher Weise zu berechnen sind 4A_310/2014 (10.10.14) E. 2.2 fr., 4C.324/2005 (5.1.06) E. 3.2 fr., 4C.101/2004 (29.6.04) E. 3.2.1 fr., 4C.252/2003 (23.12.03) E. 2.1 fr. Aus Praktikabilitätsgründen ist alsdann in zwei Schritten vorzugehen und zunächst der bis zum Tag des Urteils jener kantonalen Instanz, die noch neue Tatsachen berücksichtigen kann, bereits eingetretene Schaden konkret zu berechnen. Ausgangspunkt sind die Einkommensverhältnisse am Unfalltag. Dann erfolgt der zweite Schritt, in welchem der künftige Schaden aufgrund einer Prognose so konkret wie möglich zu bestimmen ist 4C.3/2004 (22.6.04) E. 1.2.2 Pra 2005 (Nr. 20) 148, auch 4C.324/2005 (5.1.06) E. 3.2 fr., 4C.170/2005 (9.11.05) E. 2.2. Zu ersetzen ist bei Arbeitnehmern der entgangene Lohn, bei selbständig Erwerbenden der entgangene Gewinn 4A_127/2011 (12.7.11) E. 5. Bei beiden Betrachtungsweisen bildet der Vergleich zwischen dem Validen- und dem Invalideneinkommen den Rahmen. Bei der Vergangenheitsberechnung ist indessen das tatsächliche Invalideneinkommen bekannt, während dieses bei der Zukunftsberechnung unter Berücksichtigung des abstrakten Invaliditätsgrades (medizinisch-theoretische Arbeitsfähigkeit bzw. -unfähigkeit) und des eventuell davon abweichenden Grades der Erwerbsfähigkeit prognostiziert werden muss 4C.170/2005 (9.11.05) E. 2.2. Bei beiden Betrachtungsweisen bewirkt eine allfällige Schadenminderungspflicht des Geschädigten eine entsprechende Erhöhung des Invalideneinkommens bzw., dass bei Fehlen von Einkommen in der Vergangenheit ein solches aufgrund des vorgängig bestimmten Grads der Erwerbsfähigkeit in die Schadensberechnung eingesetzt wird 4A_127/2011 (12.7.11) E. 5.

6 ***Bisheriger Schaden.*** Die finanziellen Folgen der Arbeitsunfähigkeit sind bis zum Urteilstag (Rechnungstag) konkret zu berechnen 129 III 135/141 E. 2.2 fr., 4A_437/2017 (14.6.18) E. 4.2.1, 4C.252/2003 (23.12.03) E. 2.1 fr., 134 III 489/493 E. 4.4 (aktueller Schaden), wobei dieser Gewinnausfall gemäss dem Landesindex der Konsumentenpreise per Berechnungstag des Schadens (Tag des Urteils derjenigen Behörde, bei der noch neue Tatsachen behauptet werden können 4A_169/2010 [23.8.10] E. 4.3.1 fr.) in Anpassung an die Teuerung zu aktualisieren ist 4A_481/2009 (26.1.10) E. 4.2.1 fr.; beim Indexstand handelt es um eine notorische Tatsache 4A_481/2009 (26.1.10) E. 4.2.5 fr. Dafür ist zunächst der Gewinn zu ermitteln, den der Verletzte durch seine Berufstätigkeit erzielt hätte (Valideneinkommen), wenn er nicht verunfallt wäre, wobei Verdiensterhöhungen oder wahrscheinliche Berufswechsel zu berücksichtigen sind. Von diesem Einkommen ist sodann das tatsächliche Einkommen (Invalideneinkommen) aus der während des gleichen Zeitraumes ausgeübten Berufstätigkeit (auch aus neuer Tätigkeit nach beruflicher Wiedereingliederung 99 II 214/217 E. 3d Pra 1974 [Nr. 30] 96) abzuziehen. Die Differenz stellt den konkreten aus der Arbeitsunfähigkeit herrührenden Schaden dar 99 II 214/216 E. 3a Pra 1974 (Nr. 30) 95, 4C.278/1999 (13.7.00) E. 3a/aa fr. Als Ausgangspunkt für diesen Vorgang dienen die Einkommensverhältnisse am Unfalltag 4C.170/2005 (9.11.05) E. 2.2. – Massgebender Zeitpunkt für die konkrete Schadensberechnung ist der Tag des Urteils derjenigen kantonalen Instanz, die noch neue Tatsachen berücksichtigen kann 4A_310/2014 (10.10.14) E. 2.2 fr., 4C.252/2003 (23.12.03) E. 2.1 fr., 4C.75/2004 (16.11.04) E. 2.3 fr. Das Bundesgericht ist an die ordnungsgemäss getroffenen tatsächlichen Feststellungen der letzten kantonalen Instanz gebunden und kann später eingetrete-

ne Umstände nicht berücksichtigen 99 II 214/216 E. 3b Pra 1974 (Nr. 30) 95 (vgl. nun BGG Art. 99). Die Ermittlung des Einkommens ist grundsätzlich Tatfrage. Ob auf das richtige Kriterium (in casu Lohn eines angestellten Chauffeurs oder eines selbständigen Unternehmers) abgestellt wurde, ist hingegen Rechtsfrage 102 II 33/38 f. E. 2a Pra 1976 (Nr. 109) 255. – Der Ersatz für den Verdienstausfall ist von einem mittleren Termin an zu verzinsen 82 II 25/35 E. 6.

Künftiger Schaden. Zur Ermittlung des Schadens infolge einer Invalidität bestimmt der Richter zuerst in abstrakter Weise den Grad der Beeinträchtigung der körperlichen Integrität, d.h. der theoretischen oder medizinischen Invalidität. Seine diesbezüglichen Feststellungen, die auf ärztlichem Gutachten beruhen, sind tatsächlicher Natur. Sodann untersucht er, welche konkreten Auswirkungen diese Invalidität auf die Fähigkeit des Geschädigten hat, eine Erwerbstätigkeit auszuüben 129 III 135/141 E. 2.2 fr., 4C.252/2003 (23.12.03) E. 2.1 fr., 4C.108/2003 (1.7.03) E. 3.2 fr., und welchen Erwerbsgewinn der Geschädigte ohne das schädigende Ereignis erzielt hätte 131 III 360/363 E. 5.1 Pra 2006 (Nr. 18) 130, 4A_79/2011 (1.6.11) E. 2.2 fr., 4A_463/2008 (20.4.10) E. 4.1 fr. (unveröffentl. Erwägung zu 136 III 310 Pra 2011 [Nr. 8] 55), 4A_481/2009 (26.1.10) E. 3.2 fr. Der künftige Erwerbsausfall ist vom Richter aufgrund statistischer Werte zu schätzen, er hat aber die konkreten Umstände des Falls soweit möglich zu berücksichtigen 4A_127/2011 (12.7.11) E. 5. Zu diesem Zweck prüft er insbesondere die persönlichen Verhältnisse des Betreffenden, seinen Beruf und seine beruflichen Zukunftsaussichten 99 II 214/218 E. 4a Pra 1974 (Nr. 30) 96, 95 II 255/263 ff. E. 7, vgl. auch 117 II 609/625 E. 9, oder auch den Umstand, dass die geschädigte Arbeitnehmerin ohne Unfall in ihr Herkunftsland zurückgekehrt wäre, in dem das Lohnniveau tiefer ist als in der Schweiz 4C.107/2001 (20.8.01) E. 2b fr., wobei solche tatsächlichen Umstände von der Partei, die sich auf sie beruft, zu behaupten und (soweit möglich und zumutbar, Art. 42 Abs. 2) zu beweisen sind 131 III 360/363 E. 5.1. Dabei kann sich ohne Weiteres ergeben, dass die prozentual errechnete Erwerbseinbusse wesentlich vom prozentualen Invaliditätsgrad abweicht 113 II 345/347 E.a. Die Dauer der bleibenden Erwerbsunfähigkeit hängt in erster Linie von der wahrscheinlichen Aktivitätsdauer ab 104 II 307/309 E.c. Eine allfällige Kapitalisierung hat daher im Regelfalle nach den Aktivitätstafeln zu erfolgen 113 II 345/349 E. aa, vgl. auch 116 II 295/297 E. c sowie Pra 1995 (Nr. 172) 553 f. E. 4a, und zwar selbst dann, wenn eine Pensionierung mit 65 Jahren wahrscheinlich ist 113 II 323/336 f. E.a. Allenfalls tritt die Erwerbsunfähigkeit erst später ein, sei es, weil der Verletzte vorläufig ohnehin noch nicht erwerbsfähig ist 81 II 159/168 f. E. 5, sei es, weil mit Spätfolgen zu rechnen ist, obwohl der Geschädigte zurzeit in seiner Erwerbsfähigkeit nicht mehr beeinträchtigt ist 99 II 214/220 E. d Pra 1974 (Nr. 30) 97 f. Die Rechtsprechung hat bisher keine Grundsätze zur *Aktivitätsdauer von Selbständigerwerbenden* festgelegt, sondern fallweise entschieden 4A_481/2009 (26.1.10) E. 5.2.3.1 fr. Allerdings entspricht die zeitliche Grenze der Berufstätigkeit in der Regel für alle Kategorien von Arbeitnehmern dem Alter, das zum Bezug einer AHV-Rente berechtigt, wobei diese Grenze unter besonderen Umständen hinausgeschoben werden kann, namentlich im Fall eines Verletzten, der selbständig erwerbstätig ist 136 III 310/312 E. 4.2.2 Pra 2011 (Nr. 8) 55, 4A_319/2010 (4.10.10) E. 4 fr., 4A_370/2009 (5.7.10) E. 7.1.2 fr. Ohne konkrete und stichhaltige Indizien kann aber nicht generell angenommen werden, der Selbständigerwerbende wäre über das Rentenalter hinaus erwerbstätig gewesen 4A_106/2011 und 4A_108/2011 (30.8.11) E. 5.6 fr. 7

(n.p. in 137 III 127 Pra 2011 [Nr. 67] 472). – Bei Teilinvalidität ist zu prüfen, ob die Resterwerbsfähigkeit wirtschaftlich noch verwertbar ist 113 II 245/348, 4C.263/2006 (17.1.07) E. 4.1; es müssen Aussichten auf eine relativ sichere Erzielung eines nicht unbedeutenden Erwerbes bestehen, was (hochspezialisierte Berufe vorbehalten) bei 20% nicht mehr 117 II 609/624 f. E. 9, 6P.58/2003 (3.8.04) E. 11.1 Pra 2005 (Nr. 29) 218 (theoretische Restarbeitsfähigkeit von 15–20% häufig nicht verwertbar), auch 4C.263/2006 (17.1.07) E. 4.1, bei mehr als 30% jedoch auch dann anzunehmen ist, wenn die Resterwerbsfähigkeit nicht tatsächlich verwertet wird 4C.252/2003 (23.12.03) E. 2.1 fr., 4C.324/2005 (5.1.06) E. 3.2 fr., 4A_99/2008 (1.4.08) E. 4.3.1 fr., 4A_481/2009 (26.1.10) E. 3.2 fr. Allerdings ist selbst bei einer diagnostizierten 100%igen Arbeitsfähigkeit ein ersatzfähiger Schaden nicht von vornherein ausgeschlossen; vielmehr ist diesfalls zu klären, ob sich die Einschränkung auf das Erwerbsleben der geschädigten Person wirtschaftlich nachteilig auswirkt 4C.8/2005 (11.4.05) E. 2.3 Pra 2005 (Nr. 120) 834, 4C.433/2004 (2.3.05) E. 3.3 fr. So ist es selbst dann, wenn das Invalideneinkommen das Valideneinkommen erreicht, möglich, dass das wirtschaftliche Fortkommen des Geschädigten erschwert ist, indem er etwa einem erhöhten Risiko der Arbeitslosigkeit ausgesetzt ist 4C.108/2003 (1.7.03) E. 3.2 fr. (mit weiteren Faktoren), weniger günstige Aussichten auf eine Beförderung oder verminderte Chancen auf eine Heirat hat, die ihn wirtschaftlich begünstigen könnte, oder sich stärker anstrengen muss, um sein Einkommen zu halten, was die Aktivitätsdauer reduzieren kann 4C.101/2004 (29.6.04) E. 3.2.1 fr., 4C.433/2004 (2.3.05) E. 3.3 fr., 4C.234/2006 (16.2.07) E. 4.2. – Können die Auswirkungen der Invalidität auf die Erwerbsfähigkeit nicht mit hinlänglicher Sicherheit festgestellt werden, so schätzt der Richter den Schaden unter Berücksichtigung des gewöhnlichen Laufs der Dinge nach Billigkeit (Art. 42 Abs. 2) 99 II 214/218 E. 4a Pra 1974 (Nr. 30) 96, vgl. auch 99 II 221/224 E. 2. Da nie zum Vornherein mit Sicherheit feststeht, wie sich das Einkommen eines Geschädigten bei voller Arbeitsfähigkeit in Zukunft entwickeln würde und wie hoch es wegen der Verminderung der Erwerbsfähigkeit tatsächlich sein wird, muss der künftige Schaden regelmässig aufgrund der Lebenserfahrung ermittelt werden. Die bei Schätzung der späteren Erwerbseinbusse trotz Berücksichtigung aller Umstände noch verbleibende Ungewissheit darf sich nicht zuungunsten des Geschädigten auswirken 100 II 298/304 f. E. 4a. – Das Bundesgericht kann als Rechtsfrage prüfen, ob die letzte kantonale Instanz die Verminderung der Erwerbsfähigkeit nach richtigen Gesichtspunkten eingeschätzt habe und ob nicht trotz nachgewiesener Beeinträchtigung der Erwerbsfähigkeit angesichts besonderer Umstände eine materielle Schädigung nicht oder nur in geringem Umfang vorliege 100 II 298/304 E. 4a.

8 ***Einzelne Berechnungsfaktoren.*** Massgebender Ausgangspunkt für die Berechnung der künftigen Erwerbseinbusse ist das bisherige Einkommen des Geschädigten am Unfalltag (der gemäss Landesindex der Konsumentenpreise per Berechnungszeitpunkt des Schadens der Teuerung anzupassen ist 4A_481/2009 [26.1.10] E. 4.2.1 und 4.2.5 fr.) 4C.3/2004 (22.6.04) E. 1.2.2 Pra 2005 (Nr. 20) 148, 89 II 222/231 f., doch sind wahrscheinliche Erhöhungen oder (z.B. altersbedingte) Verminderungen des Verdienstes 91 II 425/427 f. E. 4b sowie eine allfällige Rezession und die fortschreitende Geldentwertung zu berücksichtigen 102 II 33/40 E. 2c Pra 1976 (Nr. 109) 256, 116 II 295/296 f. E. 3a, vgl. aber auch 91 II 425/428 E. b sowie Pra 1995 (Nr. 172) 554 E. a; so ist bei einem Verletzten, der während eines mehrjährigen Urlaubs verunfallt, auf das Einkommen abzustellen, das

er nach dem Urlaub erzielt hätte, wobei dem Geschädigten die entsprechende Beweislast obliegt 4A_169/2010 (23.8.10) E. 4.3.1 fr. Nebeneinkünfte (auch in natura) sind mitzuberechnen 52 II 384/392 E. 5 fr.; generell liegt die Beweislast für das künftige Erwerbseinkommen beim Geschädigten, wohingegen der Schädiger zu beweisen hat, dass das angenommene bisherige Erwerbseinkommen des Geschädigten ausserordentlich hoch ist 4A_571/2011 (20.12.11) E. 2.3.4 fr. Allgemeine Reallohnerhöhungen können, nach dem gewöhnlichen Lauf der Dinge (Art. 42 Abs. 2) berücksichtigt werden, wobei es dem Geschädigten obliegt, die zu erwartende Entwicklung darzulegen; eine allgemeine Reallohnerhöhung (von jährlich 1%), wie dies beim Haushaltschaden generell angenommen wird (132 III 321/336 E. 3.7.1 und 3.7.2), kann für den Erwerbsausfall nicht unterstellt werden 4A_543/2015 (14.3.16) E. 6, 4A_481/2009 (26.1.10) E. 3.2 fr. Gewinne aus verbotenen Geschäften taugen nicht als Grundlage von Ersatzansprüchen, im Gegensatz zum Einkommen aus einer Tätigkeit, die zwar als sittenwidrig oder verpönt, aber nicht als widerrechtlich gilt 111 II 296/296 ff. E. 2, 3 (in casu Arbeitsunfähigkeit einer Dirne). Ermittlung des massgebenden Verdienstes eines selbständigen Transportunternehmers, der keine Buchhaltung führt 102 II 33/39 f. E. 2b Pra 1976 (Nr. 109) 255 f. Erleidet ein Kind eine Körperverletzung, die einen bleibenden Nachteil zur Folge hat, so ist das Einkommen aufgrund der zukünftigen beruflichen Aussichten abzuschätzen 100 II 298/304 ff. E. 4. – Der Haftpflichtige hat für den gesamten kausalen Schaden einzustehen, mithin auch für eine Beeinträchtigung künftiger Sozialversicherungsleistungen. Diesem Schadenselement ist dadurch Rechnung zu tragen, dass in die Kapitalisierung nach den Aktivitätstafeln auch die Sozialversicherungsbeiträge einbezogen werden (inklusiv Arbeitgeberbeiträge) 113 II 245/349 f. E.aa. Für die Kapitalisierung ist die Tafel von *Stauffer/ Schaetzle* mit einem Endalter von 65 Jahren anwendbar, da ab diesem Alter die entsprechenden Beiträge nicht mehr rentenbildende Funktion, sondern bloss noch die Wirkung von Solidaritätsbeiträgen haben, was in 113 II 345/349 f. offensichtlich übersehen wurde 116 II 295/298 E. 4a, vgl. auch Pra 1995 (Nr. 172) 553 f. E. 4a. – Offengelassen, ob bei der Ermittlung des künftigen Schadens aus Erwerbsausfall allgemein und abstrakt eine *Realerhöhung* von 1% berücksichtigt werden könne; zu beachten ist, dass hier regelmässig konkrete Umstände des Einzelfalls, insbesondere die berufliche Situation des Geschädigten berücksichtigt werden können, aufgrund deren sich auf dessen künftige hypothetische Lohnentwicklung schliessen lässt 132 III 321/339 E. 3.7.2.2, 4C.415/2006 (11.9.07) E. 4.4.4 fr., 4C.349/2006 (22.1.07) E. 3.4, 4A_116/2008 (13.6.08) E. 3.1; verneint in 4A_543/2015 (14.3.16) E. 6. Für den künftigen Haushaltschaden, der sich weitgehend nur abstrakt ermitteln lässt, ist die Frage aber zu bejahen 132 III 321/339 E. 3.7.2.2. – Der Schaden besteht nicht bloss im an den Preisverhältnissen des (ausländischen) Wohnorts des Geschädigten gemessenen Kaufkraft-Äquivalent des ihm entgangenen (schweizerischen) Erwerbseinkommens Pra 1999 (Nr. 171) 891 E. 2 (in casu Umzug einer unfallbedingt erwerbsunfähig gewordenen Person nach Italien; keine Herabsetzung infolge tieferer Lebenshaltungskosten). Vgl. aber 100 II 352/357 E. 6 Pra 1975 (Nr. 34) 92 zur Massgeblichkeit des Umstandes, dass eine Verunfallte in ihre ausländische Heimat zurückkehrte.

Haushaltschaden (Verminderung der Fähigkeit, den Haushalt zu führen). ***Grundsatz.*** 9
Für eine im Haushalt tätige Ehefrau besteht der Nachteil unter anderem darin, dass sie

dieser Tätigkeit nicht oder nicht mehr im bisherigen Umfang obliegen kann 57 II 552/555, 57 II 94/103 (zur Unterscheidung zwischen Arbeits- und Erwerbsfähigkeit), zu dieser Entwicklung 134 III 539 E. 3.2.3.2 Pra 2009 (Nr. 35) 211. Der Schaden aus eingeschränkter oder entfallener Arbeitsfähigkeit zur Führung des Haushalts wird indes nicht bloss ersetzt, wenn konkret Kosten für Haushaltshilfen erwachsen, die wegen des Ausfalls der haushaltführenden Person beigezogen werden; auszugleichen ist vielmehr der wirtschaftliche Wertverlust, der durch die Beeinträchtigung der Arbeitsfähigkeit im Haushalt entstanden ist, und zwar unabhängig davon, ob dieser Wertverlust zur Anstellung einer Ersatzkraft, zu vermehrtem Aufwand der Teilinvaliden, zu zusätzlicher Beanspruchung der Angehörigen oder zur Hinnahme von Qualitätsverlusten führt 132 III 321/332 E. 3.1, 131 III 360/369 E. 8.1, 127 III 403/405 E. b, 4A_430/2019 (9.12.19) E. 2.1, 4A_481/2019 (27.2.20) E. 4.1.1, 4A_19/2008 (1.4.08) E. 2.1; der Haushaltschaden ist damit «normativ», von Gesetzes wegen zu ersetzen 132 III 321/332 E. 3.1. Selbst wenn die Entschädigung nicht konkret zur Haushaltsführung eingesetzt wird, ist sie gleichwohl Ersatz für einen Vermögensschaden (damnum emergens), indem sie den wirtschaftlichen Wert der von der Ehefrau im Haushalt geleisteten Arbeit ausgleicht 117 Ib 1/3 E. d (in casu Frage der Besteuerung). Stets aber gilt, dass Ersatz für Haushaltschaden nur verlangen kann, wer ohne Unfall überhaupt eine Haushaltstätigkeit ausgeübt hätte 4A_481/2019 (27.2.20) E. 4.1.3, 4A_23/2010 (12.4.10) E. 2.3.1, 4C.166/2006 (25.8.06) E. 5.1 Pra 2007 (Nr. 43) 269, 4A_19/2008 (1.4.08) E. 2.3.3 fr., was namentlich dann zu bedenken ist, wenn der Schaden mittels statistischer Daten berechnet wird 4A_98/2008 (8.5.08) E. 2.3.3. Da den Ersatz für Haushaltschaden nur verlangen kann, wer ohne Unfall überhaupt eine Haushaltstätigkeit ausgeübt hätte, ist unerlässlich, dass das Sachgericht über konkrete Angaben verfügt zum Haushalt, in dem die Geschädigte lebt, und zu den Aufgaben, die ihr darin ohne den Unfall zugefallen wären. Erst wenn feststeht, inwiefern die Ansprecherin durch den Unfall bei diesen Aufgaben tatsächlich beeinträchtigt ist, stellt sich die Frage der Quantifizierung, bei der auf statistische Werte zurückgegriffen werden kann 4A_430/2019 (9.12.19) E. 2.1, 4A_481/2019 (27.2.20) E. 4.1.3. Der erwähnte Verzicht auf den Nachweis einer konkret entstandenen Vermögenseinbusse rechtfertigt sich damit, dass der Beizug einer aussenstehenden Person nicht durchwegs zumutbar erscheint 127 III 403/406. Diese Gründe treffen für die Mitarbeit, die ein Ehegatte im Geschäft des andern leistet, nicht zu, weshalb hier der Schaden nicht abstrakt berechnet werden darf 127 III 403/409 E.aa. Allerdings besteht ein Anspruch der Ehefrau, die im Büro ihres Mannes mitgeholfen hat, unabhängig davon, ob sie dafür eine Entschädigung bezogen hat und ob der Ehemann wegen des Ausfalls ihrer Hilfe seither weniger verdient 99 II 221/224 E. 2.

10 ***Anspruchsberechtigung.*** Eine Hausfrau, die infolge einer Körperverletzung ihre Obliegenheiten nicht mehr oder nur noch teilweise erfüllen kann, steht ein eigener Schadenersatzanspruch zu, dessen Erfüllung nicht mit der Begründung verweigert werden darf, andere Familienangehörige verrichteten nun die sonst ihr obliegenden Arbeiten 99 II 221/223. Anspruchsberechtigt ist aber nicht nur eine Hausfrau, sondern auch ein Hausmann (129 III 135/155, 134 III 534/539 E. 3.2.3.2 Pra 2009 [Nr. 35] 211) und eine ledige, geschiedene oder verwitwete Person, die ihren eigenen Haushalt führt. Die Grösse des Haushalts (Ein- oder Mehrpersonenhaushalt) spielt nur bei der Berechnung des Zeitaufwands und damit für die Schadenshöhe eine Rolle 131 II 656/666 E. 6.4.

Schadensberechnung. Der Haushaltschaden ist in mehreren Schritten zu berechnen: In einem ersten Schritt ist die Zeit zu ermitteln, die der Geschädigte ohne Unfall auf die Haushaltsführung verwendet hätte; in einem zweiten Schritt ist (ausgehend von der medizinisch festgestellten Invalidität) zu ermitteln, in welchem Ausmass der Geschädigte in seiner Fähigkeit, den Haushalt zu führen, beeinträchtigt ist; in einem dritten Schritt ist jener Teil, den der Geschädigte nicht mehr zu verrichten vermag, zu bewerten 4A_481/2019 (27.2.20) E. 4.1.2, 4A_19/2008 (1.4.08) E. 2.2 fr., 4A_307/2008 (27.11.08) E. 4.3.2, 4A_98/2008 (8.5.08) E. 2.2, 131 III 360/369 E. 8.1 Pra 2006 (Nr. 18) 135. Dabei kann sich auch ergeben, dass trotz der medizinischen Beeinträchtigungen keine Einschränkungen in der Haushaltführung bestehen 4A_106/2011 und 4A_108/2011 (30.8.11) E. 6 fr. (unveröffentl. Erwägung zu 137 III 127 Pra 2011 (Nr. 67) 472). *Erhebung des Zeitaufwands:* Der erforderliche Zeitaufwand ist entweder konkret oder gestützt auf statistische Erhebungen festzusetzen 132 III 321/332 E. 3.1, 129 III 135/152 E. 4.2.1 Pra 2003 (Nr. 69) 356, 4A_481/2019 (27.2.20) E. 4.1.3, 4A_19/2008 (1.4.08) E. 2.3 fr., auch 131 II 656/666 E. 6.4 (normativer Haushaltschaden auch im OHG). Die Erwerbstätigkeit darf bei der Ermittlung des Zeitaufwandes für die Haushaltführung berücksichtigt werden 129 II 145, 4C.195/2001 (12.3.02) E. 5e/bb fr. Zudem sind künftige Veränderungen der Belastung, die sich namentlich in dem Zeitpunkt einstellen, da Kinder den Haushalt verlassen, einzubeziehen 131 III 360/375 E. 8.4.2 Pra 2006 (Nr. 18) 140 (in casu Nachkommen, die nur bis zu einer maximalen Altersgrenze von 25 Jahren berücksichtigt werden dürfen). Der *Arbeitsaufwand im Haushalt* (erster Schritt) kann aufgrund der Schweizerischen Arbeitskräfteerhebung (SAKE) ermittelt werden, ohne dass damit gegen das Prinzip der konkreten Schadensberechnung verstossen wird; mit repräsentativen statistischen Werten soll gerade ausgeschlossen werden, dass auf blosse Behauptungen der geschädigten Person abgestellt werden muss 4C.222/2004 (14.9.04) E. 5.1, grundlegend 129 III 135/155, weiter 132 III 321/335 E. 3.6, 131 III 360/370 E. 8.2.1 Pra 2006 (Nr. 18) 136, wobei eine pauschale Berufung auf die SAKE-Tabellen nicht genügt, da sich der infrage stehende Haushalt darin repräsentiert finden muss; die SAKE-Tabellen sind daher keine Normhypothesen, die der Sachrichter unbesehen übernehmen kann 4A_23/2010 (12.4.10) E. 2.3.1. Das Abstellen auf statistische Werte wie die SAKE-Tabellen ist zulässig, soweit sich darin der infrage stehende Haushalt repräsentiert findet oder die Werte Rückschlüsse auf den konkreten Haushalt zulassen, 4A_430/2019 (9.12.19) E. 2.1, 4A_481/2019 (27.2.20) E. 4.3.1. Beruft sich die Geschädigte auf statistische Werte, hat sie demnach ihren Haushalt und die Rolle, die sie darin spielt, mindestens so genau zu umschreiben, dass beurteilt werden kann, ob die betreffende Statistik auf Erhebungen von Haushalten beruht, die nach ihren Eckdaten jenem der Geschädigten entsprechen, oder inwiefern die Statistik Rückschlüsse auf die Situation der Geschädigten zulässt 4A_430/2019 (9.12.19) E. 2.1. Anspruchsvoraussetzung ist zudem, dass der Ansprecher überhaupt bei den Haushaltsaufgaben beeinträchtigt ist, denn es ist nicht gerichtsnotorisch, dass jede gesunde erwachsene Person in entschädigungswürdigem Ausmass Hausarbeit leistet 4A_23/2010 (12.4.10) E. 2.3.1. Die zentralen Parameter für die Berechnung des Haushaltschadens sind: Haushaltsgrösse, Erwerbsstatus und Geschlecht sowie Alter allfälliger Kinder 4C.222/2004 (14.9.04) E. 5.2. Stellt das Sachgericht auf statistische Daten ab, können seine Schlüsse als Rechtsfrage überprüft werden 132 III 321/332 E. 3.1; 4A_310/2014 (10.10.14) E. 4.6.2 fr. *Ermittlung der Kosten:* Die Beeinträchtigung ist (im dritten Schritt) nach den Aufwen- 11 dungen für eine nach den üblichen Ansätzen zu entschädigende Haushaltshilfe zu bemessen, den eine entgeltlich eingesetzte Ersatzkraft verursachen würde 132 III 321/332 E. 3.1, 131 III 369/369 E. 8.1, 4C.195/2001 (12.3.02) E. 5b fr., 127 III 403/406, 113 II 345/350 E. 2, 4C.276/2001 (26.3.02) E. 7b Pra 2002 (Nr. 212) 1131. Darauf ist ein Qualitätszuschlag zu machen 108 II 434/439 E. 3d fr., 129 II 145/151 E. 3.2.1, relativierend aber 4C.195/2001 (12.3.02) E. 5f/aa fr., 4C.222/2004 (14.9.04) E. 5.4. auch 132 III 321/336, wonach sich die Frage nach dem Qualitätszuschlag gar nicht stellt, wenn der Stundenlohn mit dem sog. Spezialistenansatz ermittelt wird. Ohnehin verfügt das Gericht hier über ein sehr grosses Ermessen 131 III 360/374 E. 8.3 Pra 2006 (Nr. 18) 139, 4A_19/2008 (1.4.08) E. 2.5 fr. und 4A_307/2008 (27.11.08) E. 4.3.3. (beide 30 Franken im Genferseegebiet, auch 4A_310/2014 (10.10.14) E. 4.6.3 fr.), wobei aber ein Stundenansatz von 25 Franken doch klar am untersten Ende der Skala liegt. Umgekehrt kann der Richter einen Stundenlohn annehmen, der leicht über dem gegenwärtigen Marktlohn liegt, und so der künftigen Lohnentwicklung Rechnung tragen 131 III 360/373 E. 8.3 Pra 2006 (Nr. 18) 139; eingehend zu den Ansätzen 129 II 145/152. Bei der Kapitalisierung war bislang das arithmetische (im Gegensatz zu einem gewogenen) Mittel zwischen Aktivität und Mortalität anzuwenden, da es als notorisch galt, dass eine haushaltführende Person über das Alter, in dem eine Erwerbstätigkeit aufgegeben wird, hinaus dieser Tätigkeit nachgeht 113 II 345/350 ff. E. 2, vgl. auch 108 II 434/441 E. b, während heute nach einer mit 129 III 135/159 vollzogenen Praxisänderung allein auf die Aktivitätstabellen abzustellen ist, die auf die tatsächliche Erwerbsfähigkeit und damit auch auf die Fähigkeit abstellen, den eigenen Haushalt führen zu können 131 III 360/375 E. 8.4.2 Pra 2006 (Nr. 18) 140, 4A_19/2008 (1.4.08) E. 3.2.3 fr., 4A_98/2008 (8.5.08) E. 3.3, sodass der Schaden so lange zu berücksichtigen ist, als die Klägerin mutmasslich ohne den Unfall einen eigenen Haushalt geführt hätte 131 III 12/21; zur Kapitalisierung nach Aktivität schon 102 II 90/95, wo der Haushaltschaden eines Versorgten nach der Tafel 27 (Aktivität) kapitalisiert wurde. Bei der Berechnung des Haushaltschadens darf eine *Reallohnerhöhung* berücksichtigt werden 132 III 321/336 E. 3.7.1, schon 131 III 360/374 und 4C.276/2001 (26.3.02) E. 7b Pra 2002 (Nr. 212) 1132, 4C.349/2006 (22.1.07) E. 3.4. Massgeblich ist, inwieweit zu erwarten ist, dass der Aufwand für eine entgeltliche, gleichaltrige und damit gleich leistungsfähige Ersatzkraft aufgrund der Reallohnentwicklung zunehmen würde 132 III 321/337 E. 3.7.2. Allerdings ist allgemeiner Lebenserfahrung zufolge ab dem Zeitpunkt der ordentlichen Pensionierung davon auszugehen, dass die Arbeitskraft der geschädigten Person, für deren Verlust Ersatz zu leisten ist, auch im Validenfall allmählich nachlassen würde und entweder Hilfen für bestimmte Arbeiten beigezogen oder diese nicht mehr erledigt, also Qualitätseinbussen in Kauf genommen würden, weshalb ab diesem Zeitpunkt nicht mehr mit einer Reallohnerhöhung gerechnet werden kann 132 III 321/341. Anders als der künftige Schaden aus Erwerbsausfall lässt sich die Entwicklung des Lohnniveaus von Ersatzkräften als Berechnungsfaktor des Haushaltschadens weitgehend nur abstrakt ermitteln. Entsprechend sind Hypothesen und Schätzungen nach der allgemeinen Lebenserfahrung (Art. 42 Abs. 2) vorzunehmen, die so weit als möglich auf statistische Untersuchungen abzustützen sind. Im Interesse einer rechtsgleichen Anwendung des Haftpflichtrechts und überschaubarer Berechnungen ist nach einfachen und klaren Kriterien zu suchen und hier künftig von einer allgemeinen Reallohnsteigerung von 1% im Jahresdurchschnitt auszugehen 132 III 321/340, und dies bis zum mutmasslichen Pensionsalter 132 III 321/341. Der Reallohnsteigerung kann dabei durch eine Reduktion des Kapitalisierungszinsfusses um 1% auf 2,5% Rechnung getragen werden 132 III 321/342. Dieser Schluss aus der allgemeinen Lebenserfahrung ist als Rechtsfrage der Überprüfung durch das Bundesgericht zugänglich 132 III 321/332 E. 3.1. – Einen zusätzlichen Anspruch wegen Verminderung der Erwerbsfähigkeit hat die Hausfrau nur, wenn konkrete Anhaltspunkte (die entfernte Möglichkeit einer späteren Scheidung oder des vorzeitigen Todes des Ehemannes genügt für sich allein nicht) es als wahrscheinlich erscheinen lassen, dass sie ohne Unfall später wieder einem Erwerb nachgegangen wäre. Für die Schadensberechnung darf nicht bloss auf die abstrakte Erwerbstätigkeit abgestellt werden 99 II 221/226 f. E.b. – Aus der abstrakten Berechnung des Haushaltschadens und der Entschädigung auch der durch den Entzug familienrechtlicher Beitragsleistungen reflexweise geschädigter Personen ergibt sich, dass vom Ehepartner nicht verlangt werden kann, zur Schadensminderung vermehrt zur Haushaltführung beizutragen 127 III 403 407 E.bb. – Die Haushaltstätigkeit vor dem Unfall ist vom Geschädigten zu beweisen. Art. 42 Abs. 2 ist anwendbar, da der Beweis regelmässig erschwert ist; dies befreit aber nicht von dem substanziierten Behaupten der Arbeiten, die der Geschädigte im Haushalt konkret übernommen hat 4A_23/2010 (12.4.10) E. 2.3.4, 4A_37/2011 (27.4.11) E. 6.2.1.

Der Schaden eines Landwirtes, der durch das schädigende Ereignis in seiner Fähigkeit, 12
den bäuerlichen Betrieb zu führen, beeinträchtigt ist, ist nunmehr auch analog zum Haushaltschaden zu berechnen 4C.83/2006 (26.6.06) E. 3, 4C.324/2005 (5.1.06) E. 3.

Rentenschaden bzw. Rentenverkürzungsschaden (Differenz zwischen den hypotheti- 13
schen Altersleistungen und den tatsächlich zu erwartenden Leistungen infolge Alter und Invalidität bzw. der Kürzung der Altersleistungen, zu der die Beitragslücken führen 4C.215/2001 [15.1.02] E. 2b/aa Pra 2002 [Nr. 151] 817, 129 III 135/150 E. 3.3 Pra 2003 [Nr. 69] 355, 4C.101/2004 [29.6.04] E. 4.1 fr., 4A_310/2014 [10.10.14] E. 4.7.2 fr.) und seiner Berechnung 4A_99/2008 (1.4.08) E. 4.3.1 fr., 126 II 237/242 E. 5, 126 III 41/44 E. 3; Praxisänderung gegenüber 113 II 345/349 E. aa durch 4C.197/2001 (12.2.02) E. 4b Pra 2002 (Nr. 152) 822, bestätigt durch 129 III 135/142 fr., 4C.108/2003 (1.7.03) E. 5.1 fr., 4C.75/2004 (16.11.04) E. 5.2 fr., 6P.58/2003 (3.8.04) E. 10.1 Pra 2005 (Nr. 29) 217. Zur Verhinderung einer Überentschädigung ist der Rentenschaden auf der Basis des Nettoeinkommens zu berechnen 129 III 135/143 fr., 4C.108/2003 (1.7.03) E. 5.1 fr., 4C.101/2004 (29.6.04) E. 4.1 fr., 4C.415/2006 (11.9.07) E. 4.4.3 fr., 4C.343/2003 (13.10.04) E. 5.3.1 fr., mithin unter Abzug der Beiträge an die Sozialversicherungen unter Einschluss der Beiträge an den Träger der beruflichen Vorsorge 4C.234/2006 (16.2.07) E. 3.1 fr., nicht aber der Beiträge an die obligatorische Unfallversicherung 4C.303/2004 (19.8.08) E. 5.4 fr. Ist jedoch eine konkrete Berechnung nicht möglich, kann auf die 113 II 345/349 E. aa zugrunde liegende Berechnungsweise zurückgegriffen werden 4C.108/2003 (1.7.03) E. 5.2 fr. Nach der allgemeinen Lebenserfahrung belaufen sich die Altersleistungen auf 50–80% des massgeblichen Bruttoeinkommens 129 III 135/150 E. 3.3, 4A_310/2014 (10.10.14) E. 4.7.2 fr., was indes im Fall eines Lohnempfängers festgestellt wurde und für einen Selbständigerwerbenden zweifelhaft ist 4C.234/2006 (16.2.07) E. 3.2.3 (Taxichauffeur).

Erschwerung des wirtschaftlichen Fortkommens. Nach dem gewöhnlichen Lauf der 14
Dinge hat ein verstümmelter oder entstellter Mensch grössere Schwierigkeiten als ein ge-

sunder, eine Stelle mit gleichem Lohn zu finden. Anderseits ist auch der Gewöhnung an die Invalidität Rechnung zu tragen und zu berücksichtigen, dass allenfalls die Berufswahl der erlittenen Schädigung angepasst werden kann. In solchen Fällen ist es geboten, eine Rente zu kapitalisieren, die der mit einer allfälligen Verminderung der Arbeitsfähigkeit zusammentreffenden Erschwerung des wirtschaftlichen Fortkommens entspricht 99 II 214/219 f. E. c Pra 1974 (Nr. 30) 97. Das wirtschaftliche Fortkommen eines im Gesicht vernarbten Mädchens kann durch die Behinderung der Berufswahl oder durch die Beeinträchtigung der Heiratsmöglichkeit erschwert werden 81 II 512/517 f. E. 4. – Auch die Erschwerung des wirtschaftlichen Fortkommens ist nur zu entschädigen, soweit sie für den Verletzten wirtschaftliche Nachteile mit sich bringt; nicht ökonomische Beeinträchtigungen können höchstens zum Zuspruch einer Genugtuungssumme führen 91 II 425/426 E.b. Erforderlich ist eine konkrete Schadensberechnung 4C.167/2000 (28.9.00) E. 4b/aa fr., wobei das Gericht auch hierfür minimaler Anhaltspunkte bedarf, die von den Parteien beizubringen sind 131 III 360/363 E. 5.1 Pra 2006 (Nr. 18) 130. Zum Stellenwert eines Gutachtens über die Erschwerung des wirtschaftlichen Fortkommens 4C.167/2000 (28.9.00) E. 4 fr. Eine Beeinträchtigung des wirtschaftlichen Fortkommens ist in der Regel mit einer Arbeitsunfähigkeit verbunden, setzt sie aber nicht notwendigerweise voraus 99 II 214/219 f. E. c Pra 1974 (Nr. 30) 97. Unter Umständen kann eine Erschwerung des wirtschaftlichen Fortkommens auch bejaht werden, obschon der Verletzte voll arbeitsfähig ist und keine Lohneinbusse erlitten hat 4A_106/2011 und 4A_108/2011 (30.8.11) E. 5.1 fr. (unveröffentl. Erwägung zu 137 III 127 Pra 2011 [Nr. 67] 472), 4C.278/1999 (13.7.00) E. 3a/b fr., da bei einer invaliden Person auch andere Faktoren als ihre Arbeitsfähigkeit ihre Gewinnmöglichkeiten beeinträchtigen können, z.B. weil sie auf dem Arbeitsmarkt benachteiligt ist oder bei Stellenabbau gefährdeter ist 4A_482/2009 (26.1.10) E. 5.2.1, oder sich das vom Verletzten geleitete Unternehmen nach dem Unfall normal weiterentwickelte. Entscheidend ist, ob nach dem gewöhnlichen Lauf der Dinge das Unternehmen noch ertragreicher geworden wäre oder, bei ungünstiger Entwicklung der Wirtschaftslage, die Schwierigkeiten besser hätte meistern können, wenn die Arbeitsfähigkeit seines Leiters nicht vermindert worden wäre 102 II 232/241 f. E. 6c Pra 1977 (Nr. 26) 67.

15 **Vorteilsanrechnung.** Der arbeitsunfähige Arbeitnehmer muss sich den vom Arbeitgeber nach Art. 324a Abs. 1 (= aOR Art. 335) oder sonst nach Vertrag bezahlten Lohn anrechnen lassen 97 II 259/265 E. 1 fr., jedoch nicht Lohnzahlungen mit Schenkungscharakter 62 II 290 fr., vgl. für den Fall, dass der wirtschaftlich Berechtigte an der Arbeitgeberin ein Familienmitglied ist 4A_310/2014 (10.10.14) E. 4.3.2 fr. Unter dem Gesichtspunkt der Vorteilsanrechnung fällt z.B. auch ins Gewicht, dass während eines Spitalaufenthaltes anderweitige Kosten für die Nahrung wegfallen 52 II 384/392 E. 5 fr. Nicht auszugleichen sind hingegen durch die Invalidität bedingte Ersparnisse 108 II 422/427 f. E. 3 Pra 1983 (Nr. 30) 77. Auch nicht zu berücksichtigen ist der Umstand, dass ein durch Unfall invalid gewordener Ehemann teilweise den Haushalt führt 110 II 455 Pra 1985 (Nr. 100) 280. Noch sind Leistungen Dritter anzurechnen, wenn damit der Geschädigte und nicht der Schädiger begünstigt werden soll 97 II 259/266 E. 3 (Pflege durch Angehörige), 4C.324/2005 (5.1.06) E. 3.4 fr. (Mitarbeit im bäuerlichen Betrieb), was bei den von Angehörigen erbrachten Pflegeleistungen zu vermuten ist 4C.283/2005 (18.1.06) E. 4.1 fr.,

oder wenn sie sonst in Erfüllung gesetzlicher oder sittlicher Pflichten von nahestehenden Personen erbracht werden 4A_310/2014 (10.10.14) E. 4.1.2 fr. Auch die unentgeltliche Mitarbeit der Angehörigen des Geschädigten sind diesem nicht als Vorteil anzurechnen, wenn er so sein bisheriges Einkommen zu halten vermag; somit kann er gleichwohl vollen Ersatz beanspruchen 4C.324/2005 (5.1.06) E. 3.4 fr. Schliesslich darf die Ausgleichung durch die Person, welche die Leistung erbringt, nicht ausgeschlossen worden sein 4A_310/2014 (10.10.14) E. 4.4.2 fr. – Zur eng mit der Vorteilsanrechnung zusammenhängenden Frage der *Subrogation* der Privat- und Sozialversicherer in die Haftpflichtansprüche des Geschädigten siehe unter Art. 51.

Weiteres. In prozessualer Hinsicht genügt es, wenn der Beklagte mit seinen kantonalen Rechtsbegehren nur implizit auch die Herabsetzung der Erwerbsausfallentschädigung verlangt und Ausführungen macht, die zur Begründung dieses Begehrens dienen können. Der kantonale Richter verletzt nämlich Bundesrecht, wenn er sich in einem Prozess über Ansprüche aus dem Bundeszivilrecht mit prozessual ordnungsgemäss aufgestellten Rechtsbehauptungen der Parteien nicht materiell auseinandersetzt 95 II 255/266 E. 8. – Bemessung und Art des Ersatzes: siehe auch unter Art. 43 f. 16

Abs. 2 Der Vorbehalt der Nachklage ist nur ausnahmsweise und mit grosser Zurückhaltung (jedoch allenfalls von Amtes wegen) in das Urteil aufzunehmen, so wenn ernsthafte Unsicherheiten hinsichtlich wesentlicher Veränderungen des Gesundheitszustandes des Geschädigten bestehen 4C.194/2002 (19.12.02) E. 7 fr. Massgebend sind die Verhältnisse im Zeitpunkt des Urteils, nicht der Klageeinleitung 57 II 58/59 fr. Der Vorbehalt der Nachklage ist z.B. gerechtfertigt: wenn der Verletzte noch eine nicht ganz harmlose Nachoperation vornehmen lassen muss 82 II 25/36 E. 8; wenn der Kausalzusammenhang zwischen dem Unfall und einem nachträglich aufgetretenen Nachteil noch ungewiss ist oder bei bestehender Komplikationsgefahr 57 II 58/59 fr.; jedoch nicht aufgrund der blossen Möglichkeit, nach dem unfallbedingten Verlust eines Auges auch noch (aus vom Unfall unabhängigen Gründen) das andere Auge zu verlieren 40 II 490/493 f. E. 4. Auch beim Abschluss einer Entschädigungsvereinbarung ist ein entsprechender Vorbehalt anzubringen, wenn sich der Geschädigte eine Überprüfung der Entschädigung offenhalten will 109 II 347/349. Wegen Schwierigkeiten, den zukünftigen Schaden abzuschätzen, darf die Schadenersatzklage nicht zur Zeit abgewiesen werden, sondern nur die Abänderung des Urteils bis auf zwei Jahre vorbehalten werden 95 II 255/262 f. E. 6. – Die Bestimmung stellt für die Abänderungsbegehren eine Verwirkungsfrist auf, die nur durch Klage gewahrt werden kann 95 II 255/270 E. 10c. Sind die Folgen der Verletzung nach Ablauf der Frist von zwei Jahren immer noch nicht hinreichend sicher, so nimmt das Gesetz die ungenügende Sicherheit endgültig in Kauf, gleichgültig zuungunsten welcher Partei sie sich allenfalls auswirken kann 86 II 41/47, 114 II 253/256 E.a. – Bei der Streitwertberechnung ist der Nachforderungsanspruch nicht mitzuberücksichtigen, wenn dessen Wert nicht in einer bestimmten Geldsumme bemessen wird 58 II 56. 17

c. Leistung von Genugtuung

Art. 47

Bei Tötung eines Menschen oder Körperverletzung kann der Richter unter Würdigung der besonderen Umstände dem Verletzten oder den Angehörigen des Getöteten eine angemessene Geldsumme als Genugtuung zusprechen.

1 **Allgemeines.** Aufgrund ihrer Regelungsmaterie gehören die Art. 47 und 49 zusammen 122 III 5/9. Art. 47 hat nicht die Funktion einer Spezialvorschrift, welche die Anwendbarkeit von Art. 49 schlechthin ausschliesst 112 II 220/223 E. a; sie ist vielmehr ein Anwendungsfall von Art. 49 141 III 97/98 E. 11.2 fr., 116 II 733/735 Pra 1991 (Nr. 116) 566, 123 III 204/210 E. 2e, 4C.283/2005 (18.1.06) E. 3.1.1 fr. Die Bestimmung ist gemäss Art. 99 Abs. 3 auch auf das vertragswidrige Verhalten anwendbar 110 II 163/164 E. 2 Pra 1984 (Nr. 175) 485, 116 II 519/520 f. E. 2c, 123 III 204/206 E. 2b; für die Verjährung des Anspruchs gilt dann allenfalls Art. 127 86 I 251/255 E. 7 Pra 1961 (Nr. 5) 14. Analoge Anwendbarkeit der Rechtsprechung zu Art. 47, um die Voraussetzungen für die Ausrichtung einer Genugtuung an das Opfer einer Straftat gemäss aOHG Art. 12 Abs. 2 festzulegen (in casu Lebensführung des drogensüchtigen Opfers als Herabsetzungsgrund) 121 II 369/373 E. 3c/aa fr. (vgl. nun OHG Art. 22 Abs. 1). – Die Genugtuung ist unabhängig von den wirtschaftlichen Folgen des Unfalles geschuldet, da sie nicht diese, sondern (ausschliesslich 123 III 306/315 E. 9b Pra 1997 (Nr. 170) 923, in erster Linie 123 III 10/15 E. 4c/bb) den Eingriff in das seelische Wohlbefinden aufwiegen soll 102 II 18/22 E. 2 Pra 1976 (Nr. 75) 196, vgl. auch 118 II 404/408 E. b/aa, 123 III 10/15 E. 4c/bb, wobei auch künftige Unbill veranschlagt werden kann, vgl. 72 II 165/170 f. E. 9, 117 II 50/56 ff. E. 3b Pra 1992 (Nr. 140) 511 ff. Die Genugtuung bezweckt weder die Bestrafung 115 II 156/158 E. 2, 123 III 10/16 E. 4c/bb noch ist sie eine Sühneleistung 123 III 10/16 E. 4c/bb. Sie zielt (wie die Integritätsentschädigung, 134 III 581/582 E. 3.1) einzig darauf ab, die Beeinträchtigung des Wohlbefindens aufzuwiegen, weshalb vorauszusetzen ist, dass sich dieser Zweck mit einer Geldzahlung überhaupt erreichen lässt 4C.167/2000 (28.9.00) E. 5c fr. Von Bedeutung ist mithin die Aussicht, dass die Zahlung eines Geldbetrages den körperlichen oder seelischen Schmerz spürbar lindern wird 118 II 404/408 E. b/aa, 116 II 733/734 E. 4 f. Pra 1991 (Nr. 116) 565 f., 123 III 306/315 E. 9b Pra 1997 (Nr. 170) 923. Zu beachten ist allerdings: Bei gewissen Körperverletzungen hat die objektive Seite der Persönlichkeitsverletzung den Vorrang vor der subjektiven, weshalb dann das Opfer auch bei Bewusstseinsverlust Anspruch auf Genugtuung hat; die subjektiven Auswirkungen der Verletzung sind in diesem Falle lediglich für die Bemessung der Genugtuungssumme von Bedeutung 108 II 422/431 f. E. 4c Pra 1983 (Nr. 30) 79, vgl. auch 116 II 519/521 E. 2c, 4A_315/2011 (25.10.11) E. 3.4 fr. Zudem entfällt eine Genugtuung für den Tod nicht schon deshalb, weil ein Angehöriger dadurch von seelischem Leid befreit wird (in casu Tod des schwerinvaliden Bruders) 118 II 404/409 E.cc. Voraussetzung des Genugtuungsanspruchs ist weiter, dass der Betroffene die erlittene Unbill dem Täter noch nachträgt, was nach einer Verzeihung (in casu durch Heirat) nicht mehr zutrifft; die Versöhnung stellt einen (still-

schweigenden) Verzicht auf die Geltendmachung eines Anspruchs dar 63 II 219/220 fr., vgl. auch 115 II 156/159. – Angehörige von Opfern einer Körperverletzung sind (aus Art. 49 Abs. 1) aktivlegitimiert, soweit sie in ihren persönlichen Verhältnissen widerrechtlich verletzt sind. Eine Genugtuung kann nicht mit dem Hinweis verweigert werden, bloss reflexartige Betroffenheit begründe keinen eigenen Anspruch (in casu Ehemann, dessen Frau durch Unfall schwer invalid geworden ist) 112 II 220/222 ff. E. 2, grundlegend 112 II 118/124 ff. E. 5, 6 (Praxisänderung), vgl. auch 117 II 50/56 E. 3a Pra 1992 (Nr. 140) 510 f., 123 III 204/206 E. 2a (Verjährung nach Art. 60), 125 III 412/417 E. 2a. Stirbt der Verletzte erst nach geraumer Zeit, so haben grundsätzlich der Anspruch der Angehörigen und jener des Verletzten nebeneinander Platz 118 II 404/407 E.a. – Der Genugtuungsanspruch ist ohne Weiteres passiv vererblich 74 II 202/214; aktiv vererblich wird er, sobald ihn der Berechtigte irgendwie geltend gemacht hat 88 II 455/462 E. 5 Pra 1963 (Nr. 48) 149 f., grundlegend 81 II 385/389 f. E. 2. Der Umstand, dass Angehörige die Genugtuung erben, die ein Verunfallter für seine Verletzungen erhalten hat, kann bei der Festsetzung ihrer Genugtuung für den späteren Tod des Geschädigten mitberücksichtigt werden (jedoch keine Kompensation) 118 II 404/407 f. E.a., anders dagegen für andere Leistungen Dritter (in casu aus Summenversicherung) 4A_206/2014 (18.9.14) E. 5.3.2. – Die Genugtuungsforderung ist abtretbar 63 II 157/158 f. – Das Bundesgericht kann die auf Berufung des Beklagten hin vorgenommene Herabsetzung des Schadenersatzbetrages ganz oder teilweise durch die Zusprechung einer (von der Vorinstanz verweigerten) Genugtuungssumme ausgleichen, auch wenn der Kläger seinerseits das Urteil nicht angefochten hat 63 II 339/346 E. 4 fr. – *Weiteres.* Die Verjährung richtet sich nach Art. 60 123 III 204/204 ff., 4C.194/1999 (18.1.00) E. 1. Im Bereich der Halterhaftung wird die Herabsetzung der Pflicht zur Leistung einer Genugtuung (Ermässigung bzw. Ausschluss) durch SVG Art. 59 in einer Weise geregelt, dass für die Anwendung des Art. 44 Abs. 1 kein Raum mehr bleibt 124 III 182/186 E. 4d Pra 1998 (Nr. 104) 601. Dass ein Gesetz (in casu ein kantonales Verantwortlichkeitsgesetz) nur von Schadenersatz spricht, steht grundsätzlich einem Genugtuungsanspruch nicht entgegen 112 Ib 322/331 f. E. 6. Die Haftungsbeschränkung von aKUVG Art. 129 Abs. 2 gilt für den Genugtuungsanspruch nicht 110 II 163/164 E. 2 Pra 1984 (Nr. 175) 485.

Form der Genugtuung. Zwar könnte der deutsche Wortlaut des Art. 47 darauf schliessen lassen, dass eine Genugtuung zwingend als Kapital abzugelten ist. Gemäss Art. 43 kann aber auch die Genugtuung nicht nur als Kapital, sondern auch als Rente ausgerichtet werden. Dabei muss eine Genugtuungsrente indes in einem ausgewogenen Verhältnis zu den Genugtuungsbeträgen in Kapitalform stehen, die in vergleichbaren Fällen zugesprochen werden. Denn die Wahl der Abgeltungsform hat keinen Einfluss auf die Genugtuungsbemessung 134 III 97/99 E. 4.2, 4A_157/2009 (22.6.09) E. 3. 2

Besondere Umstände. ***Bedeutung.*** Dass der Richter die besonderen Umstände zu würdigen hat, bedeutet, dass er nach Recht und Billigkeit entscheiden soll (ZGB Art. 4) 96 II 235 E. a, 115 II 156/157 E. 1, 123 II 210/215 E. 3b/cc (OHG), 123 III 10/12 E. 4c/aa, 141 III 97/98 E. 11.2, 4C.433/2004 (2.3.05) E. 4 fr. Die gesamten Umstände sind sowohl für den Grundsatz des Anspruchs auf eine Genugtuungssumme als auch bei der Festsetzung ihrer Höhe von Bedeutung 104 II 259/264 E. 5 Pra 1979 (Nr. 73) 192, 123 II 210/215 3

E. 3b/aa (OHG), 125 II 169/173 E. 2b (OHG). Das Bundesgericht überprüft den kantonal letztinstanzlichen Ermessensentscheid nur mit Zurückhaltung 141 III 97/98 E. 11.2 fr.

4 ***Unbill.*** Da die Bestimmung einen Anwendungsfall von Art. 49 Abs. 1 darstellt 141 III 97/98 E. 11.2 fr., 123 III 204/210 E. 2e, muss die Verletzung in den persönlichen Verhältnissen und insbesondere der erlittene seelische Schmerz von einer gewissen Schwere sein 110 II 163/166 E. c Pra 1984 (Nr. 175) 486, vgl. auch 121 II 369/374 E. 3c/bb fr., 4A_227/2007 (26.9.07) E. 3.7.2 fr. Als besondere Umstände fallen zunächst die Art 93 I 586/596 und die Schwere des seelischen Leides, die Intensität und die Dauer der Auswirkungen auf die Persönlichkeit des Betroffenen in Betracht 141 III 97/98 E. 11.2 fr., 104 II 259/264 E. 5 Pra 1979 (Nr. 73) 192, 112 II 131/133 E. 2. Eine Genugtuung kann sich auch dann rechtfertigen, wenn durch die Körperverletzung die persönlichen Möglichkeiten zu Produktion oder Genuss entzogen werden 127 III 403/405 (immaterieller Schaden) oder sie eine längere Leidenszeit oder Arbeitsunfähigkeit zur Folge hat oder dazu führt, dass sich die Persönlichkeit des Verletzten dauerhaft verändert 4C.283/2005 (18.1.06) E. 3.1.1 fr. (in casu Anspruch bei 9-monatiger Arbeitsunfähigkeit verneint). Bei bloss vorübergehender Beeinträchtigung besteht ein Anspruch nur dann, wenn die Beeinträchtigung schwer ist, indem sie lebensgefährlich ist, einen langen Spitalaufenthalt bedingt oder mit besonders grossen oder anhaltenden Schmerzen verbunden ist 4A_307/2013 (6.1.14) E. 2.4.2 fr.; demgegenüber begründet ein Arm- oder Beinbruch, der schnell und ohne Komplikationen ausheilt, keine seelische Unbill im Sinne der Bestimmung 4C.283/2005 (18.1.06) E. 3.1.1 fr.

5 ***Verschulden.*** Die Bestimmung führt im Gegensatz zu aOR Art. 49 das Verschulden nicht als Tatbestandsmerkmal auf. Dieses Schweigen ist dahin auszulegen, dass die Frage nach dem Verschulden gemäss den Regeln über die Haftung an sich zu beantworten ist. Wenn es sich also um eine Verschuldenshaftung handelt, so kann eine Genugtuung nur beim Vorliegen eines (vom Kläger zu beweisenden, vgl. 86 II 51/55 E. c) Verschuldens zugesprochen werden 93 I 586/596. Steht dagegen eine Kausalhaftung infrage, so kann eine Genugtuung auch ohne Verschulden zuerkannt werden 104 II 259/263 f. E. 5 Pra 1979 (Nr. 73) 192, grundlegend 74 II 202/210 ff. E. 8, vgl. auch 115 II 156/158 E. 2. – Die Schwere eines Verschuldens des Haftpflichtigen (oder seiner Hilfsperson 110 II 163/165 E. a, c Pra 1984 [Nr. 175] 486) fällt im Rahmen der besonderen Umstände erheblich ins Gewicht 95 II 306/308 E. 4, 104 II 259/264 E. 5 Pra 1979 (Nr. 73) 192, 141 III 97/100 E. 11.4 fr. Das Verschulden kann selbst bei reinen Kausalhaftungen mitberücksichtigt werden 112 II 131/133 E. 2 (Frage offengelassen in 115 II 156/158 E. 2).

6 ***Mitverschulden.*** Zu den Umständen, die der Richter zu berücksichtigen hat, gehört namentlich auch ein Mitverschulden des Opfers 102 II 18/21 E. 2 Pra 1976 (Nr. 75) 196. Die Genugtuung wird jedoch durch dieses nicht ohne Weiteres ausgeschlossen, sondern allenfalls bloss herabgesetzt 95 II 306/308 E. 4, 91 II 218/225 E. 5 Pra 1966 (Nr. 37) 137. Ausschlaggebend kann das Verhältnis des beidseitigen Verschuldens sein 110 II 163/166 E. c Pra 1984 (Nr. 175) 486. Auch bei überwiegendem Selbstverschulden des Geschädigten steht der Zusprechung einer Genugtuung grundsätzlich nichts im Wege (Änderung der Rechtsprechung). Das Selbstverschulden kann dagegen als Faktor für den Ausschluss des Genugtuungsanspruchs, sofern es den Kausalzusammenhang zu unterbrechen vermag, oder als Faktor für die Herabsetzung des Anspruchs berücksichtigt werden 116 II

733/734 E. 4f und g Pra 1991 (Nr. 116) 565 ff. (zu Art. 44), 117 II 50/60 E. 4a Pra 1992 (Nr. 140) 514, 123 II 210/215 E. 3b/aa, 124 III 182/186 E. 4d Pra 1998 (Nr. 104) 601.

Drittverschulden. Schliesslich fällt auch ein Drittverschulden ins Gewicht 97 II 7
123/135 E. 10 Pra 1971 (Nr. 209) 674, allerdings nur unter besonderen Voraussetzungen 117 II 50/60 f. E. 4a Pra 1992 (Nr. 140) 514 (Eltern im Verhältnis zu ihrem von einer andern Person geschädigten Kind als Dritte), 123 III 204/213 E. 2 f.

Weiteres. Der Richter kann zudem berücksichtigen: dass gewisse vom Beklagten un- 8
abhängige Umstände als Mitursachen erscheinen; dass das Schicksal beim tragischen Ereignis eine wichtige Rolle gespielt hat; dass gewisse Tatsachen geeignet sind, dem Betroffenen eine gewisse Genugtuung zu verschaffen oder zumindest seine Unbill oder seine Hass- und Rachegefühle zu mindern 58 II 341/344 ff. E. 2 und 3 fr.; dass Forderungen unter Ehegatten nur (aber immerhin) mit Zurückhaltung zugelassen werden sollen. Was Ehegatten an gemeinsamem Schmerz erlitten haben, soll nicht zu gegenseitigen Genugtuungsforderungen führen; solche Umstände sind auch gegenüber einem Fahrzeughalter und dessen Versicherer beachtlich 115 II 156/158 ff. E. 2a. Wer eine Erhöhung der Basisgenugtuung unter Verweis auf besonders intensive bzw. besonders harmonische Familienbeziehung verlangt, hat diese nachzuweisen 4A_423/2008 (12.11.08) E. 2.6.

Besondere Umstände bei Körperverletzung. Von Bedeutung sind etwa: die Schwere 9
der Körperverletzung und zudem die Aussichten, mit der Genugtuungsleistung den körperlichen oder seelischen Schmerz lindern zu können 4C.278/1999 (13.7.00) E. 4a fr.; die Schwere der erlittenen Verletzungen, die ausgestandenen und noch andauernden Schmerzen, die Dauer des Spitalaufenthaltes, die Behandlungen und Operationen, denen sich der Verletzte unterziehen musste, sowie die Invalidität, von der er betroffen ist 102 II 232/243 E. 7 Pra 1977 (Nr. 26) 68, auch 141 III 97/99 E. 11.4 fr.; ob eine vorübergehende Beeinträchtigung lebensgefährlich ist, einen langen Spitalaufenthalt bedingt oder mit besonders grossen oder anhaltenden Schmerzen verbunden ist 4C.283/2005 (18.1.06) E. 3.1.1 fr., 4A_227/2007 (26.9.07) E. 3.7.2; dass infolge der Verletzungen ein Organ verloren geht oder funktionsunfähig wird 110 II 163/166 E. c Pra 1984 (Nr. 175) 486 f.; der Umstand, dass der körperliche und geistige Zustand des Verletzten die dauernde Betreuung durch die Eltern unerlässlich macht 108 II 322/433 E. 5 Pra 1983 (Nr. 30) 80; die Erschütterung des Berufslebens und eingetretene seelische Störungen 102 II 33/44 E. 4 Pra 1976 (Nr. 109) 258; die Dauer der Leidenszeit und der Arbeitsunfähigkeit 4A_227/2007 (26.9.07) E. 3.7.2; die abrupte Beendigung der beruflichen Laufbahn und die Störung des Familienlebens 89 II 24/26 Pra 1963 (Nr. 78) 240; das Alter des Verletzten und seine berufliche Anpassungsfähigkeit 96 II 218/235 E. b; die Beschränkungen in der Lebensweise und die Beeinträchtigung der Lebensfreude 89 II 56/63 E. 4 Pra 1963 (Nr. 97) 291; die Beschleunigung der Alterung 89 II 49/55 f. E. 3 Pra 1963 (Nr. 98) 295; die Beeinträchtigung der Heiratsaussichten und die Tatsache, dass die Körperverletzungen im Falle einer Schwangerschaft gewisse Gefahren mit sich bringen können 46 II 50/54 fr.; die Tatsache, dass sich der Verletzte infolge des Unfalls während längerer Zeit gleichsam in einer hoffnungslosen finanziellen Lage befand 69 II 162/180 Pra 1943 (Nr. 109) 292, nicht hingegen das Prozessverhalten des Haftpflichtigen oder seiner Versicherung, ausser dieses sei geradezu vexatorisch und somit nach Art. 49 genugtuungsbegründend 141 III 97/99 f. E. 11.4 fr.

10 **Besondere Umstände bei Tötung.** Die Tötung eines Menschen unter gravierenden Umständen auch objektiver Natur kann die Angehörigen derart treffen, dass sich eine Genugtuung ungeachtet der Schwere des Verschuldens des Schädigers aufdrängt 112 II 226/228 E.b. Zu berücksichtigen sind Umstände in der Person des Verunfallten und im Ablauf des Unfalles, die sich auf die Hinterbliebenen seelisch besonders nachhaltig ausgewirkt haben. Die Unbill ist besonders schwer, wenn eine Person fern von den Angehörigen gestorben oder umgekehrt vor deren Augen getötet worden ist, wenn der Getötete noch hat leiden müssen oder wenn der Täter sehr leichtfertig oder aus niedriger Gesinnung gehandelt hat 93 I 586/596 f. Es besteht die Vermutung, dass der Verlust eines Angehörigen umso schmerzvoller ist, je näher der Grad der Verwandtschaft war 89 II 396/400 f. E. 3 Pra 1964 (Nr. 31) 86. Im Falle der Tötung des Ehemannes war zu berücksichtigen, dass die Eheleute vor dem Eheschluss in einem langjährigen Konkubinat lebten, eine harmonische Ehe führten und die überlebende Ehefrau im Zeitpunkt des Unfalltodes im siebten Monat schwanger war 4C.435/2005 (5.5.06) E. 4.2.1. Die Verletzung des Gefühls- und Familienlebens ist besonders ausgeprägt, wenn Kinder, die bereits Mutterwaisen waren, auch noch ihren Vater verlieren, mit dem sie eng verbunden waren 90 II 79/83 E. 2 Pra 1964 (Nr. 83) 229, oder wenn Eltern ihre zwei einzigen Kinder verlieren 93 II 89/96 E. c it. JdT 116 I 328 E. c fr. Relevant sind auch: das Alter des Getöteten und der Hinterlassenen 104 II 256/264 E. 5 Pra 1979 (Nr. 73) 192; die wirtschaftlichen Verhältnisse 90 II 79/83 E. 2 Pra 1964 (Nr. 83) 230; der Verwandtschaftsgrad sowie die tatsächlich bestehenden Bande 89 II 396/400 f. E. 3 Pra 1964 (Nr. 31) 86 f., 114 II 144/150 f. Zu berücksichtigen ist im Weiteren, dass die Eltern zwar objektiv gesehen keinen Versorger verloren haben, subjektiv betrachtet aber doch das natürliche Gefühl haben, sie seien des Wohltäters ihrer alten Tage beraubt worden 58 II 213/218 E. 5 fr.

11 ***Mildernd*** fällt ins Gewicht, dass der Getötete auf ein erfülltes Leben zurückblicken konnte, dass er Angehörige in finanziell gesicherten Verhältnissen hinterliess und dass er ohnehin eine verminderte Lebenserwartung hatte 93 I 586/597; dass der Täter mit dem Getöteten eng verbunden war und unter dem Todesfall selber stark leidet 58 II 244/248 f. E. 6 fr. Hingegen rechtfertigt die Tatsache, dass der getötete Ehemann ein Liebesverhältnis mit einer andern Frau unterhielt, nicht unbedingt eine Reduktion der Genugtuungssumme für die Witwe 99 II 207/214 E. IV Pra 1973 (Nr. 209) 635. Da auch künftige Unbill veranschlagt werden kann 117 II 50/56 ff. E. 3b Pra 1992 (Nr. 140) 511 ff., kann einem Kind auch dann eine Genugtuung zugesprochen werden, wenn es im Zeitpunkt des Unfalls zu jung ist, um den Tod des Vaters schmerzhaft zu empfinden 88 II 455/461 f., 90 II 79/83, selbst wenn es schon in frühester Jugend einen Stiefvater erhält 72 II 165/170 f. E. 9.

12 ***Verneint*** wurde ein Genugtuungsanspruch: der Angehörigen beim (durch einen organisatorischen Mangel in einer Ausnahmesituation ermöglichten) Selbstmord eines suizidgefährdeten Patienten einer psychiatrischen Klinik 112 Ib 322/332 f. E. 6; des Vaters eines durch Selbstunfall der Mutter getöteten Kindes 115 II 156/158 ff. E. 2a (eheliche Solidarität im gemeinsamen Leid).

13 **Angehörige des Getöteten.** Der Kreis der Angehörigen im Sinne des Art. 47 ist nicht klar abgegrenzt 6S. 700/2001 (7.11.02) E. 4.3 Pra 2003 (Nr. 122) 653. Er bestimmt sich nicht nach juristischen Merkmalen, sondern nach den tatsächlichen Lebensbeziehungen

57 II 53/57 fr. – Anspruchsberechtigt sein können: die Witwe und die Kinder 104 II 259/264 E. 5 Pra 1979 (Nr. 73) 192, 117 II 50/56 E. 3a Pra 1992 (Nr. 140) 510 f., 88 II 455/461, 72 II 165/170 E. 9; die Eltern 93 II 89/96 f. E. e it. JdT 116 I 329 E. e fr., und zwar auch dann, wenn das getötete Kind verheiratet war und nicht mehr im elterlichen Haushalt wohnte 103 V 183/186 f. E. 3; Verlobte (in casu noch offengelassen, ob auch ein Konkubinatsverhältnis Grundlage eines Genugtuungsanspruchs bilden kann) 114 II 144/149 E. 3a; Personen in einem gefestigten Konkubinat 138 III 157/158 E. 2 fr.; die Schwiegereltern (in casu allerdings verneint, weil keine besonders engen Beziehungen zum getöteten Schwiegersohn bestanden hatten) 88 II 455/462 E. 5. Als Angehörige gelten auch Geschwister, deren Anspruch indes von den Umständen abhängt. Dabei kommt dem Umstand, dass das Geschwister und das Opfer im gleichen Haushalt gewohnt haben, regelmässig grosse Bedeutung zu. Wer den gemeinsamen Haushalt mit dem Opfer schon vor dem Schadensereignis aufgegeben hat, ist nur noch dann genugtuungsberechtigt, wenn sehr enge Kontakte zueinander bestanden und der Verlust des Geschwisterteils aussergewöhnlichen Schmerz verursacht 6S. 700/2001 (7.11.02) E. 4.3 Pra 2003 (Nr. 122) 653, 89 II 396/401 Pra 1964 (Nr. 31) 87, siehe auch 118 II 404/409 E. cc (Genugtuung für die Schwester für den Tod ihres invaliden Bruders ohne Rücksicht darauf, dass sie dadurch von einer seelischen Last befreit wurde).

Bemessung der Genugtuungssumme. *Grundsätze.* Für die Festsetzung der Genugtuungssumme gelten nicht die gleichen Kriterien wie für die Bemessung des Schadenersatzanspruches 104 II 184/190 E. 5 Pra 1978 (Nr. 234) 614, vgl. allerdings auch 116 II 733/735 f. E. f. und g Pra 1991 (Nr. 116) 566 f., 129 IV 149/152 E. 4.1. Denn die Höhe der Summe, die als Abgeltung erlittener Unbill infrage kommt, lässt sich naturgemäss nicht errechnen, sondern bloss abschätzen. Allgemeingültige oder gar starre Regeln können nicht aufgestellt werden. Immerhin lassen sich anhand konkreter Fälle (Präjudizien) Massstäbe für die Bemessung setzen 112 II 131/133 E. 2, vgl. auch 116 II 733/736 E. g Pra 1991 (Nr. 116) 567, 117 II 50/60 E. 4a Pra 1992 (Nr. 140) 514, Pra 1996 (Nr. 206) 798 E. 6a, 123 II 210/215 E. 3b/cc (OHG), 123 III 306/315 E. 9b Pra 1997 (Nr. 170) 923, 6S. 232/2003 (17.5.04) E. 2.1 Pra 2004 (Nr. 144) 817. Zudem gilt Art. 44 Abs. 1 auch für die Herabsetzung einer Genugtuungssumme 93 II 89/95 E. b it. JdT 116 I 327 E. 5b fr., 117 II 50/60 E. 4a/bb, 129 IV 149/152 E. 4.1, 124 II 8/18 E. 5c (OHG), allerdings nicht im Bereich der Halterhaftung, wo neben SVG Art. 59 (Ermässigung bzw. Ausschluss der Genugtuung) für die Anwendung des Art. 44 Abs. 1 kein Raum bleibt 124 III 182/186 E. 4d Pra 1998 (Nr. 104) 601. – Im Gegensatz zur Integritätsentschädigung der Unfallversicherung, für die ausschliesslich auf den medizinischen Befund abzustellen ist 113 V 218/221 f. E. 4b, ist der Betrag hier unter Würdigung der besonderen Umstände nach richterlichem Ermessen festzusetzen 4C.167/2000 (28.9.00) E. 5c fr., 95 II 306/307 f. E. 4. Zu berücksichtigen sind dabei namentlich: das Verschulden des Genugtuungspflichtigen Pra 1996 (Nr. 206) 799 E. 6b, ein allfälliges Selbstverschulden des Geschädigten 132 II 117/119 E. 2.2.2, die Erwerbsunfähigkeit und der Invaliditätsgrad 4C.416/1999 (22.2.00) E. 3b/aa. Diese Umstände lassen sich grundsätzlich nicht derart verallgemeinern, dass daraus eine Tarifierung zu gewinnen wäre 6S. 232/2003 (17.5.04) E. 2.1 Pra 2004 (Nr. 144) 817. Gleichzeitig ist zuzugeben, dass die subjektiven Umstände infolge der Komplexität der menschlichen Natur sehr zahlreich und unterschiedlich sind und praktisch kaum vollstän- 14 dig erfasst werden können. Der Richter kommt daher nicht umhin, sich in der Regel auf ein paar gängige Kriterien objektiver Natur und auf eine vermutete durchschnittliche Empfindsamkeit zu beschränken, es sei denn, eine Partei beweise Umstände, die in erheblichem Mass vom Durchschnitt abweichen und eine Erhöhung oder Herabsetzung der Genugtuungssumme rechtfertigen 6S. 232/2003 (17.5.04) E. 2.1 Pra 2004 (Nr. 144) 818. Verlangt also der Verletzte eine Genugtuung, die über die Summe hinausgeht, die nach der allgemeinen Lebenserfahrung, den publizierten Werten und den bekannten Umständen der Tat zuzusprechen ist, obliegt es ihm, die entsprechenden Elemente darzutun 127 IV 215/219 E.e. – Die Festsetzung der Höhe der Genugtuung ist zwar eine Entscheidung nach Billigkeit 132 II 117/121 E. 2.2.5, 4A_227/2007 (26.9.07) E. 3.7.2, 4C.55/2006 (12.5.06) E. 5.2, 4C.435/2005 (5.5.06) E. 6.2. Dies schliesst aber nicht aus, die Bewertung der immateriellen Beeinträchtigung in zwei Phasen vorzunehmen: in eine objektive Berechnungsphase mit einem Basisbetrag als Orientierungspunkt und einer nachfolgenden Phase, in der die Besonderheiten des Einzelfalles (Haftungsgrundlage, [Selbst-]Verschulden, individuelle Lebenssituation des Geschädigten) berücksichtigt werden 132 II 117/120 E. 2.2.3 (OHG), 4C.263/2006 (17.1.07) E. 7.3, 4C.435/2005 (5.5.06) E. 4.2.1. Mit Art. 47 vereinbar ist es überdies, zur Bewertung der objektiven Beeinträchtigung auf die (schon oben erwähnte) Integritätsentschädigung in der Unfallversicherung im Sinne eines Richtwerts (Basiswert) zurückzugreifen. Die Integritätsentschädigung bietet (gleich wie die Präjudizien) einen sachlichen Anhaltspunkt zur Beurteilung der objektiven Schwere der Beeinträchtigung. Doch ist im Auge zu behalten, dass die Integritätsentschädigung nur ein Richtwert ist, der im Verhältnis zu anderen massgeblichen Bemessungskriterien (Haftungsgrundlage, Verschulden, Lebensumstände) unterschiedlich gewichtet werden kann; ausserdem sind nicht sämtliche möglichen Integritätsschädigungen von der Integritätsentschädigung abgedeckt 132 II 117/120 E. 2.2.3, 4C.263/2006 (17.1.07) E. 7.3. Mehreren Anspruchsberechtigten darf nicht ohne Weiteres ein Pauschalbetrag zugesprochen werden 90 II 79/83 E. 2 Pra 1964 (Nr. 83) 229 f. – Ob der kantonale Richter sein Ermessen richtig gehandhabt hat, ist an sich eine im Verfahren vor Bundesgericht überprüfbare Rechtsfrage. Das Bundesgericht beachtet jedoch praxisgemäss, dass dem Sachrichter ein eigener und breiter Ermessensspielraum zusteht 123 III 306/315 E. 9b Pra 1997 (Nr. 170) 923, 118 II 404/408 f. E. b/bb und 118 II 410/413 E. 2a fr., 116 II 295/299 E. 5a. In seiner jüngeren Rechtsprechung setzt das Bundesgericht die Genugtuungssummen bei schweren Fällen immaterieller Beeinträchtigungen erheblich höher an als früher, um einerseits der Geldentwertung besser Rechnung zu tragen und anderseits den kantonalen Gerichten zu erlauben, die verschiedenen Grade immaterieller Unbill in einem erweiterten Rahmen differenzierter zu bewerten 112 II 131/133 E. 2. Das Sinken der Kaufkraft des Geldes in der Schweiz spielt jedoch keine Rolle, wenn der Anspruchsberechtigte im Ausland lebt und das Geld wahrscheinlich nicht in der Schweiz ausgeben, sondern in die Währung seines Landes umwechseln lassen wird 97 II 123/135 E. 10 Pra 1971 (Nr. 209) 674, vgl. auch 121 III 249/255 E. 2a. Grundsätzlich ist die Geldsumme indes nach dem am Gerichtsstand geltenden Recht zu bemessen ohne Rücksicht darauf, wo der Kläger leben und was er mit dem Geld machen wird. Bei der Bemessung der Genugtuung sind also die Lebenshaltungskosten des Berechtigten an seinem Wohnsitz nicht zu berücksichtigen 121 III 249/255 f. E. 2b, Berücksichtigung jedoch in besonderen Fällen 123 III 10/14 E. 4c/bb (Anspruch der Angehörigen der Getöteten), 125 II 554/556 E. 2b. Berücksichtigung der aus andern Gründen herabgesetzten Lebenserwartung 121 II 369/377 E. c fr. Die jüngere Rechtsprechung zu Körperverletzungen mit schwerwiegenden Dauerschäden (112 II 131/133 ff.) lässt sich, von der Anpassung an die Teuerung abgesehen, nicht auf einen Unfalltod übertragen, der mit der Zeit doch leichter überwunden werden kann als eine lebenslängliche schwere Invalidität 113 II 323/339 E. 6, vgl. auch 117 II 50/60 E. 4a Pra 1992 (Nr. 140) 514. Der Umstand, dass die strafrechtliche Ahndung der schädigenden Handlung als ungenügend erscheint, darf nicht als Grund für eine Erhöhung der Genugtuungssumme betrachtet werden 82 II 36/42 E. 5 Pra 1956 (Nr. 70) 223 f., vgl. auch 125 III 14/16 E. 4c/bb. – Die Genugtuungssumme ist vom Tag des die Unbill bewirkenden Ereignisses an zu verzinsen 81 II 512/519 E. 6, 129 IV 149/152 E. 4.1, siehe auch 113 V 48/53 f. E. 4, der Teil der Genugtuung bildet 129 IV 149/152 E. 4.2, 6S. 232/2003 (17.5.04) E. 3 Pra 2004 (Nr. 144) 820. Bei mehreren Verletzungen über einen längeren Zeitraum ist in der Regel ein mittlerer Zeitpunkt für die gesamte Verletzung als massgebend anzusehen 129 IV 149/154. In 116 II 295/299 f. E. 5b hat das Bundesgericht allerdings offengelassen, ob dem Geschädigten entweder zusätzlich zu der nach den Ansätzen am Verletzungstag bemessenen Summe ein Zinsanspruch zuzugestehen oder eine Genugtuung nach den Ansätzen am Urteilstag ohne Zins zuzusprechen sei, kritisch dazu 129 IV 149/153, vgl. auch 122 III 53/56 E.c. Bemessung nach den Verhältnissen am Urteilstag bei Verzinsung ab Verletzungstag 129 IV 149/153, 132 II 117/125 E. 3.3.2; offengelassen (da nicht angefochten), ob die nach aktueller Bemessungspraxis ermittelte Genugtuungssumme ab Urteilstag oder ab Verletzungstag zu verzinsen sei 4C.433/2004 (2.3.05) E. 4.3 fr. Zahlungen des Belangten sind vorweg auf die bereits fälligen Zinsen und nur im Restbetrag auf die Hauptforderung anzurechnen 113 II 323/340 f. E. 8. – Haftpflichtfremde Leistungen (in casu aus Summenversicherung) sind nicht an die Genugtuungsforderung anzurechnen 4A_206/2014 (18.9.14) E. 5.3.2.

Beispiele zur Bemessung (siehe auch zu Art. 49 Abs. 1): Die Gerichte können auch bei 15
der Genugtuung nicht über die Parteibegehren hinausgehen. Unter diesem Vorbehalt stehen die folgenden Beispiele aus der jüngeren Rechtsprechung: Genugtuungsanspruch des Kindes bei schwerer geistiger Invalidität des Vaters (unter Berücksichtigung des Mitverschuldens des Vaters): 20 000 Franken 117 II 61 ff. E. 4b Pra 1992 (Nr. 140) 515 ff.; jugendlicher Tetraplegiker: 120 000 Franken 123 III 306/315 E. 9b Pra 1997 (Nr. 170) 923; 29-jähriger Paraplegiker: 120 000 Franken 4C.103/2002 (16.7.02) E. 5; Körperverletzung, welche (bei vorbestehender Invalidität von 10%) eine Arbeitsunfähigkeit von 100% (Haushaltführung 20%) bewirkte, wobei der Kausalhaftung des Motorfahrzeughalters ein Selbstverschulden des Verletzten gegenüberstand: 25 000 Franken 116 II 733/736 f. E. h Pra 1991 (Nr. 116) 567 f.; Unfalltod der Ehefrau, schweres Verschulden des fehlbaren Lenkers: 27 000 Franken Pra 1996 (Nr. 206) 799 E. 6b; unfallbedingte schwere Kopf- und Hirnverletzungen mit bleibenden Folgen bei einer 19-jährigen Frau: 140 000 Franken 4A_373/2007 (8.1.08) E. 3.5, bei irreversibler Cerebralschädigung eines Motorradfahrers: 140 000 Franken 134 III 97/99 f. E. 4 sowie eines schwer behinderten Kindes nach einem Skiunfall 4A_206/2014 (18.9.14) E. 5; irreversible Schädigung der Beinmuskulatur als Folge einer Operation: 20 000 Franken 116 II 295/299 E. 5a; schwerwiegende Beeinträchtigung durch Knieverletzungen (Skiunfall): 45 000 Franken 4C.150/2004 (2.8.04) E. 5.2; Erblindung auf einem Auge, arge Entstellungen des Gesichtes, Hirnfunktionsstörungen, Depressionen, weitgehender Verlust der Identität: 110 000 Franken 112

II 131/135 ff. E. 4, vgl. auch 121 II 369/377 E. c fr.; invalidisierender Nervenschock: 20 000 Franken 112 II 118/130 E. 6 fr.; beinahe totale Erblindung, Invalidität zu 90%: 50 000 Franken 112 II 138/145 E. 5b fr.; Verlust des Gehörs auf einem Ohr: 8000 Franken 110 II 163/166 f.; Hirnschädigung und damit verbundene Persönlichkeitsveränderung (jedoch geringes Verschulden des Ersatzpflichtigen und Selbstverschulden des Verletzten): 5000 Franken 97 II 339/349 E. 8; sehr schwere Schädigung des Gehirns, tiefe Demenz, spastische Lähmung aller vier Gliedmassen: 100 000 Franken 108 II 422/432 ff. E. 5 Pra 1983 (Nr. 30) 80 f.; halbseitige Lähmung bzw. Lähmung der Beine und der Verdauungs- sowie Sexualorgane: 60 000 Franken 107 II 348/348 E. 6; Verlust eines Auges mit bleibender, deutlich sichtbarer Entstellung: 8000 Franken 104 II 184/190 E. 5 Pra 1978 (Nr. 234) 614; Angriff, der zu Narben an Gesicht und Hals führt, wobei zu beachten ist, dass solche Narben bei Frauen und Mädchen in der Regel mehr ins Gewicht fallen als bei Männern: 5000 Franken 6S. 232/2003 (17.5.04) E. 2.4 Pra 2004 (Nr. 144) 819; Körperverletzung, die eine Arbeitsunfähigkeit von 20% bewirkte: 10 000 Franken 96 II 235 f. E. b (mit weiteren Beispielen); Körperverletzung, die zu einer vorübergehenden, somatisch bedingten Arbeitsunfähigkeit führte: 10 000 Franken 4A_485/2007 (7.2.08) E. 2.5; Schleudertrauma, unter anderem angesichts der damit verbundenen raschen Ermüdbarkeit, anhaltender Kopfschmerzen und der Einschränkung in Beruf und Haushalt: 40 000 Franken 4C.263/2006 (17.1.07) E. 7.1; vollständige Erblindung: 20 000 Franken 89 II 24/26 Pra 1963 (Nr. 78) 240; Gehirnerschütterung, die in physischer und psychischer Hinsicht schwere Folgen zurücklässt (Kopfschmerzen, Schwindelanfälle, Gedächtnisschwund, Angstzustände): 10 000 Franken 88 II 111/114 E. 6 Pra 1962 (Nr. 104) 320. – Als Genugtuung für die Tötung ihres Ehemannes und Vaters erhielten die Witwe 20 000 Franken und die Kinder je 10 000 Franken 104 II 259/264 E. 5 Pra 1979 (Nr. 73) 192, 113 II 323/339 f. E. 6 bzw. 20 000 Franken und je 15 000 Franken 121 III 252; Regelgenugtuung für den Verlust des Ehemannes von 35 000 Franken und von 25 000 Franken für den Verlust des Vaters sind bundesrechtlich nicht zu beanstanden 4A_423/2008 (12.11.08) E. 2.6. Tödlicher Fahrradunfall des Ehemannes bei zusätzlichem, aber nicht schwerem Lenkerverschulden, Witwe im siebten Monat schwanger: 40 000 Franken als Basisgenugtuung 4C.435/2005 (5.5.06) E. 4.2.2. Den Eltern, die ihre zwei einzigen Kinder verloren hatten, wurden 25 000 Franken zugesprochen 93 II 89/96 f. E. e it. JdT 116 I 329 E. e fr. Bei der Tötung zweier Kinder wurden den Eltern je 40 000 Franken und dem Bruder 12 000 Franken zugesprochen 112 II 118/122 E. 2 fr. In 114 II 144/150 f. erhielten die Eltern und die Verlobte je 25 000 Franken. In 118 II 404/408 f. E. b wurden den Eltern und der Schwester eines Kindes, das zunächst vollinvalid geworden war und Jahre später an den Unfallfolgen starb, beim Tode je 15 000 bzw. 6000 Franken Genugtuung zugesprochen.

16 ***Bemessung der Genugtuung nach OHG*** 121 II 369/373 E. 3c/aa fr., 123 II 210/215 E. 3b/aa, 124 II 8/14 E. 3d/bb und 5, 125 II 169/173 E. 2b Pra 1999 (Nr. 157) 832. Im Unterschied zum Zivilrecht besteht bei der Bemessung einer Genugtuung nach OHG die Besonderheit, dass es sich bei dieser nicht um eine Leistung aus Verantwortlichkeit, sondern um eine staatliche Hilfeleistung handelt; sie erreicht deshalb nicht automatisch die gleiche Höhe wie die zivilrechtliche, sondern kann unter Umständen davon abweichen oder gar wegfallen 132 II 117/121 E. 2.2.4. Siehe auch bei Art. 49.

Quotenvorrecht. Gemäss Bundesgericht galt bei Zusammentreffen einer Integritätsentschädigung mit einer Genugtuung eine eigene Quotenvorrechtsberechnung (abgeschwächtes Quotenvorrecht). Der Betrag, um den der Versicherer in die Rechte des Geschädigten subrogiert, ist prozentual in dem Umfang herabzusetzen, als diesen ein Selbstverschulden trifft 123 III 306/315 f. E. 9b (volle Genugtuung: CHF 120 000, volle Integritätsentschädigung: CHF 70 000; Kürzung der Genugtuung um 20% auf CHF 96 000, entsprechend auch Kürzung der Integritätsentschädigung um 20% auf CHF 56 000; der Geschädigte hat gegen den Haftpflichtigen eine Forderung von CHF 96 000 – CHF 56 000 = CHF 40 000). Nun hat das Bundesgericht in 4A_631/2017 (24.4.18) E. 4.5 festgehalten, diese Einschränkung des Quotenvorrechts sei nicht gerechtfertigt, wenn die Reduktion des Ersatzes auf einem vorbestehenden Krankheitszustand beruhe. Darin unterscheide sich der vorliegende Fall von 123 III 306, wo die Genugtuung aufgrund eines Selbstverschuldens reduziert wurde. Dabei liess es die Frage offen, ob die Abschwächung des Quotenvorrechts in Fällen der Reduktion der Genugtuung wegen Selbstverschuldens weiterhin gerechtfertigt sei. 17

2. …

Art. 48

Diese Bestimmung wurde auf den 1. März 1945 aufgehoben (BS 2 951).

3. Bei Verletzung der Persönlichkeit

Art. 49

[1] Wer in seiner Persönlichkeit widerrechtlich verletzt wird, hat Anspruch auf Leistung einer Geldsumme als Genugtuung, sofern die Schwere der Verletzung es rechtfertigt und diese nicht anders wiedergutgemacht worden ist.

[2] Anstatt oder neben dieser Leistung kann der Richter auch auf eine andere Art der Genugtuung erkennen.

▪ Die Revision von 1983 (1) ▪ Normzweck und analoge Anwendung (2) ▪ Abgrenzung (3) ▪ Abs. 1 Voraussetzungen (4) ▪ Der Kreis der Anspruchsberechtigten (5) ▪ Bemessung der Genugtuungssumme (6) ▪ Herabsetzung der Genugtuung (7) ▪ Beispiele (8) ▪ Abs. 2 (10) ▪ Rechtsprechung zu aArt. 49 (14)

Die Revision von 1983. Das Gesetz vom 16. Dezember 1983 hat die allgemeinen Grundsätze, welche die Rechtsprechung aus ZGB Art. 28 und aArt. 49 abgeleitet hat, nicht grundlegend infrage gestellt. Es verbessert hingegen in erster Linie die prozessualen Mittel zugunsten desjenigen, welcher eine rechtswidrige Persönlichkeitsverletzung erlitten hat 112 Ia 398/403 Pra 1987 (Nr. 255) 892. In ihrem seinerzeit revidierten Wortlaut erleichtert die Bestimmung die Klage auf Zahlung einer Genugtuung, welche demjenigen offensteht, der eine widerrechtliche Verletzung seiner Persönlichkeit erleidet, indem nicht mehr darzutun ist, dass den Urheber der Verletzung ein besonders schweres Verschulden trifft 112 Ia 398/402 E. b Pra 1987 (Nr. 255) 892, vgl. auch 116 II 733/735 E. f. Pra 1991 1

(Nr. 116) 566, 126 III 161/167 E. 5b/aa it.; zum Erfordernis des besonders schweren Verschuldens nach aOR Art. 49 siehe aber auch 112 II 226/228 E. 3b. In der Revision des Art. 49 liegt keine gesetzgeberische Entscheidung für oder gegen die Anspruchsberechtigung Angehöriger 112 II 220/225 E. 2 f. Zur *Rechtsprechung zu aOR Art. 49* siehe hinten.

2 **Normzweck und analoge Anwendung.** *Normzweck:* Zum Zweck der Genugtuung 123 III 10/15 E. 4c/bb. Art. 49 umschreibt in genereller Weise die Voraussetzungen für die Leistung einer Genugtuung, die infolge einer Verletzung in den persönlichen Verhältnissen beansprucht wird. Aufgrund der Regelungsmaterie gehören Art. 47 (Sondernorm) und Art. 49 zusammen 122 III 5/9 E. 2d. *Analoge Anwendung:* Art. 49 ist gemäss Art. 99 Abs. 3 auch auf das vertragswidrige Verhalten anwendbar 116 II 519/520 f. E. c, Genugtuung bei Nutzungsausfall infolge Vertragsverletzung 126 III 388/394 E. 11b fr., 125 III 70/74 E. 3a (Haftung des Arbeitgebers aus Art. 328, in casu verneint), 4C.261/2004 (3.11.04) E. 1.1 fr. (Art. 328, persönlichkeitsverletzender Vollzug einer ordentlichen Kündigung), 130 III 699/704 E. 5.1 Pra 2005 (Nr. 74) 581 (nachwirkende Fürsorgepflicht, Art. 328), vgl. auch 4C.310/1998 (8.1.99) E. 4c Pra 1999 (Nr. 112) 616 (Kumulation von Genugtuung und Entschädigung nach Art. 336d, die im Grundsatz abgelehnt und einzig für den Ausnahmefall vorbehalten wird, dass die gesetzlich vorgesehene Maximalentschädigung die Verletzung nicht aufzuwiegen vermag), vgl. auch 135 III 405/408 E. 3.1, 4A_482/2017 (17.7.18) E. 4.2, 4C.84/2005 (16.6.05) E. 5.1 fr., 4C.343/2003 (13.10.04) E. 8.1 fr., 4C.86/2001 (28.3.02) E. 2a (alle zu Art. 336a). Zum Verhältnis zwischen Genugtuungsanspruch und Entschädigung auch 130 III 699/701 E. 4 Pra 2005 (Nr. 74) 578 (Art. 336 Abs. 1 lit. a). Geht jedoch die seelische Unbill auf andere Verletzungshandlungen zurück, wird Art. 49 durch Art. 336a nicht eingeschränkt 4C.177/2003 (21.10.03) E. 4.1 fr., 4C.84/2005 (16.6.05) E. 4.2 fr. Analoge Anwendung, um die Voraussetzungen für die Ausrichtung einer Genugtuung an das Opfer einer Straftat gemäss aOHG Art. 12 Abs. 2 festzulegen 121 II 369/373 E. 3c/aa fr. (vgl. nun OHG Art. 22 Abs. 1). Beurteilung von Genugtuungsansprüchen wegen Missachtung der Garantien von EMRK Art. 5 Ziff. 1–4 (EMRK Art. 5 Ziff. 5) 118 Ia 101; im kantonalen Staatshaftungsrecht 4C.145/1994 (12.2.02) E. 5a fr. (Kt. Waadt). *Opferhilfegesetz (OHG):* Die Bemessung der Genugtuung nach OHG soll sich nicht zu weit von den zivilrechtlichen Grundsätzen entfernen 123 II 210/216 E. 3b/dd, 124 II 8/14 E. 3d/bb, 125 II 169/173 E. 2b Pra 1999 (Nr. 157) 832. Da Schuldner der Genugtuung und Rechtsnatur einer solchen Schuld jedoch nicht gleich sind, können sich Verschiedenheiten im System der Genugtuung ergeben 125 II 169/173 E. 2b Pra 1999 (Nr. 157) 832.

3 **Abgrenzung** der Genugtuungs- von der Schadenersatzleistung 121 III 252/255 E. 2b, 123 II 210/212 E. 3c (OHG), 123 III 10/13 E. 4c/aa, 123 IV 145/147 E. 4b/bb, 125 II 554/556 E. 2b. Einschränkung der durch das schädigende Ereignis entzogenen Möglichkeiten zur Erzielung von Einkünften als immaterieller Schaden 127 III 403/405. Die Festlegung einer Entschädigung nach GlG Art. 5 Abs. 5 erfolgt unabhängig weiterer Ansprüche wie Genugtuung oder Schadenersatz 4A_330/2007 (17.1.08) E. 4.1.

4 ***Abs. 1*** **Voraussetzungen.** Der Anspruch auf eine Genugtuung setzt voraus, dass das Opfer eine seelische Unbill erlitten hat, die in einem adäquaten Kausalzusammenhang mit einem dem Schuldner zurechenbaren, widerrechtlichen Verhalten steht. Darüber hinaus

ist vorausgesetzt, dass die Verletzung in objektiver und subjektiver Hinsicht so schwer ist, dass sich die Zusprechung einer Geldsumme rechtfertigt 129 III 715/725 E. 4.4, 130 III 699/704 E. 5.1, 131 III 26/29 E. 12.1 Pra 2005 (Nr. 104) 748, 4A_128/2007 (9.7.07) E. 2.3 fr., 4A_90/2016 (25.8.16) E. 11.3. Vorausgesetzt ist überdies, dass der Schuldner nicht anderweitig Wiedergutmachung geleistet hat 131 III 26/29 E. 12.1 Pra 2005 (Nr. 104) 748. – ***Schwere der Verletzung:*** Die objektiv schwere Verletzung (in casu verletzende Äusserungen in der Presse) muss vom Ansprecher subjektiv als seelischer Schmerz empfunden werden. Damit der Richter sich überhaupt (nach einem Durchschnittsmassstab) ein Bild von der Entstehung und Wirkung der Verletzung machen kann, hat der Kläger ihm die Umstände darzutun, die auf sein subjektiv schweres Empfinden schliessen lassen 120 II 97/98 f. E. 2b, vgl. auch 125 III 70/75 E. 3a, 118 II 410/413 E. 2a fr. – Analoge Anwendung der Rechtsprechung zur objektiven Schwere einer Persönlichkeitsverletzung im Persönlichkeitsrecht 122 III 449/454 E. 2b Pra 1997 (Nr. 71) 373. – ***Verschulden:*** Ein Verschulden ist nachzuweisen, sofern ein Verschulden auch für die Zusprechung von Schadenersatz vorausgesetzt ist 131 III 26/29 E. 12.1 Pra 2005 (Nr. 104) 749, Pra 2001 (Nr. 80) 474 E. 5b/aa; umgekehrt ist kein Verschulden erforderlich, wo auch der Anspruch auf Schadenersatz verschuldensunabhängig ist 112 II 220/225 E. 2 f., 115 II 156/158 E. 2, 117 II 50/56 E. 3a Pra 1992 (Nr. 140) 511, 123 III 204/210 E. 2e, 126 III 161/167 E. 5b/aa it., vgl. auch 120 II 97/99 E. c Pra 1995 (Nr. 37) 129. Solidarhaftung mehrerer nach Art. 50 (gemeinsames Verschulden) auch hinsichtlich der Genugtuung 131 III 26/29 E. 12.1 Pra 2005 (Nr. 104) 749.

Der Kreis der Anspruchsberechtigten. ***Angehörige.*** In der Revision von Art. 49 liegt 5
keine gesetzgeberische Entscheidung für oder gegen die *Anspruchsberechtigung Angehöriger* 112 II 220/225 E. 2 f. Die nahen Angehörigen (Eltern, Ehegatten, Kinder) eines Verletzten haben einen selbständigen Anspruch auf Genugtuung nach der Bestimmung, wenn das schädigende Ereignis sie in ihren persönlichen Verhältnissen verletzt und der seelische Schmerz ausserordentlich ist; der Ansprecher muss gleich schwer oder schwerer betroffen sein als im Fall der Tötung eines Angehörigen 125 III 412/417 E. 2a, 122 III 5/7 E. a, 117 II 50/56 E. 3a Pra 1992 (Nr. 140) 510 f., 116 II 519/520, 4A_315/2011 (25.10.11) E. 3.4 fr. – Eine Genugtuung aus Beeinträchtigung ihrer körperlichen Integrität kann allenfalls auch eine Person verlangen, der *die moralische Unbill nicht bewusst* wird (in casu durch einen Fehler des Arztes urteilsunfähig gewordenes Kind) 116 II 519/521 E.c. – Ebenso kann Genugtuung für *künftigen seelischen Schmerz* (in casu eines wenige Monate alten Kindes) zugesprochen werden 117 II 50/56 ff. E. 3b Pra 1991 (Nr. 140) 511 ff. – Genugtuung bei Persönlichkeitsveränderungen eines Mädchens, das Schwierigkeiten mit der psychischen Verarbeitung der Invalidität seines Bruders hat 118 II 404/409 E.cc. – Zur Verjährung des Anspruchs auf Genugtuung aus Vertragsverletzung 4C.32/2003 (19.5.03) E. 2.2 Pra 2003 (Nr. 196) 1084 (Behandlungsvertrag, Verjährung nach Art. 127). – Soweit es nicht im Wesentlichen um eine Geldleistung geht, handelt es sich beim Anspruch auf Genugtuung um ein höchstpersönliches Recht, das auch ein (urteilsfähiger) Entmündigter oder Unmündiger nur selber geltend machen kann 127 IV 193/196 E. dd fr. – Auch juristische Personen haben grundsätzlich Anspruch auf Genugtuung 138 III 337/341 ff. E. 6.1 Pra 2012 (Nr. 131) 946 ff., vgl. auch 95 II 481/502 E. b, 64 II 14/21 f. E. 4 fr.

6 **Bemessung der Genugtuungssumme.** Die Genugtuungssumme lässt sich nicht nach mathematischen Kriterien bemessen 4C.84/2005 (16.6.05) E. 6.1 fr., 130 III 699/704 E. 5.1 Pra 2005 (Nr. 74) 582; vielmehr ist die Festsetzung der Höhe der Genugtuung eine Entscheidung nach Billigkeit 132 II 117/120 E. 2.2.3 (OHG), 4A_90/2016 (25.8.16) E. 11.3, 4C.55/2006 (12.5.06) E. 5.2. Die Vergleichbarkeit der Fälle ist zwar nur eingeschränkt gegeben, da eine seelische Unbill von jeder Person je nach den konkreten Umständen anders empfunden wird; immerhin kann ein Vergleich mit anderen Fällen eine erste Orientierung erleichtern 130 III 699/705 Pra 2005 (Nr. 74) 582, 6S. 232/2003 (17.5.04) E. 2.2 Pra 2004 (Nr. 144) 818, es kann daher auch auf die Entscheide zu Art. 47 nach dem Jahr 2000 zurückgegriffen werden 138 III 337/345 E. 6.3.3 Pra 2012 (Nr. 131) 949 f. Abzustellen ist vor allem auf die Schwere der Verletzung bzw. des zugefügten seelischen Schmerzes und auf die Aussichten, mit einer Geldsumme den erlittenen Schmerz spürbar zu lindern. Die ausschlaggebenden Umstände lassen sich zwar grundsätzlich nicht derart verallgemeinern, dass daraus eine Tarifierung zu gewinnen wäre 6S. 232/2003 (17.5.04) E. 2.1 Pra 2004 (Nr. 144) 817. Indes kommt der Richter nicht umhin, sich in der Regel auf ein paar gängige Kriterien objektiver Natur und auf eine vermutete durchschnittliche Empfindsamkeit zu beschränken, es sei denn, eine Partei beweise Umstände, die in erheblichem Mass vom Durchschnitt abweichen und eine Erhöhung oder Herabsetzung der Genugtuungssumme rechtfertigen 6S. 232/2003 (17.5.04) E. 2.1 Pra 2004 (Nr. 144) 818. Zudem lassen sich durch Vergleich Anhaltspunkte für die Beurteilung einer angemessenen Genugtuungssumme gewinnen 6S. 232/2003 (17.5.04) E. 2.2 Pra 2004 (Nr. 144) 818. Somit ist der Rückgriff auf Präjudizien im Sinne von Richtwerten zulässig, wobei darob der Geldentwertung Rechnung zu tragen ist 129 IV 22/37 fr., ebenso wie Entwicklungen in den gesellschaftlichen Anschauungen Beachtung finden können 4A_157/2009 (22.6.09) E. 4. Massgebend bei der Bestimmung der Genugtuungssumme ist, ob ein dauerhafter Verletzungszustand geschaffen wurde und ob die Verletzung einmalig oder dauerhaft erfolgte 138 III 337/347 E. 6.3.6 Pra 2012 (Nr. 131) 951 f. (in casu 10 000 Franken für zweimonatigen, ehrverletzenden Internetauftritt). Verlangt der Verletzte eine Genugtuung, die über die Summe hinausgeht, die nach der allgemeinen Lebenserfahrung, den publizierten Werten und den bekannten Umständen der Tat zuzusprechen ist, obliegt es ihm, die entsprechenden Elemente darzutun 127 IV 215/219 E.e. – Auch die Vermögensverhältnisse der Parteien (vgl. Art. 44 Abs. 2) sind zu berücksichtigen 32 II 715/719. Ins Gewicht fällt zudem, wenn der Betroffene bereits auf andere Weise eine gewisse Genugtuung erfahren hat 58 II 341/344 E. 2 fr., 64 II 14/23 fr. Grundsätzlich keine Berücksichtigung der Lebenshaltungskosten am Wohnsitz der Angehörigen des Opfers 121 III 252/255 E. 2b, 123 III 10/13 E. 4c. Gegenüber einem im Ausland wohnenden Anspruchsberechtigten sind die Kursverhältnisse der Währungen zu berücksichtigen 48 II 480/486. – Dem kantonalen Richter steht zwar ein weites Ermessen zu (Billigkeitsentscheid, 132 III 115/120 E. 2.2.3, 4A_157/2009 [22.6.09] E. 4.2), dessen Ausübung vom Bundesgericht (als Rechtsfrage) zwar frei, dabei aber zurückhaltend geprüft wird 4C.343/2003 (13.10.04) E. 8.1, 129 IV 22/36 E. 7.2. – Zinspflicht 125 III 269/276 E. 2d Pra 1999 (Nr. 175) 921, 131 III 12/21 E. 8, siehe auch 6S. 232/2003 (17.5.04) E. 3 Pra 2004 (Nr. 144) 820, wo von Verzugszins die Rede ist, der ab dem Tag des schädigenden Ereignisses bis zur Zahlung der Genugtuungssumme geschuldet ist. – Siehe auch zu Art. 47.

Herabsetzung der Genugtuung. Anwendbarkeit von Art. 43 Abs. 1 (aOR Art. 51): 32 II 360/374 E. 8, grundlegend 31 II 651/660 f. E. 9. Art. 44 Abs. 1 gilt auch für die Herabsetzung einer Genugtuungssumme 4A_66/2010 (27.5.10) E. 2.1 fr., 93 II 89/95 E. b it. JdT 116 I 327 E. 5b fr., 117 II 50/60 E. 4a/bb, 129 IV 149/152 E. 4.1, 124 II 8/18 E. 5c (OHG). Der Umfang der Herabsetzung der Genugtuungssumme bewegt sich in der gleichen Grössenordnung wie derjenige der Herabsetzung von vermögensmässigen Einbussen 4A_481/2009 (26.1.10) E. 6.2.2 fr. Ein Selbstverschulden schliesst die Zusprechung einer Genugtuung nicht schlechthin aus, vgl. 82 II 25/35 E. 7, grundlegend 55 II 316/322 E. 4, sondern nur dann, wenn es als Hauptursache des schädigenden Ereignisses bezeichnet werden kann, vgl. 59 II 165/165 f., 85 II 32/38. Ausgeschlossen ist ein Genugtuungsanspruch somit bei Provokation 84 II 570/574, 48 II 53/61, vgl. auch 64 II 14/22 fr. Indes muss der Verletzte den Urheber der Persönlichkeitsverletzung grundsätzlich nicht zur Einhaltung der sich aus dem Persönlichkeitsrecht ergebenden Pflichten auffordern 84 II 570/574. Eine an sich geschuldete Genugtuung darf bei Mitverschulden des Opfers zwar reduziert, nicht aber ganz verweigert werden, denn das Mitverschulden ist nur ein Aspekt zur Beurteilung der Genugtuung 124 II 8/18 E. 5c (in casu OHG), grundlegend 116 II 733/734 E. 4 Pra 1991 (Nr. 116) 565, 123 II 210/215 E. 3b/aa (OHG). Eine grobe Fahrlässigkeit kann für die Rechtfertigung einer Genugtuung genügen, jedoch nicht ein Missverständnis. Diese Grundsätze bleiben auch unter der neuen Fassung von Art. 49 Abs. 1 anwendbar 117 IV 270/274 E. d fr. (in casu Beschimpfung unter dem Einfluss eines Sachverhaltsirrtums). 7

Beispiele. Die Voraussetzungen der Bestimmung waren insbesondere in folgenden Fällen erfüllt: Verletzender Vollzug einer ordentlichen Kündigung durch den Arbeitgeber (2000 Franken) 4C.261/2004 (3.11.04) E. 1.4 fr.; Verletzung der Fürsorgepflicht (Art. 328) durch den Arbeitgeber nach ausgesprochener Kündigung: 10 000 Franken 4C.116/2004 (7.9.04) E. 5.1 Pra 2005 (Nr. 74) 581; Verletzung der Fürsorgepflicht (Art. 328): 10 000 Franken 4C.84/2005 (16.6.05) E. 6 fr.; Genugtuung infolge Vertragsverletzung (Einzelarbeitsvertrag) 4C.177/2003 (21.10.03) E. 4.2.2 fr.; eine Bauunternehmung schloss mit einem Ingenieur einen Arbeitsvertrag ab, um an dessen Stelle im Berufsregister eingetragen zu werden und staatliche Aufträge erhalten zu können, setzte sich nach Erreichung dieses Ziels über die vertraglich eingegangenen Verpflichtungen in rücksichtsloser Weise hinweg und schaltete den Vertragspartner nach und nach aus: 5000 Franken 87 II 143/145 f. E. b und c; ein Berufsfussballer wurde nach Kündigung des Arbeitsverhältnisses von seinem Club gehindert, in einen anderen Nationalliga-Club überzutreten, was zur vorzeitigen Beendigung seiner Spielerlaufbahn führte: 5000 Franken 102 II 211/224 f. E. 9 fr.; Verletzung des Ehemannes in seinen persönlichen Verhältnissen durch einen Motorradfahrer, der auf dem Fussgängerstreifen die Ehefrau anfuhr, was zu deren Invalidität führt: 40 000 Franken 112 II 220/225 f. E. 3; Behauptung eines Dritten, er sei der Vater des Kindes einer verheirateten Mutter, sowie anderweitige Störung des Familienlebens: 10 000 Franken 108 II 344/351 f. E. 3 fr.; durch Abtreibungsgegner anonym durchgeführte, ehrverletzende Plakatkampagne: 4000 Franken 128 IV 53/71 E. 7 fr.; Verletzung von Urheberpersönlichkeitsrechten durch absichtliche Unterdrückung der Miturheberschaft an Plänen zur Vergrösserung einer Kirche 84 II 570/575 ff. E. c; unzulässige Verdrängung vom Arbeitsplatz 82 II 308/318 E. 5; unwahrer Vorwurf des Landesverrates 8 in einem Zeitungsartikel: 1000 Franken 60 II 399/403 ff.; Verletzung der Geschäftsehre durch eine Presseäusserung: 500 Franken 64 II 14/21 ff. E. 4 fr.; ehrverletzende Kritik eines Anwaltes an einem gerichtlichen Experten 42 II 58/588 ff.; falsche Strafanzeige 34 II 623/624 ff.; ehrverletzende Rechtsschrift 35 II 602/604 ff.; Verletzung der Pietätsgefühle gegenüber einem verstorbenen Angehörigen 70 II 127/130 ff. Pra 1944 (Nr. 148) 343 ff.; systematisches Aushorchen eines Privaten und Mitteilung der Feststellungen an Dritte 44 II 319/319 ff. fr.; Verletzung des Berufsgeheimnisses 45 II 543/544 ff. fr.; 45-stündige Geiselnahme mit Todesdrohungen: 40 000 Franken für das Opfer, je 30 000 Franken für Mutter und Vater und 15 000 Franken für die Schwester 129 IV 22/36 fr.; minderjähriges Mädchen, das während 13 Monaten unter sklavereiähnlichen Lebens- und Arbeitsbedingungen zu leiden hatte: 12 000 Franken 4C.94/2003 (23.4.04) E. 5; Vornahme unzüchtiger Handlungen mit einem Kind, das zum Urheber in einem besonderen Gewaltverhältnis stand 48 II 480/483 ff.; Entführung, Freiheitsberaubung und anschliessende stundenlange grausame Kettenvergewaltigung: 75 000 Franken 125 IV 199/204 E. 6; Vergewaltigung und Schwängerung: je 2400 Franken von den drei Genugtuungspflichtigen 72 II 171/174 ff.; Vergewaltigung mit traumatischen Folgen: 15 000 Franken 4A_330/2007 (17.1.08) E. 3; Infizierung durch HI-Virus: 80 000 Franken für die infizierte Frau und 20 000 Franken für deren Tochter 125 III 412/417 E. 2a; schwerster sexueller Missbrauch der minderjährigen Tochter über eine Dauer von 10 Jahren: 100 000 Franken 125 III 269/276 E. 2c Pra 1999 (Nr. 175) 921; Unzucht mit zwei Mädchen, deren Grossmutter mit dem Täter in eheähnlicher Gemeinschaft lebte: 1000 bzw. 10 000 Franken 118 II 410/413 E. 2a fr.; 20 000 Franken für ein Kind nach homosexuellen Kontakten mit einem Dreissigjährigen 4C.225/2003 (24.2.04) E. 6 (in casu nach Art. 44 gekürzt); Während seit einigen Jahren die Rechtsprechung bei schweren Verletzungen der Integrität einer Person dazu tendiert, höhere Genugtuungssummen zuzusprechen, wird mit einer Genugtuungssumme von 100 000 Franken für einen Fall schwersten sexuellen Missbrauchs doch die Obergrenze erreicht 125 III 269/276 E. 2a und c Pra 1999 (Nr. 175) 918 ff.

9 Genugtuungssummen bei ***Haftung des Staates*** für ungerechtfertigte Untersuchungshaft: 113 Ia 177/183 f. E. 3 Pra 1988 (Nr. 51) 206 f., 113 Ib 155/156 E. 3b Pra 1988 (Nr. 96) 362, 113 IV 93/98 E. 3a Pra 1987 (Nr. 215) 738 f., 112 Ib 446/458 (in casu auch für eine von der Polizei ohne Einwilligung des Untersuchungsrichters durchgeführte Pressekonferenz), 112 Ib 459/459 f. E. 6, 112 Ib 460/461 E. 4 Pra 1987 (Nr. 86) 299, 112 1b 446/453 f. E. 4 Pra 1988 (Nr. 153) 547 f., 76 298 f. und 299. Genugtuungsleistung von 200 Franken pro Tag, sofern nicht besondere Umstände einen höheren Satz rechtfertigen 4C.145/1994 (12.2.02) E. 5b fr.; vgl. dagegen 6B_547/2011 (3.2.12) (80 Franken pro Tag bei 247 Tagen Untersuchungshaft).

10 ***Abs. 2*** Die praktische Bedeutung der Bestimmung ist beschränkt; sie spielt vor allem dann eine Rolle, wenn sich der konkreten Beeinträchtigung mit der Leistung einer Geldsumme nicht angemessen Rechnung tragen lässt, wie etwa bei Ehrverletzungen, wo der Verletzte eher Vergeltung will als Trost 131 III 26/31 E. 12.2.2 Pra 2005 (Nr. 104) 750. Der Anspruch auf eine andere Art der Genugtuung setzte (zunächst) wie die Zusprechung einer Geldsumme gemäss Abs. 1 (alte Fassung) die besondere Schwere der Verletzung in den persönlichen Verhältnissen und (nach altem Recht) des Verschuldens voraus 83 II

249/262 E. 8, grundlegend 45 II 105/107 f. Vorausgesetzt ist, dass eine Haftung nach Abs. 1 besteht. Alsdann kann der Richter auf eine andere Art der Genugtuung erkennen (Kann-Vorschrift) 131 III 26/29 E. 12.2.2 Pra 2005 (Nr. 104) 750. In der Wahl der Mittel ist der Richter an die Anträge des Verletzten nicht gebunden, wobei aber die Voraussetzungen für die Zusprechung einer Genugtuung auch bei anderen Arten der Genugtuung erfüllt sein müssen 4C.177/2003 (21.10.03) E. 4.2.2. Zudem ist der Richter gehalten, seine Wahl mit einer Begründung zu unterlegen, die den (erhöhten) Anforderungen an die Begründung von Billigkeitsentscheidungen genügt 131 III 26/31 E. 12.2.2 Pra 2005 (Nr. 104) 750. Es verstösst nicht gegen Bundesrecht, auf die Leistung einer Genugtuung an einen Dritten (z.B. an eine wohltätige Organisation) statt an den Verletzten zu erkennen 117 IV 270/275 E. e Pra 1993 (Nr. 216) 816. – Die Bestimmung gilt nicht für das Scheidungsrecht; aZGB Art. 151 Abs. 2 geht vor 80 II 193/193 f.

Gerichtliche Missbilligung. Die Zulässigkeit eines Begehrens um gerichtliche Miss- 11
billigung eines Verhaltens zum Zwecke der Genugtuung ist eine Frage des eidgenössischen materiellen Rechts 63 II 184/185 ff. E. c, 4C.177/2003 (21.10.03) E. 4.2.3 (im konkreten Fall zugelassen, ohne die Streitfrage, ob gerichtliche Missbilligung eine Form der Genugtuung sein könne, grundsätzlich zu entscheiden). – Angesichts der besonderen Natur der Verletzungen in den Genugtuungsfällen des Art. 49 tritt die Feststellung und Missbilligung des Unrechtes in den Vordergrund. Es besteht daher ein besonderes schutzwürdiges Interesse an der gerichtlichen Missbilligung 63 II 184/189 f. E. 7. – Der Zuspruch einer symbolischen Genugtuungssumme von 1 Franken stellt eine besondere Form gerichtlicher Missbilligung (im Sinne der Bestimmung 80 II 193/194) dar und hat daher neben einer ausdrücklichen gerichtlichen Missbilligung keinen Sinn mehr 63 II 184/189 f. E. 7.

Veröffentlichung des Urteils. Bei ernstlicher Verletzung in den persönlichen Verhält- 12
nissen ist die Publikation des Urteils (auf Kosten des Beklagten) regelmässig das geeignetste Mittel, um eine Genugtuung vermitteln zu können. Damit aber überhaupt etwas veröffentlicht werden kann, muss eine Verurteilung erfolgen, sei es zu einer Geldsumme, sei es zu einer anderen Art der Genugtuung 63 II 184/189 E. 7. Für die Veröffentlichung des Urteils als zusätzliche Genugtuung ist massgebend, ob noch immer ein schützenswertes Interesse an der Veröffentlichung besteht. Unerheblich ist hingegen, ob die Veröffentlichung den Interessen des Beklagten widerspricht 84 II 570/577 f. E.e. Die Veröffentlichung eines Urteils kann auch durch Eintragung in ein Protokoll erfolgen 42 II 690/695. Als Genugtuung kann die Veröffentlichung eines Urteils nur zur Wiedergutmachung schon abgeschlossener Störungen und unter den Voraussetzungen des Art. 49 infrage kommen. Daneben kann freilich zur Behebung einer noch fortdauernden Störung eine Bekanntmachung unter den weniger strengen Voraussetzungen von ZGB Art. 28 ff./aZGB Art. 28 Abs. 1 erfolgen 83 II 249/262 E. 8, grundlegend 48 II 13/16 ff. E. 1, vgl. auch 122 III 449/452 E. 2a, wonach die Urteilspublikation im Grundsatz keine Genugtuungs-, sondern Beseitigungsfunktion hat; eingehend zur Genugtuungsleistung durch Urteilspublikation, auf die der Richter gestützt auf Art. 49 Abs. 2 erkennen kann, aber 131 III 26/29 E. 12 Pra 2005 (Nr. 104) 748, wonach einer Ehrverletzung durch die formelle Feststellung der Widerrechtlichkeit regelmässig wirksamer Rechnung getragen wird als durch die Leistung einer Geldsumme.

13 Der ***Feststellungsklage*** kommt im Grundsatz Beseitigungs- und nicht Genugtuungsfunktion zu 122 III 452 E. 2a. Feststellung einer Verletzung der EMRK als Form der Genugtuung, vgl. 118 II 254/258 E. 1c, bejahend 125 I 394/401 E. 5c, vgl. auch 124 I 327/334 E. 4d/bb Pra 1999 (Nr. 49) 282.

14 **Rechtsprechung zu aArt. 49.** ***Allgemeines.*** Bei Vergewaltigung und Schwängerung einer Frau ist eine Klage auf Genugtuung trotz Unmöglichkeit der Vaterschaftsklage zulässig 72 II 17/174 ff. Wegen Ehestörung ist die Genugtuungsklage gegen einen Dritten ohne Rücksicht darauf zulässig, ob sie erst nach der Scheidung oder noch während bestehender Ehe eingeleitet wird; auch die Bestimmungen über das Eheschutzverfahren stehen ihr nicht entgegen 78 II 278/279 ff. E. 6. Die Bestimmung ist auch anwendbar für den Genugtuungsanspruch aus vertragswidrigem Verhalten 87 II 143/145 E. b, 102 II 211/224 E. 9 fr., vgl. auch 116 II 519/520 f. E. 2c; aus unlauterem Wettbewerb 79 II 316/328 E. 6; des vor Ablauf seiner Amtsdauer grundlos entlassenen kantonalen Beamten 76 II 107/108. – Eine Verzeihung zum Voraus gibt es nicht; ein Verzicht auf künftige Genugtuungsansprüche für schwere Verletzung in den persönlichen Verhältnissen ist ungültig 62 II 5/6 f. E. 2. – Sachlegitimation. Aktivlegitimiert zur Genugtuungsklage ist, wer in seinen persönlichen Verhältnissen verletzt ist. Eine Genugtuung kann nicht mit dem Hinweis verweigert werden, bloss reflexartige Betroffenheit begründe keinen eigenen Anspruch (in casu Ehemann, dessen Frau durch Unfall schwer invalid geworden ist) 112 II 220/222 ff. E. 2, grundlegend 112 II 220/124 ff. E. 5, 6 (Praxisänderung), vgl. auch 112 II 226/227 E. 3. Bei einem Eingriff in die persönlichen Verhältnisse eines Verstorbenen können die Angehörigen allenfalls einen Anspruch wegen Verletzung ihrer Pietätsgefühle geltend machen 70 II 127/130 f. E. 2 Pra 1944 (Nr. 148) 345. Auch juristische Personen haben grundsätzlich Anspruch auf Genugtuung, sofern durch den Eingriff nicht Rechtsgüter verletzt werden, die nur natürlichen Personen zustehen (in casu Verletzung der Geschäftsehre) 95 II 481/502 E. b, grundlegend 64 II 14/21 f. E. 4 fr., bestätigt in 138 III 337/341 ff. E. 6.1 Pra 2012 (Nr. 131) 946 ff. Ein Klagerecht steht ferner dem Autor eines anonymen Druckerzeugnisses zu, der durch eine ehrverletzende Entgegnung wirklich und auch für Dritte klar ersichtlich getroffen ist 55 II 94/98 fr., grundlegend 51 I 371/375 ff. E. 2a. Die Persönlichkeitsrechte sind grundsätzlich untrennbar mit der Person ihres Trägers verbunden; der Genugtuungsanspruch als damit verbundenes Vermögensrecht ist jedoch abtretbar 79 IV 104/106 fr., 95 II 481/503 E. 13 und vererblich, sobald ihn der Berechtigte irgendwie geltend gemacht hat 79 IV 104/106 fr., 81 II 385/389 f. E. 2. Bei Pressedelikten ist neben dem Verfasser auch der Drucker passivlegitimiert (doch ist sein Verschulden gesondert zu prüfen) 64 II 14/18 fr. – Das Begehren auf Zahlung der Genugtuungssumme an einen Dritten wurde in 95 II 481/501 f. E. 12 stillschweigend als zulässig betrachtet. Neben einem höherwertigen, auf Bezahlung einer Geldsumme gerichteten Genugtuungsbegehren hat ein Antrag auf Publikation des Urteils 42 II 690/693 f. E. 1 oder auf gerichtliche Missbilligung für die Streitwertberechnung keine selbständige Bedeutung 63 II 184/188 E.d. Wird jedoch die Veröffentlichung des Urteils in erster Linie und nicht bloss nebenbei verlangt, so ist die Wiedergutmachung nicht in Geld abschätzbar 70 II 127/130 E. 1 Pra 1944 (Nr. 148) 344 f. – Das Urteil, mit dem der Verfasser oder Verbreiter eines Presseerzeugnisses gemäss aOR Art. 49 zur Zahlung einer Genugtuungssumme verpflichtet wird, kann nicht mit einer auf aBV Art. 55 (vgl. BV Art. 17) gestützten

staatsrechtlichen Beschwerde angefochten werden 43 I 41/42 ff. – Verzinsung der Genugtuungssumme: siehe unter Art. 47/Bemessung der Genugtuungssumme.

Verletzung in den persönlichen Verhältnissen. Zum Tatbestand im Allgemeinen siehe ZGB Art. 28. Die widerrechtliche Verletzung in den persönlichen Verhältnissen vermag noch keinen Genugtuungsanspruch zu begründen; es bedarf zusätzlich einer besonderen Schwere sowohl der Verletzung als auch des Verschuldens 95 II 481/502 E. b, 102 II 211/224 E. 9 fr. 15

Besondere Schwere der Verletzung. Sie setzt nebst der objektiven Schwere des Eingriffs voraus, dass der Verletzte auch besonders empfindlich getroffen wird 84 II 329/333. Unter Umständen kann jedoch auch eine Genugtuung zugesprochen werden, wenn die subjektive Empfindung für den Schaden und die Wiedergutmachung («del danno e della riparazione») fehlt 108 II 422/431 E. c Pra 1983 (Nr. 30) 79, vgl. 116 II 519/521 E. 2c. Ein besonders strenger Massstab ist anzulegen, wenn bei Verletzung eines Ehegatten durch ehewidrige Beziehungen eines Dritten zum anderen Ehegatten (Ehestörung) Genugtuungsansprüche gegenüber dem Dritten geltend gemacht werden 84 II 329/332 E. 1. Die Voraussetzung der besonderen Schwere der Verletzung gilt auch bei einer Verletzung in den persönlichen Verhältnissen durch vertragswidriges Verhalten 87 II 143/145 E. b, 102 II 211/224 E. 9 fr., und zwar selbst dann, wenn die Verletzung eines Affektionsinteresses Folge der Nichterfüllung eines Auftrages ist, der gerade zur Wahrung dieses Interesses erteilt worden war 87 II 290/292 E. b und c Pra 1962 (Nr. 29) 86 f. Bei einer ehrverletzenden Presseäusserung ist für die Bewertung der Schwere der Verletzung nicht massgebend, welchen Sinn der Verfasser dem Artikel hat geben wollen, sondern wie seine Äusserungen seitens des unbefangenen Lesers haben aufgefasst werden müssen 48 II 53/58 f. E. 4. Aus dem Rückzug einer Strafklage darf nicht geschlossen werden, der Kläger habe die Verletzung nicht als besonders schwer empfunden 60 II 399/409 E. 5. Die besondere Schwere der Verletzung wird auch nicht dadurch beseitigt, dass die Unbegründetheit des in einer Presseäusserung erhobenen Vorwurfes dem unbefangenen Leser ohne Weiteres erkennbar ist 60 II 399/408 E. 5. – Für die Anspruchsberechtigung von Angehörigen kann auch dem mit Resolution 75–7 vom 14. März 1975 durch das Ministerkomitee des Europarates empfohlenen Grundsatz Nr. 13 Rechnung getragen werden, der nur bei ausserordentlichem seelischem Schmerz («souffrances d'un caractère exceptionnel») der Angehörigen Genugtuung vorsieht 112 II 220/225 E. 3, 112 II 226/227 f. E. 3a. 16

Besondere Schwere des Verschuldens. Die Schwere des Verschuldens ist vor allem mit der Schwere der Verletzung in Beziehung zu setzen 60 II 399/410 E. 6. Im Allgemeinen ist das Verschulden um so grösser, wiegt also die Nichtbeachtung der Sorgfaltspflicht umso schwerer, je schwerer die Verletzung ist 95 II 481/502 E.b. Zudem sind umso mehr Vorsichtsmassnahmen zu ergreifen, je schwerwiegender die voraussehbaren Folgen eines Verhaltens sind 102 II 211/224 E. 9 fr. Für die qualifizierte Schwere des Verschuldens bedarf es aber nicht unbedingt einer Arglist; unter Umständen genügt eine grobe Fahrlässigkeit 64 II 14/21 E. 4 fr. 95 II 481/502 E. b, jedoch z.B. nicht ein blosses Missverständnis 45 II 105/108 f. Das besonders schwere Verschulden setzt nicht notwendigerweise ein sittlich anfechtbares Verhalten voraus 42 II 587/596 E. 5. Ein besonders strenger Massstab ist anzulegen, wenn bei Verletzung eines Ehegatten durch ehewidrige Beziehungen eines Dritten zum anderen Ehegatten *(Ehestörung)* Genugtuungsansprüche gegenüber dem Dritten geltend gemacht werden 84 II 329/332 E. 1. – Die Voraussetzung der besonderen 17

Schwere des Verschuldens gilt auch bei einer Verletzung in den persönlichen Verhältnissen durch vertragswidriges Verhalten 87 II 143/145 E. b, 102 II 211/224 E. 9 fr., und zwar selbst dann, wenn die Verletzung eines Affektionsinteresses Folge der Nichterfüllung eines Auftrages ist, der gerade zur Wahrung dieses Interesses erteilt worden war 87 II 290/292 E. b und c Pra 1962 (Nr. 29) 86 f. – In seiner Rechtsprechung hat das BGer bei der Auslegung von aArt. 49 auch den Grundgedanken von Art. 47 herangezogen, der kein besonders schweres Verschulden voraussetzt. Es wäre eine ungerechtfertigte Privilegierung von Angehörigen eines Getöteten gegenüber den Angehörigen eines Verletzten, die gleich oder schwerer betroffen sein können, wenn diesen die Genugtuung einzig deshalb versagt bliebe, weil es am besonders schweren Verschulden des Schädigers fehlt. In diesem Fall ist entscheidend auf die Schwere der Persönlichkeitsverletzung abzustellen 112 II 226/228 E.b.

VI. Haftung mehrerer

Vorb. Art. 50–51

▪ Grundsatz und Beschränkung (1) ▪ Echte und unechte Solidarität (2) ▪ Wirkungen der Solidarität (3) ▪ Solidarität und Drittverschulden (4) ▪ Kumulation der Ansprüche (5) ▪ Weiteres (7)

1 **Grundsatz und Beschränkung.** Bei Vorliegen eines einheitlichen Schadens, der durch mehrere verursacht wurde, haften die Schädiger ungeachtet dessen, ob die Anspruchsgrundlage eine Verschuldens- oder eine Kausalhaftung ist, solidarisch 127 III 257/262. Zudem sind die Art. 50 und 51 auch auf die *Genugtuungspflicht* anwendbar 71 II 36/37 E. 2 Pra 1945 (Nr. 36) 87, 131 III 26/29 E. 12.1 Pra 2005 (Nr. 104) 749, 126 III 161/166 E. b/aa it., vgl. auch 104 II 184/190 E. 5 und 6 Pra 1978 (Nr. 234) 614 (wobei selbstverständlich vorausgesetzt ist, dass der belangte Schuldner seinerseits auch für den immateriellen Schaden haftet 63 II 339/346 E. 4 fr.). Diese Solidarhaftung greift, obschon sie im Bereich der ausservertraglichen Haftung nicht immer ausdrücklich im Gesetz erwähnt wird 117 II 50/64 E. 5b Pra 1992 (Nr. 140) 517 f. (in casu solidarische Haftung der Miteigentümer eines Werkes bejaht). Die Solidarhaftung soll dem Gläubiger eine möglichst vollständige Befriedigung seiner Ansprüche sichern. Den schutzwürdigen Interessen des belangten Solidarschuldners trägt die Einräumung des Rückgriffsrechts im internen Verhältnis mehrerer Schuldner genügend Rechnung. Die Möglichkeit, dass der Rückgriff wegen Zahlungsunfähigkeit der anderen Schuldner ergebnislos bleibt, fällt als Grund für die Beschränkung der Haftung des belangten Schuldners ausser Betracht, denn es wäre noch ungerechter, wenn anstatt einem von mehreren Schadensstiftern der Geschädigte einen Verlust auf sich nehmen müsste 93 II 317/323 E. 2e/bb, 97 II 403/415 f. E. 7d, 113 II 323/331 E. b, vgl. auch 127 III 257/262, 114 II 342/344 E. 2b Pra 1990 (Nr. 168) 601 f.; zu den Besonderheiten der Solidarschuldnerschaft nach Art. 759 132 III 564/577 E. 7 fr., 127 III 453/458 E. b Pra 2001 (Nr. 179) 1089. Gleichwohl ist die Verantwortlichkeit als Solidarschuldner nicht grenzenlos, denn: Wer mit seinem Verhalten nicht für den gesamten Schaden eine adäquat-kausale Ursache gesetzt hat, hat auch als Solidarschuldner nicht für mehr einzustehen, als er aufgrund der ihn treffenden Haftung verpflichtet ist 127 III 257/262 E. 5a, siehe auch 132 III 564/577 E. 7 fr. und 127 III 453/456 E. d Pra 2001

(Nr. 179) 1087 (beide zu Art. 759 Abs. 1), 4C.269/2003 (15.12.04) E. 6 fr., 130 III 362/369 f. E. 5.2 (wonach die Solidarität voraussetzt, dass eine Haftpflicht besteht), 133 III 6/25 Pra 2007 (Nr. 104) 702, 139 V 176/191 E. 8.5 Pra 2013 (Nr. 119) 925 f., 4A_337/2018 (9.5.19) E. 4.2, 4A_431/2015 (19.4.16) E. 5.1.1. – Die Solidarhaftung wird hingegen nicht deswegen ausgeschlossen, weil der Geschädigte nicht ein Dritter ist, sondern einer der Miturheber der unerlaubten Handlung; die Inkaufnahme des bewusst geschaffenen Risikos durch den Geschädigten unterbricht den adäquaten Kausalzusammenhang zwischen dem Schaden und dem Verhalten der anderen Mitverantwortlichen nicht 104 II 184/187 E. 2 Pra 1978 (Nr. 234) 612. Ebenso wenig entfällt die Solidarität, wenn einer der Schuldner zahlungsunfähig ist 66 II 114/121 E. 5 fr., 97 II 403/416 oder wenn eine Unvorsichtigkeit einen grossen Schaden zur Folge hat 89 II 118/123 E. a Pra 1963 (Nr. 135) 403. – Keine Solidarität besteht indes, wenn eine Haftpflicht auf kantonalem öffentlichem Recht beruht 79 II 66/73 E. 8 Pra 1953 (Nr. 106) 309. Im öffentlichen Recht des Bundes schliesst VG Art. 3 Abs. 3 einen konkurrierenden Anspruch des Geschädigten gegen den schädigenden Beamten aus 115 II 237/243 E.a.

Echte und unechte Solidarität. Was unter *echter* Solidarität zu verstehen ist, ergibt sich aus der Legaldefinition bei Art. 143 104 II 225/232, 4A_185/2007 (20.9.07) E. 6.2. Echte Solidarität setzt voraus, dass die Schädiger ein *gemeinsames Verschulden* im Sinne des Art. 41 trifft 4C.85/2003 (25.8.03) E. 8.2.2 fr. Demgegenüber handelt es sich um *unechte* Solidarität, wenn mehrere Schädiger aus voneinander unabhängigen unerlaubten Handlungen oder sonst wie aus verschiedenen (wenn auch allenfalls gleichartigen 139 V 176/190 f. E. 8.5 Pra 2013 [Nr. 119] 925, 80 II 247/253 Pra 1955 [Nr. 18] 67 f.) Rechtsgründen für den gleichen Schaden haftbar sind. Die unechte Solidarität ist gesetzlich zwar nicht ausdrücklich geregelt, doch nimmt Art. 51 bei der Ordnung des Rückgriffsrechts auf sie Bezug. Sie äussert sich darin, dass dem Geschädigten gegen die mehreren Schadensverursacher konkurrierende Ansprüche zustehen (Anspruchskonkurrenz). Die Unterscheidung zwischen echter und unechter Solidarität ist besonders in der neueren Lehre auf Ablehnung gestossen: So wird beanstandet, dass es für eine unterschiedliche Behandlung dieser beiden Fälle an einem zuverlässigen und sachlich begründeten Kriterium fehle und zudem die praktischen Auswirkungen gering seien. Ungeachtet dieser Kritik ist an der Unterscheidung festzuhalten 104 II 225/231 ff. E. b, 112 II 138/143 E. 4a fr., 115 II 42/45 ff. E. b, c, 4C.85/2003 (25.8.03) E. 8.2.2 fr., vgl. auch 119 II 127/131 E.b. – Grundsätzlich sind die Regeln über die echte Solidarität (einschliesslich des Art. 147) zwar analog auf die unechte Solidarität anzuwenden 4C.27/2003 (26.5.03) E. 3.4 fr., wobei aber folgende Ausnahmen zu beachten sind: Erstens ist die Verjährungsunterbrechungsregel des Art. 136 Abs. 1 nur auf Fälle der echten Solidarität anwendbar 104 II 225/232, 106 II 250/253 f. E. 3 Pra 1981 (Nr. 35) 76, 115 II 42/46, 127 III 257/264 E. 6a. Und zweitens greift auch die Subrogation (Übergang einer Forderung auf den leistenden Dritten von Gesetzes wegen 126 III 36/39 E. 2b/bb Pra 2001 (Nr. 12) 69, siehe auch 124 III 222/225 E. 3, mit all den mit der Forderung verbundenen Vor- und Nachteilen 4C.374/2005 [10.1.06] E. 2.1) lediglich bei echter Solidarität 130 III 362/369 E. 5.2 Pra 2005 (Nr. 7) 63, 127 III 257/266 E.c. Dort erleichtert sie gemäss Art. 149 Abs. 1 den Rückgriff, indem auch die Nebenrechte und dabei insbesondere Sicherheiten, die zugunsten der Hauptschuld bestehen, auf den Regressgläubiger übergehen 89 II 415/419 fr. 2

3 **Wirkungen der Solidarität.** Sowohl bei echter Solidarität (Haftung aus gemeinsamem Rechtsgrund, Art. 143 und 50 Abs. 1) als auch bei unechter Solidarität bzw. blosser Anspruchskonkurrenz (Haftung aus verschiedenen Rechtsgründen, Art. 51 Abs. 1) wird die Haftung eines Schädigers nicht dadurch geschmälert, dass Dritte für den gleichen Schaden einzustehen haben. Der Geschädigte kann daher *jeden Schuldner für die ganze Forderung belangen.* Dabei begründet die Solidarität aber keinen kumulativen Anspruch des Gläubigers auf Erfüllung durch jeden seiner Schuldner 59 II 364/369 fr., 95 II 320/324 E. 2 Pra 1970 (Nr. 63) 218. Bei der Anspruchskonkurrenz fällt mit der Leistung des einen auch die Leistungspflicht des andern dem Geschädigten gegenüber weg 63 II 143/149 E. 4. – Die Aufteilung der Zahlungspflicht unter den verschiedenen Schuldnern hat den Gläubiger nicht zu kümmern; sie ist Gegenstand der internen Auseinandersetzung. Die endgültige Aufteilung des Schadens unter den Schädigern kann dem Geschädigten gleichgültig sein 127 III 257/262. – ***Prozessrechtliches:*** Der Gläubiger hat in der Auswahl des Prozessgegners freie Hand 93 II 317/322 E.e. Er kann sich darauf beschränken, nur gegen einen der mehreren Schuldner vorzugehen; er kann diese auch nacheinander belangen oder – wenn das kantonale Prozessrecht dies zulässt (vgl. nunmehr ZPO Art. 15 Abs. 1 und Art. 71) – alle Schuldner als Streitgenossen im gleichen Prozess einklagen. Unabhängig davon, welchen Weg er einschlägt, erlischt sein Anspruch erst, wenn er voll befriedigt worden ist 93 II 329/333 E. 3a. Die mehreren selbständigen, gegen jeden Schuldner einzeln gerichteten Forderungen können ihr *eigenes rechtliches Schicksal* haben. Geht der Gläubiger nacheinander gegen verschiedene Schuldner vor, so erstreckt sich die Rechtskraft eines Urteils, das im Verfahren gegen einen belangten Schuldner ergeht, nicht auf das spätere Verfahren gegen einen anderen Solidarschuldner 93 II 329/333 ff. E. 3b und c. Ebenso wenig vermag grundsätzlich der vorbehaltlose Abstand des Gläubigers von der Klage gegenüber einem der gleichzeitig belangten Solidarschuldner seine Ansprüche gegen die übrigen Schuldner zu beeinträchtigen 93 II 329/336. Betreibt der Geschädigte alle Mitschuldner je einzeln auf einen Teil des Schadens, so ist darin *kein Verzicht* auf die Anspruchskonkurrenz zu erblicken. Auch die im Prozess vorgenommene Beschränkung des Ersatzanspruches auf einen Teil des Schadens ändert an der Anspruchskonkurrenz nichts 97 II 339/344 f.

4 **Solidarität und Drittverschulden.** Das Verhalten des einen Verantwortlichen entlastet den anderen im Verhältnis zum Geschädigten nur dann, wenn es den ursächlichen Zusammenhang zwischen dem Verhalten des anderen und dem Schaden als inadäquat erscheinen lässt oder wenn und soweit es das Verschulden des anderen mildert 97 II 403/416, 98 II 102/104, auch 127 III 257/262 E. 5a, siehe auch 127 III 453/456 E. d Pra 2001 (Nr. 179) 1087, 4C.269/2003 (15.12.04) E. 6 fr., 130 III 362/370. Eine Haftungsbeschränkung wegen mitwirkenden Drittverschuldens darf denn auch nur mit grosser Zurückhaltung angenommen werden, da sonst der Schutz des Geschädigten, den die Solidarhaftung mehrerer Schuldner ihrem Wesen nach bezweckt, weitgehend illusorisch gemacht würde 93 II 317/323 E. bb (mit Beispielen), 112 II 138/143 f. E. 4a fr. – Aus dem gleichen Grund ist auch eine Herabsetzung nach Art. 43 Abs. 1 im externen Verhältnis der unechten Solidarität nur sehr zurückhaltend zu gewähren 127 III 257/265 E. b, siehe auch 132 III 564/577 E. 7 fr. und 127 III 453/456 E. d Pra 2001 (Nr. 179) 1087 (beide zu Art. 759 Abs. 1). Gemildert erscheint das Verschulden eines Verantwortlichen nur, wenn

das Drittverschulden damit in Zusammenhang steht 64 II 302/309: Dies trifft etwa zu, wenn der Beklagte infolge des schuldhaften Verhaltens eines Dritten in die gefährliche Situation geraten ist, in der er sich seinerseits ein Verschulden zukommen liess 59 II 364/369 f. fr. – Ist der solidarisch haftbare Dritte aber zugleich Hilfsperson des Geschädigten, so kann sich der belangte Schädiger zu seiner teilweisen Entlastung auf das Verhalten dieses Dritten berufen, das als Selbstverschulden des Geschädigten zu werten ist 98 II 102/103 f., 99 II 195/201 f. Pra 1974 (Nr. 87) 268, grundlegend 95 II 43/53 f., 130 III 591/603 E. 5.5.1. – Es besteht bloss anteilsmässige Haftung, wenn sich bestimmte Anteile des Schadenserfolges auf das Verhalten der einzelnen mitwirkenden Personen zurückführen lassen 68 II 342/375 E. 6.

5 **Kumulation der Ansprüche.** Gemäss VVG Art. 96 gehen bei der Personenversicherung (im Gegensatz zur Schadensversicherung, VVG Art. 72) die Ansprüche, die dem Berechtigten infolge Eintritts des befürchteten Ereignisses gegenüber Dritten zustehen, nicht auf den Versicherer über (keine Subrogation); der Geschädigte kann deshalb den Urheber des Schadens und den Versicherer (aufgrund entsprechender Erwägungen auch öffentliche Pensions- oder private Fürsorgekassen) nebeneinander belangen 95 II 411/416 f. E. b Pra 1970 (Nr. 43) 146, grundlegend 63 II 143/149 ff. E. 4. Zu beachten ist aber, dass nicht jede Personenversicherung eine Summenversicherung ist. Hat der Versicherer die infolge einer Körperverletzung entstandene konkrete Vermögenseinbusse auszugleichen, liegt vielmehr eine Schadensversicherung vor, für die VVG Art. 72 (Subrogation) anwendbar ist 104 II 44/53 f. (Praxisänderung), vgl. auch 126 II 237/247 E. 6c/dd (OHG). – VVG Art. 96 ist zwingend; ist der Anspruch gegen den Schädiger einmal entstanden, so kann er jedoch vom Anspruchsberechtigten an die Versicherung abgetreten werden 63 II 143/156 f. E. 8.

6 ***Beschränkte Kumulation.*** Das Bundesgericht hat in Anwendung von SVG Art. 88 (SR 741.01) und aKUVG Art. 100 entschieden, dem Versicherer stehe nur insoweit ein Rückgriff zu, als der Geschädigte vorerst für seinen tatsächlichen Schaden in vollem Umfang gedeckt sei, und dies selbst dann, wenn der vom zivilrechtlich Haftbaren oder seinem Haftpflichtversicherer geschuldete Schadenersatz z.B. wegen Verschuldens herabgesetzt werden müsse (Quotenvorrecht) 96 II 355/360 ff. E. III Pra 1971 (Nr. 44) 139 ff. (Praxisänderung), 104 II 307/309 f. E.d. Das Quotenvorrecht kann sich nicht auf Folgen beziehen, die haftpflichtrechtlich irrelevant sind und daher aus anderen Gründen Anlass zu Leistungskürzungen durch die SUVA geben 113 II 86/91 f. E. 2. Zum Quotenvorrecht siehe auch 134 III 636/640 E. 1.3.1, 131 III 12/14, 4C.260/2003 (6.2.04) E. 7.1 it., 117 II 609/627 E. c, 120 II 58/62 E. 3 c, 123 III 306/316 E. 9b Pra 1997 (Nr. 170) 923 (analoge und teilweise Anwendung auf die Genugtuung). – Quotenvorrecht und Überentschädigung: Das Privileg des Quotenvorrechts soll die geschädigte Person vor ungedecktem Schaden bewahren, darf aber nicht zu deren Bereicherung führen. Das Bereicherungsverbot ist als allgemeines Prinzip anerkannt 132 III 321/329 E. 2.3.2.4, gilt auch im Verhältnis zwischen Sozialversicherung und Haftpflicht 132 III 321/324 und hat namentlich zur Folge, dass eine Überentschädigung zu vermeiden ist. Eine Überentschädigung liegt vor, wenn derselben Person verschiedene schadensausgleichende Leistungen während derselben Zeitspanne für das gleiche Schadensereignis ausgerichtet werden (personelle, sachliche, zeitliche und ereignisbezogene Kongruenz) und die Summe dieser Leistungen den Schaden übersteigt (Kongruenzgrundsatz) 131 III 12/16 E. 7.1, 4A_571/2011

(20.12.11) E. 4.2.1 fr., auch 132 III 321/324, 131 III 360/365 E. 6.1 und 7.2 Pra 2006 (Nr. 18) 132 ff., 4C.402/2006 (27.2.07) E. 6.1. Entsprechende Leistungen Dritter, für die aufgrund der Kongruenz auch Subrogations- oder Regressansprüche infrage kommen, sind anzurechnen 132 III 321/324, 4A_169/2010 (23.8.10) E. 4.3.1 fr., wobei aber die Koordination von Haftpflicht- und Sozialversicherungsrecht nicht zu einer Begünstigung des Schädigers auf Kosten der Sozialversicherungsträger führen darf 134 III 489/491 E. 4.2. Zeitliche Kongruenz liegt vor, wenn die Leistung der Sozialversicherung für die gleiche Zeitspanne erfolgt, für die ein Schaden besteht, welchen der Haftpflichtige ersetzen muss 4A_127/2011 (12.7.11) E. 10.1, 134 III 489/492 f. E. 4.3. Sachliche Kongruenz liegt vor, wenn die Leistung des Sozialversicherers und die Leistung des zivilrechtlich Ersatzpflichtigen in wirtschaftlicher Hinsicht gleichartig sind und den gleichen Zweck verfolgen 131 III 360/367 E. 7.2 Pra 2006 (Nr. 18) 134, 4A_437/2017 (14.6.18) E. 4.3.2, was bei Leistungen der IV und der UV nicht zwingend der Fall ist 4A_571/2011 (20.12.11) E. 4.2.2 und 4.2.3 fr. Sachliche (funktionale) Kongruenz einer IV-Rente mit den Haftpflichtansprüchen aus Haushaltschaden, wenn die Geschädigte einem Teilzeiterwerb nachging 131 III 12/17 E. 7.3, auch 131 III 360/368 E. 7.3 Pra 2006 (Nr. 18) 134, während IV-Leistungen, die auf der Grundlage einer 100%igen Erwerbstätigkeit erbracht werden, und die Entschädigung des Haushaltschadens nicht sachlich kongruent sind 134 III 489/493 E. 4.5, offengelassen in 131 III 360/368 E. 7.3. Während im Haftpflichtrecht das Bereicherungsverbot als allgemeines Prinzip gilt, ist im Sozialversicherungsrecht die Überentschädigung lediglich eine juristisch unerwünschte Erscheinung, die nur durch eine Koordination innerhalb des Systems (intersystemisch) befriedigend vermieden werden kann 134 III 489/491 E. 4.2. Bei fehlender Kongruenz stellt sich die Frage des Quotenvorrechts nicht 4A_571/2011 (20.12.11) E. 4.2.1 fr. – Der Kongruenzgrundsatz schliesst die Globalrechnung oder Gesamtschadenmethode sowie die Saldoverrechnung aus 4A_437/2017 (14.6.18) E. 4.4.

7 **Weiteres.** Rückgriff unter Frachtführern: Soweit das Übereinkommen über den Beförderungsvertrag im internationalen Strassengüterverkehr (SR 0.741.611) anwendbar ist, besteht für die Anwendung von Art. 50 f. kein Platz 109 II 471/471 ff. fr., 132 III 626/639 E. 5.1. – Im öffentlichen Recht sind die zivilrechtlichen Grundsätze über den Rückgriff (Art. 50 Abs. 2 und 51 Abs. 2) bei Beteiligung mehrerer Störer in der Regel analog anwendbar. Hingegen gelten die Gründe, welche die Solidarhaft des Zivilrechts rechtfertigen, für die öffentlich-rechtliche Rückzahlungspflicht nicht 101 Ib 410/420 E. 6 Pra 1976 (Nr. 197) 485, vgl. auch 94 I 403/411 E. 5d. Haften mehrere gemäss AHVG Art. 52, so ist Art. 50 analog anwendbar 108 V 189/195 E. 2e Pra 1983 (Nr. 192) 523.

1. Bei unerlaubter Handlung

Art. 50

[1] Haben mehrere den Schaden gemeinsam verschuldet, sei es als Anstifter, Urheber oder Gehilfen, so haften sie dem Geschädigten solidarisch.

[2] Ob und in welchem Umfange die Beteiligten Rückgriff gegeneinander haben, wird durch richterliches Ermessen bestimmt.

[3] Der Begünstiger haftet nur dann und nur soweit für Ersatz, als er einen Anteil an dem Gewinn empfangen oder durch seine Beteiligung Schaden verursacht hat.

▪ Abs. 1 (1) ▪ Abs. 2 (4) ▪ Abs. 3 (5)

Abs. 1 Eine gemeinsame Verursachung ist zwar vorausgesetzt 4A_185/2007 (20.9.07) E. 6.2.1 fr., reicht aber ungeachtet der französischen und italienischen Fassungen des Gesetzestextes nicht aus 55 II 310/314 E. 2. Vielmehr setzt die Bestimmung (die auch für die Genugtuung 131 III 26/29 E. 12.1 Pra 2005 (Nr. 104) 749, 126 III 161/166 E. b/aa it. und gemäss Art. 99 Abs. 3 auch für die vertragliche Haftung gilt) voraus, dass mehrere Personen bei der Schadensverursachung schuldhaft zusammengewirkt haben. Schuldhaftes Zusammenwirken ist anzunehmen, wenn jeder Schädiger vom Tatbeitrag des anderen Kenntnis hatte oder bei der erforderlichen Aufmerksamkeit hätte haben können 104 II 225/230 f. E. a, 115 II 42/45 E. b, 4C.85/2003 (25.8.03) E. 8.2.2 fr., ohne dass es auf die Intensität des jeweiligen Tatbeitrages ankommt 4A_185/2007 (20.9.07) E. 6.2.1. Während bewusstes Zusammenwirken voraussetzt, dass zwischen den Beteiligten ein ausreichend enger Zusammenhang besteht 4C.85/2003 (25.8.03) E. 8.2.2 fr., ist es nicht unbedingt erforderlich, dass sie sich verabreden. Vielmehr genügt es, wenn sie sich darüber Rechenschaft geben müssen, dass ihre Handlungen oder Unterlassungen geeignet sind, den nachher eingetretenen Schaden herbeizuführen. Eine positive Handlung kann auch mit einer Unterlassung zusammenwirken, indem der eine Beteiligte eine Unvorsichtigkeit begeht und der andere es unterlässt, sich ihr zu widersetzen, wie es seine Pflicht wäre 71 II 107/114 E. 3 Pra 1945 (Nr. 131) 313. Selbst eine fahrlässige Gehilfenschaft begründet die solidarische Haftbarkeit 57 II 417/420, indem gemeinsames Verschulden schon anzunehmen ist, wenn jeder Schädiger um das pflichtwidrige Verhalten des anderen wissen könnte 127 III 264 E. 6a, 4A_185/2007 (20.9.07) E. 6.2.2. Im Falle eines *Boykottes* kann das nach der Bestimmung vorausgesetzte gemeinsame Handeln nur in einer bewussten und gewollten Teilnahme an diesem bestehen 90 II 501/508. – Keine Solidarität für die Ersatzforderung des Staates gemäss aStGB Art. 58 Abs. 4 119 IV 17/21 E. b fr. 1

Die Solidarität setzt einen ***adäquaten Kausalzusammenhang*** zwischen dem Schaden und der gemeinsam verschuldeten Ursache voraus 127 III 257/262 E. 5a, 4A_185/2007 (20.9.07) E. 6.2.3, 104 II 184/187 E. 2 Pra 1978 (Nr. 234) 611 f. S. nun aber 145 III 72/78 E. 2.2.1, wonach nicht nur der Schadenersatzanspruch (Art. 41 i.V.m. Art. 50), sondern auch der Unterlassungsanspruch gegen den Teilnehmer einer Urheberrechtsverletzung voraussetzt, dass diese adäquat kausale Folge seines Beitrags ist; hier setzte das Bundesgericht also einen adäquaten Kausalzusammenhang zwischen dem Schaden und dem Beitrag des Teilnehmers voraus. Doch entsteht die solidarische Haftbarkeit der an einer unerlaubten Handlung Beteiligten (unter Vorbehalt ihrer gegenseitigen Regressansprüche) auch für solche Folgen, die einzelne von ihnen (oder selbst alle) weder gewollt noch vorausgesehen haben, sofern sie sich der gemeinsam geschaffenen Gefahr bewusst waren oder hätten bewusst sein müssen 71 II 107/112 E. 2 Pra 1945 (Nr. 131) 312. Welcher der an einer gefährlichen Tätigkeit Beteiligten die eigentliche Schadensursache gesetzt hat, ist belanglos 104 II 184/187 E. 2 Pra 1978 (Nr. 234) 612. In einem solchen Fall erscheint nicht nur das Verhalten des unmittelbaren Täters, sondern das aller, die an einem derartigen Unternehmen teilgenommen haben (unbekümmert um das Mass ihrer Mitwirkung), 2 als für die eingetretenen Wirkungen kausal 57 II 417/420. Im Verhältnis zum Geschädigten unterscheidet das Gesetz nicht zwischen Anstifter, Täter und Gehilfen. Die Bedeutung der Beteiligung eines jeden von ihnen, die Schwere seines Verschuldens fallen lediglich für die Abrechnung unter den Mitverantwortlichen in Betracht 71 II 107/112 f. E. 2 Pra 1945 (Nr. 131) 312, 104 II 225/230 f. E. a, 115 II 42/45 E. b, 4C.85/2003 (25.8.03) E. 8.2.2 fr. Anstifter ist, wer einen anderen schuldhaft zu einer objektiv rechtswidrigen Handlung veranlasst 4C.69/2003 (21.7.03) E. 4.1 (in casu Patentverletzung). – In 145 III 72/81 f. E. 2.3.1 führte das Bundesgericht aus, für die Adäquanz genüge nicht jede beliebige Teilnahmehandlung, die lediglich «irgendwie» von förderndem Einfluss ist, jedoch nicht in hinreichend engem Zusammenhang mit der Tat selbst steht. Haftung einer Access-Providerin (Anbieterin von Internetzugang) als Teilnehmerin an Urheberrechtsverletzungen Dritter, die urheberrechtlich geschützte Filme illegal im Internet zugänglich machen? Kein konkreter Tatbeitrag der Acces-Providerin am Zugänglichmachen auf den (ausländischen) Rechnern. Ihre Beteiligung liegt einzig darin begründet, dass sie – zusammen mit zahlreichen weiteren Access-Providern – die technische Infrastruktur bereitstellt, damit ein Zugang zum weltweiten Internet von der Schweiz aus überhaupt möglich ist. Ein adäquater Kausalzusammenhang zur fraglichen Urheberrechtsverletzung, der einen Unterlassungsanspruch gegen die Beschwerdegegnerin begründen könnte, liegt nicht vor 145 III 72/84 f. E. 2.3.2.

3 ***Beispiele.*** Solidarische Haftung wurde angenommen: für den Unfall beim Bogenschiessen dreier Knaben, von denen der eine ins Auge getroffen wurde 104 II 184/186 ff. E. 2 Pra 1978 (Nr. 234) 611 f.; zwischen dem Hauptturheber eines unerlaubten Wettbewerbes und demjenigen, der diesen fördert, ohne selber mit dem Verletzten im Wettbewerb zu stehen 82 II 544/546 f. E. 1; zwischen den Veranstaltern eines Eishockeyspiels sowie den Spielern und ihrem Verein bei Verletzung eines Zuschauers durch einen Stockschlag 79 II 66/73 E. 8 Pra 1953 (Nr. 106) 309; zwischen den Veranstaltern eines Scheibenschiessens in einem Wirtshausgarten und dem nicht einschreitenden Wirt bei Verletzung eines Dritten 71 II 107/110 ff. E. 2 und 3 Pra 1945 (Nr. 131) 310 ff.; zwischen dem Herausgeber und dem Drucker bei Ehrverletzung durch ein Presseerzeugnis 64 II 24/24 f. fr.; zwischen dem Arbeitersekretär, der zu einer gewalttätigen Streikaktion aufruft, und den Streikenden, die Streikbrecher zusammenprügeln 57 II 417/420 f.; zwischen den an einer Rauferei Beteiligten 57 II 417/419 ff. E. 2; zwischen den Urhebern im Komplott begangener Bewucherungen 57 II 28/34 f. E. 3; zwischen einem Vertreter und dem Vertretenen 41 II 506/510 f. E. 1 fr.

4 ***<u>Abs. 2</u>*** Der Richter regelt den Rückgriff nicht von Amtes wegen; dieser muss Gegenstand einer Klage sein 58 II 438/442 fr., vgl. auch 115 II 42/49 E. a, vgl. auch die Möglichkeit der Streitverkündigungsklage nach ZPO Art. 81 f. Haupt- und Rückgriffsklage stellen keinen einheitlichen Anspruch dar 89 II 118/124 E. 5 Pra 1963 (Nr. 135) 404. Zudem kann der Rückgriff lediglich für bereits erbrachte Leistungen erfolgen, während zukünftige Leistungen nur gestützt auf eine Abtretung regressberechtigt sind 132 III 321/327. Ein eingeklagter Solidarschuldner kann nicht verlangen, dass ein anderer zur Zahlung von Schadenersatz an den Gläubiger verurteilt wird, sondern nur die gleichzeitige Regelung der Rückgriffsverhältnisse 58 II 438/440 ff. E. 2 fr. – Die Frage, ob wenigstens für den Rückgriff des vom Gläubiger zuerst belangten Solidarschuldners auf die übrigen die

Rechtskraft des im Hauptprozess ergangenen Urteils in gewissen Punkten auf das Innenverhältnis der Solidarschuldner unter sich zu erstrecken sei, wurde in 93 II 329/335 E. d offengelassen. – Der Richter hat nach Recht und Billigkeit zu entscheiden (ZGB Art. 4) 93 II 345/353 E. 6. Für die Regelung des Rückgriffs ist in erster Linie das Verschulden eines jeden Mitverantwortlichen massgebend 71 II 107/112 f. E. 2 Pra 1945 (Nr. 131) 312, 104 II 184/188 f. E. 3b Pra 1978 (Nr. 234) 613.

Abs. 3 Die zivilrechtliche Haftung des Hehlers deckt sich nicht mit der strafrechtlichen Verantwortlichkeit 77 II 301/304 ff. Pra 1952 (Nr. 25) 61 ff. Doch setzt die Haftung zumindest den Nachweis eines zivilrechtlichen Delikts voraus, dessen Erfolg der Begünstigte durch sein Verhalten sichert 4C.441/1998 (25.9.00) E. 3a. Die Begünstigung ist keine Gehilfenschaft minderen Grades. Die Beteiligung vor oder bei der Schädigung betrifft den Urheber, Anstifter oder Gehilfen, jene *nach* vollendeter Tat dagegen den Begünstiger, da er den bereits eingetretenen Erfolg sichert, z.B. durch Weiterveräusserung einer gestohlenen Sache. Daraus folgt, dass der Begünstiger mangels adäquaten Kausalzusammenhanges nicht für den Schaden haftet, der durch die Haupttat verursacht wird, sondern nur für den Schaden verantwortlich ist, der durch seine Begünstigungshandlung entsteht 101 II 102/107 E.a. Es genügt, wenn eine der beiden in der Bestimmung genannten Voraussetzungen (eigene Schadensverursachung, Anteil am Gewinn) erfüllt ist 77 II 301/304 E. 1 Pra 1952 (Nr. 25) 61. Die Aufbewahrung und Rückerstattung eines ertrogenen Geldbetrages kann aber grundsätzlich auch die adäquate Ursache für den Hauptschaden (Verlust des ertrogenen Betrages) sein 77 II 301/305 E. 3a Pra 1952 (Nr. 25) 62 (in casu allerdings verneint). Die Voraussetzung der Bereicherung gemäss Art. 50 Abs. 3 ist aber nicht erfüllt, wenn bloss eine Hinterlegung stattfindet, bei der keinerlei Vermögensvermehrung eintritt 77 II 301/304 E. 1 Pra 1952 (Nr. 25) 61. 5

2. Bei verschiedenen Rechtsgründen

Art. 51

[1] Haften mehrere Personen aus verschiedenen Rechtsgründen, sei es aus unerlaubter Handlung, aus Vertrag oder aus Gesetzesvorschrift dem Verletzten für denselben Schaden, so wird die Bestimmung über den Rückgriff unter Personen, die einen Schaden gemeinsam verschuldet haben, entsprechend auf sie angewendet.

[2] Dabei trägt in der Regel derjenige in erster Linie den Schaden, der ihn durch unerlaubte Handlung verschuldet hat, und in letzter Linie derjenige, der ohne eigene Schuld und ohne vertragliche Verpflichtung nach Gesetzesvorschrift haftbar ist.

▪ Versicherer (1) ▪ Abs. 1 (2) ▪ Abs. 2 Allgemeines (3) ▪ Haftung in erster Linie (aus deliktischer Verschuldenshaftung) (5) ▪ Haftung in zweiter Linie (aus Vertrag) (7) ▪ Haftung in letzter Linie (aus Gesetz) (8)

Versicherer. Zum Rückgriff des ***Sozialversicherers*** siehe ATSG Art. 72–75, durch die zahlreiche Sonderbestimmungen abgelöst wurden; weiterhin bedeutsam aber sind namentlich BVG Art. 34b zur Subrogation der BVG-Vorsorgeeinrichtung (132 III 325 E. 2.3.1) und VVG Art. 72. Der Sozialversicherer untersteht der Rangordnung von Art. 51 nicht 119 II 289/293 E. 5b, 4C.208/2002 (19.11.02) E. 2.1.1 Pra 2003 (Nr. 212) 1157. Durch Sub- 1 rogation tritt der Sozialversicherer bis auf die Höhe seiner gesetzlichen Leistungen in die Ansprüche des Geschädigten gegen den Haftpflichtigen ein. Darob entsteht kein neuer, selbständiger Anspruch; vielmehr übernimmt der Sozialversicherer durch Legalzession den Haftpflichtanspruch des Geschädigten mit allen damit verbundenen Vor- und Nachteilen. Soweit sich dieser Anspruch auf bundeszivilrechtliches Haftungsrecht stützt, ist auch der Regressanspruch im Zivilweg geltend zu machen, und dies selbst dann, wenn die Gültigkeit der Subrogation umstritten ist 4C.374/2005 (10.1.06) E. 2.1 und 2.2. Die Beweislast verteilt sich nach ZGB Art. 8 4C.374/2005 (10.1.06) E. 3.2. – ***Haftpflichtversicherer.*** In analoger Anwendung von VVG Art. 72 Abs. 1 hat der Haftpflichtversicherer eines Schädigers infolge Subrogation ein Rückgriffsrecht gegenüber Dritten, die gleich dem Versicherten für den Schaden haftbar sind. Die in VVG Art. 72 enthaltene Einschränkung, dass ein Regressrecht nur gegenüber Urhebern unerlaubter Handlungen erworben wird, gilt jedoch nicht; der übergehende Anspruch ist der Ausgleichsanspruch des haftpflichtigen Versicherten nach Art. 50 und 51 79 II 407/408 f. Pra 1954 (Nr. 36) 89 f., 95 II 333/338 E. 4. Zum Regressanspruch gemäss VVG für Schadensversicherer siehe neu 144 III 209 (Änderung der Rechtsprechung). – Zum Kongruenzgrundsatz etwa 124 III 222/225 E. 3 (in casu AHVG), 126 II 237/246 E. 6c/dd (in casu OHG). – ***Kantonale Subrogationsbestimmungen.*** Das Rückgriffsrecht einer kantonalen Brandversicherungsanstalt gegen den Schädiger untersteht Art. 51 und kann durch eine kantonale Subrogationsbestimmung nicht weiter ausgedehnt werden 103 II 330/337 E. dd Pra 1978 (Nr. 89) 204, 115 II 24/26 E. 2a Pra 1989 (Nr. 172) 586. Pensionskassen des privaten und des kantonalen öffentlichen Rechts unterstehen der Rückgriffsordnung von Art. 51 Abs. 2. Unbeachtlichkeit von Statuten und Reglementsbestimmungen sowie von kantonalrechtlichen Regelungen über die Zession oder Subrogation der Ansprüche des Versicherten, wenn damit von der gesetzlichen Ordnung abgewichen wird 115 II 24/25 ff. Pra 1989 (Nr. 172) 585 ff., vgl. auch 119 II 127/131 E.b.

2 ***Abs. 1*** Die Bestimmung regelt lediglich das Innenverhältnis, also das Verhältnis zwischen den Ersatzpflichtigen, und begründet einen Rückgriffsanspruch ex iure proprio. Dieser Anspruch entsteht in der Person jenes Ersatzpflichtigen, der den Geschädigten befriedigt 4C.27/2003 (26.5.03) E. 3.4 fr. Bei unechter Solidarität beruht der Anspruch mithin nicht auf Subrogation, sondern ist lediglich ein Ausgleichsanspruch des zahlenden Schuldners gegen seine Mitschuldner, der im Zeitpunkt entsteht, in dem die Zahlung an den Geschädigten erfolgt 130 III 396/396 E. 5.2 fr., 133 III 6/25 Pra 2007 (Nr. 104) 702. Der Rückgriff kann lediglich für bereits erbrachte Leistungen erfolgen, während zukünftige Leistungen nur gestützt auf eine Abtretung regressberechtigt sind 132 III 321/327. – Die Bestimmung ist auch anwendbar, wenn mehrere Haftpflichtige aus gleichartigen Rechtsgründen für denselben Schaden einzustehen haben 80 II 247/253 Pra 1955 (Nr. 18) 67 f., 127 III 257/257 (zu ZGB Art. 679/685), 117 II 50/63 f. E. 5 Pra 1992 (Nr. 140) 517 f. (Solidarhaftung der Miteigentümer eines mangelhaften Werkes). – Sie verweist auf Art. 50 Abs. 2; der Richter hat daher den Umfang des Rückgriffsrechtes (allenfalls in der Reihenfolge gemäss Art. 51 Abs. 2) nach freiem Ermessen zu bestimmen 58 II 438/442 fr., 96 II 172/175 f. E. 2. – Regressforderung des Unternehmers gegen den Architekten 115 II 42/44 ff. E. 1, vgl. auch 119 II 127/131 E. b, des Ingenieurs gegen den Architekten 130 III 362/362 Pra 2005 (Nr. 7) 57, 133 III 6/6 Pra 2007 (Nr. 104) 684. Rückgriffsrecht des

Mieters, der den Vermieter entschädigt, gegen den Kaskoversicherer 114 II 342/345 E. 3 Pra 1990 (Nr. 168) 602. – Die Regressforderung *verjährt* grundsätzlich ein Jahr ab dem Tag, an dem der Geschädigte den Schadenersatz erhalten hat und der andere Haftpflichtige bekannt wurde; sie verjährt in jedem Fall mit Ablauf von zehn Jahren ab dem Tag, an dem die Schädigung eingetreten ist oder ein Ende gefunden hat. Ist die Forderung des Geschädigten gegen einen von mehreren Haftpflichtigen im Zeitpunkt des Regresses bereits verjährt (im Aussenverhältnis), hindert dies den Haftpflichtigen, der dem Geschädigten Ersatz geleistet hat, nicht daran, (im Innenverhältnis) seine Regressforderung gegen diesen Mithaftpflichtigen geltend zu machen, sofern er ihm so bald wie möglich angezeigt hat, dass er ihn für mithaftpflichtig hält 133 III 6/6 Pra 2007 (Nr. 104) 684, 127 III 257/266 E. c, was es diesem erlaubt, die nötigen Schritte zur Verteidigung seiner Rechte zu unternehmen (Sicherung der Beweismittel, Mandatierung eines Anwaltes, Anzeige an die Versicherung, Beteiligung an Vergleichsgesprächen und gegebenenfalls am Verfahren) 133 III 6/24 Pra 2007 (Nr. 104) 701.

<u>*Abs. 2*</u> **Allgemeines.** Die Bestimmung bezieht sich nur auf die ***Haftung aus verschiedenen Rechtsgründen;*** für die Haftung aus gleichartigen Rechtsgründen gilt Art. 51 Abs. 1 in Verbindung mit Art. 50 Abs. 2, wonach der Richter nach freiem Ermessen über den Rückgriff befindet 80 II 247/253 f. Pra 1955 (Nr. 18) 68. Die in dieser Bestimmung enthaltene Reihenfolge der Haftung gilt nicht absolut; der Richter kann (allerdings nur mit grosser Zurückhaltung) davon abweichen, wenn die Umstände dies rechtfertigen 50 II 186/188 f. E. 4, 76 II 387/392 E. 4 fr., 115 II 24/28 E. 3 Pra 1989 (Nr. 172) 588, 133 III 6/23 Pra 2007 (Nr. 104) 700, vgl. auch 114 V 171/179 E.c. Zur Tragweite der Regelung der Reihenfolge der Haftpflichtigen siehe auch 120 II 58/61 E.a. – Dieser Rechtsprechung ist Kritik erwachsen 132 III 321/327 E. 2.3.2.3. Die für den Regelfall vorgesehene Stufenfolge lässt Raum für Abweichungen mit Blick auf den konkreten Fall 144 III 319/322 E. 5.3 (in casu Gefährdungshaftung nach RLG und Verschuldenshaftung). – Eine vertragliche Regelung des Rückgriffs (in casu im Verhältnis zwischen Vermieter und Mieter) für den von Drittpersonen erlittenen Schaden ist in den Grenzen von Art. 100 zulässig 81 II 129/133 E. 9 JdT 103 I 529 E. 9. Hingegen wird das Rückgriffsrecht des einen Verantwortlichen durch den Vergleich des Geschädigten mit einem anderen Verantwortlichen nicht beeinträchtigt 60 II 218/226 fr. Ebenso wenig ist der Geschädigte befugt, in Abweichung von Art. 51 Abs. 2 zu entscheiden, welcher der verschiedenen Haftpflichtigen den Schaden letztlich tragen soll; eine zu diesem Zwecke vorgenommene Abtretung seines Anspruches ist daher unwirksam 80 II 247/252 f. Pra 1955 (Nr. 18) 67, 115 II 24/25 f. E. 2a Pra 1989 (Nr. 172) 586. Zudem folgt daraus, dass die Verjährung im Aussenverhältnis für den Regress keine Rolle spielen darf 133 III 6/23 Pra 2007 (Nr. 104) 700. So bleibt es auch dann bei der gesetzlichen Rückgriffsordnung, wenn die Geschädigte ihren gegen einen Schädiger gerichtete Ersatzforderung an eine Versicherung abtritt, wenn diese nicht auf den Schädiger Regress nehmen kann. Diese Praxis gilt nur dann nicht, wenn ausländisches oder dem Obligationenrecht vorgehendes internationales Recht über die Haftungs- bzw. Regressordnung bestimmt 132 III 626/639 E. 5.1 fr. – Abweichung von dieser Stufenordnung durch kantonales Recht (Rückgriff der kantonalen Gebäudeversicherungsanstalt auf den Brandverursacher) nicht zulässig 4A_133/2014 (8.7.14) E. 4.2. – Analoge Anwendung auf den Regressanspruch des Arbeitgebers, der seinem verunfallten Arbeitneh- 3

mer den Lohn zu entrichten hat, gegen den haftpflichtigen Dritten 126 III 521/522 E. 2b (Gleichstellung des Arbeitgebers mit den subrogierenden Sozial- und Privatversicherern), auch 58 II 239/242 f. E. 2–4 fr.

4 ***Keine Anwendbarkeit.*** Die Bestimmung ist nicht anwendbar auf die interne Konkurrenz der Haftung des Motorfahrzeughalters mit derjenigen eines Werkeigentümers 116 II 645/649 E. b Pra 1991 (Nr. 45) 221. – VVG Art. 72 Abs. 1 wird durch diese Bestimmung eingeschränkt 79 II 408/408 f. Pra 1954 (Nr. 36) 89 f., vgl. auch 95 II 333/338 E. 4; Änderung dieser Rechtsprechung, indem die Stufenfolge auf die private Schadensversicherung, die in die Stellung der Geschädigten subrogiert, nicht anwendbar ist 144 III 209/210 E. 2.

5 **Haftung in erster Linie (aus deliktischer Verschuldenshaftung).** Voraussetzung ist ein *persönliches Verschulden* (bei einer juristischen Person: Verschulden ihrer Organe, nicht bloss ihrer Angestellten) 76 II 387/390 fr. Der Kausalhaftpflichtige, der (ohne eigenes Verschulden) für das Verhalten eines andern, insbesondere einer Hilfsperson nach Art. 55, einstehen muss, fällt nicht unter die erste, sondern unter die dritte Kategorie der Regressordnung 77 II 243/247 f. E. 2.

6 ***Beispiele.*** Haftung aus unerlaubter Handlung *im Verhältnis zu einer vertraglichen Haftung:* Regress der kantonalen Brandversicherungsanstalt gegen eine Aktiengesellschaft (Bergbahn), deren Organ den Schaden durch unerlaubte Handlung (künstliche Auslösung einer Lawine) verursacht hat 96 II 172/176 ff. E. 3, auch 4A_133/2014 (8.7.14) E. 4.2; primäre Haftung der Hilfsperson des Mieters, die den Mietgegenstand schuldhaft beschädigt hat 77 II 148/150 f. E. 3; Regress des Kaskoversicherers gegen die SBB (in casu mangels Verschulden der Organe verweigert) 76 II 387/387 ff. fr.; Rückgriff des Arbeitgebers auf den Schädiger seines Arbeitnehmers für geleistete Lohnfortzahlung 126 III 521/522 E. 2b. – Haftung aus unerlaubter Handlung *im Verhältnis zur Haftung aus Gesetz:* Haftung des Urhebers einer unerlaubten Handlung und des Werkeigentümers 123 III 306/313 E. 4b Pra 1997 (Nr. 170) 917; Rückgriff des Bundes, der für den von einem Wehrmann verursachten Schaden haftet, gegen den Dritten, den ein Verschulden am militärischen Unfall trifft 71 I 48/59 f.; des Kantons, der (gestützt auf kantonales öffentliches Recht) seinem verunfallten Angestellten weiterhin den Lohn bezahlt und auch die Heilungskosten übernimmt, gegen den Dritten, der den Unfall durch unerlaubte Handlung verursacht hat 58 II 239/242 f. E. 2–4 fr.

7 **Haftung in zweiter Linie (aus Vertrag).** In der Regel kein integraler (allseitiger) Regress, da der Regress nur gegenüber aus Verschulden Haftenden möglich ist, während ein Rückgriff gegen Kausalhaftpflichtige, die bloss aufgrund einer Gesetzesvorschrift (ohne Verschulden) haften, ausgeschlossen ist 132 III 321/326 E. 2.3.2.2 (in casu Regress einer BVG-Vorsorgeeinrichtung). – Haftung aus Vertrag ist auch die Haftung für die Hilfsperson gemäss Art. 101 80 II 247/253 ff. Pra 1955 (Nr. 18) 67 ff. (in casu im Verhältnis zur Haftung aus Versicherungsvertrag); die Leistungspflicht der kantonalen Brandversicherungsanstalt 77 II 243/246 ff. E. 2 (in casu im Verhältnis zur Haftung des Geschäftsherrn aus Gesetz, Art. 55); der Krankenkasse 107 II 489/495 E. 5a, 115 II 24/26 E. 2a Pra 1989 (Nr. 172) 586; der Pensionskassen des privaten und des kantonalen öffentlichen Rechts 115 II 24/26 E. b Pra 1989 (Nr. 172) 587, 132 III 326 E. 2.3.2.2. – Nach alter Rechtsprechung wurde die Regressordnung von Art. 51 auch auf Schadensversicherer angewandt

(innerhalb der zweiten Stufe der aus Vertrag Haftenden galt z.B., dass, wer den Schaden durch grobe Verletzung vertraglicher Pflichten verursacht hatte, ihn vor dem Versicherer zu tragen hatte 93 II 345/353 E. 6, in casu Luftfrachtvertrag). Keine Anwendung der Regressordnung auf den Schadensversicherer (inklusive Vorsorgeeinrichtungen) 144 III 209 (Änderung der Rechtsprechung, zur Kritik an der früheren Rechtsprechung 137 III 352/353 E. 4, 132 III 321/328 E. 2.3.2.3).

Haftung in letzter Linie (aus Gesetz). Dieser Kategorie gehören lediglich die Fälle der *Kausalhaftung* an 80 II 247/253 Pra 1955 (Nr. 18) 67. Haftung nach Gesetzesvorschrift ist z.B. die Haftung des Geschäftsherrn für unerlaubte Handlungen seiner Hilfspersonen gemäss Art. 55 77 II 243/247, nicht aber die Haftung nach Art. 101, die eine Haftung aus Vertrag ist 80 II 247/253 Pra 1955 (Nr. 18) 67; die Haftung aus Nachbarrecht (ZGB Art. 679 und 684) und die Werkeigentümerhaftung (Art. 58) 47 II 412 E. 3. Trifft eine Gefährdungshaftung mit einer einfachen Kausalhaftung zusammen und kann auf keiner Seite ein Verschulden angenommen werden, so hat derjenige, der für die besondere Gefährdung einzustehen hat, den grösseren Teil des Schadens zu tragen 85 II 243/246 f. E. 2 Pra 1959 (Nr. 173) 474 f., 108 II 51/56 f. E. 5a, vgl. auch 116 II 645/649 E. b Pra 1991 (Nr. 45) 221. Im Falle einer Kausalhaftung ist im Zusammenhang mit dem Regress Art. 51 Abs. 2 jeweils zu prüfen, ob dem Kausalhaftpflichtigen zusätzlich ein Verschulden zur Last falle. Trifft dies zu, so steht z.B. dem Versicherer, der Entschädigungsleistungen erbracht hat, der Rückgriff auf den Haftpflichtigen zu 107 II 489/496 E.b. 8

VII. Haftung bei Notwehr, Notstand und Selbsthilfe

Art. 52

[1] Wer in berechtigter Notwehr einen Angriff abwehrt, hat den Schaden, den er dabei dem Angreifer in seiner Person oder in seinem Vermögen zufügt, nicht zu ersetzen.

[2] Wer in fremdes Vermögen eingreift, um drohenden Schaden oder Gefahr von sich oder einem andern abzuwenden, hat nach Ermessen des Richters Schadenersatz zu leisten.

[3] Wer zum Zwecke der Sicherung eines berechtigten Anspruches sich selbst Schutz verschafft, ist dann nicht ersatzpflichtig, wenn nach den gegebenen Umständen amtliche Hilfe nicht rechtzeitig erlangt und nur durch Selbsthilfe eine Vereitelung des Anspruches oder eine wesentliche Erschwerung seiner Geltendmachung verhindert werden konnte.

Abs. 1 **Notwehr.** Berechtigte Notwehr ist die Verteidigung, die erforderlich ist, um einen gegenwärtigen rechtswidrigen Angriff von sich oder einem andern abzuwenden 44 II 149/151, grundlegend 25 II 25/29. Die blosse Vorstellung von der Möglichkeit eines Angriffs genügt nicht zur Annahme einer sog. Putativnotwehr. Vielmehr muss beim Täter der feste Glaube vorliegen, dass der angebliche Angriff schon im Gange sei oder wenigstens unmittelbar bevorstehe 44 II 149/152 E. 1. Widerrechtlich ist die Überschreitung der Notwehr 25 II 30/30, 57 II 575/581 E. 3 JdT 28 I 473 f. E. 3. – Der Zivilrichter ist auch in der Frage der Notwehr nicht an ein diesbezügliches Strafurteil gebunden 29 II 614/617 f. E. 3. 1

Abs. 2 **Notstand.** Die Bestimmung regelt nur den Eingriff in das Mobiliareigentum, während bei Eingriffen in Grundstücke ZGB Art. 701 anwendbar ist 100 II 120/124 f. E. 2b. Der Notstand rechtfertigt auch einen Eingriff in das Persönlichkeitsrecht 101 II 2

177/197; er kann z.B. die Verletzung des ärztlichen Berufsgeheimnisses als rechtmässig erscheinen lassen 44 II 322/326 fr. Wer infolge eines entschuldbaren Irrtums bloss in vermeintlicher Notlage fremdes Eigentum verletzt, handelt objektiv widerrechtlich und haftet somit dem Grundsatz nach gemäss Art. 41. Er soll nicht besser, aber in der Regel auch nicht schlechter gestellt sein als derjenige, der in wirklichem Notstand gehandelt hat. Das führt bei der Schadenersatzbemessung zu analoger Anwendung der Vorschriften, die für den Notstand gelten 100 II 120/129 E. 5. – Die Schadenersatzpflicht müsste grundsätzlich auch bejaht werden, wenn ein Sachverhalt in Ausfüllung einer Gesetzeslücke als notstandsähnlich zu würdigen wäre 92 II 257/267 E. 4e. – Der Grundsatz der Bestimmung ist analog auf die Verantwortlichkeit des Grundeigentümers anwendbar, wenn Bauarbeiten und -vorrichtungen infolge von Einwirkungen, welche die Grenzen des ordentlichen Nachbarrechts überschreiten, jedoch vorübergehend als unvermeidlich zu dulden sind, zu beträchtlicher Schädigung eines Nachbarn führen 91 II 100/107 E. 3, 114 II 230/230. – Anwendbarkeit der Bestimmung im Wettbewerbsrecht unter der Herrschaft des aUWG. Die Vermehrung des Vermögens ist kein vom Gesetz anerkannter Grund, mit täuschenden Mitteln in die Interessen und die Kundschaft der Mitbewerber einzugreifen 92 II 257/267 E. 4e.

3 ***Abs. 3*** **Selbsthilfe.** Gleiche Voraussetzungen im Rahmen des Besitzesschutzes, ZGB Art. 926 Abs. 3 4P.148/2001 (25.10.01) E. 3b. Die Bestimmung erlaubt keine Selbsthilfe durch betrügerische Machenschaften 76 IV 227/235 fr. Die Befugnis des Bestellers, nach Ausübung des Wandelungsrechts (Art. 368 Abs. 1) ein auf seinem Grundstück errichtetes, unbrauchbares Werk (in casu Heizöltanks) zu beseitigen, beruht nicht auf Art. 52 Abs. 3 98 II 118/123 E. 4. Das Interesse des Eigentümers, nicht bestohlen zu werden, ist kein «Anspruch» i.S. der Bestimmung 108 IV 120/128 E. 5. – Der Rechtfertigungsgrund der erlaubten Selbsthilfe gilt über das Haftpflichtrecht hinaus auch im Strafrecht 104 IV 90/93 f. E. 2 (in casu offengelassen, ob die gesetzlich erlaubte Selbsthilfe auch einen Elternteil zur eigenmächtigen Durchsetzung seines Besuchsrechts berechtige).

VIII. Verhältnis zum Strafrecht

Art. 53

[1] Bei der Beurteilung der Schuld oder Nichtschuld, Urteilsfähigkeit oder Urteilsunfähigkeit ist der Richter an die Bestimmungen über strafrechtliche Zurechnungsfähigkeit oder an eine Freisprechung durch das Strafgericht nicht gebunden.

[2] Ebenso ist das strafgerichtliche Erkenntnis mit Bezug auf die Beurteilung der Schuld und die Bestimmung des Schadens für den Zivilrichter nicht verbindlich.

1 Die Konkretisierung des Fahrlässigkeitsbegriffs unter straf-, sozialversicherungs- und haftpflichtrechtlichen Aspekten braucht nicht identisch auszufallen, da die unterschiedlichen Zielsetzungen der verschiedenen Normenkomplexe unterschiedliche Wertungen erheischen 4C.286/2003 (18.2.04) E. 3.1. Beim zivilrechtlichen Verschulden wird üblicherweise ein weniger strenger Massstab angelegt als beim strafrechtlichen 61 I 429/432 E. 2. – Tragweite des im Genfer Verfahrensrecht enthaltenen Grundsatzes «le pénal tient le civil en l'état», der das Gegenteil von Art. 53 regelt (Frage offengelassen) 119 II 386/390

E. c Pra 1994 (Nr. 231) 763, vgl. auch Pra 1996 (Nr. 141) 472 E. 2b. – Allgemein zum Verhältnis zwischen vorfrageweiser Entscheidung im Rahmen eines Gerichtsverfahrens einerseits und der Verwaltungsrechtspraxis bzw. einem konkreten Verwaltungsakt andererseits 4P.256/2004 (26.1.05) E. 2.4.1 fr., siehe auch 4C.374/2005 (10.1.06) E. 4.1. Mit dem Erlass der eidgenössischen Zivilprozessordnung (ZPO; SR 272) wurde die bundesgerichtliche Rechtsprechung, soweit die Entscheidung dem kantonalen Prozessrecht überlassen wurde, obsolet; die ZPO enthält keine Regel zum Verhältnis zwischen Straf- und Zivilurteil.

Abs. 1 Die Bestimmung, wonach ein freisprechendes Strafurteil für den Zivilrichter unverbindlich ist, gilt für alle nach Bundeszivilrecht zu beurteilenden Ansprüche 66 II 80/83 E. 1. Abgesehen von der Schuldfrage und der Schadensbestimmung stand es den Kantonen aber frei, den Zivilrichter insbesondere hinsichtlich der Feststellung der Tat als solcher und deren Widerrechtlichkeit an das Strafurteil zu binden 125 III 401/410 E. 3, 107 II 151/158 E. 5b, 4A_67/2008 (27.8.09) E. 8.1. Mit Inkrafttreten der ZPO fällt die Frage unter ZPO Art. 59 Abs. 2 lit. e, wobei dieser Bestimmung keine ausdrückliche Regel zu entnehmen ist 4A_22/2020 (28.2.20) E. 6. Gemäss 4A_470/2015 (12.1.16) E. 3.2 ist das Zivilgericht nicht an die Beurteilung der Widerrechtlichkeit in einem Strafurteil gebunden. Sonst aber war der Zivilrichter auch in der Frage der Notwehr nicht an ein diesbezügliches Strafurteil gebunden 29 II 614/617 f. E. 3. Dass der Zivilrichter im Übrigen nicht grundlos von der Auffassung des Strafrichters abgeht, ist eine Frage der Zweckmässigkeit, kein Satz des Bundesrechts 125 III 401/411 E. 3. 2

Abs. 2 Die Bestimmung stellte einen auf die Schuldfrage und die Schadensbestimmung beschränkten Eingriff des Bundesgesetzgebers in das bis Ende 2010 den Kantonen vorbehaltene Prozessrecht dar; diese beiden Problemkreise musste der Zivilrichter im Interesse des materiellen Bundesrechts unter allen Umständen selbständig und frei prüfen, ohne sich durch ein vorher ergangenes Strafurteil gebunden zu fühlen 107 II 151/158 f. E. b, 120 Ia 101/107 f. E. e, 123 III 306/312 E. 4a Pra 1997 (Nr. 170) 917, 4A_67/2008 (27.8.09) E. 8.1. – Von einer selbständigen Beurteilung der Schuldfrage durch den Zivilrichter kann nur die Rede sein, wenn dieser in seinem Entscheid zum Ausdruck bringt, von welchen Feststellungen tatsächlicher Natur er ausgeht und aus welchen Gründen er zur Bejahung eines Verschuldens gelangt. Wie weit er dabei auf Ermittlungen und tatsächliche Feststellungen des Strafrichters abstellen darf und will, ist eine Frage des kantonalen Prozessrechts (bzw. nun der ZPO) und der Beweiswürdigung, die sich der Kontrolle durch das Bundesgericht als Berufungsinstanz entzieht 107 II 151/159 f. E. c, vgl. auch 107 II 489/497 E. b, 108 II 422/426 E. b Pra 1983 (Nr. 30) 76 sowie Pra 1996 (Nr. 141) 473 E. b; da die ZPO Bundesrecht darstellt, dürfte nunmehr aber eine Verletzung dieser Fragen als Verletzung von Bundesrecht (BGG Art. 95 lit. a) dem Bundesgericht unterbreitet werden können. 3

Im Übrigen stand es jedoch den Kantonen frei, im Prozessrecht die Verbindlichkeit eines Strafurteils für den Zivilrichter vorzusehen, insbesondere was die Feststellung der Tat als solcher und deren Widerrechtlichkeit betrifft; die ZPO enthält keine diesbezügliche Regel. Aus Art. 53 Abs. 2 darf nicht durch Umkehrschluss abgeleitet werden, bezüglich der in dieser Bestimmung nicht ausdrücklich erwähnten Fragen sei der Zivilrichter gebunden 107 II 151/158 E.b. Der Zivilrichter muss aber im von Art. 53 nicht erfassten Bereich ent- 4 weder auf die allfällige verfahrensrechtliche Bindung an das Strafurteil hinweisen oder die Frage (in casu des adäquaten Kausalzusammenhanges) selbständig prüfen 107 II 151/160 E.d. – Sofern das Opfer seine Zivilansprüche im Strafverfahren geltend gemacht hat, ist der Strafrichter im Adhäsionsverfahren oder der Zivilrichter im Verfahren nach aOHG Art. 9 Abs. 3 (vgl. nun StPO Art. 126) von Bundesrechts wegen (und nicht bloss nach allfälligen Vorschriften des kantonalen Zivilprozessrechts) an das strafrichterliche Urteil gebunden 120 Ia 101/108 (Präzisierung der Rechtsprechung). – Soweit die Auswirkungen eines Strafurteils auf einen Dritten, der am Strafverfahren nicht beteiligt war, infrage stehen, ist die Annahme einer Bindung des Zivilrichters sachlich nicht gerechtfertigt. Ein Verstoss gegen diesen Grundsatz verletzt indessen keine Bestimmung des Bundeszivilrechts, sondern höchstens aBV Art. 4 (BV Art. 9) 107 II 151/159 E.b.

B. Haftung urteilsunfähiger Personen

Art. 54

[1] Aus Billigkeit kann der Richter auch eine nicht urteilsfähige Person, die Schaden verursacht hat, zu teilweisem oder vollständigem Ersatze verurteilen.

[2] Hat jemand vorübergehend die Urteilsfähigkeit verloren und in diesem Zustand Schaden angerichtet, so ist er hierfür ersatzpflichtig, wenn er nicht nachweist, dass dieser Zustand ohne sein Verschulden eingetreten ist.

1 Trotz ihrer systematischen Stellung im Gesetz ist die Bestimmung nicht nur auf unerlaubte Handlungen, sondern auch auf Vertragsverletzungen des Urteilsunfähigen anwendbar 102 II 226/230 E. b, 4C.195/2004 (7.9.04) E. 3.1 it. Der Partei, die im Zeitpunkt des Vertragsbruchs urteilsunfähig war 55 II 35/38, wird jene gleichgestellt, deren (nicht erkennbare) Urteilsunfähigkeit schon beim Abschluss des (nichtigen) Vertrages bestand; die Gegenpartei hat in diesem Fall Anspruch auf Ersatz des negativen Vertragsinteresses, wenn und soweit die Billigkeit es gebietet 102 II 226/229 ff. E. a und b. – Zudem ist die Bestimmung nicht nur auf Vermögensschäden, sondern auch auf Genugtuungsansprüche anwendbar 74 II 202/212 f. – Es ist mit EMRK Art. 6 Ziff. 2 und aBV Art. 4 (BV Art. 9) vereinbar, einen wegen Zurechnungsunfähigkeit freigesprochenen Angeklagten in sinngemässer Anwendung von Art. 54 Abs. 1 aus Billigkeitserwägungen mit Gerichtskosten bzw. der Pflicht, eine Parteientschädigung zu leisten, zu belasten, wenn er sie objektiv verursacht hat und das kantonale Verfahrensrecht dafür eine genügende gesetzliche Grundlage enthält 116 Ia 162/171 E. c, 112 Ia 371/375 ff. E. 3.

2 ***Abs. 1*** Die Bestimmung begründet eine *Kausalhaftung aus Billigkeit* 122 III 262/266 E. 2a/aa, die aber noch immer einen Schaden, Widerrechtlichkeit bzw. eine Vertragsverletzung sowie einen Kausalzusammenhang voraussetzt 4C.195/2004 (7.9.04) E. 4.1 it. Rechtfertigen lässt sich diese Kausalhaftung mit den Gefahren, die der Zustand der urteilsunfähigen Person für andere darstellt. Dabei entscheidet der Richter aber nach Billigkeit, ob und in welchem Ausmass der Urteilsunfähige zum Ersatz des Schadens verpflichtet ist, den er durch Vertragsverletzung oder durch unerlaubte Handlung verursacht hat 102 II 226/230 E. b, 103 II 220/335 f. E. 4b aa Pra 1978 (Nr. 89) 203, 122 III 262/266 E. 2a/aa (in casu Art. 266g), 4C.195/2004 (7.9.04) E. 3.2. Massgebend sind dabei die

Umstände des Einzelfalls. Zu berücksichtigen sind insbesondere: die finanziellen Verhältnisse beider Parteien im Zeitpunkt des Urteils 4C.195/2004 (7.9.04) E. 4.1.2 it. und der Umstand, dass der vom Geschädigten erlittene Schaden ganz oder teilweise durch Zahlungen Dritter (insbesondere Versicherungsleistungen) gedeckt wird 103 II 330/336 E. 4b aa Pra 1978 (Nr. 89) 203 (zur Berücksichtigung der finanziellen Verhältnisse vgl. auch 115 Ia 111/113 f. E. 3 Pra 1989 [Nr. 232] 811 f.); dass der Schaden für den Geschädigten eine grosse Belastung darstellt (was für eine Billigkeitshaftung spricht) 122 III 262/267 E. 2a/aa; allenfalls aber auch die Notlage, in welche die Familie des Betroffenen durch dessen Ersatzpflicht kommen würde 113 Ia 76/79 E. 2a Pra 1987 (Nr. 231) 792 bzw. der Umstand, dass der Schädiger durch die Ersatzpflicht in eine Notlage geraten könnte oder auf lange Zeit hinaus auf das Existenzminimum gesetzt wäre 122 III 262/267 E. 2a/aa (in casu Art. 266g); die Tatsache, dass ein Gemeinwesen geschädigt ist, das als Verwalter öffentlicher Mittel eines erhöhten Schutzes bedarf 71 II 225/230 E. 3 (vgl. auch 115 Ia 111/114 Pra 1989 (Nr. 232) 812, wonach kein Vergleich der Vermögenslage eines Kantons mit derjenigen eines Privaten anzustellen ist); dass ein Grenzfall von Unzurechnungsfähigkeit vorliegt 71 II 225/230 f. E. 4; dass der Geschädigte dem Schädiger entgegengekommen ist, indem er ihn wieder angestellt hat 71 II 225/231 E. 5. Nicht zu berücksichtigen ist hingegen eine bestehende Bürgschaft 71 II 225/232 E. 6.

Anwendbarkeit der Art. 43 und 44, soweit die kausale Natur der Billigkeitshaftung dies zulässt; ein Selbstverschulden der geschädigten Partei kann somit zur Aufhebung oder Herabsetzung der Billigkeitshaftung führen 122 III 262/267 E. 2a/aa. Auf das mitwirkende Verhalten eines urteilsunfähigen Geschädigten ist die Bestimmung analog anwendbar 60 II 38/44 E. 3. 3

Abs. 2 In 103 II 330/335 E. 4a Pra 1978 (Nr. 89) 203 wurde als bewiesen betrachtet, dass der Zustand vorübergehender Urteilsunfähigkeit ohne Verschulden des Schädigers (als Folge einer medikamentösen Toxikomanie) eingetreten war. Nicht erbracht wurde der Nachweis, dass eine allfällige zeitweise Urteilsunfähigkeit ohne eigenes Verschulden eingetreten war, in 111 II 263/267 E.a. 4

C. Haftung des Geschäftsherrn

Art. 55

[1] Der Geschäftsherr haftet für den Schaden, den seine Arbeitnehmer oder andere Hilfspersonen in Ausübung ihrer dienstlichen oder geschäftlichen Verrichtungen verursacht haben, wenn er nicht nachweist, dass er alle nach den Umständen gebotene Sorgfalt angewendet hat, um einen Schaden dieser Art zu verhüten, oder dass der Schaden auch bei Anwendung dieser Sorgfalt eingetreten wäre.

[2] Der Geschäftsherr kann auf denjenigen, der den Schaden gestiftet hat, insoweit Rückgriff nehmen, als dieser selbst schadenersatzpflichtig ist.

1 *Abs. 1* **Allgemeines.** Die Bestimmung, welche die Widerrechtlichkeit der Schädigung voraussetzt 133 III 323/334 E. 5.2.5 Pra 2008 (Nr. 7) 60, begründet eine (durch den Vorbehalt des Entlastungsbeweises gemilderte) *Kausalhaftung* (aber noch immer eine Haftung aus eigenem Verhalten 122 III 225/228 E. 5); sie setzt weder ein Verschulden der Hilfsperson voraus, noch verlangt sie, dass der Geschäftsherr die Unterlassung der nach den Umständen gebotenen Sorgfalt verschuldet habe 110 II 456/460 E. 2, vgl. auch 121 III 176/182 E. 4 Pra 1995 (Nr. 271) 923, 4C.119/2000 (2.10.00) E. 2a Pra 2001 (Nr. 46) 270. In 145 III 409 hielt das Bundesgericht indes fest, der Geschädigte müsse einen «acte illicite» des Angestellten oder einer anderen Hilfsperson beweisen und könne sich nicht mit dem Beweis begnügen, dass die Schadensursache im Geschäftsbereich des Geschäftsherrn liege. Dabei verweist es auf Werro, der in der zitierten Stelle unter den Begriff des «acte illicite» eine objektive Sorgfaltspflichtwidrigkeit subsumiert. Demnach ist der Begriff des «acte illicite» möglicherweise mit «unerlaubter Handlung» zu übersetzen (statt bloss mit «widerrechtlichem Verhalten»), womit auf Ebene der Hilfsperson alle Voraussetzungen einer unerlaubten Handlung erfüllt sein müssten 145 III 409/420 E. 5.8.3. Es handelt sich (wie bei Art. 56) insoweit um eine strenge Kausalhaftung, als dem Geschäftsherrn die Aufwendung aller nach den Umständen gebotenen Sorgfalt abverlangt wird, während ein Familienhaupt nach ZGB Art. 333 lediglich die übliche Sorgfalt aufzuwenden hat 133 III 556/556 E. 4. Die Geschäftsherrenhaftung beruht auf der Erwägung, dass jener, der eine Besorgung zu seinem Nutzen von einem andern verrichten lässt, unter bestimmten Voraussetzungen und in bestimmtem Umfang auch den Schaden tragen soll, der Dritten aus der Verrichtung durch die Hilfsperson erwächst 50 II 469/470 E. 2. – Art. 55 ist in Verbindung mit Art. 61 Abs. 2 auch anwendbar, wo das Gemeinwesen mit dem Privaten nicht als Träger hoheitlicher Befugnisse, sondern als «koordiniertes Rechtssubjekt» in Beziehung tritt, sofern der schadensstiftende Funktionär keine Organstellung hat 77 II 308/310, 111 II 149/151 E. 3a. Zu einem Anwendungsfall einer Organisationshaftung 128 III 390/397 (Haftung des Luftfrachtführers). – Keine Ausdehnung der längeren Verjährungsfrist gemäss Art. 60 Abs. 2 auf die Geschäftsherrenhaftung, da der Geschäftsherr hier zivilrechtlich nicht gleich wie der Täter, sondern aus eigenem Fehlverhalten haftet 133 III 6/11 Pra 2007 (Nr. 104) 688, 122 III 225/228 E. 5, missverständlich 125 III 339/341 E. b, anders für die Halterhaftung nach SVG Art. 83 112 II 79/81 E. 3 und für juristische Personen bei strafbarem Verhalten ihrer Organe 112 II 172/190.

2 **Abgrenzungen/Anwendbarkeit.** Unterlassung der gebotenen Sorgfalt durch mangelnde Instruktion und Überwachung der Hilfsperson ist (im ausservertraglichen Verhältnis) gerade und ausschliesslich Haftungsgrund nach Art. 55. Aus eigener unerlaubter Handlung (Art. 41) haftet der Geschäftsherr für eine Handlung oder Unterlassung eines Angestellten nur, wenn er diesem rechtswidrige Weisungen erteilt hat 77 II 243/248 E. 2, 80 II 247/251 E. b Pra 1955 (Nr. 18) 66, 96 II 108/114 Pra 1971 (Nr. 1) 5. – Der Anspruch aus Art. 55 kann konkurrieren: mit einem Anspruch aus Art. 58 77 II 308/309 E. 1, 96 II 355/359 f. E. II 1 und 2 Pra 1971 (Nr. 44) 138 f., gegenteilig aber 4C.119/2000 (2.10.00) E. 2a Pra 2001 (Nr. 46) 270; mit einem Anspruch aus Arbeitsvertrag, vgl. 81 II 223/224 f. E. 1 Pra 1955 (Nr. 205) 581 f. (zu aOR Art. 339), grundlegend 68 II 287/291 E. 4 Pra 1943 (Nr. 2) 5 f. Der vertragliche Schadenersatzanspruch gemäss Art. 101 und der ausservertragliche gemäss Art. 55 bestehen nebeneinander (Anspruchskonkurrenz) 64 II 254/258 ff.

E. II 1, 91 I 223/239 E. VI 2 fr.; die culpa in contrahendo einer Hilfsperson (in casu Abschlussgehilfe) beurteilt sich jedoch nach Art. 101, nicht nach Art. 55 108 II 419/422. Das PrHG tritt von seiner Konzeption her zur Geschäftsherrenhaftung nach Art. 55 und zu den daraus entwickelten Grundsätzen der Haftung des Produzenten für Produktefehler hinzu; unter diesem Gesichtspunkt steht es einer Anwendung von Art. 55 im Zusammenhang mit Produktemängeln grundsätzlich nicht entgegen. Indes offengelassen, ob die Einführung des PrHG Anpassungen der bundesgerichtlichen Rechtsprechung zu Art. 55 notwendig macht 4C.307/2005 (25.1.06) E. 2. – Im Verhältnis zur Werkeigentümerhaftung (Art. 58) gilt der Grundsatz der Exklusivität der speziellen Norm, sodass Art. 58 ausschliesslich heranzuziehen ist, wenn die Hilfsperson eines Werkeigentümers einen Schaden verursacht. Ist die Haftung nach Art. 58 zu verneinen, so verbleibt Art. 55 als theoretisch mögliche weitere Anspruchsgrundlage 4C.119/2000 (2.10.00) E. 2a Pra 2001 (Nr. 46) 270 (in 77 II 308/309 E. 1, 96 II 355/359 f. E. II 1 und 2 Pra 1971 (Nr. 44) 138 f. wird davon ausgegangen, dass der Anspruch aus Art. 58 mit jenem aus Art. 55 konkurrieren könne), wobei dann die Frage, ob ein gefährlicher Zustand bestand, unter dem Gesichtspunkt der Geschäftsherrenhaftung grundsätzlich nach den gleichen Kriterien zu beurteilen ist wie bezüglich der Mangelhaftigkeit des Werkes. Liegt ein Risiko vor, gegen welches sich jeder Benutzer bei minimaler Aufmerksamkeit selbst schützen kann, so bedarf es zusätzlicher besonderer Umstände, um trotz des Fehlens eines Werkmangels allenfalls eine Pflicht zum Handeln und damit eine zurechenbare Gefahr bejahen zu können 4C.119/2000 (2.10.00) E. 2c Pra 2001 (Nr. 46) 272. – Wird der Schaden durch das Organ einer juristischen Person verursacht, so gilt ZGB Art. 55 Abs. 2 105 II 289/292 E. 5a. Ausführlich zum Organbegriff 117 II 570/571 E. 3, kritisch zu diesem Entscheid 129 III 25/30 E. 3, 4A_544/2008 (10.2.09) E. 2.3. Organ ist namentlich, wer kraft seiner Stellung und der ihm übertragenen Befugnisse tatsächlich und in massgebender Weise an der Bildung des körperschaftlichen Willens teilhat 87 II 184/187 E. 2 Pra 1961 (Nr. 143) 410, auch 122 III 225/227 E. 4b. Nicht ausreichend, aber in jedem Fall erforderlich ist, dass die tatsächlich als Organ handelnde Person den durch die Verletzung einer entsprechenden Pflicht eingetretenen Schaden hätte verhindern können 129 III 25/30 E. 3a. – Die Haftung nach Art. 55 wird durch aKUVG Art. 129 Abs. 2 gemildert 72 II 311/313 f. E. 1. Für den Schaden, der einem bei der SUVA Versicherten infolge eines Betriebsunfalles (vgl. 95 II 623/625 E. 2a) entsteht, haftet dessen Arbeitgeber (sofern er die Prämien ganz bzw. zur Hälfte bezahlt hat) unabhängig vom Rechtsgrund nur dann, wenn ihm (bzw. seinem Organ) ein persönliches grobes Verschulden zur Last fällt. Das Verschulden einer Hilfsperson kann dem Arbeitgeber nicht aufgrund von Art. 55 angerechnet werden 110 II 163/164 E. 1 fr. Die Einschränkung durch aKUVG Art. 129 Abs. 2 bringt auch eine andere Beweislastverteilung mit sich (Beweis des groben Verschuldens obliegt dem Kläger) 81 II 223/224 f. E. 1 Pra 1955 (Nr. 205) 582; für den Ersatz von Sachschaden 88 II 38/47 und den Genugtuungsanspruch gilt sie nicht 110 II 163/164 E. 2 Pra 1984 (Nr. 175) 485. – Dem Autohalter, der nach SVG Art. 58 Abs. 4 (SR 741.01) für das Verschulden des Fahrzeugführers wie für sein eigenes Verschulden verantwortlich ist, steht der Entlastungsbeweis des Art. 55 nicht offen 99 II 195/202 E. 3 Pra 1974 (Nr. 87) 269. Entlastungsgründe, wie sie in Art. 55 vorgesehen sind, können weder im Rahmen von AHVG Art. 70 Abs. 1 112 V 265/270 E. d Pra 1987 (Nr. 165) 571 noch von PatG Art. 47 108 II 156/159 E. 1b geltend gemacht werden. – Keine analoge Anwendung der Bestimmung für die Frage der Fristwiederherstellung nach aOG Art. 35 114 Ib 67/73 f. E.e.

3 **Geschäftsherr.** Ein solcher kann nur sein, wer kraft seiner Stellung grundsätzlich die Möglichkeit hat, durch Weisungen an den andern zu verhüten, dass dieser Schaden verursache; dies setzt (im Gegensatz zu Art. 101 70 II 215/220) ein *Unterordnungsverhältnis* (ein Subordinationsverhältnis) voraus 84 II 381/382 f. E.b. Auf welchem Vertrag (Arbeitsvertrag, Auftrag usw.) das Unterordnungsverhältnis beruht 61 II 339/342 E. 2 fr. oder ob die Verrichtung von der Hilfsperson überhaupt ohne Rechtspflicht übernommen wurde 50 II 469/471 E. 2, ist gleichgültig. – Bei der Ausmietung von Arbeitskräften ist nach den konkreten Umständen zu beurteilen, ob der Arbeitgeber oder der Mieter als Geschäftsherr zu betrachten ist, vgl. 42 II 615/617 fr., 77 II 308/312 E. 3.

4 ***Beispiele.*** Als *Geschäftsherren* wurden betrachtet: die Versicherungsgesellschaft in Bezug auf ihre Agenten 61 II 339/342 E. 2 fr.; der Landwirt in Bezug auf seinen den Heuaufzug bedienenden Sohn 60 II 38/43 E. 2; der neben dem Chauffeur mitfahrende Autoeigentümer 54 II 464/466 f. E. 2; das Zeitungsunternehmen in Bezug auf einen Redaktor 48 II 53/56 E. 2; der Offizier in Bezug auf den Chauffeur, dem er während des Militärdienstes seinen Privatwagen anvertraut 46 II 122/125 f. E. 1. – *Keine Geschäftsherren* sind: der Bauherr in Bezug auf den selbständigen Unternehmer und dessen Personal 46 II 252/258 fr., 99 II 131/134 E. 2; die einfache Gesellschaft in Bezug auf den vertretungsberechtigten Gesellschafter 84 II 381/382 f. E. b; der Chefarzt eines Kantonsspitals in Bezug auf das ihm unterstellte Spitalpersonal 56 II 199/201; der Tierhalter, der sein Tier vorübergehend seiner Ehefrau anvertraut 110 II 136/139 E. 1b Pra 1984 (Nr. 172) 478.

5 **Schädigung in Ausübung dienstlicher oder geschäftlicher Verrichtungen.** Während ein Verschulden der Hilfsperson nicht vorausgesetzt ist 97 II 221/223 E. 1, 110 II 456/460 E. 2, vgl. auch 121 III 176/182 E. 4 Pra 1995 (Nr. 271) 923 (in der Übersetzung wird auf ZGB Art. 55 Abs. 2 anstatt OR Art. 55 verwiesen), 4C.119/2000 (2.10.00) E. 2a Pra 2001 (Nr. 46) 270 – s. aber 145 III 409/420 E. 5.8.3 und dazu Rz. 1 – obliegt dem Kläger doch der Beweis dafür, dass die Hilfsperson den Schaden in Ausübung dienstlicher Verrichtungen (adäquat kausal 57 II 36/39 f., 95 II 93/100 f. E. 5 und 95 II 93/107 E. d) verursachte 50 II 469/471 E. 3, 56 II 283/286 oder mitverursachte 95 II 93/97, 112 II 138/145 E.b. Erforderlich ist ein direkter, funktioneller Zusammenhang zwischen der Tätigkeit, die der Geschäftsherr auf die Hilfsperson überträgt, und der schädigenden Handlung, die der Schädiger im Interesse des Geschäftsherrn vornimmt 4A_54/2008 (29.4.08) E. 4.2 fr. Bejaht wurde dies bei einem Kundengelder veruntreuenden Bankangestellten, der zwar nur für die Immobilien und Ausrüstungen der Bank zuständig war, aber auf Anordnung der Bankleitung auch neue Kunden für die Bank zu akquirieren hatte 4A_50/2009 (26.3.09) E. 2.4 fr., 4A_48/2009 (26.3.09) E. 2.4 fr.

6 Es genügt nicht, wenn die Hilfsperson bloss ***bei Gelegenheit*** der aufgetragenen Verrichtung eine unerlaubte Handlung begeht 4A_209/2017 (22.5.17) E. 2.4. In casu fand ein Arbeitnehmer eines Reinigungsinstituts beim Reinigen eines Hauses ein Gewehr; damit wollte er seinen Arbeitskollegen erschrecken; versehentlich löste er einen Schuss aus, der seinen Arbeitskollegen verletzte; das Bundesgericht verneinte den erforderlichen Zusammenhang zur geschäftlichen Verrichtung. Es hielt fest, der erforderliche Zusammenhang bestünde, wenn ein Angestellter im Rahmen von Reinigungsarbeiten einen Dieb-

stahl ausübe, weil der Vertrag zwischen dem Arbeitgeber und dem Dritten den Zugang der Hilfsperson zu der Wohnung und damit die Gefahr einer Schädigung durch Diebstahl ermögliche, wobei eine solche Gefahr nicht völlig ausserhalb des Denkbaren liege. Demgegenüber muss ein Putzinstitut nicht damit rechnen, dass ein Arbeitnehmer im Rahmen einer Wohnungsreinigung hinter einem Wandschrank ein geladenes Gewehr findet, dieses behändigt und es einem Kollegen so zeigt, dass dieser durch einen abgehenden Schuss getroffen wird. Ein solches Geschehen liegt ausserhalb der Risikosphäre des Reinigungsinstituts 4A_209/2017 (22.5.17). S. sodann 4A_319/2012 (28.1.13) E. 5.2 (wo der funktionelle Zusammenhang gegeben war), 4A_544/2008 (10.2.09) E. 2.4 (funktioneller Zusammenhang gegeben), 4A_326/2008 (16.12.08) E. 5.1 (funktioneller Zusammenhang gegeben); vgl. auch 4A_58/2010 (22.4.10) E. 3.2 (zu Art. 101).

Dienstliche oder geschäftliche Verrichtungen sind die Besorgungen, die jemand zu seinem Nutzen durch einen anderen verrichten lässt 46 II 122/126 E. 1. Dabei ist gleichgültig, ob die übertragene Verrichtung geschäftlichen oder gewerblichen Zwecken dient und Berufsarbeit darstellt oder ob mit ihr sonstige, namentlich häusliche oder gesellschaftliche Zwecke verfolgt werden 50 II 469/470 f. E. 2, grundlegend 41 II 494/496 ff. E. 2. Ohne Bedeutung ist, dass die Hilfsperson bei der Erfüllung ihrer dienstlichen Verrichtungen von der Weisung ihres Geschäftsherrn abweicht 95 II 93/106 E. a (in casu Duldung der Mitwirkung Dritter trotz der Weisung, die zu liefernden Gegenstände selber in das Haus zu tragen) oder sie den Schaden absichtlich verursacht 4A_544/2008 (10.2.09) E. 2.4 fr. Selbst wenn die Hilfsperson die ihr übertragene Aufgabe aus eigener Initiative erweitert und insoweit ihre Kompetenzen überschreitet, bleibt der funktionelle Zusammenhang bestehen 130 IV 27/31 (zu Art. 61 Abs. 1). Es kommt auch nicht darauf an, ob die Ausführung der schadensstiftenden Verrichtung durch die Hilfsperson des belangten Geschäftsherrn nahe lag 57 II 36/40. Der Geschäftsherr haftet sogar für seine Hilfsperson, die ein Geschäft in der irrtümlichen Annahme besorgt, sie sei damit beauftragt 75 II 225/226 E. 3 Pra 1950 (Nr. 4) 24. Auch setzt die Bestimmung nicht voraus, dass die Hilfsperson mit dem Geschädigten persönlich in Kontakt tritt (in casu Frage der Produzentenhaftung) 90 II 86/91 f. E. 3d. Offengelassen, ob ein Hausangestellter, der mit einer ausgestellten Schusswaffe manipulierte, in Ausübung dienstlicher oder geschäftlicher Verrichtungen handelte 112 II 138/145 E. 4b fr. – Nicht mehr erfasst wird die *Schädigung bei Gelegenheit einer dienstlichen Verrichtung* (in casu benutzte die Hilfsperson das Fahrzeug zu einer Vergnügungsfahrt, anstatt es auftragsgemäss auf das Fabrikgelände zurückzuführen) 50 II 469/471 f. E. 3. 7

Widerrechtlichkeit. Nicht im Gesetz genannte, aber ebenfalls erforderliche Voraussetzung für die Haftung des Geschäftsherrn ist die objektive Widerrechtlichkeit des schädigenden Verhaltens der Hilfsperson 4C.119/2000 (2.10.00) E. 2b Pra 2001 (Nr. 46) 270, auch 88 II 131/135, 95 II 93/106 f. E.b. Auch der Geschäftsherr haftet somit aus Art. 55 für die Verletzung eines absoluten Rechts durch *Unterlassung* nur, wenn das Nichthandeln seiner Hilfsperson gegen eine spezifische Handlungspflicht verstiess, die sich insbesondere aus der Verantwortung für einen gefährlichen Zustand ergeben kann 4C.119/2000 (2.10.00) E. 2b Pra 2001 (Nr. 46) 272. 8

Entlastungsbeweis. Der durch die Bestimmung eingeräumte Sorgfaltsnachweis ist seinem Wesen nach ein bestimmt umschriebener und nach objektiven Kriterien zu würdi- 9 gender Entlastungsbeweis, kein Exkulpationsbeweis 72 II 255/261 E. III 1. Der Geschäftsherr hat nicht nur zu beweisen, dass ihn keinerlei Verschulden trifft, sondern darzutun, dass er alle objektiv gebotenen Massnahmen vorgekehrt hat 90 II 86/90 E.c. Mithin trägt er die Beweislast dafür, dass er alle nach den Umständen gebotene Sorgfalt zur Verhütung eines Schadens der betreffenden Art getroffen hat oder dass der Schaden auch bei Anwendung dieser Sorgfalt eingetreten wäre 4C.307/2005 (25.1.06) E. 4, 97 II 221/224 E. 1. Dass das Vorgehen polizeilichen Vorschriften entspricht, vermag den Geschäftsherrn nicht ohne Weiteres zu entlasten 57 II 36/44 E. 3. – An den Entlastungsbeweis werden allgemein strenge Anforderungen gestellt 96 II 27/31 E. 1 Pra 1970 (Nr. 110) 371, 110 II 456/460 f. E. 2. Dabei ist das Mass der erforderlichen Sorgfalt ex ante zu beurteilen; aus der nach Schadenseintritt gewonnenen Erfahrung, wie der Vorfall hätte verhindert werden können, darf nicht zwingend auf eine Verletzung der Sorgfaltspflicht geschlossen werden 4C.307/2005 (25.1.06) E. 3.1. Mithin müssen die Anforderungen nach den tatsächlich gegebenen Umständen bestimmt werden, und es dürfen keine von vornherein unerfüllbaren Anforderungen an den Befreiungsbeweis gestellt werden, nur weil nachträglich im Allgemeinen leicht festzustellen ist, durch welche Massnahmen der Fehler entdeckt und der Schaden hätte verhindert werden können 110 II 456/463. Der Grund für den in 110 II 456/463 angewandten strengen Sorgfaltsmassstab liegt darin, dass sich der Geschäftsherr angesichts der konkreten Umstände bewusst sein musste, dass ein Mangel bei der Produktion zu einer direkten Gefahr für Leib und Leben der mit dem Produkt bestimmungsgemäss arbeitenden Personen führen konnte 4C.307/2005 (25.1.06) E. 3.1. Mögliche Zweifel müssen dem Kläger zugutekommen 72 II 255/264.

10 ***Misslingt der Entlastungsbeweis,*** steht dem Geschäftsherrn noch immer der Nachweis offen, dass der Schaden auch bei Aufwendung der gebotenen Sorgfalt eingetreten wäre. Dies ist Ausdruck des hier kodifizierten Grundsatzes, wonach keine Haftung greift, wenn ein rechtmässiges Alternativverhalten des Schädigers denselben Schaden bewirkt hätte wie das tatsächlich erfolgte rechtswidrige Verhalten 131 III 115/119 E. 3.1; 4A_416/2013 (28.1.14) E. 5.2 fr., 4D_67/2014 (26.1.15) E. 2.4.1. Die Verletzung der Sorgfaltspflicht muss für das schädigende Ereignis kausal sein 77 II 308/313. Während der Geschädigte diesen natürlichen Kausalzusammenhang zu beweisen hat, muss die Einwendung rechtmässigen Alternativverhaltens vom Schädiger erhoben werden 4C.156/2005 (28.9.05) E. 3.5.6 fr. Mithin ist die Nutzlosigkeit von unterlassenen Vorsichtsmassnahmen vom Geschäftsherrn zu beweisen 97 II 221/227 E. 3 (vgl. z.B. 110 II 456/461 f. E. 2b, wo davon ausgegangen wurde, dass unter den gegebenen Umständen ein Fabrikationsfehler durch die Erteilung von Anweisungen nicht hätte verhindert werden können).

11 **Sorgfaltspflichten des Geschäftsherrn.** Die Sorgfalt im Sinne der Bestimmung besteht nicht lediglich in einer pflichtgemässen Handlungsweise, sondern einer Summe objektiv gebotener Massnahmen. Welche Vorkehren geboten sind, kann nur im einzelnen Fall unter Berücksichtigung der konkreten Umstände gesagt werden 56 II 283/287. – Eine grössere Sorgfalt ist geboten, wenn von der Art der Ausführung der übertragenen Aufgabe die Sicherheit und Unversehrtheit von Menschen abhängen kann 96 II 27/31 E. 1 Pra 1970 (Nr. 110) 371, so zum Beispiel, wenn Fehler bei der Herstellung eines Erzeugnisses zu einer Gefahr für Leib und Leben der Personen, die es bestimmungsgemäss verwenden, führen können 110 II 456/461 E. b, 4C.307/2005 (25.1.06) E. 3.1. Unter Umständen ist auch

der Beizug eines Spezialisten geboten 4C.307/2005 (25.1.06) E. 4.2. Im Weiteren sind Massnahmen zur Verhütung eines Schadens umso eher zu ergreifen, je kleiner der entsprechende Aufwand ist 97 II 221/225 E.a. – Die Sorgfaltspflicht bezieht sich insbesondere auf die *Auswahl,* die *Instruktion* und die *Beaufsichtigung* der Hilfsperson, auf die zweckmässige *Organisation* des Betriebes 110 II 456/462 E. 3a, 90 II 86/90 E. c sowie auf *die Verwendung geeigneten Materials* 64 II 254/262 E. 1. Der Geschäftsherr hat seinen Betrieb in eigener Verantwortung so zu organisieren und die Hilfspersonen so einzusetzen, dass er niemanden gefährdet; dies gilt insbesondere auch in Bezug auf seine Pflichten gegenüber Arbeitnehmern aus Art. 328 Abs. 2 4C.105/2005 (31.8.05) E. 3.2. Auch hat er nötigenfalls für die Endkontrolle der Produkte zu sorgen, wenn damit eine Schädigung Dritter verhindert werden kann. Sind keine tauglichen und zumutbaren Möglichkeiten einer derartigen Prüfung gegeben, so ist eine Konstruktionsart zu wählen, die Fabrikationsfehler und die sich daraus ergebende Schädigungsgefahr mit hoher Wahrscheinlichkeit ausschliesst 110 II 456/462 ff. E. 3. Zwar gilt auch hier der in PrHG Art. 4 Abs. 2 ausdrücklich festgehaltene Grundsatz, dass ein Produkt nicht allein deshalb mangelhaft ist, weil später ein verbessertes Produkt in Verkehr gebracht wird. Doch kann den Produzenten eine Produktebeobachtungspflicht treffen, sodass nach erstmaligem Auftreten von Problemen allenfalls Abänderungen am Produkt notwendig werden 4C.307/2005 (25.1.06) E. 3.1.

Cura in eligendo. Kriterien für die Sorgfalt in der Auswahl sind insbesondere die Ausbildung und die Erfahrung der Hilfsperson 96 II 27/31 f. E. 2 Pra 1970 (Nr. 110) 371 f., deren Gewissenhaftigkeit und Vertrauenswürdigkeit 81 II 223/226 E. ad a Pra 1955 (Nr. 205) 582 f. sowie deren früheres Verhalten 49 II 364/369 fr. 12

Cura in instruendo. Besondere Instruktionen erübrigen sich, wenn die Gefahr (in casu Gefährlichkeit des Anfassens eines ziehenden Drahtseils) für jedermann offenkundig ist 77 II 308/312 f. E. 3 oder wenn der Geschäftsherr aus besonderen Umständen darauf schliessen kann, dass sich die Hilfsperson pflichtgemäss verhalten werde 95 II 93/108 E.e. Auch der speziell ausgebildeten und erfahrenen Hilfsperson müssen jedoch für besonders heikle und gefährliche Situationen besondere Weisungen erteilt werden 96 II 27/32 f. E. 4 Pra 1970 (Nr. 110) 372 f. – *Beispiele.* Eine culpa in instruendo wurde bejaht: weil ein Baumeister sich mit ungenauen Plänen begnügt und seine Arbeiter nicht angewiesen hatte, Sondermassnahmen über den Verlauf allfälliger Leitungen zu treffen und bei den Grabarbeiten besondere Vorsicht walten zu lassen 97 II 221/224 ff. E. 2 und 3; weil die Lieferantin eines Krans ihrem (zwar genügend ausgebildeten und erfahrenen) Monteur keine besonderen Weisungen erteilt hatte für den Fall, dass die von einer anderen Firma gelieferten Gegengewichte fehlerhaft wären 96 II 27/32 f. E. 4 Pra 1970 (Nr. 110) 372 f.; weil ein Architekt (als Generalunternehmer) den Bauleiter (obwohl dieser kurz zuvor als Hochbautechniker diplomiert worden und schon als Bauleiter praktisch tätig gewesen war) nicht über das Anbringen von Abschrankungen zur Verhütung von Bauunfällen unterrichtet hatte 95 II 93/98 ff. E. 4; weil ein kantonales Bauamt seinen Arbeiter nicht angewiesen hatte, die von ihm geführte Strassenwalze vorschriftsgemäss zu beleuchten und einen Tunnel zu umfahren 88 II 131/135; weil ein Bauunternehmer keine Anordnungen erteilt hatte, wie ein ausgehängtes Tor aufzustellen und zu befestigen sei 57 II 36/43 f.; weil ein Geschäftsinhaber seinen Chauffeur in Kenntnis der Überanstrengung und des Übermüdungszustandes erneut in den Verkehr geschickt hatte 58 II 29/34 f. E. 2. 13

14 ***Cura in custodiendo.*** Die Durchführung und die Intensität der Kontrolle der Hilfsperson richten sich nach der Eigenart des Unternehmens und der zu verrichtenden Arbeit. Eine Überwachung ist jedoch (abgesehen von ganz besonderen Fällen) grundsätzlich unerlässlich 72 II 255/262 E.c. – *Beispiele.* Eine culpa in custodiendo wurde bejaht: weil eine Bauunternehmung sich nicht vergewissert hatte, dass das von ihren Arbeitern erstellte Gerüst den Sicherheitsvorschriften entsprach 96 II 355/360 E. 2 Pra 1971 (Nr. 44) 139; weil die Mitglieder einer einfachen Gesellschaft, die Eigentümerin einer Dreschmaschine war, den verantwortlichen Maschinisten nicht periodisch hinsichtlich der Einhaltung der Sicherheitsvorschriften überwacht hatten 72 II 255/262 ff. E. 1c; weil ein Landwirt nicht ständig dafür gesorgt hatte, dass ein mithelfender Knabe sich in genügender Distanz zum Heuaufzug entfernt aufhielt 60 II 38/41 ff. E. 2; weil der neben dem Chauffeur mitfahrende Autoeigentümer die übertriebene, vorschriftswidrige Geschwindigkeit geduldet hatte 54 II 464/466 f. E. 2; weil eine Bank nicht die notwendigen Vorsichtsmassnahmen traf, damit ihre Geschäftslokalitäten und ihr Briefpapier von ihren Angestellten nicht – ohne das Wissen der Bank – zu eigenen Zwecken verwendet werden können 4A_50/2009 (26.3.09) E. 2.5 fr., 4A_48/2009 (26.3.09) E. 2.5 fr. – Verneint wurde eine culpa in custodiendo, weil sich der Geschäftsherr auf seine zuverlässigen, langjährigen Arbeiter verlassen durfte, ohne sie ständig zu ermahnen und zu überwachen 110 II 456/461 E.b.

15 **Herabsetzung der Ersatzpflicht.** Die Haftung aus Art. 55 kann, da es sich um eine Kausalhaftung handelt, nicht mit der Begründung herabgesetzt werden, das Verschulden des Geschäftsherrn sei wegen des Verhaltens eines Dritten oder aus andern Gründen nur leicht 97 II 221/228 E. 5. Auch Arglist oder grobe Fahrlässigkeit der Hilfsperson vermag den Geschäftsherrn nicht zu entlasten 56 II 283/285 E. 1. Der Geschäftsherr haftet dem Geschädigten wegen des Verhaltens Dritter nur dann nicht, wenn es den adäquaten Kausalzusammenhang unterbrochen hat 97 II 221/228 E. 4. – Ist die Ersatzpflicht wegen Umständen, für die der Geschädigte einstehen muss, zu ermässigen, so verlangt die Billigkeit, dass auch das Verhalten des Geschäftsherrn und seiner Hilfsperson unter dem Gesichtspunkt des Verschuldens gewürdigt werde. Die Umstände nach Art. 44 Abs. 1 haben mehr Gewicht, wenn den Belangten und seinen Untergebenen keinerlei Verschulden trifft, als wenn dem einen oder anderen ein Vorwurf zu machen ist 97 II 339/345 E. 4, grundlegend 88 II 131/135. Kompensation des Selbstverschuldens des Geschädigten in einem Fall, da den kausal Haftpflichtigen zusätzlich auch ein Verschulden trifft 126 III 421/428 (zu Art. 58). – Haften zwei Geschäftsherren, so ist das Selbstverschulden des Geschädigten im Verhältnis zu den verschiedenen Verantwortlichen je selbständig zu beurteilen 97 II 339/348 E. 5. – Siehe auch unter Art. 43 f.

D. Haftung für Tiere I. Ersatzpflicht

Art. 56

[1] Für den von einem Tier angerichteten Schaden haftet, wer dasselbe hält, wenn er nicht nachweist, dass er alle nach den Umständen gebotene Sorgfalt in der Verwahrung und Beaufsichtigung angewendet habe, oder dass der Schaden auch bei Anwendung dieser Sorgfalt eingetreten wäre.

[2] **Vorbehalten bleibt ihm der Rückgriff, wenn das Tier von einem andern oder durch das Tier eines andern gereizt worden ist.**

[3] ...

▪ Abs. 1 Allgemeines (2) ▪ Tierhalter (3) ▪ Verursachung des Schadens durch ein Tier (5) ▪ Sorgfaltspflichten des Tierhalters (6) ▪ Sorgfalts- und Entlastungsbeweis (7) ▪ Herabsetzung der Ersatzpflicht (11)

Die Bestimmung ist eine Sonderbestimmung im Sinne von VG Art. 3 Abs. 2 und geht der allgemeinen Staatshaftung grundsätzlich auch dann vor, wenn der Tierhalter mit öffentlichen Aufgaben des Bundes betraut ist. Anders verhält es sich nur, wenn der Halter sich des Tieres zur Ausübung hoheitlicher Befugnisse bedient und der Schaden damit funktionell zusammenhängt 115 II 237/241 ff. E. 2, 126 III 14/16 E. 1a Pra 2000 (Nr. 48) 274, 139 III 110/113 E. 2.2.2. 1

__Abs. 1__ **Allgemeines.** Die Bestimmung sieht eine *gewöhnliche Kausalhaftung* vor. Der Tierhalter haftet, sobald er (oder die Person, der er sein Tier anvertraut hat 67 II 28 fr.) seine Sorgfaltspflicht objektiv verletzt hat 4A_321/2015 (6.10.15) E. 2.1, selbst wenn man ihm subjektiv keinen Vorwurf machen kann 126 III 14/16 E. 1b Pra 2000 (Nr. 48) 274. Die Haftung beruht auf gesetzlich überbundenen Sorgfaltspflichten (Überwachung) sowie auf Billigkeitserwägungen (Nutzen, Gefährdung) 102 II 232/235 E. 1 Pra 1977 (Nr. 26) 63, 104 II 23/25 E.a. – Verhält sich der Tierhalter schuldhaft, so hat er auch nach den Vorschriften über die Verschuldenshaftung für den Schaden aufzukommen 52 II 456 E. 3, 104 II 23/28. – Trifft die Haftung des Tierhalters mit derjenigen des Motorfahrzeughalters zusammen und kann weder auf der einen noch auf der andern Seite ein Verschulden angenommen werden, so muss ein grösserer Anteil am Schaden vom Motorfahrzeughalter getragen werden 85 II 243/247 E. 2 Pra 1959 (Nr. 173) 474, 108 II 51/56 f. E. 5a. – Die Tatsache, dass der Entlastungsbeweis überhaupt erbracht werden kann, zeigt, dass die Tierhalterhaftung keine strenge Kausalhaftung ist, sondern – unabhängig von der dogmatischen Qualifikation – die Verletzung einer objektiven Sorgfaltspflicht voraussetzt 4A_321/2015 (6.10.15) E. 2.6. 2

Tierhalter. Meistens ist der Eigentümer Halter. Der Nutzniesser ist es, wenn er das Tier in Gewahrsam hat und daher die Gewalt über dieses ausüben und die vom Tierhalter geforderte Sorgfalt anwenden kann 104 II 23/25 E.a. Der Verkäufer ist (trotz Art. 185 Abs. 1) bis zur Übergabe des Tieres (die mit der Herstellung des Gewaltverhältnisses vollzogen ist) dessen Halter 64 II 376 f. E. 2 und 3. Die Haltereigenschaft bleibt auch bestehen, wenn die tatsächliche Gewalt für kurze Zeit verloren geht 58 II 376 f. E. 2 fr. Auf den Nutzen kommt es bei der Umschreibung des Tierhalterbegriffes nur an, wenn die Gewalt über ein Tier so auf zwei Personen aufgeteilt ist, dass die eine die rechtliche Verfügungsbefugnis hat, während der Gewahrsam von der andern ausgeübt wird 64 II 376 E. 2. Entscheidend für den Begriff des Halters ist, dass dieser in einem Gewaltverhältnis zum Tier steht, also darüber verfügen kann und die tatsächliche Herrschaft ausübt, sodass er auch in der Lage ist, die vom Tierhalter geforderte Sorgfalt anzuwenden. Sind diese Voraussetzungen erfüllt, so ist als Halter auch anzusehen, wer das Tier bloss vorübergehend in Gewahrsam hat 104 II 23/25 E. a, 110 II 136/138 E. 1a Pra 1984 (Nr. 172) 477 f., 4C.237/2001 3

(8.10.01) E. 2b. Hat jemand ein Tier bloss vorübergehend in Gewahrsam, so ist nach den Umständen des Einzelfalles zu entscheiden, ob er allein oder zusammen mit dem Eigentümer als Halter zu gelten habe oder ob seine Haltereigenschaft durch eine Unsorgfalt, die der Eigentümer zu vertreten hat, aufgehoben werde 110 II 136/138 E. 1a Pra 1984 (Nr. 172) 477 f. Unerheblich ist, ob der Halter eine natürliche oder juristische, eine Person des privaten oder öffentlichen Rechts ist 115 II 237/245 E. c (in casu Schweiz. Genossenschaft für Schlachtvieh- und Fleischversorgung), 126 III 14/16 E. 1a Pra 2000 (Nr. 48) 274 (in casu Kanton Bern). – Nicht Halter ist die Hilfsperson 67 II 28 fr., zur Abgrenzung auch 4C.237/2001 (8.10.01) E. 2b, wo auf das dauerhafte wirtschaftliche Interesse bzw. den Nutzen, der auch ideeller Art sein kann, abgestellt wird; der Halter hat einzustehen für die Art und Weise, wie die Person, der er die Bewachung des Tieres übertragen hat, ihre Aufgabe erfüllt 110 II 136/139 E. 1b Pra 1984 (Nr. 172) 478.

4 ***Beispiele.*** Als Halter betrachtet wurden: der Eigentümer eines Hundes, der zeitweise von seinem Wohnort abwesend ist und die Beaufsichtigung des Tieres seiner Ehefrau anvertraut 110 II 136/138 f. E. 1b Pra 1984 (Nr. 172) 478; die Reiterin, die ein gemietetes Pferd während zweier Wochen regelmässig für ein paar Stunden ausritt 104 II 23/26 f. E. b; der Eigentümer eines Pferdes, nicht dessen Sohn, der beim Pflügen die Funktionen des Meisters ausübte 41 II 242; die Nutzniesser, nicht der Eigentümer einer Kuh 67 II 122 E. 2 fr.; der Eigentümer zweier Kühe, nicht dessen Knecht 67 II 28 fr.; der Viehhändler, nicht sein Tagelöhner, der eine Kuh zur Bahn bringen musste 58 II 374 ff. E. 2 fr.; die Strafanstalt Witzwil für ihre Kühe auf der Weide 126 III 14/16 E. 1 fr.

5 **Verursachung des Schadens durch ein Tier.** Das Tier muss den Schaden aus eigenem Antrieb (insbesondere z.B. durch Durchbrennen aus der Gewalt des Lenkers) verursacht haben, nicht bloss als willenloses Werkzeug in der Hand des Menschen (z.B. vom Fuhrmann beherrschtes Pferdegespann). Das Verhalten aus eigenem Antrieb kann auch auf eine Reizung zurückzuführen sein. Eine Beeinflussung durch den Menschen, die dem eigenen Willen und der Eigenart des Tieres noch Raum lässt, schliesst die Anwendbarkeit der Tierhalterhaftung noch nicht aus 64 II 375 E. 1, grundlegend 52 II 456 E. 3. – Zwischen dem Verhalten des Tieres und dem eingetretenen Schaden muss ein adäquater Kausalzusammenhang bestehen 67 II 122 f. E. 3 fr. (in casu verneint), 102 II 232/237 f. E. 2 Pra 1977 (Nr. 26) 64 f., wobei auch ein indirekt verursachter Schaden adäquat sein kann 58 II 121 E. 1.

6 **Sorgfaltspflichten des Tierhalters.** Welche Vorkehren geboten sind, richtet sich in erster Linie nach geltenden Sicherheits- und Unfallverhütungsvorschriften; fehlen gesetzliche, reglementarische oder auch von privaten Verbänden erlassene, allgemein anerkannte Vorschriften 131 III 115/117, 4A_321/2015 (6.10.15) E. 2.1, 4C.237/2001 (8.10.01) E. 3a, ist zu entscheiden, welche Sorgfalt nach der Gesamtheit der konkreten Umstände des Einzelfalles geboten ist 41 II 243, 102 II 232/235 f. E. 1a Pra 1977 (Nr. 26) 63, 126 III 14/16 E. 1b Pra 2000 (Nr. 48) 275, 4C.257/2002 (28.8.03) E. 4.1 fr. Die der Haftung zugrunde liegende Verletzung der Sorgfaltspflicht kann sich aus öffentlichem oder privatem Recht ergeben 115 II 237/245 E.c. Fehlt es an einschlägigen Rechtsnormen, sind die einschlägigen Verhaltensregeln halböffentlicher und privater Organisationen heranzuziehen, soweit sie allgemein anerkannt sind. Ohne solche Regeln ist zu prüfen, ob der Tierhalter die nach den konkreten Umständen gebotene, verhältnismässige Vorsicht aufgewendet

hat 126 III 14/17 E. 1b, c Pra 2000 (Nr. 48) 275. – Allenfalls ist aufgrund früherer Erfahrungen mit dem Tier eine besondere Sorgfalt angebracht 81 II 512/517 E. 3. Für die Würdigung der Gefahr, die ein entlaufener Hund für die Strassenbenützer darstellen kann, ist unerheblich, dass er von sanftem und ruhigem Wesen ist. Auf jeden Fall sind heute im Hinblick auf den intensiven Strassenverkehr diesbezüglich erhöhte Anforderungen zu stellen 110 II 136/139 f. E. 2b Pra 1984 (Nr. 172) 478. – Zwischen der Verletzung der Sorgfaltspflicht und dem eingetretenen Schaden muss ein adäquater Kausalzusammenhang bestehen 58 II 378 fr., 104 II 23/28, 126 III 14/18 E. 1c Pra 2000 (Nr. 48) 276.

Sorgfalts- und Entlastungsbeweis. Nach Art. 56 Abs. 1 haftet für den von einem Tier angerichteten Schaden, wer dasselbe hält. Der Halter wird jedoch von der Haftung befreit, wenn er nachweist, dass er alle nach den Umständen gebotene Sorgfalt in der Verwahrung und Beaufsichtigung des Tieres angewendet hat oder der Schaden auch bei Anwendung dieser Sorgfalt eingetreten wäre 131 III 115/116 E. 2.1, 104 II 23/24 E. 2, 102 II 232/235 E. 1, 85 II 243/245 E. 1, 4A_372/2019 (19.11.19) E. 2.1, 4A_36/2019 (21.1.19) E. 3.1. 7

Sorgfaltsbeweis. Die Haftung setzt die Verletzung einer objektiven Sorgfaltspflicht voraus. Ob es sich bei der Tierhalterhaftung um eine gewöhnliche Kausalhaftung mit Befreiungsmöglichkeit oder um eine Verschuldenshaftung mit umgekehrter Beweislast handelt, hat lediglich dogmatische, aber kaum praktische Bedeutung, denn so oder anders sind an den Entlastungsbeweis strenge Anforderungen zu stellen 4C.237/2001 (8.10.01) E. 3a. Der Tierhalter kann sich nicht darauf berufen, das allgemein Übliche an Sorgfalt aufgewendet zu haben. Vielmehr hat er nachzuweisen, dass er sämtliche objektiv notwendigen und durch die Umstände gebotenen Massnahmen getroffen hat 102 II 232/235 E. 1, 85 II 243/245 E. 1. Bleiben über die entlastenden Tatsachen Zweifel bestehen, muss die Haftung des Halters bejaht werden 131 III 115/116 E. 2.1, 126 III 14/17 E. 1b Pra 2000 (Nr. 48) 274 f., 110 II 136/139 E. 2a, 4A_36/2019 (21.2.19) E. 5.1 (s. zudem E. 5.3.2, wo das Bundesgericht den Sorgfaltsmassstab dahingehend konkretisiert, dass die von Art. 56 Abs. 1 geforderte Sorgfalt nicht verlangt, dass der Tierhalter jede erdenkliche Möglichkeit ausschöpft, um irgendwie vorstellbare Schäden zu vermeiden; gefordert wird, dass mit der objektiv gebotenen Sorgfalt gehandelt wird; dies ist der Fall, wenn geeignete Massnahmen zur Verhinderung voraussehbarer konkreter Gefährdungen ergriffen werden; in casu gelang der Sorgfaltsbeweis). Die konkreten Sorgfaltspflichten richten sich in erster Linie nach geltenden Sicherheits- und Unfallverhütungsvorschriften. Fehlen gesetzliche oder reglementarische Vorschriften und haben auch private Verbände keine allgemein anerkannten Vorschriften erlassen, ist zu prüfen, welche Sorgfalt nach der Gesamtheit der konkreten Umstände geboten ist 131 III 115/116 E. 2.1, 126 III 14/17 E. 1b Pra 2000 (Nr. 48) 274 f. (mit Ausführungen zu den Kriterien, die bei der Beurteilung der Sorgfalt nach der Gesamtheit der konkreten Umstände anzuwenden sind; diese entsprechen einer Kosten-Nutzen-Abwägung bzw. Interessenabwägung), 4A_36/2019 (21.2.19) E. 5.1. Sodann ist auch das bisherige Verhalten des Tieres bei der Bemessung der Sorgfaltsanforderungen zu berücksichtigen 4A_36/2019 (21.2.19) E. 5.3.2, 126 III 14/17 f. E. 1c Pra 2000 (Nr. 48) 276 f.; 4A_321/2015 (6.10.15) E. 2.7; vgl. bereits 81 II 512/517 E. 3. Der Tierhalter muss auch beweisen, dass die Hilfspersonen, denen er sein Tier anvertraut hat, die gebotenen Vorkehren getroffen haben 110 II 136/139 E. 1b Pra 1984 (Nr. 172) 478, grundlegend 67 II 28 fr., vgl. auch 64 II 378. 8

9 ***Entlastungsbeweis.*** Misslingt der Sorgfaltsbeweis, kann sich der Tierhalter gemäss Art. 56 Abs. 1 von der Haftung befreien, indem er nachweist, dass der Schaden auch bei Anwendung der gebotenen Sorgfalt eingetreten wäre. Damit spricht das Gesetz etwas Selbstverständliches aus, nämlich dass die Sorgfaltsverletzung kausal für den Schaden gewesen sein muss. Es kodifiziert den allgemein geltenden Grundsatz, dass keine Haftung greift, wenn der präsumtiv Haftpflichtige beweist, dass ein rechtmässiges Alternativverhalten denselben Schaden bewirkt hätte wie das tatsächlich erfolgte rechtswidrige Verhalten. Dogmatisch wird auch vom Nachweis der fehlenden Kausalität der Unterlassung oder des fehlenden Rechtswidrigkeitszusammenhangs gesprochen 131 III 115/116 E. 3.1. Die Beurteilung, ob sich der Unfall bei Einhaltung der gebotenen Vorkehren zur Sicherung dennoch ereignet hätte, beruht auf dem Vergleich der (hypothetischen) Ereignisse unter der Annahme aller gebotenen Sicherungen mit dem tatsächlichen Geschehen. Die Massnahmen, die bei gebotener Sorgfalt zur Sicherung des Tieres hätten ergriffen werden müssen, sind daher wesentlich für die Beurteilung, ob damit der Schaden hätte verhindert werden können. Die Definition der nach den Umständen gebotenen Massnahmen, welche die Tierhalterin hätte ergreifen müssen, ist daher für die Beurteilung des Entlastungsbeweises erforderlich 4A_321/2015 (6.10.15) E. 2.4. In casu hatte die Halterin des Pferdes die Anforderungen an die Umzäunung für die Haltung von Pferden gemäss den Richtlinien der Beratungsstelle für Unfallverhütung in der Landwirtschaft und den Empfehlungen des Schweizerischen Nationalgestüts nicht eingehalten, doch war diese Pflichtverletzung nicht kausal für die eingetretene Schädigung 4A_321/2015 (6.10.15). Auch in 4A_372/2019 (19.11.19) E. 2 konnte der Entlastungsbeweis erbracht werden.

10 ***Beispiele.*** Den *Entlastungsbeweis erbracht* haben: der Eigentümer eines übermütigen und gelegentlich ausschlagenden Pferdes, der dieses ohne besondere Weisungen oder Warnungen einer erfahrenen und mit der Eigenart des Tieres vertrauten Reiterin vermietet hatte 104 II 23/27 E. c; der Halter eines Pferdes, dessen Tochter es am Halfter in den Stall geführt hatte und dabei auf dem schneebedeckten Boden ausgerutscht war, wobei das Pferd erschrocken und durchgebrannt war 50 II 398 f. E. 1; der Halter einer Viehherde, der die zehn (nicht ungewöhnlich ängstlichen oder störrischen) Kühe ohne zusätzliche Begleitperson auf einer Kantonsstrasse getrieben hatte 86 II 13/15 ff.; der Eigentümer einer Kuhherde, der Mutterkühe mit ihren Kälbern auf einer eingezäunten Wiese weiden liess, ohne ein Warnschild anzubringen, die ständige Anwesenheit eines Hirten zu veranlassen oder die Weide mit Gittern und Vorhängeschlössern vollständig abzuriegeln 126 III 14/14 ff. Pra 2000 (Nr. 48) 273 ff.; der Eigentümer einer Liegenschaft, dessen (an sich nicht bösartiger) Wachhund ein sich auf das Grundstück verirrendes Rind auf die Strasse zurückgetrieben hatte 58 II 119/121 ff. E. 2. – Die *Sorgfaltspflicht verletzt* haben: die Reiterin, die ihr Pferd nicht am Schluss der Gruppe von Reitern geführt, sondern es vor ein anderes Pferd gelenkt hatte, obwohl sie wusste, dass es ausschlagen und übermütig sein könnte 104 II 23/27 f. E. 3; der Reitlehrer, der mit Pferden, die bereits vor der Reitstunde unruhig sind, Reitübungen durchführt, die diese Unruhe erhöhen 4C.458/1999 (11.2.00) E. 3b; die Begleiterin, die im Rahmen einer Anfänger-Lektion das Halfter des Pferdes loslässt 4C.237/2001 (8.10.01) E. 3b; der Pferdehalter, der die Weide nicht so eingezäunt hatte, wie dies den Empfehlungen der Beratungsstelle für Unfallverhütung in der Landwirtschaft entsprochen hätte 131 III 115/117 E. 2.3, wobei einer Pferdehalterin nicht zugemutet werden kann, einen weitflächigen, abgelegenen Weidezaun permanent durch

physische Präsenz oder Kameras zu bewachen, damit die Tiere nicht entfliehen 4A_170/2009 (7.7.09) E. 2.2 fr.; der Führer eines Pferdefuhrwerkes, der die Geschwindigkeit nicht den Verhältnissen angepasst hatte (in casu Anwendung von Art. 56 jedoch offengelassen) 52 II 454 ff. E. 2 und 3; der Halter eines Füllens, der dieses (in Ausübung des auf urvordenklichem Brauch beruhenden Rechts auf freien Weidgang) völlig frei und unbeaufsichtigt in einer nicht eingezäunten Weide in nächster Nähe einer ziemlich verkehrsreichen Kantonsstrasse hatte laufen lassen 85 II 243/245 f. E. 1 Pra 1959 (Nr. 173) 473 f.; der Inhaber einer mit einem Landwirtschaftsgewerbe verbundenen Wirtschaft, der seinen aggressiven Wachhund an einer zu langen Kette angebunden und die Gäste ungenügend vor der Gefahr gewarnt hatte 102 II 232/236 f. E. 1 Pra 1977 (Nr. 26) 63 f.; der Halter eines Hundes, der diesen nicht genügend beaufsichtigt hatte, obwohl er bereits früher jemanden gebissen hatte 81 II 512/517 E. 3; der Halter einer Viehherde, der seine acht Kühe unter der Obhut eines halbwüchsigen Knaben in einer nicht umzäunten, am Rande einer Hauptverkehrsstrasse gelegenen Wiese hatte weiden lassen 77 II 44 E. 2 Pra 1951 (Nr. 68) 193; der Knecht (als Hilfsperson des Halters), der sich beim Treiben zweier Kühe durch ein Gespräch hatte ablenken lassen 67 II 26/28 f. fr.; der Angestellte, der beim Verladen eines Ebers von der Waage in das Transportgatter keine Vorkehren getroffen hatte, um ein Ausbrechen des Tieres und einen Angriff auf die am Verladen Beteiligten zu verhindern 64 II 378 f. E. 4; der Viehhändler, der seinem Angestellten keine Weisungen für den Transport und die Beaufsichtigung einer Kuh gegeben hatte 58 II 377 f. E. 3 fr.; der Halter einer Viehherde, der die nötigen Vorkehren nicht getroffen hatte, um das zu befürchtende Aufspringen der Rinder zu verhindern 50 II 192 f. E. 1; der für das Pflügen verantwortliche Angestellte, der das Fünfergespann nicht bis zum Ende der Arbeit beaufsichtigt hatte 41 II 238/242 f. Den Entlastungsbeweis nicht erbracht hat auch der Halter, der nicht unzweifelhaft bewiesen hat, dass sein Hund eingeschlossen worden war und dessen Entweichen auf einen Umstand zurückzuführen war, für den er nicht einzustehen hatte 110 II 136/140 E. 2b Pra 1984 (Nr. 172) 478 f.

Herabsetzung der Ersatzpflicht. Für die Ersatzbemessung kommt es nicht darauf an, 11
ob den Tierhalter ein Verschulden treffe; fehlendes Verschulden führt daher zu keiner Herabsetzung der Ersatzpflicht 81 II 512/516 f. E. 3. – Drittverschulden setzt die Ersatzpflicht nicht herab 58 II 377 E. 3 fr., vgl. auch 81 II 512/517 E. 3. – Zu einer Herabsetzung führt hingegen ein Selbstverschulden des Geschädigten 64 II 379 E. 5 (in casu verneint) 102 II 232/239 ff. E. 3 Pra 1977 (Nr. 26) 65 ff. – Siehe auch unter Art. 43 f.

II. Pfändung des Tieres

Art. 57

[1] Der Besitzer eines Grundstückes ist berechtigt, Dritten angehörige Tiere, die auf dem Grundstücke Schaden anrichten, zur Sicherung seiner Ersatzforderung einzufangen und in seinen Gewahrsam zu nehmen und, wo die Umstände es rechtfertigen, sogar zu töten.

[2] Er ist jedoch verpflichtet, ohne Verzug dem Eigentümer davon Kenntnis zu geben und, sofern ihm dieser nicht bekannt ist, zu dessen Ermittlung das Nötige vorzukehren.

1 ***Abs. 1*** Das in der Bestimmung vorgesehene Recht steht nicht nur dem Besitzer des Grundstückes persönlich, sondern auch seinen Hilfspersonen zu, wenn sie handeln, um den Besitzer vor Schaden zu bewahren 77 IV 196 E. 1. – Die Tötung eines fremden Tieres muss durch die Umstände gerechtfertigt sein. Einerseits muss das Tier auf der Liegenschaft Schaden verursacht haben, anderseits muss es unmöglich sein, bevorstehenden weiteren Schaden anders abzuwenden 78 IV 83 f. Massgebend ist dabei, welche Massnahme der Betroffene, der die Gefahr vor sich sieht und nicht Zeit zu ruhiger Überlegung hat, in guten Treuen für notwendig und geeignet halten darf, um weiteren Schaden abzuwenden 77 IV 197. Ein angriffiger und wilder Hund darf getötet werden 77 IV 196 f. E. 2, jedoch nicht eine Katze, die verscheucht und bei deren Besitzer man allenfalls vorstellig werden kann 78 IV 83 f. – Das Recht, ein fremdes Tier zu töten, schliesst auch das weniger weit gehende Recht in sich, es unter den gleichen Voraussetzungen, nämlich wenn die Umstände es rechtfertigen, zu verletzen 77 IV 196 E. 1.

E. Haftung des Werkeigentümers I. Ersatzpflicht

Art. 58

[1] Der Eigentümer eines Gebäudes oder eines andern Werkes hat den Schaden zu ersetzen, den diese infolge von fehlerhafter Anlage oder Herstellung oder von mangelhafter Unterhaltung verursachen.

[2] Vorbehalten bleibt ihm der Rückgriff auf andere, die ihm hierfür verantwortlich sind.

▪ Abs. 1 Allgemeines (1) ▪ Eigentümer (3) ▪ Werk (6) ▪ Werkmangel (8) ▪ Kausalität des Werkmangels (15) ▪ Beispiele zum Werkmangel (18) ▪ Ausschluss und Ermässigung der Ersatzpflicht (20) ▪ Haftung des Strasseneigentümers im Besonderen (21) ▪ Abs. 2 (27)

1 ***Abs. 1*** **Allgemeines.** Der Tatbestand besteht aus fünf Elementen: Werkeigentümer, Werk, Werkmangel, Schaden und adäquater Kausalzusammenhang zwischen Werkmangel und Schaden 4A_38/2018 (25.2.19) E. 3.1. Die Bestimmung begründet eine reine (einfache 4C.119/2000 [2.10.00] E. 2a Pra 2001 [Nr. 46] 270) Kausalhaftung, bei der die Widerrechtlichkeit durch den Werkmangel begründet wird 4C.45/2005 (18.5.05) E. 4.2.1. Der Eigentümer hat für den mangelhaften Zustand als solchen einzustehen, nicht bloss für ein Verhalten, auf das dieser Zustand zurückzuführen ist. Es kommt daher nicht darauf an, ob er bei pflichtgemässer Sorgfalt den Mangel hätte entdecken und beseitigen können 69 II 398 f. E. 3. S. auch 4A_38/2018 (25.2.19) E. 3.1, wo das Bundesgericht festhält, dass der Werkeigentümer auch für den Zufall haftet (Zustandshaftung). Die kausale Haftung wird grundsätzlich damit gerechtfertigt, dass der Eigentümer, der die wirtschaftlichen Vorteile des Werkes geniesst, auch für die Schäden einstehen soll, die dessen mangelhafter Zustand verursacht. Die Haftung hängt indes im Einzelfall nicht davon ab, ob der Eigentümer tatsächlich wirtschaftlichen Nutzen aus seinem Werk zieht oder ziehen kann 121 III 448/450 f. E. 2c. Dem Eigentümer steht also kein Entlastungsbeweis offen 91 II 201/212 E. b, 117 II 50/53 E. a Pra 1992 (Nr. 140) 508. Er haftet gegenüber Dritten vorbehaltlos für Mängel, die seine Architekten oder seine Baumeister verschuldet haben 55 II 80/84 f. fr. oder die von irgendwelchen Drittpersonen herbeigeführt worden sind (in casu eigenmächtige Wegnahme eines Geländers) 69 II 398 E. 3. Im Unterschied etwa zu den Haftun-

gen nach Art. 55 und 56 sieht die Werkeigentümerhaftung als strengste Kausalhaftung keine Möglichkeit des Haftpflichtigen vor, sich durch Erbringung des Sorgfaltsbeweises zu entlasten. Vielmehr ist ein objektiver Massstab anzulegen, der für die Mitberücksichtigung subjektiver Vorwerfbarkeit keinen Raum lässt. So kann die Haftung auch dann greifen, wenn das den Schaden verursachende Werk im Zeitpunkt des Ereignisses den geltenden Normen entspricht und dem Werkeigentümer somit keine Sorgfaltspflichtverletzung vorgeworfen werden kann 4C.386/2004 (2.3.05) E. 2.3, siehe aber 4C.45/2005 (18.5.05) E. 2.3, wo gleichwohl von Sorgfaltspflichten die Rede ist. Obschon es sich bei der Werkeigentümerhaftung um eine Kausal- und nicht um eine Verschuldenshaftung handelt, ist doch zu beachten, dass die Sicherung von Verkehrsanlagen gegenüber natürlichen Gefahrenherden praxisgemäss an den Kriterien der Verhältnismässigkeit und Zumutbarkeit gemessen wird 129 III 65/67 it., 126 III 113/116 E. b fr., was die Kausalhaftung zumindest mit einem Verschuldenselement kombiniert 130 III 193/196. – Ein zusätzliches Verschulden des Werkeigentümers kann bei einer Haftungskollision (in casu mit einer Haftung des Motorfahrzeughalters nach SVG Art. 58) von Bedeutung sein 108 II 51/56 ff. E. 5. – Eine Haftungsbeschränkungsabrede, mit welcher die Gewährleistungspflicht für Sachmängel ausgeschlossen wird, ist (zwischen den Parteien) grundsätzlich auch bei der Werkhaftung zu beachten 107 II 161/168 E. 8b, vgl. auch 60 II 344 f. E. 3. Der Abschluss eines Werkvertrages über die Instandstellung (in casu Feststellung und Ersetzung schadhafter Stangen einer Freileitung) kann jedoch nicht als stillschweigende Wegbedingung der Haftung gegenüber den Hilfspersonen des Unternehmers gelten 94 II 151/153 E. 2. – Wird ein mangelhaftes Werk beschädigt, so vermag der Werkmangel allenfalls den adäquaten Kausalzusammenhang zu unterbrechen oder eine Herabsetzung des Schadenersatzes zu rechtfertigen 119 Ib 334/346 E. c Pra 1994 (Nr. 74) 281 f.

Verhältnis zu anderen Haftungsgründen. Eine Haftung aus Art. 41 und 55 ist neben der Werkeigentümerhaftung gegeben, wenn über Art. 58 hinausgehende Sorgfaltspflichten verletzt wurden 72 II 202 f. E. 1b. Im Verhältnis zur Geschäftsherrenhaftung nach Art. 55 gilt aber der Grundsatz der Exklusivität der speziellen Norm, sodass Art. 58 ausschliesslich heranzuziehen ist, wenn die Hilfsperson eines Werkeigentümers einen Schaden verursacht und die gesetzlich umschriebenen Voraussetzungen der Bestimmung erfüllt sind 4C.119/2000 (2.10.00) E. 2a Pra 2001 (Nr. 46) 270, anders aber 77 II 309 E. 1, 96 II 355/359 f. E. II 1 und 2 Pra 1971 (Nr. 44) 138 f. wo davon ausgegangen wird, dass der Anspruch aus Art. 58 mit jenem aus Art. 55 konkurrieren könne. – *Anspruchskonkurrenz* besteht im Verhältnis zu ZGB Art. 679 111 II 429/436 E. c it., 100 II 134/138 E. 2, grundlegend 91 II 474/485 ff. E. 7, sowie zu den vertraglichen Haftungen des Arbeitgebers (in casu aOR Art. 339) 90 II 227/229 E. 2a Pra 1965 (Nr. 1) 1, vgl. auch 110 II 163/164 E. 2 Pra 1984 (Nr. 175) 485 f. und des Vermieters (Art. 254 f.) 60 II 342 f. E. 1. Wo der vom Werkeigentümer eingehaltene Sicherheitsstandard keine Verletzung der vertraglichen Sorgfaltspflicht darstellt, bleibt auch für die Annahme eines Werkmangels kein Raum 4C.53/2000 (13.6.00) E. 4d. Fällt bereits eine strenge Kausalhaftung des Werkeigentümers ausser Betracht, kann auch eine Verschuldenshaftung (culpa in contrahendo) nicht Platz greifen 4C.191/2005 (15.9.05) E. 3.2. – Art. 58 ist *lex specialis* zu den Normen der Beamtenhaftpflicht bzw. der allgemeinen Staatshaftung 116 II 645/648 E. 3a Pra 1991 (Nr. 45) 220, 115 II 237/245 E. c, 139 III 110/113 E. 2.2.2, was auch für Wasserleitungen gilt 4A_235/2009 (13.10.09) E. 3.1. – Ablösung der Werkeigentümerhaftung 2 durch die enteignungsrechtliche Ersatzpflicht 115 II 237/245 E.c. – Die Haftung nach Art. 58 wird *durch aKUVG Art. 129 Abs. 2 gemildert.* Der Werkeigentümer, der zugleich Arbeitgeber ist, wird bei obligatorisch versicherten Betriebsunfällen nur dann verantwortlich, wenn er absichtlich oder grobfahrlässig einen Werkmangel zur Unfallursache werden liess 72 II 313 f. E. 1.

3 **Eigentümer.** Die Haftung für Schäden, die infolge von Werkmängeln entstehen, wird dem Eigentümer auferlegt, weil er die erforderlichen Massnahmen zu treffen hat, um die Gefahren abzuwenden, die sein Werk für Dritte in sich birgt, und weil in erster Linie er in der Lage ist, für den Unterhalt des Werkes zu sorgen und allfällige Mängel desselben zu beheben 91 II 281/283 f. E. 3a, vgl. auch 118 II 502/507 Pra 1994 (Nr. 13) 52. Passivlegitimiert ist, wer zum *Zeitpunkt des schädigenden Ereignisses* im Sinne der Bestimmung «Eigentümer» ist, und dies auch dann, wenn der Mangel an sich einem früheren Eigentümer anzulasten ist oder vor Klageeinleitung das Werk auf einen Dritten übertragen wurde 123 III 306/309 E. 3a/aa Pra 1997 (Nr. 170) 914. Die Bestimmung ist auch auf das Gemeinwesen (juristische Personen des öffentlichen Rechts) anwendbar 96 II 337/341 E. 2a Pra 1971 (Nr. 83) 258, 112 II 228/229 ff. E. 2 JdT 135 (1987) I 18 ff. E. 2 (in casu Schaden, der durch ein Werk der PTT-Betriebe ohne Zusammenhang mit einer Beanspruchung der Dienstleistungen zugefügt wurde), vgl. auch 115 II 237/244. Miteigentümer eines Werkes sind solidarisch haftbar 117 II 50/63 f. E. 5 Pra 1992 (Nr. 140) 517 f. Passivlegitimation des Eigentümers eines Ladens unabhängig davon, ob er auch Werkeigentümer des Trottoirs ist, auf das die Ausgangstüre führt 118 II 36/37 E. 3.

4 ***Begriff.*** Werkeigentümer im Sinne der Bestimmung ist grundsätzlich der *sachenrechtliche Eigentümer* des Werkes. Die Rechtsprechung anerkennt jedoch (mit Rücksicht auf den Wortlaut und die Rechtssicherheit allerdings zurückhaltend) für bestimmte Sonderfälle *Ausnahmen* von diesem Grundsatz. Vom formellen Kriterium des Eigentums abzusehen rechtfertigt sich jedenfalls dann, wenn ein Gemeinwesen aufgrund seiner besonderen Rechtsstellung eine mit privatem Sacheigentum vergleichbare Sachherrschaft über das Werk ausübt 4C.150/2003 (1.10.03) E. 3.2 fr., 121 III 448/449 ff. E. 2, 123 III 306/309 E. 3a/aa Pra 1997 (Nr. 170) 914 oder sich das Werk haftpflichtrechtlich nicht im Verantwortungsbereich des Eigentümers befindet 4A_244/2010 (12.7.10) E. 1.1, 121 III 448/452 f. E. 3c. In 91 II 281/281 ff. wurde ein über private Grundstücke führender öffentlicher Fussweg dem haftpflichtrechtlichen Verantwortungsbereich der Gemeinde, die daran dienstbarkeitsberechtigt war, zugeordnet mit der Begründung, für die Bestimmung des haftenden Werkeigentümers sei auf den Zweck abzustellen, dem die Werkanlage als Ganzes zu dienen habe. Diese Aussage ist später relativiert und auf den Sondertatbestand der Haftung des Gemeinwesens für öffentliche Strassen und Wege eingegrenzt worden 106 II 201/204 f. E. 2, auch 4C.150/2003 (1.10.03) E. 2.1 fr., vgl. auch 4A_244/2010 (12.7.10) E. 1.4. Auf jeden Fall darf der Eigentümer nicht mit dem «Besitzer» eines Grundstücks (Art. 57), dem «Halter» einer Sache (Art. 56, SVG Art. 58; SR 741.01), dem «Inhaber» einer Anlage oder eines Betriebes (GSchG Art. 69 [SR 814.20], aEHG Art. 1 [nunmehr EBG 742.101]) oder ähnlichen Umschreibungen gleichgesetzt werden. Insbesondere haftet nicht der Mieter oder Pächter, sondern der Eigentümer (unter Vorbehalt des Rückgriffs) 4C.150/2003 (1.10.03) E. 3.3 fr., 106 II 201/205 E. 2, 121 III 448/449 E. 2a. Dass der haftende Werkeigentümer nicht mit dem Grundeigentümer identisch zu sein braucht,

zeigt sich auch bei *Werken, die auf fremden Boden übergreifen oder auf solchem errichtet sind,* sofern dem Urheber des Werks ein auf Gesetzesvorschrift oder auf Vertrag beruhendes dingliches Recht zusteht (ZGB Art. 674 ff.) 74 II 156 Pra 1949 (Nr. 3) 5, 106 II 201/203 E. 2a, 4C.103/2002 (16.7.02) E. 4 (Baugerüst). Selbst wenn ein Teil einer Baute (z.B. ein Balkon, das Gitter eines Lichtschachtes eines Kellers) ohne Begründung eines dinglichen Rechtes auf ein anderes Grundstück übergreift und nach dem Akzessionsprinzip (ZGB Art. 671 Abs. 1, 674) zum Bestandteil desselben wird, gilt als Werkeigentümer im Sinne von Art. 58 nicht der Eigentümer dieses letzteren Grundstückes, sondern der Eigentümer der Baute, von welcher der übergreifende Teil ausgeht 91 II 284 E.b. Bilden zwei rechtlich unabhängige, d.h. nicht im Verhältnis von Hauptsache und Bestandteil oder Zugehör stehende Sachen gleichwohl eine funktionelle Einheit, so ist der Eigentümer der wichtigeren Sache für das Werk in seiner Gesamtheit verantwortlich 74 II 155/157 f. Pra 1949 (Nr. 3) 6. Das Eigentum am Werk kann von demjenigen am Boden getrennt sein, wenn Erbauer und Grundeigentümer durch ein prekaristisches Verhältnis (Revers) miteinander verbunden sind 74 II 155/156 f. Pra 1949 (Nr. 3) 5 f. Werke mit selbständigem Eigentum, die jemand auf einem Grundstück erstellt, an dem er kein dingliches Recht hat, sind z.B. ein Baugerüst, eine Freileitung oder eine mobile Seilwinde 106 II 201/203 f. E. 2a.

Beispiele. Als Werkeigentümer wurden betrachtet: der Kioskeigentümer, obwohl der 5
Innenausbau Sache des Pächters gewesen war 106 II 201/205 ff. E. 3; die Einwohnergemeinde als Trägerin der öffentlichen Wasserversorgung (in casu gebrochener Entleerungshahn in einer angeschlossenen Liegenschaft) 121 III 448/451 ff. E. 3; die Gemeinde als Erstellerin und Betreiberin einer Seilbahn (ohne Prüfung des sachenrechtlichen Eigentums) 121 III 448/450 E. a; das berechtigte Gemeinwesen, nicht der Eigentümer des zugunsten der Öffentlichkeit mit einer Wegdienstbarkeit belasteten Grundstückes 91 II 281/285 ff. E. 4–7 (jedoch offengelassen, wie es sich im Falle des Wegrechtes zugunsten eines Privaten verhält); der Kanton, der zwar nicht Eigentümer war, aber ein staatliches Hoheitsrecht über das herrenlose öffentliche Gewässer hatte 91 II 474/478 f. E. 2 und 3; der Strasseneigentümer, nicht der Eigentümer einer angrenzenden, den Verkehr behindernden Hydrantensäule 79 II 78 f. E. 1 Pra 1953 (Nr. 65) 203; die Gemeinde als Eigentümerin einer mobilen Motorseilwinde, nicht der Mieter 77 II 310; die Gemeinde, zu deren Badeanstalt ein Wassersteg gehörte, nicht der Kanton als Eigentümer des Seegrundes 74 II 155/157 f. Pra 1949 (Nr. 3) 6 f.; der konzessionierte Betreiber einer öffentlichen Badeanstalt, der als Teil seiner Konzession den Bau und den Unterhalt eines Sprungturms übernommen hatte 123 III 306/310 E. 3a/bb Pra 1997 (Nr. 170) 914 (obiter dictum); die Gerüsteigentümerin, obwohl sie lediglich mittelbare Besitzerin ihres Werks war 4A_189/2018 (6.8.18) E. 4.2.1 (die Gerüsteigentümerin blieb Eigentümerin des Gerüsts und Haftungssubjekt von Art. 58, selbst wenn das Baugerüst seit über fünf Monaten in der tatsächlichen Verfügungsgewalt des Bauherrn bzw. der Bauleitung war und sie Eigentümerin von über 52 derartigen Baugerüsten auf einer Grossbaustelle war). – Ein Bauunternehmer, der an einem Werk Arbeiten ausführt, wird dadurch nicht zum Eigentümer 4C.186/2001 (5.11.01) E. 3 fr.

Werk. Unter Werken im Sinne der Bestimmung sind Gebäude oder andere stabile, künst- 6
lich hergestellte, bauliche oder technische Anlagen zu verstehen, die mit dem Erdboden, sei es direkt oder indirekt, dauerhaft verbunden sind 91 II 281/283 E. 2, 121 III 448/449

E. 2a. Als Werk gilt neben den Gebäuden jedes körperliche Produkt menschlicher Tätigkeit, das in wirtschaftlicher Beziehung mit den eigentlichen unbeweglichen Bauten eine gewisse Verwandtschaft zeigt und insbesondere bei mangelhafter Herstellung oder Unterhaltung in ähnlicher Weise wie Gebäude Schaden bewirken kann 44 II 187/189 (in casu besonders hergerichteter Vorplatz). Dass das Gebilde nicht Selbstzweck, sondern nur die natürliche, sogar unerwünschte Nebenfolge ist, hat keine entscheidende Bedeutung 61 II 254/255 (in casu Gräben, die sich bei der Ausbeutung einer Lehmgrube bildeten). Werk ist nicht die Handlung, sondern das Produkt 40 II 216/221 f. E. 2 it. (in casu Ausfüllung eines Seeufers). – Der Begriff umfasst auch Teile und Zugehör, wenn sie mit dem Werk oder mit dem Boden fest (und dauerhaft 63 II 97 f. E. 1 fr.) verbunden sind (z.B. Treppen, Aufzüge, Leitungen, Mauern, Abschrankungen, Schutzbauten) 4C.103/2002 (16.7.02) E. 4. Er kann selbst Teile einschliessen, die im Eigentum Dritter stehen, weil sich nicht nach Sachenrecht, sondern nach der Zweckbestimmung des Werkes entscheidet, was zu diesem gehört. Voraussetzung ist freilich, dass die Sachen Dritter mit dem Werk funktionell, nicht bloss räumlich zusammenhängen; das trifft zu, wenn sie ihm dienen 106 II 201/203 E. 2a (in casu vom Pächter erstellte Inneneinrichtung eines Kioskes), vgl. auch 121 III 448/451 ff. E. 3. Auch wenn zwei rechtlich voneinander unabhängige, d.h. nicht im Verhältnis von Hauptsache und Bestandteil oder Zugehör stehende Sachen gleichwohl eine funktionelle Einheit bilden, so hat man es mit einem einheitlichen Werk zu tun 74 II 157 Pra 1949 (Nr. 3) 6. Daher bilden z.B. auf dem angrenzenden Grundstück stehende Abschrankungen («Leginen») oder Hydrantensäulen mit der Strasse ein einheitliches Werk 59 II 175 f. E. 2. 79 II 78 Pra 1953 (Nr. 65) 203.

7 ***Beispiele.*** *Gebäude* (bzw. Bestandteile und Zugehör): eine Liftanlage 4C.386/2004 (2.3.05) E. 2, 91 II 201/206 E. 2; der Bodenbelag eines Gebäudes 66 II 109/111, 88 II 417/420 f. E. 2 Pra 1963 (Nr. 33) 95 f.; die über eine mobile Leiter zugängliche Galerie 4C.45/2007 (5.4.07); ein Hausgang oder ein Treppenhaus (einschliesslich Beleuchtung) 72 II 176/177 ff. E. 2 Pra 1946 (Nr. 118) 270 f., 81 II 450/452 f. E. 2a Pra 1956 (Nr. 2) 4 f.; ein Lagerraum 81 II 129/133 E. 8 JdT 103 I 528 f. E. 8; eine dauerhaft befestigte Leiter 63 II 96 f. E. 1 fr.; ein Badezimmer mit Gasdurchlauferhitzer 117 II 50/52 E. 2a Pra 1992 (Nr. 140) 507; eine clubeigene Dusche 4C.119/2000 (2.10.00) E. 1 Pra 2001 (Nr. 46) 269, eine sog. Sicherheits-Rundschleuse beim Gebäudeeingang 4A_265/2012 (22.1.13). – *Andere Werke:* eine Boje 118 II 502/507 Pra 1994 (Nr. 13) 52; ein Baugerüst 96 II 355/359 E.II. 1 Pra 1971 (Nr. 44) 138, 4A_189/2018 (6.8.18) E. 4.1, 4C.103/2002 (16.7.02) E. 4; ein Zaun (zum Mindesten in Verbindung mit einem Weg, einer Stützmauer und einem tiefer liegenden Platz) 96 II 34/35 E. 1; eine elektrische Freileitung 94 II 151/153 E. 2; ein Skiliftmast 126 III 113/115 E. 2a/cc Pra 2000 (Nr. 185)1135; die Einrichtungen eines künstlich angelegten Bachbettes 91 II 474/484 f. E. 6; eine mit dem Boden dauerhaft verbundene Ausschwingmaschine 90 II 227/229 E. 2a Pra 1965 (Nr. 1) 1; eine zum Pflügen bestimmte Motorseilwinde 77 II 308/310; ein künstlich angelegter Teich 4A_377/2016 (18.10.16) E. 2.3.1; ein Schwimmbassin oder ein zur Badanstalt gehörender Wassersteg 64 II 198 E. 1, 74 II 155/156 f. Pra 1949 (Nr. 3) 5 f., vgl. auch 116 II 422/422 ff.; ein Sprungturm 123 III 306/309 E. 3 Pra 1997 (Nr. 170) 914; ein Dampfkessel 63 II 143/146 E. 2; der durch Menschenhand umgewandelte Erdboden (Gräben, Lehmgrube usw.) 61 II 254/254 f.; ein Webereikanal 130 III 736/740 E. 1.1; eine Kanalisation 4C.135/2003 (26.9.03) E. 3 it.; eine kanalartige Wasserleitung («bisse») 61 II

78/79 E. 2; eine Schwebebahn 60 II 218/221 E. 1 fr.; eine Dreschmaschine 47 II 425/429 E. 3. – *Kein Werk:* ein bloss ausgetretener Fusspfad 91 II 281/283 E. 2; ein Weinberg 73 II 151/153 E. 1 Pra 1948 (Nr. 22) 52. – *Offengelassen,* ob eine Skipiste 130 III 193/195 E. 2.2 bzw. ein Baum unter Umständen ein Werk oder Teil eines Werkes sein kann 112 II 439/441 E. 1a Pra 1987 (Nr. 90) 311.

Werkmangel. Der Werkmangel erfüllt die Haftungsvoraussetzung der Widerrechtlichkeit 4C.45/2005 (18.5.05) E. 4.2.1. Ob ein Werkmangel vorliegt, bestimmt sich in drei Schritten: Erstens muss man den Zweck des Werks kennen (weil der Werkeigentümer grundsätzlich nicht mit einem zweckwidrigen Gebrauch rechnen muss); zweitens muss man bestimmen, was nach einem objektiven Massstab und nach der allgemeinen Lebenserfahrung am Ort, an dem sich das Werk befindet, ereignen kann, um beurteilen zu können, ob das Werk genügend sicher ist (wobei öffentliche Werke einem höheren Sicherheitsstandard genügen müssen als private und es in jedem Fall entscheidend auf die Selbstverantwortung ankommt); drittens gilt es, als Grenze der Sicherungspflicht das Kriterium der Zumutbarkeit zu beachten 4A_38/2018 (25.2.19) E. 3.2. 8

Bei der Entscheidung, ob ein Werk mangelhaft sei, ist von seiner ***Zweckbestimmung*** auszugehen; denn einer Benützung, die seiner Zweckbestimmung zuwiderläuft, braucht das Werk nicht angepasst zu sein. Vielmehr ist ein Werk nur dann mangelhaft, wenn es für den Gebrauch, zu dem es bestimmt ist, objektiv keine genügende Sicherheit bietet 106 II 208/210 E. 1a Pra 1981 (Nr. 56) 127, 117 II 399/400 E. 2, 118 II 36/38 E. a, 122 III 229/235 E. 5a/bb fr., 123 III 306/310 E. 3b/aa Pra 1997 (Nr. 170) 915, 126 III 113/116 E. 2a/cc Pra 2000 (Nr. 185) 1135, 4A_377/2016 (18.10.16) E. 2.3.2, 4C.314/1992 (21.11.00) E. 9c/aa fr., 4C.45/2007 (5.4.07) E. 2.1, 4A_244/2010 (12.7.10) E. 1.2, 4A_286/2014 (15.1.15), E. 5.2, 4A_521/2013 (9.4.14) E. 3.1, vgl. aber auch 116 II 422/424 E. 1. Ausschlaggebend sind somit die *Zweckbestimmung des Werkes sowie das, was sich nach der Lebenserfahrung am fraglichen Ort zutragen kann* 122 III 229/235 E. bb, 4C.45/2005 (18.5.05) E. 2.1, auch 4C.386/2004 (2.3.05) E. 2.1, 4C.45/2007 (5.4.07) E. 2.1, 4A_114/2014 (18.8.14) E. 2. Bei der Beurteilung der Mangelhaftigkeit kommt es auf den Zustand und das Zusammenwirken der einzelnen Teile, die örtliche Aufstellung und Befestigung des Werkes sowie die den jeweiligen Verhältnissen angepassten Sicherungsvorkehren an 77 II 308/311 E. 2. Die Mangelhaftigkeit ist unabhängig davon, ob die daraus resultierende Gefahr tatsächlich eintritt; entsprechend ist nicht erheblich, dass sich über Jahrzehnte kein Schaden ereignet hat 123 III 306/311 E. 3b/bb Pra 1997 (Nr. 170) 916, umgekehrt folgt aber aus einer nach erfolgtem Schadenseintritt gewonnenen Erfahrung nicht zwingend ein Werkmangel bzw. eine Verletzung der Sorgfaltspflicht, und nicht jede Gefahrenquelle stellt einen Werkmangel dar 4A_612/2010 (14.2.11) E. 2.3. – Werden nach einem Schadenfall zusätzliche Sicherungen eingebaut, spricht dies nicht für eine Verletzung der ex ante zu beachtenden Sorgfalt 4C.53/2000 (13.6.00) E. 4d, vgl. 4A_20/2009 (23.3.09) E. 2.3.1, sowenig wie aufgrund nach dem Unfall gewonnener Erkenntnisse ohne Weiteres auf einen Werkmangel geschlossen werden kann 4A_265/2012 (22.1.13) E. 4.4.2. Allerdings ist es ein gewisses, freilich mit grosser Zurückhaltung zu bewertendes Indiz dafür, dass der Werkeigentümer selbst seine Anlage als mangelhaft anerkennt, wenn er an der Unfallstelle nachträglich Warnhinweise und eine Absperrung anbringt 116 II 422/427 E. 2b/bb, 56 II 90/93. Eine nachträglich vorgenommene, kleine, 9 nicht kostspielige Änderung des Werkes belegt zudem, dass der Werkeigentümer das ihm Zumutbare versäumt hatte 45 II 335. Das nachträgliche Anbringen von Warntafeln hat indes dann keine Bedeutung, wenn der Werkeigentümer (in casu ein Gemeinwesen) damit über seine Sorgfaltspflichten hinausgeht 59 II 171/180 E. 2. – Anwendungsbeispiel 4A_38/2018 (25.2.19) E. 3.4 (Sicherung und Signalisation einer Falltür).

10 ***Selbstverantwortung.*** Einem bestimmungswidrigen Gebrauch hat ein Werk grundsätzlich nicht gewachsen zu sein 130 III 736/742. Auch braucht der Werkeigentümer nicht mit einem ausgefallenen, unwahrscheinlichen Verhalten zu rechnen; vielmehr bildet die Selbstverantwortung eine Schranke der Sicherungspflicht, 4A_377/2016 (18.10.16) E. 2.3.2, 4A_521/2013 (9.4.14) E. 3.2, 4A_286/2014 (15.1.15), E. 5.2, 4A_612/2010 (14.2.11) E. 2.3, 4A_244/2010 (12.7.10) E. 1.3, 4C.191/2005 (15.9.05) E. 2.1, 4C.386/2004 (2.3.05) E. 2.1, 130 III 736/742, 4C.150/2003 (1.10.03) E. 4.1 fr., auch 129 III 65/67 E. 1.3 Pra 2003 (Nr. 121) 646 (in casu Fahrweise bei tiefen Temperaturen ausserorts). So muss der Eigentümer nicht den Eintritt irgendeines Risikos, gegen welches sich jeder Benutzer bei minimaler Aufmerksamkeit selbst schützen kann, ausschliessen Pra 2001 (Nr. 46) 269 E. 1b, 4C.45/2007 (5.4.07) E. 2.1, sondern darf mit einem vernünftigen und dem allgemeinen Durchschnitt entsprechenden vorsichtigen Verhalten des Werkbenützers rechnen und hat deshalb geringfügige Mängel, die bei solchem Verhalten normalerweise nicht zu Schädigungen Anlass geben, nicht zu beseitigen 4A_377/2016 (18.10.16) E. 2.3.2 (der Eigentümer darf Risiken ausser Acht lassen, die mit einem Mindestmass an Sorgfalt vermieden werden können), 4C.119/2000 (2.10.00) E. 1b Pra 2001 (Nr. 46) 269, auch 4C.150/2003 (1.10.03) E. 4.1 fr., auch 4C.54/2004 (1.6.04) E. 2.3 Pra 2004 (Nr. 145) 823 (Pistennetz), 4C.191/2005 (15.9.05) E. 2.3 (Beleuchtungssituation in einem vornehmlich privat genutzten Eingangsbereich), 4A_385/2013 (20.2.14) E. 6.1 (Motorradunfall auf privatem Kieshügel). Ein ausgefallenes, unwahrscheinliches Verhalten muss nicht einberechnet werden 4A_521/2013 (9.4.14) E. 3.2, 4A_145/2020 (14.5.20) E. 6 (ein Erwachsener, der an einer Schule unterrichtete, stieg über ein [normkonformes] Geländer auf einen 8 cm breiten Sims; mit einem solchen Verhalten musste die Gemeinde nicht rechnen), 4A_377/2016 (18.10.16) E. 2.3.2. Immerhin hat er auf mögliches und vorhersehbares zweckwidriges Verhalten bestimmter Personengruppen (beispielsweise Kinder) Rücksicht zu nehmen und allenfalls entsprechende Vorkehren zu treffen 130 III 736/743 E. 1.5, 4C.119/2000 (2.10.00) E. 1b Pra 2001 (Nr. 46) 269, auch 64 II 218.

11 ***Kinderunfälle.*** Der Grundsatz, dass der Werkeigentümer nur für den bestimmungsgemässen Gebrauch seines Werks haftet, gilt nicht unbeschränkt. Ausnahmsweise bejahen Lehre und Rechtsprechung die Haftung des Werkeigentümers selbst bei einem zweckwidrigen Verhalten bestimmter Personengruppen, insbesondere von Kindern. Zu denken ist erstens an Werke, bei denen aufgrund ihrer Beschaffenheit augenfällig ist, dass Unvernunft und Unvorsicht zu schweren Schädigungen führen können 130 III 736/743 f. E. 1.5 (unter Hinweis auf 60 II 218, in dem eine dem Publikum frei zugängliche Seilbahn zu beurteilen war; das Bundesgericht bejahte die Haftung des Eigentümers infolge eines Unfalls eines vierjährigen Knaben, dessen rechte Hand in die offene Seilrolle geriet, als er sich zufällig in der Nähe der Seilbahn aufhielt und im Spiel ein Stück Papier auf die offenen Seile legte. Der Sockel der Seilbahn war nicht erhöht, weshalb die ungeschützte Seilrolle von Kindern jeglichen Alters, selbst den kleinsten, berührt werden konnte. Dem

Eigentümer der Seilbahn half es nicht, dass die Seilbahn nach den Regeln der Technik erbaut und installiert war und ihrem Zweck entsprechend funktionierte. Das Bundesgericht erachtete das Unfallereignis nach den örtlichen Verhältnissen und der allgemeinen Lebenserfahrung als vorhersehbar und das Anbringen von Schutzvorkehren weder als kostspielig noch technisch schwierig, somit als zumutbar). Eine weitere Gefahrenquelle stellen Werke dar, die Kinder zu einer bestimmungswidrigen Benützung verleiten 130 III 736/744 E. 1.5 (mit Hinweis auf 116 II 422 betr. ein sog. «Plauschbad», in dem das Bundesgericht die Haftung des Werkeigentümers mit der Begründung bejahte, dass Konzeption und Zweckbestimmung des Wellenbades, der angesprochene Kreis der Benützer und das von einem Teil dieser Benützer zu erwartende unvernünftige Verhalten einen gefährlichen Zustand schafften), 4A_377/2016 (18.10.16) E. 2.3.2. Das Bundesgericht hat die massgebenden Grundsätze zur Werkeigentümerhaftung bei Kinderunfällen wie folgt zusammengefasst: Grundsätzlich darf der Werkeigentümer darauf vertrauen, dass Kinder sich gemäss der ihrem Alter entsprechenden, durchschnittlichen Vernunft verhalten. Kinder, die in Bezug auf die Benützung eines bestimmten Werks nicht über die erforderliche Vernunft verfügen, gehören unter Aufsicht (4A_377/2016 [18.10.16] E. 2.3.2, mit dem Hinweis, dass dies insbesondere für den Strassenverkehr gelten muss, da das Strassennetz nicht eine für jeden Verkehrsteilnehmer optimale Sicherheit zu gewährleisten braucht. Der Strasseneigentümer darf darauf vertrauen, dass nur verkehrsgeschulte Kinder sich unbegleitet im Strassenverkehr aufhalten). Ausnahmsweise hat er jedoch besondere Sicherheitsvorkehren zur Verhinderung zweckwidrigen Verhaltens durch Kinder zu treffen, wenn das Werk aufgrund seiner Beschaffenheit besondere Risiken in sich birgt, welche bei fehlender Vernunft und Vorsicht zu schweren Schädigungen führen, oder wenn das Werk aufgrund seiner besonderen Zweckbestimmung Kinder zu einer bestimmungswidrigen Benützung verleitet. Voraussetzung der Haftbarkeit ist aber in jedem Fall, dass das zweckwidrige Verhalten voraussehbar ist und zumutbare Massnahmen getroffen werden können, damit eine zweckwidrige Verwendung nicht erfolgt. Gegen ein ausgefallenes Verhalten muss der Werkeigentümer selbst bei Kindern keine Vorkehren treffen 130 III 736/745 E. 1.6, 4A_377/2016 (18.10.16) E. 2.3.2 (wo das Bundesgericht die Voraussehbarkeit verneinte).

Zumutbarkeit. Eine weitere Schranke der Sicherungspflicht bildet die Zumutbarkeit 12
von Schutzvorkehren 4A_286/2014 (15.1.15), E. 5.2, 4A_244/2010 (12.7.10) E. 1.3, 4C.191/2005 (15.9.05) E. 2.1, 130 III 736/742, 129 III 65/66 E. 1.1 Pra 2003 (Nr. 121) 645. Welche Sicherungsmassnahmen im Einzelfall vernünftigerweise verlangt werden können, ist unter Abwägung der sich gegenüberstehenden Interessen zu entscheiden. Dabei sind einerseits der Grad der Wahrscheinlichkeit und das Ausmass des zu erwartenden Schadens zu berücksichtigen und andererseits der Grad der Wirksamkeit der Massnahme, ihre Kosten und ihre Nachteile 4A_114/2014 (18.8.14) E. 2.1. So muss die Vermeidung oder Beseitigung des unvollkommenen Zustandes technisch möglich und dem Eigentümer finanziell zumutbar sein. Die entsprechenden Kosten müssen in einem vernünftigen Verhältnis stehen zum Schutzinteresse der Benützer des Werkes und zu dessen Zweck 100 II 134/139 E. 4, 117 II 399/400 E. 2, 4A_377/2016 (18.10.16) E. 2.3.2, 4C.135/2003 (26.9.03) E. 5.1 it., 4A_612/2010 (14.2.11) E. 2.3. Der Zumutbarkeit kommt besondere Bedeutung zu, wenn zur Gewährleistung der erforderlichen Sicherheit bei der Erstellung oder beim Unterhalt des Werks besondere Massnahmen angezeigt sind. Der Eigentümer

muss jene Vorkehren treffen, die vernünftigerweise von ihm erwartet werden dürfen, wobei der Wahrscheinlichkeit, dass sich ein Unfall ereignen könnte, und dessen Schwere einerseits sowie den technischen Möglichkeiten anderseits Rechnung zu tragen ist 4A_286/2014 (15.1.15), E. 5.2, 4C.45/2005 (18.5.05) E. 2.1. Vermag der Eigentümer aus finanziellen, technischen oder praktischen Gründen ein an der unteren Grenze liegendes Schutzbedürfnis der Benutzer nicht zu befriedigen, muss das Werk aus dem Verkehr gezogen werden 4C.45/2005 (18.5.05) E. 2.1. Siehe dazu aber die Sonderordnung der Haftung von Strasseneigentümern. Nicht zumutbar sind Aufwendungen, die in keinem Verhältnis zur Zweckbestimmung des Werks stehen 130 III 736/742.

13 ***Richtlinien.*** Die Mangelhaftigkeit eines Werkes beurteilt sich nach objektiven Gesichtspunkten, unter Berücksichtigung dessen, was sich nach der Lebenserfahrung an einem bestimmten Ort zutragen kann 96 II 34/36. Nicht jede Gefahrenquelle eines Werkes stellt einen Mangel im Sinne der Bestimmung dar. Dass eine Baute im Zeitpunkt ihrer Erstellung den Regeln der Baukunst entspricht, ist für die Frage der Mangelhaftigkeit nicht ausschlaggebend, es kann immer noch ein Mangel im Unterhalt vorliegen 4A_521/2013 (9.4.14) E. 3.4. Das Werk muss auch nicht alle neusten technischen Errungenschaften aufweisen 102 II 343/346 E. 1 fr. Wenn Sicherheitsstandards für ein Werk erhöht werden, müssen nicht zwingend alle älteren Modelle umgehend modernisiert oder aus dem Verkehr gezogen werden (in casu Mangel verneint für Höhe des Geländers 4A_521/2013 [9.4.14] E. 3.4). Aufgrund der konkreten Umstände ist zu prüfen, ob das Werk noch hinreichende Sicherheit bietet oder ob mit Blick auf die vom Werk ausgehende Gefahr der korrekte Unterhalt eine Anpassung an den neuen Standard gebietet 4A_521/2013 (9.4.14) E. 3.4. Die Zumutbarkeit von Sofortmassnahmen beurteilt sich auch nach den Sanierungskosten, wobei unerheblich ist, ob der Haftpflichtige den Betrag überhaupt aufbringen könnte 4A_521/2013 (9.4.14) E. 4.2. Abwehrmassnahmen sind nur notwendig gegen Gefahren, mit denen nach menschlicher Erfahrung gerechnet werden muss 77 II 311 E. 2 und die sich aus der Natur des Werks und seiner normalen Benützung ergeben 117 II 399/400 E. 2. – Die Pflicht des Werkeigentümers, einer Gefahr vorzubeugen, ist strenger zu beurteilen, wenn die Gefahr schwer wiegt und nach dem (seit Erstellung des Werkes allenfalls fortgeschrittenen 55 II 80/85 fr.) Stand der Technik ohne grosse Kosten abgewendet werden kann 106 II 208/210 E. 1a Pra 1981 (Nr. 56) 127, 117 II 50/52 E. 2 Pra 1992 (Nr. 140) 507, 123 III 306/311 E. 3b/aa Pra 1997 (Nr. 170) 915 (mit Blick auf das Interesse der Benutzer und den Zweck des Werks verhältnismässige Kosten), 4C.314/1992 (21.11.00) E. 9c/aa fr. Ein Werk, das von einem grösseren, unbestimmten Publikum genutzt wird (z.B. Hotelbetrieb 4A_521/2013 [9.4.14] E. 4.1), hat im Vergleich zu rein privat genutzten Werken höhere Sicherheitsanforderungen zu erfüllen 4A_521/2013 (9.4.14) E. 3.1, 4C.191/2005 (15.9.05) E. 2.1. Besondere Anforderungen gelten so für öffentliche Gebäude oder private Gebäude mit Publikumsverkehr 117 II 399/400 E. 2; 88 II 417/420 E. 2 Pra 1963 (Nr. 33) 95, 4A_385/2013 (20.2.14) E. 6.1. Bei Verkaufslokalen ist zudem zu berücksichtigen, dass das zur Schau gestellte Warenangebot nach allgemeiner Lebenserfahrung geeignet ist, beim Besucher zu einer gewissen Zerstreuung und damit zu einer verminderten Aufmerksamkeit zu führen 118 II 36/38 E.a. – Die Annahme eines Werkmangels liegt vor allem nahe, wenn eine polizeiliche Vorschrift missachtet wird, welche die Gefahrenverhütung bezweckt 91 II 201/208 E.d. Umgekehrt gilt ein Werk nicht schon deshalb als mängelfrei, weil es in der üblichen Weise erstellt worden ist 90 II

227/231 E. b Pra 1965 (Nr. 1) 3, 117 II 399/403 E. d oder weil es polizeilich geprüft und genehmigt worden ist 91 II 201/208 E. d, 4C.45/2005 (18.5.05) E. 2.3, wobei aber private Richtlinien durchaus bedeutsam sein können 4C.119/2000 E. 1b Pra 2001 (Nr. 46) 269 (in casu Leitsätze des Schweizerischen Vereins des Gas- und Wasserfachs). Ebenso wenig wird ein Mangel dadurch ausgeschlossen, dass das Fehlen von Sicherheitsvorkehren beim Gebrauch des Werkes geduldet wird 60 II 218/223 fr. Massgeblichkeit einschlägiger baulicher Normvorschriften 4C.191/2005 (15.9.05) E. 2.1 (in casu SIA-Norm 358). Es hängt von den Umständen des Einzelfalls ab, wie weit die Verkehrssicherungspflichten reichen, wobei als Massstab insbesondere gesetzliche Sicherheitsvorschriften für den Betrieb einer Anlage heranzuziehen sind 4A_22/2008 (10.4.08) E. 15.1, und zwar die von der Schweizerischen Kommission für Unfallverhütung auf Schneesportabfahrten ausgearbeiteten Richtlinien für Anlage, Betrieb und Unterhalt von Schneesportabfahrten (SKUS-Richtlinien, 130 III 193/196 E. 2.3, 126 III 113/116 E. 2b Pra 2000 [Nr. 185] 1136, 4A_235/2007 [1.10.07] E. 5.2 Pra 2008 [Nr. 63] 419, 4A_206/2014 [18.9.14] E. 3.3) und die vom Schweizerischen Verband der Seilbahnunternehmungen herausgegebenen Richtlinien (SBS-Richtlinien, ehemals SVS-Richtlinien), die auch für Schlittler gelten 4A_489/2014 (20.2.15), E. 5.4; obwohl diese Richtlinien kein objektives Recht darstellen, erfüllen sie eine wichtige Konkretisierungsfunktion im Hinblick auf die inhaltliche Ausgestaltung der Verkehrssicherungspflicht 4A_489/2014 (20.2.15), E. 5.1. Die örtlichen Verhältnisse können ausnahmsweise einen Sicherheitsstandard erfordern, der höher ist als ihn die SKUS-Richtlinien vorsehen 130 III 193/196 E. 2.3, 4A_235/2007 (1.10.07) E. 5.2 Pra 2008 (Nr. 63) 419, und zwar bei Vorliegen einer atypischen oder besonders grossen Gefahr für Leib und Leben sowie eine durch die Geländeverhältnisse indizierte Möglichkeit, dass auch vorsichtige Pistenbenützer ungewollt in den ausserhalb der Richtlinie liegenden Gefahrenbereich gelangen 4A_489/2014 (20.2.15), E. 6.1. Anwendungsfall zu den Sicherheitsempfehlungen des Schweizerischen Schwimmverbandes, die den FINA-Vorschriften entsprechen, im Zusammenhang mit einem Seebad 4A_458/2008 (21.1.09) E. 3.3, für ein Schwimmbad 4A_359/2013 (13.1.14) E. 3.4. Diese Richtlinien sind jedermann zugänglich und müssen als notorische Tatsachen weder behauptet noch bewiesen werden und sind (sogar noch im Verfahren vor Bundesgericht) von Amtes wegen zu berücksichtigen 4A_359/2013 (13.1.14) E. 3.4. – Ein geringfügiger Mangel von untergeordneter Bedeutung, der keinen Anlass zu Unfällen geben kann, sofern sich die Benützer vernünftig verhalten und die Vorsicht aufwenden, die man normalerweise von ihnen erwarten darf, begründet noch keine Haftung des Werkeigentümers 106 II 208/211 E. 1b Pra 1981 (Nr. 56) 128, 123 III 306/311 E. 3b/aa Pra 1997 (Nr. 170) 915, 126 III 113/116 E. 2a/cc Pra 2000 (Nr. 185) 1136, vgl. auch 117 II 399/400 E. 2. Entsprechend darf der Werkeigentümer mit einem vernünftigen und dem allgemeinen Durchschnitt entsprechenden vorsichtigen Verhalten des Benutzers des Werks rechnen, wobei auf mögliches und vorhersehbares zweckwidriges Verhalten bestimmter Personengruppen (beispielsweise Kinder) Rücksicht zu nehmen ist und allenfalls entsprechende Vorkehren zu treffen sind Pra 2001 (Nr. 46) 268 E. 1b. Schaffen indessen die Konzeption und Zweckbestimmung der Anlage, der vom Werkeigentümer angesprochene Kreis der Benützer und das von einem Teil dieser Benützer zu erwartende unvernünftige Verhalten einen gefährlichen Zustand, so kann sich der Werkeigentümer nicht darauf berufen, bei vernünftiger Benützung liege kein oder nur ein geringfügiger Mangel vor 116 II 422/424 E. 1.

14 ***Durch Erstellung oder Reparatur des Werkes bedingte Unvollkommenheit.*** Die Bestimmung setzt grundsätzlich einen Mangel eines fertig erstellten und bestimmungsgemäss gebrauchten Werkes voraus. Sie gilt nicht für die Folgen einer vorübergehenden, durch die Erstellung oder Reparatur des Werkes bedingten Unvollkommenheit 108 II 184/185 f. E. 1b fr., grundlegend 96 II 337/341 f. E. 2b Pra 1971 (Nr. 83) 259. Für Schäden, die entstehen, weil ein Werk noch nicht fertig ist oder umgebaut oder instand gestellt wird, haftet der Eigentümer nach Art. 58 nur, falls er erlaubt, dass der Geschädigte es ungeachtet der entsprechenden Gefahren wie ein fertiges Werk gebrauche (wenn allenfalls auch nur beschränkt) 108 II 184/186 E. 1 fr., grundlegend 94 II 151/154 E. 4. Jedermann, der die Unfertigkeit mit durchschnittlicher Aufmerksamkeit äusserlich erkennen kann, muss den sich aus ihr ergebenden besonderen Gefahren aus dem Wege gehen, wenn ihm das Werk nicht zum ordentlichen Gebrauch überlassen ist. Der Eigentümer entgeht der Haftung nicht schon, wenn er jemanden mit der Instandstellung des Werkes betraut hat, sondern erst dann, wenn der tatsächliche Beginn der Reparatur den Mangel für Drittpersonen offenkundig gemacht hat und das Werk der ordentlichen Benützung entzogen worden ist 94 II 151/154 f. E. 4. – Vor Vollendung des Werkes ist es Sache des Erstellers, die geeigneten Massnahmen zu treffen, um den Gefahren vorzubeugen und den Mängeln abzuhelfen. Es trifft ihn eine Haftung aus Vertrag oder nach Massgabe von Art. 41 96 II 337/341 E. 2b Pra 1971 (Nr. 83) 259, 95 II 231/234 E. 2 Pra 1970 (Nr. 45) 151 f. – Der Eigentümer haftet im Weiteren für Schäden, die im Verlaufe von Arbeiten am Werk entstehen, wenn sie auf einen eigentlichen Konstruktionsfehler zurückzuführen sind 46 II 252/257 E. 2 fr.

15 **Kausalität des Werkmangels.** ***Natürliche Kausalität.*** Zum Begriff des rechtmässigen Alternativverhaltens (bezogen auf Eintritt und Ausmass des Schadens) und dessen Abgrenzung von der hypothetischen, der überholenden, der kumulativen und der alternativen Kausalität 122 III 229/232 E. 5a/aa fr., 4C.156/2005 (28.9.05) E. 3.5.6 fr. – Befreiung gestützt auf den Umstand, dass der Schaden auch bei rechtmässigem Alternativerhalten eingetreten wäre, als allgemeiner Rechtsgrundsatz 4C.45/2005 (18.5.05) E. 4.2.2, 4P.4/2000 (16.5.00) E. 5c fr., auch 131 III 115/119 E. 3.1.

16 ***Adäquate Kausalität.*** Der Werkmangel muss für das schädigende Ereignis adäquat kausal sein 108 II 51/53 f. E. 3, 4C.45/2007 (5.4.07) E. 3.2. Den Beweis dafür hat der Geschädigte zu führen; bisweilen genügt eine blosse Wahrscheinlichkeit 90 II 227/232 ff. E. 3 Pra 1965 (Nr. 1) 4 ff. – Der Werkmangel muss nicht die einzige Schadensursache sein; der adäquate Kausalzusammenhang kann auch gegeben sein, wenn erst ein bestimmtes Verhalten des Geschädigten den latent vorhandenen Mangel hat offenbar werden lassen 90 II 207/210 E.c. – Der Schaden muss nicht notwendigerweise durch einen Unfall verursacht werden (in casu wurden Tiere infolge Leckens an den Leitungsmasten durch das zur Imprägnierung verwendete Produkt vergiftet) 79 II 407 Pra 1954 (Nr. 36) 88 f. Der Werkmangel kann auch an benachbarten Grundstücken Schaden verursachen 100 II 1134/37 f. E. 2. Die Kosten, welche die Mieter eines unbewohnbar gewordenen Hauses für die Hotelunterkunft und die Suche neuer Wohnungen bestreiten müssen, sind allenfalls auch nach Art. 58 zu beurteilen (Räumung des Gebäudes in casu allerdings keine Folge eines Werkmangels) 98 II 319/324 f. E. 3 Pra 1973 (Nr. 61) 200 f. – Höhere Gewalt (in casu Lawinenniedergang) hat dogmatisch nicht stets die Bedeutung, einen an sich gege-

benen Kausalzusammenhang zu unterbrechen; vielmehr bildet das Ereignis, das zu unvorhersehbarer Zeit mit einer Naturgewalt, der mit zumutbaren Mitteln nicht zu begegnen war, hereingebrochen ist, die ausschliessliche Ursache des Schadens, denn der Schaden wäre unter den gegebenen Umständen auch ohne Werkmangel eingetreten 4C.45/2005 (18.5.05) E. 4.2.3. – In einem Fall, in dem ein Liftmonteur, der die Örtlichkeit kannte, den mittleren Lift reparierte, ohne die beiden links und rechts verlaufenden Lifte ausser Betrieb zu setzen, hielt das Gericht den adäquaten Kausalzusammenhang zwischen einem hypothetischen Werkmangel und dem Unfall von vorneherein für nicht gegeben (da es sich bei dieser Massnahme um eine absolut elementare Sorgfaltsmassnahme handelt) 4A_469/2015 (19.1.17) E. 4.

Beweis. Der Beweis dafür, dass der Schaden auf eine fehlerhafte Anlage oder Her- 17
stellung des Werkes oder einen mangelhaften Unterhalt im Sinne der Bestimmung zurückzuführen ist, obliegt demjenigen, der sich auf den Haftungsgrund beruft 108 II 180/186 fr.; es genügt nicht nachzuweisen, dass das Werk einen Schaden verursacht hat 123 III 306/311 E. 3b/aa Pra 1997 (Nr. 170) 916. Gehäufte Vorkommnisse als Indizien für das Vorliegen eines Werkmangels 117 II 399/401 E.b. Aus der Tatsache allein, dass ein Werk einen Unfall verursacht hat, geht noch nicht hervor, dass der Unfall auf einen Mangel zurückzuführen ist; in gewissen Fällen begründet der Unfall jedoch die Vermutung eines Werkmangels, sodass der Eigentümer seinerseits beweisen muss, dass der Mangel ihm nicht anzulasten ist, weil er auf das Verhalten eines Dritten oder des Geschädigten, auf höhere Gewalt oder auf Zufall zurückzuführen ist 63 II 95/100 fr., vgl. auch 117 II 399/401 E. b, 123 III 306/311 E. 3b/aa Pra 1997 (Nr. 170) 916. – Der Begriff des Mangels ist *teils Tat-, teils Rechtsfrage.* Das Bundesgericht ist an die tatsächlichen Feststellungen der kantonalen Instanz gebunden, hat jedoch in der rechtlichen Würdigung der Tatumstände freie Hand (es sei denn, die Anwendung des Begriffes auf den einzelnen Fall hänge vom Ermessen ab) 88 II 417/419 f. E. 1 Pra 1963 (Nr. 33) 94 f.

Beispiele zum Werkmangel. ***Werkmangel bejaht:*** Türe, die (ohne Vorwarnung) so an- 18
gelegt ist, dass die Benützer beim ersten Schritt ins Freie auf die Fahrbahn einer stark frequentierten Strasse gelangen und der Gefahr eines Verkehrsunfalls ausgesetzt werden oder dass die Besucher unmittelbar auf eine glitschige Eisschicht geraten und Gefahr laufen, beim ersten Schritt ins Freie darauf auszurutschen 118 II 36/39 E. a, dazu auch 4C.150/2003 (1.10.03) E. 4.1 fr.; einzelne, nicht genügend gekennzeichnete Stufe im Vorraum der Toiletten eines Hotels 117 II 399/400 ff. E. 3; sog. «Plauschbad», wo die bauliche Anlage und das Betriebskonzept jugendliche Badegäste dazu verleitet, an einer gefährlichen Stelle ins Wasser zu springen, und wo die Werkeigentümerin trotz erkannter Gefahr keine zumutbaren Schutzvorkehren trifft 116 II 420/424 ff. E. 2; Sprungturm aufgrund ungenügender (See-)Wassertiefe 123 III 306/311 E. 3b/bb Pra 1997 (Nr. 170) 916; nicht erkennbares Abfallen des glatten Bodens einer Badeanlage 64 II 198/198 f. E. 1; Badeanstalt ohne genügende Sicherheitsvorkehrungen 55 II 196; ungesicherter Zugang zu einem Keller 106 II 201/207 E. b; nur 25 cm hohe Abschrankung auf einem mit Rasen bepflanzten Dach 106 II 206/210 E. 1a Pra 1981 (Nr. 56) 127 f.; Zaun aus Drahtgeflecht, der die Benützer eines Zuganges zu einem Gebäude vor einem Absturz schützen sollte, dessen oberster Spanndraht jedoch so locker war, dass der Zaun nur noch 72 cm hoch war und keinen festen Halt mehr bot 96 II 34/35 ff. E. 2; Gerüst, von dem ein einzelnes Stahlrohr

in das Durchfahrtsprofil der Eisenbahnlinie hinausragte 96 II 355/359 E.II. 1 Pra 1971 (Nr. 44) 138 f.; Gerüst, dessen Brett einem Sprung aus höchstens einem halben Meter Höhe nicht standhielt (da Gerüste von Bundesrechts wegen dynamischen Einwirkungen wie bei Sprüngen standhalten müssen, BauAV Art. 37 Abs. 2 lit. e) 4A_189/2018 (6.8.18) E. 4.3.2; ungenügend eingegrabener, verfaulter Freileitungsmast 94 II 151/156 E. 5; ungenügender Ableitungskanal 111 II 429/434 it.; zu geringer Durchmesser und Dammabtrag sowie Verkrautung eines künstlich angelegten Bachbettes 91 II 474/484 f. E. 6; Liftanlage, die trotz den bekannten und mit dem Liftbetrieb eng verbundenen Risiken nicht über einen wirksamen Überfahrschutz verfügt 4C.386/2004 (2.3.05) E. 2; ungenügender Abstand zwischen Schachtwand und Kabinendecke eines Liftes 91 II 201/206 ff. E. 3; Fehlen eines Deckels bei einer Ausschwingmaschine, die in einer Wäscherei verwendet wurde 90 II 227/229 ff. E. 2 Pra 1965 (Nr. 1) 1 ff.; Schalterhalle einer Bank mit einem Bodenbelag aus schlüpfrigen Steinplatten 88 II 417/420 ff. E. 2 Pra 1963 (Nr. 33) 95 f.; vereister Parkplatz, der weder gesalzen noch gesplittet worden war und überdies keine Warntafel aufwies 4C.150/2003 (1.10.03) E. 4.1 fr., dagegen verneint in 4A_114/2014 (18.8.14) bei Eis und Schnee auf Gehweg wegen Unzumutbarkeit; Fehlen eines Geländers im Treppenhaus 69 II 394/398 f. E. 2 und 3 (jedoch nicht das blosse Fehlen eines Handlaufs 72 II 176/177 ff. E. 2 Pra 1946 [Nr. 118] 270 f.); Fehlen eines Sicherheitsventils bei einem Dampfkessel 63 II 143/146 f. E. 2; schlechter Zustand einer (festen) Leiter 63 II 99 fr.; ungesicherte, mobile Leiter als Zugang zu einer Galerie 4C.45/2007 (5.4.07); schlechter Zustand infolge Verwendung ungeeigneten Materials bzw. ungenügender Überwachung der Abnützung 61 II 78/79 f. E. 2; Fehlen einer ausreichenden Treppenhausbeleuchtung bzw. Nichtersetzen defekter Glühbirnen 60 II 341/343 f. E. 2 (es sei denn, es handle sich um ein Privathaus, welches in der Regel nur einem sehr beschränkten Personenkreis zugänglich ist 81 II 450/452 f. E. 2a Pra 1956 (Nr. 2) 4 f., 4C.191/2005 [15.9.05] E. 2.1); Badezimmer mit Gasdurchlauferhitzer, das nicht mit einem den amtlichen Vorschriften entsprechenden Belüftungskanal ausgestattet war 117 II 50/52 ff. E. 2 Pra 1992 (Nr. 140) 507 ff.; nur 32 cm hohe Abschrankung neben einer Kellertreppe 55 II 80 ff. fr.

19 ***Werkmangel verneint:*** Wohnbauten wegen Spreng- und Grabarbeiten auf dem Nachbargrundstück unbenützbar 98 II 319/324 f. E. 3 Pra 1973 (Nr. 61) 200 f.; weder abgeschlossene noch angeschriebene Tür zu einer gefährlichen Kellertreppe 81 II 450/453 f. E. 2b Pra 1956 (Nr. 2) 5 f.; geringfügige Vertiefungen im Bodenbelag einer Privatwohnung 66 II 111; fehlende Abschrankung bei einem grundsätzlich privat genutzten Eingangsbereich, da die einschlägige SIA-Norm 358 für Wohneigentum, das vom Eigentümer selber genutzt wird, entsprechende Ausnahmen vorsieht 4C.191/2005 (15.9.05) E. 2.1; Webereikanal, dessen Zweck einzig darin besteht, der Weberei Wasser zuzuführen, weshalb das Fehlen einer Abschrankung entlang der parallel verlaufenden Strasse keinen Mangel des Kanals darstellt 130 III 736/741; durch Lattenzaun genügend abgeschirmte Motorseilwinde 77 II 308/312 E. 2; ungepolsterter Skiliftmast bei einem Gefälle unter 50% und einer Distanz von etwa 10 m zur nächstgelegenen Skipiste 126 III 113/117 E. 2c Pra 2000 (Nr. 185) 1137; Duschanlage in einem Jachtclub, bei der das Wasser mit einer Maximaltemperatur von bis zu 65° austritt 4C.119/2000 E. 1b Pra 2001 (Nr. 46) 269; eisige Stelle auf einem öffentlichen Parkplatz (da keine Pflicht besteht, sofort jegliches Eis auf öffentlichen Strasse und Plätzen zu entfernen oder ansonsten die Strassen zu schliessen, die noch nicht gesalzen werden konnten) 4A_463/2015 (17.3.15) E. 3.1.2 und 3.2; nicht beson-

ders gesicherter Teich, der weder zu Spiel- noch Badezwecken geeignet war und bei dem der Eigentümer aufgrund der erschwerten Zugänglichkeit nicht damit rechnen musste, dass Kinder (in casu ein 19-monatiges Kind, das gemäss Bundesgericht unter Aufsicht gehörte) im Spieleifer bis zum Teich gelangen 4A_377/2016 (18.10.16) E. 2.3; offene und nicht besonders gekennzeichnete oder gesicherte Falltür in einem Anbau zu einer Villa, der nur dem Hauseigentümer (als Atelier/Depot) diente 4A_38/2018 (25.2.19) E. 3.4 (der Hauseigentümer musste nicht damit rechnen, dass seine Besucher den Anbau betreten).

Ausschluss und Ermässigung der Ersatzpflicht. Keinen Grund zur Herabsetzung der Ersatzpflicht bildet die Schuldlosigkeit des Werkeigentümers 91 II 201/212 E. b, siehe auch 4C.386/2004 (2.3.05) E. 2.3. Hingegen kann der Werkeigentümer entlastet werden, wenn ein (für den Unfall kausales 94 II 151/156 f. E. 5) Selbstverschulden des Geschädigten von genügender Schwere vorliegt, um den adäquaten Kausalzusammenhang zwischen dem Mangel und dem Schaden zu unterbrechen. Ist das Selbstverschulden nicht besonders schwer, so kann es einen Grund zur Herabsetzung der Ersatzpflicht bilden 4A_244/2010 (12.7.10) E. 2.1. Bei der Festsetzung des Masses der Reduktion ist davon auszugehen, dass auf den Geschädigten diejenige Quote des Schadens fallen soll, die seinem Anteil an der Gesamtverursachung des Schadens entspricht. Trifft den (kausal haftenden) Werkeigentümer ein zusätzliches Verschulden (z.B. weil er den konkreten Mangel hätte leicht erkennen und mit geringem Aufwand beheben können 108 II 51/55 f. E. 4b), so wirkt sich das dahin aus, dass das Selbstverschulden des Geschädigten als Ursache desto leichter wiegt 91 II 201/210 ff. E. 4 und 5, 106 II 208/212 f. E. 2 und 3 Pra 1981 (Nr. 56) 128, 116 II 422/427 f. E. 3, 4, vgl. auch 117 II 50/54 ff. E. c Pra 1992 (Nr. 140) 509 f. Ein Selbstverschulden trifft auch den Geschädigten, der selber an der Entstehung des Mangels beteiligt ist 69 II 394/399 E. 4. – Ein Drittverschulden entlastet den Werkeigentümer weder ganz noch teilweise 94 II 157/157, es sei denn, es unterbreche den adäquaten Kausalzusammenhang zwischen dem Werkmangel und dem schädigenden Ereignis 41 II 223/227 f. fr. – Unwetter in Berggebieten gelten grundsätzlich nicht als höhere Gewalt, die den adäquaten Kausalzusammenhang zu unterbrechen vermöchte 100 II 134/142 E. 5, doch kann das aussergewöhnliche Ausmass eines Unwetters eine Ermässigung der Ersatzpflicht rechtfertigen 111 II 429/434 it. Herabgesetzt wurde die Ersatzpflicht des Werkeigentümers, weil eine grosse Kälte die Nichtableitung der giftigen Gase eines Badeofens bewirkt und die ungenügende Isolierung des Kamins besonders gefährlich gemacht hatte 51 II 111 f. E. 3. – Siehe auch unter Art. 43 f. 20

Haftung des Strasseneigentümers im Besonderen. *Eigentümer.* Strassen und Wege gelten als Werke im Sinne der Bestimmung, gleichviel ob sie staatlicher Hoheit unterstellt oder Eigentum eines Privaten sind. Als Eigentümer sind Kantone und Gemeinden ebenfalls verpflichtet, solche Anlagen ordnungsgemäss zu erstellen und zu unterhalten, selbst wenn diese Pflicht durch öffentliches Recht bestimmt wird. Die Haftpflicht des Gemeinwesens kann gegeben sein, obwohl die beanstandete Anlage teils auf öffentlichem, teils auf privatem oder sogar ausschliesslich auf privatem Grund steht. Haftpflichtig ist bei öffentlichen Strassen und Wegen, wer die Anlage als Ganzes erstellt hat, sie benützt und tatsächlich über sie verfügt, folglich auch für ihren Unterhalt zu sorgen hat und die erforderlichen Massnahmen treffen kann 106 II 201/204 E. a, vgl. auch 121 III 448/449 ff. E. 2. 21

22 ***Strasse als Werk.*** Als Werk gilt die Strasse samt ihren zugehörigen Bestandteilen, wie zum Beispiel: ein gewölbter Durchgang in einem Stadtmauerturm 103 II 240/242 E. 2a Pra 1978 (Nr. 68) 146; ein unter der Strasse erstellter Durchlass für einen Wildbach 100 II 134/137 E. 2; ein Gehsteig 89 II 331/332 f. E. 2; eine Hydrantensäule am Strassenrand 79 II 75/78 f. E. 1 Pra 1953 (Nr. 65) 203; eine Abschrankung 59 II 175 ff. E. 2; eine der Strasse entlang verlegte Eisenbahnschiene 59 II 166/166 ff.; eine Brücke 49 II 254/260 E. 1. Auch ein künstlich angelegter Fussweg gilt als Werk, hingegen nicht ein bloss ausgetretener Pfad 91 II 281/283 E. 2.

23 ***Mangelhafte Strasse.*** Die allgemeinen Grundsätze gelten an sich auch für öffentliche Strassen 4A_479/2015 (2.2.16) E. 6.1, 4A_286/2014 (15.1.15), E. 5.2, 4C.45/2005 (18.5.05) E. 2.3; s. auch 4A_543/2016 (1.11.16) E. 3.2. Wie jedes andere Werk muss auch eine Strasse so angelegt und gebaut sein, dass sie den Benützern für den Verkehr, zu dem sie nach gesetzlicher Klassierung und dem zu erwartenden Verkehrsaufkommen 4C.45/2005 (18.5.05) E. 2.3 bestimmt ist, hinreichende Sicherheit bietet 130 III 736/742 E. 1.4, 103 II 240/243 E. 2b Pra 1978 (Nr. 68) 146, 4A_479/2015 (2.2.16) E. 6.1. Beispielsweise ist als Sofortmassnahme bei ungenügend griffigem Strassenbelag das Anbringen der Signalisation «Schleudergefahr» genügend, wenn eine Totalsanierung der Strasse innert zwei Monaten beabsichtigt ist 4A_286/2014 (15.1.15), E. 6.4. – In welchem Masse öffentliche Strassen zu unterhalten sind, bestimmt grundsätzlich das öffentliche Recht. Werden verwaltungsrechtliche Vorschriften über Anlage und Unterhalt von Strassen missachtet, ist in der Regel ein Werkmangel anzunehmen 4A_479/2015 (2.2.16) E. 6.1, 4C.45/2005 (18.5.05) E. 2.3. Werden umgekehrt die Vorschriften befolgt, liegt darin lediglich ein Indiz für die Einhaltung der erforderlichen Sorgfaltspflicht; ein Werkmangel ist dadurch nicht von vornherein ausgeschlossen 4A_479/2015 (2.2.16) E. 6.1, 4C.45/2005 (18.5.05) E. 2.3, massgebend sind stets die Umstände des Einzelfalls 4A_286/2014 (15.1.15), E. 5.3, vgl. demgegenüber 102 II 343/344 E. 1a Pra 1977 (Nr. 65) 160, wonach in einem solchen Fall nur bei Vernachlässigung elementarer Massnahmen von einem Unterhaltsmangel gesprochen werden kann, siehe auch 130 III 736/743. – Das Strassennetz braucht indes nicht eine für jeden Verkehrsteilnehmer optimale Sicherheit aufzuweisen; so kann der Strasseneigentümer darauf vertrauen, dass nur verkehrsgeschulte Kinder sich unbegleitet im Strassenverkehr aufhalten 130 III 736/745 E. 1.6. Zudem dürfen in Bezug auf die Anlage und den Unterhalt von Strassen im Vergleich zu anderen Werken (4A_286/2014 [15.1.15], E. 5.3) nicht zu hohe Anforderungen gestellt werden, und es geht zum Beispiel nicht an, eine geradezu technische Vollkommenheit des Strassenbelages zu verlangen 90 IV 265/270 E. a, 4C.45/2005 (18.5.05) E. 2.3. Es kann vom Strasseneigentümer, bei dem es sich meistens um das Gemeinwesen handelt, nicht erwartet werden, jede Strasse so auszugestalten, dass sie den grösstmöglichen Grad an Verkehrssicherheit bietet 4A_479/2015 (2.2.16) E. 6.1. Der Strassenbenutzer hat sich im Klaren darüber zu sein, dass Naturphänomene auf die Strasse einwirken und deren Benutzung dadurch gefährlich werden kann; grundsätzlich hat er sich den Strassenverhältnissen anzupassen und nicht umgekehrt 129 III 65/66 E. 1.1 Pra 2003 (Nr. 121) 645. Der Fahrzeuglenker hat seine Fahrweise den Strassenverhältnissen anzupassen. Wer bei Temperaturen um den Gefrierpunkt die Geschwindigkeit nicht gebührend reduziert und allenfalls im Schritttempo fährt, kann sich nicht auf die Haftung des Gemeinwesens nach Art. 58 berufen, wenn es zum Unfall kommt. Dies erklärt, warum bei Motorfahrzeugunfällen ausserorts bislang nie

eine Haftung des Strasseneigentümers bejaht wurde 129 III 65/67 E. 1.3 Pra 2003 (Nr. 121) 646. Denn das Strassennetz kann nicht in gleichem Mass unterhalten werden wie zum Beispiel ein einzelnes Gebäude. Vielmehr genügt es, dass die Strasse bei Anwendung der gewöhnlichen Sorgfalt ohne Gefahr benützt werden kann 4A_479/2015 (2.2.16) E. 6.1, 4A_286/2014 (15.1.15), E. 5.3. Dadurch wird das vom Strasseneigentümer zu vertretende Sorgfaltsmass herabgesetzt 4A_479/2015 (2.2.16) E. 6.1. Zudem muss im konkreten Fall geprüft werden, ob der Strasseneigentümer nach den zeitlichen, technischen und finanziellen Gegebenheiten in der Lage war, seine Aufgabe zu erfüllen 130 III 736/743, 129 III 65/66 E. 1.1 Pra 2003 (Nr. 121) 645, 102 II 343/345 f. E. 1 Pra 1977 (Nr. 65) 160, 98 II 40/43 f. E. 2, 4A_479/2015 (2.2.16) E. 6.1. Die Frage der Zumutbarkeit von Sicherheitsvorkehren wird zudem unterschiedlich beurteilt, je nachdem, ob es sich um eine Autobahn, eine verkehrsreiche Hauptstrasse oder einen Feldweg handelt 130 III 736 E. 1.4 S. 743; 129 III 65/67 E. 1.1; 4A_479/2015 (2.2.16) E. 6.1, 4A_286/2014 (15.1.15) E. 5.3; je mit Hinweisen. Der finanziellen Belastbarkeit des Gemeinwesens misst das Bundesgericht besondere Bedeutung zu 4C.45/2005 (18.5.05) E. 2.3. Auch wenn das öffentliche Recht den Gemeinwesen aufgibt, Glatteis und Schneeglätte auf ihren Strassen zu bekämpfen, heisst das nicht, dass bei jedem Unfall, der mit einer solchen Gefahrenquelle zusammenhängt, auf einen mangelhaften Unterhalt der Strasse im Sinne von Art. 58 zu schliessen sei, noch weniger muss rund um die Uhr die Rutschsicherheit gewährleistet sein 4A_114/2014 (18.8.14) E. 7. Zu bedenken ist namentlich, dass die Aufwendungen eines Gemeinwesens für den winterlichen Strassendienst (wie auch schon für den Bau der Strassen) in einem vernünftigen Verhältnis zu seinen Mitteln und zu seinen übrigen Auslagen stehen müssen. Insbesondere ausserorts ist die Streupflicht des Eigentümers auf besonders gefährliche Teile verkehrswichtiger Strassen zu beschränken 98 II 40/43 f. E. 2, 102 II 343/345 f. E. 1 Pra 1977 (Nr. 65) 160, 129 III 65/67 E. 1.2 Pra 2003 (Nr. 121) 645. Ausserdem kann Schnee nicht an allen Orten gleichzeitig weggeräumt werden 4A_20/2009 (23.3.09) E. 2.2, sodass eine Prioritätenordnung zu treffen ist; dass seit dem Unfall an der Unfallstelle der Schnee nun prioritär geräumt wird, bedeutet nicht, dass die weniger prioritäre Räumungsordnung im Unfallzeitpunkt haftungsauslösend ist 4A_20/2009 (23.3.09) E. 2.3.1. Fehlen einschlägige Vorschriften des öffentlichen Rechts, so besteht grundsätzlich keine Pflicht des Gemeinwesens, seine Strassen zu sanden, es sei denn, dies dränge sich als elementare Notwendigkeit auf 91 II 197/199 E. 2 Pra 1965 (Nr. 143) 426, 4C.150/2003 (1.10.03) E. 4.1 fr. Entsprechendes gilt für das Bestreuen von Gehsteigen und Strassen innerorts. In Anwendung von Art. 58 ist bei Berücksichtigung der Umstände vor allem massgebend, wie rege der Fussgängerverkehr an einer bestimmten Stelle ist, in welchem Masse dem Fussgänger zugemutet werden kann, den Gefahren des Ausgleitens durch eigene Vorkehren zu begegnen, und wie weit solche Massnahmen überhaupt möglich sind 91 II 197/199 E. 2 Pra 1965 (Nr. 143) 427. Ausserorts besteht grundsätzlich keine Salz- und Streupflicht, die Autobahnen immerhin vorbehalten. Verkehrsreiche Strassen mit gefährlichen Abschnitten sind binnen nützlicher Frist wieder passierbar zu machen. Innerorts sind vor allem im Interesse der Fussgänger Schnee und Eis zu beseitigen 129 III 65/67 E. 1.2 Pra 2003 (Nr. 121) 646. Es besteht keine Pflicht, das verbotene Schlitteln auf der Strasse durch Sanden zu verunmöglichen 72 II 198/201 f. E.a. Weist die Strasse Verkehrshindernisse auf, so sind diese gehörig zu signalisieren 103 II 240/243 E. 2b Pra 1978 (Nr. 68) 146. Das Fehlen einer notwendigen Signalisation von Gefahren kann einen Werkmangel darstellen. Ist ein Hindernis auf der Fahrbahn, welches vom Verkehrsteilnehmer bei zumutbarer Aufmerksamkeit nicht rechtzeitig erkannt werden kann, und hat er nach den Umständen nicht damit rechnen müssen, muss ein derartiges Hindernis mindestens hinreichend signalisiert werden, sofern es nicht mit zumutbarem Aufwand beseitigt werden kann 4A_479/2015 (2.2.16) E. 6.1. Leitplanken sind nur dort anzubringen, wo eine wirkliche Unfallgefahr besteht, insbesondere an unübersichtlichen Kurven 102 II 343/346 f. E. 2a Pra 1977 (Nr. 65) 160. – Wird eine ordentliche Benützung zugelassen, während eine Strasse gebaut oder instand gestellt wird, so muss eine für den beschränkten Gebrauch genügende Sicherheit gewährleistet sein; hingegen haftet der Werkeigentümer nicht für die mit den Arbeiten verbundenen erkennbaren Unvollkommenheiten 108 II 184/186 E. 1 fr.

24 ***Beispiele für Strassenmängel.*** *Mangel bejaht:* fehlende Signalisation «Schleudergefahr» bei sehr rutschiger Strasse 4A_479/2015 (2.2.16) E. 6.2 (es war bloss die Baustelle mit dem Signal «Baustelle» gekennzeichnet); fehlende Signalisation bei einer für Fahrzeuge mit einer Höhe von 4 m nicht benützbaren Tordurchfahrt 108 II 51/53 E. 2, 4C.314/1992 (21.11.00) E. 9c/aa fr.; ungenügende Durchlässe für Wildbäche unter der Strasse 100 II 134/139 ff. E. 4; Innerortsstrasse eines kleines Bergdorfes, die seit 2–3 Tagen vereist und nicht gesandet war (Grenzfall) 91 II 197/200 f. E. 4 Pra 1965 (Nr. 143) 427 f.; ungenügend gesplitteter Gehsteig einer abfallenden, stark begangenen Strasse (innerorts) 89 II 331/336 f.; unterlassene Verhinderung der Glatteisbildung 4C.190/2002 (29.10.02) E. 5 Pra 2003 (Nr. 121) 649; Strasse, deren Fahrbahn zum Teil durch einen nachts nicht beleuchteten Kieshaufen in Anspruch genommen wurde 84 II 266/266 Pra 1958 (Nr. 105) 320; plötzlich aufhörende Beschotterung zwischen den Schienen einer teilweise in die Strasse verlegten Bahnlinie 59 II 166/168 ff.; Zumischung eines Produktes (zur Verhinderung von Glatteis) in den Strassenbelag, das während einer gewissen Zeit und unter besonderen Umständen die Hafteigenschaften zu beeinträchtigen vermochte 116 II 645/650 E. 4–6 Pra 1991 (Nr. 45) 222; fehlerhafte Kombination von Fahrbahn, Gehsteig und Geleisen der Strassenbahn 56 II 90/92 ff.; durch Kieshaufen, Löcher und Tramgeleise behinderte Zweitklassstrasse, auf der sich schon wiederholt Unfälle ereignet hatten 53 II 313/313 ff. JdT 76 I 148 ff.; fehlende Infrastruktur zur Erlangung der notwendigen Kenntnisse über die Witterungsverhältnisse bei einer durch Lawinenniedergänge latent gefährdeten Strasse 4C.45/2005 (18.5.05) E. 4.2.1. – *Mangel verneint:* keine Leitplanken auf einem Strassenstück oberhalb eines Steilhanges 102 II 343/346 E. 2a Pra 1977 (Nr. 65) 160; mangels Zumutbarkeit keine Pflicht, Lawinenschutzgalerien zu bauen 4C.45/2005 (18.5.05) E. 3.1; keine Abschrankung entlang eines Webereikanals 130 III 747 E. 2.2.2; Randsteine, die von der Fahrbahn abgekommene Fahrzeuge nicht aufzuhalten vermochten 102 II 343/347 E. 2b fr., nicht beseitigte Fahrrinnen, die auf einer Bergstrasse zweiter Klasse im harten Schnee entstanden waren 102 II 343/348 E. 3 Pra 1977 (Nr. 65) 161; Vereisung 98 II 40/44 ff. E. 3, 76 II 215/215 ff. Pra 1950 (Nr. 171) 507 ff.; kein Signal «Schleudergefahr» 98 II 40/46 ff. E. 4; Weideabschrankung («Legi») auf einer Bergstrasse vierter Klasse 59 II 175 ff. E. 2; kleine Vertiefungen am Strassenrand 58 II 356/359 ff. fr.; durch Senkung entstandenes, ungefährliches Gefälle eines Gehsteiges 51 II 203/210 f. E. 3.

25 ***Herabsetzung der Ersatzpflicht.*** Bei der Haftung des Strasseneigentümers ist das Selbstverschulden des Geschädigten von besonderer Bedeutung. Denn der Benützer der

Strasse muss die durch die Umstände gebotene Aufmerksamkeit und Vorsicht walten lassen 108 II 51/55 E.a. Besondere Vorsicht ist zum Beispiel geboten, wenn eine Strasse instand gestellt wird 108 II 184/186 f. E. 1 und 2 fr. oder bei witterungsbedingten schlechten Strassenverhältnissen 98 II 40/44 E. 2, 102 II 343/345 E. 1b Pra 1977 (Nr. 65) 160, 129 III 65/66 E. 1.1 Pra 2003 (Nr. 121) 645. – Zu den Umständen, für die der Geschädigte nach Art. 44 Abs. 1 einzustehen hat, kann auch die Betriebsgefahr des Fahrzeuges gehören 108 II 51/57 E.a.

Die Verjährung richtet sich nach Art. 60. SVG Art. 83 findet keine Anwendung auf die Klage, die ein geschädigter Motorfahrzeughalter gestützt auf Art. 58 gegen den Eigentümer der Strasse erhebt 111 II 55/56 f. E. 2 Pra 1985 (Nr. 129) 374. 26

Abs. 2 Der Rückgriffsanspruch ergibt sich auch aus Art. 51 60 II 218/225 f. fr. – Ein Rückgriffsrecht besteht zweifellos, wenn der Benützer des Werkes für dessen Unterhalt kraft vertraglicher oder gesetzlicher Verpflichtung gegenüber dem Eigentümer aufzukommen hat 91 II 281/288 E. 6. Von Bedeutung ist zum Beispiel auch, dass der Pächter gemäss Vertrag für den Innenausbau des Gebäudes verantwortlich ist 106 II 201/207 f. E. b oder dass der Unternehmer, der mit der Instandstellung des Werkes beauftragt wurde, sich verpflichtet hat, die Mängel festzustellen und zu beheben (bzw. dass er die Verantwortung für die Folgen von Werkmängeln übernommen hat) 94 II 151/153 E. 2. – Durch einen Vergleich des Geschädigten mit einem Mitverantwortlichen wird das Rückgriffsrecht des Werkeigentümers nicht beeinträchtigt 60 II 218/226. 27

II. Sichernde Massregeln

Art. 59

[1] Wer von dem Gebäude oder Werke eines andern mit Schaden bedroht ist, kann von dem Eigentümer verlangen, dass er die erforderlichen Massregeln zur Abwendung der Gefahr treffe.

[2] Vorbehalten bleiben die Anordnungen der Polizei zum Schutze von Personen und Eigentum.

Abs. 1 Die Bestimmung ergänzt Art. 58 und gibt unter den gleichen Haftungsbedingungen einen zusätzlichen Anspruch 100 II 134/138 E. 2. Sie ist anwendbar, bevor der Schaden eingetreten ist, und zwar unabhängig von einem Verschulden des Werkeigentümers 98 II 319/324 E. 3 Pra 1973 (Nr. 61) 200. – Gegenstand der Klage sind sichernde Massnahmen, welche die Unversehrtheit von Personen und Sachen gewährleisten sollen. Die Bestimmung gibt jedoch nur Anspruch auf dringliche Massnahmen, die notwendig sind, um einen Schaden abzuwehren, der von einem Gebäude oder einem andern Werk droht 98 II 319/324 E. 3 Pra 1973 (Nr. 61) 200. – Bejaht wurde ein Anspruch des Grundeigentümers auf sichernde Massregeln zur Abwendung von Schäden infolge ungenügender Durchlässe für Wildbäche unter einer Strasse 100 II 134/143 E.d. – Die Rechte aus der Bestimmung verjähren nicht 81 II 439/449. 1

F. Haftung für kryptografische Schlüssel

Art. 59a

1 Der Inhaber eines kryptografischen Schlüssels, der zur Erzeugung elektronischer Signaturen oder Siegel eingesetzt wird, haftet Drittpersonen für Schäden, die diese erleiden, weil sie sich auf ein gültiges geregeltes Zertifikat einer anerkannten Anbieterin von Zertifizierungsdiensten im Sinne des Bundesgesetzes vom 18. März 2016 über die elektronische Signatur verlassen haben.

2 Die Haftung entfällt, wenn der Inhaber glaubhaft darlegen kann, dass er die nach den Umständen notwendigen und zumutbaren Sicherheitsvorkehrungen getroffen hat, um den Missbrauch des kryptografischen Schlüssels zu verhindern.

3 Der Bundesrat umschreibt die Sicherheitsvorkehrungen im Sinne von Absatz 2.

G. Verjährung

Art. 60

1 Der Anspruch auf Schadenersatz oder Genugtuung verjährt mit Ablauf von drei Jahren von dem Tage an gerechnet, an welchem der Geschädigte Kenntnis vom Schaden und von der Person des Ersatzpflichtigen erlangt hat, jedenfalls aber mit Ablauf von zehn Jahren, vom Tage an gerechnet, an welchem das schädigende Verhalten erfolgte oder aufhörte.

1bis Bei Tötung eines Menschen oder bei Körperverletzung verjährt der Anspruch auf Schadenersatz oder Genugtuung mit Ablauf von drei Jahren von dem Tage an gerechnet, an welchem der Geschädigte Kenntnis vom Schaden und von der Person des Ersatzpflichtigen erlangt hat, jedenfalls aber mit Ablauf von zwanzig Jahren, vom Tage an gerechnet, an welchem das schädigende Verhalten erfolgte oder aufhörte.

2 Hat die ersatzpflichtige Person durch ihr schädigendes Verhalten eine strafbare Handlung begangen, so verjährt der Anspruch auf Schadenersatz oder Genugtuung ungeachtet der vorstehenden Absätze frühestens mit Eintritt der strafrechtlichen Verfolgungsverjährung. Tritt diese infolge eines erstinstanzlichen Strafurteils nicht mehr ein, so verjährt der Anspruch frühestens mit Ablauf von drei Jahren seit Eröffnung des Urteils.

3 Ist durch die unerlaubte Handlung gegen den Verletzten eine Forderung begründet worden, so kann dieser die Erfüllung auch dann verweigern, wenn sein Anspruch aus der unerlaubten Handlung verjährt ist.

altArt. 60

Diese Bestimmung wurde per 1. Januar 2020 abgeändert (AS 2018 5343).

1 Der Anspruch auf Schadenersatz oder Genugtuung verjährt in einem Jahre von dem Tage hinweg, wo der Geschädigte Kenntnis vom Schaden und von der Person des Ersatzpflichtigen erlangt hat, jedenfalls aber mit dem Ablaufe von zehn Jahren, vom Tage der schädigenden Handlung an gerechnet.

2 Wird jedoch die Klage aus einer strafbaren Handlung hergeleitet, für die das Strafrecht eine längere Verjährung vorschreibt, so gilt diese auch für den Zivilanspruch.

3 Ist durch die unerlaubte Handlung gegen den Verletzten eine Forderung begründet worden, so kann dieser die Erfüllung auch dann verweigern, wenn sein Anspruch aus der unerlaubten Handlung verjährt ist.

▪ Anwendungsbereich der Bestimmung (1) ▪ Abs. 1 Relative Frist (2) ▪ Absolute Frist (5) ▪ Abs. 2 Allgemeines (7) ▪ Strafbare Handlung (10) ▪ Längere strafrechtliche Verjährungsfrist (11) ▪ Abs. 3 (12)

Anwendungsbereich der Bestimmung. Der (selbständige) Genugtuungsanspruch der Angehörigen eines Direktgeschädigten verjährt unabhängig vom Vertragsverhältnis zwischen Direktgeschädigtem und Schädiger (in casu Spital) nach Art. 60, und dies sowohl bei schwerer Körperverletzung wie auch bei Tötung des Direktgeschädigten 123 III 204/211 E. 2f, g. Gleiches gilt für Forderungen auf Ersatz des Versorgerschadens, auch wenn Versorger und Haftpflichtiger in einem Vertragsverhältnis standen 4C.194/1999 (18.1.00) E. 1 fr. (in casu Arbeitsvertrag). – Das Institut der Verjährung entspricht einem *allgemeinen Rechtsgrundsatz,* und sie drängt sich sogar auf, wenn das Gesetz keine ausdrückliche Regelung enthält (in casu analoge Anwendung von Art. 60 Abs. 1 auf den Entschädigungsanspruch nach IRSG Art. 15) 113 IV 101/103 f. E. c Pra 1987 (Nr. 242) 842. – a*EHG Art. 14* (vgl. nun aber EBG) geht der Bestimmung vor 84 II 202/208 E. 2. Während die deliktische Verjährungsordnung zurückhaltend anzuwenden ist 124 III 370/373 E. 3b/bb Pra 1999 (Nr. 10) 54 (keine Anwendung auf Ansprüche aus URG Art. 13), gilt die Bestimmung gleichwohl nicht nur für solche Ansprüche, welche sich aus den Vorschriften im Abschnitt über die Entstehung der Obligationen durch unerlaubte Handlungen (Art. 41 ff.) ergeben, sondern *auch für Ansprüche ähnlicher Art* (deliktsähnliche Tatbestände 43 II 205/211), welche sich auf anderweitige Vorschriften stützen 51 II 385/392 ff. E. 4 (mit Beispielen), so insbesondere: für den Gewinnherausgabeanspruch aus Art. 423 126 III 382/387 E. 4b/ee, 4A_305/2012 (6.2.13) E. 3.5.2; für die Schadenersatzklage aus ZGB Art. 679 127 III 257/259 E. 2b (in casu ZGB Art. 685), 107 II 134/140 (Wiederherstellungsbegehren des durch Grabungen geschädigten Nachbars), 111 II 429/436 E. c it., vgl. auch 111 II 24/25 f. E. 2b sowie 116 Ia 461/465 Pra 1991 (Nr. 223) 947 f.; für den Schadenersatzanspruch aus culpa in contrahendo 4C.354/2004 (9.11.05) E. 2.1, 121 III 350/355 E. c Pra 1996 (Nr. 168) 617, 108 II 419/422, 134 III 390/395 E. 4.3.2, grundlegend 101 II 266/268 ff. E. 4 Pra 1975 (Nr. 210) 594 f. und jetzt auch für Ansprüche aus Vertrauenshaftung, zu deren Erscheinungsformen die Culpa-Haftung gehört 134 III 390/398; für den Rückgriffsanspruch gegen den aus unerlaubter Handlung Haftenden 55 II 118/123 E. 3, wohl auch 133 III 6/6 Pra 2007 (Nr. 104) 684 (Praxisänderung bezüglich des Beginns der relativen Frist), vgl. auch 115 II 42/49 f. E. b; für die Haftung aus Führung des Grundbuchs nach ZGB Art. 955 Abs. 1 110 II 37/40 E. 4, 119 II 216/218 f. E. 4; für Schadenersatzansprüche, welche ein Anleger gegen Organe der Fondsleitung oder der Depotbank aus Verletzung ihrer Pflichten ableitet (nicht aAFG Art. 26 Abs. 2) 112 II 172/183 E. 3b; für die Ansprüche gegen den Bezogenen oder den Bankier nach Art. 1124 Abs. 5 4C.182/2004 (2.8.04) E. 2 fr.; jedoch nicht auf Regressforderungen aus Art. 51 133 III 6/6 Pra 2007 (Nr. 104) 684; nicht für öffentlich-rechtliche Schadenersatzansprüche, da der Geschädigte (eine ausdrückliche Bestimmung vorbehalten) nicht mit einer derart kurzen Frist zu rechnen hat 126 II 54/61 E. 7 (in casu EBG, Anwendung einer einzigen, fünfjährigen Frist); nicht auf öffentlich-rechtliche Ansprüche aus Enteignung (beim Fehlen einer ausdrücklichen Bestimmung) 105 Ib 6/13 f. E. c Pra 1979 (Nr. 132) 335 f., vgl. auch 108 Ib 485/488 E. 3b Pra 1983 (Nr. 80) 213 f.; auch nicht (analog) für eine Entschädigungsklage aus öffentlichem Recht bei Schäden an Kulturen 1 infolge Bodenverbesserungsmassnahmen 116 Ia 461/464 f. E. 2, Pra 1991 (Nr. 45) 222 f. E. 4 ff. oder auf die Forderung des Gemeinwesens auf Ersatz der Kosten für die Beseitigung von verunreinigtem Klärschlamm (aGSchG Art. 8 und USG Art. 59) 122 II 26/32 E. 5 fr.; nicht auf die Rückerstattung bereits empfangener Leistungen aus Haustürgeschäft gemäss Art. 40a ff. (Verjährung nach Art. 67) 137 III 243/253 f. 4.5. Anwendung auf die Verantwortlichkeitsklage gemäss ZGB Art. 429a (auf jeden Fall Verjährung des Staatshaftungsanspruchs binnen eines Jahres seit dem Hinfall der freiheitsentziehenden Massnahme) 121 III 204/209 E. c, grundlegend 116 II 407/410 f. E. d, e. – Offengelassen, ob die Bestimmung im *Bereich des Stimmrechts* (Wiedererwägungsgesuch betreffend Erwahrungsbeschluss über Abstimmungen und Wahlen) analog anwendbar ist 113 Ia 146/154 E.d. Analoge Anwendung auf die Einziehung von durch strafbare Handlungen erlangten Vermögenswerten 117 IV 233/244 E.d. – Die Fristen von Art. 60 sind von den Art. 129 und 141 Abs. 1 nicht betroffen. Diese Auslegung drängt sich schon deshalb auf, weil der *Verzicht auf die Verjährung* in der Praxis immer üblicher wird, vor allem bei Versicherungsgeschäften 112 II 231/233 E. bb Pra 1987 (Nr. 65) 231.

2 ***Abs. 1*** **Relative Frist.** Für die Festsetzung des Beginns der Verjährungsfrist ist die Kenntnis der tatsächlichen Verhältnisse, *nicht diejenige ihrer rechtlichen Qualifikation* massgebend 92 II 1/3 E. 1a Pra 1966 (Nr. 132) 465. In 108 Ib 97/101 E. 1d fr. wurde offengelassen, ob Rechtsirrtum den Lauf der Verjährung beeinflussen kann; in 4C.234/1999 (12.1.00) E. 5c/cc Pra 2002 (Nr. 73) 428 wurde die Frage unter Hinweis auf 82 II 43/45 verneint. Die Kenntnis eines Vertreters (vom Schaden und der Person des Schädigers) gilt als eigenes Wissen des Vertretenen 45 II 322/330 f. – Auch hinsichtlich der Verjährung der Rückgriffsforderung gegen den aus unerlaubter Handlung Haftenden war ehemals die Kenntnis des Geschädigten (nicht desjenigen, der Rückgriff nimmt) massgebend 55 II 118/123 f. E. 3, was aber in 89 II 118/123 E. b fr. in Zweifel gezogen und in 133 III 6/6 Pra 2007 (Nr. 104) 684 schliesslich in dem Sinne entschieden wurde, dass die relative Verjährung des Regressanspruchs grundsätzlich ab dem Tag zu laufen beginnt, an dem der Geschädigte den Schadenersatz erhalten hat und der andere Haftpflichtige bekannt wurde, siehe auch 115 II 42/49. – Offengelassen, ob die Frist während der Ausarbeitung eines gerichtlichen Gutachtens stillsteht 111 II 429/437 f. E.d. – Behauptungs- und Beweislast: 97 II 339/342 f. E. 1b, 111 II 55/58 E. a Pra 1985 (Nr. 129) 375.

3 ***Kenntnis vom Schaden.*** Bei der Kenntnis vom Schaden handelt es sich um einen bundesrechtlichen Begriff, sodass das kantonale Prozessrecht keinen Einfluss auf den Beginn der Verjährungsfrist hat 74 II 30/36 f. E. c Pra 1948 (Nr. 127) 291 f. Die Frist beginnt mit dem Zeitpunkt, in dem der Geschädigte (unter Umständen mithilfe eines Spezialisten 4C.135/2003 [26.9.03] E. 4.2.1 it.) vom Schaden tatsächlich Kenntnis hat, und nicht mit demjenigen, in dem er bei Anwendung der nach den Umständen gebotenen Aufmerksamkeit ausreichende Kenntnis vom Schaden hätte erlangen können 4A_34/2014 (19.5.14) E. 5.1 Pra 2014 (Nr. 93) 740, 4C.234/1999 (12.1.00) E. 5c/cc Pra 2002 (Nr. 73) 428, 111 II 55/57 f. E. 3a Pra 1985 (Nr. 129) 375, grundlegend 109 II 433/434 ff. E. 2 Pra 1984 (Nr. 78) 194 f.; allerdings muss sich der Geschädigte nach Treu und Glauben (ZGB Art. 2) um die Einholung der fehlenden Informationen bemühen, sobald er von den wesentlichen Schadenselementen Kenntnis hat 4A_454/2010 (6.1.11) E. 3.1 fr. Der Geschädigte hat eine genügende Kenntnis vom Schaden, wenn er die Existenz, die Beschaffenheit und die

wesentlichen Merkmale, d.h. alle tatsächlichen Umstände kennt, die geeignet sind, eine Klage zu veranlassen und zu begründen 136 III 322/330 E. 4.1, 126 III 161/163 E. 3c Pra 2001 (Nr. 80) 471, 112 II 118/123 fr., 111 II 55/57 E. 3a Pra 1985 (Nr. 129) 375, 4C.234/1999 (12.1.00) E. 5c/cc Pra 2002 (Nr. 73) 428, 4A_499/2014 (28.1.15) E. 3.2 fr., 4A_135/2017 (23.11.17) E. 5.1. Solange er das wirkliche Ausmass (zu unterscheiden vom genau bezifferten Betrag, vgl. 108 Ib 97/100 fr.) des Schadens nicht kennt, ist er nicht in der Lage, gestützt auf zuverlässige, objektive Grundlagen eine Klage einzuleiten 89 II 415/418 E. 1 fr., 114 II 253/256 E. a, 4C.298/2000 (21.12.00) E. 5b fr., vgl. auch 126 III 161/163 E. 3c Pra 2001 (Nr. 80) 471. Mit Blick auf die kurze Dauer dieser Verjährungsfrist darf das Gericht hier keinen allzu strengen Massstab anlegen 4A_689/2015 (16.6.16) E. 3.1, 4A_454/2010 (6.1.11) E. 3.1 fr., 4A_499/2014 (28.1.15) E. 3.2 fr.; 4A_34/2014 (19.5.14) E. 5.1 Pra 2014 (Nr. 93) 740. Bestehen Zweifel, wirkt sich dies zum Nachteil des Schuldners aus, der sich auf die Verjährung beruft und die damit verbundene Beweislast trägt 4C.234/1999 (12.1.00) E. 5c/cc Pra 2002 (Nr. 73) 428, 4C.182/2004 (23.8.04) E. 5.2.1 fr., 4A_34/2014 (19.5.14) E. 5.1 Pra 2014 (Nr. 93) 740, auch 111 II 55/57 E. 3a fr., 4C.150/2003 (1.10.03) E. 2.1 fr., 4C.135/2003 (26.9.03) E. 4.2.1 it. Allerdings darf der Geschädigte nicht zuwarten, bis er den erlittenen Schaden exakt zu beziffern vermag, da der Schaden nach Art. 42 Abs. 2 auch richterlich geschätzt werden kann 131 III 61/68 3.1.1 fr., 4C.150/2003 (1.10.03) E. 2.1 fr., 4C.26/2007 (18.5.07) E. 3.2.1 fr. (in casu vorprozessuale Anwaltskosten, wenn der Anspruch bestritten ist), 4A_499/2014 (28.1.15) E. 3.2 fr. Mithin hat der Geschädigte zureichende Kenntnis vom Schaden, wenn er über die Elemente verfügt, um ihn schätzen zu können 111 II 55/57 E. 3a, 4C.26/2007 (18.5.07) E. 3.2.1 fr., ohne dass für die Schadenskenntnis aber notwendig ist, dass der Geschädigte in der Lage ist, die Schadensberechnung ohne fremde Hilfe selbst durchzuführen 4A_12/2008 (14.3.08) E. 5.2, 89 II 415/417 E. b, und (angesichts von Art. 46) selbst wenn nicht ausgeschlossen werden kann, dass sich der Gesundheitszustand aufgrund einer laufenden Behandlung noch verbessert 4A_454/2010 (6.1.11) E. 3.3.3 fr. Das Wissen des beauftragten Anwalts wird dabei dem Geschädigten zugerechnet 4A_454/2010 (6.1.11) E. 3.1 fr. Hängt der Bestand und Höhe des Schadens von einem zukünftigen Ereignis (in casu Steuerveranlagung) ab, besteht noch keine hinreichende Kenntnis und der Schaden muss auch nicht geschätzt werden 4A_34/2014 (19.5.14) E. 5.2 Pra 2014 (Nr. 93) 741. – Die Schädigung ist erst in dem Zeitpunkt als abgeschlossen zu betrachten, in welchem der Schaden *vollständig in Erscheinung* getreten ist. So gilt er als einheitliches Ganzes und nicht etwa als die Summe verschiedener einzelner Schädigungen, wenn sich sein Umfang aus einem Sachverhalt ergibt, der sich weiterentwickelt (vor allem, aber nicht nur bei Körperverletzung 4A_689/2015 (16.6.16) E. 3.1, 4A_454/2010 [6.1.11] E. 3.1 fr., 4C.150/2003 [1.10.03] E. 2.1 fr., 108 Ib 97/100 fr., 4A_12/2008 [14.3.08] E. 5.1; z.B. auch bei Rückgang der Kundschaft 89 II 402/404 E. b Pra 1964 [Nr. 44] 121), und zwar unabhängig davon, ob diese Entwicklung irreversibel ist oder nicht und ob sie regelmässig oder unregelmässig verläuft. Die Verjährungsfrist beginnt nicht vor Abschluss dieser Entwicklung zu laufen 92 II 1/4 E. 3 Pra 1966 (Nr. 132) 465 f. und je nach den Umständen auch nicht zusammen damit 96 II 39/41 E. 2a. Ebenso stellen die einzelnen Schadensposten, die eine Folge derselben unerlaubten Handlung sind (z.B. Behandlungskosten und Verdienstausfall infolge Körperverletzung), nach dem Prinzip der Schadenseinheit 4C.150/2003 (1.10.03) E. 2.1 fr. nicht voneinander zu unterscheidende Schäden, sondern nur Bestandteile eines einzigen Schadens dar, der erst verwirklicht ist, wenn sein in chronologischer Reihenfolge letzter Teil eingetreten ist 92 II 1/4 E. 3 Pra 1964 (Nr. 156) 465 f., 4A_489/2008 (23.12.08) E. 2 (unsichere Entwicklung der gesundheitlichen Beeinträchtigung), vgl. auch 109 II 418/422 f. E. 4, 4A_12/2008 (14.3.08) E. 5.1, wonach für den Beginn der Verjährung auf den Gesamtschaden abzustellen ist; dass der Geschädigte weitere Beschwerden bekundet, die keinen Krankheitswert haben, hemmt den Fristenlauf aber nicht 4A_499/2014 (28.1.15) E. 3.2 fr. Vorbehalten bleibt auch der Fall, in dem in der Aufeinanderfolge der schädigenden Wirkungen eine Unterbrechung eintritt, was unter dem Gesichtspunkt der Kenntnis zu beurteilen ist, die der Geschädigte von den Folgen des schädigenden Ereignisses hat 74 II 30/37 f. E. 1d Pra 1948 (Nr. 127) 292 f., 92 II 1/7 f. E. 6 Pra 1966 (Nr. 132) 468. Voraussetzungen, unter denen ein Rückfall oder Spätfolgen eine neue Verjährungsfrist auslösen 118 II 449/455 ff. E. 4 Pra 1994 (Nr. 120) 409 ff. – Der weit gefasste Schadensbegriff ist a fortiori auch anwendbar auf Sachverhalte, bei denen die unerlaubte Handlung nicht in einem einmaligen, in einem bestimmten Augenblick eingetretenen Ereignis besteht (z.B. Verletzung in den persönlichen Verhältnissen durch ehewidrige Beziehungen) und bei denen der Nachteil sich aus diesem Grunde verändern und vergrössern kann. Der Schaden ist daher bei Festsetzung des Beginns der Verjährungsfrist auch als Einheit zu behandeln, wenn er nicht die Folge einer Einzelhandlung, sondern eines Dauerzustandes (z.B. unzulässiges Spielverbot für einen Fussballer 102 II 211/215 f. E. 1 fr.) oder mehrerer, auf demselben Willensentschluss beruhender Handlungen ist (in casu Boykott), und zwar selbst dann, wenn sich die einzelnen gleichartigen, nacheinander eingetretenen Schadensbestandteile genau bestimmen lassen. Der Geschädigte hat erst Kenntnis vom Schaden, wenn er sich ein genaues Bild über die Bedeutung der Verletzung in ihrer Gesamtheit zu machen vermag, selbst wenn gewisse vorhergehende Handlungen schon an sich zur Begründung der Klage ausreichen würden 92 II 1/5 ff. E. 4 und 6 f. Pra 1966 (Nr. 132) 466 f. Solange das schädigende Ereignis andauert, läuft grundsätzlich keine Verjährungsfrist 109 II 418/421 ff. E. 3, 4, 126 III 161/163 E. 3c Pra 2001 (Nr. 80) 471 (in casu Persönlichkeitsverletzung durch Artikelserie). – *Beispiele.* Wer durch einen Konkurs oder Nachlassvertrag mit Vermögensabtretung einen Verlust erleidet, erlangt mit der Auflage des Kollokationsplanes Kenntnis vom Schaden 108 Ib 97/100 f. E. 1c fr., 111 II 164/167 E. a, vgl. auch 114 V 81/82 E. b, 136 III 322/331 E. 4.4. Kenntnis des Schadens, der durch Bauverzögerung entsteht Pra 1987 (Nr. 65) 230 E. 3b (in der Amtlichen Sammlung nicht veröffentlichte Erwägung, vgl. 112 II 231). Bei Personenschaden besteht Kenntnis vom Schaden nicht erst mit dem Rentenentscheid der Invalidenversicherung, sondern allenfalls schon vorher 4A_329/2009 (1.12.10) E. 3.2 fr., z.B. mit Zustellung des von der SUVA in Auftrag gegebenen, umfassenden medizinischen Gutachtens, das eine stabile Arbeitsunfähigkeit attestiert 4A_707/2012 (28.5.13) E. 7.3.3, sodass der Verjährungslauf nicht erst mit dem Abschluss des Sozialversicherungsverfahrens beginnt 4A_454/2010 (6.1.11) E. 3.1 fr., etwas relativierend 4A_499/2014 (28.1.15) E. 3.2 fr. Bei Sachbeschädigung ist nach den Umständen des Einzelfalles zu beurteilen, ob der Geschädigte mit Erhalt der Reparaturrechnung oder bereits vorher eine genügende Kenntnis des Schadens gehabt habe 111 II 55/58 f. E. a, b Pra 1985 (Nr. 129) 375 f. In einem Fall einer Sachbeschädigung durch Wasser, das über Wurzeln eindrang, hielt das Bundesgericht das Risiko einer neuerlichen Infiltration nicht für einen genügenden Grund, um den Beginn der Verjährungsfrist aufs Unbestimmte hinauszuzögern 4A_689/2015 (16.6.16) E. 3.2.

Der Anspruch des Kindes auf Ersatz des Versorgerschadens beim Verlust des Vaters beginnt erst zu verjähren, wenn die Vaterschaft feststeht 62 II 147/149 f. E. 1 fr. Kenntnis des Schadens bei ungerechtfertigter Auslieferungshaft 113 IV 101/104 Pra 1987 (Nr. 243) 842. Kenntnis des Schadens bei Persönlichkeitsverletzung durch Pressekampagne 126 III 161/164 E. 3c Pra 2001 (Nr. 80) 471. – Die von der zivilrechtlichen Praxis zur Bestimmung entwickelten Grundsätze betreffend die Kenntnis vom Schaden sind auf *EntG Art. 41 Abs. 2 lit. b* (SR 711) nicht anwendbar 102 Ib 276/280 E. a, hingegen auf *VG Art. 20 Abs. 1* (SR 170.32) 108 Ib 97/99 E. c fr., a*AHVV Art. 82* 113 V 180/183 E. b, vgl. auch 114 V 81/81 ff. sowie 118 V 193/193 ff. fr. und Art. 760 4C.298/2000 (21.12.00) E. 5 fr., siehe auch 122 III 195/202 E.c.

Kenntnis von der Person des Ersatzpflichtigen. Diese kann nicht schon bejaht werden, wenn der Geschädigte vermutet, die betreffende Person könnte Ersatz schulden, sondern erst, wenn er die Tatsachen kennt, die ihre Ersatzpflicht begründen 82 II 43/44 f. E. 1a. Entsprechend beginnt die Verjährung nicht, bevor der Geschädigte von der die Haftung des Täters ausschliessenden, die Haftpflicht des Familienhauptes begründenden Geisteskrankheit sichere Kenntnis erhält 74 II 193/195 E. 1. Nicht vorausgesetzt ist aber, dass der Geschädigte sich auch über den Rechtsgrund der Haftung im Klaren ist, da (selbst entschuldbarer) Rechtsirrtum den Lauf der Verjährung nicht aufzuhalten vermag 4C.182/2004 (23.8.04) E. 5.2.1 fr., 4C.234/1999 (12.1.00) E. 5c/cc Pra 2002 (Nr. 73) 428, 131 II 65/68 E. 3.2.1. – Unter aussergewöhnlichen Umständen setzt die Kenntnis von der Person des Schädigers voraus, dass der Geschädigte über die erforderlichen Beweismittel verfügt. Ist der natürliche Kausalzusammenhang zwischen dem schädigenden Ereignis und dem Schaden nur durch ein wissenschaftliches Gutachten feststellbar, so hat der Geschädigte erst mit Empfang dieses Gutachtens sichere Kenntnis von der verantwortlichen Person 131 III 65/68 3.1.2 fr. – Kenntnis der Mitverantwortung anderer 115 II 42/49 E.a. 4

Absolute Frist. Die zehnjährige Frist hat subsidiären Charakter. Sie beruht auf dem Interesse der Rechtssicherheit und will vermeiden, dass der Schädiger noch Schadenersatzklagen ausgesetzt ist, wenn die schädigende Wirkung zehn Jahre nach der unerlaubten Handlung noch nicht eingetreten ist. Die Verjährung kann daher eintreten, bevor der Geschädigte von seinem Anspruch Kenntnis hat, ja sogar bevor dieser überhaupt entstanden ist 92 II 1/7 E. 5b Pra 1966 (Nr. 132) 468, 106 II 134/138 E. c Pra 1980 (Nr. 284) 743, vgl. auch 119 II 216/219 E. a/aa, 126 II 145/151 E. 2b. Für den Beginn ist einzig der Zeitpunkt des den Schaden verursachenden Verhaltens massgeblich 136 II 187/198 f. E. 7.4.4, 127 III 257/260, 4A_148/2017 (20.12.17) E. 4.2.1. Schädigende Handlung ist die unerlaubte Handlung oder Unterlassung, die den Schadenersatzanspruch entstehen lässt, und nicht der Eingriff in die Rechte des Geschädigten 106 II 134/138 E. b und c Pra 1980 (Nr. 284) 743. Bei andauernden und fortgesetzten Handlungen beginnt die zehnjährige Frist mit der letzten schädigenden Handlung 127 III 257/260 E. bb (zur Unterscheidung zwischen schädigender Handlung und deren Auswirkungen), 92 II 1/7 E. 5b Pra 1966 (Nr. 132) 468 (Boykott) bzw. ist der Tag, an dem dieses (pflichtwidrige) Verhalten aufhört, für den Beginn des Fristenlaufs massgebend 146 III 14/21 E. 6.1.2 (in casu andauernde Asbestexposition eines Arbeitnehmers). Während andauernder Schädigung (in casu Sonderfall der Überschreitung des Eigentums durch Immissionen) kann die Verjährung jedoch nur 5 dann nicht beginnen, wenn und solange keine abgeschlossene Schädigung vorliegt 81 II 439/445 ff. E. 3 und 4, vgl. auch 107 II 134/140. – Die Zehnjahresfrist läuft auch für den Schadenersatzanspruch aus ZGB Art. 955 unabhängig von der Kenntnis, die der Gläubiger von seinem Anspruch hat, ab der schädigenden Handlung. Die rechtswidrig erfolgende Eintragung im Grundbuch setzt mit ihrem Abschluss unweigerlich den Fristenlauf in Gang 119 II 216/218 ff. E. 4. – Die Frist kann unterbrochen werden, wie es Art. 135 Abs. 2 erlaubt, da es sich bei dieser Frist nicht um eine absolute Frist im technischen Sinn handelt 117 IV 233/243 E. aa, 123 III 213/219 E. 6a. Mit der Unterbrechung beginnt gemäss Art. 137 eine neue Frist von zehn Jahren zu laufen (in casu Unterbrechung durch für ein Jahr eingegangenen Verzicht) 112 II 231/232 ff. E. 3e Pra 1987 (Nr. 65) 231 f. Unterbrechung durch unbezifferte Forderungsklage in Fällen, in denen die genaue Bezifferung des Schadens nicht möglich oder nicht zumutbar ist (Art. 42 Abs. 2) 126 II 97/101 E. 2d. – Abgrenzung zum Beginn der Verjährung gemäss VVG Art. 46 Abs. 1 118 II 447/455 E. 2b Pra 1994 (Nr. 120) 409, siehe auch 127 III 268/270 E.b.

6 ***EMRK-Konformität der absoluten Verjährungsfrist.*** Dem Urteil des EGMR in Sachen Howald Moor kann nicht entnommen werden, dass absolute Verjährungsfristen nach innerstaatlichem materiellem Recht ausgeschlossen wären 146 III 25/35 E. 8.2.2; keine Änderung der Rechtsprechung in dem Sinne, dass die Verjährung mit der vertragswidrigen Körperverletzung zu laufen beginnt 146 III 14/18 E. 4.

7 ***Abs. 2*** **Allgemeines.** Die Ausdehnung der zivilrechtlichen Klagemöglichkeit beruht auf der Überlegung, dass es stossend wäre, wenn der Täter zwar noch (nach schweizerischem, nicht nach ausländischem Strafrecht, 132 III 661/665 E. 4.2 Pra 2007 [Nr. 71] 475) bestraft werden könnte, die Wiedergutmachung des zugefügten Schadens aber nicht mehr verlangt werden dürfte 137 III 481/484 E. 2.3 Pra 2012 (Nr. 29) 205, 136 III 502/503 E. 6.1 Pra 2011 (Nr. 39) 279, 127 III 538/541 E. c, 126 III 382/384 E. 4a/bb, 125 III 339/341 E. 3b, 122 III 225/228 E. 5, 101 II 321/321 E. 3 Pra 1976 (Nr. 57) 130, vgl. auch 113 V 256/258 E. 4a. Der Zusammenhang zwischen den beiden Absätzen von Art. 60 lässt den Willen des Gesetzgebers erkennen, die Verjährung des Zivilanspruchs so lange zu verhindern, als die strafrechtliche Verjährung nicht eingetreten ist 100 II 332/335 E. 2a fr., Pra 1975 (Nr. 67) 193, vgl. auch 122 III 5/7 E.b. Die Bestimmung begründet nicht nur eine Ausnahme von der zehnjährigen, sondern auch von der einjährigen Verjährungsfrist 60 II 35, 107 II 151/155 E. a, 127 III 538/541 E.c. Vorausgesetzt sind eine strafbare Handlung und ein adäquater Kausalzusammenhang zwischen der strafbaren Handlung und der dem Zivilanspruch zugrunde liegenden Beeinträchtigung 136 III 502/503 E. 6.1 Pra 2011 (Nr. 39) 279, 4C.156/2005 (28.9.05) E. 3.5.6 fr., insbesondere der seelischen Unbill. Dabei müssen sich der zivil- wie der strafrechtliche Tatbestand auf dieselbe Handlung beziehen 122 III 5/8 E. c, 127 III 538/540 E. b, 4P.9/2002 (19.2.02) E. 2b fr., 4A_459/2009 (25.3.10) E. 3.5. Zudem ist erforderlich, dass die vom Schädiger verletzte Strafbestimmung den Schutz des Geschädigten bezweckt 136 III 502/503 E. 6.1 Pra 2011 (Nr. 39) 279, 71 II 156 E. b, 122 III 5/8 E.c. – Aufgegeben wurde die frühere Praxis, wonach die Bestimmung grundsätzlich nur auf die Forderung gegen den Täter selbst, nicht aber auf den Ersatzanspruch gegen Dritte anwendbar war, die zivilrechtlich für den Schaden einzustehen haben 137 III 481/484 E. 2.3 Pra 2012 (Nr. 29) 206, 112 II 79/81 E. 3 (Haftung des Versicherers nach SVG Art. 65 Abs. 1), 112 II 172/189 E. II/2c, vgl. aber auch 122 III

195/202 E. 9c Pra 1996 (Nr. 208) 810, offengelassen in 107 II 151/156 E. 4b und c. Namentlich wurde die längere Frist auf juristische Personen ausgedehnt, welche den von ihren Organen verursachten Schaden zu ersetzen haben 111 II 429/439 E. 2d, 112 II 172/190 E. II/2c, 122 III 5/7 E. b, 122 III 225/227 E. 4a, 125 III 339/341 E. 3b, 132 III 661/665 Pra 2007 (Nr. 71) 475, 4C.112/2003 (28.5.03) E. 1.1 (für Körperverletzungen irgendwelcher Art), 4C.105/2005 (31.8.05) E. 3, vgl. auch 118 V 193/199 E. 4 fr.; auf die Erben des Straftäters 122 III 195/202 E. 9c Pra 1996 (Nr. 208) 810; auf selbständige Genugtuungsansprüche von Angehörigen 124 IV 49/51 E. 4c, 123 III 204/206 E. 2a, 122 III 5/8 f. E. 2d; nicht aber auf die Hilfspersonenhaftung gemäss Art. 55 122 III 225/228 E. 5, wonach die Strafbarkeit des Täters dem Dritten verjährungsrechtlich dann nicht anzurechnen ist, wenn sich (wie bei der Geschäftsherrenhaftung und der Haftung des Familienhaupts nach ZGB Art. 333) die Haftung des Dritten für das Verhalten des Täters aus der Verletzung eigener Sorgfaltspflicht ergibt, unklar 125 III 339/341 E. 3b. – Die ratio legis der Bestimmung ist dieselbe wie jene von aAHVV Art. 82 Abs. 2 113 V 256/258 E. 4a. Die Rechtsprechung zur Bestimmung kann auch für die Auslegung von SVG Art. 83 Abs. 1 herangezogen werden 93 II 498/500 E. 1 Pra 1968 (Nr. 115) 415, 125 III 339/339. Keine analoge Anwendung auf Ansprüche Dritter gegen den Bund aus VG 126 II 145/157 E. 4b/bb.

Die Verjährung gemäss Art. 60 Abs. 2 unterliegt, abgesehen von der Frage des Beginns 8 und der Dauer der Verjährungsfrist, den Bestimmungen des Zivilrechts, also Art. 127 ff., da sonst das Schicksal des Anspruchs des Geschädigten den Zufälligkeiten der Strafverfolgung ausgesetzt wäre, auf die der Geschädigte keinen Einfluss nehmen kann. Es kommt daher nicht darauf an, wann und auf welche Weise der Strafanspruch untergeht. Der Geschädigte kann die strafrechtliche Verjährungsfrist durch Mittel des Zivilrechts unterbrechen 137 III 481/484 f. E. 2.5 Pra 2012 (Nr. 29) 206, 100 II 332/335 E. a Pra 1975 (Nr. 67) 194, 97 II 136/139 f. E. 2, grundlegend 91 II 429/430 ff. E. 2 ff. Pra 1966 (Nr. 63) 229 ff., Art. 135 und 138 sind massgebend 4A_499/2014 (28.1.15) E. 4.2 fr.

Die Unterbrechung der Verjährung löst eine neue Frist in Höhe der ursprünglichen 9 längeren Dauer der strafrechtlichen Verjährungsfrist aus (Art. 137 Abs. 1 4A_499/2014 [28.1.15] E. 4.2 fr.), sofern die Forderung aus einer strafbaren Handlung abgeleitet wird, für die StGB Art. 70 eine längere Verjährungsfrist vorsieht 127 III 538/542 E.d. Jedoch lösen verjährungsunterbrechende Handlungen im Sinne der Art. 135 oder 138, die nach Eintritt der strafrechtlichen Verfolgungsverjährung erfolgen, lediglich die zivilrechtliche Verjährungsfrist nach Art. 60 Abs. 1 (bzw. SVG Art. 83 Abs. 1 Satz 1) aus 137 III 481/485 E. 2.5 Pra 2012 (Nr. 29) 207, 131 III 430/435 E. 1.4, 4A_499/2014 (28.1.15) E. 4.2 fr.

Strafbare Handlung. Eine solche ist nur anzunehmen, wenn das schädigende Verhal- 10 ten die objektiven und subjektiven Merkmale einer bundesrechtlichen oder kantonalen Strafnorm aufweist, die überdies den Schutz des Verletzten bezweckt 137 III 481/484 E. 2.4 Pra 2012 (Nr. 29) 206, 136 III 502/503 E. 6.1 Pra 2011 (Nr. 39) 279; 4A_344/2018 (27.2.19) E. 3.2.2.1, 4C.156/2005 (28.9.05) E. 3.3 fr., 122 III 5/8 E. c, 4A_499/2007 (13.5.08) E. 5.1.3, 4C.105/2005 (31.8.05) E. 4 (Eventualvorsatz), 121 III 204/209 E. c (in casu offengelassen, ob bei Staatshaftungsansprüchen wegen widerrechtlicher fürsorgerischer Freiheitsentziehung allfällige strafbare Handlungen von Beamten dem Kanton überhaupt vorgehalten werden können), 106 II 213/217 ff. E. 4. Erforderlich ist überdies, dass die strafbare Handlung für den eingetretenen Schaden natürlich und adäquat kausal ist 4C.156/2005 (28.9.05) E. 3.5.6 fr. – Ob Art. 60 Abs. 2 auch anwendbar ist, wenn der Täter nur infolge Unzurechnungsfähigkeit straflos bleibt, wurde in 100 II 332/336 E. c Pra 1975 (Nr. 67) 194 f. bejaht, in 106 II 213/219 jedoch offengelassen. – Für die Anwendung der Bestimmung wird nicht vorausgesetzt, dass eine Strafverfolgung eingeleitet oder gar eine Verurteilung ausgesprochen worden ist. Es genügt, dass sich die Schadenersatzansprüche auf eine strafbare Handlung stützen lassen 112 II 172/188 f. E. b, grundlegend 100 II 332/335 E. 2a Pra 1975 (Nr. 67) 193. Wird eine Straftat nur auf Antrag verfolgt, so fällt selbst dann die Dauer der strafrechtlichen Verjährung in Betracht, wenn kein Strafantrag gestellt worden ist 93 II 498/500 f. E. 1 Pra 1968 (Nr. 115) 416. – Der Zivilrichter wendet die strafrechtliche Norm vorfrageweise an 4C.156/2005 (28.9.05) E. 3.3 fr., siehe zur Entscheidzuständigkeit auch 4P.256/2004 (26.1.05) E. 2.4.1 fr.; er ist dabei an einen verurteilenden oder freisprechenden Strafentscheid gebunden, weil diesem präjudizielle Wirkung zukommt und Art. 53 nicht anwendbar ist. Ein Freispruch bindet jedoch den Zivilrichter nur insoweit, als die Strafbehörde eine strafbare Handlung verneint hat 136 III 502/503 E. 6.1 Pra 2011 (Nr. 39) 279; ob die Strafbarkeit des Täters im Strafverfahren mangels objektiven oder subjektiven Tatbestandes verneint wurde, ist dabei bedeutungslos 106 II 213/215 f. E. 3 und 106 II 213/220 E.b. Beendet der erkennende Strafrichter, der über das Bestehen des staatlichen Strafanspruches zu entscheiden hat, die Strafverfolgung durch die (in materielle Rechtskraft erwachsende) Einstellung des Verfahrens, so ist diese Verfügung wie ein freisprechendes Urteil zu behandeln 106 II 213/216, grundlegend 93 II 498/501 f. E. 1 Pra 1968 (Nr. 115) 416 f., sofern damit das Verfahren endgültig erledigt wird 136 III 502/503 E. 6.1 Pra 2011 (Nr. 39) 279; 4C.234/1999 (12.1.00) E. 5c/aa Pra 2002 (Nr. 73) 427. Auch die Einstellungsverfügung einer Untersuchungsbehörde kann den Zivilrichter binden, wenn darin eine strafbare Handlung wie beim Freispruch verneint wurde 106 II 213/216, grundlegend 101 II 321/322 f. Pra 1976 (Nr. 57) 130 f., was nicht der Fall ist, wenn das Verfahren wegen fehlenden oder verspätet gestellten Strafantrags eingestellt wurde 136 III 502/505 E. 6.3.1 Pra 2011 (Nr. 39) 279; ob es dabei auf die materielle Rechtskraft der Einstellungsverfügung ankommt oder nicht, wurde in 106 II 213/216 offengelassen. Allein durch den Umstand, dass ein Strafverfahren geführt wird, welches dann eingestellt wird, bedeutet nicht, dass nach jeder Unterbrechungshandlung während des Strafverfahrens die neue, längere Verjährungsfrist zu laufen beginnt 136 III 502/504 E. 6.2 Pra 2011 (Nr. 39) 279.

11 **Längere strafrechtliche Verjährungsfrist.** Ausschlaggebend ist das schweizerische Strafrecht, während die Berücksichtigung ausländischen Strafrechts nicht infrage kommt: nach schweizerischem internationalen Privatrecht ist das Verjährungsrecht Teil des materiellen Rechts, weshalb eine Spaltung nicht angeht 132 III 661/665 E. 4.2 Pra 2007 (Nr. 71) 475. Zivilansprüche aus Straftaten, die nach StGB 75bis unverjährbar sind, sind nur dann unverjährbar, wenn die Straftaten bei Inkrafttreten der Bestimmung noch nicht verjährt waren 132 III 661/666 E. 4.3 Pra 2007 (Nr. 71) 476. – Das strafgesetzliche Verjährungsrecht wurde mit BG vom 5. Oktober 2001 (in Kraft seit 1. Oktober 2002) revidiert (AS 2002, S. 2993, 2996 und 3146); die strafrechtliche Verjährung im Sinne der Bestimmung ist die ordentliche Verjährung gemäss StGB Art. 70, nicht die absolute Verjährung gemäss StGB Art. 72 Ziff. 2 Abs. 2 (im Zuge der erwähnten Revision aufgehoben, vgl. AS

2002, S. 2993) 100 II 339/342 E. 1b Pra 1975 (Nr. 89) 260, 4A_499/2014 (28.1.15) E. 4.2 fr., vgl. auch 111 V 172/176; bei Gesetzesänderungen bestimmt sich die Dauer der (strafrechtlichen, für das Zivilrecht massgebenden) Verjährungsfrist nach den Regeln des Strafrechts (d.h. nach der Lex-mitior-Regel gemäss StGB Art. 2, also nach der für den Schädiger günstigsten bzw. kürzesten Frist) 137 III 481/485 f. E. 2.6 Pra 2012 (Nr. 29) 207 f. Ob die strafrechtliche oder die zivilrechtliche Verjährung länger sei, beurteilt sich nicht nach den den beiden Verjährungen eigenen Regeln 97 II 136/138 f. E. 2. Die auf den Zivilanspruch anwendbare längere Verjährungsfrist des Strafrechts beginnt mit der Tatbegehung, nicht erst mit der Kenntnis des Schadens 111 II 429/441 it., 96 II 39/43 f.; auch 126 III 382/384 E. 4a/bb, wonach für den Beginn der Verjährung auf die strafrechtliche Regelung gemäss StGB Art. 71 abzustellen ist. Bestehen die strafbaren Handlungen aus fortgesetzten Unterlassungen, so beginnt die Frist erst am Tag zu laufen, an dem das strafbare Verhalten endet 112 II 172/189 E.b. Eine längere Frist gemäss der Bestimmung können z.B. auch strafbare Handlungen nach aAFG Art. 49 ergeben 112 II 172/183 E. 3b, 186 ff.

Abs. 3 Die Einrede der Furcht ist unverjährbar. Die Berufung auf die Bestimmung ist jedoch ausgeschlossen, wenn ein Vertrag nach Wegfall der Furcht ausdrücklich oder durch konkludentes Verhalten genehmigt worden ist 84 II 621/625 E. b und c. – Sinngemässe Anwendung der Bestimmung bei der Täuschung (Art. 28): Keine Verwirkung der Einrede der Unverbindlichkeit des Vertrages, sofern der Getäuschte seine Leistung noch nicht erbracht hat 127 III 83/85 E. 1a. 12

H. Verantwortlichkeit öffentlicher Beamter und Angestellter

Art. 61

[1] Über die Pflicht von öffentlichen Beamten oder Angestellten, den Schaden, den sie in Ausübung ihrer amtlichen Verrichtungen verursachen, zu ersetzen oder Genugtuung zu leisten, können der Bund und die Kantone auf dem Wege der Gesetzgebung abweichende Bestimmungen aufstellen.

[2] Für gewerbliche Verrichtungen von öffentlichen Beamten oder Angestellten können jedoch die Bestimmungen dieses Abschnittes durch kantonale Gesetze nicht geändert werden.

▪ Allgemeines (1) ▪ Abs. 1 (2) ▪ Öffentlicher Beamter oder Angestellter (3) ▪ Abs. 2 (4)

Allgemeines. Diese Norm enthält einen fakultativen Vorbehalt zugunsten des kantonalen öffentlichen Rechts; die Abgrenzung zwischen Bundesprivatrecht und kantonalem öffentlichem Recht ist insoweit nicht nach den gängigen Theorien vorzunehmen, sondern wird allein vom kantonalen Recht bestimmt 4C.97/2002 (1.7.02) E. 2.1. Die Bestimmung bezweckt, dem Gemeinwesen die Möglichkeit einzuräumen, seine eigene Haftung sowie die Haftung seiner Beamten und seiner Angestellten für Schadenersatz und Genugtuung dem Bundeszivilrecht zu entziehen und dem kantonalen öffentlichen Recht zu unterstellen 128 III 76/78 E. 1a Pra 2002 (Nr. 56) 323, 4C.265/2003 (28.4.03) E. 1.1 fr. und so seine Beamten davor zu schützen, dass sie für jedes leichte Verschulden von Dritten zur Rechenschaft gezogen werden können. Sie betrifft nur die Verantwortlichkeit des Beamten gegenüber Privaten, nicht auch gegenüber dem Gemeinwesen 71 II 228. Für die Haf- 1 tung der öffentlich-rechtlichen Körperschaften und Anstalten gilt, soweit hoheitliche Befugnisse ausgeübt werden, gemäss ZGB Art. 59 Abs. 1 ausschliesslich das öffentliche Recht des Bundes und der Kantone 96 II 337/343 E. 3a Pra 1971 (Nr. 83) 260, 101 II 177/184 f. E. 2b. Demgegenüber haftet das Gemeinwesen nach Bundeszivilrecht für die Schädigung durch seine Funktionäre, wenn es sich um gewerbliche Verrichtungen handelt, die eine Organ- (ZGB Art. 55) oder Geschäftsherrenhaftung (Art. 55) auszulösen vermögen 139 III 110/112 E. 2.2.1, 111 II 149/151 E. 3a. – Der Begriff der Widerrechtlichkeit im Bundeszivil- und im kantonalen Staatshaftungsrecht ist identisch 4C.331/1997 (6.6.00) E. 4a fr. – Der allein anwendbare SchKG Art. 5 verdrängt kantonales Verantwortlichkeitsrecht 126 III 431/434 E. 2a.

2 ***Abs. 1*** «Auf dem Wege der Gesetzgebung» setzt den Erlass eines eigentlichen Gesetzes oder doch von Bestimmungen, die auf einer verfassungsmässigen Kompetenzdelegation beruhen, voraus 96 I 210/218. – Hat ein Kanton über die Haftung von öffentlichen Beamten und Angestellten gesetzliche Bestimmungen erlassen, wozu der Kanton nicht verpflichtet ist 4A_235/2009 (13.10.09) E. 3.2, so beurteilt sich deren Ersatzpflicht ausschliesslich nach dem kantonalen öffentlichen Recht 96 II 45/47 fr., 125 IV 161/163 E. 2b, und dies auch dann, wenn die hoheitliche Tätigkeit an Private übertragen ist 127 III 538/539 E. 4a, macht ein Kanton davon nicht Gebrauch, kommen unmittelbar die bundesprivatrechtlichen Normen des OR zur Anwendung 4A_404/2013 (29.1.14) E. 3. Ausschlaggebend ist einzig die Auslegung des kantonalen Rechts 4A_34/2014 (19.5.14) E. 4.2 Pra 2014 (Nr. 93) 737 f., 4C.178/2005 (20.12.05) E. 2.2 und damit kantonales Recht, dessen Anwendung das Bundesgericht nur auf Willkür überprüft 4A_404/2013 (29.1.14) E. 3.1. Verweist das kantonale Recht auf das OR, so gilt dieses als subsidiäres kantonales öffentliches Recht 79 II 432 E. 1 fr., vgl. auch 120 Ia 377, 4A_132/2014 (2.6.14) E. 2.1 fr., 4P.283/2004 (12.4.05) E. 4.1 Pra 1996 (Nr. 19) 44 ff., 126 III 370/375 E. 7d fr. Fehlen einschlägige kantonale Bestimmungen, so beurteilt sich die Haftung nach Art. 41 ff. (als eidgenössischem Recht) 90 II 274/278 f. E. 1 und 2, grundlegend 54 II 364 E. 1 fr., vgl. auch 122 III 101/103 f. E. 2a und E. bb Pra 1996 (Nr. 188) 699 ff. – Die Vorschrift kann durch eine allenfalls falsche Anwendung kantonalen Rechts von vornherein nicht verletzt sein, da sie dem kantonalen Gesetzgeber keinerlei Verpflichtungen auferlegt, sondern mangels kantonaler Normen die bundesrechtlichen Bestimmungen des OR als anwendbar erklärt 4C.178/2005 (20.12.05) E. 2.2, 4C.97/2002 (1.7.02) E. 2.2. Das kantonale Recht und gegebenenfalls seine Auslegung sind im Verfahren der Beschwerde in Zivilsachen nicht zu überprüfen. Nur wenn es sich herausstellt, dass der Kanton von der in Art. 61 Abs. 1 vorgesehenen Möglichkeit keinen Gebrauch gemacht hat, muss ein Verstoss gegen Art. 41 ff. durch das Bundesgericht überprüft werden 122 III 101/105 E. cc Pra 1996 (Nr. 188) 701, vgl. auch 126 III 370/375 E. 7d fr. Möglich ist die Rüge, dass die Anwendung der kantonalen Norm (auch wenn subsidiär das OR als kantonales öffentliches Recht angewendet wurde) offensichtlich unhaltbar ist und damit gegen BV Art. 9 oder andere verfassungsmässige Rechte verstösst 4A_235/2009 (13.10.09) E. 3.2, 4A_315/2011 (25.10.11) E. 2.1 fr.

3 **Öffentlicher Beamter oder Angestellter.** Dieser *Begriff* ist weit auszulegen; er erfasst jede Person, die (auch ohne zum Staat in einem Dienstverhältnis zu stehen) öffentlich-rechtliche Befugnisse innehat 96 II 45/46 fr. Der öffentliche Beamte muss den Schaden

aber in Ausübung seiner amtlichen Tätigkeit verursachen 82 II 321/325 ff. E. 1. – *Beispiele:* Notar als Urkundsperson (unabhängig davon, ob er beamtet oder freierwerbend tätig ist) 127 III 248/251 E. 1b fr., 126 III 370/373 E. 7a fr., 96 II 45/46 fr., 90 II 274/277 f., wobei dem kantonalen öffentlichen Recht im Interesse einheitlicher Rechtsanwendung eine gewisse expansive Kraft zur Regelung der Materie zusteht 4C.146/2002 (16.7.02) E. 2.3 (Beratungspflicht kraft kantonalen Rechts, deren Verletzung indes keine bundesprivatrechtlichen Ansprüche begründet), wobei das Bundesgericht den Kantonen zugesteht, dass sie die gesamte notarielle Tätigkeit (auch im Bereich der rein privatrechtlichen Tätigkeit) kantonaler Haftungsordnung unterstellen können 4A_337/2018 (9.5.19) E. 3.1, 4A_34/2014 (19.5.14) E. 4.2 Pra 2014 (Nr. 93) 737 f. für den Kanton Wallis, 4A_427/2013 (10.2.14) E. 1 it. für den Kanton Tessin, siehe auch 126 III 370/372 E. 7 fr., für den Kanton Freiburg 4A_135/2017 (23.11.17) E. 3; Gerichtsbeamter 54 II 360/364 E. 1 fr.; Mitglied einer Vormundschaftsbehörde 53 II 363/367 E. 3; Arzt, der von der Behörde mit der Begleitung eines Ausschaffungshäftlings betraut ist und dabei ohne ausdrücklichen Auftrag die Mundverklebung eines zweiten Häftlings überprüft 130 IV 27/30 E. 2.3.3; jedoch nicht der Arzt, mit dem eine öffentliche, obligatorische Krankenkasse einen Vertrag über die ausschliessliche Behandlung ihrer Mitglieder abgeschlossen hat 57 II 196/200 f. E. 1. – Haftung aus der Behandlung in einem *öffentlichen Spital:* Die Krankenbetreuung in einem öffentlichen Spital ist, soweit sie von Ärzten in amtlicher Eigenschaft ausgeübt wird, als hoheitliche, nicht als gewerbliche Tätigkeit zu qualifizieren 111 II 149/151 E. 3a, 115 Ib 175/179 E. 2, 4C.178/2005 (20.12.05) E. 2.2, 122 III 101/104 E. aa Pra 1996 (Nr. 188) 700, 133 III 462/465 E. 2.1 Pra 2008 (Nr. 27) 201, 139 III 252/253 E. 1.3 Pra 2013 (Nr. 95) 740. Schäden sind somit auf die Ausübung staatlicher Hoheit und nicht auf die Verletzung privatrechtlicher Vertragspflichten zurückzuführen 4C.178/2005 (20.12.05) E. 2.2, 4C.265/2003 (28.4.03) E. 1.1 fr., 4C.97/2002 (1.7.02) E. 2.1. Bei der Bestimmung des anwendbaren Rechts ist die Trägerschaft einer Klinik allein nicht ausschlaggebend 122 I 153/156 E. 2e. Noch erfolgt hier die Abgrenzung zwischen privatem und öffentlichem Recht nach einer der üblichen Theorien (namentlich der Subordinations-, der Interessen- oder der Subjektstheorie); vielmehr bestimmt sich das anwendbare Recht nach dem Gebrauch, den der Kanton vom Vorbehalt von Art. 61 Abs. 1 gemacht hat 122 III 101/105 E. cc Pra 1996 (Nr. 188) 701, 4C.97/2002 (1.7.02) E. 2.1. Bei der privaten Tätigkeit von Chefärzten handelt es sich um eine Nebenbeschäftigung, die der Kanton als amtliche Tätigkeit qualifizieren und der einheitlichen Regelung unterstellen kann, ob sie nun individuell oder mit anderen Beamten ausgeübt wird. Eine solche Regelung liegt ganz klar im Interesse der Patienten 122 III 101/104 f. E. bb Pra 1996 (Nr. 188) 700 f. Bei der Abgrenzung zwischen amtsärztlicher Spitaltätigkeit und privatärztlicher Tätigkeit des Chefarztes ist nach zürcherischem Recht davon auszugehen, dass die Privatarztbewilligung der Chefärzte nur deren persönliche Verrichtungen erfasst und dass Schädigungen an Privatpatienten des Chefarztes, für welche ein unter dessen Leitung operierendes Spitalteam verantwortlich gemacht wird, der Staatshaftung unterliegen. Offengelassen, wie weit im Übrigen die Behandlung von Privatpatienten als amtliche oder private ärztliche Tätigkeit einzustufen ist 112 Ib 334/336 ff. E. b, 111 II 149/153 ff. E. 5, vgl. auch 115 Ib 172/179 E. 2a sowie 122 III 101/104 E. aa Pra 1996 (Nr. 188) 700, Pra 1998 (Nr. 97) 557 E. 1. Siehe aber 122 I 153/156 E. 2e Pra 1996 (Nr. 233) 904, wonach das Verhältnis zwischen Arzt und Patient auch bei der Behandlung von sog. Privatpatienten in öffentlichen

Spitälern in Bezug auf die Haftung dem kantonalen Verantwortlichkeitsrecht untersteht (Kanton Zürich), vgl. auch Pra 1999 (Nr. 3) 15 E. 3a–c, 4A_315/2011 (25.10.11) E. 2.1 fr. (Kanton Genf). Gemäss den für das Kantonsspital Olten massgebenden kantonalrechtlichen Grundlagen stellt die gesamte Tätigkeit eines Chefarztes, d.h. auch die Behandlung von Privatpatienten, eine amtliche Verrichtung dar 102 II 45/46 ff. E. 2 und 3. Demgegenüber handeln im Kanton Aargau ein Chefarzt und sein Stellvertreter, die Privatpatienten behandeln, nicht in Ausübung einer amtlichen Tätigkeit und sind insoweit kein Beamter 82 II 321/325 ff. E. 1. Die Widerrechtlichkeit im Sinn des kantonalen Haftungsgesetzes (in casu Kanton Freiburg) kann auch darin liegen, dass bei der ärztlichen Behandlung in einem Spital gegen die objektiv gebotene Sorgfalt verstossen wird 4A_48/2010 (9.7.10) E. 3 vgl. 4A_315/2011 (25.10.11) E. 3.1 fr.

4 ***Abs. 2*** Unter gewerblichen Verrichtungen im Sinne der Bestimmung wird die Staatstätigkeit verstanden, die keinen hoheitlichen Charakter trägt 102 II 45/47 E. a, 113 II 424/426 E. 1a Pra 1988 (Nr. 109) 402, namentlich eine Tätigkeit, mit der Gewinn erzielt werden soll 128 III 76/78 E. 1a Pra 2002 (Nr. 56) 323. Art. 61 Abs. 2 ist somit Ausdruck davon, dass der Staat privatrechtlich und somit im Wettbewerb zu Privaten tätig sein darf 138 I 378/390 E. 6.3.3. – *Beispiele:* Eine gewerbliche Verrichtung liegt vor, wenn eine Gemeinde Privaten eine Motorseilwinde mit Bedienungsmann zur Verfügung stellt 77 II 310; beim Betrieb eines der Öffentlichkeit zugänglichen Schwimmbades 113 II 424/426 E. 1a Pra 1988 (Nr. 109) 402, kantonale Gebäudeversicherung (Kanton Glarus) 138 I 378/389 f. E. 6.3.3, vgl. auch 55 II 194/197 f. E. 2; wenn ein Notar Verträge redigiert, die nicht öffentlich beurkundet werden müssen 126 III 370/373 E. 7b fr.; bei der Tätigkeit des unentgeltlichen Rechtsbeistands 143 III 10 (der unentgeltliche Rechtsbeistand haftet somit der vertretenen Person für einen allfälligen Schaden nach den Regeln des Bundesprivatrechts; das kantonale Recht kann diese Regelung nicht abändern und stattdessen eine ausschliessliche Staatshaftung für den Fall einer Sorgfaltspflichtverletzung durch den unentgeltlichen Rechtsbeistand vorsehen). – Keine Handlung in Ausübung einer gewerblichen Verrichtung ist: die Behandlung von Patienten in öffentlichen Spitälern (siehe oben); die Tätigkeit von Beamten im Rahmen von Bodenverbesserungsmassnahmen 116 Ia 461/463 E. 1; der Betrieb eines landwirtschaftlichen Instituts, obschon das Institut auch privatrechtlich organisiert sein könnte 128 III 76/78 E. 1a Pra 2002 (Nr. 56) 323; die Ausschliessung eines Metzgers von der Benützung des Gemeindeschlachthauses 89 II 268/271 E. a; der Verkauf beschlagnahmter Ware 49 II 295/298 E. 3; der von einer Gemeinde im Interesse des Strassenwesens gegen eine Liegenschaftssteigerung erhobene Einspruch (auch wenn damit finanzielle Vorteile bezweckt werden) 41 II 597/601.

Dritter Abschnitt
Die Entstehung aus ungerechtfertigter Bereicherung

Vorb. Art. 62–67

▪ Anwendung (1) ▪ Rückforderung von Leistungen innerhalb eines Vertragsverhältnisses (2) ▪ Keine Anwendung (5) ▪ Verhältnis zur unerlaubten Handlung (6)

Anwendung. Auf den Ersatzanspruch des *Mieters* für bauliche Aufwendungen (keine Anwendung von ZGB Art. 672, in casu Aufwendungen ohne Abrede über die Kostentragung, jedoch in Erwartung eines längerfristigen Mietverhältnisses) 105 II 92/96 E. a; auf den Entschädigungsanspruch des *Vermieters,* der mit der Rücknahme des Mietgegenstandes in Verzug ist, sich aber der weiteren Benützung des Mietgegenstandes durch den Mieter nicht widersetzt 119 II 437/442 E. cc Pra 1994 (Nr. 226) 745 f.; auf die *Übervorteilung* (offengelassen) 92 II 168/179 f. E. c, siehe aber 123 III 101/108 E. 3b Pra 1997 (Nr. 89) 488; auf die Haftung des *vollmachtlosen Stellvertreters* gegenüber dem Dritten (Art. 39 Abs. 3) 90 II 404/413 f. E. 5, 116 II 689/691 E. b; für die Rückerstattung von Ausgaben des *Miteigentümers,* der nicht im Rahmen der ihm gesetzlich oder vertraglich übertragenen Verwaltungsbefugnisse gehandelt hat 119 II 330/332 E. c Pra 1994 (Nr. 137) 459; auf die Rückerstattung bei gegenseitigen Leistungen bei *Unverbindlichkeit eines Vertrages* wegen Willensmangels 97 II 43/48 fr., 87 II 137/139 f. E. 7 (siehe Art. 23), 114 II 131/141 ff. E. 3; auf den Ersatzanspruch aus *Geschäftsführung ohne Auftrag* 86 II 18/26 f. E. 7 Pra 1960 (Nr. 50) 147 f.; auf den Rückforderungsanspruch des *Käufers,* der im Hinblick auf einen Grundstückkauf, der wegen verweigerter behördlicher Bewilligung nach BGBB Art. 70 nichtig ist, Geldleistungen erbracht hat 4C.396/2002 (10.6.03) E. 2.7; auf den Anspruch des *Auftraggebers* auf Herausgabe von anvertrautem Geld aus Art. 400 4C.165/2000 (23.10.00) E. 5b; auf den Fall, in dem jemand im eigenen Interesse die *Leistung eines anderen verwendet,* die nicht für ihn bestimmt war oder die ihm nicht zu diesem Zweck erbracht worden war 119 II 40/43 E. b Pra 1995 (Nr. 12) 47. 1

Rückforderung von Leistungen innerhalb eines Vertragsverhältnisses. Nach der bundesgerichtlichen Rechtsprechung sind im Rahmen eines Vertragsverhältnisses erfolgte Zahlungen, die sich nachträglich als irrtümlich und daher als grundlos erweisen, nicht stets als vertragliche Leistungen einzustufen. Rückerstattungsansprüche können vielmehr nach der allgemeinen Unterscheidung des Gesetzes wie andere Forderungen aus Vertrag, aus unerlaubter Handlung oder aus ungerechtfertigter Bereicherung entstehen und unterliegen je nach ihrem Entstehungsgrund verschiedenen Verjährungsfristen. Massgebend ist der Entstehungsgrund des Rückforderungsanspruchs. Zunächst ist stets zu prüfen, ob die zurückverlangte Leistung eine vertragliche Grundlage hatte und, falls dies zutrifft, ob sie auch aus Vertrag zurückgefordert werden kann. Wer ohne jeglichen Vorbehalt in (vermeintlicher) Erfüllung des Vertrages mehr leistet als das vertraglich Geschuldete, kann die Differenz grundsätzlich nur auf der Grundlage des Bereicherungsrechts zurückfordern 137 III 243/248 E. 4.4.1, 133 III 356/358 f. E. 3.2.1, 4A_197/2018 (13.12.18) E. 3.2 (betreffend das Verhältnis zwischen Versicherer und Versicherungsnehmer). Anders verhält es sich, wenn die erbrachte Leistung tatsächlich vertraglich geschuldet war, aber eine 2 spätere Abrechnung vorbehalten wurde 126 III 119/123 E. 3e. Aber auch im vertraglichen Abrechnungsverhältnis ist nach erfolgter Saldoziehung die Korrektur einer Fehlbuchung über das Bereicherungsrecht auszugleichen 133 III 356/359 E. 3.2.2. Dies gilt namentlich bei zu viel bezahlten Mietnebenkosten 4C.24/2002 (29.4.02) E. 3.3.2. Das Bereicherungsrecht ist anwendbar: Auf die Rückerstattung der zu Unrecht bezogenen Versicherungsleistungen, der zu viel bezahlten Darlehens- oder Pachtzinsen, des zu viel bezahlten Werklohnes 107 II 220/221 f. E. a, b; auf die Rückforderung von zu viel bezahlten Behandlungskosten 127 III 421/426 f. E. bb; auf die Rückforderung der zu viel geleisteten Versicherungsprämien 135 III 289/293 f. E. 6.2 Pra 2009 (Nr. 120) 827; auf die Rückforderung von Mietzinsen, die auf eine nichtige Erhöhungsmitteilung hin bezahlt wurden 4A_495/2019 (28.2.20) E. 3.4 fr. Demgegenüber ist die aufgrund eines Mangels der Mietsache erhobene Rückerstattungsforderung vertraglicher Natur 113 II 187/188 f. E. 1a fr., 130 III 504/510 f. E. 6–8 Pra 2005 (Nr. 6) 52 ff.; auf die Rückerstattung unrechtmässig bezogener Leistungen im Bereich der (obligatorischen und/oder überobligatorischen) beruflichen Vorsorge, sofern es einer statutarischen oder reglementarischen Regelung fehlt, welche die Rückerstattung von zu Unrecht ausgerichteten Leistungen vorsieht 128 V 236/239 E. 2 fr., 130 V 414/417 ff. E. 2 und 3 Pra 2005 (Nr. 110) 780 f.; auf die Rückforderung von Leistungen, die aufgrund eines suspensiv bedingten Vertrages erbracht wurden, wenn die Bedingung nicht eingetreten ist 129 III 264/268 E. 3.2.2 und 4 Pra 2003 (Nr. 176) 983 ff.; auf den Anspruch auf Rückerstattung eines von einem Gläubiger zu Unrecht bezogenen Betrages an das Konkursamt 123 III 335/336 E. 1 fr.

3 ***Beispielhafte Aufzählung.*** Bei den in Art. 62 f. aufgeführten Arten von ungerechtfertigten Bereicherungen handelt es sich lediglich um Beispiele; diese Bestimmungen enthalten keine abschliessende Aufzählungen 123 III 101/107 E. 3a Pra 1997 (Nr. 89) 487 (Beispiel einer nicht erwähnten Leistungskondiktion: Rückforderung von Leistungen, die in sittenwidriger oder allgemein verwerflicher Weise erworben wurden [condictio ob turpem vel iniustam causam]).

4 Analoge Anwendung im ***öffentlichen Recht*** 138 V 426/430 f. E. 5.1 Pra 2013 (Nr. 42) 317 f. (Rückforderung von Leistungen einer Krankenversicherung, die infolge einer Doppelversicherung zu Unrecht ausgerichtet wurden, von der zuständigen Krankenkasse), 135 II 274/277 E. 3.1 Pra 2010 (Nr. 2) 14 (Rückerstattung zu viel bezahlter Steuern), 124 II 570/578 E. 4b (berufliche Vorsorge), 127 V 252/257 E. 4a, 133 V 205/205. Keine Rückforderung einer Leistung, die aufgrund einer zwar materiellrechtlich falschen, aber rechtskräftigen Verfügung erfolgt ist 124 II 570/578 E. 4b; siehe auch 78 I 86/88 E. 1, 88 I 213/216.

5 **Keine Anwendung.** Auf einen während mehrerer Jahre erfüllten Leasingvertrag, der sich im Hinblick auf Art. 226a ff. als nichtig erweist (Rückerstattung der Leistungen auf der Grundlage eines faktischen Vertragsverhältnisses) 110 II 244/247 ff. E. 2 Pra 1985 (Nr. 7) 23 ff.; auf Aufwendungen des *Mieters,* wenn er einen Zehnjahresvertrag bereits im ersten Jahr bricht 104 II 202/203 f. E. 4; bei rückwirkender Festsetzung des *Pachtzinses* (die zivilrechtliche Rückforderungsklage wurde damals durch aBG über die Kontrolle der landwirtschaftlichen Pachtzinse vom 21. Dezember 1960 Art. 12 ausgeschlossen) 106 Ib 412/414 f. E. b; auf die Ansprüche eines vom Generalunternehmer nicht bezahlten *Bauunternehmers* gegen den Bauherrn (Anwendung von ZGB Art. 672) 99 II 131/134 f. E. 2;

auf den *Wert der Kundschaft* eines vom Mieter betriebenen Geschäftes beim Ablauf der Mietdauer 93 II 453/459 f. E. 4 Pra 1968 (Nr. 111) 404; auf die Rückerstattungspflicht des *unrechtmässigen Besitzers* (ZGB Art. 938/40) 84 II 369/377 ff. E. 4 Pra 1958 (Nr. 137) 441 f. (vgl. zu dieser Rechtsprechung 110 II 244/247 f. E. 2b, c Pra 1985 [Nr. 7] 24); auf den Fall des *gutgläubigen Zwischenbesitzers* (ZGB Art. 934/38) 71 II 90/96 ff. E. 5; im Bereich der Krankenversicherung *(KUVG)* 119 V 298/300 f. E. 4; auf Rückforderungen, die sich aus der Abrechnung vereinbarter Akontozahlungen ergeben 126 III 119/120 ff. E. 2–3, anders noch 107 II 220/220. – Die Rückerstattungsklage kann nur gegen denjenigen erhoben werden, der ohne Rechtsgrund zum Schaden des Entreicherten bereichert worden ist. Sie kann keine Leistung zum Gegenstand haben, die der Bereicherte in guten Treuen, gestützt auf einen gültigen Rechtsgrund, von einem Dritten empfangen hat; auch dann nicht, wenn sich der Dritte die für die Zahlung erforderlichen Mittel auf unerlaubte Weise zum Nachteil des Klägers verschafft hat 106 II 29/31 f. E. 3 Pra 1980 (Nr. 189) 489 f., ferner 4P.8/2002 (19.3.02) E. 2e fr.

Verhältnis zur unerlaubten Handlung. Das Verhalten, sich hartnäckig, ohne weitere 6
Obstruktions- oder Verheimlichungshandlungen, zu weigern, die ungerechtfertigte Bereicherung zurückzuerstatten, erfüllt den Straftatbestand der unrechtmässigen Verwendung von Vermögenswerten nach StGB Art. 141bis nicht. Es besteht in einem solchen Fall somit neben der Bereicherungsklage keine Klage aus unerlaubter Handlung, welche einer längeren Verjährungsfrist unterliegt 141 IV 71/72 ff. E. 3–8 fr.

A. Voraussetzung I. Im Allgemeinen

Art. 62

[1] Wer in ungerechtfertigter Weise aus dem Vermögen eines andern bereichert worden ist, hat die Bereicherung zurückzuerstatten.

[2] Insbesondere tritt diese Verbindlichkeit dann ein, wenn jemand ohne jeden gültigen Grund oder aus einem nicht verwirklichten oder nachträglich weggefallenen Grund eine Zuwendung erhalten hat.

▪ Voraussetzungen (1) ▪ Verhältnis zu Art. 63 Abs. 1 (2) ▪ Prozessuales (3) ▪ Abs. 1 (4) ▪ Abs. 2 (7)

Voraussetzungen. Vorausgesetzt ist eine Bereicherung, also eine Differenz zwischen 1
dem jetzigen Vermögensstand und demjenigen, der ohne das bereichernde Ereignis vorläge. Dies kann eine Zunahme der Aktiven (lucrum emergens) oder eine Abnahme der Passiven oder eine sogenannte Ersparnisbereicherung (damnum cessans) sein 129 III 646/652 E. 4.2, 133 V 205/212 E. 4.7. Die Ansprüche aus ungerechtfertigter Bereicherung setzen nicht in jedem Fall voraus, dass zwischen dem Bereicherungsgläubiger und dem Bereicherungsschuldner eine unmittelbare Vermögensverschiebung stattgefunden hat; auszugleichen ist vielmehr in jedem Fall die Bereicherung, die der Schuldner auf Kosten (im französischen Gesetzestext von Art. 62 Abs. 1: «aux dépens d'autrui») eines andern erlangt hat 129 III 422/425. Das ist der Fall, wenn in das Eigentum eines Dritten ungerechtfertigt eingegriffen und dieses benutzt wird. Aus diesem Eingriff erwächst dem

Eigentümer ein Bereicherungsanspruch im Umfang des objektiven Mietwerts der benutzten Sache 4C.105/2006 (28.6.06) E. 2.3 (in casu hat ein Untermieter nach Beendigung des Mietvertrages die Mietsache weiterverwendet), vgl. auch 129 III 422/424 ff. E. 4, 119 II 437/442 f. E. 3b/cc. Allerdings ist stets ein Konnex zwischen der Bereicherung auf der einen Seite und der Entreicherung auf der anderen Seite in der Weise vorausgesetzt, dass die Bereicherung die Folge der Entreicherung und umgekehrt die Entreicherung die Konsequenz der Bereicherung ist 4C.433/2006 (5.11.07) E. 3.1 fr., 4C.418/2004 (2.3.05) E. 3.1 fr. – Art. 62 Abs. 1 steht als Generalklausel zu Beginn der Vorschriften zum Bereicherungsrecht, ohne – wie etwa BGB § 812 Abs. 1 – zwischen Bereicherung durch Leistung und Bereicherung «in sonstiger Weise» zu unterscheiden. Trotzdem ist allgemein anerkannt, dass auch das schweizerische Recht Leistungs- und Nichtleistungskondiktionen erfasst, die Letzteren wiederum gegliedert in Eingriffs-, Verwendungs- oder Zufallskondiktionen 4C.163/2002 (9.7.03) E. 2.2. Für die Leistungskondiktionen gilt der speziellere Art. 63 Abs. 1, der Art. 62 Abs. 1 vorgeht 123 III 101/107 E. 3a Pra 1997 (Nr. 89) 487.

2 **Verhältnis zu Art. 63 Abs. 1.** Während Art. 62 die Nichtleistungskondiktionen erfasst, bezieht sich der Sondertatbestand des Art. 63 Abs. 1 auf die Leistungskondiktionen. Begriffsbestimmend für Letztere ist, dass die Bereicherung mit dem Willen des Entreicherten eintritt. Demgegenüber erfolgt die Bereicherung in Fällen von Nichtleistungskondiktionen gegen den Willen des Entreicherten und in aller Regel ohne sein Zutun 123 III 101/107 E. 3a Pra 1997 (Nr. 89) 487, 4C.279/2003 (3.5.05) E. 3.2. Mit dem Erfordernis des Irrtumsnachweises bei freiwilliger Zahlung hat der Gesetzgeber für den Bereich der sog. Leistungskondiktion – wo die Bereicherung mit Willen des Benachteiligten eintritt – eine Spezialregelung geschaffen, die von der allgemeinen Regel von Art. 62 abweicht 129 III 646/649 f. E. 3.2. Nicht unter Art. 63 Abs. 1 fallen dagegen Fälle, in denen der Bereicherungsanspruch auf einer Tatsache beruht, die erst nach der Leistungserbringung eintritt. Das gilt etwa für den Bereicherungsanspruch desjenigen, der im Hinblick auf einen noch abzuschliessenden Vertrag bereits Leistungen erbringt, falls dieser Vertrag dann nicht abgeschlossen wird. Dieser Anspruch ist nach Art. 62 zu beurteilen. Dasselbe gilt auch für die Kondiktion von Leistungen, die gestützt auf einen bedingten Vertrag erbracht wurden, falls sich die Bedingung nicht verwirklicht 4A_425/2013 (6.1.14) E. 3.1–3.2 fr.

3 **Prozessuales.** Die Feststellung, in welchem Umfang eine Prozesspartei in ungerechtfertigter Weise bereichert wurde, setzt sich aus Rechts- und Tatfragen zusammen: Im Anwendungsbereich der Art. 62 ff. bestimmt das Bundesrecht, nach welchen Rechtsgrundsätzen die Bereicherung definiert und berechnet wird. Was im konkreten Fall für die Berechnung einer Bereicherung in Anwendung dieser Rechtsgrundsätze berücksichtigt werden muss, ist dagegen eine vom kantonalen Gericht abschliessend zu beurteilende Tatfrage 4C.340/2002 (21.1.03) E. 3.1 fr.

4 ***Abs. 1*** Der Anspruch auf Herausgabe der Bereicherung ergibt sich aus dem *Gesetz* und ist unabhängig von einem allfälligen Vorbehalt 82 II 430/436 E. 7 oder einem Vertragsverhältnis 70 II 117/120. – Anwendung der Bestimmung beim *gemischten* Geschäft (entgeltliche Zuwendung verschmilzt mit einer unentgeltlichen) auf den nicht entgoltenen Teil der Leistung 82 II 430/433 E. 4. – Die Klage aus ungerechtfertigter Bereicherung ist *subsidiärer Natur;* ist eine andere Klage möglich, so liegt nicht noch ein Bereicherungsan-

spruch vor 102 II 329/338 f. E. c (in casu ging die Teilungs- oder Erbschaftsklage vor), 114 II 152/156 E. aa, 126 III 119/121 E. 3b (ein vertraglicher Anspruch schliesst den Bereicherungsanspruch aus, da weder der Gläubiger eine wirtschaftliche Einbusse noch der Schuldner eine Vermögensvermehrung erfahren hat). – Die Tendenz, Ansprüche vermehrt auf vertragliche denn auf bereicherungsrechtliche Grundlage zu stützen, schränkt den Anwendungsbereich des Bereicherungsrechts generell ein 126 III 119/122 E. 3c. – Den Bestimmungen über die ungerechtfertigte Bereicherung gehen spezielle Regelungen vor (in casu Art. 591 [aOR 585 Abs. 1] vor Art. 67) 45 II 533/540 ff. E. 4; zu den vorgehenden gesellschaftsrechtlichen Sonderregelungen siehe auch 116 II 316/317 f. E.b. Abzulehnen ist die Auffassung, das Bereicherungsrecht diene im Sinne eines Notbehelfs dazu, allgemein unbillige rechtliche Ergebnisse zu korrigieren; insbesondere können die Nachteile, die aus der Verjährung von Forderungen entstehen, nicht auf dem Umweg über das Bereicherungsrecht beseitigt werden 117 II 404/409 f. E.d. – Stehen sich *zwei Klagen* aus ungerechtfertigter Bereicherung *gegenüber*, so ist nach der Zweikondiktionentheorie jede Klage für sich zu betrachten, während nach der Saldotheorie die zwei Klagen als Ganzes zu betrachten sind und nur derjenige bereichert ist, dessen Vermögen nach Abzug der Gegenleistung effektiv grösser geworden ist. Wahl unter den Theorien offengelassen; die Saldotheorie kann keine Anwendung finden, wenn eine der beiden Leistungen auf dem Wege der Vindikation zurückgefordert werden kann 110 II 244/247 E. 2a Pra 1985 (Nr. 7) 23.

Abgrenzung der Bestimmung zu StGB Art. 59 (Verfall von Geschenken und anderen Zuwendungen) 104 IV 3/5 f.; zur Anfechtungsklage nach SchKG Art. 285 42 II 265/268 f. fr. 5

Weiteres. Ohne Bindung an eine abstrakte Regel ist jeweils nach der Lage des einzelnen Falles zu ermitteln, wer bei der Erfüllung einer vermeintlichen Schuld *durch Dritte* als Entreicherter anzusehen ist (der Dritte oder der «Schuldner») 70 II 117/122 f. – Passivlegitimiert beim Bereicherungsanspruch aus Zahlung aufgrund einer *ungültigen Bürgschaft* ist der Gläubiger. Fällt dieser Anspruch dahin (in casu durch Verzicht des «Bürgen» gegenüber dem Gläubiger), so kann der «Bürge» den Hauptschuldner belangen 70 II 271/272 ff. – Hat ein Versicherer guten Glaubens an den Versicherungsnehmer oder den bisherigen Begünstigten geleistet, so kann ein anderer, ohne Benachrichtigung des Versicherers bezeichneter Begünstigter aus ungerechtfertigter Bereicherung *gegen den Versicherungsnehmer oder den früheren Begünstigten* klagen, sofern Letzterer von der neuen Begünstigungserklärung Kenntnis hatte, durch welche die ihn begünstigende Klausel ganz oder teilweise widerrufen wurde (Änderung der Rechtsprechung). Es obliegt alsdann dem Begünstigten, der die Versicherungsleistung nicht erhalten hat, nachzuweisen, dass der Empfänger dieser Leistung von der neuen Begünstigungsklausel Kenntnis hatte 110 II 199/206 f. Pra 1984 (Nr. 181) 500 f. – Wer jemandem auf Betrug hin Geld leiht, das der Borger als Gegenleistung für ein Darlehen an einen Dritten weitergibt, hat gegen diesen Dritten keinen Anspruch aus ungerechtfertigter Bereicherung; allenfalls hat er ihm gegenüber einen Anspruch aus unerlaubter Handlung (in casu verneint) 87 II 18/20 ff. E. 1, 2. – Ungerechtfertigt bereichert ist jener Vater, dessen Kind von Verwandten kostenlos aufgezogen wurde 55 II 262/265 fr. – Der vollmachtlose Stellvertreter haftet aus Bereicherungsrecht auch dann, wenn er die Leistung selber nicht empfangen hat, sondern diese durch *Anweisung* einem andern hat zukommen lassen (Anrechnung des sogenann- 6 ten Durchgangsverkehrs) 116 II 689/691 f. E.b. – Im *Anweisungsverhältnis* gilt, dass der Anweisungsempfänger durch die Leistung in Erfüllung eines ungültigen Deckungsverhältnisses bei gültigem Valutaverhältnis nicht bereichert ist. Bereichert ist vielmehr der Anweisende, weil ihn der Angewiesene durch die Leistung an den Anweisungsempfänger von seiner Schuld gegenüber diesem befreit hat. Beim Doppelmangel im Anweisungsverhältnis (ungültiges Deckungs- und Valutaverhältnis) ist der Anweisungsempfänger auf Kosten des Anweisenden, dieser auf Kosten des Angewiesenen bereichert. Die Rückabwicklung ist unter den jeweils an einem der Leistungsverhältnisse Beteiligten vorzunehmen und der Anweisende muss sich einen sogenannten Durchgangsverkehr anrechnen lassen, wie wenn die Leistung zunächst seinem Vermögen zugeflossen wäre. Andernfalls würde der Angewiesene Einwendungen des Leistungsempfängers aus dessen Rechtsbeziehungen zum Anweisenden oder aus Art. 64 ausgesetzt, mithin Risiken aus Rechtsverhältnissen, auf deren Gestaltung er keinen Einfluss hatte 4C.79/2002 (2.7.03) E. 2.2.2, vgl. auch 4A_135/2007 (28.8.07) E. 3.3. Nach der bundesgerichtlichen Rechtsprechung hat der Angewiesene bei Fehlen eines Rechtsgrundes ein gegen den Anweisungsempfänger gerichtetes Rückforderungsrecht 92 II 335/340 E. 6 Pra 1967 (Nr. 79) 253. Die beim Anweisungsverhältnis anwendbare bereicherungsrechtliche Regelung gilt auch im Fall, dass zwischen Darleiher und Darlehensnehmer ein Dritter, der in keinem Vertragsverhältnis zum Darleiher steht, als *Zahlstelle für die Darlehenssumme* vereinbart worden ist. Ein Anspruch aus ungerechtfertigter Bereicherung des Darleihers gegenüber dem Dritten besteht deshalb nicht, wenn sich das Vertragsverhältnis zwischen Darlehensnehmer und Drittem als mangelhaft erweist 117 II 404/406 ff. E. 3.

7 ***Abs. 2 Fehlender Rechtsgrund (sine causa).*** Ungerechtfertigte Bereicherung aufgrund der Vorauszahlung des Preises für einen Grundstückkauf durch einen Ausländer, dem die notwendige Bewilligung verweigert wird 110 II 335/337 E. 1 fr. (in Pra 1985 (Nr. 6) 20 ff. nicht veröffentlichte Erwägung); aufgrund eines formungültigen Kaufvertrages 106 II 36/40 f. E. 4 Pra 1980 (Nr. 226) 593 f.; durch Anweisung aufgrund eines formungültigen Schenkungsversprechens 105 II 104/106 ff. E. 3, 4; durch Verfügung des Beirates über Vermögen des Verheirateten ohne Ermächtigung der Vormundschaftsbehörde 80 II 14/20 f. E. 2; aufgrund eines ungültigen Pachtvertrages 64 II 132/135 f. E. 4 fr.; durch Empfang einer Leistung aus rechtsungültigem Vertrag 45 II 447/450 E. 2 fr.; durch Erfüllung einer Forderung aus einem anerkannten Saldo, der gestützt auf Positionen errechnet wurde, die versehentlich in die Rechnung aufgenommen bzw. aus Versehen nicht verbucht wurden 4C.24/2002 (29.4.02) E. 3.3.2, 4C.250/2006 (3.10.06) E. 2; durch Rückzahlung von Aktienkapital, ohne dass der betreffende Beschluss im Handelsregister eingetragen worden wäre 50 II 168/181 f. E. 4; durch Einzahlung aufgrund rechtsungültiger Aktienzeichnung 41 II 717/719 E. 2; durch Bezahlung der Kosten für die Behebung von Folgen einer durch vertragskonformen Gebrauch eingetretenen Abnutzung der Mietsache (in casu Kosten für das Weisseln der Decken einer gemieteten Wohnung; nichtige Vereinbarung gemäss aBMM Art. 5/aOR Art. 271 Abs. 2) 107 II 255/256 ff. E. 2, 4; durch Zahlung von Mietzinsen aufgrund einer nichtigen Erhöhungsmitteilung (aBMM Art. 18 Abs. 3) 113 II 187/188 f. E. 1a Pra 1988 (Nr. 171) 624. – Wird bei Willensmängeln nach Vertragserfüllung die einseitige Unverbindlichkeit des Vertrages mit Erfolg geltend gemacht, so betrifft der Bereicherungsanspruch eine Nichtschuld und nicht eine Leistung

aus nachträglich weggefallenem Grund (Ungültigkeitstheorie) 114 II 131/141 ff. E. 3. – Entgegen 60 II 27/28 lässt sich nicht sagen, eine bereits erbrachte Leistung erscheine nach dem Rücktritt vom Vertrag als grundlos i.S.v. Art. 62 Abs. 2 114 II 152/158 E.bb.

Nicht verwirklichter Grund (causa non secuta). Nicht zustande gekommene Ehe zwischen der Tochter des Zuwendenden und dem Zuwendungsempfänger 82 II 430/436 E. 7. Nicht zustande gekommener Kaufvertrag 4A_594/2016 (28.3.17) E. 5.1 (zum Voraus bezahltes Mäklerhonorar). Wegen Verweigerung der behördlichen Bewilligung nach BGBB Art. 70 nichtiger Grundstückkaufvertrag 4C.396/2002 (10.6.03) E. 2.7 und 3.3 in initio. Wer praenumerando zu viel Zinsen bezahlt, hat, wenn die Hauptforderung (in casu Darlehen) vorzeitig erlischt, nicht zu beweisen, dass er unfreiwillig oder aus Irrtum über die Schuldpflicht (Art. 63) bezahlt habe 52 II 228/232 f. E. 1–3. Eine Vermögenszuwendung ist auch ohne Irrtum des Leistenden über die Schuldpflicht dann ungerechtfertigt, wenn im Hinblick auf einen in der Folge nicht verwirklichten Grund (z.B. Vertragsabschluss) geleistet wird 115 II 28/30 E. 1 a, 119 II 20/21 f. E. 2a Pra 1993 (Nr. 188) 717 f. Als (nicht verwirklichter) Leistungsgrund kommt auch ein Umstand in Betracht, der kein Rechtsgeschäft darstellt 115 II 28/30 E. 1a, auch 105 II 92/96 E. 3a. Wenn Aufwendungen des Mieters in Erwartung eines längerfristigen Mietverhältnisses gemacht werden, das Mietverhältnis aber vorzeitig untergeht; Beginn der Verjährung des Anspruches nach Art. 67 (keine Anwendung von ZGB Art. 672) 105 II 92/96 E.a. Als (nicht verwirklichter) Leistungsgrund kommt auch ein Umstand in Betracht, der kein Rechtsgeschäft darstellt 115 II 28/30 E.a. Im Prozess hat die nach Art. 62 zurückfordernde Partei sowohl die erbrachte Leistung als auch den nicht verwirklichten Grund für diese Leistung zu beweisen. Sie hat, mit anderen Worten, auch den Beweis des nicht verwirklichten Grundes im Sinne einer negativen Tatsache zu erbringen, wobei die Gegenpartei bei der Sachverhaltsermittlung nach Treu und Glauben (ZGB Art. 2) mitzuwirken hat, namentlich zum Beweis des Gegenteils beitragen muss 4C.117/2006 (18.7.06) E. 3 fr. 8

Nachträglich weggefallener Grund (causa finita). Abschlagszahlungen auf Rechnung eines Vermächtnisses sind bei dessen Herabsetzung auf null zurückzuerstatten 71 II 149/153 E. 6. 9

II. Zahlung einer Nichtschuld

Art. 63

[1] Wer eine Nichtschuld freiwillig bezahlt, kann das Geleistete nur dann zurückfordern, wenn er nachzuweisen vermag, dass er sich über die Schuldpflicht im Irrtum befunden hat.

[2] Ausgeschlossen ist die Rückforderung, wenn die Zahlung für eine verjährte Schuld oder in Erfüllung einer sittlichen Pflicht geleistet wurde.

[3] Vorbehalten bleibt die Rückforderung einer bezahlten Nichtschuld nach Schuldbetreibungs- und Konkursrecht.

▪ Abs. 1 (1) ▪ Abs. 2 Sittliche Pflicht (5)

Abs. 1 Bei ***Leistungskondiktionen,*** die von der allgemeinen Regel von Art. 62 Abs. 1 nicht erfasst werden, ist die Rückforderung in der Regel nur dann zulässig, wenn die Leistung im Irrtum über die Schuldpflicht sowie freiwillig erfolgte. Bei allen unfreiwilligen 1

Leistungen dagegen entfällt der Irrtumsnachweis; Gleiches gilt für den besonderen, im Gesetz nicht ausdrücklich erwähnten Kondiktionstyp der Rückforderung von Leistungen, die in sittenwidriger oder allgemein verwerflicher Weise erworben wurden. In diesen Fällen ist lediglich zu prüfen, ob die Leistung unfreiwillig erfolgte 123 III 101/107 E. 3a Pra 1997 (Nr. 89) 487, vgl. auch 124 II 570/579 E. 4d. Als *unfreiwillige Leistung* gilt: die Zahlung unter Betreibungszwang (siehe Art. 63 Abs. 3); die Leistung des Bewucherten (Art. 21) und jene des widerrechtlich Bedrohten (Art. 28), die sich durch ihre Notlage bzw. Furcht zur Zahlung veranlasst sehen; die Leistung, die als einzig möglicher und zumutbarer Ausweg erscheint, um Nachteile (auch finanzieller Art, siehe E. 3c) abzuwenden, die dem Leistenden nicht zumutbar sind 123 III 101/108 E. 3b Pra 1997 (Nr. 89) 488; ebenso liegt keine freiwillige Bezahlung einer Nichtschuld vor, wenn eine Leistung versehentlich und ungewollt erbracht wurde 124 II 570/579 E. 4d, 4C.398/2004 (20.12.04) E. 3.1 fr. – Wird ein Geldbetrag versehentlich von einem Angestellten als periodische statt einmalige Leistung in den Computer eingegeben, hat der Schuldner ohne Willen bezahlt; eine freiwillige Zahlung einer Nichtschuld i.S. der Bestimmung liegt nicht vor (Anwendbarkeit von Art. 62) Pra 1991 (Nr. 16) 85 E. a (in der Amtlichen Sammlung nicht veröffentlicht). – Kein Rückforderungsrecht des Pächters, der bewusst einen preiskontrollrechtlich unzulässigen Mehrpreis bezahlt hat 93 II 97/106 f. E. c Pra 1967 (Nr. 128) 425 f.; des Mieters, der einen preiskontrollrechtlich unzulässigen Mietzins bezahlt hat 85 IV 101/105 f. E. 2a. – Leistet eine Partei in Kenntnis der Ungültigkeit eines Vertrages, so ist ihr die Berufung auf die Bestimmung grundsätzlich verwehrt 115 II 28/29 E. 1a (Berufung auf Art. 62 Abs. 2, condictio causa data non secuta).

2 ***Öffentliches Recht.*** 78 I 86/88 E. 1 (unter Vorbehalt abweichender Bestimmungen wie z.B. Art. 125 Abs. 2 des Zollgesetzes [ZG, SR 631.0], welcher keinen Irrtum seitens des Rückforderungsberechtigten verlangt 109 Ib 190/191 E. 1b). – Offengelassen, ob ein Begehren um Rückerstattung von unrechtmässig von einer Vorsorgeeinrichtung (BVG) bezogenen «IV-Vorschüssen» auf Art. 63 Abs. 1 oder auf AHVG Art. 47 Abs. 1 zu stützen ist 115 V 115/117 ff. E. 3 fr., vgl. auch 119 V 298/300 f. E. 4b/bb. – Verhältnis zu SchKG Art. 86 115 III 36 Pra 1989 (Nr. 173) 588 ff.

3 ***Prozess.*** Mit der Rückforderungsklage muss bewiesen werden, dass eine Zahlung vorgenommen wurde in der Absicht, eine Verbindlichkeit zu tilgen, dass diese Verbindlichkeit nicht bestand und dass ihr Bestehen irrtümlicherweise angenommen wurde 64 II 121/125 E. 1, 4C.212/2002 (19.11.02) E. 4.3. Der Kläger hat die Nichtschuld zu beweisen, nicht der Gläubiger die Schuld. Nach Treu und Glauben hat der Beklagte jedoch am Beweisverfahren mitzuwirken, indem er insbesondere den Beweis für das Gegenteil anbietet 119 II 305/305 f. E. 1 Pra 1994 (Nr. 225) 739. Die Bestimmung trägt einerseits als Beweisregel der natürlichen Vermutung Rechnung, wonach allein schon die Tatsache des Erhalts einer Leistung mit dem Willen des Leistenden dafür spricht, dass ein hinreichender Grund für die Leistung bestand, und beruht anderseits auf dem Gedanken, dass eine Rückforderung dessen, was der Leistende in Erfüllung einer Schuld, deren Nichtbestehen ihm bekannt war, geleistet hat, einem widersprüchlichen Verhalten gleichkäme Pra 1991 (Nr. 16) 84 f. E. 2a (in der Amtlichen Sammlung nicht veröffentlicht). – Die Bestimmung kommt nicht zur Anwendung bei praenumerando bezahlten Zinsen, wenn die Hauptschuld vorzeitig erlischt (nicht verwirklichter Grund im Sinne von Art. 62 Abs. 2) 52 II 228/232 E. 1, 2. – Die Frage, ob sich die zurückfordernde Partei im Zeitpunkt der Leistung tatsächlich

über ihre eigene Leistungspflicht im Irrtum befunden hat, ist eine Sachfrage, die von den kantonalen Gerichten zu entscheiden ist 4C.161/2006 (2.8.06) E. 3.2 fr.

Irrtum. An den Irrtum im Sinne des Art. 63 Abs. 1 sollen keine zu hohen Anforderungen gestellt werden. Von einem Irrtum ist dann auszugehen, wenn nach Massgabe der Umstände des Einzelfalles ausgeschlossen ist, dass der Zahlende in Schenkungsabsicht gehandelt hat. Im Geschäftsverkehr ist davon auszugehen, dass grundsätzlich nie Schenkungsabsicht besteht 4C.89/2004 (9.3.05) E. 5.1 Pra 2005 (Nr. 118) 827 f., 4D_13/2015 (3.6.15) E. 4.1 fr. – Bei Vorliegen der übrigen Voraussetzungen des Art. 63 Abs. 1 ist für den Beweis des Irrtums kein strenger Massstab anzulegen 64 II 121/126 E. 4, 4A_451/2017 (22.2.18) E. 5.3. – Der Irrtum, aus dem eine Nichtschuld bezahlt wird, braucht nicht entschuldbar zu sein; vielmehr berechtigt jede Art, Rechtsirrtum oder Tatirrtum, entschuldbarer oder unentschuldbarer Irrtum, zur Rückforderung 129 III 646/649 f. E. 3.2, 4A_451/2017 (22.2.18) E. 5.3, 4C.250/2006 (3.10.06) E. 2.3. Die Ermittlung dessen, was eine Person im Zeitpunkt der Leistung wusste oder wollte, gehört zu den Tatfragen 4D_13/2015 (3.6.15) E. 4.1 fr. – Als Irrtum im Sinne der Bestimmung gilt auch der Rechtsirrtum 40 II 249/253 f. E. 4 (Bezahlung einer den verbürgten Höchstbetrag übersteigenden Summe durch den Bürgen wegen Unkenntnis einer Novationswirkung), 98 Ia 194/193 E. b fr., 64 II 121/127 E. a (Irrtum darüber, dass ein Vertrag nach Art. 20 nichtig sei 41 II 474/485 f. E. 2), 107 II 255/258 E. 4 (in casu Erfüllung einer [gemäss aBMM Art. 5/aOR Art. 271 Abs. 2] nichtig vereinbarten Pflicht zur Bezahlung einer Instandstellungsentschädigung). – Abzug von «Rückforderungsschaden» bei unentschuldbarem Irrtum (in casu abgelehnt) 64 II 121/131 f. – Das Rückforderungsrecht nach Art. 62 ff. kann wegen Rechtsmissbrauchs dann verweigert werden, wenn die berechtigte Partei den ihr bekannten Formmangel eines Vertrages nicht gerügt hat, in der Absicht, sich zu einem späteren Zeitpunkt aus diesem Umstand Vorteile zu verschaffen (113 II 187/189 E. 1a Pra 1988 [Nr. 171] 624 f., vgl. auch 138 III 401/404 f. E. 2.3.2). Rechtsmissbräuchlich ist auch die Geltendmachung des Bereicherungsanspruchs eines Mieters, wenn dieser ausdrücklich und mit Wissen und Willen auf die Einhaltung der Formularpflicht für eine Änderung des Mietvertrags (Mietzinserhöhung) verzichtet hat und aus freien Stücken die Erfüllung des an sich formungültigen Vertrages vorgenommen hat 123 III 70/74 f. E. 3c–d, 4C.134/2001 (18.10.01) E. 3b fr. Dagegen bedeutet der Umstand, dass ein Mieter während längerer Zeit anstandslos den Mietzins bezahlt hat, für sich allein noch nicht, dass eine spätere Berufung auf einen Formmangel des Mietvertrages und die Geltendmachung von Bereicherungsansprüchen rechtsmissbräuchlich sind 138 III 401/405 E. 2.3.3, 4A_517/2014 (2.2.15) E. 4.1.3 und 4.2 fr. m.w.H. – Hat bei einem ungültigen synallagmatischen Vertrag eine Partei im Bewusstsein der fehlenden Durchsetzbarkeit, aber in der nicht verwirklichten Erwartung geleistet, auch die Gegenleistung werde freiwillig erbracht, so darf die Rückforderung nicht von der irrtümlichen Leistung abhängig gemacht werden (Ausbleiben des vorausgesetzten Leistungsgrundes genügt) 115 II 28/29 f. E. 1a. 4

Abs. 2 **Sittliche Pflicht.** Art. 63 Abs. 2 steht einer Rückforderung entgegen, wenn jemand eine sittliche Pflicht erfüllte, die er irrtümlich für rechtlich verbindlich erachtete 4A_47/2009 (13.6.11) E. 2.3.2. Rückforderung bei Leistung in Erfüllung einer vermeintlichen sittlichen Pflicht (in casu Bettelbetrug) 70 IV 193/196 f. E. 1 Pra 1945 (Nr. 27) 68. – Eine sittliche Pflicht begründet keinen Erfüllungsanspruch 45 II 291/298. 5

B. Umfang der Rückerstattung I. Pflicht des Bereicherten

Art. 64

Die Rückerstattung kann insoweit nicht gefordert werden, als der Empfänger nachweisbar zur Zeit der Rückforderung nicht mehr bereichert ist, es sei denn, dass er sich der Bereicherung entäusserte und hiebei nicht in gutem Glauben war oder doch mit der Rückerstattung rechnen musste.

▪ Allgemeines (1) ▪ Bereicherung (2) ▪ Rückerstattungspflicht (3) ▪ Kasuistik (4)

1 **Allgemeines.** Anwendbarkeit der Bestimmung auf die Herabsetzungsklage gemäss *ZGB Art. 528* 110 II 228/234 E.d. – Der Umstand, dass das Reglement einer Vorsorgeeinrichtung (BVG) keine Milderung der Rückerstattungspflicht unrechtmässig bezogener *Vorsorgeleistungen* vorsieht, stellt keine Lücke dar, welche der Richter in Anlehnung an die Bestimmung zu füllen hätte 115 V 115/119 f. E.d.

2 **Bereicherung.** Die Bereicherung kann auch in der vertragsmässigen Anerkennung des Bestehens oder Nichtbestehens eines Schuldverhältnisses liegen 41 II 446/459 E. 3; ebenso in einer Forderung oder in der Befreiung von einer Schuld 87 II 137/142. – Bemessung der Bereicherung (Umstände des konkreten Falles/Billigkeit) 73 II 108/108 f. – Massgebend ist der Vermögensstand des Bereicherten im Zeitpunkt der Rückforderung 87 II 137/142. Macht der Mieter im Einverständnis mit dem Vermieter wertvermehrende Aufwendungen in Erwartung eines längerfristigen Mietvertrages, ohne jedoch über die Kostentragung eine Vereinbarung zu treffen, und wird der Mietvertrag vorzeitig aufgelöst, so beurteilt sich der Umfang des Rückerstattungsanspruches nach dem Zeitpunkt der Vertragsauflösung 105 II 92/99 E.c. Objektiver Mietwert als Bereicherung, wenn der Mietgegenstand nach Kündigung des Mietverhältnisses weiterbenutzt wird 119 II 437/442 E. cc Pra 1994 (Nr. 226) 746. Ob im Ausland investierte Gelder realisiert und in die Schweiz transferiert werden können, ist nicht eine Frage des Nochvorhandenseins der Bereicherung, sondern lediglich der faktischen Möglichkeit, die Bereicherung zurückzuerstatten. Wurden die Gelder für den Kauf eines Hauses verwendet, könnte sich ein teilweiser Verlust der Bereicherung aus diesem Liegenschaftsverkauf allenfalls dann ergeben, wenn das Haus weniger als der darin investierte Betrag wert wäre Pra 1991 (Nr. 16) 85 f. E. b (in der Amtlichen Sammlung nicht veröffentlicht). – Zum Umfang der Bereicherung gehören auch die Zinsen 84 II 179/186 E. 4, 116 II 689/692 E. bb, vgl. auch 118 II 363/364, 120 II 266/266 E. 5, 130 V 414/420 E. 5.2 Pra 2005 (Nr. 110) 784.

3 **Rückerstattungspflicht.** Voraussetzungen der Rückerstattung trotz Entäusserung 44 II 132/141, 45 II 446/452 fr. – Umfang der Rückerstattungspflicht bei nichtigem Kaufvertrag über ein Grundstück 106 II 36/41 E. 4 Pra 1980 (Nr. 226) 593 f., bei Ausrichtung zu hoher Taggelder 4A_600/2014 (12.3.15) E. 4.2.2. – Voraussehbarkeit der Rückerstattungspflicht bejaht, wenn der Bereicherte aufgrund der Umstände annehmen musste, die Ware sei ihm infolge eines Irrtums zugeleitet worden 93 II 373/377 ff. E. 2. – Wenn der Bereicherte vom Vater seiner Verlobten im Hinblick auf eine (dann nicht zustande gekommene) Heirat eine unentgeltliche Zuwendung erhalten hat 82 II 430/436 f. E. 8. – War der Bereicherte bei der Entgegennahme der grundlosen Leistung gutgläubig, so darf die Rück-

erstattungspflicht grundsätzlich nicht zu einer Schädigung des Bereicherten führen 73 II 108/109, 82 II 430/439 E.b. Zum Erfordernis des guten Glaubens 4A_600/2014 (12.3.15) E. 4.2.2. Der *Rückforderungsschaden* besteht in einer Vermögensminderung, die dem Bereicherten dadurch erwächst, dass er im Vertrauen auf die Endgültigkeit des Erwerbs eine andere sein Vermögen beeinträchtigende Verfügung trifft oder eine Massnahme zur Wahrung seines Vermögens unterlässt; nicht erforderlich ist, dass den Bereicherungskläger am Rückforderungsschaden des Bereicherten ein Verschulden trifft 73 II 108/109 f. Voraussetzungen der Anrechnung eines sogenannten Rückforderungsschadens unter der Herrschaft von aBMM Art. 5, aOR Art. 271 107 II 255/259 E. 5. – Es ist Sache des Bereicherten, Umstände zu behaupten und zu beweisen, die seine Rückerstattungspflicht ausschliessen oder mindern 92 II 168/179 E.c. – Unzulässigkeit der Entreicherungseinrede 116 II 689/692 E.b. – Bei der Anweisung ist der Angewiesene Einwendungen des Leistungsempfängers aus dessen Rechtsbeziehungen zum Anweisenden oder aus Art. 64 (mithin Risiken aus Rechtsverhältnissen, auf deren Gestaltung er keinen Einfluss hatte) nicht ausgesetzt 117 II 404/408.

Kasuistik. Der gute Glaube nach Art. 64 fehlt, wenn der Empfänger von Anfang an mit 4
der Rückerstattung rechnen muss, weil er etwa als vollmachtloser Stellvertreter in Kenntnis der fehlenden Vollmacht eine ungerechtfertigte Zuwendung veranlasst hat 116 II 689/692 E. bb; weil er in Kenntnis der Konkurseröffnung über eine Lieferantin um seinen fehlenden Anspruch auf Eigentumsübertragung wissen muss 93 II 373/378 f.; weil die Zuwendung im Blick auf eine Heirat erfolgte und diese nicht stattfand 82 II 430/436 f. E. 8; weil er im Zeitpunkt der Entäusserung weiss oder nach den Umständen bei gebotener Aufmerksamkeit wissen muss (ZGB Art. 3 Abs. 2), dass er den erlangten Vermögensvorteil (in casu in Form eines Bankchecks) nicht behalten oder darüber verfügen darf 4C.162/2003 (8.9.03) E. 2; wenn eine Empfängerin eines Taggeldes für eine volle Arbeitsunfähigkeit nach einem Jahr wieder teilzeitlich arbeitet, aber weiterhin Taggeld im bisherigen Umfang bezieht 4A_600/2014 (12.3.15) E. 4.2.2.

II. Ansprüche aus Verwendungen

Art. 65

[1] Der Empfänger hat Anspruch auf Ersatz der notwendigen und nützlichen Verwendungen, für letztere jedoch, wenn er beim Empfange nicht in gutem Glauben war, nur bis zum Betrage des zur Zeit der Rückerstattung noch vorhandenen Mehrwertes.

[2] Für andere Verwendungen kann er keinen Ersatz verlangen, darf aber, wenn ihm ein solcher nicht angeboten wird, vor der Rückgabe der Sache, was er verwendet hat, wieder wegnehmen, soweit dies ohne Beschädigung der Sache selbst geschehen kann.

Abs. 2 Einschränkende Auslegung 73 II 108/110. 1

C. Ausschluss der Rückforderungen

Art. 66

Was in der Absicht, einen rechtswidrigen oder unsittlichen Erfolg herbeizuführen, gegeben worden ist, kann nicht zurückgefordert werden.

▪ Allgemeines (1) ▪ Voraussetzungen (3) ▪ Anwendung (4) ▪ Keine Anwendung (5)

1 **Allgemeines.** Die Bestimmung enthält eine Regel, die grundsätzlich allgemeine Beachtung erheischt (in casu rechtsmissbräuchliche Berufung auf einen Formmangel) 104 II 99/108. Sie will den Geber für seine rechtswidrige oder unsittliche Absicht massregeln und den Staat der Pflicht entheben, ihm zum Rückgängigmachen der unsauberen Vermögensverschiebung beizustehen 111 II 295/298 E.b. Die Regelung, die je nach den Umständen zu moralisch unbefriedigenden Ergebnissen führen kann und daher als fragwürdig empfunden wird, schliesst nur den Anspruch aus ungerechtfertigter Bereicherung aus, lässt aber den konkurrierenden Anspruch aus unerlaubter Handlung gemäss Art. 41 unberührt (und vermag auch vertraglich begründete Ansprüche nicht zu derogieren 124 III 253/258 E. 3d) 102 II 401/411 f. E. c, 117 IV 139/149 E.dd. Art. 66 gründet auf der Parömie «in pari turpitudine melior est causa possidentis» oder «in pari turpitudine cessat repetitio» und ist einer Ausnahme nur dort zugänglich, wo die Parität der Turpitudo, d.h. des verwerflichen Verhaltens, zulasten des Bereicherten verlagert ist, weil dieser die Hauptverantwortung für das nichtige Geschäft trug oder ein besonderes Eigeninteresse daran hatte. Erforderlich ist ein schwergewichtig verwerfliches Verhalten des Bereicherten bei der Begründung oder Abwicklung des rechts- oder sittenwidrigen Geschäfts, sodass ihm quasi eine zusätzliche «turpitudo» vorzuwerfen ist 117 IV 139/149 f. E. dd, 4C.163/2002 (9.7.03) E. 2.1. Die Anwendung der Bestimmung ist nicht gerechtfertigt, wenn die «turpitudo» der Vertragsparteien nicht im Wesentlichen gleich schwer wiegt, sondern der Empfänger der Vorleistung über die Mitwirkung am inhaltlich rechtswidrigen Geschäft hinaus eine arglistige Täuschung begangen hat 117 IV 139/149 E.dd.

2 ***Einschränkende Auslegung.*** Art. 66 ist entsprechend seinem Wortlaut auf die Fälle des eigentlichen Gaunerlohnes zu beschränken. Eine Rückforderung nach Art. 66 ist demnach nur ausgeschlossen, wenn die Leistungen zur Anstiftung oder Belohnung eines rechts- oder sittenwidrigen Verhaltens erfolgten. Sofern der Zweck der verletzten Norm nicht eindeutig den Ausschluss der Rückerstattung bereits erbrachter Leistungen erfordert, sind diese daher im Falle der Vertragsnichtigkeit zurückzuerstatten 134 III 438/445 E. 3.2 (bestätigt in 4A_293/2008 [2.10.08] E. 3.3, anders noch 4C.163/2002 [9.7.03] E. 2.1, 102 II 401/409 f. E. a). – Auf die Einrede aus Art. 66 kann rechtsgültig verzichtet werden (in casu durch ein nachträgliches, unter besonderen Umständen abgegebenes Zahlungsversprechen) 75 II 293/297.

3 **Voraussetzungen.** Nicht erforderlich ist, dass auch der Empfänger den rechts- oder sittenwidrigen Erfolg herbeizuführen beabsichtigte und dass das rechtswidrige oder unsittliche Ziel tatsächlich erreicht wurde 95 II 37/41. – Offengelassen, ob das Bewusstsein des Rückforderers, rechts- oder sittenwidrig zu handeln, erforderlich ist (jedenfalls vermag sich eine Partei für die Nichtanwendbarkeit der Bestimmung nicht auf ihre eigene tiefste-

hende Betrachtungsweise zu berufen, die sie nicht zur Einsicht befähigt habe, dass das betreffende Geschäft sittenwidrig sei) 66 II 256/260 E. 3.

Anwendung. Auch im aEGG (BG über die Erhaltung des bäuerlichen Grundbesitzes vom 12. Juni 1951) 82 II 72/75 f.; auf die von einem Schuldübernehmer für die Übernahme und Tilgung einer nichtigen Verbindlichkeit (in casu Schmiergeldversprechen an einen Vormund) erbrachte Gegenleistung 95 II 37/40 f. E. 3. – Von Fall zu Fall ist zu prüfen, ob der Rückfordernde überhaupt auf die Bestimmungen der ungerechtfertigten Bereicherung angewiesen ist oder seine Forderung aus einem gültig gebliebenen Vertrag oder aus einer unerlaubten Handlung (oder aus beiden Rechtsgründen zugleich) herzuleiten vermag; trifft dies zu, so kann er aus diesen Rechtsgründen klagen und die Frage, ob die Berufung der Gegenpartei auf Art. 66 rechtsmissbräuchlich sei, stellt sich gar nicht (in casu konnte sich ein Beauftragter nicht auf Art. 66 berufen, um sich vor Schadenersatzansprüchen des Auftraggebers wegen weisungswidrig ausbezahlter Schmiergeldern zu schützen) 99 Ia 417/418 ff. E. 1, 2; vgl. auch 117 IV 139/149 E.dd. – Dem Käufer, der in Erfüllung eines Vertrages über die Lieferung von Betäubungsmitteln den Kaufpreis vorgeleistet hat, steht kein Anspruch aus ungerechtfertigter Bereicherung auf Rückleistung der von ihm geleisteten Kaufpreiszahlung zu. Dass auch der Verkäufer mit seiner Willensäusserung, Betäubungsmittel zu liefern, die Herbeiführung eines rechtswidrigen Erfolges beabsichtigte, ändert daran nichts, denn es gilt insoweit das Sprichwort: «In pari turpitudine melior est causa possidentis» 117 IV 139/148 E.bb. – Die Bestimmung ist auch dann anwendbar, wenn der erstrebte rechts- oder sittenwidrige Erfolg tatsächlich eingetreten ist und daraufhin die für diesen Fall versprochene Leistung erbracht wurde 66 II 256/258 ff. E. 2. 4

Keine Anwendung. Auf eine durch Drohung erwirkte, zur Herbeiführung eines sittenwidrigen Erfolges bestimmte Leistung (ZGB Art. 2) 76 II 346/369 ff. E. 5; auf dem Gebiet des BRB vom 19. Januar 1940 über Massnahmen gegen die Bodenspekulation (aBMB Art. 42 Abs. 2) 84 II 179/183 ff. E. 3; auf eine aufgrund eines nach Art. 20 nichtigen, aber irrtümlich als verbindlich angenommenen Vertrages geleistete Zahlung 41 II 474/486 f. – Auf dem Gebiet der *Anweisung:* Die angewiesene Bank ist nicht berechtigt, gegen den Ersatzanspruch des Anweisenden aus Schlechterfüllung des Girovertrages die Einrede der Sittenwidrigkeit im Valutaverhältnis zu erheben (Relativität von Forderungsrechten und exceptio de iure tertii); der Anwendungsbereich von Art. 66 ist auf das zufolge Rechts- oder Sittenwidrigkeit ungültige Kausalverhältnis zwischen Anweisendem und Anweisungsempfänger beschränkt 124 III 253/258 E. 3d (in casu Sittenwidrigkeit des Valutaverhältnisses nicht geprüft). – Auf dem Gebiet des *Bewilligungsgesetzes:* Art. 20 Abs. 3 des BB vom 23. März 1961 über den Erwerb von Grundstücken durch Personen im Ausland (vgl. seit 1. Januar 1985 Art. 26 Abs. 4 des BG über den Erwerb von Grundstücken durch Personen im Ausland [BewG, SR 211.412.41]) schloss die Anwendung von Art. 66 nur bei der Rückabwicklung einzelner gemäss aBewG nichtiger Rechtsgeschäfte aus. Die Nichtanwendung von Art. 66 bei der Rückabwicklung eines gemäss aBewG nichtigen Rechtsgeschäftes bedeutete keineswegs, dass bei Aufhebung einer juristischen Person, die infolge Umgehung zwingender Bestimmungen des aBewG einen widerrechtlichen Zweck verfolgte, ZGB Art. 57 Abs. 3 (Verfall des Vermögens an das Gemeinwesen) nicht ange- 5 wendet werden konnte (vgl. nun BewG Art. 27 Abs. 1 lit. b) 112 II 1/10 ff. E. 7, vgl. auch 113 II 450 ff. JdT 136 I 162 ff.

D. Verjährung

Art. 67

1 Der Bereicherungsanspruch verjährt mit Ablauf von drei Jahren, nachdem der Verletzte von seinem Anspruch Kenntnis erhalten hat, in jedem Fall aber mit Ablauf von zehn Jahren seit der Entstehung des Anspruchs.

2 Besteht die Bereicherung in einer Forderung an den Verletzten, so kann dieser die Erfüllung auch dann verweigern, wenn der Bereicherungsanspruch verjährt ist.

altArt. 67

Diese Bestimmung wurde per 1. Januar 2020 abgeändert (AS 2018 5343).

1 Der Bereicherungsanspruch verjährt mit Ablauf eines Jahres, nachdem der Verletzte von seinem Anspruch Kenntnis erhalten hat, in jedem Fall aber mit Ablauf von zehn Jahren seit der Entstehung des Anspruchs.

2 Besteht die Bereicherung in einer Forderung an den Verletzten, so kann dieser die Erfüllung auch dann verweigern, wenn der Bereicherungsanspruch verjährt ist.

▪ Anwendung (1) ▪ Keine Anwendung (2) ▪ Weiteres (3) ▪ Abs. 1 Fristbeginn (4)

1 **Anwendung.** Auch auf den Rückerstattungsanspruch von periodischen Leistungen (in casu Mietzinse) 4C.134/2001 (18.10.01) E. 4b fr.; bei Nichtigkeit bzw. Unverbindlichkeit eines Vertrages wegen Grundlagenirrtums 106 II 32/34 E. 3, 114 II 131/141 E. 3; auf den Bereicherungsanspruch des Mieters gegen den Vermieter aus einer wegen Fehlens der Mitteilung des Anfangsmietzinses unter Verwendung des amtlichen Formulars (Art. 269d) nichtigen Vereinbarung über die Höhe des Mietzinses 146 III 82/84 E. 4.1.1, 140 III 583/587 ff. E. 3.2 und 3.3 Pra 2015 (Nr. 102) 833 ff.); auf den Rückforderungsanspruch der Privatversicherung wegen zu viel gezahlter Taggelder 4A_197/2018 (13.12.18) E. 3.2; auf den Rückforderungsanspruch aus Art. 119 Abs. 2 63 II 252/258 f. E. 3, vgl. auch 114 II 152/159 E. d; im VVG auf den Rückforderungsanspruch des Versicherers gegen den Versicherten bezüglich Leistungen aufgrund falscher Angaben 42 II 674/680 f. E.a. – Die von der zivilrechtlichen Praxis zur Bestimmung entwickelten Grundsätze betreffend die Kenntnis des Schadens sind auf AHVV Art. 82 anwendbar 113 V 180/183 E.b. – Analoge Anwendung hinsichtlich der Ansprüche auf Rückerstattung von Wohnbauförderungsbeiträgen gemäss Art. 8a des Bundesbeschlusses vom 8. Oktober 1947 über Massnahmen zur Förderung der Wohnbautätigkeit 108 Ib 150 ff. – Analoge Anwendung auf die Einziehung von durch strafbare Handlungen erlangten Vermögenswerten? 117 IV 233/244 E.d.

2 **Keine Anwendung.** Auf den Rückerstattungsanspruch aus Art. 109 Abs. 1 114 II 152/153 ff. E. 3; auf die Wechselbereicherungsklage nach Art. 813 Abs. 2 (heute Art. 1052) 53 II 111/119 f. E. b, 67 II 176 fr.; auf die Rückforderung ungerechtfertigter Akontozah-

lungen 126 III 119/120 ff. E. 2–3 (vertragsrechtliche Verjährungsfrist), anders noch 107 II 220/220 f.

Weiteres. Der Richter darf die Verjährung nicht von Amtes wegen berücksichtigen (Art. 142) 55 II 262/265 f. fr. 3

4 *Abs. 1* **Fristbeginn.** ***Relative Frist.*** Fristauslösende Kenntnisnahme liegt vor, wenn der Gläubiger einen solchen Grad von Gewissheit über den Bereicherungsanspruch hat, dass nach Treu und Glauben gesagt werden kann, er habe nunmehr keinen Anlass oder keine Möglichkeit mehr zu weiterer Abklärung und genügend Unterlagen zur Klageerhebung, sodass ihm eine solche vernünftigerweise zugemutet werden dürfe. Gewissheit über den Bereicherungsanspruch setzt Kenntnis über das ungefähre Ausmass der Vermögenseinbusse, die Grundlosigkeit der Vermögensverschiebung und die Person des Bereicherten voraus 129 III 503/505 f. E. 3.4. Im Falle eines Mieters, der das nach Art. 270 Abs. 2 vorgeschriebene amtliche Formular nicht erhalten hat und dessen Unkenntnis vermutet wird, liegt die tatsächliche Kenntnis erst dann vor, wenn der Mieter weiss, dass das Fehlen dieses Formulars dazu führt, dass der Mietzins nichtig ist, und nicht schon dann, wenn er es hätte wissen können oder müssen 146 III 82/85 f. E. 4.1.3. Die richterliche Feststellung, was eine Person zu einem bestimmten Zeitpunkt wusste oder nicht, gehört zu den Tatfragen. Eine Rechtsfrage ist dagegen, ob das festgestellte Wissen eine fristauslösende Kenntnisnahme i.S.v. Art. 67 Abs. 1 darstellt 4A_586/2018 (5.9.19) E. 2.5.1 fr., 4A_517/2014 (2.2.15) E. 4.1.2 fr. Resultiert der Bereicherungsanspruch nach Ansicht des Gläubigers aus erhöhten Rechnungen und können die erforderlichen Informationen zum Erkennen der nach Auffassung des Entreicherten überhöhten Rechnungen diesen selbst entnommen werden, hat die relative [damals: einjährige] Verjährungsfrist zum Rückfordern der beglichenen Rechnungen mit deren Zahlung begonnen 127 III 421/427 E. 4b. Im Gegensatz zu der in Art. 26 für den Irrtum vorgesehenen Regelung kommt es nicht darauf an, wann der Anspruch bei der nach den Umständen zu erwartenden Aufmerksamkeit hätte erkannt werden können, sondern es wird auf die tatsächlichen Kenntnisse vom Anspruch abgestellt (illustrativ 4C.250/2006 [3.10.06] E. 2.4 und 2.5). Allerdings wird verlangt, dass der Gläubiger, der die wesentlichen Elemente seines Anspruchs kennt, sich nach den Einzelheiten und genauen Angaben erkundigt, deren er für die Prozessführung bedarf 109 II 433/434 ff. E. 2 Pra 1984 (Nr. 78) 194 f., 129 III 503/506. Ist der Abschluss eines Vertrages unter eine Suspensivbedingung gestellt worden und leistet eine Partei Akontozahlungen auch über den Tag, an welchem die Bedingung hätte eintreten müssen (in casu Ausübung eines Kaufrechts durch diese Partei), in der Hoffnung, dass es doch noch zum Vertragsabschluss kommt, ist dieser Umstand für den Beginn der relativen Verjährungsfrist zu berücksichtigen 4C.394/2002 (28.3.03) E. 4.2 Pra 2003 (Nr. 176) 986. – Beginn der Verjährung bei sukzessiven Leistungen: Wenn ein schädigender Zustand in Handlungen oder Unterlassungen besteht, die sich über einen gewissen Zeitraum erstrecken, so beginnt die Verjährungsfrist mit dem Wegfall des schädigenden Zustandes zu laufen. Beruht jedoch der Sachverhalt auf verschiedenen, deutlich voneinander getrennten Handlungen, so beginnt die Verjährungsfrist je gesondert mit den einzelnen Handlungen zu laufen 86 II 18/26 f. E. 7 Pra 1960 (Nr. 50) 148. – Die Verjährungsfrist für den Anspruch des Mieters für bauliche Aufwendungen beginnt mit der Auflösung des Mietvertrages zu laufen 105 II 92/95 ff. E. 3. – Handelt es sich um eine Leistung, die im

Voraus in Erfüllung eines Vertrages erbracht wurde, der von einer von den Parteien erhofften Bewilligung abhängig ist, so kennt derjenige, welcher die Leistung erbracht hat, sein Rückforderungsrecht, wenn er weiss, dass die Bewilligung nicht erhältlich ist oder dass die Parteien nicht mehr darum nachsuchen 110 II 335/338 f. E. c Pra 1985 (Nr. 6) 21. – Wird über die Gültigkeit eines Rechtsgeschäfts ein amtliches Verfahren durchgeführt, so darf der Kläger im Allgemeinen den Entscheid der Behörde abwarten, bevor man von ihm verlangen kann, dass er auf Rückforderung einer Nichtschuld klage 110 II 335/339 E. c Pra 1985 (Nr. 6) 21, 129 III 503/506 (in casu gestützt auf BGBB Art. 84 lit. b ergangene Feststellungsverfügung). – Der Verjährungsbeginn ist aufgeschoben, solange von zwei Mitgliedern einer Gemeinschaft zur gesamten Hand nur eines von dem Anspruch Kenntnis hat 49 II 38/40 f. E. 2.

5 Die ***absolute Verjährungsfrist*** beginnt mit dem Zeitpunkt der Leistung zu laufen, wenn der Bereicherungsanspruch eine Nichtschuld betrifft (in casu Rückforderungsanspruch des Käufers nach erfolgreicher Anfechtung des Vertrages wegen Irrtums). Sie läuft hingegen ab dem Wegfall des Rechtsgrundes, wenn der Anspruch eine Leistung aus nachträglich weggefallenem Grund betrifft 114 II 131/141 f. E. 3a. Ist die Festsetzung des Mietzinses wegen Fehlens des amtlichen Formulars (Art. 269d, 270) nichtig, beginnt die absolute Verjährungsfrist für den Anspruch auf Rückerstattung der zu viel als Miete bezahlten Beträge separat im Zeitpunkt jeder einzelnen Zahlung zu laufen 146 III 82/86 ff. E. 4.3. Im Fall der condictio ob causam futuram, also des Begehrens um Rückerstattung des kraft eines nicht verwirklichten Rechtsgrundes Erhaltenen, beginnt die absolute Verjährungsfrist zu laufen, sobald Gewissheit darüber besteht, dass der Rechtsgrund der Zahlung oder Zuwendung sich nicht verwirklichen wird oder nicht mehr verwirklichen kann. Dies a quo ist die Fälligkeit der Forderung 119 II 20/22 E. b Pra 1993 (Nr. 188) 718. Bei der zehnjährigen Frist handelt es sich nicht um eine absolute Verjährungsfrist im technischen Sinne 117 IV 233/243 E. aa, weshalb sie unterbrochen werden kann 123 III 213/219 E. 6a.

Zweiter Titel
Die Wirkung der Obligationen

Erster Abschnitt
Die Erfüllung der Obligationen

Vorb. Art. 68–96

Leistung an einen Dritten. Nach schweizerischem Recht erfüllt ein Schuldner, der statt an den Gläubiger an einen Dritten leistet, grundsätzlich nicht – selbst wenn er gutgläubig ist –, es sei denn, die Leistung an einen Dritten sei vertraglich vereinbart, entspreche einer Weisung des Gläubigers, werde von diesem nachträglich genehmigt oder erfolge aufgrund allgemeiner Verkehrsübung, kraft Gesetzes oder in Befolgung einer behördlichen Anordnung. Als Ausfluss der sog. Rechtsscheinhaftung zeitigt aber auch die Leistung an einen Nichtberechtigten befreiende Wirkung. Dazu ist erforderlich, dass der Schuldner im Vertrauen auf einen objektiv beachtlichen Rechtsschein den Empfänger als zur Entgegennahme der Leistung berechtigt halten durfte, also gutgläubig war, und dass dieser Rechtsschein dem Gläubiger zuzurechnen ist. In diesem Fall hat nämlich der Gläubiger das Risiko zu vertreten, dass er dem Dritten eine Scheinposition eingeräumt und damit die Gefahr eines Missbrauchs geschürt hat. Beispiel dafür ist das vom Gläubiger zu vertretende Risiko eines Blankettmissbrauchs 4C.28/2003 (15.12.03) E. 3.2.1. 1

Leistung zahlungshalber oder an Zahlungs statt. Ist zwischen Schuldner und Gläubiger nicht vereinbart worden oder ist streitig, ob eine Leistung als zahlungshalber oder als an Zahlungs statt erfolgt zu gelten habe, so wird nach Lehre und Rechtsprechung eine Leistung zahlungshalber vermutet. Denn der Gläubiger, der vom Schuldner eine andere als eine Geldleistung anzunehmen bereit ist, soll nicht auch noch die Gefahr tragen, dadurch schlechtergestellt zu werden. Dieser Grundgedanke ist zwar im Obligationenrecht nicht in allgemeiner Form festgehalten worden, hat aber in verschiedenen Einzelbestimmungen seinen Niederschlag gefunden (vgl. Art. 116 Abs. 2, Art. 172, Art. 467 Abs. 1 und Art. 1103) 119 II 227/230 E. 2a. 2

Weiteres. Die Partei, welche die Akontozahlung entgegennimmt, übernimmt durch stillschweigende vertragliche Nebenabrede vermutungsweise die Pflicht, einen allfälligen Überschuss herauszugeben (Anspruch aus Vertrag und nicht nach Art. 62 ff.) 126 III 119/120 ff. E. 2, 3. 3

A. Allgemeine Grundsätze I. Persönliche Leistung

Art. 68

Der Schuldner ist nur dann verpflichtet, persönlich zu erfüllen, wenn es bei der Leistung auf seine Persönlichkeit ankommt.

1 Bei Geldschulden kommt es in der Regel nicht auf die Persönlichkeit des Schuldners an 135 V 13/22 E. 3.6.3, 4A_68/2014 (16.6.14) E. 4.2 fr. Muss der Schuldner nicht persönlich erfüllen, kann die Leistung vom Dritten mit befreiender Wirkung für den Schuldner auch ohne das Wissen oder sogar gegen den Willen des Schuldners erbracht werden 83 III 99/102 E. 2, 123 III 161/164 E. c Pra 1997 (Nr. 105) 576 (in casu Unterhaltsleistung an ein Kind durch einen Dritten), 4C.69/2005 (14.4.05) E. 3. Eine Erfüllungswirkung tritt bei der Leistung eines Dritten an einen Gläubiger allerdings nur dann ein, wenn der Dritte die Leistung mit dem erkennbaren Willen erbringt, eine fremde Schuld, und zwar diejenige des Schuldners, zu tilgen 4C.69/2005 (14.4.05) E. 3. Auch im Falle der Leistung durch einen Dritten wird die Erfüllung gemäss den Anrechnungsanordnungen der Art. 85 ff. bewirkt. Insbesondere ist der Dritte befugt zu erklären, welche Schuld er zahlen will (Art. 86 Abs. 1). Widerspricht seine Erklärung den (internen) Weisungen des Schuldners, von denen der Gläubiger keine Kenntnis hat, hindert das die Erfüllung der bezeichneten Schuld nicht 4C.395/2002 (4.4.03) E. 2.2. – Stellt sich bei der Erfüllung einer Schuld durch einen Dritten nachträglich der Nichtbestand der Schuld heraus, so ist aufgrund der Umstände des Einzelfalles zu entscheiden, ob die Bereicherungsklage dem Dritten oder dem vermeintlichen Schuldner zusteht 70 II 117/121 ff. – *Werkvertrag.* In Art. 364 Abs. 2 wird der persönliche Charakter der Verpflichtung im Unterschied zu Art. 68 vermutet; bei der Vergebung von Baumeisterarbeiten kommt es entscheidend auf die persönlichen Eigenschaften des Unternehmers an (eine Weitergabe des Auftrages an Unterakkordanten ist nicht zulässig) 103 II 52/55 f. E. 5. – *Geldstrafen* sind (vorbehältlich der gesetzlichen Ausnahmen) persönlich zu zahlen 86 II 71/76 f. (in casu Busse wegen Widerhandlungen gegen die Bestimmungen des BB vom 19. Juni 1953 über die Brotgetreideversorgung). – Anwendungsfall (keine persönliche Leistungspflicht bei der Verpflichtung, Aktien zu übergeben) 96 II 18/21 E.a.

2 Zur Leistung an den Vertreter des Gläubigers im Falle eines Inkassoauftrages: 119 II 452/454 f. E. 1 Pra 1994 (Nr. 225) 740 f.

II. Gegenstand der Erfüllung 1. Teilzahlung

Art. 69

[1] Der Gläubiger braucht eine Teilzahlung nicht anzunehmen, wenn die gesamte Schuld feststeht und fällig ist.

[2] Will der Gläubiger eine Teilzahlung annehmen, so kann der Schuldner die Zahlung des von ihm anerkannten Teiles der Schuld nicht verweigern.

1 Die Bestimmung gilt nicht nur für Zahlungen, sondern für *Leistungen jeder Art* 75 II 137/140 E.a. Sie ist dispositiver Natur 133 III 598/603 E. 4.1.2. So wenig die Annahme einer Teilleistung als solche die Restforderung berührt, so wenig verzichtet der Mieter bei stillschweigender Annahme (Art. 6) der bloss teilweise angebotenen Reduktion eines missbräuchlichen Mietzinses fiktiv oder vermutungsweise auf die Geltendmachung des gesetzlichen Restanspruches 124 III 67/70 E.a. – Abweichungen vom Prinzip, dass der Schuldner ohne Zustimmung des Gläubigers zu Teilleistungen nicht berechtigt ist: im Wechsel- und Checkrecht (Art. 1029 Abs. 2 und Art. 1143 Abs. 2 Ziff. 8), im Zwangsvollstreckungsrecht (SchKG Art. 123, 143a und 156), im Erbrecht (ZGB Art. 639 Abs. 2), im

Bürgschaftsrecht (Art. 504 Abs. 1). Zudem kann sich aus Treu und Glauben (ZGB Art. 2) für den Gläubiger die Pflicht ergeben, einer Teilzahlung zuzustimmen, z.B. wenn die Teilleistung lediglich eine minimale Differenz zur Gesamtleistung aufweist 133 III 598/603 E. 4.1.2 Pra 2008 (Nr. 55) 372 f., 75 II 137/142 f. E.d.

Abs. 1 Art. 69 Abs. 1 auferlegt dem Gläubiger die Pflicht, eine Teilzahlung anzunehmen, wenn der Schuldner einen Teil der Forderung anerkennt und den von ihm verlangten Rest bestreitet. Das geht aus dem Wortlaut von Art. 69 Abs. 1 hervor, der dem Gläubiger das Recht, eine Teilleistung zu verweigern, nur dort gewährt, wo die gesamte Schuld feststeht 133 III 598/603 E. 4.1.2 Pra 2008 (Nr. 55) 373. Aus dem Wortlaut dieser Bestimmung kann nicht geschlossen werden, dass der Gläubiger vor Eintritt der Fälligkeit eine Teilleistung anzunehmen hätte. Im Gegenteil: Da Art. 69 die Interessen des Gläubigers zu schützen bezweckt, steht es diesem vielmehr auch vor Fälligkeitseintritt frei, eine Teilzahlung zu verweigern 4C.84/2004 (9.6.04) E. 2.4. – Art. 69 Abs. 1 ist dispositiv und kann vertraglich wegbedungen werden 133 III 589/603 E. 4.1.2 Pra 2008 (Nr. 55) 372. 2

Zum Verhältnis von Art. 69 zu Art. 85 und 86 s. Vorb. Art. 85–86. 3

2. Unteilbare Leistung

Art. 70

[1] Ist eine unteilbare Leistung an mehrere Gläubiger zu entrichten, so hat der Schuldner an alle gemeinsam zu leisten, und jeder Gläubiger kann die Leistung an alle gemeinsam fordern.

[2] Ist eine unteilbare Leistung von mehreren Schuldnern zu entrichten, so ist jeder Schuldner zu der ganzen Leistung verpflichtet.

[3] Sofern sich aus den Umständen nicht etwas anderes ergibt, kann alsdann der Schuldner, der den Gläubiger befriedigt hat, von den übrigen Schuldnern verhältnismässigen Ersatz verlangen, und es gehen, soweit ihm ein solcher Anspruch zusteht, die Rechte des befriedigten Gläubigers auf ihn über.

Zum Grundgedanken der Bestimmung vgl. 114 II 329/333 E.a. 1

Abs. 1 Das Betreibungsamt ist nicht berechtigt, einen versteigerten Schuldbrief unter Umgehung des einen Ersteigerers dem andern Ersteigerer zu übergeben 53 III 145/149 f. E. 3. – Beispiel einer unteilbaren Leistung 111 II 458/462 E. c JdT 134 (1986) I 484 E.c. 2

Abs. 2 Diese Bestimmung statuiert für den Fall einer unteilbaren Leistung eine Spezialregelung unabhängig von der Solidarität, während bei einer an sich teilbaren Leistung abgeklärt werden muss, ob gestützt auf Vertrag oder Gesetz Solidarität der Beteiligten vorliegt 4C.228/2002 (18.10.02) E. 2.3. Faktisch zeitigt die Spezialbestimmung von Art. 70 Abs. 2 die Verpflichtungswirkungen einer Solidarschuldnerschaft 4C.103/2006 (3.7.06) E. 4.1 (in casu Pflicht zur Rückgabe der Mietsache). 3

3. Bestimmung nach der Gattung

Art. 71

[1] Ist die geschuldete Sache nur der Gattung nach bestimmt, so steht dem Schuldner die Auswahl zu, insofern sich aus dem Rechtsverhältnis nicht etwas anderes ergibt.

[2] Er darf jedoch nicht eine Sache unter mittlerer Qualität anbieten.

1 Ist der Gegenstand der Gattung nach bestimmt, so hängt seine Umschreibung vom Willen der Parteien ab; diese können je nach der Wichtigkeit, die sie gewissen Spezifikationen beimessen, mehr oder weniger genau präzisieren, was geliefert werden muss; der Begriff «Gattung» ist somit relativ 94 II 26/30 E. a Pra 1968 (Nr. 145) 510, eingehend und den relativen Gattungsbegriff bestätigend: 121 III 453/455 ff. E. 4. Ein Gattungskauf zeichnet sich im Gegensatz zum Stückkauf dadurch aus, dass der Verkäufer keine vertraglich individualisierte, sondern eine nur der Gattung nach bestimmte Sache schuldet 121 III 453/454 E. 3a. – Für den Gattungsbegriff ist die natürliche Beschaffenheit der Ware massgebend. Die Grenzen können eingeengt werden durch die Verkehrsauffassung und den im Einzelfall vereinbarten Verwendungszweck 69 II 97/100 f. E. 2. – Gattungsware im Sinne der Bestimmung ist nicht gleichbedeutend wie «vertretbare Sachen» 85 II 402/407 f. E.a. – Kauf eines Motorfahrzeuges: (in der Regel begrenzte) Gattungsschuld, wenn der Kaufgegenstand ein Serienfahrzeug ist, das ohne Identifizierung durch Motor- und Chassis-Nummer lediglich nach Marke, Modell und Farbe bezeichnet wird. Mit der Übergabe des Fahrzeuges und dem dazugehörenden Fahrzeugausweis, in dem Motor- und Chassis-Nummer angegeben sind, wird es zur Speziessache (in casu Frage der Ersatzleistung nach Art. 206 Abs. 1) 91 II 344/352 E. 4.

2 ***Abs. 1*** Es liegt im Wesen der Sache, dass der auf Herausgabe klagende Miteigentümer an vermischten Inhaberpapieren in aller Regel nicht in der Lage ist, die herauszugebenden Titel – auch wenn sie nummeriert sind – einzeln zu bezeichnen. Er kann dem herausgabepflichtigen Schuldner die Auswahl überlassen 112 II 406/417 E. e (entsprechend hat er sein Klagebegehren in dieser Hinsicht nicht zu spezifizieren).

4. Wahlobligation

Art. 72

Ist die Schuldpflicht in der Weise auf mehrere Leistungen gerichtet, dass nur die eine oder die andere erfolgen soll, so steht die Wahl dem Schuldner zu, insofern sich aus dem Rechtsverhältnis nicht etwas anderes ergibt.

1 **Allgemeines.** Die Leistungen, zwischen denen der Schuldner wählen kann, müssen nicht gleichwertig sein 96 II 18/21. – Bei der Wahlobligation erlischt – im Gegensatz zur blossen Alternativermächtigung – bereits mit der Wahlerklärung des Schuldners jene Schuld, für die er sich nicht entschieden hat 50 II 40/44 E. 1.

2 **Säumnis in der Ausübung des Wahlrechts.** Ist die Nichtvornahme der Vorbereitungshandlung der Spezifikation mit der Nichtzahlung des Preises verbunden, so finden die

Regeln über den Schuldnerverzug Anwendung; beim zweiseitigen Vertrag sind dies die Art. 107–109 (in casu Sukzessivlieferungsvertrag auf Abruf des Käufers und mit Vorbehalt der Spezifikation). In diesem Fall geht das Recht zu wählen und zu spezifizieren erst dann auf die andere Vertragspartei (in casu Verkäufer) über, wenn sie der säumigen Gegenpartei eine letzte angemessene Frist zur Spezifikation angesetzt hat (Art. 107 Abs. 1), unter der Androhung, dass bei Nichterfüllung sie (in casu Verkäufer) die Auswahl vornehmen werde (Präzisierung der Rechtsprechung in 42 II 219/225) 110 II 148/151 f. E. b Pra 1984 (Nr. 173) 481.

Weiteres. Steht das Wahlrecht dem Gläubiger zu, so darf der Schuldner, wenn der Gläubiger sein Wahlrecht nicht ausübt, freiwillig sämtliche alternativ geschuldeten Leistungen hinterlegen (das Bundesgericht liess die Frage offen, ob der Schuldner beide Leistungen hinterlegen muss; es hielt aber fest, die Lehre sei sich einig, dass es dem Schuldner nicht zuzumuten sei, beide alternativ geschuldeten Leistungen hinterlegen zu müssen) 134 III 348/352 E. 5.2.4 (rückkaufsfähige Leibrentenversicherung, die Analogien zur Wahlobligation aufweist; dazu auch 138 II 311/321 E. 4.4). 3

Wahlobligation im Rahmen eines «Aussteuersparvertrages» 84 II 13/18 f. E. 2 und 84 II 266/274 E. a; 85 II 402/407 E.a. Tausch von Grundstücken: Ein Wahlrecht, das sich auf ein «gleichwertiges Stück Boden» bezieht, ist ausreichend bestimmt 95 II 309/311 E. 3. – Wahlobligation oder einfache Schuldverpflichtung mit blosser Ermächtigung für den Schuldner, sich von seiner Verpflichtung durch eine Leistung anderer Art zu befreien: In der Vereinbarung, dass der Schuldner anstelle einer Ratenzahlung sich durch eine Warenlieferung befreien könne, liegt keine Wahlobligation, sondern eine alternative Ermächtigung 50 II 40/43 f. E. 1. – Anwendungsbeispiel 118 II 32/35 E. bb (in casu Kauf eines Einfamilienhauses mit Einstellplatz, wobei offengelassen wurde, welcher konkrete Einstellplatz zu übertragen sei; Wahlrecht des Schuldners bezüglich der Zuteilung des Einstellplatzes). 4

Beim Trödelvertrag hat der Schuldner eine Wahlobligation: Entweder bezahlt er dem Vertrödler den vereinbarten Schätzpreis der Sache oder er gibt ihm die Sache zurück 55 II 39/42 ff. E. 2, 4A_155/2017 (12.10.17) E. 4.1. Solange der Trödler sein Wahlrecht nicht ausübt, ist der Vertrödler Gläubiger einer Alternativobligation und muss daher auf Zahlung oder Rückgabe der Sache nach Wahl des Trödlers klagen 4A_155/2017 (12.10.17) E. 4.1 fr. 5

5. Zinse

Art. 73

[1] Geht die Schuldpflicht auf Zahlung von Zinsen und ist deren Höhe weder durch Vertrag noch durch Gesetz oder Übung bestimmt, so sind Zinse zu fünf vom Hundert für das Jahr zu bezahlen.

[2] Dem öffentlichen Rechte bleibt es vorbehalten, Bestimmungen gegen Missbräuche im Zinswesen aufzustellen.

Begriff. Zins bedeutet rechtlich die Vergütung, welche ein Gläubiger für die Entbehrung einer ihm geschuldeten Geldsumme zu fordern hat und welche sich nach der Höhe der 1 geschuldeten Summe und der Dauer der Schuld bestimmt 52 II 228/233 E. 3. – Die konkrete Bezeichnung der Vergütung durch die Parteien ist ohne rechtliche Bedeutung 52 II 228/233 E. 3 (in casu «Provision»).

2 **Abgrenzung Schadenszins/Verzugszins.** Zum Schaden gehört der Zins vom Zeitpunkt an, in dem das schädigende Ereignis sich finanziell ausgewirkt hat; er läuft bis zur Zahlung des Schadenersatzes und wird als Schadenszins bezeichnet. Geschuldet ist er sowohl bei deliktischer wie bei vertraglicher Haftpflicht. Vom Verzugszins unterscheidet er sich vor allem dadurch, dass er den Verzug (namentlich Mahnung seitens des Gläubigers nach Art. 102 Abs. 1) nicht voraussetzt. Funktional erfüllt er jedoch denselben Zweck wie der Verzugszins und kann daher nicht kumulativ beansprucht werden. Man darf also nicht auf dem aufgelaufenen Schadenszins Verzugszinsen berechnen, 131 III 12/21 ff. E. 9 (die Vorinstanz hatte den Schadenszins bis zum Urteil aufgerechnet und für den gesamten Betrag einen Verzugszins ab Urteilsdatum zugesprochen).

3 **Weiteres.** Art. 314 Abs. 3 ist eine allgemeine Zinsvorschrift; sie steht bloss deshalb im Abschnitt über das Darlehen, weil sie sich in erster Linie auf dieses Rechtsgeschäft bezieht 100 II 153/157.

4 ***Abs. 1*** Zur sittenwidrigen Zinsabrede siehe unter Art. 20 Abs. 1. – Anwendungsbeispiele 134 III 224/233 f. E. 7 (in casu Verzinsung einer Darlehensschuld), 117 II 50/63 E. 4 fr. (in casu Verzinsung eines Genugtuungsanspruchs), 121 III 176/182 f. E. 5a Pra 1995 (Nr. 271) 923 f. (in casu Haftung einer AG nach aOR Art. 718 Abs. 3), 120 II 259/265 E. 4 (in casu Verzinsung des Übernahmepreises von vinkulierten Aktien durch die AG selber), vgl. ferner 123 III 292/296. Ist ein konkreter Zinssatz nicht nachgewiesen, obwohl die Verzinslichkeit aufgrund des Vertrages zu bejahen ist, so hat der Richter (zumindest analog) Art. 73 Abs. 1 anzuwenden und den Zins auf 5% festzusetzen 126 III 189/192 E. c Pra 2000 (Nr. 119) 705. – Anwendung der Bestimmung im Sozialversicherungsrecht 113 V 48/54.

5 ***Prozess.*** Beruft sich eine Partei auf einen vertraglich vereinbarten Zinssatz, so hat sie die Tatsachen zu beweisen, die eine Berechnung des vertraglichen Zinses im relevanten Zeitpunkt erlauben 134 III 224/233 f. E. 7.

6 ***Abs. 2*** Die Bestimmung weist die Gesetzgebung gegen die Missbräuche im Zinswesen ausdrücklich dem öffentlichen Recht zu (Bildung von bundesprivatrechtlichem Gewohnheitsrecht ausgeschlossen) 119 Ia 59/62 f. E. 3, 4. Die Kantone können für Darlehen ein Zinsmaximum von 18% pro Jahr (einschliesslich Spesen) festsetzen und dessen Überschreitung mit Strafe bedrohen; vorbehalten bleibt das StGB 69 I 171/179 ff. E. 4; kantonaler Höchstsatz für Konsumkreditkosten von 15% 119 Ia 59/61 ff. E. 2–7; vgl. ferner 120 Ia 286/292 und 120 Ia 299/304 f. Pra 1996 (Nr. 93) 282 (Konsumkreditgesetz und öffentlich-rechtliche Bestimmungen der Kantone). – Die Übertretung eines kantonalen Zinsverbotes hat die zivilrechtliche Nichtigkeit nach Art. 20 zur Folge (in casu Teilnichtigkeit, da die Verzinsung beim Darlehen begrifflich nicht wesentlich ist) 80 II 327/332 ff., 96 I 4/9 E. a fr.

7 ***Verfahren.*** Stellt sich eine kantonale Instanz auf den Standpunkt, ein in einem andern Kanton bestehendes Überzinsverbot gelte nur in diesem Kanton und könne nur von

diesen kantonalen Instanzen angewendet werden, so legt sie kantonales Recht aus; diese Auslegung kann das Bundesgericht im Berufungsverfahren nicht überprüfen 93 II 189/191 E.a.

B. Ort der Erfüllung

Art. 74

[1] Der Ort der Erfüllung wird durch den ausdrücklichen oder aus den Umständen zu schliessenden Willen der Parteien bestimmt.

[2] Wo nichts anderes bestimmt ist, gelten folgende Grundsätze:

1. **Geldschulden sind an dem Orte zu zahlen, wo der Gläubiger zur Zeit der Erfüllung seinen Wohnsitz hat;**
2. **wird eine bestimmte Sache geschuldet, so ist diese da zu übergeben, wo sie sich zur Zeit des Vertragsabschlusses befand;**
3. **andere Verbindlichkeiten sind an dem Orte zu erfüllen, wo der Schuldner zur Zeit ihrer Entstehung seinen Wohnsitz hatte.**

[3] Wenn der Gläubiger seinen Wohnsitz, an dem er die Erfüllung fordern kann, nach der Entstehung der Schuld ändert und dem Schuldner daraus eine erhebliche Belästigung erwächst, so ist dieser berechtigt, an dem ursprünglichen Wohnsitze zu erfüllen.

Bei ***Holschulden*** genügt ein wörtliches Angebot, um den Gläubiger in Verzug zu setzen und dessen Leistung vollstreckbar zu machen 109 II 26/32 E. a (analoge Anwendung von Art. 74 Abs. 2 Ziff. 2 auf die Wandelung gemäss Art. 208). 1

Abs. 1 Leistung und Gegenleistung müssen nicht den gleichen Erfüllungsort haben 58 II 433/435 E. 2; Bestimmungsort (in casu Distanzkauf, Art. 189) 58 II 411/419 E. 5. Beim Distanzkauf wird der Bestimmungsort nicht schon dadurch zum Erfüllungsort, dass der Verkäufer die Transportkosten übernimmt 46 II 457/460 E. 2. – Die Bezeichnung eines Erfüllungsortes bedeutet nicht ohne Weiteres auch die Wahl eines Spezialdomizils für die Betreibung (SchKG Art. 50 Abs. 2) 41 III 343/347 f. E. 3, 119 III 54/56 f. E. f. (in casu wechselrechtlicher Entscheid: der Zahlungsort auf dem Wechsel genügt zur Annahme eines Spezialdomizils für die Betreibung). – Die Vereinbarung «Lieferung franko X» macht X zum Erfüllungsort 49 II 70/75 f. E. 3; ebenso «frei Bord Hafen X» 49 II 232/235 E. 1. 2

Abs. 2 Ziff. 1 Anwendbar auf den Unterhaltsbeitrag in Form von Geld 98 IV 205/207 E. 1 Pra 1973 (Nr. 11) 33 f., im Bereich des Mietrechts 119 II 232/235 E. 2. Anwendbar auch auf Geldzahlungen, die ein Gesellschafter dem andern infolge der Auflösung einer einfachen Gesellschaft (in casu Konkubinat) leisten muss 142 III 466/478 E. 6.2.2 Pra 2018 (Nr. 8) 82. 3

Eine Geldschuld gilt als ***Bringschuld;*** die Parteien können jedoch eine andere Zahlungsweise vereinbaren. Der Gläubiger kann den Schuldner stillschweigend ermächtigen, sich durch Zahlung an einen Dritten (in casu Postcheckkonto) zu befreien 106 III 114/116 E. 1 Pra 1981 (Nr. 116) 299. Wer ein *Postcheckkonto* eröffnet und es bekannt gibt, erklärt sich damit einverstanden, dass durch Einzahlung auf das Konto erfüllt werde 55 II 200/201 E. 2 fr., 106 III 114/116 E. 1 Pra 1981 (Nr. 116) 299; die Schuld ist erfüllt, wenn der Betrag auf dem Konto eingetragen ist und der Kontoinhaber den Abschnitt des Einzahlungsschei- 4 nes erhalten hat 55 II 200/203 fr.; 62 III 12/13 (betreibungsrechtliche Zahlungen fallen nicht unter SchKG Art. 32; analoge Anwendung dieser Bestimmung abgelehnt bei Zahlungen, die für den durch das Betreibungsamt bloss vertretenen Gläubiger bestimmt sind). Ist bargeldloser Zahlungsverkehr vereinbart, tritt die Erfüllungswirkung ein, wenn der geschuldete Geldbetrag auf dem Konto des Gläubigers gutgeschrieben ist 124 III 112/117 E.a. Wird mit der Zusendung eines Einzahlungsscheins die Einzahlung auf ein Postcheckkonto als Zahlungsart angeboten, so erfüllt der Schuldner seine Bringschuld, wenn er den geschuldeten Betrag zum Postschalter bringt und dort auf das angegebene Konto einzahlt 124 III 145/148 E. b (in casu Wahrung der Zahlungsfrist nach Art. 257d). Der Schuldner hat die Leistung am Wohnort oder am Geschäftssitz des Gläubigers zu erbringen 119 II 232/234 E. 2. Bedient sich der Schuldner eines Erfüllungsgehilfen (z.B. der Post), so darf der Gläubiger nicht schlechtergestellt sein als bei Barzahlung. Der Schuldner trägt die Verlust- und Verzögerungsgefahr 119 II 232/235 E. 2.

5 ***Schuldbetreibung und Konkurs.*** Der Gläubiger hat die Zahlungen auf dem Betreibungsamt abzuholen 56 III 10/19; ebenso eine Konkursdividende auf dem Konkursamt 63 III 157/158. – Zum Arrest über eine Forderung, wenn der Wohnsitz des Gläubigers im Ausland, jener des Schuldners in der Schweiz liegt 107 III 147/149 ff. E. 4a, b Pra 1982 (Nr. 108) 262 f.

6 ***Abs. 2 Ziff. 2*** *Analoge Anwendung* der Bestimmung auf die Wandelung nach Art. 208: Der Verkäufer hat die Sache beim Käufer zu holen 109 II 26/32 E.a. – Anwendungsfall (Rückgabe eines gemieteten Automobils, Art. 271) 48 II 384/390 fr., ferner 119 II 437/439 E. 2b Pra 1994 (Nr. 226) 743 (in casu Rückgabe einer Mietsache).

7 ***Abs. 2 Ziff. 3*** Alleinvertriebsvertrag 124 III 188/192 E.c.

C. Zeit der Erfüllung I. Unbefristete Verbindlichkeit

Art. 75

Ist die Zeit der Erfüllung weder durch Vertrag noch durch die Natur des Rechtsverhältnisses bestimmt, so kann die Erfüllung sogleich geleistet und gefordert werden.

1 Eine Forderung gilt dann als fällig, wenn der Gläubiger die geschuldete Leistung fordern kann und der Schuldner sie (auf entsprechende Aufforderung hin) erfüllen muss Pra 2000 (Nr. 169) 1032 E. c (gleicher Fälligkeitsbegriff in BVG Art. 84). Das Gesetz überlässt es der *Regelungsfreiheit* der Parteien, die Fälligkeit einer vertraglichen Forderung festzulegen 117 II 604/607 E. 4. – Eine Forderung, deren Erfüllungspflicht von einem Ereignis abhängig gemacht wurde, das noch nicht eingetreten ist, kann noch nicht fällig sein 4A_432/2010 (15.10.10), 126 III 49/57 E. bb (in casu Genehmigung des Kinderunterhaltsvertrags durch die Vormundschaftsbehörde). – Schadenersatz- und Genugtuungsansprüche aus vertragswidriger Körperverletzung (in casu medizinischer Kunstfehler) werden, auch wenn das Ausmass des Schadens im betreffenden Zeitpunkt noch nicht bekannt ist, mit der ungehörigen Erfüllungshandlung fällig 87 II 155/163 E.c. Die Erfüllung der Verpflichtung des geschäftsführenden Gesellschafters, die Folgen seiner unsorgfältigen Geschäftsführung wiedergutzumachen (in casu Art. 538 und 540), kann von den andern Gesell-

schaftern sofort verlangt werden, d.h. von jeder schädigenden Handlung an (in casu entscheidend für die Frage des Verjährungsbeginns, Art. 130) 100 II 339/343 E. 2b Pra 1975 (Nr. 89) 261. Die ungerechtfertigte fristlose Entlassung lässt den Lohnanspruch sofort fällig werden 118 II 139/141 E.a. – Fälligkeit der Freizügigkeitsleistung gemäss Art. 331c 119 III 18/19 ff. E. 3 Pra 1993 (Nr. 168) 650 ff. – Die *Stundung* ist – abgesehen vom Fall des formbedürftigen Vertrages (wie z.B. nachträgliche Stundung des Kaufpreises für eine Liegenschaft oder die Wechselprolongation) – grundsätzlich immer ein Hinausschieben der Fälligkeit 69 II 298/302 E. 1. Stundungen werden oft nur in der Form vereinbart, dass der Schuldner verspricht, bis zu einem späteren Zeitpunkt als dem ursprünglich vereinbarten zu zahlen, und dass der Gläubiger dieses Versprechen vorbehaltlos annimmt 41 III 151/155. Die Wirkungen einer Stundungsvereinbarung sind dieselben wie jene der die Verjährung unterbrechenden Handlungen (Art. 135) 65 II 232/232 f. fr.

Um die *Zeit der Erfüllung* gemäss «der Natur des Rechtsverhältnisses beim Werkvertrag» zu bestimmen, ist auf den hypothetischen Parteiwillen abzustellen, der dem Unternehmer im Normalfall so viel Zeit einräumt, als ein versierter Fachmann nach rechtzeitigem Beginn benötigt, um das konkrete Werk auszuführen und abzuliefern 4C.457/1999 (14.6.00) E. 3a fr. Frage offengelassen, inwieweit die Mangelhaftigkeit des Werks die Fälligkeit der Werklohnforderung hinausschiebt oder dem Besteller unter Hinweis auf Art. 82 gestattet, den gesamten Werklohn zurückzuhalten 4C.469/2004 (17.3.05) E. 3.2. 2

Die Bestimmung findet gemäss ZGB Art. 7 auch auf *andere zivilrechtliche Verhältnisse* Anwendung (in casu güterrechtlicher Anspruch) 116 II 225/236 E.a. Langfristiges Darlehen unter nahen Verwandten mit der Bedingung («Geschäftsgrundlage»), dass die Ehe fortdauert: Die Auflösung der Ehe bewirkt Fälligkeit 118 II 382/391 Pra 1993 (Nr. 90) 361. Stundung des Lidlohnes (ZGB Art. 334 f.): Das Gericht kann aus Gründen der Billigkeit von den in ZGB Art. 334bis Abs. 2 festgelegten Fälligkeitsterminen abweichen, wenn die sofortige Bezahlung des Lidlohnes nicht zumutbar ist 124 III 193/196. – Eine Forderung, deren Bestehen noch von einer Genehmigung abhängt (in casu Genehmigung des Kinderunterhaltsvertrages durch die Vormundschaftsbehörde), kann nicht fällig sein 126 III 49/57 E.bb. 3

II. Befristete Verbindlichkeit 1. Monatstermin

Art. 76

[1] Ist die Zeit auf Anfang oder Ende eines Monates festgesetzt, so ist darunter der erste oder der letzte Tag des Monates zu verstehen.

[2] Ist die Zeit auf die Mitte eines Monates festgesetzt, so gilt der fünfzehnte dieses Monates.

Die Bestimmung ist *dispositiv* (in casu vereinbarten die Parteien die Geltung der «Einheitliche[n] Richtlinien und Gebräuche für Dokumenten-Akkreditive» der internationalen Handelskammer) 87 II 234/238 f. E. 3. – Wird vereinbart, dass eine bestimmte Frist nur ungefähr eingehalten werden muss, so bedeutet dies vernünftigerweise nicht, dass sie kürzer, sondern dass sie etwas länger bemessen wird; d.h., dass die Handlung schon ein wenig vor dem Anfangs- und auch noch ein wenig nach dem Endtermin vorgenommen werden kann 87 II 234/240. 1

2 ***Abs. 2*** Bestimmen die von den Parteien übernommenen Allgemeinen Geschäftsbedingungen, dass unter der Monatsmitte der Zeitraum zwischen dem 11. und 20. Tag zu verstehen sei, und vereinbaren die Parteien die Verschiffung der Ware auf «ungefähr Mitte September», so bedeutet dies, dass die Verschiffung der Ware schon vor dem 11. und auch nach dem 20. September zulässig ist, wobei sie allerdings weder viel früher noch viel später erfolgen darf 87 II 234/238 ff. E. 3.

2. Andere Fristbestimmung

Art. 77

[1] Soll die Erfüllung einer Verbindlichkeit oder eine andere Rechtshandlung mit dem Ablaufe einer bestimmten Frist nach Abschluss des Vertrages erfolgen, so fällt ihr Zeitpunkt:

1. **wenn die Frist nach Tagen bestimmt ist, auf den letzten Tag der Frist, wobei der Tag, an dem der Vertrag geschlossen wurde, nicht mitgerechnet und, wenn die Frist auf acht oder 15 Tage lautet, nicht die Zeit von einer oder zwei Wochen verstanden wird, sondern volle acht oder 15 Tage;**
2. **wenn die Frist nach Wochen bestimmt ist, auf denjenigen Tag der letzten Woche, der durch seinen Namen dem Tage des Vertragsabschlusses entspricht;**
3. **wenn die Frist nach Monaten oder einem mehrere Monate umfassenden Zeitraume (Jahr, halbes Jahr, Vierteljahr) bestimmt ist, auf denjenigen Tag des letzten Monates, der durch seine Zahl dem Tage des Vertragsabschlusses entspricht, und, wenn dieser Tag in dem letzten Monate fehlt, auf den letzten Tag dieses Monates.**

Der Ausdruck «halber Monat» wird einem Zeitraume von 15 Tagen gleichgeachtet, die, wenn eine Frist auf einen oder mehrere Monate und einen halben Monat lautet, zuletzt zu zählen sind.

[2] In gleicher Weise wird die Frist auch dann berechnet, wenn sie nicht von dem Tage des Vertragsabschlusses, sondern von einem andern Zeitpunkte an zu laufen hat.

[3] Soll die Erfüllung innerhalb einer bestimmten Frist geschehen, so muss sie vor deren Ablauf erfolgen.

1 Nach einem Grundprinzip des Fristenrechts, das auf das römische Recht zurückgeht, erfolgt die Fristberechnung nach Kalendertagen, also Zeiträumen zwischen Mitternacht und Mitternacht (sog. Zivilkomputation). Damit geht einher, dass nur Tage mitgezählt werden, die voll zur Verfügung stehen 144 III 152/153 E. 4.4.2.

2 ***Abs. 1 Ziff. 3*** Der Bestimmung liegt das gleiche Prinzip zugrunde wie dem Art. 132 Abs. 1. Der Tag, an dem die Frist zu laufen beginnt, wird nicht mitgezählt 81 II 135/137 E. 2 fr., da dem Leistenden nur ein Bruchteil des Tages des fristauslösenden Zeitpunkts verbleibt. Art. 77 Abs. 1 Ziff. 3 stellt somit sicher, dass dem Leistenden ein voller Monat resp. ein voller, mehrere Monate umfassender Zeitraum zur Erfüllung einer Verbindlichkeit bzw. zur Vornahme einer Rechtshandlung zur Verfügung steht. Ziff. 3 bringt in dieser Hinsicht dasselbe Prinzip zum Ausdruck wie Ziff. 1, gemäss der, wenn die Frist nach Tagen bestimmt ist, der Tag, an dem der Vertrag geschlossen wurde, nicht mitgerechnet wird 144 III 152/153 E. 4.4.2. Wird ein Arbeitsvertrag am Tag abgeschlossen, in dessen Verlauf auch der Stellenantritt erfolgt, steht dieser Tag nicht voll zur Verfügung. Er wird daher entsprechend dem Prinzip der Zivilkomputation bei der Berechnung der Probezeit nicht mitgezählt (das Bundesgericht liess offen, wie die Probezeit zu berechnen ist, wenn ein

Arbeitsvertrag schon vor dem Tag des Stellenantritts abgeschlossen wurde) 144 III 152/154 E. 4.4.3. – Anwendbar auch auf die Eintragungsfrist von drei Monaten für das Bauhandwerkerpfandrecht gemäss ZGB Art. 839 Abs. 2 53 II 216/220 E. 2 fr.

Zum Empfang einer fristauslösenden Willenserklärung s. Vorb. Art. 1–40f. 3

3. Sonn- und Feiertage

Art. 78

[1] Fällt der Zeitpunkt der Erfüllung oder der letzte Tag einer Frist auf einen Sonntag oder auf einen andern am Erfüllungsorte staatlich anerkannten Feiertag, so gilt als Erfüllungstag oder als letzter Tag der Frist der nächstfolgende Werktag.

[2] Abweichende Vereinbarungen bleiben vorbehalten.

Abs. 1 Die Bestimmung enthält für den Bereich des Bundesrechts einen allgemeingültigen Grundsatz (in casu Anwendung auf StGB Art. 29) 83 IV 185/186. *Staatlich anerkannter Feiertag.* Als staatlich anerkannt gilt zwar ein Feiertag nicht bloss, wenn er auf Gesetz beruht, sondern schon, wenn Vorschriften verwaltungsrechtlicher oder polizeilicher Art ihn zum offiziellen Feiertag erklären; doch macht die Schliessung kantonaler Büros an einem bestimmten Tag diesen Tag noch nicht zum kantonalen Feiertag 87 I 210/211. 1

III. Erfüllung zur Geschäftszeit

Art. 79

Die Erfüllung muss an dem festgesetzten Tage während der gewöhnlichen Geschäftszeit vollzogen und angenommen werden.

Massgebend sind die Ortszeit sowie der Zeitpunkt des Geschäftsschlusses am Erfüllungsort 105 II 28/30 E.a. 1

IV. Fristverlängerung

Art. 80

Ist die vertragsmässige Frist verlängert worden, so beginnt die neue Frist, sofern sich aus dem Vertrage nicht etwas anderes ergibt, am ersten Tage nach Ablauf der alten Frist.

V. Vorzeitige Erfüllung

Art. 81

[1] Sofern sich nicht aus dem Inhalt oder der Natur des Vertrages oder aus den Umständen eine andere Willensmeinung der Parteien ergibt, kann der Schuldner schon vor dem Verfalltage erfüllen.

[2] Er ist jedoch nicht berechtigt, einen Diskonto abzuziehen, es sei denn, dass Übereinkunft oder Übung einen solchen gestatten.

1 *Abs. 1* Das **Dokumenten-Akkreditiv** mit aufgeschobener Zahlung bezweckt, dem Akkreditivsteller Kredit zu verschaffen und ihn von der Pflicht zur Erfüllung Zug um Zug zu befreien. Die Akkreditiv-Bank kann daher – mangels gegenteiliger Abrede – nach Art. 81 ihrer Zahlungspflicht gegenüber dem Anweisungsempfänger (Begünstigten) vor dem Verfalltag nachkommen 100 II 145/150 ff. E. 4. – Es ist zulässig, eine Abgangsentschädigung (Art. 339c) teilweise vor Beendigung des Arbeitsverhältnisses auszuzahlen 105 II 280/282 f. E. 3.

2 *Abs. 2* **Skonto und Rabatt im Werkvertrag.** Der Zweck des Skontos besteht darin, den Besteller zur pünktlichen Zahlung zu veranlassen und dadurch die Liquidität des Unternehmers zu erhöhen; die Inanspruchnahme des Skontos setzt – im Gegensatz zum einfachen Rabatt – die prompte Bezahlung voraus (ein vertraglich vereinbarter Skonto kann daher vom Besteller soweit nicht in Anspruch genommen werden, als er [auch bei begründeten Zweifeln an der Richtigkeit der Rechnung] mit seinen Zahlungen im Rückstand ist) 118 II 63/64 f. E. 4.

3 **Darlehen.** Die Reduktion der zukünftigen Zinsen (Senkung des Zinssatzes) bei der vorzeitigen Rückzahlung eines Darlehens ist ein Diskonto im Sinne von Art. 81 Abs. 2 4A_409/2011 (16.12.11) E. 3.2.2.

VI. Bei zweiseitigen Verträgen

Vorb. Art. 82–83

1 Verhältnis zwischen Art. 82 und 83 105 II 28/30 ff. E.b. Dass der vorleistungspflichtige Vertragspartner grundsätzlich das Risiko für das Ausbleiben der Gegenleistung trägt, bildet im Vertragsrecht die Regel (das Bauhandwerkerpfandrecht bildet eine Ausnahme von dieser Regel) 124 III 337/339 E.b.

1. Ordnung in der Erfüllung

Art. 82

Wer bei einem zweiseitigen Vertrage den andern zur Erfüllung anhalten will, muss entweder bereits erfüllt haben oder die Erfüllung anbieten, es sei denn, dass er nach dem Inhalte oder der Natur des Vertrages erst später zu erfüllen hat.

1 **Allgemeines.** Die Bestimmung ist nachgiebiges Recht, das die Parteien grundsätzlich nicht hindert, auf den Rechtsbehelf zu verzichten und die Einrede des unerfüllten Vertrages auszuschliessen 117 II 604/607 E. 4. Die auf den *vollkommen zweiseitigen* Vertrag bestimmte Norm ist analog auf den *unvollkommen zweiseitigen* Vertrag, *Innominatverträge* sowie *zusammengesetzte* Verträge anwendbar 128 V 224/226 f. E. 2b fr. (in casu kann die

zur Ausrichtung einer Austrittsleistung angehaltene Vorsorgeeinrichtung dem Versicherten mit Bezug auf Beiträge, welche ihm der Arbeitgeber vom Lohn nicht abgezogen hat, nicht die Einrede des Art. 82 entgegenhalten), 94 II 263/267 f. E. 3 (in casu unentgeltlicher Auftrag), 116 III 70/73 E. b fr. (nicht willkürlich ist, Art. 82 nicht auf Gesellschaftsverträge [in casu einfache Gesellschaft] anzuwenden).

Sinn der Bestimmung. In Art. 82 geht es um die Verwirklichung des Grundsatzes, wonach der Gläubiger eines zweiseitigen Vertrages, um den Schuldner zur Erfüllung zwingen zu können, selbst bereits erfüllt haben oder Erfüllung anbieten muss. Art. 82 beruht auf dem allgemeinen Grundgedanken, dass der Belangte nur insoweit gezwungen werden kann, seine Leistung zu kreditieren, als er vertraglich zur Vorleistung verpflichtet ist 4A_589/2016 (2.3.17) E. 6.2. Die Bestimmung gewährt grundsätzlich *nur eine aufschiebende Einrede* mit der Wirkung, dass eine geforderte Leistung zurückgehalten werden kann bis zur Erbringung oder Anbietung der Gegenleistung 107 II 222/223 E. b, 111 II 463/466 E. 3. Der Gläubiger kann sich demnach damit begnügen, auf vorbehaltlose Leistung zu klagen; es obliegt dem Schuldner, die Einrede zu erheben 123 III 16/19 E. b, 127 III 199/200 E. 3a, 4D_3/2019 (1.4.19) E. 2.2 fr. 2

Anwendungsvoraussetzungen. *Erstens* setzt die Einrede der Nichterfüllung (die exceptio non adimpleti contractus, 4D_3/2019 [1.4.19] E. 2.2) voraus, dass die gegenseitigen Leistungen aufgrund ein und desselben vollkommenen zweiseitigen Vertrags geschuldet sind 4A_498/2016 (31.1.17) E. 4.2.1, 4C.319/2006 (6.12.06) E. 2. Die Bestimmung kommt also nur zur Anwendung, wenn beide Leistungen *in ein und demselben Vertrag* versprochen wurden und die eine die Gegenleistung für die andere ist 84 II 149/149 f. Entscheidend ist somit nicht die Identität der infrage kommenden Personen, sondern die *Identität des Geschäftes;* keine Identität des Geschäftes liegt vor, wenn zwar äusserlich ein (einheitliches) Rechtsgeschäft vorliegt, dieses aber aus verschiedenen, wirtschaftlich nicht zusammenhängenden Verpflichtungen besteht. Eine kaufmännische Geschäftsverbindung zwischen zwei Personen bewirkt für sich allein noch kein einheitliches Vertragsverhältnis 44 II 72/74 E. 1. Was die Voraussetzung des zweiseitigen Vertrags betrifft, so liegt ein solcher dann vor, wenn die Verpflichtungen der Vertragsparteien in ihrer Entstehung und in ihrer Erfüllung gegenseitig bedingt sind 95 II 419/422 E. a, 67 II 123/126 (s. zum Ganzen auch nachfolgend «Austauschverhältnis im Besonderen»). Ferner müssen beide Leistungen geschuldet sein – die Einrede des nicht erfüllten Vertrages setzt voraus, dass diejenige Partei, welche Erfüllung verlangt, (noch) zur Erbringung der eigenen Leistung verpflichtet ist. Wenn die Leistung der Klagpartei unmöglich geworden ist, ist die Berufung auf die erfüllungshindernde Einrede des Art. 82 ausgeschlossen. Dies kann namentlich für Arbeitsleistungen zutreffen, die während einer bestimmten Zeit zu erbringen sind (bei unmöglich gewordenen Gegenleistungen ist allenfalls die Einwendung zulässig, die eingeklagte Forderung sei nach Art. 119 Abs. 2 untergegangen) 122 III 66/69 E.a. Die Einrede der Nichterfüllung setzt *zweitens* voraus, dass die beiden Leistungen fällig sind 4A_498/2016 (31.1.17) E. 4.2.1, 4A_589/2016 (2.3.17) E. 6.2 (dass sich die Gegenpartei in Verzug befindet, ist nicht notwendig), 4C.319/2006 (6.12.06) E. 2. Die Rückhaltung nach Art. 82 ist nur zulässig, um die Vornahme einer bereits verfallenen, nicht aber einer erst künftig verfallenden Leistung durch den Vertragsgegner zu erzwingen. Der Vorleistungspflichtige kann nach Art. 82 die Erfüllung nicht unter Berufung darauf verweigern, 3 dass nicht feststehe, ob die Gegenpartei seinerzeit zur Erfüllung imstande sein werde. Die Einrede von Art. 82 kann mithin nicht mit Blick auf erst in Zukunft fällig werdende Ansprüche erhoben werden 4A_589/2016 (2.3.17) E. 6.3. *Drittens* setzt die Einrede der Nichterfüllung voraus, dass der Gläubiger seine Gegenleistung nicht erbracht oder angeboten hat 4A_498/2016 (31.1.17) E. 4.2.1, 4C.319/2006 (6.12.06) E. 2. *Schliesslich* bleibt darauf hinzuweisen, dass eine Partei sich nicht auf Art. 82 berufen kann, wenn sich die Gegenpartei ihr gegenüber für eine früher fällige Leistung bereits auf diese Einrede berufen hat (in casu hat sich die eine Partei geweigert, ein Kopiergerät zu reparieren, weil die andere Partei eine bereits zuvor fällige Rechnung nicht bezahlt hatte; diese andere Partei konnte sich nicht auf Art. 82 berufen) 4A_289/2015 (30.9.15) E. 3.5.

4 ***Austauschverhältnis im Besonderen.*** Die Einrede des nicht erfüllten Vertrages ist nicht auf alle Verpflichtungen anwendbar, die aus einem zweiseitigen Vertrag erwachsen, sondern nur auf solche, die gegenseitig derart aufeinander Bezug haben, dass die eine die Gegenleistung für die andere ist 107 II 411/413 E. 1. Das ist grundsätzlich nur für die Hauptleistungspflichten eines zweiseitigen Vertrags, nicht aber für die Nebenleistungspflichten der Fall, zumindest wenn die Nichterfüllung der Nebenpflicht die Hauptleistung nicht wertlos macht 5A_367/2007 (15.10.07) E. 3.2. Entsprechend besteht ein Austauschverhältnis zwischen der Verpflichtung des Grundeigentümers, das Auffüllen einer Kiesgrube zu dulden, und der Pflicht des Berechtigten, pro Wagenladung ein Entgelt zu zahlen, während die Verpflichtung, für Ordnung und Sauberkeit im Bereich der Kiesgrube zu sorgen, für den Berechtigten eine Nebenpflicht darstellt, die sich nicht in einem Austauschverhältnis zur Pflicht des Eigentümers befindet, neue Ablagerungen zu dulden 107 II 411/413 E. 1. – Beim entgeltlichen Auftrag stehen der Anspruch des Beauftragten auf Ersatz der Auslagen und Verwendungen sowie derjenige auf Befreiung von eingegangenen Verbindlichkeiten nicht ohne Weiteres in einem Austauschverhältnis zu den Gegenständen, die er nach Art. 400 Abs. 1 dem Auftraggeber abzuliefern hat. Gleiches hat zu gelten für das Verhältnis zwischen dem geschuldeten Honorar und der auftragsrechtlichen Herausgabepflicht, sofern diese nur eine Nebenleistungspflicht ist 122 IV 322/327 E. b (in casu war die Pflicht zur Herausgabe der Akten nicht auf die Hauptpflichten der Parteien ausgerichtet). – Die Besonderheit des Sukzessivlieferungsvertrags liegt darin, dass das für die Anwendbarkeit von Art. 82 massgebende Austauschverhältnis zwischen allen Raten des Verkäufers einerseits und dem gesamten Kaufpreis andererseits besteht (weshalb der Verkäufer weitere Leistungen nicht erbringen muss, solange der Käufer mit der Zahlung des Preises für frühere Lieferungen im Verzug ist) 84 II 149/150, 4A_589/2016 (2.3.17) E. 6.2 (s. dazu auch Rz. 9) – *Kein Austauschverhältnis* (und somit keine Anwendung der Bestimmung) besteht beim Auftrag zwischen der Pflicht des Beauftragten zur Rückgabe der Buchhaltungsunterlagen aus dem Auftragsverhältnis und der Pflicht des Auftraggebers zu dessen Entlastung 78 II 376/378; beim Werkvertrag zwischen der Vergütung des Bestellers und der Arbeit des Unternehmers (im Austauschverhältnis stehen die Vergütung und die Ablieferung des mängelfreien Werkes) 89 II 232/235 E. 4a, Frage offengelassen, inwieweit die Mangelhaftigkeit des Werks die Fälligkeit der Werklohnforderung hinausschiebt oder dem Besteller unter Hinweis auf Art. 82 gestattet, den gesamten Werklohn zurückzuhalten 4C.469/2004 (17.3.05) E. 3.2; bei der GmbH und der Kollektivgesellschaft zwischen der Ausschliessung eines Gesellschafters aus der Gesellschaft und seiner Abfindung 89 II 133/137; beim Trödelvertrag zwischen der Pflicht zur Rück-

gabe der übergebenen Sachen und der Rückgabe des geleisteten Kostenvorschusses, wenn die Parteien ein Retentionsrecht vereinbart haben 55 II 39/49 E. 5 fr. – Arbeitsvertrag: Der Arbeitnehmer ist in analoger Anwendung von Art. 82 befugt, die Leistung von Arbeit zu verweigern, solange der Arbeitgeber sich mit verfallenen Lohnzahlungen im Rückstand befindet; umgekehrt kann der Arbeitgeber den Lohn zurückhalten, wenn der Arbeitnehmer seine Arbeitsleistung ungerechtfertigt nicht erbringt 4A_464/2018 (18.4.18) E. 4.1. Bei berechtigter Arbeitsverweigerung bleibt dem Arbeitnehmer dabei der laufende Lohnanspruch (inkl. Gratifikationen) erhalten. Demgegenüber bildet die Gratifikation kein Leistungspaar mit der laufenden Arbeitsleistung, weshalb der Arbeitnehmer diesbezüglich kein Leistungsverweigerungsrecht bei fortlaufender Lohnzahlungspflicht des Arbeitgebers hat 136 III 313/321 E. 2.4, s. zudem 120 II 209/212 ff. E. 6a ff.

Keine Unmöglichkeit der Gegenleistung. In einem synallagmatischen Vertrag kann eine Vertragspartei der anderen Partei die Einrede des nicht erfüllten Vertrages nicht entgegensetzen, wenn sie selber die Unmöglichkeit der Erfüllung der Gegenleistung zu vertreten hat 4C.291/2004 (1.11.04) E. 2.4 fr. 5

Kein Gläubigerverzug. Gerät eine Partei eines synallagmatischen Vertrages nach Massgabe des Art. 91 in Gläubigerverzug, kann sie der anderen Vertragspartei, welche ihre Gegenforderung geltend macht, die Einrede des nicht erfüllten Vertrages nicht entgegenhalten 4C.236/2002 (29.10.02) E. 3 fr. (in casu geriet der Käufer von Tickets in Annahmeverzug, da er der Verkäuferin vor Erhalt der Tickets angekündigt hatte, er sei an den Tickets nicht mehr interessiert und werde sie nicht bezahlen. Unter diesen Umständen brauchte die Verkäuferin die Tickets nicht zu versenden; es genügte ihre Mitteilung an den Käufer, sie werde ihm die Tickets in Rechnung stellen müssen, sollte ihr der anderweitige Verkauf nicht gelingen). 6

Die Erfüllung anbieten. Grundsätzlich real, ausnahmsweise nur verbal 79 II 280/282 E. 2. Die Voraussetzungen für die Verbaloblation sind dieselben, die erfüllt sein müssen, damit der Schuldner mittels Verbaloblation den Gläubiger nach Art. 91 in Verzug bringen kann. Danach ist Verbaloblation ausreichend, wenn die Gegenpartei die zur Erfüllung der Schuld nötigen Vorbereitungshandlungen unterlässt (z.B. indem sie sich – allenfalls auf entsprechende Aufforderung hin – bei einem Sukzessivlieferungsvertrag weigert, die Ware abzurufen). Eine weitere Ausnahme ist gegeben, wenn die Gegenpartei von vornherein nicht bereit ist, die Leistung anzunehmen (sog. antizipierte Annahmeverweigerung), 111 II 463/469 f. E. 5a. Sodann genügt bei einer Holschuld (Art. 74) die Verbaloblation, um den Gläubiger in Verzug zu setzen 119 II 437/439 E. 2b Pra 1994 (Nr. 226) 743. Das gehörige Angebot ist in Art. 82 der Erfüllung gleichgestellt 123 III 16/21 f. E.a. Der Verkäufer ist nicht zur Vorleistung verpflichtet, um die Fälligkeit des Kaufpreises zu bewirken. Es genügt, wenn er seine Leistung anbietet 129 III 535/541 E. 3.2.1. Ebenso wenig muss der Gläubiger seine eigene Leistung hinterlegen, um die Zahlung einer Geldsumme fordern zu können 4C.104/2004 (2.6.04) E. 6.2 fr. 7

Vorleistungspflicht. Art. 82 beruht auf dem allgemeinen Grundgedanken, dass der Belangte nur insoweit gezwungen werden kann, seine Leistung zu kreditieren, als er vertraglich zur Vorleistung verpflichtet ist 4A_589/2016 (2.3.17) E. 6.2. Zu unterscheiden sind zwei Fälle: Bei der *beständigen Vorleistungspflicht* bleibt zwischen Vor- und Gegenleistung eine Frist bestehen, die erst mit Erbringung der Vorleistung zu laufen beginnt; die Gegen- 8 leistung wird erst mit Fristablauf fällig. Bei der *unbeständigen Vorleistungspflicht* entfällt die Vorleistungspflicht durch Zeitablauf; alsdann sind die beidseitigen Leistungen Zug um Zug zu erbringen 127 III 199/200 ff. E. 3 (Ausführungen zur Abfassung des Urteilsspruches im Rahmen der verschiedenen Varianten von Vorleistungspflichten). – Ob die Pflicht zur Vorleistung beständig ist, bestimmt sich, wie die Frage nach dem Bestehen einer Vorleistungspflicht überhaupt, nach der von den Parteien getroffenen Vereinbarung, sofern das Gesetz keine zwingenden Bestimmungen enthält (die Beständigkeit der Vorleistungspflicht kann sich aber auch aus der Natur der Vereinbarung ergeben) 127 III 199/202 E. 3cc.

9 **Anwendung.** ***Beispiele.*** Die Bestimmung ist anwendbar auf den Sukzessivlieferungsvertrag 84 II 149/150, 38 II 118/123 f. fr., 4A_589/2016 (2.3.17) E. 6.1 f. (jeder Kontrahent kann die ihm obliegende Teilleistung – der Verkäufer die weitere Lieferungsrate, der Käufer den Kaufpreis für die frühere Teillieferung – zurückhalten, wenn der Vertragsgegner seinerseits mit einer Teilleistung im Verzug ist; z.B. kann der Käufer die Bezahlung bereits erfolgter Teilleistungen verweigern, wenn der Verkäufer mit späteren Teilleistungen im Verzug ist), 111 II 463/466 ff. E. 3–5 (zur Anwendung von Art. 82 auf den Sukzessivlieferungsvertrag im Einzelnen vgl. Vorb. Art. 184–551/Innominatverträge/Gemischte Verträge/Sukzessivlieferungsvertrag) – auf den Alleinvertretungsvertrag (er enthält ein Austauschverhältnis zwischen gegenseitigen Exklusivpflichten oder zwischen der Exklusivpflicht des einen Vertragspartners und der Absatzförderungspflicht des andern) 107 II 222/223 E. b, 78 II 32/34 ff. E. a–auf den Trödelvertrag 55 II 39/49 E. 5 fr. Zum Arbeitsvertrag 115 V 437/444 E. 5a. Zum Aktienkaufvertrag 4A_248/2017 (22.2.18) E. 3.1 (Einrede der Nichterfüllung des Verkäufers, der die Aktientitel zedieren muss, gegenüber dem Käufer, der bezahlen muss).

10 ***Analoge Anwendung*** der Bestimmung bei Rückabwicklung eines zweiseitigen Rechtsgeschäftes infolge Unverbindlichkeit 111 II 195/197 ff. E. 3–6 (in casu Übertragung von Inhaberschuldbriefen zur Sicherung eines Darlehens nach Massgabe der Bestimmungen über den Erwerb von Grundstücken durch Personen im Ausland für nichtig erklärt; der angerufene Richter darf die für die Rückabwicklung erforderlichen Entscheide nicht mit der Begründung aussetzen, es sei das Ergebnis eines Wiederherstellungsverfahrens gemäss aBewB Art. 22 abzuwarten), 4A_235/2018 (24.9.18) E. 4.3.2; bei der Rückabwicklung eines nichtigen Vertrages 113 II 450/455 E. a JdT 136 (1988) I 167 E. a, bei der Wandelung (Art. 208) 109 II 26/29 E. 3a. Analoge Anwendung auf den Arbeitsvertrag (und zwar auf das Leistungspaar Arbeitsvertrag einerseits und Lohn zuzüglich Spesen andererseits) 136 III 313/321 E. 2.4, 120 II 209/211 f. E. 6a, 4A_464/2018 (18.4.18) E. 4.1.

11 ***Keine Anwendung*** der Bestimmung, wenn ein Vertragsverhältnis beendigt ist: Die eine Partei kann ihre Schadenersatzforderungen nicht davon abhängig machen, dass die andere Partei gewisse Vorleistungen nachholt 107 II 222/223 E.b. Wenn die Leistung der Klagpartei unmöglich geworden ist (wie dies für Arbeitsleistungen zutreffen kann, die – wie in casu – während einer bestimmten Zeit zu erbringen sind), ist die Berufung auf die erfüllungshindernde Einrede des Art. 82 ausgeschlossen. Mit dem dilatorischen Charakter der Einrede wäre nicht vereinbar, sie im Schadenersatzprozess wegen Nichterfüllung in dem Sinn zuzulassen, der Kläger habe seinerseits nicht richtig angeboten 122 III 66/69 E. a (allenfalls ist aber die Einwendung zulässig, die eingeklagte Forderung sei nach Art. 119

Abs. 2 untergegangen). – Die Bestimmung kann nicht von einer Partei angerufen werden, die vorleistungspflichtig ist 105 II 28/30 f. E.b. Ausführlich zum Verhältnis von Art. 82 und einer Vorleistungspflicht 127 III 199 – Liegenschaftskauf/Übernahme der Grundpfandschulden: Haben die Parteien keine Vereinbarung getroffen, wann der Liegenschaftskäufer die Grundpfandschuld zu übernehmen hat, so gelten ZGB Art. 832 Abs. 2 und 834, nicht Art. 82 57 II 315/318 ff. E. 1.

Nicht willkürlich ist der Entscheid, Art. 82 auf Gesellschaftsverträge nicht anzuwenden 116 III 70/72 ff. E. 2 fr. (in casu einfache Gesellschaft). 12

Prozess. Das Leistungsverweigerungsrecht gemäss Art. 82 ist nicht von Amtes wegen zu berücksichtigen. Der Gläubiger kann sich damit begnügen, auf vorbehaltlose Leistung zu klagen; es obliegt dem Schuldner, die Einrede zu erheben 127 III 199/200 E. 3a, 123 III 16/19 E. 2b, 4D_3/2019 (1.4.19) E. 2.5, 4A_498/2016 (31.1.17) E. 4.2.2, 4A_533/2013 (27.3.14) E. 6.2. Ist die Einrede berechtigt, hat der Gläubiger also die Leistung weder erbracht noch angeboten, so schützt der Richter die Klage in dem Sinne, dass er den Schuldner zur Leistung Zug um Zug, d.h. zu einer aufschiebend bedingten Verpflichtung verurteilt 127 III 199/200 E. 3a, 111 II 463/466 f. E. 3, vgl. aber auch 59 I 255/257. Selbst beim Ausbleiben des Beklagten darf vom Richter die Einrede des nicht erfüllten Vertrages nicht von Amtes wegen aufgegriffen werden 76 II 298/299 ff. Pra 1950 (Nr. 133) 404 f. Die Frage, in welcher Form und bis zu welchem Zeitpunkt spätestens die Einrede vorzubringen ist, beantwortet das anwendbare (in casu waadtländische) Zivilprozessrecht. Kantonales Recht, welches für die Einrede nach Art. 82 nicht genügen lässt, dass die Nichterfüllung oder Nichtanbietung der Gegenleistung behauptet und bewiesen wird, sondern verlangt, dass die Einrede selbst ausdrücklich erhoben wird, ist nicht willkürlich 4P.246/2000 (22.2.02) E. 3a fr. – Art. 82 weicht vom Grundsatz ab, dass Beweis- und Behauptungslast zusammenfallen: Die Einrede des nicht erfüllten Vertrags muss nämlich der Schuldner erheben, danach aber der Gläubiger die Erfüllung oder das gehörige Angebot der Gegenleistung beweisen. Die Bestimmung ändert aber nichts an der Beweislast: Zunächst muss der Gläubiger seine Forderung beweisen. Daraufhin hat der Schuldner, der sich auf die Einrede des nicht erfüllten Vertrags beruft, seine Gegenforderung zu beweisen 123 III 16/19 f. E. 2b, 4A_68/2010 (12.10.10) E. 3.2.3 fr., 4A_464/2018 (18.4.19) E. 4.1 fr. Hierfür muss der Schuldner den Sachverhalt geltend machen und die zur Erhebung der Einrede geeigneten Beweismittel beibringen 4A_498/2016 (31.1.17) E. 4.2.2. (inkl. Beispiel in E. 4.2.3. f.). 13

Die Frage der ***Vorleistungspflicht*** hat der Richter demgegenüber von Amtes wegen und nicht erst auf Einrede hin zu prüfen 127 III 199/200 E. 3b. 14

Bundesgerichtliches Urteil. Ein bundesgerichtliches Urteil mit der Bedingung der Leistung «Zug um Zug» ist unabhängig davon möglich, ob das kantonale Prozessrecht ein summarisches Verfahren zur Verfügung stellt, das den Eintritt der Bedingung oder die Erfüllung der geschuldeten Gegenleistung festzustellen erlaubt. Besteht auf kantonaler Ebene kein solches Verfahren, so ist der klagenden Partei zuzumuten, nötigenfalls in einem zweiten, meist einfachen ordentlichen Prozess durch Feststellungsurteil die Voraussetzungen der Vollstreckung, d.h. Eintritt der Bedingung (eigene Erfüllung oder Annahmeverzug der Gegenpartei), nachzuweisen 94 II 263/270; vgl. auch 109 II 26/27 ff. E. 1–3 (in casu Wandelungsurteil, Art. 208/Summarisches Befehlsverfahren gemäss Zürcher ZPO § 222 ff. , berufungsfähige Zivilrechtsstreitigkeit). 15

16 ***Kantonales Urteil.*** Weist der kantonale Richter die Klage gestützt auf Art. 82 ab, weil der Kläger sich von seiner eigenen Leistungspflicht noch nicht befreit hat, so fällt er einen Endentscheid im Sinne von aOG Art. 48 Abs. 1 111 II 463/465 f. E. 1. Den Anspruch des Klägers auf Verurteilung des Beklagten zur Leistung Zug um Zug darf der kantonale Richter nicht unter Hinweis auf kantonales Prozessrecht und das dort enthaltene Verbot einer Klageänderung verneinen 111 II 463/467 E. 3.

17 ***Weiteres.*** Zur Durchsetzung eines Klageanspruchs sind zwei richterliche Urteile erforderlich: In einem ersten Urteil ist über Bestand und Inhalt von Leistung und Gegenleistung zu befinden (bedingtes Leistungsurteil); in einem zweiten Urteil ist alsdann darüber zu befinden, ob der Kläger die ihm richterlich auferlegte Leistung schon erbracht oder aber in der Weise sichergestellt hat, dass sie dem Beklagten auf dessen Leistung hin notwendigerweise zukommen muss (in casu offengelassen die in 94 II 263/269 zur Diskussion gestellte Lösung der «Abweisung der Klage zur Zeit» für den Fall, dass die Zug um Zug zu erbringende Leistung im Zeitpunkt der ersten Klage vom Kläger gar nicht bestritten wird) 111 II 195/197 f. E. 3.

18 **Rechtslage nach einer Verurteilung zur Leistung Zug um Zug.** Wer aufgrund einer Verurteilung zur Leistung Zug um Zug gegen den Prozessgegner vorgehen will, muss entweder schon erfüllt haben oder die Erfüllung anbieten 58 II 411/418 E. 3; vgl. auch 109 II 26/29 f. E. 3a. Nach Bundesrecht sind die Rechtsbehelfe der Art. 107 ff. auch nach einer rechtskräftigen Verurteilung zur Leistung Zug um Zug gegeben 58 II 411/419 E. 3.

19 **Obligatorisches Retentionsrecht.** Für das schweizerische Recht ist grundsätzlich das sogenannte obligatorische Retentionsrecht anzuerkennen, aufgrund dessen eine Vertragspartei selbst ausserhalb des Geltungsbereiches des Art. 82 ihre Leistung verweigern kann, bis ihr die aus dem gleichen rechtlichen Verhältnis geschuldete Gegenleistung erbracht wird 78 II 376/378, 94 II 263/267 E. a, vgl. 109 II 26/30 und 122 IV 322/326 E. 3. Der Arbeitnehmer hat bei Ausbleiben der Lohnzahlung für vergangene Lohnperioden zumindest in analoger Anwendung von Art. 82 ein Leistungsverweigerungsrecht 136 III 313/321 E. 2.4, 120 II 209/211 f. E. 6a.

20 **Weiteres.** Durch die nachträgliche Übereinkunft, der Käufer habe den Kaufpreis bei einer Bank zu deponieren, wird die ursprüngliche Vereinbarung der Leistung Zug um Zug nicht in eine Vorleistungspflicht des Käufers abgeändert (somit keine Rücktrittsmöglichkeit des Verkäufers nach Art. 214 Abs. 1 [«ohne Weiteres»], wenn der Käufer mit der Deponierung der Kaufpreissumme im Verzug ist, sondern nur Rücktrittsmöglichkeit nach Art. 107) 45 II 344/348 ff. E. 1–3.

2. Rücksicht auf einseitige Zahlungsunfähigkeit

Art. 83

[1] Ist bei einem zweiseitigen Vertrag der eine Teil zahlungsunfähig geworden, wie namentlich, wenn er in Konkurs geraten oder fruchtlos gepfändet ist, und wird durch diese Verschlechterung der Vermögenslage der Anspruch des andern gefährdet, so kann dieser seine Leistung so lange zurückhalten, bis ihm die Gegenleistung sichergestellt wird.

[2] Wird er innerhalb einer angemessenen Frist auf sein Begehren nicht sichergestellt, so kann er vom Vertrage zurücktreten.

Allgemeines. Im Gegensatz zu Art. 107 ff. kann nach Art. 83 der Vertrag schon dann aufgelöst werden, wenn noch keine der Vertragsleistungen fällig ist (Sinn der Bestimmung ist, dass sich der Gläubiger über die Abwicklung des Vertrages frühzeitig Klarheit verschaffen kann). Voraussetzung für das Vorgehen nach Art. 83 bildet allein der Umstand, dass durch die Verschlechterung der Vermögenslage des Schuldners der Anspruch des Gläubigers als gefährdet erscheint; dies kann auch dann der Fall sein, wenn dieser nicht vorleistungspflichtig ist (die Bestimmung kommt somit auch bei Leistungen Zug um Zug zur Anwendung) 105 II 28/30 ff. E.b. – Der Verlaggeber kann sich wahlweise auf Art. 83 oder Art. 392 Abs. 3 berufen (auch dann, wenn er nach Vertrag vorleistungspflichtig ist) 49 II 455/461. 1

Darlehen, Art. 316. Die Bestimmung schützt wie Art. 83 den Darleiher, der dem Borger den Betrag zur Nutzung überlassen muss, bevor er Zinsen und Rückzahlung verlangen darf. Hat er jedoch den Darlehensbetrag dem Borger *bereits hingegeben,* so besteht kein Anlass, ihn über die Behelfe von Art. 107 hinaus zu schützen. 2

Miete und Pacht. Nur bei Miete und Pacht ermächtigt das Gesetz den Gläubiger, den Vertrag bei Nichtbezahlung des Zinses aufzulösen, ohne sich an die Vorschriften des Art. 107 halten zu müssen. Diese Regelung darf jedoch nicht durch extensive Auslegung auf andere Vertragsverhältnisse übertragen werden. Art. 265 (heute Art. 257d) und 293 (heute Art. 282) sind Ausnahmebestimmungen, die nur für jene Verträge gelten, für die sie vorgesehen sind. Es trifft somit nicht zu, dass bei Dauerschuldverhältnissen die Zahlungsunfähigkeit und die Zahlungsunwilligkeit des Schuldners ohne Weiteres zur Auflösung des Vertrages führen 100 II 345/350 f. E. 4. 3

Abs. 1 **Zahlungsunfähigkeit.** Der Begriff der Zahlungsunfähigkeit ist materiellrechtlicher Natur; der Beweis der Zahlungsunfähigkeit kann mit allen Beweismitteln geführt werden 68 II 177/178 ff. – Zahlungsunfähigkeit im Sinne der Bestimmung setzt nicht den Konkurs oder die fruchtlose Pfändung des Schuldners voraus, sondern ist schon dann gegeben, wenn der Schuldner für absehbare Zeit (nicht bloss vorübergehend 68 II 177/179, 23 I 181/188 E. 5 fr.) nicht über die notwendigen Mittel verfügt, um seine Gläubiger zu befriedigen (in casu Zahlungsunfähigkeit einer Bank mit dem Gesuch um Bankenstundung gemäss BankG Art. 29) 105 II 28/29 f. E. 1. Selbst die *völlige* Zahlungsunfähigkeit erlaubt den Rücktritt nur nach erfolglosem Sicherstellungsbegehren 111 II 156/160 E.a. – Die Feststellung über das tatsächliche Vorliegen der Zahlungsunfähigkeit durch die letzte kantonale Instanz ist Tatfrage; Rechtsfrage hingegen ist, ob der betreffenden Feststellung der richtige Begriff unterlegt wurde 68 II 177/180. 4

Sicherstellung. Die zahlungsunfähige Partei ist nicht verpflichtet, ihre Leistung sicherzustellen 64 II 264/267 fr. – Der «Anspruch auf Sicherstellung» kann auch auf Ersatz jenes Schadens gehen, der entsteht, wenn der Schuldner nicht vertragsgemäss erfüllen sollte 105 II 28/32. – Die Sicherstellung der Gegenleistung durch den Schuldner kann nur nach SchKG Art. 288 angefochten werden, jedoch nicht nach SchKG Art. 287 Abs. 1 Ziff. 1 63 III 150/152 ff. E. 1–3. 5

6 ***Abs. 2*** Ob eine *Frist angemessen* ist, beurteilt sich nach den gleichen Grundsätzen wie in Art. 107 Abs. 1. Von Bedeutung sind dabei die Umstände des Einzelfalles, namentlich die Art der Leistung und das Interesse des Gläubigers an der baldigen Erfüllung; je grösser dieses Interesse und je leichter die Leistung zu erbringen ist, desto kürzer darf die Frist bemessen sein. Der Schuldner, dem der Gläubiger eine zu kurze Frist ansetzt, hat sich hiergegen beim Gläubiger zu verwahren und ihn um eine Verlängerung der Frist anzugehen; andernfalls ist anzunehmen, er sei mit der ihm gesetzten Frist einverstanden 105 II 28/33 f. E. 3.

7 Der vom Vertrag Zurücktretende kann nur *Rückgabe der Bereicherung* (Art. 62 ff.), nicht aber Schadenersatz verlangen, da der Schuldner zu der von ihm begehrten Sicherheitsleistung nicht verpflichtet ist 64 II 264/267 ff. fr. – Der Bereicherungsanspruch ist einem vom Schuldner erwirkten Nachlassvertrag auch dann unterworfen, wenn der Rücktritt vom Vertrag erst nach Bestätigung des Nachlassvertrages erfolgt 64 II 264/271 E. 3 fr. In 137 III 243/252 E. 4.4.7 hielt das Bundesgericht fest, dass bei einem zunächst gültigen und erst nachträglich gescheiterten Vertrag die Rückabwicklungsansprüche vertraglicher Natur seien. Es liess dabei offen, ob dies auch für die Rückabwicklungsansprüche nach Rücktritt wegen (nachträglicher) Zahlungsunfähigkeit gelte oder ob in diesem Fall nach wie vor an der Rechtsprechung von 64 II 264. festgehalten werden könne. – Siehe zur Rückabwicklung von Verträgen Vorb. Art. 1–40f.

D. Zahlung I. Landeswährung

Art. 84

[1] Geldschulden sind in gesetzlichen Zahlungsmitteln der geschuldeten Währung zu bezahlen.

[2] Lautet die Schuld auf eine Währung, die am Zahlungsort nicht Landeswährung ist, so kann die geschuldete Summe nach ihrem Wert zur Verfallzeit dennoch in Landeswährung bezahlt werden, sofern nicht durch den Gebrauch des Wortes «effektiv» oder eines ähnlichen Zusatzes die wortgetreue Erfüllung des Vertrags ausbedungen ist.

▪ Anwendung (2) ▪ Nominalwertprinzip (3) ▪ Alternativermächtigung (4) ▪ Wert zur Verfallzeit (5) ▪ Streitwertberechnung (6) ▪ Kursverlust/Aufwertung (7) ▪ Schuldbetreibung und Konkurs (9) ▪ Weiteres (11) ▪ Prozess (12)

1 Art. 84 bestimmt, *wie* der Schuldner zu erfüllen hat, nicht aber, wie viel er leisten muss 57 II 69/72 E. 3 fr. – Bei einem schweizerischen Gerichtsurteil ist der Betrag im Zweifel in Schweizer Währung geschuldet 44 II 213/217 fr. – Die Vereinbarung einer *Goldklausel* betrifft nicht eine blosse Erfüllungsmodalität, sondern den Umfang des Gläubigerrechtes 64 II 88/94 f. E. 3, 57 II 69/73 ff. E. 4 fr. – Massgebende Währung bei einem Darlehen in ausländischer und in schweizerischer Währung mit nachheriger Vereinigung auf einem Konto 49 II 397/401 f. fr. – Vereinbarung, den Kaufpreis mit «100% WIR» zu begleichen (in casu Weigerung der WIR-Genossenschaft, die Buchungsaufträge auszuführen) 119 II 227/229 ff. E. 1–3.

Anwendung. ***Voraussetzungen.*** Die Bestimmung bezieht sich auf den Fall einer Geldschuld, die in ausländischer Währung begründet wurde und in der Schweiz zahlbar ist 51 III 180/184 E. 2 fr., 74 II 81/90 (in casu wurde die Forderung wohl in ausländischer Währung eingeklagt, entstand jedoch ursprünglich in Schweizer Währung; da die Einklagung in ausländischer Währung keine Neuerung im Sinne von Art. 116 Abs. 1 bewirkte, kam Art. 84 nicht zur Anwendung). – Art. 84 ist auch auf Forderungen aus unerlaubter Handlung anwendbar und folglich auch in einem Schadenersatzprozess. Im Fall eines internationalen Sachverhalts muss die Schuld in der Währung des Staates getilgt werden, in dem der Vermögensverlust eingetreten ist (und nicht in der Währung des Staates, in dem die unerlaubte Handlung erfolgte) 137 III 158/160 ff. – Anwendung der Bestimmung im Zusammenhang mit IPRG Art. 147 Abs. 3 125 III 443/450 E. b Pra 2000 (Nr. 67) 413 f. – *Keine Anwendung* der Bestimmung auf das Eisenbahnfrachtrecht gemäss Art. 455 45 II 677/681 E. 3. 2

Nominalwertprinzip. Die Bestimmung enthält das Prinzip des Nominalwertes, nicht das Prinzip des Kurswertes (die «üblichen» Währungsschwankungen gehören zum Vertragsrisiko) 57 II 368/370 E. 3 fr., 51 II 303/308 f. 3

Alternativermächtigung. Bei einer Fremdwährungsschuld ist der Schuldner gemäss Art. 84 Abs. 2 alternativ berechtigt, nicht aber verpflichtet, in Landeswährung zu leisten, es sei denn, die Parteien hätten die Möglichkeit einer solchen Ersatzleistung rechtsgeschäftlich ausgeschlossen (sog. Effektiv-Klausel). Dem Gläubiger steht dieses Wahlrecht nicht zu: Er kann den Anspruch nur in der ausländischen Währung geltend machen 134 III 151/154 E. 2.2, 4A_200/2019 (17.6.19) E. 4, 4A_303/2012 (30.10.12) E. 2.3, 4A_206/2010 (15.12.10) E. 4.1.2 (in 137 III 158 n.p. E.) Pra 2011 (Nr. 95) 680 (es genügt nicht, dass der Gläubiger die verlangten Beträge in ausländischer Währung erwähnt, wenn er sie in CHF verlangt). Entsprechend darf das Gericht im Erkenntnisverfahren nur eine Zahlung in der geschuldeten Fremdwährung zusprechen 134 III 151/155 E. 2.4, 4A_200/2019 (17.6.19) E. 4, 4A_265/2017 (13.2.18) E. 5, 4A_3/2016 (26.4.17) E. 4.1. Das Gericht darf eine in Fremdwährung geschuldete Geldleistung auch nicht in dieser Währung zusprechen, wenn das klägerische Rechtsbegehren (fälschlicherweise) auf Leistung in Schweizer Franken lautet. Dies würde dem Dispositionsgrundsatz nach ZPO Art. 58 widersprechen. Hat die Partei Bezahlung in Schweizer Franken verlangt, würde die Zusprechung einer Geldleistung in der geschuldeten Fremdwährung etwas «anderes» im Sinne dieser Bestimmung bedeuten und ist daher nicht statthaft 4A_200/2019 (17.6.19) E. 4, 4A_265/2017 (13.2.18) E. 5, 4A_3/2016 (26.4.17) E. 4.1, 4A_341/2016 (10.2.17) E. 2.2, 4A_391/2015 (1.10.15) E. 3. Die Ausführungen zur Dispositionsmaxime sind bei WIR-Geld anwendbar: Klagt der Gläubiger auf Zahlung in Schweizer Franken statt in WIR, ist die Klage abzuweisen 4A_200/2019 (17.6.19) E. 5. 4

Wert zur Verfallzeit. Gilt auch für die Umrechnung ausservertraglicher Verpflichtungen 48 II 74/78 E. 3. 5

Streitwertberechnung. Für die Streitwertberechnung eines auf ausländische Währung lautenden Streitobjektes (in casu Pfand) ist der Zeitpunkt der Klageerhebung massgebend 48 II 412/413 fr. 6

7 **Kursverlust/Aufwertung.** Die Frage, ob der Schuldner einer nach ausländischem Recht zu beurteilenden und auf ausländische Währung lautenden Forderung den Kursverlust zu tragen habe, beurteilt sich nach schweizerischem Recht 47 II 203/205 f. E. 2. – Haftung des Schuldners für Kursverlust bei Verzug, Art. 103: Umrechnung in Schweizer Währung im Zeitpunkt, in dem die Schadenersatzforderung fällig geworden ist 48 II 74/78 f. E. 3, 76 II 371/375 f. E.a. – Vermächtnis in fremder Währung mit Zweckauflage: Der Vermächtnisnehmer hat bei Währungsentwertung keinen Anspruch auf einen entsprechend höheren Betrag 49 II 12/17 f. – Es besteht kein Grund, den Gläubiger das Risiko einer Geldentwertung bis auf den nahezu vollen Kurswert allein tragen zu lassen (in casu eine in Mark abgeschlossene Leibrentenversicherung) 53 II 76/81. Vgl. auch 109 II 436/440 ff. E. 2 Pra 1984 (Nr. 58) 141 ff.

8 Bestimmung des Masses einer Aufwertung nach Treu und Glauben; richterliches Ermessen (in casu in Mark abgeschlossene Lebensversicherung einer nicht deutschen Firma) 57 II 596/599 f. E. 4, 5. – Anwendung des deutschen Aufwertungsrechtes als Vertragsbestandteil: Lückenfüllung durch den Richter im Fall vollständiger Entwertung des ausländischen Geldes (in casu Darlehensforderung in deutscher Mark) 54 II 314/317 f. E. 3.

9 **Schuldbetreibung und Konkurs.** Von der materiellrechtlichen Frage der geschuldeten Währung zu unterscheiden ist die Frage, wie die Fremdwährungsschuld im Fall der Zwangsvollstreckung in der Schweiz durchzusetzen ist. Eine Forderung ist grundsätzlich auch dann nach dem SchKG zu vollstrecken, wenn sie auf eine fremde Währung lautet. Gemäss SchKG Art. 67 Abs. 1 Ziff. 3 ist eine auf ausländische Währung lautende, aber in der Schweiz in Betreibung gesetzte Forderung in Schweizer Währung zu unterziehen. Trotz der Umwandlungsvorschrift des SchKG Art. 67 Abs. 1 Ziff. 3 bleibt weiterhin die vertraglich vereinbarte Fremdwährung geschuldet. Deswegen steht dem Schuldner die Rückforderungsklage nach SchKG Art. 86 offen, falls er infolge Währungsveränderungen mehr bezahlt, hat bzw. dem Gläubiger die Nachforderung auf dem Weg einer neuen Betreibung, falls die Fremdwährung bis zum Ende des Betreibungsverfahrens steigt 134 III 151/155 E. 2.3, s. auch 4A_152/2013 (20.9.13) E. 3.2 fr. Massgebend für die Umrechnung der Fremdwährung in die Landeswährung ist der *Zeitpunkt der Einleitung der Betreibung* (SchKG Art. 67 Abs. 1 Ziff. 3) 51 III 180/188 E. 4 fr., 72 III 100/108 f. (in casu Betreibung in der Schweiz für eine im Ausland erfüllbare, auf fremde Währung lautende Forderung). Die Umwandlung bewirkt keine Neuerung nach Art. 116 115 III 36/40 E. 3a Pra 1989 (Nr. 173) 591. Die Fortsetzung einer Betreibung aufgrund eines Rechtsöffnungsentscheides, der die Forderung in fremder Währung angibt mit der Bestimmung, dass der Kurs des Zahlungstages massgebend sei, ist unzulässig 43 III 270/272 f. Wird eine bereits gerichtlich materiell beurteilte Fremdwährungsschuld zum Zwecke der Betreibung umgerechnet, so gilt, dass im Rechtsöffnungsverfahren das Urteil, mit dem der Rechtsvorschlag beseitigt wird, ebenfalls die Betreibungssumme in Schweizer Franken aufführt 134 III 151/155 f. E. 2.4. – Durch das *Nachlassverfahren* über den Schuldner einer Forderung in ausländischer Währung wird diese nicht in Schweizer Währung umgewandelt, selbst wenn der Sachwalter sie im Inventar umgerechnet hat (SchKG Art. 67, 211, 299, 304) 50 II 27/30 ff. E. 2. – Die Umrechnung in gesetzliche Schweizer Währung zum Kurs des Devisenangebots am Tag des Betreibungsbegehrens ist eine Regel des Ordre public; es besteht kein Raum

für eine einzig im Interesse des Betreibungsgläubigers stehende Wahl zwischen dem Kurs im Zeitpunkt des Betreibungsbegehrens und dem Kurs bei Fälligkeit der Forderung (Präzisierung der Rechtsprechung) – Art. 84 Abs. 2 ist somit nicht anwendbar 137 III 623/624 f. E. 3.

Beim *Nachlassvertrag mit Vermögensabtretung* werden die Forderungen in ausländischer Währung in jenem Zeitpunkt in Landeswährung umgerechnet, in dem die Bestätigung des Vertrages rechtskräftig wird 110 III 105/111 Pra 1985 (Nr. 109) 310. 10

Weiteres. Umwandlung in Schweizer Währung einer im Ausland zahlbaren Schuld, wenn diese nach Fälligkeitseintritt im Kurs steigt 51 III 180/184 E. 2 fr. – «WIR»-Geld 95 II 176/178 ff. E. 2–5, 102 II 339/340 f. E. 2, 94 III 74/77 f. Keine Verletzung von Art. 84, wenn das Gericht die Forderung in Schweizer Franken zuspricht, wenn der Lohn in Euro und mit fixem Wechselkurs angegeben ist (Verstoss gegen den Vertrauensgrundsatz liegt nicht vor) 4A_348/2015 (15.9.16) E. 3.3. 11

Prozess. Verhältnis zu ZPO Art. 56 4A_265/2017 (13.2.18) E. 6. 12

II. Anrechnung

Vorb. Art. 85–86

Aus dem Zusammenspiel von Art. 69, 85 und 86 ergeben sich folgende Regeln, 133 III 598/602 Pra 2008 (Nr. 55) 369 ff., 4A_71/2009 (25.3.09) E. 8.2: Art. 86 kommt zur Anwendung, wenn mehrere selbständige Schulden vorliegen, die ihr eigenes rechtliches Schicksal haben. Verzugszinsen (im Gegensatz zu Darlehenszinsen) und Betreibungskosten sind nicht selbständig, sodass für sie Art. 85 gilt. Nimmt der Gläubiger eine Teilzahlung an oder legt ihm das Gesetz oder der Grundsatz von Treu und Glauben eine Pflicht zur Annahme einer Teilzahlung auf, ist diese zuerst an die Zinsen und Kosten anzurechnen (Art. 69 Abs. 1 und 85) und auf den Teil der Schuld, der nicht oder schlechter gesichert ist (Art. 85 Abs. 2). Bestreitet der Schuldner einen Teil der Forderung und ist dies nicht rechtsmissbräuchlich, muss der Gläubiger die Teilzahlung für den nicht bestrittenen Teil der Forderung annehmen (Art. 69 Abs. 1). Sie wird wie folgt angerechnet: Zuerst an die Zinsen und Kosten, die zum anerkannten und fälligen Teilbetrag gehören, und danach an den anerkannten Teil der Hauptforderung selbst (also an das Kapital) und nicht an die Zinsen und Kosten des nicht anerkannten Teils (Art. 69 Abs. 2, der als speziellere Norm Art. 85 Abs. 1 vorgeht). 1

1. Bei Teilzahlung

Art. 85

[1] Der Schuldner kann eine Teilzahlung nur insoweit auf das Kapital anrechnen, als er nicht mit Zinsen oder Kosten im Rückstande ist.

[2] Sind dem Gläubiger für einen Teil seiner Forderung Bürgen gestellt, oder Pfänder oder andere Sicherheiten gegeben worden, so ist der Schuldner nicht berechtigt, eine Teilzahlung auf den gesicherten oder besser gesicherten Teil der Forderung anzurechnen.

1 **Allgemeines.** Art. 85 ist im Zusammenhang mit Art. 69 Abs. 1 zu sehen, s. dazu soeben Vorb. Art. 85–86. – Art. 85 steht im Einklang mit Art. 89, wonach die Ausstellung einer Quittung für die Kapitalschuld die Vermutung auslöst, dass auch die Zinse bezahlt seien 133 III 598/604 E. 4.2.1 Pra 2008 (Nr. 55) 373 f. – Art. 85 ist dispositiv und weicht abweichenden vertraglichen Abreden, so wie sie zum Beispiel im Kontokorrentvertrag zu finden sind 133 III 598/605 E. 4.2.1 (mit Verweis auf 129 III 118/121 E. 2.3) Pra 2008 (Nr. 55) 374.

2 ***Abs. 1*** Die Bestimmung ist anwendbar auch auf die Zwangsverwertung und insbesondere auf die Betreibung auf Pfandverwertung 121 III 432/435 E. b fr. Im Konkurs geht jedoch SchKG Art. 209 Abs. 2 Art. 85 vor 137 III 133/135 ff. E. 2.1 Pra 2011 (Nr. 97) 688 ff. – Anwendungsfall sowie Abgrenzung zu Art. 86 und 87 4A_69/2018 (12.2.19) E. 6 (insb. E. 6.3.1).

2. Bei mehreren Schulden a. Nach Erklärung des Schuldners oder des Gläubigers

Art. 86

[1] Hat der Schuldner mehrere Schulden an denselben Gläubiger zu bezahlen, so ist er berechtigt, bei der Zahlung zu erklären, welche Schuld er tilgen will.

[2] Mangelt eine solche Erklärung, so wird die Zahlung auf diejenige Schuld angerechnet, die der Gläubiger in seiner Quittung bezeichnet, vorausgesetzt, dass der Schuldner nicht sofort Widerspruch erhebt.

1 Zum Verhältnis von Art. 85 und 86 s. Vorb. Art. 85–86.

2 Von Gesetzes wegen besteht keine Pflicht des Schuldners gegenüber dem Bürgen, seine Zahlungen zuerst auf die verbürgten Schulden anrechnen zu lassen 59 II 236/243 f. E. 5. – Die Bestimmung gilt auch dann, wenn der Schuldner eine der Schulden durch Verrechnung tilgt 47 I 312/318.

3 ***Abs. 1*** Bei der Anrechnungserklärung des Schuldners handelt es sich um eine einseitige, empfangsbedürftige Willenserklärung 4A_321/2017 (16.10.17) E. 4.3. Diese Erklärung kann sich auch aus den Umständen ergeben (in casu wusste der Gläubiger, dass ein Bürge dem Hauptschuldner Geld ausschliesslich zum Zweck hingegeben hatte, eine bestimmte Schuld zu tilgen) 26 II 412/417. – Im Falle der Leistung durch einen Dritten ist dieser befugt zu erklären, welche Schuld er zahlen will. Widerspricht seine Erklärung den (internen) Weisungen des Schuldners, von denen der Gläubiger keine Kenntnis hat, hindert das die Erfüllung der bezeichneten Schuld nicht 4C.395/2002 (4.4.03) E. 2.2.

4 **Bei der Zahlung.** Der Schuldner kann die Erklärung bereits bei der Begründung der Schuld abgeben (aOR Art. 101 Abs. 1) 37 II 393/398 fr.

5 **Weiteres.** Die Bestimmung findet auch auf öffentlich-rechtliche Verbindlichkeiten Anwendung (in casu im Rahmen des AHV-Beitragsverfahrens), falls keine berechtigten Interessen der Verwaltung (wie z.B. drohende Beitragsverjährung) entgegenstehen Pra 2000 (Nr. 107) 631 E. 2, Pra 2001 (Nr. 38) 225 E. 2.

Abs. 2 Anwendungsfälle 4A_130/2010 (15.12.10) E. 3, 4A_571/2018 (14.1.19) E. 8.3 (implizite, aber erkennbare Bezeichnung). 6

b. Nach Gesetzesvorschrift

Art. 87

[1] Liegt weder eine gültige Erklärung über die Tilgung noch eine Bezeichnung in der Quittung vor, so ist die Zahlung auf die fällige Schuld anzurechnen, unter mehreren fälligen auf diejenige Schuld, für die der Schuldner zuerst betrieben worden ist, und hat keine Betreibung stattgefunden, auf die früher verfallene.

[2] Sind sie gleichzeitig verfallen, so findet eine verhältnismässige Anrechnung statt.

[3] Ist keine der mehreren Schulden verfallen, so wird die Zahlung auf die Schuld angerechnet, die dem Gläubiger am wenigsten Sicherheit darbietet.

Analoge Anwendung auf den Fall, dass der Schuldner eine von mehreren Schulden verrechnet (in casu Anwendung von Abs. 3) 58 III 21/24 f. 1

Abs. 1 Anwendungsfälle 59 II 236/244, 119 V 389/400 E. c, 4A_436/2018 (17.1.18) E. 3.3 (zuerst Anrechnung auf die früher verfallenen Mietzinsen). 2

Abs. 2 Geschäftsführung ohne Auftrag (Art. 419) eines Bankkunden im Interesse zweier Banken: Analoge Anwendung der Bestimmung bei der Anrechnung der dem Bankkunden von dritter Seite zurückerstatteten Beträge auf seine Forderung gegenüber den beiden Banken 112 II 450/458 f. E. 5 Pra 1987 (Nr. 144) 513. 3

III. Quittung und Rückgabe des Schuldscheines 1. Recht des Schuldners

Art. 88

[1] Der Schuldner, der eine Zahlung leistet, ist berechtigt, eine Quittung und, falls die Schuld vollständig getilgt wird, auch die Rückgabe des Schuldscheines oder dessen Entkräftung zu fordern.

[2] Ist die Zahlung keine vollständige oder sind in dem Schuldscheine auch andere Rechte des Gläubigers beurkundet, so kann der Schuldner ausser der Quittung nur die Vormerkung auf dem Schuldscheine verlangen.

Als *Quittung* im Sinne der Bestimmung gilt jede vom Gläubiger unterzeichnete Bescheinigung des Empfangs einer geschuldeten Geldsumme, gleichgültig, ob diese sogleich oder erst nachträglich, für jede einzelne Zahlung gesondert oder für mehrere oder sämtliche Zahlungen gemeinsam oder endlich als Gesamtquittung neben bereits bestehenden Einzelquittungen erteilt wird 103 IV 36/38 E. 2. – Eine Quittung im Sinne von Art. 88 bestätigt den Erhalt einer bestimmten Leistung und bildet ein Beweismittel, das jedoch den Gegenbeweis nicht ausschliesst 139 III 160/163 E. 2.7 Pra 2013 (Nr. 106) 825, 45 II 212 fr., 4A_426/2013 (27.1.14) E. 3.5.2 (die Quittung ist eine Bestätigung, dass eine bestimmte Summe bezahlt wurde; sie ist nicht die Anerkennung, diesen Betrag zu schulden; sie bestätigt also eine Tatsache und ist Beweismittel für diese Tatsache), vgl. auch 121 IV 1

131/135 (Art. 88 und 89 bezwecken bloss, den Beweis der Zahlung zu erleichtern, und nicht, gegenüber Dritten zu garantieren, dass der Inhalt der Quittung wahr ist); Beispiel für eine unrichtige Quittung 4A_23/2015 (20.5.15) E. 3. – Ob eine Zahlung erfolgt ist, ist *Tatfrage* 45 II 210/212 f. fr. – Anwendung im Wechselrecht (Art. 1029); auf das Konnossement (Art. 1152) 48 II 80/83 f. – Mit der Saldoquittung erklärt der Gläubiger, dass der Schuldner seine Leistung erbracht hat (Quittung im Sinne des Art. 88; Wissenserklärung) und erklärt darüber hinaus, dass er keine (anderen) Forderungen aus dem fraglichen Rechtsgeschäft gegenüber dem Schuldner hat (sogenannte negative Schuldanerkennung; Willenserklärung). Mit der negativen Schuldanerkennung kann auch ein Schulderlass erklärt werden. Bezieht sich die negative Schuldanerkennung auf eine möglicherweise bestehende Schuld, wird mit ihr ein «eventueller Erlass» erklärt 4A_97/2007 (10.10.07) E. 3.2 fr. (in casu Verzicht des Klienten auf Schadenersatzansprüche gegen seinen Anwalt angenommen). – Einer *Saldoquittung* kommt nicht unbedingt eine allgemeine Tragweite zu; mit einer Saldoquittung kann man nur auf Rechte verzichten, die man kennt oder deren Erwerb man mindestens als möglich betrachtet (in casu Nachforderungsrecht des Versicherten gegen den Versicherer trotz Saldoquittung) 100 II 42/45 E. 1 Pra 1974 (Nr. 200) 572, 102 III 40/47 E.f. Pra 1976 (Nr. 168) 407 – Der Gläubiger kann eine unter einer unzulässigen Bedingung angebotene Leistung ablehnen (in casu verlangte der Versicherer vom Versicherten eine Saldoquittung) 88 II 111/115 f. E. 7 Pra 1962 (Nr. 104) 320 f.

2. Wirkung

Art. 89

[1] Werden Zinse oder andere periodische Leistungen geschuldet, so begründet die für eine spätere Leistung ohne Vorbehalt ausgestellte Quittung die Vermutung, es seien die früher fällig gewordenen Leistungen entrichtet.

[2] Ist eine Quittung für die Kapitalschuld ausgestellt, so wird vermutet, dass auch die Zinse bezahlt seien.

[3] Die Rückgabe des Schuldscheines an den Schuldner begründet die Vermutung, dass die Schuld getilgt sei.

1 ***Abs. 1*** Zum urkundlichen Beweis der Tilgung im Sinne von SchKG Art. 81 Abs. 1 genügt die Berufung auf die Vermutung von Art. 89 Abs. 1 nicht; hingegen genügt die Berufung auf Art. 89 Abs. 1 für das Glaubhaftmachen der Tilgung in SchKG Art. 82 Abs. 2 104 Ia 14/14 ff. E. 2.

2 ***Abs. 2*** Bei einer Quittung mit Saldoklausel im Nachlassverfahren von Banken gilt Art. 21 Abs. 2 der V des Bundesgerichtes vom 11. April 1935 betreffend das Nachlassverfahren von Banken und Sparkassen (SR 952.831) 102 III 40/47 E.f. Pra 1976 (Nr. 168) 407. Beachte: Diese Verordnung wurde auf den 1. Juli 2004 aufgehoben (AS 2004 S. 3403).

3 ***Abs. 3*** Die Bestimmung enthält keine Vermutung hinsichtlich des Rechtsgrundes der Tilgung: Der Erlass durch Schenkung z.B. untersteht den Regeln der Schenkung (aOR Art. 104) 25 II 581/582.

3. Unmöglichkeit der Rückgabe

Art. 90

[1] Behauptet der Gläubiger, es sei der Schuldschein abhanden gekommen, so kann der Schuldner bei der Zahlung fordern, dass der Gläubiger die Entkräftung des Schuldscheines und die Tilgung der Schuld in einer öffentlichen oder beglaubigten Urkunde erkläre.

[2] Vorbehalten bleiben die Bestimmungen über Kraftloserklärung von Wertpapieren.

<u>*Abs. 1*</u> Die *Sparhefte* unterliegen nicht dem Amortisationsverfahren von Wertpapieren in Abs. 2, sondern dem Privatentkräftungsverfahren nach Abs. 1, das aber durch Parteiabrede ausgestaltet werden kann (z.B. öffentlicher Aufruf mit Ansetzung einer kurzen Frist) 51 II 314/318 ff. E. 2–5. In 89 II 87/95 E. 8 Pra 1963 (Nr. 111) 333 f. offengelassen, ob dem Sparheft Wertpapiercharakter zukomme. 1

E. Verzug des Gläubigers

Vorb. Art. 91–95

Allgemeines. Der Gläubigerverzug bewirkt für sich allein nicht das Ende des zweiseitigen Vertrages (vertraglich vereinbarte Zinspflicht bis zur Hinterlegung oder zum Verkauf der Sache) 119 II 437/440 E. 3a Pra 1994 (Nr. 226) 743 f. – Die Freistellung im gekündigten Arbeitsvertrag ist weder Annahmeverzug noch ungerechtfertigte fristlose Entlassung 118 II 139/140 E. 1a. 1

Risikoverteilung im Gläubigerverzug: In 4A_640/2009 (2.3.10) E. 7.2.2 (in 136 III 178 n.p. E.) hat es das Bundesgericht als grundsätzlich fraglich bezeichnet, ob ein Schaden (in casu Ausfall des Startgenerators eines Flugzeugs), der während des Gläubigerverzugs ohne Verschulden des Schuldners eintritt, zur Beendigung des Annahmeverzugs durch Entfallen der Leistungsbereitschaft führen kann. 2

I. Voraussetzung

Art. 91

Der Gläubiger kommt in Verzug, wenn er die Annahme der gehörig angebotenen Leistung oder die Vornahme der ihm obliegenden Vorbereitungshandlungen, ohne die der Schuldner zu erfüllen nicht imstande ist, ungerechtfertigterweise verweigert.

Allgemeines. Gerät eine Partei eines synallagmatischen Vertrages nach Massgabe des Art. 91 in Gläubigerverzug, kann sie der anderen Vertragspartei, welche ihre Gegenforderung geltend macht, die Einrede des nicht erfüllten Vertrages nicht entgegenhalten 4C.236/2002 (29.10.02) E. 3 fr. (in casu geriet der Käufer von Tickets in Annahmeverzug, da er der Verkäuferin vor Erhalt der Tickets angekündigt hatte, er sei an den Tickets nicht mehr interessiert und werde sie nicht bezahlen. Unter diesen Umständen brauchte die Verkäuferin die Tickets nicht zu versenden; es genügte ihre Mitteilung an den Käufer, sie werde ihm die Tickets in Rechnung stellen müssen, sollte ihr der anderweitige Verkauf 1 nicht gelingen). – Analoge Anwendung der Art. 107–109 bei Annahmeverweigerung im Sinne von Art. 91 111 II 156/159 E. 2; analoge Anwendung von Art. 108 Ziff. 1109 II 26/32 E. b, 59 II 305/308. Analog der Rechtslage beim Verzugszins ist auch beim Schadenszins davon auszugehen, dass er nicht mehr anfällt, wenn der Schuldner dem Gläubiger die Leistung nach Art. 91 gehörig anbietet, dieser die Annahme aber verweigert und damit in Gläubigerverzug gerät. Gläubigerverzug schliesst Schuldnerverzug als Anspruchsvoraussetzung von Verzugszinsen (Art. 104 Abs. 1) aus. Entsprechend schliesst die ungerechtfertigte Verweigerung der Annahme einer Schadenersatzzahlung den Anspruch auf Schadenszins wegen Ausbleibens der Zahlung aus (indessen liegt ein gehöriges Angebot der Zahlung nur vor, wenn die Zahlung darin nicht an Bedingungen geknüpft wird, es sei denn, solche wären von einer vertraglichen Vereinbarung gedeckt) 4C.277/2005 (17.1.06) E. 5 (nicht publiziert in 132 III 321). S. auch 4A_446/2015 (3.3.16) E. 3.3.2, wonach der Gläubigerverzug des Käufers (aufgrund einer Obliegenheitsverletzung) den Schuldnerverzug des Verkäufers ausschliesst.

2 **Vorbereitungshandlungen.** Spezifikation der Ware durch den Käufer (das Recht zur Spezifikation geht vom säumigen Gläubiger auf den Schuldner über) 42 II 219/224 f. E. 3, vgl. auch 110 II 148/151 f. E. b Pra 1984 (Nr. 173) 481; Abruf beim Sukzessivlieferungsvertrag 59 II 305/307; Vorbereitungshandlungen beim Devisen-Termingeschäft 68 II 220/223 ff. E. 2; beim Kauf die Bereitschaft zum Einmessen der Ware 48 II 98/103 E. 3; Weisungen über die Versendung der Ware 16 176/181 E. 3; Weisungen zur Fabrikation der Ware 15 352/360 E. 7. – Zu den Vorbereitungshandlungen in Fällen, in denen der die Leistung Fordernde nicht der ursprüngliche Gläubiger der Forderung ist oder an ihr dingliche Rechte zugunsten Dritter bestellt hat, gehört auch die Beibringung der erforderlichen Ausweise über die Gläubigereigenschaft bzw. die Beibringung der Legitimation zur Empfangnahme der Zahlung 45 II 250/256. – Arbeitsvertrag: Das Ersuchen bei der Behörde um eine Arbeitsbewilligung (Pra irrtümlich: Arbeitsbedingung) für Ausländer ist eine Vorbereitungshandlung, die der Arbeitgeber zu erfüllen hat und deren Unterlassung ihn in Verzug setzt (Art. 324) 114 II 279/283 f. E. bb Pra 1989 (Nr. 37) 151. – *Keine Vorbereitungshandlung* im Sinne der Bestimmung ist die Ablösung eines Pfandrechtes durch den Liegenschaftsverkäufer 96 II 47/51 E.b.

3 **Weiteres.** Der Gläubiger kann die Nichtannahme der Leistung nicht durch den Hinweis auf ein Einfuhrverbot rechtfertigen, wenn der Erfüllungsort im Ausland liegt (in casu deutscher Käufer, Erfüllungsort in der Schweiz) 44 II 407/409 f. – Der Gläubiger trägt das Risiko seiner Annahmeverweigerung 119 II 437/440 E. 2b Pra 1994 (Nr. 226) 743, 4C.130/2002 (30.7.02) E. 4.2 fr. Der Gläubiger kann eine unter einer unzulässigen Bedingung angebotene Leistung ablehnen (in casu verlangte der Versicherer vom Versicherten eine *Saldo*quittung) 88 II 111/115 f. E. 7 Pra 1962 (Nr. 104) 320 f. – Solange der Gläubiger in Annahmeverzug ist, kann der Schuldner nicht in Verzug kommen 45 II 250/256. – Erfüllungsbereitschaft des Schuldners, wenn der Gläubiger eine (nach Ansicht des Schuldners) vertragswidrige Leistung verlangt 50 II 40/44 f. E. 2. – Zu den Voraussetzungen des Annahmeverzugs des Gläubigers gehört, dass der Schuldner tatsächlich leistungsbereit ist 28 II 263/270 E. 6. Bei einer Holschuld (Art. 74) genügt ein wörtliches Angebot (Verbaloblation), um den Gläubiger in Verzug zu setzen und dessen Leistung

vollstreckbar zu machen 109 II 26/32 E. a, 119 II 437/439 E. 2b Pra 1994 (Nr. 226) 743. – Zum Anbieten der Leistung durch den Schuldner siehe auch unter Art. 82.

II. Wirkung 1. Bei Sachleistung a. Recht zur Hinterlegung

Art. 92

[1] Wenn der Gläubiger sich im Verzuge befindet, so ist der Schuldner berechtigt, die geschuldete Sache auf Gefahr und Kosten des Gläubigers zu hinterlegen und sich dadurch von seiner Verbindlichkeit zu befreien.

[2] Den Ort der Hinterlegung hat der Richter zu bestimmen, jedoch können Waren auch ohne richterliche Bestimmung in einem Lagerhause hinterlegt werden.

Abs. 1 Ob einer Hinterlegung befreiende Wirkung zukommt, entscheidet erst der ordentliche Richter, falls der angebliche Gläubiger trotz der Hinterlegung den Schuldner auf Erfüllung belangt. Weist das kantonale Recht den Hinterlegungsrichter an, vorfrageweise das Bestehen von Hinterlegungsgründen zu prüfen, darf dadurch die dem Schuldner von Bundesrechts wegen eingeräumte Möglichkeit, sich durch Hinterlegung zu befreien, nicht vereitelt werden. Daher darf der Hinterlegungsrichter das Hinterlegungsgesuch nur abweisen, wenn es offensichtlich unhaltbar ist 4A_511/2007 (8.4.08) E. 2.2, vgl. auch 105 II 273/275 f. E. 2 (Hinterlegung nach Art. 168), 125 III 120/121 E. 2a (Art. 259g: geht der Mieter bei der Hinterlegung gutgläubig von einem Mangel aus, den er weder zu vertreten noch zu beseitigen hat, so gelten die Mietzinse als bezahlt). – Erst wenn der Schuldner hinterlegt hat, ist er zur Betreibung des Gläubigers berechtigt 79 II 280/282 f. E. 2. 1

Ist dem Mieter eine *Frist zur Zahlung des Mietzinses* im Sinne von Art. 265 (heute Art. 257d) angesetzt worden, so kann er die Auflösung des Vertrages durch Hinterlegung des ausstehenden Betrages nur dann abwenden, wenn er durch eine besondere vertragliche Bestimmung dazu ermächtigt ist oder wenn die Voraussetzungen der Art. 92, 96 oder 168 Abs. 1 gegeben sind 103 II 247/255 E. 3a. 2

Zur *vertraglichen Vereinbarung* einer gerichtlichen Hinterlegung siehe unter Art. 96. 3

Abs. 2 (Die nachfolgende Rechtsprechung erging vollumfänglich zur alten Fassung von Art. 92 Abs. 2.) Der *Hinterlegungsrichter* hat nach Bundesrecht keine Prüfungsbefugnis, sondern er hat lediglich die Hinterlegungsstelle zu bezeichnen. Ob einer Hinterlegung befreiende Wirkung zukommt, entscheidet erst der ordentliche Richter, falls der Schuldner trotz der Hinterlegung auf Erfüllung belangt wird. Hingegen kann das kantonale Recht den Hinterlegungsrichter anweisen, das Bestehen von Hinterlegungsgründen vorfrageweise zu prüfen (so z.B. Zürcher ZPO § 220), wobei das blosse Glaubhaftmachen von Hinterlegungsgründen genügen muss 105 II 273/276 (in casu Hinterlegung nach Art. 168). 4

Der *Hinterlegungsvertrag* mit dem Aufbewahrer untersteht auch dann dem Privatrecht, wenn die Hinterlegung auf Anordnung des Richters bei einer öffentlichen Kasse erfolgt (bei Streitigkeiten ist der Zivilrichter zuständig) 72 I 13/15 f. E. 1 Pra 1946 (Nr. 95) 205 f. 5

Hinterlegung von Waren ohne richterliche Bestimmung in einem Lagerhaus. Der Schuldner (in casu Verkäufer) hat die Wahl, wo er hinterlegen will, und trägt dafür die Verantwortung. Das Gesetz verlangt keine Formalitäten: weder einen richterlichen Entscheid 6 noch Spezialanzeigen noch die Wahl eines offiziellen Lagerhauses. Vorausgesetzt ist jedoch, dass der Dritte das Lagergeschäft gewerbsmässig betreibt 34 II 299/305 fr.

7 Siehe auch unter Art. 168.

b. Recht zum Verkauf

Art. 93

[1] Ist nach der Beschaffenheit der Sache oder nach der Art des Geschäftsbetriebes eine Hinterlegung nicht tunlich, oder ist die Sache dem Verderben ausgesetzt, oder erheischt sie Unterhaltungs- oder erhebliche Aufbewahrungskosten, so kann der Schuldner nach vorgängiger Androhung mit Bewilligung des Richters die Sache öffentlich verkaufen lassen und den Erlös hinterlegen.

[2] Hat die Sache einen Börsen- oder Marktpreis oder ist sie im Verhältnis zu den Kosten von geringem Werte, so braucht der Verkauf kein öffentlicher zu sein und kann vom Richter auch ohne vorgängige Androhung gestattet werden.

1 **Anwendungsbereich.** Art. 93 ist auch auf die Nebenpflicht zur Rückgabe der Sache (z.B. nach einer Reparatur) anwendbar 136 III 178/185 E. 7.1.

2 **Prozessuale Aspekte.** Das Gesuch um Bewilligung des Selbsthilfeverkaufs zählt zur freiwilligen Gerichtsbarkeit. Es gilt das summarische Verfahren. Der Gläubiger ist nach Möglichkeit anzuhören. Der Entscheid über die Bewilligung des Selbsthilfeverkaufs kann im Rahmen eines ordentlichen Verfahrens als vorsorgliche Massnahme erfolgen oder ausserhalb des Hauptverfahrens. Erfolgt er losgelöst vom Hauptverfahren, ist er unter prozessrechtlichen Gesichtspunkten verfahrensabschliessend und damit ein Endentscheid im Sinne von BGG Art. 90. Dennoch bewirkt die Bewilligung zum Selbsthilfeverkauf keine endgültige Regelung zivilrechtlicher Verhältnisse. Das Urteil hat keine materielle Rechtskraftwirkung über das Rechtsverhältnis zwischen Schuldner und Gläubiger. Denn der Gläubiger kann innerhalb der mit der vorgängigen Androhung gesetzten Frist die Sache entgegennehmen und so den Selbsthilfeverkauf und damit die Umgestaltung des Rechtsverhältnisses (von einer Sach- in eine Geldleistung) abwenden. Überdies bindet die Beurteilung des Richters im summarischen Verfahren den Richter in einem späteren ordentlichen Verfahren (z.B. in einem Schadenersatzprozess) nicht. Der ordentliche Richter kann nachprüfen, ob die besonderen Voraussetzungen des Selbsthilfeverkaufs erfüllt waren. Bei unbilligen Schadenersatzforderungen wegen eines sich im Nachhinein als ungerechtfertigt herausstellenden Selbsthilfeverkaufs kann der Richter über die Schadenersatzbemessung eine Korrektur vornehmen 136 III 178/180 ff. E. 5 und 4A_640/2009 (2.3.10) E. 2 und 3 (nicht publiziert in 136 III 178).

3 ***Abs. 1*** Aus der Bestimmung ergibt sich das *Recht,* nicht aber die Pflicht des Sachleistungsschuldners zum Selbsthilfeverkauf. Eine Pflicht lässt sich auch nicht aus einer Sondervorschrift des Kaufvertragsrechts ableiten. Die Pflicht zum Selbsthilfeverkauf kann sich hingegen aus dem Gebot des Handelns nach Treu und Glauben oder unmittelbar aus dem Vertragsverhältnis ergeben (vorausgesetzt ist aber, dass die Unterlassung des Selbsthilfeverkaufs rechtsmissbräuchlich wäre) 115 II 451/452 E. 3. – *Dem Verderben ausgesetzt* ist eine Ware z.B. dann, wenn sie durch längeres Lagern an frischem Aussehen verliert (in

casu Schokolade); Tatfrage 42 II 219/225. – Befindet sich die Ware bei Annahmeverzug am Erfüllungsort, so ist der *Richter* dieses Ortes zuständig 42 II 219/227 E. 5. – *Stellung des Gantbeamten:* Im Gegensatz zur Zwangsversteigerung geht es nur um eine amtliche Mitwirkung; der Beamte hat den Willen der Beteiligten, so vor allem des Selbsthilfeverkäufers, zu berücksichtigen. Letzterer muss bei der Ausübung dieses ihm vom Gesetz eingeräumten Rechtes auch die Interessen des säumigen Gläubigers nach Treu und Glauben wahren. So hat der Selbsthilfeverkäufer dem Beamten z.B. die nötigen Weisungen für die Aufstellung zweckdienlicher Verkaufsbedingungen zu erteilen 42 II 219/226 f. E. 4. – Ersteigert der Selbsthilfeverkäufer die Ware selber, so kann sie Gegenstand einer weiteren von ihm dem gleichen Gläubiger geschuldeten Leistung und bei erneutem Annahmeverzug Gegenstand eines neuen Selbsthilfeverkaufes bilden 42 II 219/227 f. E. 5. – Erzielt der Selbsthilfeverkäufer wegen von ihm zu verantwortender Mängel des Versteigerungsverfahrens einen geringeren Erlös, als sonst erhältlich gewesen wäre, so hat er den ausstehenden Restbetrag zusätzlich zu hinterlegen oder die Kaufpreisforderung im ursprünglichen Vertrag entsprechend herabzusetzen 42 II 219/230 E. 6. – Ware, die erheblichen Kursschwankungen unterliegt: Wenn auch das Gesetz zur Vornahme des Selbsthilfeverkaufes keine Frist vorsieht, so verbietet dennoch der Grundsatz von Treu und Glauben, dass der Selbsthilfeverkäufer sein vertragliches Recht dazu missbraucht, auf unbestimmte Zeit auf Kosten des Käufers zu spekulieren 22 507/514. – *Gewährleistungspflicht des Selbsthilfeverkäufers* gegenüber dem Selbsthilfekäufer: keine Anwendung von Art. 234; unzulässig z.B. die Wegbedingung einer Gewichtsgarantie 42 II 219/229.

Abs. 2 **Marktpreis.** Unter dem Marktpreis ist jener Preis zu verstehen, der infolge regelmässiger Geschäftsabschlüsse für eine Ware bestimmter Gattung und Art an einem bestimmten Handelsplatz zu einer bestimmten Zeit erzielt wird 49 II 77/84, 78 II 432/434 E.a. 4

c. Recht zur Rücknahme

Art. 94

1 Der Schuldner ist so lange berechtigt, die hinterlegte Sache wieder zurückzunehmen, als der Gläubiger deren Annahme noch nicht erklärt hat oder als nicht infolge der Hinterlegung ein Pfandrecht aufgehoben worden ist.

2 Mit dem Zeitpunkte der Rücknahme tritt die Forderung mit allen Nebenrechten wieder in Kraft.

2. Bei andern Leistungen

Art. 95

Handelt es sich um die Verpflichtung zu einer andern als einer Sachleistung, so kann der Schuldner beim Verzug des Gläubigers nach den Bestimmungen über den Verzug des Schuldners vom Vertrage zurücktreten.

1 Die im allgemeinen Teil des OR vorgesehene Rechtsfolge für den Fall des Gläubigerverzugs – nämlich der Rücktritt vom Vertrag – ist bei einem Dauerschuldverhältnis kaum adäquat. Deshalb hat der Gesetzgeber beim Arbeitsvertrag die Sonderregel von Art. 324 Abs. 1 geschaffen, 4A_291/2008 (2.12.09) E. 3.2. Diese Bestimmung geht den allgemeinen Bestimmungen des OR vor, berechtigt also nicht zu einem verzugsrechtlichen Vertragsrücktritt, weil dem Arbeitnehmer durch die Spezialbestimmung der Lohnanspruch gewahrt und auch eine ordentliche Kündigung unbenommen bleibt 116 II 142/143 E. 5 b, 124 III 346/348 E. 2a. Auch bei der Verletzung einer Obliegenheit ist die Anwendung des Schuldnerverzugs angezeigt 4A_446/2015 (3.3.16) E. 3.3.2.

F. Andere Verhinderung der Erfüllung

Art. 96

Kann die Erfüllung der schuldigen Leistung aus einem andern in der Person des Gläubigers liegenden Grunde oder infolge einer unverschuldeten Ungewissheit über die Person des Gläubigers weder an diesen noch an einen Vertreter geschehen, so ist der Schuldner zur Hinterlegung oder zum Rücktritt berechtigt, wie beim Verzug des Gläubigers.

1 **«Ungewissheit über die Person des Gläubigers».** Zur Hinterlegung nach Art. 96 ist der Schuldner nur berechtigt, wenn ihm nach Prüfung der Sach- und Rechtslage mit der Aufmerksamkeit, wie sie von einer verständigen Vertragspartei nach den Umständen verlangt werden darf, begründete, d.h. objektiv gewichtige Zweifel über die Person des Gläubigers verbleiben, die auf eigene Gefahr zu beseitigen ihm nicht zuzumuten ist 4C.291/2006 (28.11.06) E. 3.2, und 3.3.2 (in casu Berechtigung zur Hinterlegung verneint), 59 II 226/232 (in casu Berechtigung zur Hinterlegung bejaht). Eine Ungewissheit darüber, wem eine Forderung materiellrechtlich zusteht, begründet nur dann ein Recht zur Hinterlegung nach Art. 96, wenn die Ungewissheit eine korrekte Erfüllung der Schuld verunmöglicht. Sind sich die möglichen Gläubiger darüber einig, an wen die Leistung gehen soll, und kann diese unabhängig von der materiellen Berechtigung mit befreiender Wirkung erfolgen, fällt eine Hinterlegung nicht in Betracht 4C.291/2006 (28.11.06) E. 3.3.1. Hat der Schuldner berechtigterweise hinterlegt, so ist er von seiner Schuldpflicht befreit, auch wenn die Ungewissheit über die Person des Gläubigers nachträglich wegfällt 5A_511/2007 (8.4.08) E. 2.1, 59 II 226/235. – Ist streitig, wer Gläubiger einer Forderung sei (Art. 168 Abs. 1), so hat der Schuldner an dem Ort zu hinterlegen, wo die Erfüllung hätte erfolgen müssen, wenn sich kein Streit erhoben hätte (kein Wahlrecht des Schuldners) 63 II 54/57 f. – Der Schuldner hat nach den Grundsätzen von Art. 74 am Erfüllungsort zu hinterlegen (Verweis auf Art. 92) 63 II 54/57.

2 **Verhältnis zu Art. 168.** Art. 168 kommt als Spezialfall von Art. 96 zur Anwendung, wenn streitig ist, wem eine Forderung zusteht 143 III 102/104 E. 2.1, 4A_511/2007 (8.4.08) E. 2 (in 134 III 348 n.p. Erwägung), 105 II 273/277 E. 2, 63 II 54/57. Siehe auch unter Art. 168.

3 **Vertragliche Vereinbarung einer gerichtlichen Hinterlegung.** Wird eine gerichtliche Hinterlegung vertraglich vereinbart, so kann dies nur so verstanden werden, dass der

streitige Betrag beim Richter zu hinterlegen ist, was nur dann und nur so lange möglich ist, als das anwendbare kantonale Prozessrecht dies zulässt 103 II 247/256 E.a.

Verfahren. Ob einer Hinterlegung nach Art. 96 befreiende Wirkung zukommt, entscheidet erst der ordentliche Richter (und nicht der Hinterlegungsrichter), falls der angebliche Gläubiger trotz der Hinterlegung den Schuldner auf Erfüllung belangt 143 III 102/104 f. E. 2.1. 4

Zins. Für die Dauer der Hinterlegung eines streitigen Betrags bei der Gerichtskasse ist kein Zins geschuldet 135 V 50/57 E. 5. 5

Weiteres. Bei *Wahlobligation* darf der Schuldner, wenn der wahlberechtigte Gläubiger das ihm zustehende Wahlrecht nicht ausübt, freiwillig sämtliche alternativ geschuldeten Leistungen hinterlegen. Mit Blick auf den Schutzgedanken von Art. 96, der den zahlungswilligen Schuldner vor der Gefahr der Doppelzahlung schützen soll, besteht kein Grund, dem Schuldner zu verwehren, bei Ungewissheit über die Person des Gläubigers sämtliche alternativ geschuldeten Leistungen zu hinterlegen 134 III 348/352 E. 5.2.4. – Anwendungsfall 71 III 104/107 E. 2 Pra 1945 (Nr. 162) 399. 6

Zweiter Abschnitt
Die Folgen der Nichterfüllung

Vorb. Art. 97–101

▪ Verhältnis zur Deliktshaftung (1) ▪ Verhältnis zu Art. 62 ff. (2) ▪ Verhältnis zur Vertrauenshaftung (3) ▪ Verhältnis zur Haftung aus Kaufvertrag (4) ▪ Verhältnis zur Haftung aus Werkvertrag (5) ▪ Gefälligkeit (6) ▪ Anwendung (7) ▪ Beweis (8)

1 **Verhältnis zur Deliktshaftung.** Wenn der Schädiger durch sein Verhalten gleichzeitig eine vertragliche Pflicht verletzt und eine unerlaubte Handlung (Art. 41 ff.) begeht, kann sich der Geschädigte nebeneinander auf beide Ansprüche berufen 99 II 315/321 E. 5. Die Verletzung einer Vertragspflicht erfüllt rechtlich die gleiche Funktion wie die Widerrechtlichkeit im Deliktsrecht 133 III 121/124 E. 3.1 Pra 2007 (Nr. 105) 715, wobei aber die blosse Verletzung einer Vertragspflicht noch keine unerlaubte Handlung ist 74 II 23/26 E.b. Anspruchskonkurrenz durch mangelhafte Abwicklung eines Kaufvertrages 90 II 86/88 E. 2; durch Verletzung einer Verkehrssicherungspflicht durch ein Bergbahnunternehmen 4C.54/2004 (1.6.04) E. 2.2 Pra 2004 (Nr. 145) 823 (in casu verneint), 4A_22/2008 (10.4.08) E. 15.1 (vertragliche Nebenpflicht). Unterschiedliche Verjährungsdauer 123 III 204/212 E. 2f, 113 II 246/247 E. 3 sowie Unterschiede hinsichtlich der Beweislast für das Verschulden 113 II 246/247 E. 3. Zur Anspruchskonkurrenz siehe weiter unter Vorb. Art. 41–61/Verhältnis zur Vertragshaftung, zur Vertrauenshaftung und zu weiteren Haftungsgründen. – Der Geschädigte, der ausserhalb des Vertragsnexus steht, kann aus der Verletzung vertraglicher Sorgfaltspflichten nichts zu seinen Gunsten ableiten 4C.296/1999 (28.1.00) E. 2a (in casu Ingenieurvertrag, in E. 3b mit Ausführungen zur vertraglichen Drittschutzwirkung), auch 4C.280/1999 (28.1.00) E. 2a. Der Dritte, der durch eine Vertragsverletzung geschädigt wird, kann grundsätzlich nicht gestützt auf die Vertragshaftung Schadenersatz fordern 117 II 315/318 ff. E. 5 Pra 1993 (Nr. 58) 216 ff. Zur Drittschutzwirkung 4C.194/1999 (18.1.00) E. 4 fr., 4C.133/2001 (24.9.02) E. 5.2 fr., auch 4C.139/2005 (29.3.06) E. 3.3, wonach ein Serviceunternehmen (Heizung) davon ausgehen muss, dass es auch für allfällige Schäden der übrigen Familienmitglieder, die die Liegenschaft bewohnen, haften würde; der Vertrag wurde erkennbar zum Schutz aller Familienmitglieder abgeschlossen. – Das aEHG (nun EBG) schliesst andere vertragliche oder ausservertragliche Haftungsgründe nur so weit aus, als es wirklich anwendbar ist 113 II 246/251 E. 8.

2 **Verhältnis zu Art. 62 ff.** Bereicherungsanspruch und vertraglicher Anspruch schliessen sich gegenseitig aus, denn ein Vertrag gibt einen Rechtsgrund ab, während ein Anspruch aus ungerechtfertigter Bereicherung voraussetzt, dass kein Rechtsgrund vorliegt 133 III 356/358 E. 3.2.1, 127 III 421/424 E. 2, 126 III 119/121 E. 3b.

3 **Verhältnis zur Vertrauenshaftung.** Die Vertrauenshaftung liegt zwischen der deliktischen Haftung und der Haftung aus Vertrag. Die Vertrauenshaftung erfasst neben der Culpa-Haftung die weiteren interessenmässig gleich gelagerten Tatbestandsgruppen, wie etwa die Haftung für falsche Auskunft 133 III 449/451 E. 4.1, 130 III 345/349 E. 2.1, 121

III 350/354 E. c, 120 II 331/335 E. 5a. Sie setzt voraus, dass die Beteiligten in eine sogenannte «rechtliche Sonderverbindung» zueinander getreten sind, die erst rechtfertigt, die aus Treu und Glauben (ZGB Art. 2) hergeleiteten Schutz- und Aufklärungspflichten greifen zu lassen 134 III 390/395 E. 4.3.2, 130 III 345/349 E. 2.2, 120 II 331/335 E. 5a. Da es sich bei der Vertrauenshaftung um eine eigenständige Haftungsgrundlage zwischen Vertrag und Delikt handelt, ist die Frage nach der Rechtsnatur dieser (gesetzlich nicht geregelten) Rechtsfigur im Hinblick auf die massgebende Verjährungsfrist nicht zielführend, wobei sich die Verjährung der Ansprüche aus Vertrauenshaftung nach Art. 60 richtet 134 III 390/398. Sie soll indes das Rechtsinstitut des Vertrages nicht aushöhlen 133 III 449/451 E. 4.1, 134 III 390/398; sie hat deshalb zurückzutreten, wo schon eine Vertragshaftung greift, und ist in diesem Sinne subsidiär 131 III 377/380 E. 3 it. Zur Drittschutzwirkung von Verträgen als Anwendungsfall der Vertrauenshaftung 4C.194/1999 (18.1.00) E. 4 fr., 4C.133/2001 (24.9.02) E. 5.2 fr. Zur Absorption der vorvertraglichen Haftung aus der Verletzung vorvertraglicher Informationspflichten durch die Vertragshaftung aus dem nachmalig abgeschlossenen Vertrag 4C.205/2006 (21.2.07) E. 3.2 (in casu zur Informationspflicht der Bank, die namentlich dann erhöht ist, wenn der Kunde seine Anlagen nicht nur aus eigenen Mitteln, sondern auch mit Mitteln der Bank tätigt, so E. 3.4.2).

Verhältnis zur Haftung aus Kaufvertrag. Nach ständiger Rechtsprechung hat der Käufer bei unrichtiger Erfüllung (durch Lieferung einer mangelhaften Kaufsache) die Wahl, ob er gemäss Art. 197 ff. auf Gewährleistung klagen oder nach Art. 97 ff. Schadenersatz wegen Nichterfüllung verlangen oder den Vertrag wegen eines Willensmangels im Sinne von Art. 23 ff. anfechten will 109 II 319/322 E. 2, 108 II 102/104 E. a (Aktienkauf), 107 II 419/421 E. 1 (Kauf aller Aktiven eines Handelsgeschäfts), 4C.456/1999 (16.3.00) E. 3a (Grundlagenirrtum), vgl. auch 41 II 732/736 E. 3 fr., 114 II 131/133 ff. E. 1, 127 III 83/85 E. a, 4C.197/2004 (27.9.04) E. 3.1 fr. Die analoge Anwendung der Art. 208 Abs. 2 und 3 auf Fälle, in denen der Käufer keine Wandelung verlangt, ist zwar ausgeschlossen 133 III 335/339 (Überprüfung und Bestätigung der ständigen Praxis), 107 II 161/166 E. a, grundlegend 63 II 401/402 E. 2, 3, schon 58 II 207/210 E. 1. Doch ist ein Schadenersatzanspruch, der im Zusammenhang mit Minderung oder allein geltend gemacht wird, ein Anwendungsfall von Art. 97 Abs. 1, wobei zu beachten ist, dass dieser Anspruch bezüglich Mängelrüge und Verjährung den gleichen Bestimmungen wie die kaufrechtlichen Gewährleistungsansprüche untersteht 133 III 335/339 E. 2.4.2, 107 II 161/166 E. a, 4A_472/ 2010 (26.11.10) E. 2.1. fr., grundlegend 63 II 401/405. Deren Zweck besteht darin, im Interesse der Verkehrs- und Rechtssicherheit bald nach der Ablieferung eine klare Rechtslage zu schaffen 78 II 367/368, 102 II 97/102 fr., 133 III 335/340 E. 2.4.4, wo ausdrücklich entgegen 82 II 411/422 die Überlegung verworfen wird, die strenge Rügepflicht und die kurze Verjährungsfrist dienten dazu, die weitgehende Begünstigung, die dem Käufer durch das Gewährleistungsrecht im Allgemeinen eingeräumt wird, in einem angemessenen Rahmen zu halten. Was die Verjährung im Besonderen anbelangt, ist Art. 210 eine vorrangige Spezialnorm, die alle aus der mangelhaften Lieferung abgeleiteten vertraglichen Schadenersatzansprüche erfasst 133 III 335/341 (Harmonisierung mit dem Werkvertragsrecht in Bezug auf bewegliche Werke), 58 II 207/213. – Hat sich der Verkäufer zur Gewähr für den Bestand des Patentes verpflichtet, so haftet er gemäss Art. 97 ff. sowie Art. 195 und 196 110 II 239/242 f. E. d Pra 1984 (Nr. 241) 657 f. Wenn der Verkäufer eine 4 bestimmte Einzelsache verspricht und liefert, wird der Vertrag erfüllt, wenn auch vielleicht schlecht (in casu Zeichnung eines bedeutenden Künstlers, die sich nachträglich als gefälscht erweist); für eine Klage gemäss Art. 97 ff. auf Erfüllung oder auf Schadenersatz wegen Nichterfüllung bleibt diesfalls kein Raum 114 II 131/133 E.a. Die Versendungspflicht des Verkäufers ist eine selbständige Nebenpflicht, deren Nicht- oder Schlechterfüllung, soweit die «gehörige Bewirkung» nicht mehr möglich ist, Schadenersatzansprüche des Käufers nach Art. 97 Abs. 1 auslöst 122 III 106/108 E. 4.

5 **Verhältnis zur Haftung aus Werkvertrag.** Wird dem Besteller ein mangelhaftes Werk geliefert, so kann er nicht alternativ Schadenersatzansprüche nach Art. 97 und Gewährleistungsansprüche nach Art. 368 geltend machen 100 II 30/32 E. 2, vgl. auch 117 II 550/553. Mit dieser Rechtsprechung im Einklang steht die Regelung von Art. 171 Abs. 1 der SIA-Norm 118, wonach der Bauherr kein Recht hat, Schadenersatz gemäss Art. 97 ff. anstelle der Mängelrechte nach Art. 169 der SIA-Norm 118 geltend zu machen. Es ist dem Besteller nach Art. 171 Abs. 1 der SIA-Norm 118 aber nicht verwehrt, neben und ausser den Rechten nach Art. 169 der SIA-Norm 118 Schadenersatz nach Massgabe der Art. 368 und 97 ff. zu verlangen. Darunter fällt etwa der Ersatz des Mangelfolgeschadens, der dem Bauherrn trotz tadelloser Nachbesserung, trotz Minderung oder Rücktritt verbleibt (Teuerungskosten sind weder Mangelfolgeschaden noch anderer Schaden) 117 II 550/553. Vor der Ablieferung unterliegt jede Sorgfaltspflichtverletzung, die einer Nicht- oder Schlechterfüllung des Vertrages gleichkommt, den Regeln über die Nichterfüllung von Verträgen. So gelten die Art. 97 ff. z.B. für die Haftung des Unternehmers bei Diebstahl der Sache des Bestellers 113 II 421/422 E. 2b Pra 1988 (Nr. 110) 405. Analoge Anwendbarkeit auf die Regelung von Art. 377 117 II 273/277 f. E. 4b (teilweise Praxisänderung).

6 **Gefälligkeit.** Unverbindliche Gefälligkeiten (die auch im Bereich der Arbeitsleistungen vorkommen) führen zu keiner Vertragshaftung des Leistenden bei Nicht- oder Schlechterfüllung, sondern zu einer Haftung aus unerlaubter Handlung 137 III 539/543 E. 5.1, 116 II 695/697 f. E.bb.

7 **Anwendung.** Auf Schadenersatzansprüche des Käufers wegen Mängeln der Kaufsache, wenn diese Ansprüche nicht in Verbindung mit Wandelung, sondern mit blosser Minderung oder für sich allein geltend gemacht werden (jedoch gelten die Verjährungsfristen der Art. 210/219 Abs. 3 und es besteht die Prüfungs- und Rügepflicht nach Art. 201) 63 II 401/402 ff. E. 2, 3; auf die Bestimmung des Schadenersatzes bei Rücktritt vom Mietvertrag aus wichtigen Gründen (aOR Art. 269) 60 II 205/216 f. E. 5 und 6, vgl. auch 115 II 474/479 E. d; auf die Schadenersatzpflicht des Verpächters gemäss aOR Art. 281ter (siehe nun LPG Art. 15) 112 II 235/238 E. 4a; bei Verletzung der Normativbestimmungen (zum Begriff: 127 III 318/322 E. 2a) eines Gesamtarbeitsvertrages durch den Arbeitgeber 115 II 251/254 E. 4a Pra 1990 (Nr. 15) 46, 120 V 30 E. 3b fr., 124 III 126/133 E. 4 Pra 1998 (Nr. 103) 595, 127 III 318/327 E. 5 (versäumter Abschluss einer Kollektivversicherung), 4C.4/2001 (26.6.01) E. 4a it.; 141 III 112/115 E. 4.5 (unbezahlte Prämien der Krankentaggeldversicherung); im Lizenzverhältnis 115 II 255/258; auf Forderungen aus einer nebensächlichen Leistungspflicht i.S.v. ZGB Art. 730 Abs. 2 (realobligatorische Forderungen) 122 III 10/12 f. E. 1; auf Haftung des Willensvollstreckers 144 III 217/219 E. 5.2.2. – Analoge Anwendbarkeit *im öffentlichen Recht* für jeden Einzelfall zu untersu-

chen 55 II 107/115. Sofern das kantonale Recht keine besonderen Bestimmungen enthält, kommen auf die Verletzung eines öffentlich-rechtlichen Vertrages die Regeln des Obligationenrechts als Ausdruck allgemeiner Rechtsgrundsätze zur Anwendung 122 I 328/340 E. 7b (OR und ZGB als ergänzendes kantonales Recht E. 1a/bb).

Beweis. Bei Vertragsverletzungen gelten hinsichtlich des Schadenersatzes (vom Exkulpationsbeweis des Schuldners abgesehen) die Beweislastregeln des Deliktsrechts 111 II 156/160 E.b. Wird Schadenersatz wegen Schlechterfüllung verlangt, muss der Gläubiger also neben dem Schaden 4A_434/2007 (22.2.08) E. 2.2.2 fr. grundsätzlich auch die Vertragsverletzung und den Kausalzusammenhang zwischen dieser und dem Schaden nachweisen 4C.175/2004 (31.8.04) E. 2.2. Hingegen wird das Verschulden vermutet, weshalb der Schuldner nachzuweisen hat, dass ihn kein Verschulden trifft 127 III 357/364 E. 5a, 120 Ib 411/414 E. a, 119 II 456/462 E. 3b Pra 1995 (Nr. 72) 238, 113 II 424/427 E. b Pra 1988 (Nr. 109) 403, 113 II 246/251 E. 7, 4C.70/2000 (10.4.00) E. 3b, 4C.314/1992 (11.12.01) E. 8a fr., 4C.300/2001 (27.2.02) E. 2c/bb fr. (ungenauer Kostenvoranschlag eines Architekten), 4C.88/2004 (2.6.04) E. 3.1 fr. (Arzthaftung), 4C.191/2004 (7.9.04) E. 4.2 fr. (Haftung einer Bank aus Auftrag), 4C.195/2004 (7.9.04) E. 2.1 it. (Art. 321e). 8

A. Ausbleiben der Erfüllung I. Ersatzpflicht des Schuldners 1. Im Allgemeinen

Art. 97

[1] Kann die Erfüllung der Verbindlichkeit überhaupt nicht oder nicht gehörig bewirkt werden, so hat der Schuldner für den daraus entstehenden Schaden Ersatz zu leisten, sofern er nicht beweist, dass ihm keinerlei Verschulden zur Last falle.

[2] Für die Vollstreckung gelten die Bestimmungen des Bundesgesetzes vom 11. April 1889 über Schuldbetreibung und Konkurs sowie der Zivilprozessordnung vom 19. Dezember 2008 (ZPO).

▪ Abs. 1 (1) ▪ Erfüllung (2) ▪ Leistungsmöglichkeit (3) ▪ Schlechterfüllung (4) ▪ Verschulden (5) ▪ Schaden (6) ▪ Kausalzusammenhang (10) ▪ Haftung (11) ▪ Abs. 2 (12)

Abs. 1 Verhältnis zur Vertrauenshaftung und zur Mängelhaftung aus Kauf- und Werkvertrag siehe oben. 1

Erfüllung. Ein Gläubiger kann vom Schuldner nicht mehr verlangen, als die bona fides gebietet 57 II 532/534 f. E. 1. Leistet der Schuldner einem Dritten und beweist er, dass der Wert vom Dritten auf den Gläubiger übergegangen ist, so hat der Gläubiger keinen Schadenersatzanspruch aus Art. 97 43 II 639/645 ff. E. 1, 2. Erhält der Käufer jenes Gemälde, das er besichtigt hatte, so liegt darin auch dann die Lieferung des Kaufobjektes (Nichterfüllung ausgeschlossen), wenn sich das Bild als unecht herausstellt; das Fehlen der sogenannten inneren Identität kann lediglich unter dem Gesichtspunkt der Gewährleistung (mangelhafte Erfüllung) oder des Grundlagenirrtums (alternative Anwendbarkeit 82 II 411/420 ff. E. 6) von Bedeutung sein 82 II 411/415 ff. E. 3, vgl. auch 114 II 131/133 f. E. 1a. Einfluss des Verkaufes eines Grundstückes auf die vom Verkäufer früher eingegangene, aber nicht als Dienstbarkeit eingetragene Verpflichtung, darauf nicht zu bauen 84 II 6/8 ff. E. 1, 2 fr. – *Beweis:* Wer einen vertraglichen Anspruch erhebt, hat das Bestehen einer 2 vertraglichen Verpflichtung zu beweisen. Das gilt auch für vertragliche Nebenpflichten 4A_306/2009 (8.2.10) E. 6.1, 4C.175/2004 (31.8.04) E. 2.2. Dagegen liegt die Beweislast dafür, dass die Verbindlichkeit richtig erfüllt wurde und damit untergegangen ist, beim Schuldner, der diese Einwendung erhebt 111 II 263/265 E. 1b, 4C.357/2000 (8.5.01) E. 3 fr. Und zwar ist er dafür beweispflichtig, dass er quantitativ und qualitativ richtig erfüllt hat. Allerdings kehrt sich die Beweislast um, wenn der Gläubiger die als Erfüllung angebotene Leistung vorbehaltlos entgegengenommen hat und erst nachträglich behauptet, es handle sich um eine nicht gehörige Erfüllung 4C.131/2000 (24.4.01) E. 4b, 4C.175/2004 (31.8.04) E. 2.2. Der Gläubiger ist verpflichtet, die nicht gehörige Erfüllung durch den Schuldner rechtzeitig festzustellen (in casu Käser als Milchkäufer einer Käsereigenossenschaft) 41 II 732/736 f. E. 3 fr.

3 **Leistungsunmöglichkeit.** Die nachträgliche Leistungsunmöglichkeit im Sinne von Art. 97 und 119 lässt die gesamte Obligation erlöschen 103 II 52/58. Unmöglichkeit der Erfüllung bei begrenzter Gattungsschuld: Der Käufer von Pflastersteinen aus einem bestimmten Steinbruch hat mangels Verschuldens des Verkäufers keinen Schadenersatzanspruch, wenn durch unvorhergesehene geologische Verhältnisse die Ausbeute unverhältnismässig erschwert wird 57 II 508/510 f. E. 1. Gattungsschuld bestimmter Herkunft: Die Befreiung des Schuldners tritt ein mit der ohne sein Verschulden entstandenen Unmöglichkeit, sich die Ware der betreffenden Herkunft zu beschaffen 45 II 37/41 E. 3. – *Höhere Gewalt* befreit den Schuldner, auch wenn dies im Vertrag nicht vorgesehen ist (in casu Ausfuhrverbot eines kriegführenden Staates) 42 II 379/381 fr. – Unmöglichkeit der Erfüllung liegt auch bei bloss *subjektiver* Unmöglichkeit vor; eine solche ist schon dann als verwirklicht anzusehen, wenn nach Treu und Glauben im Verkehr dem Schuldner die (weitere) Erfüllung nicht mehr zuzumuten ist 82 II 332/338 f. E. 5. Subjektive Leistungsunmöglichkeit durch nachträglich eingetretene, wesentliche Leistungserschwerung (in casu Herabsetzung der Ersatzpflicht gemäss Art. 99 Abs. 3/Art. 43 Abs. 1) 43 II 170/176 f. Die Einrede der Unerschwinglichkeit kann nur dann geschützt werden, wenn die Verzögerung in der Vertragsabwicklung ausschliesslich auf Momenten beruht, die vom Willen des Schuldners (in casu Verkäufer) gänzlich unabhängig sind 45 II 317/319 ff. E. 2. – Wer eine Leistung verspricht, obwohl er weiss oder bei gehöriger Sorgfalt wissen müsste, dass er sie unter Umständen (aus tatsächlichen oder rechtlichen Gründen) nicht werde erbringen können, haftet nach Art. 97 111 II 352/354 E. a, vgl. auch 117 II 71/72 E. 4a Pra 1991 (Nr. 164) 737 (in casu Vermieter, der bei der Verabredung des Datums des Mietantritts mit dem neuen Mieter nicht mit der Möglichkeit eines Mieterstreckungsverfahrens rechnete). Zudem kann die Einwendung der Leistungsunmöglichkeit nicht erhoben werden, wenn die Leistungsunmöglichkeit erst gegen Ende der Lieferungsfrist eingetreten ist, aber vorauszusehen war 44 II 510/514. – Das schweizerische Recht regelt die vom Schuldner verschuldete (Art. 97) und die beidseits unverschuldete nachträgliche Unmöglichkeit der Erfüllung (Art. 119 Abs. 2). Vom Gesetz nicht erwähnt wird dagegen der Fall, dass die Leistung des Schuldners durch einen vom Gläubiger zu vertretenden Umstand verunmöglicht wird (Hinweis des Bundesgerichts auf BGB § 324). Ebenso nicht geregelt ist der Fall, dass beide Parteien die Unmöglichkeit zu vertreten haben. In diesem Fall werden entweder der Schadenersatzanspruch des Gläubigers, der Anspruch des Schuldners auf die Gegenleistung oder beide gekürzt 114 II 274/277 (in casu arbeitsvertraglicher Fall, Art. 324).

Schlechterfüllung. Vertragsverletzung liegt bei Nichterfüllung, aber auch bei positiver Vertragsverletzung vor, also bei Schlechterfüllung einer Hauptleistungspflicht, Verletzung von Nebenpflichten, vorzeitiger Auflösung des Vertrags oder Verletzung einer Unterlassungspflicht 4A_61/2017 (29.5.18) E. 5.2.1 fr., 4A_306/2009 (8.2.10) E. 6. Der Begriff der Pflichtverletzung darf nicht so verstanden werden, dass darunter jedes Verhalten (Handlung oder Unterlassung) fällt, das aus nachträglicher Sicht (ex post) den Schaden bewirkt bzw. vermieden hätte; für die Ermittlung der geschuldeten Sorgfalt ist vielmehr der Sachverhalt massgebend, wie er sich vor dem tragischen Ereignis (ex ante) präsentierte 4C.53/2000 (13.6.00) E. 1c (Suizidversuch mit schweren Verletzungsfolgen, Haftung der Klinik verneint). Positive Vertragsverletzung durch im Voraus erklärte Erfüllungsverweigerung 69 II 243/244 f. E. 4. Die mit hoher Wahrscheinlichkeit zu erwartende Nichterfüllung (in casu Fixgeschäft) ist der vollendeten Nichterfüllung gleichzustellen 68 II 220/227 f. E. 4. – ***Nichterfüllung:*** eines Vermächtnisses 103 II 225/227 Pra 1978 (Nr. 26) 43; eines Sukzessivlieferungsvertrages durch Nichtvornahme des Abrufes 59 II 305/308; eines Lizenzvertrages durch Übergabe einer nicht patentfähigen Erfindung 42 II 410/414 ff. E. 4, 5. ***Schlechterfüllung:*** der Fürsorgepflicht des Arbeitgebers nach Art. 328, etwa bei Mobbing 4A_128/2007 (9.7.07) E. 2.3, 4A_652/2018 (21.5.19) E. 5.1 fr.; seitens des Generalunternehmers durch Ablieferung eines Werkes, welches mit Pfandrechten der Subunternehmer belastet ist 116 II 533/537 E. ccc; durch den Unternehmer, der ein mangelhaftes Werk termingerecht abliefert, nicht Schuldnerverzug 130 III 591/596 E. 2; versäumter Abschluss eines Versicherungsvertrages zugunsten eines Arbeitnehmers 4C.50/2002 (25.4.02) E. 1c fr., 4C.240/2003 (3.12.03) E. 2, 4C.175/2004 (31.8.04); wenn der Verkäufer den Vorkaufsberechtigten vom Vorkaufsfall nicht ausreichend detailliert in Kenntnis setzt 4C.194/2003 (6.11.03) E. 3.1 fr. – Offengelassen, ob ein Schadenersatzanspruch gegen den sich vertragswidrig verhaltenden Staat auch dann möglich ist, wenn ein Erfüllungsanspruch an übergeordneten Interessen des Gemeinwesens scheitert, d.h. bei amtspflichtgemässem Verhalten 122 I 328/339 E. 5d. – Die in Art. 97 Abs. 1 geregelte Schadenersatzpflicht erfasst alle Formen der Unmöglichkeit und der Schlechterfüllung eines Vertrags, sodass jeder Verstoss gegen eine vertragliche Verpflichtung eine nicht gehörige Erfüllung bildet; dazu gehört insbesondere auch die Verletzung von vertraglichen Nebenpflichten, also von Verhaltenspflichten, die zum Zweck haben, die Hauptleistung zu ergänzen und deren ordnungsgemässe Erfüllung zu sichern bzw. den Vertragszweck zu erreichen, wie namentlich Schutz-, Obhuts-, Beratungs-, Unterlassungs-, Informations- und Aufklärungspflichten 4A_306/2009 (8.2.10) E. 6.1. 4

Verschulden. Nach schweizerischem Recht ist das Verschulden objektiviert 124 III 155/164 E. 3b, 4C.186/1999 (18.7.00) E. 3. In Art. 97 Abs. 1 wird es vermutet, sodass der Schuldner nachzuweisen hat, dass ihn kein Verschulden trifft (Exkulpationsbeweis) 113 II 246/251 E. 7, 119 II 456/462 E. 3b Pra 1995 (Nr. 72) 238, 4C.195/2004 (7.9.04) E. 2.1 it. (Art. 321e), 4C.70/2000 (10.4.00) E. 3b, 4C.314/1992 (11.12.01) E. 8a fr., 4C.300/2001 (27.2.02) E. 2c/bb fr. (ungenauer Kostenvoranschlag eines Architekten), 4C.88/2004 (2.6.04) E. 3.1 fr. (Arzthaftung), 4C.191/2004 (7.9.04) E. 4.2 fr. (Haftung einer Bank aus Auftrag), 4A_472/2010 (26.11.10) E. 3.2 fr. (Anforderungen an den Entlastungsbeweis des Verkäufers). Keine Anwendung dieser Beweislastverteilung auf die ausservertragliche Haftung für einen Emissionsprospekt 129 III 71/75 E. 2.5 Pra 2003 (Nr. 70) 370. Indes ist 5 das Verschulden auch bei Schadenersatzklagen aus Rechtsverhältnissen, die vertragsähnlichen Charakter haben, zu vermuten 112 II 172/180 E.c. Bei Dienstleistungsobligationen verhält es sich so, dass der Gläubiger die Sorgfaltswidrigkeit des Schuldners zu beweisen hat 133 III 121/127 3.4 Pra 2007 (Nr. 105) 718. Der Umstand, dass ein Prozess verloren wurde oder die erhoffte Heilung ausblieb, begründet also noch keine Vermutung, dass den Anwalt bzw. den Arzt ein Verschulden trifft 133 III 121/127 E. 3.4 Pra 2007 (Nr. 105) 718. Offen ist aber, ob in Fällen, in denen bei Dienstleistungsobligationen die Sorgfaltswidrigkeit zu bejahen war, die Exkulpation überhaupt noch möglich ist 4C.186/1999 (18.7.00) E. 3, siehe auch 4C.331/1997 (6.6.00) E. 4a fr. (Verletzung von Regeln der ärztlichen Kunst), 4C.103/2005 (1.6.05) E. 3.1, wonach eine Pflichtverletzung der Verschuldensbeurteilung zugrunde gelegt werden durfte. In 133 III 121/124 Pra 2007 (Nr. 105) 716 geht das Gericht ohne Weiteres von der Unterscheidbarkeit aus, wenn es ausführt, dass dem Arzt der Exkulpationsbeweis obliegt, wenn die Verletzung seiner Vertragspflichten (sein Kunstfehler) feststeht. – Bei den Fragen, ob eine Partei bei pflichtgemässer Aufmerksamkeit die Gefahr einer Schädigung rechtzeitig hätte erkennen müssen, was sie daraufhin hätte tun sollen, um einer Schädigung vorzubeugen, welcher Massstab dabei an die von ihr zu erwartende Sorgfalt anzulegen ist (vgl. Pra 2000 [Nr. 155] 928 E. 1c) und wie es sich allenfalls mit dem Entlastungsbeweis gemäss Art. 97 Abs. 1 verhält, geht es um eigentliche Rechtsanwendung. Das Verschulden als gesetzliche Voraussetzung der Ersatzpflicht ist vom Bundesgericht selbständig zu prüfen 111 II 72/74 E.a. – Haftungsbegründendes Übernahmeverschulden liegt vor, wenn eine Klinik einen Patienten aufnimmt, obschon sie den nach den Umständen zu beachtenden Sicherheitsstandard nicht einzuhalten vermag und alternative Behandlungsmöglichkeiten bestünden 4C.53/2000 (13.6.00) E. 4a; wenn die ersatzpflichtige Partei wegen ungenügender Qualifikation gar nicht in der Lage ist, die eingegangenen Verpflichtungen mit der nötigen Sorgfalt zu erfüllen (in casu unfähige Vermögensverwalterin) 124 III 155/164 E. 3b (offengelassen, ob das Übernahmeverschulden bloss für die Verschuldensfrage oder auch hinsichtlich der Sorgfalts- und damit der Vertragsverletzung erheblich ist). Übernahmeverschulden schliesst Selbstverschulden grundsätzlich aus: Wer sich als Spezialist anbietet, kann sich grundsätzlich nicht mit der Begründung entlasten, der Vertragspartner hätte das Fehlen von Spezialkenntnissen erkennen müssen 124 III 155/164 E. 3b (in casu keine Anhaltspunkte für tatsächliche Kenntnis des Vertragspartners vom fachlichen Unvermögen einer Vermögensverwalterin). – Dem Gläubiger darf das Zutrauen, das er dem handlungs- und urteilsfähigen Schuldner bei der Begründung des Vertragsverhältnisses entgegengebracht hat, nicht als Verschulden angerechnet werden 42 III 279/284 f. E. 3.

6 **Schaden.** ***Begriff*** (siehe auch zu Art. 41 und bezüglich Berechnung bei Art. 42; Schadensbegriff ist bei vertraglicher und deliktischer Haftung identisch 4A_506/2011 [24.11.11] E. 4 fr., 87 II 290/291 E. 4a). Schaden im Rechtssinn ist nach ständiger Rechtsprechung die ungewollte Verminderung des Reinvermögens (Verminderung der Aktiven oder Vermehrung der Passiven oder entgangener Gewinn); dieser Vermögensschaden entspricht der Differenz zwischen dem gegenwärtigen Vermögensstand und jenem, den das Vermögen ohne das schädigende Ereignis hätte, siehe z.B. 104 II 198/199 E. a, 116 II 441/444 E. 3a/aa, 120 II 296/298 E. 3b Pra 1996 (Nr. 79) 228, 123 III 241/245 E. 4b (Verspätungsschaden), 126 III 388/393 E. 11a fr., 127 III 543/546 E. b Pra 2001 (Nr. 194)

1180, wonach der Schaden auch darin bestehen kann, dass eine Erhöhung der Aktiven bzw. eine Verminderung der Passiven ausbleibt 4C.439/2004 (19.7.05) E. 3.2.2 it., 132 III 186/205 E. 8.1. – Der Nutzungsausfall für sich allein stellt keinen rechtlich anerkannten Schaden dar, wobei jedoch namentlich der Haushaltschaden anerkannt wird 127 III 403/405 E. 4b, Pra 1995 (Nr. 172) 556 E. 5 (normativer Schaden). Begriff des Totalschadens 127 III 365/367 E. 2a (in casu CMR Art. 25), 4C.87/2007 (26.9.07) E. 5.2 fr., 4C.184/2005 (4.5.06) E. 4.3.1 fr. Im Zusammenhang mit der Schlechterfüllung eines Vermögensverwaltungsvertrages kann der Schaden ermittelt werden, indem das in Verletzung des Vertrages geführte Depot verglichen wird mit einem hypothetischen Depot, das bei gleichem Ausgangsbestand über die gleiche Zeit, dabei aber in Übereinstimmung mit den Weisungen des Auftraggebers geführt wird 4A_351/2007 (15.1.08) E. 3.2.2 fr., grundlegend 4C.18/2004 (3.12.04) E. 2, 4C.295/2006 (30.11.06) E. 5.2.2, nicht aber, wenn die klägerischen Vorbringen allgemein und unbestimmt sind 4A_254/2008 (18.8.08) E. 2.3.2 (Verletzung der Substanziierungsobliegenheit), vgl. zur Substanziierungsobliegenheit auch 4A_445/2019 (18.2.20) E. 4.2. Der Schwierigkeit, dass sich nicht mit Sicherheit entscheiden lässt, welche Transaktionen der Kunde akzeptiert hätte, lässt sich nur damit begegnen, dass der Schaden nach Massgabe des Art. 42 Abs. 2 geschätzt wird 4A_351/2007 (15.1.08) E. 3.3.2 fr. – Belastung eines Baukreditkontos für weisungswidrige Transaktionen stellt keinen Schaden dar, da der Kontoinhaber die ungerechtfertigte Belastung nicht akzeptieren muss 4C.115/1999 (3.4.00) E. 3b; siehe auch 4A_438/2007 (29.1.08) E. 5.1 fr., wonach der Kunde auch dann, wenn die Bank sein Konto weisungswidrig belastet, keinen Schaden hat, da die Bank dabei über ihr eigenes Geld verfügt und der Kunde lediglich eine Forderung gegen sie hat (Art. 100 lediglich analog anwendbar). – Steuerbussen sind kein ersatzfähiger Schaden, sondern öffentliche Lasten und höchstpersönlicher Natur, die jedermann nach Massgabe des Gesetzes zu tragen hat 134 III 59/65, 115 II 72/75 E. 3b Pra 1989 (Nr. 206) 719 f., 112 Ia 124/127 E. d Pra 1986 (Nr. 208) 720, dagegen stellt die zu viel bezahlte Steuer einen Schaden dar (zu viel bezahlte Mehrwertsteuer infolge mangelhafter Treuhandtätigkeit) 4A_506/2011 (24.11.11) E. 4 fr.

Tatfrage/Rechtsfrage. Ob und welcher Schaden entstanden sei, ist Tatfrage 82 II 397/399 E. 4, 109 II 474/475 E. 3, 122 III 219/222 E. 3b, 123 III 241/243 E. 3a, 126 III 388/389 E. 8a fr., 127 III 543/546 E. b, 132 III 564/576 fr.; die Beweislast liegt beim Geschädigten 4A_434/2007 (22.2.08) E. 2.2.2 fr., 127 III 543/546 E. c Pra 2001 (Nr. 194) 1180, 4A_38/2008 (21.4.08) E. 2.1 fr. Grundsätzlich ist ein konkreter Schadensnachweis erforderlich (Art. 99 Abs. 3/Art. 42 Abs. 1). Konkret ist eine Schadensberechnung nur dann, wenn bestimmte schädigende Ereignisse oder, bei Geltendmachung entgangenen Gewinns, bestimmte gewinnbringende Ereignisse, deren Eintritt durch das schädigende Verhalten verunmöglicht wurde, nachgewiesen werden; Ausnahmen vom Grundsatz des konkreten Schadensnachweises müssen im Gesetz ausdrücklich vorgesehen sein. Art. 42 Abs. 2 (Festsetzung des nicht ziffernmässig nachweisbaren Schadens durch den Richter) enthebt den Ansprecher nicht von der Pflicht zum ziffernmässigen Schadensnachweis, sofern ein solcher möglich ist 89 II 214/218 ff. E. 5, siehe eingehend bei Art. 42. Ist der ziffernmässige Schadensnachweis nicht möglich, trifft den Geschädigten noch immer eine Substanziierungsobliegenheit, nach der er alle Umstände, die für den Schadenseintritt sprechen und dessen Abschätzung erlauben oder erleichtern, soweit möglich und zumut- 7 bar zu behaupten und zu beweisen hat 122 III 219/221 E. 3a. – Rechtsfrage ist, ob der behauptete Schaden genügend substanziiert worden ist 82 II 397/399 f. E. 4, was sich nach materiellem Bundesrecht bestimmt; ausschlaggebend sind die Tatbestandsmerkmale der angerufenen Norm und das prozessuale Verhalten der Gegenpartei 127 III 365/368 E.b. Rechtsfrage ist weiter, ob die letzte kantonale Instanz den Schadensbegriff verkannt, auf unzulässige Rechtsgrundsätze abgestellt oder ihr Ermessen (Art. 42 Abs. 2) überschritten hat 104 II 198/199, 116 II 441/444 E. 3a, 122 III 219/222 E. 3b, 123 III 237/243 E. 3a, 126 III 388/389 E. 8a, 132 III 564/576 fr. Die Formel der «unzulässigen Rechtsgrundsätze» besagt jedoch nicht, dass beispielsweise die Ermittlung eines entgangenen Gewinns durch einen Experten auch dahin zu prüfen wäre, ob dieser die richtigen Berechnungsmethoden seines Fachgebietes angewandt habe. Eine solche Prüfung steht dem Sachrichter zwar zu, doch kann das Ergebnis wie jede andere Beweiswürdigung vom Bundesgericht im Berufungsverfahren (nun Beschwerdeverfahren) nicht überprüft werden 107 II 222/225.

8 ***Schadensberechnung.*** Der Gläubiger ist so zu stellen, wie wenn seine Forderung richtig erfüllt worden wäre 4A_434/2007 (22.2.08) E. 2.2.2 fr. Zu ersetzen ist also das Erfüllungsinteresse 42 III 279/284 E. 3 bzw. das positive Vertragsinteresse 110 II 360/373 E. 5b JdT 133 (1985) I 143 E. 5b. Die Frage, wie der Geschädigte bei korrekter Vertragserfüllung gestellt wäre, entscheidet sich nach dem gewöhnlichen Lauf der Dinge, den die vom Geschädigten zu substanziierenden Umstände nahelegen 4C.463/2004 (16.3.05) E. 2.4.1. Ein Arbeitgeber, der es vertragswidrig versäumt hat, zugunsten seines Arbeitnehmers eine Versicherung abzuschliessen, hat den Arbeitnehmer so zu stellen, wie wenn die Versicherung abgeschlossen worden wäre 4C.240/2003 (3.12.03) E. 4, vgl. auch 112 II 347/355 E. a, 122 III 66/71 E. c, 123 III 24/28 E. 2d. Der Auftraggeber, dem das positive Interesse zusteht, ist so zu stellen, wie wenn der Auftrag weisungsgemäss erfüllt worden und der angestrebte Auftragserfolg eingetreten wäre; vorausgesetzt ist, dass sich dieser Erfolg überhaupt hätte verwirklichen lassen 4C.471/2004 (24.6.05) E. 3.2.1. – Massgebender Zeitpunkt für die Schadensberechnung ist nicht jener, in dem die vertraglich geschuldete Leistung unmöglich geworden ist. Im Falle des Schadenersatzes wegen unmöglich gewordener Rückgabe einer hinterlegten Sache ist die Schadenshöhe zum Zeitpunkt massgebend, da der Hinterleger die Rückgabe verlangt, wobei Wertsteigerungen, nicht aber Wertverminderungen bis zum letzten kantonalen Urteil zu berücksichtigen sind 109 II 474/475 ff. E. 3. Bei der Vertragshaftung ist die Schadensberechnung im Regelfall auf den vertraglichen Erfüllungszeitpunkt vorzunehmen 122 III 57, 130 III 591/597 E. 3.1, und dies auch dann, wenn der Schaden im Erfüllungszeitpunkt eintritt, sich aber in der Folge vergrössert 130 III 591/597 E. 3.1. Indes kann der Gläubiger auch verlangen, dass der Schaden auf den Urteilszeitpunkt berechnet wird. Alsdann wird die Teuerung in Bezug auf die Schadensbehebungskosten berücksichtigt und bereits eingetretene Vermögensbeeinträchtigungen zum Ausgangsschaden geschlagen 130 III 591/599 bzw. wird die Ersatzforderung erst auf den Urteilszeitpunkt fällig und sind Verzugszinsen erst vom Zeitpunkt des Urteils an geschuldet 130 III 591/597 E. 3.1, 145 III 225/233 ff. E. 4.1.2.2. – Ersatz für entgangenen Gewinn ist nur geschuldet, soweit es sich um einen üblichen oder sonst wie sicher in Aussicht stehenden Gewinn handelt 82 II 397/401 f. Bei Vertragsbruch gegenüber einer Kollektivgesellschaft: als entgangenen Gewinn kann die Gesellschaft den ganzen Betrag geltend machen, einschliesslich der den Gesellschaftern als Gehalt ausge-

richteten Beträge 72 II 180/181 f. Pra 1946 (Nr. 113) 275 f. – Ersatzfähigkeit vorprozessualer Anwaltskosten und die Abgrenzung zur Parteientschädigung nach kantonalem Verfahrensrecht 4C.51/2000 (7.8.00) E. 2 fr., wobei vorausgesetzt ist, dass der vorprozessuale Aufwand gerechtfertigt, notwendig und angemessen war 4C.11/2003 (19.5.03) E. 5.1 Pra 2004 (Nr. 26) 127. Prozessuale Anwaltskosten werden nach den Regeln des Zivilprozessrechts (Parteientschädigung) entschädigt und lassen keinen weiteren Raum mehr für materiellrechtliche Ersatzansprüche 139 III 190/194 E. 4.4. Ersatz für notwendige vorprozessuale Anwaltskosten, soweit diese von den verfahrensrechtlichen Parteientschädigungsnormen nicht erfasst werden, und notwendige Expertisekosten 126 III 388/392 E. 10b fr. Schadensberechnung (in casu Grundstückkauf) nach Art. 97 ff. in Verbindung mit Art. 42/Art. 43, wobei auch beim bürgerlichen Kauf der Richter Gedanken mitberücksichtigen kann, die den Art. 190/Art. 191 (insbesondere Art. 191 Abs. 2 und 3) zugrunde liegen 104 II 198/200 f. E.b. Schadensberechnung bei Verletzung der vertraglich übernommenen Pflicht, ein bestimmtes Erzeugnis nicht an Dritte zu liefern (in casu Anwendung von Art. 423) 45 II 202/207 f. – Zum Schaden gehört auch der Zins vom Zeitpunkt an, in dem das schädigende Ereignis sich finanziell ausgewirkt hat, bis zum Tag der Zahlung des Schadenersatzes. Dieser Schadenszins bezweckt, den Anspruchsberechtigten so zu stellen, wie wenn er für seine Forderung am Tag des Schadenseintritts bzw. für dessen wirtschaftliche Auswirkungen befriedigt worden wäre 130 III 591/599. In der Vertragshaftung ist der Schadenszins satzmässig jedenfalls dort dem Verzugszins gleichzusetzen, wo ein Ersatzanspruch aus der Verletzung einer Hauptpflicht zu verzinsen ist 122 III 53/55. Der pauschalierte Zinssatz, der in Analogie zu Art. 73 mit 5% bemessen wird, basiert auf einer widerlegbaren Vermutung; der geschädigten Person steht der Nachweis höheren Schadens offen 131 III 12/24 E. 9.4. – Für die Bestimmung des Schadens aus Vertragsverletzung (in casu Auftrag) sind die Vermögensvorteile, die dem Gläubiger aus der Vertragsverletzung erwachsen, auf den zu ersetzenden Nachteil anzurechnen (compensatio lucri cum damno); die Beweislast für entsprechende Vorteile liegt beim Schuldner, wobei sie aber nach Massgabe des analog anwendbaren Art. 42 Abs. 2 richterlich geschätzt werden können 128 III 22/28 Pra 2002 (Nr. 74) 438. – Kriterien für die Herabsetzung der Schadenersatzpflicht (Minderung bei Leistungserschwerung) 49 II 77/86 ff. E. 4. Pflicht zur Vornahme eines Deckungskaufes durch den Verkäufer 43 II 214/217 ff. E. 2. – Ein merkantiler Minderwert tritt bei Motorfahrzeugen regelmässig ein 145 III 225/237 E. 4.2.2, bei Immobilien (in casu Baumängel) nur aufgrund einer konkreten Schadensberechnung, worin der Geschädigte nachweist, dass er aufgrund des schädigenden Ereignisses beim Verkauf einen geringeren Erlös erzielt 145 III 225/239 E. 4.2.3.

Fälligkeit/Verjährung. Der vertragliche Schadenersatzanspruch aus Schlechterfül- 9
lung entsteht nicht schon mit der Schlechterfüllung der Schuld, sondern erst mit dem Eintritt des Schadens; folglich kann er auch erst in diesem Zeitpunkt fällig werden 130 III 591/597 E. 3.1. Dies gilt allerdings nur für den Beginn des Laufs der Verzugszinsen 137 III 16/21 f. E. 2.4.2. Für den Beginn der Verjährung ist dagegen der Zeitpunkt der vertraglichen Pflichtverletzung massgebend, nicht derjenige des unter Umständen viel späteren Schadenseintritts (z.B. infolge Asbestexposition) 137 III 16/19 f. E. 2.3. Der Ersatzanspruch teilt das rechtliche Schicksal des Erfüllungsanspruches; insbesondere unterliegt er der gleichen Verjährung: Schadenersatz kann nur so lange verlangt werden wie die Erfüllung selbst 53 II 336/342 E.b.

10 **Kausalzusammenhang.** Der natürliche Kausalzusammenhang zwischen dem vertragswidrigen, haftungsbegründenden Verhalten und dem geltend gemachten Schaden ist gegeben, wenn das vertragswidrige Verhalten im Sinne einer condicio sine qua non die Ursache für den Eintritt des Schadens ist. Dies beschlägt die tatsächlichen Verhältnisse 132 III 715/718 E. 2.2 (Tatfrage), wobei es ausreicht, dass eine überwiegende Wahrscheinlichkeit für einen bestimmten Kausalverlauf spricht 4C.139/2005 (29.3.06) E. 1.2. Befreiung gestützt auf den Umstand, dass der Schaden auch bei rechtmässigem Alternativverhalten eingetreten wäre, als allgemeiner Rechtsgrundsatz 4P.4/2000 (16.5.00) E. 5c fr. Berücksichtigung von hypothetischen Ereignissen, die unabhängig vom vertragsverletzenden Verhalten ebenfalls zum Schadeneintritt geführt hätten, als Befreiungsgrund? 115 II 440/442 ff. E. 4. – Im Falle einer *Unterlassung* bestimmt sich der Kausalzusammenhang danach, ob der Schaden auch bei Vornahme der unterlassenen Handlung eingetreten wäre (Tatfrage 4C.459/2004 [2.5.05] E. 2.1 fr.). Versäumt es die Bank abredewidrig, vor der Überweisung ab einem Baukreditkonto ein Kontrollvisum einzuholen, ist dieses Fehlverhalten dann nicht kausal für einen allfälligen Schaden, wenn die Voraussetzungen für die Zahlung objektiv gegeben waren 4C.115/1999 (3.4.00) E. 3d. Abzustellen ist auf einen hypothetischen Kausalverlauf, für den nach den Erfahrungen des Lebens und dem gewöhnlichen Lauf der Dinge eine überwiegende Wahrscheinlichkeit sprechen muss 124 III 155/165 E. 3d, siehe auch 124 III 126/133 E. 3 Pra 1998 (Nr. 103) 595 (in casu pflichtwidrig unterlassener Abschluss einer Versicherung). Im Allgemeinen ist es in diesen Fällen entbehrlich, überdies die Adäquanz des hypothetischen Kausalzusammenhangs zu prüfen 4C.459/2004 (2.5.05) E. 2.1 fr., anders aber 4C.449/2004 (9.3.05) E. 4.1 fr., wonach auch bei Unterlassungen zwischen natürlichem und adäquatem Kausalzusammenhang zu unterscheiden ist. In Fällen hypothetischer Kausalität genügt es, wenn der Richter die Überzeugung gewinnt, die überwiegende Wahrscheinlichkeit spreche für einen bestimmten Kausalverlauf 115 II 440/449 f. E. 6a, 121 III 358/363 E. 5, vgl. auch 122 III 26/33 E.bb. Auch der hypothetische Geschehensablauf ist eine Tatfrage, sofern die entsprechende Schlussfolgerung auf dem Weg der Beweiswürdigung aus konkreten Anhaltspunkten getroffen wurde und nicht ausschliesslich auf allgemeiner Lebenserfahrung beruht 4A_424/2007 (21.12.07) E. 2.1, 127 III 453/456 E. d, 86 II 171/187 E.d. – Die natürliche Kausalität ist mit dem *Beweismass* der überwiegenden Wahrscheinlichkeit nachzuweisen 4A_445/2019 (18.2.20) E. 5. Offengelassen, ob eine natürliche Vermutung überhaupt eine Umkehrung der Beweislast rechtfertigen könnte 111 II 156/160 E.b. Umkehr der Beweislast hinsichtlich der Kausalität bei der Verletzung vertraglicher oder vorvertraglicher Aufklärungspflichten? 124 III 155/166 E. 3d (offengelassen). – Ausgangspunkt für die Beurteilung der adäquaten Kausalität ist die konkret infrage stehende Vertragsverletzung 4C.186/1999 (18.7.00) E. 4b/bb. Der adäquate Kausalzusammenhang wird im Normalfall selbst dann nicht unterbrochen, wenn das Selbstverschulden des Geschädigten das Verschulden des Schädigers übersteigt 4C.186/1999 (18.7.00) E. 4b/cc. Die Unterscheidung zwischen direktem und indirektem Schaden gemäss SIA-Ordnung 102 Art. 1.6 ruft lediglich das Erfordernis des adäquaten Kausalzusammenhangs in Erinnerung 126 III 388/391 E. 9d fr.

11 **Haftung.** Des Verkäufers bei Verletzung des Vorkaufsvertrages 4C.194/2003 (6.11.03) E. 4.1 fr.; des Mieters bei einer die normale Abnützung übersteigenden Beschädigung des

Mietgegenstandes 91 II 291/294 E. a; des gewerbsmässigen Anbieters von Ferienwohnungen 115 II 474/479 E. d; der Gemeinde, die ein Schwimmbad betreibt 113 II 424 Pra 1988 (Nr. 109) 402 ff., vgl. auch 4A_359/2013 (13.1.14) für Schwimmbad eines Hotels; des Arbeitgebers, der es versäumt, seinem Arbeitnehmer den vereinbarten Versicherungsschutz zu verschaffen 4C.50/2002 (25.4.02) E. 1c fr.; des Unternehmers bei Diebstahl der Sache des Bestellers (in casu genügende Vorkehren des Garagisten, um einem Diebstahl des ihm zur Reparatur anvertrauten Fahrzeuges vorzubeugen) 113 II 421/422 f. E. 2, 3 Pra 1988 (Nr. 110) 405 f.; der Bank, die Sparguthaben aufgrund gefälschter Vollmacht an einen Dritten ausbezahlt 111 II 263 oder die Informationspflicht gegenüber Bankkunden verletzt 110 II 360/371 ff. E. 5 JdT 133 (1985) I 141 ff. E. 5, sowie bei Verletzung des Bankgeheimnisses (in casu Anspruch auf Ersatz einer im Ausland ausgefällten Busse verneint; offengelassen, ob andere Schadensposten, die durch die Verletzung des Bankgeheimnisses entstanden sind, eingeklagt werden können) 115 II 72 Pra 1989 (Nr. 206) 719 ff.; eines Spitals für die Kosten des Unterhaltes eines ungeplanten Kindes, das infolge einer vertragswidrig unterlassenen Sterilisation geboren wurde 4C.178/2005 (20.12.05) E. 3 und 4; der Bergbahnen (Pistensicherungspflicht als Nebenpflicht zum Transportvertrag) 113 II 246, vgl. auch 121 III 358/360 E. 4a, 130 III 193/195 E. 2; der Kreditkartenorganisation gegenüber dem Dienstleistungsunternehmen bei Missbrauch von Kreditkarten 113 II 174; des Architekten für notwendige vorprozessuale Anwaltskosten und notwendige Expertisekosten 126 III 388/392 E. 10b fr., siehe auch 4C.51/2000 (7.8.00) E. 2 fr. und 4C.11/2003 (19.5.03) E. 5.1 Pra 2004 (Nr. 26) 127; des Aufbewahrers, der die Sache nicht mehr zurückgeben kann 97 II 360/361 f. E. 3 Pra 1972 (Nr. 52) 159.

Abs. 2 Bussen sind zulässige kantonale Vollstreckungsmassnahmen 43 II 660/664 fr. 12
(vgl. nun ZPO Art. 343 Abs. 1 lit. b und c). – Bei Verpflichtungen, deren Gegenstand in einer Geldschuld besteht, sind ausschliesslich die im SchKG vorgesehenen Vollstreckungsmassnahmen zulässig (Ausschluss des kantonalen Rechts) 79 II 285/288 f. Pra 1953 (Nr. 180) 503 f. Die Vollstreckung von Nichtgeldschulden richtet sich dagegen nach ZPO Art. 335 ff.

2. Bei Verbindlichkeit zu einem Tun oder Nichttun

Art. 98

[1] Ist der Schuldner zu einem Tun verpflichtet, so kann sich der Gläubiger, unter Vorbehalt seiner Ansprüche auf Schadenersatz, ermächtigen lassen, die Leistung auf Kosten des Schuldners vorzunehmen.

[2] Ist der Schuldner verpflichtet, etwas nicht zu tun, so hat er schon bei blossem Zuwiderhandeln den Schaden zu ersetzen.

[3] Überdies kann der Gläubiger die Beseitigung des rechtswidrigen Zustandes verlangen und sich ermächtigen lassen, diesen auf Kosten des Schuldners zu beseitigen.

Abs. 1 Nach dieser Bestimmung kann nicht direkt auf Ersatzvornahme geklagt werden 1
142 III 321/328 E. 4.5; vielmehr ist auf Realerfüllung zu klagen und für den Unterlassungsfall die gerichtliche Ermächtigung zur Ersatzvornahme i.S.v. ZPO Art. 236 Abs. 3 zu beantragen 142 III 321/328 E. 5. – *Werkvertrag, Art. 366 Abs. 2.* Im Gegensatz zur allge-

meinen Regel (Art. 98 Abs. 1) ist der Besteller auch ohne richterliche Ermächtigung zur Ersatzvornahme berechtigt, wenn die einschlägigen Voraussetzungen gegeben sind 126 III 230/232 E. 7a fr., 4C.159/1999 (28.7.00) E. 4; zum Verhältnis zu den verzugsrechtlichen Wahlrechten gemäss Art. 107 Abs. 2 s.E. 7a/bb fr. – *Werkvertrag, Art. 368 Abs. 2.* Ist der Unternehmer mit der nach Art. 368 Abs. 2 geschuldeten Verbesserung des Werkes im Verzug, so kann der Besteller nach erfolgloser Ansetzung einer Nachfrist die Mängelbehebung ohne richterliche Ermächtigung einem Dritten übertragen und dem Unternehmer gegenüber Kostenersatz geltend machen (analoge Anwendung von Art. 366 Abs. 2) 107 II 50/55 f. E. 3. Der Unternehmer hat dem Besteller die Kosten der Ersatzvornahme vorzuschiessen, wobei diese Vorschusspflicht an bestimmte Modalitäten gebunden ist. Erstens ist der Vorschuss ausschliesslich für die Finanzierung der Ersatzvornahme bestimmt; zweitens hat der Besteller über die Kosten der Nachbesserung abzurechnen und dem Unternehmer einen allfälligen Überschuss zurückzuerstatten; und drittens hat der Besteller den gesamten Betrag zurückerstatten, wenn er die Nachbesserung nicht innert angemessener Frist vornehmen lässt 128 III 416/418. Auch 4A_518/2011 (21.12.11) fr.

2 ***Abs. 2 und 3*** Die kantonalrechtliche Vollstreckung von Unterlassungsansprüchen des Bundesprivatrechts ist zulässig 56 II 50/56 E. 7 (in casu Konkurrenzverbot; vgl. aber nun ZPO Art. 335 ff.). – Anspruch auf Realerfüllung bei Verletzung einer in einem Erbteilungsvertrag enthaltenen Verfügungsbeschränkung durch Abschluss eines Grundstückkaufs 114 II 329/331 ff. E. 2. – Vollstreckung bei einem Vertrag zugunsten Dritter: Der Käufer einer Liegenschaft kann nach vertragswidriger Kündigung des Mietverhältnisses vom Verkäufer zum Abschluss eines neuen Mietvertrags angehalten werden 4A_520/2013 (17.2.14) E. 5.

II. Mass der Haftung und Umfang des Schadenersatzes 1. Im Allgemeinen

Art. 99

[1] Der Schuldner haftet im Allgemeinen für jedes Verschulden.

[2] Das Mass der Haftung richtet sich nach der besonderen Natur des Geschäftes und wird insbesondere milder beurteilt, wenn das Geschäft für den Schuldner keinerlei Vorteil bezweckt.

[3] Im übrigen finden die Bestimmungen über das Mass der Haftung bei unerlaubten Handlungen auf das vertragswidrige Verhalten entsprechende Anwendung.

1 ***Abs. 1*** Im Rahmen des Art. 97 Abs. 1 genügt in verschuldensmässiger Hinsicht leichte Fahrlässigkeit, die bei geringfügiger Verletzung der erforderlichen Sorgfalt gegeben ist 130 V 103/109 E. 3.3 (in casu Fahrlässigkeit einer Einrichtung der beruflichen Vorsorge). Entsprechend haften etwa Auftragnehmer (wie Anwälte und Ärzte) für jegliche Fahrlässigkeit und nicht etwa nur bei schwerem Verschulden 133 III 121/124 Pra 2007 (Nr. 105) 716. Der Grad des Verschuldens lässt sich daran prüfen, wie leicht oder wie schwierig es ist, einen Fehler zu vermeiden 53 II 419/427. Anwendungsfall der Abgrenzung zwischen grober und mittlerer Fahrlässigkeit eines Arbeitnehmers 4C.103/2005 (1.6.05) E. 6.

Abs. 2 Die Anerkennung der Gefälligkeit als Grund für eine Reduktion der Haftung ist ein der Billigkeit entsprechender Leitgedanke des Obligationenrechts 127 III 446/448 (unentgeltliche Überlassung eines Fahrzeugs); bei Gefälligkeiten ist grundsätzlich von einer verminderten Sorgfaltspflicht auszugehen, wonach es in der Regel genügt, dass der Gefällige jene Sorgfalt aufwendet, die er auch in eigenen Angelegenheiten beachtet (sog. *eigenübliche Sorgfalt* bzw. *diligentia quam in suis*) 137 III 539/545 E. 5.2 (Kinderhüten unter Nachbarinnen; in casu Sorgfaltswidrigkeit verneint für unbeaufsichtigtes Belassen draussen spielender Kinder im Alter von 4 bzw. 5 Jahren während maximal 15 Minuten). Gemeint ist, dass bei Unentgeltlichkeit die Anforderungen an die geschuldete Sorgfalt gemildert werden 127 III 453/459 E. c/bb Pra 2001 (Nr. 179) 1091. In der Unentgeltlichkeit der Begutachtung eines Kunstgegenstandes und dem hohen Risiko einer Fehleinschätzung, das dem Auftraggeber bewusst sein musste, kann eine stillschweigende Beschränkung der Haftung gesehen werden 112 II 347/355 f. E.b. – Als Milderungsgrund kommt nicht nur die Unentgeltlichkeit, sondern gegebenenfalls auch der Umstand infrage, dass der Vorteil, den das Geschäft dem Schuldner bietet, verhältnismässig gering ist 92 II 234/242 E. d, 99 II 176/182 E.a. – Bei bloss leichtem Verschulden trifft eine Bank, die für den Kunden Wertschriften unentgeltlich verwahrt, keine Haftung. Das rechtfertigt sich umso mehr, als auch die Banken, die für die Verwahrung ein Entgelt ausbedingen, die Haftung für leichtes Verschulden regelmässig wegbedingen 63 II 240/244 fr. – Anwendung der Bestimmung in casu abgelehnt 110 II 360/374 E. 6 JdT 133 (1985) I 143 f. E. 6. 2

Abs. 3 Auf das Rechtsverhältnis zwischen dem schuldhaften Urheber einer Tötung und den Hinterbliebenen des Getöteten sind die Art. 45 und 47 (neuerdings nicht mehr ausschliesslich 112 II 118/128 E. e fr., 112 II 118/222 f. E. 2a, Praxisänderung) auch dann anwendbar, wenn zwischen dem Getöteten und dem Urheber der Tötung ein Vertragsverhältnis bestand (in casu ärztliches Auftragsverhältnis) und der Tod durch vertragswidriges Verhalten herbeigeführt wurde. Hingegen ist das Vertragsverhältnis bei Beurteilung der Ansprüche aus Art. 45 und 47 für die Entscheidung der Verschuldensfrage von Bedeutung, weil die Haftung gegenüber den Hinterbliebenen nicht strenger sein kann, als sie es gegenüber der getöteten Vertragspartei selber wäre 64 II 200/202 f. E. 1; siehe auch (für die Frage der Verjährung) 123 III 204/211 E. 2f–g (Anspruch der Angehörigen verjährt nach Art. 60). – Da eine vertragliche Rückerstattungspflicht keine Schadenersatzpflicht ist, sind die Regeln über die Herabsetzung der Ersatzpflicht nicht unmittelbar anwendbar. Grundlage für die Herabsetzung der Rückerstattungspflicht wegen eines Verschuldens des Gläubigers sind entweder ein vertragliches Verschulden oder eine unerlaubte Handlung (in casu Verhältnis Bank/Kontoinhaber) 112 II 450/457 E. 4 Pra 1987 (Nr. 144) 512. 3

Verweisung auf den Schadensbegriff des Art. 41 Abs. 1. 4A_506/2011 (24.11.11) E. 4 fr., 87 II 290/291 E. 4a; auf ***Art. 42 Abs. 1*** 115 II 1/2, 123 III 16/24 E. 4d, 4C.371/1999 (8.3.00) E. 2a/cc fr., 4C.57/1999 (15.5.00) E. 7c, 4C.151/2005 (29.8.05) E. 4.2.4, 4A_399/2012 (3.12.12) E. 2.1.3; auf ***Art. 42 Abs. 2*** 144 III 155, 126 III 388/389 E. 8a fr., 110 II 360/373 f. E. b it. JdT 133 (1985) I 143 E. 5 fr., 105 II 87/88 ff. E. 2, 3 (misslingt der Schadensnachweis nach Art. 191 Abs. 3, so kann der Sachverhalt aufgrund des allgemeinen Schadenersatzrechtes gewürdigt werden), 4A_691/2014 (1.4.15) E. 6 fr.; auf ***Art. 43*** 43 II 170/176 ff. (in casu Berücksichtigung einer wesentlichen Leistungserschwerung), 44 II 513/518 E. 6, 49 II 77/86 ff. E. 4 (Herabsetzung der Ersatzpflicht in casu abgelehnt), 4

116 II 441/446, 117 II 563/567 E. b Pra 1992 (Nr. 185) 685 f., 127 III 453/459 E. c Pra 2001 (Nr. 179) 1090, 128 III 324/329 E. 2.5 (Vertrauenshaftung), 4C.186/1999 (18.7.00) E. 5a, 4C.471/2004 (24.6.05) E. 3.3.1, 4C.89/2005 (13.7.05) E. 4.2 fr. (Kommission); auf ***Art. 43/44*** 4P.61/2004 (9.9.04) E. 4.1, 4C.300/2001 (27.2.02) E. 4b fr., 126 III 230/236 E. 7a/bb, 122 III 262/267 E. 2a/aa (in casu Billigkeitshaftung nach Art. 266g), 122 III 61/66 E. d (in casu keine Reduktion des Ersatzes), 111 II 156/161 E. 4, 110 II 360/374 f. it. JdT 133 (1985) I 143 f. E. 6 fr., 109 II 234/236 ff. E. 2, 91 II 291/296 ff. E. 4 (der Umstand, dass zwischen dem Erfüllungsgehilfen und dem Gläubiger ein Arbeitsverhältnis besteht, rechtfertigt im Normalfall eine Ermässigung der Ersatzpflicht), 92 II 234/240 ff. E. 3, 78 II 441/441 ff. E. 6 (in casu Entlassung aus dem Arbeitsverhältnis ohne wichtigen Grund); auf ***Art. 44 Abs. 1*** 4C.5/2007 (1.6.07) E. 5 it. (Mitverschulden eines Bankkunden), 4C.103/2005 (1.6.05) E. 1.3 (Mitverschulden des Arbeitgebers), 4C.439/2004 (19.7.05) E. 3.2.3 it., 4C.463/2004 (16.3.05) E. 3, 4C.191/2004 (7.9.04) E. 5.1 fr., 117 II 156/158 f. E. a, 116 II 689/694 E. bb, 4A_124/2007 (23.11.07) E. 5.4.1 fr. (Mitverschulden eines Bauherrn), 4C.68/2007 (13.6.08) E. 12.1 (Mitverschulden eines Anlagekunden); auf ***Art. 44 Abs. 2*** 4C.103/2005 (1.6.05) E. 6; auf ***Art. 46 Abs. 2*** 87 II 155/162; auf ***Art. 47*** 80 II 256/258 Pra 1954 (Nr. 164) 461 f., 86 I 251/255 E. 7 Pra 1961 (Nr. 5) 14, 110 II 163/164 E. 2 Pra 1984 (Nr. 175) 485, 116 II 519/520 f. E. 2c; auf ***Art. 49*** 4C.32/2003 (19.5.03) E. 2.2 Pra 2003 (Nr. 196) 1084, 4C.261/2004 (3.11.04) E. 1.4 und 4C.343/2003 (13.10.04) E. 8.1, 130 III 699/704 E. 5.1 fr. (alle zu Art. 328), 126 III 388/394 E. 11b fr. (Nutzungsausfall, Anspruch in casu abgelehnt), 123 III 204/206 E. 2b, 116 II 519/520 f. E. 2c, 87 II 290/291 ff. E. 4 fr., 87 II 143/145 E. b (in casu Genugtuung wegen Verletzung in den persönlichen Verhältnissen durch Nichteinhaltung eines Arbeitsvertrages), 102 II 211/224 E. 9 fr.; auf ***Art. 50 Abs. 1*** 115 II 42/45 E. b, 4C.216/2000 (11.12.00) E. 1b; auf ***Art. 54*** 102 II 226/228 ff. E. 2, 3 (Art. 54 Abs. 1 begründet eine Kausalhaftpflicht aus Billigkeit; der Urteilsunfähige hat den durch rechtsgeschäftliches oder deliktisches Verhalten schuldlos zugefügten Schaden zu ersetzen, wenn und soweit es billig ist [Änderung der Rechtsprechung]; die Ersatzpflicht des Urteilsunfähigen hängt insbesondere von den finanziellen Verhältnissen der Parteien im Zeitpunkt des Urteils ab), 4C.195/2004 (7.9.04) E. 3.1 it.

5 ***Nicht anwendbar*** ist der Verweis hinsichtlich ***Art. 45 Abs. 3,*** weshalb der Anspruch auf Ersatz des Versorgerschadens nicht vertraglicher Natur ist 4C.194/1999 (18.1.00) E. 5 fr.; *Art. 60.* Massgebend ist der deutsche und der italienische Gesetzestext: die Anwendung von ***Art. 60*** ist ausgeschlossen 80 II 256/258 Pra 1954 (Nr. 164) 462, 87 II 155/159, 4C.195/2004 (7.9.04) E. 3.3.2 it.

6 Siehe auch zu Art. 101.

2. Wegbedingung der Haftung

Art. 100

[1] Eine zum voraus getroffene Verabredung, wonach die Haftung für rechtswidrige Absicht oder grobe Fahrlässigkeit ausgeschlossen sein würde, ist nichtig.

[2] Auch ein zum voraus erklärter Verzicht auf Haftung für leichtes Verschulden kann nach Ermessen des Richters als nichtig betrachtet werden, wenn der Verzichtende zur Zeit seiner

Erklärung im Dienst des anderen Teiles stand, oder wenn die Verantwortlichkeit aus dem Betriebe eines obrigkeitlich konzessionierten Gewerbes folgt.

[3] Vorbehalten bleiben die besonderen Vorschriften über den Versicherungsvertrag.

Die Wegbedingung der Haftung setzt auf jeden Fall eine Vereinbarung voraus (in casu Zustimmung zur Freizeichnungsklausel verneint) 111 II 471/480, wobei sich die Bestimmung nur auf den Fall bezieht, da die Haftung vor Schadenseintritt wegbedungen wird, und nicht auch die Gültigkeit entsprechender Vereinbarungen regelt, die nach Eintritt des Schadens getroffen werden 4C.411/1999 (4.2.00) E. 2b it. Bedeutung der in einer Vereinbarung über die Einbringung einer einfachen Gesellschaft vorgesehenen Wegbedingung der Gewährspflicht 90 II 490/498 f. E. 5 Pra 1965 (Nr. 59) 194 f. Haftungsbeschränkungsklausel in einem Ferienwohnungsvermittlungsvertrag 115 II 474/479 E.d. – Offengelassen, ob das blosse Verbot, eine Baustelle zu betreten, überhaupt als (stillschweigende) Wegbedingung der Haftung ausgelegt werden darf 95 II 93/101 f. E. 6. – Besteht eine Haftung aus Art. 41 ff. neben einem vertraglichen Gewährleistungsanspruch (in casu für Sachmängel), so ist eine Haftungsbeschränkungsabrede grundsätzlich auch in dieser Hinsicht zu beachten 107 II 161/168 E. 8, vgl. aber auch 111 II 471/480. Grundsätzlich muss sich jede Haftungsbeschränkung, die sich aus dem Vertragsverhältnis ergibt, auch auf den Anspruch aus unerlaubter Handlung auswirken 120 II 58/61 E.a. 1

Abs. 1 Zulässig ist die Wegbedingung auch für mittlere Fahrlässigkeit 4C.81/2002 (1.7.02) E. 3.4. Soweit die Wegbedingung der Haftung aber nichtig ist, ist auch die vertragliche Beschränkung der Ersatzsumme ungültig (in casu Anwendung bei der Haftung eines Spediteurs) 102 II 256/264 f. Gültig ist die Wegbedingung der Haftung bei einer Vereinbarung zwischen einer Bank und dem Inhaber eines Bankdepots, wonach der letztere verpflichtet ist, die ihm anvertrauten Checkformulare persönlich zu verwahren und die Haftung für den aus dem Missbrauch dieser Formulare entstehenden Schaden zu übernehmen 41 II 487/490 ff. fr. Kontokorrentvertrag mit einer Bank: Führt die Bank einen von einem Dritten gefälschten Vergütungsvertrag aus, so kann bei vertraglich vereinbarter Haftungsbeschränkung das Mass der allgemein zu beobachtenden Sorgfalt durch gleichartige interne Weisungen einer Vielzahl von Banken bestimmt sein (in casu Rückweisung der Sache an die Vorinstanz) 108 II 314/315 ff. E. 2, 4, vgl. auch 109 II 109/120 E. b (Verschulden einer Bank verneint bei der Ausführung von gefälschten Zahlungsaufträgen) und 4A_386/2016 (5.12.16) E. 2.2.6. Analoge Anwendung auf die Abrede, nach der eine Bank Unterschriften zwar mit den bei ihr deponierten Mustern zu vergleichen, für unentdeckte Legitimationsmängel aber nicht einzustehen hat 4C.357/2000 (8.5.01) E. 3 fr. – Kriegsklausel 45 II 192/195 ff. E. 1. – Wegbedingung der Gewährleistung in einem Kaufvertrag/Verhältnis von Art. 100 Abs. 1 zu Art. 199: Das Bundesgericht hat bisher jeweils nur Art. 199 angewandt, ohne jedoch Art. 100 Abs. 1 ausdrücklich auszuschliessen (das Verhältnis zwischen den beiden Bestimmungen wurde in casu offengelassen) 107 II 161/166 f. E. b, c, 4C.456/1999 (16.3.00) E. 5b, auch 126 III 59/67 E. 4a Pra 2000 (Nr. 117) 695. 2

Abs. 2 Die Bestimmung bezweckt die gerechte Zuweisung von Vertragsrisiken unter Verschuldensgesichtspunkten 4C.81/2002 (1.7.02) E. 3.1, 4C.210/2002 (12.11.02) E. 3.2.2 Pra 2003 (Nr. 50) 242. Der Betrieb einer Bank ist Ausübung eines *obrigkeitlich konzessio-* 3 *nierten Gewerbes* 132 III 449/452 fr., 4A_54/2009 (20.4.09) E. 1 fr., 4A_438/2007 (29.1.08) E. 5.1 fr., 112 II 450/455 Pra 1987 (Nr. 144) 511 (Frage noch offengelassen in 109 II 116/119 f. E. 3 und 110 II 283/287 E. b), vgl. auch 122 III 26/32 E. a, 4C.81/2002 (1.7.02) E. 2. Offengelassen, wie weit eine Wegbedingung der vertraglichen Haftung bei einer konzessionierten Luftseilbahn überhaupt möglich ist 113 II 246/250 f. E. 7. Der Binnenschiff-Frachtführer unterliegt der Freizeichnungsbeschränkung von Art. 100 Abs. 2 nicht 94 II 197/206 ff. E. 14, 15. – *Analoge Anwendung* auf eine Vertragsbestimmung, die darauf abzielt, die Bank von ihrer vertraglichen Verpflichtung zur Rückgabe der hinterlegten Sache zu befreien 112 II 450/453 ff. E. 3 Pra 1987 (Nr. 144) 510 ff., 4C.357/2000 (8.5.01) E. 3 fr. (Legitimationsmängel), 4C.427/2005 (4.5.06) E. 3 fr. (Schadensabwälzungsklausel in Allgemeinen Geschäftsbedingungen); auf eine Klausel in Allgemeinen Geschäftsbedingungen einer Bank, mit der das Risiko einer Fehlbuchung auf den Kunden überwälzt wird 132 III 449/452 E. 2 Pra 2007 (Nr. 31) 197, 4A_54/2009 (20.4.09) E. 1 fr., auch 4A_438/2007 (29.1.08) E. 5.1 fr., wonach der Kunde keinen Schaden hat, wenn die Bank das Konto des Kunden belastet, ohne dass der Kunde dies veranlasst hat. Deshalb ist Art. 100, der direkt auf die Schlechterfüllung von Schuldpflichten zugeschnitten ist, auf diesen Fall nur sinngemäss anzuwenden. Zur Frage der (beschränkten) Wirkung der im Bankverkehr üblichen Zustellungs- und Genehmigungsfiktion siehe auch 4C.81/2002 (1.7.02) E. 4.3. – Indes gewährleistet die Anwendung der Bestimmung auf Banken nicht immer einen wirkungsvollen Schutz (keine Anwendung, wenn der Schaden durch Zufall entsteht; Möglichkeit der Bank, die Haftung für leichtes Verschulden ihrer Hilfspersonen wegzubedingen, Art. 101 Abs. 3). Offengelassen, ob der Inhalt der entsprechenden Vertragsbedingungen in diesen Fällen unter dem Gesichtspunkt der allgemeinen Regeln des Zivilrechts (ZGB Art. 2 und 27, OR Art. 19–21 und 23 ff.) zu überprüfen wäre 112 II 450/456 E. 3a Pra 1987 (Nr. 144) 511 f., vgl. auch 122 III 26/32 E.a. – Der Richter hat unter Berücksichtigung aller Umstände nach *Recht und Billigkeit* (ZGB Art. 4) zu entscheiden und dabei die Freizeichnungsklausel ins Verhältnis zu den übrigen Bestimmungen des Vertrages und der Gesamtheit der Umstände des konkreten Falles zu stellen; etwa hat er das Schutzbedürfnis des Bankkunden gegen das Bedürfnis der Bank, sich vor kaum vermeidbaren Risiken zu schützen, abzuwägen 132 III 449/452 Pra 2007 (Nr. 31) 198, 112 II 450/455 f. E. a Pra 1987 (Nr. 144) 511, 41 II 487/491. Kein Ermessensspielraum steht dem Richter dann zu, wenn die leichte Fahrlässigkeit einer Hilfsperson des Schuldners anzulasten ist, da hier Art. 101 Abs. 3 zum Tragen kommt 132 III 449/452 Pra 2007 (Nr. 31) 198, 4A_54/2009 (20.4.09) E. 1 fr., 4A_438/2007 (29.1.08) E. 5.1 fr.

3. Haftung für Hilfspersonen

Art. 101

[1] Wer die Erfüllung einer Schuldpflicht oder die Ausübung eines Rechtes aus einem Schuldverhältnis, wenn auch befugterweise, durch eine Hilfsperson, wie Hausgenossen oder Arbeitnehmer vornehmen lässt, hat dem andern den Schaden zu ersetzen, den die Hilfsperson in Ausübung ihrer Verrichtungen verursacht.

[2] Diese Haftung kann durch eine zum voraus getroffene Verabredung beschränkt oder aufgehoben werden.

[3] Steht aber der Verzichtende im Dienst des andern oder folgt die Verantwortlichkeit aus dem Betriebe eines obrigkeitlich konzessionierten Gewerbes, so darf die Haftung höchstens für leichtes Verschulden wegbedungen werden.

Allgemeines. Der vertragliche Schadenersatzanspruch nach Art. 101 und der ausservertragliche nach Art. 55 können nebeneinander bestehen (Anspruchskonkurrenz) 91 I 223/239 E. 2 fr. Zudem schliesst die Haftung des Geschäftsherrn nach Art. 101 die deliktische Haftung (Art. 41 ff.) der Hilfsperson selber nicht aus 97 II 123/126 E. a Pra 1971 (Nr. 209) 667, 77 II 148/149 ff. E. 1–3. – ***Analoge Anwendung:*** auf andere zivilrechtliche Verhältnisse (ZGB Art. 7) 94 I 248/250, 87 I 217/220; auf das Verschulden der Hilfsperson eines Patentinhabers (Wahrung der Fristen nach PatG) 111 II 504/506 f. E. 3 JdT 134 I 324 f. E. 3, 108 II 156/158 f. E. 1 (in casu Wiedereinsetzung in den früheren Stand nach PatG Art. 47 verweigert); nicht nur im rechtsgeschäftlichen Verkehr, sondern auch im Verkehr zwischen Privaten und Amtsstellen (z.B. Gerichten) (in casu Leistung eines Kostenvorschusses; Wiederherstellung der Frist gemäss aOG Art. 35 Abs. 1 verweigert) 114 Ib 67/69 ff. E. 2, grundlegend 107 Ia 166/169 ff. E. 2. – ***Beschränkte Anwendung:*** bei obligatorisch versicherten Betriebsunfällen ist Art. 101 (wie auch Art. 55, 58 und 339) nur in den von aKUVG Art. 129 Abs. 2 gezogenen Grenzen anwendbar 72 II 311/314 E. 1 und 72 II 429/430 f. E. 2. – ***Keine Anwendung:*** auf die Haftung des Spediteurs (Art. 398, 399, 439), denn ein vom Beauftragten befugterweise eingesetzter Zwischenspediteur ist als sein Substitut, nicht als seine Hilfsperson zu behandeln 103 II 59/61 f. E.a. Besorgt ein Angestellter ein Geschäft in der irrtümlichen Annahme, dazu beauftragt zu sein, so liegt keine Geschäftsführung ohne Auftrag im Sinne von Art. 419 ff. vor und der Geschäftsherr haftet nur aus Art. 55, nicht aus Art. 101 75 II 225/226 f. E. 3 Pra 1950 (Nr. 4) 24. Ein öffentliches Spital schliesst mit dem aufzunehmenden Patienten keinen privatrechtlichen Vertrag; keine Anwendung der Bestimmungen des OR (in casu Anwendung von Art. 55 abgelehnt) 44 II 52/54 fr. Offengelassen, ob der Verkäufer für die mangelhafte Herstellung der Kaufsache nach Art. 101 einstehen muss 82 II 136/139 E. 2. – Verhältnis zur Haftung des Veranstalters von Pauschalreisen nach PRG Art. 14 f. 145 III 409/416 ff. E. 5.8.1 fr. 1

Abgrenzungen. Die Haftung nach Art. 101 ist eine vertragliche Haftung, keine Haftung «nach Gesetzesvorschrift» im Sinne des Art. 51 Abs. 2 80 II 247/253 Pra 1955 (Nr. 18) 67, siehe aber 4C.394/2006 (24.4.07) E. 4.2 fr., wonach es reicht, wenn zwischen dem Geschäftsherrn und dem Gläubiger ein obligatorisches Verhältnis besteht, das seinen Entstehungsgrund im Gesetz oder in Vertragsverhandlungen hat. Sie gilt daher nicht bei ausservertraglicher Haftung 4A_189/2018 (6.8.18) E. 4.2.1. Vgl. auch 4A_58/2010 (22.4.10) E. 3.2 fr. Die Haftung geht Art. 103 Abs. 2 vor, weshalb der Schuldner, der unverschuldet in Verzug ist, gleichwohl haftet, wenn die Voraussetzungen des Art. 101 gegeben sind 117 II 65/66 f. E. 2a Pra 1992 (Nr. 81) 304. Zur Organhaftung Pra 1992 (Nr. 164) 602. Keine Hilfsperson, sondern Organ ist der Filialleiter (Prokurist) im Verhältnis zu seiner Gesellschaft 102 II 256/264. – Zum *Verhältnis zu Art. 399 Abs. 2:* Bei erlaubter Substitution 2 haftet der Beauftragte nach Art. 399 Abs. 2 bloss für gehörige Sorgfalt in Auswahl und Instruktion. Dadurch unterscheidet sich die Regelung des Auftragsrechts von der Vorschrift des Art. 101 Abs. 1, welche die volle Haftung für Hilfspersonen auch bei befugtem Beizug vorsieht. Selbst bei erlaubter Substitution ist jedoch eine unterschiedliche Behandlung am Platz: Substituiert der Beauftragte im eigenen Interesse, haftet er gemäss Art. 101 Abs. 1; nur wenn er im Interesse des Auftraggebers einen Spezialisten beizieht, beschränkt sich die Haftung im Sinne von Art. 399 Abs. 2 (in casu Haftung nach Art. 101, weil zwischen dem Beauftragten und der Drittfirma, welche sowohl im Interesse des Auftraggebers wie des Beauftragten beigezogen worden war, enge Beziehungen bestanden) 112 II 347/353 f. E. 2.

3 ***Abs. 1*** **Verschuldenshaftung.** Die Bestimmung ersetzt nicht etwa die Verschuldenshaftung durch eine Kausalhaftung. Vielmehr geht es darum, dass sich der Gläubiger, der seine Rechte durch eine Hilfsperson ausübt, und der Schuldner, der seine Pflichten durch eine Hilfsperson erfüllt, das Tun und Unterlassen der Hilfsperson anrechnen lassen muss. Es ist so zu halten, als hätten sie selber gehandelt. Zu prüfen ist deshalb, ob dem Geschäftsherrn eine Pflichtverletzung vorgeworfen werden könnte, wenn er sich selber so verhalten hätte wie die Hilfsperson (hypothetische Vorwerfbarkeit) 4C.394/2006 (24.4.07) E. 4.2 fr., 4C.307/2003 (19.2.04) E. 5.2 fr., 94 I 248/251 E. b, vgl. auch 114 Ib 67/71 E. d, 119 II 337/338 E. 3c/aa Pra 1994 (Nr. 117) 400 f. Mithin haftet der Geschäftsherr für diejenigen Sachkenntnisse und diejenige Sorgfalt seiner Hilfsperson, die man nach dem Vertragsverhältnis von ihm selbst zu erwarten berechtigt ist 46 II 129/130. Denn wer den Vorteil hat, Pflichten durch eine Hilfsperson erfüllen zu lassen, der soll auch die Nachteile daraus tragen 107 Ia 168/169 E. 2a. Keine Rolle spielt, ob sich der Geschäftsherr mit oder ohne Wissen und Willen des Gläubigers einer Hilfsperson bedient 46 II 129/130. – *Exkulpation.* Der Geschäftsherr, der sich entlasten will, kann sich von der Schadenersatzpflicht nur durch den Nachweis befreien, dass auch ihm selber, wenn er gleich gehandelt hätte wie die Hilfsperson, kein Verschulden vorgeworfen werden könnte 92 II 15/19, 113 II 424/426 E. 1b Pra 1988 (Nr. 109) 403, vgl. auch 117 II 65/67 f. E. 2b Pra 1992 (Nr. 81) 304 f., 119 II 337/338 E. 3c/aa Pra 1994 (Nr. 117) 400 f., 4C.394/2006 (24.4.07) E. 4.3.3 fr.; dass also die Hilfsperson bei ihren Verrichtungen die Sorgfalt walten liess, zu der er selber verpflichtet war 130 III 591/604 E. 5.5.4. Zu beachten ist dabei: Der Geschäftsherr, der für die Vertragsabwicklung, die besondere Sachkunde erfordert, eine sachkundige Hilfsperson beizieht, schuldet jene Sorgfalt, welche die Hilfsperson zu leisten imstande ist. Der Sachverstand der Hilfsperson ist dem Geschäftsherrn also zuzurechnen 130 III 591/604 E. 5.5.4. Ausgeschlossen ist nach dem Gesagten die Exkulpationseinrede nach Art. 55 (Anwendung der nach den Umständen gebotenen Sorgfalt in der Auswahl, Instruktion und Beaufsichtigung der Hilfsperson) 53 II 233/240 E. 3, vgl. auch 114 Ib 67/71 ff. E. d, e. – Dass der Sachverstand der Hilfsperson dem Geschäftsherrn zuzurechnen ist, wirkt sich überdies in der Weise aus, dass der Werkunternehmer trotz fehlender Abmahnung von seiner Haftung befreit wird, wenn der Besteller durch seine Hilfsperson über jene fachlichen Kenntnisse verfügt, die es ihm gestatten, die erteilte Weisung auf ihre Richtigkeit hin zu durchschauen und eine Fehlerhaftigkeit zu erkennen 4A_166/2008 (7.8.08) E. 2.1.

Hilfsperson. Vorausgesetzt ist stets, dass die Hilfsperson mit dem Einverständnis, dem Wissen und Willen des Geschäftsherrn handelt 99 II 46/48, 70 II 215/220, 4C.394/2006 (24.4.07) E. 4.2 fr., wobei ein stillschweigendes Einverständnis ausreicht 4A_70/2007 (22.5.07) E. 5.1.2 und 5.2.3 fr. Nicht vorausgesetzt ist aber, dass der Geschäftsherr die Hilfsperson zu dem die Schuldpflicht verletzenden Verhalten aufgefordert hat 90 II 15/20 E.d. *Weite Auslegung:* Im Übrigen ist der Begriff der Hilfsperson weit auszulegen 4A_70/2007 (22.5.07) E. 5.1.2 fr., 95 II 43/53. Ein Unterordnungsverhältnis ist nicht vorausgesetzt 70 II 215/220. Hilfsperson ist deshalb nicht nur, wer der Weisungsmacht des Geschäftsherrn oder dessen Vertreters untersteht, sondern jeder Erfüllungsgehilfe; ein Rechtsverhältnis zur Hilfsperson ist nicht nötig 107 Ia 168/169 f. E. 2a, 111 II 504/506 E. 3b JdT 134 I 325 E. 3b, 4A_70/2007 (22.5.07) E. 5.1.2 fr. Es reicht schon, wenn die Hilfsperson mit dem (auch stillschweigenden) Einverständnis des Geschäftsherrn oder seines Vertreters handelt 4C.343/2003 (13.10.04) E. 4.1 fr., 4C.394/2006 (24.4.07) E. 4.3.3 fr. So setzt Art. 101 auch kein Subordinationsverhältnis voraus, dies im Gegensatz zur ausservertraglichen Haftung nach Art. 55 70 II 215/220. Somit kann ein selbständiger Geschäftsmann oder der Angestellte eines solchen ohne Weiteres Hilfsperson sein 70 II 215/220. Auch das Organ einer Gesellschaft kann Hilfsperson eines Dritten sein 96 II 52/56 E.b. Als Hilfsperson zu betrachten ist sodann die Bank, welche von einem Schuldner mit der Ausführung einer Zahlung beauftragt wurde 111 II 504/507 E. b JdT 134 I 325 E. b, vgl. auch 114 Ib 67/69 ff. E. 2. Ist die Einreicherbank hinsichtlich der Prüfung der Berechtigung des Einreichers eines allgemein gekreuzten Checks Hilfsperson der bezogenen Bank? 122 III 26/28 f. E.b. 4

Beispiele. Haftung des Geschäftsherrn für die culpa in contrahendo seines Abschlussgehilfen 4C.394/2006 (24.4.07) E. 4.3.3 fr. (Versicherungsagent), 4C.98/2007 (29.4.08) E. 3.2 (Verletzung der vorvertraglichen Informationspflichten durch einen Vermittlungsagenten beim Abschluss eines Lebensversicherungsvertrages), 4A.70/2007 (22.5.07) E. 5.2.3 (Vermittlung von Unterrichtsverträgen in China mittels absichtlicher Täuschung), 108 II 419/421 f. E. 5 (absichtliche Täuschung gemäss Art. 28), 68 II 295/303; des Verkäufers für den Spediteur 122 III 106/108 E. 4; des Mieters für Personen, die im gleichen Haushalt leben 103 II 330/333 E. b Pra 1978 (Nr. 89) 201 f. bzw. für Untermieter 123 III 124/127 E. 3a, 117 II 65/67 E. 2b Pra 1992 (Nr. 81) 304, oder Nachmieter 116 II 512/514 E. 2, vgl. auch 119 II 337/338 E. 3c/aa Pra 1994 (Nr. 117) 400; des Mieters für die Beschädigung des Mietobjektes durch den vom Vermieter zur Verfügung gestellten Bedienungsmann, der als Hilfsperson des Mieters tätig wurde 91 II 291/294 ff. E. a, b; aber auch des Mieters für den dem Untermieter durch den Hauptvermieter zugefügten Schaden 119 II 337/338 E. 3c/aa Pra 1994 (Nr. 117) 400; des Vermieters für Verletzungen des Mietvertrages durch den diesen übernehmenden Erwerber der Mietsache 82 II 525/533 ff. E. 5, 6; des säumigen Vermieters für das Verhalten seines Angestellten, der den Hausrat eines Mieters vorübergehend in einem Hauseingang unterbringen lässt 99 II 46/47 ff. E. 1, 2; der SBB für ihre Hilfsperson im Rahmen einer Vereinbarung über die gemeinsame Benützung eines Bahnhofs durch zwei Bahnunternehmungen 91 I 223/229 E. 1 fr.; des Arbeitgebers, dessen Vorarbeiter es unterliess, eine erkennbare Unfallgefahr zu beheben oder beheben zu lassen 110 II 163/165 E. a Pra 1984 (Nr. 175) 486; des Arbeitgebers für das Verhalten seiner Arbeitnehmer gegenüber einem Mitarbeiter 4A_128/2007 (9.7.07) E. 2.4 fr. (Mobbing), 130 III 699/704 E. 5.1 fr.; 125 III 70/74 E. 3a; des 5

Landwirtes für seinen im Betrieb mitarbeitenden Sohn 60 II 38/43 E. 2; der Gemeinde, die ein der Öffentlichkeit zugängliches Schwimmbad betreibt, für das Verhalten des Bademeisters 113 II 424/426 ff. E. 1 Pra 1988 (Nr. 109) 402 ff.; des Anwalts für seinen Rechtspraktikanten 117 II 563/568 E. 3a und seine weiteren Angestellten 4C.244/2005 (7.10.05) E. 3; des Arztes für sein medizinisches Hilfspersonal 53 II 419/424 f. E. 1; des Arztes für von seiner Gehilfin erteilte ungenügende Auskünfte und Weisungen 116 II 519/522 f. E. c, d; der Fluggesellschaft für eine von einem Piloten begangene Unterschlagung von Frachtgut 85 II 267/269 f. E. 2 Pra 1960 (Nr. 5) 11. Offengelassen, ob eine schweizerische Kreditkartenorganisation aufgrund der weltweiten Tätigkeit ihrer Organisation und wegen ihres internationalen Informationssystems als Hilfsperson der deutschen Schwestergesellschaft anzusehen war 113 II 174/178 E. 2. – Insbesondere *beim Bauen:* Der Ingenieur/Architekt ist im Verhältnis zum Unternehmer Hilfsperson des Bauherrn 119 II 127/130 E. 4a, 125 III 223/224 E. 6b Pra 1999 (Nr. 151) 808, 4C.81/2000 (23.5.00) E. 2c fr.; doch ist der Unternehmer im Verhältnis zum Architekten/Ingenieur keine Hilfsperson des Bauherrn 125 III 223/224 E. 6b Pra 1999 (Nr. 151) 808. Im Verhältnis zueinander gelten Architekt und Ingenieur grundsätzlich nicht als Hilfspersonen des Bauherrn; eine Ausnahme gilt dann, wenn der Bauherr den Architekten mit Leitungsaufgaben gegenüber dem Ingenieur betraut 125 III 223/225 E. 6c Pra 1999 (Nr. 151) 809. Der Unternehmer haftet für seinen Vorarbeiter im Falle einer unzureichenden Abmahnung (Art. 369). Er genügt seiner Pflicht nicht, wenn er sich um die Ausführung der Arbeit nicht kümmert und sich dann, wenn Schäden auftreten, auf eine Bemerkung seines Vorarbeiters gegenüber einem Angestellten des Architekten beruft. Das gilt selbst dann, wenn sich diese Bemerkung später als begründet herausstellt 95 II 43/50 f. E. b, c. Zur Anwendbarkeit von Art. 101 im Verhältnis Unternehmer/Unterakkordant siehe 116 II 305/307 f. E. 2c. Haftung einer Spezialfirma für Baumaschinen für das Verhalten ihres Monteurs 92 II 234/238 f. E. 1; eines bauleitenden Architekten für seinen Angestellten, der auf Zahlungsanweisungen aus dem Baukredit das Visum fälscht 90 II 15/17 ff. E. 3.

6 **In Ausübung ihrer Verrichtungen.** Ob die Hilfsperson, die den Schaden verursacht hat, unter der Leitung und Aufsicht des Geschäftsherrn oder selbständig gehandelt hat, ist unerheblich 46 II 124/128 Sachverhalt lit. A (Erfüllungsgehilfe). Doch muss sie den Schaden in Ausübung ihrer Verrichtungen verursacht haben. Dazu genügt nicht jeder zeitliche oder räumliche Zusammenhang. Vielmehr bedarf es zudem eines funktionellen Zusammenhangs zwischen den der Hilfsperson übertragenen Geschäften und dem Schaden 4C.394/2006 (24.4.07) E. 4.2 fr. in dem Sinne, dass die schädigende Handlung zugleich eine Nicht- oder Schlechterfüllung der Schuldpflicht des Geschäftsherrn aus seinem Vertrag mit dem Geschädigten darstellt. Massgebend ist, ob der Geschäftsherr, wenn er die von der Hilfsperson begangene schädigende Handlung selber vorgenommen hätte, dafür aus Vertrag (und nicht etwa nur aus unerlaubter Handlung) haften würde 92 II 15/18 ff. E. 2–5, 98 II 288/292 E. 4, 125 III 223/225 E. 6b Pra 1999 (Nr. 151) 808, 4C.134/1999 (20.4.00) E. 2d, 4C.119/2002 (20.6.02) E. 2.1 fr., 4C.394/2006 (24.4.07) E. 4.2 fr. Haftungsvoraussetzung ist somit (neben dem Bestehen eines Schuldverhältnisses 4A_58/2010 [22.4.10] E. 3.2 fr.) der Beizug einer Hilfsperson zur Vertragserfüllung durch den aus dem Vertrag Verpflichteten oder Berechtigten (in casu Miete eines Baggers: Haftung des Mieters nach Art. 101 verneint für den Fall, dass einer seiner Angestellten entgegen seinem

Verbot den Bagger in Bewegung setzt und damit Schaden verursacht) 98 II 288/292 f. E. 4. – Wer sich verpflichtet, einem andern für bestimmte Arbeiten gegen Entgelt einen seiner Angestellten zur Verfügung zu stellen (in casu Vermietung eines Baggers mit Baggerführer), haftet dem andern grundsätzlich nur für die gehörige Erfüllung *dieser* Verpflichtung, d.h. dafür, dass er einen für die fragliche Tätigkeit geeigneten Angestellten abordnet; tritt der Angestellte seine Tätigkeit an (in casu durch Übergabe des Baggers), so wird er Hilfsperson des *Mieters* 91 II 291/295 E.b. – Doch begründet das Verhalten eines Bankangestellten, der im Verhältnis zu bestimmten Bankkunden, die vom Abschluss eines Vermögensverwaltungsvertrages abgesehen hatten, die Rolle eines Kundenberaters ausfüllt, zulasten der Bank entsprechende Sorgfaltspflichten (Überwachung und Aufklärung), deren Verletzung eine Ersatzpflicht nach sich zieht 4P.277/2006 (2.4.07) E. 6.3 (und Sachverhalt E. d) fr. – Keine Hilfsperson der Versicherung ist aber der Versicherungsagent, der vom Versicherungsnehmer, dem er schon den Abschluss der Versicherung vermittelt hatte, Vermögenswerte entgegennimmt im Hinblick auf deren Anlage in den Produkten der Versicherung (und diese dann veruntreut bzw. durch Verwendung des Briefpapiers der Versicherung ertrügt), ohne dass der Versicherungsagent von der Versicherung ermächtigt worden wäre, solche Geschäfte abzuschliessen oder Gelder entgegenzunehmen 4A_58/2010 (22.4.10) E. 3 fr.

Weitere Voraussetzungen. ***Kausalzusammenhang*** zwischen dem Verhalten der Hilfsperson und dem eingetretenen Schaden: Die natürliche Kausalität ist Tatfrage; Rechtsfrage hingegen ist die Adäquanz des Kausalzusammenhanges 88 II 430/434 E. 1 Pra 1963 (Nr. 60) 185. – ***Schaden.*** Der Geschäftsherr haftet nach Art. 101 für den Schaden, der entsteht, wenn die Hilfsperson die ihr übertragene Erfüllung unmöglich macht, verzögert oder nicht gehörig erbringt 53 II 233/240. Zum Schaden siehe auch Art. 97 Abs. 1. 7

Ersatzpflicht. ***Bemessung.*** Die Regeln von Art. 99 Abs. 2 und 3 gelten auch für die Bemessung der Haftung nach Art. 101 92 II 234/240 ff. E. 2, 91 II 291/296 f. E. 4, 82 II 525/534 E. 6, 53 II 419/429. 8

Art. 43. Nach der Rechtsprechung des Bundesgerichtes kann der Grad des Verschuldens nur dann zu einer Ermässigung der Ersatzpflicht führen, wenn dem Schädiger bloss leichte Fahrlässigkeit vorgeworfen werden kann 92 II 234/240 E. b, 91 II 291/297. – Wie beim Entscheid darüber, ob die Haftung aus Art. 101 mangels eines Verschuldens entfalle, ist das Verhalten der Hilfsperson auch bei der Beurteilung der Frage, ob diese Haftung wegen nur leichter Fahrlässigkeit zu mildern sei, nach dem Massstab zu würdigen, der für den Geschäftsherrn gilt. Der Grundsatz, dass der Geschäftsherr für die Sorgfalt einzustehen hat, die sein Vertragspartner von ihm selber erwarten darf, muss auch hier gelten 92 II 234/240 f. E.b. – Fehlendes Verschulden aufseiten des Geschäftsherrn ist kein Umstand, der die Ersatzpflicht zu mindern vermöchte; nur Tatsachen, die für die Abwägung des Verschuldens des Erfüllungsgehilfen von Bedeutung sind, können unter dem Gesichtspunkt dieser Bestimmung in Betracht gezogen werden 82 II 525/534 E. 6. – Fälle leichten Verschuldens der Hilfsperson 46 II 128/130, 53 II 425/430. 9

Art. 44. Zu den Umständen im Sinne von Art. 44 gehört nicht nur das eigene Verhalten des Geschädigten, sondern auch das Verhalten jeder Hilfsperson, der er die Erfüllung einer Vertragspflicht übertragen hat; dabei ist die Natur des Rechtsverhältnisses zwischen dem Geschädigten und seiner Hilfsperson ohne Bedeutung (dieses Rechtsverhältnis 10 kann z.B. ein Auftrag, ein Arbeitsvertrag oder ein Werkvertrag sein) 95 II 43/53 (in casu Architekt als Hilfsperson des Bauherrn), 92 II 234/242 E. c (in casu Bauführer als Hilfsperson einer Bauunternehmung), vgl. auch 123 III 124/127 E. 3a (Untermietvertrag), 130 III 591/601, 4C.5/2007 (1.6.07) E. 8.5 it. (Mitverschulden eines Bankkunden).

11 ***Art. 47.*** Zusprechung einer Genugtuungssumme 53 II 425/429 E.e.

12 ***Art. 49.*** Haftung des Arbeitgebers für die Verletzung der Persönlichkeit eines Arbeitnehmers durch andere Arbeitnehmer als Ausfluss von Art. 328 (Verletzung der Fürsorgepflicht) 4A_128/2007 (9.7.07) fr. (Mobbing), 130 III 699/704 E. 5.1 fr., 125 III 70/74 E. 3a, 4A_652/2018 (21.5.19) E. 5.1 fr. (Mobbing).

13 ***Art. 50/51. Regress.*** Haften mehrere Personen aus gleichartigen Rechtsgründen (in casu vertragliche Haftung des Versicherers einerseits und des Geschäftsherrn aus Art. 101 anderseits), so kann der Richter frei bestimmen, ob dem einen Haftpflichtigen gegenüber dem andern ein Rückgriffsrecht zustehe (Art. 50 Abs. 2 und 51 Abs. 1; keine Anwendung von Art. 51 Abs. 2). Eine Abtretung des Anspruches aus Art. 101 durch den Geschädigten an den Versicherer ist unwirksam, da der Geschädigte nicht befugt ist, in Abweichung von Art. 51 zu entscheiden, welcher der verschiedenen Haftpflichtigen den Schaden letzten Endes tragen solle 80 II 247/253 f. Pra 1955 (Nr. 18) 67 f. Sinngemässe Anwendung von Art. 51 zugunsten der Bauunternehmerin, die für den aus dem Werkuntergang entstandenen Vermögensschaden bisher allein aufgekommen war, obgleich dafür auch die Bauingenieurfirma (infolge Schlechterfüllung des Ingenieurvertrags) und die Bauherrin (aufgrund von Art. 101) einzustehen hatten 119 II 127/130 f. E. 4.

14 ***Art. 99 Abs. 2.*** Anwendungsfall (in casu brachte das Geschäft dem Geschäftsherrn im Verhältnis zum eingegangenen Risiko nur einen geringen Vorteil, was eine gewisse Ermässigung der Ersatzpflicht rechtfertigte) 92 II 234/242 E.d.

15 ***Abs. 2*** Eine Wegbedingung der Haftung nach der Bestimmung setzt auf jeden Fall eine Vereinbarung voraus (in casu Zustimmung zur Freizeichnungsklausel verneint) 111 II 471/480. Wird in Allgemeinen Geschäftsbedingungen lediglich die Haftung der Bank selber (des «mandataire» in einem Vermögensverwaltungsvertrag) wegbedungen, liegt darin keine Wegbedingung der Haftung der Bank für ihre Hilfspersonen 4A_351/2007 (15.1.08) E. 2.3.5 fr., 124 III 155/165.

16 ***Abs. 3*** Anders als nach Art. 100 Abs. 2 verfügt der Richter über kein Ermessen, wenn die leichte Fahrlässigkeit einer Hilfsperson infrage steht. Eine allfällige Freizeichnung greift in diesem Fall ohne Weiteres 132 III 449/452 Pra 2007 (Nr. 31) 198, 4A_438/2007 (29.1.08) E. 5.1 fr. Ein Arbeitgeber kann sich gegenüber seinem Arbeitnehmer, der durch eine Hilfsperson des Arbeitgebers mit sofortiger Wirkung entlassen wurde, nicht auf eine Wegbedingung der Haftung berufen, da der Verzichtende in seinem Dienste stand 96 II 52/56 f. E.b. Der Betrieb einer Bank ist der Ausübung eines obrigkeitlich konzessionierten Gewerbes gleichzusetzen 132 III 449/452 fr., 112 II 450/455 Pra 1987 (Nr. 144) 511 (Frage noch offengelassen in 109 II 116/119 f. E. 3 und 110 II 283/287 E. b), vgl. auch 122 III 26/32 E.a. Offengelassen, wie weit eine Wegbedingung der vertraglichen Haftung bei einer konzessionierten Luftseilbahn möglich ist 113 II 246/250 f. E. 7. Im Übrigen ist die Ausnahmebestimmung aber einschränkend auszulegen: Sie ist nicht anwendbar auf den Fall zweier Konzessionsinhaber untereinander (in casu SBB und Privatbahn) 71 II

236/237 ff. E. 4, 91 I 223/232 f. E. c fr. Der Binnenschiff-Frachtführer unterliegt nicht der Freizeichnungsbeschränkung von Art. 101 Abs. 3 94 II 197/206 ff. E. 14, 15.

B. Verzug des Schuldners

Vorb. Art. 102–109

Ist beim zweiseitigen Vertrag der Schuldner in Verzug, so kann der Gläubiger nach Art. 102/103 oder nach Art. 102/107 vorgehen 41 II 245/247 ff. E. 2 fr. Die allgemeine Verzugsordnung von Art. 102 f. wird durch die in Art. 107 ff. enthaltene Sonderregelung lediglich ergänzt 116 II 441/443 E. 2a. Das allgemeine Verzugsrecht wird durch die mietrechtliche Sonderordnung nur so weit konsumiert, als der Tatbestand des Art. 257d reicht (Mietzins- und Nebenkostenforderungen). Anderweitiger Schuldnerverzug untersteht den Bestimmungen des Art. 102 ff. 123 III 124/127 E. 3b, 132 III 109/113 E. 5. Verhältnis der Bestimmung zu Art. 97 130 III 591/596 und zum Versicherungsvertrag 45 II 250/259, zu den Säumnisfolgen zulasten des Versicherten nach VVG Art. 20 f. auch 128 III 186/189 E. d fr. Anwendbarkeit der Art. 102 ff. im Bereich der beruflichen Vorsorge 119 V 78/82 E. b sowie 119 V 131/133 ff. E. 4 Pra 1994 (Nr. 67) 240 ff. Der Gläubiger kann sich angesichts des Verzugs seines Schuldners nicht auf Grundlagenirrtum berufen, bloss weil er bei Abschluss des Vertrages von dessen Erfüllung ausging 4A_28/2007 (30.5.07) E. 2.3 fr. – Verzugsfall, wenn der Käufer die Lieferung einer Sache ablehnt, die nicht der vereinbarten Sache entspricht, sofern die Leistung der geschuldeten Sache noch möglich ist 4C.204/2002 (9.10.03) E. 5.2 fr. Verzugsfall auch dann, wenn die einen wesentlichen Irrtum beanspruchende Partei verzugsrechtlich vorgeht, da sie damit den Vertrag genehmigt 4C.296/2000 (22.12.00) E. 3b, siehe auch 127 III 83/85 E.b. 1

I. Voraussetzung

Art. 102

[1] Ist eine Verbindlichkeit fällig, so wird der Schuldner durch Mahnung des Gläubigers in Verzug gesetzt.

[2] Wurde für die Erfüllung ein bestimmter Verfalltag verabredet, oder ergibt sich ein solcher infolge einer vorbehaltenen und gehörig vorgenommenen Kündigung, so kommt der Schuldner schon mit Ablauf dieses Tages in Verzug.

Abs. 1 **Mahnung.** Die Mahnung ist eine an den Schuldner gerichtete Erklärung des Gläubigers, die zum Ausdruck bringt, dass er die Leistung ohne Säumnis verlangt. Sie muss die zu erbringende Leistung so genau bezeichnen, dass der Schuldner erkennt, was der Gläubiger fordern will; Geldforderungen sind in der Regel zu beziffern, eine Bezifferung ist nicht erforderlich, wenn damit auf eine früher zugestellte, den Geldbetrag enthaltende Rechnung verwiesen wird oder wenn sie im Zeitpunkt der Fälligkeit der Forderung nicht möglich ist, weil deren genaue Höhe noch nicht feststeht 143 II 37/44 E. 5.2.2, 4C.22/2003 (16.5.03) E. 3.2.2, zum Verzicht auf die Bezifferung siehe auch 83 II 427/441 E. b, 120 II 259/265 E. 4. Nicht jede Mahnung, die auf einen höheren als den zur Zeit der Mahnung geschuldeten Betrag lautet, ist wirkungslos; wirkungslos aber ist sie dann, wenn 1 sich aus der Gesamtheit der Umstände ergibt, dass der Gläubiger den vom Schuldner im Zeitpunkt der Mahnung geschuldeten Betrag nicht als Teilleistung angenommen hätte 46 II 77/85. Die Zustellung eines Zahlungsbefehls gilt als Mahnung 143 II 37/44 E. 5.2.2, selbst wenn die Betreibung nur zur Unterbrechung der Verjährung erfolgte 4A_302/2018 (17.1.19) E. 3.2.2, vgl. aber auch Art. 105 Abs. 1 und 145 III 345/350 E. 4.4.5. – Abgesehen davon ist die Mahnung weder an eine bestimmte *Form* noch an einen bestimmten *Inhalt* gebunden: es genügt, dass der Gläubiger dem Schuldner gegenüber klar den Willen äussert, die versprochene Leistung erhalten zu wollen 41 II 245/249 E. 3 fr.; der Gläubiger den Schuldner unmissverständlich zur Zahlung der geschuldeten Geldsumme auffordert 130 III 597/597; Frageform 57 II 324/327 f. E. 4. So liegt auch in der Fristansetzung nach Art. 107 eine Mahnung; die beiden Rechtsbehelfe können nicht bloss zeitlich zusammenfallen, sondern der Fälligkeit sogar vorausgehen, wenn deren Termin bereits feststeht 103 II 102/104 f. E. a, 4C.1/2000 (27.3.00) E. 3b fr. Eine Mahnung ist auch das Begehren des Aktionärs um Eintragung im Aktienbuch, d.h. um Erbringung der Hauptleistung 120 II 259/265 E. 4. Antrag auf Auflösung des Güterstandes 118 II 382/391 Pra 1993 (Nr. 90) 361. Bei einer Haftpflichtversicherung gilt die Streitverkündung durch den Versicherten an den Versicherer als Mahnung 56 II 212/220 f. fr. Als Mahnung gilt nur die verselbständigte (vom Schicksal der Klage unabhängige) Widerklage, nicht bereits die subeventuelle 111 II 421/427. – Die Mahnung sollte bedingungslos sein, damit sie nicht wiederum zu einer ungebührlichen Unsicherheit über den Leistungstermin führt. Im Übrigen wäre bei der bedingten Mahnung als bestimmbarer und zumutbarer Zahlungstermin frühestens der Eintritt der Bedingung zuzulassen 111 II 421/427 f. Die Mahnung bedarf keiner Befristung: sie wird mit ihrem Eintreffen beim Schuldner wirksam, falls die Leistung fällig ist. Die Rechtsfolgen der Mahnung (Verzug des Schuldners und bei Geldforderungen Verzugszins) treten unabhängig vom Willen des Gläubigers ein 103 II 102/105. – Der Fall, dass die Fälligkeit vertraglich festgelegt wurde, ist nicht die einzige *Ausnahme vom Erfordernis der Mahnung:* Der Zweck der Mahnung und Treu und Glauben rechtfertigen die gleiche Lösung in Fällen, in denen es unbillig wäre, den Verzug des Schuldners von einer Mahnung abhängig zu machen 97 II 58/64 f. E. 5 Pra 1971 (Nr. 143) 448 f. (in casu Mietvertrag über ein Objekt, das bei Fälligkeit der Verpflichtung noch nicht einmal erstellt war), 4C.74/2005 (16.6.05) E. 4 fr. Zudem kann in analoger Anwendung des Art. 108 Ziff. 1 eine förmliche Mahnung unterbleiben, wenn der Schuldner durch sein Verhalten die bestimmte Absicht bekundet, seinen Verpflichtungen nicht nachzukommen 59 II 305/308, 94 II 26/32 E. a Pra 1968 (Nr. 145) 511, 97 II 58/64 E. 5 Pra 1971 (Nr. 143) 448 f., 143 II 37/44 E. 5.2.2, 4C.74/2005 (16.6.05) E. 4 fr., 4A_122/2014 (16.12.14) E. 3.4.1 fr. Verzug ohne Mahnung auch im Verhältnis zwischen der bisherigen und der neuen Vorsorgeeinrichtung ab dem Zeitpunkt des Austritts 131 II 533/545 E. 9.2 (Zinspflicht auf die Austrittsleistung).

2 **Verzug.** Der Gläubigerverzug schliesst den Schuldnerverzug aus, weshalb der Schuldner auch keine Verzugszinsen schuldet 4C.277/2005 (17.1.06) E. 5, 4C.130/2002 (30.7.02) E. 4.2 fr. – Der Verzug kann auch während eines Prätendentenstreits herbeigeführt werden 82 II 460/466. Die Zahlungssperre der eidgenössischen Verrechnungsstelle steht der Inverzugsetzung nicht entgegen 83 II 419/442 E.d. Die Nichthinterlegung des Forderungsbetrages nach ZGB Art. 906 Abs. 3 begründet keinen Schuldnerverzug 45 II

250/256 f. Wird der Verkäufer beim internationalen Akkreditivgeschäft durch die Akkreditiveröffnung in Verzug gesetzt? 79 II 165/166 f. E. 2b (in casu verneint). – Der Verzug setzt kein Verschulden des Schuldners voraus 4A_40/2009 (9.6.09) E. 4.3. – Vor der Fälligkeit kann kein Verzug eintreten 143 II 37/44 E. 5.2.2, 130 III 591/597 f. E. 3.1.

Abs. 2 Ohne Mahnung gerät der Schuldner nur dann in Verzug, wenn er sich aufgrund 3
der Umstände mit hinreichender Sicherheit darüber im Klaren sein müsste, dass er zu leisten hat. Dieser Bestimmung zufolge ist diese Voraussetzung erfüllt, wenn die Parteien einen Verfalltag vereinbarten oder die eine Partei berechtigt ist, einen Verfalltag einseitig festzusetzen. Ein Verfalltag kann datumsmässig bestimmt sein, sich aber auch nach anderen Kriterien bestimmen, soweit diese Kriterien objektiv sind und hinsichtlich des Zeitpunkts der Leistung keinen Zweifel offenlassen 143 II 37/45 E. 5.2.3, 4C.241/2004 (30.11.04) E. 4.1 fr. Ein Verfalltagsgeschäft liegt vor, wenn der Zeitpunkt, zu dem der Schuldner erfüllen muss, kalendermässig bestimmt oder zumindest bestimmbar ist 4A_232/2011 (20.9.11) E. 4.2; eine bloss ungefähre Festlegung des Erfüllungszeitpunkts reicht nicht aus. Eine undeutliche Verfalltagsbestimmung ist im Zweifel als Mahngeschäft auszulegen 4A_70/2008 (12.8.09) E. 6.2.1; der Schuldner muss im Moment des Vertragsabschlusses mit Bestimmtheit wissen, an bzw. bis zu welchem Tag er was und wie viel zu leisten hat 4A_70/2008 (12.8.09) E. 6.2.4. – Die Bestimmung ist anwendbar auch bei Forderungen auf eine Entschädigung nach Art. 336a oder Art. 337c Abs. 3, die gemäss Art. 339 Abs. 1 mit der Kündigung des Arbeitsverhältnisses fällig werden 4C.414/2005 (29.3.06) E. 6 fr., offengelassen in 129 III 664/675 E. 7.4 fr. – Bestimmt der Erblasser für die Ausrichtung von Vermächtnissen einen Verfalltag, so sind die Vermächtnisse von diesem Tag an ohne Mahnung von den Erben zu verzinsen 111 II 421/425 ff. E. 12. – Die am Verfalltag fehlende Erfüllungsbereitschaft *beider* Parteien (Leistungen Zug um Zug) schliesst den Eintritt eines Verzuges aus 68 II 220/227 E. 3. – Anwendungsbeispiele: 116 II 441/443 E. 2a, 119 V 131/135 E. c Pra 1994 (Nr. 67) 241, 4C.77/2005 (20.4.05) E. 5.1 fr. – Fälligkeit der Ansprüche aus Versicherungsvertrag, die ohne Mahnung eintritt 4A_307/2008 (27.11.08) E. 6.3.1 (VVG Art. 41 Abs. 1).

II. Wirkung 1. Haftung für Zufall

Art. 103

[1] Befindet sich der Schuldner im Verzuge, so hat er Schadenersatz wegen verspäteter Erfüllung zu leisten und haftet auch für den Zufall.

[2] Er kann sich von dieser Haftung durch den Nachweis befreien, dass der Verzug ohne jedes Verschulden von seiner Seite eingetreten ist oder dass der Zufall auch bei rechtzeitiger Erfüllung den Gegenstand der Leistung zum Nachteile des Gläubigers betroffen hätte.

Abs. 1 Der *Verspätungsschaden,* zu dem auch die Kosten der Rechtsverfolgung gehören 1
4C.11/2003 (19.5.03) E. 5.2 Pra 2004 (Nr. 26) 127, berechnet sich nach dem positiven Interesse 123 III 241/245 E. 4b des Gläubigers an der rechtzeitigen Erfüllung und umfasst sowohl entgangenen Gewinn (lucrum cessans) als auch abgeschlossene Vermögensverminderungen (damnum emergens). Der letztgenannte (positive) Schaden umfasst namentlich Vermögensverminderungen des Gläubigers, die daraus erwachsen, dass er we-

gen des Ausbleibens der Erfüllung seinerseits Verpflichtungen gegenüber Dritten nicht oder nicht rechtzeitig nachkommen kann und deswegen Schadenersatz oder Konventionalstrafe entrichten muss 116 II 441/443 ff. E. 2c, 3. Zu beweisen ist er vom Gläubiger, siehe 4P.277/2004 (2.5.05) E. 5 fr. Haftung des Schuldners für Kursverlust 48 II 74/78 f. E. 3. Abstrakte Schadensberechnung bei Geltendmachung des Verspätungsschadens 47 II 438/438 ff. – Abgrenzung des Verspätungsschadens vom Schaden, für den aus Art. 97 Abs. 1 und Art. 107 Abs. 2 Ersatz gefordert werden kann 4C.77/2005 (20.4.05) E. 5.3 fr. Siehe auch zu Art. 106.

2 ***Abs. 2*** Das Verschulden wird vermutet 4C.77/2005 (20.4.05) E. 5.1 fr. Zahlungsunfähigkeit zur Zeit der Fälligkeit befreit den Schuldner nur dann von den Verzugsfolgen, wenn sie nachweisbar unverschuldet ist 60 II 337/339 f. E. 1 fr. – Auch höhere Gewalt gehört zum Zufall 44 II 69/70 ff. E. 2, 3 fr. – Art. 101 Abs. 1 geht Art. 103 Abs. 2 vor 117 II 65/66 E. 2a Pra 1992 (Nr. 81) 304.

2. Verzugszinse

Vorb. Art. 104–106

1 Der gesetzlichen Verzugsregelung bei Geldschulden gemäss Art. 104 ff. liegt der Gedanke zugrunde, dass einerseits dem Gläubiger ein Schaden entsteht, wenn er den Betrag nicht zins- oder gewinnbringend nutzen kann, und anderseits der säumige Schuldner den Vorteil hat, über die fragliche Summe verfügen zu können bzw. Kreditkosten zu sparen 123 III 241/245 E. 4b, 4C.22/2003 (16.5.03) E. 3.1. Deshalb bedarf es weder eines Schadensnachweises seitens des Gläubigers noch eines Verschuldens seitens des Schuldners; der Schuldner muss auch dann Verzugszins zahlen, wenn er im Zeitpunkt des Verzugseintritts von seiner Zahlungspflicht oder deren Höhe keine Kenntnis hatte 4A_40/2009 (9.6.09) E. 4.3, 129 III 535/540 E. 3.1 – Verbot von Verzugszinsen im ausländischen Recht ist mit dem schweizerischen Ordre public vereinbar 125 III 443/449 E. 3d Pra 2000 (Nr. 67) 410.

a. Im Allgemeinen

Art. 104

[1] Ist der Schuldner mit der Zahlung einer Geldschuld in Verzug, so hat er Verzugszinse zu fünf vom Hundert für das Jahr zu bezahlen, selbst wenn die vertragsmässigen Zinse weniger betragen.

[2] Sind durch Vertrag höhere Zinse als fünf vom Hundert, sei es direkt, sei es durch Verabredung einer periodischen Bankprovision, ausbedungen worden, so können sie auch während des Verzuges gefordert werden.

[3] Unter Kaufleuten können für die Zeit, wo der übliche Bankdiskonto am Zahlungsorte fünf vom Hundert übersteigt, die Verzugszinse zu diesem höheren Zinsfusse berechnet werden.

1 **Allgemeines.** Zins ist die Vergütung, die ein Gläubiger für die Entbehrung einer ihm geschuldeten Geldsumme fordern kann, sofern diese Vergütung sich nach der Höhe der geschuldeten Summe und der Dauer der Schuld bestimmt 130 III 591/596 E. 3. Die Ver-

zugszinspflicht setzt die Fälligkeit der Forderung und die Inverzugsetzung des Schuldners voraus 130 III 591/596 E. 3, 4C.22/2003 (16.5.03) E. 3.2; demgegenüber ist weder der Nachweis eines beim Gläubiger eingetretenen Schadens noch eines Verschuldens des Schuldners erforderlich 4C.22/2003 (16.5.03) E. 3.1. Vielmehr werden im Umfang der gesetzlich geschuldeten Verzugszinse (Abs. 1–3) Bestand und Höhe des Gläubigerschadens fingiert; insoweit ist es unerheblich, ob der Gläubiger den ausstehenden Betrag tatsächlich genutzt hätte oder der Schuldner seinerseits während des Verzugs Nutzen daraus gezogen hat 123 III 241/245 E. 4b. Dass sich der gesetzliche Zinsfuss je nach Marktlage für den Gläubiger mehr oder weniger vorteilhaft erweist, ist ein Folge der gesetzlichen Fixierung 138 III 746/749 E. 6.2. Als Entschädigung, die vom Schuldner einzig wegen seines Zahlungsrückstandes zu leisten ist und kein Einkommen aus Erwerbstätigkeit darstellt, fallen die Verzugszinsen nicht unter den Begriff des massgebenden Lohnes gemäss AHVG Art. 5 Abs. 2 120 III 163/164 f. E. 3 Pra 1995 (Nr. 215) 708 f. Verzugszinse können selbständig eingeklagt werden 58 II 411/420 E. 6; jedoch kann in der Einklagung nur der Hauptforderung ein konkludenter Erlass der Verzugszinse liegen 52 II 215/220 ff. E. 5 (in casu Erlass bejaht). Verzugszinse können nur auf geschuldeten Beträgen anfallen, nicht aber auf darüber hinausgehenden Beträgen, die der Gläubiger zwar verlangt hat, die ihm jedoch gar nicht zustehen 4A_117/2014 (23.7.14) E. 3.3. – *Zeitpunkt des Zinsenlaufs.* Geschuldet ist der Verzugszins ab dem Tag, an dem der Schuldner die Mahnung erhalten hat oder – bei Klageeinleitung – ihm die Klage bzw. Widerklage (4A_282/2017 [2.5.18] E. 5 fr.) zugestellt wurde. Tritt Verzug ohne Mahnung ein (Art. 108 Ziff. 1), läuft der Zins umgehend 4A_58/2019 (13.1.20) E. 4.1 fr. – *Anwendung im öffentlichen Recht.* Der allgemeine, ungeschriebene Rechtsgrundsatz, dass der Schuldner Verzugszinsen zu entrichten hat, wenn er sich mit seiner Leistung in Verzug befindet, gilt auch für öffentlich-rechtliche Geldforderungen. Im Bereich der *Sozialversicherung* werden jedoch keine Verzugszinse geschuldet, ausser sie sind gesetzlich vorgesehen oder es liegen besondere Umstände vor (widerrechtliche oder trölerische und schuldhafte Machenschaften der Verwaltungsorgane). Anders liegt es im *Berufsvorsorgerecht,* wo Verzugszinsen sowohl im Leistungs- als auch im Beitragsbereich im Fall fehlender statutarischer Grundlage gestützt auf Art. 104 Abs. 1 zugelassen werden 119 V 78. (Bestätigung der Rechtsprechung; in casu allgemeine Verzugszinspflicht auf Schadenersatzforderungen i.S.v. AHVG Art. 52 verneint), vgl. auch 119 V 131/132 ff. E. 3/4 Pra 1994 (Nr. 67) 240 ff., 133 V 9, wonach die 24-Monats-Frist des ATSG Art. 26 Abs. 2 mit Beginn der Rentenberechtigung zu laufen beginnt, nicht erst jeweils zwei Jahre nach Fälligkeit der einzelnen Monatsrente (in casu Unfallversicherung). – Der Negativzins ist angesichts dieser Definition kein Zins im juristischen Sinn 145 III 241/246 E. 3.3 fr.

Abgrenzung des Verzugszinses vom Schadenszins 4C.191/2004 (7.9.04) E. 7.2 fr., 130 III 591/598 E. 4, 122 III 53/54 f. E. a/b. Funktional erfüllen Verzugszins und Schadenszins denselben Zweck, nämlich im Sinne eines pauschalisierten Schadenersatzes die aus der Kapitalentbehrung entstehende Einbusse auszugleichen 130 III 591/599, auch 4C.277/2005 (17.1.06) E. 5, 123 III 241/245 E.b. Der Geschädigte soll nicht besser gestellt werden, als wenn das Schadensereignis nicht eingetreten wäre, indem sowohl Schadenszinsen zum Schadensbetrag geschlagen als auch Verzugszinsen berechnet werden 130 III 591/599; sie können daher nicht kumulativ beansprucht werden 122 III 53/54 E.a. 2

Vielmehr wachsen Zinsen linear auf dem Kapital bis zur Bezahlung an und sind auch im Prozess keine Zinseszinsen zuzusprechen 4A_514/2007 (22.2.08) E. 4.3. Verzugszinsen sind auf dem Schadenszinsbetrag auch ab Urteilstag nicht geschuldet 130 III 591/599, eingehend auch 131 III 12/23 E. 9.3 und 9.4 (Ablehnung der kumulativen Verzugs-Verzinsung des auf den Urteilstag aufgerechneten Schadenszinses). – Abgrenzung des Verzugszinses vom Ausgleichszins bei der Rückerstattung eines Minderungsbetrages 4C.7/2005 (30.6.05) E. 3.3 fr. (Kaufvertrag).

3 **Beispiele.** Pflicht zur Verzinsung des Preises für vinkulierte Namenaktien bei Übernahme durch die AG selber (ab Anmeldung zur Eintragung im Aktienbuch) 120 II 259/265 f. E. 4; Verzugszinsen laufen für Forderungen der Erbschaftsgläubiger auch während der Ausschlagungsfrist 41 III 63/67; die dem Versicherer auferlegten Zinsen können nur dann die Versicherungssumme übersteigen, wenn es sich um Verzugszinse handelt 88 II 111/115 E. 7 Pra 1962 (Nr. 104) 320 f.; die Wiederherstellungskosten für eine beschädigte Leitung sind erst vom Zeitpunkt an zu verzinsen, in dem sie tatsächlich aufgewendet wurden 70 II 85/95 f. E. 6; Verzinsung der güterrechtlichen Forderung 116 II 225/235 ff. E. 5, vgl. auch 118 II 382/391 Pra 1993 (Nr. 90) 361; Anrechenbarkeit von Zahlungen des Haftpflichtversicherers auf bereits fällige Zinsen 113 II 323/340 f. E. 8, von zugekommenen Aktienerträgen (Dividenden) unter analoger Anwendung der Rechtsprechung zum Bereicherungszins 120 II 259/266 E. 5. Verzugszins ist auch geschuldet für den Kostenvorschuss zur Mängelbeseitigung im Rahmen eines Werkvertrags 143 III 206/207 f. E. 7.2.

4 ***Abs. 1*** Angesichts der gesetzlichen Vermutung, die den erlittenen Schaden mit 5% veranschlagt, kann richterliche Schadensschätzung nach Art. 42 Abs. 2 bloss in engen Grenzen Platz greifen 4C.459/2004 (2.5.05) E. 3.1 fr. Die Bestimmung ist indes dispositiver Natur, weshalb ein höherer oder tieferer Verzugszins vereinbart werden kann 117 V 349/350 E. 3b, 119 V 131/134 E. a Pra 1994 (Nr. 67) 241 (in casu von einer öffentlich-rechtlichen Vorsorgeeinrichtung in den Kassenstatuten festgelegter Verzugszinsfuss von 4%). Die Beweislast für die Vereinbarung eines höheren Zinssatzes obliegt dem Gläubiger 4A_69/2018 (12.2.19) E. 7.1.1 fr. Bei Fehlen einer reglementarischen Grundlage richtet sich die Verzinsung des infolge der Kündigung des Anschlussvertrages zu überweisenden Deckungskapitals nach dem allgemeinen Zinssatz von 5% 127 V 377/390. Nicht anwendbar ist der Zinssatz im öffentlichen Recht; massgebend ist ein den Verhältnissen auf dem Geldmarkt angepasster Zinssatz 85 I 180/184 f. E. 4. – Zur Verjährung der Verzugszinsforderung 129 V 345/346 E. 4.2.1.

5 ***Abs. 2*** Dieser Verzugszinssatz nimmt wie der gesetzliche Zinsfuss nach Abs. 1 keine Rücksicht auf die Schwankungen der Marktzinse und ist im Unterschied zum Zinsfuss nach Abs. 3 vergangenheitsbezogen. Der Gesetzgeber hat es in Kauf genommen, dass der geschuldete Verzugszins allenfalls höher liegt als der während des Verzugs geltende Marktzins, und dies auch in Fällen, in denen der vereinbarte Zinssatz auf die Laufzeit bestimmter Anlagen beschränkt und marktabhängig ist. Dagegen lässt sich weder mit dem Nachweis etwas ausrichten, dass der Gläubiger während der Verzugszeit keinen oder geringeren Nutzen gezogen hätte, noch kann der Zins richterlich ermässigt werden. Darin kommt das dem Verzugszins innewohnende pönale Element zum Ausdruck 130 III 312/319 E. 7.1. Zum Beweis siehe 4P.277/2004 (2.5.05) E. 5 fr., 4C.459/2004 (2.5.05)

E. 3.1 fr. War eine Schuld vor Eintritt des Verzugs zu einem höheren als dem gesetzlichen Zinssatz von 5% zu verzinsen, gilt der vertraglich vereinbarte Zinssatz auch für die Verzugszinsen 137 III 453/454 f. E. 5.1 fr. Die Beweislast für die Vereinbarung eines höheren Zinssatzes obliegt dem Gläubiger 4A_69/2018 (12.2.19) E. 7.1.1 fr.

Abs. 3 Der Anwendungsbereich der Bestimmung beschränkt sich auf den objektiv kaufmännischen Verkehr; es ist nicht allein auf die subjektive Kaufmannseigenschaft abzustellen. Für die Annahme einer Forderung unter Kaufleuten muss deshalb das fragliche Geschäft in unmittelbarem Zusammenhang mit der umsatzbezogenen Tätigkeit beider Parteien stehen 122 III 53/55 f. E.b. – Der «übliche Bankdiskonto» entspricht dem Privatdiskontsatz und nicht dem Zinssatz für Kontokorrentkredite 116 II 140/140 f. E. 5. 6

b. Bei Zinsen, Renten, Schenkungen

Art. 105

1 Ein Schuldner, der mit der Zahlung von Zinsen oder mit der Entrichtung von Renten oder mit der Zahlung einer geschenkten Summe im Verzuge ist, hat erst vom Tage der Anhebung der Betreibung oder der gerichtlichen Klage an Verzugszinse zu bezahlen.

2 Eine entgegenstehende Vereinbarung ist nach den Grundsätzen über Konventionalstrafe zu beurteilen.

3 Von Verzugszinsen dürfen keine Verzugszinse berechnet werden.

Abs. 1 Zum Begriff des Zinses siehe Art. 73. Kein Zins im Sinne der Bestimmung ist eine jährlich zu zahlende Lizenzgebühr 45 II 676/676 f. E. 4. – Die Bestimmung bezieht sich nur auf den Verzug hinsichtlich der Zahlung von Kapitalzinsen 45 II 676/677. Ihre ratio legis besteht darin, dass nach allgemeiner Erfahrung der Gläubiger die Leistungen nicht investiert, um daraus Einkünfte zu erzielen, sondern sie zum Zwecke seines Unterhalts verbraucht 119 V 131/135 E. c Pra 1994 (Nr. 67) 242. Deshalb gelten auch familienrechtliche Unterhaltspflichten als Renten 145 III 345/349 f. E. 4.4.4, die mit der Stellung (Postaufgabe) des Betreibungsbegehrens nach SchKG Art. 67 f. zu verzinsen sind 145 III 345/350 E. 4.4.5. 1

Abs. 3 Verzugszinsen dürfen auch von der Betreibung oder Klage an keine Verzugszinsen tragen 58 II 411/420 f. E. 6. Vertragliche Wegbedingung des Anatozismus-Verbots 130 III 694/697 E. 2.2.3 Pra 2005 (Nr. 64) 495. Das Anatozismus-Verbot gilt nicht bei einer Vereinbarung, wonach Verzugszinse durch Neuerung Teil des Kapitalbetrags werden 4A_495/2016 (5.1.17) E. 3.2, wie dies beim Kontokorrentkredit der Fall ist 4A_69/2018 (12.2.19) E. 4.1.2 fr. 2

3. Weiterer Schaden

Art. 106

1 Hat der Gläubiger einen grösseren Schaden erlitten, als ihm durch die Verzugszinse vergütet wird, so ist der Schuldner zum Ersatze auch dieses Schadens verpflichtet, wenn er nicht beweist, dass ihm keinerlei Verschulden zur Last falle.

[2] Lässt sich dieser grössere Schaden zum voraus abschätzen, so kann der Richter den Ersatz schon im Urteil über den Hauptanspruch festsetzen.

1 *Abs. 1* Der Verspätungsschaden entspricht dem positiven Interesse 123 III 241/245 E. 4b und ist vom Gläubiger zu beweisen, vgl. 4P.277/2004 (2.5.05) E. 5 fr. Zu ersetzen ist das Interesse, das der Gläubiger an einer rechtzeitigen Erfüllung hat. Dabei kann sein Schaden sowohl in einer Vermögensverminderung (damnum emergens) als auch in entgangenem Gewinn (lucrum cessans) bestehen; etwa kann der Gläubiger geltend machen, dass er die ihm zustehenden Mittel infolge Schuldnerverzugs nicht zu einem über dem Verzugszins liegenden Zinssatz anlegen konnte 4C.459/2004 (2.5.05) E. 3.1 fr. Angesichts der gesetzlichen Vermutung (in Art. 104 Abs. 1), dass sich der Schaden auf 5% beläuft, hat der Gläubiger allerdings nachzuweisen, dass er seine Mittel mit hoher Wahrscheinlichkeit rentabler angelegt hätte; ein abstrakter Schadensbeweis etwa mithilfe von Börsenindizes geht nicht an 4C.459/2004 (2.5.05) E. 3.1 fr. Für die Annahme eines weiteren Schadens infolge Abwertung der geschuldeten Valuta genügt die blosse Möglichkeit, dass der Gläubiger das Geld in eine feste Währung hätte wechseln können, nicht. Es müssen Beweise oder hinreichende Indizien dafür vorliegen, dass er das höchstwahrscheinlich getan hätte. Vermutet wird immerhin, dass er das Geld in die gesetzliche Währung seines Wohn- oder Geschäftssitzes gewechselt hätte (Präzisierung der Rechtsprechung) 109 II 436/440 ff. E. 2 Pra 1984 (Nr. 58) 141 ff., 117 II 256, 123 III 241/243 E. 3a, vgl. auch 122 III 53/55. Dabei handelt es sich um eine auf Erfahrungssätze gestützte, natürliche Vermutung, die weder zu einer abstrakten Schadensberechnung anhält, noch die Beweislast umkehrt, sondern dem Gläubiger den Schadensnachweis lediglich erleichtert 123 III 241/243 E. 3a. Forderung, die sich aus der Teuerung ergibt, als zusätzlicher Schaden i.S. der Bestimmung? Vgl. 119 II 339/341 E. bb Pra 1994 (Nr. 138) 461. – Der Ersatzanspruch tritt nicht (kumulativ) zu den gesetzlich geschuldeten Verzugszinsen (Art. 104 Abs. 1–3) hinzu, sondern wird nur dann geschuldet, wenn er die Verzugszinsen übersteigt; entsprechend geht es nicht an, einzelne Verzugsperioden herauszugreifen und dafür eine höhere erzielbare Rendite zugrunde zu legen, in anderen – ungünstigeren – Perioden dagegen auf die Verzugszinsen gemäss Art. 104 abzustellen 123 III 241/246 E. 4b (Berücksichtigung der ganzen Verzugsdauer bis zum Urteilszeitpunkt). – Der Verspätungsschaden kann mit einer neuen Klage geltend gemacht werden, auch wenn über die den Zinsen zugrunde liegende Schuld bereits ein Urteil ergangen ist (keine Einrede der abgeurteilten Sache) 109 II 436/438 ff. E. 1 JdT 132 (1984) I 196 f. E. 1. – Siehe auch zu Art. 103.

4. Rücktritt und Schadenersatz

Vorb. Art. 107–109

1 Ist beim zweiseitigen Vertrag der Schuldner in Verzug, so kann der Gläubiger nach Art. 102/103 oder nach Art. 102/107 vorgehen 41 II 245/247 ff. E. 2 fr. Die in Art. 107 ff. enthaltene Sonderregelung ergänzt lediglich die allgemeine Verzugsordnung. Zum Vorgehen nach Massgabe dieser Bestimmungen ist der Gläubiger bloss im Hinblick auf Rechtsfolgen gehalten, die über die allgemeinen Verzugsfolgen hinausgehen 116 II 441/443 E. 2a, vgl. auch 122 III 66/71 E.c. Die verzugsrechtlichen Behelfe sind dispositiver Natur

4C.133/2001 (24.9.02) E. 2.3 fr. Die Rechtsbehelfe der Art. 107 ff. sind auch nach einer rechtskräftigen Verurteilung zu einer Leistung Zug um Zug gegeben 58 II 411/418 f. E. 3. Analoge Anwendung der Art. 107–109 bei Annahmeverweigerung im Sinne von Art. 91 111 II 156/159 E. 2. – Beim Teilverzug in Zusammenhang mit einem Mengenkauf erstrecken sich die Rechtsfolgen des Verzugs nicht ohne Weiteres auf den ganzen Kaufvertrag 110 II 447/453 E. 5. Die vor Fälligkeit erklärte Erfüllungsverweigerung (antizipierte Vertragsverletzung, 4C.58/2004 [23.6.04] E. 3.3) stellt eine positive Vertragsverletzung dar: dem Vertragsgegner stehen, soweit dies die besonderen Verhältnisse gestatten 4C.58/2004 (23.6.04) E. 3.3, in analoger Anwendung sämtliche Rechtsbehelfe aus Art. 107 ff. zu (ausgeschlossen ist jedoch die Forderung auf Schadenersatz wegen Verspätung, solange die verweigerte Leistung noch nicht fällig ist) 69 II 243/244 f. E. 4, 110 II 141/143 f. E. 1b Pra 1984 (Nr. 210) 567, 4C.279/2000 (11.1.01) E. 3.

Zum Verhältnis zur Ersatzvornahme nach Art. 98 Abs. 1 siehe 126 III 230/235 E. 7a/ 2
bb fr. *Kauf:* Verkäufer und Käufer können selbst beim Vorliegen der Tatbestände der Art. 190/191 bzw. Art. 214/215 nach den allgemeinen Regeln der Art. 107 ff. vorgehen, ohne deshalb des Rechts auf Schadensberechnung nach Art. 191 bzw. 215 verlustig zu gehen 49 II 28/32 ff. E. 3, 65 II 171/173 fr. Folgen des Verzichts auf die gesetzliche Vermutung i.S.v. Art. 190 Abs. 1 116 II 436/438 ff. E. 1 Pra 1991 (Nr. 41) 203 ff. Beim Gattungskauf kann der Käufer, der ein aliud erhalten hat, nur nach den Verzugsregeln vom Vertrag zurücktreten, wenn die Erfüllung noch möglich ist 121 III 453/458. – *Sukzessivlieferungsvertrag:* Einfluss von Lieferungsverzögerungen des Verkäufers und Zahlungsrückständen des Käufers 79 II 295/303 f. E. 2. – *Spezifikationskauf* (Sukzessivlieferungskauf auf Abruf des Käufers und mit Vorbehalt der Spezifikation): Weigert sich der Käufer im Sinne einer vorbereitenden Handlung, die zu liefernde Sache zu spezifizieren, weil er den Preis nicht bezahlen will, so finden die Regeln über den Schuldnerverzug Anwendung 110 II 148/151 E. a Pra 1984 (Nr. 173) 481. Das Recht zu wählen und zu spezifizieren geht erst dann vom Käufer auf den Verkäufer über, wenn dem säumigen Käufer eine letzte angemessene Frist für die Spezifikation angesetzt worden und diese unbenutzt verstrichen ist (Präzisierung der Rechtsprechung) 110 II 148/152 E. b Pra 1984 (Nr. 173) 481. – *Kreditkauf:* Der Vorbehalt des Rücktrittsrechtes durch den Verkäufer hat lediglich zur Folge, dass anstelle der für den Kreditkauf geltenden Sonderregelung die allgemeinen Grundsätze der Art. 107 ff. gelten (somit Rücktrittsrecht, falls unverzügliche Erklärung nach Ablauf der Nachfrist) 90 II 285/293. – *Miete:* Keine analoge Anwendung der Praxis zu Art. 107 bei Zahlungsrückstand des Mieters 119 II 147/153 E.c. Verhältnis zu Art. 257d und Art. 257f Abs. 3 132 III 109/113 E. 5. – *Darlehen:* Das Gesetz sieht beim Darlehen (im Unterschied zu Miete und Pacht, Art. 265 bzw. 293) kein unmittelbares Rücktrittsrecht des Darleihers für den Fall vor, dass der Borger den Zins nicht bezahlt; ist ein solches Recht auch vertraglich nicht vereinbart worden, so kann der Darleiher bei Verzug des Borgers nur nach Art. 107 vorgehen 100 II 345/349 ff. E. 3, 4. – *Werkvertrag:* Verstösst ein Unternehmer gegen die ihm obliegende Pflicht zur persönlichen Ausführung des Werkes (Art. 364 Abs. 2), so kann dies vom Besteller nur im Verfahren nach Art. 107–109 zum Anlass eines Rücktrittes genommen werden 103 II 52/55 E. 4; Art. 366 räumt dem Besteller nicht ein Rücktrittsrecht «ohne Weiteres» ein, sondern es gelten die allgemeinen Bestimmungen der Art. 107 ff. 46 II 248/251 E. 2 (zu Art. 366 Abs. 1 als Anwendungsfall der Art. 107 ff. siehe auch 115 II 50/55 f. E. 2 Pra 1989 [Nr. 250] 893 f.). Ist der Tatbestand

des Art. 366 Abs. 2 erfüllt, ist der Besteller berechtigt, entweder Ersatzvornahme oder die Wahlrechte nach Art. 107 Abs. 2 geltend zu machen 126 III 230/235 E. 7a/bb fr., 4A_518/2011 (21.12.11) E. 3 fr. – *Auftrag:* Dass nach Art. 404 der einfache Auftrag jederzeit aufgelöst werden kann, schliesst nicht aus, dass der Gläubiger bei Verzug nach Art. 107 vorgeht; so kann er die Erfüllung und Schadenersatz für Nichterfüllung verlangen 4C.18/2005 (30.5.05) E. 2.1 fr. – *Einfache Gesellschaft:* Art. 545 schliesst die Anwendung der Art. 107 ff. aus 49 II 475/491 E. 2. – *Alleinvertretungsvertrag:* Die Bestimmungen sind auch auf den Alleinvertretungsvertrag anwendbar 78 II 32/34 E.a. Auslegung einer Rücktrittserklärung: Art. 107, 109 oder 418r, 337 (aOR Art. 352)? 89 II 30/35 ff. E. 4, 5.

a. Unter Fristansetzung

Art. 107

[1] Wenn sich ein Schuldner bei zweiseitigen Verträgen im Verzuge befindet, so ist der Gläubiger berechtigt, ihm eine angemessene Frist zur nachträglichen Erfüllung anzusetzen oder durch die zuständige Behörde ansetzen zu lassen.

[2] Wird auch bis zum Ablaufe dieser Frist nicht erfüllt, so kann der Gläubiger immer noch auf Erfüllung nebst Schadenersatz wegen Verspätung klagen, statt dessen aber auch, wenn er es unverzüglich erklärt, auf die nachträgliche Leistung verzichten und entweder Ersatz des aus der Nichterfüllung entstandenen Schadens verlangen oder vom Vertrage zurücktreten.

1 **Anwendbarkeit.** Die Bestimmung ist auch auf den Werkvertrag anwendbar 92 II 328/331 E. 1 Pra 1967 (Nr. 91) 288 (z.B. wenn der Bauherr seiner [Akonto-]Zahlungsverpflichtung nicht nachkommt 4A_603/2009 [9.6.10] E. 2.2 fr., insbesondere, wenn der Unternehmer seiner Nachbesserungspflicht gemäss Art. 368 Abs. 1 nicht nachkommt 136 III 273/275 E. 2.3 Pra 2010 [Nr. 129] 853). Keine analoge Anwendung bei Zahlungsrückstand des Mieters 119 II 147/153 E.c. – Verhältnis zu Art. 108: Liegt der Tatbestand von Art. 108 vor, so kann der Gläubiger gleichwohl nach Art. 107 Abs. 1 vorgehen und mit der Wahlerklärung nach Art. 107 Abs. 2 bis zum unbenützten Ablauf der Nachfrist zuwarten 76 II 300/303 E. 1.

2 ***<u>Abs. 1</u>*** **Frist.** ***Ansetzung.*** Das Ansetzen einer Nachfrist hat für sich allein keine Wirkung, sondern ist Voraussetzung dafür, dass der Gläubiger nach fruchtlosem Ablauf zwischen den in Art. 107 Abs. 2 gegebenen Möglichkeiten wählen kann 103 II 102/106 E.b. – Dem Schuldner kann schon mit der Mahnung gemäss Art. 102 eine Nachfrist zur Erfüllung angesetzt werden, sodass der Verzug nicht bereits vorher bestehen muss 103 II 102/105, 4C.216/2000 (11.12.00) E. 2a. Mahnung und Nachfristansetzung können selbst der Fälligkeit vorausgehen, falls deren Termin bereits feststeht 103 II 102/104 f. E. a, 4C.1/2000 (27.3.00) E. 3b fr. Überdies kann der Gläubiger mit der Fristansetzung gerade auch sein Wahlrecht ausüben 103 II 102/106 E. b, 116 II 436/441 E. 3 Pra 1991 (Nr. 41) 206, 86 II 221/235, 4A_603/2009 (9.6.10) E. 2.4 fr. Eine förmliche Mahnung im Sinne von Art. 102 als Voraussetzung für das Vorgehen nach Art. 107 kann gänzlich unterbleiben, wenn der Schuldner durch sein Verhalten die bestimmte Absicht bekundet, seinen

Verpflichtungen nicht nachzukommen 94 II 26/32 E. a Pra 1968 (Nr. 145) 511, so ist keine Nachfristansetzung nötig, wenn der Schuldner kategorisch seine Leistung verweigert 4A_691/2014 (1.4.15) E. 3 fr. – Gerät der Schuldner bei einem zweiseitigen Vertrag mit nacheinander fällig werdenden Zahlungsraten in Verzug, so kann der Gläubiger nur für die bereits verfallenen Raten eine Erfüllungsfrist ansetzen. Von diesem Grundsatz darf ausnahmsweise abgewichen werden, wenn auch die künftige Vertragserfüllung als ausgeschlossen erscheint (analoge Anwendung von Art. 108) 119 II 135/140 E. 3b Pra 1993 (Nr. 209) 793, dies gilt aber nur, wenn es sich um eine Sukzessivlieferung oder sonstige Teillieferungen handelt 141 III 106/108 E. 16.2. – Die Fristansetzung ist an keine besondere Form gebunden 26 II 123/129. – Der Gläubiger kann nach unbenütztem Ablauf der Nachfrist immer noch auf der Vertragserfüllung beharren und dem Schuldner eine weitere Nachfrist ansetzen (dies gilt auch in den Fällen von Art. 108) 103 II 102/106 E. b, 86 II 221/235. – Unterbleibt die Fristansetzung, so steht dem Gläubiger ausschliesslich das ordentliche Recht auf Realerfüllung zu (ausser es liegt der Tatbestand von Art. 108 vor) 42 II 239/243 f. E. 4, vgl. auch 121 III 453/459 E.b. – Beharrt beim Fixgeschäft (Art. 190) der Gläubiger nach dem Fixtermin auf der Leistung, so wird die Vermutung in Art. 190 Abs. 1 entkräftet und das Fixgeschäft in ein Nachfristgeschäft umgewandelt 51 II 323/326 E. 2.

Angemessenheit der Frist. Sie ist abhängig von den Umständen des Einzelfalles, na- 3
mentlich von der Art der Leistung und dem Interesse des Gläubigers an der baldigen Erfüllung; je grösser dieses Interesse und je leichter die Leistung zu erbringen ist, desto kürzer darf die Frist bemessen sein 105 II 28/33 E. 3a, 4A_603/2009 (9.6.10) E. 2.3 fr. Die Fristansetzung soll dem Schuldner nicht die Möglichkeit verschaffen, von Neuem über den ganzen anfänglich vereinbarten Zeitraum zu verfügen, sondern will ihn nur dagegen schützen, dass ihm, obwohl er in Kürze die Erfüllungshandlung vorzunehmen vermöchte, deren Vornahme unbilligerweise durch einen unerwarteten vorherigen Verzicht auf die Realleistung vereitelt werde 43 II 170/173. – Gegen eine zu kurze Frist muss der Schuldner sich verwahren und den Vertragsgegner um eine Verlängerung angehen und unter Umständen (in casu Werkvertrag) mit der Leistungserfüllung weiterfahren 46 II 248/251 f. E. 3; andernfalls ist sein Einverständnis anzunehmen 105 II 28/34, 4C.216/2000 (11.12.00) E. 4a, 4C.1/2000 (27.3.00) E. 3b fr., 4A_603/2009 (9.6.10) E. 2.3 fr. Ausserdem hat die Umwandlung einer zu kurzen Frist in eine angemessene nur dann einen Sinn, wenn der Schuldner in der für angemessen betrachteten Frist seinen Verpflichtungen auch nachkommt oder mindestens ernsthaft anbietet, es in einer Zeitspanne zu tun, die als angemessen betrachtet werden kann 116 II 436/440 E. 2a Pra 1991 (Nr. 41) 205. – Bemessung der Frist bei der verzugsrechtlichen Auflösung eines Mietvertrages: keine Möglichkeit der fristlosen Kündigung; analoge Anwendung der Frist von Art. 257d Abs. 2 oder derjenigen von Art. 266g Abs. 1? 123 III 124/128 E. 3b (obiter dictum, offengelassen).

Auslegung der Fristansetzung. Strenge Auslegung einer ziffernmässig bestimmten 4
Frist: Kein Rechtsmissbrauch des Gläubigers, wenn er eine nur um einige Stunden verspätete Lieferung ablehnt 51 II 323/325 f. E. 1, dies umso eher, wenn es (wie in casu) um Rücktritt vom Vertrag geht. – Im Einzelnen kann die Berufung auf die verspätete Fristansetzung rechtsmissbräuchlich sein 4A_271/2019 (14.11.19) E. 6 fr. (in casu bejaht, weil dies offensichtlich geschah, um die Rückleistung der Anzahlung zu verhindern).

5 ***Abs. 2*** **Wahlrecht.** ***Ausübung.*** Schon mit der Fristansetzung kann der Gläubiger die Erklärung verbinden, dass er nach unbenütztem Fristablauf auf die Erfüllung des Vertrages verzichten und Schadenersatz verlangen 103 II 102/106 E. b, 116 II 436/441 E. 3 Pra 1991 (Nr. 41) 206 oder dass er vom Vertrag zurücktreten werde 86 II 221/235, 4A_603/2009 (9.6.10) E. 2.4 fr., 4A_23/2011 (23.3.11) E. 4 fr. – Die (empfangsbedürftige, einseitige) Wahlerklärung ist (wie schon die Verzichtserklärung) als Ausübung eines Gestaltungsrechts unwiderruflich 123 III 16/22 E. 4b und bedingungsfeindlich 4A_691/2014 (1.4.15) E. 3 fr. (wo allerdings die Bedingung aufgrund der kategorischen Leistungsverweigerung des Schuldners als «nicht ernst gemeint» qualifiziert wurde). Wahlerklärung durch konkludentes Verhalten 69 II 243/245 E. 4. In der Arrestnahme nach Ablauf der Nachfrist liegt die Willenskundgebung des Gläubigers, den Schuldner anstelle der Realerfüllung auf das Erfüllungsinteresse zu belangen 50 II 13/18 f. E. 3. Offengelassen, ob mit dem Verzicht auf Realerfüllung gleichzeitig die Entscheidung zugunsten des Schadenersatzes wegen Nichterfüllung oder des Vertragsrücktritts bekannt gegeben werden muss 123 III 16/22 E. 4b. – Der Gläubiger, der nach unbenütztem Ablauf der Nachfrist keine Wahlerklärung abgibt, kann eine weitere Nachfrist ansetzen und nach deren unbenütztem Ablauf die Wahl treffen 86 II 221/235, vgl. auch 109 II 40/42 E. 6a Pra 1983 (Nr. 114) 312.

6 ***Unverzüglich.*** Das Erfordernis rechtfertigt sich, um den Schuldner davor zu schützen, dass der Gläubiger die Entscheidung hinauszögert, um mit der Entwicklung der Verhältnisse, wie Fluktuationen des Marktes und dergleichen, spekulieren zu können 4C.58/2004 (23.6.04) E. 3.3, 4A_603/2009 (9.6.10) E. 2.4 fr.; der Schuldner soll wissen, woran er ist und ob er noch liefern muss oder nicht 4A_232/2011 (20.9.11) E. 5.3. Entsprechend hat eine Entscheidung umso rascher zu erfolgen, je mehr das Geschäft zur Zeit des Fristablaufs grossen Preisschwankungen unterliegt 44 II 172/174 f. Ausübung des Wahlrechts unmittelbar nach der Eröffnung des Entscheides über einen gegen die Fristansetzung erhobenen Rekurs 44 II 510/515 E. 3. Wahlerklärung in der Widerklage 69 II 243/245 f. E. 5. Die Wahlerklärung hat auch dann zu erfolgen, wenn der Schuldner kundtut, dass er nicht erfüllen kann oder will und daher eine Fristansetzung entfallen kann 4A_232/2011 (20.9.11) E. 5.3. – Das Erfordernis der unverzüglichen Erklärung des Verzichts auf Realerfülllung (zu diesem Erfordernis 4C.159/1999 [28.7.00] E. 3) setzt voraus, dass dem Gläubiger die Wahl zwischen den ihm vom Gesetz gebotenen Rechtsbehelfen offen steht; fällt einer dieser Rechtsbehelfe ausser Betracht (in casu durch ausdrückliche Erfüllungsverweigerung des Schuldners), so kann daraus, dass der Gläubiger seine Wahl nicht unverzüglich bekannt gibt, keine Einrede gegen ihn abgeleitet werden 76 II 300/304 ff. E. 2, 4A_603/2009 (9.6.10) E. 2.4 fr. Der Verzicht auf Realerfüllung muss also jedenfalls dann nicht unverzüglich ausgesprochen werden, wenn dem Gläubiger zwischen den verschiedenen Rechtsbehelfen keine Wahl mehr offensteht 48 II 220/224 f. E. 2. – Abklärungen des Gläubigers, ob er die Leistung noch verwenden kann, bedeutet nicht, dass die Wahlerklärung verspätet oder nicht hinreichend ist 4A_232/2011 (20.9.11) E. 5.4. – Auch in einem Fall von Art. 108 Ziff. 1 ist eine unverzügliche Verzichtserklärung im Sinne von Art. 107 Abs. 2 erforderlich; beruft sich der Schuldner auf deren Fehlen, kann dies im Einzelfall allerdings treuwidrig sein 143 III 495/505 E. 4.3.2; offengelassen, ob im Fall von Art. 108 Ziff. 1 an die Unverzüglichkeit weniger strenge Anforderungen zu stellen sind 4A_306/2018 (29.1.19) E. 5.4.3.2.

7 ***Auslegung der Wahlerklärung.*** Die Wahlerklärung ist nicht ausschliesslich nach den darin verwendeten Ausdrücken, sondern nach dem Sinn auszulegen, der ihr in Anbetracht der ganzen Sachlage und nach den besonderen Umständen vernünftigerweise zukommt 54 II 310/313 f. Auslegung nach dem Vertrauensprinzip 123 III 16/22 E. 4b, 4A_691/2014 (1.4.15) E. 3 fr., wobei bei Nichtjuristen keine hohen Anforderungen an die Wortwahl zu stellen sind 4A_603/2009 (9.6.10) E. 2.4 fr. Erklärt der Gläubiger, «er trete vom Vertrag zurück», und verlangt er im gleichen Satz Schadenersatz für Verdienstausfall, so ist die Erklärung nicht als Rücktritt, sondern als Verzicht auf die Leistung auszulegen, da entgangener Gewinn nur im Rahmen des Erfüllungsinteresses gefordert werden kann 76 II 300/306 E. 3. Die Erklärung «Auftrag annulliert» beinhaltet keinen Verzicht auf Schadenersatzansprüche 41 II 672/675 E. 3.

8 **Rechtsbehelfe.** Das Recht auf Schadenersatz (positives Vertragsinteresse bei Ersatz des aus der Nichterfüllung entstandenen Schadens; negatives Vertragsinteresse beim Rücktritt) setzt die erfolglos gebliebene Ansetzung einer Nachfrist auf Realerfüllung voraus 42 II 238/243 f. E. 4. – *Unvereinbarkeiten.* Die gleichzeitige Einklagung des positiven und des negativen Vertragsinteresses ist unzulässig 44 II 500/506 f. E. 5, auch 76 II 300/306 E. 3. Mit der Klage auf Erfüllung kann nicht gleichzeitig die Eventual- oder Alternativklage auf Schadenersatz wegen Nichterfüllung verbunden werden 50 II 20/20 f. (in casu Kauf). Der Ersatz des durch die Erfüllungsverzögerung verursachten Schadens kann nur neben dem Begehren um nachträgliche Erfüllung des Vertrages, nicht auch in Verbindung mit dem Ersatz des aus der Nichterfüllung entstandenen Schadens verlangt werden 45 II 274/277 E. 2. Die Lehrmeinung, wonach beim Rücktritt statt des negativen Vertragsinteresses das Erfüllungsinteresse zugesprochen werden könne, widerspricht dem klaren Gesetzestext 4C.286/2005 (18.1.06) E. 2.4. Die Geltendmachung eines Schadens, der bereits vor der Nachfristansetzung entstanden war, ist unzulässig, wenn der Gläubiger mit der Nachfristansetzung dem Schuldner davon keine konkrete Mitteilung gemacht hat 45 II 283/289 f. E. 4.

9 ***Ersatz des aus der Nichterfüllung entstandenen Schadens.*** Geschuldet ist Ersatz des positiven Vertragsinteresses 69 II 243/245 E. 4, 120 II 296/299 E. b Pra 1996 (Nr. 79) 228, 123 III 16/22 E. 4b, das sich gleich berechnet wie bei der Unmöglichkeit nach Art. 97 4C.204/2002 (9.10.03) E. 5.3 fr. Der aus der Nichterfüllung entstandene Schaden bemisst sich nach dem Wert des untergehenden Erfüllungsanspruches und dieser wiederum nach dem gegenwärtigen Wert der Ware, d.h. nach dem Betrage, den der Gläubiger im Zeitpunkt des Verzichts für einen Deckungskauf aufwenden müsste 45 II 283/288 f. E. 4. Konkrete und abstrakte Schadensbemessung 42 II 367/373 f. (in casu Kauf, Art. 191). Der Gläubiger bleibt grundsätzlich zur Erbringung seiner eigenen Leistung verpflichtet 123 III 16/22 E. 4b, offengelassen in 54 II 308/311 ff. Nach der Differenztheorie aber hat sich der Gläubiger, der von seiner Leistungspflicht befreit wird, deren Wert an seinen Ersatzanspruch anrechnen zu lassen 4C.371/1999 (8.3.00) E. 2a/aa fr. Entsprechend hat sich beim Werkvertrag der Besteller die Vergütung, die er dem Unternehmer versprochen hat, anrechnen zu lassen 126 III 230/236 E. 7a/bb fr.

10 ***Rücktritt.*** Zu den Folgen des Rücktritts siehe unter Art. 109. *Einschränkungen:* Rücktritt, der gegen Treu und Glauben verstösst 48 II 452/463 f. Vom Vertrag kann nur zurückgetreten werden, wenn bei Ablauf der angesetzten Frist der Schuldner noch nicht erfüllt

hat 92 II 328/331 E. 1 Pra 1967 (Nr. 91) 288 (in casu Werkvertrag), vgl. auch 110 II 141/147 fr. Unzulässig ist der Rücktritt von einem Vertrag mit der Begründung, die Gegenpartei habe einen anderen Vertrag (zwischen den gleichen Parteien) nicht erfüllt 45 II 317/318 f. E. 1. Beim Sukzessivlieferungsvertrag ist der Verkäufer zum Rücktritt vom ganzen noch nicht erfüllten Teil des Vertrages berechtigt, falls der Verzug bezüglich einer Teilleistung eine Gefährdung des Vertragszweckes bedeutet 52 II 137/142, 45 II 51/61 E. 6. Die fruchtlose Ansetzung einer Zahlungsfrist für verfallene Raten berechtigt nicht zum Rücktritt vom gesamten noch nicht erfüllten Vertrag. Eine auch die künftigen Raten erfassende Rücktrittserklärung erübrigt sich jedoch, wenn eine solche in Anbetracht des Schuldnerverhaltens als nutzlos erscheint oder wenn der Gläubiger aufgrund einer besonderen Vertragsbestimmung auch mit Bezug auf nicht verfallene Raten zur Ausübung der Rechte nach Art. 107/109 ermächtigt ist 119 II 135/140 E. 3b Pra 1993 (Nr. 209) 793.

b. Ohne Fristansetzung

Art. 108

Die Ansetzung einer Frist zur nachträglichen Erfüllung ist nicht erforderlich:

1. **wenn aus dem Verhalten des Schuldners hervorgeht, dass sie sich als unnütz erweisen würde;**
2. **wenn infolge Verzuges des Schuldners die Leistung für den Gläubiger nutzlos geworden ist;**
3. **wenn sich aus dem Vertrage die Absicht der Parteien ergibt, dass die Leistung genau zu einer bestimmten oder bis zu einer bestimmten Zeit erfolgen soll.**

1 Die Bestimmung stellt eine Ausnahme von Art. 107 lediglich in Bezug auf das Erfordernis der Fristansetzung (Art. 107 Abs. 1) dar; im Übrigen gilt aber Art. 107 Abs. 2 auch beim Vorgehen nach Art. 108 54 II 30/31. Der Gläubiger ist im Fall von Art. 108 zwar berechtigt, nicht aber verpflichtet, von der Ansetzung einer Nachfrist abzusehen; setzt er eine Nachfrist, so kann er mit der Wahlerklärung nach Art. 107 Abs. 2 bis zu ihrem unbenützten Ablauf zuwarten 76 II 300/303 E. 1, 103 II 102/106 E.b. – Analoge Anwendung auf noch nicht verfallene Zahlungsraten 119 II 135/140 E. 3b Pra 1993 (Nr. 209) 793.

2 ***Ziff. 1*** Auf die Mahnung mit Fristansetzung kann nur verzichtet werden, wenn sie keinerlei Sinn hätte; das trifft zu, wenn die Erfüllungsverweigerung des Schuldners eine bestimmte und endgültige ist. Dagegen genügt es für sich allein nicht, wenn der Schuldner eine Fristerstreckung verlangt oder wenn er behauptet, momentan nicht erfüllen zu können, oder wenn er Zweifel an der Gültigkeit des Vertrages äussert 4C.264/2003 (3.12.03) E. 3.2.1 fr., 110 II 141/144 E. b Pra 1984 (Nr. 210) 567, vgl. auch 111 II 156/159 E. 2, 116 II 436/440 f. E. 2b Pra 1991 (Nr. 41) 205 f., 4C.255/1996 (28.3.00) E.c.aa fr., 4C.74/2005 (16.6.05) E. 4 fr. – Voraussetzungen, die vom Gläubiger zu beweisen sind 4C.264/2003 (3.12.03) E. 3.2.1 fr., erfüllt: wenn der Schuldner in einer für den Gläubiger annehmbaren Frist gar nicht mehr erfüllen kann 97 II 58/65 E. 6 Pra 1971 (Nr. 143) 449 f. oder nicht in der Lage ist, innert nützlicher Frist die vertragskonforme Leistung zu erbringen 4A_232/2011 (20.9.11) E. 4.3; wenn der Schuldner erklärt, die Leistung sei unmöglich geworden 43 II 225/229 f. E. 3; wenn die Erfüllungsverweigerung des Schuldners eine bestimmte und endgültige ist 48 II 220/224 E. 2, 110 II 141/144 E. b Pra 1984 (Nr. 210)

567, 4C.58/2004 (23.6.04) E. 3.3, 4C.264/2003 (3.12.03) E. 3.2.1 fr.; in Fällen antizipierten Vertragsbruchs 4C.279/2000 (11.1.01) E. 3; wenn der Schuldner (Verkäufer) die Ware, die nicht den vertraglichen Spezifikationen entsprach (in casu Benzin), im Namen des Käufers bereits an einen Dritten geliefert hat 4C.204/2002 (9.10.03) E. 5.3 fr. – Voraussetzung nicht erfüllt trotz mehrmaliger erfolgloser Mahnung durch den Gläubiger, falls der Schuldner seine Leistungswilligkeit zu erkennen gibt 42 II 239/243 E. 4; im Falle eines Mieters, der es unterliess, dem Vermieter eine Frist zur Behebung eines Mangels anzusetzen (Art. 259g) 4C.264/2003 (3.12.03) E. 3.2.1 fr. Selbst die völlige Insolvenz des Schuldners erlaubt nach Art. 83 einen Rücktritt nur nach erfolglosem Sicherstellungsbegehren 111 II 156/160 E.a. – Offengelassen, ob der Gläubiger bei unnützer Nachfrist den Schuldner informieren müsse, wie er sich entscheiden werde 4C.202/2003 (30.11.03) E. 3 fr. – Will der Gläubiger nach Art. 107 Abs. 2 vorgehen, ist auch im Fall von Art. 108 Ziff. 1 eine unverzügliche Verzichtserklärung erforderlich; beruft sich der Schuldner auf deren Fehlen, kann dies im Einzelfall allerdings treuwidrig sein 143 III 495/505 E. 4.3.2; offengelassen, ob im Fall von Art. 108 Ziff. 1 an die Unverzüglichkeit weniger strenge Anforderungen zu stellen sind 4A_306/2018 (29.1.19) E. 5.4.3.2.

Analoge Anwendung auf Art. 102 Abs. 1, sodass insoweit eine Mahnung entbehrlich ist 4C.74/2005 (16.6.05) E. 4 fr., 97 II 58/64 E. 5 Pra 1971 (Nr. 143) 448 f.; auf Art. 91 109 II 26/32 E. b, 59 II 305/308 in einem Fall der antizipierten Annahmeverweigerung; auf Art. 366 Abs. 2, wenn der Unternehmer ausserstande ist, das Werk vertragskonform auszuführen 4A_518/2011 (21.12.11) E. 4 fr. 3

Ziff. 3 Ein Fixgeschäft ist anzunehmen, wenn die Erfüllungszeit hinsichtlich einer vertraglichen Leistung zu einem wesentlichen Bestandteil des Vertrages erhoben wird; diesbezüglich beweispflichtig ist jene Partei, die sich auf den Fixgeschäftcharakter beruft 49 II 220/227 f. E. 5. Die Festsetzung eines Lieferungstermins macht das Geschäft noch nicht zum Fixgeschäft 42 II 239/243 E. 4. Fixgeschäft, wenn es sich um Waren mit schneller Wertveränderung handelt (in casu Börsengeschäft) 45 II 438/439 fr. Anwendungsfall 96 II 47/50 E. 2; Fixgeschäft verneint 110 II 141/144 E. b Pra 1984 (Nr. 210) 567. Verhältnis zu Art. 190 f. 4C.204/2002 (9.10.03) E. 5.2 fr. 4

c. Wirkung des Rücktritts

Art. 109

[1] Wer vom Vertrage zurücktritt, kann die versprochene Gegenleistung verweigern und das Geleistete zurückfordern.

[2] Überdies hat er Anspruch auf Ersatz des aus dem Dahinfallen des Vertrages erwachsenen Schadens, sofern der Schuldner nicht nachweist, dass ihm keinerlei Verschulden zur Last falle.

Die Ansprüche auf Rückgabe des Geleisteten (Abs. 1) und Schadenersatz (Abs. 2) verjähren nach Art. 127 in zehn Jahren 61 II 254/255 E. 1, 114 II 152/153 ff. E. 2, 132 III 226/233 E. 3.1 fr. – Zum Rücktrittsrecht siehe auch unter Art. 107 Abs. 2 am Ende. 1

2 ***Abs. 1*** Der Vertragsrücktritt begründet ohne weitere Mitwirkung der Parteien 4C.276/2000 (8.2.01) E. 3b ein Rückabwicklungs- oder Liquidationsverhältnis, sodass namentlich die Rückleistungspflichten als vertragliche zu qualifizieren sind 114 II 152/153 ff. (in Abweichung von 60 II 27/27 ff.), 123 III 16/22 E. 4b, 126 III 119/122 E. 3c, 4C.286/2005 (18.1.06) E. 2.3, 132 III 226/233 E. 3.1 fr. und so der vorvertragliche Zustand wiederhergestellt wird 4C.276/2000 (8.2.01) E. 3a, siehe auch 4C.286/2005 (18.1.06) E. 2.1 (zum Aufhebungsvertrag nach Art. 115). Bereits erbrachte Leistungen sind in natura oder wertmässig zurückzuerstatten 123 III 16/22 E. 4b. Ist das Geleistete nicht mehr vorhanden, so tritt die Bereicherung (nicht etwa der volle Wert) an seine Stelle 57 II 315/323 E. 2, Anerkennung der Umwandlungstheorie 114 II 152/158 E.bb. – Siehe aber 131 III 314/317, wonach der Rücktritt von einem Vertrag das Verhältnis im Grundsatz ex tunc dahinfallen lässt und für bereits erbrachte Leistungen einen Rückforderungsanspruch aus ungerechtfertigter Bereicherung begründet (in casu VVG Art. 40). – *Bei Dauerverträgen.* Die Art. 107 und 109 sind auch auf Dauerverträge anwendbar, siehe auch 4C.133/2001 (24.9.02) E. 2.3 fr., wobei der Rücktritt bei einem Dauerschuldverhältnis ex nunc wirkt, falls Leistungen bereits erbracht worden sind 97 II 58/65 f. E. 7 Pra 1971 (Nr. 143) 450 (in casu Mietvertrag), schon 78 II 32/37 (Auflösung eines Alleinvertriebsvertrages aus wichtigem Grund) bzw. das Recht zur Vertragskündigung an die Stelle des Rechts zum Vertragsrücktritt tritt 123 III 124/127 E. 3b. Im Zusammenhang mit Art. 320 Abs. 3 führt das Bundesgericht aus, dass eine Rückabwicklung eines (in casu infolge Irrtums angefochtenen) teilweise abgewickelten Dauerschuldverhältnisses nach Vindikations- und Bereicherungsgrundsätzen in aller Regel auf erhebliche praktische Schwierigkeiten stösst oder sich gar als unmöglich erweist. Diesen Schwierigkeiten trägt die arbeitsrechtliche Sonderregel Rechnung, die das Gericht seit 129 III 320/328 E. 7.1.2 auf alle Dauerschuldverhältnisse anwendet 132 III 245/245 E. 4.2. – Die Verbürgung für die Erfüllung eines Kaufvertrages umfasst (in casu) nicht die Folgen eines Rücktrittes 48 II 263/268 fr.

3 ***Abs. 2*** Dieser Anspruch auf Schadenersatz ist als ein vertraglicher anzusehen und nach den Grundsätzen über die Vertragsverletzung zu behandeln, weil er (obschon bloss mittelbar) auf einem vertragswidrigen Verhalten des Schuldners beruht 61 II 255/257 (zur Verjährung nach Art. 127). Geschuldet ist Ersatz des negativen Vertragsinteresses 41 II 245/248, 61 II 255/256 E. 2, 4C.286/2005 (18.1.06) E. 2.4, zur Bemessung 90 II 285/294 E. 3, 49 II 287/292 f. E. 2, 47 II 183/188 f. E. 5; Wirkung ex tunc 4A_514/2007 (22.2.08) E. 3.2. Die Lehrmeinung, wonach stattdessen das positive Vertragsinteresse zugesprochen werden könne, widerspricht dem klaren Gesetzestext 4C.286/2005 (18.1.06) E. 2.4, vgl. 4A_251/2010 (12.8.10) E. 2 fr. Vielmehr ist der Zurücktretende so zu stellen, wie wenn der Vertrag nicht abgeschlossen worden wäre 90 II 285/294 E. 3, 123 III 16/22 E. 4b, 4C.286/2005 (18.1.06) E. 2.4. Zum negativen Vertragsinteresse gehören namentlich die Kosten des Gläubigers für die Vertragsverhandlungen, die Vorbereitungen für die Erfüllung der eigenen Leistung, Schadenersatzleistungen an Dritte infolge des Dahinfallens des Vertrags sowie der entgangene Gewinn aus einem im Vertrauen auf den dahingefallenen Vertrag mit einem Dritten nicht abgeschlossenen Vertrag 4A_69/2019 (27.9.19) E. 5.2.1 fr., 4A_251/2010 (12.8.10) E. 2 fr., 4C.268/2000 (21.12.00) E. 2b/aa. Das Verschulden wird vermutet, doch steht dem Schuldner der Nachweis offen, dass er seinen Verzug nicht zu verantworten hat 4C.159/2000 (14.12.00) E. 3b (in casu fehlender guter Glaube als Verschulden).

Dritter Abschnitt
Beziehungen zu dritten Personen

A. Eintritt eines Dritten

Art. 110

Soweit ein Dritter den Gläubiger befriedigt, gehen dessen Rechte von Gesetzes wegen auf ihn über:
1. **wenn er eine für eine fremde Schuld verpfändete Sache einlöst, an der ihm das Eigentum oder ein beschränktes dingliches Recht zusteht;**
2. **wenn der Schuldner dem Gläubiger anzeigt, dass der Zahlende an die Stelle des Gläubigers treten soll.**

Die Gründe für einen Forderungsübergang von Gesetzes wegen sind im Gesetz abschliessend aufgezählt 86 II 18/24 E. 3 Pra 1960 (Nr. 50) 146 f. Als Dritter im Sinne der Bestimmung ist nur eine Person zu verstehen, die nicht in irgendeiner Eigenschaft in die Obligation verstrickt ist 60 II 178/183 E. 3, 4C.15/2004 (12.5.04) E. 5.1 fr. – Die Subrogation (Übergang einer Forderung auf den leistenden Dritten von Gesetzes wegen 126 III 36/39 E. 2b/bb Pra 2001 [Nr. 12] 69) bewirkt den Untergang der Forderung im Hinblick auf den ursprünglichen Gläubiger; die Forderung wird jedoch in toto auf den zahlenden Dritten übertragen: er wird nicht nur Gläubiger, sondern erhält auch alle Nebenrechte (Sicherheiten usw.) 63 II 317/325 fr. Bei nur teilweiser Befriedigung des Gläubigers durch den Dritten gilt der Satz «nemo contra se subrogare censetur» 60 II 178/189, 25 II 945/951. – Die Bestimmung findet uneingeschränkt auch auf Grundpfandrechte (ZGB Art. 827) Anwendung 60 II 178/182 E. 2. 1

Ziff. 1 Zahlung auch gegen den Willen des Schuldners (in casu Voraussetzungen der Eigentümereigenschaft jedoch nicht erfüllt) 72 III 6/8. – Der vom Grundpfandgläubiger beibehaltene persönliche Schuldner, der das Grundstück unter Überbindung der Schuldpflicht veräussert hat, tritt im Umfang seiner Zahlungen in die Gläubigerrechte ein; das auf ihn übergehende Pfandrecht geht indessen dem des Gläubigers für die allfällige Restforderung nach 60 II 178/188 f., 76 III 41/43 f. – ZGB Art. 827 ist ein Anwendungsfall dieser Bestimmung, sodass der Eigentümer der Pfandsache, der nicht Schuldner ist, zur Befreiung seines Grundstücks aber den Gläubiger befriedigt, in dessen Stellung subrogiert 4C.15/2004 (12.5.04) E. 5.1 fr. – Stellung des Dritteigentümers der für eine Bürgschaftsschuld verpfändeten Sache im Konkurs des Hauptschuldners (SchKG Art. 217) 51 III 198/202 f. E. 3. – Vermächtnis eines Grundstückes: Schuldner der durch eine Grundpfandverschreibung auf dem vermachten Grundstück gesicherten Forderung ist der Erbe, nicht der Vermächtnisnehmer; zahlt dieser die Schuld, so tritt er in die Rechte des Gläubigers gegen den Erben ein (Bestätigung der Rechtsprechung) 104 II 337/338 f. E. 1, 2 Pra 1979 (Nr. 178) 445. 2

Analoge Anwendung. Wird eine Schuld durch ein Drittpfand gesichert und bleiben die Rechtsbeziehungen zwischen Schuldner und Verpfänder hinsichtlich des Rückgriffs unklar, so steht dem Pfandbesteller auch bei *Verwertung* des Pfandes durch den Gläubiger ein Anspruch aus Subrogation zu 108 II 188/189 f. E. 1a, b. 3

4 ***Keine Subrogation.*** Der Ersteigerer einer Liegenschaft im Konkursverfahren tritt durch die Bezahlung des Steigerungspreises nicht an die Stelle der den Bauhandwerkern vorgehenden Pfandgläubiger, selbst wenn er einen Teil des Steigerungspreises mit dem Einverständnis der Konkursverwaltung unmittelbar an einen Grundpfandgläubiger bezahlt hat. Die Klage der Bauhandwerker nach ZGB Art. 841 ist gegen die ihnen im Range vorgehenden Grundpfandgläubiger zu richten, deren Forderungen bei der Verwertung des Grundstückes ganz oder teilweise gedeckt worden sind; eine Klage gegen den Ersteigerer ist ausgeschlossen 85 III 101/105 ff. E. 1–4. Verzichtet der Dritte auf den Regress, kommt Art. 110 Abs. 1 nicht zum Tragen 4C.15/2004 (12.5.04) E. 5.4 fr., auch 108 II 188/190 E.c. – Keine Subrogation, wenn das Pfandrecht des Dritten erst durch und wegen der Zahlung an den Gläubiger entsteht 37 II 521/527 f. E. 3, 4. – Die Bestimmung ist nicht anwendbar auf den Dritteigentümer der Pfandsache, der sich für die gleiche Schuld, für welche das Pfand haftet, als Solidarbürge (und somit als akzessorischer Schuldner und nicht als Dritter im Sinne der Bestimmung) verpflichtet hat 53 II 25/29 E. 1.

5 *Ziff. 2* Die Bestimmung setzt eine Willenserklärung des Schuldners gegenüber dem Gläubiger voraus. Sie kann nicht durch eine Vereinbarung zwischen dem Gläubiger und dem zahlenden Dritten ersetzt werden, ausser letzterer handle als Vertreter des Schuldners oder einige sich mit dem Gläubiger auf eine Abtretung. Die Willenserklärung bedarf keiner besonderen Form; konkludentes Verhalten genügt 86 II 18/24 f. E. 3 Pra 1960 (Nr. 50) 146 f. (Übersetzungsfehler). Eine förmliche Mitteilung erübrigt sich, wenn der ursprüngliche Gläubiger im Zeitpunkt der Zahlung des Dritten weiss (in casu aufgrund von Quittungen), dass es sich um einen Gläubigerwechsel handelt 57 II 90/92 ff. E. 2 fr.

B. Vertrag zu Lasten eines Dritten

Art. 111

Wer einem andern die Leistung eines Dritten verspricht, ist, wenn sie nicht erfolgt, zum Ersatze des hieraus entstandenen Schadens verpflichtet.

▪ Garantievertrag (1) ▪ Allgemeines (2) ▪ Erscheinungsformen (3) ▪ Verhältnis zum Grundgeschäft (Leistung des Dritten) (4) ▪ Abgrenzungen zur Bürgschaft (5) ▪ Beispiele (6)

1 **Garantievertrag.** Verträge zulasten Dritter können nicht gebilligt werden 124 II 8/11 E. 2b. – Im Garantievertrag verspricht der Garant (Promittent), den Begünstigten (Promissar) für den Fall zu entschädigen, dass der Dritte sich nicht erwartungsgemäss verhält 113 II 434/436 E. a, 125 III 305/307 E. 2b Pra 1999 (Nr. 172) 897, 4C.449/1999 (16.5.00) E. 3a. Der Garant verpflichtet sich nicht dazu, nötigenfalls die Leistung des Dritten zu erbringen; vielmehr hat er dem Begünstigten im Falle der Nichterfüllung des Grundgeschäftes den Schaden zu ersetzen 131 III 606/613 E. 4.2.2 fr. Der zu ersetzende Schaden besteht in der Differenz zwischen dem aktuellen Vermögensstand und dem (hypothetischen) Vermögensstand, wie er durch die Leistung des Dritten hergestellt worden wäre; ohne gegenteilige Abrede ist der Schadenersatz nach den allgemeinen Grundsätzen über die Nichterfüllung festzusetzen 4A_290/2007 (10.12.07) E. 6.1 fr. – Wirkungen des Vertrags zulasten Dritter im Rahmen eines Auftragsverhältnisses 120 II 34/34 f. E. 6d fr. – Der

Garantievertrag ist nicht den Banken vorbehalten; jede natürliche oder juristische Person kann sich als Garantin verpflichten 131 III 511/523 E. 4.1 fr.

Allgemeines. *Objektiv wesentliche* Vertragspunkte sind die Begrenzung der Verpflichtung des Garanten gegenüber Dritten durch den Haftungsbetrag und die Haftungsdauer 4C.115/1999 (3.4.00) E. 2. «Leistung eines Dritten» kann jedes rechtlich erhebliche Verhalten positiven oder negativen, rechtlichen oder faktischen Inhalts sein 56 II 375/381 ff. E. 2, 65 II 30/32 f. E. a fr., 72 II 19/22 f. – *Form:* Das Garantieversprechen ist an keine besondere Form gebunden 101 II 323/327 f. E. 1d. – *Qualifikation und Auslegung des Sicherungsvertrages:* Die Qualifikation eines Vertrages als Garantievertrag betrifft keine Feststellung über einen übereinstimmenden wirklichen Parteiwillen, sondern eine vom Bundesgericht frei überprüfbare Rechtsfrage Pra 1988 (Nr. 18) 77 E. 1c (in der Amtlichen Sammlung nicht veröffentlichte Erwägung, vgl. 113 II 434/434 ff.). Wenn die Auslegung nach Wortlaut, Sinn und Zweck des Vertrages, nach dem Sachzusammenhang und der inhaltlichen Ausgestaltung der einzelnen Erklärungen nicht zu einem eindeutigen Ergebnis führt, greifen verschiedene Vermutungen Platz. So gilt die Vermutung, dass zur Verwirklichung des vom Bürgschaftsrecht angestrebten Schutzes des Verpflichteten im Zweifelsfall eher auf Bürgschaft zu schliessen ist. Weiter sollen Garantieerklärungen geschäftsgewandter Banken und Sicherungsverträge über Auslandverträge vermutungsweise als Garantien, Garantieerklärungen von Privatpersonen demgegenüber eher als Bürgschaften gewertet werden 113 II 434/437 f. E. 2c, vgl. auch 111 II 276/279 ff. E. b, c fr., 117 III 76/78 f. E. 6b Pra 1993 (Nr. 232) 866 f., 4C.376/2002 (20.3.03) E. 3.3.3. Ein unmittelbares eigenes Interesse des Promittenten am Geschäft, für dessen Erfüllung er einzustehen verspricht, ist nicht ausschlaggebender Anhaltspunkt dafür, dass keine akzessorische, sondern eine selbständige Verpflichtung vorliegt 113 II 434/441 E. g, grundlegend 111 II 276/280 E. b fr. (anders noch 101 II 323/325 f. E. a). Bedeutung von Sachzusammenhang zwischen Dritt- und Sicherungsvertrag, Leistungsbeschrieb, Einredenverzicht 113 II 434/438 ff. E. 3b–d; Zweck einer Vereinbarung 75 II 49/52 f.; Interessenlage 72 II 19/24 f. Auf die unrichtige Bezeichnung der versprochenen Garantie mit dem Ausdruck «Bürgschaft» kommt es nicht an 46 II 157/160 E. 2; zur Bedeutung der Vertragsbezeichnung vgl. auch 113 II 434/439 E. 3a. Die Übernahme einer Garantiehaftung darf nicht leichthin angenommen werden (Auslegung der Erklärungen nach dem Vertrauensgrundsatz). Ein Garantievertrag zwischen der Muttergesellschaft und einem Geschäftspartner der Tochtergesellschaft ist insbesondere dann nur ausnahmsweise anzunehmen, wenn kein Austausch individueller Erklärungen stattgefunden hat, sondern als vertragsbezogene Willensäusserungen lediglich Werbeaussagen der Muttergesellschaft und deren stillschweigende «Annahme» durch den Geschäftspartner der Tochtergesellschaft anlässlich des Vertragsschlusses mit dieser in Betracht fallen 120 II 331/334 f. E. 3 (in casu Garantieverpflichtung verneint; jedoch Haftung aus erwecktem Konzernvertrauen, dazu auch 124 III 297/303 E. 6 [Haftung in casu abgelehnt]). – *Geltendmachung:* Ohne andere Abrede wird die Forderung aus Garantievertrag in dem Zeitpunkt fällig, in dem die garantierte Leistung hätte erbracht werden müssen 4A_290/2007 (10.12.07) E. 6.1 fr. Die Fälligkeit setzt nicht voraus, dass der Begünstigte den Dritten in Verzug setzt oder klageweise gegen ihn vorgeht 131 III 606/613 E. 4.2.2 fr., 4A_290/2007 (10.12.07) E. 6.1 fr. Die Zahlungspflicht des Garanten wird nach den im Garantievertrag umschriebe- 2 nen Bedingungen ausgelöst, die gegebenenfalls vertrauenstheoretisch zu ermitteln sind. Mit Bezug auf den Eintritt des Garantiefalls gilt eine streng formalisierte Betrachtungsweise, die allein auf den Wortlaut der Garantieklausel abstellt (Grundsatz der Garantiestrenge): Unterbleibt ein vertragskonformer Abruf der Garantie innerhalb der Laufzeit, ist das Recht auf Abruf verwirkt 4C.449/1999 (16.5.00) E. 3a mit Bezug auf die Erfüllung der in der Garantie bezeichneten Voraussetzungen ist vom Wortlaut der betreffenden Klausel auszugehen (in casu Zahlungseingangsklausel); Vorleistungen des Begünstigten, die sich nicht eindeutig aus dem Garantietext ergeben, kann der Garant nicht verlangen, hat er es sich doch selbst zuzuschreiben, wenn er bei der Formulierung der Garantie nicht die erforderliche Sorgfalt walten liess. Insofern verdient der Begünstigte einen gesteigerten Schutz seines Vertrauens auf den Inhalt der Garantieurkunde 4C.144/2003 (10.9.03) E. 2.2, 138 III 241/245 E. 3.4 (in casu Baugarantie-Versicherungsvertrag). «Dokumentenstrenge» auch bei der Bankgarantie, sofern die Garantiepflicht mit der Einreichung bestimmter Belege durch den Begünstigten auflebt (dokumentäre Garantie); wo die Erfüllung der Bedingung nicht an einen dokumentarischen Nachweis geknüpft ist, liegt eine bedingte Garantie im engeren Sinne vor 4C.144/2003 (10.9.03) E. 2.2. – Keine Herabsetzung der Garantieleistung nach Art. 44, da es um die Erfüllung einer eigenen Leistungspflicht und nicht um eine Ersatzleistung geht 131 III 511/528 fr. *Clausula rebus sic stantibus:* Die Berufung darauf ist ausgeschlossen, wenn es sich um eine bedingungslose Garantie für einen bestimmten Ertrag einer Unternehmung handelt 46 II 157/162 f. E. 6.

3 **Erscheinungsformen.** Bei der *reinen Garantie* steht der Garant für einen von jedwelchem konkreten Schuldverhältnis unabhängigen (aber bestimmten 122 III 321/323 E. 4a Pra 1997 [Nr. 22] 133 «besonderen») Erfolg ein. So kann sich eine Bank oder das Gemeinwesen verpflichten, den Verlust einer Unternehmung zu decken, ohne dass Dritte dem Begünstigten etwas schulden. Bei der *bürgschaftsähnlichen Garantie* bezieht sich das selbständige Leistungsversprechen des Promittenten in irgendeiner Weise auf ein Schuldverhältnis, das dem Begünstigten einen Anspruch auf Leistung eines Dritten gibt 4C.449/1999 (16.5.00) E. 3a, auch 131 III 511/525 fr. Mit ihr soll diese Leistung gesichert werden, gleichgültig, ob sie tatsächlich geschuldet ist; die Verpflichtung gilt damit auch für den Fall, dass die Schuldpflicht nie entstanden ist, wegfällt oder nicht erzwingbar ist 113 II 434/436 E. a, 125 III 305/307 E. 2b Pra 1999 (Nr. 172) 897, 4C.204/2003 (5.3.04) E. 2.2.2. Die allfällige Verpflichtung des Dritten hat weder die Akzessorietät noch die Subsidiarität der Garantie zur Folge 4C.449/1999 (16.5.00) E. 3a. Auch besteht keine Solidarität zwischen den Schuldnern, doch stehen die Ansprüche in Anspruchskonkurrenz, weshalb der Gläubiger sie nicht kumulieren kann 4A_290/2007 (10.12.07) E. 6.2 fr. Mit der *Bietungsgarantie* verspricht die Garantin dem Ausschreibenden eine Zahlung für den Fall, dass der bietende Unternehmer seine angebotenen Leistungen nicht erbringt (zum Beispiel sein Angebot widerruft, den Vertrag trotz Zuschlag nicht abschliesst oder nach dem Zuschlag die in der Submission verlangte Erfüllungsgarantie nicht unterzeichnet) 4C.113/1999 (17.10.00) E. 2.

4 **Verhältnis zum Grundgeschäft (Leistung des Dritten).** Der Garantievertrag ist vom Verhältnis zwischen Garant und Drittem unabhängig; dieses Verhältnis hat somit keinen Einfluss auf die garantievertraglichen Pflichten des Garanten gegenüber dem Begünstigten. So verhält es sich auch dann, wenn die Initiative zum Abschluss des Garantievertrages

vom Dritten ausging 131 III 511/523 E. 4.1 fr. Das Garantieversprechen setzt an sich kein gültiges Grundgeschäft voraus (weder Simulation noch Unmöglichkeit des Grundgeschäftes [Bsp. 72 I 267/278] noch dessen Nichtigkeit 125 III 305/308 E. 2b Pra 1999 (Nr. 172) 897 beeinträchtigen die Gültigkeit des Garantieversprechens, wohl aber Widerrechtlichkeit oder Unsittlichkeit) 4A_290/2007 (10.12.07) E. 6.1 fr., 76 II 34/37 f. E. 4, vgl. auch 113 II 434/436 E. a, und der Garant hat die selbständige Garantie ohne Rücksicht auf einen möglichen Streit bezüglich des zugrunde liegenden Vertrages (eine entsprechende Klausel vorausgesetzt) auf ersten Abruf hin zu honorieren 138 III 241/244 E. 3.2, 122 III 273/275 E. 3a/aa Pra 1996 (Nr. 225) 879. Entsprechend ist es dem Garanten grundsätzlich verwehrt, Einreden aus dem Grundverhältnisse zu erheben; er ist auf jene Einreden beschränkt, die ihre Grundlage im Garantievertrag haben 4A_463/2011 (5.10.11) E. 3.1 fr. Nach Treu und Glauben drängt sich eine Ausnahme aber etwa dort auf, wo der Begünstigte selber es zu vertreten hat, dass die Leistung des Dritten nicht erfolgen konnte, er die Annahme dessen Leistung grundlos verweigerte oder die erforderlichen Vorbereitungshandlungen unterliess 4A_290/2007 (10.12.07) E. 6.1 fr. – Mit einer Bankgarantie verspricht die Bank die Verfügbarkeit einer bestimmten Summe Geldes für einen bestimmten Fall, die der Promissar nach Massgabe des Grundgeschäfts beanspruchen kann. Hier ist zwischen *selbständiger und akzessorischer Garantie* zu unterscheiden, was bedeutsam ist für die Frage, ob der Garant die Garantieleistung gestützt auf Einwendungen aus dem Grundgeschäft verweigern könne 131 III 511/524 E. 4.2 fr.; diese Unterscheidung ist heikel und unter Umständen nach Massgabe des Vertrauensprinzips vorzunehmen 131 III 511/525 E. 4.3 fr. Zu beachten ist, dass nicht jegliche Bezugnahme auf das Grundgeschäft auf eine akzessorische Garantie hindeutet, da der Begünstigte auch dort zumindest die Nichterfüllung des Grundgeschäfts geltend zu machen hat. Die Abrede, wonach der Garant auf erstes Verlangen zu leisten hat, legt allerdings den Schluss auf eine selbständige Garantie nahe 131 III 511/525 E. 4.3 fr. – Die Abstraktheit einer Garantie bedeutet, dass bei ihrer Einlösung Einreden und Einwendungen ausgeschlossen sind 118 Ib 100/107 E. 4a (in casu abstrakter «performance bond»), 4C.449/1999 (16.5.00) E. 3a. Doch ist auch eine selbständige Garantie nicht völlig unabhängig vom Grundgeschäft; die aus einem Garantievertrag resultierende Schuldverpflichtung ist infolge Missbräuchlichkeit namentlich dann nicht zu honorieren, wenn der Promissar die Garantie abruft, um eine Forderung zu decken, deren Sicherung die Garantie nicht bezweckte 122 III 321/323 E. 4a Pra 1997 (Nr. 22) 134 (in casu offensichtlich vertragsfremder Zweck), 4A_463/2011 (5.10.11) E. 3.1 fr., eine suspensiv befristete Garantie vor Fristablauf oder eine nichtige Garantie abruft 122 III 273/277 E. 3a/bb Pra 1996 (Nr. 225) 881, oder der Hauptschuldner seine Verbindlichkeit bereits unzweifelhaft erfüllt hat 4A_111/2014 (31.10.14) E. 3.3; als dann ist der in Anspruch genommene Garant nicht nur berechtigt, sondern gegenüber dem Garantiesteller verpflichtet, die Zahlung zu verweigern 138 III 241/244 E. 3.2, 4A_111/2014 (31.10.14) E. 3.3. Die Zahlungsverweigerung wegen Rechtsmissbrauchs muss aber die absolute Ausnahme bleiben und muss für den Garanten vor der Auszahlung evident sein; bezüglich des Rechtsmissbrauchs müssen absolut klare Verhältnisse vorliegen, die keinen Zweifel offen lassen 4A_111/2014 (31.10.14) E. 3.3. – Bei einer Garantie mit Sofortzahlklausel («auf erstes Anfordern») besteht keine Pflicht des Begünstigten, den Eintritt des Garantiefalls über den Wortlaut der Garantieklausel und die dort genannten Voraussetzungen hinaus näher zu substanziieren, um dem Garanten die Überprüfung einer allfälligen missbräuchlichen Abrufung der Garantie zu ermöglichen 138 III 241/244 f. E. 3.3 3.5. – Zur anders gelagerten Unterscheidung zwischen selbständiger und unselbständiger Garantie beim Kaufvertrag 4C.260/2001 (4.1.02) E. 3a Pra 2002 (Nr. 71) 409. – Zur Frage, ob eine im Grundgeschäft enthaltene Schiedsklausel auf den Garantievertrag ausgedehnt werden könne 134 III 565/569 Pra 2009 (Nr. 37) 219.

5 **Abgrenzung zur Bürgschaft.** Siehe auch Vorb. Art. 492–512/Abgrenzungen. Kriterium für die Abgrenzung des Garantievertrages (im engeren Sinne) gegenüber der Bürgschaft (Art. 492 ff.) ist die *Akzessorietät.* Ist Akzessorietät gegeben, liegt eine Bürgschaft vor, fehlt sie, ist Garantie vereinbart. Akzessorietät bedeutet, dass die Sicherheit das Schicksal der Hauptschuld teilt, indem die akzessorische Verpflichtung von der Hauptschuld abhängig ist und dieser als Nebenrecht folgt mit der Wirkung, dass der akzessorisch Verpflichtete (anders als der Garant 122 III 321/322 E. 4a Pra 1997 (Nr. 22) 133, 4A_290/2007 [10.12.07] E. 6.1 fr.) dem Gläubiger die dem Hauptschuldner zustehenden Einreden entgegenhalten darf. Während mit der Bürgschaft als akzessorischem Sicherungsvertrag die Zahlungsfähigkeit des Schuldners oder die Erfüllung eines Vertrages gesichert wird, sichert der Garantievertrag als selbständige Verpflichtung eine Leistung als solche, einen bestimmten 122 III 321/323 E. 4a Pra 1997 (Nr. 22) 133 («besonderen») Erfolg, unabhängig von der Verpflichtung des Dritten. (Der Dritte ist im Allgemeinen auch nicht Schuldner des Garanten; letzterer begründet die Schuld in seinem eigenen Namen und auf eigene Rechnung 120 II 34/34 f. E. 6d fr.) Das Abgrenzungskriterium der Akzessorietät kann allerdings durch Vorschriften des geltenden Rechts durchbrochen werden, die gewisse Sicherungsversprechen trotz fehlender Akzessorietät dem Bürgschaftsrecht unterstellen (Art. 492 Abs. 3) und damit Vorschriften zum Schutze des Bürgen auf Fälle nicht akzessorischer Haftung ausdehnen 113 II 434/437 E. b, zum Abgrenzungskriterium siehe auch 125 III 305/308 E. 2b Pra 1999 (Nr. 172) 897, 125 III 435/437 E. 2a/bb Pra 2000 (Nr. 120) 707, 4C.376/2002 (20.3.03) E. 3.3.1. – Die konkrete Vereinbarung ist nach mehreren Kriterien zu prüfen: ob der Verpflichtete ein persönliches Interesse verfolgt 4C.376/2002 (20.3.03) E. 3.3.3; ob die Verpflichtung des Garanten akzessorisch ist; ob die Verpflichtung in einem Zeitpunkt eingegangen wird, in dem klar ist, dass der Hauptschuldner nicht wird erfüllen können; ob die Verpflichtung auch eingegangen worden wäre, wenn die Hauptschuld nicht bestanden hätte oder aber nichtig oder einseitig unverbindlich gewesen wäre. Mit Rücksicht auf den Schutzzweck des Bürgschaftsrechts ist im Zweifel nicht Garantie, sondern Bürgschaft anzunehmen 4C.274/2001 (9.4.02) E. 3 fr., auch 4C.232/2002 (15.1.03) E. 3.3 it. Auf eine Garantie deutet es hin, wenn die Verpflichtung des Garanten selbständig umschrieben und das Garantieversprechen zu einem Zeitpunkt abgegeben wird, zu dem feststeht, dass der Hauptschuldner voraussichtlich nicht erfüllen kann 125 III 305/309 E. 2b Pra 1999 (Nr. 172) 898. – Ein mangels Erfüllung des Formerfordernisses ungültiger Bürgschaftsvertrag kann nicht in einen Garantievertrag umgedeutet werden 125 III 305/311 E. 2d Pra 1999 (Nr. 172) 901. – Wollen nicht geschäftsgewandte Vertragsparteien eine kumulative Schuldübernahme oder eine Garantie anstelle einer Bürgschaft wählen, ist es zum Schutz der sich verpflichtenden Partei erforderlich, dass im Vertrag selber klar verständlich und in individueller, d.h. nicht formularmässiger Weise dargelegt wird, dass sich der Interzedent der Tragweite der eingegangenen Verpflichtung bewusst ist und aus welchen Gründen auf die Wahl der Rechtsform

einer Bürgschaft verzichtet wird 129 III 702/709 E. 2.4.3. Abgrenzung von einer Patronatserklärung in Form eines Schuldbeitritts (einer kumulativen Schuldübernahme) 4C.4/2003 (28.3.03) E. 3.3, auch 4C.405/2004 (13.6.05) E. 2 it. Anders als das Garantieversprechen hängt die Schuldübernahme vom Bestand der mitübernommenen Schuld ab, ist aber insofern nicht akzessorisch, als nicht jeder Wegfall der Verpflichtung des Hauptschuldners diejenige des Mitschuldners untergehen lässt; ob die Solidarverpflichtung bei Wegfall der Primärschuld dahinfällt, beurteilt sich nach den Regeln der Solidarität (Art. 147) 129 III 702/704 E. 2.1.

Beispiele. Erklärung eines Verwaltungsratspräsidenten und Hauptaktionärs, für eine Darlehensschuld der Gesellschaft persönlich haften zu wollen (selbständige Verpflichtung; offengelassen, ob Garantiezusage oder kumulative Mitverpflichtung) 101 II 323/325 ff.; Vertrag, durch den sich eine AG gegenüber einem Dritten verpflichtet, ihm neue Aktien zu verschaffen 96 II 18/22 E. b; vertragliche Zusicherung eines Verbandes gegenüber einem Berater, für dessen durchschnittliche Auslastung von 50% besorgt zu sein 4C.56/2005 (12.1.06) E. 2.1 (Zusammenarbeitsvertrag); Vertrag im Sinne der Bestimmung, wenn eine Person, die selber kein Recht auf Alleinverkauf hat, einer andern dieses Recht zusichert 82 II 238/247 fr.; Zusicherung, die eine Bank bei der Ausgabe von Anleihensobligationen gegenüber Zeichnern oder zukünftigen Inhabern von Obligationen abgibt 43 II 341/346 JdT 65 I 631; Leistungsversprechen eines Staates gegenüber zweier Geschäftsbanken für den Fall, dass eine bestimmte Gesellschaft ihren Zahlungsverpflichtungen nicht nachkommt (Handeln iure gestionis) 124 III 382/389 E. 4b fr.; Anzahlungsgarantie 4C.144/2003 (10.9.03) E. 1. 6

C. Vertrag zugunsten eines Dritten I. Im Allgemeinen

Art. 112

[1] Hat sich jemand, der auf eigenen Namen handelt, eine Leistung an einen Dritten zu dessen Gunsten versprechen lassen, so ist er berechtigt, zu fordern, dass an den Dritten geleistet werde.

[2] Der Dritte oder sein Rechtsnachfolger kann selbständig die Erfüllung fordern, wenn es die Willensmeinung der beiden andern war, oder wenn es der Übung entspricht.

[3] In diesem Falle kann der Gläubiger den Schuldner nicht mehr entbinden, sobald der Dritte dem letzteren erklärt hat, von seinem Rechte Gebrauch machen zu wollen.

Ein Vertrag zugunsten eines Dritten kann verschiedenen Zwecken dienen: credendi causa, solvendi causa, donandi causa 69 II 305/308 E. a Pra 1943 (Nr. 149) 386, mortis causa 127 III 390/393 ff. fr. (zur einzuhaltenden Form 127 III 390/395 E. 2f fr.). Vorvertrag zugunsten eines Dritten 57 II 502/506 f.; Vertrag, der auf ärztliche Behandlung eines Kindes gerichtet ist 116 II 519/520 E. 2a; Architektenklausel im Kaufvertrag über ein Grundstück 98 II 305/307 E. 1; Verpflichtung eines Anleihensemittenten gegenüber dem Bankenkonsortium, nicht ohne dessen Zustimmung ein neues Anleihen aufzunehmen, als Vertrag zugunsten der zukünftigen Anleihensgläubiger 43 II 341/345 f. E. 1 JdT 65 I 630 ff. E. 1; unter Lebenden errichteter Trustvertrag zugunsten der Kinder des Errichters 96 II 79/94 ff. E. b, c. Bei einem Vertrag zugunsten eines Dritten donandi causa ist zu beachten, dass das 1

Erfordernis der Annahme der Schenkung durch den Beschenkten nicht über den Vertrag zugunsten eines Dritten umgangen werden kann; durch diesen Vertrag können nicht dingliche Verfügungen getroffen werden, insbesondere kann nicht dem Dritten das Eigentum ohne seine Mitwirkung übertragen werden 67 II 88/94 f. E.a. Der Vertrag zugunsten eines Dritten donandi causa erfordert, um gültig zu sein, eine Übereinstimmung des Willens von Schenker und Beschenktem; solange dieser Vertrag dem Dritten/Beschenkten nicht bekannt ist, ist er nur Vorbereitung zur Schenkung; die Schenkung wird erst perfekt, wenn sie dem Dritten bekannt und von diesem angenommen wird 69 II 305/309 E. b Pra 1943 (Nr. 149) 387 f. – *Unterscheidung zwischen unechtem (Abs. 1) und echtem (Abs. 2 und 3) Vertrag zugunsten eines Dritten:* Vertragszweck als Kriterium, ob es sich um einen unechten oder echten Vertrag zugunsten eines Dritten handelt 88 II 350/358 f. E. a (in casu kein Forderungsrecht der Milch liefernden Genossenschafter gegen den Käser aus dem zwischen diesem und der Genossenschaft abgeschlossenen Vertrag). – *Leistung:* Keine Einschränkung auf bestimmte Arten; was der Gegenpartei versprochen werden kann und nicht der Natur der Sache nach an sie selbst erfüllt werden muss, kann auch zugunsten eines Dritten versprochen werden (in casu Leistung, die dem Dritten nur mittelbar zugutekommt: Schadenersatzanspruch des verunfallten Arbeiters gegen den Besteller eines Werkes, der sein dem Unternehmer abgegebenes Versprechen, die Arbeiter gegen Unfall zu versichern, nicht erfüllt hat) 83 II 277/281 f. E. 2. – *Weiteres.* Im Bereich der beruflichen Vorsorge basiert das Recht des Anspruchsberechtigten im Todesfall des Versicherten auf einem echten Vertrag zugunsten Dritter 131 V 27/29 f. E. 3.1, E. 5.1. Geldüberweisung mithilfe des Bankenclearingsystems; offengelassen, ob der vertragliche Direktanspruch des Überweisenden (Hauptauftraggeber) gegen die sich weisungswidrig verhaltende Empfängerbank unmittelbar aus Art. 399 Abs. 3 abzuleiten ist oder seine Grundlage in einem Vertrag zugunsten Dritter i.S.v. Art. 112 hat 121 III 310/317 E. 5a. In einer Scheidungskonvention kann die Unterhaltspflicht über die Mündigkeit eines Kindes hinaus vereinbart werden 107 II 465/472. Die Mitteilung an den Versicherer ist kein Gültigkeitserfordernis für die Begünstigungsklausel im Versicherungsvertrag 110 II 199/203 ff. Pra 1984 (Nr. 181) 498 ff. (Änderung der Rechtsprechung), 112 II 157/159 E. 1a Pra 1987 (Nr. 149) 523. Gleichbehandlungsklausel in einem Gesamtarbeitsvertrag als echter Vertrag zugunsten von nicht Gewerkschaftsmitgliedern, die damit ein eigenes Forderungsrecht gegenüber dem Arbeitgeber verfügen 139 III 60/62 ff. E. 5.2–5.3. Beförderungsvertrag zwischen Verein und Taxiunternehmen, unechter Vertrag zugunsten Schüler/Erziehungsberechtigter 140 I 153/163 f. E. 3.2.3. – Kein Vertrag zugunsten Dritter ist der Auftrag, als Revisionsstelle einer Bank tätig zu sein 117 II 315/320 E. d Pra 1993 (Nr. 58) 218. Auch zwischen der alten Vorsorgeeinrichtung und dem Destinatär besteht kein Vertrag zugunsten eines Dritten, wenn die Austrittsleistung auf eine neue Vorsorgeeinrichtung übertragen werden soll; denn begünstigt ist nicht die neue Einrichtung, sondern vielmehr der Destinatär, der auch weiterhin Anspruch auf die zu übertragenden Geldmittel hat 132 V 127/144 E. 6.4.3.3 (in casu zur Verrechenbarkeit).

2 ***Abs. 1*** Beim unechten Vertrag zugunsten eines Dritten hat der zum Empfang der versprochenen Leistung bestimmte Dritte *kein eigenes Forderungsrecht* 115 III 11/15 E. b, 17 f. E. 2a, vgl. auch 120 II 112/116 E.ccc. Offengelassen, ob die Mutter eines durch ärztliche

Fehlbehandlung geschädigten Kindes (neben den Forderungen des Kindes) eigene Schadenersatzansprüche geltend machen kann 116 II 519/520 E.b.

<u>*Abs. 2*</u> Das Forderungsrecht des Dritten wird nicht vermutet 139 III 60/64 E. 5.2, 123 III 129/136 E. 3d Pra 1997 (Nr. 110) 601. Es kann sich aus dem übereinstimmenden Willen der Vertragsparteien oder Übung ergeben 139 III 60/64 E. 5.2, insbesondere aus dem verwendeten Wortlaut 4A_469/2017 (8.4.19) E. 3.1.2. Allerdings geht der Wille der Vertragsparteien, das selbständige Forderungsrecht des Dritten auszuschliessen, einer andern Übung vor 86 II 256/257 f. Der Schuldner kann dem Gläubiger eine vom Stipulanten begangene Täuschung oder Nichterfüllung des Vertrages entgegenhalten 92 II 12 E. 3 fr. Hingegen muss sich der aus dem Vertrag zugunsten Dritter Verpflichtete keine Einreden aus dem Valutaverhältnis entgegenhalten lassen Pra 1996 (Nr. 150) 517 E.c. – *Beispiele.* Servicevertrag über die Wartung einer Heizung, der für das Unternehmen erkennbar zum Schutze aller Familienmitglieder, die die Liegenschaft bewohnen, abgeschlossen wurde; das Unternehmen konnte nicht in guten Treuen davon ausgehen, dass es bei einer Verletzung seiner vertraglichen Pflichten nur seinem Vertragspartner (dem Familienvater) und nicht auch den übrigen Familienmitgliedern für allfällige Schäden haften würde 4C.139/2005 (29.3.06) E. 3.3. Forderungsrecht an Sparheften, die ein Vater für seine Kinder anlegt: Die Kinder sind forderungsberechtigt, wenn der Wille des Vaters dahin geht, ihnen sofortige und definitive Zuwendungen zu machen (verneint für den Fall, dass ein Vater für Kinder im Alter von 10 und 12 Jahren Studiengelder bereitstellt) 68 II 36/38 f. E. 2. Zum Sparheft auf den Namen eines Dritten als echtem Vertrag zugunsten eines Dritten siehe auch Pra 1996 (Nr. 150) 516 E. 2b. Zur Hinterlegung des Kaufpreises beim Notar und Frage des direkten Forderungsrechts des Verkäufers ihm gegenüber vgl. 4A_469/2017 (8.4.19) E. 3 fr. Wird ein Untermietvertrag in dem Sinne ausgestaltet, dass der Untermieter seinen Mietzins anstelle desjenigen des Hauptmieters direkt dem Hauptvermieter zu entrichten hat, hat dieser unter den Voraussetzungen von Art. 112 Abs. 2 eine selbständige Forderung gegen den Untermieter. Diese Vertragsansprüche zwischen dem Erst- und dem Drittkontrahenten werden von den Verfahrensvorschriften der Art. 274 ff. nicht ausgenommen 120 II 112/116 E.ccc. Vertrag im Sinne der Bestimmung, wenn ein Dritter, der vom Verpächter ermächtigt wurde, auf dem verpachteten Steinbruch eine Hochspannungsleitung zu errichten, sich verpflichtet, die allfällig aus dem Bestande der Leitung sich ergebenden Schäden zu ersetzen 81 II 351/354 f. E. 1 JdT 104 I 111 f. E. 1. Lässt sich ein Arbeitnehmer für den Fall seines Ablebens Leistungen an die Hinterbliebenen versprechen, so entsteht ein selbständiger, von der Erbenstellung des Begünstigten unabhängiger Anspruch, der nicht in die Erbmasse fällt und von einer allfälligen Ausschlagung unberührt bleibt. Aus dem Vertrag zugunsten Dritter ergibt sich auch die Unzulässigkeit der Verrechnung mit Forderungen gegen den Promissar 112 II 38/39 f. E. 3, 115 II 246/248 E. 1 (zur Qualifikation als echter Vertrag zugunsten Dritter siehe auch 112 II 245/250 E. b Pra 1987 [Nr. 238] 816), vgl. auch 115 V 99 fr., 116 V 218/222 E. 2, 122 V 81/83 E. 2a fr., 132 V 127/145. Wie die aus einer Lebensversicherung Begünstigten, haben im Bereich der ausserobligatorischen beruflichen Vorsorge auch die Anspruchsberechtigten im Todesfall der versicherten Person gegen die Vorsorgeeinrichtung einen Anspruch aus echtem Vertrag zugunsten Dritter 131 V 27/29 E. 3.1. Vertrag der Parteien eines GAV zugunsten der nicht organisierten Arbeitnehmer 123 III 129/136 E. 3d Pra 1997 (Nr. 110) 601 (Klage 3

des Arbeitnehmers gegen den Arbeitgeberverband, nicht direkt gegen den Arbeitgeber, da dieser nicht Partei ist [Übersetzungsfehler]). – Die in Versicherungsverträgen anzutreffende Klausel, wonach sich die Versicherung vorbehält, direkt an den Geschädigten zu leisten, ist (wie auch VVG Art. 60 Abs. 1 Satz 2) kein Fall von Art. 112 Abs. 2 4A_185/2011 (15.11.11) E. 2.1 fr.

4 ***Abs. 3*** Aus dem Besitz eines auf den Namen eines Dritten lautenden Sparheftes und dem Umstand, dass nicht nur Einzahlungen geleistet, sondern auch Bezüge daraus getätigt werden, kann allenfalls auf den Vorbehalt des Widerrufsrechts i.S. der Bestimmung geschlossen werden Pra 1996 (Nr. 150) 516 f. E. 2b. Das Widerrufsrecht steht dem Promissar bis zur Erklärung des Dritten zu; als Gestaltungsrecht geht es nicht ohne Weiteres auf die Erben über Pra 1996 (Nr. 150) 517 E. d (in casu nach Treu und Glauben Verzicht auf das Widerrufsrecht für den Todesfall angenommen).

II. Bei Haftpflichtversicherung

Art. 113

Wenn ein Dienstherr gegen die Folgen der gesetzlichen Haftpflicht versichert war und der Dienstpflichtige nicht weniger als die Hälfte an die Prämien geleistet hat, so steht der Anspruch aus der Versicherung ausschliesslich dem Dienstpflichtigen zu.

Dritter Titel
Das Erlöschen der Obligationen

A. Erlöschen der Nebenrechte

Art. 114

[1] Geht eine Forderung infolge ihrer Erfüllung oder auf andere Weise unter, so erlöschen alle ihre Nebenrechte, wie namentlich die Bürgschaften und Pfandrechte.

[2] Bereits erlaufene Zinse können nur dann nachgefordert werden, wenn diese Befugnis des Gläubigers verabredet oder den Umständen zu entnehmen ist.

[3] Vorbehalten bleiben die besonderen Vorschriften über das Grundpfandrecht, die Wertpapiere und den Nachlassvertrag.

Abs. 1 **Untergang infolge Erfüllung.** Die Schuld ist auch dann getilgt, wenn die Zahlung eines Mitverpflichteten nicht aus seinem Vermögen, sondern aus dem Erlös des Pfandes eines Dritten herrührt, das vom Mitverpflichteten für seine Schuld bestellt worden ist 41 III 63/68 f. E. 2. – *Ausserhalb der Erfüllung.* Zum Beispiel Verrechnung 120 III 18/20 E. 4. 1

Nebenrechte. Die Schuldbriefforderung geht mit der Löschung des Grundbucheintrages unter und damit auch eine dafür eingegangene Bürgschaft kraft ihrer akzessorischen Natur 64 II 284/287 E.a. – Die Bestimmung findet keine Anwendung auf den Fall der Überbindung einer pfandgesicherten Forderung an den Grundstückerwerber im Zwangsversteigerungsverfahren: Der Schuldner wird frei, nicht aber allfällige Bürgen 47 III 146 ff. E. 2. – Das Wiederaufleben einer in ihrem Bestande nicht angefochtenen Forderung infolge paulianischer Anfechtung (SchKG Art. 291 Abs. 2) umfasst auch eine allfällige Bürgschaft 64 III 147/149 ff. E. 1–3; offengelassen, ob auch dingliche Nebenrechte wieder aufleben 89 III 14/22 f. E.b. 2

Abs. 2 Die Einklagung des Hauptanspruchs ohne Zinsen begründet gegenüber der nachträglichen Einklagung der Zinsen nicht die Einrede der res iudicata (in casu jedoch Verzicht angenommen, da die Nichteinklagung der Verzugszinsen gewollt war) 52 II 215/218 ff. E. 4, 5. – Die Bestimmung findet keine Anwendung auf eine Saldoklausel bei einer Quittung im Nachlassverfahren von Banken: Die während der Stundung aufgelaufenen Zinsen nicht pfandgesicherter Forderungen sind zu vergüten, falls die Liquidation einen Überschuss über die zugelassenen Forderungen ergibt (V des Bundesgerichtes über das Nachlassverfahren von Banken und Sparkassen vom 11. April 1935 [aufgehoben mit Wirkung auf den 1.7.04] Art. 21 Abs. 2 [italienischer Text missverständlich], SchKG Art. 209) 102 III 40/47 E. 3 Pra 1976 (Nr. 168) 407. – Anwendungsfall (in casu Untergang der Hauptobligation durch Vergleich) 23 I 1637/1642 E. 3. 3

B. Aufhebung durch Übereinkunft

Art. 115

Eine Forderung kann durch Übereinkunft ganz oder zum Teil auch dann formlos aufgehoben werden, wenn zur Eingehung der Verbindlichkeit eine Form erforderlich oder von den Vertragschliessenden gewählt war.

1 **Allgemeines.** Ausserhalb eines Nachlassverfahrens ist ein Forderungsverzicht allein durch Aufhebungsvertrag (contrarius actus) möglich 4C.363/2001 (7.7.03) E. 3, 4C.437/ 2006 (13.3.07) E. 2.3.2. Der Aufhebungsvertrag ist ein Verfügungsvertrag und hebt eine früher geschlossene Vereinbarung auf; für sein Zustandekommen gelten die allgemeinen Regeln, und die Parteien bestimmen dessen Modalitäten frei 4A_49/2008 (9.4.08) E. 2.1. Vorausgesetzt ist mithin ein zweiseitiger Vertrag zwischen Gläubiger und Schuldner 4C.335/1999 (25.8.00) 4b fr. über alle wesentlichen Vertragspunkte 4P.77/2005 (27.4.05) E. 2.2, der keiner besonderen Form bedarf 4C.397/2004 (15.3.05) E. 2.1 fr. und auch dadurch zustande kommen kann, dass der Gläubiger einen konkludenten Aufhebungsantrag stellt, den der Schuldner alsdann durch Stillschweigen (Art. 6) annimmt 4C.363/2001 (7.7.03) E. 3, 4C.269/2003 (15.12.04) E. 2.1 fr., 4C.55/2007 (26.4.07) E. 4.2 fr., wobei ein stillschweigender Aufhebungsantrag des Gläubigers nur mit grosser Zurückhaltung angenommen wird, da in der Regel auf Forderungen nicht ohne Gegenleistung verzichtet wird 4A_344/2018 (27.2.19) E. 2.2.1 fr. Bei gemeinschaftlicher Gläubigerschaft haben alle Gläubiger diesem Verfügungsgeschäft zuzustimmen 4A_290/2007 (10.12.07) E. 7.2.2 fr. Beweisbelastet ist der Schuldner, der sich auf die Aufhebung beruft 4C.447/2006 (27.8.07) E. 6.1 fr. Vorausgesetzt ist aber, dass das Verhalten des Gläubigers nach allgemeiner Lebenserfahrung und Verkehrsanschauung den Schluss auf einen Verzichtswillen begründet erscheinen lässt 4A_437/2007 (5.2.08) E. 2.4.2. Das blosse Nichtreagieren des Gläubigers genügt jedoch in keinem Fall für die Annahme einer konkludenten Willenserklärung 4P.77/2005 (27.4.05) E. 2.2, 4C.437/2006 (13.3.07) E. 2.3.2. Ein Schulderlass liegt vor, wenn der Wille des Gläubigers klar dahin geht, auf seine Forderung ganz oder zum Teil endgültig zu verzichten; mit der Annahme eines Schulderlasses wird der Richter zurückhaltend sein 109 II 327/329 E. 2b Pra 1984 (Nr. 35) 84 (hat der Arbeitnehmer eine Lohnquittung für einen Betrag, der unter dem vertraglichen Salär liegt, unterschrieben, so kann der Arbeitgeber allein daraus nach dem Vertrauensprinzip nicht ableiten, der künftige Lohn sei im Einverständnis mit dem Arbeitnehmer geändert), 4C.269/2003 (15.12.04) E. 2.1 fr., 4P.77/2005 (27.4.05) E. 2.2 (Einzelarbeitsvertrag), vgl. auch 127 III 444/445 (Saldoquittung), 4C.194/2003 (6.11.03) E. 3.2 fr., 110 II 344/ 345 E. b Pra 1985 (Nr. 58) 162. Kein Wille des Gläubigers zum Schulderlass kann erblickt werden (siehe die Zusammenstellung in 4C.363/2001 [7.7.03] E. 3) im blossen Verjährenlassen einer Forderung 70 II 21/24; in der gelegentlichen Nichtausübung eines Rechtes 59 II 264/303 E. 8; in der Nichtgeltendmachung einer Forderung während längerer Zeit ohne zusätzliche besondere Umstände, die zum bloss passiven Verhalten des Gläubigers hinzutreten 54 II 197/202; im Rückzug einer Klage, und dies selbst dann, wenn der Klagerückzug materielle Rechtskraft nach sich zieht 4C.55/2007 (26.4.07) E. 4.2 fr. Kann kein übereinstimmender tatsächlicher Wille zur Vertragsaufhebung festgestellt werden, sind die Erklärungen nach dem Vertrauensprinzip auszulegen 4A_437/2007 (5.2.08)

E. 2.4, 4C.447/2006 (27.8.07) E. 6.1 fr. – Der Aufhebungsvertrag nach Art. 115 ist möglich in einem Zeitpunkt, in dem die Obligation noch gar nicht entstanden ist 117 II 68/70 E. a Pra 1991 (Nr. 228) 958 (in casu vorzeitige Befreiung des Zedenten bei Übernahme eines Geschäftes mit Aktiven und Passiven). – Die Wirkung eines Aufhebungsvertrages besteht zunächst darin, dass die gegenseitigen Forderungen erlöschen und bereits erbrachte Leistungen Gegenstand einer vertraglichen Rückabwicklung bilden 4C.286/2005 (18.1.06) E. 2.1. Ist der Abschluss eines Aufhebungsvertrages darauf zurückzuführen, dass die eine Partei ausserstande war, ihrer Leistungspflicht nachzukommen, liegt eine dem Schuldnerverzug vergleichbare Situation vor; damit rechtfertigt sich die richterliche Vertragsergänzung, nach der Schadenersatzansprüche nach Art. 109 zu beurteilen sind 4C.286/2005 (18.1.06) E. 2.3.

Aufhebung von Rechtsgeschäften. Die Bestimmung ist nicht nur auf die Aufhebung von Forderungen, sondern auch auf die *Aufhebung von Rechtsgeschäften* anwendbar 95 II 419/425 E.d. Bei der vertraglichen Aufhebung eines Einzelarbeitsvertrages ist das zwingende Recht einzuhalten; soweit der Aufhebungsvertrag in Konflikt mit den zwingenden Kündigungsvorschriften nach Art. 336 ff. steht, setzt seine Gültigkeit beidseitige Zugeständnisse voraus 4C.397/2004 (15.3.05) E. 2.1 fr.; im Rahmen eines Vergleichs zwischen Arbeitgeber und Arbeitnehmer ist ein Verzicht nur in eindeutigen Fällen beidseitigen Entgegenkommens zulässig (in casu verneint) 110 II 168/170 ff. E. 3, 115 V 437/443 E. b; vgl. auch Pra 2001 (Nr. 31) 199 E. 3b, 118 II 58/60 ff. E. 2 Pra 1993 (Nr. 142) 551 f. Versicherungsvertrag 4A_437/2007 (5.2.08) E. 2.4.2. Verpfründungsvertrag 99 II 53/54 f. Kommissionsauftrag 114 II 57/63 E.a. Sie gilt auch für eine die Verpflichtung einschränkende Bedingung 44 II 61/64 (in casu Beschränkung der Bürgenverpflichtung). Kontokorrent: Negative Schuldanerkennung durch den Umstand, dass die Beanstandung einer Rückbelastung gemäss den übernommenen AGB unterblieb 127 III 147/151 E. d fr. Der Zessionsvertrag kann nicht gestützt auf Art. 115 formfrei aufgehoben werden, sondern es bedarf einer Rückzession, für die wiederum Schriftlichkeit verlangt ist 71 II 167/170, 105 II 268/271 E.a. – Vertragliche Einigung über das Ausscheiden aus einem Verein zwischen dem ausscheidenden Mitglied und dem Verein als Alternative zum einseitigen Austritt 134 III 625/628 ff. 2

Form. Eine Forderung kann durch Übereinkunft ganz oder zum Teil auch dann formlos aufgehoben werden, wenn zur Eingehung der Verbindlichkeit eine Form erforderlich oder von den Vertragsschliessenden gewählt war; das gilt (in analoger Anwendung des Art. 115) auch für die Aufhebung ganzer Vertragsverhältnisse. Bei der Abgrenzung zwischen Art. 12 und Art. 115 ist entscheidend darauf abzustellen, ob der unter Einhaltung der Formerfordernisse abgeschlossene Vertrag immer noch, zumindest teilweise, in Kraft steht oder gemäss der betreffenden Vereinbarung der Parteien in seiner Gesamtheit dahingefallen ist. Eine derartige Vertragsaufhebung kann formfrei erfolgen 4A_49/2008 (9.4.08) E. 2.1. – Für den Erlass unter Lebenden genügt eine formlose Übereinkunft zwischen Gläubiger und Schuldner; der Erlass von Todes wegen kann hingegen nur in der Form einer Verfügung von Todes wegen erfolgen 69 II 373/377 f. E. a, b. Ist eine nachträgliche Einschränkung oder Herabsetzung einer formbedürftigen Verpflichtung formlos möglich, so muss es auch zulässig sein, eine in ihrem möglichen Maximalumfang verurkundete Verpflichtung im Voraus formlos zu beschränken (in casu verurkundeter Preis bei 3 einem Grundstückkauf, der formlos im Voraus von einer Bedingung abhängig gemacht wird) 75 II 144/146 f. E. a, 95 II 523/529 E. 4. Unzulässig ist jedoch die formlos im Voraus vereinbarte bedingungslose Herabsetzung des verurkundeten Kaufpreises 78 II 221/225 f. – Eine stillschweigende Vertragsauflösung ist möglich (in casu verneint) 59 II 305/308 f. Konkludenter Erlass der Verzugszinsen durch Einklagung nur der Hauptforderung 52 II 215/220 ff. E. 5 (in casu bejaht), vgl. auch 110 II 344/345 f. E. b Pra 1985 (Nr. 58) 162 (in casu Arbeitsvertrag: der Arbeitnehmer, dessen Arbeitsvertrag sich dem Ende nähert, darf darauf zählen, dass der Arbeitgeber Ansprüche, die ihm dem Betrag oder dem Grundsatz nach bekannt sind, zur Sprache bringen wird, bevor er Handlungen vollzieht, welche die Beendigung des Arbeitsverhältnisses zu begleiten pflegen [wie Auszahlung des letzten Lohnes oder anderweitige Abrechnung, eventuell Formalitäten hinsichtlich der Fürsorgeleistungen, Ausstellung eines Arbeitszeugnisses, offizielle Verabschiedung]; im Allgemeinen darf das diesbezügliche Stillschweigen des Arbeitgebers vom Arbeitnehmer als ein Verzicht auf solche Ansprüche durch schlüssiges Verhalten verstanden werden. Hingegen enthält das Stillschweigen des Arbeitgebers keinen Verzicht auf Ansprüche, von denen er nicht wenigstens dem Grundsatz nach Kenntnis hat); 128 II 231/239 (gelegentlicher oder dauerhafter Verzicht auf die Bezahlung einer monatlich zu leistenden Rente durch eine Rentengläubigerin als Schulderlass).

4 **Weiteres.** Im Rahmen einer negativen Schuldanerkennung sind die Möglichkeiten, sich auf einen wesentlichen Irrtum zu berufen, sehr eingeschränkt 127 III 147/151 E. d fr. – Zum Verhältnis des Aufhebungsvertrages zum einseitigen Rücktritt des Verzugsgläubigers nach Art. 109 4C.286/2005 (18.1.06) E. 2.5.

C. Neuerung I. Im Allgemeinen

Art. 116

¹ Die Tilgung einer alten Schuld durch Begründung einer neuen wird nicht vermutet.

² Insbesondere bewirkt die Eingehung einer Wechselverbindlichkeit mit Rücksicht auf eine bestehende Schuld oder die Ausstellung eines neuen Schuld- oder Bürgschaftsscheines, wenn es nicht anders vereinbart wird, keine Neuerung der bisherigen Schuld.

1 **Neuerung (Novation).** ***Begriff.*** Neuerung ist die Umwandlung eines alten Schuldverhältnisses in ein neues, wobei der Verpflichtungsgrund des neuen Schuldverhältnisses nicht in demjenigen des alten, sondern in dem die Neuerung bewirkenden neuen und selbständigen Rechtsgeschäft besteht 60 II 332/333, 4C.60/2002 (16.5.02) E. 1.4; vgl. ferner 121 III 382/385 E. c fr., 126 III 375/381 E. e fr. Neuerung beruht auf einer vertraglichen Einigung zwischen Gläubiger und Schuldner (Neuerungsvereinbarung), die bestehende Obligation untergehen zu lassen und durch eine neue zu ersetzen, also die rechtliche Grundlage des bestehenden Schuldverhältnisses auszuwechseln 4C.60/2002 (16.5.02) E. 1.4.

2 ***Wirkung.*** Die Identität der ursprünglichen Forderung wird aufgehoben, und Einreden und Schwächen, die den dadurch abgelösten Ansprüchen anhafteten, gehen in der Regel unter 105 II 273/277 E.a. – *aZGB Art. 855 Abs. 1* (vgl. nun ZGB Art. 842 Abs. 2): Die Einreden aus dem Grundgeschäft gehen nicht vollständig unter. Beruht die alte Verpflich-

tung auf einem Werkvertrag, so kann der Besteller dem Unternehmer nach aZGB Art. 872 (nunmehr ZGB Art. 849) insbesondere die Einreden aus Werkmängelgewährleistung entgegenhalten 114 II 258/260 E. 5c Pra 1990 (Nr. 169) 603.

Beweis. Wer Neuerung behauptet, hat den Neuerungswillen (animus novandi) nach- 3
zuweisen 107 II 479/481 E. 3, 4C.60/2002 (16.5.02) E. 1.4; strenge Anforderungen, da das Gesetz das Gegenteil vermutet 69 II 298/302 E. 2, siehe aber 121 III 495/497 E. a fr., wonach keine gesetzliche Vermutung vorliegt (blosse Negation einer Vermutung). Um Neuerung anzunehmen, bedarf es der unzweideutigen Willensäusserung der Vertragsparteien über den Untergang der alten Forderung. Neuerung ergibt sich nicht bereits aus der Tatsache, dass ein neuer Schuldschein ausgestellt wird. Gegen eine Neuerungsabsicht spricht das Bestehen von Sicherheiten, die der Gläubiger verlieren würde, wenn er sich auf die Neuerung einliesse. Sie ist deshalb nicht leichthin anzunehmen, wenn der Gläubiger kein Interesse an einer solchen hat. Parteiäusserung und Interessenlage sind somit in erster Linie massgebend für den Entscheid, ob die alte Schuld untergegangen ist oder fortbesteht 107 II 479/481 E. 3, vgl. ferner 116 II 259/264 f., 126 III 375/381 E. e fr. (in casu Neuerung bejaht im Rahmen der Übernahme der Aktiven und Passiven einer Kommanditgesellschaft durch eine AG; aus der Korrespondenz zwischen der Gläubigerin und der AG ergab sich die Entlassung der übernommenen Kommanditgesellschaft aus der Schuldpflicht). Blosse Änderungen am Inhalt des ursprünglichen Schuldverhältnisses, die dessen Wesen nicht berühren (wie die Veränderung der Schuldhöhe, der Laufzeit, des Zinsfusses oder der bestellten Sicherheiten), haben keine Novationswirkung 131 III 586/592 f. E. 4.2.3.3, 4A_466/2015 (16.6.16) E. 2.2 fr.

Neuerung wird angenommen bei Unvereinbarkeit der alten mit der neuen Forderung 4
84 II 645/650 E.b. Neuerung durch Prozessvergleich (häufig dann, wenn die Parteien sich bei einem komplexen Rechtsverhältnis auf eine Saldozahlung einigen und somit auf weitere Ansprüche gegeneinander verzichten) 105 II 273/277 E.a. In casu offengelassen, ob ein aussergerichtlicher Vergleich Neuerung bewirkt 121 III 495/498 E. b fr. Durch die Errichtung eines Schuldbriefs wird das Schuldverhältnis, das der Errichtung zugrunde liegt, durch Neuerung getilgt; eine andere Abrede wirkt nur unter den Vertragsparteien sowie gegenüber Dritten, die sich nicht in gutem Glauben befinden. Es wird eine neue Forderung begründet und verbrieft, die streng akzessorisch zum Grundpfand ist; Forderung und Grundpfand bilden somit eine untrennbare Einheit, welche in einem Pfandtitel verkörpert wird, dem die Qualität eines Wertpapiers zukommt 130 III 681/683 E. 2.3 (vgl. nun aber ZGB Art. 842 Abs. 2). – Neuerung oder blosse Anerkennung einer bestehenden Schuld? 56 II 367/369 f. – *Keine Neuerung liegt vor,* wenn das alte Schuldverhältnis in seiner Identität nicht beseitigt wird, sondern wenn nur Änderungen im Inhalt (z.B. Stundung 69 II 298/302 E. 2, Erhöhung der Leistung, Laufzeit, Zinsfuss, bestellte Sicherheiten) oder in der Person des Gläubigers (z.B. durch Abtretung) oder des Schuldners (z.B. durch Schuldübernahme) erfolgen 60 II 332/333, 107 II 479/481 E. 3. Keine Neuerung bewirkt die Umwandlung einer auf ausländische Währung lautenden Schuld in Schweizer Währung im Rahmen des Betreibungsverfahrens (damit Rückforderungsklage gemäss SchKG Art. 86 grundsätzlich möglich) 115 III 36/40 E. 3a Pra 1989 (Nr. 173) 591, 125 III 443/449 E. 5a Pra 2000 (Nr. 67) 413 (in casu SchKG Art. 67 Abs. 1 Ziff. 3). Der Verlustschein bewirkt keine Neuerung 102 Ia 363/364 ff. E. a, b, vgl. auch 116 III 66/68 E. a, 4A_480/2017 (2.5.18) E. 3 fr. Keine Neuerung, sondern Schuldübernahme bei Entlas-

sung des einen Solidarschuldners und Übernahme der alleinigen Schuldpflicht durch den andern 60 II 332/332 ff. E. 2. Die Löschung und Neueintragung eines Schuldbriefes im Grundbuch stellt an sich noch keine Neuerung dar (in casu Neuerung verneint) 66 II 151/154 ff. E. 1; Neuerung in casu bejaht 64 II 284/287 f. E.b. Die Errichtung einer Hypothekarobligation bewirkt keine Neuerung 100 II 319/325 f. E. 5 fr.

5 ***Abs. 1*** Keine gesetzliche Vermutung (blosse Negation einer Vermutung) 121 III 495/497 E. a fr.

6 ***Abs. 2*** Analoge Anwendung auf die Übergabe eines Wechselblanketts 89 II 337/341 E. 3. – Der Grundsatz, dass Neuerung nicht vermutet werden darf, gilt allgemein für das Verhältnis des Wechsels zum Grundgeschäft und umgekehrt 84 II 645/650 f. E.c. – Eine Neuerung durch Ausstellen eines neuen Wechsels zur Prolongation der Wechselschuld ist jedenfalls dann anzunehmen, wenn die Übergabe gegen Rückgabe des alten Wechsels erfolgt 62 II 255/259. – Der sogenannte Sicherheitswechsel begründet keine Neuerung der Grundschuld 84 II 645/649 f. E.a. – Die Ausstellung eines Wechsels über eine grundpfandgesicherte Forderung bewirkt an sich noch nicht den Untergang des Pfandrechtes 42 II 505/507 E. 2 it. – Bewirkt die Wechseleingehung keine Neuerung, so kann der Schuldner bei Stundung (in casu durch die Behörde) der kausalen Schuld die Einrede der Stundung auch der Forderung aus der Wechselschuld entgegenhalten 42 III 228/231 ff. E. 2. Durch die Annahme von Wechseln zahlungshalber verpflichtet sich der Verkäufer, zunächst die Wechselforderung geltend zu machen; die Kaufpreisforderung ist bis zum Einlösen des Wechsels suspendiert. Ist der Wechsel nicht einlösbar, so kann der Gläubiger nur den Kaufpreis fordern, nicht aber zusätzlich Schadenersatz für die Nichtleistung aus dem Wechsel 42 III 496/498 ff. E. 2.

II. Beim Kontokorrentverhältnis

Art. 117

[1] Die Einsetzung der einzelnen Posten in einen Kontokorrent hat keine Neuerung zur Folge.

[2] Eine Neuerung ist jedoch anzunehmen, wenn der Saldo gezogen und anerkannt wird.

[3] Bestehen für einen einzelnen Posten besondere Sicherheiten, so werden sie, unter Vorbehalt anderer Vereinbarung, durch die Ziehung und Anerkennung des Saldos nicht aufgehoben.

1 **Kontokorrent.** ***Allgemeines.*** Der Kontokorrentvertrag besteht in der Abrede zweier in einem gegenseitigen Abrechnungsverhältnis stehender Personen, alle von diesem Verhältnis erfassten Forderungen bis zum Abrechnungsdatum zu stunden und weder abzutreten noch separat geltend zu machen, sondern nur als Rechnungsposten für die Ermittlung des Saldos zu behandeln. Er enthält einen Verrechnungsvertrag, wonach ohne Verrechnungserklärung alle vom Kontokorrentverhältnis erfassten beidseitigen Forderungen entweder laufend oder am Ende der Rechnungsperiode automatisch verrechnet werden 100 III 79/83, 104 II 190/192 E. 2a, 127 III 147/150 E. 2b fr. Nicht entscheidend ist die Bezeichnung «Kontokorrent», die oft nur auf die Form der Buchhaltung hinweist, sondern der Umstand, dass sich die Parteien (ausdrücklich oder stillschweigend) über einen Konto-

korrentvertrag geeinigt haben 40 II 405/411 fr. Girovertrag mit Kontokorrentabrede: Darunter ist ein allgemeiner auf Dauer gerichteter Vertrag zur Besorgung von Geschäften zu verstehen; die Bank erhält von einem Kunden den Auftrag, seinen Zahlungsverkehr zu übernehmen, insbesondere an seiner Stelle Zahlungen auszuführen, Überweisungen für ihn entgegenzunehmen und gegenseitige Forderungen zu verrechnen 100 II 368/370 E.b. Anwendungsfall 118 II 382/391 Pra 1993 (Nr. 90) 361. – Anders als beim Darlehen ist beim Kontokorrentkredit, der ein Innominatvertrag ist, der Schuldbetrag variabel und hängt von den Bezügen und Aufträgen des Bankkunden ab 4A_73/2018 (12.2.19) E. 5.1.2 fr. – Zur vertraglich vereinbarten Haftungsbeschränkung im Rahmen eines Kontokorrentvertrages mit einer Bank siehe unter Art. 100 Abs. 1.

Schuldbetreibung und Konkurs. Kann für die Abzahlung an einem pfandgesicherten Kontokorrentkredit, welche der Schuldner im Umfang des nicht mehr pfandgedeckten Betrages vertraglich zu leisten verpflichtet ist, gewöhnliche Betreibung angehoben werden? (in casu verneint) 49 III 187/188 ff. Die stillschweigende Genehmigung eines Kontokorrentauszuges gestützt auf den vom Schuldner unterzeichneten Krediteröffnungsvertrag («Der Kontoinhaber hat unverzüglich den Empfang des Auszuges zu bestätigen und die Richtigbefundanzeige abzugeben. Wenn sich diese Erklärung nicht spätestens 5 Tage nach Versand des Auszuges in den Händen der Bank befindet, wird angenommen, der Schuldner anerkenne ... den Saldo ...») stellt für den Passivsaldo des Kontos keine Schuldanerkennung im Sinne von SchKG Art. 82 Abs. 1 dar 106 III 97/99 f. E. 4 Pra 1981 (Nr. 87) 221, 4A_73/2018 (12.2.19) E. 5.1.2 fr. Pfandansprache auf den Saldo eines Bankkontokorrents (muss dem Gläubiger oder dem Drittansprecher die Frist zur Klage gemäss SchKG Art. 106 ff. angesetzt werden?) 116 III 82/83 ff. E. 2–4 Pra 1991 (Nr. 123) 582 ff. 2

<u>Abs. 2</u> Die Neuerung im Sinne der Bestimmung setzt den Rechtsbestand der Forderung voraus 4C.383/2001 (11.4.02) E. 1d fr. Im Betrag des anerkannten Saldos liegt ein Schuldbekenntnis ohne Angabe eines Verpflichtungsgrundes (Art. 17). Wer die Richtigkeit des anerkannten Saldos bestreitet, hat dessen Unrichtigkeit zu beweisen 104 II 190/196 E. 3a, 4C.191/2001 (15.1.02) E. 4b. – Die Anerkennung des Saldos, die je nach Vereinbarung auch stillschweigend erfolgen kann 130 III 694/697 E. 2.2.2 Pra 2005 (Nr. 64) 494, bedeutet keinen Verzicht auf Einwendungen gegen versehentliche Buchungen; hingegen wird mit ihr hinsichtlich der in der Abrechnung aufgeführten Posten auf die Geltendmachung bereits bekannter Willensmängel sowie streitiger oder ungewisser, aber nicht ausdrücklich vorbehaltener Einreden verzichtet 104 II 190/196 E. 3a, 127 III 147/150 E. 2b fr. (in casu negative Schuldanerkennung durch den Umstand, dass die Beanstandung einer Rückbelastung gemäss den übernommenen AGB unterblieb), 4C.191/2001 (15.1.02) E. 4b, 4C.383/2001 (11.4.02) E. 1d fr. Bei einer Neuerung durch Anerkennung des Kontokorrentsaldos bleibt die Einrede der Unklagbarkeit der Forderungen aus Spiel und Wette grundsätzlich vorbehalten (Frage offengelassen für den Fall, dass der anerkannte Saldo nur teilweise Spielforderungen betrifft) 44 II 154/156 f. E. 2 fr. – Lässt eine Bank dem Kontoinhaber vorbehaltlos Saldomeldungen zukommen, so ist nach Treu und Glauben davon auszugehen, dass diese von ihr anerkannt werden; der Vermerk «S. E. & O.» (salvo errore et omissione) ist rechtlich ohne Bedeutung 104 II 190/193. – Kompetenz der Verwaltung einer AG zur Anerkennung eines Kontokorrentsaldos 44 II 132/136 f. E. 2. – Das Anatozismus-Verbot gilt hier zwar nicht, doch tragen die aufgelaufenen Zinsen (wie die 3 aufgelaufenen Kommissionen 130 III 694/697 E. 2.2.3 Pra 2005 [Nr. 64] 495) ihrerseits nur dann Zinsen, als im laufenden Kontokorrent-Verhältnis der Saldo anerkannt wurde 130 III 694/697 E. 2.2.3 Pra 2005 (Nr. 64) 495, 53 II 336/340. – Die Saldierung eines arrestierten Kontos gegenüber dem Betreibungsamt hat keine Neuerung zur Folge 100 III 79/83. – Wird ein Kontokorrentguthaben arrestiert, so sind bei der Berechnung des Saldos auch solche Posten zu berücksichtigen, die im Zeitpunkt des Arrestes noch nicht gebucht waren, sofern der Rechtsgrund für die entsprechende Buchung damals schon bestand 100 III 79/84 f. E. 4.

4 ***Abs. 3*** Verbürgung der Schuld aus einem Kontokorrentverhältnis bis zu einem ziffernmässig begrenzten Betrag nebst Zinsen: Die Zahlung des Hauptschuldners für einen Kontokorrentposten befreit den Bürgen nicht. Eine Befreiung könnte nur insoweit eintreten, als der bei Abschluss der Rechnung und Aufhebung des Kontokorrentverhältnisses sich ergebende Saldo die verbürgte Summe übersteigen würde 44 II 255/261 f. E. 2. – In der Regel bezieht sich die Bürgschaft auch auf den übertragenen Saldo einer früheren Rechnungsperiode, selbst wenn der Bürge das Bestehen dieses Saldos nicht kannte, ausser der Bürge hätte nach den Umständen nur für neue Kreditgewährungen Bürgschaft leisten wollen 49 II 100/103 ff. E. 2 fr. – Verbürgung des Negativsaldos 120 II 35/42 E. 5 Pra 1995 (Nr. 146) 476, vgl. ferner 125 III 435/436 ff. E. 2 Pra 2000 (Nr. 120) 707 ff.

D. Vereinigung

Art. 118

[1] Wenn die Eigenschaften des Gläubigers und des Schuldners in einer Person zusammentreffen, so gilt die Forderung als durch Vereinigung erloschen.

[2] Wird die Vereinigung rückgängig, so lebt die Forderung wieder auf.

[3] Vorbehalten bleiben die besondern Vorschriften über das Grundpfandrecht und die Wertpapiere.

1 ***Abs. 1*** Vorausgesetzt ist die Identität der Schuld 88 II 299/311 E. a Pra 1963 (Nr. 4) 14 f. – Beerbt der Gläubiger den Schuldner, so erlischt die Forderung nur, wenn er einziger Erbe ist; bei mehreren Erben tritt die Vereinigung erst mit der Teilung der Erbschaft ein 71 II 219/221 f. Pra 1946 (Nr. 15) 33. – Erteilen die drei Mitglieder einer einfachen Gesellschaft einem von ihnen einen Auftrag, so geht dessen Anteil an den Auftragskosten (in casu gemäss Art. 148 Abs. 1 in der Höhe eines Drittels) infolge seiner doppelten Eigenschaft als Gläubiger und solidarschuldnerischer Gesellschafter durch Vereinigung unter 103 II 137/138 ff. E. 4a–d Pra 1977 (Nr. 159) 384 f. – Wird dem betreibenden Gläubiger eine (gepfändete) Forderung zugeschlagen, deren Schuldner er selber ist, so geht sie durch Vereinigung unter 109 III 62/63 f. E. 2. – Untergang des Pachtvertrages durch Vereinigung von Verpächter- und Pächtereigenschaft in einer Person 118 II 441/445 E.b. – Anwendungsfall 118 II 382/390 E. 5a Pra 1993 (Nr. 90) 360.

E. Unmöglichwerden einer Leistung

Art. 119

[1] Soweit durch Umstände, die der Schuldner nicht zu verantworten hat, seine Leistung unmöglich geworden ist, gilt die Forderung als erloschen.

[2] Bei zweiseitigen Verträgen haftet der hienach freigewordene Schuldner für die bereits empfangene Gegenleistung aus ungerechtfertigter Bereicherung und verliert die noch nicht erfüllte Gegenforderung.

[3] Ausgenommen sind die Fälle, in denen die Gefahr nach Gesetzesvorschrift oder nach dem Inhalt des Vertrages vor der Erfüllung auf den Gläubiger übergeht.

Abs. 1 **Allgemeines.** Die nachträgliche Unmöglichkeit der Leistung im Sinne von Art. 97 und 119 lässt die gesamte Obligation erlöschen 103 II 52/58. Die Unmöglichkeit im Sinne von Art. 119 kann tatsächliche Gründe haben 107 II 144/148 E. 3, aber auch auf einer neuen, nachträglich eingetretenen Rechtslage beruhen 4C.130/2002 (30.7.02) E. 5.2 fr.; so können namentlich behördliche Verbote (beispielsweise Ausfuhrsperren) den Schuldner hindern, die Leistung vertragsgemäss zu erbringen 111 II 352/354 E. a, 116 II 512/514 E. 2 (Mietvertrag: Die Schliessung des Mietlokals [hier: Spielsalon], um polizeilichen Auflagen zu entgehen, bewirkt keine Unmöglichkeit im Sinne der Bestimmung), 4C.43/2000 (21.5.01) E. 2e fr. (Pachtvertrag über ein Restaurant: rechtliche Unmöglichkeit seitens des Verpächters, dem Pächter eine Lizenz für den Alkoholausschank zur Verfügung zu stellen), 4C.378/2000 (5.3.01) E. 3a fr., 4C.344/2002 (12.11.03) E. 4.2 fr. – Offengelassen, ob nachträglich erlassenes ausländisches Recht zu berücksichtigen ist 4A_263/2019 (2.12.19) E. 2.3. – Verhältnis zwischen Art. 119 Abs. 1 und Art. 324 Abs. 1 124 III 346/348 f. E. 2a. 1

Der in der Lehre zwischen objektiver und subjektiver Leistungsunmöglichkeit getroffenen Unterscheidung legt das Bundesgericht nicht die Bedeutung bei, dass Art. 119 nur die Fälle objektiver Leistungsunmöglichkeit erfasste 4C.344/2002 (12.11.03) E. 4.2 fr. Vielmehr genügt eine relative Unmöglichkeit in dem Sinn, dass die Leistung nur mit einem dem Schuldner unzumutbaren Aufwand zu erbringen wäre 57 II 532/534 ff. E. 1, 2, 116 II 512/514 E. 2. Ob auch Geldmangel zur Unmöglichkeit führen könne, wird offengelassen 4C.344/2002 (12.11.03) E. 4.2 fr. – Teilunmöglichkeit beim Gattungskauf: Ist es beim Gattungskauf unmöglich geworden, die Ware in der vereinbarten Qualität zu liefern, so wird der Schuldner nur insoweit befreit, als er die Ware bloss in der noch möglichen geringen Qualität der gleichen Gattung zu liefern hat 69 II 97/100 E. 2. – Vorübergehende Unmöglichkeit der Leistung (in casu infolge Kriegsereignissen): Der Richter hat nach seinem Ermessen zu bestimmen, bis wann der Schuldner die Leistung erbringen muss 44 II 519/526 f. E. 3. Ein nur vorübergehendes Leistungshindernis kann gleichwohl Unmöglichkeit begründen, wenn nicht absehbar ist, wann das Leistungshindernis beseitigt werden wird 4C.344/2002 (12.11.03) E. 4.2 fr. – Ist das Unmöglichwerden einer Leistung voraussehbar, so kann sich jene Partei, die das Risiko ohne Vorbehalt auf sich genommen hat, nicht auf die Bestimmung berufen 111 II 352/355 (in casu genügte, dass die Möglichkeit behördlichen Einschreitens aufgrund von aAtG Art. 8 Abs. 2 voraussehbar war), vgl. auch 57 II 532/535 E. 2. Wer mit der Leistungsunmöglichkeit rechnen muss, hat die notwendigen Abklärungen zu treffen (behördliches Verbot der Aufführung von Theaterstü- 2 cken) 54 II 333/337 f. E. 4 fr. – Damit höhere Gewalt vorliegt, muss ein Ereignis ausserhalb des Betriebes des Schuldners eintreten 57 II 508/511 E. 3.

3 **Beispiele.** Unmöglichkeit der Erfüllung eines Mietvertrages, den ein nicht diplomierter Zahnarzt bezüglich einer Praxis und eines Hauses abgeschlossen hatte, durch die (unvorhersehbare) gesetzliche Einführung eines Befähigungsausweises für Zahnärzte 57 II 532/534 ff. E. 1, 2 (siehe jedoch 62 II 42/44 f. E. 1 fr., wonach keine Unmöglichkeit vorliegt, wenn der Mieter infolge behördlichen Verbots seiner Tätigkeit die Räume nicht zum vorgesehenen Zweck benützen kann); Unmöglichkeit der Erfüllung eines Unterpachtvertrages infolge Verkaufs des Pachtgrundstücks zur Selbstbewirtschaftung durch den Erwerber 112 II 235/237 E. 2; Unmöglichkeit der Lieferung von Pflastersteinen aus einem bestimmten Steinbruch (begrenzte Gattungsschuld), wenn durch unvorhergesehene geologische Verhältnisse die Ausbeute unverhältnismässig erschwert wird 57 II 508/511 ff. E. 3; Unmöglichkeit der Erfüllung eines Kaufvertrages über noch nicht ausgestellte Schuldbriefe, wenn das Ausstellen ohne Verschulden des Verkäufers nicht erfolgen kann 63 II 252/255 ff. E. 2; Unmöglichkeit der Erfüllung infolge Kriegsereignissen (in casu Fixgeschäft) 68 II 220/227 f. E. 4; Unmöglichkeit der Leistung einer Opernsängerin infolge Schwangerschaft 126 III 75/78 E. 2c Pra 2000 (Nr. 121) 713. – Keine Unmöglichkeit: bei blosser Erschwerung der Leistung infolge kriegswirtschaftlicher Massnahmen 68 II 169/172 E. 1; wenn der Schuldner schlicht davon absieht, Polizeivorschriften nachzuleben 4C.378/2000 (5.3.01) E. 3b fr. (in casu Wirtepatent).

4 ***Abs. 2*** **Allgemeines.** Das schweizerische Recht regelt die vom Schuldner verschuldete (Art. 97) und die beidseits unverschuldete nachträgliche Unmöglichkeit der Erfüllung (Art. 119 Abs. 2). Vom Gesetz nicht erwähnt wird dagegen der Fall, dass die Leistung des Schuldners durch einen vom Gläubiger zu vertretenden Umstand verunmöglicht wird (in casu Art. 324, Hinweis des Bundesgerichts auf BGB § 324: Der Schuldner behält den Anspruch auf die Gegenleistung abzüglich des Betrages, den er durch das Unterbleiben der eigenen Leistung erspart). Ebenso nicht geregelt ist der Fall, dass beide Parteien die Unmöglichkeit zu vertreten haben. In diesem Fall werden entweder der Schadenersatzanspruch des Gläubigers, der Anspruch des Schuldners auf die Gegenleistung oder beide gekürzt 114 II 274/277, 122 III 66/69 f. E.b.

5 **Wirkungen.** Art. 119 Abs. 2 bestimmt die Wirkungen, welche die nachträgliche unverschuldete Unmöglichkeit auf die Verpflichtung des Schuldners und auf die entsprechende Verpflichtung des Gläubigers ausübt; den Einfluss des Dahinfallens gegenseitiger Verpflichtungen auf den allfälligen *Rest* eines Vertragskomplexes (in casu offengelassen, ob ein gemischter Vertrag oder zwei voneinander unabhängige Verträge vorliegen) regelt die Bestimmung jedoch nicht (auch keine Anwendung von Art. 20 Abs. 2, sondern mangels Regelung durch die Parteien Vertragsergänzung durch den Richter) 107 II 144/148 ff. E. 3 Pra 1981 (Nr. 176) 464 ff.; 4C.43/2000 (21.5.01) E. 2e fr.

6 **Verjährung.** Der Rückforderungsanspruch verjährt nach Art. 67 63 II 252/258 E. 3. In 114 II 152/159 E. d hat das Bundesgericht offengelassen, ob die zehnjährige Verjährungsfrist gemäss Art. 127 zur Anwendung gelangt (Umwandlungstheorie).

Subrogation. Aus Sinn und Zweck der Bestimmung ergibt sich das *Subrogationsprinzip,* wonach der Schuldner, der durch Leistungsunmöglichkeit von seiner Schuldpflicht befreit wird, dem Gläubiger jenen Vorteil herauszugeben hat, den er gerade durch die die Leistungsunmöglichkeit bewirkende Tatsache und im Hinblick auf die zu erbringende Leistung als deren Ersatz erhält 51 II 171/175 f. E. 3 (in casu Herausgabe der Brandversicherungssumme an den Käufer bei Zerstörung der Kaufliegenschaft durch Brand), 43 II 225/234 (in 46 II 429/438 f. insofern präzisiert, als für die Ersatzleistung nur das stellvertretende commodum, nicht aber jeder Vorteil des Verkäufers infolge der Leistungsunmöglichkeit in Betracht kommt). Das Subrogationsprinzip gilt nicht nur dann, wenn der Schuldner die Ersatzleistung bereits erhalten, sondern auch, wenn er auf eine solche erst Anspruch hat 112 II 235/239 f. E. c–e (in casu vertraglicher Anspruch des Schuldners im Sinne von Art. 119 gegen einen Dritten, der sich aber erst aus der Auseinandersetzung zwischen dem Schuldner und dem Gläubiger im Sinne von Art. 119 ergibt; hier keine Abtretung notwendig). 7

Abs. 3 Im Rahmen eines Einzelarbeitsvertrages gelten die Art. 324a und 324b 126 III 75/78 E. 2d Pra 2000 (Nr. 121) 713 (in casu jedoch kein Anspruch des Arbeitnehmers, da die gesetzliche Frist von drei Monaten unterschritten war). 8

F. Verrechnung

Vorb. Art. 120–126

▪ Allgemeines (1) ▪ Verhältnis zum kantonalen Prozessrecht (2) ▪ Schiedsgerichtsbarkeit (3) ▪ Verrechnungsvertrag (4) ▪ Anwendung im öffentlichen Recht (5)

Allgemeines. Bei der Verrechnung handelt es sich um einen besonderen, von der eigentlichen Erfüllung verschiedenen Untergangsgrund einer Forderung 126 III 361/368 E.b. In diesem Sinne ist die Verrechnung Erfüllungsersatz 119 II 241/248 E.cc.fr. Sie fällt unter den Begriff der Einrede im Sinne von Art. 145 Abs. 1, obwohl sie im technischen Sinn eine Einwendung darstellt 63 II 133/138 f. E. 2. Sie ist (als Gestaltungsgeschäft) bedingungsfeindlich und unwiderruflich. Soll die vor der Verrechnungserklärung bestehende Rechtslage wiederhergestellt werden, müssen die Parteien die durch Verrechnung erloschenen Obligationen vertraglich neu begründen 4C.19/2001 (25.5.01) E. 4c. – Die Verrechnung ist grundsätzlich allgemein zulässig (Art. 120), soweit sie nicht durch Gesetz (Art. 125) oder Vereinbarung (Art. 126) ausgeschlossen ist 117 II 30/33 E. b (in casu Vorkaufsrecht: Ist im Veräusserungsvertrag kein Verrechnungsausschluss vereinbart worden, so kann der sein Recht ausübende Vorkaufsberechtigte den Kaufpreis durch Verrechnung tilgen). 1

Verhältnis zum kantonalen Prozessrecht. Die Verrechnung gehört nicht dem Prozessrecht an, sondern ist ein Schuldbefreiungsgrund des materiellen Bundesrechts 63 II 383/384 E. 1. Die Verrechnungseinrede (technisch eine Einwendung) ist ein materiellrechtliches Verteidigungsmittel 63 II 133/139 E. 2, 124 III 207/210 E. bb, 4A_290/2007 (10.12.07) E. 8.3.1 fr. Wird sie im Prozess erhoben, hat das Gericht auch über die gegen die Klage erhobene Einrede zu entscheiden, also mit der strittigen Hauptforderung auch die Verrechnungsforderung zu beurteilen 132 I 134/139, 124 III 207/210 E.bb. Der Rich- 2 ter der Klage ist mithin auch der Richter der Einrede 85 II 103/107 E. b Pra 1959 (Nr. 122) 349. Das kantonale Recht konnte einzig bestimmen, wie die Verrechnung prozessual geltend zu machen ist, insbesondere bis zu welchem Stadium des Prozesses die Einrede zugelassen war 63 II 133/139 E. 2. Unvereinbar mit dem Bundesrecht waren demnach Bestimmungen des kantonalen Prozessrechtes, wonach die Verrechnungseinrede nur zulässig sein sollte: wenn Forderung und Gegenforderung aus dem gleichen Rechtsverhältnis stammen; wenn der Betrag der Gegenforderung denjenigen der Hauptforderung nicht übersteigt (sonst Widerklage notwendig); wenn der Gerichtsstand für die Gegenforderung der gleiche ist wie derjenige der Hauptforderungsklage 63 II 133/139 ff. E. 3. War nach dem kantonalen Prozessrecht ein Gericht zur Beurteilung einer Verrechnungseinrede nicht zuständig, so musste diese einer andern Behörde desselben Kantons unterbreitet werden können 85 II 103/110 f. E. 3 Pra 1959 (Nr. 122) 351 f. oder der unzuständige Richter musste zumindest sein Urteil für den Betrag der vom Beklagten verrechnungsweise geltend gemachten Forderung als nicht vollstreckbar erklären 76 II 43/44 f. E. 4 Pra 1950 (Nr. 84) 250 f. Als materiellrechtliche Einrede kann die Verrechnungseinrede nur berücksichtigt werden, wenn die Tatsachenbehauptungen und Beweisanträge, mit denen sie begründet wird, novenrechtlich zulässig sind (ZPO Art. 317 im Berufungsverfahren) 4A_432/2013 (14.1.14) E. 2.2. Wenn aber die Fälligkeit der Verrechnungsforderung vom Willen des Beklagten abhängt und dies erst im Berufungsverfahren herbeigeführt wird (in casu Kündigung eines Darlehens), verstösst dies gegen die Eventualmaxime sowie Treu und Glauben 4A_432/2013 (14.1.14) E. 2.3. Im Verfahren vor Bundesgericht ist die Einrede nicht beachtlich, wenn sie hier zum ersten Mal erhoben wird, weil es sich bei dieser Einrede um die Ausübung eines Gestaltungsrechts handelt, das nicht von Amtes wegen berücksichtigt werden darf 4A_290/2007 (10.12.07) E. 8.3.1 fr. – Abweichende bundesrechtliche Zuständigkeitsvorschriften wie z.B. ZGB Art. 416 (Festsetzung der Entschädigung des Vormundes durch die Vormundschaftsbehörde) gehen vor 85 II 103/110 E.f. Pra 1959 (Nr. 122) 351. – Eine rechtskräftig beurteilte Forderung kann in einem neuen Verfahren zur Verrechnung gebracht werden. Der Grundsatz der abgeurteilten Sache (res judicata) steht dem nicht entgegen 4C.43/2004 (2.6.04) E. 4.3.

3 **Schiedsgerichtsbarkeit.** *Art. 29 des Konkordats über die Schiedsgerichtsbarkeit:* Restriktive Auslegung; keine Aussetzung des Verfahrens, bevor nicht das Schiedsgericht die Verrechnungsvoraussetzungen geprüft hat (der Entscheid ist nur für jenen Betrag auszusetzen, für den Verrechnung geltend gemacht wird, während das Instruktionsverfahren hinsichtlich der Hauptklage weiterzuführen ist) 116 Ia 154/159 ff. E. 4, 5 Pra 1990 (Nr. 185) 653 ff. (vgl. nunmehr ZPO Art. 377 Abs. 1, keine vergleichbare Bestimmung im 12. Kapitel des IPRG).

4 **Verrechnungsvertrag.** Aufgrund der weitgehend dispositiven Natur der Normen des Verrechnungsrechts steht es den Parteien frei, abweichende Abreden zu treffen (beispielsweise Abweichung vom Erfordernis der Gegenseitigkeit, falls alle Beteiligten einverstanden sind). Wird die Voraussetzung der Gleichartigkeit wegbedungen, so liegt eine Tilgung durch Hingabe an Erfüllungs statt vor 126 III 361/367 ff. E. 6 (in casu Verrechnungsvertrag verneint und darlehensähnliches Verhältnis angenommen, was die Anwendung des Verrechnungsverbotes von SchKG Art. 213 Abs. 2 ausschloss).

Anwendung im öffentlichen Recht. Die Verrechnung beruht auf einem allgemeinen Rechtsgrundsatz, der auch im öffentlichen Recht insoweit anwendbar ist, als Sonderbestimmungen ihn nicht ausschliessen 144 IV 212/214 E. 2.1 (in casu Verrechnung der Verfahrenskosten mit Entschädigungsansprüchen), 139 IV 243/245 E. 5.1 (in casu Verrechnung nach StPO Art. 442 Abs. 4 mit Genugtuungsansprüchen verneint), 138 V 235/246 E. 7.1 (Berufliche Vorsorge), 138 V 2/4 E. 4.1 (Familienzulagen/AHV-Beiträge), 132 V 127/135 E. 6.1.1, 107 III 139/142 f. E. 2 (in casu konnte die PTT als Verwaltungsabteilung des Bundes eine gegen sie gerichtete Forderung eines Privaten mit einer Forderung der Eidgenössischen Steuerverwaltung gegen denselben Privaten verrechnen), 107 Ib 376/377 f. E. 2 Pra 1982 (Nr. 249) 634 (in casu konnte der Bund den Rückforderungsanspruch eines Privaten infolge nachträglicher Zollermässigung mit einer durch dessen Konkurs fällig gewordenen Steuerforderung verrechnen), 91 I 292/293 f. E. 2 Pra 1966 (Nr. 41) 149 (in casu Verrechnung des Anspruchs eines disziplinarisch entlassenen Zollbeamten auf Rückerstattung des Guthabens bei der EVK [Beiträge und Einkaufssummen] mit einer Busse für Zollvergehen). Damit ist die einschränkende Rechtsprechung in 85 I 157/159 E. 2 Pra 1959 (Nr. 184) 504 aufgegeben 107 III 139/142 f. E. 2; vgl. auch 111 Ib 150/156 E. d und 111 Ib 150/158 E. 3 (gegen einen kantonalen Entscheid, der eine auf öffentlichem Recht des Bundes beruhende Forderung als durch Verrechnung getilgt erklärt, steht dem [angeblich] Forderungsberechtigten die Verwaltungsgerichtsbeschwerde [nunmehr Beschwerde in öffentlich-rechtlichen Angelegenheiten] offen, unabhängig davon, ob er sein Forderungsrecht unmittelbar aus dem Gesetz oder aus einer Abtretung herleitet). Der Verrechnungsgrundsatz gilt insbesondere auch im Sozialversicherungsrecht 132 V 127/135 E. 6.1.1; dabei ist aber zu beachten, dass in jenen Bestimmungen, in denen die Verrechnung ausdrücklich geregelt ist, das Verrechnungsrecht nur der Verwaltung und nicht auch dem Bürger eingeräumt wird 110 V 183/185 E. 2, vgl. auch 111 V 1/2 f. E. 3, 115 V 342/342 ff. E. 1–4 (AHVG Art. 20 Abs. 2), wo alsdann die Art. 120 ff. entsprechend anzuwenden sind 128 V 224/228 E. b fr.,128 V 50/53 E. 4a fr. Dies gilt auch für jene Bereiche, in denen (anders als in der beruflichen Vorsorge, dazu 132 V 127/135 E. 6.1.1) die Verrechnung nicht ausdrücklich vorgesehen ist 128 V 224/228 E. b fr. Unzulässig ist die Verrechnung einer vom Arbeitgeber an die Vorsorgeeinrichtung abgetretenen Forderung mit einer in gebundener Form zu erbringenden Freizügigkeitsleistung (Ausnahme von diesem Grundsatz in BVG Art. 39 Abs. 2) 118 V 229/238 E. 7, vgl. ferner 125 V 317/324 E. 5c (UVG Art. 50; in casu Verneinung der Verrechnungsbefugnis in Anwendung von SchKG Art. 213 Abs. 2 Ziff. 2). 5

I. Voraussetzung 1. Im Allgemeinen

Art. 120

[1] Wenn zwei Personen einander Geldsummen oder andere Leistungen, die ihrem Gegenstande nach gleichartig sind, schulden, so kann jede ihre Schuld, insofern beide Forderungen fällig sind, mit ihrer Forderung verrechnen.

[2] Der Schuldner kann die Verrechnung geltend machen, auch wenn seine Gegenforderung bestritten wird.

[3] Eine verjährte Forderung kann zur Verrechnung gebracht werden, wenn sie zurzeit, wo sie mit der andern Forderung verrechnet werden konnte, noch nicht verjährt war.

▪ Allgemeines (1) ▪ Zivilprozess (2) ▪ Schuldbetreibung und Konkurs (3) ▪ Weiteres (7) ▪ Abs. 1 Forderung (8) ▪ Gegenseitigkeit (9) ▪ Gleichartigkeit (10) ▪ Fälligkeit (11) ▪ Beispiele (12) ▪ Abs. 2 (13) ▪ Abs. 3 Kauf (14) ▪ Werkvertrag (15) ▪ Frachtvertrag (16)

1 **Allgemeines.** Bei der Verrechnung ist nicht erforderlich, dass beide Forderungen auf dem gleichen Sachverhalt beruhen 91 II 213/216. Auch Forderungen, die auf dem Betreibungsweg nicht einbringlich wären (z.B. infolge Zahlungsunfähigkeit des Schuldners), können verrechnet werden 76 III 13/15 f. E. 2. In der Herstellung und Ausnützung einer Verrechnungslage liegt kein offenbarer Rechtsmissbrauch; anders kann es sich unter Umständen verhalten, wenn der Gläubiger oder der Schuldner besondere Umstände nachweist, die sein Interesse an einer Realleistung (durch Barzahlung) bzw. an einer Verrechnung als schützenswert erscheinen lassen 4C.96/2002 (1.7.02) E. 1 Pra 2003 (Nr. 29) 149. Verrechnung ist indes nur so lange möglich, als nicht eine der beiden Forderungen auf andere Weise untergegangen ist 43 II 72/75 f. E. 1. Bestehen mehrere Verrechnungs- oder Hauptforderungen, kann der Verrechnende in der Verrechnungserklärung seine Wahl frei treffen 4A_70/2018 (20.8.18) E. 5.

2 **Zivilprozess.** Die Rechtshängigkeit eines Anspruchs steht der Geltendmachung des gleichen Anspruchs durch Verrechnungseinrede in einem anderen Verfahren nicht entgegen 142 III 626/627 E. 8.4

3 **Schuldbetreibung und Konkurs.** Die Pfändung einer Forderung schliesst die Möglichkeit der Verrechnung mit einer Gegenforderung des Drittschuldners nicht aus (der Anwalt ist zur Verrechnung mit einem Geldvorschuss auch dann berechtigt, wenn seine Honorarforderung erst nach einer Pfändung des Anspruches seines Auftraggebers auf Rückerstattung des Vorschusses entsteht) 100 IV 227/228 f. E. 1. Wird eine Forderung des Betriebenen gepfändet, so kann deren Schuldner diese mit einer Gegenforderung verrechnen; dies selbst wenn die gepfändete Forderung versteigert, dem Betreibenden an Zahlungs statt zugewiesen oder dieser zu ihrer Eintreibung ermächtigt worden ist 95 II 235/238 ff. E. 3, 4. – Rechtsöffnung für richterlich festgelegte Unterhaltsbeiträge gemäss aZGB Art. 145/ Einwendung des Betriebenen, er hätte mehr geleistet als richterlich festgelegt wurde (in casu Rechtsöffnung geschützt, da nur die Zahlung urkundlich nachgewiesen war, nicht aber eine verrechenbare Gegenforderung). Die Verrechnung familienrechtlicher Unterhaltsansprüche setzt eine Berechnung der konkreten unverrechenbaren Quote voraus (vgl. Art. 125 Ziff. 2). Werden mehreren Personen Unterhaltsbeiträge geschuldet, so muss urkundlich überdies feststehen, für wen die zur Verrechnung gestellten seinerzeitigen Mehrbeträge bestimmt waren 115 III 97/100 ff. E. a–d. Im Rechtsöffnungsverfahren kann der betriebenen Forderung keine umstrittene Verrechnungsforderung entgegengehalten werden, selbst wenn diese auf einer Schuldanerkennung beruht 136 III 624/626 E. 4.2.3 Pra 2011 (Nr. 54) 374. – Der allein betreibende Gläubiger hat den Steigerungspreis in der Zwangsvollstreckung nur insoweit zu bezahlen, als dieser seine Forderung übersteigt (das gilt auch dann, wenn die Steigerung nicht von jenem Amt durchgeführt wird, bei dem die Betreibung anhängig ist, sondern auf dessen Ersuchen von einem andern Amt) 79 III 20/24 E. 1; vgl. aber für den Fall mehrerer betreibender Gläubiger 111 III 56/60 f. E. 2 fr.

4 Der Gläubiger kann seine Konkursforderung mit einer bedingten Forderung des Gemeinschuldners verrechnen, wenn die Bedingung im Laufe des Konkurses eintritt 105 III

4/9. – Nicht möglich ist die Verrechnung einer blossen Anwartschaft (in casu Kaufsrecht) des Gemeinschuldners mit einer Konkursforderung des Gläubigers 105 III 4/9.

Wird ein Kontokorrentguthaben arrestiert, so sind bei der Berechnung des Saldos auch solche Posten zu berücksichtigen, die im Zeitpunkt des Arrestes noch nicht gebucht waren, sofern der Rechtsgrund für die entsprechenden Buchungen schon damals bestand (in casu versehentlich nicht rechtzeitig verbuchte Gegenforderung) 100 III 79/84 f. E. 4. – Erhebt bei der Pfändung ein Drittschuldner die Verrechnungseinrede, so ist kein Widerspruchsverfahren durchzuführen, sondern die Forderung gegen den Drittschuldner als bestrittene zu pfänden 120 III 18/20 E. 4. 5

Siehe auch unter Art. 123 Abs. 2. 6

Weiteres. Spezialbestimmungen gehen vor (in casu SchKG Art. 213 Abs. 3) 49 II 380/396 E. 7. – Die Versäumung der aufgrund der Provokation angesetzten Klagefrist hat nicht die Verwirkung des Rechts zur Verrechnung des Anspruches in einem anderen Kanton zur Folge 47 I 303/310 f. E. 3. – Analoge Anwendung von Art. 87 bei mehreren zur Verrechnung geeigneten Forderungen 58 III 21/24 f. 7

Abs. 1 **Forderung.** Sieht der Vertrag die periodische Leistung eines Mietzinses vor, so stellt sich der Anspruch des Vermieters auf dieses Entgelt nicht als eine im Moment des Vertragsschlusses für die ganze vereinbarte Mietdauer begründete Forderung dar, die bloss hinsichtlich ihrer Fälligkeit in einzelne Raten zerfallen würde, sondern die Mietzinsforderung entsteht mit dem Ablauf oder Beginn einer jeden Zahlungsperiode von Neuem 115 III 65/67 E. b (in casu Konkurs des Vermieters; Verrechnung ausgeschlossen für den Zeitraum nach Konkurseröffnung). 8

Gegenseitigkeit liegt vor, wenn die Gläubiger- und die Schuldnerstellungen zweier Obligationen sich derart auf zwei Personen verteilen, dass jede der beiden gleichzeitig Gläubiger der einen und Schuldner der andern ist 134 III 643/652 E. 5.5.1 Pra 2009 (Nr. 55) 369, 132 III 342/350 E. 4.3. Gegenseitigkeit ist gegeben, wenn Gläubiger und Schuldner der zu verrechnenden Forderungen die gleichen Personen sind 4C.262/2000 (15.12.00) E. 2c, 4C.85/2003 (25.8.03) E. 8.2 fr. (keine Verrechnung ex jure tertii), was z.B. der Fall ist bei Forderungen verschiedener Filialen zweier Banken 63 II 383/387 f. E. 3; zwischen dem Verkäufer und dem Vorkaufsberechtigten, der von seinem Vorkaufsrecht Gebrauch macht 4C.194/2003 (6.11.03) E. 4.1 fr.; zwischen einer der konkursiten Gesellschaft zustehenden Forderung aus aktienrechtlicher Verantwortlichkeit und der kollozierten Forderung des beklagten Organs, auch bei Prozessstandschaft 132 III 342/350 E. 4.3. Nach Gesetz setzt Verrechnung die Gegenseitigkeit der zu verrechnenden Gegenforderung voraus; indes können die Parteien «Verrechnung» auch bei fehlender Identität vereinbaren, wobei dann aber nicht Verrechnung im eigentlichen Sinn, sondern im Drei- oder Mehrecksverhältnis koordinierte Tilgung durch Vereinbarung vorliegt 4C.374/2001 (6.9.02) E. 2.2. – Gegenseitigkeit ist *nicht* gegeben bei einer Darlehensforderung gegen den Gesellschafter einer einfachen Gesellschaft und dem den Gesellschaftern zur gesamten Hand gegen den Darleiher zustehenden Schadenersatzanspruch 4C.214/2000 (27.10.00) E. 4a und bei einer Forderung einer Kollektivgesellschaft gegen einen Schuldner und dessen Forderung gegen einen Gesellschafter (Art. 573 Abs. 1) 134 III 643/652 E. 5.5.1 Pra 2009 (Nr. 55) 369. Kollektiv-Krankentaggeldversicherung: Die Versicherten haben einen 9 direkten Anspruch; aus diesem Grund kann sich die Kasse von ihrer Leistungspflicht nicht dadurch befreien, dass sie die Taggelder unter Verrechnung mit ausstehenden Beiträgen dem Arbeitgeber ausrichtet (mangelnde Gegenseitigkeit der Forderungen) 122 V 81/84 f. E. 3a fr. – Gegenseitigkeit gegeben, wenn die vom Schuldner erklärte Verrechnung im Prozess von seinem Einzelrechtsnachfolger geltend gemacht wird 4A_601/2013 (31.3.14) E. 3.2 fr.

10 **Gleichartigkeit.** Dieses Erfordernis verlangt, dass sich die Forderungen auf inhaltlich gleichartige Leistungen richten 132 V 127/144 E. 6.4.3.3. Sie liegt vor z.B. bei Forderungen in verschiedenen Währungen, falls keine Effektivklausel vereinbart wurde 63 II 383/391 ff. E. 5, 4C.96/2002 (1.7.02) E. 2 und ein Umrechnungskurs zwischen den jeweiligen Währungen existiert 130 III 312/318 E. 6.2. – Die Gegenforderung muss ziffernmässig bestimmbar sein 44 II 279/279. – Keine Gleichartigkeit der Leistungen bei einer Forderung auf Rückgabe von Wertschriften und einem Schadenersatzanspruch 91 III 104/108 E. 5 Pra 1966 (Nr. 59) 215. – Wird die Voraussetzung der Gleichartigkeit vertraglich wegbedungen, so liegt eine Tilgung durch Hingabe an Erfüllungs statt vor 126 III 361/368 E.b.

11 **Fälligkeit.** Die Verrechnungsforderung muss fällig sein, während hinsichtlich der Hauptforderung sachlicher Bestand und Erfüllbarkeit ausreichen 4C.164/2003 (14.11.03) E. 2.1, 132 V 127/143 E. 6.4.3.1; anders 107 III 139/144, 4A_353/2007 (14.3.08) E. 2.3, wonach beide einander gegenüberstehenden Forderungen im Zeitpunkt der Verrechnungserklärung fällig sein müssen.

12 **Beispiele.** Verrechnung von Vermächtnis und Darlehensschuld 69 II 373/377 ff. E. 1; Verrechnung einer Werklohnforderung mit einer Gegenforderung aus Art. 101 89 II 232/238 E. 5; Verrechnung der Forderung einer Einmann-AG (oder ihres Zessionars) mit einer Forderung des Schuldners gegen den einzigen Aktionär (in casu abgelehnt) 85 II 111/113 ff. E. 2, 3; Verrechnung der Aktienliberierungsschuld mit einer Kaufpreisforderung gegen die Gesellschaft 58 II 151/155 f. E. 5; Verrechnung von Verbindlichkeiten gegenüber dem Nachlassschuldner mit Gegenforderungen 41 III 140/149 f. E. 5 (analoge Anwendung von SchKG Art. 213 und 214); Verrechnung von Verantwortlichkeitsansprüchen einer Personalfürsorgestiftung gegen ein Mitglied des Stiftungsrates mit dessen Ansprüchen als Destinatär 106 II 155/156 f. E. 6. – Keine Verrechnung, wo die Verrechnungsforderung (in casu Anspruch auf Ersatz mittelbaren Schadens) zwar nach nationalem Recht Bestand hat, nach CMR aber ausgeschlossen ist 127 III 365/370 E.b.

13 ***Abs. 2*** Der Bestand der in Verrechnung gebrachten Forderung muss nicht ausgewiesen, sondern kann auch umstritten sein; die Verrechnungswirkung tritt allerdings nur ein, wenn der Bestand der Verrechnungsforderung bewiesen ist 136 III 624/626 E. 4.2.3 Pra 2011 (Nr. 54) 374, 4A_23/2011 (23.3.11) E. 3.3 fr. Bei bestrittener Verrechnungsforderung obliegt es dem Gericht, über die Begründetheit der Haupt- und Verrechnungsforderung zu entscheiden 4A_601/2013 (31.3.14) E. 3.3 fr.

14 ***Abs. 3*** **Kauf.** Verjährte Schadenersatzansprüche aus Sachmängeln (Art. 210) können, wenn die Sachmängel innerhalb eines Jahres nach Ablieferung gehörig gerügt wurden,

nicht nur mit der Forderung des Verkäufers aus dem gleichen Kauf, sondern auch mit sonstigen Forderungen des Verkäufers verrechnet werden, falls sie noch nicht verjährt waren, als die Gegenforderungen fällig wurden (keine einschränkende Auslegung von Art. 210 Abs. 2 [jetzt: Abs. 5]: die Bestimmung setzt nicht voraus, dass die beiden Forderungen auf dem gleichen Sachverhalt beruhen) 91 II 213/216 f.

Werkvertrag. Hat der Besteller rechtzeitig Mängelrüge erhoben, so bleiben ihm jene Einreden erhalten, die den verjährten Gewährleistungsansprüchen entsprechen (Minderung, kostenlose Verbesserung und bei Verschulden Schadenersatz, Art. 368 Abs. 2). Er kann auch dann den Ersatzanspruch aus Drittverbesserung mit dem Werklohn noch verrechnen, wenn er bis zum Ablauf der Verjährung der Gewährleistungsansprüche (erfolglos) nur die kostenlose Verbesserung des Werkes verlangt hat 107 II 50/54 f. E.b. 15

Frachtvertrag. Siehe auch unter Art. 454 Abs. 2. 16

2. Bei Bürgschaft

Art. 121

Der Bürge kann die Befriedigung des Gläubigers verweigern, soweit dem Hauptschuldner das Recht der Verrechnung zusteht.

Die Bestimmung schützt den Bürgen, wenn der Hauptschuldner die Verrechnung erklären könnte, es aber nicht tut. Da der Bürge selber nicht die Verwirkung erklären kann, vermittelt Art. 121 ihm eine aufschiebende Einrede gegen die Durchsetzung der Bürgschaftsschuld 138 III 453/455 E. 2.2.1. Verzichtet der Hauptschuldner nach Abschluss des Bürgschaftsvertrags und ohne Zustimmung des Bürgen auf die Verrechnung, hat der Bürge ein Leistungsverweigerungsrecht analog zu Art. 502 Abs. 2, ist er aber die Bürgschaft im Wissen darum eingegangen, dass auf die Verrechnung verzichtet wurde, steht ihm kein Leistungsverweigerungsrecht mehr zu 138 III 453/457 E. 2.2.2 (noch offengelassen in 126 III 25/28 E. b Pra 2000 [Nr. 101] 598 f.). 1

3. Bei Verträgen zugunsten Dritter

Art. 122

Wer sich zugunsten eines Dritten verpflichtet hat, kann diese Schuld nicht mit Forderungen, die ihm gegen den andern zustehen, verrechnen.

Für eine Verrechnung fehlt die erforderliche Gegenseitigkeit 122 V 81/85 E. 3a fr. Anwendungsfall 112 II 38/39 f. E. 3 (in casu Schuld einer Personalfürsorgestiftung gegenüber einem begünstigten Dritten; keine Verrechnung möglich mit Forderungen gegen den Promissar), ferner 115 II 246/248 f. E. 1, 113 II 522/526 E. a Pra 1988 (Nr. 231) 864. Kein Vertrag zugunsten eines Dritten zwischen Vorsorgeeinrichtung und Destinatär und damit Verrechenbarkeit nicht ausgeschlossen, wenn die Austrittsleistung auf eine neue Vorsorgeeinrichtung zu übertragen ist; denn begünstigt ist nicht die neue Einrichtung, sondern 1 vielmehr der Destinatär, der auch weiterhin Anspruch auf die zu übertragenden Geldmittel hat 132 V 127/144 E. 6.4.3.3.

4. Im Konkurse des Schuldners

Art. 123

[1] Im Konkurse des Schuldners können die Gläubiger ihre Forderungen, auch wenn sie nicht fällig sind, mit Forderungen, die dem Gemeinschuldner ihnen gegenüber zustehen, verrechnen.

[2] Die Ausschliessung oder Anfechtung der Verrechnung im Konkurse des Schuldners steht unter den Vorschriften des Schuldbetreibungs- und Konkursrechts.

1 Siehe auch unter Art. 120/Schuldbetreibung und Konkurs.

2 ***Abs. 1*** Der Gläubiger, der mit seiner Forderung gegenüber der Konkursitin rechtskräftig kolloziert worden ist, kann gegenüber gleichartigen Gegenforderungen der Konkursitin die Verrechnung erklären. Dies setzt voraus, dass die Voraussetzungen der Verrechnung im Zeitpunkt der Erklärung gegeben sein müssen, wobei das Erfordernis der Gegenseitigkeit zusätzlich bereits im Zeitpunkt der Konkurseröffnung bestanden haben muss 132 III 342/350. Zudem unterliegt die Verrechnung den in SchKG Art. 213/214 vorgesehenen Einschränkungen 106 III 114/117 E. 2 Pra 1981 (Nr. 116) 300; vgl. Abs. 2. Nach Lehre und Rechtsprechung setzt die Verrechnung im Konkurs auch nicht voraus, dass die dem Gemeinschuldner zustehende Forderung fällig sei 107 III 25/27 E. 3b Pra 1981 (Nr. 224) 600. – Im Fall einer Verrechnung seitens eines Gläubigers des Gemeinschuldners hat die Konkursverwaltung die Behandlung der Verrechnung im Kollokationsverfahren abzuwarten (kein Recht der Konkursverwaltung zur Anordnung, den streitigen Betrag der Konkursmasse zu überweisen) 120 III 28/30 f. E. 1 Pra 1994 (Nr. 143) 468 f.

3 ***Abs. 2*** Nach Lehre und Rechtsprechung verbietet SchKG Art. 213 Abs. 2 die Verrechnung nicht schon allein deswegen, weil eine der Forderungen einer Befristung oder Bedingung unterliegt; die Verrechnung ist vielmehr nur dann ausgeschlossen, wenn der Rechtsgrund der Forderung auf Tatsachen beruht, die *nach* der Konkurseröffnung eingetreten sind 107 III 25/28 E. c Pra 1981 (Nr. 224) 600 f., 107 III 139/143 f. E. 3. Konkurs des Vermieters: Vorausverfügungen des Vermieters, mit denen dieser über künftige Mietzinsforderungen verfügt, können lediglich bis und mit dem im Zeitpunkt der Konkurseröffnung laufenden Mietzins rechtswirksam sein (weitergehend fehlt die Verfügungsmacht) 115 III 65/67 E. b (in casu war entgegen einer entsprechenden Vereinbarung die Verrechnung mit Mietzinsforderungen betreffend den Zeitraum *nach* Konkurseröffnung ausgeschlossen). – Forderungen der Konkursmasse können nicht mit den Unterhaltsforderungen verrechnet werden, die – wie in casu – trotz der Konkurseröffnung weiterhin vom Gemeinschuldner geschuldet werden (in casu Ausschluss der Verrechnung von Unterhaltsforderungen gegen den Gemeinschuldner mit Forderungen der Konkursmasse auf Bezahlung des Mietzinses) 117 III 63/66 E.b. – SchKG Art. 213 Abs. 2 Ziff. 1 schliesst die Verrechnung einer nach Konkurseröffnung fälligen, aber vorher begründeten Forderung nicht aus 106 III 114/117 E. 3 Pra 1981 (Nr. 116) 300, vgl. auch 107 III 25/27 f. E. c Pra 1981 (Nr. 224)

600 f. Das Verrechnungsrecht im Konkurs fällt in erster Linie als Recht des Konkursgläubigers in Betracht. Die Masse hingegen ist in der Regel nur daran interessiert, allfällige die Verrechnung ausschliessende Gründe geltend zu machen. Unter besonderen Umständen kann jedoch auch sie ein Interesse an der Verrechnung haben: etwa dann, wenn zwar liquide Gegenforderungen bestehen, die aber nicht als besser einbringlich erscheinen als die infrage stehenden Konkursforderungen 71 III 184/185 f. E. 2. – Im Konkurs einer AG kann die Masse nicht erhältliche Aktienbeträge mit einer dem Aktionär zustehenden Konkursdividende verrechnen, auch wenn der Aktionär seine Forderung während des Konkurses einem Dritten (in casu Ehefrau) abgetreten hat 76 III 13/15 ff. E. 2, 3. Dagegen kann ein Konkursgläubiger, dessen Forderung durch Zwangsvollstreckung auf einen Dritten übergegangen ist, nicht die Verrechnung der auf seine alte Forderung entfallenden Konkursdividende mit einer ihm gegenüber der Masse obliegenden Verbindlichkeit verlangen 84 III 137/138 f. fr. – SchKG Art. 213 Abs. 2 verbietet nur einem Konkursgläubiger, nicht aber den Organen des Konkursverfahrens die Verrechnung rückständiger Aktienbeträge 53 III 204/210 ff. E. 5. – Die von der Konkursverwaltung nicht anerkannte Verrechnungserklärung eines Konkursgläubigers, mit der er eine der Masse gegen ihn zustehende Gegenforderung tilgen will, steht einer Abtretung dieser Gegenforderung an andere Konkursgläubiger gemäss SchKG Art. 260 nicht entgegen 103 III 8/11 f. E. 3. – Analoge Anwendung von SchKG Art. 213 und 214 auf den gerichtlich bestätigten Nachlassvertrag mit Vermögensabtretung 41 III 140/149 E. 5. – SchKG Art. 214 setzt keine Täuschungsabsicht voraus (Präzisierung der Rechtsprechung) 122 III 133/134 ff. E. 4. – SchKG Art. 213 Abs. 2 Ziff. 2 gilt auch im Bereich von aUVG Art. 50 Abs. 3 125 V 317/324 E. 5c.

II. Wirkung der Verrechnung

Art. 124

[1] Eine Verrechnung tritt nur insofern ein, als der Schuldner dem Gläubiger zu erkennen gibt, dass er von seinem Rechte der Verrechnung Gebrauch machen wolle.

[2] Ist dies geschehen, so wird angenommen, Forderung und Gegenforderung seien, soweit sie sich ausgleichen, schon im Zeitpunkte getilgt worden, in dem sie zur Verrechnung geeignet einander gegenüberstanden.

[3] Vorbehalten bleiben die besonderen Übungen des kaufmännischen Kontokorrentverkehres.

Abs. 1 Die Verrechnungswirkung tritt nicht von Gesetzes oder von Amtes wegen ein, 1
sondern bedarf einer Verrechnungserklärung 118 II 382/391 Pra 1993 (Nr. 90) 361, also der Ausübung eines Gestaltungsrechts 4A_601/2013 (31.3.14) E. 3.3 fr., 4C.25/2005 (15.8.05) E. 4.1, 4C.124/2005 (26.7.05) E. 2.2 fr., 4C.191/2001 (15.1.02) E. 4a, womit die Rechtslage durch Tilgung einer eigenen und fremden Schuld unmittelbar (ohne dass noch ein irgendwie gewarteter Vollzug nötig wäre) verändert wird 4A_285/2011 (1.9.11) E. 3.2. Die Verrechnungserklärung unterliegt keiner Form und kann (wie jede formlose Willenserklärung) auch konkludent erfolgen 4A_601/2013 (31.3.14) E. 3.3 fr., 4A_23/2011 (23.3.11) E. 3.2 fr., ist aber bedingungsfeindlich, damit der Verrechnungsgegner mit Bestimmtheit weiss, ob und wann die Verrechnungswirkung eintritt 4C.90/2005 (22.6.05)

E. 4. Zudem muss aus der Erklärung oder den Umständen hervorgehen, welches die zu tilgende Hauptforderung und welches die Verrechnungsforderung ist 4A_601/2013 (31.3.14) E. 3.3 fr.; besteht diesbezüglich Unklarheit, ist die Verrechnungserklärung unvollständig und daher wirkungslos 4C.25/2005 (15.8.05) E. 4.1. Die Auslegung der Verrechnungserklärung erfolgt nach dem Sinn, welcher der Empfänger ihr vernünftigerweise beimessen durfte 4A_601/2013 (31.3.14) E. 3.3 fr. Die Verrechnungserklärung ist ein empfangsbedürftiger Akt 107 Ib 107/110 E. 8a it. Sie ist gegenüber dem Gläubiger abzugeben (ungenügend die Erklärung gegenüber dem Richter) 35 I 487/488 E. 1. In der Erhebung einer Widerklage kann eine Verrechnungserklärung liegen 59 II 382/383 f., vgl. 4A_285/2011 (1.9.11) E. 3.2. Die Verrechnung kann jederzeit erklärt werden, auch noch im hängigen Prozess um die Forderung 95 II 235/241 E. 6, 4C.90/2005 (22.6.05) E. 4, wobei aber das vor Bundesgericht geltende umfassende Novenverbot das erstmalige Abgeben einer Verrechnungserklärung ausschliesst 4C.191/2001 (15.1.02) E. 4a, 4A_290/2007 (10.12.07) E. 8.3.1 fr. (zur Unterscheidung zwischen Verrechnungserklärung und Verrechnungseinwendung). Die Parteien können das Erfordernis der Verrechnungserklärung ausschliessen und vereinbaren, dass ihre gegenseitigen Forderungen (oder einzelne davon) automatisch und ohne Verrechnungserklärung verrechnet werden (in casu verneint, weil in der Abrede eine spätere Verrechnungsvereinbarung vorbehalten wurde) 4A_23/2011 (23.3.11) E. 3.1 fr. – Die Beweislast für die Abgabe einer genügenden Verrechnungserklärung liegt bei dem, der sich auf die Verrechnung beruft 4C.25/2005 (15.8.05) E. 4.1. – Keine Verrechnungserklärung, wenn die Geltendmachung einer Forderung in einem späteren Zeitpunkt bzw. Prozess vorbehalten wird 4C.90/2005 (22.6.05) E. 4.

2 ***Abs. 2*** Durch die Verrechnung erlöschen die betreffenden Forderungen endgültig. Sie kann nicht einseitig widerrufen werden 107 Ib 98/111 E. d it., 4C.90/2005 (22.6.05) E. 4. Ist der Gläubiger wegen des eingetretenen Schuldnerverzuges vom Vertrag zurückgetreten, so wird dieser Rücktritt durch die Verrechnung nicht rückgängig gemacht 119 II 241/248 E. bb fr. (in casu Mietvertrag). Um die Verzugsfolgen abzuwenden, hat die Verrechnungserklärung vor Ablauf der Zahlungsfrist zu erfolgen; zudem muss für den Vermieter erkennbar sein, welche Forderungen durch Verrechnung getilgt werden sollen 4A_32/2007 (16.5.07) E. 4.5. Da die Verrechnungswirkung der Tilgung rückwirkend auf den Zeitpunkt gemäss Art. 124 Abs. 2 eintritt, entfallen seit diesem Zeitpunkt bereits eingetretene Verzugsfolgen (in casu Verzugszinsen) nachträglich 4A_285/2011 (1.9.11) E. 3.1.

III. Fälle der Ausschliessung

Art. 125

Wider den Willen des Gläubigers können durch Verrechnung nicht getilgt werden:

1. **Verpflichtungen zur Rückgabe oder zum Ersatze hinterlegter, widerrechtlich entzogener oder böswillig vorenthaltener Sachen;**
2. **Verpflichtungen, deren besondere Natur die tatsächliche Erfüllung an den Gläubiger verlangt, wie Unterhaltsansprüche und Lohnguthaben, die zum Unterhalt des Gläubigers und seiner Familie unbedingt erforderlich sind;**
3. **Verpflichtungen gegen das Gemeinwesen aus öffentlichem Rechte.**

Ziff. 1 **Hinterlegung.** Anwendbar auch auf das depositum irregulare im Sinne von Art. 481 100 II 153/155 E. a (in casu Sparhefteinlage), 45 III 236/249. 1

Widerrechtliche Entziehung. Sie liegt z.B. vor, wenn der Verkäufer sich aufgrund eines gegen das Selbstkontrahierungsverbot verstossenden Kaufvertrages die Kaufsache selber übergibt 39 II 561/573 E. 6. Der Mandatar, der sich einer Sache rechtswidrig entäussert hat, kann die Ersatzforderung gegen ihn nicht mit einer Gegenforderung verrechnen 51 II 446/448 f. E. 2 fr. 2

Böswillige Vorenthaltung. Allein das Wissen um den fehlenden Rechtsgrund für den Besitz ist noch nicht notwendigerweise böswillig im Sinne der Bestimmung 111 II 447/450 ff. E. 3, 4 fr. (Präzisierung der Rechtsprechung; in casu konnte eine Bank nach Beendigung des Kontoverhältnisses von einem Dritten zugunsten des ehemaligen Kontoinhabers einbezahlte Gelder mit ihren Forderungen gegen den ehemaligen Kontoinhaber aus der Zeit des Kontoverhältnisses verrechnen). 3

Weiteres. Widerrechtliche Entziehung und böswillige Vorenthaltung sind zwei gesetzliche Beispiele eines Verrechnungsausschlusses aufgrund von Treu und Glauben 4C.195/2006 (12.10.07) E. 3. Anwendung auch im öffentlichen Recht 72 I 372/380 f. E. 4 fr. (in casu Pflicht des Bundes, beschlagnahmte Werte nach Aufhebung der Beschlagnahme zurückzuerstatten), vgl. auch 85 I 157/159 f. E. 3 Pra 1959 (Nr. 184) 504 f. 4

Ziff. 2 Die Aufzählung ist nicht abschliessend (in casu bar auszubezahlende Freizügigkeitsleistung) 126 V 314/316 E.aa. Unter die Bestimmung fallen der Versorgerschaden und die Auslagen für Heilungskosten, nicht aber ein Genugtuungsanspruch; die durch die Bestimmung Begünstigten haben darzutun, dass die Ansprüche für sie unbedingt erforderlich sind 88 II 299/311 ff. E. b Pra 1963 (Nr. 4) 15 f. – Offengelassen, welche Bedeutung dem Unterschied zwischen dem deutschen und dem französischen bzw. italienischen Text beizumessen ist; die vom Gesetz gegebenen Beispiele beruhen auf der sozialpolitischen Überlegung, dass der wirtschaftlich schwache Gläubiger die Leistungen, die er nötig hat, tatsächlich erhält 88 II 299/312 E. b Pra 1963 (Nr. 4) 15. – Die Bestimmung ist auch im Bereich der Krankenversicherung zu beachten: Die von einer Krankenkasse vorgenommene Verrechnung zwischen fälligen Leistungen und rückständigen Beiträgen darf die Existenzgrundlage des Versicherten nicht gefährden 108 V 45/47 E. 2 Pra 1983 (Nr. 42) 109, vgl. ferner 122 V 81/85 E. 3b fr., 128 V 50/53 E. 4a fr. 5

Zum Verrechnungsausschluss bei Lohnguthaben siehe unter Art. 323b Abs. 2; bei Ansprüchen gegen eine Personalfürsorgestiftung unter Art. 331c. 6

Rechtsöffnung. Die Verrechnung familienrechtlicher Unterhaltsansprüche setzt eine Berechnung der konkreten unverrechenbaren Quote voraus 115 III 97/102 E. d (siehe auch unter Art. 120/Schuldbetreibung und Konkurs). 7

Ziff. 3 E contrario gilt, dass das Gemeinwesen berechtigt ist, die Verrechnung anzurufen 91 I 292/294 f. Pra 1966 (Nr. 41) 149 f. (in casu konnte die Eidgenossenschaft die Forderung eines entlassenen Zollbeamten auf Rückerstattung von Beiträgen an die eidgenössische Versicherungskasse mit der ihr gegen ihn zustehenden Forderung auf Zahlung einer Busse wegen Zollvergehens verrechnen); Verrechnung eines Beamtengehaltes mit einer 8 privatrechtlichen Gegenforderung 72 I 372/379 f. E. 3 fr.; für einen weiteren Anwendungsfall 106 Ib 93/108 E.b. Aber eingeschränktes Verrechnungsrecht der Vorsorgeeinrichtung aus Gründen der Erhaltung des Vorsorgeschutzes 132 V 127/135 E. 6.1.2 (in casu Schadenersatzforderung und Forderung auf Übertragung der Vorsorgemittel an eine neue Vorsorgeeinrichtung). – Krankenkassen im Besonderen (siehe auch Ziff. 2): Die anerkannten, öffentlich-rechtlich oder privatrechtlich organisierten Krankenkassen sind berechtigt, geschuldete Versicherungsleistungen mit ausstehenden Beitragsforderungen zu verrechnen; ein entsprechendes Verrechnungsrecht steht dem Versicherten nicht zu (Änderung der Rechtsprechung) 110 V 183/185 ff. E. 2, 3. – Keine Anwendung der Bestimmung bezüglich Rückgriffsrechte einer Bank im Sinne von VStG Art. 46 Abs. 1 vor ihrer Konkurseröffnung 107 Ib 98/103 ff. E. 3a, 7a it.

IV. Verzicht

Art. 126

Auf die Verrechnung kann der Schuldner zum voraus Verzicht leisten.

1 Nicht die Verrechnungsmöglichkeit, sondern deren Ausschluss muss vereinbart werden 117 II 30/33 E. b, was zwei übereinstimmende gegenseitige Willensäusserungen bedingt, die ausdrücklich oder stillschweigend erfolgen können 4C.60/2000 (11.1.01) E. 4a/aa, 87 II 24/26 E. 2. Ein konkludenter Verzicht kann sich auch daraus ergeben, dass der Schuldner weiss, dass der Gläubiger dessen Leistung für einen Zweck verwenden will, der eine tatsächliche Erfüllung verlangt 130 III 312/318 (Treuhandanlagen im Interbankengeschäft). Die Verzichtsvereinbarung kann auch zum Voraus getroffen werden; der Verzicht setzt das Bestehen einer Forderung nicht voraus 4C.60/2000 (11.1.01) E. 6b. Indes darf ein Verzicht nicht leichthin angenommen werden, da er nicht dem natürlichen Lauf der Dinge entspricht 83 II 395/398 E. 1.

2 Zum *Nachweis des Verzichtswillens* genügt es im Allgemeinen nicht, dass jemand, dem eine Gegenforderung zusteht, der andern Partei bestimmte Zahlungen zusichert; dies selbst dann nicht, wenn Forderung und Gegenforderung dem gleichen Grundgeschäft entspringen 72 II 25/28 E. 2. Weiss der Schuldner nicht, dass er eine Gegenforderung hat oder vor der Tilgung seiner Schuld erlangen könnte, so ist ihm ein Zahlungsversprechen nur dann als Verzicht anzurechnen, wenn der Gläubiger nach Treu und Glauben den Umständen entnehmen darf und tatsächlich entnimmt, dass der Schuldner auf die Verrechnung verzichten will (in casu Verzicht bejaht, da dem Schuldner ersichtlich war, dass der Gläubiger bares Geld haben musste und wollte) 87 II 24/26 f. E. 2, 83 II 297/297 f. E. 1. Ob ein *in Kenntnis* einer bestehenden Gegenforderung abgegebenes Zahlungsversprechen als stillschweigender Verzicht zu werten ist, muss von Fall zu Fall unter Anwendung der allgemeinen Auslegungsregeln geprüft werden 83 II 26/26 f. – Der Umstand, dass die Erhebung der Verrechnungseinrede nach Treu und Glauben ausgeschlossen ist (in casu durch eine Vereinbarung von terminierten Abzahlungen aus dem gleichen Grundgeschäft ohne jeden Vorbehalt), steht in den Wirkungen einem Verzicht gleich 72 II 25/29.

3 Barzahlungsversprechen («paiement comptant net») als Verrechnungsverzicht, wenn der Schuldner erkennt, dass er sich bei Tilgung durch Verrechnung gegenüber seinen Mit-

gläubigern rechtsmissbräuchlich verhalten würde 57 II 465/468 f. E. 3 fr. Verzicht auf die Verrechnung durch gegenseitige Barzahlung (dadurch Tilgung der Forderung) 43 II 72/76 E. 1. Zahlung «gegen Kassa» als Verzicht auf die Verrechnung insbesondere dann, wenn dem Gläubiger an der Tilgung seiner Forderung durch Aufrechnung nichts gelegen sein kann 42 II 49/53 ff. E. 3. – Art. 169 Abs. 1 ist dispositiver Natur, sodass der Schuldner sowohl gegenüber dem Zedenten als auch gegenüber dem Zessionar gültig auf die Verrechnung verzichten kann 4C.60/2000 (11.1.01) E. 4a/bb, wobei durch Auslegung zu bestimmen ist, ob der Verzicht an die Person des Erklärungsempfängers gebunden ist oder auch gegenüber einem diesem nachfolgenden Forderungserwerber gilt 4C.60/2000 (11.1.01) E. 4a/cc. – Der Käufer kann im Voraus darauf verzichten, dass die Kaufpreisforderung mit Gewährleistungsansprüchen verrechnet wird; soweit sein Verzicht auf Gewährleistung und auf Verrechnung gegenüber dem Verkäufer zulässig ist, kann er auch gegenüber einem Erwerber der Kaufpreisforderung (in casu Bank) nicht unstatthaft sein 109 II 213/215 E.a. – Art. 468 Abs. 1: Zu den Einreden, die sich aus dem persönlichen Verhältnis zwischen dem Angewiesenen und dem Anweisungsempfänger ergeben, gehört auch die Einrede der Verrechnung; eine solche ist jedoch durch besondere Vereinbarung ausgeschlossen, wenn die Anweisung nicht einfach eine Ermächtigung zur Leistung von Geld an den Anweisungsempfänger auf Rechnung des Anweisenden bildet, sondern dabei dem Angewiesenen der bestimmte Auftrag, Barzahlung zu leisten, erteilt und von ihm angenommen wird 44 II 191/193 f. E. 1. – Anwendungsfall (in casu stillschweigender Verrechnungsverzicht des Schuldners der gepfändeten Forderung hinsichtlich künftiger Lohnzahlungen verneint) 95 II 235/241 E. 5.

G. Verjährung

Vorb. Art. 127–142

▪ Allgemeines (1) ▪ Verhältnis zum Prozessrecht (2) ▪ Verhältnis zu Art. 60 (3) ▪ Anwendungsbereich (4) ▪ Forderung (8) ▪ Rechtsmissbrauch/Gläubiger (9) ▪ Rechtsmissbrauch/Schuldner (10) ▪ Weiteres (11)

1 **Allgemeines.** Die Verjährung ist ein Institut des *materiellen Rechts* 75 II 57/66 f. Pra 1949 (Nr. 92) 282, 119 III 108/110 E. 3a Pra 1994 (Nr. 142) 465, 118 II 447/450 E. bb Pra 1994 (Nr. 120) 405 (wird die Einrede der Verjährung gutgeheissen, so führt dies zur Abweisung der Klage in der Sache selber). – Der Eintritt der Verjährung bedeutet nicht den Untergang der Forderung, sondern nur den Verlust der Möglichkeit, sie gegen den Willen des Schuldners durchzusetzen. Die verjährte Forderung bleibt als *Naturalobligation* bestehen 99 II 185/189 E. b (abweichend in einem obiter dictum 114 II 435/436 E. a), ferner 119 II 368/374 E. 5a, 4C.366/2002 (31.1.03) E. 2.2 und 2.5 (ein Kläger kann trotz feststehender Verjährung einer Forderung ein Rechtsschutzinteresse daran haben, den Nichtbestand dieser Forderung gerichtlich feststellen zu lassen). Die Einrede der Verjährung lässt einen Anspruch nicht untergehen, sondern belastet ihn bloss 123 III 213/218 E bb. – *Ratio legis der Verjährung:* Das Gesetz sieht die Verjährung in erster Linie um der öffentlichen Ordnung willen vor (Rechtssicherheit und gesellschaftlicher Friede). Zudem soll der Schuldner davor bewahrt werden, seine Zahlungsbelege während unbeschränkter Zeit aufbewahren zu müssen. Der Verjährung liegt auch der Gedanke zugrunde, dass eine länger dauernde Untätigkeit des Gläubigers die Unbegründetheit oder Tilgung der Forderung wahrscheinlich macht oder sogar als Verzicht auf die Forderung gedeutet werden kann 137 III 16/18 f. E. 2.1, 90 II 428/437 f. E. 8. Die Verjährung bezweckt auch den Schutz des Schuldners vor einer sehr späten Inanspruchnahme durch den Gläubiger, mit welcher er nicht mehr rechnete, 133 III 6/28 f. E. 5.3.5 Pra 2007 (Nr. 104) 704. – Die verschiedenen Ansprüche aus einer Rechtsbeziehung verjähren grundsätzlich getrennt 100 II 42/46 E. a Pra 1974 (Nr. 200) 573. – *Hinausschieben der Verjährung* durch Hinderung/Stillstand (Art. 134) oder Unterbrechung (Art. 135) 94 II 37/41 E.b.

2 **Verhältnis zum Prozessrecht.** Die Verjährungs- und Verwirkungsfristen des materiellen Rechts werden in Art. 127 ff. abschliessend geregelt. Lässt es der Kläger infolge Säumnis nicht zum Sachurteil kommen, so hat das materielle Recht daher unberührt zu bleiben, bis die bundesrechtliche Verjährungs- oder Verwirkungsfrist abgelaufen ist 118 II 479/485 E.g.

3 **Verhältnis zu Art. 60.** Art. 60 Abs. 1 weicht namentlich bezüglich der Dauer und des Fristbeginns von der generellen Regelung in Art. 127 ff. ab; für andere Fragen, wie beispielsweise für die Unterbrechung der Verjährung, kann die generelle Regelung beigezogen werden 123 III 213/219 E. 6a. Nach der Rechtsprechung des Bundesgerichts verjähren Ansprüche aus Vertrauenshaftung nach Art. 60. Dasselbe gilt auch für die Haftung aus culpa in contrahendo, die eine Erscheinungsform der Vertrauenshaftung ist 134 III 390/392 ff. E. 4.

Anwendungsbereich. ***Allgemeines.*** Die Bestimmungen beziehen sich nur auf die vom *Bundeszivilrecht* beherrschten Forderungsansprüche 85 II 373/375 E. 2 Pra 1960 (Nr. 19) 58 (in casu nicht auf den Anspruch auf Ferienentschädigung aufgrund eines kantonalen Gesetzes), 132 V 159/162 E. 3 Pra 2007 (Nr. 62) 404 (in casu auf Ansprüche gemäss BVG Art. 41 in seiner bis 31.12.2004 gültigen Fassung). Vorbehalten bleiben besondere Bestimmungen internationaler Übereinkommen 111 II 371/372 f. E. 2 (in casu Art. 32 Ziff. 1 des Übereinkommens über den Beförderungsvertrag im internationalen Strassengüterverkehr [CMR] vom 19. Mai 1956, AS 1970, S. 864). Gemäss ZGB Art. 7 finden die allgemeinen Bestimmungen des OR über die Entstehung, die Erfüllung und Aufhebung der Verträge auch Anwendung auf andere zivilrechtliche Verhältnisse, wozu auf ehegüterrechtliche Vereinbarung zurückgehende Haftungsansprüche gehören. Unter diese Bestimmung fallen insbesondere die Vorschriften über die Verjährung. Diese sind gemäss ZGB Art. 7 analog anzuwenden, wobei darauf zu achten ist, dass das ZGB mit den Regeln des OR sachlich richtig ergänzt wird 127 III 1/7 f. E. bb (in casu ZGB Art. 193; Verjährung der Haftung in zehn Jahren gemäss Art. 127). – Zur analogen Anwendung auf die *Verwirkung* siehe Vorb. Art. 135–136. 4

Analoge Anwendung. Mangels einer Spezialregelung im GlG sind die Verjährungsvorschriften des Obligationenrechts (in casu Art. 128 Ziff. 3) analog anzuwenden 124 II 436/456 E. k (in casu Beurteilung eines öffentlich-rechtlichen Arbeitsverhältnisses). 5

Verjährung im öffentlichen Recht. Das Institut der Verjährung besteht grundsätzlich auch im öffentlichen Recht (selbst bei Schweigen des Gesetzgebers) sowohl hinsichtlich der Ansprüche des Gemeinwesens gegen den Privaten wie auch umgekehrt 108 Ib 334/339 E. a *(in casu Enteignungsentschädigung).* Auch nicht vermögensrechtliche Ansprüche können verjähren (Ausnahme bei Polizeigütern) 105 Ib 255/267 f. E. 3a, b, vgl. auch 114 Ib 44/54 E. 4, 119 Ib 311/321 E.a. – Fehlen ausdrückliche Regeln über Beginn und Dauer der Verjährungsfrist, so sind die Regeln für verwandte Ansprüche analog anzuwenden (Voraussetzungen 98 Ib 352/356 E. b; zur Frage einer analogen Anwendung von Art. 67 oder 130 108 Ib 150/154 E. c); fehlen auch solche, so gelten die allgemeinen Grundsätze (offengelassen, ob sich letztere mit den privatrechtlichen Regeln decken) 108 Ib 150/151 ff. E. 4a, b (in casu Rückerstattung von Wohnbauförderungsbeiträgen), 112 Ia 260/262 f. E. 5 und 112 Ia 260/267 f. E.e. Öffentlich-rechtliche Ansprüche unterliegen selbst beim Fehlen einer ausdrücklichen Gesetzesbestimmung der Verjährung oder Verwirkung 125 V 396/399 E. 3a, 126 II 49/51 E.a. – Die Berufung an das Bundesgericht ist ausgeschlossen, wenn Bundesrecht als kantonales öffentliches Recht angewendet wird 108 II 490/495 E. 7. – Kantonalrechtliche Bestimmung über die Verjährung (in casu Tessiner Enteignungsgesetz Art. 39 Abs. 1/uneingeschränkte Zulässigkeit der Verwaltungsgerichtsbeschwerde) 113 Ib 369/369 ff. E. 1 Pra 1988 (Nr. 193) 714 f. Zur Verjährung und Verwirkung im öffentlichen Recht vgl. auch 126 II 145/148 ff. 6

Weiteres. Sämtliche Ansprüche (auch solche des Frachtführers auf Frachtlohn) aus einem Vertrag, der in den Geltungsbereich des Übereinkommens über den Beförderungsvertrag im internationalen Strassengüterverkehr vom 19. Mai 1956 (CMR, AS 1970, S. 864) fällt, unterliegen der einjährigen Verjährungsfrist gemäss Art. 32 Ziff. 1 des Übereinkommens 111 II 371/372 f. E. 2. Die Art. 127 und 128 sind anwendbar im Bereich der überobligatorischen beruflichen Vorsorge 117 V 329/332 E. 4 fr. 7

8 **Forderung.** Nur obligatorische Ansprüche oder persönliche Klagen 48 II 38/44 f. E. c JdT 70 (1922) I 360 f. E.c.

9 **Rechtsmissbrauch/Gläubiger.** Das Zuwarten des Gläubigers mit der gerichtlichen Geltendmachung seiner Ansprüche bedeutet für sich allein keinen Rechtsmissbrauch. Vielmehr steht es dem Gläubiger frei, die Verjährungsfrist seiner Ansprüche auszuschöpfen. Für die Annahme einer rechtsmissbräuchlichen Verzögerung in der Rechtsausübung vor Ablauf der Verjährungsfrist müssen weitere Umstände hinzutreten, so z.B. ein unvereinbarer Widerspruch zwischen der Rechtsausübung und dem früheren Untätigsein des Gläubigers oder seine Absicht, durch das Zuwarten eine für den Schuldner nachteilige Beweisverdunkelung herbeizuführen 131 III 439/443, 4C.55/2007 (26.4.07) E. 6.2.3 fr., 95 II 109/116 E. 4, 94 II 37/40 ff. E. 6. Vgl. auch 110 II 273/275 (in casu Lohnforderung und Prämienrückerstattungsanspruch aus einem beendeten Arbeitsverhältnis, Art. 128 Ziff. 3), 107 II 231/232 E. b, 116 II 328/431 E. 2, 125 I 14/19 E. g (in casu Anspruch nach Gleichstellungsgesetz: Das Antreten und Beibehalten einer in diskriminierender Weise entlöhnten Stelle, ohne eine Nachzahlung zu fordern, kann für sich allein nicht als gültiger Verzicht auf die Geltendmachung des Anspruchs auf Lohngleichheit betrachtet werden), 127 III 357/364 E.bb. Das Absehen von der Betreibung kann, solange die Verjährung nicht eingetreten ist, grundsätzlich nicht als Untergang der Forderung gedeutet werden 119 II 6/8 E.b.

10 **Rechtsmissbrauch/Schuldner.** Die Erhebung der Verjährungseinrede ist nicht nur dann rechtsmissbräuchlich, wenn auf ein arglistiges Verhalten des Schuldners zurückzuführen ist, dass der Gläubiger die Verjährungsfrist unbenützt verstreichen liess (76 II 113/117 f. E. 5, 42 II 674/682), sondern auch dann, wenn die Einrede gegen erwecktes Vertrauen verstösst, etwa indem der Schuldner ohne böse Absicht ein Verhalten gezeigt hat, das den Gläubiger bei Anlegung eines objektiven Massstabes zur Unterlassung rechtlicher Schritte während der Verjährungsfrist bewog 131 III 430/437 E. 2, 4A_516/2009 (11.12.09) E. 4.1, 4A_224/2007 (31.8.07) E. 5.1, vgl. auch 128 V 236/241 f. E. 4a Pra 2003 (Nr. 186) 1027, 112 II 231/234 E. 3 Pra 1987 (Nr. 65) 232, 108 II 278/287 E. b Pra 1982 (Nr. 298) 753 f., 90 II 325/329 E. b Pra 1965 (Nr. 37) 127, 89 II 256/262 f. E. 4, 69 II 102/104. Ein Gläubiger darf aus dem Umstand, dass der Schuldner sich auf Einigungsverhandlungen einlässt, nicht ohne Weiteres auf einen Verjährungsverzicht schliessen. Vielmehr muss er bei länger anhaltendem Schweigen des Schuldners während (aussergerichtlichen) Vergleichsverhandlungen für die Hinderung des Verjährungseintrittes besorgt sein 128 V 236/241 f. E. 4a Pra 2003 (Nr. 186) 1027. Anwendungsbeispiel: 4C.314/1992 (21.11.00) E. 7 fr. Der Schuldner muss den Gläubiger während *laufender* («offener») Verjährungsfrist zum Zuwarten veranlasst haben; ein vertrauensbildendes Verhalten *nach* Eintritt der Verjährung nützt dem Gläubiger nichts. Diesfalls wird die unklagbar gewordene Obligation nur dann wieder zu einer klagbaren, wenn der Schuldner auf die Verjährungseinrede verzichtet und die Forderung wenigstens teilweise vorbehaltlos anerkennt 113 II 264/269 E.e.

11 **Weiteres.** Auch die Bürgschaft für eine (in casu gemäss ZGB Art. 807) unverjährbare Forderung kann verjähren 50 II 401/402 f. fr. ZGB Art. 730 Abs. 2 und 807: Forderungen aus einer nebensächlichen Leistungspflicht unterliegen den gewöhnlichen Verjährungs-

regeln (Art. 127 ff.) 122 III 10/12 f. E. 1. Auch auf Dauer angelegte Ansprüche können verjähren (verspricht beispielsweise der Schuldner, dem Gläubiger auf erstes Begehren ein Darlehen für die Dauer von zwanzig Jahren zu gewähren, so verjährt der Anspruch des Gläubigers auf Hingabe des Geldes nach zehn Jahren seit seiner Entstehung, falls in der Zwischenzeit keine Unterbrechungshandlungen gemäss Art. 135 erfolgen) 122 III 10/18. – Trotz Ausstellung eines *Wechsels* bleibt für das Kausalverhältnis die ordentliche Verjährungsfrist bestehen 78 II 455/456 f. E. 4 Pra 1953 (Nr. 66) 204 f. – Der *Pfandausfallschein* (SchKG Art. 158) macht die Forderung nicht unverjährbar; unverjährbar wird sie erst mit Ausstellung des Verlustscheines 42 II 234/236 f. E. 2.

I. Fristen 1. Zehn Jahre

Art. 127

Mit Ablauf von zehn Jahren verjähren alle Forderungen, für die das Bundeszivilrecht nicht etwas anderes bestimmt.

Der zehnjährigen Verjährungsfrist unterstehen. ***Auswahl.*** Die Schadenersatzforderung und der Anspruch auf Rückgabe des Geleisteten gemäss Art. 109 114 II 152/153 ff. E. 2, 132 III 226/233 E. 3.1 Pra 2006 (Nr. 146) 1005; die Forderung auf Leistung von Schadenersatz und Genugtuung aus der Verletzung vertraglicher Pflichten 87 II 155/159 E. a (siehe jedoch 64 II 200/202 E. 1 für die Ansprüche auf Versorgerschaden und Genugtuung der Hinterbliebenen eines durch vertragswidriges Verhalten der Gegenpartei Getöteten), 115 II 42/49 E. a, 123 III 204/207 E. b (hingegen verjähren selbständige Genugtuungsansprüche von Angehörigen nach Art. 60, auch wenn die Ansprüche des Direktgeschädigten gegenüber dem Schädiger nach Art. 127 verjähren); der Anspruch auf Rückgabe des Geleisteten (Art. 109 Abs. 1) sowie die Schadenersatzforderung beim Rücktritt vom zweiseitigen Vertrag (Art. 109 Abs. 2) 133 III 356/358 E. 3.2.1, 114 II 142/152 ff., 61 II 255/255 ff. E. 1 und 2; der Anspruch auf Rückgabe eines Darlehens 4P.333/2006 (15.3.06) E. 5.1; Retrozessionen, die der Beauftragte (in casu eine Bank) von Dritten erhalten und nach Art. 400 dem Auftraggeber herauszugeben hat 143 III 348/355 ff. E. 5.2 und 5.3 Pra 2018 (Nr. 131) 1246 ff.; das Recht des Gesellschafters auf Liquidation einer aufgelösten (einfachen) Gesellschaft 4c.447/1999 (9.3.00) E. 2a/cc; der Genugtuungsanspruch infolge Nichterfüllung eines Vertrages 80 II 256/257 ff. E. 4. Pra 1954 (Nr. 164) 461, 86 I 251/255 f. E. 7 it.; der Schadenersatzanspruch aus BVG Art. 52 und 56a Abs. 1 (je in der bis Ende 2004 gültig gewesenen Fassung) 135 V 163/170 E. 5.5, 131 V 55/56 f. E. 3.1; die Rückforderung einer Zahlung, die eine vertragliche Nebenpflicht darstellt 98 II 23/32 f. E. 6 Pra 1972 (Nr. 120) 377; der Anspruch aus Vertrag, auch wenn er mit einem Anspruch aus unerlaubter Handlung konkurriert 90 II 28/434 f. E. 4; der Anspruch aus aussergerichtlichem Vergleich 100 II 144/145 E. 2 Pra 1974 (Nr. 257) 733; der Gewährleistungsanspruch wegen Mängeln der Kaufsache bei absichtlicher Täuschung (Art. 210 Abs. 3) 107 II 231/231 ff. E. 3, 81 II 138/140 ff. E. 2–5 (in casu Liegenschaftskauf/absichtliche Täuschung über das Mass der Liegenschaft, Art. 219 Abs. 2); der Anspruch aus einer selbständigen Garantieverpflichtung im Rahmen eines Kaufvertrages 122 III 426/431, 4C.260/2001 (4.1.02) E. 3a (demgegenüber untersteht die unselbständige Garantieerklärung der einjährigen Verjährungsfrist nach Art. 210); die Honorarforderung des Archi- 1 tekten 98 II 184/185 ff. E. 2, 3; die Forderung des Unternehmers beim Bau eines Hauses 109 II 112/115 f. E. c Pra 1983 (Nr. 202) 552, 110 II 176/178 E. 2 (in casu Abgrenzung zur Handwerksarbeit, die gemäss Art. 128 Ziff. 3 verjährt); der Anspruch auf Ersatz jenes Schadens, den der Unternehmer dem Besteller bei Ausführung des Werkes (d.h. *vor* dessen Ablieferung) in Verletzung seiner Sorgfaltspflicht zufügt 111 II 170/171 f. E. 2 fr.; der Anspruch auf Rückerstattung der Differenz zwischen (zu viel) geleisteten Akontozahlungen und dem durch die endgültige Abrechnung festgestellten vertraglichen Vergütungsanspruch des Empfängers (in casu eines Architekten) der Akontozahlungen 4C.397/2005 (1.3.06) E. 2.2.1; der Anspruch auf die einzelne Leistung im Rahmen einer Rente aus Versicherungsvertrag 111 II 501/501 ff. E. 2 it.; der Anspruch auf Rückerstattung eines zu Unrecht bezogenen Mäklerlohnes 81 II 358/365 f. E. 3; der Anspruch des Pfrundgebers auf Übertragung der Liegenschaft des Pfründers 89 II 256/260 E. 3; der Schadenersatzanspruch gegen den geschäftsführenden Gesellschafter (Art. 538, 540, 549) 100 II 339/342 f. E. 2 Pra 1975 (Nr. 89) 260 f.; die Verpflichtung des Aktienzeichners, zu liberieren 102 II 353/361 f. E. b Pra 1977 (Nr. 66) 166; der Anspruch des Eigentümers einer mit Nutzniessung belasteten Sache auf Rückgabe oder Schadenersatz nach Ablauf der Nutzniessung (ZGB Art. 751 Abs. 2) 60 II 172/174 f. E. 2 fr.; die Haftung nach ZGB Art. 193 127 III 1/8 f. E. cc; die Haftung gemäss ZGB Art. 579 131 III 49/54 E. 3.1; die Klage des Miteigentümers nach ZGB Art. 649 Abs. 2 119 II 330/332 E. c Pra 1994 (Nr. 137) 459; die Verpflichtung des Zedenten, gemäss Art. 171 Abs. 2 für die Zahlungsunfähigkeit des Schuldners zu haften, selbst dann, wenn die abgetretene Forderung gemäss Art. 128 bereits mit Ablauf von fünf Jahren verjährt 53 II 111/117; der Direktanspruch des Hauptauftraggebers gegen den Substituten (unabhängig davon, ob dieser Schadenersatzanspruch aus Art. 399 Abs. 3 oder Art. 112 abgeleitet wird) 121 III 310/317 E. 5a. Art. 127 (und Art. 128) sind anwendbar im Bereich der überobligatorischen beruflichen Vorsorge 117 V 329/332 E. 4 fr. Ein nicht befristeter vertraglicher Anspruch, der vom Eintritt einer voraussetzungslosen Wollensbedingung abhängt, verjährt im Regelfall mit Ablauf von zehn Jahren seit dem Vertragsschluss 122 III 10/19 E. 6.

2 ***Offengelassen,*** ob der Anspruch auf eine Abgangsentschädigung gemäss Art. 339b unter Art. 127 oder Art. 128 Ziff. 3 fällt 112 II 51/57 E. c fr.; ob der Rückerstattungsanspruch nach Art. 119 Abs. 2 der zehnjährigen Verjährungsfrist unterliegt 114 II 152/159 E.d.

3 ***Keine Anwendung*** auf Ansprüche aus Vertrauenshaftung oder aus Haftung aus culpa in contrahendo. Diese Ansprüche verjähren nach Art. 60 134 III 390/392 ff. E. 4; auf den Anspruch auf Rückerstattung bereits empfangener Leistungen nach Art. 40f Abs. 1. Dieser verjährt nach Art. 67 137 III 243/254; auf Forderungen, für welche ein Verlustschein ausgestellt wurde. Diese verjähren nach SchKG Art. 149a 137 II 17/22 E. 2.7; auf Schadenersatzansprüche aus Mängeln einer Kaufsache. Für diese Ansprüche gilt die besondere Bestimmung des Art. 210, auch wenn der Käufer seinen Schadenersatzanspruch wegen mangelhafter Lieferung auf Art. 97 ff. abstützt 133 III 335/340 f. E. 2.4.4; auf den Rückforderungsanspruch wegen irrtümlicher Leistungen, die gemäss Vertrag nicht geschuldet sind. Für diesen Anspruch gilt Art. 67 133 III 353/355 f. E. 3.2.1; auf die Verantwortlichkeitsansprüche nach ZGB Art. 429a 116 II 407/410 E. c; auf die Anfechtung der Namensänderung gemäss ZGB Art. 30 Abs. 3 (die Klage auf Beseitigung der Verletzung nach ZGB

Art. 30 Abs. 3 kann so lange angehoben werden, als der umstrittene Name getragen wird) 118 II 1/5 ff. E. 5 Pra 1993 (Nr. 89) 348 ff.

2. Fünf Jahre

Art. 128

Mit Ablauf von fünf Jahren verjähren die Forderungen:

1. **für Miet-, Pacht- und Kapitalzinse sowie für andere periodische Leistungen;**
2. **aus Lieferung von Lebensmitteln, für Beköstigung und für Wirtsschulden;**
3. **aus Handwerksarbeit, Kleinverkauf von Waren, ärztlicher Besorgung, Berufsarbeiten von Anwälten, Rechtsagenten, Prokuratoren und Notaren sowie aus dem Arbeitsverhältnis von Arbeitnehmern.**

▪ Ziff. 1 Periodische Leistungen (2) ▪ Ziff. 3 Allgemeines (3)

1 Mit dieser Bestimmung, die eine Ausnahme von Art. 127 statuiert, wollte der Gesetzgeber auf Verhältnisse Rücksicht nehmen, für die eine rasche Abwicklung typisch und es zudem charakteristisch ist, dass im Allgemeinen keine schriftlichen Verträge abgeschlossen werden. Angesicht der Entwicklung der kaufmännischen Gebräuche ist diese ratio legis in den Hintergrund gerückt, weshalb die Ausnahmebestimmung restriktiv auszulegen ist 132 III 61/62 E. 6.1 it. – Art. 128 (und Art. 127) sind anwendbar im Bereich der überobligatorischen beruflichen Vorsorge 117 V 329/332 E. 4 fr.

2 *Ziff. 1* **Periodische Leistungen** sind solche, zu deren Erbringung der Schuldner aufgrund eines einheitlichen Schuldverhältnisses in regelmässigen Zeitabständen gehalten ist 78 II 145/149 E. a Pra 1952 (Nr. 140) 380. Zum Begriff der periodischen Leistung gehört, dass sich bei Nichterbringung die Lage des Schuldners fortschreitend verschlechtert 69 II 298/303 f. E. 3. Periodische Leistungen im Sinne dieser Bestimmung sind regelmässig wiederkehrende Forderungen, die auf einem einheitlichen Schuldgrund beruhen. Dabei setzt der Begriff der periodischen Leistung nicht voraus, dass die Höhe der einzelnen Leistungen und der Zeitraum zwischen den jeweiligen Fälligkeiten identisch sind 4C.207/2006 (27.9.06) E. 2.2.1. – *Unter die periodischen Leistungen fallen:* die Dividendenzahlung (keine Dividende ist jedoch der Anspruch auf Gratisaktien) 47 II 335/337 E. 1; die jährlich zu zahlende Lizenzgebühr 45 II 676/676 E. 1; Ansprüche auf Auslagenersatz gemäss Art. 537 Abs. 1, die halbjährlich oder jährlich abgerechnet und fällig werden 4C.207/2006 (27.9.06) E. 2.2.2; die Rückerstattungsansprüche gemäss Art. 259d 130 III 504/510 ff. E. 6 Pra 2005 (Nr. 6) 52 ff.; auch jährliche Leistungen von ungleicher Höhe und variabler Verfallszeit als Gegenleistung für eine Fabrikations- oder Verkaufsbeschränkung 78 II 145/150 f. E. b Pra 1952 (Nr. 140) 381 f., 124 III 370/374 E. c Pra 1999 (Nr. 10) 54 f. (Vergütungsanspruch nach URG Art. 13 Abs. 1). Mit der Verjährung des Stammrechts verjähren auch die einzelnen periodischen Leistungen (Art. 131 Abs. 2) 124 III 449/451 f. E. b Pra 1999 (Nr. 53) 310. – *Keine periodischen Leistungen* sind Raten zur Abzahlung eines Darlehens, ausser sie seien im Sinne des SchKG als Annuitäten (Vereinigung von Kapital- und Zinszahlungen) ausgestaltet 69 II 298/303 f. E. 3; die Verzugszinsen 52 II 215/217 E. 2, 4C.206/2001 (18.10.01) E. 7b. – Offengelassen, ob Honorare

eines Beauftragten, welche in festgesetzten Beträgen quartalsweise ausgerichtet werden und am Ende des Jahres nach Massgabe einer Abrechnung allenfalls angepasst werden, periodische Leistungen im Sinne von Art. 128 Ziff. 1 darstellen 4C.241/2004 (30.11.04) E. 3.1 fr. – *Anwendbar* auf den Ersatzanspruch des Gemeinwesens aus Verwandtenunterstützung (ZGB Art. 329 Abs. 3, 289 Abs. 2) 91 II 260/262, 82 II 371/377 f. E. 3.

3 ***Ziff. 3*** **Allgemeines.** ***Abschliessende Aufzählung*** 98 II 184/186 E. a, 132 III 61/64 E. 6.4.3 it. (in casu Anwendung von Art. 128 Ziff. 3 für Forderungen aus der Steuerberatungstätigkeit einer Treuhandgesellschaft verneint). Ausnahmevorschrift gegenüber Art. 127 und daher eng auszulegen 116 II 428/431 E. 1, 4C.188/2005 (31.8.05) E. 6.1 it. – *Anwendbar* auf den Anspruch des Handelsreisenden auf angemessenes Arbeitsentgelt und Auslagenersatz bei Nichtigkeit der getroffenen Vereinbarung (Art. 349a, aHRAG Art. 9 Abs. 2) 75 II 371 E. 2. – *Nicht anwendbar* auf die Honorarforderung des Architekten 98 II 184/186 E. a (zur Qualifizierung des Architektenvertrages siehe unter Art. 363); auf den Lidlohn (ZGB Art. 334, 334bis, 603 Abs. 2, aArt. 633) 45 II 1/3 f. E. 1 fr., 45 II 513/521.

4 ***Forderungen aus Handwerksarbeiten.*** Der Begriff der Handwerksarbeit ist restriktiv auszulegen 123 III 120/123 E. b Pra 1997 (Nr. 106) 579 f., 4C.32/2006 (4.5.06) E. 4.1 fr. Handwerksarbeit ist gekennzeichnet durch das Übergewicht der manuellen Tätigkeit. Keine Handwerksarbeit ist die (Serien-)Produktion, bei welcher intellektuelle oder wissenschaftliche, organisatorische oder administrative Leistungen überwiegen oder zumindest aufwiegen. Nicht unter Art. 128 Ziff. 3 fällt der Bau eines Hauses durch einen Unternehmer oder durch einen Generalunternehmer, der Unterlieferanten beizieht, die ihrerseits Handwerksarbeit leisten: Die Forderung des Bauunternehmers verjährt in zehn Jahren, Art. 127 109 II 112/115 f. E. c Pra 1983 (Nr. 202) 552, vgl. auch 110 II 176/178 E. 2. *Präzisierung des Begriffs der Handwerksarbeit* im Sinne der Bestimmung in 123 III 120/123 E. b Pra 1997 (Nr. 106) 579 f.: Gemeint sind nur solche Arbeiten, die im Allgemeinen keine besondere Technologie, keine Personal- und Terminplanung sowie keine Koordination mit anderen Unternehmen erfordern und somit ohne besondere administrative Mittel ausgeführt werden können (in casu Verlegung von Fliesen in hundert Nasszellen/Handwerksarbeit verneint). Deswegen ist nicht der Charakter der Arbeit, zu der sich der Unternehmer nach dem Inhalt des konkreten Werkvertrages verpflichtet hat, allein massgebend für die Anwendung von Art. 128 Ziff. 3, sondern eben auch die Frage der Notwendigkeit einer Planung und Koordination mit anderen Unternehmungen (bestätigt in 4C.32/2006 [4.5.06] E. 4.1 fr., anders noch 116 II 428/429 f. E. 1a). Beinhalten die Arbeiten, zu denen sich der Unternehmer verpflichtet hat, verschiedene Teilarbeiten unterschiedlicher Art, so ist für die Frage, ob Handwerksarbeiten vorliegen oder nicht, auf die *Gesamtheit* dieser Arbeiten abzustellen und nicht auf die einzelnen Arbeiten. Keine Rolle spielt es demgegenüber, ob die Arbeit von einem Handwerker im herkömmlichen Sinn oder von einem Grossunternehmer erbracht wird. Unbeachtlich ist auch, ob der Unternehmer die Arbeit allein oder mit Hilfspersonen ausführt oder gar durch Subunternehmer ausführen lässt 4C.32/2006 (4.5.06) E. 4.1 fr. (in casu keine Anwendung der Bestimmung auf umfassende Sanierungsarbeiten in einer Wohnung), 116 II 428/429 f. E. 1a (in casu keine Anwendung der Bestimmung auf die Lieferung und Montage von Normtüren), auch 4C.188/2005 (31.8.05) E. 6.2 it. Neben dem Charakter der Arbeit ist offengelassen, ob nicht der Begriff der Handwerksarbeit so eng auszulegen ist, dass die Bestimmung den

Werklohn des Unternehmers gegen den Besteller eines unbeweglichen Bauwerkes nie umfasst, sondern nur die Forderungen von Handwerkern für die Herstellung beweglicher Sachen 98 II 184/187.

Forderungen von Anwälten, Rechtsagenten, Prokuratoren und Notaren. Solche Forderungen müssen berufsspezifische Leistungen betreffen, welche unmittelbar auf die Durchsetzung des Rechts gerichtet sind bzw. die sich in erster Linie auf eine juristische Beratung beziehen (die spezifisch anwaltsberufliche Tätigkeit besteht in der gewerbsmässigen Vertretung von Parteien vor den Rechtspflegeinstanzen sowie in der aussergerichtlichen Rechtsberatung 4A_267/2007 [24.10.07] E. 11). Darüber hinaus muss die fordernde Person unter eine der in Art. 128 Ziff. 3 aufgezählten Berufskategorien fallen. Dass die Erbringung der Leistungen aufseiten des Leistenden bestimmte juristische Kenntnisse voraussetzt, bedeutet noch nicht, dass die Leistungen «Berufsarbeiten von Anwälten, Rechtsagenten, Prokuratoren und Notaren» sind (in casu für Buchhaltungsarbeiten einer Treuhandgesellschaft verneint) 132 III 61/62 ff. E. 6.2–6.4 it. Nicht unter die Bestimmung fallen Tätigkeiten, die nur mittelbar der Durchsetzung des Rechts dienen und in erster Linie technischer oder kommerzieller Natur sind 132 III 61/64 E. 6.4.2 it. (Dienstleistungen eines Treuhänders). 5

Forderungen aus dem Arbeitsverhältnis. Der Ferienanspruch des Arbeitnehmers verjährt nach Art. 128 Ziff. 3 136 III 94/95 E. 4.1 Pra 2010 (Nr. 97) 679 f. Der Anspruch auf einen diskriminierungsfreien Lohn verjährt ebenfalls nach Art. 128 Ziff. 3. Das gilt sowohl für privatrechtliche als auch für öffentlich-rechtliche Arbeitsverhältnisse 138 II 1/3 E. 4.1. Die Forderung, deren Rechtsgrund eine Verletzung des Arbeitsvertrages ist, verjährt nach Art. 128 Ziff. 3, auch wenn die Vertragsverletzung darin besteht, dass der Arbeitgeber nicht für den versprochenen Versicherungsschutz (in casu Krankentaggeldversicherung) sorgte 4C.175/2004 (31.8.04) E. 3. Anwendungsfall (in casu Lohnnachzahlung und Prämienrückerstattung) 110 II 273/274 E. 2. Offengelassen, ob der Anspruch auf eine Abgangsentschädigung gemäss Art. 339b unter Art. 128 Ziff. 3 oder unter Art. 127 fällt 112 II 51/57 E. c fr. Mangels einer Spezialregelung im GlG sind die Verjährungsvorschriften des Obligationenrechts (in casu Art. 128 Ziff. 3) analog anzuwenden 124 II 436/456 E. k (in casu Beurteilung eines öffentlich-rechtlichen Arbeitsverhältnisses). 6

2a. Zwanzig Jahre

Art. 128a

Diese Bestimmung wurde per 1. Januar 2020 neu eingefügt (AS 2018 5343).

Forderungen auf Schadenersatz oder Genugtuung aus vertragswidriger Körperverletzung oder Tötung eines Menschen verjähren mit Ablauf von drei Jahren vom Tage an gerechnet, an welchem der Geschädigte Kenntnis vom Schaden erlangt hat, jedenfalls aber mit Ablauf von zwanzig Jahren, vom Tage an gerechnet, an welchem das schädigende Verhalten erfolgte oder aufhörte.

3. Unabänderlichkeit der Fristen

Art. 129

Die in diesem Titel aufgestellten Verjährungsfristen können durch Verfügung der Beteiligten nicht abgeändert werden.

1 **Anwendungsbereich.** Die Bestimmung bezieht sich nur auf den Dritten Titel (Art. 114–142). Ausserhalb dieses Titels normierte Verjährungsfristen können durch Vereinbarung abgeändert werden, sofern sie ihrem Sinn nach nicht zwingender Natur sind. (Ob die gesetzlichen Verjährungsfristen zwingend sind oder vertraglich abgeändert werden können, darf aus Gründen der Rechtssicherheit nicht von subjektiven Gegebenheiten abhängen: Für die Frage, ob die fünfjährige Verjährungsfrist gemäss Art. 371 Abs. 2 zumindest für versteckte Mängel nicht unterschritten werden dürfe, muss es belanglos sein, ob am Vertrag ein nicht fachkundiger Bauherr oder ein Architekt, ein Grossbauunternehmer oder ein Rechtsanwalt beteiligt ist 108 II 194/195 f. E.a.) Zulässig ist sowohl die Verkürzung wie auch die Verlängerung der Frist, wobei letztere die gesetzliche Frist von zehn Jahren (Art. 127) nicht überschreiten darf. Die Frist kann auch dadurch verlängert werden, dass vor ihrem Ablauf vertraglich oder durch einseitige Erklärung (des Schuldners) auf die Verjährungseinrede verzichtet wird 99 II 185/188 ff. E. 2, 3 (in casu EHG Art. 14), 112 II 231/233 E. bb Pra 1987 (Nr. 65) 231 (in casu Art. 60). Für die Vereinbarung einer kürzeren Frist gilt allgemein der Vorbehalt, dass dadurch dem Gläubiger die Rechtsverfolgung nicht in unbilliger Weise erschwert werden darf 108 II 194/196 E.b. – Verlängerung der Verjährungsfrist gemäss Art. 371 63 II 180/180; in VVG Art. 46 60 II 445/450 ff. E. 2. Verkürzung der Verjährungsfrist in Art. 371 Abs. 2 108 II 194/195 ff. E. 4. Siehe auch unter Art. 210. – Art. 129 schliesst zwar nicht aus, dass eine Forderung von einer Resolutivbedingung abhängig gemacht werden kann. Allerdings ist eine Bedingung, wonach die Forderung binnen bestimmter Frist irgendwie gerichtlich einzuklagen sei, der Abkürzung der Verjährungsfrist gleichzusetzen 4C.1/2005 (20.12.05) E. 2. – Offengelassen, ob ein Vertrag, in welchem dem Gläubiger die Befugnis eingeräumt wird, die Leistung zu einem beliebigen Zeitpunkt innerhalb der nächsten 20 oder 25 Jahre zu verlangen, vor der Bestimmung standzuhalten vermöchte, sofern das Gesetz eine solche Möglichkeit nicht ausdrücklich vorsieht (vgl. Art. 216a) 122 III 10/19 E. 5.

2 **Verhältnis zu Art. 141 Abs. 1.** Der Gesetzgeber will mit Art. 141 Abs. 1, der auf sämtliche Verjährungsfristen Anwendung findet, einzig verbieten, dass auf die Verjährung verzichtet wird, bevor die Forderung entsteht. Nach der Entstehung der Forderung (in casu durch Vertragsabschluss) ist dagegen ein Verzicht auf die Geltendmachung der Verjährung zulässig. Art. 129 steht einem Verjährungsverzicht nicht entgegen. Auf die Verjährung kann mithin auch dann verzichtet werden, wenn eine Forderung infrage steht, deren Verjährungsfrist im dritten Titel geregelt ist. Der Verjährungsverzicht darf aber nicht für eine Dauer ausgesprochen werden, welche die ordentliche gesetzliche Frist von zehn Jahren überschreitet 132 III 226/238 ff. E. 3.3.7 Pra 2006 (Nr. 146) 1010 f.

4. Beginn der Verjährung a. Im Allgemeinen

Art. 130

[1] Die Verjährung beginnt mit der Fälligkeit der Forderung.

[2] Ist eine Forderung auf Kündigung gestellt, so beginnt die Verjährung mit dem Tag, auf den die Kündigung zulässig ist.

Die Forderungen auf Schadenersatz und Genugtuung wegen positiver Vertragsverletzung werden sogleich mit der Verletzung der vertraglichen Pflicht fällig. Ab diesem Zeitpunkt beginnt die Verjährung zu laufen, nicht erst mit Eintritt des Schadens, auch wenn dieser erst nach Ablauf von mehr als zehn Jahren eintreten und festgestellt werden kann. Beruhen die Ansprüche auf einer vertragswidrig verursachten Körperverletzung, so erwachsen sie im Zeitpunkt, in dem der Schuldner pflichtwidrigerweise auf den Leib des anderen einwirkt 146 III 14/20 f. E. 6.1.1 (Asbestschäden), 137 III 16/18 ff. E. 2 (Asbestschäden), 106 II 134/136 ff. E. 2 Pra 1980 (Nr. 284) 742 ff. (Spätfolgen radioaktiver Bestrahlung im Zusammenhang mit einem Arbeitsvertrag), 100 II 339/343 E. 2b Pra 1975 (Nr. 89) 261 (einfache Gesellschaft/Schadenersatzansprüche gestützt auf Art. 538 und 540 gegen den geschäftsführenden Gesellschafter), 87 II 155/159 f. E. a (Schadenersatz- und Genugtuungsansprüche aus unsorgfältiger ärztlicher Behandlung), 119 II 216/219 E. aa (in casu Art. 60). In gewissen Fällen verstösst die Berücksichtigung der Verjährung gegen EMRK Art. 6 Ziff. 1, wenn ihre Anwendung dazu führt, dass das Recht auf Zugang zu einem Gericht in seinem Kern beeinträchtigt ist 4A_558/2017 (29.5.18) E. 5.3.1 fr., vgl. dazu auch 146 III 25/32 ff. E. 8 – Massgebend für den Beginn der zehnjährigen Verjährungsfrist ist der Zeitpunkt des schädigenden Verhaltens. Bei wiederholtem oder andauerndem schädigenden Verhalten ist der Tag, an dem dieses Verhalten aufhört, für den Beginn des Fristenlaufs massgebend 146 III 14/21 E. 6.1.2. Im Falle einer andauernden vertragswidrigen Unterlassung beginnt die Verjährungsfrist spätestens mit dem Vertragsende zu laufen 4A_558/2017 (29.5.18) E. 5.3.1 fr. – Bei (suspensiv) bedingten Leistungsversprechen entsteht die (bedingte) Forderung erst im Zeitpunkt, da die Bedingung eintritt. Dementsprechend kann die Verjährung vor dem Eintritt der Bedingung gar nicht zu laufen beginnen 4A_211/2008 (3.7.08) E. 4.3. – *VVG:* Die Bestimmung findet keine Anwendung auf Forderungen aus Versicherungsvertrag 75 II 227/231 E. 2 Pra 1950 (Nr. 13) 55. Zum Beginn der Verjährungsfrist nach VVG Art. 46 vgl. 118 II 447/450 ff. E. 2 Pra 1994 (Nr. 120) 405 ff. 1

Abs. 1 Die Verjährung beginnt mit der Fälligkeit der Forderung. Fällig ist die Forderung dann, wenn der Gläubiger den in der Forderung enthaltenen Anspruch erheben und die Leistung verlangen darf. Der Eintritt der Fälligkeit richtet sich entweder nach gesetzlichen Sondervorschriften für die einzelnen Vertragsarten oder nach der vertraglichen Vereinbarung der Parteien bzw. der Natur des Rechtsverhältnisses. Mangels anderweitiger Bestimmung der Erfüllungszeit gilt subsidiär gemäss Art. 75 die sofortige Fälligkeit der Forderung 4C.207/2006 (27.9.06) E. 2.1 (in casu Vereinbarung betreffend die Fälligkeit von Ansprüchen aus Art. 537 Abs. 1 bejaht). Nicht notwendig ist, dass der Schuldner in Verzug gesetzt wird 50 II 401/404 fr. – Beginn der Verjährung der Zeichnerverpflichtung, den Aktienbetrag einzuzahlen (offengelassen) 102 II 353/361 f. E. b Pra 1977 (Nr. 66) 166 f.; der Rückforderung unter Solidarschuldnern (offengelassen) 89 II 118/123 f. E. b Pra 2

1963 (Nr. 135) 403 f. – *Werkvertrag*/Vereinbarung eines von Art. 372 abweichenden Verjährungsbeginns für die Werklohnforderung durch Übernahme der SIA-Norm 118 (1962): Die Verjährungsfrist für das Restguthaben beginnt erst mit der Anerkennung der Schlussabrechnung zu laufen bzw. bei Säumnis des Unternehmers in jenem Zeitpunkt, in welchem die Schlussabrechnung nach Treu und Glauben spätestens hätte vorgelegt werden müssen 110 II 176/178 ff. E. 2, 3. – *Arbeitsvertrag:* Offengelassen, ob die Verjährung einer Forderung gemäss Art. 339b (Abgangsentschädigung) vor Ende des Arbeitsverhältnisses zu laufen beginnen kann 112 II 51/57 E. c fr. Wechselrecht/Art. 1069: 120 II 53/55 E. 3d Pra 1994 (Nr. 247) 828. – *Auftrag:* Die Verjährung von Ansprüchen wegen Sorgfaltspflichtverletzung beginnt mit der Vertragsverletzung zu laufen 4A_103/2009 (27.4.09) E. 2.2.2 fr. Die Verjährung des Rechts auf Rückerstattung der in einem Konto und Depot hinterlegten Guthaben beginnt erst im Zeitpunkt der Beendigung der vertraglichen Beziehungen (Konto- und Depotvertrag) zu laufen 133 III 37/41 E. 3.2 fr. – *SchKG Art. 158:* Die Verjährung beginnt bereits mit der Ausstellung des Pfandausfallscheines und nicht erst mit der Löschung des Pfandrechtes im Grundbuch 48 II 107/108 f. E. 3.

3 ***Abs. 2*** Die Bestimmung gilt für Forderungen, die bereits bestehen und bei denen lediglich die Fälligkeit von einer einseitigen Erklärung des Gläubigers (Kündigung) abhängt (also namentlich für Darlehen ohne im Voraus bestimmte Rückzahlungstermine, die innerhalb der vereinbarten oder gesetzlichen Kündigungsfrist zurückzuzahlen sind oder gemäss Vertrag auf beliebige Aufforderung hin verfallen) Art. 318 4A_699/2011 (22.12.11) E. 4 fr., 91 II 442/451 f. E.b. Die Bestimmung bezieht sich sowohl auf Fälligkeits- wie auf Beendigungskündigungen. Forderungen, welche nach ins Belieben des Gläubigers gestellter Aufforderung zu erfüllen sind, beginnen sogleich mit ihrer Entstehung zu verjähren 122 III 10/16 f. E. 5. – Hat sich eine Partei zur Prozesshilfe verpflichtet, besteht nach dem Vertrag, solange das darin genannte Verfahren andauert, eine ruhende Verpflichtung zu noch nicht genau umrissener Prozesshilfe, die von der anderen (in casu beklagten) Partei verfahrensabhängig, soweit zweckdienlich, mehrfach konkretisiert und abgerufen, also «gekündigt» werden kann 4C.210/2001 (25.9.02) E. 5.2. – Der Anspruch auf Rückerstattung zu viel geleisteter Akontozahlungen wird mit dem Tag der Erbringung der Akontozahlung fällig und beginnt mit diesem Tag zu verjähren, soweit die zur Akontozahlung verpflichtete Vertragspartei die Fälligkeit der Rückforderung herbeiführen kann. Das ist so lange der Fall, als die Parteien nicht vereinbart haben, dass die Befugnis der berechtigten Partei zur Fälligstellung der Rückforderung bis zu einem bestimmten Zeitpunkt, z.B. bis zur Schlussabrechnung, ausgeschlossen sein soll 4C.397/2005 (1.3.06) E. 2.2.

4 ***Anwendbar*** auf die Forderung auf Rückgabe eines Darlehens. Haben die Parteien über die Rückzahlung eines Darlehens nichts vereinbart, verjährt die Forderung aus Darlehen innert zehn Jahren und sechs Wochen nach Aushändigung der Geldsumme (Art. 318 i.V.m. Art. 130 Abs. 2) 4P.333/2006 (15.3.06) E. 5.2.

5 ***Anwendbar*** auch auf eine Bürgschaftsverpflichtung für eine (in casu gemäss ZGB Art. 807) unverjährbare Schuld, wenn diese kündbar ist 50 II 401/404 f. fr.

6 ***Nicht anwendbar*** auf den Rückerstattungsanspruch des Auftraggebers (Art. 400 Abs. 1) oder Hinterlegers (Art. 475 Abs. 1). Hier beginnt die Verjährung nicht schon mit der Übergabe der Vermögenswerte an den Beauftragten bzw. Aufbewahrer, sondern

grundsätzlich erst mit der Beendigung des Vertragsverhältnisses infolge gegenseitiger Übereinkunft, Ablaufs der vereinbarten Dauer, Widerrufs oder Kündigung (Änderung der Rechtsprechung) 91 II 442/449 ff. E. 5. Keine Anwendung der Bestimmung im Wechselrecht 120 II 53/55 E. 3d Pra 1994 (Nr. 247) 828.

b. Bei periodischen Leistungen

Art. 131

[1] Bei Leibrenten und ähnlichen periodischen Leistungen beginnt die Verjährung für das Forderungsrecht im Ganzen mit dem Zeitpunkte, in dem die erste rückständige Leistung fällig war.

[2] Ist das Forderungsrecht im Ganzen verjährt, so sind es auch die einzelnen Leistungen.

Das *«Forderungsrecht im Ganzen»* ist ein in sich abgeschlossenes nutzbares Grundrecht oder Stammrecht, das die einzelnen aufschiebend bedingten Rentenansprüche gleich wie Früchte aus sich heraus hervorbringt 61 III 193/195. Für die Verjährung ist zwischen dem *«Forderungsrecht im Ganzen»* bzw. dem Stammrecht, d.h. dem Recht, die (häufig monatlich ausgerichteten) Leistungen zu erhalten, und den einzelnen Rentenleistungen zu unterscheiden. Das Stammrecht ist keine eigentliche Forderung, sondern ein Schuldverhältnis, aus dem in wiederkehrenden Zeitabständen Forderungen entstehen 5C.168/2004 (9.11.04) E. 3.1. Das Stammrecht hat keinen periodischen Charakter und verjährt gemäss Art. 127 nach Ablauf von zehn Jahren. Die *«einzelnen Leistungen»* (Art. 131 Abs. 2) dagegen stellen periodische Leistungen dar und verjähren nach Massgabe von Art. 128 Ziff. 1 und Art. 130 in fünf Jahren ab Fälligkeit. Während die Verjährungsfrist des Art. 128 Ziff. 1 schrittweise die einzelnen Teilleistungen nach fünf Jahren verjähren lässt, betrifft die Verjährungsfrist des Art. 127 nach Ablauf von zehn Jahren seit dem Tag der Fälligkeit der ersten rückfälligen Leistung (Art. 131 Abs. 1) sowohl das Stammrecht als auch jede noch nicht aufgrund von Art. 128 verjährte einzelne Leistung 124 III 449/452 E. 3b Pra 1999 (Nr. 53) 310. – Nach VVG Art. 46 Abs. 1 unterliegen nur Forderungen und damit lediglich die einzelnen Rentenforderungen aus Versicherungsvertrag der zweijährigen Verjährungsfrist, nicht aber das Schuldverhältnis (Stammrecht); für dieses gelangt vielmehr die zehnjährige Frist von Art. 127 analog zur Anwendung. Die einzelnen Rentenleistungen stellen periodische Leistungen im Sinne von Art. 131 dar; die zehnjährige Verjährungsfrist für das Stammrecht (das «Forderungsrecht im Ganzen») beginnt somit ab dem Zeitpunkt zu laufen, in welchem die erste rückständige Leistung fällig war 139 III 263/264 ff. E. 1.1 und 2 Pra 2013 (Nr. 77) 594 ff., 111 II 501/502 it., 5C.168/2004 (9.11.04) E. 3.1. 1

5. Berechnung der Fristen

Art. 132

[1] Bei der Berechnung der Frist ist der Tag, von dem an die Verjährung läuft, nicht mitzurechnen und die Verjährung erst dann als beendigt zu betrachten, wenn der letzte Tag unbenützt verstrichen ist.

[2] Im Übrigen gelten die Vorschriften für die Fristberechnungen bei der Erfüllung auch für die Verjährung.

1 *Analoge Anwendung* auf die Verwirkungsfristen 42 II 331/333 f. – *Verhältnis zu Art. 77 Abs. 1 Ziff. 3:* Art. 132 Abs. 1 und Art. 77 Abs. 1 Ziff. 3 bringen den gleichen Grundsatz zum Ausdruck; Art. 132 Abs. 2 verweist nur insoweit auf die Art. 77 ff., als die dort aufgestellten Regeln nicht bereits in Art. 132 Abs. 1 enthalten sind (keine kumulative Anwendung). Die Verjährung läuft mit dem Ende desjenigen Tages ab, der seiner Zahl nach dem Tag entspricht, an welchem sie zu laufen begonnen hat 81 II 135/137 E. 2 Pra 1955 (Nr. 164) 480 f.

2 ***Abs. 1*** Anwendungsbeispiel: 4C.363/2002 (26.2.03) E. 2 fr. (Rückgabeansprüche aus Vertragsauflösung nach Art. 109).

II. Wirkung auf Nebenansprüche

Art. 133

Mit dem Hauptanspruche verjähren die aus ihm entspringenden Zinse und andere Nebenansprüche.

1 **Zinsen.** Darunter fallen auch die Verzugszinsen, weswegen der Verzugszins für fällige Mietzinse wie Letztere nach fünf Jahren verjähren 4C.206/2001 (18.10.01) E. 7b. Analoge Anwendung dieser Verzugszinsregel im Sozialversicherungsrecht 129 V 345/346 ff. E. 4.2.1 (in casu Verzugszinse auf ausstehende AHV/IV/EO-Beiträge). – Anwendung im *Verwaltungsrecht* (in casu Rückerstattung von Wohnbausubventionen des Bundes) 93 I 666/674 E. 3, 85 I 180/184 E. 3.

Vorb. Art. 134–138

1 **Anwendung.** Nicht anwendbar auf die Verwirkungsfristen 74 II 97/100 E. 4, 104 II 357/358 E. 4a Pra 1979 (Nr. 2) 2 f. – Bei Gewährleistungsansprüchen wegen Mängeln der *Kaufsache* (Art. 205 ff.) oder des *Werkes* (Art. 371 Abs. 1) wirkt der Grund, aus dem die Verjährung für einen der dem Käufer bzw. Besteller zustehenden Ansprüche stillsteht (Art. 134) oder unterbrochen wird (Art. 135), auch mit Bezug auf die übrigen 96 II 181/184 ff. E. b Pra 1970 (Nr. 160) 519 f. – Anwendung der Bestimmungen (insbesondere Art. 135) auf die «Verjährung» der Anfechtungsklage in SchKG Art. 292 (Klarstellung der Rechtsprechung) 99 III 82/83 ff. E. 3.

2 **Einrede.** ***Einrede der Verjährung im bundesgerichtlichen Berufungsverfahren.*** Entgegen dem Wortlaut von aOG Art. 55 Abs. 1 lit. c ist die Verjährungseinrede zulässig, sofern die Verjährung des Anspruchs erst im Verfahren vor Bundesgericht eingetreten ist (die Einrede ist aber von vornherein nur zu hören, wenn auf die Berufung eingetreten werden kann) 123 III 213/219 E.c. Die verjährungsrechtlichen Regeln gelten auch im Berufungsverfahren vor Bundesgericht 123 III 213/216 E. 3.

III. Hinderung und Stillstand der Verjährung

Art. 134

[1] Die Verjährung beginnt nicht und steht still, falls sie begonnen hat:

1. für Forderungen der Kinder gegen die Eltern bis zur Volljährigkeit der Kinder;

2. für Forderungen der urteilsunfähigen Person gegen die vorsorgebeauftragte Person, solange der Vorsorgeauftrag wirksam ist;

3. für Forderungen der Ehegatten gegeneinander während der Dauer der Ehe;

3bis. für Forderungen von eingetragenen Partnerinnen oder Partnern gegeneinander, während der Dauer ihrer eingetragenen Partnerschaft;

4. für Forderungen der Arbeitnehmer, die mit dem Arbeitgeber in Hausgemeinschaft leben, gegen diesen während der Dauer des Arbeitsverhältnisses;

5. solange dem Schuldner an der Forderung eine Nutzniessung zusteht;

6. solange eine Forderung aus objektiven Gründen vor keinem Gericht geltend gemacht werden kann;

7. für Forderungen des Erblassers oder gegen diesen, während der Dauer des öffentlichen Inventars;

8. während der Dauer von Vergleichsgesprächen, eines Mediationsverfahrens oder anderer Verfahren zur aussergerichtlichen Streitbeilegung, sofern die Parteien dies schriftlich vereinbaren.

[2] Nach Ablauf des Tages, an dem diese Verhältnisse zu Ende gehen, nimmt die Verjährung ihren Anfang oder, falls sie begonnen hatte, ihren Fortgang.

[3] Vorbehalten bleiben die besondern Vorschriften des Schuldbetreibungs- und Konkursrechtes.

altArt. 134

Diese Bestimmung wurde per 1. Januar 2020 abgeändert (AS 2018 5343).

[1] Die Verjährung beginnt nicht und steht still, falls sie begonnen hat:

1. für Forderungen der Kinder gegen die Eltern bis zur Volljährigkeit der Kinder;

2. für Forderungen der urteilsunfähigen Person gegen die vorsorgebeauftragte Person, solange der Vorsorgeauftrag wirksam ist;

3. für Forderungen der Ehegatten gegeneinander während der Dauer der Ehe;

3bis. für Forderungen von eingetragenen Partnerinnen oder Partnern gegeneinander, während der Dauer ihrer eingetragenen Partnerschaft;

4. für Forderungen der Arbeitnehmer, die mit dem Arbeitgeber in Hausgemeinschaft leben, gegen diesen während der Dauer des Arbeitsverhältnisses;

5. solange dem Schuldner an der Forderung eine Nutzniessung zusteht;

6. solange eine Forderung vor einem schweizerischen Gerichte nicht geltend gemacht werden kann.

[2] Nach Ablauf des Tages, an dem diese Verhältnisse zu Ende gehen, nimmt die Verjährung ihren Anfang oder, falls sie begonnen hatte, ihren Fortgang.

[3] Vorbehalten bleiben die besondern Vorschriften des Schuldbetreibungs- und Konkursrechtes.

Allgemeines. Das Bundesrecht ordnet in Art. 134 Hinderung und Stillstand der Verjährung abschliessend 141 III 522/525 E. 2.1.3.1 Pra 2016 (Nr. 72) 684, 100 II 339/344 E. 4 Pra 1975 (Nr. 89) 262 (siehe jedoch Abs. 3). Art. 134 Abs. 1 umschreibt in den Ziffern 1–5 Fallkonstellationen, in denen die Geltendmachung der Forderung durch persönliche Be- 1 ziehungen stark erschwert und daher unzumutbar oder tatsächlich oder rechtlich unmöglich ist. Eine ähnliche Wertung liegt auch Art. 134 Abs. 1 Ziff. 6 zugrunde, der einen Stillstandsgrund bezeichnet, bei dessen Vorliegen dem Gläubiger die Durchsetzung der Forderung aus von ihm nicht zu vertretenden Gründen unmöglich ist. Subjektive, in den persönlichen Verhältnissen des Gläubigers liegende Umstände, die einer an sich möglichen Klage in der Schweiz entgegenstehen, fallen dagegen schon deshalb nicht unter diese Bestimmung, weil sie für den Schuldner oft nicht erkennbar sind 134 III 294/297 f. E. 2.1. Deswegen hemmt der Umstand, dass einem Gläubiger die Urteils- oder Handlungsfähigkeit fehlt und eine gesetzliche Vertretung nicht besteht, den Verjährungslauf nicht 5A_708/2007 (7.2.08) E. 3, 5C.122/2006 (6.10.06) E. 3.3 fr. – Die Verjährung der Forderung eines Erben gegen die Erbengemeinschaft steht nicht still, solange die Erbschaft unverteilt bleibt 71 II 219/222 Pra 1946 (Nr. 15) 33.

2 ***Abs. 1 Ziff. 3*** Die Verjährungshemmung für Forderungen von Ehegatten gegeneinander hat keinen Einfluss auf die Entstehung und Fälligkeit dieser Forderungen und steht auch der Durchsetzung und Zwangsvollstreckung nicht entgegen (141 III 49/50 E. 5.2.1).

3 ***Abs. 1 Ziff. 4*** Anwendungsbeispiele zur enger gefassten Bestimmung («Dienstboten») von aOR Art. 134 Abs. 1 Ziff. 4: 95 II 126/128 f. E. 1 Pra 1969 (Nr. 150) 508, 90 II 443/448 E. 2.

4 ***Abs. 1 Ziff. 6*** Vorausgesetzt ist, dass der Gläubiger durch objektive, von seinen persönlichen Verhältnissen unabhängige Umstände verhindert ist, in der Schweiz zu klagen (namentlich dann gegeben, wenn ein Gerichtsstand in der Schweiz fehlt) 90 II 428/435 ff. E. 6–10, 124 III 449/452 ff. E. 4 Pra 1999 (Nr. 53) 311 ff. (Präzisierung zur objektiven Unmöglichkeit einer Klage: Auf die Bestimmung kann sich auch jener Gläubiger berufen, der zwar in der Schweiz Klage erheben kann, dabei aber auf die stillschweigende Anerkennung der schweizerischen Zuständigkeit seitens des Beklagten angewiesen wäre). Die genaue Kenntnis von verarrestierbaren Vermögenswerten (Arrest und Arrestprosequierung) verbietet dem Gläubiger eine Berufung auf Art. 134 Abs. 1 Ziff. 6124 III 449/454 f. E. bb Pra 1999 (Nr. 53) 313 f. Die abstrakte Möglichkeit, sich in der Schweiz einen Gerichtsstand zu verschaffen, stellt nicht grundsätzlich einen Ausschlussgrund für die Anrufung von Art. 134 Abs. 1 Ziff. 6 dar. Andernfalls hätte es der Schuldner, der sich ins Ausland abgesetzt hat, in der Hand, durch heimliche Hinterlegung eines Vermögenswertes in der Schweiz die Fortsetzung des Verjährungslaufs herbeizuführen. Das liegt nicht in der Regelungsabsicht des Gesetzgebers. Der Gläubiger kann nicht im Sinne einer Obliegenheit gehalten sein, sich um das Auffinden von Anhaltspunkten zu bemühen oder Vorkehrungen zur Erlangung eines schweizerischen Gerichtsstandes zu treffen, wenn deren Erfolg höchst ungewiss ist. Eine derartige Anforderung an den Gläubiger scheitert an der Zumutbarkeit. Der Gläubiger darf sich in solchen Situationen darauf verlassen, dass die Verjährung mangels Belangbarkeit des Schuldners gehemmt ist oder nicht zu laufen beginnt 134 III 294/298 f. E. 2.2 (offengelassen, ob dem Gläubiger unter Umständen bei hinreichend gesicherten Anhaltspunkten zuzumuten ist, weitere Abklärungen über allenfalls in der Schweiz befindliche Vermögenswerte des Schuldners zu treffen). Offengelassen, ob die tatsächliche Unmöglichkeit (wie z.B. wegen höherer Gewalt) unter die Bestimmung falle 88 II 283/290 E.a. – Die Schwierigkeit oder Unmöglichkeit, den erforderlichen

Beweis vor einem schweizerischen Gericht zu führen, genügt nicht für die Anwendung der Bestimmung 56 II 178/182 f. E. 4 JdT 78 (1930) I 563 f. E. 4. – *Keine Anwendung* der Bestimmung auf den Fall, dass der Gläubiger noch keine Kenntnis vom Schaden hat 106 II 134/137 E. 2a Pra 1980 (Nr. 284) 742. Ebenso keine Anwendung auf den Zivilanspruch für die Dauer des Strafverfahrens; der Gläubiger hat hier die Wahl zwischen zwei schweizerischen Gerichten (in casu wurde die Verjährung trotz Klage jedoch nicht unterbrochen, weil sich der Gläubiger im Adhäsionsprozess nur ungenügend als Zivilpartei konstituiert hatte; zum Adhäsionsprozess siehe unter Art. 135 Ziff. 2/Klage) 100 II 339/344 E. 4 Pra 1975 (Nr. 89) 262. – Aktienrechtliche Verantwortlichkeit: Keine Anwendung der Bestimmung auf den Zeitraum, bis die Konkursmasse dem Gläubiger die Ansprüche gegen die verantwortlichen Organe abgetreten hat 116 II 158/163 E. 5. – *Analoge Anwendung* während eines befristet sistierten Prozessverfahrens 123 III 213/216 E. 3 (nicht aber, wenn die Parteien im Hinblick auf Vergleichsverhandlungen die Sistierung des Prozesses für unbestimmte Zeit verlangen), 130 III 202/206 E. 3.2 Pra 2004 (Nr. 161) 919 f. (die Verjährung ist gehemmt, solange der Grund, welcher die Sistierung rechtfertigt, besteht).

Abs. 3 Weitere Sondervorschriften (wie z.B. ZGB Art. 586 Abs. 2, aLEG Art. 28 und aEGG Art. 31) gehen der Bestimmung vor 90 II 428/439. 5

IV. Unterbrechung der Verjährung

Vorb. Art. 135–136

Analoge Anwendung auf die Verwirkung. Die Vorschriften über die Unterbrechung der Verjährung sind auf die Umschreibung der verwirkungsunterbrechenden Handlungen nur analog anwendbar, kommt es doch bei der Feststellung, ob der Kläger jene Handlung vorgenommen hat, die man zur Wahrung seines Rechtes von ihm erwartet, auf Wortlaut und Zweck der Norm an, die ihm die Klageerhebung vorschreibt 110 II 387/389 f. E. b Pra 1985 (Nr. 11) 34. Eine Verwirkungsfrist kann nicht gemäss Art. 135 unterbrochen werden 119 II 429/432 E. b Pra 1994 (Nr. 273) 912, ferner 119 II 434/435 E. 2a Pra 1994 (Nr. 274) 915. – Siehe auch unter Art. 135 Ziff. 2/Klage/Begriff. 1

Weiteres. Die zehnjährige Verjährungsfrist kann unterbrochen werden, da es sich bei dieser – beruhe sie auf Art. 127, 60 Abs. 1 oder 67 Abs. 1 – nicht um eine absolute Frist handelt 123 III 213/219 E. 6a. 2

1. Unterbrechungsgründe

Art. 135

Die Verjährung wird unterbrochen:

1. **durch Anerkennung der Forderung von seiten des Schuldners, namentlich auch durch Zins- und Abschlagszahlungen, Pfand- und Bürgschaftsbestellung;**
2. **durch Schuldbetreibung, durch Schlichtungsgesuch, durch Klage oder Einrede vor einem staatlichen Gericht oder einem Schiedsgericht sowie durch Eingabe im Konkurs.**

▪ Ziff. 1 Anerkennung (4) ▪ Ziff. 2 Allgemeines (10) ▪ Anwendbarkeit (12) ▪ Schuldbetreibung (13) ▪ Klage (17) ▪ Schlichtungsgesuch (22)

1 Unterbrochen werden kann nur die laufende, nicht aber die bereits eingetretene Verjährung 122 III 10/19 E. 7. – Die Verjährung *öffentlich-rechtlicher Ansprüche* kann auch dann unterbrochen werden, wenn das Gesetz dies nicht vorsieht; vorausgesetzt ist, dass der Anspruch in geeigneter Weise geltend gemacht wird 85 I 180/184.

2 Eine Verwirkungsfrist kann nicht gemäss Art. 135 unterbrochen werden 119 II 429/432 E. b Pra 1994 (Nr. 273) 912, ferner 119 II 429/435 E. 2a Pra 1994 (Nr. 274) 915, vgl. auch Pra 2000 (Nr. 107) 632. Wahrung einer öffentlich-rechtlichen Verwirkungsfrist 133 V 570/582 E. 4 (ATSG Art. 25 Abs. 2).

3 Gelangt nach Art. 60 Abs. 2 oder SVG Art. 83 Abs. 1 die «längere Verjährung» des Strafrechts zur Anwendung, löst die Unterbrechung der Verjährung nach Art. 135 eine neue Frist in Höhe der ursprünglichen längeren Dauer aus. Dies gilt jedenfalls so lange, als die verjährungsunterbrechende Handlung im Sinne von Art. 135 noch vor Eintritt der strafrechtlichen Verfolgungsverjährung erfolgt. In diesem Falle verlängert sich die zivilrechtliche Verjährungsfrist um die volle ursprüngliche Dauer unabhängig davon, ob die strafrechtliche Verfolgungsverjährung während des Laufes der neuen Frist eintritt 127 III 538/541 f. E. c und d. Demgegenüber vermögen Handlungen im Sinne von Art. 135 oder 138, welche nach Eintritt der strafrechtlichen Verfolgungsverjährung (in casu gemäss StGB aArt. 70 Abs. 3 i.V.m. aArt. 72 Ziff. 2 Abs. 2) erfolgen, lediglich die zivilrechtliche Verjährungsfrist auszulösen 135 V 74/78, 131 III 430/435 E. 1.4.

4 ***Ziff. 1*** **Anerkennung. *Allgemeines.*** Zur Anerkennung genügt es, dass der Schuldner ausdrücklich oder durch konkludentes Verhalten (vgl. auch 121 III 270/272 E. c Pra 1996 [Nr. 81] 236; in casu Werkvertrag) seiner Meinung Ausdruck gibt, die *Schuld bestehe* noch (blosse *Wissenserklärung*) 57 II 583/583 f., 4A_276/2008 (31.7.08) E. 4 (mit der Präzisierung, dass auch der Inhalt einer Wissenserklärung nach den für Willenserklärungen geltenden Grundsätzen zu ermitteln ist). Jedes Verhalten des Schuldners, das vom Gläubiger nach Treu und Glauben im Verkehr als Bestätigung seiner rechtlichen Verpflichtung aufgefasst werden darf, gilt als Anerkennung gemäss Art. 135 Ziff. 1. Die Anerkennung setzt keinen auf Verjährungsunterbrechung gerichteten Willen voraus 134 III 591/594 E. 5.2.1, 119 II 368/378 E.b. Für die Unterbrechung der Verjährung genügt es, dass der Schuldner erklärt, unter gewissen Voraussetzungen zur Leistung weiterer Zahlungen bereit zu sein und somit das Bestehen einer Restschuld nicht ausschliesst. Dass er über deren Höhe im Ungewissen ist, schadet nicht, denn die Anerkennung der grundsätzlichen Schuldpflicht genügt. Sie braucht sich nicht auf einen bestimmten Betrag zu beziehen. Für eine verjährungsunterbrechende Anerkennung genügt somit die dem Gläubiger erklärte Bereitschaft, für den Fall des Bestehens einer unbestimmten, aber bestimmbaren (Rest-)Forderung, diese zu begleichen 4A_276/2008 (31.7.08) E. 4, 4A_289/2008 (1.10.08) E. 5.2.1. Stehen dem Gläubiger mehrere Forderungen gegen den Schuldner zu (wie z.B. periodisch oder in zeitlicher Abfolge fällige Forderungen), ist eine hinreichende Individualisierung der anerkannten Schuld erforderlich, damit ersichtlich ist, auf welche Forderung sich die Anerkennung bezieht. Dabei genügt aber, dass die Forderungen bestimmbar sind. Insbesondere ist es zulässig, dass der Schuldner sämtliche zu einem gewissen Zeitpunkt ausstehende Forderungen (in casu Verzugszinsforderungen) anerkennt 4C.206/2001 (18.10.01)

E. 7c/aa. Die Anerkennung der *grundsätzlichen Schuldpflicht* genügt, sie braucht sich nicht auf einen bestimmten Betrag zu beziehen; somit ist nicht notwendig, dass der Schuldner die genaue Höhe seiner Schuld kennt (in casu Werkvertrag/SIA-Norm 118 [Ausgabe 1962]: Erklärt der Besteller, dass er bis zum Eintreffen der Bauabrechnung und der Erledigung bestimmter Reparaturarbeiten keine weiteren Zahlungen mehr leisten werde, so liegt darin eine Anerkennung der [Werklohn-]Forderung im Sinne der Bestimmung, auch wenn er in diesem Zeitpunkt den genauen Betrag seiner Restschuld nicht kannte) 110 II 176/179 ff. E. 3, 119 II 368/378 E. a, vgl. auch 4A_111/2018 (5.10.18) E. 5.2 (Mitwirkung an einem technischen Gutachten ist noch keine Schuldanerkennung). Dass der tatsächlich geschuldete Betrag noch nicht feststeht oder strittig ist, steht einer Anerkennung nicht entgegen. Auch eine grundsätzliche Anerkennung der Schuld unter gleichzeitiger Bestreitung eines bestimmten Betrages wirkt als verjährungsunterbrechende Schuldanerkennung 134 III 591/594 E. 5.2.2. Betreffend die Abgrenzung zur Anerkennung im Sinne des Art. 137 Abs. 2 4C.60/2002 (16.5.02) E. 1.3. – *Beispiele:* Erklärt sich ein Unternehmer damit einverstanden, Nachbesserungsarbeiten auszuführen, oder beginnt er mit der verlangten Mängelbeseitigung, unterbrechen solche Arbeiten die Verjährung. Keine Anerkennung liegt dagegen vor, wenn der Unternehmer die Mängelbeseitigung «aus Kulanz» oder unter Bestreitung seiner Haftung vornimmt. Keine Anerkennungshandlung ist auch die Erklärung, «der Sache nachzugehen» oder sie vorsorglich der Versicherung anzumelden 4A_111/2018 (5.10.18) E. 5.2.

Hemmung der Verjährung trotz fehlender Anerkennung. Eine Anerkennungserklärung, die den Anforderungen an eine Schuldanerkennung nicht genügt oder vom Schuldner wegen Willensmängeln angefochten wird, vermag die Verjährung nicht zu unterbrechen, auch wenn sie geeignet ist, den Gläubiger von der Geltendmachung seiner Ansprüche abzuhalten. Allerdings wird der Gläubiger in seinem berechtigten Vertrauen geschützt, indem die Verjährung so lange gehemmt ist, bis er erkennen kann, dass die vermeintliche Schuldanerkennung mit Mängeln behaftet ist 4C.206/2001 (18.10.01) E. 7c/bb. 5

Adressat. Die Anerkennung kann nur in einer Erklärung an den Gläubiger oder dessen Vertreter bestehen 4A_276/2008 (31.7.08) E. 4, 90 II 428/442 E. 11. 6

Verjährungsunterbrechende Handlungen, wenn der Schuldner Akontozahlungen leistet, ohne das Bestehen einer Restschuld auszuschliessen 137 III 481/486 E. 2.7, 134 III 591/595 E. 5.2.3; wenn der Schuldner Gegenforderungen zur Verrechnung stellt 78 II 243/255 E. d (in 110 II 176/180 wurde offengelassen, ob eine Unterbrechungswirkung dann zu verneinen sei, wenn der Gläubiger die Verrechnung zurückweist oder die Forderung durch die Verrechnung mit den Gegenforderungen vollständig getilgt wird, da in casu der Schuldner zugleich mit der Verrechnungserklärung gegenüber dem Gläubiger zu erkennen gab, dass er die Schuld nicht für vollständig getilgt hielt). – Die Wirkungen einer Stundungsvereinbarung sind die gleichen wie diejenigen der verjährungsunterbrechenden Handlungen 65 II 232/232 f. fr., 89 II 26/29 f. fr. Rechtsschutzversicherung: Die Anerkennung der Leistungspflicht (Kostengutsprache) für die aussergerichtliche Erledigung unterbricht die Verjährung auch für die Ansprüche des Versicherten auf Leistung für die nachfolgende gerichtliche Geltendmachung des gleichen Rechtsanspruchs 119 II 368/378 E. a, 119 II 468/470 E. c Pra 1994 (Nr. 228) 751. 7

8 ***Keine verjährungsunterbrechenden Handlungen.*** Die Verbuchung von Zinsen, wenn der Wille des Schuldners, die Schuld anzuerkennen, von Anfang an nicht bestanden hat (in casu Scheinliberierung von Aktien) 102 II 353/358 E. c Pra 1977 (Nr. 66) 164; die Aufforderung des Gläubigers zur Anerkennung (in casu durch das Zustellen von Rechnungsauszügen) 53 II 336/341 E. 2.

9 ***Weiteres.*** Unterbrochen werden kann nur die laufende, nicht aber die bereits eingetretene Verjährung; das gilt auch für die schuldnerseitige Unterbrechung durch Anerkennung: Eine spätere Anerkennung der Forderung kann höchstens als neue Schuldbegründung oder als Einredeverzicht Bedeutung erlangen (in casu verneint) 122 III 10/19 f. E. 7.

10 *Ziff. 2* **Allgemeines.** Für die Unterbrechung der Verjährung genügt ein Tätigwerden (Betreibung, Klage, Einrede vor Gericht, Eingabe im Konkurs, Begehren um amtlichen Sühneversuch) *des Trägers des von der Verjährung bedrohten Anspruches* (keine verjährungsunterbrechende Wirkung hat somit z.B. das Begehren des *Schuldners* um Vorladung zu einem amtlichen Sühneversuch 59 II 382/385); nicht notwendig ist die Verfügung einer Amtsstelle 65 II 166/167. Die Liste der Unterbrechungshandlungen des Gläubigers in Art. 135 Ziff. 2 ist abschliessend 132 V 404/407 E. 4.1 Pra 2007 (Nr. 145) 976, 4C.296/2003 (12.5.04) E. 3.4 fr. Damit die in Ziff. 2 aufgezählten Handlungen die Verjährung unterbrechen, ist erforderlich, dass sie vom Forderungsgläubiger ausgehen und gegen den richtigen Schuldner gerichtet sind; das Risiko, dass die Verjährung infolge Klage gegen den falschen Schuldner nicht unterbrochen wird, trägt der Gläubiger 114 II 335/336 f. E. a (in casu Ladung zu einem amtlichen Sühneversuch: eine fehlerhafte Parteibezeichnung ist unschädlich, wenn keine Zweifel an der wahren Identität der Partei bestehen). – *Prozesshandlungen Dritter:* Geht die Handlung nicht vom Gläubiger, sondern von einem nicht berechtigten Dritten aus, rechtfertigt es sich, die Unterbrechungswirkung ebenfalls eintreten zu lassen, sofern der Schuldner nach dem Vertrauensprinzip erkennen kann, um welche Forderung es geht. Auch in diesem Fall hat der Schuldner nämlich die Möglichkeit, sich auf die Situation einzustellen, sodass er nicht in seinen schutzwürdigen Interessen verletzt wird, wenn trotz der fehlenden Berechtigung des Dritten der Eintritt der Verjährungsunterbrechung bejaht wird 4C.185/2005 (19.10.06) E. 3.2 (in casu verjährungsunterbrechende Wirkung einer Betreibung von der Stockwerkeigentümergemeinschaft statt von den aktivlegitimierten Stockwerkeigentümern), 4C.363/2006 (13.3.06) E. 4.2 und 4.3 (in casu keine verjährungsunterbrechende Wirkung von Betreibungen einer juristischen Person, die erst später, nach Kollokation ihrer Forderung und nach Verzicht der Konkursmasse aktivlegitimiert wurde).

11 ***Umfang der Verjährungsunterbrechung.*** Die Wirkung der Verjährungsunterbrechung tritt nur in dem Umfang ein, in dem der Gläubiger den staatlichen Zwangsapparat in Anspruch nimmt 4C.139/2006 (15.8.06) E. 2.2.

12 **Anwendbarkeit.** Die Bestimmung kann insoweit auf die *Ungültigkeitsklage* (ZGB Art. 521) und die *Herabsetzungsklage* (ZGB Art. 533) nicht angewendet werden, als sie eine Unterbrechung der Verjährung durch andere Mittel als durch gerichtliche Klage oder Einrede vor Gericht vorsieht; die Ladung zu einem amtlichen Sühneversuch genügt nur, wenn die Voraussetzungen gegeben sind, unter denen nach der Rechtsprechung des Bundesgerichtes die Anrufung des Sühnebeamten als Klageanhebung gelten kann 86 II 340/345. – In casu analoge Anwendung der Bestimmung auf die Erklärung des Schuld-

ners, sich während eines Jahres nicht auf die Verjährung berufen zu wollen 112 II 231/233 E. bb Pra 1987 (Nr. 65) 231.

Schuldbetreibung. Für die Verjährung der Nachbesserungsforderung (Art. 368 Abs. 2) ist die Unterbrechung durch Schuldbetreibung irrelevant, weil diese Forderung nicht auf dem Betreibungsweg geltend gemacht werden kann 4C.258/2001 (5.9.02) E. 4.1.2. Nicht nötig ist, dass ein Zahlungsbefehl zugestellt wird, sondern es genügt, ein *Betreibungsbegehren* einzureichen, das den wesentlichen Anforderungen des SchKG genügt (in casu Wechselbetreibung Art. 1070) 104 III 20/22 E. 2 Pra 1978 (Nr. 79) 182 f., auch wenn die Zustellung des Zahlungsbefehls unterbleibt 101 II 77/80 f. E. c, vgl. auch 114 II 261/262 E.a. Zur Frage der fehlerhaften Schuldnerbezeichnung 114 II 335/337. – Der *Arrest* ist der Schuldbetreibung grundsätzlich gleichzustellen 41 III 315/322. 13

Mangelhafte Betreibung. Die an einem unzuständigen Ort angehobene Betreibung hat nur dann verjährungsunterbrechende Wirkung, wenn der Zahlungsbefehl dem Schuldner zugestellt und nicht infolge Beschwerde aufgehoben wird (in casu erhob der Schuldner lediglich Rechtsvorschlag) 83 II 41/50 E. 5. – Wird die Betreibung durch drei Gläubiger gemeinsam eingeleitet, obwohl ihr Miteigentum keine gemeinsame Schadenersatzforderung begründet, so hat der Zahlungsbefehl selbst dann verjährungsunterbrechende Wirkung, wenn er nachträglich wegen dieses Formmangels aufgehoben wird 74 II 193/195 f. E. 1. – Keine verjährungsunterbrechende Wirkung hat ein nichtiges Betreibungsbegehren (in casu ungenügende Gläubigerbezeichnung); offengelassen, ob in diesem Fall Art. 139 analog zur Anwendung kommt 71 II 147/154 f. E. a, 71 III 170/172 E. 1. 14

Betreibungssumme. Die Verjährung wird nur für die Betreibungssumme unterbrochen (5A_741/2013 [3.4.14] E. 5.1 fr., 4C.139/2006 [15.8.06] E. 2.2), nicht aber für eine Mehrforderung, auch wenn sie aus dem gleichen Rechtsgrund entstanden ist; eine zu viel geforderte Zinsleistung kann nicht auf Kapital umgerechnet und so der Verjährung ein entsprechender Kapitalbetrag entzogen werden (SchKG Art. 67 Ziff. 3) 70 II 85/92 f. E. 3. Die Unterbrechungswirkung ausschliesslich auf den in Betreibung gesetzten Betrag gilt selbst dann, wenn der Gläubiger in einem Zeitpunkt unterbrechen muss, in dem das Schadensausmass noch nicht bestimmbar ist 119 II 333/339 f. E. 1 Pra 1994 (Nr. 138) 459 ff. – Durch Betreibung für einen Teilbetrag wird die Verjährung nur für diesen Teil unterbrochen 60 II 199/203 f. 15

Negative Feststellungsklage des Betriebenen. Wird ein (angeblicher) Schuldner mittels Betreibung belangt, ist sein schutzwürdiges Interesse an der Feststellung des Nichtbestands der Forderung grundsätzlich zu bejahen, ohne dass er konkret nachweisen muss, dass er wegen der Betreibung in seiner wirtschaftlichen Bewegungsfreiheit empfindlich beeinträchtigt wird. Anders verhält es sich nur dann, wenn die Betreibung nachweislich einzig zur Unterbrechung der Verjährung eingeleitet werden musste, weil der Betriebene die Unterzeichnung einer Verjährungsverzichtserklärung verweigert hatte und die Forderung vom (angeblichen) Gläubiger aus triftigen Gründen nicht sofort im vollen Umfang gerichtlich geltend gemacht werden kann (141 III 68/70 ff. E. 2; anders (nämlich strenger) noch 120 II 20/22 ff. E. 3, 110 II 352/357 ff. E. 2). 16

Klage. ***Begriff.*** Der Begriff der Klageerhebung im Sinne der Bestimmung ist ein solcher des Bundesrechts und nicht vom Begriff der Prozesseinleitung nach kantonalem Recht abhängig; es handelt sich um die prozesseinleitende oder -vorbereitende Handlung 17 des Klägers, mit welcher er zum ersten Mal in bestimmter Form den Richter anruft, um Anerkennung oder Schutz des von ihm erhobenen Anspruchs zu erlangen 110 II 387/389 E. 2a Pra 1985 (Nr. 11) 34, 118 II 479/487 E. 3, und ihn dadurch verpflichtet, das Verfahren durchzuführen 41 III 300/303. Die Einreichung des Schlichtungsgesuchs begründet die Rechtshängigkeit (ZPO Art. 62). Diese ist massgeblich für die Wahrung gesetzlicher Fristen des Privatrechts (ZPO Art. 64 Abs. 2), und damit auch für die Unterbrechung der Verjährung durch Schlichtungsgesuch i.S.v. Art. 135 Ziff. 2 (140 III 561/565 E. 2.2.2.4 Pra 2015 [Nr. 65] 508). Die Rechtshängigkeit dauert an bis zur Rechtskraft des Nichteintretensentscheids. Die Wirkungen gemäss ZPO Art. 64 treten jedoch zunächst nicht ein, sondern nur und erst – dann jedoch rückwirkend – wenn die Eingabe der zuständigen Instanz gemäss ZPO Art. 63 wieder eingereicht wird. ZPO Art. 63 bezieht sich sowohl auf die örtliche als auch auf die sachliche Zuständigkeit 4A_592/2013 (4.3.13) E. 3.2. Nicht nur eine Leistungsklage, sondern auch eine Klage auf Feststellung einer bestimmten Forderung kann die Verjährung unterbrechen 133 III 675/679 E. 2.3.2 Pra 2008 (Nr. 65) 435, 119 II 468/471 E. 2c Pra 1994 (Nr. 228) 751, 111 II 358/364 E. 4a, 4A_543/2013 (13.2.14) E. 4.2 fr. – Erforderlich ist, dass die Klage vom Gläubiger oder einem bevollmächtigten Vertreter erhoben wird (massgebend ist der französische Gesetzestext) 111 II 358/364 f. E. 4a (in casu keine Unterbrechung der Verjährung durch die Klage von Arbeitnehmerverbänden für einen einzelnen Arbeitnehmer gegen seinen Arbeitgeber). Wird eine Forderung zediert, bewirkt die Zession an sich keine Verjährungsunterbrechung. Ebenso wenig unterbricht die Anzeige der Zession an den Schuldner die Verjährung. Dafür geht die Möglichkeit, die Verjährung mittels gerichtlicher Geltendmachung zu unterbrechen, nach erfolgter (wirksamer) Zession auf den Zessionar über, da nunmehr dieser dazu aktivlegitimiert ist 4C.363/2002 (26.2.03) E. 2.2.1 fr., 4C.296/2003 (12.5.04) E. 3.4 fr. – Der (formelle) Begriff der verjährungsunterbrechenden Klageerhebung ist weit zu fassen: Eine rein fakultative Rechtsvorkehr (in casu vorsorgliche Anrufung des Einzelrichters) genügt, wenn dabei die materiellen Voraussetzungen einer Klage erfüllt sind (in casu bejaht) 59 II 401/407, vgl. 110 II 387/389 E. 2a Pra 1985 (Nr. 11) 34; keine verjährungsunterbrechende Wirkung haben vorsorgliche Massnahmen zur Sicherung eines Anspruches (wie Augenschein oder Expertise), die lediglich beweissichernden Charakter haben, aber nicht eine Geltendmachung des Anspruchs als solchen in sich schliessen 59 II 401/408, 4C.296/2003 (12.5.04) E. 3.4 fr.; vorsorgliche Beweisaufnahme 93 II 498/503 f. Pra 1968 (Nr. 115) 418, 131 III 61/69 E. 3.1.2 fr. – Die Begriffsbestimmung (einschliesslich jene der «Ladung zum amtlichen Sühneversuch») gilt auch für die Spezialgesetze, wenn sie zur Unterbrechung der Verjährung die Erhebung der Klage voraussetzen 44 II 283/286. – Für die *Verwirkung* gilt derselbe Begriff der Klageerhebung wie im Rahmen von Art. 135 Ziff. 2110 II 387/390 E. b, c Pra 1985 (Nr. 11) 34 (in casu offengelassen, ob eine Verwirkungsfrist durch ein dem Prozess vorausgehendes Begehren um vorsorgliche Massnahmen gewahrt werden kann, da es an der Identität der Anträge im Massnahmebegehren und in der Hauptklage fehlte) 133 V 579/583 E. 4.3.1 (in casu ATSG Art. 25 Abs. 2).

18 ***Klagesumme.*** Die Klage unterbricht die Verjährung nur in Höhe des eingeklagten Betrages 133 III 675/679 E. 2.3.2 Pra 2008 (Nr. 65) 435, 122 III 195/203 Pra 1996 (Nr. 208) 810. *Bei Geldforderungen:* Macht der Gläubiger seine Forderung klageweise geltend, wird die Verjährung nur im Umfang der angegebenen Summe unterbrochen. Will der Gläubiger, der die genaue Summe seiner Forderung noch nicht kennt, seinen An-

spruch vor der Verjährung schützen, muss er entweder die Verjährung für den höchstmöglichen Betrag, der in Betracht kommt, unterbrechen oder eine Unterbrechungshandlung vornehmen, welche die Nennung eines Geldbetrages nicht erfordert, wie eine unbezifferte Forderungsklage nach Art. 42 Abs. 2 oder eine auf Feststellung einer bestimmten Forderung lautende Klage 133 III 675/679 E. 2.3.2 Pra 2008 (Nr. 65) 435. *Unbezifferte Klage:* Reicht der Kläger (zulässigerweise) eine unbezifferte Forderungsklage ein (Art. 42 Abs. 2), unterbricht diese die Verjährung für den gesamten nicht bezifferten Betrag und nicht nur für den nach ZPO Art. 85 Abs. 1 Satz 2 anzugebenden Mindestwert 4A_543/2013 (13.2.14) E. 4 fr., 126 II 97/101 E. 2d. *Klageerweiterung:* Wird der eingeklagte Betrag dann im Laufe des Prozesses durch (prozessual zulässige) Erweiterung des Klagebegehrens ausgedehnt, so gilt hinsichtlich des erweiterten Teils der Klage bzw. des erhöhten Klagebetrages, dass dieser erst mit der Klageerweiterung als angehoben gilt, womit die Verjährung für diesen Betrag erst in diesem Zeitpunkt unterbrochen wird 122 III 195/203 E. 9c fr.

Zinsforderungen. Verjährungsunterbrechend wirkt die Klage auf Leistung einer fälligen Zinsforderung nur für diese, nicht auch für das Kapital. Dass der Zins rechtlich von der Hauptforderung abhängt, bedeutet umgekehrt nicht, dass die Hauptforderung zu den Zinsen akzessorisch wäre. Dass sodann der Bestand der Kapitalforderung im Prozess vorfrageweise abzuklären ist, um die eingeklagten Zinsen beurteilen zu können, macht diese Kapitalforderung entgegen der Ansicht der Beklagten nicht zum Gegenstand des Prozesses oder des richterlichen Urteils im Sinne von Art. 137 Abs. 2 4C.139/2006 (15.8.06) E. 2.2. 19

Adhäsionsprozess. Indem der Geschädigte erklärt, zivilrechtliche Ansprüche im Strafverfahren adhäsionsweise geltend machen zu wollen, wird die Zivilklage rechtshängig und die Verjährung wird unterbrochen (StPO Art. 122 Abs. 3 i.V.m. Art. 119 Abs. 2 lit. b sowie OR Art. 135 Ziff. 2) 6B_321/2014 (7.7.14) E. 1.3. Untersuchungshandlungen der Strafverfolgungsbehörden dagegen unterbrechen in jedem Fall lediglich die (Verfolgungs-)Verjährung des Strafanspruchs des Staates, nicht aber jene der Ansprüche aus Zivilrecht 124 IV 49/51 E.c. Keine Unterbrechung der Verjährung, wenn der Geschädigte im Strafverfahren bloss verlangt, dass «seine Rechte vorbehalten bleiben sollen» 4C.184/2006 (9.1.07) E. 3. 20

Weiteres. Es genügt, wenn die Klage vor Fristablauf der Post übergeben wird 49 II 38/41 f., 114 II 261/262 E. a, 4C.364/2001 (19.7.02) E. 3.2.2 fr. (in casu eine Widerklage). – Wird die Klage wegen einer fehlenden Eintretensvoraussetzung (z.B. fehlende örtliche oder sachliche Zuständigkeit) zurückgewiesen, so erwächst dem Kläger keine neue Verjährungsfrist (Art. 137 Abs. 1), sondern nur eine Nachfrist von sechzig Tagen (Art. 139), falls unterdessen die Verjährung eingetreten ist 85 II 504/509 f. E. b, 130 III 202/210 E. 3.3.2 Pra 2004 (Nr. 161) 923 f. – Die nach kantonalem Prozessrecht zulässige Geltendmachung einer Widerklage beim Aussöhnungsversuch hat verjährungsunterbrechende Wirkung 59 II 382/385 f., 130 III 202/211 E. 3.3.2 Pra 2004 (Nr. 161) 923 f. – Die Streitverkündung genügt, wenn sie die wesentlichen Elemente einer Klage enthält (bejaht bezüglich der Tessiner Zivilprozessordnung, wonach die Streitverkündung zwischen den beiden durch die Verkündung betroffenen Parteien einen Prozess auslöste) 50 II 9/11 f. JdT 72 (1924) I 248 f. – Den Kantonen steht es frei, für die prozessuale Rechtsgültigkeit der Klage über den bundesrechtlichen Klagebegriff hinausgehende Voraussetzungen zu verlangen, doch können diese die verjährungsunterbrechende Wirkung nicht beeinflus- 21 sen (in casu verstiess ein Rechtsanwalt nur gegen eine kantonale Prozessvorschrift, als er es unterliess, der Klage die Vollmacht seines Klienten beizulegen) 46 II 87/89.

22 **Schlichtungsgesuch.** Es genügt die *Stellung des Begehrens* um Ladung zu einem amtlichen Sühneversuch (Postaufgabe) 4C.218/2003 (28.10.03) E. 3.3, 65 II 166/166 ff. Das gilt unter Vorbehalt des Rechtsmissbrauchs auch dann, wenn die Ladung zur Sühneverhandlung auf Gesuch des Ansprechers einstweilen unterbleiben soll 114 II 261/263 E.b. Somit ist weder vorausgesetzt, dass der Schuldner vom Sühnebegehren Kenntnis erhält, noch kann es darauf ankommen, ob innert angemessener Frist vorgeladen wird oder ob die Vorladung aus irgendwelchen Gründen einstweilen unterbleibt. Selbst dann bleibt es bei der Unterbrechung, wenn das Begehren nachträglich zurückgezogen wird 114 II 261/262 E.a. Eine fehlerhafte Parteibezeichnung ist unschädlich, wenn keine Zweifel an der wahren Identität der Partei bestehen 114 II 335/337. – Findet die Sühneverhandlung vor einem *örtlich unzuständigen Beamten* statt, so hat sie dennoch verjährungsunterbrechende Wirkung, wenn sich der Beklagte ohne Weiteres darauf einlässt und nach dem kantonalen Prozessrecht der Aussöhnungsversuch keinen Bestandteil des eigentlichen Prozessverfahrens darstellt, sondern lediglich eine Art Vorverfahren 52 II 208/212 ff. E. 2. Die Ladung zur Sühneverhandlung vor dem sachlich unzuständigen Sühnerichter unterbricht die Verjährung nicht 132 V 404/408 ff. Pra 2007 (Nr. 145) 976 ff. – Die Ladung zum Sühneversuch vermag von Bundesrechts wegen die Verjährung nur zugunsten des jeweiligen Klägers zu unterbrechen, jedoch nicht auch zugunsten des Beklagten für allfällige Gegenforderungen, die erst später geltend gemacht werden 107 II 50/53 E. b (in casu verjährte Widerklage). – Die Frage, ob eine im Begehren um Ansetzen einer Sühneverhandlung noch nicht genannte Person in der Weisung als Klägerin aufgeführt werden darf, betrifft allein kantonales Prozessrecht und nicht das (bundesrechtliche) Verjährungsrecht, dessen Anwendung im Berufungsverfahren nicht beanstandet werden kann 4C.185/2005 (19.10.06) E. 3.1.

2. Wirkung der Unterbrechung unter Mitverpflichteten

Art. 136

1 Die Unterbrechung der Verjährung gegen einen Solidarschuldner oder den Mitschuldner einer unteilbaren Leistung wirkt auch gegen die übrigen Mitschuldner, sofern sie auf einer Handlung des Gläubigers beruht.

2 Ist die Verjährung gegen den Hauptschuldner unterbrochen, so ist sie es auch gegen den Bürgen, sofern die Unterbrechung auf einer Handlung des Gläubigers beruht.

3 Dagegen wirkt die gegen den Bürgen eingetretene Unterbrechung nicht gegen den Hauptschuldner.

4 Die Unterbrechung gegenüber dem Versicherer wirkt auch gegenüber dem Schuldner und umgekehrt, sofern ein direktes Forderungsrecht gegen den Versicherer besteht.

altArt. 136

Diese Bestimmung wurde per 1. Januar 2020 abgeändert (AS 2018 5343).

[1] Die Unterbrechung der Verjährung gegen einen Solidarschuldner oder den Mitschuldner einer unteilbaren Leistung wirkt auch gegen die übrigen Mitschuldner.

[2] Ist die Verjährung gegen den Hauptschuldner unterbrochen, so ist sie es auch gegen den Bürgen.

[3] Dagegen wirkt die gegen den Bürgen eingetretene Unterbrechung nicht gegen den Hauptschuldner.

Abs. 1 Die Bestimmung hat ausgesprochenen *Ausnahmecharakter* und erscheint wenig begründet und unbillig: keine ausdehnende Auslegung 104 II 225/231 ff. E.b. – Anwendbar nur bei *echter Solidarität,* somit nicht bei blosser Anspruchskonkurrenz (Ausnahme SVG Art. 83 Abs. 2) 106 II 250/253 f. E. 3 Pra 1981 (Nr. 35) 76, 115 II 42/46, 127 III 257/264 E. 6a. – Haften mehrere Solidarschuldner (zwar für die gleiche Forderung, aber) *nicht für den gleichen Betrag,* so unterbricht die Handlung, die sich nur gegen einen von ihnen richtet, die Verjährung auch gegenüber den andern, jedoch bloss für jenen Betrag, für den der belangte Schuldner haftet 106 II 250/253 f. E. 3 Pra 1981 (Nr. 35) 76. – Ein Unterbrechungsakt wirkt gegen alle Schuldner, auch wenn sie *verschiedenen Verjährungsfristen* unterstehen, jedoch nur insoweit, als diese Fristen im Einzelnen noch nicht abgelaufen sind 22 493. – Die gegen einen der Solidarschuldner im Sinne von SVG Art. 60 Abs. 1 unterbrochene Verjährung ist, übereinstimmend mit Art. 136 Abs. 1 (anwendbar aufgrund des Verweises in SVG Art. 83 Abs. 4), auch gegen alle anderen unterbrochen, was auch immer die Natur des geltend gemachten Schadens ist (in casu unter anderem Genugtuung) 116 II 645/651 Pra 1991 (Nr. 45) 223. 1

Anwendbar auf die Haftung des *Kollektivgesellschafters:* Die gegen die Gesellschaft wirkenden Unterbrechungsgründe wirken auch für den nicht ausgeschiedenen Gesellschafter (Art. 568 und 593) 83 II 41/50 ff. E. 6. 2

Der Bestimmung gehen Ausnahmeregelungen wie z.B. Art. 593 oder Art. 1071 vor 69 II 162/167 E. 1 Pra 1943 (Nr. 109) 284. 3

Abs. 2 Die Bürgschaftsforderung verjährt unabhängig von der Hauptforderung 29 II 254/258 fr. – Zahlt der Hauptschuldner einer unverjährbaren Forderung (in casu Grundpfandverschreibung ZGB Art. 807) Zinsen, so hat dies verjährungsunterbrechende Wirkung auch gegenüber dem Bürgen (in casu Solidarbürgschaft) 50 II 401/405 fr. 4

3. Beginn einer neuen Frist a. Bei Anerkennung und Urteil

Art. 137

[1] Mit der Unterbrechung beginnt die Verjährung von neuem.

[2] Wird die Forderung durch Ausstellung einer Urkunde anerkannt oder durch Urteil des Richters festgestellt, so ist die neue Verjährungsfrist stets die zehnjährige.

Abs. 1 Die Verjährung beginnt von Neuem, und zwar mit ihrer *ursprünglichen* Dauer 111 II 429/441 it., 121 III 270/272 E. c Pra 1996 (Nr. 81) 236 (in casu Werkvertrag). Im An- 1 wendungsbereich des Art. 60 Abs. 2 (längere strafrechtliche Verjährungsfrist) bewirkt die Unterbrechung der Verjährung den Beginn einer neuen Frist. Deren Dauer macht das Bundesgericht vom Zeitpunkt der verjährungsunterbrechenden Handlung abhängig: Erfolgt diese vor dem Ablauf der strafrechtlichen Verjährungsfrist, entspricht die Dauer der neuen Frist wiederum derjenigen des Strafrechts. Ist im Zeitpunkt der Unterbrechung der Verjährung die strafrechtliche Verfolgungsverjährung bereits eingetreten, richtet sich die Dauer der neuen Frist nach Art. 60 Abs. 1 135 V 74/78 E. 4.2.1, 131 III 430/435 E. 1.4.

2 Anwendbar auch auf die Unterbrechung der Verjährung durch eine *rechtsgültig eingereichte Klage* (Verjährung während des Prozesses unter Vorbehalt von Art. 138 Abs. 1 möglich) 85 II 504/508 f. E.a. Zur Unterbrechung der Verjährung ist nur eine bei der zuständigen Behörde und in gültiger Form erhobene Klage geeignet. Wird die Klage wegen Fehlens einer Eintretensvoraussetzung oder als vorzeitig zurückgewiesen, so erwächst dem Kläger keine neue Verjährungsfrist, sondern bloss eine von der Klagerückweisung bzw. von der Mitteilung oder Rechtskraft an zu datierende Nachfrist von sechzig Tagen (Art. 139) 85 II 504/509 ff. E.b. – *Keine Anwendung der Bestimmung* auf die Ungültigkeits- und Herabsetzungsklage (ZGB Art. 521 bzw. 533): Nach Einreichung der Klage läuft keine Verjährungsfrist mehr 86 II 340/344 ff. E. 5.

3 ***Abs. 2*** Die zehnjährige Verjährungsfrist von Art. 137 Abs. 2 gilt, auch wenn die bisherige Frist kürzer oder länger war 5A_730/2018 (25.3.19) E. 3.2.1 – Für die Frist für die Vollstreckungsverwirkung für Beiträge nach AHVG Art. 16 Abs. 2 ist die zehnjährige Frist von Art. 137 Abs. 2 analog anwendbar 131 V 4/5 ff. E. 3.

4 ***Urkundliche Anerkennung.*** Die Anforderungen an eine Schuldanerkennung im Sinne von Art. 137 Abs. 2 sind dieselben wie diejenigen an eine Schuldanerkennung im Sinne von SchKG Art. 82 4A_153/2011 (24.11.11) E. 3.1. Zur urkundlichen Anerkennung gehört, dass die Forderung nicht nur grundsätzlich, sondern auch dem Betrag nach anerkannt ist 61 II 334/336 f. E. 3, 75 II 227/232 E. b fr., 4C.60/2002 (16.5.02) E. 1.3. Die anerkannte Forderung muss wie im Falle eines Urteils beziffert werden 113 II 264/268 E. d (in casu blosse Deckungszusage), 4A_153/2011 (24.11.11) E. 3.1, ferner 119 II 368/378 E.b. Ausserdem muss die Schuldanerkennung die Unterschrift des Schuldners oder seines Stellvertreters tragen 4A_429/2009 (18.11.09) E. 2.2, ferner 4D_2/2019 (27.3.19) E. 1.

5 ***Urteil des Gerichts.*** Die vor dem Urteilsspruch eingetretene Verjährung könnte im Vollstreckungsverfahren nicht geltend gemacht werden, auch nicht einredeweise im Rechtsöffnungsverfahren 123 III 213/219 E.cc.

b. Bei Handlungen des Gläubigers

Art. 138

1 Wird die Verjährung durch Schlichtungsgesuch, Klage oder Einrede unterbrochen, so beginnt die Verjährung von Neuem zu laufen, wenn der Rechtsstreit vor der befassten Instanz abgeschlossen ist.

2 Erfolgt die Unterbrechung durch Schuldbetreibung, so beginnt mit jedem Betreibungsakt die Verjährung von neuem.

[3] Geschieht die Unterbrechung durch Eingabe im Konkurse, so beginnt die neue Verjährung mit dem Zeitpunkte, in dem die Forderung nach dem Konkursrechte wieder geltend gemacht werden kann.

Abs. 1 Rechtsprechung zu Art. 138 Abs. 1 in der bis 31. Dezember 2010 gültigen Fassung (aArt. 138): 1

Anwendungsbereich (aArt. 138). Soweit die Verjährung erst nach Klageanhebung zu laufen beginnt, wird sie durch jede folgende Prozesshandlung gemäss Art. 138 Abs. 1 unterbrochen 133 III 675/677 ff. E. 2 Pra 2008 (Nr. 65) 433 ff. 2

Gerichtliche Handlung der Parteien (aArt. 138). *Weite Auslegung.* Ausreichend sind Handlungen, die geeignet sind, das Verfahren weiterlaufen zu lassen (z.B. auch Rechtsverzögerungsbeschwerde oder Eingabe einer Partei, mit der die Fortsetzung oder Erledigung des Prozesses verlangt wird). Vorausgesetzt ist, dass die Erklärungen *zu den Akten oder zu Protokoll* gegeben werden (telefonische Erklärungen fallen ausser Betracht, und über sie können keine Beweise erhoben werden) 106 II 32/35 f., 123 III 213/219 f. E. 6a. Entgegen dem, was die Formulierung in 85 II 187/191 E. 2 anzudeuten scheint, ist es nicht erforderlich, dass die gerichtliche Handlung einer Partei geeignet ist, das Verfahren seiner Beendigung näher zu bringen 130 III 202/207 Pra 2004 (Nr. 161) 920 (mit Verweis auf die Literatur, welche das Gesuch um Fristverlängerung und die Rechtsmitteleingabe nennt). Grundsätzlich unterbrechen auch *Prozesshandlungen des Schuldners* die Verjährung, nicht aber eine Eingabe, mit der er die Verjährungseinrede erhebt 106 II 32/34 ff. E. 4. – *Keine gerichtlichen Handlungen* sind z.B. die Mitteilung an den Richter, dass dem Rechtsanwalt X das Mandat entzogen und Rechtsanwalt Y als neuer Vertreter bestellt worden sei, oder die Anforderung der Akten zur Ausarbeitung einer Rechtsschrift 85 II 187/191 E. 2 Pra 1959 (Nr. 145) 405. 3

Verfügung oder Entscheidung des Richters (aArt. 138). Obwohl die Klageerhebung beim zuständigen Friedensrichter eine verjährungsunterbrechende Handlung nach Art. 135 Ziff. 2 darstellt (118 II 479/487 E. 3), gilt die friedensrichterliche Ausstellung der Weisung nicht als «Verfügung oder Entscheidung eines Richters» im Sinne des Art. 138 Abs. 1, soweit das Verfahren vor dem Friedensrichter kein gerichtliches Verfahren, sondern ein Sühnverfahren ist 4C.354/2004 (9.11.05) E. 3 (in casu keine verjährungsunterbrechende Wirkung der Ausstellung der Weisung gemäss zürcherischer ZPO); anders aber 5C.226/2002 (16.1.03) E. 1.3: Verjährungsunterbrechung durch Ausstellung der friedensrichterlichen Weisung (ebenfalls im Kanton Zürich). Wird der Prozess durch richterliche Anordnung *sistiert,* unterbricht diese Anordnung die Verjährung (Art. 138 Abs. 1) und hemmt zugleich den Verjährungslauf, solange der Sistierungsgrund besteht (Art. 134 Abs. 1 Ziff. 6 per analogiam) 135 V 74/77 E. 4.2.1. Die Verjährung läuft erst ab dem Zeitpunkt, in welchem der Kläger die Möglichkeit erlangt, die Wiederaufnahme des Verfahrens zu verlangen 75 II 227/235 f. Pra 1950 (Nr. 13) 55 f., 85 II 504/509 E. a, 89 II 26/30 E. 4 fr., 123 III 213/216 E. 3, 130 III 202/206 ff. E. 3.2 und 3.3.1 Pra 2004 (Nr. 161) 919 ff. Verjährungsunterbrechende Handlung des Zivilrichters, der sich beim Bundesgericht nach dem Stand eines staatsrechtlichen Beschwerdeverfahrens erkundigt, das aufgrund seiner Ablehnung des Gesuchs um unentgeltliche Rechtspflege eingeleitet wurde 111 II 4

59/62. Verjährungsunterbrechende Handlung, wenn einer staatsrechtlichen Beschwerde aufschiebende Wirkung gewährt wird 111 II 59/61 f. E. a, b (offengelassen, ob die Unterbrechung wie bei der Sistierung bis zur Erledigung des staatsrechtlichen Beschwerdeverfahrens dauert). – *Keine Verfügung oder Entscheidung,* wenn sich der Zivilrichter nach dem Stand eines mit dem betreffenden Prozess zusammenhängenden Strafverfahrens erkundigt 75 II 227/232 E. a fr., vgl. aber 111 II 59/62. Die Zuteilung an einen Richter zum Referat ist nicht verjährungsunterbrechend (rein interne Handlung eines Gerichts, selbst wenn sie Verfügungscharakter hat), ausser sie würde den Parteien eröffnet 123 III 213/220 E.b. In 111 II 429/437 f. E. d it. wurde offengelassen, ob die Verjährungsfrist (in casu gemäss Art. 60 Abs. 1) während der Ausarbeitung eines gerichtlichen Gutachtens stillsteht.

5 *Abs. 2* **Betreibungsakt.** Darunter fällt nur eine Handlung, mit welcher der Gläubiger oder das Betreibungsamt durch Ingangsetzen eines neuen Verfahrensstadiums ein *Fortschreiten der Betreibung* herbeiführt (verneint für blosse Mitteilungen des Betreibungsamtes über vorgenommene Handlungen wie z.B. die Mitteilung, dass Rechtsvorschlag oder kein Rechtsvorschlag erhoben worden sei, oder die Aushändigung eines Zahlungsbefehls an den Gläubiger gemäss SchKG Art. 76) 81 II 135/136 E. 1 Pra 1955 (Nr. 164) 480.

V. Verjährung des Regressanspruchs

Art. 139

Haften mehrere Schuldner solidarisch, so verjährt der Regressanspruch jenes Schuldners, der den Gläubiger befriedigt hat, mit Ablauf von drei Jahren vom Tage an gerechnet, an welchem er den Gläubiger befriedigt hat und den Mitschuldner kennt.

VI. Verjährung bei Fahrnispfandrecht

Art. 140

Durch das Bestehen eines Fahrnispfandrechtes wird die Verjährung einer Forderung nicht ausgeschlossen, ihr Eintritt verhindert jedoch den Gläubiger nicht an der Geltendmachung des Pfandrechtes.

1 Anwendbar auch auf das Retentionsrecht gemäss ZGB Art. 895 ff. 86 II 355/358 E. 2.

VII. Verzicht auf die Verjährungseinrede

Art. 141

[1] Der Schuldner kann ab Beginn der Verjährung jeweils für höchstens zehn Jahre auf die Erhebung der Verjährungseinrede verzichten.

[1bis] Der Verzicht muss in schriftlicher Form erfolgen. In allgemeinen Geschäftsbedingungen kann lediglich der Verwender auf die Erhebung der Verjährungseinrede verzichten.

[2] Der Verzicht eines Solidarschuldners kann den übrigen Solidarschuldnern nicht entgegengehalten werden.

[3] Dasselbe gilt unter mehreren Schuldnern einer unteilbaren Leistung und für den Bürgen beim Verzicht des Hauptschuldners.

[4] Der Verzicht durch den Schuldner kann dem Versicherer entgegengehalten werden und umgekehrt, sofern ein direktes Forderungsrecht gegenüber dem Versicherer besteht.

altArt. 141

Diese Bestimmung wurde per 1. Januar 2020 abgeändert (AS 2018 5343).

[1] Auf die Verjährung kann nicht zum voraus verzichtet werden.

[2] Der Verzicht eines Solidarschuldners kann den übrigen Solidarschuldnern nicht entgegengehalten werden.

[3] Dasselbe gilt unter mehreren Schuldnern einer unteilbaren Leistung und für den Bürgen beim Verzicht des Hauptschuldners.

Abs. 1 Die historische Auslegung dieser Bestimmung ergibt, dass der Gesetzgeber mit der Erklärung, auf die Verjährung könne nicht zum Voraus verzichtet werden, nur den Verjährungsverzicht im Zeitpunkt des Vertragsschlusses verbieten wollte, also bevor die Forderung entsteht, und dies unabhängig von der jeweiligen Verjährungsdauer. Nach Vertragsabschluss kann der Schuldner bei allen Verjährungsfristen noch während laufender Verjährung darauf verzichten, sich auf die Verjährung zu berufen. Für die Verjährungsfristen des Dritten Titels des OR gilt nichts anderes, weil auch Art. 129 dem Gesagten nicht entgegensteht. Der Verjährungsverzicht ist bei allen Fristen auch nach Ablauf der Verjährungsfrist noch möglich 132 III 226/238 ff. E. 3.3.7 Pra 2006 (Nr. 146) 1010 f., anders noch 99 II 185/188 ff. E. 2, 112 II 231/233 E. bb Pra 1987 (Nr. 65) 231. Der Verjährungsverzicht darf auf jeden Fall nicht für eine Dauer ausgesprochen werden, welche die ordentliche gesetzliche Frist von zehn Jahren überschreitet 132 III 226/240 E. 3.3.8 Pra 2006 (Nr. 146) 1011 f. 1

Rechtsfolge des vor Eintritt der Verjährung erklärten Verzichts auf die Einrede der Verjährung ist eine Verlängerung der Verjährungsfrist. Faktisch stellt der Verjährungseinredeverzicht eine Unterbrechung der Verjährung und damit eine Ergänzung der in Art. 135 abschliessend geregelten Unterbrechungsgründe dar. Die Dauer der Verjährungsfristverlängerung richtet sich im Rahmen der durch Art. 127 auf zehn Jahre begrenzten maximalen Verjährungsfrist nach dem Parteiwillen. Der Verjährungseinredeverzicht eröffnet daher abweichend von der Verjährungsunterbrechungsregel von Art. 137 Abs. 1 die (unterbrochene) Verjährungsfrist nicht neu, sondern verlängert sie nach Massgabe der von den Parteien vereinbarten Fristverlängerung 9C_104/2007 (20.8.07) E. 8.2.1. 2

Form. Der Verzicht ist an keine Form gebunden, muss sich aber an den Gläubiger richten 40 II 521/522 fr. Ein Verjährungsverzicht darf nicht leichthin angenommen werden. Vielmehr muss er sich aus einer entsprechenden Erklärung des Schuldners ergeben, mit welcher dieser seinen Willen, auf die Verjährung zu verzichten, klar und eindeutig zum Ausdruck bringt. Dies ist nicht der Fall bei Vergleichsangeboten oder bei bedingten Offerten 4A_224/2007 (31.8.07) E. 5.1 fr., 122 III 10/20. – Verzicht des Gemeinschuldners im Konkurs 34 II 675/678 f. E. 1 fr. – Auslegung von zeitlich begrenzten Einredeverzichten (in casu 3 verzichtete der Schuldner auf die Einrede, soweit die Verjährung bis zu diesem Zeitpunkt noch nicht eingetreten war) 115 II 456/459 f. E. 6b, vgl. auch 5C.42/2005 (21.4.05) E. 2 fr.

4 **Prozessuales.** Im Zivilrecht, wo die Verjährung nur auf Einrede hin zu berücksichtigen ist, ist deren rechtzeitige Abgabe eine Sachverhaltsfrage 138 II 169/170 E. 3.1. Die (in casu im Streit um Invalidenleistungen der beruflichen Vorsorge) erstmals vor Bundesgericht erhobene und nicht von Amtes wegen zu berücksichtigende Verjährungseinrede ist, als neue Tatsache (BGG Art. 99 Abs. 1) oder als neues Begehren (BGG Art. 99 Abs. 2) betrachtet, grundsätzlich unzulässig, soweit die Verjährung nicht erst nach dem angefochtenen Entscheid eingetreten ist 134 V 223/226 f. E. 2.

VIII. Geltendmachung

Art. 142

Der Richter darf die Verjährung nicht von Amtes wegen berücksichtigen.

1 **Allgemeines.** Die Einrede der Verjährung lässt einen Anspruch nicht untergehen, sondern belastet ihn bloss 123 III 213/218 E.bb.

2 **Anwendbarkeit.** Anwendbar auch auf Ansprüche aus ungerechtfertigter Bereicherung 55 II 262/265 fr., auf Ansprüche aus BVG Art. 41 (in der bis 31.12.2004 gültig gewesenen Fassung) 129 V 237/241 E. 4 Pra 2004 (Nr. 137) 774. – Anwendung im *öffentlichen Recht:* Im Privatrecht darf die Verjährung nicht von Amtes wegen berücksichtigt werden (Art. 142). Sie betrifft zudem nicht den Bestand der Forderung, sondern deren Durchsetzbarkeit. Verjährte Forderungen bestehen als Naturalobligationen weiter und können zur Verrechnung gebracht werden (Art. 120 Abs. 3). Demgegenüber ist die Verjährung im öffentlichen Recht von Amtes wegen zu berücksichtigen, wenn das Gemeinwesen Gläubiger der Forderung ist 133 II 366/367 f. E. 3.3. Im Bereich der BVG Art. 41 und Art. 49 Abs. 2 ist die Verjährung nicht von Amtes wegen zu berücksichtigen 134 V 223/227 E. 2.2.2. Es ist zu unterscheiden, ob der Bürger Gläubiger oder Schuldner (z.B. 73 I 125/128 ff. E. 1–3) aus dem öffentlich-rechtlichen Forderungsverhältnis ist. Ist er Gläubiger, so darf der Richter die Verjährung nicht von Amtes wegen berücksichtigen 101 Ib 348/348 ff.

3 **Weiteres.** Die *unrichtige rechtliche Begründung* der erhobenen Verjährungseinrede schadet nicht 66 II 234/237. Erhebt der Schuldner prozesskonform die Verjährungseinrede, prüft der Richter die Einrede grundsätzlich im Rahmen der Rechtsanwendung von Amtes wegen unter allen Rechtstiteln auf ihre Begründetheit. Massgebend für die Berücksichtigung der Verjährung ist, dass sich der Schuldner auf das Institut der Verjährung als solches beruft. Art. 142 schreibt ihm insbesondere nicht vor, ausdrücklich zwischen der absoluten und der relativen Verjährung zu unterscheiden 4A_527/2007 (25.2.08) E. 3.1 – Bis zu welchem *Zeitpunkt im Prozess* der Schuldner die Verjährungseinrede erheben kann, bestimmt sich nach dem kantonalen Prozessrecht 80 III 41/52 E. 2. Betrachtet man die Verjährungseinrede als neues Begehren, ist sie im Verfahren vor Bundesgericht jedenfalls dann unzulässig, wenn die Verjährung nicht von Amtes wegen zu berücksichtigen ist 134 V 223/227 E. 2.2.2 (in casu berufliche Vorsorge).

Vierter Titel
Besondere Verhältnisse bei Obligationen

Erster Abschnitt
Die Solidarität

A. Solidarschuld

Vorb. Art. 143–149

Zur Abgrenzung von *echter und unechter Solidarität* (Klagenkonkurrenz) siehe Vorb. Art. 50–51. Mit Ausnahme der Art. 136 Abs. 2 und Art. 149 sind die Bestimmungen zur echten Solidarität wie z.B. Art. 147 analog auf die unechte Solidarität anwendbar 4C.27/2003 (26.5.03) E. 3.4 fr. 1

Zur Abgrenzung von *Schuldübernahme und Bürgschaft* siehe Vorb. Art. 175–183. 2

Zur Abgrenzung von *privativer und kumulativer Schuldübernahme* siehe unter Art. 176 Abs. 1. 3

Zum *Garantievertrag* siehe unter Art. 111. 4

Eine Solidarschuld besteht trotz Einheit des Schuldobjektes aus einer *Mehrheit von Verpflichtungen,* sodass z.B. die Pfandbestellung für die Verpflichtung nur eines Mitschuldners möglich ist 50 III 83/85 fr., 4A_90/2018 (31.8.18) E. 3.2.3 fr. 5

Bürgschaft. Aus Art. 143 ff. lässt sich keine Vorschrift über die Diligenzpflicht des zahlenden Solidarbürgen gegenüber seinen Mitbürgen entnehmen 66 II 123/126 f. E. 1. 6

Das Regressverhältnis infolge der nach kantonalem Recht bestehenden *Steuersolidarität* untersteht dem kantonalen öffentlichen Recht; wird in Ermangelung steuerrechtlicher Sonderregelungen auf die Art. 143 ff. zurückgegriffen, so finden diese nur als kantonales Ersatzrecht Anwendung; die Berufung an das Bundesgericht ist ausgeschlossen 108 II 490/495 E. 7. 7

I. Entstehung

Art. 143

[1] Solidarität unter mehreren Schuldnern entsteht, wenn sie erklären, dass dem Gläubiger gegenüber jeder einzeln für die Erfüllung der ganzen Schuld haften wolle.

[2] Ohne solche Willenserklärung entsteht Solidarität nur in den vom Gesetze bestimmten Fällen.

Die Bestimmung enthält die *Legaldefinition* der Solidarschuld 104 II 225/232. 1

Abs. 1 Die Erklärung kann auch stillschweigend erfolgen; jedoch begründet die blosse Tatsache der gemeinsamen Verpflichtung noch keine Solidarität 49 III 205/211 f. E. 4, 123 III 53/59 E. 5a Pra 1997 (Nr. 87) 482 (stillschweigende Äusserung des Verpflichtungswillens eines Ersteigerers in der Zwangsvollstreckung in casu verneint), 4A_461/2018 (20.3.19) E. 4 fr. (zur Ausnahme nach Art. 403). Die solidarische Verpflichtung kann sich 2 stillschweigend aus den Umständen oder dem sonstigen Inhalt des Vertrages als gewollt ergeben. Diese Umstände sind nach dem Vertrauensprinzip auszulegen 116 II 707/712 E. 3 (in casu gemeinsamer Verkauf von Aktien ohne Aufgliederung der Aktien und des Kaufpreises [Art. 143 Abs. 1 als Eventualbegründung, da Solidarhaftung in Anwendung des Art. 544 Abs. 3 angenommen wurde]), 4C.322/2000 (24.1.01) E. 2d fr. (in casu solidarische Verpflichtung zweier Personen, die vorbehaltlos Teilrechnungen gezahlt haben, welche zum Teil an die eine und zum Teil an die andere Person geschickt wurden), 4C.228/2002 (18.10.02) E. 2.2 (in casu Verpflichtung eines Restauranteigentümers zum Bezug von Getränken bei einem bestimmten Lieferanten und Übernahme derselben Verpflichtung durch den Restaurantmieter), 4C.342/2004 (16.12.04) E. 4.3 fr. (in casu solidarische Verpflichtung eines Ehepaares, welches von der Mutter der Ehefrau ein Darlehen erhalten hat), 4C.208/2005 (23.9.05) E. 2.3 (in casu Weiterführung eines Mietvertrages zu unveränderten Konditionen als Weitergeltung der Solidarverpflichtung gegenüber der neuen Untermieterin gewertet). Der klare Wortlaut einer Vereinbarung, wonach sich mehrere Personen als Solidarschuldner verpflichten («Reconnaissance de dette … Les débiteurs solidaires: …»), verbietet mangels besonderer Umstände jede Auslegung im Sinne einer blossen Bürgschaft 111 II 284/287 f. E. 2 fr.

3 Erwerben mehrere Personen gemeinsam in einer Zwangsversteigerung ein Grundstück zu Miteigentum, so haften sie sowohl für die erforderliche Barzahlung wie auch für die überbundenen Grundpfandschulden (SchKG Art. 135 und 259) solidarisch 47 III 213/215 f. E. 2. – Wurde eine in Miteigentum stehende Sache durch die Miteigentümer für eine von ihnen eingegangene Solidarschuld verpfändet, so hemmt der Rechtsvorschlag des einen Miteigentümers die Betreibung auch gegenüber den andern 42 III 6/8 f.

4 Schlägt das Kreditkartenunternehmen eine Solidarhaftung zwischen Arbeitgeber und Arbeitnehmer als Kreditkartenbenützer vor und kommt diese Vereinbarung zustande, so kann sich der vom Kreditkartenunternehmen ins Recht gefasste Arbeitnehmer auf die Nichtigkeit einer solchen Abrede gemäss Art. 327a Abs. 3 berufen 124 III 305/306 ff. E. 1–3 Pra 1998 (Nr. 154) 823 ff.

5 ***Abs. 2*** *Die vom Gesetz bestimmten Fälle.* Hinweis ausschliesslich auf zivilrechtliche Beispiele (140 III 344/345 ff. E. 5: Art. 263 Abs. 4); es entspricht dies dem Grundsatz von ZGB Art. 7, wonach die allgemeinen Vorschriften des Obligationenrechts nur auf andere zivilrechtliche Verhältnisse Anwendung finden, nicht also im Bereich öffentlichen Rechts (in casu Steuerrecht) 108 II 490/493 E. 4, vgl. auch 122 I 139/146 E. b (Solidarhaftung der Ehegatten im Bereich der direkten Bundessteuer ohne Rücksicht auf die zivilrechtliche Haftungsordnung im Eherecht). Unter die vom Gesetz bestimmten Fälle fallen gemäss ZGB Art. 7 auch familienrechtliche Verhältnisse (verneint jedoch für ZGB Art. 329: Mehrere auf gleicher Stufe erbberechtigte Verwandte sind nur anteilsmässig nach Massgabe ihrer Leistungsfähigkeit zur Unterstützung verpflichtet) 59 II 1/5 f. E. d, 60 II 266/267 E. 2 fr. Solidarhaftung mehrerer Miteigentümer gemäss Art. 58 (in casu für Genugtuung) 117 II 50/63 f. E. 5b Pra 1992 (Nr. 140) 517 f. Solidarhaftung mehrerer Erben (ZGB Art. 603 Abs. 1) für Sozialversicherungsleistungen, die dem Erblasser zu Unrecht ausgerichtet worden sind 127 V 65/70 ff. E. 3 (in casu Rückforderung von Ergänzungsleistungen). Solidarhaftung der Erben für Schadenersatz nach AHVG Art. 52 129 V

300/302. – Keine Solidarhaftung für die Ersatzforderung des Staates gemäss StGB Art. 58 Abs. 4 119 IV 17/21 E. b fr.

II. Verhältnis zwischen Gläubiger und Schuldner

Vorb. Art. 144–147

Die Bestimmungen gelten bloss im Verhältnis zwischen Schuldner und Gläubiger 66 II 123/127. 1

1. Wirkung a. Haftung der Schuldner

Art. 144

[1] Der Gläubiger kann nach seiner Wahl von allen Solidarschuldnern je nur einen Teil oder das Ganze fordern.

[2] Sämtliche Schuldner bleiben so lange verpflichtet, bis die ganze Forderung getilgt ist.

Abs. 1 Die Bestimmung ist auch dann anwendbar, wenn über einen oder mehrere Solidarschuldner der Konkurs eröffnet oder ein Nachlassverfahren eingeleitet wird 113 III 128/131, 4C.448/2005 (5.8.05) E. 2.1.2 fr. Die Bestimmung gilt mit den gesetzlichen Einschränkungen auch für die Solidarbürgschaft 81 II 60/6. 1

«Nach seiner Wahl». Zur Anwendung im öffentlichen Recht vgl. 105 V 74/83 it. Soweit dem Geschädigten gesetzliche Sozialversicherungsleistungen zustehen, hat er keine Wahl, ob er die Sozialversicherung oder die Haftenden direkt belangen will 4C.208/2002 (19.11.02) E. 2.1.2. 2

Anwendungsfall (in casu einfache Gesellschaft/Art. 544 Abs. 3) 125 III 257/259 E.b. 3

Abs. 2 Der Solidarschuldner wird erst durch die Zahlung seines Mitschuldners befreit, nicht schon durch dessen Verurteilung zur Zahlung 79 II 382/386 f. E. 2, 4C.448/2004 (5.8.05) E. 2.1.2 fr. – Anwendungsfall (der Gläubiger einer einfachen Gesellschaft, der einen Gesellschafter als Solidarschuldner für die ganze Forderung belangt, entlässt dadurch die andern Gesellschafter nicht aus der Solidarität) 56 II 108/115. 4

b. Einreden der Schuldner

Art. 145

[1] Ein Solidarschuldner kann dem Gläubiger nur solche Einreden entgegensetzen, die entweder aus seinem persönlichen Verhältnisse zum Gläubiger oder aus dem gemeinsamen Entstehungsgrunde oder Inhalte der solidarischen Verbindlichkeit hervorgehen.

[2] Jeder Solidarschuldner wird den andern gegenüber verantwortlich, wenn er diejenigen Einreden nicht geltend macht, die allen gemeinsam zustehen.

Unter die *«Einreden»* fällt nicht nur die Einrede im technischen Sinne (d.h. die Geltendmachung eines Rechts, die geschuldete Leistung aus einem besonderen Grund zu verwei- 1 gern), sondern auch die *Einwendung* (d.h. die Geltendmachung einer dem Recht des Klägers entgegenstehenden Tatsache, z.B. Verrechnung) 63 II 133/138 E. 2.

2 ***Abs. 1*** Die Regel des Art. 145 Abs. 1 ergibt sich daraus, dass mehrere gegen jeden einzelnen Schuldner gerichtete Forderungen bestehen, die zwar miteinander konkurrieren, deren Gültigkeit aber gegen jeden einzelnen Schuldner je besonders festzustellen ist 4C.50/2004 (23.4.04) E. 4.1. Aus Art. 145 Abs. 1 folgt der Umkehrschluss, dass ein Solidarschuldner dem Gläubiger nicht die Verrechnung einer Forderung, welche einem anderen Solidarschuldner gegen den Gläubiger zusteht, entgegenhalten kann 4P.155/2003 (19.12.03) E. 5 fr. Schlägt das Kreditkartenunternehmen eine Solidarhaftung zwischen Arbeitgeber und Arbeitnehmer als Kreditkartenbenützer vor und kommt diese Vereinbarung zustande, so kann sich der vom Kreditkartenunternehmen ins Recht gefasste Arbeitnehmer auf die Nichtigkeit einer solchen Abrede gemäss Art. 327a Abs. 3 berufen 124 III 305/306 ff. E. 1–3 Pra 1998 (Nr. 154) 823 ff.

3 ***Abs. 2*** Die Bestimmung gilt auch für Einreden gegen die Erbengemeinschaft, wenn ein einzelner Erbe auf die Bezahlung einer Erbschaftsschuld belangt wird 60 II 172/176 f. E. 5 fr.

4 Die *Bedeutung der Bestimmung* ist im Zusammenhang mit Abs. 1 zu würdigen und will zweifellos *nur* besagen, dass die auf dem Regressweg belangten Mitschuldner dann nichts zu ihren Gunsten herzuleiten vermögen, wenn der vom Gläubiger belangte Solidarschuldner ausschliesslich ihm persönlich zustehende Einreden nicht geltend gemacht hat. Die Bestimmung schliesst jedoch nicht aus, dass der im Regressprozess belangte Mitschuldner eine allen Solidarschuldnern zustehende Einrede (in casu Einrede der Ungültigkeit der solidarischen Bürgschaftsverpflichtung) erhebt, die der vom Gläubiger belangte und zur Zahlung verurteilte Solidarschuldner bereits im (vorgängigen) Prozess mit dem Gläubiger (erfolglos) erhoben hatte; das Urteil zwischen dem Gläubiger und dem von ihm belangten Solidarschuldner hat keine Wirkung für einen allfälligen Regressprozess (die Regeln zur Solidarität kennen keine dem Art. 193 analoge Bestimmung) 57 II 518/521 f. E. 1. – Kann aber der im Regressprozess belangte Mitschuldner in jedem Fall alle Einreden erheben, so bedeutet dies, dass das Regressrecht des vom Gläubiger belangten Solidarschuldners gegen die übrigen Solidarschuldner unabhängig davon besteht, ob er diesen im (vorgängigen) Prozess mit dem Gläubiger den Streit verkündet habe 57 II 518/527 E. 4. Siehe auch unter Art. 148 und 149.

c. Persönliche Handlung des Einzelnen

Art. 146

Ein Solidarschuldner kann, soweit es nicht anders bestimmt ist, durch seine persönliche Handlung die Lage der andern nicht erschweren.

1 Weil kein Solidarschuldner durch seine persönlichen Handlungen die Lage der anderen erschweren kann, tritt der Leistungsverzug gegen jeden einzelnen Solidarschuldner separat ein. Ebenso trägt allein der fehlbare Solidarschuldner die Folgen des verschuldeten Unmöglichwerdens der Leistung (Art. 97). Vorbehalten bleiben die Regeln über die Hilfs-

personenhaftung (Art. 101), soweit ein Solidarschuldner als Hilfsperson des anderen handelt 4C.103/2006 (3.7.06) E. 4.1 und 4.2 (in casu konnte der Vermieter von einem Mieter eine Entschädigung für das Verbleiben des anderen Mieters in den Mieträumlichkeiten nach Beendigung des Mietverhältnisses verlangen, weil der renitente Mieter als Hilfsperson des anderen Mieters qualifiziert wurde).

Keine Anwendung der Bestimmung auf das Verhältnis zwischen Schuldner und Bürge 2
37 II 393/399 fr.

Verpfändung einer im Miteigentum stehenden Sache durch die beiden Miteigentümer 3
für eine von ihnen eingegangene Solidarschuld: Aufgrund der Anerkennung des Zahlungsbefehls nur durch einen der Miteigentümer und Solidarschuldner kann die verpfändete Sache nicht verwertet werden 42 III 6/9.

«Soweit es nicht anders bestimmt ist.» Der ursprüngliche Vermieter, der vom Mieter aus 4
dem Mietvertrag nicht entlassen wird, hat für die Vertragsverletzungen des Erwerbers einzustehen, der das Mietverhältnis übernimmt (in casu Vertragsverletzung durch Aufhebung des mit dem Mietobjekt verbundenen Wirtschaftspatentes) 82 II 525/532 ff. E. 4, 5; ferner 116 II 512/514 E. 2.

2. Erlöschen der Solidarschuld

Art. 147

[1] Soweit ein Solidarschuldner durch Zahlung oder Verrechnung den Gläubiger befriedigt hat, sind auch die übrigen befreit.

[2] Wird ein Solidarschuldner ohne Befriedigung des Gläubigers befreit, so wirkt die Befreiung zugunsten der andern nur so weit, als die Umstände oder die Natur der Verbindlichkeit es rechtfertigen.

Art. 147 findet auf die unechte Solidarität analoge Anwendung 4C.27/2003 (26.5.03) 1
E. 3.4 fr.

Abs. 1 **Verrechnung.** Will ein Gläubiger seine Forderungen gegen Solidarschuldner 2
mit Ansprüchen der Solidarschuldner verrechnen, muss er in seiner Verrechnungserklärung spezifizieren, gegenüber welchem der drei Solidarschuldner er welchen Teil seiner Gesamthonorarforderung verrechnen will, 4A_82/2009 (7.4.09) E. 4.2.

Abs. 2 **Natur der Verbindlichkeit.** Der Solidarbürge wird infolge der Nichtanmeldung 3
der Forderung durch den Gläubiger im Erbschaftsschuldenruf des Hauptschuldners insoweit befreit, als der Gläubiger bei erfolgter Anmeldung aus der Erbschaftsliquidation befriedigt worden wäre. Dabei ist die Frage nach dem Verschulden des Gläubigers bei der Unterlassung der Anmeldung ohne Bedeutung: Die Bestimmung setzt das Verschulden des Gläubigers als besondere Ursache der Befreiung der übrigen Solidarschuldner nicht voraus 39 II 295/299 f.

Wirkung eines vom Gläubiger mit einem der Solidarschuldner abgeschlossenen Vergleichs. Ein Vergleich wirkt in der Regel dann für alle Solidarschuldner, wenn der Gläu- 4
biger aus dem Vergleich eine Leistung erhält und aus den Umständen bzw. aus dem Wortlaut der Vergleichsvereinbarung auf eine Befreiung auch der übrigen Solidarschuldner zu

schliessen ist 4C.395/2004 (21.12.04) E. 2.1 (in casu Gesamtbefreiung aufgrund des Umstandes, dass der Gläubiger gleichzeitig sämtliche Solidarschuldner betrieben hatte und alle Rechtsvorschlag erhoben hatten, worauf der Vergleich im Rechtsöffnungsverfahren mit einem Solidarschuldner abgeschlossen wurde und der Gläubiger aus diesem Vergleich einen grösseren Teil seiner Forderung erhielt). Erlässt etwa der Gläubiger einem Schuldner die Schuld und erteilt diesem eine Saldoquittung, kann daraus geschlossen werden, dass er auch auf seine Forderungen gegenüber den anderen Solidarschuldnern verzichtet 4C.27/2003 (26.5.03) E. 3.5.4 fr. Bewirkt ein Vergleich keine Befreiung der anderen Mitschuldner, hat dies zur Folge, dass sie nach einer Belangung durch den Gläubiger für mehr als ihre Anteile gestützt auf Art. 148 Abs. 2 Rückgriff auf den vom Gläubiger individuell befreiten Schuldner nehmen können und dieser damit mehr als mit dem Gläubiger vereinbart zu zahlen hat, wodurch der Vergleich für ihn illusorisch wird. Erlässt der Gläubiger einem Solidarschuldner die Schuld teilweise mit der Massgabe, dass ihn auch auf dem Rückgriffsweg keine weitere Verpflichtung treffen soll, ist darin daher ein Umstand zu sehen, der nach Art. 147 Abs. 2 eine Befreiung der Mitschuldner zur Folge hat. Allerdings bleibt auch in diesem Fall der Sinn der zwischen den Kontrahierenden getroffenen Abmachung nach ihrem autonomen Vertragswillen massgebend, der durch die Auslegung der Vereinbarung nach allgemeinen Grundsätzen zu ermitteln ist. Es existiert keine feste Regel, wonach aufgrund des Umstandes, dass ein vom Gläubiger befreiter Schuldner von anderen Solidarschuldnern auf dem Regressweg belangt werden kann, ohne Weiteres eine Befreiungswirkung für die am Vergleich nicht beteiligten Mitschuldner eintreten soll 133 III 116/119 f. E. 4.2 und 4.3. Auch wenn der Vergleich nicht zugunsten aller Solidarschuldner wirken soll, können der Gläubiger und ein einzelner Solidarschuldner nicht vereinbaren, dass die im Rahmen eines Vergleichs erfolgte Befriedigung des Gläubigers nur im Verhältnis zwischen diesen gelten soll. Vielmehr wirkt der Vergleich insoweit von Gesetzes wegen zugunsten aller Solidarschuldner, als der Gläubiger daraus eine Leistung erhält. Das gilt auch dann, wenn im Rahmen des Vergleichs gegenseitige Ansprüche des Gläubigers und des Schuldners verrechnet werden 4A_536/2017 (3.7.18) E. 7.3.

5 ***Weiteres.*** Solidarität gemäss Art. 181 Abs. 2: In casu folgte aus der Korrespondenz zwischen der Gläubigerin und der die Kommanditgesellschaft übernehmenden AG, dass die Kommanditgesellschaft aus der Schuldpflicht entlassen wurde 126 III 375/381 f. E. f. fr.

III. Verhältnis unter den Solidarschuldnern 1. Beteiligung

Art. 148

1 Sofern sich aus dem Rechtsverhältnisse unter den Solidarschuldnern nicht etwas anderes ergibt, hat von der an den Gläubiger geleisteten Zahlung ein jeder einen gleichen Teil zu übernehmen.

2 Bezahlt ein Solidarschuldner mehr als seinen Teil, so hat er für den Mehrbetrag Rückgriff auf seine Mitschuldner.

3 Was von einem Mitschuldner nicht erhältlich ist, haben die übrigen gleichmässig zu tragen.

Abs. 1 Massgebend sind der deutsche und der italienische Text («sofern sich aus dem *Rechtsverhältnis unter den Solidarschuldnern* nicht etwas anderes ergibt») 56 II 128/131 f. fr. – Anwendungsfall 118 II 382/390 E. 5a Pra 1993 (Nr. 90) 360. 1

Verteilung der Beweislast. Der Schuldner, der den Rückgriff geltend macht, hat lediglich die Tatsache der Zahlung nachzuweisen, während dem belangten Mitschuldner der Beweis obliegt, dass er nach dem internen Verhältnis überhaupt nicht oder nur zu einem geringeren als dem gesetzlich vermuteten Anteil aufzukommen habe 53 II 25/31. 2

Abweichende Vereinbarung der Parteien. Anwendungsfall 110 II 340/343 E. 2 Pra 1985 (Nr. 81) 224 (in casu interne kumulative Übernahme der Zahlungspflicht aus einer Wechselbürgschaft: Die Ausdehnung des Rückgriffsrechts des Mitverpflichteten auf alles, was er gegebenenfalls zu zahlen hat, bedarf keiner besonderen Form). 3

Abs. 2 und 3 **Regress.** Die Regressforderung (unter unechten Solidarschuldnern) ist ein selbständiges Recht mit eigenem Verjährungslauf. Dieser kann sich der Regressschuldner nicht mit der Einrede widersetzen, seine Schuldpflicht gegenüber dem Hauptschuldner sei verjährt. Hingegen gilt das Regressrecht als verwirkt, wenn der Regressgläubiger es unterlassen hat, dem Regressschuldner so bald wie möglich anzuzeigen, dass er ihn für mithaftpflichtig hält 133 III 6/10 ff. Pra 2007 (Nr. 104) 687 ff. Dritten gegenüber solidarisch haftende Gesellschafter haften einem Mitgesellschafter, der dem Gläubiger mehr als seinen Teil bezahlt hat, nicht solidarisch 103 II 137/138 ff. E. 4 Pra 1977 (Nr. 159) 384 f. Kein Rückgriffsrecht, bevor der Solidarschuldner nicht mehr als seinen Teil bezahlt hat 115 Ib 274/291 E.b. – Gesellschaftsrechtliche Sonderregeln gehen vor 116 II 316/317 E.b. 4

Das Regressverhältnis ist der ***Einwirkung des Gläubigers*** gänzlich entzogen 53 II 25/30 E. 1. Die Abtretung der verbürgten Hauptforderung durch den Gläubiger an einen von mehreren Solidarbürgen oder an einen von diesem vorgeschobenen Dritten ist für das Regressverhältnis unter den Solidarbürgen unbeachtlich 95 II 242/249 ff. E. 2. 5

Der ***Ausschluss des Regressrechtes*** kann sich aus den besonderen, für das Zusammenwirken der Parteien massgebenden Umständen ergeben, namentlich aus der Interessenlage und dem Zweck des Verpflichtungsgeschäftes (in casu Ausschluss des Regressrechtes bejaht, da die rückgriffsweise Belangung gegen Treu und Glauben verstossen hätte) 53 II 25/31. 6

Verzinslichkeit der Regressforderung. Die in Art. 402 und 422 zugunsten des Beauftragten bzw. negotiorum gestor vorgesehene Verzinslichkeit gilt auch beim gesetzlichen (nicht vertraglichen) Übergang des Gläubigerrechtes 57 II 324/327 f. E. 4. 7

Verjährung der Regressforderung *(siehe heute Art. 139).* Die bei unechter Solidarität entstehende Regressforderung des an den Geschädigten leistenden Schuldners gegen einen anderen Haftpflichtigen verjährt grundsätzlich ein Jahr ab dem Tag, an dem der Geschädigte den Schadenersatz erhalten hat und dem Schuldner der andere Haftpflichtige bekannt wird. Die Regressforderung verjährt in jedem Fall mit Ablauf von zehn Jahren ab dem Tag, an dem die Schädigung eingetreten ist oder ein Ende gefunden hat 133 III 6/10 ff. Pra 2007 (Nr. 104) 687 ff. 8

SchKG. Der regresspflichtige Hauptschuldner und der regresspflichtige Mitbürge sind als Träger verschiedener Schulden nicht Mitverpflichtete im Sinne von SchKG Art. 216: Haben zwei von drei solidarisch haftenden Mitbürgen die Schuld bezahlt, so 9 können sie im Konkurs des Hauptschuldners die ganze Forderung, im Konkurs des dritten Mitbürgen jedoch nur jenen Teil geltend machen, den sie über die für das Innenverhältnis geltende Aufteilung hinaus geleistet haben 45 III 107/109 ff. E. 2.

10 Fall einer Anerkennung der Regresspflicht anlässlich der Nebenintervention 56 II 108/116 E. 5.

2. Übergang der Gläubigerrechte

Art. 149

[1] Auf den rückgriffsberechtigten Solidarschuldner gehen in demselben Masse, als er den Gläubiger befriedigt hat, dessen Rechte über.

[2] Der Gläubiger ist dafür verantwortlich, dass er die rechtliche Lage des einen Solidarschuldners nicht zum Schaden der übrigen besser stelle.

1 *Abs. 1* Trotz des ungenauen Wortlauts der Bestimmung gehen die Rechte des Gläubigers nur in dem Mass auf den zahlenden Solidarschuldner über, als ihm ein *Rückgriffsrecht nach Art. 148* zusteht 103 II 137/140 E. d Pra 1977 (Nr. 159) 385, 53 II 25/30 E. 1.

2 Das Urteil zwischen dem Gläubiger und dem von ihm belangten Solidarschuldner hat keine Wirkung für das Regressverhältnis zwischen den Solidarschuldnern: Belangt ein zur Zahlung verurteilter Solidarschuldner auf dem Regressweg einen seiner Mitschuldner, so stehen Letzterem (trotz des bereits ergangenen Urteils zwischen Gläubiger und belangtem Solidarschuldner) *sämtliche Einreden* zu, die sich gegen die Rechtsbeständigkeit des Rechtsverhältnisses richten, das die Solidarschuldnerschaft begründet hat (in casu Bürgschaft/Einrede der Ungültigkeit) 57 II 518/521 f. E. 1. – Das Regressrecht besteht unabhängig davon, ob der belangte Solidarschuldner im vorgängigen Prozess mit dem Gläubiger seinen Mitschuldnern den Streit verkündet hat 57 II 518/527 E. 4.

3 *Keine Anwendung der Bestimmung* im Steuerrecht: Die rechtliche Natur der Steuer verbietet es, aus Art. 149 Abs. 1 eine gesetzliche Subrogation des leistenden Steuerschuldners in die Stellung des Gemeinwesens abzuleiten 108 II 490/496. – Gesellschaftsrechtliche Sonderregeln gehen vor 116 II 316/317 E.b.

4 *Abs. 2* In casu wurden sowohl eine extensive Auslegung wie auch eine analoge Anwendung der Bestimmung abgelehnt 44 II 145/148 E. 2 JdT 67 (1919) I 165 f. E. 3.

B. Solidarforderung

Art. 150

[1] Solidarität unter mehreren Gläubigern entsteht, wenn der Schuldner erklärt, jeden einzelnen auf die ganze Forderung berechtigen zu wollen sowie in den vom Gesetze bestimmten Fällen.

[2] Die Leistung an einen der Solidargläubiger befreit den Schuldner gegenüber allen.

[3] Der Schuldner hat die Wahl, an welchen Solidargläubiger er bezahlen will, solange er nicht von einem rechtlich belangt worden ist.

Allgemeines. Eine Mehrzahl von Gläubigern kann an ein und derselben Forderung im Sinne einer Einzelgläubigerschaft, einer gemeinschaftlichen Gläubigerschaft oder einer Teilgläubigerschaft berechtigt sein. Im Fall von *Einzelgläubigerschaft* ist jeder Gläubiger berechtigt, ohne Mitwirkung der andern (also selbständig) das Ganze und nicht nur einen Teil der Leistung zu verlangen. Der wichtigste Typus der Einzelgläubigerschaft ist die in Art. 150 geregelte Solidargläubigerschaft. Bei der *gemeinschaftlichen Gläubigerschaft* steht die gesamte Forderung den Gläubigern ungeteilt zu, und zwar so, dass alle Gläubiger die Forderung nur gemeinsam geltend machen können. Nach der Lehre entsteht eine gemeinschaftliche Gläubigerschaft grundsätzlich nur dann, wenn unter den Gläubigern ein Gesamthandsverhältnis besteht. Bei der *Teilgläubigerschaft* sind mehrere Gläubiger unabhängig voneinander pro rata an einer teilbaren Forderung berechtigt, wobei die Leistung in ihrer Gesamtheit nur einmal zu erbringen ist. Die Teilforderungen bilden hier nur insoweit ein Ganzes (eine ganze Forderung), als sie aus dem gleichen Rechtsgrund entstanden sind. Nach ganz herrschender Lehre ist Teilgläubigerschaft bei vertraglichen Obligationen von Gesetzes wegen der Regelfall (140 III 150/153 ff. E. 2.2.1–2.2.3). 1

Abs. 1 Solidarische Berechtigung besteht beim gemeinsamen Bankdepot (dépôt conjoint) 101 II 117/120, 94 II 313/316 E. 4 Pra 1969 (Nr. 120) 402, 90 II 164/170 E. 3; vgl. auch 110 III 24/26 E. 3 (in casu Pfändung eines «compte-joint»), 112 III 90/98 E. 5 fr. Anwendungsbeispiel aus dem Mietrecht 118 II 168/170 E. 2b Pra 1993 (Nr. 112) 442. Verkaufen Miteigentümer ihr Grundstück, so entscheidet sich nach der mit dem Käufer getroffenen Abrede, ob sie hinsichtlich der Kaufpreisforderung als gemeinschaftliche Gläubiger, als Teilgläubiger oder gar als Solidargläubiger zu qualifizieren sind. Allein der Umstand, dass das Grundstück als Ganzes veräussert wird, lässt nicht darauf schliessen, dass die Verkäufer in Bezug auf die Kaufpreisforderung eine gemeinschaftliche Gläubigerschaft bilden, geschweige denn gesamthänderisch berechtigt sind (140 III 150/154 f. E. 2.3). 2

Abs. 3 Die Bestimmung ist auf jede Solidarforderung anwendbar, unabhängig von ihrem Rechtsgrund (in casu solidarisch berechtigte Kontoinhaber/Auftragsverhältnis zwischen diesen und der Bank) 94 II 313/318 E. 6 Pra 1969 (Nr. 120) 403 f. 3

Zweiter Abschnitt
Die Bedingungen

Vorb. Art. 151–157

1 **Auslegung.** Die Tragweite einer Bedingung ist entsprechend der allgemeinen Regel nicht bloss nach dem Wortlaut, der allenfalls mangelhaft oder lückenhaft ist, sondern nach der zugrunde liegenden Absicht der Parteien zu beurteilen; dabei fällt der Zweck des Geschäftes ins Gewicht 72 II 29/36.

2 **Stillschweigende Vereinbarung.** Eine Bedingung kann auch stillschweigend vereinbart werden (in casu schenkte der Ehemann seiner Ehefrau ererbten Familienschmuck unter der stillschweigenden Bedingung, dass die Ehe nicht aus ihrem Verschulden geschieden werde) 71 II 255/256, 66 I 299/312 f. E. 9, 48 II 366/371 f. E. 3, 37 II 78/82 f. Das blosse Bewusstsein beider Vertragsschliessenden, dass das vereinbarte Geschäft möglicherweise nicht vollzogen werden könne, macht die gegenseitigen Verpflichtungen nicht zu bedingten 88 II 195/203 E. 5.

3 **Schwebezeit/zeitliche Begrenzung.** Ohne besondere Anhaltspunkte kann nicht angenommen werden, dass ein Kaufgeschäft unbegrenzte Zeit in der Schwebe bleiben solle (in casu Grundstückkauf unter dem «Vorbehalt» der Erteilung von Baubewilligungen) 95 II 523/527 f. E. 2, 72 II 29/35 f. E. 2. – Eine zeitliche Begrenzung kann auch stillschweigend vereinbart werden. Der stillschweigenden Vereinbarung ist der Fall gleichzusetzen, in dem ein wirklicher Parteiwille gar nicht vorliegt, jedoch nach den Umständen eine Lücke des Vertrages anzunehmen und vom Richter durch Festsetzung einer angemessenen Schwebezeit auszufüllen ist 72 II 29/36 f.

4 **Eintragung eines bedingten Rechtes in das Grundbuch.** Ein Eigentumsrecht, dessen Bestand oder Dauer an eine Bedingung geknüpft ist, kann nicht in das Grundbuch eingetragen werden 87 I 311/315 ff., 85 II 609/615 f. E. 4 JdT 108 (1960) I 514 f. E. 4. Änderung der Rechtsprechung bezüglich des Wohnrechtes nach ZGB Art. 776 ff.: Ein durch die Wiederverheiratung des Berechtigten auflösend bedingtes Wohnrecht kann zusammen mit dieser Bedingung in das Grundbuch eingetragen werden 106 II 329/329 ff. E. 3 Pra 1981 (Nr. 182) 479 f., ausführlich zur Eintragung eines resolutiv bedingten Wohnrechts 115 II 213/216 ff. E. 3–5 Pra 1991 (Nr. 14) 74 ff.

5 **Bedingte Schenkung im Unterschied zur Schenkung mit Auflage.** (Das wesentliche Merkmal der Schenkung mit Auflage liegt in der akzessorischen Natur der geringeren Leistung [nämlich der Auflage] und in ihrer Funktion im Verhältnis zur grösseren Leistung; in casu schenkte ein Bildhauer einer Gemeinde eine Statue mit der Auflage, sie an einem bestimmten Ort aufzustellen.) Tritt bei der bedingten Schenkung die Bedingung nicht ein, so kann die geschenkte Sache zurückgefordert werden (bei Unmöglichkeit der Rückerstattung gelten die Art. 97 ff. bzw. Art. 119); wird hingegen bei der Schenkung mit Auflage die Auflage nicht erfüllt, so kann (unter Vorbehalt des Widerrufs nach Art. 249 Ziff. 3) lediglich deswegen Schadenersatz gefordert werden 80 II 260/262 ff. E. 1, 2 Pra 1955

(Nr. 1) 1 ff.; vgl. ferner 120 II 182/184 f. E. b–d (in casu Auslegung eines Testaments/Auflage oder Bedingung?).

Keine Bedingung im Sinne der Art. 151 ff. liegt vor, wenn der Versicherungsvertrag mit provisorischer Deckung für die Festlegung der definitiven Deckung einen ärztlichen Untersuch voraussetzt 112 II 245/253 E. b Pra 1987 (Nr. 238) 818. 6

A. Aufschiebende Bedingung I. Im Allgemeinen

Art. 151

[1] Ein Vertrag, dessen Verbindlichkeit vom Eintritte einer ungewissen Tatsache abhängig gemacht wird, ist als bedingt anzusehen.

[2] Für den Beginn der Wirkungen ist der Zeitpunkt massgebend, in dem die Bedingung in Erfüllung geht, sofern nicht auf eine andere Absicht der Parteien geschlossen werden muss.

Abs. 1 und 2 **Allgemeines.** Bedingt ist ein Vertrag, wenn seine Wirksamkeit oder einzelne seiner Wirkungen von einer nach den Vorstellungen der Parteien ungewissen Tatsache abhängen, wenn die Verpflichtung des Schuldners im Grundsatz und nicht bloss hinsichtlich des Erfüllungszeitpunktes noch ungewiss ist. Steht dagegen die Vertragswirkung fest und ist bloss der Zeitpunkt noch ungewiss, in welchem die Leistung zu bewirken ist, so liegt keine Bedingung vor 122 III 10/15 f. Die Bedingung ist ein objektiv ungewisses zukünftiges Ereignis, von dem nach dem Parteiwillen die Verbindlichkeit des Vertrages abhängt 122 I 328/336 E.f. Zum Gegenstand der Bedingung können sowohl vom Willen der Parteien unabhängige als auch davon abhängige Ereignisse gemacht werden. Im ersten Fall spricht man von kasuellen Bedingungen, im letzteren von Potestativbedingungen 135 III 433/436 E. 3.1. Bedingungen sind als rechtshindernde oder rechtsaufhebende Tatsachen vom Beklagten zu beweisen, der seine Leistungspflicht unter Berufung darauf bestreitet 4C.264/2004 (20.10.04) E. 3.4. – Steht die Verbindlichkeit eines nach Art. 377 aufgelösten Vertrages unter einer Suspensivbedingung, bestimmt die Bedingung nicht nur den Erfüllungsanspruch, sondern auch die Forderung auf Schadloshaltung aus dem Leistungsverzicht. Der Schuldner ist daher zur Schadloshaltung des Gläubigers nur verpflichtet, wenn bei ungekündigtem Vertragsverhältnis die Bedingung eingetreten wäre, wobei dem Bedingungseintritt dessen treuwidrige Vereitelung gleichgesetzt ist 4C.281/2005 (15.12.05) E. 3.4 fr. 1

Anwendungsfälle. Navicert-Klausel als aufschiebende Bedingung im Rahmen eines Handelskaufes: Begrenzung der Schwebezeit mangels Parteiabrede durch den Richter unter Berücksichtigung der besonderen Umstände des Falles, der Natur des Vertrages sowie dessen normaler Art der Abwicklung 72 II 29/32 ff. E. 1, 2. – Erklärt sich der Käufer, der die Kaufsache bereits besitzt, gegenüber dem Verkäufer bereit, die Sache zu erwerben, und vereinbaren sie drei Ratenzahlungen mit der Abrede, der Vertrag sei nur bei Einhaltung der Zahlungstermine gültig, so liegt eine aufschiebende und nicht eine auflösende Bedingung vor (somit kein Übergang des Eigentums bei Nichteintritt der Bedingung trotz Besitz des Käufers; in casu Konkurs des Käufers) 56 II 203/209 f. E. 4. – Versicherungsvertrag mit Begünstigungsklausel: Der Tod des Versicherungsnehmers ist zusammen mit 2 dem Überleben des Begünstigten eine aufschiebende Bedingung 112 II 157/159 E. 1a Pra 1987 (Nr. 149) 524. Reglement einer Personalversicherung (BVG), das den Verzicht auf Rentenkürzung an eine der Arbeitgeberin eingeräumte potestative Suspensivbedingung knüpft 132 V 149/153 E. 5.2.4. Arbeitsvertrag unter der Bedingung, dass der ausländische Arbeitnehmer eine Arbeitsbewilligung erhält, vgl. 114 II 279/283 E. bb Pra 1989 (Nr. 37) 151. – Kaufsrecht als suspensiv bedingter Kaufvertrag 114 III 18/20 E. 4. – Bedingte Bankgarantie 122 III 273/276 E. bb Pra 1996 (Nr. 225) 881 f. – Werklieferungsvertrag unter der Suspensivbedingung des Erwerbs eines geeigneten Baugrundstücks (Rücktrittsrecht des Bestellers gemäss Art. 377) 117 II 273/275 E.b. – Analoge Anwendung von Abs. 2 auf die bedingte Annahme einer Anweisung 121 III 109/113 E. 3 Pra 1995 (Nr. 274) 934. – Anwendungsfall 43 II 301/305 it.

II. Zustand bei schwebender Bedingung

Art. 152

[1] Der bedingt Verpflichtete darf, solange die Bedingung schwebt, nichts vornehmen, was die gehörige Erfüllung seiner Verbindlichkeit hindern könnte.

[2] Der bedingt Berechtigte ist befugt, bei Gefährdung seiner Rechte dieselben Sicherungsmassregeln zu verlangen, wie wenn seine Forderung eine unbedingte wäre.

[3] Verfügungen während der Schwebezeit sind, wenn die Bedingung eintritt, insoweit hinfällig, als sie deren Wirkung beeinträchtigen.

III. Nutzen in der Zwischenzeit

Art. 153

[1] Ist die versprochene Sache dem Gläubiger vor Eintritt der Bedingung übergeben worden, so kann er, wenn die Bedingung erfüllt wird, den inzwischen bezogenen Nutzen behalten.

[2] Wenn die Bedingung nicht eintritt, so hat er das Bezogene herauszugeben.

B. Auflösende Bedingung

Art. 154

[1] Ein Vertrag, dessen Auflösung vom Eintritte einer Bedingung abhängig gemacht worden ist, verliert seine Wirksamkeit mit dem Zeitpunkte, wo die Bedingung in Erfüllung geht.

[2] Eine Rückwirkung findet in der Regel nicht statt.

1 Eine Befristung kann grundsätzlich auch auf einen unbestimmten Termin erfolgen, sofern sicher ist, dass dieser Termin irgendwann eintritt; ist dagegen ungewiss, ob das Ereignis, mit welchem das befristete Vertragsverhältnis enden soll, überhaupt eintritt, liegt keine Befristung, sondern eine Bedingung vor 4C.22/2000 (27.6.00) E. 2b Pra 2001 (Nr. 31) 198.

Abs. 1 Die Zahlung ist ein Verfügungsakt, der die Rechtslage unmittelbar ändert; ein einseitiger Vorbehalt des Leistenden kann daran nichts ändern 95 I 253/257. – Fall einer Schuldanerkennung unter der auflösenden Bedingung, dass sie mit dem Vorabsterben des Gläubigers dahinfalle 44 II 179/181 fr. Versicherungsvertrag mit Begünstigungsklausel: Der Anspruch des Begünstigten ist der auflösenden Bedingung des Widerrufs der Bezeichnung durch den Versicherungsnehmer unterstellt 112 II 157/160 E. b Pra 1987 (Nr. 149) 524. Arbeitsvertrag unter auflösender Bedingung 126 V 303/307 f. fr. (Entscheid zur beruflichen Vorsorge/BVG: Ein Saisonnier mit einem eine auflösende Bedingung enthaltenden Arbeitsvertrag ist der obligatorischen Versicherung unterstellt, da der Arbeitsvertrag aufgrund der Bedingung nicht auf bestimmte Dauer abgeschlossen ist). 2

Abs. 2 Der Satz, wonach der Eintritt einer auflösenden Bedingung nicht zurückwirkt, hat zur Folge, dass Leistungen, die vor Eintritt der Bedingung erbracht wurden, nicht zurückgefordert werden können und Forderungen, die davor entstanden sind, weiter bestehen bleiben. Das ist vor allem bei Dauerverträgen der Fall. Demgegenüber gilt für den einfachen Vertrag, dessen Paradebeispiel der Kaufvertrag mit Zug-um-Zug-Leistung ist, dass der Eintritt einer auflösenden Bedingung den Vertrag ex tunc auflöst. Anderenfalls würde die Vereinbarung einer auflösenden Bedingung im Zusammenhang mit einem einfachen Vertrag keinen Sinn machen 4C.313/2002 (9.3.04) E. 6.1 fr. 3

C. Gemeinsame Vorschriften I. Erfüllung der Bedingung

Art. 155

Ist die Bedingung auf eine Handlung eines der Vertragschliessenden gestellt, bei der es auf dessen Persönlichkeit nicht ankommt, so kann sie auch von seinen Erben erfüllt werden.

II. Verhinderung wider Treu und Glauben

Art. 156

Eine Bedingung gilt als erfüllt, wenn ihr Eintritt von dem einen Teile wider Treu und Glauben verhindert worden ist.

Allgemeines. Art. 156 stellt eine Konkretisierung von ZGB Art. 2 dar 4A_460/2018 (13.6.19) E. 3.2.1, 4A_269/2007 (5.2.08) E. 7.1, 4C.278/2004 (29.12.04) E. 3.1 fr. Nur treuwidriges Verhalten im Sinn von Art. 2 ZGB fällt unter den Regelungsbereich der Norm, nicht jedes Vereiteln bzw. Herbeiführen des Bedingungseintritts. Die Parteien haben keine Pflicht, den Eintritt der Bedingung zu fördern; die Pflicht zu einem Verhalten nach Treu und Glauben erfordert nicht, dass die Parteien ihre eigenen Interessen dafür opfern 4A_460/2018 (13.6.19) E. 3.2.1, 4A_90/2018 (31.8.18) E. 5.2 fr. Ob ein bestimmtes Verhalten treuwidrig im Sinne von Art. 156 ist, bestimmt sich im Einzelfall unter Berücksichtigung aller Umstände, insbesondere des Gegenstandes und Zwecks des Vertrages 135 III 295/302, 4A_490/2018 (20.2.19) E. 7 fr., 4A_449/2013 (19.2.14) E. 5.3. Zwischen dem treuwidrigen Verhalten und dem Nichteintritt der Bedingung muss ein Kausalzusammenhang bestehen. Den Nachweis eines hinreichenden Kausalzusammenhanges hat diejenige 1

Partei zu erbringen, welche die Rechtsfolge des Art. 156 geltend macht. An diesen Nachweis sind keine allzu strengen Anforderungen zu stellen; der Nachweis einer hohen Wahrscheinlichkeit reicht. Dagegen kann der Gegenbeweis geführt werden, wonach die Bedingung auch ohne das treuwidrige Verhalten nicht eingetreten wäre 4C.281/2005 (15.12.05) E. 3.5 fr. – Die Bestimmung findet auch im Bereich der Potestativbedingung Anwendung 117 II 273/280. – Art. 156 findet auf Resolutivbedingungen analoge Anwendung; in diesem Fall gilt die Bedingung als nicht eingetreten, wenn der Eintritt wider Treu und Glauben herbeigeführt wurde 4A_269/2007 (5.2.08) E. 7.1, 109 II 20/21 E. 2a Pra 1983 (Nr. 203) 554. Es gilt dabei das Gesamtverhalten unter Berücksichtigung aller Umstände des Einzelfalles zu würdigen; das Verhalten erscheint namentlich dann als treuwidrig, wenn es gegen den Inhalt des Rechtsgeschäfts gerichtet ist. Nicht erforderlich ist dabei nach der Rechtsprechung, dass das den Bedingungseintritt hindernde Verhalten absichtlich erfolgt; es genügt, wenn es gegen den Vertrauensgrundsatz verstösst 117 II 273/280 f. (Werkvertrag unter der Bedingung des Erwerbs eines geeigneten Grundstücks: in casu kein Verstoss gegen Art. 156 durch den Erwerb eines Grundstücks, das die Erfüllung des bedingten Werkvertrages nicht erlaubt). Zu untersuchen sind auch die Motivation und der Zweck des Verhaltens der Partei, welche den Eintritt einer Bedingung verhindert hat. Nicht erforderlich ist aber, dass das den Bedingungseintritt hindernde Verhalten absichtlich erfolgt; es genügt, wenn es gegen den Vertrauensgrundsatz verstösst 4C.281/2005 (15.12.05) E. 3.5 fr. (in casu treuwidriges Verhalten eines Bauherrn, der die Eingabe eines Baugesuchs durch Verweigerung seiner Unterschrift verhindert hat), vgl. auch 109 II 20/21 f. E. b Pra 1983 (Nr. 203) 554, 113 II 31/36 E.b. Art. 156 darf freilich nicht zu weit ausgelegt werden, denn indem die Parteien ihr Rechtsgeschäft unter eine Bedingung gestellt haben, haben sie die damit verbundene Unsicherheit in Kauf genommen. Überdies trifft die Parteien keine Pflicht, auf den Eintritt der Bedingung begünstigend einzuwirken; der Grundsatz von Treu und Glauben verlangt auch nicht, dass die Parteien ihre eigenen Interessen dafür aufgeben 4A_449/2013 (19.2.14) E. 5.3, 4C.38/2007 (30.4.07) E. 3.4 fr., 4C.281/2005 (15.12.05) E. 3.5 fr., 4C.25/2004 (13.9.04) E. 3.2.1 fr.

2 **Prozess.** Zwischen dem treuwidrigen Verhalten und dem Nichteintritt der Bedingung (im Falle einer Resolutivbedingung: dem Eintritt der Bedingung) muss ein Kausalzusammenhang bestehen, der von derjenigen Partei zu beweisen ist, die die Rechtsfolge von Art. 156 geltend macht. An diesen Nachweis sind keine allzu strengen Anforderungen zu stellen; der Nachweis einer hohen Wahrscheinlichkeit genügt. Demjenigen, der den Eintritt der vereinbarten Bedingung treuwidrig verhindert (oder im Falle einer Resolutivbedingung herbeigeführt) hat, steht der Beweis offen, dass die Bedingung in keinem Fall (bei Resolutivbedingung: auf jeden Fall) eingetreten wäre 4A_269/2007 (5.2.08) E. 7.1, 4C.281/2005 (15.12.05) E. 3.5.2 fr.

3 **Beispiele.** Verhinderung des Bedingungseintrittes gegen Treu und Glauben bei einem Vorkaufsrecht, wenn der Verpflichtete einem Dritten ein Baurecht am belasteten Grundstück einräumt 85 II 474/484 f. E. c; wenn eine Gesellschaft, obwohl die Voraussetzungen von [aOR] Art. 725 Abs. 2 vorliegen, keine Bilanz errichten will, um dadurch den Bedingungseintritt für die Ausübung eines Rückkaufsrechtes zu verhindern 99 II 282/288 f. E. II/2, 3 fr.; wenn ein Versicherter gegenüber der Invalidenversicherung ohne legitimen Grund auf die Geltung einer ihm zustehenden Rente verzichtet, sodass seine Krankentag-

geldversicherung ihr vertragliches Recht, von einer Sozialversicherung effektiv erbrachte Leistungen an die eigene Leistung anzurechnen, nicht ausüben kann 133 III 527/533 ff. E. 3.3; bei einem Brandversicherungsfall, wenn die Versicherungssumme nur unter der Bedingung bezahlt wird, dass wieder aufgebaut werde, der Neubau aber infolge Nichtbezahlung der Versicherungssumme verunmöglicht wird 47 II 99/104 f. E. 2 fr.; bei Anspruch auf eine nach der Dividende zu bemessende Tantieme aufgrund eines Anstellungsvertrages, wenn die Generalversammlung beschliesst, keine Dividende auszuschütten, obwohl die Gesellschaft dazu in der Lage wäre 42 II 355/357 ff. E. 2; im Fall eines Mieterwechsels zum Zweck, den Bedingungseintritt für die Ausübung eines durch den Erstmieter dem Untermieter eingeräumten Optionsrechts auf Verlängerung der Untermiete zu vereiteln 113 II 31/35 f. E. 2b; wenn der nach ZGB Art. 151 und 152 rentenberechtigte Ehegatte nach der Scheidung eine neue Lebensgemeinschaft mit einem Angehörigen des anderen Geschlechts bildet, mit diesem aber nicht die Ehe eingeht, um der gesetzlichen Folge des Rentenverlustes auszuweichen 104 II 154/155 f. E. 1. Kauf auf Probe oder Besicht (Art. 223–225): Der Verkäufer ist in zweifacher Hinsicht gebunden; er hat weder das Recht, den Verkauf zu widerrufen, noch darf er etwas tun, was den Bedingungseintritt nach Treu und Glauben verhindern würde (Art. 156) 55 II 39/44 f. fr. – Keine Verhinderung des Bedingungseintrittes gegen Treu und Glauben, wenn beim Mäklervertrag infolge Nichtabschlusses des vermittelten Vertrages die Provision nicht verfällt 44 II 494/499. Vorbehalten bleibt der Fall, dass der Vertrag nur scheinbar nicht zum Abschluss gebracht wird, um sich damit der Provisionspflicht zu entziehen 44 II 494/499, 4C.93/2006 (14.7.06) E. 3.2.2 fr.

III. Unzulässige Bedingungen

Art. 157

Wird eine Bedingung in der Absicht beigefügt, eine widerrechtliche oder unsittliche Handlung oder Unterlassung zu befördern, so ist der bedingte Anspruch nichtig.

Dritter Abschnitt
Haft- und Reugeld. Lohnabzüge. Konventionalstrafe

A. Haft- und Reugeld

Art. 158

[1] Das beim Vertragsabschlusse gegebene An- oder Draufgeld gilt als Haft-, nicht als Reugeld.

[2] Wo nicht Vertrag oder Ortsgebrauch etwas anderes bestimmen, verbleibt das Haftgeld dem Empfänger ohne Abzug von seinem Anspruche.

[3] Ist ein Reugeld verabredet worden, so kann der Geber gegen Zurücklassung des bezahlten und der Empfänger gegen Erstattung des doppelten Betrages von dem Vertrage zurücktreten.

1 *Abs. 1* **Haftgeld.** Soll das Angeld für den Fall der Nichterfüllung des Vertrages beim Empfänger verbleiben, hat es die Bedeutung einer im Voraus bezahlten Konventionalstrafe. Von einem Angeld kann allerdings nur gesprochen werden, wenn die Leistung bei Vertragsabschluss zu erfolgen hat. Deswegen fällt eine Vereinbarung, zu einem späteren Zeitpunkt einen bestimmten Betrag zu zahlen, der auch bei Vertragsrücktritt beim Empfänger verbleiben soll, unter Art. 162. Die Bestimmungen über die Konventionalstrafe finden auch in diesem Fall Anwendung 133 III 43/47 f. E. 3.2, bestätigt in 133 III 201/207 f. E. 3 Pra 2007 (Nr. 126) 878.

2 *Abs. 3* **Reugeld.** Das Reugeld ist die *Vergütung für ein Rücktrittsrecht,* das dem Vertragspartner im Sinne einer alternativen Ermächtigung eingeräumt wird: Er hat die *freie* Wahl, den Vertrag zu erfüllen oder gegen Bezahlung des Reugeldes von ihm zurückzutreten (insbesondere auch dann, wenn kein gesetzliches Rücktrittsrecht besteht). Das *Reugeld ist nur geschuldet,* wenn der Berechtigte aus freiem Willen vom Vertrag zurücktritt oder dessen Erfüllung schuldhaft vereitelt, *nicht aber,* wenn ein Entscheid Dritter oder andere, ausserhalb seines Willensbereichs liegende Umstände die Vertragserfüllung verhindern 4C.301/2006 (23.4.07) E. 6, 84 II 151/154 ff. E. 2, vgl. auch 110 II 141/145 ff. E. 2 fr. (unter den in casu gegebenen Umständen war die Klausel der allgemeinen Vertragsbedingungen, wonach der Käufer bei Rücktritt vom Vertrag eine Strafe von 20% des Kaufpreises zu zahlen hat, als Reugeld auszulegen).

B. …

Art. 159

Diese Bestimmung wurde auf den 1. Januar 1972 aufgehoben (AS 1971 1465).

C. Konventionalstrafe

Vorb. Art. 160–163

Begriff. Als Konventionalstrafe wird eine Leistung bezeichnet, die der Schuldner dem Gläubiger für den Fall verspricht, dass er eine bestimmte Schuld (Hauptverpflichtung) nicht oder nicht richtig erfüllt; Zweck der Konventionalstrafe ist die Verbesserung der Gläubigerstellung durch Befreiung vom Schadensnachweis 135 III 433/437 E. 3.1, 122 III 420/422 E. 2a. Als Konventionalstrafe kann sowohl eine positive Leistung als auch ein Rechtsverlust vereinbart werden, z.B. die Reduktion einer Kaufpreisforderung 135 III 433/439 E. 3.4. – Die Konventionalstrafe ist Gegenstand einer selbständigen Verpflichtung, die von der Haftung für Schaden zu unterscheiden ist (vgl. Art. 161 Abs. 1) 114 II 264/265 E.b. 1

Natur. Die Konventionalstrafe hat ***akzessorischen Charakter,*** setzt jedoch keine klagbare Hauptverpflichtung voraus (sie kann somit auch zur Sicherung gewisser Naturalobligationen dienen, insbesondere von Leistungen, an deren Erfüllung ein blosses Affektionsinteresse besteht) 73 II 158/161 E. 2. – Die Konventionalstrafe unterscheidet sich von der Vereinbarung über einen pauschalisierten Schadenersatz dadurch, dass sie zusätzlich Straffunktion hat; die Konventionalstrafe erfüllt den Doppelzweck eines pauschalisierten Schadensausgleichs und einer Sanktion zur Sicherung der Vertragserfüllung. Der Umstand, dass ein Gericht bei der Herabsetzung der Konventionalstrafe im Sinne von Art. 163 Abs. 3 den mutmasslichen Schaden berücksichtigt, führt nicht dazu, eine vereinbarte Konventionalstrafe im Umfang des mutmasslichen Schadenersatzes als Schadenersatz zu qualifizieren 4C.241/2005 (25.10.05) E. 3.2 und 3.3. – Keine Konventionalstrafe, sondern lediglich eine Vereinbarung der Schadensberechnung enthält die Vertragsbestimmung, dass bei Vertragsbruch der entgangene Gewinn zu ersetzen sei 83 II 525/532 E. 3 Pra 1958 (Nr. 44) 143. – SIA-Norm 102 (1969) Art. 8.1 (Honorarzuschlag bei Auftragsentzug durch den Bauherrn ohne Verschulden des Architekten, Art. 404 Abs. 2) enthält eine Konventionalstrafe und nicht eine Schadenspauschale 109 II 462/467 ff. E. 4, vgl. auch 110 II 380/383 E.a. Verbandsstrafen (wie Geldstrafen, Bussen und dergleichen) sind ihrer Natur nach Konventionalstrafen und unterliegen den betreffenden gesetzlichen Bestimmungen, namentlich auch der Herabsetzung nach Art. 163 80 II 123/132 f. E. b (keine Konventionalstrafen enthalten Verwirkungsklauseln, wonach Ansprüche auf Unterstützung und andere Verbandsleistungen bei pflichtwidrigem Verhalten eines Mitgliedes entfallen). 2

Form. Eine Konventionalstrafe, mit welcher das durch eine culpa in contrahendo entstehende negative Interesse entschädigt werden soll, kann in einem in einfacher Schriftform abgefassten Vorvertrag zu einem Grundstückkauf gültig vereinbart werden 140 III 200/202 ff. E. 5 Pra 2014 (Nr. 102) 816 ff. 3

Die ***Abtretung*** der Rechte aus einer Konventionalstrafe ist zulässig 40 II 556/557 f. E. 2. 4

Konventionalstrafe als Verspätungsschaden 116 II 441/444 ff. E. 3 (der Schaden ist mit Rechtsverbindlichkeit des Anspruchs eingetreten; nicht notwendig ist, dass der aus der Konventionalstrafe Verpflichtete bereits geleistet hat). 5

6 Soweit die vereinbarte Konventionalstrafe die ***Arbeitnehmerhaftung*** verschärft und deswegen mit Art. 321e unvereinbar ist, ist sie nichtig (Art. 362 Abs. 2) und nicht bloss herabsetzbar. Eine Konventionalstrafe ist mit Rücksicht auf Art. 321e nur zulässig, soweit sie Disziplinarcharakter aufweist 144 III 327/333 ff. E. 5.3–5.5.

7 Zur ***Unzulässigkeit*** einer Konventionalstrafe siehe unter Art. 163 Abs. 2, zur *Herabsetzung übermässig hoher Konventionalstrafen* unter Art. 163 Abs. 3.

I. Recht des Gläubigers 1. Verhältnis der Strafe zur Vertragserfüllung

Art. 160

[1] Wenn für den Fall der Nichterfüllung oder der nicht richtigen Erfüllung eines Vertrages eine Konventionalstrafe versprochen ist, so ist der Gläubiger mangels anderer Abrede nur berechtigt, entweder die Erfüllung oder die Strafe zu fordern.

[2] Wurde die Strafe für Nichteinhaltung der Erfüllungszeit oder des Erfüllungsortes versprochen, so kann sie nebst der Erfüllung des Vertrages gefordert werden, solange der Gläubiger nicht ausdrücklich Verzicht leistet oder die Erfüllung vorbehaltlos annimmt.

[3] Dem Schuldner bleibt der Nachweis vorbehalten, dass ihm gegen Erlegung der Strafe der Rücktritt freistehen sollte.

1 ***Abs. 1*** Die Geltendmachung der Konventionalstrafe setzt voraus, dass die Bedingung, d.h. die Nichterfüllung oder die nicht richtige Erfüllung der durch die Konventionalstrafe gesicherten Hauptverpflichtung, eingetreten ist. An der Nicht- oder Schlechterfüllung muss den Schuldner ein Verschulden treffen. Dabei hat der Schuldner zu beweisen, dass ihn an der Leistungsstörung kein Verschulden trifft 4A_174/2011 (17.10.11) E. 4.1. – *Mangels anderer Abrede.* An den Nachweis einer Abrede sind weniger strenge Anforderungen zu stellen, wenn die Verpflichtung auf ein Nichttun geht, das unzählige Male verletzt werden kann 46 II 399/401 E. 2, 4A_312/2009 (23.9.09) E. 3.6.2. Ein abweichender Wille kann sich ergeben aus dem Wortlaut der eingegangenen Verpflichtung, aus den Umständen, unter denen sie abgeschlossen wurde, oder aus der Höhe der Konventionalstrafe, letzteres namentlich im Sinne, dass die Strafe in einem derartigen Missverhältnis zum Erfüllungsinteresse des Berechtigten steht, dass anzunehmen ist, dieses Interesse werde durch die Konventionalstrafe nicht gedeckt 122 III 420/422 E.b. – Bei der Auslegung ist vor allem darauf Gewicht zu legen, welche Meinung der Berechtigte mit der Strafe verbunden wissen und welchen Zweck er damit erreichen wollte 46 II 399/401 f. E. 2.

2 **Nicht richtige Erfüllung.** Der Gläubiger, der nur teilweise Erfüllung erlangt hat, kann auf Zahlung der Konventionalstrafe klagen, wobei er die Teilleistung auf die Strafe anrechnen oder sie dem Schuldner zurückgeben muss (der Wert der Hauptleistung ist demnach adäquat zu berücksichtigen) 122 III 420/423 E.b.

3 **Alternative Konventionalstrafe bei Konkurrenzverbot.** Der Schuldner wird von der Pflicht zur weiteren Einhaltung des Konkurrenzverbotes bereits im Zeitpunkt befreit, in dem der Gläubiger erklärt, er wähle die Strafe. Offengelassen (aber eher verneint), ob im umgekehrten Fall der Gläubiger, der die Realerfüllung gewählt hat, nachträglich auf die Strafe zurückgreifen kann 63 II 84/84 ff.

Beispiel. Verfall der Konventionalstrafe bei Verletzung der Verpflichtung eines Genossenschafters, nicht unter einem bestimmten Tarif zu offerieren und zu verkaufen 39 II 581/583 f. E. 1. 4

Abs. 2 Die **vorbehaltlose Annahme** begründet nicht bloss eine widerlegbare Vermutung des Verzichtes auf die Strafe, sondern bewirkt deren Untergang 97 II 350/352 E. 2a. 5

Werkvertrag. Art. 160 Abs. 2 kommt auch dann zur Anwendung, wenn die Vertragsparteien die Geltung der SIA-Norm 118 vereinbart haben 4C.267/2001 (19.12.01) E. 3c. Die für die Nichteinhaltung der Erfüllungszeit vereinbarte Konventionalstrafe geht unter, wenn sie der Besteller nicht spätestens bei der Ablieferung des Werkes geltend macht 97 II 350/352 ff. E. b, d. 6

2. Verhältnis der Strafe zum Schaden

Art. 161

1 Die Konventionalstrafe ist verfallen, auch wenn dem Gläubiger kein Schaden erwachsen ist.

2 Übersteigt der erlittene Schaden den Betrag der Strafe, so kann der Gläubiger den Mehrbetrag nur so weit einfordern, als er ein Verschulden nachweist.

Abs. 1 Die Bestimmung ist *dispositiver Natur* 102 II 420/425 E. 4, 95 II 532/539 E. 5. – Sie bezweckt, den Gläubiger vom Nachweis des Schadens zu befreien 103 II 108/108 f. und 103 II 129/136, vgl. auch 109 II 462/468 E. a (in casu SIA-Norm 102 [1969] Art. 8.1) und 102 II 420/425 E. 4. 1

3. Verfall von Teilzahlungen

Art. 162

1 Die Abrede, dass Teilzahlungen im Falle des Rücktrittes dem Gläubiger verbleiben sollen, ist nach den Vorschriften über die Konventionalstrafe zu beurteilen.

2 ...

II. Höhe, Ungültigkeit und Herabsetzung der Strafe

Art. 163

1 Die Konventionalstrafe kann von den Parteien in beliebiger Höhe bestimmt werden.

2 Sie kann nicht gefordert werden, wenn sie ein widerrechtliches oder unsittliches Versprechen bekräftigen soll und, mangels anderer Abrede, wenn die Erfüllung durch einen vom Schuldner nicht zu vertretenden Umstand unmöglich geworden ist.

3 Übermässig hohe Konventionalstrafen hat der Richter nach seinem Ermessen herabzusetzen.

1 ***Abs. 2*** Die geltend gemachten Befreiungsgründe (in casu Unmöglichkeit und fehlendes Verschulden) sind vom Schuldner der Konventionalstrafe prozessrechtskonform zu behaupten und zu beweisen 4A_653/2016 (20.10.17) E. 3.1 fr., 4C.36/2005 (24.6.05) E. 3.2.

2 ***Unzulässig ist die Vereinbarung einer Konventionalstrafe*** für die Verletzung einer Verpflichtung, die gegen unabdingbare Freiheitsrechte verstösst und daher schlechthin ungültig ist (darunter fallen jedoch nicht nur Fälle unzulässiger Freiheitsbeschränkungen im Sinne von ZGB Art. 27 Abs. 2; in casu Unzulässigkeit einer Konventionalstrafe für die Verletzung der Pflicht, die Vormerkung eines Vorkaufs- und Rückkaufsrechtes zu erneuern, ZGB Art. 681 Abs. 3 und 683 Abs. 2) 73 II 158/161 E. 2 (vgl. heute Art. 216a). – Für den Widerruf des Auftrages (Art. 404) 104 II 108/115 f. E. 4 und 104 II 124/130 E. 1; für den Austritt aus einer einfachen Gesellschaft, welche die Durchführung einer Strafklage gegen einen Dritten bezweckt 48 II 439/442 f. E. 3; in den Statuten einer konfessionellen Vereinigung für die konfessionell verbotene Ausübung eines gesetzlichen Rechtes (in casu Recht zur freien Heirat) 44 II 77/81 f. fr.

3 Der Verkauf eines ***landwirtschaftlichen Gewerbes*** kann trotz des bäuerlichen Vorkaufsrechtes in aEGG Art. 6 durch Konventionalstrafe bekräftigt werden, selbst wenn der Vorkaufsberechtigte Erbanwärter des Verkäufers ist (wird das Vorkaufsrecht ausgeübt und stirbt der Verkäufer, so haben seine Erben dem Dritten die Konventionalstrafe zu bezahlen, ausser sie schlagen die Erbschaft aus) 87 II 147/149 ff. E. 1–4.

4 ***Unmöglichkeit der Leistung durch einen vom Schuldner nicht zu vertretenden Umstand.*** Zum Beispiel: durch Verschulden des Berechtigten (in casu Herabsetzung der Strafe nach Abs. 3) 61 II 238/241 f. E. b fr.; durch höhere Gewalt (in casu verneint für den Fall eines Arbeiterstreiks) 38 II 94/99 ff. E. 4; nicht aber durch blosse Leistungserschwerung (in casu infolge kriegswirtschaftlicher Massnahmen) 68 II 169/172 ff. E. 1–3.

5 ***Abs. 3*** **Allgemeines.** ***Zweck.*** Die *Bestimmung bezweckt,* den wirtschaftlich Schwächeren vor dem Rechtsmissbrauch durch den wirtschaftlich Stärkeren zu schützen 138 III 746/748 E. 6.1.1, 41 II 138/142, 4A_653/2016 (20.10.17) E. 5.1 fr. – Sie ist um der *öffentlichen Ordnung* und *Sittlichkeit* willen aufgestellt, mithin zwingender Natur, und ist vom Richter auch dann anzuwenden, wenn der Schuldner die Herabsetzung nicht ausdrücklich verlangt 143 III 1/2 E. 4.1 Pra 2018 (Nr. 27) 253 f., 133 III 201/209 E. 5.2 Pra 2007 (Nr. 126) 880, 4A_174/2011 (17.10.11) E. 6.1. Das gilt auch für die Anwendung im *internationalen Privatrecht* 41 II 138/141 E. 1. Die Regel, wonach übermässige Konventionalstrafen herabzusetzen sind, muss erst recht dann gelten, wenn der Richter mit einer Herabsetzung nicht in die Vertragsfreiheit der Parteien eingreift (in casu wurde die Höhe der Strafe von einer Partei bestimmt und nicht im gegenseitigen Einvernehmen festgelegt) 116 II 302/304 E. 4 (gesamtarbeitsvertragliche Konventionalstrafe). Es gilt, dass ein richterlicher Eingriff in den Vertrag sich nur dann rechtfertigt, wenn die verabredete Konventionalstrafe so hoch ist, dass sie das vernünftige, mit Recht und Billigkeit noch vereinbare Mass übersteigt. Das lässt sich erst nach der Verletzung des Vertrages richtig abmessen, weswegen Art. 163 Abs. 3 nicht schon nach Abschluss der Strafabrede angewendet werden kann, sondern erst dann, wenn die gesicherte Vertragspflicht verletzt wurde 133 III 43/48 E. 3.3.1. Bei der Beurteilung der Übermässigkeit der Konventionalstrafe ist weder abstrakt vom grösstmöglichen Schaden noch vom tatsächlich entstandenen Schaden aus-

zugehen (Anwendungsfall: 5A_212/2008 [18.9.08] E. 7), sondern es sind die konkreten Umstände zu berücksichtigen unter Einschluss des Schadensrisikos, dem der Gläubiger ausgesetzt war 133 III 43/54 f. E. 4, Anwendungsfall in 4A_141/2008 (8.12.09) E. 14 und 15. Eine Konventionalstrafe kann mithin nicht schon deshalb als übermässig bezeichnet werden, weil sie den Betrag übersteigt, den der Gläubiger als Schadenersatz wegen Nichterfüllung beanspruchen könnte; diesfalls verlöre die Strafe ihren Sinn 133 III 43/54. In 133 III 201/212 E. 5.5 Pra 2007 (Nr. 126) 882 f. wurde eine Konventionalstrafe von CHF 3,7 Mio., was mehr als 20% der Vertragssumme entsprach, als übermässig hoch befunden und vom Bundesgericht in Anlehnung an Art. 227h Abs. 2 Satz 2 auf einen 10% der Vertragssumme entsprechenden Betrag herabgesetzt.

Prozess. Ob eine Konventionalstrafe im Sinne des Art. 163 Abs. 3 übermässig hoch ist, ist eine Frage des Bundesrechts und im Rahmen einer Berufung an das Bundesgericht zu prüfen 4P.220/2001 (19.2.02) E. 4e. Der Richter hat auch dann zu prüfen, ob eine Konventionalstrafe herabzusetzen sei, wenn der Schuldner keinen entsprechenden Antrag stellt, seine Rechtsbegehren aber so weit gefasst sind, dass sie eine richterliche Herabsetzung in sich schliessen. Dies ist z.B. der Fall bei einem Antrag auf gänzliche Klageabweisung, wenn der Schuldner sich nicht darauf beschränkt, die Forderung dem Grundsatz nach zu bestreiten, sondern auch deren Höhe beanstandet, indem er Herabsetzungsgründe nennt (in casu arbeitsvertragliches Konkurrenzverbot mit Konventionalstrafe) 109 II 120/121 f. E. 2. Eine Herabsetzung ist erst zulässig, wenn die Vertragsabrede, für deren Nichteinhaltung die Konventionalstrafe vorgesehen ist, verletzt worden ist (Feststellungsklage somit ausgeschlossen) 69 II 76/79. – Bei der richterlichen Herabsetzung einer Konventionalstrafe ist *Zurückhaltung* geboten, da sie einen Einbruch in den Grundsatz der Vertragstreue darstellt (Art. 161 Abs. 1) 133 III 201/209 E. 5.2 Pra 2007 (Nr. 126) 880, 103 II 129/135, 4C.5/2003 (11.3.03) E. 2.3.1 fr. – Die tatsächlichen Voraussetzungen einer Herabsetzung und damit auch das Missverhältnis zum Erfüllungsinteresse sind nicht vom Gläubiger, sondern vom Schuldner zu *behaupten* und zu *beweisen* 143 III 1/2 f. E. 4.1 Pra 2018 (Nr. 27) 254. Allerdings kann der Schuldner in Bezug auf den Schaden des Gläubigers aus eigener Kenntnis oft nichts darlegen, weshalb vom Gläubiger verlangt werden darf, seinen Schaden zu beziffern und die Behauptung, es liege kein oder bloss ein geringer Schaden vor, substanziiert zu bestreiten. Das bedeutet aber nicht, dass der Gläubiger sein Interesse ziffernmässig nachzuweisen hat; damit würde nämlich Art. 161 Abs. 1 umgangen. Ebenso wenig darf sich der Richter bei der Prüfung, ob ein Missverhältnis vorliegt und die Strafe deshalb herabzusetzen ist, mit dem eingetretenen Schaden begnügen, da dieser dem Interesse des Gläubigers, an der Konventionalstrafe im vollen Umfang festzuhalten, nicht entsprechen muss 133 III 43/53 f. E. 4.1. Vgl. auch 133 III 201/209 f. E. 5.2 Pra 2007 (Nr. 126) 880, 103 II 108/109, 109 II 120/122 E. c und 114 II 264/265 E.b. – Erweist sich eine Konventionalstrafe als übermässig hoch, so muss der Richter sie herabsetzen 40 II 471/476 E. 5. 6

Urteil. Wird die Möglichkeit der Herabsetzung als Ausfluss der Pflicht zum Handeln nach Treu und Glauben betrachtet, greift der Richter nicht gestaltend in den Vertrag ein, sondern stellt lediglich im Streitfall fest, ob sich das Festhalten an der gesamten vereinbarten Konventionalstrafe mit Treu und Glauben (beziehungsweise mit Recht und Billigkeit) noch vereinbaren lässt. Damit ist die Konventionalstrafe von Anfang an nur im reduzierten Masse geschuldet, da der Vertragspartner aufgrund der gesamten Umstände bei 7

Verfall der Konventionalstrafe nach Treu und Glauben nicht den vollen Betrag verlangen darf. Das Vertrauen des Konventionalstrafgläubigers in den Bestand der ungekürzten, mit Recht und Billigkeit nicht mehr vereinbaren, Konventionalstrafe wird nicht geschützt 138 III 746/748 f. E. 6.1.2 und 6.1.3.

8 ***Kriterien bei der Festlegung einer herabgesetzten Konventionalstrafe.*** Setzt der Richter eine Konventionalstrafe nach Massgabe des Art. 163 Abs. 3 herab, so steht es ihm nicht zu, die Konventionalstrafe betragsmässig so festzulegen, dass sie ihm korrekt erscheint; vielmehr hat der Richter ausschliesslich die Konventionalstrafe so herabzusetzen, dass sie nicht mehr übermässig hoch ist. Im konkreten Fall eines Kaufvertrages über ein Flugzeug hat das Bundesgericht in Anlehnung an Art. 227h Abs. 2 Satz 2 eine vertraglich vereinbarte Konventionalstrafe betragsmässig so herabgesetzt, dass sie 10% der Vertragssumme entsprach 133 III 201/210 ff. E. 5.2 und 5.5 Pra 2007 (Nr. 126) 880 ff.

9 ***Nachträgliche Herabsetzung.*** Wurde eine Konventionalstrafe bezahlt, so ist eine nachträgliche Herabsetzung ausgeschlossen, wenn die vorbehaltlose Bezahlung eine Anerkennung der Angemessenheit der Konventionalstrafe bedeutet. Das ist nur dann der Fall, wenn der Schuldner in Kenntnis der Herabsetzungsgründe zahlt, d.h. die Übermässigkeit im Zeitpunkt der Zahlung erkannt hat 133 III 43/49 ff. E. 3.5.

10 **Herabsetzungsgründe.** Eine Konventionalstrafe ist herabzusetzen, wenn der vereinbarte Betrag das vernünftige, *mit Recht und Billigkeit noch vereinbare Mass* übersteigt (d.h., wenn sich der Berechtigte bei Zusprechung der vollen Konventionalstrafe auf Kosten des Verpflichteten offenbar bereichern würde 133 III 201/209 E. 5.2 Pra 2007 (Nr. 126) 880, 133 III 43/48 E. 3.3, 103 II 129/135, 102 II 420/426, 4A_606/2019 (15.7.20) E. 7.1, bzw. wenn ein Missverhältnis zwischen dem tatsächlichen/wahrscheinlichen und dem von den Parteien als möglich vorausgesehenen Schaden besteht 103 II 129/136, 52 II 223/226 E. 1, vgl. auch 114 II 264/264 f. E. a, b. Doch ist eine Konventionalstrafe nicht schon deswegen übermässig hoch, weil sie jenen Betrag übersteigt, den der Gläubiger als Schadenersatz wegen Nichterfüllung beanspruchen könnte 103 II 108/109. Als Indiz für das Übermass kommt denn auch nicht der entstandene, sondern der höchstmögliche Schaden in Betracht 114 II 264/265 E.b.

11 Eine Herabsetzung der Konventionalstrafe rechtfertigt sich insbesondere, wenn zwischen dem vereinbarten Betrag und dem Interesse des Gläubigers, daran im vollen Umfang festzuhalten, ein *krasses Missverhältnis* besteht. Das beurteilt sich nach den Umständen des Einzelfalles. Zu diesen Umständen gehören vor allem die Art und Dauer des Vertrages, die Schwere des Verschuldens und der Vertragsverletzung, das Interesse des Gläubigers an der Einhaltung des Verbotes sowie die wirtschaftliche Lage der Beteiligten, namentlich des Verpflichteten. Zu berücksichtigen sind ferner allfällige Abhängigkeiten aus dem Vertragsverhältnis und die Geschäftserfahrungen der Beteiligten. Gegenüber einer wirtschaftlich schwachen Partei rechtfertigt sich eine Herabsetzung eher als unter wirtschaftlich gleichgestellten und geschäftskundigen Vertragspartnern 133 III 201/209 f. E. 5.2 Pra 2007 (Nr. 126) 880, 133 III 43/48 f. E. 3.3.2. Nach 24 II 122/127 E. 4 dürfen die Vermögensverhältnisse der Beteiligten für die Herabsetzung nicht allein ausschlaggebend sein, vielmehr ist auch die Schwere der Verletzung zu berücksichtigen (103 II 129/135, 42 II 510/511 f. fr.), die sich gerade aus dem entstandenen Schaden erhellen kann. Es liegt nahe, das Interesse an der Einhaltung des Vertrages nach dem entstandenen Schaden zu

bemessen, namentlich, wenn es dem Gläubiger um den Ersatz des Erfüllungsinteresses geht. Das heisst jedoch nicht, dass der Gläubiger dieses Interesse ziffernmässig nachzuweisen hat (damit würde Art. 161 Abs. 1 umgangen). Ebenso wenig darf der Richter bei der Prüfung der Frage, ob ein Missverhältnis vorliege und die Strafe deshalb herabzusetzen sei, sich mit dem eingetretenen Schaden begnügen; das geht jedenfalls dann nicht an, wenn dieser nicht dem Erfüllungsinteresse des Gläubigers entspricht oder der Schaden teilweise nicht nachweisbar, aber wahrscheinlich ist 103 II 108/108 f. und 103 II 129/135 (in casu frei widerruflicher Mäklervertrag), 63 II 245/249 ff. E. 4 fr.

Sind *beide Parteien in gleichem Masse für die Vertragsauflösung verantwortlich* (in casu 12 Arbeitsvertrag mit Konkurrenzverbot und diesbezüglicher Konventionalstrafe), so kann (das Konkurrenzverbot eingeschränkt und) die Konventionalstrafe angemessen herabgesetzt werden 105 II 200/203 f. E. b, c.

Zu berücksichtigen ist im Weiteren die Geschäftserfahrung der Parteien 102 II 420/426, 13 95 II 532/540; ebenso die wirtschaftliche Abhängigkeitsstellung des Verpflichteten 51 II 162/170 f. E. 5, 40 II 471/478 E. 6. Gegenüber einem Arbeitnehmer, der in der Regel auch der wirtschaftlich schwächere ist, rechtfertigt sich eine Herabsetzung eher als unter wirtschaftlich gleichgestellten und geschäftskundigen Vertragspartnern 114 II 264/265 E.a.

Ob eine Konventionalstrafe übersetzt ist, hängt auch davon ab, ob sie *nur einmal oder* 14 *bei jeder Übertretung* (Schadenersatzfunktion im Vordergrund) *neu* gefordert werden kann 68 II 169/175.

Konventionalstrafe für den Fall der Übertretung eines Konkurrenzverbotes. Eine Herab- 15 setzung ist geboten, wenn wegen besonderer Umstände, die beim Verfall der Strafe bereits bestanden (wie z.B. der Verletzung des Konkurrenzverbotes erst kurz vor Ablauf der vereinbarten Dauer), die Verletzung in keinem vernünftigen Verhältnis zur Höhe der Strafe steht 95 II 532/540 (in casu Abwerbeverbot). – Das Interesse des Berechtigten nimmt an Intensität ab, je näher der Zeitpunkt heranrückt, auf den der Verpflichtete wieder seine wirtschaftliche Bewegungsfreiheit erlangt 40 II 471/478 E. 6. – Die zum Schutz eines Konkurrenzverbotes vereinbarte Konventionalstrafe wird nicht hinfällig, wenn der Berechtigte nach Klageanhebung sein Geschäft veräussert 21 1233 E. 4. – Nach Art. 340b Abs. 2 ist der Arbeitnehmer für den Schaden, der durch die Konventionalstrafe nicht gedeckt ist, ersatzpflichtig; Sache des Arbeitgebers ist es, den Schaden und das Verschulden des Arbeitnehmers nachzuweisen 92 II 31/38 E. b Pra 1966 (Nr. 149) 528. – Beispiele: 4A_126/2009 (12.6.09) E. 5 fr., 4C.249/2001 (16.1.02) E. 5d fr., 91 II 372/383 E. 11, 82 II 142/146 f. E. 3, 51 II 438/445 E. 5. – Siehe auch unter Art. 340b Abs. 2.

Keinen Herabsetzungsgrund bildet der Umstand, dass über den Pflichtigen der Konkurs 16 eröffnet wurde 39 II 246/258.

Analoge Anwendung. Eine Minderung des in einer Vertragsklausel pauschalierten 17 Schadens ist in analoger Anwendung von Art. 163 Abs. 3 möglich, wenn der tatsächliche Schaden wesentlich geringer ist als der Pauschalbetrag 4A_601/2015 (19.4.16) E. 2.3.3 fr. (in casu betreffend Schulgeld im Falle der Kündigung zur Unzeit).

Weiteres. Verzicht im Voraus auf die Berufung an das Bundesgericht 113 Ia 26/30 E.a. 18

Fünfter Titel
Die Abtretung von Forderungen und die Schuldübernahme

A. Abtretung von Forderungen

Vorb. Art. 164–174

Allgemeines. Die Abtretung von Forderungen oder Ansprüchen ist ein Verfügungsgeschäft, kraft dessen der Zessionar anstelle des Zedenten Gläubiger wird. Welche Bedeutung der Zession im Verhältnis zwischen dem Zedenten und dem Zessionar zukommt, ergibt sich aus dem Grundgeschäft, das den sachlichen Anlass zur Abtretung bildet. Die Übertragung der abgetretenen Forderung kann beispielsweise die Erfüllung eines Kaufvertrages oder eine Schenkung darstellen, an Zahlungs statt, zahlungshalber, sicherungshalber oder treuhänderisch zum Inkasso erfolgen 118 II 142/145 E. b (in casu Abtretung von Gewährleistungsansprüchen gegen Handwerker). Zur Übertragung eines ganzen Vertrags 4A_313/2014 (9.9.14) E. 3 Pra 2015 (Nr. 45) 363 f., wo zwischen beschränkter Übertragung und rückwirkender Übertragung unterschieden wird. – Der Vertrag betreffend eine Vertragsübernahme ist ein Vertrag sui generis, bei dem es sich nicht nur um eine einfache Kombination von Forderungsabtretung (Art. 164 ff.) und Schuldübernahme (Art. 175 ff.) handelt 4A_30/2017 (4.7.17) E. 4.1 fr. 1

Anwendbar auf die Übertragung unverbriefter Aktien 4A_314/2016 (17.11.16) E. 4.2.1 fr., auch auf die Übertragung einer Grundpfandverschreibung (insbesondere Art. 169) 88 II 422/425 E. 2a, vgl. aber auch 108 II 47/48 ff. E. 2. Die vom ZGB aufgestellten Vorschriften über das Forderungspfandrecht sind nicht erschöpfend; sie bedürfen der Ergänzung durch entsprechende Anwendung derjenigen über die Forderungsabtretung (insbesondere Art. 169) 63 II 235/237 f. Anwendbar auf die Legalzession gemäss Art. 401 115 II 468/471 E.c. – *Nicht anwendbar* auf die Abtretung eines angefallenen Erbanteils 87 II 218/225 E. c; auf die Abtretung eines Kaufsrechts (öffentliche Beurkundung notwendig) 111 II 143/147 f. E. c it. – Die *Wandelungs- und Minderungsrechte* sind als Gestaltungsrechte nicht abtretbar; es können einzig die Forderungen auf ganze oder teilweise Rückerstattung der geleisteten Vergütung zediert werden 114 II 239/247 E. aa (Mängelgewährleistungsansprüche), 4C.363/2002 (26.2.03) E. 2.2 fr. (Rückgabeansprüche aus Vertragsauflösung nach Art. 109). Der werkvertragliche Nachbesserungsanspruch ist abtretbar 114 II 239/247 E. bb (unbesehen davon, ob er realiter oder in Form der Kosten einer Ersatzvornahme geltend gemacht wird). 2

Grundsatz der Identität. Durch die Abtretung (Zession) geht eine Forderung mit allen rechtlichen Vorzügen und Einreden, die im Verhältnis zwischen Schuldner und Zedent bestanden, auf den Zessionar über 65 II 66/83 f. E. 10. Durch die Abtretung erfährt die Schuld keine qualitative Veränderung 125 III 257/260. Der Zedent kann nicht mehr Rechte übertragen, als er selber hat 126 III 36/38 E. 2a Pra 2001 (Nr. 12) 67, 108 II 47/48 E. 2. 3

4 ***Zustandekommen der Abtretung.*** Die Forderungsabtretung ist ein zweiseitiges, zwischen Zedent und Zessionar abzuschliessendes Rechtsgeschäft (Verfügungsvertrag) 4C.84/2004 (9.6.04) E. 2.2. Sie kommt somit nicht schon mit der Ausstellung der Abtretungsurkunde, auch nicht ohne Weiteres mit deren Übergabe an den vorgesehenen Zessionar, sondern erst mit der (allenfalls stillschweigenden) Annahme durch diesen zustande. Die Abtretung kann an (aufschiebende oder auflösende) Bedingungen geknüpft oder befristet werden 84 II 355/363 f. E. 1 (in casu nachträgliche Unterstellung einer vorbehaltlosen Zession unter eine aufschiebende Bedingung), 82 II 48/55 E. 2, 41 II 387/390 E. 2 (offengelassen in 90 II 164/181 E. 8). Von der eigentlichen Abtretungserklärung sind Äusserungen zu unterscheiden, in denen zwar von der Abtretung die Rede ist, denen aber der Empfänger nach Treu und Glauben nicht entnehmen darf, der Gläubiger betrachte die Abtretung mit der betreffenden Äusserung als vollzogen (in casu: «Wie besprochen senden wir Ihnen per Express folgende Zessionen ...») 88 II 18/21 f. E. 1, 2. – Die Gültigkeit einer Abtretung hängt nicht von einer Gegenleistung ab 102 II 420/426. – Die Abtretung ist auch dann gültig, wenn sie dem Schuldner nicht angezeigt wird (siehe aber Art. 167 Abs. 1) 95 II 109/115 E. 4. – Eine zweite Abtretung ist bei gültiger Erstabtretung unwirksam, selbst wenn der Zweitzessionar von der früheren Abtretung keine Kenntnis hat und daher das vermeintliche Recht gutgläubig erwirbt 117 II 463/465.

5 Durch ein ***pactum de cedendo*** geht die Forderung noch nicht über 43 II 755/764. – Der Gewahrsamsübergang tritt nicht schon mit der Ausstellung und Übergabe der Zessionsurkunde, sondern erst mit der Anzeige an den Schuldner ein (Art. 167) 47 III 6/9, 67 III 49/53 fr.

6 ***Umfang.*** *Die Abtretung enthält zwingend* auch das Klagerecht; eine Aufspaltung einer Forderung in materielle Berechtigung einerseits und Klagerecht andererseits kennt das schweizerische Recht nicht 78 II 265/274 fr., 130 III 417/426 f. E. 3.4 Pra 2005 (Nr. 30) 229 f. – Die Forderung aus dem Bürgschaftsverhältnis kann nur mit der verbürgten Hauptforderung abgetreten werden 78 II 57/59 f. Pra 1952 (Nr. 63) 178 f. – Pfandrechte können infolge ihrer akzessorischen Natur nicht selbständig, sondern nur in Verbindung mit der pfandgesicherten Forderung geltend gemacht werden 44 III 149/153 E. 3.

7 ***Abstrakte oder kausale Natur?*** Die abstrakte Natur der Abtretung wurde in 67 II 123/127 E. 4 noch bejaht mit der Einschränkung, dass sie durch Parteiabrede beseitigt werden könne (z.B. mit der Bedingung, dass der von den Parteien vereinbarte Rechtsgrund bestehe oder eintrete). Offengelassen in 84 II 355/363 f. E. 1, 4A_314/2016 (17.11.16) E. 4.2.2 fr., 4C.75/2006 (20.6.06) E. 1.3.

8 **Schuldbetreibung und Konkurs.** ***Allgemeines.*** Die Abtretung einer *zukünftigen Forderung* bewirkt, dass diese in der Person des Zessionars entsteht und daher von einem Gläubiger des Zedenten nicht mehr gepfändet werden kann 95 III 9/12 E. 1 (im Falle des Konkurses des Zessionars, vgl. unten/Konkurs), 117 III 52/56 E. c (in casu übergangsrechtliche Frage im Zusammenhang mit dem revidierten Art. 325); vgl. auch 119 III 22/25 f. E. 4. – Der Umstand, dass eine Forderung abtretbar ist, hat nicht notwendig ihre Pfändbarkeit zur Folge (in casu Pfändbarkeit eines Kostenvorschusses des Ehemannes an die Ehefrau im Hinblick auf eine Scheidungsklage verneint) 78 III 111/112 f. Pra 1952 (Nr. 149) 409 f. – Der Umstand, dass eine Forderung unpfändbar ist (in casu Ersatz des Versorgerschadens Art. 45 Abs. 3, SchKG Art. 92 Ziff. 10), bedeutet noch nicht, dass sie

nicht abgetreten werden kann 63 II 157/158, 40 II 622/627 E. 4 (in casu Anspruch auf Unfallversicherungsbeiträge). Die Pfändung einer Forderung setzt hingegen ihre Abtretbarkeit voraus 56 III 193/194.

Folgen der Abtretung einer Forderung während des Betreibungsverfahrens. Nach Rechtsprechung und Lehre tritt der Zessionar einer in Betreibung stehenden Forderung in die betreibungsrechtliche Stellung des Zedenten ein; er erwirbt die «Legitimation zum Verfahren» und kann daher die Betreibung in dem Stadium, in welchem sie sich befindet, nun in eigenem Namen fortsetzen. Die Betreibungsrechte (betreibungsrechtliche Befugnisse) gelten als «Vorzugs- und Nebenrechte», die bei der Zession gemäss Art. 170 (mit Ausnahme derer, die untrennbar mit dem Abtretenden verknüpft sind) auf den Erwerber übergehen (140 III 372/376 E. 3.3.1). Die Betreibung kann vom Zessionar mithin fortgesetzt werden (dem Schuldner steht das Rechtsmittel des nachträglichen Rechtsvorschlages offen) oder vom Zedenten, wenn sich dieser das Recht vorbehält, die Betreibung als Inkassomandatar unter späterer Abrechnung mit dem Zessionar weiterzuführen 96 I 1/2 f. E. 2 Pra 1970 (Nr. 117) 389. Der Zessionar kann sich auf ein vom Zedenten erstrittenes Urteil als definitiven Rechtsöffnungstitel berufen, wenn seine Rechtsnachfolge zweifelsfrei nachgewiesen ist. Dabei darf der Richter definitive Rechtsöffnung bewilligen, auch wenn provisorische Rechtsöffnung beantragt worden ist (140 III 372/377 f. E. 3.3.3 und 3.5). – Wird ein Teil einer bereits in Betreibung gesetzten Forderung abgetreten, so können Zessionar und Zedent zusammen die Betreibung für die ganze Forderung weiterführen; offengelassen, ob der Zedent (für den ihm verbleibenden Teil der Forderung) und der Zessionar (für den ihm abgetretenen Teil) die Betreibung einzeln weiterführen können 49 III 24/25 f. – Wird ein Teil einer Forderung abgetreten, für welche die Pfändung bereits vollzogen wurde, so kann das Verwertungsbegehren nur vom Zedenten und vom Zessionar gemeinsam gestellt werden 49 III 24/26. – Nach Bundesrecht ist es zulässig, dass der Zessionar die Beklagtenrolle im hängigen Aberkennungsprozess vom ursprünglichen Betreibungsgläubiger übernimmt 49 III 205/208 E. 1. – Zur Erhebung der Aberkennungsklage gegen den Zessionar des betreibenden Gläubigers, der die Forderung in einem Zeitpunkt des Betreibungsverfahrens erwarb, als die provisorische Rechtsöffnung dem Zedenten bereits bewilligt worden war, ist dem Schuldner eine neue Frist von zehn Tagen anzusetzen 73 III 17/20 ff. Pra 1947 (Nr. 42) 124 ff. – Nachträglicher Rechtsvorschlag im Anschluss an eine Abtretung 125 III 42/43 f. E. 2 fr. 9

Konkurs. Abgetretene zukünftige Forderungen, die nach Konkurseröffnung über den Zedenten entstehen, fallen in seine Konkursmasse und nicht in das Vermögen des Zessionars 111 III 73/76 E.c. – Die Abtretung einer kollozierten Konkursforderung enthält zwingend auch das Recht zur Anfechtung der Kollokation von Forderungen anderer Gläubiger 78 II 265/275 E. b fr. 10

SchKG Art. 260. Bei der Abtretung nach SchKG Art. 260 handelt es sich um ein betreibungs- und prozessrechtliches Institut sui generis, das Ähnlichkeit mit der Abtretung gemäss Art. 164 ff. und dem Auftrag gemäss Art. 394 ff. aufweist. Der Abtretungsgläubiger handelt zwar im Prozess in eigenem Namen, auf eigene Rechnung und auf eigenes Risiko, wird durch die Abtretung indes nicht Träger des abgetretenen Anspruchs; abgetreten wird ihm nur das Prozessführungsrecht der Masse 140 IV 155/160 f. E. 3.4.4. – Die Abtretung oder das Abtretungsangebot sind nichtig, wenn sie vor dem Verzichtsbeschluss erfolgen 118 III 57/59 f. E. 4 fr. – Sind Forderungen gemäss SchKG Art. 260 abgetreten worden, so 11 darf die Konkursverwaltung ohne Zustimmung der Abtretungsgläubiger nicht weitere Forderungen gemäss Art. 164 abtreten 115 III 76/78 f. E. 2. Vorausgesetzt ist stets, dass der Abtretungsgläubiger Konkursgläubiger ist und es auch bleibt 109 III 27/28 f. E. 1 (mit dem Untergang der Forderung durch Verzicht fällt auch das Prozessführungsrecht ipso iure dahin), Zusammenfassung der Rechtsprechung in 113 III 135/137 f. E. 3 Pra 1990 (Nr. 123) 426 f. – Die Abtretung gemäss SchKG Art. 260 erschöpft sich inhaltlich in einem Prozessführungsrecht 111 II 81/83 E. a (in casu [aOR] Art. 756 Abs. 2), vgl. auch 122 III 176/189 E. 6. – Abgetreten wird nur das Recht zur Geltendmachung der Ansprüche auf eigene Rechnung und Gefahr; ein allfälliger Erlös dient vorab zur Deckung der Konkursforderung des Abtretungsgläubigers samt Prozesskosten; ein Überschuss ist der Konkursmasse abzuliefern 61 III 1/3 E. 2, vgl. auch 103 III 46/50 E. a, 113 III 20/21 f. E. 3 (die Abtretung fällt mit der vollständigen Befriedigung des betreffenden Konkursgläubigers nicht ipso iure dahin), Zusammenfassung der Rechtsprechung in 113 III 135/137 f. E. 3 Pra 1990 (Nr. 123) 426 f., vgl. auch 116 III 96/101 f. E. 4a. – Der Abtretungsgläubiger ist nicht verpflichtet, einen Prozess anzustrengen oder in einen bereits hängigen Prozess einzutreten; im Falle eines bereits hängigen Prozesses bewirkt die Ausstellung der Abtretungsurkunde bzw. die Mitteilung der erfolgten Abtretung an das Gericht noch nicht den Eintritt des Abtretungsgläubigers in den Prozess (ob der Abtretungsgläubiger tatsächlich in den Prozess eingetreten ist, beurteilt sich nach kantonalem Prozessrecht) 105 III 135/138 f. – Mit dem Prozesseintritt übernimmt der Abtretungsgläubiger das gesamte Prozessrisiko (auch bezüglich der Kosten, die vor seinem Prozesseintritt entstanden sind) 105 III 135/139 f. E. 4. – Mehrere Abtretungsgläubiger bezüglich der gleichen Forderung sind nicht gehalten, als Streitgenossen zu handeln 107 III 91/95 E. 3 fr.; vgl. auch 121 III 291/294 f. E. 3 fr., nun aber 121 III 488/490 ff. E. 2 (der Richter ist von Bundesrechts wegen nicht verpflichtet, die Klage bloss einzelner prozesswilliger Abtretungsgläubiger zu behandeln). – Die Gültigkeit eines Vergleichs (gerichtlich oder aussergerichtlich) zwischen dem Abtretungsgläubiger und dem Schuldner der abgetretenen Forderung hängt nicht von einer Genehmigung durch die Konkursverwaltung ab 102 III 29/30 ff. Pra 1976 (Nr. 167) 404 ff. – Der Abtretungsgläubiger übernimmt alle Rechte und Pflichten des Gemeinschuldners: Somit kann der Schuldner der abgetretenen Forderung dem Abtretungsgläubiger alle Einreden entgegenhalten (in casu die Einrede der Simulation), die ihm gegen den Gemeinschuldner zugestanden hätten; jedoch kann er nur diese Einreden dem Abtretungsgläubiger entgegenhalten und nicht solche, die ihm gegen diesen persönlich zustünden 106 II 141/145 E.c. – Eine Abtretung von Massarechtsansprüchen erlischt mit dem Tod des Zessionars nicht, sondern geht unabhängig davon, ob der abgetretene Anspruch bereits eingeklagt war oder nicht, auf dessen Erben über 56 III 69/70 f. Unzulässig ist ein Begehren um Abtretung von Pfandrechten allein, und zwar auch dann, wenn die Masse nur die Forderung, nicht aber das Pfandrecht geltend gemacht hat (Verweisung auf die Verantwortlichkeitsklage) 44 III 149/152 f. E. 2. – Die Abtretungserklärung nach SchKG Art. 260 ist gemäss Art. 18 auszulegen 92 III 57/61 E. 1. – Die von der Konkursverwaltung nicht anerkannte Verrechnungserklärung eines Konkursgläubigers, mit welcher er eine der Masse gegen ihn zustehende Gegenforderung tilgen will, steht einer Abtretung dieser Gegenforderung an andere Konkursgläubiger gemäss SchKG Art. 260 nicht entgegen 103 III 8/11 f. E. 3. – Beschwerdelegitimation, wenn die Masse die Forderung gegen einen Dritten abtritt, welcher zugleich Gläubiger ist 119 III 81/82 f. E. 2 Pra 1994 (Nr. 62)

224 f. – Ansprüche gegen die Konkursverwaltung wegen deren Amtshandlungen sind nicht Bestandteil der Konkursmasse und können dementsprechend nicht gemäss SchKG Art. 260 an Gläubiger abgetreten werden 114 III 21/23 E.b. – Nach Abschluss des Konkursverfahrens ist eine Abtretung nur noch im Rahmen von SchKG Art. 269 möglich 120 III 36/38 E. 3 Pra 1994 (Nr. 168) 555 f. – [aOR] Art. 756 Abs. 2 ist ein Anwendungsfall von SchKG Art. 260 122 III 166/169 E.a.

Prozess. Die Frage der Rechtsgültigkeit einer Zession ist eine *materiellrechtliche.* Sie ist vom Zivilrichter zu beantworten; das Betreibungsamt und die Aufsichtsbehörden über Schuldbetreibung und Konkurs sind hiefür nicht zuständig (in casu Anwendung von Art. 325 [beachte aber den inzwischen revidierten Art. 325/in Kraft seit 1. Juli 1991]: Das Betreibungsamt muss sich nur über die Pfändbarkeit künftiger Lohnforderungen vergewissern und dabei summarisch prüfen, ob eine nicht im Vornherein und klarerweise ungültige Lohnzession vorliegt) 110 III 115/116 f. E. 1. – Die Einrede der abgeurteilten Sache darf dem Kläger nicht entgegengehalten werden, wenn er im ersten Prozess nicht berechtigt war, die Sicherheit für eingetretene Verluste zu beanspruchen, im zweiten Prozess diese Voraussetzung aber erfüllt, weil er sich die streitigen Forderungen inzwischen zedieren liess; in der Zession ist diesfalls kein blosser Revisionsgrund, sondern eine Änderung des Klagegrundes zu erblicken 105 II 268/270 ff. E. 2. Die Abtretung der Forderung während des Prozessverfahrens kann zu einer Substitution der Partei führen oder zu einer Ausweitung der Urteilswirkungen auf die Person des Forderungserwerbers, je nach kantonalem Verfahrensrecht; wurde die Forderung hingegen vor Rechtshängigkeit abgetreten (und klagt der Abtretende), so erlangt das Urteil grundsätzlich keine Rechtskraft gegenüber dem Forderungserwerber (denn in diesem Fall wurde der Prozess von einer Person geführt, die nicht [mehr] berechtigt war) 125 III 8/11 E. bb, cc Pra 2000 (Nr. 172) 1047 (irrtümliche Übersetzung). 12

Versicherungsvertrag. Die Frage, ob und in welchem Umfang die Schadenersatzforderung des Versicherungsnehmers gegen den verantwortlichen Dritten auf den zahlenden Versicherer übergehe, beurteilt sich nach dem Recht jenes Staates, dem der Versicherungsvertrag untersteht 98 II 231/237 E. 1a. 13

Abtretung öffentlich-rechtlicher Forderungen. Die Zulässigkeit der Abtretung öffentlich-rechtlicher Forderungen ist in jedem Einzelfall aufgrund der massgebenden Gesetzesbestimmungen sowie mit Blick auf Ziel und Zweck der Leistung zu beurteilen (in casu offengelassen, ob Zivilschutzbeiträge für den Bau eines Hauses an einen Dritten abgetreten werden können) 111 Ib 150/157 f. E. 2. 14

Weiteres. Inkassovollmacht im Unterschied zur Inkassoabtretung 119 II 452/454 E. 1 Pra 1994 (Nr. 225) 740 f. – Abtretung einer Forderung im Unterschied zur Übertragung eines ganzen Vertragsverhältnisses 120 II 58/60 E. 2. – Der *Nachlassvertrag mit Vermögensabtretung* enthält nach seiner gesetzlichen Ausgestaltung keine zivilrechtliche Abtretung 122 III 176/188 E. f., vgl. ferner 122 III 166/175 f. E.e. – Abtretung als offenbar rechtsmissbräuchliches Verhalten bzw. als Vertragsumgehung (in casu verneint) 125 III 257/258 ff. E. 2, 3. 15

I. Erfordernisse 1. Freiwillige Abtretung a. Zulässigkeit

Art. 164

[1] Der Gläubiger kann eine ihm zustehende Forderung ohne Einwilligung des Schuldners an einen andern abtreten, soweit nicht Gesetz, Vereinbarung oder Natur des Rechtsverhältnisses entgegenstehen.

[2] Dem Dritten, der die Forderung im Vertrauen auf ein schriftliches Schuldbekenntnis erworben hat, das ein Verbot der Abtretung nicht enthält, kann der Schuldner die Einrede, dass die Abtretung durch Vereinbarung ausgeschlossen worden sei, nicht entgegensetzen.

▪ Abs. 1 Anwendung (1) ▪ Verfügungsmacht (2) ▪ Zulässige Abtretung (3) ▪ Unzulässige Abtretung (6) ▪ Weiteres (11) ▪ Abs. 2 (12)

1 ***Abs. 1*** **Anwendung.** Gemäss ZGB Art. 7 auch auf nicht obligationenrechtliche Ansprüche 39 I 259/261 E. 2. – Die *Wandelungs- und Minderungsrechte* sind als Gestaltungsrechte nicht abtretbar; es können einzig die Forderungen auf ganze oder teilweise Rückerstattung der geleisteten Vergütung zediert werden 114 II 239/247 E.aa. Der werkvertragliche Nachbesserungsanspruch ist abtretbar 114 II 239/247 E. bb (unbesehen, ob er realiter oder in Form der Kosten einer Ersatzvornahme geltend gemacht wird). – Zur Abtretbarkeit von AHV- und IV-Renten vgl. 118 V 88/90 ff. E. 1–4.

2 **Verfügungsmacht.** Die gültige Forderungsabtretung setzt die Verfügungsmacht des Zedenten voraus. Fehlt diese, ist die Abtretung unwirksam bzw. unmöglich (Art. 20 Abs. 1) unter Vorbehalt einer späteren Konvaleszenz (in casu Unwirksamkeit einer Zession von Guthaben, die auf gesperrten Konten lagen) 4C.7/2000 (5.6.00) E. 4b.

3 **Zulässige Abtretung.** ***Auswahl.*** Grundsätzlich sind auch noch nicht fällige, bestrittene, bedingte oder zukünftige Forderungen abtretbar, vorbehältlich Art. 20 und ZGB Art. 27 (Schranken der guten Sitten und des Persönlichkeitsrechts) 135 V 2/9 E. 6.1.2 (in casu Abtretbarkeit der Nachzahlungen von Leistungen des Sozialversicherers nach ATSG Art. 22), 118 V 88/92 E. 2b (in casu Frage der Abtretbarkeit von AHV- und IV-Renten), 4C.81/2007 (10.5.07) E. 4.1, 4C.280/2005 (10.11.05) E. 3.2 fr. Abtretbar sind: *zukünftige* Forderungen (jedoch nur, wenn sie hinsichtlich der Person des debitor cessus, des Rechtsgrundes und der Höhe bestimmt oder bestimmbar sind) 4C.81/2007 (10.5.07) E. 4.1 (ungenügend: «Die Eventualforderungen der A. AG gegenüber Herrn Y. in der Höhe von CHF 220 000 werden zur Deckung der Verpflichtung der A. AG gegenüber Herrn V. an denselben abgetreten. Diese Abtretung wird hinfällig, sollte die A. AG den Prozess gegen die Z. gewinnen»), 84 II 355/366 f. E. 3 (ungenügend: «Die Rechte aus dem Testament ihres verstorbenen Ehemannes»), 112 II 241/243 E. a; es genügt, wenn die Abtretung alle Elemente enthält, welche die Bestimmung der Forderung bei ihrer künftigen Entstehung erlauben; ist diese Voraussetzung erfüllt, so erübrigt sich ein Verfügungsgeschäft oder eine spätere Spezifikation wie z.B. die Übergabe einer periodischen Liste der Schuldner des Zedenten 113 II 163/165 ff. E. b, c fr.; nicht vorausgesetzt ist, dass schon im Zeitpunkt der Abtretung zwischen Zedent und debitor cessus ein Rechtsverhältnis besteht 95 III 9/12 E. 1, 117 III 52/56 E. c (die Abtretung künftiger Forderungen entfaltet ihre Wirkung erst im Zeitpunkt, in dem diese entstehen; in casu übergangsrechtliche Frage im Zusam-

menhang mit dem revidierten Art. 325; zur Abtretung zukünftiger Lohnforderungen siehe unten; zur Wirkung der Abtretung zukünftiger Forderungen im Rahmen von Schuldbetreibung und Konkurs vgl. Vorb. Art. 164–174/Schuldbetreibung und Konkurs); *bedingte* Forderungen 41 II 132/135 E. 2 fr., vgl. auch 119 III 22/26; die Genugtuungs- und Versorgerschadenansprüche aus *Art. 45 Abs. 3* und *47* 63 II 157/158 f.; die Barauszahlung gemäss Art. 331c Abs. 4 lit. b Ziff. 2117 III 20/23 E. 3 Pra 1992 (Nr. 167) 612; Forderungen aus Unfallversicherungsverträgen 40 II 622/627 E. 4; der Anspruch aus *ZGB Art. 92* 82 II 48/56 f.; der Anspruch aus *ZGB Art. 93,* sobald er eingeklagt oder anerkannt ist 41 II 336/339 ff.; in der Regel die auf eine bestimmte Summe begrenzte *Forderung des Unternehmers gegen den Besteller* 109 II 445/445 f. E. 2 Pra 1984 (Nr. 80) 197 f.; *Forderungen auf Übertragung gekaufter Aktien* (in casu Abtretbarkeit jedoch aufgrund der Vinkulierung verneint) 94 II 274/281 E. 5 (Entscheid zum alten Aktienrecht); *Verantwortlichkeitsansprüche einer AG* (Art. 754) selbst an einen Gläubiger der Gesellschaft 82 II 48/57 f.; eine *Forderung auf eine* (nicht individuelle) *Arbeitsleistung* (in casu Spenglerarbeiten; Vertragsergänzung durch den Richter für den Fall der Unmöglichkeit, dem Schuldner die betreffenden Arbeiten zu verschaffen) 48 II 254/256 f. E. 1; die *privilegierte Frauengutsforderung* an Konkursgläubiger des Ehemannes (aZGB Art. 211 Abs. 2 steht einer solchen Abtretung nicht entgegen) 57 II 10/13 f. E. 3. – *Persönlichkeitsrechte* sind untrennbar mit der Person ihres Trägers verbunden; Gegenstand einer Abtretung können nur die damit verbundenen *Vermögensrechte* sein (Schadenersatz- und Genugtuungsansprüche) 95 II 481/503 E. 13. – Versteht man unter der Übertragung eines *Kaufs-, Rückkaufs- oder Vorkaufsrechtes* nicht nur die Übertragung der Befugnis zur Abgabe der Gestaltungserklärung, sondern die Übertragung des Rechts, durch die Erklärung, *sich selbst* zum Käufer zu machen, so können diese Rechte nur übertragen werden, wenn sie als abtretbar begründet wurden oder der Verpflichtete sich nachträglich mit der Abtretung einverstanden erklärt. Dagegen ist nicht ausgeschlossen, dass der Berechtigte seine (aus der Ausübung des Gestaltungsrechtes fliessende) Forderung auf Übergabe des Kaufgegenstandes und Verschaffung des Eigentums auf einen Dritten übertrage 94 II 274/279 f. E. 3. – *Stockwerkeigentum:* Mangels abweichender Vereinbarung kann ein Sondernutzungsrecht mit realobligatorischem Charakter, das einem Eigentümer einer Stockwerkeigentumseinheit zusteht, einem anderen Miteigentümer ohne Zustimmung der Stockwerkeigentümerversammlung abgetreten werden (dem steht weder das Gesetz noch die Natur des Rechtsverhältnisses entgegen) 122 III 145/148 f. E. c Pra 1996 (Nr. 238) 933 (in casu Sondernutzungsrechte an Parkplätzen). – *Zweifelhaft* ist, ob der Anspruch der Ehefrau auf einen Kostenvorschuss des Ehemannes für den Scheidungsprozess abtretbar ist 78 III 111/113 Pra 1952 (Nr. 149) 410.

Lohnforderungen (beachte die Abtretungsbeschränkungen in Art. 325). Auch künftige Lohnguthaben können grundsätzlich abgetreten werden. Vereinbart der Zedent nach dem Abtretungsversprechen, aber noch bevor er über den Lohn verfügen kann, mit seinem Arbeitgeber ein Zessionsverbot, so wird die Abtretung künftiger Lohnforderungen dem Lohnschuldner gegenüber wirkungslos, es sei denn, der Lohnschuldner habe vor Entstehung seiner Schuld von der Abtretung Kenntnis oder nach Entstehung seiner Schuld der Abtretung zugestimmt (kein Verschulden des Arbeitgebers, wenn er den zukünftigen Arbeitnehmer bezüglich bestehender Abtretungsversprechen nicht befragt) 112 II 241/243 f. E.a. Die Abtretung zukünftiger Lohnforderungen ist jedenfalls im Rahmen der 4

Pfändbarkeit von SchKG Art. 93 möglich (Art. 325 Abs. 1) 95 III 9/12 E. 1, siehe auch Vorb. Art. 164–174/Prozess. – Der Notbedarf ist bei der Abtretung zukünftiger Lohnforderungen nach den gleichen Grundsätzen zu berechnen wie bei der Lohnpfändung; Steuerschulden fallen ausser Betracht (Art. 226e, SchKG Art. 93) 95 III 39/42 E. 3. Lohnzessionen, die in den (in casu um die in Betreibung gesetzten Unterhaltsbeiträge zu erhöhenden) betreibungsrechtlichen Notbedarf eingreifen, sind nichtig; die in diesem Fall leer ausgehenden Lohnzessionare sind hinsichtlich der Berechnung des Notbedarfs beschwerdeberechtigt 107 III 75/77 f. E. 2, 4. – Das kantonale öffentliche Recht kann die Abtretbarkeit zukünftiger Lohnforderungen, soweit sie nicht das öffentlich-rechtliche Beamtenverhältnis betreffen, weder verbieten noch einschränken 85 I 17/30 f. E.h. – Hat der Schuldner vor seinem Konkurs einem Gläubiger erfüllungshalber einen Teilbetrag seiner künftigen monatlichen Lohnguthaben abgetreten, so kann er der Geltendmachung dieser Lohnabtretung nach Konkursschluss nicht die Einrede des fehlenden neuen Vermögens (SchKG Art. 265 Abs. 2) entgegenhalten, selbst wenn der Gläubiger im Konkurs seine ganze Forderung eingegeben und dafür einen Verlustschein erhalten hat 75 III 111/116 E. 3 Pra 1950 (Nr. 34) 107 f., vgl. auch 114 III 40/41 f. E. 2. Die vor der Konkurseröffnung erfolgte Abtretung künftiger Lohnforderungen wird durch den Konkurs des Zedenten nicht hinfällig 114 III 26/27 ff. E. 1.

5 ***Fiduziarische Abtretung/Abtretung zum Inkasso/Sicherungsübereignung.*** Im Gegensatz zur simulierten Abtretung ist die fiduziarische zulässig 72 II 67/72 f. E. 2 Pra 1946 (Nr. 46) 90 f., 43 II 15/26 f. (zum simulierten und fiduziarischen Rechtsgeschäft siehe unter Art. 18 Abs. 1), 123 III 60/63 E. c Pra 1997 (Nr. 107) 583 (in casu unzulässige Abtretung); sie führt zum vollen Rechtserwerb der Forderung durch den Zessionar, welcher Inhaber des Rechts wird 119 II 326/328 E. b, 130 III 417/426 f. E. 3.4 fr. Dient die fiduziarische Abtretung der Gesetzesumgehung, stellt sie ein Umgehungsgeschäft dar und ist nichtig 4C.85/2005 (2.6.05) E. 2.4. Fiduziarische Abtretung oder Verpfändung? (in casu Ersteres aufgrund des Wortlautes der Vereinbarung und der Absicht der Parteien) 43 II 15/26 f., 46 II 45/46 f. fr. Fall einer fiduziarischen Abtretung von Sparheften mit der Abrede, die betreffenden Gläubigerrechte nur bis zu einem bestimmten Betrag geltend zu machen 50 II 389/391 f. E. 1. – Abtretung einer Forderung zum Inkasso: Sie stellt eine zulässige fiduziarische Abtretung dar; der Inkassoauftrag ist widerruflich, falls die Zession nicht zur Sicherung des Zessionars, sondern im Interesse des Zedenten vorgenommen wurde. Für die Rückübertragung ist eine Rückzession erforderlich 130 III 248/252 E. 3.1, 71 II 167/168 ff. E. 1–3. – Die Sicherungsübereignung ist zulässig und verschafft dem Erwerber volles Eigentum 86 II 221/226 f.

6 **Unzulässige Abtretung.** ***Allgemeines.*** Die Abtretung einer nicht abtretbaren Forderung ist grundsätzlich ungültig und damit wirkungslos. Beruht die Nichtabtretbarkeit auf einem gesetzlichen Verbot, so ist die Abtretung widerrechtlich und nach Art. 20 nichtig 123 III 60/62 E. 3b Pra 1997 (Nr. 107) 582.

7 ***Durch Gesetz.*** In Betracht kommt jede zuständigerweise aufgestellte Rechtsvorschrift des Bundes oder der Kantone 56 III 193/194 f. (in casu war die Abtretbarkeit einer Forderung gegen eine Versicherungskasse für Kantons- und Gemeindebeamte aufgrund kantonalen Rechts ausgeschlossen). – Unvereinbar mit dem Recht der Persönlichkeit (ZGB Art. 27 Abs. 2) und daher unzulässig (Art. 20) ist eine Abtretung, die alle dem Ze-

denten gegen irgendwelche Dritte zustehenden, auch zukünftigen Forderungen umfasst (weniger strenger Massstab bei einer Abtretungsvereinbarung zwischen juristischen Personen) 106 II 369/377 ff. E. 4 Pra 1981 (Nr. 89) 225 f., 84 II 355/366 f. E. 3, 69 II 286/290 ff. E. 2, 112 II 433/436 f. E. 3 (in casu Sicherungsabtretung im Rahmen einer Automiete). Nicht ohne Weiteres unter ZGB Art. 27 Abs. 2 fällt hingegen die Abtretung aller zukünftigen Forderungen bloss aus dem Geschäftsbetrieb des Zedenten 113 II 163/165 E. 2a fr. – Der Geschädigte ist nicht befugt, in Abweichung von Art. 51 Abs. 2 zu bestimmen, welche der verschiedenen Haftpflichtigen (in casu Haftung eines Dritten nach Art. 101 und Haftung des Versicherers des Geschädigten aus Versicherungsvertrag) den Schaden letztlich tragen soll; eine zu diesem Zweck vorgenommene Abtretung (in casu trat der Geschädigte seinen Anspruch aus Art. 101 dem neben dem Dritten haftenden Versicherer ab) ist unwirksam 80 II 247/252 f. Pra 1955 (Nr. 18) 67, 115 II 24/25 f. E. 2a Pra 1989 (Nr. 172) 586. – Abtretungen, mit denen einzelne Gesellschaftsgläubiger einer Bank in Nachlassliquidation ihre Schadenersatzforderungen gegen die Revisionsstelle nach Art. 18 ff. BankG mit dem Zweck abtreten, diese auf Kosten der Masse und zugunsten der Gläubigergesamtheit gerichtlich geltend zu machen, sind nichtig (Verstoss gegen den Grundsatz der Gleichbehandlung der Gläubiger) 123 III 60/64 ff. E. 5 Pra 1997 (Nr. 107) 584 ff.

Durch Vereinbarung. Ein Kontokorrentverhältnis schliesst die Abtretung einzelner Posten aus (anders im kontokorrentähnlichen Verhältnis) 50 II 150/156 f. E.b. – Eine Forderung auf Übertragung gekaufter Aktien ist nicht abtretbar, wenn diese vinkuliert sind 94 II 274/281 E. 5. Bei vinkulierten Namenaktien können ohne Zustimmung der Gesellschaft zwar vermögensrechtliche Ansprüche, nicht aber das Stimmrecht übertragen werden 109 II 43/44 E. 1. – Anwendungsbeispiel eines bedingten Abtretungsverbotes 117 II 94/99 f. E. aa («neither party shall assign or subcontract this Agreement without prior written permission of the other party»). 8

Durch die Natur des Rechtsverhältnisses. Durch die Natur der Forderung ist die Abtretung ausgeschlossen, wenn die Leistung an den Zessionar nicht ohne Veränderung ihres Inhalts erfolgen kann oder wenn der Zweck der Forderung vereitelt oder gefährdet wäre 135 V 2/9, 115 II 264/266 E. b, 122 III 145/149 E. c Pra 1996 (Nr. 238) 933 f. Eine Forderung gilt dann ihrer Natur nach als nicht abtretbar, wenn sie höchstpersönlich ist, d.h., wenn durch den Gläubigerwechsel der Leistungsinhalt verändert oder die Forderung ihrem Zweck entfremdet würde 63 II 157/158 (nicht abtretbar ist somit z.B. bei bestehender Gütertrennung die Forderung des Ehemannes gegen die Ehefrau auf einen Beitrag an die Lasten der Gemeinschaft 39 I 259/261 f. E. 4 [aZGB Art. 246]), 109 II 445/445 E. 2 Pra 1984 (Nr. 80) 197. Insbesondere ist die Abtretung ausgeschlossen, wenn die Auswechslung des Gläubigers die Stellung des Schuldners erschweren würde 135 V 2/9. In der Regel kann auch die Gesamtheit der aus einem zweiseitigen Vertrag entstandenen Ansprüche abgetreten werden; wenn das Rechtsgeschäft indessen dauernde Bindungen schafft, muss die Abtretung sich auf einzelne Rechte beschränken, damit der Schuldner nicht benachteiligt wird 109 II 445/445 E. 2 Pra 1984 (Nr. 80) 197. – Nicht abtretbar ist die erbrechtliche Stellung (ZGB Art. 635 Abs. 2) 84 II 355/367, 101 II 47/52 f. E. 1 fr. (Der Dritte, der gestützt auf eine Zession am Nachlass beteiligt ist, ist nicht befugt, gegen den Testamentsvollstrecker Verantwortlichkeitsklage zu erheben.) – Familienrechtliche Un- 9 terhaltsansprüche des ehelichen Kindes sind grundsätzlich nicht abtretbar (Ausnahmen) 107 II 465/474.

10 ***Gesetzesumgehung.*** Eine zum Zweck der Umgehung des kantonalen Anwaltsrechtes vorgenommene Abtretung ist nichtig (Art. 20) 87 II 203/206 f. E. b, 56 II 195/197 f. E. 2 fr.; ebenso die (in casu fiduziarische) Abtretung zur Umgehung eines Staatsvertrages 58 II 162/165 ff. E. 2 (in casu schweizerisch-französischer Gerichtsstandsvertrag).

11 **Weiteres.** ***Abtretung einer abstrakten Forderung.*** Die vom Schuldner aus dem Grundverhältnis abgeleiteten Einreden können ohne Einschränkung auch gegenüber dem gutgläubigen Zessionar geltend gemacht werden 65 II 66/84 f. – Die Abtretung eines *Kaufvertrages mit Eigentumsvorbehalt* bewirkt nicht nur den Übergang der obligationenrechtlichen Ansprüche des Verkäufers, sondern auch den Übergang der dinglichen Rechte auf den Zessionar 46 II 45/46 ff. fr. Die Abtretung ist im Eigentumsvorbehaltsregister nicht vorzumerken 41 III 206/207 ff. – *Versicherungsvertrag:* Auch wenn die Haftpflicht noch nicht anerkannt oder durch gerichtliches Urteil festgestellt ist, kann der Befreiungsanspruch des Versicherten gegenüber der Versicherung an den Geschädigten abgetreten werden 115 II 264/265 ff. E. 3.

12 ***Abs. 2*** Aus dieser Bestimmung wird deutlich, dass der gute Glaube des Erwerbers nicht generell geschützt wird, sondern – so wie bei Art. 18 Abs. 2 – nur und gerade unter den in Art. 164 Abs. 2 genannten Voraussetzungen. Nicht anders verhält es sich im Falle einer Kettenzession: Dem letzten Zessionar können grundsätzlich alle Einwendungen und Einreden entgegengehalten werden, die sich aus den vorangegangenen Zessionen ergeben 4C.277/2002 (7.2.03) E. 3.2 fr.

b. Form des Vertrages

Art. 165

[1] Die Abtretung bedarf zu ihrer Gültigkeit der schriftlichen Form.

[2] Die Verpflichtung zum Abschluss eines Abtretungsvertrages kann formlos begründet werden.

1 ***Abs. 1*** **Schriftlichkeit.** ***Ratio legis.*** Die Formvorschrift des Art. 165 dient der Rechts- und Verkehrssicherheit bzw. der Klarstellung. Bezweckt wird insbesondere die Erleichterung bzw. Sicherung des Beweises der Forderungsabtretung. Geschützt soll der Schuldner der abgetretenen Forderung werden: Für ihn soll ersichtlich sein, wem die Forderung zusteht. Daneben dient das Schriftformerfordernis auch dem Schutz der Gläubiger des Zedenten und des Zessionars. Dagegen ist der Schutz der Zedenten vor übereilter Abtretung nicht bezweckt 4A_172/2018 (13.9.18) E. 4.4.1. Durch die Formvorschrift soll für Dritte, namentlich den Schuldner der abgetretenen Forderung, ersichtlich sein, wem die Forderung zusteht; auf das Verständnis des Schuldners hat daher die Auslegung nach dem Vertrauensprinzip ebenfalls Rücksicht zu nehmen 105 II 83/84 E. 2, 4C.41/2003 (24.6.03) E. 4.1. – Damit das Formerfordernis des Art. 165 Abs. 1 erfüllt ist, bedarf es einer Zessionsurkunde, welche die eigenhändige Unterschrift des Zedenten trägt (Art. 13 Abs. 1) 4A_199/2019 (12.8.19) E. 6.2.1. Dagegen kann die Annahmeerklärung des Zessionars

formlos erfolgen 4C.39/2002 (30.5.02) E. 2b fr. Einer Unterschrift des Schuldners bedarf es nicht 4C.129/2002 (3.9.02) E. 3.1. Unterzeichnet eine Person als Organ oder Vertreterin einer juristischen Person eine Zessionsurkunde, obwohl sie gemäss Handelsregister lediglich eine Kollektivunterzeichnungsberechtigung (in casu Kollektivunterschrift zu zweien) besitzt, wird damit die Forderung nicht rechtsgültig zediert. Anders verhält es sich, falls die unterzeichnende Person eine Einzelvollmacht erhalten hat oder die Einzelunterzeichnung vorgängig bewilligt oder nachträglich genehmigt wird (etwa durch einen anderen Kollektivvertreter) 4C.49/2005 (2.5.05) E. 3.2.

Die Schriftform muss den wesentlichen Inhalt der Abtretungserklärung decken. Insbesondere ist die abzutretende Forderung ausreichend zu umschreiben, und es muss der Wille des Zedenten ersichtlich sein, dass mit der Unterzeichnung und Übergabe der Urkunde die Forderung auf den Empfänger übergehe (ein nicht verurkundeter Wille des Zedenten ist unerheblich und über ihn werden keine Beweise erhoben) 105 II 83/84 E. 2, 4C.129/2002 (3.9.02) E. 3.1. Aus der Urkunde muss sich nicht nur ergeben, welche Forderung abgetreten wird, insbesondere wer Gläubiger und wer Schuldner ist, sondern auch, an wen sie abgetreten wird (4C.129/2002 [3.9.02] E. 3.1); bei letzterem genügt es, wenn der Zessionar, sei es sofort, sei es später, bestimmbar ist (somit muss es auch zulässig sein, dass der Zedent den Kreis jener Personen, die Zessionar werden können, einschränkt) 82 II 48/51 f. E. 1. Es genügt zwar, dass die Forderung und ihr Betrag bestimmbar sind (4C.129/2002 [3.9.02] E. 3.1); es muss aber immerhin für einen unbeteiligten Dritten ohne Kenntnis der Umstände der Abtretung aus der Urkunde selber ersichtlich sein, wem die Forderung zusteht. Insbesondere muss auch bei einer Mehrzahl zedierter Forderungen hinreichend klar erkennbar sein, ob eine bestimmte Forderung zu den abgetretenen gehört oder nicht 122 III 361/367 f. E. c, 4C.81/2007 (10.5.07) E. 4.1, 4C.41/2003 (24.6.03) E. 4.1. – Die Erklärung muss das Wort «Abtretung» nicht enthalten; es genügt, wenn ihr der Wille, die Forderung mit der Unterzeichnung und Übergabe der Urkunde zu übertragen, durch Auslegung entnommen werden kann 90 II 164/179 E. 7. 2

Nicht unter das Formerfordernis fällt eine allfällig vereinbarte Gegenleistung 102 II 426/426, ebenso wenig eine allfällig vereinbarte Ausdehnung der gesetzlichen Gewährleistungspflicht des Zedenten auf die Zahlungsfähigkeit des Schuldners (Art. 171 Abs. 2) 53 II 111/117. 3

Prozess. Schriftlicher Darlehensvertrag mit einer Zessionserklärung auf der Rückseite des Vertragsformulars: Über die Formgültigkeit einer solchen Zession hat der Zivilrichter und nicht das Betreibungsamt zu befinden (für das Betreibungsamt ist eine solche Zession nicht klarerweise ungültig) 110 III 115/117 E. 1. – Das Urteil des Richters über das Bestehen eines Rechts auf gesetzliche Subrogation und die Zusprechung des sich daraus ergebenden Anspruches auf Herausgabe durch die Masse zugunsten des Auftraggebers ersetzt die schriftliche Abtretung, wenn der Beauftragte die Forderung in eigenem Namen erworben hat (Art. 401) 99 II 393/399 E. 7 Pra 1974 (Nr. 121) 366. – Die kantonale Instanz verletzt kein Bundesrecht, wenn sie bei der Beurteilung einer Abtretung nach ZGB Art. 635 die Rechtsprechung zum Erfordernis der Schriftlichkeit bei der Zession mitberücksichtigt 101 II 222/233 E.g. 4

Weiteres. Der Zessionsvertrag kann nicht gestützt auf Art. 115 formfrei aufgehoben werden, sondern es bedarf einer Rückzession, für die wiederum Schriftlichkeit verlangt ist 71 II 167/170, 105 II 268/271 E.a. – Die schriftliche Niederlegung des Verpflichtungswil- 5 lens kann eine schriftliche Abtretungserklärung unter dem Gesichtspunkt von Art. 967 Abs. 2 nicht überflüssig machen 90 II 164/183. – Keine Anwendung auf die Abtretung eines Kaufsrechts (wird der Neueintritt einer Vertragspartei vorgesehen, so ist die öffentliche Beurkundung erforderlich, sofern der Zessionar nicht schon den öffentlich beurkundeten Kaufsrechtsvertrag mitunterzeichnet hat) 111 II 143/146 ff. E. b, c it. – Im Ausstellen eines Wechsels an den Remittenten oder dessen Ordre liegt keine Abtretung der dem Wechsel zugrunde liegenden (in casu) Kaufpreisforderung des Ausstellers gegen den Bezogenen 56 II 57/59.

6 ***Abs. 2*** Von der eigentlichen Abtretungserklärung sind Äusserungen zu unterscheiden, in denen zwar von Abtretung die Rede ist, denen der Empfänger nach Treu und Glauben aber nicht entnehmen darf, der Gläubiger betrachte die Abtretung mit der betreffenden Äusserung als vollzogen (in casu: «Wie besprochen senden wir Ihnen per Express folgende Zessionen ...») 88 II 18/21 f. E. 1, 2.

2. Übergang kraft Gesetzes oder Richterspruchs

Art. 166

Bestimmen Gesetz oder richterliches Urteil, dass eine Forderung auf einen andern übergeht, so ist der Übergang Dritten gegenüber wirksam, ohne dass es einer besondern Form oder auch nur einer Willenserklärung des bisherigen Gläubigers bedarf.

1 Der Forderungsübergang im Sinne der Bestimmung (in casu aufgrund von Art. 507) ersetzt nicht die Anzeige des Gläubigerwechsels an den Schuldner gemäss Art. 167 45 II 664/672. – Die gesetzliche Subrogation in Art. 401 untersteht den Bestimmungen über die Abtretung, insbesondere Art. 169 99 II 393/399 E. 8a Pra 1974 (Nr. 121) 366. – *Stockwerkeigentümergemeinschaft:* Keine Legalzession der Gewährleistungsansprüche der Stockwerkeigentümer an die Gemeinschaft 114 II 239/246 E. b (Bestätigung der Rechtsprechung; das Bundesgericht [248 E. cc] lässt offen, ob die Gemeinschaft überhaupt fähig wäre, Ansprüche der einzelnen Eigentümer auf Ersatz von Mangelfolgeschäden zessionsweise zu erwerben). Legalzession im Rahmen der Arbeitslosenversicherung 123 V 75/76 ff. E. 2 Pra 1998 (Nr. 13) 76 ff. ZGB Art. 289 Abs. 2 begründet einen Fall der gesetzlichen Subrogation gemäss Art. 166 123 III 161/163 E. b Pra 1997 (Nr. 105) 575.

II. Wirkung der Abtretung 1. Stellung des Schuldners a. Zahlung in gutem Glauben

Art. 167

Wenn der Schuldner, bevor ihm der Abtretende oder der Erwerber die Abtretung angezeigt hat, in gutem Glauben an den frühern Gläubiger oder, im Falle mehrfacher Abtretung, an einen im Rechte nachgehenden Erwerber Zahlung leistet, so ist er gültig befreit.

1 **Allgemeines.** Die Bestimmung ordnet weder die Aktivlegitimation an einer Forderung noch die Befugnis zur Begründung von Schuldverhältnissen, sondern ist ausschliesslich eine Schutzbestimmung des in gutem Glauben an einen früheren Gläubiger zahlenden

Schuldners 117 II 463/465, 4C.133/2003 (30.10.03) E. 2.1. Obwohl Art. 167 als Mittel der Tilgung nur die Zahlung der abgetretenen Forderung durch den vermutungsweise gutgläubigen Schuldner an den früheren Gläubiger erwähnt, gilt richtigerweise, dass der Zahlung insbesondere die Novation, der Schulderlass und die Verrechnung gleichgestellt werden müssen 131 III 586/591 E. 4.2.2 Pra 2006 (Nr. 109) 757.

Anzeige. Die Leistungspflicht des Schuldners an den Zessionar entsteht erst, wenn dieser seine Gläubigerstellung durch Nachweis der Abtretung bewiesen hat, was auch dadurch erfolgen kann, dass der Zessionar die schriftliche Anzeige einer Forderungsabtretung durch den Zedenten nachweist. Eine solche Anzeige setzt voraus, dass die abzutretende Forderung ausreichend umschrieben und der Wille des Zedenten ersichtlich ist, dass die Forderung mit der Unterzeichnung und Übergabe der Urkunde auf die darin bezeichnete Person übergehe. Die schriftliche Mitteilung des Gläubigers an den Schuldner, er solle an eine Drittperson leisten, stellt daher nur eine Abtretungsanzeige dar, wenn daraus hervorgeht, dass diese Person nicht bloss Zahlstelle, sondern Gläubigerin wird 4C.38/2000 (19.4.00) E. 4. 2

Sinngemässe Anwendung der Bestimmung auf andere Fälle irriger Vorstellung des Schuldners über einen Gläubigerwechsel (Erbgang, eheliches Güterrecht, Subrogation) 95 II 242/247. Zur Anwendung der Bestimmung auf öffentlich-rechtliche Forderungen vgl. 111 Ib 150/155 f. E.d. – *Keine Anwendung* auf die Abtretung eines angefallenen Erbteiles 87 II 218/225 f. E. c, bei der Übertragung eines Werknutzungsrechts (URG Art. 9 Abs. 1) 117 II 463/466. – Wird einem Schuldner (in casu Kaufmann) eine Abtretung angezeigt, deren Ungültigkeit er aufgrund der besonderen Umstände annehmen muss, so wird er durch die Zahlung an den angeblichen Zessionar nicht befreit. Es ist ihm zuzumuten, Einsicht in die angebliche (in casu nicht vorhandene) Abtretungserklärung zu verlangen 88 II 18/25. – Eine auch vor der Pfändung erfolgte Lohnabtretung fällt für das Betreibungsverfahren erst vom Zeitpunkt ihrer effektiven Geltendmachung durch Anzeige an den Drittschuldner in Betracht: Die vom Arbeitgeber vor der Anzeige der Abtretung in gutem Glauben dem Betriebenen oder auf dessen Rechnung dem Betreibungsamt entrichteten Lohnzahlungen bleiben dem Zugriff des Zessionars entzogen 95 III 9/14 E.b. – Aktienrecht: Die Gesellschaft darf selbst nach erfolgter Legalzession (Art. 401 Abs. 1) den Fiduziar noch so lange als Aktionär betrachten, als ihr der Forderungsübergang nicht angezeigt worden ist 124 III 350/353 E.c. 3

Mehrfache Abtretung. Die Bestimmung ordnet nicht die Legitimation zweier Gläubiger derselben Forderung, sondern ist ausschliesslich eine Schutzbestimmung zugunsten des gutgläubig zahlenden Schuldners (über die Legitimation mehrerer Zessionare entscheidet die zeitliche Priorität) 56 II 363/368 f. 4

b. Verweigerung der Zahlung und Hinterlegung

Art. 168

[1] Ist die Frage, wem eine Forderung zustehe, streitig, so kann der Schuldner die Zahlung verweigern und sich durch gerichtliche Hinterlegung befreien.

[2] Zahlt der Schuldner, obschon er von dem Streite Kenntnis hat, so tut er es auf seine Gefahr.

[3] Ist der Streit vor Gericht anhängig und die Schuld fällig, so kann jede Partei den Schuldner zur Hinterlegung anhalten.

1 Die Bestimmung regelt einen Sonderfall von Art. 96 63 II 54/57, 105 II 273/277 E. 2. Voraussetzung für die Hinterlegung ist, dass beim Schuldner eine unverschuldete Ungewissheit über die Person des Gläubigers besteht. Sind nach Wahl des Gläubigers alternativ verschiedene Leistungen geschuldet, kann der Schuldner bei unverschuldeter Ungewissheit über die Person des Gläubigers sämtliche wahlweise geschuldeten Leistungen hinterlegen 134 III 348/350 ff. E. 5. Für die Dauer der Hinterlegung des streitigen Betrages bei der Gerichtskasse ist kein Zins geschuldet 136 V 49/57 E. 5.

2 **Analoge Anwendung** beim Streit darüber, ob eine Forderung von Gesetzes wegen übergegangen sei 87 III 14/17, 63 II 54/57. – Die Bestimmung kommt auch dann zur Anwendung, wenn der Streit zwischen den beiden angeblichen Gläubigern nicht aufgrund einer Abtretung entstanden ist; vorausgesetzt ist lediglich, dass die Frage streitig ist, wem eine Forderung zustehe 105 II 273/276 f. – Ist dem Mieter eine Frist zur Zahlung nach Art. 265 angesetzt worden, so kann er die Auflösung des Vertrages durch Hinterlegung des ausstehenden Betrages nur dann abwenden, wenn er durch besondere vertragliche Bestimmungen dazu ermächtigt ist oder wenn die Voraussetzungen der Art. 92, 96 oder 168 Abs. 1 gegeben sind 103 II 247/255 E. 3a. – Zur Anwendung der Bestimmung auf öffentlich-rechtliche Forderungen vgl. 111 Ib 150/155 f. E.d.

3 Der **Verzug des Schuldners** kann bereits während des Prätendentenstreites herbeigeführt werden, namentlich durch eine gemeinsam von allen Prätendenten an den Schuldner gerichtete Aufforderung, einem von ihnen (unter Vorbehalt ihrer Auseinandersetzung) oder einem Treuhänder zu zahlen 82 II 460/466.

4 Anwendungsbeispiel 121 III 324/329 E. bb fr.

5 ***Abs. 1*** **Hinterlegung.** Die Hinterlegung gehört dem *materiellen* Recht an, und der Schuldner kann sich dadurch nur befreien, wenn die bundesrechtlichen Voraussetzungen erfüllt sind. Der Hinterlegungsrichter hat nach Bundesrecht keine entsprechende Prüfungsbefugnis, sondern hat lediglich die Hinterlegungsstelle zu bezeichnen (Art. 92 Abs. 2). Ob einer Hinterlegung befreiende Wirkung zukommt, entscheidet erst der ordentliche Richter. Hingegen kann das kantonale Recht den Hinterlegungsrichter anweisen, vorfrageweise das Bestehen von Hinterlegungsgründen zu prüfen (blosses Glaubhaftmachen muss genügen) 105 II 273/275 f. E. 2. – Die Zahlung darf nur verweigert werden, wenn zugleich der geschuldete Betrag hinterlegt wird 50 II 389/393 E.b. – Es ist nicht zulässig, dass das Gericht im Fall der Hinterlegung einem der Ansprecher Frist zur Klage gegen den anderen ansetzt unter der Androhung, dass der hinterlegte Betrag sonst dem anderen herausgegeben wird 143 III 102/104 f. E. 2.1.

6 ***Beweislast.*** Der Schuldner, der sich auf den ausserordentlichen Befreiungsgrund der Hinterlegung beruft, hat nicht nur die Hinterlegung zu beweisen, sondern auch, dass die Voraussetzungen hiefür vorgelegen haben (aOR Art. 188) 32 II 58/60 E. 2.

7 ***Wirkung.*** Durch die Annahme einer Hinterlegung schliesst der Aufbewahrer mit dem Hinterleger einen Vertrag zugunsten eines Dritten (des noch nicht festgestellten

Gläubigers) ab. Dieser Vertrag untersteht *auch dann dem Privatrecht,* wenn die Hinterlegung auf Anordnung des Richters *bei einer öffentlichen Kasse* erfolgt (bei Streitigkeiten ist der Zivilrichter zuständig) 72 I 13/15 f. E. 1 Pra 1946 (Nr. 95) 205 f.

Hinterlegungsort ist jener Ort, wo die Erfüllung hätte erfolgen müssen, wenn sich kein Streit erhoben hätte 63 II 54/57 f. – Auch eine *Bank* hat gerichtlich zu hinterlegen, wenn sie sich gemäss Art. 168 von einer Schuld befreien will, ausser sie selber werde von der zuständigen Behörde als Hinterlegungsstelle bezeichnet 50 II 393/394 f. 8

Der ***Arbeitgeber des Betriebenen*** kann bei Konkurrenz der Lohnpfändung mit einer zuvor erfolgten Lohnabtretung den Lohn gerichtlich hinterlegen 95 III 9/12 E. 1. Ebenso kann er, nachdem ihm eine Lohnabtretung angezeigt wurde, die den Kompetenzbetrag übersteigenden Lohnbeträge gerichtlich hinterlegen, wenn streitig ist, ob die erfolgten Abtretungen gültig seien 95 III 39/42 E. 4 (in casu Abzahlungsvertrag, Art. 226e Abs. 2; diese Bestimmung ist heute aufgehoben [vgl. den revidierten Art. 325/in Kraft seit 1. Juli 1991]). 9

Erheben verschiedene Zessionare (denen Pfandgläubiger gleichstehen) auf die Konkursdividende Anspruch, so kann die Konkursverwaltung die Dividende gerichtlich hinterlegen 68 III 53/55 E. 1. 10

Zur vertraglichen Vereinbarung einer gerichtlichen Hinterlegung siehe unter Art. 96. 11

Abs. 2 Die Gefahr, sich durch Zahlung an den einen der streitenden Ansprecher nicht befreien zu können, kann die Konkursverwaltung ebenso wenig wie ein gewöhnlicher Schuldner von sich abwenden, indem sie andern Ansprechern Frist zur Geltendmachung ansetzt 68 III 53/55 E. 1. 12

c. Einreden des Schuldners

Art. 169

[1] Einreden, die der Forderung des Abtretenden entgegenstanden, kann der Schuldner auch gegen den Erwerber geltend machen, wenn sie schon zu der Zeit vorhanden waren, als er von der Abtretung Kenntnis erhielt.

[2] Ist eine Gegenforderung des Schuldners in diesem Zeitpunkt noch nicht fällig gewesen, so kann er sie dennoch zur Verrechnung bringen, wenn sie nicht später als die abgetretene Forderung fällig geworden ist.

Sinngemässe Anwendung der Bestimmung. Wenn eine gepfändete Forderung im Betreibungsverfahren gemäss SchKG Art. 122 Abs. 1 (Versteigerung) oder SchKG Art. 131 Abs. 1 (Zuweisung an Zahlungs statt) auf einen neuen Gläubiger übergeht 95 II 235/238 E. 3; beim Forderungspfandrecht 63 II 235/237 f. 1

Abs. 1 Art. 18 Abs. 2 geht vor 96 II 383/390 f. E. a, b. 2

Allgemeines. Nach Art. 169 Abs. 1 können Einreden und Einwendungen geltend gemacht werden, die mit der Forderung untrennbar verbunden sind oder die dem Schuldner gegenüber dem Zedenten oder dem Zessionar persönlich zustehen. Der Schuldner kann auch Einreden erheben, die erst entstehen, nachdem er von der Abtretung Kenntnis erhalten hat; dies setzt jedoch voraus, dass der Grund für die Einreden schon vor diesem 3

Zeitpunkt vorhanden war 4C.85/2005 (2.6.05) E. 2.2. Bei Kettenzessionen sind die möglichen Einreden des Schuldners nicht auf solche beschränkt, die gegen den unmittelbaren Zedenten oder Zessionar erhoben werden können. Der Schuldner kann vielmehr Einreden gegen alle Zedenten und Zessionare geltend machen, die in einer Tatsache begründet waren, die vor der Kenntnisnahme von der betreffenden Zession durch den Schuldner vorhanden war 4C.85/2005 (2.6.05) E. 2.4.

4 **Natur.** Die Bestimmung ist *dispositiver* Natur. Sie steht somit weder einem Verrechnungsverzicht des Schuldners gegenüber dem Zedenten oder dem Zessionar (4C.60/2000 [11.1.01] E. 4a/bb) noch einem Verzicht des Käufers auf Gewährleistungsansprüche und deren Verrechnung mit der Kaufpreisforderung gegenüber dem Erwerber der Kaufpreisforderung entgegen. Der Begriff *«Einreden»* ist weit auszulegen: Er umfasst insbesondere auch Gewährleistungsansprüche aus Kaufvertrag 109 II 213/215 f. E. a, b. Die Bestimmung bezieht sich nur auf Einwendungen, die der Forderung des Abtretenden entgegenstanden, also deren Bestand oder das Recht, eine aus ihr sich ergebende Leistung zu verlangen, als solches betreffen (hiezu gehört aber nicht z.B. die Behauptung, dass die Forderung an dem vom Zessionar gewählten Gerichtsstand nicht geltend gemacht werden könne) 56 I 180/186. – Zu den Einreden im Sinne der Bestimmung zählt auch die Verrechnung 95 II 235/238 E. 3. – Zulässig ist z.B. der Einwand von Nebenabreden oder die Einrede des noch nicht oder des nicht richtig erfüllten Vertrages 65 II 66/83 ff. E. 10. – Anwendungsfall 115 II 264/266 f. E. b (die Haftpflichtversicherung kann auch gegenüber dem Geschädigten, der sich die Forderung des Versicherten abtreten liess, alle Einwendungen und Einreden aus dem Versicherungsvertrag geltend machen, einschliesslich der Verletzung vertraglicher Obliegenheiten und Pflichten durch den Schädiger bzw. den Versicherungsnehmer).

5 **Unzulässig** ist die Einrede des Blankettmissbrauchs (analoge Anwendung von Art. 18 Abs. 2) 88 II 422/425 ff. E. 2.

2. Übergang der Vorzugs- und Nebenrechte, Urkunden und Beweismittel

Art. 170

[1] Mit der Forderung gehen die Vorzugs- und Nebenrechte über, mit Ausnahme derer, die untrennbar mit der Person des Abtretenden verknüpft sind.

[2] Der Abtretende ist verpflichtet, dem Erwerber die Schuldurkunde und alle vorhandenen Beweismittel auszuliefern und ihm die zur Geltendmachung der Forderung nötigen Aufschlüsse zu erteilen.

[3] Es wird vermutet, dass mit der Hauptforderung auch die rückständigen Zinse auf den Erwerber übergehen.

1 Die Bestimmung ist auch auf die Zwangsversteigerung anwendbar 51 III 71/73 E. 2.

2 ***Abs. 1*** **Beispiele.** ***Vorzugs- und Nebenrechte, die auf den Zessionar übergehen, sind z.B.:*** eine Bürgschaft 78 II 57/59 f. Pra 1952 (Nr. 63) 178 f.; ein Pfandrecht 80 II 109/116, 105 II 183/186 f. E. 4 Pra 1980 (Nr. 30) 74; ein Eigentumsvorbehalt 46 II 45/47 fr., 77 II 127/133 ff. E. II fr.; das Retentionsrecht gemäss ZGB Art. 895 Abs. 1 (offengelassen für das

Retentionsrecht unter Kaufleuten gemäss ZGB Art. 895 Abs. 2) 80 II 109/115 f. E. 4; ein Konkursprivileg (SchKG Art. 219; in casu Abtretung einer privilegierten Lohnforderung) 49 III 201/202 ff., 57 II 10/13 f. E. 3 (Abtretung einer privilegierten Frauengutsforderung); das Prozessführungsrecht des Abtretungsgläubigers nach SchKG Art. 260 61 III 1/2 f. E. 1, 57 III 98/100 f., 109 III 27/29 E. a; das Recht zur Anfechtung der Kollokation anderer Gläubiger 78 II 265/275 E. b fr. Mit dem Eintritt in die Rechtsstellung des Geschädigten übernimmt der Sozialversicherer nicht nur dessen Schadenersatzforderung, sondern auch die damit verbundenen Vorzugs- und Nebenrechte, soweit diese nicht untrennbar mit der Person des Geschädigten verbunden sind 119 II 289/294 E. b, 124 III 222/225.

Ob ein Vorzugs- oder Nebenrecht untrennbar an die Person des Abtretenden geknüpft ist, bestimmt sich nach dem Parteiwillen bzw. nach dem dieses Vorzugs- oder Nebenrecht beherrschenden Gesetz: Ob z.B. der Erwerber einer im Streit liegenden Forderung in den hängigen Prozess eintreten kann, bestimmt das betreffende Prozessgesetz; ob die Fortsetzung einer Betreibung durch den Zessionar zulässig ist, bestimmt das Betreibungsgesetz; ob eine Schiedsabrede durch Abtretung der Forderung auf den Zessionar übergeht, hängt vom kantonalen Prozessrecht ab (Berufung an das Bundesgericht nicht zulässig 101 II 168/170 E. 1) 103 II 75/79 f. E. 4; ob das Anschlussrecht nach SchKG Art. 111 infolge einer Legalzession auf den Zessionar übergeht, bestimmt sich nach der Gesetzesnorm, welche die Zession anordnet 138 III 145/149 E. 3.4.2 (Frage für die Legalzession nach ZGB Art. 289 Abs. 2 bejaht). 3

Die mit dem Schuldverhältnis als solchem verbundenen Gestaltungsrechte verbleiben beim Zedenten; dazu gehört z.B. das Recht, einen Vertrag nach Art. 31 anzufechten oder zu genehmigen (hingegen geht bei der Kommission dieses Gestaltungsrecht auf den Komittenten über). Ein gegen die Grundlage der abgetretenen Forderung gerichtetes Gestaltungsrecht darf der Zedent jedoch nur mit Zustimmung des Zessionars ausüben 84 II 355/367 f. – Kaufsrecht/Abtretung der (bedingten) Forderung auf Übertragung des Kaufgegenstandes: Das Gestaltungsrecht, sich durch einseitige Willenserklärung zum Käufer zu machen, ist kein Nebenrecht im Sinne der Bestimmung und verbleibt daher beim Zedenten 94 II 274/280 f. E. 4. 4

Kein Nebenrecht ist ein neben der Forderung abgegebenes Garantieversprechen: Zu seinem Übergang bedarf es einer eigenen Abtretung 80 II 109/116, 53 II 111/116 (in casu Verpflichtung, für die Zahlungsfähigkeit des Schuldners einzustehen; Art. 171 Abs. 2). 5

Weiteres. Offengelassen, ob die Übertragung einer zur Sicherstellung einer bestimmten Forderung errichteten Grundpfandverschreibung auf eine andere Forderung überhaupt zulässig ist (jedenfalls müsste sie öffentlich beurkundet werden) 105 II 183/185 ff. E. 2, 5 Pra 1980 (Nr. 30) 74 f. – Ein grundpfandgesichertes abstraktes Schuldbekenntnis, das zur Sicherstellung eines bestimmten Anspruches dient, kann nicht infolge späterer Zession eine andere Forderung sicherstellen 105 II 183/186 ff. E. 4 Pra 1980 (Nr. 30) 74 f. – Wechselbürgschaft: Eine Beschränkung der Übertragungswirkung für die durch das Nachindossament übertragenen Rechte, wie dies zessionsrechtlich für die mit der Forderung akzessorisch verbundenen Nebenrechte möglich ist, ist demgegenüber beim Nachindossament ausgeschlossen (Art. 1004 Abs. 1) 124 III 112/119 E.aa. 6

Abs. 2 Eine Schuldanerkennung, mag sie auch an den Zedenten gerichtet worden sein, wirkt ebenfalls zugunsten des Zessionars, weil sich ihre Rechtswirkungen wesensgemäss 7 auf den Bestand des obligatorischen Anspruchs und nicht auf die Frage der Sachlegitimation beziehen und der Gläubigerwechsel sich an verkehrsfähigen Forderungen unabhängig von einer Zustimmung oder Mitwirkung des Schuldners vollzieht. Dementsprechend verleiht Art. 170 Abs. 2 dem Zessionar einen Anspruch auf Herausgabe von Schuldurkunden 4C.433/1999 (22.2.00) E. 2. – Eine Verletzung der Pflichten gemäss Art. 170 Abs. 2 (in casu Pflicht zum Hinweis auf ein vertragliches Abtretungsverbot) bewirkt für sich allein keinen Grund zur Ungültigkeit der Zession, sondern lediglich einen Schadenersatzanspruch des Zessionars gegen den Zedenten 4C.129/2002 (3.9.02) E. 1.4. – Das *Konkursamt* ist zur Übergabe der Beweismittel an den Forderungsersteigerer verpflichtet 51 III 71/73. Seine Auskunftspflicht bleibt über den Zeitpunkt des Konkursschlusses hinaus bestehen 52 III 43/44 f. – Die Konkursmasse ist verpflichtet, von ihrer gesetzlichen Befugnis Gebrauch zu machen und den Schuldner zur Herausgabe der Schuldurkunde und aller vorhandenen Beweismittel sowie zur Erteilung der für die Geltendmachung der Forderung notwendigen Aufschlüsse anzuhalten 38 I 724/727 E. 3.

8 ***Abs. 3*** Die Bestimmung findet Anwendung auch auf Zinse grundpfandgesicherter Forderungen, unabhängig davon, ob die Forderung in einem Wertpapier verkörpert ist (Art. 965) oder nicht 77 II 360/366 f. E. 3 Pra 1952 (Nr. 29) 81.

3. Gewährleistung

Vorb. Art. 171–173

1 Die Gewährleistung bei der Abtretung beurteilt sich *ausschliesslich* nach diesen Bestimmungen (keine Anwendung der Bestimmungen über die Gewährleistung beim Fahrniskauf, Art. 197 ff.) 90 II 490/499 E. 5 Pra 1965 (Nr. 59) 195, 82 II 522/523 E.b.

a. Im Allgemeinen

Art. 171

[1] Bei der entgeltlichen Abtretung haftet der Abtretende für den Bestand der Forderung zur Zeit der Abtretung.

[2] Für die Zahlungsfähigkeit des Schuldners dagegen haftet der Abtretende nur dann, wenn er sich dazu verpflichtet hat.

[3] Bei der unentgeltlichen Abtretung haftet der Abtretende auch nicht für den Bestand der Forderung.

1 Analoge Anwendung auf den Patentverkauf und den Lizenzvertrag bei Patentnichtigkeit 75 II 166/173 f. E. c, 110 II 239/242 ff. E. c, d Pra 1984 (Nr. 241) 657 f.

2 ***Abs. 1*** *Anwendbar* auch auf die Abtretung zahlungshalber, an Zahlungs statt sowie auf die Sicherungsabtretung 63 II 317/322 fr. – Für die Zulässigkeit der *Wegbedingung der Gewährspflicht* gilt Art. 100 Abs. 1 90 II 490/499 E. 5 Pra 1965 (Nr. 59) 195.

3 *Extensive Auslegung der Gewährspflicht für den Bestand der Forderung.* Über die eigentliche Verschaffungspflicht hinaus hat der Zedent auch nachher alles zu unterlassen, was

das abgetretene Recht beeinträchtigen könnte; er haftet somit auch für eine Verschlechterung der abgetretenen Forderung, welche er in der Zeit zwischen der Abtretung und der Kenntnisgabe an den Schuldner, namentlich durch Verhandlungen mit ihm, herbeigeführt hat (in casu Abtretung an Zahlungs statt) 82 II 522/523 f. E.b.

Wird eine bereits abgetretene Forderung erneut abgetreten, so stehen dem letzten Zessionar gegen den ersten Zedenten keine Gewährleistungsansprüche zu 63 II 317/323 f. E. 5 fr. 4

Abs. 2 **Allgemeines.** Die Bestimmung beruht auf der vertragsrechtlichen Regel, wonach der vorleistungspflichtige Vertragspartner grundsätzlich das Risiko für das Ausbleiben der Gegenleistung trägt 124 III 337/339 E.b. – Zum *Begriff der Zahlungsunfähigkeit* siehe unter Art. 83 Abs. 1. Die Beweislast trägt der Zessionar 68 II 177/178. 5

Die Abrede, für die Zahlungsfähigkeit des Schuldners einzustehen, stellt eine selbständige Garantieverpflichtung dar und nicht eine Bürgschaft 61 II 102/104 E. 1, 53 II 111/116; somit keine Anwendung der Bestimmungen über die Bürgschaft 68 II 177/180. Sie gehört nicht zu den essentialia negotii und fällt damit auch nicht unter das Formerfordernis von Art. 165 Abs. 1 53 II 111/117. Die Verpflichtung verjährt selbst dann in zehn Jahren (Art. 127), wenn die abgetretene Forderung bereits in fünf Jahren (Art. 128) verjährt 53 II 111/117. 6

Mangels abweichender Parteivereinbarung erstreckt sich die Gewährleistung bei fälligen Forderungen nur auf den Zeitpunkt der Abtretung, bei später fällig werdenden Forderungen auf den Zeitpunkt der Fälligkeit und bei auf Kündigung gestellten Forderungen auf jenen Zeitpunkt, auf den frühestens gekündigt werden kann 61 II 102/104 f. E. 2, 63 II 14/17 E. 5. 7

Keine Verpflichtung, für die Zahlungsfähigkeit des Schuldners einzustehen, kann in der blossen Zusicherung der Bonität des Titels erblickt werden; denn es ist ein wesentlicher Unterschied, ob der Zedent erklärt, der Titel sei gut, oder ob er die Haftung für die Bonität übernimmt 47 II 183/185 E. 2. 8

b. Bei Abtretung zahlungshalber

Art. 172

Hat ein Gläubiger seine Forderung zum Zwecke der Zahlung abgetreten ohne Bestimmung des Betrages, zu dem sie angerechnet werden soll, so muss der Erwerber sich nur diejenige Summe anrechnen lassen, die er vom Schuldner erhält oder bei gehöriger Sorgfalt hätte erhalten können.

Bei der Abtretung zum Zweck der Erfüllung einer eigenen Verpflichtung des Zedenten ist gemäss Art. 172 anzunehmen, dass die Abtretung nicht an Zahlungs statt, sondern nur zahlungshalber erfolgt 118 II 142/145 E. b, 131 III 217/221 E. 4.2 Pra 2006 (Nr. 6) 46 f. Wird die Forderung erfüllungshalber abgetreten, so ergibt sich in Analogie zu Art. 467 Abs. 2 für den Zessionar daraus die Verpflichtung, vorerst die abgetretene Forderung geltend zu machen; die vom Zedenten geschuldete eigene Leistung gilt so lange als gestundet 118 II 142/146 E.c. – Einer blossen Abtretung zahlungshalber kommt in der Regel nicht der Charakter eines «üblichen Zahlungsmittels» im Sinne von SchKG Art. 287 Abs. 1 Ziff. 2 (Überschuldungsanfechtung) zu (paulianische Anfechtung somit möglich) 85 II 197/200. 1

c. Umfang der Haftung

Art. 173

[1] Der Abtretende haftet vermöge der Gewährleistung nur für den empfangenen Gegenwert nebst Zinsen und überdies für die Kosten der Abtretung und des erfolglosen Vorgehens gegen den Schuldner.

[2] Geht eine Forderung von Gesetzes wegen auf einen andern über, so haftet der bisherige Gläubiger weder für den Bestand der Forderung noch für die Zahlungsfähigkeit des Schuldners.

1 *Abs. 2* Die Bestimmung schliesst die Anwendung von Art. 171 f. aus 63 II 317/324 fr. – Übergang kraft Gesetzes einer *bereits abgetretenen* Forderung: Der Erwerber hat gegen den ursprünglichen Zedenten Anspruch auf Gewährleistung des Bestandes der Forderung 63 II 317/323 ff. E. 5 fr. – Legalzession im Rahmen der Arbeitslosenversicherung 123 V 75/76 ff. E. 2 Pra 1998 (Nr. 13) 76 ff.

III. Besondere Bestimmungen

Art. 174

Wo das Gesetz für die Übertragung von Forderungen besondere Bestimmungen aufstellt, bleiben diese vorbehalten.

1 Zum Beispiel ZGB Art. 868 f. (Abtretung von Forderungen aus Schuldbrief und Gült) 63 II 252/255 E. 2.

B. Schuldübernahme

Vorb. Art. 175–183

1 **Allgemeines.** Die Schuldübernahme bezieht sich stets auf einzelne Verpflichtungen und nicht auf ganze Vertragsverhältnisse. Mithin wechseln beim zweiseitigen Vertrag nur die Pflichten des Schuldners zum Übernehmer, während dieser die daraus fliessenden Rechte nicht geltend machen kann 122 V 142/148 E. a (vorsorgerechtlicher Entscheid). Zur Übertragung eines ganzen Vertrags 4A_313/2014 (9.9.14) E. 3, wo zwischen beschränkter und rückwirkender Übertragung unterschieden wird.

2 **Von der Schuldübernahme sind zu unterscheiden:** das blosse Erfüllungsversprechen gegenüber dem Gläubiger 73 II 171/177 f. (Übernahme der Zahlung 46 II 242/245 E. 1); die Bürgschaft (Unterscheidungskriterien; kann weder aus dem Wortlaut einer Vereinbarung noch aus dem Zweck und den gesamten Umständen ein sicherer Schluss gezogen werden, so ist eher für Bürgschaft zu entscheiden) 81 II 520/525 E. a, 101 II 323/328 E. 1, 111 II 276/278 ff. E. 2 fr.; vgl. auch 113 II 434/435 ff. E. 2 Pra 1988 (Nr. 18) 78 ff.; der (im Gesetz nicht geregelte) Eintritt eines Dritten anstelle des bisherigen Schuldners in den Vertrag (sog. Vertragsübernahme; in diesem Fall geht die Rechtsstellung des bisherigen Schuldners in ihrer Gesamtheit auf den Dritten über. Die Vertragsübernahme setzt voraus,

dass der andere Vertragsteil sich mit dem Eintritt des Dritten einverstanden erklärt. Behauptet der bisherige Schuldner, nicht mehr an den Vertrag gebunden zu sein, so hat er sowohl den Vertrag zwischen ihm und dem Dritten als auch jenen zwischen dem Dritten und dem Gläubiger nachzuweisen) 47 II 416/420 f. E. 2; der Garantievertrag (siehe unter Art. 111).

Weiteres. Die Schuldübernahme ist gegenstandslos, wenn die übernommene Schuld einem nichtigen Vertrag (Art. 20) entspringt 110 II 360/367 E. 4 JdT 133 (1985) I 138 E. 4. – Arbeitsvertragliche Vereinbarung, wonach der Arbeitgeber den dem Arbeitnehmer obliegenden Einkauf in die Vorsorgeeinrichtung zur Hälfte finanziert: Es liegt eine uneigentliche Schuldübernahme im Sinne eines Befreiungsversprechens gemäss Art. 175 Abs. 1 vor. Damit solche Absprachen (extern) zu einem Schuldnerwechsel führen und darüber hinaus die entsprechenden Leistungen auch vorsorgerechtlich zu solchen des Arbeitgebers werden, bedarf es zusätzlich nicht nur eines Schuldübernahmevertrages (private Schuldübernahme) im Sinne von Art. 176 ff. zwischen Vorsorgeeinrichtung (= Gläubigerin) und Arbeitgeber (= Übernehmer), sondern einer schriftlichen Änderung des Vorsorgevertrages selbst 122 V 142/147 f. E. 6a (Präzisierung von 118 V 229/235 f.). 3

I. Schuldner und Schuldübernehmer

Art. 175

[1] Wer einem Schuldner verspricht, seine Schuld zu übernehmen, verpflichtet sich, ihn von der Schuld zu befreien, sei es durch Befriedigung des Gläubigers oder dadurch, dass er sich an seiner Statt mit Zustimmung des Gläubigers zu dessen Schuldner macht.

[2] Der Übernehmer kann zur Erfüllung dieser Pflicht vom Schuldner nicht angehalten werden, solange dieser ihm gegenüber den Verpflichtungen nicht nachgekommen ist, die dem Schuldübernahmevertrag zugrunde liegen.

[3] Unterbleibt die Befreiung des alten Schuldners, so kann dieser vom neuen Schuldner Sicherheit verlangen.

▪ Abs. 1 Interne Schuldübernahme (1) ▪ Abs. 2 (7)

Abs. 1 **Interne Schuldübernahme.** ***Allgemeines.*** Durch die interne Schuldübernahme entsteht *kein Verhältnis zwischen dem Gläubiger und dem Übernehmer* 46 II 242/245 f. E. 1; vgl. 110 II 340/341 E. a Pra 1985 (Nr. 81) 223 (für den Gläubiger ist die interne Schuldübernahme eine «res inter alios acta»), 118 V 229/234 E. b (in casu Verpflichtung des Arbeitgebers zur Übernahme der Einkaufssumme in die Personalfürsorgestiftung [beachte die Präzisierung zu diesem Entscheid in 122 V 142/147 f. E. 6a]; vgl. ferner 119 V 142/143 f. E. 5), 121 III 256/258 E. b Pra 1996 (Nr. 102) 319 f. (in casu interne Übernahme der Grundpfandschulden beim Grundstückkauf im Hinblick auf eine externe Schuldübernahme mit dem Grundpfandgläubiger). – Auch *öffentlich-rechtliche Schulden,* insbesondere Steuerschulden, können Gegenstand eines Befreiungsversprechens sein 92 III 57/62. 1

Form. Das Versprechen gemäss Art. 175 Abs. 1 bedarf grundsätzlich keiner (besonderen) Form 110 II 340/341 E. b Pra 1985 (Nr. 81) 223. – Verhältnis zwischen der Form 2 der Schuldübernahme und der Form des Vertrages, aus dem die Schuld stammt: Entstammt die Verpflichtung einem Vertrag, der nicht wegen der besonderen Natur des Leistungsgegenstandes einer besonderen Form unterliegt, so unterliegt auch die Schuldübernahme keiner besonderen Form; so können die Lieferungs- oder die Zahlungspflicht aus einem Schenkungsversprechen und ebenso auch die Zahlungspflicht eines Garanten (Wechselbürgen, Bürgen) formlos von jedermann übernommen werden, der das Schenkungs- oder Garantieversprechen nicht selber abgegeben hat (vgl. Art. 493 Abs. 6 e contrario). Ist dagegen wie im Fall der Grundstückübertragung (ZGB Art. 657) der Vertrag *wegen der besonderen Natur des Leistungsgegenstandes ex lege einer besonderen Form unterworfen,* so gilt dieselbe Form auch für die Übernahme der Verpflichtung mit diesem Leistungsgegenstand 110 II 340/342 f. E. bb Pra 1985 (Nr. 81) 223 f. – Das unentgeltliche Schuldbefreiungsversprechen bedarf der Schriftform (Art. 243 Abs. 1) 79 II 151/153 Pra 1953 (Nr. 131) 379, bestätigt in 110 II 340/341 f. E. b Pra 1985 (Nr. 81) 223.

3 ***Liegenschaftskauf/Grundpfandrecht.*** Der Verkäufer hat mangels abweichender Vereinbarung bei der Fertigung des Vertrages noch keinen Anspruch auf Befreiung von den Grundpfandschulden; dieser entsteht erst mit der Eigentumsübertragung (ZGB Art. 832) 57 II 315/318 ff. E. 1. – Der vom Grundpfandgläubiger beibehaltene persönliche Schuldner, der das Grundstück unter Überbindung der Schuldpflicht veräussert hat, tritt im Umfang seiner Zahlung in die Gläubigerrechte ein; das auf ihn übergehende Pfandrecht geht indessen dem des Gläubigers für die allfällige Restforderung nach 60 II 178/188 f. – Hat der Pfandeigentümer die Schuld intern übernommen, ohne vom Gläubiger als Schuldübernehmer anerkannt worden zu sein, und ist das Pfand mit negativem Ergebnis für den Gläubiger verwertet worden, so kann der Schuldner vom Übernehmer entgegen der Regel Zahlung an sich selbst verlangen 65 II 110/115 E. 2, 4C.329/2002 (19.2.03) E. 2.1.

4 ***Unzulässige Schuldübernahme.*** Unzulässig ist das Versprechen des Verkäufers einer Liegenschaft, dem Käufer eine allfällige Busse wegen Verurkundung eines zu niedrigen Kaufpreises zu ersetzen 79 II 151/152 f. Pra 1953 (Nr. 131) 379. – Übernahme und Tilgung einer gegen die guten Sitten verstossenden Verbindlichkeit durch einen Dritten, der Schuldner des ursprünglichen Schuldners ist: Das Geleistete kann vom Gläubiger nicht zurückgefordert werden, Art. 66 (in casu kam Art. 66 auch auf das Verhältnis zwischen Schuldner und Schuldübernehmer zur Anwendung: Die vom Schuldübernehmer gegen den Schuldner vorgenommene Verrechnung in der Höhe der Zahlung an den Gläubiger musste sich der Schuldner gefallen lassen) 95 II 37/40 f. E. 3.

5 ***Schuldbetreibung und Konkurs.*** Der Anspruch aus einem Schuldbefreiungsversprechen ist als *Konkursaktivum* im Inventar zu verzeichnen (SchKG Art. 221) und kann Gegenstand einer Abtretung nach SchKG Art. 260 sein 92 III 57/61 ff. E. 2, 3. (Zu SchKG Art. 260 siehe Vorb. Art. 164–174.)

6 ***Weiteres.*** Ist eine übernommene Schuld noch nicht fällig, so kann der Schuldner vom Übernehmer Sicherheit verlangen 65 II 110/115 E. 2. – Bezahlt der ursprüngliche Schuldner selber, so verwandelt sich sein Befreiungsanspruch in einen Ersatzanspruch 79 II 151/152 f. Pra 1953 (Nr. 131) 379. – Anwendung von Art. 175 Abs. 1 im Rahmen des Kreditkartenvertrages: 112 IV 79/81 E.b.

<u>*Abs. 2*</u> Offengelassen, ob die Bestimmung auf die interne Schuldübernahme nur im Sinne von Art. 82 (Leistung Zug um Zug) anwendbar sei 57 II 315/321. 7

II. Vertrag mit dem Gläubiger 1. Antrag und Annahme

Art. 176

[1] Der Eintritt eines Schuldübernehmers in das Schuldverhältnis an Stelle und mit Befreiung des bisherigen Schuldners erfolgt durch Vertrag des Übernehmers mit dem Gläubiger.

[2] Der Antrag des Übernehmers kann dadurch erfolgen, dass er, oder mit seiner Ermächtigung der bisherige Schuldner, dem Gläubiger von der Übernahme der Schuld Mitteilung macht.

[3] Die Annahmeerklärung des Gläubigers kann ausdrücklich erfolgen oder aus den Umständen hervorgehen und wird vermutet, wenn der Gläubiger ohne Vorbehalt vom Übernehmer eine Zahlung annimmt oder einer anderen schuldnerischen Handlung zustimmt.

<u>*Abs. 1*</u> **Externe Schuldübernahme.** Im Gegensatz zur *kumulativen* Schuldübernahme entlässt bei der *privativen* der Gläubiger den ursprünglichen Schuldner aus der Schuldpflicht 134 III 565/568 fr., 46 II 63/65 E. 2. 1

Eine Schuldübernahme kann sich auch auf eine zukünftige Schuld oder auf eine bedingte Schuld beziehen 4A_270/2008 (1.10.08) E. 2.1 fr. Übernimmt von zwei Solidarschuldnern der eine die alleinige Schuldpflicht unter Entlassung des andern, so liegt eine Schuldübernahme und keine Novation vor 60 II 332/333. Art. 494 Abs. 3/Bürgschaft für eine Schuld zweier Solidarschuldner: Wird der eine Solidarschuldner frei und bleibt der andere als alleiniger Schuldner, so bedeutet dies eine erhebliche Verminderung der Sicherheiten im Sinne von Art. 494 Abs. 3 (Untergang der Bürgschaft mangels Zustimmung des Ehegatten des Bürgen) 106 II 161/164 f. E. c Pra 1981 (Nr. 6) 11. – Fall einer privativen Schuldübernahme bezüglich familienrechtlicher Unterhaltspflichten 78 II 318/326. – Auslegung einer vom Gläubiger gemäss Art. 6 stillschweigend angenommenen Schuldübernahme nach dem Vertrauensprinzip 110 II 360/365 f. E. b JdT 133 (1985) I 136 E.b. – Anwendungsfälle: 121 III 256/258 E. b Pra 1996 (Nr. 102) 319 f. (in casu Übernahme der Grundpfandschuld durch den Erwerber des Grundstückes); Beginn der Zinspflicht in jenem Zeitpunkt, in dem der Nutzen der Sache übergeht, Art. 220; 127 III 421/427 E. cc (Begleichung der Behandlungskosten durch den Versicherer). 2

<u>*Abs. 2 und 3*</u> Die Bestimmungen sehen keine besondere Form vor 118 V 229/235 E. aa (in casu Formerfordernis aufgrund eines bestehenden Vorsorgevertrages; beachte die Präzisierung zu diesem Entscheid in 122 V 142/147 f. E. 6a). 3

<u>*Abs. 2*</u> Der Umstand, dass ein Dritter zugunsten des Schuldners Teilzahlungen erbringt, bedeutet für sich allein keinen Antrag auf Schuldübernahme, da in den Zahlungen auch eine Tilgung der Schuld des Schuldners gesehen werden kann 4C.183/2004 (7.3.05) E. 3.2.1. 4

Vorausgesetzt ist, dass der Schuldner vom Übernehmer zu diesem Vorgehen ermächtigt ist, und zwar für jenen Zeitpunkt, in dem er dem Gläubiger die Mitteilung macht; der Übernehmer kann den Auftrag jederzeit widerrufen und damit durch ein einseitiges 5

Rechtsgeschäft die Umwandlung der internen Schuldübernahme in eine externe verhindern 46 II 242/246.

6 ***Abs. 3*** Die Vermutung ist widerlegbar 4C.134/2005 (13.9.05) E. 3.1 fr. Sie gilt unter der Voraussetzung, dass der Übernehmer in seinem eigenen Namen und nicht (wie in casu) als Vertreter des ursprünglichen Schuldners handelt 54 II 278/280 f. fr.

7 **Übernahme grundpfandgesicherter Forderungen.** Für die Schuldübernahme bei der Veräusserung verpfändeter Grundstücke behält Art. 183 die dafür geltenden besonderen Bestimmungen vor und verweist damit insbesondere auf ZGB Art. 832 und 834, welche teilweise die Voraussetzungen der externen Schuldübernahme modifizieren 121 III 256/258 E. 3a Pra 1996 (Nr. 102) 319, 4C.197/2000 (27.2.01) E. 3b. Grundlage für die externe Schuldübernahme beim Erwerb pfandbelasteter Grundstücke und Basis der unwiderlegbaren Vermutung des ZGB Art. 832 Abs. 2 ist eine interne Schuldübernahme (Art. 175) zwischen dem Veräusserer (Schuldner) und Erwerber (Übernehmer) des Grundstücks. Liegt eine solche vor, hat der Grundbuchverwalter die Anzeige gemäss ZGB Art. 834 Abs. 1 vorzunehmen, womit die Jahresfrist von ZGB Art. 832 Abs. 2 zu laufen beginnt 4C.197/2000 (27.2.01) E. 4a. Hat der Gläubiger einer Grundpfandforderung innerhalb der einjährigen Frist eine Beibehaltungserklärung nach ZGB Art. 832 Abs. 2 abgegeben, kann er einem Schuldnerwechsel immer noch nachträglich zustimmen. Das ist dann der Fall, wenn er den Erwerber des grundpfandlich gesicherten Grundstücks als persönlichen Schuldner behandelt und dieser sich als solchen behandeln lässt, wodurch ein externer Schuldübernahmevertrag durch konkludente Handlung zustande kommt. Für die Annahme eines solchen Vertragsabschlusses reicht indessen bloss passives Verhalten und insbesondere die Entgegennahme einer einmaligen Zahlung nicht 4C.180/2001 (21.12.01) E. 3. Eine Annahmeerklärung des Gläubigers durch konkludentes Verhalten ist anzunehmen, wenn er den Erwerber der Pfandsache betreibt 44 II 127/129 oder die Forderung gegen den Übernehmer geltend macht 4C.360/2002 (14.2.03) E. 2.1 fr. – Die Rechtsfolgen der ZGB Art. 832 und 834 ergeben sich direkt aus dem Gesetz und sind vom Willen und von den Absichten der an der internen Schuldübernahme Beteiligten unabhängig. Weil eine gültige interne Schuldübernahme zwischen altem und neuem Schuldner Voraussetzung der externen Schuldübernahme und Grundlage der unwiderlegbaren Vermutung von ZGB Art. 832 Abs. 2 ist, muss der Erwerber einer Liegenschaft, der die externe Schuldübernahme gemäss ZGB Art. 832 Abs. 2 wegen Willensmängeln zu Fall bringen will, sich zwingend gegen diese interne Schuldübernahme wenden. Nur bei deren Ungültigkeit fällt auch die Schuldnerstellung des vermeintlichen Übernehmers dahin 4C.197/2000 (27.2.01) E. 4a/b.

8 **Zahlung.** Darunter fällt z.B. auch eine Zins- oder Ratenzahlung 46 II 63/66 f. (in casu konnte jedoch aufgrund der besonderen Umstände in der Entgegennahme von Zinszahlungen weder eine Genehmigung einer internen Schuldübernahme noch die Annahme eines Antrages zu einer privativen Schuldübernahme erblickt werden).

2. Wegfall des Antrags

Art. 177

[1] Die Annahme durch den Gläubiger kann jederzeit erfolgen, der Übernehmer wie der bisherige Schuldner können jedoch dem Gläubiger für die Annahme eine Frist setzen, nach deren Ablauf die Annahme bei Stillschweigen des Gläubigers als verweigert gilt.

[2] Wird vor der Annahme durch den Gläubiger eine neue Schuldübernahme verabredet und auch von dem neuen Übernehmer dem Gläubiger der Antrag gestellt, so wird der vorhergehende Übernehmer befreit.

III. Wirkung des Schuldnerwechsels 1. Nebenrechte

Art. 178

[1] Die Nebenrechte werden vom Schuldnerwechsel, soweit sie nicht mit der Person des bisherigen Schuldners untrennbar verknüpft sind, nicht berührt.

[2] Von Dritten bestellte Pfänder sowie die Bürgen haften jedoch dem Gläubiger nur dann weiter, wenn der Verpfänder oder der Bürge der Schuldübernahme zugestimmt hat.

Abs. 1 Die Schiedsklausel ist ein Vorzugsrecht, das als Nebenrecht mit der Schuldübernahme auf den Übernehmer übergeht. Dies gilt auch für den Fall der kumulativen Schuldübernahme 134 III 565/568 fr. 1

Abs. 2 Die Zustimmung kann durch ***konkludentes Verhalten*** erfolgen 63 II 14/15 f. E. 4 (bei der Bürgschaft siehe heute jedoch Art. 493 Abs. 5). 2

Bürgschaft. Die Bestimmung ist nur auf die privative, nicht auch auf die kumulative Schuldübernahme anwendbar, da bei letzterer die Rechtslage des Bürgen nicht verschlechtert, sondern verbessert wird 63 II 14/15 f. E. 4. – Fehlt die Zustimmung im Zeitpunkt der Schuldübernahme, so erlischt die Bürgschaft 60 II 332/333. Unzulässig ist eine im Voraus erteilte Zustimmung des Bürgen zu jedem beliebigen Schuldnerwechsel 67 II 128/130 f. E. 3. – Nicht befreit wird der Bürge bei einer Zwangsversteigerung im Konkursverfahren, denn der dem Gläubiger aufgezwungene Schuldnerwechsel darf die Sicherheit, die eine Bürgschaft bietet, nicht preisgeben 47 III 141/146 f. E. 2. 3

2. Einreden

Art. 179

[1] Die Einreden aus dem Schuldverhältnis stehen dem neuen Schuldner zu wie dem bisherigen.

[2] Die Einreden, die der bisherige Schuldner persönlich gegen den Gläubiger gehabt hat, kann der neue Schuldner diesem, soweit nicht aus dem Vertrag mit ihm etwas anderes hervorgeht, nicht entgegenhalten.

[3] Der Übernehmer kann die Einreden, die ihm gegen den Schuldner aus dem der Schuldübernahme zugrunde liegenden Rechtsverhältnisse zustehen, gegen den Gläubiger nicht geltend machen.

1 ***Abs. 1*** Die Einreden, von denen Art. 179 Abs. 1 spricht, umfassen sowohl Einreden im engeren (technischen) Sinne als auch Einwendungen, d.h. Tatsachen, wonach die übernommene Schuld (z.B. infolge Tilgung, Verrechnung oder Erlass) nicht (mehr) besteht 4A_270/2008 (1.10.08) E. 2.1 fr.

2 ***Abs. 2*** Nach dieser Bestimmung kann der neue Schuldner dem Gläubiger Einwendungen und Einreden, die nicht forderungsbezogen sind, sondern Tatsachen und Umstände des bisherigen Schuldners betreffen, nicht entgegenhalten. Das gilt insbesondere für die Verrechnungseinrede, welche der bisherige Schuldner gegen den Gläubiger hatte 4C.327/2003 (4.8.04) E. 3 fr.

3 ***Abs. 3*** *Anwendbar* auch auf das blosse Erfüllungsversprechen gegenüber dem Gläubiger 73 II 171/177 f. – *Nicht anwendbar,* wenn der Gläubiger einverstanden ist, dass die Gültigkeit des Übernahmeversprechens zwischen dem Schuldner und dem Schuldübernehmer zum Gültigkeitserfordernis für den Übernahmevertrag mit ihm selbst werde 58 II 18/20 fr. – *Beschränkt anwendbar* bei der Übernahme eines Vermögens oder Geschäftes mit Aktiven und Passiven (Art. 181): Der Übernehmer kann dem ihn belangenden Gläubiger die Ungültigkeit des Übernahmevertrages (in casu infolge Täuschung) entgegenhalten 60 II 100/106 f.

4 Die Möglichkeit einer *exceptio doli* gegen den Gläubiger steht dem Übernehmer immer offen 58 II 18/21 fr., 60 II 100/108 E. 4.

IV. Dahinfallen des Schuldübernahmevertrages

Art. 180

1 Fällt ein Übernahmevertrag als unwirksam dahin, so lebt die Verpflichtung des frühern Schuldners mit allen Nebenrechten, unter Vorbehalt der Rechte gutgläubiger Dritter, wieder auf.

2 Ausserdem kann der Gläubiger von dem Übernehmer Ersatz des Schadens verlangen, der ihm hiebei infolge des Verlustes früher erlangter Sicherheiten od. dgl. entstanden ist, insoweit der Übernehmer nicht darzutun vermag, dass ihm an dem Dahinfallen der Schuldübernahme und an der Schädigung des Gläubigers keinerlei Verschulden zur Last falle.

V. Übernahme eines Vermögens oder eines Geschäftes

Art. 181

1 Wer ein Vermögen oder ein Geschäft mit Aktiven und Passiven übernimmt, wird den Gläubigern aus den damit verbundenen Schulden ohne weiteres verpflichtet, sobald von dem Übernehmer die Übernahme den Gläubigern mitgeteilt oder in öffentlichen Blättern ausgekündigt worden ist.

2 Der bisherige Schuldner haftet jedoch solidarisch mit dem neuen noch während dreier Jahre, die für fällige Forderungen mit der Mitteilung oder der Auskündigung und bei später fällig werdenden Forderungen mit Eintritt der Fälligkeit zu laufen beginnen.

3 Im übrigen hat diese Schuldübernahme die gleiche Wirkung wie die Übernahme einer einzelnen Schuld.

[4] Die Übernahme des Vermögens oder des Geschäfts von Handelsgesellschaften, Genossenschaften, Vereinen, Stiftungen und Einzelunternehmen, die im Handelsregister eingetragen sind, richtet sich nach den Vorschriften des Fusionsgesetzes vom 3. Oktober 2003.

Allgemeines. Die Übertragung der Vermögenswerte kommt nur dann rechtsgültig zustande, wenn die einzelnen Vermögenswerte in der für sie vorgesehenen Form übertragen werden (keine Universalsukzession). Die Forderungsabtretung muss somit schriftlich erfolgen 115 II 415/418 E. b, 126 III 375/378 E. c fr. Die Passiven hingegen gehen formfrei über 126 III 375/378 E. c fr. (in casu Übernahme der Aktiven und Passiven einer Kommanditgesellschaft durch eine AG). Die Bestimmung will nicht eine durch Sondernormen (in casu [aOR] Art. 683) ausgeschlossene Schuldübernahme als zulässig erklären, sondern nur die Form erleichtern, die eine *an sich erlaubte* Schuldübernahme sonst nach Art. 176 f. erfordern würde 86 II 89/91 f. E. 1. – Die Zurückbehaltung einzelner Aktiven oder die Ausscheidung einzelner Passiven steht einer Anwendung der Bestimmung nicht entgegen 79 II 289/290 f. E.a. – Die in einem Sacheinlagevertrag vereinbarte Übertragung von Grundeigentum an eine AG untersteht auch dann dem absoluten Eintragungsprinzip (ZGB Art. 656 Abs. 2), wenn sie im Rahmen der Übernahme eines Geschäftes mit Aktiven und Passiven erfolgt: Stirbt der Sacheinleger vor der grundbuchlichen Anmeldung, so sind seine Erben in das Grundbuch einzutragen (Universalsukzession); die AG wird erst dann Eigentümerin, wenn sie ihren Anspruch aus dem Sacheinlagevertrag gegenüber den Erben durchgesetzt hat und im Grundbuch eingetragen ist 109 II 99/100 ff. E. 2–4. – Zur Abgrenzung der Übernahme eines Geschäftes mit Aktiven und Passiven von der Fusion zwischen Aktiengesellschaften vgl. 102 Ib 143/146 f. E. 4, 115 II 415/418 E.b. Der Wechsel der Rechtsform einer Gesellschaft kann durch Auflösung und durch Liquidation der bestehenden Gesellschaft und der anschliessenden Gründung einer neuen Gesellschaft erfolgen, der das Vermögen der alten Gesellschaft übertragen wird 125 III 18/20 E. 3a Pra 1999 (Nr. 55) 319 (diese Vorgehensweise ist die komplizierteste, stellt aber rechtlich keine Probleme; in casu Umwandlung einer GmbH in eine AG, obwohl eine solche Umwandlung im Gesellschaftsrecht nicht vorgesehen ist). 1

Abs. 1 **Voraussetzungen.** Die Schuldübernahme im Sinne der Bestimmung hängt von zwei Voraussetzungen ab: Der Übernehmer muss erstens ein Vermögen oder ein Geschäft erwerben und zweitens die Übernahme den Gläubigern mitteilen (wobei die Mitteilung auch durch den bisherigen Schuldner als Vertreter des Übernehmers erfolgen kann 75 II 302/304) 79 II 154/154 Pra 1953 (Nr. 132) 380, 60 II 100/107. – Im Gegensatz zur externen Schuldübernahme, die einen Vertrag zwischen dem Gläubiger und dem Übernehmer voraussetzt, genügt bei der Übernahme eines Vermögens oder Geschäftes mit Aktiven und Passiven eine *einseitige Willenskundgabe* des Übernehmers 49 II 248/250 f. E. 2, 60 II 100/107. 2

Mitteilung an die Gläubiger/Auskündigung in öffentlichen Blättern. Ein Gläubiger darf sich auf die Mitteilungen des Übernehmers bzw. auf die Angabe in der Publikation verlassen. Er braucht den Inhalt der Vereinbarung des Übernehmers mit dem vorangegan- 3 genen Schuldner hinsichtlich Natur und Umfang der übertragenen Aktiven und Passiven nicht zu kennen. Vielmehr geht der Inhalt der Mitteilung bzw. Publikation den parteiinternen Abreden vor 129 III 167/168 f. E. 2.1 Pra 2003 (Nr. 120) 640 f. Jede Ungewissheit, ob die Veröffentlichung eine Einschränkung enthalte, und jede Mehrdeutigkeit geht zulasten des Übernehmers 79 II 289/292 E.c. – Eine Einzelkundgabe ist auch *neben* einer öffentlichen Anzeige möglich (so z.B. die Übernahme von in der öffentlichen Anzeige erkennbar ausgeschlossenen Schulden durch Einzelkundgabe an den betreffenden Gläubiger) 79 II 289/293 ff. E. 5.

4 ***Form.*** Die Mitteilung ist an keine besondere Form gebunden 79 II 289/294 f. E.c. – Die Bestimmung verlangt nicht eine handelsübliche Kundgabe, sondern lässt nach Sinn und Zweck jede Art der Mitteilung an den Gläubiger zu: Sie kann erfolgen durch Auskündigung in öffentlichen Blättern, durch Anschlag, durch Zirkular an alle Gläubiger, durch mündliche oder schriftliche Mitteilung an einen oder mehrere Gläubiger. Die Besonderheit der öffentlichen Auskündigung besteht nur darin, dass sie im Gegensatz zu den übrigen Mitteilungsformen die Vermutung begründet, sie sei allen Gläubigern zur Kenntnis gekommen, sodass der neue Inhaber sie sich unter allen Umständen entgegenhalten lassen muss 75 II 302/303.

5 ***Inhalt.*** Die Anzeige der Geschäftsübernahme muss die Mitteilung enthalten, dass der Übernehmer die Stellung des alten Schuldners an der Spitze des Unternehmens eingenommen habe, d.h., dass er sowohl als Schuldner wie als Gläubiger und Betriebsinhaber an die Stelle des früheren Inhabers getreten ist. Eine besondere Erklärung, wonach auch die Passiven übernommen werden, ist nicht erforderlich (in casu war jedoch die Bezeichnung «remettre» [«übernehmen»] ungenügend, da sie sich auch auf eine Abtretung nur der Aktiven beziehen konnte) 79 II 154/154 f. Pra 1953 (Nr. 132) 380 f. – Der blosse Hinweis auf eine Bilanz (oder ein Schuldenverzeichnis) hebt die Vermutung eines Gesamtüberganges nicht auf; hingegen drängt sich ein Vorbehalt da auf, wo die Forderung eines einzelnen Gläubigers die mitgeteilte Passivsumme übersteigt 79 II 289/292 f. E.c. – Wird eigens gesagt, der Erwerber übernehme die Schulden nur in beschränktem Ausmass, so ist dem Gläubiger zuzumuten, sich zu erkundigen, ob seine Forderung mit eingeschlossen sei oder nicht 79 II 289/292 f. E.c. – Die Beschränkung auf die Übernahme der inventierten Schulden wirkt nur im internen Verhältnis. Dem Gläubiger gegenüber erstreckt sich die Haftung auf sämtliche Verbindlichkeiten, auch auf die dem Übernehmer nicht bekannten; eine Ausnahme besteht nur für diejenigen Schulden, deren Übernahme in der Mitteilung an den Gläubiger oder in der Auskündung ausdrücklich abgelehnt worden ist 60 II 100/104 f.

6 **Weiteres.** Die Ansprüche aus einem gegen den ursprünglichen Geschäftsinhaber eingegangenen *Konkurrenzverbot* werden mit übertragen; vorbehalten bleibt der Fall, dass eine abweichende Abrede getroffen wurde oder eine wesentliche Erschwerung der Stellung des Verpflichteten oder andere besondere Umstände dem Übergang auf den neuen Geschäftsinhaber entgegenstehen 54 II 460/462 f. – *Kaufvertrag* mit einer AG als Verkäuferin, die vor Vertragserfüllung von einer anderen AG übernommen wird: Der Käufer ist zur Annahme der neuen Schuldnerin gehalten, wenn nicht wichtige Gründe dagegen vorliegen 57 II 528/530 f. E. 1. – Die Unterlassung des Gläubigers einer Kollektivgesellschaft, seine Forderung im öffentlichen Inventar über einen verstorbenen Gesellschafter anzu-

melden, lässt seine Rechte gegenüber der in Liquidation getretenen Gesellschaft unberührt, ebenso gegenüber dem Übernehmer des Gesellschaftsvermögens mit Aktiven und Passiven 42 II 696/703 ff. E. 6. – Zur Übernahme von Schulden gemäss AHVG vgl. 112 V 154/154 E. 5 Pra 1987 (Nr. 110) 379, 119 V 389/395 ff. E. 5, 6 (in casu Frage der Haftung von Verwaltungsräten für Beitragsschulden, die im Rahmen der Übertragung von Aktiven und Passiven einer Kollektivgesellschaft auf eine Aktiengesellschaft übergegangen sind).

Abs. 2 **Anwendung.** ***Nicht anwendbar*** auf die Übernahme der Aktiven und Passiven einer Gesellschaft durch eine andere Körperschaft 87 I 301/304 fr. Hingegen ist die Bestimmung *anwendbar,* wenn eine neu gegründete Aktiengesellschaft Aktiven und Passiven einer Kommanditgesellschaft übernimmt 121 III 324/326 f. E. 2 fr. (Haftung des Kommanditärs auf den Betrag der Kommanditsumme solidarisch mit der Aktiengesellschaft; kein Interesse des Gläubigers auf Wiedereintragung der gelöschten Kommanditgesellschaft), vgl. auch 126 III 375/377 ff. E. 2 fr. (in casu folgte aus der Korrespondenz zwischen der übernehmenden AG und der Gläubigerin eine Neuerung der Schuldverpflichtung nach Art. 116 mit dem Ergebnis, dass die Kommanditgesellschaft aus der Schuldpflicht [im beurteilten Fall eine Bürgschaft] entlassen war). 7

Verwirkungsfrist 108 II 107/109 f. E. 3 Pra 1982 (Nr. 148) 375 (der französische und der italienische Text von Art. 592 Abs. 2 verweisen in einem bestimmten Zusammenhang auf die gemäss den Bestimmungen über die Schuldübernahme geltende «Verjährung von zwei Jahren». Dagegen nimmt der deutsche Text nur Bezug auf die Dauer der Frist in Art. 181, ohne irgendeinen Hinweis auf deren Natur. Art. 592 Abs. 2 bietet daher keine entscheidende Auslegungshilfe und ist nicht geeignet, die Natur der zweijährigen Frist im System von Art. 181 zu verdeutlichen). Will der Gläubiger verhindern, dass der bisherige Schuldner mit Fristablauf frei wird, so muss er die zur Wahrung oder Eintreibung seiner Forderung notwendigen Vorkehren treffen; diese können in einer gerichtlichen Klage, in der Erhebung einer Einrede vor Gericht oder vor einem Schiedsgericht, einer Vorladung zum Sühneversuch, in der Einleitung einer Betreibung oder der Eingabe im Konkurs bestehen (in casu Zustellung eines Zahlungsbefehls vor Ablauf der zweijährigen Verwirkungsfrist) 108 II 107/110 f. E. 4 Pra 1982 (Nr. 148) 375 f. – Während der Verwirkungsfrist besteht eine kumulative Schuldübernahme; somit haftet auch der Bürge des ursprünglichen Schuldners weiter. Nach Fristablauf wird der alte Schuldner frei, und für den neuen Schuldner haftet der Bürge nur, wenn er der Schuldübernahme zustimmt (Art. 178) 63 II 14/15 f. E. 4. – Bei auf Kündigung gestellten Forderungen beginnt die Frist mit jenem Tag zu laufen, auf den erstmals hätte gekündigt werden können 63 II 14/16 f. E. 5. – Von der Verwirkung zu unterscheiden ist die Verjährung einer Forderung, die nicht dem schweizerischen Recht untersteht: Diese kann allenfalls vor Ablauf der Verwirkungsfrist eintreten und somit vom alten Schuldner geltend gemacht werden 108 II 107/109 f. E. 3 Pra 1982 (Nr. 148) 375. – Die Bestimmung ist insoweit dispositiver Natur, als der Gläubiger den früheren Schuldner vor dem Ablauf der Zweijahresfrist oder sogar schon vor der Entstehung der Forderung befreien kann (Aufhebung durch Übereinkunft gemäss Art. 115) 117 II 68/70 E. a Pra 1991 (Nr. 228) 958. 8

Abs. 3 *Beschränkte Anwendung von Art. 179 Abs. 3:* Der Übernehmer kann dem ihn belangenden Gläubiger die Ungültigkeit (in casu infolge Täuschung) des Übernahmevertrages entgegenhalten 60 II 100/106 f. 9

VI. …

Art. 182

Diese Bestimmung wurde auf den 1. Juli 2004 aufgehoben (AS 2004 2617).

VII. Erbteilung und Grundstückkauf

Art. 183

Die besondern Bestimmungen betreffend die Schuldübernahme bei Erbteilung und bei Veräusserung verpfändeter Grundstücke bleiben vorbehalten.

1 Die in Art. 183 vorbehaltenen ZGB Art. 832 und 834 modifizieren teilweise die Voraussetzungen der externen Schuldübernahme 121 III 256/258 E. 3a Pra 1996 (Nr. 102) 319.

Zweite Abteilung
Die einzelnen Vertragsverhältnisse

Vorb. Art. 184–551

▪ Verhältnis zwischen Vertragsrecht und Sachenrecht (1) ▪ Rechtliche Qualifizierung eines Rechtsgeschäftes (2) ▪ Entgeltlichkeit (6) ▪ Vertragliche Nebenpflichten (7)

Verhältnis zwischen Vertragsrecht und Sachenrecht. Für die Ermittlung von Inhalt und Umfang einer Dienstbarkeit gibt ZGB Art. 738 eine Stufenordnung vor: Ausgangspunkt ist der Grundbucheintrag (Abs. 1); nur wenn sein Wortlaut unklar ist, darf im Rahmen des Eintrags auf den Erwerbsgrund, den Begründungsakt (Dienstbarkeitsvertrag) zurückgegriffen werden und in dritter Linie auf die Art, wie die Dienstbarkeit während längerer Zeit unangefochten und in gutem Glauben ausgeübt wurde (Abs. 2). Die Auslegung des Dienstbarkeitsvertrags erfolgt in gleicher Weise wie die sonstiger Willenserklärungen; stehen sich nicht mehr die ursprünglichen Vertragsparteien gegenüber, werden die allgemeinen Grundsätze der Vertragsauslegung freilich durch den öffentlichen Glauben des Grundbuchs beschränkt 137 III 145/147 f. E. 3.1, 3.2.1, 132 III 651/655 f. E. 8, 131 III 345/347 E. 1.1, 130 III 554/556 f. E. 3.1. Sind für den Inhalt und den Umfang eines Wegrechts die für jedermann ersichtlichen örtlichen Gegebenheiten massgebend, kann dahingestellt bleiben, wie das Wegrecht gemäss dem Vertrag bestanden haben mag 136 III 155/158 E. 5. – Die genannten Regeln für die Ermittlung von Inhalt und Umfang einer Grunddienstbarkeit gelten auch für Personaldienstbarkeiten (ZGB Art. 781 Abs. 3); bei unklarem Grundbucheintrag eines «Kiesausbeutungsrechts» bestimmen deshalb der privatrechtliche Dienstbarkeitsvertrag und die öffentlich-rechtliche Kiesabbaubewilligung den Inhalt dieser Personaldienstbarkeit 137 III 444/446 E. 2.2, 449 ff. E. 3.3 u. 4. – Die Grunddienstbarkeit (ZGB Art. 730 Abs. 1), wonach der Betrieb einer Bäckerei untersagt ist, enthält mangels besonderer Umstände kein Verkaufsverbot für Backwaren. Zu einer solchen Einschränkung des Warensortiments bedürfte es einer schuldrechtlichen Verpflichtung, wobei mit einem Konkurrenzverbot dieser Art die Schranken von ZGB Art. 27 zu beachten wären 114 II 314/318 E. 4. Ist bloss die Dienstbarkeit, nicht jedoch die im Dienstbarkeitsvertrag vereinbarte Verpflichtung zu einer Leistung im Grundbuch eingetragen, so behält die entsprechende Vereinbarung ihren rein obligatorischen Charakter (Rechtsnachfolger der ursprünglichen Vertragsparteien können nur dann zur Leistung angehalten werden, wenn ihnen die Verpflichtung eigens überbunden wurde; blosse Kenntnis von der Verpflichtung bedeutet grundsätzlich nicht deren Übernahme) 124 III 289/291 f. E. 1. – Bei einem im Grundbuch eingetragenen Dienstbarkeitsvertrag ist durch Auslegung zu ermitteln, ob eine Bestimmung eines Dienstbarkeitsvertrages dinglicher oder obligatorischer Natur ist. Vertragliche Bestimmungen über Inhalt und Umfang der Dienstbarkeit betreffen in der Regel den jeweiligen Eigentümer und den jeweiligen Dienstbarkeitsberechtigten. Eine Bestimmung des Dienstbarkeitsvertrages mit bloss obligatorischer Wirkung ist insofern die Ausnahme. Das Abweichen von der Regel muss deshalb klar zum Ausdruck kommen 128 III 265/267 E.a. – Ohne Verleihung des Nutzungsrechts am Grundstück selber kann ein Nutzungsrecht an Grunddienstbarkeiten nicht verliehen werden, soweit die Dienstbarkeit zu einem Tun berechtigt, währenddem sie dem Belasteten eine Duldungspflicht auferlegt; die Begründung dafür liegt im für Grunddienstbarkeiten typischen Zusammenhang zwischen Berechtigung und Grundstück, der durch die bloss obligatorische Übertragung der Ausübung nicht aufgehoben werden darf 131 III 345/354 1

E. 3.1. – Die Bestimmungen eines Baurechtsvertrages lassen sich scheiden in dingliche, realobligatorische und rein obligatorische 4C.374/1999 (11.2.00) E. 3a. Der Baurechtszins ist weder Akzessorium zum dinglichen Recht noch realobligatorische Verpflichtung (im Sinne von ZGB Art. 730 Abs. 2) daraus, sondern eine rein obligatorische Verpflichtung, deren Erfüllung der ursprünglich Berechtigte aus Vertrag schuldet und die er bei fehlender externer Schuldübernahme auch bei Veräusserung des Baurechts weiterhin zu erfüllen hat 127 III 300/303 E. bb (zur Realobligation siehe Vorb. Art. 1–40f). – Das geltende Recht sieht die Möglichkeit einer Vormerkung rechtsgeschäftlicher Vereinbarungen (insb. betreffend ein Zustimmungserfordernis des Grundeigentümers zur Übertragung des Baurechts) nicht vor (sodass der Grundbuchbeamte in casu weder berechtigt noch verpflichtet war, die Übertragung von der Zustimmung abhängig zu machen) 135 III 103/111 E. 4.5. – Mietvertrag, erneute Vormerkung im Grundbuch (GBV Art. 71 Abs. 2, Art. 72 Abs. 1) möglich, nachdem die Vormerkung von Amtes wegen gelöscht wurde, weil vor Ablauf der ersten Vertragsdauer keine Verlängerung verlangt worden war 135 III 248/250 ff. E. 4 Pra 2009 (Nr. 111) 754 ff. – Die sachenrechtlichen Bestimmungen über die Höchstdauer der Eigentumsbelastung gelten auch für allein obligatorisch vereinbarte Eigentumsbeschränkungen, die auf unbestimmte Zeit abgeschlossen wurden (in casu obligatorische Verpflichtung, die inhaltlich einer Grundlast gleichkommt; Anwendung von ZGB Art. 788) 4C.346/2000 (16.3.01) E. 3a. – «Abtretung von Getreide auf dem Halm»: Umfang der dinglichen und persönlichen Rechte des Gläubigers, der mit dem Schuldner die Übergabe einer künftigen Ernte vereinbart hat 131 III 217/218 ff. E. 3 u. 4 Pra 2006 (Nr. 6) 44 ff. – Der Anspruch des Käufers eines Grundstücks richtet sich gegen den Verkäufer, und zwar selbst dann, wenn dieser vor Abgabe der Grundbuchanmeldung zugunsten des Käufers das Grundstück vertragswidrig an einen Dritten verkauft hat und letzterer im Grundbuch eingetragen ist; die Klage des Erstkäufers gegen den Verkäufer geht in diesem Fall auf die Leistung von Schadenersatz 137 III 293/295 f. E. 2.1 f. – Besteht zwischen dem Eigentümer und dem Besitzer einer beweglichen Sache ein Vertragsverhältnis, so richtet sich eine allfällige Ersatzpflicht nicht nach den sachenrechtlichen Bestimmungen über den Besitz, sondern nach dem Vertragsverhältnis 110 II 474/476 E.b.

2 **Rechtliche Qualifizierung eines Rechtsgeschäftes.** ***Allgemeines.*** Die rechtliche Qualifizierung eines Rechtsgeschäftes ist *dem Parteiwillen entzogen* 99 II 313/313 Pra 1974 (Nr. 55) 174 und erfolgt *von Amtes wegen* 84 II 493/496 E. 2, 4C.276/2006 (25.1.07) E. 2.2, 4A_491/2010 (30.8.11) E. 2.3 Pra 2012 (Nr. 19) 131.

3 Auch wenn die Bezeichnung eines Rechtsgeschäfts durch die Parteien nicht ohne Weiteres massgebend ist, so muss ihr doch dann wesentliche Bedeutung beigemessen werden, wenn die Parteien *geschäftsgewandte* Personen sind, bei denen eine gewisse Vertrautheit mit der Terminologie des Gesetzes vorausgesetzt werden darf (in casu konnte sich ein Baumeister nicht auf den Standpunkt stellen, er hätte mit der Bezeichnung «Vorkaufsrecht» ein Kaufsrecht gemeint) 48 II 227/229 E. 2; vgl. auch 113 II 434/438 E. 2c (Garantieerklärungen geschäftsgewandter Banken werden vermutungsweise als Garantien und nicht als Bürgschaften qualifiziert). Die Vertragsqualifikation erfolgt aufgrund der konkreten Umstände (das notwendige Element der Subordination kann in Tat und Wahrheit fehlen, selbst wenn die Parteien den geschlossenen Vertrag als Arbeitsvertrag betrachten) 4C.39/2005 (8.6.05) E. 2.2 fr.

Das Bundesgericht prüft die Frage der Vertragsqualifikation als Rechtsfrage von Amtes wegen und ist dabei weder an die von den Parteien vorgebrachten Argumente noch an die Erwägungen der Vorinstanz gebunden 4A_491/2010 (30.8.11) E. 2.3 Pra 2012 (Nr. 19) 131, 4A_51/2007 (11.9.07) E. 4.2. So nahm das Bundesgericht eine wirtschaftliche Betrachtung vor und erachtete es als entscheidend, dass die Rollenverteilung im konkreten Fall nicht derjenigen einer Bürgschaft entsprach, sodass es das Formerfordernis verneinte 4A_59/2017 (28.6.17) E. 2.6. 4

Vor- oder Zwischenentscheid. Berufung gegen einen Vor- oder Zwischenentscheid gemäss aOG Art. 50 Abs. 1 der kantonalen Instanz über die Qualifizierung eines Vertragsverhältnisses (in casu war streitig, ob ein Agentur- oder ein Arbeitsvertrag vorlag): Ficht der Berufungskläger und Beklagte nur die Qualifikation durch die Vorinstanz an, ohne aber gleichzeitig die Abweisung der Klage zu verlangen, so ist auf die Berufung nicht einzutreten, da in diesem Fall ein Endentscheid nicht sofort herbeigeführt werden kann 110 II 90/91 f. Pra 1984 (Nr. 104) 265. Gemäss neuem BGG Art. 93 Abs. 1 ist eine Beschwerde in Zivilsachen gegen Vor- und Zwischenentscheide, die weder die Zuständigkeit noch Ausstandsbegehren betreffen, nur zulässig, (a) wenn sie einen nicht wiedergutzumachenden Nachteil bewirken können oder (b) wenn die Gutheissung der Beschwerde unmittelbar einen Endentscheid herbeiführen und damit einen bedeutenden Aufwand an Zeit oder Kosten für ein weitläufiges Beweisverfahren ersparen würde; vgl. zu BGG Art. 93 Abs. 1 lit. b etwa 133 III 629/629 Pra 2008 (Nr. 66) 439 ff., 135 III 329/332 E. 1.2.1 Pra 2009 (Nr. 137) 932 f. 5

Entgeltlichkeit. Auch wenn die zu erbringende Leistung wertmässig geringer ist als die empfangene, besteht ein entgeltliches Verhältnis (in casu Frage der Entgeltlichkeit gemäss LTtR Art. 2 Abs. 2) 4C.194/2000 (27.9.00) E. 3d. Zur Abgrenzung der unentgeltlichen Gefälligkeit vom Vertrag 137 III 539/541 ff. E. 4.1 ff. 6

Vertragliche Nebenpflichten. Die gesetzliche Regelung der einzelnen Vertragsverhältnisse umschreibt vorab die Hauptpflichten der Vertragsparteien. Zu diesen Hauptpflichten treten regelmässig Nebenpflichten hinzu. Diese können ihrerseits im Gesetz selbst geregelt sein (z.B. Art. 188 oder 197 ff.), auf ausdrücklicher oder stillschweigender Vertragsabrede beruhen oder sich unmittelbar aus dem Gebot von Treu und Glauben ergeben (Auslegungsfrage, ob eine Nebenpflicht als stillschweigend mitverstanden zu gelten habe). Auch Unterlassungspflichten können als vertragliche Nebenpflichten aus ZGB Art. 2 folgen. Dabei ist allerdings zu beachten, dass solche Nebenpflichten stets dem Leistungsinhalt zuzurechnen sind und die primäre Leistungspflicht nicht im Sinne einer Änderung des Schuldinhalts erweitern, sondern nur das schuldnerische Handeln im Hinblick auf den Leistungszweck näher umschreiben können 114 II 57/65 f. E. aa, bb, 129 III 604/611 f. E. 4.2.1 Pra 2004 (Nr. 100) 572 f. Zu diesen Nebenpflichten zählen Obhuts- und Schutzpflichten; letztere bestehen im Wesentlichen dann, wenn Leben oder Gesundheit des Vertragspartners gefährdet sein können, nicht aber, wenn es allein um finanzielle Interessen geht (so beim Telefonabonnementsvertrag) 129 III 604/611 f. E. 4.2 Pra 2004 (Nr. 100) 572 f. – Verkehrssicherungspflicht/Haftung einer Bergbahnunternehmung für die Sicherheit auf den Skipisten 121 III 358/360 ff. E. 4; 130 III 193/195 ff. (in casu Sicherungspflicht verneint), vgl. ferner 130 III 571/575 ff. E. 4. Die Bergbahnunternehmung ist nicht verpflichtet, eine «wilde» Piste in eine offizielle, gesicherte Piste umzuwandeln und 7 ins Pistensystem aufzunehmen (unter Umständen aber Warn- und Signalisationspflicht im Bereich der betreffenden Abzweigung) 4C.54/2004 (1.6.04) E. 2.4.2 Pra 2004 (Nr. 145) 825. Bei einer Hinweistafel «Achtung – Nur für gute Skifahrer» muss damit gerechnet werden, dass auch schon der Aufstieg mit dem Skilift schwierig sein könnte, und sind deshalb weitere Hinweise nicht erforderlich 4A_235/2007 (1.10.07) E. 5.5.2 Pra 2008 (Nr. 63) 424 f. – Kauf mit Pflicht des Verkäufers zur Überwachung der Montage (Auslegungsfrage, ob letztere Nebenpflicht oder Hauptpflicht) 4C.314/1992 (21.11.00) E. 6b cc. – Arbeitsvertrag (Art. 319 ff.): Die Nichtgewährung der Ferien stellt die Nichterfüllung einer vertraglichen Nebenpflicht dar 128 III 271/274 E.bb. – Keine Nebenpflicht der Kreditkartenorganisation, den ihr angeschlossenen Geschäften alle abhandengekommenen Kreditkarten zu melden 113 II 174/177. – Ausführungen zu vertraglichen Nebenpflichten bei der Unternehmenspacht 131 III 257/263 ff. E. 3.1.

Innominatverträge/Gemischte Verträge

8 **Allgemeines.** ***Vertragsfreiheit.*** Die Verbindlichkeit eines Vertrages hängt nicht davon ab, ob er sich in Typen zergliedern lässt, für die das Gesetz besondere Bestimmungen enthält. Der Inhalt des Vertrages kann innerhalb der Schranken des Gesetzes beliebig festgestellt werden (Art. 19) 84 II 13/17 f., vgl. auch 109 II 15/19 E. 2. Die Verträge eigener Art unterstehen den allgemeinen Bestimmungen des OR 103 II 102/104 E. 1, ferner 115 V 27/37 E. c fr., 116 V 218/222 E. 2, 122 V 142/145 E. b (in casu Vorsorgevertrag), 128 V 50/52 E. 3a Pra 2003 (Nr. 96) 516 (in casu Vorsorgevertrag).

9 **Anwendbare Regeln.** Bei aus verschiedenen Einzelverträgen zusammengesetzten Vertragskomplexen und bei gemischten Verträgen, die neben z.B. miet- oder pachtrechtlichen auch andere Elemente enthalten, ist nach der Rechtsprechung auf den Regelungsschwerpunkt abzustellen. Demgemäss ist die Anwendung der miet- und pachtrechtlichen Vorschriften über die Vertragsbeendigung ausgeschlossen, wenn die Überlassung des Miet- bzw. Pachtobjekts bloss als untergeordnete Nebenabrede erscheint, die Rechtsbeziehungen der Parteien mithin schwergewichtig durch andere Vertragsbestandteile geprägt werden. In jedem Einzelfall ist daher, ausgehend von der Interessenlage der Parteien, zu prüfen, welche Bedeutung den einzelnen Vertragsbestandteilen im Hinblick auf die Gestaltung der Gesamtrechtslage zukommt (in casu Franchisevertrag) 118 II 157/162 E. a, ausführlich 131 III 528/531 ff. E. 7.1 Pra 2006 (Nr. 43) 322 ff. (in casu Hotel-Managementvertrag). Die Anerkennung gemischter Verträge erlaubt den Vertragspartnern wie

dem Richter, den Umständen angepasste Lösungen zu finden, die der Rechtswirklichkeit besser entsprechen als eine einheitliche Qualifikation 109 II 462/466, 119 II 29/31 it. Die unmittelbare Anwendung vertragstypischer Regeln auf Innominatverträge fällt vorbehältlich einer besonderen Anordnung des Gesetzgebers ausser Betracht. Möglich und geboten ist dagegen eine sinngemässe Anwendung, wenn und soweit eine Regel des gesetzlichen Vertragstypenrechts nach den Grundsätzen der Gesetzesanalogie auch auf eine Rechtsfrage passt, die es für den Innominatvertrag zu beurteilen gilt. Der Richter hat dabei zu prüfen, ob die Abweichung des konkreten Vertrages vom Typenvertrag die Schutzbedürftigkeitslage verändert. Er muss in jedem Einzelfall aufgrund des konkreten Vertrages und für jede sich stellende Rechtsfrage gesondert und ohne schematische Beurteilung wertend ermitteln, nach welchen gesetzlichen Bestimmungen des Vertragstypenrechts oder nach welchen Rechtsgrundsätzen sie zu beurteilen ist 4A_404/2008 (18.12.08) E. 4.1.3 (in casu analoge Anwendbarkeit von Art. 266k auf Leasingverträge bejaht), 4A_398/2018 (25.2.19) E. 3 und 10. – Auch ein Innominatvertrag kann unter zwingendes Recht fallen, das auf gesetzliche Vertragstypen anwendbar ist 4C.54/2002 (10.6.02) E. 3.2.

Zustandekommen des Vertrages. Die Frage, ob überhaupt ein Vertrag zustande gekommen sei oder mangels Bestimmbarkeit der gegenseitigen Verpflichtungen fehle, stellt sich bei jeder Vertragsart. Denn wenn nicht alle geschuldeten und wesentlichen Leistungen der Parteien bestimmbar sind, fehlt es an den zum Abschluss des Vertrages erforderlichen übereinstimmenden gegenseitigen Willensäusserungen über die wesentlichen Punkte (Art. 1 und Art. 2 Abs. 1) 84 II 13/18 E. 1. 10

Vertragsergänzung. Gültig zustande gekommene Verträge, die für eine zwischen den Parteien aufgetretene Frage keine Regelung vorsehen, muss der Richter ergänzen. Beim Fehlen ergänzender Gesetzesbestimmungen kann er das nur, indem er ermittelt, was die Parteien nach den Grundsätzen von Treu und Glauben hätten vereinbaren müssen, wenn sie den nicht geregelten Punkt in Betracht gezogen hätten; dabei hat er sich vom Wesen und Zweck des Vertrages leiten zu lassen und den gesamten Umständen des Falles Rechnung zu tragen. Die gleichen Grundsätze gelten auch für die Ergänzung von Innominat- oder gemischten Verträgen 107 II 144/149 Pra 1981 (Nr. 176) 465, 4C.369/2000 (17.8.01) E. 7a it. 11

Störung in der Vertragsabwicklung. Bei Störungen in der Abwicklung gemischter Verträge sind den Umständen angepasste Lösungen zu finden, wobei jene gesetzliche Ordnung heranzuziehen ist, welche dem infrage stehenden Vertragsteil am ehesten entspricht (in casu Reiseveranstaltungsvertrag/gewerbsmässiges Anbieten von Ferienwohnungen: Haftung nach Mietrecht für die fehlende oder herabgesetzte Benutzbarkeit der zur Verfügung gestellten Objekte) 115 II 474/478 E.c. 12

Weiteres. Offengelassen, ob Art. 394 Abs. 2 Verträge sui generis im Bereich der Verträge über Arbeitsleistungen zulässt; jedenfalls lassen sich gemischte Verträge, bei denen Elemente eines andern gesetzlichen Vertragstyps neben solchen des Auftragsrechts gegeben sind, ohne Weiteres mit dem Wortlaut des Gesetzes vereinbaren (Art. 394 Abs. 2 zwingt demnach nicht dazu, ein komplexes Vertragsverhältnis wie den Architektenvertrag entweder ganz als Auftrag oder ganz als Werkvertrag zu beurteilen) 109 II 462/466; vgl. 13

auch 134 III 361/363 ff. E. 5 it. – Zur Frage der Erstreckbarkeit eines Mietverhältnisses gemäss Art. 267a (aOR; heute Art. 272), wenn dieses Bestandteil eines gemischten Vertrages ist 115 II 452/453 ff. E. 3. – Gemischter Vertrag oder Vertrag mit Nebenabrede? 130 III 19/26 f. E. 4.1 (in casu Arbeitsvertrag mit einer Verpflegungsvereinbarung als Nebenabrede).

14 **Alleinverkaufsvertrag/Alleinvertretungsvertrag/Alleinvertriebsvertrag.** ***Terminologie.*** Alleinverkaufsvertrag 107 II 216/217 E. 3. Alleinvertretungsvertrag 100 II 450/451. Alleinvertriebsrecht 60 II 335/335 Nr. 51. Contratto di rappresentanza esclusiva 4C.121/2004 (8.9.04) E. 3.1 it. (von den Parteien als «Cooperative agreement» bezeichnet).

15 ***Abgrenzungen.*** Zum Agenturvertrag: siehe Vorb. Art. 418a–418v.

16 ***Begriff.*** Der Alleinvertretungsvertrag ist ein Dauerschuldverhältnis 78 II 32/36 E.b. Er besteht aus *zwei Austauschverhältnissen:* Im Verhältnis der Gegenseitigkeit stehen einmal die Überlassung des Verkaufs im Vertragsgebiet, durch die eine Unterlassungspflicht des Lieferanten begründet wird, und die ihr gegenüberstehende Pflicht des Vertreters zur Förderung des Absatzes in dem ihm vorbehaltenen Gebiet (107 II 222/223 E. a); ein zweites Leistungspaar besteht sodann in Recht und Pflicht des Lieferanten zur Warenlieferung einerseits und der Pflicht des Vertreters zur Abnahme der Ware und zur Bezahlung des Warenpreises anderseits (vgl. 78 II 74/81 Pra 1952 [Nr. 61] 166). Auf beide Leistungspaare findet je Art. 82 Anwendung 78 II 32/34 ff. E. a, 107 II 222/223 E. b, vgl. ferner 4C.121/2004 (8.9.04) E. 3.1 it. Der Alleinvertretungsvertrag besteht in erster Linie darin, dass der Geschäftsherr seine Ware durch einen selbständigen Kaufmann (der die Ware auf eigene Rechnung verkauft und sein Geschäft nach eigenem Gutdünken betreibt 88 II 169/170 E. 7 Pra 1962 (Nr. 127) 384, 78 II 32/36 E. b) vertreiben lässt. Dazu kommt, dass die Grösse des Umsatzes – anders als beim Kauf – nicht im Voraus fest bestimmt, sondern vom Einsatz des Alleinvertreters abhängig ist 100 II 450/451. Die Festsetzung einer Mindestabnahmepflicht ist kein begriffsnotwendiges Merkmal des Alleinvertretungsvertrages 88 II 471/473 (hingegen ist es üblich, das Vertretungsgebiet und die Mindestabnahmepflicht des Vertreters festzulegen), vgl. auch 88 II 325/328 E. 2 Pra 1962 (Nr. 150) 452. Der Alleinvertriebsvertrag kann grundsätzlich umschrieben werden durch die Verpflichtung eines Lieferanten, dem Abnehmer bestimmte Waren zu bestimmten Preisen zu liefern und ihm ein (örtlich) begrenztes ausschliessliches Bezugsrecht einzuräumen, wobei sich der Abnehmer zur Bezahlung der vereinbarten Preise und zur Absatzförderung verpflichtet 4A_61/2008 (22.5.08) (nicht publizierte) E. 2. Zum Wesen des Alleinvertriebsvertrages gehört das Alleinvertriebsrecht oder die Verpflichtung, den Absatz des betreffenden Produktes planmässig zu fördern 4C.126/2001 (7.2.03) E. 4.4.1.

17 ***Form.*** Schriftlichkeit ist kein Gültigkeitserfordernis für den Alleinvertretungsvertrag 88 II 471/473.

18 ***Anwendbare Regeln.*** Keine analoge Anwendung von Art. 418g Abs. 2 auf den Alleinvertriebsvertrag 4C.130/2004 (18.6.04) E. 2.3. – *Analoge Anwendung von Art. 418u* (Kundschaftsentschädigung) auf den Alleinvertretungsvertrag in Abänderung der bisherigen Praxis (88 II 169/171 E. 7 Pra 1962 [Nr. 127] 384) bei gegebenen Umständen im Einzelfall (Lieferant profitiert als Folge seiner Marke auch nach der Beendigung des Ver-

trages von der vom Abnehmer geworbenen Kundschaft) bejaht 134 III 497/505 E. 4.3 und 4.4 Pra 2009 (Nr. 19) 112 ff.

Beendigung. Für die Beendigung eines Alleinvertretungsvertrages *durch einseitige Erklärung* gelten die gleichen Vorschriften wie für den Agenturvertrag; in casu Anwendung des zwingenden Art. 418r (der Rücktritt im Sinne von Art. 107 Abs. 2 und 109, der im Gegensatz zur Kündigung aus wichtigen Gründen ex tunc wirkt, fällt beim Alleinvertretungsvertrag als Dauerschuldverhältnis praktisch ausser Betracht) 89 II 30/33 ff. E. 2, 5a. Jede Partei hat die Möglichkeit, den Vertrag aus wichtigen Gründen vorzeitig aufzulösen 4C.121/2004 (8.9.04) E. 3.1 it. (vorausgesetzt ist die Zerstörung des Vertrauensverhältnisses zwischen den Parteien; vgl. auch 4C.67/2006 [12.5.06] E. 2). Ein wichtiger Grund liegt vor, wenn der Vertreter zahlungsunfähig ist oder seine Zahlungsunfähigkeit, zumal bei bisheriger Säumnis, derart offenbar wird, dass dem Partner die Weiterführung des Vertrages nach Treu und Glauben nicht zugemutet werden darf 78 II 32/36 f. E. a, b. Sieht der Vertrag eine frühzeitige Auflösung vor bei Pflichtverletzungen, rechtfertigen solche Gründe keine fristlose Kündigung 4A_435/2007 (26.3.08) E. 3.2 fr. Vereinbarte Klausel bezüglich fristloser Kündigung 4C.206/2005 (28.9.05) E. 2.2 (in casu «Werksvertretervertrag»). – *Nichtigkeit einer vereinbarten Kündigungsklausel* («ewiger» Vertrag): keine analoge Anwendung von Art. 418q oder 546 Abs. 1, sondern Ergänzung des Vertrages nach dem mutmasslichen Parteiwillen (Art. 20 Abs. 2; in casu Vertragsdauer von acht Jahren festgelegt, wobei für die Kündigung auf diesen Termin entsprechend Art. 546 Abs. 1 eine Frist von sechs Monaten einzuhalten ist; eine dieser Bestimmung entsprechende Regelung gälte auch im Fall, dass die Parteien das Vertragsverhältnis nach Ablauf der acht Jahre auf unbestimmte Zeit verlängern, ohne für dessen Beendigung eine Vereinbarung zu treffen [der Rückgriff auf das Gesellschaftsrecht war in casu nicht nur darum gerechtfertigt, weil in der Lehre eine solche Lösung befürwortet wird, sondern vor allem, weil die Zusammenarbeit der Parteien einem Gesellschaftsverhältnis sehr nahe kam]) 107 II 216/217 ff. E. 3, 4. – Zum Arrest im Hinblick auf einen Schadenersatzanspruch nach Auflösung des Alleinvertriebsvertrages vgl. 120 III 159/161 f. E. 4 Pra 1995 (Nr. 182) 583 f. 19

Weiteres. Schadenersatzpflicht gemäss Art. 97 ff. (Anwendungsfall) 107 II 222/223 ff. E. b, 3, II./2. Räumt nicht der Hersteller (oder Lieferant) der Ware, sondern ein Dritter dem Vertreter ein Exklusivrecht ein, so kann dieser davon ausgehen, es handle sich auch um ein Garantieversprechen (Art. 111) für das gleiche Verhalten des Herstellers (oder Lieferanten) 83 II 245/247 fr. – Die Bezeichnung des Alleinvertreters als Verkäufer ist für die Qualifikation des Rechtsverhältnisses nicht massgebend, da sie im Sprachgebrauch des Handels nicht immer in einem juristisch bestimmten und eindeutigen Sinn verwendet wird 88 II 325/328 E. 2 Pra 1962 (Nr. 150) 452. 20

Aktionärsbindungsvertrag. Einseitiger Aktionärsbindungsvertrag 109 II 43/45 E. 2 (Abgrenzung zum Aktionärspool bzw. -syndikat in der Form der einfachen Gesellschaft; Qualifikation des in casu zu beurteilenden Rechtsverhältnisses offengelassen), vgl. auch 88 II 172/174 ff. E. 1, 2 Pra 1962 (Nr. 128) 385 f. Als zentrales Rechtsverhältnis zwischen dem Private-Equity-Investor und den anderen Aktionären ist regelmässig der Aktionärsbindungsvertrag anzusehen; derartige Verträge können schuldrechtlich oder gesellschaftsrechtlich ausgestaltet sein 4C.214/2003 (21.11.03) E. 3.2. Vertrag unter Aktionären (mit einer Konkurrenzverbotsklausel) 4C.5/2003 (11.3.03) E. 2 fr. Das ver- 21 tragsrechtliche Verhältnis zwischen einem Mitglied des Verwaltungsrates und der AG besteht in einem Arbeitsvertrag, Auftrag oder in einem Vertrag sui generis 4C.185/2002 (27.9.02) E. 2.1 fr.

22 **Architektenvertrag.** Es handelt sich je nachdem um einen Werkvertrag, Auftrag oder einen gemischten Vertrag 4A_358/2007 (27.3.08) E. 5 Pra 2009 (Nr. 8) 56 (in casu Ausarbeitung eines Kostenvoranschlags durch einen Architekten als Auftrag qualifiziert, 57 ff. E. 6). Siehe auch unter Art. 363/Werkvertrag/Architektenvertrag.

23 **Aussergerichtlicher Nachlassvertrag.** ***Begriff.*** Der aussergerichtliche Nachlassvertrag ist ein gewöhnlicher Vertrag im Sinne des Obligationenrechts; darin wird kraft übereinstimmender Willenserklärung von Gläubiger und Schuldner das zwischen ihnen bestehende Rechtsverhältnis in dem Sinne modifiziert, dass der Gläubiger dem Schuldner in bestimmter Weise einen Nachlass gewährt. Die Rechtswirkungen dieses Rechtsgeschäftes bleiben ausschliesslich auf die Beteiligten beschränkt. Auch wenn der Schuldner mit seinen sämtlichen Gläubigern zu den gleichen Bedingungen einen Nachlass vereinbart, handelt es sich nicht um einen Kollektivvertrag, sondern um eine Mehrzahl selbständiger Verträge (analoge Anwendung von SchKG Art. 314 offengelassen; in casu Anwendung von Art. 20: Die Bevorzugung eines Gläubigers ist dann sittenwidrig, wenn sie den andern Gläubigern vorenthalten wird und diese durch Täuschung zum Vertragsbeitritt bewogen werden) 50 II 501/503 ff. E. 1, 2. – Der aussergerichtliche Nachlassvertrag ist nichts anderes als eine Reihe privater Abmachungen. Diese können für sich allein nicht zum Widerruf des Konkurses Anlass geben. Vielmehr hat der Schuldner, falls kein behördlich bestätigter Nachlassvertrag im Sinne von SchKG Art. 317 zustande gekommen ist, die Erklärung sämtlicher Gläubiger beizubringen, dass sie ihre Konkurseingaben vorbehaltlos zurückziehen 75 III 65/66 E. 1, vgl. 52 III 95/98 fr.

24 Zum Nachlassvertrag vgl. heute SchKG Art. 305 ff.

25 **Automatenaufstellungsvertrag.** ***Allgemeines.*** In der Lehre werden *zwei Grundformen* unterschieden. Nach der einen verpflichtet sich der Platzinhaber bloss, dem Automateninhaber gegen Entgelt einen Standplatz zu überlassen. Diesfalls liegt eine gewöhnliche Raum- oder Platzmiete vor. Nach der andern gehen die Verpflichtungen des Platzinhabers darüber hinaus; er hat insbesondere selber für den ordnungsgemässen Betrieb des Automaten zu sorgen, während die Gegenpartei bloss dessen ständige Funktionstüchtigkeit zu gewährleisten hat. Jede Partei hat ein eigenes Interesse an der Überlassung des Raumes und des Automaten und schuldet der andern ein Entgelt, weshalb das Vertragsverhältnis auch als Miete gegen Miete bezeichnet wird. Es fällt auf, dass die Gerichte in der Regel von einem Mietgeschäft ausgehen und eine Beurteilung nach Normen einer andern Vertragsart nur ins Auge fassen, wenn die Parteien sich gegenseitig zu Leistungen verpflichtet haben, die über eine Miete hinausgehen 110 II 474/475 E. a (in casu Anwendung der mietrechtlichen Bestimmungen). Enthält der Vertrag über eine Miete hinausgehende Verpflichtungen, so liegt nach 99 IV 201/204 E. b ein gemischter Vertrag vor, der neben mietrechtlichen Merkmalen namentlich solche gesellschaftsrechtlicher Art umfasst. – Ob in concreto eine blosse Platzmiete vorliegt oder nicht, hängt von den Umständen des Einzelfalles ab (in casu blosse Platzmiete) 99 IV 201/204 E. b, vgl. auch 117 II 332/334 E. 5b Pra 1993 (Nr. 70) 270.

Form. Der Vertragsabschluss kann (wie in casu) stillschweigend erfolgen 99 IV 201/203 f. E.a. 26

Anwendung der allgemeinen Bestimmungen des OR. In casu Anwendung von Art. 107 Abs. 1: Die Ansetzung einer Frist von zwei Tagen, um die (nach Meinung des Fristansetzenden unzulässigerweise ausgeschalteten) Automaten wieder einzuschalten, ist angemessen 103 II 102/106 E.b. 27

Kündigung. Verpflichtet sich die eine Partei, zwei Automaten im Spielsalon der andern aufzustellen, die dafür ihrerseits gegen die Hälfte der Einnahmen zwei Standplätze einzuräumen und für den ordnungsgemässen Betrieb zu sorgen hat, so liegen wechselseitige Sachleistungen vor, von denen nur die erste die Anwendung von Art. 267 Abs. 2 Ziff. 3 zu rechtfertigen vermöchte; die Kündigung von Aufstellplätzen für Spielautomaten richtet sich vielmehr nach *Ziff. 2* dieser Vorschrift 110 II 474/476 E.a. – Wird der Vertrag gekündigt, so hat jene Partei, bei der die Automaten aufgestellt sind, diese bis zum Vertragsablauf gehörig zu verwahren (besteht zwischen dem Eigentümer und dem Besitzer einer beweglichen Sache ein Vertragsverhältnis, so richtet sich die Ersatzpflicht nicht nach den sachenrechtlichen Bestimmungen über den Besitz, sondern nach dem Vertragsverhältnis [in casu daher keine Anwendung von ZGB Art. 938]) 110 II 474/476 E.b. 28

Weiteres. Das Recht auf den Erlös aus dem Automaten steht dem Aufsteller zu, sofern nicht die gesellschaftsrechtliche Komponente des Vertragsverhältnisses derart stark in den Vordergrund rückt, dass von einer eigentlichen Umsatzbeteiligung gesprochen werden kann (in casu blosse Platzmiete mit Anrecht auf 50% der Einnahmen aus dem Automaten; keine Veruntreuung gemäss StGB Art. 140 Ziff. 1 Abs. 2 durch den Aufsteller, wenn er den Automaten entfernt, ohne die Kasse zu leeren und der andern Vertragspartei die vereinbarten 50% des Erlöses auszuzahlen) 99 IV 201/205. – Die Klausel, welche die Abtretung des Vertrages an einen Dritten zulässt, fällt nicht unter UWG Art. 8 117 II 332/334 E. 5b Pra 1993 (Nr. 70) 270 f. – Auslegung eines Automatenaufstellungsvertrages im Hinblick auf seine Beendigung 4C.158/2004 (10.8.04) E. 4. 29

Berufliche Vorsorge. Der *Vertrag zwischen dem Arbeitnehmer und der Vorsorgeeinrichtung* 115 V 27/37 E. c fr., vgl. auch 115 V 96/98 ff. E. 3 fr. (in casu BVG Art. 50, 67 und 68; Ausführungen zu den Rechtsbeziehungen zwischen den an einem Vorsorgeverhältnis Beteiligten); 116 V 218/221 E. 2, 128 V 50/52 E. 3a Pra 2003 (Nr. 96) 516, 129 V 145/147 E. 3.1 Pra 2004 (Nr. 18) 82 (in casu Vertragslücke verneint). Im Bereich der freiwilligen, der vor- und überobligatorischen beruflichen Vorsorge (Säule 2b) wird das Rechtsverhältnis zwischen der Vorsorgeeinrichtung und dem Vorsorgenehmer durch einen privatrechtlichen Vorsorgevertrag begründet, der rechtsdogmatisch den Innominatverträgen zuzuordnen ist; der Vorsorgevertrag ist funktional verwandt mit dem Lebensversicherungsvertrag im Sinne des VVG 129 III 305/307 E. 2.2. In rechtlicher Hinsicht untersteht die überobligatorische Vorsorge im Unterschied zur obligatorischen (BVG Art. 2) und der freiwilligen (BVG Art. 4) nicht (bzw. nur punktuell, vgl. BVG Art. 49 Abs. 2) dem BVG, sondern den Regeln des OR 129 III 305/308 E. 2.3; vgl. ferner 131 II 627/627 Pra 2006 (Nr. 116) 798 (steuerrechtlicher Entscheid/Steuerumgehung) und 132 V 278/281 f. E. 4.3 (Auslegung und Lückenfüllung von Reglementen nach den Grundsätzen von Treu und Glauben, wobei auch versicherungstechnische und mathematische Grundsätze von Bedeutung sind). Der *Anschlussvertrag eines Arbeitgebers mit einer Sammel- oder Gemein-* 30 *schaftsstiftung* ist ein Innominatvertrag im engen Sinn und kein gemischter Vertrag (keine Anwendung von Art. 404 Abs. 1) 120 V 299/304 f. E. 4 fr., 129 III 476/478.

31 **Checkvertrag.** ***Allgemeines.*** Die Möglichkeit des Bankkunden, Checks auszustellen, beruht auf einer Vereinbarung zwischen ihm und der bezogenen Bank. Mit dem Checkvertrag verpflichtet sich die bezogene Bank, Checks der Ausstellerin unter gewissen Voraussetzungen zu honorieren. Bei der Entgegennahme des Checks hat sie die Lückenlosigkeit der Indossamentenkette zu prüfen und gegebenenfalls die Auszahlung zu verweigern. Kommt sie dieser Pflicht nicht nach, muss sie für den dadurch entstandenen Schaden einstehen 4C.292/2000 (21.12.00) E. 3a.

32 ***Internes Verhältnis zwischen Einreicherbank und bezogener Bank.*** Dieses Verhältnis untersteht nicht dem Checkrecht. Nach schweizerischem Recht wäre es wohl als Auftrag zu qualifizieren 4C.292/2000 (21.12.00) E. 4b.

33 ***Weiteres.*** Zum Reisecheckvertrag vgl. 130 III 417/428 E. 4.2.1 Pra 2005 (Nr. 30) 231. Zu den aufsichtsrechtlichen Sorgfaltspflichten einer Casinobetreiberin im Umgang mit Checks 136 II 149/160 f. E. 6.2.

34 **EDV-Vertrag.** Der Vertrag über die Lieferung eines aus Hard- und Software bestehenden EDV-Systems kann verschiedenartig ausgestaltet sein, weshalb seine rechtliche Behandlung nach den besonderen Umständen des Einzelfalles zu beurteilen ist (in casu Sachgewährleistung nach den kaufvertraglichen Regeln) 124 III 456/457 ff. E. 4. Qualifizierung als Kaufvertrag mit abweichender Regelung der Mängelrechte (kostenlose Nachbesserung) nicht beanstandet 4A_251/2007 (6.12.07) E. 4.2 it. – Die entgeltliche Überlassung von Standardsoftware und -dokumentationen hat lizenzvertraglichen, kauf- oder miet- bzw. pachtrechtlichen Charakter 124 III 456/459 E.bb. Qualifikation im beurteilten Fall offengelassen 4C.440/1998 (29.2.00) E. 4. – Software-Lizenzvertrag/Auslegung und Tragweite der Aufklärungspflicht der Lizenzgeberin als Verfasserin des Lizenzvertrages über die darin verwendeten EDV-technischen Ausdrücke (in casu «Object Code»; Aufklärungspflicht unter den gegebenen Umständen verneint) 125 III 263/265 ff. E. 4. – Ergänzung einer Auflösungsordnung nach dem hypothetischen Parteiwillen 4C.382/2001 (12.3.02) E. 2.

35 **Franchisevertrag.** Dieser dient dem Vertrieb von Waren und Dienstleistungen über selbständige Händler oder Unternehmer, aber nach einer einheitlichen Vertriebskonzeption. Franchiseverträge treten in derart vielgestaltigen Erscheinungsformen auf, dass weder eine hinreichend scharfe begriffliche Umschreibung dieses Vertragstypus möglich erscheint, noch ein für allemal gesagt werden könnte, welchen Rechtsregeln solche Verträge unterstehen. Franchiseverträge werden meist von mehreren verschiedenartigen Komponenten geprägt und weisen so namentlich Elemente eines Nutzungs- und Gebrauchsüberlassungsvertrages, eines Arbeitsleistungsvertrages und häufig auch solche eines Warenlieferungsvertrages auf; im gemeinsamen Ziel der Maximierung des Umsatzes kann sodann ein gesellschaftsvertraglicher Einschlag erblickt werden, sodass zwischen sog. Partnerschaftsfranchising und Subordinationsfranchising unterschieden werden kann 4A_148/2011 (8.9.11) E. 4.1, 118 II 157/160 f. E. 2c, vgl. auch 134 I 303/308 f. E. 3.1–3.4 (steuerrechtlicher Entscheid). Es besteht keine Regel, wonach vom Subordinationsverhältnis als Normalfall auszugehen wäre; vielmehr ist im Einzelfall aufgrund aller massge-

benden Umstände zu entscheiden, ob ein Unterordnungsverhältnis vorliegt 4A_148/2011 (8.9.11) E. 4.3.2.2. – Die (punktuell, vgl. 134 I 303/309 E. 3.4) anwendbaren Regeln müssen deshalb in jedem Einzelfall aufgrund des konkreten Vertrages ermittelt werden (in casu Franchisevertrag mit bloss untergeordnetem miet- bzw. pachtrechtlichem Element [keine Anwendung der zum Schutz des Mieters und Pächters erlassenen Vorschriften], jedoch mit faktischem Abhängigkeitsverhältnis wie Arbeitnehmer–Arbeitgeber [damit sinngemässe Anwendung arbeitsrechtlicher Schutzvorschriften/Entschädigung des Franchisenehmers wegen missbräuchlicher Kündigung des Vertrages durch den Franchisegeber]) 118 II 157/159 ff. E. 2–4, vgl. auch 4C.228/2000 (11.10.00) E. 3. Subordinationsverhältnis und damit Anwendbarkeit arbeitsvertraglicher Kündigungsschutzvorschriften dagegen verneint in 4A_148/2011 (8.9.11) E. 4.3 und 4.4. – Keine analoge Anwendung von Art. 404 4C.228/2000 (11.10.00) E. 4. – Im beurteilten Fall wurde der Franchisevertrag nicht als Formularvertrag, sondern als individuell ausgehandelter Vertrag qualifiziert 4P. 135/2002 (28.11.02) E. 3, 4A_148/2011 (8.9.11) E. 4.3.1.

Gastaufnahmevertrag. ***Begriff.*** Durch den Gastaufnahmevertrag verpflichtet sich der Restaurateur, dem Gast gegen Entgelt Speisen und Getränke anzubieten und ihn diese an Ort und Stelle konsumieren zu lassen, ohne dass dabei der Gast einen Schaden erleidet 108 II 449/452 E. 3a Pra 1983 (Nr. 56) 144, vgl. auch 71 II 107/114 f. E. 4 Pra 1945 (Nr. 31) 314 (in casu Verantwortlichkeit eines Gastwirts für die Folgen eines in seinem Garten von ihm stillschweigend geduldeten Schiessens). Der Gastaufnahmevertrag ist ein Innominatkontrakt mit Elementen verschiedener Vertragstypen; das bedeutet indessen nicht, dass auf diese Vereinbarung die Regeln der verschiedenen Vertragstypen, insbesondere des Mietvertrages, unbesehen anwendbar wären. Vielmehr gelten in erster Linie die konkreten Absprachen nach Massgabe ihres Wortlauts oder des Ergebnisses ihrer Auslegung nach dem Vertrauensprinzip (in casu berechtigte Erwartung des Gastes auf Unterbringung im Hauptgebäude mangels entsprechenden Vorbehalts des Gastwirtes) 120 II 237/238 ff. E. 4, 120 II 252/253 E. 2a Pra 1995 (Nr. 275) 939 (Elemente des Kaufs, der Miete, des Auftrags und der Hinterlegung). 36

Haftung des Gastwirtes (Restaurateurs) für die Sachen des Gastes. Art. 487 ist auf Gastwirte, die dem Gast keine Unterkunft gewähren, nicht anwendbar 109 II 234/238 E. c, 108 II 449/452 E. 3a Pra 1983 (Nr. 56) 144 f. Der Gastwirt haftet für die Rückgabe von Sachen des Gastes nur aufgrund eines ausdrücklich oder stillschweigend abgeschlossenen Hinterlegungsvertrages. Der Abschluss eines solchen Vertrages wird namentlich dann angenommen, wenn der Wirt die Sachen gegen einen Empfangsschein in Verwahrung nimmt und dem Gast gegen Vorweisung des Belegs für die Hinterlegung wieder aushändigt. Demgegenüber liegt kein Hinterlegungsvertrag vor, wenn der Wirt sich darauf beschränkt, dem Gast beim Ablegen und Anziehen der in einer offenen Garderobe abgelegten Kleidungsstücke behilflich zu sein, wo sie die Gäste selber holen können, indessen eine gewisse Überwachung besteht. Die Pflicht des Restaurateurs zur Aufbewahrung und Rückgabe der Sachen kann sich auch aus anderen Umständen als der Ausstellung eines Empfangsscheins an einer bewachten Garderobe ergeben: so wenn der Restaurateur auf das Begehren eines Gastes eingeht, für ihn gewisse Sachen aufzubewahren, oder wenn er sich selber (ausdrücklich oder durch schlüssiges Verhalten) anerbietet, solche Sachen in seine Obhut zu nehmen und sie dem Gast auf Verlangen zurückzugeben (in casu Haftung 37 des Restaurateurs verneint) 108 II 44)/452 ff. E. 3 Pra 1983 (Nr. 56) 144 ff., 109 II 234/236 ff. E. 2 (in casu Hinterlegungsvertrag bejaht).

38 ***Weiteres.*** Dem Gastaufnahmevertrag nahe verwandt ist das Rechtsverhältnis bei der entgeltlichen Benützung eines öffentlichen Schwimmbades 113 II 424/426 E. 1b Pra 1988 (Nr. 109) 402.

39 **Geschäftsübernahmevertrag.** Dieser ist ein Vertrag sui generis 137 III 208/209 E. 2.1 Pra 2011 (Nr. 106) 757, 129 III 18/21 E. 2.1 Pra 2003 (Nr. 30) 153. Aufgrund der Verschiedenartigkeit der Leistungen kann er nicht als Fahrniskauf qualifiziert werden. Je nach eingeklagter Leistungspflicht ist die sachgerechte Regel zu suchen 129 III 18/21 E. 2.1 Pra 2003 (Nr. 30) 153.

40 **Girovertrag.** Der Girovertrag untersteht den Regeln des einfachen Auftrages; die beauftragte Bank haftet ihrem Kunden nach Art. 398 Abs. 2 für getreue und sorgfältige Ausführung des Zahlungsverkehrs 126 III 20/21 f. E. aa (in casu Widerspruch nach dem Wortlaut des Überweisungsauftrages zwischen dem Namen des Empfängers und der Kontonummer/Pflicht der Bank zur Klärung des Widerspruchs vor Ausführung der Überweisung). Zwischen dem Überweisenden und der Erstbank besteht ein Girovertrag, auf den die Regeln des *Auftragsrechts* Anwendung finden. Der Vergütungsauftrag ist eine an die Erstbank gerichtete Weisung (Art. 397) des Inhalts, mit der kontoführenden Bank des Empfängers ein Anweisungsverhältnis im Sinne von Art. 466 ff. einzugehen (in casu direkter Schadenersatzanspruch des Überweisenden gegen die Empfängerbank; zehnjährige Verjährungsfrist gemäss Art. 127) 121 III 310/312 ff. E. 3 und 5a; vgl. auch 132 III 609/616 E. 5.1 Pra 2007 (Nr. 46) 300 f. Beim Anweisungsverhältnis ist eine Rückabwicklung unter den jeweils an einem Leistungsverhältnis Beteiligten vorzunehmen; ein unmittelbarer Bereicherungsanspruch des Angewiesenen gegen den Leistungsempfänger ist damit grundsätzlich ausgeschlossen 4A_135/2007 (28.8.07) E. 3.3. – Die als einheitliches Rechtsgeschäft aufzufassende mehrgliedrige Überweisung findet ihre Grundlage in selbständigen, auftragsrechtlichen Regeln folgenden Giroverträgen, mit denen sich die Banken verpflichten, für einen Kunden den bargeldlosen Zahlungsverkehr zu besorgen und dabei insbesondere Überweisungen auszuführen und entgegenzunehmen (in casu mehrgliedrige Geldüberweisung: Eine allfällige Sittenwidrigkeit des Valutaverhältnisses schlägt auf das Deckungsverhältnis zwischen Erst- und Empfängerbank nicht durch) 124 III 253/256. – Das *Bankenclearingsystem* SIC steht als Girosystem im Dienste des mehrgliedrigen Überweisungsverkehrs. Es ermöglicht eine zentral gesteuerte und damit schnelle Abwicklung von Kettenüberweisungen, die ihren Grund darin haben, dass der Überweisungsempfänger sein Konto nicht bei der gleichen Kontostelle unterhält wie der Überweisende 121 III 310/312 E. 3.

41 Zum Girovertrag mit Kontokorrentabrede siehe unter Art. 394 Abs. 1/Auftrag.

42 **Kreditkartenvertrag.** Ob sich angesichts der vereinbarten monatlichen Rechnungsstellung und Begleichung im Lastschriftverfahren eine Analogie zu einem Kontokorrentverhältnis ziehen lässt, offengelassen 133 III 356/360 E. 3.3.2. Soweit im Kreditkartenvertrag mit der monatlichen Rechnungsstellung eine Saldoziehung verbunden ist, sind nachträgliche Korrekturen auf ausservertraglicher Basis vorzunehmen. – Schlägt das Kreditkartenunternehmen eine Solidarhaftung zwischen Arbeitgeber und Arbeitnehmer vor

und kommt diese Vereinbarung zustande, so kann sich der vom Kreditkartenunternehmen ins Recht gefasste Arbeitnehmer auf die Nichtigkeit einer solchen Abrede gemäss Art. 327a Abs. 3 berufen 124 III 305/306 ff. E. 1–3 Pra 1998 (Nr. 154) 823 ff. – Kreditkartenannahmevertrag zwischen Kreditkartenorganisation (Kartenherausgeber) und angeschlossener Unternehmung (Kartenannehmer) 112 IV 79/81 E.b. Aus dem Vorbehalt der Kreditkartenorganisation gegenüber den ihr angeschlossenen Unternehmen, jederzeit Karten sperren zu dürfen, darf weder auf eine allgemeine Informationspflicht noch auf eine vertragliche Nebenverpflichtung der Organisation geschlossen werden. Unterlässt die Organisation eine Sperre, so schuldet sie dem Unternehmen bloss die versprochene Leistung, nicht aber Schadenersatz 113 II 174/175 ff. E. 1.

Leasingvertrag. ***Allgemeines.*** Im Rahmen eines Leasingvertrages überlässt eine Partei (Leasinggeberin) der andern (Leasingnehmerin) ein wirtschaftliches Gut (Leasingobjekt) für eine bestimmte Dauer zur freien Verwendung und Nutzung, wobei das volle Erhaltungsrisiko in der Regel vertraglich übertragen wird; das Eigentum verbleibt bei der Leasinggeberin 4A_404/2008 (18.12.08) E. 4.1.1, 4A_398/2018 (25.2.19) E. 3.2. 43

Anwendbarkeit des KKG. Als Konsumkreditverträge gelten namentlich Leasingverträge über bewegliche, dem privaten Gebrauch dienende Sachen, die vorsehen, dass die vereinbarten Leasingraten erhöht werden, falls der Leasingvertrag vorzeitig aufgelöst wird (KKG Art. 1 Abs. 2 lit. a). Zu übergangsrechtlichen Fragen siehe 4A_6/2009 (11.3.09) E. 2.5–2.7. Für den Fall der vorzeitigen Auflösung haben die Verträge eine nach anerkannten Grundsätzen erstellte Tabelle zu enthalten, aus der hervorgeht, was der Leasingnehmer bei einer vorzeitigen Beendigung zusätzlich zu bezahlen hat und welchen Restwert die Leasingsache zu diesem Zeitpunkt hat (KKG Art. 8 Abs. 1 i.V.m. Art. 11 Abs. 2 lit. g; damit hat die Kontroverse um die Anwendbarkeit von OR Art. 266k ihre Bedeutung verloren 4A_404/2008 [18.12.08] E. 5.3). Nach bundesgerichtlicher Auffassung kann das Widerrufsrecht gemäss KKG Art. 16 mit einem simulierten Kaufvertrag (mangels Gültigkeit) nicht umgangen werden 4A_64/2008 (27.5.08) E. 1.3. 44

Dauervertrag. Zur vorzeitigen Auflösung des Konsumgüterleasingvertrages vgl. KKG Art. 17. – Vorzeitige, fristlose Auflösung eines Leasingvertrages durch Übereinkunft ist möglich; solche individuellen Abreden gehen allfällig abweichenden AGB vor 4C.157/2006 (31.8.06) E. 2.3. 45

Finanzierungsleasing. Unter Finanzierungsleasing versteht die Lehre ein Finanzierungsgeschäft, das vor allem auf bewegliche Investitionsgüter zur Anwendung kommt. Das Auto-Leasing muss bald zum Investitions-, bald zum Konsumgüterleasing gezählt werden, je nachdem ob es sich um Nutzfahrzeuge oder um Personenwagen handelt. Hauptmerkmal des Finanzierungsleasings ist das Vorliegen einer Drittbeteiligung: Die Leasinggesellschaft (Leasinggeber) erwirbt auf eigene Kosten gemäss den Anweisungen ihres Kunden (Leasingnehmer) das zu finanzierende Objekt beim Lieferanten (letzterer ist am Leasingvertrag nicht direkt als Vertragspartei beteiligt) 118 II 150/152 f. E. 4 (in casu offen gelassen, ob die Vorschriften über den Abzahlungskauf zur Anwendung gelangen), 119 II 236/238 f. E. 4 Pra 1995 (Nr. 102) 327 f. (in casu Anwendung der altArt. 226h Abs. 2, 226i Abs. 1 und 226k gemäss Art. 226m Abs. 4; Frage nach der Eigentümerschaft der Leasinggesellschaft). Das typische Finanzierungsleasing mit Rückgabepflicht am Ende der Vertragsdauer ist als Gebrauchsüberlassungsvertrag sui generis oder als ge- 46 mischter Vertrag mit miet- und kreditrechtlichen Elementen zu qualifizieren 4A_404/2008 (18.12.08) E. 4.1.2 und 4.1.3; eigene kaufrechtliche Mängelrechte kommen dem Leasingnehmer nicht zu 4A_398/2018 (25.2.19) E. 3.2. – Bei Anwendbarkeit des KKG muss der schriftlich abgeschlossene Leasingvertrag namentlich Angaben zu den Leasingraten und zum effektiven Jahreszins enthalten, wo die MWST in casu zu berücksichtigen gewesen wäre, mit der Folge, dass Vertragsnichtigkeit sui generis vorlag 4C.58/2006 (13.6.06) E. 5.

47 ***Immobilienleasing.*** Bei den normalerweise verwendeten Immobilien-Leasingverträgen erwirbt die Leasinggesellschaft nach den Wünschen und Bedürfnissen des Leasingnehmers eine gewerblich oder industriell nutzbare Immobilie, um diese dem Leasingnehmer anschliessend langfristig gegen einen periodisch zu entrichtenden, einen an den steuerlichen Abschreibungssätzen orientierten Amortisationsanteil enthaltenden und ungeachtet der Gebrauchsfähigkeit des Leasingobjektes zu zahlenden Leasingzins zu Nutzung und Gebrauch zu überlassen, wobei der Leasingnehmer das Leasingobjekt am Ende der ordentlichen Leasingdauer zum Preis der nicht amortisierten Investitionskosten kaufen, auf dieser Basis weiterleasen oder zurückgeben kann 132 III 549/552 E. 1. Der Vertrag kann als Ganzes nicht als Vertrag auf Eigentumsübertragung qualifiziert werden; als formbedürftig im Sinne von Art. 216 Abs. 2 beurteilt wurde in casu nur die Klausel, welche die Option des Leasingnehmers beinhaltete, das Objekt nach Ablauf der Leasingdauer zu einem vorausbestimmten Betrag zu übernehmen 132 III 549/554 E. 2.2.2. In einem anderen Fall mit einem unübertragbaren Kaufsrecht wurde eine Bewilligungspflicht gemäss BBSG Art. 4 verneint 4C.47/2000 (29.5.00) E. 1 ff. – Übertragung eines bestehenden Leasingvertrages auf einen neuen Leasingnehmer (Streit über die damit übernommenen dinglichen und schuldrechtlichen Ansprüche) 4C.259/2001 (18.12.01) E. 2.

48 ***«Lease-and-lease-back»-Geschäft*** als Finanzierungsgeschäft eigener Art 131 I 402/404 ff. E. 4 (steuerrechtlicher Entscheid).

49 **Lizenzvertrag.** Bestimmungen gesetzlicher Vertragstypen, die mit dem Lizenzvertrag eine gewisse Ähnlichkeit aufweisen (nach der älteren Rechtsprechung stand der Lizenzvertrag dem Miet- oder dem Pachtverhältnis am nächsten), sind nur mit Vorsicht heranzuziehen; in casu Auflösung aus wichtigem Grund 92 II 299/299 f. E. 3a Pra 1967 (Nr. 55) 173. In einem anderen Fall wurde die generelle Anwendbarkeit der arbeitsrechtlichen bzw. auftragsrechtlichen Kündigungsregeln, d.h. eine fristlose Kündigungsmöglichkeit aus wichtigen Gründen verneint 133 III 360/365 f. E. 8.2 und 8.3 Pra 2008 (Nr. 6) 47 f. – Durch den Lizenzvertrag verpflichtet sich der Markeninhaber, den Gebrauch der Marke durch den Lizenznehmer zu dulden. Der Lizenzvertrag kann wie jeder andere nicht formbedürftige Vertrag nicht nur durch ausdrückliche Willensäusserung der Parteien, sondern (wie in casu) auch stillschweigend durch schlüssiges Verhalten geschlossen werden 101 II 293/299 E.c. Patentlizenzverträge sind formlos gültig (Art. 11 Abs. 1, PatG Art. 34) 100 IV 167/170 E. 2a. – Im Lizenzverhältnis hat der Lizenzgeber für die technische Ausführbarkeit und Brauchbarkeit seiner Anweisung zum technischen Handeln einzustehen; die Haftung richtet sich nach den allgemeinen Regeln über die Vertragserfüllung (Art. 97 ff.), bei gegebenen Voraussetzungen alternativ dazu nach dem Gewährleistungsrecht der Veräusserungs- oder der Gebrauchsüberlassungsverträge, eventuell nach demjenigen des Werkvertrages 115 II 255/257 f. E.b. – Erweist sich das dem Vertrag zugrunde liegende Schutzrecht als nichtig, so fällt damit grundsätzlich auch der Lizenzvertrag dahin (Präzi-

sierungen) 116 II 191/195 f. E. 3. Zulässigkeit einer Feststellungsklage im Rahmen eines Lizenzvertrages 4C.127/2004 (1.7.04) E. 1.

Know-how-Vertrag. Dieser erscheint – jedenfalls im Bereich gewerblicher Schutz- und ähnlicher Rechte – als Lizenzvertrag (der Lizenzgeber hat für die technische Ausführbarkeit und Brauchbarkeit seiner Anweisung zum technischen Handeln einzustehen) 115 II 255/257 f. E. a, b. 50

Vertrag über die Übertragung der Rechte an einem Patent. (Dieser ist nach herrschender Auffassung ein Fahrniskauf oder ein Vertrag sui generis, auf den die Vorschriften über den Kauf analoge Anwendung finden, soweit seine besondere Natur das zulässt; in casu Auswirkungen der Patentnichtigkeit auf den «Kaufvertrag» [siehe auch unter Art. 192/Patentkauf] 110 II 239/242 E. d Pra 1984 [Nr. 241] 657.) Die Eintragung der Lizenz im Patentregister wirkt im Innenverhältnis bloss deklaratorisch, d.h., das Entstehen der Lizenz ist nicht von der Eintragung abhängig 135 III 648/656 E. 3.2. 51

Vertrag über die Veröffentlichung eigener Bilder. Stehen wirtschaftliche Interessen im Vordergrund, so kann das Recht am eigenen Bild Gegenstand vertraglicher und unwiderruflicher Verpflichtungen sein; eine vereinbarte Rücktrittsentschädigung ist an sich verbindlich 136 III 401/405 f. E. 5.2.2 f. 52

Optionsvertrag. Er verleiht dem Berechtigten die Befugnis, durch einseitige Willenserklärung nicht nur wie beim Vorvertrag den Partner zum Abschluss eines Hauptvertrages zu verpflichten, sondern unmittelbar ein inhaltlich bereits fixiertes Vertragsverhältnis herbeizuführen oder ein bestehendes Verhältnis zu verlängern. Eine Gegenleistung des Berechtigten ist nicht Gültigkeitsvoraussetzung für das Entstehen oder den Bestand eines Optionsvertrages 113 II 31/34 f. E.a. Ein optionsbelasteter Vertrag ist ein aufschiebend bedingtes Rechtsgeschäft 122 III 10/15 E. 4b (Wollensbedingung). – Anwendungsfall 4C.226/2001 (21.11.01) E. 2 ff. Bedeutung der Wendung «Contrat d'option» (in casu Anwendung der Unklarheitsregel) 4C.176/2000 (2.10.00) E. 3c/bb. – Zur Option (Call oder Put) im Sinne eines derivativen Finanzinstruments vgl. 4C.410/2004 (16.3.05) E. 1 und 2. 53

Reiseveranstaltungsvertrag. Vgl. 111 II 270/273 E. 4 und 275 (zu den Anforderungen betreffend Angabe von Mindestpreisen in einem Zeitungsinserat [UWG frühere Art. 20a ff., V über die Bekanntgabe von Preisen Art. 14] 113 IV 36/37 ff. E. 1, 2). Der Reiseveranstaltungsvertrag enthält Elemente des einfachen Auftrages und des Werkvertrages; Haftung für den Eintritt eines Veranstaltungserfolges (in casu gewerbsmässiger Anbieter von Ferienwohnungen: Haftung für fehlende oder herabgesetzte Benützbarkeit der den Kunden zur Verfügung gestellten Objekte nach den mietrechtlichen Regeln) 115 II 474/477 f. E. a–c (zum blossen Reisevermittlungsvertrag siehe unter Art. 394/Auftrag). Vgl. auch das BG über Pauschalreisen (SR 944.3). 54

Schiedsgutachtervertrag/Schiedsvertrag. Der *Schiedsgutachtervertrag* bezweckt nicht, einen Rechtsstreit zu erledigen, sondern tatsächliche Verhältnisse festzustellen (vgl. ZPO Art. 189 Abs. 1), und gehört somit dem materiellen Recht an 67 II 146/148 E. 2, 129 III 535/537 f. E. 2. Vgl. zur Bindungswirkung ZPO Art. 189 Abs. 3. Ein Schiedsgutachten kann nur angefochten werden, wenn der Nachweis erbracht wird, dass es offenbar ungerecht, willkürlich, unsorgfältig, fehlerhaft ist oder in hohem Grade der Billigkeit widerspricht 71 II 294/295, 117 Ia 365/369 f. E. 7 Pra 1992 (Nr. 153) 564 f., 4C.170/2003 55

(16.2.04) E. 5 it. Zulässig ist zudem die Berufung auf Willensmängel 129 III 535/538 E. 2.1. Ausgeschlossen ist die Anfechtung, wenn beim Gericht nur Zweifel an der Richtigkeit des Gutachtens hervorgerufen werden können, nicht aber die Überzeugung, dass ein offenkundiger grober Irrtum vorliegt 67 II 146/148 E. 3. Empfindet eine Partei das Schiedsgutachten als unbillig, muss sie sofort oder doch innert angemessener Frist die rechtlichen Schritte zur Feststellung der ihm anhaftenden Mängel einleiten 67 II 146/149 E. 3, 4 (zu spät, wenn das Schiedsgutachten vom 3. April 1940 datiert und die Klage am 23. Januar 1941 erfolgt). Die Parteien eines Versicherungsvertrages können gültig vereinbaren, dass bestimmte, für die Begründung und Bemessung des Versicherungsanspruches erhebliche Tatsachen (wie namentlich die Schadenshöhe) endgültig durch private Drittpersonen (Schiedspersonen) festgestellt werden sollen 71 II 294/294 f., vgl. auch 26 II 758/765 E. 2 und 25 I 25/32 E. 2.

56 ***Schiedsverträge und Schiedsklauseln*** (vgl. ZPO Art. 357 ff. [Schiedsvereinbarung]). Rechtsprechung vor Inkrafttreten der ZPO: Schiedsverträge und Schiedsklauseln gehören dem kantonalen Prozessrecht an. 85 II 149/150 f., 101 II 168/170 E. 1, 110 Ia 106/108 E. 4a, 111 Ia 72/76 E. c fr. (analoge Anwendung des Privatrechts), und ihre Überprüfung im Rahmen der Berufung an das Bundesgericht war ausgeschlossen 103 II 75/79 f. E. 4, 116 Ia 56/57 E. 3a (in casu Auslegung von Willenserklärungen bezüglich einer Schiedsabrede/analoge Anwendung der Grundsätze von Art. 18/freie Prüfung von Konkordatsrecht durch das Bundesgericht auf staatsrechtliche Beschwerde hin), vgl. ferner 117 Ia 166/168 ff. E. 6 ([a]BV Art. 58 [vgl. BV Art. 30] und EMRK Art. 6 finden auch auf private Schiedsgerichte Anwendung; in casu Verletzung des Anspruchs der Parteien auf ordnungsgemässe Zusammensetzung des Schiedsgerichts). Nach 4C.40/2003 (19.5.03) E. 5.1 überprüft das Bundesgericht die Auslegung einer Schiedsklausel nach dem Vertrauensprinzip im bundesgerichtlichen Berufungsverfahren als Rechtsfrage. Die Auslegung einer Schiedsvereinbarung folgt den für die Auslegung privater Willenserklärungen allgemein geltenden Grundsätzen 130 III 66/71 E. 3.2. (Entsprechendes gilt im Bereich der internationalen Schiedsgerichtsbarkeit für die Auslegung von Schiedsklauseln im Beschwerdeverfahren 4A_452/2007 [29.2.08] E. 2). Die allgemeinen Grundsätze gelten auch für die Ergänzung (138 III 29/39 E. 2.3.3). Es ist grundsätzlich davon auszugehen dass die Parteien eine umfassende Zuständigkeit des Schiedsgerichts wünschen (116 Ia 56/58 E. 3b, 138 III 681/687 E. 4.4, 140 III 134/139 E. 3.2). Bei der Auslegung ist zu beachten, dass der Wahl eines Schiedsgerichts grosse Tragweite zukommt (hohe Kosten, Einschränkung der Rechtsmittel); im Zweifelsfall ist daher eine restriktive Auslegung geboten 4P. 67/2003 (8.7.03) E. 2.3. Eine unpräzise oder fehlerhafte Bezeichnung des Schiedsgerichts führt nicht zur Ungültigkeit der Schiedsklausel, wenn durch Auslegung ermittelt werden kann, welches Schiedsgericht die Parteien gemeint haben 129 III 675/681 (Entscheid zu IPRG Art. 179 Abs. 1), 4P. 226/2004 (9.3.05) E. 4.2 bzw. gemeint hätten (138 III 29/39 E. 2.3.3). Ausdehnung der Schiedsvereinbarung auf einen Dritten im Rahmen der internationalen Schiedsgerichtsbarkeit 129 III 725/734 ff. E. 5.3.1 Pra 2004 (Nr. 178) 1032 ff. (in casu bejaht bei Einmischung eines Dritten in die Erfüllung eines Vertrages mit Schiedsklausel; vgl. auch 4P.48/2005 (20.9.05) E. 3.4.1; 134 III 565/567 E. 3.2. Zur Niederlegung eines Schiedsrichtermandats 140 III 75/78 f. E. 3.2.1 Pra 2014 (Nr. 87) 677.

Zur Unterscheidung zwischen Schiedsspruch und Schiedsgutachten. Ausführlich 117 Ia 365/368 f. E. 6 Pra 1992 (Nr. 153) 563 ff., vgl. ferner 117 III 57/59 E. 4a. 57

Spitalaufnahmevertrag. ***Öffentlich-rechtliches oder privatrechtliches Verhältnis?*** 58 Die Beziehungen zwischen einer unselbständigen öffentlich-rechtlichen Anstalt (in casu Kantonsspital) und ihren Benützern oder deren Angehörigen beruhen auf einem besonderen Rechtsverhältnis. Ob dieses allein öffentlich-rechtlich ausgestaltet ist oder auch Elemente privatrechtlichen Charakters enthält, ergibt sich aus den massgeblichen kantonalen Bestimmungen über den rechtlichen Status und die Organisation der staatlichen Krankenhäuser (gemäss ZGB Art. 6 Abs. 1 und 59 Abs. 1 ist es dem kantonalen Gesetzgeber überlassen, ob er der privatrechtlichen oder der öffentlich-rechtlichen Lösung den Vorzug geben will 101 II 177/185 f. E. 3). In casu war infolge der kantonalrechtlichen Ausgestaltung der Organisation der Krankenanstalt (Kantonsspital) das Rechtsverhältnis zwischen dem Träger der Anstalt und ihren Benützern gänzlich vom kantonalen Recht beherrscht, dies sowohl bei Allgemein- wie auch bei Privatpatienten. (Dieses Verhältnis betraf auch die Beziehungen zwischen Patient und Ärzteschaft: Abgesehen von ambulanten Operationen, welche die Chefärzte an Patienten ausführen, die im Spital nicht hospitalisiert werden, ergab sich aus den massgeblichen kantonalrechtlichen Bestimmungen keinerlei Hinweis dafür, dass bei den Privatpatienten, welche durch Chefärzte ins Spital eingewiesen und hier operiert werden, ein sog. gespaltenes Rechtsverhältnis bestehen soll, d.h. ein vom öffentlichen Recht beherrschtes Benutzungsverhältnis gegenüber der Anstalt als solcher und ein privatrechtliches Auftragsverhältnis gegenüber dem Chefarzt, der die Operation durchführt. Für die rechtliche Qualifikation des Verhältnisses zwischen Privatpatient, Spital und Chefarzt spielte es auch keine massgebliche Rolle, von welchen persönlichen Motiven der Willensentschluss des Patienten, sich gerade von diesem Chefarzt als Privatpatient des betreffenden Kantonsspitals behandeln und operieren zu lassen, getragen war. Der Vertrag war selbst dann öffentlich-rechtlicher Natur, wenn der Patient bereits vor seiner Einweisung ins Spital Privatpatient in der Privatpraxis des betreffenden Chefarztes war und zu diesem in einem privatrechtlichen Auftragsverhältnis stand.) 102 II 45/46 f. E. 2 und 50 f. E. d, vgl. auch 111 II 149/151 ff. E. 2–5 (in casu Staatshaftung für die Tätigkeit eines Oberarztes auch dann, wenn der Patient den Chefarzt als Privatpatient aufgesucht hat), 130 I 337/340 f. E. 5 (unzulässig, auf eine Expertenaussage abzustellen, wenn mit dieser eine Rechtsfrage beantwortet wird). Erleidet der Privatpatient eines Chefarztes infolge einer fehlerhaften Operation Schädigungen, für die ein unter der Leitung des Chefarztes operierendes Spitalteam verantwortlich ist, so finden die Regeln über die Staatshaftung Anwendung (in casu Universitätsspital Zürich/Haftungsgesetz des Kantons Zürich vom 14. September 1969) 112 Ib 334/336 ff. E. 2 [115 Ib 175/178 ff. E. 1–3], vgl. auch 113 Ib 420/422 ff., 122 III 101/103 ff. E. 2 Pra 1996 (Nr. 188) 699 f. (in casu Kanton Genf), 4C.229/2000 (27.11.01) E. 2a fr. (in casu Unterbrechung des adäquaten Kausalzusammenhangs infolge Selbstverschuldens des Patienten verneint). – Selbst wenn im Einzelfall das kantonale öffentliche Recht die Haftung für die Tätigkeit von Spitalärzten regelt, handelt es sich um eine Materie, die im Zusammenhang mit Zivilrecht steht und wo deshalb gemäss BGG Art. 72 Abs. 2 lit. b der Rekurs in Zivilsachen ans Bundesgericht gegeben ist, 133 III 462/466 E. 2.1 Pra 2008 (Nr. 27) 201. – Zur Informationspflicht des Arztes 114 Ia 350/358 E. 6 fr. (in casu Übergangsbestimmungen der [a]BV Art. 2/Persönliche Freiheit [vgl. BV Art. 10 Abs. 2], Überprüfung von Art. 5 und 6 des Genfer Gesetzes über das Verhältnis Arzt–Patient sowie Art. 7A des Genfer Gesetzes über die Behandlung von Geisteskranken und die Aufsicht über psychiatrische Kliniken).

59 Siehe auch unten/Öffentliche Anstalt und ihre Benützer. Vgl. auch Art. 61.

60 **Sukzessivlieferungsvertrag.** ***Allgemeines.*** Der Sukzessivlieferungsvertrag (Sukzessivlieferungskauf) ist, im Unterschied zum gewöhnlichen Kauf, ein Dauervertrag 4C.313/2002 (9.3.04) E. 5.1 fr.

61 ***Anwendung von Art. 82.*** Da der Sukzessivlieferungsvertrag ein vollkommen zweiseitiger Vertrag ist, findet Art. 82 auch auf ihn Anwendung 111 II 463/468. Beim Sukzessivlieferungsvertrag besteht das Austauschverhältnis zwischen allen Raten des Verkäufers einerseits und dem gesamten Kaufpreis anderseits, und es braucht daher der Verkäufer weitere Leistungen nicht zu erbringen, solange der Käufer mit der Zahlung des Preises für frühere Lieferungen im Verzug ist 84 II 145/150, vgl. auch 45 II 317/319 E. 1. Beim Sukzessivlieferungskauf kann die Bezahlung jeder einzelnen Teilleistung verlangt werden 43 II 165/169 fr., 4C.313/2002 (9.3.04) E. 5.1 fr. – Sind die einzelnen Lieferungsraten zahlbar «30 Tage dato Faktura», so liegt darin die Vereinbarung einer Vorleistungspflicht des Verkäufers; die Frist beginnt nur dann zu laufen, wenn der Verkäufer tatsächlich lieferungsbereit ist 52 II 137/140. Weigert sich der Käufer, die Ware abzurufen, so stellt eine Verbaloblation des Verkäufers ein gültiges Erfüllungsangebot nach Art. 82 dar 111 II 463/467 ff. E. 4, 5 (der Verkäufer braucht die Ware namentlich nicht zu hinterlegen).

62 ***Anwendung von Art. 185 Abs. 1.*** Wiederkehrende Leistungen für eine Dauer von über zwei Jahren (in casu Aktien) stellen keinen ausreichenden Grund dar, um von der Regel «periculum est emptoris» in Art. 185 Abs. 1 abzuweichen, zumal im entschiedenen Fall die drei zeitlich gestaffelten Lieferungen nicht im Interesse des Verkäufers, sondern in jenem des Käufers vorgesehen wurden 128 III 371/374 E. 4d Pra 2002 (Nr. 190) 1015.

63 ***Sukzessivlieferungskauf auf Abruf.*** Hat der Käufer die Ware (in casu Baumaterial) bei Bedarf jeweils abzurufen (in casu über einen Zeitraum von zwei Jahren) und unterlässt er den Abruf, so gerät er ohne Weiteres in Annahmeverzug, ohne dass es hiezu Aufforderungen des Verkäufers bedarf (diese wären in casu ohnehin nutzlos gewesen; analoge Anwendung von Art. 108 Ziff. 1). Der Verkäufer kann den entgangenen Gewinn als Schadenersatz gemäss Art. 107 Abs. 2 geltend machen 59 II 305/306 ff. E. 5, vgl. 50 II 256/262 ff. E. 2, 3 (in casu Bierlieferungsvertrag auf fünfzehn Jahre unter Vereinbarung eines bestimmten Bezugspreises; Anwendung der clausula rebus sic stantibus in casu abgelehnt). Sukzessivlieferungskauf auf Abruf des Käufers und mit Vorbehalt der Spezifikation: Weigert sich der Käufer, im Sinne einer vorbereitenden Handlung die zu liefernde Sache zu spezifizieren, weil er den Preis nicht bezahlen will, so finden die Regeln über den Schuldnerverzug Anwendung (Art. 92, 107–109). Das Recht zu wählen und zu spezifizieren geht erst dann vom Käufer auf den Verkäufer über, wenn der Käufer eine ihm vom Verkäufer angesetzte angemessene Frist zur Erfüllung (Art. 107 Abs. 1) mit der Androhung, dass bei Nichterfüllung er (der Verkäufer) die Auswahl vornehmen werde, unbenützt verstreichen lässt (Präzisierung der Rechtsprechung) 110 II 148/150 ff. E. 1 Pra 1984 (Nr. 173) 480 ff.

64 ***Verjährung.*** Für jede Teillieferung läuft eine besondere Verjährungsfrist 17 I 307/313 f. E. 4.

Schuldbetreibung und Konkurs. Der Gläubiger, der seine Pflichten als Verkäufer erfüllt hat (in casu Sukzessivlieferungsvertrag) und in der Folge die gelieferte Ware mit Arrest belegen lässt, um sich für eine nach Bestellung der arrestierten Ware entstandene Schadenersatzforderung gegen den Käufer Deckung zu verschaffen, handelt nicht rechtsmissbräuchlich 110 III 35/37 ff. E. 3 fr. 65

Weiteres. Aufgrund von bereits bei früheren Verträgen eingetretenen Lieferungsrückständen wurde in casu eine stillschweigende Vereinbarung angenommen, wonach eine Lieferung lediglich nach Möglichkeit zu erfolgen habe 79 II 295/303 E. 2. – Hat der Verkäufer bei früheren Verträgen Zahlungsverzögerungen des Käufers geduldet, so lässt sich daraus nicht auf eine entsprechende stillschweigende Vereinbarung beim Abschluss eines weiteren Vertrages schliessen 79 II 295/304 E. 2. – Lieferung elektrischer Energie 76 II 103/107 E. 5, 47 II 440/451 ff. E. 1–4. – Anwendungsfall (in casu übermässige Bindung im Sinne von ZGB Art. 27 Abs. 2 verneint) 4C.195/1999 (24.7.00) E. 2. 66

Zur Anwendung von Art. 209 (Durchführung der Wandelung bei einer Mehrheit von Kaufsachen) auf den Sukzessivlieferungsvertrag siehe unter Art. 209/Sukzessivlieferungsvertrag. 67

Temporär-Arbeitsverhältnis. Dieses umfasst drei Rechtsverhältnisse, nämlich (a) einen Vertrag sui generis zwischen der Organisation für temporäre Arbeit (Verleiher) und dem Kunden (Entleiher), mit welchem der Verleiher dem Entleiher gegen Entgelt die Arbeitsleistung des Arbeitnehmers verspricht, (b) ein Arbeitsverhältnis zwischen dem Arbeitnehmer und dem Verleiher, wobei in der Regel zwischen einem generellen Arbeitsvertrag (Rahmenvertrag) und einem individuellen Arbeitsvertrag (Einsatzvertrag) unterschieden wird, sowie (c) das Rechtsverhältnis zwischen dem Arbeitnehmer und dem Kunden, bei dem es sich nicht um ein eigentliches arbeitsvertragliches Verhältnis handelt, das jedoch gewisse vertragliche oder quasivertragliche Beziehungen umfasst 119 V 357/359 E. 2a. 68

Trödelvertrag. ***Terminologie.*** Trödelvertrag oder Konditionsgeschäft (contractus aestimatorius) 69 II 110/115 E. 2; contrat de soumission oder contrat en consignation 55 II 39/42 E. 2 fr. 69

Abgrenzungen. Zum Kauf auf Probe oder Besicht: siehe Vorb. Art. 223–225. Zum Auftrag: siehe Vorb. Art. 394–406/Abgrenzungen. Zur Kommission: siehe Vorb. Art. 425–439/Abgrenzungen. 70

Begriff des Trödelvertrages. Durch den Abschluss eines Trödelvertrages räumt der Vertrödler dem Trödler das Recht ein, dem Vertrödler gehörende Ware unter Bezahlung des zum Voraus festgesetzten Schätzungspreises entweder auf eigene Rechnung und in eigenem Namen zu veräussern oder selber zu kaufen. Verpflichtet, das eine oder das andere zu tun, ist der Trödler nicht. Bis zur Weiterveräusserung oder zum Selbsteintritt ist er berechtigt, die Ware zurückzugeben, und weil er nicht ihr «Erwerber» ist, bleibt sie auch ohne Eintragung eines Eigentumsvorbehaltes (ZGB Art. 715 Abs. 1) im Eigentum des Vertrödlers (vgl. 70 II 103/106 E. 1); dieser kann sie zurückverlangen 75 IV 11/13 E. 1, vgl. auch 89 II 214/217 E. 1 und 4C.288/2002 (12.2.03) E. 2.2 it. Der Trödler verkauft die Ware auf eigene Rechnung und hat daher auch die daraus entstehenden Vor- und Nachteile selber zu tragen. Der Trödler ist nach den Regeln des Trödelvertrages berechtigt, auch zu einem billigeren Preis zu verkaufen, als er selber dem Übergeber im Falle der 71

Nichtrückgabe bezahlen muss; denn die alternative Verpflichtung des Trödlers geht nur dahin, dass er die Sache entweder zurückzugeben oder zu dem vorausbestimmten Preis zu bezahlen habe. Indessen ist dem Trödler dieses Verfügungsrecht über das Trödelgut als eine fremde Sache nur in den Schranken von ZGB Art. 2 gegeben; zu einer missbräuchlichen Ausübung fehlt ihm die Befugnis 69 II 110/115 f. E. 2, 55 II 39/43 fr.

72 ***Verzug des Vertrödlers/Prozess.*** Liefert der Vertrödler die versprochene Ware nicht, so hat der Trödler, wenn er Schadenersatz geltend macht, den Schaden *konkret* nachzuweisen (Art. 99 Abs. 3 in Verbindung mit Art. 42 Abs. 1) 89 II 214/218 ff. E. 4, 5. – Art. 191 Abs. 2 findet auf den Trödelvertrag allenfalls analoge Anwendung 89 II 214/220 E.c.

73 ***Verzug des Trödlers/Prozess.*** Ohne gegenteilige (ausdrückliche oder sich aus den Umständen ergebende) Abmachung hat der Vertrödler jederzeit das Recht, vom Trödler die Vertragserfüllung zu verlangen (Art. 75 und 102). Gerät der Trödler in Verzug, so hat er Schadenersatz zu leisten, ausser er beweise, dass ihn kein Verschulden treffe. (Der Vertrödler hat hingegen kein Recht, beim Verzug des Trödlers den Vertrag in einen Kauf umzuwandeln; keine Anwendung von Art. 225.) Die Klage des Vertrödlers hat notwendigerweise einen alternativen Inhalt: Sie ist (nach Wahl des Trödlers) auf Bezahlung des Schätzungspreises oder Rückgabe der Sache gerichtet. Ebenso hat das Urteil den entsprechenden alternativen Rechtsspruch zu enthalten. Weder Art. 107 noch Art. 82 finden auf den Trödelvertrag Anwendung, da es sich nicht um einen vollkommen zweiseitigen Vertrag handelt 55 II 39/44 ff. fr. – Art. 215 Abs. 2 findet auf den Trödelvertrag allenfalls analoge Anwendung 89 II 214/220 E.c.

74 ***Anwendungsfälle.*** Inhaberschuldbriefe als Trödelware (in casu eigenmächtige Verpfändung durch den Trödler; der Empfänger [in casu Bank] wird nur bei gutem Glauben pfandberechtigt) 70 II 103/105 ff. E. 1–3, vgl. 69 II 110/116 f. (in casu Verkauf der Trödelware [Kunstgegenstand] zum halben [im Trödelvertrag vereinbarten] Preis; gutgläubiger Erwerb des Dritten [Kunsthändler]).

75 ***Strafrecht.*** Die Trödelware und bis zur Höhe ihres Schätzungspreises der Erlös aus dieser sind dem Trödler anvertraut im Sinne von StGB Art. 138 Ziff. 1 Abs. 2 75 IV 11/13 ff. E. 1, 2. Unterschlagung durch unrechtmässige (in casu im Sinne von ZGB Art. 2 missbräuchliche) Verfügung über die Trödelware 69 II 110/116.

76 ***Weiteres.*** Keine Anwendung der Bestimmungen über die Kommission 55 II 39/43 fr. – Der Vertrödler kann die Sache von jedem, der daran kein Recht hat, herausverlangen (Art. 641 Abs. 2) 55 II 39/47 E. 2 fr. – Bezahlt der Trödler zum Voraus einen Teil des Schätzungspreises, so kann er an der Ware für den Fall der Rückgabe ein Retentionsrecht vereinbaren 55 II 39/49 E. 5 fr.

77 **Vergleich.** ***Begriff.*** Unter einem Vergleich ist die durch gegenseitige Zugeständnisse zustande gekommene vertragliche Beseitigung eines Streites oder einer Ungewissheit über ein bestehendes Rechtsverhältnis zu verstehen (in casu war das aus dem angeblichen Willensmangel entstandene Rechtsverhältnis [Forderung aus ungerechtfertigter Bereicherung] ungewiss und streitig; die beidseitigen Zugeständnisse lagen darin, dass die vorgeschlagene Abrechnung unbekümmert darum, ob sie einen Anspruch des Klägers oder einen solchen des Beklagten ergeben würde, verbindlich sein sollte) 95 II 419/423 f., vgl. auch 111 II 349/352 E. 3 Pra 1986 (Nr. 114) 375, 114 Ib 74/78 f. E. 2 Pra 1988 (Nr. 185) 664, 121 IV 317/323 E. 3a fr. (in casu Frage der Wirkung eines Strafentscheides auf eine

Zivilforderung aus Vergleich), 121 III 397/404 E. c fr. (in casu Art. 274e Abs. 1), 130 III 49/51 E. 1.2, 4C.434/2005 (22.1.07) E. 4.1, 132 III 737/740 E. 1.3, 4A_596/2014 (18.3.15) E. 3.1. Der Vergleich kann sich auf Tatsachen, ihre rechtliche Qualifikation, den Bestand, den Inhalt oder die Tragweite eines Rechtsverhältnisses beziehen; er kann alle infrage stehenden Streitpunkte betreffen (umfassender Vergleich) oder einzelne Streitpunkte offenlassen (Teilvergleich) 4C.23/2005 (24.6.05) E. 3.1 fr. Das Ziel eines Vergleichs, einen Streit oder eine Ungewissheit über ein Rechtsverhältnis zu beenden, lässt sich jedoch regelmässig nur erreichen, wenn sämtliche mit dem Streit oder der Ungewissheit zusammenhängende Fragen geregelt werden; deshalb darf in der Regel davon ausgegangen werden, dass sie von den Parteien mangels eines ausdrücklichen Vorbehalts nicht vom Vergleich ausgenommen werden sollen 4A_596/2014 (18.3.15) E. 3.1.

Möglicher Gegenstand. Der Streitgegenstand ist der Verfügung der Parteien nicht 78 nur in solchen Streitigkeiten entzogen, die (wie z.B. die Ehescheidung) das öffentliche Interesse berühren. Es ist dies vielmehr auch der Fall, wo aufgrund des materiellen Rechts die durch das Urteil geschaffene Rechtslage gegenüber Dritten wirkt, die am Verfahren nicht beteiligt sind: Ein Beschluss der AG kann nur durch Urteil, nicht aber durch gerichtlichen oder aussergerichtlichen Vergleich aufgehoben werden) 80 I 385/389 f. E. 4 Pra 1955 (Nr. 40) 129 f. – Ein Vergleich ist unzulässig, wenn er den Zweck von zwingenden Bestimmungen vereitelt, die zum Schutz bestimmter Personenkreise erlassen wurden (in casu Arbeitsvertrag, Art. 336e Abs. 1 lit. b und Art. 341 Abs. 1: Zwar schliesst Art. 341 Abs. 1 nach der Rechtsprechung nur einen einseitigen Verzicht des Arbeitnehmers aus und verhindert nicht, dass Arbeitgeber und Arbeitnehmer im Rahmen eines Vergleichs gegenseitig Verzichte erklären 110 II 168/170 f. E. 3a, b. Gemäss der neueren Rechtsprechung ist dabei zu beurteilen, ob die beidseitigen Ansprüche, auf die verzichtet wird, in etwa von gleichem Wert sind 4C.390/2005 [2.5.06] E. 3.1). – Ein Vergleich verstösst gegen die guten Sitten, wenn er – gegen Bezahlung einer Geldsumme – den Rückzug einer gegen ein Bauprojekt erhobenen Einsprache beinhaltet, welche wegen der Regelkonformität des Bauprojekts als unbegründet erscheint 4A_37/2008 (12.6.08) E. 3.3 fr.

Weiteres. Der Abtretungsgläubiger nach SchKG Art. 260 ist berechtigt, über die ab- 79 getretenen Ansprüche mit der Gegenpartei gerichtliche bzw. aussergerichtliche Vergleiche abzuschliessen; deren Gültigkeit hängt nicht von der Genehmigung durch die Konkursverwaltung ab 102 III 29/30 ff. Pra 1976 (Nr. 167) 404 ff. – *Scheidungskonvention:* Der Abschluss einer Scheidungskonvention hindert die Parteien nicht, dem Richter deren Nichtgenehmigung zu beantragen 115 II 206/208 f. E. 4. – Als einseitige Willenserklärung unterscheidet sich die *Saldoquittung* vom Vergleich; eine Saldoquittung kann jedoch Bestandteil eines Vergleiches sein 127 III 444/445 E. 1a Pra 2002 (Nr. 22) 110, 4C.23/2005 (24.6.05) E. 3.1 fr. – Mögliche Rechtsmittel 139 III 133/134 E. 1.3; vgl. auch ZPO Art. 328 Abs. 1 lit. c.

Aussergerichtlicher Vergleich. ***Allgemeines.*** Mit dem Vergleichsvertrag legen die be- 80 teiligten Parteien einen Streit oder eine Ungewissheit über ein Rechtsverhältnis mit gegenseitigen Zugeständnissen bei 4A_298/2014 (4.12.14) E. 3.4. Wie jeder andere Vertrag untersteht der aussergerichtliche Vergleich den allgemeinen Regeln, insbesondere Art. 20 ff. 4C.254/2004 (3.11.04) E. 3.3.1 fr. (in casu Art. 21/Übervorteilung verneint), 132 III 731/737 E. 1.3, 4A_303/2007 (29.11.07) E. 3.4.2. Zustandekommen via den Bankenombudsman als Erklärungs- bzw. Empfangsboten 4C.434/2005 (22.1.07) E. 5. Die Bestimmung des Vertragsinhalts erfolgt nach den allgemeinen Auslegungsregeln 4C.186/2002 (22.10.02) E. 2.2 fr.

81 ***Form.*** Der aussergerichtliche Vergleich ist an sich formlos gültig. Es verhält sich grundsätzlich selbst dann nicht anders, wenn das ungewisse oder streitige Rechtsverhältnis, das Anlass zum Vergleich gab, einer besonderen Form bedurfte oder aus dem Abschluss eines formbedürftigen Rechtsgeschäftes entstanden war. So bedarf z.B. der Vergleich, der einen Streit über die Wirkungen oder über die Anfechtung eines Grundstückkaufes beilegt, nicht wegen seines Zusammenhanges mit diesem Vertrag schlechthin der öffentlichen Beurkundung. Eine besondere Form muss nur eingehalten werden, wenn die im Vergleich getroffenen Abreden (oder einzelne von ihnen) die Merkmale eines formbedürftigen Vertrages aufweisen. Öffentlich zu beurkunden ist z.B. ein Vergleich, in dem eine Partei der andern verspricht, ein Grundstück zu verkaufen oder aus einem andern Rechtsgrund Grundeigentum zu übertragen (Art. 216 Abs. 1, ZGB Art. 657), nicht aber ein Vergleich, durch den eine Partei im Hinblick auf bestimmte an sich formlos gültige Versprechen der Gegenpartei auf die Anfechtung eines bereits gültig beurkundeten Grundstückkaufes verzichtet 95 II 419/424 E.c.

82 ***Anfechtung wegen Willensmangels.*** Nach der Natur des Vergleichs ist die nachträgliche Anfechtung wegen Irrtums über zur Zeit des Abschlusses bestrittene und ungewisse Punkte bei späterer Aufklärung darüber ausgeschlossen, da sonst gerade jene Fragen wieder aufgerollt würden, derentwegen sich die Beteiligten verglichen haben (sog. caput controversum 130 III 49/52 E. 1.2, 4A_279/2007 [15.10.07] E. 4 fr.). Als Sachverhalt, dessen irrtümliche Würdigung die Unverbindlichkeit des getroffenen Abkommens zu begründen vermag, kommen vielmehr nur Umstände in Betracht, die von beiden Teilen oder doch von der einen (der irrenden) Partei mit Wissen der Gegenpartei dem Vergleich als feststehend zugrunde gelegt wurden 54 II 188/190 f. E. 2, vgl. auch 111 II 349/350 E. 1 Pra 1986 (Nr. 114) 373 f., 130 III 49/51 f. E. 1.2. – *Beispiele:* Vergleich über die Verantwortlichkeit für einen Verkehrsunfall (in casu Grundlagenirrtum bejaht) 96 II 25/26 f. E. 1, 2. Vergleich über die Alimentenzahlung durch den (angeblichen) Vater an ein aussereheliches Kind 49 II 4/7 f. E. 2 fr. (in casu Grundlagenirrtum verneint, wenn sich nachträglich herausstellt, dass das Kind von einem andern Mann stammt, und der angebliche Vater aufgrund des Verhaltens der Mutter mit dieser Möglichkeit bereits bei Vergleichsabschluss rechnen musste). Vergleich im Rahmen einer Erbteilung (Möglichkeit einer Irrtumsanfechtung in casu verneint). 48 II 107/108 E. 3, 130 III 49/51 ff. (Vergleich mit einer Versicherung über die Ausrichtung einer Entschädigung; Frage der Teilanfechtung). 4A_279/2007 (15.10.07) E. 4 fr. (Vergleich mit Versicherung betr. die finanziellen Folgen einer Teilinvalidität; in casu Vorliegen eines Irrtums verneint); vgl. auch 82 II 371/375 f. E. 2. Zur Übervorteilung im Rahmen eines aussergerichtlichen Vergleichs: ausführlich 4C.254/2004 (3.11.04) E. 3.3 fr. – Anwendung von Art. 29 f. 111 II 349/350 ff. E. 1, 2 Pra 1986 (Nr. 114) 373 ff. (gegründete Furcht in casu verneint).

83 ***Verjährung.*** Der Anspruch aus einem aussergerichtlichen Vergleich verjährt in zehn Jahren (Art. 127) 100 II 144/145 E. 2 Pra 1974 (Nr. 257) 733.

84 ***Weiteres.*** Anwendbar sind die allgemeinen vertragsrechtlichen Auslegungsregeln (Art. 18) 4A_298/2014 (4.12.14) E. 3.4, 4C.23/2005 (24.6.05) E. 3.1 fr. – Auf die unrichtige Bezeichnung, welche die Parteien einer Abmachung geben, kommt es nicht an

(Art. 18; in casu Schenkung als Vergleich bezeichnet) 41 II 610/618 E. 3, 36 I 766/769 f. E. 3 (in casu Verzicht als Vergleich bezeichnet). Wird im Rahmen einer Meinungsverschiedenheit über Bestehen und Höhe einer Schuld – zwar im Hinblick auf einen gewünschten Vergleich, aber ohne es von der Bedingung abhängig zu machen, dass ein solcher zustande kommt – eine Teilzahlung geleistet und eine Restzahlung in bestimmter Höhe versprochen, so kann diese Willenserklärung nach dem Vertrauensschutz nicht anders als eine Schuldanerkennung verstanden werden. 4A_174/2008 (10.7.08) E. 6, insb. 6.3.2 Pra 2009 (Nr. 7) 50 f. – Wenn im Vergleich Fragen, die in engem Zusammenhang mit den vergleichsweise beigelegten Meinungsverschiedenheiten stehen und deren Beantwortung sich zur Beilegung des Streits aufdrängt, nicht ausdrücklich geregelt sind, darf in der Regel davon ausgegangen werden, dass sie von den Parteien mangels eines ausdrücklichen Vorbehalts nicht vom Vergleich ausgenommen werden sollten 4A_298/2014 (4.12.14) E. 3.4. Der aussergerichtliche Vergleich zwischen der Konkursmasse und dem Gläubiger hat nicht die Wirkung eines rechtskräftigen Urteils. Weigert sich das Betreibungsamt, den Kollokationsplan abzuändern, weil es der Meinung ist, der Vergleich sei mit einem Willensmangel behaftet, so kann seine entsprechende Verfügung mit Beschwerde an die Aufsichtsbehörde angefochten werden 113 III 90/91 f. E. 1–3 fr. Nach der Rechtsprechung verbietet Art. 341 Abs. 1 den einseitigen Verzicht des Arbeitnehmers, steht jedoch der Gültigkeit einer Vereinbarung nicht entgegen, die beidseitige Zugeständnisse enthält, sofern es sich um einen echten Vergleich handelt (Letzteres in casu verneint) 118 II 58/61 E. b Pra 1993 (Nr. 142) 552, Pra 2001 (Nr. 31) 199 E. 3b; vgl. auch 4C.390/2005 (2.5.06) E. 3.1. – Die in einem aussergerichtlichen Vergleich enthaltene Gerichtsstandsvereinbarung lässt eine in einem früheren Vertrag vereinbarte Schiedsklausel dahinfallen, wenn im Vergleich kein gegenteiliger Wille der Parteien zum Ausdruck kommt 121 III 495/496 ff. E. 5 fr. – Konkurrenzverbot als vereinbarte Nebenpflicht eines Vergleichs 124 III 495/500 E. b (kartellrechtlicher Entscheid). – Anfechtung eines Vergleichs in Anwendung von SVG Art. 87 Abs. 2 4C.219/2001 (31.10.01) E. 1 ff.

Gerichtlicher Vergleich. Der gerichtliche Vergleich ist nicht nur ein Institut des Prozessrechts, sondern auch ein Vertrag des Privatrechts und als solcher wegen Übervorteilung (114 Ib 74/78 E. 2 Pra 1988 [Nr. 185] 664) oder Willensmangels gemäss Art. 23 ff. (Vorliegen eines solchen im 4C.187/2006 [6.9.06] zugrunde liegenden Fall verneint, E. 1.4) anfechtbar 110 II 44/46 ff. E. 4; vgl. auch 114 II 189/191, 124 II 8/12 E.b. Der gerichtliche Vergleich kann als privatrechtlicher Vertrag nach den zivilrechtlichen Regeln nichtig erklärt oder angefochten werden; jeder Vertragspartner hat deshalb das Recht, auf Feststellung der Unverbindlichkeit zu klagen 114 Ib 74/78 E. 1 Pra 1988 (Nr. 185) 664 (ein gerichtlicher Vergleich und die Abschreibungsverfügung, die sich darauf beschränkt, vom Vergleich Vormerkung zu nehmen, können nicht mit einer Revision i.S.v. früherem aOG Art. 136 ff. infrage gestellt werden; vgl. ZPO Art. 328 Abs. 1 lit. c). Der gerichtliche Vergleich unterscheidet sich vom aussergerichtlichen nur hinsichtlich der Vollstreckbarkeit (ein gerichtlich genehmigter Vergleich über Mietzinsforderungen ist ein definitiver Rechtsöffnungstitel, sofern der Fortbestand des Mietverhältnisses und die uneingeschränkte Überlassung des Mietobjektes weder strittig noch zweifelhaft sind 5P.304/2005 u. 5P.305/2005 E. 3 Pra 2006 [Nr. 82] 590 f.) sowie allenfalls in Bezug auf die Anfechtung wegen Willensmängeln 101 II 17/20. Der gerichtliche Vergleich hat auch dann vertragli- 85 chen Charakter, wenn die Parteien die Vergleichsverhandlungen nicht allein geführt haben, sondern wenn ein beauftragter Richter oder eine Delegation des Gerichts sich eingeschaltet und Vergleichsvorschläge unterbreitet hat 114 Ib 74/78 E. 1 Pra 1988 (Nr. 185) 664. Bloss dort, wo das Vereinbarte vor dem Recht offensichtlich nicht standhält (wie etwa bei Übervorteilung einer Partei), hat das Gericht die Erledigungserklärung zu versagen; hingegen hat der Richter zumindest zu prüfen, ob der Vergleich klar und vollständig ist 124 II 8/12 E.b. – Eine nicht anwaltlich vertretene Partei ist nur dann fähig, vor Gericht Vergleichsverhandlungen zu führen und gültig Vergleiche abzuschliessen, wenn ihre Postulationsfähigkeit gegeben ist, andernfalls nicht 132 I 1/6 E. 3.3. Im Entscheid 4A_172/2007 (13.8.07) E. 2 hielt es das Bundesgericht nicht für willkürlich, einen gültigen Vergleich anzunehmen, wenn einem nicht anwaltlich vertretenen Arbeitnehmer der gerichtlich geschlossene Vergleich übersetzt worden war, auch wenn dies im Protokoll nicht wörtlich vermerkt war. – Offengelassen, ob das Bundesrecht oder das jeweilige kantonale Verfahrensrecht über die materielle Rechtskraft von Urteilssurrogaten (Klagerückzug, Klageanerkennung, gerichtlicher Vergleich) bestimmt 4C.262/2001 (5.11.01) E. 1c und d (vgl. ZPO Art. 241 Abs. 2). – Die *Ehescheidungskonvention* wird mit der richterlichen Genehmigung vollwertiger Bestandteil des Urteils. Eine Anfechtung ist nach der Genehmigung nur noch mit den Mitteln des Prozessrechts möglich (in der Regel durch Revision) 119 II 297/300 E. 3 (Wiederaufnahme einer früheren Rechtsprechung, vorübergehend anders: 117 II 218/221 ff.; vgl. neu ZPO Art. 328 Abs. 1 lit. c), vgl. ferner vorne unter Vergleich/Weiteres.

86 **Vertragsübernahme.** Der Übertragungsvertrag zielt darauf ab, eine Partei während laufendem Vertragsverhältnis durch eine andere Partei zu ersetzen. Erforderlich sind zwei Vereinbarungen: eine Vereinbarung zwischen der eintretenden und der zu ersetzenden Partei und eine zweite Vereinbarung zwischen der eintretenden und der verbleibenden Partei. Unterscheidung zwischen beschränkter und rückwirkender Übertragung 4A_313/2014 (9.9.14) E. 3.

87 **Werbevertrag.** Wegen des weit gefächerten Tätigkeitsgebiets einer Werbeagentur, das sich von der Gestaltung eines einzelnen Werbegeschenks bis zum Werbe-Gesamtkonzept für ein ganzes Unternehmen erstrecken kann, lässt sich keine allgemeine Aussage über die rechtliche Einordnung des Werbevertrages machen. Infrage kommen namentlich Auftrag, Werkvertrag, Agenturvertrag oder ein Innominatkontrakt. Massgebend für die Qualifikation ist die individuelle Vertragsgestaltung. Dritte, die ihrerseits mit einer Werbeagentur Geschäfte im Zusammenhang mit der Erfüllung einer bestimmten Werbeaufgabe abschliessen, haben daher einzig aufgrund des Umstandes, dass sich ihr Vertragspartner als Werbeagentur bezeichnet, keinen Anlass zur Vermutung, dass sie nicht mit diesem, sondern mit dem Produzenten oder Anbieter kontrahieren, für den geworben werden soll 4C.181/2002 (10.10.02) E. 1.3. Zur Nutzung von im Anstaltsgebrauch stehenden Fahrzeugen (in casu öffentliche Verkehrsmittel) durch Private zu Werbezwecken vgl. 127 I 84/86 ff. E. 4.

88 **Weitere Beispiele.** ***Verträge betr. Ausbildung.*** *Unterrichtsvertrag* 111 II 97/101 E. b (in casu privatrechtliche Stiftung als Trägerin der Ausbildungsstätte); verneint und stattdessen *Lehrvertrag* angenommen (vorwiegend praktische Arbeit im Betrieb des Ausbild-

ners verrichtet und deshalb Lohnanspruch) 132 III 753/756 E. 2.2. – *Ausbildungsvertrag* dem Auftragsrecht unterstellt 4A_139/2007 (13.8.07) E. 2.4.

Weitere Verträge aus der Bank- und Finanzpraxis. Der *Krediteröffnungsvertrag* (oder Kreditvertrag) wird mehrheitlich als Darlehen mit einem auftragsrechtlichen Dauerelement betrachtet 4C.344/2000 (14.5.01) E. 3b, ferner 4C.345/2002 (3.3.03) E. 3.1 fr. – Zum *Rahmenkreditvertrag* vgl. 136 III 627/629 E. 2. – *Vertrag über Beratung, Vermittlung und Verwaltung bei Erwerb und Veräusserung von börsenmässig gehandelten Terminoptionen:* In casu zur Hauptsache als Vermögensverwaltung qualifiziert (Anwendung der auftragsrechtlichen Regeln betreffend Sorgfalts- und Treuepflicht, Art. 398 Abs. 2) 124 III 155/159 ff. E. 2. Bei Anleihensobligationen (Art. 1156 ff.) das Verhältnis zwischen dem Anleihensvertreter und den Obligationären (offen gelassen, ob nicht ein einfacher Auftrag vorliegt) 129 III 71/77 f. E. 3.4 Pra 2003 (Nr. 70) 372 (analoge Anwendung von Art. 398). *Beratungsvertrag* betreffend eine Analyse des Bezugs von Finanz- und Wirtschaftsdaten inkl. Kostenoptimierung als Werkvertrag qualifiziert, da damit eine nach objektiven Kriterien überprüfbare Leistung geschuldet war 4A_51/2007 (11.9.07) E. 4.3 f. (bei Nichtüberprüfbarkeit des Ergebnisses dagegen läge ein Auftrag vor).– Das *Factoringgeschäft* besteht im Kern in einer Zession 4C.60/2000 (11.1.01) E. 6b. – *Rückversicherungsvertrag* 140 III 115/124 f. E. 6.3, 107 II 196/199 fr. – Die *Solidarbürgschaft gemäss SchKG Art. 277* ist ein Rechtsgeschäft sui generis, das dem Garantievertrag nahe steht 106 III 130/134 E. 2 fr. – Die *definitive Zuteilung von Titeln durch die Emissionsbank* an den Zeichner verleiht diesem eine Forderung aus einem kaufähnlichen Innominatvertrag 120 IV 276/279 E. 4 fr. (in casu strafrechtlicher Entscheid: Angestellte der zeichnenden Bank, die sich die zugeteilten Aktien intern vertragswidrig selber zuteilen, begehen eine Veruntreuung). – Rechtsnatur des *Kotierungsreglements* offengelassen 136 III 23/40 f. E. 2.2.1. 89

Vertrag betr. Benützung eines öffentlichen Schwimmbades gegen Eintrittsgebühr. Innominatkontrakt 113 II 424/426 E. 1b Pra 1988 (Nr. 109) 402 (nahe verwandt dem Gastaufnahmevertrag; in casu Frage nach der Überwachungspflicht des Bademeisters). 90

Gerichtsstandsvereinbarung. Zur Qualifikation vgl. 121 III 495/499 E. c fr. 91

Verträge betr. Künstler und Auktion. *Managements-Vertrag* (in casu verpflichtete sich die eine Partei insbesondere, öffentliche Darbietungen der andern Partei vorzubereiten und zu fördern, für sie zu werben, Beziehungen herzustellen und Verträge abzuschliessen, während die andere Partei vor allem versprach, die mit Dritten abzuschliessenden Verträge über Auftritte jeder Art zu erfüllen; in casu Anwendung von Art. 394 Abs. 2, der damals noch als zwingendes Recht bezeichnet wurde; vgl. dazu aber 110 II 380/382 E. 2) 104 II 108/110 ff. E. 1, 4. – Der *Vertrag zwischen einem Theater und einem wandernden Theaterensemble über die Aufführung eines Stückes* (kein Kaufvertrag; offengelassen, ob Werkvertrag) 54 II 333/335 E. 1 fr. – Der *Vertrag, mit dem ein Künstler oder ein Orchester engagiert wird,* ist ein Arbeitsvertrag oder ein Werkvertrag, allenfalls ein Innominatvertrag (in casu Arbeitsvertrag) 112 II 41/46 f. E. aa, bb fr. – Beim *Auktionsvertrag* handelt es sich um ein auftragsähnliches Verhältnis 112 II 337/340 E. 2 (in casu Zuschlag an den Einlieferer). 92

Verträge betr. Liegenschaften. *Hausabwartsvertrag* (gemischter Vertrag mit Elementen der Miete und des Einzelarbeitsvertrages) 131 III 566/569 E. 3.1 Pra 2006 (Nr. 54) 403 (in casu Anfechtung von Mietzinserhöhungen, Art. 270b Abs. 1). – *Liegenschaftsverwaltungsvertrag* 106 II 157/159 E. a Pra 1980 (Nr. 228) 596 bzw. 4C.118/2006 (11.7.06) 93

E. 2 fr. (zur Anwendung von Art. 394 Abs. 2 auf gemischte Verträge vgl. aber 110 II 380/382 E. 2; siehe auch unter Art. 394 Abs. 1/Auftrag). – Die *Einräumung eines unentgeltlichen obligatorischen Wohnrechtes* (allenfalls Schenkungsversprechen, das der in Art. 243 Abs. 1 vorgeschriebenen Form bedarf) 109 II 15/19 E. 2. – Die *Grunddienstbarkeit* (ZGB Art. 730 Abs. 1), wonach der *Betrieb einer Bäckerei untersagt* ist, enthält mangels besonderer Umstände kein Verkaufsverbot für Backwaren. Zu einer solchen Einschränkung des Warensortiments bedürfte es einer schuldrechtlichen Verpflichtung, wobei mit einem Konkurrenzverbot dieser Art die Schranken von ZGB Art. 27 zu beachten wären 114 II 314/318 E. 4.

94 ***Sozialplan.*** Beim Sozialplan handelt es sich je nachdem um eine Art kollektive Arbeitsvereinbarung, ein Unternehmensreglement oder um einen einseitigen Entscheid des Arbeitgebers 4A_140/2008 (30.5.08) E. 2.1 fr., 4C.432/2004 (5.8.05) E. 6.1 Pra 2006 (Nr. 81) 586.

95 ***Telefonabonnementsvertrag*** (keine vertragliche Nebenpflicht des Anbieters, während der Rechnungsperiode über die Höhe der laufenden Gebühren zu informieren) 129 III 604/609 ff. E. 4 Pra 2004 (Nr. 100) 571 ff.

96 ***Weitere Verträge betr. Transportleistungen.*** Der *Vertrag betreffend Personentransport,* Anwendungsfall 113 II 246/247 ff. E. 3–10 (in casu vertragliche Nebenpflicht der Seilbahnunternehmung zur Sicherung der Skipisten, vgl. auch 115 IV 189/191 f. E. 3a, 121 III 358/360 ff. E. 4, ferner 122 IV 193/194 ff. E. 2), nach 115 II 108/110 E. a fr. ist ein Auftragsverhältnis anzunehmen. – Streitigkeiten über *Fahrpreise und Zuschläge* mit Transportunternehmen nach TG Art. 50 Abs. 2 sind vermögensrechtliche Streitigkeiten zivilrechtlicher Natur 136 II 489/492 E. 2.4, 465 E. 6.2 (offengelassen, ob es sich um privatrechtlichen Vertrag handelt). – Das frühere LTrR Art. 2 begrenzt seine Anwendung auf entgeltliche Luftbeförderungen; bei unentgeltlicher Beförderung durch eine Privatperson gelangen die Bestimmungen des OR zur Anwendung 4C.194/2000 (27.9.00) E. 3a. – Der *Chartervertrag* gemäss Art. 94 des BG über die Seeschifffahrt unter der Schweizer Flagge (Seeschifffahrtsgesetz, SR 747.30) ist ein Innominatvertrag: Der Vercharterer verpflichtet sich, dem Charterer gegen Entschädigung ein Transportmittel mit Besatzung zur Verfügung zu stellen, über welches ersterer Besitz und Kontrolle behält, wobei jedoch der Charterer die Ware oder die Personen bestimmt, die transportiert werden 4A_641/2010 (23.2.11) E. 3.2 fr. 115 II 108/109 E. 4a. Keine Anwendung von Art. 404 115 II 108/111 E. c fr.

97 ***Unterhaltsvertrag.*** Der Unterhaltsanspruch des ausserehelichen Kindes ist schuldrechtlicher Natur und damit rechtsgeschäftlicher Regelung zugänglich 101 II 17/19 E. b (aZGB).

98 ***Verträge betr. die Erstellung von Werken.*** Die *Pflicht zur unentgeltlichen Leistungserbringung* durch einen Ingenieur ist ein Innominatkontrakt 127 III 519/523 E. b Pra 2001 (Nr. 195) 1186. – Grundstückskaufvertrag mit *Verpflichtung des Käufers zur Erstellung einer (Industrie-)Stammgeleisanlage auf eigene Kosten:* In casu werkvertragsähnlicher Innominatvertrag mit gesellschaftsrechtlichen Elementen 122 III 10/14 f. E. 3. – *Vertrag, der das Auffüllen einer Kiesgrube bezweckt* 107 II 411/413 f. E. 3, 7.

99 **Gemischter Vertrag,** nach dem eine Brauerei der Gegenpartei den *Betrieb eines Bierdepots* in der Weise übergibt, dass hinsichtlich des zu beziehenden Bieres ein Lieferungs-, hin-

sichtlich der Depoteinrichtungen ein Miet- und hinsichtlich dem Übernehmer auferlegter besonderer Verpflichtungen ein Arbeitsverhältnis begründet wird (die Hauptleistung lag in casu auf dem Arbeitsvertrag; die Auflösung des gesamten Vertrages den Regeln des Arbeitsvertrages zu unterstellen, rechtfertigt sich nur dann, wenn dem die andern, dem Miet- und dem Kaufvertragsrecht angehörenden Vertragsbeziehungen bei der erforderlichen Berücksichtigung der Natur und des Zweckes des Gesamtvertrages nicht entgegenstehen) 41 II 105/108 ff. E. 2, 3. – *Annoncenpachtvertrag* mit Elementen des Auftrages 57 II 160/162 ff. E. 3 fr. – *Vertrag mit einem Mathematiker über die Erstellung von Schulrechenbüchern:* in casu gemischtes Rechtsverhältnis, das Elemente aus dem Recht des Werkvertrages, des Auftrages und des Verlagsvertrages aufweist und in welchem die Übertragung der Urheberrechte an dem vom Beauftragten zu schaffenden Werk mit einbedungen wurde 69 II 53/55 f. E. 3. – Aus Elementen der Verpfründung und des Kaufs *gemischter Verpfründungsvertrag* (er untersteht der Formvorschrift von Art. 522 Abs. 1) 105 II 43/45 E. 2, vgl. 79 II 169/173 f. E. c (in casu herrschte nach dem Zweck des gesamten Verhältnisses der Charakter des Verpfründungsvertrages vor; daraus folgte, dass das blosse Mittel, nämlich die im Hinblick auf die Verpfründung vorgenommene Übereignung, das rechtliche Schicksal des Verpfründungsvertrages zu teilen hatte/Aufhebung des gesamten Vertrages gemäss Art. 527). Gemischter Vertrag mit Elementen des Aktienrechts, des Kaufvertrages, des Kaufrechtsvertrages, des Leibrentenvertrages sowie des Schenkungsvertrages mit Erbrechtsbezug 129 III 535/542 E. 4. Übertragung eines Gastbetriebes, wobei der Preis aus 180 monatlichen Zahlungen besteht («Contrat mixte sui generis») 4C.133/2001 (24.9.02) E. 2.2 fr. (anwendbar die Regeln jenes Vertragstyps, der präponderant ist). – *Spareinlagevertrag mit einem Vorvertrag bezüglich eines Kaufes* («Aussteuersparvertrag»; Qualifizierung des in casu zu beurteilenden Rechtsverhältnisses offengelassen) 84 II 13/16 f. E. 1. Verpflichtet sich eine Bank, *Geld und Wertschriften zur Verwahrung und Verwaltung* entgegenzunehmen, so liegt ein aus Hinterlegungsvertrag und Auftrag gemischtes Rechtsgeschäft vor 101 II 117/119 f. E. 5 (in casu lag das Schwergewicht auf den Dienstleistungen der Bank, weshalb grundsätzlich Auftragsrecht zur Anwendung kam), vgl. auch 63 II 240/242 ff. E. 1, 2 (Ausschluss der Haftung gemäss Art. 99 Abs. 2) und 102 II 297/301 E.b. Verpflichtet sich eine Bank zur *Verwahrung und Verwaltung sowie zum Kauf und Verkauf von Wertpapieren,* so liegt ein aus Hinterlegungsvertrag, Auftrag und Kommissionsvertrag gemischtes Rechtsgeschäft vor 101 II 121/123 E. 1 (in casu stand der Kauf und Verkauf von Wertpapieren, somit Kommissionsrecht, im Vordergrund), 133 III 221/225 E. 5.1 it. (bei Börsentransaktionen ist zudem das Börsenrecht zu berücksichtigen). Gegenstand und Umfang der Informationspflichten der Bank hängen von den Umständen im Einzelfall ab, vgl. 133 III 97/103 E. 7.1.2, 4C.205/2006 (21.2.07) E. 3.2 u. 3.3 fr. – *Gemischter Vertrag,* welcher die kaufrechtliche Leistungspflicht (Grundstückkauf) mit der werkvertraglichen Herstellungspflicht verbindet 117 II 259/264 E. b, 118 II 142/144 E. 1a. – Der *Hotelmanagementvertrag* vereinigt die Elemente der Miete, eines Gesellschaftsvertrages, eines Auftrages sowie eines Lizenzvertrages in sich 131 III 528/532 f. E. 7.1.2 Pra 2006 (Nr. 43) 323 ff. – *Tankstellenvertrag* mit Elementen des Auftrags, der Agentur, der Miete und der Pacht 4C.282/2003 (15.12.03) E. 3.4. – *Vertrag mit Fitnessstudio* als gemischter Vertrag mit einer wesentlichen mietrechtlichen Komponente, da dem Kunden ein Zugangs- und Benützungsrecht für die Räumlichkeiten des Anbieters eingeräumt wird; gemäss AGB automatisch eintretende Verlängerung ist in der Regel nicht als ungewöhnlich anzuschauen 4A_475/2013 (15.7.14) E. 5.3.2 (n.p. in: 140 III 404).

100 Zur *gemischten Schenkung* siehe unter Art. 239 Abs. 1/Gemischte Schenkung. – Zum *Werklieferungsvertrag* siehe unter Art. 363/Allgemeines/Werklieferungsvertrag.

Zusammengesetzte Verträge

▪ Allgemeines (101) ▪ Form (102) ▪ Prozess (103) ▪ Beispiele (104) ▪ Weiteres (105) ▪ Öffentliche Anstalt und ihre Benützer (106) ▪ Unterscheidung öffentliches Recht/Privatrecht (108)

101 **Allgemeines.** Die Bestandteile einer Vereinbarung, bei der sich aufgrund rechtlicher Aufgliederung mehrere Vertragsverhältnisse unterscheiden lassen, können *nach der Vorstellung der Parteien* eine untrennbare rechtliche und wirtschaftliche Einheit bilden, dergestalt, dass sie ein einheitliches, aber zusammengesetztes («complexe», in der Pra unzutreffend mit «gemischt» übersetzt) Vertragswerk bilden (in casu Verkauf von zwei Pferden zu einem Gesamtpreis von CHF 13000, wobei CHF 10000 so zu tilgen waren, dass der Käufer ein dem Verkäufer gehörendes [drittes] Pferd in Pflege und zur Erziehung nahm und letztere Leistung des Käufers mit monatlich CHF 890 veranschlagt wurde). Die Vertragschliessenden können grundsätzlich frei bestimmen, welche Folgen das Dahinfallen eines Teils ihrer Vereinbarung für den verbleibenden Teil haben soll. Beim Fehlen einer entsprechenden Abrede muss die Vereinbarung allenfalls ergänzt werden (in casu vom Käufer unverschuldeter Unfalltod des in Pflege und zur Erziehung gegebenen Pferdes; in diesem Fall keine Anwendung von Art. 119 oder Art. 20 Abs. 2, sondern Vertragsergänzung durch den Richter, indem er danach fragt, was die Parteien in guten Treuen vereinbart hätten, wenn sie die Möglichkeit, dass nur bestimmte ihrer gegenseitigen Verpflichtungen unmöglich werden, in Betracht gezogen hätten; in casu kein Dahinfallen des gesamten Vertragsverhältnisses) 107 II 144/147 ff. E. 2, 3 Pra 1981 (Nr. 176) 464 ff., vgl. auch 4C.288/2001 (16.1.02) E. 2 («Vertragsverbindung»), 4C.313/2002 (9.3.04) E. 5.3.1 fr., 4C.227/2003 (9.12.04) E. 2.1.1 fr., 131 III 528/531 E. 7.1.1 Pra 2006 (Nr. 43) 322 f. («contrat composé»). Die Verträge müssen nicht gleichzeitig abgeschlossen werden 115 II 452/453 ff. E. 3, abweichend 4C.288/2001 (16.1.02) E. 2, wonach die fehlende Gleichzeitigkeit einen zusammengesetzten Vertrag von vornherein ausschliesst. Die Frage, ob Herausgabe- oder Rechenschaftspflichten bestehen, ist für die einzelnen Vertragsbestandteile einheitlich zu beantworten 139 III 49/53 E. 3.4 (bei einem Vertrag mit kommissions- und darlehensrechtlichen Elementen nach Auftragsrecht, Art. 425 Abs. 2 i.V.m. Art. 400). – Die *für die gegenseitigen Verträge aufgestellten Regeln* sind auf den zusammengesetzten Vertrag analog anwendbar 97 II 390/395 E. 3. Bilden zwei Verträge eine Einheit, so hat die Ungültigkeit des einen Vertrages auch die des andern zur Folge 25 II 473/478 f., 44 II 343/345 fr. (in casu Verpfründungsvertrag und Schenkung); vgl. aber auch 76 II 33/37 E. 4, wonach der Garantievertrag gemäss Art. 111 kein gültiges Grundgeschäft voraussetzt.

102 **Form.** Leistungen (in casu werkvertragliche), die der Käufer dem Verkäufer zwar im Zusammenhang mit dem Abschluss eines Grundstückkaufs zusichert, die jedoch nicht im Austausch gegen das Grundstück, sondern für andere Leistungen des Verkäufers zu er-

bringen sind, müssen in der öffentlichen Urkunde nicht erwähnt werden, und zwar selbst dann nicht, wenn die Parteien den Kaufvertrag ohne diese anderen Leistungen und Gegenleistungen nicht abschliessen würden 86 II 33/37 E. a, vgl. 90 II 34/37 f. E. 2 Pra 1964 (Nr. 71) 195 f.

Prozess. ***Berufung.*** Offengelassen, ob eine für das Bundesgericht verbindliche Feststellung vorliegt, wenn die Vorinstanz aufgrund von Indizien entscheidet, die Parteien hätten zwei Verträge abschliessen wollen, und ohnehin keine von ihnen behauptet hatte, den einen Vertrag nicht ohne den andern abgeschlossen zu haben 107 II 144/147 f. E. 2 Pra 1981 (Nr. 176) 464. 103

Beispiele. Vermietung einer Gastwirtschaft durch eine Brauerei und Verpflichtung des Mieters, den ganzen Bierbedarf beim Vermieter zu decken (Mietvertrag und Vorvertrag zu Kaufverträgen; in casu Vereinbarung eines niedrigen Mietzinses und eines hohen Bierpreises, sodass *wirtschaftlich* der Bierpreis einen Teil des Mietzinses bildete, *rechtlich* [aufgrund der konkreten Vertragsgestaltung] jedoch nicht: Somit konnte der Vermieter im Konkurs des Mieters sein Retentionsrecht nur für den *formell* vereinbarten Mietzins geltend machen) 25 II 373/374 ff. E. 1, 2. – Kaufvertrag über einen Molkereibetrieb und Verpflichtung des Verkäufers, dem Käufer Milch zu liefern (Kaufvertrag und Vorvertrag über den Abschluss von Milchkaufverträgen) 25 II 473/477 f. E. 4. Miet- und Pachtvertrag 4C.338/2000 (31.5.01) E. 2 (in casu Auslegung einer Kündigungserklärung). – Hingabe eines Darlehens durch eine Brauerei an einen Gastwirt und Verpflichtung des letzteren zum Bierbezug bei der Brauerei (in casu [vorzeitige] Rückforderung des Darlehens und damit auch Untergang der Pflicht zum Bierbezug) 38 II 551/554. – Lieferung von Boilern und Ausführung von Installationsarbeiten einerseits, Erstellen eines Hauses anderseits ([in casu Vorvertrag zu einem] Werkvertrag und Werkvertrag) 63 II 414/418 f. E. 3. – Vereinbarung (im weiteren Zusammenhang mit einem Grundstückkauf), die sich aus einem Mäklervertrag und einem Auftrag zusammensetzt 78 II 435/439 E.b. – Kaufvertrag einerseits und Energielieferungsvertrag anderseits 97 II 390/395 E. 3. – «Zusammenarbeitsvertrag» zwischen Klinik und Arzt und Mietvertrag über eine Arztpraxis innerhalb des Klinikgebäudes (nach dem Bundesgericht «wohl eher ein zusammengesetzter Vertrag») 115 II 452/455 E.b. – Der Joint-Venture-Vertrag umfasst mind. vier Elemente (Basisvereinbarung, gemeinsame Gesellschaft, Aktionärsbindungsvertrag, Satellitenverträge) und weist deshalb regelmässig gesellschaftsvertragliche und synallagmatische Züge auf, deren Zusammenspiel einer Analyse der Vertragskonstruktion im Einzelfall bedarf 4C.22/2006 (5.5.06) E. 5 fr. 104

Weiteres. Kauf mehrerer Sachen vom gleichen Verkäufer: in casu als zwei selbständige Verträge qualifiziert; somit kein Recht des Verkäufers, wegen Nichtbezahlung der einen Sache die Lieferung der andern zu verweigern 45 II 217/318 f. E. 1. – Beim Teilverzug im Zusammenhang mit einem *Mengenkauf* (in casu Liegenschaft und Mobiliar), der im OR nicht besonders geregelt ist, erstrecken sich die Rechtsfolgen des Verzuges nicht ohne Weiteres auf den ganzen Kaufvertrag 110 II 433/453 E. 5. – Zur Frage der Erstreckbarkeit eines Mietverhältnisses gemäss Art. 267a (aOR, heute Art. 272), wenn dieses Bestandteil eines zusammengesetzten Vertrages ist 115 II 452/453 ff. E. 3. 105

106 **Öffentliche Anstalt und ihre Benützer.** Die Beziehung ist öffentlich-rechtlicher Natur, wenn sie durch ein besonderes Gewaltverhältnis begründet wird, kraft dessen die Anstalt dem Benützer gegenüber mit obrigkeitlicher Gewalt ausgestattet ist, was in jedem Einzelfall anhand der konkreten Ausgestaltung der Benützungsordnung zu entscheiden ist. Als Gesichtspunkte gelten dabei insbesondere die unmittelbare Verfolgung öffentlicher Zwecke, im Vergleich zu denen die Absicht auf Erzielung eines Gewinnes von untergeordneter Bedeutung erscheint, sowie die einseitige, unabänderliche Regelung der Anstaltsbenützung durch Gesetz oder Verwaltungsverordnung, im Gegensatz zur freien Bestimmbarkeit der gegenseitigen Beziehungen der Beteiligten auf dem Boden der Gleichberechtigung. Bei einem Elektrizitätswerk kommt es vor allem darauf an, wie zwischen der Anstalt und den Bezügern die Bedingungen für die Stromlieferungen festgelegt werden. Erfolgt dies einseitig durch die Anstalt in von vornherein feststehenden Bestimmungen in der Weise, dass beim Vorliegen der gleichen Umstände ohne Weiteres die gleichen Bedingungen gelten, dann ist ein Verhältnis öffentlich-rechtlicher Natur anzunehmen. Wo aber die Benützungsordnung es gestattet, wesentliche Einzelheiten des Bezuges, insbesondere das Entgelt, durch besondere Vereinbarung zwischen der Anstalt und dem Bezüger von Fall zu Fall verschieden zu gestalten, wobei die Einigung durch Unterhandlungen mit gegenseitigem Vor- und Nachgeben herbeigeführt wird, hat man es mit Vertragsverhältnissen des Privatrechts zu tun 105 II 234/236 f. E. 2 (das auf den 1.1.2008 in Kraft gesetzte StromVG führt zu einer Privatisierung der Lieferbeziehungen mit Endverbrauchern, die vom Netzzugang Gebrauch machen 4A_582/2014 [17.4.15] E. 2.2); vgl. aber auch 2E_1/2019 (30.4.20) E. 2–3. – *Post/Telekom:* Die Beziehungen zwischen den früheren PTT-Betrieben und ihren Benützern unterstanden dem öffentlichen Recht; der Schaden, der durch ein Werk der PTT-Betriebe (in casu Telefonleitung) Personen zugefügt wurde, die deren Dienstleistungen nicht in Anspruch nehmen, beurteilte sich hingegen nach Privatrecht (in casu Art. 58) 112 II 228/229 ff. E. 2 JdT 135 (1987) I 18 ff. E. 2. Das Postgesetz von 1997 unterscheidet zwischen Universaldienst und Wettbewerbsdiensten (PG Art. 2–9). Im Bereich der Wettbewerbsdienste ist die Post gleich zu behandeln wie ihre private Konkurrenz; eine spezielle Grundrechtsbindung, aus welcher eine Beförderungspflicht abgeleitet werden könnte, ist zu verneinen 129 III 35/41 f. E. 5.4. – *Fürsorgerischer Freiheitsentzug* (ZGB Art. 397a ff.)/Einweisungen und Behandlungen: Die Ärzte handeln nicht aufgrund privatrechtlicher Aufträge, sondern in amtlicher Eigenschaft und in Verrichtung hoheitlicher Befugnisse 118 II 254/257 E.b.

107 Siehe auch oben Innominatkontrakte/Gemischte Verträge/Spitalaufnahmevertrag.

108 **Unterscheidung öffentliches Recht/Privatrecht.** Zur Unterscheidung öffentliches Recht/Privatrecht vgl. 109 Ib 146/148 ff. E. 1–5, 109 II 76/77 ff. E. 1–3, 96 I 537/541 ff. E. 3 fr., 110 II 255/258 ff. E. 3 (in casu Frage der Staatenimmunität und der Gerichtsbarkeit bei Streitigkeiten aus einem Arbeitsverhältnis zwischen einem Botschaftsmitglied mit der Nationalität eines Drittstaates und dem Entsendestaat), 112 Ia 148/150 E. b (in casu Frage der Staatenimmunität bei einem Werkvertrags- bzw. Auftragsverhältnis), 114 Ib 142/147 ff. E. b (in casu Enteignungsvertrag), ferner 118 II 213/216 ff. it. (Rechtsnatur der zwischen den Chefärzten bzw. dem Spitalpersonal und dem Tessiner Ente Ospedaliero Cantonale abgeschlossenen Arbeitsverträge), 129 III 554/554 ff. E. 3 (öffentlich-rechtliche Forderung gemäss SchKG Art. 43 Ziff. 1), 131 II 162/165 ff. E. 2.2–2.4. (privatrecht-

liche Natur der Beziehungen zwischen der für die Registrierung von Domain-Namen zuständigen SWITCH mit den Internet-Nutzern), 135 III 483/488 E. 5.3 Pra 2010 (Nr. 29) 214 (Anstellungsverhältnis der Arbeitnehmer einer Tochtergesellschaft der SBB ist privatrechtlich), 138 I 196/198 E. 4.3 Pra 2012 (Nr. 126) 904 (Rechtsverhältnis mit dem vereidigten Übersetzer ist ein öffentlich-rechtliches), 138 I 274/279 f. E. 1.4 (die Beziehung zwischen Kunde und Post ist – wie auch im Transportrecht – ausdrücklich privatrechtlich geregelt, was bei der SBB nicht der Fall ist), 138 I 356/365 f. E. 5.4.6 (Entschädigungen für privatärztliche Tätigkeit eines dem ArG unterstellten Spitaloberarztes sind nicht an den Lohn für geleistete Überzeit anzurechnen), 138 I 468/472 ff. E. 2.5 bzw. 475 E. 2.8 (Energiepreis in der Grundversorgung wird durch die Stromversorgungsgesetzgebung des Bundes grundsätzlich abschliessend geregelt; zulässig bleiben weiterhin auch vertragliche Beziehungen zwischen Netzbetreibern und Dritten, mit vertraglich festgelegtem Strompreis; vgl. auch 4A_582/2014 [17.4.15] E. 2.2 und 3).

Die in der Rechtstheorie schillernde Abgrenzung des privaten Rechts vom öffentlichen 109
Recht bricht sich an der normativen Abgrenzung des positiven Rechts. Soweit der Bundesgesetzgeber eine Materie dem privaten oder dem öffentlichen Recht zuordnet, ist diese Zuordnung für den Rechtsanwender verbindlich und bleibt der Theorienstreit bedeutungslos (in casu Art. 73 Abs. 2: Die Gesetzgebung gegen die Missbräuche im Zinswesen ist öffentliches Recht) 119 Ia 59/62 E. 3. – Abgrenzung zwischen zivilrechtlicher und öffentlich-rechtlicher Streitigkeit nach jenem Kriterium, das den konkreten Umständen am besten entspricht (in casu Zuständigkeit der Verwaltungsbehörden für die Auflösung einer Stiftung) 120 II 412/414 E. 1b Pra 1995 (Nr. 256) 854 f., 128 III 250/253 E. 2a. Entscheide kantonaler Gerichte, die in Anwendung kantonalen öffentlichen Rechts in einer Materie ergangen sind, die in unmittelbarem Zusammenhang mit dem Zivilrecht steht (i.c. Entscheid über die Verantwortlichkeit des Gemeinwesens für rechtswidrige Handlungen von in öffentlichen Spitälern angestellten Ärzten), können gemäss BGG Art. 72 Abs. 2 lit. b mit Beschwerde in Zivilsachen angefochten werden 133 III 462/466 E. 2.1 Pra 2008 (Nr. 27) 201. Verträge im Bereich öffentlicher Finanzhilfe sind regelmässig als öffentliche zu qualifizieren (Ausführungen mit weiteren Beispielen) 128 III 250/253 ff. E. 2b, c. Eine (ausländische) Arbeitnehmerin kann sich vor dem Zivilrichter auf eine öffentlich-rechtliche Verpflichtung ihrer Arbeitgeberin berufen 135 III 162/169 E. 3.2.2 Pra 2009 (Nr. 101) 682 (vgl. Art. 342 Abs. 2).

Die Rechtsordnung kennt zahlreiche Schranken, welche die Vertragsfreiheit in dieser 110
oder jener Hinsicht einschränken, namentlich durch Kontrahierungspflichten, die regelmässig auch den Inhalt des abzuschliessenden Vertrages beschlagen, ohne dass der gestützt darauf abzuschliessende Vertrag seinen privatrechtlichen Charakter verlieren würde 123 V 324/329 E.b.

Sechster Titel
Kauf und Tausch

Vorb. Art. 184–236

▪ Allgemeines (1) ▪ Abgrenzungen (2) ▪ Gültigkeit (7) ▪ Anwendbares Recht (9) ▪ Prozessuales (12)

Allgemeines. Die Eigentumsübertragung aufgrund eines Kaufvertrages ist ein kausales Rechtsgeschäft 109 II 26/30, 96 II 145/150 E. 3, 93 II 373/375 E. b, 84 III 141/154, 55 II 302/306 E. 2. Vgl. aber Art. 205/Wandelung. 1

Abgrenzungen. ***Tausch.*** Für das Vorliegen eines Tausches ist entscheidend, dass nach dem übereinstimmenden Parteiwillen die wechselseitige Übertragung von Besitz und Eigentum an bestimmten Sachen Inhalt der Hauptobligation beider Parteien bildete (Art. 237). Dass die Parteien den vereinbarten Leistungen einen Geldwert zum Zwecke der Bemessung der Austauschäquivalenz zugemessen haben, ändert am Charakter ihres Rechtsgeschäfts als Tausch nichts 4A_581/2012 (29.8.13) E. 4.2. Werden die Preise zweier Liegenschaftskäufe, von denen die Parteien annehmen, dass der eine ohne den andern nicht abgeschlossen worden wäre, verrechnet, so liegt ein Tauschgeschäft vor 45 II 441/443 E. 2. – ***Schenkung.*** Die Vereinbarung eines günstigen Preises wegen besonderer Beziehungen zwischen den Vertragsparteien macht einen Verkauf nicht zur Schenkung, auch nicht teilweise 102 II 243/250 E. 4 (zur gemischten Schenkung siehe unter Art. 239 Abs. 1). – ***Miete.*** *Fotokopien,* die auf Selbstbedienungsgeräten durch die Kunden angefertigt werden, sind Gegenstand eines Fahrniskaufes (nicht Kopieherstellung aufgrund eines Werkvertrages oder Vermietung einer Kopiermaschine) 116 Ib 126/127 E.b. – ***Pacht.*** Eher Kauf als Pacht liegt vor, wenn ein *Mineralvorkommen* durch die vertraglich eingeräumte Ausbeutung in kurzer Zeit erschöpft wird (in casu Abbau eines Kies- und Sandvorkommens) 86 I 229/233 E. 2. – ***Werkvertrag.*** Gegenstand des Werkvertrages ist die Erstellung eines *individuell bestimmten Arbeitsergebnisses;* demgegenüber bezweckt der Kauf die Übereignung einer i.d.R. bereits bestehenden, jedenfalls nicht speziell für die individuellen Bedürfnisse des Käufers fabrizierten Sache 124 III 456/459 E. aa (in casu EDV-Vertrag). Wird ein *Nachbesserungsrecht* vertraglich vereinbart, kann daraus nicht unbesehen auf das Vorliegen eines Werkvertrages geschlossen werden, da ein Nachbesserungsanspruch auch im Rahmen eines Kaufvertrages sinnvoll sein kann und häufig vereinbart wird 124 III 456/460 E. 4b, 4A_446/2015 (3.3.16) E. 3.3 fr. – Der Vertrag über die *Lieferung elektrischer Energie* ist ein Kaufvertrag, wenn das Elektrizitätswerk nur den Strom zur Verfügung zu stellen hat, hingegen ein Werkvertrag, wenn die vertragliche Leistung in der Herbeiführung eines bestimmten Erfolges besteht 76 II 103/107 E. 5. – ***Auftrag.*** Die Zeichnung *(Subskription)* einer bestimmten Anzahl von Obligationen (unter Vorauszahlung des Emissionspreises) gegenüber einer Bank, die zu einem Bankensyndikat gehört, das die betreffende Obligationenanleihe fest übernommen hat, begründet zwischen dem Zeichner und der Bank einen Kaufvertrag (Leistung von Titeln gegen Entrichtung des Emissionspreises), nicht einen Auftrag 112 II 444/447 f. Pra 1988 (Nr. 62) 246 f. (in casu daher keine Anwendung von Art. 401), nach 120 IV 276/279 E. 4 fr. liegt ein *kaufähnlicher* 2

Innominatvertrag vor (in casu indes strafrechtlicher Entscheid: Angestellte der zeichnenden Bank, die sich die zugeteilten Aktien intern vertragswidrig selber zuteilen, begehen eine Veruntreuung). – ***Kommission.*** Keine Kommission mit Selbsteintritt des Kommissionärs, sondern Kauf, wenn Provisionsabrede fehlt und Verkäufer Gegenstand nicht auf Rechnung des Käufers zu besorgen, sondern selber zu liefern hat 51 II 199/202 E. 1. Sind hingegen die Voraussetzungen von Art. 436 erfüllt, braucht der Kommissionär den Selbsteintritt nicht kenntlich zu machen 4A_570/2012 (16.4.13) E. 4.3 und 4.4. – ***Treuhand.*** Der Fiduziar soll nach dem Willen der Parteien volles dingliches Recht am Treugut erhalten. Für eine gültige fiduziarische Eigentumsübertragung an einem Grundstück genügt es nicht, dass die Parteien die Übertragung als solche gewollt haben, sondern der Wille muss sich auf den kausalen Rechtsakt (Kauf) erstrecken, ansonsten handelt es sich um eine Simulation 4A_530/2016 (20.1.17) E. 5.1.

3 ***Zwangsversteigerung.*** Sie unterliegt nicht dem Kaufvertragsrecht 44 II 362/370 E. 1 Pra 1918 (Nr. 150) 347 f., 106 III 79/83 E. 4. – ***Freihandverkauf.*** Die Beurteilung der Voraussetzungen, der Gültigkeit und der Wirkungen gemäss SchKG Art. 256 obliegt nicht dem Zivilrichter, sondern den betreibungsrechtlichen Aufsichtsbehörden 106 III 79/83 E. 4; ausführlich zum freihändigen Notverkauf (SchKG Art. 243 Abs. 2 und 256 Abs. 3) 131 III 280/284 ff. E. 2, 3. Pra 2006 (Nr. 8) 59 ff. – Zur Form vgl. Art. 216/Beurkundungspflichtige Rechtsgeschäfte.

4 ***Gemischte Verträge.*** *Bejaht.* Übertragung eines Gastbetriebes zu einem Preis, der in 180 Monatszahlungen zu leisten ist («contrat mixte sui generis») 4C.133/2001 (24.9.02) E. 2.2 fr. Gemischter Vertrag mit kaufrechtlichen Elementen (neben verschiedenartigen aktienrechtlichen Regelungen und Elementen eines Schenkungsvertrages mit Erbrechtsbezug sowie eines Leibrentenvertrags) 129 III 535/542 E. 4. Kauf mit gleichzeitiger Pflicht zur Überwachung der Montage (in casu als zwei gleichwertige Leistungen betrachtet) 4C.314/1992 (21.11.00) E. 6b/cc fr. Gemischter Vertrag mit kauf- und werkvertraglichen Elementen (Anwendung der werkvertraglichen Gewährleistungsordnung auch für jene Teile, die bei Vertragsabschluss bereits bestanden) 4C.190/2003 (28.11.03) E. 2.2 fr., 4A_601/2010 (24.2.11) E. 2 fr. Grundstückkauf mit gleichzeitiger Errichtung von Dienstbarkeiten 4C.360/2002 (14.2.03) E. 2.1 fr. Verpflichtet sich die Veräusserin gegenüber dem Erwerber in einem einheitlichen Vertrag, ein Grundstück zu verkaufen und das darauf im Bau befindliche Gebäude fertigzustellen, liegt kein Kaufvertrag über eine zukünftige Sache vor, sondern weist die Vereinbarung kauf- und werkvertragliche Elemente auf 4A_702/2011 (20.8.12) E. 5, 4C.79/2006 (22.6.06) E. 1, 4C.301/2002 (22.1.03) E. 2.1. Zu Gewähr und Haftung siehe auch Vorb. Art. 197–210/Werkvertrag. *Verneint.* Verpflichtet sich der Verkäufer einerseits zur Besitzübergabe und Eigentumsverschaffung und andererseits dazu, die noch nicht gebrauchsfähige Sache in einen Zustand zu versetzen, der die bestimmungsgemässe Verwendung erlaubt, liegt ein Kaufvertrag mit Verpflichtung zur Montage des Kaufgegenstands vor 4A_165/2012 (27.8.12) E. 2 fr. Werden beim Grundstückkauf für die Zeit vor dem Übergang von Nutzen und Gefahr Renovationsarbeiten vereinbart, auf welche der Käufer keinen Einfluss hat, liegt ein reiner Kaufvertrag vor 4A_399/2018 (8.2.19) E. 2.2.

5 ***Unternehmensübertragung (Asset Deal).*** Hat eine *Geschäftsübernahme* verschiedene Leistungen zum Gegenstand (Mobiliar, Raumausstattung, Material, Einrichtung, Recht auf Miete, Kundschaft, Enseigne), liegt ein Innominatvertrag sui generis vor, der nicht

ohne weitere Prüfung den Bestimmungen über den Fahrniskauf unterstellt werden kann, sondern – je nach umstrittener Leistungspflicht – nach der sachgerechtesten Regel zu beurteilen ist 129 III 18/21 E. 2.1 Pra 2003 (Nr. 30) 153 (in casu Übertragung eines Nachtlokalbetriebes, ohne Gebäude), 4A_160/2012 (17.10.12) E. 4 und 5 (Praxisübernahmevertrag mit Pflicht zur aktiven Überführung des Patientenstammes, Herausgabe von Patientenakten) 4A_297/2013 (4.9.13) E. 3.2 (Nachtlokal ohne Schallisolation, Vorvertrag, Grundlagenirrtum), 4A_313/2013 (6.11.13) E. 3 (Wechselstube, Gebäudeabriss, kein Grundlagenirrtum). Er weist freilich durchaus *kaufrechtliche Elemente* auf 4A_554/2009 (1.4.01) E. 2.1 fr., 129 III 18/21 E. 2.1 Pra 2003 (Nr. 30) 153. Sind derartige Leistungen betroffen, kommen die *Regeln über den Fahrniskauf* zur Anwendung 4A_554/2009 (1.4.01) E. 2.1 fr., 129 III 18/21 E. 2.1 und 2.2 Pra 2003 (Nr. 30) 153 ff. Das gilt insb. mit Blick auf die Übertragung eines Kundenstammes 4A_601/2009 (8.2.10) E. 3.2.1 fr. (Übertragung einer Einzelunternehmung), 4A_274/2009 (2.10.09) E. 2 it.

Weiteres. Kein Kaufvertrag ist die *Ausstellung eines Checks* 47 II 320/324 E. 2. – Zum Vorkaufsrecht und Kaufsrecht bei beweglichen Sachen vgl. 4C.170/2003 (16.2.04) E. 3.2 it. – Vgl. auch Vorb. 197–210/Abgrenzungen. 6

Gültigkeit. Vgl. auch Vorb. Art. 216–221. – Die *Nichtigkeit* eines Kaufvertrages (in casu nichtiger Abzahlungsvertrag, alt Art. 226a Abs. 2) schliesst eine Verurteilung wegen Betrugsversuches nicht aus 96 IV 145/147 f. E. 3. Anders als beim Konsumkreditvertrag (KKG Art. 16) kennt das Gesetz für den Kaufvertrag kein allgemeines *Widerrufsrecht;* ersetzen die Parteien den Kaufvertrag später nicht z.B. durch einen Leasingvertrag, ist der Käufer deshalb grundsätzlich an den Kaufvertrag gebunden 4A_64/2008 (27.5.08) E. 1.3. – *Doppelverkauf.* Unterscheidung zwischen dinglichem und obligatorischem Recht: Der Erstkäufer kann nur den Verkäufer ins Recht fassen. Der Zweitkäufer bleibt Grundeigentümer 110 II 128/130 E. 2. Dem geschädigten Erstkäufer kann gegenüber dem Zweitkäufer und Erwerber nur Anspruch auf Herausgabe der Sache eingeräumt werden, wenn letzterer *sittenwidrig* gehandelt hat (in casu Grundstückkauf) 4C.273/2002 (28.11.02) E. 3.2, 114 II 329/333 E. 2.a. – Das öffentliche *Inventar* gemäss ZGB Art. 589 f. erfasst nur Nachlasspassiven. Wird daher bei einem noch nicht (voll) erfüllten Kaufvertrag die Preisforderung zulasten des Nachlasses nicht ins Inventar aufgenommen, fällt deswegen der Kaufvertrag und damit der Anspruch auf Eigentumsübertragung nicht dahin. Verlangt ein Erbe die Übertragung, steht dem Verkäufer aber die Einrede gemäss Art. 82 offen 113 II 118/119 ff. E. 2, 3. – *Vinkulierung.* Wird der Käufer vinkulierter Namenaktien von der AG nicht akzeptiert, so bleibt der Kaufvertrag zwischen Aktionär und abgewiesenem Erwerber gleichwohl bestehen, wenn die Parteien dies so vereinbart haben 90 II 235/239 E. 1, 2a. In diesem Fall hat der Erwerber keinen Anspruch auf Nichtausübung der Mitgliedschaftsrechte durch den Veräusserer/Buchaktionär 114 II 57/59 ff. E. 5–7. Erteilt das zuständige Organ einer AG Zustimmung zur Übertragung aller Aktien nach Art. 685a, ist dies eine Gestaltungserklärung, mit welcher die Aktionäre volle Verfügungsmacht über ihre (vinkulierten) Aktien erhalten. Sie ist – sofern nicht spätere Ereignisse die Zustimmung ungültig werden lassen (in casu verneint) – unwiderruflich und unbefristet wirksam. Verkauft ein Aktionär im Wissen um eine solche Zustimmung später seine Aktien, kann er sich nicht auf Art. 685c berufen, weil die Zustimmung nicht erneut erteilt wird 4A_440/2017 (3.4.18) E. 4 fr. – *Kauf eines Aktienmantels.* Eine Mantelgesellschaft, d.h. 7

eine wirtschaftlich vollständig liquidierte und von den Beteiligten definitiv aufgegebene Gesellschaft, muss im Handelsregister gelöscht werden 4C.19/2001 (25.5.01) E. 2a, 123 III 473/484 E. 5c, 94 I 562/564 E. 1, 80 I 60/60. Die Veräusserung des Aktienmantels umgeht diese Löschungspflicht missbräuchlich und ist daher nichtig 64 II 361/363 E. 1, 80 I 60/64 E. 3, 4A_530/2016 (20.1.17) E. 2.

8 Zum im OR nicht geregelten Mengenkauf siehe Vorb. Art. 211–215.

9 **Anwendbares Recht.** Das anwendbare Recht gehört nicht zu den essentialia negotii des Kaufs 4A_543/2018 (28.5.19) E. 4.3.3 (n.p. in 145 III 383 ff.). ***CISG (UN-Kaufrecht/Wiener Kaufrecht).*** Treffen die Parteien eine *Rechtswahl* auf schweizerisches Recht, fällt darunter grundsätzlich auch das «Übereinkommen der Vereinten Nationen vom 11. April 1980 über Verträge über den internationalen Warenkauf», da die Schweiz Vertragsstaat ist 4C.94/2006 (17.7.07) E. 4 seit dem 1. März 1991 4C.105/2000 (15.9.00) E. 2a fr. (wesentliche Vertragsverletzung gemäss CISG Art. 25). Die Internationalität der Parteien (CISG Art. 1 Abs. 1 lit. a) wird bereits bejaht, wenn bei einer Beteiligung mehrerer Personen auf einer Vertragsseite wenigstens eine davon ihre Niederlassung in einem anderen Vertragsstaat hat 4A_543/2018 (28.5.19) E. 3.2.1 (n.p. in 145 III 383 ff.). – Im *Geltungsbereich* des CISG ist die Anwendung nationalen Rechts grundsätzlich ausgeschlossen 4C.307/2003 (19.2.04) E. 3.2.2 fr., 4C.474/2004 (5.4.05) E. 1 ff. (Frage, ob Vertragsabschluss), 4C.145/2000 (21.8.00) E. 3. Vorbehalten ist eine gewillkürte *Abwahl* gemäss CISG Art. 6 4C.307/2003 (19.2.04) E. 2.2.2.1 fr., wobei für einen impliziten Ausschluss die Bezugnahme auf Landesrecht wie etwa das OR nicht reicht 4A_543/2018 (28.5.19) E. 4.4 (n.p. in 145 III 383 ff.). – Bei ***Lücken*** greift subsidiär das nationale Recht (bzw. greifen allfällige völkerrechtliche Verträge zum materiellen Recht; verneint bzgl. UN-Übereinkommen zur Verjährung im int. Warenkauf vom 14.6.1974, da die Schweiz Nichtvertragsstaat ist 4A_68/2009 [18.5.09] E. 10). Es ist nach dem Kollisionsrecht des Forumsstaats zu ermitteln (gegebenenfalls unter Beizug der vom Forumsstaat ratifizierten völkerrechtlichen Verträge zum Kollisionsrecht wie des Haager Kaufrechts vom 15.6.1955 4A_68/2009 [18.5.09] E. 10.2, 4C.296/2000 [22.12.00] E. 3a). Das OR greift etwa bzgl. fehlender *Gültigkeit* gemäss CISG Art. 4 lit. a bei *Erklärungsirrtum* 4C.296/2000 (22.12.00) E. 3a, 4C.272/2000 (11.12.00) E. 1a, *nicht* aber bei *Grundlagenirrtum,* weil das CISG solche Sachverhalte mit einer zumindest funktional äquivalenten Lösung abschliessend regelt 145 III 383/386 E. 5.3. Weiter greift das OR bzgl. *Verrechnung* 4C.314/2006 (20.12.06) E. 2.2.1, *Verjährung* 4A_68/2009 (18.5.09) E. 10 (vgl. auch Art. 210) sowie bei *temporaler* Schranke gemäss CISG Art. 100 Abs. 2 4C.193/2003 (4.11.03) E. 2.2 fr., 4C.302/2001 (11.3.02) E. 1.b.aa fr. Im *prozessualen* Bereich greift ohne besondere Regelung im IPRG (vgl. ZPO Art. 2) die ZPO bzgl. Beweisführung, anwendbarer Verfahrensgrundsätze, zulässiger Beweismittel sowie des Masses der Behauptungs-, Substanziierungs- und Bestreitungslast 4A_543/2018 (28.5.19) E. 2.3 (n.p. in 145 III 383 ff.). – ***Ausgenommen*** sind *Wertpapierkäufe* gemäss CISG Art. 2 lit. d 4A_74/2009 (28.4.09) E. 2.1 fr., ebenso *Konsumentenverträge* gemäss CISG Art. 2 lit. a 4A_252/2013 (2.10.13) E. 2 fr.

10 ***Haager Kaufrecht.*** Liegt ein internationaler Sachverhalt vor, ist gemäss Art. 118 Abs. 1 und vorbehältlich Art. 120 (Konsum) beim Fahrniskauf zwischen Parteien aus Vertragsstaaten das in Den Haag abgeschlossene «Übereinkommen vom 15. Juni 1955 betreffend das auf internationale Kaufverträge über bewegliche körperliche Sachen anzu-

wendende Recht» massgeblich, sofern keine andere Rechtswahl getroffen wurde 4A_74/2009 (28.4.09) E. 2.1 fr., 4C.302/2001 (11.3.02) E. 1.b.bb fr. (der Begriff des Kaufvertrages ist autonom auszulegen). Dessen Art. 3 Abs. 1 verweist auf das Recht des Landes, in dem der Verkäufer zu dem Zeitpunkt, an dem er die Bestellung empfängt, seinen gewöhnlichen Aufenthalt hat 4C.302/2001 (11.3.02) E. 1.b.bb fr. Kann der Ort der Versteigerung (Art. 3 Abs. 3 Haager Kaufrecht) nicht festgestellt werden (in casu Internetauktion über eBay), ist der Sitz des Verkäufers (Art. 3 Abs. 1 Haager Kaufrecht) massgeblich 4A_58/2008 (28.4.08) E. 2. – Wertpapierkäufe sind gemäss Art. 1 Abs. 1 ausgenommen 4A_74/2009 (28.4.09) E. 2.1 fr.

Lugano-Übereinkommen. Übereinkommen über die gerichtliche Zuständigkeit und 11
die Anerkennung und Vollstreckung von Entscheidungen in Zivil- und Handelssachen. Zum Begriff der *Zivil- und Handelssache* i.S.v. IPRG Art. 1 Abs. 2 i.V.m. LugÜ Art. 1 4A_131/2009 (26.6.09) E. 4. Zum *ordentlichen Gerichtsstand* gemäss LugÜ Art. 2 Abs. 1 4C.193/2003 (4.11.03) E. 2.1 fr. *Erfüllungsortsgerichtsstand* bei Erbringung von Dienstleistungen und Verkauf beweglicher Sachen (LugÜ Art. 5 Nr. 1 Bst. b) 140 III 418/419 E. 3–5, 140 III 170/172 E. 2.

Prozessuales. Was der Käufer will und was er im Zeitpunkt des Vertragsschlusses weiss 12
(in casu bezüglich kantonaler Vorschriften), ist Tatfrage und kann im Rahmen der Berufung (heute Beschwerde in Zivilsachen, BGG Art. 72 ff.) an das Bundesgericht nicht zur Diskussion gestellt werden 4C.176/2001 (30.10.01) E. 3c fr.

Erster Abschnitt
Allgemeine Bestimmungen

A. Rechte und Pflichten im Allgemeinen

Art. 184

[1] Durch den Kaufvertrag verpflichten sich der Verkäufer, dem Käufer den Kaufgegenstand zu übergeben und ihm das Eigentum daran zu verschaffen, und der Käufer, dem Verkäufer den Kaufpreis zu bezahlen.

[2] Sofern nicht Vereinbarung oder Übung entgegenstehen, sind Verkäufer und Käufer verpflichtet, ihre Leistungen gleichzeitig – Zug um Zug – zu erfüllen.

[3] Der Preis ist genügend bestimmt, wenn er nach den Umständen bestimmbar ist.

▪ Abs. 1 Allgemeines (1) ▪ Kaufgegenstand (2) ▪ Eigentumsverschaffung (3) ▪ Preis (6) ▪ Surrogat (7) ▪ Nebenpflichten (8) ▪ Abs. 2 (9) ▪ Abs. 3 (10)

1 ***Abs. 1*** **Allgemeines.** Der Kaufvertrag ist wie der Tausch und die Schenkung ein *Veräusserungsvertrag* und zielt als solcher auf die *endgültige und vollständige Übertragung eines Gutes* ab und nicht bloss auf eine vorübergehende Überlassung zum Gebrauch 129 III 18/22 E. 2.2 Pra 2003 (Nr. 30) 154. Die Bestimmung des Kaufgegenstandes stellt einen wesentlichen Vertragspunkt dar 127 III 248/254 E. 3d Pra 2002 (Nr. 72) 417, 4C.227/2003 (9.12.04) E. 2.3.1 fr.

2 **Kaufgegenstand.** Vgl. Vorb. Art. 184–236/Abgrenzungen, Art. 187/Gegenstand des Fahrniskaufs, Art. 216 ff.

3 **Eigentumsverschaffung.** Sie besteht nicht nur im juristischen Übergang des Eigentumsrechtes; vielmehr hat der Verkäufer alles zu unternehmen, dass der Käufer unmittelbar und tatsächlich über die Sache verfügen kann 43 II 665/669 fr. Beim Liegenschaftskauf hat der Verkäufer die Pflicht, den Käufer als neuen Eigentümer im Grundbuch eintragen zu lassen 4C.356/2001 (12.3.02) E. 3a fr. Mit der Hauptleistungspflicht verbunden ist ein sog. Störungsverbot, d.h. die Pflicht, alles zu unterlassen, was den eingetretenen Leistungserfolg ganz oder teilweise wieder zunichtemacht. Es überdauert das Erfüllungsstadium 4A_398/2007 (23.4.09) E. 6.2.

4 ***Beschaffungsrisiko.*** Der Kaufvertrag kann auch Sachen erfassen, die zur Zeit des Vertragsabschlusses *nicht im Eigentum des Verkäufers* stehen. Ob und wie der Verkäufer diesfalls seiner Pflicht nachkommt, berührt die Gültigkeit des Vertrages nicht, sondern sind Fragen der Erfüllung; das gilt insb. für den Fall, dass die Leistung hinterher unmöglich wird, sei es, weil der Verkäufer sich die Sache nicht verschaffen kann oder anderweitig darüber verfügte, sei es, weil ein Dritter sie dem Käufer nicht mehr übergeben will; Unmöglichkeit im Sinne von Art. 20 ist nur anzunehmen, wenn sie von Anfang an objektiv bestanden hat 96 II 18/21 E.a. Liegt der Grund der Leistungsstörung (fehlende Eigentumsverschaffung) allein im Verhalten des Zulieferanten, verwirklicht sich ein allgemeines Beschaffungsrisiko, das daher den Verkäufer trifft. Will der Verkäufer die Verantwortung für derartige Leistungshindernisse, die seinem Risikobereich zuzurechnen sind,

nicht übernehmen, muss er sich durch eine Selbstbelieferungsklausel freizeichnen oder dies der Käuferin auf andere Weise zu erkennen geben 4C.92/2006 (12.6.06) E. 1.4 (in casu CISG Art. 79).

Zur ***Übergabe*** der Kaufsache siehe Vorb. Art. 188–191. 5

Preis. Der Kaufpreis setzt sich aus der Gesamtheit aller Leistungen zusammen, die der Käufer dem Verkäufer als Entgelt für die Übertragung des Kaufgegenstands erbringen muss 4A_482/2008 (28.1.09) E. 2.3. Die Vertragsparteien können im Rahmen der Vertragsfreiheit den Preis frei bestimmen 4C.53/2002 (4.6.02) E. 4 fr. (in casu Aktienkauf). Auslegungsstreit über die Klausel betreffend Bestimmung des Kaufpreises 4C.73/2003 (23.5.03) E. 2 fr. Grundsätzlich freie Preisbestimmung durch die Parteien 112 Ia 382/387 Pra 1988 (Nr. 158) 578 f. (in casu Ungültigerklärung einer Volksinitiative zur «Einfrierung» der Grundstückpreise). Der Preis kann neben einer Geldleistung ergänzend auch in Form einer Realleistung erbracht werden (in casu hatte ein Aktienkäufer mittels seiner an der Gesellschaft erworbenen beherrschenden Stellung dafür zu sorgen, dass diese Gesellschaft dem Verkäufer künftig höhere Baurechtszinsen zu entrichten haben würde, sodass dem Verkäufer der im Aktienkaufvertrag vorgesehene Profit zukommen würde.) Die Verletzung einer solchen Realleistungspflicht wird durch Art. 97 ff. sanktioniert 4A_500/2011 (8.5.12) E. 3.2 und 3.6. 6

Surrogat. Wird der Verkäufer infolge objektiver Leistungsunmöglichkeit (Art. 119) von seiner Schuldpflicht befreit, so hat er dem Käufer jenen Vorteil herauszugeben, den er gerade durch die die Leistungsunmöglichkeit bewirkende Tatsache und als Ersatz für die von ihm zu erbringende Leistung erhält 4C.199/2004 (11.1.05) E. 10.1, 112 II 235/239 f. (Anspruch auf Abtretung eines Ersatzanspruchs), 51 II 171/175 f. E. 3 (Herausgabe der Brandversicherungssumme bei Zerstörung der Kaufliegenschaft durch Brand), 43 II 225/234 (Enteignungsentschädigung) in 46 II 429/438 f. (deliktsrechtlicher Schadenersatzanspruch) insofern präzisiert, als für die Ersatzleistung nur das stellvertretende commodum, nicht aber jeder Vorteil des Verkäufers infolge der Leistungsunmöglichkeit in Betracht kommt. 7

Nebenpflichten. Zusätzlich zu den Hauptpflichten (Eigentumsverschaffung, Zahlung des Kaufpreises) können die Parteien Nebenpflichten vereinbaren (z.B. betreffend Tragung der Transportkosten, bestimmte Verwendung der Kaufsache oder [wie im beurteilten Fall] eine Leistungspflicht zugunsten Dritter) 4C.346/2000 (16.3.01) E. 1, Realleistung des Käufers (Einflussnahme auf eine von ihm beherrschte Gesellschaft bei der Aushandlung von Konditionen eines Drittvertrages zugunsten des Verkäufers) 4A_500/2011 (8.5.12) E. 4.2. – Die *Versendungspflicht* des Verkäufers (in casu Incoterms 1980/CIF-Klausel) ist eine selbständige Nebenpflicht, deren Nicht- oder Schlechterfüllung, soweit die «gehörige Bewirkung» nicht mehr möglich ist, Schadenersatzansprüche des Käufers nach Art. 97 Abs. 1 auslöst 122 III 106/108 E. 4. – Vertraglich vereinbarte Pflicht des Verkäufers, für die korrekte Ausstellung der Frachtbriefe zu sorgen und deren Doppel unverzüglich dem Käufer weiterzuleiten 122 III 106/109 E.b. – *Förderung des Gebrauchszwecks* (in casu durch Unterzeichnung eines Gestaltungsplans) 4A_514/2007 (22.2.08) E. 1. – *Aufklärungspflicht des Verkäufers:* Der Käufer darf erwarten, dass ihn der Verkäufer über diesem bekannte Risiken aufklärt, welche den erkennbaren Vertragszweck vereiteln 8 oder erheblich beeinträchtigen können 4C.26/2000 (6.9.00) E. 2a/bb und 4C.16/2005 (13.7.05) E. 1.1. Diese Pflicht besteht zudem im Rahmen einer gewillkürten Offenlegungsgewährleistung 4A_42/2009 (1.5.09) E. 6.3 Pra 2010 (Nr. 61) 449. – *Interessen der Gegenpartei* hat keine der Parteien eines Kaufvertrages wahrzunehmen 4C.152/2002 (22.7.02) E. 2.2 fr. Etwas anderes gilt ausnahmsweise, wenn der unerfahrene Käufer erkennbar auf Auskunft, Rat oder Aufklärung durch den fachkundigen Verkäufer vertraut und eine bestimmte mit der Transaktion (in casu Privatplatzierung von Kassenscheinen) verbundene Gefahr nicht realisiert, oder wenn der Käufer aufgrund einer vorbestehenden Geschäftsbeziehung ein besonderes Vertrauensverhältnis entwickelt hat, aus welchem er nach Treu und Glauben auch unaufgeforderte Beratung und Abmahnung erwarten darf 4C.20/2005 (21.2.06) E. 4.2.3. Vgl. auch Vorb. Art. 184–551/Nebenpflichten, Art. 185 Abs. 2 und Art. 188 f.

9 ***Abs. 2*** Beim *Handgeschäft* fallen Verpflichtungs- und Verfügungsgeschäfte zusammen, beim *Zug-um-Zug-Geschäft* lediglich die Verfügungsgeschäfte der Parteien 4D_6/2015 (22.5.15) E. 3. Beim Forderungskauf handelt es sich um ein Zug-um-Zug-Geschäft (es versteht sich aber von selbst, dass die Zedentin ihre Forderung erst dann an die Zessionarin abtritt, wenn sie auch tatsächlich abgelöst ist, d.h. nach Überweisung des Kaufpreises) 5C.13/2002 (19.3.02) E. 2c Pra 2002 (Nr. 170) 921.

10 ***Abs. 3*** Der Kaufpreis muss im Augenblick des Verpflichtungsgeschäfts noch nicht bestimmt sein, vorausgesetzt, dass er zur Zeit des Verfügungsgeschäfts eindeutig bestimmbar ist (siehe ausserdem Art. 212 Abs. 1). Die Bestimmung ist aber unanwendbar, wenn natürlicher oder normativer Konsens über einen bestimmten Preis besteht 4A_229/2009 (25.8.09) E. 4.1.

B. Nutzen und Gefahr

Art. 185

[1] Sofern nicht besondere Verhältnisse oder Verabredungen eine Ausnahme begründen, gehen Nutzen und Gefahr der Sache mit dem Abschlusse des Vertrages auf den Erwerber über.

[2] Ist die veräusserte Sache nur der Gattung nach bestimmt, so muss sie überdies ausgeschieden und, wenn sie versendet werden soll, zur Versendung abgegeben sein.

[3] Bei Verträgen, die unter einer aufschiebenden Bedingung abgeschlossen sind, gehen Nutzen und Gefahr der veräusserten Sache erst mit dem Eintritte der Bedingung auf den Erwerber über.

1 ***Abs. 1*** **Stückschuld.** ***Grundsatz.*** Nutzen und Gefahr gehen beim Kauf über eine bestimmte Sache *mit Vertragsschluss* über 4C.321/2006 (1.5.07) E. 4.3.1 fr. Es muss mithin bereits ein Vertrag gültig entstanden oder ein Vorvertrag unter den fraglichen Parteien und zu den nachmals identischen Bedingungen geschlossen worden sein 4A_601 (8.2.10) E. 3.2.4.1 fr. Somit muss der Käufer den Preis dennoch zahlen, wenn die Sache nach dem

Verpflichtungs-, aber vor dem Verfügungsgeschäft untergeht 4A_326/2008 (16.12.08) E. 4 fr. Die Bestimmung bricht mit der allgemeinen Regel von Art. 119 Abs. 2 («periculum est emptoris») und widerspricht so der im Volk herrschenden Auffassung; der Grundsatz ist *eng*, die Ausnahmen sind *weit auszulegen* 84 II 158/161 f. E. b Pra 1958 (Nr. 107) 326. Ausführlich mit rechtshistorischen und rechtsvergleichenden Hinweisen: 128 III 370/371 ff. E. 4 Pra 2002 (Nr. 190) 1012 ff. – Die Norm ist nur bei *zufälligem* Verlust oder Untergang der Kaufsache anwendbar, nicht aber, wenn die Umstände des Verlustes vom Verkäufer zu verantworten sind 4A_326/2008 (16.12.08) E. 4 fr., 44 II 398/406 f. E. 3 (in casu waren indes CISG Art. 66 ff. anwendbar). ***Ausnahme.*** Gegenteiliges gilt bei besonderen Verhältnissen oder Verabredungen 128 III 370/374 E. 4c Pra 2002 (Nr. 190) 1015.

Besondere Verhältnisse oder Verabredungen. ***Bejaht.*** *Allgemein:* Die Ausnahmeregel zielt auf Fälle, in denen die zeitliche Trennung zwischen dem Verpflichtungs- und dem Verfügungsgeschäft nicht im Interesse des Käufers, sondern einzig oder überwiegend in jenem des Verkäufers erfolgt: Der Käufer wird aufgrund von Umständen, die dem Verkäufer zuzurechnen sind, daran gehindert, vor der Übergabe über die verkaufte Sache zu verfügen, oder er kann nicht in angemessener Weise für die Sicherheit der neu erworbenen Sache Sorge tragen 4A_601/2009 (8.2.10) E. 3.2.4.4 fr., 128 III 370/374 E. 4c Pra 2002 (Nr. 190) 1015, 84 II 158/161 f. E. b Pra 1958 (Nr. 107) 326. – *Konkret:* Als Ausnahmen gelten zunächst die in Abs. 2 und 3 ausdrücklich geregelten Situationen (siehe dort) 128 III 370/374 E. 4c Pra 2002 (Nr. 190) 1015. Weiter eine gegenteilige Abrede 128 III 370/374 Pra 2002 (Nr. 190) 1015, etwa die Zusage des Verkäufers, Steuerlasten zu tragen, die im Zuge des Aktientransfers sonst dem Erwerber erwachsen würden 4C.53/2002 (4.6.02) E. 5.2 fr. oder eine CIF-Klausel: So sah jene der Incoterms 1980 u.a. vor, dass der Verkäufer bis zur vollständigen Verladung der Ware am Erfüllungsort alle Gefahren zu tragen hatte, während der Käufer die Gefahr des Transports an den Bestimmungsort trug 122 III 106/107 f. E. 4. – Übertragung einer Einzelunternehmung: Nimmt der Verkäufer Zahlungseingänge noch während rund zwei Monaten auf einem eigenen Konto entgegen und wird sein Eintrag im Handelsregister erst nach dieser Zeit gelöscht und die Unternehmung des Käufers eingetragen, gehen Nutzen und Gefahr erst mit dieser Eintragsänderung über 4A_601/2009 (8.2.10) E. 3.2.4.4 fr. – Doppelverkauf 128 III 370/374 E. 4c Pra 2002 (Nr. 190) 1015. – Wahlobligation mit einem dem Verkäufer zustehenden Optionsrecht (Art. 72) 128 III 370/374 E. 4c Pra 2002 (Nr. 190) 1015. – Der Verkauf einer Sache, die nicht im Besitze des Verkäufers ist 128 III 370/374 Pra 2002 (Nr. 190) 1015. – Gemischte Verträge, insb. der Verkauf eines Fahrzeugs mit Übernahme eines Gebrauchtwagens 128 III 370/374 E. 4c Pra 2002 (Nr. 190) 1015. – Einer *lex specialis* unterstehende Rechtsgeschäfte wie insb. der Grundstückskauf gemäss Art. 220 4A_383/2016 (22.9.16) E. 3.3 fr.; Werklieferungsvertrag gemäss Art. 365 Abs. 1 i.V.m. 376 Abs. 1 4A_326/2008 (16.12.08) E. 4 fr. (die in casu anwendbaren CISG Art. 66 ff. führten zum gleichen Ergebnis). 2

Verneint. Die Gefahrtragungsregel des Abs. 1 wird durch die Vereinbarung einer *auflösenden Bedingung* nicht ausgeschlossen 30 II 55/60 (noch zu aOR Art. 204 Abs. 1). Anwendbarkeit obiter ausführlich diskutiert in 4C.199/2004 (11.1.05) E. 9 fr., Antwort konnte in casu aber offengelassen werden. – *Sukzessivlieferungsvertrag:* Sind wiederkehrende Leistungen über die Dauer von mehr als zwei Jahren vorgesehen, so stellt dies kei- 3 nen ausreichenden Grund für eine Ausnahme dar, zumal die zeitliche Staffelung der Leistungen im entschiedenen Fall nicht im Interesse des Verkäufers, sondern in jenem des Käufers vorgesehen war 128 III 370/374 E. 4d Pra 2002 (Nr. 190) 1015, 4C.49/2004 (30.3.04) E. 3.

4 **Weiteres.** Mit der *Wandelung* gehen Nutzen und Gefahr der Sache auf den Verkäufer als Eigentümer zurück 109 II 26/30 (siehe Art. 208 Abs. 1).

5 ***Abs. 2*** **Gattungsschuld.** Vgl. Art. 71, Vorb. Art. 197–210 und Art. 206. ***Grundsatz.*** Nutzen und Gefahr gehen beim Gattungskauf mit Ausscheidung 2A.65/2005 (17.10.05) E. 4 und beim Distanzkauf gemäss Art. 189 mit Versendung über 84 II 158/160 f. E. a Pra 1958 (Nr. 107) 325, 46 II 457/461 E. 2. – Die Bestimmung ist dispositiv 84 I 178/184 E.a.

6 ***Ausscheidung.*** Eine Ausscheidung im Sinne der Bestimmung liegt selbst dann vor, wenn sie vom Verkäufer einseitig vorgenommen und dem Käufer nicht mitgeteilt wurde 84 II 158/160 E. a Pra 1958 (Nr. 107) 325.

7 ***Versendung.*** Dieser Begriff betrifft nicht jeden beliebigen Transport der Kaufsache vor ihrer Ablieferung, sondern bezieht sich nur auf den Distanzkauf gemäss Art. 189 (siehe auch dort) 84 II 158/160 f. E. a Pra 1958 (Nr. 107) 325.

8 ***Ausnahme.*** Übernimmt der Verkäufer beim Distanzkauf (siehe Art. 189) die Transportkosten (Frankolieferung), ist zu vermuten, dass er auch nach Versand vom Erfüllungsort die Gefahr bis zur Ankunft der Ware am Bestimmungsort trägt 46 II 457/461 E. 2, 44 II 416/419. – Liefert der Verkäufer beim Distanzkauf vor der Übergabe an den Käufer zunächst an die Adresse seines *eigenen* Vertreters am Bestimmungsort, trägt er vermutungsweise die Gefahr auch während des Transportes 52 II 362/365 f. E. 1. – Zu den Transportkosten siehe Art. 189.

9 ***Abs. 3*** Die Bestimmung findet nur auf den ***aufschiebend bedingten Vertrag*** Anwendung, nicht aber auf ein Termingeschäft, d.h. bei einem aufschiebend befristeten Geschäft (bei diesem also kein Hinausschieben des Zeitpunktes der Gefahrentragung) 4A_601/2009 (8.2.10) E. 3.2.4.2 fr. («Bedingung» vollständiger Zahlung in casu von Parteien als in Zukunft sicher eintretend beurteilt und darum lediglich Befristung), 43 II 301/306 E. 2 JdT 65 I 651 E. 2.

C. Vorbehalt der kantonalen Gesetzgebung

Art. 186

Der kantonalen Gesetzgebung bleibt es vorbehalten, die Klagbarkeit von Forderungen aus dem Kleinvertriebe geistiger Getränke, einschliesslich der Forderung für Wirtszeche, zu beschränken oder auszuschliessen.

1 Das Klagerecht ist nach schweizerischer Auffassung ein Ausfluss des materiellen Anspruchs (67 II 70/74, 77 II 344/349), beruht also wie die Forderung selbst auf dem Bundesrecht. Dieses bestimmt denn auch, welche Forderungen nicht klagbar sind (z.B. Art. 416) oder in Bezug auf welche es die Kantone ermächtigt, die Klagbarkeit zu beschränken oder auszuschliessen (Art. 186). Diese Ausnahmen, wie Art. 186 eine darstellt, bestätigen die Regel 86 II 41/45 E. 4a.

Zweiter Abschnitt
Der Fahrniskauf

A. Gegenstand

Art. 187

[1] Als Fahrniskauf ist jeder Kauf anzusehen, der nicht eine Liegenschaft oder ein in das Grundbuch als Grundstück aufgenommenes Recht zum Gegenstande hat.

[2] Bestandteile eines Grundstückes, wie Früchte oder Material auf Abbruch oder aus Steinbrüchen, bilden den Gegenstand eines Fahrniskaufes, wenn sie nach ihrer Lostrennung auf den Erwerber als bewegliche Sachen übergehen sollen.

Abs. 1 **Gegenstand des Fahrniskaufs.** ***Allgemeines.*** Vgl. auch Vorb. Art. 184–236/Abgrenzungen, Art. 184/Kaufgegenstand. Gegenstand eines Kaufvertrages sind neben Sachen auch Forderungen, Immaterialgüterrechte oder sonstige Vorteile 129 III 18/21 E. 2.2 Pra 2003 (Nr. 30) 153. 1

Schuldbrief. Der Erwerb eines Schuldbriefes qualifiziert sich als Fahrniskauf 4A_331/2010 (27.9.10) E. 3. 2

Obligationen. Die Zeichnung (Subskription) einer bestimmten Anzahl von Obligationen (unter Vorauszahlung des Emissionspreises) gegenüber einer Bank, die zu einem Bankensyndikat gehört, das die betreffende Obligationenanleihe fest übernommen hat, begründet zwischen dem Zeichner und der Bank einen Kaufvertrag (Leistung von Titeln gegen Entrichtung des Emissionspreises), nicht einen Auftrag 112 II 444/447 f. Pra 1988 (Nr. 62) 246 f. (in casu daher keine Anwendung von Art. 401), nach 120 IV 276/279 E. 4 fr. liegt ein kaufähnlicher Innominatvertrag vor. 3

Aktien. Eigentumserwerb an Gesellschaftsanteilen, die aus Mitgliedschafts- und Forderungsrechten bestehen (128 III 370/370 ff. Pra 2002 [Nr. 190] 1012); Unternehmenskaufvertrag 4A_321/2012 (14.1.13) E. 4.2. Der Verkauf sämtlicher Aktien einer AG (sog. *Share Deal),* deren einziges Aktivum ein Grundstück ist, wird im Zivilrecht als Fahrniskauf betrachtet 45 II 33/34 f. E. 2 fr., Share Deal über AG mit Liegenschaften als Aktiven mit Rücktrittsrecht bei mangelnder Konformität nach BewG. Wird Letztere über einen gerichtlichen Vergleich hergestellt, bei dem sich die AG solidarisch mit den Verkäufern zu einer Zahlung verpflichtet, ist die Rücktrittsvoraussetzung nicht erfüllt 4A_85/2019 (3.9.19) E. 3 it.; vgl. auch 1E. 5/2002 (5.9.02) E. 2.5 Pra 2002 (Nr. 185) 995, 4A_74/2009 (28.4.09) E. 2.1 fr. Erwerb eines Handelsgeschäftes durch Kauf aller Aktien: Ein solches Geschäft fällt selbst dann unter die Bestimmungen über den Fahrniskauf, wenn die Aktien nicht ausgegeben und folglich auch *nicht in einem Wertpapier verkörpert* sind 107 II 419/422 E. 1, 4A_440/2017 (3.4.18) E. 4 fr. Verkaufen mehrere Aktionäre einer AG gleichzeitig dem gleichen Käufer ihre Aktien, so liegen selbständige Einzelverträge vor, wenn für jeden Kaufvertrag einzeln das Kaufobjekt und der Kaufpreis bestimmt oder bestimmbar ist. Fehlt eine solche Aufgliederung, so kann nur das gesamte *Aktienpaket* als solches den Kaufgegenstand bilden unter der Voraussetzung, dass die Aktionäre sich zum Zweck des gemeinsamen Verkaufs zusammengeschlossen haben (in casu einfache Gesellschaft unter den verkaufenden Aktionären/solidarische Haftung) 116 II 707/710 f. E. c. 4

Keine Einheit von Verträgen liegt vor, wenn ein Käufer ein erstes Aktienpaket übernimmt und zugleich solidarisch für die Preiszahlung eines Dritten haftet, der zeitgleich ein zweites Aktienpaket kauft, dieser letztere Vertrag dann aber mangels Zahlung rückabgewickelt und das zweite Aktienpaket hernach vom Käufer erworben wird. Denn das Eigentum am zweiten Aktienpaket hätte der Käufer nicht erlangt, wenn er aufgrund seiner Solidarhaftung aus dem früheren Vertrag den Kaufpreisanteil des Dritten hätte bezahlen müssen 4A_303/2013 (2.9.13) E. 4.4. Kauf von *Namenaktien* 90 II 235/239 E. 1, 2a. Kauf einer Namenaktie, die *durch Rektaklausel als Namenpapier* konzipiert ist 114 II 57/59 ff. E. 5–7. Zum Aktienkauf vgl. auch 4C. 20/2000 (11.4.00) E. 1–3, 4C. 202/2003 (30.11.04) E. 3.4 fr. (in casu Verkauf nicht kotierter Aktien mit Rückkaufsrecht; Auslegung des Vertrages bezüglich Bestimmung des Rückkaufpreises). Eine Gesellschaft, die nur *vorübergehend untätig* ist, von den Beteiligten aber noch nicht wirtschaftlich vollständig liquidiert und aufgegeben wurde, kann verkauft werden. Es liegt kein nichtiger Aktienmantelkauf vor 4C.19/2001 (25.5.01) E. 2a Per *Share Deal* erworbene Kontokorrentschuld der AG gegenüber dem Altaktionär (Verkäufer) stellt sich nach Vorliegen des revidierten Jahresabschlusses als Kontokorrentforderung heraus 4A_502/2013 (18.2.14) E. 4. – Zu Gültigkeitsfragen bei *Aktienmantelkauf* und *Vinkulierung* vgl. Vorb. Art. 184–236/Gültigkeit und bei Share Deal bzgl. *AG mit Grundeigentum* Vorb. Art. 216–221/Gültigkeit.

5 ***Forderungen.*** Verkauft werden können auch *Rechte* wie namentlich Forderungen 4A_482/2008 (28.1.09) E. 2.3, selbst wenn sie nicht in einem Wertpapier verkörpert sind (in casu WIR-Buchungsauftrag) 102 II 339/341 E. 3, zum Forderungskauf vgl. auch 5C.13/2002 (19.3.02) E. 2a Pra 2002 (Nr. 170) 919.

6 ***Immaterialgüterrechte.*** Der Kaufvertrag kann auch *Immaterialgüterrechte* zum Gegenstand haben 129 III 18/21 E. 2.2 Pra 2003 (Nr. 30) 153. Der Vertrag über die Übertragung der Rechte an einem *Patent* ist ein Fahrniskauf oder ein Vertrag sui generis, auf den die Vorschriften über den Kauf analoge Anwendung finden, soweit seine besondere Natur das zulässt 110 II 239/242 E. 1d Pra 1984 (Nr. 241) 657 (siehe insb. unter Art. 192 ff.). – *EDV-Vertrag:* Der Vertrag über die Lieferung eines aus Hard- und Software bestehenden EDV-Systems kann verschiedenartig ausgestaltet sein, weshalb seine rechtliche Behandlung nach den besonderen Umständen des Einzelfalles zu beurteilen ist (in casu Anwendung von Art. 205 Abs. 2) 124 III 456/459 E.bb., bei Software-Überlassungsvertrag auf Dauer Anwendung des Kaufrechts 4A_446/2015 (3.3.16) E. 2 fr.

7 ***Weitere Rechte.*** Die Bestimmung beschränkt den Gegenstand des Fahrniskaufs nicht auf körperliche Sachen oder verurkundete Rechte 107 II 419/422 E. 1, sondern erfasst auch sonstige Vorteile (z.B. Kundschaft) 129 III 18/21 E. 2.2 Pra 2003 (Nr. 30) 153, 4A_274/2009 (2.10.09) E. 2 it.; *Devisen* (fremde Zahlungsmittel) 51 II 199/202 E. 1.

8 ***Abs. 2*** Wird ein *Bestandteil* eines Grundstückes ohne dieses verkauft, so wird er erst mit der Abtrennung zur selbständigen Sache, die einen eigenen Eigentümer haben kann (der in einem auf Abbruch verkauften Gebäude entdeckte Schatz fällt an den Grundeigentümer, nicht an den Käufer, wenn der Schatz vor Abtrennung jenes Gebäudeteils, der den Schatz barg, entdeckt wird) 100 II 8/12 f. E.c. Holz als Gegenstand eines Fahrniskaufes, auch wenn die betreffenden Bäume zur Zeit des Vertragsschlusses noch nicht gefällt sind 36 II 193/198 f. E. 1 fr.

B. Verpflichtungen des Verkäufers I. Übergabe

Vorb. Art. 188–191

Übergabe der Kaufsache. Das Gesetz regelt die Rechte und Pflichten bei der Durchführung der Übergabe und Abnahme der Kaufsache nicht. Haben die Parteien nichts anderes vereinbart, so ist auf die Lebensgewohnheiten, insb. auf das nach Treu und Glauben *im Geschäftsverkehr Übliche,* abzustellen 48 II 98/103 f. E. 4. Befindet sich der Käufer mit der ihm zustehenden Spezifikation (Art. 72) in Verzug, weil er den Preis nicht bezahlen will, so finden (neben der wenig praktischen und kaum nützlichen Klage auf Vornahme der Wahl) die Art. 107–109 Anwendung: Das Recht zur Spezifikation geht erst dann auf den Verkäufer über, wenn der Käufer eine ihm vom Verkäufer angesetzte angemessene Frist zur Erfüllung (Art. 107 Abs. 1), mit der Androhung, dass bei Nichterfüllung er (der Verkäufer) die Auswahl vornehmen werde, unbenützt verstreichen lässt 110 II 145/151 f. E. 1b Pra 1984 (Nr. 173) 481 (Präzisierung der Rechtsprechung von 42 II 219/225). 1

Schuldbetreibung und Konkurs. Hat der Verkäufer seine Pflichten erfüllt, so handelt er nicht rechtsmissbräuchlich, wenn er in der Folge die gelieferte Ware mit Arrest belegen lässt, um sich für eine nach Bestellung der arrestierten Ware entstandene Schadenersatzforderung gegen den Käufer Deckung zu verschaffen (in casu Sukzessivlieferungsvertrag) 110 III 35/37 ff. E. 3 fr. 2

Zum Distanzkauf siehe unter Art. 189 Abs. 1. 3

1. Kosten der Übergabe

Art. 188

Sofern nicht etwas anderes vereinbart worden oder üblich ist, trägt der Verkäufer die Kosten der Übergabe, insbesondere des Messens und Wägens, der Käufer dagegen die der Beurkundung und der Abnahme.

Es handelt sich um gesetzliche Nebenpflichten, die zu den Hauptpflichten hinzutreten 114 II 57/65 E.aa. 1

2. Transportkosten

Art. 189

[1] Muss die verkaufte Sache an einen anderen als den Erfüllungsort versendet werden, so trägt der Käufer die Transportkosten, sofern nicht etwas anderes vereinbart oder üblich ist.

[2] Ist Frankolieferung verabredet, so wird vermutet, der Verkäufer habe die Transportkosten übernommen.

[3] Ist Franko- und zollfreie Lieferung verabredet, so gelten die Ausgangs-, Durchgangs- und Eingangszölle, die während des Transportes, nicht aber die Verbrauchssteuern, die bei Empfang der Sache erhoben werden, als mitübernommen.

1 ***Abs. 1*** Beim *Distanzkauf* wird die Ware nicht am Erfüllungsort gemäss Art. 74 (Leistungsort) abgeliefert, sondern ist der Verkäufer verpflichtet, sie dem Käufer oder seinem Vertreter an einen anderen Ort, den Bestimmungsort (Erfolgsort), zu senden 84 II 158/160 E. a Pra 1958 (Nr. 107) 325. Derartige Transportpflichten sind besondere Holschulden, die nicht im Allgemeinen Teil des Obligationenrechts, sondern in den Art. 185 Abs. 2 und 189 Abs. 1 geregelt sind 5P.247/2004 (14.10.04) E. 3.1. Hingegen wird eine Bringschuld vereinbart, wenn sich der Verkäufer in einer sog. Lieferortvereinbarung verpflichtet, ein Graffitischutzmittel selber an den Ort des Magazins des Käufers zu liefern (in casu freilich gemäss CISG Art. 31) 4A_131/2009 (26.6.09) E. 4.4.2. – Bestehen keine besonderen Vereinbarungen über die Zusendung der Ware, so genügt der Verkäufer seiner Pflicht, wenn er die Ware an den Käufer oder an einen mit der weiteren Besorgung des Transportes nach der Ordre des Käufers beauftragten Spediteur versendet 21 I 187/195 E. 7. – Eine besondere Vereinbarung war etwa die CIF-Klausel der Incoterms 1980, die eine Versendungspflicht des Verkäufers in Form einer selbständigen Nebenpflicht begründete, deren definitive Nicht- oder Schlechterfüllung Schadenersatzansprüche des Käufers nach Art. 97 Abs. 1 auslösten. Zur Erfüllung dieser Versendungspflicht musste der Verkäufer unter genauer Angabe der Empfängeranschrift einen Frachtvertrag mit einem Frachtführer abschliessen, wobei er nach Art. 101 einzustehen hatte, wenn er sich eines Spediteurs bediente 122 III 106/107 f. E. 4.

2 ***Abs. 2*** Wurde *Frankolieferung* verabredet, ist damit über den Erfüllungsort noch nichts ausgesagt, solange dieser nicht ausdrücklich genannt wird 5P.247/2004 (14.10.04) E. 3.1, 49 II 70/75 f. E. 3. Insb. wird beim Distanzkauf dadurch der Bestimmungsort noch nicht zum Erfüllungsort und das Geschäft mithin nicht zur Bringschuld 46 II 457/461 E. 2.

3. Verzug in der Übergabe

Vorb. Art. 190–191

1 **Kaufmännischer Verkehr.** Wenn die Sache zum Weiterverkauf bestimmt ist 65 II 171/173 fr. oder beide Parteien Kaufleute im Sinne des OR sind 24 II 392/396 E. 3. Der Käufer beabsichtigt einen Weiterverkauf mit Gewinn 120 II 296/299 fr.

2 **Analoge Anwendung.** Offengelassen, ob die Bestimmungen nur im kaufmännischen Verkehr oder allgemein anwendbar seien. Jedenfalls ist es dem Gericht unbenommen, sich bei der Schadenberechnung für einen bürgerlichen Kauf auf ähnliche Kriterien wie in Art. 191 Abs. 2 und 3 zu stützen (in casu Grundstückkauf/Berechnung des Schadens bei Nichterfüllung, Art. 97 Abs. 1) 104 II 198/200 E.b. In 120 II 296/300 E.c.fr. offengelassen, ob Abs. 2 und 3 auf den bürgerlichen Kauf direkt Anwendung finden. Die analoge Anwendbarkeit wiederum bestätigt in 4A_257/2007 (8.11.07) E. 2. Allenfalls kann Art. 191 Abs. 2 auf den Trödelvertrag analog angewendet werden 89 II 214/220 E.c. Höchstens analoge Anwendung von Art. 191 Abs. 3, da der Verzug eine Rückgabepflicht aus Treuhandvertrag betraf 4A_257/2007 (8.11.07) E. 2.

a. Rücktritt im kaufmännischen Verkehr

Art. 190

[1] Ist im kaufmännischen Verkehr ein bestimmter Lieferungstermin verabredet und kommt der Verkäufer in Verzug, so wird vermutet, dass der Käufer auf die Lieferung verzichte und Schadenersatz wegen Nichterfüllung beanspruche.

[2] Zieht der Käufer vor, die Lieferung zu verlangen, so hat er es dem Verkäufer nach Ablauf des Termines unverzüglich anzuzeigen.

Der Käufer kann selbst beim Vorliegen des Tatbestandes von Art. 190 nach den allgemeinen Regeln der Art. 107 ff. vorgehen, ohne deshalb das Recht zur Schadenberechnung nach Art. 191 zu verlieren 49 II 28/34. 1

Abs. 1 **Fixgeschäft.** ***Wandelungsvermutung.*** Die Bestimmung weicht insofern vom Grundsatz in Art. 108 ab, als sie für den kaufmännischen Verkehr die *Vermutung* aufstellt, dass die Parteien im Fall eines bestimmten Lieferungstermins ein Fixgeschäft und nicht bloss ein *Verfalltagsgeschäft* vereinbart haben. Behauptet der Käufer ein Fixgeschäft, so hat er nur zu beweisen, dass kaufmännischer Verkehr vorliegt und ein bestimmter Lieferungstermin vereinbart worden ist; unerheblich ist, in welcher sprachlichen Ausdrucksweise der Lieferungstermin bestimmt ist. *Die Vermutung ist widerlegbar* durch den Nachweis, dass die Parteien den vereinbarten Erfüllungstermin nicht als wesentlich betrachteten oder dass sie auf den Termin nachträglich ausdrücklich oder durch konkludentes Verhalten (Verhalten nach Vertragsschluss 46 II 164/166 fr.; Beharren auf Realleistung 43 II 225/229 E. 3) verzichtet und so das Fixgeschäft in ein Mahngeschäft umgewandelt haben 49 II 220/228, 46 II 164/166 fr. 2

Verzugsfolgen. Aufgrund der Bestimmung gerät der Verkäufer am vereinbarten Termin nicht nur in normalen Schuldnerverzug, sondern ipso iure in einen qualifizierten Verzug im Sinne von Art. 107, mit der Besonderheit, dass Art. 190 Abs. 1 eine gesetzliche Vermutung dafür begründet, dass der Käufer auf die Erfüllung verzichtet und Schadenersatz wegen Nichterfüllung beansprucht (Erfüllungswandelung, nicht Liquidationswandelung, obwohl die Marginalie von Rücktritt spricht) 116 II 436/438 E. a Pra 1991 (Nr. 41) 204 (in casu forderte der Käufer die Erfüllung des Vertrages; somit keine Anwendung von Art. 190 Abs. 1, sondern von Art. 190 Abs. 2 [und damit Anwendung der Art. 107–109]). Stillschweigen des Käufers gilt somit als Verzicht auf die Leistung 46 II 164/167 fr. Art. 190 Abs. 1 befasst sich nicht mit dem Eintritt des Verzugs, sondern mit dem Schicksal der ausgebliebenen Leistung 116 II 441/443 E. 2a. 3

Bestimmter Lieferungstermin. Ein Fixgeschäft ist auch dann anzunehmen, wenn eine die Lieferung vorbereitende Handlung (in casu Versendung der Ware von einer Zwischenstation des Transportweges) bis zu einem bestimmten Zeitpunkt vorgenommen werden muss 41 II 672/677 f. E. 6. – Die Vertragsbestimmung «lieferbar prompt per Mitte April, oder wenn möglich früher» macht den Vertrag zum Fixgeschäft 43 II 170/172 E. 2; nicht aber die Vertragsbestimmung «lieferbar August a.c., eventuell ein kleines Quantum im Juli» 42 II 239/243 E. 4. – Lediglich eine Zahlungsfrist, nicht aber ein relatives Fixgeschäft wird vereinbart, wenn der Käufer 30 Tage mehr Zeit erhält für die Preisleistung, wenn die Fracht nach einem bestimmten Termin, «aber vor dem und nicht später als bis zum 15. Juli» eintrifft. Dafür spricht auch, wenn die Parteien der Klausel nicht den einer 4

Fixgeschäftsabrede gebührenden Raum im Vertragswerk beimessen 4A_218/2010 (6.10.10) E. 3.4.2 it.

5 *Abs. 2* **Realleistung.** Beharrt der Käufer auf Realleistung, so wird aus dem Fixgeschäft ein Mahngeschäft (Nachfristgeschäft), das zur Ausübung der Rechte nach Art. 107 eine Fristansetzung erfordert. Der nach Art. 102 Abs. 2 mit Ablauf des Stichtages eingetretene Schuldnerverzug bleibt bestehen, auch wenn das Fixgeschäft nachträglich in ein Mahngeschäft umgewandelt wird 51 II 325/326 E. 2. Anwendbar sind Art. 107–109 116 II 436/439 E. b Pra 1991 (Nr. 41) 204.

6 Vgl. auch unter Art. 108 Ziff. 3.

b. Schadenersatzpflicht und Schadenberechnung

Art. 191

[1] Kommt der Verkäufer seiner Vertragspflicht nicht nach, so hat er den Schaden, der dem Käufer hieraus entsteht, zu ersetzen.

[2] Der Käufer kann als seinen Schaden im kaufmännischen Verkehr die Differenz zwischen dem Kaufpreis und dem Preise, um den er sich einen Ersatz für die nicht gelieferte Sache in guten Treuen erworben hat, geltend machen.

[3] Bei Waren, die einen Markt- oder Börsenpreis haben, kann er, ohne sich den Ersatz anzuschaffen, die Differenz zwischen dem Vertragspreise und dem Preise zur Erfüllungszeit als Schadenersatz verlangen.

1 **Allgemeines.** Der Wert der verkauften Sache bemisst sich grundsätzlich nach dem Zeitpunkt, in dem der Käufer auf die Leistung verzichtet 120 II 296/300 E. b fr., zu den Gründen 45 II 274/278.

2 **Prozess.** Nach Bundesrecht kann der Käufer während des Prozesses auf die einmal gewählte Berechnungsmethode zurückkommen 105 II 87/89 E. 2; jedoch hat er dabei die Vorschriften des Prozessrechts (insb. jene betreffend Formen und Fristen für Tatsachenbehauptungen und Beweisanerbieten) zu beachten 81 II 50/52 f. E. 2 Pra 1955 (Nr. 100) 305. – Die Würdigung der Schadenberechnung ist Tatfrage 47 II 190/193, 120 II 296/298 E. 3b fr. (das Bundesgericht überprüft im Berufungsverfahren die Rechtsfrage, ob die kantonale Vorinstanz den Rechtsbegriff des Schadens verkannt oder Rechtsgrundsätze der Schadenberechnung verletzt hat; Ausführungen zum Begriff des Schadens). Das Bundesrecht verbietet es dem kantonalen Richter nicht, einen Sachverhalt aufgrund allgemeinen Schadenersatzrechts zu würdigen, wenn der Schadensnachweis nach Abs. 3 misslingt 4A_257/2007 (8.11.07) E. 3 (mit Hinweis auf Art. 107 Abs. 2 in Verbindung mit Art. 97 ff. und Art. 42 Abs. 2), 105 II 87/89 E. 2. – Grundsätzlich hat der Käufer die konkreten Elemente seines Schadens nachzuweisen (Art. 42 Abs. 1 in Verbindung mit Art. 99 Abs. 3) 120 II 296/299 fr.

<u>*Abs. 1*</u> Die Bestimmung verweist sinngemäss auf die Art. 97 ff. in Verbindung mit Art. 42 und Art. 43 (mit Geltung auch für den kaufmännischen Verkehr) 104 II 198/200 E. b, 120 II 296/299 fr. – Anwendungsbeispiel der Schadenberechnung beim bürgerlichen Kauf 120 II 296/298 ff. E. 3 fr. (keine Verletzung von Bundesrecht, wenn auf die Differenz zwischen dem bei einem Weiterverkauf erzielbaren Preis [Ermessensentscheid unter Berücksichtigung des gewöhnlichen Laufs der Dinge] und dem vereinbarten Preis abgestellt wird; keine Rolle spielt, ob der Käufer einen Weiterverkauf beabsichtigt oder nicht). Bei der Schadenberechnung nach Art. 42 reicht ein blosser Anscheinsbeweis aus 4C.22/2005 (1.4.05) E. 3.1. 3

Ein den Anforderungen von Abs. 2 nicht genügender Deckungskauf (weil in casu verfrüht) kann für den Schadensnachweis nach Abs. 1 ein gewichtiges Beweismoment sein 43 II 170/180. 4

<u>*Abs. 2 und 3*</u> **Wahlmöglichkeiten des Käufers.** Dem Käufer steht die Wahl offen zwischen der konkreten (Abs. 2) und der abstrakten Schadenberechnung (Abs. 3) 47 II 190/192 f. E. 2. Diese besonderen Rechtsbehelfe zugunsten des Käufers im Handelsverkehr verbessern seine Stellung im Beweis, schliessen aber einen Schadensnachweis nach allgemeinen Grundsätzen (auf die Abs. 1 verweist) nicht aus 105 II 87/88 f. E. 2. – Im kaufmännischen Verkehr kann der Käufer von den Berechnungsmethoden in Art. 191 Abs. 2 und 3 selbst dann Gebrauch machen, wenn er mangels der Voraussetzungen von Art. 190 zu einem Vorgehen nach Art. 107 gezwungen war 49 II 28/34 f. 5

Gegenbeweis des Verkäufers. Dem Verkäufer steht der Beweis offen, dass der Käufer effektiv keinen oder nur einen geringeren Schaden erlitten hat, als er sich nach der gewählten Berechnungsmethode ergibt 49 II 77/81 f. 6

<u>*Abs. 2*</u> **Konkrete Schadenberechnung.** Der Käufer kann entweder die Differenz zwischen Vertrags- und Deckungskaufpreis oder diejenige zwischen Vertrags- und Weiterverkaufspreis geltend machen 44 II 50/51, 47 II 190/192 E. 2, 120 II 296/299 fr. 7

Ersatzanschaffung/Deckungskauf. Massgebend ist der deutsche und italienische Text: Der Abschluss eines Deckungskaufs genügt, nicht notwendig ist seine Erfüllung 81 II 50/53 E. 3 Pra 1955 (Nr. 100) 306. – Einen Deckungskauf hat der Käufer nachzuweisen. Der Verkäufer ist beweispflichtig für seine Behauptung, der Deckungskauf sei nicht in guten Treuen abgeschlossen worden (z.B. wegen eines zu hohen Preises oder weil für den Käufer nicht bindend; der Käufer kann verhalten werden, beim Beweis mitzuwirken 81 II 50/54 E. 3 Pra 1955 (Nr. 100) 306. – Zeitpunkt: Nach 15 359 f. darf der Käufer den Deckungskauf nach Treu und Glauben nicht beliebig hinausschieben). – Gültig ist bei steigender Preistendenz ein Deckungskauf einige Tage *vor* Ablauf der Nachfrist, deren Nichtbenützung vorauszusehen war 44 II 510/516. – Ein Deckungskauf, der am 9. Juni abgeschlossen wurde, obwohl die Nachfrist erst am 10. August ablief, genügt den Anforderungen der Bestimmung nicht, kann aber für den Schadensnachweis nach Abs. 1 ein gewichtiges Beweismoment sein 43 II 170/179 f. 8

Weiterverkaufspreis. Berechnet der Käufer den Schaden aus der Differenz zwischen dem Kaufpreis und jenem Preis, um welchen er die Ware weiterverkauft hat, so kann der Verkäufer einwenden, durch einen Deckungskauf hätte der Schaden vermieden oder vermindert werden können. Diesfalls hat er zu beweisen, dass der Käufer die Ware um einen 9 billigeren Preis hätte erwerben können, als er sie weiterverkauft hat, und so rechtzeitig, dass ihm der vereinbarte Weiterverkauf möglich gewesen wäre 44 II 50/51 f.

10 ***Weiteres.*** Bei der konkreten Schadenberechnung ist eine Herabsetzung der Ersatzpflicht nach Art. 99 Abs. 3/Art. 43 Abs. 1 ausgeschlossen 46 II 145/150 fr.

11 ***Abs. 3*** **Abstrakte Schadenberechnung.** 89 II 214/221 E. 5, 105 II 87/88 E. 2, 120 II 296/299 fr. – Die Bestimmung enthält eine vereinfachte Formel für die Ermittlung des entgangenen Gewinns 81 II 50/54 f. E. 4 Pra 1955 (Nr. 100) 307. – Die blosse Verwendung objektiver Elemente macht eine Schadensberechnung noch nicht zur abstrakten im Sinne von Art. 191 Abs. 3 104 II 198/201 E.b.

12 ***Marktpreis.*** Rechtsfrage ist, ob der Sachverhalt den Schluss auf das Vorhandensein eines Marktpreises zulasse. Unter dem Marktpreis ist jener Preis zu verstehen, der infolge regelmässiger Geschäftsabschlüsse für eine Ware bestimmter Gattung und Art an einem bestimmten Handelsplatz zu bestimmter Zeit erzielt wird 49 II 77/84, 78 II 432/434 E.a. – Die Schadenberechnung nach Abs. 3 ist jedoch auch dann zulässig, wenn die Ware anstelle eines eigentlichen Marktpreises einen sogenannten *Verkäuflichkeitspreis* (Marktpreis im weiteren Sinne) hat. Verkäuflichkeit liegt vor, wenn nach objektiven Gesichtspunkten ein üblicher Preis besteht. Sie ist nicht schon dann auszuschliessen, wenn für den massgebenden Zeitpunkt keine Abschlüsse über Waren der streitigen Art nachgewiesen sind. Es können frühere Abschlüsse die Marktlage dauernd bestimmt haben, sofern Kaufs- und Verkaufsangebote für den betreffenden Zeitpunkt bestanden. Dagegen wäre ein Verkäuflichkeitspreis dann zu verneinen, wenn es zwar zu gelegentlichen Abschlüssen gekommen ist, aber zu Preisen, die von den besonderen, beim Käufer oder Verkäufer vorhandenen persönlichen Umständen abhingen. Massgeblich ist der Markt- bzw. der Verkäuflichkeitspreis am Ort der geschuldeten Leistung zur Erfüllungszeit 78 II 432/434 f. E. a, b. Zwar kann aus der Zeichnung von Aktien anlässlich einer Kapitalerhöhung nicht unbesehen auf die Verkäuflichkeit dieser Aktien geschlossen werden. Allerdings darf der Umstand der durchgeführten Privatplatzierungen (und insb. der dort erzielte Verkaufspreis) ohne Willkür für die Bestimmung des Werts der Aktien berücksichtigt werden, wenn nicht nur Altaktionäre, sondern auch Dritte Aktien zeichneten 4A_257/2007 (8.11.07) E. 2 (in casu höchstens analoge Anwendung von Art. 191, da der Verzug eine Rückgabepflicht aus Treuhandvertrag betraf). – Verkäuflichkeit wird unter Kaufleuten bis zum *Beweis* des Gegenteils vermutet 81 II 50/54 f. E. 4 Pra 1955 (Nr. 100) 307. – Keinen Markt- oder Verkäuflichkeitspreis haben im Allgemeinen Kunstgegenstände 89 II 214/221 E. 5c.

13 ***Erfüllungszeit.*** Setzt der Käufer dem Verkäufer gemäss Art. 107 mehrmals eine Nachfrist an, so gilt als Erfüllungszeit im Sinne der Bestimmung der Zeitpunkt des Ablaufs der letzten Nachfrist 43 II 352/356 E. 3.

14 ***Weiteres.*** Dem Verkäufer steht der Beweis offen, dass der Käufer effektiv keinen oder nur einen geringeren Schaden erlitten habe, als er sich nach der abstrakten Berechnungsmethode ergibt 49 II 77/81 f. – Im Rahmen der abstrakten Schadenberechnung ist eine Herabsetzung der Schadenersatzpflicht nach Art. 99 Abs. 3/Art. 43 Abs. 1 möglich 43 II 352/356 f. E. 3. – Das Fehlen eines Marktpreises schliesst lediglich die Schadenberechnung nach Abs. 3 aus, nicht aber den Schadensnachweis aufgrund anderer Vorschriften 43 II 214/221.

CISG. Vgl. auch Vorb. Art. 184–236/Anwendbares Recht. – Wird eine Lieferpflicht 15
nicht erfüllt, kann der Käufer Schadenersatz gemäss CISG Art. 45 Abs. 1 lit. b verlangen. Dieser umfasst gemäss CISG Art. 74 auch den wegen verpasstem Wiederverkauf entgangenen Gewinn 136 III 56/57 E. 4 Pra 2010 (Nr. 74) 542. Freilich reduziert sich dieser Betrag, wenn der Käufer seine Schadenminderungsobliegenheit gemäss CISG Art. 77 nicht beachtet und keinen Deckungskauf tätigt bzw. nachweist. Der Käufer hat dann Anspruch auf Schadenersatz, der gemäss Art. 75 CISG nach dem Unterschied zwischen dem von den Parteien vereinbarten Preis und demjenigen dieses Deckungskaufs zu berechnen ist 136 III 56/58 f. E. 5 Pra 2010 (Nr. 74) 543 f.

II. Gewährleistung des veräusserten Rechtes 1. Verpflichtung zur Gewährleistung

Art. 192

[1] Der Verkäufer hat dafür Gewähr zu leisten, dass nicht ein Dritter aus Rechtsgründen, die schon zur Zeit des Vertragsabschlusses bestanden haben, den Kaufgegenstand dem Käufer ganz oder teilweise entziehe.

[2] Kannte der Käufer zur Zeit des Vertragsabschlusses die Gefahr der Entwehrung, so hat der Verkäufer nur insofern Gewähr zu leisten, als er sich ausdrücklich dazu verpflichtet hat.

[3] Eine Vereinbarung über Aufhebung oder Beschränkung der Gewährspflicht ist ungültig, wenn der Verkäufer das Recht des Dritten absichtlich verschwiegen hat.

Abs. 1 **Tatbestand.** *Allgemeines.* Nicht die mangelnde Rechtsverschaffung, sondern 1
die Tatsache der Entwehrung ist Rechtsgrund der Klage, welche der Käufer wegen Entwehrung erhebt 57 II 403/406 E. 2, ebenso 109 II 319/322 E. 2, 82 II 238/248 E. 2 (in casu indes rechtlicher Sachmangel). Dabei wird Eviktion mit gerichtlicher Geltendmachung gleichgesetzt: 104 II 348/354 E. 3.2 (in casu Bauhandwerkerpfandrecht, Art. 196), 98 II 191/196 E. 3. Die Bestimmung findet im Allgemeinen keine Anwendung auf den Kauf einer «ab ovo» nicht existierenden Sache; eine Ausnahme muss aber nach Art. 171 beim Forderungskauf gemacht werden 110 II 239/242 E. 1d Pra 1984 (Nr. 241) 657 f.

Patentkauf. Anwendbar auch bei nachträglicher Nichtigerklärung eines verkauften 2
Patentes 57 II 403/405 ff. E. 2. Dann zwischenzeitlich analoge Anwendung von Art. 171 75 II 166/173 E. c. Rückkehr zu den Normen der Eviktionsgewähr mit einschränkender Präzisierung in 110 II 239/241 ff. E. 1c, 1d Pra 1984 (Nr. 241) 656 ff.: Aus der Anwendung von Art. 192 ergeben sich unterschiedliche Konsequenzen, je nachdem, ob der Verkäufer für den Bestand des Patents, seine besonderen Eigenschaften und das mit ihm verbundene Exklusivrecht die Gewähr übernommen hat oder nicht. Im Fall der ausdrücklichen oder sich aus den Umständen ergebenden Gewähr haftet der Verkäufer nach den Regeln über die Nichterfüllung der Verträge (Art. 97 ff.) und nach Art. 195 und 196. Hat der Verkäufer keine vertragliche Gewähr übernommen, und sind beide Teile gutgläubig, so haftet der Verkäufer jedenfalls dafür, dass Dritte nicht ein besseres oder konkurrierendes Recht am gleichen Patent geltend machen können; dagegen gehören die übrigen Mängel, insb. die Nichtigkeit wegen mangelnder Neuheit oder Erfindungshöhe, zu den Risiken, mit denen der Käufer rechnen muss (in diesen Fällen hat der Verkäufer nur dann Gewähr zu leisten, wenn er sich ausdrücklich dazu verpflichtet hat [Abs. 2; in casu Übernahme einer entsprechenden Gewähr verneint]) 110 II 239/241 ff. E. 1d, 1e Pra 1984 (Nr. 241) 658 f., vgl.

auch 111 II 455/456 E. 2 (offengelassen, ob der Verkäufer nach den Regeln über die Entwehrung auch bei Nichtigkeit des Patents wegen fehlender gewerblicher Anwendbarkeit der Erfindung oder Ungültigkeit des Kaufvertrages hafte). – Die Auswirkungen der Patentnichtigkeit bei Kauf- und Lizenzvertrag sind einander möglichst anzugleichen 75 II 166/173 E.c.

3 ***Liegenschaftskauf.*** Entziehung einer gekauften Liegenschaft durch einen betreibenden Hypothekargläubiger: Keine Anwendung der Bestimmung, wenn es nach den Umständen Sache des Käufers gewesen wäre, die auf Verwertung des Kaufgegenstandes gerichtete Zwangsvollstreckung abzuwenden, und diese Unterlassung für die Entwehrung als kausal gelten muss (in casu Anwendung von ZGB Art. 832; somit kein Rechtsgrund, der im Sinne von Art. 192 Abs. 1 schon *zur Zeit des Vertragsabschlusses* bestanden hätte, da die Zahlungspflicht des Käufers erst durch den Abschluss des Liegenschaftskaufes entstand) 39 II 753/755 f. E. 3. – Der gutgläubige Erwerber eines Grundstückes muss sich ein zwischen seinem Rechtsvorgänger und einem Dritten vereinbartes, im Grundbuch nicht eingetragenes Wegrecht nicht entgegenhalten lassen (in casu freiwillige Anerkennung durch den Käufer); somit kann er vom Gericht nicht verlangen, gegen die Gefahr der Entwehrung geschützt zu werden 98 II 191/195 f. E. 3. – Gewährleistungspflicht des Verkäufers einer Liegenschaft, der sich zu Unrecht (aber gutgläubig) als Alleineigentümer ausgegeben hat 100 II 24/26 f. E. 1.

4 ***Abs. 2*** Die Vertragsabrede, mit welcher der Käufer das Risiko mangelnder gewerblicher Verwertbarkeit einer Erfindung übernimmt, ist zulässig 111 II 455/456 f. E. 2.

5 ***CISG.*** Nach CISG Art. 42 Abs. 1 hat der Verkäufer Ware zu liefern, die frei von Rechten oder Ansprüchen Dritter ist, die auf gewerblichem oder anderem geistigen Eigentum beruhen und die der Verkäufer bei Vertragsabschluss kannte oder über die er nicht in Unkenntnis sein konnte. Dabei obliegt dem Käufer der Beweis, dass ein Dritter Rechte oder (selbst unbegründete) Ansprüche geltend macht, die zudem die vom Verkäufer gelieferten Waren betreffen. Erfüllt der Verkäufer seine Pflicht aus CISG Art. 42 nicht, so kann der Käufer nach CISG Art. 45 Abs. 1 die in den CISG Art. 46–52 vorgesehenen Rechte ausüben oder Schadenersatz nach den CISG Art. 74–77 verlangen 4A_591/2011 (17.4.12) E. 2.3.

2. Verfahren a. Streitverkündung

Art. 193

[1] Die Voraussetzungen und Wirkungen der Streitverkündung richten sich nach der ZPO.

[2] Ist die Streitverkündung ohne Veranlassung des Verkäufers unterblieben, so wird dieser von der Verpflichtung zur Gewährleistung insoweit befreit, als er zu beweisen vermag, dass bei rechtzeitig erfolgter Streitverkündung ein günstigeres Ergebnis des Prozesses zu erlangen gewesen wäre.

1 Es besteht ein allgemeiner zivilrechtlicher Grundsatz, dass ein gegen den Streitverkünder ergangenes ungünstiges Urteil dann auch gegen den Streitberufenen wirkt, wenn dieser aufgrund seines Rechtsverhältnisses zum Streitverkünder oder nach Treu und Glauben verpflichtet war, die Hauptpartei im Prozess zu unterstützen. Vorausgesetzt ist, dass die Streitverkündung rechtzeitig erfolgte und der ungünstige Prozessausgang nicht durch

den Streitverkünder verschuldet wurde. Die Bestimmung ist somit auch *auf andere Rechtsverhältnisse anwendbar,* aus denen ein Anspruch auf Gewährleistung und Schadloshaltung hergeleitet wird 90 II 404/408 f., vgl. aber auch 57 II 518/521 f. E. 1. – Die *Wirkungen* der Streitverkündung im Verhältnis zwischen Streitverkünder und Streitberufenem werden (auch ausserhalb der Art. 193 und 258) durch das materielle Recht geregelt (Rechtsfrage 90 II 404/409 E. c). Das Prozessrecht hingegen bestimmt die verfahrensrechtlichen Folgen und die Form (das materielle Recht begnügt sich mit einer beliebigen Anzeige) 100 II 24/29.

<u>*Abs. 2*</u> **Prozessergebnis.** Darunter fällt nur ein richterliches Urteil, nicht aber ein Prozessvergleich (auch wenn er auf Anregung oder unter Mitwirkung des Gerichts abgeschlossen wurde) 100 II 24/27 f. E.b. 2

b. Herausgabe ohne richterliche Entscheidung

Art. 194

[1] Die Pflicht zur Gewährleistung besteht auch dann, wenn der Käufer, ohne es zur richterlichen Entscheidung kommen zu lassen, das Recht des Dritten in guten Treuen anerkannt oder sich einem Schiedsgericht unterworfen hat, sofern dieses dem Verkäufer rechtzeitig angedroht und ihm die Führung des Prozesses erfolglos angeboten worden war.

[2] Ebenso besteht sie, wenn der Käufer beweist, dass er zur Herausgabe der Sache verpflichtet war.

<u>*Abs. 1*</u> Der Käufer kann auch während des Prozesses das Recht des Dritten anerkennen (in casu durch Vergleich). In diesem Fall besteht eine Gewährspflicht des trotz Streitverkündung dem Prozess ferngebliebenen Verkäufers jedoch nur, wenn ihm der Käufer erneut und im Hinblick auf die Vergleichsverhandlungen (analog zu Art. 193 Abs. 1) den Streit verkündet. Vorbehalten bleibt der in Abs. 2 vorgesehene Nachweis des Käufers 100 II 24/28 ff. E. c, 2. 1

3. Ansprüche des Käufers a. Bei vollständiger Entwehrung

Art. 195

[1] Ist die Entwehrung eine vollständige, so ist der Kaufvertrag als aufgehoben zu betrachten und der Käufer zu fordern berechtigt:

1. **Rückerstattung des bezahlten Preises samt Zinsen unter Abrechnung der von ihm gewonnenen oder versäumten Früchte und sonstigen Nutzungen;**
2. **Ersatz der für die Sache gemachten Verwendungen, soweit er nicht von dem berechtigten Dritten erhältlich ist;**
3. **Ersatz aller durch den Prozess veranlassten gerichtlichen und aussergerichtlichen Kosten, mit Ausnahme derjenigen, die durch Streitverkündung vermieden worden wären;**
4. **Ersatz des sonstigen durch die Entwehrung unmittelbar verursachten Schadens.**

[2] Der Verkäufer ist verpflichtet, auch den weitern Schaden zu ersetzen, sofern er nicht beweist, dass ihm keinerlei Verschulden zur Last falle.

1 **Allgemeines.** ***Wahl der Rechtsbehelfe.*** Bei Eviktion gemäss Art. 192 ff. hat der Käufer die Wahl, ob er auf Gewährleistung klagen oder den Vertrag wegen eines Willensmangels im Sinne der Art. 23 ff. anfechten will (in casu Grundlagenirrtum darüber, dass das gekaufte Auto gestohlen war) 109 II 319/322 E. 2.

2 Die ***Verjährung*** der Ansprüche des Käufers beginnt mit der Entwehrung zu laufen 57 II 403/405 ff. E. 2.

3 *Abs. 1* erweist sich durch die vorgesehene **Kausalhaftung** als Ausnahme von den allgemeinen Regeln der Art. 97 ff. und ist daher *einschränkend* auszulegen: Die Bestimmung findet Anwendung nur auf solchen Schaden, bei dem eine Haftung des Verkäufers ohne sein Verschulden gerechtfertigt ist 79 II 376/380 Pra 1954 (Nr. 13) 34. – Aufgrund von Abs. 1 kann der Käufer lediglich Ersatz des positiven Schadens (damnum emergens) beanspruchen; entgangenen Gewinn (lucrum cessans) kann er nur aufgrund von Abs. 2 geltend machen (Exkulpationsmöglichkeit des Verkäufers) 79 II 376/381 E. 3 Pra 1954 (Nr. 13) 35.

4 *Abs. 1 Ziff. 3* **Prozesskosten.** Es handelt sich um die Kosten jenes Prozesses, den der Käufer gegen den Drittansprecher zu führen gezwungen war. Dagegen bezieht sich die Bestimmung nicht auf die Kosten des Prozesses zwischen Käufer und Verkäufer (diese Frage entscheidet sich, wie bei jedem anderen Rechtsstreit, nach dem Prozessrecht) 79 II 376/381 f. E. 5 Pra 1954 (Nr. 13) 35.

5 *Abs. 1 Ziff. 4* **Sonstiger unmittelbarer Schaden.** Vgl. Art. 208 Abs. 2.

b. Bei teilweiser Entwehrung

Art. 196

[1] Wenn dem Käufer nur ein Teil des Kaufgegenstandes entzogen wird, oder wenn die verkaufte Sache mit einer dinglichen Last beschwert ist, für die der Verkäufer einzustehen hat, so kann der Käufer nicht die Aufhebung des Vertrages, sondern nur Ersatz des Schadens verlangen, der ihm durch die Entwehrung verursacht wird.

[2] Ist jedoch nach Massgabe der Umstände anzunehmen, dass der Käufer den Vertrag nicht geschlossen haben würde, wenn er die teilweise Entwehrung vorausgesehen hätte, so ist er befugt, die Aufhebung des Vertrages zu verlangen.

[3] In diesem Falle muss er den Kaufgegenstand, soweit er nicht entwehrt worden ist, nebst dem inzwischen bezogenen Nutzen dem Verkäufer zurückgeben.

c. Bei Kulturgütern

Art. 196a

Für Kulturgüter im Sinne von Artikel 2 Absatz 1 des Kulturgütertransfergesetzes vom 20. Juni 2003 verjährt die Klage auf Gewährleistung des veräusserten Rechts ein Jahr, nachdem der Käufer den Mangel entdeckt hat, in jedem Fall jedoch 30 Jahre nach dem Vertragsabschluss.

III. Gewährleistung wegen Mängel der Kaufsache

Vorb. Art. 197–210

▪ Abgrenzungen (1) ▪ Prozessuales (16)

1 **Abgrenzungen.** ***Grundsatz.*** Bei einer Leistungsstörung in Form einer unrichtigen Erfüllung (durch Lieferung einer mangelhaften Kaufsache) hat der Käufer die *Wahl,* ob er gemäss Art. 197 ff. auf Gewährleistung klagen nach Art. 97 ff. Schadenersatz wegen nicht gehöriger Erfüllung verlangen oder den Vertrag wegen eines Willensmangels im Sinne der Art. 23 ff. anfechten will (anders jedoch unter dem CISG, siehe Rz. 9 zu Vorb. Art. 184–236 zu 145 III 383/386 E. 5.3, sowie beim Viehkauf, siehe Art. 198) 109 II 319/322 E. 2, 108 II 102/104 E. a (in casu Aktienkauf), 107 II 419/421 E. 1 (in casu Erwerb eines Handelsgeschäftes durch Kauf aller Aktien), vgl. auch 114 II 131/134, 127 III 83/85 E. a, 4C.197/2004 (27.9.04) E. 3.1 fr.

2 ***Mangelfolgeschaden.*** Allgemeiner Schadensbegriff massgebend (in casu keine Bedeutung des Wiederverkaufspreises für die Schadensberechnung) 4C.423/1999 (29.2.00) E. 3. – Ein Mangelfolgeschaden ist nicht bereits deshalb (nurmehr) *mittelbare* Folge eines Mangels, weil sich dieser erst beim normalen Gebrauch der Sache im Rahmen des üblichen oder vereinbarten Verwendungszwecks schädigend auswirkt. Liegt ein *unmittelbarer* Kausalzusammenhang vor, fällt auch Mangelfolgeschaden unter Art. 208 Abs. 2 133 III 257/273 (neue Rechtsprechung). – Nur bezüglich *Wandelung* des Kaufvertrages ist der Anspruch auf Ersatz des Mangelfolgeschadens geregelt. Wird er in Verbindung mit *Minderung* oder *für sich allein* geltend gemacht, ist dies ein Anwendungsfall von Art. 97 Abs. 1 (eine analoge Anwendung der Kausalhaftung des Art. 208 Abs. 2 statt Verschuldenshaftung ist angesichts der Rechtsprechungsänderung, 133 III 257/273, inskünftig denkbar), untersteht jedoch bezüglich der Verjährung, der Prüfung der Ware und der Mängelrüge den gleichen Bestimmungen wie die Gewährleistungsansprüche (d.h. den Art. 210, 219 Abs. 3, 201) 133 III 335/339, 4C.130/2006 (8.5.07) E. 6.1 fr., 107 II 161/166 E. a Pra 1981 (Nr. 207) 547 und 107 II 419/421 E. 1, grundlegend 63 II 401/402 ff. E. 2, 3, Schadenersatz bei Verschulden; zum Schaden kann auch der entgangene Gewinn gehören 82 II 136/139 E. 3a, b; dieser entgangene Gewinn (in casu für Nutzungsausfall während einer fünftägigen Reparaturzeit kurz vor Weihnachten) ist aber nicht belegt, wenn keine konkreten Aufträge während der fraglichen Zeit oder der unmittelbar davor liegenden Wochen nachgewiesen werden, sondern lediglich der Auftragsstand des Vormonats 4A_401/2011 (18.1.12) E. 3.5. Ersatz des Mangelfolgeschadens bei Verschulden 122 III 420/423 E.c.

3 ***Antizipierter Vertragsbruch.*** Nach der Rechtsprechung kann der Vertrag in analoger Anwendung der Art. 107 ff. (Pra irrtümlich Art. 197 ff.) vom Gläubiger aufgelöst werden (in casu Kaufvertrag), wenn der Schuldner vor Fälligkeit seiner Verpflichtung und damit vor Verzugsbeginn i.S.v. Art. 190 erklärt, dass er nicht erfüllen werde, und eine Mahnung von vornherein unnütz erscheint; indessen kann wie im Falle von Art. 108 Ziff. 1 auf die Mahnung mit Fristansetzung nur verzichtet werden, wenn sie keinerlei Sinn hätte (das trifft zu, wenn die Erfüllungsverweigerung des Schuldners eine bestimmte und endgültige ist; in casu verneint; jedoch stand aufgrund des betreffenden Vertrages den Partei-

en der Rücktritt gegen Zahlung einer Vertragsstrafe offen) 110 II 141/143 f. E. 1b Pra 1984 (Nr. 210) 567.

4 ***Nebenpflichten.*** Bei Verletzung Schadenersatzanspruch nach Art. 97 ff., Verjährung in 10 Jahren (Art. 127) 96 II 115/117 ff. E. 2. – Vgl. auch Vorb. Art. 184–551/Nebenpflichten und Art. 184/Nebenpflichten.

5 ***Anfechtung wegen eines Willensmangels gemäss Art. 23 ff.*** Die Anfechtung wegen Irrtums hängt nicht von den besonderen Voraussetzungen der Sachgewährleistung ab, selbst wenn der Irrtum sich auf eine wesentliche Eigenschaft der Kaufsache bezieht; diesfalls genügt i.d.R., dass der Käufer sich innert der Frist des Art. 31 auf Irrtum beruft, gleichviel, ob er die Sache geprüft und allfällige Mängel dem Verkäufer sofort angezeigt hat 107 II 419/421 E. 1, ausführlich 114 II 131/133 ff. E. 1. Weder die vertragliche Beschränkung der Garantiefrist noch die Vereinbarung, Mängel zu reparieren oder Ersatz zu liefern, schliessen eine Berufung auf Grundlagenirrtum (Art. 24 Abs. 1 Ziff. 4, Art. 31) aus 83 II 18/21 f. E. 2. – Beruht der Grundlagenirrtum auf einem physischen Mangel der Kaufsache, rechtfertigt es sich, die Regeln über den Gefahrenübergang (Art. 185) heranzuziehen. Eine Anfechtung nach Art. 31 ist demnach nur zulässig, wenn der Mangel (als Anlass des Irrtums) im Zeitpunkt des Gefahrenübergangs wenigstens im Kern bereits angelegt war 4C.321/2006 (1.5.07) E. 4.3.1 fr. (allerdings nur obiter dictum). Kein Grundlagenirrtum über ein künftiges Ereignis (in casu Erteilung einer Baubewilligung) liegt vor, wenn es nicht Tatsachen betrifft, deren Eintritt bei Abschluss des Vertrags objektiv als sicher angesehen werden konnte 4A_286/2018 (5.12.18) E. 4.1 fr. – *Eigenschaften,* für welche die Sachgewährleistung gültig wegbedungen wurde, kann der Käufer nicht als notwendige Vertragsgrundlage erachten 126 III 59/66 E. 3 Pra 2000 (Nr. 117) 694, 4C.456/1999 (16.3.00) E. 3c; ebenso wenig kann die «Selbstbewirtschaftung» eines Hofes notwendige Vertragsgrundlage bilden, wenn auf ein Rückkaufsrecht, für den Fall der Nichteinhaltung, verzichtet wurde 4A_345/2016 (7.11.16) E. 3.2.1. – Entscheidet sich der Käufer für die Gewährleistung, so genehmigt er gleichzeitig den Vertrag nach Art. 31, da die Sachmängelregelung den Vertragsschluss voraussetzt 127 III 83/85 f. E.b. – Anwendungsfall einer absichtlichen *Täuschung* (Art. 28) 4C.330/1999 (5.4.00) E. 1, abgelehnt wenn der Käufer freiwillig das Angebot weiterer Informationen ablehnt 4A_494/2017 (31.1.18) E. 2.2 (Wohnverbot für Anbau). Ebenfalls abgelehnt, wenn die Käuferin die Unwahrheit ihr zugesicherter Tatsachen nicht erkennt (Erkennbarkeit genügt nicht) 4A_345/2016 (7.11.16) E. 2.2.1; verneint, wenn die Käuferin ihrem Architekten und ihrer Immobilienexpertin vertraut, die keine hinreichenden Abklärungen treffen 4A_286/2018 (5.12.18) E. 3.3 fr.

6 ***Schadenersatz wegen Nichterfüllung gemäss Art. 97 ff.*** Verletzung einer Realleistungspflicht des Käufers (Einflussnahme auf eine von ihm beherrschte Gesellschaft bei der Aushandlung von Konditionen eines Drittvertrages zugunsten des Verkäufers) 4A_500/2011 (8.5.12) E. 4.2 und 4.6. Die Lieferung eines *aliud* stellt keinen Tatbestand der Sachgewährleistung, sondern eine (vorläufige oder definitive) *Nichterfüllung* dar, die sich ausschliesslich nach den Bestimmungen der Art. 97 ff. beurteilt. Ein Käufer, der ein aliud erhalten hat, kann demnach – wenn die Erfüllung noch möglich ist – nur nach den Verzugsregeln vom Vertrag zurücktreten, was grundsätzlich die erfolglose Ansetzung einer angemessenen Frist zur nachträglichen Erfüllung voraussetzt (Art. 107 f.) 121 III 453/458 f. (in casu Automatikgetriebe als gattungsbestimmendes Merkmal vereinbart: aliud, wenn stattdessen ein Hubstapler mit Handschaltgetriebe geliefert wird) 4C.152/

2003 (29.8.03) E. 1. – Die frühere Rechtsprechung hatte noch Gewährsfolgen per analogiam bejaht 94 II 26/34 f. E. 4. – Die *Unterscheidung* zwischen einer mangelhaften Lieferung (peius) und einer Falschlieferung (aliud) ist teils problematisch (in casu offengelassen) 4C.279/2000 (11.1.01) E. 2. Massgebend ist die Umschreibung des Kaufgegenstandes gemäss Art. 184 Abs. 1 (geschuldete Sache): – Beim *Gattungskauf* wird bloss eine der Gattung nach bestimmte Sache geschuldet, weshalb eine gelieferte Sache bei dieser Art des Kaufes der Kaufsache nicht entspricht, wenn sie die vereinbarten Gattungsmerkmale nicht aufweist (aliud; relativer Gattungsbegriff, welcher sich nach der Umschreibung der geschuldeten Sache im Kaufvertrag richtet, wobei dieser – wenn ein tatsächlich übereinstimmender Parteiwille nicht feststeht – nach dem Vertrauensprinzip auszulegen ist) 121 III 453/455 ff. E. 4a (mit erläuternden Beispielen). Handelt es sich erkennbar um einen Restposten, liegt keine gewöhnliche, sondern eine *begrenzte Gattungsschuld* vor, die sich dem Stückkauf annähert 4C.92/2006 (12.6.06) E. 1.4 (in casu CISG Art. 79).

Schadenersatz wegen nicht gehöriger Erfüllung gemäss Art. 97 ff. Demgegenüber 7
wird beim *Stückkauf* eine vertraglich individualisierte Sache geschuldet, die auch dann die Kaufsache darstellt, wenn ihr wesentliche vereinbarte Merkmale fehlen *(peius)* 121 III 453/455 ff. E. 4a. Der Vertrag wird also erfüllt, wenn auch vielleicht schlecht (in casu Zeichnung eines bedeutenden Künstlers, die sich nachträglich als gefälscht erweist). Für eine Klage gemäss Art. 97 ff. auf Erfüllung oder auf Schadenersatz wegen Nichterfüllung bleibt diesfalls kein Raum 114 II 131/133 E.a. Hingegen kann der Käufer (alternativ zur Gewährleistung) auch auf *Schadenersatz wegen Schlechterfüllung gemäss Art. 97* klagen, wenn der Verkäufer um einen Mangel weiss oder er darum wissen sollte, wenn er die kaufrechtlichen Fristen beachtet 4A_472/2010 (26.11.10) E. 2.1 fr. (in casu Verschulden verneint – wohl mangels hypothetischer Vorwerfbarkeit i.S.v. 101, weil nur Hilfsperson Fachwissen hatte), 133 III 335/337 E. 2, 114 II 131/134 E. a, 107 II 419/421 E. 1.

Art. 111/Garantie. Die «Garantie» eines Verkäufers für die Kaufsache kann ver- 8
schiedene Bedeutungen haben. Sie kann insb. eine gewährleistungsrechtliche *Zusicherung* im Sinne von Art. 197 Abs. 1 darstellen, bei der bestimmte tatsächliche oder rechtliche Eigenschaften der Kaufsache garantiert werden. Diese müssen grundsätzlich im Zeitpunkt des Gefahrenübergangs vorhanden sein 4A_220/2013 (30.9.13) E. 4.3.1, 122 III 426/428 ff. E. 4 und 5c. – Hingegen liegt *keine* solche Zusicherung mehr vor, sondern bereits eine *Garantie,* wenn das zugesagte Resultat ausserhalb der Einflussmöglichkeiten des Verkäufers liegt, etwa weil es sich auf künftige Umstände (z.B. Erhaltung des bestehenden oder Eintritt eines veränderten Zustandes der Kaufsache 122 III 426/430 f. E. c, 4C.260/2001 [4.1.02] E. 3a Pra 2002 [Nr. 71] 409 f.) bezieht. – Solche auf die Zukunft gerichteten Zusicherungen werden als *unselbständige Garantien* bezeichnet, wenn sie von den Eigenschaften der Sache abhängen. Hierunter fallen die «Haltbarkeits- oder Zuverlässigkeitsgarantien», mit denen der mängelfreie Zustand der Kaufsache nicht bloss momentan, sondern auf Zeit zugesagt wird 4A_220/2013 (30.9.13) E. 4.3.1, 4C.260/2001 (4.1.02) E. 3a Pra 2002 (Nr. 71) 409 f. (in casu Systemgarantie als unselbständige Garantie). Ihr Vorteil besteht darin, dass der Käufer nicht nachzuweisen braucht, dass der Mangel schon bei Gefahrenübergang vorgelegen hat 4P.271/2004 (16.3.05) E. 8. it. (Auto-Occasionenkauf). – Demgegenüber liegt ein *selbständiger Garantievertrag* (Art. 111, nicht akzessorische Garantie) vor, wenn der Verkäufer keine eigene Leistung 4A_500/2011 (8.5.12) E. 3.3, 85 II 452/453 f. E. 2, sondern einen künftigen Erfolg verspricht, der über

die vertragsgemässe Beschaffenheit der Kaufsache hinausgeht, weil er wesentlich noch von anderen künftigen Faktoren abhängt, die – wie z.B. die Konjunkturentwicklung – von den Sacheigenschaften unabhängig sind und ausserhalb der Einflussmöglichkeiten des Verkäufers liegen 4A_220/2013 (30.9.13) E. 4.3.1, 4.3.2 und 4.4.3 (Unternehmenskauf, Versprechen eines bestimmten Umsatzes oder Ertrages), 4C.53/2002 (4.6.02) E. 5.2 fr. (Aktienkauf, Garantieverpflichtung nach Art. 111), 122 III 426/428 ff. E. 4 und 5c (in casu selbständige Garantie der zukünftigen Überbaubarkeit des verkauften Grundstücks). Eine selbständige Garantie liegt auch vor, wenn einem Verkäufer von den übrigen Mitverkäufern ein Mindestpreis für die zu verkaufenden Aktien zugesichert wird, der zum Teil vom Erfolg des Unternehmens abhängt, das mittels Aktienverkaufs veräussert werden soll 4C.150/2006 (29.6.06) E. 3.2. Nicht erforderlich für eine selbständige Garantie ist hingegen, dass sie schon die im Garantiefall zu leistenden Zahlung oder Leistung eindeutig bestimmt oder bestimmbar festlegt 4A_220/2013 (30.9.13) E. 4.3.2 – ***Verletzungsfolge.*** Sie richtet sich bei der selbständigen Garantie nach Art. 97 ff., sodass einerseits die Rügeobliegenheit gemäss Art. 201 entfällt und die Frist des Art. 210 nicht gilt 4A_321/2012 (14.1.13) E. 4.2, 122 III 426/431 E. c, sondern Ansprüche nach Art. 127 in zehn Jahren verjähren 4A_321/2012 (14.1.13) E. 4.2, 4C.260/2001 (4.1.02) E. 3a Pra 2002 (Nr. 71) 410, und andererseits weder Wandelung noch Minderung infrage kommen 4A_220/2013 (30.9.13) E. 4.2. Demgegenüber unterliegen unselbständige Garantieerklärungen der Verjährungsfrist des Art. 210 4C.260/2001 (4.1.02) E. 3a Pra 2002 (Nr. 71) 410. – Zur Garantie eines Dritten als *Versicherungsleistung,* die sich von der Kaufsgewähr unterscheidet vgl. 107 Ib 54/57 ff. E. 2.

9 ***Art. 171 ff./Zessionsgewähr.*** Die Bestimmungen finden *keine Anwendung* auf den *Forderungskauf,* da Art. 171–173 eine besondere Regelung enthalten 82 II 522/523 E. b, 90 II 490/499 E. 5 Pra 1965 (Nr. 59) 195, *offengelassen* in 129 III 18/21 E. 2.2 Pra 2003 (Nr. 30) 154.

10 ***Art. 192 ff./Eviktionsgewähr.*** Sachgewährleistung (nicht Eviktionsgewähr), wenn die Kaufsache die *Nachahmung eines patentgeschützten Gegenstandes* ist 82 II 238/248 E. 2 Pra 1956 (Nr. 124) 399 f. des Art. 192 auf den Patentkauf (Nichtigerklärung des Patents), 110 II 239/242 ff. Pra 1984 (Nr. 241) 656, 85 II 38/39 ff., 82 II 522/523, 75 II 166/173 E. c, während die frühere Rechtsprechung analog Art. 171 ff. vorging 28 II 108/118, heute hingegen analog Art. 192 ff. anwendet 111 II 455/456 E. 2, 110 II 239/242 ff. Pra 1984 (Nr. 241) 656, 85 II 38/39 ff., 82 II 522/523, 75 II 166/173 E.c.

11 ***Art. 41 ff./Schadenersatzforderung wegen unerlaubter Handlung.*** Neben einem Gewährleistungsanspruch kann ein Deliktsanspruch bestehen (indessen ist auch in dieser Hinsicht die Abrede über eine Haftungsbeschränkung i.d.R. zu beachten) 107 II 161/168 E. a Pra 1981 (Nr. 207) 547. – *Vorausgesetzt* ist, dass die Vertragsverletzung des Verkäufers zugleich einen Verstoss gegen ein allgemeines Gebot der Rechtsordnung darstellt, indem sie Leib und Leben oder andere Rechtsgüter des Käufers oder Dritter unnötig gefährdet 90 II 86/88 E. 2, und dass der Käufer gemäss Art. 201 Abs. 1 die Sache geprüft und allfällige Mängel sofort gerügt hat. Letzteres ist ausgenommen beim Vorliegen geheimer Mängel (Art. 201 Abs. 3), beim Fehlen zugesicherter Eigenschaften (Art. 210 Abs. 1) sowie bei absichtlicher Täuschung durch den Verkäufer (Art. 210 Abs. 3) 67 II 132/134 ff. E. 2 fr.; in 90 II 86/88 f. E. 2 offengelassen, ob an der in 67 II 132/132 ff. vertretenen Rechtsauffassung überhaupt festgehalten werden könne.

Culpa in contrahendo. Vgl. Art. 216/Allgemeines. 12

Werkvertrag. Bei einem gemischten Vertrag (Grundstückkauf mit unvollendeter Baute) unterliegt die Mängelhaftung für das Bauwerk dem Werkvertragsrecht, und zwar grundsätzlich auch insoweit, als es bei Vertragsabschluss bereits bestanden hat 4A_702/2011 (20.8.12) E. 5, 118 II 142/144 E. 1a. Verweigert der Unternehmer die Nachbesserung, sind mangels einer werkvertraglichen lex specialis die Art. 102 ff. anwendbar 4A_702/2011 (20.8.12) E. 6.2, 136 III 273/275 E. 2.3 Pra 2010 (Nr. 129) 853. 13

CISG. Vgl. auch Vorb. Art. 184–236/Anwendbares Recht. – ***Wesentliche Vertragsverletzung.*** Der Begriff der *wesentlichen Vertragsverletzung* nach CISG Art. 25, die alleine eine Vertragsaufhebung zulässt, ist restriktiv auszulegen, und im Zweifel ist davon auszugehen, dass eine solche nicht vorliegt 4A_264/2013 (23.9.13) E. 3.1.1, 4C.105/2000 (15.9.00) E. 2.c.aa fr. Eine Vertragsverletzung ist wesentlich, wenn sie für die andere Partei einen solchen Nachteil zur Folge hat, dass ihr in der Hauptsache entgeht, was sie nach dem Vertrag hätte erwarten dürfen, es sei denn, dass die vertragsbrüchige Partei diese Folge nicht vorausgesehen hat und eine vernünftige Person in gleicher Stellung diese Folge unter den gleichen Umständen auch nicht vorausgesehen hätte 4A_264/2013 (23.9.13) E. 3.1 ff. (auch zur Voraussehbarkeit). Ob diese Hauptsache betroffen ist, haben vorzugsweise die Vertragsbedingungen zu verdeutlichen, nach denen der Vertrag mit der Einhaltung «stehen oder fallen» soll. Hingegen hängt die Antwort nicht direkt vom Ausmass des Schadens des Käufers ab, das aber bei der Auslegung dieser Frage eine Rolle spielen kann. Subsidiär ist zu beurteilen, inwieweit der Vertragszweck durch eine Verletzung objektiv wesentlich beeinträchtigt wurde 4A_264/2013 (23.9.13) E. 3. Das trifft i.d.R. zu bei Mängeln, die mit zumutbarem Aufwand in angemessener Frist nicht behoben werden können, sodass die Ware praktisch unbrauchbar oder unverkäuflich oder ihr Weiterverkauf jedenfalls nicht zumutbar ist 4A_68/2009 (18.5.09) E. 7.1, 4C.179/1998 (28.10.98) E. 2b. Dabei ist die Verwendbarkeit bzw. Veräusserbarkeit minderwertiger Ware für einen Produzenten oder Endabnehmer, der – anders als ein Wiederverkäufer (Händler) – nicht mit den bezogenen Komponenten oder Materialien handelt, i.d.R. zu verneinen 4A_264/2013 (23.9.13) E. 3.1.3, 4A_68/2009 (18.5.09) E. 7.1. – ***Rechtsgewährleistung.*** Zur Gewähr des Verkäufers für die Freiheit der Kaufsache von Schutzrechten Dritter (CISG Art. 41 f.) s. Art. 192/CISG. 14

Strafrecht. Eine generelle strafrechtliche Erfassung von (eventualvorsätzlich in Kauf genommenen) Leistungsstörungen bei der Vertragsabwicklung wäre nicht sachgerecht, da solche oftmals nicht mit Sicherheit ausgeschlossen werden können und damit eine übermässige Pönalisierung des Wirtschaftsverkehrs einherginge 6B_663/2011 (2.2.12) E. 2.4.1. 15

Prozessuales. ***Beweislast.*** Verweigert der Käufer die Annahme des Kaufgegenstandes, so obliegt dem Verkäufer der Beweis, dass er eine vertragskonforme Leistung angeboten hat (bei Gattungssachen hat die Vertragskonformität im Zeitpunkt der Aussonderung vorzuliegen) 4P.153/2000 (28.9.00) E. 2b fr. Hingegen begründet die vorbehaltlose Entgegennahme der Leistung durch den Gläubiger die Vermutung, dass die Leistung vertragskonform und mängelfrei sei, wodurch eine Umkehrung der Beweislast eintritt 21 I 570/577 E. 6. Zum Beweis bzgl. Untauglichkeit auch 4D_64/2013 (10.2.14) E. 3.3.1 (Alarmanlage, in casu mangels sekundengenauer Protokolle gescheitert). 16

17 ***Ermessen.*** Mit der Beurteilung der Schwere eines Mangels fällt das Gericht einen Ermessensentscheid, den das Bundesgericht im Berufungsverfahren zwar frei, aber mit Zurückhaltung überprüft. Die Zulässigkeit der Wandelungserklärung beurteilt sich ex ante, nach erfolgter Erklärung eingetretene Ereignisse bleiben ausser Betracht 4C.57/2005 (11.4.05) E. 3.6.1.

18 ***Passivlegitimation.*** Gewährleistungspflichtig ist die Verkäuferin, kein Dritter (wie in casu der einzige Verwaltungsrat und Co-Aktionär einer verkaufenden Aktiengesellschaft). Ist die betreffende juristische Person im Handelsregister schon gelöscht, ist nicht auf ihre ehemaligen Organe zurückzugreifen, sondern die Wiedereintragung zu veranlassen 4A_58/2011 (17.6.11) E. 2.1 und 2.3 fr.

19 ***Partei- und Prozessfähigkeit der Stockwerkeigentümergemeinschaft (ZGB Art. 712l) bei Gewährleistungsansprüchen.*** Die Gemeinschaft kann Sachgewährleistungsansprüche aus Kaufverträgen nur dann in eigenem Namen geltend machen, wenn ihr die Ansprüche von den einzelnen Stockwerkeigentümern vertraglich abgetreten worden sind (Art. 164 ff.) 111 II 458/460 ff. E. 3a it. JdT 134 (1986) I 482 ff. E. 3 (Präzisierung der Rechtsprechung), bestätigt in 114 II 239/240 ff. E. 2–5. Ausführlich zu den Mängelrechten beim Kauf von Stockwerkeigentum 4C.151/2005 (29.8.05) E. 4.2 fr.

1. Gegenstand der Gewährleistung a. Im Allgemeinen

Art. 197

[1] Der Verkäufer haftet dem Käufer sowohl für die zugesicherten Eigenschaften als auch dafür, dass die Sache nicht körperliche oder rechtliche Mängel habe, die ihren Wert oder ihre Tauglichkeit zu dem vorausgesetzten Gebrauche aufheben oder erheblich mindern.

[2] Er haftet auch dann, wenn er die Mängel nicht gekannt hat.

▪ Allgemeines (1) ▪ Abs. 1 Zugesicherte Eigenschaft («Fehlen») (2) ▪ Beispiele (8) ▪ Mangel («Fehler») (12) ▪ Beispiele (15)

1 **Allgemeines. *Mangelhaftigkeit.*** Sachgewährleistungsansprüche erwachsen aus *Mängeln der Kaufsache.* Mangelhaft ist der Leistungsgegenstand, wenn er vom Vertrag abweicht, weil ihm eine zugesicherte oder nach Vertrauensprinzip vorausgesetzte oder voraussetzbare Eigenschaft fehlt 114 II 239/244 E. 5aa, 4C.391/1999 (20.1.00) E. 1a fr. – Dito bei Verletzung einer *Offenlegungsgewährleistung,* d.h. einer Zusicherung des Verkäufers, dass keine anderen als die angezeigten Verbindlichkeiten bestehen (in casu Deckungslücke der Vorsorgeeinrichtung des via Share Deal gekauften Unternehmens) 4A_42/2009 (1.5.09) E. 6.3 Pra 2010 (Nr. 61) 449. – Keine *Abweichung vom vertraglich vorgesehenen* Zustand kann vorliegen bei Gegenständen, deren Zugehörigkeit zum Vertrag den Parteien erst nachträglich bewusst wird 4A_351/2010 (9.2.12) E. 8.3. – ***Erheblichkeit.*** Eine blosse Abweichung von den Herstellerangaben begründet für sich alleine betrachtet noch keine Erheblichkeit des Mangels, macht ihn also noch nicht zu einem *rechtlich relevanten Mangel* 4A_401/2011 (18.1.12) E. 3.1. Kann ein Mangel mit relativ geringem Aufwand behoben werden, spricht dies ebenfalls gegen einen rechtlich relevanten Mangel 4A_401/2011 (18.1.12) E. 3.1. Die Erkennbarkeit beeinflusst die Mangelerheblichkeit nicht 4A_401/2011 (18.1.12) E. 3.2. – ***Zeitpunkt.*** Vertrauensprinzip: Ein

Mangel muss spätestens im Zeitpunkt des *Gefahrenübergangs* mindestens im Keime angelegt sein 4C.321/2006 (1.5.07) E. 4.3.1 fr. (obiter dictum). Wird die Baubewilligung erteilt, obwohl die Voraussetzungen dafür schon vor dem Kauf nicht gegeben sind, und die Bewilligung deswegen nach dem Kauf widerrufen in Bezug auf die Galerie einer Maisonettewohnung, gilt der Mangel (zu geringe bewohnbare Fläche) als vor dem Gefahrenübergang entstanden 4A_383/2016 (22.9.16) E. 3.4 fr. Dieser Nachweis obliegt dem Käufer 4A_435/2016 (19.12.16) E. 5 fr.; siehe auch Rz. 4 (bzgl. Zusicherung) – ***Dispositives Recht.*** Bei Mangelhaftigkeit des Leistungsgegenstandes gibt das Gesetz dem Käufer Anspruch auf Wandelung, Minderung oder Schadenersatz (Art. 205 und Art. 208). Diese Ordnung ist aber weitgehend dispositiver Natur 4P.271/2004 (16.3.05) E. 5 it.; sie kann im Rahmen der Rechtsordnung vertraglich erweitert, aufgehoben oder beschränkt werden 114 II 239/244 f. E. 5aa. Zulässig ist die Vereinbarung, wonach der Käufer allein einen Nachbesserungsanspruch hat 4C.205/2003 (17.11.03) E. 3.1 fr., vgl. auch 4C.351/2002 (25.2.03) E. 2.1 fr. – ***Objekt.*** Beim Share Deal erfasst die gesetzliche Gewährleistung nur den Bestand und Umfang der mit den Aktien veräusserten Rechte. Für den wirtschaftlichen Wert der Aktien haftet der Verkäufer nur auf besondere Zusicherung hin 4A_321/2012 (14.1.13) E. 4.2.

Abs. 1 **Zugesicherte Eigenschaft («Fehlen»).** ***Begriff.*** Zugesicherte Eigenschaften sind bestimmt umschriebene, objektiv feststellbare Tatsachen, von denen der Verkäufer dem Käufer gegenüber behauptet, sie seien vorhanden 88 II 410/416. – Sie können körperlicher, rechtlicher oder wirtschaftlicher Natur sein 87 II 244/245 E.a. Als Zusicherung gilt die ernsthafte Behauptung einer bestimmten, objektiv feststellbaren Eigenschaft. Unverbindliche, reklamehafte Anpreisungen fallen nicht unter den Begriff der Zusicherung 4A_480/2007 (27.5.08) E. 3.1, 88 II 410/416 E. 3c, 4C.267/2004 (23.11.04) E. 2.1, vgl. auch 109 II 24/24 E. 4, wo die Zusicherung vom «üblichen Beschrieb des Kaufgegenstands» unterschieden wird. Wird eine Eigenschaft (in casu ein «système de changement de vitesses continu, confortable et instantané») in einem Katalog angepriesen, der dem Personal als Verkaufsargumentarium dient, kann eine Zusicherung vorliegen, selbst wenn der Käufer vom Katalog keine Kenntnis hat 4A_444/2014 (19.1.15) E. 4.2 fr. Ob eine Äusserung des Verkäufers als verbindliche Zusicherung oder als blosse Anpreisung zu qualifizieren ist, ist durch Vertragsauslegung zu ermitteln 4C.267/2004 (23.11.04) E. 2.1. Die Frage beurteilt sich nach dem *Vertrauensprinzip* (in casu Zusicherung von Umsatzzahlen) 4C.364/2000 (15.5.01) E. 3c/bb fr. Doch auch wenn die Gewährspflicht des Verkäufers für zugesicherte Eigenschaften eine auf die Grundsätze von Treu und Glauben zurückzuführende gesetzliche Haftung ist, hat er dennoch nicht dafür Gewähr zu bieten, dass sich alle Hoffnungen verwirklichen, die durch seine Anpreisung der Kaufsache beim Käufer geweckt wurden 88 II 410/416. 2

Kausalität. Für zugesicherte Eigenschaften haftet der Verkäufer schlechthin, insb. auch dann, wenn trotz Fehlens der zugesicherten Eigenschaft nicht von einem Mangel im Sinne des Gesetzes gesprochen werden kann. Erforderlich ist nur, dass die Zusicherung für den Entschluss des Käufers, überhaupt oder wenigstens zu den vereinbarten Bedingungen zu kaufen, *kausal* war. Eine solche Kausalität ist zu vermuten bei Zusicherungen, die nach der allgemeinen Lebenserfahrung (Rechtsfrage) geeignet sind, den Käufer in seinem Entschluss entscheidend (71 II 239/241) zu beeinflussen (der Beweis des Gegen- 3 teils obliegt dem Verkäufer) 71 II 239/240 f. E. 4, 87 II 244/245 E.a. Gestützt auf die *allgemeine Lebenserfahrung* ist beim Kauf eines Occasionswagens die Zahl der gefahrenen Kilometer für den Käufer regelmässig von Bedeutung 71 II 239/241 E. 4; sind Angaben über das Bauvolumen eines Wohnhauses geeignet, die Preiswürdigkeit der Kaufsache zu beeinflussen 87 II 244/248 f. E. 1e; hängt der Mietzins einer Wohnung von deren Grösse, insb. der Zimmerzahl und der bewohnbaren Fläche, ab, sodass die eine wie die andere Angabe geeignet ist, den Entscheid eines Interessenten über den Vertragsschluss und dessen Bedingungen zu beeinflussen 113 II 25/28 E. 1b; ist die angegebene «Gesamt-Wohnfläche» beim Kauf von Wohneigentum regelmässig von Bedeutung. Dasselbe gilt für Angaben über die Bruttogeschossfläche einer Wohnung, zumal diese Fläche den objektiven Wert der Wohnung massgeblich mitbestimmt 4A_417/2007 (14.2.08) E. 5.6. Vgl. auch unter Beispiele. Folgerungen aus der allgemeinen Lebenserfahrung können vom Bundesgericht *als Rechtsfragen überprüft* werden 132 III 715/718 f. E. 2.3, 133 V 477/485 E. 6.1. – Wird lediglich Minderung verlangt, muss das Fehlen einer zugesicherten Eigenschaft einen Minderwert zur Folge haben 4A_529/2010 (4.1.11) E. 4.2.2 fr.

4 ***Zeitpunkt.*** Die zugesicherte Eigenschaft muss grundsätzlich im *Zeitpunkt* des Übergangs von Nutzen und Gefahr vorhanden sein bzw. muss in diesem Moment der Grund für das spätere Fehlen oder Wegfallen schon gesetzt sein, was in casu bejaht wurde 4A_601 (8.2.10) E. 3.2.1, 3.2.3 und 3.2.5 fr. Dem Verkäufer steht es jedoch frei, die Eigenschaft für einen anderen Zeitpunkt oder Zeitraum zuzusichern 88 II 410/414 f. E.a. Unter den Begriff der Zusicherung können nur ausnahmsweise Eigenschaften fallen, die für einen späteren Zeitpunkt versprochen werden: dann nämlich, wenn der Verkäufer objektiv in der Lage ist, die Kaufsache noch in den zugesicherten Zustand zu überführen 122 III 426/430 E.c. Wird ein Kundenstamm verkauft und für das vergangene Geschäftsjahr ein bestimmtes Ergebnis zugesichert, so liegt darin keine Zusicherung für künftige Ergebnisse 4A_274/2009 (2.10.09) E. 4.3 it.

5 ***Form.*** Eine Zusicherung kann im Kaufvertrag selbst enthalten sein oder auch nur in den vorausgehenden Verhandlungen erfolgen 4C.200/2006 (20.9.06) E. 2.1, etwa im Rahmen einer Betriebsbeschreibung 4A_237/2009 (26.10.09) E. 3.3. – Eine Zusicherung liegt nicht nur dann vor, wenn der Verkäufer eine Eigenschaft ausdrücklich «zusichert» oder «garantiert»; vielmehr genügt jede Erklärung des Verkäufers gegenüber dem Käufer, welche dieser nach Treu und Glauben als Zusicherung einer bestimmten, objektiv feststellbaren Eigenschaft verstehen darf 4C.119/2005 (25.8.05) E. 2.3. Somit kann eine Zusicherung ausdrücklich oder stillschweigend erfolgen. Bei gewissen Kaufsachen (wie z.B. Kunstgegenständen, Antiquitäten, Edelsteinen, Edelmetallen, alten Münzen, Briefmarken) liegt im Umstand, dass sie durch ein Spezialgeschäft zu einem dem Wert eines echten Stückes entsprechenden Preis verkauft werden, die stillschweigende Zusicherung der Echtheit (in casu Verkauf einer Briefmarke) 102 II 97/100 f. E. a Pra 1976 (Nr. 182) 437 f., 4C.364/2000 (15.5.01) E. 3c/cc fr. (in casu Umsatzzahlen). – Bloss mündlich abgegebene Zusicherungen sind auch bei formbedürftigen Rechtsgeschäften verbindlich, sofern ihnen für den Entschluss der Gegenpartei kausale Bedeutung zukommt 4A_237/2009 (26.10.09) E. 3.3, 73 II 218/220 E. 1.

6 ***Wertangaben.*** Der Verkäufer, der dem Kaufgegenstand einen bestimmten Wert zuschreibt, sichert damit nicht eine bestimmte Eigenschaft zu. Eine Überbewertung rechtfertigt für sich allein kein Preisminderungsbegehren gemäss Art. 205, es sei denn, sie be-

ruhe auf der Angabe bestimmter Eigenschaften, die sich dann als nicht vorhanden herausstellen 91 II 353/354 f. Pra 1966 (Nr. 48) 169, vgl. auch 4C.364/2000 (15.5.01) E. 3c/aa fr.

Quantitätsangaben. Dienen Angaben über Mass, Gewicht oder Stückzahl nicht zur Bestimmung der gekauften Menge, sondern bezeichnen sie Eigenschaften einer *unvertretbaren Sache, einer einzelnen Gattungssache oder eines ganz bestimmten Postens von Gattungssachen* (z.B. wenn der Verkäufer dem Käufer die Länge eines bestimmten Kühltisches unrichtig angibt 57 II 284/290 E. 2 oder ihm ein zu hohes Gewicht oder eine zu hohe Stückzahl nennt, die eine gesamthaft angebotene bestimmte Wagenladung einer Handelsware aufweise), so liegt (gegebenenfalls) nicht ein eigentlicher Quantitätsmangel vor, sondern es fehlt dem Kaufgegenstand eine zugesicherte Eigenschaft. Anders verhält es sich bei *vertretbaren Sachen:* Werden sie nicht nach Mass, Gewicht oder Stückzahl im versprochenen Umfang geliefert, so kann der Käufer die fehlende Menge nachfordern oder nach den Bestimmungen über den Verzug des Käufers (Art. 107 ff., Art. 190 f.) vorgehen 87 II 244/246 f. E.b. – Im Sinne einer Ausnahme behandelt zudem Art. 219 *Flächeninhalte* als Eigenschaft des Grundstückes und unterstellt sie den Bestimmungen über die Gewährleistung 81 II 138/140 E. 2, 62 II 159/162 E. 2. – Angaben über das Bauvolumen oder Flächenangaben bei Stockwerkeigentum, welche auf *keiner amtlichen Vermessung* beruhen, fallen nicht unter Art. 219, sondern direkt unter Art. 197, sodass eine stillschweigende Zusicherung ausreicht 4A_417/2007 (14.2.08) E. 4.3. 7

Beispiele. ***Zusicherung.*** Eine Zusicherung ist die Vertragsbestimmung, die zu verkaufende Parzelle sei bezüglich Weg, Wasser, Kanalisation und Elektrizität vollständig *erschlossen* 104 II 265/267 E. 1 Pra 1979 (Nr. 45) 123; Liegenschaft stehe in der *Bauzone* 4A_529/2010 (4.1.11) E. 4.2.2 fr., das zu verkaufende Gebäude weise einen bestimmten *Rauminhalt* auf 87 II 244/245 E. a, 4C.7/2005 (30.6.05) E. 3.1 fr. (Angabe von Fläche, Rauminhalt und Anzahl Räumen eines Gebäudes, Anzahl Parkplätze); Belehnungsgrenze gemäss BGBB, aus der sich das Kreditpotenzial eines Landwirtschaftsbetriebes errechnet 4A_237/2009 (26.10.09) E. 4.2; der zu verkaufende Gebrauchtwagen habe einen bestimmten *Kilometerzählerstand* 109 II 24/24, 71 II 239/240 f. E. 4; die auf der zu verkaufenden Liegenschaft betriebene Gastwirtschaft habe einen bestimmten *Umsatz* 63 II 78 f. E. 3; vorbehaltlose Angaben des Verkäufers in einem sog. Mieterspiegel (über tatsächlich erzielte *Mietzinseinnahmen* bzw. bestehende Mietverträge) sind Zusicherungen über eine objektiv bestimmbare wirtschaftliche Eigenschaft des Kaufsobjekts, unabhängig davon, ob solche Angaben üblich sind 4A_480/2007 (27.5.08) E. 3; das zu verkaufende Gemälde sei *echt* 56 II 424/429; die zu verkaufende Liegenschaft habe einen bestimmten *Zinsertrag* 45 II 441/444 f. E. 4; die zu verkaufende Maschine habe eine bestimmte *Leistungsfähigkeit* 42 II 632 f. E. 1; ökonomische *(sparsame)* Funktionsweise eines Geräts (obwohl die Zusicherung gegenüber dem Leasingnehmer und nicht gegenüber dem Leasinggeber/Käufer abgegeben wurde) 4A_28/2017 (28.6.17) E. 5 fr.; das verkaufte Auto sei «fabrikneu/neu» 116 II 431/434 E. 3 (in casu absichtliche Täuschung, Art. 28 und 210 Abs. 3). Der Erhalt eines *Kundenstammes in seinem Bestand* kann bei einer Geschäftsveräusserung zugesichert werden, indem der Verkäufer verspricht, das (zu entlassende) Personal zu verpflichten, von jeder Abwerbung abzusehen 4A_601 (8.2.10) E. 3.2.1 und 3.2.2 fr., *Renovations-* 8 *arbeiten* würden vor der Eigentumsübertragung vorgenommen 4A_399/2018 (8.2.19) E. 2.3.

9 ***Keine Zusicherung*** im Sinne der Bestimmung ist die Erklärung des Liegenschaftsverkäufers, der Käufer könne gegen die Erstellung von Bauten auf dem Nachbargrundstück Einsprache erheben 72 II 79/80 E. 4 Pra 1946 (Nr. 87) 186; die Erklärung des Liegenschaftsverkäufers, das Patent für die auf der Liegenschaft bestehende Gastwirtschaft werde dem Käufer erteilt werden (in casu Nichterteilung; Grundlagenirrtum des Käufers) 55 II 184/188 f. E. 4, 5. Aussagen über Art und Zahl von Parkplätzen durch eine Person (Gemeinde, Architekt, Verkäufer etc.), die gar nicht über die erforderliche Genehmigungskompetenz verfügt (die in casu beim Regierungsrat lag), dürfen nicht als Zusicherungen verstanden werden 4A_343/2009 (5.1.10) E. 3.2. Dauer des Sleep-Modus einer Alarmanlage, wenn die effektive Wartezeit etwas länger dauert, aber doch innert nützlicher Frist Alarm ausgelöst wird 4D_64/2013 (10.2.14) E. 3.3.1. Auto mit Jahrgang 1970 und sechs Vorbesitzern, das auf der Website des Verkäufers als «sauberes … Fahrzeug … wie neu» beworben wird, ist nicht als Zusicherung der Unfallfreiheit zu verstehen, sondern als blosse Reklame erkennbar 4A_538/2013 (19.3.14) E. 4.

10 ***Weiteres.*** Erteilt ein Verkäufer *Ratschläge oder* gibt er *Empfehlungen* ab und bewegen sich die Informationen, die mit einer Kaufempfehlung verbunden sein können, im üblichen Rahmen, liegt kein selbständiger Beratungsvertrag (mit ordentlicher Verjährung) vor, sondern eine entsprechende kaufvertragliche Zusicherung einer Eigenschaft 4C.200/2006 (20.9.06) E. 2.2. – Der Verkäufer kann Gewährleistungspflichten eingehen, die für den Käufer günstiger sind als die gesetzliche Ordnung in Art. 197 f. 4P.109/2003 (26.8.03) E. 4.1 fr. – Die blosse Zusicherung einer Eigenschaft, die nicht vom Zeitablauf abhängt oder die Identität der Kaufsache selber bestimmt (in casu Zusicherung der Echtheit einer Briefmarke), enthält nicht das Versprechen des Verkäufers, über die Verjährungsfrist in Art. 210 Abs. 1 hinaus zu haften (keine «Haftung auf längere Zeit» im Sinne von Art. 210 Abs. 1 in fine; Änderung der Rechtsprechung) 102 II 97/101 ff. E. b Pra 1976 (Nr. 182) 438 f. – Eine Vereinbarung über die *Verpackung* der Kaufsache stellt dann die Zusicherung einer Eigenschaft dar, wenn eine körperlich mangelhafte Verpackung sich auf den Zustand der Kaufsache auswirkt. Hingegen ist die Vereinbarung einer «komplett neutralen Verpackung» keine Zusicherung, sondern eine den Kaufvertrag ergänzende selbständige Nebenabrede über die Geheimhaltungspflicht des Verkäufers (zu den Verletzungsfolgen siehe Vorb. Art. 197–210) 96 II 117 ff. E. 2. – Entstehungsgeschichte des Vertrages für die Frage nach der *Tragweite* einer Zusicherung 4C.226/1998 (24.2.00) E. 4. – Zusicherung im beurteilten Fall verneint (wegen *Erkennbarkeit* eines Mangels Art. 200 Abs. 2) 4C.36/2001 (2.7.01) E. 10b.

11 ***Verhältnis Zusicherung – Freizeichnung*** siehe Art. 199.

12 **Mangel («Fehler»).** ***Begriff.*** Der Mangelbegriff im Kaufvertrag ist derselbe wie im Werkvertrag 4C.90/2000 (5.7.00) E. 2a. Ob ein Mangel vorliegt, hängt vom konkreten Vertragsinhalt ab 4C.201/2002 (6.12.02) E. 2.1 fr. Ein Mangel kann selbst dann vorliegen, wenn der Verkaufspreis unter dem Verkehrswert der Sache liegt 4A_619/2013 (20.5.14) E. 4.1 fr. und 4A_11/2015 (25.6.15) E. 2.2.1 fr. Was bei einem fabrikneuen Auto als Mangel zu gelten hat, muss bei einem Occasionsauto gerade nicht der Fall sein 4C.251/2003 (26.11.03) E. 3.4 fr. Rechnen beide Parteien mit bestimmten Mängeln (in casu bilanzmäs-

sige Unwägbarkeiten), lösen später nur ausserhalb dessen liegende (in casu bilanzunwirksame) Mängel Gewährsfolgen aus 4A_42/2009 (1.5.09) E. 4.2 Pra 2010 (Nr. 61) 446 f.

Wert. Der Umstand, dass die verkaufte Sache nicht den vom Verkäufer angegebenen 13
Wert hat, stellt weder einen körperlichen noch einen rechtlichen Mangel dar 91 II 353/355 Pra 1966 (Nr. 48) 169. Liegt hingegen eine Deckungslücke der Vorsorgeeinrichtung des verkauften Unternehmens vor, verletzt dies eine Offenlegungsgewährleistung, in welcher der Verkäufer solche Verbindlichkeiten verneint hat. Denn auch wenn die Arbeitgeberin keine Rechtspflicht trifft, derartige Lücken laufend auszugleichen, so ist ein späterer Ausgleich doch absehbar, was sich negativ auf den Unternehmenswert auswirkt 4A_42/2009 (1.5.09) E. 6.3 Pra 2010 (Nr. 61) 449. Gleiches gilt, wenn der Käufer einer Liegenschaft aufgrund der Vertragsdokumentation von einem befristeten unkündbaren Mietverhältnis ausgehen darf und vom Verkäufer nicht darüber informiert wird, dass der Mieter aufgrund einer Separatabrede vorzeitig kündigen kann. Dieses Kündigungsrecht stellt einen Mangel der Kaufsache dar, wobei sich der Minderwert der Liegenschaft nach der Mieteinbusse bemisst 4A_291/2010 (2.8.10) E. 3 fr. – Ein Mangel, welcher dem *Verkäufer* den Gebrauch der Kaufsache erschwert hätte, berechtigt den Käufer nicht zur Mängelrüge, auch wenn er bei Kenntnis der Sachlage seine Preisofferte anders gestaltet hätte (in casu Erwerb einer Fabrik zwecks ihrer Stilllegung; kein Mangel im Sinne der Bestimmung, wenn sich herausstellt, dass die Fabrik infolge eines unvoraussehbaren Naturereignisses auf jeden Fall nicht konkurrenzfähig gewesen wäre) 41 II 356/363.

Vorausgesetzter Gebrauch. Massgebend ist der *vertragsmässig* vorausgesetzte Ge- 14
brauch. Dieser ergibt sich (abgesehen von besonderen Abreden) aus den *Umständen* und der *Natur des Geschäftes.* Schlechthin vorausgesetzt ist jener Gebrauch, dem die Kaufsache *gewohnheitsmässig,* ihrer wirtschaftlichen Bestimmung entsprechend zu dienen hat. Ausserdem kann ein bestimmter Gebrauch auch dann als vertraglich vorausgesetzt gelten, wenn aus den *Vertragsverhandlungen* hervorgeht, dass der Käufer die Sache speziell zu diesem Zweck erwerben wollte, und der Verkäufer ihn durch sein Verhalten in der Erwartung, dass die Sache dazu tauglich sei, bestärkt hat 4C.200/2006 (20.9.06) E. 2.1, 26 II 739/746 f. E. 5. – Weiter darf der Käufer erwarten, dass die Eigenschaften der Sache einen Gebrauch erlauben, der *weder Gesundheit noch Leben* des Verwenders gefährdet. Entsprechend liegt (analog zu PrHG Art. 4 Abs. 1 lit. a) ein Mangel vor, wenn eine Sache nicht jene Sicherheit bietet, welche angesichts des vorausgesetzten Gebrauchs zu erwarten ist 4C.321/2006 (1.5.07) E. 4.3.2 fr.

Beispiele. ***Körperlicher Mangel.*** Instabiler Baugrund ist ein körperlicher Mangel 15
technischer Natur 4A_529/2010 (4.1.11) E. 3.2 fr. Der verkaufte Baugrund weist Ölschäden auf 107 II 161/164 f. E. e Pra 1981 (Nr. 207) 547; eine über das Grundstück führende Strasse ist im Grundbuch nicht eingetragen 98 II 191/197 E. 4; Fehlen einer Entwässerungsanlage und darauf zurückzuführende Feuchtigkeit eines Gebäudes 66 II 132/134 f. E. 2; Konstruktions- oder sonstige Mängel eines Gebrauchtwagens, die auf eine abnormale Abnützung vor dem Verkauf zurückzuführen sind 46 II 55/61 f. E. 3; Konstruktionsmängel eines Neuwagens 91 II 344/350 E.e. Aus einer bestandenen Fahrzeugprüfung durch das Strassenverkehrsamt folgt nicht zwingend, dass das geprüfte Auto rostfrei ist 4A_58/2008 (28.4.08) E. 5.4.2. Typische Sachmängel bei Wertpapieren sind nur Mängel der Urkunde als solcher, wie Mängel des Papiers (z.B. Fälschungen oder Beschädigungen)

oder das Fehlen von Bestandteilen (z.B. Coupons, Talons); für den wirtschaftlichen Wert haftet der Verkäufer nur, wenn er dafür eine besondere Zusicherung abgegeben hat 79 II 155/158 f. Software-Fehler sind nur dann Mängel im Rechtssinn, wenn sie das Fehlen einer zugesicherten Eigenschaft bewirken oder die Funktionsfähigkeit der Software für den vorausgesetzten Gebrauch beeinträchtigen oder ausschliessen 124 III 456/461 E.aa.

16 ***Rechtlicher Mangel.*** Ein solcher liegt vor, wenn beim Verkauf einer Maschine ihre elektrische Anlage nicht den gesetzlichen *Zulassungsvorschriften* (regionale Verwaltungsvorschriften) entspricht 95 II 119/123 f. E. 3b, 4 it. JdT 1970 I 238 (in casu stillschweigende Freizeichnung); beim Kauf eines Hauses, wenn aufgrund *baupolizeilicher Sicherheitsvorschriften* die Wohnungen nicht im (stillschweigend) vereinbarten Mass benützt werden können 60 II 436/441 f. E. 3 bzw. aufgrund der Baubewilligung der oberste Stock nicht bewohnt werden darf 4A_410/2019 (15.4.20) E. 5 fr.; beim rückwirkenden Entzug der Baubewilligung und damit der Beschränkung der Wohnfläche wegen Verletzung kantonalen Rechts 4A_383/2016 (22.9.16) E. 3.4 fr.; Bauverbot 98 II 191/197 E. 4; Unüberbaubarkeit, in casu Irrtum 91 II 275/277 E. 1 und 2; Unüberbaubarkeit und gesetzliches Kaufrecht der Gemeinde bzgl. Parzelle in einer Zone für öffentliche Nutzungen, die dem konkreten Bauvorhaben der Käufer entgegenstehen und zu einer Minderung des Verkehrswertes von 14,8% führen 4A_619/2013 (20.5.14) E. 5.3.1 fr. und 4A_11/2015 (25.6.15) E. 2.2.1 fr.; in Verletzung eines Drittpatentes hergestellter Gegenstand 82 II 238/248 E. 3.2 Pra 1956 (Nr. 124) 399; Wirtepatent, Mangel verneint 55 II 184/188 E. 4.

b. Beim Viehhandel

Art. 198

Beim Handel mit Vieh (Pferden, Eseln, Maultieren, Rindvieh, Schafen, Ziegen und Schweinen) besteht eine Pflicht zur Gewährleistung nur insoweit, als der Verkäufer sie dem Käufer schriftlich zugesichert oder den Käufer absichtlich getäuscht hat.

1 Vom Gesetzgeber gewollte Einschränkung der Gewährleistungsansprüche des Käufers 70 II 48/51 Pra 1944 (Nr. 49) 134. Somit ist die alternative Anwendung der Bestimmungen über den Irrtum (Art. 23 ff.) und über die allgemeinen Schadenersatzansprüche (Art. 97 ff.) ausgeschlossen 70 II 48/50 ff. E. 1 Pra 1944 (Nr. 49) 133 ff., 81 II 216/217 E. 1 Pra 1955 (Nr. 204) 578, 107 II 419/421 E. 1, 111 II 67/70 E. 3, 4A_538/2013 (19.3.14) E. 6.1. Am Erfordernis der Schriftform für Gewährleistungsversprechen ist festzuhalten 111 II 67/69 E. 2 (in casu war der Käufer eine AG, die gewerbsmässig Vieh kauft; irrtümlicher Verweis auf Art. 98). – Art. 198 und Art. 202 gelten nicht nur bei Krankheiten, sondern auch bei funktionellen Mängeln (wie z.B. fehlende Sprungfähigkeit eines Stieres) 86 II 27/29 ff. E. 2.

2. Wegbedingung

Art. 199

Eine Vereinbarung über Aufhebung oder Beschränkung der Gewährspflicht ist ungültig, wenn der Verkäufer dem Käufer die Gewährsmängel arglistig verschwiegen hat.

▪ Freizeichnung (1) ▪ Verhältnis Zusicherung – Freizeichnung (9) ▪ Arglistiges Verschweigen der Mängel (10)

Freizeichnung. ***Allgemeines.*** Freizeichnung ist die vertragliche Wegbedingung der Gewährleistung für Mängel 130 III 686/689 E. 4.3. Ein Käufer, der einen Kaufvertrag mit einer solchen Klausel abschliesst, übernimmt das Risiko, dass der Kaufsache gewisse Eigenschaften fehlen 126 III 59/67 E. 3 Pra 2000 (Nr. 117) 694. Während die übrige gesetzliche Gewährsordnung dispositiver Natur ist, ist Art. 199 zwingend 4A_272/2011 (22.8.11) E. 2.2, 4C.152/2005 (29.8.05) E. 2.2.1 fr. – Zur Wirkung auf die gewöhnliche Aufmerksamkeit des Käufers s. Art. 200. 1

Umfang. Welchen Umfang eine Freizeichnungsklausel aufweist, ist eine Frage der *Vertragsauslegung* 130 III 686/689 E. 4.3, die nach dem Vertrauensprinzip zu erfolgen hat, falls kein übereinstimmender Wille festgestellt werden kann 4A_551/2010 (2.12.10) E. 2.6 fr. Vereinbarungen, welche die gesetzlichen Bestimmungen einschränken oder ausschliessen, müssen klar zum Ausdruck kommen und sind *im Zweifel einschränkend auszulegen* (in casu konnte eine Garantiezusage, die beim Käufer den Eindruck seiner Besserstellung weckte, nicht einen Ausschluss der Gewährleistungsansprüche [insb. des Rechts zur Wandelung] enthalten) 91 II 344/348 f. E. 2a, b, 109 II 24/25 E. 4, 4C.82/2001 (4.9.01) E. 2b fr., 4C.295/2004 (12.11.04) E. 4.1 fr. Eine Ausschlussklausel ist von Fall zu Fall nach Treu und Glauben und den konkreten Umständen auszulegen (gesamtes Verhalten der Parteien 109 II 24/25 E. 4), wobei die unter billig denkenden Menschen herrschenden Verkehrsanschauungen massgebend sind 72 II 267/269 E. 3. Dabei fallen unter eine Freizeichnungsklausel keine *unvorhersehbaren* Tatsachen, die jenseits desjenigen liegen, was ein vernünftiger Käufer bedenken muss 4A_529/2010 (4.1.11) E. 4.1 fr., 4A_444/2017 (12.4.18) E. 5.1, bzw. an deren Möglichkeit der Käufer auch bei gründlicher Überlegung nicht zu denken braucht 72 II 267/269 E. 3, 4C.119/2005 (25.8.05) E. 2.3. Hingegen ist nicht erforderlich, dass die Parteien sich einen fraglichen Mangel konkret als möglicherweise vorliegend vorgestellt haben 72 II 267/268 f. E. 3. Ist der Verkäufer eines Neubaus gleichzeitig Hersteller der Kaufsache, muss er klar zu erkennen geben, wenn die Freizeichnungsklausel auch die von ihm grobfahrlässig verursachten Herstellungsmängel erfassen soll 4A_444/2017 (12.4.18) E. 5.4. Vorrangige Bedeutung kommt dem *wirtschaftlichen Ziel* einer Vereinbarung zu, wenn es darum geht, zu ermitteln, was für den Käufer ausserhalb des Vorstellbaren (und damit ausserhalb der Freizeichnung) lag 4A_551/2010 (2.12.10) E. 2.6 fr., 4C.297/2004 (9.12.04) E. 4.2. Damit ein Mangel von einer allgemein formulierten Freizeichnungsklausel nicht erfasst wird, genügt es nicht, dass er unerwartet ist; er muss auch den wirtschaftlichen Zweck des Geschäfts erheblich beeinträchtigen 4C.297/2004 (9.12.04) E. 4.2, 130 III 686/690 E. 4.3.1. Wesentlich ist für die Auslegung daher, zu welchem erkennbaren Zweck jemand einen Gegenstand gekauft hat. Insofern sind Mängel, die eine Sache weitgehend für den vorgesehenen Gebrauch untauglich machen, anders zu werten als solche, die diesen zwar erschweren, aber dennoch zulassen 72 II 267/269 E. 3. Das ist insb. angesichts der Relation der Beseitigungskosten zum Verkaufspreis zu beurteilen 4A_226/2009 (20.8.09) E. 3.2.2 fr. Siehe auch 4A_619/2013 (20.5.14) E. 5.3.1 fr. und 4A_11/2015 (25.6.15) E. 2.2.1 fr. (14,8% des Preises) sowie 4A_529/2010 (4.1.11) E. 4.1 und 4.2.1.2 fr. (10% des Preises). Sind diese Beseitigungskosten (5% des Preises) indes nur tief(er), weil sie zufällig frühzeitig 2 entdeckt werden, führt das nicht zur Annahme, dass der Käufer mit dem Mangel hätte rechnen müssen 4A_444/2017 (12.4.18) E. 5.5. Vorbehalten bleibt immerhin der Fall, dass ein Verkäufer den Kaufpreis mit Rücksicht auf eine Freizeichnung und das Alter der Liegenschaft tief ansetzt 4A_226/2009 (20.8.09) E. 3.2.2 fr. Das Bundesgericht unterscheidet mithin zwischen der wirtschaftlichen Zielsetzung des Vertrages und der wirtschaftlichen Bedeutung des eigentlichen Mangels 4A_529/2010 (4.1.11) E. 4.2.1.2 fr. (in casu war die Schieflage des Hauses nicht sicherheitsrelevant und gefährdete somit den Wohnzweck nicht, ausserdem war der Mangel *wirtschaftlich unbedeutend,* da seine Behebung lediglich Kosten im Umfang von ca. 5% des Kaufpreises generiert hätte). ***Vorstellbarkeit verneint.*** Mit Feuchtigkeit und unzureichender Wasserversorgung ist bei einem Wohnhaus nicht zu rechnen 4A_551/2010 (2.12.10) E. 2.6 fr. Wird die Gewährleistung für öffentlich-rechtliche Eigentumsbeschränkungen ausgeschlossen, muss der Käufer nicht mit Beschränkungen rechnen, die über die üblichen Vorschriften, etwa bzgl. Ausnützungsziffern etc. hinausgehen; aussergewöhnlich und unvorhersehbar ist etwa der Mangel einer Parzelle, die in einer Zone für öffentliche Nutzungen liegt, was eine private Überbaubarkeit ausschliesst und der Gemeinde ein Kaufrecht einräumt und den Verkehrswert um 14,8% mindert. Selbst wenn der Kaufpreis rund 13,4% tiefer liegt als der Verkehrswert einer Parzelle in einer Bauzone, bleibt der Mangel unvorhersehbar 4A_619/2013 (20.5.14) E. 5.3 fr. Bei einem über 50 Jahre alten Haus ist mit Schäden, die erst unter dem Verkäufer durch unsachgemässe Arbeiten entstanden sind, nicht zu rechnen 4C.281/2002 (25.2.03) E. 1.3 i.f. und 1.4 fr.; ungenügende Fundation durch das teilweise Fehlen einer Verankerung im gewachsenen Boden 4A_444/2017 (12.4.18) E. 5.6. ***Vorstellbarkeit bejaht.*** Freizeichnungen bezwecken regelmässig, den Verkäufer davor zu schützen, Gewähr für die uneingeschränkte Qualität der Kaufsache erbringen zu müssen, wenn er das *Risiko von Mängeln selber nicht einschätzen* kann. Insbes. bei Altbauten besteht oft ein solches Bedürfnis. Mit Rücksicht darauf übt das Bundesgericht Zurückhaltung bei der Annahme, dass ein Mangel völlig ausserhalb dessen lag, womit vernünftigerweise zu rechnen war und daher nicht unter die Klausel fällt 130 III 686/691 E. 4.3.1. Fehlende Unfallfreiheit bei einem Auto mit Jahrgang 1970 und sechs Vorbesitzern ist nicht unvorhersehbar, sodass eine generelle Freizeichnung diese Art Mangel erfasst 4A_538/2013 (19.3.14) E. 6.3. Defekt an der Katalysatoranlage bei einem Occasionsfahrzeug liegt nicht ausserhalb dessen, womit ein Käufer vernünftigerweise rechnen muss 4C.456/1999 (16.3.00) E. 4b. Keine Haftung des Verkäufers eines Gebrauchtwagens für einen rechtlichen Mangel, der auf die *Nichtbeachtung öffentlich-rechtlicher Vorschriften* durch einen Vorbesitzer zurückzuführen ist 72 II 267/267 ff. E. 3. Bei einem anhin als Pneulager genutzten Gebäude liegt mangelhafte Wasserabdichtung objektiv nicht ausserhalb des Vorstellbaren 4A_226/2009 (20.8.09) E. 3.2.2 fr. Ölschäden am verkauftem Baugrund auf dem früher Gewächshäuser betrieben wurden 107 II 161/162 ff. E. 6 Pra 1981 (Nr. 207) 547. Wertminderung bis 10% ist beim Kauf eines alten Hauses denkbar 130 III 686/689 E. 4.3.1. Bei einer alten Vase, die durch mehrere Hände gegangen war, ist ein versteckter Defekt nicht undenkbar, der im Zeitraum der Voreigentümer gründet (in casu erwähnte die Freizeichnung diese Periode noch eigens [«toute garantie antérieure est exclue»]), selbst wenn durch solche Änderungen der Gegenstand praktisch seinen gesamten Handelswert verliert 126 III 59/66 f. E. 3–5 Pra 2000 (Nr. 117) 694 ff. Bei einem Hauskauf ist grundsätzlich mit Feuchtigkeitsmängeln zu rechnen (in casu aber Rückweisung der Streitsache an die Vorinstanz zur Klärung, ob Ausmass ebenfalls vorhersehbar) 130 III 686/693.

Gültigkeit. Wird die Beachtung *öffentlich-rechtlicher Vorschriften* (in casu Kontrolle elektrischer Installationen) dem Käufer überbunden und der Verkäufer von der Gewähr für daraus fliesende Nachteile entbunden, verstösst diese Freizeichnung nicht gegen Art. 20 OR, wenn der Schutzzweck der Vorschrift auch bei Erfüllung durch den Käufer gewahrt bleibt 4A_155/2015 (24.8.15) E. 3.5.2. – ***Standardklauseln (clauses de style).*** Ist eine blosse *Vertragsfloskel* vom Parteiwillen nicht gedeckt, bleibt sie unwirksam 107 II 161/163 E. a Pra 1981 (Nr. 207) 547. Eine vom Notariat abstrakt und *standardmässig* eingefügte Formel ist wirkungslos, denn sie erlaubt es nicht, den wirklichen übereinstimmenden Willen der Parteien zu ermitteln 4A_226/2009 (20.8.09) E. 3.2.1 fr.; 107 II 161/163 E. a Pra 1981 (Nr. 207) 547, 83 II 401/404 E. 2. Anders 4A_272/2011 (22.8.11) E. 2.2, wonach selbst eine standardmässig verwendete Freizeichnungsklausel grundsätzlich zulässig (implicite: gültig) ist. – ***Individualisierte Klauseln.*** Werden ausgewählte Mängel explizit von der Gewähr ausgeschlossen, liegt keine floskelhafte Freizeichnung vor 4A_648/2012 (25.2.13) E. 5.2. Bestätigt der Käufer, sich bei den zuständigen Behörden über bestimmte öffentlich-rechtliche Schranken erkundigt zu haben, sind daraus fliessende Risiken vom Haftungsausschluss erfasst 4A_492/2012 (22.11.12) E. 6 fr. Auslegung einer mit Bezug auf den Zonenplan individualisierten Freizeichnungsklausel 4C.297/2004 (9.12.04) E. 4.3. 3

Form. Vereinbarungen über den Ausschluss der Gewährleistung bedürfen keiner besonderen Form (in casu stillschweigende Vereinbarung) 95 II 119/124 E. 4 it. JdT 1970 I 238. – Keine Genehmigung und damit kein (stillschweigender) Ausschluss der Gewährleistungspflicht, wenn der Käufer eines Hauses nebensächliche Abrechnungen (in casu über bezahlte Mietzinse und Steuern) entgegennimmt 45 II 441/444 E. 3. 4

Beweis. Wird vorbehaltlos jede Garantie ausgeschlossen, hat der Käufer zu beweisen, dass der Mangel völlig ausserhalb dessen steht, womit vernünftigerweise gerechnet werden konnte 72 II 267/267 ff. E. 3, 4C.456/1999 (16.3.00) E. 4b, 4A_226/2009 (20.8.09) E. 3.2.2 fr. 5

Folgen. Gelingt der Beweis eines unvorhersehbaren wesentlichen Mangels, fällt er nicht unter die Ausschlussklausel 107 II 161/162 ff. E. 6 Pra 1981 (Nr. 207) 547, 83 II 401/404 ff. E. 2 Pra 1957 (Nr. 130) 428 ff. Wird hingegen die Sachgewähr wegbedungen, ist auch auf die Wegbedingung von Schadenersatzansprüchen aus Sachmängeln zu schliessen 107 II 161/166 E. a Pra 1981 (Nr. 207) 549. – Eine Haftungsbeschränkungsabrede für Sachmängel ist i.d.R. auch bei einer allfälligen Haftung aus Art. 41 ff., bei der Werkhaftung sowie bei einer Haftung aus Geschäftsführung ohne Auftrag zu beachten 107 II 161/168 E. 8 Pra 1981 (Nr. 207) 551. – Die vom Geltungsradius einer Freizeichnung erfassten Sacheigenschaften darf der Käufer nicht als notwendige Grundlage des Vertrages ansehen 4A_353/2014 (19.11.14) E. 1.3.1, 126 III 59/66 E. 3 Pra 2000 (Nr. 117) 694. Die gültige Freizeichnungsklausel schliesst mithin die Berufung auf einen Grundlagenirrtum (Art. 24 Abs. 1 Ziff. 4) aus 4A_237/2009 (26.10.09) E. 5.1, 4C.227/2003 (9.12.04) E. 5.1 fr. 4A_551/2010 (2.12.10) E. 2.6 fr., 126 III 59/66 E. 3 Pra 2000 (Nr. 117) 694. 6

Verhältnis zu Art. 100 Abs. 1. Das Bundesgericht hat bisher nur Art. 199 angewandt, ohne jedoch Art. 100 Abs. 1 ausdrücklich auszuschliessen (Verhältnis offengelassen) 107 7

II 161/166 f. E. b, c Pra 1981 (Nr. 207) 549 ff., erneut offengelassen in 4C.295/2004 (12.11.04) E. 5.2 fr., 126 III 59/67 E. 4a Pra 2000 (Nr. 117) 695.

8 ***Weiteres.*** Soweit ein Verzicht auf Gewährleistung (und auf Verrechnung) gegenüber dem Verkäufer zulässig ist, kann er auch gegenüber einem Erwerber der Kaufpreisforderung nicht unstatthaft sein 109 II 213/215 E.a. – Wegbedingung der Sachgewährleistungspflicht mit der gleichzeitigen Verpflichtung, die Erledigung der Mängelbehebung durch die ausführenden Handwerker zu organisieren 4C.134/2004 (14.10.04) E. 4.4.

9 **Verhältnis Zusicherung – Freizeichnung.** Zur Zusicherung vgl. Art. 197/Beispiele. – ***Zusicherung derogiert Freizeichnung.*** Wird das Baujahr eines Bootes angegeben, bleibt unerheblich, ob der Käufer ohne diese Zusicherung vernünftigerweise mit einer Unsicherheit bezüglich des Alters des Bootes hätte rechnen und die allgemein gehaltene Freizeichnung gegen sich hätte gelten lassen müssen 4C.119/2005 (25.8.05) E. 2.3. Sichert der Verkäufer eine zureichende Wasserversorgung zu, muss der Käufer mit entsprechenden Mängeln nicht rechnen, eine Freizeichnung ist insofern ungültig 4A_551/2010 (2.12.10) E. 2.6, 4A_529/2010 (4.1.11) E. 4.1 fr. (Haus lag nicht wie zugesichert in Bau-, sondern in Landwirtschaftszone), 4A_237/2009 (26.10.09) E. 4.2 (die in der Betriebsbeschreibung enthaltenen Angaben zu Ertragswert/Belehnungsgrenze gemäss BGBB stimmten nicht mit der Wirklichkeit überein). – ***Auslegung.*** Eine Eigenschaftsangabe kann niemals zugleich Zusicherung und Freizeichnung sein: Äussert sich der Verkäufer gegenüber dem Käufer über die Eigenschaften der Kaufsache in einer Art und Weise, die den üblichen Beschrieb des Kaufgegenstandes irgendwie erweitert, so ist durch Vertragsauslegung zu ermitteln, ob die Eigenschaftsangabe als Zusicherung zu gelten hat oder unter die Freizeichnungsklausel fällt (in casu konnte sich der Verkäufer eines Gebrauchtwagens nicht auf die allgemeine Freizeichnungsklausel im Formularvertrag berufen, als sich herausstellte, dass der angezeigte Kilometerstand [38 000] den bereits gefahrenen Kilometern [138 000] nicht entsprach) 109 II 19/25 E. 4 (Präzisierung der Rechtsprechung). Ebenso 4A_353/2014 (19.11.14) E. 1.3.1, 4C.119/2005 (25.8.05) E. 2.3.

10 **Arglistiges Verschweigen der Mängel.** ***Regel.*** Die in den Art. 199, 203 und 210 Abs. 6 vorausgesetzte Absicht ist trotz unterschiedlicher Begriffe inhaltlich gleich zu beurteilen 4A_301/2010 (7.9.10) E. 3.2 fr. Sie setzt *effektive Kenntnis* des Verkäufers voraus 131 III 145/151 E. 8.1, 66 II 132/139 E. 6, 4A_196/2011 (4.7.11) E. 3 fr., 4A_444/2017 (12.4.18) E. 4.2.1. Freilich muss die Kenntnis nicht umfassend sein, sofern nur der Verkäufer über die Mangelursache hinlänglich im Bilde ist 4A_70/2011 (12.4.11) E. 4.1 fr. Nach Treu und Glauben ist er diesfalls zur Information verpflichtet 66 II 132/139 E. 6. Hingegen genügt selbst eine *grobfahrlässige Unkenntnis nicht* 4A_622/2012 (18.1.13) E. 3.2 fr., 4A_226/2009 (20.8.09) E. 3.2.3 fr., 81 II 138/141 E. 3, a.M. noch 4C.242/2004 (6.10.04) E. 2 obiter, wonach Kenntnismöglichkeit ausreiche. In diesem Sinne arglistig (d.h. absichtlich) verschweigt ein Verkäufer, der es *bewusst* unterlässt, einem Käufer eine Tatsache offenzulegen, obwohl er dazu gesetzlich, vertraglich oder aus Treu und Glauben verpflichtet wäre, insb. weil er weiss, dass das entsprechende Wissen den Kaufentscheid beeinflusst 4A_70/2011 (12.4.11) E. 4.1 fr. bzw. der Mangel den vertragsgemässen Zustand 4A_470/2012 (23.1.13) E. 2.1 fr. bzw. den Gebrauch des Kaufobjektes wesentlich beeinträchtigen wird 4A_226/2009 (20.8.09) E. 3.2.3 fr. bzw. für den Käufer wichtig wäre 4A_301/2010 (7.9.10) E. 3.2 fr. In diesem Fall müssen gute Gründe vorliegen, damit der

Verkäufer annehmen darf, der Käufer werde den Mangel schon selbst entdecken 4A_619/2013 (20.5.14) E. 5.3.3 fr. *Eventualvorsätzliches* Verschweigen reicht aus 4A_11/2015 (25.6.15) E. 2.2 fr., 4A_619/2013 (20.5.14) E. 4.1 fr. i.f. und 4A_11/2015 (25.6.15) E. 2.2.2 fr., 4A_622/2012 (18.1.13) E. 3.2 fr. (geringere Wohnfläche), 4A_70/2011 (12.4.11) E. 4.1 fr. Dem arglistigen Verschweigen ist die Täuschung durch das ***Zusichern von nicht vorhandenen Eigenschaften*** gleichzustellen 4C.16/2005 (13.7.05) E. 1.1. – ***Ausnahmen.*** Keine Aufklärungspflicht besteht, wenn ein Verkäufer in guten Treuen annehmen darf, der Käufer erkenne den wahren Sachverhalt ohne Weiteres 4A_70/2011 (12.4.11) E. 4.1 fr., 116 II 431/434 E. 3a, insb. wenn der wahre Sachverhalt bei gehöriger Aufmerksamkeit zu erkennen ist 4C.16/2005 (13.7.05) E. 1.5, 102 II 81/84 E. 2. Diese Erkennbarkeit kann sich ergeben, wenn dem Käufer die relevanten Informationen komplett zugekommen sind 4A_70/2011 (12.4.11) E. 4.1 fr.

Beispiele. *Bejaht.* Der Verkäufer nimmt in Kauf, dass der Käufer den rechtlichen Mangel bei gewöhnlicher Aufmerksamkeit und angesichts seiner Laienkenntnisse in Immobilien- und Rechtssachen weder entdecken muss noch entdecken wird 4A_11/2015 (25.6.15) E. 2.2 fr. Wenn beim Liegenschaftskauf der Verkäufer dem Käufer verschweigt: dass die Mietzinse in den überbundenen Mietverträgen behördlich nicht bewilligt sind 81 II 207/208 f. E. 1; dass ein mangelhaftes Wasserrohrleitungssystem vorliegt 4A_70/2011 (12.4.11) E. 4.1 fr.; dass ein Wohnhaus noch an eine öffentliche Abwasseranlage angeschlossen und hernach wiederkehrend eine nicht unerhebliche Benützungsgebühr an die Gemeinde geleistet werden muss 4A_470/2012 (23.1.13) E. 2.1 fr.; dass eine Sanierungsverfügung der Gemeinde betreffend Heizung vorliegt, die im Allgemeinen erheblichen Aufwand und wesentliche Kosten mit sich bringt (Arglist bejaht, obwohl die Sanierungspflicht allenfalls aus einer allgemein-abstrakten Norm in einer Gemeindeverordnung abzuleiten gewesen wäre) 4A_721/2011 (3.5.12) E. 4.2; (beim Unternehmenskauf) dass eine Klage droht 4A_301/2010 (7.9.10) E. 3.2 fr.; dass die Feuchtigkeit des verkauften Hauses auf ungenügende Entwässerung zurückzuführen ist 66 II 132/139 f. E. 6, Terrain-Verschiebungen 4C.152/2005 E. 2 fr. – *Verneint.* Absichtliche Täuschung verneint bei Share Deal durch einen Verkäufer, der mangels Buchhaltungsfachwissen die bilanziellen Unregelmässigkeiten seiner Firma nicht kannte A4_291/2014 (9.4.15) E. 4 it.; bei einem Share Deal, bei welchem das gekaufte Unternehmen Produkte herstellte, welche Jahre zuvor Gegenstand von «Warning Letters» der FDA bezüglich Verkaufsbeschränkungen im Ausland waren. Aufgrund von Änderungen der Produktbezeichnungen wurde die Täuschungsabsicht verneint, obwohl die Letters vor dem Verkauf nie erwähnt worden waren 4A_445/2019 (18.2.20) E. 2.2. Wer auf einem Auktionsportal ein Auto mit Totalschaden als «Unfallwagen» zum Kauf «auf eigenes Risiko ab Platz ohne Garantie» anbietet und darauf hinweist, dass «keine mechanische Prüfung» stattgefunden habe und die «Reparatur ... nicht genau eruiert» wurde, wobei zudem auf den Fotos gut zu erkennen ist, dass die Beschädigung der Kühlerhaube eine Inverkehrsetzung des Fahrzeugs ohne professionelle Reparatur verunmöglicht, verschweigt keine Gewährsmängel arglistig. Denn aufgrund eines solchen Beschriebs muss der Käufer ohnehin mit einem hohen Risiko hinsichtlich der Instandstellungskosten rechnen 4A_353/2014 (19.11.14) E. 4.2, 4C.227/2003 (9.12.04) E. 5.3.1 fr. 11

12 ***Rechtsfolge.*** Bei arglistigem Verschweigen ist ein genereller Ausschluss der Gewähr ungültig 4A_11/2015 (25.6.15) E. 2.2 fr. Es läuft die zehnjährige Verjährung gemäss Art. 210 Abs. 3 i.V.m. Art. 127 4A_301/2010 (7.9.10) E. 3.2 fr.; vgl. auch Art. 203.

3. Vom Käufer gekannte Mängel

Art. 200

[1] Der Verkäufer haftet nicht für Mängel, die der Käufer zur Zeit des Kaufes gekannt hat.

[2] Für Mängel, die der Käufer bei Anwendung gewöhnlicher Aufmerksamkeit hätte kennen sollen, haftet der Verkäufer nur dann, wenn er deren Nichtvorhandensein zugesichert hat.

1 **Allgemeines.** ***Massgebender Zeitpunkt*** für die Kenntnis und das Kennensollen ist im Unterschied zu Art. 201 der Vertragsabschluss (beim Grundstückkauf der Zeitpunkt der öffentlichen Beurkundung) und nicht der Eigentumsübergang 117 II 259/262 E. 1, 131 III 145/148 E. 6.1 Pra 2005 (Nr. 50) 393, 66 II 132/136 f. E. 5. Liegen mehrere Kaufverträge vor, ist nicht der Kenntnisstand beim Erstabschluss massgebend, sondern jener im Zeitpunkt des Erwerbs der mängelbehafteten Objekte (in casu Aktien) 4A_303/2013 (2.9.13) E. 4.4 und 5.5. – ***Beweislast.*** Es obliegt dem Verkäufer zu *beweisen,* dass der Käufer im Kaufzeitpunkt vom Mangel Kenntnis hatte oder hätte haben sollen 4A_619/2013 (20.5.14) E. 5.2 fr. und 4A_11/2015 (25.6.15) E. 2.2.2 fr. (in casu misslungen).

2 **Gewöhnliche Aufmerksamkeit.** ***Regel.*** An die vom Käufer zu erwartende Aufmerksamkeit sind vor Vertragsabschluss grundsätzlich keine hohen Anforderungen zu stellen, weil es zur Wahrung der Gewährleistungsrechte genügt, wenn er die *Sache* nach Empfang prüft, sobald es nach dem üblichen Geschäftsgang tunlich ist 4C.16/2005 (13.7.05) E. 1.1, vgl. auch 4C.152/2005 (29.8.05) E. 2.2.2 fr. Eine eigentliche Prüfung der Kaufsache obliegt dem Käufer vor Vertragsschluss folglich nicht, sondern nur die Anwendung gewöhnlicher Sorgfalt bei Wahl und Besichtigung des Kaufobjektes 66 II 132/136 f. E. 5. – Insbes. besteht keine Verpflichtung des Käufers, die noch nicht empfangene Ware durch Sachverständige, Spezialisten etc. prüfen zu lassen lassen 131 III 145/149 E. 6.3 Pra 2005 (Nr. 50) 393, 66 II 132/137, 46 II 36/37 fr. Fördert erst eine Expertise den Grund eines Mangels zutage, darf dem Käufer weder Kenntnis noch Kennensollen unterstellt werden 4C.130/2006 (8.5.07) E. 7.3 fr. – Grundsätzlich hat der Käufer vor Vertragsschluss nur die Sache an sich zu prüfen, doch hat sich eine Prüfung im Einzelfall auch auf mögliche Komplikationen, die beim *Gebrauch* der Sache eintreten könnten, zu erstrecken 95 II 119/125 E. 5 it. JdT 1970 I 238 (in casu hätte der Käufer importierter Ware die Konformität mit öffentlich-rechtlichen Nutzungsvorschriften im Vorfeld bei den Behörden abklären müssen).

3 ***Bei Zusicherung.*** Zum Verhältnis Zusicherung – Freizeichnung vgl. Art. 199. – Sichert der Verkäufer *bestimmte Eigenschaften* der Kaufsache zu, so enthebt dies den Käufer der Pflicht, *vor* Vertragsabschluss bei Wahl und Besichtigung der Kaufsache auch nur ein Mindestmass von Sorgfalt zu beachten 81 II 56/58 E. 2c, vgl. auch 118 II 333/339 fr., 4C.364/2000 (15.5.01) E. 3d fr., 4C.16/2005 (13.7.05) E. 2.1. Eine Überprüfung zugesicherter Eigenschaften kann folglich vor Abschluss des Kaufvertrages vom Käufer nicht erwartet werden 4A_417/2007 (14.2.08) E. 4.3, ebenso 4A_480/2007 (27.5.08) E. 4.3.3

fr. (in casu keine Pflicht zur Prüfung der Mietverträge nach Zusicherung der aktuellen Mietzinseinnahmen – jedenfalls sofern die Mietverträge nicht zum Bestandteil des Vertrages erklärt werden: E. 4.3.4). Sichert der Verkäufer zu, dass die verkaufte Unternehmung frei von vertragswesentlichen Verbindlichkeiten ist, muss der Käufer sich nicht nach dem Deckungsgrad der Vorsorgeeinrichtung erkundigen, selbst wenn dies ein notorisch risikoreicher Faktor ist. Vielmehr wäre es am Verkäufer, über die Unterdeckung zu informieren 4A_42/2009 (1.5.09) E. 6.3 Pra 2010 (Nr. 61) 449.

Bei Verschweigen. Der Verkäufer ist mit der Einrede der Erkennbarkeit des Mangels ausgeschlossen, wenn er ihn dem Käufer arglistig verschweigt (in casu keine Anwendung der Bestimmung, da schon Erkennbarkeit des Mangels verneint) 66 II 132/138 f. E. 5. – Zur Arglist s. 4A_301/2010 (7.9.10) E. 3.2 fr. und Art. 199. 4

Bei Freizeichnung. Bei Eingehung einer (in casu: individualisierten) Freizeichnungsklausel bestehen per se höhere Anforderungen an die gehörige Aufmerksamkeit des Käufers: es kann von ihm dann grundsätzlich erwartet werden, dass er den Kaufgegenstand vor Abschluss des Vertrages auf Mängel hin untersucht 4A_648/2012 (25.2.13) E. 6. 5

Erkennbarkeit. Für die Kenntnis des Mangels ist in erster Linie auf die *individuellen Verhältnisse,* auf das Wissen und die Erkenntnismöglichkeiten des Käufers abzustellen; erst wenn feststeht, dass der Käufer die volle Bedeutung und Auswirkung eines Mangels in sachlicher und wirtschaftlicher Hinsicht richtig hat erkennen können, darf ihm seine (allfällige) Fahrlässigkeit gemäss Abs. 2 entgegengehalten werden 66 II 132/137. – Insbes. bei Unternehmenskäufen ist eine sog. *Due-Diligence*-Prüfung üblich, bei der Kaufinteressenten vor Vertragsschluss bestimmte Unterlagen zur Prüfung und Analyse zugänglich gemacht werden und hernach Kenntnis aller offengelegten Dokumente vermutet wird (obiter dictum) 4A_480/2007 (27.5.08) E. 4.4.2. ***Verneint.*** Ergibt eine Expertenschätzung, dass der bezahlte Preis dem Wert der übertragenen Wohnung entsprach, folgt daraus nicht zwingend, dass die Unrichtigkeit der angegebenen Bruttogeschossfläche erkennbar gewesen wäre. Denn es ist denkbar, dass die Käuferin von einem besonders günstigen Kaufpreis ausging 4A_417/2007 (14.2.08) E. 6.3. 6

Folgen. Kennt eine Käuferin einen Mangel und nimmt ihn ohne Vorbehalt in Kauf, bleibt er rechtlich unbeachtlich (in casu Haarrisse im Mauerwerk und instabiler Baugrund) 4A_445/2013 (2.12.14) E. 2.2 fr., 4A_619/2912 (20.5.14) E. 4.1. 7

Weiteres. Keine analoge Anwendung der Bestimmung im Werkvertragsrecht, da ein Mangel erst bei Ablieferung vorliegen, der Besteller ihn bei Vertragsschluss mithin noch nicht kennen kann (in casu Übernahme der im vorgängigen Werkvertrag vereinbarten Sachgewährleistung in den nach Erstellung des Werkes [Haus] abgeschlossenen und öffentlich beurkundeten Kaufvertrag; Anwendbarkeit von Art. 200 verneint) 117 II 259/263 E. 2.a. 8

4. Mängelrüge a. Im Allgemeinen

Art. 201

[1] Der Käufer soll, sobald es nach dem üblichen Geschäftsgange tunlich ist, die Beschaffenheit der empfangenen Sache prüfen und, falls sich Mängel ergeben, für die der Verkäufer Gewähr zu leisten hat, diesem sofort Anzeige machen.

[2] Versäumt dieses der Käufer, so gilt die gekaufte Sache als genehmigt, soweit es sich nicht um Mängel handelt, die bei der übungsgemässen Untersuchung nicht erkennbar waren.

[3] Ergeben sich später solche Mängel, so muss die Anzeige sofort nach der Entdeckung erfolgen, widrigenfalls die Sache auch rücksichtlich dieser Mängel als genehmigt gilt.

1 **Allgemeines.** ***Rechtsnatur und Zeitpunkt.*** Die «Rügepflicht» des Käufers in Art. 201 ist eine blosse *Obliegenheit* 113 II 174/178 E. c, 4C.395/2001 (28.5.02) E. 2.1.1 Pra 2003 (Nr. 107) 580. Die Obliegenheit zur Prüfung und Benachrichtigung i.S. der Bestimmung *beginnt* mit der Übergabe der Sache, d.h. mit dem Besitzesübergang 131 III 145/149 E. 7.1 Pra 2005 (Nr. 50) 394.

2 ***Ratio legis.*** Die Vorschrift besteht im Interesse der Verkehrssicherheit beim Kaufgeschäft und bezweckt eine rasche Klarstellung der tatsächlichen und rechtlichen Verhältnisse. Der *Verkäufer* soll möglichst rasch darüber Gewissheit erhalten, ob die Ware genehmigt worden ist, und es soll ihm von Beanstandungen so rechtzeitig Kenntnis verschafft werden, dass er sich durch eigene Prüfung ein Urteil über die Begründetheit der Rüge bilden kann; der *Käufer* soll über die Bemängelung rasch entscheiden müssen, um missbräuchliche Ausnützung zulasten des Verkäufers zu verhüten 88 II 364/365 E. 2, ausführlich (samt rechtsvergleichenden Hinweisen) 4C.395/2001 (28.5.02) E. 2.1 Pra 2003 (Nr. 107) 580 ff.

3 ***Anwendbarkeit.*** Die Bestimmung gilt auch für *zugesicherte Eigenschaften* gemäss Art. 197 107 II 419/422 E. 2, grundlegend 81 II 56/57 f. E. b, und den Liegenschaftskauf 104 II 265/268 E. 2 Pra 1979 (Nr. 45) 124, 81 II 56/60, 131 III 145/149 f. E. 7 Pra 2005 (Nr. 50) 393 f.

4 ***Dispositives Recht.*** Die gesetzlichen Prüfungs- und Rügepflichten sind dispositiver Natur. Eine vertragliche Abänderung kann auch durch beidseitige Unterwerfung unter abweichende Verkehrssitten oder Usanzen zustande kommen 47 II 160/165 E. 3, vgl. auch 4C.351/2002 (25.2.03) E. 2.1 fr. So kann etwa die Rügefrist vertraglich erstreckt werden (in casu auf 30 Tage nach Mangelentdeckung) 4A_321/2012 (14.1.13) E. 4.3. Eine solche Erstreckung muss *klar* und *unzweideutig* aus den Erklärungen der Parteien hervorgehen und liegt in der Übernahme einer Garantie an sich nicht vor 24 II 596/602. Eine vertraglich vereinbarte Garantiefrist bewirkt nicht ohne Weiteres eine Erstreckung der Prüfungs- und Rügefrist 24 II 596/602, 52 II 148/149 it. Keine Abänderung der Rügefrist liegt im blossen Vermerk auf der Rechnung des Verkäufers, Bemängelungen würden nur berücksichtigt, wenn sie unmittelbar nach Empfang der Ware erhoben würden 20 1068. – Zur vertraglichen Wegbedingung der Gewährsleistungspflicht im Allgemeinen siehe Art. 199.

Auslegung. Zeitpunkt, Adressat, Form und Inhalt der Mängelrüge sind durch umfangreiche Judikatur und Literatur exakt konkretisiert worden; für ein richterliches Ermessen im Einzelfall bleibt daher überhaupt kein Raum 4C.150/2000 (10.10.00) E. 4b. 5

Abgrenzungen. ***Zu Art. 23ff., 41ff., 97ff., 111, 171 und 192ff.*** siehe Vorb. Art. 197–210/Abgrenzungen. 6

CISG. Zur Prüfungs- und Rügepflicht vgl. 4A_68/2009 (18.5.09) E. 8, 4C.198/2003 (13.11.03) E. 3 ff. – CISG Art. 39 ist dispositives Recht, auf den Einwand der verspäteten Rüge kann (auch konkludent) verzichtet werden. Kein Verzicht ist anzunehmen bei blosser Aufnahme von Verhandlungen, bei Zusage einer Nachbesserung mit gleichzeitiger Kaufpreiseinforderung oder erstem Einwenden vor Gericht 4A_617/2012 (26.3.13) E. 3.2.1. Zu den Anforderungen an den ***Inhalt*** der Anzeige einer Vertragswidrigkeit gemäss CISG Art. 39 Abs. 1 vgl. 130 III 258/261 ff. E. 4, 4A_614/2014 (2.4.15) E. 5.5 (praeter verba legis müssen nicht nur Mängel der Ware selbst, sondern auch Mängel der die Ware repräsentierenden Dokumente gerügt werden). Wird eine Vertragswidrigkeit (in casu Fehlen von Bio-Zertifikaten) nicht rechtzeitig moniert und genau bezeichnet, verliert der Käufer sämtliche aus CISG Art. 45 ff. fliessenden Rechtsbehelfe 4A_617/2012 (26.3.13) E. 3.1. 7

Abs. 1 **Prüfung der empfangenen Sache.** ***Allgemeines.*** Die Prüfungsobliegenheit nach Abs. 1 bezieht sich nur auf offene, d.h. bei Abnahme der Ware erkennbare Mängel 4C.152/2003 (29.8.03) E. 3.1. 8

Frist. Verwirkungsfrist 61 II 152/154 E. c, 121 III 453/459 E.b. Keine starre Frist; das Gesetz stellt auf die praktischen Verhältnisse ab, die im Geschäftsleben bestehen (diese sind nach objektiven kaufmännischen Gesichtspunkten zu würdigen 88 II 364/368 E. 5). Die Frist ist daher nach der Natur des Kaufgegenstandes (z.B. Wein, der nach einem langen Transport vor der Prüfung eine gewisse Zeit lang liegen gelassen werden muss 26 II 791/795 E. 4) und nach Art des infrage stehenden Mangels von verschiedener Dauer (nach 23 1823 E. 3 ist auch die Art des Geschäftsbetriebes des Käufers zu berücksichtigen). Sie beträgt beim Kauf von Waren, für die feststehende Qualitätsbegriffe massgebend sind (wie z.B. Getreide), nur wenige Tage, während bei anderen Kaufgegenständen die Prüfung aufgrund der Natur der Sache erst nach geraumer Zeit vorgenommen werden kann (z.B. Kauf eines Motorschneepfluges im Sommer, dessen Gebrauchsfähigkeit erst im Winter erprobt werden kann 72 II 405/417, oder Zusicherung bestimmter Isolationsfähigkeit einer Konstruktion, deren Prüfung erst bei entsprechenden Aussentemperaturen vorgenommen werden kann) 81 II 56/59 f. E. 3b, vgl. ferner 124 III 456/460 E. c, 4C.205/2003 (17.11.03) E. 3.2 fr. (in casu Autokauf, verspätete Mängelrüge drei Wochen nach Entdeckung des Mangels). – Wird am 20. Dezember ein Warenlager (durch Kauf aller Aktien eines Handelsgeschäftes) erworben, so hat die Prüfung (und Beanstandung) spätestens Anfang Januar des folgenden Jahres stattzufinden 107 II 419/422 f. E. 2. – Der Käufer einer Liegenschaft darf sich auf den Grundbucheintrag verlassen; führt über das Grundstück eine nicht eingetragene Strasse, so ist die Prüfung der Sache bezüglich dieses Mangels rechtzeitig, wenn sie bei der ersten Begehung im Gelände erfolgt 98 II 191/198. 9

Prüfungsort. Prüfungsort ist i.d.R. der Ablieferungsort; dieser befindet sich dort, wo die Verfügungsgewalt über die Sache vom Verkäufer auf den Käufer übergeht, sodass dieser die Ware prüfen oder durch einen Dritten prüfen lassen kann 88 II 364/366 E.a. Die 10

Parteien können einen anderen als den Ablieferungsort als Prüfungsort bestimmen; ferner kann sich eine Abweichung vom normalen Prüfungsort aus der Vorschrift ergeben, dass die Untersuchung zu erfolgen habe, «sobald es nach dem üblichen Geschäftsgang tunlich ist»; ebenso kann der Zweck der Prüfung, der in der raschen Klarstellung der Verhältnisse besteht, eine Ausnahme von der Regel rechtfertigen 88 II 364/366 f. E.c.

11 ***Mangelbefund.*** Entdeckt ist ein Mangel mit seiner zweifelsfreien Feststellung 107 II 172/175 E.a. Mängel sind erst in jenem Zeitpunkt für die Erhebung der Mängelrüge relevant, in dem der Käufer sie mit seinen individuellen Möglichkeiten in ihrem Umfang und ihren Konsequenzen als solche Mängel erkennt, die die Rechtsfolgen einer Mängelrüge nach sich ziehen (in casu kleine Risse an der Hauswand, die schon vor Kaufabschluss sichtbar waren, aber vom Käufer als bautechnischem Laien in ihrer Tragweite nicht erkannt werden konnten) 59 II 309/312 f. fr.

12 ***Weiteres.*** Der Käser, der von Genossenschaftern täglich mehrere Milchlieferungen erhält, ist nicht gehalten, jede Lieferung im Einzelnen zu prüfen, da dies unvereinbar wäre mit den Anforderungen einer rationellen Milchverarbeitung; es genügt, wenn er die einzelnen Lieferungen visuell prüft und bei Verdacht auf schlechte Qualität die Milch eingehend untersucht 41 II 732/736 f. E. 3 fr.

13 **Mängelrüge.** ***Rechtsnatur.*** Die Mängelrüge ist nichts weiter als eine zur Erhaltung der Rechte des Bestellers (Käufers) erforderliche Erklärung. Sie ist hinsichtlich der darin aufgezählten Mängel blosse Vorstellungsäusserung und grenzt den Umfang der Haftpflicht des Unternehmers (Verkäufers) einzig negativ in dem Sinne ein, als dieser in Bezug auf nicht angezeigte Mängel von der Haftung befreit ist (in casu Entscheid betreffend Werkvertrag) 107 II 437/437 f., 4C.395/2001 (28.5.02) E. 2.1.1 Pra 2003 (Nr. 107) 580 f.

14 ***Frist.*** Verwirkungsfrist 61 II 148/154 E.c. – Die Rüge ist unverzüglich nach Entdeckung der Mängel anzubringen (entdeckt ist ein Mangel mit seiner zweifelsfreien Feststellung) 107 II 172/175 E. a, vgl. auch 56 II 39/50 E. 3 und 22 504. Ist die Rechtslage angesichts der Grundbuchsituation und aufgrund einer vom Verkäufer gegebenen Auskunft für einen Immobilienhändler klar, bedarf er keiner zusätzlichen Zeit für eine Rechtsauskunft 4A_367/2009 (2.11.09) E. 1.2 fr. Der Käufer ist nicht verpflichtet, die Ware sofort weiterzuverarbeiten; bei der späteren Verarbeitung zutage tretende Mängel sind zu berücksichtigen, wenn bei ihrer Entdeckung Mängelrüge erhoben wird 56 II 39/50 E. 3. Erkennt zwar der Käufer aufgrund von Reklamationen eines Abnehmers, dass das betreffende Stück irgendwie fehlerhaft ist, muss er aber deswegen nicht ohne Weiteres auf die Mangelhaftigkeit der gesamten Lieferung schliessen (in casu Wäsche/Gewebequalität), so ist die Mängelrüge rechtzeitig, wenn sie nach Erhalt des Gutachtens über die gesamte Lieferung erfolgt 76 II 221/224 f. E. 3. – Der Versand der Rüge 2–3 Kalendertage nach sicherer Kenntnis vom Mangel ist rechtzeitig 4D_25/2010 (29.6.10) E. 2.2 fr., 4A_367/2009 (2.11.09) E. 1.2 fr. und 98 II 191/198 E. 4. Gleiches gilt für 4 Kalendertage, wenn dazwischen ein Sonntag liegt 76 II 221/225 E. 3. Dasselbe gilt selbst noch nach 7 Tagen 4C.82/2004 (3.5.04) E. 2.3 und 4C.143/1996 (12.11.96) E. 2d. Aufgrund der konkreten Interessenlage und des Alters der betroffenen Leitungen waren selbst 11 Tage bei zwei dazwischenliegenden Wochenenden noch rechtzeitig 4A_399/2018 (8.2.19) E. 3.2. – *Verspätet* sind hingegen Anzeigen, die 18 Kalendertage nach Kenntnis des Mangels erfolgen 4A_251/2018 (11.9.18) E. 5.2.3 fr., ebenso 17 Tage 118 II 142/148 E. 3b, 20 Kalender-

tage 4C.205/2003 (17.11.03) E. 3.3.1 fr., 22 Tage 4D_4/2011 (1.4.11) E. 4.1 fr., über 1 Kalendermonat 4D_25/2010 (29.6.10) E. 2.2 fr., 5 Kalenderwochen 118 II 142/148 E. 3b, 6 Kalenderwochen 4A_367/2009 (2.11.09) E. 1.2 fr.

15 ***Form.*** Die Mängelrüge bedarf keiner besonderen Form 101 II 83/84 f. E. 3, 107 II 172/175 E.a. Sie kann demnach auch mündlich erfolgen 4P. 312/2004 (9.3.05) E. 2.3. Allerdings müssen die Mängel sowie der Wille, den Vertragspartner haftbar zu machen, klar zum Ausdruck kommen. Dem genügt die blosse Zustellung eines Auszugs aus einer Expertise nicht 4D_25/2010 (29.6.10) E. 2.2 fr., 107 II 172/175 E.a.

16 ***Inhalt.*** Die Mängelrüge ist ausreichend zu begründen 101 II 83/84 f. E. 3, 4C.351/2002 (25.2.03) E. 3.1 fr. Sie muss inhaltlich sachgerecht substanziiert sein, zumindest die Mängel genau angeben und zum Ausdruck bringen, dass der Gläubiger den Vertragsgegenstand nicht als vertragsgemäss anerkennen und den Schuldner haftbar machen will 107 II 172/175 E. a, 4C.395/2001 (28.5.02) E. 2.1.1 Pra 2003 (Nr. 107) 581 (Kaufvertrag). Sie muss klarlegen, inwiefern die Kaufsache mangelhaft ist (der Verkäufer muss die Tragweite der Beanstandung ermessen können 21 577 f. E. 6). Was dies im Einzelnen bedeutet, muss fallweise geprüft werden (eine Rüge kann in einem Fall als zu allgemein und daher ungenügend erscheinen, während die gleiche oder ähnliche Fassung bei den besonderen Verhältnissen eines anderen Falles [z.B. durch die unter den Parteien gewechselte Korrespondenz] ihren Zweck erfüllt) 22 503 E. 2, 4C.395/2001 (28.5.02) E. 2.1.1 Pra 2003 (Nr. 107) 581. Mit Blick auf die Vorstellungsäusserung des Käufers ist entscheidend, dass der Verkäufer nach Treu und Glauben ohne Mühe erkennen kann, welche Mängel gerügt sind 4C.395/2001 (28.5.02) E. 2.1.1 Pra 2003 (Nr. 107) 581 (in casu Holzlieferung; unter den konkreten Umständen vom Bundesgericht im Gegensatz zur Vorinstanz als genügend erachtet die Erklärung: «Wir bedauern, Ihnen mitteilen zu müssen, dass die Ahorn-Lieferungen aus der Gemeinde B. (Transport durch C.) qualitativ weit unter früheren Lieferungen liegt. Viele Stämme weisen lediglich Emballage-Qualität auf und können auch von uns nicht mehr verarbeitet werden. Wir stellen Ihnen daher das Holz wieder zur Verfügung. Es liegt auf der Sägerei D. Gerne erwarten wir Ihre Stellungnahme.» – Die Aufzählung der wichtigsten Mängel mit der Äusserung des Käufers, aus der Mangelhaftigkeit sämtliche Konsequenzen zu ziehen, ist genügend 38 II 542/549 E. 6 fr. Unter den konkreten Umständen war in casu die Mitteilung genügend, dass der gelieferte Wein (weil als Verschnittwein ungeeignet) dem Käufer zur Verfügung stehe 32 II 294/298 f. E. 4. – *Ungenügend* ist eine allgemein gehaltene Reklamation, die erst im Prozess bezüglich Umfang und Inhalt bestimmt wird 21 577 f. E. 6. – Hingegen muss die Mängelrüge nicht bereits erwähnen, welche Rechtsbehelfe der Käufer anzuwenden beabsichtigt 4P.312/2004 (9.3.05) E. 2.3.

17 ***Adressat.*** Im beurteilten Fall (Autokauf) hätte die Mängelrüge dem Verkäufer oder einem zum Empfang der Rüge ermächtigten Vertreter zugehen müssen; ungenügend die Rüge gegenüber einer Garage der betreffenden Automarke 4C.2005/2003 (17.11.03) E. 3.3.1 fr.

18 ***Beweis/Verfahren.*** Die Rechtzeitigkeit der Mängelrüge hat der Richter nicht von Amtes wegen zu ermitteln 107 II 50/54 E.a. Vielmehr hat der Käufer die Rechtzeitigkeit (und Vollständigkeit 21 577 E. 6) der Mängelrüge zu beweisen (dazu gehört auch der Beweis, wann der gerügte Mangel für ihn erkennbar geworden ist 4D_4/2011 [1.4.11] E. 3 fr., wie und wem er ihn mitgeteilt hat 107 II 172/176 E. a). Wird eine angebliche telefoni-

sche Rüge bestritten, ist es willkürlich, diese ohne jeden Beleg als erstellt zu betrachten 4D_4/2011 (1.4.11) E. 3.2 fr. Gleiches gilt, wenn lediglich ein Anruf des Käufers beim Verkäufer, nicht aber der Gesprächsinhalt nachgewiesen ist 4D_4/2011 (1.4.11) E. 4.1 fr. – Demgegenüber ist es am Verkäufer, die mit verspäteter Mängelrüge eingetretene Genehmigung der Kaufsache vorzubringen 107 II 50/54 E. a (in casu Werkvertrag), 118 II 142/147 f. E. a (in casu Werkvertrag). Ob die Mängelrüge den rechtlichen Anforderungen genügt (insb. betreffend Substanziierung und Rechtzeitigkeit), bildet eine Frage des Bundesrechts 4P.312/2004 (9.3.05) E. 2.2. Eine Pauschalberechnung des Schadens aufgrund von «variablen Einzelkosten» ist unzulässig, da sie der Gegenpartei ein substanziiertes Bestreiten verunmöglicht (siehe ZPO Art. 55 Abs. 1) 4A_445/2019 (18.2.20) E. 4.

19 ***Abs. 2*** **Genehmigungsfiktion.** Die *Verletzung der Prüfungs- oder Rügeobliegenheiten* fingiert die Genehmigung 4C.152/2003 (29.8.03) E. 3.1. Sie schliesst sämtliche Mängelrechte mit Bezug auf den betreffenden Mangel aus 4C.205/2003 (17.11.03) E. 3.3.2 fr. Versäumt es bspw. der Käufer, die Beschaffenheit der empfangenen Sache zu prüfen, sobald es nach dem üblichen Geschäftsgang tunlich ist, und allfällige Mängel, für die der Verkäufer gewährleistungspflichtig ist, anzuzeigen, gilt die gekaufte Sache nach Art. 201 Abs. 2 als genehmigt, soweit es sich nicht um Mängel handelt, die bei der übungsgemässen Untersuchung nicht erkennbar waren 4C.387/2005 (30.1.06) E. 4.1, 4C.152/2003 (29.8.03) E. 3.1, 4C.395/2001 (28.5.02) E. 2.1. – Überdies kann die Genehmigung auch durch eine entsprechende ausdrückliche oder konkludente *Willenserklärung* in diesem Sinne erfolgen (insb. durch bestimmungsgemässe Verwendung der Ware), was aber i.d.R. Mangelkenntnis voraussetzt 4C.152/2003 (29.8.03) E. 3.1, 115 II 456/459 E. 4 (zweckgemässer Gebrauch eines Werks als konkludente Abnahme mit Folge der Genehmigungsfiktion). Der Weiterverkauf einer mit einem unbekannten, versteckten Mangel behafteten Kaufsache bewirkt somit keine Genehmigung 4C.152/2003 (29.8.03) E. 3.1.

20 **Übungsgemässe Untersuchung.** Was darunter zu verstehen ist, bestimmt sich nach den *Handelsgebräuchen* in der betreffenden Branche. Der Käufer ist nicht gehalten, nach geheimen Mängeln zu forschen 76 II 221/223 f. E. 2. Er ist i.d.R. auch nicht verpflichtet, den Kaufgegenstand durch eine *Fachperson* prüfen zu lassen 63 II 401/408 E. d, 59 II 309/313 fr.

21 **Offener/versteckter Mangel.** Für versteckte Mängel besteht keine Prüfungsobliegenheit 4C.152/2003 (29.8.03) E. 3.1. Das unterscheidende Merkmal liegt in der Erkennbarkeit bzw. Nichterkennbarkeit der Mängel bei der nach Empfang der Sache mit tunlicher Beschleunigung vorzunehmenden «übungsgemässen Untersuchung» 76 II 221/223 E. 2. Erfolgt die Entdeckung bei übungsgemässer Untersuchung, gilt er als offener Mangel i.S.v. Abs. 1 4D_4/2011 (1.4.11) E. 4.1 fr. Ein äusserlich sichtbarer Mangel kann dann ein versteckter sein, wenn er für den Käufer als Laien nicht erkennbar ist 63 II 401/407 f. E.d.

22 **Zum Verhältnis zu Art. 41 ff.** Die Genehmigung schliesst auch die Berufung auf Art. 41 ff. aus 67 II 132/137 fr.

23 ***Abs. 3*** Kommen Mängel erst nach der Übergabe der Kaufsache zum Vorschein, sind sie unverzüglich zu rügen, andernfalls gilt die Sache (wie auch im Werkvertrag) als geneh-

migt 4D_25/2010 (29.6.10) E. 2.2 fr. Bezüglich der Anforderungen, Mängel «sofort nach Entdeckung» zu rügen, kann auf die Rechtsprechung zum Werkvertrag (Art. 370 Abs. 3) gegriffen werden. Mängel, die nach und nach zum Vorschein kommen, gelten erst dann als entdeckt, wenn der Käufer in der Lage ist, ihre Tragweite und Bedeutung festzustellen 131 III 145/150 E. 7.2 Pra 2005 (Nr. 50) 394 (in casu verspätete Mängelrüge bei einem undichten Dach). – Anwendungsfall nachträglicher Entdeckung eines anfänglich nicht erkennbaren Mangels 104 II 265/269 f. E. 2 Pra 1968 (Nr. 36) 125 (in casu stellte das Fehlen einer zugesicherten Abwasserkanalisation einen Mangel dar, der bei übungsgemässer Untersuchung des Grundstückes nicht entdeckt und rechtzeitig gerügt werden konnte, sondern erst im Zusammenhang mit dem späteren Bau eines Hauses). – Zu Tat- und Rechtsfragen im Zusammenhang mit der «sofortigen Anzeige» vgl. 4C.152/2003 (29.8.03) E. 2.4.

b. Beim Viehhandel

Art. 202

[1] Enthält beim Handel mit Vieh die schriftliche Zusicherung keine Fristbestimmung und handelt es sich nicht um Gewährleistung für Trächtigkeit, so haftet der Verkäufer dem Käufer nur, wenn der Mangel binnen neun Tagen, von der Übergabe oder vom Annahmeverzug an gerechnet, entdeckt und angezeigt wird, und wenn binnen der gleichen Frist bei der zuständigen Behörde die Untersuchung des Tieres durch Sachverständige verlangt wird.

[2] Das Gutachten der Sachverständigen wird vom Richter nach seinem Ermessen gewürdigt.

[3] Im Übrigen wird das Verfahren durch eine Verordnung des Bundesrates geregelt.

Diese Sondervorschrift gilt für alle Mängel (Krankheiten oder funktionelle Fehler) 86 II 27/29 f. E. 2. 1

Abs. 1 *Zuständige Behörde.* Eine Untersuchung durch die zuständige Behörde hat auch dann zu erfolgen, wenn eine Verlängerung der Garantiefrist vereinbart worden ist. Die private Beiziehung eines Tierarztes genügt nicht 86 II 27/32 E.d. 2

Abs. 3 S. V betreffend das Verfahren bei der Gewährleistung im Viehhandel. 3

5. Absichtliche Täuschung

Art. 203

Bei absichtlicher Täuschung des Käufers durch den Verkäufer findet eine Beschränkung der Gewährleistung wegen versäumter Anzeige nicht statt.

Vgl. bzgl. der Absicht auch Art. 199 und 210 Abs. 3 4A_301/2010 (7.9.10) E. 3.2 fr. Die vom Käufer zu beweisende Absicht wird bejaht, wenn der Verkäufer es bewusst unterlässt, dem Käufer einen Mangel offenzulegen, den dieser nicht kennt und angesichts seiner versteckten Natur nicht entdecken kann, obwohl er weiss, dass es sich für diesen um einen wesentlichen Umstand handelt 131 III 145/151 E. 8.1 Pra 2005 (Nr. 50) 395 (in casu Liegenschaftskauf; Rückweisung der Streitsache an die Vorinstanz). Der arglistig täuschende 1

Verkäufer verliert sämtliche Vorteile der Sachgewährleistungregeln, während der Käufer seine Wahlmöglichkeiten behält (die Täuschung beschränkt sich nicht auf den Fall, dass der Verkäufer den Käufer durch Täuschung an der rechtzeitigen Untersuchung und Rüge gehindert hat). Bei einer absichtlichen Täuschung über Mängel oder Eigenschaften tritt die Fiktion der Genehmigung trotz unterlassener Prüfung und Anzeige nicht ein 4C.387/2005 (30.1.06) E. 4.1. Anwendungsbeispiele (in casu absichtliche Täuschung verneint) 107 II 419/423 E. 2, 4C.7/2005 (30.6.05) E. 3.1 fr. (in casu absichtliche Täuschung bejaht). 4A_533/2013 (27.3.14) E. 3–6 (bejaht, hochstaplerisches Konzept bzgl. Solarzellenprojekt). Zur absichtlichen Täuschung im Allgemeinen siehe Art. 28.

6. Verfahren bei Übersendung von anderem Ort

Art. 204

[1] Wenn die von einem anderen Orte übersandte Sache beanstandet wird und der Verkäufer an dem Empfangsorte keinen Stellvertreter hat, so ist der Käufer verpflichtet, für deren einstweilige Aufbewahrung zu sorgen, und darf sie dem Verkäufer nicht ohne weiteres zurückschicken.

[2] Er soll den Tatbestand ohne Verzug gehörig feststellen lassen, widrigenfalls ihm der Beweis obliegt, dass die behaupteten Mängel schon zur Zeit der Empfangnahme vorhanden gewesen seien.

[3] Zeigt sich Gefahr, dass die übersandte Sache schnell in Verderbnis gerate, so ist der Käufer berechtigt und, soweit die Interessen des Verkäufers es erfordern, verpflichtet, sie unter Mitwirkung der zuständigen Amtsstelle des Ortes, wo sich die Sache befindet, verkaufen zu lassen, hat aber bei Vermeidung von Schadenersatz den Verkäufer so zeitig als tunlich hievon zu benachrichtigen.

1 **Tatfrage** ist, ob die Ware zur Zeit der Ablieferung mangelhaft gewesen sei 45 II 336/340 E. 1.

2 ***<u>Abs. 1</u>*** **Tatbestandsfeststellung.** ***Allgemeines.*** Die Tatbestandsfeststellung gemäss dieser Bestimmung geht weiter als die Prüfungspflicht in Art. 201 Abs. 1: Sie ist eine den Interessen von Käufer und Verkäufer dienende Beweisaufnahme 52 II 362/366 E. 2, 45 II 336/341 f. E. 2.

3 ***Untersuchungsperson.*** Die Bestimmung verlangt die Untersuchung durch eine Drittperson (i.d.R. eine Amtsperson) 45 II 336/342; jedoch ist eine amtliche Untersuchung nicht erforderlich 52 II 362/367. – Eine von der Eisenbahn im Hinblick auf ihre *eigene* Haftung als Transportführer angeordnete Expertise kann genügen 52 II 362/367.

4 ***Umfang.*** Wird die Kaufsache (in casu Zitronensaft) in verschiedenen Fässern geliefert, so ist aus jedem Fass eine Stichprobe zu entnehmen 45 II 336/342. Handelt es sich indes um beträchtliche Quantitäten gleichartiger Sachen, so genügt eine angemessene Anzahl von Stichproben, deren Ergebnis den Schluss zulässt, dass alle Sachen die gleiche Beschaffenheit aufweisen 4A_592/2013 (4.3.14) E. 5.2.2, 4C.280/2000 (14.12.00) E. 2a, 52 II 362/367 f., 34 II 701/707 E. 2 fr. Was angemessen ist, hängt von den Umständen ab. Jedenfalls dürfen nicht nur willkürlich einzelne Proben entnommen werden. Verteilen sich hingegen bei rund 12 000 Teeboxen insg. etwa 40 Proben zufällig auf verschiedene Paletten und auf verschiedene Schachteln über die ganze Sendung und fällt der bean-

standete Fremdgeruch zumindest bei der grossen Mehrheit der geprüften Boxen auf, ist die Stichprobe genügend 4A_592/2013 (4.3.14) E. 5.2.2.

Weiteres. Der Verkäufer kann nicht verlangen, zur Tatbestandsfeststellung beigezogen zu werden 52 II 362/367. – Geht der Käufer zur Tatbestandsfeststellung den Richter an, so ist der Richter jenes Ortes zuständig, wo sich die Sache befindet (der Verkäufer kann sich nicht auf [a]BV Art. 59 [vgl. BV Art. 30 Abs. 2] berufen) 41 I 445/447 fr., 96 II 266/270 E. 2, vgl. heute ZPO. 5

Beweislast. Lässt der Käufer ohne Verzug den Tatbestand gehörig feststellen, so wird diese Feststellung als Beweis des Vorhandenseins der dabei konstatierten Mängel bis zur Erbringung des Gegenbeweises durch den Verkäufer betrachtet. Bei Nichtvornahme oder nicht gehöriger Vornahme dieser Feststellung muss der Käufer beweisen, dass die Mängel schon zur Zeit der Empfangnahme vorhanden gewesen seien 45 II 336/341 E. 1, 21 577 E. 6. 6

7. Inhalt der Klage des Käufers a. Wandelung oder Minderung

Art. 205

[1] Liegt ein Fall der Gewährleistung wegen Mängel der Sache vor, so hat der Käufer die Wahl, mit der Wandelungsklage den Kauf rückgängig zu machen oder mit der Minderungsklage Ersatz des Minderwertes der Sache zu fordern.

[2] Auch wenn die Wandelungsklage angestellt worden ist, steht es dem Richter frei, bloss Ersatz des Minderwertes zuzusprechen, sofern die Umstände es nicht rechtfertigen, den Kauf rückgängig zu machen.

[3] Erreicht der geforderte Minderwert den Betrag des Kaufpreises, so kann der Käufer nur die Wandelung verlangen.

Die Bestimmung ist auch auf den *Gattungskauf* anwendbar 14 I 468/477. – Vereinbarung einer *Konventionalstrafe*/Verhältnis zum Erfüllungsanspruch und zum Schaden des Gläubigers: Der Gläubiger kann die Ausübung seiner Mängelrechte aufspalten und den Anspruch auf Ersatz des Mangelfolgeschadens durch die Einforderung der Konventionalstrafe geltend machen, sich für den Minderwert der gelieferten Sache auf den Minderungsanspruch berufen und diesen Wert an die Konventionalstrafe anrechnen 122 III 420/423 f. E.c. – *Abtretung.* Mängelrechte sind als Gestaltungsrechte nicht abtretbar 114 II 239/247 E. 5.c. Die Abtretung der Mängelrechte vom Käufer/Leasinggeber auf den Leasingnehmer erfolgt nicht schriftlich, und der Verkäufer wendet die Formnichtigkeit ein, was als rechtsmissbräuchlich qualifiziert wird (weil er um die Abtretung gewusst habe), ohne dass die Frage der Abtretbarkeit von Mängelrechten thematisiert wird 4A_28/2017 (28.6.17) E. 3 fr. Nicht thematisiert wurde Abtretbarkeit als solche in 118 II 142/145 E. 1.b und 4C.134/2004 (14.10.04). Auch wenn dem Käufer im Kaufvertrag werkvertragliche Mängelrechte des Verkäufers gegenüber dem Ersteller des Kaufgegenstandes abgetreten wurden, ist er nicht gehalten, die abgetretenen werkvertraglichen Mängelrechte 1 gegenüber dem Ersteller des Kaufgegenstandes vor den kaufvertraglichen Mängelrechten gegenüber dem Verkäufer geltend zu machen 4C.294/2001 (3.1.02) E. 2 Pra 2002 (Nr. 172) 928.

2 ***Abs. 1*** **Allgemeines.** Der Käufer hat nur die Wahl zwischen Wandelung und Minderung, nicht aber das Recht auf Nachbesserung (anders für den Besteller im Werkvertrag, Art. 368 Abs. 2) 95 II 119/125 f. E. 6 it. JdT 1970 I 238. Auch der Verkäufer hat kein Recht, die Sache nachzubessern 4C.307/2000 (22.2.01) E. 6 fr. – ius variandi: Mit der Wahl wird ein Gestaltungsrecht ausgeübt. Sie ist daher grundsätzlich unwiderruflich. Verneint der Schuldner aber den Mangel oder das Wandelungsrecht, ist der Gläubiger an seine Wahl nicht mehr gebunden. Wählt der Gläubiger die vereinbarte Nachbesserung, gelten die Verzugsregeln analog Art. 107 ff. 4C.130/2006 (8.5.07) E. 6.1 fr. Werkvertrag und Art. 91 4A_446/2015 (3.3.16) E. 3.3.2 fr.

3 **Wandelung.** ***Allgemeines.*** Wird ein Kaufvertrag infolge Wandelung aufgelöst, so steht das Eigentum wieder demjenigen zu, der vor der Lieferung der Sache ihr Eigentümer war, also meistens dem Verkäufer. Die Rückabwicklung folgt aber vertraglichen Grundsätzen, seit die Anwendbarkeit der Umwandlungstheorie (siehe 114 II 152/158 E. bb zu Art. 107/109) auf die Wandelung in einem obiter dictum bejaht wurde. Das heisst inhaltliche Umgestaltung des Vertrages mit obligatorischen, nicht dinglichen oder kondiktionellen Rückleistungspflichten 4C.60/2002 (16.5.02) E. 1.3. Gleichzeitig gehen Nutzen und Gefahr auf den Verkäufer als Eigentümer zurück 109 II 26/30.

4 ***Streitwertberechnung.*** Ist vor Bundesgericht noch offen, welcher Wert der dem Wandelungskläger obliegenden Verpflichtung zur Rückgewähr des Kaufgegenstandes zukommt, so ist für die Streitsumme grundsätzlich der Wert der Leistung, von der der Käufer befreit sein will, ohne Abzug der Gegenleistung des Beklagten massgebend; anders jedoch, wenn der Wandelungskläger dem Verkäufer anstelle des Kaufgegenstandes bereits eine bestimmte Summe im Austausch zum geforderten Kaufpreis anbietet: In diesem Fall ist die Differenz zwischen diesen beiden Summen massgebend 45 II 99/101.

5 ***Weiteres.*** Verzicht auf die Wandelung durch Genehmigung des Kaufgegenstandes trotz allfälliger Mängel 4C.363/1999 (8.12.00) E. 3. – Modifizierung des Wandelungsrechts durch die Übernahme Allgemeiner Vertragsbestimmungen (in casu Einschränkung des Wandelungsrechts) 4C.57/2005 (11.4.05) E. 3.

6 **Minderung.** ***Allgemeines.*** Minderung ist eine Form von Schadenersatz 111 II 162/164 E. 3c fr. (Rechtsprechungsänderung; anders noch 85 II 192/192 ff. Pra 1959 [Nr. 159] 443 f.). Mit der Minderungsklage soll durch die verhältnismässige Herabsetzung des Preises das gestörte Gleichgewicht der Leistungen wiederhergestellt werden 4A_601/2009 (8.2.10) E. 3.2.6 fr. Dieser Ausgleich kann durch eine Herabsetzung des Preises oder Rückforderung des zu viel bezahlten Preises erreicht werden. Ob der Käufer sich mit der nicht ganz einwandfreien Sache zufriedengibt oder mit dem zurückerhaltenen Betrag die vorhandenen Mängel dennoch beheben lässt, steht in seinem Belieben. Selbstverständlich geht es aber auch bei der Gutheissung eines Minderungsanspruches um den Ausgleich eines wirtschaftlichen Nachteils 117 II 550/552 E.aa. Nur wenn das Fehlen zugesicherter Eigenschaften überhaupt einen Minderwert zur Folge hat, ist Minderung zulässig 4A_529/2010 (4.1.11) E. 4.2.2 fr. Fehlt es an einem erheblichen Mangel (vgl. dazu Art. 197), ist

ein aus dem Mangel folgender allfälliger Minderwert von vornherein unerheblich 4A_401/2011 (18.1.12) E. 3.3.

Berechnung. Der Minderwert ist nach der relativen Berechnungsmethode zu ermitteln: Der geminderte Preis ist zum versprochenen in das gleiche Verhältnis zu setzen, in dem der Wert der Sache ohne die zugesicherte Eigenschaft zum Wert steht, den sie mit dieser Eigenschaft hätte (Zusicherung von Umsatz- und Mietzinseinnahmen bei einem Liegenschaftskauf) 88 II 410/413 f. E. 3, 89 II 239/253 f. E. 11, zugesicherter Mietzinsertrag bei einem Liegenschaftskauf 81 II 207/209 f. E. 3a, Kauf eines überbauten Grundstücks 111 II 162/163 E. 3a fr., 116 II 305/313 E. 4a, Liegenschaftskauf 4C.461/2004 (15.3.05) E. 2 fr., ferner 4C.7/2005 (30.6.05) E. 3.2 fr., 4A_410/2019 (15.4.20) E. 5 fr.; Kauf einer Einzelunternehmung mit (teils fehlendem) Kundenstamm 4A_601/2009 (8.2.10) E. 3.2.6 fr., 45 II 660/661. – Der *Verkehrswert von überbauten Liegenschaften* wird üblicherweise entweder durch statistische Methoden oder die Ertragswert- oder die Sach- bzw. Realwertmethode ermittelt 4A_480/2007 (27.5.08) E. 5.4 (detailliert auch zum Folgenden). Während Erstere auf *statistische Vergleichswerte* abstellen, entspricht der *Ertragswert* dem kapitalisierten jährlichen Mietwert eines Grundstücks bzw. dem Barwert einer ewigen Rente. Er ergibt sich rechnerisch aus der Division des mit 100 multiplizierten jährlichen Mietwerts durch den Kapitalisierungssatz 4A_480/2007 (27.5.08) E. 5.4.3. Diese Methode ist anwendbar bei reinen Renditeobjekten mit nachhaltigen und konstanten Erträgen wie Mehrfamilien- und Geschäftshäusern, die sich zudem in einem mindestens neuwertigen Zustand befinden und noch keinen aufgelaufenen Unterhalt aufweisen 4A_480/2007 (27.5.08) E. 5.4.5; die damit verbundene Diskontierung blieb hingegen in 4A_291/2010 (2.8.10) E. 4 fr. aus, wo in (implizitem) Widerspruch dazu der Mietausfall durch schlichte Multiplikation des Mietzinses mit der Zahl ausgefallener Mietmonate ermittelt wurde. Der *Realwert* entspricht dem Landwert zuzüglich der Kosten, die im Zeitpunkt der Bewertung für die Erstellung eines gleichartigen Gebäudes inklusive Umgebungsarbeiten erforderlich wären 4A_480/2007 (27.5.08) E. 5.4.3, 128 II 74/77 ff. E. 5. Die Methoden können auch kombiniert werden 4A_480/2007 (27.5.08) E. 5.4.4, 134 III 42/43 f. E. 4, und 134 II 49/76 f. E. 15, vgl. auch 120 II 259 E. 2b (in casu wirklicher Wert von Aktien). – *Fiskalische Werte,* welche jeder Kanton anders errechnet, dürfen dagegen nicht zur Bestimmung des Verkehrswerts beigezogen werden 4A_480/2007 (27.5.08) E. 5.4.4. – Ist der Minderwert schwierig zu bestimmen (z.B. bei einem ästhetischen Mangel oder einem zukünftigen Minderwert), hat das Gericht Art. 42 Abs. 2 analog anzuwenden 4C.461/2004 (15.3.05) E. 2 fr., 4A_601/2009 (8.2.10) E. 3.2.6 fr. Art. 43 und 44 kommen auch bei der Minderung zur Anwendung 4C.294/2001 E. 3b/cc (3.1.02) E. 3b/cc (Rechtsprechungsänderung, 85 II 192/192 ff. Pra 1959 (Nr. 159) 443 f. verweigerte eine Herabsetzung nach Art. 43 f. noch mit der Begründung, Minderung sei kein Schadenersatz. Dieser zu enge Minderungsbegriff wurde indes mit 111 II 152/164 E. 3c fr. aufgegeben). 7

Berechnungszeitpunkt. Der Minderwert ist auf den Zeitpunkt des Gefahrübergangs zu berechnen 117 II 550/552 E. bb, 45 II 660/661 (unzulässig ist ein Zuschlag zur so ermittelten Summe mit der Begründung, die Behebung der Mängel würde im Zeitpunkt des Prozesses einen grösseren Aufwand erfordern – anders im Verzug, s. Art. 191 Nr. 1). Nach 81 II 207/209 f. E. 3a war der Minderwert noch auf den Zeitpunkt des Vertragsschlusses zu berechnen. – Die Zinspflicht beginnt im Zeitpunkt des Empfanges der rückzuerstatten- 8 den Vergütung 117 II 550/554 E.c. Bezüglich der Rückforderung aus Minderwert läuft der Zins ab dem Zeitpunkt der Bezahlung des Kaufpreises (Art. 73) 4C.7/2005 (30.6.05) E. 3.3 fr.

9 ***Prozessuales.*** Nach welchen Rechtsgrundsätzen die objektiven Werte bzw. Verkehrswerte zu ermitteln sind bzw. ob eine zulässige und nachvollziehbare Bewertungsmethode herangezogen wurde, prüft das Bundesgericht als Frage des Bundesrechts, wobei es nur mit Zurückhaltung in den Ermessensspielraum eingreift, über den kantonale Gerichte bei der Auswahl der Schätzungsmethode verfügen. Die nach dieser Methode vorgenommene Wertermittlung betrifft dagegen eine vom kantonalen Gericht abschliessend zu beurteilende Tatfrage 4A_480/2007 (27.5.08) E. 5.4.1, 133 III 416/418 f. E. 6.3.3, 120 II 259/259 E. 2a. Dabei geht die Rechtsprechung von zwei *widerlegbaren Vermutungen* aus: Der vereinbarte Kaufpreis entspricht vermutungsweise dem objektiven Wert der Sache (Beweis des Gegenteils vorbehalten) 4A_601/2009 (8.2.10) E. 3.2.6 fr. Der Minderwert entspricht vermutungsweise den Kosten für die Behebung des Mangels (Beweis des Gegenteils vorbehalten) 111 II 162/164 E. 3c fr., 116 II 305/313 f. E. 4a, 4C.7/2005 (30.6.05) E. 3.2 fr. Der Beweis einer Überbewertung eines Warenlagers kann auch anders erbracht werden als durch die Bezeichnung konkreter Artikel – so zeigt etwa die Buchhaltung, dass keine (an sich erforderlichen) Abschreibungen vorgenommen worden sind 4A_223/2015 (17.8.15) E. 3.4.4.

10 ***Weiteres.*** Betreffend über die Minderung hinausgehenden Schadenersatzes siehe Vorb. 197–210/Abgrenzungen. – Teuerungskosten haben nichts mit der Bestimmung des Preisminderungsanspruchs zu tun (es sei denn, die Parteien hätten einen Teuerungsausgleich vereinbart), sondern mit der Konkretisierung des Nachbesserungsanspruchs 117 II 550/553.

11 *Abs. 2* **Voraussetzungen.** Welche Umstände es rechtfertigen, dem Käufer die Wandelung zu versagen, ist aufgrund des *konkreten Falles* zu entscheiden 23 1092/1098, 34 II 701/709 E. 4 fr. nach Art. 4 ZGB 4A_252/2013 (2.10.13) E. 4 fr.

12 ***Im Allgemeinen*** kann bloss gesagt werden, dass bei *wesentlichen* Mängeln, welche die Kaufsache speziell für den Käufer unbrauchbar machen, die Bestimmung nicht zur Anwendung kommt (in 94 II 26/35 E. b Pra 1968 [Nr. 145] 514 genügte zur Nichtanwendung das Fehlen einer zugesicherten Eigenschaft, die für den Käufer subjektiv wesentlich war). Inwiefern minder wesentliche Mängel die Anwendung der Bestimmung rechtfertigen, hängt von der herrschenden Verkehrsauffassung (z.B. Börsenusanzen 14 468/477) ab. Auch ist namentlich darauf abzustellen, ob der Käufer die vorhandenen Mängel nicht bloss dazu benutzen will, um sich von dem ihm aus anderen Gründen (z.B. Preisabschlag) lästigen Vertrag zu befreien, während er einerseits in seinem Gewerbe auch solche minderwertige Ware verwendet und sie bei entsprechender Preisreduktion ohne Nachteil für sein Vermögen und seinen guten Ruf als Geschäftsmann absetzen kann, anderseits die Folgen der Vertragsaufhebung in keinem richtigen Verhältnis zur Bedeutung der vorhandenen Mängel stünden (die Wandelung dem Verkäufer somit einen unverhältnismässigen Nachteil brächte). In solchen Fällen ist dem Käufer wenigstens dann, wenn den Verkäufer kein Verschulden trifft, zuzumuten, die Ware mit entsprechender Preisreduktion zu beziehen, während bei Verschulden des Verkäufers (in 94 II 26/35 E. b Pra 1968 [Nr. 145] 514 mangelnde Sorgfalt des Verkäufers bei der Zusicherung einer Eigenschaft) das Ge-

richt die Bestimmung nur unter ganz besonderen Umständen anwenden wird 4A_252/2013 (2.10.13) E. 4 fr., 23 1098 f. Die Wandelung ist z.B. dann gerechtfertigt, wenn der Vertragsgegenstand aufgrund des Mangels unbrauchbar ist oder wenn die Reparaturkosten bzw. der Minderwert hoch sind und sich der Mangel dennoch nicht gänzlich beseitigen lässt 124 III 463/461 E.aa. Verzichtet ein Käufer auf Wandelung (bzw. in casu auf die vertraglich vereinbarte Rückabwicklung), indiziert dies nicht zwingend Unwesentlichkeit des Mangels 4A_42/2009 (1.5.09) E. 6.3 Pra 2010 (Nr. 61) 449.

Individuelle Abreden. Einigen sich die Parteien über eine Wandelung, spielt es keine Rolle, dass eigentlich kein Wandelungsanspruch bestünde 4C.157/2006 (31.8.06) E. 2.3 (in casu bzgl. Kündigung). 13

Prozessuales. Die Anwendung der Bestimmung hängt nicht vom diesbezüglichen Begehren einer Partei ab 91 II 344/353 E. 5. Die Umstände des Einzelfalles sind *Tatfragen; Rechtsfrage* ist, ob die Umstände derart sind, dass sie eine Ablehnung der Wandelung rechtfertigen 14 I 468/477. 14

Beispiele. ***Wandelungsanspruch bejaht.*** Bei Lieferung «kranken» Weins 20 I 491/499; bei Lieferung von Fahrrädern aus schlechtem Stahl 24 II 62/69 E. 8; bei Lieferung eines Automobils mit Herstellungsjahr 1963, obwohl der Verkäufer Herstellungsjahr 1964 zugesichert hatte 94 II 26/35 E. b Pra 1968 (Nr. 145) 513 f. Verkauf eines Autos mit einem «système de changement de vitesses continu, confortable et instantané», das je nach Fahrmodus dennoch nur verzögert die Geschwindigkeit steigert (wesentlicher Mangel) 4A_444/2014 (19.1.15) E. 5 fr. Hat der Käufer ein neues Auto gekauft und mit einer nicht passenden Nockenwelle ca. 2500 km zurückgelegt, so lässt sich nicht ermitteln, ob und inwieweit dies dem Motor geschadet hat; vor allem kann dem Käufer nicht zugemutet werden, für die im Falle blosser Minderung verbleibende Garantiezeit auf allfällig weitere Nachbesserungen des Verkäufers beschränkt zu sein, nachdem er genötigt war, sein Recht auf dem Prozessweg zu suchen 91 II 344/353 E. 5. Feuchtigkeitsschaden bei einer gekauften Liegenschaft 4C.11/2001 (4.4.01) E. 1 ff. 15

Wandelungsanspruch verneint. Anwendungsfall (in casu stellte sich beim Kauf einer AG heraus, dass der Verkäufer den Käufer über die Belastung des Grundeigentums der AG getäuscht hatte) 81 II 213/220 E. 3 Pra 1955 (Nr. 204) 580. – EDV-Vertrag: Die Unzulänglichkeit von Handbüchern rechtfertigt eine Wandelung im Allgemeinen nur, wenn sie die Unbrauchbarkeit des gelieferten Systems zur Folge hat (z.B. wenn überhaupt keine Programmdokumentation geliefert wird oder wenn diese in einer dem Käufer nicht verständlichen Fremdsprache abgefasst ist) 124 III 456/462 E.aa. Liegt ein wesentlicher Mangel vor, ohne dass feststünde, dass er nicht beseitigt werden kann und stünden zugleich die Nachteile, die eine Rückabwicklung dem Verkäufer brächte, in Disproportion zu den Vorteilen des Käufers gegenüber jenen einer Minderung, ist die Wandlung abzulehnen 4A_252/2013 (2.10.13) E. 4 fr. Verlangt die Käuferin die vereinbarte Nachbesserung, weigert sich dann aber, diese anzunehmen, so gerät sie in Gläubigerverzug (Art. 91) und verliert dadurch ihren Wandelungsanspruch 4A_446/2015 (3.3.16) E. 3.3.2 fr. 16

Zum Verhältnis der Gewährleistungsansprüche zu Art. 23 ff., 41 ff., 97 ff., 111, 171 ff. und 192 ff. siehe Vorb. Art. 197–210. 17

CISG. Zur Fristigkeit der Rechtsfolgeerklärung gemäss CISG Art. 49 Abs. 2 lit. b (Regel: ein bis zwei Monate) 4A_68/2009 (18.5.09) E. 8. Die Nutzung langlebiger Produkte 18 lässt das Aufhebungsrecht normalerweise trotz CISG Art. 82 Abs. 1 nicht untergehen 4A_68/2009 (18.5.09) E. 9.1.

b. Ersatzleistung

Art. 206

[1] Geht der Kauf auf die Lieferung einer bestimmten Menge vertretbarer Sachen, so hat der Käufer die Wahl, entweder die Wandelungs- oder die Minderungsklage anzustellen oder andere währhafte Ware derselben Gattung zu fordern.

[2] Wenn die Sachen dem Käufer nicht von einem andern Orte her zugesandt worden sind, ist auch der Verkäufer berechtigt, sich durch sofortige Lieferung währhafter Ware derselben Gattung und Ersatz allen Schadens von jedem weiteren Anspruche des Käufers zu befreien.

1 Der Anspruch aus Art. 206 ist ein *Anspruch auf Vertragserfüllung,* nicht ein Fall der Gewährleistung für zugesicherte Eigenschaften 94 II 26/30 E. a Pra 1968 (Nr. 145) 510.

2 ***Anwendbarkeit.*** Entgegen ihrem Wortlaut ist die Bestimmung nicht nur auf den Kauf vertretbarer Sachen, sondern immer dann anwendbar, wenn der Kaufgegenstand nicht eine individuell bestimmte Sache ist. Sie ist deshalb anwendbar sowohl, wenn die gelieferte Gattungssache mangelhaft ist, als auch, wenn die gelieferte Sache einer anderen «Gattung» angehört 94 II 26/34 f. E. a Pra 1968 (Nr. 145) 513. Zur Lieferung eines aliud siehe Vorb. Art. 197–210/Art. 97 ff. – Die Bestimmung ist nicht anwendbar, wenn der Kaufvertrag sich auf den gesamten Vorrat einer bestimmten vertretbaren Sache bezieht 94 II 26/34 E. a Pra 1968 (Nr. 145) 513.

3 ***<u>Abs. 1</u>*** Der Käufer ist berechtigt, nicht aber verpflichtet, eine Ersatzlieferung zu verlangen 91 II 344/352 E. 4.

4 Der Umstand, dass jene (individuellen) Sachen, die der Verkäufer zu liefern gedachte, durch Zufall untergehen, befreit ihn bei einer Gattungsschuld nicht; er bleibt verpflichtet, sich rechtzeitig Ersatzware zu beschaffen 43 II 784/793 E. 5 und diese zu liefern 27 II 211/218 E. 5.

5 Beim Verkauf eines Serienfahrzeuges, das ohne Identifizierung durch Motor- und Chassis-Nummer lediglich nach Marke, Modell und Farbe näher bezeichnet ist, handelt es sich um eine begrenzte Gattungsschuld; mit Übergabe des Fahrzeuges und des dazugehörenden Fahrzeugausweises, in dem Motor- und Chassis-Nummer angegeben werden, wird es zur Speziessache 91 II 344/352 E. 4.

6 ***<u>Abs. 2</u>*** Hinweis auf die herrschende Lehre, wonach der Verkäufer sich angesichts der modernen Transportmittel auch bei einem Distanzkauf durch sofortige Nachlieferung währhafter Gattungsware von jedem anderen Anspruch des Käufers befreien kann 4C.395/2001 (28.5.02) E. 2.3 Pra 2003 (Nr. 107) 585 f. – Das Austauschrecht erfasst nur Sachen derselben Gattung, nicht aber andere Gattungen mit allenfalls gleicher Funktion 4A_28/2017 (28.6.17) E. 7 fr.

c. Wandelung bei Untergang der Sache

Art. 207

[1] Die Wandelung kann auch dann begehrt werden, wenn die Sache infolge ihrer Mängel oder durch Zufall untergegangen ist.

[2] Der Käufer hat in diesem Falle nur das zurückzugeben, was ihm von der Sache verblieben ist.

[3] Ist die Sache durch Verschulden des Käufers untergegangen, oder von diesem weiter veräussert oder umgestaltet worden, so kann er nur Ersatz des Minderwertes verlangen.

Abs. 1 Bleiben von verkauften Steinen aufgrund ihrer (unzulänglichen) Verwitterungsresistenz nach einigen Gefrier- und Tauperioden nur Kiesel übrig, gilt die Sache als infolge ihrer Mängel untergegangen, was indes die Wandelung nicht hindert 4C.130/2006 (8.5.07) E. 7.4 fr. 1

Abs. 3 *Anwendbar* auch auf den Fall, dass der Käufer die Sache trotz der von ihm erkannten Mängel weiterhin ohne stichhaltigen Grund gebraucht (ein stichhaltiger Grund liegt vor z.B., wenn durch den weiteren Gebrauch eine Entwertung der Sache verhindert wird) 105 II 90/91 f. E. 1 Pra 1979 (Nr. 174) 436. 2

CISG. Die Nutzung langlebiger Produkte lässt das Aufhebungsrecht i.d.R. trotz CISG Art. 82 Abs. 1 nicht untergehen 4A_68/2009 (18.5.09) E. 9.1. 3

8. Durchführung der Wandelung a. Im Allgemeinen

Art. 208

[1] Wird der Kauf rückgängig gemacht, so muss der Käufer die Sache nebst dem inzwischen bezogenen Nutzen dem Verkäufer zurückgeben.

[2] Der Verkäufer hat den gezahlten Verkaufspreis samt Zinsen zurückzuerstatten und überdies, entsprechend den Vorschriften über die vollständige Entwehrung, die Prozesskosten, die Verwendungen und den Schaden zu ersetzen, der dem Käufer durch die Lieferung fehlerhafter Ware unmittelbar verursacht worden ist.

[3] Der Verkäufer ist verpflichtet, den weitern Schaden zu ersetzen, sofern er nicht beweist, dass ihm keinerlei Verschulden zur Last falle.

Wandelungsurteil, das die Pflichten einer Partei von einer Gegenleistung abhängig macht oder eine Bedingung enthält: Hat der Richter in einem zweiten Verfahren (in casu Befehlsverfahren nach ZPO Zürich § 222 ff.) über den Eintritt der Voraussetzungen zu befinden, so ist (auch) dieser Entscheid berufungsfähig (heute: anfechtbar mit Beschwerde in Zivilsachen BGG Art. 72 ff.) 109 II 26/28 E. 1 (zur Frage der Rechtskraft des Wandelungsurteils vgl. E. 2). 1

Abs. 1 **Rückgabe der Kaufsache.** Holschuld (analoge Anwendung von Art. 74 Abs. 2 Ziff. 2); der Verkäufer hat die Transportkosten zu übernehmen 109 II 26/32 E.a. 2

Haftung des Käufers. Mit der Wandelung gehen Nutzen und Gefahr auf den Verkäufer zurück. Die Regeln über die Gefahrtragung betreffen jedoch nur jene Tatbestände, bei 3 denen die Sache zwischen der Wandelung und der Rückgabe zufällig (und somit ohne Verschulden der Parteien) untergeht oder verschlechtert wird. Stellt der Käufer die Sache bedingungslos zur Verfügung und finden auch ZGB Art. 938–940 keine Anwendung, so ist er nicht gehalten, sie sorgfältig aufzubewahren. Will der Käufer hingegen die Sache nur bei gleichzeitiger Rückzahlung des Kaufpreises herausgeben, weil er ein Retentionsrecht beansprucht oder Leistung Zug um Zug verlangt, so trifft ihn für die Aufbewahrung eine Sorgfaltspflicht analog jener des Pfandgläubigers gemäss ZGB Art. 890 109 II 26/30.

4 **Nutzen.** Das Gesetz enthält keine Methode zur Berechnung des Nutzens. Die Billigkeit erfordert den Zuspruch eines kalkulatorischen Zinses, wenn die Abrechnung betreffend die Wandelung erst nach Benützung der Sache und Entstehung eines Nutzens erfolgt 106 II 221/221 f. E. 1c.

5 ***Abs. 2*** **Anwendung.** Die Bestimmung ist nur bei Wandelung anwendbar 107 II 161/165 f. E. a Pra 1981 (Nr. 207) 549. Bei Minderung/Nachbesserung siehe Vorb. 197–210/Abgrenzungen/Art. 97 ff.

6 **Auslegung.** Die Bestimmung erweist sich durch die vorgesehene Kausalhaftung 107 II 161/166 E. a Pra 1981 (Nr. 207) 549 als Ausnahme vom Grundsatz der Art. 97 ff. und ist daher einschränkend auszulegen: Sie findet Anwendung nur auf Schaden, der eine Haftung des Verkäufers ohne sein Verschulden rechtfertigt 79 II 376/380 Pra 1954 (Nr. 13) 34.

7 **Unmittelbarer Schaden.** Nur der positive Schaden (damnum emergens); entgangenen Gewinn (lucrum cessans) kann der Käufer nur aufgrund von Abs. 3 geltend machen (Exkulpationsmöglichkeit des Verkäufers) 79 II 376/381 E. 3 Pra 1954 (Nr. 13) 35. Zum unmittelbaren Schaden gehört auch ein Kursverlust zwischen Zahlung und Rückerstattung 47 II 82/85 f. E. 2. Im Rahmen der Rückabwicklung eines Kaufvertrages sind Zinsen ab dem Tag der tatsächlichen Geldübergabe geschuldet 4C.57/2005 (11.4.05) E. 1.3. Ein Mangelfolgeschaden ist nicht bereits deshalb (nurmehr) *mittelbare* Folge eines Mangels, weil sich dieser erst beim normalen Gebrauch der Sache im Rahmen des üblichen oder vereinbarten Verwendungszwecks schädigend auswirkte. Liegt ein *unmittelbarer* Kausalzusammenhang vor, fällt auch Mangelfolgeschaden unter Art. 208 Abs. 2. Ausschlaggebend ist, dass der Schaden innerhalb der Kausalkette direkt durch die Lieferung fehlerhafter Ware und nicht erst durch das Hinzutreten weiterer Schadensursachen verursacht wurde 133 III 257/273 (neue Rechtsprechung).

8 **Prozesskosten.** Nicht die Kosten des Prozesses zwischen Käufer und Verkäufer, sondern jene Kosten, die dem Käufer im Prozess mit einem Dritten, dem er die mangelhafte Ware weiterverkauft hatte, auferlegt wurden 79 II 376/381 f. E. 5 Pra 1954 (Nr. 13) 35.

9 ***Abs. 3*** Zum Verhältnis der Gewährleistungsansprüche zu Art. 23 ff., 41 ff. und 97 ff. siehe Vorb. Art. 197–210.

b. Bei einer Mehrheit von Kaufsachen

Art. 209

[1] Sind von mehreren zusammen verkauften Sachen oder von einer verkauften Gesamtsache bloss einzelne Stücke fehlerhaft, so kann nur rücksichtlich dieser die Wandelung verlangt werden.

[2] Lassen sich jedoch die fehlerhaften Stücke von den fehlerfreien ohne erheblichen Nachteil für den Käufer oder den Verkäufer nicht trennen, so muss die Wandelung sich auf den gesamten Kaufgegenstand erstrecken.

[3] Die Wandelung der Hauptsache zieht, selbst wenn für die Nebensache ein besonderer Preis festgesetzt war, die Wandelung auch dieser, die Wandelung der Nebensache dagegen nicht auch die Wandelung der Hauptsache nach sich.

Allgemeines. Die Bestimmung mutet dem Käufer zu, weniger als die vertragliche Menge zu behalten, wenn ihn das nicht erheblich benachteiligt 91 II 356/362, 4C.152/2003 (29.8.03) E. 2.2. 1

Sukzessivlieferungsvertrag. Die Bestimmung ist auch auf den Sukzessivlieferungsvertrag anwendbar. Die Mangelhaftigkeit der ersten Lieferung berechtigt den Käufer nur dann zum Rücktritt vom ganzen Vertrag, wenn sich aus ihr ergibt, dass der Verkäufer überhaupt nicht imstande ist, vertragsgemäss zu liefern 26 II 711/716 E. 3. Nach 28 II 503/511 kann der Käufer vom ganzen Vertrag zurücktreten, wenn die ausgeführten Lieferungen erkennen lassen, dass der Verkäufer nicht vertragsgemäss erfüllen kann oder will. Indes besteht keine Vermutung, wonach die späteren Lieferungen aus einem Gattungskauf nicht vertragsgemäss ausfallen werden, weil es die früheren nicht gewesen sind 22 506/513 E. 3. – Hat der Käufer Teillieferungen vorbehaltlos bezahlt, so kann er sein Rücktrittsrecht nicht auf die allfällige Mangelhaftigkeit dieser (genehmigten) Teillieferungen stützen (Grundsatz von Treu und Glauben) 28 II 503/511. Dies gilt auch dann, wenn sich der Verkäufer im Prozess einer Expertise über die Musterkonformität seiner gelieferten und noch zu liefernden Ware unterwirft 28 II 503/512 f. E. 5. – Zum Sukzessivlieferungsvertrag allgemein siehe Vorb. Art. 184–551/Innominatverträge/Gemischte Verträge/Sukzessivlieferungsvertrag. 2

Abs. 1 **Allgemeines.** Die Bestimmung ist dispositiver Natur. Auch bei Bestehen eines abweichenden Handelsbrauches findet sie Anwendung, ausser die Parteien hätten jenen Brauch zum Vertragsinhalt gemacht 91 II 356/358 f. E. 2. 3

Einzelne Stücke im Sinne der Bestimmung liegen auch dann vor, wenn die Ware (mit dem Einverständnis des Käufers) in willkürlich gebildeten Einheiten geliefert wird (in casu Stofflieferung in verschiedenen Pressballen) 91 II 356/360 f. E. 5. 4

Abs. 2 **Erheblicher Nachteil.** Für die Beurteilung, ob durch die Trennung ein erheblicher Nachteil entstände, ist jener Arbeitsaufwand, der zur Feststellung der Mangelhaftigkeit der einzelnen Stücke notwendig war, nicht entscheidend 91 II 356/361 E. 6. – Eine Gesamtwandlung kann auch dann verlangt werden, wenn dem Käufer das Aussortieren der fehlerhaften Stücke aus einer erheblichen Gesamtmenge wegen eines besonderen Zeit-, Arbeits- und Geldaufwandes nicht zumutbar ist (in casu Unzumutbarkeit bejaht) 5

4C.152/2003 (29.8.03) E. 2.2. Anwendungsfall, bei dem die Ausscheidung der mangelhaften von den mängelfreien Stücken dem Käufer nicht zugemutet werden konnte (Massenartikel, Lieferung von 1200 Stücken) 34 II 701/708 f. E. 3 fr.

6 ***CISG.*** Das Recht des Käufers, den Vertrag gemäss CISG Art. 51 Abs. 1 hinsichtlich eines Teils der gelieferten Waren aufzuheben, setzt voraus, dass dieser Teil eine eigenständige wirtschaftliche Einheit bildet. Dies trifft bezüglich funktionsnotwendiger Bestandteile einer als Einheit verkauften Produktionsanlage nicht zu. Fehlen einer Anlage solche Bestandteile, ist sie vertragswidrig 138 III 601/605 ff. E. 7.1 bis 7.4.

7 ***Abs. 3*** **Nebensache.** Ist der Bezug von Material als *Nebensache* zum Gerätekauf vereinbart, erfasst die Wandelung sowohl den Gerätekauf als auch den Materialbezug (obwohl der Gerätekauf mit dem Käufer/Leasinggeber vereinbart wurde, der Materialbezug hingegen mit dem Leasingnehmer) 4A_28/2017 (28.6.17) E. 6 fr.

9. Verjährung

Art. 210

[1] Die Klagen auf Gewährleistung wegen Mängel der Sache verjähren mit Ablauf von zwei Jahren nach deren Ablieferung an den Käufer, selbst wenn dieser die Mängel erst später entdeckt, es sei denn, dass der Verkäufer eine Haftung auf längere Zeit übernommen hat.

[2] Die Frist beträgt fünf Jahre, soweit Mängel einer Sache, die bestimmungsgemäss in ein unbewegliches Werk integriert worden ist, die Mangelhaftigkeit des Werkes verursacht haben.

[3] Für Kulturgüter im Sinne von Artikel 2 Absatz 1 des Kulturgütertransfergesetzes vom 20. Juni 2003 verjährt die Klage ein Jahr, nachdem der Käufer den Mangel entdeckt hat, in jedem Fall jedoch 30 Jahre nach dem Vertragsabschluss.

[4] Eine Vereinbarung über die Verkürzung der Verjährungsfrist ist ungültig, wenn:
- **a. sie die Verjährungsfrist auf weniger als zwei Jahre, bei gebrauchten Sachen auf weniger als ein Jahr verkürzt;**
- **b. die Sache für den persönlichen oder familiären Gebrauch des Käufers bestimmt ist; und**
- **c. der Verkäufer im Rahmen seiner beruflichen oder gewerblichen Tätigkeit handelt.**

[5] Die Einreden des Käufers wegen vorhandener Mängel bleiben bestehen, wenn innerhalb der Verjährungsfrist die vorgeschriebene Anzeige an den Verkäufer gemacht worden ist.

[6] Der Verkäufer kann die Verjährung nicht geltend machen, wenn ihm eine absichtliche Täuschung des Käufers nachgewiesen wird. Dies gilt nicht für die 30-jährige Frist gemäss Absatz 3.

1 **Allgemeines.** ***Geltungsbereich.*** Steht die Verjährung für einen dem Käufer zustehenden Gewährleistungsanspruch still oder wird er unterbrochen, wirkt der Grund des Stillstandes auch auf die übrigen Ansprüche 96 II 181/185 E. b Pra 1970 (Nr. 160) 519 f. – Der aus Mängeln der Kaufsache abgeleitete Schadenersatzanspruch gemäss Art. 97 verjährt nach Art. 210 77 II 243/249. Seit dem 1. Januar 2013 ist eine *neue Fassung* des Art. 210 in Kraft.

2 ***Vereinbarung einer Garantiefrist.*** Der Ausdruck «Garantiefrist» oder «Garantiezeit» bezieht sich im Zweifel auf die Verjährungsfrist (in casu Art. 371 Abs. 2) 63 II 180/180. Vereinbaren die Parteien eine Garantiefrist von einem Jahr, so ist im Zweifel

anzunehmen, sie hätten damit den Beginn der Verjährung nicht hinausschieben, sondern diese gemäss der gesetzlichen Regelung mit der Ablieferung der Ware beginnen lassen wollen 78 II 367/367 f. E. 2, 4C.351/2002 (25.2.03) E. 2.2.2 fr. (mit irrtümlichem BGE-Verweis). – Zur Verjährung im Falle einer Garantie siehe unter Art. 197.

Nicht anwendbar auf eine den Vertrag ergänzende selbständige Nebenabrede über die Geheimhaltungspflicht des Verkäufers («komplett neutrale Verpackung»): sie ist keine Zusicherung im Sinne von Art. 197, und somit verjährt der Schadenersatzanspruch bei ihrer Verletzung in 10 Jahren (Art. 127) 96 II 115/117 ff. E. 2. Verursacht eine Vertragsverletzung (in casu unrichtige Kosteninformation) keine Mängel (in casu im Sinne von Art. 367), verjähren die Haftungsansprüche nach Art. 127 4A_358/2007 E. 3 (27.3.08, in 134 III 354/361 nicht publiziert). Vgl. auch unter Abs. 1/Weiteres. 3

Verhältnis zu Art. 23 ff., 41 ff. und 97 ff. siehe Vorb. Art. 197–210. – *CISG.* Die Verjährung von Ansprüchen aus internationalen Warenverträgen wird durch das CISG nicht geregelt. Voraussetzungen, damit subsidiär Art. 210 greift 4A_68/2009 (18.5.09) E. 10.1. Untersteht die im CISG nicht geregelte Verjährung dem Schweizer Recht, verjähren Ansprüche aus vertragswidriger Lieferung nach Art. 210. Gemäss Abs. 5 (aAbs. 2) kann der Käufer verjährte Ansprüche aus einer Vertragswidrigkeit noch einredeweise geltend machen, wenn er diese dem Verkäufer gemäss CISG Art. 39 angezeigt hat 138 III 601/608 E. 7.5 bis 7.7. 4

Abs. 1 **Dauer.** Klagen auf Gewährleistung wegen Mängeln der Sache verjähren grundsätzlich mit Ablauf eines Jahres [zu aArt. 210] nach deren Ablieferung beim Käufer 4A_68/2009 (18.5.09) E. 10.3. – Diese Frist führte bei Verträgen, die dem CISG unterstehen, dann zu einem völkerrechtswidrigen Ergebnis, wenn die Ansprüche infolge Vertragswidrigkeit der Ware bereits verjährt waren, aber die Rügefrist nach CISG Art. 39 Abs. 2 noch lief. In diesem Fall blieb aArt. 210 unanwendbar bzw. war die Frist anzupassen (in casu konkrete Verlängerung offengelassen, tendenziell für eine Zweijahresfrist) 4A_68/2009 (18.5.09) E. 10.3. 5

Ratio legis. Die kurze Verjährungsfrist bezweckt, im Interesse der Verkehrs- und Rechtssicherheit baldmöglichst nach der Ablieferung eine klare Rechtslage zu schaffen 78 II 367/368, 102 II 97/102 E. b Pra 1976 (Nr. 182) 439. 6

Rechtsnatur. Verjährungsfrist, nicht Verwirkungsfrist 104 II 357/357 E. 4a Pra 1979 (Nr. 2) 2. 7

Beginn. Verjährungsbeginn beim Sukzessivlieferungsvertrag: Für jede Teillieferung läuft eine besondere Verjährungsfrist 17 313 f. E. 4. 8

Vertragliche Abänderung der Verjährungsfrist. Verlängerung oder Verkürzung 4C.351/2002 (25.2.03) E. 2.1 fr. (Versuchte) Nachbesserung unterbricht Verjährung durch Anerkennung gemäss Art. 135 Abs. 1 4A_68/2009 (18.5.09) E. 10.3, 121 III 270/272 E. c it. Zum Allgemeinen siehe unter Art. 129. – *Übernahme einer längeren Verjährungsfrist.* Der Käufer hat zu beweisen, dass ihm der Verkäufer die Ausübung seiner Mängelrechte über die gesetzliche Frist hinaus gestatten wollte. Die Zusicherung von Eigenschaften, die vom Zeitablauf unabhängig sind (Echtheit eines Gemäldes 56 II 9

424/430) oder die Identität der Sache selber bestimmen (Herstellungsjahr eines Autos 94 II 26/36 f. E. 4c Pra 1968 [Nr. 145] 515), enthält keine Verlängerung der gesetzlichen Jahresfrist 102 II 97/101 f. E. b Pra 1976 (Nr. 182) 438 f. (Änderung der Rechtsprechung; anders noch 94 II 26/36 f. E. 4c Pra 1968 [Nr. 145] 515). – Durch die *Vereinbarung einer kürzeren Frist* darf dem Gläubiger die Rechtsverfolgung nicht in unbilliger Weise erschwert werden 108 II 194/196 E. b (in casu werkvertraglicher Entscheid, Art. 371 Abs. 2).

10 **Prozessuales.** Keine Berücksichtigung von Amtes wegen (Art. 142) 94 II 26/36 E. c Pra 1968 (Nr. 145) 514 f., Unterbrechung 4A_543/2013 (13.2.14) E. 4 unbezifferte Forderungsklage.

11 **Weiteres.** Art. 365 Abs. 1 verweist nur bezüglich der Rechtsgewährleistung für den gelieferten Stoff auf die Regeln des Kaufvertragsrechts, während für die Sachgewährleistung das Werkvertragsrecht und insb. auch dessen Verjährungsfristen gelten 117 II 425/428 E. 3. Vereinbarung über die Durchführung der Wandelung als verjährungsunterbrechende Schuldanerkennung (in casu Unterbrechung der Verjährung lediglich gemäss Art. 135 Ziff. 1) 4C.60/2002 (16.5.02) E. 1.3.

12 ***Abs. 5 (aAbs. 2)*** **Rechtsnatur.** Die Jahresfrist gemäss aAbs. 2 war eine *Verwirkungsfrist* 104 II 357/358 E. 4a Pra 1979 (Nr. 2) 2 f.

13 **Voraussetzung** des aAbs. 2 war, dass der Käufer die Mängel gemäss Art. 201 rechtzeitig, jedoch spätestens innerhalb eines Jahres seit Ablieferung, dem Verkäufer angezeigt hatte 104 II 357/358 E. 4a Pra 1979 (Nr. 2) 2.

14 **Verrechnung.** Keine einschränkende Auslegung der Bestimmung: Sie setzt nicht voraus, dass die beiden Forderungen auf dem gleichen Sachverhalt beruhen; somit können verjährte Schadenersatzansprüche aus Sachmängeln, wenn letztere innerhalb eines Jahres nach Ablieferung gehörig gerügt wurden, nicht nur mit der Forderung des Verkäufers aus dem gleichen Verkauf, sondern auch mit sonstigen Forderungen des Verkäufers verrechnet werden, falls sie noch nicht verjährt waren, als die Gegenforderungen fällig wurden 91 II 212/216 f.

15 **Weiteres.** Die Einreden bleiben über die Frist in Abs. 1 hinaus nur gegenüber der Klage des Verkäufers auf Zahlung des Kaufpreises bestehen, nicht aber für den Fall, dass der als Wiederverkäufer belangte Käufer *seinem Verkäufer den Streit verkündet* (hier gilt die Frist in Abs. 1; unter welchen Voraussetzungen eine Streitverkündung die Verjährung unterbricht, siehe unter Art. 135 Ziff. 2 Klage/Weiteres) 50 II 9/10 f. E. 2 it.

16 ***Abs. 6 (aAbs. 3)*** Vgl. bzgl. der Absicht auch Art. 199 und 210 Abs. 3 4A_301/2010 (7.9.10) E. 3.2 fr. – Anwendungsfall einer absichtlichen Täuschung 116 II 431/434 ff. E. 3 (in casu Auslegung der Bezeichnung «fabrikneu/neu» im Zusammenhang mit einem Autokauf).

17 Zur *rechtsmissbräuchlichen* Erhebung der Verjährungseinrede siehe Vorb. Art. 127–142 unter Rechtsmissbrauch/Schuldner.

Zum Verhältnis von Abs. 6 (aAbs. 3) zu Art. 31 und 60. Es gilt die zehnjährige Verjährungsfrist 4C.251/2003 (26.11.03) E. 3.3 fr. Somit keine Anwendung der Art. 31 und 60 81 II 138/143 (in casu absichtliche Täuschung des Käufers über das Mass der verkauften Liegenschaft, Art. 219 Abs. 2). 18

C. Verpflichtungen des Käufers

Vorb. Art. 211–215

I.d.R. besteht keine Rechtspflicht des Käufers, sich vor dem Kauf einer Sache durch Einsicht in das Eigentumsvorbehaltsregister davon zu überzeugen, dass der Dispositionsbefugnis des Verkäufers nicht ein Eigentumsvorbehalt entgegenstehe. Hingegen ist ein Kaufmann, der gewerbsmässig mit Occasionsautomobilen handelt, unter dem Gesichtspunkt von ZGB Art. 3 Abs. 2 gehalten, vor dem Erwerb eines Gebrauchtwagens ins Eigentumsvorbehaltsregister Einsicht zu nehmen (in casu offengelassen, da schon der vereinbarte Preis [er lag 32% unter dem Verkehrswert, 20% unter dem mittleren Händlerpreis und 16% unter jenem Betrag, der als absolutes Minimum dessen zu betrachten war, was von einem Autohändler vernünftigerweise bezahlt zu werden pflegte] Anlass zu Verdacht hätte geben müssen) 107 II 41/42 ff. E. 2, 113 II 497/400 f. E. c, 3a (in casu Frage nach der Sorgfaltspflicht des Händlers von Occasionsfahrzeugen der Luxusklasse im Zusammenhang mit dem gutgläubigen Eigentumserwerb gemäss ZGB Art. 934). 1

Beim Teilverzug im Zusammenhang mit einem Mengenkauf (in casu Liegenschaft und Mobiliar), der im OR nicht besonders geregelt ist, erstrecken sich die Rechtsfolgen des Verzuges nicht ohne Weiteres auf den ganzen Kaufvertrag 110 II 450/453 E. 5. 2

I. Zahlung des Preises und Annahme der Kaufsache

Art. 211

[1] Der Käufer ist verpflichtet, den Preis nach den Bestimmungen des Vertrages zu bezahlen und die gekaufte Sache, sofern sie ihm von dem Verkäufer vertragsgemäss angeboten wird, anzunehmen.

[2] Die Empfangnahme muss sofort geschehen, wenn nicht etwas anderes vereinbart oder üblich ist.

Abs. 1 **Allgemeines.** Der Käufer ist zur Annahme der Leistung verpflichtet 59 II 305/307; somit kann der Verkäufer auf Abnahme der Ware klagen 27 II 385/395 E. 8, 28 II 503/511 (in casu Sukzessivlieferungsvertrag). Zur Frage, ob Annahmepflicht oder blosse Annahmeobliegenheit vgl. 4C.104/2004 (2.6.04) E. 8.2 fr. 1

Annahmeverweigerung. Nach der Rechtsprechung befindet sich der Käufer, der sich um eine ihm obliegende, vom Verkäufer für die Vertragserfüllung benötigte Handlung nicht kümmert, nicht nur im Annahmeverzug, sondern macht sich auch einer Zahlungsverweigerung schuldig. Es sind daher die Vorschriften über den Schuldnerverzug anwendbar 110 II 148/151 E. 1a Pra 1984 (Nr. 173) 481. – Der Käufer wird durch die Annahmeverweigerung nicht vorleistungspflichtig; es bleibt bei der Leistung «Zug um Zug» 2

(Art. 213 Abs. 1); will der Verkäufer gegen den Käufer betreibungsrechtlich vorgehen, so hat er sich gemäss Art. 91/92 durch Hinterlegung von seiner Verpflichtung zu befreien 79 II 280/283 E. 2, vgl. auch 111 II 463/468.

3 **Annahme erfüllungshalber.** Nimmt die Käuferin eine mangelhafte Sache zwar an, behält sich aber allfällige rechtliche Schritte aufgrund der Schlechterfüllung vor, oder entscheidet sie sich bei späterer Mangelentdeckung nicht für Wandelung, sondern für Minderung oder Nachlieferung, dann treten die Folgen einer Leistung erfüllungshalber ein: Die Käuferin stundet ihren Erfüllungsanspruch nach Treu und Glauben und übt ihn nur insofern weiter aus, als sie aus den Surrogaten keine oder ungenügende Befriedigung erzielen kann: 118 II 142/146 E. 1c, 119 II 227/231 f. E. 3.

4 **Abrufsfrist.** Vereinbaren die Parteien eine Abrufsfrist, so gerät der Käufer mit ihrem unbenutzten Ablauf in Verzug 49 II 28/32 E. 2 (in casu kalendermässige Frist «Mitte September»), 59 II 305/307 (in casu nicht kalendermässige Frist; für den Annahmeverzug bedarf es keiner Aufforderung des Verkäufers zur Vornahme des Abrufes).

5 **Kaufpreis.** Vereinbarung «zahlbar 100% WIR»: Werden die Buchungsaufträge von der Genossenschaft nicht ausgeführt, so gelten die Buchungsaufträge bloss zahlungshalber (Recht des Verkäufers auf Barzahlung, falls er seine Sorgfaltspflicht nicht verletzt hat) 119 II 227/229 ff. E. 1–3. *Beweis.* Grundsätzlich hat der Käufer die Kaufpreiszahlung (rechtsvernichtende Tatsache) zu beweisen. Dabei gilt beim Handkauf eine natürliche Vermutung für die Bezahlung, die der Verkäufer mit blossem Gegenbeweis (gegen Vermutungsbasis oder -folge) entkräften kann, mithin ohne das Gegenteil beweisen zu müssen 4D_6/2015 (22.5.15) E. 4.2 und 5.2 i.f. Fehlt eine Quittung, ist es nicht willkürlich, die Zahlung als nicht bewiesen zu erachten 4D_6/2015 (22.5.15) E. 3 und 5.2. Verkaufende Miteigentümer sind Teilgläubiger am Kaufpreis (weder Solidargläubiger noch gemeinschaftliche Gläubigerschaft) 140 III 150/152 E. 2.

6 **Weiteres.** Der Käufer muss nur dann Teillieferungen annehmen, wenn solche vereinbart sind (Art. 69) 75 II 137/140 ff. E. 4. – Ob die Zahlungsbedingungen zu den wesentlichen Nebenpunkten gehören, ist beim Fehlen einer ausdrücklichen Willensäusserung aufgrund der Verkehrsauffassung zu entscheiden (in casu gehörten sie zu den wesentlichen Nebenpunkten, da ein Fahrniskauf insofern von einer gewissen Bedeutung vorlag, als durch ihn in Wirklichkeit eine Liegenschaft die Hand änderte) 71 II 267/271, vgl. auch 88 II 158/161 E.a.

7 Zur Übergabe der Kaufsache siehe auch Vorb. Art. 188–191.

8 Zu den Vorbereitungshandlungen siehe auch Art. 91.

II. Bestimmung des Kaufpreises

Art. 212

[1] Hat der Käufer fest bestellt, ohne den Preis zu nennen, so wird vermutet, es sei der mittlere Marktpreis gemeint, der zurzeit und an dem Ort der Erfüllung gilt.

[2] Ist der Kaufpreis nach dem Gewichte der Ware zu berechnen, so wird die Verpackung (Taragewicht) in Abzug gebracht.

[3] Vorbehalten bleiben die besonderen kaufmännischen Übungen, nach denen bei einzelnen Handelsartikeln ein festbestimmter oder nach Prozenten berechneter Abzug vom Bruttogewicht erfolgt oder das ganze Bruttogewicht bei der Preisbestimmung angerechnet wird.

1 ***Abs. 1*** Besteht ein *Marktpreis,* entsteht der Kaufvertrag selbst dann, wenn eine Preisabrede gänzlich fehlt. Die Bestimmung derogiert Art. 184 Abs. 3, bleibt aber unanwendbar, wenn natürlicher oder normativer Konsens über einen bestimmten Preis besteht 4A_229/2009 (25.8.09) E. 4.1.

2 ***Abs. 3*** Ob eine kaufmännische Übung vorliegt, ist Tatfrage 41 II 252/257 E. 4 (in casu Gewichtsberechnung beim Kauf von Hanf).

III. Fälligkeit und Verzinsung des Kaufpreises

Art. 213

[1] Ist kein anderer Zeitpunkt bestimmt, so wird der Kaufpreis mit dem Übergange des Kaufgegenstandes in den Besitz des Käufers fällig.

[2] Abgesehen von der Vorschrift über den Verzug infolge Ablaufs eines bestimmten Verfalltages wird der Kaufpreis ohne Mahnung verzinslich, wenn die Übung es mit sich bringt, oder wenn der Käufer Früchte oder sonstige Erträgnisse des Kaufgegenstandes beziehen kann.

1 ***Abs. 1*** Dispositives Recht 129 III 535/543 E. 4.1. Anwendungsfall der Regel, dass «Zug um Zug» zu leisten ist 129 III 535/541 E. 3.2.1, 79 II 280/283 E. 2. – Die Hinausschiebung der Erfüllungszeit allein macht einen Barkauf nicht zum Vorauszahlungsvertrag. Wo jedoch die besonderen Umstände eines Vertragsverhältnisses offenbaren, dass es wirtschaftlich die Wirkung eines Vorauszahlungsvertrages hat, ist es an die Bestimmungen über den Vorauszahlungsvertrag (Art. 227a ff.) gebunden 98 Ia 348/351 f. E. 3. Anwendungsfall 4C.170/2003 (16.2.04) E. 7.1 it.

2 ***Abs. 2*** Die Regel gelangt nicht zur Anwendung, wenn die Sache noch nicht übereignet wurde 5C.270/2006 (1.12.06) E. 2.1 fr. Nicht übereignet sind Namenaktien, zu deren Übertragung die statutarisch erforderliche Zustimmung (noch) nicht vorliegt (in casu indes erteilt) 4A_440/2017 (3.4.18) E. 4 fr. Mit einer Zahlung des Kaufpreises an den Notar innerhalb der gesetzten Frist leistet der Käufer pflichtgemäss und muss keine Verzugszinsen bezahlen, wenn der Notar das Geld aufgrund von vertraglichen Differenzen anschliessend nicht fristgerecht an die Verkäufer weiterleitet 4A_465/2019 it. (6.4.20) E. 3.2 und 3.5.

IV. Verzug des Käufers 1. Rücktrittsrecht des Verkäufers

Art. 214

[1] Ist die verkaufte Sache gegen Vorausbezahlung des Preises oder Zug um Zug zu übergeben und befindet sich der Käufer mit der Zahlung des Kaufpreises im Verzuge, so hat der Verkäufer das Recht, ohne weiteres vom Vertrage zurückzutreten.

[2] Er hat jedoch dem Käufer, wenn er von seinem Rücktrittsrecht Gebrauch machen will, sofort Anzeige zu machen.

[3] Ist der Kaufgegenstand vor der Zahlung in den Besitz des Käufers übergegangen, so kann der Verkäufer nur dann wegen Verzuges des Käufers von dem Vertrage zurücktreten und die übergebene Sache zurückfordern, wenn er sich dieses Recht ausdrücklich vorbehalten hat.

▪ Anwendbarkeit (1) ▪ Konventionalstrafe (2) ▪ Abs. 1 Zug um Zug (3) ▪ Abs. 2 Rücktrittserklärung (6) ▪ Abs. 3 Kreditkauf (7)

1 **Anwendbarkeit.** In 45 II 33/35 E. 3 wurde offengelassen, ob die Bestimmung nur beim Handelskauf zur Anwendung komme. – Im kaufmännischen Verkehr kann der Verkäufer selbst beim Vorliegen des Tatbestandes von Art. 214 nach den allgemeinen Regeln des Art. 107 ff. vorgehen, ohne deshalb das Recht zur Schadenberechnung nach Art. 215 zu verlieren 49 II 28/34. – Zur Schadenberechnung, wenn der Verkäufer infolge Verzuges des Käufers nach Art. 107 Abs. 2, 2. Hypothese (Erfüllungswandelung; salvatorische Umwandlung ex nunc), vorgeht 4C.371/1999 (8.3.00) E. 1 und 2. – Die Bestimmung ist sinngemäss auch auf den *Grundstückkauf* anwendbar (Art. 221) 96 II 47/50 E. 2, 109 II 219/227 E. 2d Pra 1984 (Nr. 11) 33 (in casu Verpflichtungen aus der Ausübung eines Rückkaufsrechts, Art. 216 Abs. 2), vgl. auch 110 II 447/452 f. E. 5 (in casu Ausübung des gesetzlichen Vorkaufsrechtes gemäss ZGB Art. 682 Abs. 1). – *Mengenkauf* (in casu Miteigentumsanteil und Mobiliar): Beim Teilverzug im Zusammenhang mit einem Mengenkauf erstrecken sich die Rechtsfolgen des Verzuges nicht ohne Weiteres auf den ganzen Kaufvertrag) 110 II 442/452 f. E. 5.

2 **Konventionalstrafe.** Eine Strafe, die 20% des Kaufpreises überschreitet, ist übermässig und herabzusetzen, wenn im konkreten (vom Schuldner zu beweisenden) Fall die Nichterfüllung des Vertrages den Gläubiger keiner besonders beträchtlichen Gefahr eines Schadens aussetzt, etwa weil er den Kaufgegenstand innert Kurzem ohne Einbusse an Dritte veräussern kann. Während eine Reduktion auf 3% das Willkürverbot verletzt, scheint eine Herabsetzung auf 10% gerechtfertigt im Lichte früherer Urteile (4C.96/1993 [19.7.93] E. 3, 4C.178/1993 [8.9.93] E. 3c) und angesichts der 10%-Grenze im [früheren] Vorauszahlungskauf (OR aArt. 227h Abs. 2 Satz 2) und im früheren Abzahlungskauf (OR aArt. 226 i Abs. 2 Satz 2) 133 III 201/210 ff. E. 5.3–5.5 Pra 2007 (Nr. 126) 881 ff.

3 ***Abs. 1*** **Zug um Zug.** Dem Barkauf gleichzustellen ist die Leistung gegen (Wechsel-) Akzepte 32 II 452/458. – Die Vereinbarung, den Kaufpreis vor der Zahlung (in casu bei einer Bank) zu deponieren, ändert die (abgemachte) Zug-um-Zug-Leistung nicht in eine Vorleistungspflicht des Käufers ab; keine Rücktrittsmöglichkeit des Verkäufers nach Art. 214 Abs. 1 (jedoch nach Art. 107), wenn der Käufer mit der Deponierung in Verzug ist 45 II 344/350 E. 3.

4 ***Ohne Weiteres.*** Nicht notwendig ist somit, eine Frist zur nachträglichen Erfüllung anzusetzen 96 II 47/50 E. 2, 44 II 407/410.

5 ***Verwirkung des Rücktrittsrechtes.*** Wer die sofortige Anzeige nach Abs. 2 unterlässt, verwirkt das Rücktrittsrecht; dies hindert ihn jedoch nicht, nach Art. 107 ff. vorzugehen 86 II 221/234.

Abs. 2 **Rücktrittserklärung.** Ein Rücktritt liegt in der Anhebung der Betreibung für eine Schadenersatzforderung «aus Nichterfüllung eines Vertrages» 44 II 407/410. – Offengelassen, ob ein Arrestbefehl als Rücktrittserklärung gelten kann 44 II 407/410. – *Sofort:* Sobald es dem Verkäufer nach dem gewöhnlichen Geschäftsgang und den besonderen Umständen des Falles zugemutet werden kann 96 II 47/50 E. 2 (mit Hinweis auf 69 II 243/245 f. E. 5, der sich auf Art. 107 Abs. 2 bezieht). 6

Abs. 3 **Kreditkauf.** 90 II 285/292 E. a (in casu Bezahlung des Kaufpreises «innert 10 Tagen nach Montage»). 7

Übergang des Besitzes. Beim Grundstückkauf ist die Eintragung in das Grundbuch massgebend (und nicht ein allfälliger Besitzesübergang vor der Eintragung) 86 II 221/234, 110 II 447/451; ist das Grundstück verpachtet, überträgt der Eigentümer dem Erwerber seinen mittelbaren Besitz, ohne dass der unmittelbare Besitz des Pächters dadurch berührt würde 144 III 145/151 E. 3.3.3 Pra 2019 (Nr. 31) 348. Ein Rücktritt vom Vertrag nach Art. 107 ff. ist unter Berufung auf Art. 214 Abs. 3 dann nicht ausgeschlossen, wenn der Käufer der Liegenschaft noch nicht im Grundbuch eingetragen worden ist 110 II 447/451 (mit Hinweis auf 86 II 221/233 f.). 8

Vorbehalt des Rücktrittsrechtes. Er enthält eine Resolutivbedingung 58 II 347/354 fr. – Die Vereinbarung eines Eigentumsvorbehaltes schliesst immer das einseitige Rücktrittsrecht des Verkäufers mit ein (auch wenn letzteres nicht besonders hervorgehoben worden ist); dies gilt selbst dann, wenn er nicht (bzw. wie in casu nicht gültig) im Register eingetragen wurde 90 II 285/292 E.a. – Der Vorbehalt des Rücktrittsrechtes hat die Anwendbarkeit der Art. 107 ff. zur Folge (insb. betreffend die unverzügliche Mitteilung des Rücktritts nach Ablauf der Nachfrist, Art. 107 Abs. 2) 90 II 285/293. 9

Weiteres. Das Rücktrittsrecht entfällt mit dem Konkurs des Käufers, SchKG Art. 212 58 II 347/354 fr. – Durch den Rücktritt wird nur das Schuldverhältnis aufgehoben, welches den Grund des Eigentumsüberganges bildet, nicht dieser selbst; die Rückforderung des Geleisteten ist ein *obligatorischer* Anspruch 56 II 203/209 ff. E. 4 (in casu jedoch dinglicher Anspruch aufgrund der aufschiebenden Bedingung, dass das Eigentum erst mit Bezahlung des Preises auf den Käufer übergehe; somit keine Anwendung von Art. 214 Abs. 3 und SchKG Art. 212). 10

2. Schadenersatz und Schadenberechnung

Art. 215

[1] Kommt der Käufer im kaufmännischen Verkehr seiner Zahlungspflicht nicht nach, so hat der Verkäufer das Recht, seinen Schaden nach der Differenz zwischen dem Kaufpreis und dem Preise zu berechnen, um den er die Sache in guten Treuen weiter verkauft hat.

[2] Bei Waren, die einen Markt- oder Börsenpreis haben, kann er ohne einen solchen Verkauf die Differenz zwischen dem Vertragspreis und dem Markt- und Börsenpreis zur Erfüllungszeit als Schadenersatz verlangen.

Im kaufmännischen Verkehr kann der Verkäufer den Schaden selbst dann nach dieser Bestimmung berechnen, wenn er mangels der Voraussetzungen von Art. 214 zu einem Vorgehen nach Art. 107 gezwungen war 49 II 28/34 f. Zur Schadensberechnung, wenn der 1

Verkäufer infolge Verzuges des Käufers nach Art. 107 Abs. 2, 2. Hypothese, vorgeht 4C.371/1999 (8.3.00) E. 1 und 2.

2 ***Abs. 1*** Zum Weiterverkauf ist der Verkäufer nicht verpflichtet; ohne Weiterverkauf kann der Schaden nach Art. 107 ff. (eventuell in Verbindung mit Art. 42 und 43) berechnet werden 65 II 171/173 fr. – Bei Nichterfüllung einer Rückverkaufsvereinbarung und Vornahme eines Deckungsverkaufs wird der Schaden nach der Differenztheorie berechnet 4A_126/2017 (3.10.17) E. 6 fr. – Die Anwendung der Differenztheorie kann in gewissen Fällen zur Folge haben, dass der Verkäufer mit der gleichen Ware zweimal Gewinn erzielt 65 II 171/175 fr. Ist der Käufer eines Pakets von preisvolatilen Aktien in Verzug und verkauft der Verkäufer es trotz starker Preisschwankungen zum Nachteil des Käufers, liegt darin noch kein generelles Anzeichen für ein nicht gutgläubiges Verhalten des Verkäufers 4A_85/2019 (3.9.19) E. 5.3 it.

3 ***Abs. 2*** Erfüllungszeit: Ablauf der Nachfrist 48 II 98/106 E. 7. – Die Bestimmung kann allenfalls auf den Trödelvertrag analog angewendet werden 89 II 214/220 E. 5c

Dritter Abschnitt
Der Grundstückkauf

Vorb. Art. 216–221

Gültigkeit. *Form.* Vgl. Art. 216. – *Bodenrecht.* Vgl. Art. 218. – *Erwerb von Grundeigentum durch Personen im Ausland.* Vgl. BG über den Erwerb von Grundstücken durch Personen im Ausland (BewG, SR 211.412.41), in Kraft seit 1. Januar 1985; V über den Erwerb von Grundstücken durch Personen im Ausland (BewV, SR 211.412.411), in Kraft seit 1. Januar 1985. Die Nichtgenehmigung des Kaufvertrags durch die Bewilligungsbehörde führt zu dessen Nichtigkeit (BewG Art. 26 Abs. 2 lit. b), 4A_516/2011 (24.2.12) E. 3.1. *Handlungsfähigkeit.* Zur *Abklärungspflicht* von Urkundsperson und Grundbuchverwalter bezüglich der Handlungsfähigkeit der Vertragsparteien 124 III 341/344 ff. E.bb. Hat der Vormund eine Liegenschaft seines Mündels freihändig verkauft, aber die *behördliche Genehmigung* (Aufsichtsbehörde) noch nicht eingeholt, so liegt ein hinkendes Rechtsgeschäft vor. Der Vertragspartner ist an den Vertrag gebunden, kann aber eine Frist ansetzen oder vom Richter ansetzen lassen 117 II 18/21 f. – *Erbrecht.* Ein Grundstückkauf unter zwei Erben, die sich damit über das im *Erbteilungsvertrag* vereinbarte Veräusserungsverbot hinwegsetzen, ist unter allen Beteiligten als ungültig zu betrachten, wenn das Verbot nach ZGB Art. 2 und 27 nicht zu beanstanden ist und der Käufer sich insb. nicht auf guten Glauben berufen kann 114 II 329/331 ff. E. 2. Öffentliches *Inventar* gemäss ZGB Art. 589 f.: Der Grundstückskaufvertrag fällt nicht dahin, wenn eine Kaufpreisrestforderung nicht im Inventar des verstorbenen Käufers aufgenommen wird 113 II 118/119 ff. E. 2, 3. 1

A. Formvorschriften

Art. 216

[1] Kaufverträge, die ein Grundstück zum Gegenstande haben, bedürfen zu ihrer Gültigkeit der öffentlichen Beurkundung.

[2] Vorverträge sowie Verträge, die ein Vorkaufs-, Kaufs- oder Rückkaufsrecht an einem Grundstück begründen, bedürfen zu ihrer Gültigkeit der öffentlichen Beurkundung.

[3] Vorkaufsverträge, die den Kaufpreis nicht zum voraus bestimmen, sind in schriftlicher Form gültig.

Allgemeines. Der Vertrag über einen Grundstückkauf ist nach den allgemeinen Regeln gemäss Art. 18 auszulegen 4C.356/2001 (12.3.02) E. 4c fr. – Zur öffentlichen Beurkundung im Allgemeinen siehe unter Art. 11. – Haftung aus culpa in contrahendo wegen Abbruch von Vertragsverhandlungen im Hinblick auf den Abschluss eines formbedürftigen Vertrages ist weniger rasch anzunehmen, als dies bei formlos gültigen Verträgen der Fall ist. Denn die Formvorschrift schützt gerade auch vor voreiligen Abschlüssen. Nur wenn eine Partei aufgrund spezieller Umstände glauben darf, dass es mit Sicherheit zum Ab- 1 schluss des angestrebten Vertrages kommt, ist eine entsprechende Haftung daher denkbar 4A_615/2010 (14.1.11) E. 4 fr. 4A_229/2014 (19.9.14) E. 4.1 fr. (c.i.c. bejaht). Zu Konventionalstrafe und anderen Strafabreden siehe Rz. 10 am Ende. – Zum anwendbaren Recht gemäss IPRG Art. 119 vgl. 135 III 295/298 E. 2 Pra 2009 (Nr. 121) 832, 4A_601/2010 (24.2.11) E. 2 fr.

2 **Beurkundungspflichtige Rechtsgeschäfte.** ***I.d.R. sind nur mit öffentlicher Beurkundung gültig:*** *Immobilienkauf,* d.h. der Vertrag auf Übertragung von Grundeigentum (ZGB Art. 657 Abs. 1 und Art. 216 Abs. 1 i.V.m. Art. 11) 131 II 137/145 E. 2.3 Pra 2006 (Nr. 3) 20, 127 III 248/254 E. c Pra 2002 (Nr. 72) 416 f. Das gilt i.d.R. auch für einen öffentlich-rechtlichen Vertrag (in casu Erschliessungsvereinbarung mit Landabtretungsklausel zugunsten Gemeinde) 4C.162/2005 (18.5.06) E. 3.2 und umso mehr für einen Expropriationsvertrag, der den privatrechtlichen Formvorschriften untersteht, weil er schon vor der formgerechten Einleitung des Enteignungsverfahrens abgeschlossen wurde (somit widerspricht ein kantonales Enteignungsgesetz dem Bundeszivilrecht, wenn es eine einfachschriftliche Zustimmungserklärung des Eigentümers genügen lassen will, um das ordentliche Enteignungsbewilligungsverfahren zu ersetzen und bereits die Abtretungspflicht zu begründen) 102 Ia 553/560 ff. E. b, d.

3 ***Vorvertrag.*** Der Vorvertrag über einen Liegenschaftskauf ist öffentlich zu beurkunden 4A_36/2013 (4.6.13) E. 2.3 fr., 4A_281/2014 (17.12.14) E. 3.2, 135 III 295/298 E. 2 Pra 2009 (Nr. 121) 832. Ein Vorvertrag über zwei getrennte Leistungspaare (Fahrniskauf als Anzahlung an den Grundstückkauf) bedarf aufgrund des direkten Bezugs für beide Vertragsteile der öffentlichen Beurkundung 4A_282/2016 (6.10.16) E. 2.

4 Der Vorvertrag ist ein synallagmatischer Vertrag, mit dem sich der Eigentümer unter festgelegten Voraussetzungen und innert einer bestimmten Frist zum Verkauf seines Grundstückes an eine Person verpflichtet, die sich ihrerseits zum Kauf verpflichtet 4C.68/2002 (6.6.02) E. 2a fr. Die Klausel über den Verfall der Anzahlung ist dem Formzwang unterstellt 4C.271/2003 (17.2.04) E. 2.2. Zusatzabreden (und deren Anrechnung an den Kaufpreis sowie deren Verfall bei Rücktritt) bilden mit dem Vorvertrag eine Einheit 4A_109/2018 (8.11.18) E. 3.2. Zum Vorvertrag im Allgemeinen vgl. Art. 22. – *Fiskalrecht.* Nach kantonaler Steuerpraxis kann die objektive Handänderungssteuerpflicht bereits mit dem Abschluss des Kaufvertrages und unabhängig vom Gefahrenübergang eintreten. Enthält sodann ein Vorvertrag sämtliche Essentialia des Hauptvertrages, kann er u.U. bereits den vom Gesetz verlangten steuerrelevanten Übergang der wirtschaftlichen Verfügungsgewalt bewirken 2C_662/2013 (2.12.13) E. 2.2 und 2.3.

5 ***Vorkaufsrecht.*** Das Vorkaufsrecht berechtigt den Inhaber, durch einseitige, vorbehalt- und bedingungslose Erklärung gegenüber dem Verpflichteten das Eigentum an einer Sache zu erwerben, sofern der Verpflichtete diese Sache an einen Dritten verkauft 115 II 175/178 E. 4a, 116 II 49/52 E. 4, 5A_207/2007 (20.3.08) E. 3.2. Limitiert ist ein Vorkaufsrecht, wenn der Kaufpreis schon zum Voraus zahlenmässig fest vereinbart ist oder wenigstens Abreden über die Art seiner Ermittlung getroffen sind E. 5A_207/2007 (20.3.08) E. 3.3. Sowohl das Vorkaufs- als auch das Kaufsrecht sind Gestaltungsrechte, deren rechtswirksame Ausübung Rechte und Pflichten wie aus einem gewöhnlichen Kaufvertrag begründet 132 III 18/22 E. 4.3 (in casu BGBB), 4A_24/2008 (12.6.08) E. 3.1, 121 III 210/212 E. 3c (Kaufsrecht).

Kaufsrecht. Suspensiv bedingter Kaufvertrag, der mit der Ausübung des Kaufsrechts zu einem unbedingten Kaufvertrag wird 128 III 124/127 f. E. b, 105 III 4/9 E. 4b, vgl. auch 4C.25/2004 (13.9.04) E. 3.1.2 fr. Der aus Kaufrechtsvertrag Berechtigte kann (unabhängig vom Willen des Verpflichteten) die Sache durch einseitige Willenserklärung kaufen 4A_24/2008 (12.6.08) E. 3.1. Die Ausübung des Kaufrechts führt zur Rechtslage, die nach Abschluss eines Kaufvertrages gilt 4C.273/2002 (28.11.02) E. 2.2, vgl. auch 132 III 18/22 E. 4.3. Ausübung des Kaufrechts nach dem Tod des Kaufrechtsgebers: Solidarische Haftung der Erben gemäss Art. 50 i.V.m. Art. 99 Abs. 3 4C.216/2000 (11.12.00) E. 1b. – Immobilienleasing nur, wenn z.B. verbunden mit einem unübertragbaren Kaufsrecht (keine Bewilligungspflicht gemäss BBSG [SR 211.437.1, gültig bis 31.12.1994] Art. 4) 4C.47/2000 (29.5.00) E. 1 ff. – Für Kaufsrechte besteht keine gesetzliche *Ausübungsfrist.* Die für Vorkaufsrechte vorgesehene Ausübungsfrist von drei Monaten (Art. 216e) ist nicht analog anwendbar auf Kaufsrechte, selbst wenn diese an den Eintritt einer Bedingung geknüpft werden 138 III 659/665 ff. E. 4. 6

Rückkaufsrecht. *Natur:* Kaufvertrag unter der potestativ-suspensiven Bedingung, dass das Recht durch den Käufer (ursprünglich: Verkäufer) ausgeübt wird 109 II 219/222 f. E. b Pra 1984 (Nr. 11) 32. Inhalt: Persönliches Recht in Form eines speziellen Kaufsrechts, mit dem der Verkäufer vom Käufer die Rückübereignung verlangen kann 109 II 219/222 E. b Pra 1984 (Nr. 11) 32. – *Entstehung:* über Grundstücke bedarf es der Vormerkung im Grundbuch gemäss ZGB Art. 959 109 II 219/222 E. b Pra 1984 (Nr. 11) 32, was es mit dinglicher Wirkung versieht 126 III 421/423 E. 3a/aa Pra 2001 (Nr. 117) 690 – *Ausübung:* durch Gestaltungserklärung, zurückkaufen zu wollen 109 II 219/224 E. c Pra 1984 (Nr. 11) 32. – *Wirkung:* Der Kaufvertrag wird mit gegnerischer Kenntnisnahme der Erklärung unwiderruflich vollkommen, ebenso die Obligationen zur Rückübereignung und zur Preiszahlung, sodass bei Erfüllungsverweigerung der Erwerber die Grundbucheintragung gemäss ZGB Art. 665 Abs. 1 verlangen 109 II 219/223 E. b Pra 1984 (Nr. 11) 32 und der Gegner seine Rechte aus Art. 214 oder 107 wahrnehmen kann 109 II 219/223 E. b Pra 1984 (Nr. 11) 32, 96 II 47/50 E. 2, 86 II 221/234 f. – *Kombination:* Ein Rückkaufrecht, das auf dem Kriterium der Schuldenbereinigung in einem Kreditvertrag beruht, bedarf einer separaten öffentlichen Beurkundung und wird nicht mitumfasst von einem beurkundeten Grundstückkauf, welcher ebenfalls auf dem Kreditvertrag beruht 4A_530/2016 E. 8.4 – *Anwendungsfall:* sog. Sicherungskauf, d.h. Kauf gegen Kreditvaluta, verbunden mit der Einräumung eines Rückkaufsrechtes im Falle, dass die Valuta nicht pflichtgemäss erstattet wird 4A_530/2016 (20.1.17) E. 4 und 7, 86 II 221/227, was keine unzulässige Umgehung des Verfallsverbots gemäss ZGB Art. 816 Abs. 2 darstellt 56 II 444/447 f. E. 1. 7

Rückverkaufsrecht. *Natur:* Kaufvertrag unter der potestativ-suspensiven Bedingung, dass das Recht durch den Verkäufer (ursprünglich: Käufer) ausgeübt wird 4A_126/2017 (3.10.17) E. 4 fr.

Ausnahmen. ***Keine öffentliche Beurkundung*** ist erforderlich, wenn die damit ansonsten verbundene Aufgabe, die Parteien vor unbedachten Geschäften zu *schützen* (99 II 359/360 E. a), nicht vom Notar, sondern *von einer anderen Behörde* wahrgenommen wird, z.B. durch Konkursbeamte 7B.232/2000 (7.12.00) E. 3.a. Gleiches gilt für einen gerichtlich erzielten Vergleich 7B.232/2000 (7.12.00) E. 3.a oder eine Scheidungskonvention, in der Grundeigentum übertragen wird 99 II 359/360 f. E.a. 8

9 ***Gesetzliche Verpflichtung zur Eigentumsübertragung.*** Hier bedarf es ebenfalls keiner Beurkundung – im *Zivilrecht* etwa gemäss Art. 400, wenn ein Auftragnehmer eine Immobilie auf seinen Mandanten übertragen soll, die er auf dessen Rechnung von Dritten erworben hat 81 II 227/231 f. E. 3; – im *Verwaltungsrecht,* wenn ein (öffentlich-rechtlicher) Vertrag in einem Enteignungsverfahren geschlossen wird, das den besonderen Normen des eidgenössischen oder kantonalen Enteignungsrechts untersteht 102 Ia 553/559 ff. E. a, b und c (zur Frage, wann Enteignungsverträge dem Privatrecht und wann dem öffentlichen Recht unterstehen vgl. 114 Ib 142/148 E. bb); – in der *Zwangsvollstreckung* etwa bei der Zwangsversteigerung eines Grundstücks gemäss SchKG Art. 256 erste Variante (vgl. auch Art. 229 Abs. 1) 106 III 79/85 E. 7, oder im Rahmen eines Freihandverkaufes gemäss SchKG Art. 143b und SchKG Art. 256 zweite Variante 128 III 104/109 E. 3 (Änderung der Rechtsprechung, noch offengelassen, aber schon m.H.a. die Kritik in der Lehre in 7B.232/2000 [7.12.00] E. 3a), zumal ein behördlicher Akt nicht minder *Gewähr für die korrekte Eintragung* einer Handänderung im Grundbuch bietet als ein öffentlich beurkundetes Schriftstück von Privaten 7B.232/2000 (7.12.00) E. 3.a.

10 ***Rechtsgeschäfte, die (noch) nicht zur Verfügung über Grundeigentum verpflichten.*** Formfreiheit besteht: – beim Verkauf sämtlicher Aktien einer AG *(Share Deal),* deren einziges Aktivum ein Grundstück ist 45 II 33/34 f. E. 2 fr., vgl. auch 128 II 329/332 E. 2.2 Pra 2002 (Nr. 185) 993 f. (zivilrechtlich ein Fahrniskauf nach Art. 187 ff., anders hingegen im Rahmen von EntG Art. 5); – beim *Immobilien-Leasingvertrag,* denn er ist kein Vertrag auf Eigentumsübertragung (Gegenteiliges gilt nur insoweit, als dem Leasingnehmer ein Kaufsrecht im Sinn von Art. 216 Abs. 2 eingeräumt wird, das Leasingobjekt zu einem vorausbestimmten Preis zu Eigentum zu übernehmen) 132 III 549/553 E. 2.1 und 2.2; – bei einer *Vollmacht* zum Abschluss eines Grundstückkaufs (selbst stillschweigend möglich) gegenüber Privaten 112 II 330/332 E. a, 99 II 159/162 E. b oder einer Behörde (in casu Konkursbeamter) 7B.232/2000 (7.12.00) E. 3.a; – bei einem *Auftrag* zum Kauf einer Liegenschaft 81 II 227/231 f. E. 3, 86 II 33/40; – im *Eherecht* bei Zustimmung des Ehemanns zur Verfügung über eine Liegenschaft des Frauengutes bei Güterverbindung 84 II 151/157; – im *Familienrecht* bei Genehmigungen der Vormundschaftsbehörde und der vormundschaftlichen Aufsichtsbehörde zum Verkauf einer Liegenschaft des Mündels durch dessen Vormund 117 II 18/21 f.; – im *Erbrecht* beim *Erbteilungsvertrag,* für den einfache Schriftlichkeit genügt, selbst wenn davon dingliche Rechte an Grundstücken betroffen sind, über die ausserhalb der Erbteilung nur mit öffentlicher Beurkundung verfügt werden könnte 118 II 395/397 E. 2, denn primär wird dadurch nur die Modifikation oder Auflösung einer Gesamthandschaft bewirkt 47 II 251/254. Vergleichbar ist die Situation bei der *freiwilligen Versteigerung unter Miterben* (ZGB Art. 612 Abs. 3), wenn sie von den Erben einhellig vereinbart wird und diese das Steigerungsprotokoll unterzeichnen 83 II 363/371 ff. E. 3 Pra 1957 (Nr. 152) 498 ff. (mit Hinweis auf den abweichenden Entscheid 63 I 30/33 f. E. b). Verweigert hier ein Erbe später im Widerspruch zur Vereinbarung die Unterschrift, reicht es aus, wenn das Protokoll öffentlich beurkundet wird 5C.14/2002 (20.2.02) E. 3b. – Die Formvorschrift von Art. 216 greift auch nicht bei Vereinbarungen über *Konventionalstrafen* u.ä. Strafabreden bzw. Pauschalvergütungen (z.B. unter dem Titel einer *Reservationszahlung),* wenn sie einzig c.i.c.-Haftungstatbestände bzw. Schadenersatzansprüche im Umfang des negativen Interesses abdecken (z.B. Planungsaufwand), ohne die Leistungspflicht einer Partei zu verstärken 140 III 200/202 ff. E. 5.3 und

5.5 Pra 2014 (Nr. 102) 816, 4A_573/2016 (19.9.17) E. 6.1.1 fr., 4A_281/2014 (17.12.14) E. 3.2 und 3.4. Hingegen fällt unter den Formzwang u.a. die mit dem Vorvertrag verbundene Konventionalstrafe, wenn sie Leistungspflichten bekräftigen soll, deren Eingehung die Einhaltung der Formvorschriften erfordern würde 140 III 200/202 ff. E. 5.3 Pra 2014 (Nr. 102) 816, 4A_281/2014 (17.12.14) E. 3.2, 4C.271/2003 (17.2.04) E. 2. Dazu zählen Anrechnungs- und Verfallsabsprachen, die eine Einheit mit dem Vorvertrag über den Kauf eines Grundstücks bilden, selbst wenn für den Verfall der Zahlung nur Gründe des negativen Vertragsinteresses genannt sind 4A_109/2018 (8.11.18) E. 3.1 f.

Aufhebungs- bzw. Erlassgeschäfte. Art. 12 und 115 sind auf die öffentliche Beurkundung entsprechend anwendbar 95 II 523/529 E. 4. Folglich sind diese Geschäfte von der Beurkundung dispensiert (die mithin keine blosse Änderung gemäss Art. 12 bewirken). Darunter fallen der *Aufhebungsvertrag* (contrarius actus) betreffend einen Liegenschaftskauf (in casu Vertragsergänzung in analoger Anwendung von Art. 109) 4C.286/2005 (18.1.06) E. 2; oder eine Abrede (in casu in der Form einer *Bedingung*), die eine verurkundungsbedürftige Verpflichtung lediglich mindert 75 II 144/146 f. E. a (vgl. aber 86 II 258/260 E. 2); oder der aussergerichtliche *Vergleich*, auch wenn das streitige Rechtsverhältnis, das Anlass zum Vergleich gab, einer besonderen Form bedurfte oder aus dem Abschluss eines formbedürftigen Rechtsgeschäftes (in casu Grundstückkauf) entstanden war (eine besondere Form muss lediglich dann eingehalten werden, wenn die im Vergleich getroffenen Abreden die Merkmale eines formbedürftigen Vertrages aufweisen) 95 II 423/424 E. c (zum aussergerichtlichen Vergleich im Allgemeinen siehe Vorb. Art. 184–551/Innominatverträge/Gemischte Verträge). – Bei der ***Abgrenzung*** zwischen Art. 12 (bzw. Art. 216) und Art. 115 ist entscheidend, ob der formbedürftige Vertrag immer noch, zumindest teilweise, in Kraft steht oder durch die betreffende Vereinbarung der Parteien in seiner Gesamtheit dahinfallen soll. Letzteres (Vertragsaufhebung) kann formfrei erfolgen, auch wenn für eine Partei dadurch (im Vergleich zum formbedürftigen Vertrag) eine Mehrbelastung entsteht 4A_49/2008 (9.4.08) E. 2.1 und 2.2. Ist die *nachträgliche* Herabsetzung oder Einschränkung einer formbedürftigen (und beurkundeten) Verpflichtung formlos möglich, so muss es auch zulässig sein, eine in ihrem möglichen Maximalumfang verurkundete Verpflichtung *zum Voraus* formlos zu beschränken. Dies gilt auf alle Fälle dort, wo die Beschränkung nur die Qualität der Verpflichtung (die Bedingtheit derselben) betrifft, die Verpflichtung aber mit dem für den Schuldner im schlimmsten Falle möglichen Maximalumfang richtig angegeben wird 75 II 144/147 E.a. Unzulässig ist jedoch die formlos zum Voraus vereinbarte Herabsetzung des verurkundeten Kaufpreises 78 II 221/225 f. 11

Koppelungsgeschäfte und gemischte Vertragsverhältnisse. Vgl. auch Vorb. Art. 184–236. – Um eine zweckwidrige Überdehnung des Formzwangs auf sämtliche subjektiv wesentlichen Punkte zu verhindern, schränkt das Bundesgericht die Beurkundungspflicht auf jene Punkte ein, welche «ihrer Natur nach unmittelbar den Inhalt des Grundstücksvertrags betreffen» (sog. «cadre naturel») 4A_530/2016 (20.1.17) E. 8.2, 119 II 135/138 E. 2a Pra 1993 (Nr. 209) 791 f., 113 II 402/404 E. 2a. Der Umstand, dass der Abschluss eines selbständigen, formfreien Vertrages Bedingung (bzw. Motiv) für den Abschluss eines andern, formbedürftigen Vertrages bildet, hindert also nicht, dass Ersterer für sich besteht, und erlaubt noch keineswegs die Annahme, er unterliege den für Letzteren massgeblichen Formvorschriften 78 II 435/437 ff. E. 2, 4A_297/2018 (21.1.20) E. 4.2 12 fr. (daher ist es auch irrelevant, ob in einer zusätzlichen Privaturkunde noch andere Parteien genannt sind, solange die im beurkundeten Vorvertrag genannten Parteien diesen vor dem Notar unterzeichnet haben). Gleiches gilt für Leistungen, die nicht direkt im Austausch gegen das Grundstück selbst erbracht werden 4A_530/2016 (20.1.17) E. 8.2 (Kreditvertrag wird gesichert durch Eigentumsübertragung an Immobilie vom Kreditschuldner auf Kreditgläubiger: Rückkaufsrecht kann nur nach rechtzeitiger Tilgung des Kredites ausgeübt werden; entsprechend ist das – hier unverurkundete – Rückkaufsrecht nur Teil des Kreditvertrages und keine zusätzliche Gegenleistung des Käufers im kaufrechtlichen Austauschverhältnis; die Formnichtigkeit des Rückkaufsrechts berührt die Formgültigkeit des Kaufes folglich nicht); 86 II 33/37 E. a (Auftrag zum Erwerb einer Liegenschaft von Dritten nebst Kaufsrecht an derselben); so etwa bei einer (subjektiv wesentlichen) Preisabrede über das zu übernehmende Mobiliar (Fahrniskauf) 4C.290/2003 (29.6.04) E. 3.4 fr.; oder bei einer Provisionsabrede bzw. Gewinnzusicherung für den Fall, dass das Grundstück weiterverkauft wird 75 II 144/147 f. E. c (in casu indes schon subjektive Wesentlichkeit verneint aufgrund der konkreten Sachlage, der wirtschaftlichen Fragwürdigkeit der Abrede und der übrigen Vertragsbestimmungen); oder bei einer mit einem Grundstückkauf zusammenhängenden, zusätzlichen selbständigen werkvertraglichen Vereinbarung (Entgelt für vom Verkäufer geleistete Zusatzarbeiten) 119 II 29/30 f. E. 2 Pra 1993 (Nr. 189) 720 f.; dito 117 II 259/264 E. b, wo für den Erwerb des Baulandes und die Erstellung des Bauwerkes getrennte Vergütungen festgesetzt wurden. Selbst wenn bei einem gemischten Vertrag aber nur ein globales Entgelt (Pauschalpreis) beurkundet wird, genügt dies dem Formerfordernis, wenn die Preisanteile bestimmbar sind (in casu etwa durch Aufzählung der damit abzugeltenden Leistungen, die objektiv bewertbar waren) 135 III 295/299 ff. E. 3.2 und 3.3 Pra 2009 (Nr. 121) 833 f., 4A_29/2013 (6.6.13) E. 3.1 fr. (in casu fehlende Beurkundung des Gesamtvertrags). – Anders, wenn der Kaufpreis teils durch Werkerstellung zu erbringen ist: Dann ist der Wert des Werklohnes zu verurkunden 94 II 270/272. Die Konjunktion «sowie» in Bezug auf zwei getrennte Leistungspaare (Fahrniskauf/Grundstückkauf) spricht nicht zwingend dafür, dass es sich um zwei separate Vereinbarungen mit unterschiedlichen Formvorschriften handelt, entscheidend ist der tatsächliche Wille der Parteien 4A_282/2016 (6.10.16) E. 3.2.

13 **Beurkundungspflichtiger Inhalt.** ***Generell.*** Alle *objektiv und subjektiv wesentlichen Vertragspunkte* sind zu beurkunden 4C.396/2002 (10.6.03) E. 2.4, 68 II 229/233 ff. E. 1, 78 II 221/224 E. c, 88 II 158/160 E. 1, 97 II 53/55 f. E. 3. Die gesetzlich vorgeschriebene Form muss also alle Tatsachen und Willenserklärungen erfassen, die für den materiellrechtlichen Inhalt des Rechtsgeschäfts wesentlich sind 106 II 147/148. Das sind einerseits die essentialia negotii und andererseits die *subjektiv wesentlichen accidentalia negotii,* d.h. jene Punkte, von denen aufgrund des erklärten Parteiwillens oder bei dessen Fehlen aufgrund der sachlichen Wichtigkeit anzunehmen ist, dass die betreffende Partei ohne Einigung darüber den Vertrag nicht geschlossen hätte) 4A_281/2014 (17.12.14) E. 3.2, 68 II 229/233 ff. E. 1 (in casu Abrede über Parzellierung und Überbauung des Grundstücks als subjektiv wesentlicher Punkt). Konkret darf erstens der Rechtsgrund einer solchen Nebenabrede nicht ausserhalb des natürlichen Inhalts der Vereinbarung stehen, sondern das Versprochene muss Gegenleistung für den Preis bzw. für dessen höheren oder geringeren Betrag oder für die Überlassung des Eigentums darstellen 4A_281/2014 (17.12.14)

E. 3.2; zweitens muss die Verpflichtung in den Rahmen eines Kaufvertrages fallen, die rechtliche Situation der Kaufsache beeinflussen und unmittelbar den Geschäftsinhalt betreffen (in casu bejaht für die Verpflichtung des Erwerbers, das Grundstück so rasch als möglich zu überbauen) 90 II 34/37 f. E. 2 Pra 1964 (Nr. 71) 195 f., 107 II 211/215 f. E. 4 Pra 1981 (Nr. 240) 635, 113 II 402/404; die Beurkundung ist im Falle eines Vorvertrags über den Kauf einer Immobilie mit Fahrzeugen als Gegenleistung auch für die für den Fall des Dahinfallens des Vorvertrags geschuldete (andersartige) Gegenleistung erforderlich, da sie als Konventionalstrafe qualifiziert wurde 4A_282/2016 (6.10.16) E. 2; verneint in 4A_530/2016 (20.1.17) E. 8.1–3 (da ausserhalb des cadre naturel im Koppelungsgeschäft).

Parteien. Die Vertragsschliessenden 4A_58/2011 (17.6.11) E. 2.1 fr. und allfällige Stellvertreter 99 II 159/162 E. b, 112 II 330/332 E.a. Bei Stellvertretung muss der Vertretene nicht namentlich genannt werden (genügend: «Handeln für denjenigen, den es angeht») 4C.356/2001 (12.3.02) E. 2a/aa fr. 14

Grundstück. Die Bezeichnung des Grundstücks 106 II 146/148; Form und Grösse 90 II 21/25 E. 1. Die blosse Flächenangabe genügt nicht 4A_573/2016 (19.9.17) E. 4.2.2 f. fr., 4C.356/2001 (12.3.02) E. 2a/aa fr.; Form und Lage der Parzellen müssen bestimmt sein 127 III 248/254 f. E. 3d Pra 2002 (Nr. 72) 417, 4A_504/2016 (14.3.17) E. 2 fr. Das Grundstück muss nicht mit der Grundbuchnummer bezeichnet werden; eine andere Bezeichnung genügt, sofern sie eindeutig ist und zu keinem Irrtum über die Identität des Grundstücks Anlass geben kann. Die betreffenden Willensäusserungen der Parteien müssen sich jedoch immer aus der öffentlichen Urkunde selber ergeben; Äusserungen ausserhalb der Urkunde genügen nicht, auch wenn aus dem Inhalt der Urkunde geschlossen werden kann, dass die Parteien über den Kaufgegenstand verhandelt haben und sich einig geworden sind (für den Nachweis der Einigung über ein bestimmtes Grundstück ungenügend die blossen Angaben: Grundbuch Gemeinde X, Bewirtschaftungsart [Acker, Wiese], beabsichtigte Verwendung als Bauland, Nichtbelastung von Pfandrechten und Einbeziehung in das Quartierplanverfahren) 90 II 21/24 f. E. 1. – Die Spezifikation des Grundstücks darf keine neue Willenserklärung erfordern 4C.356/2001 (12.3.02) E. 2a/aa fr. – Beschränkt sich der Vertrag auf einen Teil des Grundstücks, so muss dieser genau angegeben werden oder nach dem Vertrag zumindest bestimmbar sein (in casu Kaufrechtsvertrag, ungenügend die Bezeichnung «eine Parzelle Land von ca. 2300 m^2» bei einem Grundstück von über 5000 m^2) 106 II 146/148. – Die blosse Bestimmbarkeit genügt jedenfalls dann, wenn ein Grundstück gekauft wird, dessen Überbauung erst projektiert oder gerade erst begonnen worden ist 103 II 110/112 E. b (in casu Kaufvertrag über eine Eigentumswohnung). – Ist die Kauf- oder Tauschsache nach dem Sinn des Vertrages noch nicht bestimmt, sondern soll sie von der einen oder andern Partei ausgewählt werden können, so genügt es, wenn aus der Urkunde oder dem Gesetz hervorgeht, welcher Partei die Wahl zusteht und wie das Grundstück beschaffen sein muss (in casu Tauschvertrag: genügend die Bezeichnung «ein gleichwertiges Stück Boden») 95 II 309/310 f. E. 2, 3, vgl. auch 118 II 32/35 E.bb. 15

Entgelt. *Kaufpreis.* Der genaue (wahre) Kaufpreis 93 II 97/104 E. 1 Pra 1967 (Nr. 128) 424. Er setzt sich zusammen aus der Gesamtheit sämtlicher (Geld-)Leistungen, welche als Entgelt für die Übertragung des Eigentums zu erbringen sind 4A_24/2008 (12.6.08) E. 3.1, 5A.33/2006 (24.4.07) E. 4, 101 II 329/331 E. a, selbst wenn sie teils 16 schon vor der Beurkundung des Vertrages erbracht wurden 87 II 28/30 E. 3, 90 II 295/296 f. E. 4 it. Gleiches gilt, wenn ein Teil der Leistung nur bedingt versprochen wird, diese zusätzliche Verpflichtung aber wesentlich ist (die Nichtbeurkundung dieser Abrede hat selbst dann die Nichtigkeit des Vertrages zur Folge, wenn das bedingte Versprechen durch Ausfall der Bedingung nachträglich gegenstandslos wird) 86 II 258/260 E. 2. – Aufgrund der Vertragsfreiheit (Art. 19) können sich die Parteien auf einen beliebigen Preis einigen (allenfalls gemischte Schenkung; siehe dazu auch unter Art. 239 Abs. 1) 101 II 59/60 f. E. 1 Pra 1975 (Nr. 180) 503. Der Umstand, dass die Vereinbarung eines (wahren) tieferen Preises die Festsetzung von Gebühren und Steuern erschwert, begründet für sich alleine keine zivilrechtliche Falschbeurkundung 94 II 270/273 (vgl. unten Formmangel). – Bestimmbarkeit genügt, d.h. die Bemessungskriterien und -faktoren müssen aus der Urkunde selber ermittelt werden können, ohne dass es einer neuen Einigung der Parteien bedarf 22 I 630/640 E. 2 (Kauf) oder andere Beweismittel erforderlich würden 4A_24/2008 (12.6.08) E. 3.1 (Kaufsrecht), 5A_207/2007 (20.3.08) E. 3.3 (Vorkaufsrecht). Solche Faktoren sind etwa publizierte Indizes, eine (vereinbarte) Schätzung von Verkehrs- oder Ertragswert 4A_24/2008 (12.6.08) E. 3.1, 5A_207/2007 (20.3.08) E. 3.4. Kauf einer Stockwerkeinheit *vor* Erstellung des Gebäudes: Übernimmt der Verkäufer nicht die Pflicht zur Erstellung eines fertigen Wohn- oder Geschäftsraumes, so ist es zulässig, den Preis lediglich nach dem Wert des Bodens und der allenfalls bereits geleisteten Arbeit festzusetzen 107 II 211/214 f. E. 3 Pra 1981 (Nr. 240) 634 f. Sind auch «wertvermehrende Aufwendungen» zu vergüten, gelten als solche nur Einbauten (oder deren Ersatz), die am Kauf(srecht) gegenstand selber vorgenommen werden und dessen Wert steigern, wobei i.d.R. der dafür effektiv bezahlte Preis einzusetzen ist 4A_24/2008 (12.6.08) E. 3.2 keine Einbaute ist die Begründung eines Miteigentumsanteils zugunsten des Kauf(srecht)gegenstandes, selbst wenn sie auf diesen wertsteigernd wirken 4A_24/2008 (12.6.08) E. 3.3. – *Dienstleistung.* Verspricht der Käufer, neben dem Kaufpreis zu einem bestimmten Preis ein Haus zu bauen, und ist diese Werkerstellung subjektiv wesentlich, ist der entsprechende Werklohn als Teil des Entgelts zu beurkunden 94 II 270/273, vgl. 107 II 211/215 f. E. 4 Pra 1981 (Nr. 240) 635. – *Schuldübernahme.* Treffen die Parteien über den Kaufpreis eine Vereinbarung, die eine Übernahme bestehender Grundpfandschulden durch den Käufer implizite ausschliesst, so ist die Pflicht des Verkäufers zur Ablösung der Pfandschulden durch die öffentliche Beurkundung des Vertrages gedeckt 101 II 329/330 ff. E. 2, 3, vgl. auch 4A_24/2008 (12.6.08) E. 4. – *Leistung an Dritte.* Insb. zur Rückführung von Vorbezügen aus der Pensionskasse 4A_24/2008 (12.6.08) E. 4. – *Wohnrecht* zugunsten Verkäufer; wird dieses nachträglich wertlos, ist die Restzahlung entsprechend zu erhöhen 4A_595/2008 (20.3.09) E. 6 Pra 2009 (Nr. 121) 838. – *Rente* zugunsten Verkäufer 135 III 295/303 E. 5.3 Pra 2009 (Nr. 121) 837. – *Todesfallrisikoversicherung* zugunsten Verkäufer 135 III 295/303 E. 5.3 Pra 2009 (Nr. 121) 837. – Nur subjektiv wesentliche *Zahlungsmodalitäten* 88 II 158/161 E. a, 71 II 267/271.

17 ***Rechtsgrund.*** Die Angabe des tatsächlichen (wahren) Rechtsgrundes des Geschäftes 86 II 221/231 f. Beispiele nichtiger Vereinbarungen: 86 II 221/231 f. (blosse Sicherstellungsvereinbarung als Kauf bezeichnet; hingegen handelt es sich bei einem als Kauf bezeichneten Sicherungsgeschäft um einen ernstgemeinten Kauf, wenn der übereinstimmende Wille der Parteien dahingeht, dass das Grundstück in das Eigentum des Geldgebers übergehen und der vereinbarte Preis tatsächlich beglichen werden soll 86 II 221/227),

72 II 358/360 f. E. 2 (Fiducia als Kauf bezeichnet), 71 II 99/103 ff. E. 3 (Übereignung zum Zweck, die Liegenschaft dem Zugriff der Gläubiger zu entziehen, als Kauf bezeichnet), 66 II 30/34 fr. und 45 II 27/29 fr. (Schenkung als Kauf bezeichnet), 46 II 30/32 ff. E. 2 (freiwillige Grundbuchbereinigung als Kauf bezeichnet).

Ausnahmen. *Reine Zahlungsmodalitäten.* Entgegen der herrschenden Lehre können Zahlungsmodalitäten, welche das Verhältnis von Leistung und Gegenleistung nicht beeinflussen (in casu Tilgung mittels Verrechnung), gemäss Bundesgericht formfrei vereinbart werden 4A_331/2010 (27.9.10) E. 2 fr. – *Zugesicherte Eigenschaften* des Kaufgegenstandes (in casu figurierter Ertragswert und die gemäss BGBB relevante Belehnungsgrenze nicht in der Vertragsurkunde selbst, sondern in der Betriebsbeschreibung) 4A_237/2009 (26.10.09) E. 3.3, 73 II 218/220 E. 1. – *Zu den Essentialia nicht synallagmatische Pflichten.* Keiner Beurkundung bedürfen Leistungen, die eine Partei der andern zwar im Zusammenhang mit dem Abschluss des Kaufes zusichert, jedoch nicht im Austausch gegen das Grundstück oder das Entgelt, sondern für eine andere Leistung der Gegenpartei, selbst wenn der Kaufvertrag ohne diese andere Leistung und Gegenleistung nicht geschlossen worden wäre 86 II 33/37 E. a, 113 II 402/404, 117 II 259/264 E. b, 4C.356/2001 (12.3.02) E. 2a/aa fr., 4A_530/2016 (20.1.17) E. 8.2. Folglich bedarf die ergänzende Vereinbarung, wonach der Käufer anerkennt, dem Verkäufer für geleistete Zusatzarbeiten einen bestimmten Betrag zu schulden, auch dann keiner öffentlichen Beurkundung, wenn diese Arbeiten mit dem Grundstückerwerb unlösbar verbunden sind 119 II 29/30 f. E. 2 Pra 1993 (Nr. 189) 720 f. Gleiches gilt für Kaufbedingungen, die sich beim Verkauf einer beweglichen Sache (in casu Wasserversorgungsanlage) als Haupt- und einer Bodenparzelle als Nebensache nicht auf das Grundstück beziehen 67 II 223 f. E. 1; oder für die Unentgeltlichkeit baulicher Veränderungen, die eine Käuferin einer im Zeitpunkt des Vertragsabschlusses noch nicht erstellten Wohnung bei deren Bau auf ihre Kosten ausführen lässt und die zu einer Erweiterung der Wohnung führen 103 II 110/113 E.c. Keiner Beurkundung bedarf auch eine Vereinbarung über die Zusicherung einer Eigenschaft im Sinne von Art. 197 73 II 218/220 E. 1; Eine Quittung ist auch dann nicht zu beurkunden, wenn sie direkt im Kaufvertrag enthalten ist, kann bei Unwahrheit also keinen Formmangel bewirken 75 II 144/147 f. E.b. Eine Konventionalstrafe, mit welcher das durch eine culpa in contrahendo entstehende negative Interesse entschädigt werden soll, kann in einem in einfacher Schriftform abgefassten Vorvertrag zu einem Grundstückkauf gültig vereinbart werden 140 III 200/202 ff. E. 5 Pra 2014 (Nr. 102) 816 ff., 4A_281/2014 (17.12.14) E. 3.2. – Weitere kasuistische Hinweise in 113 II 402/405 E.b. 18

Formmangel. ***Allgemeines.*** (Vgl. auch Art. 11) Mangels Einhaltung der vorgeschriebenen Form der öffentlichen Beurkundung ist der Vertrag ungültig (nichtig) 4C.162/2005 (18.5.06) E. 3.2, 112 II 107/110 f. E. 2; dabei ist unerheblich, ob der tatsächlich vereinbarte Preis niedriger oder höher ist als der beurkundete 86 II 398/400 E. 1 (Anwendungsfälle/Preis höher beurkundet als vereinbart: 78 II 221/223 E. 1a; Preis niedriger beurkundet als vereinbart: 104 II 99/101 E. 2a, 98 II 313/315 f. E. 2, 92 II 323/324 E. 2, 84 II 369/373 ff. E. 1 Pra 1958 [Nr. 137] 438 f.). Es liegt zudem eine zivilrechtliche Falschbeurkundung vor, da die Urkunde einen anderen Willen vorspiegelt, als die Parteien ausserhalb der Urkunde gegenseitig übereinstimmend geäussert haben 94 II 270/273. – Ein Formfehler wird durch die Grundbucheintragung nicht geheilt 50 II 142/147 E. 4. In 112 19

II 330/333 f. E. a, b wurde in Zweifel gezogen, ob die Formungültigkeit unabhängig von der Art des Formmangels zur absoluten Vertragsnichtigkeit führe und der Formmangel stets von Amtes wegen zu berücksichtigen sei. – Das Erfordernis der öffentlichen Beurkundung steht der Annahme einer für das Geschäft bedeutsamen stillschweigenden Bedingung entgegen (möglich ist jedoch die Annahme eines wesentlichen Irrtums über einen zukünftigen Sachverhalt) 109 II 105/110. – ***Rückabwicklung.*** Die Rückerstattungspflicht des unrechtmässigen Besitzers beurteilt sich nach ZGB Art. 938–940, nicht nach Art. 62 84 II 369/377 f. E. 4a Pra 1958 (Nr. 137) 441 f. – Ist der Kaufvertrag nichtig, so bleibt kein Raum für Minderungs- oder Schadenersatzansprüche 86 II 398/405 E. 3, Gewährleistungsansprüche oder Ansprüche aus Übervorteilung 87 II 28/33 E.b. – ***Rechtsmissbrauch.*** Die Berufung auf den Formmangel ist *rechtsmissbräuchlich,* wenn freiwillig, irrtumsfrei und vollständig erfüllt wird (d.h. jene Vermögenslage hergestellt wird, die dem wirklichen, nicht verurkundeten Parteiwillen entspricht) und nicht die Würdigung aller übrigen Umstände, wie namentlich das Verhalten der Parteien bei und nach Vertragsschluss, eindeutig zum gegenteiligen Ergebnis führt. Wird (nur) zur Hauptsache erfüllt (in casu vollständige Erfüllung seitens des Verkäufers durch Eigentumsübergang im Grundbuch und Zahlung des verurkundeten Kaufpreises seitens des Käufers, nicht aber des mündlich vereinbarten zusätzlichen Betrages), so ist nicht ausgeschlossen, dass die Berufung auf den Formmangel rechtsmissbräuchlich ist, z.B. wenn damit wie hier die Eigentumsübertragung verhindert werden soll 4C.162/2005 (18.5.06) E. 3.2, 112 II 107/110 f. E. 2, 116 II 700/702 E. 3b, 4C.299/1998 (7.1.99). Rechtsmissbrauch ***bejaht:*** – mit der Geltendmachung der Formungültigkeit wird zugewartet, um sich später aus der Berufung auf die Formungültigkeit Vorteile zu verschaffen 138 III 401/404 E. 2.3.1; – Berufung des Käufers auf die unrichtige Beurkundung des Vertretungsverhältnisses bezüglich der Verkäuferseite (in casu um sich vom Vertrag zu lösen, weil sich die Erschliessung des erworbenen Baulandes verzögerte) 112 II 330/336 f. E. b. – Der beanstandete Formmangel bezieht sich nicht auf die essentialia negotii 4C.356/2001 (12.3.02) E. 2b/cc fr.; – Vertrag wurde zwar gänzlich nicht erfüllt, aber die Berufung auf den Formmangel des Vorvertrags dient nur dem Schutz eigener Interessen, welche nicht mehr existieren oder anderweitig geschützt werden 4A_573/2016 (19.9.17) E. 5.2.3 f. fr. – Der Vorvertrag wurde zwar nicht erfüllt, aber obwohl darin nur eine Grundstücksfläche verurkundet worden war, nicht aber deren Form und Lage, wirkte die Verkäuferin bei der Parzellierung durch den Geometer freiwillig mit, ohne sich auf die Formungültigkeit zu berufen 4A_573/2016 (19.9.17) fr. E. 5.4. Der Vorvertrag und die darin enthaltene, auf Erfüllung gerichtete kumulative Konventionalstrafe blieben damit durchsetzbar E. 6.1.2 (a.a.O.). Rechtsmissbrauch ***verneint:*** Der formungültige Vertrag bleibt gänzlich unerfüllt (ZGB Art. 2 begründet keinen Erfüllungsanspruch) 140 III 200/201 f. E. 4 Pra 2014 (Nr. 102) 815 f., 104 II 99/101 ff. E. 3, 115 II 331/338 f. E. 5a. Vorausgesetzt wird aber, dass der Schutzzweck einer Formvorschrift bezüglich der Partei verletzt wurde, welche sich auf den Formmangel beruft 140 III 200/202 E. 4.2 Pra 2014 (Nr. 102) 815 f., und diese Partei nicht im Wissen um den Formmangel freiwillig bei der Vorbereitung zur Erfüllung mitwirkt 4A_573/2016 (19.9.17) fr. E. 5.4. – ***Fiskalrecht.*** Muss der Käufer infolge Beurkundung eines zu niedrigen Preises beim Weiterverkauf eine Liegenschaftsgewinnsteuer bezahlen, die auch den vom Verkäufer erzielten Gewinn umfasst, so kann er nach Treu und Glauben einen Teil der Steuer auf den Verkäufer überwälzen. Dieser Anspruch verjährt in zehn Jahren (Art. 127) 98 II 23/27 ff. E. 2–6 Pra 1972 (Nr. 120) 372 ff.

Weiteres. ***Rechtsnatur.*** Grundstückkaufvertrag/Verpflichtung des Käufers, auf eigene Kosten ein Stammgeleise zu erstellen: in casu werkvertragsähnlicher Innominatvertrag mit gesellschaftsrechtlichen Elementen 122 III 10/14 f. E. 3. 20

Inhalt. Auslegung einer Vertragsklausel über die Tragung von Sanierungskosten allfälliger Altlasten 4C.301/2004 (9.12.04) E. 1 und 2. Den Parteien steht es aufgrund der Vertragsfreiheit offen, einen bestehenden Schuldbrief bei der Regelung der Zahlungsmodalitäten ausser Acht zu lassen; bleibt infolgedessen der Pfandtitel beim Verkäufer, so kann der spätere Erwerber des Grundstücks (in casu durch Schenkung) die Herausgabe des Schuldbriefes nicht erzwingen, wenn er im Zeitpunkt der Tilgung der Schuldbriefforderung weder Schuldbriefschuldner noch Drittpfandeigentümer gewesen ist (ZGB Art. 827 und 873) 130 III 681/683 ff. E. 2. 21

Abs. 2 und 3 Art. 216 Abs. 2 und 3 wurden auf den 1. Januar 1994 geändert. Die nachgeführte Rechtsprechung zur alten Fassung findet sich in GAUCH/AEPLI/CASANOVA, OR Besonderer Teil, Rechtsprechung des Bundesgerichts, 4. Aufl., Zürich 1998, S. 606 ff. 22

A[bis]. Befristung und Vormerkung

Art. 216a

Vorkaufs- und Rückkaufsrechte dürfen für höchstens 25 Jahre, Kaufsrechte für höchstens zehn Jahre vereinbart und im Grundbuch vorgemerkt werden.

Übergangsrecht. Die im Gesetz für das Rückkaufsrecht vorgesehene Maximaldauer von 25 Jahren kann nicht vor dem 1. Januar 1994 (Inkrafttreten von Art. 216a) zu laufen beginnen, auch wenn das Rückkaufsrecht unter der Herrschaft des alten Rechts errichtet wurde 126 III 421/426 ff. E. 3c Pra 2001 (Nr. 117) 694 ff. Gleiches gilt für die 10-Jahres-Frist beim Kaufsrecht 4C.345/2000 (1.5.01) E. 3. – [a]BV Art. 59 [vgl. BV Art. 30 Abs. 2]/ Gerichtsstandsgarantie im Zusammenhang mit einem im Rahmen vorsorglicher Massnahmen vorgemerkten Rückkaufsrecht 120 Ia 240/242 ff. Pra 1995 (Nr. 193) 625 ff., vgl. heute ZPO. 1

Anwendbarkeit. Die maximale Dauer gilt nur für die persönlichen, vertraglich vereinbarten Rechte (nicht für die gesetzlich begründeten, vgl. z.B. ZGB Art. 682 und 682a, ebenso wenig im Rahmen des Vorkaufsrechts gemäss ZGB Art. 712c Abs. 1) 126 III 421/425 E. 3b/aa Pra 2001 (Nr. 117) 692. Offengelassen, ob ein in den Statuten eines gemeinnützigen Vereins enthaltenes Rückkaufsrecht in den Anwendungsbereich der Bestimmung fällt 126 III 421/426 E. 3b/bb Pra 2001 (Nr. 117) 693. 2

A[ter]. Vererblichkeit und Abtretung

Art. 216b

[1] Ist nichts anderes vereinbart, so sind vertragliche Vorkaufs-, Kaufs- und Rückkaufsrechte vererblich, aber nicht abtretbar.

[2] Ist die Abtretung nach Vertrag zulässig, so bedarf sie der gleichen Form wie die Begründung.

A[quater]. Vorkaufsrechte I. Vorkaufsfall

Art. 216c

[1] Das Vorkaufsrecht kann geltend gemacht werden, wenn das Grundstück verkauft wird, sowie bei jedem andern Rechtsgeschäft, das wirtschaftlich einem Verkauf gleichkommt (Vorkaufsfall).

[2] Nicht als Vorkaufsfall gelten namentlich die Zuweisung an einen Erben in der Erbteilung, die Zwangsversteigerung und der Erwerb zur Erfüllung öffentlicher Aufgaben.

1 **Erwerb zur Erfüllung öffentlicher Aufgaben.** Wenn das übertragene Grundstück direkt oder indirekt der Erfüllung öffentlicher Aufgaben dient 5A_121/2013 (2.7.13) E. 2.3 und 3.4. Eine Gewerbezone von kantonalem Interesse ist kein Werk im Sinne von BGBB Art. 65 Abs. 1 lit. b und ihre Schaffung dient nur indirekt und eventuell dem öffentlichen Interesse 140 II 473/481 f. E. 3.5.2 Pra 2015 (Nr. 64) 501.

2 **Weitere Ausnahmen.** Die Aufzählung von Übertragungen an Rechtsnachfolger statt an aussenstehende Drittpersonen in Absatz 2 ist nicht abschliessend 4A_22/2010 (15.4.10) E. 3. Kein Vorkaufsfall liegt vor, wenn gemäss Art. 745 Grundstücke einer AG in Liquidation auf einen Aktionär übertragen werden 126 III 187/188 f. E. 2 Pra 2000 (Nr. 122) 717 ff. Gleiches gilt, wenn das Geschäft nicht auf die wirtschaftliche Umsetzung und Verflüssigung des im Grundstück verkörperten Werts abzielt, sondern nur eine Vermögensumstrukturierung darstellt 5A_121/2013 (2.7.13) E. 3.2, 4A_22/2010 (15.4.10) E. 3. Ebenso ist kein Vorkaufsfall gegeben, wenn das Geschäft nur unter der speziellen Berücksichtigung persönlicher Beziehungen abgeschlossen wird und mit einem Dritten nicht zum Tragen käme (worauf in casu ein erheblich unter dem Verkehrswert liegender Preis hindeutete), oder wenn die Gegenleistung für die Eigentumsübertragung einen Inhalt hat, der nur gerade vom Käufer gegenüber dem Verkäufer erbracht werden kann 4A_22/2010 (15.4.10) E. 3.

II. Wirkungen des Vorkaufsfalls, Bedingungen

Art. 216d

[1] Der Verkäufer muss den Vorkaufsberechtigten über den Abschluss und den Inhalt des Kaufvertrags in Kenntnis setzen.

[2] Wird der Kaufvertrag aufgehoben, nachdem das Vorkaufsrecht ausgeübt worden ist oder wird eine erforderliche Bewilligung aus Gründen, die in der Person des Käufers liegen, verweigert, so bleibt dies gegenüber dem Vorkaufsberechtigten ohne Wirkung.

[3] Sieht der Vorkaufsvertrag nichts anderes vor, so kann der Vorkaufsberechtigte das Grundstück zu den Bedingungen erwerben, die der Verkäufer mit dem Dritten vereinbart hat.

Abs. 1 Verletzt der Verkäufer seine Benachrichtigungspflicht, so schuldet er Schadenersatz gemäss Art. 97 (Ausführungen zur Schadenberechnung) 4C.194/2003 (6.11.03) E. 3, 4 fr. 1

III. Ausübung, Verwirkung

Art. 216e

Will der Vorkaufsberechtigte sein Vorkaufsrecht ausüben, so muss er es innert dreier Monate gegenüber dem Verkäufer oder, wenn es im Grundbuch vorgemerkt ist, gegenüber dem Eigentümer geltend machen. Die Frist beginnt mit Kenntnis von Abschluss und Inhalt des Vertrags.

Ausübung. Die Ausübungserklärung als solche hat bedingungslos und vorbehaltlos zu erfolgen. Aber die Ausübung kann den Vorkaufsberechtigten nicht daran hindern, behauptete Rechte gegen den Veräusserer und Vorkaufsverpflichteten geltend zu machen, auch wenn sich diese nachträglich als nicht begründet erweisen sollten. Wenn der Berechtigte daher mit der Ausübung nicht wie vereinbart ein Zahlungsversprechen einer Bank vorlegt, sondern die Verrechnung mit eigenen Forderungen gegen den Vorkaufsverpflichteten erklärt, schadet dies ihrer Ausübung des Vorkaufsrechts nicht 5A_207/2007 (20.3.08) E. 5.2. Die Ausübung bewirkt nicht etwa einen Subjektswechsel, in dem Sinne, dass der Vorkaufsberechtigte den Drittkäufer ersetzen würde. Vielmehr lässt die Ausübung eine Potestativbedingung eintreten, welche indessen die Vertragsbeziehungen zwischen dem Vorkaufsrechtsverpflichteten und dem Dritten nicht berühren 134 III 597/604 E. 3.4.1. – Art. 216e ist nicht analog anwendbar auf Kaufsrechte 138 III 659/665 ff. E. 4. 1

Verletzung. Wird das Grundstück vor Abgabe oder in Missachtung der Ausübungserklärung auf den Drittkäufer übertragen, hat der Berechtigte aus einem unlimitierten Vorkaufsrecht gegen den im Grundbuch eingetragenen Drittkäufer auf Vollzug des Vorkaufsvertrags und auf Berichtigung des Grundbuchs zu klagen, der Vorkaufsverpflichtete ist nicht passivlegitimiert 92 II 147/155 ff. E. 4, 116 II 49/52 E. 4, 5A_207/2007 (20.3.08) E. 7.2. Allerdings kann der Drittkäufer gegen die Klage auch alle Einreden erheben, die auch dem Vorkaufsverpflichteten aufgrund des Vorkaufsvertrags persönlich gegen den Vorkaufsberechtigten zustehen 54 II 429/435 E. 1, 5A_207/2007 (20.3.08) E. 7.2. Im Fall eines limitierten Vorkaufsrechts hat der Vorkaufsverpflichtete hingegen ein selbständiges Interesse auf Einbezug in den Prozess. Für ihn ist entscheidend, ob er gemäss den Bedingungen, die er mit dem Dritten vereinbart hat, verkaufen kann oder zu den Bedingungen gemäss dem Vertrag über das limitierte Vorkaufsrecht verkaufen muss. Daher ist im Fall eines vorgemerkten limitierten Vorkaufsrechts die Passivlegitimation neben der im Grundbuch bereits eingetragenen Drittkäuferin auch dem Vorkaufsverpflichteten zuzuerkennen 5A_207/2007 (20.3.08) E. 7.3. 2

3 **Intertemporales Recht.** Die in Art. 216a vorgesehene gesetzliche Befristung von Kaufsrechten ist gemäss SchlT ZGB Art. 1, 2 und 3 nicht anwendbar auf Kaufsrechte, die vor Inkrafttreten dieser Bestimmung (1.1.1994) vereinbart wurden 138 III 659/660 ff. E. 3.

B. Bedingter Kauf und Eigentumsvorbehalt

Art. 217

[1] Ist ein Grundstückkauf bedingt abgeschlossen worden, so erfolgt die Eintragung in das Grundbuch erst, wenn die Bedingung erfüllt ist.

[2] Die Eintragung eines Eigentumsvorbehaltes ist ausgeschlossen.

1 ***Abs. 1*** Das Gesetz erlaubt beim Grundstückkauf nur aufschiebende Bedingungen 129 III 264/268 E. 3.2.1 Pra 2003 (Nr. 176) 983. Der aufschiebend bedingte Grundstückkauf kann mit einem im Grundbuch vorgemerkten Kaufsrecht verbunden werden 129 III 264/267 E. 3.2.1 Pra 2003 (Nr. 176) 982, vgl. auch 4C.25/2004 (13.9.04) E. 3.1.4 fr. Ohne besondere Anhaltspunkte kann nicht angenommen werden, dass ein Grundstückkauf auf unbegrenzte Zeit in der Schwebe bleiben soll (in casu «Vorbehalt» der Erteilung einer Baubewilligung) 95 II 523/527 f. E. 2. – Eintragung des Käufers als Eigentümer ins Grundbuch, wenn gemäss aEGG Art. 6 ein Vorkaufsrecht besteht (heute BGBB): Keine Anwendung von Art. 217 Abs. 1, es sei denn, der Kaufvertrag selber enthalte eine entsprechende Bedingung 117 II 541/543.

C. Landwirtschaftliche Grundstücke

Art. 218

Für die Veräusserung von landwirtschaftlichen Grundstücken gilt zudem das Bundesgesetz vom 4. Oktober 1991 über das bäuerliche Bodenrecht.

1 **Intertemporales Recht.** Die Bestimmungen des BGBB gelten für alle Rechtsgeschäfte, die nach Inkrafttreten dieses Gesetzes beim Grundbuchamt angemeldet werden (BGBB Art. 95 Abs. 1) 4C.396/2002 (10.6.03) E. 2.7.

2 **Anwendbarkeit.** Das BGBB gilt für Grundstücke, die ausserhalb einer Bauzone liegen (BGBB Art. 2 Abs. 1) und Land umfassen, das sich für die landwirtschaftliche Nutzung oder den Gartenbau eignet (BGBB Art. 6 Abs. 1) 132 III 515/515 E. 3.2 Pra 2007 (Nr. 34) 216 f.

3 **Bewilligungsverfahren.** Im Zusammenhang mit der Eigentumsübertragung sind *drei* Verfahren zu unterscheiden 132 III 515/515 E. 3.3 Pra 2007 (Nr. 34) 217: Bewilligung des Erwerbs eines *landwirtschaftlichen* Grundstücks (bei Nachweis der Selbstbewirtschaftung oder Ausnahme; BGBB Art. 61 Abs. 1, Art. 62); Feststellung, dass ein ausserhalb der Bauzone gelegenes Grundstück vom *Geltungsbereich* des BGBB ausgeschlossen ist (bei Nachweis mangelnden Nutzens des Grundstücks für die Landwirtschaft; BGBB Art. 84); Be-

willigung einer Ausnahme vom *Zerstückelungsverbot* (insb. bei gemischter Nutzung; BGBB Art. 58 Abs. 2, 60 Abs. 1 lit. a).

Umgehungsgeschäfte. Das Geschäft, sich eine durch ein Pfandrecht an einem landwirtschaftlichen Grundstück gesicherte Forderung abtreten zu lassen mit dem Ziel, dieses Grundstück im Rahmen einer Zwangsverwertung dank der in BGBB Art. 64 Abs. 1 lit. g vorgesehenen Ausnahme vom Prinzip der Selbstbewirtschaftung zu erwerben, stellt eine Gesetzesumgehung dar (E. 4) 132 III 212/212 E. 4 Pra 2007 (Nr. 9) 53 ff. Verkauft eine Aktiengesellschaft, die Eigentümerin eines landwirtschaftlichen Grundstücks ist, die Hälfte ihres Aktienkapitals, so finden aEGG Art. 19–21 (Einspruchsverfahren; heute BGBB) auch dann Anwendung, wenn der Käufer ein statutarisches oder vertragliches Vorkaufsrecht hat 113 II 64/65 ff. E. 4 Pra 1987 (Nr. 183) 641 f. 4

Rückkaufsrecht. Die Parteien können ein Rückkaufsrecht (BGBB Art. 41 Abs. 3) vereinbaren, nach dem der Verkäufer ein landwirtschaftliches Gewerbe zurückerwerben kann, wenn der Käufer dieses nicht (mehr) selbst bewirtschaftet. Ist allerdings ab initio klar, dass der Käufer nicht als Selbstbewirtschafter tätig werden kann, liegt eine Umgehung des Vorkaufsrechts der Geschwister des Verkäufers (BGBB Art. 42 Abs. 1 Ziff. 2) vor, sodass diese innert Frist nach ZGB Art. 681a vorgehen können. Hingegen bleibt dem Verkäufer der Rückkauf gestützt auf BGBB Art. 41 Abs. 3 verwehrt. Sind die vertraglichen Rückkaufsbedingungen indes erfüllt, bleibt ein Rücktritt gemäss Art. 216 möglich 4A_79/2014 (15.10.14) E. 3. Für die gemeinsame Selbstbewirtschaftung reicht es, wenn die Käuferin die Büroarbeit übernimmt und ihr früherer Ehemann sämtliche Stall- und Feldarbeiten verrichtet; eine intakte Ehe ist nicht vorausgesetzt 4A_345/2016 (7.11.16) E. 2.3.1. Der Verzicht auf das Rückkaufsrecht ist Indiz dafür, dass die Selbstbewirtschaftung durch die Käuferin für den Verkäufer nicht von grundlegender Bedeutung ist 4A_345/2016 (7.11.16) E. 3.2.1. 5

D. Gewährleistung

Art. 219

[1] Der Verkäufer eines Grundstückes hat unter Vorbehalt anderweitiger Abrede dem Käufer Ersatz zu leisten, wenn das Grundstück nicht das Mass besitzt, das im Kaufvertrag angegeben ist.

[2] Besitzt ein Grundstück nicht das im Grundbuch auf Grund amtlicher Vermessung angegebene Mass, so hat der Verkäufer dem Käufer nur dann Ersatz zu leisten, wenn er die Gewährleistung hiefür ausdrücklich übernommen hat.

[3] Die Pflicht zur Gewährleistung für die Mängel eines Gebäudes verjährt mit dem Ablauf von fünf Jahren, vom Erwerb des Eigentums an gerechnet.

Allgemeines. Mindermass ist an sich ein Quantitätsfehler. Die Bestimmung behandelt jedoch den Flächeninhalt als Eigenschaft des Grundstücks und unterstellt ihn den Regeln über die Gewährleistung 81 II 138/140 E. 2. – Die Bestimmung ist gegenüber Art. 197 insofern eine Sondervorschrift, als sie nur Anspruch auf Ersatz des Minderwertes, nicht aber auch den in Art. 205 wahlweise vorgesehenen Wandelungsanspruch gibt, wie er für Fälle nach Art. 197 besteht 87 II 244/247 E.c. – Die Bestimmung schliesst die Vertragsanfech- 1 tung wegen Willensmängeln (Art. 23 ff.) nicht aus 40 II 534/541 E. 5. – Bei der Berechnung der Bruttogeschossfläche sind zu den Nettoflächen der einzelnen Räume die Grundflächen der Wände hinzuzuzählen 4A_417/2007 (14.2.08) E. 2.4. Zur Frage der Erkennbarkeit einer Minderfläche 4A_417/2007 (14.2.08) E. 6.3 sowie Art. 200/Kenntnis und Art. 200/Prüfung.

2 ***Berechnung des Minderwertes.*** Der Minderwert berechnet sich nach dem Verhältnis des objektiven Werts der mängelfreien Sache zum Wert der um das Mindermass verringerten Sache (Anwendung der Grundsätze des Gewährleistungsrechts) 81 II 138/144 E. 6.

3 ***Wegbedingung der Gewährleistung.*** Vgl. unter Art. 199/Freizeichnung (insb. 107 II 161/162 ff. E. 6 Pra 1981 [Nr. 207] 547).

4 ***Abs. 1 und 2*** Offengelassen, ob die Bestimmungen auch anwendbar sind, wenn eine Fläche grösser ist als vereinbart 119 II 341/343 f. E. 3 Pra 1994 (Nr. 81) 300 f.

5 ***Abs. 1*** Die Bestimmung gelangt nur dort zur Anwendung, wo noch kein Grundbuch besteht 62 II 159/163 E. 3. Als Grundbuch gilt auch ein kantonales Register mit einem amtlichen Vermessungswerk 81 II 138/140 E. 3.

6 ***Abs. 2*** Der Anspruch besteht nur, wenn der Verkäufer die Gewährleistung *ausdrücklich* übernommen hat 87 II 244/248 E.c. Verweist der Kaufvertrag auf die Aufteilungspläne und werden diese von der Verkäuferin unterzeichnet und vom Notar gestempelt und visiert, werden die Pläne zum Vertragsinhalt und die enthaltenen Flächenangaben gelten als vertraglich zugesichert 4A_417/2007 (14.2.08) E. 5.6. Offengelassen, ob diese Zusicherung der öffentlichen Beurkundung bedarf 62 II 159/163 E. 3, vgl. demgegenüber 73 II 218/220 E. 1 (die Zusicherung einer Eigenschaft im Sinne von Art. 197 bedarf keiner Beurkundung). Keine Anwendung der Bestimmung auf eine unrichtige Angabe über das Bauvolumen oder Flächenangaben bei Stockwerkeigentum, welche auf *keiner amtlichen Vermessung* beruhen 87 II 244/248 E. 1d. In diesen Fällen ist Art. 197 anwendbar, sodass es keiner ausdrücklichen Zusicherung bedarf 4A_417/2007 (14.2.08) E. 4.4. – Der Verkäufer kann sich der Gewährleistung nicht entziehen, wenn er die Unrichtigkeit des Grundbucheintrages gekannt und den Käufer über den Flächeninhalt des Grundstücks absichtlich getäuscht hat; der Anspruch des Käufers verjährt in diesem Fall in zehn Jahren 81 II 138/140 ff. E. 3, 5. – Haftung des Kantons gemäss ZGB Art. 955 Abs. 1 für den Schaden, der infolge einer unrichtigen Übertragung der Flächenangabe eines Grundstücks in das Hauptbuch entsteht 106 II 341/343 ff. E.c. Pra 1981 (Nr. 134) 348 f.

7 ***Abs. 3*** Die Bestimmung ist *auf alle Mängel anwendbar* (einschliesslich Mindermass); ebenso auf die zugesicherten Eigenschaften, selbst wenn sich diese auf ein unbebautes Grundstück beziehen (in casu Zusicherung des Verkäufers, die Parzelle sei hinsichtlich Zufahrt, Wasser, Abwasser und Elektrizität vollständig erschlossen) 104 II 365/270 E. 3 Pra 1979 (Nr. 45) 125. – Eine mit dem Boden verbundene Kegelbahn ist kein Gebäude, sondern eine Fahrnisbaute 96 II 181/183 f. E. 3a Pra 1970 (Nr. 160) 519. – Die gegenüber der Fahrnisgewähr bedeutend längere Frist soll entsprechend der besonderen Natur unbeweglicher Bauwerke, bei denen Mängel oft erst nach längerer Zeit erkennbar sind, der

Käuferin die Mängelfeststellung ermöglichen 120 II 214/216 E. 3a Pra 1995 (Nr. 77) 247, 93 II 242/245.

E. Nutzen und Gefahr

Art. 220

Ist für die Übernahme des Grundstückes durch den Käufer ein bestimmter Zeitpunkt vertraglich festgestellt, so wird vermutet, dass Nutzen und Gefahr erst mit diesem Zeitpunkt auf den Käufer übergehen.

Fehlt eine Vereinbarung über den Zeitpunkt, gelangt Art. 185 zur Anwendung 4A_383/2016 (22.9.16) E. 3.3 fr. Die gesetzliche Vermutung über die Gefahrtragung gilt nur für den Fall, dass die Kaufsache zwischen dem Vertragsabschluss und dem Übergang zufällig untergeht oder an Wert verliert 98 II 15/20 E. 2 (keine Wertverminderung im Sinne der Bestimmung ist ein Bauverbot infolge bereits bestehender Gefährdung des Grundstücks durch Lawinen). Wer ein pfandbelastetes Grundstück erwirbt und die dem Pfand zugrunde liegende Schuld übernimmt, hat die betreffenden Schuldzinsen von jenem Zeitpunkt an zu zahlen, an dem er den Nutzen der Sache hat 121 III 256/259 f. E. 4 Pra 1996 (Nr. 102) 320 f. Ist ein vertraglich vereinbarter Gewinnanspruch rein persönlicher Natur und nur unter den ursprünglichen Vertragsparteien zu befriedigen, kann er von vornherein keinen Nutzen im Sinne des Art. 220 darstellen, der zusammen mit der Sache auf den Erwerber überginge 4C.374/1999 (11.2.00) E. 4. 1

F. Verweisung auf den Fahrniskauf

Art. 221

Im Übrigen finden auf den Grundstückkauf die Bestimmungen über den Fahrniskauf entsprechende Anwendung.

Die Gewährleistungsregeln gemäss Art. 197 ff. sind auch auf den Grundstückkauf anwendbar 4A_619/2013 (20.5.14) E. 4.1 fr., 131 III 145/147 E. 3 Pra 2005 (Nr. 50) 391, 4C.82/2001 (4.9.01) E. 3b fr. Das gilt insb. für die Fristen gemäss Art. 201 4A_367/2009 (2.11.09) E. 1.2 fr. wie für die Wahl der Rechtsbehelfe 4A_529/2010 (4.1.11) E. 3.1 fr., 4A_551/2010 (2.12.10) E. 2.2, 131 III 145/147 E. 3. – Anwendungsbeispiele 4C.11/2001 (4.4.01) E. 1 ff. (in casu Feuchtigkeitsschaden an der gekauften Liegenschaft, Art. 205), 4C.297/2004 (9.12.04) E. 3 und 4 (in casu Auslegung einer Freizeichnungsklausel, Art. 197). – Vgl. ferner die Rechtsprechung zu Art. 197 ff. 1

Vierter Abschnitt
Besondere Arten des Kaufes

A. Kauf nach Muster

Art. 222

[1] Bei dem Kaufe nach Muster ist derjenige, dem das Muster anvertraut wurde, nicht verpflichtet, die Identität des von ihm vorgewiesenen mit dem empfangenen Muster zu beweisen, sondern es genügt seine persönliche Versicherung vor Gericht und zwar auch dann, wenn das Muster zwar nicht mehr in der Gestalt, die es bei der Übergabe hatte, vorgewiesen wird, diese Veränderung aber die notwendige Folge der Prüfung des Musters ist.

[2] In allen Fällen steht der Gegenpartei der Beweis der Unechtheit offen.

[3] Ist das Muster bei dem Käufer, wenn auch ohne dessen Verschulden, verdorben oder zu Grunde gegangen, so hat nicht der Verkäufer zu beweisen, dass die Sache mustergemäss sei, sondern der Käufer das Gegenteil.

1 **Abgrenzung von anderen Arten des Kaufes.** Verlangt der Käufer die Qualität einer früher vom gleichen Verkäufer bezogenen Ware, so handelt es sich nicht um einen Kauf nach Muster, ausser der Verkäufer besitze noch von der früheren Lieferung herrührende Muster und der Verkäufer sei einverstanden, dass diese für die Prüfung der Ware massgebend sein sollen 22 506/512. Besichtigt der Käufer die Ware und werden ihm dabei Muster übergeben, so liegt kein Kauf nach Muster vor, ausser diese seien in der Meinung übergeben worden, dass der Kauf aufgrund von ihnen geschlossen sein soll 21 515/519 E. 4. Kein Kauf nach Muster liegt vor, wenn das Muster nur allgemein die Warengattung repräsentiert (Typenmuster) 38 II 542/544 E. 1 fr.

2 **Übergabe des Musters/Zusicherung von Eigenschaften.** Das Muster bildet den Beweis für die vom Verkäufer zugesicherten Eigenschaften 75 II 217/220 E. 2 Pra 1949 (Nr. 176) 503. Jedoch ergeben sich aus dem Muster die zugesicherten Eigenschaften nicht schlechthin, sondern nur insoweit, als dies dem Parteiwillen entspricht und nicht etwa ersichtlich ist, dass das Muster nur bezüglich gewisser, nicht aber hinsichtlich aller Eigenschaften der Ware massgebend sein soll 17 273/278 E. 5. Anderseits kann der Verkäufer Eigenschaften zusichern, die das Muster nicht besitzt (in casu absichtliche Täuschung des Käufers durch Zusendung eines Musters, das die zugesicherte Eigenschaft [für den Käufer unerkennbar] nicht besass) 26 II 551/557.

3 **Weitergabe des Musters an einen Dritten.** Hat der Käufer das Muster einem Dritten weitergegeben, so muss er mit den ordentlichen Mitteln beweisen, dass das vom Dritten ihm zurückerstattete mit dem diesem seinerzeit übergebenen Muster identisch ist. Erst dann kann er sich gegenüber dem Verkäufer auf Art. 222 berufen 75 II 217/223 f. E. bb Pra 1949 (Nr. 176) 505 f.

4 ***Abs. 1*** Die «persönliche Versicherung vor Gericht» ist ein Begriff des Bundesrechts. Sie muss vom Käufer selber oder von seinem dazu zuständigen Organ abgegeben werden. Eine mündliche Versicherung vor dem Richter ist nicht notwendig; sowohl eine vom Käu-

fer unterzeichnete und dem Gericht eingereichte wie auch eine vor dem Gerichtsexperten mündlich abgegebene Erklärung genügen 75 II 217/222 f. E. aa Pra 1949 (Nr. 176) 505.

B. Kauf auf Probe oder auf Besicht

Vorb. Art. 223–225

Abgrenzung zum Trödelvertrag. Der Trödelvertrag ist kein suspensiv bedingter Verkauf, sondern ein Vertrag sui generis 55 II 39/44 ff. fr. – Zum Trödelvertrag siehe Vorb. Art. 184–551/Innominatverträge/Gemischte Verträge/Trödelvertrag. 1

I. Bedeutung

Art. 223

[1] Ist ein Kauf auf Probe oder auf Besicht vereinbart, so steht es im Belieben des Käufers, ob er die Kaufsache genehmigen will oder nicht.

[2] Solange die Sache nicht genehmigt ist, bleibt sie im Eigentum des Verkäufers, auch wenn sie in den Besitz des Käufers übergegangen ist.

Der Kauf auf Probe oder Besicht ist ein *suspensiv bedingter* Verkauf. Der Käufer ist frei, die Sache zu genehmigen oder nicht, während der Verkäufer in zweifacher Hinsicht gebunden ist: Er hat weder das Recht, den Verkauf zu widerrufen, noch darf er etwas tun, was den Bedingungseintritt gegen Treu und Glauben verhindern würde 55 II 39/44 f. fr. – Den *Beweis,* dass kein Kauf auf Probe vorliegt, hat jener zu leisten, der einen gewöhnlichen Kauf behauptet 55 II 190/192 fr. 1

Abs. 1 Beim Kauf auf Probe ist wesentlich, dass der Käufer vollständig frei bleibt, die Sache abzulehnen (in casu Kauf auf Probe verneint bei der Vereinbarung, die gekaufte Maschine sei erst nach erfolgter Probe zu bezahlen) 55 II 190/192 fr. 2

Abs. 2 Offengelassen, ob die Eintragung eines Eigentumsvorbehaltes zugunsten des Verkäufers möglich ist 43 III 170/172 f. E. 2. 3

II. Prüfung beim Verkäufer

Art. 224

[1] Ist die Prüfung bei dem Verkäufer vorzunehmen, so hört dieser auf, gebunden zu sein, wenn der Käufer nicht bis zum Ablaufe der vereinbarten oder üblichen Frist genehmigt.

[2] In Ermangelung einer solchen Frist kann der Verkäufer nach Ablauf einer angemessenen Zeit den Käufer zur Erklärung über die Genehmigung auffordern und hört auf, gebunden zu sein, wenn der Käufer auf die Aufforderung hin sich nicht sofort erklärt.

III. Prüfung beim Käufer

Art. 225

[1] Ist die Sache dem Käufer vor der Prüfung übergeben worden, so gilt der Kauf als genehmigt, wenn der Käufer nicht innerhalb der vertragsmässigen oder üblichen Frist oder in Ermangelung einer solchen sofort auf die Aufforderung des Verkäufers hin die Nichtannahme erklärt oder die Sache zurückgibt.

[2] Ebenso gilt der Kauf als genehmigt, wenn der Käufer den Preis ohne Vorbehalt ganz oder zum Teile bezahlt oder über die Sache in anderer Weise verfügt, als es zur Prüfung nötig ist.

1 *Abs. 1* Der *Käufer* hat sich die notwendigen Kenntnisse und Unterlagen für die Prüfung zu verschaffen 21 196/211 E. 3 fr. – Die Erklärung der Nichtannahme muss nicht ausdrücklich erfolgen 21 196/213 E. 7 fr. (in casu Erklärung der Nichtannahme durch das Gesuch um Verlängerung der vertraglich vereinbarten Prüfungsfrist).

C. Teilzahlungsgeschäfte

Art. 226

Diese Bestimmung wurde auf den 1. Januar 1963 aufgehoben (AS 1962 1047).

Art. 226a–226d

Diese Bestimmungen wurden auf den 1. Januar 2003 aufgehoben (AS 2002 3846).

Art. 226e

Diese Bestimmung wurde auf den 1. Juli 1991 aufgehoben (AS 1991 974).

Art. 226 f–226k

Diese Bestimmungen wurden auf den 1. Januar 2003 aufgehoben (AS 2002 3846).

Art. 226l

Diese Bestimmung wurde auf den 1. Januar 2001 aufgehoben (AS 2000 2355).

Art. 226m

Diese Bestimmung wurde auf den 1. Januar 2003 aufgehoben (AS 2002 3846).

Art. 227

Diese Bestimmung wurde auf den 1. Januar 1963 aufgehoben (AS 1962 1047).

Art. 227a–227i

Diese Bestimmungen wurden auf den 1. Juli 2014 aufgehoben (AS 2014 869).

Art. 228

Diese Bestimmung wurde auf den 1. Juli 2014 aufgehoben (AS 2014 869).

D. Versteigerung

Vorb. Art. 229–236

Geltungsbereich. Die Bestimmungen gelten nur für Rechtsgeschäfte, die ihrer Natur nach dem eidgenössischen Recht unterstehen (in casu keine Anwendung auf die Versteigerung einer Jagdpacht) 41 II 405/409 f. E. 2. – Die Versteigerung unter den Erben gemäss ZGB Art. 612 Abs. 3 kann, wenn sie aufgrund einer einem eigentlichen Teilungsvertrag gleichkommenden Vereinbarung durchgeführt wird, weder einem Kaufvertrag nach Art. 216 noch einer an dessen Stelle tretenden Versteigerung gemäss Art. 229 gleichgestellt werden 83 II 363/373 E. 3 Pra 1957 (Nr. 152) 500. 1

Weiteres. Der Ersteigerer, der den Bestand eines in den Steigerungsbedingungen aufgeführten Vorkaufsrecht erst nach dem Zuschlag bestreitet, handelt nicht rechtsmissbräuchlich 115 II 331/338 ff. E. 5. 2

Auktionsvertrag. Vgl. hierzu 112 II 337/340 ff. E. 2–4. 3

I. Abschluss des Kaufes

Art. 229

1 Auf einer Zwangsversteigerung gelangt der Kaufvertrag dadurch zum Abschluss, dass der Versteigerungsbeamte den Gegenstand zuschlägt.

2 Der Kaufvertrag auf einer freiwilligen Versteigerung, die öffentlich ausgekündigt worden ist und an der jedermann bieten kann, wird dadurch abgeschlossen, dass der Veräusserer den Zuschlag erklärt.

3 Solange kein anderer Wille des Veräusserers kundgegeben ist, gilt der Leitende als ermächtigt, an der Versteigerung auf das höchste Angebot den Zuschlag zu erklären.

Abs. 1 Bei der Zwangsversteigerung eines Grundstücks bedarf es keiner öffentlichen Beurkundung 106 III 79/85 E. 7. – Der Freihandverkauf durch das Betreibungsamt untersteht dem Betreibungsrecht (Anfechtung durch Beschwerde nach SchKG Art. 17) 106 III 79/82 f. E. 4 (Änderung der Rechtsprechung). Nicht nur die Verwertungsform der öffentlichen Steigerung, sondern auch jene des Freihandverkaufs stellt einen staatlichen Hoheitsakt dar 128 III 198/199 E. 3a. 1

Abs. 2 Auf die öffentlich angekündigte freiwillige Versteigerung i.S. der Bestimmung finden neben den Vorschriften von Art. 229 ff. jene des Kaufvertrages Anwendung 2

2C_975/2010 (31.5.11) E. 4.4 fr., 123 III 165/170 E. 4. Für internationale Sachverhalte siehe Vorb. 184–236/Anwendbares Recht. Kann der Ort der Versteigerung nicht festgestellt werden (in casu Internetauktion über eBay), ist der Sitz des Verkäufers massgeblich 4A_58/2008 (28.4.08) E. 2.

3 **(An-)Gebot und Zuschlag.** Alle Interessenten müssen sich mit gleichen Rechten und Pflichten an einer Versteigerung beteiligen können. Das schliesst aus, dass ein Teilnehmer seine Angebote durch blosses Handaufheben machen kann, während die anderen mündlich zu bieten haben 87 I 259/261. – Wurde bei einer öffentlichen Versteigerung die Sache dem Ersteigerer «provisorisch» zugeschlagen, dieser Zusatz im Steigerungsprotokoll jedoch nicht erwähnt und hat der Ersteigerer das Protokoll unterzeichnet sowie eine Anzahlung geleistet, so können die Veräusserer nicht nachträglich auf den Zuschlag zurückkommen 98 II 49/53 f. E. 5, 6 fr. – Verkauft der Verkäufer nach dem Zuschlag, aber bevor der Kaufvertrag im Grundbuch eingetragen wird, das Grundstück an einen Dritten weiter, so kann der ursprüngliche Käufer nicht gegen den inzwischen eingetragenen Erwerber vorgehen, sondern nur den Verkäufer auf Schadenersatz belangen 75 II 131/136 f. E. 3 Pra 1949 (Nr. 143) 421. – Bei einer Internetauktion erfolgt der Vertragsschluss durch Zuschlag in Form einer elektronischen Mitteilung an den Meistbietenden 4A_58/2008 (28.4.08) E. 3.

4 ***Abs. 3*** Dass der Einlieferer auf das Steigerungsergebnis Einfluss nimmt, ist durchaus geläufig. Er kann eine Preislimite festsetzen oder die Zustimmung zu einem Zuschlag vorbehalten. Im einen wie im andern Fall handelt es sich um ein offenes Vorgehen, das den Wettbewerb nicht verfälscht 109 II 123/126 E. 3.

II. Anfechtung

Art. 230

[1] Wenn in rechtswidriger oder gegen die guten Sitten verstossender Weise auf den Erfolg der Versteigerung eingewirkt worden ist, so kann diese innert einer Frist von zehn Tagen von jedermann, der ein Interesse hat, angefochten werden.

[2] Im Falle der Zwangsversteigerung ist die Anfechtung bei der Aufsichtsbehörde, in den andern Fällen beim Richter anzubringen.

▪ Abs. 1 und 2 Nichtigkeit/Sittenwidrigkeit (1) ▪ Anfechtung (5)

1 ***Abs. 1 und 2*** **Nichtigkeit/Sittenwidrigkeit.** ***Allgemeines.*** Die Bestimmung schützt den Versteigerungsteilnehmer vor einer erheblichen Verfälschung des Steigerungswettbewerbs. Unzulässig ist es, täuschend oder sonst wie gegen Treu und Glauben den Wettbewerb zu beeinflussen. Der Angriff kann sich gegen den Wettbewerb in seinem Bestand oder gegen die Art und Weise, wie er abläuft, richten 109 II 123/125.

2 ***Nichtigkeitsgründe.*** Wettbewerbsverfälschend ist i.d.R. das Versprechen unter Mitbietenden, gegen Leistung einer Entschädigung vom Bieten Abstand zu nehmen (pactum de non licitando, vgl. 82 II 21/23 E. 1 Pra 1956 [Nr. 86] 281 f.). Ebenso kann eine Abrede des Versteigerers mit einem Bietenden sittenwidrig sein, wonach ein allfälliger Zuschlag

ihn nicht verpflichte, den Kaufpreis und das Aufgeld zu zahlen (pactum de licitando) 109 II 123/126 E. 2 (zur Unverbindlichkeit solcher Vereinbarungen vgl. 39 II 30/33 f. E. 1). Sind die unterschiedlichen Bedingungen (etwa ein pactum de licitando) nicht allen Bietenden bekannt, so wird das freie Spiel von Angebot und Nachfrage verfälscht 109 II 123/126 E. 2. Ob das Mitbieten des Einlieferers sittenwidrig ist, hängt von den konkreten Umständen ab (in casu Sittenwidrigkeit bejaht, da in den Steigerungsbedingungen auf die Befugnis des Einlieferers zum Mitbieten nicht hingewiesen wurde) 109 II 123/126 f. E. 3. Sittenwidrige Einwirkung auf eine Versteigerung (Anwendungsfälle): die Vereinbarung zwischen einem Grundpfandgläubiger und einem Kaufinteressenten über das Höchstgebot 51 III 16/18 f. E. 2; die an der Versteigerung unter Bietern abgeschlossene Vereinbarung, die Sache gemeinsam zu erwerben mit dem Zweck, andere Kaufinteressenten vom Bieten abzuhalten 40 III 335/337. – Beispiel einer nicht sittenwidrigen Einwirkung auf die Versteigerung durch ein pactum de non licitando 51 III 21/24. Weiter ist zwar mit einer Doppelvertretung eine funktionell bedingte Gefahr von Interessenkonflikten verbunden. Derartige Konflikte bestehen indes nicht zwangsläufig und fehlen etwa im Falle eines ausdrücklichen oder zumindest unzweideutigen Einverständnisses des Vertretenen. Somit ist die Doppelvertretung nur dann als unzulässig zu qualifizieren, wenn eine durch die Interessenkollision hervorgerufene Gefahr des Rechtsmissbrauchs besteht 7B.38/2005 (26.4.05) E. 3.1.2.

Folgen der Nichtigkeit. Die Nichtigkeit des Steigerungszuschlages führt zur Anordnung einer neuen Steigerung, nicht zur Erteilung des Zuschlages an den Nächstbietenden 57 III 127/129 f. 3

Weiteres. Die Bestimmung setzt nicht voraus, dass der Zuschlagspreis ohne die sittenwidrige Einwirkung nachweisbar anders ausgefallen wäre; die Tatsache unlauterer Machenschaften genügt 109 II 123/127 E. 4. – Ein nichtiges pactum de non licitando wird nicht gültig durch den Umstand, dass die Steigerung nicht angefochten wird (Abweisung der Forderungsklage aus dem pactum de non licitando) 82 II 21/24 Pra 1956 (Nr. 86) 282. 4

Anfechtung. ***Allgemeines.*** Die Bestimmung schliesst die Anwendung der allgemeinen vertragsrechtlichen Regeln (insb. jene betreffend Willensmängel) nicht aus (in casu freiwillige öffentliche Versteigerung; Grundlagenirrtum des Ersteigerers) 40 II 380/383 E. 4, vielmehr will Art. 231 zusätzliche Anfechtungsgründe schaffen 5A_226/2009 (27.5.09) E. 3, 5A_219/2007 (16.7.07) E. 2.1. – Der Zuschlag in einer Zwangsversteigerung kann, auch bei zivilrechtlichen Gründen (in casu Geltendmachung eines Willensmangels), nur auf dem Beschwerdeweg angefochten werden; dies gilt bei der Zwangsversteigerung von Grundstücken wie auch von Fahrnis 79 III 114/116 E. 1, 95 III 21/22 ff. E. 1, 3 (in casu Grundlagenirrtum), 7B.33/2002 (14.5.02) E. 3a Pra 2002 (Nr. 130) 718. Der Zuschlag im Zwangsversteigerungsverfahren ist nur vor den betreibungsrechtlichen Aufsichtsbehörden anfechtbar 46 III 90/92 ff. E. 1 fr., ebenso der Freihandverkauf durch das Betreibungsamt 106 III 79/82 f. E. 4 (Änderung der Rechtsprechung). 5

Legitimation. Anfechtungsberechtigt sind (Anwendungsfälle): der Grundpfandgläubiger und die Konkursverwaltung 51 III 16/18 E. 1, ein Servitutsberechtigter 40 III 181/187, die nächsten Familienangehörigen des Schuldners (auch ohne dessen Auftrag) 39 I 439/443 E. 2. 6

7 ***Frist.*** Der Fristbeginn bei Anfechtung einer Zwangsversteigerung bestimmt sich nach SchKG Art. 17 Abs. 2, falls mit der Verfügung des Amtes der Mangel erkennbar war 47 III 127/131 f. E. 1. – Die Anfechtung wegen eines Willensmangels unterliegt nicht der Frist von zehn Tagen 47 III 127/133.

8 Die ***Aufhebung des Zuschlages in der Zwangsversteigerung*** ist auch dann möglich, wenn die Sache vom Ersteigerer bereits weiterveräussert worden ist (ob der Dritte die Sache gut- oder bösgläubig erworben hat, muss hingegen der Zivilrichter entscheiden) 44 III 153/155 ff.; wenn die Eintragung des Ersteigerers im Grundbuch bereits erfolgt ist: vgl. 41 III 177/184 E. 4.

III. Gebundenheit des Bietenden 1. Im Allgemeinen

Art. 231

[1] Der Bietende ist nach Massgabe der Versteigerungsbedingungen an sein Angebot gebunden.

[2] Er wird, falls diese nichts anderes bestimmen, frei, wenn ein höheres Angebot erfolgt oder sein Angebot nicht sofort nach dem üblichen Aufruf angenommen wird.

1 Wird für den Grundstückkauf durch Art. 232 aufgehoben 40 II 496/503. Ein schriftliches Steigerungsangebot kann bis zu seiner Bekanntgabe bei Steigerungsbeginn zurückgezogen werden (keine, auch keine bloss sinngemässe Anwendung von Art. 3 ff.) 128 III 198/199 E. 3a.

2. Bei Grundstücken

Art. 232

[1] Die Zu- oder Absage muss bei Grundstücken an der Steigerung selbst erfolgen.

[2] Vorbehalte, durch die der Bietende über die Steigerungsverhandlung hinaus bei seinem Angebote behaftet wird, sind ungültig, soweit es sich nicht um Zwangsversteigerung oder um einen Fall handelt, wo der Verkauf der Genehmigung durch eine Behörde bedarf.

1 ***Abs. 1 und 2*** Die Bestimmung ist zwingend 40 II 496/499 E. 3. Sie darf nicht ausdehnend ausgelegt werden 40 II 496/499 E. 3. – Sie verbietet es nicht, die Steigerung an zwei Tagen durchzuführen und den Meistbietenden des ersten Tages bei seinem Angebot zu behaften, wenn die beiden Tage zusammen eine einheitliche Steigerung bilden 40 II 496/499 ff. E. 3. – Bei einer öffentlichen Versteigerung sind den Bietenden die Weigerung des Veräusserers, den Kaufgegenstand zuzuschlagen, und die Unterbrechung der Versteigerung sowie der Zeitpunkt der Wiederaufnahme öffentlich mitzuteilen 98 II 49/54 ff. E. 7 fr. – Eine Aufschiebung des Zuschlags unter Behaftung des Bieters ist gültig, wenn der Zuschlag durch die Vormundschaftsbehörde genehmigt werden muss (ZGB Art. 404) 40 II 380/382 f. E. 3.

IV. Barzahlung

Art. 233

[1] Bei der Versteigerung hat der Erwerber, wenn die Versteigerungsbedingungen nichts anderes vorsehen, Barzahlung zu leisten.

[2] Der Veräusserer kann sofort vom Kauf zurücktreten, wenn nicht Zahlung in bar oder gemäss den Versteigerungsbedingungen geleistet wird.

Abs. 2 Die Bestimmung statuiert wie die allgemeine Verzugsregel bei Fixgeschäften (Art. 108 Ziff. 3) zugunsten des Verkäufers ein sofortiges Rücktrittsrecht bei Verletzung der Barzahlungspflicht 75 III 11/14 E. 3. 1

V. Gewährleistung

Art. 234

[1] Bei Zwangsversteigerung findet, abgesehen von besonderen Zusicherungen oder von absichtlicher Täuschung der Bietenden, eine Gewährleistung nicht statt.

[2] Der Ersteigerer erwirbt die Sache in dem Zustand und mit den Rechten und Lasten, die durch die öffentlichen Bücher oder die Versteigerungsbedingungen bekanntgegeben sind oder von Gesetzes wegen bestehen.

[3] Bei freiwilliger öffentlicher Versteigerung haftet der Veräusserer wie ein anderer Verkäufer, kann aber in den öffentlich kundgegebenen Versteigerungsbedingungen die Gewährleistung mit Ausnahme der Haftung für absichtliche Täuschung von sich ablehnen.

Abs. 1 Anwendungsfall (in casu besondere Zusicherung und absichtliche Täuschung verneint) 120 III 136/137 f. E. 2 Pra 1995 (Nr. 151) 485 (vgl. auch VZG Art. 45 Abs. 1 lit. g). 1

Abs. 2 *«Mit Rechten und Lasten»* bezieht sich auf *dingliche* Berechtigungen an Liegenschaften, nicht auf Forderungsrechte, die nach den Steigerungsbedingungen dem Gemeinschuldner gegenüber Dritten zuständen (in casu Mietzinsforderung) 43 III 363/370. – An einer Forderung bestehende Pfandrechte, die durch die öffentlichen Bücher oder die Versteigerungsbedingungen nicht bekannt gegeben sind, können dem Ersteigerer nicht entgegengehalten werden 52 II 434/436 E. 2 it. 2

Abs. 3 Die Bestimmung entspricht der Regelung von Art. 199 123 III 165/170 E. 4. – Auslegung einer Freizeichnungsklausel (in casu absichtliche Täuschung verneint) 123 III 165/167 ff. E. 2–5. 3

VI. Eigentumsübergang

Art. 235

[1] Der Ersteigerer erwirbt das Eigentum an einer ersteigerten Fahrnis mit deren Zuschlag, an einem ersteigerten Grundstück dagegen erst mit der Eintragung in das Grundbuch.

[2] Die Versteigerungsbehörde hat dem Grundbuchverwalter auf Grundlage des Steigerungsprotokolls den Zuschlag sofort zur Eintragung anzuzeigen.

[3] Vorbehalten bleiben die Vorschriften über den Eigentumserwerb bei Zwangsversteigerungen.

1 ***Abs. 1*** Art. 235 Abs. 1 derogiert ZGB Art. 714: Der Eigentumstransfer setzt keine Besitzübertragung voraus, sondern nur den Zuschlag und die Bezahlung des Steigerungspreises. Die Gefahr geht bereits mit dem Zuschlag über 5A_407/2008 (23.10.08) E. 2.3. Voraussetzung des Eigentumserwerbs mit dem Zuschlag ist, dass der Veräusserer bzw. das Steigerungsamt die Sache besitzen, um sie dem Ersteigerer sofort übergeben zu können 61 III 150/152 f. E. 2, 5A_407/2008 (23.10.08) E. 2.2. – Ist der Einlieferer bereits Eigentümer, kann zwar entgegen der Bestimmung der Eigentumsübergang mit dem Zuschlag nicht mehr eintreten. Das schliesst jedoch nicht die Vereinbarung aus, der Einlieferer habe in einem solchen Fall dem Versteigerer die gleichen Zahlungen zu entrichten wie beim Zuschlag an einen Dritten 112 II 343/346. – Der Ersteigerer eines Miteigentumsanteils kann bei einer freiwilligen öffentlichen Versteigerung das Miteigentümervorkaufsrecht erst geltend machen, wenn er im Grundbuch als Miteigentümer eingetragen worden ist 115 II 331/334 f. E. 2a, b.

VII. Kantonale Vorschriften

Art. 236

Die Kantone können in den Schranken der Bundesgesetzgebung weitere Vorschriften über die öffentliche Versteigerung aufstellen.

1 Wird im kantonalen Recht die öffentliche freiwillige Versteigerung nicht definiert, ist Art. 229 Abs. 2 zwar nicht direkt anwendbar, das kantonale Recht aber in diesem Sinne auszulegen 2C_975/2010 (31.5.11) E. 4.4 fr. Das Bundesgericht kann die kantonalen Vorschriften selber anwenden oder die Sache an die kantonale Behörde zurückweisen 98 II 49/52 f. E. 4 fr.

Fünfter Abschnitt
Der Tauschvertrag

A. Verweisung auf den Kauf

Art. 237

Auf den Tauschvertrag finden die Vorschriften über den Kaufvertrag in dem Sinne Anwendung, dass jede Vertragspartei mit Bezug auf die von ihr versprochene Sache als Verkäufer und mit Bezug auf die ihr zugesagte Sache als Käufer behandelt wird.

Bei zwei voneinander formell unabhängigen Kaufverträgen handelt es sich um einen Tausch, wenn keiner ohne den andern geschlossen worden wäre und die Kaufpreise gegenseitig verrechnet werden 45 II 441/443 E. 2. Ebenso liegt ein Tauschvertrag vor, wenn das vorbehaltene Aufgeld als nebensächliche Leistung erscheint (vgl. 35 II 270/274); die Festsetzung eines nicht ziffernmässig bestimmten Aufgeldes steht im billigen Ermessen jener Vertragspartei, die den Tauschgegenstand zu beschaffen hat 81 II 221/222 f. E. 4. – Tauschverträge, die ein Grundstück zum Gegenstand haben, bedürfen der öffentlichen Beurkundung. Ist die Tauschsache nach dem Sinn des Vertrages noch nicht bestimmt, sondern soll sie von der einen oder andern Partei ausgewählt werden können, so genügt es, wenn aus der Urkunde oder dem Gesetz hervorgeht, welcher Partei die Wahl zusteht und wie das Grundstück beschaffen sein muss (genügend die Bezeichnung «ein gleichwertiges Stück Boden») 95 II 309/310 f. E. 2, 3. 1

B. Gewährleistung

Art. 238

Wird die eingetauschte Sache entwehrt oder wegen ihrer Mängel zurückgegeben, so hat die geschädigte Partei die Wahl, Schadenersatz zu verlangen oder die vertauschte Sache zurückzufordern.

Der Schadenersatzanspruch umfasst den Wert der Sache, die dem Käufer hätte mängelfrei zu Eigentum übergeben werden müssen, nebst dem allenfalls vereinbarten Aufgeld 35 II 270/274. 1

Siebenter Titel
Die Schenkung

Vorb. Art. 239–252

▪ Allgemeines (1) ▪ Abgrenzung von anderen Rechtsgeschäften (2) ▪ Weiteres (9)

Allgemeines. Zuwendungen unter Lebenden und solche von Todes wegen, die im Rahmen der verfügbaren Quote bleiben, bedürfen grundsätzlich keiner besonderen Rechtfertigung: Sie können vielmehr den verschiedenartigsten Zwecken dienen, die ethisch keineswegs hoch einzustufen sind (in casu Zuwendung eines verheirateten Mannes an seine Konkubinatspartnerin: Eine solche Zuwendung ist nur dann unsittlich [Art. 20 Abs. 1], wenn es sich um ein eigentliches pretium stupri handelt 109 II 15/18 E. c; oder aber wenn es sich bei der beschenkten Person um eine Vertrauensperson handelt, welche in illoyaler Weise auf den Willen des Schenkers einwirkt oder aber grundlegende Berufsregeln verletzt 136 III 142/147 E. 3.5 fr., 132 III 455/458 E. 4). 1

Abgrenzung von anderen Rechtsgeschäften. ***Rechtsgeschäfte unter Verlobten und Ehegatten.*** Keine Schenkung (und auch kein Darlehen) an den Bräutigam liegt vor, wenn die Braut für einen Liegenschaftskauf im Hinblick auf die bevorstehende Ehe (unter dem früheren ordentlichen Güterstand der Güterverbindung) aus ihrem Ersparten Geld zur Verfügung stellt und der Bräutigam, der Hypothekarschulden (die mehr als die Hälfte des Kaufpreises ausmachen) übernimmt, als Eigentümer eingetragen wird 109 II 92/94 f. E. b (Zuweisung des Grundstücks zur Errungenschaft; Ersatzforderung der Ehefrau in der güterrechtlichen Auseinandersetzung). Gibt die Verlobte ihrem Verlobten einen namhaften Betrag an Bargeld, damit er ihren Eltern eine gute Vermögenslage vortäuschen kann, um so deren Einverständnis zur Ehe zu erlangen, so liegt keine Schenkung vor (in casu Ehe nicht zustande gekommen; Rückgabepflicht des Verlobten; offengelassen, ob aus Darlehen oder Auftrag) 54 II 283/285 ff. E. 2. – Eine Schenkung unter Ehegatten kann sich auch lediglich aus den Umständen ergeben; z.B. daraus, dass die Gegenstände von einem Ehegatten nicht zwecks einer Kapitalanlage erworben wurden und dass sie ihrer Natur nach zum ausschliesslichen Gebrauch durch den anderen Ehegatten bestimmt sind (in casu Juwelen); will der Ehemann die von ihm gekauften Juwelen der Ehefrau jedoch nur zum Tragen bei bestimmten Gelegenheiten im Sinne einer *Leihe* überlassen, so hat er dies bereits im Zeitpunkt der Übergabe klarzustellen 85 II 70 ff. Pra 1959 (Nr. 100) 294 ff. – Vereinbarungen ausserhalb der gesetzlichen Unterhaltspflicht erscheinen grundsätzlich als Schenkungsversprechen (Art. 239) oder als Versprechen der Erfüllung einer sittlichen Pflicht 138 III 689/693 E. 3.3.2 (i.c. verneint). 2

Rechtsgeschäfte unter Konkubinatspartnern. Beitrag eines Konkubinatspartners zum Kauf eines Hauses von der Vorinstanz zu Recht nicht als Schenkung, sondern als Beitragsleistung im Rahmen einer einfachen Gesellschaft beurteilt 4A_383/2007 (19.12.07) E. 2 u. 3. 3

Arbeitsvertrag. In 111 IV 139/141 f. E. b wurde vollumfänglich eine Schenkung angenommen, obwohl der Beschenkte dem Schenker gewisse Dienste leistete, die Gegenstand eines Arbeitsvertrages hätten sein können (strafrechtlicher Entscheid). 4

5 ***Verfügung von Todes wegen oder Schenkung?*** Massgebend ist der wirkliche Wille (in casu schrieb der Erblasser in seinem eigenhändigen Testament «Je donne … Cela est ma volonté», was eine Verfügung von Todes wegen [Vermächtnis] und nicht eine Schenkung darstellte) 75 II 184/186 E. 1 fr. Gemäss ZGB Art. 626 ausgleichungspflichtige Schenkung 131 III 49/55 E. 4.1.2. Der Erbverzicht bewirkt als solcher keine Vermögensverschiebung, weshalb die Kriterien der Legaldefinition der Schenkung nicht erfüllt sind 138 III 497/506 E. 6.2. – Zur Abgrenzung der Rechtsgeschäfte unter Lebenden von den Verfügungen von Todes wegen siehe unter Art. 245 Abs. 2.

6 ***Entgeltliches Kaufsrecht oder Schenkung?*** Wird aufgrund eines zweiseitigen Vertrages ein nach dem objektiven Wert des Grundstücks festgesetztes Kaufsrecht eingeräumt, so liegt auch dann keine Schenkung vor, wenn das Grundstück im Zeitpunkt der Ausübung des Kaufsrechts in seinem Wert gestiegen ist 50 II 370/372 f. E. 1.

7 ***Schenkung oder Darlehen?*** Das Ziel eines raschen Verkaufs der Wohnung konnte nicht nur mit einer Schenkung, sondern auch mit einem Darlehen erreicht werden. Die Vorinstanz hat somit Bundesrecht nicht verletzt, indem sie aufgrund einer Auslegung der Willenserklärungen der Parteien nach dem Vertrauensprinzip zum Schluss kam, diese hätten die Rückzahlung des Betrags von CHF 100 000 vereinbart 4A_592/2010 (15.3.11) E. 3.4. Obgleich eine Schenkung nicht vermutet wird, gilt auch keine gesetzliche Vermutung einer Rückzahlungspflicht, sondern muss deren Vereinbarung bewiesen werden 4A_12/2013 (27.6.13) E. 2.1 fr.; anders, wenn sich die Hingabe des Betrages vernünftigerweise nur durch den Abschluss eines Darlehensvertrages erklären lässt 83 II 209/210 E. 2 Pra 46 (Nr. 81). Entscheidend ist nicht der (innere) Schenkungswille, sondern ob die Gegenpartei unter den vorliegenden Umständen nach Treu und Glauben annehmen durfte, dass ihr der Betrag unentgeltlich übereignet wurde 144 III 93/100 E. 5.4.2 Pra 2019 (Nr. 40) 442.

8 ***Widerruf/Hinfälligkeit*** siehe auch unter Art. 250.

9 **Weiteres.** Das Schenkungsrecht sieht nicht vor, dass ein Schenkungsversprechen mit dem Tod des Beschenkten dahinfalle (entsprechende Vereinbarung erforderlich, vgl. Art. 247) 116 II 259/263 E. 4. – Vertrag mit Schenkungscharakter, wenn in einem Dienstbarkeitsvertrag zugunsten eines Dritten (in casu Gemeinde) ein unentgeltliches und dauerndes Fusswegrecht eingeräumt wird. Das Zustandekommen eines solchen Vertrages setzt voraus, dass der Beschenkte die Zuwendung annimmt 114 II 36/38 E.b. – Ob eine Pauschalhonorarvereinbarung eines Bedürftigen mit seinem unentgeltlichen Rechtsbeistand teilweise als Schenkungsversprechen und damit als unzulässiges Umgehungsgeschäft zu betrachten ist, konnte im betreffenden Fall offengelassen werden 4C.156/2006 (17.8.06) E. 3.5.2. – Bestimmte Werterwartung als notwendige Grundlage des Schenkungsvertrages im Sinne des Grundlagenirrtums (in casu verneint) 4C.316/2000 (3.1.01) E. 2. – Wer sich beschenken lässt, erfüllt den strafrechtlichen Tatbestand des Wuchers (StGB Art. 157 Ziff. 1 Abs. 1) nicht, auch wenn er dem Schenker gewisse Dienste leistet, die Gegenstand eines Arbeitsvertrages sein könnten 111 IV 139/140 ff. E. 3. – Die im Schenkungsvertrag enthaltene Ausgleichungsanordnung kann vom Erblasser nur dann nachträglich und einseitig widerrufen werden, wenn die betreffende Ausgleichungsanordnung trotz des Umstandes, dass sie Vertragsbestandteil ist, den Charakter einer einseitigen Verfügung hat (was durch Auslegung zu ermitteln ist) 118 II 282/288 ff.

E. 5, 6. – Der für die Mitgliederkarte einer Rettungsfluggesellschaft bezahlte Betrag stellt einen Austausch von Leistungen und keine Schenkung oder Spende dar, da er den Kartenbesitzern einen wirtschaftlichen Vorteil (Übernahme der Rettungs- und Transportkosten) vermittelt 2C_506/2007 (13.2.08) E. 4.2 Pra 2008 (Nr. 128) 809 f. (steuerrechtlicher Entscheid). – Die Anrechnung zusätzlicher Beitragsjahre durch eine Pensionskasse zwecks Deckung oder Verminderung allfälliger Vorsorgelücken erfolgt aufgrund einer gesetzlichen Pflicht und stellt deshalb keine Schenkung dar, mit der Folge, dass die dadurch angehobenen Austrittsleistungen nicht dem Eigengut des betreffenden Ehegatten zugerechnet werden können 5A_673/2007 (24.4.08) E. 2.6, 2.6.5 Pra 2009 (Nr. 4) 28 ff.

A. Inhalt der Schenkung

Art. 239

[1] Als Schenkung gilt jede Zuwendung unter Lebenden, womit jemand aus seinem Vermögen einen andern ohne entsprechende Gegenleistung bereichert.

[2] Wer auf sein Recht verzichtet, bevor er es erworben hat, oder eine Erbschaft ausschlägt, hat keine Schenkung gemacht.

[3] Die Erfüllung einer sittlichen Pflicht wird nicht als Schenkung behandelt.

▪ Abs. 1 Zustandekommen der Schenkung (1) ▪ Zum Eigentumsübergang (4) ▪ Gemischte Schenkung (5) ▪ Weiteres (8) ▪ Abs. 2 (9) ▪ Abs. 3 (10)

Abs. 1 **Zustandekommen der Schenkung.** ***Allgemeines.*** Die Schenkung ist ein Vertrag (136 III 142/144 E. 3.3 Pra 2010 [Nr. 100] 693) und setzt die übereinstimmenden Willensäusserungen von Schenker und Beschenktem voraus 49 II 96/97 fr. Dieser Vertrag kann zwei Formen annehmen: Schenkung von Hand zu Hand (Art. 242) oder Schenkungsversprechen (Art. 243) 136 III 142/145 E. 3.3 Pra 2010 (Nr. 100) 693. – Die Schenkungsabsicht (animus donandi) ist begriffswesentlich 50 II 370/372 E. 1, 98 II 352/357 E.b. – Zum Schenkungsbegriff gehören die Merkmale der Vermögenszuwendung, der Unentgeltlichkeit (vgl. auch 4C.278/2001 [20.2.02] E. 4b it.) und des Zuwendungswillens. Das objektive Merkmal der Unentgeltlichkeit der Vermögenszuwendung liegt vor, wenn der Zuwendungsempfänger für seinen Vermögenserwerb keine Gegenleistung erbracht hat. Die subjektive Voraussetzung des Zuwendungswillens bedeutet, dass der Zuwendende Wissen und Wollen bezüglich der Vermögenszuwendung und der Unentgeltlichkeit haben muss 118 Ia 497/500 E. aa (in casu steuerrechtlicher Entscheid). Die Bestimmung des animus donandi ist eine Tatfrage 4A_394/2009 (4.12.09) E. 2.4 fr., 129 III 118/122 E. 2.5, 123 III 165/168 E. 3a, 118 II 58/62 E. 3a. 1

Annahme durch den Beschenkten. Damit die Schenkung zustande kommt, muss die Offerte des Schenkers vom Beschenkten angenommen werden, und zwar in jedem Fall zu Lebzeiten des Schenkers (sei sie eine Schenkung unter Lebenden oder eine Schenkung auf den Tod des Schenkers) 96 II 79/95, vgl. 110 II 156/161 E. d Pra 1984 (Nr. 243) 664, 4C.278/2001 (20.2.02) E. 4b it., 136 III 142/145 E. 3.3 Pra 2010 (Nr. 100) 693. – Die Annahme kann stillschweigend erfolgen; stillschweigende Annahme ist zu vermuten, wenn die Schenkung nicht mit Auflagen verbunden ist 69 II 305/310 E. b Pra 1943 (Nr. 149) 387 f., 110 II 156/161 E. d Pra 1984 (Nr. 243) 664 (Art. 6). Es genügt somit, wenn der 2

Schenker dem Beschenkten oder seinem Vertreter von der Schenkung Kenntnis gibt und dieser weder ausdrücklich noch durch konkludentes Verhalten die Annahme ablehnt 64 II 359/360 E.a. – Annahme der Schenkung durch den gesetzlichen Vertreter des Beschenkten 96 II 79/95. – Das Erfordernis der Annahme kann nicht auf dem Weg über den Vertrag zugunsten Dritter (Art. 112) umgangen werden; durch einen solchen können keine dinglichen Verfügungen getroffen werden, insbesondere nicht das Eigentum dem Dritten ohne seine Mitwirkung übertragen werden 67 II 88/95 E.a. Solange der Vertrag zugunsten eines Dritten diesem unbekannt bleibt, ist er nur Vorbereitung zur Schenkung; die Schenkung wird erst perfekt, wenn sie vom Dritten angenommen wird 69 II 305/309 E. b Pra 1943 (Nr. 149) 387 (offengelassen, ob bei einer beabsichtigten Schenkung durch einen Vertrag zugunsten Dritter die Annahme durch den Vertragspartner des Schenkers, der dabei als Geschäftsführer [ohne Auftrag] handelt, vorgenommen werden kann). – Die Annahme einer Schenkung durch eine Vertrauensperson kann berufs- und standesrechtlichen Grundsätzen widersprechen, was die Sittenwidrigkeit zur Folge hat; dazu bedarf es einer unlauteren Beeinflussung oder eines Verstosses gegen elementare Standesregeln 136 III 142/147 E. 3.5 fr., 132 III 455/459 E. 4.2.

3 ***Weiteres.*** Die blosse Anlegung eines Sparheftes oder die Hinterlegung von Wertschriften auf den Namen eines Dritten bewirkt (noch) keine Schenkung 64 II 359/360 E. a, 67 II 88/94 f. E. 1.

4 **Zum Eigentumsübergang** siehe Art. 242.

5 **Gemischte Schenkung** (negotium mixtum cum donatione). ***Begriff.*** Subjektives Element der unentgeltlichen Zuwendung ist der Schenkungswille (animus donandi), während das Missverhältnis zwischen Leistung und Gegenleistung als objektives Element betrachtet werden kann. Der Schenkungswille kann nur entstehen, wenn das Missverhältnis den Parteien im Zeitpunkt des Vertragsschlusses bekannt ist. Eine gemischte Schenkung liegt somit vor, wenn die Parteien eine unentgeltliche Zuwendung in dem Sinn beabsichtigen, dass sie den Preis bewusst unter dem wahren Wert des Kaufgegenstandes ansetzen, um die Differenz dem Käufer unentgeltlich zukommen zu lassen 126 III 171/173 E. 3a; der Schenkungswille muss ein beidseitiger sein 4A_28/2007 (30.5.07) E. 2.1 (n.p. in: 133 III 421), 5A_670/2012 (30.1.13) E. 3.3. Nicht erforderlich ist, dass die Parteien den Wertunterschied der Höhe nach genau kennen 98 II 352/357 f. E. b (in casu Frage der erbrechtlichen Herabsetzung gemäss ZGB Art. 527 Ziff. 1: Konnte der Erblasser in guten Treuen die Übertragung auf den Erben als durch den Kaufpreis gedeckt erachten, so war er sich keiner unentgeltlichen Zuwendung bewusst; somit keine Herabsetzungspflicht des Erben; vgl. auch 84 II 338/348 E. 6), 116 II 225/234 E. aa, 116 II 667/674 E. aa Pra 1991 (Nr. 159) 720, vgl. auch 126 III 171/173 E. 3a (erbrechtlicher Entscheid zur Herabsetzungspflicht nach ZGB Art. 527 Ziff. 1), 4C.346/2000 (16.3.01) E. 1. Eine gemischte Schenkung besteht aus einer entgeltlichen und einer unentgeltlichen Zuwendung und kommt deshalb erst dann gültig zustande, wenn sämtliche Voraussetzungen sowohl des entgeltlichen Rechtsgeschäfts wie auch der Schenkung erfüllt sind 117 II 382/385 E.b. Die gemischte Schenkung kann mit einer Auflage verbunden werden, es sei denn, dadurch gehe der Charakter der Unentgeltlichkeit verloren 4C.346/2000 (16.3.01) E. 1.

6 ***Abgrenzung.*** Nicht jeder Vertrag, bei dem Leistung und Gegenleistung nicht gleich viel wert sind, enthält eine gemischte Schenkung. Die übereinstimmenden gegenseitigen

Willensäusserungen der Parteien können das Geschäft trotz des objektiv fehlenden Gleichgewichts zwischen den Leistungen zu einem ausschliesslich zweiseitigen Vertrag machen; denn niemand ist gehalten, den Leistungen ihren objektiven Wert beizulegen 82 II 430/433 f. E. 5, 133 V 265/274 E. 6.3.1 fr. Allein aus der Tatsache, dass der Veräusserungspreis unter dem objektiven Verkehrswert bzw. dem amtlichen Wert liegt, kann noch nicht auf das Vorliegen eines Zuwendungswillens geschlossen werden. Die Vertragsparteien können vielerlei Gründe haben, für eine Sache oder Leistung einen über bzw. unter dem objektiven Verkehrswert liegenden Betrag zu bezahlen bzw. zu verlangen. Der Preis einer Sache oder Leistung bestimmt sich nämlich nicht nur nach ihrem objektiven Marktwert, sondern vielfach können auch unterschiedliche Beurteilungen der künftigen Marktentwicklung oder sonstige subjektive Gesichtspunkte der Parteien (Lagerprobleme, Liquiditätsbedürfnisse, Spekulationsabsicht usw.) für die Preisgestaltung massgebend sein 118 Ia 497/501 f. E. bb (in casu steuerrechtlicher Entscheid). Preisvergünstigungen im Sinne eines Freundschaftspreises (in casu bei der Einräumung eines Kaufsrechtes) begründen noch keine unentgeltliche Zuwendung 98 II 352/358, 84 II 247/252 f. E. 7, 77 II 36/39 (in casu Freundschaftspreis, der unter Verwandten noch durchaus als richtiges Entgelt betrachtet werden durfte); vgl. auch 102 II 243/250 E. 4, 116 II 225/234 E.aa.

Weiteres. Haben sich die Parteien zur Frage, ob der Vertrag als gemischte Schenkung zu gelten habe, beim Vertragsschluss nicht ausdrücklich geäussert, so ist die Antwort darauf aus den Umständen zu ermitteln (in casu gemischte Schenkung bejaht, wenn ein Eigentümer seine Liegenschaft erheblich unter dem Verkehrswert einem Dritten verkauft, von dem er annimmt, er werde sein Schwiegersohn) 82 II 430/434 ff. E. 6. – Für die Beurteilung, ob zwischen den Leistungen ein Missverhältnis bestehe, ist auf die Verhältnisse zur Zeit des Vertragsschlusses abzustellen (die Höhe des ausgleichungspflichtigen Betrages errechnet sich dagegen nach dem Wert der Zuwendung zur Zeit des Erbganges [ZGB Art. 630 Abs. 1]; für die Herabsetzung gelten die gleichen Grundsätze wie für die Ausgleichung [ZGB Art. 537 Abs. 2]), 98 II 352/359 f. E. 5, 121 III 249/251 E.c. – Die gemischte Schenkung stellt keinen Vorkaufsfall (ZGB Art. 681) dar 101 II 59/61 f. E. 2, 3 fr. – Anwendungsfälle 116 II 259/263 E. 4 (teilweise unentgeltliches Geschäft), 123 III 152/153 E. 4, vgl. auch 128 II 231/237 E. 2.4.2.1 Pra 2002 (Nr. 184) 986. – Gemischtes Geschäft im Zusammenhang mit aktienrechtlichen Gründervorteilen (aOR Art. 628 Abs. 3) 131 III 636/639. 7

Weiteres. Im Auftrag und in der Ermächtigung, ein Bankdepot zurückzuziehen, liegt keine Ermächtigung, die deponierten Wertschriften zu verschenken (der Auftrag zu einer solchen Schenkung ist besonders nachzuweisen) 58 II 423/425 ff. (über den Auftrag zur Schenkung von Todes wegen siehe unter Art. 245 Abs. 2). – Eine Schenkung liegt dann vor, wenn Leistungen vergütet werden, ohne dass dazu eine Rechtspflicht besteht (diese Vergütungen unterliegen somit allenfalls auch der erbrechtlichen Herabsetzung) 50 II 441/447 E. 3. – Ob eine bei Beendigung eines Arbeitsverhältnisses freiwillig ausgerichtete Abgangsentschädigung als Schenkung zu qualifizieren ist, liess das BGer in 4C.6/2006 (27.3.06) E. 1.3 offen. – Damit eine Schenkung des Ehemannes an die Ehefrau Dritten entgegengehalten werden kann, bedarf es keiner Eintragung in das Güterrechtsregister (Änderung der Rechtsprechung; in casu SchKG Art. 106, 177 Abs. 1 und ZGB Art. 248 Abs. 1: Arrestierung eines Geldbetrages, den der Schuldner schenkungsweise auf das 8

Bankkonto seiner Ehefrau einbezahlt hat/Gutheissung der von der Ehefrau erhobenen Widerspruchsklage) 108 II 85/86 f. E. 3 fr. – Eine als Vergleich bezeichnete Schenkung 41 II 614/616 ff. E. 3. – Ob eine gültige Schenkung vorliegt, ist *Rechtsfrage* 64 II 359/360 E. 2.

9 ***Abs. 2*** Der *Verzicht auf ein noch nicht erworbenes Recht* ist dadurch gekennzeichnet, dass bei ihm (anders als bei der Schenkung) kein rechtlicher Zusammenhang zwischen der Entreicherung des Verzichtenden und der Bereicherung des Begünstigten besteht. Daher sind die Nichtannahme einer Vertragsofferte, der Verzicht auf die Anfechtung eines Rechtsgeschäfts oder die Nichtausübung eines Kaufsrechtes nicht als Schenkung zu betrachten (anders jedoch der bereits vor Auflösung der Güterverbindung erklärte Verzicht der Ehefrau auf ihren Vorschlagsanteil; siehe unter Art. 245 Abs. 2) 102 II 313/323.

10 ***Abs. 3*** Das Bestehen einer sittlichen Pflicht begründet keinen klagbaren Anspruch auf Erfüllung 45 II 291/298 f. – Für die Beurteilung der grundsätzlichen Entgeltlichkeit bzw. Unentgeltlichkeit einer Leistung ist auf die Umstände des Einzelfalls abzustellen. Das gilt besonders für den einem Dritten freiwillig gewährten Lebensunterhalt. Die Unentgeltlichkeit der Unterhaltsleistung darf vermutet werden, wenn der Versorger moralisch verpflichtet war, für die Bedürfnisse des Verpflichteten aufzukommen. Die gegenteilige Vermutung kann sich z.B. (wie in casu) daraus ergeben, dass der Empfänger über ausreichende Eigenmittel verfügt 83 II 533/536 E. 2 Pra 1958 (Nr. 34) 99. – Unter die Bestimmung fällt auch eine freiwillige Verpflichtung zur Verwandtenunterstützung ausserhalb von ZGB Art. 328 (in casu Unterstützung einer Nichte) 53 II 196/199 E. 1. – Ob eine Schenkung auf den Todesfall (in casu Verzicht der Ehefrau auf ihren Vorschlagsanteil) deswegen der Herabsetzung entzogen sei, weil sie in Erfüllung einer sittlichen Pflicht erfolgte, beurteilt sich nach Erbrecht und nicht nach Schenkungsrecht 102 II 313/325 E. c, 116 II 243/246 f. E.b.

B. Persönliche Fähigkeit I. Des Schenkers

Art. 240

[1] Wer handlungsfähig ist, kann über sein Vermögen schenkungsweise verfügen, soweit nicht das eheliche Güterrecht oder das Erbrecht ihm Schranken auferlegen.

[2] Aus dem Vermögen eines Handlungsunfähigen dürfen nur übliche Gelegenheitsgeschenke ausgerichtet werden. Die Verantwortlichkeit des gesetzlichen Vertreters bleibt vorbehalten.

[3] …

1 ***Abs. 2*** Ein Verzicht der Ehefrau auf die Kinderalimente im Voraus darf als verbotene erhebliche Schenkung von der Vormundschaftsbehörde nicht genehmigt werden 69 II 65/70 E. 3.

II. Des Beschenkten

Art. 241

[1] Eine Schenkung entgegennehmen und rechtsgültig erwerben kann auch ein Handlungsunfähiger, wenn er urteilsfähig ist.

[2] Die Schenkung ist jedoch nicht erworben oder wird aufgehoben, wenn der gesetzliche Vertreter deren Annahme untersagt oder die Rückleistung anordnet.

C. Errichtung der Schenkung

Vorb. Art. 242–243

Schenkung von Hand zu Hand (Art. 242 Abs. 1)/Schenkungsversprechen (Art. 243 Abs. 1). Abgrenzungen. Eine schriftlich vereinbarte, dann aber nicht vollzogene Schenkung von Hand zu Hand kann nicht als Schenkungsversprechen gelten 47 II 115/121 E. 3. Wird schriftlich eine Schenkungsabsicht geäussert, die Freiheit der Übergabe jedoch vorbehalten, so liegt weder eine Schenkung von Hand zu Hand noch ein Schenkungsversprechen vor 42 II 56/58 f. E. 1. In der Ausstellung eines Schuldscheins kann ein Schenkungsversprechen liegen, nicht aber der Vollzug einer Schenkung 39 II 85/89 E. 3. Die als Vermögen einer Personalfürsorgestiftung begründete Forderung gegen den Stifter (Arbeitgeber) ist nicht lediglich ein Schenkungsversprechen, sondern der Vollzug einer Schenkung (somit kein Dahinfallen beim Konkurs des Arbeitgebers, Art. 250 Abs. 2) 83 III 147/150 f. E. 3. Vgl. zur Abgrenzung der beiden Formen auch 136 III 142/145 f. E. 3.3 Pra 2010 (Nr. 100) 693 f. 1

I. Schenkung von Hand zu Hand

Art. 242

[1] Eine Schenkung von Hand zu Hand erfolgt durch Übergabe der Sache vom Schenker an den Beschenkten.

[2] Bei Grundeigentum und dinglichen Rechten an Grundstücken kommt eine Schenkung erst mit der Eintragung in das Grundbuch zustande.

[3] Diese Eintragung setzt ein gültiges Schenkungsversprechen voraus.

Abs. 1 **Allgemeines.** Bei der Schenkung von Hand zu Hand fällt der Abschluss des Vertrages mit seiner Erfüllung zusammen 136 III 142/145 E. 3.3 Pra 2010 (Nr. 100) 694, 105 II 104/107 E. a, vgl. 102 II 197/203 E. 3a und 4C.417/2004 (10.3.05) E. 3.2 fr. Die Handschenkung kann sich nicht nur auf bewegliche Sachen, sondern auch auf Grundstücke (Abs. 2) oder auch auf Forderungen oder andere übertragbare Rechte mit Vermögenswert beziehen 136 III 142/145 f. E. 3.3 Pra 2010 (Nr. 100) 694. 1

Übergang der Sache. Die Handschenkung kann bei einer beweglichen Sache in sämtlichen Formen erfolgen, in denen bewegliche Sachen übertragen werden können 136 III 142/145 E. 3.3 Pra 2010 (Nr. 100) 694. Der Übergang der Sache vollzieht sich gültig mit dem Übergang der tatsächlichen Herrschaft über die Sache (bei deponierten Wertpapie- 2 ren ist der Zeitpunkt massgebend, in dem das Depot auf den Namen des Beschenkten überschrieben wird) 52 II 368/369 f. E. 3 fr., vgl. aber 58 II 423/427. Eine Schenkung von Hand zu Hand durch Besitzeskonstitut oder Besitzesanweisung ist möglich; darunter fällt aber nicht eine obligationenrechtliche Anweisung (Art. 466 ff.), weil hier der Anweisende seiner Zahlungspflicht nicht schon mit der blossen Erklärung an den Angewiesenen nachkommt, sondern erst entbunden wird, wenn der Angewiesene aufgrund der Anweisung die Zahlung tatsächlich vornimmt 105 II 104/107 E. a, vgl. 136 III 142/146 E. 3.3 Pra 2010 (Nr. 100) 694. Nach 52 II 284/290 E. 2 ist ein Sparheft dem Beschenkten übergeben, wenn der Schenker die Bank als Forderungsschuldnerin von der Schenkung in Kenntnis gesetzt und angewiesen hat, den Betrag des Sparheftes dem Beschenkten zu schulden. – Übergibt der Schenker einer Bank Wertschriften auf den Namen des Beschenkten, so genügt dies für den Übergang, auch wenn der Schenker sich die Verwaltung der Wertschriften bis zu einem bestimmten Zeitpunkt vorbehalten hat 57 II 513/514 ff. Schenkung von Hand zu Hand durch Errichtung eines Sparheftes auf den Namen des zu Beschenkenden und Übergabe des Sparheftes (in casu an dessen Vertreter) 64 II 359/360 E. 2. – Eine Forderung kann auf dem Wege der Abtretung (Art. 164 f.) oder auch der Anweisung, d.h. namentlich mit einer Banküberweisung übertragen werden, welche allerdings erst mit dem Eintreffen des Betrages auf dem Bankkonto des Beschenkten perfekt ist 136 III 142/146 f. E. 3.3 f. Pra 2010 (Nr. 100) 694 f.

3 ***Abs. 2*** Nichtig ist ein als Schenkung bezeichneter Verkauf eines Grundstücks 66 II 30/34 fr., 57 II 142/147, 45 II 27/29 fr. Siehe auch Art. 216 Abs. 1.

4 Abgrenzung Schenkung von Hand zu Hand/Schenkungsversprechen: siehe Vorb. Art. 242–243.

II. Schenkungsversprechen

Art. 243

[1] Das Schenkungsversprechen bedarf zu seiner Gültigkeit der schriftlichen Form.

[2] Sind Grundstücke oder dingliche Rechte an solchen Gegenstand der Schenkung, so ist zu ihrer Gültigkeit die öffentliche Beurkundung erforderlich.

[3] Ist das Schenkungsversprechen vollzogen, so wird das Verhältnis als Schenkung von Hand zu Hand beurteilt.

1 ***Abs. 1*** **Schenkungsversprechen.** In einem blossen schriftlichen Zahlungsauftrag an eine Bank (Anweisung) kann kein gültiges Schenkungsversprechen erblickt werden 105 II 104/108 E.b. – Mäklervertrag (Art. 412 ff.) mit (allenfalls ungültiger) Ausschliesslichkeitsklausel, wonach der Mäkler selbst ohne jedes Tätigwerden einen Lohnanspruch hat: Darin kann ein Schenkungsversprechen erblickt werden (in casu offengelassen); hingegen stellt der Verzicht auf einen Kausalzusammenhang zwischen der Mäklertätigkeit und einem Vertragsabschluss, sei es aufgrund einer Ausschliesslichkeitsklausel oder einer andern Vertragsbestimmung, im Allgemeinen kein Schenkungsversprechen dar 100 II 361/366 f. E. 3, 4 Pra 1975 (Nr. 3) 6 f.; vgl. auch 43 II 651/654 f. E. 3. – Bedingtes Schenkungsversprechen 4C.178/2001 (28.11.01) E. 1 fr.

Formvorschrift. Es genügt, wenn der *Schenker* die Urkunde unterzeichnet (Art. 13) 4A_119/2010 (29.4.10) E. 2.1, 136 III 142/145 E. 3.3 Pra 2010 (Nr. 100) 693, 110 II 156/161 E. d Pra 1984 (Nr. 243) 664. Ist der Betrag einer «Zuwendung» weder bestimmt noch bestimmbar, liegt kein Schenkungsversprechen vor 4A_205/2011 (15.7.11) E. 4 fr. – Die Formvorschrift gilt auch: für das unentgeltliche Schuldbefreiungsversprechen (Art. 175 Abs. 1) 110 II 340/341 f. E. b Pra 1985 (Nr. 81) 223; für das Schenkungsversprechen in Erfüllung einer sittlichen Pflicht 45 II 291/297 f.; für das unentgeltliche Versprechen eines Schulderlasses 44 II 180 f. E. 2 fr.; für die unentgeltliche Einräumung eines Wohnrechts (falls darin überhaupt ein Schenkungsversprechen zu erblicken ist; in casu offengelassen) 109 II 15/19 E. 2. Hingegen ist im Rahmen einer Schuldanerkennung die bloss mündlich getroffene Abrede, wonach die Schuld beim Vorabsterben des Gläubigers erlösche, gültig 44 II 179/181 fr. Im Rahmen einer konstitutiven Schuldanerkennung muss der animus donandi als causa nicht aus dem entsprechenden Dokument hervorgehen; es genügt, wenn der Schenker ein Zuwendungsversprechen ohne Gegenleistung unterzeichnet 4A_201/2018 (12.2.19) E. 3.2.3 fr. – Simulation (Art. 18): Es genügt nicht, dass die Parteien ihre simulierte Abrede (in casu Honorarvereinbarung/Teilsimulation) schriftlich festgehalten haben; damit ein formgültiges Schenkungsversprechen vorliegt, muss vielmehr das dissimulierte Schenkungsversprechen beurkundet sein, was nur dann der Fall ist, wenn sich der wirkliche Rechtsgrund der Zuwendung, d.h. die Schenkungsabsicht, der Vereinbarung entnehmen lässt 117 II 382/385 E.b.Vgl. auch 4A_119/2010 (29.4.10) E. 2.1. 2

Abs. 2 Die Unwiderruflichkeitserklärung bezüglich einer Liegenschaftsschenkung bedarf der öffentlichen Beurkundung 113 II 252/258 E. 5 Pra 1988 (Nr. 39) 160. – Anwendungsfall 117 II 26/29 E. 3 Pra 1992 (Nr. 207) 784. – Ebenso bedarf eine Verpflichtung, die als gemischte Schenkung zu qualifizieren ist, im Rahmen der Schenkung eines Grundstücks ebenfalls der Form der öffentlichen Beurkundung 4A_63/2015 (18.2.16) E. 3.3 it. 3

Abs. 3 Für die Besitzesübertragung in Erfüllung eines formgültigen Schenkungsversprechens sieht das Gesetz (im Unterschied zur Schenkung von Hand zu Hand, die eine Übergabe [bzw. zumindest eine Besitzesanweisung] voraussetzt) keine besonderen Erfordernisse vor 57 II 513/517 (in casu Hinterlegung von Wertschriften auf den Namen des Beschenkten). – Nach dem Tod des «Schenkers» kann ein formungültiges Schenkungsversprechen nicht mehr vollzogen werden (in casu Tod des Anweisenden und «Schenkers» vor dem Vollzug der Zahlung durch die angewiesene Bank an den «Beschenkten») 105 II 104/108 f. E.c. 4

Abgrenzung Schenkung von Hand zu Hand/Schenkungsversprechen: siehe Vorb. Art. 242–243. 5

III. Bedeutung der Annahme

Art. 244

Wer in Schenkungsabsicht einem andern etwas zuwendet, kann, auch wenn er es tatsächlich aus seinem Vermögen ausgesondert hat, die Zuwendung bis zur Annahme seitens des Beschenkten jederzeit zurückziehen.

1 Die Schenkung kommt nur dann rechtsgültig zustande, wenn der Beschenkte sie annimmt 114 II 32/38 E.b.

D. Bedingungen und Auflagen I. Im Allgemeinen

Art. 245

[1] Mit einer Schenkung können Bedingungen oder Auflagen verbunden werden.

[2] Eine Schenkung, deren Vollziehbarkeit auf den Tod des Schenkers gestellt ist, steht unter den Vorschriften über die Verfügungen von Todes wegen.

▪ Abs. 1 Bedingte Schenkung/Schenkung mit Auflage (1) ▪ Abs. 2 Die Unterscheidung zwischen Rechtsgeschäften unter Lebenden und Verfügungen von Todes wegen (4) ▪ Schenkung auf den Todesfall (5)

1 ***Abs. 1*** **Bedingte Schenkung/Schenkung mit Auflage.** Das wesentliche Merkmal der Schenkung mit Auflage liegt in der akzessorischen Natur der geringeren Leistung (nämlich der Auflage) und in ihrer Funktion im Verhältnis zur grösseren Leistung (in casu schenkte ein Bildhauer einer Gemeinde eine Statue mit der Auflage, sie an einem bestimmten Ort aufzustellen). Tritt bei der bedingten Schenkung die Bedingung nicht ein, so kann die geschenkte Sache zurückgefordert werden (bei Unmöglichkeit der Rückerstattung gelten die Art. 97 ff. bzw. 119); wird hingegen bei der Schenkung mit Auflage die Auflage nicht erfüllt, so kann (unter Vorbehalt des Widerrufs nach Art. 249 Ziff. 3) deswegen lediglich Schadenersatz gefordert werden 80 II 260/262 ff. E. 1, 2 Pra 1955 (Nr. 1) 1 ff. – Schenkung einer Liegenschaft an einen Kanton zum Zweck der Errichtung eines Museums: Enthält der Vertrag keine Angaben darüber, ob die Vertragswirkungen in der Schwebe zu lassen oder aufzuheben sind, falls das Museumsprojekt nicht verwirklicht wird, und begehrt der Kläger (in casu Erbeserbe des Schenkers) den Widerruf der Schenkung, so handelt es sich um eine Schenkung mit Auflage 96 II 119/125 E. 2 Pra 1971 (Nr. 30) 85 f.

2 ***Anwendungsfälle.*** Suspensiv bedingte Schenkung einer Rente 64 III 183/188 fr. – Schenkung ererbten Familienschmucks durch den Ehemann an die Ehefrau unter der stillschweigenden Bedingung, dass die Ehe nicht aus ihrem Verschulden geschieden werde 71 II 255/256; vgl. aber 85 II 70/72 Pra 1959 (Nr. 100) 296, wonach – abgesehen vom oben angeführten Sonderfall – nicht vermutet werden darf, Schenkungen unter Ehegatten seien unter der Bedingung erfolgt, dass die Ehe nicht durch Scheidung aufgelöst werde; vgl. auch 42 II 500/503 f. und insbesondere die Präzisierung in 113 II 252/255 E. 2b Pra 1988 (Nr. 39) 157 ff. – Es liegt nahe, eine in Lebensgefahr gemachte Schenkung als an

die stillschweigende Bedingung geknüpft zu betrachten, der Schenker werde die Gefahr nicht überleben 58 II 423/427.

3 Zur Bedingung im Allgemeinen siehe Vorb. Art. 151–157 sowie Art. 151–157.

4 *Abs. 2* **Die Unterscheidung zwischen Rechtsgeschäften unter Lebenden und Verfügungen von Todes wegen** ist nicht schematisch aufgrund eines abstrakten Kriteriums zu treffen, sondern in Würdigung aller Umstände des Einzelfalls. Insbesondere ist im Hinblick auf den Willen der Vertragsschliessenden zu prüfen, ob das Geschäft das Vermögen des Verpflichteten oder seinen Nachlass belasten soll (Zeitpunkt, in welchem die Wirkungen des Geschäfts eintreten sollen) 110 II 156/157 f. E. 2 a Pra 1984 (Nr. 243) 662 (in casu Geschäft, das auch nach dem Tod des Schenkers noch Wirkungen entfalten soll, als Rechtsgeschäft unter Lebenden [Schenkungsversprechen nach Art. 243 oder Leibrentenvertrag nach Art. 516 ff.] qualifiziert), 113 II 270/273 E. 2, vgl. auch 128 II 231/235 E. 2.3 Pra 2002 (Nr. 184) 983 ff.

5 **Schenkung auf den Todesfall.** ***Allgemeines.*** Auch bei einer Schenkung auf den Tod des Schenkers hat die Annahme durch den Beschenkten zu Lebzeiten des Schenkers zu erfolgen 96 II 79/95. – Rechtsgeschäfte, mit denen der Erblasser versucht, nach seinem Tod einem Dritten bestimmte Vermögenswerte mittels einer über seinen Tod hinaus gültigen Vollmacht oder durch Hinterlegung auf den Namen eines Dritten, verbunden mit einem Vertrag zu dessen Gunsten, zukommen zu lassen, sind einer Schenkung von Todes wegen gleichzustellen und unterstehen den betreffenden Vorschriften 96 II 79/90 E.d.

6 ***Tragweite der Verweisung auf die Vorschriften über die Verfügungen von Todes wegen.*** Die Verweisung bezieht sich nicht nur auf die vom Gesetz für die Verfügungen von Todes wegen aufgestellten Formvorschriften, sondern generell auch auf die Vorschriften über den Inhalt der Verfügungen von Todes wegen (hat die Schenkung von Todes wegen nicht die Gesamtheit oder einen Bruchteil der Erbschaft zum Gegenstand, sondern eine bestimmte Sache, so liegt ein Vermächtnis vor). Die Sache fällt dem Beschenkten nicht kraft Übereignung unter Lebenden, sondern kraft Übergangs von Todes wegen zu; dieser Übergang wird vom Gesetz in zwingender und abschliessender Weise geregelt (ZGB Art. 537–601) 89 II 87/90 ff. E. 3–5 Pra 1963 (Nr. 111) 330 ff. Die Schenkung von Todes wegen ist den Formvorschriften über den Erbvertrag unterstellt; dies gilt auch für den einem Dritten erteilten Auftrag, nach dem Tod des Auftraggebers eine unentgeltliche Zuwendung zu machen 89 II 87/90 f. E. 3 Pra 1963 (Nr. 111) 330 (vgl. auch 58 II 423/427 f.). ZGB Art. 216 Abs. 1 und der frühere Art. 214 Abs. 3 stellen «leges speciales» im Verhältnis zu Art. 245 Abs. 2 und 512 dar 137 III 113/118 E. 4.3 Pra 2011 (Nr. 12) 84. – Verfügungen von Todes wegen und damit auch Schenkungen auf den Todesfall, die an einem Formmangel leiden, sind nicht schlechthin nichtig, sondern werden nur auf Klage hin für ungültig erklärt (ZGB Art. 520 Abs. 1) 96 II 79/99 E. b, ferner 113 II 270/273 f. E. 3.

7 ***Weiteres.*** Konversion einer formnichtigen Schenkung von Todes wegen in ein Vermächtnis (in casu abgelehnt) 76 II 273/278 ff. E. 3, vgl. auch 75 II 184/188 E. 1 fr. (zur Konversion im Allgemeinen siehe unter Art. 11). Erhält der Bedachte erst nach dem Tod des «Schenkers» Kenntnis von der Zuwendung, so liegt mangels seiner Zustimmung keine Schenkung vor; in casu wurde jedoch ein Vermächtnis angenommen, da die betreffenden Formvorschriften eingehalten waren 45 II 142/145 ff. E. 1, 2. – Schuldanerkennung teilweise als Schenkung, teilweise als Entgelt für geleistete Dienste mit Fälligkeit auf den Tod

des Anerkennenden: Die Schuldanerkennung ist wegen Formmangels nur insoweit ungültig, als sie Schenkung ist 46 II 38/43 f. E. 2 fr. – Die Vereinbarung im Rahmen eines Kollektivgesellschaftsvertrages, wonach die Gesellschafter bei ihrem Ausscheiden lediglich aufgrund der Buchwerte (d.h. ohne Berücksichtigung der stillen Reserven) abgefunden werden (Art. 580 Abs. 1), kann *steuerrechtlich* als Schenkung von Todes wegen qualifiziert werden, auch wenn die Formvorschrift in Art. 245 Abs. 2 nicht beachtet worden ist 98 Ia 258/260 ff. E. 2–4. Der Vertrag zugunsten eines Dritten (Art. 112) mortis causa bedarf der Form einer Schenkung auf den Tod hin 127 III 390/395 E. f. fr.

8 ***Anwendungsfälle.*** *Eine Schenkung auf den Todesfall ist:* die ehevertragliche Zuweisung des Vorschlags an den überlebenden Ehegatten 102 II 313/326 E. d; die Errichtung eines Sparhefts auf den Namen eines Dritten unter Vorbehalt des eigenen Verfügungsrechts zu Lebzeiten 89 II 87/89 f. E. 1, 2 Pra 1963 (Nr. 111) 329 f. Gegenseitig bedingte Zuwendungen sind unbekümmert um ihren aleatorischen Charakter auch in der einfachen Gesellschaft als letztwillige Verfügungen zu betrachten, wenn sie nur für den Fall vereinbart werden, dass ein Gesellschafter durch Tod ausscheidet 113 II 270/271 ff. E. 2. Offengelassen, ob ein zu Lebzeiten des Schenkers zugunsten seiner Nachkommen errichteter Trust, dessen Vermögenswerte unmittelbar in das fiduziarische Eigentum eines Trustee übergegangen sind, eine Schenkung auf den Todesfall ist 96 II 79/96 f. E. 9. – *Keine Schenkung auf den Todesfall ist:* die Errichtung eines Bankkontos mit zugehörigem Depot zugunsten eines Dritten unter Einräumung des Verfügungsrechts an diesen und Vorbehalt lediglich einer Vollmacht 96 II 145/151; die Einräumung eines Vorkaufsrechts in Verbindung mit einem beim Tod des Eigentümers wirksam werdenden Kaufsrecht 84 II 247/250 ff. E. 6, 7.

II. Vollziehung der Auflagen

Art. 246

1 Der Schenker kann die Vollziehung einer vom Beschenkten angenommenen Auflage nach dem Vertragsinhalt einklagen.

2 Liegt die Vollziehung der Auflage im öffentlichen Interesse, so kann nach dem Tode des Schenkers die zuständige Behörde die Vollziehung verlangen.

3 Der Beschenkte darf die Vollziehung einer Auflage verweigern, insoweit der Wert der Zuwendung die Kosten der Auflage nicht deckt und ihm der Ausfall nicht ersetzt wird.

1 Zur Schenkung mit Auflage siehe Art. 245.

2 ***Abs. 1*** Das Recht des Schenkers, die Vollziehung zu verlangen, ist vererblich 96 II 119/125 f. E. 3 Pra 1971 (Nr. 30) 86.

Vorb. Art. 247–251

1 *Abschliessende* Regelung 85 II 609/617 E. 5 it. Die genannten Rechte sind höchstpersönlicher Natur und können nicht auf Dritte (auch nicht infolge Todes des Schenkers auf seine Erben) übergehen 85 II 609/617 E. 5 it., 96 II 119/125 f. E. 3 Pra 1971 (Nr. 30) 86 (siehe jedoch Art. 251 Abs. 2 und 3).

III. Verabredung des Rückfalls

Art. 247

[1] Der Schenker kann den Rückfall der geschenkten Sache an sich selbst vorbehalten für den Fall, dass der Beschenkte vor ihm sterben sollte.

[2] Dieses Rückfallsrecht kann bei Schenkung von Grundstücken oder dinglichen Rechten an solchen im Grundbuche vorgemerkt werden.

Abs. 1 Unzulässig ist ein zeitlich unbeschränktes und übertragbares (bedingtes) Rückrufsrecht des Schenkers 85 II 609/617 E. 5. it. 1

E. Verantwortlichkeit des Schenkers

Art. 248

[1] Der Schenker ist dem Beschenkten für den Schaden, der diesem aus der Schenkung erwächst, nur im Falle der absichtlichen oder der grobfahrlässigen Schädigung verantwortlich.

[2] Er hat ihm für die geschenkte Sache oder die abgetretene Forderung nur die Gewähr zu leisten, die er ihm versprochen hat.

F. Aufhebung der Schenkung I. Rückforderung der Schenkung

Art. 249

Bei der Schenkung von Hand zu Hand und bei vollzogenen Schenkungsversprechen kann der Schenker die Schenkung widerrufen und das Geschenkte, soweit der Beschenkte noch bereichert ist, zurückfordern:

1. **wenn der Beschenkte gegen den Schenker oder gegen eine diesem nahe verbundene Person eine schwere Straftat begangen hat;**
2. **wenn er gegenüber dem Schenker oder einem von dessen Angehörigen die ihm obliegenden familienrechtlichen Pflichten schwer verletzt hat;**
3. **wenn er die mit der Schenkung verbundenen Auflagen in ungerechtfertigter Weise nicht erfüllt.**

Ziff. 1 Der Wortlaut dieser Bestimmung entspricht demjenigen der Regelung der Enterbung in ZGB Art. 477 Ziff. 1; dementsprechend können auch die Grundsätze der Rechtsprechung zu jener Bestimmung, insb. was den Begriff der «schweren Straftat» anbelangt, mutatis mutandis angewendet werden 4A_171/2011 (9.6.11) E. 4 it., 113 II 252/256 E. 4a. 1

Ziff. 2 Abgesehen von Sonderfällen (siehe unter Art. 245 Abs. 1) kann nicht vermutet werden, Schenkungen zwischen Ehegatten seien unter der Bedingung erfolgt, dass die Ehe nicht durch Scheidung aufgelöst werde 85 II 70/72 Pra 1959 (Nr. 100) 296. Somit ist in der Regel die Scheidung an sich kein Grund zur Rückforderung des Geschenkten. Hingegen ist eine Rückforderung während der Ehe oder im Fall der Scheidung möglich, wenn der Beschenkte in schwerer Weise seine familienrechtlichen Pflichten verletzt hat 113 II 252/255 ff. E. 2 b und 4 Pra 1988 (Nr. 39) 157 ff. (Präzisierung der Rechtsprechung; in 2 casu ehebrecherische Beziehung des Beschenkten). Die Gültigkeit eines antizipierten Verzichts auf den Widerruf der Schenkung ist in Anbetracht von ZGB Art. 27 und OR Art. 19 und 20 sehr fraglich 113 II 252/258 E. 5 Pra 1988 (Nr. 39) 160.

3 *Ziff. 3* Das Widerrufsrecht ist persönlich und geht nur in beschränktem Umfang (Art. 251 Abs. 2) auf die Erben über 133 III 421/426 f. E. 3 u. 4 Pra 2008 (Nr. 15) 108 ff. Im betreffenden Fall wurde ein Widerrufsrecht der überlebenden (Solidar-) Schenkerin zwar bejaht (dasjenige der Erben dagegen verneint, E. 4.1 u. 4.2), ein mehr als nur unhöfliches Fehlverhalten des Beschenkten, welches zur Ausübung des Widerrufsrechts berechtigt hätte, jedoch verneint (E. 5). Weiterer Fall, in dem eine ungerechtfertigte Nichterfüllung der Auflage verneint wurde 42 II 500/504 E. 2. Widerruf einer Immobilienschenkung aus Grundlagenirrtum 4A_237/2011 (21.11.11) E. 6.2 it.

II. Widerruf und Hinfälligkeit des Schenkungsversprechens

Art. 250

[1] Bei dem Schenkungsversprechen kann der Schenker das Versprechen widerrufen und dessen Erfüllung verweigern:

1. **aus den gleichen Gründen, aus denen das Geschenkte bei der Schenkung von Hand zu Hand zurückgefordert werden kann;**
2. **wenn seit dem Versprechen die Vermögensverhältnisse des Schenkers sich so geändert haben, dass die Schenkung ihn ausserordentlich schwer belasten würde;**
3. **wenn seit dem Versprechen dem Schenker familienrechtliche Pflichten erwachsen sind, die vorher gar nicht oder in erheblich geringerem Umfange bestanden haben.**

[2] Durch Ausstellung eines Verlustscheines oder Eröffnung des Konkurses gegen den Schenker wird jedes Schenkungsversprechen aufgehoben.

1 Die Ertragsgarantie des Stifters für Vermögensanlagen einer Personalfürsorgestiftung ist eine Widmung von Vermögen zu Stiftungszwecken; als solche kann sie nicht Gegenstand eines widerrufbaren Schenkungsversprechens sein 108 II 254/264 E.c.fr.

2 *Abs. 2* Kein Schenkungsversprechen (sondern bereits vollzogene Schenkung) ist die als Vermögen einer Personalfürsorgestiftung begründete Forderung gegenüber dem Stifter (Arbeitgeber): kein Dahinfall beim Konkurs des Stifters 83 III 147/150 f. E. 3.

III. Verjährung und Klagerecht der Erben

Art. 251

[1] Der Widerruf kann während eines Jahres erfolgen, von dem Zeitpunkt an gerechnet, wo der Schenker von dem Widerrufsgrund Kenntnis erhalten hat.

[2] Stirbt der Schenker vor Ablauf dieses Jahres, so geht das Klagerecht für den Rest der Frist auf dessen Erben über.

[3] Die Erben des Schenkers können die Schenkung widerrufen, wenn der Beschenkte den Schenker vorsätzlich und rechtswidrig getötet oder am Widerruf verhindert hat.

Abs. 1 Zur Natur des Widerrufsrechtes siehe Vorb. Art. 247–251. – *Verwirkungsfrist* 96 II 119/126 E. a Pra 1971 (Nr. 30) 87, 113 II 252/256 E. 3 Pra 1988 (Nr. 39) 158. – *Kenntnis vom Widerrufsgrund:* Anwendungsfall 113 II 252/256 E. 3 Pra 1988 (Nr. 39) 158 f. (in casu Beginn der Frist mit jenem Tag, an dem der dauerhafte Charakter des ehebrecherischen Verhältnisses wie auch dessen Kausalität für den definitiven Bruch der Ehe und für den eingeleiteten Scheidungsprozess festgestellt worden ist). 1

Abs. 2 **Ratio legis.** Die Bestimmung ist dahin zu verstehen, dass die Erben bis zum Ablauf der Frist aus einem *vor* dem Tod des Schenkers eingetretenen Grund die Schenkung widerrufen und klagen können 96 II 119/126 E. a Pra 1971 (Nr. 30) 86 f. 2

Erben. Es gilt der vom ZGB verwendete Erbenbegriff: Darunter sind nicht nur die unmittelbaren Erben des Schenkers zu verstehen, sondern auch die Erben seiner gesetzlichen Erben 96 II 119/124 E. a Pra 1971 (Nr. 30) 84. 3

Klagerecht. Die Frage der Klagelegitimation ist materiellrechtlicher Natur; der kantonale Richter hat sie unabhängig von der anwendbaren Prozessordnung von Amtes wegen zu prüfen 96 II 119/124 f. E. b Pra 1971 (Nr. 30) 85. 4

IV. Tod des Schenkers

Art. 252

Hat sich der Schenker zu wiederkehrenden Leistungen verpflichtet, so erlischt die Verbindlichkeit mit seinem Tode, sofern es nicht anders bestimmt ist.

Achter Titel
Die Miete

Vorb. Art. 253–274

Sondergesetzgebung. ***Bund.*** V über die Miete und Pacht von Wohn- und Geschäftsräumen (VMWG, SR 221.213.11), in Kraft seit 1. Juli 1990. V des WBF über die Erhebung des für die Mietzinse massgebenden hypothekarischen Durchschnittszinssatzes (Zinssatzverordnung, SR 221.213.111), in Kraft seit 1. Februar 2008. BG über Rahmenmietverträge und deren Allgemeinverbindlicherklärung (SR 221.213.15), V über Rahmenmietverträge und deren Allgemeinverbindlicherklärung (VRA, SR 221.213.151), beide in Kraft seit 1. März 1996. – *Coronavirus:* V über die Abfederung der Auswirkungen des Coronavirus im Miet- und Pachtwesen (COVID-19-Verordnung Miete und Pacht, SR 221.213.4), in Kraft vom 28. März bis am 31. Mai 2020. Vorlage für das «Bundesgesetz über den Miet- und den Pachtzins während Betriebsschliessungen und Einschränkungen zur Bekämpfung des Coronavirus (COVID-19-Geschäftsmietegesetz)», im Vernehmlassungsverfahren vom 1. Juli bis am 4. August 2020. 1

Kantone. Rahmenmietvertrag für die Westschweiz (Genf, Waadt, Freiburg, Neuenburg, Jura und die sieben französischsprachigen Bezirke des Kantons Wallis): Allgemeinverbindlichkeitserklärung des Bundesrats vom 20. Juni 2014, abgelaufen am 30. Juni 2020. Der Rahmenmietvertrag bleibt bis zur rechtswirksamen Kündigung durch eine Vertragspartei anwendbar. – Kantonaler Rahmenmietvertrag des Kantons Waadt, vom Staatsrat am 27. Mai 2020 für den Zeitraum von 1. Juli 2020 bis 30. Juni 2026 für allgemeinverbindlich erklärt und vom Bundesrat mit Beschluss vom 24. Juni 2020 genehmigt (BBl 2020 S. 5751 f.). – Der Grundsatz der derogativen Kraft des Bundesrechts untersagt es den Kantonen, in die Beziehungen zwischen Vermietern und Mietern einzugreifen. Die Kantone sind auch nicht befugt, eine allgemeine und ständige Mietzinskontrolle einzuführen. In casu ging es um die Prüfung der Zulässigkeit verschiedener Bestimmungen des Genfer Gesetzes über Abbruch, Umbau und Renovation von Wohnhäusern 116 Ia 401/408 f. E. 4 fr. – Verfassungsmässigkeit des Genfer Gesetzes, das vorsieht, dass die Nutzung von missbräuchlich leer gelassenen Wohnungen enteignet werden kann, wenn es sich um Mietwohnungen handelt, deren Markt von der Wohnungsknappheit betroffen ist 119 Ia 348/354 ff. E. 3, 4 f. Pra 1994 (Nr. 217) 705 ff. – Zulässigkeit einer kantonalen Bestimmung, wonach die Vollstreckung eines Ausweisungsentscheids aus humanitären Gründen im Rahmen des Notwendigen aufgeschoben werden kann, um dem Mieter zu erlauben, eine neue Wohnung zu finden 117 Ia 336/338 f. E. 2 fr. – Unzulässigkeit einer Bestimmung des kantonalen Privatrechts, wonach die offiziellen Formulare auch beim Abschluss eines Mietvertrages über Geschäftsräume zu verwenden sind 117 Ia 328/330 ff. E. 2, 3 fr. – Eine kantonale Delegationsnorm, wonach der Regierungsrat mit der näheren Umschreibung des Begriffs des Wohnungsmangels in einem Reglement beauftragt wird, verstösst nicht gegen das Legalitätsprinzip 117 Ia 328/335 E. 4 fr. 2

Weiteres. Kreisschreiben der Schuldbetreibungs- und Konkurskammer an die kantonalen Aufsichtsbehörden und an die Betreibungs- und Konkursämter betreffend die Auswirkungen der Änderung des Obligationenrechts (Miete und Pacht) vom 15. Dezember 1989 3

116 III 49/49 ff., vgl. auch 122 III 327/327 ff. (Kreisschreiben Nr. 37 des Schweizerischen Bundesgerichts vom 7. November 1996). – Voraussetzungen für die Vormerkung eines Mietvertrages im Grundbuch (ZGB Art. 959) 119 II 16/17 f. E. 2a. – Will ein Vermieter vermeiden, dass seine Räumlichkeiten in die Siegelung (SchKG Art. 223 Abs. 1) einbezogen werden, die für die Räumlichkeiten des Mieters (Gemeinschuldners) angeordnet worden ist, müssen die Räumlichkeiten so voneinander getrennt sein, dass die Siegelung ohne besonderen Aufwand vollzogen werden kann 119 III 78/79 ff. E. 3b und E. 3e. – Das Mietrecht ist ein durch Formstrenge gekennzeichnetes Rechtsgebiet. Es lässt Ausnahmen von einer zum Schutz des Mieters aufgestellten Regel grundsätzlich nicht zu 120 II 206/208 E. 3a, 121 III 460/466 E. 4a/cc Pra 1996 (Nr. 152) 526 f. – Der Mieter hat gestützt auf EntG Art. 5 und 23 Abs. 2 (SR 711) einen Anspruch auf Enteignungsentschädigung, soweit ihm der vertragsgemässe Gebrauch entzogen oder eingeschränkt wird. Eine Entschädigung ist jedoch nur für die Zeit bis zum Vertragsablauf oder bis zum Kündigungstermin geschuldet, wobei unerheblich ist, ob der Vertrag auf diesen Zeitpunkt tatsächlich aufgelöst oder ob er erneuert wird 119 Ib 148/149 f. E. 1a, vgl. auch 106 Ib 223/226 f. E. 2 und 241/245 ff. E. 4, 113 Ia 353/354 f. E. 2. – Stellt sich die Frage, ob auf einen Fall kantonales Recht oder Bundesrecht anwendbar ist, kann eine allfällige Anwendung von Bundesrecht nur gesamthaft erfolgen – eine Aufspaltung der Anwendung bundesrechtlicher Bestimmungen über die Miete (z.B. Art. 269–269c und Art. 269d Abs. 2 lit. a sowie Art. 269d Abs. 3) in anwendbare und nicht anwendbare Bestimmungen ist nicht zulässig 4A_177/2010 (14.6.10) E. 3 fr.

Erster Abschnitt Allgemeine Bestimmungen

A. Begriff und Geltungsbereich I. Begriff

Art. 253

Durch den Mietvertrag verpflichtet sich der Vermieter, dem Mieter eine Sache zum Gebrauch zu überlassen, und der Mieter, dem Vermieter dafür einen Mietzins zu leisten.

Ein Mietvertrag kann formfrei, also auch mündlich 119 III 78/80 E. 3c oder konkludent 1
4C.441/2004 (27.4.05) E. 2.1 fr., abgeschlossen werden 4A_247/2008 (19.8.08) E. 3.2 fr. (in casu Abschluss eines Mietvertrages verneint). Ist für einen Vertrag, der vom Gesetz an keine Form gebunden ist, die Anwendung einer solchen vorbehalten worden, so wird vermutet, dass die Parteien vor Erfüllung der Form nicht verpflichtet sein wollen (Art. 16). Diese Vermutung kann durch den Nachweis widerlegt werden, dass die Parteien nachträglich durch konkludentes Verhalten auf die vorbehaltene Form verzichtet haben 4A_416/2012 (21.11.12) E. 3.3 f. (durch Übergabe der Schlüssel zum Mietobjekt und durch Umbauarbeiten, welche die Vermieter auf Anweisung der Mieter hin durchführen liessen), 125 III 263/268 E. 4c. Vorbehalt der Schriftform durch Zustellung eines ausgefüllten, aber nicht unterzeichneten Mietvertragsformulars (in casu Vorbehalt der Schriftform verneint) 4P.58/2005 (17.5.05) E. 3.2 fr. – Der stillschweigende Abschluss eines neuen Mietvertrages ist nur mit Zurückhaltung anzunehmen, zum Beispiel dann, wenn der Vermieter im Anschluss an eine Kündigung über lange Zeit davon absieht, die Kündigung geltend zu machen und die Mietsache zurückzuverlangen und wenn er weiterhin die Mietzinszahlungen des Mieters vorbehaltslos annimmt 4A_75/2015 (9.6.15) E. 4.1 fr. – Vor Ablauf des befristeten Mietvertrags versendet die Immobilienverwaltung dem Mieter Einzahlungsscheine für die Zeit danach. Dies ist keine Offerte zum Abschluss eines neuen Mietvertrags, wenn der Vermieter unlängst erklärt hat, das Mietverhältnis nicht verlängern zu wollen 4A_423/2016 (21.12.16) E. 2 fr. – Vereinbarung eines unentgeltlichen obligatorischen Wohnrechts 4C.65/2000 (22.6.00) E. 3a. – Der Vermieter ist verpflichtet, dem Mieter den Gebrauch der Mietsache zu überlassen und den Gebrauch für die Dauer des Mietverhältnisses ungeschmälert zu gewähren; demgegenüber trifft ihn grundsätzlich keine Obhuts- oder Verwahrungspflicht hinsichtlich der vom Mieter eingebrachten Sachen Pra 1999 (Nr. 21) 114 E. 3c. – Der Vermieter ist nicht berechtigt, aufgrund einer behaupteten Verletzung einer vertraglichen Nebenpflicht (in casu das Ausstellen einer Versicherungspolice auf den Namen des Vermieters), die nicht im Austauschverhältnis zur vertraglich geschuldeten Überlassung der Mietsache steht, deren Nutzung zu verweigern (Art. 82) 4A_308/2012 (11.10.12) E. 2.7. Ist der Mietzins von den Parteien nicht hinreichend bestimmt worden und liegt erst eine grundsätzliche Einigung über die Entgeltlichkeit der Gebrauchsüberlassung vor, ist ein Mietvertrag noch nicht geschlossen. Die Möglichkeit richterlicher Vertragsergänzung (Festlegung des Entgeltes) besteht nur für die Dauer der bereits erfolgten Benutzung 119 II 347/347 f. E. 5. – Ebenso setzt ein Optionsrecht, den Mietvertrag abzuschliessen oder zu verlängern, voraus, dass im Zeitpunkt der Ausübung der Option feststeht, welche Mietsache der Vermieter zu wel-

chem Mietzins zu überlassen hat 4C.152/2004 (9.7.04) E. 3.1. – Zur Rechtsstellung des Mieter-Aktionärs 126 V 83/87 E. 2d fr. – Mietvertrag und Leasing 123 II 433/438 E. 7, auch Vorb. Art. 184–551, Innominatverträge/Gemischte Verträge/Leasingvertrag. – Die Rechtsstellung als Vermieterin setzt nicht voraus, dass die Person Eigentum an der Mietsache hat 4A_212/2018 (22.5.18) E. 2.2. – Simulation eines Mietvertrags 4A_235/2018 (24.9.18) E. 2. – Vertragliche Verhandlungspflicht betreffend Neufestsetzung des Mietzinses nach dem Umbau des Mietobjekts 4A_50/2018 (5.9.18) E. 4.

2 Gegenstand des Mietvertrages sind Sachen im Sinne des Sachenrechts. Sachen, die im öffentlichen Gebrauch stehen oder öffentliche Aufgaben erfüllen (vgl. dazu auch ZGB Art. 664), fallen nicht darunter. Die Rechtsprechung unterscheidet zwischen dem Verwaltungs- und dem Finanzvermögen des Staates: Zum Finanzvermögen gehört alles, was bloss indirekt – sei es dank des Anlage- oder des Ertragswerts – der Erfüllung öffentlicher Aufgaben dient. Es untersteht dem Privatrecht. Das Verwaltungsvermögen hingegen trägt direkt zur Erfüllung öffentlicher Aufgaben bei (z.B. Schulen, Spitäler, Bahnhöfe, Museen und Bibliotheken). Es untersteht insofern dem Privatrecht, als sich dies mit seiner Nutzung vereinbaren lässt und als das Gesetz nichts anderes vorschreibt. In Bezug auf das Verwaltungsvermögen ist von Fall zu Fall zu entscheiden, ob die Erfüllung bestimmter, gesetzlich vorgeschriebener Aufgaben die Anwendung des Privatrechts (und damit auch der Art. 253 ff.) ausschliesst 4A_250/2015 (21.7.15) E. 4.1 fr., 5A_78/2011 (15.6.11) E. 2.3.2 fr., 103 Ib 324 E. 5b (bei dem es aber nicht um mietrechtliche Fragen, sondern um Urheberrechte an Landeskarten ging).

II. Geltungsbereich 1. Wohn- und Geschäftsräume

Art. 253a

1 Die Bestimmungen über die Miete von Wohn- und Geschäftsräumen gelten auch für Sachen, die der Vermieter zusammen mit diesen Räumen dem Mieter zum Gebrauch überlässt.

2 Sie gelten nicht für Ferienwohnungen, die für höchstens drei Monate gemietet werden.

3 Der Bundesrat erlässt die Ausführungsvorschriften.

1 ***Abs. 1*** Art. 253a Abs. 1 setzt nach dem Wortlaut voraus, dass der Vermieter dem Mieter die Nebensachen überlässt und dass ihr Gebrauch mit dem des Hauptmietobjektes zusammenhängt 137 III 123/126 E. 2.2. Ob ein Zusammenhang der Nebensache mit der Hauptsache im Sinn von Art. 253a Abs. 1 vorliegt, ist nach persönlichen, sachlichen und zeitlichen Aspekten zu beurteilen 4A_283/2013 (20.8.13) E. 4.1. Als *mitvermietet* gelten (bewegliche oder unbewegliche) Nebensachen, die der Hauptsache funktionell dienen und nur wegen des über diese geschlossenen Mietvertrages zum Gebrauch überlassen bzw. in Gebrauch genommen werden. Erforderlich ist, dass die Parteien beider Mietverträge dieselben sind (Identität in persönlicher Hinsicht, verneint in 4A_283/2013 (20.8.13) E. 4.1, in dem der Mietvertrag zwischen der Beklagten einerseits und beiden Klägerinnen andererseits abgeschlossen worden ist, während Vertragspartner des Pachtvertrages einerseits die Beklagte und andererseits die Klägerin 2 gewesen sind), während dem Zeitpunkt des Vertragsschlusses oder der Anzahl der abgeschlossenen Verträge in diesem Zusammenhang keine entscheidende Bedeutung zukommt 4A_490/2011

(10.1.12) E. 4.1 fr., 125 III 231/233 E. 2a. Unbesehen der Frage der Parteiidentität kann eine (nichtige) Teilkündigung nur in Betracht gezogen werden, wenn nach dem Willen bzw. den Interessen der Parteien Miet- und Pachtvertrag ein untrennbares Ganzes hätten bilden sollen 4A_283/2013 (20.8.13) E. 4.5. Sachlicher Zusammenhang wäre gegeben, wenn die Miete einer Büroräumlichkeit conditio sine qua non für den Abschluss des Pachtvertrages gewesen wäre, verneint in 4A_283/2013 (20.8.13) E. 4.1. – Für die Auslegung des Begriffs des *Geschäftsraums* sind nach altem wie nach neuem Recht die gleichen Kriterien massgebend. Die Benützung zur Ausübung einer Erwerbstätigkeit wird nicht notwendigerweise vorausgesetzt. Es werden vielmehr all jene Räumlichkeiten umfasst, die tatsächlich dazu beitragen, dass der Mieter seine Persönlichkeit in privater oder wirtschaftlicher Hinsicht entfalten kann (allenfalls auch bei nebenberuflicher Nutzung oder Verfolgung eines nicht wirtschaftlichen Zwecks) 118 II 40/42 E. 4b. – Geschäftsräume sind bauliche Anlagen dreidimensionaler Ausdehnung, in denen sich im Rahmen der von der Mieterseite ausgeübten Geschäftstätigkeit Personen aufhalten 124 III 108/111 E. 2b (in casu für eine Selbstbedienungs-Autowaschanlage bejaht). Das Mietobjekt muss demgemäss aus einem Raum bestehen, d.h. in einem auf Dauer angelegten, horizontal und vertikal abgeschlossenen Bereich. Die vertragsgemässe Bestimmung des Mietobjektes als «Wohnstätte» reicht nicht aus 4C.128/2006 (12.6.06) E. 2. Ein Restaurations-Pavillon, der vom Mieter zu Beginn der Saison herangeschafft und montiert sowie gegen Ende derselben demontiert und weggeschafft werden muss, ist ein Geschäftsraum, zumal er räumlich abgeschlossen und ausschliesslich am vereinbarten Ort (am Ufer des Genfersees) zu betreiben ist 4A_307/2019 (28.2.20) E. 10 fr. – Ein gesondert vermieteter *Abstellplatz* in einer Tiefgarage oder eine zum Abstellen von Autos separat vermietete Garage ist kein Geschäftsraum 125 III 231/233 E. 2, 118 II 40/42 E. 4b, 110 II 51/51 E. 2, auch nicht ein unbebautes Grundstück (in casu ein Industrieareal) 4C.180/2002 (26.8.02) E. 3.2. – Die Bestimmungen über die Miete von Wohn- und Geschäftsräumen sind auf Abstellplätze nur unter der Voraussetzung anwendbar, dass sie der Vermieter zusammen mit diesen Räumen dem Mieter zum Gebrauch überlässt 125 III 231/233 E. 2. Eine solche Gebrauchsüberlassung kann konkludent erfolgen und auch erst nachträglich, indem die Abstellplätze später hinzugefügt werden und dem Mieter das Gebrauchsrecht eingeräumt wird 4A_186/2017 (4.12.17) E. 4 und 5 fr. – Wohnräume können eine Nebensache von Geschäftsräumen darstellen (in casu wurde eine Wohnung zusammen mit einem Restaurant vermietet) 4C.43/2001 (20.6.01) E. 3c fr. – Liegt eine gemischte Wohn- und Geschäftsraumnutzung vor, so ist der überwiegende Gebrauchszweck der Mietsache massgebend 4C.43/2001 (20.6.01) E. 3c fr. – Selbst wenn dem Mieter eine Sache zusammen mit Wohn- und Geschäftsräumen zum Gebrauch überlassen wird und Art. 253a Abs. 1 zur Anwendung kommt, bedeutet dies nach der Rechtsprechung des Bundesgerichts nicht zwingend, dass ein einheitliches, gesamthaftes Vertragsverhältnis vorliegt, in dem die Kündigung der separat vermieteten Nebensache unzulässig wäre. So erachtete das Bundesgericht mit Blick auf die konkreten Interessen der beteiligten Parteien die Kündigung von in separaten Verträgen vermieteten Autoabstellplätzen, die dem Mieter im Sinne von Art. 253a Abs. 1 mitvermietet waren, für statthaft. Die Kündigung mehrerer separater Mietverträge über in funktionalem Zusammenhang stehende Mietobjekte erfolgte wegen Zahlungsverzugs, wobei der Zahlungsverzug nicht alle Mietobjekte betraf 137 III 123/124 E. 2.2. Diese

Rechtsprechung wurde in der Lehre stark kritisiert, zwischenzeitlich in 4A_283/2013 (20.8.13) E. 4.4.1 aber bestätigt.

2 ***Abs. 3*** Die bundesrätlichen Vorschriften liegen grundsätzlich im Rahmen der gesetzlichen Delegation 4C.85/2002 (10.6.02) E. 2b fr.

2. Bestimmungen über den Schutz vor missbräuchlichen Mietzinsen

Art. 253b

[1] Die Bestimmungen über den Schutz vor missbräuchlichen Mietzinsen (269 ff.) gelten sinngemäss für nichtlandwirtschaftliche Pacht- und andere Verträge, die im Wesentlichen die Überlassung von Wohn- oder Geschäftsräumen gegen Entgelt regeln.

[2] Sie gelten nicht für die Miete von luxuriösen Wohnungen und Einfamilienhäusern mit sechs oder mehr Wohnräumen (ohne Anrechnung der Küche).

[3] Die Bestimmungen über die Anfechtung missbräuchlicher Mietzinse gelten nicht für Wohnräume, deren Bereitstellung von der öffentlichen Hand gefördert wurde und deren Mietzinse durch eine Behörde kontrolliert werden.

1 ***Abs. 1*** Abgrenzung Miete/Pacht: Pacht liegt vor, wenn ein Geschäftsbetrieb zur produktiven Nutzung überlassen wird 128 III 419/421 E. 2.1 Pra 2003 (Nr. 7) 36, 4C.167/2002 (8.10.02) E. 2.3 fr., 4C.145/2002 (19.8.02) E. 2.1 fr. Aufgrund von Art. 253b Abs. 1 gelten VMWG Art. 19 Abs. 1 lit. a Ziff. 4 und Art. 19 Abs. 1 lit. b Ziff. 3 analog auch im Bereich der nichtlandwirtschaftlichen Pacht 4A_374/2012 (6.11.12) E. 3 fr.

2 ***Abs. 2*** Zulässigkeit der Genfer Bestimmungen über die Enteignungsmöglichkeit der Nutzung einer missbräuchlich leer gelassenen 7-Zimmer-Wohnung (unter Anrechnung der Küche) 119 Ia 348/357 E. 4a Pra 1994 (Nr. 217) 707, vgl. auch 119 II 353/356 f. E. 5b Pra 1994 (Nr. 57) 205. – Der Begriff des *Luxusobjektes* ist restriktiv zu interpretieren. Zudem ist entscheidend, ob die Luxusmerkmale im Beurteilungszeitpunkt vorhanden sind 4C.5/2004 (16.3.04) E. 4.2 fr. Zusammenfassung von Rechtsprechung und Lehre 4A_257/2015 (11.1.16) E. 3.1 fr. Luxusobjekt bejaht bei einem Haus mit 7,5 Zimmern, Salon mit Cheminée, zwei Toiletten, drei Badezimmern, Jacuzzi, Schwimmbad mit Heizdecke, Pool-Haus, Zufahrtstor, elektrischen Storen und Alarmanlage. Mindere Mängel am Objekt stehen dieser Qualifikation nicht entgegen. Entscheidend ist der Gesamteindruck 4A_257/2015 (11.1.16) E. 3.2.1 und 3.2.2 fr. Zur Beurteilung der Frage, ob ein Mietobjekt als luxuriöse Wohnung qualifiziert, ist das summarische Verfahren betreffend Rechtsschutz in klaren Fällen (ZPO Art. 257) nicht geeignet 4A_285/2018 (26.11.18) E. 7 fr.

3 ***Abs. 3*** Geltungsbereich der Bestimmung 4C.73/2004 (1.6.04) 2.1 fr. – Beendigung der kantonalen Mietzinskontrolle über ein Mietshaus. Auf die Berechnung der nachfolgenden Mietzinserhöhung anwendbare Methode und Kriterien 123 III 171/173 E. 6a Pra 1997 (Nr. 123) 666. – Der Ausschluss des Anfechtungsverfahrens gilt nicht nur für die behördlich kontrollierten Mietzinse, sondern auch für die Nebenkosten 124 III 463/465 ff. E. 4b Pra 1999 (Nr. 35) 213 ff. – Die Anwendung der absoluten Berechnungsmethode ist auch zulässig, wenn das Gemeinwesen als Vermieter von subventioniertem Wohnraum aufgetreten ist 4C.339/2002 (13.3.03) E. 2.4. – Bei Wohnräumen, deren Bereitstellung von der

öffentlichen Hand gefördert wurde und deren Mietzinse durch eine Behörde kontrolliert werden, fallen nur die Bestimmungen über die Mietzinsanfechtung ausser Betracht. Es gelten aber jene über die Missbräuchlichkeit von Mietzinsen (VWMG Art. 2 Abs. 2); 142 III 568/571 ff. E. 1.1–1.4 Pra 2017 (Nr. 93) 911 ff.

B. Koppelungsgeschäfte

Art. 254

Ein Koppelungsgeschäft, das in Zusammenhang mit der Miete von Wohn- oder Geschäftsräumen steht, ist nichtig, wenn der Abschluss oder die Weiterführung des Mietvertrags davon abhängig gemacht wird und der Mieter dabei gegenüber dem Vermieter oder einem Dritten eine Verpflichtung übernimmt, die nicht unmittelbar mit dem Gebrauch der Mietsache zusammenhängt.

Von einem unzulässigen Koppelungsgeschäft kann nur gesprochen werden, wenn das Interesse des Mieters an sich bloss auf den Mietvertrag gerichtet ist, der Vermieter dessen Abschluss oder Weiterführung aber davon abhängig macht, dass der Mieter Hand zu einem anderweitigen Nebengeschäft bietet 118 II 157/163 E. 3c. Ferner liegt ein unzulässiges Koppelungsgeschäft nur dann vor, wenn kein direkter Zusammenhang zwischen den vertraglichen Verpflichtungen des Mieters im Koppelungsgeschäft und dem Gebrauch der Mietsache vorhanden ist (in casu Koppelungsgeschäft verneint, da der Vermieter keinen Einfluss auf den Abschluss der Vereinbarung des Mieters mit dem Vormieter hatte) 4P.169/2006 (26.10.06) E. 3.3.2 fr., 4C.161/2001 (26.9.01) E. 4 fr. Weinbezugsverpflichtung des Mieters eines Restaurants gegenüber dem Vermieter ist ein zulässiges Koppelungsgeschäft 4C.255/2004 (17.11.04) E. 4. Eine Klausel im Mietvertrag, mit welcher der Vermieter sich verpflichtet, dafür zu sorgen, dass ein späterer Nachmieter die Gerätschaften des Mieters übernimmt, stellt kein Koppelungsgeschäft dar 4A_279/2011 (1.7.11) E. 4 fr. – Der Hauswartvertrag konstituiert kein unzulässiges Koppelungsgeschäft. Er stellt einen gemischten Vertrag dar, der arbeitsvertragsrechtliche Leistungen und mietvertragsrechtliche Leistungen miteinander verknüpft. Die Hauswartstätigkeit wird von den arbeitsvertragsrechtlichen Bestimmungen regiert, während das Überlassen der Hauswartwohnung durch den Vermieter nach mietrechtlichen Bestimmungen bemessen wird. Bloss in Bezug auf die Kündigung hängt die Anwendung der gesetzlichen Bestimmungen von der überwiegenden Leistung ab 4A_102/2013 (17.10.13) E. 2.2 fr., 131 III 566/569 E. 3.1 Pra 2006 (Nr. 54) 403. Gemäss einem Teil der Lehre und dem Bundesgericht wird die Kündigung des Hauswartvertrages dann nach arbeitsvertragsrechtlichen Bestimmungen beurteilt, wenn der vereinbarte Lohn höher ist als der Mietzins für die Hauswartwohnung 4A_102/2013 (17.10.13) E. 2.2 fr. – Es steht den Parteien frei, zwei verschiedene Verträge in der Weise miteinander zu verknüpfen, dass der Ablauf des einen Vertrages unweigerlich den Ablauf des anderen nach sich zieht, die rechtlichen Beziehungen mithin nicht unabhängig voneinander fortbestehen können 4A_102/2013 (17.10.13) E. 2.2 fr., 136 III 65/70 E. 2.4.1 Pra 2010 (Nr. 87) 627. – Wenn das zwischen dem Genossenschaftsmieter und der Genossenschaft bestehende körperschaftliche Verhältnis und das Schuldverhältnis, das aus dem Abschluss eines Mietvertrages zwischen der Genossenschaft und dem Genossenschaftsmieter resultiert, nicht durch eine spezifische Vereinbarung der Parteien 1 gekoppelt sind, kann die Genossenschaft den Mietvertrag kündigen, ohne den Genossenschaftsmieter aus der Genossenschaft auszuschliessen. Die genossenschaftliche und die mietvertragliche Beziehung können also beide unabhängig voneinander gekündigt werden 4A_14/2015 (26.2.15) E. 2 fr. Die Kündigung des Mietvertrags setzt allerdings voraus, dass der Kündigungsgrund auch einen Ausschluss aus der Genossenschaft zulassen würde 136 III 65/68 ff. E. 2.1–E. 2.4 Pra 2010 (Nr. 87) 625 ff. Die Parteien können aber (mittels Vereinbarung) die genossenschaftliche und die mietvertragsrechtliche Beziehung so miteinander verknüpfen, dass der Ablauf der einen auch die Beendigung der anderen nach sich zieht, die genossenschaftliche und die mietvertragsrechtliche Beziehung mithin nicht unabhängig voneinander bestehen können (verneint in 4A_14/2015 [26.2.15] E. 2 fr.). Diesfalls genügt eine Willenserklärung, um beiden rechtlichen Beziehungen ein Ende zu setzen 4A_14/2015 (26.2.15) E. 2 fr.

C. Dauer des Mietverhältnisses

Art. 255

1 Das Mietverhältnis kann befristet oder unbefristet sein.

2 Befristet ist das Mietverhältnis, wenn es ohne Kündigung mit Ablauf der vereinbarten Dauer endigen soll.

3 Die übrigen Mietverhältnisse gelten als unbefristet.

1 Ein Mietvertrag, der einer Resolutivbestimmung untersteht, deren Eintritt von einem ungewissen künftigen Ereignis (wie dem Abbruch oder dem Verkauf der Liegenschaft in 121 III 260/263 f. E. 5a it. oder dem erfolgreichen Abschluss von Vertragsverhandlungen in 4A_423/2013 [13.11.13] E. 5) abhängt, ist als auf bestimmte Zeit abgeschlossen aufzufassen. Derartige Vereinbarungen gelten als befristete Vereinbarungen und haben zur Folge, dass keine Kündigung erforderlich ist und die Vorschriften von Art. 271 und Art. 271a betreffend Anfechtbarkeit der Kündigung nicht anwendbar sind 4A_423/2013 (13.11.13) E. 5, 121 III 260/263 f. E. 5a it. JdT 144 (1996) I 246 f. E. 5a. Hingegen ist die Formulierung, die Beendigung des Arbeitsvertrages «entraînera également la dénonciation du contrat de bail pour la même échéance» nach dem Vertrauensprinzip auszulegen, sodass das Mietverhältnis einer gesonderten Kündigung bedarf 4C.283/2002 (6.1.03) E. 4 fr. – Ausübung einer Option 4C.17/2004 (2.6.04) E. 6.2 fr. – Ist eine Mindestlaufzeit vereinbart und soll sich das Mietverhältnis anschliessend gemäss einer «clause de reconduction tacite» fortsetzen, insoweit keine Partei die Kündigung ausspricht, ist der Mietvertrag unbefristet 4A_198/2016 (7.10.16) E. 4.1 fr. – Aufhebung eines Mietvertrages durch konkludentes Verhalten 4C.167/2002 (8.10.02) E. 2.4 fr. – Kettenverträge sind grundsätzlich zulässig, da das Gesetz sie nicht verbietet (einschlägig zu Kettenverträgen im Mietrecht 139 III 145/145 ff. E. 4 Pra 2013 (Nr. 96) 743 ff., siehe auch 4A_423/2013 [13.11.13] E. 5.2.1, 4A_104/2013 [7.8.13] E. 2.1 fr.). Setzen die Parteien ein befristetes Mietverhältnis nach dessen Ablauf stillschweigend fort, so gilt es als unbefristetes Mietverhältnis (Art. 266 Abs. 2). Nichts hindert die Parteien aber daran, einen neuen befristeten Vertrag abzuschliessen 139 III 145/148 E. 4.2.2 Pra 2013 (Nr. 96) 746. Kettenverträge können es dem Vermieter erlauben, gesetzliche Bestimmungen zum Schutze des Mieters auszuhe-

beln, unter anderem die Bestimmungen über den missbräuchlichen Mietzins oder betreffend die missbräuchliche Kündigung. Kettenverträge sind deshalb nur soweit zulässig, als damit nicht auf eine betrügerische Gesetzesumgehung abgezielt wird. Eine entsprechende betrügerische Gesetzesumgehung begeht der Vermieter, der – obwohl er sich zeitlich unbefristet binden möchte – mit dem Mieter bloss aneinandergereihte befristete Verträge abschliesst, um zwingende gesetzliche Bestimmungen auszuhebeln. Beweispflichtig für die betrügerische Gesetzesumgehung ist jene Partei, die sich auf die umgangene Gesetzesbestimmung berufen will 139 III 145/151 E. 4.2.4 Pra 2013 (Nr. 96) 748 f. Die Missbräuchlichkeit von Kettenverträgen im Mietrecht wurde bislang grossmehrheitlich verneint 139 III 145/146 ff. E. 4.2 Pra 2013 (Nr. 96) 743 ff., 4A_420/2009 (11.6.10) E. 5.3 und E. 5.4, 4C.155/2003 (3.11.03) E. 3.2 und E. 3.3, 4C.455/1999 (21.3.00) E. 2 it. Missbräuchlichkeit eines Kettenmietvertrags bejaht: Eine Genfer Immobilienverwaltung hatte sich die Praxis zu eigen gemacht, Mietverhältnisse, die dem Genfer Gesetz über Abbruch, Umbau und Renovation von Wohnhäusern (LDTR) unterfallen, auf vier bis fünf Jahre befristet abzuschliessen, wovon nur die ersten drei Jahre der staatlichen Mietzinskontrolle unterlagen. Mitentscheidend war, dass die Befristung vom Mieter nicht erwünscht war 4A_598/2018 (12.4.19) E. 4 fr.

D. Pflichten des Vermieters I. Im Allgemeinen

Art. 256

[1] Der Vermieter ist verpflichtet, die Sache zum vereinbarten Zeitpunkt in einem zum vorausgesetzten Gebrauch tauglichen Zustand zu übergeben und in demselben zu erhalten.

[2] Abweichende Vereinbarungen zum Nachteil des Mieters sind nichtig, wenn sie enthalten sind in:

a. vorformulierten allgemeinen Geschäftsbedingungen;
b. Mietverträgen über Wohn- oder Geschäftsräume.

Abs. 1 Verpflichtung des Vermieters zur rechtzeitigen Übergabe der Mietsache: Der Vermieter handelt schuldhaft, wenn er bei der Verabredung des Datums des Mietantritts mit dem neuen Mieter weder mit der Erstreckung des alten Mietverhältnisses noch überhaupt mit der Möglichkeit eines Mieterstreckungsverfahrens rechnet 117 II 71/71 f. Pra 1991 (Nr. 164) 737. – Besondere Bedürfnisse des Mieters sind nur relevant, wenn sie zum Vertragsinhalt erklärt wurden (in casu wollte der Mieter ein überdurchschnittlich ruhiges Wohnobjekt, was jedoch nicht vereinbart worden war) 4C.291/2000 (11.4.01) E. 4b. – In 4C.1/2001 (19.3.01) E. 1a fr. wehrte sich der Mieter gegenüber dem Vermieter zu Unrecht gegen einen Konkurrenten in der Nachbarschaft. – Gebrauchstauglichkeit richtet sich nach dem Zweck der Gebrauchsüberlassung. Ein Mangel ist anzunehmen, wenn der Mieter wegen Heizungsgeräuschen nicht schlafen kann 4C.65/2002 (31.3.02) E. 3 fr. oder wenn beheizbare Räume durch Zugluft beeinträchtigt werden 4C.66/2001 (15.5.01) E. 2b fr. Ob ein Mangel vorliegt, hängt von den Umständen des konkreten Falls ab; der Umstand allein, dass in einer Wohnung Geräusche resp. Lärm (vom Lift) wahrgenommen werden, begründet noch keinen Mangel 4A_281/2009 (31.7.09) E. 3.2 fr., 4A_174/2009 (8.7.09) E. 2.1 fr. – 4A_159/2014 (18.6.14) E. 4.3: Eine bestimmte Liegenschaft war nicht nur Mietsache, sondern auch Objekt eines Kaufrechtsvertrages. Der Kaufrechtsvertrag 1 enthielt eine klare Wegbedingung der Gewährleistung. Bei einer (jederzeit möglichen) Ausübung des Kaufrechts wären die Schäden der Liegenschaft ohne Weiteres zum vereinbarten Zustand der Kaufsache geworden. In Anbetracht dessen, dass die Ausübung des Kaufrechts resp. deren Zeitpunkt einseitig durch die Kaufrechtsberechtigten und Mieter bestimmt werden konnte, wirkte sich die Gewährleistungswegbedingung im Kaufrechtsvertrag direkt auf die Mängelrechte resp. den vereinbarten Zustand desselben Objekts als Mietsache aus. – Datenschutzrechtliche Beurteilung einer unverhältnismässig weit gehenden Videoüberwachungsanlage 142 III 263/265 ff. E. 2. – Zum vereinbarten Gebrauchszweck gehört die Auslastung des gemieteten Restaurationslokals mit maximal 150 Personen. Verfügt die kantonale Gebäudeversicherungsanstalt rechtmässig eine Reduktion auf 50 Personen, bis feuerpolizeilichen Bedenken baulich Rechnung getragen wird, so stellt dies eine Einschränkung des vereinbarten Gebrauchs und mithin einen Mangel der Mietsache dar. Der Vermieter ist unter Art. 259d gehalten, die baulichen Schutzmassnahmen zu treffen 4A_208/2015 (12.2.16) E. 3.2 fr. – Verkaufsfläche in einer Raststätte: Auslegung der vertraglich fixierten Öffnungszeiten zur Ermittlung des vereinbarten Gebrauchs der Mietsache 4A_615/2015 (19.5.16) E. 5.2 ff.

2 ***Abs. 2 lit. b*** Der Mieter kann nur in voller Kenntnis der konkreten Umstände im Voraus gültig auf eine Mietzinsreduktion wegen geplanter Renovationsarbeiten des Vermieters verzichten 4A_269/2009 (19.8.09) E. 2.4 fr. – Ein Verzicht des Mieters von Wohn- und Geschäftsräumen auf die Mängelrechte ist dann unstatthaft, wenn ihm keine angemessene Kompensation geboten wird. Eine zulässige Abweichung liegt deshalb vor, wenn der Mieter in Kompensation für die vereinbarte Schmälerung seiner Mängelrechte voll entschädigt wird, vorab durch einen tieferen Mietzins oder anderweitige geldwerte Leistungen des Vermieters. Denn in einem solchen Fall besteht kein Nachteil des Mieters im Sinne des Gesetzes 4A_159/2014 (18.6.14) E. 4.1. Es ist nicht erforderlich, dass der Mieter den Verzicht ausdrücklich erklärt 4A_159/2014 (18.6.14) E. 5. – Eine Vermieterin unterlässt es bei Vertragsabschluss, der Mieterin die voraussichtlichen Unterhaltskosten einer Geschäftsmiete (in casu ein Fitnesscenter) mitzuteilen. Die Überwälzung der Kosten auf die Mieterin ist gleichwohl nicht nachteilig im Sinne der Bestimmung, weil die Mieterin unter den konkreten Umständen eher als die Vermieterin imstande war, die Kosten abzuschätzen. Im umgekehrten Fall mag die Vermieterin eine solche Informationspflicht treffen 4A_606/2015 (19.4.16) E. 3.2.

II. Auskunftspflicht

Art. 256a

[1] Ist bei Beendigung des vorangegangenen Mietverhältnisses ein Rückgabeprotokoll erstellt worden, so muss der Vermieter es dem neuen Mieter auf dessen Verlangen bei der Übergabe der Sache zur Einsicht vorlegen.

[2] Ebenso kann der Mieter verlangen, dass ihm die Höhe des Mietzinses des vorangegangenen Mietverhältnisses mitgeteilt wird.

1 Gilt auch für den Mieter von Geschäftsräumen 117 Ia 328/334 E. 3c/bb fr.

III. Abgaben und Lasten

Art. 256b

Der Vermieter trägt die mit der Sache verbundenen Lasten und öffentlichen Abgaben.

Parteiabreden, wonach andere, nicht unter die Legaldefinition fallende Aufwendungen des Vermieters als Nebenkosten abzugelten seien, sind ebenso unzulässig wie Vereinbarungen, welche die Nebenkosten im Sinne von Art. 257a f. dem Anwendungsbereich dieser Norm entziehen 4C.82/2000 (24.5.00) E. 3a. 1

E. Pflichten des Mieters I. Zahlung des Mietzinses und der Nebenkosten 1. Mietzins

Art. 257

Der Mietzins ist das Entgelt, das der Mieter dem Vermieter für die Überlassung der Sache schuldet.

Beim Fehlen einer besonderen Vereinbarung über die *Nebenkosten* (Art. 257a Abs. 2) ist der Ersatz für Leistungen, die mit dem Gebrauch der Sache zusammenhängen, im Mietzins enthalten 124 III 201/203 E. 2c. – Geltendmachung künftiger Mietzinsforderungen im *Konkurs* des Mieters von Geschäftsräumen 124 III 41/42 E. 2b (Bemessung in analoger Anwendung von Art. 268 Abs. 1). 1

2. Nebenkosten a. Im Allgemeinen

Art. 257a

[1] Die Nebenkosten sind das Entgelt für die Leistungen des Vermieters oder eines Dritten, die mit dem Gebrauch der Sache zusammenhängen.

[2] Der Mieter muss die Nebenkosten nur bezahlen, wenn er dies mit dem Vermieter besonders vereinbart hat.

Abs. 1 **Nebenkosten.** Begriff der Nebenkosten 4C.82/2000 (24.5.00) E. 3b., 124 III 201/203 E. 2c – Keine Nebenkosten sind ein zum integrierenden Bestandteil des Mietvertrages erklärter Energielieferungsvertrag zwischen Vermieter und Mieter 4C.82/2000 (24.5.00) E. 3b. Es ist fraglich, ob Leistungen überhaupt unter den Begriff der Nebenkosten subsumiert werden können, wenn bei beidseitig korrekter Erfüllung des Mietvertrages nicht nur die Rechnungsstellung für die Leistungen Dritter an den Mieter erfolgt, sondern der Bezug der Leistungen selbst ausschliesslich auf einem Rechtsverhältnis zwischen dem Mieter und dem Dritten beruht. Frage offengelassen in 4A_194/2012 (20.7.12) E. 2.6.1. – Die Bestimmung des freiburgischen Gesetzes über die Sozialwohnbauförderung, die durch einen Verweis auf die Regelung des WEG vorsieht, die Auslagen des Vermieters, die mit dem Bestand der Sache zusammenhängen, in die Nebenkosten einzuschliessen, steht den zwingenden Bestimmungen des OR entgegen; sie verletzt somit die derogatorische Kraft des Bundesrechts 4A_546/2010 (17.3.11) E. 2.6 Pra 2011 (Nr. 81) 583. 1

2 ***Abs. 2*** **Vereinbarung.** Art. 257a Abs. 2 konkretisiert die allgemeine Auslegungsregel des Art. 18, hebt sie aber nicht aus den Angeln 4A_462/2011 (5.3.12) E. 3.4. Der Mieter kann sich nicht auf die fehlende Bestimmtheit des Vertragstexts berufen, wenn er beim Vertragsabschluss erkannt hat, welche Nebenkosten ihm aufgebürdet werden 4A_149/2019 (9.9.19) E. 2.4. – Art. 257a Abs. 2 stellt keine besonderen Formerfordernisse an die Vereinbarung, sondern statuiert eine Auslegungsregel (n.p. in 138 III 401), wonach alle Nebenkosten, die nicht eindeutig als vom Mieter zu tragen vereinbart worden sind, entsprechend der Regel der Kostentragung durch den Vermieter von diesem zu tragen sind 4A_215/2012 (9.7.12) E. 2.1, 4P.323/2006 (21.3.07) E. 2.1. Mangels einer besonderen Vereinbarung sind die Nebenkosten im Nettomietzins inbegriffen. Eine allfällige Übereinkunft muss die tatsächlichen Aufwendungen, die als Nebenkosten zu bezahlen sind, einzeln, klar und eindeutig auflisten. Eine besondere Vereinbarung liegt selbst dann nicht vor, wenn der Mieter eine jährliche Nebenkostenabrechnung anerkannt hat oder wenn auf einen standardisierten Vertragszusatz wie die «Allgemeinen Bedingungen zum Mietvertrag für Wohnräume» verwiesen wird 4A_209/2019 (8.10.19) E. 8, 4A_134/2018 (1.6.18) E. 4.1 it., 4A_622/2015 (4.2.16) E. 3.1 und 3.2 fr., 4A_25/2012 (2.7.12) E. 3 it., 135 III 591/595 E. 4.3 Pra 2010 (Nr. 53) 387, 4C.250/2006 (3.10.06) E. 1.1, 4P.309/2004 (8.4.05) E. 3.2.2 fr., 4C.24/2002 (29.4.02) E. 2.4.2, 124 III 201/203 E. 2c, 121 III 460/462 E. 2a/aa Pra 1996 (Nr. 152) 523. Hinreichend bestimmte Nebenkostenabrede, wenn im Vertrag auf einen Anhang verwiesen wird, der terminologisch mit der Nebenkostenabrede korrespondiert, diese konkretisiert und spezifisch auf diesen Vertrag zugeschnitten ist 4A_185/2009 (28.7.09) E. 2.4.1–2.4.3. Anders, wenn im Vertrag auf AGB verwiesen wird, die ganz allgemein auf Mietverträge ausgelegt sind und einen standardisierten, nicht auf den konkreten Vertrag zugeschnittenen Katalog üblicher Nebenkosten enthalten (in casu AGB der SVIT) 4A_622/2015 (4.2.16) E. 3.3.2 und 3.3.3 fr. Vgl. auch 4A_149/2019 (9.9.19) E. 2.2. Ist der streitige Nebenkostentyp in einem standardisierten Nebenkostenkatalog in der Vertragsurkunde selbst aufgeführt, ist die Nebenkostenabrede hinreichend bestimmt 4A_719/2016 (31.8.17) E. 2.2.1 fr. – Bei einer schriftlichen Vereinbarung betreffend die Nebenkosten ist davon auszugehen, dass sie abschliessend bestimmt, welche Nebenkosten der Mieter zu tragen hat. Die Ausscheidung zusätzlicher Nebenkosten während des Mietverhältnisses muss mit amtlichem Formular angekündigt werden 4C.224/2006 (24.10.06) E. 2.1 ff. fr. – Unterzeichnen zwei Parteien bezüglich eines Verkaufslokals mit Keller und bezüglich einer 4-Zimmer-Wohnung zwei Mietverträge und geraten sie ob der Nebenkosten in Streit, so ist aus dem Umstand, dass es sich um zwei Mietobjekte derselben Liegenschaft zwischen den nämlichen Parteien und mit gleich hohem Akontobetrag handelt, nicht zwingend zu schliessen, dass die Parteien auch die Nebenkosten gleichartig regeln wollten 4A_215/2012 (9.7.12) E. 5. Eine ungültige Vereinbarung wird durch die anschliessende Bezahlung nicht geschuldeter Nebenkosten nicht gültig. Soweit der Mieter beim Abschluss des Vertrages tatsächlich erkennt, welche Nebenkosten ihm vertraglich aufgebürdet werden sollen und den Vertrag in diesem Wissen unterzeichnet, ist Art. 257a Abs. 2 Genüge getan, und er kann sich im Nachhinein nicht auf die fehlende Bestimmtheit des Vertragstextes berufen 4A_462/2011 (5.3.12) E. 3.4 (n.p. in 138 III 401), 4P.323/2006 (21.3.07) E. 2.2. – Vereinbarung eines Akonto-Gesamtbetrages für alle ausgeschiedenen Nebenkosten; eine «Insbesondere»-Klausel macht die Nebenkostenabrede nicht ungültig 4A_185/2009 (28.7.09) E. 2.4. – *Modalitäten und Höhe der Zahlun-*

gen: Für die Bezahlung der Nebenkosten können verschiedene Modalitäten vorgesehen werden (üblich sind etwa Direktzahlung an Dritte, Pauschale und Akontozahlung) 124 III 201/203 E. 2c. – Gültigkeit einer Vereinbarung von Akontozahlungen, welche die tatsächlich anfallenden Nebenkosten wesentlich unterschreiten 132 III 24/28 E. 5. – Es besteht kein Anlass für eine Vermutung, wonach die im Mietvertrag vereinbarten Akontozahlungen den jährlich für die Nebenkosten geschuldeten Betrag ungefähr decken. Auch bei massiv zu tief angesetzten Akontozahlungen bleibt der Mieter nach Massgabe des Verbrauchs zahlungspflichtig 4C.177/2005 (31.8.05) E. 5.1.

Rückforderung von zu viel bezahlten Nebenkosten. Mit der Saldoziehung (Zustellung der Nebenkostenabrechnung durch den Vermieter) und der Saldoanerkennung (keine Beanstandung durch den Mieter innert vertraglicher Frist) schliessen die Parteien eine Saldovereinbarung, die anstelle der gegenseitigen Ansprüche während einer bestimmten Abrechnungsperiode tritt. Ein Rückforderungsanspruch aufgrund zu viel bezahlter Akontozahlung ergibt sich somit aus Vertrag; ein anerkannter, aber zu viel bezahlter Saldo ist aber über das Bereicherungsrecht abzuwickeln 4A_209/2019 (8.10.19) E. 8.1, 4C.24/2002 (29.4.02) E. 3.2. Ebenso kann der Vermieter nach abgeschlossener Saldovereinbarung irrtümlich erfolgte Gutschriften über das Bereicherungsrecht ausgleichen 4C.248/2006 (3.10.06) E. 3.3. Bezahlung von Nebenkosten, obwohl es an einer Nebenkostenabrede fehlt: Irrtum der Mieter i.S.v. Art. 63 Abs. 1 und damit verbunden Rückforderungsanspruch bejaht. Dass im Verlaufe des Mietverhältnisses Betriebskosten separat abgerechnet und von den Mietern bezahlt wurden, lässt sie nicht erkennen, dass diese Kosten eigentlich mit dem Mietzins abgegolten sind 4A_451/2017 (22.2.18) E. 5.3. – Der Rückforderungsanspruch kann für die letzten 10 Jahre geltend gemacht werden und verjährt innert eines Jahres, nachdem der Mieter tatsächlich von seinem Anspruch Kenntnis erlangt hat; die Verjährung läuft nicht bereits ab dem Zeitpunkt, von dem an der Mieter sich nach der Rechtslage hätte erkundigen können 4A_267/2011 (29.6.11) E. 2.3.2 fr., 4C.250/2006 (3.10.06) E. 2 ff. 3

Belege. Bei einer Anfechtung der Nebenkostenabrechnung durch den Mieter muss der Vermieter die Richtigkeit der Abrechnung mittels Belegen beweisen können 4D_45/2010 (31.5.10) E. 5 fr. 4

b. Wohn- und Geschäftsräume

Art. 257b

[1] Bei Wohn- und Geschäftsräumen sind die Nebenkosten die tatsächlichen Aufwendungen des Vermieters für Leistungen, die mit dem Gebrauch zusammenhängen, wie Heizungs-, Warmwasser- und ähnliche Betriebskosten, sowie für öffentliche Abgaben, die sich aus dem Gebrauch der Sache ergeben.

[2] Der Vermieter muss dem Mieter auf Verlangen Einsicht in die Belege gewähren.

Abs. 1 **Allgemeines.** Auch für die allgemeinen Nebenkosten besteht eine Abrechnungspflicht, wenn nicht pauschal abgerechnet wird (VMWG Art. 4 Abs. 1). Dieser Pflicht kommt der Vermieter nur nach, wenn die Abrechnung so klar und verständlich ist, dass der Mieter ersehen kann, für welche Nebenkostenpositionen er in welchem Umfang (Verteilschlüssel) belastet wird 4A_127/2014 (19.8.14) E. 6.4. In Bezug auf die Nebenkosten 1 tritt keine Fälligkeit ein, wenn keine detaillierte Abrechnung vorliegt oder wenn es dem Mieter verwehrt gewesen ist, Einsicht in die Belege zu nehmen. Die Fälligkeit der Nebenkosten ist Voraussetzung dafür, dass ein Zahlungsrückstand im Sinne von Art. 257d vorliegt 4A_127/2014 (19.8.14) E. 3.1. – Möglichkeit, die Nebenkosten i.S. der Bestimmung auf der Grundlage der Genfer Vorschriften über die Enteignungsmöglichkeit der Nutzung missbräuchlich leer gelassener Wohnungen abgelten zu lassen 119 Ia 348/361 E. 4h Pra 1994 (Nr. 217) 710. – Die (vereinbarten) Nebenkosten können auf der Basis einer Abrechnung, welche der Vermieter mindestens einmal jährlich erstellen muss (VMWG Art. 4 Abs. 1), oder pauschal, berechnet auf den Durchschnittswerten dreier Jahre (VMWG Art. 4 Abs. 2), erhoben werden 121 III 460/462 E. 2a/aa Pra 1996 (Nr. 152) 523. – Präzisierung der Nebenkosten in VMWG Art. 5 f. 4P.118/2003 (15.8.03) E. 4.1 fr., 4C.82/2000 (24.4.00) E. 3a.

2 **Heizkosten.** Da die Heizkosten in Art. 257b ausdrücklich als Beispiel für Nebenkosten erwähnt werden, darf der Mieter grundsätzlich davon ausgehen, die Heizkosten seien im Mietzins enthalten, wenn nichts Abweichendes vereinbart wurde. Dabei ist nicht massgebend, wem die Leistungen in Rechnung gestellt werden, sondern ob sie gemäss Vertrag und gesetzlichen Bestimmungen vom Vermieter oder vom Mieter zu bezahlen sind 4A_194/2012 (20.7.12) E. 2.5.

3 ***Abs. 2*** Die Position «diverse Betriebskosten» in der Nebenkostenabrechnung ist nicht hinreichend klar. Das Einsichtsrecht der Mieter nach Abs. 2 ersetzt eine unklare Abrechnung nicht. Denn werden unter einer einzigen Position unterschiedliche, wenn auch im Mietvertrag vorbehaltene Nebenkosten zusammengefasst, lässt sich aus Sicht der Mieter nicht einkreisen, in welche Rechnungen Einsicht zu nehmen wäre 4A_209/2019 (8.10.19) E. 8.2.4.2.

3. Zahlungstermine

Art. 257c

Der Mieter muss den Mietzins und allenfalls die Nebenkosten am Ende jedes Monats, spätestens aber am Ende der Mietzeit bezahlen, wenn kein anderer Zeitpunkt vereinbart oder ortsüblich ist.

1 Die Grundsätze von Art. 74 gelten auch für den Bereich des Mietrechts (in casu Frage der Rechtzeitigkeit der Mietzinszahlung mittels Postanweisung) 119 II 232/234 f. E. 2. – Hat der Vermieter dem Mieter die Post als Zahlstelle bezeichnet (in casu durch Zusendung eines Post-Einzahlungsscheines), wird nach allgemeiner Verkehrsauffassung die Zahlungsfrist gewahrt, wenn der Mieter am letzten Tag der Zahlungsfrist die Einzahlung am Postschalter vornimmt; Buchungs- oder Überweisungsverzögerungen gehen diesfalls zulasten des Vermieters, der die Post als Zahlstelle bezeichnet hat 124 III 145/147 E. 2a. Anders verhält es sich, wenn der Mieter aus eigener Initiative als Zahlungsart etwa die Postanweisung an die Adresse des Gläubigers wählt; hier hat der Mieter dafür zu sorgen, dass das Geld rechtzeitig in den Verfügungsbereich des Vermieters gelangt, und trägt bis zu diesem Zeitpunkt die Verlust- und Verzögerungsgefahr 124 III 145/148 E. 2b, 119 II

232/235 E. 2. – Anwendbarkeit von Art. 1 Abs. 1 der vom Bundesrat allgemeinverbindlich erklärten «Paritätischen westschweizerischen Bestimmungen für Wohnräume» (vgl. BBl 2014 S. 5215 ff.; Ablauf der Allgemeinverbindlichkeitserklärung am 30. Juni 2020): Hiernach sind Mietzins und Nebenkostenanzahlungen jeweils monatlich im Voraus zu bezahlen 4A_479/2019 (22.10.19) E. 6 fr.

4. Zahlungsrückstand des Mieters

Art. 257d

[1] Ist der Mieter nach der Übernahme der Sache mit der Zahlung fälliger Mietzinse oder Nebenkosten im Rückstand, so kann ihm der Vermieter schriftlich eine Zahlungsfrist setzen und ihm androhen, dass bei unbenütztem Ablauf der Frist das Mietverhältnis gekündigt werde. Diese Frist beträgt mindestens zehn Tage, bei Wohn- und Geschäftsräumen mindestens 30 Tage.

[2] Bezahlt der Mieter innert der gesetzten Frist nicht, so kann der Vermieter fristlos, bei Wohn- und Geschäftsräumen mit einer Frist von mindestens 30 Tagen auf Ende eines Monats kündigen.

▪ Abs. 1 Anwendungsbereich (1) ▪ Übernahme des Mietobjekts (2) ▪ Gültigkeit der Zahlungsaufforderung (3) ▪ Zustellung der Zahlungsaufforderung (4) ▪ Zahlungsrückstand (5) ▪ Fristansetzung (6) ▪ Abs. 2 Kündigung (7) ▪ Rechtsmissbrauch (8) ▪ Verrechnung (9) ▪ Prozessuales (10) ▪ Weiteres (11)

Abs. 1 **Anwendungsbereich.** Art. 257d ist auch bei einem gemischten Vertragsverhältnis anwendbar, sofern dem mietvertraglichen Element nicht bloss untergeordnete Bedeutung zukommt 4C.373/2006 (29.1.07) E. 4.3. 1

Übernahme des Mietobjekts. Zur Anwendung von Art. 257d genügt es, dass der Vermieter dem Mieter das Mietobjekt zur Verfügung hält (entgegen dem deutschsprachigen Wortlaut «Übernahme») 127 III 548/550 E. 3 fr. 2

Gültigkeit der Zahlungsaufforderung. Die Zahlungsaufforderung wurde von einer hierzu nicht berechtigten Person angesetzt, es erfolgte jedoch eine nachträgliche Genehmigung 4A_107/2010 (3.5.10) E. 2.5. 3

Zustellung der Zahlungsaufforderung. Bei der schriftlichen Ansetzung einer Zahlungsfrist mit Kündigungsandrohung nach Art. 257d Abs. 1 (nicht aber im Rahmen von Art. 257d Abs. 2) kommt die Empfangstheorie nur in eingeschränkter Form zur Anwendung (vgl. auch unter Rz. 6). Für die Zustellung massgebend ist der Tag, an dem der Mieter die Zahlungsaufforderung tatsächlich in Empfang genommen hat. Kann ein eingeschriebener Brief dem Empfänger nicht sofort übergeben werden, so ist deshalb auf den Zeitpunkt abzustellen, in dem er ihn auf dem Postbüro abholt. Wird die Mitteilung innerhalb der von der Post gesetzten siebentägigen Frist nicht abgeholt, so wird fingiert, sie sei am letzten Tag dieser Frist in Empfang genommen worden 4A_451/2011 (29.11.11) E. 3.1, 137 III 208/214 E. 3.1.3 Pra 2011 (Nr. 106) 761 f. Es genügt, dass die Zahlungsaufforderung an die Adresse des Mietobjekts gesendet wird (Verwendung der Adresse des 4

Anwalts wegen angeblicher Hängigkeit eines Verfahrens ist nicht notwendig) 4A_497/2011 (22.12.11) E. 2.3 fr. – Dient das Mietobjekt als Wohnung der Familie (ZGB Art. 169 und OR Art. 266m), so hat die Zustellung der Zahlungsaufforderung an beide Ehegatten getrennt zu erfolgen, in zwei separaten Briefumschlägen (Art. 266n) 4A_673/2012 (21.11.12) E. 3.1 fr. – Trennt sich ein Ehepaar und zieht der eine Ehegatte aus der gemeinsamen Familienwohnung aus, ohne dem Vermieter seine neue Wohnadresse mitzuteilen, so genügt es nach dem Grundsatz von Treu und Glauben, wenn der Vermieter die Kündigungsandrohung nach Art. 257d zwar an die Ehegatten getrennt, aber beiden an jene Adresse zukommen lässt, die bis zur Trennung als Wohnung der Familie gedient hat 4A_673/2012 (21.11.12) E. 3.1 fr. – Beachtet die kündigende Partei die Formvorschriften nach Art. 266l bis 266n nicht, so ist die Kündigung nichtig (Art. 266o) 4A_673/2012 (21.11.12) E. 3.1 fr. – Die handschriftliche Unterzeichnung der Zahlungsaufforderung dient der Befriedigung des Bedürfnisses nach Zurechnung der Erklärung an eine eindeutig identifizierbare Person. Herrscht keine Unklarheit über diese Zurechnung, ist eine Berufung auf die fehlende eigenhändige Unterschrift zweckwidrig und damit rechtsmissbräuchlich 4A_350/2015 (25.8.15) E. 4.1.2 (in Bezug auf die Zahlungsaufforderung in Art. 257d Abs. 1), 140 III 54/56 E. 2.3 Pra 2014 (Nr. 58) 441 f., 138 III 401/405 f. E. 2.4.2 f.

5 **Zahlungsrückstand.** Die Bestimmung enthält keine eigene Definition des Zahlungsrückstands 117 II 415/418 E. 5a. – Unter Zahlungsrückstand ist jede Form nicht termingerechter Zahlung fälliger Mietzinse samt Nebenkosten zu verstehen 4C.67/2002 (30.5.02) E. 3a fr.; im Gegensatz zu Art. 102 Abs. 1 ist keine vorgängige Mahnung erforderlich 4A_38/2007 (7.8.07) E. 4.1 fr. Art. 257d Abs. 1 verlangt nicht, dass die Höhe der Mietzinse oder der Nebenkosten unbestritten oder gerichtlich festgestellt ist; sie muss aber fällig sein 4A_40/2015 (18.2.15) E. 4.2.3 fr., 140 III 591/595 f. E. 3.2 Pra 2015 (Nr. 55) 440 f. Zahlungsrückstand wurde bei einer teilweise vom Mieter bestrittenen und durch die Vermieterin nicht nachgewiesenen Nebenkostenabrechnung insoweit bejaht, als der Mieter den unbestrittenen Teil nicht innerhalb der Zahlungsfrist bezahlt hatte 4A_325/2010 (1.10.10) E. 3. Ist die Kündigung wirkungslos, weil im Kündigungszeitpunkt kein Zahlungsrückstand vorliegt, so wird die Kündigung durch einen später eintretenden Zahlungsrückstand nicht nachträglich wirksam 4A_245/2017 (21.9.17) E. 4. – Die Zahlungsaufforderung des Vermieters muss den Ausstand nicht zwingend ziffernmässig bezeichnen. Es ist erforderlich, aber auch ausreichend, dass der *Zahlungsrückstand einwandfrei bestimmbar* ist 4A_566/2011 (6.12.11) E. 3.1 fr., 4A_361/2008 (26.9.08) E. 2.2 fr., 4A_296/2008 (29.7.08) E. 4.1 fr., 4A_368/2007 (7.11.07) E. 2.1. Es genügt hingegen nicht, wenn in der Zahlungsaufforderung einfach ein globaler Betrag aufgeführt wird, ohne dass dieser einem spezifischen Zeitraum zugeordnet ist 4A_134/2011 (23.5.11) E. 3 fr. Hingegen ist ein zunächst nicht korrekt scheinender Gesamtbetrag annehmbar, wenn die betroffenen Zeiträume und der Zweck (Miete, Nebenkosten usw.) genügend klar und ausführlich bezeichnet sind 4A_299/2011 (7.6.11) E. 4 fr. Hinreichend klare Darstellung des Zahlungsrückstands, wenn nicht nur der ausstehende Gesamtbetrag aufgeführt ist, sondern auch für jeden Monat die fälligen Mietzinsen und Nebenkosten, die angerechneten Zahlungen des Mieters sowie die Summe der dannzumal ausstehenden Beträge 4A_44/2017 (21.3.17) E. 3.4. – Erstreckt sich das Mietobjekt über verschiedene Teile eines Gebäudekomplexes, ist es unerheblich, dass in der Zahlungsaufforderung nur eine der Adressen

aufgeführt war, solange sich daraus ohne Weiteres auf das betreffende Mietobjekt schliessen lässt 4D_20/2011 (18.5.11) E. 4 fr. – Damit ein Zahlungsrückstand im Sinne von Art. 257d vorliegt, muss die Mietpartei mit der Bezahlung von fälligen Nebenkosten im Rückstand sein. In Bezug auf die Nebenkosten tritt keine *Fälligkeit* ein, wenn keine detaillierte Abrechnung vorliegt oder wenn es dem Mieter verwehrt gewesen ist, Einsicht in die Belege zu nehmen 4A_127/2014 (19.8.14) E. 3.1. Allein die Tatsache, dass die Heizungsanlage bereits im Jahre 2010 Störungen aufgewiesen hat und die Nebenkosten für diese Periode dennoch beglichen wurden, trägt noch nicht dazu bei, dass die Nebenkosten für das Jahr 2011 fällig geworden sind und die Vermieter gestützt darauf eine ausserordentliche Kündigung nach Art. 257d hätten aussprechen dürfen. Dass der Mieter die Nebenkosten für das Jahr 2010 beglich, ändert auch nichts daran, dass gemäss den Feststellungen der Vorinstanz die Nebenkostenabrechnung für das Jahr 2011 zu wenig detailliert erfolgt ist und auch keinen Hinweis nach VMWG Art. 8 enthalten hat 4A_127/2014 (19.8.14) E. 5.2. – Eine Zahlungsaufforderung, in welcher die Mietrückstände samt Nebenkosten betragsmässig ausgewiesen sind, gilt als genügend klar formuliert; der Einwand des Mieters, er sei zu unerfahren in Rechtsangelegenheiten, um die Androhung des Begehrens um Aufnahme eines Retentionsverzeichnisses zu verstehen, ist unerheblich 4A_634/2009 (3.3.10) fr. – Die Spezialregelung in der Bestimmung konsumiert das allgemeine Verzugsrecht nur im Umfang ihres Tatbestandes. Anderweitiger Schuldnerverzug untersteht den Bestimmungen der Art. 102 ff. 123 III 124/127 E. 3b. – Aus dem Umstand, dass der Mieter nach der gültigen Kündigung gestützt auf Art. 257d und während der gesamten Prozessdauer sämtliche Mietzinse bezahlt hat, vermag er nichts zu seinen Gunsten abzuleiten 4A_252/2014 (28.5.14) E. 4.2 fr. – Die Erklärung des Vermieters, der Mieter müsse den Zahlungsrückstand über die nächsten vier Monate in vier gleichen Raten begleichen, ist nach dem Vertrauensprinzip auszulegen. In casu war darunter nicht zu verstehen, dass er Zahlungen des Mieters primär an den Rückstand und nur in zweiter Linie an die laufenden Mietzinse anrechnen werde. Die Zahlungen des Mieters tilgten daher den Rückstand nicht, obwohl deren Gesamtbetrag den Letzteren überstiegen 4A_571/2018 (14.1.19) E. 8.2 und 8.3 fr. Anwendung von Art. 86/87 auf solche Fälle: 4A_436/2018 (17.1.19) E. 3 fr.

Fristansetzung. Ihre Warnfunktion kann die Fristansetzung nur erfüllen, wenn sie klar und deutlich abgefasst ist. Dies setzt zum einen voraus, dass der Zahlungsrückstand entweder ziffernmässig bezeichnet wird oder zumindest einwandfrei bestimmbar ist. Der weitere Hinweis auf eine Kündigung gemäss den gesetzlichen Bestimmungen ist dabei aber genügend klar 4A_585/2010 (2.2.11) E. 3.1 ff. Ablauf der Zahlungsfrist 4C.172/2005 (14.9.05) E. 2.3 fr. Die dreissigtägige Zahlungsfrist (bei Wohn- und Geschäftsräumen) beginnt mit dem Empfang der Zahlungsaufforderung durch den Mieter zu laufen. Dabei kommt die sog. *Empfangstheorie lediglich in eingeschränkter Form* zur Anwendung (vgl. auch die Hinweise unter Rz. 4). Massgebend ist nämlich der Tag, an dem der Mieter die Zahlungsaufforderung tatsächlich in Empfang genommen hat (allenfalls der letzte Tag der Abholfrist) 140 III 244/248 E. 5.1 Pra 2014 (Nr. 95) 757 ff., 4A_451/2010 (29.11.11) E. 3.1, 4A_250/2008 (18.6.08) E. 3.2.2 fr., 119 II 147/149 E. 2. – Die Androhung der Kündigung für den Fall, dass der Ausstand nicht beglichen wird, muss klar und deutlich sein. Die Kündigung muss demgegenüber nicht als fristlos oder ausserordentlich in Aussicht 6 gestellt werden 4A_541/2015 (20.5.16) E. 4.2 und 4.3. – Die Beweislast für die Zustellung der Kündigungsandrohung obliegt dem Vermieter. «Track and Trace»-Bestätigung der schweizerischen Post gilt als genügender Zustellnachweis 4C.11/2007 (21.3.07) E. 3.3, 4A_250/2008 (18.6.08) E. 3 fr. Offengelassen, wie es sich bezüglich des Fristenlaufs verhält, wenn eine nicht abgeholte Mitteilung nochmals uneingeschrieben versendet und dann vom Empfänger entgegengenommen wird 119 II 147/150 E. 2. – Verhältnis zur Hinterlegung des Mietzinses und der damit verbundenen Zahlungsfiktion 125 III 120/121 E. 2. – Hat der Vermieter dem Mieter die Post als Zahlstelle bezeichnet, wird die Zahlungsfrist gewahrt, wenn der Mieter am letzten Tag der Zahlungsfrist die Einzahlung am Postschalter vornimmt 124 III 145/147 ff. E. 2, s. auch 4A_39/2007 (9.5.07) E. 3.1 fr., 119 II 232/234 E. 2. – Die neue Regelung unterscheidet sich erheblich von der früheren *(aOR Art. 265),* die nach unbenütztem Ablauf der Zahlungsfrist die Vertragsauflösung automatisch eintreten liess und nicht zusätzlich eine auf Monatsende auszusprechende Kündigung mit einer weiteren dreissigtägigen Frist verlangte 118 II 302/304, vgl. auch 119 II 147/151 E. 3b/aa und 147/153 E. 3c sowie 119 II 241/248 E. 6b/aa fr. und 122 III 327/327 (Kreisschreiben vom 7. November 1996). – Die *Androhung der Kündigung und der Ausweisung* kann nicht mehr in den Zahlungsbefehl aufgenommen werden; vielmehr soll sie getrennt von der Betreibung für Miet- und Pachtzinse ausgesprochen werden 116 III 49/49 f. E. 1a (Kreisschreiben der SchKG-Kammer). Eine fristgerechte Zahlung durch *Verrechnung* kann nur erfolgen, wenn die Verrechnungserklärung vor Ablauf der Zahlungsfrist abgegeben wird und dem Vermieter nach den gesamten Umständen erlaubt, zu erkennen, welche Forderungen durch Verrechnung getilgt werden sollen 4A_32/2007 (16.5.07) E. 4.5, 4C.228/2006 (30.10.06) E. 2.1, 4C.212/2006 (28.9.06) E. 3.1.1 fr. Die Gegenforderung muss wegen Vorliegens eines Vollstreckungstitels unbestreitbar, unbestritten oder bewiesen sein 4A_549/2010 (17.2.11) E. 3. Macht der Mieter geltend, der Mietzins oder die Nebenkosten seien wegen eines Rechnungsfehlers zu hoch, muss er dies innerhalb der Frist tun und die verbleibenden Ausstände, soweit sie trotz Rechnungsfehler bestehen, begleichen 4A_107/2010 (3.5.10) E. 3.5. Offengelassen, welche Wirkung einer Verrechnungserklärung vor der Eröffnung der Kündigung oder dem vom Vermieter festgesetzten Vertragsende zukommt 119 II 241/247 f. E. 6 fr. (vgl. auch unter Rz. 9).

7 ***Abs. 2*** **Kündigung.** ***Frist.*** Der Vermieter hat den *Ablauf der Zahlungsfrist abzuwarten,* bevor er die Kündigung aussprechen darf 119 II 147/150 ff. E. 3. Eine während laufender Zahlungsfrist erfolgte Kündigung ist indessen nicht nichtig, sondern lediglich unwirksam (ungültig 124 III 145/148 E. 2a, 119 II 147/150 E. 3). Als solche braucht sie entsprechend (wie die nichtige Kündigung) nicht innerhalb der dreissigtägigen Frist von Art. 273 Abs. 1 angefochten zu werden (Änderung der mit 119 II 147/154 E. 4 begründeten Rechtsprechung). Die unwirksame ausserordentliche Kündigung kann nicht in eine wirksame ordentliche Kündigung umgewandelt werden 4A_541/2015 (20.5.16) E. 4.2. – Wird die Kündigung vor Ablauf der Zahlungsfrist der Post übergeben, gelangt aber erst nach Fristablauf in den Machtbereich des Mieters, ist die nach Art. 257d ausgesprochene Kündigung wirksam, sofern die Zahlung des Mieters nicht fristgerecht erfolgt ist 4C.96/2006 (4.7.06) E. 2.2 fr. Vgl. auch 4A_451/2011 (29.11.11) E. 4.2: Der Vermieter kündigte das Mietverhältnis gestützt auf Art. 257d am letzten Tag der Zahlungsfrist und damit verfrüht. Da die Kündigung dem Mieter aber erst nach Ablauf der Zahlungsfrist zugestellt wurde, wurde er

durch die verfrühte Kündigung weder irregeführt noch von einer fristgerechten Zahlung abgehalten. Beruft sich der Mieter nun auf eine verfrüht ausgesprochene Kündigung, so tut er dies ohne schützenswertes Interesse und handelt deshalb rechtsmissbräuchlich. Die Kündigung ist, obwohl verfrüht ausgesprochen, gültig. – Es bleibt dem Vermieter unbenommen, nach erfolgter Anfechtung der verfrüht ausgesprochenen Kündigung durch den Mieter *ein zweites Mal gestützt auf Art. 257d zu kündigen,* sofern die nach dieser Bestimmung erforderlichen Voraussetzungen gegeben sind 119 II 147/155 E. 4b. Befürchtet der Vermieter, dass seine Kündigung gestützt auf Art. 257d aufgehoben wird, weil der Mieter die ausstehenden Mietzinse und Nebenkosten einen Tag nach Ablauf der Zahlungsfrist beglichen hat, so steht es ihm frei, gestützt auf Art. 257d eine zweite Kündigungsandrohung mit Fristansetzung auszusprechen, wenn der Mieter in der Zwischenzeit erneut in Mietzinsrückstand geraten ist 4A_187/2012 (10.5.12) E. 3.2.2 fr. – Die 30-tägige Frist ist eine Mindestfrist; erfolgt die Kündigung knapp einen Monat nach Verstreichen dieser Frist, so liegt kein Missbrauch seitens des Vermieters vor 4A_641/2011 (27.1.12) E. 8 fr. Dreimonatiges Abwarten des Vermieters führt dagegen zur Anfechtbarkeit der Kündigung 4A_244/2017 (4.9.17) E. 5.4 it. – Offengelassen, ob beim Kündigungsrecht gemäss Art. 107 f. die Kündigungsfrist von Art. 257d Abs. 2 oder diejenige nach Art. 266g Abs. 1 analog zu übernehmen ist 123 III 124/128 E. 3c. – Im Rahmen von Art. 257d Abs. 2 gelangt – im Unterschied zu Art. 257d Abs. 1 – die *uneingeschränkte Empfangstheorie* zur Anwendung. Die Frist beginnt mithin zu laufen, sobald die Willenserklärung (die Kündigung) in den Machtbereich des Empfängers oder seines Vertreters gelangt. Ein eingeschriebener Brief gilt als zugestellt, wenn der Adressat ihn mit der im Briefkasten vorgefundenen Abholungseinladung erstmals bei der Poststelle abholen kann, d.h. in der Regel am Tag nach dem Zugang der Abholungseinladung 143 III 15/18 ff. E. 4.1 und 4.3 Pra 2017 (Nr. 45) 442 ff., 4A_100/2018 (5.3.18) E. 6 und 7 fr., 140 III 244/247 f. E. 5.1 Pra 2014 (Nr. 95) 757 ff., 4A_471/2013 (11.11.13) E. 2 fr., 137 III 208/212 E. 3.1.1 Pra 2011 (Nr. 106) 760. – Bezeichnet der Vermieter in der Kündigungserklärung den Zeitpunkt der Zahlungsaufforderung falsch, so schadet dies der Wirksamkeit der Kündigung nicht, wenn der Irrtum offensichtlich als solcher zu erkennen ist. In casu war der richtige Zeitpunkt der Zahlungsaufforderung im Kündigungsformular aufgeführt 4A_366/2016 (2.9.16) E. 1.2 fr.

Rechtsmissbrauch. Vorbehalten bleibt der Fall des Rechtsmissbrauchs 121 III 156/ 8
158 ff. E. 1 Pra 1995 (Nr. 272) 925 ff. Dieser ist jedoch sehr zurückhaltend anzunehmen, es bedarf hierfür besonderer Umstände 4A_88/2013 (17.7.13) E. 6.1, 4A_472/2008 (26.1.09) E. 5.3 it., 120 II 31/33 E. 4b fr. Solche können vorliegen, wenn *der ausstehende Betrag unbedeutend* war (verneint in 4A_88/2013 [17.7.13] E. 6.2) oder kurze Zeit nach Ablauf der Zahlungsfrist geleistet wurde und der Mieter den Mietzins zuvor immer rechtzeitig bezahlt hatte 4A_585/2010 (2.2.11) E. 4.1. Kein unbedeutender ausstehender Betrag bei einem Zahlungsrückstand von CHF 540 bzw. 35% der Bruttomiete 4A_88/2013 (17.7.13) E. 6.2; bei ausstehenden Nebenkosten in der Höhe von CHF 286 140 III 591/594 f. E. 2 Pra 2015 (Nr. 55) 439 f.; bei einem Zahlungsrückstand von CHF 164 140 III 591/594 f. E. 2 Pra 2015 (Nr. 55) 439 f.; bei einem Zahlungsrückstand für Nebenkosten in der Höhe von CHF 1647.15 4A_667/2014 (12.3.15) E. 3.2.2. Der Begriff des unbedeutenden ausstehenden Betrages ist eng auszulegen, weil er dem Mieter die Möglichkeit er-

öffnet, seine Zahlung zu verweigern, ohne damit eine Kündigung gemäss Art. 257d befürchten zu müssen 140 III 591/594 f. E. 2 Pra 2015 (Nr. 55) 439 f. Trifft der ausstehende Betrag innert ein oder zwei Tagen nach Fristablauf beim Vermieter ein, ist die Kündigung rechtsmissbräuchlich, nicht aber, wenn die Verspätung auf den Fristablauf acht bzw. sechs Tage beträgt 4A_549/2013 (7.11.13) E. 4 fr. bzw. 4A_306/2015 (14.10.15) E. 2 fr. Gleiche Beurteilung einer sechstägigen Verspätung in 4A_436/2018 (17.1.19) E. 5.3 fr. Den in der Rechtsprechung beurteilten Missbrauchsfällen ist erstens gemein, dass die Mieter mit der Zahlung von fälligen Mietzinsen im Rückstand waren, und zwar einerseits schon als ihnen gemäss Art. 257d Abs. 1 Frist zur Zahlung angesetzt wurde, andererseits immer noch als die Frist ablief bzw. die Kündigung ausgesprochen wurde. Zweitens, dass die Mieter auch dann nicht fristgerecht bezahlt hätten, wenn die Vermieter alle Vorgaben eingehalten hätten 4A_245/2017 (21.9.17) E. 5.3. Beruft sich der Mieter auf die 30-tägige Kündigungsfrist im Sinne von Art. 257d Abs. 2, ist dies rechtsmissbräuchlich, wenn erwiesen ist, dass er seit der Einstellung seiner Zahlungen nicht mehr ernstlich vorhatte, den Mietzins zu begleichen 4A_664/2018 (12.3.19) E. 6 fr. – *Treuwidrigkeit der Kündigung,* die der Vermieter androht, während die Parteien über eine grundsätzlich umstrittene Mietzinsreduktion verhandeln, deren Höhe im Zeitpunkt der Androhung und Erklärung der Kündigung höchst unklar war 4C.2/2007 (20.3.07) E. 4.2, 4C.65/2003 (23.9.03) E. 4.2.2 fr. Rechtsmissbräuchlich handelt der Mieter, der die Gültigkeit der Kündigung wegen einer zu kurzen Zahlungsfrist bestreitet, obwohl er nicht die Absicht hatte, die Mietzinsrückstände zu begleichen, unabhängig von der ihm gesetzten Frist 4C.88/2003 (1.7.03) E. 3.2 fr., oder nicht konkret aufzeigen kann, wie er die ausstehenden Mietzinse innert der Zahlungsfrist hätte begleichen können 4C.196/2006 (4.8.06) E. 2.3 fr. Rechtsmissbräuchlich handelt der Mieter, der die Kündigung wegen eines übersetzten Forderungsbetrags in der Zahlungsaufforderung anfechtet, obwohl er den Irrtum des Vermieters dannzumal erkannt hat. Den Mieter trifft in diesem Fall die Obliegenheit, dem Vermieter den Fehler anzuzeigen 4A_436/2018 (17.1.19) E. 4.1 und 4.2.2 fr., 4A_330/2017 (8.2.18) E. 3.1. Weitere Fälle rechtsmissbräuchlichen Verhaltens 4C.124/2005 (26.7.05) E. 3.2 fr. Gegen Treu und Glauben verstösst der Eigentümer, der seinem Mieter die Kündigung wegen Nichtzahlung fälliger Mietzinse oder Nebenkosten androht, bevor er die Gewissheit erlangt hat, dass dieser den geforderten Betrag schuldet 120 II 31/33 f. E. 4a und b fr. – Zahlungsverzugskündigung verbunden mit separater Vereinbarung, wonach die Kündigung aufgehoben wird, sollte der Mieter in der Folge die fälligen Mietzinse wie vereinbart begleichen, ist zulässig. Leistet der Mieter in der Folge nicht sämtliche fälligen Mietzinse, entfaltet die ausgesprochene Kündigung wieder ihre volle Wirkung 4C.118/2004 (28.7.04) E. 3.3 it. – Kein Rechtsmissbrauch, wenn der Vermieter den Mietern, die in den gemieteten Räumlichkeiten ein Café-Restaurant betrieben, wegen Zahlungsrückstandes (CHF 645.60 für Insektenbekämpfung) nach Abmahnung gekündigt hatte 4A_366/2008 (25.11.08) E. 3 fr. Kein Rechtsmissbrauch des Vermieters, der nach Entgegennahme verspäteter Mietzinszahlungen das Mietverhältnis wegen Zahlungsversäumnisses auflöst 119 II 232/235 E. 3. Die Kündigung ist auch dann gültig, wenn der Mieter den grössten Teil der Rückstände innert der gesetzten Frist entrichtet und nur noch ein Restbetrag offenbleibt 4A_299/2011 (7.6.11) E. 5 fr. Kein Rechtsmissbrauch des Vermieters, wenn dieser das Mietverhältnis gemäss Art. 257d kündigt und die Gelegenheit benützt, den Mietzins danach zu erhöhen 4C.74/2006 (12.5.06) E. 3.2.2 fr., oder wenn der

Vermieter sowieso dem Mieter – unabhängig von seinem Zahlungsrückstand – kündigen wollte 4C.59/2007 (25.4.07) E. 3.5 fr. Rechtmässige Kündigung, da der Mieter die Gültigkeitsvoraussetzungen von Art. 259g Abs. 1 nicht eingehalten hat 4C.264/2003 (3.12.03) E. 3.3 fr. Die Kündigung gestützt auf Art. 257d ist auch dann rechtmässig, wenn der Mieter im Vorfeld Investitionen bestimmten Ausmasses getätigt hat, im Wissen darum, dass der nächste Vertragsablauf knapp sechs Jahre nach den Investitionen eintreten würde 4A_108/2012 (11.6.12) E. 4.4 fr. – Unerlässliche Voraussetzung eines *stillschweigenden, neuen Vertragsabschlusses* nach erfolgter Kündigung ist, dass der Vermieter die Kündigung und den sich daraus ergebenden Rückgabeanspruch während längerer Zeit nicht durchsetzt (in casu verneint, obwohl der Vermieter während der Hängigkeit eines Ausweisungsverfahrens Mietzinszahlungen ohne ausdrücklichen Vorbehalt entgegengenommen und vorsorglich eine Mietzinserhöhung angekündigt hatte) 119 II 147/156 f. E. 5. – Die Beweislast für die Missbräuchlichkeit der Kündigung trifft den Mieter 140 III 591/593 E. 1 Pra 2015 (Nr. 55) 438 f.

Verrechnung. Grundsätzlich kann auch der Mieter, der wegen Zahlungsverzugs gemäss Art. 257d in Verzug gesetzt worden ist, Verrechnung geltend machen. Der Mieter muss die Verrechnungserklärung aber vor Ablauf der Zahlungsfrist einbringen. Nimmt der Mieter die Verrechnungserklärung nach Eintritt des Kündigungszeitpunktes vor, lebt der Mietvertrag nicht wieder auf 4C.248/2002 (13.12.02) E. 5.2, 119 II 241/248 E. 6b/bb fr. Kündigt der Vermieter den Mietvertrag wegen Zahlungsverzugs des Mieters und bestreitet der Mieter die Kündigung, indem er geltend macht, die Mietzinsschuld durch Verrechnung getilgt zu haben, so muss sich das Gericht vorfrageweise zum Bestand und zur Höhe der zur Verrechnung gebrachten Forderung äussern 4A_140/2014 (6.8.14) E. 5.2 fr. Der Umstand, dass der Mieter eine Verrechnungsforderung geltend macht, darf nicht dazu führen, dass sich der Mieter länger ungerechtfertigt in den gemieteten Lokalitäten aufhalten darf. Die Verrechnungsforderung muss also ohne Verzug nachgewiesen werden können. Ist bezüglich der Verrechnungsforderung vor einer anderen Instanz ein Prozess hängig, so steht ausser Frage, den Prozess betreffend die Anfechtung der Kündigung zu suspendieren, bis im anderen Prozess über Umfang und Höhe der Verrechnungsforderung entschieden worden ist 4A_140/2014 (6.8.14) E. 5.2 fr. Will der Mieter, der eine Gegenforderung (aufgrund einer Mietzinsreduktion wegen Mängeln der Mietsache oder wegen einer Schadenersatzforderung) zur Verrechnung bringen will, eine Kündigung gemäss Art. 257d vermeiden, so ist er gehalten, den Mietzins in Anwendung von Art. 259g zu hinterlegen. Art. 259g stellt im Verhältnis zu Art. 82 (Verpflichtung zur Leistung Zug um Zug; Einrede des nicht erfüllten Vertrages) eine lex specialis dar 4A_140/2014 (6.8.14) E. 5.2 fr. – 4A_472/2008 (26.1.09) E. 4.2.3 it.: Hält der Mieter den Mietzins ungerechtfertigt zurück, so darf er seine Verrechnungsforderung nicht mehr geltend machen. – Die trotz rechtsgültiger Verrechnung erfolgte Kündigung ist nichtig 4A_642/2009 (2.2.10) E. 4. 9

Prozessuales. Sind die materiellen Voraussetzungen einer ausserordentlichen Kündigung gemäss Art. 257d nicht erfüllt, so ist diese nicht nur anfechtbar, sondern völlig unwirksam. Für die Berücksichtigung der Unwirksamkeit oder der Nichtigkeit einer Kündigung bedarf es keiner Anfechtung binnen der Frist von Art. 273 4A_127/2014 (19.8.14) E. 4. – Gemäss der Rechtsprechung des Bundesgerichts darf über ein Ausweisungsbegeh- 10 ren im summarischen Verfahren um Rechtsschutz in klaren Fällen gemäss ZPO Art. 257 auch dann entschieden werden, wenn die vorangehende ausserordentliche Kündigung wegen Zahlungsrückstandes (OR Art. 257d) vom Mieter gerichtlich angefochten wurde und das resultierende mietrechtliche Verfahren noch nicht rechtskräftig erledigt ist 4A_366/2016 (2.9.16) E. 1.1 fr., 141 III 262/263 ff. E. 3.2, 4A_265/2013 (8.7.13) E. 6 it. Die Rechtshängigkeit des Kündigungsschutzbegehrens steht der Ausweisung wegen deren unterschiedlichen Streitgegenstandes nicht im Sinne von ZPO Art. 64 Abs. 1 lit. a entgegen. Soweit die Gültigkeit der Kündigung des Mietvertrages im Ausweisungsverfahren als Vorfrage zu beurteilen ist, beziehen sich die Voraussetzungen von ZPO Art. 257 Abs. 1 auch darauf. Sind sie nicht erfüllt und kann der Rechtsschutz in klaren Fällen deshalb nicht gewährt werden, so hat das Gericht nach ZPO Art. 257 Abs. 3 auf das Gesuch nicht einzutreten 4A_185/2019 (25.6.19) E. 3, 141 III 262/263 ff. E. 3.2.

11 **Weiteres.** Da ein Tatbestand der Vertragsverletzung vorliegt, hat der Mieter nicht nur sämtliche rückständigen Mieten zu bezahlen, sondern den Vermieter auch im Umfang des positiven Interesses schadlos zu halten 4A_22/2009 (17.3.09) E. 2 fr. – Kündigung von mehreren separaten Mietverträgen über in funktionalem Zusammenhang stehende Mietobjekte wegen Zahlungsverzugs, wenn der Zahlungsrückstand nicht alle Mietobjekte betrifft 137 III 123/124 E. 2.

II. Sicherheiten durch den Mieter

Art. 257e

[1] Leistet der Mieter von Wohn- oder Geschäftsräumen eine Sicherheit in Geld oder in Wertpapieren, so muss der Vermieter sie bei einer Bank auf einem Sparkonto oder einem Depot, das auf den Namen des Mieters lautet, hinterlegen.

[2] Bei der Miete von Wohnräumen darf der Vermieter höchstens drei Monatszinse als Sicherheit verlangen.

[3] Die Bank darf die Sicherheit nur mit Zustimmung beider Parteien oder gestützt auf einen rechtskräftigen Zahlungsbefehl oder auf ein rechtskräftiges Gerichtsurteil herausgeben. Hat der Vermieter innert einem Jahr nach Beendigung des Mietverhältnisses keinen Anspruch gegenüber dem Mieter rechtlich geltend gemacht, so kann dieser von der Bank die Rückerstattung der Sicherheit verlangen.

[4] Die Kantone können ergänzende Bestimmungen erlassen.

1 Sicherheitsleistung des Mieters bei Übergang des Mietverhältnisses; Schicksal der Sicherheitsleistung im Konkursfall des Vermieters 127 III 273/277 E. 4c. – Als Sicherheitsleistung kann auch eine Bürgschaft, eine Bankgarantie oder ein Faustpfand vereinbart werden 4C.154/2003 (6.10.03) E. 6 it. – Die Sicherheitsleistung kann nicht einfach als vorausbezahlter Mietzins behandelt werden, denn die Kaution behält trotz vertragswidrigen Verhaltens des Vermieters (Nichteinhalten der Formvorschriften, die auf den Schutz des Mieters vor Zweckentfremdung bzw. Konkurs des Vermieters abzielen) den Zweck, dem sie gewidmet ist 4C.67/2002 (30.5.02) E. 3c fr. – Ist eine Bankgarantie vom Vermieter beansprucht worden, darf der Mieter laufende Mietzinsschulden nicht mit seinem allfälligen Rückforderungsanspruch verrechnen, solange nicht rechtskräftig feststeht, dass die gesicherten Vermieterforderungen nicht bestehen 4A_422/2016 (1.12.16)

E. 4.2. – Auslegung alternativer Sicherungsmechanismen: Abgrenzung der kumulativen Schuldübernahme von der Bürgschaft 4A_624/2017 (8.5.18) E. 3.

III. Sorgfalt und Rücksichtnahme

Art. 257f

[1] Der Mieter muss die Sache sorgfältig gebrauchen.

[2] Der Mieter einer unbeweglichen Sache muss auf Hausbewohner und Nachbarn Rücksicht nehmen.

[3] Verletzt der Mieter trotz schriftlicher Mahnung des Vermieters seine Pflicht zu Sorgfalt oder Rücksichtnahme weiter, so dass dem Vermieter oder den Hausbewohnern die Fortsetzung des Mietverhältnisses nicht mehr zuzumuten ist, so kann der Vermieter fristlos, bei Wohn- und Geschäftsräumen mit einer Frist von mindestens 30 Tagen auf Ende eines Monats kündigen.

[4] Der Vermieter von Wohn- oder Geschäftsräumen kann jedoch fristlos kündigen, wenn der Mieter vorsätzlich der Sache schweren Schaden zufügt.

Sind die Voraussetzungen von Art. 257f erfüllt, so gelangt die Schutzfrist von Art. 271a 1
Abs. 3 lit. c nicht zur Anwendung und eine Erstreckung des Mietverhältnisses (Art. 272 a Abs. 1 lit. b) ist ausgeschlossen 4A_722/2012 (1.5.13) E. 2.1 fr.

Abs. 1 Der Gesetzeswortlaut ist bloss insoweit zu eng, als die Bestimmung nicht allein zu 2
einem sorgfältigen und rücksichtsvollen, sondern allgemein zu einem vertragsgemässen Gebrauch der Mietsache verpflichtet. Die Bestimmung untersagt daher beispielsweise auch vertragswidrige Nutzungsarten oder verpflichtet zum vertraglichen Gebrauch, selbst wenn die Pflichtverletzung sich nicht in fehlender Sorgfalt oder Rücksichtnahme manifestiert 4A_523/2007 (18.2.08) E. 4.1 fr., 4C.302/2003 (26.5.04) E. 3.2, 123 III 124/126 E. 2a. – Erteilt hingegen eine Mieterin mit Wissen des Vermieters seit Jahren Mal- und Zeichenunterricht in ihrer Wohnung, ist von einer stillschweigenden Erlaubnis dazu auszugehen, auch wenn gemäss Mietvertrag ohne Erlaubnis jede berufliche Tätigkeit in der Wohnung untersagt ist 4A_ 413/2009 (11.11.09) E. 4 fr. Eine Änderung des Gebrauchszwecks ist nicht gegeben, wenn die Privatadresse neu auch als Geschäftsadresse einer Schule dient und ein Namensschild der Geschäftsfirma neben den privaten Namen der Mieter angebracht ist, die Lehrtätigkeit als solche jedoch andernorts ausgeübt wird 4A_187/2011 (9.6.11) E. 3.2 fr. – Der vereinbarte Gebrauch betrifft insbesondere den Gebrauchszweck und die Gebrauchsmodalitäten der Mieträumlichkeiten, indem beispielsweise der Kreis der Benutzer festgelegt wird. Vorbehältlich anderslautender Abreden ist der Mieter eines zu Wohnzwecken bestimmten Mietobjekts nicht gehalten, dieses selbst zu bewohnen. Er darf es auch seinem Bruder und einem Freund unentgeltlich zum Gebrauch überlassen (begeht damit also keine Sorgfaltspflichtverletzung) 136 III 186/187 E. 3 Pra 2010 (Nr. 113) 770. – Ein unnötiges Laufenlassen von Wasser aus einem Abflusshahn, wodurch ein aussergewöhnlicher Mehrverbrauch entsteht, ist eine vertragswidrige Nutzung 4C.175/2000 (25.10.00) E. 2b fr. – Eine Verpflichtung des Mieters, allfällige Bauhandwerkerpfandrechte abzulösen, welche im Zuge vertragskonformer Bauarbeiten eines Untermieters vorgemerkt oder eingetragen werden, fällt nicht unter den Regelungs-

bereich von Art. 257f 123 III 124/127 E. 2b. – Analoge Anwendung von Art. 306 Abs. 3 und Art. 474 Abs. 2 (Haftung für Zufall), wenn die Mietsache durch vertragswidrigen Gebrauch beschädigt wird 103 II 330/333 E. 2b Pra 1978 (Nr. 89) 202. – Ob dem Vermieter die Fortsetzung des Mietverhältnisses nicht zumutbar ist, entscheidet das Gericht nach freiem Ermessen 4C.331/2004 (17.3.05) E. 1.1.4.

3 ***Abs. 2*** Die Konkretisierung der Rücksichtnahmepflicht hat in jedem Einzelfall zu erfolgen 4C.273/2005 (22.11.05) E. 2.1 fr. – Vertragswidriger Gebrauch liegt vor, wenn der Mieter andere Hausbewohner provoziert 4C.106/2002 (18.6.02) E. 3 fr.

4 ***Abs. 3*** Die Bestimmung sanktioniert nur Verletzungen von mieterseitigen Gebrauchspflichten, nicht von Vertragspflichten schlechthin 123 III 124/126 E. 2a. – Die Kündigung gestützt auf Art. 257f Abs. 3 untersteht *fünf kumulativen Voraussetzungen:* 1. Der Mieter verletzt seine Sorgfaltspflicht. 2. Der Vermieter mahnt den Mieter schriftlich. 3. Der Mieter verletzt seine Pflicht zur Sorgfalt trotz der schriftlichen Mahnung des Vermieters weiter, indem er vom gerügten Verhalten nicht ablässt. 4. Dem Vermieter ist die Fortsetzung des Mietverhältnisses nicht mehr zuzumuten. 5. Bei der Miete von Wohn- und Geschäftsräumen hat der Vermieter die Kündigungsfrist von 30 Tagen auf Ende eines Monats eingehalten 4A_140/2019 (26.9.19) E. 4.1 fr., 4A_347/2016 (10.11.16) E. 3.1.1 fr., 4A_722/2012 (1.5.13) E. 2.2 fr. Es spielt keine Rolle, ob die Lärmbelästigung vom Mieter selbst oder von Personen ausgeht, die sich in seiner Wohnung aufhalten 4A_457/2013 (4.2.14) E. 2 fr., 4A_87/2012 (10.4.12) E. 4.1 fr. Schwerwiegende Verletzung der Pflichten, Unzumutbarkeit der Fortsetzung des Mietverhältnisses: Entscheid liegt im Ermessen des Richters 136 III 65/72 E. 2.5 Pra 2010 (Nr. 87) 629, 4A_296/2007 (31.10.07) E. 2.2 fr., 4C.302/2005 (9.1.06) E. 2 fr., 4C.331/2004 (17.3.05) E. 1.1.4. Damit dem Vermieter die Fortsetzung des Mietverhältnisses nicht mehr zuzumuten ist, muss die mangelnde Rücksichtnahme des Mieters gegenüber den Nachbarn eine gewisse Schwere erreicht haben 4A_485/2014 (3.2.15) E. 3.1 fr. Sorgfaltspflichtverletzung des Mieters ausgeschlossen, wenn er rechtmässig nach Art. 259b lit. b vorgeht 4A_476/2015 (11.1.16) E. 4.4 fr. – Gültigkeit einer ausserordentlichen Kündigung trotz irrtümlicher Berufung auf Art. 257f als Rechtsgrundlage 123 III 124/128 f. E. 2d. – *Kündigung:* infolge Nichteinhaltung der Nachtruhe 4A_44/2014 (17.3.14) E. 2.3 fr., 4A_457/2013 (4.2.14) E. 2 fr., 4A_87/2012 (10.4.12) E. 4 fr., 4C.79/1998 (4.6.98) E. 2b Pra 1998 (Nr. 153) 820; infolge fehlender Rücksichtnahme gegenüber den Nachbarn 4A_365/2018 (24.8.18) E. 2 und 8 fr., 4A_317/2015 (23.7.15) E. 3.1 fr., 136 III 65/72 E. 2.5; infolge extremer Unsauberkeit, Zustellen der Wohnung mit Maschinen und Material aller Art und dadurch bedingter Brandgefahr 4A_231/2019 (18.6.19) E. 2 und 5 fr.; infolge andauernder Reklamationen an die Vermieterin und vielfachen Herbeirufens der Polizei wegen Lärm aus der Nachbarschaft, der als gewöhnlicher Lärm des täglichen Lebens einzustufen ist 4A_173/2017 (11.10.17) E. 4.1 ff. fr.; infolge zahlreicher Überreaktionen einer Mieterin auf Hausordnungsverstösse anderer Hausbewohner, namentlich durch ungebührliche Einmischungen und Äusserungen in bzw. über deren Privatleben, Beschimpfungen und eigenhändiges Durchsetzen der Hausordnung 4A_621/2019 (26.2.20) E. 3; infolge Verletzung der Hausordnung 4A_722/2012 (1.5.13) E. 2.2 fr., Pra 2000 (Nr. 49) 284 E. 2d; infolge Nichtdulden von notwendigen Arbeiten an der Mietsache 4C.306/2003 (20.2.04) E. 3.3; infolge erheblicher Immissionen aufgrund der Lagerung und Handhabung von Holzabfällen 4C.264/2002

(25.8.03) E. 4.3; infolge massiver lärmiger Familienstreitigkeiten 136 III 65/72 E. 2.5 Pra 2010 (Nr. 87) 629 f., 4C.270/2001 (26.11.01) E. 3.b fr. Kündigung infolge eigenmächtiger Inangriffnahme von erheblichen Änderungen am Mietobjekt, welchen der Vermieter nicht zugestimmt hatte 4A_277/2007 (26.9.07) E. 5.2 fr.; infolge über Jahre andauernder Untervermietung, wobei der Mieter definitiv ins Ausland gezogen (Abmeldung bei schweizerischen Behörden) und entsprechend die Untervermietung missbräuchlich ist 4A_367/2010 (4.10.10) E. 2.3 fr.; infolge Untervermietung von Räumen eines zu Wohnzwecken gemieteten Einfamilienhauses an Prostituierte 4A_429/2010 (6.10.10) E. 2.2 fr.; infolge Betrieb eines Erotik-Massagesalons in einem Wohnobjekt 4A_94/2017 (27.6.17) fr.; zur Untervermietung zu Prostitutionszwecken vgl. auch 4A_35/2019 (25.2.19) E. 7–9 fr. Sorgfaltspflicht verletzt und Unzumutbarkeit bejaht, wenn der Mieter eigenmächtig eine bauliche Massnahme reversiert, die früher vom Vermieter widerrechtlich (ohne Baubewilligung) ausgeführt worden war 4A_257/2018 (24.10.18) E. 4.3 und 4.5 fr. Pflichtverletzung nicht hinreichend schwer, wenn die bislang kooperativen Mieter ihre Duldungspflicht gemäss Art. 257h Abs. 2 wegen persönlicher Schwierigkeiten und Nachlässigkeit verletzen 4A_286/2015 (7.12.15) E. 3.2 fr. Das Aufstellen kleinerer Möbel und Behältnisse im Treppenhaus durch den Mieter, mag es auch feuerpolizeilich problematisch sein, rechtfertigt eine Kündigung nach Art. 257f Abs. 3 nicht, wenn der Durchgang gewährleistet ist und sich die anderen Hausbewohner nicht beschweren 4A_254/2018 (25.6.18) E. 7 fr. – Der Mieter, der das Mietobjekt *untervermietet,* ohne die Zustimmung des Vermieters einzuholen, riskiert eine vorzeitige Auflösung des Mietverhältnisses (Art. 257f Abs. 3), wenn er auf eine schriftliche Abmahnung des Vermieters nicht reagiert und dieser sich aus einem der in Art. 262 Abs. 2 genannten Gründe der Untervermietung hätte widersetzen können 4A_173/2019 (13.6.19) E. 6 fr., 4A_379/2014 (10.3.15) E. 4, 4A_518/2014 (19.11.14) E. 7 fr., 4A_162/2014 (26.8.14) E. 2.2.2 Pra 2015 (Nr. 67) 526, 4A_705/2014 (8.5.15) E. 4.4.2 fr., 4A_430/2013 (14.2.14) E. 4.2 fr., 134 III 446/449 E. 2.2 Pra 2009 (Nr. 21) 126, 134 III 300/302 E. 3.1 fr., 4A_217/2007 (4.9.07) E. 3 fr. Gleiches riskiert der Mieter, der das Mietobjekt untervermietet, obwohl ihm der Vermieter dies in Übereinstimmung mit Art. 262 Abs. 2 verweigert hat 4A_140/2019 (26.9.19) E. 4.1.1 Pra 2020 (Nr. 74) 756, 4A_347/2016 (10.11.16) E. 3.1.2 fr. Die Verwirklichung eines der Tatbestände in Art. 262 Abs. 2 führt grundsätzlich zur Unzumutbarkeit für den Vermieter. Unzumutbarkeit ist gleichwohl zu verneinen, wenn der Vermieter unter Einhaltung der vertraglichen Kündigungsfristen, also ordentlich kündigt 4A_140/2019 (26.9.19) E. 4.1.4 und 4.1.5 Pra 2020 (Nr. 74) 756 f. Kündigung unzulässig, weil weder Untermiete noch Gebrauchsleihe vorliegt, sondern eine (Mit-)Benutzung der Mietsache, die vom vertraglichen Gebrauchszweck gedeckt ist. In casu zulässige Alleinnutzung der Mietwohnung durch die Tochter des Mieters, zu deren Beherbergung und Finanzierung er unter dem Titel der elterlichen Sorge verpflichtet war 4A_39/2019 (23.7.19) E. 4 fr. Dritte Voraussetzung von Art. 257f Abs. 3 (Nichtablassen vom gerügten Verhalten) nicht erfüllt, wenn der Mieter die Mietsache kurz nach Empfang der Abmahnung noch einmal für vier Nächte untervermietet, anschliessend aber gänzlich damit aufhört. In casu war nicht erstellt, ob der Mieter die AirBnB-Reservation schon vor oder erst nach dem Eingang der Abmahnung angenommen hatte 4A_140/2019 (26.9.19) E. 4.3.1 f. Pra 2020 (Nr. 74) 757 f. – Um den Anforderungen an die *schriftliche Abmahnung* gerecht zu werden, muss der Vermieter den Mieter dazu auffordern, sich gesetzeskonform zu verhalten, indem er ihn dazu anhält, den

Untermietvertrag zu kündigen oder indem er ausdrücklich festhält, mit der nicht bewilligten Untervermietung nicht einverstanden zu sein. Dem Mieter muss also die Gelegenheit gegeben werden, den gesetzeswidrigen Zustand abzuschaffen und sich zukünftig gesetzeskonform zu verhalten 4A_162/2014 (26.8.14) E. 2.2.2 und E. 2.3 Pra 2015 (Nr. 67) 526 f., 134 III 446/449 E. 2.2 Pra 2009 (Nr. 21) 126, 134 III 300/302 f. E. 3.1 Pra 2008 (Nr. 130) 824 ff. Der Vermieter muss aber den Mieter nicht explizit auffordern, den Untermietvertrag aufzulösen, oder ihm androhen, den Mietvertrag gestützt auf Art. 257f Abs. 3 vorzeitig aufzulösen 4A_379/2014 (10.3.15) E. 4. Der Vermieter, der es versäumt, seinem Mieter diese Abmahnung wegen unbewilligter Untermiete zukommen zu lassen, kann seine Kündigung nicht auf die subsidiäre Bestimmung des Art. 266g (anstatt auf Art. 257f Abs. 3) stützen, der keine Abmahnung verlangt 4A_162/2014 (26.8.24) E. 2.6.2 Pra 2015 (Nr. 67) 528. Hingegen begeht der Mieter, dem wegen missbräuchlicher Untervermietung gekündigt wurde, keinen Rechtsmissbrauch, wenn er die Kündigung wegen fehlender schriftlicher Abmahnung anficht 4A_456/2010 (18.4.11) E. 3.2 fr. – Kündigung infolge strafrechtlicher Verurteilung wegen sexueller Belästigung minderjähriger Mitbewohner der Liegenschaft sowie ausbleibender Besserung im Verhalten in der Zeit nach der Verurteilung 4A_8/2011 (1.3.11) E. 4 fr.; infolge auffälligen und aufdringlichen Verhaltens eines unter Vormundschaft stehenden psychisch Kranken, wobei die Verschuldensfrage (Zurechnungsfähigkeit) der Person unerheblich ist 4A_263/2011 (20.9.11) E. 3.1–3.4 fr. – Kündigung wegen Bewerfen anderer Hausbewohner mit Gegenständen vom eigenen Balkon aus, selbst wenn damit keine Gefährdung verbunden war 4A_247/2015 (6.10.15) E.A., 4.2 und 4.3.2. – Hingegen genügt das vertragswidrige Anbringen einer Glasverschalung auf dem Balkon keineswegs für eine ausserordentliche Kündigung. Zudem lag in casu eine Zeitspanne von ca. 18 Monaten zwischen der letzten schriftlichen Abmahnung und der Kündigung vor 4C.118/2001 (8.8.01) E. 1b fr. – Keine *Unzumutbarkeit* bei beruflicher Tätigkeit als Übersetzer in der zu Wohnzwecken gemieteten Wohnung 4A_38/2010 (1.4.10) E. 3.2 fr. – Der Vermieter kann das Mietverhältnis bei anhaltender Verletzung der vertraglichen Bestimmungen über den Gebrauch der vermieteten Räumlichkeiten nach Art. 257f Abs. 3 auch auflösen, wenn die Aktivitäten des Mieters nicht zu unzumutbaren Verhältnissen im Sinne dieser Bestimmung führen 4A_245/2007 (16.10.07) E. 4.1, 132 III 109/113 f. E. 5 Pra 2007 (Nr. 19) 107. Die Vertragsverletzungen dürfen nicht als gering angesehen werden und müssen anhaltend sein; verneint in 4C.48/2007 (31.7.07) E. 4 it., bejaht in 4A_87/2012 (10.4.12) E. 4.2 fr. – Unzumutbarkeit verneint, wenn der Vermieter seine Kündigung zwar als vorzeitige bezeichnet und sich auf Art. 257f stützt, sie aber unter Einhaltung der Kündigungsfrist auf einen ordentlichen Kündigungstermin ausspricht 4A_347/2016 (10.11.16) E. 3.1.2 fr. – Die fehlende Rücksichtnahme gegenüber den Nachbarn erlaubt eine ausserordentliche Kündigung des Mietvertrags und stellt auch eine Verletzung der Treuepflicht im Genossenschaftsrecht dar (Art. 866), die einen Ausschluss aus der Genossenschaft aus wichtigen Gründen rechtfertigt (Art. 846 Abs. 2) 136 III 65/72 E. 2.5 Pra 2010 (Nr. 87) 629 f. Vgl. auch 4A_247/2015 (6.10.15) E. 4. – Der Vermieter muss auf die anhaltende Sorgfaltspflichtverletzung des Mieters mit einer gewissen Entschlossenheit und *Raschheit reagieren.* Die Tatsache, dass die Kündigung vier Monate und sechs Tage (was das Bundesgericht in 4C.270/2001 [26.11.01] E. 3b/dd als «kurz» qualifiziert hat), fünf Monate (4C.264/2002 [25.8.03] E. 4.3 fr.) oder acht Monate (4A_87/2012 [10.4.12] E. 5.3 fr.) nach der schriftlichen Aufforderung zur Rücksichtnahme erfolgte, wurde jedoch nicht als übermässig qualifiziert respektive nicht als Indiz dafür genommen, dass die Fortsetzung des Mietverhältnisses für den Vermieter zumutbar gewesen wäre. Dabei kommt es aber immer auf die Umstände des konkreten Falles an. In 4C.118/2001 (8.8.01) E. 1b fr. qualifizierte das Bundesgericht eine Dauer von achtzehn Monaten als übermässig. In 4A_457/2013 (4.2.14) E. 3 fr. hielt es eine Frist von zehneinhalb Monaten zwischen der letzten schriftlichen Aufforderung des Vermieters zur Rücksichtnahme und der Kündigung nicht für übermässig. Die Vermieter hätten bloss knapp zwei Wochen vor der Kündigung erfahren, dass die Lärmbelästigungen nach wie vor anhielten, und hätten daraufhin innert nützlicher Frist reagiert.

IV. Meldepflicht

Art. 257g

1 Der Mieter muss Mängel, die er nicht selber zu beseitigen hat, dem Vermieter melden.

2 Unterlässt der Mieter die Meldung, so haftet er für den Schaden, der dem Vermieter daraus entsteht.

Der Mieter hat seine Mängelrechte gemäss Treu und Glauben auszuüben. Insbesondere muss er allfällige Mängel ohne Verzug dem Vermieter melden, damit dieser die notwendigen Massnahmen ergreifen kann, um den Schaden möglichst gering zu halten 4A_621/2014 (24.3.15) E. 3.1 fr. 1

V. Duldungspflicht

Art. 257h

1 Der Mieter muss Arbeiten an der Sache dulden, wenn sie zur Beseitigung von Mängeln oder zur Behebung oder Vermeidung von Schäden notwendig sind.

2 Der Mieter muss dem Vermieter gestatten, die Sache zu besichtigen, soweit dies für den Unterhalt, den Verkauf oder die Wiedervermietung notwendig ist.

3 Der Vermieter muss dem Mieter Arbeiten und Besichtigungen rechtzeitig anzeigen und bei der Durchführung auf die Interessen des Mieters Rücksicht nehmen; allfällige Ansprüche des Mieters auf Herabsetzung des Mietzinses (Art. 259d) und auf Schadenersatz (Art. 259e) bleiben vorbehalten.

Wie weit die Duldungspflicht geht, richtet sich nach objektiven Kriterien 4A_162/2007 (27.9.07) E. 4.1 fr. – Verletzung der Duldungspflicht, wenn die Mieter sich auf die mehrfache Aufforderung der Vermieterin hin (einschliesslich Fristansetzung) nicht melden, um einen Besichtigungstermin zwecks Verkauf der Liegenschaft zu vereinbaren. In casu kein Kündigungsgrund im Sinne von Art. 257f Abs. 3 gegeben 4A_286/2015 (7.12.15) E. 3.2 fr. 1

F. Nichterfüllung oder mangelhafte Erfüllung des Vertrags bei Übergabe der Sache

Art. 258

[1] Übergibt der Vermieter die Sache nicht zum vereinbarten Zeitpunkt oder mit Mängeln, welche die Tauglichkeit zum vorausgesetzten Gebrauch ausschliessen oder erheblich beeinträchtigen, so kann der Mieter nach den Artikeln 107–109 über die Nichterfüllung von Verträgen vorgehen.

[2] Übernimmt der Mieter die Sache trotz dieser Mängel und beharrt er auf gehöriger Erfüllung des Vertrags, so kann er nur die Ansprüche geltend machen, die ihm bei Entstehung von Mängeln während der Mietdauer zustünden (Art. 259a–259i).

[3] Der Mieter kann die Ansprüche nach den Artikeln 259a–259i auch geltend machen, wenn die Sache bei der Übergabe Mängel hat:

a. welche die Tauglichkeit zum vorausgesetzten Gebrauch zwar vermindern, aber weder ausschliessen noch erheblich beeinträchtigen;

b. die der Mieter während der Mietdauer auf eigene Kosten beseitigen müsste (Art. 259).

1 ***Abs. 1*** Verpflichtung des Vermieters zur rechtzeitigen Übergabe der Mietsache: siehe unter Art. 256 Abs. 1. – Ein ***Mangel*** besteht u.a., wenn das Mietobjekt nicht die vereinbarten Eigenschaften aufweist; dies beurteilt sich gemäss Art. 18 Abs. 1 OR 4A_465/2010 (30.11.10) E. 6 fr. – Zum Mangelbegriff 4A_159/2014 (18.6.14) E. 4.1, 4A_33/2012 (2.7.12) E. 5 it., 4A_767/2011 (2.7.12) E. 3 it., 135 III 345/347 E. 3.2 Pra 2009 (Nr. 135) 924, 4C.387/2004 (17.3.05) E. 2.1. Auch Mängel, die nicht in der Mietsache selbst begründet sind, sondern sich aus der Umwelt oder aus dem Verhalten Dritter ergeben, können einen Mangel der Mietsache darstellen 4C.39/2003 (23.4.03) E. 4. Relevant für die Beurteilung eines Mangels sind insbesondere die Reparaturkosten und die Dauer der Beeinträchtigung des vertraglichen Gebrauchs Pra 2000 (Nr. 49) 283, 4C.268/2001 (17.8.01) E. 4a. *Schwerwiegender Mangel:* herunterfallende Staub- und Schlackenteilchen wegen undichter Decke eines Büro- oder Verkaufsraumes 4C.268/2001 (17.8.01) E. 4b. *Mittlerer Mangel:* Schwierigkeiten bei der Temperaturregulierung sowie störende Geräusche der Heizung 4C.291/2000 (11.4.01) E. 4; ungenügende Heizung und Zugluft in den beheizbaren Räumen eines Hauses ohne Zentralheizung 4C.66/2001 (15.5.01) E. 2b. *Einfacher Mangel:* Undichtes Vordach über einer Terrasse, namentlich bei Luxusobjekt, bei dem der Mieter gehobene Qualitätsansprüche geltend machen kann 4A_628/2010 (23.2.11) E. 3.1 fr. ***Kein Mangel:*** Angabe im Mietvertrag einer grösseren Fläche als die tatsächliche, sofern der Mieter die Wohnung vor Unterzeichnung des Vertrags besichtigt hat und die Fläche für seinen Entschluss, die Wohnung zu mieten, keine Rolle gespielt hat 4A_465/2010 (30.11.10) E. 6 fr.

2 ***Abs. 2*** Der Ausdruck in der Baubewilligung (nicht bebaubarer Teil des Grundstücks), die beim Abschluss des Mietvertrages erteilt worden ist, wird vom Mieter dahingehend verstanden, dass auf diesem Teil zwar keine Baute errichtet werden darf, dieser jedoch anderweitig verwendbar (befahrbar) sei, was einen Mangel darstellt 4A_483/2011 (2.12.11) E. 2.3 und 2.4 fr.

G. Mängel während der Mietdauer I. Pflicht des Mieters zu kleinen Reinigungen und Ausbesserungen

Art. 259

Der Mieter muss Mängel, die durch kleine, für den gewöhnlichen Unterhalt erforderliche Reinigungen oder Ausbesserungen behoben werden können, nach Ortsgebrauch auf eigene Kosten beseitigen.

II. Rechte des Mieters 1. Im Allgemeinen

Art. 259a

[1] Entstehen an der Sache Mängel, die der Mieter weder zu verantworten noch auf eigene Kosten zu beseitigen hat, oder wird der Mieter im vertragsgemässen Gebrauch der Sache gestört, so kann er verlangen, dass der Vermieter:

a. den Mangel beseitigt;
b. den Mietzins verhältnismässig herabsetzt;
c. Schadenersatz leistet;
d. den Rechtsstreit mit einem Dritten übernimmt.

[2] Der Mieter einer unbeweglichen Sache kann zudem den Mietzins hinterlegen.

Mangelhaft ist ein Miet- oder Pachtobjekt, wenn ihm eine vertraglich zugesicherte oder sich aus dem vertraglichen Gebrauchszweck ergebende Eigenschaft fehlt 4A_222/2012 (31.7.12) E. 2.2 fr., Pra 1999 (Nr. 21) 113 E. 3a. Namentlich stellen von Nachbarn oder Dritten verursachte Unannehmlichkeiten einen Mangel der Mietsache dar, wenn sie die Toleranzgrenze überschreiten Pra 2000 (Nr. 49) 282 E. 2c, nicht aber die Staatsangehörigkeit anderer Mieter für sich allein genommen Pra 2000 (Nr. 49) 281 E. 2c. Lärm im Schlafzimmer, der den Schlaf des Mieters stört, stellt einen mittleren Mangel dar 4C.65/2002 (31.5.02) E. 3c fr. Gegenseitige Provokation unter Nachbarn 4C.106/2002 (18.6.02) E. 3.4. – *Kein Mangel,* wenn im Vertrag als Zweck die Bewirtschaftung eines Cafés, Restaurants bzw. Tea-Rooms angegeben wird, obgleich die Räumlichkeiten zu diesem Zeitpunkt für den Mieter erkennbar für den Betrieb eines Restaurants nicht ausreichend ausgestattet sind 4A_476/2011 (11.11.11) E. 4 fr. Nicht jede im Verlauf des Mietverhältnisses auftretende Verminderung des Komforts stellt einen Mangel dar 135 III 345/347 E. 3.3 Pra 2009 (Nr. 135) 925. Kein Anspruch des Mieters auf Mängelbeseitigung, wenn die Instandstellung objektiv unmöglich ist oder wenn die Kosten dafür unverhältnismässig hoch sind 4A_244/2009 (7.9.09) E. 3.2 fr. Der Mangel muss vollständig beseitigt werden; eine einfache Reparatur mit anschliessenden, periodisch wiederkehrenden Interventionen genügt nicht 4A_628/2010 (23.2.11) E. 3.1.1 fr. 1

2. Beseitigung des Mangels a. Grundsatz

Art. 259b

Kennt der Vermieter einen Mangel und beseitigt er ihn nicht innert angemessener Frist, so kann der Mieter:

a. fristlos kündigen, wenn der Mangel die Tauglichkeit einer unbeweglichen Sache zum vorausgesetzten Gebrauch ausschliesst oder erheblich beeinträchtigt oder wenn der Mangel die Tauglichkeit einer beweglichen Sache zum vorausgesetzten Gebrauch vermindert;

b. auf Kosten des Vermieters den Mangel beseitigen lassen, wenn dieser die Tauglichkeit der Sache zum vorausgesetzten Gebrauch zwar vermindert, aber nicht erheblich beeinträchtigt.

1 *Lit. a* Spezielle Regelung der ausserordentlichen Kündigung wegen mangelhafter Mietsache; keine Anwendung von Art. 266g 4C.384/2005 (22.3.06) E. 3.2, Pra 2000 (Nr. 49) 282 E. 2c. – Der Mieter muss dem Vermieter vor der Kündigung *keine Frist für die Behebung des Mangels* ansetzen 4C.168/2001 (17.8.01) E. 3b, Pra 2000 (Nr. 49) 282 E. 2d. Setzt er ihm gleichwohl eine Frist an, so muss der Vermieter auch eine zu kurze Frist gegen sich gelten lassen, wenn er sich nicht dagegen verwahrt und die Ansetzung einer längeren Frist verlangt 4A_647/2015 (11.8.16) E. 5.2.3 (n.p. in 142 III 557). – Unter dem *vorausgesetzten Gebrauch,* der auch in Art. 256 Abs. 1 und Art. 258 Abs. 1 genannt wird, ist der Gebrauch bzw. die Nutzung zu verstehen, die der Mieter gemäss den Vereinbarungen mit dem Vermieter und den Umständen voraussetzen bzw. erwarten darf. Bei der Auslegung des Begriffs der erheblichen Beeinträchtigung des vorausgesetzten Gebrauchs ist zu berücksichtigen, dass Art. 259b lit. a eine Spezialregelung der Kündigung aus wichtigem Grund enthält, die voraussetzt, dass die Weiterführung des Dauerschuldverhältnisses für die kündigende Partei unzumutbar ist (Art. 266g Abs. 1, Art. 337 Abs. 2). Die Beeinträchtigung des vorausgesetzten Gebrauchs ist deshalb erheblich, wenn dieser dem Mieter objektiv nicht mehr zumutbar ist. Diesfalls liegt ein sog. schwerer Mangel vor 4A_11/2013 (16.5.13) E. 3.1. – Die *Frist,* binnen derer der Vermieter den Mangel zu beseitigen hat, bemisst sich nach der Schwere des Mangels. Ein schwerer Mangel liegt vor, wenn die vitalen Interessen (namentlich die Gesundheit) des Mieters und seiner Familie gefährdet werden (4A_11/2013 [16.5.13] E. 3.1) oder die Nutzung der Mietsache oder wesentlicher Teile davon für eine gewisse Zeit völlig unmöglich ist. Dabei genügt es, wenn wesentliche Räume des Mietobjekts unbenutzbar werden 4A_11/2013 (16.5.13) E. 3.1. Das Gericht beurteilt die Schwere des Mangels unter Berücksichtigung der Umstände des Einzelfalles (Ermessensspielraum des Richters) 4A_11/2013 (16.5.13) E. 3.1. Die Kündigung ist auf jeden Fall ausgeschlossen, wenn der Vermieter die notwendigen Massnahmen zur Mängelbeseitigung bereits getroffen hat 4C.384/2005 (22.3.06) E. 3.1, 4C.164/1999 (22.7.99) E. 2d Pra 2000 (Nr. 49) 282. Die Kündigung auf Grund von Art. 259b lit. a ist ebenfalls ausgeschlossen, wenn der Mieter den Mangel auf einfache und kostengünstige Weise zulasten des Vermieters gestützt auf Art. 259b lit. b selbst beheben lassen kann (diesfalls fehlt es am schweren Mangel) oder wenn die Beeinträchtigung nur von kurzer Dauer ist 4A_11/2013 (16.5.13) E. 3, 4C.384/2005 (22.3.06) E. 3, 4C.168/2001 (17.8.01) E. 4a. Bei schwerwiegenden Leistungsstörungen (z.B. Wassereinbruch, defekte Heizung im Winter) muss die Behebung innert wenigen Tagen oder gar Stunden seit der Kenntnis des

Mangels erfolgen 4C.291/2000 (11.4.01) E. 4a. Zur *Schwere des Mangels* 4C.168/2001 (17.8.01) E. 4. Schwerer Mangel bejaht, wenn es für den Mieter sowohl unzumutbar ist, während der Sanierung im Mietobjekt zu bleiben, als auch vorübergehend in das vom Vermieter angebotene Ersatzobjekt umzuziehen 4C.331/2006 (9.10.07) E. 4.1. Schwerer Mangel verneint, wenn der Mieter sich anderthalb Jahre Zeit lässt, bis er sich wegen des Mangels an den Vermieter wendet, und nach der Mängelrüge noch sieben Monate im Mietobjekt wohnt 4A_11/2013 (16.5.13) E. 3.3 f. – Defekte Hebeplattform, die das Hieven der Waren vom Erdboden auf die Laderampe (Höhe: 1,2 m) ermöglichen soll: schwerer Mangel verneint. In casu waren alternative Behelfe denkbar (mobiler Stapler, direkte Auslieferung vom Lastwagen auf die Rampe), von denen der Mieter keinen Gebrauch gemacht hat 4A_472/2015 (6.1.16) E. 8 fr. – Anzeigeobliegenheit des Vermieters: Müssen die Mieter das Objekt vorübergehend verlassen, um die Behebung eines schweren Mangels zu ermöglichen, obliegt es dem Vermieter, sie über den Wegfall des Mangels zu informieren. Unterlässt er dies, dürfen die Mieter vorbehältlich besseren Wissens von dessen Fortbestand ausgehen und ihre Kündigung auf Art. 259b lit. a stützen 4A_647/2015 (11.8.16) E. 5.1.3 (n.p. in 142 III 557). Vgl. zu dieser Anzeigeobliegenheit auch 4A_477/2018 (16.7.19) E. 4.4. – Für den Vermieter muss erkennbar sein, dass die Kündigung keine ordentliche ist; hingegen ist nicht erforderlich, dass die im konkreten Fall geltend gemachten Umstände bereits in der Kündigungserklärung enthalten sind Pra 2000 (Nr. 49) 282 E. 2c. – Fehlende Voraussetzungen für eine fristlose Kündigung im konkreten Fall 121 III 156/162 E. 2 Pra 1995 (Nr. 272) 929, offengelassen in Pra 2000 (Nr. 49) 282 E. 2d.

__Lit. b__ Fertigstellung eines Schaufensters mit Granitsockel (anstelle Verputz) liegt nicht mehr im Rahmen der Vereinbarung 4A_19/2010 (15.3.10) E. 3 fr. Ein abgenutzter Farbanstrich eines Schwimmbades stellt einen Mangel ästhetischer Art dar und beeinträchtigt die Tauglichkeit nicht; zudem muss der Mieter dulden, dass der Vermieter das Ende der Badesaison abwartet, bevor er die Arbeiten ausführen lässt 4A_628/2010 (23.2.11) E. 4.2 fr. – Der Mieter muss den Vermieter zuvor benachrichtigt und ihm eine Offerte unterbreitet haben. Beseitigt der Mieter einen Mangel, ohne den Vermieter über den Mangel verständigt zu haben, kann er die ihm entstandenen Kosten nicht ohne Weiteres auf den Vermieter abwälzen, sondern nur den Betrag, den der Vermieter bei Kenntnis des Mangels selbst zu dessen Behebung hätte aufbringen müssen 4A_194/2012 (20.7.12) E. 2.5, 4A_628/2010 (23.2.11) E. 4 fr. 2

b. Ausnahme

Art. 259c

Der Mieter hat keinen Anspruch auf Beseitigung des Mangels, wenn der Vermieter für die mangelhafte Sache innert angemessener Frist vollwertigen Ersatz leistet.

3. Herabsetzung des Mietzinses

Art. 259d

Wird die Tauglichkeit der Sache zum vorausgesetzten Gebrauch beeinträchtigt oder vermindert, so kann der Mieter vom Vermieter verlangen, dass er den Mietzins vom Zeitpunkt, in dem er vom Mangel erfahren hat, bis zur Behebung des Mangels entsprechend herabsetzt.

1 Der Gesetzgeber definiert den *Begriff des Mangels* nicht, er muss in Anlehnung an Art. 256 Abs. 1 festgesetzt werden (wonach der Vermieter verpflichtet ist, die Sache zum vereinbarten Zeitpunkt in einem zum vorausgesetzten Gebrauch tauglichen Zustand zu übergeben und in demselben zu erhalten). Ein Mangel liegt mithin vor, wenn die Mietsache nicht die Qualität aufweist, die der Vermieter versprochen hat oder mit welcher der Mieter im Hinblick auf den zum vorausgesetzten Gebrauch tauglichen Zustand vernünftigerweise rechnen durfte 4A_582/2012 (28.6.13) E. 3.2 fr., 135 III 345/347 E. 3.2 Pra 2009 (Nr. 135) 924. Die Parteien können über den Gebrauch der gemieteten Sache ausdrücklich oder stillschweigend eine Übereinkunft treffen. Macht der Mieter von der Sache über eine längere Zeit in bestimmter Weise Gebrauch, ohne dass der Vermieter dagegen opponiert, kann dies auf eine stillschweigende Übereinkunft zwischen Vermieter und Mieter hindeuten 136 III 186/187 E. 3.1.1 Pra 2010 (Nr. 113) 770. – Ein langjähriger Gebrauch, den der eine Mieter mit dem anderen vereinbart hat, bindet den Vermieter nicht und kann ihm deshalb auch nicht entgegengehalten werden 4A_582/2012 (28.6.13) E. 3.4 fr. Zu einer gemieteten Wohnung gehören auch die gemeinschaftlichen Anlagen (Lift, Eingangshalle etc.), der Zugang zur Liegenschaft sowie die angrenzenden Grundstücke. Die Anforderung des «vorausgesetzten Gebrauchs» bezieht sich auf das Ganze 4A_582/2012 (28.6.13) E. 3.2 fr. Die *Reduktion des Mietzinses* wird entsprechend den Grundsätzen über die Preisminderung im Kaufrecht ermittelt, indem der Wert des mangelhaften Mietobjekts dessen Wert in mängelfreiem Zustand gegenübergestellt und der Mietzins dann entsprechend reduziert wird (relative Berechnungsmethode) 4A_96/2015 (1.6.15) E. 4.3 fr., 4A_222/2012 (31.7.12) E. 2.2 fr., 4A_33/2012 (2.7.12) E. 5 it., 4A_767/2011 (2.7.12) E. 3 it., 135 III 345/347 E. 3.2 Pra 2009 (Nr. 135) 924, 4A_565/2009 (21.1.10) E. 3.2 fr., 126 III 388/394 E. 11c fr. Wo diese Differenz nicht konkret berechnet werden kann, ist nach Billigkeitsregeln zu entscheiden 4A_222/2012 (31.7.12) E. 2.2 in fine fr., 4A_33/2012 (2.7.12) E. 5 it., 4C.11/2006 (1.5.06) E. 5.5, 130 III 504/507 f. E. 4.1 Pra 2005 (Nr. 6) 50. Dabei muss aber das Herabsetzungsbegehren das Mass der Herabsetzung nennen 4C.248/2002 (13.12.02) E. 4.2. – Verschulden des Vermieters oder Behebbarkeit des Mangels sind nicht vorausgesetzt 4A_222/2012 (31.7.12) E. 2.2 fr., 135 III 345/347 E. 3.2 Pra 2009 (Nr. 135) 924. Mangel von mittlerer Schwere berechtigt auch zu einer Mietzinsreduktion, sofern entweder der Gebrauch der gemieteten Sache im Umfang von mindestens 5% eingeschränkt ist oder ein leichter Mangel über einen langen Zeitraum besteht 4A_33/2012 (2.7.12) E. 5 it., 4A_767/2011 (2.7.12) E. 3 it., 135 III 345/347 E. 3.2 Pra 2009 (Nr. 135) 924, 4C.97/2003 (28.12.03) E. 3.3 fr. (in casu Anwendung der Bestimmung auf rein ästhetische Mängel bejaht). Analoge Anwendung auf Nutzungsausfall abgelehnt; die Bestimmung beschränkt sich darauf, das Gleichgewicht zwischen Gebrauchsüberlassung und Mietzins zu wahren, während dem Mieter ein allfälliger Schaden aus Art. 259e zu ersetzen ist 4C.219/2005 (24.10.05) E. 2.4 fr., 126 III 388/394 E. 11c fr.

Mietzinsreduktion von 10 bis 15% wegen nicht zu erwartenden Immissionen durch Umbau- und Renovationsarbeiten 4C.377/2004 (2.12.04) E. 2.1. Störungen durch Geräusche der Heizung, verbunden mit Schwierigkeiten bei der Temperaturregulierung: 10% 4C.291/2000 (11.4.01) E. 4, 5. Temperaturüberschreitungen in einem Wohnobjekt: Mietzinsreduktion von 7,5% bei einer Überschreitung von 3–5 Grad gegenüber der Norm. Mangel ist die überhöhte Temperatur und nicht das Fehlen von Sonnenschutzmassnahmen, die zur Behebung des Mangels getroffen werden 4A_577/2016 (25.4.17) E. 3.1.1 f. fr. Schlafstörungen durch Heizungsgeräusche: 15% 4C.65/2002 (31.5.02) E. 3c fr. Mangelhafte Klimaanlage und Ventilation in einer Privatschule: 16% 130 III 504/507 E. 4 Pra 2005 (Nr. 6) 50 f. Anwesenheit von Prostituierten, die für eine in der gleichen Liegenschaft gelegene Bar tätig sind und die gemeinschaftlichen Waschräume benutzen, rechtfertigt eine Mietzinsreduktion von 15% 4A_490/2010 (25.1.11) E. 1.4 und 2.2 fr. Aufstellen von Werbeplakaten (aus Holz und aus Metall) bei einer Baustelle, wobei die Werbeplakate die Fenster eines Restaurants verdecken: 50% 4A_96/2015 (1.6.15) E. 4 fr. Lärm, Schreie, Drohungen, Beleidigungen und physische Gewalt vonseiten eines Hausbewohners ggü. der Betreiberin eines Coiffure-Geschäfts und ihren Mitarbeitern: Mietzinsreduktion von 30% gerechtfertigt 4A_132/2017 (25.9.17) E. 11 fr. Integraler Befall der Familienwohnung mit Bettwanzen, der besondere chemische Tilgung erforderlich macht; Unbenutzbarkeit des Mietobjekts: Mietzinsreduktion von 100% 4A_395/2017 (11.10.18) E. 5 fr. – Mangelhafter Zustand von Fensterläden beeinträchtigt nicht den Gebrauch 4A_565/2009 (21.1.10) E. 2.3 fr. Globale Mietzinsreduktion für mehrere Mängel berechnet als Durchschnittswert unter Berücksichtigung aller Mängel (Anzahl und Art) und Dauer des zu berücksichtigenden Zeitraums 4A_628/2010 (23.2.11) E. 5.2 fr., 4A_565/2009 (21.1.10) E. 3.4.1 und 3.5 fr. Fehlender Verputz des Schaufenstersockels beeinträchtigt nicht den Gebrauch eines Ladenlokals 4A_19/2010 (15.3.10) E. 4 fr., 4A_174/2009 (8.7.09) E. 4.1. Nicht jede im Verlauf des Mietverhältnisses auftretende Verminderung des Komforts stellt einen Mangel dar 135 III 345/347 E. 3.3 Pra 2009 (Nr. 135) 925. – Frage offengelassen, ob die Tauglichkeit einer Kindertagesstätte zum vorausgesetzten Gebrauch den motorisierten Zugang dazu miteinschliesst 4A_582/2012 (28.6.13) E. 3.4 fr. Die Verjährung der Rückerstattungsansprüche bestimmt sich nach Art. 128 130 III 504/513 ff. E. 7, 8 Pra 2005 (Nr. 6) 55 f. 130 III 504/509 E. 5.1 fr.: Unter bestimmten Umständen kann der Mieter zu einer einseitigen Mietzinsreduktion schreiten (mittels Erklärung an den Vermieter). Dies ist jedoch nur dort möglich, wo der Mieter eine Mietsache weiterbewohnt, die mit irreparablen Schäden behaftet ist. Ist der Schaden behebbar, muss der Mieter die Reparatur verlangen und unter Umständen den Mietzins hinterlegen 130 III 504/509 E. 5.1 fr. – Der Mieter hat seine Mängelrechte gemäss Treu und Glauben auszuüben. Insbesondere muss er allfällige Mängel ohne Verzug dem Vermieter melden, damit dieser die notwendigen Massnahmen ergreifen kann, um den Schaden möglichst gering zu halten. Tut er dies nicht, kann sein Verhalten als stillschweigender Verzicht auf die Ausübung seiner Gewährleistungsrechte qualifiziert werden. Diesfalls würde er ZGB Art. 2 Abs. 2 verletzen, wenn er eine Klage gemäss Art. 259d einreichen würde 4A_621/2014 (24.3.15) E. 3.1 fr., 130 III 504/509 E. 5.2 fr. – Für die Herabsetzungserklärung läuft dem Mieter keine Frist. Sie kann auch noch abgegeben werden, nachdem der Mangel behoben oder der Vertrag beendet ist. Das Interesse des Vermieters daran, nicht auf unabsehbare Zeit mit nachträglichen Reduktionansprüchen rechnen zu müssen, wird durch die Verjährungsfristen und das Rechtsmissbrauchsverbot (ZGB Art. 2 Abs. 2) hinreichend geschützt. Vertraut der Vermieter berechtigterweise darauf, dass der Mieter sich an einem Mangel nicht stört, etwa weil der Mieter bislang weder Mietzinsherabsetzung noch Mängelbeseitigung verlangt hat, so ist der Vermieter in diesem Vertrauen mit Blick auf vergangene Mietzinszahlungen zu schützen. Für künftige Mietzinsen steht dem Mieter die Herabsetzung weiterhin offen 142 III 557/566 f. E. 8.3.4. Präzisierungen in 4A_320/2018 (13.12.18) E. 4 fr. (rechtsmissbräuchliches Einfordern einer Mietzinsherabsetzung). – Relativ zwingende Natur von Art. 259d: 4A_564/2017 (4.5.18) E. 3.2 fr.

4. Schadenersatz

Art. 259e

Hat der Mieter durch den Mangel Schaden erlitten, so muss ihm der Vermieter dafür Ersatz leisten, wenn er nicht beweist, dass ihn kein Verschulden trifft.

1 Abgrenzung von der Herabsetzung des Mietzinses nach Art. 259d 126 III 388/394 E. 11c fr. Verschulden der Vermieterin verneint: Sie verweigerte die Mängelbehebung, weil der Mieter bereits vor Entstehung bzw. Bekanntwerden des Mangels in Zahlungsverzug geraten war 4A_208/2015 (12.2.16) E. 5.2 fr. Lärm, der nächtens für häufiges Aufwachen sorgt, ist geeignet, beim Mieter Erschöpfungszustände hervorzurufen, sodass dieser sich vorübergehend an einem anderen, ruhigen Ort einquartieren muss. Ein Hotelaufenthalt kommt in Betracht. Verschuldete Unterlassung des Vermieters, dem Lärm Einhalt zu gebieten 4A_32/2018 (11.7.18) E. 4 und 5 fr. Muss der Mieter persönliche Effekten einfrieren, um Bettwanzen zu tilgen, sind die anfallenden Kosten Mangelfolgeschaden, der unter Art. 259e zu ersetzen ist 4A_395/2017 (11.10.18) E. 6. fr. Die Vermieterin muss das Mietobjekt nicht permanent überwachen. Es trifft sie grundsätzlich kein Verschulden daraus, dass sie den Mangel erst dann behebt, wenn sie von ihm Kenntnis erlangt. In casu allerdings wurde der Mangel von einer Hilfsperson der Vermieterin verursacht. Die Hilfsperson hat zwar nicht erkannt, dass sie einen Mangel verursacht hat, doch hätte sie es erkennen müssen. Verschulden der Vermieterin infolgedessen bejaht 4A_477/2018 (16.7.19) E. 4.2 f.

5. Übernahme des Rechtsstreits

Art. 259f

Erhebt ein Dritter einen Anspruch auf die Sache, der sich mit den Rechten des Mieters nicht verträgt, so muss der Vermieter auf Anzeige des Mieters hin den Rechtsstreit übernehmen.

6. Hinterlegung des Mietzinses a. Grundsatz

Art. 259g

[1] Verlangt der Mieter einer unbeweglichen Sache vom Vermieter die Beseitigung eines Mangels, so muss er ihm dazu schriftlich eine angemessene Frist setzen und kann ihm androhen, dass er bei unbenütztem Ablauf der Frist Mietzinse die künftig fällig werden bei einer vom Kanton bezeichneten Stelle hinterlegen wird. Er muss die Hinterlegung dem Vermieter schriftlich ankündigen.

[2] Mit der Hinterlegung gelten die Mietzinse als bezahlt.

Abs. 1 **Angemessene Frist.** Eine Frist von 30 Tagen ist nicht angemessen bei einer Vielzahl gravierender Mängel (15 Mängel bei altem Landsitz, wie z.B. Wasserinfiltrationen und -schäden, Heizung, Mängel Küchenapparate, Fensterrahmen, Fensterläden) 4A_565/2009 (21.1.10) E. 4.3 fr. Die Hinterlegung ist ein Druckmittel des Mieters zur Durchsetzung seines Anspruchs auf Mängelbeseitigung 4A_739/2011 (3.4.12) E. 2.3, 4C.264/2003 (3.12.03) E. 3.2 fr. Die Hinterlegung steht aber nicht offen zur Durchsetzung von Ansprüchen auf Mietzinsherabsetzung wegen Renovationsarbeiten (Erneuerungen und Änderungen im Sinne von Art. 260) 4A_163/2007 (8.8.07) E. 4.2.1 fr. Schriftliche Ansetzung der Beseitigungsfrist und Androhung der Hinterlegung als Gültigkeitsvoraussetzung (in casu Anwendbarkeit von Art. 108 Abs. 1 verneint) 4C.264/2003 (3.12.03) E. 3.2 fr. Der beanstandete Mangel muss im Zeitpunkt der Hinterlegung (nicht bloss bis zum Zeitpunkt der Androhung der Mietzinshinterlegung) grundsätzlich noch bestehen 4A_739/2011 (3.4.12) E. 2.4. Es genügt aber, dass der Mieter bei der Hinterlegung gutgläubig davon ausging, es liege ein Mangel der Mietsache vor, den er weder zu vertreten noch zu beseitigen hat 4A_739/2011 (3.4.12) E. 2.4, 125 III 120/122 E. 2b. – Hinterlegungsfähig ist der *gesamte* Mietzins, unabhängig von der Schwere des Mangels, dessen Beseitigung verlangt wird 124 III 201/203 E. 2d, auch 125 III 120/122 E. 2b. – Teil des hinterlegungsfähigen Mietzinses sind (neben dem Nettomietzins) auch die *Nebenkosten,* sofern diese in bestimmter Höhe gleich wie der Nettomietzins periodisch als Pauschale oder Akontozahlung zu entrichten sind 124 III 201/204 E. 2d. Formelle Hinterlegungswirkung: Beiden Parteien ist von Gesetzes wegen das direkte einseitige Verfügungsrecht über den Mietzins entzogen (auch wenn die Hinterlegung materiell ungerechtfertigt ist) 4A_739/2011 (3.4.12) E. 3.2. – Art. 259g stellt im Verhältnis zu Art. 82 (Verpflichtung zur Leistung Zug um Zug; Einrede des nicht erfüllten Vertrages) eine lex specialis dar 4A_537/2016 (16.11.16) E. 4.2 it., 4A_140/2014 (6.8.14) E. 5.2 fr. 1

Abs. 2 Die Mietzinse gelten als bezahlt, wenn der Mieter bei der Hinterlegung gutgläubig davon ausgeht, es liege ein Mangel vor, den er weder zu vertreten noch auf eigene Kosten zu beseitigen hat 125 III 120/122 E. 2b. 2

b. Herausgabe der hinterlegten Mietzinse

Art. 259h

[1] Hinterlegte Mietzinse fallen dem Vermieter zu, wenn der Mieter seine Ansprüche gegenüber dem Vermieter nicht innert 30 Tagen seit Fälligkeit des ersten hinterlegten Mietzinses bei der Schlichtungsbehörde geltend gemacht hat.

[2] Der Vermieter kann bei der Schlichtungsbehörde die Herausgabe der zu Unrecht hinterlegten Mietzinse verlangen, sobald ihm der Mieter die Hinterlegung angekündigt hat.

c. Verfahren

Art. 259i

Das Verfahren richtet sich nach der ZPO.

1 Mit der «Hinterlegung von Mietzinsen» in ZPO Art. 243 Abs. 2 lit. c ist nicht nur die Streitigkeit um den hinterlegten Mietzins und den damit zusammenhängenden Mängelbehebungsanspruch gemeint. Erfasst werden streitwertunabhängig alle Mängelrechte nach Art. 259a Abs. 1, die der Mieter im Rahmen des Hinterlegungsverfahrens durchsetzen will und für die ihm die Hinterlegung als Druckmittel mittelbar dient 146 III 63/69 f. E. 4.4.5. In casu hatte die Mieterin nicht nur die Freigabe der hinterlegten Mietzinse und die Beseitigung von Mängeln eingeklagt, sondern auch die Kosten einer Ersatzvornahme, eine Mietzinsherabsetzung und Schadenersatz. Dass die Mieterin nicht als Erstes zur Mietzinshinterlegung übergeht, schadet ihr nicht, offenbarer Rechtsmissbrauch vorbehalten 146 III 63/70 f. E. 4.5.

H. Erneuerungen und Änderungen I. Durch den Vermieter

Art. 260

[1] Der Vermieter kann Erneuerungen und Änderungen an der Sache nur vornehmen, wenn sie für den Mieter zumutbar sind und wenn das Mietverhältnis nicht gekündigt ist.

[2] Der Vermieter muss bei der Ausführung der Arbeiten auf die Interessen des Mieters Rücksicht nehmen; allfällige Ansprüche des Mieters auf Herabsetzung des Mietzinses (Art. 259d) und auf Schadenersatz (Art. 259e) bleiben vorbehalten.

1 ***Abs. 1*** Zum Begriff der Zumutbarkeit; grosser Ermessensspielraum (in casu wurde dem Vermieter nur die Ausführung von Arbeiten mit Unterhalts-, nicht aber mit Ersatzcharakter sowie von Arbeiten mit Bezug auf die Fassadenerneuerung gestattet) 4P.122/2005 (21.6.05) E. 3.3.1 fr., 4C.382/2002 (4.3.03) E. 3.2 fr. – Der Vermieter handelt rechtsmissbräuchlich, wenn er den Mieter nicht rechtzeitig vor Beginn der Umbauarbeiten über eine beabsichtigte Kündigung in Kenntnis setzt 4C.358/2001 (20.2.02) E. 3b. Nach Beginn der angekündigten Arbeiten muss die Voraussetzung des ungekündigten Mietverhältnisses grundsätzlich nicht mehr bestehen 4A_163/2007 (8.8.07) E. 4.2.2 fr. – Art. 260 regelt nur die Durchführung von bestimmten Arbeiten während eines bestehenden Mietverhältnisses, nicht jedoch die Frage der Zulässigkeit einer Kündigung im Hinblick auf bevorstehen-

de Umbauarbeiten bzw. Renovationsarbeiten. Ob eine solche Kündigung missbräuchlich und damit anfechtbar ist, beantwortet sich allein nach der Generalklausel von Art. 271 Abs. 1 135 III 112/116 f. E. 3.3, 4A_425/2009 (11.11.09) E. 3.1 fr.

II. Durch den Mieter

Art. 260a

[1] Der Mieter kann Erneuerungen und Änderungen an der Sache nur vornehmen, wenn der Vermieter schriftlich zugestimmt hat.

[2] Hat der Vermieter zugestimmt, so kann er die Wiederherstellung des früheren Zustandes nur verlangen, wenn dies schriftlich vereinbart worden ist.

[3] Weist die Sache bei Beendigung des Mietverhältnisses dank der Erneuerung oder Änderung, welcher der Vermieter zugestimmt hat, einen erheblichen Mehrwert auf, so kann der Mieter dafür eine entsprechende Entschädigung verlangen; weitergehende schriftlich vereinbarte Entschädigungsansprüche bleiben vorbehalten.

Allgemeines. Zulässigkeit der Genfer Bestimmungen über die Enteignungsmöglichkeit der Nutzung missbräuchlich leer gelassener Wohnungen und die Möglichkeit des Staates, Arbeiten an solchen Wohnungen ausführen zu lassen 119 Ia 348/361 f. E. 4i Pra 1994 (Nr. 217) 710 (kein Mietvertrag zwischen Kanton und Eigentümer). 1

Abs. 1 Eine «Änderung an der Sache» ist ein gewollter Eingriff in die Substanz der Mietsache, dessen Resultat in einer Abweichung der Gestaltung und des Zustandes der Mietsache vom bisher vertraglich vereinbarten Zustand und der bisherigen Gestaltung besteht 4A_541/2011 (28.3.12) E. 4.2, 4C.393/2002 (27.5.03) E. 5.3 it. Ein entsprechender Eingriff in die Substanz der Mietsache liegt vor, wenn ein Betonsockel zur Montage einer Satellitenschüssel – der bescheidenen Masse von 0,57 m × 0,27 m × 0,27 m ungeachtet – so gut auf dem Gartensitzplatz befestigt wird, dass er von zwei erwachsenen jungen Männern nicht mehr gehoben, sondern lediglich geringfügig hin und her bewegt werden kann 4A_541/2011 (28.3.12) E. 4.3. Auch Bauten, welche nach dem Akzessionsprinzip im Sinne von ZGB Art. 667 Abs. 2 grundsätzlich Bestandteil des Grundstückes werden, können mit Zustimmung des Vermieters auf dem Grundstück errichtet werden. Die Parteien können auch vorsehen, dass diese Bauten nach Beendigung des Mietvertrages von der Mieterin zu entfernen sind, ohne dass deswegen der Vertrag als Baurechtsvertrag zu qualifizieren wäre 4C.345/2005 (9.1.06) E. 1.1. Das Auswechseln eines Schlosszylinders fällt nicht unter Art. 260a Abs. 1 4A_463/2014 (23.1.15) E. 4.3 (n.p. in 141 III 20) Pra 2015 (Nr. 85) 689. – Erneuerungen und Änderungen sind im Miet- und im Pachtrecht nicht identisch geregelt. Im Mietrecht bedürfen sie immer der schriftlichen Zustimmung des Vermieters (Art. 260a Abs. 1), während die Zustimmung des Verpächters bloss dann nötig ist, wenn die Erneuerungen und Änderungen über den ordentlichen Unterhalt hinausgehen (Art. 289a Abs. 1 lit. b) 4A_623/2012 (15.4.13) E. 2.2.3. 2

Abs. 2 Die Pflicht des Mieters zur Wiederherstellung des vertragsgemässen Zustandes der Mieträumlichkeiten im Sinne von Art. 260a Abs. 2 steht in direktem Zusammenhang mit den Pflichten des Mieters bei der Rückgabe der Sache nach Art. 267 4A_73/2013 (16.7.13) E. 6.2.2. – Vereinbaren die Parteien, dass dem Mieter zwar ein freies Einrich- 3 tungsrecht der Mieträumlichkeiten zustehe, dass der Vermieter aber bei Beendigung des Mietverhältnisses bestimmen werde, ob und wie weit die durch den Mieter vorgenommenen Ausbauten und Veränderungen in den ursprünglichen Zustand zurückversetzt werden müssten, so hat der Mieter die Herstellung des vertragsgemässen Zustandes rechtzeitig auf den Zeitpunkt der Beendigung des Mietverhältnisses vorzunehmen. Der Zeitpunkt der Rückgabe definiert den Zustand, den der Mieter wiederherzustellen hat. Die Sache ist nicht neuwertig, sondern in der Gestalt zurückzugeben, die sie bei Mietantritt bzw. vor den am Mietobjekt durch den Mieter vorgenommenen Änderungen besass, und in dem Zustand, der bei vertragsgemässem Gebrauch der Sache im Rückgabezeitpunkt zu erwarten gewesen wäre. Dabei hat der Mieter, insbesondere bei Ersatzanschaffungen und auch bei Reparaturen, die in keinem vernünftigen Verhältnis zu den Kosten einer Neu- bzw. Ersatzanschaffung stehen oder diese sogar übersteigen, nicht den Neu-, sondern den Zustandswert der beschädigten Einrichtungen oder Sachen zu entrichten. Kann der *Zustandswert* infolge fehlender Angaben durch den Vermieter, der eine Entschädigung für die Kosten der Ersatzanschaffung verlangt, nicht ermittelt werden, so lässt sich auch der Schadenersatz nicht berechnen. Die Folgen der Beweislosigkeit hat der Vermieter zu tragen 4A_73/2013 (16.7.13) E. 6.2.2 ff., 4A_557/2012 (7.1.13) E. 2.2 fr., 4C.261/2006 (1.11.06) E. 3.1 fr. Unter Umständen hat der Mieter auch für den Mietzinsausfall aufzukommen, den der Vermieter für die Dauer der Instandstellungsarbeiten erleidet 4A_73/2013 (16.7.13) E. 7. – Haben die Parteien vertraglich vereinbart, dass der Mieter bei Beendigung des Mietverhältnisses verpflichtet ist, das Mietobjekt in den ursprünglichen Zustand zurückzuversetzen, und heben die Parteien später den Mietvertrag mittels Aufhebungsvertrages einvernehmlich vorzeitig auf, muss und darf der Mieter keinen Nachmieter stellen (da es sich eben gerade nicht um eine vorzeitige Rückgabe der Mietsache gemäss Art. 264 handelt). Der Mieter kann sich deshalb seiner Wiederherstellungspflicht nicht durch die Stellung eines Nachmieters entbinden, selbst wenn dieser bereit wäre, das Mietverhältnis mit der Wiederherstellungspflicht zu übernehmen 4A_73/2013 (16.7.13) E. 5.2 f.

4 ***Abs. 3*** Die Bestimmung ist dispositiver Natur; somit kann der Mieter im Voraus gültig auf eine Entschädigung verzichten 4A_108/2012 (11.6.12) E. 4.4 fr., 4C.61/2007 (17.4.07) E. 5 fr., 4C.359/2002 (29.2.03) E. 2.1 fr. (in casu konnte jedoch nicht davon ausgegangen werden, dass der Mieter auf eine Entschädigung verzichten wollte), 126 III 505/509 E. 4b/cc., 124 III 149/154 E. 5. – Der Mehrwert nach Art. 260a Abs. 3 entspricht dem bei Mietende nicht amortisierten Wertzuwachs, der durch die Erneuerung bzw. Änderung des Mieters begründet wurde. Der Mehrwert ist nach objektiven Kriterien zu bestimmen, die nach den investierten Kosten des Mieters und nach der Nützlichkeit der Investitionen für den Vermieter festgesetzt werden 4A_678/2014 (27.3.15) E. 4.1.1, 4C.18/2006 (29.3.06) E. 3.1.1 fr., 4C.97/2005 (18.8.05) E. 2.4 fr. Einen Mehrwert begründen dabei vom Mieter vorgenommene Erneuerungen oder Änderungen des Mietobjekts, die nach allgemeiner Anschauung und unter Berücksichtigung des üblichen Bestimmungszwecks des konkreten Mietobjekts nützlich erscheinen. Was dies im Einzelfall bedeutet, ist eine Ermessensfrage (ZGB Art. 4). Nicht als wertvermehrend können Investitionen betrachtet werden, die bloss den besonderen Bedürfnissen des Mieters entsprechen und damit lediglich einen subjektiven Mehrwert aufweisen 4A_678/2014 (27.3.15) E. 4.1.1. – Das Bundesgericht

stellt infrage, ob der Lehrmeinung gefolgt werden könne, wonach es bei Erneuerungen oder Änderungen des Mieters, die der Vermieter tatsächlich mitgewollt habe, aber nicht von allgemeinem Nutzen seien, unbillig wäre, dem Mieter eine Entschädigung nach Art. 260a Abs. 3 zu verweigern. Es erwägt vielmehr, dass der Vermieter allenfalls dann eine Entschädigung für einen bloss subjektiven Mehrwert zu leisten hat, wenn das Bestreiten eines zu entschädigenden Mehrwerts durch ihn ein geradezu rechtsmissbräuchliches Verhalten darstellt, nachdem er die Investitionen des Mieters zuvor gefördert hat (ZGB Art. 2). – Lehrstreit betreffend die Frage, wie der Mehrwert gemäss Art. 260a Abs. 3 zu bemessen sei. Ein Teil der Lehre will auf den *Ertragswert* abstellen. Der andere Teil der Lehre ist der Auffassung, dass das Abstellen auf den Ertragswert keine geeignete Bezugsgrösse darstelle, da dieser auch von subjektiven Momenten bzw. von wirtschaftlichen Faktoren beeinflusst werde, die mit dem Mieterbau nichts zu tun haben. Stattdessen sei auf den *Sachwert* abzustellen, der nicht von baufremden Faktoren beeinflusst werde. Auszugehen sei von den Kosten, die der Mieter für die Erneuerung und Änderung der Mietsache investiert habe, abzüglich der bis zum Ende des Mietverhältnisses zu berücksichtigenden Amortisationen sowie weiteren Wertverminderungen bspw. durch Beschädigungen. Das Bundesgericht hat die Frage offengelassen 4A_678/2014 (27.3.15) E. 4.1.2. – Die Mehrwertentschädigung entspricht nicht notwendigerweise dem geschaffenen Mehrwert. Die Entschädigung ist in Würdigung aller Umstände des Einzelfalles zu bestimmen 4C.18/2006 (29.3.06) E. 3.1.1 fr. Unterschied Erneuerungen/Änderungen; Festsetzung des zu vergütenden Mehrwertes bei Beendigung des Mietverhältnisses 4C.393/2002 (27.5.03) E. 5.2 it. – Anspruch des Mieters auf eine Entschädigung für Aufwendungen, die in Erwartung eines längerfristigen Mietverhältnisses gemacht worden sind 4C.97/2005 (18.8.05) E. 2.7 fr. – Führt der Mieter die Beendigung des Mietverhältnisses ohne Recht herbei, so steht ihm kein Anspruch auf Entschädigung der Investitionen gestützt auf Art. 260a Abs. 3 zu 4A_11/2013 (16.5.13) E. 4. – Kein Koordinationsbedürfnis mit ZGB Art. 837 Abs. 1 Ziff. 3 (Bauhandwerkerpfandrecht) 126 III 505/509 E. 4b/cc.

J. Wechsel des Eigentümers I. Veräusserung der Sache

Art. 261

[1] Veräussert der Vermieter die Sache nach Abschluss des Mietvertrags oder wird sie ihm in einem Schuldbetreibungs- oder Konkursverfahren entzogen, so geht das Mietverhältnis mit dem Eigentum an der Sache auf den Erwerber über.

[2] Der neue Eigentümer kann jedoch:

a. bei Wohn- und Geschäftsräumen das Mietverhältnis mit der gesetzlichen Frist auf den nächsten gesetzlichen Termin kündigen, wenn er einen dringenden Eigenbedarf für sich, nahe Verwandte oder Verschwägerte geltend macht;

b. bei einer anderen Sache das Mietverhältnis mit der gesetzlichen Frist auf den nächsten gesetzlichen Termin kündigen, wenn der Vertrag keine frühere Auflösung ermöglicht.

[3] Kündigt der neue Eigentümer früher, als es der Vertrag mit dem bisherigen Vermieter gestattet hätte, so haftet dieser dem Mieter für allen daraus entstehenden Schaden.

[4] Vorbehalten bleiben die Bestimmungen über die Enteignung.

1 ***Abs. 1*** Der Mietvertrag geht mit allen Rechten und Pflichten vom Vermieter auf den Erwerber über 4A_251/2012 (28.8.12) E. 2 fr. Der Rechtsübergang findet ungeachtet dessen statt, ob die Miete bereits angetreten worden ist; es genügt das Bestehen eines Mietvertrags zwischen dem Veräusserer und dem Mieter 4A_393/2018 (20.2.19) E. 2. Der Erwerber wird mit dem Eintrag des Eigentümerwechsels im Grundbuch (rückwirkend auf den Zeitpunkt des Tagebucheintrags 128 III 82/84 E. 1b) Eigentümer und neuer Vermieter der Liegenschaft. Die vertraglichen Rechte und Pflichten gehen von Gesetzes wegen auf den Erwerber über 4A_251/2012 (28.8.12) E. 2 fr., 128 III 82/84 E. 1b. Dieser Übergang der vertraglichen Rechte und Pflichten hängt nicht davon ab, dass der Erwerber den Vertrag auch wirklich kennt 127 III 273/277 E. 4c/aa. Der Eintritt in das Vertragsverhältnis erfolgt aber nicht rückwirkend 4A_542/2014 (17.2.15) E. 2.1 fr., 128 III 82/84 E. 1b, 127 III 273/277 E. 4c/aa. – Da Art. 261 Abs. 1 massgeblich vom Prinzip der Vertragsfreiheit abweicht, gelangt er bloss bei Mietverträgen zur Anwendung, nicht aber bei sonstigen Gebrauchsüberlassungsverträgen 4A_542/2014 (17.2.15) E. 2.1 fr. Er ist *weder bei gemischten noch bei zusammengesetzten Verträgen anwendbar* 4A_542/2014 (17.2.15) E. 2.1 fr., 131 III 528/531 ff. E. 7.1 Pra 2006 (Nr. 43) 322 f. Anwendung von Art. 261 Abs. 1 verneint, wenn der Eigentümer und Geschäftsführer eines Restaurants mit seiner Vertragspartei bezüglich des Restaurants nicht bloss einen Mietvertrag abgeschlossen, sondern auch die Geschäftsübertragung vereinbart hat 4A_542/2014 (17.2.15) E. 2.1 fr. Gesetzeslücke hinsichtlich der Interessen vorrangiger Hypothekargläubiger und weiterer Dritter (Doppelaufruf nach SchKG Art. 142) 125 III 123/128 E. 1d, 124 III 37/39 E. 2 Pra 1998 (Nr. 56) 365 (in casu landwirtschaftliche Pacht, LPG Art. 14). – Sicherheitsleistung des Mieters bei Übergang des Mietverhältnisses; Schicksal der Sicherheitsleistung im Konkursfall des Vermieters 127 III 273/277 E. 4c. – Eine vom Vermieter eingegangene Verpflichtung, dem Mieter die im Rahmen eines Geschäftsübernahmevertrages geleistete Goodwill-Entschädigung bei Vermieterkündigung zurückzuerstatten, geht nicht auf den Erwerber des Mietobjektes über 4C.84/2007 (5.7.07) E. 3.3.4 fr.; ebenso wenig geht ein Hotelmanagementvertrag auf den Dritten über, der die Liegenschaft in einer Zwangsversteigerung erworben hatte 131 III 528/533 f. E. 7.2. Pra 2006 (Nr. 43) 323. Überträgt der Vermieter lediglich das nackte Eigentum am Mietobjekt auf einen Dritten, während die Nutzniessung daran (ZGB Art. 745–775) bei ihm verbleibt, geht nach dem Sinn der genannten Bestimmungen das Mietverhältnis nicht auf den neuen Eigentümer über 4A_1/2014 (26.3.14) E. 2.1, 4C.235/2005 (24.10.05) E. 3.1 fr. – Im Rahmen eines hängigen Prozesses gehen die Rechte und Pflichten des Veräusserers nur insoweit auf den Erwerber über, als sie Sachverhalte betreffen, die sich nach dem Parteiwechsel auf das Mietverhältnis auswirken können 127 III 273/277 E. 4c/aa. Anfechtung des Anfangsmietzinses im Sinne von Art. 270 Abs. 1, Eigentümerwechsel im Verlaufe des Verfahrens – eine etwaige Pflicht des ursprünglichen Vermieters, dem Mieter den zu viel bezahlten Mietzins (während der Zeit vom Beginn des Mietverhältnisses bis zum Eigentumsübergang) zu erstatten, geht nicht auf den Erwerber über. Der Erwerber ist jedoch ab dem Zeitpunkt des Eigentümerwechsels durch den Gerichtsentscheid, der den Anfangsmietzins herabsetzt, gebunden 4A_251/2012 (28.8.12) E. 2 fr. – Wird eine Kündigung durch die Miteigentümer gültig ausgesprochen, kann derjenige Miteigentümer, der die Liegenschaft anschliessend für sich allein erwirbt, die Kündigung nicht mehr widerrufen. Er kann jedoch mit dem Mieter einen neuen Mietvertrag abschliessen 4A_227/2010 (1.7.10) E. 2.2 fr. – Auslegung einer im Kaufvertrag enthalte-

nen Übernahmeklausel: Beibehaltung der Ordnung von Art. 261 Abs. 1 und 2, Wegbedingung von Abs. 3 4A_447/2015 (31.3.16) E. 4.2.3 Pra 2017 (Nr. 79) 793 ff. (n.p. in 142 III 336). – Frage der *analogen Anwendung* von Art. 261 Abs. 1, wenn das Mietobjekt ein selbständiges und dauerndes, im Grundbuch eingetragenes Baurecht ist und die Baute nach Ablauf des Baurechtsvertrags dem Grundeigentümer heimfällt. In casu verneint, weil der Mieter den Mietvertrag im Grundbuch hat vormerken lassen und dabei das Vorliegen eines Baurechtsverhältnisses hätte erkennen müssen. Der Heimfall war für den Mieter voraussehbar, die Lage deshalb nicht mit jener von Art. 261 Abs. 1 vergleichbar 142 III 329/334 f. E. 5.3.1 und 5.3.2. – Verhältnis zur Klage aus Besitzesentziehung 144 III 145/148 ff. E. 3.2.1 und 3.3.3 Pra 2019 (Nr. 31) 345 ff.

Abs. 2 Der Erwerber der Mietsache kann den Mietvertrag kündigen, sobald die Eigentumsübertragung in das Tagebuch des Grundbuches eingetragen ist 4P.312/2001 (18.2.02) E. 3a, 118 II 119/122 E. 3a Pra 1993 (Nr. 165) 641; offengelassen, ob die Kündigung ebenfalls erfolgen kann, wenn ein Gesuch um vorläufige Eintragung i.S.v. ZGB Art. 972 Abs. 2 vorliegt 118 II 119/122 f. E. 3b Pra 1993 (Nr. 165) 641 f. – Der Ersteigerer einer Liegenschaft im *Zwangsvollstreckungsverfahren* wird ab dem Zeitpunkt des Zuschlags Partei eines Mietverhältnisses, sodass er dieses bereits vor dem Eintrag im Grundbuch in seiner Eigenschaft als Vermieter kündigen kann 4C.240/2001 (26.11.01) E. 1c. – Dem Mieter von Wohn- und Geschäftsräumen steht im Falle der Kündigung wegen Eigenbedarfs deren Anfechtung und die Erstreckung des Mietverhältnisses offen 4A_447/2013 (20.11.13) E. 4.1 Pra 2014 (Nr. 86) 662, 4A_23/2009 (24.3.09) E. 3.1 fr., 4C.6/2002 (10.9.02) E. 4.2 fr. Ist aber dringender Eigenbedarf erstellt, so darf ihn das Gericht nicht mit den gegenläufigen Interessen des Mieters in Abwägung bringen; allfällige Härten der Vertragsbeendigung sind erst bei der Prüfung einer Erstreckung zu berücksichtigen (Art. 273 Abs. 5) 4A_58/2017 (23.5.17) E. 3.1 fr., 4A_195/2016 (9.9.16) E. 3.2.2 fr. – Zusammenfassung der Rechtsprechung zum Begriff des dringenden Eigenbedarfs des neuen Eigentümers 142 III 336/338 ff. E. 5.1–5.3.2 Pra 2017 (Nr. 79) 794 ff. Die neue Eigentümerin ist eine Gruppengesellschaft und will das Hotel unter einer von der Holdinggesellschaft vergebenen Franchise auf eigenes Risiko betreiben: Eigenbedarf der Gruppengesellschaft bejaht 142 III 336/345 f. E. 5.4.1 Pra 2017 (Nr. 79) 800 f. Dass die erforderlichen Baubewilligungen erst beantragt, aber noch nicht erteilt sind, spricht nicht gegen die Dringlichkeit des Eigenbedarfs 142 III 336/346 f. E. 5.4.2 Pra 2017 (Nr. 79) 801. 2

Abs. 2 lit. a Der (im früheren Recht fehlende) Begriff des dringenden Eigenbedarfs setzt nicht eine Zwangs- oder gar Notlage des Vermieters voraus, die ausschliesslich auf seine Wohnverhältnisse zurückzuführen ist. Ein solcher Eigenbedarf ist vielmehr immer dann gegeben, wenn es dem Vermieter aus wirtschaftlichen oder anderen Gründen nicht zuzumuten ist, auf die Benutzung der vermieteten Wohnung oder des Hauses zu verzichten. Der Umstand alleine, dass der Vermieter noch über eine andere Wohnmöglichkeit verfügt, schliesst die Kündigung wegen Eigenbedarfs nicht aus 4A_447/2013 (20.11.13) E. 4.1 f. Pra 2014 (Nr. 86) 662, 4A_23/2009 (24.3.09) E. 3 fr., 118 II 50/52 ff. E. 3. Eigenbedarf bejaht: Das Eigentümer-Ehepaar arbeitet zu Vollzeit, ist beruflich viel unterwegs und zur Betreuung drei kleiner Kinder, von denen eines mit Gesundheitsproblemen kämpft, phasenweise darauf angewiesen, die Grossmutter in der Wohnung unterzubringen 4A_195/2016 (9.9.16) E. 3.2.3.2 fr. Der Eigenbedarf muss ernsthaft, konkret und aktuell 3 sein 4A_447/2013 (20.11.13) E. 4.1 Pra 2014 (Nr. 86) 662. Die Beweislast obliegt dem Vermieter 4A_447/2013 (20.11.13) E. 4.1 Pra 2014 (Nr. 86) 662, 4A_23/2009 (24.3.09) E. 3.1 fr. Das Erfordernis der Dringlichkeit ist dabei nicht nur zeitlich, sondern auch sachlich zu verstehen 4A_447/2013 (20.11.13) E. 4.1 Pra 2014 (Nr. 86) 662, 132 III 737/745 E. 3.4.3, Pra 1997 (Nr. 88) 483 f. E. 1. Der Entscheid über diese Frage beruht weitgehend auf richterlichem Ermessen (in casu dringender Eigenbedarf aus wirtschaftlichen Gründen bejaht) 118 II 50/55 ff. E. 4. Die Tatsache, dass die Käufer einer Liegenschaft diese vor dem Kauf nicht besichtigt haben, sondern nur das gleich angelegte Nachbargebäude, stellt keinen genügenden Beweis für die fehlende Absicht der Erwerber dar, die Liegenschaft selber zu bewohnen 4A_149/2011 (20.5.11) E. 3.1 fr., 4A_151/2011 (20.5.11) E. 3.1 fr. – In analoger Anwendung von SchKG Art. 142 kann der Erwerber nach dem Doppelaufruf das Mietverhältnis unbesehen dringenden Eigenbedarfs auf den nächsten gesetzlichen Termin kündigen 125 III 123/130 E. 1e (Beeinträchtigung vorgängiger Grundpfandrechte durch später abgeschlossenen Mietvertrag), vgl. auch 126 III 290/292 E. 2a Pra 2001 (Nr. 51) 297. – Eine unwirksame vorzeitige Kündigung kann nicht in eine wirksame ordentliche Kündigung konvertiert werden 135 III 441/441 E. 3.1 Pra 2010 (Nr. 30) 217.

II. Einräumung beschränkter dinglicher Rechte

Art. 261a

Die Bestimmungen über die Veräusserung der Sache sind sinngemäss anwendbar, wenn der Vermieter einem Dritten ein beschränktes dingliches Recht einräumt und dies einem Eigentümerwechsel gleichkommt.

1 Art. 261a gelangt insbesondere zur Anwendung, wenn ein Eigentümer und Vermieter seinem überlebenden Ehegatten mittels Erbfolge die Nutzniessung an einer vermieteten Liegenschaft überträgt 4A_582/2012 (28.6.13) E. 1.2 fr. Der Nutzniessungsberechtigte tritt von Gesetzes wegen mit allen Rechten und Pflichten in den Mietvertrag ein. In hängige Prozesse tritt der Nutzniessungsberechtigte nur ein, soweit sie Sachverhalte betreffen, die sich auch nach dem Parteiwechsel auf das Mietverhältnis auswirken können 4A_582/2012 (28.6.13) E. 1.2 fr., 127 III 273/277 E. 4c/aa. – Überträgt der Vermieter lediglich das nackte Eigentum am Mietobjekt auf einen Dritten, während die Nutzniessung daran (ZGB Art. 745–775) bei ihm verbleibt, geht nach dem Sinn der genannten Bestimmungen das Mietverhältnis nicht auf den neuen Eigentümer über 4A_1/2014 (26.3.14) E. 2.1, 4C.235/2005 (24.10.05) E. 3.1 fr.

III. Vormerkung im Grundbuch

Art. 261b

[1] Bei der Miete an einem Grundstück kann verabredet werden, dass das Verhältnis im Grundbuch vorgemerkt wird.

[2] Die Vormerkung bewirkt, dass jeder neue Eigentümer dem Mieter gestatten muss, das Grundstück entsprechend dem Mietvertrag zu gebrauchen.

Löschung der Vormerkung nach Doppelaufruf im Sinne von SchKG Art. 142 (sinngemässe Anwendung) 125 III 123/130 E. 1 f. Ein Mietvertrag, der ursprünglich für eine bestimmte Dauer abgeschlossen wurde und stillschweigend verlängerbar ist, kann im Grundbuch wieder eingetragen werden, nachdem die Vormerkung des Vertrages von Amtes wegen gelöscht wurde, weil vor Ablauf der ersten Vertragsdauer keine Verlängerung der Vormerkung verlangt worden ist 135 III 248/250 E. 4 Pra 2009 (Nr. 111) 754. 1

K. Untermiete

Art. 262

[1] Der Mieter kann die Sache mit Zustimmung des Vermieters ganz oder teilweise untervermieten.

[2] Der Vermieter kann die Zustimmung nur verweigern, wenn:

a. der Mieter sich weigert, dem Vermieter die Bedingungen der Untermiete bekanntzugeben;

b. die Bedingungen der Untermiete im Vergleich zu denjenigen des Hauptmietvertrags missbräuchlich sind;

c. dem Vermieter aus der Untermiete wesentliche Nachteile entstehen.

[3] Der Mieter haftet dem Vermieter dafür, dass der Untermieter die Sache nicht anders gebraucht, als es ihm selbst gestattet ist. Der Vermieter kann den Untermieter unmittelbar dazu anhalten.

Allgemeines. Art. 262 ist absolut zwingend 4A_75/2015 (9.6.15) E. 3.1.1 fr., 134 III 300/302 E. 3 Pra 2008 (Nr. 130) 823 ff. Art. 262 zielt auf entgeltliche Verträge ab; die Gebrauchsleihe fällt – da genuin unentgeltlich – nicht darunter 4A_518/2014 (19.11.14) E. 3 fr. Die Untermiete ist durch zwei hintereinandergeschaltete Mietverträge über dieselbe Sache gekennzeichnet. Zwischen Hauptvermieter und Untermieter besteht ein rechtliches Sonderverhältnis, wenn auch kein unmittelbares Vertragsverhältnis, und der Untervermieter wird durch den Hauptmietvertrag in seiner Rechtsmacht beschränkt 4A_524/2018 (8.4.19) E. 5.1 fr., 124 III 62/64 E. 2b Pra 1998 (Nr. 53) 353, 120 II 112/115 E. 3b/cc. Weder Untermiete noch Gebrauchsleihe liegt vor, wenn die (Mit-)Benutzung der Mietsache vom vertraglichen Gebrauchszweck gedeckt ist. In casu Alleinnutzung der Mietwohnung durch die Tochter des Mieters, zu deren Beherbergung und Finanzierung er unter dem Titel der elterlichen Sorge verpflichtet war 4A_39/2019 (23.7.19) E. 4 fr. – Bei der Geltendmachung von Forderungen des Hauptvermieters gegenüber dem Untermieter, die sich aus der Benutzung der Mietsache ergeben und damit einen mietrechtlichen Sachverhalt betreffen, richten sich das Verfahren und die örtliche Zuständigkeit nach Art. 274 ff. 120 II 112/113 ff. E. 3. – Es erfüllt den Tatbestand der unechten Geschäftsführung ohne Auftrag (= Geschäftsanmassung), wenn ein Mieter die Mietsache nach Beendigung des Mietverhältnisses weiterhin untervermietet. Der Mieter hat sodann dem Vermieter den durch diese Geschäftsanmassung erzielten Gewinn auf Grund von Art. 423 Abs. 1 herauszugeben 126 III 69/72 ff. E. 2 Pra 2001 (Nr. 11) 62. Die Anwendung von Art. 423 Abs. 1 setzt nicht voraus, dass der Hauptvertrag bereits beendigt worden ist. Art. 423 Abs. 1 gelangt vielmehr zur Anwendung, wenn der Mieter bösgläubig war, mithin wusste, dass er mit der unerlaubten Untervermietung seine vertraglichen Pflichten gegenüber dem Vermieter verletzte, und damit einen unerlaubten Gewinn erzielte 4A_594/2012 (28.2.13) 1

E. 2.1 fr. Der Vermieter darf auch Verzugszinsen auf den unrechtmässig erzielten Gewinn verlangen 4A_594/2012 (28.2.13) E. 2.4 fr. Ansprüche aus Art. 423 Abs. 1 hat der Vermieter auch, wenn der Mieter das Mietobjekt unerlaubt und bösgläubig einem Dritten untervermietet. Subsidiär kann er sich auf die Regeln der ungerechtfertigten Bereicherung stützen 4A_211/2016 (7.7.16) E. 2 fr. – Zu den Rechtsfolgen formungültiger Mitteilung des Anfangsmietzinses s. Art. 270 Abs. 2. – Die Verpflichtung zur Vorbehandlung des von einem Untermieter verursachten Abwassers (GSchG Art. 12) kann in der Regel dem Hauptmieter auferlegt werden 119 Ib 492/508 f. E. 6b Pra 1994 (Nr. 269) 900. – Die Bestimmungen über die Erstreckung sind grundsätzlich auch auf den Untermietvertrag anwendbar (Art. 273a Abs. 1, vgl. auch Art. 272 in Bezug auf die Gründe für die Erstreckung) 4A_37/2013 (28.6.13) E. 2.3 (n.p. in 139 III 353) Pra 2014 (Nr. 38) 276 f.

2 ***Abs. 1*** Die Untermiete ist als solche nicht auf Dauer angelegt; vielmehr stellt sie eine provisorische Lösung dar, die es dem Mieter ermöglicht, einen befristeten Zeitraum zu überbrücken 4A_367/2010 (4.10.10) E. 2.1 fr. Der Mieter, der das Mietobjekt vorübergehend nicht mehr bewohnen kann – z.B. wegen eines beruflich oder studienhalber bedingten, zeitlich befristeten Auslandaufenthalts –, kann das Mietobjekt aus finanziellen Gründen vorübergehend einem Dritten übergeben. Zu denken ist auch an jene Fälle, in denen eine Wohnung infolge Wegzuges oder Todes von Familienangehörigen zu gross geworden ist und deshalb teilweise Dritten überlassen wird 4A_705/2014 (8.5.15) E. 4.3.3 fr. Der Mieter muss beabsichtigen, das Mietobjekt in absehbarer Zeit wieder selber zu nutzen. Hierbei ist ein relativ strenger Massstab anzusetzen: Die Absicht des Mieters, das Mietobjekt in absehbarer Zeit wieder selber zu nutzen, muss klar aus einem gerechtfertigten Bedürfnis hervorgehen 4A_705/2014 (8.5.15) E. 4.3.3 fr., 138 III 59/63 E. 2.2.1. Die vage Möglichkeit, die Mietsache allenfalls wieder einmal zu gebrauchen, rechtfertigt die Untervermietung nicht 4A_705/2014 (8.5.15) E. 4.3.3 fr., 138 III 59/62 ff. E. 2.2. Beabsichtigt der Mieter nicht, das Mietobjekt in absehbarer Zeit wieder selbst zu nutzen, so schreitet der Mieter über den Umweg der Untermiete zu einem Mieterwechsel. Dies stellt einen Missbrauch des Instituts der Untermiete dar 4A_705/2014 (8.5.15) E. 4.3.3 fr. Vgl. auch 4A_35/2019 (25.2.19) E. 10 fr. und 134 III 446/449 E. 2.4 und 2.5 Pra 2009 (Nr. 98) 127 ff. – Die Vermieterin erklärt sich mit einer befristeten Untervermietung einverstanden. Nach deren Ablauf führt die Mieterin das Untermietverhältnis weiter. Die Mieterin ist pensioniert, hat Wohnsitz in Spanien genommen, verbringt nur noch vier bis sechs Wochen pro Jahr in der Wohnung und kehrt vermutlich nicht mehr in die Schweiz zurück. Unter diesen Umständen ist die Untervermietung rechtsmissbräuchlich 4A_556/2015 (3.5.16) E. 3.4–3.6 fr. – Art. 262 gelangt analog auch dort zur Anwendung, wo der Mieter eines Geschäftslokals die Führung des Restaurants mittels nichtlandwirtschaftlichen Pachtvertrags einem Dritten überträgt 4A_162/2014 (26.8.14) E. 2.2.1 Pra 2015 (Nr. 67) 525, 4A_127/2008 (2.6.08) E. 2.1 und 2.2 fr. Der Untermietvertrag untersteht (wie der Hauptmietvertrag) den Regeln der Art. 253 ff. 139 III 353/355 f. E. 2.1.2 Pra 2014 (Nr. 38) 273, 124 III 62/63 E. 2a Pra 1998 (Nr. 53) 352; namentlich ist nach Massgabe des Art. 270 Abs. 2 beim Abschluss des Untermietvertrages das Formular gemäss Art. 269d zu verwenden 124 III 62/63 E. 2a Pra 1998 (Nr. 53) 352 und kann der Untermieter den Anfangsmietzins anfechten 124 III 62/66 E. 2b Pra 1998 (Nr. 53) 354. – Während der Mietvertrag unter dem alten Recht die Untermiete von der Zustimmung des Vermieters abhängig ma-

chen konnte, kann Letzterer diese heute nur noch unter den in Abs. 2 der Bestimmung genannten Bedingungen, die zwingendes Recht darstellen, verweigern 119 II 353/355 E. 4 Pra 1994 (Nr. 57) 204. – Die unentgeltliche Überlassung der Wohnung an Familienangehörige oder enge Freunde zu Wohnzwecken stellt eine Gebrauchsleihe (Art. 305) und keine Untervermietung dar 136 III 186/189 E. 3.2.2 Pra 2010 (Nr. 113) 773, 4A_47/2010 (6.4.10) E. 3.2.2 fr. – Offengelassen wurde die Frage, ob die Überlassung des Mietobjekts an einen Dritten mittels Gebrauchsleihe (Art. 305) eine Umgehung der Pflicht zur Einholung der Zustimmung zur Untermiete darstellt 4A_64/2010 (29.4.10) fr. Die Rücknahme der Zustimmung ist dem Mieter auf dem amtlichen Formular mitzuteilen und zu begründen (Art. 269d Abs. 3) 125 III 62/64 E. 2b Pra 1999 (Nr. 110) 604, 125 III 231/235 E. 3b. – Der Untermietvertrag konstituiert zwar einen eigenen, vom Hauptmietvertrag unabhängigen Vertrag, ist von Letzterem aber nicht gänzlich unabhängig. Der Untervermieter kann dem Untermieter nicht mehr Rechte übertragen, als er aufgrund seines vertraglichen Verhältnisses zum Hauptvermieter innehat. Läuft der Hauptmietvertrag aus, kann der Untervermieter seine vertraglichen Leistungen gegenüber dem Untermieter nicht mehr erbringen. Muss der Untermieter die gemietete Sache deshalb vor Ablauf der untermietvertraglich vereinbarten Dauer restituieren, so kann er vom Untervermieter Schadenersatz wegen teilweiser Nichterfüllung des Vertrages (Art. 97) verlangen 139 III 353/355 f. E. 2.1.2 Pra 2014 (Nr. 38) 273. – Erlaubt der Vermieter dem Mieter im Voraus generell und bedingungslos die Untervermietung, so kann er diese Zustimmung grundsätzlich nicht mehr widerrufen 4A_199/2007 (17.12.07) E. 4.3 it. – Der Mieter, der das Mietobjekt untervermietet, ohne die Zustimmung des Vermieters einzuholen, riskiert eine vorzeitige Auflösung des Mietverhältnisses (Art. 257f Abs. 3), wenn er auf eine schriftliche Abmahnung des Vermieters nicht reagiert und dieser sich aus einem der in Art. 262 Abs. 2 genannten Gründe der Untervermietung hätte widersetzen können 4A_162/2014 (26.8.14) E. 2.2.2 Pra 2015 (Nr. 67) 526, 4A_705/2014 (8.5.15) E. 4.4.2 fr., 4A_430/2013 (14.2.14) E. 4.2 fr., 134 III 446/449 E. 2.2 Pra 2009 (Nr. 21) 126, 134 III 300/302 E. 3.1 fr., 4A_217/2007 (4.9.07) E. 3 fr.

Abs. 2 Der Vermieter darf seine Zustimmung zur Untermiete nur verweigern, wenn die 3
Voraussetzungen von Art. 262 Abs. 2 erfüllt sind. Eine Vertragsklausel, welche die Untermiete generell verbietet, ist nichtig 4A_75/2015 (9.6.15) E. 3.1.1 fr. Eine nicht genehmigte Untervermietung stellt eine Einmischung des Mieters in die vermögensrechtlichen Angelegenheiten des Vermieters dar. Tut der Mieter dies bösen Willens, so kann der Vermieter die ungerechtfertigte Bereicherung aufgrund von Art. 423 Abs. 1 zurückverlangen 126 III 69/72 ff. E. 2a und 2b Pra 2001 (Nr. 11) 62 f., 4A_518/2014 (19.11.14) E. 3 fr.

Abs. 2 lit. b Unter den «missbräuchlichen Bedingungen» i.S. der Bestimmung ist haupt- 4
sächlich die Höhe des dem Untermieter vorgeschlagenen Mietzinses zu verstehen. Dabei ist der Untermietzins mit dem Hauptmietzins zu vergleichen 4A_518/2014 (19.11.14) E. 5 fr., 4A_456/2010 (18.4.11) E. 3.2 fr., 119 II 353/356 E. 4a fr. Wo der Untermietzins deutlich höher ausfällt als der Hauptmietzins, ohne dass sich diese Differenz durch Investitionen oder Zusatzleistungen des Mieters rechtfertigen lässt, gilt der Untermietzins als missbräuchlich 4A_518/2014 (19.11.14) E. 3 fr., 119 II 353/359 E. 6 Pra 1994 (Nr. 57) 207 ff. Missbräuchlichkeit bejaht, wo der Untermietzins dreimal so hoch ist wie der Hauptmietzins 4A_687/2011 (19.1.12) E. 6 fr. Daraus folgt, dass die Kriterien zur Bestimmung,

ob ein Mietzins missbräuchlich ist oder nicht (Art. 269 ff.), nicht massgebend sind für die Beurteilung, ob die Bedingungen einer Untermiete missbräuchlich sind 119 II 353/355 f. E. 5a Pra 1994 (Nr. 57) 204 f. Die «Missbräuchlichkeit» des Untermietzinses beurteilt sich namentlich nicht daran, ob er sich im Rahmen des Ortsüblichen bewegt 4A_211/2016 (7.7.16) E. 2 fr. Bei teilweiser Untervermietung kann für den (schematischen) Vergleich von einem Mietzins je Zimmer ausgegangen werden, wobei aufgrund der besonderen Umstände (Benützung gemeinsamer Teile der Wohnung, Möblierung, Reinigung usw.) Berichtigungen vorzunehmen sind 119 II 353/355 ff. E. 5 Pra 1994 (Nr. 57) 204 ff. Bei mehreren Untermietverhältnissen ist die Prüfung eines Missbrauchs nicht für jeden Untermieter getrennt, sondern für alle Untermieter zusammen vorzunehmen 4C.331/2004 (17.3.05) E. 1.2. Ein missbräuchlicher Mietzins ist nicht notwendigerweise wucherisch (StGB Art. 157). Eine Differenz von 30 bis 40% zwischen dem vom Mieter bezahlten und dem vom Untermieter verlangten Mietzins pro Zimmer ist offensichtlich missbräuchlich 119 II 353/359 ff. E. 6 Pra 1994 (Nr. 57) 207 ff. – Der Richter hat den zulässigen Betrag der Untermiete nicht im Urteilsdispositiv festzusetzen 119 II 353/361 E. 7 Pra 1994 (Nr. 57) 209 f. – Missbräuchlichkeit bejaht bei einem Untermietzins, der 81% über dem Mietzins liegt 4A_211/2016 (7.7.16) E. 2 fr.

5 ***Abs. 2 lit. c*** Ein Osteopath und ein Physiotherapeut mieten gemeinsam Praxisräumlichkeiten. Nach ein paar Jahren gibt der Physiotherapeut seine Tätigkeit auf, der Osteopath übernimmt den Mietvertrag alleine und schliesst mit Zustimmung des Vermieters einen Untermietvertrag mit einem Logopäden. Der Vermieter machte nach mehreren Jahren erfolglos geltend, dass er das Recht habe, die Zustimmung für die zukünftige Untervermietung zu verweigern, weil ihm daraus wesentliche Nachteile entstehen würden 4A_507/2012 (19.12.12) E. 2 fr. Eine Übersetzungstätigkeit in der Mietwohnung stellt keinen wesentlichen Nachteil für den Vermieter, der eine Verweigerung der Zustimmung zur Untermiete rechtfertigen würde, dar 4A_38/2010 (1.4.10) E. 3.2 fr. Der Vermieter, der die Zustimmung zur Untermiete verweigert, hat die wesentlichen Nachteile zu beweisen, die ihm aus der Untermiete erwachsen würden 4A_507/2012 (19.12.12) E. 2 fr. Der Vermieter kann das Mietverhältnis vorzeitig kündigen, wenn er berechtigt gewesen wäre, sich der Untervermietung zu widersetzen, da mit dieser ein Mieterwechsel bezweckt wurde 4A_265/2009 (5.8.09) E. 2.5 fr., 134 III 446/448 E. 3 fr., 4A_570/2008 (19.5.09) E. 3.2 fr. Untervermietung zu Prostitutionszwecken verursacht dem Vermieter wesentliche Nachteile im Sinne der Bestimmung 4A_35/2019 (25.2.19) E. 8 und 9 fr.

6 ***Abs. 3*** Die Bestimmung besagt (wie aOR Art. 264 Abs. 2), dass auf die Untermiete die allgemeine Regel von Art. 101 Abs. 1 über die Haftung für Hilfspersonen zur Anwendung kommt. Die Haftung des Mieters für einen Untermieter (wie für eine im gleichen Haushalt lebende Person) bezieht sich nicht nur auf Schaden, der aus einem durch den Mietvertrag nicht erlaubten Gebrauch der Mietsache entsteht, sondern auf jeglichen Schaden, der in Verletzung dieses Vertrages verursacht wird 117 II 65/67 E. 2b Pra 1992 (Nr. 81) 304 f., vgl. auch 123 III 124/127 E. 3a. – Die Auffassung, wonach die Bestimmung dem Hauptvermieter auch einen vertraglichen Anspruch gibt, einen unerlaubten Mieter aus der Mietsache zu weisen, ist zum Mindesten vertretbar 120 II 112/116 f. E. 3b/cc/ddd; bestätigt in 4A_72/2007 (22.8.07) E. 3 fr.

L. Übertragung der Miete auf einen Dritten

Art. 263

[1] Der Mieter von Geschäftsräumen kann das Mietverhältnis mit schriftlicher Zustimmung des Vermieters auf einen Dritten übertragen.

[2] Der Vermieter kann die Zustimmung nur aus wichtigem Grund verweigern.

[3] Stimmt der Vermieter zu, so tritt der Dritte anstelle des Mieters in das Mietverhältnis ein.

[4] Der Mieter ist von seinen Verpflichtungen gegenüber dem Vermieter befreit. Er haftet jedoch solidarisch mit dem Dritten bis zum Zeitpunkt, in dem das Mietverhältnis gemäss Vertrag oder Gesetz endet oder beendet werden kann, höchstens aber für zwei Jahre.

Allgemeines. Art. 263 ist relativ zwingend 4A_75/2015 (9.6.15) E. 3.1.1 fr. 1

Abs. 1 Die Zustimmung des Vermieters setzt voraus, dass der Mieter dem Vermieter das Gesuch unterbreitet hat, das Mietverhältnis auf einen Dritten übertragen zu dürfen 4A_352/2012 (21.11.12) E. 3.3 fr., 125 III 226/228 f. E. 2b fr. Die Zustimmung des Vermieters ist eine Suspensivbedingung der Übertragung des Mietverhältnisses. Aus Beweisgründen hat die Zustimmung schriftlich zu erfolgen 139 III 353/354 f. E. 2.1.1 Pra 2014 (Nr. 38) 272 f., 4A_352/2012 (21.11.12) E. 3.3 fr., 125 III 226/228 E. 2b fr. Offengelassen, ob die Berufung auf fehlende Schriftlichkeit rechtsmissbräuchlich sein kann, wenn sich die Zustimmung des Vermieters anderweitig nachweisen lässt 4C.246/2003 (30.1.04) E. 5.3 fr., 125 III 226/229 E. 2b Pra 1999 (Nr. 152) 812. – Die Zustimmung des Vermieters genügt, der Zustimmung eines etwaigen Untermieters bedarf es nicht. – Die Übertragung des Mietverhältnisses führt zu einem Mieterwechsel und damit zu einer grundsätzlichen Änderung der ursprünglichen vertraglichen Beziehung 139 III 353/354 f. E. 2.1.1 Pra 2014 (Nr. 38) 272 f. 2

Abs. 2 Allgemein zu Art. 263 Abs. 2 im Unterschied zu Art. 262 Abs. 2: 4A_75/2015 (9.6.15) E. 3.1.1 fr. Wenn der Vermieter die Zustimmung ohne wichtigen Grund verweigert, kann der Mieter seinen Anspruch gerichtlich durchsetzen 4A_352/2012 (21.11.12) E. 3.4.1 fr., 125 III 226/229 E. 2b Pra 1999 (Nr. 152) 812. Reagiert der Vermieter nicht auf das Gesuch um Zustimmung zur Übertragung des Mietverhältnisses, darf daraus nicht auf eine Zustimmung zur Übertragung geschlossen werden 4A_352/2012 (21.11.12) E. 3.4.1 fr. – Änderung des Mietobjektes (Einbau von Toiletten) als wichtiger Grund 4P.107/2003 (19.6.03) E. 2.2. – Eine Mietvertragsklausel, welche die Übertragung des Mietvertrages auf einen Dritten generell verbietet oder über die Anforderungen von Art. 263 Abs. 2 hinaus übermässig erschwert, ist nichtig 4A_75/2015 (9.6.15) E. 3.1.1 fr. 3

Abs. 3 ZGB Art. 121 wurde in Anlehnung an OR Art. 263 ins Zivilgesetzbuch eingeführt. Beiden Bestimmungen liegt derselbe Mechanismus zugrunde: Sie wollen dem Vermieter eine zeitlich beschränkte solidarische Haftung gewähren, um dem Umstand Rechnung zu tragen, dass er verpflichtet ist, die mietvertraglichen Beziehungen mit einem Dritten weiterzuführen, den er nicht als Vertragspartner wählen durfte 140 III 344/345 f. E. 5.1, 4A_155/2013 (21.10.13) E. 2.6.2 fr. – OR Art. 263 und ZGB Art. 121 unterscheiden sich jedoch wie folgt: Die Zustimmung des Vermieters nach OR Art. 263 Abs. 3 stellt eine Suspensivbedingung für die Übertragung des Mietvertrages dar. An dem Tag, an dem der 4

Vermieter seine Zustimmung erteilt, beginnt auch die Frist von Art. 263 Abs. 4 zu laufen 4A_155/2013 (21.10.13) E. 2.6.2 fr., 125 III 226/228 E. 2b fr. – ZGB Art. 121 untersteht jedoch keiner Suspensivbedingung und bedarf keiner Zustimmung des Vermieters. Ab dem Zeitpunkt der Rechtskraft des Scheidungsurteils beginnt die Frist von ZGB Art. 121 Abs. 2 zu laufen. Informiert der Mieter den Vermieter nicht über die Scheidung, hat dies keinen Einfluss auf den Beginn des Fristenlaufs, kann jedoch unter Umständen eine Schadenersatzforderung des Vermieters konstituieren 4A_155/2013 (21.10.13) E. 2.6.2 fr. – Mit der Übertragung des Mietvertrages übernimmt der Dritte sämtliche Rechte und Pflichten des ausscheidenden Mieters. Der Dritte tritt anstelle des austretenden Mieters in den Mietvertrag ein 4A_75/2015 (9.6.15) E. 3.1.1 fr., 4A_87/2013 (22.1.14) E. 2.1 fr.

5 ***Abs. 4*** Die solidarische Haftung des abtretenden Mieters bildet das Gegenstück zur Tatsache, dass der Vermieter nicht völlig frei ist, sich gegen die Übertragung des Vertrages zur Wehr zu setzen. Der Zweck der Bestimmung besteht also darin, dem Vermieter, der dem Wechsel des Vertragspartners – unter Vorbehalt eines wichtigen Grundes – zustimmen muss, eine Garantie zu gewähren 140 III 344/345 f. E. 5.1, 4A_155/2013 (21.10.13) E. 2.6.2 fr., 121 III 408/413 E. 4c Pra 1996 (Nr. 151) 521. Die Übertragung des Mietvertrages wird am Tag wirksam, an dem der Vermieter seine Zustimmung erteilt; an jenem Tag beginnt auch die Frist von Art. 263 Abs. 4 zu laufen 4A_155/2013 (21.10.13) E. 2.6.2 fr. Zum *Umfang* der Weiterhaftung des übertragenden Mieters: Sie beschränkt sich nicht auf den eigentlichen Mietzinsanspruch des Vermieters, sondern kann sich auch auf sonstige (Schadenersatz-)Forderungen des Vermieters gegenüber dem Mieter erstrecken. Wird einem den Vertrag übernehmenden Mieter wegen Verzugs (Art. 257d) vorzeitig gekündigt und verlässt er die gemieteten Räumlichkeiten nicht, so haftet der bisherige Mieter solidarisch für die Entschädigung während der unerlaubten Weiternutzung, und zwar bis zum Ablauf des Mietvertrages oder bis zu zwei Jahren seit der Übertragung, falls die Vertragsdauer darüber hinausgeht 121 III 408/410 ff. E. 3, 4 Pra 1996 (Nr. 151) 519 ff. Zur *Rechtsnatur* der Weiterhaftung des übertragenden Mieters: Die Übertragung der Miete nach Art. 263 Abs. 4 hat eine (zeitlich beschränkte) Solidarschuld des übertragenden und des übernehmenden Mieters gemäss Art. 143–149 zur Folge. Der Vermieter kann somit nach Art. 144 Abs. 1 grundsätzlich direkt gegen den übertragenden Mieter vorgehen, ohne hinsichtlich der Mietzins- und Nebenkostenausstände zunächst den übernehmenden Mieter mittels Klage oder Betreibung in Anspruch nehmen zu müssen 140 III 344/348 E. 5.4 (vgl. in diesem Zusammenhang auch 126 III 375/378 f. E. 2c fr., wo das Bundesgericht in Bezug auf Art. 181 ebenfalls auf eine solidarische Haftung im Sinne von Art. 143 ff. erkannt hat). Schliesst der Vermieter mit dem übernehmenden Mieter einen Forderungsverzicht für Mietzinsen und Mietnebenkosten ab, erlischt damit dessen Forderung gegenüber dem übertragenden Mieter nicht automatisch, da der Gläubiger über seine Forderungen gegen jeden Solidarschuldner einzeln verfügen kann. Die Solidarschuld ist nicht im Sinne von Art. 147 Abs. 1 getilgt worden, und in casu verlangten weder die Umstände noch die Natur der Verbindlichkeit (Art. 147 Abs. 2) nach einer befreienden Wirkung zugunsten des übertragenden Mieters 4A_500/2013 (19.3.14) E. 6.2 und 6.3 (n.p. in 140 III 344). – Art. 263 Abs. 4 Satz 2 ist relativ zwingend: Der übertragende Mieter haftet zwar grundsätzlich solidarisch mit dem Dritten, die Parteien können den übertragenden Mieter aber von dieser Verantwortung befreien 4A_75/2015 (9.6.15) E. 3.1.1 fr.

Es genügt nicht, die Schlüssel zur Verfügung des Vermieters zu halten, ohne sie effektiv auch auszuhändigen 4A_220/2008 (7.8.08) E. 3 fr.

M. Vorzeitige Rückgabe der Sache

Art. 264

[1] Gibt der Mieter die Sache zurück, ohne Kündigungsfrist oder -termin einzuhalten, so ist er von seinen Verpflichtungen gegenüber dem Vermieter nur befreit, wenn er einen für den Vermieter zumutbaren neuen Mieter vorschlägt; dieser muss zahlungsfähig und bereit sein, den Mietvertrag zu den gleichen Bedingungen zu übernehmen.

[2] Andernfalls muss er den Mietzins bis zu dem Zeitpunkt leisten, in dem das Mietverhältnis gemäss Vertrag oder Gesetz endet oder beendet werden kann.

[3] Der Vermieter muss sich anrechnen lassen, was er:
a. an Auslagen erspart und
b. durch anderweitige Verwendung der Sache gewinnt oder absichtlich zu gewinnen unterlassen hat.

Mit Art. 264 Abs. 1 sollte die frühere – aus aOR Art. 257 Abs. 2 und allgemeinen Rechtsgrundsätzen abgeleitete – Ordnung gesetzlich verankert werden 117 II 156/159 E. 3b. Art. 264 ist relativ zwingend. Eine Mietvertragsklausel, die vorsieht, dass der Mieter eine pauschale Entschädigung zu leisten hat, wenn er die Mietsache vorzeitig zurückgibt, ist nichtig 4A_75/2015 (9.6.15) E. 3.1.1 fr. – Im Unterschied zu Art. 263 ist der Vermieter grundsätzlich frei, den vorgeschlagenen Nachmieter zu akzeptieren oder abzulehnen 4A_75/2015 (9.6.15) E. 3.1.1 fr. Der Vermieter hat zur *Schadensminderung* beizutragen (insbesondere muss er sich Aufwendungen, die er sparen konnte, sowie Gewinne, die er aus einer anderweitigen Nutzung der Sache ziehen konnte, anrechnen lassen 4A_388/2013 [7.1.14] E. 2.1 fr.). Der Mieter wird jedoch nur durch schwerwiegende Unterlassungen oder Handlungen des Vermieters ganz oder teilweise befreit. Der Vermieter ist insbesondere nicht verpflichtet, einen vom Mieter vorgeschlagenen, objektiv aber ungeeigneten Ersatzmieter anzunehmen 117 II 156/157 ff. E. 3. Übermittelt der Mieter dem Vermieter bloss den Namen eines Nachmieters, ohne die Adresse oder andere Kontaktdaten anzugeben, kommt er seinen Pflichten nach Art. 264 Abs. 1 nicht genügend nach 4A_557/2012 (7.1.13) E. 2.1 fr. Dem blossen Verhältnis zwischen Mietzins und Einkommen des Ersatzmieters ist nicht übermässige Bedeutung beizumessen. Der Vermieter ist jedoch nicht verpflichtet, einen Ersatzmieter zu akzeptieren, dessen Zahlungsfähigkeit mit jener des aktuellen Mieters überhaupt nicht vergleichbar ist. Weitere *Umstände, welche die Ablehnung eines vorgeschlagenen Ersatzmieters rechtfertigen* (Feindschaft, wirtschaftliche Konkurrenz, Gefahr der Unannehmlichkeit für die anderen Mieter usw.) 119 II 36/38 f. E. 3d Pra 1994 (Nr. 33) 125 f. Nötigenfalls hat der Vermieter selber einen Ersatzmieter zu suchen 119 II 36/38 E. 3c Pra 1994 (Nr. 33) 125. Unzureichend war dagegen die Begründung, der Ersatzmieter geniesse diplomatische Immunität, zumal die Begründung von den Vermietern erst nachträglich vorgebracht wurde, das Staatsvertragsrecht hinreichende Streitbeilegungsmechanismen kennt und die Bonität des Ersatzmieters ausser Zweifel steht 4A_332/2016 (20.9.16) E. 3.3.1 und 3.3.2 fr. Vom Fehlen eines Betreibungsregisterauszugs darf der Vermieter nicht auf fehlende Zahlungsfähigkeit schliessen, wenn dem Mie- 1 ter die Beschaffung eines solchen unmöglich ist und dem Vermieter andere Belege für das (hinreichende) Einkommen des Mieters vorliegen 4A_332/2016 (20.9.16) E. 3.4.2 fr. Der Einwand, dass der Ersatzmieter sich nicht zur verbleibenden, kurzen Mietdauer von wenigen Monaten bekannt habe, ist widersprüchlich und damit rechtsmissbräuchlich, wenn die Vermieterin beabsichtigt, das Objekt nach Ablauf der Mietdauer weiterhin zu vermieten 4A_332/2016 (20.9.16) E. 3.5.3 fr. – Der Mieter schlägt einen Ersatzmieter vor, der von der Sozialhilfe abhängt. Der Sozialdienst des Gemeindeverbundes, der für den Ersatzmieter zuständig ist, sichert dem Vermieter schriftlich zu, dass die Bezahlung des Mietzinses inklusive Nebenkosten ab Unterzeichnung des Mietvertrages «garantiert» wird, solange der Ersatzmieter vom betreffenden Sozialdienst Sozialhilfe beziehe. Dieses Schreiben vermag keine Bürgschaft zu konstituieren, da die Angabe des zahlenmässig bestimmten Höchstbetrages der Haftung in der Bürgschaftsurkunde fehlt (Art. 493 Abs. 1). Der Vermieter hat den Ersatzmieter deshalb zu Recht mangels Eignung abgelehnt 4A_411/2013 (13.1.14) E. 4 fr. – Grundsätzlich darf der Vermieter das Resultat der Suchbemühungen des Mieters abwarten, hat jedoch dann selber aktiv zu werden, wenn er erkennt, dass der Mieter sich nicht oder ungenügend um die Weitervermietung bemüht Pra 1999 (Nr. 54) 315 E. 2 und die Untätigkeit des Vermieters einen Verstoss gegen die Regeln von Treu und Glauben darstellt 4C.118/2002 (19.8.02) E. 3.1 fr. Analoge Anwendbarkeit von Art. 324 Abs. 2 und Art. 337c Abs. 2 sowie der zugehörigen Gerichtspraxis? (In casu verneint) 117 II 156/160 E. 3b. Ohne eine ausdrückliche Aufforderung des Mieters, den Mietzins unter Schadloshaltung für die Mietzinsdifferenz zu senken, hat der Vermieter nur in Ausnahmefällen einen Ersatzmieter zu schlechteren Bedingungen zu suchen Pra 1999 (Nr. 54) 316 E. 2 (etwa bei herabgesetzter Vermietbarkeit und langer Restdauer des bestehenden Vertrages). Mieten Konkubinatspartner gemeinsam eine Wohnung, so bilden sie eine einfache Gesellschaft und haften (unter Vorbehalt einer anderen Vereinbarung) der Vermieterschaft solidarisch Pra 1996 (Nr. 240) 941 f. E. 3. Eine Entlassung aus dem Mietvertrag durch konkludentes Verhalten kann vor allem dann nicht leichthin angenommen werden, wenn eine derartige Entlassung einzig im Interesse der Mieterschaft liegt Pra 1996 (Nr. 240) 942 E. 4. Gibt der Mieter die Mietsache zurück und kann sich nicht auf einen ausserordentlichen Kündigungsgrund berufen, so gelten die Rechtsfolgen der vorzeitigen Rückgabe im Sinne von Art. 264. Bei einer vorzeitigen Rückgabe hat der Mieter keinen Anspruch auf Entschädigung für die entgangene Amortisationsdauer seiner Investitionen 4C.269/2005 (16.11.06) E. 7. – Der *Schadenersatz* für die vorzeitige Auflösung berechnet sich nicht durch einfaches Addieren der fehlenden Monatsmieten; vielmehr kann der Richter nach seinem Ermessen unter Berücksichtigung des Grundes der vorzeitigen Auflösung des Mietverhältnisses eine Reduktion vornehmen sowie die Kosten für Reinigung und Erneuerungsarbeiten aufgrund eines langjährigen Mietverhältnisses (10 Jahre) dem Vermieter auferlegen 4A_365/2010 (13.9.10) E. 5 fr. – Der Mieter muss in klarer Form seinen eindeutigen Willen zur Kenntnis bringen, die Mietsache zurückzugeben. Dazu gehört auch die Rückgabe sämtlicher Wohnungsschlüssel 4C.446/2006 (26.3.07) E. 4.1 fr. – Mieten mehrere Mieter eine Mietsache, so müssen auch alle Mieter gemeinsam die Sache vorzeitig zurückgeben 4A_352/2012 (21.11.12) E. 3.6 fr. Der Abschluss eines neuen Mietvertrags zu anderen Bedingungen zwischen Ersatzmieter und Vermieter befreit den Mieter grundsätzlich. Übernimmt der Ersatzmieter den Mietvertrag jedoch nicht zu den gleichen Bedingungen und kann zwischen ihm und dem Vermieter für den Abschluss eines neuen Mietvertrags keine Einigung erzielt werden, ist der Mieter nicht befreit 4A_504/2009 (6.1.10) E. 2.5 fr. Der Nachmieter hat das Mietobjekt grundsätzlich in dem Zustand zu übernehmen, in dem es sich befindet – er darf vom Vermieter bloss dann Instandsetzungsarbeiten verlangen, wenn der ausziehende Mieter ebenfalls das Recht gehabt hätte, diese zu verlangen. Allfällige *Reinigungsarbeiten* kann der Nachmieter grundsätzlich nicht vom Vermieter, sondern bloss vom ausziehenden Mieter verlangen, da diese Arbeiten Letzterem obliegen 4A_557/2012 (7.1.13) E. 2.1 fr. Es genügt nicht, die Schlüssel zur Verfügung des Vermieters zu halten, ohne sie effektiv auch auszuhändigen 4A_220/2008 (7.8.08) E. 3 fr. – Akzeptiert der Vermieter den neuen Mieter, so tritt dieser in alle Rechte und Pflichten jenes Mieters ein, der die Mietsache vorzeitig zurückgegeben hat. Will der Vermieter dem neuen Mieter neue Vertragsbedingungen auferlegen (z.B. eine Mietzinserhöhung), so muss er mit diesem einen neuen Mietvertrag abschliessen 4A_75/2015 (9.6.15) E. 3.1.1 fr.

N. Verrechnung

Art. 265

Der Vermieter und der Mieter können nicht im Voraus auf das Recht verzichten, Forderungen und Schulden aus dem Mietverhältnis zu verrechnen.

O. Beendigung des Mietverhältnisses I. Ablauf der vereinbarten Dauer

Art. 266

1 Haben die Parteien eine bestimmte Dauer ausdrücklich oder stillschweigend vereinbart, so endet das Mietverhältnis ohne Kündigung mit Ablauf dieser Dauer.

2 Setzen die Parteien das Mietverhältnis stillschweigend fort, so gilt es als unbefristetes Mietverhältnis.

<u>***Abs. 2***</u> Die Einräumung eines Aufschubs der Ausweisung (als welche in casu die «Kündigung» eines resolutiv bedingten Mietvertrages betrachtet wurde) kann nicht der *stillschweigenden Fortsetzung des Mietverhältnisses* gleichgesetzt werden 121 III 260/264 f. E. 5b JdT 144 (1996) I 248 E. 5b. – Der Rückzug eines Antrags auf Ausweisung stellt keine stillschweigende Verlängerung des Mietverhältnisses dar 4A_641/2011 (27.1.12) E. 9 fr. – Eine stillschweigende Verlängerung des Mietverhältnisses nach Ablauf eines befristeten Mietvertrages liegt vor, wenn während einer genügend langen Zeitdauer darauf verzichtet wird, sich auf die Beendigung des Mietvertrages zu berufen und die Rückgabe der Mietsache zu verlangen, sowie wenn vorbehaltlos weiterhin Mietzinszahlungen entgegengenommen werden (in casu stillschweigende Verlängerung verneint) 4C.56/2004 (16.6.04) E. 2.2. – *Kettenverträge* sind grundsätzlich zulässig, da das Gesetz sie nicht verbietet. Setzen die Parteien ein befristetes Mietverhältnis nach dessen Ablauf stillschweigend fort, so gilt es als unbefristetes Mietverhältnis (Art. 266 Abs. 2). Nichts hindert die Parteien aber daran, in Anwendung von Art. 266 Abs. 2 einen neuen befristeten Vertrag abzuschliessen, anstatt das Mietverhältnis unbefristet fortgelten zu lassen 139 III 145/148 E. 4.2.2 Pra 2013 (Nr. 96) 746. Eingehender zu den Kettenverträgen siehe auch unter Art. 255. 1

II. Kündigungsfristen und -termine 1. Im Allgemeinen

Art. 266a

[1] Die Parteien können das unbefristete Mietverhältnis unter Einhaltung der gesetzlichen Fristen und Termine kündigen, sofern sie keine längere Frist oder keinen anderen Termin vereinbart haben.

[2] Halten die Parteien die Frist oder den Termin nicht ein, so gilt die Kündigung für den nächstmöglichen Termin.

1 ***Abs. 1*** Die Kündigung ist ein Gestaltungsrecht. Sie ist bedingungsfeindlich und unwiderruflich 135 III 441/444 E. 3.3 Pra 2010 (Nr. 30) 219. – Aus dem Begriff des Gestaltungsrechts folgt im Allgemeinen ein Umdeutungsausschluss 123 III 124/128 f. E. 3d. Dieser reicht indessen nicht weiter als die Gebote der Klarheit, der Unbedingtheit und der Unwiderruflichkeit der Ausübung von Gestaltungsrechten und findet seine Schranken an den Grundsätzen der Rechtsanwendung von Amtes wegen und der unschädlichen Falschbezeichnung analog Art. 18. Wer daher gestützt auf einen klar umschriebenen Sachverhalt eine ausserordentliche Kündigung ausspricht, dem schadet nicht, wenn er – rechtsirrtümlich – als rechtliche Grundlage seiner Gestaltungserklärung eine unrichtige Gesetzesbestimmung anruft, sofern eine Ersatznorm zur Verfügung steht, welche seinen Anspruch stützt 135 III 441/442 E. 3.1 fr. Die unrichtige rechtliche Qualifikation kann ihm diesfalls nicht entgegengehalten werden, und seine Kündigung ist nach Massgabe der sachlich anwendbaren Norm zu beurteilen 4A_379/2014 (10.3.15) E. 3.1. – Hat der Mieter die Kündigung in Empfang genommen, kann der Vermieter sie nicht mehr widerrufen, auch nicht, wenn zwischenzeitlich ein Eigentümerwechsel stattgefunden hat. Die Parteien können aber einen neuen Mietvertrag abschliessen 4A_227/2010 (1.7.10) E. 2.2 fr. Der stillschweigende Abschluss eines neuen Mietvertrages darf nur mit Zurückhaltung angenommen werden. Der Abschluss eines neuen Mietvertrages durch konkludentes Verhalten der Parteien im Anschluss an eine Kündigung setzt voraus, dass der Vermieter weder die Kündigung noch die Rückerstattung der Mietsache geltend macht und dass er den Mietzins weiterhin regelmässig und vorbehaltslos angenommen hat 4A_499/2013 (4.2.14) E. 3.3.1 Pra 2014 (Nr. 94) 748, 4A_247/2008 (19.8.08) E. 3.2.1 fr., 4C.441/2004 (27.4.05) E. 2.1 fr. – Kein stillschweigender Abschluss eines neuen Mietvertrages, wenn der Vermieter kurz nach dem Zeitpunkt, an dem er den Mietvertrag seiner Meinung nach gültig beendigt hat, ein Ausweisungsverfahren einleitet. Es schadet dem Vermieter auch nicht, wenn er die Mietzinszahlungen des Mieters ohne ausdrücklichen Vorbehalt entgegennimmt und für den Fall, dass die Kündigung als nicht gültig qualifiziert würde, vorsorglich eine Mietzinserhöhung anzeigt 119 II 147/156 E. 5. Die Kündigung auf den nächsten ordentlichen Termin (Art. 266 Abs. 1) bedarf keines bestimmten Grundes, selbst wenn sie für den Mieter nachteilige Konsequenzen hat 4A_484/2012 (28.2.13) E. 2.3.1 fr., 4A_366/2012 (3.9.12) E. 2.1 fr., 4A_126/2012 (3.8.12) E. 1 fr., 4A_255/2012 (20.7.12) E. 2.1 fr. Der Eigentümer kann ein Mietobjekt kündigen (dazu und zum Folgenden 4A_484/2012 [28.2.13] E. 2.3.1 fr.), um es mit Gewinn zu verkaufen 4C.267/2002 (18.11.02) E. 2.3 fr. oder es an einen anderen Mieter zu einem höheren, aber nicht missbräuchlichen Mietzins zu vermieten 4A_58/2013 (16.5.13) E. 3.1 fr., 4A_414/2009 (9.12.09) E. 3.1 fr., um Umbau- und Renovationsarbeiten am Mietobjekt ausführen zu

lassen 135 III 112/119 f. E. 4.2 oder um dessen Nutzung zu ändern 136 III 190/194 E. 3 Pra 2010 (Nr. 112) 767 f. Mehr zur Anfechtbarkeit der Kündigung bei Art. 271 ff. – Bedingungsfeindlichkeit der Kündigung 118 II 119/123 f. E. 4 Pra 1993 (Nr. 165) 642. – Gemeinsame Mietverträge sind durch alle Vermieter oder Mieter zu kündigen 4C.6/2002 (10.9.02) E. 5 fr. Bei mehreren Mietern – soweit keine Familienwohnung betroffen ist, vgl. Art. 266n – genügt nach einhelliger Lehre die Zustellung eines einzigen Kündigungsformulars an alle Mieter. Das gilt auch in Bezug auf Mahnungen. Immerhin hat aber der Vermieter, der sich im Falle einer Mitmieterschaft auf eine Mahnung respektive auf ein Kündigungsformular beschränkt, in der Anschrift sämtliche Mieter des betroffenen Mietobjekts aufzuführen 140 III 491/493 E. 4.2.2. – Teilkündigungen sind nichtig 4C.6/2002 (10.9.02) E. 6 fr. – Ist nur der eine Ehegatte Vermieter und geht die Kündigung vom anderen Ehegatten aus, muss der Mieter nicht annehmen, dass der kündigende Ehegatte vom Vermieterehegatten entsprechend bevollmächtigt ist, auch nicht, wenn unter dem Vermerk «vertreten durch» die Verwaltung angegeben ist 4A_196/2016 (24.10.16) E. 3.3.1 fr. Vgl. 4C.17/2004 (2.6.04) E. 5.1 und 5.3.2 fr. Auslegung der Vermieterangaben auf dem Kündigungsformular nach dem Willens- und dem Vertrauensprinzip 4A_193/2018 (27.7.18) E. 4 fr.

Abs. 2 Unwirksamkeit der Kündigung auf einen Termin, der dem gesetzlichen oder vertraglich vereinbarten nicht entspricht 121 III 156/161 E. 1c/aa Pra 1995 (Nr. 272) 928. Die Kündigung ist zwar gültig, entfaltet ihre Wirkung aber erst auf den nächstmöglichen Termin 4A_662/2012 (7.2.13) E. 5.4. Die unwirksame ausserordentliche Kündigung (in casu Art. 257d) kann nicht gestützt auf Art. 266a Abs. 2 in eine wirksame ordentliche Kündigung umgewandelt werden 4A_541/2015 (20.5.16) E. 4.2. 2

2. Unbewegliche Sachen und Fahrnisbauten

Art. 266b

Bei der Miete von unbeweglichen Sachen und Fahrnisbauten können die Parteien mit einer Frist von drei Monaten auf einen ortsüblichen Termin oder, wenn es keinen Ortsgebrauch gibt, auf Ende einer sechsmonatigen Mietdauer kündigen.

3. Wohnungen

Art. 266c

Bei der Miete von Wohnungen können die Parteien mit einer Frist von drei Monaten auf einen ortsüblichen Termin oder, wenn es keinen Ortsgebrauch gibt, auf Ende einer dreimonatigen Mietdauer kündigen.

Als Kündigungstermin für einen Mietvertrag über Wohnräume gilt mangels Ortsgebrauchs das jeweilige Ende eines Quartals, gerechnet ab Mietbeginn 131 III 566/571 E. 3.3 Pra 2006 (Nr. 54) 404. 1

4. Geschäftsräume

Art. 266d

Bei der Miete von Geschäftsräumen können die Parteien mit einer Frist von sechs Monaten auf einen ortsüblichen Termin oder, wenn es keinen Ortsgebrauch gibt, auf Ende einer dreimonatigen Mietdauer kündigen.

1 Die Bestimmung ist relativ zwingender Natur und die Parteien können keine anderen Kündigungsfristen vereinbaren. Weiss der Vermieter bei Abschluss einer Vereinbarung, die andere Fristen vorsieht, um die zwingende Natur von Art. 266d und beruft er sich später darauf, handelt er rechtsmissbräuchlich i.S.v. ZGB Art. 2 4A_364/2010 (30.9.10) E. 5.4 fr.

5. Möblierte Zimmer und Einstellplätze

Art. 266e

Bei der Miete von möblierten Zimmern und von gesondert vermieteten Einstellplätzen oder ähnlichen Einrichtungen können die Parteien mit einer Frist von zwei Wochen auf Ende einer einmonatigen Mietdauer kündigen.

1 Zum Begriff des gesondert vermieteten Einstellplatzes 125 III 231/232 f. E. 2. Ein Zusammenhang im Sinne von Art. 253a besteht, wenn die Nebensache der Hauptsache funktionell dient und nur wegen des über diesen geschlossenen Mietvertrags zum Gebrauch überlassen bzw. in Gebrauch genommen wird 125 III 231/233 E. 2a.

6. Bewegliche Sachen

Art. 266f

Bei der Miete von beweglichen Sachen können die Parteien mit einer Frist von drei Tagen auf einen beliebigen Zeitpunkt kündigen.

III. Ausserordentliche Kündigung 1. Aus wichtigen Gründen

Art. 266g

[1] Aus wichtigen Gründen, welche die Vertragserfüllung für sie unzumutbar machen, können die Parteien das Mietverhältnis mit der gesetzlichen Frist auf einen beliebigen Zeitpunkt kündigen.

[2] Der Richter bestimmt die vermögensrechtlichen Folgen der vorzeitigen Kündigung unter Würdigung aller Umstände.

1 *Abs. 1* Das **ausserordentliche Kündigungsrecht** gemäss der Bestimmung entspricht dem allgemeinen Grundsatz, dass Dauerschuldverhältnisse aus wichtigen Gründen vorzeitig beendet werden dürfen. Die *Unzumutbarkeit* der Erfüllung eines Mietvertrages kann nur bejaht werden, wenn die angerufenen Umstände ausserordentlich schwerwie-

gend und bei Vertragsschluss weder bekannt noch voraussehbar waren. Die Umstände dürfen überdies nicht auf ein Verschulden der kündigenden Partei zurückzuführen sein 4A_20/2015 (13.7.15) E. 3.1 fr., 4A_586/2012 (23.9.13) E. 3.1 fr., 4C.375/2000 (31.8.01) E. 3a Pra 2001 (Nr. 177) 1075, 122 III 262/265 f. E. 2a/aa. Die Erfüllung des Mietvertrages muss überdies nicht bloss subjektiv, sondern auch objektiv unzumutbar sein 4A_586/2012 (23.9.13) E. 3.1 fr., 4A_142/2012 (17.4.12) E. 3.1 fr., 4A_594/2010 (12.1.11) E. 2.3 fr., 122 III 262/265 E. 2a/aa. Unzumutbarkeit verneint, weil der kündigende Vertragsteil, der sich auf Art. 266g stützt, zu lange mit der Kündigung zugewartet hat 4A_631/2014 (25.11.15) E. 3 it. – Die *wichtigen Gründe* im Sinne von Art. 266g Abs. 1 können in der Person des Adressaten der Kündigung liegen. Das ist zum Beispiel der Fall, wenn der Mieter gegenüber dem Vermieter und seiner Familie ein strafrechtlich vorwerfbares Verhalten an den Tag legt oder eine Haltung einnimmt, die den Partner des Vermieters diskreditiert und schädigt 4A_20/2015 (13.7.15) E. 3. 2 fr. Persönliche Differenzen zwischen Vermieter und Mieter können einen wichtigen Grund konstituieren 4A_20/2015 (13.7.15) E. 3. 2 fr., 113 II 31/37 E. 2c. – 4A_20/2015 (13.7.15) E. 3. 2 fr.: Wichtiger Grund gegeben, wenn Vermieter und Mieter derselben Partei angehören und der Mieter seinen Vermieter gegenüber dem Parteivorstand aufs Heftigste wegen einer angeblich missbräuchlichen Mietzinserhöhung verunglimpft. – Wiederholte, für sich genommen nicht hinreichende, aber in der Wiederholung trotz Abmahnung als schwerwiegend erscheinende Vertragsverletzungen können auch dazu führen, dass der anderen Partei die Fortführung des Vertrages bis zur ordentlichen Beendigung nicht zuzumuten ist 4A_162/2014 (26.8.24) E. 2.6.1 Pra 2015 (Nr. 67) 528, 4C.395/2006 (23.1.07) E. 3 (wenn der Mieter während rund drei Jahren den Mietzins regelmässig zu spät bezahlt hat). – Der Mieter kann den Vertrag aus wichtigen Gründen kündigen, wenn der Vermieter durch sein Verhalten eine gewinnbringende Geschäftstätigkeit vereitelt 4C.35/2006 (30.5.06) E. 2.1 f. fr. – Bei der Frage nach der Zumutbarkeit der Vertragserfüllung hat das Gericht auch in Anschlag zu bringen, dass Vermieter und Mieter unter dem gleichen Dach wohnen 4A_20/2015 (13.7.15) E. 3. 2 fr. Die Weigerung der Mieterin, detaillierte Angaben zu ihren Umsatzzahlen, wonach sich der Mietzins berechnet, bekannt zu geben, stellt zwar eine Vertragsverletzung dar, berechtigt aber noch nicht zu einer ausserordentlichen Kündigung 4C.48/2007 (31.7.07) E. 5.3 it. – Im Unterschied zum Verhältnis zwischen Arbeitnehmer und Arbeitgeber (Art. 321a) hat der Mieter gegenüber dem Vermieter *keine Treuepflicht* zu wahren. Im Anschluss an umfassende Renovationsarbeiten an einer Wohnung hat der Vermieter eine Mietzinserhöhung angezeigt, die der Mieter angefochten hat. Fragt der Mieter bei der zuständigen Baubewilligungsbehörde nach, ob die Renovationsarbeiten gesetzeskonform bewilligt worden seien, stellt dies weder eine Vertragsverletzung noch eine sonstige illegale Handlung dar, die eine Kündigung des Mietvertrages durch den Vermieter gestützt auf Art. 266g Abs. 1 rechtfertigen würde 4A_636/2012 (2.4.13) E. 3.1 fr. – Offengelassen, ob ein wichtiger Grund im Umstand zu erkennen ist, dass ein Vermieter wegen der Art der Nutzung des vermieteten Objektes durch den Mieter von seiner eigenen Geschäftskundschaft mit der Verweigerung von Geschäftsbeziehungen bzw. mit einem Boykott konfrontiert wird 4C.345/2005 (9.1.06) E. 2.2. – Offengelassen, ob beim Kündigungsrecht gemäss Art. 107 f. die Kündigungsfrist von Art. 266g Abs. 1 oder diejenige nach Art. 257d Abs. 2 analog zu übernehmen ist 123 III 124/128 E. 3c. – Gültigkeit der ausserordentlichen Kündigung bejaht, sofern bei zusammengesetzten Verträgen, vorliegend Miet- und Werkvertrag, der Werkvertrag zu Recht gekündigt worden ist 4C.201/2003 (28.12.03) E. 2.5 fr. Gültigkeit der ausserordentlichen Kündigung bejaht, nachdem der Mieterin eine für die beabsichtigte Nutzungsweise unerlässliche Baubewilligung nicht erteilt worden war. Die Verweigerung der Baubewilligung war von der Mieterin nicht verschuldet und für sie nicht vorhersehbar 4A_54/2018 (11.7.18) E. 3.4.3. – Gültigkeit einer ausserordentlichen Kündigung trotz irrtümlicher Berufung auf Art. 257f als Rechtsgrundlage 4C.223/2006 (7.9.06) E. 2.3, 123 III 124/128 f. E. 2d. – Ernsthafte Erkrankung des Mieters als wichtiger Grund 4C.375/2000 (31.8.01) E. 3b Pra 2001 (Nr. 177) 1076. – Eine Verschlechterung der finanziellen Verhältnisse des Mieters berechtigt den Vermieter nicht zu einer vorzeitigen Kündigung aus wichtigen Gründen 4C.280/2006 (16.11.06) E. 5.2 fr. – Die Staatsangehörigkeit ist für sich allein genommen kein wichtiger Grund Pra 2000 (Nr. 49) 281 E. 2c (in casu Art. 259b lit. a). Eine unerträglich gewordene Feindschaft der Parteien kann ein wichtiger Grund für eine vorzeitige Kündigung sein, in casu verneint 4A_186/2008 (18.8.08) E. 2. Ebenso verneint in 4A_142/2012 (17.4.12) E. 2.1 fr.: Die Staatsanwaltschaft hat eine Verleumdungsklage der einzigen Verwaltungsrätin der Vermieterin gegen die Mieter wegen Gegenstandslosigkeit des Verfahrens abgeschrieben, worauf die Vermieterin das Mietverhältnis mit der Begründung gekündigt hat, dass die verlogenen Anschuldigungen der Mieter ihr die Erfüllung des Vertrages unmöglich machten. – Die Sanierungsbedürftigkeit einer Liegenschaft (entspricht nicht mehr den aktuellen Sicherheitsanforderungen) genügt nicht, wenn damit keine konkrete und unmittelbare Gefahr für die Bewohner verbunden ist 4A_594/2010 (12.1.11) E. 2.2 fr. – Vereinbarung eines vorzeitigen Kündigungsgrunds im Mietvertrag; die berechtigte Partei muss unmittelbar nach Verwirklichung des wichtigen Grundes kündigen 4A_119/2009 (9.6.09) E. 2.3 fr. – Anforderung an das Kündigungsschreiben bei Kündigung aus wichtigem Grund 4C.16/2000 (24.1.01) E. 2b/cc. – Es ist unerlässlich, dass der Adressat der Kündigung (im Moment der Kündigung, nicht erst nachträglich) ersehen kann, dass es sich nicht um eine ordentliche, sondern um eine ausserordentliche Kündigung aus wichtigen Gründen handelt 4A_531/2014 (20.1.15) E. 2.2 fr., 4A_352/2012 (21.11.12) E. 3.5 fr., 92 II 184/186 E. 4a. – Die Kündigung aus wichtigen Gründen im Sinne von Art. 266g Abs. 1 ist subsidiär zu den anderen gesetzlich vorgesehenen ausserordentlichen Kündigungen, insbesondere jenen von 257f Abs. 3 4A_142/2012 (17.4.12) E. 2.1 fr., 4A_536/2009 (2.2.10) E. 2.2 fr., 4C.395/2006 (23.1.07) E. 3, 4C.280/2006 (16.11.06) E. 5.3 fr. – Das Bundesgericht hat die Frage verneint, ob jener Partei die Kündigung auf Grund von Art. 266g Abs. 1 verschlossen sei, die zur Begründung Sachverhalte geltend mache, welche die Folgen ihres eigenen Fehlverhaltens darstellten. Der Ausschluss des Kündigungsrechts rechtfertige sich vielmehr bloss, wenn jene Partei, welche die Kündigung ausüben wolle, den Kündigungsgrund durch eigenes Fehlverhalten und überwiegend selbst provoziert habe und wenn ein Zusammenhang zwischen dem Fehlverhalten und dem Kündigungsgrund bestehe 4A_586/2012 (23.9.13) E. 3.3 fr., vgl. auch 137 III 534/537 E. 2.3.1 in Bezug auf ZGB Art. 649b Abs. 1. Es ist zulässig, dem Mieter subsidiär eine ordentliche Kündigung zukommen zu lassen, die Wirkung entfalten soll, falls sich die auf einen ausserordentlichen Kündigungsgrund gestützte Kündigung als unzulässig erweisen sollte. Der Wille, subsidiär ein derartiges Gestaltungsrecht auszuüben, muss allerdings deutlich zum Ausdruck gebracht werden 137 III 389/391 E. 8.4 fr., 4A_189/2011 (4.7.11) E. 8.4 fr. – Eine Umdeutung einer nicht gerechtfertigten fristlosen

Kündigung (weil es an einem schweren Mangel fehlt) in eine gültige aus wichtigem Grund ist ausgeschlossen 4C.384/2005 (22.3.06) E. 3.2. – Sind die gesetzlichen Voraussetzungen einer ausserordentlichen Kündigung nicht erfüllt, so darf das Gericht die ausserordentliche Kündigung nicht von Amtes wegen in eine ordentliche Kündigung umwandeln 4A_636/2012 (2.4.13) E. 3.1 fr., 135 III 441/444 E. 3.3 Pra 2010 (Nr. 30) 219 ff. – Die Weigerung des Mieters, auf einen Einigungsvorschlag seitens der Vermieterin einzugehen, und seine Absicht, den Rechtsweg einzuschlagen, stellen keinen wichtigen Grund für eine ausserordentliche Kündigung dar 4A_536/2009 (2.2.10) E. 2.6 fr. – Eine aufgrund von Art. 266g Abs. 1 ausgesprochene ausserordentliche Kündigung kann in Anwendung von Art. 271 und Art. 271a für ungültig erklärt werden. Art. 271a Abs. 3 lit. e sieht nur für jene Fälle eine Ausnahme vor, die in Art. 271a Abs. 1 lit. d und e aufgeführt sind 4A_20/2015 (13.7.15) E. 4. 2 fr. – Art. 266g ist subsidiär im Vergleich zu den anderen ausserordentlichen Kündigungen, insbesondere jenen des Art. 257d und 257f Abs. 3 4A_162/2014 (26.8.14) E. 2.6.1 Pra 2015 (Nr. 67) 528. – Wer gestützt auf einen klar umschriebenen Sachverhalt eine ausserordentliche Kündigung ausspricht, dem schadet nicht, wenn er – rechtsirrtümlich – als rechtliche Grundlage seiner Gestaltungserklärung eine unrichtige Gesetzesbestimmung anruft, sofern eine Ersatznorm zur Verfügung steht, welche seinen Anspruch stützt 135 III 441/442 E. 3.1 Pra 2010 (Nr. 30) 217. Die unrichtige rechtliche Qualifikation kann ihm diesfalls nicht entgegengehalten werden, und seine Kündigung ist nach Massgabe der sachlich anwendbaren Norm zu beurteilen 4A_379/2014 (10.3.15) E. 3.1.

Abs. 2 Die Haftung gemäss der Bestimmung weist wie diejenige eines Urteilsunfähigen gemäss Art. 54 Abs. 1 den Charakter einer ***Kausalhaftung aus Billigkeit*** auf. Anders als unter dem alten Recht ist nicht mehr das volle Erfüllungsinteresse geschuldet, vielmehr ist nur dann eine Entschädigung zu leisten, wenn dies als billig erscheint. Ob und in welchem Umfang dies der Fall ist, entscheidet sich nach den Umständen des Einzelfalles, wobei der finanziellen Situation der Parteien im Zeitpunkt des Urteils vorrangige Bedeutung zukommt 4A_586/2012 (23.9.13) E. 6 fr. Soweit die kausale Natur der Haftung aus Billigkeit dies zulässt, kommen bei deren Bemessung auch die Kriterien von Art. 43 und 44 zur Anwendung 4C.375/2000 (31.8.01) E. 4a, 122 III 262/266 f. E. 2a/aa. Die Entschädigung kann ganz entfallen, wenn die vorzeitige Kündigung allein dem Verhalten des Vermieters zuzuschreiben ist und sich der Mieter keine Kritik am eigenen Verhalten gefallen lassen muss 4C.35/2006 (30.5.06) E. 5 fr. – Wo der Mieter ungerechtfertigt und andauernd Strafanzeigen gegen den Vermieter einreicht und ihn beleidigt und bedroht, kann er sich nicht mehr darauf berufen, im Sinne von Art. 271a Abs. 1 lit. a nach Treu und Glauben seine Ansprüche aus dem Mietverhältnis geltend gemacht zu haben. Vergeltungskündigung und Entschädigungspflicht des Vermieters verneint 4A_586/2012 (23.9.13) E. 6 fr. – Schadensminderungspflicht beider Parteien 4C.375/2000 (31.8.01) E. 4a, 122 III 262/267 E. 2a/aa. – Das Bundesgericht überprüft die richterlichen Ermessensentscheide für die vermögensrechtlichen Folgen einer vorzeitigen Kündigung an sich frei, aber mit Zurückhaltung 122 III 262/267 E. 2a/bb. 2

2. Konkurs des Mieters

Art. 266h

[1] Fällt der Mieter nach Übernahme der Sache in Konkurs, so kann der Vermieter für künftige Mietzinse Sicherheit verlangen. Er muss dafür dem Mieter und der Konkursverwaltung schriftlich eine angemessene Frist setzen.

[2] Erhält der Vermieter innert dieser Frist keine Sicherheit, so kann er fristlos kündigen.

1 Künftige Mietzinsforderungen sind Mietzinsforderungen, die aus der Fortführung des Mietverhältnisses mit dem Gemeinschuldner nach Konkurseröffnung geschuldet sind. Bei der Miete von Geschäftsräumen sind sie im Umfang des gesetzlichen Retentionsrechts als Konkursforderung zu behandeln 124 III 41/42 E. 2b. Setzt die Konkursmasse nach Konkurseröffnung die Mietzinszahlungen fort und benutzt sie die Räumlichkeiten auch nach der Forderung von Sicherheiten durch den Vermieter sowie nach dessen fristlosen Kündigung, gilt dies als Willenskundgabe, weiterhin über das Mietobjekt verfügen zu wollen; die hieraus entstandenen Forderungen (Mieten und Entschädigung für unerlaubtes Verbleiben) gelten als Konkursforderungen 4A_630/2010 (27.1.11) E. 3.3.3 fr.

3. Tod des Mieters

Art. 266i

Stirbt der Mieter, so können seine Erben mit der gesetzlichen Frist auf den nächsten gesetzlichen Termin kündigen.

1 Der Tod des Mieters setzt dem Mietvertrag kein Ende, unter Vorbehalt einer anderslautenden Vereinbarung der Parteien 115 II 258/259 E. 3a Pra 1990 (Nr. 36) 146. Die Erben des Mieters, welche die Rechte und Pflichten des Verstorbenen übernehmen, setzen den Mietvertrag fort 4C.252/2005 (6.2.06) E. 3 fr., 80 I 312/315 E. 2 fr. Will der Vermieter das Vertragsverhältnis beendigen, muss er die gesetzlichen und vertraglichen Bestimmungen zur Kündigung berücksichtigen (Art. 266i) und nach Treu und Glauben handeln (Art. 271 Abs. 1) 4A_397/2013 (11.2.14) E. 3.3 fr. Der Tod des Mieters wirkt sich dennoch auf das vertragliche Verhältnis aus – so kann das Gericht in Anschlag bringen, dass die Erben zum Mietobjekt nicht dieselbe Beziehung haben wie der verstorbene Mieter und damit auch nicht dasselbe Interesse an der Aufrechterhaltung des Vertrages. Deshalb sieht das OR eine vorzeitige Kündigung auf den nächsten gesetzlichen Termin vor (Art. 266i) 4A_397/2013 (11.2.14) E. 3.3 fr. – Nach dem Tod des Mieters darf der Eigentümer das Mietobjekt kündigen, um es an einen anderen Mieter (als den oder die Erben) zu einem höheren, aber nicht missbräuchlichen Mietzins zu vermieten 4A_397/2013 (11.2.14) E. 3.5.1 fr., 4A_58/2013 (16.5.13) E. 3.1 fr., 4A_414/2009 (9.12.09) E. 3.1 fr. Die Kündigung läuft aber Treu und Glauben zuwider und ist deshalb anfechtbar, wenn es gemäss der absoluten Berechnungsmethode ausgeschlossen ist, dass der Vermieter den Mietzins gesetzeskonform erhöhen kann, weil der Mietzins bereits vor der Erhöhung im Rahmen der orts- und quartierüblichen Mietzinse liegt 4A_397/2013 (11.2.14) E. 3.5.1 fr.

Die ausgeschlagene Erbschaft eines Mieters wird nach den Regeln des Konkurses liquidiert. Die Konkursverwaltung muss den Mietvertrag kündigen 4C.252/2005 (6.2.06) E. 5.3 fr. 2

4. Bewegliche Sachen

Art. 266k

Der Mieter einer beweglichen Sache, die seinem privaten Gebrauch dient und vom Vermieter im Rahmen seiner gewerblichen Tätigkeit vermietet wird, kann mit einer Frist von mindestens 30 Tagen auf Ende einer dreimonatigen Mietdauer kündigen. Der Vermieter hat dafür keinen Anspruch auf Entschädigung.

Art. 266k war vor dem Inkrafttreten des revidierten Konsumkreditgesetzes auf Autoleasingverträge anwendbar in dem Sinne, dass er Entschädigungsforderungen verbietet, die sich ihrer Höhe nach wirtschaftlich nicht als Entgelt für die Gebrauchsüberlassung der Leasingsache während der effektiven Leasingdauer rechtfertigen lassen und damit eigentliche Vertragsstrafen für die vorzeitige Kündigung oder ungerechtfertigte Bereicherungen des Leasinggebers darstellten 4A_404/2008 (18.12.08) E. 5.4. 1

IV. Form der Kündigung bei Wohn- und Geschäftsräumen

Vorb. Art. 266l–266o

Im neuen Mietrecht wird klar unterschieden zwischen nichtigen und lediglich gemäss Art. 273 Abs. 1 anfechtbaren Kündigungen. Die Gründe, welche eine Kündigung nichtig machen, sind in den Art. 266l, 266m und 266n genau umschrieben. Sie betreffen die Form und den Inhalt der Kündigungserklärung sowie deren Zustellungsart 119 II 147/154 E. 4a. 1

1. Im Allgemeinen

Art. 266l

[1] Vermieter und Mieter von Wohn- und Geschäftsräumen müssen schriftlich kündigen.

[2] Der Vermieter muss mit einem Formular kündigen, das vom Kanton genehmigt ist und das angibt, wie der Mieter vorzugehen hat, wenn er die Kündigung anfechten oder eine Erstreckung des Mietverhältnisses verlangen will.

Allgemeines. Auch bei Missachtung der Formvorschriften von Art. 266l kann eine Konventionalstrafe geschuldet sein, wenn sie gerade für den Fall, dass das Mietverhältnis durch faktisches Verhalten vorzeitig und rechtswidrig beendet wird, vereinbart worden ist 4C.106/2004 (16.7.04) E. 3.3. – Ist dem Mieter bekannt, dass die Liegenschaft von einer Verwaltung betreut wird oder musste ihm dies aufgrund der Umstände bekannt sein, ist der Hinweis auf das Vertretungsverhältnis nicht erforderlich 4A_12/2010 (25.2.10) E. 3.4. – Die Begründung der Kündigung des Vermieters ist an keine Form gebunden und 2 kann auch erst vor der Schlichtungsbehörde mündlich vorgetragen werden 4A_342/2007 (2.11.07) E. 2.2.1, 4C.400/2001 (4.3.02) E. 2 Pra 2002 (Nr. 110) 636.

3 ***Abs. 2*** Art. 266l Abs. 2 stellt ein Formerfordernis der qualifizierten Schriftlichkeit auf. Die inhaltlichen Anforderungen an das Kündigungsformular sind in VMWG Art. 9 geregelt. Benutzt der Vermieter ein veraltetes amtliches Formular, um den Mietvertrag zu kündigen, dann führt dies bloss dann zur Nichtigkeit der Kündigung, wenn das alte Formular nicht dieselben Informationen hinsichtlich der Anforderungen von Art. 266l Abs. 2 und VMWG Art. 9 Abs. 1 enthält wie das aktuelle Formular 140 III 244/246 E. 4.1 Pra 2014 (Nr. 95) 755 f. – Verwendet der Vermieter als Formular nicht die vom Kanton herausgegebene Originalurkunde, sondern einen Scan bzw. eine Kopie von leicht reduzierter Grösse, so führt dies nicht zur Nichtigkeit der Kündigung, wenn das Formular trotzdem lesbar ist 4A_67/2016 (7.6.16) E. 5.2 fr. – Das amtliche Formular bedarf grundsätzlich der eigenhändigen Unterschrift der Vermieterschaft. Es kann auch genügen, wenn sich die Unterschrift auf dem Begleitschreiben befindet, solange zwischen dem Begleitschreiben und dem amtlichen Formular ein offensichtlicher Bezug besteht, der sich aus dem Inhalt beider Belege ergibt 4C.308/2004 (10.11.04) E. 2.2.2. – Die Anforderungen an den Inhalt des amtlichen Formulars sind in VMWG Art. 9 konkretisiert. Es ist zweifelhaft, ob die Wendung «auf den nächstmöglichen Termin» den Anforderungen von VMWG Art. 9 Abs. 1 lit. b (in dem verlangt wird, dass das Formular den Zeitpunkt enthalten muss, auf den die Kündigung wirksam wird) zu genügen vermag 4A_374/2012 (6.11.12) E. 4 fr. – Für formell separat mitvermietete Nebensachen ist die Kündigung mit amtlich genehmigtem Formular genügend; es bedarf keiner Mietvertragsänderung gemäss Art. 269d 125 III 231/238 E. 3e. – Die Verletzung von Art. 266l Abs. 2 führt zur Nichtigkeit des Mietvertrages (Art. 266o) 140 III 244/246 E. 4.1 Pra 2014 (Nr. 95) 755 f. Diese Nichtigkeit kann jederzeit geltend gemacht und muss vom Gericht von Amtes wegen berücksichtigt werden 115 II 361/365 E. 4c Pra 1990 (Nr. 37) 149 f. (in Bezug auf die Nichtigkeit eines Mietvertrages wegen Verletzung von Art. 271a Abs. 1). – Keine analoge Anwendung der Formularpflicht auf Flächen, die Fahrenden zu Wohnzwecken vermietet werden 4A_109/2015 (23.9.15) E. 4.2 fr.

2. Wohnung der Familie a. Kündigung durch den Mieter

Art. 266m

[1] Dient die gemietete Sache als Wohnung der Familie, kann ein Ehegatte den Mietvertrag nur mit der ausdrücklichen Zustimmung des anderen kündigen.

[2] Kann der Ehegatte diese Zustimmung nicht einholen oder wird sie ihm ohne triftigen Grund verweigert, so kann er den Richter anrufen.

[3] Die gleiche Regelung gilt bei eingetragenen Partnerschaften sinngemäss.

1 ***Abs. 1*** Das Mietobjekt verliert den Charakter der Familienwohnung, wenn: die Ehe oder die eingetragene Partnerschaft aufgelöst wird; die Ehegatten oder die eingetragenen Partner das Mietobjekt nicht mehr als ihre Familienwohnung ansehen; die Ehegatten oder eingetragenen Partner die Familienwohnung verlassen haben; die Ehegatten oder eingetragenen Partner entschieden haben, die Familienwohnung definitiv oder auf unbestimm-

te Zeit dem einen Ehegatten oder eingetragenen Partner zu überlassen 139 III 7/11 E. 2.3 Pra 2013 (Nr. 65) 495, 114 II 396/399 E. 5b. – Die Marginalie zu Art. 266l stellt klar, dass Art. 266l den Grundsatz aufstellt und Art. 266m die Ausnahmeregelung dazu konstituiert. Wer sich auf eine Ausnahmeregel beruft, um einen Grundsatz auszuhebeln, muss die Tatsachen beweisen, welche die Erfüllung der Voraussetzungen der Ausnahmeregel belegen (vgl. auch ZGB Art. 8) 139 III 7/9 ff. E. 2.2 Pra 2013 (Nr. 65) 494 f. – Beweislastverteilung zwischen den Ehegatten: Ist ein Ehegatte Eigentümer einer Wohnung, die in der Vergangenheit als Familienwohnung gedient hat, und will er sie nun verkaufen, so ist es an ihm, zu beweisen, dass die Wohnung seit geraumer Zeit (und definitiv) nicht mehr als Familienwohnung dient 136 III 257/259 f. E. 2.2 Pra 2011 (Nr. 6) 45. – Beweislastverteilung zwischen einem Ehegatten und dem Vermieter: Es obliegt dem Mieter (und nicht dem Vermieter), die Tatsachen zu beweisen, welche die Annahme erlauben, dass es sich beim Mietobjekt zum Zeitpunkt der Kündigung um die Wohnung der Familie handelte 4A_313/2012 (5.11.12) E. 2.1 und 2.2 (n.p. in 139 III 7).

b. Kündigung durch den Vermieter

Art. 266n

Die Kündigung durch den Vermieter sowie die Ansetzung einer Zahlungsfrist mit Kündigungsandrohung (Art. 257d) sind dem Mieter und seinem Ehegatten, seiner eingetragenen Partnerin oder seinem eingetragenen Partner separat zuzustellen.

Der Ehegatte soll durch die separate Zustellung der Kündigung in die Lage versetzt werden, die zum Erhalt der Familienwohnung erforderlichen Massnahmen zu treffen 139 III 7/11 f. E. 2.3.1 Pra 2013 (Nr. 65) 495 f., 117 II 415/420 f. E. 5d. Sinn und Zweck der Bestimmung erheischen keine Zugangserfordernisse, die von den allgemeinen Grundsätzen abweichen würden. Vielmehr gilt auch im Bereich des Mietrechts, dass empfangsbedürftige Willenserklärungen in der Regel dem anderen Ehepartner selbst dann wirksam zugehen, wenn ihm der Empfänger die Post böswillig vorenthält (in casu Übergabe des an die Ehefrau adressierten Kündigungsdoppels an den Ehemann) 118 II 42/43 ff. E. 3. Die Bestimmung ergänzt ZGB Art. 169; vgl. 118 II 489/490 E. 2 Pra 1994 (Nr. 9) 37. Die Zustellung hat grundsätzlich in zwei separaten Briefumschlägen zu erfolgen 4A_673/2012 (21.11.12) E. 3.1 fr. – Trennt sich ein Ehepaar und zieht der eine Ehegatte aus der gemeinsamen Familienwohnung aus, ohne dem Vermieter seine neue Wohnadresse mitzuteilen, so genügt es nach dem Grundsatz von Treu und Glauben, wenn der Vermieter die Kündigungsandrohung nach Art. 257d zwar an die Ehegatten getrennt, aber beiden an jene Adresse zukommen lässt, die bis zur Trennung als Wohnung der Familie gedient hat 4A_673/2012 (21.11.12) E. 3.1 fr. – Geschäftsräume, die auch der Unterkunft von Ehegatten dienen, von denen mindestens einer der Mieter ist, geniessen den Schutz von Art. 266m bis 266n. Den Mieter eines Geschäftsraumes, der während laufender Mietdauer mit seiner Familie in das Mietobjekt einzieht, trifft die Nebenpflicht, diese Situation dem Vermieter anzuzeigen 137 III 208/209 E. 2 fr., 4A_656/2010 (14.2.11) E. 2 Pra 2011 (Nr. 106) 757 ff. Auch wenn der Mieter seine Heirat trotz vertraglicher Verpflichtung nicht meldet, ist die Berufung auf die Nichtigkeit einer dem Ehegatten nicht separat zugestellten Kündigung nur in Ausnahmefällen missbräuchlich 4C.441/2006 (23.3.07) E. 5 fr. 1

Missbräuchlichkeit des Verhaltens der Mieterin bejaht, die sich auf Art. 266n beruft und geltend macht, die Kündigung sei nichtig, da diese ihrem Ehemann nicht zugestellt worden sei, wenn der Ehemann die Familienwohnung verlassen hat und sich für die Kündigung überhaupt nicht interessiert. Hier macht die Mieterin nicht ihr eigenes, sondern das Interessen eines anderen (ihres Ehemannes) geltend, was dann, wenn der andere daran gar kein Interesse hat, missbräuchlich ist 140 III 491/494 f. E. 4.2.3 und 4.2.4, 139 III 7/12 f. E. 2.3.2 Pra 2013 (Nr. 65) 496 f. – Nicht anwendbar auf die Kündigung eines landwirtschaftlichen Pachtvertrages, obwohl der Pachtgegenstand auch eine Familienwohnung umfasste 125 III 425/427 ff. E. 3a–c Pra 2000 (Nr. 31) 180 ff. (qualifiziertes Schweigen in LPG Art. 16). – Für die Zustellung der Kündigung gilt im Mietrecht die uneingeschränkte Empfangstheorie 4A_656/2010 (14.2.11) E. 3 Pra 2011 (Nr. 106) 763. – Bestätigt die Ehefrau (durch ihren Auszug vor der Kündigung der Wohnung durch den Vermieter und durch ihre Nichtbeteiligung an den Kündigungsanfechtungsverfahren ihres Ehemannes), dass sie das Haus definitiv nicht mehr als Zentrum des Familienlebens betrachtet, so ist die Wohnung nicht mehr als Familienwohnung im Sinne von Art. 266m und Art. 266n zu qualifizieren 140 III 491/492 f. E. 4.1, 139 III 7/11 E. 2.3.1 Pra 2013 (Nr. 65) 495 f.

3. Nichtigkeit der Kündigung

Art. 266o

Die Kündigung ist nichtig, wenn sie den Artikeln 266l–266n nicht entspricht.

1 Die möglicherweise mangelnde Vertretungsvollmacht der Liegenschaftsverwaltung bewirkt keine Nichtigkeit der Kündigung, wenn letztere im Übrigen den Voraussetzungen der Artikel 266l–266n entspricht und die Rechtshandlung ausdrücklich durch den Vertretenen genehmigt wird (Art. 38) 4A_36/2011 (15.3.11) E. 2.2.2 fr. – Im summarischen Ausweisungsverfahren (Rechtsschutz in klaren Fällen; ZPO Art. 257) hat das Gericht grundsätzlich von Amtes wegen zu prüfen, ob das amtliche Formular der Kündigung beigelegt wurde. Dies freilich nur anhand der von den Parteien ins Recht gelegten Beweismittel (ZPO Art. 55 Abs. 1) 144 III 462/464 ff. E. 3 und 4 Pra 2019 (Nr. 41) 452 ff.

P. Rückgabe der Sache I. Im Allgemeinen

Art. 267

[1] Der Mieter muss die Sache in dem Zustand zurückgeben, der sich aus dem vertragsgemässen Gebrauch ergibt.

[2] Vereinbarungen, in denen sich der Mieter im Voraus verpflichtet, bei Beendigung des Mietverhältnisses eine Entschädigung zu entrichten, die anderes als die Deckung des allfälligen Schadens einschliesst, sind nichtig.

1 ***Abs. 1*** Gemäss Lehre und Rechtsprechung gehört zur Rückgabe, dass der Mieter entweder die gemietete Sache selbst oder die Mittel, mit denen die Sache in den Machtbereich des Vermieters gelangt, zurückgibt 4A_388/2013 (7.1.14) E. 2.1 fr. Zur Rückgabe der

Mietsache gehört auch, dass der Mieter sämtliche Wohnungsschlüssel (inklusive Ersatzschlüssel) zurückgibt 4A_388/2013 (7.1.14) E. 2.1 fr., 4A_456/2012 (4.12.12) E. 2.1 fr., 4A_220/2008 (7.8.08) E. 3 fr., 4C.446/2006 (26.3.07) E. 4.1 fr. Ausserdem muss der Mieter alle Gegenstände, die sich im Mietobjekt befinden und nicht dem Vermieter gehören, entfernen 4A_456/2012 (4.12.12) E. 2.1 fr., 4D_128/2010 (1.3.11) E. 2.3 fr. Die Rückgabe muss definitiv und vollständig sein 4A_388/2013 (7.1.14) E. 2.1 fr. – Vereinbaren die Parteien, dass dem Mieter zwar ein freies Einrichtungsrecht der Mieträumlichkeiten zustehe, dass der Vermieter aber bei Beendigung des Mietverhältnisses bestimmen werde, ob und wie weit die durch den Mieter vorgenommenen Ausbauten und Veränderungen in den ursprünglichen Zustand zurückversetzt werden müssten, so hat der Mieter die Herstellung des vertragsgemässen Zustandes rechtzeitig auf den Zeitpunkt der Beendigung des Mietverhältnisses vorzunehmen. Der Zeitpunkt der Rückgabe definiert den Zustand, den der Mieter wiederherzustellen hat. Die Sache ist nicht neuwertig, sondern in der Gestalt zurückzugeben, die sie bei Mietantritt bzw. vor den am Mietobjekt durch den Mieter vorgenommenen Änderungen besass, und in dem Zustand, der bei vertragsgemässem Gebrauch der Sache im Rückgabezeitpunkt zu erwarten gewesen wäre. Dabei hat der Mieter, insbesondere bei Ersatzanschaffungen und auch bei Reparaturen, die in keinem vernünftigen Verhältnis zu den Kosten einer Neu- bzw. Ersatzanschaffung stehen oder diese sogar übersteigen, nicht den Neuwert, sondern den *Zustandswert* der beschädigten Einrichtungen oder Sachen zu entrichten. Kann der Zustandswert infolge fehlender Angaben durch den Vermieter, der eine Entschädigung für die Kosten der Ersatzanschaffung verlangt, nicht ermittelt werden, so lässt sich auch der Schadenersatz nicht berechnen. Die Folgen der Beweislosigkeit hat der Vermieter zu tragen 4A_73/2013 (16.7.13) E. 6.2.2 ff., 4A_557/2012 (7.1.13) E. 2.2 fr., 4C.261/2006 (1.11.06) E. 3.1 fr. – Gibt der Mieter die Mietwohnung *verspätet* zurück, schuldet er dem Vermieter eine Entschädigung wegen illegaler Besetzung. Die Höhe der Entschädigung wird in der Regel dem vertraglich vereinbarten Mietzins entsprechen 4A_463/2014 (23.1.15) E. 3 (n.p. in 141 III 20) fr., 4A_388/2013 (7.1.14) E. 2.1 fr., 4A_456/2012 (4.12.12) E. 2.1 fr. Die Entschädigung fällt höher aus, falls dem Vermieter der Beweis gelingt, dass er die Gelegenheit gehabt hätte, das umstrittene Mietobjekt zu einem höheren Mietzins zu vermieten 4A_276/2018 (22.7.19) E. 3.1 fr., 4A_335/2018 (9.5.19) E. 7 fr. (gestützt auf Art. 102 ff.), 4A_96/2015 (1.6.15) E. 3.4 fr., 4A_463/2014 (23.1.15) E. 3 (n.p. in 141 III 20) fr. Die Entschädigung kann aber auch tiefer ausfallen als der vereinbarte Mietzins, falls dem Mieter die Nutzung des besetzten Mietobjekts nach Ablauf des Mietvertrages nur noch beschränkt möglich war 4A_96/2015 (1.6.15) E. 3.4 fr. Die Mieterin stellte die Bewirtschaftung des Mietobjekts ein, beliess aber ihr Mobiliar über die Vertragsbeendigung hinaus in den Räumlichkeiten. Es war nicht zu bemängeln, dass die Vorinstanz die Entschädigung gestützt auf Art. 42 Abs. 2 nach den mutmasslichen Quadratmeterkosten eines Lagerhauses im Stadtzentrum bemessen hatte 4A_276/2018 (22.7.19) E. 3.3 fr. Ist die Mietsache mangelhaft, ist die Entschädigung für die unrechtmässige (Weiter-)Benutzung der Mietsache nicht in allen Fällen nach dem hypothetisch reduzierten Mietzins zu bemessen. Die Entschädigung kann höher ausfallen, wenn der (ehemalige) Mieter durch seinen weiteren Verbleib im Mietobjekt deren Instandstellung oder deren Weitervermietung verhindert und in dieser Zeit ein höherer als der reduzierte Mietzins hätte erzielt werden können 4A_208/2015 (12.2.16) E. 4.2 fr. In Anwendung von Art. 267 Abs. 1 i.V.m. Art. 97 Abs. 1 schuldet der

Mieter dem Vermieter auch Schadenersatz wegen Verletzung seiner vertraglichen Rückgabepflicht 4A_388/2013 (7.1.14) E. 2.1 fr., 4A_456/2012 (4.12.12) E. 2.1 fr. Vgl. auch 4A_335/2018 (9.5.19) E. 7 fr., wo das Bundesgericht auf Art. 102 ff. abstellt. Keine Schadenersatzpflicht des Mieters wegen verspäteter Rückgabe, wenn der Mieter die Mietsache rechtzeitig zurückgeben möchte, die Rückgabe aber wegen Abwesenheit des Vermieters scheitert, der Mieter daraufhin die Schlüssel vor Ort zurücklässt und den Vermieter umgehend darüber informiert 4A_463/2014 (23.1.15) E. 3 (n.p. in 141 III 20) fr. Keine vertragswidrige Weiternutzung der Mietsache, wenn der Mieter mit Einverständnis des Vermieters das beschädigte Mietfahrzeug gleich im Anschluss an das Mietende reparieren lässt, die Reparaturkosten übernimmt und schliesslich das Mietfahrzeug dem Vermieter zurückgibt 4A_27/2017 (30.8.17) E. 5.2 fr. – Gegen den Untermieter, der über die Beendigung des Hauptmietverhältnisses hinaus im Mietobjekt verbleibt, hat der Eigentümer-Vermieter einen Entschädigungsanspruch aus ZGB Art. 940 4A_524/2018 (8.4.19) E. 4.2 fr. – Der Vermieter kann insbesondere die Auslagen zurückverlangen, die ihm dadurch verursacht worden sind, dass der Mieter die gemietete Lokalität nicht vollständig geräumt und/oder nicht ordnungsgemäss gereinigt hat 4A_388/2013 (7.1.14) E. 2.1 fr., 4A_456/2012 (4.12.12) E. 2.1 fr. Der Vermieter kann je nach Umständen auch den Mietzinsausfall für die Zeit zwischen dem verspäteten Auszug der Mieter und der Wiedervermietung der Mietsache geltend machen; der Mietzins ist bis zum nächsten Kündigungstermin gemäss aufgelöstem Mietvertrag geschuldet, falls die Räumlichkeiten nicht mehr vermietet werden können 4C.255/2005 (26.10.06) E. 2.2. – Verbleibt der Mieter nach Ablauf des Mietvertrags wider Vertrag und wider Gesetz in der Mietwohnung, entspricht die Entschädigung zugunsten des Vermieters dem vereinbarten Mietzins, ohne dass der Vermieter den Beweis antreten muss, dass es ihm ohne Weiteres möglich gewesen wäre, die Wohnung zum vereinbarten Mietzins ohne Unterbruch weiterzuvermieten. Damit wird verhindert, dass der Mieter, der unberechtigterweise in der Wohnung verbleibt, bessergestellt wird, als wenn der Mietvertrag noch andauern würde 4A_456/2012 (4.12.12) E. 2.1 fr., 131 III 257/261 E. 2 und 2.1. Entspricht der eingeklagte Betrag der Summe der offenen Miet-(bzw. Pacht-)Zinse sowie auch der Höhe eines geschuldeten Schadenersatzes für die verspätete Rückgabe der Sache, ist es unerheblich, in welchem Zeitpunkt der Miet-(bzw. Pacht-)Vertrag tatsächlich beendet wurde 4D_128/2010 (1.3.11) E. 2.3 fr. – Ist das Mietverhältnis beendet und verbleibt der Mieter im Mietobjekt, kann der Vermieter ein gerichtliches Ausweisungsverfahren einleiten. Weder der Vermieter noch das Vollstreckungsgericht sind gehalten, dem Mieter vorgängig die Begleichung ausstehender Mietzinsen zu ermöglichen 4A_366/2016 (2.9.16) E. 3 fr. Ausweisung eines Pächters (landwirtschaftliche Pacht, vgl. LPG Art. 23) im Verfahren betreffend Rechtsschutz in klaren Fällen (ZPO Art. 257) 4A_389/2017 (26.9.17) E. 7 f. fr. – Vorliegen eines klaren Falles im Sinne von ZPO Art. 257: Das befristete Mietverhältnis war abgelaufen, eine konkludente Verlängerung der Mietdauer vertraglich ausgeschlossen und die Mieterin hatte keine Erstreckung des Mietverhältnisses verlangt 4A_394/2016 (6.7.16) E. 7.2 fr. – Die Rückgabepflicht verjährt 10 Jahre nach der Beendigung des Mietverhältnisses (Art. 127) 4A_41/2011 (27.4.11) E. 2.2.2 fr. – Enthält der Vertrag eine Klausel, mit welcher der Vermieter sich verpflichtet, dafür zu sorgen, dass ein späterer Nachmieter die Gerätschaften des Mieters übernimmt, kann der Mieter diese bei seinem Auszug hinterlassen, selbst wenn der Nachmieter diese nicht übernehmen möchte 4A_279/2011 (1.7.11) E. 5 fr. – Übersicht der vertraglichen und ausservertraglichen Rechtsbeziehungen zwischen dem Eigentümer, dem Mieter und dem Untermieter bzw. dem Entlehner im Zusammenhang mit der Rückgabe der Mietsache 4A_524/2018 (8.4.19) E. 4 fr.

II. Prüfung der Sache und Meldung an den Mieter

Art. 267a

1 Bei der Rückgabe muss der Vermieter den Zustand der Sache prüfen und Mängel, für die der Mieter einzustehen hat, diesem sofort melden.

2 Versäumt dies der Vermieter, so verliert er seine Ansprüche, soweit es sich nicht um Mängel handelt, die bei übungsgemässer Untersuchung nicht erkennbar waren.

3 Entdeckt der Vermieter solche Mängel später, so muss er sie dem Mieter sofort melden.

Mängelrüge. Die Mängelrüge muss die Mängel klar und präzise bezeichnen, sodass der Mangel ohne Weiteres aus ihr ersichtlich ist 4A_545/2011 (11.1.12) fr. Eine Mängelrüge, allein von jener Partei erstellt und unterzeichnet, die einen Schadenersatzanspruch geltend macht, genügt nicht als Schadensbeweis 4A_589/2012 (21.11.12) E. 2.2 fr. – Für Schäden, die auf übermässigen Gebrauch zurückzuführen sind, hat der Mieter einzustehen. Der *normale Gebrauch* wird anhand von Lebensdauertabellen für Einrichtungsgegenstände bestimmt, wobei die Möglichkeit, konkrete Beweise einzubringen, offenbleibt. Der Mieter hat jedoch nicht für den Neuwert einzustehen, sondern vielmehr für den *aktuellen Wert der Sache,* unter Berücksichtigung der Abschreibung infolge Zeitablaufs. Die Beweislast obliegt dem Vermieter 4A_557/2012 (7.1.13) E. 2.2 fr., 4C.261/2006 (1.11.06) E. 3.1 fr. 1

Frist. Der Vermieter muss dem Mieter die Mängel, für die er einzustehen hat, *sofort melden.* Gemäss der Lehre meint «sofort» entweder anlässlich der Rückgabe selbst oder innerhalb von zwei bis drei Werktagen seit der Rückgabe, unter Umständen auch innerhalb einer Woche. Zum Teil wird auch hervorgehoben, dass auf die Umstände des konkreten Einzelfalles abzustellen sei 4A_388/2013 (7.1.14) E. 2.3.1 fr. Eine Mängelrüge innerhalb von drei Wochen oder einem Monat nach Rückgabe der Sache wurde als verspätet qualifiziert 4A_388/2013 (7.1.14) E. 2.3.1 fr. Der Vermieter liess zwei Monate, seit er die Wohnung zurückerhalten hatte, verstreichen, bis er zur Prüfung des Mietobjekts und (damit zusammenhängend) zur Mängelrüge schritt. Durch das übermässig lange Zuwarten hat der Vermieter seine Prüfungs- und Rügeobliegenheit verletzt und dadurch seine Ansprüche verloren (Art. 267a Abs. 2) 4A_388/2013 (7.1.14) E. 2.3.1, ebenso 4A_589/2012 (21.11.12) E. 2.2 fr. 2

Q. Retentionsrecht des Vermieters I. Umfang

Art. 268

[1] Der Vermieter von Geschäftsräumen hat für einen verfallenen Jahreszins und den laufenden Halbjahreszins ein Retentionsrecht an den beweglichen Sachen, die sich in den vermieteten Räumen befinden und zu deren Einrichtung oder Benutzung gehören.

[2] Das Retentionsrecht des Vermieters umfasst die vom Untermieter eingebrachten Gegenstände insoweit, als dieser seinen Mietzins nicht bezahlt hat.

[3] Ausgeschlossen ist das Retentionsrecht an Sachen, die durch die Gläubiger des Mieters nicht gepfändet werden könnten.

1 **Allgemeines.** Das Retentionsrecht des Vermieters, wie es aOR Art. 272 für bewegliche Sachen vorsah, kann neu nur noch bei der Miete von *Geschäftsräumen* ausgeübt werden 116 III 49/50 f. (Kreisschreiben der SchKG-Kammer), vgl. auch 116 III 120/120 ff. – Die Retention des Vermieters von Geschäftsräumen setzt den Besitz der Retentionsgegenstände nicht voraus 124 III 215/218 E. 1c. – Wegen SchKG Art. 37 Abs. 2 wird sie betreibungsrechtlich als Faustpfand betrachtet, weshalb die Retention durch Betreibung auf Pfandverwertung zu prosequieren ist 124 III 215/217 E. 1b. – Das Retentionsrecht darf nur im *Umfang* der in der Retentionsurkunde genannten Forderung prosequiert werden 120 III 157/158 f. E. 2. Die Betreibungsbehörden dürfen bei der Erstellung der Retentionsurkunde den Betrag der Mietzinsen und die Zeitabschnitte, auf die sie sich beziehen, bestimmen. Ebenso können sie prüfen, ob die Retention nicht in einem unzulässigen Umfang prosequiert wird 120 III 157/158 E. 2. – Die Verpflichtung des Schuldners, die mit Beschlag belegten Gegenstände zu erhalten, begründet weder gegenüber dem Gläubiger noch gegenüber den Betreibungs- und Konkursbehörden eine Garantenpflicht. Das blosse Untätigbleiben stellt daher keine eigenmächtige Verfügung im Sinne von StGB Art. 169 dar 121 IV 353/356 f. E. 2b. – Konkurrierende Ausübung eines Retentionsrechts und eines Eigentumsanspruchs an zur Konkursmasse gehörenden Gegenständen (KOV Art. 53). Sofortige Herausgabe der Gegenstände an den Drittansprecher gegen Leistung einer Kaution (KOV Art. 51). Prosequierung des Retentionsrechts (Betreibung auf Pfandverwertung 124 III 215/217 E. 1b) des Vermieters mit Bezug auf die Kaution (SchKG Art. 283 Abs. 3) vgl. 121 III 93/93 ff. Pra 1996 (Nr. 22) 50 ff.

2 ***Abs. 1*** Das Retentionsrecht erstreckt sich auf sämtliche Gegenstände des Mieters, welche sich in den vermieteten Räumen befinden. Infrage kommen insbesondere Maschinen, die Inneneinrichtung des Mieters, Waren, welche im vermieteten Lager aufbewahrt werden, oder Baumaterial in einer Werkstatt oder einer Ausstellungshalle 120 III 52/55 E. 8a Pra 1995 (Nr. 43) 144. – Der *räumliche Zusammenhang,* der zwischen der fraglichen Sache und dem Mietobjekt bestehen muss, darf nicht bloss zufälliger Natur sein; er muss eine gewisse Dauerhaftigkeit aufweisen, aber nicht notwendigerweise während der ganzen Mietdauer bestehen. Ob der Gegenstand zur Einrichtung oder Benutzung der gemieteten Räume gehört, beurteilt sich nach der Art der Räume und nach dem Gebrauch, den der Mieter davon macht 120 III 52/55 E. 8a Pra 1995 (Nr. 43) 144. Ins Retentionsverzeichnis können allenfalls auch Fahrzeuge aufgenommen werden, die auf dem Parkplatz stehen, der zu den Mieträumlichkeiten gehört 120 III 52/55 E. 8b Pra 1995 (Nr. 43) 145. – Analoge Anwendung zwecks Bemessung des Umfangs, in dem im Konkurs des Mieters von

Geschäftsräumen künftige Mietzinse eingegeben werden können 124 III 41/42 E. 2b (längstens für die Dauer von 6 Monate ab Konkurseröffnung).

__Abs. 2__ Art. 268 Abs. 2 stimmt inhaltlich mit aOR Art. 272 Abs. 2 überein. Bezahlt der Untermieter seine Mietzinsen an den Mieter, so wird damit auch das Retentionsrecht des Vermieters an den Sachen des Untermieters aufgehoben, selbst wenn der Vermieter keine entsprechende Zahlung erhielt 120 III 52/54 E. 7 Pra 1995 (Nr. 43) 143. Eine Anweisung des Betreibungsamtes an den Untermieter, die geschuldeten Zinsen künftig an das Betreibungsamt und nicht mehr an den Mieter zu zahlen, ist nur unter der Bedingung zulässig, dass das Verzeichnis auch Sachen des Untermieters umfasst 120 III 52/54 E. 7 Pra 1995 (Nr. 43) 144. 3

II. Sachen Dritter

Art. 268a

[1] Die Rechte Dritter an Sachen, von denen der Vermieter wusste oder wissen musste, dass sie nicht dem Mieter gehören, sowie an gestohlenen, verlorenen oder sonstwie abhanden gekommenen Sachen gehen dem Retentionsrecht des Vermieters vor.

[2] Erfährt der Vermieter erst während der Mietdauer, dass Sachen, die der Mieter eingebracht hat, nicht diesem gehören, so erlischt sein Retentionsrecht an diesen Sachen, wenn er den Mietvertrag nicht auf den nächstmöglichen Termin kündigt.

III. Geltendmachung

Art. 268b

[1] Will der Mieter wegziehen oder die in den gemieteten Räumen befindlichen Sachen fortschaffen, so kann der Vermieter mit Hilfe der zuständigen Amtsstelle so viele Gegenstände zurückhalten, als zur Deckung seiner Forderung notwendig sind.

[2] Heimlich oder gewaltsam fortgeschaffte Gegenstände können innert zehn Tagen seit der Fortschaffung mit polizeilicher Hilfe in die vermieteten Räume zurückgebracht werden.

Zweiter Abschnitt
Schutz vor missbräuchlichen Mietzinsen und andern missbräuchlichen Forderungen des Vermieters bei der Miete von Wohn- und Geschäftsräumen

Vorb. Art. 269–270e

1 Begriff der *Geschäftsräume:* siehe unter Art. 253a. Das geltende Recht hat zur zulässigen Mietzinsgestaltung das frühere im Wesentlichen übernommen. Insbesondere ist das Prinzip der Gleichbehandlung von Mieter und Vermieter weiterhin zu beachten 121 III 163/167 f. E. 2d/bb. – Zulässigkeit einer kantonalen Bestimmung (Genfer Gesetz über Abbruch, Umbau und Renovation von Wohnhäusern), die «Arbeiten von einer gewissen Wichtigkeit» dem bewilligungspflichtigen Umbau gleichsetzt; Bundesrechtswidrigkeit einer Bestimmung, die eine umfassende Überholung einem bewilligungspflichtigen Umbau gleichstellt 116 Ia 401/408 ff. E. 4, 5 fr. Zulässigkeit der Enteignungsmöglichkeit der Nutzung missbräuchlich leer gelassener oder zu einem übersetzten Mietzins offerierter und deshalb leer stehender Wohnungen 119 Ia 348/358 E. 4c Pra 1994 (Nr. 217) 708. – Wohngenossenschaft: Die Bestimmungen über die Anfechtung missbräuchlicher Mietzinse können auch von einem Mitglied einer Wohngenossenschaft, das mit der Genossenschaft einen Mietvertrag abgeschlossen hat, angerufen werden 134 III 159/161 ff. E. 5 Pra 2008 (Nr. 104) 665.

A. Missbräuchliche Mietzinse

Vorb. Art. 269–269a

▪ Das Verhältnis von Regel und Ausnahme- oder Sondertatbestand (1) ▪ Kosten- und Marktmiete (2) ▪ Absolute Berechnungsmethode (3) ▪ Relative Berechnungsmethode (4) ▪ Verhältnis zwischen absoluter und relativer Methode (5) ▪ Begriff des Altbaus (6) ▪ Zulässiger Renditesatz (7) ▪ Berechnung des zulässigen Nettoertrages aus dem Mietobjekt (8)

1 **Das Verhältnis von Regel und Ausnahme- oder Sondertatbestand,** welches bereits in den Titeln von aBMM Art. 14 und 15 zum Ausdruck kam, ist im neuen Mietrecht durch die Marginalien von Art. 269 und 269a noch verdeutlicht worden 4A_636/2012 (2.4.13) E. 2.3 fr., 116 II 594/601 E. 6b., s. auch 124 III 310/311 ff. E. 2 Pra 1998 (Nr. 173) 928 ff. Keine Änderung der Rechtsprechung zum Verhältnis zwischen Art. 269 und 269a 4A_276/2011 (11.10.11) E. 5.4 fr. – Der zulässige Mietzins wird einerseits markt- oder kostenmässig, anderseits absolut oder relativ ermittelt 121 III 163/164 E. 2b.

2 **Kosten- und Marktmiete.** Die gesetzliche Regelung beruht auf verschiedenen Rechtsgedanken, die zum Teil in einem gewissen Spannungsverhältnis zueinander stehen. Die gesetzliche Regelung will auf der einen Seite verhindern, dass der Vermieter auf Kosten des Mieters einen übersetzten Ertrag erwirtschaftet (Grundsatz der *Kostenmiete*). Auf der andern Seite gilt aber ein Mietzins, der sich im Rahmen aussagekräftiger Vergleichspreise hält, selbst dann nicht als missbräuchlich, wenn damit der zulässige Ertrag überstiegen

wird (Grundsatz der *Marktmiete*) 118 II 124/126 E. 4a, 118 II 130/134 E. 3a. Die Kostenmiete gründet ihrem Wesen nach auf individuellen, die Marktmiete auf generellen Berechnungselementen (Aufwand des Vermieters bzw. Vergleichspreise). Dabei werden allerdings auch bei der Kostenmiete einzelne Kostenelemente in der Mehrzahl der Berechnungen nicht individuell, sondern verallgemeinert erhoben (z.B. standardisiertes Verhältnis von Fremd- und Eigenkapital, kantonaler oder regionaler Leitzinssatz, Überprüfung der individuellen Investitionen auf ihre sachliche Angemessenheit) 120 II 302/304 E. 6a, vgl. auch 120 II 240/242 E. 2 fr. Es verstösst gegen das Verbot widersprüchlichen Verhaltens, sich bald auf allgemeine, bald auf individuelle Kostenelemente zu berufen 120 II 302/306 f. E. 7b.

Die absolute Berechnungsmethode bestimmt den für ein Objekt allgemein (unabhängig von früheren vertraglichen Gegebenheiten) zulässigen Mietzins. Vereinbarte Mietzinse werden grundsätzlich nach dieser Methode kontrolliert 4A_636/2012 (2.4.13) E. 2.3 fr., 121 III 163/164 E. 2b, 120 II 302/304 f. E. 6b. Sie berücksichtigt weder Hypothekarzinsschwankungen 119 II 348/352 E. 4b/cc Pra 1994 (Nr. 227) 748 noch Abschreibungen auf dem investierten Kapital 125 III 421/425 E. 2d Pra 2000 (Nr. 30) 177. Die absolute Methode erfordert eine Analyse des durch den Vermieter erzielten Reinertrages 125 III 421/423 E. 2b Pra 2000 (Nr. 30) 175 (in casu Abbruchkosten als Anlagekosten, da der Abbruch für die Herrichtung des Mietgegenstandes notwendig war); zur Berechnungsmethode vgl. auch 4A_147/2016 (12.9.16) E. 2 fr. 3

Die relative Berechnungsmethode, nach der sich die Zulässigkeit einer Vertragsänderung beurteilt 121 III 163/164 E. 2b, beruht auf den Prinzipien von Treu und Glauben, der Verwirkung und der materiellen Rechtskraft 124 III 67/68 E. 3 (vgl. auch 123 III 76/81 E. 4c Pra 1997 [Nr. 111] 605 f.). Der *Vertrauensgrundsatz* bindet die Parteien an das eigene rechtsgeschäftliche Verhalten und untersagt ihnen namentlich, einen frei vereinbarten und unangefochten gebliebenen Mietzins oder eine vorbehaltlos verlangte und erreichte Mietzinsanpassung nachträglich als missbräuchlich oder ungenügend auszugeben 124 III 67/68 E. 3. Entsprechend darf der Mieter eine Herabsetzung des Mietzinses nur aufgrund solcher Änderungen der Berechnungsgrundlagen verlangen, die sich seit der letzten Mietzinsfestsetzung verwirklicht haben 124 III 67/69 E. 3; umgekehrt darf er davon ausgehen, der vertraglich vereinbarte oder nachträglich angepasste Mietzins verschaffe dem Vermieter einen sowohl zulässigen wie auch genügenden Ertrag, es sei denn, der Vermieter habe durch eine klare und quantitativ bestimmte (VMWG Art. 18) Vorbehaltserklärung dessen Ungenügen zum Ausdruck gebracht. Der Vertrauensgrundsatz setzt auch der Mietzinsanpassung nach marktmässigen Kriterien Schranken, indem der Vermieter diese Fakten nur insoweit anrufen kann, als sich die Verhältnisse seit der letzten Mietzinsfestsetzung verändert haben; insofern werden die absoluten Erhöhungsgründe (ungenügende Nettorendite, ungenügender Bruttoertrag einer neueren Baute, Angleichung an die Ortsüblichkeit) im laufenden Mietverhältnis relativiert 4A_549/2016 (9.2.17) E. 3.1, 121 III 163/164 E. 2c, 118 II 124/127 E. 4b, 118 II 130/134 E. 3a. Der *Verwirkungstatbestand* erlangt Bedeutung, wenn eine unangefochten gebliebene Mietzinserhöhung des Vermieters mieterseits nicht mehr infrage zu stellen ist und die so bewirkte Anpassung als einseitige und nicht als konsensuale verstanden wird 124 III 67/68 E. 3. Auf dem Gedanken der *materiellen Rechtskraft* gründet die relative Methode insoweit, als gerichtliche Ent- 4 scheidungen oder Vergleiche über einen strittigen Mietzins im Umfang des Beurteilten oder Verglichenen auch jedes mit einer späteren Zinsanpassung befasste Gericht binden 124 III 67/69 E. 3. Für die Beurteilung der zulässigen Mietzinserhöhung nach der relativen Methode ist sämtlichen bei der letzten Mietzinsfestsetzung unberücksichtigt gebliebenen Erhöhungsfaktoren Rechnung zu tragen, ausser es fehle an einem gültig formulierten Vorbehalt 118 II 422/425 ff. E. 3 Pra 1994 (Nr. 58) 211 ff. (Präzisierung der Rechtsprechung). Dabei ist auf den Zeitpunkt des Vertragsablaufs abzustellen, wenn eine Staffelungsklausel i.S.v. Art. 269c bereits beim Abschluss des Mietvertrages (bzw. in einem gerichtlichen Vergleich i.S.v. Art. 274e Abs. 1) vereinbart worden ist 121 III 397/402 ff. E. 2b, c fr. Ihrem Wesen nach schützt die Vorbehaltsobliegenheit vor bestimmten Vertragsänderungen, nicht aber vor einer inhaltlich unveränderten Weitergeltung des Vertrags (blosse Abwehrfunktion des Vertrauensgrundsatzes) 121 III 163/167 E. 2d/bb.

5 **Verhältnis zwischen absoluter und relativer Methode.** Sowohl bei der absoluten wie bei der relativen Methode können dieselben markt- oder kostenmässigen Bemessungselemente Anwendung finden. Der *Unterschied* liegt einzig im Ausmass, in welchem sie in die Berechnung einzubeziehen sind 120 II 302/305 E. 6b, vgl. auch 120 II 100/103 E. 5c fr. Die absolute Methode hat allein das Ergebnis der Zinsgestaltung zum Gegenstand, die relative zusätzlich das Vorgehen, 123 III 171/173 f. E. 6a Pra 1997 (Nr. 123) 666 f., 121 III 163/164 E. 2b. Die relative Methode erfasst bloss einseitige Änderungsbegehren im laufenden Mietverhältnis (Art. 269d und Art. 270a). In diesem Bereich geht sie der absoluten Methode vor 121 III 364/367 E. 4b fr., 120 II 302/304 f. E. 6b. – Als Ausnahme von dieser Regel rechtfertigt die Beendigung der kantonalen Mietzinskontrolle die Anwendung der absoluten Berechnungsmethode 129 III 272/274 E. 2.1, 123 III 171/173 E. 6a Pra 1997 (Nr. 123) 666. Gewährt aber das kantonale Recht den Vertragsparteien Rechtsmittel gegen die behördliche Festlegung des Mietwerts (vgl. Art. 42–44 der Genfer LGL, syst. Rechtssammlung des Kantons Genf I 4 05), liegen die Dinge ähnlich, wie wenn das Mietverhältnis der Mietzinskontrolle von Art. 270 ff. unterstanden hätte. In diesem Fall bleibt fraglich, ob nicht doch die relative Methode anzuwenden wäre (obiter dictum) 142 III 568/571 ff. E. 1.1–1.4 Pra 2017 (Nr. 93) 911 ff. – Wird die Erhöhung des Anfangsmietzinses, wofür das kantonale Recht die Verwendung des amtlichen Formulars vorschreibt, im Vergleich zum vorhergehenden Mietzins einzig mit Faktoren der relativen Methode begründet, und verlangt der Mieter nicht die Anwendung der absoluten Methode, so hat die Überprüfung des Anfangsmietzinses mittels der relativen Methode zu erfolgen 121 III 364/367 f. E. 4a fr.

6 **Begriff des Altbaus.** Das Bundesgericht legt sich nicht zahlenmässig fest, wie alt eine Liegenschaft sein muss, um als Altbau zu gelten. Es führt bloss aus, dass es sich um Liegenschaften handeln muss, die «vor mehreren Jahrzehnten gebaut oder erworben worden sind» 140 III 433/435 f. E. 3.1.1. Damit wegen Schwierigkeiten zur Beibringung von Investitionsbelegen von einer Altliegenschaft ausgegangen werden kann, ist erforderlich, dass es aufgrund des Alters oder der Geschichte einer Liegenschaft abstrakt gesehen wahrscheinlich ist, dass die Belege nicht mehr greifbar sind. Solches hat das Bundesgericht beispielsweise in einem Fall angenommen, in dem der Marktwert einer Liegenschaft im Schenkungszeitpunkt ebenso unbekannt war wie der Preis, zu dem der Schenker die Liegenschaft gekauft hatte 4C.285/2005 (18.1.06) E. 2.6 fr. Präzisierung in 144 III

514/516 ff. Pra 2019 (Nr. 77) 783 ff.: Ein Altbau liegt vor, wenn die Erstellung oder der letzte Erwerb zum Zeitpunkt des Mietantritts mindestens 30 Jahre her ist (E. 3.2). Nicht massgeblich ist, ob das Mietobjekt von einem «professionellen», der Buchführungspflicht unterstehenden Vermieter oder einer Immobilienverwaltung vermietet wird (E. 3.1, 3.3). Eine Altliegenschaft wurde bejaht in folgenden Fällen: 4A_669/2010 (28.4.11) E. 4.2 (Baujahr der Liegenschaft vor 1900, Erwerb der Liegenschaft lag 37 Jahre zurück), 4A_295/2016 (29.11.16) E. 5.1.2 fr. (Baujahr der Liegenschaft 1929 mit Renovationen in den Jahren 2005–2007), 4C.176/2003 (13.1.04) E. 3.3 (Grundstück vor über 100 Jahren erworben und 40 Jahre vor der strittigen Mietzinserhöhung überbaut), 4C.323/2001 (9.4.02) E. 3a fr. (Liegenschaft wurde 42 Jahre vor der Mietzinserhöhung erworben), 112 II 149 E. 3 fr. (23-jährige Liegenschaft, zum Teil kritisiert in der Lehre). Altliegenschaft bejaht, weil der Bau bzw. der letzte Erwerb des Mietobjekts zum Zeitpunkt des Vertragsabschlusses mindestens 32 Jahre zurückgelegen haben muss; das Alter der Baute war nicht erstellt 4A_147/2016 (12.9.16) E. 2.3 fr. Altliegenschaft verneint in 140 III 433/435 f. E. 3.1.1 (26- bzw. 27-jährige Liegenschaften).

Der zulässige Renditesatz steht in Abhängigkeit vom jeweiligen Hypothekarzinssatz im massgebenden Berechnungszeitpunkt. Rechnungsmässig können sich im laufenden Mietverhältnis unterschiedliche Forderungen ergeben, je nachdem, ob die Veränderung des Hypothekarzinssatzes als Kostensteigerung i.S.v. Art. 269a lit. b oder als Grundlage einer neuen Renditeberechnung i.S. der Art. 269 oder 269a lit. c beansprucht wird 118 II 124/127 f. E. 5. Wird der zulässige Nettoertrag nach Art. 269 berechnet, so ist auf die individuelle Kostenstruktur abzustellen. Die Berechnung des Nettoertrages erfolgt hinsichtlich des Mietobjekts des Mieters, und nicht bezüglich der ganzen Liegenschaft. Dennoch werden die Anschaffungskosten in der Regel in Bezug auf das ganze Gebäude festgesetzt und im Anschluss daran gemäss einem Verteilungsschlüssel aufgeteilt, der im Ermessen des Vermieters oder des Gerichts liegt 4A_606/2014 (7.7.15) E. 5.2 (n.p. in 141 III 245) fr., 116 II 184/186 f. E. 3a Pra 1990 (Nr. 197) 691 f. Dabei berechtigt (mit Blick auf die relative Berechnungsmethode) das Auslaufen von Festhypotheken den Vermieter im Allgemeinen nur dann zu einer Überwälzung der entsprechenden Kostensteigerung auf den Mietzins, wenn im Mietvertrag ein entsprechender klarer Vorbehalt angebracht worden ist (Grundsatz der objektivierten Kostenstruktur) 120 II 302/305 f. E. 7a. – Art. 269 und 269a sind zwingendes Recht. Die Klausel eines Mietvertrages, in der die Parteien die Berücksichtigung des Hypothekarzinssatzes bei der Festsetzung und Anpassung der Miete ausschliessen, ist ungültig 133 III 61/72 f. E. 3.2.2.2 Pra 2008 (Nr. 4) 31 f. 7

Berechnung des zulässigen Nettoertrages aus dem Mietobjekt. Der Nettoertrag eines Mietobjekts ist nach konstanter Rechtsprechung des Bundesgerichts anhand der vom Eigentümer in die Liegenschaft investierten Eigenmittel zu überprüfen 122 III 257/258 E. 3a. Diese Nettorendite entspricht der Verzinsung des Eigenkapitals 122 III 257/258 E. 3a, 120 II 100/101 E. 5a fr., 106 II 356/359 E. 2 fr. Als Eigenkapital gilt die Differenz zwischen den Anlagekosten und den aufhaftenden Schulden. Zu diesem Kapital werden die Amortisationen hinzugezählt sowie die eigenfinanzierten wertvermehrenden Investitionen 122 III 257/258 E. 3a, 120 II 100/102 E. 5b fr. Darstellung in sieben Berechnungsschritten: 4A_239/2018 (19.2.19) E. 5.2.2 fr. – Unter Umständen können auch sämtliche Eigenmittel, mit denen grössere Renovationen getätigt wurden, bei den Investitionskos- 8 ten in Anschlag gebracht werden, und nicht bloss die wertvermehrenden Investitionen. Das rechtfertigt sich zum Beispiel dort, wo ein Vermieter eine sanierungsbedürftige Liegenschaft zu einem günstigen Preis erwirbt und sie im Anschluss an den Kauf renovieren lässt – hier sind die Eigenmittel, mit denen er die Liegenschaft saniert hat, unter Umständen als Investitionskosten zu qualifizieren. Nur so vermag man eine Gleichbehandlung mit dem Vermieter herzustellen, der eine Liegenschaft zu einem Preis erworben hat, der wegen kurz vor dem Kauf erfolgter Sanierung höher ausgefallen ist 141 III 245/249 E. 3.4 fr. – Das ermittelte Eigenkapital ist bis zu maximal 40% der gesamten Anlagekosten der Teuerung anzupassen, da dem gesetzlichen Rechnungsmodell ein standardisiertes Verhältnis von Fremd- und Eigenkapital von 60% zu 40% zugrunde liegt 122 III 257/258 E. 3a, 120 II 100/102 E. 5b fr. Die so berechnete Nettorendite ist angemessen, wenn sie die Zinssätze für erste Hypotheken der schweizerischen Grossbanken nicht um mehr als 0,5% übersteigt 141 III 245/252 E. 6.3 fr., 122 III 257/258 E. 3a, 112 II 149/152 E. 2b fr. Zusammenfassung und Bestätigung dieser Rechtsprechung in Rückführung auf die Motive des Gesetzgebers: 4A_465/2015 (1.3.16) E. 4 und 5 fr. Änderung der Rechtsprechung: 2% Nettorendite, wenn der Referenzzinssatz 2% oder weniger beträgt 4A_554/2019 (26.10.20) E. 8.4 Pra 2021 (Nr. 16) 165. Der daraus resultierende Mietzins entspricht der Kostenmiete 122 III 257/258 E. 3a in fine. – Im Zusammenhang mit den Anschaffungskosten kommt es grundsätzlich allein auf den Kaufpreis an, es sei denn, dieser sei offensichtlich übersetzt (Art. 269). Wer eine Liegenschaft zu einem günstigen Preis erwirbt, darf sich nicht auf einen höheren Marktpreis beziehen. Das gilt aber nicht für den Vermieter, der eine Liegenschaft zu einem günstigen Preis im Rahmen einer Erbschaft oder einer gemischten Schenkung erworben hat: Er darf den effektiven Marktpreis im Zeitpunkt des Erwerbs in Anschlag bringen. Der vorteilhafte Preis, der dem Vermieter unter den genannten besonderen Umständen zuteilwurde, zielte darauf ab, allein den Vermieter zu begünstigen, nicht aber seine Mieter. Der Vermieter kann bloss dann einen wirtschaftlichen Vorteil aus der Grosszügigkeit ziehen, die ihm zuteilwurde, wenn der Wert der Liegenschaft zum Marktpreis jener Zeit veranschlagt wird, in der er die Liegenschaft kostenlos erhalten oder zu einem günstigen Preis erworben hat 4A_198/2014 (17.7.14) E. 4.4 fr., 4A_276/2011 (11.10.11) E. 5.2.4 fr. – Wird das Eigentum am Mietobjekt durch Erbteilung erworben, so spricht nichts dagegen, auf den Anrechnungswert abzustellen, der im Teilungsvertrag vereinbart ist 4A_191/2018 (26.3.19) E. 4.1 fr. Dagegen ist die Fusion zweier Pensionskassen nicht mit einer Erbteilung oder einer güterrechtlichen Auseinandersetzung zu vergleichen, weshalb der im Fusionsvertrag figurierende Anrechnungswert unbeachtlich ist 4A_581/2018 (9.7.19) E. 3 fr.

I. Regel

Art. 269

Mietzinse sind missbräuchlich, wenn damit ein übersetzter Ertrag aus der Mietsache erzielt wird oder wenn sie auf einem offensichtlich übersetzten Kaufpreis beruhen.

1 Art. 269 und 269a enthalten die *materiellen Kriterien,* um ein Gesuch um Herabsetzung des Mietzinses zu beurteilen. Die formellen Voraussetzungen normiert Art. 270 Abs. 1 4A_475/2012 (6.12.12) E. 2.1.1 fr. Die Missbräuchlichkeit eines Mietzinses beurteilt sich

nur nach dem Ertrag der vermieteten Wohnung und nicht nach dem Ertrag der gesamten Liegenschaft. Als Aufteilungsschlüssel taugen z.B. Nutzungsflächen und Rauminhalte. Die kantonalen Instanzen haben bei der Festlegung des Verteilschlüssels einen Ermessensspielraum 4A_606/2014 (7.7.15) E. 5.2 (n.p. in 141 III 245) fr., 4A_204/2010 (29.6.10) E. 3.4 fr., 4A_219/2007 (26.11.07) E. 3.2 fr. – Der massgebliche *Zeitpunkt für* die Überprüfung des Mietzinses ist die Sachlage zur Zeit der Mitteilung der Anpassung 141 III 245/248 ff. E. 3 fr., 4C.291/2001 (9.7.02) E. 5 fr. Für die Beurteilung einer Anpassungsforderung ist vom Zeitpunkt auszugehen, in dem sie der Gegenpartei spätestens erklärt werden musste, will heissen der letzte Tag, an dem sie bei der Post aufgegeben werden musste, um den Vertragspartner rechtzeitig zu erreichen. Handelt es sich um ein Gesuch um Mietzinsreduktion, ist der letzte Tag entscheidend, an dem das Gesuch bei der Post aufgegeben werden musste, um den Vermieter am Tag vor Ablauf der Kündigungsfrist zu erreichen. Zu berücksichtigen sind nur Änderungen der Berechnungsgrundlagen, die in diesem Zeitpunkt feststanden und spätestens auf den Kündigungstermin wirksam wurden 141 III 245/249 E. 3.4 fr., 122 III 20/23 E. 4b. Siehe Entscheid zur Orts- und Quartierüblichkeit 127 III 411/412 E. 5 Pra 2002 (Nr. 25) 123, wonach Veränderungen des Vergleichsniveaus bis zum Zeitpunkt des Inkrafttretens der Anpassung zu berücksichtigen sind. – In Art. 269 und VMWG Art. 10 wurde die Regelung von aBMM Art. 14 und aVMM Art. 7 inhaltlich unverändert übernommen 116 II 594/600 f. E. 6.

Die Bestimmung regelt die **Kostenmiete nach Massgabe des Nettoertrages;** zur Bestimmung des Nettoertrages 4C.273/2000 (21.5.01) E. 3b, 4C.293/2000 (24.1.01) E. 1, 123 III 171/174 Pra 1997 (Nr. 123) 667, 122 III 257/261 E. 4a/aa. Nominal besteht der Ertrag im Verhältnis zwischen dem investierten Kapital und dem Einkommen, das es dem Investor verschafft 120 II 100/101 E. 5a fr. Höchstens 40% des vom Vermieter investierten Eigenkapitals dürfen der Änderung der Lebenshaltungskosten angepasst werden 4C.287/2005 (18.1.06) E. 2.4 fr., 120 II 100/101 ff. E. 5 fr. Auch bei Altbauten ist der zulässige Nettoertrag einzig anhand individueller kostenmässiger Faktoren, namentlich der konkreten Investitionen des Eigentümers in das Mietobjekt sowie dessen individueller Kosten zu berechnen. Die Berücksichtigung eines objektivierten Liegenschaftswerts ist im Rahmen der Nettoertragsrechnung ausgeschlossen. Alle objektiven (Investitions-)Kriterien sind in die Marktmiete zu verweisen 123 III 171/174 Pra 1997 (Nr. 123) 667, 122 III 257/258 ff. E. 3b. Nach Beendigung der kantonalen Mietzinskontrolle sind in Anwendung der absoluten Berechnungsmethode die bei der Berechnung der finanziellen Belastung einzubeziehenden Fremdmittel nur in der Höhe der Anlagekosten zu berücksichtigen, berechnet nach der üblichen Methode, das heisst nach dem in den zulässigen Grenzen aktualisierten Wert der investierten Eigenmittel und erhöht um die ursprünglichen Fremdmittel 125 III 421/423 E. 2b Pra 2000 (Nr. 30) 175, 123 III 171/173 ff. E. 6a Pra 1997 (Nr. 123) 665 ff. – Eine sprunghafte Steigerung des Mietzinses wegen einer Erhöhung eines im Mietvertrag nicht erwähnten Kostenfaktors «Baurechtszins» ist nicht zulässig, wenn im Mietvertrag nur der Hinweis auf den Basishypothekarzinssatz und den Indexstand aufgenommen wurde 4A_439/2007 (28.2.08) E. 3.2. – Erhebt der Vermieter gegenüber einem Senkungsbegehren den Einwand des ungenügenden Ertrages, so trägt er die Beweislast hierfür 4C.85/2002 (10.6.02) E. 2a fr. – Berufung auf übersetzten Ertrag nur zulässig (in casu bei Altbauten), wenn dem Vermieter der Nachweis der Vergleichsmiete misslingt 2 oder wenn er sich nur auf relative Anpassungsgründe beruft 4A_475/2012 (6.12.12) fr., 4C.285/2005 (18.1.06) E. 2.4 fr., 4C.323/2001 (9.4.02) E. 3a fr. – Erwirbt der Vermieter ein Grundstück zu einem Vorzugspreis, so darf er sich bei der Berechnung des Kaufpreises nicht auf den Marktwert stützen 4A_276/2011 (11.10.11) E. 5.2.5 fr., ausser es handelt sich um eine Schenkung oder eine gemischte Schenkung 4C.287/2005 (18.1.06) E. 2.5 fr. – Der für den Erwerb von Anteilen an einer Immobiliengesellschaft entrichtete Preis kann nicht als Grundlage für die Bestimmung des zulässigen Ertrags dienen 4A_645/2011(27.1.12) E. 3.4 fr. – Bilanzwert einer Liegenschaft taugt nicht für die Beurteilung eines offensichtlich übersetzten Kaufpreises. Berücksichtigung der seit dem Erwerb der Liegenschaft angefallenen Unterhaltskosten beim Fehlen entsprechender früherer Belege 4C.273/2000 (21.5.01) E. 3b. – Zum Begriff der Unterhaltskosten 4C.293/2000 (24.1.01) E. 1b. – Verhältnis zu den relativen Erhöhungsgründen gemäss Art. 269a («Ausnahmen») 4C.85/2002 (10.6.02) E. 2a fr., 4C.291/2001 (9.7.02) E. 3b fr. Bei einer Anfechtung des Anfangsmietzinses erfolgt die Kontrolle in Anwendung von Art. 269 und 269a aufgrund des Ertrages, den der Vermieter aus der Mietsache erzielt. Im Rahmen der Anfechtung des Anfangsmietzinses darf der Mieter gestützt auf die absolute Berechnungsmethode den Beweis antreten, dass der Vermieter mit dem Mietzins einen überrissenen Ertrag erwirtschafte. Bei Altbauten jedoch (also bei Grundstücken, die vor mehreren Jahrzehnten überbaut oder erworben worden sind, zum Begriff vgl. Rz. 6 der Vorb. zu Art. 269–269a) kann der überrissene Ertrag mangels Berechnungsgrundlagen nicht mehr nachgewiesen werden. Oft fehlen die Belege zur Feststellung des investierten Eigenkapitals im Hinblick auf die Nettorenditeberechnung oder sie führen zu wirtschaftlich unrealistischen Ergebnissen. Langjährige Eigentümer von Altbauten sollten durch die Missbrauchsgesetzgebung aber nicht benachteiligt und es sollte daher eine gewisse Angleichung von Alt- und Neuzinsen ermöglicht werden 124 III 310/311 f. E. 2b in fine Pra 1998 (Nr. 173) 929. Deshalb wird bei Altbauten – ohne dass zu einer Nettorenditeberechnung geschritten werden muss – der Mietzins nicht als missbräuchlich qualifiziert, falls er die orts- und quartierüblichen Mietzinsen nicht übersteigt (Art. 269a lit. a) 140 III 433/434 E. 3.1, 4A_475/2012 (6.12.12) E. 2.1.1 fr., 139 III 13/15 ff. E. 3.1.2 Pra 2013 (Nr. 105) 814 ff.

3 Anfechtung des Anfangsmietzinses – Frage, wer die **Beweislast** für die Höhe der üblichen Mietzinsen zu tragen hat. Gemäss Bundesgericht hat der Mieter (und nicht der Vermieter) die Beweislast für die Missbräuchlichkeit des Anfangsmietzinses zu tragen 4A_475/2012 (6.12.12) E. 2.1.3 fr., 139 III 13/17 E. 3.1.3 Pra 2013 (Nr. 105) 816. Ergibt die Kontrolle, dass bereits der vom Vormieter bezahlte Mietzins missbräuchlich war, so kann der Anfangsmietzins tiefer festgesetzt werden, als der vom Vormieter bezahlte Mietzins 4C.281/2006 (17.11.06) E. 2.2 fr. – Es ist nicht gerechtfertigt, zuungunsten des die Beweislast der Missbräuchlichkeit tragenden Mieters zu entscheiden, wenn der Vermieter nicht die für die Beurteilung des übermässigen Ertrags benötigten Unterlagen liefert 4A_3/2011 (28.2.11) fr. Die Mitwirkungspflicht des Vermieters erstreckt sich freilich nur auf Dokumente, über die nur er verfügt oder einmal verfügt hat (anders 4A_17/2017 [7.9.17] E. 2.2.2: «nur die Unterlagen […], die er besitzt»). Die Aussage des Vermieters, nie in den Besitz der nötigen Dokumente gekommen zu sein, ist überzeugend, wenn er die Liegenschaft schenkungsweise erhalten hat. Es obliegt ihm nicht, Dokumente vonseiten Dritter zu besorgen, um sie ins Recht zu legen; darin wäre eine Beweislastumkehr zu erachten

142 III 568/575 ff. E. 2.1 und 2.2 Pra 2017 (Nr. 93) 915 ff. mit Verweis auf 4A_461/2015 (15.2.16) E. 3.2 und 3.3 fr. – In Ermangelung jeglicher Dokumentierung betreffend die investierten Eigenmittel: zulässige Berufung auf die kommunale Mietzinsstatistik der Stadt Lausanne, um den Anfangsmietzins einzuschätzen 4A_461/2015 (15.2.16) E. 4.1–4.2 fr. – Der Vermieter vereitelt seine Mitwirkungspflicht nicht in missbräuchlicher Weise, wenn er die Sanierung der Liegenschaft von einem Totalunternehmer zu einem Pauschalpreis hat besorgen lassen und die Verteilung der Investitionskosten auf die einzelnen Wohnungen und Geschäftsräume deshalb nicht nachweisbar ist 4A_17/2017 (7.9.17) E. 2.2.3.

II. Ausnahmen

Art. 269a

Mietzinse sind in der Regel nicht missbräuchlich, wenn sie insbesondere:

a. **im Rahmen der orts- oder quartierüblichen Mietzinse liegen;**
b. **durch Kostensteigerungen oder Mehrleistungen des Vermieters begründet sind;**
c. **bei neueren Bauten im Rahmen der kostendeckenden Bruttorendite liegen;**
d. **lediglich dem Ausgleich einer Mietzinsverbilligung dienen, die zuvor durch Umlagerung marktüblicher Finanzierungskosten gewahrt wurde, und in einem dem Mieter im Voraus bekanntgegebenen Zahlungsplan festgelegt sind;**
e. **lediglich die Teuerung auf dem risikotragenden Kapital ausgleichen;**
f. **das Ausmass nicht überschreiten, das Vermieter- und Mieterverbände oder Organisationen, die ähnliche Interessen wahrnehmen, in ihren Rahmenverträgen empfehlen.**

▪ Allgemeines (1) ▪ Lit. a (2) ▪ Vergleichbarkeit von fünf Objekten (3) ▪ Orts- und Quartierüblichkeit (4) ▪ Lit. b (5) ▪ Kostensteigerungen (6) ▪ Erhöhungen des Hypothekarzinssatzes (7) ▪ Unterhaltskosten (8) ▪ Höhe des Zinssatzes für ausserordentliche Unterhaltskosten (9) ▪ In zeitlicher Hinsicht (10) ▪ Mehrleistungen des Vermieters (11) ▪ Lit. c (12) ▪ Lit. e (13)

Allgemeines. Siehe auch Vorb. Art. 269–269a. Macht der Mieter ein Herabsetzungsbegehren geltend, so obliegt es dem Vermieter, darzulegen, dass der Mietzins nicht missbräuchlich ist 4P.199/2005 (18.1.06) E. 2.4.1 fr., 4C.85/2002 (10.6.02) E. 2a fr. – Die Mieter dürfen nach guten Treuen davon ausgehen, dass nur jene Gründe, die der Vermieter auf dem amtlichen Formular angeführt hat, zur Erhöhung seines Mietzinses (gegenüber jenem seines Vormieters) geführt haben 4A_475/2012 (6.12.12) E. 2.1.1 fr. Die Mieter durften aufgrund der Umstände, unter denen sie mit der Vermieterin Vergleiche betreffend eine Mietzinserhöhung im Nachgang an eine umfassende Sanierung abgeschlossen haben, darauf vertrauen, dass die Vermieterin nicht kurze Zeit später, wiederum aufgrund der Sanierung, den Mietzins um weitere 10% erhöhen würde, diesmal zur Überwälzung der nicht wertvermehrenden Aufwendungen 4A_530/2012 (17.12.12) E. 4.3. 1

Lit. a Die Vorschrift stimmt inhaltlich mit aBMM Art. 15 Abs. 1 lit. a überein 123 III 317/319 E. 4 fr., 118 II 130/133 E. 2c. – Die Marktmiete nach Massgabe der Orts- und Quartierüblichkeit (Rechtsfrage 123 III 317/319 E. 4a fr.) steht erfahrungsgemäss bei Altliegenschaften im Vordergrund, für welche Investitionsbelege fehlen oder die keinen sachgerechten Bezug zur Realität mehr haben. Als Altliegenschaft wird eine Liegenschaft 2 betrachtet, die vor mehreren Jahrzehnten erbaut oder erworben worden ist 140 III 433/434 f. E. 3.1, 4A_475/2012 (6.12.12) E. 2.1.1 fr., 4A_669/2010 (28.4.11) E. 4.1, 4C.285/2005 (18.1.06) E. 2.4 fr., 4C.323/2001 (9.4.02) E. 3a fr., 124 III 310/312 E. 2b Pra 1998 (Nr. 173) 929 (zur Bedeutung der Rechtsvermutung, dass die Marktmiete nicht missbräuchlich ist bei Altbauten), 122 III 257/260 ff. E. 4. – Das Gericht hat zu einem konkreten Vergleich der im Streite liegenden Wohnung mit mindestens fünf Vergleichsobjekten zu schreiten 141 III 569/572 f. E. 2.2.1 Pra 2016 (Nr. 99) 906 ff., 4A_58/2013 (16.5.13) E. 3.2 fr., 4A_612/2012 (19.2.13) E. 3.2 fr., 4C.124/2006 (29.6.06) E. 2.1 fr., 4C.275/2004 (26.10.04) E. 3. In der Praxis erweist es sich oft als schwierig, fünf Wohnungen aufzufinden, die den Anforderungen an den Vergleich im Sinne von VMWG Art. 11 Abs. 1 zu genügen vermögen. Deshalb ist einschränkend anzufügen, dass VMWG Art. 11 Abs. 1 bloss nach vergleichbaren, nicht aber nach identischen Wohnobjekten verlangt 4A_295/2016 (29.11.16) E. 5.2.1 und 5.2.2 fr., 4A_58/2013 (16.5.13) E. 4.2.2 fr. Es ginge deshalb zu weit, Mietwohnungen in einem Gebäude ohne Restaurant aus Prinzip von einem Vergleich im Sinne von VMWG Art. 11 Abs. 1 auszuschliessen, in dem Mietwohnungen in einem Gebäude mit Restaurant umstritten sind 4A_58/2013 (16.5.13) E. 4.2.1 fr. Die marktmässigen Kriterien i.S. der Bestimmung sind aufgrund eines *statistisch aussagekräftigen Vergleichs* mit anderen Mietwohnungen zu bestimmen (Berücksichtigung einer repräsentativen Anzahl von Objekten, die nach Lage, Grösse, Ausstattung, Zustand und Bauperiode mit der Mietsache vergleichbar sein müssen [VMWG Art. 11] sowie der Entwicklung der Verhältnisse während einer gewissen Zeitspanne) 4A_58/2013 (16.5.13) E. 3.2 fr., 4C.176/2003 (13.1.04) E. 3.1, 123 III 317/319 E. 4a und 4c/aa fr., 118 II 130/134 f. E. 3b. Erhöht der Vermieter den Mietzins massgeblich und bringt er vor Gericht bloss vier (anstatt mindestens fünf) Vergleichsobjekte ein, die den Kriterien von VMWG Art. 11 standzuhalten vermögen, so gilt der Mietzins als missbräuchlich, weil dem Vermieter der Beweis, dass der Mietzins im Rahmen der orts- und quartierüblichen Mietzinse liegt, nicht gelungen ist 4A_475/2012 (6.12.12) E. 2.2 fr. Das strikte Festhalten an der Zahl von (mindestens) fünf Vergleichsobjekten rechtfertigt sich, weil bei dieser Vergleichsmethode auf statistische Repräsentativität verzichtet wird. Aus demselben Grund rechtfertigt sich die Anwendung des strikten Beweismasses 4A_295/2016 (29.11.16) E. 5.2.1 fr. – Weitere Vergleichskriterien 4C.40/2001 (15.6.01) E. 5c fr., 4C.323/2001 (9.4.02) E. 3b fr., 4C.265/2000 (16.1.01) 4a fr.; zur Dauer der Zeitspanne siehe 4A_669/2010 (28.4.11) E. 5.1.

3 **Vergleichbarkeit von fünf Objekten.** Objekte mit einem Flächenunterschied von 23,79% gelten noch als vergleichbar 4A_448/2009 (1.2.10) E. 2.3 fr.; Objekte mit einem Altersunterschied von mehr als 20 Jahren gelten nicht mehr als vergleichbar 4A_448/2009 (1.2.10) E. 2.3 fr. Eine unterschiedliche Intensität der Lärmbelästigung schliesst per se die Vergleichbarkeit aus 139 III 13/22 E. 3.3.2 Pra 2013 (Nr. 105) 820. Eine Wohnung mit doppelverglasten Fenstern in einem ruhigen Quartier ist nicht vergleichbar mit einer Wohnung mit einfachverglasten Fenstern in einem Quartier, das der Vermieter selbst nicht als ruhig qualifiziert 4C.265/2000 (16.1.01) E. 4b/dd fr. Im Jahr 2001 hielt das Bundesgericht fest, dass eine Wohnung, in der kein Kabelfernsehen empfangen werden könne, einen unterdurchschnittlichen Wohnkomfort biete 4C.265/2000 (16.1.01) E. 4b/ee fr. Die Angaben zu den Vergleichsobjekten müssen für deren Berücksichtigung vollständig sein

(fehlende Angaben z.B.betr. Einbauküche, Ortsangabe, Hypothekarzinssatz, Zustand Fenster und elektr. Leitungen) 4A_295/2010 (26.7.10) E. 2.2.3, E. 3.2 fr. Befinden sich bei fünf Vergleichsobjekten zwei in der gleichen Liegenschaft, so zählen die beiden Objekte bloss als ein Vergleichsobjekt 4A_675/2011 (9.2.12) E. 2 fr.

Der Vermieter hat die **Orts- und Quartierüblichkeit** substanziiert, unter Beachtung des von der Rechtsprechung verlangten Nachweises nicht missbräuchlicher Mietzinse für vergleichbare Objekte darzutun 4C.176/2003 (13.1.04) E. 3.1, 123 III 317/319 E. 4a (Anforderungen an amtliche Mietzinsstatistiken; vgl. auch zum Basler Mietpreisraster 4A_291/2017 [11.6.18] E. 4), 4A_129/2008 (10.6.08) E. 2.4 fr., 122 III 257/262 E. 4b. Zur Ermittlung des orts- und quartierüblichen Mietzinses sind auch Mietobjekte zum Vergleich zuzulassen, die zwar von ein und derselben Verwaltung bewirtschaftet werden, indes verschiedenen Mietern gehören 4A_573/2008 (24.4.09) E. 2.3 fr. Ergibt sich bereits aufgrund eines statistischen Vergleichs, dass der angefochtene Mietzins nicht missbräuchlich ist, erübrigt es sich, den ortsüblichen Mietzins anhand von fünf Vergleichsobjekten zu ermitteln 4C.176/2003 (13.1.04) E. 3.2.2. Die Vergleichsmieten dürfen nicht ihrerseits missbräuchlich sein; entsprechend hat der Vermieter nachzuweisen, dass die Vergleichsmieten der Senkung des Hypothekarzinses angepasst worden sind 123 III 317/325 E. 4d. – Definition des Quartiers 136 III 74/76 E. 2 Pra 2010 (Nr. 86) 617, 4A_408/2009 (15.12.09) E. 2.2 fr. – Der Mieter, der einen orts- oder quartierüblichen Anfangsmietzins anficht, ist zum Beweis darüber zuzulassen, dass der Vermieter mit der Mietsache einen übersetzten und damit missbräuchlichen (Art. 269) Ertrag erzielt 4C.236/2004 (12.11.04) E. 3.2, 124 III 310/312 E. 2b Pra 1998 (Nr. 173) 929. Anders verhält es sich bei Liegenschaften, die vor mehreren Jahrzehnten gebaut oder erworben worden sind 4C.176/2003 (13.1.04) E. 3.2. – Erweist sich ein mit einem relativen Erhöhungsfaktor erhöhter Mietzins als ortsüblich, braucht nicht zusätzlich der Nettoertrag ermittelt zu werden. Der Mieter kann jedoch eine Nettoertragsberechnung verlangen, sofern der Vermieter, der den Mietzins erhöhen will, sich nicht seinerseits auf die Ortsüblichkeit beruft oder den dafür erforderlichen Beweis erbringt 4C.323/2001 (9.4.02) 3b fr. – Offengelassen, ob die Berufung auf die Orts- und Quartierüblichkeit allgemein erst nach fünf bis sieben Jahren zuzulassen sei 118 II 130/135 E. 3a. – Zulässigkeit der theoretischen Anpassung von Vergleichsmietzinsen an die Entwicklung der Faktoren, die den Mieter berechtigen, eine Herabsetzung des Mietzinses zu verlangen; Modalitäten der Anpassung 127 III 411/412 E. 5a Pra 2002 (Nr. 25) 122. – Gemeinwesen als Vermieterin; zulässige Anpassung des Mietzinses, wenn die ursprüngliche Objektverbilligung eliminiert und durch eine Form von Subjekthilfe ersetzt wird 4C.339/2002 (13.3.02) E. 2.4. – Lassen sich nicht genügend Vergleichsobjekte finden, um die orts- und quartierüblichen Mietzinse zu bestimmen, so hat das Gericht den Anfangsmietzins aufgrund aller Umstände des konkreten Falles festzusetzen 4A_623/2013 (11.4.14) E. 2.2.3 und 5.2 fr. – Auch wenn sich ein Vermieter für eine Mietzinsanpassung auf das Kriterium der orts- oder quartierüblichen Mietzinse (Art. 269a lit. a) beruft, kann der Mieter in der Regel den Nachweis des übersetzten Ertrags (Art. 269) erbringen, mithin die Vermutung nach Art. 269a lit. a widerlegen 140 III 433/434 f. E. 3.1, 124 III 310/311 E. 2b Pra 1998 (Nr. 173) 929. 4

Lit. b Art. 269a lit. b stimmt mit aBMM Art. 15 Abs. 1 lit. a überein 118 II 45/46 E. 2a Pra 1993 (Nr. 57) 211. Art. 269a lit. b wird in VMWG Art. 14 konkretisiert 4A_623/2013 5

(11.4.14) E. 3.2 fr. Macht der Vermieter die ihm zustehende Mietzinsanpassung nicht vollständig geltend, hat er diesen Vorbehalt in Franken oder in Prozenten des Mietzinses festzulegen (VMWG Art. 18) 4A_530/2012 (17.12.12) E. 3.3.

6 **Kostensteigerungen.** Gemäss der bundesgerichtlichen Rechtsprechung muss zur Bestimmung des Umfangs der Kostensteigerungen grundsätzlich der Durchschnitt der in den Jahren vor der letzten Mietzinsfestsetzung angefallenen Kosten mit den durchschnittlichen Kosten der darauffolgenden Jahre verglichen werden. Grundsätzlich kann von den Unterhaltskosten der gesamten Liegenschaft ausgegangen werden 4A_88/2013 (17.7.13) E. 4.6.2, 106 II 356/362 E. 5b fr. Von dieser Regel darf indessen ausnahmsweise abgewichen werden, namentlich wenn die Abrechnungen ungewöhnlich hohe oder tiefe Posten enthalten, sodass der Durchschnitt die tatsächlichen Kosten im massgeblichen Zeitpunkt unzutreffend wiedergibt oder wenn aufgrund einer starken Konjunktursteigerung der Durchschnitt den Kostenstand im massgebenden Zeitpunkt schlecht wiedergibt 4A_88/2013 (17.7.13) E. 4.1, 111 II 378/380 E. 2 fr. – Als Kostensteigerung im Sinne von Art. 269a lit. b gelten überdies Erhöhungen der Gebühren, Objektsteuern, Baurechtszinse und Versicherungsprämien 4A_530/2012 (17.12.12) E. 3.1. – Kommt der Richter bei der Würdigung der ihm unterbreiteten Kostenzusammenstellung zum Schluss, angesichts besonderer Umstände (bejaht in 4A_88/2013 [17.7.13] E. 4.6.2 in Bezug auf eine Kostensteigerung von 148,7%) entspreche eine auf Erfahrungswerten beruhende Pauschale eher der tatsächlichen Kostenentwicklung als der Vergleich der durchschnittlichen Kosten, wie er unter gewöhnlichen Umständen durchzuführen wäre, ist das Abstellen auf die Pauschale bundesrechtlich nicht zu beanstanden. Die Mitberücksichtigung von Pauschalen kann somit im Einzelfall zulässig sein, sofern gewährleistet ist, dass sie nicht zu überhöhten Kostensteigerungen führen und sofern keine andere Methode ein genaueres Ergebnis erwarten lässt. Die schematische Anwendung von Pauschalen ohne Rücksicht auf den Einzelfall bleibt dagegen unzulässig 4A_88/2013 (17.7.13) E. 4.1, 4C.157/2001 (1.10.01) E. 2c.

7 **Erhöhungen des Hypothekarzinssatzes** gelten als Kostensteigerungen i.S. der Bestimmung (VMWG Art. 12 Abs. 1) 4A_530/2012 (17.12.12) E. 3.1. VMWG Art. 13 Abs. 1 legt die Auswirkung, die jede Änderung des Hypothekarzinssatzes auf den Mietzins hat, in Prozenten fest 118 II 45/46 f. E. 2a Pra 1993 (Nr. 57) 212. Die Berücksichtigung der Auswirkung des Hypothekarzinssatzes stützt sich nach dem System von VMWG Art. 13 Abs. 1 und Art. 16 auf eine theoretische Aufteilung zwischen dem Eigenkapital (40%) und dem Fremdkapital (60%) und auf einen Mietzins, der zu 70% für die Rendite des Kapitals und zu 30% für die Unterhalts-, Verwaltungs- und Amortisationskosten dient. Die Erhöhung des Hypothekarzinssatzes rechtfertigt selbst bei hypothekenfreien Liegenschaften Mietzinserhöhungen 118 II 45/47 E. 2a/aa Pra 1993 (Nr. 57) 212, vgl. auch 120 II 100/101 ff. E. 5 fr. sowie 302/304 E. 6a, 118 II 124/129 E. 5b. – Kreditzinse fallen auch unter Art. 269a lit. b 4C.85/2002 (10.6.02) E. 2b fr. – Für die Berechnung des Mietzinses nach der relativen Methode kommt es allein auf die Änderung oder die Entwicklung des Hypothekarzinses an, auf den Bezug zu nehmen ist. Auf den Hypothekarzinssatz der jeweiligen Kantonalbank ist abzustellen, sofern das staatliche Bankinstitut einen bedeutsamen Teil des Hypothekarkreditmarktes vertritt 118 II 45/48 f. E. 2a/bb Pra 1993 (Nr. 57) 212 f. (Berechnung der Mietzinserhöhung: E. 3b). Durchwegs unbeachtlich sind daher die von Fall

zu Fall unterschiedlichen Finanzierungsverhältnisse 120 II 302/305 E. 7a. VMWG Art. 13 Abs. 4 ist, in anderer Formulierung, die Übernahme von aVMM Art. 9 Abs. 2bis. Festlegung der zeitlichen Grenzen für die Prüfung früherer Leitzinssatzänderungen und ihrer Auswirkungen auf die Miete 4A_489/2010 (6.1.11) E. 4 und 4A_531/2010 (6.1.11) E. 4.3 fr., 119 II 348/349 ff. E. 4 Pra 1994 (Nr. 227) 746 ff. VMWG Art. 13 Abs. 4 weicht nicht vom Grundsatz ab, wonach der Richter bei der Anwendung der Missbrauchsgesetzgebung nicht ermächtigt ist, die teilweise Rückerstattung früherer Mietzinse, die der Mieter bezahlt und nicht bestritten hat, durch Verrechnung oder Barzahlung anzuordnen 119 II 32/33. ff. E. 3 Pra 1995 (Nr. 34) 117 ff.

Unterhaltskosten sind die Aufwendungen, die dem Vermieter für die Instandhaltung des Mietobjekts zum vorausgesetzten Gebrauch entstehen. Sie berechtigen grundsätzlich nicht zu einer Mietzinserhöhung 4A_88/2013 (17.7.13) E. 4.1, 4A_530/2012 (17.12.12) E. 3.1, 110 II 404/407 E. 3a Pra 1985 (Nr. 56) 157 ff. Führen sie aber zu einer dauerhaften Unterhaltskostensteigerung, so können sie nach Art. 269a lit. b als Kostensteigerung geltend gemacht werden (VMWG Art. 12 Abs. 1, früher aVMM Art. 9 Abs. 1) 4A_88/2013 (17.7.13) E. 4.1, 4A_530/2012 (17.12.12) E. 3.1, 118 II 415/419 E. 3b Pra 1993 (Nr. 144) 559. Aufgeschobener Unterhalt, der im Rahmen einer umfassenden Sanierung nachgeholt wird, bleibt Unterhalt 4A_530/2012 (17.12.12) E. 3.2, 4C.293/2000 (24.1.01) E. 1b. Nur ausserordentliche Unterhaltsaufwendungen können zu einer Kostensteigerung führen, die bei der Mietzinsberechnung berücksichtigt werden darf (sei es im Rahmen einer Ertragsberechnung, sei es bei einer Mietzinsanpassung nach der relativen Methode) 118 II 415/417 E. 3a Pra 1993 (Nr. 144) 556 ff., nicht aber Kosten von aufgeschobenen laufenden Unterhaltsarbeiten, die der Werterhaltung der Mietsache dienen und aus den laufenden Mietzinseinnahmen zu finanzieren sind 4A_530/2012 (17.12.12) E. 3.2, 110 II 404/407 E. 3a Pra 1985 (Nr. 56) 157 ff. Es ginge nämlich zu weit, sämtliche Kosten einer umfassenden Sanierung, die nicht als wertvermehrend betrachtet und nicht in Anwendung von VMWG Art. 14 als Mietzinserhöhung geltend gemacht werden konnten, ohne Weiteres als zu berücksichtigende ausserordentliche Unterhaltsaufwendungen zu betrachten. Der werterhaltende Teil einer umfassenden Renovation ist nicht wegen des ausserordentlich hohen Betrages automatisch als ausserordentlicher Unterhalt zu qualifizieren, der über die folgenden Jahre amortisiert und verzinst werden darf, enthalten doch auch umfassende Renovationen regelmässig weitgehend normale Unterhaltsarbeiten. Andernfalls würde der gewissenhafte Vermieter, der den laufenden Unterhalt besorgt, gegenüber dem Nachlässigen benachteiligt, der sich um diesen nicht kümmert und dann mit aufgeschobenen Unterhaltsarbeiten plötzlich einen grossen Betrag generiert, der zu einer Kostensteigerung führen würde und auf die Mieter überwälzt werden dürfte 4A_530/2012 (17.12.12) E. 3.2. Zur Unterscheidung von ordentlichen und ausserordentlichen Unterhaltskosten 141 III 245/253 ff. E. 6.5 und 6.6 Pra 2016 (Nr. 33) 298 ff. Ausserordentlich hohe Unterhaltskosten sind auf die Lebensdauer der damit finanzierten Einrichtungen zu verteilen. Die entsprechenden Teilbeträge können jährlich bis zur vollständigen Amortisation in die Unterhaltsrechnung eingestellt werden und sind mit 5% auf dem jeweils noch nicht amortisierten Restbetrag zu verzinsen 140 III 433/439 f. E. 3.5.1, 4C.293/2000 (24.1.01) E. 1b. 8

9 Zur **Höhe des Zinssatzes für ausserordentliche Unterhaltskosten.** In 4C.293/2000 (24.1.01) E. 1b ist das Bundesgericht von einem Zinssatz von 5% ausgegangen, ohne dies näher zu begründen. In 140 III 433/440 f. E. 3.5.2 konkretisierte es, dass es damit keinen allgemein gültigen Durchschnittssatz festlegen wollte. Es sprach sich vielmehr für einen variablen Zinssatz aus, der sich aus dem Referenzzinssatz, erhöht um ein halbes Prozent, errechnet. Es sei kein Grund ersichtlich, das für ausserordentliche Unterhaltsaufwendungen eingesetzte Kapital anders zu verzinsen als das für den wertvermehrenden Teil von Renovationen eingesetzte, mithin zum als angemessen beurteilten Zinssatz, der 0,5% über dem Referenzzinssatz für Hypotheken im Zeitpunkt der Mitteilung der Mietzinserhöhung liegt (118 II 415/419 E. 3c/aa Pra 1993 [Nr. 144] 559 f.). Einen fixen Zinssatz von 5% hingegen lehnte es ab, weil das der Entwicklung der Kapitalmarktverhältnisse nicht Rechnung tragen würde und je nach Marktsituation zu einer ungerechtfertigten Schlechter- oder Besserstellung einer Mietvertragspartei führen könnte 140 III 433/440 f. E. 3.5.2. – Um der Amortisierung des investierten Kapitals Rechnung zu tragen, hat die Verzinsung während der ganzen Amortisationsdauer entweder zum vollen Zinssatz für die Hälfte des investierten Kapitals oder zum halben Zinssatz für das ganze investierte Kapital zu erfolgen. Dies entspricht dem Verzinsungsmodus, den die Rechtsprechung für wertvermehrende Investitionen anwendet. Bei diesem Vorgehen resultiert anfänglich eine zu niedrige Verzinsung des investierten Kapitals, die aber durch die höhere Verzinsung in der zweiten Hälfte der Amortisationsdauer aufgefangen wird. Dagegen würde eine Festlegung des Mietzinses im Zeitpunkt der Beendigung der Renovation unter Berücksichtigung einer Verzinsung des vollen, für ausserordentliche Unterhaltsaufwendungen investierten Kapitals zum vollen Satz infolge der allmählichen Amortisation des investierten Kapitals in den Folgejahren zu einem zunehmend übersetzten Mietzins bzw. einer zunehmenden Nettorendite führen 140 III 433/442 ff. E. 3.5.3.2. – Pauschalen für die Amortisation des Gebäudes und Rückstellungen für künftigen Unterhalt sind nicht zulässig 125 III 421/425 E. 2d Pra 2000 (Nr. 30) 176. – Ausnahmsweise ist eine Pauschalisierung von Kostensteigerungen zulässig 4C.157/2001 (1.10.01) E. 2c. – Vorliegend wurde ein Mietzinszuschlag von 1% für gesteigerte Unterhaltskosten berechnet aufgrund der Mehrleistungen im Umfang von 55% der Gesamtkosten der Renovation bejaht 4A_470/2009 (18.2.10) E. 6.2. In 4A_102/2012 (30.5.12) B.fr. wurden die Kosten umfassender Überholungen der Vermieterin zu 50% als Mehrleistungen im Sinne von 269a lit. a veranschlagt, was eine Mietzinserhöhung im Umfang von 7,58% rechtfertigte.

10 **In zeitlicher Hinsicht** können die Unterhaltskosten berücksichtigt werden, sobald die Arbeiten ausgeführt und vom Vermieter bezahlt sind. Da die Frage einer Steigerung naturgemäss nur aufgrund eines Periodenvergleichs beantwortet werden kann, muss das Ende des Rechnungsjahres abgewartet werden, in dem die entsprechende Amortisations- und Verzinsungsrate erstmals in die Unterhalts- und Betriebskostenrechnung eingestellt werden darf 4A_530/2012 (17.12.12) E. 3.5. Um die Zufälligkeiten anfallender Unterhaltsarbeiten auszugleichen, ist zur Bestimmung des Umfanges der Kostensteigerung auf die durchschnittlichen Aufwendungen der letzten fünf – eventuell mindestens drei – Jahre abzustellen 140 III 433/439 E. 3.5.1, 4A_530/2012 (17.12.12) E. 3.1 und E. 3.5, 117 II 77/85 E. 3c/bb Pra 1994 (Nr. 12) 48. – Das Bundesgericht hat bezüglich des Nachweises der Unterhaltskosten erwogen, könnten Belege zum Unterhalt in der Zeit vor dem Erwerb

der Liegenschaft nicht beigebracht werden und daher betreffend der effektiven Betriebs- und Unterhaltskosten kein Durchschnittswert über drei bis fünf Jahre ermittelt werden, rechtfertige es sich, angemessene Kosten für eine kürzere Periode einzusetzen. Seien im Fall einer Handänderung Belege betreffend die früheren Unterhaltskosten nicht (mehr) verfügbar, könne dem Vermieter nicht versagt werden, die seit dem Erwerb angefallenen Unterhaltskosten – umgerechnet auf einen Jahresdurchschnitt – in der Ertragsrechnung einzusetzen, da dem Käufer nicht die Beweispflicht für den Unterhalt des früheren Eigentümers auferlegt werden könne 4C.273/2000 (21.5.01) E. 3b. Diese Rechtsprechung kann auch auf die Bestimmung der Steigerung von Unterhaltskosten übertragen werden 4A_88/2013 (17.7.13) E. 4.5.2 f.

Mehrleistungen des Vermieters. Im Gegensatz zu gewöhnlichen Unterhaltsarbeiten am Gebäude können *wertvermehrende Investitionen* im Rahmen einer umfassenden Renovation auf den Mietzins geschlagen werden 4A_397/2013 (11.2.14) E. 5.2 fr. Die Bandbreite von 50 bis 70% des VMWG Art. 14 Abs. 1 (respektive: aVMM Art. 10) wurde eingeführt, weil bei umfassenden Überholungen des Vermieters oft schwierig zu unterscheiden ist, ob es sich dabei um übliche Unterhaltsarbeiten, die durch die Mieteinnahmen abgedeckt sind, handelt, oder um Arbeiten, die einen Mehrwert konstituieren, der eine Mietzinserhöhung rechtfertigt. Die Bandbreite von 50 bis 70% stellt bloss eine widerlegbare Vermutung dar 4A_623/2013 (11.4.14) E. 3.2 fr., 4A_102/2012 (30.5.12) E. 2.4 fr. Die Vermutung fällt dahin, wenn der wertvermehrende Anteil der Investitionen genau bestimmbar ist 4A_416/2007 (9.1.08) E. 3.1, 4C.328/2005 (9.12.05) E. 2.2. Umgekehrt: Gelingt dem Vermieter der Nachweis des effektiven Mehrwerts nicht, so gelangt VMWG Art. 14 zur Anwendung 4A_397/2013 (11.2.14) E. 5.4 fr. Zudem soll die Angabe einer Grössenordnung verhindern, dass für die Erhöhung der Mietzinse systematisch von einem Maximalsatz von 70% ausgegangen wird 118 II 415/416 ff. E. 3 Pra 1993 (Nr. 144) 556 ff. Die Bestimmung und der Anteil der wertvermehrenden Arbeiten lassen dem richterlichen Ermessen einen Spielraum. Das Gericht wird die Amortisationsdauer und den Zinssatz vor allem nach der Lebenserfahrung festsetzen. Der Zinssatz entspricht in der Regel dem um 0,5% erhöhten Hypothekarzinssatz 1. Ranges (im Zeitpunkt der Mitteilung der Erhöhung). Soweit es sich um die auf die Mietzinse abgewälzte Amortisierung handelt, wird nur der nicht amortisierte Investitionsbetrag vergütet 118 II 415/419 ff. E. 3c/aa und 3c/bb Pra 1993 (Nr. 144) 559 f., vgl. auch 122 III 257/258 E. 3a. Zum richterlichen Ermessensspielraum 4A_416/2007 (9.1.08) E. 3.3.3. Gemäss dem Wortlaut von VMWG Art. 14 Abs. 2 kann der zukünftige Unterhalt der neuen wertvermehrenden Installationen auch auf den Mietzins geschlagen werden 118 II 415/421 E. 3c/cc Pra 1993 (Nr. 144) 560. Zur Überwälzung einer speziellen Kostenanlastungssteuer (jährliche Steuer auf Gebäuden als Feuerschutzabgabe) vgl. 122 I 305/317 E. 6b/cc fr. – Nicht der Vorzustand, sondern das vertraglich Vereinbarte hat beim Entscheid darüber, ob eine Mehrleistung vorliegt, den Ausschlag zu geben. Nur der Ersatz eines bestehenden Einrichtungs- oder Bauteils durch ein solches von deutlich höherer Qualität stellt eine Mehrleistung des Vermieters dar. Die blosse Neuwertigkeit des Ersatzobjektes bedeutet in der Regel keine Mehrleistung, ausser der Mietzins wäre mit Blick auf das Alter und/oder die Reparaturbedürftigkeit gewisser Elemente bewusst tief angesetzt worden 4A_413/2008 (26.11.08) E. 4.2 und E. 4.4. In der Regel kann nach dem Ersatz von mehr als zwanzigjährigen Einrichtungen, die wesentli- 11 che Bestandteile der Liegenschaft bilden, nicht mehr vom gleichen Standard gesprochen werden, sondern es ist davon auszugehen, dass die entsprechenden Investitionen einen Mehrwert im Sinne von Art. 269a lit. b schaffen 4A_495/2010 (20.1.11) E. 6.3, 4A_501/2010 (19.1.11) E. 5.3. – Das Bundesrecht schreibt nicht vor, *nach welchen Regeln die Kosten wertvermehrender Investitionen, die das ganze Gebäude betreffen, auf die verschiedenen Mieter zu verteilen sind* 4A_737/2012 (21.5.13) E. 1.2 fr., 139 III 209/210 ff. E. 1.2 Pra 2014 (Nr. 3) 25 ff., 4A_731/2012 (21.5.13) E. 2.2 fr., 125 III 421/424 E. 2d Pra 2000 (Nr. 30) 176 f. Verschiedene Methoden sind möglich: Verteilung gemäss dem Aufteilungsschlüssel, den die Stockwerkeigentümer zu tragen haben 116 II 184/186 f. E. 3a Pra 1990 (Nr. 197) 691 f.; Verteilung gemäss den verschiedenen Wohnungsflächen 116 II 184/189 E. 3b Pra 1990 (Nr. 197) 693; Verteilung gemäss dem Volumen in m^3 120 II 100/105 E. 6c fr.; Verteilung entsprechend der Anzahl Zimmer pro Wohnung 116 II 184/189 E. 3b Pra 1990 (Nr. 197) 693 oder schliesslich auch die Verteilung gemäss dem Prozentsatz, der aus der Gegenüberstellung der wertvermehrenden Investitionen mit dem Zustand der Mietwohnung vor der Mietzinserhöhung resultiert 118 II 415/421 E. 3c/cc Pra 1993 (Nr. 144) 560. Die Entscheidung darüber, nach welcher Methode die Kosten der wertvermehrenden Investitionen auf die Mieter zu verteilen sind, obliegt in erster Linie dem Vermieter. Das Gericht greift bloss korrigierend ein, wenn die vom Vermieter angewandte Methode nicht tragbar ist 4A_737/2012 (21.5.13) E. 2.1 fr., 4A_727/2012 (21.5.13) E. 1.5 (n.p. in 139 III 209) und 2.2 Pra 2014 (Nr. 3) 27 ff., 4A_731/2012 (21.5.13) E. 3.1 fr.

12 ***Lit. c*** In Art. 269a lit. c und VMWG Art. 15 wurde die Regelung von aBMM Art. 15 Abs. 1 lit. c übernommen 116 II 594/597 E. 5a. – Die kostendeckende Bruttorendite ist gemäss VMWG Art. 15 Abs. 1 auf den Anlagekosten zu berechnen 118 II 124/126 E. 4. *Anlagekosten* sind die Investitionen des Erstellers eines Neubaus oder des Ersterwerbers unmittelbar nach der Fertigstellung 125 III 421/423 E. 2b Pra 2000 (Nr. 30) 176 (Abbruchkosten als Anlagekosten, falls der Abbruch für die Herrichtung des Mietgegenstandes notwendig war) 118 II 124/128 E. 5a, 116 II 594/597 ff. E. 5. – Dem Richter steht bei der Wahl des Systems zur Aufteilung der Anlagekosten eines Mehrfamilienhauses auf die einzelne Wohnung ein Ermessensspielraum zu 4A_35/2008 (13.6.08) E. 4.3. – Bei einer Gesamtüberbauung, die Einfamilienhäuser mit Gärten und Wohnblöcke ohne Gärten umfasst, gebietet der Grundsatz der individuellen Ertragsberechnung, die unterschiedlichen Landerwerbskosten bei der Bestimmung der zulässigen Bruttorendite zu berücksichtigen 4A_35/2008 (13.6.08) E. 4.3. – Keine Beweiskraft eines Gutachtens, wenn der Sachverständige gleichzeitig einer der Vermieter der Wohnung ist 4A_204/2010 (29.6.10) E. 3.1 fr. – Die *zulässige Bruttorendite* wird üblicherweise auf 2% über dem Hypothekarzinssatz festgesetzt 118 II 124/128 E. 5. Mit der Bestimmung soll dem Vermieter ermöglicht werden, einen kostendeckenden Bruttoertrag aus einer Neubaute allenfalls auch dann zu erzielen, wenn die marktorientierten Berechnungs- und Anpassungskriterien des Gesetzes dies nicht erlauben sollten. Folgerichtig stellt denn auch das Korrektiv in VMWG Art. 15 Abs. 2 – im Gegensatz etwa zu demjenigen in VMWG Art. 10 – nicht auf Vergleichsmieten als Bemessungskriterien ab 118 II 124/126 f. E. 4a. – Die Bestimmung kann einerseits als Berechnungsgrundlage des Anfangsmietzinses und anderseits bei entsprechendem (klarem und quantitativ bestimmtem) Vorbehalt für dessen kostendeckende Anhebung angerufen werden, nicht aber zur Begründung einer kosten- oder kaufkraftbezogenen Miet-

zinsanpassung 118 II 124/127 ff. E. 5. Der Begriff der kostendeckenden Bruttorendite erlangt seine vorrangige Bedeutung bei der *Festsetzung eines Anfangsmietzinses.* Offengelassen, ob namentlich bei Folgevermietungen die ausgewiesenen Anlagekosten der zwischenzeitlich aufgelaufenen Teuerung anzupassen sind 118 II 124/128 E. 5a. Eine kostenerhebliche Fehlberechnung des Vermieters kann, jedenfalls ausserhalb des Verbots des Rechtsmissbrauchs, auch im länger dauernden Vertragsverhältnis nicht dem Mieter angelastet werden 118 II 124/129 f. E. 6.

Lit. e Das Eigenkapital (Differenz zwischen den Anlagekosten und den aufhaftenden Schulden; zu diesem Kapital hinzugezählt werden die Amortisationen sowie die eigenfinanzierten wertvermehrenden Investitionen) ist bis zu maximal 40% der gesamten Anlagekosten der Teuerung anzupassen, da dem gesetzlichen Rechnungsmodell ein standardisiertes Verhältnis von Fremd- und Eigenkapital von 60% zu 40% zugrunde liegt. Die so berechnete Nettorendite (Verzinsung des Eigenkapitals) ist angemessen, wenn sie die Zinssätze für erste Hypotheken der schweizerischen Grossbanken nicht um mehr als 0,5% übersteigt (Kostenmiete) 122 III 257/258 E. 3a, 120 II 100/101 ff. E. 5 und 6 fr., vgl. auch 123 III 171/174 f. Pra 1997 (Nr. 123) 667 f. Bei Immobilienaktiengesellschaften gehören nicht gesicherte Forderungen des Mehrheitsaktionärs (in casu eines Anlagefonds) zum Fremdkapital 121 III 319/321 ff. E. 5 Pra 1996 (Nr. 82) 238 ff. – Beschränkung auf das investierte Eigenkapital 4C.85/2002 (10.6.02) E. 2b fr. 13

B. Indexierte Mietzinse

Art. 269b

Die Vereinbarung, dass der Mietzins einem Index folgt, ist nur gültig, wenn der Mietvertrag für mindestens fünf Jahre abgeschlossen und als Index der Landesindex der Konsumentenpreise vorgesehen wird.

Auch wenn nur der Vermieter während mindestens fünf Jahren an das Mietverhältnis gebunden ist, können die Parteien gültig vereinbaren, den Mietzins der Entwicklung des Indexes anzupassen 123 III 76/77 E. 4a Pra 1997 (Nr. 111) 602, vgl. auch 125 III 358/361 E. 1b/bb. – Die Indexierung fällt dahin, wenn ein ursprünglich auf fünf Jahre abgeschlossener Mietvertrag nach Ablauf der festen Vertragsdauer stillschweigend oder ausdrücklich als unbefristetes Mietverhältnis fortgesetzt wird, es sei denn, der Vermieter sei auch in der folgenden Periode fünf Jahre gebunden 124 III 57/60 E. 3b. Wenn ein Mietvertrag, der eine Indexklausel enthält, stillschweigend für eine Mindestdauer von fünf Jahren verlängert wird, ist die nächste Mietzinserhöhung ausgehend vom Stand des offiziellen schweizerischen Landesindexes der Konsumentenpreise im Zeitpunkt der letzten Mietzinsfestsetzung zu berechnen, ohne Rücksicht auf die seither erfolgte stillschweigende Verlängerung 137 III 580/584 E. 2 fr., 4A_314/2011 (3.11.11) E. 2 fr. – Der Mieter kann bei einer auf die Indexklausel gestützten Mietzinserhöhung nicht geltend machen, der Vermieter habe alle Erhöhungsfaktoren ausgeschöpft 123 III 76/81 E. 4c Pra 1997 (Nr. 111) 606. Beim indexierten Mietzins kann während der minimalen Mietdauer nur die Steigerung des Landesindexes der Konsumentenpreise als Erhöhungsfaktor angerufen werden (Art. 270c) 4C.171/2004 (6.8.04) E. 4.1 fr., 123 III 76/82 E. 4c Pra 1997 (Nr. 111) 1

606. Der Hypothekarzinssatz fällt als Index ausser Betracht; entsprechende Anpassungsklauseln sind nichtig Pra 1997 (Nr. 171) 927 E. 2b. Deshalb ist es ausgeschlossen, in einem Vertrag mit indexiertem Mietzins zusätzlich zum Anstieg des Landesindexes der Konsumentenpreise weitere Erhöhungsfaktoren vorzusehen. Vorbehalten bleibt der Fall, da die Erhöhung durch entsprechende Mehrleistungen des Vermieters gerechtfertigt ist und der Mietvertrag diese Möglichkeit ausdrücklich vorsieht. Eine Kumulation von Index- und Staffelungsklauseln ist unzulässig 124 III 57/59 E. 3a. – Die in 121 III 397/402 ff. E. 2b/bb für Mietverträge mit gestaffeltem Mietzins aufgeführten Prinzipien sind entsprechend anwendbar, wenn die Missbräuchlichkeit einer Mietzinserhöhung zu beurteilen ist, die auf den Zeitpunkt des Ablaufs eines Vertrages mit indexiertem Mietzins oder für ein späteres Datum nach stillschweigender Vertragserneuerung wirksam werden soll 123 III 76/77 ff. E. 4 Pra 1997 (Nr. 111) 602 ff. Der Mieter kann nicht in guten Treuen davon ausgehen, der am Ende der festen Vertragsdauer zuletzt geltende Mietzins sichere dem Vermieter in jedem Fall einen angemessenen Ertrag aus der Mietsache; entsprechend hat der Vermieter die Wahl, bei der Berechnung des künftigen Mietzinses nach der relativen oder nach der absoluten Methode vorzugehen 124 III 57/61 E. 3c. Vergleichspunkt im Rahmen der relativen Methode ist der zu Beginn der Indexierung vereinbarte Mietzins 4C.171/2004 (6.8.04) E. 4.3 fr., 4C.157/2001 (1.10.01) E. 1a. – Unterlässt es eine Partei, am Ende der Indexierung eine Anpassung des Mietzinses zu verlangen, ist im Rahmen einer späteren Anpassung nach der relativen Methode als Vergleichszeitpunkt auf das Ende der Indexierung abzustellen 4C.157/2001 (1.10.01) E. 1b.

C. Gestaffelte Mietzinse

Art. 269c

Die Vereinbarung, dass sich der Mietzins periodisch um einen bestimmten Betrag erhöht, ist nur gültig, wenn:

a. der Mietvertrag für mindestens drei Jahre abgeschlossen wird;
b. der Mietzins höchstens einmal jährlich erhöht wird; und
c. der Betrag der Erhöhung in Franken festgelegt wird.

1 Gestaffelte Mietzinse i.S. der Bestimmung sind Mietzinse, die für die gesamte Mietdauer zum Voraus stufen- und periodenweise festgelegt sind. Ein Mietvertrag mit gestaffelten Mietzinsen liegt bereits vor, wenn nur eine einzige Erhöhung im Laufe der Mietdauer vorgesehen ist 124 III 57/59 E. 3b, 121 III 397/400 E. 2b/aa fr., und weiter auch dann, wenn die Mietzinsanpassung als Ausgleich einer zeitlich befristeten Reduktion eines höheren, angeblich kostendeckenden Mietzinses ausgestaltet wird 124 III 57/59 E. 3b. Vgl. auch 4A_450/2018 (3.4.19) E. 3.1.1. – Die Staffelungsklausel kann auch mit einer Mietzinserhöhung, die nach Abschluss des Mietvertrages mitgeteilt wird, oder im Rahmen eines Vergleiches über eine Mietzinserhöhung eingeführt werden 121 III 397/401 fr. Bei solchen Mietverträgen umfasst der Mietzins die gesamten Kosten während der Vertragsdauer. Der Vermieter legt den Anfangsmietzins und die Erhöhungsbeträge nach Massgabe der voraussichtlichen Entwicklung der Erhöhungsfaktoren fest. VMWG Art. 18 erlaubt es ihm nicht, einen Vorbehalt anzubringen für den Fall, dass diese Entwicklung nicht seiner Prognose entspricht. Umgekehrt ist auch der Mieter, der das Ergebnis der prospektiven Ana-

lyse der konjunkturellen Situation durch den Vermieter nicht fristgemäss anficht, für die ganze Vertragsdauer an den Anfangsmietzins und die vorgesehenen Erhöhungsbeträge gebunden 121 III 397/402 E. 2b/bb fr. – Der Mieter kann innerhalb von dreissig Tagen seit Mietantritt das Prinzip des gestaffelten Mietzinses an sich, den Anfangsmietzins oder die Höhe der nachfolgend gestaffelten Mietzinse anfechten. Abgesehen davon ist dem Mieter bei gestaffelten Mietzinsen die Anfechtung der einzelnen Erhöhung versagt (Art. 270d), ungeachtet dessen, wie sich die Faktoren zur Mietzinsfestsetzung entwickeln 4A_689/2014 (7.5.15) E. 2 fr., 124 III 57/59 E. 3a, 121 III 397/401 E. 2b/aa fr. VMWG Art. 19 Abs. 1 und 2 sehen zwar vor, dass der Vermieter das Formular für die Erhöhung von Mietzinsänderungen benutzen muss, um den Mietzins einem vereinbarten Index anzupassen oder ihn aufgrund einer vereinbarten Staffelung zu erhöhen. Die Mietzinserhöhung, die ohne das offizielle Formular angezeigt wird, ist nichtig (Art. 269d Abs. 2 lit. a). VMWG Art. 19 Abs. 2 entstammt jener Zeit, als das OR noch vorgesehen hat, dass der Mieter den gestaffelten Mietzins bei jeder Anpassung anfechten darf. Dies ist heute wegen Art. 270d nicht mehr möglich. Da das OR heute die Anfechtung jeder einzelnen Erhöhung eines gestaffelten Mietzinses untersagt, macht auch VMWG Art. 19 Abs. 2 keinen Sinn mehr, der unter Androhung der Nichtigkeit dem Vermieter vorschreibt, bei der Anpassung des Mietzinses jeweils das offizielle Formular zu benützen 4A_450/2018 (3.4.19) E. 3.3.3, 4A_689/2014 (7.5.15) E. 3.1 fr. Insoweit VMWG Art. 19 Abs. 2 die Begründungs- und Formularpflicht auch bei der vertragsgemässen Erhöhung gestaffelter Mietzinse vorsieht, ist die Verordnung des Bundesrats bundesrechtswidrig 4A_124/2019 (1.11.19) E. 8 fr. Deshalb tritt die Mietzinserhöhung auch dann auf den vereinbarten Zeitpunkt ein, wenn sie dem Mieter nicht mit offiziellem Formular mitgeteilt worden ist a.a.O. E. 11 fr. – Der Vermieter kann während der festen Vertragsdauer neben der Staffelung grundsätzlich keine weiteren Erhöhungsgründe anrufen; jedenfalls unzulässig ist eine Kumulation von Staffelungs- und Indexklauseln 4A_689/2014 (7.5.15) E. 3.2 fr., 124 III 57/59 E. 3a. Sieht der Vertrag dennoch eine solche Kumulation vor, muss das Gericht sich fragen, was die Parteien vereinbart hätten, wäre ihnen die Unzulässigkeit dieser Kumulation bewusst gewesen 4A_689/2014 (7.5.15) E. 3.2 fr., 124 III 57/60 f. E. 3c. In casu Vorzug der Staffelung des Mietzinses (vor der Indexierung) 4A_689/2014 (7.5.15) E. 3.2 fr. – Anwendbare Berechnungsmethode bei der Beurteilung der Zulässigkeit einer Mietzinserhöhung, die mit Ablauf der Staffelungsvereinbarung oder im Fall der stillschweigenden Erneuerung des Mietvertrages in einem späteren Zeitpunkt wirksam werden soll 121 III 397/403 f. E. 2b/bb fr., vgl. auch 125 III 358/362 E. 1b/bb, 123 III 76/76 ff. Pra 1997 (Nr. 111) 601 ff. Eine Staffelungsklausel, die in einem gerichtlichen Vergleich i.S.v. Art. 274e vereinbart wird, ist jener gleichzusetzen, die in einem Mietvertrag enthalten ist 121 III 397/404 ff. E. 2c fr. – Während der zwingend vorgeschriebenen verbindlichen Vertragsdauer kann die Kündigung mindestens vonseiten des Vermieters nicht ausgesprochen werden 125 III 358/362 E. 1b/bb. – Die Vereinbarung eines gestaffelten Mietzinses hängt bloss dann von einer Option zur Verlängerung des Mietvertrages ab, wenn die ursprünglich vereinbarte Mietdauer weniger als drei Jahre beträgt (Art. 269c lit. a). Beträgt die ursprünglich vereinbarte Mietdauer drei Jahre oder länger, ist der gestaffelte Mietzins gültig, ohne dass das Gesetz weitere Bedingungen oder Garantien zugunsten des Mieters in Bezug auf die Fortsetzung des Mietvertrages über die ursprünglich vereinbarte Mietdauer hinaus aufstellt 4A_689/2014 (7.5.15) E. 1.2 fr. – Die Gültigkeit einer Mietzinserhöhungsklausel hängt nicht davon ab, dass der ursprünglich vereinbarte Mietzins für den Mieter besonders günstig ausgefallen ist 4A_689/2014 (7.5.15) E. 1.3 fr. – Das Gericht hat zu prüfen, ob der Vertrag ohne den nichtigen Teil abgeschlossen worden wäre 4A_450/2018 (3.4.19) E. 3.3.1 f. Teilnichtigkeit der gestaffelten Mietzinsabrede nur für die Zeit, in der das Mietobjekt noch der staatlichen Mietzinskontrolle unterfiel (in casu: Genfer Gesetz über Abbruch, Umbau und Renovation von Wohnhäusern). Gültigkeit der Mietzinsabrede für die übrige Zeit, weil die Mieter den Mietvertrag auch ohne den nichtigen Teil abgeschlossen hätten 4A_356/2018 (10.12.18) E. 10 und 11 fr.

D. Mietzinserhöhungen und andere einseitige Vertragsänderungen durch den Vermieter

Art. 269d

[1] Der Vermieter kann den Mietzins jederzeit auf den nächstmöglichen Kündigungstermin erhöhen. Er muss dem Mieter die Mietzinserhöhung mindestens zehn Tage vor Beginn der Kündigungsfrist auf einem vom Kanton genehmigten Formular mitteilen und begründen.

[2] Die Mietzinserhöhung ist nichtig, wenn der Vermieter:
- **a. sie nicht mit dem vorgeschriebenen Formular mitteilt;**
- **b. sie nicht begründet;**
- **c. mit der Mitteilung die Kündigung androht oder ausspricht.**

[3] Die Absätze 1 und 2 gelten auch, wenn der Vermieter beabsichtigt, sonstwie den Mietvertrag einseitig zu Lasten des Mieters zu ändern, namentlich seine bisherigen Leistungen zu vermindern oder neue Nebenkosten einzuführen.

1 **Allgemeines.** Die einseitige Vertragsänderung durch den Vermieter ersetzt die Kündigung des bisherigen Vertrages und die Offerte zum Neuabschluss eines Vertrags mit geänderten Bedingungen 125 III 231/236 E. 3c. *Weiter Anwendungsbereich:* Erfasst werden sämtliche Änderungen des Mietvertrages, durch welche das bisherige Austauschverhältnis zwischen Mieter und Vermieter (einseitig durch den Vermieter Pra 1999 [Nr. 8] 45 E. 2) verändert werden kann 125 III 231/235 E. 3b (in casu verneint für formell separat mitvermietete Nebensache). Anwendungsbereich bejaht für eine nachträgliche Vertragsanpassung, die der Vermieterin die exklusive Nutzung der Enseigne einer Bar sichern sollte 4A_36/2018 (1.3.18) E. 3. – Anwendbarkeit auf den Vertrag mit verlängerbarer Minimaldauer 121 III 397/403 f. fr., vgl. auch 123 III 76/82 Pra 1997 (Nr. 111) 607. – Offengelassen, wie es sich mit einer konsensualen Mietvertragsänderung, die den Schutzzweck des Formulars nicht vereitelt, in Kantonen verhält, welche die Formularpflicht i.S.v. Art. 270 Abs. 2 für Anfangsmieten eingeführt haben 123 III 70/74 E. 3b. – Prüfung der Berufung auf Formmangel unter dem Gesichtspunkt des Rechtsmissbrauchs 4A_462/2011 (5.3.12) E. 2, 123 III 70/74 f. E. 3c und d und des überspitzten Formalismus Pra 1997 (Nr. 151) 835 E. 2b (in casu unter altem Recht [aBMM] genehmigtes Formular, das sich in allen wesentlichen Teilen mit dem neurechtlichen Formular deckte). – Das «Règlement fixant les conditions de location des logements à caractère social de la Ville de Genève» (LC 21 531) schränkt die Vertragsfreiheit der Stadt als Vermieterin primär mit Blick auf die Auswahl ihrer Mieterschaft und die Festlegung des Mietzinses ein. Die Unterstellung des Mietverhältnisses in den Anwendungsbereich des Reglements muss den Mietern nicht i.S.v. Art. 269d Abs. 1 mitgeteilt werden, denn dies bringt für bestehende Mietverträge

keine Veränderung des Vertragsinhalts mit sich. Im Übrigen geht das Reglement den bundesrechtlichen Normen nach, sodass die darin enthaltenen Regeln zur Mietzinsberechnung den Art. 269 ff. nicht zuwiderlaufen dürfen 4A_425/2019 (11.11.19) E. 8 fr.

Abs. 1 Auch nach der Regelung von Art. 269d Abs. 1 sind nur Mietzinserhöhungen zulässig, mit denen die Mieter in guten Treuen zu rechnen haben. Eine Mietzinserhöhung, die über das nach dem Vertrag zu Erwartende hinausgeht, muss der Mieter nicht hinnehmen. Vielmehr kann er verlangen, dass der Vertrag so zur Geltung kommt, wie er ihn nach Treu und Glauben verstehen durfte 4A_439/2007 (28.2.08) E. 3.3. 2

Mitteilungen, Begehren und Verfahren über Mietzinsanpassungen müssen sich stets auf einen bestimmten **Kündigungstermin** beziehen 122 III 20/22 E. 4a. Für die Beurteilung einer Anpassungsforderung ist vom Zeitpunkt auszugehen, in dem sie der Gegenpartei spätestens erklärt werden musste, will heissen der letzte Tag, an dem sie bei der Post aufgegeben werden musste, um den Vertragspartner rechtzeitig zu erreichen. Handelt es sich um ein Gesuch um Mietzinsreduktion, ist der letzte Tag entscheidend, an dem das Gesuch bei der Post aufgegeben werden musste, um den Vermieter am Tag vor Ablauf der Kündigungsfrist zu erreichen. Zu berücksichtigen sind nur Änderungen der Berechnungsgrundlagen, die in diesem Zeitpunkt feststanden und spätestens auf den Kündigungstermin wirksam wurden 141 III 245/249 E. 3.4 fr., 122 III 20/23 E. 4b. Als Kündigungstermin für einen Mietvertrag über Wohnräume gilt mangels Ortsgebrauchs das jeweilige Endes eines Quartals, gerechnet ab Mietbeginn 131 III 566/571 E. 3.3 Pra 2006 (Nr. 54) 404. 3

Die Erhöhungsanzeige hat in jedem Fall den strengen gesetzlichen Formvorschriften zu genügen 122 III 20/24 E. 4c. Gesetzlich vorgeschrieben ist (nach neuem wie nach altem aBMM Art. 18) eine **qualifizierte Schriftform,** die nicht nur die Art, sondern auch den Inhalt der Mitteilung erfasst. Die qualifizierte Schriftform bedarf der eigenhändigen Unterschrift der Vermieterschaft (eine faksimilierte Unterschrift genügt nicht) 4C.110/2003 (8.7.03) E. 3.6, 138 III 401/405 E. 2.4.2. Befindet sich die Unterschrift des Vermieters bloss auf einem Begleitschreiben, nicht aber auf dem amtlichen Formular, so ist die Mietzinserhöhung nichtig 4A_374/2012 (6.11.12) E. 4 fr., 4C.308/2004 (10.11.04) E. 2.2.2. Das Erfordernis handschriftlicher Unterzeichnung dient der Befriedigung des Bedürfnisses nach Zurechnung der Erklärung an eine eindeutig identifizierbare Person. Herrscht keine Unklarheit über diese Zurechnung (was daraus erhellen kann, dass keine der Parteien die unangefochtene Mietzinserhöhung angezweifelt, sondern dass ihr beide nachgelebt haben), ist eine Berufung auf die fehlende eigenhändige Unterschrift zweckwidrig und damit rechtsmissbräuchlich 4A_350/2015 (25.8.15) E. 4.1.2 (in Bezug auf die Zahlungsaufforderung in Art. 257d Abs. 1), 140 III 54/56 E. 2.3 Pra 2014 (Nr. 58) 441 f., 138 III 401/405 E. 2.4.2, 138 III 401/406 E. 2.4.3. – Der Inhalt der Anzeige der Mietzinserhöhung muss den Anforderungen von VMWG Art. 19 entsprechen 4A_13/2013 (28.5.13) E. 2.3 fr. 4

Die **Begründung** muss klar sein, soll sie doch dem Mieter die Entscheidungsgrundlage dafür verschaffen, ob er Einsprache erheben will oder nicht (Auslegung nach dem Vertrauensprinzip) 4C.330/2002 (31.1.03) E. 3.1, 121 III 460/465 f. E. 4a/bb und 4a/cc Pra 1996 (Nr. 152) 526 f., grundlegend 118 II 130/132 f. E. 2b und 2c. Lassen sich die Gründe 5 für die Mietzinserhöhung bloss einem Begleitschreiben, nicht aber dem amtlichen Formular entnehmen, so hat der Vermieter im Formular ausdrücklich auf das Begleitschreiben Bezug zu nehmen (VMWG Art. 19 Abs. 1bis) 4A_374/2012 (6.11.12) E. 3 fr. Unter altem Recht war die Erhöhung diesfalls nichtig 120 II 206/208 E. 3. Die gesetzlichen Begründungsanforderungen verlangen insbesondere, dass der Vermieter detailliert angibt, welche Nebenkosten dem Mieter in Rechnung gestellt werden sollen, und dass er präzisiert, ob es sich um neue Kosten handelt oder um solche, die bisher in der Miete inbegriffen waren 4A_136/2011 (10.6.11) E. 3.1–3.3 fr., 137 III 631/632 E. 3.1–3.3 Pra 2012 (Nr. 5) 30. Die Mitteilung muss so gestaltet sein, dass aus ihr klar ersichtlich ist, welches die früher ausgeschiedenen Nebenkosten waren, welche Nebenkosten neu ausgeschieden werden und wie diese sich berechnen, damit der Mieter über eine genügende Berechnungsgrundlage verfügt 4A_268/2011 (6.7.11) E. 3.3 fr. Es genügt nicht, die Gründe bloss in einem Anhang oder einem Begleitschreiben zu vermerken. Hingegen können die im Formular genannten Gründe für die Mietzinserhöhung in einem begleitenden Schreiben näher erläutert werden 121 III 460/466 E. 4a/cc Pra 1996 (Nr. 152) 527, 120 II 206/208 E. 3a. Die Mietzinserhöhung ist auch nichtig, wenn der Inhalt der Mitteilung nicht hinreichend präzis ist 121 III 6/8 E. 3b fr., 121 III 460/465 f. E. 4a/cc Pra 1996 (Nr. 152) 527. Ob Verweise auf die gesetzlichen Erhöhungsgründe in einer Erhöhungsanzeige zuzulassen sind, kann nicht allgemein entschieden werden 121 III 6/10 E. 3c fr. Der Vermieter ist an die Gründe, die er dem Mieter in der Ankündigung der Mietzinserhöhung angegeben hat, nach Treu und Glauben gebunden. Ein Nachschieben weiterer Erhöhungsgründe im Anfechtungsverfahren ist ausgeschlossen 121 III 364/366 E. 4b fr., 118 II 130/132 E. 2a, vgl. auch 121 III 408 fr. Absolute Geltung hat dieser Grundsatz allerdings nicht (Rechtsanwendung von Amtes wegen, wenn der Richter Indizien für die Missbräuchlichkeit feststellt) 121 III 364/366 f. E. 4b fr. – Siehe auch unter Art. 270 Abs. 2.

6 Die Verwendung eines vom Vermieter kreierten **Formulars**, das inhaltlich den Anforderungen von VMWG Art. 19 entspricht, ist nur zulässig, wenn es von der zuständigen kantonalen Instanz genehmigt wurde 121 III 214/217 f. E. 6. Unterscheidet sich das für die Mietzinsanpassung verwendete Formular von einem durch den Kanton genehmigten Formular einzig in der Firma und dem Kennzeichen des unterzeichnenden Unternehmens, ist dem Formerfordernis von Art. 269d Genüge getan 135 III 220/224 E. 1.5.3. Eine konsensuale Mietvertragsänderung kann unter gewissen Voraussetzungen einen Verzicht auf die Einhaltung der Formularpflicht rechtfertigen 4A_198/2008 (7.7.08) E. 3.1. – Die vertraglich vereinbarte Erhöhung des Pachtzinses während laufenden Pachtvertrags hat ohne Verwendung des amtlichen Formulars zu erfolgen und ist gültig, sofern der Pächter über seine Rechte informiert und die Willensbildung mängelfrei erfolgt ist (insbesondere keine Kündigungsandrohung erfolgt ist); wird ein Geschäftsmann von einem Treuhandbüro beraten, ist davon auszugehen, dass er über seine Rechte informiert worden ist 128 III 419/424 f. E. 2.3, 2.4 Pra 2003 (Nr. 7) 37 ff.

7 Auf die Mitteilung der Erhöhung des Mietzinses (Art. 269d) gelangt die **eingeschränkte Empfangstheorie** zur Anwendung, wonach ein Einschreiben erst dann als zugestellt gilt, wenn der Adressat es tatsächlich in Empfang nimmt oder, wenn er es nicht abholt, mit dem Ablauf der siebentägigen Abholfrist. Die eingeschränkte Empfangstheorie findet im

Mietrecht allein im Zusammenhang mit Art. 257d Abs. 1 und mit Art. 269d Anwendung 140 III 244/248 E. 5.1 Pra 2014 (Nr. 95) 757 ff.

Abs. 2 Nichtigkeit formungültig angezeigter Erhöhungen; Rückforderung nichtiger Mietzinserhöhungen 4C.59/2003 (26.5.03) E. 6.3 fr., 123 III 70/72 E. 2a (zu aBMM Art. 18 Abs. 2). 8

Lit. a Nichtigkeit der Mietzinserhöhung ohne Verwendung des amtlichen Formulars bei gestaffelten Mietzinsen 4A_647/2011 (26.1.12) E. 2.1 fr. – Amtliches Formular, Begründung: siehe unter Abs. 1. – Bei der Beurteilung der Frage, ob die Berufung auf Formnichtigkeit rechtsmissbräuchlich ist, sind sowohl die näheren Umstände als auch die Art und Weise der formungültigen Mietzinserhöhung zu berücksichtigen 4C.96/2005 (20.6.05) E. 1.2.2. – Die nachträgliche Berufung auf Formmängel ist missbräuchlich, wenn der Mieter in Kenntnis der Formvorschriften auf deren Einhaltung verzichtet hat und in der Folge den höheren Mietzins bezahlt 4A_409/2007 (14.1.08) E. 3. – Liegt keine einseitige, sondern eine vereinbarte Mietzinsanpassung vor, kann der Mieter dem Vermieter die mangelnde Einhaltung der Formerfordernisse jedenfalls dann nicht entgegenhalten (Rechtsmissbrauch), wenn der Schutzzweck der gesetzlichen Vorschriften nicht beeinträchtigt wird 4C.117/1998 (28.8.98) E. 2 Pra 1999 (Nr. 8) 45. Eine konsensuale Mietvertragsänderung, die einen Verzicht auf die Einhaltung der Formularpflicht rechtfertigt, setzt voraus, dass der Mieter über die Anfechtungsmöglichkeit informiert war, dass er mit dem Verzicht auf das Formular bewusst im Voraus auf die Anfechtung verzichtet hat und überdies ausgeschlossen werden kann, dass er unter Druck stand 4A_198/2008 (7.7.08) E. 3.1, 123 III 70/74 E. 3b, s. auch 128 III 419/425 E. 2.4.2, 4C.283/2002 (6.1.03) E. 5 fr., Pra 2001 (Nr. 48) 284 E. 3a/bb. – Der Abschluss eines neuen Mietvertrages ist an keine Form gebunden 4A_88/2013 (17.7.13) E. 2. Bejahung eines neuen Mietvertrages in einem Fall, in dem der Nutzungszweck der Mieträumlichkeiten grundlegend geändert wurde, da diese bisher ausschliesslich zum Betrieb eines Labors mit dem Verbot des Kochens und danach zur Führung eines Cafés bzw. Restaurants vermietet wurden, wobei die Parteien nicht die gleichen waren, die vermietete Fläche leicht vergrössert, neu eine Mietzinsanpassung vorgesehen und der Mietzins erhöht wurde 4A_576/2008 (19.2.09) E. 2.2 fr. Neuer Mietvertrag bejaht, da auch der Ehemann als zusätzlicher Mieter in den Vertrag aufgenommen, die Mietwohnung neu nicht mehr als Dienstwohnung vermietet wurde und der Mietvertrag damit nicht mehr mit dem Arbeitsvertrag verbunden war, der Mietzins signifikant erhöht und gleichzeitig der Arbeitsvertrag für die Hauswartung aufgehoben worden war 4A_88/2013 (17.7.13) E. 2. 9

Lit. b Strenge Anforderungen an die Begründungspflicht (lit. b) 125 III 231/239 E. 4b. – Es ist zulässig, die Mietzinserhöhung mit der Anpassung an die Ortsüblichkeit zu begründen und gleichzeitig auf die relativen Kostenfaktoren des Hypothekarzinses, des Landesindexes der Konsumentenpreise sowie des Ausgleichs der Unterhalts- und Betriebskosten hinzuweisen 4C.330/2002 (31.1.03) E. 3.2. – 4A_1/2014 (26.3.14) E. 2.1: Die auf Art. 269d Abs. 2 lit. b abgestützte Klage auf Feststellung der Nichtigkeit einer Mietzinserhöhung fällt unter ZPO Art. 243 Abs. 2 lit. c. – Stützt sich die Mietzinserhöhung auf wertvermehrende Investitionen, muss die Baukostenabrechnung zunächst nicht referenziert 10 werden. Die zahlenmässige Begründung darf, nach dem Sinngehalt von VMWG Art. 20 Abs. 1, auch erst nachträglich erfolgen 142 III 375/379 f. E. 3.3.2.1.

11 ***Lit. c*** Verbot der Kündigungsdrohung (lit. c) 125 III 231/235 E. 3b, Pra 1999 (Nr. 8) 45 E. 2.

12 ***Abs. 3*** Auch andere einseitige Vertragsänderungen müssen auf dem amtlichen Formular erklärt und begründet werden. Auch hier ist das Erfordernis der qualifizierten Schriftlichkeit zu erfüllen 121 III 460/464 ff. E. 4 Pra 1996 (Nr. 152) 525 ff. Dies gilt namentlich für die Rücknahme der Zustimmung zur Untermiete 125 III 62/64 E. 2b Pra 1999 (Nr. 110) 604, 125 III 231/235 E. 3b. – Mangels einer besonderen Vereinbarung sind die Nebenkosten im Nettomietzins inbegriffen. Bei der Miete von Wohn- und Geschäftsräumen kann dieses System vom Vermieter einseitig geändert werden, wobei dem Mieter die Anfechtungsmöglichkeiten offenstehen 121 III 460/462 f. E. 2a Pra 1996 (Nr. 152) 523 f. Die Bestimmung macht einseitige Vertragsänderungen nicht von veränderten Umständen abhängig 121 III 460/463 f. E. 3 Pra 1996 (Nr. 152) 524 f. – Gibt die Mieterin Teile des Mietobjekts an den Vermieter zurück und unterlässt dieser es, ihr die resultierende Vertragsänderung per Formular anzuzeigen, ist die Rückforderung zu viel bezahlten Mietzinses mit Verweis auf den Formmangel nicht rechtsmissbräuchlich. Dies auch dann, wenn der Vermieter spätere, anderweitig begründete Mietzinsanpassungen formrichtig anzeigt. Die späteren Mietzinsänderungen werden allerdings wirksam, wenn sie nicht angefochten werden, und limitieren so die Rückforderung der Mieterin 4A_256/2015 (17.9.15) E. 3.3.3 und 3.4.

E. Anfechtung des Mietzinses I. Herabsetzungsbegehren 1. Anfangsmietzins

Art. 270

[1] Der Mieter kann den Anfangsmietzins innert 30 Tagen nach Übernahme der Sache bei der Schlichtungsbehörde als missbräuchlich im Sinne der Artikel 269 und 269a anfechten und dessen Herabsetzung verlangen, wenn:

a. er sich wegen einer persönlichen oder familiären Notlage oder wegen der Verhältnisse auf dem örtlichen Markt für Wohn- und Geschäftsräume zum Vertragsabschluss gezwungen sah; oder

b. der Vermieter den Anfangsmietzins gegenüber dem früheren Mietzins für dieselbe Sache erheblich erhöht hat.

[2] Im Falle von Wohnungsmangel können die Kantone für ihr Gebiet oder einen Teil davon die Verwendung des Formulars gemäss Artikel 269d beim Abschluss eines neuen Mietvertrags obligatorisch erklären.

1 ***Abs. 1*** Art. 270 Abs. 1 setzt die formellen Kriterien fest, um das Gesuch um Herabsetzung des Mietzinses zu beurteilen. Die entsprechenden materiellen Voraussetzungen finden sich in Art. 269 und 269a 4A_475/2012 (6.12.12) E. 2.1.1 fr. – Art. 270 Abs. 1 stellt drei alternative Hypothesen (4A_295/2016 [29.11.16] E. 4.1 fr.; 4A_636/2012 [2.4.13] E. 2.2 fr.) auf: 1. Der Mieter sah sich wegen einer persönlichen oder familiären Notlage zum Vertragsabschluss gezwungen. 2. Der Mieter sah sich wegen der Verhältnisse auf dem örtlichen Markt für Wohn- und Geschäftsräume zum Vertragsabschluss gezwungen. 3. Der

Vermieter hat den Anfangsmietzins gegenüber dem früheren Mietzins für dieselbe Sache erheblich erhöht. – Der Umstand, dass der Mieter zunächst einen Mietvertrag mit dem Vermieter abschliesst und im Anschluss daran den Mietzins als missbräuchlich anficht, stellt kein widersprüchliches Verhalten des Mieters dar, da das Gesetz diese Option explizit vorsieht 4A_636/2012 (2.4.13) E. 2.3 fr. – Die dreissigtägige Anfechtungsfrist beginnt schon im Zeitpunkt des Vertragsabschlusses, wenn die Mieterin bereits langjährige Mieterin des Objekts ist und infolgedessen keine Übernahme des Mietobjekts stattfindet 4A_503/2019 (6.1.20) E. 3.2 und 3.3, 4A_455/2017 (27.11.17) E. 4.

Das Gericht verfügt bei der **Festsetzung des Anfangsmietzinses** über einen grossen Ermessensspielraum 4A_250/2012 (28.8.12) E. 2.4 fr., 124 III 62/64 E. 2b Pra 1998 (Nr. 53) 353 ff. Der vertraglich vereinbarte Mietzins konstituiert aber das obere Limit des festzusetzenden Mietzinses 4A_674/2012 (23.9.13) E. 2 fr. Das Gericht muss sich auf eine Ertragsrechnung stützen, welche die Anschaffungskosten miteinbezieht, ausser sie wären massiv überhöht 4A_623/2013 (11.4.14) E. 2.2.2 fr., 4A_250/2012 (28.8.12) E. 2.4 fr., 4C.285/2005 (18.1.06) E. 2.4 fr. Ist die Liegenschaft aber vor mehreren Jahrzehnten erbaut oder erworben worden, so rechtfertigt es sich, auf die orts- und quartierüblichen Mietzinse (anstatt auf eine Ertragsrechnung) abzustellen 4A_623/2013 (11.4.14) E. 2.2.2 fr. Übersteigt der Anfangsmietzins den üblichen Mietzins also nicht, gilt er nicht als missbräuchlich, ohne dass dies mit einer Ertragsrechnung zu belegen wäre 4A_250/2012 (28.8.12) E. 2.4 fr., 4A_645/2011 (27.1.12) E. 3.2 fr., 122 III 257/261 E. 4a/bb. Um die orts- und quartierüblichen Mietzinse bestimmen zu können, muss das Gericht mindestens fünf Vergleichsobjekte im Sinne von VMWG Art. 11 zur Verfügung haben 4A_623/2013 (11.4.14) E. 2.2.3 fr., 139 III 13/20 E. 3.3 Pra 2013 (Nr. 105) 819 f. – Die Statistiken des Kantons Genf stellen mangels genügend differenzierter Daten keine Statistiken im Sinne von VMWG Art. 11 Abs. 4 dar 4A_400/2017 (13.9.18) E. 2.2.2.1 Pra 2019 (Nr. 77) 781 (n.p. in 144 III 514), 4A_295/2016 (29.11.16) E. 5.2.3 fr., 4A_674/2012 (23.9.13) E. 3 fr., 4A_250/2012 (28.8.12) E. 2.4 fr., 4A_472/2007 (11.3.08) E. 2.4 fr., 123 III 317/324 E. 4c/cc fr., 114 II 361/363 E. 3. 2

Gemäss der Rechtsprechung des Bundesgerichts kann in jenen Kantonen eine angespannte Wohnmarktlage im Sinne von Art. 271 Abs. 1 lit. a angenommen werden, in denen die Wohnungsknappheit von der kantonalen Regierung mittels Statistiken belegt worden ist. Wo diese Statistiken bestehen, muss der Mieter keine Beweise einbringen, um den Engpass auf dem Wohnungsmarkt zu belegen 142 III 442/455 f. E. 3.2, 4A_636/2012 (2.4.13) E. 2.2 fr., 4A_250/2012 (28.8.12) E. 2.2 fr., 136 III 82/85 E. 2 Pra 2010 (Nr. 98) 682 ff. – Die in lit. a und b genannten Kriterien sind alternativ anwendbar 142 III 442/449 f. E. 3.1.1 und 3.1.2, 4A_453/2015 (18.5.16) E. 2.5 fr., 4A_475/2012 (6.12.12) E. 2.1.1 fr., 4A_250/2012 (28.8.12) E. 2.2 fr., 4C.169/2002 (16.10.02) E. 2.1 Pra 2003 (Nr. 124) 663 f. Realisiert sich eines, so muss das Gericht auf das Gesuch um Herabsetzung des Anfangsmietzinses eintreten. Es ist am Mieter, zu beweisen, dass eine der drei Voraussetzungen von Art. 270 Abs. 1 erfüllt ist 136 III 82/84 E. 2 Pra 2010 (Nr. 98) 682 ff., 4A_250/2012 (28.8.12) E. 2.2 fr., 4C.169/2002 (16.10.02) E. 2.1 Pra 2003 (Nr. 124) 663 f. Stützt sich der Mieter gemäss Art. 270 Abs. 1 lit. a, zweite Alternative, auf Wohnungsnot, muss er nicht auch noch nachweisen, sich im Sinne der ersten Alternative in einer persönlichen oder familiären Notlage befunden zu haben 142 III 442/449 f. E. 3.1.1 f., 3

4A_93/2017 (21.9.17) E. 4 fr. – Die Bestimmung gilt für die Miete von Wohn- und Geschäftsräumen 117 Ia 328/333 E. 3c/aa fr. Ist im Mietvertrag eine Staffelungsklausel enthalten, so kann der Mieter mit der Anfechtung des Anfangsmietzinses sowohl den Grundsatz der Staffelung als auch den Anfangsmietzins oder die späteren Erhöhungsbeträge rügen 121 III 397/401 E. 2b/aa fr. Die Bestimmung regelt nur die formellen Voraussetzungen, unter denen ein Begehren um Herabsetzung des Anfangsmietzinses zulässig ist; die materiellen Kriterien für die Beurteilung eines solchen Begehrens sind ausschliesslich in Art. 269 und 269a enthalten 120 II 240/243 E. 2 fr. – Kein Rechtsmissbrauch seitens des Mieters liegt vor, wenn dieser erst nach der Beendigung des Mietverhältnisses von seinem Recht zur Anfechtung des Anfangsmietzinses erfährt, da ihm der Mietzins nicht auf dem von der kantonalen Gesetzgebung vorgeschriebenen amtlichen Formular mitgeteilt worden war 4A_129/2011 (28.4.11) E. 2.4.2 fr.; dies gilt auch bei der Untermiete 4A_490/2011 (10.1.12) E. 3 fr.

4 ***Abs. 1 lit. a*** Eine Knappheit an Wohnungen oder Geschäftsräumen auf dem örtlichen Markt führt auch zur Möglichkeit der Anfechtung des Anfangsmietzinses, unabhängig, ob der Mieter eine persönliche oder familiäre Notlage hat 4C.367/2001 (12.3.02) E. 3a fr. – Eine selbst verschuldete und somit unbeachtliche Notlage liegt vor, wenn die Mieterin in eine offensichtlich zu kurze Erstreckung eingewilligt und sich erst vier Monate nach Erhalt der Kündigung um einen Ersatz bemüht hat, dies zudem noch im gleichen Quartier 4C.169/2002 (16.10.02) E. 2.2 Pra 2003 (Nr. 124) 665. – Ein Wohnungsmangel kann nicht allein gestützt auf eine mehrere Jahre alte Statistik angenommen werden, die in keiner Weise nach der Art der Wohnungen oder dem Ort innerhalb des weitläufigen Kantonsgebiets, in welchem die Wohnungen gelegen sind, differenziert 136 III 82/84 E. 2 Pra 2010 (Nr. 98) 682.

5 ***Abs. 1 lit. b*** Bei der Prüfung, ob der Anfangsmietzins missbräuchlich ist, muss die absolute Methode angewendet werden 120 II 240/243 E. 2 fr., vgl. auch 121 III 163/165 E. 2d. Wird die Erhöhung des Anfangsmietzinses, wofür das kantonale Recht die Verwendung des amtlichen Formulars vorschreibt, im Vergleich zum vorhergehenden Mietzins einzig mit Faktoren der relativen Methode begründet und verlangt der Mieter nicht die Anwendung der absoluten Methode, so hat die Überprüfung des Anfangsmietzinses mittels der relativen Methode zu erfolgen 121 III 364/365 ff. E. 4 fr. – Die Anfechtung des Anfangsmietzinses ist zulässig, wenn der Mietzins nach Vornahme von Renovationsarbeiten um 89,65% erhöht worden ist 4C.169/2002 (16.10.02) E. 3.1 Pra 2003 (Nr. 124) 666. – Erhebliche Erhöhung des Mietzinses bei Erhöhung um 28,97% 4A_475/2012 (6.12.12) E. 2.1.1 fr. Gemäss 136 III 82/89 E. 3.4 Pra 2010 (Nr. 98) 686 ist bereits eine Erhöhung um mehr als 10% als massgeblich zu qualifizieren («10% au moins» in 4A_295/2016 [29.11.16] E. 5.3.1 fr.). Art. 270 Abs. 1 lit. b ist nicht anwendbar bei sog. Erstvermietungen 4A_185/2008 (24.9.08) E. 2.1 fr. (zum Begriff «dieselbe Sache» 4C.169/2002 [16.10.02] E. 3.2 fr.). Weigert sich der Vermieter im Verfahren betreffend Anfechtung des Anfangsmietzinses, die sich in seinem Besitze befindlichen und für die Nettorenditeberechnung erforderlichen Unterlagen vorzulegen, ist es nicht willkürlich, aus dieser Weigerung abzuleiten, dass der im neuen Vertrag festgesetzte Mietzins missbräuchlich ist, soweit dieser den Mietzins nach altem Vertrag übersteigt 4A_576/2008 (19.2.09) E. 2.4 fr. – Der angefochtene Mietzins wird mit dem früher vom Vermieter eingenommenen ver-

glichen ohne Rücksicht auf die Berechnungsgrundlagen des früheren Mietzinses; die Erhöhung ist erheblich, wenn sie zehn Prozent übersteigt 136 III 82/87 E. 3 Pra 2010 (Nr. 98) 684.

Abs. 2 Beim Abschluss eines Mietvertrages über Wohnräume muss in den Kantonen, die dies vorschreiben, bei der Festsetzung des Anfangsmietzinses ein amtliches Formular verwendet werden. Das amtliche Formular muss dem Mieter bei Abschluss des Vertrages oder spätestens bei Mietantritt übergeben werden 140 III 583/586 f. E. 3.1 Pra 2015 (Nr. 102) 832, 121 III 56/58 f. E. 2c Pra 1995 (Nr. 173) 560 ff. Die Verwendung des amtlichen Formulars bezweckt, den Mieter darüber zu informieren, dass er zur Anfechtung eines missbräuchlichen Anfangsmietzinses die Schlichtungsbehörde anrufen kann 137 III 547/548 E. 2.3 Pra 2012 (Nr. 40) 290 ff. Es will missbräuchliche Mietzinserhöhungen anlässlich eines Mieterwechsels verhindern, weshalb das Formular die Höhe des Mietzinses des Mietvorgängers enthalten muss 120 II 341/344 f. E. 3 Pra 1995 (Nr. 252) 835 f. Unterlässt es der Vermieter, die Anhebung des Anfangsmietzinses ggü. dem vormaligen Mietzins im Formular zu begründen, ist die Mietzinsabrede nichtig, selbst wenn der Mieter auf anderem Wege vom Erhöhungsgrund Kenntnis erlangt hat 4A_599/2015 (15.6.16) E. 5.3 fr. Übergibt der Vermieter dem Mieter das amtliche Formular verspätet, aber innerhalb von dreissig Tagen seit der Übernahme der Mietsache, so wird die Frist zur Anfechtung des Anfangsmietzinses verlängert: Sie läuft erst dreissig Tage nach der Mitteilung auf dem amtlichen Formular ab. Übergibt der Vermieter das Formular aber erst mehr als dreissig Tage nach der Übernahme der Mietsache durch den Mieter, so wird dies als fehlende Verwendung des amtlichen Formulars qualifiziert 140 III 583/586 f. E. 3.1 Pra 2015 (Nr. 102) 832, 121 III 56/59 E. 2c Pra 1995 (Nr. 173) 560 ff. Unterlässt der Vermieter diese Mitteilung oder verletzt er dabei eine Formvorschrift, so führt dies zwar nicht zur Ungültigkeit des ganzen Vertrages, aber zur Nichtigkeit der Vertragsklausel, die den Mietzins bestimmt (Teilnichtigkeit in Anwendung von Art. 20 Abs. 2). Diesfalls kann der Mieter, auch wenn die Voraussetzungen von Art. 270 Abs. 1 lit. a und b nicht erfüllt sind, zunächst die Schlichtungsbehörde und daraufhin das Gericht anrufen, um den Anfangsmietzins festsetzen zu lassen 4A_607/2015 (4.7.16) E. 3.1.3 fr., 4A_517/2014 (2.2.15) E. 5 fr., 140 III 583/587 E. 3.2.1 Pra 2015 (Nr. 102) 833, 4A_198/2014 (17.7.14) E. 4.1 fr., 4A_623/2013 (11.4.14) E. 2.2.1 fr., 137 III 547/548 E. 2.3 Pra 2012 (Nr. 40) 290 ff., 124 III 62/64 E. 2 Pra 1998 (Nr. 53) 352 ff., 121 III 56/58 E. 2c Pra 1995 (Nr. 173) 560, 120 II 341/348 E. 5b–d Pra 1995 (Nr. 173) 838 ff. – Verweist die Vertragsurkunde nicht ausdrücklich auf das Mitteilungsformular als Anhang, so misslingt dem Vermieter der Beweis der formgerechten Mitteilung, wenn er seine Behauptung nur mit einer nicht gegengezeichneten Fotokopie des Formulars und der Zeugenaussage der Immobilienverwalterin untermauert 4A_607/2015 (4.7.16) E. 3.3.1 fr. – Ergänzt das Gericht den Vertrag, indem es den Anfangsmietzins neu festsetzt, so hat es dabei alle Umstände des Falles in Anschlag zu bringen. Dazu gehören unter anderem die Obergrenze des übersetzten Ertrages aus der Mietsache (Art. 269), die nicht missbräuchlichen orts- und quartierüblichen Mietzinse und der Mietzins, den der Vormieter bezahlt hat. Das Ermessen des Gerichts ist hierbei grösser als im Rahmen der Bestreitung eines Mietzinses, der in Beachtung der Formvorschriften festgesetzt wurde. Das Gericht muss seine Überprüfung insbesondere nicht auf die Frage beschränken, ob der zwischen den Parteien vereinbarte Mietzins missbräuchlich ist. Der zwischen den Par- 6 teien vereinbarte Mietzins bestimmt die Obergrenze des neu festzusetzenden Anfangsmietzinses, weil der Vermieter nicht guten Glaubens beim Gericht anbegehren kann, den Anfangsmietzins höher festzusetzen, als er ursprünglich zwischen den Parteien vereinbart worden ist. Der Vermieter soll aus einem Formmangel, der ihm anzulasten ist, keinen Vorteil ziehen können 4A_198/2014 (17.7.14) E. 4.1 fr., 124 III 62/64 f. E. 2b Pra 1998 (Nr. 53) 353 ff., 120 II 341/350 f. E. 6c Pra 1995 (Nr. 252) 841. Das Gericht kann ausserdem auf vergleichbare Objekte abstellen, die sich im selben Gebäude befinden und die Gegenstand früherer Streitigkeiten waren 4A_513/2016 (18.4.17) E. 4 fr.

7 **Um festzustellen, ob der Mietzins missbräuchlich ist oder nicht,** wird sich das Gericht üblicherweise vom Kriterium des nicht übersetzten Ertrages aus der Mietsache leiten lassen. Dieses Kriterium hat üblicherweise Vorrang vor den anderen Methoden zur Festsetzung des nicht missbräuchlichen Mietzinses. Da das Gericht im Zusammenhang mit einer Verletzung von Art. 272 Abs. 2 aber über einen grossen Ermessensspielraum verfügt, kann es sich auch auf die orts- und quartierüblichen Mietzinsen abstützen, um den Anfangsmietzins tiefer festzusetzen, als dies aufgrund einer Berechnung in Bezug auf einen übersetzten Ertrag aus der Mietsache der Fall wäre. Es obliegt dem Ermessen des Gerichts, den Vermieter, der die vorgeschriebene Form, um den Anfangsmietzins zu kommunizieren, nicht beachtet hat, mit den marktüblichen Mietzinsen zu konfrontieren 4A_517/2014 (2.2.15) E. 5.1.1 fr., 4A_198/2014 (17.7.14) E. 4.1 fr., 4A_250/2012 (28.8.12) E. 2.4 fr. Für die Kriterien zur Eruierung des übersetzten Mieterträges (Art. 269) siehe auch Vorb. Art. 269–269a sowie unter Art. 269, vgl. auch 4A_517/2014 (2.2.15) E. 5.1.2 fr. Die Bestimmung enthält einen (ermächtigenden oder fakultativen) Vorbehalt *zugunsten des kantonalen Rechts,* wobei der dem kantonalen Gesetzgeber überlassene Spielraum eng ist (Entscheid über die obligatorische Verwendung des offiziellen Formulars und nähere Umschreibung des Wohnungsmangels). Der Inhalt der Mitteilung betreffend die Festsetzung des Mietzinses ist bundesrechtlich geregelt. Auch die Wirkungen eines allfälligen Formmangels bei der Mitteilung des Anfangsmietzinses ergeben sich aus dem Bundesrecht. Demzufolge kann der Entscheid über die Folgen eines Formmangels mit Berufung angefochten werden 124 I 127/129 E. 2a, 120 II 341/343 f. E. 2b, c Pra 1995 (Nr. 252) 834 f. Art. 270 Abs. 2 gelangt nur bei Wohn-, nicht aber bei Geschäftsräumen zur Anwendung 4A_250/2012 (28.8.12) E. 2.2 fr., 117 Ia 328/335 E. 3d fr. Zur Abgrenzung zwischen Wohn- und Geschäftsräumen wird auf den Zweck abgestellt, den die Parteien der vermieteten Sache zukommen lassen wollten. Dabei ist der Wille der Parteien im Zeitpunkt des Vertragsabschlusses entscheidend und nicht der Gebrauch, der im Anschluss daran tatsächlich von der Sache gemacht worden ist 4A_104/2013 (7.8.13) E. 2.1.1 fr. Eingehender zur Abgrenzung zwischen Wohn- und Geschäftsräumen vgl. auch Art. 253b und Art. 272b. – Unzulässigkeit einer Bestimmung des kantonalen Privatrechts, wonach die offiziellen Formulare auch beim Abschluss eines Mietvertrages über Geschäftsräume zu verwenden sind 4C.43/2001 (20.6.01) E. 3c fr., 117 Ia 328/330 ff. E. 2, 3 fr. Eine kantonale Delegationsnorm, wonach der Regierungsrat mit der näheren Umschreibung des Begriffs des *Wohnungsmangels* in einem Reglement beauftragt wird, verstösst nicht gegen das Legalitätsprinzip 117 Ia 328/335 E. 4 fr. (Kanton Genf), 124 I 127/131 ff. E. 3 (Kanton Zürich). – Wohnungsmangel: offengelassen, ob der Begriff an einen bestimmten Wert des Leerwohnungsbestands anknüpft 124 I 127/131 E. 2d (in casu war ein Wert von 1% mit dem Bundesrecht vereinbar).

Die Verwendung des **amtlichen Formulars** anlässlich des Abschlusses des Mietvertrages dient im Wesentlichen dazu, dem neuen Mieter eine adäquate Information über den vorherigen Mietzins zu sichern, ebenso wie über die Möglichkeiten zur Anfechtung des Anfangsmietzinses und das dabei zu beachtende Vorgehen (namentlich Grundlage für die Beurteilung, ob eine erhebliche Erhöhung des Mietzinses i.S.v. Art. 270 Abs. 1 lit. b vorliegt, sowie für die eigene Einleitung des Verfahrens) 4A_517/2014 (2.2.15) E. 4.1.1 fr., 137 III 547/547 E. 2.3 fr., 4A_305/2011 (7.11.11) E. 2.3 fr., 4A_185/2008 (24.9.08) E. 2.2 fr., 121 III 56/58 f. E. 2c Pra 1995 (Nr. 173) 560 f., vgl. auch 121 III 364/366 E. 4b fr. Die Mitteilung setzt notwendigerweise die Aushändigung des Formulars voraus (keine blosse Gewährung der Einsichtnahme beim Vertragsabschluss) 121 III 56/58 E. 2c Pra 1995 (Nr. 173) 560 f. In den Kantonen, die von der in der Bestimmung eingeräumten Kompetenz Gebrauch gemacht haben, muss die Begründung einer Mietzinserhöhung bei einem Mieterwechsel im amtlichen Formular selbst angegeben sein 120 II 341/344 f. E. 3 Pra 1995 (Nr. 252) 835. Ein Formmangel bei der Mitteilung des Anfangsmietzinses zieht die *Nichtigkeit* des Mietvertrages bezüglich der Mietzinsfestsetzung nach sich (Teilnichtigkeit nach Art. 20 Abs. 2) 4A_38/2013 (12.4.13) E. 2.1 (n.p. in 139 III 249) fr., 4A_185/2008 (24.9.08) E. 2.1 fr., 4C.428/2004 (1.4.05) E. 3 fr., 124 III 62/64 E. 2a Pra 1998 (Nr. 53) 352 (in casu wurde beim Abschluss eines Untermietvertrages über Wohnräume das vorgeschriebene Formular nicht verwendet), 120 II 341/349 E. 5d Pra 1995 (Nr. 252) 839, vgl. auch 124 I 127/129 E. 2a und 124 I 127/138 E. 6b. In einem Waadtländer Streitfall wurden Zweifel daran geäussert, ob die unterlassene Anzeige noch die Vermutung rechtfertige, der Mieter kenne das Formularobligatorium und die Nichtigkeitsfolge nicht, nachdem im Kanton bereits vor 25 Jahren die Formularpflicht eingeführt worden sei (obiter dictum) 146 III 82/85 f. E. 4.1.3. Keine Nichtigkeit besteht, wenn der Vermieter das Formular insofern nicht korrekt ausgefüllt hat, als er den Mietbetrag in die Rubrik «vorherige Miete» anstatt in die Rubrik «Anfangsmiete» eingesetzt hat, und aus den Umständen (Neubau) klar ersichtlich ist, dass es sich nur um eine Anfangsmiete handeln kann 4A_132/2011 (1.6.11) E. 2.2.1 fr. Die Nichtigkeit führt nicht automatisch zum Wiederaufleben des durch den Vormieter bezahlten Mietzinses; vielmehr ist es Sache des Richters, einen angemessenen Mietzins festzusetzen, wobei er auf die Umstände des Einzelfalles abzustellen hat 4A_38/2013 (12.4.13) E. 3.2 (n.p. in 139 III 249) fr., 121 III 56/58 f. E. 2c Pra 1995 (Nr. 173) 561 f., 120 II 341/345 ff. E. 4 ff. Pra 1995 (Nr. 252) 836 ff., nicht auf die Frage der Missbräuchlichkeit beschränkt ist und somit über ein grösseres Ermessen verfügt, als wenn dem Mieter der Anfangsmietzins formrichtig mitgeteilt wird 124 III 62/64 E. 2b Pra 1998 (Nr. 53) 353 (in casu Untermiete, Berücksichtigung der Bedingungen des Hauptmietvertrags). – Nichtigkeit des Anfangsmietzinses mangels Beachtung des Formerfordernisses nach Art. 270 Abs. 2: Hatte der Mieter von Anfang an Kenntnis vom Formmangel im Sinne von Art. 270 Abs. 2, hat er diesen aber absichtlich nicht geltend gemacht, um daraus Profit zu schlagen, so ist seine spätere Berufung auf den Formmangel rechtsmissbräuchlich 4A_517/2014 (2.2.15) E. 4.1.3 fr., 4A_38/2013 (12.4.13) E. 2.1 (n.p. in 139 III 249) fr., 123 III 70/74 E. 3, 113 II 187/189 E. 1a Pra 1988 (Nr. 171) 624 f. Ebenso verhält es sich, wenn der Mieter den Formmangel im Sinne von Art. 270 Abs. 2 nicht von Anfang an, sondern erst zu einem späteren Zeitpunkt erkennt und diesen nicht innert nützlicher Frist geltend macht 4A_38/2013 (12.4.13) E. 2.1 (n.p. in 139 III 249) fr., 137 III 547 E. 2.3 Pra 2012 (Nr. 40) 290 ff. Missbrauch, wenn der Mieter sich auf die Nichtigkeit des vereinbar- 8 ten Mietzinses im Sinne von Art. 270 Abs. 2 beruft, um sich einer fristlosen Kündigung und Ausweisung zu widersetzen 137 III 547/549 E. 2.3 fr. Missbräuchliche Geltendmachung des Formmangels (unzureichende Begründung im amtlichen Formular), weil die Erhöhung ggü. dem vormaligen Mietzins deutlich weniger als 10% beträgt 4A_571/2017 (10.7.18) E. 4.2.3 fr. – Wenn der Kanton gestützt auf Art. 270 Abs. 2 verlangt, dass im Formular der Vormietzins angegeben wird, kann der Mieter, wenn der frühere Mietzins nicht mitgeteilt wurde, zuerst die Schlichtungsbehörde und nötigenfalls den Richter anrufen. Nicht erforderlich ist dazu, dass die Voraussetzungen von Art. 270 Abs. 1 lit. a und b erfüllt sind 4A_674/2012 (23.9.13) E. 3 fr., 4A_214/2007 (12.11.07) E. 3 fr. So muss bei bestehender Formularpflicht i.S.v. Art. 270 Abs. 2 der Mieter nicht nachweisen, dass er sich wegen der Verhältnisse auf dem örtlichen Markt für Wohn- und Geschäftsräume zum Vertragsabschluss gezwungen sah (Art. 270 Abs. 1 lit. a) 4A_250/2012 (28.8.12) E. 2.2 fr., 136 III 82/85 E. 2 Pra 2010 (Nr. 98) 682 ff., 4C.367/2001 (12.3.02) E. 3b fr.

9 Hat der Vermieter die formrichtige Anzeige an den Mieter missbräuchlich unterlassen, um eine Anfechtung des Anfangsmietzinses zu verhindern, kann es sich angesichts einer erheblichen Erhöhung im Sinne von Art. 270 Abs. 1 lit. b rechtfertigen, in analoger Anwendung von Art. 269d den Mietzins auf der Höhe des vom Vormieter bezahlten Mietzinses festzusetzen 124 III 62/64 E. 2b Pra 1998 (Nr. 53) 353. – Bei verspäteter, aber noch innert 30 Tagen nach Übergabe der Mietsache erfolgter Mitteilung des Anfangsmietzinses wird die Frist zu dessen Anfechtung verlängert und läuft 30 Tage nach der Mitteilung auf dem amtlichen Formular ab 121 III 56/59 E. 2c Pra 1995 (Nr. 173) 561 f. – Offengelassen, wie es sich in Kantonen, welche die Formularpflicht i.S. der Bestimmung für Anfangsmieten eingeführt haben, mit einer *konsensualen Mietvertragsänderung* verhält, die den Schutzzweck des Formulars nicht vereitelt 123 III 70/74 E. 3b. – Das Mietrecht schränkt die Möglichkeit des Mieters, sich auf das fehlende amtliche Formular im Sinne von Art. 270 Abs. 2 zu berufen, zeitlich nicht ein. Dieses Recht findet aber seine zeitliche Beschränkung in Art. 67 Abs. 1, wonach der Bereicherungsanspruch mit Ablauf eines Jahres, nachdem der Verletzte von seinem Anspruch Kenntnis erhalten hat, verjährt, in jedem Fall aber mit Ablauf von zehn Jahren seit der Entstehung des Anspruchs. Art. 128 Ziff. 1 findet keine Anwendung. Der Mieter erhält Kenntnis im Sinne von Art. 270 Abs. 2, sobald er weiss, dass das Fehlen des amtlichen Formulars respektive die unterlassende Anzeige der Höhe des Mietzinses des Vormieters die Nichtigkeit des vereinbarten Mietzinses nach sich zieht 4A_254/2016 (10.7.17) E. 3.1.3.1 f. fr., 140 III 583/588 f. E. 3.2.3 Pra 2015 (Nr. 102) 834, 4A_517/2014 (2.2.15) E. 4.1.2 fr. Die absolute, zehnjährige Verjährungsfrist gemäss Art. 67 Abs. 1 beginnt nicht mit dem Vertragsabschluss, sondern für jede einzelne Mietzinszahlung mit deren Ausrichtung an den Vermieter 146 III 82/87 f. E. 4.3.3 und 4.3.4.

2. Während der Mietdauer

Art. 270a

[1] Der Mieter kann den Mietzins als missbräuchlich anfechten und die Herabsetzung auf den nächstmöglichen Kündigungstermin verlangen, wenn er Grund zur Annahme hat, dass der Vermieter wegen einer wesentlichen Änderung der Berechnungsgrundlagen, vor allem wegen einer Kostensenkung, einen nach den Artikeln 269 und 269a übersetzten Ertrag aus der Mietsache erzielt.

[2] Der Mieter muss das Herabsetzungsbegehren schriftlich beim Vermieter stellen; dieser muss innert 30 Tagen Stellung nehmen. Entspricht der Vermieter dem Begehren nicht oder nur teilweise oder antwortet er nicht fristgemäss, so kann der Mieter innert 30 Tagen die Schlichtungsbehörde anrufen.

[3] Absatz 2 ist nicht anwendbar, wenn der Mieter gleichzeitig mit der Anfechtung einer Mietzinserhöhung ein Herabsetzungsbegehren stellt.

Allgemeines. Anwendbarkeit auf den Vertrag mit verlängerbarer Minimaldauer 121 III 1
397/403 f. fr., vgl. auch 123 III 76/82 f. E. 4c Pra 1997 (Nr. 111) 607. Gesetzliche Anfechtungsmöglichkeiten können vertraglich weder eingeschränkt noch erweitert werden. Keine analoge Anwendung von Art. 270c und 270d auf Mietverträge, die auf unbestimmte Zeit geschlossen und auf Kündigung gestellt sind 125 III 358/360 E. 1a und 361 E. 1b/bb.

Abs. 1 Kodifizierung des bereits in der Rechtsprechung zum alten Mietrecht statuierten 2
Grundsatzes, wonach eine Mietzinsherabsetzung während der Mietdauer nur auf den nächsten *Kündigungstermin* verlangt werden kann 119 II 32/35 E. 3c/bb Pra 1995 (Nr. 34) 119, vgl. auch 122 III 20/22 f. E. 4a, b. Für die Beurteilung einer Anpassungsforderung ist vom Zeitpunkt auszugehen, in dem sie der Gegenpartei spätestens erklärt werden musste; zu berücksichtigen sind nur Änderungen der Berechnungsgrundlagen, die in diesem Zeitpunkt feststanden und spätestens auf den Kündigungstermin wirksam wurden (allerdings Relativierung des Grundsatzes durch Abs. 3 der Bestimmung) 122 III 20/23 f. E. 4b, c. Das Herabsetzungsbegehren ist auf den nächsten Kündigungstermin zu stellen 4C.291/2001 (9.7.02) E. 4b fr. – Gesetzliche Anfechtungsmöglichkeiten sind zwingend, was die Vereinbarung eines absoluten Minimalzinses für die Zukunft ausschliesst 125 III 358/362 E. 1b/cc. Ebenso ist eine Klausel ungültig, in der die Parteien die Berücksichtigung des Hypothekarzinssatzes bei der Festsetzung und Anpassung der Miete ausschliessen 133 III 61/72 f. E. 3.2.2.2 Pra 2008 (Nr. 4) 31 f. – Geht es um Mietzinsherabsetzungen, beschränkt die *relative Methode* die Forderung des Mieters insofern, als von vornherein nur solche Änderungen der Berechnungsgrundlagen in Anschlag gebracht werden dürfen, die sich seit der letzten Mietzinsfestsetzung verwirklicht haben 4A_675/2011 (9.2.12) E. 3.2 und 4A_679/2011 (9.2.12) E. 2.2 fr. Einem relativ berechtigten Herabsetzungsbegehren des Mieters kann der Vermieter entgegenhalten, der bisherige Mietzins sei trotz veränderter Berechnungsgrundlagen nicht missbräuchlich, da er ihm keinen übersetzten Mietertrag verschaffe 122 III 258/258 E. 3, 121 III 163/164 ff. E. 2, vgl. auch 126 III 124/126 E. 2a Pra 2000 (Nr. 186) 1141 (zum Begriff der Berechnungsgrundlagen). Dabei kann sich der Vermieter alternativ auf einen unzureichenden Nettoertrag oder auf die Orts- und Quartierüblichkeit des angegriffenen Mietzinses berufen 4C.287/2005 (18.1.06) E. 2.2 fr., 122 III 257/260 ff. E. 4. – Der Vermieter kann dem Mieter, der unter Berufung auf Art. 270a Abs. 1 eine Mietzinsherabsetzung verlangt, auch entgegenhalten, es hätten sich seit der letzten massgebenden Mietzinsfestlegung mit Bezug auf andere Faktoren Kostensteigerungen ergeben. Die relative Methode gilt mithin auch für die vom Vermieter zur Kompensation des Senkungsanspruchs geltend gemachten Erhöhungsansprüche 4A_530/2012 (17.12.12) E. 2, 126 III 124/126 E. 2a Pra 2000 (Nr. 186) 1141 f. Beim Entscheid über den zulässigen Mietzins ist das Gericht an die Parteianträge gebunden 122 III 20/25 E. 4d (s. auch Art. 274d Abs. 3). – Ein Mietzinsherabsetzungsbegehren während der Mietdauer beurteilt sich nach der relativen Methode, in Ausnahmefällen darf sich der Mieter aber

auch auf die absolute Berechnungsmethode stützen 133 III 61/72 E. 3.2.2.2 Pra 2008 (Nr. 4) 31, 4C.291/2001 (9.7.02) E. 2c fr. Ein *ausserordentlicher Umstand* liegt nur vor, wenn die Aufrechnung der Herabsetzungsfaktoren der Entwicklung seit der letzten Mietzinsfestsetzung nicht mehr gerecht wird und zu keinem angemessenen Ergebnis mehr führt. Ein Zeitraum von acht Jahren seit der letzten Mietzinsfestsetzung nach absoluter Methode begründet keinen ausserordentlichen Umstand 4C.34/2007 (15.5.07) E. 3.1.2 fr. – Eine Verminderung der Unterhalts- und Betriebskosten rechtfertigt eine Herabsetzung des Mietzinses 4C.34/2007 (15.5.07) E. 3.2 fr. – Eine Änderung des Mietvertrages, die den Betrag des Mietzinses unangetastet lässt, kann bei der Berechnung nach der relativen Methode nicht als letzte Mietzinsfestsetzung und damit als Ausgangspunkt für die Berechnung der Herabsetzung des Mietzinses herangezogen werden 126 III 124/126 E. 2a Pra 2000 (Nr. 186) 1141.

3 ***Abs. 2*** Das Bundesrecht bestimmt, unter welchen Voraussetzungen Begehren auf Herabsetzung des Mietzinses zunächst der Schlichtungsbehörde und bei Ausbleiben einer Einigung anschliessend dem Gericht unterbreitet werden können. Die Kantone müssen zumindest eine *gerichtliche Instanz* zur Verfügung stellen, welche die Voraussetzungen dieses bundesrechtlichen Rechtsschutzanspruches mit voller Kognition prüft 121 III 266/267 ff. E. 2. – Das *parteiinterne Vorverfahren* bezweckt, die Parteien vor der Einleitung eines behördlichen Verfahrens zu einem Meinungsaustausch über den künftigen Mietzins zu veranlassen (keine Bindung an Erklärungen im Vorverfahren) 122 III 20/24 E. 4c. Treten während der Hängigkeit eines Herabsetzungsverfahrens neue Herabsetzungsgründe ein, kann der Mieter darauf gestützte Herabsetzungsforderungen ohne vorgängiges Parteiverfahren in das laufende behördliche Verfahren einbringen (analoge Anwendung von Abs. 3 der Bestimmung) 122 III 20/24 f. E. 4c. Bevor der Mieter wegen einer Senkung des Hypothekarzinses bei der Schlichtungsbehörde ein Verfahren zur Herabsetzung des Mietzinses einleitet, muss er sein Begehren als Prozessvoraussetzung schriftlich beim Vermieter stellen. Das gilt selbst dann, wenn zwischen den Parteien schon zahlreiche Streitigkeiten hängig sind 132 III 702/705 f. E. 4.2 f. Stillschweigende Annahme (Art. 6) einer (zulässigerweise formfrei angezeigten) Mietzinsherabsetzung (Teilreduktion) durch den Mieter ist mangels besonderer Umstände kein konkludenter Verzicht auf den gesetzlichen Anspruch, eine weitergehende Herabsetzung zu verlangen. Grundsatz, dass nur das rein begünstigende Angebot durch Stillschweigen angenommen werden kann 124 III 67/69 E. 3a, vgl. auch 126 III 126/127 E. 2a Pra 2000 (Nr. 186) 1142.

4 ***Abs. 3*** Die Bestimmung beruht auf der Überlegung, dass ein Vorverfahren, das eine gütliche Einigung ermöglichen soll, nicht mehr sinnvoll ist, wenn die Parteien bereits in einem Anfechtungsverfahren über den Mietzins streiten. Dieser Gedanke trifft auch dann zu, wenn neue Herabsetzungsgründe eintreten, während bei den Behörden bereits ein Herabsetzungsverfahren hängig ist (analoge Anwendung der Bestimmung) 122 III 20/24 f. E. 4c.

II. Anfechtung von Mietzinserhöhungen und andern einseitigen Vertragsänderungen

Art. 270b

[1] Der Mieter kann eine Mietzinserhöhung innert 30 Tagen, nachdem sie ihm mitgeteilt worden ist, bei der Schlichtungsbehörde als missbräuchlich im Sinne der Artikel 269 und 269a anfechten.

[2] Absatz 1 gilt auch, wenn der Vermieter sonstwie den Mietvertrag einseitig zu Lasten des Mieters ändert, namentlich seine bisherigen Leistungen vermindert oder neue Nebenkosten einführt.

Allgemeines. Bei Verträgen auf unbestimmte Dauer gilt der zwanzigfache Betrag der umstrittenen Mietzinserhöhung als Streitwert 118 II 422/424 E. 1 Pra 1994 (Nr. 58) 210 f., vgl. auch 121 III 214/215 f. E. 1. – Der Mieter kann sich gestützt auf die Bestimmung auch einer Mietzinsstaffelung widersetzen, welche mit einer Mietzinserhöhung angekündigt wird 121 III 397/401 E. 2b/aa fr. – Die 30-tägige Frist zur Anfechtung einer Mietzinserhöhung stellt eine Verwirkungsfrist dar, deren Einhaltung vom Richter von Amtes wegen zu prüfen ist 131 III 566/570 E. 3.2 Pra 2006 (Nr. 54) 404. – Sind mehrere Personen als Mieter am Mietverhältnis beteiligt, bilden sie eine notwendige materielle Streitgenossenschaft (einfache Gesellschaft) und können entsprechend eine Mietzinserhöhung nur gemeinsam anfechten 4A_104/2010 (8.6.10) E. 3.3 fr., 136 III 431/434 E. 3.3 Pra 2011 (Nr. 18) 125 f. 1

Abs. 1 *Relative* und *absolute Berechnungsmethoden* bei Mietzinserhöhung 121 III 163/164 f. E. 2c (vgl. auch vorne Rz. 3–6 zu den Vorb. Art. 269–269a). Zulässige Einrede des missbräuchlichen Ertrages 121 III 163/165 E. 2d/aa. – Mietzinserhöhung und Kündigung können gleichzeitig angefochten werden (gleiche Fristen und gleiche Zuständigkeit) 125 III 231/236 E. 3c. – Eheleute, welche die Wohnung gemeinsam gemietet haben, müssen die Mietzinserhöhung gemeinsam anfechten (notwendige materielle Streitgenossenschaft) 136 III 431/433 E. 3 Pra 2011 (Nr. 18) 123. 2

Abs. 2 Weit gefasster Anwendungsbereich: vgl. Art. 269d. – Anfechtung der Rücknahme der Zustimmung zur Untermiete 125 III 62/64 E. 2b Pra 1999 (Nr. 110) 604. 3

III. Anfechtung indexierter Mietzinse

Art. 270c

Unter Vorbehalt der Anfechtung des Anfangsmietzinses kann eine Partei vor der Schlichtungsbehörde nur geltend machen, dass die von der andern Partei verlangte Erhöhung oder Herabsetzung des Mietzinses durch keine entsprechende Änderung des Indexes gerechtfertigt sei.

Während der festen Vertragsdauer kann der Vermieter neben der Indexierung grundsätzlich keine weiteren Erhöhungsgründe anrufen 124 III 57/59 E. 3a (vorbehalten bleibt der Fall, da der Vermieter Mehrleistungen erbringt und der Mietvertrag eine entsprechende Anpassung vorsieht). – Wird der Vertrag nach Ablauf der festen Vertragsdauer auf unbestimmte Zeit fortgeführt, können beide Parteien die Überprüfung des Mietzinses verlangen, und zwar wahlweise nach der absoluten oder der relativen Methode 4A_269/2015 1

(2.11.15) E. 2.3 (Auseinandersetzung mit gegenteiligen Lehrmeinungen), 4A_489/2010 (6.1.11) E. 4.2 fr., 123 III 76/83 E. 4c Pra 1997 (Nr. 111) 608 (aleatorische Natur der Indexierung), 125 III 358/362 E. 1b/bb. – Keine analoge Anwendung der Bestimmung auf Mietverträge, die auf unbestimmte Zeit geschlossen und auf Kündigung gestellt sind 125 III 358/362 E. 1b/bb.

IV. Anfechtung gestaffelter Mietzinse

Art. 270d

Unter Vorbehalt der Anfechtung des Anfangsmietzinses kann der Mieter gestaffelte Mietzinse nicht anfechten.

1 Die Bestimmung weicht insofern vom alten Recht ab, als gestaffelte Mietzinse nun nicht mehr bei jeder auf die Bestimmungen des Vertrages gestützten Mietzinserhöhung angefochten werden können. Das alte Recht bleibt bis zum Vertragsende anwendbar, wenn die Mietzinsstaffelung vor dem 1. Juli 1990 vereinbart worden ist 121 III 397/401 E. 2b/aa fr. – Während der festen Vertragsdauer kann der Vermieter neben der Staffelung grundsätzlich keine weiteren Erhöhungsgründe anrufen 124 III 57/59 E. 3a. – Wird der Vertrag nach Ablauf der festen Vertragsdauer auf unbestimmte Zeit fortgeführt, können beide Parteien die Überprüfung des Mietzinses verlangen, und zwar wahlweise nach der absoluten oder der relativen Methode bezogen auf den Zeitpunkt des Vertragsschlusses 123 III 76/83 E. 4c Pra 1997 (Nr. 111) 605 ff., 125 III 358/362 E. 1b/bb. – Keine analoge Anwendung der Bestimmung auf Mietverträge, die auf unbestimmte Zeit geschlossen und auf Kündigung gestellt sind 125 III 358/362 E. 1b/bb. – Nichtigkeit von Mietzinserhöhung ohne Verwendung des amtlichen Formulars bei gestaffelten Mietzinsen 4A_647/2011 (26.1.12) E. 2.1 fr.

F. Weitergeltung des Mietvertrages während des Anfechtungsverfahrens

Art. 270e

Der bestehende Mietvertrag gilt unverändert weiter:

a. während des Schlichtungsverfahrens, wenn zwischen den Parteien keine Einigung zustandekommt, und

b. während des Gerichtsverfahrens, unter Vorbehalt vorsorglicher Massnahmen des Richters.

1 Art. 270e gelangt nur bezüglich der Mietzinsanfechtungen von Art. 270 ff. zur Anwendung, nicht aber im Zusammenhang mit einer Kündigung aufgrund von Art. 257d 4A_40/2015 (18.2.15) E. 4.2.3 fr.

Dritter Abschnitt
Kündigungsschutz bei der Miete von Wohn- und Geschäftsräumen

Vorb. Art. 271–273c

Begriff der *Geschäftsräume:* siehe unter Art. 253a. Zur Abgrenzung zwischen Wohn- und 1 Geschäftsräumen wird auf den Zweck abgestellt, den die Parteien der vermieteten Sache zukommen lassen wollten. Dabei ist der Wille der Parteien im Zeitpunkt des Vertragsabschlusses entscheidend und nicht der Gebrauch, der im Anschluss daran tatsächlich von der Sache gemacht worden ist 4A_104/2013 (7.8.13) E. 2.1.1 fr. – Art. 271 ff. ist auf unbebaute Grundstücke nicht anwendbar 4P.80/2002 (16.5.02) E. 2.2, auch nicht auf einzeln vermietete Garagen 4P.217/2002 (19.12.02) E. 1.1.3 fr. oder auf einen überdachten Schuppen 4A_622/2016 (7.12.16) A.a. und E. 1.1 fr. – Wenn das zwischen dem Genossenschaftsmieter und der Genossenschaft bestehende körperschaftliche Verhältnis und das Schuldverhältnis, das aus dem Abschluss eines Mietvertrages zwischen der *Genossenschaft* und dem Genossenschaftsmieter resultiert, nicht durch eine spezifische Vereinbarung der Parteien gekoppelt sind, so können beide unabhängig voneinander gekündigt werden 4A_14/2015 (26.2.15) E. 2 fr. Die Parteien können aber die genossenschaftliche und die mietvertragsrechtliche Beziehung auch so miteinander verknüpfen, dass der Ablauf der einen auch die Beendigung der anderen nach sich zieht, die genossenschaftliche und die mietvertragsrechtliche Beziehung mithin nicht unabhängig voneinander bestehen können (verneint in 4A_14/2015 [26.2.15] E. 2 fr.). Diesfalls genügt eine Willenserklärung, um beiden rechtlichen Beziehungen ein Ende zu setzen 4A_14/2015 (26.2.15) E. 2 fr. Eine Wohngenossenschaft kann das Mietverhältnis mit einem Mitglied nur wegen eines in den Statuten vorgesehenen Ausschlussgrundes oder wegen wichtiger Gründe kündigen. Vorbehalten ist der Fall, dass im Mietvertrag in dieser Hinsicht eine besondere Regelung vorgesehen ist 118 II 168/170 ff. E. 3 Pra 1993 (Nr. 112) 442 ff. Bei Wohngenossenschaften setzt die Kündigung des Mietvertrags eines Genossenschaftsmieters voraus, dass der Kündigungsgrund auch einen Ausschluss aus der Genossenschaft zulassen würde. Die fehlende Rücksichtnahme gegenüber den Nachbarn erlaubt eine ausserordentliche Kündigung des Mietvertrags und stellt auch eine Verletzung der Treuepflicht im Genossenschaftsrecht dar (Art. 866), die einen Ausschluss aus der Genossenschaft aus wichtigen Gründen rechtfertigt (Art. 846 Abs. 2) 136 III 65/72 f. E. 2.5 Pra 2010 (Nr. 87) 629 f. Ob zuerst der Ausschluss oder die Kündigung stattgefunden hat, ist irrelevant. Der Genossenschaftsmieter kann, auch wenn er den Ausschluss nicht anficht, eine mit der Ausschliessung zusammenhängende Kündigung mit der Begründung anfechten, eine Voraussetzung für die Kündigung (nämlich das Bestehen eines Ausschlussgrunds aus der Genossenschaft) sei nicht gegeben gewesen 4A_247/2015 (6.10.15) E. 3.3. Hat der Mieter Anteile an einer Wohnbaugenossenschaft erworben und in dieser Liegenschaft ein Restaurant betrieben, setzt eine Kündigung des Mietvertrags voraus, dass ein Kündigungsgrund besteht, der auch einen Ausschluss aus der Genossenschaft zulassen würde 4A_258/2011 (12.7.11) E. 2.2 fr. – Nur *gültige Kündigungen* unterstehen den besonderen Bestimmungen über den Kündigungsschutz. Unwirksame Kündigungen müssen deshalb ebenso wie nichtige Kündigungen nicht innerhalb der dreissigtägigen Frist von Art. 273 Abs. 1 angefochten werden (Änderung der mit 119 II 147/154 E. 4 begründeten Rechtsprechung). Vorbehalten bleibt der Fall des Rechtsmissbrauchs 122 III 92/95 E. 2d, 121 III 156/158 ff. E. 1 Pra 1995 (Nr. 272) 925 ff. – Abgrenzung der nichtigen und der unwirksamen von der missbräuchlichen Kündigung 122 III 92/95 E. 2d. – Keine Anwendbarkeit der Art. 271 und 271a auf einen Mietvertrag, der einer *Resolutivbedingung* untersteht, deren Eintritt von einem ungewissen künftigen Ereignis wie dem Abbruch oder dem Verkauf der Liegenschaft abhängt (befristeter Vertrag) 121 III 260/263 f. E. 5a JdT 144 (1996) I 246 ff. E. 5a. – Offengelassen, ob die Geltendmachung des Kündigungsschutzes gemäss Art. 271 f. durch einen Mieter, der zu günstigen Bedingungen einen resolutiv bedingten Mietvertrag abgeschlossen hat, nicht als rechtsmissbräuchlich zurückzuweisen wäre 121 III 260/262 f. E. 4 JdT 144 (1996) I 246 E. 4. – Keine analoge Anwendung des Kündigungsschutzes auf Flächen, die Fahrenden zu Wohnzwecken vermietet werden 4A_109/2015 (23.9.15) E. 4.2 fr. – Frage offengelassen, ob die treuwidrige Kündigung den Mieter zu Schadenersatz berechtige 145 III 143/153 E. 5.5.

A. Anfechtbarkeit der Kündigung I. Im Allgemeinen

Art. 271

[1] Die Kündigung ist anfechtbar, wenn sie gegen den Grundsatz von Treu und Glauben verstösst.

[2] Die Kündigung muss auf Verlangen begründet werden.

▪ Abs. 1 Allgemeines (2) ▪ Missbrauch (3) ▪ Zahlungsrückstand (4) ▪ Eigenbedarf (5) ▪ Immissionen (6) ▪ Renovation (7) ▪ Nutzungsänderung (8) ▪ Beweislast (9) ▪ Prozessuales (10) ▪ Streitwert (11) ▪ Abs. 2 Begründung (12)

1 Befindet sich eine der Parteien beim Abschluss des Mietvertrages in einem *Grundlagenirrtum* im Sinne von Art. 23 und Art. 24 Abs. 1 Ziff. 4, so ist der Vertrag für jene Partei unverbindlich. Wesentlich ist ein Irrtum namentlich, wenn er einen bestimmten Sachverhalt betrifft, der vom Irrenden nach Treu und Glauben im Geschäftsverkehr als eine notwendige Grundlage des Vertrages betrachtet wurde (Art. 24 Abs. 1 Ziff. 4). Neben der subjektiven Wesentlichkeit ist erforderlich, dass der zugrunde gelegte Sachverhalt auch objektiv, vom Standpunkt oder nach den Anforderungen des loyalen Geschäftsverkehrs, als notwendige Grundlage des Vertrages erscheint 136 III 528/531 E. 3.4.1. 4A_125/2014 (2.6.14) E. 3: Der Irrtum der Mieterin über die Behebung der Lärmproblematik vor Mietantritt, die Quelle des Lärms und die sich daraus ergebenden Konsequenzen sowie über die Einhaltung der (gesetzlichen) Lärmgrenzwerte war sowohl subjektiv als auch objektiv wesentlich im Sinne von Art. 24 Abs. 1 Ziff. 4. Die Mieterin hätte den Mietvertrag nicht abgeschlossen, wenn sie gewusst hätte, dass Grund des Lärms nicht die Lüftung, sondern eine falsch installierte MRI-Anlage war. – Grundlagenirrtum verneint in 4A_217/2014 (4.8.14) E. 2: Mit Vertrag vom 17. November 2000 mietete der Mieter per 1. Januar 2001 Büro- und Gewerbeflächen für eine feste Dauer von 10 Jahren ab 1. Januar 2006 zu einem Mietzins von monatlich CHF 56 000. Auf Offerte des Vermieters hin haben die Parteien am 7. Februar 2006 «im Hinblick auf die unerwartet schlechte Entwicklung der wirtschaftlichen Lage» des Mieters eine monatliche Rückvergütung von CHF 6000 vereinbart für die restliche Dauer des Mietvertrages bis 2011 und auf der Basis des Mietzinses von CHF 56 000

pro Monat. Später machte der Vermieter geltend, diese Vereinbarung sei unverbindlich, da gar keine wirtschaftliche Notlage des Mieters bestanden und sich der Vermieter diesbezüglich in einem Grundlagenirrtum befunden habe. Das Bundesgericht hat einen Grundlagenirrtum nach Art. 24 Abs. 1 Ziff. 4 mit der Begründung verworfen, dass die Vorstellung des Vermieters über die «schlechte wirtschaftliche Lage» des Mieters zu vage und unbestimmt gewesen sei, um als Vertragsgrundlage gelten zu können. – Den Mietern werden zwei 6-Zimmer-Wohnungen angeboten, die auf demselben Stockwerk liegen und gleich ausgebaut sind, nur in der Fläche und im Mietzins leicht voneinander abweichen. Die Mieter entscheiden sich für die teurere und vermeintlich grössere. Subjektive Wesentlichkeit der vermeintlich grösseren Fläche bejaht: Die Unterlassung der Mieter, die Wohnfläche zu überprüfen, lässt nicht darauf schliessen, dass ihnen gleichgültig sei, pro Jahr CHF 1596 mehr zu bezahlen als für das andere, vermeintlich kleinere Objekt. Objektive Wesentlichkeit der vermeintlich grösseren Fläche bejaht: Indem die Wahl auf die grössere der beiden Wohnungen fiel, musste die Vermieterin erkennen, dass die Mieter dem Flächenmass Bedeutung zumassen, mag die Abweichung auch nur 4,15% betragen 4A_108/2019 (22.1.20) E. 2.3.1 und 2.3.2 Pra 2020 (Nr. 84) 840 ff.

Abs. 1 **Allgemeines.** Die Bestimmung kann sowohl vom *Vermieter* als auch vom *Mieter* angerufen werden 120 II 105/107 E. 3a Pra 1995 (Nr. 144) 465. Die Gültigkeit einer Kündigung muss aufgrund der Umstände beurteilt werden, wie sie im Zeitpunkt der Willensäusserung vorliegen 142 III 91/92 f. E. 3.2.1, 4A_254/2015 (15.7.15) E. 3 fr., 4A_625/2014 (25.6.15) E. 3 fr., 4A_619/2014 (25.6.15) E. 3 fr., 4A_210/2014 (17.7.14) E. 3.2 fr., 140 III 496/497 E. 4.1 Pra 2015 (Nr. 12) 103 f., 138 III 59/62 E. 2.1, 136 III 190/192 E. 2 Pra 2010 (Nr. 112) 766 f., 109 II 153/156 E. 3b fr. Die Umstände nach der Kündigung finden keine Berücksichtigung 4A_705/2014 (8.5.15) E. 4.3.1 fr. Die Kündigung auf den nächsten ordentlichen Termin bedarf *keines bestimmten Grundes,* selbst wenn sie für den Mieter nachteilige Konsequenzen hat 4A_705/2014 (8.5.15) E. 4.2 fr., 4A_198/2014 (17.7.14) E. 2.2 fr., 4A_503/2013 (5.3.14) E. 4.2 fr., 138 III 59/62 E. 2.1, 4A_484/2012 (28.2.13) E. 2.3.1 fr., 4A_366/2012 (3.9.12) E. 2.1 fr., 4A_126/2012 (3.8.12) E. 1 fr. Der Eigentümer kann ein Mietobjekt kündigen (dazu und zum Folgenden 4A_484/2012 [28.2.13] E. 2.3.1 fr.), um es mit Gewinn («Leerverkaufskündigung») zu verkaufen 4C.267/2002 (18.11.02) E. 2.3 fr., 4A_475/2015 (19.5.16) E. 4.3 und 4.4 fr. oder es an einen anderen Mieter zu einem höheren, aber nicht missbräuchlichen Mietzins zu vermieten 4A_8/2016 (16.2.16) E. 2 fr., 4A_58/2013 (16.5.13) E. 3.1 fr., 136 III 190/192 E. 2 Pra 2010 (Nr. 112) 766 f., 4A_414/2009 (9.12.09) E. 3.1 fr., (auch: «Ertragsoptimierungskündigung»: 4A_239/2018 [19.2.19] E. 5.1 fr., 4A_293/2016 [13.12.16] E. 5.2.3 Pra 2017 [Nr. 45] 447 ff. [n.p. in 143 III 15]), um dessen Nutzung zu ändern 136 III 190/194 E. 3 Pra 2010 (Nr. 112) 767 f., um Umbau- und Renovationsarbeiten am Mietobjekt ausführen zu lassen 135 III 112/119 f. E. 4.2 oder um das Mietobjekt abzureissen und ein neues Gebäude zu erstellen 4A_210/2014 (17.7.14) E. 3.1 fr. Spiegelbildlich darf der Mieter das Mietverhältnis kündigen, um sich ein günstigeres Mietobjekt zu suchen 4A_293/2016 (13.12.16) E. 5.2.1 Pra 2017 (Nr. 45) 445 (n.p. in 143 III 15). – Eine Kündigung gilt allgemein dann als treuwidrig, wenn sie *ohne objektives, ernsthaftes und schützenswertes Interesse* ausgesprochen wird 4A_705/2014 (8.5.15) E. 4.2 fr., 4A_106/2014 (28.5.14) E. 3.2, 4A_155/2013 (21.10.13) E. 2.2.2 fr., 4A_283/2013 (20.8.13) E. 5, 4A_88/2013 (17.7.13) E. 6.1, 2

136 III 190/192 E. 2 Pra 2010 (Nr. 112) 766 f., 120 II 31/32 f. E. 4a fr., 120 II 105/108 E. 3a Pra 1995 (Nr. 144) 465 ff. Sie verstösst insbesondere dann gegen Treu und Glauben, wenn der Grund für die angefochtene Kündigung offensichtlich bloss vorgeschoben ist 4A_254/2015 (15.7.15) E. 2.1 fr., 4A_625/2014 (25.6.15) E. 2 fr., 4A_619/2014 (25.6.15) E. 2 fr., 4A_155/2013 (21.10.13) E. 2.2.2 fr., 136 III 190/192 f. E. 2 Pra 2010 (Nr. 112) 766 f., 4A_241/2010 (10.8.10) E. 2.2 fr., 135 III 112/119 E. 4.2. – Im Rahmen der Anfechtung der Kündigung des Hauptmietvertrages durch den Vermieter kann sich der Mieter nicht darauf berufen, dass die Kündigung für seinen Untermieter nachteilige Folgen hätte 4A_366/2012 (3.9.12) E. 2.1 fr. – Die unterschiedliche Wortwahl in der Bestimmung und dem ihr zugrunde liegenden [a]BV Art. 34[septies] [vgl. BV Art. 109] entspricht keiner besonderen Absicht des Gesetzgebers. – Eine offensichtlich rechtsmissbräuchliche Kündigung ist nicht unbeachtlich im Sinne von ZGB Art. 2 Abs. 2, sie ist gemäss Art. 271 lediglich anfechtbar. Art. 271 ist lex specialis zu ZGB Art. 2 Abs. 2. Will die gekündigte Partei die Missbräuchlichkeit der Kündigung geltend machen, ist deshalb immer eine Anfechtung innert Frist notwendig 133 III 175/178 f. E. 3.3. Anders verhält es sich bei nichtigen Kündigungen: Auch ein Mieter, der die ihm gegenüber ausgesprochene Kündigung nicht separat im mietrechtlichen Schlichtungsverfahren bzw. beim Mietgericht angefochten hat, kann sich im Ausweisungsverfahren auf deren Nichtigkeit berufen, weil die Geltendmachung der Nichtigkeit nicht von einer förmlich erfolgten gerichtlichen Anfechtung abhängt 4A_469/2013 (14.11.13) E. 4. – Ob ein Kündigungsgrund treuwidrig ist, ist im Zeitpunkt der ausgesprochenen Kündigung zu beurteilen 4A_545/2013 (28.11.13) E. 3.1 fr., 138 III 59/62 E. 2.1. Weggefallene Gründe kann eine nach Treu und Glauben ausgesprochene Kündigung nicht nachträglich zur treuwidrigen werden lassen 4A_545/2013 (28.11.13) E. 3.2.3 fr. (Kündigung wegen Eigenbedarfs wird nicht treuwidrig, wenn der Eigenbedarf nachträglich wegfällt), 4A_454/2012 (10.10.12) E. 2.4 fr. (in dem auf die Kritik in der Lehre Bezug genommen, die Rechtsprechung aber bestätigt wurde), 4A_322/2007 (12.11.07) E. 5.2.2 fr. – *Keine Abwägung der Interessen* (des Vermieters einerseits, die Verfügungsgewalt über seine Lokalität zurückzuerhalten, und des Mieters andererseits, die gemieteten Räumlichkeiten weiter benutzen zu dürfen), um über die (Un-)Gültigkeit der Kündigung zu entscheiden. Eine entsprechende Interessenabwägung nimmt das Gericht nur im Rahmen eines Erstreckungsgesuchs vor (Art. 272 Abs. 2) 4A_484/2012 (28.2.13) E. 2.3.1 fr., 4A_167/2012 (2.8.12) E. 2.2 fr. Anders, wenn zu prüfen ist, ob die Kündigung eine unnütze Rechtsausübung darstellt; die Rechtsmissbräuchlichkeit liegt in diesem Fall gerade im krassen Missverhältnis der Parteiinteressen begründet 4A_475/2015 (19.5.16) E. 6.1 ff. fr. Missverhältnis verneint, als eine öffentlich-rechtliche Körperschaft, die Ausbildungszentren für Menschen mit körperlichen oder psychischen Beeinträchtigungen betreibt, das Mietverhältnis mit einem Physiotherapeuten über ein für seine Zwecke überaus gut geeignetes Behandlungslokal kündigte 4A_560/2017 (1.3.18) E. 3.8 fr. Missverhältnis dagegen bejaht, weil der Mieter körperlich schwer behindert war und die Kündigung für den beabsichtigten Verkauf der Wohnliegenschaft nicht erforderlich war 4A_485/2018 (8.4.19) E. 8 fr. *Genfer Gesetz über Abbrüche, Umbauten und Renovierungen von Wohnhäusern* (LDTR): In casu hat das kantonale Bauamt die Verkaufsbewilligung einer Wohnung von der Bedingung abhängig gemacht, dass die Käufer den laufenden Mietvertrag mit den Mietern übernehmen und aufrechterhalten. Das öffentliche kantonale Recht kann zwar Massnahmen vorschreiben, um die Nutzung

von Wohnungen als Mietwohnungen zu bewahren, es kann aber nicht das Recht des Vermieters einschränken, einen bestimmten Mietvertrag zu kündigen, da die Kündigung des Mietvertrages im Bundesprivatrecht geregelt ist (ZGB Art. 6). Der Bedingung des Genfer Bauamts kann deshalb keine Tragweite beigemessen werden, sie vermag die Kündigung des neuen Eigentümers nicht zu einer Treu und Glauben zuwiderlaufenden Kündigung zu machen 4A_641/2014 (23.2.15) E. 1 fr. – Um beurteilen zu können, ob eine Kündigung Treu und Glauben zuwiderläuft, ist der *wahre Grund für die Kündigung* zu eruieren. Das hängt von der Sachverhaltsfeststellung und von Fragen der Beweiswürdigung ab, die das Bundesgericht bloss einer Willkürprüfung unterzieht 4A_167/2012 (2.8.12) E. 2.2 fr. Wird eine Kündigung ausserhalb einer Sperrfrist gemäss Art. 271a lit. d und e ausgesprochen, so wird ein Verstoss gegen den Grundsatz von Treu und Glauben nicht vermutet. Ein solcher Verstoss ist daher gemäss ZGB Art. 8 vom Kündigungsempfänger zu beweisen, der daraus die Anfechtbarkeit der Kündigung ableitet. Der Kündigende hat aber insofern zur Wahrheitsfindung beizutragen, als er die Gründe der Kündigung nennt und alle in seinem Besitz befindlichen Beweisstücke zur Verfügung stellt, die für die Prüfung des von ihm behaupteten Kündigungsgrundes notwendig sind 4A_155/2013 (21.10.13) E. 2.2.1 fr., 135 III 112/119 E. 4.1, 4A_345/2007 (8.1.08) E. 2.4. – Eine Kündigung, die bewusst und berechtigt gestützt auf Art. 266g ausgesprochen wird, ist in der Regel nicht wegen Verstosses gegen Treu und Glauben (Art. 271 Abs. 1) anfechtbar. Aus Art. 271a Abs. 2 lit. e, der das Verhältnis zwischen der ausserordentlichen Kündigung nach Art. 266g und den Anfechtungsgründen in Art. 271a Abs. 1 festlegt, kann aber gefolgert werden, dass der Kündigungsschutz dem Adressaten einer Kündigung nach Art. 266a weder aus Prinzip noch gänzlich verwehrt wird 4A_586/2012 (23.9.13) E. 4 fr. – Die Anfechtung gemäss Art. 271 Abs. 1 muss innerhalb der Verwirkungsfristen von Art. 273 erfolgen. Widrigenfalls kann die Rüge, die Kündigung sei rechtsmissbräuchlich gewesen, mangels Einhaltung der bundesrechtlichen Verwirkungsfrist im Ausweisungsverfahren nicht mehr erhoben werden 4A_469/2013 (14.11.13) E. 4, 133 III 175/179 f. E. 3.3.4. – Die Klage, die allein auf Feststellung der Nichtigkeit bzw. Unwirksamkeit der Kündigung des Mietverhältnisses gerichtet ist, fällt unter ZPO Art. 243 Abs. 2 lit. c 142 III 402/408 ff. E. 2.5 Pra 2017 (Nr. 71) 717 ff. (noch offengelassen in 139 III 457/464 ff. E. 5.2 und 5.3). Gleiches gilt für die Klage, die sich im Hauptpunkt auf die Feststellung der Unwirksamkeit der Kündigung richtet und dieselbe nur im Eventualpunkt als missbräuchlich anficht 4A_383/2015 (7.1.16) E. 2.4.

Missbrauch. Art. 271 Abs. 1 stellt eine *lex specialis zu ZGB Art. 2 Abs. 2* dar; die Anwendung des Ersteren schliesst Letzteren aus. Das ist von Bedeutung, weil der offenbare Rechtsmissbrauch (ZGB Art. 2 Abs. 2) nichtig und deshalb von Amtes wegen zu berücksichtigen, während die missbräuchliche Kündigung im Sinne von Art. 271 Abs. 1 bloss anfechtbar ist 4A_31/2013 (2.4.13) E. 2.2 fr. – Der verfassungsrechtliche Begriff des Missbrauchs wurde an die allgemeine Klausel von ZGB Art. 2 angeknüpft, die sowohl den Grundsatz von Treu und Glauben (Abs. 1) als auch das Rechtsmissbrauchsverbot (Abs. 2) beinhaltet. Typische Rechtsmissbrauchsfälle (fehlendes Interesse an der Ausübung eines Rechts, zweckwidrige Benützung eines Rechtsinstituts, krasses Missverhältnis der auf dem Spiele stehenden Interessen, schonungslose Rechtsausübung, widersprüchliches Verhalten, schikanöse Kündigung) rechtfertigen ganz klar die Aufhebung einer Kündi- 3 gung (für klassische Missbrauchsfälle, wenn auch nicht spezifisch in Bezug auf das Mietrecht, vgl. 135 III 162/169 E. 3.3.1 Pra 2009 [Nr. 101] 684), wobei es nicht erforderlich ist, dass das Verhalten des Betreffenden als «offenbarer» Rechtsmissbrauch i.S.v. ZGB Art. 2 Abs. 2 qualifiziert werden kann 4A_22/2015 (11.5.15) E. 3 fr., 4A_625/2014 (25.6.15) E. 2 fr., 4A_586/2012 (23.9.13) E. 4 fr., 4A_37/2013 (28.6.13) E. 2.2 (n.p. in 139 III 353) Pra 2014 (Nr. 38) 275 ff., 4A_31/2013 (2.4.13) E. 2.2 fr., 136 III 190/192 E. 2 Pra 2010 (Nr. 112) 766 f., 135 III 112/119 E. 4.1; eine Kündigung kann aber auch aufgehoben werden, wenn deren Grund gegen die Regeln von Treu und Glauben verstösst, welche das dem bestehenden Vertrag zugrunde liegende Vertrauensverhältnis beherrschen (z.B. die gegenüber einem Mieter wegen seiner Hautfarbe ausgesprochene Kündigung) 4A_484/2012 (28.2.13) E. 2.3.3 fr., 4A_167/2012 (2.8.12) E. 2.2 fr., 135 III 112/119 E. 4.2 (in dem das Bundesgericht die Kündigung durch den Vermieter wegen einer umfassenden Sanierung der Liegenschaft als nicht offensichtlich bloss vorgeschoben qualifiziert hat), 4A_131/2008 (25.6.08) E. 4.1 fr., 4C.140/2006 (14.8.06) E. 5.1 fr., 4C.94/2004 (18.5.04) E. 2.1, 120 II 105/107 f. E. 3a Pra 1995 (Nr. 144) 465 ff., oder durch keinen objektiven Grund gerechtfertigt ist 4A_586/2012 (23.9.13) E. 4 fr., 132 III 737/745 E. 3.4.2, 4C.173/2005 (24.10.05) E. 2.1. Schikanöse Kündigung, der kein objektives, ernsthaftes und schützenswertes Interesse zugrunde liegt und deren Begründung nur als Vorwand vorgeschoben wird 4A_37/2013 (28.6.13) E. 2.2 (n.p. in 139 III 353) Pra 2014 (Nr. 38) 275 f., 4A_726/2012 (30.4.13) E. 1.1 fr., 138 III 59/62 E. 2.1, 136 III 190/192 E. 2 Pra 2010 (Nr. 112) 766 f. Der Umstand, dass die Kündigung für den Mieter eine Härte darstellt, genügt nicht; eine solche Härte ist nur im Hinblick auf eine Erstreckung des Mietverhältnisses relevant (Art. 272) 138 III 59/62 E. 2.1. – Kündigung zur Um- und Eigennutzung. Frage nach der Treuwidrigkeit. Es sind zwei Fälle zu unterscheiden: 1. Ist der angegebene Kündigungsgrund wahr, so muss der Mieter beweisen, dass die Umnutzung mit Sicherheit an den notwendigen behördlichen Bewilligungen scheitern wird. 2. Ist der angegebene Kündigungsgrund aber nur vorgeschoben, ist daraus grundsätzlich der Schluss zu ziehen, dass die Kündigung missbräuchlich ist. Eine ungünstige Prognose in Bezug auf die Realisierbarkeit der Umnutzung kann ein Indiz dafür sein, dass der geltend gemachte Kündigungsgrund nur vorgeschoben ist 4A_726/2012 (30.4.13) E. 1.4 fr. – Ob ein Kündigungsgrund treuwidrig ist, ist im Zeitpunkt der ausgesprochenen Kündigung zu beurteilen. Der Vermieter, der sich weiterhin auf die Gültigkeit seiner Kündigung beruft, obwohl der Kündigungsgrund im Verlaufe des Verfahrens weggefallen ist, muss sich nicht vorhalten lassen, das Gestaltungsrecht der Kündigung missbräuchlich ausgeübt zu haben 4A_454/2012 (10.10.12) E. 2.5 fr. – Erfüllt eine Kündigung die Voraussetzungen von Art. 257f (Abs. 3), so kann sie nur in Ausnahmefällen aufgrund von Art. 271 aufgehoben werden 4A_87/2012 (10.4.12) E. 6.2 fr. – Damit die Kündigung dem Grundsatz von Treu und Glauben entspricht, ist es allerdings nicht notwendig, dass diese auf einer Verletzung des Mietvertrags durch den Mieter beruht; sie muss aber den allgemeinen formellen und materiellen Voraussetzungen genügen 4A_631/2010 (4.2.11) E. 2.4 fr. Die Kündigung des Vermieters läuft auch dann nicht Treu und Glauben zuwider, wenn die vermietete Kleiderboutique seit längerer Zeit leer steht und die Angaben der Mieter, wie sie die Boutique zukünftig anderweitig zu benutzen gedenken, nur sehr vage sind. Das Interesse des Vermieters, sein Lokal an Personen zu vermieten, die es effektiv nutzen, ist schützenswert 4A_255/2012 (20.7.12) E. 2.2.2 fr. Eine betagte Mieterin wird in ein Pflegeheim eingewiesen. An deren Stelle zieht ihre ursprünglich in Frankreich ansässige Tochter mit ihren Kindern ein. Die Letztere zeigt dies der Immobilienverwaltung an und verlangt Instandstellungsarbeiten. Die Vermieterin darf annehmen, dass die Mieterin nicht mehr ins Wohnobjekt zurückkehrt; Kündigung gerechtfertigt 4A_388/2016 (15.3.17) E. 4.3 fr. – *Untermiete:* Kein Verstoss gegen Treu und Glauben, wenn der Vermieter die Wohnung kündigt, weil der Mieter sie untervermietet hat, ohne dazu berechtigt gewesen zu sein 4A_366/2012 (3.9.12) E. 2.1 fr. Gerechtfertigte Kündigung, wenn der Mieter und Untervermieter nicht mehr gedenkt, ins Mietobjekt zurückzukehren, auch wenn Vermieter und Mieter sich nicht über die maximale Dauer der Untermiete verständigt haben. In casu dauerte die Untermiete seit einem Vierteljahrhundert und der Mieter hat die Schweiz seit zehn Jahren verlassen 4A_316/2015 (9.10.15) E. 2 fr. Differenzierungen bei vollständiger und partieller Untervermietung 4A_227/2017 (5.9.17) E. 4.2 fr., 4A_290/2015 (9.9.15) E. 4.2 ff. fr. Kündigung missbräuchlich, wenn der Vermieter die partielle und unbefristete Untervermietung durch Schweigen genehmigt hat, auch wenn die Mieterin das Objekt schliesslich nur punktuell, aber regelmässig nutzt und beabsichtigt, in die Wohnung zurückzukehren. Der Vermieter muss für die Beendigung der Untervermietung nach Art. 269d Abs. 3 vorgehen 4A_290/2015 (9.9.15) E. 5 fr. Vgl. auch 4A_227/2017 (5.9.17) E. 4.3 fr. Keine missbräuchliche Kündigung, wenn der Vermieter kündigt, um das Mietobjekt zu einem höheren Preis zu verkaufen. Es besteht aber keine natürliche Vermutung dahingehend, dass sich ein leerstehendes Objekt zu einem höheren Preis veräussern lässt. Entscheidend sind die Umstände des konkreten Einzelfalls, namentlich das spezifische Interesse des potenziellen Käufers am leerstehenden Objekt 4A_485/2018 (8.4.19) E. 8 fr., 4A_475/2015 (19.5.16) E. 5.2.1 und 5.2.3.2 fr. – Der Vermieter verhält sich widersprüchlich und nicht gemäss dem Grundsatz von Treu und Glauben, wenn er das Mietverhältnis aufgrund von Tatsachen gekündigt hat, die ihm bereits im Zeitpunkt des Abschlusses des Mietvertrages bekannt gewesen sind und die er während langer Zeit geduldet hat 4A_583/2008 (23.3.09) E. 5.1 fr. Missbräuchliche Kündigung der Mietwohnung, wenn dem Hauswartehepaar zeitgleich mit dem Hauswartvertrag auch der Mietvertrag betreffend die Mietwohnung gekündigt wird. Die Hauswarte waren 84 und 78 Jahre alt und bewohnten die Mietwohnung seit 41 Jahren. Ursprünglich war das umstrittene Mietobjekt zwar als Hauswartwohnung konzipiert gewesen. Sie ist jedoch nicht spezifisch für Hauswarttätigkeiten ausgerüstet. Es ist also nicht notwendig, dass die ehemaligen Hauswarte aus dem umstrittenen Mietobjekt ausziehen, damit der Vermieter einen neuen Hauswart anstellen kann 4A_50/2015 (19.5.15) E. 2.2 fr. Missbräuchliche Kündigung, weil die Begründung des Vermieters unglaubwürdig war. Er hatte angegeben, im Mietobjekt ein Restaurant eröffnen und führen zu wollen, wobei er beabsichtigte, selbst in Marokko zu bleiben und sich hierfür nicht qualifizierter und ebenfalls im Ausland ansässiger Dritter zu bedienen 4A_84/2018 (25.7.18) E. 5 fr. – Keine missbräuchliche Kündigung, wenn diese dazu dient, den Frieden unter der Mieterschaft zu sichern 4A_735/2011 (16.1.12) E. 2.3 fr., 4A_114/2010 (12.7.10) E. 3 fr. Zerbrochene amouröse Beziehung zwischen der Mieterin und einem ebenfalls im Haus wohnhaften Mitglied der Vermieter-Gesellschaft. Die Kündigung an die Mieterin wahrt den Hausfrieden und ist nicht missbräuchlich 4A_421/2017 (27.9.17) E. 4.4. Keine missbräuchliche Kündigung vonseiten der Schwester (Vermieterin) an die Adresse ihres Bruders (Mieter), zu welchem eine konfliktbehaftete Beziehung besteht 4A_396/2016 (22.9.16) E. 5 fr. – Die Tatsache allein, dass der Vermieter in der Mahnung einen zu hohen Betrag einsetzt, macht die auf Art. 257d gestützte Kündigung nicht zwingend unwirksam 4A_550/2010 (17.1.11) E. 4.2, 4A_32/2007 (16.5.07) E. 6.2. – Darin, dass eine Kündigung ausschliesslich mit dem Willen des Vermieters begründet wird, von einem neuen Mieter einen *höheren* – aber aufgrund der absoluten Berechnungsmethode nicht missbräuchlichen – *Mietzins* zu erlangen, als ihn der bisherige Mieter bezahlt hat, liegt in der Regel kein Verstoss gegen den Grundsatz von Treu und Glauben i.S. der Bestimmung vor 4A_108/2012 (11.6.12) E. 4.3 fr., 136 III 190/192 E. 2 Pra 2010 (Nr. 112) 766 f., 4A_448/2009 (1.2.10) E. 2.3 fr., 4A_408/2009 (15.12.09) E. 2.1 fr., 4A_472/2007 (11.3.08) E. 2.1 fr., 4C.61/2005 (27.5.05) E. 4.2 fr., 4C.343/2004 (22.12.04) E. 3.1 fr., 120 II 105/109 ff. E. 3b, c Pra 1995 (Nr. 144) 467 ff. Ob der in der Lehre geäusserte Einwand zutrifft, dass darin eine unzulässige Umgehung der Regeln über die einseitige Erhöhung des Mietzinses liege, ist offen 4A_293/2016 (13.12.16) E. 5.2.3 Pra 2017 (Nr. 45) 447 ff. (n.p. in 143 III 15). Missbräuchlichkeit bejaht, wenn durch die Vermietung an einen anderen Mieter kein oder nur ein marginal höherer Mietzins erzielt werden könnte 4A_211/2015 (8.12.15) E. 5.2 fr. Keine missbräuchliche Kündigung, wenn der Vermieter eine Arztpraxis wieder zur eigenen Verfügung haben möchte, nachdem der Mieter und Arzt verstorben ist und keiner der Erben des Mieters die Arztpraxis selbst weiterführen kann 4A_22/2015 (11.5.15) E. 3 fr. Keine missbräuchliche Kündigung, wenn die Eigentümerin eines Einkaufszentrums (Vermieterin) der Betreiberin eines Fitness-Centers (Mieterin) kündigt, um einer anderen Gesellschaft, die zur selben Gruppe gehört wie die Vermieterin, den Betrieb eines Fitness-Centers zu ermöglichen. Daran ändert auch nichts, dass die Nachfolgebetreiberin von der bisherigen Kundschaft der Mieterin profitieren könnte. Die Vermieterin hatte sich nicht auf Eigenbedarf gestützt 4A_346/2016 (17.1.17) E. 3 und 4 fr.

4 **Zahlungsrückstand.** Die Bestimmung ist selbst dann anwendbar, wenn die Kündigung auf Zahlungsrückstand des Mieters gemäss Art. 257d beruht 4A_739/2011 (3.4.12) E. 4.2, 4A_497/2011 (22.12.11) E. 2.4 fr., 4A_549/2010 (17.2.11) E. 4.1, 4A_361/2008 (26.9.08) E. 2.3 fr., 4C.173/2005 (24.10.05) E. 2.2 fr., 4C.65/2003 (23.9.03) E. 4.2 fr. Hier nimmt das Bundesgericht aber *nur in Ausnahmefällen* die Missbräuchlichkeit einer Kündigung auf der Grundlage von Art. 257d an, z.B. dann, wenn der Eigentümer die Kündigung ausspricht, obwohl die Rückstände so kurz nach Ablauf der Zahlungsfrist beglichen wurden, dass der Mieter davon ausgehen konnte, diese seien rechtzeitig bezahlt worden (was bei einer Bezahlung der Rückstände 4 Tage nach Ablauf der Zahlungsfrist nicht mehr der Fall ist 4A_361/2008 [26.9.08] E. 2.3.2 fr.), oder wenn die Kündigung lange nach Ablauf der Zahlungsfrist erfolgte 4A_366/2008 (25.11.08) E. 4 fr., 4C.35/2004 (27.4.04) E. 3.1 fr. Ebenso verstösst der Eigentümer gegen Treu und Glauben, der seinem Mieter die Kündigung wegen Nichtzahlung fälliger Mietzinse oder Nebenkosten androht, bevor er die Gewissheit erlangt hat, dass dieser den geforderten Betrag schuldet 120 II 31/33 f. E. 4a und b fr. Aufhebung einer Kündigung wegen Treuwidrigkeit, da der Vermieter die Kündigung angedroht hat, während die Parteien über eine grundsätzlich unbestrittene Mietzinsreduktion verhandelten, deren Höhe im Zeitpunkt der Androhung und Erklärung der Kündigung aber höchst unklar war 4C.65/2003 (23.9.03) E. 4.2 fr. Die Kündigung ist aber auf jeden Fall nicht missbräuchlich, wenn der Mieter die zurückbehaltenen Mietzinsen nicht hinterlegt hat 4A_468/2010 (29.10.10) E. 2 fr. Ebenso wenig ver-

stösst die Kündigung wegen häufigen Zahlungsverzugs gegen Treu und Glauben 4A_634/2009 (3.3.10) E. 2.2.3 fr. Keine Treuwidrigkeit der Zahlungsverzugskündigung des Vermieters, wenn die Mieter sich ihrerseits treuwidrig verhielten, indem sie den Mietzins hinterlegten, obwohl sie wussten, dass der Vermieter den Mangel, der Anlass zur Hinterlegung gebildet hatte, innert der angesetzten Frist behoben hatte 4A_739/2011 (3.4.12) E. 4.3. Missbräuchlichkeit verneint, wenn die Kündigung nebst Zahlungsverzug noch auf anderen Gründen beruht (z.B. Eigenbedarf), solange die Voraussetzungen von Art. 257d gegeben sind 4A_718/2016 (21.2.17) E. 2.2.2. – Der Rückstand einer Monatsmiete stellt *keine unbedeutende Summe* dar 4A_641/2011 (27.1.12) E. 7 fr. Die Forderung eines Betrages von CHF 286.00 kann ebenso wenig als unbedeutend qualifiziert werden 120 II 31/33 f. E. 4a und b fr. – Keine missbräuchliche Kündigung, wenn die Zahlungsfrist am Freitag abgelaufen ist und die Gutschrift am darauffolgenden Montag erfolgte, da die Mieter während der ganzen Zeit der Zahlungsfrist die Kosten der Ungezieferbekämpfung ohne Rechtfertigung unentschuldigt zurückbehielten. Der Betrag von CHF 647.60 gilt sodann nicht als unbedeutend 4A_366/2008 (25.11.08) E. 4 fr., vgl. auch 4A_195/2011 (16.6.11) E. 4.1.

Eigenbedarf. Keine missbräuchliche Kündigung bei Eigenbedarf 4A_615/2009 (4.3.10) 5
E. 3 fr. oder weil die Kinder des Vermieters das Mietobjekt selbst nutzen wollen 4A_46/2010 (27.4.10) E. 5.2 fr., 4C.443/2006 (5.4.07) E. 4.1 fr. – Das Geschäftslokal soll der Tochter des Vermieters für den Betrieb eines Coiffeursalons überlassen werden. Dass zum Zeitpunkt der Kündigung kein Geschäftsplan vorliegt und die Geschäftslokalität für das Unterfangen im heutigen Zustand nicht geeignet ist, spricht nicht für Missbräuchlichkeit 4A_198/2016 (7.10.16) E. 4.5.1 f. fr. – Liegt eine Baubewilligung des Vermieters zur umfassenden Renovation der Wohnung vor, so kann sie als Indiz für dessen ernsthaften und aktuellen Eigenbedarf dienen 4A_167/2012 (2.8.12) E. 2.2 fr. Handelt es sich hingegen bei der Vermieterin um die Einzelaktionärin einer im Immobiliengeschäft tätigen AG, die Eigenbedarf für ihren Sohn geltend macht, überwiegen die Interessen einer herzkranken, depressiven und arbeitslosen, langjährigen (23 Jahre) Mieterin 4A_297/2010 (6.10.10) fr. – Kündigung, damit der arbeitslose Sohn des Vermieters im Mietobjekt seinem künftigen Erwerb nachgehen kann. Die erforderliche Dringlichkeit des Eigenbedarfs, namentlich dessen «Aktualität» fehlt, wenn der Sohn die Bewirtschaftung des Mietobjekts zwar ins Auge fasst, zugleich aber auch eine neue Arbeitsstelle annimmt. Weitere Indizien gegen die Dringlichkeit waren, dass der Sohn über die nötigen öffentlich-rechtlichen Bewilligungen nicht im Bilde war und keine Vorstellung von den potenziellen Ausbaukosten hatte 4A_16/2016 (26.8.16) E. 2.4.1 und 2.4.2 fr. Dringlichkeit des Eigenbedarfs bejaht, obwohl die Vermieterin mit fast einem Jahr Vorlaufzeit kündigte. Der Mietvertrag liess eine Kündigung nur einmal jährlich zu. Dass der Bruder der Vermieterin in der Nähe über eine Wohnung verfügte, die er selbst nicht bewohnte, entschärfte die Dringlichkeit nicht 4A_639/2018 (21.11.19) E. 5.5.2 Pra 2020 (Nr. 85) 854 f. – Eine AG kann als Vermieterin keinen Eigenbedarf für nahestehende Personen der Hauptaktionärin geltend machen 4A_442/2011 (25.11.11) E. 4 fr. Der Vermieter kann sich nicht auf das Interesse einer im Nachbargebäude tätigen GmbH berufen, die im Alleineigentum einer AG steht, die wiederum ihm allein gehört. Dass die GmbH eine Ausweitung ihrer eigenen Lokalitäten auf die Mieterräumlichkeiten anstrebte, gereichte im Verhältnis Vermieter/Mieter nicht zum

Eigenbedarf 4A_19/2016 (2.5.17) E. 3.2 fr. Der Vermieter kann sich auf das Interesse juristischer Personen berufen, die er als Verwaltungsratspräsident leitet und an welchen er beteiligt ist 4A_284/2019 (1.10.19) E. 2.3.1. Die Vermieterinnen (juristische Personen) dürfen sich auf das Interesse einer natürlichen Person berufen, die Alleinaktionärin einer der Vermieterinnen ist 4A_128/2019 (3.7.19) E. 3 fr. Der Eigenbedarf wird nicht als legitimer Grund anerkannt, wenn unterdessen andere Wohnungen des Vermieters frei werden, in der das Familienmitglied bzw. die nahestehende Person hätte einziehen können 4A_241/2010 (10.8.10) fr., 4A_623/2010 (2.2.11) E. 2.5 fr., und diese nicht für eine behinderte nahestehende Person besser geeignet gewesen wäre 4A_629/2010 (2.2.11) E. 3.3 fr. Kündigen die Vermieter mehrere Wohnungen gleichzeitig unter Angabe desselben Kündigungsgrunds (Eigenbedarf für Schwester des Vermieters) und lässt sich der wahre Kündigungsgrund nicht ermitteln, handelt es sich um eine missbräuchliche Kündigung 4A_64/2010 (29.4.20) E. 2.3 fr. – Eine von einem in Singapur lebenden Vermieter mit Eigenbedarf begründete Kündigung ist missbräuchlich, wenn er im Zeitpunkt der Kündigung nicht die geringsten Vorbereitungen für eine Rückkehr nach Genf getroffen hat und kurz darauf eine Stelle in Indien antritt; krasses Missverhältnis zwischen Vermieter- und Mieterinteressen 4A_575/2008 (19.2.09) E. 4.3 fr. – Gegen den Eigenbedarf der neuen Eigentümerin und Vermieterin spricht nicht, dass das Objekt für eine Nutzung entlang des Gesellschaftszwecks zunächst umgebaut oder gar neu erbaut werden muss. Konkrete Pläne hierfür muss die Vermieterin nicht präsentieren, denn es geht nicht darum, ob der Verbleib der Mieter im Mietobjekt in Betracht kommt. Unbeachtlich ist auch, dass die Vermieterin zum Kündigungszeitpunkt Mieterin einer deutlich kleineren Geschäftsfläche war, denn sie muss nicht aufzeigen, ob sie das Objekt ganz oder nur teilweise für ihre Zwecke in Anspruch nehmen will 4A_18/2016 (26.8.16) E. 4.2 und 4.3 fr.

6 **Immissionen.** Durch den Mieter verursachte Immissionen können die nachbarschaftlichen Verhältnisse stark belasten und bei der Interessenabwägung zwischen den verschiedenen Mietern zum Nachteil des Verursachers verwendet werden 4A_631/2010 (4.2.11) E. 2.6 fr.

7 **Renovation.** Der Entscheid über die Art und den Umfang der Sanierung ist grundsätzlich ausschliesslich Sache des Vermieters 4A_126/2012 (3.8.12) E. 1 fr., 135 III 112/120 E. 4.2. Der Vermieter ist nicht gehalten, mit den Renovationsarbeiten so lange zuzuwarten, bis sie unumgänglich und dringend sind 4A_503/2013 (5.3.14) E. 4.3 fr. Die Kündigung im Hinblick auf eine umfassende Renovation der Liegenschaft ist grundsätzlich nicht missbräuchlich 4A_662/2012 (7.2.13) E. 6, 4A_126/2012 (3.8.12) E. 1 fr., 4A_518/2010 (16.12.10) E. 2.4.2, 2.5 fr., 4A_227/2010 (1.7.10) E. 2.3 fr., 4A_414/2009 (9.12.09) E. 3.1 und 3.2 fr., 135 III 112/119 f. E. 4.2. Hierbei ist es nicht unerlässlich, dass der Vermieter im Zeitpunkt der Kündigung schon im Besitz einer *Baubewilligung* ist oder diese beantragt hat 142 III 91/92 f. E. 3.2.1, 140 III 496/497 f. E. 4.1 Pra 2015 (Nr. 12) 103 f., 4A_409/2016 (13.9.16) E. 4 und 5 fr., 4A_583/2014 (23.1.15) E. 2.2 fr., 4A_518/2010 (16.12.10) E. 2.6 fr. Die Kündigung ist aber missbräuchlich, wenn feststeht, dass eine Renovation objektiv unmöglich ist, da die zuständigen Behörden dafür keine Bewilligung erteilen werden, wofür der Mieter beweispflichtig ist 4A_503/2013 (5.3.14) E. 4.2 fr., 4A_126/2012 (3.8.10) E. 2.4 fr. Objektive Unmöglichkeit des Umbauprojekts liegt nicht vor, wenn Plananpassungen zur Kompatibilität mit den öffentlich-rechtlichen Anforde-

rungen führen könnten 4A_19/2016 (2.5.17) E. 4.1.2. a.E. fr. Sind mehrere Wohn- oder Geschäftsbauten Gegenstand der Renovation bzw. einer Neuüberbauung, muss die Unmöglichkeit des Projekts sich mindestens auch auf dasjenige Objekt erstrecken, in dem das Mietobjekt gelegen ist 4A_409/2016 (13.9.16) E. 5 fr. – Steht schon seit mehreren Jahren fest, dass die Räumlichkeiten abgerissen und ein neues Bauprojekt auf dem Grundstück realisiert werden soll, ist die Kündigung mit Treu und Glauben vereinbar 4A_621/2009 (25.2.10) E. 2.3 fr. Art. 271 Abs. 1 steht dem Recht des Vermieters nicht entgegen, den Vertrag zu kündigen, um die *Nutzungsart* der Sache seinen Interessen anzupassen. Der Wille, die Nutzungsart der Räumlichkeiten nach beinahe 15 Jahren seit Abschluss des letzten Mietvertrags zu ändern, ist mit Treu und Glauben vereinbar 136 III 190/192 ff. E. 2–5 Pra 2010 (Nr. 112) 766 ff. Die Kündigung wegen einer Totalsanierung der Liegenschaft setzt nicht voraus, dass die Wohnung während der Umbauarbeiten gänzlich unbewohnbar ist 4A_126/2012 (3.8.12) E. 2.4 fr. Es genügt, wenn die Bewohnung durch den Mieter *die Umbauarbeiten verkompliziert oder massgeblich in die Länge zieht* 4A_583/2014 (23.1.15) E. 2.1.1 fr., 4A_625/2014 (25.6.15) E. 4 fr., 4A_391/2014 (29.10.14) E. 2 und 4 fr., 4A_126/2012 (3.8.12) E. 2.4 fr. Das kann unter anderem dort der Fall sein, wo die Raumaufteilung geändert, Küchen, Bäder oder andere Installationen ersetzt, Böden erneuert oder Wände neu verkleidet werden 4A_619/2014 (25.6.15) E. 4 fr. Die Begründung der Kündigung durch den Vermieter muss genügend substanziiert sein, damit der Mieter zum einen von den Absichten des Vermieters Kenntnis erhält und zum anderen (objektiv) abschätzen kann, ob und falls ja wie sehr seine Präsenz in den Mieträumlichkeiten die Sanierungsarbeiten erschweren oder in die Länge ziehen wird 140 III 496/499 E. 4.2.2 Pra 2015 (Nr. 12) 106 f., 135 III 112/119 E. 4.2. Eine lange Kündigungsfrist ändert nichts daran, dass der Mieter im Zeitpunkt der Kündigung erkennen können muss, ob die Renovation seinen Verbleib im Mietobjekt zulässt 142 III 91/94 f. E. 3.2.2. Die Begründung, dass die Wohnung totalsaniert werden müsse, um ihren Ausbau dem aktuellen Standard anzupassen, genügt nicht 4A_625/2014 (25.6.15) E. 4 und 5 fr. Damit der Vermieter dem Mieter belegen kann, dass seine Anwesenheit die Renovationsarbeiten massgeblich erschweren oder in die Länge ziehen wird, muss das Bauprojekt genügend reif und ausgearbeitet sein (die Kündigung aufgrund eines unausgereiften Bauprojekts ist willkürlich) 4A_491/2018 (8.5.19) E. 2.1.2 und 3.3 f. fr., 4A_583/2014 (23.1.15) E. 2.1.1 und 2.1.2 fr., 140 III 496/499 f. E. 4.2.2 Pra 2015 (Nr. 12) 106 f., 4A_425/2009 (11.11.09) E. 3.2 fr. Kündigung missbräuchlich, wenn die Renovationsarbeiten erst spät als Kündigungsgrund angegeben und mit variierendem Umfang und Begründung umschrieben werden 4A_476/2016 (20.2.17) E. 2.4 fr. Eine Gemeinde, die als Vermieterin auftritt, muss den erforderlichen Baukredit nicht schon im Zeitpunkt der Kündigung zugesprochen erhalten haben. Es genügt ein bewilligter Studienkredit 4A_200/2017 (29.8.17) E. 4.2.1 fr. Ob der Mieter während der Bauarbeiten im Mietobjekt verbleiben kann, ist unbeachtlich, wenn der Umbau darauf zielt, zwei separat vermietete Flächen zu einem einzigen Geschäftslokal – und Mietobjekt – zusammenzuführen 4A_694/2016 (4.5.17) E. 5.3.3 fr. – Die Kündigung wegen Renovation ist selbst dann nicht missbräuchlich, wenn der Mieter sich bereit erklärt, die Unannehmlichkeiten der Bauarbeiten in Kauf zu nehmen und im Mietobjekt zu verbleiben 4A_126/2012 (3.8.12) E. 1 und 2.5 fr., 4A_518/2010 (16.12.10) E. 2.4.2, 2.5 fr., 4A_227/2010 (1.7.10) E. 2.3 fr., 4A_414/2009 (9.12.09) E. 3.1 und 3.2 fr., 135 III 112/119 f. E. 4.2. Keine missbräuchliche Kündigung, wenn der

Vermieter auf eine Kündigung zwecks vorgängiger Räumung des Mietobjektes angewiesen ist und die umfassenden Sanierungsarbeiten die Weiterbenutzung des Mietobjektes erheblich einschränken 4A_703/2016 (24.5.17) E. 4.2 (n.p. in 143 III 344), 4A_126/2012 (3.8.12) E. 1 und 2.4 fr., 135 III 112/119 f. E. 4.2. – Die Kündigung ist aber missbräuchlich, wenn die Anwesenheit des Mieters die Umbauarbeiten nicht oder nur geringfügig erschwert (wie z.B. bei einer Fassadenerneuerung oder bei einer Vergrösserung der Balkone) 4A_625/2014 (25.6.15) E. 4 fr., 4A_126/2012 (3.8.12) E. 1 fr., 4A_414/2009 (9.12.09) E. 3.1 fr. Die Kündigung kann ebenfalls missbräuchlich sein, wenn der Mieter dem Vermieter bereits vor der Kündigung garantiert und glaubhaft belegt hatte, dass er während der Zeit der Totalsanierung aus- und erst nach Abschluss der Renovierungsarbeiten wieder einziehen würde 4A_503/2013 (5.3.14) E. 4.2 fr., 4A_126/2012 (3.8.12) E. 4.2 fr. Das Angebot des Mieters, während der Bauarbeiten woanders zu wohnen, muss ernsthaft und unbedingt sein. Die Vermieterschaft ist nicht gehalten, aufgrund vager Versprechungen von einer Kündigung abzusehen 4A_437/2018 (5.2.19) E. 4.1.3, 4A_127/2017 (25.10.17) E. 3.2, 4A_503/2013 (5.3.14) E. 4.2 fr., 4A_126/2012 (3.8.12) E. 4.2 fr. – Missbräuchlich ist eine Kündigung wegen Anpassung der Mieträumlichkeiten an Anforderungen des Brandschutzes, wenn diese Kündigung für die Erfüllung der Auflagen nicht erforderlich gewesen war 4A_131/2008 (25.6.08) E. 4 fr. Missbräuchlichkeit einer Kündigung wegen Totalsanierung, wenn bloss zwei Jahre vor der Kündigung im Mietobjekt Renovationsarbeiten vorgenommen worden sind, die über gewöhnliche Unterhaltsarbeiten hinausgegangen sind, einen Mehrwert konstituiert und auch eine Mietzinserhöhung nach sich gezogen haben 4A_625/2014 (25.6.15) E. 5 fr. – Aus dem Umstand allein, dass eine Wohnung seit über dreissig Jahren (seit 1979) vermietet ist, kann nicht geschlossen werden, dass der Mieter für die Totalsanierung zwingend ausziehen muss 4A_625/2014 (25.6.15) E. 5 fr., 4A_619/2014 (25.6.15) E. 5 fr. Kein Abstellen auf bereits durchgeführte Sanierungen in anderen Wohnungen derselben Liegenschaft, um die Frage nach der Missbräuchlichkeit der Kündigung einer Mietwohnung wegen Renovation zu beantworten 4A_126/2012 (3.8.12) E. 2.3 fr. – Klarstellung vor dem Hintergrund von 142 III 91 und 140 III 496: Die Begründung der Kündigung ist auch dann kein Gültigkeitserfordernis, wenn die Kündigung im Hinblick auf Sanierungs- oder Umbauarbeiten erfolgt 143 III 344/346 f. E. 5.3.3. – Zusammenfassung der Rechtsprechung in 4A_491/2018 (8.5.19) E. 2.1.2 fr.

8 **Nutzungsänderung.** Miete von Räumlichkeiten, die für den Betrieb eines Restaurants bestimmt sind: Gültigkeit der Kündigung, die der Vermieter in der Absicht ausspricht, dieser Art der Nutzung ein Ende zu setzen (weil sich das Quartier, in dem sich das Restaurant befindet, die letzten 100 Jahre in einer Art und Weise entwickelt hat, dass der Restaurationsbetrieb nicht mehr in die Umgebung passt) 136 III 190/193 E. 3 Pra 2010 (Nr. 112) 767. Missbräuchlichkeit der Kündigung aber bejaht, wenn dem Mieter eines Restaurants, das auf einfache Gerichte spezialisiert gewesen ist, mit der Begründung gekündigt worden ist, dass sich in den letzten Jahren in den Gebäuden in der Nähe des umstrittenen Mietobjekts Firmen, die Produkte im Luxussegment verkaufen, niedergelassen hätten und das Restaurant deshalb nicht mehr in die Umgebung passe 4A_529/2014 (23.1.15) E. 3 fr. Dagegen zulässige Kündigung, wenn die Vermieterin für die Bewirtschaftung ihrer «Food Hall» eine konkrete, strategische Neuausrichtung präsentiert, mit dem Ziel, höherwertige

Marken anzuziehen 4A_183/2017 (24.1.18) E. 4.2 fr. – Keine missbräuchliche Kündigung liegt vor, wenn sie ausgesprochen wird, um das Mietobjekt zu besseren Konditionen verkaufen zu können 4A_322/2007 (12.11.07) E. 5.2.2 fr., 4C.425/2004 (9.3.05) E. 1.1 fr., 4C.176/2004 (8.9.04) E. 2.2 fr., wobei hier allerdings die Interessen des Mieters mitberücksichtigt werden müssen: So ist die Kündigung dennoch missbräuchlich, wenn es sich bei den Mietern um ein betagtes, kränkelndes Ehepaar mit einem invaliden erwachsenen Sohn handelt und das Mietverhältnis seit über 35 Jahren besteht (Interessenabwägung) 4A_300/2010 (2.9.10) E. 4.3 fr. – Die von einer Gemeinde ausgesprochene Kündigung einer in einer ansonsten für Zwecke des Gemeinlebens genutzten Liegenschaft gelegenen Wohnung ist nicht missbräuchlich 4A_643/2010 (24.2.11) E. 3 fr.

Beweislast. ***Beweislast für den missbräuchlichen Kündigungsgrund:*** Diese liegt i.d.R. beim Mieter, der Vermieter muss jedoch die Kündigungsgründe angeben oder glaubhaft machen 140 III 591/593 E. 1 Pra 2015 (Nr. 55) 438 f., 4A_503/2009 (17.11.09) E. 3.1 fr., 4A_583/2008 (23.3.09) E. 4.1 fr., 4P.312/2001 (18.2.02) E. 3bb. Es genügt, wenn sich von mehreren angegebenen Kündigungsgründen einer nicht als treuwidrig erweist. Der Mieter hat aber die Möglichkeit zu beweisen, dass der nicht missbräuchliche Grund bloss sekundär ist und der Tarnung der wahren, missbräuchlichen Kündigungsgründe dient 4A_143/2008 (26.1.09) E. 6.1 fr., 4C.365/2006 (16.1.07) E. 3.2. Die Tatsache, dass die Vermieterin erst nachträglich den Kündigungsgrund nannte und sich zuvor auf verschiedene, vage formulierte Gründe stützte, macht die Kündigung nicht missbräuchlich 4C.85/2006 (24.7.06) E. 2.2 fr. Auch nach der Kündigung eingetretene Ereignisse oder erfolgte Handlungen können für die Beurteilung ihrer Missbräuchlichkeit berücksichtigt werden (z.B. nach der Kündigung von durch die Bank gewährten Hypothekarkrediten) 4A_518/2010 (16.12.10) E. 2.4.1 fr. ***Beweislast für den Empfang der Kündigung:*** Diese trägt in der Regel derjenige, der die Kündigung ausgesprochen hat. Bei der Kündigung handelt es sich um eine empfangsbedürftige Willenserklärung. Stellt der Kündigende die Kündigung mittels eingeschriebenen Briefes zu, muss er wenigstens beweisen, dass der Empfänger den Abholschein erhalten hat. Es wird vermutet, dass der Abholschein in den Briefkasten eingeworfen worden ist, solange keine Umstände vorliegen, die ein Fehlverhalten der Postangestellten nahelegen. Es liegt am Empfänger, diese Vermutung zu widerlegen 4A_350/2014 (16.9.14) E. 2.2 fr., 4A_250/2008 (18.6.08) E. 3.2.2 fr. Erhält der Empfänger die Kündigung (oder wenigstens den dazugehörigen Abholschein) nicht, ist sie nichtig 4A_350/2014 (16.9.14) E. 2.2 fr. 9

Prozessuales. Frage, ob Mitbewohner gemeinsam handeln müssen, um die Kündigung ihrer Wohnung anfechten zu können. Notwendige Streitgenossenschaft, wenn es um die Ausübung eines Gestaltungsrechts geht (ZPO Art. 87), sprich um die Begründung, Änderung oder Aufhebung eines bestimmten Rechts oder Rechtsverhältnisses 140 III 598/600 f. E. 3.2 fr. Mit dem Gesuch um Aufhebung einer Kündigung des Vermieters übt der Mieter ein Gestaltungsrecht aus. Die Mitbewohner, die um Aufhebung der Kündigung durch den Vermieter ersuchen, konstituieren eine notwendige Streitgenossenschaft. Notwendige Streitgenossen müssen grundsätzlich gemeinsam klagen und beklagt werden (ZPO Art. 70 Abs. 1) 140 III 598/600 f. E. 3.2 fr. Davon kann es aber Ausnahmen geben. Eine entsprechende Ausnahme verwirklicht sich im Zusammenhang mit der Anfechtung einer missbräuchlichen Kündigung eines Mietverhältnisses betreffend Wohnräume: Da hier das Be- 10 dürfnis nach sozialem Schutz der Mieter besonders ausgeprägt ist, muss jeder Mitbewohner für sich alleine die missbräuchliche Kündigung seiner Wohnung anfechten können 140 III 598/600 f. E. 3.2 fr. Allerdings muss er auf der Gegenseite nebst dem Vermieter auch seine Mitmieter einklagen, die sich der Kündigung nicht widersetzen, ansonsten ihm die Aktivlegitimation fehlt 140 III 598/600 f. E. 3.2. Das gilt auch bei der Familienwohnung, wenn beide Ehegatten Mieterparteien sind: Der anfechtende Ehegatte hat den nicht anfechtenden als Mitbeklagten ins Recht zu fassen. Das Privileg in Art. 273a zugunsten des Nichtmieter-Ehegatten ist nicht analog anwendbar 145 III 281/284 f. E. 3.4.2. In casu allerdings rechtsmissbräuchlicher Einwand der fehlenden Aktivlegitimation 4A_570/2018 (31.7.19) E. 3.5 (n.p. in 145 III 281). Beim Mitmieter, der zum Zeitpunkt der Kündigung nicht mehr in den Räumlichkeiten wohnt, fehlt ein schutzwürdiges Interesse i.S.v. ZPO Art. 59 Abs. 2 lit. a an der Kündigungsanfechtung 4A_639/2018 (21.11.19) E. 3 Pra 2020 (Nr. 85) 848 f. – Wird ein Mieter zwangsweise aus einer Mietwohnung ausgewiesen oder verlässt er diese von sich aus, nachdem er eine andere Wohnung gefunden hat, und gibt er sie der Vermieterschaft zurück, sind nach der bundesgerichtlichen Praxis Beschwerdeverfahren, welche die Anfechtung der Kündigung sowie die Ausweisung des Mieters betreffen, als gegenstandslos abzuschreiben 4A_364/2014 (18.9.14) E. 1.1, 131 I 242/247 f. E. 3.3. Der Mieter kann dennoch gegen den vorinstanzlichen Kostenentscheid Beschwerde führen, da er durch diesen persönlich und unmittelbar in seinen Interessen betroffen ist. Die Belastung mit den Kosten verschafft ihm indes keine Möglichkeit, indirekt über den Kostenentscheid eine Überprüfung des Entscheids in der Hauptsache, d.h. vorliegend über die Gültigkeit der Mietvertragskündigung, zu erlangen 4A_576/2014 (25.3.15) E. 1.3.2, 4A_364/2014 (18.9.14) E. 1.2.2, 117 Ia 251/255 E. 1b, 100 Ia 298/299 E. 4. – *Sachliche Zuständigkeit der paritätischen Schlichtungsbehörde* i.S.v. ZPO Art. 200 Abs. 1: Die Schlichtungsbehörde darf das Verfahren durch Nichteintretensentscheid beenden, wenn sie sachlich offensichtlich unzuständig ist. Prüfen darf sie dies anhand der Tatsachenbehauptungen des anfechtenden Mieters 146 III 47/52 ff. E. 4. In casu Unzuständigkeit bejaht, weil nicht Wohnraum, sondern eine Grundstücksfläche gemietet war, die als Stellplatz für ein «Mobilheim/Chalet» diente 4A_191/2019 (5.11.19) E. 5.2 (n.p. in 146 III 47).

11 **Streitwert.** Ficht der Mieter die Kündigung eines unbefristeten Mietverhältnisses an, entspricht der Streitwert dem Mietzins, der bis zum Zeitpunkt geschuldet ist, auf den frühestens eine neue Kündigung ausgesprochen werden könnte, sollte sich die angefochtene Kündigung als ungültig erweisen. Dabei ist die dreijährige Frist nach Art. 271a Abs. 1 lit. e, während welcher der Vermieter nicht kündigen darf, in Anschlag zu bringen 144 III 346 E. 1.2, 4A_22/2015 (11.5.15) E. 1.1 fr., 4A_78/2013 (16.5.13) E. 1, 4A_747/2012 (5.4.13) E. 1, 4A_668/2012 (11.3.13) E. 1 fr., 137 III 389/390 E. 1.1 Pra 2012 (Nr. 6) 35 f. (wonach – mit Blick auf die Berechnung des Streitwerts – das Datum des angefochtenen kantonalen Entscheides den Beginn der Frist festsetzt).

12 ***<u>Abs. 2</u>*** **Begründung.** Die Begründung der Kündigung ist nicht Gültigkeitsvoraussetzung 4A_22/2015 (11.5.15) E. 4 fr., 4A_726/2012 (30.4.13) E. 1.1 fr. Das Fehlen einer Begründung der Kündigung kann aber als Indiz dafür genommen werden, dass die Kündigung des Vermieters nicht durch ein objektives, ernsthaftes und schützenswertes Interesse begründet ist 4A_22/2015 (11.5.15) E. 4 fr., 125 III 231/239 f. E. 4b. Die Kündigung

muss nicht von Anfang an begründet werden 119 II 147/154 E. 3c, vgl. auch 120 II 105/109 E. 3b/aa Pra 1995 (Nr. 144) 467, Pra 2000 (Nr. 49) 282 E. 2c. – Im Rahmen der Kündigungsanfechtung (auch gemäss Art. 271a) ist die fehlende Begründung indessen zu berücksichtigen. Der Vermieter ist an die gemachten Kündigungsgründe gebunden, kann diese allerdings ergänzen und verdeutlichen 4A_342/2007 (2.11.07) E. 2.2.1, 4C.131/2003 (6.8.03) E. 3.1 fr. Eine nicht begründete Kündigung ist nicht an sich schon missbräuchlich, doch kann eine mangelnde, fehlerhafte oder verspätete (in casu 2 Monate) Begründung indizieren, dass ein objektiv erkennbares, ernst gemeintes und schützenswertes Interesse an der Kündigung nicht besteht. Der Kündigende hat das Vorliegen der Kündigungsgründe zu beweisen 4A_726/2012 (30.4.13) E. 1.1 fr., 4C.170/2004 (27.8.04) E. 2.1 fr., 125 III 231/239 E. 4b, s. auch Pra 2000 (Nr. 49) 282 E. 2c (in casu Kündigung nach Art. 259b lit. a). Die Kündigung, deren Begründung offensichtlich bloss vorgeschoben ist, läuft Treu und Glauben zuwider 4A_726/2012 (30.4.13) E. 1.1 fr. – Berücksichtigt wird der im Zeitpunkt der Kündigung bestehende Grund (echter oder angeblicher Eigenbedarf); eine anschliessende Änderung der Verhältnisse würde allenfalls eine erneute Kündigung rechtfertigen, bleibt für die zu beurteilende Kündigung hingegen unerheblich 4A_629/2010 (2.2.11) E. 3.3. – Klarstellung vor dem Hintergrund von 142 III 91 und 140 III 496: Die Begründung der Kündigung ist auch dann kein Gültigkeitserfordernis, wenn die Kündigung im Hinblick auf Sanierungs- oder Umbauarbeiten erfolgt. Gleichwohl kommt der Begründung bei der Beweiswürdigung betreffend die Frage der Treuwidrigkeit erhebliche Bedeutung zu 143 III 344/346 f. E. 5.3.3 f.

II. Kündigung durch den Vermieter

Art. 271a

[1] Die Kündigung durch den Vermieter ist insbesondere anfechtbar, wenn sie ausgesprochen wird:

a. weil der Mieter nach Treu und Glauben Ansprüche aus dem Mietverhältnis geltend macht;
b. weil der Vermieter eine einseitige Vertragsänderung zu Lasten des Mieters oder eine Mietzinsanpassung durchsetzen will;
c. allein um den Mieter zum Erwerb der gemieteten Wohnung zu veranlassen;
d. während eines mit dem Mietverhältnis zusammenhängenden Schlichtungs- oder Gerichtsverfahrens, ausser wenn der Mieter das Verfahren missbräuchlich eingeleitet hat;
e. vor Ablauf von drei Jahren nach Abschluss eines mit dem Mietverhältnis zusammenhängenden Schlichtungs- oder Gerichtsverfahrens, in dem der Vermieter:
   1. zu einem erheblichen Teil unterlegen ist;
   2. seine Forderung oder Klage zurückgezogen oder erheblich eingeschränkt hat;
   3. auf die Anrufung des Richters verzichtet hat;
   4. mit dem Mieter einen Vergleich geschlossen oder sich sonstwie geeinigt hat;
f. wegen Änderungen in der familiären Situation des Mieters, aus denen dem Vermieter keine wesentlichen Nachteile entstehen.

[2] Absatz 1 Buchstabe e ist auch anwendbar, wenn der Mieter durch Schriftstücke nachweisen kann, dass er sich mit dem Vermieter ausserhalb eines Schlichtungs- oder Gerichtsverfahrens über eine Forderung aus dem Mietverhältnis geeinigt hat.

[3] Absatz 1 Buchstaben d und e sind nicht anwendbar bei Kündigungen:

a. wegen dringenden Eigenbedarfs des Vermieters für sich, nahe Verwandte oder Verschwägerte;

b. wegen Zahlungsrückstand des Mieters (Art. 257d);
c. wegen schwerer Verletzung der Pflicht des Mieters zu Sorgfalt und Rücksichtnahme (Art. 257f Abs. 3 und 4);
d. infolge Veräusserung der Sache (Art. 261);
e. aus wichtigen Gründen (Art. 266g);
f. wegen Konkurs des Mieters (Art. 266h).

1 ***Abs. 1*** Die Kündigungen nach Art. 271a Abs. 1 lit. a und f. sowie nach Art. 271a Abs. 2 werden wegen des zeitlichen Kündigungsschutzes als missbräuchlich vermutet. Der Gesetzeswortlaut verlangt nicht, dass die als missbräuchlich vermuteten Kündigungen tatsächlich auch missbräuchlich zu sein haben 131 III 33/35 f. E. 3.1.

2 ***Abs. 1 lit. a*** Diese Bestimmung bezweckt, dass der Mieter seine Rechte aus dem Mietvertrag gegenüber dem Vermieter (wie z.B. das Recht, die Beseitigung von Mängeln oder die Reduktion eines missbräuchlichen Mietzinses zu verlangen) ungehindert geltend machen kann, ohne eine Rachekündigung befürchten zu müssen 4A_254/2015 (15.7.15) E. 2.2 fr., 4A_625/2014 (25.6.15) E. 2 fr., 4A_619/2014 (25.6.15) E. 2 fr., 4A_210/2014 (17.7.14) E. 3.1 fr. Zu diesen Ansprüchen zählt auch das Recht des Mieters, die Mietsache mit Zustimmung des Vermieters ganz oder teilweise unterzuvermieten 4A_227/2011 (10.1.12) E. 2.2. Übt aber der Mieter sein Untervermietungsrecht missbräuchlich aus und kündigt der Vermieter aus diesem Grund ordentlich, scheitert die Anfechtung 4A_556/2015 (3.5.16) E. 3.3–3.5 fr. Verhalten des Mieters gemäss Treu und Glauben bejaht, wenn dieser sich weigert, auf ein Einigungsangebot seitens des Vermieters einzugehen, und beabsichtigt, den Rechtsweg einzuschlagen 4A_536/2009 (2.2.10) E. 2.6 fr. – Vergeltungskündigung wegen Weigerung des Mieters, in einen Mehrwert und folglich eine Mietzinserhöhung verursachende Renovationsarbeiten einzuwilligen 4A_442/2011 (25.11.11) E. 4 fr. – Keine Vergeltungskündigung, wenn der Mieter sich über übermässige Immissionen beklagt hat, die Gemeinde aber ohnehin beabsichtigt, die Liegenschaft intensiver für die Zwecke des Gemeinlebens zu nutzen 4A_643/2010 (24.2.11) fr. Keine Vergeltungskündigung, wenn einfach nur das Verhältnis zwischen Mieter und Hausverwaltung sehr angespannt ist 4A_566/2011 (6.12.11) E. 4.2 fr. Wo der Mieter ungerechtfertigt und andauernd Strafanzeigen gegen den Vermieter einreicht und ihn beleidigt und bedroht, kann er sich nicht mehr darauf berufen, nach Treu und Glauben seine Ansprüche aus dem Mietverhältnis geltend gemacht zu haben. Vergeltungskündigung verneint 4A_586/2012 (23.9.13) E. 4 fr. – Der Vermieter hat aber redlich zur Wahrheitsfindung beizutragen und den Kündigungsgrund zumindest glaubhaft zu machen 4A_525/2009 (15.3.10) E. 10.1, 4A_155/2009 (27.1.10) E. 6.2 it. – Hat der sich für die Rückbehaltung von Mieten auf Mängel des Mietobjekts berufende Mieter die Beträge nicht vorschriftsgemäss hinterlegt, fällt der Schutz von Art. 271 Abs. 1 lit. a dahin 4A_468/2010 (29.10.10) E. 2 fr. – Die Beweislast (für den Kausalzusammenhang zwischen der Geltendmachung der Ansprüche des Mieters aus dem Mietvertrag und der sog. Rachekündigung) liegt beim Mieter, der Vermieter kann jedoch von sich aus nachweisen, dass der vom Mieter geltend gemachte Grund in keinem Zusammenhang mit der Kündigung steht 4A_254/2015 (15.7.15) E. 2.2 fr., 4A_625/2014 (25.6.15) E. 2 fr., 4A_210/2014 (17.7.14) E. 3.1 fr., 4A_46/2010 (27.4.10) E. 6.1 f. fr. (Ansprüche bezüglich Renovationsarbeiten). Je schneller eine Kündigung auf die Geltendmachung einer Forderung des Mieters gegenüber dem Vermieter

folgt, desto wahrscheinlicher ist das Vorliegen einer Rachekündigung 4A_625/2014 (25.6.15) E. 2 fr.

Abs. 1 lit. b Verbot der (nach allgemeinem Schuldvertragsrecht zulässigen) Änderungskündigung 125 III 231/235 E. 3b, Pra 1999 (Nr. 8) 45 E. 2. – Die Kündigung, auf die Art. 271a Abs. 1 lit. b abzielt, muss insoweit in direktem Zusammenhang mit einer Mietzinserhöhung stehen, als der Mieter dadurch in eine Zwangslage versetzt wird: Er hat nur die Wahl, entweder die Mieträumlichkeiten zu verlassen oder einen höheren Mietzins zu bezahlen. Dabei spielt es keine Rolle, ob die Mietzinserhöhung vor oder nach der Kündigung erfolgt, solange das Vorgehen des Vermieters den Mieter in eine Zwangslage versetzt 4A_625/2014 (25.6.15) E. 2 fr., 4A_619/2014 (25.6.15) E. 2 fr., 115 II 83/86 E. 4c Pra 1995 (Nr. 144) 469. Die Änderungskündigung setzt einen Kausalzusammenhang voraus zwischen der Kündigung und dem Willen des Vermieters, eine einseitige Vertragsänderung zulasten des Mieters durchzusetzen. Zusammenhang verneint, wenn die Vermieterin mit Verweis auf den Bedarf einer mit ihr verbundenen Gesellschaft ordentlich kündigt und der Mieterin zugleich anbietet, für ein weiteres Jahr zu einem höheren Mietzins im Mietobjekt verbleiben zu können 4A_368/2017 (19.2.18) E. 5.3. Art. 253a Abs. 1 erstreckt diesen Schutz zugunsten des Mieters von Wohn- und Geschäftsräumen auch auf die Miete des Autoabstellplatzes, der zusammen mit den Wohn- und Geschäftsräumen vermietet worden ist 4A_619/2014 (25.6.15) E. 2 fr., 125 III 231/233 E. 2a. Anwendbarkeit verneint 4C.343/2004 (22.12.04) E. 2.2 fr., 120 II 105/111 E. 3c Pra 1995 (Nr. 144) 469, vgl. auch Pra 1996 (Nr. 129) 427 f. E. 3. – Kündigung mit dem Zweck der Weitervermietung an einen Dritten zu einem höheren Mietzins: Zulässig, sofern der vom Dritten verlangte Mietzins berechnet nach der absoluten Methode nicht missbräuchlich ist 4C.267/2002 (18.11.02) E. 2.2 und 2.3 fr. – Die Anwendbarkeit von Art. 271a Abs. 1 lit. b setzt voraus, dass eine einseitige Vertragsänderung zulasten der Mieterschaft vorliegt, nach der die Mieterschaft wirtschaftlich im Vergleich zur bisherigen Situation schlechtergestellt ist. Verneint für den Fall, wenn die Vermieter die Mieter aufforderten, den bestehenden Mietvertrag für die Wohnung und die beiden Garagen zu kündigen und einen neuen Mietvertrag für die Wohnung und einen separaten Mietvertrag für eine Garage abzuschliessen, wobei sie den Neuabschluss von der Bedingung abhängig machten, dass sich die Mieter schriftlich dazu bereit erklärten, keine weiteren Schiffe in unmittelbarer Nähe der Mietliegenschaften abzustellen und keine Arbeiten mehr auf dem Grundstück auszuführen; auch dürfe die Garage nicht als Reparaturwerkstatt umfunktioniert werden. Kündigung des Mietvertrages durch die Vermieter, nachdem die Mieter den Vorschlag zurückgewiesen hatten 4A_364/2014 (18.9.14) E. 4.2. – Die *Beweislast* dafür, dass der Vermieter mit der Kündigung einen höheren Mietzins durchsetzen will, trägt grundsätzlich der Mieter. Teilt ihm aber hinterher der Vermieter mit, einen neuen Mietvertrag zu einem höheren Mietzins abschliessen zu wollen, so ist die Kündigung treuwidrig, wenn der Vermieter nicht aufzeigt, dass seine Mitteilung auf eine entsprechende Offerte oder eine entsprechende Einladung zur Offertstellung vonseiten des Mieters ergangen ist 4A_547/2015 (14.4.16) E. 2.3 fr. 3

Abs. 1 lit. c Zum adäquaten Kausalzusammenhang 4C.425/2004 (9.3.05) E. 1.2.3 fr. Kündigt der Vermieter, um den Mieter dazu zu bringen, das Mietobjekt zu kaufen, ist die Kündigung nicht nichtig, sondern lediglich anfechtbar 4A_96/2016 (4.4.16) E. 3 fr. 4

5 ***Abs. 1 lit. d*** Bei den Sperrfristen manifestiert das Gesetz, dass es weit eher von positiven Loyalitätskriterien und vom Sozialschutzgedanken denn vom negativ geprägten Missbrauchsbegriff getragen ist, reicht doch der Kündigungsschutz über jenen vor offensichtlichem Rechtsmissbrauch, ja selbst über die umfassende Wahrung von Treu und Glauben, hinaus 141 III 101/102 und 104 f. E. 2.2 und 2.7, 131 III 33/36 E. 3.2. – Der Regelungszweck von Art. 271a Abs. 1 lit. d liegt darin, zu verhindern, dass die Vermieterschaft ein ihr missliebiges Gerichtsverfahren durch Kündigung des Mietverhältnisses beendigen kann 4A_482/2014 (20.1.15) E. 2.2 und 2.7, 131 III 33/36 E. 3.2. Der damit auf rechtshängige Schlichtungs- und Gerichtsverfahren beschränkte Anwendungsbereich von Art. 271a Abs. 1 lit. d ist namentlich vor dem Hintergrund zu sehen, dass eigentliche Rachekündigungen nach Art. 271a Abs. 1 lit. a unabhängig von der Einleitung eines Schlichtungs- oder Gerichtsverfahrens anfechtbar sind 4A_615/2013 (4.4.14) E. 5.1, 131 III 33/36 E. 3.2. Die Kündigungssperrfrist beginnt grundsätzlich mit der Klageanhebung und endet mit rechtskräftiger Erledigung des Verfahrens 141 III 101/102 E. 2.2, 4A_588/2013 (15.4.14) E. 2.3. Die Rechtshängigkeit tritt mit der Einreichung des Schlichtungsgesuchs ein (ZPO Art. 62 Abs. 1) 141 III 101/103 f. E. 2.6. Der zeitliche Kündigungsschutz nach Art. 271a Abs. 1 lit d greift mit der Klageanhebung bis zur rechtskräftigen Erledigung des Verfahrens, unabhängig davon, wann der Vermieter über das Verfahren orientiert wurde oder davon nach Treu und Glauben hätte wissen können 141 III 101/102 E. 2.10. Art. 271a Abs. 1 lit. d gelangt auch dann zur Anwendung, wenn die erste Kündigung nicht durch den aktuellen Vermieter, sondern durch die vormaligen Eigentümer und Vermieter ausgesprochen worden ist und zwischenzeitlich ein Eigentümerwechsel stattgefunden hat 4A_641/2014 (23.2.15) E. 2.1 fr. An das durch rechtskräftige Erledigung abgeschlossene Verfahren schliesst die dreijährige Kündigungssperrfrist nach Art. 271a Abs. 1 lit. e an 4A_588/2013 (15.4.14) E. 2.3. Bei der Bestimmung des Zeitpunkts der Kündigung kommt es gegebenenfalls auf eine erste, formungültige Kündigung an 4A_432/2008 (17.2.09) E. 2.2 it. – Art. 271a Abs. 1 lit. d gilt auch für Schiedsgerichtsverfahren, sofern sie mit der Mietsache zusammenhängen. Die Vermieterkündigung, die in diesem Zeitraum erfolgt, ist unabhängig davon anfechtbar, ob sie tatsächlich missbräuchlich ist 141 III 101/104 f. E. 2.7, 131 III 33/35 E. 3.1. – Im Rahmen eines Konkursverfahrens des Vermieters vereinbarter Übergangsmietvertrag («bail précaire») mit Suspensivbedingung einer Genehmigung durch die Schlichtungsbehörde, deren Feststellungsbeschluss gleichzeitig als Räumungsbefehl gelten soll: Die Anrufung der Schlichtungsbehörde um Erlass des Feststellungsbeschlusses führt zur Hängigkeit des Schlichtungsverfahrens 4A_52/2010 (15.4.10) E. 3 fr. Die während eines Schlichtungs- oder Gerichtsverfahrens ausgesprochene Kündigung ist gültig, wenn der Vermieter damit einen anlässlich einer ersten Kündigung begangenen Formfehler korrigieren will 4A_432/2008 (17.2.09) E. 2.1 it. – Während in der Lehre angenommen wird, dass Art. 271a Abs. 1 lit. d auf Bagatellfälle keine Anwendung finde, schliesst der Normwortlaut die Anwendung einzig für den Fall aus, dass der Mieter das Verfahren rechtsmissbräuchlich eingeleitet hat. Das mag auch und gerade bei Bagatellbeträgen zutreffen, doch genügt ein Bagatellbetrag allein nicht, um das eingeleitete Verfahren als rechtsmissbräuchlich erscheinen zu lassen 4A_269/2015 (2.11.15) E. 4.2.2.

Abs. 1 lit. e Die dreijährige Kündigungssperrfrist nach Art. 271a Abs. 1 lit. e schliesst an das durch rechtskräftige Erledigung abgeschlossene Verfahren nach Art. 271a Abs. 1 lit. d an. Sie erfordert – anders als die Sperrfrist während des Verfahrens nach Art. 271 Abs. 1 lit. d–zusätzlich einen Teilerfolg des Mieters im abgeschlossenen Verfahren 4A_588/2013 (15.4.14) E. 2.3. Die Parteien haben (auch) dank Zugeständnissen des Vermieters zu einer Einigung gefunden 4A_254/2015 (15.7.15) E. 2.3 fr. Die Anfechtbarkeit ist ausgeschlossen, wenn eine der Parteien sogleich und ohne Diskussionen die Forderung der anderen Partei erfüllt 4A_254/2015 (15.7.15) E. 2.3 fr., 130 III 563/566 E. 2.1. Bagatellfälle vermögen keine Sperrfrist auszulösen 4A_615/2013 (4.4.14) E. 5.1, 4A_38/2010 (1.4.10) E. 6.2 fr., 130 III 563/566 E. 2.1. – Es genügt die einfache Tatsache, dass innert der 3-Jahres-Frist eines der genannten Verfahren stattgefunden hat; ein Kausalzusammenhang zwischen den beiden Verfahren ist nicht notwendig 4A_594/2010 (12.1.11) E. 2.2 fr. – Ein Verfahren, in dem die formelle Nichtigkeit oder Unwirksamkeit einer Kündigung festgestellt wird, löst keine Kündigungssperre aus 4C.432/2006 (8.5.07) E. 4 it. Voraussetzungen, unter denen der Vermieter in einem Gerichtsverfahren als «zu einem erheblichen Teil unterlegen» und seine Kündigung als missbräuchlich anzusehen ist 137 III 24/24 ff. – Verzichtet der Mieter im Nachgang zum Schlichtungsverfahren darauf, die Anfechtungsklage einzureichen, und erklärt sich der Vermieter noch innert der Fortsetzungsfrist damit einverstanden, das Mietverhältnis weiterzuführen, kann im Verzicht des Mieters nicht die vollumfängliche Anerkennung der Vermieteransprüche erblickt werden 4A_17/2016 (29.6.16) E. 3.4 fr. – Eine wiederholte Kündigung durch den Vermieter wegen eines Formmangels während eines Verfahrens oder innerhalb der dreijährigen Sperrfrist ist zulässig 4C.432/2006 (8.5.07) E. 4.4 it., 4C.252/2002 (8.11.02) E. 3.1 fr. Genauer: Die Wiederholung einer nichtigen bzw. unwirksamen Kündigung, deren Motive (Kündigungsentschluss) bereits vor dem Verfahren bestanden haben, durch eine Kündigung, die gültiger Ausdruck dieser vorbestehenden Motive ist, während eines Verfahrens oder auch nach dessen Abschluss, wird für zulässig erachtet 4A_588/2013 (15.4.14) E. 2.3. Das Bundesgericht hat die Frage offengelassen, ob eine zweite Kündigung (innerhalb der Sperrfrist von Art. 271a Abs. 1 lit. d oder lit. e) allenfalls als treuwidrig zu qualifizieren wäre, wenn die erste Kündigung bewusst formwidrig erfolgt ist 4A_588/2013 (15.4.14) E. 2.7. – Tritt das Gericht auf ein Gesuch um Rechtsschutz in klaren Fällen (ZPO Art. 257 Abs. 3) nicht ein, so ergeht kein materieller Entscheid und tritt keine Kündigungssperrfrist ein 144 III 346/348 f. E. 1.2.2.2. Der richterliche Entscheid beschränkt sich auf das Nichtvorliegen der Liquidität des Rechts oder der Sachlage 4A_588/2013 (15.4.14) E. 2.4. – Aufgrund von Art. 253a Abs. 1 erstreckt sich der Kündigungsschutz auch auf den mit einer Wohnung vermieteten Autoabstellplatz 4A_569/2013 (24.3.14) E. 2.1 fr., 125 III 231/233 E. 2a. Den Beginn der Frist bildet das Datum des angefochtenen kantonalen Entscheides. Sodann ist zu prüfen, auf welchen Zeitpunkt nach Ablauf der Schutzfrist eine Kündigung frühestens ausgesprochen werden kann 4A_189/2011 (4.7.11) E. 1.1 fr. 137 III 389/390 E. 1.1 Pra 2012 (Nr. 6) 35. – Ficht der Mieter die Kündigung eines unbefristeten Mietverhältnisses an, entspricht der Streitwert dem Mietzins, der bis zum Zeitpunkt geschuldet ist, auf den frühestens eine neue Kündigung ausgesprochen werden könnte, sollte sich die angefochtene Kündigung als ungültig erweisen. Dabei ist die dreijährige Frist nach Art. 271a Abs. 1 lit. e, während welcher der Vermieter nicht kündigen darf, in Anschlag zu bringen 144 III 346/346 f. E. 1.2, 4A_22/2015 (11.5.15) E. 1.1 fr., 4A_78/2013 (16.5.13) 6

E. 1, 4A_747/2012 (5.4.13) E. 1, 4A_668/2012 (11.3.13) E. 1 fr., 137 III 389/390 E. 1.1 Pra 2012 (Nr. 6) 35 (wonach – mit Blick auf die Berechnung des Streitwerts – das Datum des angefochtenen kantonalen Entscheides den Beginn der Frist festsetzt). – Wenn die anwaltlich vertretene Mieterin beim Vermieter den Abschluss eines neuen Mietvertrags anbegehrt, der den ursprünglichen Mietvertrag ersetzen soll, so begründen Vergleiche betreffend das ursprüngliche Mietverhältnis keine Sperrfrist hinsichtlich des neu begründeten Mietverhältnisses 4A_488/2018 (20.2.19) E. 5.

7 ***Abs. 1 lit. f*** Ideeller Nachteil und Verschlechterung der wirtschaftlichen Situation des Mieters als schützenswertes Kündigungsmotiv 4C.314/2000 (31.10.00) E. 3b. – Beim Tod der Wohnungsmieterin geht das Mietverhältnis auf die Erben über. Von ihnen sind nur jene zur Anfechtung legitimiert, die dauernd (und nicht nur phasenweise) mit der verstorbenen Mieterin zusammen im Mietobjekt gelebt haben 4A_34/2017 (18.4.17) E. 5 fr., vgl. auch 4A_347/2017 (21.12.17) E. 3 fr.

8 ***Abs. 2*** Als Einigung im Sinne der Bestimmung kann nur eine einvernehmliche Streitbeilegung gelten, mittels der eine unter den Parteien kontroverse Rechtsfrage abschliessend geklärt wird. Von der Bestimmung nicht erfasst werden daher Fälle, in denen es gar nicht erst zu einer Auseinandersetzung kommt, weil die eine oder andere Partei dem Begehren des Vertragspartners sogleich entspricht 4A_671/2012 (6.3.13) E. 3.1 fr., 4A_525/2009 (15.3.10) E. 9.1, 4C.257/2004 (8.10.04) E. 3.1 fr., Pra 2000 (Nr. 29) 172 E. 3b, 130 III 563/566 f. E. 2.1. Keine Einigung liegt vor, wenn die Vermieter über die anspruchsbildenden Umstände ins Bild gesetzt werden wollen, um die Höhe der im Grundsatz anerkannten Mietzinsherabsetzung beurteilen zu können 130 III 563/568 f. E. 3. – Bagatellfälle vermögen keine Sperrfrist auszulösen 4A_615/2013 (4.4.14) E. 5.1, 4A_38/2010 (1.4.10) E. 6.2 fr., 130 III 563/566 E. 2.1. Eine Einigung über die Reduktion der zu hoch ausgefallenen Nebenkostenabrechnung im Betrag von CHF 675 stellt keinen Bagatellfall dar und fällt unter diese Bestimmung 4A_38/2010 (1.4.10) E. 6.2 fr. Einigen sich die Parteien dahingehend, dass die Unannehmlichkeiten, welche Fassadensanierungen für die Mieter zur Folge haben, nicht durch eine Mietzinsreduktion, sondern durch die Installation einer neuen Klimaanlage in den von den Mietern benutzten Gewerberäumen kompensiert werden, dann löst diese Einigung ebenfalls die dreijährige Sperrfrist von Art. 271a Abs. 2 aus 4A_671/2012 (6.3.13) E. 3.2 fr.

9 ***Abs. 3*** Die Aufzählung in Art. 271a Abs. 3 ist abschliessend. Damit wird den Interessen der Vermieterschaft hinreichend Rechnung getragen 131 III 33/37 E. 3.4. – Trotz der grundsätzlich abschliessenden Aufzählung der Ausnahmen in Art. 271a Abs. 3 anerkennt das Bundesgericht die Zulässigkeit einer Kündigung während eines hängigen Verfahrens oder innerhalb der dreijährigen Sperrfrist, wenn der Vermieter mit der erneuten Kündigung nicht die Absicht bekundet, sich am Mieter zu rächen, sondern lediglich die in einem früheren Verfahren aus formellen Gründen (insb. Formmangel) als nichtig und unwirksam erkannte Kündigung «wiederholt». In einem solchen Fall bringt der Vermieter bloss den früher schon bestehenden Kündigungswillen zum Ausdruck 4A_470/2015 (12.1.16) E. 2, 141 III 101/105 f. E. 2.8, 4A_588/2013 (15.4.14) E. 2.3, 4C.432/2006 (8.5.07) E. 4.4 it., 4C.252/2002 (8.11.02) E. 3.1 fr.

Abs. 3 lit. a Der dringende Eigenbedarf im Sinne von Art. 271a Abs. 3 lit. a (der im frü- 10
heren Recht gefehlt hat) ist immer dann gegeben, wenn es dem Vermieter aus wirtschaftlichen oder anderen Gründen nicht zumutbar ist, auf die Benutzung der vermieteten Wohnung oder des Hauses zu verzichten. Beim Entscheid über diese Frage sind alle erheblichen Umstände des Falles zu würdigen. Das Erfordernis der Dringlichkeit ist dabei nicht allein zeitlich, sondern auch sachlich zu verstehen. Es müssen Gründe vorliegen, denen auch nach objektiver Beurteilung eine gewisse Bedeutung zukommt. Der dringende Eigenbedarf setzt aber keine Zwangs- oder gar Notlage des Vermieters voraus, die ausschliesslich auf seine Wohnverhältnisse zurückzuführen ist 4A_52/2015 (9.6.15) E. 2.3 fr., 4A_254/2015 (15.7.15) E. 2.4 fr., 4A_569/2013 (24.3.14) E. 2.1 fr., 4A_78/2013 (16.5.13) E. 3, 4A_747/2012 (5.4.13) E. 2, 4A_22/2007 (30.5.07) E. 5.1, 4A_225/2007 (24.10.07) E. 5.2.2 fr., 132 III 737/745 E. 3.4.3, 4C.400/2001 (4.3.02) E. 3c Pra 2002 (Nr. 110) 637 f., 118 II 50/52 ff. E. 3, 4. Der Entscheid über die Frage, ob dringender Eigenbedarf vorliegt, beruht auf gerichtlichem Ermessen 4A_747/2012 (5.4.13) E. 2, 118 II 50/55 ff. E. 4 (in dem dringender Eigenbedarf aus wirtschaftlichen Gründen bejaht wurde). Dringender Eigenbedarf kann auch bei angeschlagener Gesundheit der Eigentümer (Bandscheibenschaden, Faser-Muskel-Schmerz, Depression) gegeben sein 4A_64/2014 (23.2.15) E. 2.2 fr. – Dem Erfordernis des dringenden Eigenbedarfs ist Genüge getan, wenn der Vermieter eine bestimmte Liegenschaft erwirbt, um dort mit seiner Familie wohnen und das Autokarosserie- und Autospritzwerk weiterführen zu können, das er sonst wegen Verlusts der bisherigen Mieträumlichkeiten aufgeben müsste 4A_747/2012 (5.4.13) E. 3.1. – Der Eigenbedarf muss *unmittelbar, tatsächlich und aktuell* sein. Ein bloss zukünftiger möglicher Bedarf genügt nicht 4A_78/2013 (16.5.13) E. 4.3, 118 II 50/54 E. 3c. – Verneint, wenn der Eigentümer bloss eine Wohnung mit mehr Sonneneinstrahlung oder besserer Aussicht bewohnen möchte 132 III 737/745 E. 3.4.3, 118 II 50/54 ff. E. 3c und d. Bei der Frage, ob überhaupt ein Kündigungsgrund des dringenden Eigenbedarfs vorliegt, ist keine Interessenabwägung vorzunehmen. Der Vermieter ist daher mit seinem Vorbringen, der Mieter habe kein eigenes Wohninteresse an der umstrittenen Wohnung, da er diese ständig untervermiete, nicht zu hören 4A_78/2013 (16.5.13) E. 4.5. Ob eine Person, mit deren «Eigenbedarf» die Kündigung begründet wird, selbst Partei des Mietvertrages ist oder lediglich die Vermieterin wirtschaftlich beherrscht, kann einen Einfluss auf die Zulässigkeit der Kündigung und die Erstreckungsdauer haben. In casu war ein Erstreckungsvergleich für die Mieter wegen Grundlagenirrtum unverbindlich, da ein für die Mieter besseres Ergebnis bei einer hypothetischen zweiten Kündigung nicht mit Sicherheit auszuschliessen gewesen wäre 132 III 737/744 f. E. 3. – Die Vermieterin kündigte gestützt auf Art. 271a Abs. 3 lit. a, da ihr Sohn mangels Einkommens und vorhandener zumutbarer Wohnung ein Interesse daran habe, in ihre Wohnung einziehen zu können. Ernsthaftigkeit des Eigenbedarfs verneint, da die Vermieterin Eigentümerin zweier Liegenschaften mit mehreren Wohnungen war, wobei zum relevanten Zeitpunkt mindestens eine weitere Wohnung frei gewesen sei. Dringlichkeit verneint, da die Vermieterin per 31. Juli 2011 gekündigt habe, obwohl ihr Sohn erst auf den 1. Oktober 2011 eine Wohnung benötigt habe 4A_78/2013 (16.5.13) E. 4.1 und 4.3. – 4A_569/2013 (24.3.14) E. 2.2 fr.: Persönlicher und dringender Eigenbedarf bejaht beim Schweizer Eigentümer und Vermieter, der nach mehrjährigem Auslandaufenthalt wegen der dauerhaften Verschlechterung seines Gesundheitszustandes in die Schweiz zurückkehren möchte, weil er im Ausland nicht die

benötigte medizinische Hilfe in Anspruch nehmen kann. Im Rahmen der Anfechtung einer solchen Kündigung trägt der Vermieter die Beweislast für das Bestehen des dringenden Eigenbedarfs 4A_78/2013 (16.5.13) E. 4.3, 4A_85/2008 (12.6.08) E. 3.1 fr., 4C.17/2006 (27.3.06) E. 3.1 fr. Dabei genügt es, wenn die Gründe, die zur Kündigung geführt haben, genügend glaubhaft dargelegt werden können 4C.411/2006 (9.2.07) E. 3.2 fr. – Eigenbedarf nicht genügend glaubhaft dargelegt 4A_332/2011 (21.11.11) E. 3.1 fr.

11 ***Abs. 3 lit. b*** Eine vorangegangene allenfalls missbräuchliche ordentliche Kündigung hat auf die Zulässigkeit der ausserordentlichen Kündigung wegen eines Mietzinsrückstandes keinen Einfluss 4C.418/2005 (14.3.06) E. 5.1.

12 ***Abs. 3 lit. e*** Die zur ausserordentlichen Kündigung berechtigenden wichtigen Gründe müssen im Kündigungsschreiben nicht explizit erwähnt werden 4C.324/2002 (3.3.03) E. 3.2. – Bauliche Massnahmen können nur dann als wichtige Gründe gelten, wenn sie dringend notwendig sind, um eine Gefahr für die Gesundheit und körperliche Integrität der Mieter abzuwenden 4A_332/2011 (21.11.11) E. 3.2 fr.

B. Erstreckung des Mietverhältnisses

Vorb. Art. 272–273c

1 *Zweck der Erstreckung:* Dem Mieter mehr Zeit einräumen, als er gemäss der Kündigungsfrist hätte, um ein neues Ersatz-Mietobjekt zu finden. Es geht aber nicht darum, dem Mieter die mit der Kündigung verbundenen Unannehmlichkeiten zu ersparen, da diese mit einer Erstreckung ohnehin immer nur aufgeschoben, nicht aber aus der Welt geschafft werden könnten 4A_106/2014 (28.5.14) E. 4.1, 4A_705/2014 (8.5.15) E. 5.2 fr., 4A_454/2012 (10.10.12) E. 3.3 fr., 4C.343/2004 (22.12.04) E. 4.1 fr. Zulässigkeit einer kantonalen Bestimmung, wonach die Vollstreckung eines Ausweisungsentscheids aus humanitären Gründen im Rahmen des Notwendigen aufgeschoben werden kann, um dem Mieter zu erlauben, eine neue Wohnung zu finden 117 Ia 336/338 ff. E. 2 fr. Berücksichtigung einer von den Parteien vereinbarten Resolutivbedingung für die Dauer der Erstreckung 121 III 260/263 f. E. 5a JdT 144 (1996) 247 f. E. 5a. Wirkungen der Einräumung eines Aufschubs der Ausweisung bei einem Mietvertrag, der einer Resolutivbedingung untersteht 121 III 260/264 f. E. 5b JdT 144 (1996) 248 E. 5b. – *Prozessuales:* Der Erstreckungsanspruch setzt die gültige Beendigung des Mietverhältnisses voraus. Als vorgelagerter Streitgegenstand kann dabei nicht nur zu beurteilen sein, ob ein unbefristetes Mietverhältnis wirksam gekündigt worden ist, sondern auch, ob ein befristetes Mietverhältnis abgelaufen ist. Die Prüfung dieser letzteren Frage hat nach ZPO Art. 243 Abs. 2 lit. c vorfrageweise im vereinfachten Verfahren zu erfolgen 142 III 278/281 ff. E. 4.2.

I. Anspruch des Mieters

Art. 272

[1] Der Mieter kann die Erstreckung eines befristeten oder unbefristeten Mietverhältnisses verlangen, wenn die Beendigung der Miete für ihn oder seine Familie eine Härte zur Folge hätte, die durch die Interessen des Vermieters nicht zu rechtfertigen wäre.

[2] Bei der Interessenabwägung berücksichtigt die zuständige Behörde insbesondere:
a. die Umstände des Vertragsabschlusses und den Inhalt des Vertrags;
b. die Dauer des Mietverhältnisses;
c. die persönlichen, familiären und wirtschaftlichen Verhältnisse der Parteien und deren Verhalten;
d. einen allfälligen Eigenbedarf des Vermieters für sich, nahe Verwandte oder Verschwägerte sowie die Dringlichkeit dieses Bedarfs;
e. die Verhältnisse auf dem örtlichen Markt für Wohn- und Geschäftsräume.

[3] Verlangt der Mieter eine zweite Erstreckung, so berücksichtigt die zuständige Behörde auch, ob er zur Abwendung der Härte alles unternommen hat, was ihm zuzumuten war.

Abs. 1 Die Erstreckung dient in erster Linie dazu, dem Mieter mehr Zeit einzuräumen, 1
als er gemäss der ordentlichen Kündigungsfrist hätte, um ein Ersatz-Mietobjekt zu finden 4A_705/2014 (8.5.15) E. 5.2 fr. (Erstreckung ausgeschlossen im Fall, in dem die Vermieter die Wohnung gekündigt haben, weil die Mieter vor mehr als einem Jahr [definitiv] nach Frankreich gezogen sind und die Wohnung ohne Einwilligung der Vermieter ihrem Sohn und seiner Familie untervermietet haben) 136 III 190/195 E. 6 Pra 2010 (Nr. 112) 769. Bei der Interessenabwägung sind zu berücksichtigen: die Umstände des konkreten Falles, die Dauer des Mietvertrages, die persönliche und finanzielle Situation der Parteien, die Angewiesenheit des Mieters auf das Mietobjekt, die Situation auf dem lokalen Markt für Gewerberäumlichkeiten, die Frist zwischen der Zustellung der Kündigung und der Beendigung des Mietvertrages, die Bemühungen des Mieters, um ein neues Mietobjekt zu finden, vgl. zu all dem 4A_198/2014 (17.7.14) E. 3 fr., 4A_447/2013 (20.11.13) E. 5.1 Pra 2014 (Nr. 86) 665 f., 4A_454/2012 (10.10.12) E. 3.3 fr., 4A_167/2012 (2.8.12) E. 2.3 fr., 4C.343/2004 (22.12.04) E. 4.2 fr. Die Interessenabwägung und die ihr zugrunde liegenden Kriterien bestimmen dabei nicht nur den Grundsatz, sondern auch die Dauer einer allfälligen Erstreckung 4A_525/2009 (15.3.10) E. 11.1, 4A_281/2008 (12.9.08) E. 2.1 fr., 4A_22/2007 (30.5.07) E. 5.1. – Eine Erstreckung kommt nur in Betracht, wenn die Kündigung für den Mieter eine Härte im Sinne von Art. 272 Abs. 1 zur Folge hat. Kündigt die Vermieterin mit acht Jahren Vorlaufzeit auf den Beendigungstermin, so ist eine Härte zum vornherein zu verneinen und die Erstreckung ausgeschlossen 4A_552/2019 (21.4.20) E. 5.2. – Das Gericht kann auch die faktische Erstreckung des Mietverhältnisses in Anschlag bringen, in deren Genuss der Mieter aufgrund der langen Prozessdauer gekommen ist 4A_545/2013 (28.11.13) E. 4.1 fr., 4A_447/2013 (20.11.13) E. 5.3 Pra 2014 (Nr. 86) 667 f. – Bei der Festsetzung der Dauer der Erstreckung verfügt der Richter über grosses Ermessen 4A_503/2013 (5.3.14) E. 5.1 fr., 4A_37/2013 (28.6.13) E. 2.3 (n.p. in 139 III 353) fr., 135 III 121/123 E. 2 Pra 2009 (Nr. 88) 602 f. Auch wenn der Mieter die Kündigung als missbräuchlich anficht, obliegt es ihm, nach Erhalt der Kündigung ohne Verzug ernsthafte Suchbemühungen zu unternehmen. Vorliegend wurde eine Erstreckung verneint, da dem Mieter mehr als 18 Monate für den Umzug des Betriebes zur Verfügung

gestanden sind 4A_568/2008 (18.2.09) E. 5 fr. Suchbemühungen können jedoch nur beschränkt erwartet werden, wenn der Mieter die Kündigung mit Aussicht auf Erfolg angefochten hat. Der Mieter, der sich nach einem neuen Mietobjekt umsehen muss, hat keinen Anspruch auf ein absolut gleiches bzw. identisches Ersatzobjekt. Der Mieter darf seine Suche deshalb nicht nach dem idealen Mietobjekt ausrichten, sondern hat sich auf ein Ersatzobjekt zu konzentrieren, das für ihn objektiv ohne Weiteres als tragbar «gleichwertig» und insoweit zumutbar erscheint. Keine zumutbare Ersatzlösung im Fall, in dem alle von der Mieterin aufgelisteten Ersatzobjekte nicht annähernd gleich gross waren wie das jetzige Mietobjekt mit über 1000 m^2 Verkaufsfläche 4A_699/2014 (7.4.15) E. 3.6.2. Traditionsreiches Modehaus an zentraler Lage in der Stadt Zürich, umgeben von weiteren Geschäften im Luxussegment. Die Verkaufsfläche von über 1000 m^2 erstreckt sich auf mehrere Etagen. Die gehobene Kundschaft, darunter auch vermögende internationale Kunden, ziehen eine gewisse Standortgebundenheit nach sich. Es steht fest, dass im Rahmen einer genügenden Wahrscheinlichkeit keine Aussicht besteht, ein vergleichbares bzw. angemessenes Ersatzobjekt zu finden. Deshalb ist die Mieterin gezwungen, ihre Ansprüche an eine Ersatzlösung zu senken und damit auch ihr seit Generationen betriebenes Geschäftsmodell anzupassen. Das braucht Zeit. Die Härte besteht hier nicht im Hinblick auf das Suchen einer angemessenen Ersatzlösung, sondern vielmehr darin, dass die Mieterin gezwungen wird, eine Ersatzlösung anderen Inhalts zu akzeptieren 4A_699/2014 (7.4.15) E. 3.6.4 und E. 3.8. Profitiert der Mieter im gekündigten Wohnobjekt von einem weit unter dem Marktpreis liegenden Mietzins, darf er sich bei der Suche nicht auf Ersatzobjekte beschränken, die in einer ähnlichen Preiskategorie liegen. Er muss seine Suchbemühungen auf Mietobjekte zu einem marktüblichen Mietzins ausdehnen, sofern ihm dies aufgrund seiner Einkommens- und Vermögenssituation zumutbar ist 4A_421/2017 (29.9.17) E. 5.6.3. Die Lage des Behandlungslokals eines hochspezialisierten Physiotherapeuten (Mieters) war aufgrund eines im selben Gebäude angegliederten Schwimmbeckens besonders geeignet. Erstreckung dennoch verneint, weil das Interesse der Vermieterin überwog und der Mieter Suchbemühungen unterlassen hatte 4A_560/2017 (1.3.18) E. 4 fr. – Die Frage, ob eine erstmalige oder definitive Erstreckung zu gewähren ist, ist aufgrund einer Abwägung der Interessen der Parteien im Einzelfall zu beantworten, weshalb nicht allgemein von einem Regel-Ausnahme-Verhältnis gesprochen werden kann 4A_62/2010 (13.4.10) E. 6.1. Gewährt das Gericht dem Mieter bloss eine einzige und definitive Erstreckung, so hat es im Urteil zu begründen, weshalb es eine zweite Erstreckung ausschliesst 4A_386/2014 (11.11.14) E. 4.3.2 fr. – Eine erhebliche Härte kann bestehen, wenn die Fortführung des Betriebes an einem anderen Ort einer behördlichen Bewilligung bedarf und der Mieter zudem auf besonders gestaltete Räume angewiesen ist 4C.240/2001 (26.11.01) E. 3b. Härte kann bejaht werden, wenn der Mieter nachweisen kann, dass die Geschäftsliquidation bzw. der Verkauf eines Warenlagers bis zur ordentlichen Kündigung nicht oder nur mit einem Verlust möglich wäre und dieser durch eine Erstreckung hätte vermieden oder zumindest verringert werden können 4C.146/2006 (24.8.06) E. 2.3. Die Härte wird bejaht, wenn der Mieter in den Räumen ein Restaurant betreibt und die Vermieterin noch nicht im Besitz aller behördlichen Bewilligungen für ein Bauprojekt ist 4A_621/2009 (25.2.10) E. 2.3 fr. – Keine Härte zu begründen vermag der blosse Wunsch des Mieters, länger im Mietobjekt zu verbleiben, weil ihm das vorteilhaft erscheint 4A_106/2014 (28.5.14) E. 3.2, 4C.269/2004 (4.10.04) E. 4.2 fr., oder der Umstand, dass der Mieter Investitionen getätigt hat, welche im Zeitpunkt der Vertragsbeendigung noch nicht amortisiert sind 4C.251/2004 (7.9.04) E. 2.3.1 fr., oder weil der Mieter bis zur Fertigstellung des eigenen Hauses im Mietobjekt bleiben möchte 4C.256/2001 (14.11.01) E. 3. fr. Eine Härte ist zu verneinen, wenn der Mieter die Bewirtschaftung des Geschäftslokals aufnimmt und die Suche nach Ersatzobjekten unterlässt, nachdem er die ordentliche Kündigung erhalten hat; von ihr muss er annehmen, dass sie im Anfechtungsprozess Bestand haben könnte 4A_198/2016 (7.10.16) E. 5.4 fr. Dass der Mieter die Suche nach einem Ersatzobjekt unterlässt, darf aber nicht zu stark gewichtet werden, wenn die Anfechtung der Kündigung eine gewisse Aussicht auf Erfolg hatte 4A_346/2016 (17.1.17) E. 4 fr. a.E. Der Mieter kann nicht eine allfällige Härte für den Untermieter ins Feld führen, um eine Erstreckung des Mietverhältnisses zu erhalten 4A_314/2014 (24.11.14) E. 2.2 fr. Da der Mieter aus einer vertragswidrigen Nutzung des Mietobjekts keine Härte ableiten kann, kann der Verlust von Mietzinseinnahmen aus einem nicht bewilligten Untermietverhältnis keinen Härtegrund darstellen 4A_659/2014 (3.3.15) E. 3.4. Die gewöhnlichen, mit einem Umzug verbundenen Unannehmlichkeiten stellen keine Umstände im Sinne von Art. 272 Abs. 1 dar, die eine Erstreckung rechtfertigen würden, da diese mit jeder Kündigung verbunden sind und auch durch eine Erstreckung des Mietverhältnisses nicht gemildert werden können 4A_705/2014 (8.5.15) E. 4.2 fr., 4A_699/2014 (7.4.15) E. 3.5, 4A_662/2012 (7.2.13) E. 7.2. Das Risiko, gewisse Einrichtungsgegenstände (in casu den Billardtisch und einen Designerschrank) nicht weiterverwenden zu können, trägt generell der Mieter und vermag ebenso wenig eine Härte im Sinne des Gesetzes zu konstituieren 4A_662/2012 (7.2.13) E. 7.2 und E. 7.4, 4A_129/2015 (10.7.15) E. 2.1 fr.: Keine Härte im Sinne von Art. 272 Abs. 1, wenn der Mieter auf eigenes Risiko und eigene Gefahr Investitionen in gemieteten Geschäftsräumlichkeiten tätigt und nicht mehr die Gelegenheit hat, diese zu amortisieren. Interessenabwägung zugunsten der Vermieterin (Stadt Genf), wenn die Mieterin im Gegensatz zu den Mietern der übrigen Imbiss-Pavillons nach zwei gescheiterten Versuchen weiterhin nicht über das Wirtepatent verfügt 4A_307/2019 (28.2.20) E. 12 fr. – 4A_31/2013 (2.4.13) E. 3.2 fr.: In Frankreich wohnhafte Künstlerin, die in Genf ein Wohnatelier mietete. Die kantonale Instanz hat im Zusammenhang mit der Erstreckung zu Recht berücksichtigt, dass die Künstlerin von 1995 bis 2011 bloss zweimal in Genf ausgestellt hatte. – Erstreckung kann verweigert werden, wenn der Mieter nicht das ihm unter den gegebenen Umständen Zumutbare getan hat, um auf den Zeitpunkt der Beendigung des Mietvertrages andere Wohn- oder Geschäftsräume zu finden 4A_31/2013 (2.4.13) E. 3.2 fr., 4A_72/2011 (4.4.11) E. 4 fr., 4A_577/2009 (4.3.10) E. 2.2, 4C.425/2004 (9.3.05) E. 3.4 fr., 4C.155/2003 (3.11.03) E. 4.1. Suchbemühungen sind bereits im ersten Erstreckungsverfahren zu berücksichtigen 4A_648/2015 (29.4.16) E. 7.4 it., 125 III 226/230 E. 4b fr., 116 II 446/448 E. 3a Pra 1991 (Nr. 70) 339. Solche Bemühungen können jedoch nur beschränkt erwartet werden, wenn der Mieter die Kündigung mit Aussicht auf Erfolg angefochten hat 4C.343/2004 (22.12.04) E. 4.2 fr. Ferner ist zu beachten, dass Suchbemühungen nicht verlangt werden können von Personen, die infolge Alter, Krankheit oder Invalidität derart hilflos sind, dass sie zur Suche von Ersatzraum gar nicht in der Lage sind 4C.155/2003 (3.11.03) E. 4.1. Ein von derartigen Umständen betroffener Mieter muss sich unter Umständen Hilfe suchen 4A_15/2014 (26.5.14) E. 4.1. Kommt nur noch ein Umzug in ein Alters- oder Pflegeheim in Betracht, so darf erwartet werden, dass sich die betreffende Person ernsthaft um einen Platz in einer solchen Institution bemüht 4A_105/2009 (5.6.09) E. 4.3. Von einer 93-jährigen Mieterin kann aber nicht erwartet werden, dass sie sich für eine geeignete Ersatzwohnung an bekannte Liegenschaftsverwaltungen wendet, auch wenn sie dabei keine Chance hat. Vielmehr muss angesichts des hohen Alters der Mieterin als genügend angesehen werden, wenn sie sich ernsthaft um einen Platz in einer Alterssiedlung oder in einem Altersheim bemüht. Beginnt die 93-jährige Mieterin erst drei Monate nach Ablauf der ersten Mietererstreckungsfrist eine Ersatzwohnung zu suchen, so rechtfertigt es sich, die fehlenden Suchbemühungen während der ersten Erstreckung mit einer Kürzung der gesetzlich möglichen zweiten Erstreckungsdauer um einen Drittel zu sanktionieren 4A_15/2014 (26.5.14) E. 4. – Erstreckung abgelehnt mangels Standortgebundenheit und mangels genügender Suchbemühungen 4A_283/2013 (20.8.13) E. 6.1. Milder zu beurteilen sind die Suchbemühungen, wenn der Mieter mit dem Erstreckungsbegehren ein Begehren um Kündigungsschutz gestellt hat 4C.267/2002 (18.11.02) E. 2.3 fr. – Zumindest ab dem Zeitpunkt eines negativen Entscheids der Schlichtungskommission kann vom Mieter eine aktive Wohnungssuche erwartet werden, widrigenfalls rechtfertigt sich eine Reduktion der maximalen Erstreckung 4A_518/2010 (16.12.10) E. 3.3 fr. Auch bei der Miete von Geschäftsräumen im Rahmen eines befristeten Mietvertrags wird vom Mieter erwartet, dass er Schritte unternimmt, um rechtzeitig ein neues Objekt zu finden, sodass die Erstreckung nur für 3 Jahre bis zum geplanten Beginn eines Bauprojekts gewährt wird 4A_567/2010 (16.12.10) E. 2 fr. Bei der Art und Dauer der Erstreckung wurde berücksichtigt, dass der Mieter nur ungenügende Suchbemühungen vorweisen konnte und der Vermieter dem Mieter bereits entgegengekommen war, indem er die vertragliche Kündigungsfrist von einem halben Jahr auf ein Jahr verdoppelt hatte 4A_522/2009 (13.1.10) E. 3.3. – Ausschluss der Erstreckung, wenn der Mieter es bewusst in Kauf genommen hat, dass er nur vorübergehend von einem günstigen Mietzins profitieren kann 121 III 260/265 E. 6a JdT 144 (1996) 248 f. E. 6a. Die Erstreckung ist ebenso ausgeschlossen, wenn die Mieter das Geschäftslokal seit einer bestimmten Zeit nicht mehr benutzen und nicht aufzuzeigen vermögen, wie sie das Lokal zukünftig geschäftlich oder privat (z.B. zur Fortführung des gemeinsamen Haushaltes) zu nutzen gedenken 4A_255/2012 (20.7.12) E. 3.2 fr. – Gemeinsamer Mietvertrag (in casu offengelassen, ob das gemeinsame Klagerecht jedem einzelnen Mieter zusteht) 4C.37/2001 (30.5.01) E. 2b fr. – Erstreckung des Mietverhältnisses auch im Falle der Zwangsversteigerung mit doppeltem Steigerungsaufruf 128 III 82/85 E. 1d. – Bei Erstreckungsbegehren entspricht der Streitwert dem Mietzins, der für die nachgesuchte Dauer der Erstreckung geschuldet ist. Hat der Mieter jedoch bereits eine faktische Erstreckung erhalten, so bemisst sich der Streitwert aufgrund der Vertragsdauer, die zum Zeitpunkt des letztinstanzlichen kantonalen Entscheides noch übrig bleibt 4A_104/2013 (7.8.13) E. 1.1 fr., 113 II 406/407 f. E. 1 Pra 1988 (Nr. 201) 746, 109 II 351/351 f. E. 1 Pra 1984 (Nr. 28) 68. – Für eine erstmalige Erstreckung spricht, wenn nur schwer abgeschätzt werden kann, ob innert der gewährten Erstreckung ein geeignetes Ersatzobjekt gefunden werden kann und – namentlich unter Berücksichtigung der Suchbemühungen des Mieters – zu einem späteren Zeitpunkt mit Blick auf die örtlichen Verhältnisse auf dem Immobilienmarkt zusätzliche Anhaltspunkte zu erwarten sind 4A_699/2014 (7.4.15) E. 3.5, 4A_62/2010 (13.4.10) E. 6.1.2.

Abs. 2 Die Aufzählung ist nicht abschliessend, es sind auch die finanziellen Interessen zu berücksichtigen. In casu Berücksichtigung der Beteiligung des Vermieters an einer juristischen Person als Vermieterinteresse 4C.139/2000 (10.7.00) E. 2b fr. Die kündigende Vermieter-Gesellschaft ist allein dazu gegründet worden, die Liegenschaft zu erwerben und einer anderen Gesellschaft zu vermieten. Dieser Umstand wurde bei der Abwägung der Parteiinteressen zu Recht berücksichtigt. Dass darin nicht im engeren Sinn Eigenbedarf zu erkennen ist, ist unerheblich, weil die gesetzliche Aufzählung («insbesondere») nicht abschliessend ist 4A_368/2017 (19.2.18) E. 7.5. 2

Abs. 2 lit. b Handelt es sich um ein befristetes Mietverhältnis, so ist eine Erstreckung nur mit Zurückhaltung zu gewähren, weil diesfalls erkennbar ist, dass die Parteien das vertragliche Verhältnis zum vereinbarten Zeitpunkt enden lassen wollten 4A_447/2013 (20.11.13) E. 5.1 Pra 2014 (Nr. 86) 665 f., 4A_104/2013 (7.8.13) E. 2.3 fr. Dies gilt umso mehr, wenn der Mieter die kurze Vertragsdauer (1 Jahr) zum Anlass nimmt, einen niedrigeren Mietzins auszuhandeln 4A_552/2009 (1.2.10) E. 2.5.2 fr. Mieterinvestitionen von CHF 100 000 stellen nach neun Jahren Mietdauer mit günstigem Mietzins keinen Härtegrund dar 4A_85/2008 (12.6.08) E. 4. fr. In 4A_167/2012 (2.8.12) E. 2.3 fr. wurde eine Erstreckung um 4 Jahre als genügend qualifiziert. Die Kündigung hatte zwar schwerwiegende Konsequenzen für den Mieter, weil das Geschäftslokal seit 1958 von seiner Familie gemietet wurde und er geltend machte, die Kündigung würde ihn zur Geschäftsaufgabe zwingen. Da die Erstreckung um 4 Jahre ihm aber erlaubte, bis zum Alter von 70 Jahren weiterzuarbeiten, war sie geeignet, die schwerwiegenden Konsequenzen der Kündigung des Geschäftslokals abzuschwächen. – Erstreckung abgelehnt, obwohl der Mieter zum Urteilszeitpunkt 80 Jahre alt gewesen ist und die Wohnung seit gut 30 Jahren bewohnt hatte 4A_447/2013 (20.11.13) E. 5.2 Pra 2014 (Nr. 86) 666. 3

Abs. 2 lit. c Persönliche Verhältnisse des Mieters: berücksichtigt werden z.B. Kleinkinder, Integration im Quartier, Einkommen 4A_46/2010 (27.4.10) E. 7.3 fr., 4C.267/2002 (18.11.02) E. 3 fr. Die Tatsache, dass der in Scheidung lebende Mieter im gleichen Quartier leben möchte wie seine Kinder, bildet keinen genügenden Grund für eine Erstreckung 4A_552/2009 (1.2.10) E. 2.5.2 fr. – Selbst bei gesundheitlichen Problemen eines alleinstehenden und unter prekären sozialen Bedingungen lebenden Mieters kann eine einmalige Verlängerung von 3 Jahren genügend sein 4A_518/2010 (16.12.10) E. 3.3 fr. Die einmalige und definitive Erstreckung um drei Monate infolge einer Sanierungskündigung wurde trotz langjährigen Mietverhältnisses als genügend erachtet. Die Vorinstanz habe die lange Mietdauer über die Kriterien der Ortsverbundenheit und der Ortsgebundenheit hinreichend berücksichtigt. Ausserdem falle den Mietern durch die Dauer des bundesgerichtlichen Verfahrens faktisch eine längere Erstreckung zu 4A_396/2019 (16.1.20) E. 4.3 und 4.4. Einmalige Erstreckung von drei Jahren bei einem erwerbsunfähigen und an psychischen Problemen leidenden Mieter, der seit mehr als dreissig Jahren in der Wohnung lebte 4A_126/2012 (3.8.12) E. 6.2 fr. – Berücksichtigung des Verhaltens des Mieters 4C.224/2002 (16.10.02) E. 2.2 fr. (in casu Vandalenakte). – Vertragswidriges Halten eines kleinen Hundes schliesst jedoch eine lange Erstreckung nicht aus, entscheidend sind die konkreten Umstände 4C.226/2000 (6.2.01) E. 2d fr. Vermietete Geschäftsräume, die sich auf einem Grundstück befinden, das der Vermieter nach dem Abbruch des Gebäudes für ein bedeutendes Infrastrukturprojekt nutzen will; gerichtliche Erstreckung des Miet- 4 verhältnisses 135 III 121/123 ff. E. 2–5 Pra 2009 (Nr. 88) 602 ff. Kombiniert der Mieter wiederholt berechtigte mit treuwidrig geltend gemachten Ansprüchen und zeigt er keine hinreichende Bereitschaft zu einem konstruktiven Austausch mit der Vermieterschaft, darf dies bei der Bemessung der Erstreckung zugunsten des Vermieters berücksichtigt werden 4A_269/2015 (2.11.15) E. 5.3.

5 ***Abs. 2 lit. d*** Dringender Eigenbedarf: siehe unter Art. 261 Abs. 2 bzw. 271a Abs. 3 lit. a. Der Richter hat eine zusätzliche Interessenabwägung vorzunehmen, bei welcher die Dringlichkeit des Eigenbedarfs als Massstab für die Erstreckungsdauer dient 118 II 50/58. Berechtigter Eigenbedarf überwiegt grundsätzlich die Interessen des Mieters, in casu jedoch verneint 4C.138/2006 (31.8.06) E. 2.1 fr. Die Geburt eines zusätzlichen Kindes sowie der daraus resultierende zusätzliche Platzbedarf aufseiten des Vermieters rechtfertigen eine Ablehnung der Erstreckung 4A_552/2009 (1.2.10) E. 2.5.2 fr. Für die Festlegung der Dauer der Erstreckung sind die Interessen des Vermieters bezüglich der Durchführung eines gross angelegten Bauprojekts zu berücksichtigen 4A_621/2009 (25.2.10) E. 2.4.1 fr. Eigenbedarf der Tochter des Vermieters, die seit 3 Jahren zur Untermiete leben muss 4A_46/2010 (27.4.10) E. 7.3 fr. Droht dem Mieter eines Ladenlokals nur eine leichte bis höchstens mittlere Härte, erscheint bei gegebenem dringendem Eigenbedarf eine bloss einmalige Erstreckung von fünf Monaten nicht als offensichtlich unbillig oder in stossender Weise ungerecht 4A_477/2016 (27.9.16) E. 3.4–3.6.

6 ***Abs. 3*** Im Rahmen des zweiten Erstreckungsgesuchs wird das Gericht die Frage, ob der Mieter die notwendigen Anstrengungen unternommen hat, die von ihm erwartet werden durften, um eine Ersatzwohnung zu finden, strenger beurteilen. Die Beweislast obliegt dem Mieter, der die Erstreckung verlangt 4A_545/2013 (28.11.13) E. 4.2 fr. – Wird sich die Situation aller Voraussicht nach nicht verändern, so verstösst es nicht gegen Bundesrecht, von Beginn weg eine einzige Erstreckung zu gewähren (anstatt zwei aufeinanderfolgende Erstreckungen) 4A_167/2012 (2.8.12) E. 2.3 fr., 4A_735/2011 (16.1.12) E. 2.5 fr.

II. Ausschluss der Erstreckung

Art. 272a

[1] Die Erstreckung ist ausgeschlossen bei Kündigungen:

a. wegen Zahlungsrückstand des Mieters (Art. 257d);

b. wegen schwerer Verletzung der Pflicht des Mieters zu Sorgfalt und Rücksichtnahme (Art. 257f Abs. 3 und 4);

c. wegen Konkurs des Mieters (Art. 266h);

d. eines Mietvertrages, welcher im Hinblick auf ein bevorstehendes Umbau- oder Abbruchvorhaben ausdrücklich nur für die beschränkte Zeit bis zum Baubeginn oder bis zum Erhalt der erforderlichen Bewilligung abgeschlossen wurde.

[2] Die Erstreckung ist in der Regel ausgeschlossen, wenn der Vermieter dem Mieter einen gleichwertigen Ersatz für die Wohn- oder Geschäftsräume anbietet.

1 ***Abs. 1*** Aus der (abschliessenden) Aufzählung geht hervor, dass das Gesetz nur sehr gewichtige Umstände, die eine Erstreckung für den Vermieter schlechterdings unzumutbar

machen würden, als Ausschlussgründe anerkennt. Der Zielsetzung der Mietrechtsrevision entsprechend (besserer Schutz vor Kündigungen und gegen die Härten gültiger Kündigungen) sah der Gesetzgeber von einer Übernahme der früheren Ausschlussgründe des aOR Art. 267c ab 117 II 415/418 ff. E. 5a, b.

Abs. 1 lit. a Der Erstreckungsausschluss wegen Zahlungsrückstand setzt eine gültige, 2
bei Familienwohnungen überdies dem Ehegatten des Mieters separat zugestellte Fristansetzung mit Kündigungsandrohung nach Art. 257d voraus 117 II 415/416 ff. E. 3, 5. Indessen kommt der Erstreckungsausschluss auch zugunsten desjenigen Vermieters zum Tragen, der nicht von seinem Recht zur vorzeitigen Vertragsauflösung Gebrauch gemacht, sondern erst auf den nächsten ordentlichen Termin hin gekündigt hat 117 II 415/417 E. 4.

Abs. 1 lit. d Darauf kann sich der Vermieter berufen, der Räumlichkeiten bis zum Beginn 3
bevorstehender Bauarbeiten vermietet hat 121 III 260/265 f. E. 6b JdT 144 (1996) 249 E. 6b.

Abs. 2 Schliesst ein Mieter ein angebotenes Ersatzobjekt von vorneherein und ohne nä- 4
here Prüfung aus, kann er sich später nicht darauf berufen, der Vermieter habe es unterlassen, wesentliche Elemente des Angebotes zu bezeichnen 4A_17/2008 (14.3.08) E. 5.2.

III. Dauer der Erstreckung

Art. 272b

[1] Das Mietverhältnis kann für Wohnräume um höchstens vier, für Geschäftsräume um höchstens sechs Jahre erstreckt werden. Im Rahmen der Höchstdauer können eine oder zwei Erstreckungen gewährt werden.

[2] Vereinbaren die Parteien eine Erstreckung des Mietverhältnisses, so sind sie an keine Höchstdauer gebunden, und der Mieter kann auf eine zweite Erstreckung verzichten.

Abs. 1 Die maximale Erstreckungsfrist bemisst sich ab dem Zeitpunkt, in dem das Miet- 1
verhältnis enden wird bzw. geendet hätte, wenn keine Erstreckung eintritt bzw. eingetreten wäre 4A_423/2016 (21.12.16) E. 3 fr. Die Erstreckung soll es dem Mieter erlauben, eine Ersatzlösung zu finden 4A_104/2013 (7.8.13) E. 2.3 fr. Dem Gericht, das die gegenläufigen Interessen der Parteien abzuwägen hat, steht bei der Festsetzung der Dauer der Erstreckung in dem vom Gesetz vorgegebenen Rahmen ein weites Ermessen zu 4A_104/2013 (7.8.13) E. 2.3 fr., 4A_57/2012 (29.6.12) E. 2.3 fr., 4A_281/2008 (12.9.08) E. 2.1 fr., 4C.176/2004 (8.9.04) E. 3.2 fr. Es hat insbesondere die Mietdauer, die persönliche und finanzielle Situation der Parteien, ihr Verhalten sowie die Situation auf dem Mietwohnungsmarkt in Anschlag zu bringen 4A_129/2015 (10.7.15) E. 2.1 fr., 4A_104/2013 (7.8.13) E. 2.3 fr., 136 III 190/195 E. 6 fr. Im Zusammenhang mit der Miete von Geschäftsräumen kann das Gericht auch in Anschlag bringen, dass es für den Mieter wegen der besonderen Natur seiner Tätigkeit besonders schwierig werden könnte, eine geeignete Ersatzlokalität zu finden 4A_57/2012 (29.6.12) E. 2.3 fr. Das Bundesgericht prüft den Entscheid der Vorinstanz nur mit Zurückhaltung 4A_46/2010 (27.4.10) E. 7.1 fr. Steht die Frage nach der Erstreckung eines befristeten Mietvertrages im Raum, hat sich das Ge-

richt besondere Zurückhaltung aufzuerlegen, weil diesfalls erkennbar ist, dass die Parteien das vertragliche Verhältnis zum vereinbarten Zeitpunkt enden lassen wollten 4A_104/2013 (7.8.13) E. 2.3 fr. Bei ausserordentlich langer Kündigungsfrist kann sich eine Reduktion der Erstreckung rechtfertigen 4A_621/2009 (25.2.10) E. 2.4.1 fr., 4C.400/2001 (4.3.02) E. 3c, 125 III 226/230 E. 4b, c Pra 1999 (Nr. 152) 813. Das Verhalten des Mieters, der während der drei zwischen Anfechtung der Kündigung und dem Urteil des Mietgerichts liegenden Jahre keinerlei Schritte unternimmt, um ein Ersatzobjekt zu suchen, kann eine Reduktion der Erstreckung begründen 4A_452/2010 (22.11.10) E. 4 fr. – Die Erstreckung kann jedoch nur für einen bestimmten Zeitraum gewährt werden und darf nicht von einem ungewissen Ereignis abhängen 135 III 121/125 E. 4 Pra 2009 (Nr. 88) 604, 4A_280/2008 (11.11.08) E. 4. fr. – Das Gericht beurteilt nach freiem Ermessen, ob eine erstmalige oder eine definitive Mieterstreckung zu gewähren ist 4C.445/2006 (7.6.07) E. 5. it. – Hat der Mieter mehrfach vergeblich nach neuen Geschäftsräumen gesucht und muss entsprechend damit rechnen, seine Geschäftstätigkeit aufgeben zu müssen, rechtfertigt sich eine Erstreckung um sechs Jahre, besonders dann, wenn für den Vermieter keine hohe Dringlichkeit besteht 136 III 190/195 E. 6 Pra 2010 (Nr. 112) 769. Eine Erstreckung des Mietverhältnisses der Geschäftsräume rechtfertigt sich auch dann, wenn der Mieter beabsichtigt, seine Geschäftstätigkeit zukünftig nicht mehr auszuüben, und er die Zeit braucht, um sein Geschäft auf einen Dritten zu übertragen 4A_129/2015 (10.7.15) E. 2.1 fr. Eine zweite Erstreckung braucht nicht gewährt werden, wenn sich genügend klar bestimmen lässt, wann mit einem Bauprojekt begonnen wird 4A_621/2009 (25.2.10) E. 2.4.2 fr. – Die Tatsache, dass ein Notariatsbüro seit ca. 100 Jahren in der Liegenschaft etabliert ist, genügt nicht, um eine maximale Erstreckung zu begründen. Eine 2-jährige Erstreckung ist hier ausreichend 4A_227/2010 (1.7.10) E. 2.4 fr. – Aufhebung der vorinstanzlich verfügten, einzigen, dreijährigen Erstreckung durch eine erstmalige dreijährige Erstreckung. Das Vorhaben der Tochter des Vermieters, die Mietsache (ein Hotelgebäude) zusammen mit ihrem Ehegatten zu bewirtschaften, war unscharf umrissen, während die aktiven Bemühungen der Mieter, die das Hotel bewirtschaftet hatten, fruchtlos geblieben waren. Mitentscheidend war die revisionsweise zugelassene Tatsache, dass sich die Tochter mittlerweile von ihrem Ehegatten getrennt hatte 4A_411/2017 (21.2.20) E. 3.7 und 4.3 fr. – Eine Partei kann nicht gestützt auf die Glaubens- und Gewissensfreiheit von einer anderen verlangen, dass sie gegen ihren Willen ihre Lokalitäten zur Verfügung stellt 4A_57/2012 (29.6.12) E. 2.4 fr., wo die Mieter die Erstreckung der Miete von Gewerberäume verlangten, um dort hinduistische religiöse und kulturelle Treffen abzuhalten. – Kein Vorrang der erstmaligen Erstreckung gegenüber der definitiven Erstreckung 4A_105/2009 (5.6.09) E. 3.2. – Einmalige Fristerstreckung, die an sich länger ist als die Dauer des Mietvertrags 4A_735/2011 (16.1.12) E. 2.5 fr.

2 Im Rahmen von Art. 272b Abs. 1 ist die *Unterscheidung zwischen Wohn- und Geschäftsräumen* von Bedeutung. Zur Abgrenzung wird auf den Zweck abgestellt, den die Parteien der vermieteten Sache zukommen lassen wollten. Dabei kommt es auf den Willen der Parteien im Zeitpunkt des Vertragsabschlusses an und nicht auf den Gebrauch, der im Anschluss daran tatsächlich von der Sache gemacht worden ist 4A_104/2013 (7.8.13) E. 2.1.1 fr. In einem ersten Schritt hat das Gericht den tatsächlichen und übereinstimmenden Willen der Parteien festzusetzen, was eine Tatfrage ist (Art. 18) 135 III 410/412 f. E. 3.2 Pra 2010 (Nr. 9) 56 f. (in dem es um die herkömmliche Tätigkeit eines Anwalts und

nicht um mietrechtliche Fragen ging). Kann das Gericht den tatsächlichen Willen der Parteien nicht eruieren oder stimmen die Willenserklärungen nicht überein, hat es die Erklärungen und das Verhalten der Parteien nach dem Vertrauensprinzip auszulegen (Rechtsfrage) 4A_104/2013 (7.8.13) E. 2.2.1 fr. – Wird das gemietete Lokal sowohl als Wohn- als auch als Geschäftsraum genutzt (gemischter Vertrag), ist im Hinblick auf die Qualifikation festzulegen, welche Nutzung überwiegt 4A_104/2013 (7.8.13) E. 1.1 fr., 4A_31/2013 (2.4.13) E. 3.1 fr.

IV. Weitergeltung des Mietvertrags

Art. 272c

[1] Jede Partei kann verlangen, dass der Vertrag im Erstreckungsentscheid veränderten Verhältnissen angepasst wird.

[2] Ist der Vertrag im Erstreckungsentscheid nicht geändert worden, so gilt er während der Erstreckung unverändert weiter; vorbehalten bleiben die gesetzlichen Anpassungsmöglichkeiten.

Anpassung der letzten Erhöhung eines gestaffelten Mietzinses 121 III 397/403 E. 2b/bb fr. – Ein dem Mieter vom Vermieter eingeräumtes Vormietrecht wird aufgehoben, sofern in der Erstreckungsvereinbarung nicht ein entsprechender ausdrücklicher Vorbehalt gemacht wird 4C.127/1999 (18.1.00) E. 3b. 1

V. Kündigung während der Erstreckung

Art. 272d

Legt der Erstreckungsentscheid oder die Erstreckungsvereinbarung nichts anderes fest, so kann der Mieter das Mietverhältnis wie folgt kündigen:
a. bei Erstreckung bis zu einem Jahr mit einer einmonatigen Frist auf Ende eines Monats;
b. bei Erstreckung von mehr als einem Jahr mit einer dreimonatigen Frist auf einen gesetzlichen Termin.

C. Fristen und Verfahren

Art. 273

[1] Will eine Partei die Kündigung anfechten, so muss sie das Begehren innert 30 Tagen nach Empfang der Kündigung der Schlichtungsbehörde einreichen.

[2] Will der Mieter eine Erstreckung des Mietverhältnisses verlangen, so muss er das Begehren der Schlichtungsbehörde einreichen:
a. bei einem unbefristeten Mietverhältnis innert 30 Tagen nach Empfang der Kündigung;
b. bei einem befristeten Mietverhältnis spätestens 60 Tage vor Ablauf der Vertragsdauer.

[3] Das Begehren um eine zweite Erstreckung muss der Mieter der Schlichtungsbehörde spätestens 60 Tage vor Ablauf der ersten einreichen.

[4] Das Verfahren vor der Schlichtungsbehörde richtet sich nach der ZPO.

⁵ Weist die zuständige Behörde ein Begehren des Mieters betreffend Anfechtung der Kündigung ab, so prüft sie von Amtes wegen, ob das Mietverhältnis erstreckt werden kann.

1 **Allgemeines.** Kündigung und Mietzinserhöhung können gleichzeitig angefochten werden, zumal Fristen und Zuständigkeit dieselben sind. Das Vorgehen nach Art. 269d, das dem Vermieter anstelle der verpönten Änderungskündigung zur Verfügung steht, ermöglicht daher im Anfechtungsverfahren sowohl die Prüfung, ob ein missbräuchlicher Ertrag für die verbliebene Mietsache resultiert (Art. 270b), als auch die Prüfung, ob die damit ausgesprochene Kündigung des bisherigen Mietvertrages gegen Treu und Glauben verstösst (Art. 273) 125 III 231/236 E. 3c.

2 ***Abs. 1*** Unwirksame Kündigungen müssen ebenso wie nichtige Kündigungen nicht innerhalb der dreissigtägigen Frist der Bestimmung angefochten werden (Änderung der mit 119 II 141/147 E. 4d begründeten Rechtsprechung) 4A_127/2014 (19.8.14) E. 4, 121 III 156/161 E. 1c/aa Pra 1995 (Nr. 272) 927 f. Vorbehalten bleibt der Fall des Rechtsmissbrauchs 4A_469/2013 (14.11.13) E. 4 und E. 5.1, 4C.6/2002 (10.9.02) E. 3 it., 121 III 156/158 ff. E. 1 Pra 1995 (Nr. 272) 925 ff. Wer eine Kündigung für unwirksam hält, kann sie folglich entweder nach Art. 273 anfechten oder mit dem Einwand zuwarten, bis der Vermieter das Ausweisungsverfahren einleitet. Die Art des Vorgehens hat indessen verfahrensrechtliche Konsequenzen (Anwendbarkeit von Art. 274g oder Verfahren nach kantonalem Recht) 122 III 92/95 E. 2d. – Wurde hingegen bereits in einem Schlichtungsverfahren die Nichtigkeit oder Wirkungslosigkeit der Kündigung geltend gemacht und hat die Schlichtungsbehörde die Kündigung für gültig erklärt, muss die unterlegene Partei nach Art. 273 Abs. 5 innert 30 Tagen den Richter anrufen, ansonsten der Entscheid rechtskräftig wird 4C.135/2001 (4.9.01) E. 1b fr. – Keine Anwendung von Art. 273 bei Kündigung aus wichtigem Grund 4C.116/2005 (20.6.05) E. 2.3 fr., 4C.168/2001 (17.8.01) E. 3a. – Bei der Frist nach Art. 273 Abs. 1 handelt es sich um eine materiellrechtliche (und nicht um eine prozessuale) Frist. Sie beginnt mithin zu laufen, sobald die Willenserklärung (die Kündigung) in den Machtbereich des Empfängers oder seines Vertreters gelangt. Ein eingeschriebener Brief gilt als zugestellt, wenn der Adressat ihn mit der im Briefkasten vorgefundenen Abholungseinladung erstmals bei der Poststelle abholen kann, d.h. in der Regel am Tag nach dem Zugang der Abholungseinladung *(absolute/uneingeschränkte Empfangstheorie)* 143 III 15/18 ff. E. 4.1 Pra 2017 (Nr. 45) 442 f., 140 III 244/247 f. E. 5.1 Pra 2014 (Nr. 95) 757 ff., 4A_471/2013 (11.11.13) E. 2 fr., 137 III 208/212 E. 3.1.1 Pra 2011 (Nr. 106) 760. Auch einer abgelaufenen Abholungseinladung muss der Mieter nachkommen. Ist die Sendung bei der Post nicht mehr erhältlich, hat er sich bei ihr über den Absender zu erkundigen, beim Absender dann über den Sendungsinhalt. Dass diese Massnahmen ihre Zeit benötigen, tut mit Blick auf den Fristbeginn nichts zur Sache 143 III 15/18 ff. E. 4.1 und 4.3 Pra 2017 (Nr. 45) 442 f. – Die Mieter halten die dreissigtägige Frist von Art. 273 Abs. 1 nicht ein. Die Schlichtungsbehörde hat Mieter und Vermieter daraufhin zu einer Schlichtungsverhandlung eingeladen, deren Zweck es war, die Meinungsverschiedenheit zwischen den Parteien einer einvernehmlichen Lösung zuzuführen. Diesen Zweck kann das Schlichtungsverfahren auch dann noch erfüllen, wenn das Schlichtungsbegehren verspätet eingereicht worden ist. Dem Mieter kann im Zusammenhang mit dem verspäteten Schlichtungsbegehren kein rechtsmissbräuchliches Verhalten (ZGB Art. 2) vorgeworfen werden 4A_485/2012 (8.1.13) E. 7.1 fr. – Bei der gemeinsamen Miete ist der

abseits stehende Mieter auf Beklagtenseite in den Prozess einzubeziehen 4C.37/2001 (30.5.01) E. 2b fr. – 4A_351/2015 (5.8.15) E. 6 fr.: Eltern mieten eine Wohnung, die mit Einverständnis des Vermieters allein von ihrem Sohn bewohnt wird. Im Falle einer ordentlichen Kündigung ist der Sohn – da nicht Vertragspartei – nicht legitimiert, die Kündigung anzufechten, sondern allein die Eltern.

Abs. 2 lit. a Wie «nach Empfang der Kündigung» zu verstehen ist, ist nach den allgemeinen Bestimmungen des OR festzusetzen (insbesondere Art. 77). Der Empfang der Kündigung nach Art. 273 Abs. 2 lit. a ist dahingehend zu verstehen, dass die Frist ab der einseitigen Willenserklärung des Vermieters, das Mietverhältnis kündigen zu wollen, zu laufen beginnt. Wenn der dies a quo einer Frist an einer Willenserklärung anknüpft, gelangt die uneingeschränkte/absolute Empfangstheorie zur Anwendung. Die Frist beginnt mithin zu laufen, sobald die Willenserklärung (die Kündigung) in den Machtbereich des Empfängers oder seines Vertreters gelangt. Ein eingeschriebener Brief gilt als zugestellt, wenn der Adressat ihn mit der im Briefkasten vorgefundenen Abholungseinladung erstmals bei der Poststelle abholen kann, d.h. in der Regel am Tag nach dem Zugang der Abholungseinladung 140 III 244/247 f. E. 5.1 Pra 2014 (Nr. 95) 757 ff., 4A_471/2013 (11.11.13) E. 2 fr., 137 III 208/212 E. 3.1.1 Pra 2011 (Nr. 106) 760. – Nach der eingeschränkten/relativen Empfangstheorie hingegen gilt ein Einschreiben erst dann als zugestellt, wenn es der Adressat tatsächlich in Empfang nimmt oder, wenn er es nicht abholt, mit dem Ablauf der siebentägigen Abholfrist. Im Mietrecht gelangt die eingeschränkte Empfangstheorie bloss an zwei Orten zur Anwendung, nämlich in Art. 269d und in Art. 257d Abs. 1 4A_120/2014 (19.5.14) E. 5.1 fr., 140 III 244/248 E. 5.1 Pra 2014 (Nr. 95) 757 ff. 3

Abs. 2 lit. b Der Gesetzgeber hat den Sonderfall der Erstreckung eines auf bestimmte Zeit abgeschlossenen Mietvertrages, dessen Ende von einem ungewissen künftigen Ereignis abhängt, nicht geregelt. Die Lücke ist durch Richterrecht auszufüllen, indem beispielsweise das Erstreckungsgesuch einer Frist von dreissig Tagen unterstellt wird, seitdem der Mieter Kenntnis vom Eintritt der Resolutivbedingung erlangt hat 121 III 260/264 E. 5a JdT 144 (1996) I 247. 4

Abs. 3 Frist für die Einreichung des Begehrens um Zweiterstreckung 4A_92/2008 (30.4.08) E. 2.2 it. 5

Abs. 4 Die Schlichtungsbehörde wird dadurch, dass sie gemäss Art. 273 Abs. 4 einen Entscheid fällt, nicht zum erstinstanzlichen Gericht 4A_203/2012 (17.10.12) E. 2.6.1, 135 III 253/257 f. E. 2.4 fr. Hat nach kantonalem Recht ein unteres Gericht als einzige Instanz über Mieterstreckungen zu befinden, wird sein Entscheid nicht deswegen zum berufungsfähigen Rechtsmittelentscheid (aOG Art. 48 Abs. 2 lit. a), weil er im Anschluss an den Erstreckungsentscheid der Schlichtungsbehörde ergangen ist 117 II 504/505 ff. E. 2. – Wenn die Schlichtungsbehörde eine Kündigung für ungültig, unwirksam oder nichtig erklärt, ist der Vermieter bzw. Verpächter berechtigt, im Kündigungsschutzverfahren auf Feststellung der Gültigkeit einer Kündigung bzw. auf Feststellung des Nichtbestehens eines Vertragsverhältnisses zu klagen 132 III 65/70 E. 3.4. 6

7 ***Abs. 5*** Zur Interessenabwägung, zu der das Gericht im Zusammenhang mit einem Entscheid über eine allfällige Erstreckung zu schreiten hat, vgl. 136 III 190/195 E. 6 Pra 2010 (Nr. 113) 769. Das Gericht verfügt in diesem Zusammenhang über einen grossen Ermessensspielraum 4A_484/2012 (28.2.13) E. 2.3.4 fr. – Haben die kantonalen Instanzen entschieden, dass die Kündigung der Wohnung durch den Vermieter Treu und Glauben zuwiderlaufe, konnte dies den Mieter in der Annahme bestärken, dass er die Wohnung auch in Zukunft bewohnen dürfe und deshalb keine Ersatzwohnung suchen müsse. Stellt das Bundesgericht fest, dass die Kündigung durch den Vermieter gültig und nicht treuwidrig gewesen ist, so rechtfertigt es sich, das Mietverhältnis einmalig um die maximale Dauer von vier Jahren zu erstrecken, um dem Mieter genügend Zeit einzuräumen, eine neue Wohnung zu finden 4A_484/2012 (28.2.13) E. 2.3.4 fr. – Die Anrufung des Richters ist kein Weiterzug eines Verfahrens an die nächsthöhere Instanz, das Gerichtsverfahren keine Fortsetzung des Verfahrens vor der Schlichtungsbehörde und der Richter nicht Rechtsmittelinstanz. Schlichtungsversuch und Entscheid der Schlichtungsbehörde sind lediglich prozessuale Voraussetzungen dafür, dass beim Richter innert 30 Tagen Klage erhoben werden kann. Der Richter urteilt dann erstinstanzlich 117 II 504/506 E. 2b. – Mit unbenütztem Ablauf der Klagefrist erwächst der Entscheid der Schlichtungsstelle in Rechtskraft 4C.405/1999 (18.1.00) E. 3b, 124 III 21/24 E. 2b. – Ruft nach einem Entscheid der Schlichtungsbehörde, in welchem beide Parteien teilweise unterliegen, nur eine Partei innert Frist den Richter an, so gibt damit die andere Partei zu erkennen, dass sie den Entscheid der Schlichtungsbehörde gelten lässt, falls er nicht angefochten wird. Mit dem Rückzug der Hauptklage entfällt somit auch eine Widerklage. Für eine selbständige «Zweitklage» besteht kein Raum 4A_130/2008 (26.5.08) E. 2.2 fr., 4C.367/2005 (7.3.06) E. 2.2.2.

D. Wohnung der Familie

Art. 273a

[1] Dient die gemietete Sache als Wohnung der Familie, so kann auch der Ehegatte des Mieters die Kündigung anfechten, die Erstreckung des Mietverhältnisses verlangen oder die übrigen Rechte ausüben, die dem Mieter bei Kündigung zustehen.

[2] Vereinbarungen über die Erstreckung sind nur gültig, wenn sie mit beiden Ehegatten abgeschlossen werden.

[3] Die gleiche Regelung gilt bei eingetragenen Partnerschaften sinngemäss.

1 ***Abs. 1*** Es besteht keine notwendige materielle Streitgenossenschaft zwischen Eheleuten, welche die Wohnung gemeinsam gemietet haben 118 II 168/169 f. E. 2b Pra 1993 (Nr. 112) 442. – Noch offengelassen in 4C.37/2001 (30.5.01) E. 2b/bb fr., ob bei einem gemeinsam abgeschlossenen Mietvertrag der Kündigungsschutz und die Erstreckung jedem Mieter einzeln zustehen; nicht notwendig sei aber der Einbezug in das Verfahren bei der gemeinsamen Miete durch Ehegatten 4C.37/2001 (30.5.01) E. 2b/cc fr. Präzisierung und Änderung der Rechtsprechung dann in 145 III 281/284 f. E. 3.4.2: Bei gemeinsamer Miete ist es jedem Mieter möglich, eine Kündigung anzufechten, selbst wenn sich die Mitmieter der Kündigung nicht widersetzen. Diesfalls sind die Mitmieter auf der Passivseite ins Verfahren einzubeziehen, d.h. mit einzuklagen. Bei gemeinsamer Miete der Familien-

wohnung ist Art. 273a nicht analog anwendbar. Auch der anfechtende Ehegatte muss seinen Ehepartner und Mitmieter, der die Kündigung nicht anficht, als Mitbeklagten ins Verfahren einbeziehen (m.V.a. 140 III 598).

Abs. 2 Diese Bestimmung zielt insbesondere auf jene rechtlichen Vereinbarungen ab, mit denen der Mieter eine Erstreckung des Mietverhältnisses erwirkt (ohne aber die Gültigkeit der Kündigung durch den Vermieter anzufechten). Eine entsprechende Vereinbarung führt mit der Zeit ebenfalls unweigerlich zum Verlust der Familienwohnung. Deshalb muss sie nicht bloss zwischen Mieter und Vermieter, sondern auch mit dem Ehepartner des Mieters abgeschlossen werden. Damit wird der Kündigungsschutz mit dem Schutz der Familienwohnung des ZGB Art. 169 Abs. 1 koordiniert. Eine Vereinbarung über die Erstreckung ohne Zustimmung oder gar gegen den Willen des Ehepartners des Mieters ist nichtig. Eine nichtige Vereinbarung kann nicht in Anwendung von ZPO Art. 335 ff. vollstreckt werden 4A_674/2014 (19.2.15) E. 7 fr. 2

E. Untermiete

Art. 273b

[1] Dieser Abschnitt gilt für die Untermiete, solange das Hauptmietverhältnis nicht aufgelöst ist. Die Untermiete kann nur für die Dauer des Hauptmietverhältnisses erstreckt werden.

[2] Bezweckt die Untermiete hauptsächlich die Umgehung der Vorschriften über den Kündigungsschutz, so wird dem Untermieter ohne Rücksicht auf das Hauptmietverhältnis Kündigungsschutz gewährt. Wird das Hauptmietverhältnis gekündigt, so tritt der Vermieter anstelle des Mieters in den Vertrag mit dem Untermieter ein.

Abs. 1 Zwischen Vermieter und Untermieter besteht keine rechtliche Beziehung, unter Vorbehalt von Art. 273b Abs. 2. Der Untermieter kann mithin die Kündigung des Mietvertrages zwischen Vermieter und Mieter grundsätzlich nicht anfechten. Der Mieter kann im Rahmen seiner Anfechtung der Kündigung des Hauptmietvertrages ebenso wenig ins Feld führen, dass die Kündigung nachteilige Folgen für den Untermieter hätte 4A_366/2012 (3.9.12) E. 2.1 fr. – Die Aufhebung der Kündigung des Hauptmietvertrages führt nicht automatisch zur Aufhebung der Kündigung des Untermietvertrages 4A_454/2012 (10.10.12) E. 2.5 fr. Der Untermietvertrag hängt vom Hauptmietvertrag ab und kann deshalb nicht über den Zeitpunkt des Ablaufs des Letzteren hinaus erstreckt werden. Der Umstand, dass der Untermieter vom Mieter die Erstreckung erhalten könnte, führt nicht zu einer entsprechenden Erstreckung des Hauptmietvertrages zwischen Vermieter und Mieter 4A_366/2012 (3.9.12) E. 3 fr. 1

Abs. 2 Kündigungsschutz wird nur dann gewährt, wenn seine Beseitigung gerade der hauptsächliche Zweck einer Umgehungskonstruktion oder -abrede ist 4C.116/2003 (16.10.03) E. 2.1. Dabei tritt der Vermieter von Gesetzes wegen anstelle des Mieters in den Vertrag mit dem Untermieter ein, wenn das Hauptmietverhältnis gekündigt wird 4A_336/2010 (30.9.10) E. 2.1. 2

F. Zwingende Bestimmungen

Art. 273c

[1] Der Mieter kann auf Rechte, die ihm nach diesem Abschnitt zustehen, nur verzichten, wenn dies ausdrücklich vorgesehen ist.

[2] Abweichende Vereinbarungen sind nichtig.

1 **Zwingendes Erstreckungsrecht.** ***Vorausverzichtsverbot.*** Nach der Kündigung des Mietverhältnisses oder wenn sich das befristete Mietverhältnis seinem Ende nähert, kann jedoch der Mieter gültig auf jede Erstreckung verzichten 4A_467/2009 (19.11.09) E. 4. – Kein unzulässiger Verzicht des Mieters gemäss Art. 273c, wenn der Mietvertrag einer Resolutivbedingung untersteht, deren Eintritt von einem ungewissen Ereignis wie dem Abbruch oder dem Verkauf der Liegenschaft abhängt 121 III 260/264 E. 5a, JdT 144 (1996) I 274 f. E. 5a. Ebenso wenig ein Verzicht des Mieters gemäss Art. 273c, wo das Mietverhältnis bis zu dem Zeitpunkt befristet wird, in dem feststeht, ob zwischen den Parteien ein neuer (langfristiger oder unbefristeter) Mietvertrag geschlossen wird oder nicht 4A_423/2013 (13.11.13) E. 5.1 in fine.

Vierter Abschnitt

…

altArt. 274–274g

Mit Inkrafttreten der ZPO am 1. Januar 2011 wurden diese Bestimmungen aufgehoben (AS 2010 1739). Siehe nun namentlich zum Gerichtsstand ZPO Art. 33, 35 Abs. 1 lit. b, 35 Abs. 2; zu Schlichtungsbehörden und -verfahren ZPO Art. 200 Abs. 1, 201, 202 ff., 210 Abs. 1 lit. b; zur besonderen Kostenregelung ZPO Art. 113; zur Möglichkeit der Mediation ZPO Art. 213 ff. ; zum vereinfachten Verfahren ZPO Art. 243 Abs. 1, 243 Abs. 2 lit. c, 247 Abs. 2 lit. a und b Ziff. 1; zum Ausschluss der direkten Vollstreckbarkeit öffentlicher Urkunden ZPO Art. 348 lit. b; zur Einsetzung eines Schiedsgerichts ZPO Art. 361 Abs. 4.

altArt. 274c

Mit Inkrafttreten der ZPO am 1. Januar 2011 wurde diese Bestimmung aufgehoben (AS 2010 1739).

Bei der Miete von Wohnräumen dürfen die Parteien die Zuständigkeit der Schlichtungsbehörden und der richterlichen Behörden nicht durch vertraglich vereinbarte Schiedsgerichte ausschliessen. Artikel 274a Absatz 1 Buchstabe e bleibt vorbehalten.

Dem Schiedsverfahren braucht kein Schlichtungsverfahren voranzugehen 4C.161/2005 (10.11.05) E. 2.5 it. – Art. 274c sieht aus Mieterschutzgründen vor, dass Streitfälle aus der Miete von Wohnräumen grundsätzlich nicht schiedsfähig sind. Von dieser Schutzbestimmung wird grundsätzlich jeder Raum erfasst, der nach dem übereinstimmend erklärten Willen der Vertragsparteien dem Mieter zum Wohnen dienen soll, mithin auch Luxuswohnungen 4A_92/2015 (18.5.15) E. 3.2.2. – Art. 274c wurde durch ZPO Art. 361 Abs. 4 ersetzt. ZPO Art. 361 Abs. 4 ist zwar anders formuliert als OR Art. 274c – unabhängig davon wurde aber mit dieser neuen Formulierung keine Änderung der bisherigen Rechtslage angestrebt. Auch unter dem neuen Regime ist es den Parteien verwehrt, Streitigkeiten aus Miete und Pacht von Wohnräumen den staatlichen Gerichten durch Vereinbarung zu entziehen und stattdessen von privaten Dritten entscheiden zu lassen. Selbst wenn es sich um einen Anspruch handelt, über den die Parteien frei verfügen können (ZPO Art. 354), dürfen die Parteien in Angelegenheiten aus Miete und Pacht von Wohnräumen nach ZPO Art. 361 Abs. 4 einzig die Schlichtungsbehörde als Schiedsgericht einsetzen. Auch nach dem Wortlaut von ZPO Art. 361 Abs. 1 wird nicht bloss die Wahlmöglichkeit der Schiedsrichter, sondern auch die Schiedsfähigkeit an und für sich eingeschränkt. Im Gegensatz zur Miete und Pacht von Wohnräumen ist ausserdem bei allen übrigen Miet- und Pachtverhältnissen (so insbesondere bei der Geschäftsmiete und -pacht) sowohl die Vereinbarung von Schiedsgutachten (ZPO Art. 189) als auch die Streiterledigung durch ein frei wählbares Schiedsgericht zulässig 4A_92/2015 (18.5.15) E. 3.2.2 und 3.2.3. 1

altArt. 274d

Mit Inkrafttreten der ZPO am 1. Januar 2011 wurde diese Bestimmung aufgehoben (AS 2010 1739).

[1] Die Kantone sehen für Streitigkeiten aus der Miete von Wohn- und Geschäftsräumen ein einfaches und rasches Verfahren vor.

[2] Das Verfahren vor der Schlichtungsbehörde ist kostenlos; bei mutwilliger Prozessführung kann jedoch die fehlbare Partei zur gänzlichen oder teilweisen Übernahme der Verfahrenskosten und zur Leistung einer Entschädigung an die andere Partei verpflichtet werden.

[3] Schlichtungsbehörde und Richter stellen den Sachverhalt von Amtes wegen fest und würdigen die Beweise nach freiem Ermessen; die Parteien müssen ihnen alle für die Beurteilung des Streitfalls notwendigen Unterlagen vorlegen.

1 ***Abs. 1*** Anfechtung der Kündigung der Vermieterin durch einen von zwei gemeinsamen Mietern, die untereinander eine einfache Gesellschaft bilden, wobei die Kündigungsanfechtung aber im Namen beider Mieter erfolgt. Nichteintretensentscheid der Vorinstanz. Aufhebung durch BGer wegen überspitzten Formalismus 4C.236/2003 (30.1.04) E. 3.3 fr.

2 ***Abs. 2*** Die Bestimmung enthält eine abschliessende bundesrechtliche Regelung. Über die Kosten- und Entschädigungsfolgen des Schlichtungsverfahrens entscheidet zunächst die Schlichtungsbehörde selbst. Die unterliegende Partei kann daraufhin jedoch gestützt auf Art. 274f Abs. 1 den Richter anrufen 117 II 421/423 ff. E. 2. – Zum Anspruch auf unentgeltliche Rechtsverbeiständung siehe unter Art. 274a.

3 ***Abs. 3*** Die *soziale Untersuchungsmaxime* oder gemilderte Verhandlungsmaxime befreit die Parteien nicht davon, bei der Feststellung des entscheidwesentlichen Sachverhalts aktiv mitzuwirken und die allenfalls zu erhebenden Beweise zu bezeichnen; sie tragen auch im Bereich der Untersuchungsmaxime die Verantwortung für die Sachverhaltsermittlung 4A_397/2013 (11.2.14) E. 4.4 fr., 4A_475/2012 (6.12.12) E. 2.2 fr., 4A_491/2012 (6.12.12) E. 3.2 fr., 136 III 74/79 f. E. 3.1 in fine Pra 2010 (Nr. 86) 620, 4A_565/2009 (21.1.10) E. 3.4.3 fr., 4C.273/2005 (22.11.05) E. 3.2 fr., 125 III 231/238 E. 4a, Pra 1997 (Nr. 24) 140 E. 2b. Das Gericht ist nicht verpflichtet, die Akten von sich aus zu durchforsten, um abzuklären, was sich daraus zugunsten der Partei, die das Beweismittel angerufen hat, herleiten lässt 4A_32/2007 (16.5.07) E. 4.1. Auch ist das Gericht nicht verpflichtet, von sich aus Nachforschungen anzustellen, wenn die Vorbringen der Parteien keinen Anlass geben 4C.418/2005 (14.3.06) E. 3.3.1. So ist der Richter der Beschwerdeinstanz nicht zur Überprüfung der Gültigkeit einer Mietzinsfestsetzung verpflichtet, wenn diese nicht nachweislich von den Parteien vor der ersten Instanz geltend gemacht wurde 4A_577/2010 (21.3.11) E. 4.3 fr. Allenfalls ergibt sich aber die Pflicht, die Parteien auf die ungenügende Substanziierung hinzuweisen 4C.11/2006 (1.5.06) E. 2.4. Des Weiteren ist das Gericht nicht verpflichtet, die Einholung eines Zusatzgutachtens anzuordnen, wenn die Parteien von sich aus keines beantragen 4A_204/2010 (29.6.10) E. 4 fr. Zudem trifft den Richter eine Fragepflicht 4C.180/2002 (26.8.02) E. 3.2. – Zum erforderlichen Umfang der richterlichen Initiative auch 4A_8/2011 (1.3.11) E. 3 fr., 4A_685/2010 (28.3.11) E. 2.3 fr., 4C.212/2006 (28.9.06) E. 3.1.3 fr., 4C.65/2002 (31.5.02) E. 2b fr., 4C.66/2001 (15.5.01) E. 3b, 125 III 231/239 E. 4a. – Verletzung der Untersuchungsmaxime bejaht in 4C.52/2006 (31.5.06) E. 3 fr. – Der Richter ist zur Anordnung der Vorlage von Beweis-

mitteln verpflichtet, wenn der ernsthafte Hinweis auf das Bestehen von nicht geltend gemachten Tatsachen besteht 4A_685/2010 (28.3.11) E. 2.5 fr. – Kündigung der Familienwohnung: Anforderungen an die soziale Untersuchungsmaxime, wenn die Vermieterschaft bestreitet, dass die Eheleute gemeinsam in der gemieteten Wohnung lebten 4C.441/2006 (23.3.07) E. 4.3.2 fr. – *Mitwirkungspflicht* des Vermieters bei anfechtbarer Kündigung 4C.61/2005 (27.5.05) E. 4.2. Mitwirkungspflicht des Vermieters im Verfahren betreffend rechtsmissbräuchliche Kündigung aus wirtschaftlichen Gründen 120 II 105/111 E. 3c Pra 1995 (Nr. 144) 469. Mitwirkungspflicht der beweispflichtigen Partei beim Erbringen des Nachweises des orts- und quartierüblichen Mietzinses 4C.65/2002 (31.5.02) E. 2 fr., 4C.255/2000 (3.1.01) E. 3b fr. Mitwirkungspflicht der beweispflichtigen Partei (in casu der Vermieterin), im Rahmen einer Anfechtung des Anfangsmietzinses die Anschaffungskosten für die Liegenschaft zu belegen 4A_250/2012 (28.8.12) E. 2.4 fr. – Die Bestimmung verpflichtet das Gericht zwar, den Sachverhalt von Amtes wegen abzuklären, erlaubt es ihm aber nicht, unabhängig von den Parteianträgen über den zulässigen Mietzins zu befinden 122 III 20/25 E. 4d. – Bedeutung der *Offizialmaxime* bei der Prüfung der Auswirkungen früherer Änderungen des Hypothekarzinssatzes 119 II 348/351 E. 4b/bb Pra 1994 (Nr. 227) 748. Aus der Bestimmung ergibt sich, dass der endgültig entscheidende Ausweisungsrichter bzw. die für den Ausweisungsentscheid zuständige Schlichtungsbehörde Kündigungsanfechtungen und Erstreckungen trotz des summarischen Verfahrens sowohl in tatsächlicher wie in rechtlicher Hinsicht umfassend zu prüfen hat 118 II 302/306 E. 4a, 117 II 554/558 f. E. 2d, vgl. auch 119 II 141/143 f. E. 4a Pra 1994 (Nr. 154) 517 ff. und 241/245 E. 4b fr. (Anwendbarkeit der Offizialmaxime in den Fällen der Kompetenzattraktion von Art. 274g). – Ungeachtet der Untersuchungsmaxime steht der Schlichtungsstelle in Fällen, in denen sie nicht entscheidbefugt ist, keine umfassende Prüfung der Sache zu 124 III 21/24 E. 2b. – Im *Rechtsmittelverfahren* führt die Bestimmung nicht dazu, dass jede vom kantonalen Recht festgesetzte Beschränkung des Untersuchungsgrundsatzes unbeachtlich wird. Die Kantone sind insbesondere frei, das Rügeprinzip vorzusehen und die Kognition der zweiten Instanz beispielsweise durch ein Novenverbot zu beschränken 4A_22/2007 (30.5.07) E. 3.1, 4C.418/2005 (14.3.06) 3.3, 125 III 231/239 E. 4a, 118 II 50/52 E. 2a, Pra 1997 (Nr. 24) 141 E. 2c (in der Amtlichen Sammlung nicht veröffentlichter Entscheid). – Anforderungen an den Entscheid der kantonalen Behörde (aOG Art. 51 Abs. 1 lit. c) 119 II 478/480 f. E. 1d. – Ein kantonales Appellationsgericht ist nicht verpflichtet, einer Partei, welche die im erstinstanzlichen Verfahren eingelegten Beweismittel im Berufungsverfahren nicht erneut vorgelegt hat, vor der Entscheidung Gelegenheit zur Behebung des Mangels zu geben 4C.132/2002 (10.7.02) E. 2 fr. Damit das durch die soziale Untersuchungsmaxime verfolgte Ziel nicht über den Rechtsschutz in klaren Fällen unterlaufen werden kann, ist Letzterer nur zu gewähren, wenn keine Zweifel an der Vollständigkeit der Sachverhaltsdarstellung bestehen und die Kündigung durch den Vermieter gestützt darauf als klar berechtigt erscheint 4A_7/2012 (3.4.12) E. 2.5.

altArt. 274f

Mit Inkrafttreten der ZPO am 1. Januar 2011 wurde diese Bestimmung aufgehoben (AS 2010 1739).

[1] Hat die Schlichtungsbehörde einen Entscheid gefällt, so wird dieser rechtskräftig, wenn die Partei, die unterlegen ist, nicht innert 30 Tagen den Richter anruft; hat sie das Nichtzustandekommen der Einigung festgestellt, so muss die Partei, die auf ihrem Begehren beharrt, innert 30 Tagen den Richter anrufen.

[2] Der Richter entscheidet auch über zivilrechtliche Vorfragen und kann für die Dauer des Verfahrens vorsorgliche Massnahmen treffen.

[3] Artikel 274e Absatz 3 gilt sinngemäss.

1 Die Kantone müssen zumindest eine gerichtliche Instanz zur Verfügung stellen, die die Voraussetzungen eines Herabsetzungsanspruches mit voller Kognition prüfen kann 121 III 266/269 E. 2b. Siehe auch unter Art. 274e.

2 ***Abs. 1*** Ruft die Partei, die vor der Schlichtungsbehörde unterlegen ist, nicht innert 30 Tagen den Richter an, so wird der Entscheid der Schlichtungsbehörde rechtskräftig (aOR Art. 273 Abs. 5 i.V.m. OR Art. 274f Abs. 1) 4A_545/2013 (28.11.13) E. 3.2.1 fr. Der rechtskräftige Entscheid bindet auch die Universalsukzessoren der Parteien 4A_545/2013 (28.11.13) E. 3.2.1 f. fr., 5A_763/2012 (18.3.13) E. 5.1.2 fr., 125 III 8/10 E. 3a it. Gelangt die unterliegende Partei an den Richter, so überprüft dieser nicht die Erkenntnis der Schlichtungsbehörde, sondern beurteilt die Streitsache von Grund auf. Der Entscheid der Schlichtungsbehörde stellt lediglich einen *«Prima-Facie-Vorentscheid»* dar, dem für das richterliche Verfahren bloss insofern Bedeutung zukommt, als er die Verteilung der Parteirollen festlegt 117 II 421/424 E. 2a, vgl. auch 119 Ia 264/267 E. 4a. – Keine Bedeutung von Verfahrensfehlern der Schlichtungsbehörde 4C.335/2000 (21.12.00) E. 3. – Für die Anrufung des Richters gegen den Entscheid betreffend Kostenauflage und Parteientschädigung bei mutwilliger Prozessführung gilt die dreissigtägige, nicht eine allfällige kürzere kantonalrechtliche *Frist* 117 II 421/425 E. 2b. – Die Bemessung der Anfechtungsfrist gemäss der Bestimmung richtet sich ausschliesslich nach Bundesrecht. Kantonale Vorschriften über den Fristenstillstand während der Gerichtsferien kommen nicht zur Anwendung 4A_203/2012 (17.10.12) E. 2.1, 4C.171/2005 (31.8.05) E. 3.2 fr., 123 III 67/69 f. E. 2. Die dreissigtägige Klagefrist beginnt zu laufen, sobald die Schlichtungsbehörde das Nichtzustandekommen einer Einigung ausdrücklich festgestellt und diese Feststellung den Parteien mündlich oder schriftlich eröffnet hat 122 III 316/317 ff. E. 2. Folgt einer mündlichen Eröffnung eine schriftliche Mitteilung nach, in welcher der Beginn des Fristenlaufs unrichtig angegeben wird, ist das Vertrauen darauf zu schützen 122 III 316/319 E. 3. Zeitpunkt, in dem behördliche Mitteilungen als zugestellt zu gelten haben 4C.224/2004 (29.9.04) E. 2.2, 122 III 316/319 f. E. 4. – Ruft nach einem Entscheid der Schlichtungsbehörde, in welchem beide Parteien teilweise unterliegen, nur eine Partei innert Frist den Richter an, so gibt damit die andere Partei zu erkennen, dass sie den Entscheid der Schlichtungsbehörde gelten lässt, falls er nicht angefochten wird. Mit dem Rückzug der Hauptklage entfällt somit auch eine Widerklage. Für eine selbständige «Zweitklage» besteht kein Raum 4C.367/2005 (7.3.06) E. 2.2.2.

__Abs. 1 Satz 2__ Die Frist von 30 Tagen für die Prosequierung bei festgestellter Nichteinigung ist keine Verwirkungsfrist; Säumnis hat lediglich zur Folge, dass einem allfälligen Gerichtsverfahren ein neuerlicher Schlichtungsversuch vorangehen muss 124 III 21/24 E. 2b, 124 III 245/247 E. 3a Pra 1998 (Nr. 174) 932 (in casu Abänderungsbegehren). – Dem Vermieter, der die Klagefrist versäumt, ist es unbenommen, sich auf die gleichen tatsächlichen Faktoren zu berufen, um die Mietzinserhöhung auf einen späteren Kündigungstermin durchzusetzen; entsprechend ist der Mieter berechtigt, die Mietzinsherabsetzung auf einen späteren Kündigungstermin mit den gleichen tatsächlichen Faktoren zu begründen 124 III 245/248 E. 3c Pra 1998 (Nr. 174) 933. – Berufungsfähigkeit eines Urteils, das die Frage der Klageverwirkung wegen Fristversäumnis im Anschluss an Entscheide der Schlichtungsbehörde betrifft 123 III 67/68 f. E. 1. 3

Übergangsbestimmungen der ZPO. Für Verfahren, die bei Inkrafttreten der ZPO rechtshängig sind, gilt das bisherige Verfahrensrecht bis zum Abschluss vor der betroffenen Instanz (ZPO Art. 404 Abs. 1). Für die Rechtsmittel gilt das Recht, das bei der Eröffnung des Entscheides in Kraft ist (ZPO Art. 405 Abs. 1) 4A_203/2012 (17.10.12) E. 2.2. – Das bundesrechtlich vorgesehene Mietschlichtungsverfahren, wie es vor dem Inkrafttreten der ZPO geregelt war, hat mit einem darin ergangenen Entscheid über die Gültigkeit einer Kündigung und die Erstreckung des Mietverhältnisses lediglich in einem Prima-Facie-Vorentscheid gemündet, der keine gerichtliche «Instanz» mit Entscheidkompetenz im Sinne von ZPO Art. 404 Abs. 1 abschloss 4A_203/2012 (17.10.12) E. 2.6.3. Führt deshalb ein nach altem Recht rechtshängiges Schlichtungsverfahren nicht zu einer Einigung, so ist das anschliessende Gerichtsverfahren nach altem Recht durchzuführen 4A_203/2012 (17.10.12) E. 2.3. 4

altArt. 274g

Mit Inkrafttreten der ZPO am 1. Januar 2011 wurde diese Bestimmung aufgehoben (AS 2010 1739).

[1] Ficht der Mieter eine ausserordentliche Kündigung an und ist ein Ausweisungsverfahren hängig, so entscheidet die für die Ausweisung zuständige Behörde auch über die Wirkung der Kündigung, wenn der Vermieter gekündigt hat:

a. wegen Zahlungsrückstand des Mieters (Art. 257d);
b. wegen schwerer Verletzung der Pflicht des Mieters zu Sorgfalt und Rücksichtnahme (Art. 257f Abs. 3 und 4);
c. aus wichtigen Gründen (Art. 266g);
d. wegen Konkurs des Mieters (Art. 266h).

[2] Hat der Vermieter aus wichtigen Gründen (Art. 266g) vorzeitig gekündigt, so entscheidet die für die Ausweisung zuständige Behörde auch über die Erstreckung des Mietverhältnisses.

[3] Wendet sich der Mieter mit seinen Begehren an die Schlichtungsbehörde, so überweist diese die Begehren an die für die Ausweisung zuständige Behörde.

Allgemeines. Die Kantone sind frei, die Ausweisung dem ordentlichen, beschleunigten oder summarischen Verfahren zuzuweisen. Ebenso sind sie frei, einem Ausweisungsbegehren definitiven oder nur vorläufigen Rechtsschutz zu gewähren 122 III 92/94 E. 2b, 4C.347/2004 (9.1.04) E. 4.1 fr., 4P.42/2003 (14.7.03) E. 3.3, 4P.80/2002 (16.5.02) 1

E. 1.3. Die Bestimmung enthält für das Ausweisungsverfahren prozessuale Sondervorschriften, was die Rechtsetzungsbefugnis der Kantone beschränkt. Eine bundesrechtliche Kompetenzattraktion liegt vor, wenn einerseits ein Anfechtungs- und anderseits ein Ausweisungsverfahren hängig ist 122 III 92/94 f. E. 2c. Die bundesrechtliche Zuständigkeitsordnung geht kantonalrechtlichen Beschränkungen der Zuständigkeit des Ausweisungsrichters auf liquide, in einem summarischen Befehlsverfahren zu beurteilende Ansprüche vor 118 II 302/305 ff. E. 4. Rechtsschutz in klaren Fällen kann im Zusammenhang mit der Ausweisung eines Betagten aus einem Betagtenzentrum nur gewährt werden, wenn auch die Frage, ob eine zivilrechtliche Streitigkeit zu beurteilen ist, rechtlich liquide ist. Verneint in 4A_176/2012 (28.8.12) E. 4.3. Die Kompetenzattraktion vor dem Ausweisungsrichter soll verschiedene Verfahren sowie widersprüchliche Urteile vermeiden. Die Behörde, welche sowohl für die Ausweisung nach ausserordentlicher Kündigung als auch zur Beurteilung eines Kündigungsschutzbegehrens zuständig ist, hat die Streitsache mit voller Kognition zu prüfen und sie unbesehen ihrer Liquidität an die Hand zu nehmen (Präzisierung der Rechtsprechung) 119 II 141/142 ff. E. 4 und 119 II 241/244 ff. E. 4 fr., 4P.42/2003 (14.7.03) E. 3.3. Wird eine unwirksame Kündigung nicht nach Art. 273, sondern erst im Ausweisungsverfahren angefochten, so richtet sich das Verfahren nach kantonalem Recht. Andernfalls kommt Art. 274g zur Anwendung 122 III 92/95 E. 2d. – Ein berufungsfähiger Endentscheid i.S.v. aOG Art. 48 Abs. 1 liegt vor, wenn der Ausweisungsrichter endgültig urteilt. Nicht berufungsfähig ist demgegenüber der Ausweisungsentscheid, welcher bloss als einstweilige Verfügung ergeht 122 III 92/94 E. 2b. – Der Mieter kann sich (unter Vorbehalt besonderer Umstände wie z.B. schwerer Erkrankung) nicht unter Rückgriff auf den Rechtfertigungsgrund der Wahrung berechtigter Interessen gegen seine Exmission wehren 117 IV 170/178 f. E. 3b.

2 ***Abs. 2*** Diese beschränkte Zuständigkeit des Ausweisungsrichters für Erstreckungsentscheide ist Folge davon, dass Art. 272a Abs. 1 die Erstreckung bei den übrigen ausserordentlichen Kündigungen verbietet 117 II 554/556 E. 2.

Achter Titel[bis]
Die Pacht

Vorb. Art. 275–304

Sondergesetzgebung. V über die Miete und Pacht von Wohn- und Geschäftsräumen (VMWG, SR 221.213.11). – Mit Bezug auf *landwirtschaftliche Pachtverhältnisse* siehe auch das BG über die landwirtschaftliche Pacht (LPG, SR 221.213.2). Am 1. Januar 1994 ist das BG über das bäuerliche Bodenrecht (BGBB, SR 211.412.11) in Kraft getreten. 1

Weiteres. Kreisschreiben der Schuldbetreibungs- und Konkurskammer an die kantonalen Aufsichtsbehörden und an die Betreibungs- und Konkursämter betreffend die Auswirkungen der Änderung des Obligationenrechts (Miete und Pacht; Fassung vom 15. Dezember 1989) 116 III 49/49 ff., vgl. auch 122 III 327/327 ff. (Kreisschreiben Nr. 37 des Schweizerischen Bundesgerichts vom 7. November 1996). – Materielle Rechtskraft eines Summarentscheides nach kantonalem Prozessrecht, mit dem einem Pächter die weitere Nutzung des Pachtlandes verboten wird 119 II 89/89 ff. – Legitimation des Pächters, gegen die Umzonierung des von ihm gepachteten Landwirtschaftslandes staatsrechtliche Beschwerde zu erheben 117 Ia 302/305 f. E. 3. – Der Pächter hat gestützt auf EntG Art. 5 und 23 Abs. 2 (SR 711) einen Anspruch auf Enteignungsentschädigung, soweit ihm der vertragsgemässe Gebrauch entzogen oder eingeschränkt wird. Eine Entschädigung ist jedoch nur für die Zeit bis zum Vertragsablauf oder bis zum Kündigungstermin geschuldet, wobei unerheblich ist, ob der Vertrag auf diesen Zeitpunkt tatsächlich aufgelöst oder ob er erneuert wird (Berufung auf ein Pachterstreckungsrecht nur insoweit, als dieses gegenüber dem Verpächter bestanden hätte) 119 Ib 148/148 ff., vgl. auch 113 Ia 353/355 ff. E. 2, 106 Ib 223/226 f. E. 2, 106 Ib 241/245 ff. E. 4. – Siehe im Übrigen auch die Rechtsprechung zu den entsprechenden *Bestimmungen des Mietrechts*. 2

A. Begriff und Geltungsbereich I. Begriff

Art. 275

Durch den Pachtvertrag verpflichten sich der Verpächter, dem Pächter eine nutzbare Sache oder ein nutzbares Recht zum Gebrauch und zum Bezug der Früchte oder Erträgnisse zu überlassen, und der Pächter, dafür einen Pachtzins zu leisten.

Art. 300 Abs. 1: Für den Kündigungsschutz bei der Pacht von Wohn- und Geschäftsräumen gilt das Mietrecht (Art. 271–273c) sinngemäss 4A_71/2014 (30.4.14) E. 1.1 fr. Die minimale Streitwertgrenze für arbeits- und mietrechtliche Fälle in BGG Art. 74 Abs. 1 lit. a kommt beim Pachtvertrag nicht zur Anwendung 4A_71/2014 (30.4.14) E. 1.2 fr., 136 III 196/196 E. 1.1 Pra 2010 (Nr. 128) 847 f. Die Überlassung eines eingerichteten Gastbetriebes an einen Geranten («gérance libre») gilt als nichtlandwirtschaftlicher Pachtvertrag. Die Überlassung von leeren Räumlichkeiten, um in diesen ein Restaurant zu betreiben, gilt als Mietvertrag 4A_71/2014 (30.4.14) E. 1.1 fr., 4A_108/2012 (11.6.12) E. 4.3 fr., 1

4A_379/2011 (2.12.11) E. 2.1 fr., 128 III 419/421 E. 2.1 Pra 2003 (Nr. 7) 36, 4C.43/2000 (21.5.01) E. 2b fr. – Unternehmenspacht 131 III 257/259 ff. E. 1–4.

II. Geltungsbereich 1. Wohn- und Geschäftsräume

Art. 276

Die Bestimmungen über die Pacht von Wohn- und Geschäftsräumen gelten auch für Sachen, die der Verpächter zusammen mit diesen Räumen dem Pächter zur Benutzung überlässt.

2. Landwirtschaftliche Pacht

Art. 276a

[1] Für Pachtverträge über landwirtschaftliche Gewerbe oder über Grundstücke zur landwirtschaftlichen Nutzung gilt das Bundesgesetz vom 4. Oktober 1985 über die landwirtschaftliche Pacht, soweit es besondere Regelungen enthält.

[2] Im Übrigen gilt das Obligationenrecht mit Ausnahme der Bestimmungen über die Pacht von Wohn- und Geschäftsräumen.

1 Dem Pächter eines landwirtschaftlichen Gewerbes oder eines Grundstücks zur landwirtschaftlichen Nutzung kommt ein gesetzliches Vorkaufsrecht zu (BGBB Art. 47). Der Umstand, dass die Parteien ob des gesetzlichen Vorkaufsrechts des Pächters in einem anderen Verfahren im Streit liegen, berechtigt den Pächter nicht, weiterhin auf dem Pachtobjekt zu bleiben 4A_349/2012 (15.10.12) E. 2.1. – Sind weder Wohn- noch Geschäftsräume gepachtet, so sind die Kündigungsschutzbestimmungen in Art. 271–273c nicht anwendbar. Entsprechend darf der Streitwert im Ausweisungsverfahren in klaren Fällen (ZPO Art. 257) nicht auf Basis der dreijährigen Sperrfrist (Art. 271a Abs. 1 lit. e) bestimmt werden 4A_565/2017 (11.7.18) E. 1.3.1 (n.p. in 144 III 346).

B. Inventaraufnahme

Art. 277

Umfasst die Pacht auch Geräte, Vieh oder Vorräte, so muss jede Partei der andern ein genaues, von ihr unterzeichnetes Verzeichnis dieser Gegenstände übergeben und sich an einer gemeinsamen Schätzung beteiligen.

C. Pflichten des Verpächters I. Übergabe der Sache

Art. 278

[1] Der Verpächter ist verpflichtet, die Sache zum vereinbarten Zeitpunkt in einem zur vorausgesetzten Benutzung und Bewirtschaftung tauglichen Zustand zu übergeben.

[2] Ist bei Beendigung des vorangegangenen Pachtverhältnisses ein Rückgabeprotokoll erstellt worden, so muss der Verpächter es dem neuen Pächter auf dessen Verlangen bei der Übergabe der Sache zur Einsicht vorlegen.

[3] Ebenso kann der Pächter verlangen, dass ihm die Höhe des Pachtzinses des vorangegangenen Pachtverhältnisses mitgeteilt wird.

II. Hauptreparaturen

Art. 279

Der Verpächter ist verpflichtet, grössere Reparaturen an der Sache, die während der Pachtzeit notwendig werden, auf eigene Kosten vorzunehmen, sobald ihm der Pächter von deren Notwendigkeit Kenntnis gegeben hat.

III. Abgaben und Lasten

Art. 280

Der Verpächter trägt die mit der Sache verbundenen Lasten und öffentlichen Abgaben.

D. Pflichten des Pächters I. Zahlung des Pachtzinses und der Nebenkosten
1. Im Allgemeinen

Art. 281

[1] Der Pächter muss den Pachtzins und allenfalls die Nebenkosten am Ende eines Pachtjahres, spätestens aber am Ende der Pachtzeit bezahlen, wenn kein anderer Zeitpunkt vereinbart oder ortsüblich ist.

[2] Für die Nebenkosten gilt Artikel 257a.

2. Zahlungsrückstand des Pächters

Art. 282

[1] Ist der Pächter nach der Übernahme der Sache mit der Zahlung fälliger Pachtzinse oder Nebenkosten im Rückstand, so kann ihm der Verpächter schriftlich eine Zahlungsfrist von mindestens 60 Tagen setzen und ihm androhen, dass bei unbenütztem Ablauf der Frist das Pachtverhältnis gekündigt werde.

[2] Bezahlt der Pächter innert der gesetzten Frist nicht, so kann der Verpächter das Pachtverhältnis fristlos, bei Wohn- und Geschäftsräumen mit einer Frist von mindestens 30 Tagen auf Ende eines Monats kündigen.

Die Bestimmung wendet sich nur auf den Verzug bei Pachtzinsen und Nebenkosten, nicht jedoch auf den Verzug von Sicherheitsleistungen an; als Pachtzins gilt nur der nachweislich bei Vertragsabschluss vereinbarte Betrag, wohingegen nach Abschluss des Pachtvertrags mündlich und nicht nachweislich vereinbarte Pachtzinserhöhungen nicht darunter fallen 4A_574/2011 (24.11.11) E. 2.3 und 2.4 fr. Die Androhung der Kündigung und der Ausweisung kann nicht in den Zahlungsbefehl aufgenommen werden, vielmehr soll sie getrennt von der Betreibung für Miet- und Pachtzinse ausgesprochen werden 116 III 49/49 f. E. 1a (Kreisschreiben der SchKG-Kammer). – Das Schreiben, mit welchem die 1

Kündigung angedroht wird, muss ausdrücklich darauf hinweisen, dass das Pachtverhältnis gekündigt wird, wenn binnen der angesetzten Frist keine Zahlung erfolgt. Ein Verweis auf Art. 282 oder auf eine Vertragsklausel, welche den Gesetzestext übernimmt, genügt nicht 136 III 196/198 E. 2.4 Pra 2010 (Nr. 128) 850 f.

II. Sorgfalt, Rücksichtnahme und Unterhalt 1. Sorgfalt und Rücksichtnahme

Art. 283

[1] Der Pächter muss die Sache sorgfältig gemäss ihrer Bestimmung bewirtschaften, insbesondere für nachhaltige Ertragsfähigkeit sorgen.

[2] Der Pächter einer unbeweglichen Sache muss auf Hausbewohner und Nachbarn Rücksicht nehmen.

1 Die Vertragsklausel, mit welcher ein monatlicher Mindestertrag vereinbart wurde, stellt einen wichtigen Vertragspunkt i.S. dieser Bestimmung dar 4A_644/2011 (10.2.12) E. 3.2 fr.

2. Ordentlicher Unterhalt

Art. 284

[1] Der Pächter muss für den ordentlichen Unterhalt der Sache sorgen.

[2] Er muss die kleineren Reparaturen nach Ortsgebrauch vornehmen sowie die Geräte und Werkzeuge von geringem Wert ersetzen, wenn sie durch Alter oder Gebrauch nutzlos geworden sind.

3. Pflichtverletzung

Art. 285

[1] Verletzt der Pächter trotz schriftlicher Mahnung des Verpächters seine Pflicht zu Sorgfalt, Rücksichtnahme oder Unterhalt weiter, so dass dem Verpächter oder den Hausbewohnern die Fortsetzung des Pachtverhältnisses nicht mehr zuzumuten ist, so kann der Verpächter fristlos, bei Wohn- und Geschäftsräumen mit einer Frist von mindestens 30 Tagen auf Ende eines Monats kündigen.

[2] Der Verpächter von Wohn- oder Geschäftsräumen kann jedoch fristlos kündigen, wenn der Pächter vorsätzlich der Sache schweren Schaden zufügt.

1 Für die Auslegung von Art. 285 ist auf diejenige von Art. 257f Abs. 3 abzustellen 4A_644/2011 (1.2.12) E. 3.1 fr. Erzielt der Pächter nicht den vertraglich vereinbarten monatlichen Mindestertrag, so gilt dies als eine Verletzung i.S.v. Abs. 1 dieser Bestimmung 4A_644/2011 (1.2.12) E. 3.4 fr.

III. Meldepflicht

Art. 286

[1] Sind grössere Reparaturen nötig oder masst sich ein Dritter Rechte am Pachtgegenstand an, so muss der Pächter dies dem Verpächter sofort melden.

[2] Unterlässt der Pächter die Meldung, so haftet er für den Schaden, der dem Verpächter daraus entsteht.

IV. Duldungspflicht

Art. 287

[1] Der Pächter muss grössere Reparaturen dulden, wenn sie zur Beseitigung von Mängeln oder zur Behebung oder Vermeidung von Schäden notwendig sind.

[2] Der Pächter muss dem Verpächter gestatten, die Sache zu besichtigen, soweit dies für den Unterhalt, den Verkauf oder die Wiederverpachtung notwendig ist.

[3] Der Verpächter muss dem Pächter Arbeiten und Besichtigungen rechtzeitig anzeigen und bei der Durchführung auf die Interessen des Pächters Rücksicht nehmen; für allfällige Ansprüche des Pächters auf Herabsetzung des Pachtzinses und auf Schadenersatz gilt das Mietrecht (Art. 259d und 259e) sinngemäss.

E. Rechte des Pächters bei Nichterfüllung des Vertrags und bei Mängeln

Art. 288

[1] Das Mietrecht (Art. 258 und Art. 259a–259i) gilt sinngemäss, wenn:

a. der Verpächter die Sache nicht zum vereinbarten Zeitpunkt oder in einem mangelhaften Zustand übergibt;
b. Mängel an der Sache entstehen, die der Pächter weder zu verantworten noch auf eigene Kosten zu beseitigen hat, oder der Pächter in der vertragsgemässen Benutzung der Sache gestört wird.

[2] Abweichende Vereinbarungen zum Nachteil des Pächters sind nichtig, wenn sie enthalten sind in:

a. vorformulierten allgemeinen Geschäftsbedingungen;
b. Pachtverträgen über Wohn- und Geschäftsräume.

F. Erneuerungen und Änderungen I. Durch den Verpächter

Art. 289

[1] Der Verpächter kann Erneuerungen und Änderungen an der Sache nur vornehmen, wenn sie für den Pächter zumutbar sind und wenn das Pachtverhältnis nicht gekündigt ist.

[2] Der Verpächter muss bei der Ausführung der Arbeiten auf die Interessen des Pächters Rücksicht nehmen; für allfällige Ansprüche des Pächters auf Herabsetzung des Pachtzinses und auf Schadenersatz gilt das Mietrecht (Art. 259d und 259e) sinngemäss.

II. Durch den Pächter

Art. 289a

[1] Der Pächter braucht die schriftliche Zustimmung des Verpächters für:
a. Änderungen in der hergebrachten Bewirtschaftung, die über die Pachtzeit hinaus von wesentlicher Bedeutung sein können;
b. Erneuerungen und Änderungen an der Sache, die über den ordentlichen Unterhalt hinausgehen.

[2] Hat der Verpächter zugestimmt, so kann er die Wiederherstellung des früheren Zustandes nur verlangen, wenn dies schriftlich vereinbart worden ist.

[3] Hat der Verpächter einer Änderung nach Absatz 1 Buchstabe a nicht schriftlich zugestimmt und macht der Pächter sie nicht innert angemessener Frist rückgängig, so kann der Verpächter fristlos, bei Wohn- und Geschäftsräumen mit einer Frist von mindestens 30 Tagen auf Ende eines Monats kündigen.

1 ***Abs. 1*** Erneuerungen und Änderungen sind im Miet- und im Pachtrecht nicht identisch geregelt. Im Mietrecht bedürfen sie immer der schriftlichen Zustimmung des Vermieters (Art. 260a Abs. 1), während die Zustimmung des Verpächters bloss dann nötig ist, wenn die Erneuerungen und Änderungen über den ordentlichen Unterhalt hinausgehen (vgl. dazu auch LPG Art. 22a Abs. 1). Der Boden bei der landwirtschaftlichen Pacht hat grundsätzlich grössere Eingriffe zu dulden, als dies bei der Mietsache der Fall ist. Doch auch im Bereich der landwirtschaftlichen Pacht liegt eine Änderung der Pachtsache vor, wenn 15 Rohrfundamente einbetoniert werden und ein Wohncontainer mit einer Fläche von immerhin rund 78 m^2 daraufgestellt wird 4A_623/2012 (15.4.13) E. 2.2.3. – Nimmt der Pächter eine Erneuerung oder Änderung ohne schriftliche Zustimmung des Verpächters vor, so kann der Verpächter die Pacht mit einer Frist von sechs Monaten schriftlich auf den folgenden Frühjahr- oder Herbsttermin kündigen, wenn der Pächter diese trotz schriftlicher Ermahnung respektive Aufforderung nicht innert angemessener Frist rückgängig macht (LPG Art. 22b lit. c). Weitere Voraussetzungen wie namentlich das Vorliegen eines wichtigen Grundes bestehen nicht für die Kündigung nach LPG Art. 22b lit. c. Die Kündigung aus wichtigem Grund ist vielmehr in LPG Art. 17 geregelt 4A_623/2012 (15.4.13) E. 2.3.2.

G. Wechsel des Eigentümers

Art. 290

Das Mietrecht (Art. 261–261b) gilt sinngemäss bei:
a. Veräusserung des Pachtgegenstandes;
b. Einräumung beschränkter dinglicher Rechte am Pachtgegenstand;
c. Vormerkung des Pachtverhältnisses im Grundbuch.

1 Zum Verhältnis zwischen dem Grundsatz «Kauf bricht Pacht nicht» gemäss LPG Art. 14 und den Interessen der Grundpfandgläubiger 124 III 37/37 ff. E. 1 f. Pra 1998 (Nr. 56) 363 ff. (zulässiger Doppelaufruf nach SchKG Art. 142, da der Grundsatz des gesetzlichen Übergangs des Pachtvertrags auf den Erwerber die Interessen Dritter und namentlich der

Hypothekargläubiger nicht berücksichtigt E. 2). – Verhältnis zur Klage aus Besitzesentziehung 144 III 145/148 f. E. 3.2.1 Pra 2019 (Nr. 31) 345 f.

H. Unterpacht

Art. 291

[1] Der Pächter kann die Sache mit Zustimmung des Verpächters ganz oder teilweise unterverpachten oder vermieten.

[2] Der Verpächter kann die Zustimmung zur Vermietung einzelner zur Sache gehörender Räume nur verweigern, wenn:

- **a. der Pächter sich weigert, dem Verpächter die Bedingungen der Miete bekanntzugeben;**
- **b. die Bedingungen der Miete im Vergleich zu denjenigen des Pachtvertrages missbräuchlich sind;**
- **c. dem Verpächter aus der Vermietung wesentliche Nachteile entstehen.**

[3] Der Pächter haftet dem Verpächter dafür, dass der Unterpächter oder der Mieter die Sache nicht anders benutzt, als es ihm selbst gestattet ist. Der Verpächter kann Unterpächter und Mieter unmittelbar dazu anhalten.

J. Übertragung der Pacht auf einen Dritten

Art. 292

Für die Übertragung der Pacht von Geschäftsräumen auf einen Dritten gilt Artikel 263 sinngemäss.

K. Vorzeitige Rückgabe der Sache

Art. 293

[1] Gibt der Pächter die Sache zurück, ohne Kündigungsfrist oder -termin einzuhalten, so ist er von seinen Verpflichtungen gegenüber dem Verpächter nur befreit, wenn er einen für den Verpächter zumutbaren neuen Pächter vorschlägt; dieser muss zahlungsfähig und bereit sein, den Pachtvertrag zu den gleichen Bedingungen zu übernehmen.

[2] Andernfalls muss er den Pachtzins bis zu dem Zeitpunkt leisten, in dem das Pachtverhältnis gemäss Vertrag oder Gesetz endet oder beendet werden kann.

[3] Der Verpächter muss sich anrechnen lassen, was er:

- **a. an Auslagen erspart und**
- **b. durch anderweitige Verwendung der Sache gewinnt oder absichtlich zu gewinnen unterlassen hat.**

L. Verrechnung

Art. 294

Für die Verrechnung von Forderungen und Schulden aus dem Pachtverhältnis gilt Artikel 265 sinngemäss.

M. Beendigung des Pachtverhältnisses I. Ablauf der vereinbarten Dauer

Art. 295

1 Haben die Parteien eine bestimmte Dauer ausdrücklich oder stillschweigend vereinbart, so endet das Pachtverhältnis ohne Kündigung mit Ablauf dieser Dauer.

2 Setzen die Parteien das Pachtverhältnis stillschweigend fort, so gilt es zu den gleichen Bedingungen jeweils für ein weiteres Jahr, wenn nichts anderes vereinbart ist.

3 Die Parteien können das fortgesetzte Pachtverhältnis mit der gesetzlichen Frist auf das Ende eines Pachtjahres kündigen.

1 Beendigung der Unternehmenspacht; Rückgabepflicht des Pächters in Bezug auf den Kundenstamm 131 III 257/265 E. 3.

II. Kündigungsfristen und -termine

Art. 296

1 Die Parteien können das unbefristete Pachtverhältnis mit einer Frist von sechs Monaten auf einen beliebigen Termin kündigen, sofern durch Vereinbarung oder Ortsgebrauch nichts anderes bestimmt und nach Art des Pachtgegenstandes kein anderer Parteiwille anzunehmen ist.

2 Bei der unbefristeten Pacht von Wohn- und Geschäftsräumen können die Parteien mit einer Frist von mindestens sechs Monaten auf einen ortsüblichen Termin oder, wenn es keinen Ortsgebrauch gibt, auf Ende einer dreimonatigen Pachtdauer kündigen. Sie können eine längere Frist und einen anderen Termin vereinbaren.

3 Halten die Parteien die Frist oder den Termin nicht ein, so gilt die Kündigung für den nächstmöglichen Termin.

1 Widersprüchliche Vertragsklauseln, wobei die zweite Klausel darauf schliessen lässt, dass es sich wohl um ein unbefristetes Pachtverhältnis handelt 4A_379/2011 (2.12.11) E. 2.5 fr. Keine missbräuchliche – da auf kein effektives Interesse gestützte – Kündigung des Pachtvertrages durch den Verpächter, wo im Nachgang auf den Auszug eines anderen Pächters die Nutzung eines Gebäudes umstrukturiert wurde mit dem Ziel, dem im Gebäude befindlichen Theater neu das ganze Erdgeschoss (und nicht wie bisher bloss dessen grösster Teil) zur Verfügung zu stellen 4A_71/2014 (30.4.14) E. 2 fr.

III. Ausserordentliche Beendigung 1. Aus wichtigen Gründen

Art. 297

1 Aus wichtigen Gründen, welche die Vertragserfüllung für sie unzumutbar machen, können die Parteien das Pachtverhältnis mit der gesetzlichen Frist auf einen beliebigen Zeitpunkt kündigen.

2 Der Richter bestimmt die vermögensrechtlichen Folgen der vorzeitigen Kündigung unter Würdigung aller Umstände.

2. Konkurs des Pächters

Art. 297a

[1] Fällt der Pächter nach Übernahme der Sache in Konkurs, so endet das Pachtverhältnis mit der Konkurseröffnung.

[2] Erhält jedoch der Verpächter für den laufenden Pachtzins und das Inventar hinreichende Sicherheiten, so muss er die Pacht bis zum Ende des Pachtjahres fortsetzen.

3. Tod des Pächters

Art. 297b

Stirbt der Pächter, so können sowohl seine Erben als auch der Verpächter mit der gesetzlichen Frist auf den nächsten gesetzlichen Termin kündigen.

IV. Form der Kündigung bei Wohn- und Geschäftsräumen

Art. 298

[1] Verpächter und Pächter von Wohn- und Geschäftsräumen müssen schriftlich kündigen.

[2] Der Verpächter muss mit einem Formular kündigen, das vom Kanton genehmigt ist und das angibt, wie der Pächter vorzugehen hat, wenn er die Kündigung anfechten oder eine Erstreckung des Pachtverhältnisses verlangen will.

[3] Die Kündigung ist nichtig, wenn sie diesen Anforderungen nicht entspricht.

Abs. 2 Art. 298 Abs. 2 für den Verpächter ist wortgleich mit Art. 266l Abs. 2 für den Vermieter. Durch den Verweis in Art. 300 Abs. 1 gelten die Art. 271 bis 273c im Pachtrecht ebenfalls. Gemäss seinem Wortlaut präzisiert VMWG Art. 9 zwar bloss die Kündigung im Mietrecht (Art. 266l Abs. 2), ist aber gemäss Rechtsprechung des Bundesgerichts auch auf die Kündigung im Pachtrecht anwendbar, mithin Art. 298 Abs. 2. Ist der Zeitpunkt, auf den die Kündigung wirksam wird (VMWG Art. 9 Abs. 2 lit. b) nicht auf dem Formular für die Mitteilung der Kündigung des Miet- oder Pachtvertrags (Art. 266l Abs. 2 und Art. 298 Abs. 2), sondern bloss in einem Begleitschreiben enthalten, so ist die Kündigung nichtig 4A_374/2012 (6.11.12) E. 1 und 2 fr. 1

N. Rückgabe der Sache I. Im Allgemeinen

Art. 299

[1] Der Pächter gibt die Sache und das gesamte Inventar in dem Zustand zurück, in dem sie sich zum Zeitpunkt der Rückgabe befinden.

[2] Für Verbesserungen kann der Pächter Ersatz fordern, wenn sie sich ergeben haben aus:
a. Anstrengungen, die über die gehörige Bewirtschaftung hinausgehen;
b. Erneuerungen oder Änderungen, denen der Verpächter schriftlich zugestimmt hat.

[3] Für Verschlechterungen, die der Pächter bei gehöriger Bewirtschaftung hätte vermeiden können, muss er Ersatz leisten.

[4] Vereinbarungen, in denen sich der Pächter im Voraus verpflichtet, bei Beendigung des Pachtverhältnisses eine Entschädigung zu entrichten, die anderes als die Deckung des allfälligen Schadens einschliesst, sind nichtig.

II. Prüfung der Sache und Meldung an den Pächter

Art. 299a

[1] Bei der Rückgabe muss der Verpächter den Zustand der Sache prüfen und Mängel, für die der Pächter einzustehen hat, diesem sofort melden.

[2] Versäumt dies der Verpächter, so verliert er seine Ansprüche, soweit es sich nicht um Mängel handelt, die bei übungsgemässer Untersuchung nicht erkennbar waren.

[3] Entdeckt der Verpächter solche Mängel später, so muss er sie dem Pächter sofort melden.

III. Ersatz von Gegenständen des Inventars

Art. 299b

[1] Wurde das Inventar bei der Übergabe der Sache geschätzt, so muss der Pächter bei Beendigung der Pacht ein nach Gattung und Schätzungswert gleiches Inventar zurückgeben oder den Minderwert ersetzen.

[2] Der Pächter muss für fehlende Gegenstände keinen Ersatz leisten, wenn er nachweist, dass der Verlust auf ein Verschulden des Verpächters oder auf höhere Gewalt zurückzuführen ist.

[3] Der Pächter kann für den Mehrwert, der sich aus seinen Aufwendungen und seiner Arbeit ergeben hat, Ersatz fordern.

1 *Abs. 1* Ausgangspunkt dieser Bestimmung bildet Art. 277. Danach ist Art. 299b nur auf Geräte, Vieh oder Vorräte anwendbar 4C.412/2006 (27.2.07) E. 2.2 fr.

O. Retentionsrecht

Art. 299c

Der Verpächter von Geschäftsräumen hat für einen verfallenen und einen laufenden Pachtzins das gleiche Retentionsrecht wie der Vermieter für Mietzinsforderungen (Art. 268 ff.).

1 Das Retentionsrecht, wie es aOR Art. 286 Abs. 3 für unbewegliche Sachen vorsah, kann nur noch bei Pacht von Geschäftsräumen ausgeübt werden 116 III 49/50 (Kreisschreiben der SchKG-Kammer), vgl. auch 116 III 120/120 ff.

P. Kündigungsschutz bei der Pacht von Wohn- und Geschäftsräumen

Art. 300

[1] Für den Kündigungsschutz bei der Pacht von Wohn- und Geschäftsräumen gilt das Mietrecht (Art. 271–273c) sinngemäss.

[2] Nicht anwendbar sind die Bestimmungen über die Wohnung der Familie (Art. 273a).

Abs. 1 Der offenbare Missbrauch eines Rechtes findet keinen Rechtsschutz (ZGB Art. 2 Abs. 2). Wann eine missbräuchliche Kündigung eines Pachtverhältnisses vorliegt, ist anhand der konkreten Umstände des Einzelfalles zu bestimmen. Dabei sind die von der Lehre und Rechtsprechung entwickelten Fallgruppen des Rechtsmissbrauchs zu beachten (135 III 162/169 E. 3.3.1 fr. zum Arbeitsrecht). – Allgemein in Bezug auf die Rechtsprechung zur treuwidrigen und missbräuchlichen Kündigung im Mietrecht vgl. den Kommentar zu Art. 272. – Die Kündigung kann nicht einfach deshalb als rechtsmissbräuchlich qualifiziert werden, weil sich die Parteien seit längerer Zeit in gerichtlichen Auseinandersetzungen befinden. Es ist insbesondere nicht rechtsmissbräuchlich, wenn die Verpächter den Pachtvertrag kündigen, nachdem die Pächter ohne ihre Zustimmung Änderungen am Pachtgegenstand vorgenommen haben 4A_623/2012 (15.4.13) E. 2.4.3. – Für die Erstreckung nichtlandwirtschaftlicher Pachtverhältnisse ist Art. 272 zu beachten. Im Zusammenhang mit der Erstreckung landwirtschaftlicher Pachtverhältnisse sind LPG Art. 26–28 zu berücksichtigen (vgl. dazu auch 4A_644/2018 [18.7.19] E. 3 fr., 4A_149/2017 [28.9.17] E. 4 und 5, 4A_349/2012 [15.10.12] E. 2.1). – Der Umstand, dass die Parteien in einem anderen Verfahren ob der Frage nach dem gesetzlichen Vorkaufsrecht des Pächters im Streit liegen, gibt dem Pächter nicht das Recht, auf dem Pachtobjekt zu bleiben 4A_349/2012 (15.10.12) E. 2.1 f. – Sind weder Wohn- noch Geschäftsräume gepachtet, so sind die Kündigungsschutzbestimmungen in Art. 271–273c nicht anwendbar. Entsprechend darf der Streitwert im Ausweisungsverfahren in klaren Fällen (ZPO Art. 257) nicht auf Basis der dreijährigen Sperrfrist (Art. 271a Abs. 1 lit. e) bestimmt werden 4A_565/2017 (11.7.18) E. 1.3.1 (n.p. in 144 III 346). 1

Abs. 2 Da der Ehegatte des Pächters von Gesetzes wegen keines der Rechte ausüben kann, die dem Pächter bei Kündigung zustehen, muss (anders als nach Art. 266n) die Kündigung dem Pächter und seinem Ehegatten auch dann nicht separat zugestellt werden, wenn der Pachtgegenstand eine Familienwohnung einschliesst 125 III 425/431 E. 3b/cc fr. 2

Q. Verfahren

Art. 301

Das Verfahren richtet sich nach der ZPO.

R. Viehpacht und Viehverstellung I. Rechte und Pflichten des Einstellers

Art. 302

1 Bei der Viehpacht und Viehverstellung, die nicht mit einer landwirtschaftlichen Pacht verbunden sind, gehört die Nutzung des eingestellten Viehs dem Einsteller, wenn Vertrag oder Ortsgebrauch nichts anderes bestimmen.

2 Der Einsteller muss die Fütterung und Pflege des Viehs übernehmen sowie dem Verpächter oder Versteller einen Zins in Geld oder einen Teil des Nutzens entrichten.

II. Haftung

Art. 303

[1] Bestimmen Vertrag oder Ortsgebrauch nichts anderes, so haftet der Einsteller für Schäden am eingestellten Vieh, wenn er nicht beweist, dass er die Schäden trotz sorgfältiger Hut und Pflege nicht vermeiden konnte.

[2] Für ausserordentliche Pflegekosten kann der Einsteller vom Versteller Ersatz verlangen, wenn er sie nicht schuldhaft verursacht hat.

[3] Der Einsteller muss schwerere Unfälle oder Erkrankungen dem Versteller so bald als möglich melden.

III. Kündigung

Art. 304

[1] Ist der Vertrag auf unbestimmte Zeit abgeschlossen, so kann ihn jede Partei auf einen beliebigen Zeitpunkt kündigen, wenn Vertrag oder Ortsgebrauch nichts anderes bestimmen.

[2] Die Kündigung soll jedoch in guten Treuen und nicht zur Unzeit erfolgen.

Neunter Titel
Die Leihe

Erster Abschnitt
Die Gebrauchsleihe

Vorb. Art. 305–311

Allgemeines. Die Gebrauchsleihe ist ein Vertrag, bei dem eine Sache für eine gewisse Dauer zum Gebrauch überlassen wird, und damit ein Dauervertrag 125 III 363/365 E. 2e Pra 1999 (Nr. 190) 987, ein weiteres Mal publiziert in Pra 2000 (Nr. 118) 700 E. 2e. – Die Gebrauchsleihe kann sich auch auf *Grundstücke* 75 II 38/45 E. 3 Pra 1949 (Nr. 140) 410 oder *Bauland* beziehen, da sie geeignet ist für Situationen, in denen eine Veränderung der Verhältnisse entsteht, deren Zeitpunkt jedoch nicht voraussehbar ist 4C.162/2004 (14.7.04) E. 4.1. – Der Gebrauch i.S. der Art. 305 ff. umfasst die *Nutzung.* Der Entlehner einer nutzbaren Sache hat eine ähnliche Stellung wie der Nutzniesser, immerhin mit dem Vorbehalt, dass das dingliche Recht des Letzteren auch entgeltlich begründet werden kann. Sieht man von der Unentgeltlichkeit ab, so gleicht die Leihe zur Nutzung noch mehr der Pacht, die ein persönliches Recht auf Überlassung des Gebrauchs eines nutzbaren Gutes begründet (Art. 275) 75 II 38/45 E. 3 Pra 1949 (Nr. 140) 410. 1

Abgrenzung. Hat ein Ehegatte dem andern eine bewegliche Sache (in casu Schmucksachen) übergeben, die ihrer Natur nach zu dessen ausschliesslichem Gebrauch bestimmt ist und die nicht zwecks Kapitalanlage erworben wurde, so ist beim Fehlen von Tatsachen, die einen andern Schluss rechtfertigen, zu vermuten, dass die Übergabe des Gegenstandes *schenkungshalber* und nicht bloss leihweise erfolgt ist 85 II 70/71 Pra 1959 (Nr. 100) 295. (Hingegen ist die gesetzliche Vermutung von ZGB Art. 930, wonach der Besitzer einer beweglichen Sache ihr Eigentümer sei, unter zusammenlebenden Ehegatten nicht anwendbar 85 II 70/71 Pra 1959 (Nr. 100) 295, grundlegend 71 II 255/255 ff.) – Abgrenzung gegenüber Nutzniessung und Pacht 75 II 38/45 E. 3 Pra 1949 (Nr. 140) 410. 2

Weiteres. Die *Abrechnung bei Rückerstattung eines nutzbringenden Gutes* ist nach den entsprechend anwendbaren Bestimmungen der Nutzniessung (ZGB Art. 753 Abs. 1, Art. 765 Abs. 1) und vor allem der Pacht (in casu aOR Art. 298 f.) vorzunehmen. Unter Vorbehalt (ausdrücklicher oder stillschweigender) abweichender Vereinbarung hat sich der Entlehner die von ihm bezogenen Früchte nicht auf seine Forderung für Verwendungen anrechnen zu lassen (und zwar selbst dann nicht, wenn die Früchte dank den ausserordentlichen Auslagen erzielt wurden, deren Ersatz er verlangt). ZGB Art. 939 Abs. 3 und Art. 630 Abs. 2 sind nicht anwendbar 75 II 38/46 ff. E. 4 Pra 1949 (Nr. 140) 410 ff. 3

A. Begriff

Art. 305

Durch den Gebrauchsleihevertrag verpflichten sich der Verleiher, dem Entlehner eine Sache zu unentgeltlichem Gebrauche zu überlassen, und der Entlehner, dieselbe Sache nach gemachtem Gebrauche dem Verleiher zurückzugeben.

1 Offengelassen, ob und inwieweit die gefälligkeitshalber erfolgte Überlassung eines Autos den haftenden Halter zu entlasten vermag 115 II 156/157 E. 1. – Der Entlehner war berechtigt, unentgeltlich im Haus des Verleihers zu wohnen. Kein Mietverhältnis mangels Bezahlung eines Mietzinses. Kein Wohnrecht, das zu beurkunden gewesen wäre (ZGB Art. 776 i.V.m. Art. 746). Die vom Entlehner behaupteten Investitionen (Mitwirkung im Verwaltungsrat der X AG, Reparatur der Wasserversorgung auf dem Grundstück Nr. xxx, Beaufsichtigung der Schafe des Verleihers, Renovation des Stalls auf dem Grundstück Nr. xxx) vermochte das Gericht nicht als Entgelt für die Überlassung der Grundstücke zu qualifizieren. Ein Vertrag wird erst dann zu einem entgeltlichen Rechtsgeschäft, wenn der anderen Partei eine entsprechende Leistungspflicht auferlegt wird. Deshalb kein Miet-, sondern ein Gebrauchsleihevertrag 4A_365/2012 (10.9.12) E. 4.4 und 4.5. Vgl. auch 4A_39/2019 (23.7.19) E. 4.2 fr. Gesetzliche Rückgabepflicht des Entlehners steht «ewiger» Gebrauchsleihe entgegen. Keine Schlechterstellung des Verleihers gegenüber dem Vermieter Pra 2000 (Nr. 118) 699 f. E. 2d, 125 III 363/364 E. 2d Pra 1999 (Nr. 190) 987. Beziehung zwischen dem Eigentümer-Vermieter und dem Entlehner, dem der Mieter die Mietsache unentgeltlich zum Gebrauch überlassen hat 4A_524/2018 (8.4.19) E. 4.3 und 5.1 fr.; Entschädigungspflicht gestützt auf ZGB Art. 940: a.a.O., E. 5.3 fr.

B. Wirkung I. Gebrauchsrecht des Entlehners

Art. 306

[1] Der Entlehner darf von der geliehenen Sache nur denjenigen Gebrauch machen, der sich aus dem Vertrage oder, wenn darüber nichts vereinbart ist, aus ihrer Beschaffenheit oder Zweckbestimmung ergibt.

[2] Er darf den Gebrauch nicht einem andern überlassen.

[3] Handelt der Entlehner diesen Bestimmungen zuwider, so haftet er auch für den Zufall, wenn er nicht beweist, dass dieser die Sache auch sonst getroffen hätte.

1 ***Abs. 3*** Analoge Anwendung auf das Mietverhältnis, wenn die Mietsache durch vertragswidrigen Gebrauch beschädigt wird 103 II 330/333 E. 2b Pra 1978 (Nr. 89) 202.

II. Kosten der Erhaltung

Art. 307

[1] Der Entlehner trägt die gewöhnlichen Kosten für die Erhaltung der Sache, bei geliehenen Tieren insbesondere die Kosten der Fütterung.

[2] Für ausserordentliche Verwendungen, die er im Interesse des Verleihers machen musste, kann er von diesem Ersatz fordern.

Allgemeines. Die Bestimmung regelt nur die Beziehungen der Parteien während der Vertragsdauer. Die Abrechnung bei Beendigung des Vertragsverhältnisses bleibt vorbehalten (zur Abrechnung siehe Vorb. Art. 305–311/Weiteres) 75 II 38/46 E. 4 Pra 1949 (Nr. 140) 410. 1

Abs. 1 Zu den gewöhnlichen Kosten für die Erhaltung der Sache gehören bei der Leihe eines landwirtschaftlichen Gutes die gewöhnlichen Kosten der Bewirtschaftung 75 II 38/45 f. E. 4 Pra 1949 (Nr. 140) 410. 2

Abs. 2 Aus der Bestimmung kann nicht abgeleitet werden, der Entlehner habe bei Beendigung des Gebrauchs oder der Nutzung – abgesehen vom Fall aussergewöhnlicher Verwendungen, die er im Interesse des Verleihers machen musste – keinen Anspruch auf Ersatz seiner Aufwendungen für die Verbesserung der Sache und des darauf zurückzuführenden Mehrwerts 75 II 38/46 E. 4 Pra 1949 (Nr. 140) 410. 3

III. Haftung mehrerer Entlehner

Art. 308

Haben mehrere eine Sache gemeinschaftlich entlehnt, so haften sie solidarisch.

C. Beendigung I. Bei bestimmtem Gebrauch

Art. 309

[1] Ist für die Gebrauchsleihe eine bestimmte Dauer nicht vereinbart, so endigt sie, sobald der Entlehner den vertragsmässigen Gebrauch gemacht hat oder mit Ablauf der Zeit, binnen deren dieser Gebrauch hätte stattfinden können.

[2] Der Verleiher kann die Sache früher zurückfordern, wenn der Entlehner sie vertragswidrig gebraucht oder verschlechtert oder einem Dritten zum Gebrauche überlässt, oder wenn er selbst wegen eines unvorhergesehenen Falles der Sache dringend bedarf.

Lässt sich die Dauer der Leihe weder durch die Parteivereinbarung noch durch den vereinbarten Gebrauch begrenzen, so gelangt Art. 309 nicht zur Anwendung. Der Verleiher kann die Sache vielmehr nach Art. 310 jederzeit zurückverlangen 4A_273/2012 (30.10.12) E. 5.2, 125 III 363/366 E. 2g, h Pra 1999 (Nr. 190) 988, Pra 2000 (Nr. 118) 701 E. 2g, h. 1

II. Bei unbestimmtem Gebrauch

Art. 310

Wenn der Verleiher die Sache zu einem weder der Dauer noch dem Zwecke nach bestimmten Gebrauche überlassen hat, so kann er sie beliebig zurückfordern.

1 Lässt sich die Dauer weder durch die Übereinkunft der Parteien noch durch den vertragsgemässen Gebrauch festlegen, kann der Verleiher die Sache jederzeit zurückfordern. Diese restriktive Auslegung rechtfertigt sich mit Blick darauf, dass die Leistung des Verleihers unentgeltlich erfolgt 125 III 363/366 E. 2h Pra 1999 (Nr. 190) 989, Pra 2000 (Nr. 118) 701 E. 2h. Diese Auslegung gilt auch bei der Überlassung eines Areals zum Abstellen von Wohnwagen 4D_136/2010 (11.2.11) E. 4.3.

III. Beim Tod des Entlehners

Art. 311

Die Gebrauchsleihe endigt mit dem Tode des Entlehners.

Zweiter Abschnitt
Das Darlehen

Vorb. Art. 312–318

▪ Sondergesetzgebung (1) ▪ Weiteres (4)

Sondergesetzgebung. ***Bund.*** Preisüberwachungsgesetz (PüG, SR 942.20), in Kraft seit 1. Juli 1986. – BG über den Konsumkredit (KKG, SR 221.214.1), V zum Konsumkreditgesetz (VKKG, SR 221.214.11), beide in Kraft seit 1. Januar 2003. V des EJPD über den Höchstzinssatz für Konsumkredite (SR 221.214.111), in Kraft seit 1. Januar 2020 (Ablauf 31. Dezember 2020). 1

Kantone. Interkantonales Konkordat vom 8. Oktober 1957 über Massnahmen zur Bekämpfung von Missbräuchen im Zinswesen (AS 1958 374), nicht mehr in Kraft. – Zulässigkeit der bernischen bzw. der neuenburgischen öffentlich-rechtlichen Bestimmungen über das Konsumkreditwesen 120 Ia 286/286 ff., 120 Ia 299/299 ff. fr. 2

Strafrecht. Veruntreuung (aStGB Art. 140 Ziff. 1 Abs. 2, StGB Art. 138) durch Verwendung eines Darlehens entgegen dem vereinbarten Zweck. Eine unrechtmässige Verwendung anvertrauten Gutes kommt nur in Betracht, wenn der Treuhänder verpflichtet ist, dem Treugeber den Wert des Empfangenen ständig zu erhalten 120 IV 117/119 ff. E. 2c–f; somit keine Pflicht zur ständigen Werterhaltung bei einem Darlehen, bei dem kein bestimmter Verwendungszweck verabredet ist 124 IV 9/11 E. 1a. Zu prüfen ist jeweils im Einzelfall, ob sich aus der vertraglichen Abmachung eine Werterhaltungspflicht des Borgers ergibt 124 IV 9/12 E. 1d. 3

Weiteres. Wie werden im Voraus bezahlte Zinsen bei vorzeitiger Rückzahlung des Darlehens berücksichtigt? 52 II 228/232 ff. E. 1 ff. – Rückforderung von zu viel bezahlten Darlehenszinsen: Anwendbarkeit von Art. 62 ff. 107 II 220/221 E. 3a. – Staatliche Zahlungsrestriktionen, die einen Darlehensnehmer verpflichten, die Rückzahlung über die Staatsbank zu leiten, ändern an der privatwirtschaftlichen Natur des Geschäftes nichts 104 Ia 367/373 ff. E. 4. – Der Zivilrichter hat von Amtes wegen zu prüfen und vorfrageweise darüber zu entscheiden, ob ein Darlehen wegen Verstosses gegen öffentlich-rechtliche Bestimmungen nichtig ist (in casu Nichtigkeit eines durch einen Inhaberschuldbrief sichergestellten Darlehens wegen Verstosses gegen den damals geltenden BRB vom 26. Juni 1972 betreffend Verbot der Anlage ausländischer Gelder in inländischen Grundstücken, AS 1972 1062) 105 II 308/311 ff. E. 2–5. – Ein zu marktüblichen Bedingungen gewährtes Darlehen muss nicht (gemäss Art. 216 Abs. 2) öffentlich beurkundet werden, auch wenn dessen Hingabe einen entscheidenden Beweggrund für den Abschluss des Kaufrechtsvertrages gebildet hat 113 II 402/405 f. E. 2c. – Verhältnis des Schuldbriefs zum ursprünglichen Darlehensverhältnis 119 III 105/106 ff. E. 2 fr. 4

A. Begriff

Art. 312

Durch den Darlehensvertrag verpflichtet sich der Darleiher zur Übertragung des Eigentums an einer Summe Geldes oder an andern vertretbaren Sachen, der Borger dagegen zur Rückerstattung von Sachen der nämlichen Art in gleicher Menge und Güte.

1 **Allgemeines.** Essentialia des Darlehensvertrages 131 III 268/273 f. E. 4 Pra 2006 (Nr. 19) 146 f. Nach dem schweizerischen Recht ist das Darlehen ein *Konsensualvertrag*. Die *Rückzahlungsverpflichtung* des Borgers ist wesentlicher Vertragsbestandteil 4D_56/2013 (11.12.13) E. 5.1 fr., 4A_12/2013 (27.6.13) E. 2.1 fr., 131 III 268/274 E. 4.2 Pra 2006 (Nr. 19) 147; 129 III 118/120 E. 2.2 Pra 2003 (Nr. 123) 656. Sie ergibt sich nicht aus der vom Darleiher vorgenommenen Zahlung, sondern aus dem Rückerstattungsversprechen, das der Darlehensvertrag in sich schliesst 4A_12/2013 (27.6.13) E. 2.1 fr., 83 II 209/210 E. 2 Pra 1957 (Nr. 81) 267 f. Die Aushändigung des Geldes durch den Darlehensgeber ist lediglich eine Voraussetzung der Rückzahlungspflicht 83 II 209/210 E. 2 Pra 1957 (Nr. 81) 268. – Das Darlehen kennzeichnet sich *nicht* durch einen *besonderen Hingabezweck* 54 II 283/287 E. 2c. – Sofern keine Effektiv-Klausel vereinbart worden ist, ist der Schuldner gemäss Art. 84 Abs. 2 alternativ ermächtigt, die Schuld in Schweizer Franken zu erfüllen. Der Gläubiger hat demgegenüber kein Anrecht auf Zahlung in Schweizer Franken 4C.258/2006 (14.1.08) E. 2.4 f. – Vorzeitige Rückzahlung: Der Borger muss beim verzinslichen Darlehen den Zins für die ganze vereinbarte Dauer bezahlen 4A_409/2011 (16.12.11) E. 3.2 fr., 4A_229/2007 (7.11.07) E. 4.1 fr. – Wer eine Leihe (sei es der Gegenstand einer Gebrauchsleihe oder eines Darlehens) zurückverlangt, muss nicht bloss beweisen, dass er den Vertragsgegenstand übergeben hat, sondern darüber hinaus und insbesondere auch, dass ein Darlehensvertrag abgeschlossen worden ist, mithin die Parteien dahingehend übereingekommen sind, dass den Darlehensnehmer eine Rückgabepflicht treffe. Die Beweislast trägt der Darleiher, der die Darlehenssache zurückverlangt (ZGB Art. 8) 4D_56/2013 (11.12.13) E. 5.1 fr., 4A_12/2013 (27.6.13) E. 2.1 fr., 83 II 209/210 E. 2 fr. Eine Schenkung wird nicht vermutet 4A_12/2013 (27.6.13) E. 2.1 fr. – Der Umstand allein, dass der Darleiher regelmässige Zahlungen an den Borger ab einem bestimmten Zeitpunkt als «Leihe» bezeichnet, vermag keine Rückerstattungspflicht des Borgers zu konstituieren, da es sich dabei um einseitige Erklärungen des Darleihers handelt, die dieser in casu erst vorgebracht hatte, nachdem sich die zwischenmenschliche Beziehung zwischen den Parteien verschlechtert hatte 4A_12/2013 (27.6.13) E. 2.2.3 fr. – Rechtsmissbräuchliche Berufung auf die Formvorschrift von Art. 718b bei einem als Insichgeschäft abgeschlossenen Darlehensvertrag zwischen der Gesellschaft und dem einzigen Gesellschafter 4A_545/2019 (13.9.20) E. 3 und 5.2.

2 **Inhalt des Darlehensvertrages.** Durch den Darlehensvertrag verpflichtet sich der Darleiher zur Übertragung des Eigentums an einer Summe Geldes oder an andern vertretbaren Sachen, der Borger dagegen zur Rückerstattung von Sachen der nämlichen Art in gleicher Menge und Grösse (Art. 312) 4D_56/2013 (11.12.13) E. 5.1 fr., 4A_12/2013 (27.6.13) E. 2.1 fr., 131 III 268/274 E. 4.2 Pra 2006 (Nr. 19) 147; 129 III 118/120 E. 2.2 Pra 2003 (Nr. 123) 656. Neben dem Darlehensvertrag bestehen für die Aufnahme von Kredit eine Reihe von Innominatverträgen, wie der Kontoeröffnungsvertrag, der Kredit-

eröffnungsvertrag, der Baukreditvertrag usw., auf die neben anderen auch die Bestimmungen über das Darlehen zur Anwendung gelangen. Eine allfällige unzutreffende Qualifikation des Rechtsgeschäfts schadet dem Borger, der die Rückerstattung geltend machen möchte, nicht 4A_591/2012 (20.2.13) E. 2.5. Qualifikation des Krediteröffnungsvertrags als Darlehensvertrag mit dauerschuldähnlichem Auftragselement 4A_286/2019 (27.11.19) E. 3.1 fr. – Nach Lehre und Rechtsprechung setzt ein gültiger Vertragsschluss voraus, dass alle geschuldeten und wesentlichen Leistungen der Parteien bestimmt oder bestimmbar sind; denn wenn das nicht zutrifft, fehlt es an den zum Abschluss des Vertrages nötigen übereinstimmenden gegenseitigen Willensäusserungen über die wesentlichen Punkte (Art. 1 und 2 Abs. 1). Um dem Begriff der Bestimmbarkeit zu entsprechen, ist nicht notwendig, dass die Leistungen schon im Zeitpunkt des Vertragsschlusses bestimmt werden können. Vielmehr genügt, wenn im Zeitpunkt der Erfüllung eindeutig feststeht, was zu leisten ist 84 II 266/272 f. E. 2. Dies kann auch durch einen Verweis auf Geschehnisse erreicht werden, die sich erst in der Zukunft ereignen werden und von Dritten abhängen 4A_591/2012 (20.2.13) E. 2.5.1. – 4A_591/2012 (20.2.13) E. 2.4: Frage, ob die folgende Vereinbarung genügend bestimmt wäre, um eine Rückzahlungspflicht zu konstituieren: Der Generalunternehmer und Darleiher behauptet, der Ehemann der Bestellerin und Borgerin habe im Zusammenhang mit dem Bauprojekt an einer Besprechung mit Wirkung für die Bestellerin und Borgerin um die Bevorschussung von in der Höhe noch nicht feststehenden Rechnungen nachgesucht und dafür die Fertigstellung einer Rechtsschrift sowie die Rückzahlung nebst Zins gleich einem Darlehen versprochen. Gestützt darauf habe er in der Folge Rechnungen beglichen. Er verlangt nunmehr die Rückzahlung der entsprechenden Beträge nebst Zins. Gemäss der Rechtsprechung des Bundesgerichts sind die Leistungen aufgrund der behaupteten Vereinbarung genügend bestimmt, es bedarf keiner weiteren Vereinbarung betreffend die Höhe der einzelnen Beträge 4A_591/2012 (20.2.13) E. 2.5. Die getroffene Vereinbarung unterscheidet sich von einem gewöhnlichen Darlehensvertrag dadurch, dass die zu leistenden Beträge direkt an Dritte zu bezahlen waren, erst durch deren Rechnungsstellung bestimmt wurden und daher bei Vertragsschluss betragsmässig noch nicht feststanden. Wurde die Bevorschussung der Rechnungen im Zusammenhang mit dem Bauprojekt vereinbart, werden durch die Rechnungsstellung die vom Darleiher zu leistenden Beträge bis zum Zeitpunkt, in dem die Leistung erbracht werden soll, bestimmbar. Dies genügt für einen allgemein gültigen Konsens. Eine weitere Einigung über die Höhe des Kredits ist nicht notwendig. Weshalb strengere Anforderungen zu stellen sein sollen, sei nicht ersichtlich, zumal sich für die Bauherrschaft im Wesentlichen nicht die finanzielle Belastung, sondern nur die Person des Gläubigers ändere 4A_591/2012 (20.2.13) E. 2.5.2. Vgl. auch 4D_56/2013 (11.12.13) E. 5.3 in fine fr., wo das Bundesgericht den familiären Kontext (Darlehen des Onkels an die Nichte) mitberücksichtigt hat.

Fremdwährung. Für Darlehensschulden in fremder Währung gilt, wie allgemein für 3
Geldschulden, grundsätzlich die Nennwert-, nicht die Kurswerttheorie (Art. 84 Abs. 2) 51 II 303/306 ff. E. 3. Für die Frage, in welchem Betrag ein nicht bloss von Kursschwankungen, sondern von einer vollständigen Entwertung der Währung betroffenes Darlehen zurückzuzahlen sei, muss auf den Parteiwillen abgestellt werden, der bei einer Vertragslücke (nicht voraussehbarer gänzlicher Währungszerfall) vom Richter so zu ergänzen ist, wie die Parteien die fehlende Regelung vernünftigerweise getroffen hätten (in casu

Lückenfüllung durch analoge Anwendung des deutschen Aufwertungsrechts als ergänzender Vertragsbestandteil) 54 II 324/317 f. E. 3.

4 **Natur.** Die Darlehensschuld ist eine Bringschuld (Art. 74 Abs. 2 Ziff. 1) 100 II 153/158 E.c.

5 **Übertragung einer Darlehensforderung.** 4A_77/2012 (16.7.12) E. 2.2 und 2.3: In Ziff. 6 ihres Darlehensvertrages hielten die Parteien fest, dass der Darleiher berechtigt sei, «sein Guthaben – unter Überbindung dieser vertraglichen Vereinbarung – einer ihm nahestehenden Gesellschaft weiterzuverkaufen». Später wollte der Darleiher mit einem Dritten (ohne Zustimmung des Borgers) einen «Kaufvertrag» über den Darlehensvertrag abschliessen. Diese Darlehensrückforderung ist jedoch nie wirksam auf den Dritten übertragen worden, da ein ganzes Vertragsverhältnis nicht einfach verkauft werden kann. Die Parteien hätten für diese Vertragsübernahme bzw. für diese Vertragsabtretung einen Vertrag sui generis abschliessen müssen, der über eine blosse Kombination von Zession und Schuldanerkennung hinausgeht 4A_311/2011 (19.7.11) E. 3.1.2 fr., 47 II 416/421 E. 2. Dieser Vertrag sui generis setzt – im Unterschied zur Zession, welche ohne Zustimmung und sogar ohne Wissen des debitor cessus vereinbart werden kann – eine Einigung aller beteiligten Parteien voraus, also auch des Borgers. Der Eintritt eines Dritten in ein zweiseitiges Rechtsverhältnis anstelle der ausscheidenden Vertragspartei kann nur unter der Voraussetzung erfolgen, dass die verbleibende Vertragspartei sich hiermit einverstanden erklärt 47 II 416/421 E. 2.

6 **Abgrenzungen.** ***Klassisches Darlehen/partiarisches Darlehen.*** Dieses unterscheidet sich vom klassischen Darlehen dadurch, dass die dem Darleiher zustehende Vergütung vom Erfolg eines Unternehmens oder eines bestimmten Geschäftes des Borgers abhängt (Beteiligung am Gewinn und am Risiko). Damit der Darleiher in diesem Falle die Berechnung seiner Vergütung überprüfen kann, steht ihm ein gewisses Aufsichtsrecht über die Tätigkeit des Borgers zu 99 II 303/305 E. 4a Pra 1974 (Nr. 31) 100. Vgl. auch 145 III 241/248 ff. E. 3.5.2 Pra 2020 (Nr. 58) 563 f. Objektivierte Vertragsauslegung: Eine Investitionsvereinbarung müsste als Gegenleistung eine Beteiligung des Geldgebers in irgendeiner Form an einem allfälligen Gewinn aus dem Investitionsprojekt oder eine Beteiligung an einer das Investitionsprojekt verwertenden Gesellschaft beinhalten. In casu Investitionsvereinbarung verneint und Darlehen bejaht 4A_441/2019 (9.12.19) E. 2.6.2.1.

7 ***Darlehen/einfache Gesellschaft.*** Massgebend für die Abgrenzung der (allenfalls stillen 48 I 402/409 f. E. 2) einfachen Gesellschaft vom partiarischen Darlehen ist der animus societatis, d.h. der Wille, Mittel oder Kräfte gemeinsam zur Erreichung eines bestimmten Zweckes einzusetzen, auf die Entschlüsse Einfluss zu nehmen und nicht nur an den Risiken und am Gewinn, sondern vor allem auch an der Substanz des Unternehmens teilzuhaben. Dieser Wille geht nicht nur aus dem Vorliegen oder Fehlen des einen oder andern Merkmals hervor, sondern aus den gesamten Umständen, insbesondere auch aus der Art und Weise, wie die Parteien den Vertrag erfüllen (sofern sie nicht eine Abänderung der ursprünglichen Vereinbarung in sich schliesst). Die Beteiligung am Risiko und am Verlust kann nicht das entscheidende Kriterium für die Bestimmung der Rechtsnatur eines Vertrages bilden, da sie sowohl bei der Gesellschaft als auch bei den partiarischen Verträgen vorkommt 99 II 303/304 ff. E. 4, 5 Pra 1974 (Nr. 31) 99 ff.

Darlehen/depositum irregulare (Art. 481). Ob eine *Sparhefteinlage* den Charakter eines Darlehens oder eines depositum irregulare hat, ist nach den Umständen des Einzelfalles zu beurteilen. Massgebend ist in erster Linie der von beiden Parteien angenommene oder vorausgesetzte wirtschaftliche Zweck (vorwiegend Kapitalanlage oder sichere Verwahrung?). In der Regel beruht die Sparhefteinlage auf einem depositum irregulare. Ihre Rechtsnatur ist insbesondere für die Frage der Verrechnung (Art. 125 Abs. 1) von Bedeutung 100 II 153/155 ff. E. a–c. – Das sogenannte «*Time Deposit*» kann seiner Natur nach nur ein depositum irregulare oder ein Darlehen sein, wobei die Interessenlage eher für ein Darlehen zu sprechen scheint 104 Ia 367/374 E. 4a. – Qualifikation einer Geldhingabe als Darlehen 118 II 348/351 f. E. 3. – Abgrenzung zum *Kontokorrentkredit:* 4A_73/2018 (12.2.19) E. 5.1 fr. 8

Darlehen/Teilzahlungen. Zur Abgrenzung von Darlehen (Art. 312 ff.) zu Teilzahlungen im Sinne von Art. 85 vgl. 4A_145/2012 (19.9.12) E. 7 fr. 9

Darlehen/Schenkung. Vgl. 4A_469/2008 und 4A_201/2009 (beide vom 24.6.09) E. 2 und 3 fr. Objektivierte Vertragsauslegung: Die Empfängerin des Geldbetrags durfte annehmen, dass ihr der Lebenspartner die Geldsumme als Ausgleich dafür geschenkt hatte, dass sie sich frühzeitig hatte pensionieren lassen und sich bereit erklärt hatte, den damit verbundenen Rentenausfall in Kauf zu nehmen 144 III 93/96 ff. E. 5 Pra 2019 (Nr. 40) 444 ff. Grundsätzlich begründet die Auszahlung einer Geldsumme nur ausnahmsweise die Vermutung, dass deren Rückzahlung vereinbart worden sei 4A_600/2018 (1.4.19) E. 5.1 fr., namentlich wenn sich die Geldhingabe vernünftigerweise nicht anders denn als Darlehen erklären lässt 4A_441/2019 (9.12.19) E. 2.3, 144 III 93/96 f. E. 5.1.1 Pra 2019 (Nr. 40) 445 f. Die Parteien sind frei zu vereinbaren, dass vom Darlehensbetrag weniger zurückzuerstatten sei, als dem Darlehensnehmer gewährt worden ist. Der Differenzbetrag entspricht diesfalls einer Schenkung 145 III 241/248 ff. E. 3.5.2 Pra 2020 (Nr. 58) 563 f. 10

Darlehen unter Ehegatten. Vereinbaren Eheleute, dass der Ehemann mit Geld, das ihm seine Ehefrau vorschiesst, im eigenen Namen und auf eigene Rechnung ein Haus kauft, so liegt ein Darlehensvertrag und kein Liegenschaftskauf im Auftrag und als Treuhänder der Ehefrau vor 89 II 410/411 f. E. 2 und 3. – Kein Darlehen (und auch keine Schenkung) an den Bräutigam liegt vor, wenn die Braut für einen Liegenschaftskauf im Hinblick auf die bevorstehende Ehe (unter dem [altrechtlich] ordentlichen Güterstand der Güterverbindung) aus ihrem Ersparten Geld zur Verfügung stellt und der Bräutigam, der Hypothekarschulden (die mehr als die Hälfte des Kaufpreises ausmachen) übernimmt, als Eigentümer eingetragen wird (Zuweisung des Grundstücks zur Errungenschaft; Ersatzforderung der Ehefrau in der güterrechtlichen Auseinandersetzung) 109 II 92/94 f. E. 2b. – Gibt eine Frau einem Mann einen namhaften Betrag Bargeld, damit er ihren Eltern eine gute Vermögenslage vortäuschen kann, um so deren Einverständnis zur Ehe zu erlangen, so besteht eine Rückgabepflicht aus Darlehen oder Auftrag, falls die Ehe nicht zustande kommt 54 II 283/287 f. E. 2c. 11

Beweislast. Wer auf Rückerstattung einer Darlehenssumme klagt, muss nicht bloss beweisen, die Geldsumme tatsächlich überwiesen zu haben, sondern auch, dass eine Darlehensvereinbarung mit einer entsprechenden Rückzahlungsvereinbarung abgeschlossen worden ist 4D_56/2013 (11.12.13) E. 5.1 fr., 4A_12/2013 (27.6.13) E. 2.1 fr., 83 II 209/210 E. 2 Pra 1957 (Nr. 81) 267 f. (in dem zugestanden wurde, dass unter Umständen 12 jedoch in der blossen Tatsache des Empfanges eines Geldbetrages ein ausreichendes Indiz für das Bestehen eines Darlehensvertrages liegen könne). Der Beweis der Vereinbarung gilt als erbracht, wenn das Gericht am Vorliegen der behaupteten Tatsache keine ernsthaften Zweifel mehr hat oder allenfalls verbleibende Zweifel als leicht erscheinen 4A_591/2012 (20.2.13) E. 2.6, 130 III 321/324 E. 3.2. – Für die Abweisung der Rückerstattungsforderung der Darleiherin ist jedoch nicht der Nachweis nötig, dass die Zahlung, wie von der Borgerin behauptet, im gegenseitigen Einvernehmen als Schadensregulierung erfolgte. Es genügt, wenn nach dem Beweisverfahren gestützt auf die Vorbringen beider Parteien und das Beweisergebnis der von der Borgerin behauptete Grund für die Zahlung ernsthaft in Betracht kommt.

B. Wirkung I. Zinse 1. Verzinslichkeit

Art. 313

[1] Das Darlehen ist im gewöhnlichen Verkehre nur dann verzinslich, wenn Zinse verabredet sind.

[2] Im kaufmännischen Verkehre sind auch ohne Verabredung Zinse zu bezahlen.

1 **Begriff des Zinses.** Zins bedeutet rechtlich die Vergütung, die ein Gläubiger für die Entbehrung einer ihm geschuldeten Geldsumme zu fordern hat und die sich nach der Höhe der geschuldeten Summe und der Dauer der Schuld bestimmt 145 III 241/245 f. E. 3.3 Pra 2020 (Nr. 58) 560 f., 4A_69/2014 (28.4.14) E. 5.1, 4A_145/2012 (19.9.12) E. 7.3 fr., 130 III 591/596 E. 3. Eine Zinsschuld liegt somit nur vor, wenn nicht nur eine Geldschuld vorhanden ist, sondern auch die Zeitdauer feststeht, während welcher der Gläubiger das Kapital entbehrt und entsprechend deren sich die Vergütung berechnet 4A_69/2014 (28.4.14) E. 5.1, 115 II 349/355 E. 3. Die Benennung der Vergütung ist für ihre Rechtsnatur nicht entscheidend; ebenso wenig schliesst die Vereinbarung der Vorauszahlung es aus, eine Vergütung als Zins zu betrachten. Nicht als Zinsen werden jedoch die Abzüge betrachtet, welche der Gläubiger bei Auszahlung eines Darlehens an der Nominalsumme macht, sofern sie nicht im Verhältnis zur Dauer der Kapitalschuld stehen (in casu Aufteilung der vom Darlehensnehmer zu leistenden Vergütungen in Zinsen und eine für die ganze Vertragsdauer im Voraus abgezogene «Provision»; Letztere wurde ebenfalls als Zins betrachtet) 52 II 228/233 E. 3, vgl. auch 115 II 349/355 E. 3. Kein Zins im Sinne der Bestimmung sind Negativzinsen 145 III 241/245 f. E. 3.3 Pra 2020 (Nr. 58) 560 f. – Das Entgelt für den Gebrauch eines Kapitals kann auch in einem Gewinnanteil bestehen 48 I 402/409 E. 2; siehe auch Art. 312/Abgenzungen/Partiarisches Darlehen. Der Borger gewährte dem Darleiher ein Kaufrecht an einem bestimmten Grundstück zu einem Kaufrechtspreis von CHF 8 160 000; in der Folge reduzierte er den Kaufrechtspreis zweimal (in einem ersten Schritt auf CHF 7 260 000 und in einem weiteren Schritt auf CHF 6 760 000). Die Reduktionen des Kaufrechtspreises stellten ein Entgelt für das Zuwarten des Darleihers (mithin für die Verlängerung des Kredits) dar und wurden deshalb zu Recht als Zinsabrede qualifiziert 4A_69/2014 (28.4.14) E. 5.2.

2 **Zinshöhe/Beweislast.** Die gesetzlichen Zinsbestimmungen sind dispositiver Natur. Die Parteien können die Höhe des Zinses grundsätzlich frei vereinbaren (Art. 73 Abs. 1).

Allerdings sind der Privatautonomie Schranken gesetzt: Einschränkende Zinsfussbestimmungen des öffentlichen Rechts (Art. 73 Abs. 2); Einschränkung des Bezugs von Zinseszinsen beim Darlehen (Art. 314 Abs. 3); Verbot der Sittenwidrigkeit (Art. 20); Verbot der Übervorteilung (Art. 21) 4A_69/2014 (28.4.14) E. 6.3.2. Relevant für die Frage, welche Zinshöhe noch als den herkömmlichen Anschauungen angemessen betrachtet werden kann, ist vor allem das Verlustrisiko, das mit der Kreditgewährung verbunden ist. Andererseits sind aber auch allfällige Sicherheiten in die Waagschale zu werfen, die der Darleiher sich hat geben lassen, selbst wenn sie nicht hinreichend sein sollten 4A_69/2014 (28.4.14) E. 6.3.3. KKG Art. 14 (Höchstzinssatz von 15%) und das interkantonale Konkordat über Massnahmen zur Bekämpfung von Missbräuchen im Zinswesen vom 8. Oktober 1957 (Höchstzinssatz von 18%) waren in 4A_69/2014 (28.4.14) E. 6.3.2 zwar nicht anwendbar, wurden aber zum Vergleich herangezogen. Sittenwidrig sind Verträge, die gegen die herrschende Moral, d.h. gegen das allgemeine Anstandsgefühl oder gegen die der Gesamtrechtsordnung immanenten ethischen Prinzipien und Wertmassstäbe, verstossen 4A_69/2014 (28.4.14) E. 6.3.1. Prämisse, wonach Zinsen, die über dem Höchstzinssatz des interkantonalen Konkordats über Massnahmen zur Bekämpfung von Missbräuchen im Zinswesen vom 8. Oktober 1957 liegen, nach allgemeiner Anschauung generell als aussergewöhnlich hoch beurteilt würden 4A_69/2014 (28.4.14) E. 6.3.3. 93 II 189/191 E. b: Das Bundesgericht beurteilte die Vereinbarung eines Zinses von 26% als aussergewöhnlich und ganz krass der allgemeinen Übung und den herkömmlichen Anschauungen über einen angemessenen Zins widersprechend. 4A_69/2014 (28.4.14) E. 6: Soweit der Zins höher als bei 18% angesetzt wurde (in casu für drei aufeinanderfolgende Zeitperioden 18,18%, 42,88% und 18,85%), lag bezüglich der Zinsabreden eine Sittenwidrigkeit im Sinne von Art. 20 Abs. 1 vor. Diesbezüglich war die Zinsvereinbarung teilnichtig und die Darleiherin zu entsprechender Rückerstattung verpflichtet. – Die Beweislast für die Höhe des Zinses (bei unbestrittenermassen verzinslichem Darlehen) liegt beim Gläubiger; kommt der Gläubiger seiner Beweislast nicht nach, ist der Zins bei 5% festzusetzen (Art. 73 Abs. 1) 126 III 189/192 E. 2c fr.

Weiteres. Wie werden im Voraus bezahlte Zinsen bei vorzeitiger Rückzahlung des Darlehens berücksichtigt? 52 II 228/232 ff. E. 1 ff. – *«Negativzinse»:* Ob der Darlehensgeber dem Darlehensnehmer «Zinse» zu bezahlen habe, wenn der Index, an welchen sie den Darlehenszins vertraglich geknüpft haben (in casu: LIBOR-CHF), ins Negative kippt, ist eine Auslegungsfrage des konkreten Einzelfalls. Enthält der Vertrag diesbezügliche keine Abreden und mussten die Parteien nicht annehmen, dass mit Negativzinsen zu rechnen ist, ist die Zahlungspflicht des Darlehensgebers zu verneinen 145 III 241/252 f. E. 3.5.4 Pra 2020 (Nr. 58) 566 ff. Ob unter solchen Umständen dem Darlehensgeber die Zinsmarge erhalten bleiben soll, die vertraglich auf den Index-Zinssatz geschlagen worden ist, oder ob er einen vollständigen Zinsausfall hinnehmen muss, wurde mangels Widerklage des Darlehensgebers offengelassen. Das Bundesgericht scheint sowohl die eine als auch die andere Auffassung für vertretbar zu halten 145 III 241/253 f. E. 3.5.5 Pra 2020 (Nr. 58) 567 f. (vgl. auch die drei hierzu zitierten Meinungsströme, a.a.O. E. 3.5.3). 3

2. Zinsvorschriften

Art. 314

[1] Wenn der Vertrag die Höhe des Zinsfusses nicht bestimmt, so ist derjenige Zinsfuss zu vermuten, der zurzeit und am Orte des Darlehensempfanges für die betreffende Art von Darlehen üblich war.

[2] Mangels anderer Abrede sind versprochene Zinse als Jahreszinse zu entrichten.

[3] Die vorherige Übereinkunft, dass die Zinse zum Kapital geschlagen und mit diesem weiter verzinst werden sollen, ist ungültig unter Vorbehalt von kaufmännischen Zinsberechnungen im Kontokorrent und ähnlichen Geschäftsformen, bei denen die Berechnung von Zinseszinsen üblich ist, wie namentlich bei Sparkassen.

1 **Begriff des Zinses.** Siehe unter Art. 313.

2 **Kantonale Zinsvorschriften.** Siehe unter Art. 73 Abs. 2 sowie Vorb. Art. 312–318/Sondergesetzgebung/Kantone.

3 **Rechtsbehelfe des Darleihers bei Nichtbezahlung des Zinses.** Das Gesetz sieht beim Darlehen kein Rücktrittsrecht des Darleihers für den Fall vor, dass der Borger den Zins nicht bezahlt. Ist ein solches Recht auch vertraglich nicht vereinbart worden, so kann der Darleiher bei Verzug des Borgers nur nach Art. 107 vorgehen 100 II 345/349 f. E. 3; die Ausnahmebestimmungen der aOR Art. 265 und 293 sind auf den Darlehensvertrag nicht anwendbar 100 II 345/351 E. 4.

4 ***Abs. 3*** Die Bestimmung ist eine allgemeine Zinsvorschrift (keine Qualifikationsbestimmung), die bloss deshalb im Abschnitt über das Darlehen steht, weil sie sich in erster Linie auf dieses Rechtsgeschäft bezieht 100 II 153/157 E.c. – Anerkennung der jeweiligen, kontokorrentmässig berechneten Saldoforderungen verneint 4A_69/2014 (28.4.14) E. 4.1, 53 II 336/340 f. E. 2. Der Borger verpflichtete sich, über die Forderungen und die periodischen Zinsen von 5% hinaus einen Risikospezialzins von CHF 0,8 Mio. für die Forderung 1 und von CHF 0,8 Mio. für die Forderung 2 zu bezahlen. Das Bundesgericht ging zwar von einem kaufmännischen Verkehr aus, verneinte aber die übrigen Voraussetzungen für eine Zulässigkeit von Zinseszinsen. Die Abrede der Parteien, die Risikospezialzinsen zum Kreditkapital zu schlagen, stellte deshalb einen Verstoss gegen Art. 314 Abs. 3 dar. Die Vorinstanz zog die Risikospezialzinsen in der Höhe von total CHF 1,6 Mio. deshalb zu Recht von der Gesamtschuld ab, die sie der Zinsberechnung zugrunde legte 4A_69/2014 (28.4.14) E. 4.1.

II. Verjährung des Anspruchs auf Aushändigung und Annahme

Art. 315

Der Anspruch des Borgers auf Aushändigung und der Anspruch des Darleihers auf Annahme des Darlehens verjähren in sechs Monaten vom Eintritte des Verzuges an gerechnet.

III. Zahlungsunfähigkeit des Borgers

Art. 316

[1] Der Darleiher kann die Aushändigung des Darlehens verweigern, wenn der Borger seit dem Vertragsabschlusse zahlungsunfähig geworden ist.

[2] Diese Befugnis steht dem Darleiher auch dann zu, wenn die Zahlungsunfähigkeit schon vor Abschluss des Vertrages eingetreten, ihm aber erst nachher bekannt geworden ist.

Die Bestimmung will (wie Art. 83) den vorleistungspflichtigen Vertragspartner schützen, 1
also den Darleiher, der dem Borger den Betrag zur Nutzung überlassen muss, bevor er Zinsen und Rückzahlung verlangen darf. Hat er den Betrag bereits hingegeben, so besteht indes kein Anlass, ihn über die Behelfe von Art. 107 hinaus zu schützen 100 II 345/350 f. E. 4.

C. Hingabe an Geldes Statt

Art. 317

[1] Sind dem Borger statt der verabredeten Geldsumme Wertpapiere oder Waren gegeben worden, so gilt als Darlehenssumme der Kurswert oder der Marktpreis, den diese Papiere oder Waren zurzeit und am Orte der Hingabe hatten.

[2] Eine entgegenstehende Übereinkunft ist nichtig.

Marktpreis: siehe unter Art. 191 Abs. 3. 1

D. Zeit der Rückzahlung

Art. 318

Ein Darlehen, für dessen Rückzahlung weder ein bestimmter Termin noch eine Kündigungsfrist noch der Verfall auf beliebige Aufforderung hin vereinbart wurde, ist innerhalb sechs Wochen von der ersten Aufforderung an zurückzubezahlen.

Allgemeines. Die Rückerstattungspflicht des Borgers besteht als dessen Hauptpflicht 1
von Anfang an 91 II 422/451 f. E. 5b. Die Fälligkeit hängt von einer einseitigen Erklärung des Gläubigers (der Kündigung) ab 4A_699/2011 (22.12.11) E. 3 und 4 fr., 91 II 422/451 f. E. 5b. Die Bestimmung sieht die Kündigung des Darlehens zur Rückzahlung auf sechs Wochen nur vor, wenn *weder ein bestimmter noch ein bestimmbarer Rückzahlungszeitpunkt* vereinbart wurde. Bei der (zulässigen) Verabredung der Rückzahlung «sobald nach dem Geschäftsergebnis möglich» liegt kein unbefristetes Darlehen i.S. der Bestimmung vor 76 II 144/145 E. 4. Wird die Rückzahlungspflicht des Borgers von dessen Geschäftsertrag abhängig gemacht, so hat im Streitfall der Richter die Zahlungszeit unter dem Gesichtspunkt von Treu und Glauben nach Billigkeit festzusetzen 76 II 144/146 E. 5. Die an sich zulässige allgemeine Geschäftsbedingung, dass ein eingeräumter Bankkredit jederzeit widerrufen werden könne, wird durch eine Sondervereinbarung über die Dauer der Kreditgewährung ausgeschaltet 70 II 212/213 f. Pra 1944 (Nr. 180) 431 f. – Der *Ausschluss*

der Kündigungsmöglichkeit aufseiten des Borgers ist unzulässig, da sonst eine übermässige, mit dem Rechte der Persönlichkeit unvereinbare und darum gegen die guten Sitten verstossende Bindung einträte 76 II 144/145 f. E. 4. Zulässig ist hingegen ein Darlehen auf Lebenszeit des Darleihers, vgl. 100 II 345/348 f. E. 2.

2 **Vorzeitige Rückforderung.** Bei einem verzinslichen Darlehen kann es für den Darleiher nicht schon wegen einer Störung seines persönlichen Verhältnisses zum Borger (in casu Schwiegersohn, der sich scheiden liess) unzumutbar sein, diesem das für längere Zeit gewährte Darlehen bis zum Ablauf der Vertragsdauer zu überlassen 100 II 345/348 E. 2a; eine *richterliche Vorverlegung der Rückzahlungszeit* wegen Änderung der persönlichen und wirtschaftlichen Verhältnisse ist nur möglich, wenn infolge einer ausserordentlichen Änderung der Umstände die vereinbarte Vertragsdauer für den Darleiher nicht mehr tragbar und das Festhalten des Borgers an seinem Anspruch nach den gesamten Umständen rechtsmissbräuchlich ist (ZGB Art. 2) 100 II 345/348 f. E. 2b. – Bei *Verzug des Borgers* kann der Darleiher nach Art. 107 vorgehen 100 II 345/349 f. E. 3; ist dem Darleiher ein Vorgehen nach Art. 107 zuzumuten, so ist eine Vertragsauflösung aus wichtigen Gründen nicht gerechtfertigt 100 II 345/351 E. 4.

3 **Verjährung.** Die Rückerstattungspflicht des Borgers untersteht der Verjährungsfrist von 10 Jahren des Art. 127 4A_181/2012 (10.9.12) E. 2 fr. Art. 130 Abs. 2 gelangt zur Anwendung, wonach die Verjährung mit dem Tag beginnt, auf den die Kündigung zulässig ist, mithin 6 Wochen nach Übergabe des Darlehensbetrages (Art. 318 i.V.m. Art. 130 Abs. 2). Wird über die Rückzahlung des Darlehens nichts vereinbart, verjährt die Darlehensforderung mithin innert zehn Jahren und sechs Wochen nach Aushändigung der Geldsumme 4A_181/2012 (10.9.12) E. 2 fr., 4P.333/2006 (15.3.07) E. 5.2.

Zehnter Titel
Der Arbeitsvertrag

Vorb. Art. 319–362

Abgrenzungen. ***Einfache Gesellschaft, Franchise und Konkubinat.*** Kein Arbeitsvertrag i.S. der Art. 319 ff., sondern ein *partiarisches Arbeitsverhältnis* oder sogar ein *Gesellschaftsvertrag* liegt vor, wenn die Vergütung insoweit aleatorischen Charakter hat, als der Arbeitnehmer in weitem Masse am Risiko und Gewinn des Geschäftsbetriebes teilhat 106 II 45/46 f. E. 3 Pra 1980 (Nr. 227) 595. Vgl. auch bei Art. 319 Abs. 1. Das Arbeitsverhältnis unterscheidet sich von der einfachen Gesellschaft in erster Linie durch die Stellung der Parteien. Während beim Arbeitsvertrag ein Subordinationsverhältnis vorliegt, stehen sich beim Gesellschaftsvertrag die Parteien auf gleicher Stufe gegenüber 4A_194/2011 (5.7.11) E. 5.6.1 fr., 4A.59/2007 (17.7.07) E. 3.2, siehe auch 4A_340/2011 (13.9.11) E. 4 (keine analoge Anwendung von arbeitsrechtlichen Normen auf eine einfache Gesellschaft) und 4A_339/2007 (13.11.07) E. 9 it., 4C.160/2006 (24.8.06) E. 3.3. Die Beteiligung eines professionellen Fussballspielers an der Transferzahlung stellt eine *Nebenabrede des Arbeitsvertrags* dar, da der entsprechende Anspruch die Ausübung des Arbeitsverhältnisses voraussetzt 4A.59/2007 (17.7.07) E. 3. – Beim *Franchisevertrag* muss für jede sich stellende Rechtsfrage gesondert geprüft werden, nach welchen gesetzlichen Bestimmungen oder Rechtsgrundsätzen sie zu beurteilen ist. In jenen Aspekten, in welchen die Unterordnung des Franchisenehmers von Bedeutung ist, findet das Arbeitsvertrags- oder Agenturvertragsrecht Anwendung 4A_148/2011 (8.9.11) E. 4.3.1, 118 II 157/161 E. 2. Es besteht keine Regel, wonach ein Subordinationsfranchising gegenüber einem Partnerschaftsfranchising zu vermuten wäre 4A_148/2011 (8.9.11) E. 4.3.2.1. – Wurden in einer nicht ehelichen Lebensgemeinschaft *(Konkubinat)* Arbeitsleistungen im Betriebe des Partners erbracht, so sind bei Auflösung der Beziehung die Liquidationsbestimmungen der einfachen Gesellschaft und nicht Arbeitsvertragsrecht anwendbar, wenn beide Partner den wirtschaftlichen Erfolg ihrer Gemeinschaft angestrebt und gemeinsam auf dieses Ziel hingearbeitet haben, ohne dass sich die Tätigkeit des einen Partners im Betrieb des andern aus diesem Rahmen herauslösen lässt 109 II 228/230 f. E.b. Es ist jedoch möglich, dass zwischen den Konkubinatspartnern neben der einfachen Gesellschaft noch ein besonderes Arbeitsvertragsverhältnis besteht; ob dies zutrifft, ist aufgrund einer Gesamtbetrachtung zu beurteilen 109 II 228/230 E. b, grundlegend 108 II 204/209 f. E. 4, 5, vgl. auch 110 V 1/4 ff. E. 3d, 4b, 125 V 205/207 E. 3b, Pra 2000 (Nr. 47) 269. Offengelassen, ob im Konkubinat die Haushaltsarbeit als gewöhnlich nur gegen Entgelt erfolgend angesehen werden kann Pra 2000 (Nr. 47) 270 E. 2a. Ein Arbeitsvertrag ist im Konkubinat nur dann anzunehmen, wenn ein Unterordnungsverhältnis besteht 4A_504/2015 (28.1.16) E. 2.1.1, Pra 2000 (Nr. 47) 271 E. 2c, siehe auch 4A_484/2018 (10.12.19) E. 4 fr. (kein Arbeitsvertrag trotz entsprechend betitelter Vereinbarung, Erstellung von Lohnabrechnungen und Abrechnung von Sozialversicherungsbeiträgen). Abgrenzung zur ehelichen Bei- 1 standspflicht 4P.87/2002 (20.6.02) E. 2 fr., 4P.89/2002 (20.6.02) E. 2 fr. – Langfristige Hauspflege als Arbeitsvertrag 4P.337/2005 (21.3.06) E. 3.2.

2 ***Werkvertrag.*** Beim Werkvertrag ist nicht die Arbeit als solche, sondern das Arbeitsergebnis als ein Ganzes, also der Arbeitserfolg Vertragsgegenstand 59 II 260/263. Die Verpflichtung, einen bestimmten *Erfolg* herbeizuführen, lässt jedoch nicht ohne Weiteres auf einen Werkvertrag schliessen 73 I 415/420 E. 4 Pra 1948 (Nr. 51) 122. Für die Abgrenzung zwischen dem Werkvertrag und dem Arbeitsvertrag ist auf die gesamten Umstände des konkreten Falls abzustellen. Anhaltspunkte sind: Subordinations- oder Abhängigkeitsverhältnis, Dauer der Verpflichtung, Erfolg als Vertragsgegenstand, Entschädigungsart, Sorgfalts- und Treuepflicht, Vertragsbezeichnung durch die Parteien, usw. Dabei ist die rechtliche *Subordination,* welche beim Werkvertrag fehlt, massgebendes Abgrenzungskriterium 112 II 41/46 E. 1a/aa fr. (in casu wurde der Vertrag betreffend die Anstellung eines Künstlers bzw. eines Orchesters als Arbeitsvertrag qualifiziert, wobei ein sogenanntes «gestuftes Arbeitsverhältnis» vorlag), vgl. auch 126 III 75/78 E. 2a Pra 2000 (Nr. 121) 713 (Engagement einer Sängerin für Proben und sieben Vorstellungen von «I Pagliacci», wobei die Sängerin sich den Weisungen des Regisseurs, des Dirigenten und des Choreografen zu unterziehen hatte), vgl. auch 4C.163/2005 (31.10.05) E. 4 fr. (Engagement eines Fotografen).

3 ***Auftrag.*** Für die Abgrenzung ist grundsätzlich die unterschiedliche rechtliche *Subordination* (Grad der Integration in die Organisation des Arbeit- bzw. Auftraggebers, bestehende Weisungen und Instruktionen) massgebend 4A_500/2018 (11.4.19) E. 4.1 fr. (Co-Aktionär/-Verwaltungsrat als CEO), 4A_10/2017 (19.7.17) E. 3.1 fr. (Anstellung eines Minderheitsaktionärs und Verwaltungsrats), 4A_592/2016 (16.3.17) E. 2.1 fr. (Beratung), 4A_21/2015 (8.3.16) E. 3 it. (Hauptdarsteller eines Dokumentarfilms), 4A_293/2015 (10.12.15) E. 5 (Berater des Verwaltungsrats), 4A_200/2015 (3.9.15) E. 4.2 fr. (Vertreter eines Uhrenhändlers), 4A_139/2011 (16.7.12) E. 5 fr. (Ausbildung im Rahmen eines Programms zur Wiedereingliederung von Arbeitslosen), 4A_61/2012 (15.5.12) E. 2.1 (Arzt in einer Privatklinik), 4A_553/2008 (9.2.09) E. 4.1 (Erstellung von Ortsplänen), 4A_562/2008 (30.1.09) E. 3.2.3 (finanzielle Beratung und Vermögensverwaltung), 4C.276/2006 (25.1.07) E. 3 und 4 (Finanzberatung), 4C.76/2006 (30.6.06) E. 6.2 it., 4C.390/2005 (2.5.06) E. 2 (Buchhaltung), 4C.64/2006 (28.6.06) E. 2.1.1 fr. (Arzt), 4C.66/2006 (28.6.06) E. 2.1.1 fr. (Arzt), 4C.226/2006 (7.9.06) E. 2 (Abgrenzung des Lehrvertrags nach Art. 344 ff. zum Ausbildungsvertrag), 130 III 213/216 E. 2.1 (arbeits- und gesellschaftsrechtliches Doppelverhältnis), 4C.220/2003 (28.10.03) E. 2 (Lastwagenchauffeur), 4C.177/2002 (31.10.02) E. 1.2 fr. (Uhrmacher), 4C.230/2002 (26.8.02) E. 2 (Platzwart einer Sportanlage), Pra 2000 (Nr. 138) 821 E. 2 (Unterscheidung der auftragsrechtlichen und der arbeitsrechtlichen Subordination: E. 2b), vgl. auch 4C.419/1999 (19.4.00) E. 1b fr., 4C.421/1999 (17.2.00) E. 1 und 3b (Leitung von Sprach- und KIGA-Arbeitslosenkursen), 4C.331/1999 (6.3.00) E. 2a fr. (Transportvertrag), 125 III 78/81 E. 4 Pra 1999 (Nr. 91) 509, 121 I 259/263 E. 3c fr. und 121 I 259/264 f. E. 4 fr. (Verwaltungsratsmitglied), Pra 1997 (Nr. 173) 929 E. 2a. Fehlende Weisungen bezüglich Ferien, Organisation und Rechnungsstellung deuten auf ein Auftragsverhältnis 4A_553/2008 (9.2.09) E. 4.1. Ob der Arbeitgeber dem Arbeitnehmer Fachanweisungen gibt, ist für die Kriterien der Eingliederung und Subordination nicht entscheidend; es ist möglich, dass die Fachkenntnisse allein beim Arbeitnehmer vorliegen 4A_562/2008 (30.1.09) E. 3.2.3. – Das

Kriterium der Subordination ist im Fall der Ausübung eines typischerweise freien Berufs oder einer leitenden Funktion zu relativieren 4A_592/2016 (16.3.17) E. 2.1 fr., 4A_200/2015 (3.9.15) E. 4.2.3 fr. Massgebendes Indiz für ein Arbeitsverhältnis ist die *wirtschaftliche Abhängigkeit:* Eine solche liegt vor, wenn die Dispositionsmöglichkeit über den Einsatz der eigenen Arbeitskraft verloren geht 4A_602/2013 (27.3.14) E. 3.2 fr., 4A_553/2008 (9.2.09) E. 4.2, wenn eine Person ausschliesslich für einen einzigen Arbeitgeber tätig ist 4A_139/2011 (16.7.12) E. 5 fr., 4A_562/2008 (30.1.09) E. 3.2.2, 4C.276/2006 (25.1.07) E. 4.6.1, oder wenn eine Person zugunsten eines gesicherten Einkommens auf einen eigenständigen Marktauftritt als Unternehmer verzichtet 4A_592/2016 (16.3.17) E. 2.1 fr., 4A_200/2015 (3.9.15) E. 4.2.3 fr., vgl. auch 4A_21/2015 (8.3.16) E. 3 it. Dass jemand über eigene Arbeitnehmer verfügt, deutet auf einen Auftrag hin. Möglich ist aber auch ein sogenannter Kaskadenarbeitsvertrag 4C.276/2006 (25.1.07) E. 4.2 (Finanzberatung). Gewisse grundsätzlich dem Auftragsrecht unterstehende Verträge auf selbständige Dienstleistung können je nach Grad und Art der faktischen (unter anderem wirtschaftlichen) oder rechtlichen Abhängigkeit des «Arbeitnehmers» einem Arbeitsverhältnis nahekommen (in casu Qualifikation der Tätigkeit als «Telefonhostess» in einem Telekiosk als unselbständige Erwerbstätigkeit i.S.v. AHVG Art. 5 Abs. 2) 122 V 175 E. 6a/aa, wobei die faktische Abhängigkeit für die Qualifikation als Arbeitsvertrag nicht ausschlaggebend ist 4C.331/1999 (6.3.00) E. 2b/bb fr. (Transportvertrag), siehe auch 4C.276/2006 (25.1.07) E. 4.6 zur wirtschaftlichen Abhängigkeit. Ob zwischen Gesellschaft und geschäftsleitendem Organ ein Arbeitsvertrag besteht, beurteilt sich aufgrund der Besonderheiten des konkreten Falls und im besonderen Mass aufgrund des Abhängigkeitsverhältnisses 4A_500/2018 (11.4.19) E. 4.1 fr. (kein Arbeitsvertrag zwischen Gesellschaft und CEO, solange dieser noch zu 50% bzw. 40% Aktionär der Gesellschaft war), 4A_10/2017 (19.7.17) E. 3.2 fr. (kein Arbeitsvertrag mangels Subordination des Minderheits- gegenüber dem Mehrheitsaktionär), 4A_293/2015 (10.12.15) E. 5 (auch Direktoren sind trotz ihrer leitenden Stellung gegenüber dem Verwaltungsrat weisungsgebunden), 4A_602/2013 (27.3.14) E. 3.2 fr. (in casu sozialversicherungs- und einkommenssteuerrechtliche Qualifikation als unselbständige Erwerbstätigkeit), 130 III 213/216 E. 2.1, 128 III 129/131 ff. E. 1 (Geschäftsleitung resp. Organstellung im Konzern), 121 I 259/262 E. 3a fr. (in casu einkommenssteuerrechtliche Qualifikation der Tätigkeit eines Verwaltungsratsmitgliedes), Pra 1999 (Nr. 91) 509 E. 4 (auftragsähnlicher Innominatkontrakt bei wirtschaftlicher Identität zwischen juristischer Person und dem sie leitenden Organ), 95 I 21/24 ff. E. b (in casu «Beratungsvertrag», mit dem sich ein Anwalt verpflichtet hatte, eine Aktiengesellschaft zu beraten und ihr Domizil sowie die Verwaltung zu übernehmen, als Auftrag qualifiziert), vgl. auch 75 II 149/153 E. 2a Pra 1949 (Nr. 122) 361, 125 III 78/81 E. 4 Pra 1999 (Nr. 91) 509 (kein Arbeitsverhältnis zwischen Verwaltungsrat und Gesellschaft jedenfalls in den Fällen, in denen die juristische Person und die Person, die als ihr leitendes Organ fungiert, wirtschaftlich identisch sind). – Grundsätzlich *nicht massgebend ist die Höhe des vereinbarten Lohnes* 4C.226/2003 (25.2.04) E. 3.2.1 fr., Pra 2000 (Nr. 138) 821 E. 2a, 4C.419/1999 (19.4.00) E. 1b fr., Pra 1997 (Nr. 172) 930. Die Lohnhöhe kann aber ein Indiz sein 4C.266/2001 (8.11.01) E. 1 it. (Vertrag mit Fussballclub), 4C.220/2003 (28.10.03) E. 2.3. – Weiteres Abgrenzungskriterium ist die *Regelung betreffend die Sozialversicherungsbeiträge* 4A_200/2015 (3.9.15) E. 4.2.2 fr. (in casu aber unbeachtlicher Ausschluss der Leistung von Beiträgen), 4A_602/2013 (27.3.14) E. 3.2 fr.,

4C.64/2006 (28.6.06) E. 2.1.1 fr., 4C.66/2006 (28.6.06) E. 2.1.1 fr., 4C.226/2003 (25.2.04) E. 3.2.2 fr., 4C.331/1999 (6.3.00) E. 2a und 4d fr., Pra 1997 (Nr. 170) 920 E. 2c, vgl. auch 4A_21/2015 (8.3.16) E. 3.3 it., und die Regelung betreffend Entschädigung für Arbeitsgeräte (vgl. Art. 327) 4A_592/2016 (16.3.17) E. 2.1 fr. (in casu Übernahme von Spesen inkl. einer umfassenden Versicherung für die Auslandstätigkeit des Beauftragten durch die Auftraggeberin als zweitrangiges Kriterium), 4C.276/2006 (25.1.07) E. 4.5, 4C.331/1999 (6.3.00) E. 4a fr. Zur Art und Weise der Abrechnung als Abgrenzungskriterium 4C.177/2002 (31.10.02) E. 1.2.4 fr. – Werden die *Dienste nicht zeitlich begrenzt,* sondern eine einzelne oder mehrere abgrenzbare Arbeitshandlung(-en) übertragen, so deutet dies auf einen Auftrag hin 58 II 371/375 fr., vgl. auch 4A_592/2016 (16.3.17) E. 2.2.2 fr. (Beratung), 4C.331/1999 (6.3.00) E. 2b/bb und 4b fr. (Transportvertrag, in Abgrenzung zur Arbeit auf Abruf), 4C.177/2002 (31.10.02) E. 1.2.2 (Abgrenzung zur Teilzeitarbeit), Pra 2000 (Nr. 138) 821 E. 2a, 4C.419/1999 (19.4.00) E. 1b fr., 61 II 95/97 E. 2, 3.

4 ***Agenturvertrag.*** Vom *Agenten* (Art. 418a ff.), der seinen Beruf selbständig ausübt, unterscheidet sich der Handelsreisende (Art. 347 ff.) durch das Subordinationsverhältnis zum Arbeitgeber. Massgeblich sind alle Umstände des Einzelfalls, aber insbesondere, ob Arbeit und Zeit frei eingeteilt werden können, ob eine Bindung an Anleitungen und Weisungen besteht und ob regelmässig Bericht zu erstatten ist. Ferner sind der Grad des selbständigen Auftretens, ein allfälliger Eintrag ins Handelsregister sowie die Infrastrukturverhältnisse zu berücksichtigen. Die steuerrechtliche Qualifikation ist hingegen nicht massgebend. Auf die verwendete Bezeichnung ist umso weniger abzustellen, als es hier besonders verführerisch ist, zwingende Normen zu umgehen 4A_86/2015 (29.4.15) E. 4 fr. (Handelsreisendenvertrag), 4A_533/2012 (6.2.13) E. 2.4 fr. (Agenturvertrag), 136 III 518/519 ff. E. 4.4 (Agenturvertrag), 4A_229/2010 (7.10.10) E. 4.4 (Agenturvertrag), 129 III 664/667 ff. E. 3.2 Pra 2004 (Nr. 67) 384 f. (Handelsreisendenvertrag), vgl. auch 4C.359/2005 (3.2.06) E. 2.1 fr., 4C.185/2002 (27.9.02) E. 2; abweichend dagegen 4A_602/2013 (27.3.14) E. 3.2 fr., welcher die steuerrechtliche Qualifikation als Abgrenzungsmerkmal hinzuzieht (in casu betr. Auftrag).

5 ***Schenkung.*** Aus Freundschaft und Unterstützungsabsicht erfolgende unentgeltliche Zuwendungen verlieren den Charakter einer Schenkung auch dadurch nicht, dass die Beschenkte dem Schenker gewisse Dienste leistet, welche Gegenstand eines Arbeitsverhältnisses sein könnten (in casu konnte daher der Tatbestand des Wuchers i.S.v. StGB Art. 157 Ziff. 1 Abs. 1 nicht erfüllt werden) 111 IV 139/140 ff. E. 3.

6 ***Gefälligkeit.*** Auch im Bereich der Arbeitsleistungen kommen unverbindliche Gefälligkeiten vor, welche keine Vertragsbindung entstehen lassen. Ob Vertrag oder Gefälligkeit vorliegt, entscheidet sich nach den Umständen des Einzelfalls (Art der Leistung, ihr Grund und Zweck, ihre rechtliche und wirtschaftliche Bedeutung, Interessenlage der Parteien usw.) 116 II 695/697 ff. E. bb, vgl. auch 141 V 112/116 ff. E. 5 (Abgrenzung zwischen Gefälligkeit und Auftrag), 4C.346/1999 (4.2.00) E. 2c (Hauspflege), 4P.194/2004 (24.11.04) E. 2.3 und 2.4 fr. (Abgrenzung zur Schwarzarbeit), 4C.421/1999 (17.2.00) E. 1 und 3b (Leitung von Sprach- und KIGA-Arbeitslosenkursen).

7 ***Öffentliche Bedienstete (zu EMRK Art. 6 Ziff. 1).*** Massgebliches Abgrenzungskriterium ist, ob der Beamte eine Aufgabe im allgemeinen Interesse wahrnimmt bzw. an der Ausübung der öffentlichen Gewalt teilhat Pra 2000 (Nr. 80) 486 E. 2b (Änderung der Rechtsprechung; in casu musste über Besoldungsansprüche eines Polizeibeamten nicht in

öffentlicher Verhandlung entschieden werden), Pra 2001 (Nr. 2) 11 E. 2b (funktionelles statt vermögensrechtliches Kriterium); vgl. noch Pra 1998 (Nr. 84) 505 E. 3b (in casu Überzeitentschädigung als zivilrechtlicher Anspruch qualifiziert). Das Anstellungsverhältnis zwischen einem *öffentlichen Spital* und einem Chefarzt unterliegt grundsätzlich dem öffentlichen Recht 118 II 213/217 f. E. 3 Pra 1992 (Nr. 238) 935 f. (siehe auch unter Art. 61/Öffentlicher Beamter oder Angestellter). Analoge Anwendung der Regeln des OR auf das öffentlich-rechtliche Arbeitsrecht, insbesondere auf das neue Bundespersonalgesetz 2A.621/2005 (30.1.06) E. 3. Wenn eine staatliche Aufgabe einer privatrechtlichen, juristischen Person übertragen wird, bleibt diese durch das Privatrecht geregelt, auch wenn sie öffentliche Aufgaben ausführt, und ihr Personal untersteht folglich dem Privatrecht 142 II 154/159 E. 5.2 Pra 2016 (Nr. 98) 900.

Verträge sui generis. In 104 II 108/110 f. E. 1 (bestätigt in 106 II 157/159 E. 2a Pra 8
1980 [Nr. 228] 596) entschied das BGer entgegen 83 II 525/529 f. E. 1 Pra 1958 (Nr. 44) 141 f., ein *Vertrag* auf Arbeitsleistungen sui generis werde durch Art. 394 Abs. 2 ausgeschlossen. Diese Praxis hat es in 109 II 462/465 f. E. 3d (vgl. auch 112 II 41/46 E. 1a/aa fr., 110 II 380/382 E. 2) ausdrücklich aufgegeben. Zudem hat es bereits in 107 II 216/216 ff. den *«Alleinverkaufsvertrag»* (Alleinvertriebsvertrag) als Innominatkontrakt behandelt, ohne sich mit der Praxis zu Art. 394 Abs. 2 auseinanderzusetzen; siehe Vorb. 184–551/Innominatverträge/Gemischte Verträge/Alleinverkaufsvertrag/Alleinvertriebsvertrag. Der *Vertrag über die Verwaltung einer Liegenschaft* wurde in 83 II 525/529 f. E. 1 Pra 1958 (Nr. 44) 141 (unter Vorbehalt des Falles, dass die Parteien ihn von vornherein als bloss vorübergehende Abmachung über bestimmte näher umschriebene Verwaltungshandlungen ausgestaltet haben) nicht als eigentlicher Auftrag, sondern als Arbeitsvertrag oder als Vertrag sui generis betrachtet. Franchisevertrag als Vertrag sui generis mit Element der Arbeitsleistung, wobei Arbeitsrecht dem Subordinationsverhältnis entsprechend Anwendung findet 118 II 157/161 E. 2. Allgemein kann bei Dauerschuldverhältnissen, in welchen die eine Partei wirtschaftlich von der anderen abhängig ist, die Schutzbedürftigkeit der schwächeren Vertragspartei die sinngemässe Anwendung zwingender Vorschriften erfordern 4A_553/2008 (9.2.09) E. 5. – Offengelassen, ob die Annahme eines Vertrages sui generis insbesondere für unkörperliche Werke von Künstlern aufgrund der jüngeren Rechtsprechung zum Werkvertrag (109 II 34/34 ff. Pra 1983 [Nr. 147] 399 ff.) überflüssig geworden sei 112 II 41/46 E. 1a/aa fr.

Gemischte Verträge. Unabhängig von der Rechtsprechung zu Art. 394 Abs. 2 sind 9
jedenfalls gemischte Verträge, die Elemente von zwei gesetzlichen Vertragsarten enthalten (z.B. der Miete und des Arbeitsvertrages), zulässig 131 III 566/566 ff. Pra 2006 (Nr. 54) 401 («Hausabwartsvertrag»), 104 II 108/111 E. 1, 109 II 462/465 f. E. 3d, 110 II 380/382 E. 2. In diesen Fällen wird ein Vertrag auf Arbeitsleistung nicht zu einem solchen sui generis. Dies gilt insbesondere, wenn der mit dem Vertrag auf Arbeitsleistung verbundene weitere Vertrag bloss Voraussetzung dafür ist, dass der Arbeitsvertrag überhaupt erfüllt wird, ohne ihn also keinen Bestand haben kann 104 II 108/111 E. 1. *Anwendungsfälle:* Für die Hauswartung gelten die Regeln des Arbeitsrechts, bezüglich der Dienstwohnung jene des Mietrechts. Für die Kündigung gelten die Regeln jenes Typus, der den überwiegenden Teil der Leistung ausmacht 4A_102/2013 (17.10.13) E. 2.2 fr. (in casu Arbeitsrecht, da der Hauswartslohn höher als die Miete war), 131 III 566/566 ff. Pra 2006 (Nr. 54) 401 (Mietrecht, wobei es aber nicht um eine Kündigung, sondern um eine Miet-

zinserhöhung ging). Lieferungs-, Miet- und Dienstverhältnis bei einem Vertrag über den Betrieb eines Bierdepots 41 II 105/108 ff. E. 2.

10 ***Vorsorgevertrag.*** 122 V 142/144 f. E. 4a, 118 V 229/231 E. 4a.

11 **Kaskadenarbeitsvertrag.** Verpflichtet sich jemand, nicht nur seine eigene künstlerische Leistung, sondern auch diejenige anderer Künstler darzubieten, wobei er als deren Chef Inhalt und Rollenverteilung bestimmt, so kann je nach den Umständen ein sogenanntes «gestuftes Arbeitsverhältnis» (auch Kaskadenarbeitsvertrag) vorliegen (Präzisierung der Rechtsprechung) 112 II 41/47 ff. E. 1b fr., ähnlich 4C.276/2006 (25.1.07) E. 4.2 (Finanzberatung).

12 **Sondergesetzgebung Kantone.** (Vgl. auch Art. 342) Um den Grundsatz der *derogatorischen Kraft des Bundesprivatrechts* zu wahren, müssen die kantonalen öffentlich-rechtlichen Bestimmungen (ZGB Art. 6) folgende Voraussetzungen erfüllen: Sie dürfen nur Bereiche erfassen, die der Bund nicht abschliessend regeln wollte; sie müssen durch ein erhebliches öffentliches Interesse gerechtfertigt sein; sie dürfen weder das Bundesprivatrecht vereiteln noch dessen Sinn und Geist widersprechen 138 I 331/354 E. 8.4.3, 109 Ia 61/66 f. E. 2a Pra 1983 (Nr. 259) 699, 120 Ia 89/90 f. E. 2a, b Pra 1995 (Nr. 3) 7. – Als *zulässig* betrachtet wurden: ein kantonales Gesetz, das die Unternehmer für temporäre Arbeit und die Personalrekrutierungsbüros den Bestimmungen über die gewerblichen Arbeitsvermittlungsbüros unterstellt 109 Ia 61/66 ff. E. 2, 3 Pra 1983 (Nr. 259) 699 ff. vgl. auch 120 Ia 89/89 ff. Pra 1995 (Nr. 3) 6 ff.; die Errichtung obligatorischer kantonaler Familienausgleichskassen (solange kein auf aBV Art. $34^{quinquies}$ Abs. 2 [vgl. BV Art. 116 Abs. 2] gestütztes Bundesgesetz dies ausschliesst) 73 I 47/53 ff. E. 4 ff. Pra 1947 (Nr. 85) 226 ff. – Zivilrechtlicher Natur und deshalb *bundesrechtswidrig* ist hingegen eine kantonale Vorschrift, welche die Arbeitgeber verpflichtet, ihren Arbeitnehmern den Lohn für schon bisher gesetzlich oder vertraglich arbeitsfreie Tage zu bezahlen. (Eine Lohnzahlungspflicht für arbeitsfreie Zeit kann nur dann ausnahmsweise öffentlich-rechtlichen Charakter annehmen, wenn sie wesentlich und in erster Linie im öffentlichen Interesse angeordnet ist; dies trifft zu, wenn sie mit der öffentlich-rechtlichen Norm, welche die Arbeitseinstellung vorschreibt, dermassen in Zusammenhang steht, dass der mit dieser Norm verfolgte Zweck [wie z.B. beim Ferienanspruch] ohne die Lohnzahlungspflicht nicht erreicht werden kann.) 76 I 305/313 ff. E. 3–6 fr., 76 I 321/325 ff. E. 3, 4. Bundesrechtswidrig sind auch kantonale Vorschriften zum Schutze von Arbeitnehmern, die dem ArG unterstellt sind (in casu Ladenschlussvorschriften) 98 Ia 395/400 f. E. 3, vgl. auch Pra 1997 (Nr. 101) 549 f. E. c (Legitimation zur Verbandsbeschwerde 122 I 90/92 f. E. 2. fr.), oder eine kantonale Bestimmung über die Arbeitsvermittlung und den Personalverleih, welche von der in Art. 20 des BG über die Arbeitsvermittlung und den Personalverleih getroffenen (abschliessenden) Regelung abweicht 120 Ia 89/89 ff. Pra 1995 (Nr. 3) 6 ff. Gegen aBV Art. 31 (vgl. BV Art. 27) verstossen: eine (nach den konkreten Umständen unverhältnismässige) Ladenschlussordnung, die den Schuhgeschäften die Schliessung während eines vollen Werktages vorschreibt 98 Ia 395/402 ff. E. 5 (jedoch nicht eine sozialpolitisch begründete kantonale Vorschrift, die dem Ladeninhaber eine halbtägige Schliessung je Woche auferlegt 97 I 499/504 ff. E. 4, 5 fr.); kantonale Mindestlohnvorschriften 143 I 403/406 ff. E. 5 und 7 Pra 2017 (Nr. 100) 966 ff., 80 I 155/162 ff. E. 4.

Weiteres. *Arbeitsrechtliche Streitigkeit nach Zivilprozessrecht:* Nach dem Grundsatz der doppelrelevanten Tatsachen ist die Zuständigkeit des Arbeitsgerichts zur Beurteilung einer Lohnklage aus Arbeitsvertrag zu bejahen, auch wenn nach materieller Beurteilung kein Arbeitsvertrag vorliegt 4A_141/2019 (26.9.19) E. 3.2, 4A_10/2017 (19.7.17) E. 1 fr., siehe auch 4A_484/2018 (10.12.19) E. 5.5 fr. (Zuständigkeit auch zur Prüfung einer allfälligen anderen Anspruchsgrundlage), vgl. 142 II 154/156 E. 1.1 Pra 2016 (Nr. 98) 896 (Zuständigkeit des Zivilgerichts bzw. Zulässigkeit der Beschwerde in öffentlich-rechtlichen Angelegenheiten, wenn umstritten ist, ob ein öffentlich-rechtliches oder privatrechtliches Arbeitsverhältnis vorliegt). Immer wenn mehrere teilbare Ansprüche gegen denselben Schuldner in einer Klage gehäuft werden, davon aber bloss ein Teil eingeklagt wird, ist in der Klage zu präzisieren, in welcher Reihenfolge und/oder in welchem Umfang die einzelnen Ansprüche geltend gemacht werden 142 III 683/689 E. 5.4 (in casu Teilklage auf Bonusansprüche für mehrere Jahre). Der Streitwert einer arbeitsrechtlichen Streitigkeit bestimmt sich aufgrund des Bruttolohns 4A_112/2017 (30.8.17) E. 1 fr. ZPO Art. 114 lit. c ist so auszulegen, dass von der darin angeordneten Kostenlosigkeit nebst vermögensrechtlichen Streitigkeiten aus dem Arbeitsverhältnis sowie aus dem Arbeitsvermittlungsgesetz bis zu einem Streitwert von CHF 30 000 auch nichtvermögensrechtliche Streitigkeiten erfasst sind 4A_332/2015 (10.2.16) E. 6.4 und 6.5. Zur sozialen Untersuchungsmaxime vgl. 4A_476/2015 (11.1.16) E. 3 fr. (in casu mietrechtliche Streitigkeit). *Internationales Privatrecht:* Zwingende Bestimmungen eines ausländischen Rechts bezüglich Arbeitnehmerschutz: Eine panamaische Norm, welche eine Entschädigung bei Entlassung einräumt, kann nach IPRG Art. 19 nicht ausnahmsweise berücksichtigt werden, da nach schweizerischer Rechtsauffassung das Arbeitnehmerinteresse an einer Abgangsentschädigung nicht für schützenswert und überwiegend zu halten ist 4A_91/2010 (29.6.10) E. 2 fr. Der Einsatz als Rechtsexperte im Rahmen einer Kommission der Vereinten Nationen ist keine untergeordnete Tätigkeit, womit die Immunität zur Geltung gelangt 134 III 570/572 ff. Zur *Beweislast* betr. Qualifikation: Diejenige Partei, die sich auf eine Simulation nach Art. 18 Abs. 1 beruft, hat den vom Wortlaut abweichenden Willen zu beweisen 4A_562/2008 (30.1.09) E. 3.2.1; vgl. auch 4C.39/2005 (8.6.05) E. 2 fr., siehe auch 4A_484/2018 (10.12.19) E. 4 fr. – Im *Irrtum* über die Qualifikation als Arbeitsvertrag liegt kein wesentlicher Irrtum 4C.421/1999 (17.2.00) E. 3b, vgl. Art. 18 und 23 f. Ein Irrtum über die Auswirkungen einer Reduktion des Arbeitspensums auf Ansprüche aus Arbeitslosenversicherung stellt keinen Grundlagenirrtum i.S.v. Art. 24 Abs. 1 Ziff. 4 dar 4A_624/2018 (2.9.19) E. 4.4.2 fr. – Es ist nicht willkürlich, die Bestimmungen eines Gesamtarbeitsvertrags über die Art der Entlöhnung auf einen Vertrag, der die Merkmale eines partiarischen Arbeitsvertrags oder eines Gesellschaftsvertrags aufweist, nicht anzuwenden 106 II 42/46 f. E. 3 Pra 1980 (Nr. 227) 595. – *Gerichtsbarkeitsimmunität ausländischer Staaten* beim Arbeitsvertrag: siehe 120 II 400/400 ff. und 120 II 408/408 ff. Pra 1995 (Nr. 203) 660 ff. und 815 ff. Diplomatische Immunität, Staatenimmunität und Gerichtsbarkeit bei Streitigkeiten aus dem Arbeitsverhältnis zwischen einem Missionsmitglied mit der Nationalität eines Drittstaates und dem Entsendestaat 110 II 255/255 ff. – Verfassungsrechtlicher Anspruch auf *gleichen Lohn für Mann und Frau* (aBV Art. 4 Abs. 2 [vgl. BV Art. 8 Abs. 3]): siehe unter Art. 322. aBV Art. 4 Abs. 2 (vgl. BV Art. 8 Abs. 3) erster und zweiter Satz lassen (im Unterschied zum Verbot der Lohndiskriminierung, dritter Satz der Bestimmung 2A.205-7/2004 [8.4.05] E. 4, 130 III 145/145 fr., 4C.57/2002 13

[10.9.02] E. 2–4, 124 II 409/411 E. 1a, 125 III 368/370 E. 2, dazu Art. 322) auf Verhältnisse zwischen Privaten keine direkte (Dritt- oder) Horizontalwirkung entstehen 114 Ia 329/331 E. 1 Pra 1989 (Nr. 114) 387. – Direkte Anwendbarkeit des Diskriminierungsverbots gemäss Anhang I FZA Art. 9 Abs. 1 im Falle einer für den Arbeitnehmer nachteiligen Ausrichtung des Lohns in einer anderen Währung? 4A_215/2017 (15.1.19) E. 6 fr. (offengelassen infolge Rechtsmissbrauchs des Arbeitnehmers). – Aufspaltung der Arbeitgeberfunktionen beim *Temporär-Arbeitsverhältnis* 114 V 336/341 E. c, 119 V 357/359 E. 2a. – *Aktivlegitimation von Berufsverbänden:* siehe unter Art. 328. – *Der Begriff des Arbeitnehmers nach BVG* ist weiter als jener im Arbeitsvertragsrecht 115 Ib 37/44 E.d.

Erster Abschnitt
Der Einzelarbeitsvertrag

A. Begriff und Entstehung I. Begriff

Art. 319

[1] Durch den Einzelarbeitsvertrag verpflichtet sich der Arbeitnehmer auf bestimmte oder unbestimmte Zeit zur Leistung von Arbeit im Dienst des Arbeitgebers und dieser zur Entrichtung eines Lohnes, der nach Zeitabschnitten (Zeitlohn) oder nach der geleisteten Arbeit (Akkordlohn) bemessen wird.

[2] Als Einzelarbeitsvertrag gilt auch der Vertrag, durch den sich ein Arbeitnehmer zur regelmässigen Leistung von stunden-, halbtage- oder tageweiser Arbeit (Teilzeitarbeit) im Dienst des Arbeitgebers verpflichtet.

▪ Abs. 1 Wesentliche Vertragsmerkmale (1) ▪ Anwendungsfälle (2) ▪ Abs. 2 (3)

1 *Abs. 1* **Wesentliche Vertragsmerkmale.** Wer seine Arbeitskraft einem anderen für bestimmte oder unbestimmte Dauer zur Verfügung stellt, ist Angestellter 4A_602/2013 (27.3.14) E. 3.2 fr., 4P.194/2004 (24.11.04) E. 2.3 fr., 126 III 75/78 E. 2a fr., 73 I 415/420 E. 4 Pra 1948 (Nr. 51) 122, 90 II 483/485 f. E. 1 fr. Als Arbeit, die zu entlöhnen ist, gilt jede Tätigkeit, die zur planmässigen Befriedigung eines Bedürfnisses beiträgt, was nicht zwingend ein aktives Verhalten sein muss, sondern auch in blosser Bereitschaft bestehen kann 4A_96/2017 (14.12.17) E. 2.1 fr. (siehe auch Art. 322 betr. Bereitschaftsdienst bzw. Arbeit auf Abruf). Die Höhe des Lohnes muss nicht zum Voraus genau bestimmt sein; selbst ein Dissens diesbezüglich schadet der vertraglichen Verpflichtung nicht, wenn die Arbeit aufgenommen wurde 4A_380/2011 (5.3.12) E. 5.1.2, 42 II 64/66 fr., Pra 1997 (Nr. 172) 930 E. 2b, vgl. 4A_293/2015 (10.12.15) E. 4.3. Der Lohn muss überhaupt nicht in Geld bestehen, sondern kann in der blossen Gewährung einer Erwerbsgelegenheit liegen 41 II 105/110 f. E. 2. Dass ein Vertrag auf entgeltliche Arbeitsleistung für bestimmte oder unbestimmte Zeit abgeschlossen wird, genügt aber nicht, um ihn zum Arbeitsvertrag zu machen, und auch die Berechnung der Vergütung pro Monat ist nicht ausschlaggebend. *Vertragstypenbestimmend* ist vielmehr das Merkmal der Abhängigkeit *(Abhängigkeits- und Unterordnungsverhältnis)* des Arbeitnehmers, d.h., dass dieser die vertraglich vereinbarte Zeit dem Arbeitgeber zur Verfügung zu stellen hat und seine Arbeitstätigkeit innerhalb der Betriebsorganisation unter der Kontrolle des Arbeitgebers verrichtet oder sie ausserhalb der Betriebsorganisation gemäss den Weisungen des Arbeitgebers erbringt 4A_141/2019 (26.9.19) E. 4.4 (Abgrenzung zum Unterrichtsvertrag), 4A_594/2018 (6.5.19) E. 4.1.1 fr. (Praktikum), 4A_500/2018 (11.4.19) E. 4.1 fr. (Anstellung eines Aktionärs und Verwaltungsrats als CEO), 4A_10/2017 (19.7.17) E. 3.1 fr. (Anstellung eines Minderheitsaktionärs und Verwaltungsrats), 4A_592/2016 (16.3.17) E. 2.1 fr. (Berater im Auftragsverhältnis), 4A_504/2015 (28.1.16) E. 2.1.1 (Arbeitsleistungen im Konkubinat), 4A_200/2015 (3.9.15) E. 4.2 fr. (Abgrenzung zum Auftrag), 4A_602/2013 (27.3.14) E. 3.2 fr. (Immobilienverwaltung), 139 III 214/214 E. 5.1 Pra 2013 (Nr. 114) 890 f. («Wirtschaftsberater» bei einer Versicherung), 4A_139/2011 (16.7.12) E. 5 fr. (Ausbildner im Rahmen eines Programms zur Wiedereingliederung von Arbeitslosen), 4A_61/2012 (15.5.12) E. 2.1

(Arzt in einer Privatklinik), 4C.276/2006 (25.1.07) E. 3 und 4 (Finanzberatung), 4C.226/2006 (7.9.06) E. 2 (Abgrenzung des Lehrvertrags nach Art. 344 ff. zum Ausbildungsvertrag), 4C.76/2006 (30.6.06) E. 6.2 it., 4C.64/2006 (28.6.06) E. 2.1.1 fr. (Arzt), 4C.66/2006 (28.6.06) E. 2.1.1 fr. (Arzt), 4C.390/2005 (2.5.06) E. 2 (Buchhaltung), 130 III 213/216 E. 2.1 (arbeits- und gesellschaftsrechtliches Doppelverhältnis), 4C.220/2003 (28.10.03) E. 2 (Lastwagenchauffeur), 4C.177/2002 (31.10.02) E. 1.2 fr. (Uhrmacher), 4C.230/2002 (26.8.02) E. 2 (Platzwart einer Sportanlage), 125 III 78/81 E. 4 Pra 1999 (Nr. 91) 509, Pra 2000 (Nr. 138) 821 E. 2, des Weiteren auch 128 III 129/131 ff. E. 1 (Mitglied der Geschäftsleitung), 121 I 259/262 E. 3a fr. (Verwaltungsratsmitglied), 95 I 21/25 E. 5b (Beratungsvertrag), siehe auch Vorb. Art. 319–362. Das Weisungsrecht kann ganz oder teilweise delegiert werden, ohne dass dadurch der weisungsberechtigte Dritte zum Arbeitgeber wird 4A_142/2018 (16.5.18) E. 2.3.4 (Entsendung), 4A_344/2015 (10.12.15) E. 3.4 (Weisungsrecht der Muttergesellschaft der Arbeitgeberin). Auch im Konzern besteht ein Arbeitsverhältnis in aller Regel nur zu *einer* Gesellschaft 4A_142/2018 (16.5.18) E. 2.3.3 (Entsendung innerhalb des Konzerns), 4A_619/2016 (15.3.17) E. 7.2 fr. Arbeitgeberin ist jene Partei, die den Arbeitsvertrag abgeschlossen hat, unabhängig davon, wer den wirtschaftlichen Nutzen aus der Arbeit zieht 4A_142/2018 (16.5.18) E. 2.3.4, 4A_619/2016 (15.3.17) E. 7.2 fr. – Der Arbeitsvertrag im *Personalverleihverhältnis* besteht mit dem Verleiher, nicht mit dem Einsatzbetrieb 145 III 63/66 E. 2.2.1. – Der Begriff der Arbeitnehmertätigkeit (bzw. Abgrenzung zwischen selbständiger und unselbständiger Erwerbstätigkeit) nach dem Freizügigkeitsabkommen FZA mit der EU bestimmt sich nach der Rechtsprechung des EuGH 140 II 460/465 ff. E. 4.

2 **Anwendungsfälle.** Als *Arbeitsvertrag* zu qualifizieren ist die Anstellung als Praktikantin («stagiaire») vor dem Abschluss eines unbefristeten Arbeitsvertrags 4A_594/2018 (6.5.19) E. 4.2 fr., der Vertrag zwischen einer Tochtergesellschaft im Konzern und einem Geschäftsführer, der in einem Subordinationsverhältnis zur Muttergesellschaft steht 4A_344/2015 (10.12.15) E. 3.4, der Beratervertrag («convention du consultant») zwischen einem Uhrenhandelsunternehmen und dessen Vertreter, der kein Unternehmerrisiko trägt und unabhängig vom Resultat seiner Tätigkeit fix entlöhnt wird 4A_200/2015 (3.9.15) E. 4.3.4 fr., der Vertrag zwischen dem Eigentümer und einem Weinbauer, der dessen Rebberg (im Allgemeinen gegen einen pro Flächeneinheit berechneten Lohn) zu bebauen hat (sog. «contrat de vignolage») 107 II 430/432 E. 1 Pra 1982 (Nr. 62) 138, vgl. auch 114 V 65/69 E. b Pra 1989 (Nr. 147) 483. Erbringen die Mitbewohner eines kranken Landwirts 75% der Arbeiten des landwirtschaftlichen Betriebs während fünf Jahren, so ist dies als Arbeitsvertrag zu qualifizieren 4C.346/1999 (4.2.00) E. 2c. *Kein Arbeitsvertrag* besteht jedoch bei einem kurzen Gefälligkeitsdienst ohne Unterordnungsverhältnis und Bezahlung (Abgrenzung zur Schwarzarbeit) 4P.194/2004 (24.11.04) E. 2.3 und 2.4 fr. Rahmenvertrag, bedingter Arbeitsvertrag (Temporär-Arbeitsverhältnis) 114 V 336/340 E.b. Leih- oder Regiearbeit 119 V 357/357 ff. Schliesst der Kanton mit einem Arbeitslosen einen Vertrag ab, mit welchem die Eröffnung einer neuen Rahmenfrist nach Arbeitslosenversicherungsgesetz eröffnet werden soll, so besteht dann kein Arbeitsvertrag, wenn dabei die Arbeitsleistung als wesentliches Kriterium fehlt 133 V 515/522 f. E. 2.8, 2.9. Kein Arbeitsvertrag zwischen einem Spital und einer auf Gynäkologie und Urologie spezialisierten Ärztin, welche während mehr als fünf Jahren unentgeltlich im Bereich der Derma-

tologie arbeitete, um sich entsprechend beruflich weiterzubilden 4A_641/2012 (6.3.13) E. 3 fr.; zwischen einer Privatklinik und einem Anästhesiearzt, der im Rahmen einer Chefarztfunktion zusätzliche, zeitlich aber wenig beanspruchende und keiner Kontrolle unterstehende administrative Tätigkeiten ausübte 4A_61/2012 (15.5.12) E. 3. Kein Arbeitsvertrag (auch kein Lehrvertrag nach Art. 344) bei Ausbildung zum Finanzberater ohne Eingliederung und praktische Tätigkeit im Betrieb 4A_503/2017 (13.2.18) E. 9 fr. Kein Arbeitsvertrag zwischen Gesellschaft und CEO, solange dieser noch 50% bzw. 40% der Aktien der Gesellschaft hielt, Arbeitsvertrag aber ab dem Zeitpunkt der Reduktion des Aktienanteils auf 1,38% 4A_500/2018 (11.4.19) E. 4.2 fr. Fehlt seitens beider Parteien der Rechtsbindungswille zur Begründung eines Arbeitsverhältnisses, so ist eine Vereinbarung selbst dann nicht als Arbeitsvertrag zu qualifizieren, wenn sie alle Elemente eines solchen enthält 4A_142/2018 (16.5.18) E. 3.1 (Entsendung), siehe auch 4A_619/2016 (15.3.17) E. 7.3 fr. (Arbeitsvertrag mit der Tochtergesellschaft im Konzern). Kein Arbeitsvertrag zwischen Konkubinatspartnern trotz entsprechend betitelter Vereinbarung und Abrechnung von Sozialversicherungsbeiträgen, da der Abschluss eines Arbeitsvertrags nicht dem wirklichen Willen der Parteien entsprach, die Lohnauszahlung nicht erwiesen war und die ausgeübte Tätigkeit nicht über die gewöhnlich unter Konkubinatspartnern erbrachten Dienstleistungen hinausging 4A_484/2018 (10.12.19) E. 4.4 fr.

Abs. 2 Das Arbeitsvertragsrecht lässt Arbeitsverhältnisse mit flexibler, von beiden oder 3
auch nur einer Partei festgelegter Arbeitszeit sowie die Aufteilung eines oder mehrerer Arbeitsplätze auf mehrere Arbeitnehmer *(«Job sharing»)* zu 122 V 169/176 E.cc. auch 4C.177/2002 (31.10.02) E. 1.2.2 (Abgrenzung Teilzeitarbeit zu Auftrag), 124 III 249/250 E. 2a (Arbeit auf Abruf). *Teilzeitarbeit* definiert sich als regelmässige Leistung von stunden-, halbtage- oder tageweiser Arbeit im Dienst des Arbeitgebers, zu der sich ein Arbeitnehmer vertraglich verpflichtet. Das Merkmal der Regelmässigkeit gilt nach herrschender Lehre nicht als begriffsnotwendig. Entscheidend ist nicht der Rhythmus, sondern allein die Dauer des Arbeitsverhältnisses. Auf diese Weise lässt sich die Teilzeitarbeit von der nur vorübergehend ausgeübten Aushilfstätigkeit oder der Arbeitsleistung auf Abruf abgrenzen, bei der mit dem jeweiligen Einsatz ein neues Arbeitsverhältnis begründet wird 121 V 165/169 f. E. c/aa (in casu Definition der Teilzeitarbeit in der Arbeitslosenversicherung). *Arbeit auf Abruf* (vgl. auch Art. 322): Beschäftigungsformen, bei welchen der Arbeitgeber den Arbeitnehmer je nach Arbeitsanfall beansprucht (Flexibilisierung der Arbeitszeiten), sind zulässig; darunter fallen auch Formen, die es dem Arbeitgeber erlauben, den Arbeitnehmer einseitig abzurufen (kapazitätsorientierte variable Arbeitszeit) 124 III 249/250 E. 2a (neben den Formen, bei denen jeder Einsatz ein gegenseitiges Einverständnis voraussetzt), vgl. auch 8C_625/2013 (23.1.14) E. 2 und 3 (betr. Ermittlung der individuellen Normalarbeitszeit im Hinblick auf Leistungen der Arbeitslosenversicherung), 139 V 457/462 ff. E. 7.2 Pra 2014 (Nr. 11) 81 f. (betr. Berechnung der wöchentlichen Arbeitszeit im Hinblick auf die Frage der Versicherung für Nichtberufsunfälle), 4A_509/2009 (7.1.10) E. 2, 122 V 169/176 E.cc. Vorbehalt der zwingenden Normen (Art. 361 und 362) 125 III 65/67 E. 3b Pra 1999 (Nr. 111) 606. Vgl. auch bei Art. 322/Arbeit auf Abruf und bei Art. 329d Abs. 2.

II. Entstehung

Art. 320

[1] Wird es vom Gesetz nicht anders bestimmt, so bedarf der Einzelarbeitsvertrag zu seiner Gültigkeit keiner besonderen Form.

[2] Er gilt auch dann als abgeschlossen, wenn der Arbeitgeber Arbeit in seinem Dienst auf Zeit entgegennimmt, deren Leistung nach den Umständen nur gegen Lohn zu erwarten ist.

[3] Leistet der Arbeitnehmer in gutem Glauben Arbeit im Dienste des Arbeitgebers auf Grund eines Arbeitsvertrages, der sich nachträglich als ungültig erweist, so haben beide Parteien die Pflichten aus dem Arbeitsverhältnis in gleicher Weise wie aus gültigem Vertrag zu erfüllen, bis dieses wegen Ungültigkeit des Vertrages vom einen oder andern aufgehoben wird.

▪ Vorbehalte des öffentlichen Rechts (1) ▪ Vorvertragliche Auskunftspflicht (2) ▪ Abs. 1 Form (3) ▪ Weiteres (4) ▪ Abs. 2 Allgemeines (5) ▪ Unwiderlegbare Vermutung (6) ▪ Arbeit, deren Leistung nach den Umständen nur gegen Lohn zu erwarten ist (7) ▪ Massgebliche Umstände (8) ▪ Beispiele eines faktischen Arbeitsverhältnisses (9) ▪ Weiteres (10) ▪ Abs. 3 (11)

1 **Vorbehalte des öffentlichen Rechts.** Allein das Fehlen einer *öffentlich-rechtlichen Arbeitsbewilligung,* die sich auf die Nationalität des Arbeitnehmers bezieht, hindert das gültige Zustandekommen des Arbeitsvertrages nicht, es sei denn, die Parteien hätten davon das Zustandekommen des Vertrags abhängig gemacht 4C.27/2004 (24.3.04) E. 3.2 fr., 122 III 110/116 E. 4e, 114 II 279/280 ff. E. 2 Pra 1989 (Nr. 37) 148 ff., 118 V 79/87 E. 5 fr., siehe auch bei Art. 337/Beispiele; die Annahme der Nichtigkeit ist nur im Falle eines überwiegenden öffentlichen Interesses gerechtfertigt 4C.27/2004 (24.3.04) E. 3.2, 122 III 110/116 E. 4e Pra 1997 (Nr. 9) 45 (in casu keine Nichtigkeit bei Fehlen einer Bewilligung nach aBVO). Siehe auch bei Art. 341 Abs. 1 und Art. 342 Abs. 2.

2 **Vorvertragliche Auskunftspflicht.** Vorstellungsgespräch *vor dem Zustandekommen eines Arbeitsvertrags* (Auskunftspflicht und Mitteilungspflicht). Eine Auskunftspflicht besteht, wenn der erfragte Umstand von unmittelbarem, objektivem Interesse für das spezifische Arbeitsverhältnis ist. Unabhängig von der zu besetzenden Stelle hat der Arbeitnehmer alles von sich aus mitzuteilen, was ihn zu deren Übernahme als (absolut) ungeeignet erscheinen lässt, die vertragsgemässe Arbeitsleistung praktisch ausschliesst oder diese doch erheblich behindert 132 II 161/166 f. E. 4.2 (hängiges Strafverfahren und öffentlichrechtliche Anstellung bei der Oberzolldirektion), voraussichtliche Krankheit oder Kuraufenthalt bei Arbeitsantritt 4C.189/2002 (27.9.02) E. 1.3. Tragweite des Persönlichkeitsschutzes eines Stellenbewerbers 4C.189/2002 (27.9.02) E. 1 (in casu vorbestehende Krankheit), 122 V 267/267 ff. (in casu Beurteilung der Auskunftsverweigerung unter dem Gesichtspunkt eines arbeitslosenversicherungsrechtlichen Einstellungstatbestandes).

3 ***Abs. 1*** **Form.** Die *Formfreiheit* gilt entgegen Art. 517 (Leibrentenvertrag) auch für ein beim Abschluss oder während der Dauer des Arbeitsvertrages abgegebenes, mit diesem zusammenhängendes Ruhegehaltsversprechen 73 II 226/226 f., vgl. auch 111 II 260/261 E. 1 fr. Für die *Abänderung eines schriftlich geschlossenen Vertrages* ist die Schriftform insofern erforderlich, als diese für den Vertragsabschluss von Gesetzes wegen notwendig war, jedoch nicht soweit sie durch Parteivereinbarung festgelegt wurde (vgl. Art. 12 und 16 Abs. 2) 40 II 614/615 f. E. 1 fr., vgl. auch 100 Ia 119/120 E. 4. Eine stillschweigende Wil-

lensbekundung zur Vertragsänderung ist jedoch nur anzunehmen, wenn ein eindeutiges Verhalten vorliegt, das vernünftigerweise nicht anders interpretiert werden kann 4A_666/2017 (17.5.18) E. 4.3 fr.

Weiteres. Es ist willkürlich, allein aus dem Umstand, dass ein Gastarbeiter im Dezember in seine Heimat zurückfährt und seine Arbeit beim gleichen Arbeitgeber im Januar oder Anfang Februar wieder aufnimmt, zu schliessen, es sei ein *neues Arbeitsverhältnis* begründet worden 101 Ia 463/465. Aus dem *Stillschweigen* des Arbeitnehmers auf einen Vorschlag zu einer *Vertragsänderung* in einem für ihn ungünstigen Sinn darf nur mit Zurückhaltung auf sein Einverständnis mit diesen Vertragsbedingungen geschlossen werden. Zustimmung darf nur angenommen werden, wo nach Treu und Glauben, Recht oder Billigkeit eine Reaktion des Arbeitnehmers erwartet werden darf, wenn er nicht einverstanden ist (in casu durfte aus der vorbehaltlosen Unterzeichnung einer Lohnquittung, die auf einen geringeren als den vertraglich vereinbarten Betrag lautete, nicht auf eine Zustimmung zu einer Lohnänderung geschlossen werden) 109 II 327/329 f. E. 2 Pra 1984 (Nr. 35) 84 f. – Arbeitsvertrag mit Versprechen zu Unterhalt und Pflege auf Lebenszeit 111 II 260/261 E. 1 fr. 4

Abs. 2 **Allgemeines.** Die Bestimmung ermöglicht es, *aus Billigkeitsgründen* die harte Lage desjenigen zu mildern, der keinen Lohn verlangt hat, weil er darauf zählte, später auf andere Weise entschädigt zu werden, sich aber in dieser berechtigten Erwartung infolge eines unvorhergesehenen Ereignisses getäuscht sieht 107 Ia 107/110 E. b, grundlegend 95 II 126/131 f. E. 4 Pra 1969 (Nr. 150) 510 f., vgl. auch 4P.87/2002 (20.6.02) E. 2 fr. Sie erlaubt es auch, dem Arbeitenden dann die verdiente Vergütung zuzusprechen, wenn keine Partei an eine solche Vergütung gedacht hat, jedoch bei Auflösung der Gemeinschaft derjenige, der die Dienste entgegengenommen hatte, den andern nicht in guten Treuen ziehen lassen kann, ohne ihm eine Vergütung zu leisten 67 II 200/203. Zur Annahme eines Arbeitsvertrages genügt es, wenn das Entgelt eines unter mehreren Motiven für die erbrachte Arbeitsleistung ist Pra 2000 (Nr. 47) 270 E. 2b, auch 113 II 414/415 f. E. 2a Pra 1988 (Nr. 84) 325. – Auch beim *Konkubinat* ist darauf abzustellen, ob die Arbeit nach den konkreten Umständen nur gegen Entgelt zu erwarten war. Überdies ist zu prüfen, ob tatsächlich ein Unterordnungsverhältnis vorlag, denn die Arbeit kann auch im Rahmen einer einfachen Gesellschaft erbracht worden sein Pra 2000 (Nr. 47) 270 E. 2a, c (offengelassen, ob Haushaltsarbeit im Konkubinat als gewöhnlich nur gegen Entgelt erfolgend angesehen werden kann), vgl. auch 79 II 168/168 fr., 87 II 164/165 E. 1. Berücksichtigung der mit der Arbeit verbundenen Vorteile analog der Ehegattenmitarbeit nach ZGB Art. 165 Abs. 1 Pra 2000 (Nr. 47) 272 E. 3b. – Die Bestimmung soll gerade *auch bei der Erbteilung* zum Zuge kommen, wenn der Erblasser sein ganzes Vermögen seinen gesetzlichen oder eingesetzten Erben zukommen und die Person, die ihm jahrelang treue Dienste geleistet hat, ohne je einen Barlohn bezogen zu haben, leer ausgehen lässt 107 Ia 107/110 E.b. – Die Anwendbarkeit der gesetzlichen Vermutung ist *a posteriori* zu prüfen 113 II 414/417 E. bb Pra 1988 (Nr. 84) 326. 5

Unwiderlegbare Vermutung. Aus der Leistung der Arbeit und ihrer Annahme wird nicht nur die widerlegbare Vermutung des stillschweigenden Versprechens einer Entlöhnung abgeleitet. Vielmehr stellt die Bestimmung eine unwiderlegbare (absolute) Vermu- 6 tung für das Bestehen eines Arbeitsvertrages auf 4A_398/2014 (21.11.14) E. 2.2 fr., 113 II 414/415 E. 2a Pra 1988 (Nr. 84) 325. Auf den inneren Willen der Parteien kommt es nicht an 4A_141/2019 (26.9.19) E. 4.5, 4C.307/2001 (14.3.02) E. 2a, 109 II 228/229 E. 2a, grundlegend 95 II 126/131 f. E. 4 Pra 1969 (Nr. 150) 510 f. Massgeblich ist nur der objektive Tatbestand, nämlich ob der Arbeitgeber, respektive ein Organ, ein faktisches Organ oder eine mit Vertretungsmacht ausgestattete Person die Arbeit entgegengenommen hat 4C.307/2001 (14.3.02) E. 2b. *Beweislast* hinsichtlich der Vermutungsbasis 4A_504/2015 (28.1.16) E. 2.1.2, 4C.331/1999 (6.3.00) E. 2a fr., 125 III 78/80 E. 3b Pra 1999 (Nr. 91) 508, vgl. auch 4C.135/2000 (1.9.00) E. 3a fr.

7 **Arbeit, deren Leistung nach den Umständen nur gegen Lohn zu erwarten ist.** Diese Voraussetzung für die Vermutung ist erfüllt, wenn bei *objektiver Würdigung der Umstände* die Vergütung als der einzig mögliche Grund für die Arbeitsleistung erscheint 4A_641/2012 (6.3.13) E. 2 fr. (in casu verneint), 87 II 164/165 E. 1a Pra 1961 (Nr. 139) 395. Die Vermutung der Bestimmung greift vor allem dort Platz, wo angesichts aller Umstände der Lohn als wichtiger – wenn auch nicht als einziger – Beweggrund der geleisteten Arbeit erscheint 113 II 414/415 f. E. 2a Pra 1988 (Nr. 84) 325, Pra 2000 (Nr. 47) 270 E. 2b. Es genügt, dass die Arbeit normalerweise mindestens gegen eine allfällige spätere Alterssicherung zu erwarten war 107 Ia 107/109 E. 2b. Der Umstand, dass in unserer Zeit Arbeit, wenn nicht besondere Verhältnisse vorliegen, in der Regel nur in Erwartung des Lohnes geleistet wird, spricht *im Zweifel* für die Anwendung der Bestimmung 107 Ia 107/110 E. b, vgl. auch Vorb. Art. 319–362/Abgrenzungen/Gefälligkeit. – Die Vermutung kommt nicht zum Zuge, wenn die Parteien nachweisbar und klar die Unentgeltlichkeit vereinbart haben 4A_19/2015 (20.5.15) E. 3.2.

8 **Massgebliche Umstände.** Zu den massgebenden Umständen können auch die *Beziehungen unter den Beteiligten* gehören. Diese sind aber von Fall zu Fall und in Verbindung mit den übrigen Tatsachen zu würdigen. *Familienrechtliche Bande* sprechen nicht allgemein gegen die Entgeltlichkeit 90 II 443/445 E. 1. *Ehegatten* schulden einander mit Rat und Tat Beistand (aZGB Art. 159 Abs. 3, 161 Abs. 2), haben gemeinsam am Erfolg teil und müssen daher grundsätzlich ohne besonderes Entgelt auch im Beruf oder Gewerbe des andern mitarbeiten 90 II 443/445 E. 1, grundlegend 74 II 202/208 f. E. 6. Selbst wenn ihre Tätigkeit über den Rahmen ihrer Beistandspflicht hinausgeht, leistet die verheiratete Frau ihre Mitarbeit nicht als Angestellte, sondern als Ehefrau, die am gemeinsamen Wohl interessiert und zu dessen Förderung gesetzlich verpflichtet ist 95 II 126/129 E. 2 Pra 1969 (Nr. 150) 508, grundlegend 82 II 94/96. Dies schliesst jedoch nicht aus, dass besondere Umstände eine abweichende Lösung gebieten (in casu Lohnanspruch der Ehefrau, die im Geschäftsbetrieb der von ihrem Ehemann und seinem Vater gebildeten Kollektivgesellschaft mitgearbeitet hatte, bejaht) 95 II 126/129 ff. E. 2, 3 Pra 1969 (Nr. 150) 508 ff. Hat der Ehemann seine ganze Arbeitskraft dem Geschäft der Ehefrau zugewendet, so ist bei Auflösung der Ehe die güterrechtliche Zuteilung des ganzen Vermögens an die Ehefrau (Sondergut) durch Anerkennung einer ex aequo et bono zu berechnenden Forderung des Ehemannes aus einem stillschweigend eingehaltenen Anstellungsvertrag gemäss Art. 320 Abs. 2 auszugleichen 66 II 227/232 f. E. 3. In seiner jüngeren Rechtsprechung hat das BGer die Tendenz, allenfalls doch auch dem Ehegatten für die Mitarbeit im Beruf oder Gewerbe des andern gestützt auf Art. 320 Abs. 2 einen Lohnanspruch zu gewähren, aus-

drücklich bekräftigt: Wenn wegen besonderen Umständen der Einsatz des Ehegatten, der beruflich mit seinem Ehepartner zusammenarbeitet, nicht in genügendem Masse durch eine erhöhte Lebenshaltung sowie durch Ansprüche bei der güterrechtlichen Auseinandersetzung und durch Erbanwartschaft abgegolten wird, muss die Mitarbeit entlöhnt werden, soweit sie die eheliche Beistandspflicht übersteigt 113 II 414/416 ff. E. 2b Pra 1988 (Nr. 84) 325 ff. (in casu Lohnanspruch der Ehegattin für ihre Mitarbeit in der vom Gatten geleiteten Aktiengesellschaft bejaht), 120 II 280/282 f. E. 6a Pra 1996 (Nr. 13) 30 f. Siehe nun auch ZGB Art. 165 (vgl. dazu 115 Ib 37/45 f. E. 5 sowie 120 II 280/282 ff. E. 6 Pra 1996 [Nr. 13] 30 ff.).

Beispiele eines faktischen Arbeitsverhältnisses. Ein solches wurde gemäss Art. 320 Abs. 2 z.B. angenommen: im Fall eines *Sohnes,* der als voraussichtlicher Geschäftsnachfolger jahrelang in der Bäckerei seines Vaters gearbeitet hatte, ohne einen Barlohn zu beziehen 90 II 443/445 f. E. 1; zugunsten der *Stieftöchter,* die bei der Bewirtschaftung des Heimwesens des Stiefvaters mitgeholfen hatten 67 II 200/203 f. Den Umständen nach als unentgeltlich betrachtet wurde hingegen die Pflege der kranken Mutter sowie die Betreuung ihres Gartens 70 II 21/28 f. E. 2. – Bezüglich der Entschädigung einer *Konkubine* für ihre Arbeitsleistungen im Betrieb des Partners darf die Anwendung von Art. 320 Abs. 2 weder aus pönalen Überlegungen noch aufgrund eines Vergleichs mit der arbeitsrechtlichen Stellung der Ehefrau abgelehnt werden (Änderung der Rechtsprechung) 109 II 228/229 f. E. 2a. Hingegen ist – als Rechtsfrage – zu prüfen, ob auf die wirtschaftlichen Beziehungen zwischen den Konkubinatspartnern anstelle des Arbeitsvertragsrechts nicht die Bestimmungen über die einfache Gesellschaft anwendbar seien 109 II 228/230 f. E. b; vgl. dazu Vorb. Art. 319–362/Abgrenzungen. Ein Arbeitsvertrag ist auch im Konkubinat nur dann anzunehmen, wenn ein Unterordnungsverhältnis besteht 4A_504/2015 (28.1.16) E. 2.1.1, Pra 2000 (Nr. 47) 271 E. 2c. Offengelassen, ob im Konkubinat die Haushaltsarbeit als gewöhnlich nur gegen Entgelt erfolgend angesehen werden kann Pra 2000 (Nr. 47) 270 E. 2a. 9

Weiteres. Ob ein *Vermächtnis zur nachträglichen Erfüllung einer zu Lebzeiten nicht erfüllten Lohnzahlungspflicht* ausgesetzt wurde, hängt nicht von der im Testament gegebenen Begründung (die lediglich ein Indiz sein kann) ab, sondern davon, ob ohne die Aussetzung des Vermächtnisses eine Lohnforderung i.S.v. Art. 320 Abs. 2 gegen die Erben hätte durchgesetzt werden können 107 Ia 107/109 E. 2. – Ein Vermächtnis, das in Erfüllung einer nachträglichen Lohnzahlungspflicht ausgerichtet wurde, unterliegt nicht der Erbschafts- und Schenkungssteuer, sondern der Einkommenssteuer (in casu Walliser Steuerrecht) 107 Ia 107/109 ff. E. 2. – Die *Höhe des Lohnes* eines Ehegatten ist nach dem Wert der geleisteten Arbeit und den mit der Beschäftigung verbundenen Vorteilen zu bestimmen. Eine allfällige Schuld an der Auflösung der Ehe hat keinen Einfluss auf den Lohnanspruch 113 II 414/419 f. Pra 1988 (Nr. 84) 328. – Ist für *Hinderung und Stillstand der Verjährung* nicht Art. 134 Ziff. 4 anwendbar, so kann allenfalls (im Zusammenhang mit der Anwendung von Art. 320 Abs. 2) aufgrund der Umstände auf eine *stillschweigende Stundung* der Lohnforderung geschlossen werden 90 II 443/447 f. E. 2. – Will der Gläubiger einer Ehefrau eine dieser angeblich zustehende Lohnforderung gegen den Ehemann *pfänden* lassen (aSchKG Art. 93), so hat er die Umstände darzulegen, die auf eine Anwendbarkeit von Art. 320 Abs. 2 schliessen lassen 72 III 120/123 f. Pra 1947 (Nr. 25) 84 f., vgl. 10

auch 114 III 78/81. – Siehe auch *ZGB Art. 334, 334*[bis]*, 603 Abs. 2;* es geht beim Lidlohn um einen familienrechtlichen Lohnanspruch analog zu Art. 320 109 II 389/394 E. 6.

11 ***Abs. 3*** *Sinn und Zweck der Norm,* anstelle der oft schwer durchsetzbaren Bereicherungs- und Vindikationsansprüche beiden Parteien bis zum Zeitpunkt der Berufung auf die Ungültigkeit die klar definierten vertraglichen Erfüllungsansprüche zuzusprechen 132 III 242/247 E. 4.2.4. – *Wirkung und Voraussetzungen:* Die erfolgreich geltend gemachte Anfechtung eines ganz oder teilweise abgewickelten Arbeitsverhältnisses wirkt gemäss dieser Bestimmung wie eine Kündigung ex nunc. Vorausgesetzt ist die Ungültigkeit des abgeschlossenen Einzelarbeitsvertrags, dass der Arbeitnehmer seine Stelle bereits angetreten hat und dass er seine Arbeitsleistung gutgläubig erbracht hat 132 III 242/245 E. 4.2 und 4.2.1. Vorausgesetzt ist des Weiteren, dass die erbrachte Leistung als arbeitsvertragliche Leistung zu qualifizieren wäre 4C.390/2005 (2.5.06) E. 2.6. – Der *gute Glaube* ist zu vermuten (ZGB Art. 3 Abs. 1), wobei im Sinne des Normzwecks die Anforderungen an den guten Glauben nicht zu eng zu fassen sind. Entgegen ZGB Art. 3 Abs. 2 ist der gute Glaube nur dann zu verneinen, wenn dem Arbeitnehmer positiv nachgewiesen werden kann, dass er um die rechtliche Unverbindlichkeit des Vertrages wusste. Gefordert ist somit das Wissen um die Ungültigkeit, das heisst Kenntnis der Rechtsfolge und nicht bloss das Wissen um die Gesetzwidrigkeit einer Abrede an sich 132 III 242/248 E. 4.2.4 und 4.2.5 (in casu Täuschung i.S.v. Art. 28). Entsprechend würde es auch dem Schutzgedanken widersprechen, wenn sich «Schwarzarbeiter» nicht auf die Bestimmung berufen könnten 114 II 279/282 E. c Pra 1989 (Nr. 37) 150, vgl. auch 118 V 79/87 E. 5 fr. sowie die einleitenden Bemerkungen zu Art. 321. – Die Bestimmung gilt (in Verbindung mit Art. 355) auch für den *Lehrvertrag:* es liegt daher gegebenenfalls sogar dann ein Lehrverhältnis vor, wenn die entsprechende Form (Art. 344a Abs. 1) nicht beachtet worden ist 132 III 743/757 E. 2.4, 103 II 120/128.

B. Pflichten des Arbeitnehmers I. Persönliche Arbeitspflicht

Art. 321

Der Arbeitnehmer hat die vertraglich übernommene Arbeit in eigener Person zu leisten, sofern nichts anderes verabredet ist oder sich aus den Umständen ergibt.

1 «Gestuftes Arbeitsverhältnis», wenn jemand sich verpflichtet, nicht nur seine eigene künstlerische Leistung, sondern auch diejenige anderer Künstler darzubieten, wobei er als deren Chef Inhalt und Rollenverteilung bestimmt 112 II 41/47 ff. E. 1b fr. Siehe auch Vorb. Art. 319–362/Kaskadenarbeitsvertrag.

II. Sorgfalts- und Treuepflicht

Art. 321a

[1] Der Arbeitnehmer hat die ihm übertragene Arbeit sorgfältig auszuführen und die berechtigten Interessen des Arbeitgebers in guten Treuen zu wahren.

[2] Er hat Maschinen, Arbeitsgeräte, technische Einrichtungen und Anlagen sowie Fahrzeuge des Arbeitgebers fachgerecht zu bedienen und diese sowie Material, die ihm zur Ausführung der Arbeit zur Verfügung gestellt werden, sorgfältig zu behandeln.

[3] Während der Dauer des Arbeitsverhältnisses darf der Arbeitnehmer keine Arbeit gegen Entgelt für einen Dritten leisten, soweit er dadurch seine Treuepflicht verletzt, insbesondere den Arbeitgeber konkurrenziert.

[4] Der Arbeitnehmer darf geheim zu haltende Tatsachen, wie namentlich Fabrikations- und Geschäftsgeheimnisse, von denen er im Dienst des Arbeitgebers Kenntnis erlangt, während des Arbeitsverhältnisses nicht verwerten oder anderen mitteilen; auch nach dessen Beendigung bleibt er zur Verschwiegenheit verpflichtet, soweit es zur Wahrung der berechtigten Interessen des Arbeitgebers erforderlich ist.

Allgemeines. Die Treuepflicht ergänzt die Pflicht zur Leistung von Arbeit insofern, als sie der Arbeit einen Zweck verleiht, nämlich die Wahrung der Interessen des Arbeitgebers 4A_559/2016 (18.1.17) E. 5.1 fr., 4A_297/2016 (17.11.16) E. 4.3.1 fr. Möglichkeit, die dem Arbeitnehmer obliegenden Pflichten durch Parteivereinbarung zu erweitern oder zu beschränken 144 III 327/331 E. 4.2.3, 117 II 72/74 E. 4a, vgl. 4A_595/2012 (21.12.12) E. 2 (in casu Erweiterung des Konkurrenzverbots und Vereinbarung einer Konventionalstrafe, welche aber mit Art. 321e nicht vereinbar ist, soweit ihr Ersatzcharakter zukommt). Die Treuepflicht bleibt bei einer Freistellung bestehen 4A_297/2016 (17.11.16) E. 4.3.1 fr. 1

Abs. 1 Der Arbeitnehmer hat die berechtigten Interessen seines Arbeitgebers zu wahren und folglich alles zu unterlassen, was den Arbeitgeber wirtschaftlich schädigen könnte 4A_54/2020 (25.3.20) E. 6.1 fr. (qualifiziert grobe Verkehrsregelverletzung), 4A_559/2016 (18.1.17) E. 5.1 fr. (Gründung eines Konkurrenzbetriebs), 4A_297/2016 (17.11.16) E. 4.3.1 fr. (unterlassene Meldung der Gründung eines Konkurrenzbetriebs durch Dritte), 4A_138/2015 (27.7.15) E. 3.1 fr. (Ausübung einer Nebenbeschäftigung einer staatlich subventionierten Stiftung, ohne Genehmigung des Arbeitgebers, und ohne diesen Verdienst zu versteuern), 4A_73/2008 (4.6.08) E. 4 fr., 124 III 25/27 E. 3a Pra 1998 (Nr. 54) 357 (Beschaffung geldwerter Vorteile zulasten des Arbeitgebers), 117 II 72/74 E. 4a (Gründung einer Einzelfirma während bestehenden Arbeitsvertrags), 117 II 560/561 E. 3a (Kundgabe des Entschlusses zum sofortigen Stellenwechsel kurz nach Beginn eines fest auf zwei Jahre abgeschlossenen Arbeitsvertrags), Pra 1997 (Nr. 109) 592 E. 3a, Pra 1998 (Nr. 38) 260 E. 2b/aa. Bereits die Möglichkeit einer Schädigung kann für eine Treuepflichtverletzung genügen 4A_723/2011 (5.3.12) E. 3 fr., 4C.221/2004 (26.7.04) E. 3.3, vgl. 4A_404/2014 (17.12.14) E. 4.3.2.3 fr. (Feststellung einer Treuepflichtverletzung ist unabhängig von einem Entschädigungsanspruch des Arbeitgebers wegen Verletzung eines Konkurrenzverbots). Wer seine Arbeitskollegen zur Begehung einer Straftat gegenüber der gemeinsamen Arbeitgeberin verleitet, begeht unabhängig von der strafrechtlichen Qualifikation seines Verhaltens eine schwere Treuepflichtverletzung 4A_168/2018 (2.10.18) E. 4.3. Die Treuepflicht, die ihre Wurzel im in ZGB Art. 2 statuierten Grundsatz von Treu und Glauben hat, ist ein Sammelbegriff für verschiedene dem Arbeitnehmer obliegende Nebenpflichten, die gesetzlich nur teilweise konkretisiert sind und in der Regel ihrer Konkretisierung im Einzelfall bedürfen. Zu konkretisieren ist also zunächst der Umfang der Treuepflicht, dann aber auch ihre Bedeutung und damit auch das Gewicht der 2 einzelnen Pflicht 113 IV 68/73 E. 6a, vgl. auch 118 IV 309/315 E. 1d fr. Aus der allgemeinen Treuepflicht ergibt sich eine Verpflichtung des Arbeitnehmers zur Mitwirkung bei der Anmeldung einer Erfindung zum Patent (auch über das Arbeitsverhältnis hinaus) 4A_688/2014 (15.4.15) E. 3.3.4 (Unterzeichnung eines «Patent Assignment»; siehe auch bei Art. 332). Die Treuepflicht beinhaltet auch eine Informations- und Auskunftspflicht gegenüber dem Arbeitgeber, damit dieser die erforderlichen Massnahmen zur Gewährleistung eines reibungslosen Ablaufs der Arbeit resp. zur Verhinderung drohender Schäden oder anderer Unregelmässigkeiten ergreifen kann 4A_287/2017 (13.10.17) E. 4.2.2 fr., 4A_297/2016 (17.11.16) E. 4.3.1 fr. Eine Verletzung der Treuepflicht kann auch in der Störung des Betriebsfriedens durch Verletzung der Persönlichkeit von anderen Mitarbeitern liegen 4A_249/2019 (6.1.20) E. 4.3.3. Aus der allgemeinen Treuepflicht folgt eine Geheimhaltungspflicht, die über die Beendigung des Arbeitsvertrags andauert 4A_381/2019 (2.12.19) E. 3.2, vgl. dazu Art. 321a Abs. 4. *Grenze der Treuepflicht* sind die berechtigten eigenen Interessen des Arbeitnehmers an der freien Entfaltung seiner Persönlichkeit, zu denen insbesondere auch das Interesse an einer andern Tätigkeit gehört 117 II 72/74 E. 4a, vgl. auch 140 V 521/534 E. 7.2.1. – Verhältnis zu Art. 717 4A_55/2017 (16.6.17) E. 4.2 fr., 130 III 213/217 E. 2.1 (zur Qualifikation des Rechtsverhältnisses zwischen leitendem Organ und Gesellschaft als Arbeitsvertrag siehe Vorb. Art. 319–362). Sorgfaltspflicht im *Konzern* 130 III 213/218 (obiter dictum). *Strafrechtliche Garantenpflicht des Arbeitnehmers:* Aus der arbeitsvertraglichen Treuepflicht allein lässt sich eine Garantenpflicht noch nicht ableiten 113 IV 68/73 E. 6a, vgl. auch 118 IV 309/315 E. 1d fr. Wer in seiner Arbeitgeberfirma eine verantwortliche Position innehat, besitzt nur in seinem Zuständigkeitsbereich eine Garantenstellung für das Vermögen seiner Arbeitgeberfirma und muss deshalb nur in diesem Bereich gegen Machenschaften von ihm Unterstellten, die sich gegen dieses Vermögen richten, einschreiten 113 IV 68/76 E. 7. Vgl. auch unter Art. 337.

3 **Erhöhte Treuepflicht.** Die Pflicht des Arbeitnehmers, die berechtigten Interessen des Arbeitgebers in guten Treuen zu wahren, gilt namentlich für *Angestellte mit Kundenkontakt und für leitende Angestellte* in erhöhtem Masse 4A_105/2018 (10.10.18) E. 4.5 fr. (Bereichsleiter mit Ausbildungsverantwortung als Lehrmeister), 4A_349/2017 (23.1.18) E. 4.2 (Verwaltungsratspräsident und Arbeitnehmer), 4A_287/2017 (13.10.17) E. 4.1 fr. (Filialleiter), 4A_297/2016 (17.11.16) E. 4.3.1 fr. (Geschäftsführer und Verwaltungsrat), 8C_541/2015 (19.1.16) E. 6 (Fachkader), 4A_723/2011 (5.3.12) E. 3 fr. (besondere Vertrauensstellung eines mit der Errichtung einer neuen Filiale im Mittleren Osten betrauten Bankangestellten), 4C.221/2004 (26.7.04) E. 3.5 (Abteilungsleiter mit direktem Kundenkontakt, welcher zugleich als Geschäftsführer einer Konkurrenzfirma auftrat), 4C.178/2002 (13.9.02) E. 1.1 fr. (Verkaufsleiter, der den Arbeitgeber nicht sofort über einen schwerwiegenden Produktmangel informierte), 4C.127/2002 (3.9.02) E. 3.3 fr. (Ausübung einer Nebenerwerbstätigkeit eines Verkaufsleiters während der Arbeitszeit), 4C.149/2002 (12.8.02) E. 1 fr. (Manipulation der Stempelkarte durch einen wissenschaftlichen Mitarbeiter mit wichtigen Aufgaben), 124 III 25/27 E. 3a Pra 1998 (Nr. 54) 357 (Beschaffung geldwerter Vorteile zulasten des Arbeitgebers durch einen Werkstattleiter), 104 II 28/29 f. E. 1 (Vorbereitung einer konkurrenzierenden Tätigkeit durch einen Produktionsleiter), vgl. auch 4A_116/2018 (28.3.19) E. 3.1.2 (Zulässigkeit der Vorbereitung

einer konkurrenzierenden Tätigkeit), 4A_138/2015 (27.7.15) E. 3.2 fr. (in casu war die leitende Funktion nicht entscheidend). Arbeitnehmer von *Tendenzbetrieben* (d.h. Unternehmen, die nicht in erster Linie gewinnstrebig sind und die eine Tätigkeit mit spirituellem oder intellektuellem Charakter ausüben, beispielsweise eine politische, konfessionelle, karitative oder ähnliche Tätigkeit) unterstehen einer entsprechend erhöhten Treuepflicht gegenüber dem Unternehmen 130 III 699/701 f. E. 4.1 Pra 2005 (Nr. 74) 578 (in casu erhöhte Treuepflicht bejaht bei einem Mitarbeiter einer gewerkschaftlichen Organisation). Bei der Tätigkeit als First Officer, d.h. Co-Pilot, handelt es sich um eine sehr verantwortliche Tätigkeit, angesichts welcher dem Arbeitnehmer unbedingtes Vertrauen entgegengebracht werden können muss und Vertrauensbrüche entsprechend stärker ins Gewicht fallen als bei anderen Tätigkeiten 4A_520/2017 (19.4.18) E. 6.4.

Beispiele. Ihre *Sorgfaltspflicht verletzen:* der Verkaufsmitarbeiter eines Automobilcenters, der mit einem Fahrzeug des Arbeitgebers eine qualifiziert grobe Verkehrsregelverletzung begeht 4A_54/2020 (25.3.20) E. 6.3 fr.; der Berufschauffeur, der sich bei Verrichtung seiner Arbeitsleistung über eine wichtige Verkehrsvorschrift vorsätzlich hinwegsetzt und in der Folge mit einem korrekt fahrenden Fahrzeug kollidiert 4A_625/2016 (9.3.17) E. 6.3. Ihre *Treuepflicht verletzen:* der «gewöhnliche» Servicetechniker, der seine Arbeitskollegen zur Begehung einer Straftat gegenüber der gemeinsamen Arbeitgeberin verleitet 4A_168/2018 (2.10.18) E. 4.4; der Verwaltungsratspräsident, der eigenmächtig das Logo der Arbeitgeberin ändert 4A_349/2017 (23.1.18) E. 4.3; der Projektleiter, der während des Arbeitsverhältnisses zusammen mit einem Mitarbeiter einen Konkurrenzbetrieb gründet und unter Verschleierung dieser Tätigkeit ein Geschäft mit dem Arbeitgeber abschliesst 4A_559/2016 (18.1.17) E. 5.2 fr.; der Filialleiter, der seinem Arbeitgeber eine den Arbeitgeber schädigende Nebenbeschäftigung eines Untergebenen nicht meldet 4A_287/2017 (13.10.17) E. 4.2.2 fr.; die Kassierin, die Handelswaren der Arbeitgeberin entwendet 4A_177/2017 (22.6.17) E. 2.2.2; der Lehrling, der sich mittels eines anlässlich eines Mitarbeiteranlasses gezeigten satirischen Films über seine Arbeitgeberin lustig macht 4D_56/2016 (31.10.16) E. 3.3 fr.; der Geschäftsführer und Verwaltungsrat, der eine ihm bekannt gewordene konkurrenzierende Tätigkeit von Angestellten seiner Arbeitgeberin nicht meldet 4A_297/2016 (17.11.16) E. 4.3.2 fr.; der (leitende) Angestellte einer staatlich subventionierten Stiftung, der ohne Genehmigung des Arbeitgebers einer Nebenbeschäftigung nachgeht und diesen Verdienst nicht versteuert 4A_138/2015 (27.7.15) E. 3.2 fr.; der leitende Angestellte, der zusammen mit einem Mitarbeiter während der Arbeitszeit die Gründung eines Konkurrenzunternehmens vorbereitet 4A_404/2014 (17.12.14) E. 4 fr., vgl. 4A_397/2014 (17.12.14) E. 3 fr.; der leitende Angestellte, der kurz vor Beendigung des Arbeitsverhältnisses zusammen mit sechs weiteren Personen ein Konkurrenzunternehmen gründet 4A_595/2012 (21.12.12) E. 4; der Bankangestellte, der einen neuen Kunden akquiriert, um dessen potenziell negative Auswirkungen auf den Ruf und andere Interessen des Arbeitgebers er weiss 4A_723/2011 (5.3.12) E. 3 fr.; die leitende Angestellte, die ihre Untergebenen indirekt dazu anhält, Weisungen des Arbeitgebers nicht zu befolgen 4A_613/2010 (25.1.11) E. 5; der Produktionsleiter einer Firma, der während der Vertragsdauer Mitarbeiter für die Gründung eines Konkurrenzbetriebes abzuwerben und zu konkurrenzierender Tätigkeit anzustiften versucht, und zwar selbst dann, wenn er sich in gekündigter Stellung befindet und der Vertrag für die Zeit nach dem 4

Ablauf kein Konkurrenzverbot enthält 104 II 28/30 f. E. 2, 117 II 72/74 E. 4a; desgleichen der Filialleiter, der während der Dauer seines Arbeitsverhältnisses Mitarbeiterinnen abwirbt 123 III 257/260 E. 5c, d, vgl. dazu auch 122 III 229/233 E. 5a/aa fr. (rechtmässiges Alternativverhalten); der Arbeitnehmer, der mit Täuschungsabsicht Belege anfertigt, die für die Buchhaltung bestimmt sind und nicht der Wirklichkeit entsprechen 124 III 25/27 E. 3a Pra 1998 (Nr. 54) 358; der Arbeitnehmer, der kurz nach Beginn eines fest auf zwei Jahre abgeschlossenen Arbeitsvertrags den Entschluss zum sofortigen Stellenwechsel per Stelleninserat kundgibt 117 II 560/561 f. E. 2a; der Arbeitnehmer, der den Arbeitgeber nicht über ein allfälliges Fehlverhalten anderer Mitarbeiter informiert, wenn derartige Vorgänge einen Einfluss auf die eigene Tätigkeit haben Pra 1999 (Nr. 9) 49 E. 2b; ein Kadermitglied, das seine Differenzen mit der Direktion seinen Unterstellten kundtut 127 III 86/89 E. 2c Pra 2001 (Nr. 84) 495; ein Kadermitglied, das dem Arbeitgeber wenige Monate nach Stellenantritt bekannt gibt, es widersetze sich der Zusammenarbeit mit der neu ernannten Direktorin und werde eine neue Stelle suchen 127 III 86/89 E. 2c Pra 2001 (Nr. 84) 495; der Arbeitnehmer, der seiner Arbeitgeberin während mehr als einem Monat seine Arbeitsunfähigkeit nicht mitteilt 4C.346/2004 (15.2.05) E. 5 fr. – *Keine Treuepflichtverletzung:* der Buchhaltungsassistentin, die (im gekündigten Arbeitsverhältnis) einen Ordner mit privaten und geschäftlichen Visitenkarten aus den Räumlichkeiten der Arbeitgeberin mitnahm 4A_567/2017 (24.1.18) E. 2.1 fr.; des Bankkundenberaters, der zu einer anderen Bank wechselte und (mit Schreiben vom Tag nach dem Ende des Arbeitsverhältnisses) einige Kunden abwarb 4A_116/2018 (28.3.19) E. 3.2 fr.; der AHV-Zweigstellen-Mitarbeiterin, die ausserhalb ihrer dienstlichen Tätigkeit Kenntnis von der Wiederverheiratung eines Witwenrentenbezügers erhielt und dieses Wissen nicht an die Ausgleichskasse des Kantons weiterleitete 140 V 521/534 ff. E. 7.2; des Arbeitnehmers, der die Gründung eines Konkurrenzunternehmens ins Auge fasst und hierzu noch vor Ablauf des Arbeitsvertrages Vorbereitungshandlungen unternimmt, ohne aber seinen Arbeitgeber zu konkurrenzieren bzw. dessen Arbeitnehmer oder Kundschaft abzuwerben 4A_22/2014 (23.4.14) E. 4.3 (in casu aber Verletzung eines vertraglichen Konkurrenzverbots durch Aufbau einer konkurrenzierenden Tätigkeit); des Arbeitnehmers, der bei voller Erbringung seiner Arbeitsleistung vor der Kündigung eine Einzelfirma gründet, die ihre Tätigkeit erst nach Auflösung des Arbeitsverhältnisses aufnehmen und den früheren Arbeitgeber nicht konkurrenzieren soll 117 II 72/72 ff.; das Schweigen eines Arbeitnehmers in leitender Stellung über seine Krankheit, zumindest soweit nicht die Gesundheit Dritter zu schützen ist, stellt keine Treuepflichtverletzung dar 4C.192/2001 (17.10.01) E. 2b/aa.

5 ***Abs. 3*** Das in der Bestimmung statuierte Verbot der Schwarzarbeit stellt eine gesetzliche Konkretisierung der allgemeinen Treuepflicht des Arbeitnehmers gegenüber dem Arbeitgeber dar Pra 1997 (Nr. 124) 671 E. 2b. Die Bestimmung gilt auch für den Arbeitnehmer in gekündigter Stellung 4P.52/2001 (26.9.01) E. 2a fr., 105 IV 307/308 und 105 IV 307/312 f. E. 3. Wer, obwohl er als Geschäftsführer arbeitsvertraglich zur Mehrung des Vermögens des Geschäftsherrn verpflichtet ist, gewinnbringende Geschäfte nicht für den Geschäftsherrn abschliesst, sondern schwarz erledigt, verletzt die Treuepflicht und erfüllt zugleich den Straftatbestand der ungetreuen Geschäftsführung (aStGB Art. 159, neu StGB Art. 158) 105 IV 307/312 f. E. 3. Gegen die Bestimmung verstiess z.B. auch die Ent-

werferin («Chef-Créatrice»), die während der Vertragsdauer eine Kollektion Kleider für ein zu gründendes Konkurrenzunternehmen vorbereitete 104 II 28/30 f. E. 2a. Auch wenn die Arbeitgeberin (in casu Bank) ein bestimmtes Geschäft nicht abschliessen will, ist die Vermittlung an einen Dritten als Konkurrenztätigkeit zu betrachten Pra 1997 (Nr. 109) 592 f. E. 3c. – Zum Herausgabeanspruch bei vertragswidrig ausgeübter Konkurrenztätigkeit 4A_345/2011 (28.11.11) E. 2, siehe unten Art. 321b. – Die Treuepflicht des Arbeitnehmers erlischt mit Ablauf des Arbeitsvertrages und schliesst eine nach Beendigung des Arbeitsverhältnisses aufgenommene konkurrenzierende Tätigkeit nicht aus. Die Rechtsprechung zu Art. 321a Abs. 3 betrifft daher nicht die Situation, in welcher zwischen den Parteien ein gültiges und verbindliches Konkurrenzverbot vereinbart wurde 4A_22/2014 (23.4.14) E. 4.3, siehe unten bei Art. 340c, vgl. auch 4A_116/2018 (28.3.19) E. 3 fr.

Abs. 4 Das Geschäftsgeheimnis vermag betriebsspezifische Daten zu Technik, Organisation, Vertrieb und Finanzierung zu umfassen, soweit die Geheimhaltung dieser Daten Auswirkungen auf den Erfolg des Betriebs hat und der Unternehmer das Betriebsgeheimnis auch tatsächlich wahren will 4A_116/2018 (28.3.19) E. 3.1.1 fr., 138 III 67/72 ff. E. 2.3 Pra 2012 (Nr. 76) 526, 4A_195/2010 (8.6.10), 109 Ib 47/56 E. 5c, 103 IV 283/284 E. 2b. Es umfasst dagegen nicht Kenntnisse, die in allen Unternehmen der gleichen Branche erworben werden können, wie z.B. die Kenntnis der Kundschaft 4A_116/2018 (28.3.19) E. 3.1.1 fr. Die Geheimhaltungspflicht bezieht sich nicht nur auf Tatsachen, welche der Arbeitgeber ausdrücklich als Geheimnis qualifiziert, sondern auf alle Tatsachen, von denen nach den Umständen anzunehmen ist, dass er deren Verbreitung verhindern will 4A_381/2019 (2.12.19) E. 3.2. Nicht jede unachtsame Verletzung von Geschäftsgeheimnissen während des Arbeitsverhältnisses stellt einen Verstoss gegen die Treuepflicht dar, sondern nur eine verschuldete Unachtsamkeit oder gar bewusste Verletzung der Geheimhalteinteressen des Arbeitgebers 4C.19/2000 (6.11.00) E. 3c, siehe auch 4C.59/2006 (27.6.06) E. 2 fr. Die Pflicht zur Wahrung von Geheimnissen nach Beendigung des Arbeitsverhältnisses hängt nicht vom Bestand eines Konkurrenzverbotes ab, vgl. 64 II 162/174. Ein berechtigtes Geheimhaltungsinteresse auch nach Beendigung des Arbeitsvertrags wird namentlich für technische Geheimnisse wie Produktionsverfahren, Konstruktionen, Pläne und Modelle, Forschungsergebnisse etc. vermutet 4A_381/2019 (2.12.19) E. 3.2. – Der Arbeitnehmer hat auch über vom Arbeitgeber begangene Straftaten oder Verletzungen von Verwaltungsvorschriften Stillschweigen zu bewahren, sofern kein höheres Interesse entgegensteht. Wenn der Arbeitgeber durch sein Verhalten Dritten widerrechtlich Schaden verursacht oder zu verursachen droht, darf sich der Arbeitnehmer nur unter Einhaltung der Verhältnismässigkeit auf das höhere Interesse berufen und das Schweigen brechen. Er muss sich zunächst an den Arbeitgeber und sodann an die zuständige Behörde wenden 127 III 310/315 ff. E. 5 Pra 2002 (Nr. 26) 131 ff. 6

III. Rechenschafts- und Herausgabepflicht

Art. 321b

[1] Der Arbeitnehmer hat dem Arbeitgeber über alles, was er bei seiner vertraglichen Tätigkeit für diesen von Dritten erhält, wie namentlich Geldbeträge, Rechenschaft abzulegen und ihm alles sofort herauszugeben.

[2] Er hat dem Arbeitgeber auch alles sofort herauszugeben, was er in Ausübung seiner vertraglichen Tätigkeit hervorbringt.

1 *Abs. 1* Bei einer Freistellung fällt die Pflicht zur vollständigen Rechenschaftsablegung nicht vollständig dahin, sondern besteht im begrenzten Ausmass weiter 4C.95/2004 (28.6.04) E. 3.1.1. Keine Anwendung auf Beträge, die der Arbeitgeber an eine Aktiengesellschaft überwiesen hat, deren Alleinaktionär der Arbeitnehmer ist 4A_310/2007 (4.12.07) E. 5.2 fr. Trinkgelder und Gelegenheitsgeschenke fallen nicht unter die Herausgabepflicht, da sie für den Arbeitnehmer und nicht für den Arbeitgeber bestimmt sind 4A_613/2010 (25.1.11) E. 4.2. Zur Herausgabepflicht bei Beendigung des Arbeitsverhältnisses 141 III 23/25 E. 3.2 Pra 2015 (Nr. 114) 949 (Rechtsschutz in klaren Fällen verneint), 4A_611/2011 (3.1.12) E. 4.3 fr., siehe unter Art. 339a.

2 ***Herausgabepflicht für Einkünfte aus vertragswidrig ausgeübter Nebentätigkeit?*** Offengelassen, ob gegenüber einem Arbeitnehmer ein Anspruch auf Gewinnherausgabe (gestützt auf Art. 423 Abs. 1 oder in analoger Anwendung von Art. 321b oder Art. 464 Abs. 2) geltend gemacht werden kann, wenn er seinen Arbeitgeber in unzulässiger Weise konkurrenziert, oder ob die arbeitsrechtlichen Bestimmungen eine Gewinnabschöpfung (im Sinne eines qualifizierten Schweigens) ausschliessen. In casu wurde ein Herausgabeanspruch gestützt auf die Vorschriften des Handlungsbevollmächtigten bejaht (siehe bei Art. 464) 4A_345/2011 (28.11.11) E. 2.

3 *Abs. 2* Es besteht keine Herausgabepflicht für Dokumente oder Informationen, welche der Arbeitnehmer nach Beendigung des Arbeitsverhältnisses hervorbringt 141 III 23/27 E. 3.4 Pra 2015 (Nr. 114) 950.

IV. Überstundenarbeit

Art. 321c

[1] Wird gegenüber dem zeitlichen Umfang der Arbeit, der verabredet oder üblich oder durch Normalarbeitsvertrag oder Gesamtarbeitsvertrag bestimmt ist, die Leistung von Überstundenarbeit notwendig, so ist der Arbeitnehmer dazu soweit verpflichtet, als er sie zu leisten vermag und sie ihm nach Treu und Glauben zugemutet werden kann.

[2] Im Einverständnis mit dem Arbeitnehmer kann der Arbeitgeber die Überstundenarbeit innert eines angemessenen Zeitraumes durch Freizeit von mindestens gleicher Dauer ausgleichen.

[3] Wird die Überstundenarbeit nicht durch Freizeit ausgeglichen und ist nichts anderes schriftlich verabredet oder durch Normalarbeitsvertrag oder Gesamtarbeitsvertrag bestimmt, so hat der Arbeitgeber für die Überstundenarbeit Lohn zu entrichten, der sich nach dem Normallohn samt einem Zuschlag von mindestens einem Viertel bemisst.

▪ Abs. 1 Pflicht zur Leistung von Überstundenarbeit (1) ▪ Interessenabwägung (2) ▪ Abs. 2 (3) ▪ Abs. 3 Verzicht (4) ▪ Anzeige von Überstunden (5) ▪ Bestimmung des Normallohns (6) ▪ Behauptungs- und Beweislast (7)

1 *Abs. 1* **Pflicht zur Leistung von Überstundenarbeit.** Der Arbeitnehmer kann und muss sogar *aus eigener Initiative* die zusätzlichen Arbeiten ausführen, die für den guten

Gang des Unternehmens unerlässlich sind und die billigerweise von ihm verlangt werden können. Allerdings kann eine solche Mehrarbeit, die Anspruch auf eine besondere Vergütung verschafft, sich nur dann über einen langen Zeitraum erstrecken, wenn der Arbeitgeber damit einverstanden ist. Eine solche Zustimmung kann aus konkludentem Verhalten hervorgehen 4A_485/2019 (4.2.20) E. 6.2.2.3 fr., 4A_464/2007 (8.1.08) E. 3 fr., 4C.177/2002 (31.10.02) E. 2.1 fr., 86 II 155/157 E. 2 Pra 1960 (Nr. 164) 457. Hält der Arbeitnehmer die Arbeitszeit auf Zeiterfassungskarten fest und gibt diese dem Arbeitgeber ab, kann mangels Intervention des Arbeitgebers davon ausgegangen werden, dieser genehmige die Überstunden als betriebsnotwendig 4C.337/2001 (1.3.02) E. 2. Ob die Anordnung der Überstunden auf Wunsch des Arbeitnehmers erfolgt, ist unerheblich 4C.177/2002 (31.10.02) E. 2 fr., 116 II 69/71 E. b Pra 1990 (Nr. 170) 604 f. Dass eine Arbeitnehmerin wahrscheinlich mittels Überstunden versuchte, ihr Einkommen durch Erwirtschaftung von Provisionen auf ein Niveau zu erhöhen, das ihr anständig zu leben erlaubte, bedeutet nicht, dass die Leistung der Überstunden zur Ausführung der ihr übertragenen Arbeit nicht notwendig war 4A_225/2018 (6.6.19) E. 4.2.3 fr. – *Ob Überstundenarbeit vorliegt,* entscheidet sich nicht nach der Art der Tätigkeit, sondern allein nach der Normalarbeitszeit und deren Überschreitung im Interesse des Arbeitgebers; es kann sich daher auch um eine Nebenbeschäftigung handeln 111 II 358/363 E. 3a, 116 II 69/70 f. E. 4a Pra 1990 (Nr. 170) 604. Überstundenarbeit liegt auch vor, wenn zwar nur die vertraglich vereinbarte Arbeitszeit geleistet wird, diese aber in ungültiger Weise vom anwendbaren GAV abweicht 4A_376/2018 (7.8.19) E. 6.2 fr. — *Gleitzeit:* Die Zeitautonomie des Arbeitnehmers im Arbeitsverhältnis mit vereinbarter Gleitzeit korreliert mit seiner Verpflichtung, allfällige Mehrstunden innert nützlicher Frist wieder abzubauen. Nicht Gleitzeitguthaben, sondern entschädigungspflichtige Überstunden liegen vor, wenn betriebliche Bedürfnisse oder anderslautende Weisungen des Arbeitgebers den zeitlichen Ausgleich von Mehr-Stunden innerhalb des vereinbarten Gleitzeitrahmens und unter Einhaltung etwaiger Blockzeiten nicht zulassen 4A_227/2016 (24.10.16) E. 4.2 fr., 4A_611/2012 (19.2.13) E. 3.2 fr., 123 III 469/471 E. 3b, vgl. 4A_395/2015 (2.11.15) E. 4.2.1. Da Arbeitsverhältnisse innert vertraglich vereinbarter oder gesetzlich normierter Kündigungsfrist grundsätzlich jederzeit aufgelöst werden können, sollten Gleitzeitsaldi kein derartiges Ausmass erreichen, dass sie nicht innerhalb des für die *ordentliche* Kündigungsfrist definierten Zeitrahmens wieder ausgeglichen werden können. Dies schliesst einen Entschädigungsanspruch für geleistete Mehrarbeit bei *fristloser* Entlassung nicht aus 4A_395/2015 (2.11.15) E. 4.2.1 (in casu aber kein Anspruch auf Rückvergütung).

Interessenabwägung. Die Norm bezweckt eine Interessenabwägung *im konkreten Fall* 2
zwischen den persönlichen Verhältnissen des Arbeitnehmers und den wirtschaftlichen Interessen des Arbeitgebers. Dabei ist insbesondere zu berücksichtigen, in welchem Mass einerseits durch die Überstunden das Privat- und Familienleben des Arbeitnehmers gestört wird und ob andererseits die wirtschaftlichen Interessen des Arbeitgebers auch auf andere Weise als mit den Überstunden leicht hätten befriedigt werden können 4C.464/1999 (13.6.00) E. 3bb. Ungeachtet des zwingenden Normcharakters beeinflusst die *Ausgestaltung einer Überstundenregelung im Einzelarbeitsvertrag* die vorzunehmende Interessenabwägung 4C.464/1999 (13.6.00) E. 3bb.

3 ***Abs. 2*** Die Übereinkunft des Ausgleichs durch Freizeit ist *formfrei* und kann entsprechend auch konkludent oder zum Voraus im Arbeitsvertrag festgelegt werden 4A_484/2017 (17.7.18) E. 2.3 fr., 4A_482/2017 (17.7.18) E. 2.1 fr., 4C.32/2005 (2.5.05) E. 2.3 fr. Die Frage des *angemessenen Zeitraums* stellt sich in Anbetracht dieser dispositiven Norm nur, wenn die Parteien hierzu nichts vereinbart haben 4C.32/2005 (2.5.05) E. 2.4 fr., vgl. auch 4C.84/2002 (22.10.02) E. 2.2 (offengelassen, ob der Zeitraum von einem Jahr noch angemessen ist). Der Ausgleich von Überstundenarbeit durch Freizeit setzt auch *nach Kündigung* des Arbeitsverhältnisses durch den Arbeitgeber und gleichzeitiger Freistellung des Arbeitnehmers dessen Einverständnis voraus. Vorbehalten bleibt der Fall des Rechtsmissbrauchs 4C.337/2001 (1.3.02) E. 2b, 123 III 84/84 f. E. 5a, siehe auch 4A_533/2018 (23.4.19) E. 4.6.

4 ***Abs. 3*** **Verzicht** auf Kompensation und Abgeltung von Überstunden. Zwingende Formvorschrift 4A_172/2012 (22.8.12) E. 6.1 fr. (in casu nicht eingehalten), siehe auch 4A_227/2016 (24.10.16) E. 4.2 fr., 4A_485/2019 (4.2.20) E. 6.2.2.2 fr. Zweck der Norm, Überstundenarbeit einzuschränken 4C.460/1999 (18.4.00) E. 2b fr. Die Bestimmung ermächtigt die Parteien, durch einvernehmliche schriftliche Abrede den Arbeitgeber von der Verpflichtung zu entbinden, die Überstunden durch eine Lohnzulage zu entschädigen. Ohne Abrede ist die Überstundenarbeit zu entschädigen. Der Arbeitgeber hat zu beweisen, dass eine entsprechende Abrede vorliegt. Demgegenüber bestimmt *ArG Art. 13,* dass der Arbeitgeber für die Überzeitarbeit eine Lohnzulage zu entrichten hat. Bei Überzeitarbeit ist nach Massgabe des ArG zwingend der um den Zuschlag erhöhte Basislohn auszurichten 4A_285/2019 (18.11.19) E. 6.2.2, 4A_11/2016 (7.6.16) E. 5.3 (gilt auch für im Betrieb geleisteten Pikettdienst), 4A_611/2012 (19.2.13) E. 3.2 fr., 138 I 356/363 f. E. 5.4.5.1, 4A_73/2011 (2.5.11) E. 4 fr., 136 III 539/539 E. 2 (Chauffeurverordnung), 4C.47/2007 (8.5.07) E. 3 fr., 4C.307/2006 (26.3.07) E. 3, 4C.142/2005 (15.6.06) E. 3, 4C.157/2005 (25.10.05) E. 5 fr., 4C.407/2004 (7.1.05) E. 3.3, 4C.310/2002 (14.2.03) E. 4.3, 4C.177/2002 (31.10.02) E. 2 fr., 126 III 337/341 ff. E. 6 Pra 2001 (Nr. 47) 277 ff., 123 III 84/84 E. 5a; 110 II 264/267 E. 2 Pra 1985 (Nr. 8) 26 (Verhältnis zu ArG Art. 13 noch offengelassen), vgl. auch 4A_207/2017 (7.12.17) E. 2, 122 III 110/113 E. c Pra 1997 (Nr. 9) 42. Aus der Überschreitung der Höchstarbeitszeit (ArG) kann nicht abgeleitet werden, dass der Arbeitnehmer die Überstunden nicht im Interesse des Arbeitgebers geleistet hat 4C.337/2001 (1.3.02) E. 2a. – Der Arbeitnehmer kann sich auf die clausula rebus sic stantibus berufen, wenn er deutlich mehr Überstunden leisten muss, als bei Abschluss einer Vereinbarung über den Verzicht auf Lohnzuschlag vorhersehbar war 4A_485/2019 (4.2.20) E. 6.2.2.2 fr., 4A_178/2017 (14.6.18) E. 6 fr. – *Leitende Angestellte* haben nur einen Anspruch auf Überstundenentschädigung, wenn ihnen zusätzliche Aufgaben über die vertraglich vereinbarten Verpflichtungen hinaus übertragen werden, wenn die ganze Belegschaft während längerer Zeit in wesentlichem Umfang Überstunden leistet, oder wenn der zeitliche Umfang der zu leistenden Arbeit ausdrücklich vertraglich verabredet ist 4A_172/2012 (22.8.12) E. 4.3.2 fr., 129 III 171/173 E. 2.1, vgl. auch 4C.110/2000 (9.10.00) E. 2a/aa (nach welchem gemäss den allgemein geltenden Regeln auch leitende Angestellte Anspruch auf Überstundenentschädigung haben, sofern im Arbeitsvertrag die Arbeitszeit festgelegt und eine Überstundenentschädigung nicht schriftlich wegbedungen ist). Zum Begriff des leitenden Angestellten: massgebend ist die Entscheidbefugnis auf-

grund der Stellung und Verantwortung im Betrieb 4A_258/2010 (23.8.10) E. 1, 4C.157/ 2005 (25.10.05) E. 5.2 fr. – Ob Überstunden notwendig waren, weil der Arbeitnehmer *gesundheitsbedingt* nur eine reduzierte Arbeitsleistung erbringt, hat auf den Anspruch auf Vergütung keinen Einfluss 4C.133/2000 (8.9.00) E. 3a. – Der *Ausschluss eines Lohnzuschlages* für Überstundenarbeit beurteilt sich nach den allgemeinen Regeln des OR (v.a. Art. 13). Entsprechend erfüllt eine Ausschlussklausel in einem internen Reglement oder in den Allgemeinen Vertragsbedingungen, auf welche im unterzeichneten Arbeitsvertrag verwiesen wird, das Erfordernis der Schriftform 4A_227/2016 (24.10.16) E. 4.3 fr., 4C.407/2004 (7.1.05) E. 3.1. Der Verzicht ist nicht leichthin anzunehmen 129 III 171/173 E. 2.3, 4C.364/2001 (19.7.02) E. 2.2 fr. Ein Verzicht kann einem schriftlichen Vertrag auch durch Auslegung nach dem Grundsatz von Treu und Glauben entnommen werden. Ein Verzicht im Voraus auf einen solchen Zuschlag muss indes zu der im Vertrag vorgesehenen Tätigkeit in Beziehung stehen und kann nicht eine *zusätzliche, andersartige Beschäftigung* betreffen, und zwar umso weniger, wenn diese beträchtliche Mehrarbeit mit sich bringt (in casu zusätzlicher Arbeitsvertrag i.S.v. Art. 320 Abs. 2 angenommen) 110 II 264/267 f. E. 3 Pra 1985 (Nr. 8) 26 f., vgl. auch 116 II 69/71 E. b Pra 1990 (Nr. 170) 605. Während der Dauer des Arbeitsverhältnisses und eines Monats nach dessen Beendigung kann der Arbeitnehmer weder ausdrücklich noch stillschweigend auf Lohn *verzichten*, der ihm aus Überstundenarbeit zusteht (Art. 341 Abs. 1) 4A_198/2013 (18.9.13) E. 4, 105 II 39/40 ff. E. 1, 124 III 469/473 E. 3a Pra 1999 (Nr. 37) 225, vgl. aber 4A_40/2008 (19.8.08) E. 4 it. (Zulässig ist allenfalls ein beidseitiger Verzicht im Rahmen eines Vergleichs; siehe unter Art. 341 Abs. 1.) – Ohne Zustimmung des Arbeitnehmers kann der Arbeitgeber die Kompensation auch nach Kündigung des Arbeitsverhältnisses während der Freistellungszeit nicht eigenmächtig durchsetzen. Bei langandauernder Freistellung kann die entsprechende Weigerung ausnahmsweise rechtsmissbräuchlich sein 123 III 84/85 E. 5a. – Ungültigkeit einer Vereinbarung zwischen Arbeitgeber und -nehmer, wonach Überstunden zu anderen als den im *Gesamtarbeitsvertrag* vorgesehenen Bedingungen entlöhnt werden 116 II 69/71 E. b; siehe zum Anspruch auf Vergütung nach Massgabe des GAV auch 4A_178/2017 (14.6.18) E. 7 fr. Entschädigungspflichtig ist auch die geleistete Arbeitszeit, die zwar der vertraglichen Abrede entspricht, welche aber in ungültiger Weise vom GAV abweicht 4A_376/2018 (7.8.19) E. 6.2 fr. – Die Annahme des üblichen Lohnes ohne Vorbehalt gilt als Verzicht auf Überstundenentschädigung, es sei denn, der Arbeitnehmer habe in gutem Glauben angenommen, dass der Arbeitgeber von den geleisteten Überstunden gewusst hat 4A_184/2018 (28.2.19) E. 2.2.2 fr., 4A_28/2018 (12.9.18) E. 5 fr., 4A_484/2017 (17.7.18) E. 2.3 fr., 4A_482/2017 (17.7.18) E. 2.1 fr., 4A_40/2008 (19.8.08) E. 4.3.1 it.

Anzeige von Überstunden. Die Anzeige der Überstunden beim Arbeitgeber dient nicht 5
der Überprüfung der geltend gemachten Überstunden. Vielmehr soll die Anzeige dem Arbeitgeber ermöglichen, in Kenntnis des zusätzlichen zeitlichen Aufwandes, der für die Erledigung der anfallenden Arbeit notwendig war, allfällig erwünschte Dispositionen zu treffen resp. sich mit der Leistung von Überstunden einverstanden zu erklären 4A_184/2018 (28.2.19) E. 2.2.2 fr., 4A_28/2018 (12.9.18) E. 5 fr., 4A_484/2017 (17.7.18) E. 2.3 fr., 4A_482/2017 (17.7.18) E. 2.1 fr., 4A_40/2008 (19.8.08) E. 4.3.1 it. Entsprechend besteht nach Vertragsauflösung kein dringliches Interesse des Arbeitgebers,

informiert zu werden, womit unter Vorbehalt der Verjährungsregeln die Geltendmachung jederzeit möglich und unverzichtbar (Art. 341 Abs. 1) ist 129 III 171/176 E. 2.4, vgl. auch 4A_376/2017 (11.12.17) E. 7.3, 4A_464/2007 (8.1.08) E. 3 fr. Besondere Umstände vorbehalten, würde es dem Sinn des Gesetzes widersprechen, dem Arbeitnehmer den mit Art. 341 gewährten Schutz auf dem Umweg über ZGB Art. 2 Abs. 2 wieder zu entziehen (kein Rechtsmissbrauch infolge Zeitablauf bei aufgeschobener Geltendmachung der Überstundenentschädigung), 4A_198/2013 (18.9.13) E. 4 (Geltendmachung einer Entschädigung für Überstunden, welche aufgrund einer in ungültiger Weise vom GAV abweichenden Arbeitszeitenregelung geleistet wurden), 4C.20/2007 (22.10.07) E. 2.3 (Geltendmachung von Überstundenentschädigungen aus 13 Jahren Beschäftigungsdauer), 4P.96/2003 (30.7.03) E. 2.3.2 fr., 4C.337/2001 (1.3.02) E. 2 (Überstundenentschädigungen aus 3,5 Jahren Beschäftigungsdauer), 126 III 337/344 E. 7b Pra 2001 (Nr. 47) 279, vgl. auch 125 I 14/19 E. 3g (Lohngleichheit), Pra 2001 (Nr. 48) 284 E. 3b (Art. 329d Abs. 2). Wenn jedoch der Arbeitgeber keinerlei Kenntnis über notwendige Mehrarbeit hat und nach den Umständen auch nicht haben muss, deutet die vorbehaltslose Entgegennahme des üblichen Lohnes auf einen Verzicht auf Entschädigung für geleistete Überstunden. Verfügt der Arbeitgeber demgegenüber über hinreichende Anhaltspunkte, dass die übertragenen Aufgaben nicht ohne Mehrarbeit erledigt werden können, so hat er, um über den genauen Umfang der geleisteten Überstunden unterrichtet zu werden, organisatorische Vorkehrungen zu treffen und sich beim Arbeitnehmer zu erkundigen 4A_184/2018 (28.2.19) E. 2.2.2 fr. (missbräuchliche Geltendmachung einer Entschädigung nach mehrjährigem Arbeitsverhältnis ohne Anzeige von Überstunden an den Arbeitgeber), 4A_376/2017 (11.12.17) E. 7.1 (geleistete Arbeitszeit war dem Arbeitgeber bekannt und wurde von diesem lediglich abweichend rechtlich gewürdigt), 4A_40/2008 (19.8.08) E. 4 it., 4A_86/2008 (23.9.08) E. 4 it., 129 III 171/175 E. 2.3 (beide Parteien rechneten mit Überstunden während der Saison, welche in der Zwischensaison hätten kompensiert werden sollen), vgl. auch 4A_464/2007 (8.1.08) E. 3 fr., 4C.337/2001 (1.3.02) E. 2 betr. Zeiterfassungskarten.

6 **Bestimmung des Normallohns.** Zur Bestimmung des Normallohns im Sinne von Abs. 3 sind alle vertraglich geschuldeten Entschädigungen einzuberechnen, zum Beispiel auch ein 13. Monatslohn 4A_352/2010 (5.10.10) E. 3.1 fr., 4C.414/2005 (29.3.06) E. 5.2 fr., vgl. auch 4A_303/2018 (17.10.18) E. 3.4.2 fr. Berechnung bei *Nebenbeschäftigung* 111 II 358/363 f. E. 3b und bei *Hausgemeinschaft* gemäss Art. 322 Abs. 2 4C.460/1999 (18.4.00) E. 2b fr.

7 **Behauptungs- und Beweislast.** Soweit dies vernünftigerweise vom Arbeitnehmer erwartet werden kann, hat er zu beweisen, dass er erstens Überstunden im behaupteten Ausmass und zweitens auf Anordnung oder im Interesse des Arbeitgebers geleistet hat. Lässt sich lediglich feststellen, dass der Arbeitnehmer Überstunden geleistet hat, aber nicht in welchem Umfang, so hat das Gericht analog zu Art. 42 Abs. 2 den Umfang der geleisteten Überstunden nach Ermessen abzuschätzen 4A_285/2019 (18.11.19) E. 6.2.3 (Anspruch verneint), 4A_392/2018 (27.3.19) E. 3 fr. (in casu ungenügende Zeugenaussagen für eine Schätzung), 4A_390/2018 (27.3.19) E. 3 fr. (ungenügende Zeugenaussagen für eine Schätzung), 4A_28/2018 (12.9.18) E. 3 fr. (Schätzung aufgrund von Zeugenaussagen bei fehlender Erfassung der Arbeitszeit durch den Arbeitgeber), 4A_45/2018

(25.7.18) E. 5 fr. (in casu keine Schätzung, da nicht nachgewiesen, dass der Arbeitnehmer trotz Freistellung arbeitete), 4A_484/2017 (17.7.18) E. 2.3 fr., 4A_482/2017 (17.7.18) E. 2.1 fr. (Anspruch verneint), 4A_280/2017 (7.9.17) E. 5.3 (ungenügende Behauptungen für eine Schätzung), 4A_611/2012 (19.2.13) E. 2.2 fr. (Schätzung aufgrund von Zeugenaussagen bei fehlender Erfassung der Arbeitszeit durch den Arbeitgeber), 4A_419/2011 (23.11.11) E. 3.3 fr., 4A_543/2011 (17.10.11) E. 3.1.1 fr. (fehlende Kontrolle der Arbeitszeit durch den Arbeitgeber), 4A_42 und 68/2011 (15.7.11) E. 6 (Beweisuntauglichkeit der vorgelegten Zeitabrechnungen), 4A_492/2010 (11.11.10) E. 2 fr. (Schätzung aufgrund der Ladenöffnungszeiten), 4A_383/2010 (11.8.10) E. 2.1 (in casu bei Vernichtung der Überstundenzettel), 4A_86/2008 (23.9.08) E. 4.2 it., 4A_40/2008 (19.8.08) E. 3.3.1 it., 4C.76/2007 (3.5.07) E. 4.1 (Verzicht auf Schätzung, da die Arbeitnehmerin für die Kompensation ihrer eigenen Überstunden weisungsbefugt gewesen war), 4C.141/2006 (24.8.06) E. 4.2.2 fr. (Abstellen auf die Aufzeichnungen des Arbeitnehmers bei fehlender Erfassung der Arbeitszeit durch den Arbeitgeber), 4C.92/2004 (13.8.04) E. 3.2 fr. (Abstellen auf glaubwürdige Aufzeichnungen des Arbeitnehmers), 4C.7/2004 (8.3.04) E. 2.2.2 fr. (Indiziencharakter von Aufzeichnungen der Arbeitnehmerin aufgrund von Ungereimtheiten), 4C.146/2003 (28.8.03) E. 4 und 5 (Chauffeurverordnung), 4C.128/2003 (30.7.03) E. 5 fr. (Abstellen auf die Aufzeichnungen des Arbeitnehmers), Pra 2004 (Nr. 84) 491 ff. E. 3, 4C.142/2003 (28.7.03) E. 4 it., 128 III 271/277 ff. E. 2b/aa und E. 3 (Abgrenzung von betrieblich bedingter Mehrarbeit und nicht bezogenen Frei- und Ferientagen), vgl. 4A_515/2014 (26.2.15) E. 2.7 fr. (betr. Sonntagsarbeit), 4A_398/2014 (21.11.14) E. 3.2 fr. (betr. Arbeitszeit resp. Beschäftigungsgrad im Allgemeinen). Art. 42 Abs. 2 zielt auf eine Beweiserleichterung und nicht darauf, dem Arbeitnehmer die Beweislast generell abzunehmen, weshalb alle Umstände, die dem Gericht eine Schätzung der Anzahl Überstunden erlauben, soweit möglich und zumutbar zu behaupten und zu beweisen sind 4A_280/2017 (7.9.17) E. 5.3. Keine Verletzung von Bundesrecht, wenn für eine Schätzung nach Art. 42 Abs. 2 genauere Angaben zu den Ruhe- und Pausenzeiten verlangt werden als bloss monatliche Arbeitsstundenpläne, auf welchen jeweils Arbeitsbeginn und Arbeitsende aufgeführt sind 4A_501/2013 (31.3.14) E. 6.3. Der Schluss, dass tatsächlich Überstunden in dem behaupteten Umfang geleistet worden sind, muss sich dem Gericht mit einer gewissen Überzeugungskraft aufdrängen 4A_285/2019 (18.11.19) E. 6.2.3, 4A_484/2017 (17.7.18) E. 2.3 fr., 4A_482/2017 (17.7.18) E. 2.1 fr. – Bezüglich Notwendigkeit genügt es nachzuweisen, dass die Mehrleistung angeordnet war oder der Arbeitgeber davon Kenntnis hatte, ohne dagegen einzuschreiten 4A_42 und 68/2011 (15.7.11) E. 5.2, 4A_86/2008 (23.9.08) E. 4.1 it., 4C.110/2000 (9.10.00) E. 2a/aa, 4C.133/2000 (8.9.00) E. 3b. Behauptet der Arbeitnehmer, der Arbeitgeber habe die Arbeitszeit falsch aufgeführt, so hat er dies zu beweisen 4C.75/2002 (10.1.03) E. 2.1. – Hinreichende Beweiskraft einer elektronischen Agenda, die allen Mitarbeitern zugänglich ist 4A_464/2007 (8.1.08) E. 2 fr. Beweiskraft von Aufstellungen des Arbeitnehmers, wenn der Arbeitgeber eine betriebliche Überstundenerfassung unterlässt 4C.92/2004 (13.8.04) E. 3 fr., anders dagegen 4C.142/2006 (25.9.06) E. 2 fr. Beweiskraft von Zeugenaussagen zur Feststellung der tatsächlichen Arbeitszeit 4A_392/2018 (27.3.19) E. 3 fr., 4A_390/2018 (27.3.19) E. 3 fr., 4A_28/2018 (12.9.18) E. 3 fr., 4A_611/2012 (19.2.13) E. 2.2 fr. Beweiskraft von Aufzeichnungen eines Zeiterfassungssystems, welche den (positiven oder negativen) Saldo der geleisteten Arbeitszeit fehlerhaft wiedergeben 4A_172/2012 (22.8.12) E. 5.2.2 fr.

V. Befolgung von Anordnungen und Weisungen

Art. 321d

[1] Der Arbeitgeber kann über die Ausführung der Arbeit und das Verhalten der Arbeitnehmer im Betrieb oder Haushalt allgemeine Anordnungen erlassen und ihnen besondere Weisungen erteilen.

[2] Der Arbeitnehmer hat die allgemeinen Anordnungen des Arbeitgebers und die ihm erteilten besonderen Weisungen nach Treu und Glauben zu befolgen.

1 ***Abs. 1*** Das *Weisungsrecht* des Arbeitgebers findet seine Grenzen an den vertraglichen Pflichten, dem Gewohnheitsrecht und den zwingenden Gesetzesnormen 4C.168/2006 (5.9.06) E. 2.3 fr. Insbesondere vermag das Weisungsrecht keine neuen Pflichten des Arbeitnehmers zu rechtfertigen, die über den Arbeitsvertrag hinausgehen oder diesen abändern 4C.168/2006 (5.9.06) E. 2.3 fr. Das gilt allerdings dann nicht, wenn ein Qualitätsmanagement-Handbuch zwar als integrierender Vertragsbestandteil erklärt wurde, das Qualitätsmanagement aber allein im Interesse des Arbeitgebers ist. In diesem Fall darf der Arbeitgeber die Anwendung des Handbuchs aussetzen oder neue Anordnungen treffen 4A_575/2010 (8.2.11) E. 2.2. Das Weisungsrecht kann ganz oder teilweise delegiert werden, ohne dass dadurch der weisungsberechtigte Dritte zum Arbeitgeber wird 4A_344/2015 (10.12.15) E. 3.4.

2 ***Abs. 2*** Eine *Befolgungspflicht* besteht nur im Rahmen von Treu und Glauben. Namentlich ist der Arbeitnehmer nicht verpflichtet, Weisungen zu befolgen, die seine Persönlichkeitsrechte verletzen (Art. 328), 132 III 115/121 E. 5.2 (betr. Massnahmen zur Steigerung der Produktivität). So darf dem Arbeitnehmer nicht untersagt werden, unter Umgehung der Hierarchie mit den zuständigen Personen im Unternehmen seine Arbeitsbedingungen zu besprechen, wenn Differenzen mit dem unmittelbar Vorgesetzten entstanden sind 4C.357/2002 (4.4.03) E. 4.1. Zur (eingeschränkten) Möglichkeit, dem Arbeitnehmer eine andersartige Arbeit zuzuweisen 4C.155/2005 (6.7.05) E. 3 fr. (in casu Einsatz einer ehemaligen Verkäuferin als Putzfrau). Der Anwalt, welcher seinen Beruf im Rahmen eines Anstellungsverhältnisses ausübt, steht gegenüber seinem Arbeitgeber in einem Unterordnungsverhältnis. Er muss die entsprechenden Weisungen ausführen, soweit diese nicht mit dem Berufsrecht in Konflikt treten 140 II 102/105 E. 4.2 Pra 2014 (Nr. 56) 424 f.

3 **Weiteres.** Der Arbeitgeber verfügt grundsätzlich über keine Disziplinargewalt gegenüber dem Arbeitnehmer. Im Arbeitsvertrag können für den Fall der Vertragsverletzung *Disziplinarmassnahmen* vorgesehen werden, die ihrem Wesen nach Konventionalstrafen (Art. 160) darstellen. Solche Sanktionen müssen in jedem Fall verhältnismässig und in ihrer Art, soweit möglich, im Voraus bestimmt und umschrieben sein 144 III 327/335 f. E. 5.5.1 f. (in casu ungültige Vereinbarung), 119 II 162/165 E. 2 Pra 1994 (Nr. 11) 41 f. – Die *Freistellung* ist ein einseitiges Rechtsgeschäft, das vom Arbeitgeber aufgrund seines Weisungsrechts ausgeübt wird. Es hat nicht die Beendigung des Vertrags zur Folge, sondern mit Ausnahme der Pflicht auf Arbeitsleistung bleiben die übrigen Pflichten bestehen, soweit sie nicht unmittelbar mit der Erbringung der Arbeitsleistung zusammenhängen 4A_297/2016 (17.11.16) E. 4.3.1 fr. (Fortbestehen der Treuepflicht), 4C.246/2005 (12.10.05) E. 6.1, 128 III 271/281 E. 4a/bb, vgl. 139 V 12/18 f. E. 6.2 (Vergleich zwischen

privatrechtlicher Freistellung und Vorruhestandsurlaub gemäss BPV). – Zum *Verhältnis zur fristlosen Kündigung* 4A_496/2008 (22.12.08) E. 3 und 4 (schwere Weisungsverstösse einer Pflegehelferin bei einem Patientennotfall rechtfertigen fristlose Kündigung ohne vorgängige Verwarnung), 4C.98/2001 (12.6.01) E. 4 fr. und 4C.100/2001 (12.6.01) E. 5 fr. (leichter Weisungsverstoss rechtfertigt fristlose Kündigung nur bei Wiederholung trotz Verwarnung) sowie bei Art. 337/Grundsätze. Zum Weisungsrecht im Konzern 4A_344/2015 (10.12.15) E. 3.4, 4C.158/2002 (20.8.02) E. 3.1.2.

VI. Haftung des Arbeitnehmers

Art. 321e

[1] Der Arbeitnehmer ist für den Schaden verantwortlich, den er absichtlich oder fahrlässig dem Arbeitgeber zufügt.

[2] Das Mass der Sorgfalt, für die der Arbeitnehmer einzustehen hat, bestimmt sich nach dem einzelnen Arbeitsverhältnis, unter Berücksichtigung des Berufsrisikos, des Bildungsgrades oder der Fachkenntnisse, die zu der Arbeit verlangt werden, sowie der Fähigkeiten und Eigenschaften des Arbeitnehmers, die der Arbeitgeber gekannt hat oder hätte kennen sollen.

▪ Allgemeines (1) ▪ Verzicht und Verwirkung (2) ▪ Abs. 1 Haftungsvoraussetzungen und Beweislast (3) ▪ Abs. 2 Mass der Sorgfalt und der Umstände (4)

Allgemeines. Die Bestimmung schliesst sog. Disziplinarmassnahmen nicht aus; diese können unter gewissen Voraussetzungen gültig arbeitsvertraglich vereinbart und insofern als Vertragsstrafen aufgefasst werden 144 III 327/332 E. 5.1 (in casu aber unzulässige Haftungsverschärfung). Einer Konventionalstrafe darf kein Ersatzcharakter zukommen, ansonsten ist sie nichtig 144 III 327/335 E. 5.4.1 (betr. Vertragsverletzungen), anders noch 4A_595/2012 (21.12.12) E. 5.1 (betr. Erweiterung des Konkurrenzverbots). – Anwendung von Art. 341 auf den halbzwingenden Art. 321e (vgl. Art. 362) offengelassen 4A_47/2013 (4.6.13) E. 2.2. Infolge der (halb-)zwingenden Natur der Bestimmung unzulässig ist die Vereinbarung einer verschuldens- oder schadensunabhängigen Haftung des Arbeitnehmers sowie einer Beweislastumkehr zuungunsten des Arbeitnehmers 144 III 327/333 f. E. 5.3. 1

Verzicht und Verwirkung. Das Gesetz enthält keine Vorschrift, wonach die Schadenersatzforderung des Arbeitgebers mangels Geltendmachung oder Vorbehalt vor der Auflösung des Arbeitsverhältnisses *verwirkt* wäre. Ein *Verzicht* des Arbeitgebers auf seine Forderung ist nur anzunehmen, wenn in Anwendung der allgemeinen Grundsätze über den Vertragsabschluss das Verhalten der Parteien im konkreten Fall nach Treu und Glauben als ein vertraglicher Schulderlass (Art. 115) verstanden werden muss. Unterlässt es der Arbeitgeber, Ansprüche, die ihm dem Umfang oder dem Grundsatz nach bekannt sind, vor Beendigung des Arbeitsverhältnisses dem Arbeitnehmer gegenüber geltend zu machen, so darf dies im Allgemeinen als Verzicht durch schlüssiges Verhalten verstanden werden. Das Stillschweigen des Arbeitgebers ist jedoch nicht entscheidend, wenn er nicht die Möglichkeit hatte, seinen Willen vor Beendigung des Arbeitsverhältnisses dem Arbeitnehmer kundzutun. Die Beweislast für den Verzicht trägt der Arbeitnehmer 4C.8/2007 (28.3.07) 2

E. 2 fr., 112 II 500/501 f. E. 3a, 110 II 344/345 f. E. 2b Pra 1985 (Nr. 58) 162, vgl. 4A_257/2019 (6.11.19) E. 4.4.2 (betreffend Ansprüche aus Rauchpausen), 4A_344/2018 (27.2.19) E. 2.5 fr., 4A_666/2017 (17.5.18) E. 4.3 fr. (betreffend nicht geleistete Arbeitszeit). Ein Verzicht des Arbeitgebers auf Schadenersatz kann bereits vorliegen, wenn der Arbeitgeber alle Voraussetzungen der Schadenersatzforderung kennt und doch nicht bei der nächsten Lohnüberweisung verrechnet oder mit einem Vorbehalt anmeldet. Die Erklärung, dass Schadenersatzansprüche aus einem bestimmten Ereignis vorbehalten bleiben, genügt, um zu verhindern, dass beim Arbeitnehmer die berechtigte Erwartung entsteht, der Arbeitgeber verzichte auf Schadenersatz. Es braucht keine Bezifferung, Verrechnung oder gar Klage 4A_351/2011 (5.9.11) E. 2.2.

3 ***Abs. 1*** **Haftungsvoraussetzungen und Beweislast.** Die Bestimmung setzt eine Verletzung gemäss Art. 321a–321d voraus 144 III 327/330 E. 4.2.2 (keine Unterscheidung zwischen Verletzungen der Sorgfalts- bzw. Treuepflicht und sonstigen Vertragsverletzungen), 4C.174/2003 (27.10.03) E. 6.2 fr., 4C.169/2001 (22.8.01) E. 5b fr. Sie ist als *Anwendungsfall von Art. 97* von einer vorzeitigen Vertragsauflösung und ihren Folgen unabhängig. Der Arbeitgeber trägt die Beweislast für den Schaden und dessen Höhe, für die Verletzung der Vertragspflichten sowie den Kausalzusammenhang zwischen der Vertragsverletzung und dem Schaden 144 III 327/330 E. 4.2.1, 4A_599/2013 (17.3.15) E. 3 it., 4A_47/2013 (4.6.13) E. 2.2 fr. (Zulässigkeit einer Vereinbarung, dass der Arbeitnehmer die Kosten der Abklärung des Schadens trägt), 4A_172/2012 (22.8.12) E. 9.3 fr. (in casu Kosten einer durch die Befreiung des Arbeitnehmers von seinen Pflichten bedingten Reorganisation und Einstellung eines zusätzlichen Mitarbeiters nicht nachgewiesen), 4A_526/2009 (21.12.09) E. 3.3 (Substanziierungslast), 4C.8/2007 (28.3.07) E. 2 fr., 4C.369/2006 (16.1.07) E. 5.2 fr., 4C.103/2005 (1.6.05) E. 3 und 4, 97 II 142/151 f. E. 5b Pra 1971 (Nr. 210) 679 f., Pra 1999 (Nr. 9) 50 E. 3, siehe auch 4A_238/2015 (22.9.15) E. 5 fr. (ungenügender Nachweis von Sorgfaltspflichtverletzung und Kausalzusammenhang). Vermögensverminderungen des Arbeitgebers infolge vertraglich geschuldeter Lohnzahlungen stellen keinen Schaden im Rechtssinne dar 4A_202/2008 (11.6.11) E. 3 fr., vgl. 4A_172/2012 (22.8.12) E. 9.1 fr. (Verweis auf den Rückforderungsanspruch gemäss Art. 329d Abs. 3, in casu aber verneint). Zum Kausalzusammenhang vgl. 4C.103/2005 (1.6.05) E. 4. Der Arbeitnehmer trägt nach den allgemeinen Normen des OR die *Beweislast für das Verschulden* 144 III 327/330 E. 4.2.1 (Exkulpationsbeweis), 4C.369/2006 (16.1.07) E. 5.2 fr., 4C.103/2005 (1.6.05) E. 1, 4C.195/2004 (7.9.04) E. 2.1 it., 4C.389/2001 (8.11.02) E. 2.1 fr., 4C.71/2002 (31.7.02) E. 5.1 fr., vgl. aber 4C.87/2001 (7.11.01) E. 4a fr. (noch offengelassen, ob Art. 321e eine Beweislastumkehr zulasten des Arbeitgebers beinhaltet). – War eine Vertragsverletzung Grund für die *fristlose Entlassung* des Arbeitnehmers, haftet dieser für den daraus resultierenden Schaden nicht nach Art. 337b Abs. 1, sondern nach Art. 321e 123 III 257/258 ff. E. 5a.

4 ***Abs. 2*** **Mass der Sorgfalt und der Umstände.** Zu dem vom Auftragnehmer geschuldeten Mass der Sorgfalt siehe Art. 398 Abs. 1 4C.266/2006 (9.2.07) E. 3 fr., 127 III 357/359 E. 1c. Die in der Bestimmung erwähnten Umstände sind auch bei der Festsetzung des Umfanges der Ersatzpflicht zu berücksichtigen (Art. 97, 42–44) 4C.103/2005 (1.6.05) E. 1, 4C.16/2003 (24.6.03) E. 2.2, 4P.10/2003 (24.6.03) E. 4, 4C.71/2002 (31.7.02) E. 5.1 fr., 123 III 257/259 E. 5a. So können z.B. die Lohnhöhe oder die Qualität der Inst-

ruktionen durch den Arbeitgeber berücksichtigt werden 4C.87/2001 (7.11.01) E. 4b fr. Vom Arbeitnehmer können die üblichen beruflichen Fähigkeiten erwartet werden, aussergewöhnliche Fähigkeiten jedoch nur, wenn sie ausbedungen wurden oder unter den konkreten Umständen als beidseitig gewollt angesehen werden können 4C.103/2005 (1.6.05) E. 1; bei entsprechend erhöhter Entlöhnung und bei leitenden Angestellten sind an die Sorgfaltspflicht höhere Anforderungen zu stellen 4C.103/2005 (1.6.05) E. 1, 4C.71/2002 (31.7.02) E. 5.1 fr. Eine Sorgfaltspflichtverletzung ist nicht schon dann anzunehmen, wenn der Arbeitserfolg ausbleibt 4C.103/2005 (1.6.05) E. 1.2. Eine zu eindringliche und voreingenommene Befragung einer Angestellten durch den Vorgesetzten in einer internen Untersuchung genügt nicht zur Annahme einer Sorgfaltspflichtverletzung des Vorgesetzten, die in einem kausalen Zusammenhang mit einer gesundheitlichen Beeinträchtigung der Arbeitnehmerin bzw. einer daraus resultierenden Verurteilung des Arbeitgebers zur Zahlung einer Genugtuung steht 4A_238/2015 (22.9.15) E. 5.3 fr. – Dem Richter steht auf diesem Gebiet ein weiter *Ermessensspielraum* zu, der sich auch auf die (in der Literatur umstrittene) Frage bezieht, ob bei leichter Fahrlässigkeit überhaupt eine Haftung des Arbeitnehmers gegeben sein kann 4C.155/2006 (23.10.06) E. 7 fr. (in casu Reduktion der Haftung auf 50% des Schadens, da die Fehler des Arbeitnehmers auf ein Berufsrisiko zurückzuführen waren und die Beaufsichtigung durch die Arbeitgeberin ungenügend war), 4C.103/2005 (1.6.05) E. 1 (Reduktion der Ersatzpflicht auf ca. 15% des Schadens bei mittlerer Fahrlässigkeit), 4C.195/2004 (7.9.04) E. 2.1 it. (Urteilsunfähigkeit), 4C.389/2001 (8.11.02) E. 2.1 fr. (kein Verschulden des Arbeitnehmers, zudem auch gar kein Schaden), 110 II 344/349 E. 6b Pra 1985 (Nr. 58) 163 (Reduktion der Ersatzpflicht auf 25% des Schadens bei unbewusster Fahrlässigkeit), zu den Umständen siehe Abs. 1 und 123 III 257/259 E. 5a, vgl. auch 4C.155/2006 (23.10.06) E. 7 fr. – *Verhältnis zu Art. 41 ff.*, insbesondere Art. 54 4C.195/2004 (7.9.04) E. 3.3 it. Reduktion nach Art. 44 Abs. 2 4C.103/2005 (1.6.05) E. 6. Der Schadenersatzanspruch wird herabgesetzt oder in extremis ausgeschlossen, wenn der Arbeitgeber den Arbeitnehmer ungenügend kontrolliert 4A_47/2013 (4.6.13) E. 2.5 fr. (in casu aber Mitverschulden des Arbeitgebers verneint). Eine über die blosse Betriebsüberwachung hinausgehende Kontrolle ist jedoch erst dann angebracht, wenn Grund zur Annahme besteht, dass sich das Risiko einer Schlechterfüllung verwirklichen könnte. Dies ist unter anderem anhand des Pflichtenhefts, der Qualifikationen des Arbeitnehmers und bisheriger Kontrollresultate zu beurteilen 4A_575/2010 (8.2.11) E. 2.3, 4C.16/2003 (24.6.03) E. 2.2. Die Reduktionsgründe sind bei der Anwendung von Art. 337b jedenfalls nicht im gleichen Mass wie hier zu berücksichtigen 123 III 257/259 E. 5a (voller Schadenersatz geschuldet). – Zulässigkeit einer (mittels Bonusregelung) vereinbarten Haftung des Arbeitnehmers für Debitorenausstände analog zum Handelsreisendenvertrag Art. 348a offengelassen 4A_498/2007 (3.7.08) E. 4.

C. Pflichten des Arbeitgebers I. Lohn 1. Art und Höhe im Allgemeinen

Art. 322

[1] Der Arbeitgeber hat dem Arbeitnehmer den Lohn zu entrichten, der verabredet oder üblich oder durch Normalarbeitsvertrag oder Gesamtarbeitsvertrag bestimmt ist.

[2] Lebt der Arbeitnehmer in Hausgemeinschaft mit dem Arbeitgeber, so bildet der Unterhalt im Hause mit Unterkunft und Verpflegung einen Teil des Lohnes, sofern nichts anderes verabredet oder üblich ist.

▪ Abs. 1 Auslegungsregeln (1) ▪ Lohn (2) ▪ Üblichkeit (3) ▪ Kantonale Lohnvorschriften (4) ▪ Gesamtarbeitsvertrag (5) ▪ Lohnreduktion (6) ▪ Abs. 2 (7) ▪ Lohngleichheit (8) ▪ Temporär-Arbeitsverhältnis (13) ▪ Arbeit auf Abruf (14) ▪ Weiteres (15)

1 ***Abs. 1*** **Auslegungsregeln** zur Feststellung des verabredeten Lohns 4A_608/2009 (25.2.10) E. 3.1 fr., 4C.369/2006 (16.1.07) E. 3 fr. Die Feststellung des übereinstimmenden Willens der Parteien bezüglich Lohn(-erhöhung) ist eine reine Tatfrage 4A_748/2012 (3.6.13) E. 2.4 fr. Fehlt eine ausdrückliche Vereinbarung, kann auf die langdauernde, unwidersprochene Praxis als stillschweigende Vereinbarung zwischen den Parteien abgestellt werden 4A_139/2011 (16.7.12) E. 6 fr. Die Bestimmung schliesst eine eigenmächtige Festlegung der Höhe des Lohnes durch den Arbeitgeber aus 101 Ia 463/465 f. *Anwendbarkeit* der Bestimmung auf eine *zusätzliche Tätigkeit* des Arbeitnehmers, die als gesonderte Nebenbeschäftigung zu betrachten ist 116 II 69/71 E. 4a Pra 1990 (Nr. 170) 604. Die *Auszahlung* des Lohns ist nicht zwingend von der Arbeitgeberin vorzunehmen, sondern kann *delegiert* werden 4A_142/2018 (16.5.18) E. 2.3.4 (Entsendung innerhalb des Konzerns). Die Systematik der Bestimmung schliesst nicht aus, dass ein vereinbartes Salär sich unterhalb des üblichen Lohns bewegt und so möglicherweise das Recht der Angestellten gefährdet, ein Entgelt zu erhalten, das für eine würdige Lebensführung ausreicht 143 I 403/425 E. 7.7 Pra 2017 (Nr. 100) 983.

2 **Lohn.** Lohn nach Art. 322 Abs. 1 ist Abgeltung für effektiv geleistete Arbeit 4A_158/2019 (26.2.20) E. 4 fr., 4A_378/2017 (27.11.17) E. 3.2.1 fr., 4A_447/2012 (17.5.13) E. 2.2 fr. Die Auszahlung des Lohns kann daher nicht vom Fortbestand des Arbeitsverhältnisses abhängig gemacht werden 4A_158/2019 (26.2.20) E. 4 fr. Abgrenzung zur Gratifikation siehe bei Art. 322d. Lohnbestandteil sind auch die gesetzlichen Zulagen nach OR und ArG sowie die vertraglichen Zulagen (jedoch nicht der Ersatz der Auslagen gemäss Art. 327a) 115 V 326/330 E. 4. Alle Vorschriften, die den Arbeitgeber verpflichten, sich in einem bestimmten Ausmass an der sozialen Vorsorge der Arbeitnehmer zu beteiligen, sind zwingender Natur 4D_31/2010 (8.4.10) E. 2.2.2 fr., 107 II 430/435 E. 4 fr., vgl. 4A_498/2018 (11.4.19) E. 4.1 fr. Der Arbeitnehmer hat zu dulden, dass die Arbeitnehmerbeiträge an die Sozialversicherungen vom Lohn abgezogen werden, es sei denn, Arbeitgeber und Arbeitnehmer hätten eine Nettolohnvereinbarung getroffen, wonach der Arbeitgeber sämtliche Beiträge zu seinen Lasten übernimmt 139 V 50/54 E. 4.2.2. – Siehe auch unter Art. 319 Abs. 1/Wesentliche Vertragsmerkmale.

3 **Üblichkeit.** Das Kriterium der Üblichkeit ist sowohl auf die Frage, ob ein Lohn geschuldet ist, wie auch auf die Frage der Höhe des Lohnes anwendbar 131 V 444/452 f. E. 3.3. Ein Dissens über den Lohn oder dessen Höhe schadet der vertraglichen Verpflichtung daher nicht, wenn die Arbeit aufgenommen wurde 4A_380/2011 (5.3.12) E. 5.1.2, vgl. auch 4A_293/2015 (10.12.15) E. 4.3. Bestimmung der üblichen Lohnhöhe, die bei analogen Beschäftigungen im selben Betrieb, in der gleichen oder einer ähnlichen Branche, am gleichen oder einem ähnlichen Ort unter Berücksichtigung der besonderen Verhältnisse des

einzelnen Falls sowie der persönlichen Verhältnisse der Parteien (namentlich des Ausbildungsstandes und der Fähigkeiten des Arbeitnehmers), für eine gleiche oder ähnliche Tätigkeit bezahlt wird 131 V 444/452 E. 3.3, Pra 2000 (Nr. 47) 272 E. 3. Die Systematik der Bestimmung schliesst nicht aus, dass ein vereinbartes Salär sich unterhalb des üblichen Lohns bewegen und so möglicherweise das Recht der Angestellten gefährden kann, ein Entgelt zu erhalten, das für eine würdige Lebensführung ausreicht 143 I 403/425 E. 7.7 Pra 2017 (Nr. 100) 983.

Kantonale Lohnvorschriften. Siehe Vorb. Art. 319–362/Sondergesetzgebung Kantone. Aus einem kantonalen Erlass, der die Erteilung der Aufenthaltsbewilligung für Fremdarbeiter von der Einhaltung der Vorschriften eines nicht allgemeinverbindlichen Gesamtarbeitsvertrages abhängig macht, kann kein zivilrechtlicher Anspruch auf den im GAV vorgesehenen Mindestlohn abgeleitet werden. Eine Lohnvereinbarung, die mit dieser öffentlich-rechtlichen Regelung nicht übereinstimmt, ist auch nicht nichtig 84 II 424/425 ff. E. 1–3 Pra 1959 (Nr. 4) 7 ff. 4

Gesamtarbeitsvertrag. Verhältnis zwischen verabredetem und durch GAV festgesetztem Lohn 122 III 110/112 E. 4b Pra 1997 (Nr. 9) 41 f. Werden in einem Nachtrag zum GAV Teuerungszulagen festgesetzt, die unabdingbar sind, so kann dadurch nicht stillschweigend und ohne Änderung des GAV die dort vorgesehene Vertragsfreiheit für den Grundlohn wieder aufgehoben werden. Pflicht zur Gewährung einer im GAV vereinbarten Reallohnerhöhung 101 Ia 463/466, vgl. auch 104 II 204/206 f. E.b. Die Annahme, die Unterstellung unter den Gesamtarbeitsvertrag führe zur Anwendung der ehemals im Fremdenpolizeirecht vorgesehenen Mindestlöhne, ist willkürlich 112 II 507/507 ff. E. 2, 3 Pra 1988 (Nr. 8) 35 f. Sogenannte «begrenzte Effektivklauseln», wonach bei einer im GAV vorgesehenen Lohnerhöhung vom bisherigen Effektivlohn auszugehen ist, sind zulässig, sofern sie nicht übermässig in die Privatautonomie eingreifen 140 III 391/401 ff. E. 4, noch offengelassen in 104 II 204/207 E. c, 96 I 433/435 ff. E. 5 (siehe auch bei Art. 356 ff.). 5

Lohnreduktion. Ob der Arbeitgeber mit einer Herabsetzung des Grundlohnes eine zwingende Regelung über Teuerungszulagen umgeht, hängt von den Umständen des Einzelfalles, namentlich vom gesamten Verhalten der Beteiligten ab (in casu Umgehung verneint) 104 II 204/207 E.c. Zur Missbräuchlichkeit der Änderungskündigung siehe bei Art. 336 Abs. 1 lit. d. Eine Reduktion des zukünftigen Lohns in gegenseitigem Einverständnis ist infolge der nicht zwingenden Natur von Art. 322 grundsätzlich zulässig, nicht aber die Reduktion des bereits fälligen Lohns (Art. 341) 4A_370/2017 (31.1.18) E. 3.1 fr., 4A_90/2016 (25.8.16) E. 6.1 fr., 4A_434/2014 (27.3.15) E. 3.2 fr., 4A_608/2009 (25.2.10) E. 3.1 fr., 4A_509/2008 (3.2.09) E. 5 fr., 4C.426/2005 (28.2.06) E. 5.2 fr. (Abgrenzung zur Gratifikation), 4C.242/2005 (9.11.05) E. 3 und 4 fr., 4C.62/2003 (21.5.03) E. 3.2. Während der Arbeitnehmer die Beweislast für den Bestand des Arbeitsverhältnisses, die Höhe des Lohns sowie die Anzahl geleisteter Arbeitsstunden trägt, obliegt es dem Arbeitgeber, eine Reduktion oder Beendigung des Arbeitsverhältnisses zu beweisen 4A_452/2012 (3.12.12) E. 2 fr., 4C.136/2002 (20.6.03) E. 2.2 fr., 125 III 78/79 E. 3b Pra 1999 (Nr. 91) 507. Die *stillschweigende Zustimmung des Arbeitnehmers* zur Lohnreduktion ist grundsätzlich nur in ausserordentlichen Umständen anzunehmen; so wenn für den Arbeitnehmer erkennbar ist, dass der Arbeitgeber von seinem (stillschweigenden) Einver- 6 ständnis ausgeht und andernfalls bestimmte Massnahmen ergreifen oder eine Kündigung aussprechen würde 4A_90/2016 (25.8.16) E. 6.2 fr. (Zustimmung des Arbeitnehmers verneint), 4A_434/2014 (27.3.15) E. 3.2 fr. (unwidersprochene Auflösung einer vom Arbeitgeber finanzierten Säule 3a-Versicherung), 4A_404/2014 (17.12.14) E. 5.2 fr. (unwidersprochene Auszahlung eines reduzierten Gehalts während der gesamten Vertragsdauer bzw. Abgeltung des nicht ausbezahlten Anteils durch Nutzung von Telefon und Fahrzeug auf Kosten des Arbeitgebers), 4A_552/2013 (4.3.14) E. 4 fr. (kein stillschweigender Verzicht gegenüber dem Arbeitgeber, wenn der Lohn während beschränkter Dauer nur teilweise neben Versicherungsleistungen ausbezahlt wurde), 4A_130/2012 (17.7.12) E. 3 fr. (stillschweigende Zustimmung zur Reduktion eines Anteils am Geschäftsergebnis), 4A_443/2010 (26.11.10) E. 10 (stillschweigender Verzicht auf die vorbehaltene Schriftform einer Vertragsänderung), 4A_223/2010 (12.7.10) E. 2.4 (widerspruchslose Annahme von Provisionszahlungen während mehr als zwei Jahren nach einer angekündigten Provisionskürzung), vgl. 4A_608/2009 (25.2.10) E. 3.1 fr., 4A_509/2008 (3.2.09) E. 5.1 fr., 4C.62/2003 (21.5.03) E. 3.2 fr. Bei unwidersprochener Zahlung eines reduzierten Lohns wird die stillschweigende Zustimmung in der Regel unterstellt, sofern die vorgenommene Reduktion dem Arbeitnehmer vorgängig entsprechend angekündigt wurde 4A_90/2016 (25.8.16) E. 6.2 fr. Anders noch 4C.242/2005 (9.11.05) E. 4 fr., wo dem Arbeitnehmer, der gegen die nur teilweise Überweisung des Lohnes nicht protestiert, relativ rasch eine stillschweigende Zustimmung unterstellt zu werden scheint, ebenso 4A_478/2009 (16.12.09) E. 3 fr. (im Zusammenhang mit Art. 326a Abs. 1); siehe auch 4A_367/2018 (27.2.19) E. 3.6 fr., wo das Einverständnis des Arbeitnehmers mit Provisionsabrechnungen unterstellt wird, obwohl er vom Arbeitgeber nicht auf Abweichungen von der vertraglichen Abrede aufmerksam gemacht wurde. – Ein Irrtum über die Auswirkungen einer Reduktion des Arbeitspensums auf Ansprüche aus Arbeitslosenversicherung stellt keinen Grundlagenirrtum i.S.v. Art. 24 Abs. 1 Ziff. 4 dar 4A_624/2018 (2.9.19) E. 4.4.2 fr.

7 ***Abs. 2*** Die Vereinbarung von Naturallohn setzt nicht zwingend die Aufnahme in die Hausgemeinschaft voraus. Diese schafft lediglich die widerlegbare Vermutung, der Unterhalt in Naturalleistungen bilde Lohnbestandteil und dürfe folglich vorbehaltlich einer anderen Vereinbarung dem Arbeitnehmer nicht belastet werden 4C.131/2000 (24.4.01) E. 3a. Berechnung der Entschädigung für Überstundenarbeit bei Hausgemeinschaft 4C.460/1999 (18.4.00) E. 2b fr. (in casu Hausgemeinschaft gemäss Art. 322 Abs. 2). Der Naturallohn kann auch aus Mitarbeiteraktien oder Optionen auf solchen bestehen 131 III 615/620 f. E. 5.1 Pra 2006 (Nr. 92) 659 (siehe auch bei Art. 322d und Art. 323b).

8 **Lohngleichheit.** ***Allgemeines.*** aBV Art. 4 Abs. 2 Satz 3 gleicher Lohn für Mann und Frau (vgl. BV Art. 8 Abs. 3 Satz 3) hat eine direkte *Dritt- oder Horizontalwirkung* auf die Beziehungen zwischen Privaten. Die Lohngleichheit ist daher im privatrechtlichen Arbeitsverhältnis zugleich ein Verfassungsrecht und ein zwingendes arbeitsvertragliches Recht 2A.205-7/2004 (8.4.05) E. 4, 130 III 145/158 f. E. 3.1.2 fr., 118 Ia 35/37 f. E. 2, 113 Ia 107/110 f. E. 1a Pra 1987 (Nr. 254) 882 f., vgl. auch 125 III 368/370 ff., 124 II 436/451 E. 10e/bb, 124 II 436/411 E. 1a, vgl. 114 II 349/349 ff. Pra 1989 (Nr. 114) 386 ff., zum öffentlichen Recht vgl. 144 II 65/68 ff., 143 II 366/369, 141 II 411/419 ff., 139 I 161/161 ff., 138 I 321/321 ff., 131 II 393/393 ff. Das Lohngleichheitsgebot gilt nicht nur für gleiche,

sondern auch für *gleichwertige Arbeit* 133 III 545/551 E. 4 Pra 2008 (Nr. 41) 290, 130 III 145/162 E. 4.2 fr., Pra 2000 (Nr. 41) 229 E. 5a. Der Begriff der gleichwertigen Arbeit umfasst nicht bloss ähnliche (gleichartige) Arbeiten, sondern bezieht sich im Zusammenhang mit der sogenannten verdeckten Lohndiskriminierung auch auf Arbeiten unterschiedlicher Natur 144 II 65/68 E. 4.1, 8C_696/2016 (19.9.17) E. 3.1, 142 II 49/57 E. 6.1, 125 I 71/79 E. 2b. – Als *Lohn* im Sinne der Verfassungsbestimmung gilt nicht nur der Geldlohn, sondern jedes Entgelt, das für die geleistete Arbeit entrichtet wird (etwa auch soziale Lohnkomponenten wie ein Anspruch auf Besoldung während des Mutterschaftsurlaubs, Familien-, Kinder- und Alterszulagen); die Leistung muss allerdings einen engen Zusammenhang mit der Arbeit aufweisen 126 II 217/223 E. 8a (Witwenrente kein Lohn im Sinne der Bestimmung).

Diskriminierung. Das Lohngleichheitsgebot verbietet nur Diskriminierungen aufgrund des *Geschlechts,* sodass eine Ungleichbehandlung je zwischen Männern oder zwischen Frauen keine Geschlechtsdiskriminierung darstellen kann 127 III 207/214 E. 4b, Pra 2000 (Nr. 57) 335 E. 2. Abgesehen davon gilt das Diskriminierungsverbot voraussetzungslos und unabhängig namentlich davon, ob der Arbeitgeber seine Arbeitnehmer oder seine Arbeitnehmerinnen je untereinander diskriminiert 127 III 207/214 E. 4b. Verboten ist nicht nur die direkte, sondern auch die *indirekte* geschlechtsbedingte (Lohn-)Diskriminierung. Letztere liegt vor, wenn eine formal geschlechtsneutrale Regelung im Ergebnis wesentlich mehr bzw. überwiegend Angehörige des einen Geschlechts ohne sachliche Rechtfertigung (z.B. Arbeitszeit 125 II 530/533 ff. E. 4a–e, Ausbildung, Dienstalter, Qualifikation, Erfahrung, konkreter Aufgabenbereich, Arbeitsleistung oder Risiken, aber auch soziale Rücksichten etwa auf familiäre Belastungen und das Alter 125 III 368/373 E. 5) gegenüber jenen des anderen erheblich benachteiligt 144 II 65/68 E. 4.1 (Schaffhauser Kindergartenlehrpersonen), 8C_696/2016 (19.9.17) E. 3.1 (Zürcher Kindergartenlehrpersonen und Verbände), 142 II 49/57 E. 6.1 (Dienststellenleiterin eines Personalamts), 141 II 411/419 E. 6.1.2 (Aargauer Primarlehrerin), 4A.77/2007 (10.7.07) E. 4 fr. (Anforderungen an ein entsprechendes Gutachten), 2A.205-7/2004 (8.4.05) E. 4 (Fachfrauen MTRA im Kanton Solothurn), 124 II 409/425 E. 7 (Zürcher Handarbeitslehrerinnen), 125 I 71/79 E. 2a (Berner Krankenschwestern), 125 II 530/532 E. 2a sowie 125 II 541/543 E. 2a (Zürcher Kindergartenlehrkräfte), siehe auch 125 III 368/371 E. 3, 126 II 217/219 E. 4b, Pra 2000 (Nr. 41) 229 E. 5a. Ob eine Tätigkeit als geschlechterspezifisch identifiziert wird, hängt primär, aber nicht nur, davon ab, ob der Frauenanteil höher als 70% liegt 2A.205-7/2004 (8.4.05) E. 4, 124 II 529/534 E. 5e. Eine geschlechtsbezogene Lohndiskriminierung kann sich sowohl aus einer generellen Einstufung bestimmter geschlechtsspezifischer Funktionen im Rahmen eines Lohn- oder Tarifsystems wie auch aus der konkreten Entlöhnung einer bestimmten Person im Vergleich zu einer Person des anderen Geschlechts ergeben 4C.109/2005 (31.5.05) E. 3.1 fr., 127 III 207/213 E. 3c, 125 I 71/79 E. 2b, 125 III 368/371 E. 3, 124 II 529/531 E. 3b. Der Lohnvergleich beschränkt sich auf Angestellte des beklagten Arbeitgebers. Vergleiche zu Arbeitnehmern anderer Unternehmen, Kantone oder Gemeinden sind aufgrund der unterschiedlichen Entlöhnungssysteme nur ausnahmsweise zulässig 141 II 411/421 E. 6.4, 130 III 145/159 E. 3.1.1 fr. 9

Nicht diskriminierend sind nach der Rechtsprechung in der Regel Lohnunterschiede, die auf objektiven Gründen (s. 125 I 71/84 E. 4d/aa: zulässige Berücksichtigung der in anderen Kantonen bezahlten Löhne) beruhen 4A.12/2007 (3.7.07) E. 4 fr. (in casu aber 10 mangelhafte, weil auf unbestimmten Kriterien abgestützte Überprüfung der Gleichwertigkeit der Arbeit), 130 III 145/164 f. E. 5.2 fr. (Lohnpolitik mit niedrigen Anfangsgehältern und raschen Lohnerhöhungen, deren tatsächliche Anwendung in casu aber nicht erwiesen war), 4C.392/1999 (11.2.00) E. 2b/aa (objektive Unterschiede im Aufgabenbereich), 127 III 207/214 E. 3c fr. (langjährige Erfahrung im Betrieb, wobei aber dargelegt werden muss, inwiefern diese gegenüber ausserbetrieblicher Erfahrung höherwertig ist), 125 III 368/373 E. 5 (journalistische Erfahrung und Verwurzelung in der Region; in casu als gleichwertig beurteilt), 124 II 409/428 E. 9c (Zürcher Handarbeitslehrerinnen), vgl. auch 125 I 71/84 E. 4d/aa (Berner Krankenschwestern), wenn diese für die konkrete Arbeitsleistung und Lohngestaltung auch wirklich wesentlich sind und entsprechend konsequent die Löhne derselben Arbeitgeberin beeinflussen 130 III 145/164 E. 5.1 fr., 127 III 207/214 E. 3c fr., 125 III 368/374 E. 5, 117 Ia 270/276 E. 4a, vgl. 8C_696/2016 (19.9.17) E. 3.1. Dazu gehören zunächst Gründe, die den Wert der Arbeit selbst beeinflussen können, z.B. Ausbildung, übertragene Aufgaben und Leistung. Darüber hinaus können Lohnunterschiede aber auch aus Gründen gerechtfertigt sein, die nicht unmittelbar die Tätigkeit der Arbeitnehmerin oder des Arbeitnehmers berühren, sondern sich (wie etwa familiäre Belastungen und das Alter) aus sozialen Rücksichten ergeben 130 III 145/164 E. 5.2 fr., 127 III 207/214 E. 3c fr., 125 III 368/373 E. 5. Schliesslich kommt als Rechtfertigungsgrund für Lohnunterschiede die konjunkturelle Lage in Betracht, soweit ihre Berücksichtigung einem wirklichen unternehmerischen Bedürfnis entspricht 4A_449/2008 (25.2.09) E. 3 fr. (vorübergehende Knappheit auf dem Arbeitsmarkt), 130 III 145/164 E. 5.2 fr. (Auswirkung der konjunkturellen Lage auf das Verhandlungsgleichgewicht), 125 III 368/373 E. 5 und darob insbesondere die Verhältnismässigkeit gewahrt wird 130 III 145/164 E. 5.2 fr., 125 III 368/377 E. 5c/aa. Konjunkturell bedingte Lohnunterschiede müssen ausgeglichen werden, sobald es für den Arbeitgeber zumutbar ist (in casu innerhalb eines Jahres) 130 III 145/165 E. 5.1 fr., 4C.57/2002 (10.9.02) E. 4.2. Das Mass des Lohnunterschieds muss sich im Gewicht der angeführten Gründe spiegeln (Anforderung der Proportionalität) 4A_449/2008 (25.2.09) E. 3.2.1 fr. (in casu rechtfertigten zusätzliche Erfahrung und Sprachkompetenz einen Unterschied von 16% nicht), 4A_261/2011 (24.8.11) E. 3.2 fr., 4A_449/2008 (25.2.09), 130 III 145/164 E. 5.2.

11 ***Weiteres.*** *Absicht.* Das Diskriminierungsverbot greift unabhängig davon, ob der Arbeitgeber die Diskriminierung beabsichtigte oder nicht 127 III 207/216 E. 5b. – *Verzicht.* Der Umstand, dass eine in diskriminierender Weise entlöhnte Stelle angetreten und beibehalten wird, ohne dass eine Nachzahlung gefordert wird, kann für sich allein nicht als gültiger Verzicht auf die Geltendmachung des Anspruchs auf Lohngleichheit betrachtet werden 125 I 14/19 E. 3g. – *Verjährung.* Beim Anspruch auf einen diskriminierungsfreien Lohn handelt es sich um ein bundesrechtliches Individualrecht, auf welches mangels Spezialregelung im GlG die fünfjährige Verjährungsfrist gemäss Art. 128 Ziff. 3 anwendbar ist 142 II 49/55 f. E. 5.1, 138 II 1/2 f. E. 4.1. – *Beseitigung.* Beseitigung einer in der Vergangenheit erfolgten Diskriminierung durch Lohnnachzahlung 130 III 145/166 f. E. 6 fr., 124 II 436/450 E. 10c, 125 I 14/17 E. 3b, vgl. 8C_696/2016 (19.9.17) E. 1.5. – *Prozessuales.* Rechtsmittel 130 III 145/160 E. 3.2 fr. (vgl. 4P.205/2003 [22.12.03] E. 2–5 fr.), 124 I 223/225 E. 1a/bb. Kognition des BGer 130 III 145/159 E. 3.1.1 fr., 127 III 207/214 E. 3c, 125 III 368/372 E. 3, auch 113 Ia 107/111 ff. E. b–d Pra 1987 (Nr. 254) 883 ff. Untersuchungsmaxime und freie Beweiswürdigung (aArt. 343 Abs. 4 i.V.m. GlG Art. 12 Abs. 2)

4A_614/2011 (20.3.12) E. 3.4, 127 III 207/218 E. 7, 125 III 368/372 E. 3, 4C.392/1999 (11.2.00) E. 3b. Minimale Prüfungspflicht des Gerichts 4C.392/1999 (11.2.00) E. 3b, 125 III 368/371 E. 3, 124 II 529/537 E. 6a, 118 Ia 35/38 f. E. d–e, 117 Ia 262/268 E. 4. *Glaubhaftmachung, Beweislastumkehr.* Nach Art. 6 GlG wird die Beweislast umgekehrt. Es genügt, wenn die Arbeitnehmerin objektive Indizien für einen diskriminierenden Lohn beibringt und diesen somit glaubhaft darlegt. Dies ist z.B. der Fall, wenn eine Arbeitnehmerin beweist, dass sie 15 bis 25% weniger verdient als ein männlicher Kollege, welcher die gleiche Arbeit verrichtet 144 II 65/69 f. E. 4.2, 8C_696/2016 (19.9.17) E. 3.2, 142 II 49/57 f. E. 6.2, 4A_614/2011 (20.3.12) E. 3 (in casu Gegenbeweis erbracht), 4A_261/2011 (24.8.11) E. 3.2 fr. (in casu 50% weniger Lohn als ein männlicher Kollege), 4A_449/2008 (25.2.09) E. 3 fr. (in casu Frage der Lohndiskriminierung unstreitig), 131 II 393/405 E. 7.1 (Abweichung von der mittels analytischer Arbeitsplatzbewertung ermittelten Lohnklasse zum Nachteil geschlechtsspezifischer Funktionen), 4C.109/2005 (31.5.05) E. 3.1 fr. (in casu Beweis nicht erbracht), 4C.473/2004 (6.4.05) E. 4.1 fr.(in casu Beweis nicht erbracht), 130 III 145/161 E. 4.2 fr. (in casu 27% weniger Lohn als der männliche Vorgänger, welcher weniger Verantwortung wahrgenommen hatte), siehe auch 127 III 207/212 E. 3b, 125 III 368/372 f. E. 4 (grundlegend betr. Lohnunterschied von 15 bis 25%), 125 II 541/551 E. 6c, 125 I 71/82 E. 4a, 124 II 436/442 E. 7c. Anforderungen an den Nachweis (gerechtfertigter) marktbedingter Lohnunterschiede 4C.91/2005 (23.5.05) E. 1.2 und 1.3 fr., 4C.109/2005 (31.5.05) E. 3.1 fr., 130 III 145/159 E. 3.1.1 fr., 125 III 368/377 f. E. 5c/aa und an die Rechtfertigung eines «Ausnahmelohns» 125 III 368/378 ff. E. 5c/bb–dd. – *Öffentliche Dienstverhältnisse.* Der Anspruch auf Lohngleichheit gilt für öffentlich- und privatrechtliche Arbeitsverhältnisse gleichermassen 125 III 368/371 E. 3; noch offengelassen in 123 I 152/159 E. 3d. Bei der Ausgestaltung eines Besoldungssystems im öffentlichen Dienst kommt den zuständigen Behörden trotz Lohngleichheitsgebot ein erheblicher Ermessensspielraum zu 138 I 321/324 E. 3.3, 125 II 530/537 E. 5b, Pra 2000 (Nr. 1) 2 E. 2b, Pra 2000 (Nr. 41) 228 E. 4. – Direkte Anwendbarkeit des Diskriminierungsverbots gemäss Anhang I FZA Art. 9 Abs. 1 im Falle einer für den Arbeitnehmer nachteiligen Ausrichtung des Lohns in einer anderen Währung? 4A_215/2017 (15.1.19) E. 6 fr. (offengelassen infolge Rechtsmissbrauchs des Arbeitnehmers).

Zum Gleichbehandlungsgrundsatz siehe unter Art. 328. 12

Temporär-Arbeitsverhältnis. Beim Temporär-Arbeitsverhältnis besteht ein eigentliches Arbeitsverhältnis allein zwischen dem Arbeitnehmer und dem Verleiher, nicht aber zwischen dem Arbeitnehmer und dem Entleiher. Diesem gegenüber hat der Arbeitnehmer daher in der Regel keinen direkten Lohnanspruch, auch wenn gewisse Arbeitgeberbefugnisse auf ihn übergegangen sind 114 V 336/341 E. 5c, vgl. auch 145 III 63/64 ff. (betr. Anwendbarkeit des Regressprivilegs nach ATSG Art. 75 Abs. 2), 119 V 357/357 ff. (Leih- oder Regiearbeit). Zur Dauer der Lohnzahlungspflicht 114 V 336/340 E. 5a. Bei einem Temporär-Arbeitsverhältnis ohne Zusicherung einer bestimmten Einsatzdauer besteht die Lohnzahlungspflicht normalerweise nur für die Dauer des jeweiligen Arbeitseinsatzes (weshalb im Falle von witterungsbedingten Arbeitsausfällen im Einsatzbetrieb der Anspruch auf Arbeitslosenentschädigung nach AVIG Art. 8 ff. zu prüfen ist) 114 V 336/339 f. E. 5a. 13

14 **Arbeit auf Abruf.** *Echte* Arbeit auf Abruf liegt vor, wenn den Arbeitnehmer eine Einsatzpflicht nach Weisung des Arbeitgebers trifft; bei *unechter* Arbeit auf Abruf dagegen kommt ein Einsatz erst aufgrund gegenseitiger Vereinbarung zustande 4A_534/2017 (27.8.18) E. 3.2 Pra 2019 (Nr. 107) 1087, 4A_334/2017 (4.10.17) E. 2.2. Bei (echter) Arbeit auf Abruf gilt die Zeit, in welcher der Arbeitnehmer im Betrieb auf Arbeit wartet, als normale Arbeitszeit, sodass der Arbeitnehmer (vorbehältlich abweichender Vereinbarung) für die Bereitschaftszeit entsprechend zu entlöhnen ist 4A_96/2017 (14.12.17) E. 2.1 fr., 124 III 249/251 E. 3a, siehe auch 4A_11/2016 (7.6.16) E. 4.1 (betr. Pikettdienst nach ArGV 1 Art. 15). Wartet der Arbeitnehmer ausserhalb des Betriebs auf Arbeit (Rufbereitschaft), muss die Bereitschaftszeit, abweichende Vereinbarung vorbehalten, zwar nicht gleich wie die Haupttätigkeit, noch immer aber entlöhnt werden 4A_334/2017 (4.10.17) E. 2.2, 4C.407/1999 (25.1.00) E. 2b (Wartezeiten eines Car-Chauffeurs), 124 III 249/251 f. E. 3b. Eine geringe Beschränkung in der freien Zeitgestaltung resp. die Möglichkeit, ausserhalb des Betriebs geleistete Bereitschaftszeit für arbeitsfremde Verrichtungen zu nutzen, ist bei der Höhe der Entschädigung zu berücksichtigen, führt aber nicht zum gänzlichen Wegfall der Entschädigungspflicht 4A_96/2017 (14.12.17) E. 2.1 fr., 4A_334/2017 (4.10.17) E. 2.2. Abgrenzung des Bereitschaftsdienstes zur nicht entschädigten Pause: Für Pausen im Sinne von ArG Art. 15 Abs. 2 muss der Arbeitnehmer nicht notwendigerweise das Betriebsgebäude verlassen können. Es genügt, wenn die Pause in einem separaten Pausenraum abgehalten werden kann. Pausenzeiten müssen nicht die gleiche Gestaltungs- und Bewegungsfreiheit gewähren wie die eigentliche Freizeit 4A_285/2019 (18.11.19) E. 5.3, 4A_343/2010 (6.10.10) E. 4.4 (Willkürprüfung). Dass der Arbeitnehmer (in casu als Rettungssanitäter) während der Mittagspausen einer Einsatzbereitschaft unterliegt, führt nicht zu einer Entschädigungspflicht 4A_528/2008 (27.2.09) E. 4.3. Offengelassen, ob analog zur Ferienentschädigung der die Rufbereitschaft abgeltende Teil des Arbeitslohns klar aufgeführt werden muss 124 III 249/252 E. 3c. Zum Versicherungsschutz bei Nichtberufsunfällen 126 V 353/356 f. E. 3. Krankheitsbedingte Unmöglichkeit, den Bereitschaftsdienst zu leisten, muss nach den gesetzlichen Regeln (Art. 324a f.) versichert und bezahlt werden 4C.58/2000 (22.5.00) E. 4.

15 **Weiteres.** Der *Wert einer Arbeit* hängt in erster Linie von den objektiven Anforderungen (Anforderungswert) und von der individuellen Leistungsfähigkeit und -bereitschaft (Leistungswert) ab 125 III 368/377 E. 5c/aa (Lohngleichheit). – *Arbeitszeit und Lohn.* Siehe unter Art. 321c. Nach ArG Art. 13 Abs. 4 gilt Weiterbildung, welche auf Anordnung des Arbeitgebers oder aufgrund der beruflichen Tätigkeit von Gesetzes wegen erfolgt, als zu entschädigende Arbeitszeit. Dies ist nicht der Fall, wenn die Weiterbildung nicht der Ausübung der vertraglichen Tätigkeit in Zusammenhang mit einem konkreten Arbeitgeber oder einem konkreten Produkt dient, sondern vielmehr der Verbesserung des beruflichen Könnens des Arbeitnehmers 4D_13/2011 (14.4.11) E. 2.3 fr. Das blosse *Zuwarten mit der Geltendmachung des Lohnanspruchs* ist kein Rechtsmissbrauch 125 I 14/19 E. 3g (Lohngleichheit), vgl. auch 4A_452/2012 (3.12.12) E. 2.3 fr., 126 III 337/344 E. 7b Pra 2001 (Nr. 47) 279 (zu Art. 321c) und Pra 2001 (Nr. 48) 284 E. 3b (zu Art. 329d Abs. 2). – Eine *Lohnquittung* hat nur den Sinn einer Empfangsbestätigung für die betreffende Zahlung; ohne zusätzliche Angaben kann sie eine Schuldverpflichtung nur bis zum von ihr erwähnten Betrag zum Erlöschen bringen 109 II 327/329 E. 2b Pra 1984 (Nr. 35) 84. – Das Er-

stellen einer inhaltlich *unwahren Lohnabrechnung* stellt keine Falschbeurkundung (StGB Art. 251 Ziff. 1) dar 118 IV 363/364 f. E. 2. – Der *Lohnausweis* stellt keine eigentliche Schuldanerkennung dar. Er ist immerhin ein Indiz dafür, wie viel der Arbeitnehmer nach Auffassung des Arbeitgebers in einem Jahr verdient hat 136 III 313/318 E. 2.1. – Die Klausel eines Arbeitsvertrages, welche für die vom Arbeitnehmer seinem Arbeitgeber zugeführte Kundschaft eine Entschädigung vorsieht, die zum Einkauf von Versicherungsjahren in die Pensionskasse verwendet wird, gründet nicht auf dem Recht der beruflichen Vorsorge (Unzuständigkeit der Behörden gemäss BVG Art. 73 für die Beurteilung eines diesbezüglichen Rechtsstreites) 122 III 57/59 f. E. 2 fr. – Abgrenzungen: zum *Lidlohn* nach ZGB Art. 334 f. 124 III 193/195 E. 3b; zur Gratifikation: siehe bei Art. 322d.

2. Anteil am Geschäftsergebnis

Art. 322a

1 Hat der Arbeitnehmer vertraglich Anspruch auf einen Anteil am Gewinn oder am Umsatz oder sonst am Geschäftsergebnis, so ist für die Berechnung des Anteils das Ergebnis des Geschäftsjahres massgebend, wie es nach den gesetzlichen Vorschriften und allgemein anerkannten kaufmännischen Grundsätzen festzustellen ist.

2 Der Arbeitgeber hat dem Arbeitnehmer oder an dessen Stelle einem gemeinsam bestimmten oder vom Richter bezeichneten Sachverständigen die nötigen Aufschlüsse zu geben und Einsicht in die Geschäftsbücher zu gewähren, soweit dies zur Nachprüfung erforderlich ist.

3 Ist ein Anteil am Gewinn des Unternehmens verabredet, so ist dem Arbeitnehmer überdies auf Verlangen eine Abschrift der Erfolgsrechnung zu übergeben.

Ansprüche aus dieser Bestimmung sind grundsätzlich eine Ergänzung zum Basissalär. Die 1
Parteien können jedoch eine ausschliesslich aus dem Anteil am Geschäftsergebnis bestehende Entlöhnung vereinbaren, wenn diese ein angemessenes Entgelt für die erbrachte Leistung darstellt (Art. 349a Abs. 2 analog) 4A_435/2015 (14.1.16) E. 2.1 fr.

Abs. 1 Die Art der Berechnung des Reingewinns hängt vorab vom *Parteiwillen* ab 81 II 2
145/147 E. 1c, siehe auch 4A_498/2018 (11.4.19) E. 4 fr., 4A_370/2017 (31.1.18) E. 4 fr. Da die Beteiligung an den Betriebsergebnissen eine Quelle von Konflikten zwischen den Parteien ist, liegt es in ihrem Interesse, die genaue Form dieser Beteiligung (Gewinn, Umsatz usw.) sowie die Grundlage für die Berechnung des Ergebnisses festzulegen 4A_435/2015 (14.1.16) E. 2.1 fr. Ohne andere Abrede ist davon auszugehen, dass unter dem Gewinn, an dem der Angestellte beteiligt ist, der in einem bestimmten Zeitraum durch den eigentlichen Betrieb erzielte *Geschäftsgewinn* zu verstehen ist und *nicht der bilanzmässige Vermögensgewinn.* Daraus folgt, dass bei der Berechnung des Gewinnanteils auch nur solche Betriebsspesen berücksichtigt werden dürfen, die während der entsprechenden Rechnungsperiode entstanden sind. Da die Gewinnbeteiligung eine *Form des Zeitlohnes* ist, dürfen Verluste aus vorhergehenden Jahren den Gewinnanspruch nicht schmälern 81 II 145/151 f. E. 2d, vgl. auch 42 II 355/359 ff. E. 3. Der Arbeitgeber, welcher sich zu einer bestimmten erfolgsabhängigen Vergütung im Arbeitsvertrag verpflichtet hat, kann sich dieser Verpflichtung nicht dadurch entschlagen, dass mit den Investoren keine dieser Verpflichtung konforme Vereinbarung getroffen wurde 4A_380/2011 (5.3.12)

E. 6.1. Der als wesentlicher Bestandteil des vertraglichen Honorars vereinbarte und nach dem Prozentsatz der ausbezahlten Dividende zu berechnende *Tantiemenanspruch* ist kein Gesellschafts-, sondern ein Gläubigeranspruch, zu dessen Entstehung es genügt, dass ein Jahresergebnis vorliegt, das nach den Grundsätzen einer rationellen Vermögensverwaltung und Geschäftsführung unter den jeweiligen Umständen die Auszahlung einer Dividende rechtfertigt 42 II 355/357 ff. E. 2. Der Anspruch auf Rückzahlung von zu Unrecht an den Arbeitnehmer ausbezahlten Akontozahlungen ist vertraglicher und nicht bereicherungsrechtlicher Natur, womit auch die längere vertragsrechtliche Verjährungsfrist gilt 126 III 119/120 ff. E. 2–3 (in casu Überweisungen an den Arbeitnehmer einer Akonto-Gewinnbeteiligung, ohne dass in der Folge ein Gewinn erwirtschaftet worden ist), anders noch 107 II 220/220. Abgrenzung zur Provision (in casu aufgrund der Auslegung der Willenserklärungen; Art. 18) 4C.384/2002 (31.3.03) E. 3. Anwendbarkeit der Bestimmung auf das komplexe Entschädigungssystem des Carried Interest (Beteiligung an Kapitalerträgen bestimmter Anlagen) verneint 4A_380/2011 (5.3.12) E. 5.1.4 (Vertragsergänzung daher auf Grundlage des hypothetischen Parteiwillens), bestätigt in 4A_270/2018 (2.11.18) E. 2; siehe zu Carried-Interest-Vergütungen auch 4A_528/2016 (7.2.17) E. 4. Qualifikation eines in gewissem Masse vom Erreichen eines bestimmten Geschäftsergebnisses abhängig gemachten Bonus als Gratifikation 139 III 155/158 E. 4.3 (Bonus aus aktienbasiertem Vergütungsprogramm). Ist eine vertraglich als «Bonus» bezeichnete Vergütung bestimmt oder objektiv bestimmbar und damit nicht vom Ermessen des Arbeitgebers abhängig, so handelt es sich um Lohn, auf welchen der Arbeitnehmer Anspruch hat, und nicht um eine Gratifikation i.S.v. Art. 322d 4A_158/2019 (26.2.20) E. 5.2 fr. (in casu Bezeichnung als «commissions»), 4A_468/2017 (12.3.18) E. 3.1, 4A_378/2017 (27.11.17) E. 3.2.3 fr., 4A_216/2017 (23.6.17) E. 3.1, 4A_485/2016 (28.4.17) E. 4.1.1 fr., 4A_159/2016 (1.12.16) E. 5.2.1 fr., 4A_69/2016 (17.8.16) E. 4.1, 142 III 381/383 E. 2.1 (siehe auch bei Art. 322d).

3 ***Abs. 2*** Das Einsichtsrecht des Arbeitnehmers kann eigenständig oder im Rahmen einer Stufenklage geltend gemacht werden 4A_390/2016 (18.1.17) E. 2.3 fr. (Verhältnis zu ZPO Art. 156 offengelassen). – Macht der Arbeitgeber trotz entsprechender Verpflichtung keine nachvollziehbaren Angaben zur genauen Berechnung des Anspruchs des Arbeitnehmers, so kann dieser in analoger Anwendung von Art. 42 Abs. 2 geschätzt werden 4A_270/2018 (2.11.18) E. 3.2.2.

4 ***Abs. 3*** Der Arbeitgeber kann sich nicht auf sein Geschäftsgeheimnis oder auf Persönlichkeitsrechte anderer Angestellter berufen, um die Herausgabe der Informationen nach Abs. 3 zu verweigern, zumal zur Wahrung des Geschäftsgeheimnisses eine neutrale Drittpartei mit der Auswertung betraut werden kann 4A_195/2010 (8.6.10) E. 2.2 fr., vgl. 4A_390/2016 (18.1.17) E. 2.3 fr.

3. Provision a. Entstehung

Art. 322b

[1] Ist eine Provision des Arbeitnehmers auf bestimmten Geschäften verabredet, so entsteht der Anspruch darauf, wenn das Geschäft mit dem Dritten rechtsgültig abgeschlossen ist.

[2] Bei Geschäften mit gestaffelter Erfüllung sowie bei Versicherungsverträgen kann schriftlich verabredet werden, dass der Provisionsanspruch auf jeder Rate mit ihrer Fälligkeit oder ihrer Leistung entsteht.

[3] Der Anspruch auf Provision fällt nachträglich dahin, wenn das Geschäft vom Arbeitgeber ohne sein Verschulden nicht ausgeführt wird oder wenn der Dritte seine Verbindlichkeiten nicht erfüllt; bei nur teilweiser Erfüllung tritt eine verhältnismässige Herabsetzung der Provision ein.

Auslegung. Die Norm folgt dem gleichen Sinn und Zweck wie Art. 349a f. (Lohn des Handlungsreisenden) und Art. 413 (Mäklerlohn) und ist entsprechend analog auszulegen 128 III 174/175 f. E. 2a fr. Die ausschliessliche oder vorwiegende Entlöhnung des Arbeitnehmers durch Provisionen ist daher nur zulässig, wenn diese ein angemessenes Entgelt i.S.v. Art. 349a Abs. 2 darstellen 139 III 214/215 E. 5.1 Pra 2013 (Nr. 114) 891, vgl. 4A_458/2018 (29.1.20) E. 4.4.2 fr. (Vereinbarung eines als «Fixed Draw» bezeichneten Gehalts, welches bei Nichterreichen des verlangten Geschäftsergebnisses reduziert werden kann). 1

Abs. 1 Ohne anderslautende Abrede entsteht der Anspruch auf Provision erst, wenn der Arbeitnehmer ein konkretes Geschäft mit einem Dritten zum Abschluss bringt oder einen Dritten, der zum Abschluss bereit ist, vermittelt, wobei eine *kausale Beziehung* zwischen der vertraglichen Tätigkeit des Arbeitnehmers und dem Geschäftsabschluss bestehen muss 139 III 214/215 E. 5.1 Pra 2013 (Nr. 114) 891, 4A_637/2009 (9.3.10) E. 2.1.2 fr., 4A_498/2007 (3.7.08) E. 4.1, 4A_163/2008 (13.6.08) E. 3.1, 128 III 174/176 E. 2b fr.; Zulässigkeit einer anderslautenden Abrede 4A_402/2013 (9.1.14) E. 2 fr. (in casu Abweichung zugunsten des Arbeitnehmers). Wird der Arbeitnehmer freigestellt, kann infolge der nun fehlenden kausalen Beziehung zwischen Vermittlung und Geschäft der Provisionsanspruch entfallen 4A_637/2009 (9.3.10) E. 2.1.3 fr. Erweist sich der Geschäftsabschluss als nichtig oder macht eine Partei erfolgreich einen Willensmangel geltend, besteht kein Provisionsanspruch 4A_163/2008 (13.6.08) E. 3.1. Waren mehrere Arbeitnehmer am Geschäftsabschluss beteiligt, entsteht ein Anspruch nur dann, wenn der einzelne Arbeitnehmer einen besonderen Einfluss (un rôle particulier) auf den Abschluss des Geschäftes hatte 128 III 174/177 E. 2c fr. Für den Provisionsanspruch hat keine Bedeutung, dass das abgeschlossene Geschäft allenfalls erst nach Beendigung des Arbeitsverhältnisses erfüllt wird 90 II 483/487 f. E. 2c Pra 1965 (Nr. 45) 151, vgl. aber 128 III 174/177 f. E. 2c fr. – *Auslegung* einer Vertragsklausel als Vorschuss auf die zugesicherte Mindestprovision, bei welcher keine Rückzahlungspflicht besteht 129 III 118/120 ff. E. 2 Pra 2003 (Nr. 123) 656 ff. Bonus gemessen an einem «Deckungsbeitrag» des durch den Arbeitnehmer getätigten Geschäfts 4A_498/2007 (3.7.08) E. 3. 2

Abs. 3 Massgeblich ist das Erreichen des wirtschaftlichen Erfolgs, womit der Arbeitnehmer in einer für den Arbeitsvertrag untypischen Weise das wirtschaftliche Risiko mitzutragen hat 4A_163/2008 (13.6.08) E. 3.2. Unter den Fall, dass das Geschäft vom Arbeitgeber ohne sein Verschulden nicht ausgeführt wird, fallen namentlich Sachverhalte, bei denen der Arbeitgeber aus einer von ihm nicht zu verantwortenden Unmöglichkeit (Art. 119) nicht in der Lage ist, seine eigene Leistung zu erbringen, z.B. infolge kriegerischer Ereignisse, Naturkatastrophen, Streiks, Aussperrung, allgemeinen Warenmangels oder Einfuhrsperren. Rücknahme von Waren aus Kulanz oder der freiwillige Abschluss 3 eines Aufhebungsvertrags ohne zwingende Gründe fallen hingegen nicht darunter. Der Anspruch auf Provision fällt auch dann dahin, wenn das Geschäft zunächst ausgeführt, dann aber beendet und rückabgewickelt wurde, um dem Vorwurf unseriöser Geschäfte zu begegnen 4A_163/2008 (13.6.08) E. 3–5. In casu durfte die Arbeitgeberin, eine bekannte Versicherungsgesellschaft, den Geschäftsabschluss rückgängig machen und die Provision verweigern, weil die vermittelten Lebensversicherungen mit einem Trading-Programm verknüpft worden waren, welches die Reputation der Arbeitgeberin belastet hätte 4A_163/2008 (13.6.08) E. 5.2. Der Arbeitgeber hat alle zumutbaren Massnahmen (z.B. Mahnung, Betreibung) zu ergreifen, um den Dritten zur Erfüllung seiner Verbindlichkeiten anzuhalten 4A_367/2018 (27.2.19) E. 4.4 fr. – Der (nachträglich dahinfallende) Provisionsanspruch ist an eine resolutive Bedingung geknüpft, und der Eintritt der auflösenden Bedingung ist grundsätzlich vom Arbeitgeber zu *beweisen* 4A_367/2018 (27.2.19) E. 4.4 fr., vgl. 4D_25/2015 (15.10.15) E. 2.2 fr. Weist der Arbeitgeber aber Herabsetzungen bzw. dahingefallene Provisionen auf den periodischen Abrechnungen aus, ohne dass der Arbeitnehmer dagegen protestiert, so kann dessen Verhalten unter Umständen als Einverständnis mit den vorgenommenen Herabsetzungen qualifiziert werden 4A_367/2018 (27.2.19) E. 4.4 fr. (Anwendung der Rechtsprechung betr. stillschweigende Zustimmung zu Lohnreduktion, siehe dazu bei Art. 322). – Art. 322b sieht als Rechtsfolge nur das Dahinfallen der Provision vor, nicht aber eine Haftung des Arbeitnehmers. Diese richtet sich unabhängig davon nach Art. 321e, welcher im Unterschied zu Art. 322b ein Verschulden voraussetzt. Offengelassen, ob analog zu Art. 448a der Arbeitnehmer für die Debitorenausstände einstehen muss 4A_498/2007 (3.7.08) E. 4.2.

b. Abrechnung

Art. 322c

[1] Ist vertraglich nicht der Arbeitnehmer zur Aufstellung der Provisionsabrechnung verpflichtet, so hat ihm der Arbeitgeber auf jeden Fälligkeitstermin eine schriftliche Abrechnung, unter Angabe der provisionspflichtigen Geschäfte, zu übergeben.

[2] Der Arbeitgeber hat dem Arbeitnehmer oder an dessen Stelle einem gemeinsam bestimmten oder vom Richter bezeichneten Sachverständigen die nötigen Aufschlüsse zu geben und Einsicht in die für die Abrechnung massgebenden Bücher und Belege zu gewähren, soweit dies zur Nachprüfung erforderlich ist.

1 **Beweislast.** Kommt der Arbeitgeber seiner Abrechnungspflicht nicht nach und kann der Arbeitnehmer aus diesem Grund seine Provisionsforderung nicht weiter substanziieren, ist es am Arbeitgeber, die eingeklagten Forderungen substanziiert zu bestreiten. Liegen keine nachvollziehbaren Angaben zu den Berechnungsfaktoren vor, kann Art. 42 Abs. 2 analog angewendet werden 4A_483/2014 (25.11.14) E. 5, siehe auch 4A_270/2018 (2.11.18) E. 3.2.

2 ***Abs. 1*** Die *stillschweigende Zustimmung des Arbeitnehmers* zu für ihn nachteiligen Vertragsänderungen (z.B. Lohnreduktion, siehe dazu bei Art. 322) ist grundsätzlich nur in ausserordentlichen Umständen anzunehmen; so, wenn für den Arbeitnehmer erkennbar ist, dass der Arbeitgeber von seinem (stillschweigenden) Einverständnis ausgeht und an-

dernfalls bestimmte Massnahmen ergreifen oder eine Kündigung aussprechen würde. Der Arbeitnehmer muss sein Nichteinverständnis mit Provisionsabrechnungen innert angemessener Frist zum Ausdruck bringen, begeht aber grundsätzlich keinen Rechtsmissbrauch, wenn er Ansprüche verzögert geltend macht 4A_367/2018 (27.2.19) E. 3.5.3 fr. (in casu aber Einverständnis mit ungenügenden Provisionszahlungen während 8,5 Jahren aufgrund der Umstände unterstellt).

Abs. 2 Die Kosten für den Sachverständigen sind von den jeweiligen Parteien im Verhältnis des Obsiegens und Unterliegens zu tragen. Beauftragt eine Partei ohne Übereinkunft mit der Gegenpartei einen Sachverständigen, so kann sie sich nicht auf diese Kostenverteilung berufen 4A_121/2011 (17.5.11) E. 3.4. 3

4. Gratifikation

Art. 322d

1 Richtet der Arbeitgeber neben dem Lohn bei bestimmten Anlässen, wie Weihnachten oder Abschluss des Geschäftsjahres, eine Sondervergütung aus, so hat der Arbeitnehmer einen Anspruch darauf, wenn es verabredet ist.

2 Endigt das Arbeitsverhältnis, bevor der Anlass zur Ausrichtung der Sondervergütung eingetreten ist, so hat der Arbeitnehmer einen Anspruch auf einen verhältnismässigen Teil davon, wenn es verabredet ist.

▪ Begriff (1) ▪ Akzessorietät (2) ▪ Anspruch durch konkludentes Handeln (3) ▪ Anspruch aus Diskriminierungsverbot (4) ▪ Freiwilligkeitsvorbehalt (5) ▪ Bemessung (6) ▪ Abs. 2 (7) ▪ Weiteres (8)

Begriff. Gratifikation (bzw. Bonus) ist eine bei bestimmten Anlässen gewährte Sondervergütung. Dabei sind drei Fälle auseinanderzuhalten: *Erstens* die zwar als Bonus bzw. Gratifikation bezeichnete Vergütung, deren Höhe bereits im Vertrag bestimmt ist oder aufgrund von objektiven Kriterien festgestellt wird, deren Ausrichtung aber nicht im Ermessen des Arbeitgebers steht, weshalb sie als (variabler) Lohnbestandteil gilt, auf welchen der Arbeitnehmer Anspruch hat. *Zweitens* die als Bonus bezeichnete Vergütung, deren Ausrichtung im Grundsatz vertraglich vorgesehen ist, wobei aber die Festsetzung des Betrags im freien Ermessen des Arbeitgebers liegt; ein solcher Anspruch kann sich auch durch konkludentes Handeln ergeben (siehe nachfolgend: Anspruch durch konkludentes Handeln). *Drittens* die Vergütung, auf die sowohl im Grundsatz als auch im Betrag kein vertraglicher Anspruch besteht und deren Ausrichtung somit vollkommen fakultativ ist; ein Anspruch kann jedoch entstehen, wenn der Bonus den Charakter einer Sondervergütung verliert (siehe nachfolgend: Akzessorietät) oder wenn sich der Freiwilligkeitsvorbehalt als bedeutungslos erweist (siehe nachfolgend: Freiwilligkeitsvorbehalt) 4A_155/2019 (18.12.19) E. 3, 4A_230/2019 (20.9.19) E. 3 fr., 4A_505/2018 (3.6.19) E. 3.3.1 fr., 145 V 188/196 f. E. 5.2.2 Pra 2019 (Nr. 103) 1039 ff., 4A_430/2018 (4.2.19) E. 5 fr., 4A_13/2018 (23.10.18) E. 5.3.1 fr., 4A_78/2018 (10.10.18) E. 4.3 fr., 4A_513/2017 (5.9.18) E. 5.3 fr., 4A_463/2017 (4.5.18) E. 3.1 fr., 4A_651/2017 (4.4.18) E. 3.1 fr., 4A_468/2017 (12.3.18) E. 3.1, 4A_290/2017 (12.3.18) E. 4.1.2 fr., 4A_378/2017 (27.11.17) E. 3.2 fr., 4A_714/2016 (29.8.17) E. 3.2 fr., 4A_216/2017 (23.6.17) E. 3.1, 4A_485/2016 (28.4.17) 1

E. 4.1 fr., 4A_159/2016 (1.12.16) E. 5.2.1 fr. Kennzeichnend ist somit, dass die Ausrichtung der Gratifikation zum Lohn hinzutritt und bis zu einem gewissen Grade vom Ermessen des Arbeitgebers abhängt, wenn nicht dem Grundsatz, so doch mindestens dem Betrag nach. Keine Gratifikation i.S. der Bestimmung ist daher die Vergütung, für die der Arbeitsvertrag Höhe und bedingungslose Fälligkeit zum Voraus festsetzt, wie der 13. Monatslohn oder ein anderes ähnliches, vollständig durch Vertrag bestimmtes Entgelt. Auf die Ausrichtung einer derartigen Vergütung findet Abs. 2 keine Anwendung, wenn der Arbeitsvertrag endigt, bevor sie fällig wird 4A_158/2019 (26.2.20) E. 4 fr. («commissions» mangels jeglichen Ermessens des Arbeitgebers als Lohnbestandteil), 4A_155/2019 (18.12.19) E. 3.2 (Bonus als Gratifikation, Anspruch bejaht), 4A_230/2019 (20.9.19) E. 4.2.2 fr. («Short Term Bonus» als Gratifikation), 4A_505/2018 (3.6.19) E. 3.3.3.2 fr. (prozentuale Gewinnbeteiligung als Gratifikation), 4A_430/2018 (4.2.19) E. 7.2 fr. (kein Anspruch auf anteilmässige Gratifikation, sofern der Arbeitnehmer keine entsprechende Abrede nachweist), 4A_513/2017 (5.9.18) E. 5.1 fr. (Gewinnbeteiligung in Form von Bonus und Aktien als Gratifikation), 4A_463/2017 (4.5.18) E. 3.1 fr. («Bonus» als Gratifikation), 4A_468/2017 (12.3.18) E. 3.3.1 («Bonus» als variabler Lohn), 4A_290/2017 (12.3.18) E. 4.2 und 4.3 fr. («Bonus» als Gratifikation, kein Anspruch auf nach Ende des Arbeitsverhältnisses fällige Anteile), 4A_378/2017 (27.11.17) E. 3.2.3 fr. («Bonus» als Gratifikation), 4A_714/2016 (29.8.17) E. 3 fr. («Bonus» als Gratifikation), 4A_216/2017 (23.6.17) E. 4 («Bonus» als Teil des Lohns), 4A_69/2016 (17.8.16) E. 4.1, 142 III 381/383 E. 2.1, 4A_251/2015 (6.1.16) E. 4.2 fr., 141 III 407/407 E. 4 Pra 2016 (Nr. 38) 374 f. («Cash Retention Award» als Gratifikation), 4A_216/2013 (29.7.13) E. 5.3 (vertraglich geregelter, variabler Bonus als Lohnbestandteil), 4A_447/2012 (17.5.13) E. 2.2 fr., 4A_721/2012 (16.5.13) E. 3, 139 III 155/156 E. 3.1 (Bonus aus aktienbasiertem Vergütungsprogramm als Gratifikation), 4A_172/2012 (22.8.12) E. 8.2 fr. (echte Gratifikation), 4A_26/2012 (15.5.12) E. 5.1 fr. (vertraglich nicht ausdrücklich vereinbarter Bonus als Gratifikation), 4D_98/2011 (20.3.12) E. 2.4 fr. (vertraglich nicht vereinbarte Gratifikation als Lohnbestandteil qualifiziert), 136 III 313/317 E. 2 («unechte» Gratifikation, da nur bezüglich der Höhe ein Freiraum für den Arbeitgeber bestand), 4A_502/2010 (1.12.10) E. 2.1 («Mitarbeiter Gewinnbeteiligung» als Gratifikation), 4A_28/2009 (26.3.09) E. 2.3 («13th Month Annual Bonus Payment» als Gratifikation), 4A_509/2008 (3.2.09) E. 4.1 fr. (Prämien und Arbeitgeberbeiträge an die Altersvorsorge sowie Lebens- und Invaliditätsversicherung als Lohnbestandteil), 4A.115/2007 (13.7.07) E. 4.3 («Bonus» als Gratifikation), 4C.340/2005 (24.1.06) E. 2.1 fr. (in casu Bonus als Lohnbestandteil, da er dem Arbeitnehmer einen seinem vorherigen Salär entsprechenden Lohn garantieren sollte), 4C.426/2005 (28.2.06) E. 5.1 fr. (vertraglich vereinbarter Bonus als Lohnbestandteil), siehe auch 131 III 615/619 f. E. 5 Pra 2006 (Nr. 92) 659 f., 129 III 276/278 ff. E. 2, 109 II 447/448 E. 5c Pra 1984 (Nr. 109) 277 f. (in casu pro rata temporis geschuldeter Lohnbestandteil), vgl. auch 122 V 362/363 E. 2. Ein Bonus kann in der Ausrichtung einer Geldsumme oder auch in der Ausgabe von Aktien oder Optionen bestehen 145 V 188/196 f. E. 5.2.2 Pra 2019 (Nr. 103) 1039, 4A_13/2018 (23.10.18) E. 5.3.1 fr., 4A_513/2017 (5.9.18) E. 5 fr., 4A_463/2017 (4.5.18) E. 3.1 fr., 4A_290/2017 (12.3.18) E. 4.1 fr., 4A_714/2016 (29.8.17) E. 3 fr., 141 III 407/407 E. 4.1 Pra 2016 (Nr. 38) 374. Ein Bonus, der dem Grundsatz nach vertraglich vorgesehen ist, verliert allein durch die spätere Verhandlung und Festlegung des konkreten Betrags nicht den Charakter einer Gratifikation

4A_290/2017 (12.3.18) E. 4.2.2 fr. – Zur Frage, ob eine «*Abgangsentschädigung*» bei Kündigung eine Gratifikation darstellt 4A_242/2018 (13.3.19) E. 4.1.2 fr. (offengelassen), 4A_219/2013 (4.9.13) E. 3.1 fr. (bejaht), 4A.63/2007 (6.7.07) E. 4.1 fr. (offengelassen), siehe auch 4A_290/2017 (12.3.18) E. 5 fr. Wird eine Entschädigung im überobligatorischen Bereich der *Sozialversicherungen* mitversichert, so deutet dies auf das Vorliegen eines Lohnbestandteils 4A.115/2007 (13.7.07) E. 4.3, 4C.6/2003 (24.4.03) E. 2.2. – Unerheblich ist, was die Parteien für den Fall einer Leistungsverhinderung oder einer Kündigung unter dem Jahr gewollt haben. Leistungslohn liegt immer dann vor, wenn die Vergütung für den Fall, dass *bestimmte, objektiv festzulegende Ziele* erreicht werden, vereinbart wurde 139 III 155/158 E. 4.3 (Qualifikation des Bonus als Gratifikation schliesst nicht aus, dass der Bonus in gewissem Masse auch vom Erreichen eines bestimmten Geschäftsergebnisses abhängig gemacht wurde), 4A.115/2007 (13.7.07) E. 4.3 (Qualifikation als Gratifikation aufgrund des grossen Ermessensspielraums des Verwaltungsrats), 4C.395/2005 (1.3.06) E. 5 (Qualifikation als variabler Lohnbestandteil aufgrund des eingeschränkten Ermessensspielraums der Geschäftsleitung), 4C.6/2003 (24.4.03) E. 2.2. Wird die Ausrichtung eines Bonus von jährlich festzulegenden Zielen abhängig gemacht und unterlässt es der Arbeitgeber in der Folge, solche Ziele zu definieren, so beschlägt dies nicht die Qualifikation des Bonus als Lohn oder Gratifikation, sondern die Anwendung von Art. 156 4A_378/2017 (27.11.17) E. 3.3.3 fr. Zum Bonus siehe auch 4C.97/2006 (6.6.06) E. 2 fr. («strukturierter» Bonus als Lohnbestandteil), 4C.426/2005 (28.2.06) E. 5.1 fr. (akzessorisches Element der Gratifikation), 4C.364/2004 (1.7.05) E. 2, 4C.475/2004 (30.5.05) E. 1.2 fr., 4C.325/2002 (24.1.03) E. 3 fr. («strukturierter» Bonus als Lohnbestandteil).

Akzessorietät. Um den Charakter einer Sondervergütung zu wahren, muss eine Gratifikation gegenüber dem Lohn akzessorisch bleiben und darf im Rahmen der Entschädigung des Arbeitnehmers nur eine zweitrangige Bedeutung einnehmen. Dieser Rechtsprechung liegt neben dem Gedanken des Sozialschutzes namentlich ein Rechtsmissbrauchsaspekt und ein Vertrauensaspekt zugrunde: Es soll verhindert werden, dass ein Arbeitgeber seine Verpflichtung zur Lohnzahlung umgeht, indem er freiwillige Leistungen in erheblichem Ausmass ausrichtet, die er jederzeit widerrufen kann, und es soll der Arbeitnehmer in seinem Vertrauen geschützt werden, wenn er regelmässig zusätzlich zu seinem Lohn einen Bonus erhält. Eine Vergütung ist daher insbesondere dann als Lohn zu deuten, wenn dieses Entgelt zur *entscheidenden Leistung für die Arbeitsleistung* wird, d.h., wenn es in der Regel das Basisentgelt (unter Einbezug aller geldwerten Leistungen) übersteigt und damit seinen akzessorischen Charakter verliert, was unter Berücksichtigung aller relevanten Umstände (vor allem Anteil des variablen Entgelts, Höhe des gesamten Entgelts, Häufigkeit der Ausrichtung des variablen Entgelts) zu ermitteln ist 4A_155/2019 (18.12.19) E. 4.1 und 6.3 (in casu Anspruch bejaht), 4A_230/2019 (20.9.19) E. 4.3.3 fr. (Bonusanspruch verneint), 4A_505/2018 (3.6.19) E. 3.3.1 fr. (Anspruch verneint), 4A_13/2018 (23.10.18) E. 5.3.2 fr. (in casu sehr hohes Einkommen, Anspruch verneint), 4A_513/2017 (5.9.18) E. 5.4 fr., 4A_463/2017 (4.5.18) E. 3.1.4 fr., 4A_290/2017 (12.3.18) E. 4.1.4 fr., 4A_378/2017 (27.11.17) E. 3.2.2 fr. (in casu Akzessorietät unstrittig), 4A_714/2016 (29.8.17) E. 3.3 fr. (Anspruch verneint), 4A_485/2016 (28.4.17) E. 4.2 fr. (Anspruch verneint), 4A_159/2016 (1.12.16) E. 5.2.1 fr. (keine regel- 2 mässige Ausrichtung in einer Höhe, die den Bonus als Lohn erscheinen lassen würde; Anspruch verneint), 4A_69/2016 (17.8.16) E. 4.2.1, 142 III 456/459 E. 3.1 Pra 2017 (Nr. 102) 1003, 142 III 381/383 f. E. 2.2.1, 4A_251/2015 (6.1.16) E. 4.2 fr. (in casu sehr hohes Einkommen), 4A_447/2012 (17.5.13) E. 2.2 fr., 139 III 155/156 f. E. 3.2 (Anspruch auf Bonus von CHF 1 292 256 aus aktienbasiertem Vergütungsprogramm neben Fixgehalt von CHF 207 550 sowie Cash-Anteil-Bonus von CHF 1 807 744 verneint), 4A_172/2012 (22.8.12) E. 8.4 fr. (Anspruch auf Gratifikation verneint), 4A_26/2012 (15.5.12) E. 5.1 fr. (akzessorischer Charakter bejaht bei Gratifikation von durchschnittlich 44% eines Salärs zwischen CHF 200 000 und 300 000), 4D_98/2011 (20.3.12) E. 2.4 fr. (in casu aber Gratifikation in der Höhe ca. eines Monatslohns; Anspruch bejaht), 4A_509/2008 (3.2.09) E. 4.1 fr. (Anspruch bei einem Grundgehalt von zunächst CHF 160 000 und später CHF 260 000 sowie Bonuszahlungen zwischen CHF 340 000 und CHF 1 100 000 bejaht), 4A_28/2009 (26.3.09) E. 2.3 (Anspruch auf Bonus verneint), 4A.115/2007 (13.7.07) E. 4.3 (Anspruch auf Bonus verneint), 4A_23/2007 (8.5.07) E. 4 fr. (Anspruch auf leistungsabhängige Bonuszahlungen in der Höhe von ca. 40% des Grundgehalts bejaht), 4C.426/2005 (28.2.06) E. 5.1 fr. (Bonus), 131 III 615/619 ff. E. 5 und 6 Pra 2006 (Nr. 92) 659 ff. (in casu Mitarbeiteraktien, die im Verhältnis zum festen Lohn als zweitrangig erscheinen), 4C.364/2004 (1.7.05) E. 2, 129 III 276/279 E. 2.1 (in casu bei einem Viertel der Jahresentschädigung noch Gratifikation), 4C.6/2003 (24.4.03) E. 2.2 (Verhältnis bei einem Bonus von ca. einem Fünftel des gesamten Jahreseinkommens spricht nicht gegen eine Gratifikation), vgl. auch 4A_158/2019 (26.2.20) E. 5.4 fr., 4C.127/2002 (3.9.02) E. 4.2.1 fr. – Die Regel, dass eine Gratifikation im Verhältnis zum Lohn akzessorisch sein muss, basiert auf dem Gedanken, dass es dem Arbeitgeber verwehrt sein soll, die eigentliche Vergütung des Arbeitnehmers in Form einer (freiwilligen) Gratifikation auszurichten (Schutzbedürfnis des Arbeitnehmers, welches eine Einschränkung der Vertragsfreiheit rechtfertigt). Sobald aber der eigentliche Lohn ein Mass erreicht, das die wirtschaftliche Existenz des Arbeitnehmers bei Weitem gewährleistet, ist das Verhältnis der Sondervergütung zum Fixlohn (mangels Schutzbedürfnisses) ohne Bedeutung für den Entscheid über den Lohncharakter. Ein solches *sehr hohes Einkommen* liegt vor, wenn die gesamte Entschädigung eines Arbeitnehmers mehr als das Fünffache des allgemeinen Schweizer Medianlohns im Privatsektor beträgt 4A_155/2019 (18.12.19) E. 4.2, 145 V 188/197 E. 5.2.2.6 Pra 2019 (Nr. 103) 1041, 4A_13/2018 (23.10.18) E. 5.3.2.1 fr. (Gesamtentschädigung von rund CHF 2,5 Mio. für 13 Monate als sehr hohes Einkommen), 4A_463/2017 (4.5.18) E. 3.1.4.2 fr. (in casu Gesamtentschädigung von CHF 2 215 638 für ein Jahr als sehr hohes Einkommen, kein Anspruch auf Bonus), 4A_290/2017 (12.3.18) E. 4.1.4.2 fr., 4A_714/2016 (29.8.17) E. 3.3.1 fr. (in casu kein sehr hohes Einkommen), 4A_485/2016 (28.4.17) E. 4.2.2 fr. (in casu Entschädigung von CHF 763 571 für 17 Monate als sehr hohes Einkommen), 4A_69/2016 (17.8.16) E. 4.2.2, 142 III 456/460 E. 3.2 Pra 2017 (Nr. 102) 1003 (Entschädigung von CHF 889 665 für 17 Monate als sehr hohes Einkommen), 142 III 381/384 E. 2.2.2 (Entschädigung von CHF 483 700 im letzten Jahr vor Beendigung des Arbeitsverhältnisses als sehr hohes Einkommen), 4A_251/2015 (6.1.16) E. 4.2 fr. (Entschädigung von CHF 438 983 für 10,5 Monate als sehr hohes Einkommen), 141 III 407/412 E. 5.3 Pra 2016 (Nr. 38) 378 ff. (Entschädigung von CHF 362 071 für sechs Monate als sehr hohes Einkommen, darüber hinausgehender Bonus von CHF 636 210 daher als Gratifikation qualifiziert), vgl. 139 III 155/158 ff. E. 5.3 (Bonus von CHF 1 292 256 aus aktienbasiertem Vergütungsprogramm als Gratifikation neben Fixgehalt von CHF 207 550 sowie Cash-Anteil-Bonus von CHF 1 807 744), 4A_216/2013 (29.7.13) E. 5.3 (bei einem Lohn von CHF 100 000 bis zuletzt CHF 125 000 trifft dies noch nicht zu), 4A_447/2012 (17.5.13) E. 2.2 fr., 4A_721/2012 (16.5.13) E. 3, vgl. 4A_158/2019 (26.2.20) E. 5.4 fr.; noch offengelassen in 4A_509/2008 (3.2.09) E. 4.3.2.2 fr. (Lohnzahlungen von nicht über CHF 260 000 gegenüber den Bonuszahlungen im Verhältnis von eins zu fünf). Bei niedrigen Löhnen (salaires modestes) kann bereits ein verhältnismässig niedriger Bonus als Lohn qualifiziert werden. Als *niedriges Einkommen* ist das Einfache des Medianlohns zu betrachten 4A_155/2019 (18.12.19) E. 4.1, 4A_714/2016 (29.8.17) E. 3.3.3 fr. (in casu mittleres bis hohes Einkommen, akzessorischer Charakter des Bonus von 16,94% bis 60,60% bejaht), 4A_485/2016 (28.4.17) E. 4.2.1 fr., 4A_159/2016 (1.12.16) E. 5.2.1 fr., 4A_69/2016 (17.8.16) E. 4.2.1, 142 III 456/459 E. 3.1 Pra 2017 (Nr. 102) 1003, 142 III 381/384 E. 2.2.1. – Massgebend ist grundsätzlich die Gesamtentschädigung aus dem Arbeitsvertrag während eines Jahres, d.h. ein Jahreslohn, wobei es nicht darauf ankommt, ob die tatsächlich erzielten Bezüge regelmässige oder einmalige Lohnzahlungen sind. Ausnahmsweise ist die effektive Entschädigung während der streitgegenständlichen Periode mitzuberücksichtigen, und zwar insbesondere, wenn der Arbeitnehmer im streitigen Jahr nur während einiger Monate gearbeitet hat 4A_13/2018 (23.10.18) E. 5.3.2.1 fr., 4A_69/2016 (17.8.16) E. 4.2.2, 142 III 456/460 E. 3.2 Pra 2017 (Nr. 102) 1003 f., 142 III 381/384 E. 2.2.2. Entscheidend ist die Repräsentativität für das Einkommen, das der Arbeitnehmer regelmässig als Gegenleistung für die geleistete Arbeit erzielt hat 4A_155/2019 (18.12.19) E. 5. Nicht zu berücksichtigen ist daher eine Abgangsentschädigung, die keine Gegenleistung für die Arbeit darstellt, sondern die künftigen Nachteile aus dem Verlust der Arbeitsstelle abfedern soll 4A_155/2019 (18.12.19) E. 5.5.

Anspruch durch konkludentes Handeln. Ein Anspruch ergibt sich nicht nur aus Vertrag, sondern auch aus konkludentem Handeln, wenn während mindestens drei aufeinander folgenden Jahren eine regelmässige und vorbehaltslose Gratifikation ausbezahlt wurde. Ein Anspruch kann sich selbst dann aus besonderen Umständen ergeben, wenn regelmässig der Vorbehalt einer zukünftigen Zahlung angebracht wurde. Ein solcher grundsätzlicher Anspruch auf Gratifikation beschlägt jedoch nicht die Art der Berechnung 4A_155/2019 (18.12.19) E. 3.2.1, 4A_230/2019 (20.9.19) E. 3.2.1 fr. (in casu kein Anspruch), 4A_430/2018 (4.2.19) E. 6 fr. (Anspruch bejaht nach vorbehaltsloser Auszahlung während vier Jahren), 4A_78/2018 (10.10.18) E. 4.3.2.1 fr. (Anspruch verneint), 4A_513/2017 (5.9.18) E. 5.3.1 fr., 4A_463/2017 (4.5.18) E. 3.1.3.1 fr. (Anspruch verneint), 4A_290/2017 (12.3.18) E. 4.1.3.1 fr. (Anspruch verneint), 4A_714/2016 (29.8.17) E. 3.2.2.1 fr. (Anspruch verneint), 4A_159/2016 (1.12.16) E. 5.2.1 fr., 4A_434/2014 (27.3.15) E. 5 fr. (in casu vorbehaltslose Auszahlung während neun Jahren), 4A_721/2012 (16.5.13) E. 3.2 (selbst wenn der Bonus zum Lohnbestandteil wurde, kann er im Betrag variabel bleiben), 4D_98/2011 (20.3.12) E. 2.4 fr. (der Arbeitnehmer darf nach Treu und Glauben davon ausgehen, dass sich der freiwillige Charakter der Gratifikation in eine Zahlungspflicht des Arbeitgebers verwandelt hat), 4A_509/2008 (3.2.09) E. 4.1 fr., 4C.176/2006 (27.10.06) E. 7.1 it., 131 III 615/620 f. E. 5.2 Pra 2006 (Nr. 92) 659 f., 129 III 276/278 f. E. 2 (einmalige, versehentliche Unterlassung des Vorbehalts 3 während der zwölfjährigen Dauer des Arbeitsverhältnisses führt noch nicht zu einer stillschweigenden Vereinbarung), 4C.6/2003 (24.4.03) E. 2.2, 4C.325/2002 (24.1.03) E. 3.1. fr., 4C.263/2001 (22.1.02) E. 4b (mit Hinweisen auf die alte n.p. Rechtsprechung), vgl. auch 4A_158/2019 (26.2.20) E. 4 fr. (in casu keine Gratifikation, sondern Lohnbestandteil), 4C.475/2004 (30.5.05) E. 4 (Gratifikation in Aktien). – Konkludentes Angebot zur Änderung des Arbeitsvertrags bezüglich Bonus und Annahme des stillschweigenden Akzepts des Arbeitnehmers, wenn die Regelung für den Arbeitnehmer von Vorteil ist 4A_216/2017 (23.6.17) E. 5.2 (in casu Verzicht auf Bonus verneint), 4A_23/2007 (8.5.07) E. 4 fr. (Bonus); eine grundlegende Änderung des Bonussystems, die sich zuungunsten des Arbeitnehmers auswirken kann, erfordert grundsätzlich die ausdrückliche Zustimmung des einzelnen Arbeitnehmers und kann nur dann stillschweigend infolge «besonderer Natur des Geschäftes» angenommen werden (Art. 6), wenn der Arbeitnehmer nach den Umständen nach Treu und Glauben gehalten ist, eine mögliche Ablehnung ausdrücklich zu erklären 4A_131/2015 (14.8.15) E. 2 (in casu stillschweigende Annahme eines neuen Bonusplans bejaht; gleicher Sachverhalt und Erwägungen in 4A_133/2015 [14.8.15] E. 2 und 4A_135/2015 [14.8.15] E. 2), 4A_434/2014 (27.3.15) E. 3.2 fr., 4A_216/2013 (29.7.13) E. 6, siehe auch 4A_216/2017 (23.6.17) E. 5.2 (Verzicht auf Bonus verneint). – Zumindest analoge Anwendung (unter Anrufung von Art. 18) auf die Ausrichtung von *«Abgangsentschädigungen»* bei Kündigung 4A.63/2007 (6.7.07) E. 4 fr., siehe auch 4A_242/2018 (13.3.19) E. 4.1.2 fr. (in casu zulässige Praxisänderung des Arbeitgebers bezüglich Abgangsentschädigung bei Umstrukturierung).

4 **Anspruch aus Diskriminierungsverbot.** Die Verweigerung einer Gratifikationszahlung verstösst gegen das individuelle Diskriminierungsverbot (Art. 328), wenn damit ein Arbeitnehmer gegenüber einer Vielzahl von anderen Arbeitnehmern deutlich ungünstiger gestellt wird 4A_651/2017 (4.4.18) E. 3.3 fr. (in casu Verstoss gegen das Diskriminierungsverbot bejaht), 4A_447/2012 (17.5.13) E. 2.4 fr. (in casu keine Ungleichbehandlung erstellt), 4A_172/2012 (22.8.12) E. 8.4 fr. (in casu aber Zahlung zu Recht verweigert), 4A_356/2011 (9.11.11) E. 7.4, 129 III 276/282 E. 3.1, siehe auch unter Art. 328.

5 **Freiwilligkeitsvorbehalt.** Grundsätzlich können die Parteien vereinbaren, dass die Zahlung einer Gratifikation freiwillig ist 4A_158/2019 (26.2.20) E. 4 fr., 4A_29/2011 (21.3.11) E. 1.2, 4A_509/2008 (3.2.09) E. 4.3.2.2, vgl. 4A_149/2014 (18.8.14) E. 3. Aus einem *einmaligen* Unterlassen des *Freiwilligkeitsvorbehalts* kann nicht ohne Weiteres auf einen Anspruch geschlossen werden 4A_26/2012 (15.5.12) E. 5.2 fr., 129 III 276/280 E. 2.2. Ein formelhaft angeführter Vorbehalt, die Ausrichtung einer Gratifikation sei auch in Zukunft fakultativ, hindert die Entstehung des Anspruchs nicht, wenn sich aus dem Verhalten des Arbeitgebers erkennen liess, dass er auch in Zukunft eine Gratifikation ausrichten werde, resp. wenn der Arbeitgeber vom Vorbehalt nie Gebrauch gemacht hat, obwohl er (z.B. infolge schlechter Geschäftsergebnisse oder schlechter Leistungen der Arbeitnehmer) Grund dazu gehabt hätte 4A_155/2019 (18.12.19) E. 3.2.2, 4A_230/2019 (20.9.19) E. 3.2.2 fr., 4A_430/2018 (4.2.19) E. 5.2.2 fr. (in casu kein Freiwilligkeitsvorbehalt), 4A_78/2018 (10.10.18) E. 4.3.2.2 fr., 4A_513/2017 (5.9.18) E. 5.3.2 fr., 4A_463/2017 (4.5.18) E. 3.1.3.2 fr., 4A_290/2017 (12.3.18) E. 4.1.3.2 fr., 4A_714/2016 (29.8.17) E. 3.2.2.3 fr. (in casu kein Anspruch), 4A_159/2016 (1.12.16) E. 5.2.1 fr. (Anspruch verneint), 4A_172/2012 (22.8.12) E. 8.2 fr. (Anspruch verneint), 129 III 276/280 f. E. 2.3;

vgl. 4A_325/2014 (8.10.14) E. 4.4 (ein Freiwilligkeitsvorbehalt in einem Personalhandbuch genügt nicht, wenn über mehrere Jahre ununterbrochen in unverändertem Umfang eine Gratifikation ausbezahlt wurde; in casu aber Ausrichtungsverzicht aus wirtschaftlichen Gründen gerechtfertigt).

Bemessung. Besteht zur Ausrichtung der Gratifikation eine Verpflichtung, so darf die Bemessung nicht willkürlich, d.h. aus sachfremden Gründen, einen Arbeitnehmer schlechter als die übrigen stellen. Trotz dieses Anspruchs auf Gleichbehandlung darf der Arbeitgeber Bestand und Höhe an beliebige Voraussetzungen knüpfen, soweit der Arbeitnehmer diese Kriterien als Bemessungskriterien erkennen konnte 136 III 313/320 E. 2.3.3 und soweit keine die Persönlichkeit verletzende Diskriminierung vorliegt 4A_356/2011 (9.11.11) E. 9.6, 131 III 615/621 E. 5.2 Pra 2006 (Nr. 92) 659 f., 4C.364/2004 (1.7.05) E. 3, vgl. auch 4A_158/2019 (26.2.20) E. 4 fr., 4A.63/2007 (6.7.07) E. 4 fr. Zulässige Bemessungsgrundlagen sind insbesondere die Qualität der Arbeitsleistung und der Geschäftsgang. Dagegen darf der Arbeitgeber die Gratifikation nicht gestützt auf Umstände kürzen, von denen der Arbeitnehmer nach Treu und Glauben nicht annehmen muss, sie seien für die Ausrichtung der Gratifikation beziehungsweise deren Umfang von Belang 136 III 313/317 E. 2, 129 III 276/279 E. 2. Von der Entrichtung einer versprochenen Gratifikation darf der Arbeitgeber nur dann absehen, wenn der Arbeitnehmer seine arbeitsrechtlichen Pflichten grob verletzt hat, nicht aber, wenn er die fehlende Arbeitsleistung des Arbeitnehmers selbst zu vertreten hat 136 III 313/317 E. 2. Eine richterliche Bestimmung der Höhe der bloss dem Grundsatz nach zugesicherten Gratifikationen berücksichtigt die bisherigen Zahlungen an die betroffenen Mitarbeiter in früheren Jahren und die generelle Anpassung der Gratifikation der Mitarbeiter im Betrieb im aktuellen Jahr 4A_356/2011 (9.11.11) E. 9.6. Die Reduktion der Gratifikation bei gekündigter Stelle um einen Drittel ist üblich (Willkürprüfung) 4A_356/2011 (9.11.11) E. 11. Vorausgesetzt ist aber, dass dem Arbeitnehmer die Kündigung bereits mitgeteilt wurde 4A_651/2017 (4.4.18) E. 3.7 fr. – Offengelassen, ob die Festlegung unmöglicher Ziele nach Art. 20 Abs. 1 nichtig und diese nach Art. 20 Abs. 2 auf eine realistische Grösse zu reduzieren sind 4C.142/2002 (19.8.02) E. 2. 6

Abs. 2 Im gekündigten Arbeitsverhältnis steht dem Arbeitnehmer nur der Anteil am Bonus zu, der als Lohn anzusehen ist, es sei denn, der Arbeitnehmer könne die Vereinbarung einer anteilmässigen Ausrichtung einer Gratifikation nachweisen 4A_230/2019 (20.9.19) E. 3.2.1 fr., 4A_430/2018 (4.2.19) E. 7.2 fr., 4A_513/2017 (5.9.18) E. 5.1 fr., 4A_290/2017 (12.3.18) E. 4.1.3.1 fr., 4A_721/2012 (16.5.13) E. 3.4, vgl. 4A_158/2019 (26.2.20) E. 4 fr., 4A_78/2018 (10.10.18) E. 4.3.2.1 fr.; siehe aber bei Art. 336 Abs. 1 lit. c betreffend Kündigung zur Verhinderung eines Bonusanspruchs. Der Anspruch auf Gratifikation kann grundsätzlich davon abhängig gemacht werden, dass sich der Arbeitnehmer im Zeitpunkt von deren Ausrichtung im ungekündigten Arbeitsverhältnis befindet. Dient der Bonus aber als Belohnung für geleistete Arbeit, so kann er dem Arbeitnehmer nur dann verweigert werden, wenn dieser über die Auflösung des Arbeitsverhältnisses bereits informiert ist 4A_651/2017 (4.4.18) E. 3.6.2 fr. Ein Anspruch auf anteilmässige Ausrichtung einer Gratifikation bei Beendigung des Arbeitsverhältnisses besteht auch dann nur aufgrund entsprechender Abrede, wenn sich der Anspruch auf Gratifikation nicht aus Vertrag, son- 7 dern aus konkludentem Handeln ergibt 4A_463/2017 (4.5.18) E. 3.1.3.1 fr., 4A_714/2016 (29.8.17) E. 3.2.2.1 fr.

8 **Weiteres.** Eine in Aussicht stehende Gratifikation ist als zukünftiger Lohn *pfändbar* (SchKG Art. 93). Die Pfändung wirkt sich aus, sobald die Gratifikation, sei es auch freiwillig, bezahlt wird 71 III 60/61 f. Pra 1945 (Nr. 90) 207. – Offengelassen, ob Gratifikationen i.S.v. Art. 322d als Zulagen gemäss AVIG Art. 23 Abs. 1 gelten; der versicherte Verdienst umfasst Gratifikationen ohne Rücksicht auf ihre Klagbarkeit 122 V 362/364 ff. E. 4. – Zulässigkeit einer mittels Bonusregelung vereinbarten Haftung des Arbeitnehmers für Debitorenausstände analog zum Handelsreisendenvertrag Art. 348a offengelassen 4A_498/2007 (3.7.08) E. 4. – Die juristische Ausbildung des Arbeitnehmers ist Grund zur Annahme, dass für diesen aufgrund des Verweises auf Art. 322d auf mehreren Dokumenten erkennbar ist, dass ein Bonus nach Auffassung der Arbeitgeberin eine Gratifikation darstellt 4A_714/2016 (29.8.17) E. 5.2 fr. – Auslegung einer Vereinbarung über eine Entschädigung für den Wegfall eines Long Term Incentive bei Stellenwechsel 4A_68/2016 (7.11.16) E. 5.

II. Ausrichtung des Lohnes 1. Zahlungsfristen und -termine

Art. 323

[1] Sind nicht kürzere Fristen oder andere Termine verabredet oder üblich und ist durch Normalarbeitsvertrag oder Gesamtarbeitsvertrag nichts anderes bestimmt, so ist dem Arbeitnehmer der Lohn Ende jedes Monats auszurichten.

[2] Ist nicht eine kürzere Frist verabredet oder üblich, so ist die Provision Ende jedes Monats auszurichten; erfordert jedoch die Durchführung von Geschäften mehr als ein halbes Jahr, so kann durch schriftliche Abrede die Fälligkeit der Provision für diese Geschäfte hinausgeschoben werden.

[3] Der Anteil am Geschäftsergebnis ist auszurichten, sobald dieses festgestellt ist, spätestens jedoch sechs Monate nach Ablauf des Geschäftsjahres.

[4] Der Arbeitgeber hat dem Arbeitnehmer nach Massgabe der geleisteten Arbeit den Vorschuss zu gewähren, dessen der Arbeitnehmer infolge einer Notlage bedarf und den der Arbeitgeber billigerweise zu gewähren vermag.

1 Solange der Arbeitgeber sich mit verfallenen Lohnzahlungen im Rückstand befindet, ist der Arbeitnehmer in analoger Anwendung von Art. 82 befugt, die Leistung von Arbeit zu verweigern 120 II 209/211 f. E. 6a. Bei berechtigter Arbeitsverweigerung bleibt dem Arbeitnehmer der laufende Lohnanspruch gewahrt, ohne dass er zur Nachleistung verpflichtet wäre (analog Art. 324 Abs. 1) 120 II 209/212 ff. E. 9; vgl. auch 4A_45/2018 (25.7.18) E. 7.2 fr., 119 V 357/361 E. 3a. Offengelassen (zweifelhaft), ob eine Vereinbarung über eine Kürzung des Monatslohns um eine Summe, die stattdessen kumuliert als Kapitalzahlung am Ende des Arbeitsverhältnisses ausbezahlt wird, aus arbeitsrechtlicher Sicht zulässig ist 145 II 2/7 E. 4.4 Pra 2019 (Nr. 132) 1299.

2 ***Abs. 2*** Der Arbeitgeber hat den Arbeitnehmer jeden Monat mit einem schriftlichen Auszug über die provisionsrelevanten Zahlungen zu informieren. Die Beweislast für die Rich-

tigkeit dieser Angaben obliegt dem Arbeitgeber 4A_121/2011 (17.5.11) E. 3.3 fr. Siehe auch unter Art. 322c.

Abs. 4 Die Gewährung von Lohnvorschüssen lässt die Einforderung einer Feiertagsentschädigung durch den Arbeitnehmer nicht rechtsmissbräuchlich werden 4A_72/2018 (6.8.18) E. 6.1.2. 3

2. Lohnrückbehalt

Art. 323a

[1] Sofern es verabredet oder üblich oder durch Normalarbeitsvertrag oder Gesamtarbeitsvertrag bestimmt ist, darf der Arbeitgeber einen Teil des Lohnes zurückbehalten.

[2] Von dem am einzelnen Zahltag fälligen Lohn darf nicht mehr als ein Zehntel des Lohnes und im gesamten nicht mehr als der Lohn für eine Arbeitswoche zurückbehalten werden; jedoch kann ein höherer Lohnrückbehalt durch Normalarbeitsvertrag oder Gesamtarbeitsvertrag vorgesehen werden.

[3] Ist nichts anderes verabredet oder üblich oder durch Normalarbeitsvertrag oder Gesamtarbeitsvertrag bestimmt, so gilt der zurückbehaltene Lohn als Sicherheit für die Forderungen des Arbeitgebers aus dem Arbeitsverhältnis und nicht als Konventionalstrafe.

Abs. 2 Verletzung der Bestimmung durch vertraglich vorgesehene Disziplinarmassnahmen, welche ihrem Wesen nach Konventionalstrafen darstellen 119 II 162/165 f. E. 2 Pra 1994 (Nr. 11) 41 f. 1

3. Lohnsicherung

Art. 323b

[1] Der Geldlohn ist dem Arbeitnehmer in gesetzlicher Währung innert der Arbeitszeit auszurichten, sofern nichts anderes verabredet oder üblich ist; dem Arbeitnehmer ist eine schriftliche Abrechnung zu übergeben.

[2] Der Arbeitgeber darf Gegenforderungen mit der Lohnforderung nur soweit verrechnen, als diese pfändbar ist, jedoch dürfen Ersatzforderungen für absichtlich zugefügten Schaden unbeschränkt verrechnet werden.

[3] Abreden über die Verwendung des Lohnes im Interesse des Arbeitgebers sind nichtig.

Abs. 1 Die Parteien können vereinbaren, dass der Lohn in einer anderen Währung als dem Schweizer Franken ausbezahlt wird 4A_215/2017 (15.1.19) E. 5 fr., vgl. 4A_230/2018 (15.1.19) E. 2. Direkte Anwendbarkeit des Diskriminierungsverbots gemäss Anhang I FZA Art. 9 Abs. 1 im Falle einer für den Arbeitnehmer nachteiligen Ausrichtung des Lohns in einer anderen Währung? 4A_230/2018 (15.1.19) E. 2, 4A_215/2017 (15.1.19) E. 6 fr. (offengelassen infolge Rechtsmissbrauchs des Arbeitnehmers). 1

Abs. 2 Keine analoge Anwendung der Bestimmung auf die Verrechnung von Ersatzforderungen für absichtlich verursachten Schaden mit dem Anspruch auf Freizügigkeitsleistungen 114 V 33/40 ff. E. 3. – Die Verrechnung nach Abs. 2 hat die allgemeinen Voraus- 2 setzungen der Verrechnung nach Art. 120 einzuhalten 4C.2/2003 (25.3.03) E. 5 fr. – Als anspruchshindernde Tatsache ist die Unpfändbarkeit einer Lohnforderung vom Arbeitnehmer zu beweisen, zumal dieser über die dafür erforderlichen Angaben verfügt 4A_624/2018 (2.9.19) E. 5.3 fr., vgl. 4A_6/2020 (12.2.20) E. 5. Anders noch 4A_519/2012 (30.4.13) E. 6 it., wonach der Arbeitgeber die Beweislast in Bezug auf die Pfändbarkeit der Lohnforderung trägt.

3 ***Abs. 3*** *Sinn und Zweck* des sogenannten Truck-Verbots ist, die freie Verwendbarkeit des Lohnes zu sichern. – Zur *Abgrenzung des Lohnes von der Gratifikation* siehe bei Art. 322 Abs. 1 und 2 sowie 322d. Liegt eine entsprechende Vereinbarung über einen Lohnbestandteil im Interesse beider Parteien, ist die Zulässigkeit wertend aufgrund der konkreten Umstände zu beurteilen 4C.237+239/2004 (1.10.04) E. 3.2 (in casu unzulässig: nicht übertragbares und für drei Jahre gesperrtes Optionsrecht für Kadermitarbeiter, das als Lohnbestandteil zu qualifizieren ist). – *Umfang:* Das Verbot betrifft alle Arbeitnehmer und umfasst sowohl die Übereignung von Waren an Zahlungs statt wie auch der vorherige Abschluss von Kauf- oder anderen Verträgen mit anschliessender Verrechnung 131 III 615/618 E. 3 Pra 2006 (Nr. 92) 657 f., 4C.237+239/2004 (1.10.04) E. 3.1, 130 III 19/27 E. 4.2. – Das Truckverbot *entfällt,* wenn kein Lohnbestandteil betroffen ist, zum Beispiel wenn der Arbeitnehmer vornehmlich als Anleger handelt, der das mit der Anlage verbundene Risiko in der Erwartung eines hohen Kapitalgewinns aus freien Stücken akzeptiert 130 III 495/501 f. E. 4.2.2 (in casu zudem für fünf Jahre gesperrte Aktien oder Optionen mit ZGB Art. 27 Abs. 2 vereinbar), bestätigt in 131 III 615/618 f. E. 4 Pra 2006 (Nr. 92) 658, siehe auch 4A_513/2017 (5.9.18) E. 6 fr. (gesperrte Aktien aus Gewinnbeteiligungsplan, die eine Gratifikation darstellen, auf welche nach Auflösung des Arbeitsverhältnisses kein Anspruch mehr besteht), vgl. 4A_199/2015 (29.9.15) E. 6.2.2.1 (unpublizierte Erwägung von 141 III 489).

III. Lohn bei Verhinderung an der Arbeitsleistung 1. bei Annahmeverzug des Arbeitgebers

Art. 324

[1] Kann die Arbeit infolge Verschuldens des Arbeitgebers nicht geleistet werden oder kommt er aus anderen Gründen mit der Annahme der Arbeitsleistung in Verzug, so bleibt er zur Entrichtung des Lohnes verpflichtet, ohne dass der Arbeitnehmer zur Nachleistung verpflichtet ist.

[2] Der Arbeitnehmer muss sich auf den Lohn anrechnen lassen, was er wegen Verhinderung an der Arbeitsleistung erspart oder durch anderweitige Arbeit erworben oder zu erwerben absichtlich unterlassen hat.

▪ Anwendungsbereich (1) ▪ Abs. 1 Verzug (2) ▪ Verhältnis zur Arbeitslosenentschädigung (3) ▪ Verschulden (4) ▪ Abs. 2 (5)

1 **Anwendungsbereich.** Besonderer Fall des Gläubigerverzuges, der den *allgemeinen Bestimmungen des OR* vorgeht 124 III 346/348 E. 2a. Anwendbarkeit auf *Arbeit auf Abruf* 4A_534/2017 (27.8.18) E. 4.3 Pra 2019 (Nr. 107) 1090 f., 125 III 65/70 E. 5 Pra 1999

(Nr. 111) 609 (analoge Anwendung von AVIV Art. 37 zur Bestimmung der Höhe des Lohnanspruchs). Die Bestimmung steht einer *Vereinbarung,* wonach bei einem Rückruf von einem Auslandeinsatz (auch aus geschäftlichen Gründen, welche dem Unternehmerrisiko zuzurechnen sind) für die Zeit ohne Einsatz im Ausland bestimmte Zulagen und Zusatzleistungen wegfallen, nicht entgegen 116 II 145/148 E. 5b. Analoge Anwendbarkeit bei *berechtigter Arbeitsverweigerung* 120 II 209/213 f. E. 9a, vgl. auch 119 V 357/361 E. 3a. – Solange der Arbeitgeber sich mit verfallenen Lohnzahlungen im Rückstand befindet, ist der Arbeitnehmer in analoger Anwendung von Art. 82 befugt, die Leistung von Arbeit zu verweigern. Kein Recht auf Arbeitsverweigerung folgt aus einer nicht bezahlten Gratifikationszahlung. Der Lohnanspruch während der berechtigten Arbeitsverweigerung samt Gratifikation bleibt gewahrt, ohne dass der Arbeitnehmer zur Nachleistung verpflichtet wäre 136 III 313/319 E. 2.3, 120 II 209/213 E. 9a, vgl. 4A_45/2018 (25.7.18) E. 7.2 fr. Siehe auch Art. 337a. – *Anspruch auf effektive Beschäftigung:* siehe unter Art. 328/ (Alte Fassung). Achtung und Schutz der Persönlichkeit des Arbeitnehmers. – Die Klausel eines allgemeinverbindlich erklärten GAV, die den Arbeitgeber verpflichtet, den freien Übertritt aus einer kollektiven Erwerbsausfallversicherung für Krankheit in eine Einzelversicherung zu gewähren, ist keine Lohnbestimmung i.S.v. AVG Art. 20 Abs. 1 135 III 640/643 E. 2 fr., 4A_354/2009 (23.12.09) E. 2 fr.

Abs. 1 **Verzug.** ***Arbeitsangebot durch den Arbeitnehmer.*** Arbeitgeberverzug liegt grundsätzlich erst vor, wenn der *Arbeitnehmer die Arbeit eindeutig angeboten* hat 4A_464/2018 (18.4.19) E. 4.2.2 fr., 135 III 349/357 E. 4.2 Pra 2009 (Nr. 134) 921, 4A_332/2007 (15.11.07) E. 2.1 fr., 4C.87/2007 (7.6.07) E. 5 fr., 4C.230/2005 (1.9.05) E. 3, 4C.259/2003 (2.4.04) E. 2.1 fr., 115 V 437/444 E. 5a, vgl. 4A_35/2017 (31.5.17) E. 5 fr. Das Angebot des Arbeitnehmers ist an *keine Form* gebunden, muss aber dem Arbeitgeber deutlich machen, dass der Arbeitnehmer seiner Arbeitspflicht nachgehen will. Ein derartiges Angebot kann allerdings ausbleiben, wenn anzunehmen ist, dass es nicht angenommen werden wird 4A_332/2007 (15.11.07) E. 2.1 fr. Verzichtet der Arbeitgeber zum Beispiel bei der Freistellung ausdrücklich auf die Arbeitsleistung des Arbeitnehmers, muss dieser seine Leistung nicht mehr anbieten 4A_463/2010 (30.11.10) E. 6 fr., 4C.95/2004 (28.6.04) E. 3.1.1, 128 III 271/281 E. 4a/bb, 118 II 139/140 E. 1a, vgl. auch 115 V 437/445 E. 6a. Ist jedoch die Kündigung mit Freistellung nichtig, muss der Arbeitnehmer die Arbeit anbieten. Ansonsten verliert er seinen Anspruch auf Lohn 4A_739/2012 (22.5.13) E. 3.3 it., vgl. 4A_35/2017 (31.5.17) E. 5 fr. Verlängert sich das Arbeitsverhältnis infolge während der Kündigungsfrist mitgeteilter Schwangerschaft, so muss die Arbeitnehmerin ihre Arbeit anbieten, um weitere Lohnansprüche geltend zu machen, auch wenn sie während der Kündigungsfrist freigestellt war 4A_464/2018 (18.4.19) E. 4.3 fr. Ein Verzicht auf die Arbeitsleistung ist dann anzunehmen, wenn der Arbeitgeber die Stelle der Arbeitnehmerin neu besetzt 135 III 359/369 E. 4.2 Pra 2009 (Nr. 134) 921. Der *Arbeitgeber* gerät grundsätzlich nicht in Verzug, wenn er es unterlässt, den Arbeitnehmer aufzufordern, seine Arbeit während des nach Art. 336c Abs. 2 oder Art. 335c verlängerten Arbeitsverhältnisses weiterzuführen. Eine Pflicht, auf die entsprechende Verlängerung des Arbeitsverhältnisses aufmerksam zu machen, kommt nur in Betracht, wenn der Arbeitgeber den Rechtsirrtum des Arbeitnehmers bemerkt oder bemerken muss und gleichzeitig erkennt oder erkennen muss, dass der Arbeitnehmer einen irreparablen Schaden 2 erleidet 4C.230/2005 (1.9.05) E. 3, vgl. 4A_464/2018 (18.4.19) E. 4.2.2 fr. Das *Einholen einer Arbeitsbewilligung* für Ausländer ist eine Vorbereitungshandlung, die der Arbeitgeber zu erfüllen hat und deren Unterlassung ihn in Verzug setzt 114 II 279/283 f. E. bb Pra 1989 (Nr. 37) 151. Annahmeverzug des Arbeitgebers liegt vor, wenn über ihn der *Konkurs* eröffnet wird und die Konkursverwaltung das Arbeitsverhältnis nicht weiterführen will 53 III 204/209 f. E. 2 (anders noch 48 III 158/160 f. E. 2). – *Beidseitige Unmöglichkeit.* Ein Annahmeverzug des Arbeitgebers setzt voraus, dass der anbietende Arbeitnehmer auch in der Lage ist, die geschuldete Leistung zu erbringen. Bei einer beidseitig zu vertretenden Unmöglichkeit ist der Lohnanspruch des Arbeitnehmers nicht etwa in analoger Anwendung von Art. 43/44 selbständig herabzusetzen, sondern im Ausmass seiner Ersatzpflicht und in den Schranken von Art. 323b Abs. 2 verrechnungsweise zu kürzen (in casu Kürzung zu zwei Dritteln, weil der Arbeitnehmer durch Verbüssung einer Freiheitsstrafe verhindert worden war, die versprochene Arbeit zu leisten, der Arbeitgeber die Verhinderung aber mitzuverantworten hatte) 114 II 274/276 ff. E. 4, 5. – *Kündigung.* Mit der Kündigung des Arbeitsverhältnisses durch den Arbeitnehmer endigt auch der Annahmeverzug i.S. der Bestimmung und damit die Lohnfortzahlungspflicht 116 II 142/143 f. E. 5b, vgl. auch 125 V 492/495 E. 3b fr. (Insolvenzentschädigung). – Es obliegt dem Arbeitnehmer zu *beweisen,* dass er seine Dienste tatsächlich angeboten hat 4A_464/2018 (18.4.19) E. 4.2.2 fr.

3 **Verhältnis zur Arbeitslosenentschädigung.** Eine Vereinbarung, wonach der Arbeitgeber entgegen AVIG Art. 37 die Kurzarbeitsentschädigung für die Karenzzeit nicht übernimmt, ist nichtig 116 V 55/57 E. 3a fr. Der Verzicht auf die Lohnzahlung seitens des Arbeitnehmers führt nicht regelmässig zum Verlust des Anspruchs auf *Arbeitslosenentschädigung.* Dies namentlich dann nicht, wenn es bei konjunkturbedingten Arbeitsunterbrüchen oder vorübergehenden Kürzungen der Arbeitszeit darum geht, eine Auflösung des Arbeitsverhältnisses zu vermeiden 108 V 95/98 f. E. 1c. Der Versicherte, der mit einer Organisation für temporäre Arbeit einen «festen» Arbeitsvertrag abschliesst und in den Zeiten zwischen den befristeten Arbeitseinsätzen ohne Beschäftigung ist, hat in der Regel keinen Anspruch auf Arbeitslosenentschädigung 114 V 336/339 f. E. 5a. Offengelassen, ob auch der freigestellte Arbeitnehmer Insolvenzentschädigung beanspruchen kann 125 V 492/495 E. 3b fr. – Ansprüche des Arbeitnehmers gegenüber dem Arbeitgeber erlöschen, sobald sie von der Arbeitslosenversicherung gedeckt werden. Die Arbeitslosenversicherung hat dann ihrerseits einen Anspruch gegenüber dem Arbeitgeber 4A_192/2009 (14.1.10) E. 5.3.2 it. – Ein Irrtum über die Auswirkungen einer Reduktion des Arbeitspensums auf Ansprüche aus Arbeitslosenversicherung stellt keinen Grundlagenirrtum i.S.v. Art. 24 Abs. 1 Ziff. 4 dar 4A_624/2018 (2.9.19) E. 4.4.2 fr.

4 **Verschulden.** Erfasst werden auch jene Fälle, in denen ohne das Verschulden des Arbeitgebers die Arbeitsleistung wegen eines Ereignisses unmöglich geworden ist, das in der Risikosphäre des Arbeitgebers liegt. Folglich kann sich der Arbeitgeber nicht auf sein *Betriebsrisiko* berufen; auch wenn die Aufträge ausbleiben, schuldet er den Lohn bis zum Kündigungstermin 4A_291/2008 (2.12.08) E. 3, 124 III 346/348 E. 2a, 108 V 95/98 E. 1c, vgl. 4A_458/2018 (29.1.20) E. 4.4.2 fr.

5 ***Abs. 2*** Die Bestimmung ist Ausdruck der Schadenminderungspflicht (Art. 44 Abs. 1) und beruht auf der Überlegung, dass der Arbeitnehmer sich nicht auf Kosten des Arbeit-

gebers bereichern soll 4A_509/2014 (4.2.15) E. 4.1 fr., 128 III 271/281 f. E. 4a/bb. Sie kann auf die *Freistellung* analog angewendet werden, wenn die Parteien nichts vereinbart haben und auch die Umstände des Falles den Schluss nicht zulassen, es sei auf die Anrechnung verzichtet worden 128 III 212/220 E. 3b/cc Pra 2002 (Nr. 153) 833, 118 II 139/140 ff. E. 1, siehe auch 4A_92/2017 (26.6.17) E. 4.2 fr., 4A_362/2015 (1.12.15) E. 5.2 fr. – *Beweislast:* siehe unter Art. 337c Abs. 2 (neue und alte Fassung).

2. bei Verhinderung des Arbeitnehmers a. Grundsatz

Art. 324a

[1] Wird der Arbeitnehmer aus Gründen, die in seiner Person liegen, wie Krankheit, Unfall, Erfüllung gesetzlicher Pflichten oder Ausübung eines öffentlichen Amtes, ohne sein Verschulden an der Arbeitsleistung verhindert, so hat ihm der Arbeitgeber für eine beschränkte Zeit den darauf entfallenden Lohn zu entrichten, samt einer angemessenen Vergütung für ausfallenden Naturallohn, sofern das Arbeitsverhältnis mehr als drei Monate gedauert hat oder für mehr als drei Monate eingegangen ist.

[2] Sind durch Abrede, Normalarbeitsvertrag oder Gesamtarbeitsvertrag nicht längere Zeitabschnitte bestimmt, so hat der Arbeitgeber im ersten Dienstjahr den Lohn für drei Wochen und nachher für eine angemessene längere Zeit zu entrichten, je nach der Dauer des Arbeitsverhältnisses und den besonderen Umständen.

[3] Bei Schwangerschaft der Arbeitnehmerin hat der Arbeitgeber den Lohn im gleichen Umfang zu entrichten.

[4] Durch schriftliche Abrede, Normalarbeitsvertrag oder Gesamtarbeitsvertrag kann eine von den vorstehenden Bestimmungen abweichende Regelung getroffen werden, wenn sie für den Arbeitnehmer mindestens gleichwertig ist.

▪ Abs. 1 Zweck und Anwendungsbereich (1) ▪ Dauer des Vertragsverhältnisses (2) ▪ Beweis (3) ▪ Berechnung (4) ▪ Verschulden des Arbeitnehmers (5) ▪ Regressanspruch auf Dritte (6) ▪ Abs. 2 (7) ▪ Abs. 3 (8) ▪ Abs. 4 (9)

__Abs. 1__ **Zweck und Anwendungsbereich.** Die Regelung hat den sozialen Zweck, die grundsätzlich vom Arbeitnehmer zu tragende Gefahr seiner Arbeitsverhinderung teilweise auf den Arbeitgeber zu überwälzen 122 III 268/270 E. 3a/aa. Die Bestimmung erlaubt es, namentlich durch eine schriftliche Abrede, die Rechtspflicht zur Lohnzahlung durch eine Versicherungsdeckung zu ersetzen, jedoch unter der Bedingung, dass die Arbeitnehmer mindestens gleichwertige Leistungen erhalten. Im Bereich der das Risiko des Lohnverlustes im Krankheitsfalle deckenden Versicherung können die Parteien frei wählen, ob sie eine Kollektivkrankentaggeldversicherung gemäss KVG Art. 67–77 abschliessen wollen oder eine dem VVG unterstellte Taggeldversicherung 143 V 385/390 E. 4.2 Pra 2018 (Nr. 66) 558. Das entsprechende Schutzbedürfnis eines *Temporärarbeitnehmers* ist auch bei relativ geringer Beschäftigungsdauer nicht weniger wichtig als jenes eines Festangestellten 124 III 126/132 E. 1b/bb Pra 1998 (Nr. 103) 594, vgl. auch 139 V 464/464 ff. (betr. versicherter Verdienst für die Bemessung des Taggeldes eines Temporärarbeitnehmers). Auch die krankheitsbedingte Unmöglichkeit, bei *Arbeit auf Abruf* den Bereitschaftsdienst zu leisten, muss nach Art. 324a f. versichert respektive entschädigt werden 4C.58/2000 (22.5.00) E. 4. Lohnfortzahlungspflicht und Kündigungsschutz nach *Art. 336c* gel- 1 ten unabhängig voneinander 124 III 346/348 E. 1a. – Fällt die Verhinderung in den Risikobereich des Arbeitnehmers, ohne dass eine in dieser Bestimmung oder in Art. 324b vorgesehene Ausnahme erfüllt ist, muss der Arbeitgeber für nicht geleistete Stunden keinen Lohn bezahlen 4A_666/2017 (17.5.18) E. 4.1 fr. – Eine Lohnfortzahlungspflicht besteht dagegen in Fällen des Aufschubs des Mutterschaftsurlaubs gemäss EOG Art. 16c Abs. 2 142 II 425/430 f. E. 5.4.

2 **Dauer des Vertragsverhältnisses.** Mangels einer ausdrücklichen Abrede ist eine Lohnzahlungspflicht, die über die *Dauer des Vertragsverhältnisses* hinausginge, zu verneinen. Vorbehalten bleibt der Fall, dass der Arbeitgeber das Vertragsverhältnis in der Absicht kündigt, seiner Lohnzahlungspflicht zu entgehen 4A_236/2008 (29.10.08) E. 5.2.1 it., 113 II 259/263 E. 3, vgl. auch 4A_53/2007 (26.9.07) E. 4 it., 4C.315/2006 (10.1.07) E. 3.1, 124 III 126/132 E. 2b Pra 1998 (Nr. 103) 594, vgl. aber 4C.230/2000 (10.11.00) E. 2a. Infolge der nur einseitig zwingenden Natur können die Parteien jedoch eine für den Arbeitnehmer *günstigere Absprache* treffen. Davon ist insbesondere dann auszugehen, wenn sich der Arbeitgeber vorbehaltlos verpflichtet hat, eine Kollektivtaggeldversicherung mit einem Versicherer abzuschliessen, die während einer längeren Dauer den Lohnbetrag bzw. einen Teil davon weiter bezahlt 4A_228/2017 (23.3.18) E. 2.2 fr., 4A_50/2011 (6.4.11) E. 1.4.1, 4C.9/2006 (1.3.06) E. 2.1, 127 III 318/325 E. 4b, vgl. 143 V 385/390 E. 4.3 Pra 2018 (Nr. 66) 558, siehe auch Abs. 4. Zur Dauer des Arbeitsverhältnisses vgl. 112 II 51/54 fr., 126 III 75/79 E. 2d Pra 2000 (Nr. 121) 714, siehe auch bei Art. 335. – Während eines (rechtmässigen) *Streiks* ist der Arbeitsvertrag in seinen Hauptpflichten suspendiert und ist der Arbeitgeber folglich zur Lohnzahlung nicht verpflichtet 4A_64/2018 (17.12.18) E. 4.2 fr., 125 III 277/285 E. 3c, vgl. auch bei Art. 357a. – Die gesetzliche *Untergrenze von drei Monaten* rechtfertigt sich deshalb, weil dem Arbeitgeber das Risiko der Unmöglichkeit der schuldnerischen Leistung nur dann überbunden werden kann, wenn der Arbeitnehmer ihm seine Arbeitskraft während einer gewissen Zeit zur Verfügung stellt 4C.193/2005 (30.9.05) E. 2.4.1 fr., 126 III 75/79 E. 2d Pra 2000 (Nr. 121) 714. Wurde der Vertrag über eine bestimmte Dauer von mehr als drei Monaten abgeschlossen, entsteht der Lohnanspruch bei Krankheit ab Vertragsschluss. Wurde ein Vertrag auf unbestimmte Dauer mit einer Kündigungsfrist von über 3 Monaten abgeschlossen, gilt das Gleiche. Wurde ein Vertrag auf unbestimmte Dauer mit einer Kündigungsfrist von drei Monaten oder weniger abgeschlossen, so hat der Arbeitnehmer erst nach Ablauf der Karenzfrist Anspruch auf Lohnersatz nach Art. 324a 131 III 623/629 ff. E. 2.4 Pra 2006 (Nr. 131) 898 ff. Zur Berechnung der Karenzfrist 131 III 623/627 E. 2.2 und 2.3 Pra 2006 (Nr. 131) 897 f.

3 **Beweis.** In der Aufforderung zur *vertrauensärztlichen Untersuchung* liegt grundsätzlich keine Persönlichkeitsverletzung 125 III 70/76 E. 3c. Der Arbeitnehmer ist für die unverschuldete Arbeitsunfähigkeit im Hinblick auf die Lohnfortzahlungspflicht beweisbelastet 4C.315/2006 (10.1.07) E. 3.2.2, 125 III 70/76 E. 3c. Belegt die Arbeitnehmerin ihre Arbeitsunfähigkeit mit einem Arztzeugnis, so liegt es am Arbeitgeber darzutun, dass dieses nicht den Tatsachen entspreche 4A_614/2009 (16.2.10) E. 3.2 fr. Das Arztzeugnis ist kein absolutes Beweismittel 4A_289/2010 (27.7.10) E. 3.2 fr., 4A_152/2008 (11.9.08) E. 4 it. Ein Arztzeugnis muss sich nicht über den Grund des Gesundheitsschadens aussprechen, sondern kann sich auf die Bestätigung der Arbeitsunfähigkeit beschränken. Der Arbeitgeber hat jedoch die Möglichkeit, eine medizinische Überprüfung anzuordnen. Diese be-

schränkt sich allerdings ebenfalls auf die Frage, ob Arbeitsunfähigkeit gegeben ist und ob allenfalls ein Verschulden im Sinne von Art. 324a vorliegt 4C.230/2000 (10.11.00) E. 4. Ein Arztzeugnis, das eine Arbeitsunfähigkeit von 50% bescheinigt, rechtfertigt kein vollständiges Fernbleiben von der Arbeit 4A_45/2018 (25.7.18) E. 7.2 fr.

Berechnung. Während seiner Abwesenheit soll der Arbeitnehmer den gleichen Lohn (samt allfälligem Anteil des 13. Monatslohns) erhalten, wie wenn er seine Leistung tatsächlich erbracht hätte (ohne Mahlzeiten- und Repräsentationsspesen 4A_89/2011 [27.4.11] E. 6 fr.). Lässt sich dieser *hypothetische Lohn* nicht berechnen, ergibt sich der Lohnersatz für die unregelmässigen Lohnbestandteile aus dem entsprechenden Durchschnitt (samt ausgerichteter Ferienentschädigung, Lohnersatz aus Art. 324 f. etc.) des letzten Jahres. Lässt sich auch eine solche Berechnung nicht durchführen, ist der Lohnersatz analog zu Art. 42 Abs. 2 zu ermitteln 4C.173/2004 (7.9.04) E. 4.2 und 4.4 fr., siehe auch bei Art. 321c Abs. 3. – Ausrichtung von *Zulagen* während krankheitsbedingter Arbeitsverhinderung 115 V 326/330 E. 4. – Hat sich der Arbeitgeber durch den Abschluss eines Kollektiv-Krankenversicherungsvertrages im Sinne von Abs. 4 von seiner Lohnfortzahlungspflicht befreit, so ist der Arbeitslohn wie auch der anteilmässige 13. Monatslohn nur für diejenige Zeit zu bezahlen, während welcher der Arbeitnehmer Arbeit leistete 4A_514/2018 (28.11.18) E. 4. 4

Verschulden des Arbeitnehmers. Bei der Beurteilung der Frage, ob die freiwillige Übernahme *gesetzlicher Pflichten* ein Verschulden i.S. der Bestimmung darstellt, sind sowohl das Interesse des Arbeitnehmers an der Ausübung seiner verfassungsmässigen Rechte als auch das öffentliche Interesse an der Erfüllung gesetzlicher Pflichten zu berücksichtigen. Ein Verschulden des Arbeitnehmers ist daher dann zu verneinen, wenn diese Interessen gegenüber denjenigen des Arbeitgebers an der Arbeitsleistung überwiegen. Entsprechend gelten als unverschuldet: die Verpflichtung zur Erbringung des *militärischen Frauendienstes* 122 III 268/271 E. 3a/aa, die freiwillig *vorgezogene Rekrutenschule* 4C.331/2001 (12.2.02) E. 4b (vgl. auch bei Art. 336c lit. a), vgl. auch 4C.155/2006 (23.10.06) E. 6.1 fr., die Leistung eines *Arbeitsdienstes wegen Militärdienstverweigerung* aus Gewissensgründen (MStG Art. 81 Ziff. 2) 122 III 268/271 ff. E. 3a/bb. – Die gleichen Grundsätze gelten auch bezüglich der *freiwilligen Übernahme von Unfallrisiken* 122 III 268/270 f. E. 3a/aa. Unter Berücksichtigung seiner persönlichen Freiheit kann von einem Arbeitnehmer in der Regel nicht verlangt werden, von der Ausübung aller *riskanten Sportarten* wie Skifahren, Bergsteigen, Tauchen, Reiten usw. abzusehen 122 III 268/271 E. 3a/aa. – Wird ein Arbeitnehmer in einem *Strafverfahren,* das zu seiner Verurteilung führt, durch Untersuchungshaft oder daraufhin durch Verbüssung einer Freiheitsstrafe verhindert, die versprochene Arbeit zu leisten, so gilt die Verhinderung in der Regel als selbstverschuldet. Ein Vorbehalt ist für den Fall zu machen, dass der Arbeitgeber die Verhinderung in erster Linie selber zu verantworten hat, z.B., weil er den Arbeitnehmer durch Weisungen zu Straftaten veranlasst hat (selbst dann jedoch meistens Mitverantwortung des Arbeitnehmers) 114 II 274/278 E. 5, vgl. auch 4C.74/2000 (16.8.01) E. 4b fr. (Lohnersatz bei unverschuldeter Untersuchungshaft). Ist der Arbeitnehmer demgegenüber infolge einer psychischen Erkrankung an der Arbeitsleistung verhindert und begeht er in seinem krankheitsbedingten Zustand eine Straftat, aufgrund welcher er inhaftiert wird, so 5 schliesst die Untersuchungshaft den Lohnfortzahlungsanspruch nicht von vornherein aus 4A_232/2019 (18.11.19) E. 3.2.2.

6 **Regressanspruch auf Dritte.** Der Arbeitgeber hat im Umfang des hypothetischen Schadens, den der Arbeitnehmer ohne die Lohnfortzahlung des Arbeitgebers erlitten hätte, einen Regressanspruch gegen den haftpflichtigen Dritten 126 III 521/522 E. 2 (Gesetzeslücke, die in analoger Anwendung von Art. 51 Abs. 2 geschlossen wird mit dem Ergebnis, dass der Arbeitgeber den subrogierenden Sozial- und Schadensversicherern gleichgestellt wird).

7 ***Abs. 2*** Bei wiederholter Verhinderung im gleichen Dienstjahr werden die Leistungen aufgerechnet (Jahreskredit) 4C.36/2007 (26.3.07) E. 4.2 fr., 124 V 291/296 E. 3c fr. Jedes neue Dienstjahr lässt einen neuen Jahreskredit entstehen 4P.87/2002 (20.6.02) E. 3 fr. – *Besondere Umstände:* Nebst der Dauer des Arbeitsverhältnisses sind z.B. die wirtschaftlichen Verhältnisse der Parteien und allfällige frühere Lohnbezüge bei Verhinderung an der Arbeitsleistung zu berücksichtigen 4P.87/2002 (20.6.02) E. 3 fr.; 84 II 29/31 ff. E. 5, 6. Sind *gesamtarbeitsvertraglich* längere Zeitabschnitte bestimmt worden (in casu 720 Tage) und wurde eine entsprechende Versicherung abgeschlossen, hat der Arbeitnehmer grundsätzlich auch dann noch Anspruch auf die volle Versicherungsdeckung, wenn der Arbeitgeber den Arbeitsvertrag auf einen früheren Termin gekündigt hat 124 III 126/132 E. 2b Pra 1998 (Nr. 103) 594.

8 ***Abs. 3*** Die Bestimmung wurde durch Ziff. III des BG vom 3. Oktober 2003 über die Erwerbsersatzordnung für Dienstleistende in Armee, Zivildienst und Zivilschutz (AS 2005 1429) neu formuliert (in Kraft seit 1. Juli 2005). Eine Schwangerschaft als solche gibt keinen Anspruch auf Lohn ohne Arbeitsleistung 4C.36/2007 (26.3.07) E. 4.2 fr., 118 II 58/61 E. b Pra 1993 (Nr. 142) 552. – Keine Kumulation mit Leistungen nach Abs. 1 124 V 291/295 E. 3c fr.

9 ***Abs. 4*** Die Leistungen nach den beiden Regelungen sind unter Vornahme einer Gesamtwürdigung in jedem Einzelfall miteinander zu *vergleichen* 4A_446/2008 (3.12.08) E. 4 fr., 96 II 133/136 f. E. 3c Pra 1970 (Nr. 147) 473. – Für den Arbeitnehmer hat das System der Krankentaggeldversicherung gegenüber der gesetzlichen Ordnung den Vorteil, dass es eine Risikoverteilung bewirkt und die Ausrichtung eines Taggeldes für eine längere, von der Dauer des Arbeitsverhältnisses unabhängige Zeitspanne sichert. Der zeitliche Kündigungsschutz und die Lohnfortzahlungspflicht sind nicht gesetzlich koordiniert 4A_50/2011 (6.4.11) E. 1.4.1 (zum Verhältnis Kündigungsschutz und Lohnfortzahlung). Eine Krankentaggeldversicherung, die während eines Jahres Taggelder in der Höhe von 60% des Lohnes garantiert, kann im Allgemeinen (unter Vorbehalt einer genaueren Schätzung im Einzelfall) als gleichwertig wie der für «verhältnismässig kurze Zeit» (OR 1911 Art. 335) ausbezahlte Lohn (in casu vier Monatslöhne) betrachtet werden, sofern der Arbeitgeber für die Hälfte der Prämien aufkommt (ungenügend jedoch Taggelder von 40% unter den gleichen Bedingungen) 96 II 133/137 f. E. 3d Pra 1970 (Nr. 147) 474, vgl. auch 4A_53/2007 (26.9.07) E. 4 it. Gleichwertig ist sodann eine Versicherung, die Taggelder in der Höhe von 80% des Lohnes während 720 oder 730 Tagen nach einer Karenzfrist von 2 bis 3 Tagen garantiert, wenn der Arbeitgeber mindestens die Hälfte der Prämien bezahlt 4A_228/2017

(23.3.18) E. 2.2 fr., vgl. 4A_514/2018 (28.11.18) E. 3.1, sowie eine Versicherung, die Taggelder in der Höhe von 80% des Lohnes während 730 Tagen vorsieht und deren Prämien der Arbeitgeber vollumfänglich übernimmt 4A_42/2018 (5.12.18) E. 5 fr. – Wird die Lohnfortzahlungspflicht des Arbeitgebers bei Krankheit des Arbeitnehmers im Sinne dieser Bestimmung durch eine für den Arbeitnehmer mindestens gleichwertige Regelung ersetzt, so ist der Arbeitgeber von der Lohnfortzahlung befreit 4A_42/2018 (5.12.18) E. 5 fr., 4A_514/2018 (28.11.18) E. 3.1. Dem Arbeitgeber, der sich durch den Abschluss eines Kollektiv-Krankenversicherungsvertrages seiner Lohnfortzahlungspflicht entledigt, steht *kein eigener Anspruch auf die Versicherungsleistungen* zu 120 V 38/40 ff. E. 3, vgl. auch 122 V 81/83 E. 1b fr. Die Befreiung von der Lohnfortzahlungspflicht führt dazu, dass betreffend Ansprüche auf Taggelder nicht der Arbeitgeber, sondern die Versicherung passivlegitimiert ist 4A_42/2018 (5.12.18) E. 5 fr., 4A_514/2018 (28.11.18) E. 2. – Dass Prämien an eine Krankentaggeldversicherung bezahlt wurden, begründet alleine keinen Anspruch auf die Auszahlung des Taggeldes bei Krankheit, es muss zusätzlich ein effektiver Erwerbsausfall nachgewiesen werden. Verneint, wenn Krankheit bei Arbeitslosem eintritt 4A_541/2008 (4.8.09) E. 6.3.2 it. Schadenersatzpflicht des Arbeitgebers nach Art. 97 Abs. 1, der seinen Arbeitnehmer entgegen (gesamtarbeits-)vertraglicher Verpflichtung nicht gegen die wirtschaftlichen Folgen krankheitsbedingter Arbeitsunfähigkeit versichert hat 141 III 112/115 E. 4.5 Pra 2015 (Nr. 96) 768, 4A_446/2008 (3.12.08) E. 4 fr., vgl. 4A_232/2019 (18.11.19) E. 3.4.2 (Frage offengelassen), 4A_300/2017 (30.1.18) E. 3 it., 4A_553/2012 (29.7.13) E. 6 fr., 4C.9/2006 (1.3.06) E. 2.1, 4C.230/2000 (10.11.00) E. 2a (Schadenersatz über das Ende des Arbeitsverhältnisses hinaus), 124 III 126/133 E. 4 Pra 1998 (Nr. 103) 595, 125 V 492/497 E. 4a fr. (Erfüllungsinteresse), siehe auch zu Art. 97. Schadenersatzpflicht der Organe nach Art. 41, sofern die Verweigerung der Versicherungsleistungen durch den Versicherer auf Fehlverhalten derselben beruht 141 III 112/116 ff. E. 5 Pra 2015 (Nr. 96) 769. – Ein Anspruch auf Versicherungsleistungen aufgrund einer Vereinbarung nach Art. 324a Abs. 4 schliesst den Anspruch auf Schadenersatz gemäss Art. 337c Abs. 1 (Lohnersatz) aus 4A_553/2012 (29.7.13) E. 6.2 fr. – Die *Schriftform* muss in klar verständlicher Weise die wichtigsten Punkte der Regelung wie Grad der Deckung, versicherte Risiken, Leistungsdauer, Prämien, Karenzfrist etc. sowie die Unterschrift beider Parteien enthalten 4A_228/2017 (23.3.18) E. 2.2 fr. (in casu nicht erfüllt), 4A_98/2014 (10.10.14) E. 4.2.1 fr., 131 III 623/633 f. E. 2.5.1 Pra 2006 (Nr. 131) 902, 4C.193/2005 (30.9.05) E. 2.5.1 fr. Das Erfordernis der Schriftform dient dem Schutz des Arbeitnehmers, weshalb unter Umständen eine den Arbeitnehmer im Allgemeinen begünstigende, durch *konkludentes Handeln* vereinbarte Lösung trotz des Formmangels als gültig anzusehen ist 4A_228/2017 (23.3.18) E. 3.2.2 fr. (in casu verneint). Eine Regelung, die lediglich die Lohnfortzahlungspflicht ausweitet, unterliegt nicht dem Erfordernis der Schriftform 4A_228/2017 (23.3.18) E. 2.2 fr., 4C.193/2005 (30.9.05) E. 2.5.2 fr.; zur Auslegung einer vertraglichen Regelung betr. Ausweitung der Lohnfortzahlungspflicht bei Krankheit siehe 4A_245/2012 (2.8.12) E. 2 und 3 fr.

b. Ausnahmen

Art. 324b

[1] Ist der Arbeitnehmer auf Grund gesetzlicher Vorschrift gegen die wirtschaftlichen Folgen unverschuldeter Arbeitsverhinderung aus Gründen, die in seiner Person liegen, obligatorisch versichert, so hat der Arbeitgeber den Lohn nicht zu entrichten, wenn die für die beschränkte Zeit geschuldeten Versicherungsleistungen mindestens vier Fünftel des darauf entfallenden Lohnes decken.

[2] Sind die Versicherungsleistungen geringer, so hat der Arbeitgeber die Differenz zwischen diesen und vier Fünfteln des Lohnes zu entrichten.

[3] Werden die Versicherungsleistungen erst nach einer Wartezeit gewährt, so hat der Arbeitgeber für diese Zeit mindestens vier Fünftel des Lohnes zu entrichten.

1 Obwohl die Bestimmung im Gegensatz zu Art. 324a eine abweichende vertragliche Regelung nicht ausdrücklich vorbehält, sind gestützt auf Art. 362 vertragliche *Abweichungen zugunsten der Arbeitnehmer* gültig (in casu Ergänzung der Lohnausfallentschädigung wegen Militärdienstes auf 100% des Lohnes) 101 Ia 456/460 E. 2b. *Auslegung:* Sollte die Lohnfortzahlungspflicht durch eine Versicherung gewährleistet werden, so ist davon auszugehen, dass die Versicherungsleistung auch über das Ende des Arbeitsverhältnisses hinaus erbracht werden sollte 4C.315/2006 (10.1.07) E. 3.1. – Zum Anspruch auf IV-Gelder 4C.75/2005 (13.6.05) E. 3. – Fällt die Verhinderung in den Risikobereich des Arbeitnehmers, ohne dass eine in dieser Bestimmung oder in Art. 324b vorgesehene Ausnahme erfüllt ist, muss der Arbeitgeber für nicht geleistete Stunden keinen Lohn bezahlen 4A_666/2017 (17.5.18) E. 4.1 fr.

2 ***Abs. 1*** Auslegung der Begriffe «Normalnettolohn» und «effektiver Stundenlohn ohne Zulagen», welche gemäss einem Gesamtarbeitsvertrag der Berechnung der Lohnausfallentschädigung wegen Militärdienstes zugrundezulegen sind 101 Ia 456/458 ff. E. 1 ff.

IV. Abtretung und Verpfändung von Lohnforderungen

Art. 325

[1] Zur Sicherung familienrechtlicher Unterhalts- und Unterstützungspflichten kann der Arbeitnehmer künftige Lohnforderungen so weit abtreten oder verpfänden, als sie pfändbar sind; auf Ansuchen eines Beteiligten setzt das Betreibungsamt am Wohnsitz des Arbeitnehmers den nach Artikel 93 des Schuldbetreibungs- und Konkursgesetzes vom 11. April 1889 unpfändbaren Betrag fest.

[2] Die Abtretung und die Verpfändung künftiger Lohnforderungen zur Sicherung anderer Verbindlichkeiten sind nichtig.

1 Mit der Revision des Art. 325 (und den gleichzeitigen Änderungen im Recht des Abzahlungs- und Vorauszahlungskaufs) sollte dem Abschluss sozial besonders gefährlicher Verträge und der damit verbundenen Abtretung oder Verpfändung künftiger Lohnforderungen entgegengetreten werden. Dieses gesetzgeberische Ziel liegt im öffentlichen Interesse, hinter welchem der Vertrauensschutz allenfalls zurückzutreten hat 117 III 52/56 E. 3a. Die Abtretung von Lohnforderungen an eine Gewerkschaft ist nichtig, wenn sie die Um-

gehung einer kantonalen Verfahrensvorschrift bezüglich der Vertretung vor dem Arbeitsgericht bezweckt Pra 1997 (Nr. 107) 584 E. 4c. – Intertemporale Regelung des Lohnzessionsverbots: Die Abtretung oder Verpfändung von Lohnansprüchen, die nach dem 1. Juli 1991 fällig geworden sind oder werden und nicht der Sicherung familienrechtlicher Unterhalts- oder Unterstützungspflichten dienen, ist hinfällig 117 III 52/52 ff.

(Alte Fassung). Siehe unter Art. 164 Abs. 1/Zulässige Abtretung, Lohnforderung und unter Art. 226e. 2

Zulässigkeit eines zwischen Arbeitnehmer und Arbeitgeber vereinbarten Lohnzessionsverbots 112 II 241/244 E.b. 3

Abs. 1 **(Alte Fassung)** Lohnzessionen, die in den betreibungsrechtlichen *Notbedarf* eingreifen, sind nichtig 107 III 75/77 E. 2. Aus dem engen Zusammenhang zwischen Art. 325 und SchKG Art. 93 ergibt sich, dass die Berechnung des Notbedarfs nach den Regeln des Betreibungsrechts erfolgt 110 III 115/117 f. E. 3. Siehe auch die Rechtsprechung zu SchKG Art. 93. – Die Frage der *Rechtsgültigkeit der Zession* ist eine solche des materiellen Rechts und daher vom Zivilrichter zu beantworten. Das Betreibungsamt muss sich in Anwendung von Art. 325 nur über die Pfändbarkeit künftiger Lohnforderungen vergewissern und dabei summarisch prüfen, ob eine nicht von vornherein und klarerweise ungültige Lohnzession vorliege 110 III 115/116 f. E. 1, 114 III 26/29 E.c. Das Betreibungsamt hat auf Ersuchen eines Beteiligten den *unpfändbaren Lohnbetrag* auch dann festzusetzen, wenn der Arbeitnehmer nach der Abtretung eines Teils der Lohnforderung in Konkurs gefallen ist und in der darauffolgenden Betreibung des Gläubigers Rechtsvorschlag erhoben hat. Der Gemeinschuldner kann dabei nicht die Einrede des mangelnden neuen Vermögens im Sinne von aSchKG Art. 265 Abs. 2 und 3 erheben 114 III 40/41 f. E. 2. Im Unterschied zu gewöhnlichen Forderungen wird die noch *vor der Konkurseröffnung erfolgte Abtretung von künftigen Lohnforderungen* mit der Konkurseröffnung des Zedenten nicht hinfällig, da diese Lohnforderungen vom Konkurs nicht erfasst werden (offengelassen, ob die Lohnzession nach der Konkurseröffnung nur noch für eine bestimmte Dauer gültig sei) 114 III 26/27 ff. E. 1. 4

Abs. 2 **(Alte Fassung)** Familienrechtliche Unterhaltsbeiträge sind bei der Ermittlung des Existenzminimums des Schuldners als Notbedarfsausgaben allenfalls mitzuberücksichtigen 107 III 75/76 f. E. 1. 5

V. Akkordlohnarbeit 1. Zuweisung von Arbeit

Art. 326

[1] Hat der Arbeitnehmer vertragsgemäss ausschliesslich Akkordlohnarbeit nur für einen Arbeitgeber zu leisten, so hat dieser genügend Arbeit zuzuweisen.

[2] Ist der Arbeitgeber ohne sein Verschulden ausserstande, vertragsgemässe Akkordlohnarbeit zuzuweisen oder verlangen die Verhältnisse des Betriebes vorübergehend die Leistung von Zeitlohnarbeit, so kann dem Arbeitnehmer solche zugewiesen werden.

[3] Ist der Zeitlohn nicht durch Abrede, Normalarbeitsvertrag oder Gesamtarbeitsvertrag bestimmt, so hat der Arbeitgeber dem Arbeitnehmer den vorher durchschnittlich verdienten Akkordlohn zu entrichten.

[4] Kann der Arbeitgeber weder genügend Akkordlohnarbeit noch Zeitlohnarbeit zuweisen, so bleibt er gleichwohl verpflichtet, nach den Vorschriften über den Annahmeverzug den Lohn zu entrichten, den er bei Zuweisung von Zeitlohnarbeit zu entrichten hätte.

1 Diese Bestimmung ist ein Anwendungsfall der allgemeinen Regeln über den Annahmeverzug (Art. 91 ff.) 125 III 65/70 E. 5 Pra 1999 (Nr. 111) 608. Auch wenn der Umfang von *Arbeit auf Abruf* aufgrund der Umstände variiert, kann der Arbeitgeber nicht von einem Tag auf den anderen auf die Dienste des Arbeitnehmers verzichten und ihm so jegliche Entlöhnung vorenthalten 4A_534/2017 (27.8.18) E. 4.1 Pra 2019 (Nr. 107) 1088.

2. Akkordlohn

Art. 326a

[1] Hat der Arbeitnehmer vertraglich Akkordlohnarbeit zu leisten, so hat ihm der Arbeitgeber den Akkordlohnansatz vor Beginn der einzelnen Arbeit bekanntzugeben.

[2] Unterlässt der Arbeitgeber diese Bekanntgabe, so hat er den Lohn nach dem für gleichartige oder ähnliche Arbeiten festgesetzten Ansatz zu entrichten.

1 Verringert der Arbeitgeber den Akkordlohnansatz, so muss der Arbeitnehmer dagegen protestieren, andernfalls er stillschweigend der Lohnreduktion zustimmt 4A_478/2009 (16.12.09) E. 3 fr. (siehe auch unter Art. 322).

VI. Arbeitsgeräte, Material und Auslagen 1. Arbeitsgeräte und Material

Art. 327

[1] Ist nichts anderes verabredet oder üblich, so hat der Arbeitgeber den Arbeitnehmer mit den Geräten und dem Material auszurüsten, die dieser zur Arbeit benötigt.

[2] Stellt im Einverständnis mit dem Arbeitgeber der Arbeitnehmer selbst Geräte oder Material für die Ausführung der Arbeit zur Verfügung, so ist er dafür angemessen zu entschädigen, sofern nichts anderes verabredet oder üblich ist.

1 Für das Retentionsrecht gemäss ZGB Art. 895 ist davon auszugehen, dass der Arbeitnehmer keinen Besitz an Geräten und Material hat, womit er vom Arbeitgeber ausgerüstet wird, es sei denn, dass eine besondere Vertragsbestimmung oder eine aus den Umständen zu folgernde stillschweigende Abrede ihm ein eigenes Recht an diesen Gegenständen einräume 67 II 16/19 ff. fr.

2. Auslagen a. im Allgemeinen

Art. 327a

[1] Der Arbeitgeber hat dem Arbeitnehmer alle durch die Ausführung der Arbeit notwendig entstehenden Auslagen zu ersetzen, bei Arbeit an auswärtigen Arbeitsorten auch die für den Unterhalt erforderlichen Aufwendungen.

[2] Durch schriftliche Abrede, Normalarbeitsvertrag oder Gesamtarbeitsvertrag kann als Auslagenersatz eine feste Entschädigung, wie namentlich ein Taggeld oder eine pauschale Wochen- oder Monatsvergütung festgesetzt werden, durch die jedoch alle notwendig entstehenden Auslagen gedeckt werden müssen.

[3] Abreden, dass der Arbeitnehmer die notwendigen Auslagen ganz oder teilweise selbst zu tragen habe, sind nichtig.

Der Auslagenersatz gemäss der Bestimmung stellt keinen Lohn dar; er soll nur die effektiv entstehenden Aufwendungen abdecken 115 V 326/330 E. 4, vgl. auch 116 II 145/150 E. 6b. Siehe aber 2C_214/2014 (7.8.14) E. 3.2, wonach Pauschalspesen steuerrechtlich als Einkommen aus unselbständiger Erwerbstätigkeit gelten, soweit sie über den ihnen zugedachten Zweck hinausgehen bzw. die effektiven Kosten übersteigen. – Kein Rechtsmissbrauch des Arbeitnehmers, der zusätzlich zum 13. Monatsgehalt anteilmässige Repräsentationsspesen verlangt, die in Wirklichkeit einen *versteckten Lohn* darstellen 4A_370/2017 (31.1.18) E. 5.3 fr. 1

Abs. 1 und 2 Spesen aus Fahrten zu Klienten stellen Auslagen nach Abs. 1 dar 4A_631/2009 (17.2.10) E. 2 fr. Es spielt keine Rolle, ob die Arbeitsauslagen direkt oder indirekt entstanden sind; entschädigungspflichtig sind vielmehr auch getätigte Auslagen, die indirekt auch dem Arbeitgeber zugutekommen 4A_533/2018 (23.4.19) E. 6.2 (in casu Entschädigungspflicht für die Nutzung eines Zimmers für Homeoffice-Arbeit). Anwaltskosten des Arbeitnehmers im Prozess gegen den Arbeitgeber stellen keine durch die Ausführung der Arbeit notwendig entstehenden Auslagen dar. Offengelassen, ob Auslagen im Sinne dieser Bestimmung vorliegen, wenn die Anwaltskosten dadurch entstehen, dass ein Dritter den Arbeitnehmer im Zusammenhang mit dessen Erfüllung seiner arbeitsvertraglichen Pflichten verklagt 4A_610/2018 (29.8.19) E. 6.2 fr. – Die *Beweislast* für Notwendigkeit und Höhe der Auslagen obliegt dem Reisenden, ohne dass daran allzu hohe Forderungen gestellt werden können (ZGB Art. 8, aHRAG Art. 13) 4C.315/2004 (13.12.04) E. 2.2 fr., 4C.263/2001 (22.1.02) E. 2d fr., 91 II 372/384 f. E. 12. Ziffernmässig nicht mehr nachweisbare Auslagen sind nach Art. 42 Abs. 2 zu schätzen 4A_533/2018 (23.4.19) E. 6.3, 131 III 439/442 ff. E. 5.1, siehe auch bei Art. 321c Abs. 3. Da an den Nachweis der zu ersetzenden Auslagen nicht zu hohe Anforderungen gestellt werden können, muss sich der Arbeitgeber gerade dabei auf die Korrektheit des Arbeitnehmers verlassen können 116 II 145/150 f. E. 6b. – Grundsätzlich kein *Rechtsmissbrauch* infolge verzögerter Einforderung eines ungenügenden Auslagenersatzes 131 III 439/442 ff. E. 5.1. – Erhält der Arbeitnehmer einen Vorschuss auf die Auslagen, so wird ein allfälliger Überschuss sofort *fällig* 4C.263/2001 (22.1.02) E. 2d fr. 2

Abs. 3 Die *zwingende Natur* von Abs. 3 ergibt sich in klarer Weise aus seinem Wortlaut. Dass die Norm nicht in Art. 361 f. aufgeführt ist, ändert daran nichts 4C.315/2004 (13.12.04) E. 2.2 fr., siehe auch 4A_533/2018 (23.4.19) E. 6.2. – *Kasuistik:* Nichtigkeit festgestellt bei einer Vereinbarung, wonach sich der Arbeitnehmer gegenüber der Geschäftskreditkarten herausgebenden Bank verpflichtet, solidarisch mit dem Arbeitgeber für Verpflichtungen zu haften, die sich aus seinem Gebrauch der ihm zugeteilten Zusatzkarte ergeben 124 III 305/309 E. 3 Pra 1998 (Nr. 154) 827; bei einer vereinbarten Pauschale, welche die durchschnittlichen Spesen während einer längeren Periode nicht deckt 3

131 III 439/441 E. 4 und 131 III 439/445 E. 5.3.2. Nichtigkeit verneint bei einer Beteiligung des Arbeitnehmers an der ersten Leasingrate für ein Geschäftsfahrzeug, das ihm auch zur privaten Nutzung zur Verfügung steht 4A_404/2014 (17.12.14) E. 6 fr.

b. Motorfahrzeug

Art. 327b

[1] Benützt der Arbeitnehmer im Einverständnis mit dem Arbeitgeber für seine Arbeit ein von diesem oder ein von ihm selbst gestelltes Motorfahrzeug, so sind ihm die üblichen Aufwendungen für dessen Betrieb und Unterhalt nach Massgabe des Gebrauchs für die Arbeit zu vergüten.

[2] Stellt der Arbeitnehmer im Einverständnis mit dem Arbeitgeber selbst ein Motorfahrzeug, so sind ihm überdies die öffentlichen Abgaben für das Fahrzeug, die Prämien für die Haftpflichtversicherung und eine angemessene Entschädigung für die Abnützung des Fahrzeugs nach Massgabe des Gebrauchs für die Arbeit zu vergüten.

[3] …

1 ***Abs. 1*** Benutzt der Arbeitgeber das Fahrzeug auch zu *privaten Zwecken,* so hat der Arbeitgeber die Unterhalts- und Betriebskosten (wie z.B. Treibstoff, Öl, periodische Wartung, Reparaturen) nur zu dem Teil zu übernehmen, zu welchem das Fahrzeug zu geschäftlichen Zwecken verwendet wird. Ohne gegenteilige schriftliche Abrede sind die übrigen Kosten wie Beschaffungskosten (in casu Leasing) oder Versicherungskosten vom Arbeitgeber allein zu tragen 4C.24/2005 (17.10.05) E. 6 fr., 4C.315/2004 (13.12.04) E. 2.2 und 3 fr.

c. Fälligkeit

Art. 327c

[1] Auf Grund der Abrechnung des Arbeitnehmers ist der Auslagenersatz jeweils zusammen mit dem Lohn auszurichten, sofern nicht eine kürzere Frist verabredet oder üblich ist.

[2] Hat der Arbeitnehmer zur Erfüllung der vertraglichen Pflichten regelmässig Auslagen zu machen, so ist ihm ein angemessener Vorschuss in bestimmten Zeitabständen, mindestens aber jeden Monat auszurichten.

1 ***Abs. 1*** Die Abrechnung ist eine Obliegenheit des Arbeitnehmers (keine Verwirkungsregel). Sie bildet Voraussetzung für die Vergütung, jedoch besteht zu ihrer Vorlage keine Vertragspflicht. Wurde ein Pauschalbetrag vereinbart, ist keine Abrechnung erforderlich 131 III 439/444 f. E. 5.2.

VII. Schutz der Persönlichkeit des Arbeitnehmers 1. im Allgemeinen

Art. 328

[1] Der Arbeitgeber hat im Arbeitsverhältnis die Persönlichkeit des Arbeitnehmers zu achten und zu schützen, auf dessen Gesundheit gebührend Rücksicht zu nehmen und für die Wah-

rung der Sittlichkeit zu sorgen. Er muss insbesondere dafür sorgen, dass Arbeitnehmerinnen und Arbeitnehmer nicht sexuell belästigt werden und dass den Opfern von sexuellen Belästigungen keine weiteren Nachteile entstehen.

[2] Er hat zum Schutz von Leben, Gesundheit und persönlicher Integrität der Arbeitnehmerinnen und Arbeitnehmer die Massnahmen zu treffen, die nach der Erfahrung notwendig, nach dem Stand der Technik anwendbar und den Verhältnissen des Betriebes oder Haushaltes angemessen sind, soweit es mit Rücksicht auf das einzelne Arbeitsverhältnis und die Natur der Arbeitsleistung ihm billigerweise zugemutet werden kann.

(Neue Fassung) Achtung und Schutz der Persönlichkeit des Arbeitnehmers. Diese 1
Bestimmung wurde durch das Gleichstellungsgesetz um den Schutz gegen sexuelle Belästigung erweitert. Lässt sich ein Anspruch gleichzeitig aus diesem Spezialgesetz und aus Art. 328 herleiten, hat der verletzte Arbeitnehmer nur Anspruch auf eine einfache Entschädigung 4C.187/2000 (6.4.01) E. 2 fr., 126 III 395/397 E. 7b fr. (Anspruchskonkurrenz hinsichtlich der Haftung des Arbeitgebers; Haftung des Verursachers der Belästigung nach Art. 41 ff., E. 7b/cc). Zum Begriff der sexuellen Belästigung 4A_544/2018 (29.8.19) E. 3.1 fr. (in casu bejaht), 4A_18/2018 (21.11.18) E. 3.1 fr. (in casu verneint). – Korrelat zur Treuepflicht des Arbeitnehmers 4A_63/2009 (23.3.09) E. 3.1. Trifft ein Arbeitgeber nicht die nach dieser Bestimmung und dem Gleichstellungsgesetz gebotenen Massnahmen, so hindert ihn dies dennoch nicht, eine fristlose Kündigung auszusprechen, sofern die konkreten Umstände dies rechtfertigen 4A_105/2018 (10.10.18) E. 3.3 fr. Bedient sich eine Angestellte selbst schlüpfrigen Vokabulars, so berechtigt dies den Arbeitgeber nicht, sexistische und unhöfliche Bemerkungen zu tolerieren, insb. vonseiten eines Vorgesetzten, dessen Verhalten auf seine Untergebenen abfärben kann 4A_105/2018 (10.10.18) E. 3.3 fr., 126 III 395/398 E. 7c und d.

(Alte Fassung) Achtung und Schutz der Persönlichkeit des Arbeitnehmers. Der Ar- 2
beitnehmer besitzt in der Regel keinen *Anspruch* darauf, *effektiv beschäftigt zu werden;* der Arbeitgeber kann ihn während der Dauer der Anstellung unter Bezahlung des Lohnes beurlauben (insbesondere Freistellung bis zum Ablauf der ordentlichen Kündigungsfrist), vgl. 99 Ib 129/133 E. c, 123 III 246/251 E. 4a (kein Anspruch auf Beschäftigung). Ausnahmsweise kann sich ein Anspruch auf effektive Beschäftigung aus dem Persönlichkeitsrecht (ZGB Art. 28) ergeben 4P.69/2001 (13.7.01) E. 3c fr., vgl. auch 1C_437/2008 (19.1.09) E. 4 fr., 87 II 143/144 ff. E. 5. – Auch wenn der Arbeitgeber sachliche Gründe für Umstrukturierungen hat, muss er darüber mit dem Arbeitnehmer das *Gespräch suchen.* Dies gilt insbesondere dann, wenn der Arbeitgeber beabsichtigt, den Tätigkeitsbereich eines langjährigen Mitarbeiters zu ändern oder einzuschränken (ein solcher Verstoss gegen Art. 328 Abs. 1 ergibt jedoch für sich allein keinen begründeten Anlass zur Kündigung i.S.v. Art. 340c Abs. 2) 110 II 172/174 f. E. 2a, siehe auch 4D_22/2013 (19.9.13) E. 4 fr. (Entzug der Funktion als stellvertretender Chefarzt ohne Lohnreduktion; keine Persön-

lichkeitsverletzung), 4C.189/2006 (4.8.06) E. 2 (Rückversetzung auf hierarchisch niedere Arbeitsstelle).

3 **Gleichbehandlung/Diskriminierungsverbot.** Das Gleichbehandlungsgebot, wie es aus einzelnen Gesetzesnormen (siehe vor allem bei Art. 322) und aus Art. 328 abgeleitet wird, kann die Vertragsfreiheit als Grundsatz des Privatrechts und damit des Arbeitsrechts nur punktuell durchbrechen. Eine unsachliche und willkürliche Entscheidung des Arbeitgebers stellt nur dann eine Persönlichkeitsverletzung und damit einen Verstoss gegen das individuelle Diskriminierungsverbot dar, wenn darin eine den Arbeitnehmer verletzende Geringschätzung seiner Persönlichkeit zum Ausdruck kommt. Dies setzt voraus, dass der Arbeitnehmer gegenüber einer Vielzahl von anderen Arbeitnehmern deutlich ungünstiger gestellt wird 4A_651/2017 (4.4.18) E. 3.3 fr. (in casu Verstoss gegen das Diskriminierungsverbot durch Verweigerung eines Bonus), 4A_610/2012 (28.2.13) E. 2.4 fr. (in casu kein Anspruch auf Gleichbehandlung bezüglich einer Prämie aus einem Sozialplan), 4A_356/2011 (9.11.11) E. 7.4, 129 III 276/282 f. E. 3.1 (in casu kein Anspruch auf Gleichbehandlung bezüglich Gratifikation), vgl. auch 4C.431/1999 (14.7.00) E. 3, ebenso 4A.63/2007 (6.7.07) E. 4 fr. und 4C.473/2004 (6.4.05) E. 3.2 fr. zu sogenannten Abgangsentschädigungen (vgl. auch bei Art. 322d), siehe auch 4A_31/2017 (17.1.18) E. 2 fr. (kein Verstoss gegen das Gleichbehandlungsgebot durch Verweigerung einer Abgangsentschädigung). Nicht erforderlich ist dagegen, dass der Arbeitnehmer subjektiv verletzt ist 4A_651/2017 (4.4.18) E. 3.6.2 fr. (in casu unzulässige Nichtzahlung eines Bonus). – Zur sogenannten Frauenquote 131 II 361/361 Pra 2006 (Nr. 53) 376 (in casu fehlende gesetzliche Grundlage und fragliche Verhältnismässigkeit).

4 **Referenzauskünfte.** Der Arbeitgeber ist dem Arbeitnehmer für die Folgen von ungünstigen und fehlerhaften Referenzauskünften nach Art. 328 haftbar 4A_117/2013 (31.7.13) E. 2.2 fr., 4A_558/2009 (5.3.10) E. 7.1 fr., 4C.379/2002 (22.4.03) E. 1 und 2 fr.

5 **Einsicht des Arbeitnehmers in seine Personalakte.** Das als Ausfluss des Persönlichkeitsschutzes des Arbeitnehmers aus Art. 328 Abs. 1 abgeleitete Einsichtsrecht in die Personalakte hat *zwingenden Charakter* und entspricht inhaltlich im Wesentlichen dem Auskunftsrecht gemäss DSG Art. 8 f. 120 II 118/121 E. 2 und 3a. Auch bei der Umschreibung des Begriffs der Personalakte ist auf den Persönlichkeitsschutz als konkretisierungsbedürftige Generalklausel abzustellen (in casu Einsichtsrecht in bestimmte Urkunden verneint) 120 II 118/122 f. E.b. Soweit ein behauptetes Einsichtsrecht nur aus dem Persönlichkeitsschutz und nicht aus einer besonderen Bestimmung abgeleitet wird, die einen unbedingten Anspruch auf Einsicht gibt, wird immer ein *Interesse an der Einsichtnahme vorausgesetzt,* das gegen die Interessen abgewogen werden muss, die vonseiten anderer an der Verweigerung der Einsicht bestehen. Dies gilt insbesondere für die Einsicht in die Personalakte nach Beendigung des Arbeitsverhältnisses 120 II 118/124. – Die Verletzung der Informationspflicht nach DSG kann eine Persönlichkeitsverletzung darstellen 4A_588/2018 (27.6.19) E. 4.2 (Auskunft über die Lieferung von Personendaten an eine ausländische Behörde).

6 **Schutzmassnahmen.** ***Anwendungsbereich.*** *Zeitlicher Anwendungsbereich:* Die Pflicht, Schutzvorkehren zu treffen, gilt grundsätzlich vom Beginn bis zum Ende des Arbeitsver-

hältnisses (in casu Spätfolgen radioaktiver Bestrahlung; Pflicht zur Anordnung einer nachträglichen ärztlichen Untersuchung verneint) 106 II 134/139 ff. E. 2d, 3 Pra 1980 (Nr. 284) 744 f.; insbesondere auch während der Probezeit 4A_432/2009 (10.11.09) E. 2.4; in gewissem Mass auch über das Ende des Arbeitsverhältnisses hinaus 4A_23/2016 (19.7.16) E. 8.1, 4A_117/2013 (31.7.13) E. 2.2 fr., 130 III 699/704 E. 5.1 Pra 2005 (Nr. 74) 581 (betreffend Referenzauskünfte). – *Örtlicher Anwendungsbereich:* In die Werksicherung muss auch der Arbeitsraum einbezogen werden 132 III 257/260 ff. E. 5.2, 72 II 311/318 (in casu Pflicht zur Errichtung von Notausgängen). Die Pflicht erstreckt sich auch auf andere Räume, mit denen der Arbeitnehmer in Berührung kommt, z.B. Zugänge zur Arbeitsstätte, Treppen, Stege, Notausgänge, Aufzüge, Höfe, Korridore, Pausen-, Wasch-, Bade- und Ankleideräume, Toiletten, Küche usw. 132 III 257/260 ff. E. 5.2. – *Sachlicher Anwendungsbereich:* Die Pflicht bezieht sich sowohl auf Massnahmen zum Schutz vor Berufsunfällen 4A_187/2019 (9.3.20) E. 4 fr. (Einhaltung der Vorschriften der VUV), 4A_611/2018 (5.6.19) E. 3.2.1 (Einhaltung der Schutzvorschriften des UVG), 4A_189/2015 (6.7.15) E. 3, als auch auf Massnahmen zum Schutz vor Gesundheitsschädigungen, die sich aus der Berufsausübung ergeben können 132 III 257/260 ff. E. 5, ähnlich 4C.25/2006 (21.3.06) E. 2 fr., 4C.189/2003 (23.9.03) E. 5, siehe auch 4A_188/2018 (1.4.19) E. 2.4 fr., 4C.209/2006 (27.7.06) E. 1. Eine Persönlichkeitsverletzung besteht auch dann, wenn der Arbeitgeber mit einer bestimmten Betriebsorganisation (in casu einem quantitativ ausgerichteten Verkaufssystem) den Arbeitnehmer unter grossen Druck setzt und Gesundheitsschäden in Kauf nimmt 4C.24/2005 (17.10.05) E. 7.2 fr. Persönlichkeitsverletzend ist sodann der Verdacht eines Diebstahls des Arbeitnehmers am Arbeitsplatz, und die gestützt darauf ausgesprochene Kündigung ist missbräuchlich, wenn die Umstände nicht sorgfältig abgeklärt wurden bzw. der Arbeitnehmer nicht die Möglichkeit erhielt, sich angemessen zu verteidigen 4A_694/2015 (4.5.16) E. 4 fr. (siehe auch bei Art. 336 sowie Art. 337/Verdachtskündigung), vgl. 4A_245/2019 (9.1.20) E. 4.2 fr. (in casu keine missbräuchliche Kündigung), 4A_375/2018 (20.8.18) E. 2.2 fr. (in casu missbräuchliche Kündigung, weil die Angestellte eines Pflegeheims zu einem ihr vorgeworfenen Zwischenfall mit einer Bewohnerin nicht angehört wurde).

Grundsätze. Der *Umfang der Schutzpflicht* beurteilt sich nach Art und Grösse des Betriebes einerseits und dem Ausmass der Risiken andererseits. Die auferlegten Massnahmen müssen für den Betrieb wirtschaftlich tragbar sein und deren Kosten in einem vernünftigen Verhältnis zu deren Wirksamkeit stehen, wobei aber dem Gesundheitsschutz stets erste Priorität zukommt 4A_611/2018 (5.6.19) E. 3.3.4, 132 III 257/260 ff. E. 5.4.4, 112 II 138/142 E. b fr., 110 II 163/165 E. 2a Pra 1984 (Nr. 175) 486, 100 II 352/354 E. 2a Pra 1975 (Nr. 34) 90, 90 II 227/230 f. E. b und c Pra 1965 (Nr. 1) 2, vgl. auch 4C.24/2005 (17.10.05) E. 7.2 fr. Der Arbeitgeber ist jedoch nicht gehalten, Schutzvorkehren gegen jede Betriebsgefahr zu treffen. Risiken, die mit einem Mindestmass an *Vorsicht durch den Arbeitnehmer* vermieden werden können, brauchen nicht berücksichtigt zu werden 90 II 227/229 f. E. 2b Pra 1965 (Nr. 1) 2, vgl. 4A_486/2017 (23.3.18) E. 4.2.4 (in casu Pflicht des Kranführers, die zu transportierende Last zu sichern und die dafür gebotenen Sicherungsmittel zu verwenden). Der Arbeitgeber muss den Arbeitnehmer über aussergewöhnliche, diesem unbekannte Gefahren sowie über die zu deren Vermeidung zu treffenden Massnahmen *aufklären* 4A_187/2019 (9.3.20) E. 4 fr., 4A_611/2018 (5.6.19) E. 3.2.3, 112 II 138/142 E. b fr., 102 II 18/19 E. 1 Pra 1976 (Nr. 86) 195, grundlegend 95 II 7

132/137 ff. E. 1 Pra 1969 (Nr. 134) 455 ff., vgl. auch 4A_21/2016 (13.6.16) E. 3.2 fr. Vor offensichtlichen Gefahren muss der Arbeitgeber nicht warnen; hingegen hat er einzuschreiten, wenn er feststellt, dass ein Angestellter sich solchen Gefahren aussetzt 89 II 118/120 E. 2 Pra 1963 (Nr. 135) 401, 89 II 222/224 ff. E. 2, 3. Die Schutzpflicht umfasst die Verhütung jeden Unfalles, der nicht auf ein unvoraussehbares, grob schuldhaftes Verhalten des Verunfallten zurückzuführen ist. Art und Ausmass der dem Arbeitgeber obliegenden Vorsichtsmassnahmen bestimmen sich weitgehend auch nach der Person des Arbeitnehmers, seiner Bildung und seinen Fähigkeiten 4A_187/2019 (9.3.20) E. 4 fr., 4A_611/2018 (5.6.19) E. 3.2.3, 112 II 138/142 E. b fr., 100 II 352/354 E. 2a Pra 1975 (Nr. 34) 90, grundlegend 95 II 132/137 ff. E. 1, 2 Pra 1969 (Nr. 134) 455 ff. Bezüglich Instruktion und Kontrolle des Arbeitnehmers sind an den Arbeitgeber weniger strenge Massstäbe anzulegen, wenn der Arbeitnehmer im betreffenden Beruf voll ausgebildet und erfahren ist 4A_611/2018 (5.6.19) E. 3.3.4. Konkretisierung von Abs. 2 durch *öffentlichrechtliche Vorschriften,* wobei jedoch die privatrechtlichen Pflichten weiter gehen können als die öffentlich-rechtlichen 132 III 257/260 ff. E. 5.4.4 und 5.4.5. Dass ein bestimmter Arbeitsablauf von einer Aufsichtsbehörde (z.B. SUVA) gebilligt wurde, entbindet nicht von einer sorgfältigen Instruktion und Überwachung und schliesst eine Verletzung der Schutzpflicht nicht unbedingt aus 4A_189/2015 (6.7.15) E. 3.4 (in casu ohnehin keine umfassende Prüfung), 90 IV 8/13 E. 2 fr. Ob die Aufsichtsbehörde dem Arbeitgeber nach einem Unfallereignis Sanktionen auferlegt, ist für die Beurteilung der Schutzpflichtverletzung nicht entscheidend (keine Bindung des Zivilrichters) 4A_189/2015 (6.7.15) E. 2.5.5. – Im Rahmen des Persönlichkeitsschutzes und der Pflicht zur schonenden Rechtsausübung muss der Arbeitgeber vor einer Entlassung klären, ob der Arbeitnehmer anderweitig beschäftigt werden kann 4A_42/2018 (5.12.18) E. 3.1 fr., 4A_2/2014 (19.2.14) E. 3.2 fr. (betr. psychisch bedingte, arbeitsplatzbezogene Arbeitsunfähigkeit), 4A_72/2008 (2.4.08) E. 3 und 4 (Willkürprüfung), 4A_291/2008 (2.12.08) E. 4.3 (obiter), 4C.251/2006 (21.3.06) E. 3 (obiter), siehe auch 4A_347/2019 (28.2.20) E. 3.1 fr. (keine missbräuchliche Kündigung, weil die Arbeitnehmerin viermal eine Prüfung nicht bestand, die aufgrund der ISO-Zertifizierung des Arbeitgebers erforderlich wurde), 4A_188/2018 (1.4.19) E. 2.4 fr., vgl. auch bei Art. 336. Gegenüber einem Arbeitnehmer fortgeschrittenen Alters mit langer Dienstzeit gilt eine erhöhte arbeitgeberische Fürsorgepflicht, welche ein in erhöhtem Masse schonendes Vorgehen bei einer Kündigung verlangt 4A_384/2014 (12.11.14) E. 4.2.2, 4A_169/2013 (18.6.13) E. 4.2 (in casu verneint), 4A_558/2012 (18.2.13) E. 2 fr. (missbräuchliche Kündigung kurz vor der Pensionierung), 132 III 115/121 E. 5.3. Keine Pflicht des Arbeitgebers, den Arbeitnehmer, der fristlos entlassen werden soll, im Beisein eines Mitglieds der Personalkommission anzuhören 4A_515/2015 (21.6.16) E. 4.2 fr. – Die vorhandene «Erfahrung» und der «Stand der Technik» zu einem bestimmten Zeitpunkt resp. die diesen zugrunde liegenden Tatsachen sind grundsätzlich dem Sachverhalt zuzuordnen. Soweit sich aber die Erfahrungen, welche Massnahmen zum Schutz notwendig sind, im Laufe der Zeit derart verdichteten, dass sie in einer rechtlichen Vorschrift kodifiziert wurden, liegt in Bezug auf die im entsprechenden Erlass festgehaltenen Massnahmen eine Rechtsfrage vor 4A_486/2017 (23.3.18) E. 3.2.1.

8 **Konkrete Schutzmassnahmen.** Nebst den technischen Vorkehren fallen *organisatorische Massnahmen, Verhaltensanweisungen* und *Warnungen* in Betracht 4A_187/2019 (9.3.20) E. 4 fr., 110 II 163/165 E. 2a Pra 1984 (Nr. 175) 486, 89 II 222/225. Der Arbeit-

geber hat auf die Arbeitsleistung einer schwangeren Arbeitnehmerin *zu verzichten,* wenn deren Gesundheit durch die Leistung gefährdet würde 126 III 75/80 E. 2e Pra 2000 (Nr. 121) 715 (in casu Verzicht auf die Mitwirkung einer hochschwangeren Sängerin an einer Oper mit gefährlichen Szenen). Der Arbeitgeber muss die *Einhaltung der Sicherheitsvorschriften überwachen* 102 II 18/19 f. E. 1 Pra 1976 (Nr. 86) 195 f., 95 II 132/137 ff. E. 1 Pra 1969 (Nr. 134) 455 ff. Es macht Sinn und ist üblich, nur einige ausgewählte Personen eines Unternehmens in *medizinischer Nothilfe* zu schulen 4A_217/2018 (2.10.18) E. 3.3. – Entstehen *Konflikte* zwischen den Arbeitnehmern oder führt eine persönliche Eigenschaft eines Arbeitnehmers zu einer wesentlichen Beeinträchtigung der Zusammenarbeit im Betrieb, so hat der Arbeitgeber zur Problemlösung alle Massnahmen zu ergreifen, die vernünftigerweise von ihm erwartet werden können (vgl. Art. 336 Abs. 1 lit. a) 4A_13/2019 (9.8.19) E. 7.1 (Arbeitnehmer mit EMF-Problematik), 4A_166/2018 (20.3.19) E. 3.2 fr., 4A_224/2018 (28.11.18) E. 3.4 fr. (tätliche Auseinandersetzung zwischen zwei Arbeitnehmern), 4A_240/2017 (14.2.18) E. 3 fr. (Feindseligkeiten und unloyales Verhalten), 4A_130/2016 (25.8.16) E. 2.1 fr. (der schwierige Charakter einer Vorgesetzten kann deren Entlassung zum Schutz der Persönlichkeit ihrer Unterstellten gebieten), 4A_381/2014 (3.2.15) E. 6 fr. (weiss der Arbeitgeber nichts von einem Konflikt, können von ihm auch keine Massnahmen zur Problemlösung erwartet werden), 4A_60/2014 (22.7.14) E. 3.5 fr. (Verstoss gegen diese Pflicht kann dazu führen, dass trotz einer an sich schweren Verfehlung des Arbeitnehmers eine fristlose Entlassung nicht gerechtfertigt ist; vgl. Art. 337), 4A_430/2010 (15.11.10) E. 2.1.2, 4A_309/2010 (6.10.10) E. 2.5 fr., 4A_158/2010 (22.6.10) E. 3.2 fr., 132 III 115/117 f. E. 2.2, 125 III 70/72 E. 2a. Ob der Arbeitgeber alle ihm möglichen Massnahmen zur Konfliktlösung ergriffen hat, ist eine Rechtsfrage 4A_309/2010 (6.10.10) E. 2.5 fr. 4A_158/2010 (22.6.10) E. 3.2 fr. – Der Persönlichkeitsschutz schränkt das *Weisungsrecht* des Arbeitgebers ein. Betrifft eine betriebliche Reorganisation den Tätigkeitsbereich eines langjährigen Arbeitnehmers, so ist diesem die Gelegenheit zu geben, sich dazu zu äussern (vgl. auch Art. 336 Abs. 1 lit. d) 4C.129/2003 (5.9.03) E. 4.2 fr., vgl. auch 133 III 512/516 E. 6.6. Geht es um den voraussehbaren Eintritt einer konkreten Gesundheitsschädigung, können weiter gehende Massnahmen gerechtfertigt erscheinen als in Bezug auf den Schutz «gewöhnlicher» Arbeitnehmer 132 III 257/260 ff. E. 5.5 und 6 (in casu Passivrauchen und Rauchallergie), vgl. auch 133 I 110/117 E. 4.4.

Mobbing im Besonderen. Nach der Rechtsprechung liegt Mobbing vor, wenn eine oder 9
mehrere Personen mittels während längerer Zeit regelmässig wiederholten feindseligen Äusserungen und Handlungen eine bestimmte Person an deren Arbeitsplatz zu isolieren, auszugrenzen oder gar auszustossen suchen. Das Opfer sieht sich dabei oft mit der (Beweis-)Schwierigkeit konfrontiert, dass die einzelnen Äusserungen oder Handlungen je für sich betrachtet noch erträglich erscheinen und erst in ihrer Gesamtheit eine Destabilisierung der Persönlichkeit verursachen können 4A_652/2018 (21.5.19) E. 4.1 fr. (in casu verneint), 4D_72/2017 (19.3.18) E. 8.2 fr. (Mobbing bejaht), 4A_439/2016 (5.12.16) E. 5.2 fr. (verneint), 4A_159/2016 (1.12.16) E. 3.1 fr. (verneint), 4A_487/2015 (6.1.16) E. 5.4 (in casu ungenügend behauptet), 4A_714/2014 (22.5.15) E. 2.2 fr. (verneint), 4A_381/2014 (3.2.15) E. 5.1 fr. (Mobbing verneint), 4D_22/2013 (19.9.13) E. 3.1 fr. (Mobbing verneint), 4A_680/2012 (7.3.13) E. 5.2 fr. (verneint), 4C.343/2003 (13.10.04)

E. 3.1 fr., vgl. auch 8C_900/2013 (5.5.14) E. 4.2 (öffentlich-rechtliches Arbeitsverhältnis). Eine Verletzung von Art. 328 kann auch darin bestehen, dass der Arbeitgeber Mobbing unter Arbeitskollegen nicht verhindert 4A_439/2016 (5.12.16) E. 5.2 fr. (in casu verneint), 4D_22/2013 (19.9.13) E. 3.1 fr., 4A_680/2012 (7.3.13) E. 5.2 fr., 125 III 70/73 E. 2a. Ob Mobbing vorliegt, ist aufgrund einer Würdigung der gesamten Umstände zu beurteilen, wobei dem Richter ein gewisser Ermessensspielraum eingeräumt wird 4A_714/2014 (22.5.15) E. 2.2 fr., vgl. auch 4D_72/2017 (19.3.18) E. 8.3 fr., 4A_159/2016 (1.12.16) E. 3.1 fr. Dabei ist zu bedenken, dass der Arbeitnehmer sich Mobbing bloss einbilden oder gar missbräuchlich behaupten könnte, um sich vor berechtigten Bemerkungen und Massnahmen zu schützen 4A_439/2016 (5.12.16) E. 5.2 fr. Nicht auf Mobbing zu schliessen ist allein aufgrund eines Konflikts in den beruflichen Beziehungen oder eines schlechten Arbeitsklimas oder weil ein Vorgesetzter seine Pflichten gegenüber seinen Mitarbeitern nicht immer erfüllt 4D_72/2017 (19.3.18) E. 8.2 fr. (in casu aber Mobbing bejaht). – *Bejaht* wurde Mobbing im Fall eines Vorgesetzten, der einer Angestellten in einer Konfliktsituation jeglichen Dialog verweigerte, ihr gegenüber ungerecht, beleidigend und schikanös auftrat und Druck auf sie ausübte, wohl um sie zur Kündigung zu bewegen, was bei ihr zu einer psychischen Erkrankung und Arbeitsunfähigkeit führte 4C.343/2003 (13.10.04) E. 5.2.2 fr. – Kein Verstoss gegen Bundesrecht aber, wenn zwar eine ablehnende Haltung gegenüber der Arbeitnehmerin sowie ein allfälliger Wunsch, die Arbeitnehmerin möge das Team verlassen, festgestellt werden, daraus aber nicht auf Mobbing geschlossen wird 4A_714/2014 (22.5.15) E. 2.4 fr. – Keine Verletzung der Fürsorgepflicht ist darin zu erblicken, dass nicht nur die Mobbingvorwürfe eines (in casu öffentlich-rechtlich) Angestellten, sondern auch dessen eigenes Führungsverhalten abgeklärt werden 8C_900/2013 (5.5.14) E. 5.1.

10 **Ersatzpflicht des Arbeitgebers.** Es handelt sich um eine unmittelbare Haftung des Arbeitgebers aufgrund seiner eigenen Handlungen oder Unterlassungen 112 II 138/142 E. b fr. Gemäss ZGB Art. 8 hat der Arbeitnehmer zu *beweisen,* dass der Arbeitgeber bei objektiver Betrachtung eine ihm obliegende Schutzmassregel versäumt hat. Da es sich dabei um eine negative Tatsache handelt, hat der Arbeitgeber gemäss der Rechtsprechung zu ZGB Art. 2 am Beweisverfahren mitzuwirken, indem er selbst den Gegenbeweis erbringt, wobei dessen Scheitern die Bedeutung eines Indizes haben kann. Zudem muss die negative Tatsache von der Partei, die aus ihr einen Anspruch ableiten will, behauptet werden 4A_611/2018 (5.6.19) E. 3.6, 95 II 132/138 Pra 1969 (Nr. 134) 456, vgl. 4A_587/2019 (17.4.20) E. 6 fr. (keine Kausalhaftung). Der geschädigte Arbeitnehmer hat auch den adäquaten Kausalzusammenhang zwischen der Unterlassung von Schutzmassnahmen und dem Schaden zu beweisen. Ausnahmsweise genügt jedoch blosse Wahrscheinlichkeit (in casu wahrscheinliche Unfreiwilligkeit einer Verletzung) 90 II 227/232 ff. E. 3 Pra 1965 (Nr. 1) 4 ff., so auch 4A_117/2013 (31.7.13) E. 2.2.1 (mutmasslich verhinderte Anstellung nach falschen Referenzauskünften). Zur Unterbrechung des Kausalzusammenhangs 4A_187/2019 (9.3.20) E. 5.3 fr. – Die *zehnjährige Verjährungsfrist* für den vertraglichen (wie auch für den ausservertraglichen) Schadenersatzanspruch des Arbeitnehmers beginnt – unabhängig von der Kenntnis des Schadens (in casu Spätfolgen radioaktiver Bestrahlung während der Arbeit) – mit dem Unterbleiben der dem Arbeitgeber obliegenden

Schutzmassnahmen und somit spätestens mit dem Ende des Anstellungsverhältnisses zu laufen (Art. 60 Abs. 1, 127 und 130) 106 II 134/136 ff. E. 2 Pra 1980 (Nr. 284) 742 ff.

Beispiele. Bejaht wurde die Haftung des Arbeitgebers: weil er den Arbeitnehmer bezüglich Sicherheitsvorschriften (Gebrauch eines Gerüsts anstelle einer Leiter) ungenügend instruierte und überwachte 4A_21/2016 (13.6.16) E. 3 fr., weil der Arbeitnehmer infolge falscher Referenzauskünfte keine neue Anstellung fand 4A_117/2013 (31.7.13) E. 2.2.1 fr.; weil er nach einem von seinem Sohn verursachten Verkehrsunfall, bei dem die Hausangestellte verletzt wurde, während deren darauffolgenden Auslandaufenthaltes nicht für die ärztliche Weiterbetreuung gesorgt hat 4A_578/2011 (12.1.12) E. 6.4 fr.; weil er nicht die erforderlichen Sicherheitsmassnahmen getroffen hatte, um zu verhindern, dass eine Hausangestellte durch einen andern Arbeitnehmer verletzt wurde, der mit einer im Haus ausgestellten geladenen Schusswaffe manipulierte 112 II 138/141 ff. E. 3 fr.; weil der Vorarbeiter einen wiederholt aufgetretenen Mangel an einer Maschine (Rohr, das sich loslösen und in Bewegung geraten konnte) nicht hatte beheben lassen 110 II 163/165 E. 2a Pra 1984 (Nr. 175) 485 ff.; weil der Arbeitgeber es unterlassen hatte, vom Arbeitnehmer den Gebrauch der gesetzlich vorgeschriebenen Sicherheitsvorrichtung (in casu durch Verordnung vorgeschriebene Pflicht zur Benutzung von Schutzbrille und -helm) zu verlangen 102 II 18/19 ff. E. 1 Pra 1976 (Nr. 86) 195 f.; weil der Arbeitgeber mit einem quantitativ ausgerichteten Verkaufssystem den Arbeitnehmer unter grossen Druck setzte und Gesundheitsschäden in Kauf nahm 4C.24/2005 (17.10.05) E. 7.2 fr.; weil der Arbeitgeber es unterliess, Mobbing und sexuelle Belästigung zu verhindern 4C.74/2007 (22.1.08) E. 5 fr., 4C.289/2006 (5.2.07) E. 3 fr., 4A.128/2007 (9.7.07) E. 3 fr. (Haftung verneint), 4C.60/2006 (22.5.06) E. 3 fr., 4C.320/2005 (20.3.06) E. 2 fr. (bejaht), 4C.404/2005 (10.3.06) E. 3 fr. (Mobbing verneint), 4C.343/2003 (13.10.04) E. 3.1 fr., 4C.276/2004 (12.10.04), E. 3 und 4 fr. (in casu Haftung verneint), 4C.187/2000 (6.4.01) E. 2, 125 III 70/73 E. 2a (obiter dictum), vgl. auch 4A_115/2011 (28.4.11) E. 3 fr., 4A_32/2010 (17.5.10) E. 3.2 fr., 4A_245/2009 (6.4.10) E. 4.2 fr., 4A_26/2010 (25.8.10) E. 6.1 it., 4C.109/2005 (31.5.05) E. 4 fr. (Definition von Mobbing) und 4P.329/2005 (21.2.06) E. 3.2 (Bedeutung eines Gutachtens); weil er Drohungen, die ein Arbeitnehmer gegen seinen Arbeitskollegen aussprach, nicht begegnete 127 III 351/356 E. 4b/dd; weil der Arbeitnehmer bei der Kündigung ohne Grund in entwürdigender Weise aus dem Unternehmen gewiesen wurde 4C.261/2004 (3.11.04) E. 1.3 fr.; weil die Stelle des Arbeitnehmers ohne Mitteilung oder Kündigung an diesen öffentlich ausgeschrieben wurde 4P.69/2001 (13.7.01) E. 3c; weil eine an sich legitime Kündigung samt Begründung an alle Mitarbeiter sowie in der Presse bekannt gegeben wurde 130 III 699/705 f. E. 5.2 Pra 2005 (Nr. 74) 582, 4C.94/2003 (23.4.04) E. 5.1 fr. Eine unnötige und über den Kreis der Betroffenen hinausgehende Stigmatisierung des Verhaltens des Arbeitnehmers bzw. die Erhebung von schweren Anschuldigungen gegenüber dem Arbeitnehmer, die sich als haltlos erweisen, stellt eine schwere Persönlichkeitsverletzung dar 4A_485/2016 (28.4.17) E. 2.2.2 fr. (in casu verneint), vgl. auch 4A_242/2017 (30.11.17) E. 3.2 fr., 4A_694/2015 (4.5.16) E. 2.2 fr. Bei Verdacht auf eine Straftat hat der Arbeitgeber die Umstände sorgfältig abzuklären und dem Arbeitnehmer die Möglichkeit zu gewähren, sich angemessen zu verteidigen 4A_694/2015 (4.5.16) E. 2.4 fr., vgl. 4A_375/2018 (20.8.18) E. 2.2 fr. (siehe auch bei Art. 337/Verdachtskündigung). – Gestützt auf *OR 1911 Art. 339:* weil die Bügelmaschine nicht mit einer sogenann- 11 ten Schutzstange versehen war und auch keine Instruktion über Bedienung und Gefahren erteilt worden war 100 II 352/354 f. E. 2a Pra 1975 (Nr. 34) 90, vgl. auch 95 II 132/141 f. E. 3 Pra 1969 (Nr. 134) 458 ff.; weil die Wäscheausschwingmaschine nicht mit einem Deckel versehen war 90 II 227/229 ff. E. 2 Pra 1965 (Nr. 1) 1 ff.; weil der Arbeitgeber mit dem Traktor, auf dessen Anhänger Arbeiter mitfuhren, zu schnell gefahren war 89 II 118/121 E. 2 Pra 1963 (Nr. 135) 401 f.; weil er es geduldet hatte, dass der Arbeitnehmer während der Fahrt auf der Mistzettmaschine 89 II 222/224 ff. E. 2, 3 bzw. auf der Deichsel des Anhängers blieb 83 II 27/29 ff. E. 2 Pra 1957 (Nr. 35) 123 ff.; weil die Ingenieure (als Organe der juristischen Person) während mehr als einer Woche keine Kontrolle auf der Baustelle vorgenommen und so die Einhaltung der Sicherheitsmassnahmen für Arbeiten in einem Schacht nicht überwacht hatten 87 II 184/188 ff. E. 3 Pra 1961 (Nr. 143) 410 ff.; weil die Transmissionsanlage nicht durch eine Verschalung gegen Berührung gesichert war 72 II 45/49; weil die Neutralisationsanlage nicht mit einer automatischen Sicherung und der Arbeitsraum nicht mit einem Notausgang versehen war 72 II 311/315 ff. E. 3, 4; weil für die Entfernung der Leitungsdrähte von einem angefaulten Mast nicht genügende Sicherheitsvorkehren angeordnet worden waren 59 II 428/430 ff. E. 1, 2; weil der Schleifstein mit einem zu starken Motor betrieben worden und mit einer ungenügenden Holzverschalung versehen war 57 II 61/64 ff. E. 2, 3 fr.; weil der Arbeitgeber dem wiederholt geäusserten Verbot, sich auf ein für den Warentransport bestimmtes Drahtseil hinauszubegeben, nicht genügend Nachachtung verschafft hatte 56 II 278/279 ff. E. 1; weil der Arbeitgeber den jugendlichen Arbeitnehmer an einer gefährlichen Stelle auf der Dreschmaschine eingesetzt hatte 47 II 429 f. E. 4.

12 **Herabsetzung der Ersatzpflicht.** Für die Bemessung des Schadenersatzes sind gemäss Art. 99 Abs. 3 die Art. 43 und 44 anwendbar 4A_189/2015 (6.7.15) E. 4.2, 89 II 118/121 f. E. 2 Pra 1963 (Nr. 135) 402, vgl. 4A_117/2013 (31.7.13) E. 2.2.1 fr. (zum Beweismass), siehe auch 4A_21/2016 (13.6.16) E. 4 fr. (Mitverschulden des Arbeitnehmers verneint). Herabgesetzt wurde die Ersatzpflicht des Arbeitgebers z.B.: weil der Arbeitnehmer seine Hand aus Unachtsamkeit auf die Treiberrollen einer Bandhärteanlage zur Herstellung von Sägeblättern gelegt hatte 4A_189/2015 (6.7.15) E. 4; weil die Arbeitnehmerin ihre Hand in unvorsichtiger Weise unter die Presse der Bügelmaschine gehalten hatte 100 II 352/355 f. E. 4b Pra 1975 (Nr. 34) 91, vgl. auch 95 II 132/142 f. E. 4 Pra 1969 (Nr. 134) 460; weil der Arbeitnehmer trotz Erkennbarkeit der Gefahr während der Fahrt auf der Mistzettmaschine geblieben war 89 II 222/228 ff. E. 5. Völlig ausgeschlossen wurde die Haftung des Arbeitgebers z.B.: weil nicht die Gefährlichkeit der Maschine, sondern die Missachtung einer Sicherheitsvorschrift durch die Arbeitnehmerin den Schaden verursachte (Unterbrechung des Kausalzusammenhangs) 4A_187/2019 (9.3.20) E. 5.1 fr., weil der wiederholt zur Vorsicht ermahnte Bäckerlehrling sich beim Fahrradfahren den leeren Brotkorb über den Kopf gestülpt hatte und zudem zu schnell gefahren war 62 II 156/158 fr., weil der Arbeitnehmer beim Mörserschiessen die zu kurze Zündschnur aus sitzender Stellung mit einer Zigarre angezündet hatte 60 II 112/118 ff.

13 **Weiteres.** ***Genugtuung.*** Nebst dem Anspruch auf Schadenersatz kann dem Arbeitnehmer im Rahmen von Art. 47 (110 II 163/164 ff. E. 2 Pra 1984 [Nr. 175] 485 ff., 102 II 18/21 f. E. 2 Pra 1976 [Nr. 86] 196) und Art. 49 ein *Genugtuungsanspruch* zustehen 4A_610/2018 (29.8.19) E. 5 fr. (in casu jegliche Ansprüche verneint), 4A_652/2018

(21.5.19) E. 4.1 fr. (in casu Anspruch verneint), 4A_482/2017 (17.7.18) E. 4.1 fr. (Anspruch verneint), 4A_217/2016 (19.1.17) E. 5.1 fr. (Anspruch verneint), 4A_159/2016 (1.12.16) E. 4.1 fr. (Anspruch verneint), 4A_714/2014 (22.5.15) E. 2 fr. (Anspruch verneint), 4A_117/2013 (31.7.13) E. 2.2.2 fr., 4A_607/2011 (10.11.11) E. 3 fr., 4A_381/2011 (24.10.11) E. 3 fr., 4A_115/2011 (28.4.11) E. 3 fr., 137 III 303/309 E. 2.2.2 Pra 2011 (Nr. 127) 936, 4A_665/2010 (1.3.11) E. 6.1 fr., 130 III 699/704 f. E. 5.1 Pra 2005 (Nr. 74) 581, 125 III 70/74 E. 3a, 87 II 143/144 ff. E. 5, vgl. 4A_544/2018 (29.8.19) E. 3 fr. (Genugtuung wegen sexueller Belästigung), 4D_72/2017 (19.3.18) E. (Genugtuungsanspruch wegen Mobbing). Der Genugtuungsanspruch ergibt sich aus Bundesrecht und kann vom Bundesgericht entsprechend überprüft werden. Das Bundesgericht überprüft jedoch das Ermessen der Vorinstanz nur mit Zurückhaltung 4A_482/2017 (17.7.18) E. 4.1 fr., 4A_159/2016 (1.12.16) E. 4.1 fr., 4C.24/2005 (17.10.05) E. 7 fr., 130 III 699/704 f. E. 5.1 Pra 2005 (Nr. 74) 581, 4C.94/2003 (23.4.04) E. 5.1 fr. Zum Erfordernis eines Kausalzusammenhangs zwischen dem Verhalten des Arbeitgebers und einer Schädigung der Gesundheit der Arbeitnehmerin 4D_72/2017 (19.3.18) E. 9 fr. – *Anspruchskonkurrenz* besteht z.B. im Verhältnis zu den Haftungen nach Art. 41 (89 II 118/124 E. 6 Pra 1963 [Nr. 135] 404, 72 II 311/316 E. 3), Art. 55 (81 II 223/224 f. E. 1 Pra 1955 [Nr. 205] 582) und Art. 58 (90 II 227/229 Pra 1965 [Nr. 1] 1). Eine *Kumulation* von Ansprüchen aus Art. 49 und Art. 336a ist möglich, aber nur, wenn die Persönlichkeitsverletzung derart schwer wiegt, dass sie sich deutlich von derjenigen unterscheidet, die sich bereits aus der missbräuchlichen Entlassung ergibt, bzw. dass sie sich durch die maximale Entschädigung von sechs Monatslöhnen nicht wiedergutmachen lässt 4A_482/2017 (17.7.18) E. 4.1 fr. (verneint), 4A_217/2016 (19.1.17) E. 5.1 fr.; siehe auch bei Art. 336a. – Die Haftung des Arbeitgebers für Betriebsunfälle wird durch *UVG Art. 44* (SR 832.20) eingeschränkt, vgl. 87 II 184/187 ff. E. 2 und 3 Pra 1961 (Nr. 143) 409 ff., 104 II 259/261 ff. E. 2, 3 Pra 1979 (Nr. 73) 191 f. Ersatz der Haftpflicht des Arbeitgebers durch die Einführung der obligatorischen Unfallversicherung: vgl. 115 V 55/58 E. 2c. – *Verbandsklagerecht.* Berufsverbände sind aktivlegitimiert, wenn sie ein Kollektivinteresse vertreten, welches nicht nur das persönliche Interesse der Mitglieder umfasst, sondern auch dasjenige von Personen, die den betreffenden Beruf ohne Verbandsmitglieder zu sein ausüben. Aber auch in diesem Fall hängt die Legitimation der Verbände von der Voraussetzung ab, dass sie durch ihre Statuten ermächtigt sind, die wirtschaftlichen Interessen ihrer Mitglieder zu wahren, und dass diese selber klagelegitimiert sind. Hingegen ist es ihnen auf jeden Fall verwehrt, für eines ihrer Mitglieder Schadenersatz einzuklagen. Eine qualifizierte Beeinträchtigung der Persönlichkeitsrechte des Arbeitnehmers ist nicht Voraussetzung für die Aktivlegitimation einer Gewerkschaft 4A_248/2010 (12.7.10) E. 4 fr., 114 II 345/347 f. E. 3b–d Pra 1989 (Nr. 83) 293 f. – Zum *Durchgriff auf Konzerngesellschaften* wegen Verletzung der Fürsorge- und Treuepflicht gegenüber dem Arbeitnehmer einer Tochtergesellschaft 130 III 495/502 E. 4.2.4 (in casu Durchgriff verneint).

2. bei Hausgemeinschaft

Art. 328a

[1] Lebt der Arbeitnehmer in Hausgemeinschaft mit dem Arbeitgeber, so hat dieser für ausreichende Verpflegung und einwandfreie Unterkunft zu sorgen.

[2] Wird der Arbeitnehmer ohne sein Verschulden durch Krankheit oder Unfall an der Arbeitsleistung verhindert, so hat der Arbeitgeber Pflege und ärztliche Behandlung für eine beschränkte Zeit zu gewähren, im ersten Dienstjahr für drei Wochen und nachher für eine angemessene längere Zeit, je nach der Dauer des Arbeitsverhältnisses und den besonderen Umständen.

[3] Bei Schwangerschaft und Niederkunft der Arbeitnehmerin hat der Arbeitgeber die gleichen Leistungen zu gewähren.

3. bei der Bearbeitung von Personendaten

Art. 328b

Der Arbeitgeber darf Daten über den Arbeitnehmer nur bearbeiten, soweit sie dessen Eignung für das Arbeitsverhältnis betreffen oder zur Durchführung des Arbeitsvertrages erforderlich sind. Im Übrigen gelten die Bestimmungen des Bundesgesetzes vom 19. Juni 1992 über den Datenschutz.

1 **Begriff der Datenbearbeitung.** Der Begriff der Bearbeitung erfasst auch die *Beschaffung von Daten.* Während es zweifelhaft ist, ob sich der Arbeitgeber vor der Anstellung erkundigen darf, ob ein Arbeitnehmer einer Gewerkschaft angehört, ausser dieser Umstand hätte eine entscheidende Bedeutung für das von ihm geführte Unternehmen *(«Tendenzbetrieb»),* so ist eine solche Frage demgegenüber zulässig, wenn sie erst nach Abschluss des Arbeitsvertrags gestellt wird und darauf abzielt festzustellen, ob der Lohn des neuen Angestellten unter Berücksichtigung der Vorschriften des für den Arbeitgeber verbindlichen Gesamtarbeitsvertrages festgelegt werden muss oder nicht 123 III 129/134 E. cc Pra 1997 (Nr. 110) 598 f.

2 **Zeitlicher Anwendungsbereich.** Vorstellungsgespräch vor dem Zustandekommen eines Arbeitsvertrags (Auskunftspflicht und Mitwirkungspflicht) 131 V 298/304 ff. E. 6, siehe hierzu bei Art. 320/Vorvertragliche Auskunftspflicht.

3 **Sachlicher Anwendungsbereich.** Die Angaben zur Gesundheit des Arbeitnehmers, die der Pensionskasse mittels Gesundheitsfragebogen mitzuteilen sind, werden von der Bestimmung nicht erfasst 4A_661/2016 (31.8.17) E. 3.1 fr. Der Arbeitgeber darf vom Vertrauensarzt nur diejenigen Angaben erheben, welche die Eignung des Arbeitnehmers für das Arbeitsverhältnis betreffen oder zur Durchführung des Arbeitsverhältnisses erforderlich sind, wozu Tatsache, Dauer und Grad der Arbeitsunfähigkeit gehören sowie die Antwort auf die Frage, ob es sich um eine Krankheit oder einen Unfall handelt, nicht aber die Diagnose 143 IV 209/212 E. 2.2.

4 **Weiteres.** *Tragweite* des Persönlichkeitsschutzes eines Stellenbewerbers (in casu Beurteilung der Auskunftsverweigerung unter dem Gesichtspunkt eines arbeitslosenversicherungsrechtlichen Einstellungstatbestandes) 122 V 267 ff., vgl. auch 131 V 298/304 ff. E. 6. Siehe auch unter Art. 328/Einsicht des Arbeitnehmers in seine Personalakte. Eine dauerhafte und detaillierte Überwachung des Computers des Arbeitnehmers ist unzulässig, denn sie zielt grundsätzlich auf die Kontrolle des Verhaltens des Arbeitnehmers und nicht auf die Kontrolle seiner Leistungen 139 II 7/19 f. E. 5.5.3 Pra 2013 (Nr. 82) 643, vgl. 143

II 443/447 E. 4.2 Pra 2018 (Nr. 114) 1043 (mit Hinweis auf ArGV 3 Art. 26). Auch wenn durch die Überwachung nur eine Kontrolle der Leistungen bezweckt wird, ist eine detaillierte und lange Kontrolle unverhältnismässig 139 II 7/20 f. E. 5.5.4 Pra 2013 (Nr. 82) 644. (in casu drei Monate). – Eine kantonale Verpflichtung der Arbeitgeber zu *Auskünften über Bestehen und Inhalt des Arbeitsverhältnisses* verstösst nicht gegen den Vorrang des Bundesrechts: Zwar handelt es sich bei Art. 328b um zwingendes Privatrecht (vgl. Art. 362 Abs. 1), doch bedeutet dies nur, dass die betreffende Regelung der Parteidisposition entzogen ist, nicht aber, dass hinsichtlich des betreffenden Lebenssachverhaltes ergänzendes öffentliches Recht ausgeschlossen ist 138 I 331/352 ff. E. 8.4. – Offengelassen, ob die unrechtmässige Bekanntgabe von Personendaten an die amerikanischen Behörden einen wichtigen Grund im Sinne von Art. 337 für den Arbeitnehmer darstellt 4A_610/2018 (29.8.19) E. 4.2.1.2 fr., vgl. zur Interessenabwägung im Zusammenhang mit der Lieferung von Daten an die amerikanischen Behörden 4A_73/2017 (26.7.17) E. 3. Die Verletzung der Informationspflicht nach DSG kann eine Persönlichkeitsverletzung darstellen 4A_588/2018 (27.6.19) E. 4.2.

VIII. Freizeit, Ferien und Urlaub 1. Freizeit

Art. 329

[1] Der Arbeitgeber hat dem Arbeitnehmer jede Woche einen freien Tag zu gewähren, in der Regel den Sonntag oder, wo dies nach den Verhältnissen nicht möglich ist, einen vollen Werktag.

[2] Unter besonderen Umständen können dem Arbeitnehmer mit dessen Zustimmung ausnahmsweise mehrere freie Tage zusammenhängend oder statt eines freien Tages zwei freie Halbtage eingeräumt werden.

[3] Dem Arbeitnehmer sind im Übrigen die üblichen freien Stunden und Tage und nach erfolgter Kündigung die für das Aufsuchen einer anderen Arbeitsstelle erforderliche Zeit zu gewähren.

[4] Bei der Bestimmung der Freizeit ist auf die Interessen des Arbeitgebers wie des Arbeitnehmers angemessen Rücksicht zu nehmen.

Es gibt keinerlei Pflicht zur Entschädigung von Feiertagen gegenüber Angestellten im Stundenlohn, mit Ausnahme des 1. August. Letzteres allerdings nur, wenn der 1. August auf einen Tag fällt, an dem gearbeitet worden wäre 4A_72/2018 (6.8.18) E. 3.1, 136 I 290/295 E. 2.4 Pra 2011 (Nr. 7) 54. Zur Entschädigung von Feiertagen im Geltungsbereich eines GAV 4A_72/2018 (6.8.18) E. 4 (zu den formellen Voraussetzungen siehe bei Art. 329d). – Zur Entschädigung von Sonntagsarbeit im Geltungsbereich eines GAV 4A_515/2014 (26.2.15) E. 2.7 fr. 1

Abs. 3 Die Suche nach einer neuen Arbeitsstelle ist mit Ferienbezug während der Kündigungsfrist nicht zu vereinbaren; insoweit gilt der Grundsatz des Ferienbezugs in natura nicht absolut. Ob dem Arbeitnehmer genug Zeit für die Stellensuche zur Verfügung steht, ist im Einzelfall unter Berücksichtigung der gesamten Umstände (Dauer der Kündigungsfrist, Arbeitsmarktlage, Alter, berufliche Fähigkeiten) zu beurteilen und stellt eine Ermessensfrage dar, die vom Bundesgericht mit Zurückhaltung überprüft wird 4A_83/2019 (6.5.19) E. 4.1 und 4.5 fr., 4A_748/2012 (3.6.13) E. 2.5 fr., 4A_183/2012 (11.9.12) 2

E. 4.4. Umstände, die den Ermessensentscheid zugunsten des Arbeitnehmers beeinflussen sollen, wie z.B. ein erhöhter Zeitbedarf für die Stellensuche, sind vom Arbeitnehmer zu beweisen 4A_83/2019 (6.5.19) E. 4.5 fr. Grundsätzlich ist ein verbleibender Ferienanspruch in natura zu beziehen, wenn der Umfang einen Viertel bis einen Drittel der Kündigungsfrist nicht überschreitet 4A_319/2019 (17.3.20) E. 8 fr., siehe dazu auch bei Art. 329d/Zulässige Abgeltungen bei Ende des Arbeitsverhältnisses. Der Ferienanspruch ist ganz in natura zu beziehen, wenn der Arbeitnehmer aufgrund der Umstände keine Stelle suchen muss. Es obliegt aber nicht dem Arbeitnehmer, eine tatsächliche Stellensuche zu beweisen 4A_319/2019 (17.3.20) E. 8 fr. Eine arbeitsplatzbezogene Arbeitsunfähigkeit steht der Stellensuche und dem Ferienbezug in natura nicht entgegen 4A_391/2016 (8.11.16) E. 6.2 it.

2. Ferien a. Dauer

Art. 329a

[1] Der Arbeitgeber hat dem Arbeitnehmer jedes Dienstjahr wenigstens vier Wochen, dem Arbeitnehmer bis zum vollendeten 20. Altersjahr wenigstens fünf Wochen Ferien zu gewähren.

[2] …

[3] Für ein unvollständiges Dienstjahr sind Ferien entsprechend der Dauer des Arbeitsverhältnisses im betreffenden Dienstjahr zu gewähren.

1 **Begriff der Ferien.** *Ferien* im arbeitsvertragsrechtlichen Sinn umfasst sowohl die Gewährung einer zum Voraus bestimmten Zahl aufeinanderfolgender freier Tage, die der *Erholung dienen,* als auch die Bezahlung des darauf entfallenden üblichen Lohnes 122 V 435/439 E. 3b, vgl. 4A_285/2015 (22.9.15) E. 3.1 fr. Besteht eine *Arbeitsunfähigkeit,* die eine physische oder psychische Erholung des Arbeitnehmers behindern, so sind dem Arbeitnehmer während dieser Zeit keine Ferien anzurechnen 4A_319/2019 (17.3.20) E. 7 fr., 4A.117/2007 (13.9.07) E. 6.3 fr. Handelt es sich indes um eine arbeitsplatzbezogene Arbeitsunfähigkeit, so hat der Arbeitnehmer seinen Ferienanspruch während der Kündigungsfrist trotz Arbeitsunfähigkeit in natura zu beziehen 4A_391/2016 (8.11.16) E. 6.2 it. Die Regelung gemäss der Bestimmung gilt sowohl für Vollbeschäftigte als auch für *Teilzeitarbeitnehmer.* Ein Halbtagsangestellter erleidet also nicht eine Halbierung der Feriendauer in Wochen 122 V 435/440, vgl. auch 131 III 451/454 E. 2.2. Das Institut der kontrollfreien Bezugstage im Arbeitslosenversicherungsrecht beruht auf denselben schutzrechtlichen Überlegungen; AVIV Art. 27 Abs. 1 verstösst gegen Art. 329a 122 V 435/439 ff. E. 3. – Zur Kündigung während der Ferien vgl. Art. 335.

2 **Beweislast.** Der Arbeitnehmer hat sowohl die vertragliche Verpflichtung zur Gewährung von Ferien sowie ihr Entstehen durch die Dauer des Arbeitsverhältnisses zu beweisen. Der Arbeitgeber trägt demgegenüber die Beweislast dafür, dass und wie viele Ferientage während der massgebenden Zeit bezogen worden sind 4A_590/2015 (20.6.16) E. 3.4, 128 III 271/274 f. E. 2a/bb, vgl. 4A_398/2014 (21.11.14) E. 4.2 fr., 4A_431/2014 (27.10.14) E. 5 (in casu ungenügende Beweiskraft der Kontrolllisten). Ist ein strikter Beweis nach der Natur der Sache nicht möglich oder nicht zumutbar und wurde der Behaup-

tungs- und Beweislast durch die Parteien Genüge getan, so ist in analoger Anwendung von Art. 42 Abs. 2 der Umfang der bezogenen Ferientage nach dem Ermessen des Gerichts abzuschätzen. Bei der ermessensweisen Schätzung handelt es sich um Beweiswürdigung resp. Sachverhaltsfeststellung, die der Überprüfung durch das Bundesgericht im Berufungsverfahren entzogen ist 128 III 271/277 f. E. 2b, siehe auch 131 III 439/442 ff. E. 5.1 sowie bei Art. 321c Abs. 3. Offengelassen, ob der Arbeitnehmer zu beweisen hat, dass er keine Ferien beziehen konnte, wenn er erhebliche Freiheit hatte, den Ferienbezug selbst zu bestimmen 4A_590/2015 (20.6.16) E. 3.4.

Weiteres. ***Dauer des Arbeitsverhältnisses.*** Vgl. 112 II 51/54 fr. – Zur Verwirkung der Ferien nach altem Recht siehe Art. 329c. Bei ungerechtfertigter fristloser Entlassung ist der Pro-rata-Ferienanspruch unter Einschluss der ordentlichen Kündigungsfrist zu berechnen 4A_225/2018 (6.6.19) E. 5.1 fr. 3

b. Kürzung

Art. 329b

[1] Ist der Arbeitnehmer durch sein Verschulden während eines Dienstjahres insgesamt um mehr als einen Monat an der Arbeitsleistung verhindert, so kann der Arbeitgeber die Ferien für jeden vollen Monat der Verhinderung um einen Zwölftel kürzen.

[2] Beträgt die Verhinderung insgesamt nicht mehr als einen Monat im Dienstjahr und ist sie durch Gründe, die in der Person des Arbeitnehmers liegen, wie Krankheit, Unfall, Erfüllung gesetzlicher Pflichten, Ausübung eines öffentlichen Amtes oder Jugendurlaub, ohne Verschulden des Arbeitnehmers verursacht, so dürfen die Ferien vom Arbeitgeber nicht gekürzt werden.

[3] Die Ferien dürfen vom Arbeitgeber auch nicht gekürzt werden, wenn:
a. eine Arbeitnehmerin wegen Schwangerschaft bis zu zwei Monate an der Arbeitsleistung verhindert ist;
b. eine Arbeitnehmerin einen Mutterschaftsurlaub nach Artikel 329f bezogen hat;
c. ein Arbeitnehmer einen Vaterschaftsurlaub nach Artikel 329g bezogen hat; oder
d. eine Arbeitnehmerin oder ein Arbeitnehmer einen Betreuungsurlaub nach Artikel 329i bezogen hat.

[4] Durch Normalarbeitsvertrag oder Gesamtarbeitsvertrag kann eine von den Absätzen 2 und 3 abweichende Regelung getroffen werden, wenn sie für den Arbeitnehmer im Ganzen mindestens gleichwertig ist.

Abs. 1 Die Referenzperiode berechnet sich aus dem letzten Dienstjahr abzüglich der Dauer, welche die verschuldete Abwesenheit minus einen Monat als «Schonfrist» umfasst 4A_319/2019 (17.3.20) E. 6 fr., 4A_631/2009 (17.2.10) E. 4 fr. 1

Abs. 2 Fassung gemäss Art. 13 des BG über die Förderung der ausserschulischen Jugendarbeit (JFG, SR 446.1), in Kraft seit 1. Januar 1991. Mit Rücksicht auf die «Schonfrist» von einem Monat berechtigt eine unverschuldete Arbeitsunfähigkeit von drei Monaten den Arbeitgeber zur Reduktion des Ferienanspruchs um zwei Zwölftel 4A_319/2019 (17.3.20) E. 6 fr. 2

3 ***Abs. 3*** Die Bestimmung wurde durch Ziff. III des BG vom 3. Oktober 2003 über die Erwerbsersatzordnung für Dienstleistende in Armee, Zivildienst und Zivilschutz (AS 2005 1429) neu formuliert (in Kraft seit 1. Juli 2005).

c. Zusammenhang und Zeitpunkt

Art. 329c

[1] Die Ferien sind in der Regel im Verlauf des betreffenden Dienstjahres zu gewähren; wenigstens zwei Ferienwochen müssen zusammenhängen.

[2] Der Arbeitgeber bestimmt den Zeitpunkt der Ferien und nimmt dabei auf die Wünsche des Arbeitnehmers soweit Rücksicht, als dies mit den Interessen des Betriebes oder Haushaltes vereinbar ist.

1 ***Abs. 1*** Mit Inkrafttreten der neuen Fassung der Bestimmung (am 1. Juli 1984) ist die Rechtsprechung über die Verwirkung des Rechts auf Ferien (107 II 430/434 E. 3b Pra 1982 [Nr. 62] 139, grundlegend 101 II 283/286 E. 5b fr.) hinfällig geworden (vgl. BBl 1982 III S. 237). Der Arbeitgeber hat den Zeitpunkt der Ferien festzulegen und dafür zu sorgen, dass der Arbeitnehmer seine Ferien im Sinne von Art. 329c Abs. 1 «in der Regel im Laufe des betreffenden Dienstjahres» bezieht. Entgegen dem aufgehobenen Art. 329c können somit nicht bezogene Ferien nicht verwirken. Der Ferienanspruch wird fällig am Tag des vertraglich vorgesehenen oder vom Arbeitgeber bestimmten Ferienbeginns, spätestens jedoch am Tag, ab welchem der Restferienanspruch für das laufende Dienstjahr noch bezogen werden könnte. Der Ferienanspruch eines jeden Dienstjahres unterliegt entsprechend einer eigenen Verjährungsfrist. Es gilt die fünfjährige Verjährungsfrist von Art. 128 Ziff. 3 4A_44/2010 (1.4.10) E. 3.3.2. Die Verjährung richtet sich nach den allgemeinen Verjährungsregeln 130 III 19/25 E. 3.2. Aus Ferienansprüchen, welche bei Beendigung des Arbeitsverhältnisses verjährt sind, entstehen keine Abgeltungsansprüche 4A_44/2010 (1.4.10) E. 3.3.2. Für den Ersatzanspruch für nicht bezogene Ferien- und Freitage (siehe dazu bei Art. 329d) spielt es grundsätzlich keine Rolle, wann genau der Arbeitnehmer Freitage und Ferien nicht bezogen hat, und auch die näheren Umstände sind grundsätzlich nicht von Belang, soweit der Arbeitgeber duldet, dass der Arbeitnehmer die Ferien und Freitage nicht bezog 4A_590/2015 (20.6.16) E. 4.2.

2 ***Abs. 2*** *Nach einer Kündigung* ist der Arbeitgeber grundsätzlich berechtigt, die Ferien auf den Zeitraum bis zum Ende des Arbeitsverhältnisses festzulegen 4A_319/2019 (17.3.20) E. 8 fr., 106 II 152/154 f. E. 2 Pra 1981 (Nr. 5) 8 f., vgl. auch 4A_748/2012 (3.6.13) E. 2.5 fr., 4A_183/2012 (11.9.12) E. 4.5, 123 III 84/85 E. 5a, vgl. 4A_391/2016 (8.11.16) E. 6.2 it. (Ferienbezug auch bei Arbeitsunfähigkeit, sofern diese arbeitsplatzbezogen ist). – Trägt der (rechtzeitig benachrichtigte) Arbeitgeber bei der Festsetzung der Ferien den legitimen Wünschen des Arbeitnehmers nicht Rechnung, obschon die Interessen des Betriebes kaum beeinträchtigt werden, so stellt ein *eigenmächtiger Ferienbezug* durch den Arbeitnehmer nicht ohne Weiteres einen wichtigen Grund i.S.v. Art. 337 Abs. 1 und 2 dar 108 II 301/303 f. E. 3b Pra 1983 (Nr. 8) 15 f., Pra 1998 (Nr. 41) 269 E. 2b/aa, vgl. auch Pra 1996 (Nr. 224) 876 ff. E. 2. Übergeht der Arbeitgeber bei der Festsetzung der Ferien die Wünsche des Arbeitnehmers oder ordnet er die Ferien zu kurzfristig an, ist der Arbeitnehmer

berechtigt, den Ferienbezug zu verweigern. Der Arbeitnehmer hat jedoch unverzüglich sein Widerspruchsrecht auszuüben und während der Ferien seine Dienste anzubieten, ansonsten von einem Verzicht bzw. Einverständnis auszugehen ist 4A_434/2017 (14.12.17) E. 2.1. – Mitverantwortung des Geschäftsführers für den rechtzeitigen eigenen Ferienbezug 4A_183/2012 (11.9.12) E. 4.6. Offengelassen, ob der Arbeitnehmer zu beweisen hat, dass er keine Ferien beziehen konnte, wenn er erhebliche Freiheit hatte, den Ferienbezug selbst zu bestimmen 4A_590/2015 (20.6.16) E. 3.4.

d. Lohn

Art. 329d

[1] Der Arbeitgeber hat dem Arbeitnehmer für die Ferien den gesamten darauf entfallenden Lohn und eine angemessene Entschädigung für ausfallenden Naturallohn zu entrichten.

[2] Die Ferien dürfen während der Dauer des Arbeitsverhältnisses nicht durch Geldleistungen oder andere Vergünstigungen abgegolten werden.

[3] Leistet der Arbeitnehmer während der Ferien entgeltliche Arbeit für einen Dritten und werden dadurch die berechtigten Interessen des Arbeitgebers verletzt, so kann dieser den Ferienlohn verweigern und bereits bezahlten Ferienlohn zurückverlangen.

▪ Abs. 1 Zweck (1) ▪ Berechnung (2) ▪ Abs. 2 Grundsätzliches Abgeltungsverbot (3) ▪ Zulässige Abgeltungen bei Ende des Arbeitsverhältnisses (4) ▪ Zulässige Abgeltungen während des Arbeitsverhältnisses (5) ▪ Anwendungsbereich und spezifische Vereinbarungen über die Abgeltung (6) ▪ Schadenminderungspflicht des Arbeitnehmers (7) ▪ Abs. 3 (8)

Abs. 1 **Zweck.** Die gesetzlichen Bestimmungen zum Lohn sind dem Umstand geschuldet, dass in der Regel der Lohn für den Arbeitnehmer das einzige wesentliche Einkommen darstellt und er für sein tägliches Leben darauf angewiesen ist. Die Pflicht des Arbeitgebers zur Lohnfortzahlung während der Ferien soll sicherstellen, dass der Arbeitnehmer von der Arbeit befreit wird, ohne deswegen finanzielle Einbussen zu erleiden 4A_231/2018 (23.7.19) E. 5.2 Pra 2020 (Nr. 47) 464, 4A_225/2018 (6.6.19) E. 5.2.2 fr., 4A_285/2015 (22.9.15) E. 3.1 fr., 134 III 399/401 E. 3.2.4, 4C.328/2004 (12.11.04) E. 3.1 fr., 118 II 136/137 E. 3b, vgl. 4A_205/2016 (23.6.16) E. 2.6.1 fr. In Bezug auf den Lohn darf der Arbeitnehmer während seinen Ferien nicht anders als während der Zeit, da er seine Arbeitstätigkeit ausübt, behandelt werden 4A_231/2018 (23.7.19) E. 5.2 Pra 2020 (Nr. 47) 464, 4A_225/2018 (6.6.19) E. 5.2.2 fr., 4A_72/2018 (6.8.18) E. 4.4.1, 4A_285/2015 (22.9.15) E. 3.1 fr., 4A_463/2010 (30.11.10) E. 3.1 fr., 134 III 399/401 E. 3.2.4, 132 III 172/174 f. E. 3.1 fr., 4C.222/2005 (27.10.05) E. 6, 4C.147/2005 (26.9.05) E. 2 fr., 4C.173/2004 (7.9.04) E. 5.1 fr., 129 III 664/673 f. E. 7.3 Pra 2004 (Nr. 67) 389, 129 III 493/495 E. 3. 1

Berechnung. Der Arbeitnehmer muss während der Ferien weiterhin seinen üblichen Lohn erhalten 4A_225/2018 (6.6.19) E. 5.2.2 fr., 4A_285/2015 (22.9.15) E. 3.1 fr. Zwingende Ausrichtung von *regelmässigen Lohnnebenleistungen (Zulagen)* während der Ferien 4A_231/2018 (23.7.19) E. 5.2 Pra 2020 (Nr. 47) 464 (Berücksichtigung von Provisionen), 4A_419/2011 (23.11.11) E. 6.2 fr. (bezüglich Tarifen nach kantonalem Recht), 132 III 172/174 f. E. 3.1 fr., 4C.217/2003 (29.1.04) E. 4 fr., 115 V 326/330 E. 4. Zur Berücksich- 2 tigung des 13. Monatslohns 4A_319/2019 (17.3.20) E. 9 fr., 4A_161/2016 (13.12.16) E. 2.1 fr. – Berechnung bei *unregelmässiger Arbeit* anhand Referenzperiode, wobei Zahlungen gestützt auf Art. 324a während einer Krankheitsabwesenheit mitzurechnen sind 4C.222/2005 (27.10.05) E. 6.3. Berechnung bei *Lohn auf Provisionsbasis* aufgrund der durchschnittlichen Einkünfte einer geeigneten Zeitperiode (pauschale Methode), nur ausnahmsweise aufgrund der Provisionen, die der Arbeitnehmer tatsächlich verdient hätte (individuelle Methode, z.B. wenn der Arbeitnehmer seine Vertragsschlüsse auf die Zeit vor und nach den Ferien zusammenziehen kann) 4A_225/2018 (6.6.19) E. 5.2.2 fr., 4A_285/2015 (22.9.15) E. 3.2.2 fr., 4A_526/2009 (21.12.09) E. 2.3, 4C.173/2004 (7.9.04) E. 5.1 fr., 4C.217/2003 (29.1.04) E. 4 fr., 129 III 664/674 E. 7.3 Pra 2004 (Nr. 67) 389, vgl. 4A_231/2018 (23.7.19) E. 5.2 Pra 2020 (Nr. 47) 464. Die individuelle Methode kommt sodann zur Anwendung, wenn der Provisionsanspruch aufgrund der Vertragsschlüsse während eines ganzen Jahres berechnet wird und der Arbeitnehmer eine monatliche Akontozahlung erhält, aufgrund welcher er während der Ferien finanziell nicht schlechter gestellt ist 4A_285/2015 (22.9.15) E. 3.2.2 und 3.3.2 fr. In Ausnahmesituationen kann der Arbeitgeber von der Leistung einer Ferienentschädigung befreit sein, da der Arbeitnehmer keinen Anspruch auf zusätzliche, über sein reguläres Arbeitseinkommen hinausgehende Entschädigung hat 4A_225/2018 (6.6.19) E. 5.2.2 fr. (in casu derartige Umstände verneint). – Massgebliche Berechnungsgrundlage ist der Lohn im Zeitpunkt der Abgeltung des Ferienanspruchs, nicht im Zeitpunkt von dessen Entstehung 4A_231/2018 (23.7.19) E. 5.2 Pra 2020 (Nr. 47) 464.

3 ***Abs. 2*** **Grundsätzliches Abgeltungsverbot.** Der Anspruch auf Ferien stellt einerseits eine Forderung des Arbeitnehmers dar, andererseits ist er als Ausfluss der Fürsorgepflicht des Arbeitgebers anzusehen. Das absolut zwingende Abgeltungsverbot *bezweckt*, dass Ferien der Erholung dienen und nicht durch Geldleistungen abgegolten werden. Der Arbeitnehmer soll im richtigen Zeitpunkt wissen, dass er über das notwendige Geld verfügt, um die Ferien tatsächlich beziehen und sorgenfrei verbringen zu können 4A_56/2016 (30.6.16) E. 4.1.1, 4A_72/2018 (6.8.18) E. 4.4.1, 4A_183/2012 (11.9.12) E. 4.4, 4A_11/2011 (16.5.11) E. 1.2, 4A_463/2010 (30.11.10) E. 3.1 fr., 134 III 399/401 E. 3.2.4, 4C.90/2003 (7.7.03) E. 2.3 fr., 4C.72/2003 (25.7.04) E. 3.1, 4C.301/2001 (21.2.02) E. 3a, 118 II 136/137 E. 3b, Pra 2001 (Nr. 48) 283 E. 3a/aa. Ferien bedingen, dass sich der Arbeitnehmer frei organisieren kann. Wird der Arbeitnehmer während der Kündigungsfrist von der Arbeitsleistung zwar freigestellt, muss er sich aber zugleich täglich zur Disposition des Arbeitgebers halten, so kann dem Arbeitnehmer für diese Zeit kein Ferienbezug angerechnet werden 4A.117/2007 (13.9.07) E. 6 und vor allem 6.3 fr. Die Ferien sind auch während der Probezeit tatsächlich zu beziehen, soweit dies möglich und zumutbar ist 4A_11/2011 (16.5.11) E. 1.3.

4 **Zulässige Abgeltungen bei Ende des Arbeitsverhältnisses.** Die Umwandlung des Ferienanspruchs in eine Barabfindung oder andere Vergünstigungen ist bei Beendigung des Vertrages zulässig, wenn der Arbeitgeber seine Pflicht nicht mehr in natura erfüllen kann 4A_319/2019 (17.3.20) E. 8 fr. (in casu teilweise Abgeltung), 4A_83/2019 (6.5.19) E. 4.1 fr. (in casu keine Abgeltung, da dem freigestellten Arbeitnehmer neben 38 Ferientagen noch 99 Arbeitstage für die Stellensuche verblieben), 4A_178/2017 (14.6.18) E. 8 fr. (in casu keine Abgeltung, da dem freigestellten Arbeitnehmer mit 22 von 35 Tagen bis zum

Ende des Arbeitsverhältnisses noch genügend Zeit zur Stellensuche verblieb), 4A_56/2016 (30.6.16) E. 4.1.1 (Ferienanspruch des ungerechtfertigt fristlos entlassenen Arbeitnehmers), 4A_748/2012 (3.6.13) E. 2.5 fr. (in casu keine Abgeltung, da dem Arbeitnehmer nach Abzug der krankheitsbedingten Abwesenheiten sowie der Weiterbildungs- und der restlichen Ferientage immer noch 34 Tage für die Stellensuche zur Verfügung standen), 4A_183/2012 (11.9.12) E. 4.4 (in casu keine bzw. reduzierte Abgeltung, da der Arbeitnehmer sich während der Kündigungsfrist nicht konkret um eine neue Stelle bemüht hat und als Geschäftsführer für nicht bezogene Ferien mitverantwortlich war), 4A_11/2011 (16.5.11) E. 1.2, 4A.117/2007 (13.9.07) E. 6 fr., 4C.222/2005 (27.10.05) E. 7, 128 III 271/280 f. E. 4a/aa, 106 II 152/154 E. 2 Pra 1981 (Nr. 5) 8 f. Letzteres trifft zu, wenn infolge der Beendigung des Arbeitsverhältnisses die Zeit fehlt, um die Ferientage zu gewähren 101 II 283/285 f. E. 5a fr. Bei kurzen Kündigungsfristen wie zwei oder drei Monaten ist der Ferienanspruch in der Regel dann mit Geldleistung abzugelten, wenn der Arbeitnehmer eine neue Anstellung suchen muss 4A_434/2014 (27.3.15) E. 4.2 fr. (Abgeltung eines Ferienguthabens von 5,32 Tagen, da ansonsten nur 4,68 Tage für die Stellensuche übrig geblieben wären), 4A.117/2007 (13.9.07) E. 6 fr., 4C.84/2002 (22.10.02) E. 3.2.1 fr., 117 II 270/272, vgl. auch 4C.169/2001 (22.8.01) E. 4 fr. (kein Ferienbezug bei ausstehendem Lohn). Beim ungerechtfertigt fristlos entlassenen Arbeitnehmer wird die Kompensation nicht bezogener Ferientage mit der Freizeit von der Voraussetzung abhängig gemacht, dass dem Arbeitnehmer zum Bezug der Ferientage in der Regel mehr als zwei bis drei Monate zur Verfügung stehen 4A_56/2016 (30.6.16) E. 4.1.1. Keine Umwandlung für verjährte Ferienansprüche und entsprechende Auswirkungen auf den Konkurs 131 III 451/454 f. E. 2.2 und 2.3. Für den Ersatzanspruch für nicht bezogene Ferien- und Freitage spielt es grundsätzlich keine Rolle, wann genau der Arbeitnehmer Freitage und Ferien nicht bezogen hat, und auch die näheren Umstände sind grundsätzlich nicht von Belang, soweit der Arbeitgeber duldet, dass der Arbeitnehmer die Ferien und Freitage nicht bezog 4A_590/2015 (20.6.16) E. 4.2. – Verrechnung von Ferienanspruch mit Ruhetagen 4A_434/2017 (14.12.17) E. 2.2.3, 4C.255/2006 (2.10.06) E. 3. Der Arbeitnehmer trägt die Beweislast für einen vertraglich vereinbarten Ferienanspruch, soweit dieser das gesetzliche Minimum übersteigt; ebenso hat der Arbeitnehmer den Bestand eines Arbeitsverhältnisses für die Dauer nachzuweisen, aufgrund deren er seinen Anspruch auf Ferienentschädigung geltend macht. Demgegenüber trägt der Arbeitgeber die Beweislast für gewährte Ferientage 4A_590/2015 (20.6.16) E. 3.4, 4A_579/2008 (26.2.09) E. 2.3 fr. Offengelassen, ob der Arbeitnehmer zu beweisen hat, dass er keine Ferien beziehen konnte, wenn er erhebliche Freiheit hatte, den Ferienbezug selbst zu bestimmen 4A_590/2015 (20.6.16) E. 3.4.

Zulässige Abgeltungen während des Arbeitsverhältnisses. ***Formerfordernisse.*** 5
Ungeachtet der grundsätzlich absolut zwingenden Natur des Abgeltungsverbots 129 III 493/495 E. 3.1, Pra 2001 (Nr. 48) 283 E. 3a/aa, Pra 1997 (Nr. 172) 931 E. 4a/aa sind Abgeltungsvereinbarungen ausnahmsweise zulässig, sofern erstens sehr unregelmässige Arbeitszeit (z.B. von Teilzeitbeschäftigten) vorliegt und zweitens für den Arbeitnehmer sowohl aus dem schriftlichen Arbeitsvertrag wie auch drittens aus den Lohnabrechnungen klar ersichtlich ist, welcher Teil des Arbeitslohns den Ferienanspruch abgelten soll. Der blosse Hinweis, der Ferienanteil sei im Lohn enthalten, genügt nicht; vielmehr ist der

Anspruch beziffert oder prozentual auszuweisen 4A_215/2019 (7.10.19) E. 3.2 fr. (kein Hinweis in den Lohnabrechnungen), 4A_561/2017 (19.3.18) E. 3.1 fr. (in casu Abgeltung in den Lohnabrechnungen ausgewiesen, aber keine unregelmässige Arbeitszeit und keine Erwähnung im schriftlichen Vertrag), 4A_205/2016 (23.6.16) E. 2.6.1 fr. (in casu weder im Arbeitsvertrag noch auf den Lohnabrechnungen ausgewiesen), 4A_72/2018 (6.8.18) E. 4.4.1 (betr. Abgeltung von Feiertagen), 4A_435/2015 (14.1.16) E. 3.2 fr. (in casu mündlicher Arbeitsvertrag, keine Hinweise auf den Lohnabrechnungen), 4A_72/2015 (11.5.15) E. 3.2 (in casu war der Ferienlohn zwar im Arbeitsvertrag, nicht aber auf den einzelnen Lohnabrechnungen ausgewiesen), 4A_463/2010 (30.11.10) E. 3.1 fr. (mangelhafte Bezeichnung im Arbeitsvertrag), 4A_526/2009 (21.12.09) E. 2.3 (fehlender Hinweis im schriftlichen Arbeitsvertrag wie auch auf den einzelnen Lohnabrechnungen), 4A_66/2009 (8.4.09) E. 2.1, 4C.219/2006 (24.1.07) E. 2.1 (hier noch lediglich «betragsmässige» Ausweisung verlangt), 4C.147/2005 (26.9.05) E. 2 fr., 4C.328/2004 (12.11.04) E. 3.1 fr., 129 III 493/495 E. 3.2 und 3.3, 4C.90/2003 (7.7.03) E. 2.3 fr., 4C.72/2003 (25.7.04) E. 3.1, 118 II 136/137 E. 3b, Pra 1997 (Nr. 172) 932 E. 4a/bb, Pra 2001 (Nr. 48) 283 E. 3a/aa, grundlegend 116 II 515/517 f. E. 4. Die Zulässigkeit einer Abgeltungsvereinbarung beurteilt sich stets nach den gleichen Kriterien, ohne Unterscheidung zwischen verschiedenen Kategorien von Arbeitnehmern 4A_215/2019 (7.10.19) E. 3.2.2 fr. Als Ferienlohn kann grundsätzlich nur gelten, was zusätzlich zum vereinbarten Lohn bezahlt wird, da ansonsten der Arbeitgeber jeweils geltend machen könnte, er hätte einen niedrigeren Lohn vereinbart, wenn er gewusst hätte, dass er noch zusätzlich etwas für die Ferien bezahlen müsse 4A_66/2009 (8.4.09) E. 2.2. Wird der Lohn nach Leistung ausgerichtet, ist für den Ferienlohn ein Durchschnittswert einzusetzen. Mit dieser Regel ist grundsätzlich vereinbar, den Ferienlohn bereits auf den Anspruch für die einzelnen Leistungen aufzurechnen 4A_66/2009 (8.4.09) E. 4.1. Bei einem *mündlichen Vertrag* genügt es, bei der jeweiligen Ausrichtung des Lohns den Ferienlohnanteil schriftlich zu erwähnen; damit wird genügend Klarheit geschaffen und die ursprüngliche mündliche Vereinbarung laufend in schriftlicher Form bestätigt 4A_561/2017 (19.3.18) E. 3.1 fr., 4A_435/2015 (14.1.16) E. 3.2 fr., 129 III 493/496 E. 3.3, 4C.174/2003 (27.10.03) E. 5.3 fr., 116 III 515/518 E. 4b, vgl. 4A_205/2016 (23.6.16) E. 2.6.1 fr. Allerdings offengelassen, ob mit Blick auf den klaren Wortlaut der absolut zwingenden Norm und der in der Tat kaum jemals unüberwindbaren Schwierigkeiten bei der Berechnung des auf die Ferien entfallenden Lohnes an der Möglichkeit der Abgeltung festgehalten wird 4A_300/2007 (6.5.08) E. 3.2.3 (unpublizierte Erwägung von 134 III 399), 4C.328/2004 (12.11.04) E. 3.1 fr., 129 III 493/495 E. 3.2 und 3.3, 4C.174/2003 (27.10.03) E. 5.2 fr. *Rechtsmissbräuchliche Berufung* auf diese Erfordernisse 129 III 493/497 f. E. 5, 4C.184/2000 (14.10.00) E. 3, Pra 2001 (Nr. 48) 283 E. 3a/bb–3b, vgl. 4A_561/2017 (19.3.18) E. 4 fr. (Rechtsmissbrauch verneint). Beweislast der Rechtsmissbräuchlichkeit 129 III 493/497 f. E. 5.1, auf Rechtsmissbrauch kann sich jedoch in der Regel nicht berufen, wer gegen eine zwingende Norm wie Art. 329d Abs. 2 verstossen hat 4A_72/2015 (11.5.15) E. 3.6, 129 III 493/497 E. 5.1, 4C.421/1999 (17.2.00) E. 4. Zudem muss der Arbeitnehmer während der Dauer des Arbeitsverhältnisses die praktische Möglichkeit haben, tatsächlich Ferien zu nehmen, die denjenigen, auf die er Anspruch hat, gleichwertig sind 107 II 430/433 f. E. 3a Pra 1982 (Nr. 62) 138 f. *Keine Heilung des Formmangels* bei Irrtum über die Qualifikation als Arbeitsvertrag 4C.421/1999 (17.2.00) E. 5b. Missachtung der Formerfordernisse führt dazu, dass der Arbeitgeber dem Arbeitnehmer eine Ferienentschädigung zu bezahlen hat, ungeachtet der Frage, ob der Arbeitnehmer die Ferien tatsächlich in natura bezogen hat oder nicht 4A_561/2017 (19.3.18) E. 3.1 fr., 4A_205/2016 (23.6.16) E. 2.6.1 fr., 4A_435/2015 (14.1.16) E. 3.2 fr. Rechtsmissbrauch kann jedoch vorliegen, wenn der Arbeitnehmer während der Ferien eine Form der Entschädigung erhalten hat 4A_561/2017 (19.3.18) E. 4.1 fr. (in casu verneint).

Anwendungsbereich und spezifische Vereinbarungen über die Abgeltung. Analoge Anwendung auf vertraglich geregelten Anspruch auf Feiertagsentschädigung 4A_72/2018 (6.8.18) E. 4.4. Analoge Anwendung auf den die *Rufbereitschaft* abgeltenden Teil des Arbeitslohns bei Arbeit auf Abruf? 124 III 249/252 E. 3c. Eine abweichende Abrede beim *Handelsreisendenvertrag* ist nur unter Einhaltung der Schriftform gültig (Art. 347a). Fehlt es an der Schriftform, so hat der Handelsreisende Anspruch auf eine Ferienentschädigung unabhängig davon, ob er Ferien bezogen hat 129 III 664/672 E. 7.2 Pra 2004 (Nr. 67) 388. – Nichtigkeit einer Vereinbarung, nach welcher der Arbeitnehmer für die Lohnkosten eines «in Ausnahmefällen» nötig werdenden Ferienvertreters selbst aufzukommen hat (auch bei Abgeltung dieses Risikos durch einen überdurchschnittlichen Arbeitslohn) 118 II 136/137 f. E. 3b. Weniger strenge Beurteilung bei besonderen Umständen Pra 1997 (Nr. 172) 932 E. 4a/bb (Vertrauensprinzip). – *Beweislast* des Arbeitgebers 4C.421/1999 (17.2.00) E. 5a, Pra 1997 (Nr. 172) 932 E. 4a/bb. (vgl. auch bei Art. 329a). 6

Schadenminderungspflicht des Arbeitnehmers. Eine Abgeltung muss nicht geleistet werden, wenn der Arbeitgeber beweist, dass der Arbeitnehmer eine *neue Stelle* gefunden hat oder auf dem relevanten Arbeitssektor ohne Problem in kürzester Zeit eine Stelle finden könnte und (z.B. infolge Freistellung) genügend Zeit für die Stellensuche hatte 4C.193/2005 (30.9.05) E. 3.2 fr., 4C.84/2002 (22.10.02) E. 3.2.1 fr. Verzichtet der Arbeitgeber in eigenem Interesse auf die Arbeitsleistung *(Freistellung)*, so hat der Arbeitnehmer auch ohne ausdrückliche Weisung die ihm zustehenden Ferientage nach Möglichkeit zu beziehen, wobei allerdings die Arbeitssuche Vorrang hat. In zeitlicher Hinsicht ist auf den Einzelfall abzustellen (keine analoge Anwendung der Regeln bei fristloser Entlassung, in casu galten 40 Ferientage während 4 Monaten als kompensiert) 128 III 271/280 ff. E. 4, siehe auch 4C.215/2005 (20.12.05) E. 6 (unpublizierte Erwägung von 132 III 115; in casu galten 37,5 Tage Ferien innert gut drei Monaten Freistellung als kompensiert) und 4C.193/2005 (30.9.05) E. 3.2 fr. (in casu galten 5 Tage innerhalb von 20 Tagen Freistellung als kompensiert). 7

Abs. 3 Rückerstattungsanspruch des Arbeitgebers als Ausnahme zur grundsätzlich auch bei Verletzung der Treuepflicht des Arbeitnehmers bestehenden Lohnzahlungspflicht 4A_172/2012 (22.8.12) E. 9.1 fr. In schweren Fällen kann Schwarzarbeit während der Ferien Grund zur fristlosen Entlassung sein. Die berechtigten Interessen des Arbeitgebers werden verletzt, wenn durch die Arbeit der Erholungszweck der Ferien vereitelt wird oder wenn der Arbeitnehmer den Arbeitgeber konkurrenziert, wobei dies nicht für jede Tätigkeit für einen Dritten gilt Pra 1997 (Nr. 124) 671 f. E. 2b, 3 und 4. 8

3. Urlaub für ausserschulische Jugendarbeit

Art. 329e

[1] Der Arbeitgeber hat dem Arbeitnehmer bis zum vollendeten 30. Altersjahr für unentgeltliche leitende, betreuende oder beratende Tätigkeit im Rahmen ausserschulischer Jugendarbeit in einer kulturellen oder sozialen Organisation sowie für die dazu notwendige Aus- und Weiterbildung jedes Dienstjahr Jugendurlaub bis zu insgesamt einer Arbeitswoche zu gewähren.

[2] Der Arbeitnehmer hat während des Jugendurlaubs keinen Lohnanspruch. Durch Abrede, Normalarbeitsvertrag oder Gesamtarbeitsvertrag kann zugunsten des Arbeitnehmers eine andere Regelung getroffen werden.

[3] Über den Zeitpunkt und die Dauer des Jugendurlaubs einigen sich Arbeitgeber und Arbeitnehmer; sie berücksichtigen dabei ihre beidseitigen Interessen. Kommt eine Einigung nicht zustande, dann muss der Jugendurlaub gewährt werden, wenn der Arbeitnehmer dem Arbeitgeber die Geltendmachung seines Anspruches zwei Monate im Voraus angezeigt hat. Nicht bezogene Jugendurlaubstage verfallen am Ende des Kalenderjahres.

[4] Der Arbeitnehmer hat auf Verlangen des Arbeitgebers seine Tätigkeiten und Funktionen in der Jugendarbeit nachzuweisen.

4. Mutterschaftsurlaub

Art. 329f

Nach der Niederkunft hat die Arbeitnehmerin Anspruch auf einen Mutterschaftsurlaub von mindestens 14 Wochen.

1 Sinn und Zweck des Mutterschaftsurlaubs ist es, dass sich die Mutter von Schwangerschaft und Niederkunft erholen kann und ihr die nötige Zeit eingeräumt wird, sich in den ersten Monaten intensiv um ihr Kind zu kümmern, ohne dabei in finanzielle Bedrängnis zu kommen. Zugleich soll damit auch eine Entlastung der Arbeitgeber sowie eine Verbesserung der Chancen von jungen Frauen auf dem Arbeitsmarkt erreicht werden 142 II 425/429 E. 5.1 (in casu öffentlich-rechtliches Arbeitsverhältnis). Lohnfortzahlungspflicht in Fällen des Aufschubs des Mutterschaftsurlaubs gemäss EOG Art. 16c Abs. 2 142 II 425/430 f. E. 5.4.

5. Vaterschaftsurlaub

Art. 329g

[1] Der Arbeitnehmer, der im Zeitpunkt der Geburt eines Kindes dessen rechtlicher Vater ist oder dies innerhalb der folgenden sechs Monate wird, hat Anspruch auf einen Vaterschaftsurlaub von zwei Wochen.

[2] Der Vaterschaftsurlaub muss innert sechs Monaten nach der Geburt des Kindes bezogen werden.

[3] Er kann wochen- oder tageweise bezogen werden.

6. Urlaub für die Betreuung von Angehörigen

Art. 329h

Die Arbeitnehmerin oder der Arbeitnehmer hat Anspruch auf bezahlten Urlaub für die Zeit, die zur Betreuung eines Familienmitglieds, der Lebenspartnerin oder des Lebenspartners mit gesundheitlicher Beeinträchtigung notwendig ist; der Urlaub beträgt jedoch höchstens drei Tage pro Ereignis und höchstens zehn Tage pro Jahr.

7. Urlaub für die Betreuung eines wegen Krankheit oder Unfall gesundheitlich schwer beeinträchtigten Kindes

Art. 329i

1 Hat die Arbeitnehmerin oder der Arbeitnehmer Anspruch auf eine Betreuungsentschädigung nach den Artikeln 16n–16s EOG, weil ihr oder sein Kind wegen Krankheit oder Unfall gesundheitlich schwer beeinträchtigt ist, so hat sie oder er Anspruch auf einen Betreuungsurlaub von höchstens 14 Wochen.

2 Der Betreuungsurlaub ist innerhalb einer Rahmenfrist von 18 Monaten zu beziehen. Die Rahmenfrist beginnt mit dem Tag, für den das erste Taggeld bezogen wird.

3 Sind beide Eltern Arbeitnehmende, so hat jeder Elternteil Anspruch auf einen Betreuungsurlaub von höchstens sieben Wochen. Sie können eine abweichende Aufteilung des Urlaubs wählen.

4 Der Urlaub kann am Stück oder tageweise bezogen werden.

5 Der Arbeitgeber ist über die Modalitäten des Urlaubsbezugs sowie über Änderungen unverzüglich zu informieren.

IX. Übrige Pflichten 1. Kaution

Art. 330

1 Übergibt der Arbeitnehmer zur Sicherung seiner Verpflichtungen aus dem Arbeitsverhältnis dem Arbeitgeber eine Kaution, so hat sie dieser von seinem Vermögen getrennt zu halten und ihm dafür Sicherheit zu leisten.

2 Der Arbeitgeber hat die Kaution spätestens bei Beendigung des Arbeitsverhältnisses zurückzugeben, sofern nicht durch schriftliche Abrede der Zeitpunkt der Rückgabe hinausgeschoben ist.

3 Macht der Arbeitgeber Forderungen aus dem Arbeitsverhältnis geltend und sind diese streitig, so kann er die Kaution bis zum Entscheid darüber insoweit zurückbehalten, muss aber auf Verlangen des Arbeitnehmers den zurückbehaltenen Betrag gerichtlich hinterlegen.

4 Im Konkurs des Arbeitgebers kann der Arbeitnehmer die Rückgabe der von dem Vermögen des Arbeitgebers getrennt gehaltenen Kaution verlangen, unter Vorbehalt der Forderungen des Arbeitgebers aus dem Arbeitsverhältnis.

2. Zeugnis

Art. 330a

[1] Der Arbeitnehmer kann jederzeit vom Arbeitgeber ein Zeugnis verlangen, das sich über die Art und Dauer des Arbeitsverhältnisses sowie über seine Leistungen und sein Verhalten ausspricht.

[2] Auf besonderes Verlangen des Arbeitnehmers hat sich das Zeugnis auf Angaben über die Art und Dauer des Arbeitsverhältnisses zu beschränken.

▪ Allgemeines (1) ▪ Abs. 1 Inhalt und Form (2) ▪ Beweislast (3) ▪ Ausstellung (4) ▪ Haftung (5)

1 **Allgemeines.** Der *Anspruch* des Arbeitnehmers auf ein Zeugnis dient in erster Linie der Erleichterung des wirtschaftlichen Fortkommens und betrifft die nachwirkende Fürsorgepflicht des Arbeitgebers 4A_432/2009 (10.11.09) E. 3.1, 4C.129/2003 (5.9.03) E. 6.1 fr., Pra 1998 (Nr. 72) 448 E. 4b. Der Streit um die Ausstellung oder Formulierung eines Arbeitszeugnisses ist daher *vermögensrechtlicher Natur* i.S.v. aOG Art. 46. Der Wert eines Arbeitszeugnisses ist aufgrund der Situation auf dem Arbeitsmarkt sowie der Funktion und Qualifikation des Arbeitnehmers im konkreten Fall festzusetzen 4A_45/2013 (6.6.13) E. 4.3, vgl. 8C_151/2010 (31.8.10) E. 2.7 fr.; der Streitwert ist nach aOG Art. 36 Abs. 2 zu schätzen, wobei in erster Linie auf die übereinstimmenden Angaben der Parteien abgestellt wird 116 II 379/380 E. 2b, grundlegend 74 II 43/44 f. – Die Drohung, man werde sonst kein Arbeitszeugnis ausstellen, ist angesichts der *Unabdingbarkeit des Anspruchs* kein zulässiges Mittel, um einen Arbeitnehmer zu einem bestimmten Verhalten (in casu insbesondere die Einreichung der Kündigung) zu veranlassen und kann einen ernstlichen Nachteil i.S.v. StGB Art. 181 (Nötigung) darstellen 107 IV 35/37 ff. E. 2, 3.

2 ***Abs. 1*** **Inhalt und Form.** Das Zeugnis beinhaltet eine wohlwollende und präzise Beschreibung der geleisteten Tätigkeit, der eingenommenen Funktionen im Unternehmen, wann genau das Arbeitsverhältnis aufgenommen und wann es beendet wurde, eine Bewertung der Qualität der geleisteten Arbeit wie auch des Verhaltens des Arbeitnehmers 144 II 345/347 E. 5.2.1, 136 III 510/511 E. 4.1, 4A_187/2010 (6.9.10) E. 4.1, 4A_432/2009 (10.11.09) E. 3.1 (kein Anspruch auf Aufführung von Tätigkeiten, die nicht ausgeübt worden sind), 4A.117/2007 (13.9.07) E. 7 fr. Grundsätzlich sind Formulierung und Wortwahl des Arbeitszeugnisses dem Arbeitgeber überlassen. Der Arbeitnehmer hat keinen Anspruch auf eine bestimmte Formulierung und der Arbeitgeber ist daher nicht verpflichtet, vom Arbeitnehmer gewünschte Formulierungen zu übernehmen 144 II 345/348 E. 5.2.3. Detailliert zum Zeugnisinhalt mit Nachweisen 136 III 510/511 E. 4.1, 4A_187/2010 (6.9.10) E. 4.1, 4C.129/2003 (5.9.03) E. 6.1, vgl. auch 144 II 345/347 E. 5.2.1, 4A_574/2017 (14.5.18) E. 4: Eine Krankheit, die einen erheblichen Einfluss auf die Leistung oder das Verhalten des Arbeitnehmers hatte und deshalb einen sachlichen Grund zur Auflösung des Arbeitsverhältnisses darstellte, darf und muss im Arbeitszeugnis aufgeführt werden, dasselbe gilt für längere Arbeitsunterbrüche, wenn sie im Verhältnis zur Gesamtdauer des Arbeitsverhältnisses ins Gewicht fallen und daher ohne Erwähnung bezüglich der erworbenen Berufserfahrung ein falscher Eindruck entstünde. Eine geheilte Krankheit darf hingegen nicht erwähnt werden. Müssen Arbeitsunterbrüche erwähnt werden, weil andernfalls ein falsches Bild über die erworbene Berufserfahrung entstünde, dann

gebieten es der Grundsatz der Vollständigkeit und das Gebot der Klarheit eines Arbeitszeugnisses, auch die Gründe für die Abwesenheit aufzuführen 144 II 345/349 E. 5.3.3. – Fehlbares Verhalten des Arbeitnehmers, welches aufgrund der Umstände (Verstoss des Arbeitgebers gegen Art. 328) eine fristlose Entlassung nicht rechtfertigt, darf sich nicht negativ auf das Zeugnis auswirken, wenn die Leistungen ansonsten zu keinen Beanstandungen Anlass geben 4A_60/2014 (22.7.14) E. 4 fr. Demgegenüber ist es zulässig, bei gerechtfertigter fristloser Entlassung ein «comportement propre à rompre la confiance qu'implique les rapports de travail» im Zeugnis zu erwähnen 4A_228/2015 (29.9.15) E. 6 fr. – Das Zeugnis soll Dritten erlauben, sich über den Arbeitnehmer ein zutreffendes Bild zu machen, weshalb es für die Auslegung (als Frage des Bundesrechts) darauf ankommt, wie ein unbeteiligter Dritter das Zeugnis nach Treu und Glauben verstehen darf 4C.60/2005 (28.4.05) E. 4, vgl. 4A_137/2014 (10.6.14) E. 4 fr. – Tatsachenangaben und Werturteile in einem Arbeitszeugnis müssen objektiv richtig sein; die Auslassung wesentlicher Tatsachen kann ein unzutreffendes Bild ergeben. Der Arbeitnehmer, der ein Vollzeugnis verlangt, hat keinen Anspruch darauf, dass sich das Zeugnis nur über seine Arbeitsleistung und nicht auch über sein Verhalten ausspricht. Das Vollzeugnis hat sich zu beiden Punkten auszusprechen 129 III 177/180 E. 3.2, 4C.129/2003 (5.9.03) E. 6.1 fr., 4C.341/2002 (25.2.03) E. 3, Pra 1998 (Nr. 72) 448 E. 4b. Grundsätzlich bestimmt der Arbeitgeber über den Zeugnisinhalt und die konkreten Formulierungen, wobei er (unter Vorbehalt veränderter Umstände) auf die Formulierungen des Zwischenzeugnisses zurückgreifen muss. Das Zeugnis muss wohlwollend und sprachlich korrekt formuliert sein, und es darf keine herabsetzenden sowie unklaren oder mehrdeutigen Formulierungen enthalten 4A_137/2014 (10.6.14) E. 4 fr. (es besteht nach dem Wortlaut kein Unterschied zwischen «zur Zufriedenheit» und «zur vollen Zufriedenheit», weshalb die Wahl der Formulierung allein dem Arbeitgeber anheimgestellt ist), 4C.129/2003 (5.9.03) E. 6 fr., siehe aber 1C_178/2008 (17.7.08) E. 2–4. Das Zeugnis ist in der Sprache des Ortes abzufassen, wo die Arbeitsleistung erbracht wird 4C.129/2003 (5.9.03) E. 6 fr.

Beweislast. Der Arbeitgeber trägt die Beweislast, ein Zeugnis ausgestellt zu haben, während der Arbeitnehmer den behaupteten und vom ausgestellten Zeugnis abweichenden Inhalt zu beweisen hat 4A_270/2014 (18.9.14) E. 3.2.1 fr., 4A.117/2007 (13.9.07) E. 7 fr., 4C.129/2003 (5.9.03) E. 6.1 fr. Erhöhte Pflicht zur Mitarbeit an der Beweisführung, wenn der Arbeitgeber ein unterdurchschnittliches Zeugnis ausstellt 4A.117/2007 (13.9.07) E. 7 fr. 3

Ausstellung. Der Arbeitnehmer muss sich nicht mit einer Arbeitsbestätigung (Abs. 2) begnügen, sondern der Arbeitgeber ist *zur Ausstellung eines Vollzeugnisses (Abs. 1) verpflichtet*. Dies gilt auch, wenn bereits eine Arbeitsbestätigung ausgestellt wurde 129 III 177/180 E. 3.3, 4C.341/2002 (25.2.03) E. 3. Der Anspruch auf ein Vollzeugnis setzt nicht voraus, dass sich die Parteien über den Inhalt geeinigt haben. Der Anspruch kann mit einer Leistungsklage auf Ausstellung eines Zeugnisses durchgesetzt werden. Sodann kann der Inhalt mit einer Berichtigungsklage zur Überprüfung gebracht werden oder eine Arbeitsbestätigung (Abs. 2) verlangt werden 4A_270/2014 (18.9.14) E. 3.2.1 fr., 129 III 177/180 E. 3.3, 4C.341/2002 (25.2.03) E. 3. Die Berichtigungsklage muss den formulierten Zeugnistext enthalten, sodass dieser ohne Änderungen zum Urteil erhoben werden kann 4A_270/2014 (18.9.14) E. 3.2.2 fr., 4C.237/2006 (24.11.06) E. 5 fr. – Das Wort «jeder- 4 zeit» bedeutet nicht, dass der Arbeitgeber vorbehaltlos und unabdingbar zur Ausstellung eines Zeugnisses verpflichtet ist, sobald der Arbeitnehmer ein solches verlangt Pra 1998 (Nr. 72) 447 E. 4a (kein «klares Recht» nach ZPO ZH; in casu durfte der Arbeitgeber die Ergebnisse einer laufenden Strafuntersuchung abwarten).

5 **Haftung.** Der Arbeitgeber, der seinem Angestellten ein falsches Zeugnis ausstellt, wird Drittpersonen gegenüber unter den Voraussetzungen von Art. 41 ff. haftbar 129 III 177/180 E. 3.2, 101 II 69/72 f. E. 2 Pra 1975 (Nr. 170) 476 ff. (in casu betreffend Unterschlagung). Der Arbeitgeber ist dem Arbeitnehmer für die Folgen von ungünstigen und fehlerhaften Referenzauskünften nach Art. 328 haftbar 4C.379/2002 (22.4.03) E. 1 und 2 fr.

3. Informationspflicht

Art. 330b

[1] Wurde das Arbeitsverhältnis auf unbestimmte Zeit oder für mehr als einen Monat eingegangen, so muss der Arbeitgeber spätestens einen Monat nach Beginn des Arbeitsverhältnisses den Arbeitnehmer schriftlich informieren über:
a. die Namen der Vertragsparteien;
b. das Datum des Beginns des Arbeitsverhältnisses;
c. die Funktion des Arbeitnehmers;
d. den Lohn und allfällige Lohnzuschläge;
e. die wöchentliche Arbeitszeit.

[2] Werden Vertragselemente, die nach Absatz 1 mitteilungspflichtig sind, während des Arbeitsverhältnisses geändert, so sind die Änderungen dem Arbeitnehmer spätestens einen Monat nachdem sie wirksam geworden sind, schriftlich mitzuteilen.

1 *Abs. 2* **Zweck des Arbeitnehmerschutzes.** Der über den Konkurs einer GmbH informierte ehemalige Geschäftsführer, der die Arbeit des nicht informierten Arbeitnehmers weiter für sich in Anspruch nimmt, muss auch dafür bereit sein, das vertraglich Geschuldete dafür zu bezahlen 4A_674/2016 (20.4.17) E. 3.2, 4A_676/2016 (20.4.17) E. 3.2.

D. Personalvorsorge

Vorb. Art. 331–331c

1 Die Bestimmungen wurden mit dem am 1. Januar 1995 in Kraft getretenen BG vom 17. Dezember 1993 über die Freizügigkeit in der beruflichen Alters-, Hinterlassenen- und Invalidenvorsorge (Freizügigkeitsgesetz; SR 831.42) geändert (AS 1994 2386). Durch Ziff. II 2. des BG vom 18. Dezember 1998 (AS 1999 1387, in Kraft seit 1. Mai 1999) wurde Art. 331 Abs. 5 eingefügt. Zur Entstehungsgeschichte 131 II 593/600 E. 3 fr. Zur fakultativen Natur der Vorsorge 131 II 593/600 ff. E. 3.1 fr.

I. Pflichten des Arbeitgebers

Art. 331

1 Macht der Arbeitgeber Zuwendungen für die Personalvorsorge oder leisten die Arbeitnehmer Beiträge daran, so hat der Arbeitgeber diese Zuwendungen und Beiträge auf eine Stiftung, eine Genossenschaft oder eine Einrichtung des öffentlichen Rechtes zu übertragen.

2 Werden die Zuwendungen des Arbeitgebers und allfällige Beiträge des Arbeitnehmers zu dessen Gunsten für eine Kranken-, Unfall-, Lebens-, Invaliden- oder Todesfallversicherung bei einer der Versicherungsaufsicht unterstellten Unternehmung oder bei einer anerkannten Krankenkasse verwendet, so hat der Arbeitgeber die Übertragung gemäss vorstehendem Absatz nicht vorzunehmen, wenn dem Arbeitnehmer mit dem Eintritt des Versicherungsfalles ein selbständiges Forderungsrecht gegen den Versicherungsträger zusteht.

3 Hat der Arbeitnehmer Beiträge an eine Vorsorgeeinrichtung zu leisten, so ist der Arbeitgeber verpflichtet, zur gleichen Zeit mindestens gleich hohe Beiträge wie die gesamten Beiträge aller Arbeitnehmer zu entrichten; er erbringt seine Beiträge aus eigenen Mitteln oder aus Beitragsreserven der Vorsorgeeinrichtung, die von ihm vorgängig hierfür geäufnet worden und gesondert ausgewiesen sind. Der Arbeitgeber muss den vom Lohn des Arbeitnehmers abgezogenen Beitragsanteil zusammen mit seinem Beitragsanteil spätestens am Ende des ersten Monats nach dem Kalender- oder Versicherungsjahr, für das die Beiträge geschuldet sind, an die Vorsorgeeinrichtung überweisen.

4 Der Arbeitgeber hat dem Arbeitnehmer über die ihm gegen eine Vorsorgeeinrichtung oder einen Versicherungsträger zustehenden Forderungsrechte den erforderlichen Aufschluss zu erteilen.

5 Auf Verlangen der Zentralstelle 2. Säule ist der Arbeitgeber verpflichtet, ihr die Angaben zu liefern, die ihm vorliegen und die geeignet sind, die Berechtigten vergessener Guthaben oder die Einrichtungen, welche solche Guthaben führen, zu finden.

Abs. 1 Aufgrund der Pflicht zur Verselbständigung (vgl. BVG Art. 11 Abs. 1) dürfen die finanziellen Interessen der Arbeitgeberin aus dem Betrieb nicht mit der Berufsvorsorge vermischt werden 139 II 460/466 E. 2.6, 126 V 314/316 E. 3b/aa. – Verrechnungsverbot der Freizügigkeitsleistung mit einer Schadenersatzforderung der Vorsorgeeinrichtung 132 V 127/136 ff. E. 6.2. 1

Abs. 3 Zur Anwendung auf öffentlich-rechtliche Vorsorgeeinrichtungen 128 II 24/29 E. 3c. Bei Kassen, die auf dem Leistungsprimat basieren, wird eine temporäre Beitragsreduktion zulasten der freien Mittel unter gewissen Voraussetzungen als zulässig erachtet. Anders verhält es sich grundsätzlich bei Vorsorgeeinrichtungen mit Beitragsprimat. Allemal aber gilt, dass die freien Mittel der Vorsorgeeinrichtung zukommen und primär zur Erreichung des Vorsorgezwecks einzusetzen sind 128 II 24/30 ff. E. 3c und 4. Erlass von Sonderbestimmungen zugunsten der Eintrittsgeneration 131 II 593/604 f. E. 4.2 fr. 2

Abs. 4 Endet eine Versicherungsdeckung mit dem Arbeitsvertragsende, ist der Arbeitgeber verpflichtet, den Arbeitnehmer darüber zu informieren, wie er sich das Fortbestehen der Versicherungsdeckung sichern kann 4A_186/2010 (3.6.10) E. 3. Zur Informationspflicht betreffend Frist für den Wechsel von einer kollektiven Krankentaggeldversicherung in eine Einzelversicherung 4A_300/2017 (30.1.18) E. 3 it. 3

II. Beginn und Ende des Vorsorgeschutzes

Art. 331a

[1] Der Vorsorgeschutz beginnt mit dem Tag, an dem das Arbeitsverhältnis anfängt, und endet an dem Tag, an welchem der Arbeitnehmer die Vorsorgeeinrichtung verlässt.

[2] Der Arbeitnehmer geniesst jedoch einen Vorsorgeschutz gegen Tod und Invalidität, bis er in ein neues Vorsorgeverhältnis eingetreten ist, längstens aber während eines Monats.

[3] Für den nach Beendigung des Vorsorgeverhältnisses gewährten Vorsorgeschutz kann die Vorsorgeeinrichtung vom Arbeitnehmer Risikobeiträge verlangen.

1 Inhaltliche Übereinstimmung mit BVG Art. 10 Abs. 3 125 V 171/174 E. 5b. Das neue Recht sieht für die obligatorische und für die weiter gehende Vorsorge (im Gegensatz zum alten Recht) eine einheitliche Lösung vor 121 V 277/280 f. E. 2c fr.

2 ***Abs. 2*** Der während der Dauer des Vorsorgeverhältnisses bestehende Schutz für die Risiken Tod und Invalidität besteht während der Nachdeckung auch betraglich im bisherigen Rahmen weiter. Herabsetzung auf die Mindestleistungen gemäss BVG nicht zulässig 125 V 171/176 E. 5d/aa.

III. Abtretung und Verpfändung

Art. 331b

Die Forderung auf künftige Vorsorgeleistungen kann vor der Fälligkeit gültig weder abgetreten noch verpfändet werden.

1 Zum Begriff der Fälligkeit im Sinne der Bestimmung 126 V 258/263 E. 3 fr. (Der Anspruch auf eine Invalidenrente der beruflichen Vorsorge kann nicht vor dem Anspruch auf eine Invalidenrente der IV entstehen). – Der in BVG Art. 30c statuierte Anspruch auf Freizügigkeitsleistungen ist eine Ausnahme vom Grundsatz, dass die Forderung auf künftige Vorsorgeleistungen vor ihrer Fälligkeit weder abgetreten noch verpfändet werden kann 124 III 211/215 E. 2 fr. – Das Grundstück, das aus dem Vorbezug von Freizügigkeitsleistungen erworben wurde, kann gepfändet werden 124 III 211/215 E. 2 fr.

IV. Gesundheitliche Vorbehalte

Art. 331c

Vorsorgeeinrichtungen dürfen für die Risiken Tod und Invalidität einen Vorbehalt aus gesundheitlichen Gründen machen. Dieser darf höchstens fünf Jahre betragen.

V. Wohneigentumsförderung

Vorb. Art. 331d–331e

Die beiden Bestimmungen wurden gemäss Ziff. II des am 1. Januar 1995 in Kraft getretenen BG vom 17. Dezember 1993 über die Wohneigentumsförderung mit Mitteln der beruflichen Vorsorge (AS 1994 2372) neu eingefügt. Art. 331d Abs. 6 wurde durch Anhang Ziff. 2 des BG vom 26. Juni 1998 (AS 1999 1144, in Kraft seit 1. Januar 2000) geändert. – Verpfändung bzw. Vorbezug sind unabhängig davon möglich, ob sie sich auf obligatorische oder auf überobligatorische Ansprüche auf Altersleistung richten 124 II 570/577 E. 3d. – Verwaltungskostenbeitrag bei Verpfändung bzw. Vorbezug 124 II 570/572 ff. E. 2, 3. 1

1. Verpfändung

Art. 331d

[1] Der Arbeitnehmer kann bis drei Jahre vor Entstehung des Anspruchs auf Altersleistungen seinen Anspruch auf Vorsorgeleistungen oder einen Betrag bis zur Höhe seiner Freizügigkeitsleistung für Wohneigentum zum eigenen Bedarf verpfänden.

[2] Die Verpfändung ist auch zulässig für den Erwerb von Anteilscheinen einer Wohnbaugenossenschaft oder ähnlicher Beteiligungen, wenn der Arbeitnehmer eine dadurch mitfinanzierte Wohnung selbst benutzt.

[3] Die Verpfändung bedarf zu ihrer Gültigkeit der schriftlichen Anzeige an die Vorsorgeeinrichtung.

[4] Arbeitnehmer, die das 50. Altersjahr überschritten haben, dürfen höchstens die Freizügigkeitsleistung, auf die sie im 50. Altersjahr Anspruch gehabt hätten, oder die Hälfte der Freizügigkeitsleistung im Zeitpunkt der Verpfändung als Pfand einsetzen.

[5] Ist der Arbeitnehmer verheiratet, so ist die Verpfändung nur zulässig, wenn sein Ehegatte schriftlich zustimmt. Kann der Arbeitnehmer die Zustimmung nicht einholen oder wird sie ihm verweigert, so kann er das Zivilgericht anrufen. Die gleiche Regelung gilt bei eingetragenen Partnerschaften.

[6] Wird das Pfand vor dem Vorsorgefall oder vor der Barauszahlung verwertet, so finden die Artikel 30d, 30e, 30g und 83a des Bundesgesetzes vom 25. Juni 1982 über die berufliche Alters-, Hinterlassenen- und Invalidenvorsorge Anwendung.

[7] Der Bundesrat bestimmt:

a. die zulässigen Verpfändungszwecke und den Begriff «Wohneigentum zum eigenen Bedarf»;

b. welche Voraussetzungen bei der Verpfändung von Anteilscheinen einer Wohnbaugenossenschaft oder ähnlicher Beteiligungen zu erfüllen sind.

2. Vorbezug

Art. 331e

[1] Der Arbeitnehmer kann bis drei Jahre vor Entstehung des Anspruchs auf Altersleistungen von seiner Vorsorgeeinrichtung einen Betrag für Wohneigentum zum eigenen Bedarf geltend machen.

[2] Arbeitnehmer dürfen bis zum 50. Altersjahr einen Betrag bis zur Höhe der Freizügigkeitsleistung beziehen. Versicherte, die das 50. Altersjahr überschritten haben, dürfen höchstens die Freizügigkeitsleistung, auf die sie im 50. Altersjahr Anspruch gehabt hätten, oder die Hälfte der Freizügigkeitsleistung im Zeitpunkt des Bezuges in Anspruch nehmen.

[3] Der Arbeitnehmer kann diesen Betrag auch für den Erwerb von Anteilscheinen einer Wohnbaugenossenschaft oder ähnlicher Beteiligungen verwenden, wenn er eine dadurch mitfinanzierte Wohnung selbst benutzt.

[4] Mit dem Bezug wird gleichzeitig der Anspruch auf Vorsorgeleistungen entsprechend den jeweiligen Vorsorgereglementen und den technischen Grundlagen der Vorsorgeeinrichtung gekürzt. Um eine Einbusse des Vorsorgeschutzes durch eine Leistungskürzung bei Tod oder Invalidität zu vermeiden, bietet die Vorsorgeeinrichtung eine Zusatzversicherung an oder vermittelt eine solche.

[5] Ist der Arbeitnehmer verheiratet, so sind der Bezug und jede nachfolgende Begründung eines Grundpfandrechts nur zulässig, wenn sein Ehegatte schriftlich zustimmt. Kann der Arbeitnehmer die Zustimmung nicht einholen oder wird sie ihm verweigert, so kann er das Zivilgericht anrufen. Die gleiche Regelung gilt bei eingetragenen Partnerschaften.

[6] Werden Ehegatten vor Eintritt eines Vorsorgefalles geschieden, so gilt der Vorbezug als Freizügigkeitsleistung und wird nach Artikel 123 des Zivilgesetzbuches, den Artikeln 280 und 281 ZPO und den Artikeln 22–22b des Freizügigkeitsgesetzes vom 17. Dezember 1993 geteilt. Die gleiche Regelung gilt bei gerichtlicher Auflösung einer eingetragenen Partnerschaft.

[7] Wird durch den Vorbezug oder die Verpfändung die Liquidität der Vorsorgeeinrichtung in Frage gestellt, so kann diese die Erledigung der entsprechenden Gesuche aufschieben. Sie legt in ihrem Reglement eine Prioritätenordnung für das Aufschieben dieser Vorbezüge beziehungsweise Verpfändungen fest. Der Bundesrat regelt die Einzelheiten.

[8] Im Übrigen gelten die Artikel 30d, 30e, 30g und 83a des Bundesgesetzes vom 25. Juni 1982 über die berufliche Alters-, Hinterlassenen- und Invalidenvorsorge.

1 Sinn und Zweck der Sicherstellung des Vorsorgeguthabens und Verhältnis zur Beschaffung von Wohneigentum 132 V 332/333 ff. E. 4, 132 V 347/350 f. E. 3.3. Feststellungsinteresse bezüglich der Gültigkeit des Vorbezugs im Rahmen einer Scheidung 132 V 347/350 f. E. 3.3, 3.4.

3. Einschränkungen während einer Unterdeckung der Vorsorgeeinrichtung

Art. 331f

[1] Die Vorsorgeeinrichtung kann in ihrem Reglement vorsehen, dass während der Dauer einer Unterdeckung die Verpfändung, der Vorbezug und die Rückzahlung zeitlich und betragsmässig eingeschränkt oder ganz verweigert werden können.

[2] Der Bundesrat legt die Voraussetzungen fest, unter denen die Einschränkungen nach Absatz 1 zulässig sind, und bestimmt deren Umfang.

E. Rechte an Erfindungen und Designs

Art. 332

[1] Erfindungen und Designs, die der Arbeitnehmer bei Ausübung seiner dienstlichen Tätigkeit und in Erfüllung seiner vertraglichen Pflichten macht oder an deren Hervorbringung er mitwirkt, gehören unabhängig von ihrer Schutzfähigkeit dem Arbeitgeber.

[2] Durch schriftliche Abrede kann sich der Arbeitgeber den Erwerb von Erfindungen und Designs ausbedingen, die vom Arbeitnehmer bei Ausübung seiner dienstlichen Tätigkeit, aber nicht in Erfüllung seiner vertraglichen Pflichten gemacht werden.

[3] Der Arbeitnehmer, der eine Erfindung oder ein Design gemäss Absatz 2 macht, hat davon dem Arbeitgeber schriftlich Kenntnis zu geben; dieser hat ihm innert sechs Monaten schriftlich mitzuteilen, ob er die Erfindung beziehungsweise das Design erwerben will oder sie dem Arbeitnehmer freigibt.

[4] Wird die Erfindung oder das Design dem Arbeitnehmer nicht freigegeben, so hat ihm der Arbeitgeber eine besondere angemessene Vergütung auszurichten; bei deren Festsetzung sind alle Umstände zu berücksichtigen, wie namentlich der wirtschaftliche Wert der Erfindung beziehungsweise des Designs, die Mitwirkung des Arbeitgebers, die Inanspruchnahme seiner Hilfspersonen und Betriebseinrichtungen, sowie die Aufwendungen des Arbeitnehmers und seine Stellung im Betrieb.

Begriff der Erfindung. Die Erfindung muss auf einer schöpferischen Idee beruhen, die nicht schon für jeden gut ausgebildeten Fachmann naheliegt, und einen klar erkennbaren technischen Fortschritt verwirklichen; Letzterer braucht jedoch nicht ein wesentlicher zu sein (Änderung der Rechtsprechung) 85 II 131/138 ff. E. 4a Pra 1959 (Nr. 128) 370 ff. Der Begriff des Erfinderischen beginnt nach der Rechtsprechung des Bundesgerichts erst jenseits der Zone, die zwischen dem vorbekannten Stand der Technik und dem liegt, was der durchschnittlich gut ausgebildete Fachmann des einschlägigen Gebiets gestützt darauf mit seinem Wissen und seinen Fähigkeiten weiterentwickeln und finden kann 123 III 485/488 E. 2a. 1

Abs. 1 Der Arbeitgeber erwirbt ein *originäres Recht an der Erfindung,* nicht etwa nur einen gesetzlichen Anspruch auf Abtretung. Wegen ihres äusserst weitgehenden, singulären Charakters eignet sich diese Ausnahmebestimmung von vornherein nicht zu einer analogen Anwendung auf andere Gebiete des geistigen Eigentums (in casu auf urheberrechtlich geschützte Werke) 136 III 225/229 E. 4.3 fr., 74 II 106/113 ff. E. 4a, vgl. auch 100 II 167/169 E. 3a. (Mit-)Urheber ist, wer tatsächlich die endgültige Gestaltung des Werks oder seine Verwirklichung mitbestimmt 136 III 225/229 E. 4.3 fr. – Der Arbeitnehmer ist im Rahmen der allgemeinen Treuepflicht gemäss Art. 321a Abs. 1 (auch über das Arbeitsverhältnis hinaus) zur Mitwirkung verpflichtet, wenn die sinnvolle Nutzung einer Erfindung diese erfordert 4A_688/2014 (15.4.15) E. 3.3.4 (Unterzeichnung eines «Patent Assignment» zwecks Anmeldung einer Erfindung zum Patent). 2

Abs. 1 und 2 **Bei Ausübung der dienstlichen Tätigkeit.** Diese Wendung bedeutet nicht, dass die Erfindung während der eigentlichen Arbeitstätigkeit gemacht worden sein muss; es genügt ein enger logischer Zusammenhang zwischen der dienstlichen Tätigkeit und der Erfindung 4A_691/2011 (6.11.12) E. 3.1 fr., 72 II 270/273 E. 4 Pra 1946 (Nr. 142) 321 f. 3

4 **In Erfüllung der vertraglichen Pflichten.** Die vertragliche Verpflichtung zur erfinderischen Tätigkeit kann sich aus den Umständen (Stellung im Betrieb, Umstände der Anstellung, Gehalt usw.) ergeben 4A_691/2011 (6.11.12) E. 3.1 fr., 100 IV 167/169, grundlegend 72 II 270/273 f. Pra 1946 (Nr. 142) 322 f. – Die Bestimmung sieht keine Entschädigung zugunsten des Arbeitnehmers vor, steht jedoch einer entsprechenden Vereinbarung nicht im Wege 4C.369/2000 (17.8.01) E. 5 it. Offengelassen, ob ausnahmsweise eine Entschädigung geschuldet ist, wenn die Leistungen des Arbeitnehmers ein Mass übersteigen, das vernünftigerweise von ihm erwartet werden kann, oder wenn die Erfindung einen wirtschaftlich derart hohen Wert aufweist, dass dieser nicht mit dem vereinbarten Salär abgegolten ist 4A_691/2011 (6.11.12) E. 4 fr.

Art. 332a

Diese Bestimmung wurde auf den 1. Juli 2002 aufgehoben (AS 2002 1456).

F. Übergang des Arbeitsverhältnisses 1. Wirkungen

Art. 333

1 Überträgt der Arbeitgeber den Betrieb oder einen Betriebsteil auf einen Dritten, so geht das Arbeitsverhältnis mit allen Rechten und Pflichten mit dem Tage der Betriebsnachfolge auf den Erwerber über, sofern der Arbeitnehmer den Übergang nicht ablehnt.

1bis Ist auf das übertragene Arbeitsverhältnis ein Gesamtarbeitsvertrag anwendbar, so muss der Erwerber diesen während eines Jahres einhalten, sofern er nicht vorher abläuft oder infolge Kündigung endet.

2 Bei Ablehnung des Überganges wird das Arbeitsverhältnis auf den Ablauf der gesetzlichen Kündigungsfrist aufgelöst; der Erwerber des Betriebes und der Arbeitnehmer sind bis dahin zur Erfüllung des Vertrages verpflichtet.

3 Der bisherige Arbeitgeber und der Erwerber des Betriebes haften solidarisch für die Forderungen des Arbeitnehmers, die vor dem Übergang fällig geworden sind und die nachher bis zum Zeitpunkt fällig werden, auf den das Arbeitsverhältnis ordentlicherweise beendigt werden könnte oder bei Ablehnung des Überganges durch den Arbeitnehmer beendigt wird.

4 Im übrigen ist der Arbeitgeber nicht berechtigt, die Rechte aus dem Arbeitsverhältnis auf einen Dritten zu übertragen, sofern nichts anderes verabredet ist oder sich aus den Umständen ergibt.

▪ Allgemeines (1) ▪ Abs. 1 Betriebsübergang (2) ▪ Übergang von Rechten und Pflichten (3) ▪ Ablehnung (4) ▪ Abs. 1bis (5) ▪ Abs. 2 (6) ▪ Abs. 3 (7) ▪ Abs. 4 (8)

1 **Allgemeines.** *Sinn und Zweck* der revidierten und ans EU-Recht angepassten Fassung von 1993, den Besitzstand der Arbeitnehmer bei Übertragungen des Betriebs zu wahren 136 III 552/555 f. E. 3.1 Pra 2011 (Nr. 41) 295, 132 III 32/38 ff. E. 4.2.2 Pra 2006 (Nr. 81) 581 ff. (analog 4C.434/2004 [5.8.05] E. 5.2.2 fr.), 129 III 335/343 ff. E. 5.4.1, 127 V 183/186 f. E. 4b. – Kein qualifiziertes Schweigen des Gesetzgebers in Bezug auf die *Übernahme im Konkursfall,* d.h., der Gesetzgeber hat die Solidarhaft des Erwerbers in diesem Fall weder ausdrücklich verordnet noch ausgeschlossen 129 III 335/343 ff. E. 5.4.1 und 5.5. Nun aber Nichtanwendbarkeit von Abs. 3 im Konkursfall 129 III 335/339 ff. E. 3–7.

Zum alten Recht vgl. 114 II 349/349 Pra 1989 (Nr. 83) 293. – Die *Insolvenzentschädigung* gemäss AVIG entfällt nicht, wenn ein Fall von Art. 333 vorliegt. Die Ansprüche aus AVIG und Art. 333 stehen nebeneinander 127 V 183/194 f. E. 8. – Abgesehen von der Möglichkeit des Arbeitnehmers, den Übergang des Arbeitsverhältnisses auf den Erwerber abzulehnen, ist Art. 333 *zwingender Natur.* Eine gegenläufige Übereinkunft mit dem alten Arbeitgeber ist ganz ausgeschlossen und eine solche mit dem neuen Arbeitgeber nach der Massgabe von Art. 341 4A_350/2018 (25.10.18) E. 3 fr., 132 III 32/38 ff. E. 4.2 und 4.3 fr. (analog 4C.434/2004 [5.8.05] E. 5.2.2 und 5.2.3 fr.).

Abs. 1 **Betriebsübergang.** Die Auslegung des Betriebsübergangs orientiert sich an der Rechtsprechung des Europäischen Gerichtshofs 127 V 183/187 E. 4b. Unter *Betrieb* ist eine auf Dauer gerichtete, in sich geschlossene organisatorische Leistungseinheit zu verstehen, die selbständig am Wirtschaftsleben teilnimmt. Die Bestimmung bezieht sich jedoch auch auf Betriebsteile, denen als organisatorische Leistungseinheiten die wirtschaftliche Selbständigkeit fehlt 4C.193/2004 (30.7.04) E. 2.2, 129 III 335/336 f. E. 2.1, 4C.50/2002 (25.4.02) E. 1b. Eine Betriebs*übertragung* liegt vor, wenn der Dritte den Betrieb tatsächlich weiterführt oder wiederaufnimmt; eine Rechtsbeziehung zwischen bisherigem Arbeitgeber und Drittem ist nicht vorausgesetzt 4A_350/2018 (25.10.18) E. 3 fr., 136 III 552/555 E. 2.1 Pra 2011 (Nr. 41) 295, 4A_531/2008 (4.2.09) E. 2.2 fr., 129 III 335/337 E. 2.1, 127 V 183/188 E. 4d, 4C.50/2002 (25.4.02) E. 1b, 123 III 466/468 E. 3a Pra 1998 (Nr. 55) 362, siehe auch 4A_619/2016 (15.3.17) E. 8 fr. (in casu aber keine Hinweise auf einen Betriebsübergang). Ob der Wille der Parteien auf einen Übergang der Arbeitsverhältnisse gerichtet war, spielt keine Rolle 4A_674/2016 (20.4.17) E. 3.1, 4A_676/2016 (20.4.17) E. 3.1. Eine Übertragung liegt auch bei einem Mietvertrag vor 4C.193/2004 (30.7.04) E. 2.3, 129 III 335/337 E. 2.1. Wesentlich ist, dass die organisatorische Einheit ihre *Identität im Wesentlichen bewahrt,* d.h. den Betriebszweck, die Organisation und den individuellen Charakter 4A_350/2018 (25.10.18) E. 3 fr., 4C.193/2004 (30.7.04) E. 2.2, 129 III 335/336 f. E. 2.1. Für die Wahrung der Identität spricht namentlich der Übergang von Infrastruktur, Betriebsmitteln, Kundschaft oder Ähnlichem, wobei nicht erforderlich ist, dass der Betrieb oder Betriebsteil im gleichen Umfang weitergeführt wird 4C.193/2004 (30.7.04) E. 2.2. Offengelassen, ob Abs. 1 bei Übernahmen von Betrieben aus dem Konkurs 129 III 335/339 f. E. 3 oder Nachlassvertrag 134 III 102/105 E. 2.2 fr. anwendbar ist. 2

Übergang von Rechten und Pflichten. Nur jene Rechte werden auf den Erwerber übertragen, die im Moment der Übertragung bestehen 134 III 102/106 E. 3.1.1 fr. (betreffend Frühpensionierung), 4C.396/2004 (22.3.06) E. 3.3, 132 III 32/44 E. 6.1, 123 III 466/468 E. 3b Pra 1998 (Nr. 55) 363. Es gehen nur jene Arbeitsverhältnisse über, die zum Zeitpunkt der Betriebsübertragung noch bestehen, was auch für jene Arbeitsverhältnisse gilt, die bereits gekündigt, aber noch nicht beendet wurden 4A_56/2015 (3.6.15) E. 3.3, 4A_399/2013 (17.2.14) E. 3.2, 136 III 552/555 f. E. 3.1 Pra 2011 (Nr. 41) 296, 134 III 102/106 E. 3.1.1 fr. Art. 333 steht einer Kündigung, welche aus wirtschaftlichen, technischen oder organisatorischen Gründen erfolgt, nicht entgegen 4A_56/2015 (3.6.15) E. 3.3 (zulässige Entlassung eines Kochs, da die theoretische Möglichkeit bestanden hatte, dass das Bergrestaurant nicht oder zumindest nicht unmittelbar weitergeführt wird), 4A_325/2014 (8.10.14) E. 4.2, 137 III 487/494 f. E. 4.5.2, 136 III 552/558 E. 3.3 Pra 2011 3

(Nr. 41) 298 (in casu zulässige Reduzierung des Personalbestands um einen Fünftel, damit die Unternehmensübertragung aus wirtschaftlichen Gründen zustande kommen konnte). Eine unzulässige Gesetzesumgehung liegt dagegen vor, wenn die Kündigung einzig den Zweck hat, den Übergang des Arbeitsverhältnisses oder seine Folgen zu verhindern 4A_102/2019 (20.12.19) E. 3.1 (in casu bejaht), 4A_399/2013 (17.2.14) E. 3.2 (in casu verneint). Erlöscht das Arbeitsverhältnis infolge vorzeitiger Pensionierung vor dem Betriebsübergang, gehen die Rechte und Pflichten aus der frühzeitigen Pensionierung nicht auf den Erwerber über, womit dieser insbesondere nicht für einen allfälligen Sozialplan der Übertragerin einstehen muss 134 III 102/107 E. 3.1.2 und 3.2 fr. (Fall Swissair – Swiss). Der Arbeitgeber, der das Arbeitsverhältnis überträgt, haftet solidarisch für den vertraglich noch geschuldeten Lohn, wenn die Arbeitnehmerin im Zeitpunkt der Übertragung des Arbeitsverhältnisses bereits schwanger war 135 III 349/356 E. 4.1 fr. *Übertragung bejaht:* in einem Fall, in dem der Erwerber die Miete der Räumlichkeiten und das Mobiliar übernahm und ebenfalls eine Bar betrieb, wobei im Wesentlichen lediglich die Öffnungszeiten und der Stil (Wein- anstatt Cocktailbar) geändert wurden 4A_350/2018 (25.10.18) E. 4 fr., in einem Fall, in dem der Eigentümer eines Restaurants den Pachtvertrag mit dem einen Betreiber auflöste und das Restaurant einem neuen Betreiber verpachtete 123 III 466/468 E. 3a Pra 1998 (Nr. 55) 362, in einem Fall, in dem ein Druckereibetrieb in den bisherigen Räumlichkeiten sowie mit denselben Maschinen und demselben Kundenkreis übernommen wurde 4C.193/2004 (30.7.04) E. 2.3. – Anders als nach altem Recht (dazu 114 II 349/352 E. 3 Pra 1989 [Nr. 114] 389) gehen Rechte und Pflichten ohne Weiteres (automatisch) auf den Erwerber über, und zwar auch dann, wenn der Erwerber den Übergang ablehnt 136 III 552/555 E. 3.1 Pra 2011 (Nr. 41) 296, 123 III 466/468 E. 3b Pra 1998 (Nr. 55) 363. Das Arbeitsverhältnis geht auch dann auf den Erwerber über, wenn für die Arbeit bislang keine Arbeitsbewilligung vorlag (siehe bei Art. 320) 4C.27/2004 (24.3.04) E. 3 fr. – Es obliegt dem Erwerber, vor der Übernahme die *notwendigen Massnahmen zur Übernahme der Arbeitsverhältnisse* zu treffen, um etwa die Versicherungsdeckung der Arbeitnehmer zu sichern 4C.50/2002 (24.4.02) E. 1c fr. oder um Arbeitsbewilligungen einzuholen 4C.27/2004 (24.3.04) E. 3 fr. – Eine *Kündigung* verstösst nur dann gegen Art. 333, wenn sie im Hinblick auf die Betriebsübernahme erfolgt, um dem Arbeitnehmer den gesetzlichen Schutz zu entziehen, nicht aber wenn sie im Zusammenhang mit Änderungen im Bereich der Beschäftigung zu sehen ist 4P.299/2004 (14.4.05) E. 3.1. – Art. 333 gilt für alle Arbeitnehmer, auch für Kaderangestellte 4C.155/2006 (23.10.06) E. 3 fr.

4 Die **Ablehnung** des Übergangs ist vom Arbeitnehmer innert einer Bedenkfrist von einigen Wochen zu erklären. Die Frist beginnt mit dem Zeitpunkt, in welchem der Arbeitnehmer Kenntnis vom Betriebsübergang erhalten hat, wobei in der Regel auf den Zeitpunkt der Information und Konsultation durch den Arbeitgeber nach Art. 333a abzustellen ist 4A_350/2018 (25.10.18) E. 3 fr., 137 V 463/469 E. 4.4 Pra 2012 (Nr. 45) 319. Eine Ablehnung vor sicherer Kenntnis des Betriebsübergangs ist als ordentliche Kündigung zu qualifizieren 4A_616/2011 (21.3.12) E. 3.3. Reagiert der Arbeitnehmer nicht innert angemessener Frist seit Kenntnis des Übergangs, wird sein stillschweigendes Einverständnis angenommen 4A_350/2018 (25.10.18) E. 3 fr. Die Leistung eines Arbeitseinsatzes für den alten Arbeitgeber nach dem Übergang des Arbeitsverhältnisses und vor der Neueröffnung des übertragenen Betriebs ist nicht als Ablehnung des Übergangs zu betrachten

4A_350/2018 (25.10.18) E. 5 fr. Will der Arbeitnehmer das Arbeitsverhältnis mit dem alten Arbeitgeber weiterführen, muss er nicht den Übergang ablehnen, sondern das Arbeitsverhältnis nach dem Übergang kündigen und einen neuen Arbeitsvertrag mit dem alten Arbeitgeber abschliessen 4A_350/2018 (25.10.18) E. 3 fr.

Abs. 1bis Offengelassen, ob ein Sozialplan als Gesamtarbeitsvertrag zu qualifizieren ist. 5
Denn wenn der Arbeitnehmer aus einem mit dem alten Arbeitgeber abgeschlossenen Sozialplan (sei es als Einzelvereinbarung oder als Gesamtarbeitsvertrag) ein Recht erwirbt, so haftet der neue Arbeitgeber hierfür nach Massgabe von Abs. 2 132 III 32/43 ff. E. 6 (analog 4C.434/2004 [5.8.05] E. 7 fr.).

Abs. 2 Die Möglichkeiten und Effekte einer Ablehnung des Betriebsübergangs sind in 6
Art. 333 abschliessend geregelt. Eine Vereinbarung mit dem Arbeitnehmer, die von der solidarischen Haftung abweicht oder generell über die in Abs. 2 festgesetzten Konsequenzen hinausgeht, ist nichtig 132 III 32/40 ff. E. 4.2.2 fr., analog 4C.434/2004 (5.8.05) E. 5.2.2 fr.

Abs. 3 *Sinn und Zweck* von Abs. 3 liegt erstens darin, die Arbeitnehmer vor der Insolvenz 7
des neuen Arbeitgebers zu schützen. Zweitens soll verhindert werden, dass der bisherige Arbeitgeber sich bereichert, indem er den Betrieb zu einem Preis entäussert, der offenen Lohnforderungen keine Rechnung trägt 129 III 335/343 f. E. 5.4. – Anwendbarkeit bei einer *Rückverleihung* des Arbeitnehmers an den alten Arbeitgeber 132 III 32/42 ff. E. 5 (analog 4C.434/2004 [5.8.05] E. 6 fr.). – Nichtanwendbarkeit von Abs. 3 im *Konkursfall* 129 III 335/339 ff. E. 3–7, zentral auch 127 V 183/186 ff. E. 4 ff., v.a.E. 8. (Unabhängigkeit der Insolvenzentschädigung nach AVIG von Art. 333).

Abs. 4 Die Bestimmung bezieht sich auf die Übertragung von Rechten – nicht von Pflich- 8
ten – aus dem Arbeitsverhältnis durch den Arbeitgeber; sie betrifft den Fall, in dem der Arbeitnehmer einem Dritten «ausgeliehen» oder «vermietet» wird 114 II 349/352 E. 3 Pra 1989 (Nr. 114) 389. – Aufspaltung der Arbeitgeberfunktionen beim Temporär-Arbeitsverhältnis, vgl. 114 V 336/341 E. 5c. – *Anwendungsfall:* Offerte an die Arbeitnehmer mittels Zirkularschreiben und stillschweigende Annahme 4A.176/2007 (29.8.07) E. 3.2 fr.

2. Konsultation der Arbeitnehmervertretung

Art. 333a

[1] Überträgt ein Arbeitgeber den Betrieb oder einen Betriebsteil auf einen Dritten, so hat er die Arbeitnehmervertretung oder, falls es keine solche gibt, die Arbeitnehmer rechtzeitig vor dem Vollzug des Übergangs zu informieren über:

a. den Grund des Übergangs;

b. die rechtlichen, wirtschaftlichen und sozialen Folgen des Übergangs für die Arbeitnehmer.

[2] Sind infolge des Übergangs Massnahmen beabsichtigt, welche die Arbeitnehmer betreffen, so ist die Arbeitnehmervertretung oder, falls es keine solche gibt, sind die Arbeitnehmer rechtzeitig vor dem Entscheid über diese Massnahmen zu konsultieren.

1 Siehe die Rechtsprechung zum analogen Art. 335f.

3. Betriebsübergang bei Insolvenz

Art. 333b

Wird der Betrieb oder der Betriebsteil während einer Nachlassstundung, im Rahmen eines Konkurses oder eines Nachlassvertrages mit Vermögensabtretung übertragen, so geht das Arbeitsverhältnis mit allen Rechten und Pflichten auf den Erwerber über, wenn dies mit dem Erwerber so vereinbart wurde und der Arbeitnehmer den Übergang nicht ablehnt. Im Übrigen gelten die Artikel 333, ausgenommen dessen Absatz 3, und 333a sinngemäss.

G. Beendigung des Arbeitsverhältnisses I. Befristetes Arbeitsverhältnis

Art. 334

[1] Ein befristetes Arbeitsverhältnis endigt ohne Kündigung.

[2] Wird ein befristetes Arbeitsverhältnis nach Ablauf der vereinbarten Dauer stillschweigend fortgesetzt, so gilt es als unbefristetes Arbeitsverhältnis.

[3] Nach Ablauf von zehn Jahren kann jede Vertragspartei ein auf längere Dauer abgeschlossenes befristetes Arbeitsverhältnis jederzeit mit einer Kündigungsfrist von sechs Monaten auf das Ende eines Monats kündigen.

1 **Allgemeines.** ***Ein befristetes Arbeitsverhältnis*** liegt nur dann vor, wenn sich die feste Dauer schon beim Vertragsschluss objektiv und mit ausreichender Genauigkeit bestimmen lässt 145 V 188/195 E. 5.1.2 Pra 2019 (Nr. 103) 1038 (in casu stichhaltige Gründe zur Verwerfung der These eines befristeten Vertrages), 143 V 385/391 E. 4.4 Pra 2018 (Nr. 66) 558 f. (in casu Befristung festgestellt mittels Würdigung verschiedener Sachverhaltselemente), 4A_270/2014 (18.9.14) E. 4.4 fr. (in casu keine Befristung, da das Vertragsende vom Willen der Parteien abhängig gemacht wurde), 126 V 303/307 E. 2d fr. (in casu keine Befristung, sondern Bedingung im Sinne von Art. 154, da die Auflösung des Arbeitsverhältnisses von der Verweigerung der Arbeitsbewilligung durch die zuständige Behörde abhängig gemacht worden war), Pra 2001 (Nr. 31) 198 E. 2b. Vermutung zugunsten eines unbefristeten Arbeitsverhältnisses bei unklarer Abmachung 4A_531/2008 (4.2.09) E. 2.1 fr., vgl. 145 V 188/195 E. 5.1.2 Pra 2019 (Nr. 103) 1038, 143 V 385/391 E. 4.4 Pra 2018 (Nr. 66) 558 f. Doch kann eine Befristung grundsätzlich auch auf einen unbestimmten Termin erfolgen, sofern sicher ist, dass dieser Termin irgendwann einmal eintritt 4A.89/2007 (29.6.07) E. 3 fr., 4C.62/2001 (8.6.01) E. 2b (Ende des Arbeitsverhältnisses bei Beginn des Ramadan), Pra 2001 (Nr. 31) 198 E. 2b (im konkreten Fall keine Befristung, sondern unzulässige Bedingung, da die Beendigung des Arbeitsverhältnisses vom Arbeitsvorrat abhängig gemacht worden war). Vereinbaren die Parteien, dass der Vertrag während einer ersten Periode nicht kündbar ist und danach unter Einhaltung einer Frist gekündigt werden kann, so sind auf die erste unkündbare Periode die Regeln ei-

nes befristeten Arbeitsverhältnisses anwendbar 4C.397/2004 (15.3.05) E. 2.1 fr. Befristete Arbeitsverträge können – ausser mit wichtigem Grund – nicht vorgängig gekündet werden 4A_395/2018 (10.12.19) E. 4.1 fr., 4A.89/2007 (29.6.07) E. 3.2 fr. Die Parteien können vertraglich eine ordentliche Kündigungsmöglichkeit vorsehen, um die hohe Kündigungsschwelle einer fristlosen Kündigung herabzusetzen. Ohne gegenteilige Abrede führt dies nicht zur Anwendbarkeit der Bestimmungen über die Folgen einer fristlosen Kündigung 4A_496/2016 (8.12.16) E. 2, vgl. auch 4A_203/2019 (11.5.20) E. 3.3. Wer die Befristung eines Arbeitsvertrags geltend macht, hat diese zu beweisen 4A_531/2008 (4.2.09) E. 2.1 fr., 4A.89/2007 (29.6.07) E. 3.2 fr.

Abs. 2 Ein Vertrag mit Mindestdauer und anschliessender stillschweigender Verlängerung hat während der Mindestlaufzeit die Wirkungen eines befristeten Arbeitsvertrags und kann daher vor Ablauf der Mindestlaufzeit nur aus wichtigen Gründen (Art. 337) gekündigt werden 4A_395/2018 (10.12.19) E. 4.1 fr. 2

Kettenverträge. ZGB Art. 2 Abs. 2 verbietet den Abschluss sog. «Kettenverträge», deren Befristung sachlich nicht gerechtfertigt ist und die einzig dazu dienen, die Kündigungsschutzbestimmungen zu umgehen oder die Entstehung von Ansprüchen des Arbeitnehmers zu verhindern 4A_215/2019 (7.10.19) E. 3.1.2 fr., 139 III 145/146 E. 4.1 Pra 2013 (Nr. 96) 743 (in casu analoge Anwendung dieser Grundsätze auf den Mietvertrag), 129 III 618/624 f. E. 6.2 Pra 2004 (Nr. 66) 379 f. Sachlich gerechtfertigt erscheint die Befristung insbesondere bei der Anstellung von Künstlern, Berufssportlern oder Lehrern, die Kurse pro Semester oder Jahr geben. Massgeblich sind indes die konkreten Umstände 4A_215/2019 (7.10.19) E. 3.1.2 fr. (in casu keine sachliche Rechtfertigung bei einem Lehrer, der seit 14 Jahren beschäftigt wurde und sich damit de facto in einem stabilen, unbefristeten Arbeitsverhältnis befand). Umstände, unter denen «Kettenverträge» als einziger befristeter Vertrag betrachtet werden können 119 V 46/48 E. 1c Pra 1993 (Nr. 241) 891. Unzulässiges Kettenarbeitsverhältnis, wenn mit Blick auf die unsichere Auftragslage jeweils auf einen Monat befristete Arbeitsverträge abgeschlossen werden Pra 2001 (Nr. 31) 199 E. 2c. Offengelassen, ob eine Kündigung bei Kettenverträgen frühestens auf das Ablaufdatum des letzten der aufeinanderfolgenden Verträge erfolgen kann 4A_215/2019 (7.10.19) E. 4.2 fr. 3

Abs. 3 Nach den der Norm zugrunde liegenden Wertungen verletzt erst ein auf mehr als zehn Jahre abgeschlossener Arbeitsvertrag die persönliche Freiheit, wobei es nicht (nur) darum geht, wie lange ein Arbeitsverhältnis bereits gedauert hat 4A_293/2015 (10.12.15) E. 6.3. 4

II. Unbefristetes Arbeitsverhältnis

Vorb. Art. 335–339d

Kündigungsfreiheit. Arbeitsverhältnisse haben nach schweizerischem Recht nur einen beschränkten Bestandesschutz und können innert vertraglich vereinbarter oder gesetzlich normierter Kündigungsfrist grundsätzlich jederzeit aufgelöst werden. Diese Kündigungsfreiheit gilt innerhalb der Schranken des Gesetzes im Allgemeinen und innerhalb 1 der Schranken von Art. 336 ff. im Besonderen 4A_245/2019 (9.1.20) E. 4.2 fr., 4A_652/2018 (21.5.19) E. 4.1 fr., 4A_96/2018 (7.1.19) E. 3.1 fr., 4A_42/2018 (5.12.18) E. 3.1 fr., 4A_18/2018 (21.11.18) E. 4.1 fr., 4A_92/2017 (26.6.17) E. 2.2.1 fr., 4A_485/2016 (28.4.17) E. 2.1 fr., 4A_217/2016 (19.1.17) E. 4.1 fr., 4A_439/2016 (5.12.16) E. 3.1 fr., 4A_159/2016 (1.12.16) E. 3.1 fr., 4A_387/2016 (26.8.16) E. 5.1, 4A_130/2016 (25.8.16) E. 2.1 fr., 4A_694/2015 (4.5.16) E. 2.1 fr., 4A_539/2015 (28.1.16) E. 3.1 fr., 4A_138/2015 (27.7.15) E. 3.1 fr., 4A_166/2012 (29.6.12) E. 2.4 fr., 4A_419/2007 (29.1.08) E. 2 fr., 132 III 115/116 ff. E. 2.1 und 2.4, 131 III 535/537 f. E. 4.1 Pra 2006 (Nr. 44) 327 f., 123 III 469/471 E. 3b. Zulässigkeit der Kündigung aus wirtschaftlichen Gründen 4A_241/2019 (30.10.19) E. 5.1 fr. Auch für *Änderungskündigungen* gilt grundsätzlich die Kündigungsfreiheit, soweit nicht infolge unbilligen Inhalts oder unbilliger Modalitäten Missbräuchlichkeit anzunehmen ist 4C.385/1999 (6.3.00) E. 5 fr., 125 III 70/72 E. 2a, 123 III 246/248 ff. E. 3 (offengelassen, ob bei unbilligem Inhalt Missbräuchlichkeit anzunehmen ist). Zur Missbräuchlichkeit der Änderungskündigung siehe bei Art. 336 Abs. 1 lit. d.

2 **Aufklärungspflicht.** Es gibt zwar keine grundsätzliche Verpflichtung des Arbeitgebers, den Arbeitnehmer auf seine Rechte aufmerksam zu machen, namentlich was den Kündigungsschutz betrifft, wohl aber eine Aufklärungspflicht aus allgemeiner Fürsorgepflicht oder aus dem Gebot des Handelns nach Treu und Glauben, wenn der Arbeitgeber den Irrtum des Arbeitnehmers bemerkt oder bemerken müsste und gleichzeitig erkennt, dass der Arbeitnehmer durch sein Nichtwissen einen irreparablen Nachteil erleidet 4C.230/2005 (1.9.05) E. 3, noch offengelassen in 115 V 437/447 E. 6d, 118 II 58/60 E. 2a Pra 1993 (Nr. 142) 551, vgl. auch 4A_23/2016 (19.7.16) E. 8.1.

1. Kündigung im Allgemeinen

Art. 335

[1] Ein unbefristetes Arbeitsverhältnis kann von jeder Vertragspartei gekündigt werden.

[2] Der Kündigende muss die Kündigung schriftlich begründen, wenn die andere Partei dies verlangt.

1 **Auslegung und Rechtsnatur.** Die Entlassungserklärung ist nach den üblichen Regeln der Willenserklärung auszulegen (siehe bei Art. 1) 4A_257/2019 (6.11.19) E. 2.2, 4C.12/2004 (8.4.04) E. 2.2. Sie ist ein einseitiges *Gestaltungsrecht* und unterliegt keinen gesetzlichen Formvorschriften, muss jedoch klar und präzis den Willen zur Vertragsauflösung ausdrücken. Im Rahmen des Vertrauensprinzips sind Unklarheiten zuungunsten des Verfassers auszulegen 4A_257/2019 (6.11.19) E. 2.2, 4A_556/2012 (9.4.13) E. 4.2, 4A_381/2014 (3.2.15) E. 3 fr., 4A_541/2008 (4.8.09) E. 5.2.1 it., 4A_89/2011 (27.4.11) E. 3 fr., 4C.391/2002 (12.3.03) E. 2.1 und 2.2 fr., siehe auch 4A_78/2018 (10.10.18) E. 3.1.2 fr. Aufgrund ihres Charakters als Gestaltungsrecht kann der Richter eine fristlose Entlassung, die sich als ungerechtfertigt erweist, nicht in eine ordentliche Kündigung umwandeln 4A_372/2016 (2.2.17) E. 5.2 fr. Der Gesamtarbeitsvertrag kann Formvorschriften vorsehen 4A_215/2019 (7.10.19) E. 3.1.3 fr. Auch die fristlose Kündigung kann grundsätzlich mündlich erklärt werden. Die Begründungspflicht auf Verlangen der Ge-

genpartei bezweckt in erster Linie, dem Gekündigten eine Prüfung der Kündigung auf das Vorliegen eines wichtigen Grundes zu ermöglichen 4A_288/2016 (26.9.16) E. 4.2. – Die Entlassungserklärung ist grundsätzlich *bedingungsfeindlich und unwiderruflich.* Bedingungen sind nur zulässig, soweit deren Eintritt ausschliesslich vom Willen des Gekündigten abhängt, sodass sich dieser nicht in einer unsicheren Lage befindet. Aus dem gleichen Grund kann auch eine Kündigung, die noch der Genehmigung oder Zustimmung eines zweiten Vorgesetzten bedarf, keine Wirkungen entfalten, es sei denn, der Mangel werde beseitigt, bevor der Arbeitnehmer diesen bemerkt 4A_249/2019 (6.1.20) E. 3.2 (in einer Entlassungserklärung kann grundsätzlich nicht die Annahme einer allfälligen Offerte zu einer sofortigen Vertragsauflösung gesehen werden), 4C.359/2006 (12.1.07) E. 5 fr. (betreffend Widerruf der Kündigung), 128 III 129/135 f. E. 2 (Heilung des Mangels im Rahmen der nachträglichen Kündigungsbegründung), vgl. auch 4C.151/2003 (26.8.03) E. 4.3 fr. (fehlende Zustimmung), 4C.174/2003 (27.10.03) E. 3.2.1 fr. (aufgeschobene fristlose Kündigung). Ausnahme von der Unwiderruflichkeit, wenn die Ausübung des Gestaltungsrechts keinen Schutz verdient, insbesondere wenn der Erklärungsgegner sich mit einem Widerruf einverstanden erklärte oder er ein rechtsaufhebendes Gestaltungsrecht oder dessen wirksame Ausübung bestreitet und damit zum Ausdruck bringt, dass er am Vertrag festhalten will 4A_395/2018 (10.12.19) E. 4.1 fr. (in casu aber kein Widerruf), 4A_556/2012 (9.4.13) E. 4.6 (in casu aber kein Widerruf), 4C.222/2005 (27.10.05) E. 3.3, vgl. 4A_372/2016 (2.2.17) E. 5.2 fr.; siehe auch bei Art. 336b. – Die Tätigkeit des Arbeitnehmers für den Arbeitgeber ist grundsätzlich als einheitliches Arbeitsverhältnis anzusehen, womit die Möglichkeit einer *Teilkündigung* nur bei entsprechender Vereinbarung möglich ist 4C.398/2001 (6.6.02) E. 2.2.1. Rechtsnatur des Arbeitsvertrages, den die Parteien unter Beachtung der gesetzlichen Kündigungsfristen auflösen können, der jedoch ohne Weiteres endet, sobald der Arbeitnehmer die durch das Reglement einer Vorsorgeeinrichtung festgesetzte Altersgrenze erreicht 114 II 349/350 ff. E. 2 Pra 1989 (Nr. 114) 387 f. Anders dagegen 4A_311/2009 (8.10.09): Erreicht der Arbeitnehmer die Altersgrenze der Pensionierung, wird allein damit der Arbeitsvertrag nicht beendet, ausser dies werde explizit vertraglich so geregelt. – Soll mit einer Offerte zur Vertragsänderung eine Kündigung einhergehen (*Änderungskündigung* im engeren Sinn), so muss dies klar zum Ausdruck kommen 4C.385/1999 (6.3.00) E. 4 fr. Konsensuale Auflösung des Arbeitsverhältnisses (sogenannter *Aufhebungsvertrag*) 4A_561/2016 (8.2.17) E. 6 fr. (in casu Beendigung des Arbeitsverhältnisses ohne Zustandekommen einer Vereinbarung), 4A_381/2014 (3.2.15) E. 3 fr. (in casu als Entlassung ausgelegt), ohne Einhaltung der Kündigungsfrist als Kündigung auf den nächst möglichen Termin 4A_556/2012 (9.4.13) E. 4.2, Pra 2001 (Nr. 31) 199 E. 3b (in casu aber einseitiger Verzicht und damit kein zulässiger Aufhebungsvertrag). Siehe auch bei Art. 336c/Aufhebungsvertrag.

Abgrenzung vom Gesellschaftsrecht. Das arbeitsvertragliche Rechtsverhältnis zwi- 2
schen Arbeitgeber und Arbeitnehmer ist vom *gesellschaftsrechtlichen Verhältnis* zwischen Gesellschaft und leitendem Organ zu unterscheiden; auch wenn sich die Bereiche gegenseitig beeinflussen, gelten je unterschiedliche Regeln. Auch für die Beendigung des Arbeitsvertrags eines Gesellschaftsorgans gelten die Vorschriften des Arbeitsrechts, sodass unter Umständen nach der Auflösung des Arbeitsvertrags das Organverhältnis weiterbe-

steht oder umgekehrt nach Abberufung als Organ das Arbeitsverhältnis fortdauert 128 III 129/132 f. E. 1.

3 **Zugang der Kündigung.** Eine Kündigung, die dem Arbeitnehmer während dessen Ferien zugeht (vgl. Vorb. Art. 1–40f/Zugang empfangsbedürftiger Willenserklärungen), entfaltet erst nach Ablauf der Ferien ihre Wirkung, ausser der Arbeitnehmer habe seine Ferien zu einem massgeblichen Teil zu Hause verbracht oder sich seine Post an sein Feriendomizil nachsenden lassen oder seinen Arbeitgeber nicht über die Ferienabwesenheit informiert. Aufgrund des Zwecks von Art. 329a (Ferien) gilt dies auch dann, wenn der ferienabwesende Arbeitnehmer die Möglichkeit (in casu durch einen beauftragten Dritten) zur Kenntnisnahme der Kündigung gehabt hätte 4P.307/1999 (5.4.00) E. 3c fr., vgl. auch 4P.169/2000 (14.11.00) E. 4a.

4 ***Abs. 2*** **Begründung.** Rechtmässigkeit einer Kündigung auch *ohne besondere Gründe,* wobei Rechtsmissbrauch (Art. 336) und Unzeit (Art. 336c) vorbehalten bleiben 4A_245/2019 (9.1.20) E. 4.2 fr., 4A_293/2019 (22.10.19) E. 3.2 (Missbräuchlichkeit verneint), 4A_13/2019 (9.8.19) E. 7, 4A_652/2018 (21.5.19) E. 4.1 fr., 4A_166/2018 (20.3.19) E. 3.2 fr. (Missbräuchlichkeit bejaht), 4A_78/2018 (10.10.18) E. 3.1.1 fr. (Missbräuchlichkeit verneint), 4A_333/2018 (4.9.18) E. 3.3.1 fr. (Missbräuchlichkeit verneint), 4A_280/2017 (7.9.17) E. 4.1 (Missbräuchlichkeit verneint), 4A_485/2016 (28.4.17) E. 2.1 fr. (Missbräuchlichkeit verneint), 4A_372/2016 (2.2.17) E. 5.1.1 fr., 4A_159/2016 (1.12.16) E. 3.1 fr. (in casu Missbräuchlichkeit verneint mangels Kausalzusammenhang mit einer Verletzung von Art. 328), 4A_485/2015 (15.2.16) E. 3.1 fr. (missbräuchlicher tatsächlicher Kündigungsgrund), 4A_437/2015 (4.12.15) E. 2.2.1 fr. (Missbräuchlichkeit bejaht bei Mehrzahl von Kündigungsgründen), 4A_384/2014 (12.11.14) E. 4 (Missbräuchlichkeit infolge Verletzung der Fürsorgepflicht), 4A_748/2012 (3.6.13) E. 2.2 fr. (Missbräuchlichkeit kann in einem Verstoss gegen das Gebot von Treu und Glauben bestehen; in casu aber verneint), 4A_99/2012 (30.4.12) E. 2.2.1 fr. (Missbräuchlichkeit wegen Persönlichkeitsverletzung), 4A_510/2010 (1.12.10) E. 3.1 fr. (mangelnde Überprüfung von Hinweisen auf Missbräuchlichkeit), 136 III 513/514 f. E. 2.3 Pra 2011 (Nr. 40) 288 (Überprüfung auf Rechtsmissbrauch erfordert die Ermittlung des tatsächlichen Kündigungsgrundes), 4A_309/2010 (6.10.10) E. 2.2 fr. (dito), 4A_158/2010 (22.6.10) E. 3.2 fr. (ordentliche Kündigung erfordert keinen wichtigen Grund), 4A_564/2008 (26.5.09) E. 2.1 fr. (Missbräuchlichkeit kann sich bei zulässiger Begründung aus den Umständen der Ausübung des Kündigungsrechts ergeben), 4C.174/2004 (5.8.04) E. 2.1 (Abwägungzwischen Kündigungsfreiheit und Gesamtwürdigung mehrerer Vorwürfe von Rechtsmissbrauch), 4C.189/2003 (23.9.03) E. 4.1 fr., 4C.71/2002 (31.7.02) E. 3.1 fr. (Kündigungsfreiheit und Irrtum über Kündigungsfrist), 124 II 53/56 E. 2b/aa (in casu Nichtanwendbarkeit des obligationenrechtlichen Kündigungsschutzes im öffentlichen Dienstverhältnis), 125 III 70/72 E. 2a, siehe auch Vorb. Art. 335–339d/Kündigungsfreiheit. Die Kündigung ist auch bei *fehlender, unwahrer oder unvollständiger Begründung* wirksam. Die Begründungspflicht bezweckt in erster Linie, dem Gekündigten eine Prüfung der Kündigung auf das Vorliegen eines wichtigen Grundes nach Art. 337 bzw. auf ihre Missbräuchlichkeit nach Art. 336 zu ermöglichen. Der Gesetzgeber hat bloss indirekte Sanktionen (im Rahmen der Beweiswürdigung sowie der Kosten- und Entschädigungsfolgen) statuiert 4A_372/2016 (2.2.17) E. 5.1.1 fr., 4C.121/2001 (16.10.01) E. 3a fr., 121

III 60/62 f. E. b, c. Das Nachschieben von Kündigungsgründen ist zulässig, solange es sich um Ereignisse handelt, welche sich zwar vor dem Aussprechen der Kündigung abgespielt haben, in diesem Zeitpunkt aber noch nicht bekannt waren 4A_173/2018 (29.1.19) E. 3.2.2 fr., 4A_372/2016 (2.2.17) E. 5.1.2 fr., 4A_169/2013 (18.6.13) E. 4.3, 4A_559/2012 (18.3.13) E. 5.1.2, 127 III 310/314 E. 4a Pra 2002 (Nr. 26) 129 f., 124 III 25/29 f. E. 3c Pra 1998 (Nr. 54) 360 (siehe auch bei Art. 337). – Aus Abs. 2 ergibt sich keine Anhörungspflicht bei Kündigung 4C.174/2004 (5.8.04) E. 2.4, vgl. auch 4C.36/2004 (8.4.04) E. 3.3, siehe aber Art. 336. – Während es im Falle einer ordentlichen Kündigung dem Arbeitnehmer obliegt, die allfällige Missbräuchlichkeit aufzuzeigen, ist es im Falle einer ausserordentlichen Kündigung (Art. 337) am Arbeitgeber, den hierfür notwendigen wichtigen Grund nachzuweisen 4A_485/2016 (28.4.17) E. 2.1 fr.

2. Kündigungsfristen a. im Allgemeinen

Art. 335a

[1] Für Arbeitgeber und Arbeitnehmer dürfen keine verschiedenen Kündigungsfristen festgesetzt werden; bei widersprechender Abrede gilt für beide die längere Frist.

[2] Hat der Arbeitgeber das Arbeitsverhältnis aus wirtschaftlichen Gründen gekündigt oder eine entsprechende Absicht kundgetan, so dürfen jedoch durch Abrede, Normalarbeitsvertrag oder Gesamtarbeitsvertrag für den Arbeitnehmer kürzere Kündigungsfristen vereinbart werden.

Zur Einschränkung der Kündigungsfreiheit des Arbeitnehmers und zu einem entsprechenden Verstoss gegen die Kündigungsparität durch die wirtschaftlichen Folgen von Mitarbeiterbeteiligungen 130 III 594/502 E. 4.2.4 (in casu Anwendbarkeit verneint). Das Verbot der ungleich langen Kündigungsfristen steht einer Regelung zur Rückzahlungspflicht des Arbeitnehmers für die vom Arbeitgeber bezahlten Ausbildungskosten grundsätzlich nicht entgegen 4A_616/2011 (21.3.12) E. 5 (in casu offengelassen, wie die Abstufung zu erfolgen hat). – Art. 335a Abs. 1 ist beidseitig zwingend (auch wenn nicht in Art. 361 aufgeführt). Angesichts des klaren Wortlautes gilt Abs. 1 auch dann, wenn die längere Frist deutlich zugunsten des Arbeitnehmers geht 4C.186/2006 (5.9.06) E. 2 fr. – Zu den Folgen einer widersprechenden Abrede 4A_270/2014 (18.9.14) E. 4.6 fr. (Verlängerung des Arbeitsverhältnisses infolge verspäteter Kündigung durch den Arbeitgeber). 1

b. während der Probezeit

Art. 335b

[1] Das Arbeitsverhältnis kann während der Probezeit jederzeit mit einer Kündigungsfrist von sieben Tagen gekündigt werden; als Probezeit gilt der erste Monat eines Arbeitsverhältnisses.

[2] Durch schriftliche Abrede, Normalarbeitsvertrag oder Gesamtarbeitsvertrag können abweichende Vereinbarungen getroffen werden; die Probezeit darf jedoch auf höchstens drei Monate verlängert werden.

[3] Bei einer effektiven Verkürzung der Probezeit infolge Krankheit, Unfall oder Erfüllung einer nicht freiwillig übernommenen gesetzlichen Pflicht erfolgt eine entsprechende Verlängerung der Probezeit.

1 **Allgemeines.** Die *Funktion der Probezeit* besteht darin, den Parteien die Möglichkeit zu bieten, einander kennenzulernen, was zur Schaffung eines Vertrauensverhältnisses notwendig ist. Sie erlaubt den Parteien abzuschätzen, ob sie die gegenseitigen Erwartungen erfüllen, und sie werden in die Lage versetzt, über die in Aussicht genommene langfristige Bindung in Kenntnis der konkreten Umstände zu urteilen (Gelegenheit zur gegenseitigen Erprobung der Zusammenarbeit). Das Recht, während der Probezeit mit verkürzter Frist zu kündigen, ist ein Ausfluss der Vertragsfreiheit (Nachwirkung der Abschlussfreiheit) 4A_594/2018 (6.5.19) E. 4.1.2 fr., 144 III 152/152 E. 4.2, 139 I 57/59 E. 4.2 Pra 2013 (Nr. 92) 712 (in casu aber öffentlich-rechtliches Arbeitsverhältnis), 4A_11/2011 (16.5.11) E. 1.3, 4A_432/2009 (10.11.09) E. 2.1, 134 III 108/111 E. 7.1.1, 4C.284/2002 (18.3.03) E. 4 it., 129 III 124/125 f. E. 3.1 Pra 2003 (Nr. 138) 748, 4C.278/2003 (5.11.03) E. 2.1, 4C.364/1999 (24.2.00) E. 2a/bb fr., 124 V 246/249 E. 3b fr., 126 V 42/45 E. 2a fr., siehe auch 8C_467/2013 (21.11.13) E. 3 (geringere Anforderungen an die Begründung der Kündigung eines öffentlich-rechtlichen Arbeitsverhältnisses während der Probezeit). – Der *Kündigungsschutz nach Art. 336* kommt grundsätzlich auch während der Probezeit zur Anwendung, soweit nicht der Zweck der Probezeit einer entsprechenden Anwendung im Einzelfall entgegenstehen würde 4A_432/2009 (10.11.09) E. 2.1, 4A_385/2007 (28.11.07) E. 7.1. – Keine Rückerstattung von Einarbeitungszuschüssen, wenn das Arbeitsverhältnis während der Probezeit gekündigt wird 124 V 246/250 E. 3c fr., 126 V 42/45 E. 2a fr.

2 **Temporärarbeit.** Im Rahmen eines unbefristeten Temporärarbeitsverhältnisses beginnt die Probezeit bei jedem Einsatz neu zu laufen. Vereinbarkeit dieses Grundsatzes mit dem OR 117 V 248/250 ff. E. 3 fr., vgl. auch 119 V 46/49 E. 1c Pra 1993 (Nr. 241) 891. Beim Übergang von der temporären zur unmittelbaren Anstellung wird infolge der unterschiedlichen rechtlichen Beziehung die Zeit der temporären Anstellung beim künftigen Arbeitgeber nicht als Probezeit berücksichtigt 129 III 124/128 f. E. 3.3 Pra 2003 (Nr. 138) 751.

3 **Teilzeitarbeit** hat keine Verlängerung der Probezeit zur Folge, massgeblich für die Bemessung der Probezeit ist die Dauer des Arbeitsverhältnisses und nicht die geleistete Arbeit 144 III 152/152 f. E. 4.2, 136 III 562/563 E. 3 Pra 2011 (Nr. 52) 365.

4 ***Abs. 1*** **Berechnung der Probezeit.** Die Probezeit beginnt am Tag des Stellenantritts, wobei der tatsächliche und nicht der vereinbarte Stellenantritt massgebend ist. Wird der Arbeitsvertrag am Tag abgeschlossen, in dessen Verlauf auch noch der Stellenantritt erfolgt, steht dieser Tag nicht voll zur Verfügung und wird in Anwendung von Art. 77 Abs. 1 Ziff. 3 (Prinzip der Zivilkomputation) nicht mitgezählt 144 III 152/153 f. E. 4.4. Offengelassen, wie die Probezeit zu berechnen ist, wenn der Arbeitsvertrag schon vor dem Tag des Stellenantritts abgeschlossen wurde 144 III 152/154 E. 4.4.3.

5 ***Abs. 2*** **Abweichende Vereinbarungen.** *Auslegung* einer von Abs. 1 abweichenden Vereinbarung. Im Zweifelsfall wird vermutet, dass die gesetzlich vorgesehene Probezeit gilt 4A_88/2010 (11.5.10) E. 4 fr., 4C.45/2004 (31.3.04) E. 3, 4C.278/2003 (5.11.03)

E. 2.1. Eine *zweite Probezeit* ist im Grundsatz nicht zulässig, es sei denn, der Arbeitnehmer trete beim Arbeitgeber mit einem neuen Vertrag in eine neue Funktion 4C.284/2002 (18.3.03) E. 4 it. *Teilnichtigkeit und Herabsetzung* einer Vereinbarung, die gegen Abs. 2, zweiter Teilgehalt verstösst 136 III 562/563 E. 3 Pra 2011 (Nr. 52) 365, 4P.269/2004 (14.4.05) E. 3, 129 III 124/125 f. E. 3.1 Pra 2003 (Nr. 138) 748. *Keine rechtsmissbräuchliche Anrufung* des Arbeitnehmers, der einem Verstoss gegen die zwingende Höchstgrenze von Abs. 2 zugestimmt hat 129 III 124/125 f. E. 3.1 Pra 2003 (Nr. 138) 748.

Abs. 3 Die Aufzählung im Gesetz ist abschliessend. Wird einem Arbeitnehmer während 6
der Probezeit unbezahlter Urlaub gewährt, hat dies keine Verlängerung der Probezeit zur Folge 136 III 562/563 E. 3 Pra 2011 (Nr. 52) 365.

c. nach Ablauf der Probezeit

Art. 335c

[1] Das Arbeitsverhältnis kann im ersten Dienstjahr mit einer Kündigungsfrist von einem Monat, im zweiten bis und mit dem neunten Dienstjahr mit einer Frist von zwei Monaten und nachher mit einer Frist von drei Monaten je auf das Ende eines Monats gekündigt werden.

[2] Diese Fristen dürfen durch schriftliche Abrede, Normalarbeitsvertrag oder Gesamtarbeitsvertrag abgeändert werden; unter einen Monat dürfen sie jedoch nur durch Gesamtarbeitsvertrag und nur für das erste Dienstjahr herabgesetzt werden.

[3] Kündigt der Arbeitgeber das Arbeitsverhältnis und hat der Arbeitnehmer vor Ende des Arbeitsverhältnisses Anspruch auf Vaterschaftsurlaub im Sinne von Artikel 329g, so wird die Kündigungsfrist um die noch nicht bezogenen Urlaubstage verlängert.

Eine unter Nichteinhaltung der Frist ausgesprochene ordentliche Kündigung ist nicht un- 1
gültig, sondern verschiebt sich auf den nächstmöglichen Kündigungstermin 4A_372/2016 (2.2.17) E. 5.1.1 fr. Lohnanspruch wegen vorzeitiger Auflösung des Arbeitsverhältnisses im Falle von *Temporärarbeit* 119 V 46/46 ff. Pra 1993 (Nr. 241) 891. Lohnansprüche wegen Nichtbeachtung der Kündigungsfrist gelten als «Lohnanspruch» im Sinne von AVIG Art. 11 Abs. 3 145 V 188/191 E. 3.2 Pra 2019 (Nr. 103) 1034. *Arbeit auf Abruf:* Eine massive Reduktion der Monatsarbeitszeit entleert den Kündigungsschutz und ist deshalb unzulässig 4A_534/2017 (27.8.18) E. 4.1 Pra 2019 (Nr. 107) 1088, 125 III 65/68 E. 4b/aa Pra 1999 (Nr. 111) 607. – Gelten je nach Dauer des Arbeitsverhältnisses verschiedene Kündigungsfristen, kommt jene zur Anwendung, die im Zeitpunkt des Beginns der Kündigungsfrist gilt. Es ist nicht darauf abzustellen, wann diese endet 131 III 467/471 ff. E. 2. – *Teilnichtigkeit* gemäss Art. 335b Abs. 2 und Anwendung von Art. 335c 4P.269/2004 (14.4.05) E. 3.

Abs. 2 Wird durch ein betriebsinternes Reglement ein bestimmtes Prozedere vorge- 2
schrieben, bevor die Entlassung erfolgen soll, so wirkt sich dies mangels Schriftform nicht auf die Kündigungsrechte, sondern lediglich auf die Disziplinarrechte des Arbeitgebers aus 4C.13/2001 (9.1.02) E. 2 fr.

IIbis. Massenentlassung

Vorb. Art. 335d–335g

1 Sinn und Zweck der Art. 335d–g, das schweizerische Recht der Richtlinie 75/129 der Europäischen Union anzugleichen 132 III 406/410 E. 2.4. – Anwendbarkeit der Vorschriften über die Massenentlassungen im Falle der Nachlassliquidation 123 III 176/178 f. E. 3. – Während die gesetzlich vorgeschriebene und eine Mehrzahl von Personen betreffende Konsultation der Arbeitnehmer im Falle einer beabsichtigten Massenentlassung darauf abzielt, die Kündigungen zu vermeiden oder zumindest deren Anzahl zu reduzieren, bezweckt eine gesamtarbeitsvertragliche Regelung des Vorgehens bei beabsichtigter Entlassung eines Arbeitnehmervertreters lediglich die Überprüfung der Kündigungsgründe hinsichtlich allfälliger Missbräuchlichkeit (Art. 336 Abs. 2 lit. b) und gewährt daher nicht dieselben Garantien 4A_656/2016 (1.9.17) E. 2.3 fr.

1. Begriff

Art. 335d

Als Massenentlassung gelten Kündigungen, die der Arbeitgeber innert 30 Tagen in einem Betrieb aus Gründen ausspricht, die in keinem Zusammenhang mit der Person des Arbeitnehmers stehen, und von denen betroffen werden:

1. **mindestens 10 Arbeitnehmer in Betrieben, die in der Regel mehr als 20 und weniger als 100 Arbeitnehmer beschäftigen;**
2. **mindestens 10 Prozent der Arbeitnehmer in Betrieben, die in der Regel mindestens 100 und weniger als 300 Arbeitnehmer beschäftigen;**
3. **mindestens 30 Arbeitnehmer in Betrieben, die in der Regel mindestens 300 Arbeitnehmer beschäftigen.**

1 Die Art. 335d ff. gelten nur für Unternehmen, die mehr als 20 Mitarbeiter beschäftigen 137 III 27/29 ff. E. 3.2 Pra 2011 (Nr. 62) 453. Es verbleibt den Kantonen keine Kompetenz bei der Definition der für die Anwendung von Art. 335d ff. massgeblichen Massenentlassungen 137 III 27/31 f. E. 3.3 Pra 2011 (Nr. 62) 455.

2. Geltungsbereich

Art. 335e

[1] Die Bestimmungen über die Massenentlassung gelten auch für befristete Arbeitsverhältnisse, wenn diese vor Ablauf der vereinbarten Dauer enden.

[2] Sie gelten nicht für Betriebseinstellungen infolge gerichtlicher Entscheide sowie bei Massenentlassung im Konkurs oder bei einem Nachlassvertrag mit Vermögensabtretung.

1 ***Abs. 2*** Die Art. 335d ff. sind anwendbar auf Massenentlassungen, die vor oder während einer provisorischen Nachlassstundung (SchKG Art. 293 Abs. 3) beabsichtigt werden, nicht jedoch auf Massenentlassungen nach der gerichtlichen Bewilligung der Nachlassstundung 130 III 102/108 E. 3.1 Pra 2004 (Nr. 143) 811 f., 123 III 176/179 E. 3a.

3. Konsultation der Arbeitnehmervertretung

Art. 335f

[1] Beabsichtigt der Arbeitgeber, eine Massenentlassung vorzunehmen, so hat er die Arbeitnehmervertretung oder, falls es keine solche gibt, die Arbeitnehmer zu konsultieren.

[2] Er gibt ihnen zumindest die Möglichkeit, Vorschläge zu unterbreiten, wie die Kündigungen vermieden oder deren Zahl beschränkt sowie ihre Folgen gemildert werden können.

[3] Er muss der Arbeitnehmervertretung oder, falls es keine solche gibt, den Arbeitnehmern alle zweckdienlichen Auskünfte erteilen und ihnen auf jeden Fall schriftlich mitteilen:

a. die Gründe der Massenentlassung;
b. die Zahl der Arbeitnehmer, denen gekündigt werden soll;
c. die Zahl der in der Regel beschäftigten Arbeitnehmer;
d. den Zeitraum, in dem die Kündigungen ausgesprochen werden sollen.

[4] Er stellt dem kantonalen Arbeitsamt eine Kopie der Mitteilung nach Absatz 3 zu.

Abs. 1 und 2 **Allgemeines.** Art. 335f ist teilzwingend, womit nur – gegebenenfalls durch einen Gesamtarbeitsvertrag – zugunsten des Arbeitnehmers abgewichen werden kann 137 III 23/27 E. 2.3 Pra 2011 (Nr. 62) 451. – *Ziel der Konsultation,* durch eine Einigung mit den Arbeitnehmern eine Kündigung zu vermeiden oder deren Folgen zu mildern 133 V 153/159 f. E. 8.4, vgl. 4A_656/2016 (1.9.17) E. 2.3 fr. Den Arbeitnehmern soll eine Einwirkung auf die Entscheidfindung des Arbeitgebers ermöglicht werden. Die Konsultation muss daher stattfinden, bevor der Arbeitgeber den definitiven Entschluss gefasst hat, eine Massenentlassung vorzunehmen. Der Arbeitgeber muss die Vorschläge seriös prüfen. Kündigungen, die unter Verletzung dieser Konsultationspflicht ausgesprochen werden, sind missbräuchlich i.S.v. Art. 336 Abs. 2 lit. c 4A_449/2010 (2.12.10) E. 5.2 Pra 2011 (Nr. 62) 457 (unpublizierte Erwägung von 137 III 27), 137 III 162/164 E. 1.1, 4A_571/2008 (5.3.09) E. 4.1.1, 130 III 102/109 f. E. 4.2 Pra 2004 (Nr. 143) 813, 123 III 176/180 E. 4a. Die Verwirklichung der Vorschläge liegt im Entscheidungsbereich und ist Sache des Arbeitgebers 4A_449/2010 (2.12.10) E. 5.2 Pra 2011 (Nr. 62) 457 (unpublizierte Erwägung von 137 III 27), 137 III 162/167 E. 2.2.2. – Als beabsichtigt i.S. der Bestimmung hat eine Massenentlassung insbesondere auch dann zu gelten, wenn der Arbeitgeber sie zwar nur, aber immerhin für den Fall konkret plant, dass andere Pläne sich nicht verwirklichen lassen 123 III 176/181 E. 4a. Wann sich der Wille zur Massenentlassung gebildet hat, ist eine Tatsachenfeststellung, die das Bundesgericht als Berufungsinstanz bindet 130 III 102/110 E. 4.2 Pra 2004 (Nr. 143) 813. – Prozessuales: Anwendung der Untersuchungsmaxime (gemäss MwG Art. 15 Abs. 3 i.V.m. OR Art. 343 Abs. 4) 130 III 102/106 f. E. 2.2 Pra 2004 (Nr. 143) 810 f. – Arbeitgeber- und Arbeitnehmerverbände können die Beteiligungsrechte nur für ihre Mitglieder bei Verletzung derer Rechte anrufen 4A_145/2013 (4.9.13) E. 2.2 fr. – Zur Missbräuchlichkeit als Rechtsfolge vgl. bei Art. 336 Abs. 2 lit. c. 1

Frist. Der Arbeitgeber kann den Arbeitnehmern eine (nach Treu und Glauben aufgrund der konkreten Umstände zu bemessende) Frist zur Stellungnahme ansetzen 137 III 162/164 E. 1.2, 130 III 102/110 f. E. 4.3 Pra 2004 (Nr. 143) 813 f., 123 III 176/181 f. E. 4b, c. Angemessen ist eine Frist, die es erstens den Arbeitnehmern ermöglicht, die Informationen des Arbeitgebers zu verarbeiten, konkrete Vorschläge zu formulieren und diese dem Arbeitgeber zu unterbreiten sowie zweitens dem Arbeitgeber genügend Zeit lässt, die ein- 2 gereichten Vorschläge ernsthaft zu überprüfen 137 III 162/164 E. 1.2, 130 III 102/111 f. E. 4.3 Pra 2004 (Nr. 143) 814 f. (in casu 5 Tage als zu kurz beurteilt). Die Konsultationsfrist beginnt zu laufen, sobald der Arbeitgeber das vom Gesetz vorgeschriebene Verfahren formell einleitet 130 III 102/112 f. E. 4.4 Pra 2004 (Nr. 143) 815. Belässt der Arbeitgeber zu wenig Zeit, verletzt er seine Konsultationspflichten und die Kündigungen sind missbräuchlich 137 III 162/164 E. 1.2.

3 *Abs. 3* Insbesondere Informationen, welche sich für die Ausarbeitung von zusätzlichen Vorschlägen als notwendig erweisen, sind zweckdienlich. Verweigert der Arbeitgeber diese Auskünfte, verletzt er die Mitwirkungsrechte der Arbeitnehmer. Es besteht aber kein Anspruch darauf, alle möglicherweise zweckdienlichen Fragen beantwortet zu erhalten. Der Anspruch bezieht sich auf jene Zusatzinformationen, welche für die Ausarbeitung erfolgversprechender Projekte konkret notwendig sind 137 III 162/164 E. 2.1.1. Verletzung der Informationspflicht und Pönale von einem Monatslohn, weil der Geschäftsführer von der Entlassung ausgenommen schien 4A_173/2011 (31.5.11) E. 4.3 ff. Der Anspruch auf Auskunft in Schriftform bezieht sich nur auf die Informationen gemäss lit. a bis d. Weitere Auskünfte dürfen mündlich gegeben werden 137 III 162/167 E. 2.2.3. – Die Information Dritter, namentlich der Öffentlichkeit, ist nicht Zweck der Auskunftspflicht. Somit ist es zulässig, die Auskunft von einer Geheimhaltungserklärung abhängig zu machen 137 III 162/164 E. 2.2.2.

4. Verfahren

Art. 335g

[1] Der Arbeitgeber hat dem kantonalen Arbeitsamt jede beabsichtigte Massenentlassung schriftlich anzuzeigen und der Arbeitnehmervertretung oder, falls es keine solche gibt, den Arbeitnehmern eine Kopie dieser Anzeige zuzustellen.

[2] Die Anzeige muss die Ergebnisse der Konsultation der Arbeitnehmervertretung (Art. 335f) und alle zweckdienlichen Angaben über die beabsichtigte Massenentlassung enthalten.

[3] Das kantonale Arbeitsamt sucht nach Lösungen für die Probleme, welche die beabsichtigte Massenentlassung aufwirft. Die Arbeitnehmervertretung oder, falls es keine solche gibt, die Arbeitnehmer können ihm ihre Bemerkungen einreichen.

[4] Ist das Arbeitsverhältnis im Rahmen einer Massenentlassung gekündigt worden, so endet es 30 Tage nach der Anzeige der beabsichtigten Massenentlassung an das kantonale Arbeitsamt, ausser wenn die Kündigung nach den vertraglichen oder gesetzlichen Bestimmungen auf einen späteren Termin wirksam wird.

1 Unterlässt der Arbeitgeber eine Anzeige, so verlängert sich das Arbeitsverhältnis bis zu jenem Zeitpunkt, da allfällige Tätigkeiten des kantonalen Arbeitsamtes nach dem Zweck von Art. 335g nicht mehr hätten sinnvoll durchgeführt werden können. Diese Tätigkeiten beschränken sich nicht nur auf die reine Vermittlung unter den Parteien des Arbeitsvertrages etwa im Blick auf den Abschluss eines Sozialplanes, sondern sie dienen auch der Unterstützung der entlassenen Arbeitnehmer bei der Suche einer neuen Arbeitsstelle 132 III 406/412 f. E. 2.4–2.5. Aus einem bloss passiven Verhalten kann nach Treu und Glauben nicht auf das Einverständnis mit dem ordentlichen Kündigungstermin und auf einen Verzicht auf die Verlängerung gemäss Art. 335g Abs. 4 geschlossen werden 132 III 406/412 f.

E. 2.6. – Der Rechtsstreit, der sich auf die Einhaltung der Mitwirkungsrechte der Arbeitnehmer im Falle einer Massenentlassung bezieht, ist eine Zivilsache und eine vermögensrechtliche Angelegenheit. Die Streitigkeit fällt nicht in die Kategorie der arbeitsrechtlichen Streitfälle im Sinne von BGG Art. 74 Abs. 1 lit. a, womit die Beschwerde in Zivilsachen erst ab CHF 30 000 zulässig ist 137 III 23/27 E. 1.2 Pra 2011 (Nr. 62) 448.

5. Sozialplan a. Begriff und Grundsätze

Art. 335h

[1] Der Sozialplan ist eine Vereinbarung, in welcher der Arbeitgeber und die Arbeitnehmer die Massnahmen festlegen, mit denen Kündigungen vermieden, deren Zahl beschränkt sowie deren Folgen gemildert werden.

[2] Er darf den Fortbestand des Betriebs nicht gefährden.

Es ist zulässig, eine im Sozialplan vorgesehene Abgangsentschädigung der Bedingung zu unterstellen, dass der Arbeitnehmer eine Saldoklausel unterzeichnet, freilich unter Vorbehalt von Art. 341 4A_74/2018 (28.6.18) E. 6.4 fr. Ein Sozialplan, den der Arbeitgeber mit einer Arbeitnehmerorganisation aushandelt, stellt eine besondere Form eines GAV dar, auf den sich die Arbeitnehmer direkt berufen können (normativer Charakter) 4A_335/2016 (30.11.16) E. 3.1 fr. 1

b. Verhandlungspflicht

Art. 335i

[1] Der Arbeitgeber muss mit den Arbeitnehmern Verhandlungen mit dem Ziel führen, einen Sozialplan aufzustellen, wenn er:

- **a. üblicherweise mindestens 250 Arbeitnehmer beschäftigt; und**
- **b. beabsichtigt, innert 30 Tagen mindestens 30 Arbeitnehmern aus Gründen zu kündigen, die in keinem Zusammenhang mit ihrer Person stehen.**

[2] Zeitlich verteilte Kündigungen, die auf dem gleichen betrieblichen Entscheid beruhen, werden zusammengezählt.

[3] Der Arbeitgeber verhandelt:

- **a. mit den am Gesamtarbeitsvertrag beteiligten Arbeitnehmerverbänden, wenn er Partei dieses Gesamtarbeitsvertrags ist;**
- **b. mit der Arbeitnehmervertretung; oder**
- **c. direkt mit den Arbeitnehmern, wenn es keine Arbeitnehmervertretung gibt.**

[4] Die Arbeitnehmerverbände, die Arbeitnehmervertretung oder die Arbeitnehmer können zu den Verhandlungen Sachverständige heranziehen. Diese sind gegenüber betriebsfremden Personen zur Verschwiegenheit verpflichtet.

c. Aufstellung durch ein Schiedsgericht

Art. 335j

[1] Können sich die Parteien nicht auf einen Sozialplan einigen, so muss ein Schiedsgericht bestellt werden.

[2] Das Schiedsgericht stellt einen Sozialplan durch verbindlichen Schiedsspruch auf.

d. Während eines Konkurs- oder eines Nachlassverfahrens

Art. 335k

Die Bestimmungen über den Sozialplan (Art. 335h–335j) gelten nicht bei Massenentlassungen, die während eines Konkurs- oder Nachlassverfahrens erfolgen, das mit einem Nachlassvertrag abgeschlossen wird.

III. Kündigungsschutz 1. Missbräuchliche Kündigung a. Grundsatz

Art. 336

[1] Die Kündigung eines Arbeitsverhältnisses ist missbräuchlich, wenn eine Partei sie ausspricht:

a. wegen einer Eigenschaft, die der anderen Partei kraft ihrer Persönlichkeit zusteht, es sei denn, diese Eigenschaft stehe in einem Zusammenhang mit dem Arbeitsverhältnis oder beeinträchtige wesentlich die Zusammenarbeit im Betrieb;

b. weil die andere Partei ein verfassungsmässiges Recht ausübt, es sei denn, die Rechtsausübung verletze eine Pflicht aus dem Arbeitsverhältnis oder beeinträchtige wesentlich die Zusammenarbeit im Betrieb;

c. ausschliesslich um die Entstehung von Ansprüchen der anderen Partei aus dem Arbeitsverhältnis zu vereiteln;

d. weil die andere Partei nach Treu und Glauben Ansprüche aus dem Arbeitsverhältnis geltend macht;

e. weil die andere Partei schweizerischen obligatorischen Militär- oder Schutzdienst oder schweizerischen Zivildienst leistet oder eine nicht freiwillig übernommene gesetzliche Pflicht erfüllt.

[2] Die Kündigung des Arbeitsverhältnisses durch den Arbeitgeber ist im Weiteren missbräuchlich, wenn sie ausgesprochen wird:

a. weil der Arbeitnehmer einem Arbeitnehmerverband angehört oder nicht angehört oder weil er eine gewerkschaftliche Tätigkeit rechtmässig ausübt;

b. während der Arbeitnehmer gewählter Arbeitnehmervertreter in einer betrieblichen oder in einer dem Unternehmen angeschlossenen Einrichtung ist, und der Arbeitgeber nicht beweisen kann, dass er einen begründeten Anlass zur Kündigung hatte;

c. im Rahmen einer Massenentlassung, ohne dass die Arbeitnehmervertretung oder, falls es keine solche gibt, die Arbeitnehmer, konsultiert worden sind (Art. 335f).

[3] Der Schutz eines Arbeitnehmervertreters nach Absatz 2 Buchstabe b, dessen Mandat infolge Übergangs des Arbeitsverhältnisses endet (Art. 333), besteht so lange weiter, als das Mandat gedauert hätte, falls das Arbeitsverhältnis nicht übertragen worden wäre.

▪ Anwendungsbereich (1) ▪ Allgemeines Rechtsmissbrauchsverbot (2) ▪ Beweis (5) ▪ Abs. 1 lit. a (6) ▪ Abs. 1 lit. b (7) ▪ Abs. 1 lit. c (8) ▪ Abs. 1 lit. d Zweck (9) ▪ Missbräuchliche Änderungskündigung (10) ▪ Abs. 1 lit. e (11) ▪ Abs. 2 lit. a (12) ▪ Abs. 2 lit. b (13) ▪ Abs. 2 lit. c (14) ▪ Wirkung (15)

Anwendungsbereich. Art. 336 kommt grundsätzlich auch während der Probezeit zur Anwendung, soweit nicht der Zweck der Probezeit einer entsprechenden Anwendung im Einzelfall entgegenstehen würde 4A_432/2009 (10.11.09) E. 2.1, 134 III 108/110 E. 7.1 (mit Hinweisen), 4A_385/2007 (28.11.07) E. 7.1. Das Verfahren bei einer Persönlichkeitsverletzung nach Gleichstellungsgesetz richtet sich ebenfalls nach den Bestimmungen über die missbräuchliche Kündigung (Art. 336b) 4A_395/2010 (25.10.10) E. 5.1 fr. Art. 336 will als Vorschrift über den sachlichen Kündigungsschutz im Gegensatz zu Art. 336c dem Arbeitgeber keine Sperrfristen auferlegen und bezweckt damit keinen Bestandesschutz des Arbeitsverhältnisses während bestimmter Zeitspannen 4A_387/2016 (26.8.16) E. 5.1. 1

Allgemeines Rechtsmissbrauchsverbot. ***Begriff.*** Art. 336 konkretisiert das allgemein gültige Rechtsmissbrauchsverbot. Die Aufzählung unzulässiger Gründe ist somit nicht abschliessend 4A_245/2019 (9.1.20) E. 4.2 fr., 4A_13/2019 (9.8.19) E. 7.1, 4A_652/2018 (21.5.19) E. 4.1 fr., 4A_166/2018 (20.3.19) E. 3.2 fr., 4A_96/2018 (7.1.19) E. 3.1 fr., 4A_42/2018 (5.12.18) E. 3.1 fr., 4A_224/2018 (28.11.18) E. 3.1 fr., 4A_18/2018 (21.11.18) E. 4.1 fr., 4A_78/2018 (10.10.18) E. 3.1.1 fr., 4A_333/2018 (4.9.18) E. 3.3.1 fr., 4A_375/2018 (20.8.18) E. 2.1 fr., 4A_485/2017 (25.7.18) E. 3.1 fr., 4A_240/2017 (14.2.18) E. 3 fr., 4A_242/2017 (30.11.17) E. 3.2 fr., 4A_280/2017 (7.9.17) E. 4.1, 4A_92/2017 (26.6.17) E. 2.2.1 fr., 4A_485/2016 (28.4.17) E. 2.2 fr., 4A_217/2016 (19.1.17) E. 4.1 fr., 4A_439/2016 (5.12.16) E. 3.1 fr., 4A_159/2016 (1.12.16) E. 3.1 fr., 4A_387/2016 (26.8.16) E. 5.1, 4A_694/2015 (4.5.16) E. 2.2 fr., 4A_485/2015 (15.2.16) E. 3.1 fr., 4A_539/2015 (28.1.16) E. 3.1 fr., 4A_138/2015 (27.7.15) E. 3.1 fr., 4A_19/2015 (20.5.15) E. 4.1, 4A_384/2014 (12.11.14) E. 4, 4A_2/2014 (19.2.14) E. 3.1 fr., 4A_507/2013 (27.1.14) E. 3 fr., 4A_748/2012 (3.6.13) E. 2.2 fr., 4A_447/2012 (17.5.13) E. 4 fr., 4A_92/2012 (3.7.12) E. 6.1 fr., 4A_166/2012 (29.6.12) E. 2.4 fr., 4A_99/2012 (30.4.12) E. 2.2.1 fr., 4A_415/2011 (19.3.12) E. 3 (unpublizierte Erwägung von 138 III 359), 4A_408/2011 (15.11.11) E. 5.2 fr., 4A_329/2011 (11.10.11) E. 5 fr., 4A_194/2011 (5.7.11) E. 6.1 fr., 4A_665/2010 (1.3.11) E. 7.2 fr., 4A_663/2010 (28.2.11) E. 3.2.1 fr., 4A_613/2010 (25.1.11) E. 2, 4A_430/2010 (15.11.10) E. 2.1, 136 III 513/514 f. E. 2.3 Pra 2011 (Nr. 40) 289, 4A_155/2010 (2.7.10) E. 3.3 fr., 4A_309/2010 (6.10.10) E. 2.2 fr., 4A_158/2010 (22.6.10) E. 3.2 fr., 132 III 257/260 ff. E. 2.1, 132 III 115/116 ff. E. 2, 121 III 60/61 f. E. 3b, 123 III 246/251 E. 3b, 125 III 70/72 E. 2a, siehe z.B. den Anwendungsfall in 125 III 277/285 E. 3c (missbräuchliche Kündigung nach rechtmässigem Streik). Der Vorwurf der Missbräuchlichkeit setzt indes voraus, dass die geltend gemachten Gründe eine Schwere aufweisen, die mit jener der in Art. 336 ausdrücklich aufgezählten vergleichbar ist 4A_245/2019 (9.1.20) E. 4.2 fr., 4A_166/2018 (20.3.19) E. 3.2 fr., 4A_42/2018 (5.12.18) E. 3.1 fr., 4A_333/2018 (4.9.18) E. 3.3.1 fr., 4A_485/2017 (25.7.18) E. 3.1 fr., 4A_280/2017 (7.9.17) E. 4.1, 4A_92/2017 (26.6.17) E. 2.2.1 fr., 4A_485/2016 (28.4.17) E. 2.2 fr., 4A_159/2016 (1.12.16) E. 3.1 fr., 4A_694/2015 (4.5.16) E. 2.2 fr. – Anders noch 121 III 60/63 f. E. d: Für die Anwendung des allgemeinen Rechtsmissbrauchsverbots 2 bleibt neben den gesetzlichen Kündigungsbeschränkungen, wie sie seit der Revision von 1988 in der Bestimmung enthalten sind, wenig Raum, siehe auch 123 III 246/253 E. 4d, 4C.364/1999 (24.2.00) E. 2a/bb fr. – *Missbräuchlich im Sinne des allgemeinen Rechtsmissbrauchsverbots* ist ein krass vertragswidriges Verhalten, namentlich eine schwere Persönlichkeitsverletzung im Umfeld einer Kündigung, nicht jedoch ein bloss unanständiges, einem geordneten Geschäftsverkehr unwürdiges Verhalten 4A_245/2019 (9.1.20) E. 4.2 fr. (Missbräuchlichkeit verneint), 4A_240/2017 (14.2.18) E. 3 fr. (Missbräuchlichkeit bejaht), 4A_280/2017 (7.9.17) E. 4.1, 4A_92/2017 (26.6.17) E. 2.2.1 fr. (Missbräuchlichkeit bejaht), 4A_485/2016 (28.4.17) E. 2.2.2 fr. (in casu Missbräuchlichkeit verneint), 4A_384/2014 (12.11.14) E. 4.2, 4A_99/2012 (30.4.12) E. 2.2 fr. (gegenüber einem betriebsexternen Dritten kommunizierte, unbelegte Vorwürfe der Misshandlung von Patienten), 4A_663/2010 (28.2.11) E. 3.2.1 fr., 136 III 513/514 f. E. 2.3 Pra 2011 (Nr. 40) 289, 4A_28/2009 (26.3.09) E. 3.2 (Vorwurf des illoyalen Verhaltens und der Verletzung von Geschäftsgeheimnissen wird erst als schwerwiegende Persönlichkeitsverletzung eingestuft, wenn auch gegenüber betriebsfremden Dritten kommuniziert), 4A_419/2007 (29.1.08) E. 2.3 fr., 4C.25/2006 (21.3.06) E. 2 fr., 132 III 115/117 f. E. 2.2 und 2.3, 131 III 535/538 f. E. 4.2 Pra 2006 (Nr. 44) 328 f., 4C.174/2004 (5.8.04) E. 2.1, offengelassen in 4C.414/2005 (29.3.06) E. 4 fr. Nicht nur einzelne Verhaltensweisen können Missbräuchlichkeit begründen. Diese kann sich auch aus einer *Gesamtwürdigung* ergeben 4A_140/2008 (30.5.08) E. 3 (falsche Vorhalte betreffend Arbeitsqualität), 131 III 535/537 ff. E. 4 Pra 2006 (Nr. 44) 327 ff. («Sündenbock»), 4C.174/2004 (5.8.04) E. 2.5, 4C.431/1999 (14.7.00) E. 3 (v.a. betr. Gleichbehandlung der Arbeitnehmer). Missbräuchlich ist die Kündigung, wenn nachgewiesen werden kann, dass der Arbeitgeber den Arbeitnehmer um jeden Preis loswerden wollte und rein aus persönlicher Bequemlichkeit gehandelt hat, ohne das Vorliegen eines beruflichen Fehlverhaltens des Arbeitnehmers nachweisen zu können 4A_240/2017 (14.2.18) E. 3 fr., 4A_92/2017 (26.6.17) E. 2.2.1 fr. Die *ökonomischen Folgen* einer Kündigung führen nicht für sich alleine zur Missbräuchlichkeit, sind aber in die Gesamtwürdigung einzubeziehen 4A_419/2007 (29.1.08) E. 2.7 fr. Eine Kündigung wegen *Leistungsabfalls kann* missbräuchlich sein, wenn sie ohne vorgängige Massnahmen und nach einer langen Dienstzeit erfolgt 4A_558/2012 (18.2.13) E. 2 fr. (in casu aber lediglich mangelnde Motivation bei weiterhin zufriedenstellenden Leistungen), 4A_419/2007 (29.1.08) E. 2.4–2.7 fr. (in casu aber nicht missbräuchlich), oder wenn der Leistungsabfall auf Mobbing zurückzuführen ist 4A_166/2018 (20.3.19) E. 3.2 fr., 4A_159/2016 (1.12.16) E. 3.1 fr. (in casu Mobbing verneint), 4A_381/2011 (24.10.11) E. 3 fr., 4A_329/2011 (11.10.11) E. 5 fr., 4A_245/2009 (6.4.10) E. 4.1 fr., 4C.320/2005 (20.3.06) E. 3 fr., 4C.276/2004 (12.10.04) E. 5 fr., 125 III 70/72 E. 2a, vgl. auch 4C.109/2005 (31.5.05) E. 4 fr. (Definition von Mobbing), vgl. auch 4P.329/2005 (21.2.06) E. 3.2 zur Bedeutung eines entsprechenden Gutachtens. – Offengelassen, ob durch vertragliche Abrede zusätzliche Gründe der Missbräuchlichkeit geschaffen werden können 4A_92/2012 (3.7.12) E. 6.5 fr. (in casu entsprechende Bestimmungen eines GAV). – Massgebend ist der *tatsächliche* Kündigungsgrund. Dessen Bestimmung ist eine *Tatfrage* 4A_245/2019 (9.1.20) E. 4.2 fr., 4A_347/2019 (28.2.20) E. 3.1 fr., 4A_652/2018 (21.5.19) E. 4.1 fr., 4A_184/2018 (28.2.19) E. 2.1.2 fr., 4A_96/2018 (7.1.19) E. 3.1 fr., 4A_42/2018 (5.12.18) E. 3.1 fr., 4A_224/2018 (28.11.18) E. 3.1 fr., 4A_18/2018 (21.11.18) E. 4.1 fr., 4A_333/2018 (4.9.18) E. 3.3.1 fr., 4A_375/2018 (20.8.18) E. 2.1 fr.,

4A_485/2017 (25.7.18) E. 3.1 fr., 4A_240/2017 (14.2.18) E. 3 fr., 4A_164/2017 (30.11.17) E. 4.1 it., 4A_92/2017 (26.6.17) E. 2.2.3 fr., 4A_217/2016 (19.1.17) E. 4.1 fr., 4A_439/2016 (5.12.16) E. 3.1 fr., 4A_159/2016 (1.12.16) E. 3.1 fr., 4A_298/2015 (13.4.16) E. 3 it., 4A_485/2015 (15.2.16) E. 3.1 fr., 4A_539/2015 (28.1.16) E. 3.1 fr., 4A_437/2015 (4.12.15) E. 2.2.4 fr., 4A_714/2014 (22.5.15) E. 3.3 fr., 4A_169/2013 (18.6.13) E. 4.1.2, 4A_166/2012 (29.6.12) E. 2.1 fr., 4A_408/2011 (15.11.11) E. 5.2 fr., 136 III 513/514 f. E. 2.3 Pra 2011 (Nr. 40) 289, 4C.274/2002 (5.11.02) E. 2.1 fr., 127 III 86/88 E. 2a Pra 2001 (Nr. 84) 493. Grundsätzlich missbräuchlich ist die Kündigung, deren Begründung sich als Vorwand erweist, während der tatsächliche Kündigungsgrund nicht feststellbar ist 4A_224/2018 (28.11.18) E. 3.1 fr., 4A_333/2018 (4.9.18) E. 3.3.1 fr., 4A_375/2018 (20.8.18) E. 2.1 fr., 4A_485/2017 (25.7.18) E. 3.1 fr. Die Missbräuchlichkeit einer ordentlichen Kündigung entscheidet sich anhand der gesamten Umstände, wobei dem Richter ein grosses Ermessen zusteht (Relativierung einer auf einzelne Elemente gestützten Kasuistik, wie auch bei Art. 337) 4A_485/2016 (28.4.17) E. 3.2.4 fr. Die Qualifikation einer Kündigung als missbräuchlich erfordert einen Kausalzusammenhang zwischen dem missbräuchlichen Kündigungsgrund und der Kündigung, d.h., der missbräuchliche Grund muss eine entscheidende Rolle für den Entscheid des Arbeitgebers gespielt haben. Bei einer Mehrzahl von Kündigungsgründen, unter welchen einer missbräuchlich ist, gilt die Kündigung nur als missbräuchlich, wenn sie ohne den unzulässigen Grund nicht ausgesprochen worden wäre 4A_437/2015 (4.12.15) E. 2.2.3 fr.

Beispiele für Rechtsmissbrauch. Missbräuchlich ist die Kündigung, mit der ein Arbeitnehmer für die Teilnahme an einem rechtmässigen Streik sanktioniert wird 125 III 277/284 f. E. 3b (zum Streikrecht vgl. auch Art. 337 sowie Art. 357a), ebenso wenn der Arbeitnehmer infolge eines Disputs mit dem Vorgesetzten entlassen wird, ohne dass sich der Arbeitgeber auch nur ansatzweise darum bemüht hätte, das Verhältnis zu entspannen (vgl. bei Art. 328) 132 III 115/120 ff. E. 5. Missbräuchlich ist die Kündigung während der Probezeit, wenn dem teilzeitlich angestellten Arbeitnehmer zunächst zu verstehen gegeben wurde, die anderweitig ausgeführte Arbeit stelle kein Problem dar, der Arbeitgeber dann aber doch aus dem Grund kündigt, dass der Arbeitnehmer sein Arbeitspensum nicht auf 100% aufstocken könne 4A_385/2007 (28.11.07) E. 7. Missbräuchlich ist die Kündigung infolge Interessenkonflikts einer Pflegerin, die zugleich Vertreterin bei medizinischen Massnahmen einer Heimbewohnerin ist, nachdem diese Doppelfunktion von der Heimleitung zunächst toleriert wurde 4A_485/2017 (25.7.18) E. 3.4 fr. Der Versuch, eine Stelle neu zu besetzen, bevor dem Stelleninhaber formell gekündigt wurde, kann die Kündigung als missbräuchlich erscheinen lassen 4A_439/2016 (5.12.16) E. 3.2 fr. (in casu verneint). – Der Umstand allein, dass der Arbeitnehmer sich infolge Hausverbots nicht auf dem Betriebsgelände des Arbeitgebers von seinen Arbeitskollegen verabschieden konnte, genügt nicht für die Annahme einer missbräuchlichen Kündigung 4A_280/2017 (7.9.17) E. 4.4, vgl. 4A_245/2019 (9.1.20) E. 4.3 fr. Missbräuchlichkeit der Kündigung verneint nach einer Strafanzeige gegen den Arbeitnehmer und Einstellung des Strafverfahrens mangels Beweisen 4C.174/2004 (5.8.04) E. 2.3. Missbräuchlichkeit der Kündigung dagegen bejaht bei Verdacht auf geringfügigen Diebstahl, ohne dass die Umstände hinreichend abgeklärt wurden 4A_694/2015 (4.5.16) E. 3 und 4 fr. (siehe zur *Verdachtskündigung* auch bei Art. 337). – Offengelassen, ob dieselben Gründe, die zur Missbräuchlichkeit 3 einer Kündigung führen, eine fristlose Kündigung rechtfertigen können 4C.391/2002 (12.3.03) E. 3.2.

4 ***Gebot der schonenden Rechtsausübung.*** Der sachliche Kündigungsschutz knüpft grundsätzlich am Motiv der Kündigung an. Die Missbräuchlichkeit kann sich aber auch aus der Art und Weise ergeben, wie die kündigende Partei ihr Recht ausübt *(Gebot der schonenden Rechtsausübung)* 4A_245/2019 (9.1.20) E. 4.2 fr. Die Missbräuchlichkeit wurde in folgenden Urteilen verneint: 4A_42/2018 (5.12.18) E. 3.1 fr., 4A_333/2018 (4.9.18) E. 3.3.1 fr., 4A_280/2017 (7.9.17) E. 4.1, 4A_485/2016 (28.4.17) E. 2.2.2 fr., 4A_159/2016 (1.12.16) E. 3.1 fr., 4A_169/2013 (18.6.13) E. 4.2, 4A_748/2012 (3.6.13) E. 2.2 fr., 4A_166/2012 (29.6.12) E. 2.4 fr. Die Missbräuchlichkeit wurde in folgenden Fällen bejaht: 4A_224/2018 (28.11.18) E. 3.1 fr., 4A_375/2018 (20.8.18) E. 2.1 fr., 4A_485/2017 (25.7.18) E. 3.1 fr., 4A_240/2017 (14.2.18) E. 3 fr. (fehlender Nachweis der zur Begründung der Kündigung geltend gemachten Fehler der Arbeitnehmerin), 4A_92/2017 (26.6.17) E. 2.2.1 fr., 4A_384/2014 (12.11.14) E. 4.2. Vgl. des Weiteren 136 III 513/514 f. E. 2.3 Pra 2011 (Nr. 40) 289, 4A_408/2011 (15.11.11) E. 5.2 fr., 4A_613/2010 (25.1.11) E. 2, 4A_510/2010 (1.12.10) E. 3.1 fr., 4A_430/2010 (15.11.10) E. 2.1.2, 136 III 513/514 f. E. 2.3 Pra 2011 (Nr. 40) 289, 4A_309/2010 (6.10.10) E. 2.2 fr., 4A_158/2010 (22.6.10) E. 3.2 fr., 4A_564/2008 (26.5.09) E. 2.1 fr., 4A_28/2009 (26.3.09) E. 3.2, 4A_225/2008 (12.8.08) E. 5.2 fr. (Abwarten mit Kündigung, bis Sozialplan abgelaufen ist), 132 III 115/117 f. E. 2.2, 125 III 70/73 E. 2b, 118 II 157/166 E. 4b/bb. – Im Rahmen der schonenden Rechtsausübung muss der Arbeitgeber klären, ob anstelle einer Entlassung der Arbeitnehmer auf andere Weise im Unternehmen beschäftigt werden kann 4A_224/2018 (28.11.18) E. 3.2 fr. (Konflikt zwischen zwei Arbeitnehmern), 4A_714/2014 (22.5.15) E. 3.3 fr. (in casu Missbräuchlichkeit verneint, da die Vermittlung einer anderen Stelle nicht nur an der Arbeitgeberin scheiterte), 4A_2/2014 (19.2.14) E. 3.2 fr. (arbeitsplatzbezogene Arbeitsunfähigkeit), 4A_72/2008 (2.4.08) E. 3 und 4 (Willkürprüfung), 4A_291/2008 (2.12.08) E. 4.3 (obiter), 4C.251/2006 (21.3.06) E. 3 (obiter), vgl. auch 4A_347/2019 (28.2.20) E. 3.1 fr. (keine missbräuchliche Kündigung, weil die Arbeitnehmerin viermal eine Prüfung nicht bestand, die aufgrund der ISO-Zertifizierung des Arbeitgebers erforderlich wurde), 4A_188/2018 (1.4.19) E. 2.4 fr., vgl. auch 4A_161/2016 (13.12.16) E. 3.4 fr. (in casu ungerechfertigte fristlose Entlassung nach tätlicher Auseinandersetzung zwischen zwei Arbeitnehmern). Gegenüber einem Arbeitnehmer fortgeschrittenen Alters mit langer Dienstzeit gilt eine erhöhte arbeitgeberische Fürsorgepflicht, welche ein in erhöhtem Masse schonendes Vorgehen bei einer Kündigung verlangt 4A_384/2014 (12.11.14) E. 4.2.2, 4A_169/2013 (18.6.13) E. 4.2 (in casu verneint), 4A_558/2012 (18.2.13) E. 2 fr. (missbräuchliche Kündigung kurz vor der Pensionierung), 132 III 115/121 E. 5.3, vgl. 4A_130/2016 (25.8.16) E. 2.1 fr. Siehe auch Art. 328 sowie nachfolgend Abs. 1 lit. a.

5 **Beweis.** Die *Beweislast* für die Missbräuchlichkeit der Kündigung trägt (mangels gesetzlicher Vermutung auch in Fällen fehlender, unwahrer oder unvollständiger Begründung) der Gekündigte. Es besteht zwar keine Beweislastumkehr, aber doch eine Beweislasterleichterung, wenn genügend Indizien vorgebracht werden 4A_245/2019 (9.1.20) E. 4.2 fr., 4A_293/2019 (22.10.19) E. 3.5.1, 4A_21/2019 (27.5.19) E. 5 fr., 4A_78/2018 (10.10.18) E. 3.1.1 fr., 4A_240/2017 (14.2.18) E. 3 fr., 4A_280/2017 (7.9.17) E. 4.5,

4A_92/2017 (26.6.17) E. 2.2.2 fr., 4A_485/2016 (28.4.17) E. 2.3 fr., 4A_217/2016 (19.1.17) E. 4.1 fr., 4A_439/2016 (5.12.16) E. 3.1 fr., 4A_437/2015 (4.12.15) E. 2.2.5 fr., 4A_2/2014 (19.2.14) E. 3.1 fr., 4A_507/2013 (27.1.14) E. 3 fr., 4A_42/2013 (6.6.13) E. 3.1 fr., 4A_316/2012 (1.11.12) E. 2.1 fr., 4A_341/2007 (7.2.08) E. 2.1 fr., 4A_419/2007 (29.1.08) E. 2.3 fr., 130 III 699/702 E. 4.1 Pra 2005 (Nr. 74) 579, 123 III 246/252 E. 4b, 121 III 60/62 f. E. b–c, vgl. auch 4A_164/2017 (30.11.17) E. 4.5 it., 4A_46/2016 (20.6.16) E. 7.3, 4C.64/2007 (7.11.07) E. 4.1. Der verpönte Missbrauch muss nicht offensichtlich sein Pra 1996 (Nr. 224) 876 E. 2a. Bei Vorliegen von missbräuchlichen und nicht missbräuchlichen Kündigungsgründen trägt der Arbeitgeber die Beweislast dafür, dass die Kündigung auch ausgesprochen worden wäre, wenn der als missbräuchlich qualifizierte Grund nicht existiert hätte 4A_437/2015 (4.12.15) E. 2.2.5 fr., 4A_19/2015 (20.5.15) E. 4.6, 4A_430/2010 (15.11.10) E. 2.1.3. Sodann trägt der Arbeitnehmer die Beweislast für den erforderlichen Kausalzusammenhang zwischen dem angerufenen Kündigungsgrund und der Kündigung 4A_293/2019 (22.10.19) E. 3.5.1, 4A_437/2015 (4.12.15) E. 2.2.5 fr., vgl. 4A_46/2016 (20.6.16) E. 7.3. Umkehr der Beweislast, wenn die Kündigung erfolgt, während der Arbeitnehmer gewählter Arbeitnehmervertreter ist 4A_387/2016 (26.8.16) E. 5.1 (siehe dazu bei Abs. 2 lit. b).

Abs. 1 lit. a Die Bestimmung erfasst die *diskriminierende Kündigung,* die z.B. auf der Rasse, der Nationalität, dem Alter, der «sexuellen Ausrichtung», einer Vorstrafe oder auch einer Krankheit wie Seropositivität beruhen kann 4C.326/2006 (22.5.07) E. 4 fr., 4C.72/2002 (22.4.02) E. 1a fr., 127 III 86/88 E. 2a Pra 2001 (Nr. 84) 493. Erfasst ist ferner die Kündigung zufolge Religionszugehörigkeit 130 III 699/701 f. E. 4.1 Pra 2005 (Nr. 74) 578. – Der sachliche Kündigungsschutz *entfällt,* wenn eine persönliche Eigenschaft die Arbeitsfähigkeit beeinträchtigt. Insofern wird der Persönlichkeitsschutz beschränkt 4A_293/2019 (22.10.19) E. 3.2, 4A_13/2019 (9.8.19) E. 7.1, 4A_21/2019 (27.5.19) E. 5 fr. (negativer Einfluss der Persönlichkeit auf die Qualität der Arbeit und des Arbeitsklimas im Unternehmen), 4A_42/2018 (5.12.18) E. 3.1 fr., 4A_130/2016 (25.8.16) E. 2.1 fr. (schwieriger Charakter der Arbeitnehmerin), 4A_437/2015 (4.12.15) E. 2.2.2 fr. (Krankheit, in casu missbräuchlich), 4A_408/2011 (15.11.11) E. 5.2 (lediglich unhöfliches Verhalten genügt nicht, Zusammenfassung der Rechtsprechung), 136 III 513/514 f. E. 2.3 Pra 2011 (Nr. 40) 289 (Aggressivität und Reizbarkeit des Mitarbeiters), 4A_60/2009 (3.4.09) E. 3.2 (Nichteinhalten der Arbeitszeiten und Alkoholkonsum), 4A_291/2008 (2.12.08) E. 3 («langsames Arbeiten»), 4C.46/2006 (12.4.06) E. 3 fr. (ständiges Infragestellen der Arbeitsweise der Arbeitskollegen), 130 III 699/701 f. E. 4.1 Pra 2005 (Nr. 74) 578, 4P.74/2004 (26.4.04) E. 2.1 (Untersuchungshaft wegen Gewalttätigkeit), 4C.274/2002 (5.11.02) E. 2.1 fr. (autoritärer Charakter und Uneinsichtigkeit), 4C.72/2002 (22.4.02) E. 1a, 123 III 246/254 E. 5, vgl. auch 4C.187/2003 (23.9.03) E. 4.2 fr. (Frage nach dem Mass der Beeinträchtigung durch die persönliche Eigenschaft offengelassen). So bestand z.B. keine Missbräuchlichkeit: bei der Entlassung eines Angestellten einer staatlich subventionierten Stiftung, der ohne Genehmigung einer Nebenbeschäftigung nachging und diesen Verdienst zudem nicht versteuerte 4A_138/2015 (27.7.15) E. 3.2 fr., bei der Entlassung einer Mitarbeiterin, deren Lebenspartner bei einem Konkurrenzbetrieb in leitender Stellung tätig war 4C.72/2002 (22.4.02) E. 1 oder bei Verletzung der arbeitsvertraglichen Treuepflicht durch ein Mitglied des Kaders (Art. 321a) 127 III 86/89 E. 2c 6

Pra 2001 (Nr. 84) 495. – Entstehen Konflikte aufgrund des schwierigen Charakters des Arbeitnehmers, so ist eine Entlassung nur dann nicht missbräuchlich, wenn der Arbeitgeber alle *Massnahmen zur Problemlösung* ergriffen hat, die man vernünftigerweise von ihm erwarten kann 4A_42/2018 (5.12.18) E. 3.1 fr. (Missbräuchlichkeit verneint, da dem Arbeitgeber aufgrund der Umstände keine andere Möglichkeit blieb), 4A_224/2018 (28.11.18) E. 3.4 fr. (Missbräuchlichkeit bejaht, da keine konkreten Massnahmen zur Lösung eines Konflikts zwischen zwei Arbeitnehmern ergriffen wurden), 4A_240/2017 (14.2.18) E. 3 fr., 4A_92/2017 (26.6.17) E. 2.2.1 fr., 4A_130/2016 (25.8.16) E. 2.1 fr. (in casu genügte eine interne Untersuchung unter Beizug eines externen Anwalts, die unhöfliches und aggressives Verhalten der Arbeitnehmerin gegenüber ihrer Verantwortung unterstehenden Mitarbeitern zu Tage förderte), 4A_384/2014 (12.11.14) E. 4.2 (Missbräuchlichkeit bejaht, da zwar diverse Massnahmen ergriffen wurden, der Arbeitnehmer aber nicht nachdrücklich auf die Folgen seiner Unterlassungen hingewiesen und ihm keine letzte Chance gegeben wurde), 4A_430/2010 (15.11.10) E. 2.1.2, 4A_158/2010 (22.6.10) E. 3.2 fr., 4A_63/2009 (23.3.09) E. 3.7 (keine Missbräuchlichkeit, wenn Persönlichkeitszüge des Arbeitnehmers immer wieder zu neuen Konflikten führen, die sich nicht durch Vorkehrungen des Arbeitgebers verhindern lassen), 4A_259/2007 (8.11.07) E. 4.2 fr. (unklar, ob eine vorgängige Abmahnung erforderlich ist), 132 III 115/117 f. E. 2.2, vgl. 4A_13/2019 (9.8.19) E. 7.1, 4A_166/2018 (20.3.19) E. 3.2 fr. (siehe auch bei Art. 328/ Konkrete Schutzmassnahmen), noch offengelassen in 4C.253/2001 (18.12.01) E. 2b fr., 127 III 86/88 E. 2b Pra 2001 (Nr. 84) 493, 125 III 70/74 E. 2c. Siehe aber 4A_217/2016 (19.1.17) E. 4.2 fr., wonach nichts einen Arbeitgeber hindert, eine angespannte Situation durch Entlassung eines oder mehrerer Arbeitnehmer zu bereinigen, solange er sich dabei nicht von unzulässigen Kriterien leiten lässt und die Persönlichkeitsrechte der Arbeitnehmer respektiert. Unter Umständen kann gar der Schutz der Persönlichkeit der Unterstellten die Entlassung einer Vorgesetzten aufgrund ihres schwierigen Charakters gebieten 4A_130/2016 (25.8.16) E. 2.2 fr. – Nicht missbräuchlich ist (vorbehältlich besonderer Umstände) eine ordentliche Kündigung bei Erreichen des Pensionsalters 4A_399/2013 (17.2.14) E. 3.4. – Allein die Tatsache, dass eine Kündigung während der Arbeitsunfähigkeit des Arbeitnehmers ausgesprochen wird, lässt diese nicht als missbräuchlich erscheinen 4A_42/2018 (5.12.18) E. 3.4 fr. (zur Gültigkeit einer solchen Kündigung siehe bei Art. 336c). Die Kündigung wegen einer die Arbeitsleistung beeinträchtigenden Krankheit ist zulässig, soweit die Sperrfrist nach Art. 336c Abs. 1 lit. b abgelaufen ist und die krankheitsbedingte Beeinträchtigung nicht der Verletzung einer dem Arbeitgeber obliegenden Fürsorgepflicht zuzuschreiben ist 4A_293/2019 (22.10.19) E. 3.5.1, 4A_437/2015 (4.12.15) E. 2.2.2 fr., vgl. auch 4A_188/2018 (1.4.19) E. 2.4 fr.

7 ***Abs. 1 lit. b*** Betreffend *verfassungsmässiges Recht* auf Meinungsfreiheit 4A_432/2009 (10.11.09) E. 2.2, 4C.91/2000 (23.11.01) E. 3 fr. – Die *Rechtfertigungsgründe* von lit. b sind alternativ 4C.91/2000 (23.11.01) E. 3a fr. Sie betreffen namentlich die Arbeitnehmer von sogenannten Tendenzbetrieben. Unter Tendenzbetrieben sind jene Unternehmen zu verstehen, die nicht in erster Linie gewinnstrebig sind und die eine Tätigkeit mit spirituellem oder intellektuellem Charakter ausüben, beispielsweise eine politische, konfessionelle, karitative oder ähnliche Tätigkeit. Diese Arbeitnehmer unterstehen einer entsprechend erhöhten Treuepflicht gegenüber dem Unternehmen 130 III 699/701 f. E. 4.1 Pra 2005

(Nr. 74) 578 (in casu erhöhte Treuepflicht bejaht bei einem Mitarbeiter einer gewerkschaftlichen Organisation). Öffentliche Kritik am Arbeitgeber muss der Arbeitnehmer zumindest in unpolemischer und objektiver Weise äussern 4C.91/2000 (23.11.01) E. 3a fr. Keine missbräuchliche Kündigung einer gewerkschaftlichen Organisation gegenüber einem Mitarbeiter, der in einer Sekte aktiv ist und rechter Politik nahesteht 130 III 699/703 f. E. 4.2 Pra 2005 (Nr. 74) 580. Auch ein Arbeitnehmervertreter hat seine von der Arbeitgeberin abweichende Meinung auf akzeptable Weise und unter Beachtung der internen Kommunikationsregeln zu äussern 8C_541/2015 (19.1.16) E. 5.

Abs. 1 lit. c Ansprüche des Arbeitnehmers im Sinne von lit. c können sich aus dem Gesetz oder aus dem Vertrag ergeben 4A_483/2014 (25.11.14) E. 7 (Anspruch auf Bonus), 4A_447/2012 (17.5.13) E. 4 fr. (Anspruch auf Bonus), 4C.388/2006 (30.1.07) E. 3.1 fr. (Ansprüche aus Vorsorgeleistungen). Die Anwendung der Bestimmung setzt voraus, dass einzig die Vereitelung von Ansprüchen Grund zur Kündigung war; das Vorliegen eines weiteren, tatsächlichen Kündigungsgrundes schliesst die Missbräuchlichkeit aus 4A_78/2018 (10.10.18) E. 3.1.1 fr. – Keine *Vereitelungskündigung,* wenn dem Arbeitnehmer nach Ablauf des zeitlichen Kündigungsschutzes wegen einer die Arbeitsleistung beeinträchtigenden Krankheit gekündigt wird 4C.174/2004 (5.8.04) E. 2.2.2, 123 III 246/255 E. 5. – Zum vereitelten Bonusanspruch siehe auch unter Art. 336a Abs. 1. 8

Abs. 1 lit. d **Zweck** der Norm, Vergeltungsmassnahmen zu verhindern 4A_401/2016 (13.1.17) E. 5.1 fr., 4A_19/2015 (20.5.15) E. 4.1, 4A_309/2010 (6.10.10) E. 2.3 fr., 4A_346/2009 (20.10.09) E. 3.1 fr., 4A_102/2008 (27.5.08) E. 2 fr. (reduzierte Arbeitsfähigkeit infolge Krankheit), 4A_341/2007 (7.2.08) E. 2.1 fr., 4A_281/2007 (18.10.07) E. 5.1 fr., 4C.326/2006 (22.5.07) E. 4 fr., 4C.60/2006 (22.5.06) E. 7.1 fr., 4C.262/2003 (4.11.03) E. 3.1, vgl. 4A_485/2017 (25.7.18) E. 3.2 fr. Der Schutzzweck ist weit zu interpretieren. Er umfasst Lohnansprüche, Prämien und Ferien, aber auch Ansprüche des Persönlichkeitsrechts (Art. 328) und der beruflichen Vorsorge 4A_652/2018 (21.5.19) E. 4.1 fr., 4A_96/2018 (7.1.19) E. 3.1 fr., 4A_42/2018 (5.12.18) E. 3.1 fr., 4A_18/2018 (21.11.18) E. 4.1 fr., 4A_401/2016 (13.1.17) E. 5.1 fr., 4C.129/2003 (5.9.03) E. 4.2 fr. Die vom Arbeitnehmer geltend gemachten Ansprüche müssen zwar nicht der einzige, aber doch der entscheidende Grund für die Auflösung sein (Kausalität) 4A_652/2018 (21.5.19) E. 4.1 fr., 4A_42/2018 (5.12.18) E. 3.1 fr., 4A_18/2018 (21.11.18) E. 4.1 fr., 4A_401/2016 (13.1.17) E. 5.1 fr., 4A_281/2007 (18.10.07) E. 5.1 fr., 4C.60/2006 (22.5.06) E. 7.1 fr., 4C.262/2003 (4.11.03) E. 3.1. – Der *gute Glaube* der entlassenen Partei, der vermutet wird (ZGB Art. 3), verlangt nicht, dass das geltend gemachte Recht existiert und nachgewiesen wird; es genügt, dass die Person, der gekündigt worden ist, nach den Umständen gute Gründe hatte, davon auszugehen, dass ihre Ansprüche bestehen. Es wird auch nicht vorausgesetzt, dass die vom Arbeitnehmer vorgebrachten Forderungen der alleinige oder wichtigste Kündigungsgrund waren 4A_652/2018 (21.5.19) E. 4.1 fr. (Missbräuchlichkeit verneint), 4A_96/2018 (7.1.19) E. 3.1 fr. (Missbräuchlichkeit verneint, da die geltend gemachten Lohnansprüche nicht den Grund zur Kündigung darstellten), 4A_42/2018 (5.12.18) E. 3.1 fr. (Missbräuchlichkeit verneint, da die zeitliche Nähe zweier Ereignisse nicht ohne Weiteres auf einen Kausalzusammenhang schliessen lassen), 4A_18/2018 (21.11.18) E. 4.1 fr. (Missbräuchlichkeit verneint, da die geltend gemachte Persönlichkeitsverletzung nicht den Grund zur Kündigung darstellte), 4A_164/2017 (30.11.17) 9

E. 4.4 it. (Bösgläubigkeit verneint), 4A_401/2016 (13.1.17) E. 5.1 fr. (Missbräuchlichkeit bejaht), 4A_539/2015 (28.1.16) E. 3.1 fr. (missbräuchliche Änderungskündigung), 4A_407/2008 (18.12.08) E. 4.2 fr. (Missbräuchlichkeit bejaht, da die Arbeitnehmerin nach Treu und Glauben davon ausgehen durfte, nach Abschluss einer entsprechenden Weiterbildung mit der Betriebsleitung betraut zu werden), 4C.317/2006 (4.1.07) E. 3.1 fr. (keine missbräuchliche Kündigung; allerdings ohnehin keine eigentliche Änderungskündigung, da der Arbeitnehmer eine Herabsetzung in der Hierarchie, nicht aber im Lohn hinnehmen sollte), 4C.189/2006 (4.8.06) E. 4 (in casu keine Missbräuchlichkeit, da der Arbeitnehmer sich nicht in guten Treuen gegen seine Rückversetzung an den angestammten Arbeitsplatz gewehrt hat), 4C.34/2006 (4.5.06) E. 3.2 fr. (Missbräuchlichkeit bejaht, da der Arbeitnehmer sich zu Recht auf vertragliche Ansprüche berief, was von der Arbeitgeberin teilweise auch anerkannt wurde), 132 III 115/120 ff. E. 5 (Missbräuchlichkeit bejaht bei der Entlassung eines Arbeitnehmers, der Weisungen des Arbeitgebers kritisierte, ohne sich aber diesen zu widersetzen), 4C.237/2005 (27.10.05) E. 2.2 fr. (Missbräuchlichkeit bejaht, da der Arbeitnehmer sich zu Recht gegen die Ausrichtung einer versprochenen Lohnerhöhung in Form einer Prämie wehrte), 4C.167/2005 (8.8.05) E. 5.1 fr. (Missbräuchlichkeit verneint, da die Kündigung nicht aufgrund des geltend gemachten Anspruchs erfolgte), 4C.229/2002 (29.10.02) E. 3 it., 4C.103/2000 (25.7.00) E. 2 (Missbräuchlichkeit verneint, da die Geltendmachung der Ansprüche für die Kündigung nicht entscheidend war), Pra 2003 (Nr. 106) 575 f., Pra 1996 (Nr. 224) 876 E. 2a, 123 III 246/253 E. 4d (Missbräuchlichkeit bejaht aufgrund des konkreten Vorgehens der Arbeitgeberin bei einer Änderungskündigung). Die vorgebrachte Forderung des Arbeitnehmers muss den Arbeitgeber indes in seinem Entschluss massgeblich beeinflusst haben (Kausalzusammenhang) 4A_652/2018 (21.5.19) E. 4.1 fr., 4A_96/2018 (7.1.19) E. 3.1 fr., 4A_18/2018 (21.11.18) E. 4.1 fr., 4A_19/2015 (20.5.15) E. 4, 4C.84/2005 (16.6.05) E. 3 fr., 4C.50/2005 (16.6.05) E. 3.1 fr., 4C.262/2003 (4.11.03) E. 3.1. – *Persönlichkeitsrecht:* Missbräuchlich ist eine Kündigung, wenn sie wegen Kritik des Arbeitnehmers an einer betrieblichen Reorganisation erfolgt 132 III 115/120 ff. E. 5, 4C.129/2003 (5.9.03) E. 4.2 fr., vgl. auch 4C.64/2007 (7.11.07) E. 4.1 (obiter dictum). – *Beweislasterleichterung,* wenn genügend Indizien vorgebracht werden, aber keine Beweislastumkehr 4A_281/2007 (18.10.07) E. 5.1 fr., 4C.262/2003 (4.11.03) E. 3.2, vgl. auch 4C.239/2000 (19.1.01) E. 2b fr. (betr. Beweis des guten Glaubens), 4C.103/2000 (25.7.00) E. 2.

10 **Missbräuchliche Änderungskündigung.** Begriff der Änderungskündigung 4C.176/2006 (27.10.06) E. 5 it., 4A_192/2007 (2.8.07) E. 4, 4C.317/2006 (4.1.07) E. 3.1 fr. Eine Änderungskündigung ist nicht in jedem Fall, doch immer dann missbräuchlich, wenn die Kündigung als Druckmittel dient, um eine die Gegenseite belastende Vertragsänderung herbeizuführen, die sich entweder in der Sache (vor allem betreffend Marktsituation und Geschäftsgang des Unternehmens) oder in den Modalitäten (Vertragsänderungen ohne Rücksicht auf Kündigungsfristen, z.B. sofortige Durchsetzung von Lohnreduktionen) nicht rechtfertigen lässt 4A_166/2018 (20.3.19) E. 3.2 fr. (wesentliche Reduktion des Arbeitspensums missbräuchlich), 4A_539/2015 (28.1.16) E. 3.2 fr. (Lohnreduktion; missbräuchlich), 4A_748/2012 (3.6.13) E. 2.3 fr. (Änderung der Funktion und Zuständigkeiten nach Verkauf und Umstrukturierung des Unternehmens; nicht missbräuchlich), 4A_61/2012 (15.5.12) E. 4 (ordentliche Kündigung und Angebot eines neuen Anstel-

lungsvertrags im Zuge einer sachlich gerechtfertigten Umstrukturierung; nicht missbräuchlich), 4A_555/2011 (23.2.12) E. 2.2 fr. (Kürzung der Arbeitszeit und der Löhne, um Produktionskosten zu sparen und Arbeitsplätze zu sichern; nicht missbräuchlich), 4A_155/2010 (2.7.10) E. 3.3 fr. (Streichung der alten und Angebot einer neuen Stelle infolge Fusion und Umstrukturierung; nicht missbräuchlich), 4A_194/2011 (5.7.11) E. 6.1 fr. (sofortige Reduktion der Arbeitszeiten und Einführung einer neuen Probezeit; missbräuchlich), 4C.282/2006 (1.3.07) E. 4.4 fr. (nicht sofortige Lohnreduktion im Zuge einer Anpassung der Lohnstrukturen; [Rückweisung an die Vorinstanz, da nicht festgestellt worden war, weshalb der Lohn reduziert werden sollte]), 4C.317/2006 (4.1.07) E. 3.5 fr. (Herabsetzung in der hierarchischen Stellung, aber nicht im Lohn: offengelassen), 4C.209/2002 (28.11.02) E. 2.1 fr. (Erhöhung der Arbeitszeit bei unverändertem Lohn; [Rückweisung an die Vorinstanz, da unklar war, ob die Änderung per sofort gelten sollte]), 4C.385/1999 (6.3.00) E. 5 fr. (Reduktion des Fixlohnanteils, um eine Steigerung der Verkaufszahlen anzuregen, unter Einhaltung der Kündigungsfrist; nicht missbräuchlich), 123 III 246/250 E. 3b (Lohnreduktion aufgrund negativer Auswirkungen gesundheitlicher Probleme auf die Arbeitsleistung; missbräuchlich), siehe auch 125 III 70/72 E. 2a. Dann aber ohne inhaltliche Prüfung: Die widerspruchslose Annahme eines gekürzten Lohnes während einer längeren Zeit, zur Vermeidung einer Kündigung, stellt eine konkludente Zustimmung zur Vertragsänderung dar 4A_223/2010 (12.7.10) E. 2, 4A_443/2010 (26.11.10) E. 10. Lohnkürzung im öffentlich-rechtlichen Dienstverhältnis Pra 1997 (Nr. 1) 4 E. 4a (Grundsatz der Zulässigkeit einseitiger Änderungen). Eine Kündigung ist insbesondere dann missbräuchlich, wenn sie erfolgt, weil der Arbeitnehmer sich nicht zur sofortigen Vertragsänderung ohne Einhaltung der Kündigungsfrist bereit erklärt 4C.176/2006 (27.10.06) E. 5 it., 4C.317/2006 (4.1.07) E. 3 fr., 4C.177/2003 (21.10.03) E. 3.2 fr. Als missbräuchlich erwies sich die Kündigung zum Beispiel: nach der Weigerung, eine sofortige Lohnreduktion anzunehmen 123 III 246/251 E. 4a, 4C.177/2003 (21.10.03) E. 3.3, nach der Weigerung, auf Rechte aus einem Gesamtarbeitsvertrag zu verzichten 4C.7/1999 (13.6.00) E. 4 fr., infolge der Weigerung, auf eine versprochene Lohnerhöhung zu verzichten 4C.237/2005 (27.10.05) E. 2.3 fr., infolge einer schriftlichen Mahnung des Arbeitnehmers, ein (in casu zu Unrecht erfolgter) Lohnabzug sei zurückzuerstatten 4C.135/2004 (2.6.04) E. 2.

Abs. 1 lit. e Bezüglich des Kündigungsschutzes gemäss Art. 336 wird die Leistung eines Arbeitsdienstes wegen Militärdienstverweigerung aus Gewissensgründen nach aMStG Art. 81 Ziff. 2 dem obligatorischen Militärdienst gleichgestellt 122 III 268/272 E. 3a/bb (ergangen unter lit. e alte Fassung). 11

Abs. 2 lit. a Die Bestimmung dient dem besonderen Schutz der Gewerkschaftsfreiheit gemäss BV Art. 28. Eine Kündigung ist einerseits missbräuchlich, wenn sie aufgrund der Tatsache ausgesprochen wird, dass der Arbeitnehmer gewerkschaftlich organisiert ist, und andererseits, wenn zwischen der konkreten (rechtmässigen) gewerkschaftlichen Tätigkeit und der Entlassung ein kausaler Zusammenhang besteht 4A_485/2015 (15.2.16) E. 3.1 fr., siehe auch 4A_375/2018 (20.8.18) E. 2.2 fr., 4P.205/2000 (6.3.01) E. 2. Offengelassen, ob auch faktische gewerkschaftliche Tätigkeiten vom Schutzbereich dieser Bestimmung erfasst sind 4A_169/2013 (18.6.13) E. 4.1. – Keine Aktivlegitimation einer 12

Gewerkschaft, um die missbräuchliche Kündigung eines Mitglieds geltend zu machen 4A_316/2012 (1.11.12) E. 2.3, vgl. auch 4A_248/2010 (12.7.10) E. 4 fr.

13 ***Abs. 2 lit. b*** Die Bestimmung gewährt dem gewählten Arbeitnehmervertreter den nötigen Schutz zur effektiven Wahrung der Interessen der Arbeitnehmer, ohne Sanktionen vonseiten des Arbeitgebers befürchten zu müssen 4A_387/2016 (26.8.16) E. 5.1, 4D_14/2014 (7.7.14) E. 4.1 fr., 4D_12/2014 (7.7.14) E. 4.1 fr. Sie erlaubt dem Arbeitgeber indessen, einem gewählten Arbeitnehmervertreter nicht nur aus Gründen, die dieser selbst gesetzt hat, sondern auch aus rein objektiven Gründen zu kündigen; dem Begriff des «begründeten Anlasses» kommt in dieser Bestimmung und in Art. 340c Abs. 2 nicht dieselbe Bedeutung zu 4A_387/2016 (26.8.16) E. 5.1, 138 III 359/363 f. E. 6.2.3. Der begründete Anlass muss leistungs-, verhaltens- oder betriebsbedingt sein, wobei er weniger weit geht als der «wichtige Grund» gemäss Art. 337 4A_387/2016 (26.8.16) E. 5.5. Eine Kündigung insbesondere aus wirtschaftlichen Gründen ist zulässig, sofern kein Zusammenhang mit der Tätigkeit als Arbeitnehmervertreter besteht. Dabei dürfen Optimierungsmassnahmen getroffen werden, ohne einen schlechten Geschäftsgang abwarten zu müssen und ohne Verpflichtung, nur die sozialverträglichen Lösungen zu berücksichtigen 4A_656/2016 (1.9.17) E. 3 fr., 4A_298/2015 (13.4.16) E. 3 it., 4A_415/2011 (19.3.12) E. 5.1 (unpublizierte Erwägung von 138 III 359), 133 III 512/513 ff. E. 6. Die Bestimmung gibt dem gewählten Arbeitnehmer keinen Freipass für jedwelche gegen die Interessen des Arbeitgebers gerichteten Aktivitäten (lediglich Wahrnehmung berechtigter Interessen der Arbeitnehmer in sachlich vertretbarer und loyaler Weise) 119 II 157/161 f. E. 2c. Nicht beabsichtigt ist zudem ein absoluter Bestandesschutz bzw. eine Privilegierung des Arbeitnehmervertreters gegenüber anderen Arbeitnehmern bei Massenkündigungen 4A_298/2015 (13.4.16) E. 3 it., 138 III 359/364 E. 6.2.4, vgl. 4A_656/2016 (1.9.17) E. 2.3 fr. So hat denn auch die Bestimmung in einem GAV betreffend das Vorgehen bei beabsichtigter Entlassung eines Arbeitnehmervertreters lediglich zum Ziel, die Überprüfung der Kündigungsgründe zu ermöglichen resp. zu verhindern, dass die Kündigung im Zusammenhang mit der Tätigkeit als Arbeitnehmervertreter ausgesprochen wird 4A_656/2016 (1.9.17) E. 2.2 fr. – In Umkehr der Beweislast obliegt dem Arbeitgeber der Nachweis, dass die Kündigung aus berechtigten Gründen erfolgte 4A_387/2016 (26.8.16) E. 5.1, 4A_298/2015 (13.4.16) E. 3 it., 4D_14/2014 (7.7.14) E. 4.1 fr., 4D_12/2014 (7.7.14) E. 4.1 fr., 4A_316/2012 (1.11.12) E. 2.1 fr., 138 III 359/365 E. 6.3. – Analoge Auslegung des Begriffs des «begründeten Anlasses» im Zusammenhang mit einem internen Beschwerdeverfahren betreffend Mobbing und sexuelle Belästigung 4A_567/2015 (21.1.16) E. 4.4.

14 ***Abs. 2 lit. c*** Kündigungen, die vor Abschluss der Konsultation (oder im Anschluss an eine ungenügende) ausgesprochen werden, sind missbräuchlich i.S. der Bestimmung 4A_72/2010 (1.7.10) E. 1.2, 4A_571/2008 (5.3.09) E. 4.1.1, 130 III 102/109 f. E. 4.2 Pra 2004 (Nr. 143) 813, 123 III 176/180 ff. E. 4a, b, siehe bei Art. 335 f.

15 **Wirkung.** Die Missbräuchlichkeit der Kündigung hindert ihre Wirksamkeit nicht. Der Arbeitnehmer hat keinen Anspruch auf Weiterbeschäftigung, sondern nur auf Entschädigung nach Art. 336a 4A_372/2016 (2.2.17) E. 5.3 fr.

b. Sanktionen

Art. 336a

[1] Die Partei, die das Arbeitsverhältnis missbräuchlich kündigt, hat der anderen Partei eine Entschädigung auszurichten.

[2] Die Entschädigung wird vom Richter unter Würdigung aller Umstände festgesetzt, darf aber den Betrag nicht übersteigen, der dem Lohn des Arbeitnehmers für sechs Monate entspricht. Schadenersatzansprüche aus einem anderen Rechtstitel sind vorbehalten.

[3] Ist die Kündigung nach Artikel 336 Absatz 2 Buchstabe c missbräuchlich, so darf die Entschädigung nicht mehr als den Lohn des Arbeitnehmers für zwei Monate betragen.

▪ Abs. 1 Rechtsnatur und Abgrenzung (1) ▪ Weiteres (2) ▪ Abs. 2 Bemessungskriterien (3) ▪ Ermessen (4)

Abs. 1 **Rechtsnatur und Abgrenzung.** Die in Art. 336a und 337c Abs. 3 geregelten «Entschädigungen» stimmen in ihrer *Rechtsnatur* überein und verfolgen den gleichen Zweck. Es handelt sich nicht um Schadenersatz, sondern um Strafzahlungen für das durch die missbräuchliche Kündigung oder die ungerechtfertigte Entlassung zugefügte Unrecht (Schadenersatz sui generis). Neben diesem auf Prävention angelegten pönalen Charakter soll damit auch die seelische Unbill desjenigen abgegolten werden, der durch die missbräuchliche oder ungerechtfertigte Auflösung des Arbeitsverhältnisses in seiner Persönlichkeit verletzt wurde 4A_485/2017 (25.7.18) E. 4.1 fr., 4A_92/2017 (26.6.17) E. 3.2.1 fr., 4A_372/2016 (2.2.17) E. 5.1.2 fr., 135 III 405/407 E. 3.1 Pra 2010 (Nr. 8) 50, 4C.370/2006 (27.2.07) E. 3.1 fr., 4C.84/2005 (16.6.05) E. 4 fr., 4C.50/2005 (16.6.05) E. 4 fr., 4C.135/2004 (2.6.04) E. 3.1.1, 123 V 5/7 E. 2a (vgl. auch E. 2b), 123 III 391/394 E. 3a, c Pra 1998 (Nr. 24) 163 ff., Pra 1999 (Nr. 112) 614 E. 3c (sowohl Strafe als auch Genugtuung). – Eine Kumulation von Entschädigung und *Genugtuung nach Art. 49* kommt nur ausnahmsweise in Betracht, namentlich wenn der Arbeitnehmer eine Persönlichkeitsverletzung erleidet, welche sich deutlich von derjenigen unterscheidet, welche sich bereits aus der Missbräuchlichkeit der Kündigung ergibt 4A_482/2017 (17.7.18) E. 4.1 fr. (in casu Entschädigung von sechs Monatslöhnen, zusätzlicher Genugtuungsanspruch verneint), 4A_217/2016 (19.1.17) E. 5.1 fr. (in casu beides verneint), 4A_316/2012 (1.11.12) E. 2.1 fr. (in casu verneint), 4A_142/2009 (25.6.09) E. 5 fr. (in casu verneint), 4C.320/2005 (20.3.06) E. 3 fr., 4C.86/2001 (28.3.02) E. 2, Pra 1999 (Nr. 112) 616 E. 4a (in casu bejaht) 4C.177/2003 (21.10.03) E. 4.1 fr. (in casu bei beleidigenden und herabsetzenden Briefen des Arbeitgebers bejaht), 4C.344/1999 (22.6.00) E. 1a fr. (in casu bei sexueller Belästigung bejaht), vgl. auch 4A_92/2017 (26.6.17) E. 2.5.4 fr., 4A_372/2016 (2.2.17) E. 5.1.2 fr., 4C.259/2004 (11.11.04) E. 3 fr. Hingegen Kumulation mit Leistungen aus einem Sozialplan verneint, wenn Doppelfunktion (Strafe und Genugtuung) bereits hinreichend erfüllt 4A_225/2008 (12.8.08) E. 6.1 fr. Die Gesamtentschädigung soll jedoch die in Art. 336a festgesetzte Höchstgrenze nicht übersteigen 132 III 115/122 E. 5.6. – Trotz der missverständlichen Bezeichnung ist die Entschädigung nicht *Schadenersatz* und setzt daher auch keinen Schadensnachweis voraus 4A_92/2017 (26.6.17) E. 3.2.1 fr., 119 II 157/160 ff. E. 2b und c, vgl. auch 118 II 157/167 f. E. 4b/dd, ee sowie 120 II 243/247 E. e Pra 1996 (Nr. 80) 233 f., 123 V 5/7 E. 2a. – Eine missbräuchliche Kündigung stellt nicht per se Widerrechtlichkeit i.S.v. Art. 41 Abs. 1 dar 4A_564/2008 1

(26.5.09) E. 3.1 fr. Dem Arbeitnehmer steht es frei, zusätzlich Schadenersatz zu verlangen, wenn er nachweist, dass die Verletzung seiner Persönlichkeit über diejenige hinausgeht, die durch die missbräuchliche Entlassung entstand 135 III 405/408 E. 3.2 Pra 2010 (Nr. 8) 52, 4C.177/2003 (21.10.03) E. 4.1 fr., Pra 1999 (Nr. 112) 616 E. 4a. Die Entschädigung ist entsprechend auch dann geschuldet, wenn das Opfer keinen Schaden erleidet oder nachweist Pra 1999 (Nr. 112) 614 E. 3c. – Keine Kumulierung dieser Entschädigung mit jener wegen *ungerechtfertigter fristloser Entlassung*, und zwar auch dann nicht, wenn die missbräuchliche Kündigung und die ungerechtfertigte fristlose Entlassung nacheinander erfolgt sind (lediglich Anspruch auf Entschädigung gemäss Art. 337c Abs. 3) 4A_372/2016 (2.2.17) E. 5.3 fr., 121 III 64/65 ff. E. 2 Pra 1996 (Nr. 16) 37 ff.

2 **Weiteres.** Eine Entschädigung nach Art. 336a wird nach Art. 339 bei der Beendigung des Arbeitsverhältnisses *fällig* und löst eine Zinspflicht aus, ohne dass der Gläubiger in Verzug gesetzt werden müsste 4C.414/2005 (29.3.06) E. 6 fr. – Die Missbräuchlichkeit einer Kündigung berührt deren *Gültigkeit* nicht, sondern sie zieht lediglich eine Entschädigungspflicht des Kündigenden nach sich 1C_437/2008 (19.1.09) E. 4 fr., 118 II 157/165 E. 4b/aa. – Wird dem Arbeitnehmer vor dem Fälligkeitszeitpunkt eines Bonusanspruches missbräuchlich gekündigt, so entsteht der entsprechende *Bonusanspruch* dennoch aufgrund von Art. 156 4C.97/2006 (6.6.06) E. 4 fr. – Konkursprivileg 123 V 5/11 E. 5.

3 ***Abs. 2*** **Bemessungskriterien.** Diese bestimmen sich nach dem Zweck der Entschädigung. Diese soll zum einen den Arbeitgeber für das dem Arbeitnehmer durch die missbräuchliche Kündigung zugefügte Unrecht bestrafen und zum andern dem Arbeitnehmer eine Wiedergutmachung verschaffen 123 III 391/394 E. 3c Pra 1998 (Nr. 24) 165. Neben anderen Elementen sind der Dauer des Arbeitsverhältnisses, der Schwere der Verletzung der Persönlichkeit der entlassenen Person, den wirtschaftlichen Folgen der Kündigung, dem Alter des Arbeitnehmers und dem Verhalten beider Parteien bei der Kündigung Rechnung zu tragen 4A_166/2018 (20.3.19) E. 4.1 fr., 4A_485/2017 (25.7.18) E. 4.1 fr., 4A_240/2017 (14.2.18) E. 8 fr., 4A_31/2017 (17.1.18) E. 3 fr., 4A_92/2017 (26.6.17) E. 3.2.2 fr., 4A_401/2016 (13.1.17) E. 5.1 fr., 4A_485/2015 (15.2.16) E. 4.1 fr., 4A_694/2015 (4.5.16) E. 5 fr., 4A_194/2011 (5.7.11) E. 7.2 fr., 4A_142/2009 (25.6.09) E. 4.5 fr., 4C.370/2006 (27.2.07) E. 3.1 fr., Pra 1999 (Nr. 112) 615 E. 3c, 123 III 246/255 E. 6a; analoge Anwendung von Art. 42 Abs. 2 zur Bemessung des Schadens 4C.414/2005 (29.3.06) E. 5 fr., vgl. auch 128 III 271/277 f. E. 2b, Pra 2001 (Nr. 85) 498 E. 2a/cc, 4C.100/2001 (12.6.01) E. 6d fr. sowie bei Art. 321c Abs. 3. Zur Berücksichtigung des Mitverschuldens des Arbeitnehmers vgl. 4A_224/2018 (28.11.18) E. 3.3 fr., zur Berücksichtigung der wirtschaftlichen Situation des Arbeitgebers 4A_164/2017 (30.11.17) E. 5.3 it., 4A_401/2016 (13.1.17) E. 6.2.1 fr. – Nach *alter Rechtsprechung* richtet sich die Entschädigungshöhe nicht nach den finanziellen Einbussen des Arbeitnehmers, sondern nach der Schwere der Verfehlung des Arbeitgebers (Bestimmung insbesondere durch den Anlass und das Vorgehen bei der Kündigung, ein allfälliges Mitverschulden sowie die Art des Arbeitsverhältnisses) 119 II 157/160 ff. E. 2b, c (in casu vier Monatslöhne), vgl. auch 118 II 157/167 f. E. 4b/dd, ee sowie 120 II 243/247 E. 3e Pra 1996 (Nr. 80) 233 f., 123 V 5/7 E. 2a. Aufgrund des Strafcharakters Berücksichtigung der Leistungskraft der pflichtigen Partei, nicht aber der wirtschaftlichen Folgen der Kündigung, die gemäss Art. 336a Abs. 2 letzter Satz zusätzlich zu entschädigen sind 123 III 246/255 E. 6a, 119 II 157/160 E. 2b.

Dann aber eine *Änderung der Rechtsprechung:* Gemischte Rechtsnatur, Berücksichtigung der wirtschaftlichen Folgen 4C.370/2006 (27.2.07) E. 3.1 fr., 4C.60/2006 (22.5.06) E. 8 fr., 4C.135/2004 (2.6.04) E. 3.1.2, 4C.86/2001 (28.3.02) E. 1a fr., 4C.239/2000 (19.1.01) E. 3 fr., 123 III 391/394 E. 3c Pra 1998 (Nr. 24) 166, auch Pra 1999 (Nr. 112) 615 E. 3c, jüngst 4A_92/2017 (26.6.17) E. 3.3 fr. (Schwierigkeit der Stellensuche infolge Alters der Arbeitnehmerin und Knappheit passender Stellen), 4A_485/2015 (15.2.16) E. 4.1 fr. (Sozialhilfeabhängigkeit infolge erfolgloser Stellensuche). – Kasuistik bisher zugesprochener Entschädigungen 4A_31/2017 (17.1.18) E. 3 fr. (betr. Alter des Arbeitnehmers), 4A_401/2016 (13.1.17) E. 5.1 fr. (betr. Rachekündigungen), 4C.86/2001 (28.3.02) E. 1d fr., vgl. auch 4A_164/2017 (30.11.17) E. 5.1 it., 4C.60/2006 (22.5.06) E. 8 fr. und 132 III 115/120 ff. (20.12.05) E. 5 (Zusprechung der Höchstentschädigung). Eine Entschädigung von vier Monatslöhnen erscheint bei einem nicht leichten Verschulden des Arbeitgebers und nach einem vierjährigen Arbeitsverhältnis nicht als willkürlich 4A_407/2008 (18.12.08) E. 5.2 fr., Höchstentschädigung für eine 57-jährige Arbeitnehmerin nach 22 Dienstjahren mit ausgezeichneten Mitarbeiterbeurteilungen 4A_485/2017 (25.7.18) E. 4.3 fr. Relativierung der Kasuistik, wenn die zugesprochene Entschädigung im Vergleichsfall nur vom Arbeitgeber angefochten wurde und daher nicht auszuschliessen ist, dass der Arbeitnehmer einen höheren Betrag hätte geltend machen können 4A_240/2017 (14.2.18) E. 8 fr.

Ermessen. Die *Entschädigungshöhe* ist dem richterlichen Ermessen anheimgestellt, das nur insoweit eingeschränkt wird, als der Richter höchstens sechs Monatslöhne zusprechen darf 4A_166/2018 (20.3.19) E. 4.1 fr., 4A_242/2017 (30.11.17) E. 3.1 fr., 4A_92/2017 (26.6.17) E. 3.2.2 fr., 4A_401/2016 (13.1.17) E. 5.1 fr., 4A_694/2015 (4.5.16) E. 2.1 fr., 4A_447/2012 (17.5.13) E. 4 fr., 4A_329/2011 (11.10.11) E. 5 fr., 4A_194/2011 (5.7.11) E. 7.2 fr., 4A_385/2007 (28.11.07) E. 8, 4C.370/2006 (27.2.07) E. 3.1 fr., 4C.25/2006 (21.3.06) E. 4 fr., 4C.414/2005 (29.3.06) E. 4 fr., 4C.239/2000 (19.1.01) E. 2b fr., 119 II 157/159 E. 2a (vgl. auch Abs. 3 der Bestimmung), wobei zur Berechnung vom Bruttolohn auszugehen ist und alle geldwerten Entschädigungen einzubeziehen sind, einschliesslich des Pro-rata-Anteils eines 13. Monatslohnes sowie von Provisionen 4A_34/2019 (15.4.20) E. 2 it., 4A_92/2017 (26.6.17) E. 3.2.1 fr., 4A_485/2015 (15.2.16) E. 4.1 fr., 4A_59/2010 (20.5.10) E. 4.1, 4C.414/2005 (29.3.06) E. 5 fr. Das Bundesgericht greift bei der *Überprüfung dieses Ermessensentscheides* nur zurückhaltend ein 4A_34/2019 (15.4.20) E. 2 it., 4A_166/2018 (20.3.19) E. 4.1 fr., 4A_224/2018 (28.11.18) E. 4.2 fr., 4A_240/2017 (14.2.18) E. 8 fr., 4A_31/2017 (17.1.18) E. 3 fr., 4A_164/2017 (30.11.17) E. 5.1 it., 4A_92/2017 (26.6.17) E. 3.2.3 fr., 4A_401/2016 (13.1.17) E. 5.1 fr. (in casu Reduktion der Entschädigung um 50%), 4A_485/2015 (15.2.16) E. 4.1 fr., 4A_437/2015 (4.12.15) E. 3 fr. (Rückweisung an die Vorinstanz, wenn diese gar keine Entschädigung zugesprochen hat, entgegen deren Entscheid aber auf Missbräuchlichkeit der Kündigung erkannt wird), 4A_385/2007 (28.11.07) E. 8, 4C.370/2006 (27.2.07) E. 3–5 fr., 4C.25/2006 (21.3.06) E. 4 fr., 4C.135/2004 (2.6.04) E. 3.1.3, 4C.86/2001 (28.3.02) E. 1a fr., 4C.239/2000 (19.1.01) E. 2b fr., 119 II 157/160 E. 2a, 123 III 246/255 E. 6a. Die Norm räumt dem Gericht ein Rechtsfolgeermessen ein und enthält keine Aussage zum Ermessen des Gerichts bei der Feststellung des Sachverhalts. Entsprechend kann das Prozessrecht für die Klagezulassung die genaue Bezifferung verlangen 131 III 243/246 E. 5.1 4 und 5.2, vgl. 4A_175/2016 (2.6.16) E. 5 fr. (Bezifferung von Ansprüchen aus ungerechtfertigter fristloser Entlassung). Es ist zulässig, auf die Berechnung des Arbeitnehmers abzustellen, wenn der Arbeitgeber nur die Entschädigungspflicht grundsätzlich, nicht aber die Höhe des zugrunde gelegten Monatslohns anficht 4A_34/2019 (15.4.20) E. 2.3 it.

c. Verfahren

Art. 336b

[1] Wer gestützt auf Artikel 336 und 336a eine Entschädigung geltend machen will, muss gegen die Kündigung längstens bis zum Ende der Kündigungsfrist beim Kündigenden schriftlich Einsprache erheben.

[2] Ist die Einsprache gültig erfolgt und einigen sich die Parteien nicht über die Fortsetzung des Arbeitsverhältnisses, so kann die Partei, der gekündigt worden ist, ihren Anspruch auf Entschädigung geltend machen. Wird nicht innert 180 Tagen nach Beendigung des Arbeitsverhältnisses eine Klage anhängig gemacht, ist der Anspruch verwirkt.

1 Als *Einsprache* gilt jede Willensäusserung (Art. 1), aus welcher hervorgeht, dass der Arbeitnehmer mit der Entlassung nicht einverstanden ist 4A_320/2014 (8.9.14) E. 3.1 fr., 136 III 96/97 E. 2, 4A_571/2008 (5.3.09) E. 4.1.2, 4C.233/2006 (25.10.06) E. 3 fr., 4C.39/2004 (8.4.04) E. 2. Zweck der Einsprache ist es, dem Arbeitgeber bewusst zu machen, dass der Arbeitnehmer die Kündigung als missbräuchlich betrachtet, sowie die Parteien zu Verhandlungen über eine allfällige Weiterführung des Arbeitsverhältnisses zu ermutigen 4A_320/2014 (8.9.14) E. 3.1 fr. (der Arbeitnehmer muss den klaren Willen zur Weiterführung des Arbeitsverhältnisses äussern und der Arbeitgeber muss die Möglichkeit haben, die Kündigung zurückzuziehen). Nicht als Einsprache qualifiziert: Die blosse Einforderung der Begründung der Kündigung 4A_571/2008 (5.3.09) E. 4.1.2 (noch offengelassen in 4C.39/2004 [8.4.04] E. 2); ein Schreiben, in welchem das Erstaunen über die erfolgte Kündigung ausgedrückt wird 4C.233/2006 (25.10.06) E. 3 fr.; ein Schreiben, in welchem der Arbeitnehmer zwar den Kündigungsgrund bestreitet, das Ende des Arbeitsverhältnisses aber nicht anficht 4A_320/2014 (8.9.14) E. 3.3 fr., die Intervention einer Gewerkschaft für ihr Mitglied 4A_316/2012 (1.11.12) E. 2.3 fr. Die Einsprache muss nicht begründet werden, und in den nachfolgenden Einigungsverhandlungen kann nicht verlangt werden, dass der Arbeitnehmer darlegt, warum er die Kündigung für missbräuchlich hält und aufzeigt, wie die Folgen der Rechtswidrigkeit beseitigt werden könnten 4A_571/2008 (5.3.09) E. 4.1.2, 123 III 246/254 E. 4c und d. Stillschweigende Rücknahme der Einsprache, wenn die Kündigung zurückgenommen wird, das Arbeitsverhältnis auf einen Dritten übertragen wird und der Arbeitnehmer dies akzeptiert 134 III 67/69 E. 4 fr. – Offengelassen, ob die durch Art. 336b festgesetzten prozeduralen Vorschriften auch dann anwendbar sind, wenn sich die Missbräuchlichkeit nicht aus Art. 336, sondern aus ZGB Art. 2 Abs. 2 ergibt 4P.251/2002 (11.2.03) E. 4. – Zur *Behauptungslast* 4C.36/2006 (29.3.06) E. 3 und 4.

2 Die Einsprache ist eine empfangsbedürftige Willenserklärung, die bis zum Ablauf der Kündigungsfrist erfolgen muss. Der Zeitpunkt des Zugangs ist deshalb massgebend für die *Fristeinhaltung.* Wird die Kündigungsfrist während der Probezeit gekürzt oder wegbedungen, verkürzt sich die Einsprachefrist entsprechend. Es muss dem Arbeitnehmer jedoch

auch bei verkürzter oder wegbedungener Kündigungsfrist möglich und zumutbar sein, fristgerecht Einsprache zu erheben (schematische Anwendung einer siebentägigen Einsprachefrist abgelehnt) 136 III 96/100 E. 3.4, 4A_347/2009 (16.11.09).

Abs. 2 Nichteinhalten der Frist von 180 Tagen führt zum Untergang des Anspruchs (Verwirkungsfrist) 4A_316/2012 (1.11.12) E. 2 fr., 134 III 67/69 f. E. 5 Pra 2008 (Nr. 91) 593 ff. Zur Anwendbarkeit von ZPO Art. 63 (Nachfrist) siehe 4A_316/2012 (1.11.12) E. 2.3 fr. 3

2. Kündigung zur Unzeit a. Durch den Arbeitgeber

Art. 336c

[1] Nach Ablauf der Probezeit darf der Arbeitgeber das Arbeitsverhältnis nicht kündigen:

a. während die andere Partei schweizerischen obligatorischen Militär- oder Schutzdienst oder schweizerischen Zivildienst leistet, sowie, sofern die Dienstleistung mehr als elf Tage dauert, während vier Wochen vorher und nachher;

b. während der Arbeitnehmer ohne eigenes Verschulden durch Krankheit oder durch Unfall ganz oder teilweise an der Arbeitsleistung verhindert ist, und zwar im ersten Dienstjahr während 30 Tagen, ab zweitem bis und mit fünftem Dienstjahr während 90 Tagen und ab sechstem Dienstjahr während 180 Tagen;

c. während der Schwangerschaft und in den 16 Wochen nach der Niederkunft einer Arbeitnehmerin;

c^bis solange der Anspruch auf Betreuungsurlaub nach Artikel 329i besteht, längstens aber während sechs Monaten ab dem Tag, an dem die Rahmenfrist zu laufen beginnt;

d. während der Arbeitnehmer mit Zustimmung des Arbeitgebers an einer von der zuständigen Bundesbehörde angeordneten Dienstleistung für eine Hilfsaktion im Ausland teilnimmt.

[2] Die Kündigung, die während einer der in Absatz 1 festgesetzten Sperrfristen erklärt wird, ist nichtig; ist dagegen die Kündigung vor Beginn einer solchen Frist erfolgt, aber die Kündigungsfrist bis dahin noch nicht abgelaufen, so wird deren Ablauf unterbrochen und erst nach Beendigung der Sperrfrist fortgesetzt.

[3] Gilt für die Beendigung des Arbeitsverhältnisses ein Endtermin, wie das Ende eines Monats oder einer Arbeitswoche, und fällt dieser nicht mit dem Ende der fortgesetzten Kündigungsfrist zusammen, so verlängert sich diese bis zum nächstfolgenden Endtermin.

Allgemeines. Zweck dieser Bestimmung ist es, dem Arbeitnehmer (bei begrenzter Lohnfortzahlungspflicht des Arbeitgebers, Art. 324a) den Arbeitsplatz vorerst zu erhalten 124 II 53/56 E. 2b/aa, 124 III 346/347 E. 1a, 125 III 65/68 E. 4b/aa Pra 1999 (Nr. 111) 607. Der Kündigungsschutz greift nur, wenn der Arbeitgeber eine Kündigung ausspricht (klare, unmissverständliche Willenserklärung; siehe bei Art. 335), nicht aber, wenn er bloss ankündigt, die Kündigung nach Ablauf der Sperrfrist aussprechen zu wollen 4A_328/2014 (6.10.14) E. 3 fr. – Unklare Rechtsprechung, ob das Arbeitsverhältnis *nach Ablauf der Sperrfrist* ohne Weiteres gekündigt werden kann. Missbräuchliche Kündigung 4A_102/2008 (27.5.08) E. 2 fr. (in casu bei weiterhin reduzierter Leistung infolge Krankheit), zulässige Kündigung 4A_293/2019 (22.10.19) E. 3.5.1, 124 II 53/56 E. 2b/aa (in 1 casu Kündigung infolge Krankheit). – Eine *rechtsmissbräuchliche Berufung* auf den Kündigungsschutz ist nur unter absolut aussergewöhnlichen Umständen anzunehmen 4C.356/2004 (7.12.04) E. 3.2 fr. Teilt ein Arbeitnehmer der Arbeitgeberin die Arbeitsunfähigkeit nicht mit, mag er damit zwar seine Treuepflicht verletzen, die Berufung auf den zeitlichen Kündigungsschutz wird damit jedoch nicht rechtsmissbräuchlich 4C.346/2004 (15.2.05) E. 5 fr. Die Arbeitnehmerin, die ihre Schwangerschaft erst einen Monat nach Ablauf der Kündigungsfrist mitteilt, handelt nicht grundsätzlich rechtsmissbräuchlich 135 III 349/355 E. 3 Pra 2009 (Nr. 134) 919, vgl. 4A_297/2017 (30.4.19) E. 3 fr., ebenso die Arbeitnehmerin, die ihre Schwangerschaft erst nach Ablauf der Probezeit mitteilt 4A_594/2018 (6.5.19) E. 5.2 fr. – Im Falle einer *Betriebsschliessung* sind nicht nur die ordentlichen Kündigungsfristen, sondern auch die Sperrfristen gemäss Art. 336c einzuhalten 124 III 346/349 E. 2b. – *Arbeitslosen- oder Insolvenzentschädigung* bei Kündigung zur Unzeit? 125 V 492/495 E. 3b fr. Lohnansprüche wegen Kündigung zur Unzeit gelten als «Lohnanspruch» im Sinne von AVIG Art. 11 Abs. 3 145 V 188/191 E. 3.2 Pra 2019 (Nr. 103) 1034. Zur Insolvenzentschädigung siehe auch unter Art. 337c. – Die Kündigung während der *Ferienabwesenheit* stellt keinen Nichtigkeitsgrund nach Art. 336c dar 4P.307/1999 (5.4.00) E. 3c fr. (vgl. aber bei Art. 335 zum Zugang der Kündigung).

2 **Aufhebungsvertrag.** Ein Vertrag über die Aufhebung eines Arbeitsverhältnisses kann nach Art. 115 *formfrei zulässig* sein und unter Zurückhaltung auch *konkludent* geschlossen werden 4A_561/2016 (8.2.17) E. 6 fr. (in casu Zustandekommen verneint), 4A_362/2015 (1.12.15) E. 3.2 fr. (in casu kein Aufhebungsvertrag), 4A_563/2011 (19.1.12) E. 4.1 (Zustandekommen verneint), 4C.61/2006 (24.5.06) E. 3.1 fr. (Zustandekommen verneint), 4C.230/2005 (1.9.05) E. 2 (Zustandekommen verneint), 4C.397/2004 (15.3.05) E. 2.1 fr. (Zustandekommen bejaht), 4C.339/2003 (19.2.04) E. 3.1 fr. (Zustandekommen verneint), 4C.122/2000 (17.7.00) E. 1a (Zustandekommen bejaht), Pra 2001 (Nr. 31) 199 f. E. 3b–c, 115 V 437/443 E. 4b (Zustandekommen fraglich, aber offengelassen), 118 II 58/60 E. 2a Pra 1993 (Nr. 142) 551, vgl. auch 4C.82/2003 (25.11.03) E. 5, 119 II 449/450 E. 2a Pra 1995 (Nr. 36) 126. Die Parteien dürfen mit dem Aufhebungsvertrag jedoch keine *zwingende Gesetzesnorm* zu umgehen versuchen 4A_13/2018 (23.10.18) E. 4.1.1 fr., 4A_364/2016 (31.10.16) E. 3.1 fr. (in casu ungültiger Aufhebungsvertrag), 4A_362/2015 (1.12.15) E. 3.2 fr. (in casu kein Aufhebungsvertrag), 4A_103/2010 (16.3.10) E. 2.2 (in casu umstritten, ob auch der Arbeitgeber Konzessionen gemacht hat), 4A_495/2007 (12.1.09) E. 4.3.1 fr. (Schwangerschaft), 4C.60/2006 (22.5.06) E. 6 fr. (Krankheit), 4C.127/2005 (2.11.05) E. 4 fr. (Schwangerschaft), 4C.230/2005 (1.9.05) E. 2 (Militärdienst), 4C.339/2003 (19.2.04) E. 3.1 fr. (Kündigungsfrist, in casu aber kein Aufhebungsvertrag, sondern Vertragsänderung), 4C.383/1999 (13.6.00) E. 1a (ungerechtfertigte fristlose Entlassung), Pra 1999 (Nr. 112) 612 E. 2b, Pra 2001 (Nr. 31) 199 E. 3b. – Die zwingenden Kündigungsschutzbestimmungen sind im Falle einer einvernehmlichen Aufhebungsvereinbarung anwendbar, wenn der Entlassung aus den arbeitsvertraglichen Pflichten keinerlei *äquivalente Vorteile* für den Arbeitnehmer gegenüberstehen (beide Parteien müssen Konzessionen machen, sog. echter Vergleich) 4A_13/2018 (23.10.18) E. 4.1 fr. (in casu gültiger Verzicht auf Kündigungsschutzbestimmungen gegen Auszahlung eines Bonusanteils), 4A_364/2016 (31.10.16) E. 3.1 fr. (keine Konzession der Arbeitgeberin), 4A_376/2010 (30.9.10) E. 3 fr. (Zulässigkeit verneint), 4A_103/2010

(16.3.10) E. 2.2 (ob ein echter Vergleich vorliegt, beurteilt sich im Zeitpunkt des Vertragsschlusses), 4A_495/2007 (12.1.09) E. 4.3.1.1 fr. (Zulässigkeit verneint), 4C.37/2005 (17.6.05) E. 2.2 fr. (Zulässigkeit verneint), 4C.188/2004 (4.10.04) E. 2 und 3 fr. (Zulässigkeit verneint), 4C.27/2002 (19.4.02) E. 2 fr. (Zulässigkeit bejaht), 4C.250/2001 (21.11.01) E. 1b fr. (Nichtigkeit der Aufhebungsvereinbarung), 4C.383/1999 (13.6.00) E. 1b (Zulässigkeit verneint); vgl. 4A_96/2017 (14.12.17) E. 3.1 fr., 4A_362/2015 (1.12.15) E. 3.2 fr. (Vorliegen eines Aufhebungsvertrags verneint). Dabei ist zu beurteilen, was der mutmassliche Verzicht der Arbeitgeberin für den Arbeitnehmer tatsächlich bedeutet, bzw. es hat eine Interessenabwägung zu erfolgen, wobei zu beurteilen ist, ob die beidseitigen Ansprüche, auf die verzichtet wird, von ungefähr gleichem Wert sind 4A_13/2018 (23.10.18) E. 5.5 fr. (gültig: Verzicht auf Einsprache gegen die Kündigung gegen Auszahlung eines Bonusanteils), 4A_563/2011 (19.1.12) E. 4.1 (ungültig: Verzicht auf Arbeitsleistung gegen Verzicht auf den gesetzlichen Kündigungsschutz und Lohnanspruch sowie Verkürzung eines allfälligen Anspruchs auf Arbeitslosenentschädigung), 4C.390/2005 (2.5.06) E. 3 (gültig: gegenseitiger Verzicht auf Schadenersatz- bzw. Lohnforderungen in vergleichbarer Höhe), 4C.37/2005 (17.6.05) E. 2.2 fr. (ungültig: Verzicht auf Arbeitsleistung gegen Verzicht auf Salär bis zum Ende der Kündigungsfrist), 4C.188/2004 (4.10.04) E. 2.1 fr. (ungültig: Verzicht auf Arbeitsleistung gegen Verzicht auf Salär, in casu unter Verstoss gegen den Kündigungsschutz während Krankheit), 4C.27/2002 (19.4.02) E. 3b fr. (gültig: Verzicht auf Arbeitsleistung während 3,5 Monaten und Finanzierung eines Weiterbildungskurses gegen Verzicht auf Entschädigung von 4,5 Überstunden und 4 Ferientagen sowie einen Bonus), 4C.250/2001 (21.11.01) E. 1b fr. (ungültig: Verzicht auf Arbeitsleistung gegen Verzicht auf Salär). Widersprüchliche Rechtsprechung zum Ausmass der Kompensation: Die Leistungen des Arbeitnehmers müssen «reichlich» kompensiert werden 110 II 168/171 E. 3b, allerdings genügt einmal allein der Verzicht auf die Arbeitsleistung 4C.185/2001 (16.11.01) E. 3b und ein andermal genügt ein Verzicht auf die Arbeitsleistung auf jeden Fall nicht 4C.250/2001 (21.11.01) E. 1b fr. Es kann auch auf Ansprüche verzichtet werden, die zum Zeitpunkt des Abschlusses der Aufhebungsvereinbarung unsicher sind 4C.390/2005 (2.5.06) E. 3.1. – Zustandekommen und Inhalt sind *eng auszulegen:* Ein Aufhebungsvertrag ist nur bei unmissverständlichem Willen beider Parteien, vom bisherigen Vertrag abzuweichen, anzunehmen (siehe auch bei Art. 18) 4A_249/2019 (6.1.20) E. 3.2 (eine Entlassungserklärung kann grundsätzlich nicht als Annahme einer allfälligen Offerte zur sofortigen Vertragsauflösung gesehen werden), 4A_364/2016 (31.10.16) E. 3.1 fr., 4A_362/2015 (1.12.15) E. 3.2 fr. (Gegenzeichnung der Kündigung durch die Arbeitnehmerin, die darauf gar gehofft hatte, genügt nicht zur Annahme einer Aufhebungsvereinbarung), 4A_381/2014 (3.2.15) E. 3 fr. (Aufhebungsvereinbarung als Entlassung ausgelegt), 4A_376/2010 (30.9.10) E. 3 fr. (unter Druck erfolgte Unterzeichnung einer vom Arbeitgeber vorbereiteten Vereinbarung), 4A_474/2008 (13.2.09) E. 3.1 fr. (einseitige Vertragsauflösung durch den Arbeitgeber, welcher sich die Arbeitnehmerin nicht widersetzte), 4A_495/2007 (12.1.09) E. 4.3.1 fr. (Schutz vor Überrumpelung), 4C.60/2006 (22.5.06) E. 6 fr. (Bestätigung einer ausgesprochenen missbräuchlichen Kündigung auf Wunsch der Arbeitnehmerin, aber ohne Verhandlung über deren Folgen), 4C.61/2006 (24.5.06) E. 3 fr. (unbeantwortete Offerte zur Vertragsauflösung), 4C.189/2005 (17.11.05) E. 2.3 und 2.4 fr. (fehlender Wille zur Vertragsauflösung), 4C.127/2005 (2.11.05) E. 4 fr. (unklar, von welcher Partei die Vertragsauflösung ausging), 4C.230/2005 (1.9.05) E. 2 (passives Verhalten des Arbeitnehmers gegenüber der ausgesprochenen Kündigung), 4C.397/2004 (15.3.05) E. 2.1 fr. (ausdrücklich geäusserter Wille des Arbeitnehmers, das Arbeitsverhältnis aufzulösen), 4C.188/2004 (4.10.04) E. 2.1 fr. (ausdrücklich geäusserter Wunsch des Arbeitnehmers, das Arbeitsverhältnis aufzulösen), 4C.339/2003 (19.2.04) E. 3.1 fr., 4C.27/2002 (19.4.02) E. 2. Wenn der Vertrag vom Arbeitgeber aufgesetzt wird, muss dem Arbeitnehmer eine genügende *Überlegungsfrist* zur Verfügung stehen 4A_364/2016 (31.10.16) E. 3.1 fr. (in casu keine Überlegungsfrist), 4A_103/2010 (16.3.10) E. 2.2. Für sich allein stellt die Einwilligung in die Kündigung noch nicht den Verzicht auf den durch die Art. 336 ff. eingeräumten Schutz dar 4A_362/2015 (1.12.15) E. 3.2 fr., 4C.339/2003 (19.2.04) E. 3.1 fr., Pra 1999 (Nr. 112) 613 E. 2c. Genügt ein Aufhebungsvertrag den vorgenannten Voraussetzungen nicht bzw. erweist er sich als ungültig, so werden die Parteien so gestellt, wie wenn der Aufhebungsvertrag nicht abgeschlossen worden wäre. Will der Arbeitnehmer eine Entschädigung nach Art. 337c geltend machen, obliegt ihm der Nachweis, dass das Arbeitsverhältnis ohne Abschluss des Aufhebungsvertrags fristlos aufgelöst worden wäre 4A_364/2016 (31.10.16) E. 3.2 und E. 5.2 fr. (in casu Nachweis nicht erbracht). – Art. 336c äussert sich nicht zur Lohnfortzahlungspflicht. Diese folgt vom Kündigungsschutz unabhängigen Regeln nach Art. 324 (siehe dort). Erweist sich eine «fristlose Aufhebungsvereinbarung» infolge Einseitigkeit in Bezug auf den zwingenden Kündigungsschutz als ungültig (vgl. Art. 337/Weiteres), obliegt es dem Arbeitnehmer, seine Arbeitskraft nach erfolgter Genesung anzubieten, um Lohnansprüche bis zum Ablauf der ordentlichen Kündigungsfrist geltend machen zu können 4C.383/1999 (13.6.00) E. 1b, 4C.230/2005 (1.9.05) E. 3.

3 ***Abs. 1*** Die in den verschiedenen Buchstaben der Bestimmung vorgesehenen Tatbestände begründen alle eine unabhängige Schutzfrist *(«cumul interlittéral»)* 120 II 124/126 E. 3c fr., vgl. auch 121 III 64/67 E. 2b Pra 1996 (Nr. 16) 38 ff.

4 ***Abs. 1 lit. a*** Die *Rekrutenschule* gilt als obligatorischer Militärdienst im Sinne dieser Bestimmung. Dass der Rekrut den Dienst verschieben kann und dies allenfalls auch in Anspruch nimmt, ändert nichts am Kündigungsschutz 4C.331/2001 (12.2.02) E. 3b (mit Hinweisen auf ältere n.p. Rechtsprechung). Zum Lohnanspruch vgl. Art. 324a und 324b.

5 ***Abs. 1 lit. b*** Diese Norm *bezweckt,* den Arbeitnehmer vor einer Kündigung in einem Zeitpunkt zu schützen, da aufgrund der Unsicherheit bezüglich Dauer und Intensität der Krankheit nur schwerlich eine neue Anstellung gefunden werden kann 128 III 212/217 E. 2c fr. – Der Kündigungsschutz wird auch *ausgelöst,* wenn die Parteien zum Zeitpunkt der Kündigung noch nicht um die Krankheit des Arbeitnehmers wussten 128 III 212/217 E. 2c fr. (in casu Erkrankung an Leukämie) sowie bei einer teilweisen Arbeitsunfähigkeit infolge Krankheit, ausser das Ausmass der Arbeitsunfähigkeit ist derart unbedeutend, dass das Suchen einer neuen Anstellung davon nicht tangiert wird 4A_227/2009 (28.7.09) E. 3.2 fr., 128 III 212/217 E. 2c fr. Es obliegt dem Arbeitnehmer zu beweisen, dass seine Arbeitsunfähigkeit in einem Ausmass besteht, welches eine Verlängerung der Kündigungsfrist rechtfertigt 4A_276/2014 (25.2.15) E. 2.3 fr. – Wenn eine Arbeitsunfähigkeit im Sinne von Abs. 1 lit. b in einem Dienstjahr den Anfang nimmt und sich auf ein weiteres Dienstjahr mit einer längeren Sperrfrist ausdehnt, so ist die längere Sperrfrist anzuwenden 133

III 517/520 ff. E. 3 Pra 2008 (Nr. 26) 192 ff. – Ist ein Arbeitnehmer wegen Krankheiten oder Unfällen, die untereinander in keinem Zusammenhang stehen, arbeitsunfähig, so löst jede neue Krankheit oder jeder Unfall eine neue gesetzliche Schutzfrist aus (Anerkennung des «*cumul intralittéral*») 4A_706/2016 (4.8.17) E. 2.1 fr., 4A_153/2007 (31.8.07) E. 3.2 und 5 it., 4A.117/2007 (13.9.07) E. 5 fr., 120 II 124/126 f. E. 3d fr. Frage des Kausalzusammenhangs zwischen zwei Vorfällen 4A_706/2016 (4.8.17) E. 3.5 und 4 fr. (in casu Zusammenhang zwischen physischen Krankheiten und nachfolgenden psychischen Problemen des Arbeitnehmers), 4A.117/2007 (13.9.07) E. 5 fr. Kasuistik und Übersicht über den Meinungsstand in der Literatur 4A_706/2016 (4.8.17) E. 2.1 fr. – Eine Kündigung scheint zulässig nach Ablauf des zeitlichen Kündigungsschutzes wegen einer die Arbeitsleistung beeinträchtigenden Krankheit 4A_293/2019 (22.10.19) E. 3.5.1 (sofern die krankheitsbedingte Beeinträchtigung nicht der Verletzung einer dem Arbeitgeber obliegenden Fürsorgepflicht zuzuschreiben ist), 123 III 246/255 E. 5, oder wegen mangelhafter Leistungen, welche in Zusammenhang mit krankheitsbedingten Absenzen stehen 4A_507/2013 (27.1.14) E. 4 fr. Dann aber: Missbräuchliche Kündigung nach Art. 336 Abs. 1 lit. d, wenn der Arbeitgeber eine Kündigung ausspricht, weil der teilweise arbeitsunfähige Arbeitnehmer sein volles Pensum nicht mehr aufnehmen kann 4A_102/2008 (27.5.08) E. 2 fr. – Bei krankheitsbedingtem Fernbleiben kann eine fristlose Kündigung nur ausgesprochen werden, wenn der Arbeitgeber den Arbeitnehmer erfolglos aufgefordert hat, entweder ein Arztzeugnis einzureichen oder die Arbeit wieder aufzunehmen Pra 2001 (Nr. 85) 499 E. 2a/dd, auch Pra 1995 (Nr. 201) 657 E. 2b/bb. – Allein die Tatsache, dass eine Kündigung während der Arbeitsunfähigkeit des Arbeitnehmers ausgesprochen wird, lässt diese nicht als missbräuchlich erscheinen 4A_42/2018 (5.12.18) E. 3.4 fr.

Abs. 1 lit. c Der Kündigungsschutz während der Schwangerschaft gründet auf der mangelnden Konkurrenzfähigkeit der schwangeren Arbeitnehmerin auf dem Arbeitsmarkt 6
139 I 57/59 E. 4.2 Pra 2013 (Nr. 92) 712. Gültigkeit einer Vereinbarung, mit der eine schwangere Arbeitnehmerin und ihr Arbeitgeber den Arbeitsvertrag auf einen Termin rund eineinhalb Monate vor dem voraussichtlichen Geburtsdatum auflösen 118 II 58/60 ff. E. 2 Pra 1993 (Nr. 142) 551 f., vgl. auch 4C.82/2003 (25.11.03) E. 5, 119 II 449/452 E. 3b Pra 1995 (Nr. 36) 127. Die Schutzfrist gilt für die Zeit der Schwangerschaft, auch wenn die Schwangerschaft noch nicht mitgeteilt worden ist. Es besteht keine spezifische Frist, innert welcher eine schwangere Arbeitnehmerin im Falle einer Kündigung den Arbeitgeber über ihre Schwangerschaft informieren muss, damit sie sich auf die Schutzrechte von Art. 336c berufen kann, 4A_594/2018 (6.5.19) E. 5.1 fr. (keine Pflicht, die Schwangerschaft noch während der Probezeit mitzuteilen), 135 III 349/355 E. 2 Pra 2009 (Nr. 134) 916, 4A_179/2010 (4.10.10) E. 3.2. Der Begriff der Schwangerschaft und insbesondere deren Beginn ist in der Medizin, im Zivilrecht und im Strafrecht aufgrund des unterschiedlichen Kontexts nicht einheitlich festzulegen. Bei Art. 336c Abs. 1 lit. c ging es dem Gesetzgeber nicht darum, den Zeitpunkt zu übernehmen, an dem es aus wissenschaftlicher Sicht möglich ist, eine Schwangerschaft festzustellen, sondern vielmehr darum, den Beginn der Schutzfrist zu nennen mithilfe eines Kriteriums, das für die Betroffenen einleuchtend ist. Der Beginn der Schwangerschaft im Sinne dieser Bestimmung fällt daher mit der natürlichen Befruchtung der Eizelle zusammen, nicht mit deren Einnistung in der Gebärmutter 143 III 21/24 ff. E. 2.2 und 2.3 Pra 2018 (Nr. 16) 143 f. Offengelassen, wie die Frage nach

dem Beginn der Schwangerschaft bei einer In-vitro-Fertilisation zu beantworten ist 143 III 21/23 E. 2 Pra 2018 (Nr. 16) 142. – Anwendung auch auf Temporärarbeitsverhältnis 4A_297/2017 (30.4.18) E. 3 fr., 4C.356/2004 (7.12.04) E. 2 und 3 fr. Der Wechsel der Temporärarbeitsstelle während der Schwangerschaft stellt keinen stillschweigenden Verzicht auf den Kündigungsschutz dar, wenn die Arbeitnehmerin selber noch gar nicht von der Schwangerschaft wusste 4A_297/2017 (30.4.18) E. 3.1 fr. – Vorbehalten sind Fälle des Rechtsmissbrauchs, vgl. 4A_145/2015 (6.7.15) E. 5.

7 ***Abs. 2*** Die Bestimmung entspricht (inhaltlich unverändert) aOR Art. 336e Abs. 2 115 V 437/440 E. 2b. – Einer *Kündigung während der Sperrfrist* kommt keinerlei rechtliche Wirkung zu. Will der Arbeitgeber an der Kündigung festhalten, muss er sie *nach Ablauf der Schutzfrist* wiederholen, allerdings ohne dass hierzu bei einer Gesellschaft eine erneute formelle Entscheidung der zuständigen Organe nötig wäre 4A_372/2016 (2.2.17) E. 5.4 fr., 128 III 212/218 E. 3a fr. – Durch die Sperrfrist wird zugunsten des Arbeitnehmers die Kündigungsfrist in ihrer vollen Länge aufrechterhalten, sodass dem Arbeitnehmer ausreichend Zeit bleibt, eine neue Stelle zu suchen 124 III 474/475 E. 2a Pra 1999 (Nr. 72) 397. – *Verlängerung des Arbeitsverhältnisses* bei Erkrankung nach Kündigung des Arbeitsvertrages. Entsprechende Berechnung der Kündigungsfrist: Der Beginn der Kündigungsfrist gemäss Art. 336c Abs. 2 (und damit die entsprechende Schutzperiode) ist durch Rückrechnung vom Endtermin aus zu bestimmen 134 III 354/359 E. 2.2, 4C.230/2005 (1.9.05) E. 1, 115 V 437/440 ff. E. 2c, 3, 119 II 449/450 E. 2a Pra 1995 (Nr. 36) 126, 121 III 107/108 f. E. 2a Pra 1995 (Nr. 273) 930 f. (massgebend sind der deutsche und italienische Text, während im französischen Text «avant cette période» anstatt «pendant» gelesen werden muss). Der von dieser konstanten Rechtsprechung abweichende 131 III 467/471 f. E. 2.1 wurde explizit als falsch (als «Ausreisser») bezeichnet 134 III 354/359 E. 2.2. Fallen Krankheit und Feiertage zusammen (z.B. 25. Dezember) führt dies trotzdem zu einer Verlängerung der Kündigungsfrist 4D_6/2009 (7.4.09) E. 3. Eine Vereinbarung, mit der die Parteien bei einer Entlassung den Kündigungstermin verschieben, ändert die Frist nicht ab, innerhalb welcher diese erklärt werden muss 119 II 449/451 E. 3b Pra 1995 (Nr. 36) 127. – Die Bestimmung regelt nur die Frage der Unterbrechung und der Fortsetzung des Kündigungsfristenlaufs, nicht auch die Frage der Lohnzahlungspflicht während des erstreckten Arbeitsverhältnisses 115 V 437/443 E. 4a. Wird ein Arbeitsverhältnis aufgrund der Bestimmung erstreckt, so bestehen die bisherigen vertraglichen und gesetzlichen Pflichten der Parteien unverändert fort. Der Arbeitnehmer hat dem Arbeitgeber für die Dauer der Verlängerung des Arbeitsverhältnisses nach der Bestimmung unmissverständlich Arbeit anzubieten, wenn er für diese Zeit einen Lohnanspruch erheben will 4A_464/2018 (18.4.19) E. 4.2 fr., 4A_372/2016 (2.2.17) E. 5.4 fr., 4A_289/2010 (27.7.10) E. 4.1 fr., 4C.155/2006 (23.10.06) E. 5, 115 V 437/444 ff. E. 5, 6. Gegen die finanziellen Folgen einer Erstreckung des Arbeitsverhältnisses kann sich der Arbeitgeber insoweit absichern, als er eine Abgangsentschädigung der Bedingung unterstellt, dass das Arbeitsverhältnis zu einem bestimmten Zeitpunkt tatsächlich endet 4A_74/2018 (28.6.18) E. 6.2.1 fr., 4A_219/2013 (4.9.13) E. 3.1 fr., 4C.384/2004 (6.1.05) E. 3 fr. – Offengelassen, ob der Arbeitgeber den Arbeitnehmer über seine Obliegenheit, die Arbeit anzubieten, informieren muss. Eine solche Informationspflicht besteht auf jeden Fall dann, wenn die

falsche Anwendung einer Kündigungsfrist allein dem Arbeitgeber anzulasten ist 4C.155/2006 (23.10.06) E. 5.2 und 5.3.

Abs. 3 Die Bestimmung entspricht (inhaltlich unverändert) aOR Art. 336e Abs. 3 115 V 437/440 E. 2b. – Die Verlängerung der fortgesetzten Kündigungsfrist soll lediglich den Vollzug des Stellenwechsels erleichtern. Eine neuerliche Erkrankung des Arbeitnehmers während dieser Verlängerung (und nach beendigter Sperrfrist) löst keine neue Sperrfrist aus 124 III 474/475 E. 2a Pra 1999 (Nr. 72) 397. 8

b. durch den Arbeitnehmer

Art. 336d

[1] Nach Ablauf der Probezeit darf der Arbeitnehmer das Arbeitsverhältnis nicht kündigen, wenn ein Vorgesetzter, dessen Funktionen er auszuüben vermag, oder der Arbeitgeber selbst unter den in Artikel 336c Absatz 1 Buchstabe a angeführten Voraussetzungen an der Ausübung der Tätigkeit verhindert ist und der Arbeitnehmer dessen Tätigkeit während der Verhinderung zu übernehmen hat.

[2] Artikel 336c Absätze 2 und 3 sind entsprechend anwendbar.

IV. Fristlose Auflösung 1. Voraussetzungen a. aus wichtigen Gründen

Art. 337

[1] Aus wichtigen Gründen kann der Arbeitgeber wie der Arbeitnehmer jederzeit das Arbeitsverhältnis fristlos auflösen; er muss die fristlose Vertragsauflösung schriftlich begründen, wenn die andere Partei dies verlangt.

[2] Als wichtiger Grund gilt namentlich jeder Umstand, bei dessen Vorhandensein dem Kündigenden nach Treu und Glauben die Fortsetzung des Arbeitsverhältnisses nicht mehr zugemutet werden darf.

[3] Über das Vorhandensein solcher Umstände entscheidet der Richter nach seinem Ermessen, darf aber in keinem Fall die unverschuldete Verhinderung des Arbeitnehmers an der Arbeitsleistung als wichtigen Grund anerkennen.

Allgemeines. (1) ▪ Wichtige Gründe (2) ▪ Verdachtskündigung (7) ▪ Verwarnung (10) ▪ Typische Situationen (13) ▪ Beispiele (14) ▪ Ausübung des Rechts zur fristlosen Auflösung (17) ▪ Verzicht/Verwirkung (18) ▪ Wirkung der fristlosen Auflösung (19) ▪ Weiteres (20) ▪ Abs. 3 (21)

Analoge Anwendbarkeit der Bestimmung auf den Mietvertrag? (Frage offengelassen) 97 II 58/66 E. 7 Pra 1971 (Nr. 143) 450. – Siehe auch den Verweis auf Art. 337 in Art. 418r Abs. 2, Anwendungsfälle 4A_544/2015 (17.3.16) E. 2–3 fr., 4A_212/2013 (10.10.13) E. 2–4 fr., 4A_435/2007 (26.3.08) E. 3 fr. – Abgrenzung zum Irrtum über die Kündigungsfrist 4C.71/2002 (31.7.02) E. 3 fr. – Offengelassen, ob dieselben Gründe, die zur *Missbräuchlichkeit* einer Kündigung führen, eine fristlose Kündigung rechtfertigen können 4C.391/2002 (12.3.03) E. 3.2 fr. – Zur Wirkung vgl. 133 III 360/365 E. 8.1.3 fr. – Die Schutzgründe nach Art. 336 ff. schliessen eine berechtigte fristlose Kündigung nicht aus. Im Rahmen der massgebenden Umstände sind die Schutzgrün- 1 de nach Art. 336 ff. aber besonders zu beachten 4C.247/2006 (27.10.06) E. 2.1 fr. (siehe nachfolgend: *konkrete Umstände*). – Auch die fristlose Kündigung kann grundsätzlich mündlich erklärt werden. Die Begründungspflicht auf Verlangen der Gegenpartei bezweckt in erster Linie, dem Gekündigten eine Prüfung der Kündigung auf das Vorliegen eines wichtigen Grundes zu ermöglichen 4A_288/2016 (26.9.16) E. 4.2.

2 **Wichtige Gründe.** ***Beweis.*** Jene Partei hat das Vorliegen einer fristlosen Entlassung zu beweisen, die daraus Ansprüche nach Art. 337b ff. ableitet 4A_37/2010 (13.4.10) E. 4.1, 4C.12/2004 (8.4.04) E. 2.1, 4C.127/2002 (3.9.02) E. 3.1 fr., der Arbeitgeber trägt die Beweislast für das Vorliegen eines wichtigen Grundes, d.h. für das krass treuwidrige Verhalten des Arbeitnehmers 4A_89/2020 (26.5.20) E. 6 fr. (in casu Beweis nicht erbracht), 4A_169/2016 (12.9.16) E. 4 (unpublizierte Erwägung von 142 III 626), 4A_223/2013 (3.9.13) E. 3 fr. (in casu Beweis nicht erbracht), 4A.180/2007 (6.9.07) E. 6.1 fr., 4C.248/2000 (13.11.00) E. 3a. Zur Abgrenzung von im Berufungsverfahren vor Bundesgericht nicht rügbaren Tatsachenfeststellungen 4C.181/2005 (25.8.05) E. 2.4 und 2.5.

3 ***Begriff des wichtigen Grundes.*** Aus wichtigen Gründen kann der Arbeitsvertrag fristlos aufgelöst werden, wenn die wesentlichen Bedingungen objektiver oder persönlicher Art, unter denen er abgeschlossen wurde, nicht mehr erfüllt sind, namentlich wenn Umstände vorliegen, welche die für das Arbeitsverhältnis wesentliche *Vertrauensgrundlage* zu zerstören oder doch so zu erschüttern vermögen, dass die Fortsetzung des Arbeitsverhältnisses nicht mehr zumutbar ist 4A_89/2020 (26.5.20) E. 5 fr., 4A_620/2019 (30.4.20) E. 6 fr., 4A_54/2020 (25.3.20) E. 6.1 fr., 4A_100/2019 (24.2.20) E. 3 fr., 4A_595/2018 (22.1.20) E. 3.1 fr., 4A_249/2019 (6.1.20) E. 4.1.2 (bejaht), 4A_395/2018 (10.12.19) E. 5.1 fr. (verneint), 4A_610/2018 (29.8.19) E. 4.1 fr. (verneint), 4D_12/2019 (12.6.19) E. 4.2.2 fr. (verneint), 4A_225/2018 (6.6.19) E. 4.1 fr. (verneint), 4A_622/2018 (5.4.19) E. 5 fr. (verneint), 4A_105/2018 (10.10.18) E. 3.1 fr., 4A_168/2018 (2.10.18) E. 4.2 (bejaht), 4A_7/2018 (18.4.18) E. 4.2.2 (unpublizierte Erwägung von 144 III 235), 4A_124/2017 (31.1.18) E. 3.1 fr. (verneint), 4A_349/2017 (23.1.18) E. 4.2 (bejaht), 4A_287/2017 (13.10.17) E. 4.1 fr. (bejaht), 4A_112/2017 (30.8.17) E. 3.2 fr. (bejaht), 4A_177/2017 (22.6.17) E. 2.2.1 (bejaht), 4A_625/2016 (9.3.17) E. 3.2, 4A_599/2016 (18.1.17) E. 5.1 fr. (bejaht), 4A_521/2016 (1.12.16) E. 2.2.2 (bejaht), 4A_153/2016 (27.9.16) E. 2.1 fr. (verneint), 4A_288/2016 (26.9.16) E. 4.2, 142 III 579/579 E. 4.2 (verneint), 4A_56/2016 (30.6.16) E. 3.1 (verneint), 4A_659/2015 (28.6.16) E. 2.2 fr. (bejaht), 4A_228/2015 (29.9.15) E. 4 fr. (bejaht), 4A_702/2015 (20.5.16) E. 2.1 (verneint), 4A_404/2014 (17.12.14) E. 4.1 fr., 4A_397/2014 (17.12.14) E. 3.1 fr., 4A_188/2014 (8.10.14) E. 2.3 fr. (verneint), 4A_60/2014 (22.7.14) E. 3 fr. (verneint), 4A_223/2013 (3.9.13) E. 2 fr. (verneint), 4A_553/2012 (29.7.13) E. 5.1 fr., 4A_531/2012 (19.12.12) E. 7, 4A_236/2012 (2.8.12) E. 2.2 fr., 4A_101/2012 (31.5.12) E. 2.2, 4A_685/2011 (24.5.12) E. 4.1, 4A_726/2011 (10.4.12) E. 3.1 (verneint), 4A_723/2011 (5.3.12) E. 3 fr., 4A_215/2011 (2.11.11) E. 3.3 fr., 4A_329/2011 (11.10.11) E. 3 fr., 4A_346/2011 (12.10.11) E. 5.3, 4A_298/2011 (6.10.11) E. 2, 4A_252/2011 (22.8.11) E. 4.2 fr., 4A_152/2011 (6.6.11) E. 2.3.1 fr., 137 III 303/304 E. 2.1.1 Pra 2011 (Nr. 127) 932, 4A_475/2010 (6.12.10) E. 3.1, 4A_507/2010 (2.12.10) E. 2.2, 4A_517/2010 (11.11.10) E. 2, 4A_328/2010 (24.9.10) E. 4.1 fr., 4A_115/2010 (14.5.10) E. 2.2 fr., des Weiteren 129 III 380/382 E. 2.1, 108 II 301/302 f. E. 3b Pra 1983 (Nr. 8) 15, 112 II 41/50 E. 3a fr.,

126 V 42/46 E. 3a fr., 127 III 351/353 E. 4a fr., 101 Ia 545/548 E. 2c Pra 1998 (Nr. 41) 267 E. 2a, Pra 1999 (Nr. 36) 218 E. 2a, Pra 2000 (Nr. 11) 57 E. 1. Einerseits müssen die geltend gemachten *Umstände* (insbesondere das Verhalten der Gegenpartei) eine *gewisse objektive Schwere* aufweisen, anderseits muss *das gegenseitige Vertrauen tatsächlich zerstört* worden sein 4A_100/2019 (24.2.20) E. 3 fr., 4A_249/2019 (6.1.20) E. 4.1.2, 4A_610/2018 (29.8.19) E. 4.1 fr., 4A_105/2018 (10.10.18) E. 3.1 fr., 4A_112/2017 (30.8.17) E. 3.2 fr., 4A_124/2017 (31.1.18) E. 3.1 fr., 4A_349/2017 (23.1.18) E. 4.2, 4A_625/2016 (9.3.17) E. 3.2, 4A_288/2016 (26.9.16) E. 4.2, 4A_169/2016 (12.9.16) E. 4 (unpublizierte Erwägung von 142 III 626), 4A_702/2015 (20.5.16) E. 2.1, 4A_685/2011 (24.5.12) E. 4.1, 4A_726/2011 (10.4.12) E. 3.1, 4A_569/2010 (14.2.11) E. 2.1, 4A_511/2010 (22.12.10) E. 4.1, 4A_475/2010 (6.12.10) E. 3.2, 4A_517/2010 (11.11.10) E. 2, 4A_377/2010 (11.10.10) E. 3.2 fr., 130 III 213/220 f. E. 3.1, 129 III 380/382 E. 2.1, 97 II 142/145 f. E. 2a Pra 1971 (Nr. 210) 675 f., 116 II 145/150 E. 6a, 124 III 25/29 E. 3c Pra 1998 (Nr. 54) 360, vgl. auch 121 III 467/472 E. 4d Pra 1996 (Nr. 207) 803. Die *Schwere des Vergehens* als solche ist jedoch nicht ausschlaggebend, sondern die daraus resultierende Unzumutbarkeit der Fortsetzung des Arbeitsverhältnisses 4A_153/2016 (27.9.16) E. 2.1 fr., 4A_507/2010 (2.12.10) E. 3.2. Bei Belästigung am Arbeitsplatz gilt das Vertrauensverhältnis in der Regel als zerstört bzw. tief erschüttert, wenn die Belästigung von einer Führungskraft ausgeht 4A_105/2018 (10.10.18) E. 3.1 fr., vgl. 4A_124/2017 (31.1.18) E. 4 fr. (in casu unhöfliche und sexistische Bemerkungen, kein wichtiger Grund). Einen wichtigen Grund für den *Arbeitnehmer* kann eine durch den Arbeitgeber verursachte, unerwartete einseitige Veränderung darstellen, die weder in der Arbeitsorganisation liegt noch vom Arbeitnehmer verschuldet wurde 4A_662/2016 (11.5.17) E. 3.2 (unpublizierte Erwägung von 143 III 290), 4A_132/2009 (18.5.09) E. 3.1.1 fr., vgl. 4A_595/2018 (22.1.20) E. 3.1 und 3.3 fr. (in casu wichtiger Grund verneint, da keine einseitige Veränderung, sondern eine Offerte zum Abschluss eines neuen Vertrags vorlag, die vom Arbeitnehmer hätte abgelehnt werden können). Der Entzug des vertraglich zugesicherten Status als Verwaltungsrat und Geschäftsleitungsmitglied stellt eine krasse Vertragsverletzung und damit einen wichtigen Grund für den Arbeitnehmer dar 4A_662/2016 (11.5.17) E. 3.2 (unpublizierte Erwägung von 143 III 290). Die Kündigung ist auch zulässig, wenn sich die als wichtiger Grund angerufene Tatsache noch nicht verwirklicht hat, wobei der Kündigende das Risiko trägt, dass sich der wichtige Grund allenfalls nicht verwirklicht 4A_662/2016 (11.5.17) E. 4.5 (unpublizierte Erwägung von 143 III 290). Dem Arbeitnehmer ist die Fortführung des Arbeitsverhältnisses unzumutbar, wenn der Arbeitgeber eine (erhebliche) Lohnzahlung über längere Zeit trotz Fristansetzung verweigert, wobei in der Regel eine vorherige Abmahnung erforderlich ist 4A_633/2012 (21.2.13) E. 8.1. Offengelassen, ob die unrechtmässige Bekanntgabe von Personendaten an die amerikanischen Behörden einen wichtigen Grund für den Arbeitnehmer darstellt 4A_610/2018 (29.8.19) E. 4.2.1.2 fr. – Als *ultima ratio* ist die fristlose Entlassung erst dann zulässig, wenn dem Vertragspartner auch nicht mehr zugemutet werden darf, das Arbeitsverhältnis durch ordentliche Kündigung aufzulösen oder bei fester Vertragsdauer deren Ende abzuwarten 4A_659/2015 (28.6.16) E. 2.2 fr., 4A_515/2015 (21.6.16) E. 3.2 fr., 4A.170/2007 (9.8.07) E. 4 fr., 4C.117/2005 (19.5.05) E. 3.2, 130 III 28/31 E. 4.1 Pra 2004 (Nr. 115) 652, 4C.265/2004 (1.10.04) E. 3.2 fr., 4C.174/2003 (27.10.03) E. 3.2 fr., 127 III 310/313 E. 3 Pra 2002 (Nr. 26) 128, 117 II 560/562 E. 3b, Pra 1999 (Nr. 73) 401 E. 2a, vgl. auch Pra 1997

(Nr. 109) 594 E. 4b, Pra 1998 (Nr. 41) 268 E. 2a, Pra 1998 (Nr. 73) 450 E. b, Pra 2000 (Nr. 11) 57 E. 1, Pra 2001 (Nr. 85) 498 E. 2a/bb. Der Grundsatz, dass die sofortige und fristlose Auflösung des Arbeitsverhältnisses als einziger Ausweg erscheinen muss, gilt auch dann, wenn der Arbeitnehmer keine Arbeitsleistung erbringen kann, weil sich der Arbeitgeber in Annahmeverzug befindet 116 II 142/144 E. 5c. – Angesichts der zwingenden Natur der Bestimmung können *Vereinbarungen,* die vorsehen, dass bestimmte Tatbestände die fristlose Kündigung des Vertrages nicht rechtfertigen, rechtlich nur insofern von Bedeutung sein, als sich daraus unter Umständen ergibt, dass die Fortsetzung des Arbeitsverhältnisses bis zum Ablauf der vereinbarten Dauer oder der Kündigungsfrist zuzumuten ist 89 II 30/36 E. 5a. Auslegung des Begriffs einer «schweren Verfehlung» in einer Vertragsklausel im Einklang mit dem Begriff des «wichtigen Grundes» 4A_219/2012 (30.7.12) E. 2 fr. Ein «wichtiger Grund» im Sinne von Art. 337 stellt einen «begründeten Anlass» im Sinne von GlG Art. 10 dar 4A_35/2017 (31.5.17) E. 4.6 fr. Für die Frage der arbeitslosenversicherungsrechtlichen Einstellung in der Anspruchsberechtigung ist nicht entscheidend, ob sich eine fristlose Auflösung des Arbeitsverhältnisses nach Art. 337 rechtfertigte. Das Vorliegen eines Selbstverschuldens im Sinne von AVIG Art. 30 Abs. 1 lit. a ist nicht mit dem Begriff des «wichtigen Grundes» gleichzusetzen 4D_12/2019 (12.6.19) E. 4.3 fr.

4 ***Pflichtverletzungen.*** Eine Verfehlung rechtfertigt die fristlose Kündigung, wenn entweder schon eine einzelne Verfehlung den wichtigen Grund setzt (z.B. Veruntreuung) oder wenn der Arbeitnehmer trotz Verwarnung seine vertraglichen Verpflichtungen erneut verletzt wie z.B. bei fortgesetzter Unpünktlichkeit (vgl. nachstehend unter Verwarnung). Bejaht ohne Verwarnung bei Weisungsverstössen eines Arztes 4A_100/2019 (24.2.20) E. 4.4 fr. (in casu daher offengelassen, ob aufgrund eines früheren Ereignisses eine Verwarnung vorlag), bejaht ohne Verwarnung bei von der Arbeitgeberin ausdrücklich untersagtem Weiterverkauf einer anlässlich eines internen Verkaufsanlasses zum Vorzugspreis erworbenen Uhr 4A_186/2019 (20.12.19) E. 3.3 fr., bejaht ohne Verwarnung bei sexueller Belästigung am Arbeitsplatz 4A_105/2018 (10.10.18) E. 4.3 fr., bejaht ohne Verwarnung bei Verletzung der Treuepflicht durch Verleitung von Arbeitskollegen zur Begehung einer Straftat gegenüber der gemeinsamen Arbeitgeberin 4A_168/2018 (2.10.18) E. 4.3, bejaht ohne Verwarnung bei Weisungsverstoss einer Krankenschwester im Nachtdienst 4A_112/2017 (30.8.17) E. 4.3 fr., bejaht ohne Verwarnung bei Verletzung der Treuepflicht durch Gründung eines Konkurrenzbetriebs 4A_599/2016 (18.1.17) E. 5.2 fr., bejaht ohne Verwarnung bei nicht umgehender Meldung der krankheitsbedingten Abwesenheit am Arbeitsplatz 4A_521/2016 (1.12.16) E. 3.5, bejaht ohne Verwarnung bei Verletzung einer Weisung bezüglich des Verhaltens im Falle einer erheblichen Verschlechterung des Gesundheitszustands eines Bewohners in einem Alters- und Pflegeheim 4A_659/2015 (28.6.16) E. 2.3 fr., bejaht nach Verwarnung bei Verlassen des Arbeitsplatzes bzw. Fernbleiben vom Arbeitsplatz und Arbeitsverweigerung 4A_288/2016 (26.9.16) E. 5, bejaht ohne Verwarnung bei Verletzung der Treuepflicht durch Ausstellung einer falschen Lohnbescheinigung zuhanden eines Vermieters zwecks optimierter Darstellung der eigenen finanziellen Verhältnisse eines Kadermitarbeiters 4A_515/2015 (21.6.16) E. 3.2 fr., bejaht ohne Verwarnung bei Verletzung der Treuepflicht durch Vorbereitung eines Konkurrenzbetriebs während der Arbeitszeit 4A_404/2014 (17.12.14) E. 4.1 fr. und 4A_397/2014 (17.12.14) E. 3.1 fr. (Kadermitarbeiter), bejaht ohne Verwarnung bei Ver-

letzung einer klaren Weisung bzw. wesentlichen Pflicht 4A_236/2012 (2.8.12) E. 2.2 fr., bejaht ohne Verwarnung bei Widersetzen gegen Helmtragepflicht 4A_167/2009 (10.6.09) E. 3 fr., verneint bei Zweifeln an der mittels Arztzeugnis geltend gemachten Arbeitsunfähigkeit 4A_140/2009 (12.5.09) E. 5.3, bejaht bei Verletzung einer klaren und wichtigen Weisung 4A_454/2007 (5.2.08) E. 2 fr., verneint bei Kontakt zu ehemaligen Arbeitskollegen, welche einen Konkurrenzbetrieb gegründet haben 4A_169/2007 (20.8.07) E. 3.1 fr., bejaht bei aggressivem und gewalttätigem Verhalten gegenüber der Vorgesetzten (u.a. Bewerfen mit einem Wasserglas) 4C_247/2006 (27.10.06) E. 2 fr., bejaht bei wiederholter Missachtung einer Weisung trotz Verwarnung 4C_119/2006 (29.8.06) E. 3, verneint aufgrund fehlender expliziter Verwarnung bei wiederholter Arbeitsverweigerung und Nichteinhalten der Arbeitszeit 4C_294/2005 (21.12.05) E. 2 fr., bejaht (ohne Vorwarnung) bei Verletzung der Privatsphäre des Vorgesetzten durch Umleitung der gesamten elektronischen Post des Vorgesetzten ohne dessen Wissen in den eigenen elektronischen Briefkasten 130 III 28/31 E. 4.1 Pra 2004 (Nr. 115) 652, verneint bei jähzornigem Verhalten am Arbeitsplatz 4C_407/2004 (7.1.05) E. 2.2, verneint bei ungenügender Abklärung ungewöhnlicher Transaktionen durch Kaderangestellte einer Bank 4C_210/2004 (24.8.04) E. 3.1 fr., verneint nach ungenügender Verwarnung bei Missachten interner Weisungen (Arbeitszeitenregelung und Privatnutzung von Telefon) 4C_173/2003 (21.10.03) E. 3.1 fr., verneint trotz vorheriger Verwarnung, da zwischen dem Vorfall, der zur Verwarnung führte, und demjenigen, der zur Kündigung führte, kein Zusammenhang bestand 127 III 153/158 E. 1c; vgl. 129 III 380/382 f. E. 2.1 (keine Vertragsverletzung, sondern Verhältnis der Arbeitnehmerin mit dem Ehemann der Arbeitgeberin bzw. Geschäftsführerin), 127 III 310/313 E. 3 Pra 2002 (Nr. 26) 128 (betr. die Frage, ob Umstände, die der fristlosen Kündigung des Arbeitsvertrages vorangegangen sind und die der Arbeitgeber weder kannte noch kennen konnte, zur Rechtfertigung der fristlosen Entlassung herangezogen werden können).

Bei ***schweren Verfehlungen*** des Arbeitnehmers wie insbesondere *Straftaten* zum Nachteil des Arbeitgebers ist der wichtige Grund in der Regel ohne Weiteres zu bejahen (im Gegensatz zu weniger schweren Pflichtverletzungen wie unkorrektem oder illoyalem Verhalten gegenüber dem Arbeitgeber), wobei es jedoch massgeblich auf die Umstände und die Schwere der Straftat ankommt. Bejaht bei qualifiziert grober Verkehrsregelverletzung, wenn auch ohne Unfallfolge (Geschwindigkeitsüberschreitung) 4A_54/2020 (25.3.20) E. 6.1 fr., bejaht bei Diebstahl von Handelswaren 4A_177/2017 (22.6.17) E. 2.2.2, bejaht bei grober Verkehrsregelverletzung zum Nachteil eines Dritten (Personen- und Sachschaden) 4A_625/2016 (9.3.17) E. 6.2, bejaht bei Diebstahl einer Flasche Wein ungeachtet ihres geringen Werts 4A_228/2015 (29.9.15) E. 5 fr., bejaht bei Veruntreuung, wenn auch eines geringfügigen Vermögenswertes 4A_328/2010 (24.9.10) E. 4.1 fr., bei Bedrohung des Vorgesetzten mit einem Cutter 4A_486/2007 (14.2.08) E. 4 fr., bei Diebstahl zulasten des Bauherrn auf der Baustelle (trotz Freispruch aus Mangel an Beweisen) 4C_400/2006 (9.3.07) E. 3.2 fr., bei Diebstahl zulasten eines Patienten einer Klinik (trotz Verfahrenseinstellung mangels Strafantrags) 4C_185/2006 (19.10.06) E. 2.2 fr., verneint bei Stempeluhrmanipulation 4C_114/2005 (4.8.05) E. 2 (mit Hinweisen auf die Kasuistik), verneint bei Überschreitung der zulässigen Höchstgeschwindigkeit mit dem Geschäftswagen 4C_122/2005 (4.7.05) E. 2.1.2 fr., bejaht bei unbefugtem Eindringen in ein Datenverarbeitungssystem (Umleitung der elektronischen Post des Vorgesetzten in den 5 eigenen elektronischen Briefkasten) 130 III 28/31 ff. E. 4 Pra 2004 (Nr. 115) 652 ff., verneint bei Vernachlässigung der internen Sicherheitsrichtlinien 4C_109/2004 (29.6.04) E. 4.1 fr., verneint bei Drogenkonsum, welcher sich nicht negativ auf die Arbeitsqualität, auf das Arbeitsklima oder auf das Ansehen des Arbeitgebers bei Dritten ausgewirkt hatte 4C_112/2002 (8.10.02) E. 5, bejaht bei absichtlicher, wiederholter Manipulation der Stempelkarte 4C_149/2002 (12.8.02) E. 1 fr., vgl. 4A_7/2018 (18.4.18) E. 4.2.2 (unpublizierte Erwägung von 144 III 235, in casu Nötigung verneint), 117 II 560/562 E. 3b (betr. Treuepflichtverletzung, wichtiger Grund verneint aufgrund ausgebliebener Verwarnung). Auch der Diebstahl einer Sache von geringem Wert bzw. geringer Bedeutung vermag die für das Arbeitsverhältnis wesentliche Vertrauensgrundlage zu zerstören, und zwar ungeachtet der Dauer des Arbeitsverhältnisses 4A_177/2017 (22.6.17) E. 2.2.2, 4A_228/2015 (29.9.15) E. 5 fr., vgl. 4A_395/2015 (2.11.15) E. 3.6 (entscheidend ist nicht die Höhe des Schadens, sondern der damit verbundene Treuebruch). – Die schwere Verfehlung muss nicht mit den vertraglichen Pflichten des Arbeitnehmers zusammenhängen, sondern sie kann auch dann einen wichtigen Grund darstellen, wenn sie sich generell gegen den Arbeitgeber richtet 4A.169/2007 (20.8.07) E. 3 fr. – Abgrenzung zum blossen, wenn auch ernsthaften Verdacht 4A.169/2007 (20.8.07) E. 3 fr., Pra 1999 (Nr. 36) 219 E. 2b (siehe auch nachfolgend Verdachtskündigung).

6 ***Verletzung vertraglicher Pflichten.*** Der wichtige Grund kann darin bestehen, dass der Arbeitnehmer die *vertraglichen Pflichten gemäss Art. 321 ff. verletzt,* insbesondere die Pflicht, die ihm übertragene Arbeit sorgfältig auszuführen und die berechtigten Interessen des Arbeitgebers in guten Treuen zu wahren (Art. 321a Abs. 1) 4A_54/2020 (25.3.20) E. 6.1 fr. (qualifiziert grobe Verkehrsregelverletzung), 4A_100/2019 (24.2.20) E. 4 fr. (Weisungsverstösse eines Arztes bei einem Patientennotfall), 4A_249/2019 (6.1.20) E. 4.3.3 (Störung des Betriebsfriedens durch Verletzung der Persönlichkeit von anderen Mitarbeitern), 4A_168/2018 (2.10.18) E. 4.4 (Verleitung von Arbeitskollegen zur Begehung einer Straftat gegenüber der gemeinsamen Arbeitgeberin), 4A_112/2017 (30.8.17) E. 3.2 fr. (Weisungsverstoss einer Krankenschwester im Nachtdienst), 4A_349/2017 (23.1.18) E. 4.3 (eigenmächtige Änderung des Logos der Arbeitgeberin), 4A_287/2017 (13.10.17) E. 4.2.2 fr. (unterlassene Meldung einer den Arbeitgeber schädigenden Nebenbeschäftigung eines Untergebenen), 4A_625/2016 (9.3.17) E. 6.3 (grobe Verkehrsregelverletzung), 4A_599/2016 (18.1.17) E. 5.1 fr. (Gründung eines Konkurrenzbetriebs), 4A_521/2016 (1.12.16) E. 3.5 (nicht umgehende Meldung einer krankheitsbedingten Abwesenheit am Arbeitsplatz), 4A_395/2015 (2.11.15) E. 3.6 (Verletzung der Treuepflicht durch Manipulation des Zeiterfassungssystems), 4A_404/2014 (17.12.14) E. 4.1 fr. und 4A_397/2014 (17.12.14) E. 3.1 fr. (Vorbereitung eines Konkurrenzbetriebs während der Arbeitszeit), 4A_236/2012 (2.8.12) E. 2.2 fr. (Missachtung einer klaren Weisung bzw. einer wesentlichen Pflicht, in casu durch einen Kaderangestellten), 4A_723/2011 (5.3.12) E. 3 fr. (Akquise eines neuen Kunden im Wissen um die potenziell negativen Auswirkungen auf den Ruf und andere Interessen des Arbeitgebers), 4A_569/2010 (14.2.11) E. 2.5 (Falschangaben eines Kaderangestellten bei der Einstellung), 4A_333/2009 (3.12.09) E. 2.2 fr. (unpublizierte Erwägung von 136 III 94, betr. Sachbeschädigung), 130 III 28/31 ff. E. 4 Pra 2004 (Nr. 115) 652 ff. (Verletzung der Privatsphäre des Vorgesetzten), 4C.109/2004 (29.6.04) E. 4.1 fr. (Vernachlässigung der internen Sicherheitsrichtlinien), 4C.221/2004 (26.7.04) E. 3 (konkurrenzierende Tätigkeiten in ungekündigter Stellung

während der Dauer des Arbeitsverhältnisses), 127 III 310/315 ff. Pra 2002 (Nr. 26) 131 ff. E. 5 (Whistleblowing),, 4C.263/2001 (22.1.02) E. 2d (Verweigerung des Nachweises der effektiven Spesen gegenüber dem Arbeitgeber), 108 II 444/447 fr., Pra 1999 (Nr. 9) 48 E. 2a (Hinzufügen einer unzulässigen Bemerkung zu einer Pressemitteilung durch den Korrektor). – Ungenügende Arbeitsleistung stellt nur einen wichtigen Grund dar, wenn sie gravierend ist und vom Arbeitnehmer mutwillig verursacht wird 4A_570/2009 (7.5.10) E. 6.1 fr. – Das Nichtbefolgen einer *Weisung* des Arbeitgebers kann nur dann zu einer fristlosen Entlassung führen, wenn die Weisung innerhalb des vertraglichen Rahmens bleibt, nicht gegen Treu und Glauben verstösst, namentlich nicht Persönlichkeitsrechte des Arbeitnehmers verletzt und der Weisungsverstoss eine solche Schwere erreicht, dass die Fortsetzung des Arbeitsverhältnisses als unzumutbar erscheint 4A_659/2015 (28.6.16) E. 2.2 fr. (Weisungsverstoss einer Pflegehelferin bei einem Patientennotfall), 4A_152/2011 (6.6.11) E. 2.3.1 fr. (Missachtung eines Verbots der Kontaktaufnahme zu Kunden und Aktionären), 4A_496/2008 (22.12.08) E. 3 und 4 (schwere Weisungsverstösse einer Pflegehelferin bei einem Patientennotfall), 4A_454/2007 (5.2.08) E. 2.3 fr. (Verletzung einer Weisung betreffend die Vertretung des Arbeitgebers zwecks Stimmabgabe an einer Generalversammlung), 4C.119/2006 (29.8.06) E. 3 (Verletzung von Weisungen betreffend Arbeitszeiten sowie Aufenthalt von Nichtangestellten in den Büroräumlichkeiten des Arbeitgebers), 4C.155/2005 (6.7.05) E. 5 fr. (Verweigerung der Erfüllung zugewiesener Aufgaben), 4C.357/2002 (4.4.03) E. 4.1 (Verletzung einer eindringlichen und für die Arbeitgeberin wichtigen Weisung, den ausländischen Arbeitsort nicht zu verlassen), 4C.158/2002 (20.8.02) E. 3.1 (Weisungsrecht im Konzern), 4C.161/2000 (28.7.00) E. 2 (Missachtung eines Helmobligatoriums), vgl. auch 4C.98/2001 (12.6.01) E. 4 fr. und 4C.100/2001 (12.6.01) E. 5 (Verweigerung der Teilnahme an einer Sitzung), vgl. aber auch 4C.294/2005 (21.12.05) E. 3 fr. (Arbeitsverweigerung und Nichteinhalten der Arbeitszeit). – Nicht jede *konkurrenzierende Tätigkeit* kann Anlass für eine fristlose Entlassung sein Pra 1997 (Nr. 109) 593 E. 3c, vgl. auch 4C.64/2006 (28.6.06) E. 3.2 fr., 4C.66/2006 (28.6.06) E. 3.2 fr., 4C.181/2005 (25.8.05) E. 2 (betr. Verwarnung), 4C.325/2006 (28.11.06) E. 2.2, 4C.221/2004 (26.7.04) E. 2.2 sowie 4C.10/2004 (29.4.04) E. 8.4 fr. (jeweils wichtiger Grund bejaht), 117 II 72/72 ff. Insbesondere verstösst die Vorbereitung zukünftiger Aktivitäten grundsätzlich nicht gegen arbeitsrechtliche Pflichten, es sei denn, es würden zum Beispiel Kunden oder Mitarbeiter abgeworben 4C.98/2005, 4C.104/2005 (27.7.05) E. 3.1 fr. – Eine Verletzung der *Treuepflicht* durch leitende Angestellte wiegt schwerer und ist besonders geeignet, das gegenseitige Vertrauen zu zerstören 4A_105/2018 (10.10.18) E. 3.2.1 fr., 4A_349/2017 (23.1.18) E. 4.4, 4A_397/2014 (17.12.14) E. 3.2 fr., 4A_236/2012 (2.8.12) E. 2.2 fr., 4A_685/2011 (24.5.12) E. 4.1, 4A_298/2011 (6.10.11) E. 2, 4A_152/2011 (6.6.11) E. 2.3.1 fr., 4A_569/2010 (14.2.11) E. 2.1, 4A_507/2010 (2.12.10) E. 2.2, 104 II 28/29 f. E. 1, 127 III 86/89 f. E. 2c Pra 2001 (Nr. 84) 494 f., Pra 1999 (Nr. 73) 401 E. 2a, siehe auch nachfolgend konkrete Umstände, vgl. auch Art. 337b Abs. 2. Eine besondere Empfindlichkeit des Vertrauensverhältnisses kann sich zudem aus dem Inhalt der Tätigkeit ergeben 4A_236/2012 (2.8.12) E. 2.2 fr. (Bankensektor). – Nicht entscheidend für das Vorliegen eines wichtigen Grundes ist, ob der Arbeitgeber einen Schaden erlitten hat oder ob andere Arbeitnehmer ihre vertraglichen Pflichten ebenfalls verletzt haben 4A_54/2020 (25.3.20) E. 6.4 fr., 4A_236/2012 (2.8.12) E. 2.3 fr., 124 III 25/29 E. 3b.

7 **Verdachtskündigung.** Eine Verdachtskündigung liegt vor, wenn eine Kündigung aufgrund eines ursprünglichen, berechtigten Verdachts auf ein vertragswidriges oder sogar strafbares Verhalten erfolgt, dieser Verdacht sich im Nachhinein aber als nicht begründet erweist 4A_395/2015 (2.11.15) E. 3.5, vgl. 4D_12/2019 (12.6.19) E. 4.3 fr., 4A_419/2015 (19.2.16) E. 2.1.2 fr. Bei Verdacht auf eine Verfehlung des Arbeitnehmers hat der Arbeitgeber die zumutbaren Massnahmen zur Klärung zu ergreifen und eine Vorverurteilung des Arbeitnehmers zu vermeiden. Welche Massnahmen zu ergreifen sind und welche Frist dem Arbeitgeber zugestanden wird, ist abhängig von den konkreten Umständen 4A_251/2015 (6.1.16) E. 3.2.2 fr., vgl. 4A_242/2017 (30.11.17) E. 3.2 fr., 4A_419/2015 (19.2.16) E. 2.1.2 fr. (siehe dazu auch nachfolgend: *Verzicht/Verwirkung*). Mit Blick auf die bedeutenden Konsequenzen einer fristlosen Entlassung hat der Arbeitgeber je nach Verdacht Vorsicht walten zu lassen, eine Vorverurteilung des Arbeitnehmers zu vermeiden und die Fakten sorgfältig zu ermitteln 4A_206/2019 (29.8.19) E. 4.2.2 fr. Der erhebliche Verdacht eines schweren Delikts kann dazu führen, dass eine Weiterführung des Arbeitsverhältnisses nicht mehr zumutbar ist. Bei Verdacht weniger gravierender Straftaten ist dem Arbeitgeber zuzumuten, auf einen solchen Schritt zu verzichten 4A_694/2015 (4.5.16) E. 2.2 fr. (grundsätzlich ist in einem solchen Fall aber eine ordentliche Kündigung zulässig), 4C.109/2004 (29.6.04) E. 4.1 fr., 4C.112/2002 (8.10.02) E. 5 (betr. Drogenkonsum), 4C.332/2001 (20.3.02) E. 5b it. (Tätlichkeit i.S.v. StGB Art. 126), Pra 2000 (Nr. 11) 60 E. 3b (Lohnfortzahlungspflicht nach Art. 337b Abs. 2, wenn sich der Verdacht als unbegründet erweist), vgl. jedoch auch 4C.400/2006 (9.3.07) E. 3.2 fr., 4C.317/2005 (3.1.06) E. 5. Die Verlängerung der Untersuchungshaft ist als Indiz zuungunsten des Arbeitnehmers zu werten 4A_251/2015 (6.1.16) E. 3.5 fr. Kein wichtiger Grund, wenn eine strafrechtliche Untersuchung den Verdacht nicht erhärtet 4A_251/2015 (6.1.16) E. 3.2.3 fr. (in casu aber wichtiger Grund bejaht), 4A_602/2013 (27.3.14) E. 6 fr., 4A.169/2007 (20.8.07) E. 3 fr., wohl aber, wenn eine strafrechtliche Verurteilung zwar nicht erfolgt, aber deutliche Beweise für das Fehlverhalten des Arbeitnehmers vorliegen 4C.400/2006 (9.3.07) E. 3.2 fr. Erweist sich eine fristlose Kündigung infolge einer Treuepflichtverletzung als begründet, kommt dem Verdacht auf eine schwere Straftat keine selbständige Bedeutung zu 4C.317/2005 (3.1.06) E. 5, vgl. 4A_404/2014 (17.12.14) E. 4.3.2.1 fr. (aus der Einstellung eines Strafverfahrens lässt sich nicht schliessen, dass das fragliche Verhalten keinen wichtigen Grund für die Entlassung darstellt).

8 ***Verschulden.*** Auch von den Parteien nicht zu verantwortende und nicht erwartete Ereignisse oder Umstände können ausnahmsweise eine ausserordentliche Vertragsbeendigung rechtfertigen, vorausgesetzt, dass die Parteien bei Vertragsbeginn weder damit rechnen konnten noch rechnen mussten (womit wirtschaftliche Gründe weitgehend wegfallen) und die Massnahme von einem objektiven Standpunkt aus als angemessen erscheint 129 III 380/382 f. E. 2.2 (in casu verneint), 104 Ia 161/165 E. 3a, 97 II 142/146 E. 2a Pra 1971 (Nr. 210) 676, vgl. auch Art. 337b Abs. 2. Es ist nicht widersprüchlich, wenn bei der Sanktion für eine ungerechtfertigte fristlose Entlassung gemäss Art. 337c Abs. 3 Verfehlungen des Arbeitnehmers berücksichtigt werden, diese aber nicht als derart schwer betrachtet werden, dass sie eine fristlose Kündigung gerechtfertigt hätten 4A_7/2018 (18.4.18) E. 4.2.5 (unpublizierte Erwägung von 144 III 235).

9 ***Konkrete Umstände.*** Zu den *konkreten Umständen* gehören namentlich Stellung und Verantwortlichkeiten des Arbeitnehmers, Art und Dauer der arbeitsvertraglichen Bezie-

hung, Art und Gewicht der geltend gemachten Verfehlungen, deren Häufigkeit oder Dauer sowie auch das Verhalten des Arbeitnehmers gegenüber Weisungen oder Verwarnungen 4A_620/2019 (30.4.20) E. 6 fr., 4A_54/2020 (25.3.20) E. 6.2 fr., 4A_206/2019 (29.8.19) E. 4.2.1 fr., 4D_12/2019 (12.6.19) E. 4.2.2 fr., 4A_225/2018 (6.6.19) E. 4.1 fr., 4A_622/2018 (5.4.19) E. 5 fr., 4A_105/2018 (10.10.18) E. 3.2.1 fr., 4A_124/2017 (31.1.18) E. 3.1 fr., 4A_112/2017 (30.8.17) E. 3.2 fr., 4A_287/2017 (13.10.17) E. 4.1 fr., 4A_625/2016 (9.3.17) E. 3.2, 4A_599/2016 (18.1.17) E. 5.1 fr., 4A_521/2016 (1.12.16) E. 2.2.2, 4A_153/2016 (27.9.16) E. 2.1 fr., 4A_659/2015 (28.6.16) E. 2.2 fr., 4A_515/2015 (21.6.16) E. 3.2 fr., 4A_228/2015 (29.9.15) E. 4 fr., 4A_188/2014 (8.10.14) E. 2.3 fr., 4A_404/2014 (17.12.14) E. 4.1 fr., 4A_553/2012 (29.7.13) E. 5.1 fr., 4A_723/2011 (5.3.12) E. 3 fr., 4A_215/2011 (2.11.11) E. 3.3 fr., 4A_329/2011 (11.10.11) E. 3 fr., 4A_252/2011 (22.8.11) E. 4.2 fr., 4A_115/2010 (14.5.10) E. 2.2 fr., 127 III 310/313 f. E. 3 Pra 2002 (Nr. 26) 128 f., 127 III 153/155 E. 1a, 111 II 245/249 f. E. 3, 108 II 444/446 E. 2 fr., 116 II 145/150 E. 6a, vgl. auch 4A_7/2018 (18.4.18) E. 4.2.5 (unpublizierte Erwägung von 144 III 235), Pra 1997 (Nr. 109) 593 f. E. 4, 4C.74/2007 (22.1.08) E. 4 fr. (drohende ökonomische Folgen für den Arbeitgeber). Das Verhalten von Kadermitarbeitern resp. von Mitarbeitern mit einer besonderen Funktion oder Verantwortung ist strenger zu beurteilen 4A_186/2019 (20.12.19) E. 3.3 fr. (in casu Mitarbeiterin eines Uhrenherstellers, d.h. in einem sehr spezifischen Arbeitsbereich, der absolutes Vertrauen erfordert), 4A_206/2019 (29.8.19) E. 4.2.1 fr. (Mitglied der Geschäftsleitung), 4A_124/2017 (31.1.18) E. 3.1 fr., 4A_112/2017 (30.8.17) E. 3.2 fr. (in casu Krankenschwester im Nachtdienst), 4A_177/2017 (22.6.17) E. 2.3 (in casu Kassierin), 4A_515/2015 (21.6.16) E. 3.2 fr. Ebenfalls zu berücksichtigen ist vertrags- oder rechtswidriges Verhalten des Arbeitgebers, welches den Arbeitnehmer zur Vertragsverletzung verleitet 4A_60/2014 (22.7.14) E. 3.4 fr. (Verletzung von Art. 328). – Ob das einen wichtigen Grund darstellende Verhalten gebräuchlich sei oder nicht, ist bedeutungslos; eine offensichtlich *missbräuchliche Übung* ist bei Anwendung der Bestimmung nicht zu beachten 92 II 184/190 E. 5. – Zu berücksichtigen ist auch die verbleibende Zeit bis zur ordentlichen Beendigung des Arbeitsverhältnisses. Bei einer *längeren Kündigungsfrist* rechtfertigt sich eine fristlose Entlassung eher als bei einer kurzen, bzw. je kürzer die Kündigungsfrist ist, umso gewichtiger muss der angeführte Grund sein, um zur fristlosen Entlassung zu berechtigen 4A_225/2018 (6.6.19) E. 4.1 fr., 4A_105/2018 (10.10.18) E. 3.2.1 fr., 4A_7/2018 (18.4.18) E. 4.2.2 (unpublizierte Erwägung von 144 III 235), 4A_124/2017 (31.1.18) E. 3.1 fr., 4A_287/2017 (13.10.17) E. 4.1 fr., 4A_112/2017 (30.8.17) E. 3.2 fr., 4A_177/2017 (22.6.17) E. 2.2.1, 4A_625/2016 (9.3.17) E. 3.2, 4A_288/2016 (26.9.16) E. 4.2, 4A_169/2016 (12.9.16) E. 4 (unpublizierte Erwägung von 142 III 626), 142 III 579/579 E. 4.2, 4C.95/2004 (28.6.04) E. 2, 4C.106/2001 (14.2.02) E. 3c fr., 104 II 28/31 E. 2b, vgl. auch 4A_519/2016 (14.3.17) E. 7, 117 II 560/563 E. 3b, Pra 1997 (Nr. 124) 673 E. 5, Pra 1999 (Nr. 73) 401 E. 2a, 4C.98/2001 (12.6.01) E. 4 fr. Dies gilt insbesondere dann, wenn die ordentliche Kündigung bereits ausgesprochen wurde 4C.265/2004 (1.10.04) E. 3.2 fr. – Den Schutzgründen nach Art. 336 ff. ist besondere Beachtung zu schenken 4C.247/2006 (27.10.06) E. 2.1 fr. – Vertragliche Klauseln, die den wichtigen Grund für eine fristlose Kündigung konkretisieren, vermögen das Gericht nicht zu binden, können aber bei der Beurteilung der gesamten Umstände des konkreten Einzelfalls helfen, welche Vorkommnisse aus der Sicht der Parteien die Fortsetzung des Arbeitsverhältnisses als zumutbar oder unzumutbar erscheinen lassen 4A_54/2020 (25.3.20) E. 6.5 fr., 4A_625/2016 (9.3.17) E. 7.3.

10 **Verwarnung.** Nur besonders schwere Verfehlungen des Arbeitnehmers rechtfertigen die unmittelbare fristlose Entlassung. Bei weniger schweren Verfehlungen muss eine Verwarnung vorausgegangen sein, bevor eine fristlose Entlassung zulässig ist 4A_7/2018 (18.4.18) E. 4.2.2 (unpublizierte Erwägung von 144 III 235), 4A_124/2017 (31.1.18) E. 3.1 fr., 4A_35/2017 (31.5.17) E. 4.3 fr., 4A_153/2016 (27.9.16) E. 2.1 fr., 4A_56/2016 (30.6.16) E. 3.1, 4A_659/2015 (28.6.16) E. 2.2 fr., 4A_515/2015 (21.6.16) E. 3.2 fr., 4A_702/2015 (20.5.16) E. 2.1 (in casu Zugang der Verwarnung nicht bewiesen), 4A_188/2014 (8.10.14) E. 2 fr., 4A_559/2012 (18.3.13) E. 5.2, 4A_726/2011 (10.4.12) E. 3.1, 4A_329/2011 (11.10.11) E. 3 fr., 4A_252/2011 (22.8.11) E. 4.2 fr., 4A_152/2011 (6.6.11) E. 2.3.1 fr., 4A_377/2010 (11.10.10) E. 3.2 fr., 130 III 213/220 f. E. 3.1, 4C.109/2003 (30.7.03) E. 2.3, 121 III 467/472 E. 4d Pra 1996 (Nr. 207) 803 f., 126 V 42/47 E. 3a fr., 127 III 153/155 E. 1a fr., 127 III 351/354 E. 4a fr., Pra 1998 (Nr. 41) 268 E. 2a, Pra 1998 (Nr. 73) 449 E. b, Pra 1999 (Nr. 9) 49 E. 2a, Pra 1999 (Nr. 36) 218 E. 2a, Pra 1999 (Nr. 73) 401 E. 2a, Pra 2000 (Nr. 11) 57 E. 1, Pra 2001 (Nr. 85) 498 E. 2a/bb, 117 II 560/561 E. 3, vgl. auch Pra 1997 (Nr. 109) 594 E. 4b und Pra 1997 (Nr. 124) 671 E. 2a. Eine *geringfügige Vertragsverletzung* des Arbeitnehmers (wie z.B. eine unentschuldigte Abwesenheit) rechtfertigt im Allgemeinen nur dann eine fristlose Entlassung, wenn sie trotz wiederholter diesbezüglicher Verwarnungen erneut vorgekommen ist 4A_287/2017 (13.10.17) E. 4.1 fr., 4A_215/2011 (2.11.11) E. 3.3 fr., 4A_517/2010 (11.11.10) E. 2, vgl. 4A_620/2019 (30.4.20) E. 6 fr., oder wenn sie andauert 108 II 444/446 E. 2 fr. – Auch bei (wiederholter) Verwarnung liegt jedoch ein wichtiger Grund nur dann vor, wenn aufgrund des vertragswidrigen Verhaltens nicht zugemutet werden kann, das Arbeitsverhältnis bis zum Ablauf der ordentlichen Kündigungsfrist weiterzuführen. Das ist zum Beispiel der Fall, wenn ein Arbeitnehmer trotz klarer Verwarnung das beanstandete Verhalten nicht ändert 4A_124/2017 (31.1.18) E. 4.3 fr. (in casu nicht erstellt, dass der Arbeitnehmer sein Verhalten trotz Verwarnung nicht geändert hätte), 4A_101/2012 (31.5.12) E. 2.4, 4C.57/2007 (15.5.07) E. 3.2 (in casu jedoch unzureichende Verwarnung), 4C.364/2005 (12.1.06) E. 2 und 3 (in casu fehlender Zusammenhang zwischen der Verwarnung und dem Vorfall, welcher zur Kündigung führte), 4C.117/2005 (19.5.05) E. 3.2.2 (wiederholt verspätetes Erscheinen zur Arbeit trotz mehrmaliger Verwarnung), 4C.180/2004 (16.8.04) E. 2.1 fr. (in casu jedoch trotz mehrfacher Verwarnung kein wichtiger Grund, da das beanstandete Verhalten das Vertrauensverhältnis nicht zu zerstören vermochte), 4C.173/2003 (21.10.03) E. 3.1 fr. (in casu unzureichende Verwarnung), 127 III 153/157 E. 1c (in casu unzureichende Verwarnung). Vorkommnisse, auf die der Arbeitgeber mit einem Verweis bzw. einer Verwarnung reagiert, rechtfertigen später ohne Entdeckung neuer Gründe nicht zu einer fristlosen Entlassung 4A_56/2016 (30.6.16) E. 3.3.

11 ***Verzicht auf die Verwarnung.*** Auf eine solche Verwarnung im Sinne einer Mahnung zur richtigen Vertragserfüllung darf nur dann verzichtet werden, wenn aus dem Verhalten des Arbeitnehmers hervorgeht, dass sie sich als unnütz erweisen würde 4A_105/2018 (10.10.18) E. 3.1 fr., 4A_167/2009 (10.6.09) E. 3 fr., 4C.407/2004 (7.1.05) E. 2.1, Pra 2001 (Nr. 85) 498 E. 2a/bb.

Auslegung und Form der Verwarnung. Die Verwarnung hat zugleich Rüge- und Warnfunktion; sie kann ihren Zweck nur erfüllen, wenn der Arbeitgeber dem Arbeitnehmer unmissverständlich klarmacht, dass er den oder die begangenen Fehler schwer gewichtet und deren Wiederholung nicht sanktionslos hinzunehmen bereit ist 4A_288/2016 (26.9.16) E. 4.3, 4A_702/2015 (20.5.16) E. 2.4, 4A_188/2014 (8.10.14) E. 2.3 fr., 4A_101/2012 (31.5.12) E. 2.2. Für die Bedeutung einer Verwarnung ist zu berücksichtigen, in welchem Zusammenhang sie ausgesprochen wurde und wie weit sie zurückliegt 4C.364/2005 (12.1.06) E. 2 und 3, 108 II 444/449 E. 2c fr. Mit Blick auf die Vielzahl möglicher Fallumstände ist es nicht möglich, über Anzahl, Form und Inhalt der erforderlichen Verwarnungen feste Regeln zu bilden 4C.117/2005 (19.5.05) E. 3.2, 4C.180/2004 (16.8.04) E. 2.1 fr., 4C.391/2002 (12.3.03) E. 3.1, 127 III 153/157 E. 1c. Die Verwarnung muss jedoch in klarer und für den Arbeitnehmer verständlicher Weise auf eingeforderte Pflichten und mögliche Konsequenzen hinweisen, muss aber nicht notwendigerweise immer explizit mit der fristlosen Kündigung drohen 4A_288/2016 (26.9.16) E. 4.3, 4A_188/2014 (8.10.14) E. 2.3 fr., 4A_101/2012 (31.5.12) E. 2.2, 4C.10/2007 (30.4.07) E. 2.1 fr., 4C.57/2007 (15.5.07) E. 3.2 (zu beachtende konkrete Umstände), 4C.294/2005 (21.12.05) E. 3 fr., 4C.331/2005 (16.12.05) E. 2.1.2 fr., 4C.351/2004 (20.1.05) E. 6.2 fr., 4C.187/2004 (5.7.04) E. 5.1, 4C.109/2003 (30.7.03) E. 2.3 (in casu genügte ein allgemeines Rundschreiben den Anforderungen nicht), 4C.322/2002 (18.2.03) E. 3.1. Eine Verwarnung ohne explizite Drohung mit der fristlosen Kündigung genügt dann den Erfordernissen, wenn klar ist, dass auch in Zukunft entsprechende Vorfälle nicht sanktionslos hingenommen werden und dass als ultima ratio nur noch die fristlose Kündigung zur Verfügung steht 4A_531/2012 (19.12.12) E. 7.2, 4C.117/2005 (19.5.05) E. 3.2.2, 4C.68/2005 (29.4.05) E. 2.1. – Wird die Verwarnung mit bestimmten Verhaltensvorschriften verknüpft, kann ohne Verletzung dieser oder anderer expliziter Vorschriften nicht mehr aus dem ursprünglichen Grund fristlos gekündigt werden. Die mit der Verwarnung verknüpften Verhaltensvorschriften müssen nach Treu und Glauben so abgefasst sein, dass der Arbeitnehmer erkennen kann, wie er sich zu verhalten hat, um die fristlose Kündigung zu vermeiden 4C.137/2000 (16.8.01) E. 2b, vgl. 4A_56/2016 (30.6.16) E. 3.3. Zur Beurteilung der Frage, ob der Arbeitnehmer nach Treu und Glauben als ausreichend gewarnt zu gelten hat und dem Arbeitgeber bei erneuter Pflichtwidrigkeit die Fortsetzung des Arbeitsverhältnisses bis zum Ablauf der ordentlichen Kündigungsfrist nicht mehr zugemutet werden kann, ist auf die Natur, Schwere und Häufigkeit der Verfehlungen sowie die Reaktion des Arbeitnehmers auf die erfolgte Rüge und Ermahnung abzustellen 4A_288/2016 (26.9.16) E. 4.4. – Kein Verstoss gegen Bundesrecht, wenn mehrere in einem engen Zeitraum ergangene Ermahnungen als eine einzige rechtsrelevante Verwarnung qualifiziert werden, selbst wenn dabei zum Teil unberechtigte Vorwürfe erhoben wurden 4A_101/2012 (31.5.12) E. 2.3. 12

Typische Situationen. Relativierung der Kasuistik zugunsten des gerichtlichen Ermessens der Vorinstanzen 4A_54/2020 (25.3.20) E. 6.5 fr., 4A_105/2018 (10.10.18) E. 3.3 fr., 4A_124/2017 (31.1.18) E. 3.2 fr., 4A_112/2017 (30.8.17) E. 3.2 fr., 4A_287/2017 (13.10.17) E. 4.1 fr., 4A_404/2014 (17.12.14) E. 4.1 fr., 4A_397/2014 (17.12.14) E. 3.1 fr., 4A_60/2014 (22.7.14) E. 3.2 fr., 4C.400/2006 (9.3.07) E. 3.1 fr. – Für gewisse typische Situationen besteht eine gefestigte Rechtsprechung: *Arbeitsverweigerung* und *unent-* 13 *schuldigtes Fernbleiben* sind dann ein wichtiger Grund für eine fristlose Entlassung, wenn sie beharrlich sind und eine Verwarnung mit klarer Androhung der fristlosen Entlassung vorausgegangen ist. Die Voraussetzungen der Beharrlichkeit und der vorgängigen Verwarnung gelten jedoch nicht, wenn sich die Arbeitsverweigerung oder das Fernbleiben über längere Zeit erstreckt (vgl. 4C.244/2000 [30.11.00] E. 2b/bb, nach welchem bei einer fünftägigen Abwesenheit eine Verwarnung hätte erfolgen müssen) oder wenn eine klare Aufforderung durch den Arbeitgeber vorausgegangen ist, am Arbeitsplatz anwesend zu sein. Insbesondere stellt der eigenmächtige Ferienbezug entgegen einem abschlägigen Bescheid des Arbeitgebers einen wichtigen Grund dar, sofern nicht besondere Umstände vorliegen (wie z.B. die Tatsache, dass der rechtzeitig benachrichtigte Arbeitgeber bei der Festsetzung der Ferien den legitimen Wünschen des Arbeitnehmers nicht Rechnung getragen hat, obwohl die Interessen des Betriebes kaum beeinträchtigt worden wären); vgl. Art. 329c Abs. 2 4A_690/2012 (13.3.13) E. 3 (in casu kein wichtiger Grund bei kurzer Absenz von ca. einer Stunde vor dem Hintergrund eines Streits über eine Änderung der Arbeitszeiten durch einseitige Weisung des Arbeitgebers sowie eigenmächtigen Ferienbezug), 4C.294/2005 (21.12.05) E. 2 fr., 4C.201/2004 (22.7.04) E. 3 und 4, 4C.114/2002 (10.7.02) E. 2.5, 4P.188/1999 (7.2.00) E. 2b fr., 4C.270/1999 (7.2.00) E. 2a fr., 108 II 301/303 f. E. 3b Pra 1983 (Nr. 8) 15 f., 111 II 245/250 E. 3, Pra 1998 (Nr. 41) 268 E. 2b/aa, vgl. auch 4A_45/2018 (25.7.18) E. 7.2 fr. (ein Arztzeugnis, das eine Arbeitsunfähigkeit von 50% bescheinigt, rechtfertigt kein vollständiges Fernbleiben von der Arbeit), 4A_35/2017 (31.5.17) E. 4.3 fr. (in casu wichtiger Grund bejaht bei zweimaligem Fernbleiben von einer Besprechung zur Organisation der Weiterbeschäftigung der Arbeitnehmerin nach einem unbezahlten Urlaub, wobei nach dem ersten Mal eine Verwarnung ausgesprochen wurde), 4A_288/2016 (26.9.16) E. 5.1 (in casu Verwarnung wegen Unpünktlichkeit als Pochen auf Einhaltung der Arbeitszeit ausgelegt und damit auch als Verwarnung betreffend vorzeitiges Verlassen der Arbeit zu verstehen), 4C.303/2005 (1.12.05) E. 2.4 (in casu kein wichtiger Grund bei der Verweigerung einer Tätigkeit, die nicht zum Pflichtenheft des Arbeitnehmers gehört), 4C.112/2005 (12.4.05) E. 3.1 fr. (Arbeitsverweigerung), 4C.117/2005 (19.5.05) E. 3.2, 4C.464/1999 (13.6.00) E. 2 f. (Arbeitsverweigerung infolge eines Einsatzes mit langem Arbeitsweg und Überstundenarbeit), 4C.391/2002 (12.3.03) E. 3.4 (wiederholte fehlende Benachrichtigung über Absenzen), Pra 2003 (Nr. 52) 258 ff. E. 2 und 3 (entschuldbare Unkenntnis der gesetzlichen Regelungen zum Mutterschaftsurlaub). Keine Arbeitsverweigerung liegt allein in der Nachricht des Trainers an den Sportchef, er werde bis zur bevorstehenden Sitzung keine Trainings mehr leisten 4A_7/2018 (18.4.18) E. 4.2.3 (unpublizierte Erwägung von 144 III 235). Gem. Abs. 3 in fine (und analog zu Art. 336c Abs. 1 lit. b) ist die fristlose Kündigung immer dann ungerechtfertigt, wenn sich (auch nachträglich) herausstellt, dass die Arbeitsverweigerung resp. Absenz in unverschuldeter Weise erfolgte. Siehe auch zum Recht der Schwangeren, dem Arbeitsplatz auf Anzeige hin fernzubleiben 4C.57/2007 (15.5.07) E. 3.3. Dass der Arbeitnehmer selber glaubte, er verweigere die Arbeit in ungerechtfertigter Weise, ändert daran nichts 4C.413/2004 (10.3.05) E. 2 fr., vgl. aber 129 III 380/382 f. E. 2.2. – Bei Verhinderung des Arbeitnehmers an der Arbeitsleistung infolge *Krankheit* kann eine fristlose Kündigung nur dann ausgesprochen werden, wenn der Arbeitgeber den Arbeitnehmer erfolglos aufgefordert hat, entweder ein Arztzeugnis einzureichen oder die Arbeit wieder aufzunehmen 4C.391/2002 (12.3.03) E. 3.4 fr., 4C.349/2000 (28.3.01)

E. 3b, 4C.244/2000 (30.11.00) E. 2a/cc, Pra 2001 (Nr. 85) 499 E. 2a/dd, auch Pra 1995 (Nr. 201) 657 E. 2b/bb, vgl. auch 4C.198/2002 (14.11.02) E. 2.2 (betr. mangelhaftes Arztzeugnis). Ob im Zeitpunkt der Entlassung eine krankheitsbedingte Verhinderung vorliegt, beurteilt sich aufgrund der tatsächlichen Situation des Arbeitnehmers; ob der Arbeitgeber um die Verhinderung wusste, ist unerheblich 4A_521/2016 (1.12.16) E. 2.2.2. – Bleibt der Arbeitnehmer nur einzelne Tage von der Arbeit fern, liegt in der Regel eine leichtere Verfehlung vor, die eine fristlose Entlassung nur im Wiederholungsfalle bzw. bei vorangehender, erfolgloser Abmahnung oder bei arglistigem Vorgehen rechtfertigt 4C.222/2003 (2.9.03) E. 2, 4C.244/2000 (30.11.00) E. 2b/bb Pra 2001 (Nr. 85) 499, vgl. 4A_520/2017 (19.4.18) E. 6.4 (unwahre Sachdarstellung als zusätzliches belastendes Moment, welches zwar nicht eine fristlose Entlassung, aber eine ordentliche Kündigung ohne Einhaltung eines im GAV vorgesehenen «Drei-Stufen-Verfahrens» rechtfertigte). – Bei falschen oder pflichtwidrig unterlassenen *Angaben zur Arbeitszeit sowie bei Manipulation der Zeiterfassung* liegt in der Regel ein wichtiger Grund vor 4A.123 und 125/2007 (31.8.07) E. 5 fr., 4C.114/2005 (4.8.05) E. 2 (in casu kein wichtiger Grund), 4C.149/2002 (12.8.02) E. 1.3 fr., vgl. aber im Rahmen eines öffentlich-rechtlichen Arbeitsverhältnisses 1C_277/2007 (30.6.08) E. 3–5. – Im Rahmen grundrechtskonformer Auslegung des Art. 337 muss sich der Zivilrichter mit den Auswirkungen eines allfälligen verfassungsrechtlich garantierten *Streikrechts* auf das Arbeitsvertragsrecht auseinandersetzen (Dritt- oder Horizontalwirkung der Grundrechte). Offengelassen, wie weit das Streikrecht verfassungsmässig gewährleistet ist und ob ein rechtmässiger *Streik* den Arbeitsvertrag verletzt 111 II 245/250 ff. E. 4, Streikrecht unter bestimmten Voraussetzungen bejaht (echte Lücke) 125 III 277/277 ff., zu den Voraussetzungen eines rechtmässigen Streiks nach Inkrafttreten von BV Art. 28 4A_64/2018 (17.12.18) E. 4 fr., siehe auch bei Art. 357a. – Ungerechtfertigte *Verweigerung der Auszahlung verdienten Lohnes* und aufgelaufener Spesen stellt im Allgemeinen einen Auflösungsgrund i.S. der Bestimmung dar 76 II 225/227 f. E. 4, wobei der fristlosen Kündigung eine deutliche Abmahnung vorausgehen muss 4C.2/2003 (25.3.03) E. 5.2 fr., 4C.203/2000 (2.4.01) E. 4 fr. Ebenso stellt die *schwere Verletzung der Fürsorgepflichten und Persönlichkeitsrechte* gegenüber dem Arbeitnehmer einen wichtigen Grund dar 4C.309/2004 (10.11.04) E. 3.2 (in casu Bossing gegen eine schwangere Mitarbeiterin), 4C.240/2000 (2.2.01) E. 3. – *Berufliche Unfähigkeit resp. Schlechterfüllung* rechtfertigt im Grundsatz keine fristlose Entlassung 4C.303/2005 (1.12.05) E. 2.1 fr., 4C.249/2003 (23.12.03) E. 3.1, 4C.137/2000 (16.8.01) E. 3b fr., vgl. auch 4C.159/2002 (8.10.02) E. 2.2. Nach alter Rechtsprechung besteht nur dann ein wichtiger Grund für die fristlose Entlassung, wenn der Angestellte die Mindestanforderungen nicht erfüllt, die der Arbeitgeber von jedem Mitarbeiter in der gleichen Stellung erwarten kann, und wenn eine spätere Besserung unwahrscheinlich ist 97 II 142/146 E. 2a Pra 1971 (Nr. 210) 675 f., Pra 1999 (Nr. 73) 402 E. 2b. Auch wenn sich die Arbeitsleistung im Verlauf des Arbeitsverhältnisses zunehmend verschlechtert, rechtfertigt sich eine fristlose Entlassung nicht, soweit den Arbeitnehmer kein Verschulden trifft; solche Veränderungen gehören zum Risiko, das jedem Dauerschuldverhältnis innewohnt Pra 1999 (Nr. 73) 402 E. 2b, 127 III 351/354 E. 4b/bb. – *Schwarzarbeit während der Ferien* kann in schweren Fällen Grund zur fristlosen Entlassung sein 1D_13/2007 E. 2 fr. (in casu öffentlich-rechtlicher Arbeitsvertrag, schwerer Fall verneint), Pra 1997 (Nr. 124) 671 E. 2b (in casu schwerer Fall verneint). – *Tätlichkeiten* gegen Mitarbeitende oder Vorgesetzte, die eine gewisse Schwere aufweisen 4A_60/2014 (22.7.14) E. 3 fr. (in casu aber auf Verhalten des Arbeitgebers zurückzuführen, daher fristlose Entlassung nicht gerechtfertigt), 4A_486/2007 (14.2.08) E. 4 fr. (Verweis auf Pflicht nach Art. 328 zum Schutz anderer Arbeitnehmer), 4C.247/2006 (27.10.06) E. 2 fr. (in casu genügende Verwarnung), 4C.331/2005 (16.12.05) E. 2.1.2 fr. (in casu keine genügende Verwarnung), 4C.346/2002 (14.1.03) E. 2.3 und schikanöse Behandlung oder schwere *Beschimpfung* des Arbeitgebers oder eines Vorgesetzten bilden einen wichtigen Grund zur fristlosen Entlassung 4D_79/2016 (23.3.17) E. 6 fr., 4C.247/2006 (27.10.06) E. 2 fr., 4C.154/2006 (26.6.06) E. 2.3, 127 III 351/351, 4C.119/2002 (20.6.02) E. 2.2, Pra 1998 (Nr. 138) 756 E. 1b. Dies gilt jedoch insbesondere dann nicht, wenn der Arbeitgeber selbst zu verantworten hat, dass eine Situation mit erhöhter Spannung entstand 4C.400/2005 (24.3.06) E. 2, 4C.83/2004 (29.4.04) E. 3.2 fr., 4C.434/1999 (19.1.00) E. 2b fr.

14 **Beispiele.** Als ***wichtiger Grund*** für eine fristlose Auflösung wurde betrachtet: Weisungsverstösse eines Arztes bei einem Patientennotfall 4A_100/2019 (24.2.20) E. 4 fr., unverhältnismässiger und nicht durch GAV regelbare Ziele verfolgender und deshalb nicht rechtmässiger Streik 4A_64/2018 (17.12.18) E. 5 fr., sexuelle Belästigung der Lehrtochter durch einen Bereichsleiter und Lehrmeister 4A_105/2018 (10.10.18) E. 4.3 fr., Verleitung von Arbeitskollegen zur Begehung einer Straftat gegenüber der gemeinsamen Arbeitgeberin 4A_168/2018 (2.10.18) E. 4.4, eigenmächtige Änderung des Logos der Arbeitgeberin durch einen Verwaltungsratspräsidenten 4A_349/2017 (23.1.18) E. 4.4, unterlassene Meldung einer den Arbeitgeber schädigenden Nebenbeschäftigung eines Untergebenen durch einen Filialleiter 4A_287/2017 (13.10.17) E. 4.2.2 fr., Weisungsverstoss einer Krankenschwester im Nachtdienst und Versuch, diesen mittels falschen Alibis einer Arbeitskollegin zu vertuschen 4A_112/2017 (30.8.17) E. 4.3 fr., Besuch von Internetseiten für private Zwecke (pornografische Inhalte) während eines beträchtlichen Teils der Arbeitszeit unter Verwendung des dienstlichen Computers 143 II 443/455 ff. E. 7 Pra 2018 (Nr. 114) 1050 ff. (öffentlich-rechtliches Arbeitsverhältnis), Diebstahl von Handelswaren durch eine Kassierin 4A_177/2017 (22.6.17) E. 2.3, zweimaliges Fernbleiben der Arbeitnehmerin von einer Besprechung zur Organisation ihrer Weiterbeschäftigung nach einem unbezahlten Urlaub 4A_35/2017 (31.5.17) E. 4.4 fr., Entzug des vertraglich zugesicherten Status als Verwaltungsrat und Geschäftsleitungsmitglied (für den Arbeitnehmer) 4A_662/2016 (11.5.17) E. 3.2 (unpublizierte Erwägung von 143 III 290), Beleidigungen wie «Vollidiot» und «Schwuchtel» («gros con», «pédé») sowie Drohungen gegenüber einem Vorgesetzten 4D_79/2016 (23.3.17) E. 6 fr., grobe Verkehrsregelverletzung mit Personen- und Sachschadenfolge durch einen Berufschauffeur 4A_625/2016 (9.3.17) E. 6.3, nicht umgehende Meldung einer krankheitsbedingten Abwesenheit am Arbeitsplatz durch einen Sicherheitswärter für Gleisbaustellen 4A_521/2016 (1.12.16) E. 3.5, Weisungsverstoss einer Pflegehelferin bei einem Patientennotfall 4A_659/2015 (28.6.16) E. 2.3 fr., Ausstellung einer falschen Lohnbescheinigung zuhanden eines Vermieters durch einen Kadermitarbeiter zu seinen eigenen Gunsten 4A_515/2015 (21.6.16) E. 3.3 fr., Beteiligung eines Kadermitarbeiters einer Bank an einem grossen Geldwäschereifall 4A_251/2015 (6.1.16) E. 3.5 fr., Manipulation des Zeiterfassungssystems 4A_395/2015 (2.11.15) E. 3.6, Diebstahl einer Flasche Wein von geringem Wert 4A_228/2015 (29.9.15) E. 5 fr., weisungswidrige Nichtausführung einer dringlichen Serviceleistung

durch einen Servicetechniker 4A_702/2015 (20.5.16) E. 2.3 (in casu hatte sich die Arbeitgeberin indes für eine Verwarnung entschieden), Vorbereitung eines Konkurrenzbetriebs während der Arbeitszeit 4A_404/2014 (17.12.14) E. 4.2 fr. und 4A_397/2014 (17.12.14) E. 3.1 fr. (Kadermitarbeiter); Verlassen des mit Passagieren besetzten Fahrzeugs bei laufendem Motor während fünf bis zehn Minuten, um private Einkäufe zu tätigen 4A_137/2014 (10.6.14) E. 3 fr.; Verweigerung der Lohnfortzahlung bzw. Veranlassung der Versicherungsleistung während unfall- bzw. krankheitsbedingter Arbeitsunfähigkeit (für den Arbeitnehmer) 4A_633/2012 (21.2.13) E. 8.7; Ankündigung eigenmächtigen Ferienbezugs, nachdem bereits mehrfach krankheitsbedingtes Fernbleiben von der Arbeit nicht oder verspätet mit einem Arztzeugnis belegt wurde 4A_531/2012 (19.12.12) E. 7.3; Annahme von Bonuszahlungen, die dem Arbeitgeber zustanden, durch einen Kaderangestellten 4A_685/2011 (24.5.12) E. 5.2.2; Akquise eines neuen Kunden im Wissen um die potenziell negativen Auswirkungen auf den Ruf und andere Interessen des Arbeitgebers 4A_723/2011 (5.3.12) E. 3 fr.; Anmassung der Zeichnungsberechtigung bezüglich Bezahlung einer Weiterbildung 4A_346/2011 (12.10.11) E. 5.5; Ausschluss eines Berufsfussballspielers vom Training und Verweigerung von Spieleinsätzen (für den Arbeitnehmer) 137 III 303/306 E. 2.1.2 Pra 2011 (Nr. 127) 934, 4A_84/2011 (15.4.11) E. 5 fr. (Velofahrer); schwere Verletzung der vorvertraglichen Treuepflicht durch unwahre Angaben im Bewerbungsgespräch 4A_569/2010 (14.2.11) E. 2.5; schwere Weisungsverstösse einer Pflegehelferin bei einem Patientennotfall 4A_496/2008 (22.12.08) E. 3 und 4; ein unverhältnismässiger und deshalb nicht rechtmässiger Streik 111 II 245/258 f. E. 5, vgl. 125 III 277/285 E. 3b (rechtmässiger Streik, vgl. bei Art. 357a); dass die Arbeitnehmerin in Verletzung der Geheimhaltungspflicht (Art. 321a) heimlich gedrehte Filmaufnahmen und kopierte Patientenunterlagen an die Presse weitergab, ohne sich zunächst an den Arbeitgeber und die zuständige Behörde zu wenden 127 III 310/315 ff. E. 3 Pra 2002 (Nr. 26) 131 ff. E. 5, vgl. aber 4C.19/2000 (6.11.00) E. 3c; dass ein Magazinchef einen Lieferanten seines Arbeitgebers zur Leistung eines persönlichen Vorteils aufforderte 124 III 25/29 E. 3b Pra 1998 (Nr. 54) 359 f.; dass ein leitender Angestellter über längere Zeit Vorschüsse in massgeblicher Höhe bezog und ihre Verwendung im Nachhinein nicht rechtfertigen konnte 4C.263/2001 (22.1.02) E. 3e, vgl. auch 4C.248/2000 (13.11.00) E. 3b; dass ein leitender Angestellter den Bestand und die Führung einer schwarzen Kasse geduldet hat und entgegen internen Weisungen Spesen darüber abrechnete 4A_476/2009 (2.12.09) E. 3; bei Nichteingreifen eines Kaderangestellten betreffend eine sexuelle Belästigung einer Mitarbeiterin durch einen Kunden 4A_480/2009 (11.12.09) E. 6.2 fr.; dass der Arbeitnehmer die gesamte elektronische Post seines Vorgesetzten ohne dessen Wissen in seinen eigenen Briefkasten umgeleitet hat 130 III 28/31 ff. E. 4 Pra 2004 (Nr. 115) 652 ff.; die Aufforderung an den Lieferanten zur Leistung bzw. Annahme von *Bestechungsgeldern* durch den Arbeitnehmer 124 III 25/29 E. 3b Pra 1998 (Nr. 54) 359; dass ein leitender Angestellter einen Internet-Domain-Namen an eine Unternehmung, an der er selbst beteiligt war, übertragen hatte 4C.317/2005 (3.1.06) E. 5; dass der Korrektor einer Zeitung einer Pressemitteilung eine Bemerkung hinzugefügt hatte, von der er annahm oder annehmen konnte, dass sie mitgedruckt werde 108 II 444/447 ff. E. 2a–c fr.; ein eigenmächtiger Ferienbezug entgegen einem abschlägigen Bescheid des Arbeitgebers 108 II 301/303 f. E. 3b Pra 1983 (Nr. 8) 15 f., vgl. auch 111 II 245/250 E. 3, Pra 1998 (Nr. 41) 268 E. 2b/aa; die Manipulation der Stempelkarte zur Erfassung der Arbeitszeiten

4C.149/2002 (12.8.02) E. 1.3 fr., nicht aber in 4C.114/2005 (4.8.05) E. 2; dass trotz mehrmaliger Verwarnung eine konkurrenzierende Nebentätigkeit ausgeführt und damit die Aufnahme eines konkurrenzierenden Betriebs vorbereitet wurde 4C.181/2005 (25.8.05) E. 2, vgl. aber 4C.98-104/2005 (27.7.05) E. 3.1 fr.; dass der Produktionsleiter einer Firma während der Vertragsdauer versucht hatte, Mitarbeiter für die Gründung eines Konkurrenzbetriebes abzuwerben und zu konkurrenzierender Tätigkeit anzustiften (unabhängig davon, dass der Vertrag für die Zeit nach dem Ablauf kein Konkurrenzverbot enthielt) 104 II 28/30 ff. E. 2, ähnlich 123 III 257/260 E. 5d; schwere Drohungen gegen einen Arbeitskollegen 4A_486/2007 (14.2.08) E. 4, 127 III 351/355 E. 4b/dd, vgl. aber 4C.293/2004 (15.7.05) E. 2.2 fr.; dass ein leitender Angestellter eine zweifelhafte Strafklage gegen den Hauptaktionär der Arbeitgeberin anstrengte 4A_32/2008 (20.5.08) E. 3 fr., vgl. auch 4A_15/2007 (27.6.07) E. 4.1 fr.; dass ein Chauffeur von einem Kunden CHF 125 (im Jahr 1975) mehr einkassiert hatte, als gegenüber dem Arbeitgeber ausgewiesen 101 Ia 545/548 ff. E. 2 fr., vgl. auch 116 II 145/151; dass der Arbeitnehmer entgegen klarer anderslautender Weisungen ein defektes Gerät entwendete 4C.51/2006 (27.6.06) E. 2 fr.; dass der Arbeitnehmer trotz wiederholter Ermahnungen und Verwarnungen das gesetzliche Helmobligatorium verletzte 4A_167/2009 (10.6.09) E. 3 fr. (sogar ohne vorherige Verwarnung), 4C.161/2000 (28.7.00) E. 2; die missbräuchliche Benutzung des Internets, insbesondere der Besuch von Internetseiten mit pornografischem Inhalt, jedoch nur unter den üblichen restriktiven Bedingungen 4C.173/2003 (21.10.03) E. 3 fr. (in casu wichtiger Grund verneint, da der Arbeitgeber von der privaten Benutzung Kenntnis hatte), 4C.347/2002 (25.6.03) E. 5.

15 ***Keine fristlose Auflösung*** zu rechtfertigen vermochte: die nicht sofortige Verbuchung von Verkäufen in der Kasse und Nichtausgabe von Quittungen 4D_12/2019 (12.6.19) E. 4.3 fr., ein einzelner unerklärlicher Spesenbeleg, den die Arbeitnehmerin ebenso gut aus Versehen wie aus Böswilligkeit zwecks Rückerstattung eingereicht haben könnte 4A_225/2018 (6.6.19) E. 4.2.2 fr.; der Austausch von SMS-Nachrichten, die auf einen Zusammenschluss von Arbeitnehmern zur Verteidigung ihrer Rechte gegenüber der Unternehmensleitung hindeuteten, nicht aber einen Aufruf zu offenkundig rechtswidrigem Verhalten enthielten 4A_622/2018 (5.4.19) E. 6 fr.; die Nachricht des Trainers an den Sportchef, er werde bis zur bevorstehenden Sitzung keine Trainings mehr leisten 4A_7/2018 (18.4.18) E. 4.2.3 (unpublizierte Erwägung von 144 III 235); unhöfliche und sexistische Bemerkungen betreffend eine Arbeitskollegin gegenüber drei Kollegen 4A_124/2017 (31.1.18) E. 4.3 fr.; die Mitnahme eines Ordners mit privaten und geschäftlichen Visitenkarten aus den Räumlichkeiten der Arbeitgeberin durch eine Buchhaltungsassistentin im gekündigten Arbeitsverhältnis 4A_567/2017 (24.1.18) E. 2.1 fr.; Gewährung des Zutritts der Ex-Freundin in den internen Bereich einer Bank, im Bestreben, sie zu beruhigen, nachdem sie unerwartet in der Filiale erschienen war und während rund einer halben Stunde aufgebracht auf den Arbeitnehmer eingeredet hatte 4A_153/2016 (27.9.16) E. 2.2 fr.; das Verlassen einer Besprechung, anlässlich welcher der Arbeitnehmer für sein Verhalten gegenüber seinem Vorgesetzten verwarnt wurde 4A_56/2016 (30.6.16) E. 3.3; die krankheitsbedingte Weigerung (nach vorgängiger Verwarnung), der Vorladung zu einer Besprechung Folge zu leisten, wobei die Krankheit der Arbeitgeberin gegenüber undeutlich kommuniziert wurde 4A_702/2015 (20.5.16) E. 2.4; der blosse Verdacht, dass ein Arbeitnehmer seinen Arbeitskollegen nach Fotografien fragte aus einem Bereich

des Arbeitgebers, in welchem es verboten war zu fotografieren 4A_419/2015 (19.2.16) E. 2.4 fr.; unerlaubtes Fahren auf Umwegen eines Automobilmechatroniker-Lehrlings, der das Auto eines Kunden abholen und zur Garage fahren sollte 4A_188/2014 (8.10.14) E. 2 fr.; ein tätlicher Angriff gegen eine Vorgesetzte, welcher auf persönlichkeitsverletzendes Verhalten des Arbeitgebers zurückzuführen war 4A_60/2014 (22.7.14) E. 3 fr.; Strafverfahren mit Freispruch, beabsichtigte Betreibungen und Gerichtsverfahren gegen den Arbeitgeber 4A_602/2013 (27.3.14) E. 6 fr.; Schweigen des Arbeitnehmers nach Aufforderung des Arbeitgebers zur Stellungnahme zu Transaktionen, welche eine Kundin beanstandet hatte 4A_553/2012 (29.7.13) E. 5.2 fr.; der Bezug von zu langen Pausen, ohne dass der Arbeitnehmerin eine Manipulation der Stempelanlage vorzuwerfen war 4A_700/2012 (30.4.13) E. 2.4; die blosse Tatsache, dass der Arbeitnehmer Einnahmen möglicherweise buchhalterisch nicht korrekt verbucht hatte 4A_726/2011 (10.4.12) E. 3.3; schwierige Arbeitsbedingungen, unbefriedigende Arbeitsatmosphäre und mangelhafte Betreuung 4A_252/2011 (22.8.11) E. 4.3 fr.; erhebliche private Nutzung einer EDV-Anlage ohne Beeinträchtigung der Arbeitsleistung 4A_475/2010 (6.12.10) E. 3.3; das Verschweigen eines Interessenkonflikts 4A_507/2010 (2.12.10) E. 3.4; die Konkurseröffnung über den Arbeitgeber 53 II 202/208 f.; eine blosse Weisungsverletzung ohne Vorliegen eines tatsächlichen, aktuellen Interessenkonfliktes (nicht schwerwiegende Verletzung des Konkurrenzverbotes) Pra 1997 (Nr. 109) 590 ff., vgl. aber 4C.161/2000 (28.7.00) E. 2; persönliche Entnahmen von insgesamt CHF 3500 aus der Gesellschaftskasse (wobei dies bei den periodischen Kontrollen von den Vorgesetzten nicht gemeldet wurde) 121 III 467/469 E. 3b Pra 1996 (Nr. 207) 801; das Versenden eines E-Mails mit pornografischem Inhalt ohne Belästigungsabsicht 4C.109/2003 (30.7.03) E. 2; das weisungswidrige Installieren und Benutzen von Computerspielen 4C.106/2001 (14.2.02) E. 3c; eine behauptete Beihilfe zur Geldwäscherei, wobei weitere Schritte zur Aufklärung der Vorgänge unterlassen wurden 4C.208+210/2004 (24.8.04) E. 2 und 3 fr.; desgleichen eine behauptete, aber nicht nachweisbare Falschbeurkundung 4C.242/2003 (5.11.03) E. 3 und 4; die unterlassene Verhinderung von Drogenhandel in einer Bar, wobei nicht bewiesen war, dass der Arbeitnehmer tatsächlich vom Drogenhandel gewusst hatte 4C.417/2006 (16.3.07) E. 3.1 fr.; (zumindest ohne Verwarnung) die Veranlassung einer Gutschrift ohne Gegenleistung im Konzern 130 III 213/221 E. 3.2; (mangels vorangehender Verwarnung) Heroinkonsum, der weder die Qualität der Arbeit noch das Verhältnis zu den Arbeitskollegen nachweisbar beeinträchtigte 4C.112/2002 (8.10.02) E. 5; Blutalkoholwert während der Arbeit von 0,5 Promille trotz Nulltoleranzregelung (einmaliges Vorkommen, langjähriger Mitarbeiter) 4A_115/2010 (14.5.10) E. 2.3 fr.; die grobe Verletzung von Strassenverkehrsregeln mit einem Firmenfahrzeug mit entsprechender Aufschrift 4C.122/2005 (4.7.05) E. 2.1.2 fr.; (mangels vorangegangener Verwarnung) die Kundgabe des Entschlusses zum sofortigen Stellenwechsel kurz nach Beginn eines fest auf zwei Jahre abgeschlossenen Arbeitsvertrags (obwohl dies eine Treuepflichtverletzung darstellte) 117 II 560/561 ff. E. 3; das Schweigen eines Arbeitnehmers in leitender Stellung über seine Krankheit, zumindest soweit nicht die Gesundheit Dritter zu schützen ist 4C.192/2001 (17.10.01) E. 2b/aa; das (gem. ArG berechtigte) Fernbleiben einer Schwangeren, ohne dass eine medizinische Behandlungsbedürftigkeit vorgelegen hätte 4C.271/2000 (15.2.01) E. 2; die Tatsache, dass ein Arbeitnehmer bei voller Erbringung seiner Arbeitsleistungen im Hinblick auf die beabsichtigte selbständige Erwerbstätigkeit eine Einzelfirma gründete, die erst nach Ablauf der ordentlichen Kündigungsfrist ihre Tätigkeit aufnehmen und den Arbeitgeber dabei nicht konkurrenzieren sollte 117 II 72/74 ff. E. 4, ähnlich 4C.98-104/2005 (27.7.05) E. 3 fr.; der Annahmeverzug des Arbeitgebers mangels zusätzlicher Umstände, welche die Fortsetzung des Arbeitsverhältnisses als unzumutbar erscheinen liessen 116 II 142/144 f. E. 5c, 124 III 346/349 E. 2a (Betriebsrisiko ist kein wichtiger Grund); eine einmalige unrichtige Spesenabrechnung 116 II 145/150 ff. E. 6b; die Weigerung, einen Rechenschaftsbericht (Art. 321b Abs. 1) zu erstellen sowie die Abgabe eines Berichts an Aussenstehende, beides infolge unklarer Eigentumsverhältnisse im Konzern 4C.95/2004 (28.6.04) E. 3, vgl. auch 4C.158/2002 (20.8.02) E. 3.1 (Weisungsrecht im Konzern); das Auswechseln eines Musikers in einem Orchester 112 II 41/50 f. E. 3b fr.; die Teilnahme an einem rechtmässigen Streik (getragen durch tariffähige Arbeitnehmerorganisation, gesamtarbeitsvertraglich regelbare Streikziele, Einhaltung der Friedenspflicht und Verhältnismässigkeit) 125 III 277/285 E. 3b (Missbrauchstatbestand eigener Art), vgl. 111 II 245/258 f. E. 5 (unrechtmässiger Streik, vgl. bei Art. 357a); dass eine Arbeitnehmerin, die während insgesamt achteinhalb Jahren klaglos in den Diensten des Arbeitgebers gestanden hatte, einzelne Tage von der Arbeit fernblieb Pra 2001 (Nr. 85) 499 f. E. 2b/bb–cc (in casu unterblieb die Aufforderung, innert nützlicher Frist zur Arbeit zu erscheinen oder ein Arztzeugnis beizubringen); eine einmalige Manipulation der Stempelkarte ohne vorgängige Verwarnung 4C.114/2005 (4.8.05) E. 2; dass der Arbeitnehmer unregelmässig zur Arbeit erschien, wobei die Arbeitgeberin während eines Jahres von einer Mahnung abgesehen und damit die irreguläre Arbeitszeit akzeptiert hatte 4C.173/2003 (21.10.03) E. 3.2 fr.; dass die Arbeitnehmerin eine Liebesbeziehung zum Lebenspartner der Geschäftsführerin und Inhaberin aufnahm (in casu Ein-Frau-Aktiengesellschaft) 129 III 380/383 f. E. 3; eine Tätlichkeit i.S.v. StGB Art. 126, aufgrund ihrer geringen Intensität, der impulsiven Reaktion und des einmaligen Vorkommens 4C.332/2001 (20.3.02) 5b it.

16 ***Urteile zu OR 1911 Art. 352.*** Nicht als wichtiger Grund wurde erkannt: dass der Angestellte eigenmächtig Vorschüsse bezogen hatte und gegenüber dem Arbeitgeber unhöflich gewesen war (jedoch nur aufgrund seiner besonderen Situation als früherer Firmeninhaber und mangels vorheriger Verwarnung) 61 II 238/240 f. E. a fr.; dass der Arbeitnehmer wegen einer einmaligen Verfehlung, die das Arbeitsverhältnis nicht zu beeinflussen vermochte, zu einer bedingt vollziehbaren Gefängnisstrafe von einem Monat verurteilt worden war 52 II 68/73 f. E. 3; die mehrstündige Abwesenheit vom Arbeitsplatz, um in Missachtung eines Verbots des Arbeitgebers an einer Sympathiekundgebung teilzunehmen 45 I 335/339 ff. E. 2. Als wichtiger Grund wurde betrachtet: dass ein in leitender Stellung bei einer Treuhandgesellschaft tätiger Jurist die minimalen beruflichen Fähigkeiten nicht besessen, wenig gearbeitet sowie keine Initiative und kein Interesse gezeigt hatte 97 II 142/146 ff. E. 2b Pra 1971 (Nr. 210) 676 f.; dass ein Geschäftsleiter Geldgeschenke eines Lieferanten entgegengenommen hatte 92 II 184/189 ff. E. 5; dass ein Reisender unter falschen Angaben Urlaub bezogen hatte, um eine Reise zur Durchführung eines Geschäfts auf eigene Rechnung zu unternehmen 93 II 18/18; eine ungerechtfertigte Verweigerung der Lohnauszahlung (nach erfolgter ordentlicher Kündigung) 76 II 225/227 f. E. 4; die Liquidation des Unternehmens, die objektiv notwendig und nicht vom Arbeitgeber bzw. dessen Organen verschuldet war 60 II 286/289 ff.; die Begehung eines Sittlichkeitsdeliktes 41 II 105/112 f. E. 4; unter Umständen die Verweigerung der vom

öffentlichen Recht vorgeschriebenen Arbeitsbewilligung (abgesehen von jenen Fällen in denen die Erteilung dieser Bewilligung eine Suspensivbedingung ist) 114 II 279/284 E. 2d/cc Pra 1989 (Nr. 37) 151, ebenso 4C.306/2000 (14.12.00) E. 2b fr. (vgl. aber bei Art. 320 und 333). – Offengelassen, ob die Anfertigung falscher Buchhaltungsbelege mit Täuschungsabsicht 124 III 25/28 E. 3a Pra 1998 (Nr. 54) 358 oder die konkrete Verletzung der Treuepflicht (Kundgabe der Differenzen mit der Direktion gegenüber Unterstellten bzw. Absage an die Kooperation mit einer neu ernannten Direktorin bzw. Ankündigung des Stellenwechsels nur wenige Monate nach Stellenantritt) durch ein Mitglied des Kaders 127 III 86/90 E. 2c Pra 2001 (Nr. 84) 495 die fristlose Entlassung rechtfertigen.

Ausübung des Rechts zur fristlosen Auflösung. ***Allgemeines.*** Es ist zwar ausgeschlossen, als Gründe für eine fristlose Kündigung Umstände anzuführen, welche sich *nach* der Kündigungserklärung zugetragen haben 4A_559/2012 (18.3.13) E. 5.1, Pra 2001 (Nr. 85) 499 E. 2b/aa, ist aber unter gewissen restriktiven Bedingungen möglich, sich nachträglich auf Umstände vor der fristlosen Kündigung zu berufen, welche die kündigende Partei nicht kannte und nicht kennen konnte 4A_610/2018 (29.8.19) E. 4.2.1 fr., 4A_372/2016 (2.2.17) E. 5.1.2 fr., 142 III 579/580 E. 4.3, 4A_169/2013 (18.6.13) E. 4.3 (in casu ordentliche Kündigung), 4A_685/2011 (24.5.12) E. 5.2.2, 4C.331/2005 (16.12.05) E. 2.1.1.2 fr., 4C.100/2004 (24.6.04) E. 3.2.2 fr., 4C.95/2004 (28.6.04) E. 2, 4C.173/2003 (21.10.03) E. 3 fr., 127 III 310/314 f. E. 4a Pra 2002 (Nr. 26) 129 f., 124 III 25/29 E. 3c Pra 1998 (Nr. 54) 360, 121 III 467/470 ff. E. 4, 5 Pra 1996 (Nr. 207) 801 ff. (siehe auch bei Art. 335). Der nachgeschobene Kündigungsgrund muss nicht gleicher Art sein wie der ursprünglich angeführte. Entscheidend ist stets, ob aufgrund des bei der Kündigung genannten und des – allenfalls auch andersartigen – nicht bekannten, nachgeschobenen Grundes davon auszugehen ist, dass diese insgesamt einen hinreichenden Vertrauensverlust hätten bewirken können 142 III 579/580 f. E. 4.3 (in casu Nachschieben unzulässig mangels Unkenntnis des nachgeschobenen Umstands). – Dass der Berechtigte nicht daran dachte, sich auf diese Bestimmung zu berufen, sondern nach Art. 107 ff. vorgehen wollte, schliesst die Annahme, es liege eine gültige Kündigung aus wichtigen Gründen vor, nicht von vornherein aus. Ob eine *Rücktrittserklärung als fristlose Kündigung wirksam* sei, ist als Rechtsfrage zu prüfen 89 II 30/35 E. 4, vgl. auch 92 II 184/186 E. 4a. – *Vorzeitige Kündigung:* Wer den Vertrag aus wichtigem Grund ohne Einhaltung der Kündigungsfrist auflöst, kann der anderen Partei eine Frist (sogenannte Sozialfrist) bis zur Beendigung des Arbeitsvertrages gewähren, soweit dies im überwiegenden Interesse der gekündigten Partei ist 140 I 320/322 ff. E. 7 (betr. öffentliches Personalrecht), 4C.174/2003 (27.10.03) E. 3.2 fr. – Zur Unwiderruflichkeit siehe bei Art. 335. 17

Verzicht/Verwirkung. Der zur fristlosen Entlassung berechtigte Arbeitgeber kann darauf verzichten oder eine *mildere Sanktion* ergreifen. Kündigt er dem Arbeitnehmer für den Fall, dass dieser seine Anweisungen missachten sollte, eine mildere Massnahme an, so ist er daran gebunden und darf sie nicht verschärfen, wenn der Arbeitnehmer sein Vorhaben verwirklicht (in casu Androhung einer Kündigung auf Zeit) 4C.173/2003 (21.10.03) E. 3 fr. (mildere Massnahmen in internem Reglement vorgesehen), 4C.137/2000 (16.8.01) E. 2b fr., 108 II 301/304 f. E. 3c Pra 1983 (Nr. 8) 16 f. – Die Auflösung muss *unverzüglich,* aber nicht augenblicklich nach Kenntnis des wichtigen Grundes erklärt werden. Der Berechtigte hat Anspruch auf eine kurze, nach den gesamten Umständen des konkreten Falls 18 zu bemessende *Überlegungsfrist* (in der Regel zwei bis drei Arbeitstage). Eine Verlängerung ist nur dann allenfalls zulässig, wenn es mit Rücksicht auf die praktischen Erfordernisse des Alltags- und Wirtschaftslebens als verständlich und berechtigt erscheint (z.B. bei einer Aussprache, einem «Ausgleichsversuch», bei der Konsultation eines Anwalts, bei der Beschlussfassung durch ein mehrköpfiges Gremium oder wenn Arbeitnehmervertreter anzuhören sind) 4A_206/2019 (29.8.19) E. 4.2.2 fr. (verspätete Auflösung nach sieben Monaten ohne jegliche Massnahmen zur Klärung der Umstände), 4A_610/2018 (29.8.19) E. 4.2.2.1 fr. (in casu verspätete Auflösung durch den Arbeitnehmer), 4A_662/2016 (11.5.17) E. 4.1 (unpublizierte Erwägung von 143 III 290), 4A_372/2016 (2.2.17) E. 5.1.2 fr. (in casu verspätete Auflösung), 4A_599/2016 (18.1.17) E. 4.1 fr. (zulässige Bedenkfrist von vier Arbeitstagen, um Fakten zu klären und sich ein Urteil zu bilden), 4A_251/2015 (6.1.16) E. 3.2.2 fr. (zulässiges Warten während Untersuchungshaft des Arbeitnehmers), 4A_431/2014 (27.10.14) E. 4 (Willkürprüfung), 4A_236/2012 (2.8.12) E. 2.4 fr. (zulässiges Warten auf die Rückkehr des Arbeitnehmers aus den Ferien; Entlassung 14 Tage nachdem alle Fakten bekannt waren), 4A_569/2010 (14.2.11) E. 3.1, 4A_95/2009 (2.11.09) E. 4.2.1 it. (Zulässigkeit einer 15-tägigen Überlegungsfrist unter Einbezug der Osterfeiertage verneint), 4A_300/2009 (8.10.09) E. 5.7, 4A_454/2007 (5.2.08) E. 2.4 fr. (zulässiges Warten, bis der Arbeitnehmer von der geschäftlichen Auslandreise zurückkehrt, um ihn mit den Vorwürfen zu konfrontieren), 4A.169/2007 (20.8.07) E. 3 fr. («zwei bis drei Arbeitstage Überlegungsfrist»), 4A_238/2007 (1.10.07) E. 4.1 (Frage der zulässigen Abklärungen vor Ausspruch der Kündigung), 4C.185/2006 (19.10.06) E. 2.3 fr. (fünf Tage Abklärungs- und Überlegungsfrist), siehe ferner 4C.116/2001 (13.8.01) E. 3 it. (Beschlussfassung bei einer juristischen Person), 4C.345/2001 (16.5.02) E. 4.2 (Ferienabwesenheit des Geschäftsführers), 69 II 311/311 ff., 97 II 142/146 E. 2a Pra 1971 (Nr. 210) 676; vgl. die Zusammenfassung der Rechtsprechung in 138 I 113/116 ff. E. 6.3. Ist der Vorwurf von Anfang an klar und gegebenenfalls nur zu ermitteln, ob er zutrifft, so muss die fristlose Entlassung nach der Feststellung des Sachverhalts sofort ausgesprochen werden, ohne dass noch einmal eine Überlegungsfrist zum Zuge kommt. Geht es hingegen darum, zuerst das Ausmass der Verfehlung abschätzen zu können, ist dem Arbeitgeber nach einer angemessenen Abklärungsfrist zusätzlich eine Überlegungsfrist einzuräumen (wobei er aber unverzüglich alle ihm zumutbaren Massnahmen zu ergreifen hat, um Klarheit zu gewinnen) 4A_372/2016 (2.2.17) E. 5.1.2 fr., 4A_599/2016 (18.1.17) E. 4.1 fr., 4A_251/2015 (6.1.16) E. 3.2.2 fr., 4A_251/2009 (29.6.09) E. 2.1 fr., 4A_238/2007 (1.10.07) E. 4.1 (Zeitpunkt der Auslösung der Verwirkungsfrist), 4C.188/2006 (25.9.06) E. 2, 4C.291/2005 (13.12.05) E. 3.2 fr., 4C.187/2004 (5.7.04) E. 4.1, 4C.364/2001 (19.7.02) E. 1.2.2 fr., 4C.345/2001 (16.5.02) E. 3.2 (mit Verweis auf die Literatur); vgl. 4A_206/2019 (29.8.19) E. 4.2.2 fr. (in casu keinerlei Massnahmen ergriffen), 4A_622/2018 (5.4.19) E. 7 fr. (in casu fristlose Entlassung mehrere Monate nach Kenntnisnahme der letztlich kündigungsbegründenden Umstände durch den Arbeitgeber, ohne dass dieser in der Zwischenzeit weitere Abklärungen vornahm; Frage offengelassen, da Kündigung ungerechtfertigt), 4A_662/2016 (11.5.17) E. 4.1 (unpublizierte Erwägung von 143 III 290, betr. Kündigung des Arbeitnehmers), 138 I 113/117 E. 6.3.3. Dabei ist zu berücksichtigen, dass der Arbeitgeber je nach Verdacht Vorsicht walten zu lassen, eine Vorverurteilung des Arbeitnehmers zu vermeiden und die Fakten sorgfältig zu ermitteln hat 4A_206/2019 (29.8.19) E. 4.2.2 fr. *Längeres Zuwarten* zeigt, dass die Fortsetzung des Arbeitsverhältnisses nicht unzumutbar ist, und gilt daher als Verzicht auf die Geltendmachung des wichtigen Grundes 4A_206/2019 (29.8.19) E. 4.2.2 fr. 4A_610/2018 (29.8.19) E. 4.2.2.1 fr., 4A_599/2016 (18.1.17) E. 4.1 fr., 4A_251/2015 (6.1.16) E. 3.2.2 fr., 4A_559/2012 (18.3.13) E. 5.2.2, 4A_517/2010 (11.11.10) E. 2, 4A.169/2007 (20.8.07) E. 3 fr., 4C.348/2003 (24.8.04) E. 3.2 fr., 130 II 25/28 E. 4.4, 97 II 142/146 E. 2a Pra 1971 (Nr. 210) 676, Pra 1999 (Nr. 73) 402 E. 2b, grundlegend 75 II 329/332, vgl. auch 123 III 86/87 E. 2a Pra 1997 (Nr. 108) 588 f.; dies gilt erst recht, wenn in Kenntnis des wichtigen Grundes zur Auflösung die Bereitschaft zur weiteren Zusammenarbeit erklärt oder der Vertrag ausdrücklich oder stillschweigend erneuert wird 99 II 308/310 f. E. 5 fr., 66 II 142/143 fr. Auch das Zuwarten mit Abklärungen über Vorwürfe lässt darauf schliessen, dass das gegenseitige Vertrauensverhältnis nicht unwiederbringlich zerstört ist 4C.188/2006 (25.9.06) E. 2. Es ist zulässig, mit der Kündigung zuzuwarten, wenn diese polizeiliche Ermittlungen gefährden würde 4A.169/2007 (20.8.07) E. 3 fr. Ein Verzicht auf die Geltendmachung des wichtigen Grundes liegt auch vor, wenn in Kenntnis desselben eine ordentliche Kündigung ausgesprochen wird; eine später ausgesprochene, auf denselben Umständen gründende fristlose Kündigung ist daher ungerechtfertigt 4A_372/2016 (2.2.17) E. 5.2 fr., 4C.265/2004 (1.10.04) E. 3.2 fr., 123 III 86/88 E. 2b Pra 1997 (Nr. 108) 589. Der wichtige Grund, auf dessen Geltendmachung verzichtet wurde, kann allenfalls als erschwerender Umstand bezüglich späterer Verfehlungen ins Gewicht fallen 66 II 142/143 fr. – Bei *wiederholter bzw. andauernder Pflichtverletzung* ist für die Frage der Rechtzeitigkeit der fristlosen Entlassung allenfalls zu berücksichtigen, dass sich diese Massnahme erst infolge der Häufung und der zunehmenden Schwere der Beanstandungen aufdrängte 4A_610/2018 (29.8.19) E. 4.2.2.1 fr., 4A_662/2016 (11.5.17) E. 4.1 (unpublizierte Erwägung von 143 III 290), 97 II 142/148 f. E. 3c Pra 1971 (Nr. 210) 677 f. Handelt es sich um einen Prozess, in dessen Verlauf sich einzelne Ereignisse allmählich zu einer unzumutbaren Situation steigern, kann dem Kündigenden nicht vorgehalten werden, er habe mit der Erklärung der fristlosen Kündigung so lange gezögert, dass daraus geschlossen werden könnte, die Situation sei subjektiv erträglich gewesen 4A_662/2016 (11.5.17) E. 4.4 (unpublizierte Erwägung von 143 III 290). Steht die Verwirklichung der als wichtiger Grund angerufenen Tatsache noch bevor, kann mit der Erklärung der fristlosen Kündigung ohne Verwirkungsfolge zugewartet werden 4A_662/2016 (11.5.17) E. 4.5 (unpublizierte Erwägung von 143 III 290). – Wer die Rechtzeitigkeit der fristlosen Auflösung bestreitet, trägt die *Beweislast* dafür, dass die als wichtiger Grund angerufene Tatsache schon vor der angemessenen Überlegungsfrist bekannt war, vgl. 75 II 329/332 f. Demgegenüber hat die Notwendigkeit von Massnahmen zur Klärung des Sachverhalts sowie deren tatsächliche Vornahme zu beweisen, wer daraus eine Verlängerung der Überlegungsfrist ableiten will 4A_206/2019 (29.8.19) E. 4.4 fr. – Zur abweichenden Situation im öffentlichen Recht vgl. 138 I 113/118 ff. E. 6.4 (auch wenn die öffentlichrechtliche Bestimmung praktisch wörtlich mit Art. 337 übereinstimmt, lässt sich die zivilrechtliche Praxis nicht unbesehen übertragen).

Wirkung der fristlosen Auflösung. Die fristlose Kündigung beendet den Vertrag auch dann, wenn sie sich als ungerechtfertigt herausstellt oder wenn sie in eine Schutzperiode gem. Art. 336c fällt 4A_395/2018 (10.12.19) E. 4.1 fr., 4A_431/2017 (2.5.18) E. 4.1.1 fr., 4A_35/2017 (31.5.17) E. 4.1 fr., 4A_372/2016 (2.2.17) E. 5.1.2 fr., 4C.390/2005 (2.5.06) 19

E. 2.3, 4C.413/2004 (10.3.05) E. 2.4 fr., 117 II 270/271 E. 3b; anders dagegen u.U. im öffentlichen Recht, vgl. 138 I 113/119 f. E. 6.4.3. Die Vertragsauflösung gemäss der Bestimmung *wirkt nur für die Zukunft* (ex nunc). Der Lohn ist daher bis zum Erlöschen des Arbeitsverhältnisses geschuldet. Eine Herabsetzung des Lohnes wegen Verschuldens des Angestellten gestützt auf Bestimmungen, die eigentliche Schadenersatzansprüche betreffen (in casu Art. 44 sowie OR 1911 Art. 353 und 328 Abs. 2), ist ausgeschlossen. Der Lohn kann jedoch durch Verrechnung mit Schadenersatzansprüchen des Arbeitgebers gekürzt werden, allerdings nur in den gesetzlichen Schranken (OR 1911 Art. 340; siehe nun Art. 323b) 97 II 142/149 f. E. 4 Pra 1971 (Nr. 210) 678 f. – Bei einem *gemischten Vertrag* (in casu Lieferungs-, Miet- und Arbeitsverhältnis betreffend den Betrieb eines Bierdepots) wirkt die fristlose Auflösung nach den Regeln des Arbeitsvertragsrechts nur dann für das gesamte Vertragsverhältnis, wenn die andern Vertragsarten angehörenden Beziehungen unter Berücksichtigung von Natur und Zweck des Gesamtvertrages einer solchen Lösung nicht entgegenstehen 41 II 109/111 E. 3. – Vgl. auch Art. 337c Abs. 1.

20 **Weiteres.** Die *Unterlassung von Vorsichtsmassnahmen* vor der Anstellung schliesst die fristlose Entlassung des Arbeitnehmers wegen beruflicher Unfähigkeit nur aus, wenn sie kausal gewesen ist, d.h., wenn der Vertrag bei der entsprechenden Vorkehr nicht abgeschlossen worden wäre (in casu durfte der Arbeitgeber ohne Erkundigungen über die beruflichen Fähigkeiten davon ausgehen, dass der Bewerber als lic. iur. die erforderlichen Bedingungen erfülle und dass er die vertraglich genau umschriebenen Funktionen in Kenntnis des Sachverhaltes übernehme) 97 II 142/148 E. 3 Pra 1971 (Nr. 210) 677. – Die zwingenden Kündigungsschutzbestimmungen sind im Falle einer einvernehmlichen «fristlosen *Aufhebungsvereinbarung*» mindestens dann anwendbar, wenn der Entlassung des Arbeitgebers aus seinen arbeitsvertraglichen Pflichten keinerlei äquivalente Vorteile für den Arbeitnehmer gegenüberstehen 4C.383/1999 (13.6.00) E. 1b, siehe auch bei Art. 336c.

21 ***Abs. 3*** Die Bestimmung der Kündigungsgründe ist eine Tatfrage (vgl. bei Art. 336). Der Begriff der wichtigen Gründe ist demgegenüber ein *Rechtsbegriff*. Das BGer prüft wie die unteren Instanzen nach *freiem Ermessen* (d.h. nach Recht und Billigkeit, ZGB Art. 4), und damit unter Beachtung aller wesentlichen Besonderheiten des konkreten Falles, ob ein wichtiger Grund für die vorzeitige Auflösung vorliege (Abs. 3). Allerdings kontrolliert es die Ausübung des richterlichen Ermessens durch die letzte kantonale Instanz mit Zurückhaltung und greift nur ein, wenn die Vorinstanz grundlos von durch Lehre und Rechtsprechung anerkannten Grundsätzen abgewichen ist, wenn sie Tatsachen berücksichtigt hat, die für den Entscheid im Einzelfall keine Rolle hätten spielen dürfen, wenn sie Umstände ausser Acht gelassen hat, die zwingend hätten beachtet werden müssen, oder wenn sich der Ermessensentscheid als offensichtlich unbillig, als in stossender Weise ungerecht erweist 4A_620/2019 (30.4.20) E. 6 fr., 4D_12/2019 (12.6.19) E. 4.2.2 fr., 4A_225/2018 (6.6.19) E. 4.1 fr., 4A_105/2018 (10.10.18) E. 3.2.2 und E. 4.3 fr., 4A_7/2018 (18.4.18) E. 4.2.1 (unpublizierte Erwägung von 144 III 235), 4A_124/2017 (31.1.18) E. 3.2 fr., 4A_349/2017 (23.1.18) E. 4.1, 4A_287/2017 (13.10.17) E. 4.1 fr., 4A_112/2017 (30.8.17) E. 3.2 fr., 4A_177/2017 (22.6.17) E. 2.2.1, 4A_35/2017 (31.5.17) E. 4.1 fr., 4A_625/2016 (9.3.17) E. 3.2, 4A_599/2016 (18.1.17) E. 5.1 fr., 4A_521/2016 (1.12.16) E. 2.2.2, 4A_153/2016 (27.9.16) E. 2.1 fr., 4A_288/2016 (26.9.16) E. 4.1, 4A_109/2016

(11.8.16) E. 4.1 (unpublizierte Erwägung von 142 III 579), 4A_56/2016 (30.6.16) E. 3.1, 4A_659/2015 (28.6.16) E. 2.2 fr., 4A_515/2015 (21.6.16) E. 3.2 fr., 4A_702/2015 (20.5.16) E. 2.1, 4A_419/2015 (19.2.16) E. 2.1.1 fr., 4A_395/2015 (2.11.15) E. 3.6, 4A_228/2015 (29.9.15) E. 4 fr., 4A_137/2014 (10.6.14) E. 3 fr., 4A_633/2012 (21.2.13) E. 8.2, 4A_531/2012 (19.12.12) E. 7.1, 4A_236/2012 (2.8.12) E. 2.2 fr., 4A_101/2012 (31.5.12) E. 2.1, 4A_685/2011 (24.5.12) E. 4.2, 4A_517/2010 (11.11.10) E. 2, 4A_377/2010 (11.10.10) E. 3.2 fr., siehe auch 4A_520/2017 (19.4.18) E. 6.4, 4C.400/2006 (9.3.07) E. 3.1 fr. (Bedeutung der Kasuistik zugunsten des gerichtlichen Ermessens relativiert), des Weiteren 130 III 213/220 E. 3.1, 130 III 28/31 E. 4.1 Pra 2004 (Nr. 115) 652, 129 III 380/382 E. 2, 127 III 351/354 E. 4a fr., 127 III 310/313 f. E. 3 Pra 2002 (Nr. 26) 129, 127 III 153/155 E. 1a, Pra 2001 (Nr. 85) 498 E. 2a/aa, 108 II 444/446 E. 2 fr., vgl. auch 116 II 145/149 E. 6a, Pra 1998 (Nr. 73) 451 E. d, Pra 1999 (Nr. 9) 49 E. 2a, Pra 1999 (Nr. 73) 401 E. 2a, Pra 2000 (Nr. 11) 60 E. 3c. Mit dem Begriff der unverschuldeten Verhinderung wird auf Art. 324a verwiesen, der u.a. Krankheit des Arbeitnehmers als Grund für ein berechtigtes Fernbleiben von der Arbeit nennt. Ob im Zeitpunkt der Entlassung eine solche Verhinderung vorliegt, beurteilt sich einzig aufgrund der tatsächlichen Situation des Arbeitnehmers; ob der Arbeitgeber im Zeitpunkt der Entlassung um die Verhinderung des Arbeitnehmers wusste, ist unerheblich 4A_521/2016 (1.12.16) E. 2.2.2.

b. wegen Lohngefährdung

Art. 337a

Wird der Arbeitgeber zahlungsunfähig, so kann der Arbeitnehmer das Arbeitsverhältnis fristlos auflösen, sofern ihm für seine Forderungen aus dem Arbeitsverhältnis nicht innert angemessener Frist Sicherheit geleistet wird.

Die Bestimmung bezweckt, dass der Arbeitnehmer seine Arbeit verrichten kann, ohne befürchten zu müssen, nicht bezahlt zu werden. Der Arbeitnehmer kann aber auch seine Arbeitsleistung verweigern und weiterhin auf der Bezahlung des bisherigen und weiteren Lohns bestehen (vgl. auch Art. 324 und 82) 4A_257/2019 (6.11.19) E. 3.2, 4A_192/2008 (9.10.08) E. 4 fr., 4A_199/2008 (2.7.08) E. 2 fr. Die Sicherstellung bezieht sich auf zukünftige Lohnforderungen, die noch nicht fällig sind 4A_192/2008 (9.10.08) E. 4 fr. Will der Arbeitnehmer den Vertrag nach Art. 337a auflösen, muss er zunächst unter Ansetzung einer angemessenen Nachfrist um Sicherstellung seiner Forderung nachgesucht haben (vgl. aber Art. 108). Die Angemessenheit der Frist ist aufgrund der konkreten Umstände zu beurteilen. In der Regel erweist sich eine Frist zwischen drei und zwanzig Tagen als angemessen. Erscheint dem Arbeitgeber eine Frist als unangemessen, so muss er dagegen sofort protestieren 4A_192/2008 (9.10.08) E. 6 fr. – Die Folgen einer berechtigten Kündigung infolge Zahlungsunfähigkeit richten sich nach Art. 337b 4A_257/2019 (6.11.19) E. 3.2. 1

2. Folgen a. bei gerechtfertigter Auflösung

Art. 337b

[1] Liegt der wichtige Grund zur fristlosen Auflösung des Arbeitsverhältnisses im vertragswidrigen Verhalten einer Vertragspartei, so hat diese vollen Schadenersatz zu leisten, unter Berücksichtigung aller aus dem Arbeitsverhältnis entstehenden Forderungen.

[2] In den andern Fällen bestimmt der Richter die vermögensrechtlichen Folgen der fristlosen Auflösung unter Würdigung aller Umstände nach seinem Ermessen.

1 Die Bestimmung ist auf Schaden aus der Zeit vor der Vertragsauflösung nicht anwendbar 4A_172/2012 (22.8.12) E. 9 fr., 123 III 257/258 E. 5a (Abgrenzung zur Ersatzpflicht nach Art. 321e), 99 II 308/312 E. 7 fr., grundlegend 97 II 142/151 E. 5a Pra 1971 (Nr. 210) 679. – Die Umstände gemäss Art. 321e Abs. 1 sind hier nicht bzw. nicht im gleichen Mass zu berücksichtigen 123 III 257/258 f. E. 5a. Generell zu Umfang und Voraussetzungen des Schadenersatzanspruchs 133 III 657/659 E. 3.2 Pra 2008 (Nr. 64) 427 f. Keine analoge Anwendung von Art. 337c Abs. 3, wenn der Arbeitnehmer berechtigterweise fristlos gekündigt hat 4A_610/2018 (29.8.19) E. 4.1 fr., 133 III 657/660 ff. E. 3.3–3.5 Pra 2008 (Nr. 64) 428 ff., 4A_157/2007 (16.10.07) E. 3 fr. Entschädigungsansprüche aus dieser Bestimmung gelten als «Lohnanspruch» im Sinne von AVIG Art. 11 Abs. 3 145 V 188/191 E. 3.2 Pra 2019 (Nr. 103) 1034 f.

2 ***Abs. 1*** Der volle *(positive) Schadenersatz* umfasst alle finanziellen Nachteile, die mit dem vorzeitigen Ende des Arbeitsvertrags in einem Zusammenhang (adäquate Kausalität) stehen 4A_610/2018 (29.8.19) E. 4.1 fr. (in casu mangelnder Kausalzusammenhang), 4A_132/2009 E. 3.2.1 fr., 4C.2/2003 (25.3.03) E. 7, inklusive entgangener Gewinn 4A_132/2009 E. 3.2.1 fr., 123 III 257/258 f. E. 5a. Insbesondere umfasst er das *Erfüllungsinteresse* bis zum nächsten ordentlichen Kündigungstermin, wie z.B. den gesamten Verdienst des Arbeitnehmers bis zum ordentlichen Kündigungstermin 4C.406/2005 (2.8.06) E. 2.1 (Naturallohn und Sozialversicherungen), 4C.2/2003 (25.3.03) E. 7 (siehe auch unter Art. 337/Wirkung der fristlosen Auflösung), die Kosten für die Ersetzung des entlassenen Angestellten oder eine Ertragseinbusse 99 II 308/312 E. 7 fr., grundlegend 97 II 142/150 f. E. 5a Pra 1971 (Nr. 210) 679. – Im Falle von relativ kurzen ordentlichen Kündigungsfristen (bis ca. 3 Monate) ist dem Arbeitnehmer eine *Entschädigung für Ferien* zu entrichten, die bis zum ordentlichen Kündigungstermin aufgelaufen wären. Bei längeren Kündigungsfristen oder wenn der Arbeitnehmer vor Ablauf der ordentlichen Kündigungsfrist wieder eine Anstellung findet, ist die Ferienentschädigung entsprechend zu reduzieren 4C.2/2003 (25.3.03) E. 8 fr., 4C.182/2000 (9.1.01) E. 3c fr. Zur Kürzung der Ferienentschädigung siehe auch unter Art. 329d Abs. 2. – *Anwendungsfälle:* Schadensfestsetzung bei Abwerbung 123 III 257/258 ff. E. 5a–d. Schadenersatzanspruch bei Annahmeverzug des Arbeitgebers verneint 116 II 142/144 f. E.c.

3 ***Abs. 2*** Anwendbarkeit nur dann, wenn die fristlose Entlassung aufgrund äusserer Gegebenheiten erfolgt, also nicht von den Parteien verursacht ist, oder wenn beide Parteien mit ihrem fehlerhaften Verhalten Gründe für eine fristlose Kündigung setzen 4C.2/2003 (25.3.03) E. 6.1 fr. Ein Verschulden der die Entlassung aussprechenden Partei ist für ihre Entschädigungspflicht gemäss der Bestimmung nicht erforderlich. Andrerseits ist voller

Schadenersatz auch dann ausgeschlossen, wenn den vorzeitig Entlassenen kein Verschulden trifft. Der durch die vorzeitige Auflösung des Vertrages Geschädigte kann sich nur einen Teil seines Schadens ersetzen lassen, wobei der grössere Teil von demjenigen zu tragen ist, in dessen Person der wichtige Grund eingetreten oder der in erster Linie an der Auflösung interessiert ist. Zu den Umständen, die zu berücksichtigen sind, gehören sowohl der Inhalt des Vertrages (konkrete Ausgestaltung des Anstellungsverhältnisses, dessen Dauer, die Höhe der Entlöhnung) als auch die Natur des wichtigen Grundes und die finanziellen Verhältnisse der Parteien 60 II 291/291 ff. Lohnfortzahlungspflicht des Arbeitgebers, wenn aufgrund eines erheblichen Verdachts eines schweren Delikts die fristlose Auflösung zwar gerechtfertigt ist, sich nachträglich aber der Verdacht als unbegründet erweist 4C.317/2005 (3.1.06) E. 5 (offengelassen), Pra 2000 (Nr. 11) 59 E. 3b; siehe aber 4A_251/2015 (6.1.16) E. 3.2.3 fr.: Erweist sich ein Verdacht als unbegründet, so gilt die fristlose Entlassung in der Regel als unberechtigt. – Die Parteien können im befristeten Arbeitsvertrag eine ordentliche Kündigungsmöglichkeit vorsehen, um die hohe Kündigungsschwelle einer fristlosen Kündigung herabzusetzen. Ohne gegenteilige Abrede führt dies nicht zur Anwendbarkeit der Bestimmungen über die Folgen einer fristlosen Kündigung 4A_496/2016 (8.12.16) E. 2.

b. bei ungerechtfertigter Entlassung

Art. 337c

[1] Entlässt der Arbeitgeber den Arbeitnehmer fristlos ohne wichtigen Grund, so hat dieser Anspruch auf Ersatz dessen, was er verdient hätte, wenn das Arbeitsverhältnis unter Einhaltung der Kündigungsfrist oder durch Ablauf der bestimmten Vertragszeit beendigt worden wäre.

[2] Der Arbeitnehmer muss sich daran anrechnen lassen, was er infolge der Beendigung des Arbeitsverhältnisses erspart hat und was er durch anderweitige Arbeit verdient oder zu verdienen absichtlich unterlassen hat.

[3] Der Richter kann den Arbeitgeber verpflichten, dem Arbeitnehmer eine Entschädigung zu bezahlen, die er nach freiem Ermessen unter Würdigung aller Umstände festlegt; diese Entschädigung darf jedoch den Lohn des Arbeitnehmers für sechs Monate nicht übersteigen.

Abgrenzungen. Die Ansprüche aus Abs. 1 und 3 sind auseinanderzuhalten und schliessen sich gegenseitig nicht aus 120 II 209/214 E. 9b. – Die Insolvenzentschädigung (AVIG Art. 51 und 52 Abs. 1) deckt weder Ansprüche aus fristloser und ungerechtfertigter Entlassung des Arbeitnehmers noch solche bei Auflösung des Arbeitsverhältnisses zur Unzeit, wenn der Arbeitnehmer keine Arbeit geleistet hat 122 V 377/377 ff. fr. Arbeitslosen- oder Insolvenzentschädigung bei ungerechtfertigter Entlassung? 125 V 492/495 E. 3b fr. Entschädigungsansprüche aus dieser Bestimmung gelten als «Lohnanspruch» im Sinne von AVIG Art. 11 Abs. 3 145 V 188/191 E. 3.2 Pra 2019 (Nr. 103) 1034 f. Tage, an denen der Arbeitnehmer zwar nicht mehr gearbeitet hat, die aber vom Arbeitgeber im Falle der ungerechtfertigten Entlassung bis zum Ablauf der massgebenden Kündigungsfrist noch zu 1 entlöhnen waren, gelten als Beitragszeit i.S.v. AVIG Art. 13 119 V 494/494 ff. Analog anwendbar, wenn Kündigung vor Stellenantritt erfolgt 4A_375/2009 (29.10.09) E. 2 fr. Ein Anspruch auf Versicherungsleistungen aufgrund einer Vereinbarung nach Art. 324a Abs. 4 schliesst den Anspruch auf Schadenersatz gemäss Art. 337c Abs. 1 (Lohnersatz) aus 4A_553/2012 (29.7.13) E. 6.2 fr.

2 ***Abs. 1*** **Ersatzanspruch.** Der gestützt auf die Bestimmung geltend gemachte Anspruch des Arbeitnehmers (hypothetisches Einkommen) ist eine *Schadenersatzforderung,* und der Vertrag endet rechtlich mit sofortiger Wirkung, unabhängig davon, ob die fristlose Entlassung begründet war oder nicht 4A_395/2018 (10.12.19) E. 4.1 fr., 4C.226/2003 (25.2.04) E. 4 fr., 4C.324/2003 (24.2.04) E. 3.3 (betreffend Verjährung), 4C.127/2002 (3.9.02) E. 4.1 fr., 117 II 270/271 f. E. 3b Pra 1992 (Nr. 83) 307, 120 II 243/245 E. 3b Pra 1996 (Nr. 80) 232, vgl. auch 121 III 64/67 Pra 1996 (Nr. 16) 39, 122 V 377/380 E. 3b fr. sowie 123 V 5/9 E. 3b. Eine nach der fristlosen Entlassung eingetretene Arbeitsunfähigkeit hat keinen Einfluss auf den Lauf der Kündigungsfrist im Sinne dieser Bestimmung 4A_431/2017 (2.5.18) E. 5.2 fr. – Bei ungerechtfertigter Auflösung des Arbeitsvertrages wird der Lohnanspruch *sofort fällig* 4C.100/2001 (12.6.01) E. 6a fr. – Abgrenzung der ungerechtfertigten fristlosen Entlassung von der *Freistellung* 118 II 139/140 f. E. 1, siehe auch 4A_372/2016 (2.2.17) E. 6 (Freistellung ohne Lohnfortzahlung als fristlose Entlassung qualifiziert).

3 **Berechnung des Schadenersatzes.** Diese Schadenersatzforderung umfasst nicht nur den Lohn, sondern auch den Anspruch auf Ferien, der durch Geldleistungen abgegolten wird, und den Ausgleich für andere aus dem Arbeitsvertrag erlangte Vorteile, wie Gratifikationen oder Abgangsentschädigungen 4A_115/2010 (14.5.10) E. 3.1 fr., 4C.291/2005 (13.12.05) E. 4 fr., 4C.232/2004 (26.8.04) E. 2.1 fr., 4C.293/2004 (15.7.05) E. 2.3 fr. (betreffend Art. 324a und 324b), 4C.174/2003 (27.10.03) E. 3.4 fr., 4C.127/2002 (3.9.02) E. 4.1 fr., 128 III 271/282 E. 4a/bb, siehe auch 4A_90/2016 (25.8.16) E. 8 fr. (Berechnung der Entschädigung durch einen Gutachter). Der Ersatzanspruch umfasst ferner die Sozialversicherungsbeiträge mit Ausnahme der beruflichen Vorsorge, da mit der fristlosen Kündigung auch das Vorsorgeverhältnis per sofort endet 4A_458/2018 (29.1.20) E. 6.2.1 fr. (Ersatzpflicht für die Verminderung der Freizügigkeitsleistung offengelassen). Voraussetzungen, unter denen ausnahmsweise kein Anspruch auf Abgeltung der Ferien in bar besteht 117 II 270/272 f. E. 3b Pra 1992 (Nr. 83) 307 f. Der Anspruch gemäss der Bestimmung kann nicht in analoger Anwendung von Art. 44 herabgesetzt werden 4C.293/2004 (15.7.05) E. 2.3 fr., 120 II 243/245 ff. E. 3 Pra 1996 (Nr. 80) 231 ff. Soweit sich die Entlöhnung nicht nach einem festen Monats- oder Stundenlohn, sondern nach dem tatsächlich erzielten Umsatz richtet, ist, da der Arbeitnehmer als Folge der vorzeitigen Vertragsbeendigung keine umsatzwirksame Tätigkeit mehr entfalten kann, auf die in vergleichbaren Perioden zu einem früheren Zeitpunkt erzielten Durchschnittswerte abzustellen (hypothetisches Einkommen) 4A_544/2015 (17.3.16) E. 2.1 fr., 4A_212/2013 (10.10.13) E. 3 fr. (zu Art. 418r), 4A_556/2012 (9.4.13) E. 6.1, 125 III 14/16 E. 2a (zu Art. 418r). Wenn durch ungerechtfertigte Kündigung der Versicherungsschutz des Arbeitnehmers nicht mehr gewährleistet ist, hat der Arbeitnehmer Anspruch auf Rückerstattung der freiwillig von ihm bezahlten Prämien 4A_215/2011 (2.11.11) E. 6.2 fr. Keine Berücksichtigung von Umständen, die erst nach der Vertragsauflösung und unerwartet auftreten

und die vom Arbeitnehmer nicht zu vertreten sind 125 III 14/17 E. 2c. Bei berechtigter Arbeitsverweigerung bleibt dem Arbeitnehmer der laufende Lohnanspruch gewahrt, ohne dass er zur Nachleistung verpflichtet wäre (analog Art. 324 Abs. 1) 4A_257/2019 (6.11.19) E. 3.2, 120 II 209/212 ff. E. 9. – Würde der Vertrag ohne ungerechtfertigte Auflösung zum Zeitpunkt der gerichtlichen Beurteilung noch andauern und hat der Arbeitnehmer noch keine neue Stelle gefunden, so ist zur Berechnung des Schadens *Art. 42 Abs. 2 analog* anwendbar 4A_556/2012 (9.4.13) E. 6.1, 4C.100/2001 (12.6.01) E. 6d fr., vgl. auch 4C.414/2005 (29.3.06) E. 5 fr., 128 III 271/277 f. E. 2b, Pra 2001 (Nr. 85) 498 E. 2a/cc, 4C.100/2001 (12.6.01) E. 6d fr., ferner auch 131 III 439/442 ff. E. 5.1 sowie bei Art. 321c Abs. 3. – Die *Aufhebung einer fristlosen Kündigung* oder ihre Umwandlung in eine ordentliche Kündigung im gegenseitigen Einverständnis ist zulässig, soweit sie nicht die Umgehung des Kündigungsschutzes bezweckt. Auswirkungen auf eine Entschädigung gemäss Art. 337c Abs. 3 offengelassen 4C.385/1999 (6.3.00) E. 4c und 5a fr. – Solidarische Haftung des Verleihbetriebs für eine fristlose Entlassung durch den Einsatzbetrieb, die unwidersprochen bleibt 4C.245/2006 (12.12.06) E. 3 fr. – Die behaupteten Ansprüche sind je nach geltend gemachter Grundlage zu beziffern 4A_175/2016 (2.6.16) E. 5 fr. (in casu Nichteintreten mangels Bezifferung).

Abs. 2 Zur redaktionellen Änderung der Bestimmung vgl. 120 II 243/245 ff. E. 3b und 3e Pra 1996 (Nr. 80) 232 f. – Die Bestimmung kann auf die *Freistellung* analog angewendet werden, wenn die Parteien nichts vereinbart haben und auch die Umstände des Falles den Schluss nicht zulassen, es sei auf die Anrechnung verzichtet worden 118 II 139/140 ff. E. 1, siehe auch 4A_362/2015 (1.12.15) E. 5.2 fr. Den Arbeitnehmer trifft die Obliegenheit, sich aktiv *um eine neue Stelle zu bemühen* 4C.158/2002 (20.8.02) E. 4.2. Ob es der Arbeitnehmer *absichtlich* unterlassen hat, eine anderweitige Verdienstmöglichkeit anzunehmen, ist nach den konkreten Umständen des Falls zu ermitteln 4A_362/2015 (1.12.15) E. 5.2 fr., 4C.293/2004 (15.7.05) E. 2.3 fr., 4C.351/2004 (20.1.05) E. 7.1 fr., 4C.100/2001 (12.6.01) E. 6a fr. Es ist nicht nur zu fragen, ob eine Stelle hätte gefunden werden können, sondern auch ob diese Stelle dem Arbeitnehmer zumutbar gewesen wäre 4C.158/2002 (20.8.02) E. 4.2. – Grundsätzlich trägt der Arbeitgeber die *Beweislast,* wobei der Arbeitnehmer nach Treu und Glauben verpflichtet ist, zur Feststellung des Sachverhalts beizutragen 4A_362/2015 (1.12.15) E. 5.2 fr., 4C.246/2005 (12.10.05) E. 6.1, 4C.293/2004 (15.7.05) E. 2.3 fr., 4C.351/2004 (20.1.05) E. 7.1 fr., 4C.158/2002 (20.8.02) E. 4.2, 4C.100/2001 (12.6.01) E. 6a. Der Arbeitgeber kann sich zwecks Annahme eines hypothetischen Einkommens grundsätzlich mit dem Nachweis begnügen, dass im fraglichen Beruf zum fraglichen Zeitpunkt ein Bedarf an Arbeitskräften bestand, der Arbeitnehmer folglich bei gutem Willen sehr wahrscheinlich eine andere, ungefähr gleichwertige Stelle hätte finden können 4A_257/2019 (6.11.19) E. 4.2, 4A_362/2015 (1.12.15) E. 5.2 fr. Erweist es sich aufgrund des Zustands des Arbeitsmarkts oder der persönlichen Umstände als wenig wahrscheinlich, dass eine angemessene Stelle hätte gefunden werden können, so darf allein aus dem Umstand, dass der Arbeitnehmer keine Stelle gesucht hat, keine Absicht im Sinne von Abs. 2 abgeleitet werden 4C.158/2002 (20.8.02) E. 4.2. 4

Abs. 3 **Rechtsnatur.** Die fristlose Entlassung ohne wichtigen Grund tut dem Arbeitnehmer unrecht, verletzt ihn in seinen persönlichen Verhältnissen, beeinträchtigt seinen Ruf und rechtfertigt daher regelmässig eine Entschädigung, ohne dass der Richter im Ein- 5 zelfall die Persönlichkeitsverletzung und deren Grad abzuklären hat. Die neue Form der Entschädigung ist gleicher Natur *(Strafzahlung und Genugtuung)* wie jene nach Art. 336a und soll ein rechtswidriges Verhalten des Arbeitgebers sanktionieren 4A_395/2018 (10.12.19) E. 5.2.2 fr., 4A_173/2018 (29.1.19) E. 5.1 fr., 4A_431/2017 (2.5.18) E. 6.1 fr., 4A_7/2018 (18.4.18) E. 4.3 (unpublizierte Erwägung von 144 III 235), 4A_161/2016 (13.12.16) E. 3.1 fr., 4A_153/2016 (27.9.16) E. 3.1 fr., 4A_56/2016 (30.6.16) E. 4.2.1, 4A_702/2015 (20.5.16) E. 3.1, 4A_135/2013 (6.6.13) E. 3.2 fr., 4A_218/2012 (24.7.12) E. 2.2 fr., 4A_215/2011 (2.11.11) E. 7.2 fr., 4A_660/2010 (11.3.11) E. 3.2 fr., 4A_511/2010 (22.12.10) E. 6.1, 4A_369/2007 (5.11.07) E. 4.1–4.2, 4C.369/2006 (16.1.07) E. 4.2 fr., 4C.406/2005 (2.8.06) E. 6, 4C.395/2005 (1.3.06) E. 7, 4C.253/2005 (16.11.05) E. 2, 4C.232/2004 (26.8.04) E. 3.1 fr., 4C.278/2003 (5.11.03) E. 3.1, 4C.391/2002 (12.3.03) E. 3.4 fr., 4C.434/1999 (19.1.00) E. 3a fr., Pra 1999 (Nr. 73) 403 E. 3, 123 V 5/7 E. 2a, 123 III 391/394 E. 3c Pra 1998 (Nr. 24) 165 (bezüglich Art. 336a), 123 III 246/255 E. 6a (bezüglich Art. 336a), 120 II 243/245 ff. E. 3b und 3e Pra 1996 (Nr. 80) 232 f. Es handelt sich also nicht um einen Schadenersatzanspruch, weshalb der Arbeitnehmer auch keinen Schaden nachzuweisen hat 4A_161/2016 (13.12.16) E. 3.1 fr., 4A_153/2016 (27.9.16) E. 3.1 fr., 4A_218/2012 (24.7.12) E. 2.2 fr., 4C.406/2005 (2.8.06) E. 6, 123 III 391/394 E. 3c Pra 1998 (Nr. 24) 165 (bezüglich Art. 336a). – Eine fristlose Entlassung ist auch dann ungerechtfertigt, wenn hierfür kein Motiv vorliegt oder festgestellt wurde 4C.414/2004 (31.1.05) E. 5 fr. Eine Entschädigung im Falle einer fristlosen Kündigung kann auch vertraglich festgelegt werden, sofern diese Regelung für den Arbeitnehmer günstiger ist 4A_474/2010 (12.1.11) E. 2.3 fr., 4A_608/2010 (10.1.11) E. 2.1 fr.

6 **Kann-Vorschrift.** Diese soll es dem Richter bloss ermöglichen, in aussergewöhnlich gelagerten Fällen (wenn ein Fehlverhalten des Arbeitgebers ausgeschlossen oder ihm aus anderen Gründen nichts anzulasten ist) ausnahmsweise von einer Entschädigung abzusehen, statt eine symbolische Entschädigung zusprechen zu müssen 4A_173/2018 (29.1.19) E. 5.1 fr., 4A_431/2017 (2.5.18) E. 6.1 fr., 4A_161/2016 (13.12.16) E. 3.1 fr., 4A_153/2016 (27.9.16) E. 3.1 fr. (in casu verneint), 4A_56/2016 (30.6.16) E. 4.2.1 (in casu verneint), 4A_702/2015 (20.5.16) E. 3.1 (in casu verneint), 4A_553/2012 (29.7.13) E. 7 fr. (in casu verneint), 4C.57/2007 (15.5.07) E. 4, 4A_369/2007 (5.11.07) E. 4.1, 4C.417/2006 (16.3.07) E. 4 fr., 4C.369/2006 (16.1.07) E. 4.2 fr., 4C.359/2006 (12.1.07) E. 3.2 fr., 4C.247/2006 (27.10.06) E. 2 fr. (in casu gerechtfertigte fristlose Kündigung), 4C.395/2005 (1.3.06) E. 7, 4C.331/2005 (16.12.05) E. 3 fr., 4C.112/2005 (12.4.05) E. 4.1 fr., 4C.351/2004 (20.1.05) E. 6.1 fr., 4C.242/2003 (5.11.03) E. 5.1, 4C.174/2003 (27.10.03) E. 3.5.1 fr., 4C.434/1999 (19.1.00) E. 3a fr., 116 II 300/301 f. E. 5, vgl. auch 4C.137/2000 (16.8.01) E. 4 (offengelassen, ob die Kann-Vorschrift nicht weiter ausgelegt werden müsste). Eine solche Ausnahme liegt auch vor, wenn im Vergleich zum Fehlverhalten des Arbeitgebers ein erhebliches Fehlverhalten des Arbeitnehmers vorliegt, das zwar für eine fristlose Entlassung gerade noch nicht ausreicht, jedoch die Zusprechung einer Entschädigung als stossend erscheinen lässt 4A_431/2017 (2.5.18) E. 6.1 fr., 4C.400/2005 (24.3.06) E. 3, 4C.231/2002 (11.9.02) E. 2, 4C.109/2001 (18.7.01) E. 3a oder wenn dem Arbeitgeber die fristlose Entlassung weder vorgeworfen noch auf andere Weise zugerechnet werden kann 4C.112/2005 (12.4.05) E. 4.1 fr., 4C.74/2000 (16.8.01) E. 5b fr. (unverschuldete Untersuchungshaft). *In casu* keine Entschädigung zugesprochen

bei unterlassener Mitteilung der Arbeitsunfähigkeit durch den Arbeitnehmer 4C.359/2006 (12.1.07) E. 6 fr.

Bemessung. Keine Kumulierung dieser Entschädigung mit jener wegen missbräuchlicher Kündigung, und zwar auch dann nicht, wenn zuerst eine missbräuchliche Kündigung und dann eine ungerechtfertigte fristlose Entlassung erfolgt ist (lediglich Anspruch auf Entschädigung gemäss Art. 337c Abs. 3, wobei die missbräuchliche Kündigung als Umstand bei der Bemessung der Entschädigung mitberücksichtigt werden kann) 4A_474/2010 (12.1.11) E. 2.3.2 fr. (auch keine Kumulation einer vertraglich vereinbarten Entschädigung und der gesetzlich vorgesehenen), 121 III 64/65 ff. E. 2 Pra 1996 (Nr. 16) 37 ff., siehe auch 4A_372/2016 (2.2.17) E. 5.3 fr. Die Entschädigung ist vom Richter unter Berücksichtigung aller Umstände (insbesondere des Ausmasses der Beeinträchtigung bzw. der Schwere der Persönlichkeitsverletzung, der Strafwürdigkeit des Verhaltens des Arbeitgebers, des Alters und der sozialen Situation des Arbeitnehmers, der finanziellen Situation der Parteien, der Dauer des Dienstverhältnisses sowie eines allfälligen Mitverschuldens des Arbeitnehmers (als Herabsetzungsgrund, vgl. insbesondere 4A.208/2007 [24.9.07] E. 4) *nach freiem Ermessen festzulegen* 4A_485/2019 (4.2.20) E. 5.2 fr., 4A_395/2018 (10.12.19) E. 5.2.2 fr. (gleiche Kriterien wie bei Art. 336a Abs. 2), 4A_173/2018 (29.1.19) E. 5.1 fr., 4A_431/2017 (2.5.18) E. 6.2 fr. (Fehlverhalten des Arbeitnehmers kann sowohl Herabsetzungsgrund als auch Grund für ein Absehen von einer Entschädigung sein), 4A_7/2018 (18.4.18) E. 4.3 (unpublizierte Erwägung von 144 III 235), 4A_161/2016 (13.12.16) E. 3.1 fr. (zur Berücksichtigung des Mitverschuldens E. 3.4), 4A_153/2016 (27.9.16) E. 3.1 fr., 4A_56/2016 (30.6.16) E. 4.2.1, 4A_702/2015 (20.5.16) E. 3.1, 4A_544/2015 (17.3.16) E. 3.2.2 fr. (Nichtberücksichtigung von Zivil- und Strafverfahren gegen den Arbeitnehmer [bzw. in casu Agent], sofern diese nicht einzig zu dessen Schädigung vom Arbeitgeber angehoben wurden), 4A_553/2012 (29.7.13) E. 7 fr. (in casu Herabsetzung gerechtfertigt, da der Arbeitnehmer sich bereits selber zur Beendigung des Arbeitsverhältnisses entschlossen hatte), 4A_135/2013 (6.6.13) E. 3.2 fr. (Beschränkung auf einen Monatslohn, unter anderem weil der Arbeitnehmer nur kurz arbeitete und bereits nach zwei Monaten wieder eine Stelle gefunden hatte), 4A_218/2012 (24.7.12) E. 2.2 fr. (Höchstbetrag von sechs Monatslöhnen), 4A_660/2010 (11.3.11) E. 3.2 fr. (schnelle Wiederanstellung des Arbeitnehmers als Herabsetzungsgrund), 4A_511/2010 (22.12.10) E. 6.1, 4A_221/2009 (2.9.09) E. 4 fr., 120 II 243/247 E. e Pra 1996 (Nr. 80) 233, 121 III 64/68 f. E. 3c Pra 1996 (Nr. 16) 40 f., Pra 1999 (Nr. 73) 403 E. 3, vgl. auch 116 II 300/302 E. 6. Namentlich auch die wirtschaftlichen Folgen der Kündigung und damit die wirtschaftliche Situation des Arbeitgebers wie auch des Arbeitnehmers sind zu berücksichtigen 4A_173/2018 (29.1.19) E. 5.1 fr., 4A_218/2012 (24.7.12) E. 2.4 fr., 123 III 391/394 E. 3c Pra 1998 (Nr. 24) 165 (bezüglich Art. 336a), anders 123 III 246/256 E. 6a (bezüglich Art. 336a), 119 II 157/160 E. 2b. Die Tatsache, dass der Arbeitnehmer ein «sehr hohes Einkommen» im Sinne der Bonusrechtsprechung erzielt (siehe dazu bei Art. 322d), hat auf die Bemessung der Entschädigung nach Art. 337c Abs. 3 nur einen indirekten Einfluss insofern, als die Höhe des massgeblichen Lohns von der Qualifikation einer allfälligen Gratifikation abhängt; sie kann nicht als entscheidendes Kriterium zur Herabsetzung der Entschädigung herangezogen werden 4A_173/2018 (29.1.19) E. 5.3.1 fr. Ein drei Jahre vor der fristlosen Entlassung ausgestelltes Arbeitszeugnis vermag keinen für die Bemessung der Entschädigung relevanten Umstand zu begründen 7

4A_161/2016 (13.12.16) E. 3.2 fr. – Die (kumulative) Zusprechung einer Genugtuung nach Art. 49 rechtfertigt sich nur unter besonderen Umständen, namentlich wenn eine Entschädigung im Umfang von sechs Monatslöhnen der Schwere der Verletzung nicht gerecht würde 4A_60/2014 (22.7.14) E. 3.6 fr., 4A_218/2012 (24.7.12) E. 2.3 fr. (in casu verneint). – Der «Lohn des Arbeitnehmers» im Sinne dieser Bestimmung ist dessen vor der Kündigung tatsächlich erzieltes Gehalt und nicht etwa eine pauschale Grösse wie der schweizerische Durchschnittslohn gemäss GlG Art. 5 Abs. 3 4A_173/2018 (29.1.19) E. 5.5.2 fr. Massgebend ist das Bruttosalär, wobei der anteilmässige 13. Monatslohn nicht zwingend berücksichtigt werden muss 4A_161/2016 (13.12.16) E. 3.3 fr.

8 **Ermessen.** Das Bundesgericht überprüft diesen Ermessensentscheid nur mit einer gewissen Zurückhaltung 4A_485/2019 (4.2.20) E. 5.2 fr., 4A_173/2018 (29.1.19) E. 5.1 fr., 4A_431/2017 (2.5.18) E. 6.1 fr., 4A_161/2016 (13.12.16) E. 3.1 fr., 4A_153/2016 (27.9.16) E. 3.1 fr., 4A_544/2015 (17.3.16) E. 3.2.2 fr., 4A_135/2013 (6.6.13) E. 3.2 fr., 4A_218/2012 (24.7.12) E. 2.2 fr., 121 III 64/68 f. E. 3c Pra 1996 (Nr. 16) 40 f., Pra 1998 (Nr. 138) 756 E. 2b, Pra 1999 (Nr. 73) 404 E. 3. Es ist allerdings unzulässig, für die Bemessung lediglich auf die Vertragsdauer abzustellen 4C.278/2003 (5.11.03) E. 3.2 und 3.3. Es ist sodann unzulässig, für die Bemessung wesentlich auf die wirtschaftliche Situation des Arbeitnehmers abzustellen, zumal dies dem Strafzweck der Entschädigung zuwiderlaufen würde 4A_173/2018 (29.1.19) E. 5.3 fr. – Offengelassen, ob Abs. 3 analog auf die Situation anzuwenden ist, da der Arbeitnehmer in gerechtfertigter Weise fristlos kündigt 4C.36/2004 (8.4.04) E. 4. – Die behaupteten Ansprüche sind je nach geltend gemachter Grundlage zu beziffern 4A_175/2016 (2.6.16) E. 5 fr. (in casu Nichteintreten mangels Bezifferung).

9 **Anwendung.** Übernimmt der Arbeitgeber Anschwärzungen, ohne diese zu überprüfen und ohne dem Arbeitnehmer die Möglichkeit zur Stellungnahme zu geben, rechtfertigt sich eine hohe Pönale 4A_369/2007 (5.11.07) E. 4.1, 4C.253/2005 (16.11.05) E. 2, ebenso bei massiver Verletzung der Persönlichkeitsrechte (Art. 328) 4C.293/2004 (15.7.05) E. 3.2. – Konkursprivileg 123 V 5/11 E. 5. Anwendbarkeit der Bestimmung auf den Agenturvertrag 4A_544/2015 (17.3.16) E. 3.1 fr.

c. bei ungerechtfertigtem Nichtantritt oder Verlassen der Arbeitsstelle

Art. 337d

[1] Tritt der Arbeitnehmer ohne wichtigen Grund die Arbeitsstelle nicht an oder verlässt er sie fristlos, so hat der Arbeitgeber Anspruch auf eine Entschädigung, die einem Viertel des Lohnes für einen Monat entspricht; ausserdem hat er Anspruch auf Ersatz weiteren Schadens.

[2] Ist dem Arbeitgeber kein Schaden oder ein geringerer Schaden erwachsen, als der Entschädigung gemäss dem vorstehenden Absatz entspricht, so kann sie der Richter nach seinem Ermessen herabsetzen.

[3] Erlischt der Anspruch auf Entschädigung nicht durch Verrechnung, so ist er durch Klage oder Betreibung innert 30 Tagen seit dem Nichtantritt oder Verlassen der Arbeitsstelle geltend zu machen; andernfalls ist der Anspruch verwirkt.

[4] …

Anwendung der aus Art. 337 gewonnenen allgemeinen Grundsätze 4C.303/2005 (1.12.05) E. 2 fr. 1

Abs. 1 Die Bestimmung setzt voraus, dass sich der Arbeitnehmer bewusst, absichtlich und definitiv weigert, die Arbeitsstelle anzutreten oder die ihm übertragene Arbeit weiterzuführen (in casu Abgrenzung der ungerechtfertigten Entlassung) 4A_35/2017 (31.5.17) E. 4.2 fr., 4A_140/2009 (12.5.09) E. 5.2, B.58/2005 (7.3.06) E. 2, 4C.155/2005 (6.7.05) E. 2.1 fr., 4C.120/2004 (14.6.04) E. 4 it., 4C.169/2001 (22.8.01) E. 3b/aa fr., 112 II 41/49 E. 2 fr., vgl. auch 4A_7/2018 (18.4.18) E. 4.1 (unpublizierte Erwägung von 144 III 235), 121 V 277/281 f. E. 3a fr. In diesem Fall gilt der Vertrag unmittelbar als aufgelöst, ohne dass der Arbeitgeber die Kündigung aussprechen müsste 4A_35/2017 (31.5.17) E. 4.2 fr., 4C.155/2005 (6.7.05) E. 2.1 fr., 4C.370/2001 (14.3.02) E. 2 fr. – Eine fristlose Kündigung darf nicht leichthin angenommen werden; nicht jedes Fernbleiben von der Arbeit nach einem Streit kann als fristlose Auflösung des Arbeitsverhältnisses gewertet werden 4C.303/2005 (1.12.05) E. 2.2 fr., 4C.169/2001 (22.8.01) E. 3b/aa fr., 4C.291/1998 (22.3.00) E. 5c, vgl. auch 4C.370/2001 (14.3.02) E. 2 fr. Die Handlungen des Arbeitnehmers, die auf ein fristloses Verlassen der Arbeitsstelle hindeuten, sind nach dem Vertrauensprinzip auszulegen 4C.303/2005 (1.12.05) E. 2.2 fr., 4C.155/2005 (6.7.05) E. 2.1 fr. In der Nachricht des Trainers an den Sportchef, er werde bis zur bevorstehenden Sitzung keine Trainings mehr leisten, ist keine Kündigungserklärung zu erblicken 4A_7/2018 (18.4.18) E. 4.1 (unpublizierte Erwägung von 144 III 235). Wird das Verlassen der Arbeitsstelle mit einer Krankheit begründet und bestehen Zweifel daran, ob der Arbeitnehmer tatsächlich krank ist, kann der Arbeitgeber, selbst wenn der Arbeitnehmer seine Behauptung nicht mit einem Arztzeugnis belegt, nicht einfach die Kündigung aussprechen, sondern er hat den Arbeitnehmer zur Wiederaufnahme der Arbeit oder Einreichung des Arztzeugnisses anzuhalten, es sei denn, aufgrund der gesamten Umstände erscheine dies von vornherein sinnlos 4A_140/2009 (12.5.09) E. 5.1, 4C.339/2006 (21.12.06) E. 2.1. Wenn der Arbeitnehmer nach einer Ferienperiode die Arbeit nicht wieder aufnimmt, ohne dem Arbeitgeber während mehrerer Monate ein Lebenszeichen zu geben, liegt der Tatbestand des Verlassens der Arbeitsstelle nach der Bestimmung vor (in casu Frage der Beendigung des Versicherungsverhältnisses in der beruflichen Vorsorge) B.58/2005 (7.3.06) E. 2, 121 V 277/281 f. E. 3 fr. – Unabhängig von Art. 337d kann der Arbeitgeber allenfalls eine gerechtfertigte Kündigung aussprechen B.58/2005 (7.3.06) E. 2.1.1, oder er kann sich bei der Geltendmachung weiteren Schadens auf die Behelfe des allgemeinen Schadenersatzrechts berufen. Die Vorschrift steht daher insbesondere auch einer richterlichen Schätzung solchen Schadens gemäss Art. 42 Abs. 2 nicht entgegen 4A_68/2008 (10.7.08) E. 4.2, 118 II 312/312 f. E. 2a, siehe bei Art. 337c. – Abgrenzung zur fristlosen Kündigung infolge Fernbleibens von der Arbeit 4A_35/2017 (31.5.17) E. 4.2 fr., Pra 2001 (Nr. 85) 498 E. 2a/cc. – Der Arbeitgeber hat zu *beweisen,* dass der Arbeitnehmer die Stelle nicht angetreten oder fristlos verlassen hat 4C.169/2001 (22.8.01) E. 3b/aa fr. 2

V. Tod des Arbeitnehmers oder des Arbeitgebers 1. Tod des Arbeitnehmers

Art. 338

[1] Mit dem Tod des Arbeitnehmers erlischt das Arbeitsverhältnis.

[2] Der Arbeitgeber hat jedoch den Lohn für einen weiteren Monat und nach fünfjähriger Dienstdauer für zwei weitere Monate, gerechnet vom Todestag an, zu entrichten, sofern der Arbeitnehmer den Ehegatten, die eingetragene Partnerin, den eingetragenen Partner oder minderjährige Kinder oder bei Fehlen dieser Erben andere Personen hinterlässt, denen gegenüber er eine Unterstützungspflicht erfüllt hat.

1 Ist die Zugehörigkeit eines Lohnanspruchs i.S. der Bestimmung zur Konkursmasse streitig, so hat sich das Konkursamt an die Angaben der Gläubiger zu halten und das Recht ins Inventar aufzunehmen 104 III 23/24 E. 2 Pra 1978 (Nr. 244) 640 f.

2. Tod des Arbeitgebers

Art. 338a

[1] Mit dem Tod des Arbeitgebers geht das Arbeitsverhältnis auf die Erben über; die Vorschriften betreffend den Übergang des Arbeitsverhältnisses bei Betriebsnachfolge sind sinngemäss anwendbar.

[2] Ist das Arbeitsverhältnis wesentlich mit Rücksicht auf die Person des Arbeitgebers eingegangen worden, so erlischt es mit dessen Tod; jedoch kann der Arbeitnehmer angemessenen Ersatz für den Schaden verlangen, der ihm infolge der vorzeitigen Beendigung des Arbeitsverhältnisses erwächst.

1 *Abs. 2* Ungültigkeit einer formell als Aufhebungsvertrag erscheinenden Vereinbarung, da das Arbeitsverhältnis von Gesetzes wegen erlischt und die Vertragsauflösung daher keine Konzession zugunsten der Arbeitnehmerin darstellt 4A_96/2017 (14.12.17) E. 3.2 fr.

VI. Folgen der Beendigung des Arbeitsverhältnisses

Vorb. Art. 339–339d

1 Die Bestimmungen regeln die Rechtsfolgen, die *bei jeder Beendigung des Arbeitsverhältnisses* eintreten, sei es, weil die bestimmte Vertragszeit abgelaufen oder bei unbestimmter Vertragszeit das Ende durch Kündigung herbeigeführt worden ist, sei es, dass im einen oder anderen Falle das Arbeitsverhältnis vorzeitig, vor allem durch Tod des Arbeitnehmers, durch gegenseitige Übereinkunft oder durch fristlose Auflösung beendigt wird 103 II 274/275 Pra 1978 (Nr. 4) 6.

1. Fälligkeit der Forderungen

Art. 339

[1] Mit der Beendigung des Arbeitsverhältnisses werden alle Forderungen aus dem Arbeitsverhältnis fällig.

[2] Für Provisionsforderungen auf Geschäften, die ganz oder teilweise nach Beendigung des Arbeitsverhältnisses erfüllt werden, kann durch schriftliche Abrede die Fälligkeit hinausgeschoben werden, jedoch in der Regel nicht mehr als sechs Monate, bei Geschäften mit gestaffelter Erfüllung nicht mehr als ein Jahr und bei Versicherungsverträgen sowie Geschäften, deren Durchführung mehr als ein halbes Jahr erfordert, nicht mehr als zwei Jahre.

[3] Die Forderung auf einen Anteil am Geschäftsergebnis wird fällig nach Massgabe von Artikel 323 Absatz 3.

Abs. 1 Die Bestimmung gilt auch für die Lohnforderung bei ungerechtfertigter Auflösung des Arbeitsvertrages (Art. 337c Abs. 1) 4C.324/2003 (24.2.04) E. 3.3, 103 II 274/275 Pra 1978 (Nr. 4) 6, vgl. auch Art. 337c Abs. 1. Art. 339 hat keinen Einfluss auf Forderungen, die *vor der Beendigung des Arbeitsverhältnisses fällig* geworden sind 4C.320/2005 (20.3.06) E. 6.1 fr. Die Beendigung des Arbeitsverhältnisses hat auch nicht die Fälligkeit jenes Arbeitsentgelts zur Folge, das auf einer *Verfügung von Todes wegen* gründet 4C.313/1999 (25.1.00) E. 3 fr. – Zum Eintritt des Verzugs ist *keine Mahnung erforderlich*, und entsprechend setzt die Verzinsung bei der Beendigung durch Kündigung mit dem Ablauf der Kündigungsfrist ein 4C.320/2005 (20.3.06) E. 6.1 fr., 4C.67/2005 (4.5.05) E. 2.3. – Vorzeitige Auflösung eines Arbeitsvertrages und richterliche Ergänzung des lückenhaften Vertrages nach dem hypothetischen Parteiwillen: in casu vertragliche Verpflichtung des Arbeitgebers zu Unterhalt und Pflege des Arbeitnehmers auf Lebenszeit ersetzt durch die Verpflichtung, eine kapitalisierte Leibrente zu bezahlen 111 II 260/262 E. 2a fr. 1

Abs. 2 Verhältnis zu Art. 350a Abs. 1; Entstehungsgeschichte. Es ist zulässig, die Fälligkeit der in Art. 339 Abs. 2 umschriebenen Forderungen durch schriftliche Abrede über den Zeitpunkt der Beendigung des Arbeitsverhältnisses hinauszuschieben (in casu Vereinbarung über Provisionsansprüche eines Handelsreisenden) 116 II 700/702 ff. E. 4, vgl. 4D_25/2015 (15.10.15) E. 2.2 fr., 4A_64/2015 (7.9.15) E. 4.7 fr. (in casu keine entsprechende Abrede). 2

2. Rückgabepflichten

Art. 339a

[1] Auf den Zeitpunkt der Beendigung des Arbeitsverhältnisses hat jede Vertragspartei der andern alles herauszugeben, was sie für dessen Dauer von ihr oder von Dritten für deren Rechnung erhalten hat.

[2] Der Arbeitnehmer hat insbesondere Fahrzeuge und Fahrausweise zurückzugeben sowie Lohn- oder Auslagenvorschüsse soweit zurückzuerstatten, als sie seine Forderungen übersteigen.

[3] Vorbehalten bleiben die Retentionsrechte der Vertragsparteien.

Für den Arbeitnehmer ergibt sich die Rückgabepflicht aus seinen Treue-, Rechenschafts- und Geheimhaltungspflichten gemäss Art. 321a und Art. 321b 141 III 23/25 E. 3.1 Pra 2015 (Nr. 114) 948. Der Arbeitnehmer hat auch alle Dokumente und (immaterielle) Daten herauszugeben, sofern er berechtigt war, eine Kopie dieser Daten zu behalten. Diese Herausgabepflicht entspricht dem Umstand, dass der Arbeitnehmer nach Beendigung des Arbeitsverhältnisses nicht mehr im gleichen Umfang der Treuepflicht nach Art. 321b untersteht 4A_611/2011 (3.1.12) E. 4.3 fr. (Willkürprüfung), vgl. 141 III 119/137 E. 8.6 Pra 2016 (Nr. 63) 617. Es besteht keine Herausgabepflicht bei Dokumenten oder Informationen, welche der Arbeitnehmer nach Beendigung des Arbeitsverhältnisses hervorbringt 1

(Art. 321b Abs. 2) 141 III 23/27 E. 3.4 Pra 2015 (Nr. 114) 950. Anwendbarkeit der Bestimmung verneint, wenn der herauszugebende Gegenstand nicht der Aufgabenerfüllung diente bzw. kein Zusammenhang zwischen Gegenstand und Funktion des Arbeitnehmers bestand 4A_61/2013 (20.6.13) E. 1.2 fr. (Gebrauchsleihe einer Uhr). Zum Anspruch auf nicht weitergeleitete IV-Gelder 4C.75/2005 (13.6.05) E. 3. Zur Anwendung im Verfahren um Rechtsschutz in klaren Fällen 141 III 23/25 E. 3 Pra 2015 (Nr. 114) 948 (Rechtsbegehren müssen vollumfänglich gutgeheissen werden können, andernfalls nicht darauf einzutreten ist). Die Bestimmung verfolgt einen völlig anderen Zweck als DSG Art. 8; sie regelt einen Anspruch des Arbeitgebers bei der Beendigung des Vertragsverhältnisses (und beinhaltet namentlich die Rückgabe von Unterlagen in den Händen des Arbeitnehmers), während DSG Art. 8 der betroffenen Person (hier dem Angestellten) den Anspruch verleiht, Einsicht in ihre Personendaten zu nehmen, was eine zentrale Institution des Datenschutzrechts ist 141 III 119/137 E. 8.6 Pra 2016 (Nr. 63) 617.

3. Abgangsentschädigung

Vorb. Art. 339b–339d

1 Die Abgangsentschädigung dient einem, wenn auch subsidiären, *Vorsorgezweck*. Sie soll helfen, eine Lücke zu schliessen, wo Leistungen einer Fürsorgeeinrichtung fehlen oder unzulänglich sind. Der Arbeitgeber darf mit dem Arbeitnehmer eine Vorauszahlung der Abgangsentschädigung vereinbaren, wenn er dafür sorgt, dass die Entschädigung bei Ende des Arbeitsverhältnisses für den Arbeitnehmer verfügbar ist 105 II 280/283 f. Der Gesetzgeber hat mit der Begrenzung des Anspruchs auf Arbeitnehmer, die während mindestens 20 Jahren in einem Arbeitsverhältnis zum gleichen Arbeitgeber gestanden haben, auch dem Element der *Betriebstreue* und gleichzeitig dem Einwand Rechnung tragen wollen, dass das Institut der Abgangsentschädigung den Stellenwechsel fördern könnte 115 II 30/35 E. 3.

a. Voraussetzungen

Art. 339b

[1] Endigt das Arbeitsverhältnis eines mindestens 50 Jahre alten Arbeitnehmers nach 20 oder mehr Dienstjahren, so hat ihm der Arbeitgeber eine Abgangsentschädigung auszurichten.

[2] Stirbt der Arbeitnehmer während des Arbeitsverhältnisses, so ist die Entschädigung dem überlebenden Ehegatten, der eingetragenen Partnerin, dem eingetragenen Partner oder den minderjährigen Kindern oder bei Fehlen dieser Erben anderen Personen auszurichten, denen gegenüber er eine Unterstützungspflicht erfüllt hat.

1 Zuständigkeit der Rechtspflegeorgane nach BVG Art. 73 bei Streitigkeit um Abgangsentschädigung einer öffentlich-rechtlichen Pensionskasse bei unverschuldeter Nichtwiederwahl eines Beamten 118 V 248/251 f. E. 1b. – Subsidiarität der Entschädigung im Verhältnis zu den Ersatzleistungen nach Art. 339d 123 V 241/244 E. 2c/aa. – Abgrenzung von der Abgangsentschädigung bei wirtschaftlich bedingter Kollektivkündigung 123 V 241/244 E. 2c/bb. – Vertragliche Abweichungen von den Voraussetzungen der Abgangsentschädi-

gung zugunsten des Arbeitnehmers sind zulässig (Art. 362 e contrario) 4A_242/2018 (13.3.19) E. 4.1.1 fr. (in casu aber kein entsprechender Konsens), 4A_101/2012 (31.5.12) E. 3.4, vgl. 4A_642/2015 (29.7.16) E. 3.2 fr.

Abs. 1 Keine Abgangsentschädigung, wo aufgrund der wirtschaftlichen Identität zwischen juristischer Person und deren Organ gar kein Arbeitsverhältnis vorliegt 125 III 78/81 E. 4 Pra 1999 (Nr. 91) 509. – Offengelassen, ob und allenfalls unter welchen Voraussetzungen unter dem *Begriff des Arbeitsverhältnisses, das nach 20 oder mehr Dienstjahren endigt,* auch ein Arbeitsverhältnis in derselben Unternehmung oder demselben Betrieb zu verstehen ist, das jedoch formell auf mehreren aufeinanderfolgenden Arbeitsverträgen beruht, sei es mit dem gleichen Arbeitgeber, sei es mit verschiedenen Arbeitgebern, und ohne dass eine Übernahme des Arbeitsverhältnisses i.S.v. Art. 333 stattfand (in casu Abgangsentschädigung aufgrund von Art. 57 des Landes-Gesamtarbeitsvertrages des Gastgewerbes) 110 II 268/270 f. E. 2 Pra 1984 (Nr. 244) 666. In 112 II 51/51 ff. fr. wurde diese Rechtsprechung präzisiert: Es muss zwar ein einziges Arbeitsverhältnis vorliegen, doch wird die Annahme eines solchen durch einen Unterbruch nicht ohne Weiteres ausgeschlossen. Der Parteiwille bestimmt, ob bei Unterbrechung und Wiederaufnahme der Arbeit die neue Tätigkeit das ursprüngliche Vertragsverhältnis fortsetzt oder auf einem neuen Verhältnis gründet (E. 3a). Das Arbeitsverhältnis wird nicht unterbrochen, wenn es mit der Unternehmung einer wirtschaftlich mit dem Veräusserer identischen juristischen Person in dessen überwiegendem Interesse übertragen wird (E. 3b). – Offengelassen, ob die Verjährung des Anspruchs auf eine Abgangsentschädigung vor Ende des Arbeitsverhältnisses zu laufen beginnen kann und welche Frist gelten würde 112 II 51/57 E. 3c fr., vgl. auch 115 V 111/113 f. E. 3d/cc. 2

b. Höhe und Fälligkeit

Art. 339c

[1] Die Höhe der Entschädigung kann durch schriftliche Abrede, Normalarbeitsvertrag oder Gesamtarbeitsvertrag bestimmt werden, darf aber den Betrag nicht unterschreiten, der dem Lohn des Arbeitnehmers für zwei Monate entspricht.

[2] Ist die Höhe der Entschädigung nicht bestimmt, so ist sie vom Richter unter Würdigung aller Umstände nach seinem Ermessen festzusetzen, darf aber den Betrag nicht übersteigen, der dem Lohn des Arbeitnehmers für acht Monate entspricht.

[3] Die Entschädigung kann herabgesetzt werden oder wegfallen, wenn das Arbeitsverhältnis vom Arbeitnehmer ohne wichtigen Grund gekündigt oder vom Arbeitgeber aus wichtigem Grund fristlos aufgelöst wird, oder wenn dieser durch die Leistung der Entschädigung in eine Notlage versetzt würde.

[4] Die Entschädigung ist mit der Beendigung des Arbeitsverhältnisses fällig, jedoch kann eine spätere Fälligkeit durch schriftliche Abrede, Normalarbeitsvertrag oder Gesamtarbeitsvertrag bestimmt oder vom Richter angeordnet werden.

Abs. 1 Für die *Schriftform der Abrede* gelten die Art. 11–16. Ein aussergerichtlicher Vergleich zwischen dem Arbeitgeber und einer vom Arbeitnehmer bevollmächtigten Gewerkschaft, der aus einem Briefwechsel hervorgeht, genügt den Formerfordernissen 101 II 270/275 f. E. 4 fr. 1

2 ***Abs. 1 und 2*** Erfüllt ein Arbeitnehmer, nachdem er während 45 Jahren vollamtlich gearbeitet hat, während einer gewissen Zeit nur noch ein *Teilzeitpensum,* so ist es billig, die Abgangsentschädigung aufgrund der vollamtlichen Tätigkeit zu berechnen 101 II 270/273 E. 3a fr. – Unabhängig davon, ob die Höhe der Abgangsentschädigung von den Parteien bestimmt oder vom Richter festgesetzt wird, sind die *Ersatzleistungen gemäss Art. 339d* anzurechnen 101 II 270/274 fr., vgl. auch 115 II 30/35 E. 3.

3 ***Abs. 2*** Der Richter ist an die in Art. 339c Abs. 1 genannte *untere Grenze* von zwei Monatslöhnen gebunden 115 II 30/32 E. 1a. – *Umstände,* die bei der Festsetzung der Höhe der Abgangsentschädigung zu würdigen sind: die Dauer des Arbeitsverhältnisses (Dienstalter), die persönlichen Verhältnisse (insb. auch das Lebensalter) des Arbeitnehmers und seine Unterstützungspflichten, seine Stellung im Betrieb oder Haushalt des Arbeitgebers (insb. auch die Höhe des Lohnes), die Aussichten für sein wirtschaftliches Fortkommen, die wirtschaftliche Leistungsfähigkeit des Arbeitgebers usw. 115 II 30/35 ff. E. 3. Offengelassen, ob das Abstellen auf die Skala eines bestimmten Gesamtarbeitsvertrages mit der Bestimmung vereinbar ist. Auf jeden Fall widerspricht das ausschliessliche Abstellen auf die beiden Faktoren Dienst- und Lebensjahre der Anweisung an den Richter, alle Umstände zu würdigen 115 II 30/33 f. E. 2.

4 ***Abs. 3*** Unter fristloser Auflösung des Arbeitsverhältnisses durch den Arbeitgeber aus wichtigem Grund ist eine fristlose Auflösung aus wichtigen Gründen i.S.v. Art. 337 zu verstehen 110 II 268/272 f. E. 3b Pra 1984 (Nr. 244) 667. Die Bestimmung bleibt auch bei vertraglichen Abweichungen von den Voraussetzungen der Abgangsentschädigung gemäss Art. 339b anwendbar 4A_101/2012 (31.5.12) E. 3.4.

c. Ersatzleistungen

Art. 339d

[1] Erhält der Arbeitnehmer Leistungen von einer Personalfürsorgeeinrichtung, so können sie von der Abgangsentschädigung abgezogen werden, soweit diese Leistungen vom Arbeitgeber oder aufgrund seiner Zuwendungen von der Personalfürsorgeeinrichtung finanziert worden sind.

[2] Der Arbeitgeber hat auch insoweit keine Entschädigung zu leisten, als er dem Arbeitnehmer künftige Vorsorgeleistungen verbindlich zusichert oder durch einen Dritten zusichern lässt.

1 Streitigkeiten des Arbeitnehmers mit dem Arbeitgeber um die Abgangsentschädigung nach Art. 339d fallen nicht in die Sonderzuständigkeit nach BVG Art. 73, weil es sich dabei um ein rein arbeitsvertragliches Institut handelt, von dem die Vorsorgeeinrichtung bzw. das Vorsorgeverhältnis an sich nicht betroffen ist 116 V 335/339 f. E. 2c. Abzugsfähigkeit von Renten aufgrund ausserordentlicher Beiträge zugunsten der Eintrittsgeneration 132 II 609/611 ff. E. 7 und 8.

2 ***Abs. 2*** Für ein beim Abschluss oder während der Dauer des Arbeitsvertrages abgegebenes, mit diesem zusammenhängendes Ruhegehaltsversprechen gilt – entgegen Art. 517 (Leibrentenvertrag) – Formfreiheit 73 II 226/226 f.

VII. Konkurrenzverbot

Vorb. Art. 340–340c

▪ Allgemeines (1) ▪ Anwendbarkeit (2) ▪ Entgeltliches Konkurrenzverbot (3) ▪ Weiteres (4)

Allgemeines. Die Bestimmungen stellen im *Verhältnis zur allgemeinen Vorschrift von ZGB Art. 27 Abs. 2* besondere Regeln dar, die inhaltlich das Mass der zulässigen Freiheitsbeschränkung genauer umschreiben und die auch in ihren Wirkungen strenger sind 95 II 532/535 f. E. 2. – Das als Konkurrenzverbot bezeichnete Rechtsverhältnis ist auch dann, wenn die vereinbarte Entschädigung äusserlich gleich aussieht wie ein Gehalt aus Arbeitsvertrag, weder eine Fortsetzung des Arbeitsvertrages noch ein arbeitsvertragsähnliches Verhältnis, sondern ein *Vertragsverhältnis eigener Art* 78 II 230/234 f. E. 2b. – Von den Bestimmungen unabhängig ist die *Geheimhaltungspflicht* gemäss Art. 321a Abs. 4, vgl. 64 II 162/174. 1

Anwendbarkeit. Die strenge Sonderregelung, mit welcher der wirtschaftlichen und sozialen Ungleichheit der Vertragsparteien und dem Abhängigkeitsverhältnis Rechnung getragen werden soll, gilt *nur für arbeitsvertragliche Konkurrenzverbote,* also nicht für Konkurrenzverbote, die nach Beendigung des Arbeitsverhältnisses vereinbart werden, nicht für Konkurrenzverbotsklauseln bei anderen Vertragsarten (z.B. Kauf, Miete, Pacht, Gesellschaft), nicht für Vereinbarungen, an denen der Angestellte unbeteiligt ist, die sich aber in einer Beschränkung seiner wirtschaftlichen Freiheit auswirken 95 II 532/536. Aber analoge Anwendung auf arbeitsähnliche Verträge, in casu auf Kaufverträge über einen Lastwagen samt einer «Vereinbarung Transportaufträge» 4C.43/2007 (14.3.07) E. 5, 4C.360/2004 (19.1.05) E. 3. – Die Bestimmungen über das mit Beendigung eines Arbeitsverhältnisses einsetzende Konkurrenzverbot sind auf *unentgeltliche und entgeltliche Konkurrenzverbote* anwendbar 78 II 230/234 E. 2a. – Abreden zwischen einem Fussballclub und einem Spieler, die dem Club erlauben, bei Auflösung des Arbeitsverhältnisses dem Spieler die Austrittsbescheinigung mit der Folge zu verweigern, dass er nicht in einen andern Club übertreten kann und deshalb für zwei Jahre von der Nationalliga ausgeschlossen ist, kommen einer Konkurrenzverbotsklausel gleich und fallen daher unter die zwingenden Bestimmungen über das Konkurrenzverbot 102 II 211/217 f. E. 5 Pra 1976 (Nr. 263) 655 f. Keine analoge Anwendung der Bestimmungen über das Konkurrenzverbot in Bezug auf eine Vereinbarung über Rückerstattung von Weiterbildungskosten 4A_90/2009 (25.5.09) E. 3 fr. 2

Entgeltliches Konkurrenzverbot. Für die *Voraussetzungen und die Berechnung der Karenzentschädigung* kommt es in erster Linie auf den Inhalt des Vertrages und, falls ihm nichts entnommen werden kann, auf den Zweck der Karenzentschädigung an, nämlich auf den Ausgleich der Erschwerung, welche der zur Konkurrenzenthaltung verpflichtete Arbeitnehmer zu ertragen hat 101 II 277/280 f. E. 1a. – Nach *ZGB Art. 2* steht es dem Arbeitnehmer jedoch grundsätzlich nicht frei, während der Dauer des Konkurrenzverbotes irgendeine schlecht bezahlte Stelle anzunehmen oder gar nichts zu tun und vom früheren Arbeitgeber die für den Fall einer Erwerbseinbusse vereinbarte Karenzentschädigung zu verlangen 101 II 277/279 E. 1. – Die Entschädigung ist nicht erst nach Ablauf der Verbots- 3 dauer *fällig,* wenn sie gemäss Abrede monatlich geschuldet ist 101 II 277/282 f. E. 2. – Es entspricht dem Wesen des entgeltlichen Konkurrenzverbotes, dass der daraus Berechtigte *ohne entsprechende Vereinbarung nicht kündigen* kann 78 II 230/239 f. E. 3b. Keine analoge Anwendung des Verbots ungleicher Kündigungsfristen (aOR Art. 336 Abs. 2) (in casu entgeltliches Konkurrenzverbot mit der Befugnis des Arbeitgebers, sich durch Verzicht auf das Verbot teilweise von der Pflicht zur Leistung des vereinbarten Entgeltes zu befreien) 78 II 230/235 ff. E. 2c. – Abgrenzung der Karenzentschädigung zur *Abgangsentschädigung* (goldener Fallschirm) 4C.440/1999 (2.3.00) E. 3d fr.

4 **Weiteres.** Es erscheint zumindest fraglich, ob es zulässig ist, bei Fehlen eines Konkurrenzverbotes im Arbeitsvertrag ein solches in das Vorsorgereglement aufzunehmen, könnte sich doch der Arbeitgeber in einem solchen Fall über den Entzug von Versicherungsleistungen schadlos halten, ohne dass der ausscheidende Arbeitnehmer die Möglichkeit hätte, das Konkurrenzverbot richterlich überprüfen zu lassen. Damit würde dem Arbeitnehmer der in Art. 340a gewährte Schutz vor unbilliger Erschwerung seines wirtschaftlichen Fortkommens infrage gestellt 117 V 214/220 E. 2d. Ein Streit um das arbeitsvertragliche Konkurrenzverbot zählt zu den Streitigkeiten aus dem Arbeitsverhältnis i.S.v. Art. 343 Abs. 1; die Gerichtsstandsbestimmung behält auch nach Beendigung des Arbeitsvertrages Geltung 109 II 33/33 f. (Art. 343 Abs. 1 wurde durch aGestG Anhang Ziff. 5 und jener durch ZPO Art. 34 aufgehoben; siehe dort).

1. Voraussetzungen

Art. 340

[1] Der handlungsfähige Arbeitnehmer kann sich gegenüber dem Arbeitgeber schriftlich verpflichten, nach Beendigung des Arbeitsverhältnisses sich jeder konkurrenzierenden Tätigkeit zu enthalten, insbesondere weder auf eigene Rechnung ein Geschäft zu betreiben, das mit dem des Arbeitgebers in Wettbewerb steht, noch in einem solchen Geschäft tätig zu sein oder sich daran zu beteiligen.

[2] Das Konkurrenzverbot ist nur verbindlich, wenn das Arbeitsverhältnis dem Arbeitnehmer Einblick in den Kundenkreis oder in Fabrikations- und Geschäftsgeheimnisse gewährt und die Verwendung dieser Kenntnisse den Arbeitgeber erheblich schädigen könnte.

1 **Allgemeines.** Da ein Konkurrenzverbot absolut nichtig ist, wenn seine gesetzlichen Voraussetzungen nicht erfüllt sind oder wenn es über den Rahmen des Konkurrenzbegriffes i.S. der Bestimmung hinausgeht (vgl. auch 102 II 211/218 E. 5 Pra 1976 [Nr. 263] 655 f.), kann sich auch jeder *Dritte* auf die Ungültigkeit der Verbotsklausel berufen 95 II 532/537 E. 3. – *Analoge Anwendung* der zwingenden Schutznormen zum Konkurrenzverbot auf nachvertragliche Pflichten, in casu auf ein nachvertragliches Abwerbeverbot 130 III 353/356 f. E. 2.1.1.

Abs. 1 **Schriftform.** Die Schriftform ist zum Schutze des Arbeitnehmers vorgeschrieben, der allein durch das Konkurrenzverbot verpflichtet wird und dessen Unterschrift allein nötig ist (Art. 13 Abs. 1) 96 II 139/142. Es handelt sich um eine einfache Schriftlichkeit: Die Konkurrenzklausel muss nicht besonders hervorgehoben oder separat gegengezeichnet werden 4A_126/2009 (12.6.09) E. 3. Ein nur mündlich vereinbartes Konkurrenzverbot ist nichtig 145 III 365/368 E. 3.2. Die Anforderungen an die Bestimmung des Inhalts eines Konkurrenzverbots und die Formvorschrift sind insoweit miteinander verbunden, als der nach Art. 340a Abs. 1 zu begrenzende Umfang des Konkurrenzverbots ein *objektiv wesentliches Element* ist, welches vom Schriftformvorbehalt erfasst ist 145 III 365/371 E. 3.5.1. Die Vertragsparteien müssen eine Vereinbarung hinsichtlich Ort, Zeit und Gegenstand treffen, d.h. insoweit den Inhalt des Verbotes näher bestimmen, wobei aber in gegenständlicher Hinsicht Klauseln, welche jede konkurrenzierende oder im Wettbewerb stehende Tätigkeit verbieten, in der Regel als genügend bestimmt gelten 145 III 365/369 E. 3.2.2, 4C.385/1991 (23.10.92) E. 4b. Anders noch 96 II 139/142 (zu aArt. 357), wonach die Begrenzung des Konkurrenzverbotes nach Zeit, Ort und Gegenstand nicht ein wesentlicher Punkt des Vertrages und damit ein «Gebot der Form» ist, sondern eine gesetzliche Folge der beschränkten Vertragsfreiheit. – Das Verbot «jeder konkurrenzierenden Tätigkeit» erfüllt das Gebot der Form 145 III 365/373 E. 3.6. 2

Auslegung der Konkurrenzklausel. Der Zweck und die Umstände, unter denen ein arbeitsvertragliches Konkurrenzverbot zustande kommt, legen eine *zurückhaltende Auslegung* nahe. Es darf dem Arbeitgeber als dem allein Interessierten zugemutet werden, es so deutlich zu umschreiben, dass der Arbeitnehmer sich über die Tragweite seiner Unterlassungspflicht ein genaues Bild machen kann; Zweifel über den Umfang des Konkurrenzverbotes müssen sich zum Nachteil des Arbeitgebers auswirken 92 II 22/24 f. E. 1a. Auslegung eines entgeltlichen Konkurrenzverbotes, das mit einer massiven Konventionalstrafe verbunden ist 101 II 277/279 ff. E. 1a. Es ist eine Frage der Vertragsauslegung, ob ein partielles tätigkeitsbezogenes oder ein allgemeineres unternehmensbezogenes Konkurrenzverbot vorliegt 4C.298/2001 (12.2.02) E. 2b Pra 2002 (Nr. 88) 507. – Was angesichts der konkreten Umstände im Lichte der allgemeinen Lebenserfahrung nach Treu und Glauben unter «indirekter Beteiligung an einem Konkurrenzunternehmen» i.S. einer Konkurrenzklausel zu verstehen sei, ist eine (vom BGer frei überprüfbare) *Rechtsfrage* 89 II 126/129 f. 3

Konkurrenzierende Tätigkeit. Von konkurrenzierenden Geschäften kann nur die Rede sein, wenn beide – bei ganz oder teilweise übereinstimmendem Kundenkreis – *gleichartige und folglich unmittelbar das gleiche Bedürfnis befriedigende Leistungen* anbieten 145 III 365/373 E. 3.5.2, 92 II 22/25 ff. E. 1d, e (in casu Gleichartigkeit für Abfüllmaschinen und die damit abgefüllten Erzeugnisse verneint), vgl. auch Pra 1997 (Nr. 124) 672 E. 4b. Nicht erfasst wird die konkurrierende Nachfrage nach gleichen Gütern zur Weiterverarbeitung 130 III 353/358 E. 2.1.2. – Unter *Beteiligung an einem Konkurrenzgeschäft* ist allgemein nicht bloss die Teilnahme an der Finanzierung eines solchen gegen Zusicherung eines Gewinnanteils zu verstehen, sondern jede durch eine Beziehung von einer gewissen Dauer vermittelte Förderung oder Unterstützung eines derartigen Unternehmens, worunter namentlich auch die Gewährung eines gewöhnlichen Darlehens fallen kann 89 II 4

126/129 f. E. 5. – Der *Wettbewerbsbegriff* i.S. der Bestimmung ist enger als jener des UWG 92 II 22/24 E. 1a.

5 ***Abs. 2*** **Einblick in den Kundenkreis.** Personen, die als Abnehmer infrage kommen, aber als solche noch nicht gewonnen sind, gelten nicht als *Kunden* i.S. der Bestimmung. Auch eine einmalige Bestellung macht den betreffenden Abnehmer noch nicht zum Kunden. Andererseits setzt die Zugehörigkeit eines Abnehmers zum Kundenkreis eines Geschäftes kein besonders enges und dauerndes Verhältnis voraus. Es genügt, dass jemand zu den *ständigen Abnehmern,* d.h. zu den Personen gehört, die von Zeit zu Zeit zu bestellen (oder Dienstleistungen in Anspruch zu nehmen 44 II 56/58 f. E. 4) pflegen 91 II 372/378 E. 5. – Auch Architekten und Bauunternehmer, welche entweder direkt oder indirekt als *Mittler zwischen dem Bauherrn und einem Handwerker* über die Arbeitsvergebung an diesen bestimmen oder wesentlich mitbestimmen, gehören zum Kundenkreis 81 II 152/154 f. E. 2b. Unter Kunden sind jedoch nur die Abnehmer einer Ware oder Dienstleistung zu verstehen, nicht deren Anbieter resp. Lieferanten. Diese können allenfalls unter das Geschäftsgeheimnis fallen 4C.338/2001 (5.4.02) E. 4. – Unter die Bestimmung fällt der Kundenkreis auch dann, wenn der *Arbeitnehmer ihn für den Arbeitgeber gewonnen* hat 91 II 372/379 E. 5. – Ein Konkurrenzverbot gestützt auf den Einblick in den Kundenkreis ist nur dann gerechtfertigt, wenn der Arbeitnehmer dank seiner Kenntnis der Stammkunden und ihrer Gewohnheiten in der Lage ist, selber ähnliche Leistungen wie sein Arbeitgeber zu erbringen und damit Kunden abzuwerben 4A_286/2017 (1.11.17) E. 2.1, 4A_468/2016 (6.2.17) E. 3.1 fr., 4A_680/2015 (1.7.16) E. 2.1, vgl. 4A_210/2018 (2.4.19) E. 4.1.1 (unpublizierte Erwägung von 145 III 365).

6 Der ***Einblick*** ergibt sich aufgrund der Beziehungen zur Kundschaft und der Kenntnisse über diese 4A_261/2013 (1.10.13) E. 5, 91 II 372/379 E. 6. Bejaht wurde er z.B. (OR 1911 Art. 356): bei einem Reisenden, der aufgrund seiner vierjährigen Tätigkeit im Dienste des Arbeitgebers bei dessen Kundschaft eingeführt war 91 II 372/379 E. 6, vgl. auch 92 II 31/35 E. 2 fr., bei einem Heizungsmonteur in leitender Stellung 81 II 152/153 f. E. 2a, b, beim leitenden Angestellten einer Reitanstalt 61 II 92/92 E. 2.

7 **Einblick in Fabrikations- oder Geschäftsgeheimnisse.** Ein ***Geschäftsgeheimnis*** setzt einen subjektiven und einen berechtigten objektiven Geheimhaltungswillen sowie die relative Unbekanntheit der entsprechenden Tatsache voraus 4A_261/2013 (1.10.13) E. 5, 4C.338/2001 (5.4.02) E. 4. Es handelt sich um Tatsachen, welche nicht leicht zu ermitteln sind. Kenntnisse dagegen, welche in allen Unternehmen einer Branche erworben werden können, betreffen nicht Geheimnisse. Solche Branchenkenntnisse bilden vielmehr die allgemeine Berufserfahrung des Arbeitnehmers 4A_210/2018 (2.4.19) E. 4.1.2 (unpublizierte Erwägung von 145 III 365), 4A_116/2018 (28.3.19) E. 3.1.1 fr. (Kenntnis der Kundschaft eines Bankkundenberaters ist kein Geschäftsgeheimnis), 4A_283/2010 (11.8.10) E. 2.1 (in casu bilden Löhne eines Taxi- und Garagenbetriebs keine Geheimnisse), 4A_31/2010 (16.3.10) E. 2 fr. (in casu stellt eine allgemein verbreitete Herstellungsmethode keine geschützte Kenntnis dar), 4A_31/2010 (16.3.10) E. 2.1, 4A_417/2008 (3.12.08) E. 4.1. Dass die Verwendung eines bestimmten Bestandteils keine Erfindung des Arbeitgebers ist, schliesst die Annahme eines Geheimnisses nicht aus. Das Geheimnis kann auch im gesamten Herstellungsverfahren bestehen, das dem Produkt seine besondere Eigenschaft verleiht, die es von anderen gleichartigen Produkten unterscheidet 44 II 89/92 f.

fr. Schutzwürdig ist auch eine Erfindung des Arbeitnehmers, die unter Art. 332 (in casu OR 1911 Art. 343) fällt 44 II 89/93 f. E. 2 fr. Unter den Begriff des Geschäftsgeheimnisses fällt im Weiteren z.B. die Einsicht in den ganzen Betrieb und die Organisation z.B. einer Reitanstalt, in die Tarife für den Unterricht und für die Einstellung fremder Pferde, in die Bezugsquellen für Futtermaterial, Sattelzeug und Pferde 61 II 90/92 f. E. 2, die Kenntnis der Berechnungsgrundlagen der Dienstleistungstarife 4A_466/2012 (12.11.12) E. 3.1 fr. – Für das Erfordernis des Einblicks in den Kundenkreis bzw. in Fabrikations- oder Geschäftsgeheimnisse sind auch die *Verhältnisse bei Beendigung des Arbeitsverhältnisses* zu berücksichtigen, nicht nur jene bei Unterzeichnung der Konkurrenzklausel oder bei Antritt der Tätigkeit 91 II 372/379 E. 5, grundlegend 72 II 419/420 E.a.

Möglichkeit erheblicher Schädigung durch Verwendung der Kenntnisse. Ob in einem bestimmten Fall aufgrund der feststehenden Tatsachen anzunehmen sei, der Arbeitnehmer könnte durch Verwendung der Kenntnisse den Arbeitgeber erheblich schädigen, ist eine *Rechtsfrage* 91 II 372/380 E. 7. – Die Bestimmung setzt *keinen Nachweis eines tatsächlichen Schadens* voraus; fehlt ein solcher, so wird die Gültigkeit des Konkurrenzverbotes dadurch nicht berührt 4A_468/2016 (6.2.17) E. 4.1 fr., 4A_261/2013 (1.10.13) E. 5.9, 101 Ia 450/454 E. 4b fr. Erforderlich ist ein natürlicher und adäquater Kausalzusammenhang zwischen den Kenntnissen des Arbeitnehmers und der Möglichkeit einer Schädigung des Arbeitgebers 4A_116/2018 (28.3.19) E. 4.1 fr., 4A_286/2017 (1.11.17) E. 2.3, 4A_466/2012 (12.11.12) E. 3, 4 fr., vgl. 4A_210/2018 (2.4.19) E. 4.1.3 (unpublizierte Erwägung von 145 III 365). Das Konkurrenzverbot hält aber nicht in allen Fällen stand, in denen die Verwendung der durch den Einblick gewonnenen Kenntnisse den Arbeitgeber irgendwie schädigen könnte; wer sich die Dienste anderer zunutze macht, hat bis zu einem gewissen Grad in Kauf zu nehmen, dass der Arbeitnehmer die Erfahrungen, die er in seiner Stellung sammelt, nach der Auflösung des Verhältnisses verwertet, auch wenn dies den Interessen des Arbeitgebers zuwiderläuft 92 II 22/26. – Ein Arbeitnehmer kann aus dem Einblick in die Kundschaft keinen Nutzen ziehen, wenn die *Beziehungen zwischen der Kundschaft und dem Arbeitgeber vorwiegend persönlicher Natur* sind und auf den *besonderen Fähigkeiten des Arbeitgebers* beruhen. (Oder zumindest wäre für eine allfällige Schadenszufügung – vermöge der eigenen Leistungsfähigkeit des Arbeitnehmers – der Einblick nicht erheblich kausal 56 II 439/442 E. 2.) Daher kann ein Arzt seinem Assistenten oder ein Anwalt seinem Praktikanten kein Konkurrenzverbot auferlegen. Hingegen ist in der Regel bei Berufen, in denen die berufliche Tüchtigkeit und die persönliche Seite der Beziehungen zur Kundschaft zwar von einer gewissen Bedeutung sind, jedoch keine überragende Rolle spielen (z.B. Treuhänder, Buchhaltungsexperten, Reitlehrer) eine Konkurrenzverbotsklausel zulässig 4A_680/2015 (1.7.16) E. 2.1 (Personalberater, zulässiges Verbot), 138 III 67/69 ff. E. 2 Pra 2012 (Nr. 76) 524 («training coach» und Animator, unzulässige Konkurrenzklausel), 4C.100/2006 (13.7.07) E. 2 (Zahnarzt, unzulässige Konkurrenzklausel), 78 II 39/40 ff. E. 1 Pra 1952 (Nr. 162) 125 f. Ein Konkurrenzverbot aufgrund des Einblicks in den Kundenkreis ist umgekehrt jedoch unzulässig, wenn die Kundenbeziehung wesentlich von der Persönlichkeit des Arbeitnehmers abhängt bzw. dem Kunden die persönliche Leistungsfähigkeit des Arbeitnehmers wichtiger ist als die Identität des Arbeitgebers und der Nachteil für den Arbeitgeber daher dadurch entsteht, dass der Arbeitnehmer seine persönlichen Fähigkeiten nicht mehr für ihn einsetzt 8

4A_116/2018 (28.3.19) E. 4.1 fr. (unzulässiges Verbot), 4A_286/2017 (1.11.17) E. 2.1 (in casu besonderes Talent und Unverfrorenheit des Arbeitnehmers, unzulässiges Verbot), 4A_468/2016 (6.2.17) E. 3.3 fr. (in casu zulässiges Verbot), 4A_680/2015 (1.7.16) E. 2.1 (in casu zulässiges Verbot), 4A_466/2012 (12.11.12) E. 4.1 fr. (in casu zulässiges Verbot). Das Vorliegen einer vorwiegend persönlichen Natur der Kundenbeziehung ist im Einzelfall unter Berücksichtigung aller relevanten Umstände zu ermitteln 4A_116/2018 (28.3.19) E. 4.1 fr., 4A_286/2017 (1.11.17) E. 2.2, 4C.100/2006 (13.7.07) E. 2. – Bei einem allgemeinen, unternehmensbezogenen Konkurrenzverbot, bei welchem jede Tätigkeit in einem Konkurrenzunternehmen verboten wird, ist anhand der Arbeitsorganisation im Betrieb des neuen Arbeitgebers zu prüfen, ob eine Möglichkeit erheblicher Schädigung besteht 4C.298/2001 (12.2.02) E. 2d Pra 2002 (Nr. 88) 507. – Die Frage, ob die Verwendung der Kenntnisse, die der Arbeitnehmer während des Arbeitsverhältnisses erlangt hat, den Arbeitgeber erheblich schädigen könnte, ist aufgrund der *Verhältnisse während der Dauer des Arbeitsverhältnisses* zu beurteilen und nicht aufgrund jener im Zeitpunkt, in dem der ehemalige Arbeitnehmer eine Stelle in einem Konkurrenzunternehmen antritt 101 Ia 450/454 E. 4b fr.

9 **Beweislast.** Den Arbeitgeber trifft die *Beweislast,* dass der Arbeitnehmer Einblick in den Kundenkreis oder in Fabrikations- und Geschäftsgeheimnisse hatte und die Verwendung dieser Kenntnisse (Kausalzusammenhang) den Arbeitgeber erheblich schädigen könnte 4A_210/2018 (2.4.19) E. 5 (unpublizierte Erwägung von 145 III 365), 4C.338/2001 (5.4.02) E. 3. Der Arbeitnehmerin steht es gegebenenfalls offen, den Gegenbeweis der Unterbrechung des Kausalzusammenhangs zu erbringen 4A_210/2018 (2.4.19) E. 5 (unpublizierte Erwägung von 145 III 365; in casu durch den Beleg, dass ihre Kenntnisse auf vorbestehende bzw. private Kontakte mit dem Kundenkreis zurückzuführen sind).

2. Beschränkungen

Art. 340a

[1] Das Verbot ist nach Ort, Zeit und Gegenstand angemessen zu begrenzen, so dass eine unbillige Erschwerung des wirtschaftlichen Fortkommens des Arbeitnehmers ausgeschlossen ist; es darf nur unter besonderen Umständen drei Jahre überschreiten.

[2] Der Richter kann ein übermässiges Konkurrenzverbot unter Würdigung aller Umstände nach seinem Ermessen einschränken; er hat dabei eine allfällige Gegenleistung des Arbeitgebers angemessen zu berücksichtigen.

▪ Abs. 1 Allgemeines (1) ▪ Berechtigte Interessen des Arbeitgebers (2) ▪ Unbillige Erschwerung des wirtschaftlichen Fortkommens (3) ▪ Beispiele (4) ▪ Weiteres (5) ▪ Abs. 2 (6)

1 ***Abs. 1*** **Allgemeines.** Ein Konkurrenzverbot, dessen zeitlicher, örtlicher sowie gegenständlicher Umfang weder tatsächlich bestimmt ist noch durch Auslegung nach dem Vertrauensprinzip ermittelt werden kann, entfaltet ebenso wie ein gesamtheitlich unbegrenztes Verbot keine Wirkung 145 III 365/371 E. 3.5.1. Die Anforderungen an die Bestimmung des Inhalts eines Konkurrenzverbots und die Formvorschrift von Art. 340 Abs. 1 sind insoweit miteinander verbunden, als der zu begrenzende Umfang des Konkurrenzverbots ein

objektiv wesentliches Element ist, welches vom Schriftformvorbehalt erfasst ist 145 III 365/371 E. 3.5.1. Die in der Bestimmung vorgesehenen *Beschränkungen* sind nicht je einzeln, sondern *in ihrer Gesamtheit zu berücksichtigen:* Ein nach seinem Gegenstand stark eingeschränktes Konkurrenzverbot kann zeitlich und örtlich von grösserer Tragweite sein 44 II 89/95 E. 3 fr., oder ein örtlich und sachlich eng begrenztes Konkurrenzverbot darf u.U. länger dauern als eines, das die Tätigkeit des Arbeitnehmers nach Art und Gegenstand stärker einschränkt 4A_62/2011 (20.5.11) E. 3, 4C.44/2002 (9.7.02) E. 2.4, 91 II 372/381 E. 8b. Entscheidend ist, ob das Konkurrenzverbot das wirtschaftliche Fortkommen des Arbeitnehmers in einer Weise beeinträchtigt, dass es sich durch die Interessen des Arbeitgebers nicht rechtfertigen lässt 145 III 365/372 E. 3.5.1, 4A_468/2016 (6.2.17) E. 5.1 fr., 4A_62/2011 (20.5.11) E. 3, 4A_558/2009 (5.3.10) E. 6.1 fr., 130 III 353/355 E. 2, 4C.44/2002 (9.7.02) E. 2.

Berechtigte Interessen des Arbeitgebers. Das Konkurrenzverbot darf zunächst nach Zeit, Ort und Gegenstand nicht weiter gehen, als die berechtigten Interessen des Arbeitgebers es erfordern. Entscheidend ist in dieser Hinsicht die Gefahr, Kunden zu verlieren, weil der Arbeitnehmer die durch den Einblick in den Kundenkreis und in Geschäftsgeheimnisse erlangten Kenntnisse ausnutzen könnte 4A_466/2012 (12.11.12) E. 5.2 fr., 96 II 139/143 E. 3a. Kein berechtigtes Interesse hat der Arbeitgeber daher an einem Konkurrenzverbot, das Gebiete und Tätigkeiten erfasst, in denen der Arbeitnehmer die durch seinen Einblick erlangten Kenntnisse nicht zum erheblichen Schaden des Arbeitgebers verwenden kann, oder das noch andauert, nachdem die Schädigungsgefahr infolge Zeitablaufs dahingefallen ist 91 II 372/381 E. 8a, b. Entscheidend für die angemessene Dauer des Verbots ist unter anderem die Art der zu schützenden Kenntnisse. Fabrikations- und Geschäftsgeheimnisse rechtfertigen regelmässig eine längere Dauer als der blosse Einblick in den Kundenkreis 4A_62/2011 (20.5.11) E. 4, 91 II 372/381 E. 8b. 2

Unbillige Erschwerung des wirtschaftlichen Fortkommens. Eine solche liegt nur vor, wenn das Konkurrenzverbot dem Verpflichteten die künftige Erwerbsmöglichkeit ungebührlich beschränkt, sei es wegen der Dauer, des Ortes oder des Gegenstandes des Verbotes. Nachteile, die der zur Unterlassung von Konkurrenz Verpflichtete bei einem Wechsel des Wohnsitzes in seinem schon erworbenen Vermögen erleiden mag, können nicht einer Erschwerung des wirtschaftlichen Fortkommens gleichgesetzt werden 130 III 353/355 E. 2, 4C.44/2002 (9.7.02) E. 2, 96 II 139/144. Das Interesse des Arbeitgebers am Konkurrenzverbot muss in einem vernünftigen Verhältnis zur damit verbundenen Beeinträchtigung der wirtschaftlichen Existenz des Arbeitnehmers stehen 4A_466/2012 (12.11.12) E. 5.2 fr., 130 III 353/355 E. 2, 4C.44/2002 (9.7.02) E. 2, 61 II 89/94 f. Für die Frage nach dem Vorliegen einer unbilligen Erschwerung des wirtschaftlichen Fortkommens des Arbeitnehmers ist auch der Umstand zu berücksichtigen, dass der Arbeitgeber für die Konkurrenzenthaltung eine Entschädigung zu entrichten hat (vgl. Abs. 2) 4C.44/2002 (9.7.02) E. 2, 101 II 277/282 E. 1b, grundlegend 78 II 230/234 E. 2a. Auch gegen Entgelt kann kein Konkurrenzverbot vereinbart werden, das den Verpflichteten zu beruflicher Umstellung zwingt oder ihm im Gegenteil eine solche untersagt 101 II 277/280 f. E. 1a. 3

Beispiele. Ein weltweites Verbot ohne geografische Einschränkung ist nicht zum Vornherein unzulässig, wenn es auf relativ kurze Zeit beschränkt ist und ein hoch spezialisier- 4 tes Geschäft betrifft 4A_62/2011 (20.5.11) E. 3, 4C.44/2002 (9.7.02) E. 2.4. Des Weiteren wurden als zulässig betrachtet (z.T. unter OR 1911 Art. 357): das Konkurrenzverbot, wonach der Verpflichtete Innenausstattungen während dreier Jahre nur ausserhalb der Urkantone absetzen durfte oder, falls er vor Ablauf dieser Zeitspanne in den Urkantonen tätig sein wollte, sich einem andern Geschäftszweig zuwenden musste 96 II 139/144; das einem Reisenden für die Dauer von zwei Jahren und den grössten Teil der Ostschweiz auferlegte Konkurrenzverbot (trotz Wirtschaftskrise) 55 II 258/261 f. E. 2; die Dauer des Verbots für drei Jahre bei Einblick in den Kundenkreis 96 II 139/143 E. 3b (anders dagegen 4A_62/2011 (20.5.11) E. 4: sechs Monate bei Einblick in den Kundenkreis). – Zeitlich, örtlich und sachlich *übermässig* war hingegen das für drei Jahre vereinbarte Verbot, in allen Ländern, in denen eine von der Arbeitgeberfirma beeinflusste Gesellschaft bestand, in irgendeinem Unternehmen tätig zu sein, «das sich mit der Herstellung, dem Verkauf oder der Vermittlung solcher oder ähnlicher Produkte beschäftigt, wie sie auch von der Firma während der Dauer des Vertragsverhältnisses im Laboratorium oder im Betrieb bearbeitet, hergestellt oder verkauft worden sind» 91 II 372/380 ff. E. 8, ähnlich 4A_62/2011 (20.5.11) E. 3 und 4.

5 **Weiteres.** Die Frist, für die das Konkurrenzverbot gilt, beginnt mit Beendigung des Arbeitsverhältnisses 91 II 372/382 E. 9. – Beim entgeltlichen Konkurrenzverbot ist die Vereinbarung einer Kündigungsmöglichkeit zugunsten des ehemaligen Arbeitgebers grundsätzlich zulässig. Eine unbillige Erschwerung des wirtschaftlichen Fortkommens des Arbeitnehmers könnte höchstens vorliegen, wenn die Kündigungsfrist zu kurz bemessen ist (in casu für dreimonatige Frist verneint). Offengelassen, ob eine Erstreckung der Kündigungsfrist im Rahmen der Bestimmung zulässig sei 78 II 230/239 ff. E. 3.

6 ***Abs. 2*** Es handelt sich um eine Billigkeitsentscheidung, die auf objektiver Interessenabwägung unter Beachtung der Umstände des beurteilten Falles beruht (ZGB Art. 4). Das Bundesgericht prüft derartige Ermessensentscheide grundsätzlich frei, übt dabei aber Zurückhaltung 4A_62/2011 (20.5.11) E. 3.2. Erst wenn der Umfang eines Konkurrenzverbots in zeitlicher, örtlicher sowie sachlicher Hinsicht definiert ist, kann es bei allfälliger Übermässigkeit entsprechend reduziert werden 145 III 365/371 E. 3.5.1. Anders noch 96 II 139/142 f. E. 2 (zu aArt. 357), wonach es in Bezug auf die *bloss teilweise Ungültigkeit* eines übermässigen Konkurrenzverbotes keinen Unterschied macht, ob die Parteien dem Konkurrenzverbot vertraglich nach Zeit, Ort und Gegenstand bereits eine Grenze gezogen und diese nur nicht gesetzesmässig bestimmt haben oder ob sie es unbeschränkt vereinbart haben. Im zweiten Falle lässt sich die vollständige Ungültigkeit auch nicht auf dem Umweg über einen Formmangel konstruieren, da die Begrenzung des Konkurrenzverbotes kein wesentlicher Punkt des Vertrages, sondern eine gesetzliche Beschränkung der Vertragsfreiheit ist. Zum Zusammenhang zwischen der Formvorschrift und den Anforderungen an den Inhalt nunmehr 145 III 365/371 E. 3.5.1 (siehe auch bei Art. 340). – Zu den *Umständen,* die eine Einschränkung des Konkurrenzverbotes als angemessen erscheinen lassen können, gehört auch die gemeinsam veranlasste Auflösung des Arbeitsvertrages 105 II 200/204 E. 6c. – Steht nur noch die Vertragsstrafe wegen Verbotsverletzung zur Beurteilung, so entspricht der Einschränkung des Konkurrenzverbotes eine *Herabsetzung der Strafe,* die sich auf Art. 163 Abs. 3 stützen lässt 105 II 200/204 E. 6c, siehe unter Art. 163 und 340b.

3. Folgen der Übertretung

Art. 340b

[1] Übertritt der Arbeitnehmer das Konkurrenzverbot, so hat er den dem Arbeitgeber erwachsenden Schaden zu ersetzen.

[2] Ist bei Übertretung des Verbotes eine Konventionalstrafe geschuldet und nichts anderes verabredet, so kann sich der Arbeitnehmer durch deren Leistung vom Verbot befreien; er bleibt jedoch für weiteren Schaden ersatzpflichtig.

[3] Ist es besonders schriftlich verabredet, so kann der Arbeitgeber neben der Konventionalstrafe und dem Ersatz weiteren Schadens die Beseitigung des vertragswidrigen Zustandes verlangen, sofern die verletzten oder bedrohten Interessen des Arbeitgebers und das Verhalten des Arbeitnehmers dies rechtfertigen.

Abs. 1 **Schadensbegriff.** Der aus der Übertretung des Konkurrenzverbotes entstehende Schaden umfasst sowohl denjenigen, den der Arbeitnehmer dadurch herbeiführt, dass er seine Kenntnisse der Kundschaft und der Geschäftsgeheimnisse des früheren Arbeitgebers zum Nutzen des neuen verwendet, als auch den Schaden, den er dadurch verursacht, dass er seine persönliche Tüchtigkeit und seine beruflichen Fähigkeiten in den Dienst des neuen Arbeitgebers stellt (Erfüllungsinteresse) 72 II 80/81 ff. Pra 1946 (Nr. 47) 94 ff. Für die Anwendung der Bestimmung sind die *Verhältnisse nach Beendigung des Arbeitsverhältnisses* massgebend 101 Ia 450/454 E. 4b fr. 1

Feststellungsklage. Ein schützenswertes Interesse an der blossen Feststellung der Verletzung des Konkurrenzverbotes ist zu bejahen, wenn der Geschädigte die Leistungsklage vorläufig auf einen Teil des Schadens beschränken müsste, weil er weitere Forderungen weder beziffern noch abschätzen kann 99 II 172/173 f. E. 2. Eine mögliche, aber dem Geschädigten nicht zumutbare Unterlassungsklage hebt dieses Interesse nicht auf 99 II 172/175 f. 2

Abs. 2 Eine **übermässige Konventionalstrafe** kann gemäss Art. 163 Abs. 3 herabgesetzt werden 4A_468/2016 (6.2.17) E. 6.1 fr. (in casu leichte Herabsetzung, weil die Arbeitgeberin im Prozess behauptete finanzielle Nachteile nicht nachweisen konnte), 105 II 200/204 E. 6c (in casu Herabsetzung, weil die gemeinsam veranlasste Auflösung des Arbeitsvertrages eine Beschränkung des Konkurrenzverbotes gemäss Art. 340a rechtfertigte), vgl. auch 4A_595/2012 (21.12.12) E. 5.1 (Herabsetzung wegen Unvereinbarkeit des Ersatzcharakters einer Konventionalstrafe mit Art. 321e), 4A_466/2012 (12.11.12) E. 6 fr., 4A_107/2011 (25.8.11) E. 3. Der Richter hat auch dann zu prüfen, ob die Konventionalstrafe herabzusetzen ist, wenn der Arbeitnehmer keinen entsprechenden Antrag stellt, seine Rechtsbegehren aber so weit gefasst sind, dass sie eine richterliche Herabsetzung in sich schliessen 109 II 120/122 E. 2b. Das Ermessen des Gerichts bezieht sich sowohl auf die Frage der Übermässigkeit der Strafe als auch auf den Umfang der Herabsetzung; beide Male hat das Gericht nach Recht und Billigkeit zu entscheiden 4A_595/2012 (21.12.12) E. 5.1, 4A_107/2011 (25.8.11) E. 3. Ob eine auf die Übertretung eines arbeitsvertragli- 3 chen Konkurrenzverbotes gesetzte Konventionalstrafe *offensichtlich übersetzt* sei, ist unter Berücksichtigung des Verhältnisses zwischen dem vereinbarten Betrag und dem Interesse des Arbeitgebers an der Einhaltung des Konkurrenzverbotes, der Schwere des Verschuldens des Arbeitnehmers, dessen wirtschaftlicher Lage und der Abhängigkeitsverhältnisse aus dem Vertragsverhältnis zu entscheiden 4A_468/2016 (6.2.17) E. 6.1 fr., 4A_466/2012 (12.11.12) E. 6 fr., 4A_107/2011 (25.8.11) E. 3.1, 4A_233/2009 (6.7.09) E. 4 fr., 92 II 31/38 E. 5a Pra 1966 (Nr. 149) 528, grundlegend 91 II 372/383 E. 11. Zu den Umständen, die bei der Herabsetzung von Bedeutung sein können, gehören auch Anstellungsdauer und bezogener Lohn des Arbeitnehmers sowie die Tatsache, dass der Arbeitgeber keinen Schaden nachgewiesen hat und sein Interesse am Konkurrenzverbot weggefallen ist 4A_468/2016 (6.2.17) E. 6.3 fr., 109 II 120/122 E. 2c. Siehe auch unter Art. 163 Abs. 3.

4 Die **Beweislast für den weiteren Schaden und das Verschulden des Arbeitnehmers** trägt der Arbeitgeber 92 II 31/38 E. 5b Pra 1966 (Nr. 149) 528, 4A_107/2011 (25.8.11) E. 3.1. Demgegenüber setzt eine vereinbarte Konventionalstrafe keinen Schadensnachweis voraus 4A_468/2016 (6.2.17) E. 2.3 fr.

5 ***Abs. 3*** **Rechtfertigung der Realexekution.** Ein qualifiziertes Verhalten des Arbeitnehmers i.S. der Bestimmung kann nicht nur in der Konkurrenztätigkeit liegen (z.B. wenn der Arbeitnehmer die Konventionalstrafe durch den neuen Arbeitgeber bezahlen lässt, noch Mittel des früheren Arbeitgebers benutzt, diesem die Kunden mit falschen Behauptungen abspenstig macht oder sonst rücksichtslos vorgeht), sondern auch in einem besonders treulosen Verhalten vor oder bei Auflösung des Arbeitsverhältnisses (Der Bestand des Konkurrenzverbotes setzt jedoch nicht unbedingt eine solche besondere Treulosigkeit voraus) 103 II 120/124 E. 3a.

6 **Vorsorgliche Massnahmen.** Ob und unter welchen Voraussetzungen ein einstweiliger Rechtsschutz möglich ist, hängt vom *Verfahrensrecht* ab 131 III 473/475 ff. E. 2 Pra 2006 (Nr. 32) 227 ff., 103 II 120/123 f. E. 2b. – Abgesehen von der Schriftform ist vorausgesetzt, dass die Verletzung oder Bedrohung der Interessen des Arbeitgebers ebenso wie das Verhalten des Arbeitnehmers die Beseitigung des vertragswidrigen Rechtszustandes rechtfertigen. Eine einfache Verletzung des Konkurrenzverbots genügt nicht. Diese Voraussetzungen sind kumulativer Art 131 III 473/478 E. 3.2 Pra 2006 (Nr. 32) 229 f. In der Bestimmung ist nicht von Schädigung, sondern von *verletzten oder bedrohten Interessen des Arbeitgebers* die Rede. Umso weniger geht es an, schon für den Erlass eines vorsorglichen Arbeitsverbotes eine schwere Schädigung zu verlangen (in casu war es nicht willkürlich, die Kündigung des Arbeitnehmers und seinen Übertritt zur Konkurrenzfirma als ein Verhalten zu werten, welches ein einstweiliges Konkurrenzverbot rechtfertigte) 103 II 120/124 ff. E. 3b, 4. Dann aber eine *Präzisierung dieser Rechtsprechung:* Da gewichtige Interessen auf dem Spiel stehen, darf die vorsorgliche Massnahme nicht bereits dann gewährt werden, wenn das Gesuch einigermassen begründet («fondée de manière relativement claire») und glaubhaft erscheint. Vielmehr ist eine *Interessenabwägung* vorzunehmen. Diese zieht insbesondere einerseits in Betracht, dass die wirtschaftliche Existenz und die berufliche Zukunft des Arbeitnehmers gefährdet werden. Andererseits ist zu berücksichtigen, dass mit dem Zeitablauf eine Konkurrenzklausel ihrer Wirkung vollständig beraubt werden kann 131 III 473/478 f. E. 3.2 Pra 2006 (Nr. 32) 229 f. – Das Verbot einer

konkurrenzierenden Tätigkeit durch vorsorgliche Verfügung für die Dauer des Prozesses kann *schwerwiegende und nicht wiedergutzumachende Nachteile* mit sich bringen, sodass unabhängig davon, ob ein letztinstanzlicher End- oder Zwischenentscheid vorliegt, die staatsrechtliche Beschwerde zulässig ist (aOG Art. 87) 131 III 473/475 E. 2 Pra 2006 (Nr. 32) 227 ff., 103 II 120/122 E. 1.

Weiteres. Eine Beseitigungsklage muss sich gegen die Ursache des vertragswidrigen Zustandes richten 99 II 172/175. Die Unterlassungsklage wird mit Ablauf der Zeit, für die das Konkurrenzverbot Bestand hat, gegenstandslos; die Durchsetzung des Anspruchs ist also allenfalls nur über den Erlass einer vorsorglichen Verfügung möglich 99 II 172/175, grundlegend 91 II 372/382 E. 9. Offengelassen, ob in einer Beschränkung der Klage auf Geldforderungen ein Verzicht auf eine Beseitigungs- oder Unterlassungsklage zu erblicken ist 99 II 172/175. 7

4. Wegfall

Art. 340c

[1] Das Konkurrenzverbot fällt dahin, wenn der Arbeitgeber nachweisbar kein erhebliches Interesse mehr hat, es aufrecht zu erhalten.

[2] Das Verbot fällt ferner dahin, wenn der Arbeitgeber das Arbeitsverhältnis kündigt, ohne dass ihm der Arbeitnehmer dazu begründeten Anlass gegeben hat, oder wenn es dieser aus einem begründeten, vom Arbeitgeber zu verantwortenden Anlass auflöst.

▪ Abs. 2 Verschulden an der Kündigung (1) ▪ Einvernehmliche Auflösung des Arbeitsverhältnisses (2) ▪ Begründeter Anlass zur Kündigung (3) ▪ Verwirkung (4)

Abs. 2 **Verschulden an der Kündigung.** Wenn *beide Vertragsparteien zur Vertragsauflösung begründeten Anlass* hatten bzw. gaben, ist für den Entscheid über den Wegfall des Konkurrenzverbotes darauf abzustellen, auf welcher Seite das grössere Verschulden vorliegt (Wegfall bei überwiegendem Verschulden des Arbeitgebers) 4C.13/2007 (26.4.07) E. 4 fr., 130 III 353/359 f. E. 2.2.1, 105 II 200/202 E. 3b. Offengelassen, wie weit statt einem Verschulden auch unverschuldete Umstände zu berücksichtigen sind 105 II 200/202 E. 3b. Anders aber 138 III 359/363 f. E. 6.2.3 (obiter): Wirtschaftliche Gründe seitens des Arbeitgebers fallen als «begründeter Anlass» ausser Betracht, weil sich die Formulierung nur auf den Arbeitnehmer bezieht. – Sind beide Parteien in gleichem Mass für die Vertragsauflösung verantwortlich, so bleibt das Konkurrenzverbot gleich wie bei Vertragsauflösung infolge Zeitablaufs oder Vereinbarung bestehen 105 II 200/202 ff. E. 6, anders aber in 4A_209/2008 (31.7.08) E. 3, 4C.13/2007 (26.4.07) E. 4.2 fr.: Aufhebung des Konkurrenzverbots gemäss Abs. 2 bleibt bei gleichwertigem Verschulden beider Parteien möglich. Zu beurteilen sind die konkreten Umstände, vor allem das Interesse der Parteien an der einvernehmlichen Auflösung. – Kündigt der Arbeitnehmer das Arbeitsverhältnis aus einem Anlass, den der Arbeitgeber nicht zu vertreten hat, so bleibt das Konkurrenzverbot unbekümmert darum bestehen, ob eine daraufhin vom Arbeitgeber ausgesprochene fristlose Entlassung gerechtfertigt war oder nicht 103 II 120/123 E. 2a oder ob der Arbeitgeber daraufhin dem Arbeitnehmer Anlass zur fristlosen Auflösung des Arbeitsverhältnisses gab 1

76 II 225/228 f. Anders aber 130 III 353/360 E. 2.2.2: Hat ein Arbeitnehmer ohne begründeten Anlass gekündigt, so kann das Konkurrenzverbot dennoch nachträglich dahinfallen, wenn das Arbeitsverhältnis vor Ablauf der Kündigungsfrist aus einem anderen Grund beendet wird, sei es, dass die Arbeitgeberin ohne wichtigen Grund oder der Arbeitnehmer in gerechtfertigter Weise das Arbeitsverhältnis vorzeitig beendet (in casu berechtigte Kündigung im Sinne von Art. 340c, da der Arbeitnehmer seinen Abgang in Verletzung des Konkurrenzverbots vorbereitete).

2 **Einvernehmliche Auflösung des Arbeitsverhältnisses.** Hier kommt Art. 340c nach dem Wortlaut nicht zum Tragen und das Konkurrenzverbot bleibt bestehen. Eine einvernehmliche Auflösung liegt tatsächlich vor, wenn eine von den normalen Kündigungsmodalitäten abweichende Regelung getroffen wird, die zu einer substanziellen Besserstellung des Arbeitnehmers führt 4A_680/2015 (1.7.16) E. 3.1 (in casu simulierte Kündigung), 4A_261/2013 (1.10.13) E. 6, 4A_209/2008 (31.7.08) E. 3.

3 **Begründeter Anlass zur Kündigung.** Das Erfordernis des begründeten Anlasses i.S. der Bestimmung ist weniger streng als dasjenige des wichtigen Grundes i.S.v. Art. 337: Das der anderen Partei zurechenbare Ereignis muss bei einer vernünftigen kaufmännischen Erwägung einen genügenden Grund zur Kündigung geben. Dabei ist unerheblich, ob das Anstellungsverhältnis fristlos aufgelöst oder durch ordentliche Kündigung beendigt wird. Hingegen stellt ein wichtiger Grund für die fristlose Auflösung a fortiori einen begründeten Anlass i.S. der Bestimmung dar 4A_22/2014 (23.4.14) E. 4.3, 4A_8/2013 (2.5.13) E. 6.1 Pra 2013 (Nr. 114) 892 f. (unpublizierte Erwägung von 139 III 214), 4A_33/2011 (21.3.11) E. 4.2 fr., 4C.13/2007 (26.4.07) E. 4 fr., 130 III 353/359 f. E. 2.2.1, 110 II 280/282 E. 3c Pra 1984 (Nr. 213) 574, 105 II 200/201 E. 3, 92 II 31/35 f. E. 3 Pra 1966 (Nr. 149) 526, vgl. 4A_468/2016 (6.2.17) E. 2.2 fr. (in casu kein Hinweis auf einen Zusammenhang zwischen der Kündigung des Arbeitnehmers und dem Verhalten des Arbeitgebers). Es ist nicht notwendig, dass es sich um eine eigentliche Vertragsverletzung handelt 4A_468/2017 (12.3.18) E. 2.1, 4A_22/2014 (23.4.14) E. 4.3, 4A_33/2011 (21.3.11) E. 4.2 fr. Nicht jeder Verstoss des Arbeitgebers gegen Art. 328 Abs. 1 gibt dem Arbeitnehmer begründeten Anlass zur Kündigung. Eine ungleiche Behandlung in Bezug auf Lohnerhöhungen (gegebenenfalls in Verbindung mit weiteren Diskriminierungen), eine chronische Arbeitsüberlastung trotz Abmahnung, stete Vorwürfe oder ein generell schlechtes Betriebsklima können grundsätzlich einen begründeten Anlass zur Kündigung darstellen 4A_468/2017 (12.3.18) E. 2.1 (in casu abrupte und gravierende Einschränkung der Verantwortlichkeiten des Arbeitnehmers als begründeter Anlass, selbst wenn Überforderung des Arbeitnehmers bewiesen wäre), 4A.25/2007 (24.5.07) E. 5 fr., 4C.13/2007 (26.4.07) E. 4 fr., 130 III 353/359 E. 2.2.1, 4C.222/2001 (15.4.02) E. 2, 110 II 172/173 ff. E. 2 (in casu stellten die in verletzender Form vorgenommene Einschränkung des Arbeitnehmers in seinem Tätigkeitsbereich und die im Vergleich zu den andern Arbeitnehmern unterschiedlich gewährten Lohnerhöhungen keinen Auflösungsgrund i.S. der Bestimmung dar). Nicht massgeblich ist, ob eine Einschränkung der Kompetenzen des Arbeitnehmers eine Teil- oder Änderungskündigung oder lediglich eine Weisung darstellt und ob damit eine finanzielle Einbusse verbunden ist; einzig rechtserheblich ist, ob der Arbeitgeber dem Arbeitnehmer damit begründeten Anlass zur Kündigung gab 4A_468/2017 (12.3.18) E. 2.3 (in casu bejaht). Die ausschliessliche oder vorwiegende Entlöhnung des Arbeitneh-

mers durch Provisionen, welche nicht angemessen ist i.S.v. Art. 349a Abs. 2, stellt einen begründeten Anlass i.S. der Bestimmung dar 4A_8/2013 (2.5.13) E. 6.2 Pra 2013 (Nr. 114) 893 (unpublizierte Erwägung von 139 III 214). Die Vorbereitung einer späteren Tätigkeit in einem Konkurrenzunternehmen trotz vertraglichen Konkurrenzverbotes stellt einen begründeten Anlass dar; der Arbeitgeber braucht nicht zuzuwarten, bis der Arbeitnehmer die Stelle kündigt 4A_22/2014 (23.4.14) E. 4.3, 130 III 353/361 E. 2.2.3, 4A_33/2011 (21.3.11) E. 4.2 fr. – Bezüglich der Berücksichtigung von *Umständen,* die zwar vor Vertragsauflösung eingetreten, aber erst *nachträglich bekannt geworden sind,* ist die Rechtsprechung zu Art. 337 bzw. OR 1911 Art. 352 sinngemäss anwendbar (OR 1911 Art. 360 Abs. 2; siehe unter Art. 337/Ausübung des Rechts zur fristlosen Auflösung/Allgemeines) 105 II 200/202 E. 3b.

Verwirkung. Erhebt der Arbeitgeber mit der Kündigung keine Vorwürfe, so kann der Angestellte grundsätzlich annehmen, er sei durch die Konkurrenzklausel nicht mehr gebunden. Diese Vermutung gilt jedoch nur, wenn der Angestellte gutgläubig ist, d.h., wenn er die Gründe für die Kündigung nicht kennt (bzw. diese nicht klar erkennbar sind) 70 II 162/163 f. E. 4 Pra 1944 (Nr. 129) 306 f. Ein Verzicht oder eine Verwirkung der Einwendung aus Art. 340c Abs. 2 ist nicht leichthin anzunehmen. Der Arbeitnehmer verwirkt das Recht, sich auf einen Auflösungsgrund zu berufen, in der Regel nicht dadurch, dass er nicht innerhalb einer kurz bemessenen Bedenkfrist die Kündigung erklärt 110 II 172/174. – Gegen Treu und Glauben (ZGB Art. 2) verstossende Berufung auf die Einrede 76 II 225/229. 4

H. Unverzichtbarkeit und Verjährung

Art. 341

[1] Während der Dauer des Arbeitsverhältnisses und eines Monats nach dessen Beendigung kann der Arbeitnehmer auf Forderungen, die sich aus unabdingbaren Vorschriften des Gesetzes oder aus unabdingbaren Bestimmungen eines Gesamtarbeitsvertrages ergeben, nicht verzichten.

[2] Die allgemeinen Vorschriften über die Verjährung sind auf Forderungen aus dem Arbeitsverhältnis anwendbar.

▪ Abs. 1 Keine Verwirkung (1) ▪ Rechtsmissbrauch (2) ▪ Zweck und Schutzumfang (3) ▪ Konsensuale Aufhebung (4) ▪ Schiedsvereinbarung (5) ▪ Schutz von Lohnbestandteilen (6) ▪ Kündigungsschutz (7) ▪ Abs. 2 (8)

__Abs. 1__ **Keine Verwirkung.** Der Gesetzgeber hat in Abs. 2 der Bestimmung die allgemeinen Vorschriften über die Verjährung von Forderungen ausdrücklich vorbehalten, um klarzustellen, dass die Frist gemäss Abs. 1 *weder eine Verjährungs- noch eine Verwirkungsfrist* ist. Aus dem blossen Zeitablauf innerhalb der Verjährungsfrist kann weder ein Verzicht auf die Lohnansprüche noch deren rechtsmissbräuchliche Geltendmachung abgeleitet werden 4A_376/2017 (11.12.17) E. 7.3, 4A_205/2016 (23.6.16) E. 2.4 fr., 4C.24/2005 (17.10.05) E. 2.2 fr., 4C.315/2004 (13.12.04) E. 6.1 fr., 4C.328/2004 (12.11.04) E. 4 fr., 4C.22/2004 (21.4.04) E. 4 it., 4C.128/2003 (30.7.03) E. 4, 126 III 337/344 E. 7b Pra 2001 (Nr. 47) 279, vgl. auch 125 I 14/19 E. 3g, Pra 2001 (Nr. 48) 284 E. 3b, 110 II 1

273/274 f. E. 2, wohl anders bezüglich rechtsmissbräuchlicher Geltendmachung 4A_40/2008 (19.8.08) E. 4 it. Die fehlende Geltendmachung von (Ferien-)Ansprüchen während der Vertragsdauer lässt dementsprechend auch nicht auf den Willen der Vertragsparteien schliessen, dass diese Ansprüche im vereinbarten Lohn enthalten seien 4A_205/2016 (23.6.16) E. 2.4 fr. *Verwirkung* setzt *drei kumulative Elemente* voraus: dass erstens der Arbeitgeber davon ausgehen darf, die Forderung sei nicht entstanden; dass er zweitens durch die verspätete Geltendmachung einen besonderen Nachteil erleidet, wobei seine Interessen schützenswerter als jene des Arbeitnehmers erscheinen; und drittens dass für den Arbeitnehmer die frühere Geltendmachung zumutbar gewesen wäre 4C.176/2002 (19.9.02) E. 2.1.

2 **Rechtsmissbrauch.** Wer als Arbeitnehmer aufgrund von Art. 341 Abs. 1 einen zuvor erklärten Verzicht nicht mehr gelten lassen will, handelt zwar stets widersprüchlich, grundsätzlich aber nicht rechtsmissbräuchlich. Es widerspräche dem Sinn des Gesetzes, dem Arbeitnehmer den mit Art. 341 gewährten Schutz auf dem Umweg über ZGB Art. 2 Abs. 2 wieder zu entziehen. Der Arbeitgeber kann sich daher nur bei Vorliegen besonderer Umstände auf einen Rechtsmissbrauch des Arbeitnehmers berufen 4A_158/2019 (26.2.20) E. 5.7 fr., 4A_561/2017 (19.3.18) E. 4.1 fr. (Ferienlohn), 4A_435/2015 (14.1.16) E. 3.4.1 fr. (Ferienlohn), 4A_145/2015 (6.7.15) E. 5.1, 4A_593/2009 (5.3.10) E. 1.6, 4A_419/2011 (23.11.11) E. 4.3 fr., 110 II 168/171 E. 3c, 107 II 430/434 E. 3a Pra 1982 (Nr. 62) 139, 105 II 39/42 E. 1b. Blosses Zuwarten mit der Rechtsausübung innerhalb der gesetzlichen Verjährungsfristen ist nicht ausreichend 4A_72/2018 (6.8.18) E. 6.1.2, 4A_198/2013 (18.9.13) E. 4, 4A_419/2011 (23.11.11) E. 4.3 fr., 126 III 337/344 E. 7b Pra 2001 (Nr. 47) 279. Besondere Umstände können darin bestehen, dass dem Verpflichteten aus der verzögerten Geltendmachung in erkennbarer Weise Nachteile erwachsen sind und dem Berechtigten die Rechtsausübung zumutbar gewesen wäre 4A_145/2015 (6.7.15) E. 5 (in casu nicht ausreichend erwiesen), oder darin, dass der Berechtigte mit der Geltendmachung des Anspruchs zuwartet, um sich einen ungerechtfertigten Vorteil zu verschaffen 4A_194/2013 (18.9.13) E. 4.5 (in casu verneint), 131 III 439/443 E. 5.1 (verneint). Missbrauch kann sodann vorliegen, wenn das durch zwingende Vorschriften geschützte Interesse nicht mehr besteht, auf andere Weise gewahrt wurde oder von der Partei, die sich auf diese Vorschriften beruft, so lange hinausgezögert wurde, dass es für die andere Partei unmöglich geworden ist, ihre eigenen Interessen zu wahren 4A_435/2015 (14.1.16) E. 3.4.1 fr. (in casu verneint).

3 **Zweck und Schutzumfang.** Die Bestimmung soll den Umständen Rechnung tragen, dass sich der Arbeitnehmer in einem *gesteigerten Abhängigkeitsverhältnis* befindet und sich insbesondere aus Angst um seine Stelle gezwungen sehen könnte, einer Einschränkung seiner Rechte zuzustimmen oder auf die unverzügliche Geltendmachung zusätzlicher Ansprüche zu verzichten. Sie schliesst daher nicht nur einen ausdrücklichen, sondern auch einen Verzicht durch konkludentes Verhalten des Arbeitnehmers aus. Zudem beschränkt sich der Ausschluss nicht auf eine blosse Überlegungsfrist; er gilt für die ganze Dauer des Arbeitsverhältnisses und einen Monat nach dessen Beendigung 144 III 235/238 f. E. 2.2.1, 4A_328/2016 (10.11.16) E. 3.4.2 fr., 4A_523/2014 (12.2.15) E. 3, 4A_25/2014 (7.4.14) E. 6.1, 4A_452/2012 (3.12.12) E. 2.3 fr., 136 III 467/473 Pra 2011 (Nr. 28) 194 f., 4A_343/2011 (11.10.11) E. 4.2.2 fr., 4A_419/2011 (23.11.11) E. 4.3 fr., 105 II 39/41 f.

E. 1a, 102 Ia 417/418, 4C.315/2004 (13.12.04) E. 6.1 fr. Gleichermassen kann unter besonderen Umständen der Arbeitgeber geneigt sein, seine Rechte aus Angst vor dem Verlust eines Arbeitnehmers nicht geltend zu machen, weshalb auch in einer solchen Situation ein Verzicht nicht leichthin anzunehmen ist 4A_666/2017 (17.5.18) E. 4.4 fr. (persönliche Assistentin einer hilfsbedürftigen IV-Rentnerin). – Die *Schutzfrist nach Abs. 1* endet erst einen Monat nach dem tatsächlichen Ende des Arbeitsvertrags, und nicht nach dem Akt der Beendigung (gemäss dem französischen Gesetzestext, nach welchem der Schutz andauert «… pendant la durée du contrat et durant le mois qui suit la fin de celui-ci»; massgebend ist m.a.W. das Ende des Abhängigkeitsverhältnisses) 4A_523/2014 (12.2.15) E. 3, 4C.390/2005 (2.5.06) E. 2.1. – Das Verzichtsverbot erfasst Ansprüche aus zwingendem Recht (siehe Art. 361 und 362). Ein im Voraus erklärter Haftungsverzicht des Arbeitnehmers ist grundsätzlich nichtig, da damit im Ergebnis ein Verzicht auf die Befolgung der Fürsorgepflichten nach Art. 328 einhergeht 4A_25/2014 (7.4.14) E. 6.1. Ungültiger Verzicht des Arbeitnehmers auf richterliche Überprüfung der Gültigkeit eines Aufhebungsvertrags bzw. eines Vergleichs hinsichtlich der erforderlichen beidseitigen Zugeständnisse 4A_13/2018 (23.10.18) E. 5.1 fr. – Mit Blick auf das Verzichtsverbot kann allein aufgrund der Tatsache, dass die Arbeitnehmerin eine Saldoklausel unterzeichnet hat oder dass sie auf den ersten Blick übertrieben erscheinende Forderungen stellt, nicht auf Aussichtslosigkeit der Klage geschlossen und ein Gesuch um unentgeltliche Rechtspflege abgewiesen werden 4A_235/2015 (20.10.15) E. 5 fr. – Der Schutz aus Abs. 1 ist insofern in besonderem Mass auf *ausländische Arbeitnehmer* anzuwenden, als sich sonst der aus aBVO Art. 9 i.V.m. Art. 342 Abs. 2 gewährte Schutz oft als illusorisch erweisen würde 4C.44/2004 (17.6.04) E. 4 it., 129 III 618/622 f. E. 5.2 Pra 2004 (Nr. 66) 378 f. – Gemäss der Bestimmung können die Ansprüche (in casu Ferien- und Lohnansprüche) *ungeachtet ausgestellter Quittungen* geltend gemacht werden 107 II 430/434 E. 3a Pra 1982 (Nr. 62) 139, vgl. auch 112 II 51/57 E. c fr. – Zur Beendigung eines befristeten Arbeitsverhältnisses eines Profifussballers durch einen Transfer samt Transferzahlung 4A.59/2007 (17.7.07) E. 3. – Anwendung auf den *Betriebsübergang (Art. 333)* 132 III 32/41 E. 4.2.2.3 fr. (analog 4C.434/2004 [5.8.05] E. 5.2.3 fr.). – Es gibt keine generelle Informationspflicht des Arbeitgebers betreffend die gesetzlichen Ansprüche des Arbeitnehmers 4A_23/2016 (19.7.16) E. 8.1.

Konsensuale Aufhebung. Die Bestimmung gilt nur bei einem *einseitigen Verzicht des Arbeitnehmers* gegenüber dem Arbeitgeber, jedoch nicht bei beidseitigen Zugeständnissen im Rahmen eines Vergleichs 144 III 235/239 (in casu Schiedsklausel), 4A_364/2016 (31.10.16) E. 3.1 fr. (in casu ungültiger Aufhebungsvertrag), 4A_362/2015 (1.12.15) E. 3.2 fr. (in casu kein Vergleich), 4A_13/2018 (23.10.18) E. 4.1.2 fr. (in casu Aufhebungsvertrag mit gleichwertigen Zugeständnissen), 4A_96/2017 (14.12.17) E. 3.1 fr. (beidseitiges Entgegenkommen verneint), 4A_25/2014 (7.4.14) E. 6.2 (beidseitiges Entgegenkommen bejaht), 4A_452/2012 (3.12.12) E. 2.3 fr., 4A_343/2011 (11.10.11) E. 4.2.2 fr. (zurückhaltende Annahme beidseitiger Zugeständnisse), 4A_563/2011 (19.1.12) E. 4.1, 136 III 467/473 Pra 2011 (Nr. 28) 194 f., 4A_474/2008 (13.2.09) E. 3.1 fr., 4C.185/2002 (27.9.02) E. 4.1 fr., 118 II 58/61 E. 2b Pra 1993 (Nr. 142) 552, 106 II 222/223; vgl. 4A_523/2014 (12.2.15) E. 4 (in casu Art. 341 nicht anwendbar), 4A_292/2012 (16.10.12) E. 2.6 fr. (in casu keinerlei Zugeständnisse des Arbeitgebers). Mass- 4 gebend ist dabei, dass beide Parteien auf Ansprüche von ungefähr gleichem Wert verzichten und so zu einer *angemessenen* Lösung gelangen; ist ein Vergleich unter Mitwirkung einer Gerichtsperson oder eines vom Arbeitnehmer beigezogenen Rechtsbeistandes zustande gekommen, darf regelmässig angenommen werden, dass eine angemessene Regelung erzielt wurde 4A_25/2014 (7.4.14) E. 6.2, siehe auch 4A_13/2018 (23.10.18) E. 5.2.1 fr. – Zu Zulässigkeit und Form einer konsensualen Aufhebung (Aufhebungsvertrag) siehe bei Art. 336c. – Eine nach Ablauf der Schutzfrist nach Abs. 1 abgeschlossene Vereinbarung bleibt weiterhin der allgemeinen Regel von Art. 20 unterworfen, sodass sich die Frage stellt, ob gewisse zwingende Vorschriften nach ihrem Sinn und Zweck zeitlich unbeschränkt jede Möglichkeit eines Verzichts ausschliessen 4A_328/2016 (10.11.16) E. 3.4.3 fr. (in casu daher keine Aussichtslosigkeit des Gesuchs um unentgeltliche Rechtspflege).

5 **Schiedsvereinbarung.** Über Ansprüche, welche Art. 341 unterliegen, kann der Arbeitnehmer nicht frei verfügen. Entsprechend kann ihm nach Schiedsgerichtskonkordat Art. 5 eine Schiedsklausel nicht entgegengehalten werden, ausser er hätte gültig auf Ansprüche verzichtet 136 III 467/473 E. 4.6 fr. (vgl. oben Rz. 4). Keine hinreichenden Gründe zur Änderung dieser Rechtsprechung unter ZPO Art. 354 144 III 235/241 ff. E. 2.3. Auf Art. 337c Abs. 1 und Abs. 3 gestützte Forderungen sind daher erst nach Ablauf eines Monats nach Beendigung des Arbeitsverhältnisses schiedsfähig 144 III 235/241 E. 2.2.2.

6 **Schutz von Lohnbestandteilen.** Grundsätzlich *keine Anwendung auf den Lohn,* da dieser nicht zwingend festgelegt, sondern frei vereinbar ist. Vorbehalten sind Lohnbestandteile, die sich aus zwingenden Bestimmungen des Privatrechts oder aus öffentlich-rechtlichen Vorschriften ergeben 4A_199/2015 (29.9.15) E. 6.2.2.2 (unpublizierte Erwägung von 141 III 489), 4C.242/2005 (9.11.05) E. 4.3 fr., 4C.173/2004 (7.9.04) E. 3.1 fr., 4C.439/1999 (22.3.00) E. 1 fr., 124 II 436/451 E. 10e/aa, siehe auch 4A_90/2016 (25.8.16) E. 6.1 fr. (Zulässigkeit einer einvernehmlichen Lohnreduktion während der Dauer des Vertrags), 125 I 14/17 E. 3c (in casu Verletzung des Lohngleichheitsgebots). Die Bestimmung schützt nicht vor Lohnverlusten, die ein Arbeitnehmer erleidet, weil er aus Gründen, die nicht vom Arbeitgeber zu vertreten sind, die arbeitsvertraglichen Lohnvoraussetzungen nicht erfüllt 115 V 437/446 E. 6c, vgl. aber 4C.426/2005 (28.2.06) E. 5.1 fr. (Abgrenzung Lohn und Gratifikation), 4P.181/2003 (3.11.03) E. 2.2 fr. Der Arbeitnehmer kann sich jedoch nicht gültig der Klausel in einer Schuldanerkennung der Arbeitgeberin unterwerfen, wonach die Auszahlung fälliger Lohnzahlungen der Bedingung unterstellt wird, dass die Arbeitgeberin über die nötigen Mittel verfüge 4A_652/2016 (30.1.17) E. 7 fr. – *Kein gültiger Verzicht:* auf die als Lohnbestandteil zu qualifizierenden «commissions», die gemäss vertraglicher Vereinbarung bei vorzeitiger Beendigung des befristeten Arbeitsverhältnisses entfallen sollten 4A_158/2019 (26.2.20) E. 5.5 fr., auf die Entschädigung für bereits geleistete (im Gegensatz zu künftigen) *Überstunden und Überzeit* 124 III 469/472 E. 3a Pra 1999 (Nr. 37) 223, vgl. auch 126 III 337/344 E. 7b Pra 2001 (Nr. 47) 279 (Überzeitarbeit), 116 II 69/72 E. 4b Pra 1990 (Nr. 170) 605 (Überstunden), 105 II 39/40 ff. (Überstunden), auf die im *Gesamtarbeitsvertrag* vorgesehene Lohnerhöhung (dass der Arbeitnehmer sich nicht unverzüglich dagegen wehrt, schadet ihm nicht) 101 Ia 463/466 f., auf eine *Abgangsentschädigung* 112 II 51/57 E. 3c fr. Offengelassen, ob

das Verzichtsverbot auch auf Vergütungen mit Lohncharakter (Bonus) anwendbar sei 4A_199/2015 (29.9.15) E. 6.2.2.2 (unpublizierte Erwägung von 141 III 489).

Kündigungsschutz. Eine Übereinkunft, wonach der Arbeitnehmer auf die Einhaltung der zwingend vorgeschriebenen Minimalkündigungsfrist durch den Arbeitgeber verzichtet, um diesem (im Rahmen eines neuen Vertrages) die Einschränkung seiner Leistungen zu erlauben, ist ungültig 102 Ia 417/417 f. E. 3c. Ebenso wenig kann der Arbeitnehmer einseitig auf den Kündigungsschutz (in casu gemäss aOR Art. 336e) und die damit verbundene Lohnfortzahlung während der verlängerten Kündigungszeit verzichten 110 II 168/170 ff. E. 3, 4, 125 III 65/68 E. 4b/aa Pra 1999 (Nr. 111) 607, vgl. auch 115 V 437/443 E. 4b. Gültigkeit einer Vereinbarung, mit der eine schwangere Arbeitnehmerin und ihr Arbeitgeber den Arbeitsvertrag auf einen Termin rund eineinhalb Monate vor dem voraussichtlichen Geburtstermin auflösen 118 II 58/60 ff. E. 2 Pra 1993 (Nr. 142) 551 f., vgl. auch 4A_145/2015 (6.7.15) E. 4 (Nichtigkeit einer Vereinbarung, deren Abschluss während der Schwangerschaft erfolgte, welche mangels Kenntnis des Kündigungsschutzes aber nicht thematisiert wurde), 4C.82/2003 (25.11.03) E. 5, 119 II 449/450 E. 2a Pra 1995 (Nr. 36) 126. 7

Abs. 2 Zur Anwendung der Verjährungsregeln (Art. 127 ff.) auf das Arbeitsverhältnis 130 III 19/25 E. 3.2 (offengelassen, ob für den Ferienanspruch eine 5- oder eine 10-jährige Verjährungsfrist gilt), 4C.146/2003 (28.8.03) E. 6. – Ein Forderungsverzicht richtet sich nach Art. 115. Der Arbeitnehmer kann von einem derartigen Verzicht des Arbeitgebers ausgehen, wenn es dieser unterlässt, Ansprüche, die ihm dem Umfang oder dem Grundsatz nach bekannt sind, vor Beendigung des Arbeitsverhältnisses geltend zu machen 4C.146/2003 (28.8.03) E. 6.2. 8

I. Vorbehalt und zivilrechtliche Wirkungen des öffentlichen Rechts

Art. 342

1 Vorbehalten bleiben:

a. Vorschriften des Bundes, der Kantone und Gemeinden über das öffentlich-rechtliche Dienstverhältnis, soweit sie nicht die Artikel 331 Absatz 5 und 331a–331e betreffen;

b. öffentlich-rechtliche Vorschriften des Bundes und der Kantone über die Arbeit und die Berufsbildung.

2 Wird durch Vorschriften des Bundes oder der Kantone über die Arbeit und die Berufsbildung dem Arbeitgeber oder dem Arbeitnehmer eine öffentlich-rechtliche Verpflichtung auferlegt, so steht der andern Vertragspartei ein zivilrechtlicher Anspruch auf Erfüllung zu, wenn die Verpflichtung Inhalt des Einzelarbeitsvertrages sein könnte.

Siehe Vorb. Art. 319–362/Sondergesetzgebung Kantone. – Die Bestimmungen des OR sind auf das öffentlich-rechtliche Dienstverhältnis nur subsidiär anwendbar, wenn das kantonale Recht dies ausdrücklich vorsieht sowie im Falle von Lücken. Das Bundesrecht verpflichtet die Kantone nicht zum Erlass von Bestimmungen, die mit dem OR vergleichbar sind 139 I 57/59 f. E. 5.1 Pra 2013 (Nr. 92) 713 (betr. Kündigung zur Unzeit gemäss Art. 336c Abs. 1 lit. c), 138 I 232/238 E. 6.1 fr. (betr. Ferienanspruch gemäss Art. 329d). 1

2 ***Abs. 1 lit. a*** Fassung gemäss Ziff. II 2. des BG über die Freizügigkeit in der beruflichen Alters-, Hinterlassenen- und Invalidenvorsorge (FZG, SR 831.42), in Kraft seit 1. Mai 1999. – Regelungen öffentlich-rechtlicher Vorsorgeeinrichtungen 119 V 135/135 ff.

3 ***Abs. 2*** Voraussetzung eines zivilrechtlichen Anspruchs nach Abs. 2 ist das *Bestehen* einer öffentlich-rechtlichen Verpflichtung, d.h. die Anwendbarkeit der öffentlich-rechtlichen Bestimmungen auf das betreffende Arbeitsverhältnis 139 III 411/415 ff. E. 2.5 (in casu Anwendbarkeit der Bestimmungen des ArG verneint, da ein ausländisches Arbeitsverhältnis nicht dem ArG untersteht), 132 III 257/260 f. E. 5.4 (in casu aber indirekte Anwendbarkeit, da die Bestimmungen des ArG zur Konkretisierung von Art. 328 Abs. 2 herangezogen werden können). Die öffentlich-rechtliche Verpflichtung kann sich aus einer generell-abstrakten Norm ergeben, aber auch durch eine (individuell-konkrete) Verfügung begründet werden 4A_292/2012 (16.10.12) E. 2.3 fr., 135 III 162/166 E. 3.2.1 Pra 2009 (Nr. 101) 681. Soweit sich die Verpflichtung aus dem schweizerischen «ordre public» ergibt, gilt Art. 342 Abs. 2 als zwingende Norm i.S.v. IPRG Art. 18 135 III 162/166 E. 3.2.1 Pra 2009 (Nr. 101) 681. – Durch die beidseitig zwingende Ausgestaltung (Art. 361) wird lediglich sichergestellt, dass auch der Arbeitnehmer allfälligen öffentlich-rechtlichen Verpflichtungen des Arbeitgebers Nachachtung verschaffen kann. Damit ist mit Blick auf den mit den öffentlich-rechtlichen Normen verfolgten Zweck durchaus vereinbar, dass sich der Arbeitgeber zu Massnahmen verpflichtet, die über die öffentlich-rechtlichen Schutzvorschriften hinausgehen 132 III 257/260 ff. E. 5.4.5. – Zivilrechtliche Wirkung einer öffentlich-rechtlichen Bestimmung (aBVO Art. 9), wonach der Arbeitgeber verpflichtet ist, einem ausländischen Arbeitnehmer die ortsübliche Vergütung für den entsprechenden Beruf auszurichten und Bindung des Zivilrichters an die Lohnbedingungen, die in der Anstellungsbewilligung festgelegt worden sind 4A_425/2017 (10.4.18) E. 3.1 fr., 138 III 750/753 f. E. 2.5 Pra 2013 (Nr. 45) 353 f., 135 III 162/166 E. 3.2 fr., 4A_319/2008 (16.12.08) E. 3.2 fr., 4C.54/2005 (24.5.05) E. 2.1 fr., 129 III 618/621 f. E. 5.1 Pra 2004 (Nr. 66) 376 f., 4C.128/2003 (30.7.03) E. 3.2 fr., 4C.439/1999 (22.3.00) E. 1 fr., 122 III 110/112 ff. E. 4c, d Pra 1997 (Nr. 9) 42 ff., vgl. auch 4A_328/2016 (10.11.16) E. 3.5 fr., 4P.297/2004 (12.5.05) 2.1 fr. (Regeln betr. Hausangestellte internationaler Funktionäre). Bei Schwarzarbeit oder wenn die tatsächlich ausgeübte Tätigkeit nicht der bewilligten entspricht, hat der Zivilrichter den üblichen Lohn vorfrageweise zu bestimmen 4A_425/2017 (10.4.18) E. 3.1 fr., 122 III 110/115 ff. E. 4e Pra 1997 (Nr. 9) 44 ff. Anspruch des Heimarbeitnehmers auf einen im Betrieb für gleichwertige Arbeit bezahlten Lohn (aHArG Art. 4) 122 III 110/113 E. 4c Pra 1997 (Nr. 9) 42. Forderung nach Entschädigung von Überzeitarbeit gemäss ArG Art. 13 122 III 110/113 E. 4c Pra 1997 (Nr. 9) 42; offengelassen, in welchem Verhältnis ArG Art. 13 und OR Art. 321c Abs. 3 stehen 110 II 264/267 E. 2 Pra 1985 (Nr. 8) 26. Zulässigkeit von Rügen betreffend die Anwendung von öffentlich-rechtlichen Regeln des Bundes im Rahmen einer Berufung Pra 1996 (Nr. 224) 874 f. E. 1a.

Art. 343

Mit Inkrafttreten der ZPO am 1. Januar 2011 wurde diese Bestimmung aufgehoben (AS 2010 1739).

Zweiter Abschnitt
Besondere Einzelarbeitsverträge

A. Der Lehrvertrag I. Begriff und Entstehung 1. Begriff

Art. 344

Durch den Lehrvertrag verpflichten sich der Arbeitgeber, die lernende Person für eine bestimmte Berufstätigkeit fachgemäss zu bilden, und die lernende Person, zu diesem Zweck Arbeit im Dienst des Arbeitgebers zu leisten.

Auch wenn der Lehrvertrag obligationenrechtlich als besonderer Einzelarbeitsvertrag gilt, unterscheidet er sich vom ordentlichen Arbeitsvertrag insbesondere dadurch, dass die Ausbildung und nicht die entgeltliche Arbeitsleistung den massgebenden Vertragsinhalt bildet 102 V 228/231 E. 2a, ähnlich 4C.226/2006 (7.9.06) E. 2. Vom Ausbildungsvertrag unterscheidet sich der Lehrvertrag vor allem dadurch, dass das Schwergewicht der Ausbildung auf der praktischen Tätigkeit im Betrieb liegt und der Lehrling entsprechend in der betrieblichen Arbeitsorganisation eingegliedert ist 4A_141/2019 (26.9.19) E. 4.3, 4C.226/2006 (7.9.06) E. 2, vgl. 4A_503/2017 (13.2.18) E. 9 fr. 1

2. Entstehung und Inhalt

Art. 344a

[1] Der Lehrvertrag bedarf zu seiner Gültigkeit der schriftlichen Form.

[2] Der Vertrag hat die Art und die Dauer der beruflichen Bildung, den Lohn, die Probezeit, die Arbeitszeit und die Ferien zu regeln.

[3] Die Probezeit darf nicht weniger als einen Monat und nicht mehr als drei Monate betragen. Haben die Vertragsparteien im Lehrvertrag keine Probezeit festgelegt, so gilt eine Probezeit von drei Monaten.

[4] Die Probezeit kann vor ihrem Ablauf durch Abrede der Parteien und unter Zustimmung der kantonalen Behörde ausnahmsweise bis auf sechs Monate verlängert werden.

[5] Der Vertrag kann weitere Bestimmungen enthalten, wie namentlich über die Beschaffung von Berufswerkzeugen, Beiträge an Unterkunft und Verpflegung, Übernahme von Versicherungsprämien oder andere Leistungen der Vertragsparteien.

[6] Abreden, die die lernende Person im freien Entschluss über die berufliche Tätigkeit nach beendigter Lehre beeinträchtigen, sind nichtig.

Abs. 1 Es ist nicht willkürlich, anzunehmen, dass die vorübergehende Verlängerung eines Lehrvertrages, die dem Lehrling das Bestehen einer Nachprüfung ermöglichen soll, nicht von der Einhaltung der Schriftform abhängig ist 103 II 127/128 f. – Nichteinhaltung der schriftlichen Form zieht die Ungültigkeit des Vertrags nach sich (Art. 11 Abs. 2), wobei nach den Voraussetzungen von Art. 320 Abs. 3 ein faktischer Arbeitsvertrag vorliegen kann 4C.226/2006 (7.9.06) E. 2. 1

II. Wirkungen 1. Besondere Pflichten der lernenden Person und ihrer gesetzlichen Vertretung

Art. 345

[1] Die lernende Person hat alles zu tun, um das Lehrziel zu erreichen.

[2] Die gesetzliche Vertretung der lernenden Person hat den Arbeitgeber in der Erfüllung seiner Aufgabe nach Kräften zu unterstützen und das gute Einvernehmen zwischen dem Arbeitgeber und der lernenden Person zu fördern.

2. Besondere Pflichten des Arbeitgebers

Art. 345a

[1] Der Arbeitgeber hat dafür zu sorgen, dass die Berufslehre unter der Verantwortung einer Fachkraft steht, welche die dafür nötigen beruflichen Fähigkeiten und persönlichen Eigenschaften besitzt.

[2] Er hat der lernenden Person ohne Lohnabzug die Zeit freizugeben, die für den Besuch der Berufsfachschule und der überbetrieblichen Kurse und für die Teilnahme an den Lehrabschlussprüfungen erforderlich ist.

[3] Er hat der lernenden Person bis zum vollendeten 20. Altersjahr für jedes Lehrjahr wenigstens fünf Wochen Ferien zu gewähren.

[4] Er darf die lernende Person zu anderen als beruflichen Arbeiten und zu Akkordlohnarbeiten nur so weit einsetzen, als solche Arbeiten mit dem zu erlernenden Beruf in Zusammenhang stehen und die Bildung nicht beeinträchtigt wird.

III. Beendigung 1. Vorzeitige Auflösung

Art. 346

[1] Das Lehrverhältnis kann während der Probezeit jederzeit mit einer Kündigungsfrist von sieben Tagen gekündigt werden.

[2] Aus wichtigen Gründen im Sinne von Artikel 337 kann das Lehrverhältnis namentlich fristlos aufgelöst werden, wenn:

a. der für die Bildung verantwortlichen Fachkraft die erforderlichen beruflichen Fähigkeiten oder persönlichen Eigenschaften zur Bildung der lernenden Person fehlen;

b. die lernende Person nicht über die für die Bildung unentbehrlichen körperlichen oder geistigen Anlagen verfügt oder gesundheitlich oder sittlich gefährdet ist; die lernende Person und gegebenenfalls deren gesetzliche Vertretung sind vorgängig anzuhören;

c. die Bildung nicht oder nur unter wesentlich veränderten Verhältnissen zu Ende geführt werden kann.

1 Grundsätzlich gelten für die Frage, ob ein wichtiger Grund für die fristlose Kündigung vorliegt, dieselben Voraussetzungen wie beim normalen Arbeitsvertrag (Art. 337) 4A_188/2014 (8.10.14) E. 2.3 fr., 4C.370/2004 (23.12.04) E. 2.2. Die vorzeitige Auflösung gestützt auf Abs. 2 lit. b ist nur zulässig, wenn sichere Anzeichen für das Scheitern des Lehrabschlusses bestehen 4C.370/2004 (23.12.04) E. 2.1, anders aber in 4A_257/2008 (23.7.08) E. 3 fr., wo auch abgemahnte Schlechterfüllung und drohendes Scheitern der Lehrabschlussprüfung eine fristlose Kündigung nicht rechtfertigten.

2. Lehrzeugnis

Art. 346a

1 Nach Beendigung der Berufslehre hat der Arbeitgeber der lernenden Person ein Zeugnis auszustellen, das die erforderlichen Angaben über die erlernte Berufstätigkeit und die Dauer der Berufslehre enthält.

2 Auf Verlangen der lernenden Person oder deren gesetzlichen Vertretung hat sich das Zeugnis auch über die Fähigkeiten, die Leistungen und das Verhalten der lernenden Person auszusprechen.

B. Der Handelsreisendenvertrag I. Begriff und Entstehung 1. Begriff

Art. 347

1 Durch den Handelsreisendenvertrag verpflichtet sich der Handelsreisende, auf Rechnung des Inhabers eines Handels-, Fabrikations- oder andern nach kaufmännischer Art geführten Geschäftes gegen Lohn Geschäfte jeder Art ausserhalb der Geschäftsräume des Arbeitgebers zu vermitteln oder abzuschliessen.

2 Nicht als Handelsreisender gilt der Arbeitnehmer, der nicht vorwiegend eine Reisetätigkeit ausübt oder nur gelegentlich oder vorübergehend für den Arbeitgeber tätig ist, sowie der Reisende, der Geschäfte auf eigene Rechnung abschliesst.

Zur Qualifikation als Handelsreisendenvertrag siehe Vorb. Art. 319. – Anwendungsfälle: 4A_86/2015 (29.4.15) E. 4 fr., 4C.276/2006 (25.1.07) E. 3 und 4, 4C.359/2005 (3.2.06) E. 2.1 fr., 129 III 664/664 Pra 2004 (Nr. 67) 381, 4C.315/2004 (13.12.04), 102 V 185/188 E. 2. 1

2. Entstehung und Inhalt

Art. 347a

1 Das Arbeitsverhältnis ist durch schriftlichen Vertrag zu regeln, der namentlich Bestimmungen enthalten soll über
- **a. die Dauer und Beendigung des Arbeitsverhältnisses,**
- **b. die Vollmachten des Handelsreisenden,**
- **c. das Entgelt und den Auslagenersatz,**
- **d. das anwendbare Recht und den Gerichtsstand, sofern eine Vertragspartei ihren Wohnsitz im Ausland hat.**

2 Soweit das Arbeitsverhältnis nicht durch schriftlichen Vertrag geregelt ist, wird der im vorstehenden Absatz umschriebene Inhalt durch die gesetzlichen Vorschriften und durch die üblichen Arbeitsbedingungen bestimmt.

3 Die mündliche Abrede gilt nur für die Festsetzung des Beginns der Arbeitsleistung, der Art und des Gebietes der Reisetätigkeit sowie für weitere Bestimmungen, die mit den gesetzlichen Vorschriften und dem schriftlichen Vertrag nicht in Widerspruch stehen.

Abs. 1 Die Schriftform ist nach eindeutigem Wortlaut von Abs. 2 der Bestimmung nicht Gültigkeitserfordernis in dem Sinne, dass insoweit eine Teilnichtigkeit des Vertrages anzunehmen wäre 116 II 700/701 E. 3a. Das Formerfordernis ist vor allem zum Schutz des 1

Arbeitnehmers angeordnet worden. Wegen ihrer Klarstellungs- und Beweisfunktion dient die Schriftform aber auch dem Interesse des Arbeitgebers. Dagegen spielen die Interessen der Öffentlichkeit oder jene von nicht am Vertragsverhältnis beteiligten Drittpersonen keine Rolle 116 II 700/701 f. E. 3a. Rechtsmissbräuchliche Berufung auf fehlende Schriftlichkeit der Vereinbarung über Provisionsansprüche, nachdem der Arbeitgeber während Jahren die Provisionsguthaben vorbehaltlos ausbezahlt hat 116 II 700/702 f. E. 3b, vgl. auch 86 II 99/100 ff. (aHRAG Art. 3). – Zum Auslagenersatz siehe bei Art. 327a.

2 ***Abs. 3*** Eine formlose Vereinbarung über die Vertragsdauer und die Kündigungsfrist ist unwirksam (aHRAG Art. 3) 92 II 102/103 f. E. 2c, ebenso eine von Art. 329d Abs. 2 (Ferienentschädigung) abweichende Regelung 129 III 664/672 E. 7.2 Pra 2004 (Nr. 67) 388.

II. Pflichten und Vollmachten des Handelsreisenden 1. Besondere Pflichten

Art. 348

[1] Der Handelsreisende hat die Kundschaft in der ihm vorgeschriebenen Weise zu besuchen, sofern nicht ein begründeter Anlass eine Änderung notwendig macht; ohne schriftliche Bewilligung des Arbeitgebers darf er weder für eigene Rechnung noch für Rechnung eines Dritten Geschäfte vermitteln oder abschliessen.

[2] Ist der Handelsreisende zum Abschluss von Geschäften ermächtigt, so hat er die ihm vorgeschriebenen Preise und andern Geschäftsbedingungen einzuhalten und muss für Änderungen die Zustimmung des Arbeitgebers vorbehalten.

[3] Der Handelsreisende hat über seine Reisetätigkeit regelmässig Bericht zu erstatten, die erhaltenen Bestellungen dem Arbeitgeber sofort zu übermitteln und ihn von erheblichen Tatsachen, die seinen Kundenkreis betreffen, in Kenntnis zu setzen.

2. Delcredere

Art. 348a

[1] Abreden, dass der Handelsreisende für die Zahlung oder anderweitige Erfüllung der Verbindlichkeiten der Kunden einzustehen oder die Kosten der Einbringung von Forderungen ganz oder teilweise zu tragen hat, sind nichtig.

[2] Hat der Handelsreisende Geschäfte mit Privatkunden abzuschliessen, so kann er sich schriftlich verpflichten, beim einzelnen Geschäft für höchstens einen Viertel des Schadens zu haften, der dem Arbeitgeber durch die Nichterfüllung der Verbindlichkeiten der Kunden erwächst, vorausgesetzt dass eine angemessene Delcredere-Provision verabredet wird.

[3] Bei Versicherungsverträgen kann sich der reisende Versicherungsvermittler schriftlich verpflichten, höchstens die Hälfte der Kosten der Einbringung von Forderungen zu tragen, wenn eine Prämie oder deren Teile nicht bezahlt werden und er deren Einbringung im Wege der Klage oder Zwangsvollstreckung verlangt.

3. Vollmachten

Art. 348b

[1] Ist nichts anderes schriftlich verabredet, so ist der Handelsreisende nur ermächtigt, Geschäfte zu vermitteln.

[2] Ist der Handelsreisende zum Abschluss von Geschäften ermächtigt, so erstreckt sich seine Vollmacht auf alle Rechtshandlungen, welche die Ausführung dieser Geschäfte gewöhnlich mit sich bringt; jedoch darf er ohne besondere Ermächtigung Zahlungen von Kunden nicht entgegennehmen und keine Zahlungsfristen bewilligen.

[3] Artikel 34 des Bundesgesetzes vom 2. April 1908 über den Versicherungsvertrag bleibt vorbehalten.

III. Besondere Pflichten des Arbeitgebers 1. Tätigkeitskreis

Art. 349

[1] Ist dem Handelsreisenden ein bestimmtes Reisegebiet oder ein bestimmter Kundenkreis zugewiesen und nichts anderes schriftlich verabredet, so gilt er als mit Ausschluss anderer Personen bestellt; jedoch bleibt der Arbeitgeber befugt, mit den Kunden im Gebiet oder Kundenkreis des Handelsreisenden persönlich Geschäfte abzuschliessen.

[2] Der Arbeitgeber kann die vertragliche Bestimmung des Reisegebietes oder Kundenkreises einseitig abändern, wenn ein begründeter Anlass eine Änderung vor Ablauf der Kündigungsfrist notwendig macht; jedoch bleiben diesfalls Entschädigungsansprüche und das Recht des Handelsreisenden zur Auflösung des Arbeitsverhältnisses aus wichtigem Grund vorbehalten.

Abs. 2 Die Bestimmung bedeutet nicht, dass schon die blosse Tatsache der Änderung des Reisegebietes den Reisenden zur Auflösung des Vertrages berechtigt; vielmehr müssen die Voraussetzungen von Art. 337 erfüllt sein (aHRAG Art. 8 Abs. 2, OR 1911 Art. 352) 92 II 31/34 f. E. 1 Pra 1966 (Nr. 149) 525. 1

2. Lohn a. im Allgemeinen

Art. 349a

[1] Der Arbeitgeber hat dem Handelsreisenden Lohn zu entrichten, der aus einem festen Gehalt mit oder ohne Provision besteht.

[2] Eine schriftliche Abrede, dass der Lohn ausschliesslich oder vorwiegend in einer Provision bestehen soll, ist gültig, wenn die Provision ein angemessenes Entgelt für die Tätigkeit des Handelsreisenden ergibt.

[3] Für eine Probezeit von höchstens zwei Monaten kann durch schriftliche Abrede der Lohn frei bestimmt werden.

Abs. 2 Die Angemessenheit ist ein Rechtsbegriff, der vom Bundesgericht im Rahmen der Ermessensprüfung kontrolliert werden kann, wenn es um die Auswahl der Kriterien geht, nach denen dieser Entscheid gefällt wird. Die Anwendung hängt jedoch von Sachverhaltsfragen ab, die durch die Vorinstanz zu prüfen sind 139 III 214/216 f. E. 5.2 Pra 2013 1

(Nr. 114) 891, 4A.197/2007 (31.8.07) E. 3 und 4, 129 III 664/670 E. 6.1 Pra 2004 (Nr. 67) 386, 4C.81/2001 (13.7.01) E. 5 fr. – Die Angemessenheit des Entgelts ist aufgrund des jeweiligen Einzelfalls zu ermitteln. Angemessen ist das Entgelt, wenn es dem Handelsreisenden einen Verdienst garantiert, mit dem er sein Leben gemäss seinem Arbeitseinsatz, seiner Ausbildung, seiner Dienstjahre, seinem Alter und seinen sozialen Aufgaben auf eine zufriedenstellende Weise finanzieren kann. Zudem ist als Richtlinie zu berücksichtigen, was in der Branche üblich ist 139 III 214/216 E. 5.2 Pra 2013 (Nr. 114) 892 (in casu durchschnittlich CHF 2074 netto pro Monat für eine Vollzeitstelle nicht angemessen, ungeachtet der persönlichen Situation des Betroffenen), 4A_68/2008 (10.7.08) E. 3.3.3, 4A.197/2007 (31.8.07) E. 3 und 4, 129 III 664/670 E. 6.1 Pra 2004 (Nr. 67) 386, 4C.81/2001 (13.7.01) E. 5 fr. – Abs. 2 schützt nicht vor niedrigem Entgelt infolge mangelhafter Leistungen des Handelsreisenden 4C.265/2005 (2.11.05) E. 3. Lohnschwankungen und ein vorübergehend unterdurchschnittlicher Lohn sind zumutbar, sofern der Arbeitnehmer zuvor über längere Zeit ein angemessenes Entgelt erreichen konnte 4A_68/2008 (10.7.08) E. 3.4. Analoge Anwendung auf Ansprüche nach Art. 322a 4A_435/2015 (14.1.16) E. 2.1 fr., vgl. 4A_458/2018 (29.1.20) E. 4.4.2 fr.

b. Provision

Art. 349b

[1] Ist dem Handelsreisenden ein bestimmtes Reisegebiet oder ein bestimmter Kundenkreis ausschliesslich zugewiesen, so ist ihm die verabredete oder übliche Provision auf allen Geschäften auszurichten, die von ihm oder seinem Arbeitgeber mit Kunden in seinem Gebiet oder Kundenkreis abgeschlossen werden.

[2] Ist dem Handelsreisenden ein bestimmtes Reisegebiet oder ein bestimmter Kundenkreis nicht ausschliesslich zugewiesen, so ist ihm die Provision nur auf den von ihm vermittelten oder abgeschlossenen Geschäften auszurichten.

[3] Ist im Zeitpunkt der Fälligkeit der Provision der Wert eines Geschäftes noch nicht genau bestimmbar, so ist die Provision zunächst auf dem vom Arbeitgeber geschätzten Mindestwert und der Rest spätestens bei Ausführung des Geschäftes auszurichten.

c. bei Verhinderung an der Reisetätigkeit

Art. 349c

[1] Ist der Handelsreisende ohne sein Verschulden an der Ausübung der Reisetätigkeit verhindert und ist ihm auf Grund des Gesetzes oder des Vertrages der Lohn gleichwohl zu entrichten, so bestimmt sich dieser nach dem festen Gehalt und einer angemessenen Entschädigung für den Ausfall der Provision.

[2] Beträgt die Provision weniger als einen Fünftel des Lohnes, so kann schriftlich verabredet werden, dass bei unverschuldeter Verhinderung des Handelsreisenden an der Ausübung der Reisetätigkeit eine Entschädigung für die ausfallende Provision nicht zu entrichten ist.

[3] Erhält der Handelsreisende bei unverschuldeter Verhinderung an der Reisetätigkeit gleichwohl den vollen Lohn, so hat er auf Verlangen des Arbeitgebers Arbeit in dessen Betrieb zu leisten, sofern er sie zu leisten vermag und sie ihm zugemutet werden kann.

3. Auslagen

Art. 349d

[1] Ist der Handelsreisende für mehrere Arbeitgeber gleichzeitig tätig und ist die Verteilung des Auslagenersatzes nicht durch schriftliche Abrede geregelt, so hat jeder Arbeitgeber einen gleichen Kostenanteil zu vergüten.

[2] Abreden, dass der Auslagenersatz ganz oder teilweise im festen Gehalt oder in der Provision eingeschlossen sein soll, sind nichtig.

4. Retentionsrecht

Art. 349e

[1] Zur Sicherung der fälligen Forderungen aus dem Arbeitsverhältnis, bei Zahlungsunfähigkeit des Arbeitgebers auch der nicht fälligen Forderungen, steht dem Handelsreisenden das Retentionsrecht an beweglichen Sachen und Wertpapieren sowie an Zahlungen von Kunden zu, die er auf Grund einer Inkassovollmacht entgegengenommen hat.

[2] An Fahrausweisen, Preistarifen, Kundenverzeichnissen und andern Unterlagen kann das Retentionsrecht nicht ausgeübt werden.

IV. Beendigung 1. Besondere Kündigung

Art. 350

[1] Beträgt die Provision mindestens einen Fünftel des Lohnes und unterliegt sie erheblichen saisonmässigen Schwankungen, so darf der Arbeitgeber dem Handelsreisenden, der seit Abschluss der letzten Saison bei ihm gearbeitet hat, während der Saison nur auf das Ende des zweiten der Kündigung folgenden Monats kündigen.

[2] Unter den gleichen Voraussetzungen darf der Handelsreisende dem Arbeitgeber, der ihn bis zum Abschluss der Saison beschäftigt hat, bis zum Beginn der nächsten nur auf das Ende des zweiten der Kündigung folgenden Monats kündigen.

2. Besondere Folgen

Art. 350a

[1] Bei Beendigung des Arbeitsverhältnisses ist dem Handelsreisenden die Provision auf allen Geschäften auszurichten, die er abgeschlossen oder vermittelt hat, sowie auf allen Bestellungen, die bis zur Beendigung dem Arbeitgeber zugehen, ohne Rücksicht auf den Zeitpunkt ihrer Annahme und ihrer Ausführung.

[2] Auf den Zeitpunkt der Beendigung des Arbeitsverhältnisses hat der Handelsreisende die ihm für die Reisetätigkeit zur Verfügung gestellten Muster und Modelle, Preistarife, Kundenverzeichnisse und andern Unterlagen zurückzugeben; das Retentionsrecht bleibt vorbehalten.

Abs. 1 Die Bestimmung regelt nicht die Fälligkeit, sondern den Umfang der Provisionsguthaben. Entstehungsgeschichte, Verhältnis der Bestimmung zu Art. 339 Abs. 2 116 II 1

700/703 ff. E. 4. Zum Verhältnis der Bestimmung zu Art. 322b Abs. 3 4D_25/2015 (15.10.15) E. 2.2 fr. (Anwendbarkeit der Bestimmung in casu offengelassen).

C. Der Heimarbeitsvertrag I. Begriff und Entstehung 1. Begriff

Art. 351

Durch den Heimarbeitsvertrag verpflichtet sich der Heimarbeitnehmer, in seiner Wohnung oder in einem andern, von ihm bestimmten Arbeitsraum allein oder mit Familienangehörigen Arbeiten im Lohn für den Arbeitgeber auszuführen.

1 Begriff des Heimarbeitsvertrages. Tagesmütter sind nicht als Heimarbeitnehmerinnen zu betrachten 132 V 181/182 f. E. 2.2.

2. Bekanntgabe der Arbeitsbedingungen

Art. 351a

[1] Vor jeder Ausgabe von Arbeit hat der Arbeitgeber dem Heimarbeitnehmer die für deren Ausführung erheblichen Bedingungen bekanntzugeben, namentlich die Einzelheiten der Arbeit, soweit sie nicht durch allgemein geltende Arbeitsbedingungen geregelt sind; er hat das vom Heimarbeitnehmer zu beschaffende Material und schriftlich die dafür zu leistende Entschädigung sowie den Lohn anzugeben.

[2] Werden die Angaben über den Lohn und über die Entschädigung für das vom Heimarbeitnehmer zu beschaffende Material nicht vor der Ausgabe der Arbeit schriftlich bekannt gegeben, so gelten dafür die üblichen Arbeitsbedingungen.

1 Lassen sich weder eine schriftliche Vereinbarung in Bezug auf den Lohn noch Wesen und Umfang der geleisteten Arbeit feststellen und lässt damit auch keine den üblichen Bedingungen entsprechende Entlöhnung bemessen, so kann dies als Indiz dafür gelten, dass kein (Heim-)Arbeitsvertrag abgeschlossen wurde 4A_92/2012 (3.7.12) E. 5 fr.

II. Besondere Pflichten des Arbeitnehmers 1. Ausführung der Arbeit

Art. 352

[1] Der Heimarbeitnehmer hat mit der übernommenen Arbeit rechtzeitig zu beginnen, sie bis zum verabredeten Termin fertigzustellen und das Arbeitserzeugnis dem Arbeitgeber zu übergeben.

[2] Wird aus Verschulden des Heimarbeitnehmers die Arbeit mangelhaft ausgeführt, so ist er zur unentgeltlichen Verbesserung des Arbeitserzeugnisses verpflichtet, soweit dadurch dessen Mängel behoben werden können.

2. Material und Arbeitsgeräte

Art. 352a

[1] Der Heimarbeitnehmer ist verpflichtet, Material und Geräte, die ihm vom Arbeitgeber übergeben werden, mit aller Sorgfalt zu behandeln, über deren Verwendung Rechenschaft abzulegen und den zur Arbeit nicht verwendeten Rest des Materials sowie die erhaltenen Geräte zurückzugeben.

[2] Stellt der Heimarbeitnehmer bei der Ausführung der Arbeit Mängel an dem übergebenen Material oder an den erhaltenen Geräten fest, so hat er den Arbeitgeber sofort zu benachrichtigen und dessen Weisungen abzuwarten, bevor er die Ausführung der Arbeit fortsetzt.

[3] Hat der Heimarbeitnehmer Material oder Geräte, die ihm übergeben wurden, schuldhaft verdorben, so haftet er dem Arbeitgeber höchstens für den Ersatz der Selbstkosten.

III. Besondere Pflichten des Arbeitgebers 1. Abnahme des Arbeitserzeugnisses

Art. 353

[1] Der Arbeitgeber hat das Arbeitserzeugnis nach Ablieferung zu prüfen und Mängel spätestens innert einer Woche dem Heimarbeitnehmer bekanntzugeben.

[2] Unterlässt der Arbeitgeber die rechtzeitige Bekanntgabe der Mängel, so gilt die Arbeit als abgenommen.

2. Lohn a. Ausrichtung des Lohnes

Art. 353a

[1] Steht der Heimarbeitnehmer ununterbrochen im Dienst des Arbeitgebers, so ist der Lohn für die geleistete Arbeit halbmonatlich oder mit Zustimmung des Heimarbeitnehmers am Ende jedes Monats, in den anderen Fällen jeweils bei Ablieferung des Arbeitserzeugnisses auszurichten.

[2] Bei jeder Lohnzahlung ist dem Heimarbeitnehmer eine schriftliche Abrechnung zu übergeben, in der für Lohnabzüge der Grund anzugeben ist.

b. Lohn bei Verhinderung an der Arbeitsleistung

Art. 353b

[1] Steht der Heimarbeitnehmer ununterbrochen im Dienst des Arbeitgebers, so ist dieser nach Massgabe der Artikel 324 und 324a zur Ausrichtung des Lohnes verpflichtet, wenn er mit der Annahme der Arbeitsleistung in Verzug kommt oder wenn der Heimarbeitnehmer aus Gründen, die in seiner Person liegen, ohne sein Verschulden an der Arbeitsleistung verhindert ist.

[2] In den anderen Fällen ist der Arbeitgeber zur Ausrichtung des Lohnes nach Massgabe der Artikel 324 und 324a nicht verpflichtet.

IV. Beendigung

Art. 354

[1] Wird dem Heimarbeitnehmer eine Probearbeit übergeben, so gilt das Arbeitsverhältnis zur Probe auf bestimmte Zeit eingegangen, sofern nichts anderes verabredet ist.

[2] Steht der Heimarbeitnehmer ununterbrochen im Dienst des Arbeitgebers, so gilt das Arbeitsverhältnis als auf unbestimmte Zeit, in den anderen Fällen als auf bestimmte Zeit eingegangen, sofern nichts anderes verabredet ist.

D. Anwendbarkeit der allgemeinen Vorschriften

Art. 355

Auf den Lehrvertrag, den Handelsreisendenvertrag und den Heimarbeitsvertrag sind die allgemeinen Vorschriften über den Einzelarbeitsvertrag ergänzend anwendbar.

Dritter Abschnitt
Gesamtarbeitsvertrag und Normalarbeitsvertrag

A. Gesamtarbeitsvertrag

Vorb. Art. 356–360f

Zweck. Mit einem Gesamtarbeitsvertrag soll den Verbänden eine reale Einflussmöglichkeit auf die Gestaltung der Arbeitsverhältnisse in die Hand gegeben werden, um *minimale Arbeits- und Sozialbedingungen* für die einzelnen Arbeitnehmer festzulegen. Der Gesamtarbeitsvertrag bezweckt, die schwächere Partei zu schützen, eine einheitliche Behandlung der Arbeitnehmer zu sichern, sozialen Konflikten vorzubeugen und die Anstellungsbedingungen mit relativ flexiblen Normen zu ordnen 121 III 168/171 f. E. 3a/aa. Indessen tritt ein Betrieb nie einzig aus der Motivation des Arbeitnehmerschutzes einem GAV bei, sondern nur, weil ein GAV als Gesamtwerk sowohl für die Arbeitgeber- wie auch für die Arbeitnehmerseite Vorteile und Nachteile mit sich bringt 4A_198/2013 (18.9.13) E. 4.5. 1

Allgemeinverbindlichkeitserklärung. Der Beschluss über die Allgemeinverbindlicherklärung ist gegenüber Dritten als Erlass zu betrachten. Ist die Allgemeinverbindlicherklärung auf das Gebiet eines Kantons (oder einen Teil) beschränkt, so bildet sie einen kantonalen Erlass. Die Allgemeinverbindlicherklärung schafft selber keine Rechtssätze, sondern erweitert den personellen Geltungsbereich bestehender Normen (jener des GAV) 4C_1/2008 (9.3.09) E. 2. Zweck der Allgemeinverbindlicherklärung ist die Verhinderung von unlauteren Wettbewerbsvorteilen 4A_408/2017 (31.1.18) E. 2.1, 4A_296/2017 (30.11.17) E. 1.3, 4A_299/2012 (16.10.12) E. 2.1 fr., 4A_377/2009 (25.11.09) E. 3.1, 141 V 657/665 E. 4.5.2.2. Durch die Allgemeinverbindlicherklärung sollen die Arbeitsbedingungen der bei Aussenseitern angestellten Arbeitnehmer gesichert, die Sozial- und Arbeitsbedingungen als Faktor des Konkurrenzkampfes ausgeschlossen und dem GAV zu grösserer Durchsetzungskraft verholfen werden 4A_597/2017 (23.4.18) E. 4.4.2, 141 V 657/664 E. 4.4. 2

Verhältnis zum Sozialplan. Ein Sozialplan hat zum Zweck, bei Entlassungen aus wirtschaftlichen Gründen Härten für die betroffenen Arbeitnehmer zu vermeiden oder zu mildern. Entscheidend für die Qualifikation des Sozialplans als Gesamtarbeitsvertrag, als Individualvertrag oder als Betriebsordnung (ArG Art. 38 Abs. 2) sind neben dem Inhalt in erster Linie die Parteien und die Art des Zustandekommens 4A_610/2012 (28.2.13) E. 2.2 fr. (in casu Offerte zur Anpassung von Individualarbeitsverträgen), 4A_72/2010 (1.7.10) E. 2.1, 4C.399/2006 (12.2.07) E. 4, 133 III 213/214 E. 4, 132 III 32/43 E. 6.1, 4C.168/2003 (17.10.03) E. 3 (in casu als Individualvertrag qualifiziert und nach Art. 18 ausgelegt), vgl. auch zur Qualifikation als Sozialplan 4C.432+4/2004 (5.8.05) E. 7.1 fr., 4C.31/2005 (27.5.05) E. 3 fr. Die inhaltliche Auslegung des Sozialplans folgt dessen Rechtsnatur: Ist der Sozialplan als Gesamtarbeitsvertrag zu qualifizieren, so ist er wie ein 3

Gesetz auszulegen. Geht es dagegen um die Anpassung von Individualarbeitsverträgen, so ist der Sozialplan nach den Grundsätzen der Vertragsauslegung zu behandeln 4A_335/2016 (30.11.16) E. 3.1 fr., 4A_72/2010 (1.7.10) E. 2.1, 4C.399/2006 (12.2.07) E. 4.2, 4C.168/2003 (17.10.03) E. 3. Offengelassen, ob die Vorschriften des OR AT über die Mängel beim Vertragsschluss (Art. 23 ff.) auch mit Bezug auf normative Bestimmungen von Sozialplänen anwendbar sind oder ob wesentlich strengere Voraussetzungen gelten müssten 4A_72/2010 (1.7.10) E. 2.8.

4 **Anwendungsbereich.** Die *Privatautonomie* der Parteien wird beschränkt; die *Vertragsfreiheit* darf von ihnen nicht unbesehen der Zwecke des Gesamtarbeitsvertrages ausgeübt werden 121 III 168/172 E. 3a/aa, vgl. auch 122 III 110/112 E. 4b Pra 1997 (Nr. 9) 41 f. – Die Zielsetzung des Instituts des Gesamtarbeitsvertrages schützt auch die *Persönlichkeit der vertragsfähigen Gewerkschaften* als Körperschaften des privaten Rechts; repräsentative Minderheitsgewerkschaften dürfen nicht ohne achtenswerte Gründe von Verhandlungen über den Abschluss oder vom Beitritt zu abgeschlossenen Gesamtarbeitsverträgen verdrängt werden 125 III 82/85 E. 2 Pra 1999 (Nr. 113) 619 (E. 1: Zusammenfassung der Rechtsprechung zu den Voraussetzungen der Aktivlegitimation eines Berufsverbandes), 121 III 168/172 E. 3a/aa (in casu Frage der Aktivlegitimation eines aussenstehenden Berufsverbandes, gegenüber den Vertragsparteien auf Teilnichtigkeit eines Gesamtarbeitsvertrages zu klagen und Ansprüche wegen Verletzung der Persönlichkeitsrechte, wegen Beeinträchtigung seiner Wettbewerbsstellung sowie als Verband im Interesse seiner Mitglieder zu erheben). Ist eine an einem Gesamtarbeitsvertrag beteiligte Gewerkschaft aufgrund des ZGB Art. 28 berechtigt, gegen einen Arbeitgeber, der Mitglied einer Vertragspartei (Arbeitgeberverband) ist und die Bestimmungen des Vertrages verletzt, mit einer Feststellungsklage vorzugehen? 125 III 82/85 E. 2 Pra 1999 (Nr. 113) 620 (offengelassen). – Gesamtarbeitsvertraglich können zwar im Verhältnis zwischen Arbeitgeber und Arbeitnehmer unmittelbar oder mittelbar Rechte und Pflichten begründet werden, wie beispielsweise die Verpflichtung des Arbeitgebers, seine Arbeitnehmer im Rahmen der *beruflichen Vorsorge* für bestimmte Minimalleistungen im Invaliditätsfall zu versichern. Dies gilt jedoch grundsätzlich nicht auch im Verhältnis zwischen einer Vorsorgeeinrichtung und einem Arbeitgeber oder Arbeitnehmer (Notwendigkeit der Umsetzung in die Statuten oder das Reglement der einzelnen Vorsorgeeinrichtung) 120 V 340/344. Unzuständigkeit des BVG-Richters zur Beurteilung der Frage, ob ein Versicherter gestützt auf einen Gesamtarbeitsvertrag höhere Freizügigkeitsleistungen beanspruchen kann, als ihm nach Gesetz und Reglement zustehen (Schadenersatzklage) 120 V 340/345 E. 4.

5 **Auslegung.** Bei einem GAV ist bezüglich der Auslegungsregeln zwischen den schuldrechtlichen und den normativen Bestimmungen zu unterscheiden. Während erstere die Rechte und Pflichten der Tarifpartner unter sich regeln und gemäss den Grundsätzen über die Auslegung von Verträgen zu interpretieren sind, richtet sich die Auslegung der normativen Bestimmungen, welche auf die Vertragsbeziehungen zwischen Arbeitnehmern und Arbeitgebern anwendbar sind, nach den für Gesetze geltenden Grundsätzen. Der Grund hierfür liegt im Umstand, dass die normativen Bestimmungen Dritte verpflichten, die als solche nicht Vertragspartner des GAV sind 4A_68/2018 (13.11.18) E. 7, 4A_597/2017 (23.4.18) E. 4.4.2, 4A_520/2017 (19.4.18) E. 5.3, 4A_467/2016 (8.2.17) E. 3.2 fr., 141 V

657/662 E. 3.5.2, 4A_515/2014 (26.2.15) E. 2.6 fr., 140 III 391/397 f. E. 2.3, 4A_163/2012 (27.11.12) E. 4.1 fr. (unpublizierte Erwägung von 139 III 60), 4A_670/2010 (4.4.11) E. 3.1, 4A_72/2010 (1.7.10) E. 2.2, 136 III 283/284 E. 2.3.1 Pra 2011 (Nr. 29) 200 f., 4A_159/2010 (31.5.10) E. 2.3.1 fr., 4A_94/2010 (4.5.10) E. 3.3, 4A_535/2009 (25.3.10) E. 5.2, 4A_491/2008 (4.2.09) E. 2.1, 4C.399/2006 (12.2.07) E. 4.2, 4C.191/2006 (17.8.06) E. 2 fr., 4C.216/2005 (12.7.06) E. 2.1, 4C.206/2003 (5.11.03) E. 2 fr., 4C.168/2003 (17.10.03) E. 3, 4C.291/2002 (14.1.03) E. 2 fr., 127 III 318/322 E. 2, 4C.45/2002 (11.7.02) E. 2.1.2, Pra 2001 (Nr. 101) 602 E. 2a, vgl. auch 140 V 449/454 ff. E. 4 (Auslegung normativer Bestimmungen des GAV SBB). Klauseln, die definieren, welche Kategorie von Arbeitnehmern dem GAV untersteht, gehören zu den normativen Bestimmungen 4A_467/2016 (8.2.17) E. 3.2 fr. *Keine extensive Auslegung* des Gesamtarbeitsvertrags 4A_299/2012 (16.10.12) E. 2.1 fr., 4C.191/2006 (17.8.06) E. 2.2 am Ende, vgl. 4A_68/2018 (13.11.18) E. 7.1. Allerdings entstammen auch normative Bestimmungen der Willensübereinkunft der Parteien; der Wille der Parteien ist bei solchen Bestimmungen entsprechend ein wichtigeres Auslegungselement als der Wille des Gesetzgebers bei der Interpretation von Gesetzesnormen 4A_467/2016 (8.2.17) E. 3.2 fr., 4A_335/2016 (30.11.16) E. 3.1 fr., 4A_515/2014 (26.2.15) E. 2.6 fr., 4A_163/2012 (27.11.12) E. 4.1 fr. (unpublizierte Erwägung von 139 III 60), 136 III 283/284 E. 2.3.1 Pra 2011 (Nr. 29) 200 f., 4A_159/2010 (31.5.10) E. 2.3.1 fr., 133 III 213/218 E. 5.2, 4C.76/2003 (2.6.03) E. 3 fr., vgl. auch 4A_35/2013 (15.3.13) E. 3 fr. Als Hilfsmittel der Auslegung kann sodann eine Protokollvereinbarung zum betrieblichen Geltungsbereich dienen 4A_68/2018 (13.11.18) E. 7.2.2.1. Besondere Bedeutung kommt dem Bedürfnis nach Rechtssicherheit zu. Wenn der GAV seine Schutzfunktion erfüllen soll, muss es für die Parteien leicht erkennbar sein, ob sie ihm unterstehen oder nicht 4A_68/2018 (13.11.18) E. 7, 4A_597/2017 (23.4.18) E. 4.4.2, 4A_296/2017 (30.11.17) E. 1.4.4, 141 V 657/664 E. 4.4. – Der Richter kann bei der Auslegung Vorschriften des öffentlichen Rechts des Bundes (in casu Sozialversicherungsgesetzgebung) hilfsweise beiziehen, doch darf er nicht annehmen, der Gesamtarbeitsvertrag müsse notwendigerweise die sich daraus ergebenden Lösungen übernehmen 101 Ia 456/461 E. 3, 4 (in casu Berechnung der Lohnausfallentschädigung wegen Militärdienstes). Insbesondere im Falle seiner Allgemeinverbindlicherklärung stehen bei der Auslegung des Gesamtarbeitsvertrages die objektiven Elemente im Vordergrund 122 III 176/184 E. 5c. – *Strukturelle Verwandtschaft* des Nachlassvertrages mit den normativen Bestimmungen eines Gesamtarbeitsvertrages 122 III 176/183 f. E. 5c. – Die Annahme, eine Unterstellung unter den Gesamtarbeitsvertrag führe zur Anwendung der ehemals im Fremdenpolizeirecht vorgesehenen Mindestlöhne, ist willkürlich 112 II 507/508 f. E. 3 Pra 1988 (Nr. 8) 35 f. – Dem Entscheid einer Paritätischen Vollzugskommission über die Auslegung eines LMV kommt jedenfalls der Stellenwert eines Rechtsgutachtens zu 4A_68/2018 (13.11.18) E. 7.2.2.2.

Rechtsmittel. Selbst bei der Gesetzeswirkung bleibt der Gesamtarbeitsvertrag seiner 6
Natur nach ein privatrechtlicher Vertrag. Dessen Bestand und Inhalt ist eine *zu beweisende Tatfrage* 4P.17/2000 (19.4.00) E. 3a/cc fr., nicht aber der historische Wille der am GAV-Abschluss beteiligten Parteien bezüglich des GAV-Inhalts 4C.216/2005 (12.7.06) E. 2.3. Zur Bedeutung der Unterscheidung Tatfrage/Rechtsfrage siehe auch Vorb. Art. 1–40f. – Die Auseinandersetzung über die Teilnahme einer Minderheitsgewerkschaft an einem Ge-

samtarbeitsvertrag, welcher die persönlichen Verhältnisse der Gewerkschaft selber und auch die ihrer Mitglieder berührt, ist *nicht vermögensrechtlicher Natur.* Die Klage auf Beitritt ist nur gegen jene Parteien des Gesamtarbeitsvertrages zu richten, welche den Beitritt ablehnen 113 II 37/38 f. E. 2, 3 Pra 1988 (Nr. 83) 317 f. Die Streitigkeit zwischen einem in einem GAV vorgesehenen Kontrollorgan und einer Arbeitgeberin ist keine arbeitsrechtliche Streitigkeit im Sinne von BGG Art. 74 Abs. 1 lit. a 4A_535/2009 (25.3.10) E. 1.2. Zum Rechtsmittel gegen die kantonale Verfügung über die *Ausdehnung eines Gesamtarbeitsvertrags* 128 II 13/16 ff. E. 1 und 2. – Gesamtarbeitsvertraglicher Anspruch auf *Lohnkontrolle gegenüber einem Aussenseiter;* sachliche Zuständigkeit des Zivilrichters; Berufungsvoraussetzungen 4C.45/2002 (11.7.02) E. 1, 118 II 528/528 ff.

I. Begriff, Inhalt, Form und Dauer 1. Begriff und Inhalt

Art. 356

[1] Durch den Gesamtarbeitsvertrag stellen Arbeitgeber oder deren Verbände und Arbeitnehmerverbände gemeinsam Bestimmungen über Abschluss, Inhalt und Beendigung der einzelnen Arbeitsverhältnisse der beteiligten Arbeitgeber und Arbeitnehmer auf.

[2] Der Gesamtarbeitsvertrag kann auch andere Bestimmungen enthalten, soweit sie das Verhältnis zwischen Arbeitgebern und Arbeitnehmern betreffen, oder sich auf die Aufstellung solcher Bestimmungen beschränken.

[3] Der Gesamtarbeitsvertrag kann ferner die Rechte und Pflichten der Vertragsparteien unter sich sowie die Kontrolle und Durchsetzung der in den vorstehenden Absätzen genannten Bestimmungen regeln.

[4] Sind an einem Gesamtarbeitsvertrag auf Arbeitgeber- oder Arbeitnehmerseite von Anfang an oder auf Grund des nachträglichen Beitritts eines Verbandes mit Zustimmung der Vertragsparteien mehrere Verbände beteiligt, so stehen diese im Verhältnis gleicher Rechte und Pflichten zueinander; abweichende Vereinbarungen sind nichtig.

1 **Grundsatz der Tarifeinheit.** Dem GAV unterstehen jene Arbeitnehmer, die in einem bestimmten Wirtschaftszweig tätig sind, also auch berufsfremde Arbeitnehmer. Zuordnungskriterium bei einem Industrievertrag (im Gegensatz zum Berufsvertrag) ist die Art der Tätigkeit, die dem Betrieb oder dem selbständigen Betriebsteil (und nicht dem Unternehmen als wirtschaftlichem Träger allenfalls mehrerer Betriebe) das Gepräge gibt 4A_68/2018 (13.11.18) E. 6.3 (massgeblich ist daher auch nicht die Umschreibung der Tätigkeiten im Arbeitsvertrag), 4A_408/2017 (31.1.18) E. 2.1, 4A_296/2017 (30.11.17) E. 1.4.1, 142 III 758/760 E. 2.2, 141 V 657/665 E. 4.5.2.1, 4A_351/2014 (9.9.14) E. 5.3 (entscheidend ist nicht der Handelsregistereintrag, sondern die tatsächliche Tätigkeit), 4A_299/2012 (16.10.12) E. 2.1 fr. (massgebend ist nicht der im HR eingetragene Gesellschaftszweck, sondern die tatsächlich ausgeübte, das Unternehmen charakterisierende Tätigkeit), 4A_377/2009 (25.11.09) E. 3.1 (Tatfrage, welche Tätigkeiten in einem Betrieb in welchem Ausmass vorkommen, aber Rechtsfrage, welche der festgestellten Tätigkeiten dem Betrieb das Gepräge geben), 4A_532/2008 (12.1.09) E. 2.3, 134 III 11/13 E. 2.1, 4A_256/2007 (8.11.07) E. 2.1 (massgebend für die Zuordnung zu einem Wirtschaftszweig ist die tatsächliche Tätigkeit, nicht der HR-Eintrag), 4A_491/2008 (4.2.09) E. 2.1, 4C.45/2002 (11.7.02) E. 2.1, 4C.391/2001 (30.4.02) E. 3, 4C.350/2000 (12.3.01) E. 3 (betr. GAV-Konkurrenz), 4C.350/2000 (12.3.01) E. 3b. Ausgangspunkt ist dabei die auf

dem Markt angebotene einheitliche (Arbeits-)Leistung 4A_351/2014 (9.9.14) E. 5.6, 139 III 165 E. 4.2.3, 4A_377/2009 (25.11.09) E. 5.2. Tatfrage ist, welche Tätigkeiten in einem Betrieb oder in einem selbständigen Betriebsteil in welchem Ausmass vorkommen. Rechtsfrage ist hingegen, welche der festgestellten Tätigkeiten dem Betrieb das Gepräge geben bzw. nach welchen Gesichtspunkten die Zuordnung zu einem bestimmten Wirtschaftszweig erfolgt 4A_68/2018 (13.11.18) E. 6, 142 III 758/760 E. 2.3. Sobald ein Betrieb in nicht offensichtlich untergeordnetem Umfang in einem Markt auftritt, für den ein allgemeinverbindlich erklärter GAV gilt, kommen die allgemeinen Grundsätze für die Unterstellung zur Anwendung 4A_296/2017 (30.11.17) E. 1.4.3, 141 V 657/666 E. 4.5.2.2. Für das Gepräge kann nicht allein auf das Geschäftsvolumen verschiedener Betriebsteile von Mischbetrieben abgestellt werden 4A_296/2017 (30.11.17) E. 1.4.4. Von einem selbständigen Betrieb oder einem selbständigen Betriebsteil innerhalb eines Mischunternehmens kann nur gesprochen werden, wenn dieser eine eigene organisatorische Einheit bildet. Das setzt voraus, dass die einzelnen Arbeitnehmer klar zugeordnet werden können und die entsprechenden Arbeiten im Rahmen der übrigen Tätigkeiten des Unternehmens nicht nur hilfsweise erbracht werden. Im Interesse der Rechtssicherheit ist zudem zu fordern, dass der Betriebsteil mit seinen besonderen Produkten oder Dienstleistungen insofern auch nach aussen als entsprechender Anbieter gegenüber den Kunden in Erscheinung tritt. Demgegenüber bedarf der Betriebsteil keiner eigenen Verwaltung oder gar einer separaten Rechnungsführung, um als solcher gelten zu können 141 V 657/665 E. 4.5.2.2. Die Unterstellung eines Betriebs unter einen GAV setzt nicht voraus, dass die Tätigkeit, die ihm das Gepräge gibt, in der Bestimmung zum betrieblichen Geltungsbereich ausdrücklich erwähnt wird 4A_597/2017 (23.4.18) E. 4.4.3. Betriebe, die zueinander in einem direkten Konkurrenzverhältnis stehen, sind zum selben Wirtschaftszweig zu zählen 4A_408/2017 (31.1.18) E. 2.1, 4A_296/2017 (30.11.17) E. 1.4.3, 4A_377/2009 (25.11.09) E. 3.1, 134 III 11/13 E. 2.2, 4A_256/2007 (8.11.07) E. 2.2 (mit weiteren Ausführungen, wann ein direktes Konkurrenzverhältnis anzunehmen ist), vgl. auch AVEG Art. 1. Die Frage nach einer Durchbrechung des Grundsatzes der Tarifeinheit stellt sich nur für solche Betriebsteile, die nicht konkurrierend auf demselben Markt angeboten werden 4A_377/2009 (25.11.09) E. 6.1. – Ob ein Betrieb unter einen allgemeinverbindlichen GAV fällt, entscheidet allein der Richter 4A_597/2017 (23.4.18) E. 2.3, 4A_351/2014 (9.9.14) E. 5.2. Dem Entscheid einer Paritätischen Vollzugskommission über die Auslegung eines LMV kommt aber jedenfalls der Stellenwert eines Rechtsgutachtens zu 4A_68/2018 (13.11.18) E. 7.2.2.2.

Abs. 1 Zulässigkeit der Arbeit auf Abruf unter dem LMV für das Bauhauptgewerbe 124 III 249/250 E. 2b (kapazitätsorientierte Arbeitsleistung). Entschädigung für Bereitschaftsdienst kann grundsätzlich durch GAV in den Lohn für die Hauptleistung eingeschlossen werden 4A_94/2010 (4.5.10) E. 5.2. Der GAV kann Formvorschriften für die Kündigungserklärung vorsehen 4A_215/2019 (7.10.19) E. 3.1.3 fr. – Begriff der Arbeitgeber- und Arbeitnehmerverbände 4P.101/2006 (24.10.06) E. 6 it. 2

Abs. 4 Teilweiser Beitritt: Die Parteien eines Gesamtarbeitsvertrags haben ein schutzwürdiges Interesse, sich dem Beitritt eines Verbands, der sich dem Vertrag nicht vollständig unterwerfen will, zu widersetzen 118 II 431/433 ff. E. 4 Pra 1993 (Nr. 143) 554 ff., vgl. auch 121 III 168/172 E. 3a/bb. – Nachträglicher Beitritt: siehe auch unter Art. 356b Abs. 1. 3

2. Freiheit der Organisation und der Berufsausübung

Art. 356a

[1] Bestimmungen eines Gesamtarbeitsvertrages und Abreden zwischen den Vertragsparteien, durch die Arbeitgeber oder Arbeitnehmer zum Eintritt in einen vertragschliessenden Verband gezwungen werden sollen, sind nichtig.

[2] Bestimmungen eines Gesamtarbeitsvertrages und Abreden zwischen den Vertragsparteien, durch die Arbeitnehmer von einem bestimmten Beruf oder einer bestimmten Tätigkeit oder von einer hiefür erforderlichen Ausbildung ausgeschlossen oder darin beschränkt werden, sind nichtig.

[3] Bestimmungen und Abreden im Sinne des vorstehenden Absatzes sind ausnahmsweise gültig, wenn sie durch überwiegende schutzwürdige Interessen, namentlich zum Schutz der Sicherheit und Gesundheit von Personen oder der Qualität der Arbeit gerechtfertigt sind; jedoch gilt nicht als schutzwürdig das Interesse, neue Berufsangehörige fernzuhalten.

1 Nach einem wesentlichen Grundsatz des Kollektivarbeitsrechts dürfen die Vertragsparteien keine Massnahmen treffen, durch die Dritte (Arbeitgeber oder -nehmer) rechtlich oder wirtschaftlich zum Beitritt gezwungen, vom Beitritt zu anderen Organisationen abgehalten oder zum Austritt aus solchen Organisationen veranlasst werden 124 I 107/114 E. 4 Pra 1998 (Nr. 131) 726.

3. Anschluss

Art. 356b

[1] Einzelne Arbeitgeber und einzelne im Dienst beteiligter Arbeitgeber stehende Arbeitnehmer können sich mit Zustimmung der Vertragsparteien dem Gesamtarbeitsvertrag anschliessen und gelten als beteiligte Arbeitgeber und Arbeitnehmer.

[2] Der Gesamtarbeitsvertrag kann den Anschluss näher regeln. Unangemessene Bedingungen des Anschlusses, insbesondere Bestimmungen über unangemessene Beiträge, können vom Richter nichtig erklärt oder auf das zulässige Mass beschränkt werden; jedoch sind Bestimmungen oder Abreden über Beiträge zugunsten einer einzelnen Vertragspartei nichtig.

[3] Bestimmungen eines Gesamtarbeitsvertrages und Abreden zwischen den Vertragsparteien, durch die Mitglieder von Verbänden zum Anschluss gezwungen werden sollen, sind nichtig, wenn diesen Verbänden die Beteiligung am Gesamtarbeitsvertrag oder der Abschluss eines sinngemäss gleichen Vertrages nicht offensteht.

1 ***Abs. 1*** Die an einem Gesamtarbeitsvertrag beteiligten Parteien können sich nicht auf die Vertragsfreiheit berufen, um eine die Arbeitnehmer ausreichend vertretende Minderheitsgewerkschaft ohne berechtigtes Interesse daran zu hindern, dem Vertrag beizutreten 118 II 431/433 E. 4a Pra 1993 (Nr. 143) 554, grundlegend 113 II 37/39 ff. E. 4, 5 Pra 1988 (Nr. 83) 318 ff., vgl. auch 121 III 168/172 E. 3a/aa. – Klage des nicht organisierten Arbeitnehmers 139 III 60/62 ff. E. 5 fr., 123 III 129/136 E. 3d Pra 1997 (Nr. 110) 601 (siehe auch bei Art. 357/Personaler Geltungsbereich). – Es ist unzulässig, staatliche Hilfe an Unternehmen vom Abschluss eines Gesamtarbeitsvertrages abhängig zu machen 124 I 107/107 ff. Pra 1998 (Nr. 131) 722 ff. (Teilungültigkeit einer entsprechenden kantonalen Volksinitiative). – Der Anschluss ist ein Vertrag zwischen dem nicht beteiligten Arbeitneh-

mer und den Parteien des GAV, welcher beiderseits der Schriftform bedarf (vgl. Art. 356c) 141 III 418/421 E. 2.1 Pra 2016 (Nr. 54) 515.

Abs. 2 Der Bezug eines *Solidaritätsbeitrags* rechtfertigt sich auch gegenüber Arbeitnehmern, die sich individuell angeschlossen haben und Mitglied einer Gewerkschaft sind, die nicht Partei des GAV ist. Der Beitrag darf aber nicht in einer Höhe festgesetzt werden, die sich als indirekter Zwang zum Anschluss an die Gewerkschaft, die Vertragspartei ist, auswirkt 141 III 418/422 E. 3.1 Pra 2016 (Nr. 54) 516. Die Bestimmung ist sodann analog anzuwenden im Falle eines indirekten Anschlusses 141 III 418/422 E. 3.2 Pra 2016 (Nr. 54) 516. 2

Abs. 3 Unter *Anschlusszwang* ist eine Bestimmung zu verstehen, die direkt oder indirekt darauf abzielt, Arbeitgeber und Arbeitnehmer zu verpflichten, sich einem GAV anzuschliessen, um möglichst viele betroffene Personen dem GAV zu unterwerfen. Anschlusszwang in diesem Sinn besteht z.B., wenn ein GAV vorsieht, dass ein Arbeitgeber nur Arbeitnehmer beschäftigen darf, die sich dem GAV anschliessen, oder nur Arbeitnehmer, die die Bezahlung eines Solidaritätsbeitrags akzeptieren 141 III 418/423 E. 4.1 Pra 2016 (Nr. 54) 517. Im Gegensatz zum Verbot des Zwangs zum Beitritt zu einer Gewerkschaft gemäss Art. 356a Abs. 1 ist ein Anschlusszwang im Grundsatz zulässig und nur im Fall von Art. 356b Abs. 3 nichtig. Dabei geht es einerseits um den Schutz von Minderheitsgewerkschaften vor dem Verlust von Mitgliedern, die nicht zusätzlich zum Mitgliedschafts- einen Solidaritätsbeitrag bezahlen wollen, und andererseits um das Recht des Arbeitnehmers, der Gewerkschaft beizutreten, die er für die Wahrung seiner Interessen am geeignetsten hält, ohne sich zugleich an den Kosten eines GAV beteiligen zu müssen, an welchem seine Gewerkschaft sich nicht beteiligen kann 141 III 418/424 E. 4.2 Pra 2016 (Nr. 54) 517 f. Unter «Verbänden, denen die Beteiligung am Gesamtarbeitsvertrag oder der Abschluss eines sinngemäss gleichen Vertrages nicht offensteht», sind nur solche Verbände zu verstehen, die zwar als Sozialpartner anerkannt sind, deren Anliegen, sich an einem GAV zu beteiligen oder einen sinngemäss gleichen Vertrag abzuschliessen, sich die Parteien aber widersetzen. Dem nicht beteiligten Arbeitnehmer ist in einem solchen Fall das Recht zuzugestehen, sich nicht an den Kosten des GAV zu beteiligen bzw. sich dem Abzug eines Solidaritätsbeitrags zu widersetzen 141 III 418/424 f. 2016 (Nr. 54) 518 f. 3

4. Form und Dauer

Art. 356c

[1] Der Abschluss des Gesamtarbeitsvertrages, dessen Änderung und Aufhebung durch gegenseitige Übereinkunft, der Beitritt einer neuen Vertragspartei sowie die Kündigung bedürfen zu ihrer Gültigkeit der schriftlichen Form, ebenso die Anschlusserklärung einzelner Arbeitgeber und Arbeitnehmer und die Zustimmung der Vertragsparteien gemäss Artikel 356b Absatz 1 sowie die Kündigung des Anschlusses.

[2] Ist der Gesamtarbeitsvertrag nicht auf bestimmte Zeit abgeschlossen und sieht er nichts anderes vor, so kann er von jeder Vertragspartei mit Wirkung für alle anderen Parteien nach

Ablauf eines Jahres jederzeit auf sechs Monate gekündigt werden. Diese Bestimmung gilt sinngemäss auch für den Anschluss.

1 Zu den Nachwirkungen des beendeten GAV auf den Einzelarbeitsvertrag siehe bei Art. 357.

II. Wirkungen 1. auf die beteiligten Arbeitgeber und Arbeitnehmer

Art. 357

[1] Die Bestimmungen des Gesamtarbeitsvertrages über Abschluss, Inhalt und Beendigung der einzelnen Arbeitsverhältnisse gelten während der Dauer des Vertrages unmittelbar für die beteiligten Arbeitgeber und Arbeitnehmer und können nicht wegbedungen werden, sofern der Gesamtarbeitsvertrag nichts anderes bestimmt.

[2] Abreden zwischen beteiligten Arbeitgebern und Arbeitnehmern, die gegen die unabdingbaren Bestimmungen verstossen, sind nichtig und werden durch die Bestimmungen des Gesamtarbeitsvertrages ersetzt; jedoch können abweichende Abreden zugunsten der Arbeitnehmer getroffen werden.

▪ Personaler Geltungsbereich (1) ▪ Zeitlicher Geltungsbereich (2) ▪ Verhältnis zum Vertrag (3) ▪ Wirkung des GAV (4) ▪ Abs. 2 (5)

1 **Personaler Geltungsbereich.** Es ist willkürlich, einen Gesamtarbeitsvertrag in einem Konflikt anzuwenden, ohne dass die Parteien *gemäss den Art. 356 und 356b an den Vertrag gebunden* sind oder dieser im Sinne des BG über die Allgemeinverbindlicherklärung von Gesamtarbeitsverträgen (AVEG, SR 221.215.311) *allgemeinverbindlich erklärt* worden ist 102 Ia 16/18 f. E. c, d Pra 1976 (Nr. 89) 201 f., vgl. auch 123 III 129/131 E. 3a Pra 1997 (Nr. 110) 596. Allgemeinverbindlich erklärte Gesamtarbeitsverträge enthalten auch für Aussenseiter *Bundesprivatrecht,* gleichviel, ob die Allgemeinverbindlichkeit vom Bundesrat oder von der kantonalen Behörde angeordnet wurde 137 III 556/557 f. E. 3, 4C.206/2003 (5.11.03) E. 2 fr., 98 II 205/208 f. E. 1, vgl. auch 137 II 399/403 f. E. 1.6 Pra 2012 (Nr. 38) 265 f., 118 II 528/531 E. 2a. Eine Klausel eines Gesamtarbeitsvertrages, welche die beteiligten Arbeitgeber verpflichtet, die normativen Bestimmungen auf alle Arbeitnehmer anzuwenden, unabhängig davon, ob diese Mitglieder einer dem Gesamtarbeitsvertrag angeschlossenen Gewerkschaft sind (Gleichbehandlungsklausel), verleiht dem nicht organisierten Arbeitnehmer keine zivilrechtlichen Ansprüche gegenüber dem Arbeitgeber, sondern allein gegen den Arbeitgeberverband, der den Gesamtarbeitsvertrag unterzeichnet hat, damit dieser auf sein Mitglied einwirke 139 III 60/62 f. E. 5.1 fr., 123 III 129/131 ff. E. 3a, b Pra 1997 (Nr. 110) 596 ff., 125 III 82/84 E. 1b Pra 1999 (Nr. 113) 619 (unechter Vertrag zugunsten Dritter i.S.v. Art. 112 Abs. 2), vgl. 141 III 418/421 E. 2.1 Pra 2016 (Nr. 54) 515. Wurde jedoch der GAV vom Arbeitgeber selbst unterzeichnet, verleiht die Gleichbehandlungsklausel dem Arbeitnehmer einen direkten Anspruch gegenüber dem Arbeitgeber 4A_515/2014 (26.2.15) E. 2.5 fr., 139 III 60/64 E. 5.3 fr. (echter Vertrag zugunsten Dritter i.S.v. Art. 112 Abs. 2). Ein Arbeitnehmer kann nur einem Gesamtarbeitsvertrag unterstehen. Weitere Gesamtarbeitsverträge können allenfalls bei entsprechendem Verweis oder nach den Umständen ergänzend Anwendung finden 4A_163/2012 (27.11.12) E. 4.1. Klauseln, die definieren, welche Kategorie von Arbeitnehmern

dem GAV untersteht, gehören zu den normativen Bestimmungen 4A_467/2016 (8.2.17) E. 3.2 fr.

2 **Zeitlicher Geltungsbereich.** Die normative Wirkung des Gesamtarbeitsvertrages auf die unterstellten Arbeitgeber und Arbeitnehmer *endet* selbst dann erst mit Ablauf der Geltungsdauer, wenn sie ihre *Organisationen vorzeitig verlassen* 4C.7/1999 (13.6.00) E. 4 fr. Der Wegfall des GAV verändert den Inhalt des Einzelarbeitsvertrags nicht – es sei denn, es bestehe eine Regelung im GAV oder eine (vor- oder nachträgliche) Abrede zwischen Arbeitnehmer und Arbeitgeber. Dies gilt zumindest in Bezug auf die Leistungspflichten von Arbeitsverträgen, die während der Geltung des GAV geschlossen wurden 130 III 19/21 ff. E. 3, vor allem 130 III 19/24 E. 3.1.2, vgl. auch 98 Ia 561/562 ff. E. 1. – Es lässt sich ohne Willkür annehmen, dass ein Gesamtarbeitsvertrag unter Umständen noch *nach Ablauf seiner Gültigkeitsdauer* den mutmasslichen Willen der Parteien zum Ausdruck bringen kann 98 Ia 561/562 ff. E. 1, 2 fr.

3 **Verhältnis zum Vertrag.** Werden die normativen Bestimmungen eines Gesamtarbeitsvertrages *in den Einzelarbeitsvertrag aufgenommen,* so entfaltet der Gesamtarbeitsvertrag keine direkte Wirkung; der Arbeitgeber behält in einem solchen Fall grundsätzlich die Möglichkeit, den Arbeitsvertrag aufzulösen und einen anderen Arbeitsvertrag abzuschliessen, der zuungunsten des Arbeitnehmers von den normativen Bestimmungen des Gesamtarbeitsvertrages abweicht («Änderungskündigung») 141 III 418/421 E. 2.1 Pra 2016 (Nr. 54) 515, 123 III 129/135 E. 3c Pra 1997 (Nr. 110) 599 f. – Verhältnis zwischen verabredetem und durch Gesamtarbeitsvertrag festgesetztem Lohn 122 III 110/112 E. 4b Pra 1997 (Nr. 9) 41 f. Ungültigkeit einer Vereinbarung zwischen Arbeitgeber und -nehmer, wonach Überstunden zu anderen als den im Gesamtarbeitsvertrag vorgesehenen Bedingungen entlöhnt werden 116 II 69/71 f. E. 4b Pra 1990 (Nr. 170) 605. Ungültigkeit einer (mündlichen) Vereinbarung zwischen der Geschäftsleitung und der Arbeitnehmervertretung, von den Bestimmungen über die Arbeitszeit abzuweichen 4A_198/2013 (18.9.13) E. 3. – Während ein Mindestlohn durch den GAV festgelegt werden kann, bleibt die allfällige Vereinbarung eines übertariflichen Lohns grundsätzlich den Parteien des Einzelarbeitsvertrags vorbehalten. Sogenannte «begrenzte Effektivklauseln», wonach bei einer im GAV vorgesehenen Lohnerhöhung vom bisherigen Effektivlohn auszugehen ist, sind jedoch zulässig, sofern sie nicht übermässig in die Privatautonomie eingreifen 140 III 391/401 ff. E. 4. – Zulässigkeit von Arbeit auf Abruf und Teilzeitarbeit unter dem GAV des Ausbaugewerbes der Westschweiz (CCT-SOR) 4A_534/2017 (27.8.18) E. 4.3 Pra 2019 (Nr. 107) 1090 f.

4 **Wirkung des GAV.** Die Missachtung einer eindeutigen, normativen Vorschrift eines Gesamtarbeitsvertrages stellt einen *Verstoss gegen klares Recht* und damit eine Verletzung von aBV Art. 4 (vgl. BV Art. 9) dar 101 Ia 466 f.; siehe auch unter Art. 322 Abs. 1. Es ist nicht willkürlich, den Willen des Arbeitgebers, einen vorgenommenen Lohnabzug ohne gesetzliche oder vertragliche Grundlage zu anderen Zwecken zu verwenden, durch die obligatorische Regelung des GAV zu ersetzen 4A_677/2015 (22.9.16) E. 4.2 fr. (Beitrag für die paritätische Kommission). Die Normativbedingungen des Gesamtarbeitsvertrages wirken direkt und zwingend für die Arbeitgeber und Arbeitnehmer, die ihnen unterstehen. Sie werden daher den Bestimmungen des Einzelarbeitsvertrages gleichgestellt, wenn es um

die Folgen der Nichterfüllung der Pflichten geht, die darin auferlegt werden (auch Anwendbarkeit von Art. 97) 115 II 251/253 f. E. 4a Pra 1990 (Nr. 15) 46, vgl. auch 120 V 26/30 f. E. 3b fr., 125 V 492/496 E. 4a fr. Auf Forderungen, die sich aus unabdingbaren Bestimmungen eines Gesamtarbeitsvertrages ergeben (in casu Lohnanspruch für Überstundenarbeit), kann der Arbeitnehmer gemäss *Art. 341 Abs. 1* während der Dauer des Arbeitsverhältnisses und eines Monats nach dessen Beendigung nicht verzichten 105 II 39/40 f. E. 1a. – Zurückhaltende Annahme von *Rechtsmissbrauch,* insbesondere wenn damit der Schutzzweck der entsprechenden Bestimmung des Gesamtarbeitsvertrags gefährdet wird 4C.465/1999 (31.3.00) E. 1b fr., vgl. 4A_198/2013 (18.9.13) E. 4. – Tragweite einer Bestimmung, die dem Arbeitgeber vorschreibt, seine Arbeitnehmer darauf aufmerksam zu machen, dass sie sich für die Kosten der ärztlichen Behandlung versichern lassen müssen 115 II 251/252 f. E. 3 Pra 1990 (Nr. 15) 45. – (Nicht allgemeinverbindlich erklärter) Gesamtarbeitsvertrag als Anhaltspunkt für die Ortsüblichkeit 113 V 230/236.

5 ***Abs. 2*** Das Günstigkeitsprinzip *bezweckt,* den Parteien einen Teil ihrer individuellen Vertragsfreiheit zu bewahren 4A_384/2014 (12.11.14) E. 6.2, 4C.67/2005 (4.5.05) E. 4.3, 4C.269/2001 (16.11.01) E. 4b fr., 116 II 153/154 ff. E. 2, vgl. auch 4C.82/2003 (25.11.03) E. 3 und 4. Der *Günstigkeitsvergleich,* ob also die einzelarbeitsvertragliche Vereinbarung günstiger als die Regelung des GAV ausfällt, ist im Hinblick auf das einzelne Arbeitsverhältnis vorzunehmen. Dabei ist darauf abzustellen, wie ein vernünftiger Arbeitnehmer unter Berücksichtigung des Berufsstandes und der Verkehrsanschauung die Bewertung treffen würde. Diese objektivierte Betrachtung ist mittels Gruppenvergleichs vorzunehmen, ob also die zu beurteilende Regelung für den Arbeitnehmer günstiger ausfällt als die entsprechenden eng zusammenhängenden Bestimmungen des GAV 4A_216/2012 (30.11.12) E. 3.3 it., 4A_629/2011 (6.6.12) E. 4, 4A_535/2009 (25.3.10) E. 1.2.3.1, 134 III 399/401 E. 3.2.4. Die Beurteilung der Frage, ob eine einzelarbeitsvertragliche Abrede hinsichtlich des Festlohnanteils für den Arbeitnehmer günstiger sei, ist über den Gruppenvergleich (Gegenüberstellung des monatlichen Gesamtlohnes gemäss Gesamtarbeitsvertrag sowie gemäss Einzelabrede) vorzunehmen 4C.67/2005 (4.5.05) E. 4.3, 4C.269/2001 (16.11.01) E. 4b fr., 116 II 153/154 ff. E. 2, vgl. auch 4C.82/2003 (25.11.03) E. 3 und 4, vgl. auch 4P.158/2005 (9.1.06) E. 4 it., ähnlich auch 134 III 399/401 E. 3.2.4. Infolge des engen Zusammenhangs zwischen Arbeitszeit und Verdienst ist auch eine (konkludente) Abrede zur Leistung von Mehrarbeit (im Vergleich zur vom GAV vorgegebenen Normalarbeitszeit) mittels Gruppenvergleichs zu prüfen 4A_629/2011 (6.6.12) E. 5, Pra 1990 (Nr. 170) 604 ff. E. 4 (Frage des Übergangs zu einem Einzelvergleich in casu offengelassen, da im Ergebnis irrelevant), vgl. 116 II 69/70 ff. E. 4 Pra 1990 (Nr. 170) 604 ff., 4C.67/2005 (4.5.05) E. 4.3. Enthält ein Einzelarbeitsvertrag eine im Vergleich zu den Bestimmungen des GAV vorteilhaftere Regelung, geht diese als Ausfluss des Günstigkeitsprinzips auch einer in einem späteren Zeitpunkt erlassenen Betriebsordnung vor 4A_384/2014 (12.11.14) E. 6 (betr. Lohnfortzahlung bei Krankheit). Analoge Anwendung der Bestimmung, wenn der Arbeitgeber durch einzelarbeitsvertragliche Abrede den für den Arbeitnehmer ungünstigeren von zwei Gesamtarbeitsverträgen vorziehen will 139 III 60/65 f. E. 5.4 fr. – Im Falle einer für den Arbeitnehmer ungünstigeren Vereinbarung besteht Nichtigkeit unabhängig davon, ob Druck auf den Arbeitnehmer ausgeübt wurde 4A_427/2014 (2.12.14) E. 4.1, vgl. auch 4A_467/2016 (8.2.17) E. 3.4 fr.

2. unter den Vertragsparteien

Art. 357a

[1] Die Vertragsparteien sind verpflichtet, für die Einhaltung des Gesamtarbeitsvertrages zu sorgen; zu diesem Zweck haben Verbände auf ihre Mitglieder einzuwirken und nötigenfalls die statutarischen und gesetzlichen Mittel einzusetzen.

[2] Jede Vertragspartei ist verpflichtet, den Arbeitsfrieden zu wahren und sich insbesondere jeder Kampfmassnahme zu enthalten, soweit es sich um Gegenstände handelt, die im Gesamtarbeitsvertrag geregelt sind; die Friedenspflicht gilt nur unbeschränkt, wenn dies ausdrücklich bestimmt ist.

Zulässigkeit der Einsetzung von privaten Schiedsgerichten in Kollektivarbeitsstreitigkeiten 125 I 389/391 E. 4b Pra 2000 (Nr. 4) 19, 107 Ia 152/153 f. E. 2c (in casu staatliches Einigungsamt als privates Schiedsgericht). – Die verbandsrechtlichen Ansprüche treten zu den individuellen Ansprüchen aus den Einzelarbeitsverträgen hinzu. Es bleibt daher den Arbeitnehmern auch nach Durchsetzung von Verbandsstrafen unbenommen, ihre individuellen Ansprüche gegenüber dem Arbeitgeber geltend zu machen 116 II 302/304 E. 3. – Zum Streikrecht gemäss BV Art. 28 vgl. 4A_64/2018 (17.12.18) E. 4.3 fr., 132 III 122/129 ff. E. 4 fr., 125 III 277/277 ff., 111 II 245/250 ff. 1

3. gemeinsame Durchführung

Art. 357b

[1] In einem zwischen Verbänden abgeschlossenen Gesamtarbeitsvertrag können die Vertragsparteien vereinbaren, dass ihnen gemeinsam ein Anspruch auf Einhaltung des Vertrages gegenüber den beteiligten Arbeitgebern und Arbeitnehmern zusteht, soweit es sich um folgende Gegenstände handelt:

a. Abschluss, Inhalt und Beendigung des Arbeitsverhältnisses, wobei der Anspruch nur auf Feststellung geht;

b. Beiträge an Ausgleichskassen und andere das Arbeitsverhältnis betreffende Einrichtungen, Vertretung der Arbeitnehmer in den Betrieben und Wahrung des Arbeitsfriedens;

c. Kontrolle, Kautionen und Konventionalstrafen in Bezug auf Bestimmungen gemäss Buchstaben a und b.

[2] Vereinbarungen im Sinne des vorstehenden Absatzes können getroffen werden, wenn die Vertragsparteien durch die Statuten oder einen Beschluss des obersten Verbandsorgans ausdrücklich hiezu ermächtigt sind.

[3] Auf das Verhältnis der Vertragsparteien unter sich sind die Vorschriften über die einfache Gesellschaft sinngemäss anwendbar, wenn der Gesamtarbeitsvertrag nichts anderes bestimmt.

Aktivlegitimation von paritätischen Berufskommissionen, vgl. 140 III 391/396 ff. E. 2, 134 III 541/542 E. 3 Pra 2009 (Nr. 20) 117 ff. (Hinweise zur Entstehung des Artikels), 118 II 528/534 E. 4, und von Berufsverbänden 4A_248/2010 (12.7.10) E. 4 fr., 125 III 82/83 ff. Pra 1999 (Nr. 113) 618 ff., nach BGG Art. 72 4A_300/2007 (6.5.08) E. 1 (unpublizierte Erwägung von 134 III 399/399). 1

2 ***Abs. 1 lit. a*** Die Klage der Verbände gegen einen Arbeitgeber auf Feststellung eines streitigen Anspruchs kann sich nur auf diese Bestimmung stützen; sie setzt aber kein zusätzliches Interesse voraus 111 II 358/361 f. E. 2, vgl. auch 123 III 176/177 E. 1.

3 ***Abs. 1 lit. c*** Die Bemessung gesamtarbeitsvertraglicher Konventionalstrafen hat der Schwere der Vertragsverletzung und dem Verschulden sowie dem Zweck Rechnung zu tragen, durch wirksame Bestrafung künftige Vertragsverletzungen zu verhindern. Das Ausmass der Bereicherung des fehlbaren Arbeitgebers und der Schädigung des Arbeitnehmers kann nur ein Element der Gesamtbeurteilung sein 116 II 302/304 E. 3. Zulässigkeit und Kriterien der Herabsetzung übermässiger Konventionalstrafen 116 II 302/304 f. E. 4. Offengelassen, ob paritätische Berufskommissionen Vertragsverstösse zeitlich unbeschränkt sanktionieren können 4A_535/2009 (25.3.10) E. 1.2.3.2. Offengelassen, ob es grundsätzlich zulässig ist, einer paritätischen Berufskommission einen Anspruch auf Konventionalstrafe abzutreten oder ihr das Recht einzuräumen, eine Konventionalstrafe im Sinne einer Prozessstandschaft in eigenem Namen durchzusetzen 137 III 556/560 E. 4.5.

III. Verhältnis zum zwingenden Recht

Art. 358

Das zwingende Recht des Bundes und der Kantone geht den Bestimmungen des Gesamtarbeitsvertrages vor, jedoch können zugunsten der Arbeitnehmer abweichende Bestimmungen aufgestellt werden, wenn sich aus dem zwingenden Recht nichts anderes ergibt.

1 Anwendungsfall: 136 III 283/284 E. 2.3.1 Pra 2011 (Nr. 29) 200 f., 4A_159/2010 (31.5.10) E. 2.3.1 fr. (bezüglich Art. 329d), 4A_593/2009 (5.3.10) E. 1.3 (Verstoss gegen FZA, indirekte Diskriminierung), 101 Ia 456/460 E. 2b. Das «zwingende Recht» umfasst nach der Lehre sämtliche bundes- als auch kantonalrechtlichen zwingenden Bestimmungen, welche auf ein individuelles oder kollektives Arbeitsverhältnis direkt anwendbar sind, unabhängig davon, aus welchem Gesetz bzw. aus welcher Verordnung oder aus welchem Reglement sie sich ergeben 143 I 403/422 E. 7.4 Pra 2017 (Nr. 100) 980.

B. Normalarbeitsvertrag I. Begriff und Inhalt

Art. 359

[1] Durch den Normalarbeitsvertrag werden für einzelne Arten von Arbeitsverhältnissen Bestimmungen über deren Abschluss, Inhalt und Beendigung aufgestellt.

[2] Für das Arbeitsverhältnis der landwirtschaftlichen Arbeitnehmer und der Arbeitnehmer im Hausdienst haben die Kantone Normalarbeitsverträge zu erlassen, die namentlich die Arbeits- und Ruhezeit ordnen und die Arbeitsbedingungen der weiblichen und jugendlichen Arbeitnehmer regeln.

[3] Artikel 358 ist auf den Normalarbeitsvertrag sinngemäss anwendbar.

1 ***Abs. 2*** Kantonale Normalarbeitsverträge stellen kantonales Privatrecht dar, nicht blosse Vollzugsakte. Entsprechend ist das Bundesgericht auf die Willkürprüfung beschränkt 4C_2/2013 (10.7.13) E. 1 fr., 4P.277/2003 (2.4.04) E. 3.1 fr., 4C.261/1999 (28.1.00)

E. 2b fr., Pra 1999 (Nr. 114) 625 E. 2b. – Die Bestimmung verpflichtet gerade deshalb die Kantone zum Erlass von Normalarbeitsverträgen, weil diese die örtlichen Besonderheiten am besten zu berücksichtigen vermögen; kantonale Unterschiede stellen daher keine Verletzung der Wirtschaftsfreiheit gemäss BV Art. 27 und 94 dar 4C_2/2013 (10.7.13) E. 3.2 fr.

II. Zuständigkeit und Verfahren

Art. 359a

[1] Erstreckt sich der Geltungsbereich des Normalarbeitsvertrages auf das Gebiet mehrerer Kantone, so ist für den Erlass der Bundesrat, andernfalls der Kanton zuständig.

[2] Vor dem Erlass ist der Normalarbeitsvertrag angemessen zu veröffentlichen und eine Frist anzusetzen, innert deren jedermann, der ein Interesse glaubhaft macht, schriftlich dazu Stellung nehmen kann; ausserdem sind Berufsverbände oder gemeinnützige Vereinigungen, die ein Interesse haben, anzuhören.

[3] Der Normalarbeitsvertrag tritt in Kraft, wenn er nach den für die amtlichen Veröffentlichungen geltenden Vorschriften bekanntgemacht worden ist.

[4] Für die Aufhebung und Abänderung eines Normalarbeitsvertrages gilt das gleiche Verfahren.

Die von den Kantonen nach Art. 359a Abs. 1 und 360a erlassenen Normalarbeitsverträge sind kantonale privatrechtliche Regelungen 4C_1/2019 (6.5.19) E. 1.1 Pra 2020 (Nr. 35) 357 (unpublizierte Erwägung von 145 III 286). Regelung des kantonalen Privatrechts, die nur in den durch das Obligationenrecht festgelegten Grenzen gültig ist Pra 1999 (Nr. 114) 624 E. 1b. – Kompetenz zum Erlass eines Normalarbeitsvertrages Pra 1999 (Nr. 114) 628 E. 2c. 1

III. Wirkungen

Art. 360

[1] Die Bestimmungen des Normalarbeitsvertrages gelten unmittelbar für die ihm unterstellten Arbeitsverhältnisse, soweit nichts anderes verabredet wird.

[2] Der Normalarbeitsvertrag kann vorsehen, dass Abreden, die von einzelnen seiner Bestimmungen abweichen, zu ihrer Gültigkeit der schriftlichen Form bedürfen.

Obwohl der Normalarbeitsvertrag keinen zwingenden Charakter hat und einen solchen Charakter auch nicht annehmen kann, sind seine Wirkungen unmittelbar auf alle bereits bestehenden Arbeitsverhältnisse anwendbar, insbesondere auf die vom Arbeitsvertrag nicht geregelten Punkte, und dies ohne Rücksicht darauf, ob der Arbeitgeber und der Arbeitnehmer davon Kenntnis haben 4P.277/2003 (2.4.04) E. 3.1 fr., 4C.261/1999 (28.1.00) E. 2a fr., Pra 1999 (Nr. 114) 624 E. 1b. Vorbehältlich der zwingenden Bestimmungen kann er das Obligationenrecht ergänzen oder von ihm abweichen Pra 1999 (Nr. 114) 625 E. 2b. – Die mit Normalarbeitsvertrag festgelegten materiellrechtlichen Normen sind in der Regel *kantonales Privatrecht* und unterliegen als solche nicht der Berufung, sondern 1 der Beschwerde in öffentlich-rechtlichen Angelegenheiten ans Bundesgericht 4C_2/2013 (10.7.13) E. 1.1 fr., 4C.261/1999 (28.1.00) E. 2b fr.

2 Die Bestimmung lässt abweichende einzelarbeitsvertragliche Abreden ausdrücklich zu, weshalb eine normalarbeitsvertragliche Regelung nicht per se gegen die Wirtschaftsfreiheit (BV Art. 27 und 94) verstösst 4C_2/2013 (10.7.13) E. 3.2 fr. (betr. durchschnittliche bzw. maximale wöchentliche Arbeitszeit). Eine Bestimmung eines Normalarbeitsvertrags, wonach jede abweichende vertragliche Regelung der Schriftform bedarf, verletzt Art. 360 Abs. 2 4A_180/2012 (14.11.12) E. 2.3 it. Der Normalarbeitsvertrag kann jedoch vorsehen, dass die Schriftform für einzelne abweichende vertragliche Regelungen notwendig ist, wenn diese Formpflicht zum Schutz des Arbeitnehmers in Bezug auf besonders wichtige Bestimmungen des Normalarbeitsvertrags nötig ist. Besonders wichtige Bestimmungen sind zum Beispiel die Bestimmungen über die Mindestlöhne 4A_180/2012 (14.11.12) E. 2.3 it.

IV. Mindestlöhne 1. Voraussetzungen

Art. 360a

[1] Werden innerhalb einer Branche oder einem Beruf die orts-, berufs- oder branchenüblichen Löhne wiederholt in missbräuchlicher Weise unterboten und liegt kein Gesamtarbeitsvertrag mit Bestimmungen über Mindestlöhne vor, der allgemein verbindlich erklärt werden kann, so kann die zuständige Behörde zur Bekämpfung oder Verhinderung von Missbräuchen auf Antrag der tripartiten Kommission nach Artikel 360b einen befristeten Normalarbeitsvertrag erlassen, der nach Regionen und gegebenenfalls Orten differenzierte Mindestlöhne vorsieht.

[2] Die Mindestlöhne dürfen weder dem Gesamtinteresse zuwiderlaufen noch die berechtigten Interessen anderer Branchen oder Bevölkerungskreise beeinträchtigen. Sie müssen den auf regionalen oder betrieblichen Verschiedenheiten beruhenden Minderheitsinteressen der betroffenen Branchen oder Berufe angemessen Rechnung tragen.

[3] Wird wiederholt gegen die Bestimmungen über den Mindestlohn in einem Normalarbeitsvertrag nach Absatz 1 verstossen oder liegen Hinweise vor, dass der Wegfall des Normalarbeitsvertrages zu erneuten Missbräuchen nach Absatz 1 führen kann, so kann die zuständige Behörde den Normalarbeitsvertrag auf Antrag der tripartiten Kommission befristet verlängern.

1 Die Bestimmung bezweckt namentlich den Schutz vor Sozial- und Lohndumping und soll für die hiesigen Anbieter und diejenigen der EU/EFTA-Staaten, die von der beschränkten Dienstleistungsfreiheit des Freizügigkeitsrechts profitieren, gleiche Bedingungen («gleich lange Spiesse») schaffen 143 II 102/104 E. 2.1. – Die von den Kantonen nach Art. 359a Abs. 1 und 360a erlassenen Normalarbeitsverträge sind kantonale privatrechtliche Regelungen 4C_1/2019 (6.5.19) E. 1.1 Pra 2020 (Nr. 35) 357 (unpublizierte Erwägung von 145 III 286). – Kein allgemeinverbindlich erklärter Gesamtarbeitsvertrag mit Bestimmungen über Mindestlöhne im Sinne von Art. 360a Abs. 1 liegt vor, wenn (a) kein Gesamtarbeitsvertrag besteht oder (b) ein Gesamtarbeitsvertrag besteht, Mindestlöhne jedoch nicht vorgesehen sind, aber auch wenn (c) ein Gesamtarbeitsvertrag mit Bestimmungen über Mindestlöhne besteht, jedoch nicht für die Branche, welche durch Normalarbeitsvertrag geregelt werden soll 4C_1/2014 (11.5.15) E. 6.3 it. Ob innerhalb einer Branche oder

einem Beruf die orts-, berufs- oder branchenüblichen Löhne wiederholt in missbräuchlicher Weise unterboten werden, ist eine Voraussetzung, welche von der tripartiten Kommission festgestellt werden muss 4C_1/2015 (15.7.15) E. 6.3 it. Die Art und Weise, wie die üblichen Löhne berechnet werden, kann von der tripartiten Kommission frei entschieden werden 140 III 59/63 E. 10.5 Pra 2014 (Nr. 103) 820.

2. Tripartite Kommissionen

Art. 360b

[1] Der Bund und jeder Kanton setzen eine tripartite Kommission ein, die sich aus einer gleichen Zahl von Arbeitgeber- und Arbeitnehmervertretern sowie Vertretern des Staates zusammensetzt.

[2] Bezüglich der Wahl ihrer Vertreter nach Absatz 1 steht den Arbeitgeber- und Arbeitnehmerverbänden ein Vorschlagsrecht zu.

[3] Die Kommissionen beobachten den Arbeitsmarkt. Stellen sie Missbräuche im Sinne von Artikel 360a Absatz 1 fest, so suchen sie in der Regel eine direkte Verständigung mit den betroffenen Arbeitgebern. Gelingt dies innert zwei Monaten nicht, so beantragen sie der zuständigen Behörde den Erlass eines Normalarbeitsvertrages, der für die betroffenen Branchen oder Berufe Mindestlöhne vorsieht.

[4] Ändert sich die Arbeitsmarktsituation in den betroffenen Branchen, so beantragt die tripartite Kommission der zuständigen Behörde die Änderung oder die Aufhebung des Normalarbeitsvertrags.

[5] Um die ihnen übertragenen Aufgaben wahrzunehmen, haben die tripartiten Kommissionen in den Betrieben das Recht auf Auskunft und Einsichtnahme in alle Dokumente, die für die Durchführung der Untersuchung notwendig sind. Im Streitfall entscheidet eine hierfür vom Bund beziehungsweise vom Kanton bezeichnete Behörde.

[6] Die tripartiten Kommissionen können beim Bundesamt für Statistik auf Gesuch die für ihre Abklärungen notwendigen Personendaten beziehen, die in Firmen-Gesamtarbeitsverträgen enthalten sind.

__Abs. 3__ Die tripartiten Kommissionen können auf eine direkte Verständigung mit den betroffenen Arbeitgebern gemäss Art. 360b Abs. 3 verzichten, wenn eine Einigung unmöglich erscheint 4C_3/2013 und 4C_4/2013 (20.11.13) E. 11.2 it. (unpublizierte Erwägung von 140 III 59), 4C_1/2014 (11.5.15) E. 5.3 it., 4C_1/2015 (15.7.15) E. 4.3 it. Wenn bei 15 von 24 Arbeitgebern Missbräuche im Sinne von Art. 360a Abs. 1 festgestellt werden und diese 33,3% der Arbeitnehmer betreffen, können die Kommissionen davon ausgehen, dass keine direkte Verständigung innert zwei Monaten mit den betroffenen Arbeitgebern gefunden werden kann 4C_1/2014 (11.5.15) E. 5.3 it. Dasselbe gilt, wenn 33 Arbeitgeber betroffen sind 4C_1/2015 (15.7.15) E. 4.2 und 4.3 it. Die tripartiten Kommissionen haben einen breiten Ermessensspielraum, welcher nur auf Rechtsmängel, einschliesslich Ermessensmissbrauch und -überschreitung, überprüft werden darf 4C_1/2014 (11.5.15) E. 7.3 it. Der Begriff «beobachten» darf nicht zur Annahme verleiten, die tripartiten Kommissionen könnten sich auf ein passives Beobachten beschränken; vielmehr sind diese mit breiten Untersuchungskompetenzen ausgestattet 143 II 102/106 E. 2.3. 1

__Abs. 4__ Der tripartiten Kommission kommt eine wichtige Rolle zu, weil sie den Arbeitsmarkt beobachten muss und über die Mittel verfügt, diesen zu untersuchen (vgl. Abs. 5 2 und 6). Ihre Zusammensetzung aus Vertretern des Staates, Arbeitnehmenden und Arbeitgebenden (vgl. Abs. 1) erlaubt es, die Auswirkung der Einführung von Mindestlöhnen auf die Vertragsfreiheit zu mildern. Unter Berücksichtigung dieser Aspekte muss die zuständige Behörde gegenüber dem Antrag eines solchen Gremiums, dem ein besseres Verständnis der wirtschaftlichen Realität zuerkannt wird, Zurückhaltung üben 145 III 286/294 f. E. 3.8 Pra 2020 (Nr. 35) 366. Die zuständige Behörde verletzt jedoch kein Bundesrecht, wenn sie einer konstanten Praxis folgend die Löhne bei der Revision eines Normalarbeitsvertrags an den kantonalen Index der Konsumentenpreise anpasst, obwohl die tripartite Kommission die Indexierung der Löhne nicht ausdrücklich beantragt hat 145 III 286/296 ff. E. 4.3 und 4.4 ff. Pra 2020 (Nr. 35) 367 ff.

3 ***Abs. 5*** Das Einsichtsrecht umfasst eine Verpflichtung der kontrollierten Unternehmen, den tripartiten Kommissionen alle notwendigen Unterlagen, die für die Durchführung der Untersuchung notwendig sind, herauszugeben bzw. zuzustellen 143 II 102/107 ff. E. 3.

3. Amtsgeheimnis

Art. 360c

[1] Die Mitglieder der tripartiten Kommissionen unterstehen dem Amtsgeheimnis; sie sind insbesondere über betriebliche und private Angelegenheiten, die ihnen in dieser Eigenschaft zur Kenntnis gelangen, zur Verschwiegenheit gegenüber Drittpersonen verpflichtet.

[2] Die Pflicht zur Verschwiegenheit bleibt auch nach dem Ausscheiden aus der tripartiten Kommission bestehen.

4. Wirkungen

Art. 360d

[1] Der Normalarbeitsvertrag nach Artikel 360a gilt auch für Arbeitnehmer, die nur vorübergehend in seinem örtlichen Geltungsbereich tätig sind, sowie für verliehene Arbeitnehmer.

[2] Durch Abrede darf vom Normalarbeitsvertrag nach Artikel 360a nicht zu Ungunsten des Arbeitnehmers abgewichen werden.

5. Klagerecht der Verbände

Art. 360e

Den Arbeitgeber- und den Arbeitnehmerverbänden steht ein Anspruch auf gerichtliche Feststellung zu, ob ein Arbeitgeber den Normalarbeitsvertrag nach Artikel 360a einhält.

6. Meldung

Art. 360f

Erlässt ein Kanton in Anwendung von Artikel 360a einen Normalarbeitsvertrag, so stellt er dem zuständigen Bundesamt ein Exemplar zu.

Vierter Abschnitt
Zwingende Vorschriften

A. Unabänderlichkeit zuungunsten des Arbeitgebers und des Arbeitnehmers

Art. 361

[1] Durch Abrede, Normalarbeitsvertrag oder Gesamtarbeitsvertrag darf von den folgenden Vorschriften weder zuungunsten des Arbeitgebers noch des Arbeitnehmers abgewichen werden:

Artikel 321c: Absatz 1 (Überstundenarbeit)
Artikel 323: Absatz 4 (Vorschuss)
Artikel 323b: Absatz 2 (Verrechnung mit Gegenforderungen)
Artikel 325: Absatz 2 (Abtretung und Verpfändung von Lohnforderungen)
Artikel 326: Absatz 2 (Zuweisung von Arbeit)
Artikel 329d: Absätze 2 und 3 (Ferienlohn)
Artikel 331: Absätze 1 und 2 (Zuwendungen für die Personalfürsorge)
Artikel 331b: (Abtretung und Verpfändung von Forderungen auf Vorsorgeleistungen)
Artikel 334: Absatz 3 (Kündigung beim langjährigen Arbeitsverhältnis)
Artikel 335: (Kündigung des Arbeitsverhältnisses)
Artikel 335k: (Sozialplan während eines Konkurs- oder eines Nachlassverfahrens)
Artikel 336: Absatz 1 (Missbräuchliche Kündigung)
Artikel 336a: (Entschädigung bei missbräuchlicher Kündigung)
Artikel 336b: (Geltendmachung der Entschädigung)
Artikel 336d: (Kündigung zur Unzeit durch den Arbeitnehmer)
Artikel 337: Absätze 1 und 2 (Fristlose Auflösung aus wichtigen Gründen)
Artikel 337b: Absatz 1 (Folgen bei gerechtfertigter Auflösung)
Artikel 337d: (Folgen bei ungerechtfertigtem Nichtantritt oder Verlassen der Arbeitsstelle)
Artikel 339: Absatz 1 (Fälligkeit der Forderungen)
Artikel 339a: (Rückgabepflichten)
Artikel 340b: Absätze 1 und 2 (Folgen der Übertretung des Konkurrenzverbotes)
Artikel 342: Absatz 2 (Zivilrechtliche Wirkungen des öffentlichen Rechts)
Artikel 346: (Vorzeitige Auflösung des Lehrvertrages)
Artikel 349c: Absatz 3 (Verhinderung an der Reisetätigkeit)
Artikel 350: (Besondere Kündigung)
Artikel 350a: Absatz 2 (Rückgabepflichten).

[2] Abreden sowie Bestimmungen von Normalarbeitsverträgen und Gesamtarbeitsverträgen, die von den vorstehend angeführten Vorschriften zuungunsten des Arbeitgebers oder des Arbeitnehmers abweichen, sind nichtig.

Konkretisieren die Parteien im Arbeitsvertrag die Gründe für eine fristlose Kündigung (Art. 337), so ist das Gericht an eine solche Klausel nicht gebunden, sondern kann eine fristlose Kündigung als gerechtfertigt ansehen, obschon die Parteien die fristlose Kündigung aus diesem Grund im Vertrag ausgeschlossen haben, und umgekehrt eine fristlose Kündigung als ungerechtfertigt betrachten, obwohl sie nach Vertrag zulässig sein soll 1

4A_625/2016 (9.3.17) E. 7.3, vgl. 4A_177/2017 (22.6.17) E. 2.3 (Androhung der fristlosen Kündigung bei Diebstahl im internen Betriebsreglement).

B. Unabänderlichkeit zuungunsten des Arbeitnehmers

Art. 362

[1] Durch Abrede, Normalarbeitsvertrag oder Gesamtarbeitsvertrag darf von den folgenden Vorschriften nicht zuungunsten der Arbeitnehmerin oder des Arbeitnehmers abgewichen werden:

Artikel 321e:	**(Haftung des Arbeitnehmers)**
Artikel 322a:	**Absätze 2 und 3 (Anteil am Geschäftsergebnis)**
Artikel 322b:	**Absätze 1 und 2 (Entstehung des Provisionsanspruchs)**
Artikel 322c:	**(Provisionsabrechnung)**
Artikel 323b:	**Absatz 1 zweiter Satz (Lohnabrechnung)**
Artikel 324:	**(Lohn bei Annahmeverzug des Arbeitgebers)**
Artikel 324a:	**Absätze 1 und 3 (Lohn bei Verhinderung des Arbeitnehmers)**
Artikel 324b:	**(Lohn bei obligatorischer Versicherung des Arbeitnehmers)**
Artikel 326:	**Absätze 1, 3 und 4 (Akkordlohnarbeit)**
Artikel 326a:	**(Akkordlohn)**
Artikel 327a:	**Absatz 1 (Auslagenersatz im Allgemeinen)**
Artikel 327b:	**Absatz 1 (Auslagenersatz bei Motorfahrzeug)**
Artikel 327c:	**Absatz 2 (Vorschuss für Auslagen)**
Artikel 328:	**(Schutz der Persönlichkeit des Arbeitnehmers im Allgemeinen)**
Artikel 328a:	**(Schutz der Persönlichkeit bei Hausgemeinschaft)**
Artikel 328b:	**(Schutz der Persönlichkeit bei der Bearbeitung von Personendaten)**
Artikel 329:	**Absätze 1, 2 und 3 (Freizeit)**
Artikel 329a:	**Absätze 1 und 3 (Dauer der Ferien)**
Artikel 329b:	**Absätze 2 und 3 (Kürzung der Ferien)**
Artikel 329c:	**(Zusammenhang und Zeitpunkt der Ferien)**
Artikel 329d:	**Absatz 1 (Ferienlohn)**
Artikel 329e:	**Absätze 1 und 3 (Jugendurlaub)**
Artikel 329f:	**(Mutterschaftsurlaub)**
Artikel 329g:	**(Vaterschaftsurlaub)**
Artikel 329h:	**(Urlaub für die Betreuung von Angehörigen)**
Artikel 329i:	**(Urlaub für die Betreuung eines wegen Krankheit oder Unfall gesundheitlich schwer beeinträchtigten Kindes)**
Artikel 330:	**Absätze 1, 3 und 4 (Kaution)**
Artikel 330a:	**(Zeugnis)**
Artikel 331:	**Absätze 3 und 4 (Beitragsleistung und Auskunftspflicht bei Personalfürsorge)**
Artikel 331a:	**(Beginn und Ende des Vorsorgeschutzes)**
Artikel 332:	**Absatz 4 (Vergütung bei Erfindungen)**
Artikel 333:	**Absatz 3 (Haftung bei Übergang des Arbeitsverhältnisses)**
Artikel 335c:	**Absatz 3 (Kündigungsfristen)**
Artikel 335i:	**(Verhandlungspflicht zwecks Abschlusses eines Sozialplans)**
Artikel 335j:	**(Aufstellung des Sozialplans durch ein Schiedsgericht)**

Artikel 336: Absatz 2 (Missbräuchliche Kündigung durch den Arbeitgeber)
Artikel 336c: (Kündigung zur Unzeit durch den Arbeitgeber)
Artikel 337a: (Fristlose Auflösung wegen Lohngefährdung)
Artikel 337c: Absatz 1 (Folgen bei ungerechtfertigter Entlassung)
Artikel 338: (Tod des Arbeitnehmers)
Artikel 338a: (Tod des Arbeitgebers)
Artikel 339b: (Voraussetzungen der Abgangsentschädigung)
Artikel 339d: (Ersatzleistungen)
Artikel 340: Absatz 1 (Voraussetzungen des Konkurrenzverbotes)
Artikel 340a: Absatz 1 (Beschränkung des Konkurrenzverbotes)
Artikel 340c: (Wegfall des Konkurrenzverbotes)
Artikel 341: Absatz 1 (Unverzichtbarkeit)
Artikel 345a: (Pflichten des Lehrmeisters)
Artikel 346a: (Lehrzeugnis)
Artikel 349a: Absatz 1 (Lohn des Handelsreisenden)
Artikel 349b: Absatz 3 (Ausrichtung der Provision)
Artikel 349c: Absatz 1 (Lohn bei Verhinderung an der Reisetätigkeit)
Artikel 349e: Absatz 1 (Retentionsrecht des Handelsreisenden)
Artikel 350a: Absatz 1 (Provision bei Beendigung des Arbeitsverhältnisses)
Artikel 352a: Absatz 3 (Haftung des Heimarbeitnehmers)
Artikel 353: (Abnahme des Arbeitserzeugnisses)
Artikel 353a: (Ausrichtung des Lohnes)
Artikel 353b: Absatz 1 (Lohn bei Verhinderung an der Arbeitsleistung).

[2] Abreden sowie Bestimmungen von Normalarbeitsverträgen und Gesamtarbeitsverträgen, die von den vorstehend angeführten Vorschriften zuungunsten des Arbeitnehmers abweichen, sind nichtig.

1 Auch wenn eine gesetzliche Bestimmung (in casu Art. 324b) dies nicht ausdrücklich vorbehält, sind vertragliche Abweichungen zugunsten des Arbeitnehmers gestützt auf Art. 362 gültig 101 Ia 456/460 E. 2b, vgl. auch 118 II 58/61 E. 2b Pra 1993 (Nr. 142) 552. – Die Liste zwingender Bestimmungen ist nicht abschliessend 144 III 235/241 E. 2.2.2 (Art. 337c Abs. 3, Entschädigung infolge ungerechtfertigter fristloser Entlassung), 4A_96/2017 (14.12.17) E. 4 fr. (Art. 322, zwingender Anspruch auf Lohn für bereits geleistete Arbeit), 4C.186/2006 (5.9.06) E. 2 fr. (Art. 335a Abs. 1, beidseitig zwingend), 124 III 305/309 E. 3 Pra 1998 (Nr. 154) 826 (Art. 327a Abs. 3, relativ zwingend), 124 III 469/471 E. 2a Pra 1999 (Nr. 37) 223 (Art. 321c Abs. 3, relativ zwingend), siehe auch 4C.315/2004 (13.12.04) E. 2.2 fr. (Art. 327a, relativ zwingend), vgl. 4A_328/2016 (10.11.16) E. 3.4.2 fr.

2 ***Abs. 2*** Anstelle einer nichtigen Abrede tritt die zwingende Norm ohne Rücksicht auf den hypothetischen Parteiwillen 144 III 327/335 E. 5.4.1 (unzulässige Verschärfung der Haftung nach Art. 321e mittels einer Konventionalstrafe), vgl. 4A_328/2016 (10.11.16) E. 3.4.2 fr.

Elfter Titel
Der Werkvertrag

A. Begriff

Art. 363

Durch den Werkvertrag verpflichtet sich der Unternehmer zur Herstellung eines Werkes und der Besteller zur Leistung einer Vergütung.

Allgemeines. ***Werk.*** Zum Wesen des Werkvertrages gehört, dass der Unternehmer ein Werk, d.h. ein *Arbeitsergebnis,* verspricht (dies im Unterschied zum Auftragsverhältnis, bei dem der Beauftragte sich lediglich zur Besorgung von Geschäften oder zu Diensten verpflichtet im Hinblick auf ein Ergebnis, das nicht zugesichert ist) 109 II 34/36 E. 3a Pra 1983 (Nr. 147) 399 f., 115 II 50/53 f. E. 1b Pra 1989 (Nr. 250) 892, 124 III 456/459 E. 4b/aa. Gegenstand des Werkvertrages ist somit das Arbeitsresultat, nicht die Arbeit als solche 98 II 299/302 E. 4a Pra 1973 (Nr. 59) 191. Nach 69 II 139/143 E. a Pra 1943 (Nr. 105) 266 ist auch die Arbeit geschuldet. – Ein Werk kann eine körperliche oder unkörperliche Gestalt haben (vorübergehend anders: 101 II 102/104 E. a, 98 II 305/310 ff. E. 3) 4A_252/2010 (25.11.10) E. 4.1, 130 III 458/461 E. 4 Pra 2005 (Nr. 41) 339, 127 III 328/329 E. 2a, 109 II 34/37 f. E. 3b Pra 1983 (Nr. 147) 400 f., 115 II 50/54 E. b Pra 1989 (Nr. 250) 892, 4A_51/2007 (11.9.07) E. 4.3. Werkvertragsrecht wird nicht dadurch ausgeschlossen, dass die Herstellung des Werkes besondere geistige Fähigkeiten und einen entsprechenden Arbeitseinsatz verlangt 113 II 264/266 E. 2a. – *Abgrenzung zum Auftrag:* Hauptabgrenzungskriterium ist der Arbeitserfolg, den der Unternehmer im Gegensatz zum Beauftragten schuldet. Es ist von einem Werkvertrag auszugehen, wenn das Resultat nach objektiven Kriterien überprüft und als richtig oder falsch qualifiziert werden kann. Dagegen ist von einem Auftrag auszugehen, wenn die Richtigkeit des Ergebnisses nicht objektiv überprüft werden kann 4A_51/2007 (11.9.07) E. 4.3, 4P.65/2004 (6.5.04) E. 1.4, 127 III 328/329 E. 2c (vgl. 130 III 458/461 E. 4 Pra 2005 [Nr. 41] 339 E. 4), 4A_594/2017 (13.11.18) E. 4.1 fr. (Vertrag über die Behandlung eines Geigenbogens in casu als Auftrag qualifiziert). Ein zwischen zwei Pharma-Unternehmen abgeschlossenes «Collaborative Research and Development Agreement» qualifizierte das Bundesgericht als gemischten Vertrag mit auftragsrechtlichen und werkvertragsrechtlichen Merkmalen: einesteils war die Herstellung eines bestimmten Wirkstoffes geschuldet (Arbeitserfolg im Sinne des Werkvertragsrechts), andernteils waren auch Forschungs- und Entwicklungsarbeiten geschuldet; die herzustellende Menge war nur im Sinne einer Zielmenge vereinbart und eine Erfolgshaftung für das Erreichen dieser Zielmenge wurde ausdrücklich nicht vereinbart (auftragsrechtliche Elemente) 4C.313/2004 (21.1.05) E. 1.2.1, E. 1.2.2. Ein Werk im Sinne des Gesetzes stellen Umbau-, Reinigungs-, Reparatur-, Abbruch- oder Montagearbeiten dar 130 III 458/461 E. 4 Pra 2005 (Nr. 41) 339 E. 4, 111 II 170/171 E. 2 fr. Vertrag als künstlerischer Leiter in 4A_129/2017 (11.6.18) E. 4 fr. als gemischtes Vertragsverhältnis qualifiziert: Die Rolle als unabhängiger Solist und Dirigent als Werkvertrag, jene als künstlerischer Leiter als Auftrag. – *Abgrenzung zum Arbeitsvertrag:* siehe Vorb. Art. 319–362. – *Abgrenzung zum Kaufvertrag:* siehe Vorb. Art. 184–236/Abgren- 1 zungen. – *Abgrenzung zum Mietvertrag:* Wenn sich ein Gerüstbauer verpflichtet, ein Baugerüst mit eigenem Material zu erstellen, dessen Gebrauch dem Vertragspartner zu überlassen und das Gerüst nach Ende der Bauarbeiten wieder zu demontieren (typischer Gerüstbauvertrag), überwiegt die mietrechtliche Komponente gegenüber dem werkvertraglichen Element 131 III 300/302 E. 2.1 fr. Offengelassen, ob ein Miet- oder ein Werkvertrag vorlag, als ein Bauunternehmer zur Aushebung einer Grube einen Transportunternehmer mit dessen Bulldozer beizog 97 II 123/126 ff. E. 2b Pra 1971 (Nr. 209) 667 ff. – *Abgrenzung zum Personalverleih:* Beim Personalverleih geht das Recht zur Instruktion der Arbeitnehmer auf den Einsatzbetrieb über, während beim Werkvertrag der Besteller passiv bleibt und der Unternehmer die Pflicht hat, etwas herzustellen und dabei das Recht behält, seine Arbeitnehmer entsprechend zu instruieren 2A.425/2006 (30.4.07) E. 3.2. In 4A_134/2016 (11.7.16) E. 2.1 Werkvertrag verneint; der Vertrag wurde als Mietvertrag über ein Gerüst und Dienstverschaffungsvertrag (Entsendung von zwei Mitarbeitern zur Aufstellung des Gerüsts) qualifiziert.

2 ***Entgeltlichkeit.*** Die Beweislast dafür, dass für die Leistung des Unternehmers eine Vergütung vereinbart wurde, liegt beim Unternehmer 4A_462/2008 (22.12.08) E. 4.2, 4C.285/2006 (2.2.07) E. 2.2 fr., 4C.374/2004 (13.4.05) E. 4.1 fr., 127 III 519/522 E. 2a Pra 2001 (Nr. 195) 1185, 4C.109/2002 (6.9.02) E. 3.1. Haben die Parteien nichts vereinbart, ist Entgeltlichkeit die Regel, wenn die Geschäfts- oder Dienstleistung berufsmässig geschieht 4C.261/2005 (9.12.05) E. 2.1. – Als Teil der Verhandlungskosten gelten die Kosten von Vorstudien, welche dazu dienen, die wahrscheinlichen Kosten des Werkes festzustellen und entsprechend zu offerieren. Sofern nichts anderes vereinbart ist, müssen solche Kosten grundsätzlich vom Unternehmer getragen werden, und zwar auch dann, wenn ihm die Arbeiten in der Folge nicht zur Ausführung übertragen werden 4A_42/2010 (19.3.10) E. 2.1 fr. Entgeltlich ist eine bei einem Totalunternehmer im Hinblick auf den Abschluss eines Totalunternehmervertrags in Auftrag gegebene Vorstudie dann, wenn sie deutlich weiter geht, als dies für eine Offerte des Totalunternehmers notwendig wäre, und der Besteller wissen muss, dass eine entsprechende Vorstudie im Allgemeinen nur gegen Vergütung erstellt wird 4C.341/2003 (25.3.04) E. 2.2.1 fr., 119 II 40/44 f. E. 2d Pra 1995 (Nr. 12) 48 f. Wer einen Planer oder Unternehmer um Vorstudien ersucht, welche über die Ausarbeitung einer einfachen Offerte hinausgehen und zum Zweck haben, die Kosten eines Projektes zu schätzen, kann sich seiner Pflicht zur Zahlung des entsprechenden Werkpreises nicht dadurch entledigen, dass er schliesslich die Offerte nicht annimmt 4C.285/2006 (2.2.07) E. 2.2 fr. Soweit in Bezug auf die Entgeltlichkeit von Planungsleistungen ein tatsächlicher Konsens nicht nachgewiesen ist, steht das Vertrauensprinzip in der Regel der Annahme entgegen, dass Projektierungsarbeiten, welche einen gewissen Umfang annehmen, unentgeltlich erbracht werden 4C.374/2004 (13.4.05) E. 4.2 fr. Allerdings handelt es sich dabei nur um eine tatsächliche Vermutung und nicht um eine Umkehr der Beweislast: Die Tatsachenvermutung kann widerlegt werden; der Gegenbeweis muss den Richter nicht überzeugen; es genügt, wenn der Richter Zweifel an der Vereinbarung der Entgeltlichkeit hat, um den Beweis des Planers scheitern zu lassen 4C.285/2006 (2.2.07) E. 2.2 fr. – Ein Vergütungsanspruch besteht auch dann, wenn jene Person, welche den Architekten oder Unternehmer zu Vorstudien veranlasst hat, aus den Resultaten dieser Studien später Nutzen gezogen hat – entweder indem sie die Resultate selbst genutzt oder einer anderen Fachperson zur Nutzung überlassen hat 4A_42/2010 (19.3.10) E. 2.1

fr., 4C.341/2003 (25.3.04) E. 2.2.1 fr., 119 II 40/44 f. E. 2d Pra 1995 (Nr. 12) 48 f. – ***Unentgeltlichkeit.*** Bei Unentgeltlichkeit liegt kein Werkvertrag vor, sondern ein Innominatvertrag 127 III 519/523 E. 2b Pra 2001 (Nr. 195) 1186, 4A_462/2008 (22.12.08) E. 4.2. – Ein gemischter Vertrag liegt vor, wenn die Gegenleistung nicht ein Entgelt, sondern eine anderstypische Leistung ist. Handelt es sich bei der Gegenleistung um auftragsrechtliche Leistungen (in casu Ingenieurleistungen), so kann der Unternehmer dieses Auftragsverhältnis zwar nach Art. 404 beenden, was aber nicht bedeutet, dass die auf eine Naturalleistung (in casu Ingenieurleistungen) gerichtete Forderung zu einer Geldforderung wird 4C.130/2002 (30.7.02) E. 2.3 fr.

Parteien. Auch wenn eine Vertragspartei ein Gemeinwesen (in casu Kanton) ist, 3
kann ein Werkvertrag vorliegen 93 I 506/509. – Die Funktion des Staates als Besteller gegenüber dem Unternehmer unterscheidet sich nicht von derjenigen eines Privaten (in casu Frage der völkerrechtlichen Immunität eines fremden Staates in Bezug auf eine gegen ihn gerichtete Forderung aus Werkvertrag) 112 Ia 148/150 E. 3b.

Kein Dauerschuldverhältnis. Ein Element der Dauer steht einer Qualifikation als 4
Werkvertrag entgegen 130 III 458/462 E. 4 Pra 2005 (Nr. 41) 339. Indessen ändert ein Element der Dauer (in casu die Pflicht zur regelmässigen Reinigung) nichts an der Anwendbarkeit der Bestimmungen über die Mängelhaftung und es gilt namentlich auch die Pflicht zur sofortigen Mängelrüge 4C.231/2004 (8.10.04) E. 2 fr.

Werklieferungsvertrag. Dem Werkvertrag ist nicht wesentlich, dass der Besteller 5
den Stoff liefert 21 191 f. E. 4. Ist der Gegenstand des Vertrages die Herstellung einer individuell bestimmten Sache (die z.B. eigens für einen bestimmten Bau angefertigt wird 103 II 33/35 E. 2a) aus vom Hersteller zu lieferndem Material und deren Übereignung, so liegt ein aus Kauf- und Werkvertragselementen bestehender Werklieferungsvertrag vor, der nach der Rechtsprechung als Werkvertrag behandelt wird 72 II 347/349, 103 II 33/35 E. 2a, vgl. auch 117 II 273/274 E. 3a.

Gemischter Kauf-/Werkvertrag. Wird ein Grundstück verkauft, auf dem ein Gebäu- 6
de erstellt werden soll oder sich bereits im Bau befindet, so können die Parteien entweder zwei getrennte Verträge (Grundstückkauf und Werkvertrag) abschliessen oder einen einzigen gemischten Vertrag, welcher die kaufrechtliche Leistungspflicht mit der werkvertraglichen Herstellungspflicht verbindet 118 II 142/144 E. 1a. Entscheidendes Abgrenzungskriterium ist die Herstellungspflicht: Von einem gemischten Vertrag (Grundstückkauf mit Bauleistungspflicht) ist auszugehen, wenn dem Erwerber ein Einfluss auf den Arbeitsprozess eingeräumt wird, und zwar auch wenn die Erstellung eines Neubaus bloss teilweise nach den individuellen Wünschen des Erwerbers erfolgt. Ein Kauf einer künftigen Sache ist dagegen anzunehmen, wenn der Erwerber keinen Einfluss auf den Herstellungsprozess ausübt 4C.301/2002 (22.1.03) E. 2.1. Soweit von einem gemischten Vertrag auszugehen ist, unterliegt die Mängelhaftung für das Bauwerk dem Werkvertragsrecht, und zwar grundsätzlich auch insoweit, als es bei Vertragsabschluss bereits bestanden hat 4A_702/2011 (20.8.12) E. 5, 4C.301/2002 (22.1.03) E. 2.2, 118 II 142/144 E. 1a.

Form. Der für den Grundstückkauf geltende Formzwang erstreckt sich bloss auf Ab- 7
machungen im Rahmen des Kaufvertrages, nicht aber auf sonstige Übereinkünfte, selbst wenn für die Parteien der Bestand der einen Abrede conditio sine qua non für die Zustimmung zur zweiten darstellt. Auch bei einem gemischten Kauf-/Werkvertrag unterstehen deshalb die werkvertraglichen Abreden nicht der Formpflicht, wenn sie ein selbständiges

Leistungspaar bilden. Das setzt jedoch die Festsetzung getrennter Vergütungen voraus 117 II 259/264 f. E. 2b., vgl. auch 119 II 29/29 ff. Pra 1993 (Nr. 189) 719 ff. (Eine ergänzende Vereinbarung, in der der Käufer anerkennt, dem Verkäufer für geleistete Zusatzarbeiten einen bestimmten Betrag zu schulden, bedarf auch dann keiner öffentlichen Beurkundung, wenn diese Arbeiten mit dem Grundstückerwerb unlösbar verbunden sind.)

8 ***Werkvertrag/ZGB Art. 671–673.*** Die Anwendung der ZGB Art. 671–673 gegenüber dem Grundeigentümer ist möglich, wenn ein Unternehmer, welcher Materialeigentümer ist, einen Vertrag mit einem Besteller abschliesst, welcher nicht Eigentümer der Immobilie ist 4C.399/2004 (30.8.05) E. 2.1 fr.

9 **Beispiele von Werkverträgen.** Ein Vertrag über die Schaffung eines Kunstwerkes (Ausführung eines Mosaiks auf einer Gebäudewand) 115 II 50/53 ff. E. 1 Pra 1989 (Nr. 250) 891 ff. – Ein Generalunternehmervertrag über die Erstellung eines schlüsselfertigen Hauses 97 II 66/68 f. E. 1 Pra 1971 (Nr. 124) 386 f. vgl. auch 101 Ia 1/3 E. 2b und 99 II 131/134 f. E. 2 (nach 94 II 161/162 E. 1 ist ein Kauf anzunehmen, wenn der Generalunternehmer die Baute auf seinem eigenen Boden erstellt und die vereinbarte Pauschalsumme auch den Preis für das Land umfasst). – Ein Totalunternehmervertrag (der Totalunternehmer leistet nebst der gesamten Ausführung auch die Planungsarbeiten, namentlich die Projektierungsarbeiten für das vom Bauherrn bestellte Bauwerk) 114 II 53/54 ff. E. 2, vgl. auch 117 II 273/274 E. 3a und 119 II 40/42 E. 2a Pra 1995 (Nr. 12) 46, 4C.396/2001 (24.4.02) E. 1, 4C.109/2002 (6.9.02) E. 3.1, 4C.87/2003 (25.8.03) E. 4.3.1 fr., 4A_99/2015 und 4A_101/2015 (21.7.15) E. 4.1 fr., 4A_653/2015 (11.7.16) E. 2 fr., 4A_454/2019 (31.1.20) E. 2. – Ein Vertrag über die Reparatur eines Fahrzeuges 113 II 421/421 f. E. 1 Pra 1988 (Nr. 110) 405 – Die Vereinbarung über die Erstellung eines Lehrgerüstes beim Bau einer Brücke 113 II 264/266 E. 2a. – Der Vertrag über die Montage eines Krans 4A_401/2011 (18.1.12) E. 2.1, 111 II 170/171 E. 2 fr. – Ein Geometervertrag, bei dem ein Baugrundstück zu vermessen ist und die Ergebnisse in einem Plan festzuhalten sind 109 II 34/38 ff. E. 3c, 4b Pra 1983 (Nr. 147) 401 f. (jedoch keine Anwendung von Art. 371 Abs. 2). – Ein Vertrag über die periodische Erstellung von Lohnabrechnungen mittels eines Computers 109 II 34/37 f. E. 3b Pra 1983 (Nr. 147) 400 – Ein Vorstellungsbesuchsvertrag 80 II 26/34 E. 3a (in casu Kinovorstellung), nach 70 II 215/218 sicher insofern, als der Veranstalter für Schädigungen der Besucher (in casu durch Feuerwerkskörper) wie ein Unternehmer im Werkvertrag einzustehen hat. – Ein Energielieferungsvertrag, wenn die vertragliche Leistung im Herbeiführen eines bestimmten Erfolges (z.B. Beleuchtung oder Beheizung eines Gebäudes 48 II 366/371 E. 2) besteht (hingegen liegt ein Kaufvertrag vor, wenn das Elektrizitätswerk den Strom lediglich zur Verfügung zu stellen hat) 76 II 103/107 E. 5 – Ein Vertrag über Gärtner- und Totengräberarbeiten (in casu wurde jedoch aufgrund der besonderen Umstände [Subordinationsverhältnis und Verpflichtung auf 5 Jahre] ein Arbeitsverhältnis angenommen) 73 I 415/420 f. E. 4 Pra 1948 (Nr. 50) 122 f. – Der dem Verleger oder seiner Annoncenagentur erteilte Insertionsauftrag (hingegen unterliegt die Tätigkeit des selbständigen Reklameberaters in der Regel selbst dann Auftragsrecht im Sinne von Art. 394 ff., wenn sie die Erteilung von Insertionsaufträgen umfasst) 115 II 57/59 ff. E. 1 Pra 1989 (Nr. 249) 888 ff. (Präzisierung der Rechtsprechung). – Ein Druckagenturvertrag, bei dem der Drucker einen Dritten zur ausschliesslichen Insertion in einer von ihm herausgegebenen Zeitung berechtigt, ist bezüglich der Publikation der Inserate

ein Werkvertrag, im Übrigen ein dem Pachtvertrag nahe verwandtes Rechtsverhältnis 57 II 160/162 ff. E. 2, 3 fr. vgl. 59 II 259/263. – Ein Druckauftrag zwischen einem Zeitungsunternehmen und einer Druckerei 48 II 119/124 fr. – Ein Vertrag, wonach Finanz- und Wirtschaftsdaten zu analysieren und hinsichtlich Kosten zu optimieren sind 4A_51/2007 (11.9.07) E. 4.4. – Ein Vertrag über die individuelle Anpassung eines Softwarepaketes an die Bedürfnisse eines Kunden 4C.393/2006 (27.4.07) E. 3.1 fr.; in 4A_446/2015 (3.3.16) fr. wurde der Vertrag als Mischung aus Kaufvertrag (Lieferung von Software mit Installationsverpflichtung; die Installation der Software erforderte keine wesentlichen Anpassungs- und Individualisierungsleistungen), Werkvertrag (Installation des Servers) und Auftrag (Schulung des Personals) qualifiziert. – Ein Vertrag eines künstlerischen Leiters wird in 4A_129/2017 (11.6.18) E. 4 fr. als gemischtes Vertragsverhältnis qualifiziert: Die Rolle als unabhängiger Solist und Dirigent untersteht dem Werkvertragsrecht, jene als künstlerischer Leiter dem Auftragsrecht.

Architekten- und Ingenieurvertrag. Das Erstellen von Ausführungsplänen und die Ausarbeitung von Bauprojekten können auf einem Werkvertrag beruhen, wenn diese vom Architekten (oder Ingenieur) als selbständige Leistungen (d.h. nicht im Rahmen eines «Gesamtauftrages») erbracht werden 134 III 361/363 E. 5.1 Pra 2009 (Nr. 8) 56, 130 II 351/365 E. 4.1 Pra 2005 (Nr. 7) 59, 114 II 53/56 f. E. 2b, 127 III 543/545 E. 2a Pra 2001 (Nr. 194) 1179, 4C.60/2001 (28.6.01) E. 2a fr., 4C.300/2001 (27.2.02) E. 2b fr., 4C.371/2006 (19.1.07) E. 3 fr., 4C.421/2006 (4.4.07) E. 2.1 fr., 4A_462/2008 (22.12.08) E. 4.2, 4A_90/2013 (10.6.13) E. 4.2, 4A_210/2015 (2.10.15) E. 4 fr. – Aufgaben wie Arbeitsvergebung und Bauaufsicht sind rechtlich nur als Auftrag fassbar 4C.60/2001 (28.6.01) E. 2a fr., 4C.300/2001 (27.2.02) E. 2b fr., 127 III 543/545 E. 2a Pra 2001 (Nr. 194) 1179, ebenso Bauleitung und Koordination 4A_514/2016 (6.4.17) E. 3.1.1 fr. – Bei der Erstellung eines Kostenvoranschlags über Leistungen Dritter (Unternehmer) verbleibt eine gewisse Unsicherheit; deshalb handelt es sich nicht um ein Werk, sondern um die Erfüllung eines Auftrags 134 III 361/365 E. 6.2.3 Pra 2009 (Nr. 8) 58, 4A_229/2012 (19.7.12) E. 9 fr., 4A_210/2015 (2.10.15) E. 4.1 fr., 4A_210/2015 (2.10.15) E. 4.1 fr. (anders: 114 II 53/53, 4A_252/2010 [25.11.10] E. 4.1). Eine auf die Planung und die Erstellung eines Kostenvoranschlages beschränkte Leistung eines Architekten wurde gesamthaft als Auftrag qualifiziert, weil eine Wechselwirkung zwischen der Planung und den Kosten bestehe 4A_86/2011 (28.4.11) E. 3.2 it. – Der *Gesamtvertrag des Architekten* («contrat d'architecte global») umfasst sowohl Planungsleistungen als auch die Bauleitung. Dieser Vertrag gilt als gemischter Vertrag 4A_663/2012 (6.3.13) E. 3 fr., 4A_471/2010 (2.12.10) E. 4.3.2 fr., 127 III 543/545 E. 2a Pra 2001 (Nr. 194) 1180, 4A_210/2015 (2.10.15) E. 4 fr.; ausdrücklich bestätigt, unter Verweis auf Kritik der Lehre in 4A_514/2016 (6.4.17) E. 3.1.1 fr. Art. 394 Abs. 2 zwingt nicht dazu, ein komplexes Verhältnis wie den Architektenvertrag entweder ganz als Auftrag oder ganz als Werkvertrag zu beurteilen. Die Anerkennung gemischter Verträge erlaubt es, den Umständen angepasste Lösungen zu finden. Wo wie bei der Mängelhaftung nur einzelne Leistungen des Architekten zu beurteilen sind, ist eine Spaltung der Rechtsfolgen denkbar, indem sich etwa die Haftung für einen Planfehler aus Werkvertrag, jene für unsorgfältige Bauaufsicht aus Auftrag ergeben kann 109 II 462/465 f. E. 3c, d, 4A_252/2010 (25.11.10) E. 4.1, 4A_53/2012 (31.7.12) E. 3.4, 4A_55/2012 (31.7.12) E. 4.4, 4A_514/2016 (6.4.17) 10

E. 3.1.1 fr. Dabei sind Planerleistungen (des Ingenieurs oder des Architekten), bei welchen ein mess- und objektivierbarer Erfolg geschuldet ist, dem Werkvertragsrecht zu unterstellen 4A_252/2010 (25.11.10) E. 4.1, 4A_55/2012 (31.7.12) E. 4.4. Als Planerleistungen werkvertraglicher Natur gelten Vorarbeiten, Vorstudien, Vorprojekte, Ausführungspläne und Ausschreibungsunterlagen 4A_53/2012 (31.7.12) E. 3.4, 4A_55/2012 (31.7.12) E. 4.4; namentlich auch die Berechnung einer Hangsicherung, die Mitverantwortung für die Zweckmässigkeit der Konstruktionen und der Bemessung der Baugruben- und Hangsicherung, Stabilitätsberechnungen, die Verifizierung der Bemessung des angenommenen Ankerwiderstandes und die Erstellung eines Sicherheits-, Kontroll- und Überwachungsplans 4A_252/2010 (25.11.10) E. 4.4; die Erstellung von Konstruktionsplänen und die Materialwahl 4A_514/2016 (6.4.17) E. 3.1.2 fr. – Die Haftung für fehlerhafte Kosteninformationen des Architekten richtet sich im Gesamtvertrag nach Auftragsrecht 4C.300/2001 (27.2.02) E. 2 b fr., 127 III 543/545 E. 2a Pra 2001 (Nr. 194) 1180, 119 II 249/251 E. 3b. – Der Weg der Spaltung der Rechtsfolgen ist nicht gangbar, wenn die vorzeitige Auflösung eines Gesamtvertrages umstritten ist, der Auftrags- und Werkvertragselemente umfasst. Dabei kommt bei einem Projektierung und Bauausführung umfassenden Architektenvertrag dem Vertrauensverhältnis zwischen dem Bauherrn und dem Architekten so viel Bedeutung zu, dass die Auflösungsregel von Art. 404 den Vorzug verdient 109 II 462/465 f. E. 3c, d, 110 II 380/382 E. 2, 127 III 543/545 E. 2a Pra 2001 (Nr. 194) 1179, 4C.18/2005 (30.5.05) E. 2.1 fr., 4A_53/2012 (31.7.12) E. 3.4, 4A_55/2012 (31.7.12) E. 4.4, 4A_514/2016 (6.4.17) E. 3.1.1 fr. Diese Beurteilung findet auch ausserhalb des Gesamtvertrages des Architekten Anwendung: Auflösung eines (gemischten) Gesamtvertrags eines künstlerischen Leiters nach den Regeln von Art. 404 Abs. 1 4A_129/2017 (11.6.18) E. 5 f. fr. – Die Bestellung eines Projekts bei einem Architekten berechtigt den Besteller in der Regel nur zur einmaligen Ausführung 56 II 413/416 E. 1. – Auslegung von Art. 1.6 SIA-Ordnung 102 (1984) «dommage direct» 126 III 388/389 ff. E. 9, 10 fr. – Gültig ist auch der Vertrag mit einem nach kantonalem Recht zur Ausübung des Architektenberufes nicht berechtigten Architekten 117 II 47/47 ff. Pra 1991 (Nr. 205) 877 ff. – Ein Architekt kann auch die Rolle eines General- oder Totalunternehmers übernehmen. In diesem Fall handelt er gegenüber den Bauunternehmern nicht als Vertreter des Bauherrn, sondern in eigenem Namen und auf eigene Rechnung 4A_471/2010 (2.12.10) E. 4.3.1 fr. – Zur Haftung des Architekten siehe auch unter Art. 398 Abs. 2.

11 **EDV-Entwicklung.** Die von Teilen der Lehre befürwortete Prädominanz des Werkvertragsrechts bei der Verpflichtung zur Erstellung eines «schlüsselfertigen» EDV-Systems darf dann nicht unbesehen übernommen werden, wenn (wie im beurteilten Fall) die Leistungen des Anbieters weder die Projektierung des Gesamtsystems noch die Entwicklung der Applikation umfassen 124 III 456/459 E. 4b/bb (in casu Anwendung von Art. 205 Abs. 2). Analoge Anwendung von Werkvertragsrecht auf die individuelle Anpassung eines Softwarepaketes an die Bedürfnisse eines Kunden 4C.393/2006 (27.4.07) E. 3.1 fr. – Es ist eine Frage der Vertragsauslegung, ob der Besteller Anspruch auf Übergabe des Sourcecodes hat. Es kommt oft vor, dass sich der Hersteller einer Software durch einen separaten Vertrag verpflichtet, die Weiterbetreuung zu gewährleisten, was ihm ermöglicht, den Sourcecode zu behalten und sich die Ausschliesslichkeit der Wartung zu sichern und dem

Kunden die Funktionstüchtigkeit seines EDV-Systems zu garantieren 4A_98/2012 (3.7.12) E. 4.2 fr.

Gemischtes Rechtsverhältnis. In casu wurde ein Mathematiker von einem Kanton beauftragt, ein Schulrechenbuch auszuarbeiten, was vom Bundesgericht unter Verneinung einer kommerziellen Absicht als ein aus Werkvertrag, Auftrag und Verlagsvertrag gemischtes Rechtsverhältnis qualifiziert wurde 69 II 53/55. – Werkvertragsähnlicher Innominatvertrag mit gesellschaftsrechtlichen Elementen (Verpflichtung zum Bau eines Stammgeleises) 122 III 10/14 f. E. 3. – Art. 404 kann auf bestimmte gemischte Verträge (Auftrag – Werkvertrag) angewendet werden, wenn die Dauer der vertraglichen Verpflichtungen die Anwendung von Auftragsrecht als angemessen erscheinen lässt 4A_146/2016 (18.7.16) E. 4.4 it.; in casu Leistungen aber als immaterielle Werke qualifiziert, womit die Auflösung des Vertrages nach den vertraglichen Bestimmungen zu erfolgen hat, und eine Anwendung von Art. 404 ausgeschlossen ist 4A_146/2016 (18.7.16) E. 4 it. – Zum Architektenvertrag siehe oben. – Zum gemischten Kauf-/Werkvertrag siehe oben/Allgemeines. – Zum Gerüstbauvertrag siehe oben/Allgemeines. 12

Kein Werkvertrag. Der Behandlungsvertrag zwischen *Zahnarzt und Patient,* auch wenn die Behandlung die Anfertigung von Brücken und Kronen umfasst (Änderung der Rechtsprechung; Anwendung der Bestimmungen über den Auftrag) 110 II 375/376 ff. E. 1 Pra 1985 (Nr. 59) 165 f. – Der Vertrag über die *Verwaltung einer Liegenschaft* 83 II 525/529 f. E. 1 Pra 1958 (Nr. 44) 141 (siehe unter Art. 394 Abs. 1/Auftrag sowie Vorb. Art. 319–362/ Abgrenzungen). – Der Vertrag betreffend die *Anstellung eines Künstlers* bzw. Orchesters (angesichts der gesamten Umstände des konkreten Falles) 112 II 41/43 ff. E. 1 fr. – Der Reisevermittlungs- bzw. *Reiseveranstaltungsvertrag* (Auftrag bzw. Innominatkontrakt) 111 II 270/273 E. 4, vgl. auch 115 II 474/477 E. 2a sowie BG über Pauschalreisen (SR 944.3). – Der Telefonabonnementsvertrag 129 III 604/611 E. 4.1 fr. – Vertrag über die Schätzung einer Liegenschaft in casu als Auftrag qualifiziert 127 III 328/329 ff. E. 2 (weil die Schätzung nicht nach objektiven Kriterien überprüft und als richtig oder falsch qualifiziert werden kann). 13

Übernahme von vertraglichen SIA-Normen. SIA-Normen (Vertragsnormen), denen die Bedeutung von allgemeinen Geschäftsbedingungen zukommt, gelten nicht als regelbildende Übung; es wird nur darauf abgestellt, wenn die Parteien sie zum Vertragsinhalt erhoben haben (in casu Anwendbarkeit der SIA-Norm 243 verneint) 118 II 295/296 f. E. 2. Allerdings können die SIA-Normen nicht nur ausdrücklich, sondern auch stillschweigend übernommen werden. Das kann namentlich dann der Fall sein, wenn beiden Verhandlungspartnern die entsprechende SIA-Norm bekannt ist und der Unternehmer weiss, dass der Besteller diese in seinen Verträgen mit Unternehmern jeweils für anwendbar erklärt 4C.261/2005 (9.12.05) E. 2.3 und E. 2.4, vgl. auch 4A_393/2007 (3.12.07), E. 2.2. Die Selbstbezeichnung des Architekten als «architecte EPFL SIA» und die Abgabe einer Kostenschätzung mit Bezug auf die «SIA 2001» bedeutet keine Übernahme der SIA-Ordnung 102 4C.371/2006 (19.1.07) E. 5 fr. – Die Bestimmungen der SIA-Norm 118 sind nur anwendbar, wenn sie von den Parteien als Bestandteil ihres Vertrages vereinbart wurden. Dabei kann die SIA-Norm 118 nicht nur ausdrücklich, sondern auch stillschweigend in den Vertrag übernommen werden 4C.261/2005 (9.12.05) E. 2.3, 4A_106/2015 (27.7.15) 14

E. 5.1 fr. Die Übernahme erfolgt oft durch einfachen Verweis auf die Bestimmungen der Norm 4A_667/2016 (3.4.17), E. 3.2, fr. – Wer sich auf die Geltung der Norm beruft, muss die Tatsachen im Zusammenhang mit ihrer Übernahme behaupten und beweisen 4A_156/2018 (24.4.19) E. 3 fr., 4A_288/2018 (29.1.19) E. 3.1.2 fr. Ob die SIA-Norm 118 übernommen worden ist, ist eine Tatfrage, und keine Rechtsfrage 4A_288/2018 (29.1.19) fr. – Selbst wenn die SIA-Norm 118 in einen Vertrag übernommen wurde, gehen individuelle Vereinbarungen vor 4A_106/2015 (27.7.15) E. 5.1 fr. mit Verweis auf 135 III 225/228 E. 1.4. – Der Inhalt der SIA-Norm 118 (in casu Art. 172) gilt als gerichtsnotorisch: Parteien und Gericht können sich ohne Weiteres über Bedeutung und Inhalt kundig machen 4A_582/2016 (6.7.17) E. 4.6 fr. – SIA-Norm 118 (1977) Art. 154 Abs. 3 und 155 Abs. 1 (Vollmacht des bauleitenden Architekten zur umfassenden Vertretung des Bauherrn bei der Prüfung und Genehmigung der Schlussabrechnung des Unternehmers) sind geschäftsfremd (auch wenn im Vertrag auf die Vertretung des Bauherrn durch den Architekten hingewiesen wird) und für den bauunkundigen Bauherrn ungewöhnlich; nicht jede «versierte» Handelsfirma verfügt zwangsläufig über Bauerfahrung und kennt die Usanzen des Baugewerbes 109 II 452/457 ff. E. 5a–d, 4A_538/2011 (9.3.12) E. 1.1 i.V.m. E. 2.5, 4A_106/2015 (27.7.15) E. 5.1 fr., 4A_368/2020 (9.2.21) E. 3 (zur Ungewöhnlichkeitsregel im Allgemeinen siehe unter Art. 1/Allgemeine Geschäftsbedingungen), vgl. auch 119 IV 54/58 E. 2d, 4A_538/2011 (9.3.12) E. 1.1 i.V.m. E. 2.4. – Nach der Terminologie der SIA-Norm 118 wird jeder Besteller (unabhängig welcher Vergabestufe) eines Bauwerks als «Bauherr» bezeichnet. Bauherr im Sinne der Norm kann daher auch ein General- oder Totalunternehmer sein, der Arbeiten, die er dem Hauptbesteller schuldet, seinerseits an Dritte weiter vergibt 4A_580/2012 (18.2.13) E. 5.2.1.

15 **Geltung von technischen SIA-Normen.** Im Bauwesen wird vermutet, dass die technischen Empfehlungen und Normen des SIA grundsätzlich die anerkannten Regeln der Baukunde wiedergeben. Allerdings gilt deren Inhalt nicht als notorisch und es ist daher Sache jener Partei, welche sich im Prozess darauf beruft, den entsprechenden Nachweis zu erbringen 4A_428/2007 (2.12.08) E. 3.1 fr. – Wenn die technischen SIA-Normen in Bezug auf eine bestimmte Frage keine Regelung enthalten, kann man allein daraus nicht den Schluss ziehen, dass es zu dieser Frage keine anerkannte Regel der Baukunde gibt 4A_428/2007 (2.12.08) E. 3.2 fr. – Siehe auch unter Art. 368/Mangel/sonstige Abweichung vom Vertrag.

16 **Subunternehmer.** Der Subunternehmervertrag ist vom Hauptvertrag vollständig unabhängig. Es besteht kein Rechtsverhältnis zwischen dem Subunternehmer und dem Bauherrn 136 III 14/19 E. 2.3 Pra 2010 (Nr. 72) 530. Wenn dieses Prinzip nicht durch anderweitige vertragliche Vereinbarung durchbrochen wird, kann der Subunternehmer aus dem Hauptvertrag daher nichts für sich ableiten 4C.88/2005 (8.7.05) E. 3 fr., vgl. auch 4C.296/1999 (28.1.00) E. 2a. Insbesondere kann der Subunternehmer für seine Leistung nicht jenen Werkpreis beanspruchen, welcher im Hauptvertrag für diese Leistung vereinbart wurde 4A_698/2012 (1.5.13) E. 2.4 fr. – Eine Vertrauenshaftung des Subunternehmers gegenüber dem Bauherrn kommt nur dann in Betracht, wenn er selbst in engen persönlichen Beziehungen zum Kunden seines Auftraggebers stand oder wenn er diesem aufgrund seines gesamten Verhaltens gleichsam persönliche Gewähr für das Gelingen des übernommenen Geschäfts leistete 4C.296/1999 (28.1.00) E. 3a. – Wenn der Besteller in

Anwesenheit des Subunternehmers dem Unternehmer zur Zahlung des Subunternehmers höhere Stundenansätze zugesteht, so begründet dies keine Vertrauenshaftung des Bestellers gegenüber dem Subunternehmer, denn das Vertrauen auf eine freiwillige Leistungserbringung ist grundsätzlich nicht schützenswert, da es dem Vertrauenden in aller Regel zumutbar ist, sich durch einen entsprechenden Vertragsabschluss abzusichern. Solches Vertrauen wird nur ganz ausnahmsweise geschützt, namentlich wenn der Vertragsschluss aufgrund der bestehenden Machtverhältnisse und der Abhängigkeit des Vertrauenden faktisch nicht möglich ist und dem Vertrauenden gleichzeitig der Verzicht auf das Geschäftsverhältnis nicht zugemutet werden kann 133 III 449/451 f. E. 4.1. – Dass der Subunternehmer gegenüber dem Unternehmer Ansprüche aus zusätzlichen Leistungen durchsetzt, bedeutet nicht, dass der Unternehmer gegenüber dem Bauherrn einen analogen Anspruch hätte; der Unternehmer hat für sein Vertragsverhältnis mit dem Bauherrn darzutun, dass ein eigener Anspruch auf eine zusätzliche Vergütung besteht 4A_465/2017 (2.5.18) E. 3.7 fr. – Auch wenn sich ein Bauherr gegenüber dem Unternehmer verpflichtet, Subunternehmerrechnungen selber zu bezahlen, wird dadurch weder ein Rechtsverhältnis zwischen dem Bauherrn und den Subunternehmern geschaffen noch ein Direktanspruch der Subunternehmer gegen den Bauherrn begründet 4A_87/2011 (16.5.11) E. 3.1 fr. – Aus der Formulierung im Vertrag zwischen Generalunternehmer und Besteller, dass die Subunternehmer Garantie gemäss SIA-Norm 118 leisten, ist nicht zu schliessen, dass diese Norm auch zwischen Generalunternehmer und Besteller gilt 4A_667/2016 (3.4.17) E. 3.3 fr. – Da Subunternehmer einen Anspruch auf Eintragung eines Bauhandwerkerpfandrechts haben (Art. 837 ZGB), besteht für den Bauherrn im Fall des Konkurses des Unternehmers die Gefahr, dem Unternehmer bereits vergütete Leistungen auf dem Umweg über das Bauhandwerkerpfandrecht des Subunternehmers ein zweites Mal bezahlen zu müssen. Dieses Risiko kann durch entsprechende vertragliche Absprachen mit dem Unternehmer verringert werden (Sicherheitsleistung, Direktzahlungsrecht, Treuhandvertrag etc.) 136 III 14/19 E. 2.3 fr. – In 4A_226/2010 (28.7.10) E. 3.2.1 it. hat das Bundesgericht offengelassen, ob der Subunternehmervertrag als Vertrag mit Schutzwirkung zugunsten Dritter (konkret: zugunsten des Bauherrn) gelten könnte.

Einzelfragen. Ein Werkvertrag kann auch für die Erstellung eines Gebäudes auf frem- 17
dem Boden abgeschlossen werden. Aufgrund des Akzessionsprinzips wird dann aber der Grundeigentümer, nicht der Besteller, Eigentümer des Werks 117 II 259/264 E. 2 b. – Schliesst der Bauherr den Werkvertrag ab, ohne sich das Eigentum am Grundstück verschafft oder wenigstens gesichert zu haben, so bleibt er dem Unternehmer gegenüber aus dem Werkvertrag selbst dann verpflichtet, wenn es ihm in der Folge nicht gelingt, das Grundstück zu erwerben, sofern die Parteien die Erlangung des Eigentums nicht zur Bedingung des Werkvertrages gemacht haben 63 II 414/418 f. E. 3, vgl. auch 117 II 259/266 E. 2c. – Schliesst der Generalunternehmer mit einem Unterakkordanten im Namen des Bauherrn Verträge ab, ohne dazu ermächtigt zu sein, so wird der Bauherr ohne seine Genehmigung nicht Schuldner des Unterakkordanten (Art. 38) 97 II 66/70 E. 3 Pra 1971 (Nr. 124) 388.

B. Wirkungen I. Pflichten des Unternehmers 1. Im Allgemeinen

Art. 364

[1] Der Unternehmer haftet im Allgemeinen für die gleiche Sorgfalt wie der Arbeitnehmer im Arbeitsverhältnis.

[2] Er ist verpflichtet, das Werk persönlich auszuführen oder unter seiner persönlichen Leitung ausführen zu lassen, mit Ausnahme der Fälle, in denen es nach der Natur des Geschäftes auf persönliche Eigenschaften des Unternehmers nicht ankommt.

[3] Er hat in Ermangelung anderweitiger Verabredung oder Übung für die zur Ausführung des Werkes nötigen Hilfsmittel, Werkzeuge und Gerätschaften auf seine Kosten zu sorgen.

1 ***Abs. 1*** **Aufklärungspflichten.** ***Grundsatz.*** Der Unternehmer hat als Spezialist die Pflicht, dem Besteller alle Verhältnisse mitzuteilen, welche für die Ausführung des Werkes von Bedeutung sind 129 III 611 E. 4.1, 4A_608/2011 (23.1.12) E. 5.3.1 fr. Wenn ihm Umstände bekannt sind, welche die Ausführung des Werkes gefährden könnten, hat er diese unverzüglich dem Besteller mitzuteilen 4A_608/2011 (23.1.12) E. 5.3.1 fr. Insbesondere darf er die Ausführung des Werkes nur übernehmen, wenn er über die dafür erforderlichen Fähigkeiten verfügt 4A_608/2011 (23.1.12) E. 5.3.1 fr., 93 II 317/324 E. 2e/bb. Die Aufklärungspflicht kann die Ablieferung des Werkes überdauern 4A_608/2011 (23.1.12) E. 5.3.1 fr., 4A_273/2017 (14.3.18) E. 3.3.1 fr. Die Beratungs- und Informationspflicht des Unternehmers bezieht sich sowohl auf die ihm bekannten Tatsachen als auch auf Tatsachen, die ein sorgfältiger Unternehmer in derselben Situation hätte kennen müssen 4A_608/2011 (23.1.12) E. 5.3.1 fr. Bei vorzeitiger Auflösung des Vertrages (nach Art. 377) hat der Unternehmer den Besteller über die Notwendigkeit der Ausführung noch nicht erfolgter Arbeitsschritte zu orientieren 4A_273/2017 (14.3.18) E. 3.3.2 fr.

2 ***Gefahren, Risiken.*** Um Gefahren vorzubeugen, hat der Unternehmer den Besteller über die sachgemässe Nutzung des Werkes aufzuklären 4A_608/2011 (23.1.12) E. 5.3.1 fr., 129 III 604/611 E. 4.1 fr., 94 II 157/160 E. 5. Es genügt in casu nicht, den Besteller auf die Notwendigkeit der Durchführung von Drucktests hinzuweisen; der Besteller ist auch über die Konsequenzen der Unterlassung der Drucktests aufzuklären 4C.149/01 (19.12.01) E. 7 fr. – Der Generalunternehmer hat den Bauherrn grundsätzlich zwar auf das Risiko hinzuweisen, welches der unerlaubte Ausbau von Kellerräumen in rechtlicher Sicht mit sich bringt; in casu war der Besteller jedoch kompetent genug zu wissen, auf welches Risiko er sich einlässt 4A_273/2019 (17.4.20), E. 4 fr.

3 ***Wartungsvertrag.*** Ein Servicemechaniker verletzt seine vertragliche Pflicht, wenn er dem Kunden Mängel nicht meldet, die er als solche erkannt hat oder die einer in Bezug auf die auszuführenden Servicearbeiten hinreichend fachkundigen Person bei der Durchführung des Services hätten auffallen müssen. Wenn der Servicemechaniker bei der Wartung auf Anomalien stösst, die bei korrektem Funktionieren der Geräte nicht auftreten, so besteht eine Pflicht zur Fehlersuche oder zumindest zur Information des Kunden. Diese Pflicht gilt unabhängig davon, ob die entsprechende Prüfung eine im Servicevertrag aufgeführte Leistung ist. Die im Servicevertrag explizit aufgeführten Leistungen zeigen lediglich auf, welche Arbeiten im Preis inbegriffen sind und welche Komponenten auch dann geprüft werden müssen, wenn es keine Anzeichen gibt, dass sie mangelhaft sind 4C.139/2005 (29.3.06) E. 2.3.1, vgl. 4C.369/2005 (8.2.06) E. 4.3.

Kosten. Es besteht keine allgemeine Pflicht, den Besteller über die Kosten des Werkes zu informieren (jedoch kann sich der Besteller gegebenenfalls auf die Unverbindlichkeit des Vertrages infolge Grundlagenirrtums gemäss Art. 24 Abs. 1 Ziff. 4 oder auf culpa in contrahendo des Unternehmers berufen) 92 II 328/333 ff. E. 3 Pra 1967 (Nr. 91) 290 f. – Der Unternehmer ist verpflichtet, eine übermässige Überschreitung eines ungefähren Kostenansatzes (Art. 375 Abs. 1) anzuzeigen 4A_577/2008 (31.3.09) E. 3.1 fr., 4C.347/2003 (1.4.04) E. 4.2.1 fr., 4A_302/2014 (6.2.15) E. 3.1 fr., 4A_458/2016 (29.3.17) E. 7.3.2 fr. Diese Pflicht existiert indessen nur, wenn die Überschreitung ohne Zutun des Bestellers erfolgte 4C.99/2004 (28.6.04) E. 4.2 fr., 4A_302/2014 (6.2.15) E. 3.1 fr. Keine Anzeigepflicht besteht im Falle einer Vertragserweiterung, weil der Anspruch auf Mehrvergütung für eine Vertragserweiterung weder eine besondere Abrede noch eine Ankündigung der Mehrforderung durch den Unternehmer voraussetzt 4C.35/2001 (4.3.02) E. 3c. Entsprechend setzt der Anspruch auf Mehrvergütung infolge Bestellungsänderungen nicht voraus, dass der Unternehmer die Mehrforderung ankündigt. Doch kann nach den konkreten Umständen des Einzelfalles sein nach dem Vertrauensprinzip ausgelegtes «Schweigen» als Verzichtserklärung aufgefasst werden 4C.16/2006 (17.11.06) E. 6.3. – Ist für einen Gerichtsgutachter ersichtlich, dass sein Aufwand erheblich sein wird, hat er das Gericht darauf hinzuweisen. Er ist zudem zur Anzeige verpflichtet, wenn für ihn ersichtlich ist, dass ein offensichtliches Missverhältnis zwischen den Kosten seines Gutachtens und der Bedeutung der Streitsache oder ihrem Streitwert besteht 134 I 159/164 E. 4.4, vgl. 92 II 328/332 ff. E. 3 Pra 1967 (Nr. 91) 290 f. – Der Architekt ist verpflichtet, den Bauherrn über die voraussichtlichen Kosten des Projekts zu informieren, und dabei auch über die Kosten, welche durch sein Architektenhonorar entstehen. Dies gilt in verstärktem Masse gegenüber nicht professionellen Bauherren 4A_462/2008 (22.12.08) E. 5.2. 4

Treuepflicht. ***Geheimhaltungspflicht.*** Die Tragweite der Treuepflicht hängt von den einzelnen Bestimmungen des Werkvertrages ab sowie vom Verhalten, das der Grundsatz von Treu und Glauben bei der Vertragserfüllung verlangt. Die Rechtsprechung hat sich Zurückhaltung aufzuerlegen, wenn es eine Partei (wie in casu) bei Vertragsschluss unterlassen hat, die vom Gesetz vorgesehenen Schutzvorkehren (wie z.B. die Vereinbarung eines Konkurrenzverbots oder die Einreichung eines Patentgesuchs) in Anspruch zu nehmen 93 II 272/280 E. 5. Eine Treuepflicht ist *nach Beendigung des Vertragsverhältnisses* nur dann anzunehmen, wenn der Besteller hierfür ein rechtliches Interesse nachweist (das Interesse des Bestellers, von seinem früheren Konstrukteur nicht konkurrenziert zu werden, ist tatsächlicher Natur und daher unbeachtlich) 93 II 272/279. – *Pflicht des Unternehmers zur Geheimhaltung der ihm vom Besteller anvertrauten Konstruktionsidee:* Sie rechtfertigt sich zur Hauptsache aus der Pflicht, eine dem Besteller gehörende Konstruktionsidee nicht auszunutzen, und darüber hinaus, wenn die Idee gemeinsames Gut geworden ist, aus den fortgesetzten Rechtsbeziehungen der Parteien. Wenn aber keines dieser beiden Momente bestehen bleibt, die Idee gemeinfrei geworden und die Zusammenarbeit beendet ist, ist dieser Treuepflicht der Boden entzogen 93 II 272/279. Für die Treuepflicht ist die Frage der Neuheit im Sinne des Patentgesetzes ohne Belang; massgebend ist, ob der Besteller dem Unternehmer *bei der Bestellung* seine Konstruktionsidee anvertraut hat und ob sie damals noch geheim war 77 II 263/269 E.b. Der Handwer- 5 ker, der von einem Besteller den Auftrag erhält, einen Gegenstand nach ihm anvertrauter Konstruktionsidee auszuführen, handelt gegen Treu und Glauben, wenn er nach Ausführung der Bestellung die Idee zu seinem eigenen Nutzen verwendet, sie wettbewerbsmässig benützt, solange sie noch für den Patent- oder Modellschutz infrage kommt 77 II 263/269 f. E.c.

6 ***Schutzpflichten.*** Der Unternehmer hat im Rahmen seiner Schutzpflichten grundsätzlich die Massnahmen zu ergreifen, welche erforderlich sind, um die absolut geschützten Rechtsgüter des Bestellers oder Dritter vor Gefahren zu schützen. Zu diesen Schutzpflichten gehört namentlich die Pflicht, die nötigen Vorkehrungen zu treffen, damit ein zur Reparatur anvertrauter Gegenstand nicht entwendet wird. Indessen bedeutet die Sorgfaltspflicht nicht, dass der Unternehmer als Garant sämtliche Vorkehrungen treffen müsste, welche irgendwie zur Abwendung eines Schadens für den Besteller beitragen könnten 4C.337/2003 (31.3.04) E. 2.1 fr., 113 II 421/422 E. 2a Pra 1988 (Nr. 110) 405, siehe auch Art. 365 Abs. 2. – Schutzpflichten hat nicht nur der Unternehmer gegenüber dem Besteller, sondern auch der Besteller gegenüber dem Unternehmer. Der Besteller hat den Unternehmer unter anderem auf Gefahren hinzuweisen, welche ihm bekannt, aber für den Unternehmer nur schwer erkennbar sind 4A_494/2010 (7.12.10) E. 4.1. In casu war dem Besteller indessen nicht zumutbar, zur Vermeidung möglicher Schäden beim Maishäckslerunternehmer vorab jede Reihe des Maises mit Argusaugen abzusuchen 4A_494/2010 (7.12.10) E. 4.2.

7 ***Aufwand.*** Es ist nicht die Vergütung jeglichen Aufwandes geschuldet, sondern nur des objektiv gerechtfertigten Aufwandes, der bei sorgfältigem und zweckmässigem Vorgehen genügt hätte 134 I 159/164 E. 4.4: Wenn sich die Vergütung nach Einheitspreisen bestimmt, so ist der Unternehmer aufgrund seiner Treuepflicht gehalten, das Werk auszuführen, ohne dabei die Anzahl vernünftigerweise erforderlicher Einheiten zu überschreiten 4C.88/2005 (8.7.05) E. 2 fr. Bemisst sich der Werklohn auf der Basis von Art. 374 nach dem Aufwand des Unternehmers, so besteht für unnötigen Mehraufwand kein Anspruch auf Vergütung, d.h., der Werklohn bestimmt sich nach der Arbeit, dem Stoff und dergleichen, die *bei sorgfältigem Vorgehen* zur Ausführung des Werkes genügt hätten 96 II 58/60 f. E. 1, 4A_577/2008 (31.3.09) E. 5.2 fr. Das Bundesgericht hatte in 4A_291/2007 (29.10.07) E. 3.2 noch offengelassen, wer für die Angemessenheit des Aufwandes bzw. dessen Unangemessenheit die Beweislast trägt. In 4A_15/2011 (3.5.11) E. 3.3 hat das Bundesgericht dann festgehalten, dass der Unternehmer die Beweislast für den bei sorgfältigem Vorgehen objektiv notwendigen Aufwand trage.

8 **Weiteres.** Haftung des Unternehmers für Beschädigungen der von einer Drittfirma gelieferten Sache durch seine Arbeiter (in casu Heranziehung der vereinbarten Garantierücklässe zur Sicherung dieses Anspruchs, da der Unternehmer sich verpflichtet hatte, auch diesen «Mangel» zu beheben) 89 II 232/237 f. E. 5. – Vor der Ablieferung des Werkes unterliegt jede Sorgfaltspflichtverletzung, die einer Nicht- oder Schlechterfüllung des Vertrages gleichkommt, den allgemeinen Bestimmungen über die Nichterfüllung von Verträgen. So gelten die Art. 97 ff. für die Haftung des Unternehmers im Falle von Diebstahl der Sache des Bestellers (Umwandlung der Rückgabe- in eine Entschädigungspflicht). Nach der Ablieferung wird die Sorgfaltshaftung nach Art. 364 durch die Sondervorschriften über die Mängelhaftung absorbiert 113 II 421/422 E. 2b Pra 1988 (Nr. 110) 405, 111 II

170/172 fr. – Ansprüche aus Pflichtverletzungen des Unternehmers vor Ablieferung des Werkes verjähren mit Ablauf von zehn Jahren (Art. 127) 113 II 264/267 E. 2b.

Abs. 2 **Allgemeines.** Lässt der Unternehmer (in casu Generalunternehmer) das Werk berechtigterweise durch Dritte ausführen, so liegt dennoch ein Werkvertrag vor; die Auffassung, in diesem Fall sei das Rechtsverhältnis als Kauf einer künftigen Sache oder als fiduziarisches Rechtsverhältnis oder als Innominatkontrakt anzusehen, ist abzulehnen 94 II 161/162 f. E. 1. – Verstösst der Unternehmer gegen die Pflicht zur persönlichen Ausführung, so kann dies vom Besteller nur im Verfahren nach Art. 107–109 zum Anlass eines Rücktritts vom Vertrag genommen werden 103 II 52/55 E. 4. 9

Persönliche Ausführung. Die Übertragung von Bauarbeiten ist eine ausgesprochene Vertrauenssache. Wenn für Bauarbeiten ein Unternehmer mit Rücksicht auf die Qualität seiner Arbeit ausgewählt wird, hat er den Auftrag grundsätzlich mit betriebseigenem Personal zu erfüllen und kann nicht beliebig viele ausgeliehene Hilfskräfte beiziehen 103 II 52/56 f. E. 5b–c. *Keine persönliche Ausführung* ist erforderlich, wenn ein Generalunternehmer unter Übernahme des gesamten Baurisikos ein schlüsselfertiges Haus nach behördlich genehmigtem Projekt zu einem Pauschalpreis zu liefern hat 94 II 161/162 E. 1. 10

Abs. 3 Die Regel ist dispositiver Natur und enthält eine Vermutung; der Unternehmer hat die anderweitige Verabredung oder Übung nachzuweisen 4A_37/2019 (30.4.19) E. 3.2 fr. 11

2. Betreffend den Stoff

Art. 365

1 Soweit der Unternehmer die Lieferung des Stoffes übernommen hat, haftet er dem Besteller für die Güte desselben und hat Gewähr zu leisten wie ein Verkäufer.

2 Den vom Besteller gelieferten Stoff hat der Unternehmer mit aller Sorgfalt zu behandeln, über dessen Verwendung Rechenschaft abzulegen und einen allfälligen Rest dem Besteller zurückzugeben.

3 Zeigen sich bei der Ausführung des Werkes Mängel an dem vom Besteller gelieferten Stoffe oder an dem angewiesenen Baugrunde, oder ergeben sich sonst Verhältnisse, die eine gehörige oder rechtzeitige Ausführung des Werkes gefährden, so hat der Unternehmer dem Besteller ohne Verzug davon Anzeige zu machen, widrigenfalls die nachteiligen Folgen ihm selbst zur Last fallen.

Abs. 1 Die Bestimmung verweist nur bezüglich der Rechtsgewährleistung für den gelieferten Stoff auf die Regeln des Kaufvertragsrechts, während für die Sachgewährleistung das Werkvertragsrecht und insbesondere auch dessen Verjährungsfristen (Art. 371 Abs. 2) gelten 117 II 425/428 E. 3. Übernimmt der Unternehmer die Lieferung des Materials, hat er grundsätzlich für dessen Mängelfreiheit einzustehen und zwar auch wenn der Besteller vorschreibt, welches Material von welchem Hersteller verwendet werden soll – jedenfalls wenn keine grundsätzlichen Bedenken gegen den Lieferanten im Raum stehen. Ein Ausschluss der Haftung rechtfertigt sich unter diesen Umständen nur dort, wo die Weisung des Bestellers sich als alleinmassgebliche adäquate kausale Mangelursache erweist – z.B. 1

wenn der entsprechende Lieferant nur über fehlerhaftes Material verfügt oder sich der fachkundige Besteller die (mangelhafte) Partie des zu verwendenden Materials selber ausgesucht hat 4A_166/2008 (7.8.08) E. 3.3.

2 ***Abs. 2*** Der Wortlaut und die Systematik des Gesetzes lassen es zu, unter *«geliefertem Stoff»* auch ein Fahrzeug zu verstehen, das der Besteller dem Unternehmer zur Reparatur anvertraut 113 II 421/422 E. 2a Pra 1988 (Nr. 110) 405 oder eine Fahrnissache oder eine Baute, die dem Unternehmer zwecks Unterhalt überlassen wurden 4A_194/2014 (2.9.14) E. 2.4 fr. – Aus der Bestimmung ergibt sich insbesondere die Pflicht des Unternehmers, alle Massnahmen zu treffen, die man vernünftigerweise von ihm erwarten kann, um einem Diebstahl vorzubeugen. Das Ausmass der dem Unternehmer obliegenden *Sorgfaltspflicht* bestimmt sich grundsätzlich nach den gleichen Regeln, wie sie für den Arbeitnehmer gelten (Art. 364 Abs. 1, der auf Art. 321e Abs. 2 verweist). Es hängt vor allem von den Risikofaktoren ab, die der betreffenden Sache eigen sind 113 II 421/422 E. 2a Pra 1988 (Nr. 110) 405 (in casu Umschreibung der Sorgfaltspflicht des Garagisten hinsichtlich ihm zur Reparatur anvertrauter Fahrzeuge). Der Unternehmer ist in der Regel nicht verpflichtet, den vom Besteller erhaltenen Stoff zu versichern (unter besonderen Umständen hat jedoch der Unternehmer den Besteller auf die Notwendigkeit einer Versicherung aufmerksam zu machen bzw. in sehr dringenden Fällen diese auf Kosten des Bestellers selbst abzuschliessen) 50 II 514/516 f. E. b it.

3 ***Abs. 3*** Der Unternehmer ist verpflichtet, die Verhältnisse zu prüfen, und den Besteller zu informieren. Diese Pflicht ergibt sich daraus, dass er in der Regel die erfahrenste Vertragspartei ist 4A_37/2019 (30.4.19) E. 3.3 fr. – Die Anzeigepflicht gemäss Art. 365 Abs. 3 erstreckt sich nur auf Umstände, welche einen Werkmangel bewirken oder die Ablieferung über den vereinbarten Termin hinaus verzögern. Der Unternehmer ist nicht verpflichtet, den Bauherrn über die Unmöglichkeit der Umsetzung eines Wunsches zu informieren, soweit dieser Wunsch nicht als geschuldete Eigenschaft des Werkes vereinbart wurde 4A_321/2007 (3.12.07) E. 4.2–4.3 fr. – Art. 365 Abs. 3 bezieht sich auf die Erfüllung und verpflichtet den Unternehmer nicht, den Besteller über die Kosten des Werkes zu informieren (hingegen kann sich der Besteller gegebenenfalls auf die Unverbindlichkeit des Vertrages infolge Grundlagenirrtums gemäss Art. 24 Abs. 1 Ziff. 4 oder auf culpa in contrahendo des Unternehmers berufen) 92 II 328/332 ff. E. 3 Pra 1967 (Nr. 91) 290 f. Der Anspruch auf Mehrvergütung infolge von Bestellungsänderungen setzt nicht voraus, dass der Unternehmer die Mehrforderung ankündigt 4C.16/2006 (17.11.06) E. 6.3, 4C.35/2001 (4.3.02) E. 3c. – Pflicht zur Anzeige bei unvollständigen Angaben (in casu Elektro-Schema) des Bestellers 116 II 454/457 E. 2c/cc. – Eine Anzeigepflicht des Unternehmers besteht nicht, wenn der Besteller den Mangel oder die Umstände, welche zu einer mangelhaften oder verspäteten Ausführung führen, bereits kennt oder kennen müsste 4C.99/2004 (28.6.04) E. 4.1 fr. Sie besteht auch dann nicht, wenn der Unternehmer nachweist, dass die Arbeiten trotz Mitteilung in jedem Fall unter Verwendung des beanstandeten Materials ausgeführt worden wären 4A_37/2019 (30.4.19) E. 3.3 fr. – Die Prüfung der Eignung des angewiesenen Baugrundes ist im Allgemeinen Sache des Unternehmers, weil sie mit zu der Sorgfalt gehört, die er bei der Übernahme des Werkes und der Vorbereitung seiner Erstellung anzuwenden hat (anders verhält es sich, wenn der Besteller – wie in casu – die Prüfung selber vornimmt und dem Unternehmer die betreffenden Unterlagen übergibt)

52 II 437/441 E. 1a. – Ein lokaler Handwerker verstösst nicht gegen die Sorgfaltspflicht, wenn er einen Mangel im Bauplan des Architekten nicht wahrnimmt, den – wie er vernünftigerweise annehmen durfte – der Architekt als Bauleiter oder der Fachmann der Lieferfirma besser als er zu entdecken in der Lage war (in casu Dachdeckerarbeiten/ungenügende Schräge der Dachkonstruktion als Ursache der Durchlässigkeit) 93 II 311/316 E. 3a Pra 1968 (Nr. 50) 168 f. – Ein Totalunternehmer, der ein Bauprojekt ausarbeitet, obschon er weiss bzw. wissen müsste, dass die Erteilung einer Baubewilligung wegen der Lage des Baugrundstücks in einer Gefahrenzone zweifelhaft ist, muss der Bauherrschaft diese Gefahr für die Ausführung des Werkes anzeigen 4A_99/2015 und 4A_101/2015 (21.7.15) E. 4.3 fr.

3. Rechtzeitige Vornahme und vertragsgemässe Ausführung der Arbeit

Art. 366

[1] Beginnt der Unternehmer das Werk nicht rechtzeitig oder verzögert er die Ausführung in vertragswidriger Weise oder ist er damit ohne Schuld des Bestellers so sehr im Rückstande, dass die rechtzeitige Vollendung nicht mehr vorauszusehen ist, so kann der Besteller, ohne den Lieferungstermin abzuwarten, vom Vertrage zurücktreten.

[2] Lässt sich während der Ausführung des Werkes eine mangelhafte oder sonst vertragswidrige Erstellung durch Verschulden des Unternehmers bestimmt voraussehen, so kann ihm der Besteller eine angemessene Frist zur Abhilfe ansetzen oder ansetzen lassen mit der Androhung, dass im Unterlassungsfalle die Verbesserung oder die Fortführung des Werkes auf Gefahr und Kosten des Unternehmers einem Dritten übertragen werde.

1 *Abs. 1* Art. 366 Abs. 1 ist ein Anwendungsfall der Art. 107–109 und bedarf der Ergänzung durch das allgemeine Verzugsrecht 4A_232/2011 (20.9.11) E. 4.3. Der Besteller kann zurücktreten, wenn er dem Unternehmer eine Nachfrist nach Art. 107 Abs. 1 angesetzt hat (bzw. generell nach Art. 107–109 vorgegangen ist 46 II 248/251 E. 2) 4A_96/2014 (2.9.14) E. 3.1 fr., 4A_551/2015 (14.4.16) E. 5.2 fr., 4A_608/2016 (30.5.17) E. 2.5, 4A_133/2019/4A_143/2019 (10.12.19) E. 7.2 it. Fehlt es daran, so ist seine Rücktrittserklärung nach Art. 377 wirksam 98 II 113/115 E. 2, 4A_551/2015 (14.4.16) E. 6 fr. – Die Ansetzung einer Frist zur Abhilfe kann in Anwendung des Grundsatzes von Art. 108 Abs. 1 unterbleiben, wenn aus der Haltung des Unternehmers hervorgeht, dass eine solche wirkungslos wäre 4C.255/1996 (28.3.00) E. 6c aa fr., 4A_551/2015 (14.4.16) E. 5.2 fr. – Erfüllt der in Verzug befindliche Unternehmer auch innert der Nachfrist des Art. 107 Abs. 1 nicht, kann der Besteller ohne Ersatz der dem Unternehmer entstandenen Kosten vom Vertrag zurücktreten; vorbehalten bleiben Entschädigungsansprüche, die ausdrücklich bereits für den Entwurf des Werks vereinbart worden sind 115 II 50/55 ff. E. 2, 3 Pra 1989 (Nr. 250) 893 f. – Die Nichteinhaltung eines unverbindlichen Zwischentermins vermag für sich allein zwar keine Verspätung zu begründen, kann aber Rückschlüsse auf die Wahrscheinlichkeit einer rechtzeitigen Vollendung des Werks liefern; eine rechtzeitige Vollendung des Werkes ist nicht erst dann nicht mehr vorauszusehen, wenn die verspätete Vollendung unvermeidlich ist 4A_371/2015 (11.1.16) E. 4.1. – Der Besteller trägt die Beweislast für die Fakten, welche die Anwendung von Art. 366 Abs. 1 rechtfertigen 4A_551/2015 (14.4.16) E. 5.2 fr. – Der Rücktritt des Bestellers bewirkt, dass der Vertrag

mit Wirkung ex tunc aufgelöst wird. Hat indessen der Unternehmer im Zeitpunkt des Rücktritts mit der Ausführung des Werkes schon begonnen, so steht es dem Besteller frei, den Vertrag gegen Vergütung der bereits geleisteten Arbeit ex nunc aufzulösen und das Werk, soweit es ausgeführt ist, zu beanspruchen 116 II 450/452 E. 2a. – Wenn eine Leistung sowohl technisch als auch nach dem Vertragszweck und der Interessenlage teilbar ist und wenn der Unternehmer nur mit einem Teil der Leistung im Herstellungsverzug ist, nicht aber mit dem anderen Teil, so kann dem Unternehmer ein Gesamtverzicht nur aufgebürdet werden, wenn auch die Herstellung des anderen Teils als gefährdet erscheint und eine Interessenabwägung zu keinem anderen Schluss führt 141 III 106/108 ff. E. 16.2–16.2.4. – Der Besteller hat den Unternehmer für das bis zur Auflösung des Vertrages erbrachte Werk (in casu Aushubarbeiten) zu entschädigen, soweit er diesen Werkteil nutzen kann 4A_133/2019/4A_143/2019 (10.12.19) E. 8.2 it.

2 ***Abs. 2*** Die Bestimmung ist nur anwendbar, wenn die mangelhafte Ausführung des Werkes bestimmt voraussehbar ist. Bestimmt voraussehbar ist die Mangelhaftigkeit künftiger Lieferungen (in casu von Uhren) nicht, wenn zwar einzelne Exemplare in einer bereits erfolgten Teillieferung Mängel aufweisen, aber diese Mängel nicht konzeptioneller Art sind 4C.387/2001 (10.9.02) E. 6.5 fr. – Die bestimmte Voraussehbarkeit der mangelhaften Erstellung setzt keine absolute Sicherheit voraus. Es genügt, dass man objektiv eine mangelhafte Erstellung (bzw. eine mangelhafte Nachbesserung) erwarten muss. Bloss subjektive Befürchtungen des Bestellers sind dagegen nicht ausreichend 4A_323/2012 (10.9.12) E. 2 fr. Eine bestimmte Voraussehbarkeit wurde in casu der Korrespondenz des Unternehmers entnommen, aus welcher geschlossen wurde, dass dieser nicht gewillt war, die Bauten mängelfrei abzuliefern 4C.433/2005 (20.4.06) E. 2.2.1. – Dem Unternehmer muss eine angemessene Frist zur Abhilfe angesetzt werden, und zwar verbunden mit der Androhung der Ersatzvornahme auf Kosten und Gefahr des Unternehmers 4A_96/2014 (2.9.14), E. 3.1 fr. Im Sinne einer milderen Massnahme kann es auch genügen, den Unternehmer aufzufordern, innert einer Frist eine Erklärung der Leistungsbereitschaft abzugeben 4C.433/2005 (20.4.06) E. 2.2.2. – Nach Ablauf der Frist hat der Besteller dem Unternehmer mitzuteilen, dass ihm die Behebung des Mangels und die Weiterführung der Arbeiten entzogen sind und dass ein Dritter damit beauftragt werde. Diese Mitteilung sollte so formuliert sein, dass sie nicht als Verzicht auf die Leistung nach Art. 107 Abs. 2 missverstanden werden kann (vgl. 126 III 230/236 f. E. 7b/bb und cc). – Lässt der Besteller die Frist zur Abhilfe durch den Richter ansetzen, erfolgt die Beurteilung des Gesuchs im summarischen Verfahren (Art. 366 i.V.m. ZPO 250 lit. b Abs. 3). Das Gesuch muss vor der Ablieferung des Werkes gestellt werden 4A_319/2017 (23.11.17) E. 2, 3; bei vorzeitiger Beendigung des Werkvertrages gilt das (unvollendete) Werk im dannzumaligen Zustand als abgeliefert 4A_319/2017 (23.11.17) E. 2.3.1. – Der Anspruch auf Ersatzvornahme ist eine Modifikation des ursprünglichen Erfüllungsanspruchs auf Leistung bzw. Nachbesserung durch den Unternehmer selber. Der daraus fliessende Anspruch des Bestellers ist daher ein Anspruch auf Aufwendungsersatz, nicht auf Schadenersatz 141 III 257/259 E. 3.3, 4A_395/2019 (2.3.20), E. 4.2 fr. Der Vertrag bleibt somit bestehen, wobei sich die Pflicht des Unternehmers, das Werk zu erstellen, zu einer Pflicht zur Bezahlung der Ersatzvornahmekosten wandelt 126 III 230/233 E. 7a/aa fr., 4A_518/2011 (21.12.11) E. 3 fr., 4A_556/2011 (20.1.12) E. 2.4. – Die Androhung der Ersatzvornahme kann in Analogie zu Art. 108 Abs. 1 entfallen, wenn der Unternehmer als zur Verbesserung des

Mangels unfähig erscheint oder wenn er ausdrücklich oder durch konkludentes Handeln zu erkennen gibt, dass er den Zustand nicht ändern wird 4A_518/2011 (21.12.11) E. 4 fr. Ein Entzug der Arbeiten ohne vorgehende Aufforderung zur Verbesserung ist zwar in Anwendung von Art. 108 möglich, es handelt sich indessen um eine Ausnahmeregelung, deren Voraussetzungen nicht leichthin als gegeben anzunehmen sind 4A_518/2011 (21.12.11) E. 5 fr. In casu befand sich der Unternehmer mit der verlangten Verbesserung ca. 1½ Jahre im Verzug, woraus der Besteller habe schliessen dürfen, dass der Unternehmer zur Verbesserung unfähig sei 4C.77/2005 (20.4.05) E. 4 fr. – Analoge Anwendung der Bestimmung auf die Nachbesserung gemäss Art. 368 Abs. 2: Dem Besteller, der die Nachbesserung wählt, steht gegenüber dem dazu nicht gewillten oder nicht fähigen Unternehmer das Recht zu, die Nachbesserung ohne richterliche Ermächtigung durch einen Dritten ausführen zu lassen und vom Unternehmer dafür Ersatz zu verlangen 107 II 50/55 f. E. 3, 4C.159/1999 (28.7.00) E. 4, 4A_395/2019 (2.3.20), E. 4.2 fr. Schreitet der Besteller zur Ersatzvornahme ohne Vorschuss, wozu er auch ohne richterliche Ermächtigung befugt ist (136 III 273/276 E. 2.4 Pra 2010 [Nr. 129] 853), muss er nach getätigter Mängelbeseitigung im Rückerstattungsprozess gegen den Unternehmer sowohl den grundsätzlichen Anspruch auf Ersatzvornahme als auch die Berechtigung des konkret getätigten Aufwandes nachweisen 141 III 257/259 f. E. 3.3. – Der Anspruch des Bestellers auf Erstattung der Kosten beinhaltet auch einen Anspruch auf Bevorschussung dieser Kosten 128 III 416/418 E. 4.2.2. Der Kostenvorschuss ist ein vorweggenommener Aufwendungsersatz für die Kosten der Ersatzvornahme. Klagt der Besteller auf Leistung eines Vorschusses, geht es im Vorschussprozess um das Bestehen des Anspruchs auf Ersatzvornahme (und damit des Vorschussanspruchs), welcher im nachfolgenden Abrechnungsprozess nicht mehr infrage gestellt werden kann. Die Höhe der Kosten ist dagegen nur insoweit Gegenstand des Vorschussprozesses, als darin über die Höhe des Vorschusses entschieden wird. Bezüglich der Höhe der tatsächlichen Kosten, die in diesem Zeitpunkt noch gar nicht aufgelaufen sind und für die am Ende Ersatz geschuldet ist, entfaltet das Urteil im Vorschussprozess keine Rechtskraft. Das Kostenvorschussurteil schliesst demzufolge im Abrechnungsprozess weder die Rückforderung eines zu hohen Kostenvorschusses durch den Unternehmer noch die Nachforderung der noch nicht gedeckten Kosten durch den Besteller aus 141 III 257/260 E. 3.3. – Der Anspruch auf Erstattung der Kosten der Ersatzvornahme besteht unabhängig von einem Verschulden des Unternehmers am Mangel; vorausgesetzt ist nur, dass der Besteller den Mangel nicht selbst verschuldet hat 4C.159/1999 (28.7.00) E. 5.

Neben der Ersatzvornahme steht dem Besteller auch ein Vorgehen gemäss Art. 107 3
Abs. 2 offen 126 III 230/235 fr., 4A_96/2014 (2.9.14), E. 3.1 fr., 4A_518/2011 (21.12.11) E. 3 fr., 4C.433/2005 (20.4.06) E. 2.1. Auslegung der entsprechenden Wahlerklärung des Bestellers nach dem Vertrauensprinzip 126 III 230/237 f. E. 7a/cc und b fr.

4. Haftung für Mängel

Vorb. Art. 367–371

Partei- und Prozessfähigkeit *sowie Aktivlegitimation der Stockwerkeigentümergemeinschaft im Prozess über Gewährleistungsansprüche wegen Mängeln an gemeinschaftlichen Bauteilen (ZGB Art. 712l Abs. 2).* Die Gemeinschaft kann Gewährleistungsansprüche – ab- 1 gesehen von jenen, die ihr aufgrund eigener, d.h. im Rahmen ihrer Verwaltungstätigkeit abgeschlossener Werkverträge oder aus direkter Verpflichtung des an sich dem einzelnen Eigentümer verantwortlichen Unternehmers zustehen – nur dann geltend machen, wenn ihr Ansprüche von einzelnen Stockwerkeigentümern vertraglich abgetreten worden sind (Art. 164 ff.) 111 II 458/460 ff. E. 3 JdT 134 (1986) I 482 ff. E. 3, 114 II 239/242 ff. E. 4, 5; die Abtretung der Ansprüche eines oder einzelner Stockwerkeigentümer genügt 145 III 8/9, 13 f. E. 3.2.1, E. 3.6; vgl. auch 117 II 40/40 ff., vgl. Rz. 5 zu Art. 368.

2 **Mehrere Verantwortliche.** Für den durch die Schlechterfüllung des Werkvertrages (bzw. Architekten- oder Ingenieurvertrages) verursachten Schaden haften die Parteien der Bauherrin gegenüber als unechte Solidarschuldner in analoger Anwendung von Art. 51 130 III 362/369 E. 5.2, 119 II 127/131 E. 4b.

3 **Verhältnis zur Irrtumsanfechtung.** Im Kaufvertragsrecht lässt das Bundesgericht alternativ zur Berufung auf die Mängelhaftung auch die Geltendmachung eines Grundlagenirrtums zu, wenn der Defekt bereits im Zeitpunkt des Risikoüberganges bestand oder wenn er die Folge eines Defektes ist, welcher bereits zu jenem Zeitpunkt bestand 4C.321/2006 (1.5.07) E. 4.3.1 fr. Vom Bundesgericht ist nicht entschieden, ob dies auch für Mängel von Werken gilt.

a. Feststellung der Mängel

Art. 367

[1] Nach Ablieferung des Werkes hat der Besteller, sobald es nach dem üblichen Geschäftsgange tunlich ist, dessen Beschaffenheit zu prüfen und den Unternehmer von allfälligen Mängeln in Kenntnis zu setzen.

[2] Jeder Teil ist berechtigt, auf seine Kosten eine Prüfung des Werkes durch Sachverständige und die Beurkundung des Befundes zu verlangen.

1 ***Abs. 1*** **Ablieferung (oder Abnahme) des Werkes.** (Vgl. Rz. 2 zu Art. 371, Rz. 2 zu Art. 372) – Als Ablieferung ist die in der Absicht der Vertragserfüllung vorgenommene Übergabe des beendeten, wenn auch allenfalls mangelhaften Werkes an den Besteller zu verstehen 4A_51/2007 (11.9.07) E. 4.5, 129 III 738/748, 4A_653/2015 (11.7.16) E. 3.2.1 fr. – Ablieferung und Abnahme des Werkes setzen dessen Vollendung voraus 118 II 142/149 E. 4, 129 III 738/748 E. 7.2, 4A_653/2015 (11.7.16) E. 3.2.1 fr., 4A_401/2015 (8.1.16) E. 2.1. Vollendet ist das Werk, wenn sämtliche vereinbarten Arbeiten – mit allfälligen Bestellungsänderungen – ausgeführt sind 4A_401/2015 (8.1.16) E. 2.1, 2.3. Wird ein Werk (in casu ein Anhänger) als Prototyp zu Testzwecken geliefert, ist es auch dann vollendet, wenn die Bestellerin es zur Grundlage veränderter oder verbesserter Werkausführungen machen will, sofern es die vereinbarten Prototyp-Eigenschaften aufweist 4A_401/2015 (8.1.16) E. 2.3. – Eine Ablieferung erfolgt trotz fehlender Vollendung, wenn die ausstehenden Arbeiten im Vergleich zu den Gesamtkosten ausserordentlich gering sind, da die Verweigerung der Abnahme durch den Besteller unter diesen Umständen treuwidrig wäre. Massgebend ist nicht, dass der Unternehmer gewisse vertraglich zugesagte Arbeiten nicht vorgenommen hat, sondern ob er ein fertiges gebrauchsfähiges Werk

abgeliefert hat und der Besteller erkennen konnte, dass die Arbeiten vollendet sind und er gehalten ist, die Prüfung vorzunehmen 4C.469/2004 (17.3.05) E. 2.3, E. 2.5, 4A_319/2017 (23.11.17) E. 2.3.1. – Ob das Werk mängelfrei ist, spielt dagegen keine Rolle 4A_252/2010 (25.11.10) E. 5.4.2, 4C.85/2003 (25.8.03) E. 7.2 fr., 115 II 456/458 E. 4, 4A_319/2017 (23.11.17) E. 2, E. 2.3.2.2. – Ein Werk gilt trotz fehlender Fertigstellung bei vorzeitiger Vertragsauflösung, zufolge Kündigung oder einvernehmlicher Aufhebung, im dannzumaligen Zustand als abgeliefert und die damit verbundenen Rechtsfolgen auslösend 4A_319/2017 (23.11.17) E. 2.3.1. Wenn ein Werkvertrag vor der Ablieferung des Werkes mit Wirkung ex nunc aufgelöst wird, gelten die Bestimmungen über die Mängelhaftung für das unvollendete Werk analog, wenn dem unvollendeten Werk Eigenschaften fehlen, welche es in diesem Stadium der Ausführung aufweisen sollte. Es gilt auch die Prüfungs- und Rügepflicht gemäss Art. 367 Abs. 1 4C.241/2003 (11.11.03) E. 3.3 fr., 4A_667/2016 (3.4.17) E. 4.3.1 fr., vgl. 116 II 450/452 E. 2b/aa. – Ein Bauwerk wird abgenommen oder abgeliefert (Art. 367, 371, 372), wenn der Unternehmer dem Besteller mitteilt, das Werk sei fertig 115 II 456/459, 113 II 264/267 E. 2b, 4D_112/2009 (16.10.09) E. 4 fr., 4A_653/2015 (11.7.16) E. 3.2.1 fr. Der Versand einer Schlussabrechnung kann unter Umständen als Vollendungserklärung durch konkludentes Handeln gelten 4A_51/2007 (11.9.07) E. 4.5, 4C.34/2005 (18.8.05) E. 5.1 fr., 4C.469/2004 (17.3.05) E. 2.7, 4C.301/2003 (4.2.04) E. 4.1 fr. – Eine Abnahme kann auch stillschweigend dadurch erfolgen, dass das Werk gemäss seinem Zweck gebraucht wird 4C.301/2003 (4.2.04) E. 4.1 fr., 115 II 456/459, 113 II 264/265 E. 2b, 4A_401/2015 (8.1.16) E. 2.1. Nach 94 II 161/164 E. 2c ist bei Bauwerken der Einzug des Bestellers für sich allein nicht entscheidend.

Prüfung. Die Prüfungspflicht entsteht erst bei Ablieferung des Werkes 4A_653/2015 (11.7.16) E. 3.2.1 fr.; vgl. auch 117 II 259/263 E. 2a: «Dass der Besteller einen Mangel des Werkes bereits bei Vertragsabschluss kennt, ist begrifflich ausgeschlossen; […] Selbst wenn der Unternehmer schon vorher mit der Herstellung des Werkes begonnen hat, kann der Besteller nicht bereits im Zeitpunkt des Vertragsabschlusses von einem Mangel Kenntnis haben. […] Vom Vorliegen eines Mangels kann vielmehr erst gesprochen werden, wenn das Werk abgeliefert ist.» – Bei der Beurteilung, ob eine Rüge rechtzeitig erfolgt ist, muss auf die konkreten Umstände des Einzelfalls und insbesondere die Art der Mängel abgestellt werden 118 II 142/148 E. 3b. Die Prüfung kann daher einige Tage oder sogar mehrere Monate dauern 81 II 56/59 E. 3b. Der Umstand, dass gewisse Mängel nicht sofort sichtbar werden, kann dazu führen, dass mit der Prüfung zuzuwarten ist 4A_534/2008 (24.3.09) E. 7.3. Hat die Bestellerin den Verdacht, es könnte ein Mangel vorliegen, und erachtet sie ihn nicht als zweifelsfrei festgestellt, hat sie die Beschaffenheit des Werkes zu prüfen; sie kann sich nicht damit begnügen, ein gerichtliches Gutachten zu beantragen und mit einer Mängelrüge bis zu dessen vorliegen zuzuwarten 4A_360/2017 (30.11.17) E. 3.2.2. Da ein *Generalunternehmervertrag* einen Werkvertrag darstellt, kommen unabhängig davon, ob von einem Generalunternehmervertrag oder von einem einfachen Werkvertrag auszugehen ist, die Verjährungs- und Verwirkungsbestimmungen des Werkvertragsrechts zur Anwendung 4P.13/2007 (20.4.07) E. 5. Beim Generalunternehmervertrag darf der Besteller mit der Prüfung und Rüge bis zur schlüsselfertigen Übergabe des Werkes zuwarten, ohne Rücksicht darauf, wann die einzelnen Handwerker, denen der Generalunternehmer die Arbeiten als Unterakkordanten vergeben hat, ihre Tätigkeit ab- 2 geschlossen haben 94 II 161/166 E. 3b. – Die Prüfung ist am Ort vorzunehmen, an dem der Unternehmer das fertiggestellte Werk abzuliefern hat, sofern die Parteien nicht ausdrücklich oder konkludent einen anderen Prüfungsort vereinbart haben 4A_534/2008 (24.3.09) E. 7.3. Aus einer Vereinbarung, wonach der Unternehmer Qualitätssicherungsmassnahmen zu ergreifen hat, kann ohne spezielle Vereinbarung nicht abgeleitet werden, der Besteller sei von seiner Untersuchungsobliegenheit befreit worden 4A_534/2008 (24.3.09) E. 7.3. – Der Besteller kann den Aufwand, welcher mit der Prüfung verbunden ist, nicht dem Unternehmer in Rechnung stellen 4A_556/2011 (20.1.12) E. 2.6 fr. (vgl. aber zu den Kosten einer Expertise gem. Art. 367 Abs. 2 4A_83/2009 [6.5.09] E. 4.2 fr., 126 III 388/392 E. 10b fr.). – Eine Unterlassung der Prüfung und Anzeige an den Unternehmer (Art. 370 Abs. 2) oder der unverzüglichen Anzeige bei einem verborgenen Mangel (Art. 370 Abs. 3) begründet die unwiderlegbare Vermutung der Abnahme des Werkes 4A_231/2016 (12.7.16) E. 2.2 fr.

3 **Rügefrist.** Zur Frage, wann ein Mangel entdeckt ist, und zur Rügefrist vgl. Art. 370 – Obschon der Wortlaut des Art. 367 Abs. 1 es nicht ausdrücklich besagt, sind alle (offensichtliche und verborgene) Mängel sofort (d.h. unverzüglich) nach Entdeckung zu rügen 4C.151/2005 (29.8.05) E. 5.1 fr., 4A_53/2012 (31.7.12) E. 5.1, 4A_55/2012 (31.7.12) E. 6.1, 4A_231/2016 (12.7.16) E. 2.2 fr., 4A_251/2018 (11.9.18) E. 3.1 fr. – Wenn sich der Besteller schon während der Bauarbeiten gegenüber dem Unternehmer über sich abzeichnende Mängel beschwert, so kann sich der Unternehmer nach der Ablieferung nicht auf die Verspätung der Mängelrüge berufen, wenn der Besteller nach der Ablieferung nicht sofort rügt 4C.190/2003 (28.11.03) E. 5.2 fr. – Im Fall eines «Dauer-Werkvertrages» (tägliche Reinigung) ist nicht verlangt, dass der Besteller eine generell ungenügende Reinigung täglich rügt; unter dem Aspekt der Rechtzeitigkeit ist es ausreichend, wenn der Besteller (nach mehreren mündlichen Beanstandungen) die Mangelhaftigkeit in der entsprechenden Rechnungsperiode einmal schriftlich rügt 4C.231/2004 (8.10.04) E. 2.3.3 fr. 4.

4 **Mängelrüge.** Die Mängelrüge ist eine *zur Erhaltung der Rechte des Bestellers erforderliche Erklärung.* Sie ist zudem hinsichtlich der darin aufgezählten Mängel eine blosse Vorstellungsäusserung und grenzt den Umfang der Haftpflicht des Unternehmers einzig negativ in dem Sinne ein, als dieser bezüglich der nicht angezeigten Mängel von ihr befreit ist (unerheblich ist, ob der Unternehmer einer Mängelanzeige widerspricht oder darauf nicht antwortet). Umfasst die Rüge auch Mängel, für die der Unternehmer von Gesetzes wegen nicht haftet (in casu nach Ablieferung des Werkes entstandene Wetterschäden), so vermag das Stillschweigen des Unternehmers eine Haftung nicht zu begründen 107 II 437/437 f. – Die Anzeige der Mängel ist an *keine besondere Form* gebunden 4A_231/2016 (12.7.16) E. 2.2 fr. Sie kann sich aus verschiedenen Schriftstücken ergeben 4A_293/2017 (13.2.18) E. 2.4 fr. Offengelassen, ob eine Mängelrüge in der Klageantwort erhoben werden kann, weil angesichts der Zeitspanne zwischen Entdeckung des Mangels, Verfassen und Einreichen der Eingabe und deren Zustellung an die Gegenpartei die Rüge regelmässig nicht mehr rechtzeitig ist 4A_360/2017 (30.11.17) E. 3.2.3. – Inhaltlich muss die Rüge *sachgerecht substanziiert* sein, die Mängel genau angeben und zum Ausdruck bringen, dass der Besteller das Werk nicht als vertragsgemäss anerkennt (Anzeigepflicht) und den Unternehmer haftbar machen will (Rügepflicht) 4A_511/2014 (4.3.15) E. 4.3, 4A_82/

2008 (29.4.09) E. 6.1, 4C.231/2004 (8.10.04) E. 2.1 fr., 107 II 172/175 f. E. 1a, vgl. 4C.50/2001 (20.6.01) E. 1 a, 4A_231/2016 (12.7.16) E. 2.2 fr., 4A_251/2018 (11.9.18) E. 3.2 fr. Dabei ist die Mängelrüge hinreichend konkret zu formulieren, und zwar so, dass der Unternehmer verstehen kann, um welche Mängel es geht (resp. in welchen Punkten (u.a. Art des Mangels, Lage, Ausmass) sein Werk beanstandet wird 4A_643/2014 (25.11.15) E. 3.2 fr., 4A_251/2018 (11.9.18) E. 3.2, 5.1.4 fr., 4A_293/2017 (13.2.18) E. 2.2.2 fr.) und er sie selber feststellen kann 4A_51/2007 (11.9.07) E. 4.5, 4C.130/2006 (8.5.07) E. 4.2.1 fr., 4C.231/2004 (8.10.04) E. 2.3.1 fr., 4C.258/2001 (5.9.02) E. 3.1. fr. Wie die Mängel in der Anzeige zu umschreiben sind, hängt von den Umständen ab. Jedenfalls genügt als Mängelrüge nicht, wenn der Besteller seine Unzufriedenheit äussert, ohne konkret die Mängel zu benennen. Hingegen reicht die blosse Angabe der ungünstigen Wirkungen, wie zum Beispiel: «Ware ist so schlecht, dass sie nicht verarbeitet werden kann» 4A_82/2008 (29.4.09) E. 6.1 mit Verweis auf 4C.395/2001 (28.5.02) E. 2.1.1. – Richtet sich eine Mängelrüge an mehrere Unternehmer, muss sie spezifizieren, welcher Unternehmer für welche Mängel verantwortlich sein soll 4A_423/2019 (20.1.20) E. 2, 3. – Wenn es sich um mehrere Mängel handelt, genügt es nicht, nur die Hauptmängel zu nennen 4A_251/2018 (11.9.18) E. 3.2 fr. Sind aufgrund eines Werkvertrages zwei getrennte Werke auszuführen (in casu Inneneinrichtungen zweier Läden aufgrund eines einzigen Werkvertrages), reicht die Rüge von Mängeln des einen Werkes nicht auch für Mängel des anderen Werkes 4A_643/2014 (25.11.15) E. 3.3 fr. – Nicht erforderlich ist, dass in der Mängelrüge die Ursachen der angezeigten Mängel genannt werden 4C.130/2006 (8.5.07) E. 4.2.1, 4A_251/2018 (11.9.18) E. 3.2 fr., 4A_293/2017 (13.2.18) E. 2.2.2 fr. – Die Mängelrüge muss zum Ausdruck bringen, dass der Besteller das Werk nicht als vertragsgemäss anerkennt und den Unternehmer haftbar macht 4A_293/2017 (13.2.18) E. 2.2.2, 2.4 fr. Grundsätzlich ist davon auszugehen, dass die Mitteilung eines Mangels impliziert, dass der Besteller den Unternehmer dafür verantwortlich macht; anders verhält es sich indessen bei Vorliegen besonderer Umstände, namentlich wenn der Besteller Mängel geltend macht mit dem ausschliesslichen Zweck, den Unternehmer zu warnen 4C.130/2006 (8.5.07) E. 4.2.1, 4A_293/2017 (13.2.18) E. 2.2.2 fr. Die Zusendung eines Expertenberichts zur Kenntnis und zur Stellungnahme brachte in casu nicht zum Ausdruck, dass der Besteller den Unternehmer verantwortlich machen wollte und entsprechend konnte dies nicht als Mängelrüge gelten 4D_25/2010 (29.6.10) E. 3 fr. In 4A_293/2017 (13.2.18) E. 2.4 fr. ergab sich die Mängelrüge aus einem Schreiben, das verschickt worden war, bevor die Besteller den Mangel erkannt haben mussten, in Zusammenspiel mit einem Schreiben nach Erkennen des Mangels. – Zu rügen sind gegenüber dem Architekten bzw. Ingenieur auch Mängel an den von diesen erstellten Plänen, da sich die Haftung für Planungsfehler nach werkvertraglichen Regeln richtet 4A_53/2012 (31.7.12) E. 3.4, E. 4.1 f., 4A_55/2012 (31.7.12) E. 4.4, E. 5.1 f. – Adressat der Mängelrüge ist der Unternehmer oder ein vom Unternehmer entsprechend bevollmächtigter Vertreter. Der Besteller kann sich nicht darauf berufen, dass ihm die Verspätung der Mängelrüge nicht vorgeworfen werden könne, weil ein von ihm beauftragter Architekt diese fahrlässig unterlassen habe 4C.125/2005 (2.6.06) E. 3.1.

Abs. 2 Der Besteller ist nicht verpflichtet, das Werk bei der Übernahme durch einen 5
Sachverständigen prüfen zu lassen 46 II 36/37 fr. Die Prüfung durch Sachverständige und

die Beurkundung des Befundes dienen der Sicherung des Beweises, dass das Werk bei Ablieferung mangelhaft oder mängelfrei war. Zuständig zur Ernennung von Sachverständigen ist nach dem Sinn der Bestimmung der Richter am Ort der Ablieferung des Werkes (in casu Gebäude), unabhängig davon, ob und wo ein allfälliger Prozess über die Mängel stattfinden wird 96 II 266/270 f. E. 2, 3. – Wenn im Rahmen der Prüfung nach Art. 367 Abs. 2 ein Mangel festgestellt wird, können die Expertenkosten als Mangelfolgeschaden vom Besteller gegenüber dem Unternehmer geltend gemacht werden 4A_83/2009 (6.5.09) E. 4.2 fr., 126 III 288/392 E. 2b fr.

b. Recht des Bestellers bei Mängeln

Art. 368

[1] Leidet das Werk an so erheblichen Mängeln oder weicht es sonst so sehr vom Vertrage ab, dass es für den Besteller unbrauchbar ist oder dass ihm die Annahme billigerweise nicht zugemutet werden kann, so darf er diese verweigern und bei Verschulden des Unternehmers Schadenersatz fordern.

[2] Sind die Mängel oder die Abweichungen vom Vertrage minder erheblich, so kann der Besteller einen dem Minderwerte des Werkes entsprechenden Abzug am Lohne machen oder auch, sofern dieses dem Unternehmer nicht übermässige Kosten verursacht, die unentgeltliche Verbesserung des Werkes und bei Verschulden Schadenersatz verlangen.

[3] Bei Werken, die auf dem Grund und Boden des Bestellers errichtet sind und ihrer Natur nach nur mit unverhältnismässigen Nachteilen entfernt werden können, stehen dem Besteller nur die im zweiten Absatz dieses Artikels genannten Rechte zu.

1 **Allgemeines.** Lehrbuchartige Zusammenfassung in 4A_514/2016 (6.4.17) E. 3.2.1 fr.: Der Unternehmer hat ein mängelfreies Werk zu liefern. Ist das Werk mangelhaft, stehen dem Besteller die Gewährleistungsansprüche Nachbesserung, Minderung oder Wandelung zur Verfügung; es sind alternative Gestaltungsrechte. Die Ausübung dieser Gestaltungsrechte kann ausdrücklich oder stillschweigend erfolgen. Sie ist unwiderruflich und kann ohne Zustimmung des Unternehmers nicht geändert werden. Das Nachbesserungsrecht verpflichtet den Unternehmer zur unentgeltlichen Behebung der Mängel des Werkes. Steht fest, dass der Unternehmer nicht nachbessern kann oder will, kann der Besteller das Werk durch einen Dritten auf Kosten des Unternehmers instand stellen lassen, oder auf die Nachbesserung verzichten und Schadenersatz verlangen, wobei der Schadenersatz dem Gegenwert der unentgeltlichen Leistung entspricht, die der Unternehmer hätte erbringen müssen. Kumulativ kann bei Verschulden Ersatz des Mangelfolgeschadens verlangt werden. Ohnehinkosten hat der Besteller zu tragen. Art. 97 ist nicht anwendbar. – Die Geltendmachung der Rechte aus Art. 368 setzt voraus, dass das Werk nicht i.S.v. Art. 370 genehmigt ist, mithin, dass der Besteller seinen Prüfungs- und/oder Rügeobliegenheiten nachgekommen ist 4A_360/2017 (30.11.17) E. 3.2.4. – Der Besteller eines Werkes, das mangelhaft ist, kann sich nicht alternativ auf die Rechtsbehelfe in Art. 368 und Art. 97 berufen 100 II 30/32 E. 2, 117 II 550/553. Wenn ein Werk nicht in der vertragsgemässen Qualität abgeliefert wurde, so liegt kein Fall einer nicht rechtzeitigen Erfüllung vor, aus der Verzugsfolgen abgeleitet werden können 130 III 591/596 E. 2. – Die Regelung der Sachgewährleistung bezieht sich auf Mängel des Werkes. Liefert der Unternehmer ein anderes als das geschuldete Werk ab, ist dieses nicht nur mangelhaft, sondern

gar kein Werk i.S. des Werkvertrages; es liegt nicht eine Schlecht-, sondern eine Falschlieferung vor. Qualitätsunterschiede bei gelieferten Granitsorten lassen die gelieferte Sorte nicht als aliud zur bestellten Sorte erscheinen 4A_360/2017 (30.11.17) E. 3.1.1.

Anspruchskonkurrenz zu Art. 41 ff. und zum PrHG. Der Besteller kann mit der werkvertraglichen Gewährleistung Ansprüche aus Art. 41 ff. einfordern, soweit die Voraussetzungen dafür gegeben sind; insbesondere muss die Entstehung des Mangels eine unerlaubte Handlung darstellen 117 II 259/269 ff. E. 3, 4A_261/2015 (30.10.15) E. 4.1 Pra 2017 (Nr. 30) 283. Anwendungsfall (in casu mangelhafte Reparatur eines Steiggurtes, der zu einem Absturz führte) 64 II 254/258 ff. E.II. 1; Erstellung eines Lastschiffes 4A_261/2015 (30.10.15) Pra 2017 (Nr. 30) 271. Ein Mangel des abgelieferten Werkes ist keine Verletzung des Eigentumsrechts des Bestellers, welche einen Anspruch aus unerlaubter Handlung begründet 4A_261/2015 (30.10.15) E. 4.3 Pra 2017 (Nr. 30) 284. – Die Sicherheit des PrHG bezieht sich auf die Sicherheit des Produktes selber, nicht auf seine Gebrauchstauglichkeit 137 III 226/232 E. 3.2 Pra 2011 (Nr. 116) 840. Es gibt aber Produkte, bei denen die Sicherheit und Gebrauchstauglichkeit eng zusammenhängen, nämlich dort, wo der Gebrauchswert des Produkts gerade in der Abwehr von Schäden liegt. In solchen Fällen ist der Funktionsmangel zugleich ein Fehler (d.h. ein Sicherheitsmangel), wenn es die Konsumenten aufgrund der vom Hersteller erweckten Erwartungen unterlassen, ein anderes, wirkungsvolleres Produkt einzusetzen 139 II 534/540 E. 4.4. – Zur Anspruchskonkurrenz im Allgemeinen siehe Vorb. Art. 41–61 und Vorb. Art. 97–101. 2

Dispositive Natur der Gewährleistungsordnung. Die gesetzliche Gewährleistungsordnung ist weitgehend dispositiver Natur 114 II 239/244 f. E. 5a/aa, 118 II 142/144 f. E. 1a, 4C.82/2001 (4.9.01) E. 2 b fr., 4C.301/2002 (22.1.03) E. 3.1, 4A_667/2016 (3.4.17) E. 3.2 fr. – Der Verzicht auf Haftungsansprüche für grobfahrlässig verursachte Mängel ist nach Art. 100 Abs. 1 ungültig, wenn dieser Verzicht vor Kenntnis der Mängel erfolgt 4C.411/1999 (4.2.00) E. 2b it., vgl. 4C.149/2001 (19.12.01) E. 6 fr. – Beim Rücktritt vom Vertrag ex nunc (Art. 366 Abs. 1) ist die Bestimmung auf das *Teilwerk* anwendbar 116 II 450/452 f. E. 2b, 4C.241/2003 (11.11.03) E. 3.3 fr. – Die Wandelungs- und die Minderungsrechte sind als Gestaltungsrechte *nicht abtretbar;* es können einzig die Forderungen auf ganze oder teilweise Rückerstattung der geleisteten Vergütung zediert werden. Der Nachbesserungsanspruch ist unbesehen davon abtretbar, ob er realiter oder in Form der Kosten einer Ersatzvornahme geltend gemacht wird 114 II 239/247 E. 5 c/aa, bb. – Wirkung einer Abtretung von Gewährleistungsansprüchen erfüllungshalber, ohne den Zessionar in die Lage zu versetzen, die Gewährleistungsansprüche geltend zu machen 118 II 142/146 E. 1c. 3

Konventionalstrafe/Verhältnis zum Erfüllungsanspruch. Der Besteller kann die Ausübung seiner Mängelrechte aufspalten und den Anspruch auf Ersatz des Mangelfolgeschadens durch die Einforderung der Konventionalstrafe geltend machen, sich für den Minderwert der gelieferten Sache auf den Minderungsanspruch berufen und diesen Wert an die Konventionalstrafe anrechnen, d.h., der Besteller kann sich auch dann auf die vereinbarte Konventionalstrafe berufen, wenn er die Annahme der mangelhaften Sache nicht verweigert, sondern den für den Verkäufer oder Unternehmer weniger einschneidenden Weg der Minderung wählt 122 III 420/423 f. E. 2c. 4

Stockwerkeigentum. Der Unternehmer, welcher vertraglich die Erstellung einer Stockwerkeigentumseinheit übernimmt, ist dem Besteller gegenüber zur Ablieferung ei- 5 nes mängelfreien Werkes auch in Bezug auf gemeinschaftliche Bauteile verpflichtet. Der Nachbesserungsanspruch ist unteilbar. Jeder Stockwerkeigentümer kann seine vertraglichen Nachbesserungsansprüche auch dann ungeteilt ausüben, wenn diese Ansprüche gemeinschaftliche Bauteile betreffen 145 III 8/13 E. 3.5 (Änderung der mit 114 II 239/248 E. 5c/bb. begründeten Rechtsprechung; vgl. auch 4C.151/2005 (29.8.05) E. 4.2.3 fr.).

6 ***Ansprüche beim Werkmangel am Plan.*** Lehrbuchartig in 4A_514/2016 (6.4.17) E. 3.2.2 fr.: Ein Mangel im Plan ist ein Werkmangel. Der Mangel an der ausgeführten Baute als Folge des Mangels im Plan ist ein Mangelfolgeschaden. Der Anspruch auf Ersatz des Mangelfolgeschadens setzt voraus, dass die Voraussetzungen der Gewährleistungspflicht erfüllt sind (Prüfung des Werkes, rechtzeitige Mängelrüge), und dass den Planer ein Verschulden trifft. Der Mangelfolgeschaden kann auch dann geltend gemacht werden, wenn keine primären Gewährleistungspflichten eingefordert worden sind. Der Besteller kann vom Planer die Nachbesserung des Plans verlangen; die Kosten der Erstellung neuer Pläne durch einen Dritten sind Nachbesserungskosten, welche bei gegebenen Voraussetzungen (Weigerung oder Unfähigkeit des Planers zur Nachbesserung) der Planer zu tragen hat. Der Besteller kann vom Planer zwar nicht die Nachbesserung der Baute verlangen, wohl aber Schadenersatz in Höhe der (bezahlten oder mutmasslichen) Reparaturkosten und Begleitkosten der Nachbesserung. Ist die Instandsetzung der Baute nicht möglich oder mit übermässigem Aufwand verbunden (Art. 368 Abs. 2, nicht zumutbar), beschränkt sich der Anspruch des Bestellers auf Ersatz für den Minderwert der Baute oder den Ersatz seines negativen Interesses.

7 **Verhältnis von Abs. 1 zu Abs. 2.** Ob die Wandelung (Abs. 1) zulässig ist oder bloss ein Abzug am Werklohn (Abs. 2) zu machen ist, hängt von den *gegenseitigen Interessen* ab, die nach den Grundsätzen der Billigkeit gegeneinander abzuwägen sind (in casu war der Unternehmer entgegen seinem Versprechen nicht willens oder fähig, die technischen Mängel einer Tankanlage unentgeltlich zu beseitigen, was den Besteller nicht bloss zu einem Lohnabzug, sondern zum Rücktritt berechtigte) 98 II 118/121 f. E. 3a. Die Möglichkeit der Nachbesserung schliesst das Wandelungsrecht nicht aus 4A_232/2016 (12.9.16), E. 3.5.1.

8 **Wahlerklärung.** Der Besteller ist nicht verpflichtet, die Wahlerklärung bereits mit der Mängelrüge abzugeben (in casu Wahlerklärung bei konkreter Kenntnis des Mangels) 98 II 118/120 E. 2, 4A_251/2018 (11.9.18) E. 3.2 fr., 4A_293/2017 (13.2.18) E. 2.2.2 fr. Die Wahlerklärung kann nur durch den Berechtigten erfolgen, insbesondere kann der Richter eine nicht geäusserte Wahl nicht anstelle des Berechtigten vornehmen 136 III 273/274 E. 2.2 fr. (vgl. 135 III 441/444 E. 3.3 fr. im Mietrecht). An die einmal getroffene und dem Unternehmer mitgeteilte Wahl ist der Besteller gebunden (unwiderrufliche Gestaltungserklärung) 107 III 106/108 E. 2 fr., bestätigt in 136 III 273/275 E. 2.2 fr., 109 II 40/41 f. E. 6 Pra 1983 (Nr. 114) 312, 4C.130/2006 (8.5.07) E. 6.1 fr., 4A_643/2014 (25.11.15) E. 4.2 fr. – Bestreitet der Unternehmer die Mangelhaftigkeit des Werkes oder das vom Besteller geltend gemachte Recht auf Nachbesserung, so kann er den Besteller nicht auf seiner Erklärung behaften. Auch können die übrigen Mängelrechte unter Umständen wieder aufleben, namentlich wenn der Unternehmer mit der Nachbesserung in Verzug gerät, die Nachbesserung unmöglich ist oder wird, oder der Unternehmer trotz eines Nachbesserungsversuchs ein mangelhaftes Werk abliefert. Unter diesen Umständen ist der Besteller

an seine Gestaltungserklärung nicht gebunden und kann statt Nachbesserung wieder Wandelung oder Minderung verlangen 4C.106/2005 (7.10.05) E. 3.2, 4C.130/2006 (8.5.07) E. 6.1 fr., 4A_650/2016 (3.5.17), E. 1.2.2, 4 fr. – Ist der Unternehmer mit der verlangten Nachbesserung in Verzug, muss der Besteller ihm Frist i.S.v. Art. 107 Abs. 1 ansetzen, sofern nicht i.S.v. Art. 108 darauf verzichtet werden kann; erst dann stehen ihm die Optionen gemäss Art. 107 Abs. 2 (unter Berücksichtigung der werkvertraglichen Besonderheiten) resp. Art. 368 wieder offen 4A_643/2014 (25.11.15) E. 4.2 fr. – Wenn die Nachbesserung gewählt wird und sich dann herausstellt, dass dieses Recht wegen Übermässigkeit der Nachbesserungskosten nicht besteht, so bedeutet dies nicht, dass der Besteller aufgrund der Unwiderruflichkeit der Wahlerklärung sämtliche Mängelrechte verliert: Der Besteller kann unter den verbleibenden Mängelrechten wählen, sofern ihre Voraussetzungen gegeben sind 4C.346/2003 (26.10.04) E. 4.2.1 fr.

Mangel/sonstige Abweichung vom Vertrag. Der Begriff des Mangels ist im Werkvertragsrecht derselbe wie im Kaufvertragsrecht 4C.130/2006 (8.5.07) E. 7.3 fr., 100 II 30/32. Mangelhaft ist der Leistungsgegenstand, wenn er vom Vertrag abweicht, d.h., wenn ihm eine zugesicherte oder nach dem Vertrauensprinzip vorausgesetzte oder voraussetzbare Eigenschaft fehlt 114 II 239/244 E. 5a/aa, 145 III 8/13, E. 3.5, 4A_173/2014 (10.6.14) E. 5.4, 4A_65/2012 (21.5.12) E. 12.3 fr., 4A_460/2009 (4.12.09) E. 3.1.1 fr., 4A_271/2008 (12.8.08) E. 3.3, 4A_428/2007 (2.12.08) E. 3.1 fr., 4C.130/2006 (8.5.07) E. 3.1 fr., 4A_231/2016 (12.7.16) E. 2.2 fr. Ein Werk ist mangelhaft, wenn es in einer für den Besteller negativen Weise von der vereinbarten Beschaffenheit abweicht 4C.391/1999 (20.1.00) E. 1a fr. – Nach Art. 166 Abs. 1 SIA-Norm 118 ist ein Mangel des Werkes im Sinne dieser Norm eine Abweichung des Werkes vom Vertrag. Der Mangel besteht entweder darin, dass das Werk eine zugesicherte oder sonst wie vereinbarte Eigenschaft nicht aufweist, oder darin, dass ihm eine Eigenschaft fehlt, die der Bauherr auch ohne besondere Vereinbarung in guten Treuen erwarten durfte (z.B. Tauglichkeit des Werkes für den vertraglich vorausgesetzten oder üblichen Gebrauch 4A_511/2014 [4.3.15] E. 3.1), 4A_231/2016 (12.7.16) E. 2.2 fr. Der Mangelbegriff gemäss Art. 166 SIA-Norm 118 ist der gleiche wie gemäss Art. 368 4A_460/2009 (4.12.09) E. 3.1.1 fr., 4A_227/2014 (24.11.14) E. 3.1.1 fr., 4A_65/2012 (21.5.12) E. 12.2 fr., 4A_454/2019 (31.1.20) E. 2. – Ein Mangel im rechtlichen Sinne kann auch vorliegen, wenn es keinen Mangel im technischen Sinne gibt – und umgekehrt 4A_460/2009 (4.12.09) E. 3.1.1 fr. Die Abweichung vom vertraglich Vereinbarten stellt auch dann einen Mangel dar, wenn die vereinbarte Eigenschaft technisch nicht notwendig ist (in casu eine bauphysikalisch nicht notwendige Isolation) 4C.469/2004 (17.3.05) E. 3.1. Die Angabe einer bestimmten (Wohn-)Fläche ist eine zugesicherte Eigenschaft, für die der Unternehmer nach Art. 368 haftet 4A_227/2014 (24.11.14), E. 3.1.1 fr., vgl. 4A_65/2012 (21.5.12) E. 12.3 fr. Strittig in 4A_468/2015 (11.4.16) E. 4 fr., ob die angegebenen Flächen Brutto- oder Nettoflächen meinten; die Besteller durften in casu von Nettoflächen ausgehen. – Bei der Beurteilung, ob ein Werk mangelfrei ist, ist auf den Zustand im Zeitpunkt der Ablieferung abzustellen 4A_460/2009 (4.12.09) E. 3.1.1, 4A_231/2016 (12.7.16) E. 2.2 fr., und danach auch auf den Zustand, den es dauerhaft behalten muss 4A_460/2009 (4.12.09) E. 3.1.1. Der Unternehmer haftet nicht für die normale Abnützung, die sich aus der bestimmungsgemässen Nutzung ergibt 4A_231/2016 (12.7.16) E. 2.2 fr. – Ein Primärmangel, welcher (definitionsgemäss) im 9

Zeitpunkt der Ablieferung besteht, kann einen Sekundärmangel verursachen, der nach der Ablieferung entsteht. Es handelt sich dabei um unterschiedliche Mängel, welche aber sukzessiv dasselbe Werk desselben Unternehmers betreffen 4A_109/2014 (21.5.14) E. 3.3.1 fr., 4D_67/2014 (26.1.15) E. 2.1 (Primärmangel als conditio sine qua non für den Sekundärmangel), 4A_303/2017 (13.12.17) E. 3.4 fr. – Die gesetzliche Unterscheidung zwischen Mängeln und sonstigen Abweichungen vom Vertrag hat nur klassifikatorische, keine rechtliche Bedeutung; in beiden Fällen handelt es sich um Mängel, also um die nicht richtige Erfüllung des Werkvertrages (analog im Sinne von fehlenden vorausgesetzten oder verabredeten Eigenschaften der Kaufsache, Art. 197) 100 II 30/32 E. 2, 104 II 348/355 E. 3b/bb fr. – *Anerkannte Regeln der Technik:* Das Werk muss den technischen Anforderungen und dem Gebrauchszweck entsprechen, zu dem es der Besteller bestimmt. Wenn der vorgesehene Gebrauch dem üblichen Gebrauch entspricht, muss das Werk mindestens den anerkannten Regeln der Technik oder einem gleichwertigen Standard entsprechen 4A_329/2007 (27.11.07) E. 2 fr., 4C.130/2006 (8.5.07) E. 3.1 fr., 4A_428/2007 (2.12.08) E. 3.1 fr. Wenn der Besteller das Werk zu einem Gebrauch bestimmt hat, welcher nicht üblich ist, muss er den Unternehmer darauf hinweisen 4C.130/2006 (8.5.07) E. 3.1 fr. – Die Regeln der Baukunde gelten als anerkannt, wenn sie von der Wissenschaft als theoretisch richtig anerkannt wurden, feststehen und sich nach einer klaren Mehrheitsmeinung der fachkompetenten Anwender in der Praxis bewährt haben. Im Bauwesen wird vermutet, dass die Empfehlungen und Normen des SIA grundsätzlich die anerkannten Regeln der Baukunde wiedergeben 4A_428/2007 (2.12.08) E. 3.1 fr. Wenn aber die SIA-Normen in Bezug auf eine bestimmte Frage keine Regelung enthalten, kann man allein daraus nicht den Schluss ziehen, dass es zu dieser Frage keine anerkannte Regel der Baukunde gibt 4A_428/2007 (2.12.08) E. 3.2 fr. – Bei einem Bauprojekt gehört es zu den vorausgesetzten Eigenschaften, dass es bewilligungsfähig ist 4A_173/2014 (10.6.14) E. 5.2, was aber nicht bedeutet, dass im Falle einer Verweigerung der Baubewilligung auf jeden Fall ein Mangel des Bauprojektes vorliegt 4C.421/2006 (4.4.07) E. 5.2 fr. – Mit einer Haltbarkeitsgarantie wird die Funktionsfähigkeit während einer Garantiedauer zugesichert. Blosse Abnützungserscheinungen sind nicht von der Haltbarkeitsgarantie gedeckt, sofern sie die Tauglichkeit zum vorausgesetzten Gebrauch nicht mindern 4C.428/1999 (17.2.00) E. 2c. – Kein Mangel besteht, wenn ein unsorgfältiges Vorgehen des Unternehmers sich nicht in der Beschaffenheit des Werkes auswirkt, sondern nur zu einem übermässigen Aufwand an Arbeit, Stoff und dergleichen führt (zur diesbezüglichen Beanstandung der Lohnforderung des Unternehmers ist der Besteller an keine Frist gebunden) 96 II 58/60 ff. E. 1, 2. – Wer aus einem Werkmangel Ansprüche ableitet, hat diesen zu beweisen 4A_401/2015 (8.1.16) E. 3.2. Dieser Grundsatz wird durch Art. 174 Abs. 3 SIA-Norm 118 partiell durchbrochen: Es bleibt Sache des Bauherrn, die Tatsache zu beweisen, welche er als Mangel geltend macht, aber es wird während der Garantiefrist dem Unternehmer die Beweislast dafür auferlegt, dass es sich nicht um einen Mangel handelt, sondern z.B. um die Folge einer normalen Abnutzung oder einer unsachgemässen Nutzung 4A_654/2014 (16.4.15) E. 3.4.2 fr., vgl. 4A_424/2009 (17.11.09) E. 4.1.

10 **Haftung.** Der Unternehmer hat auch ohne Verschulden für die richtige Ausführung des Werkes einzustehen. Seine Haftung hat zur Folge, dass der Besteller bei gegebenen Voraussetzungen befugt ist, die Annahme des mangelhaften Werkes zu verweigern, einen

Abzug am Lohn zu machen oder die Verbesserung durch den Unternehmer zu verlangen. Trifft den Unternehmer zudem ein Verschulden, so kann er zum Ersatz des vollen Schadens verpflichtet werden (siehe auch Art. 368/Schadenersatz); der Beweis für das Nichtverschulden obliegt gemäss Art. 97 dem Unternehmer 93 II 311/315 E. 3a Pra 1968 (Nr. 50) 168. – Bei der *Haftung für seine Hilfsperson* findet Art. 55 keine Anwendung 46 II 128/130 (zur Haftung für Hilfspersonen im Allgemeinen siehe unter Art. 101). – *Vor der Ablieferung* des Werkes unterliegt jede Sorgfaltspflichtverletzung, die einer Nicht- oder Schlechterfüllung des Vertrages gleichkommt, den allgemeinen Bestimmungen über die Nichterfüllung von Verträgen (Art. 97 ff.) 113 II 421/422 E. 2b Pra 1988 (Nr. 110) 405.

Schadenersatz. (Ersatz des *Mangelfolgeschadens* 100 II 30/32 f. E. 2) Der Mangelfolgeschaden hat seine Ursache in einem Werkmangel, er ist jedoch nicht im Mangel selbst begründet 4C.126/2002 (19.8.02) E. 3.1, vgl. 116 II 305/314 f. E. 4a. Der Anspruch auf Schadenersatz besteht bei jedem durch die Mangelhaftigkeit des Werkes verursachten Schaden, also auch für den Schaden, der infolge des Mangels beim bestimmungsgemässen Gebrauch des Werkes entsteht. Die Bestimmung unterscheidet nicht zwischen unmittelbarem und mittelbarem Schaden 64 II 254/256 f. E. 2. – Beim Recht auf Ersatz des Mangelfolgeschadens handelt es sich um ein weiteres Mängelrecht des Bestellers, das kumulativ zum Wandelungs-, Minderungs- und Nachbesserungsrecht hinzutritt und nicht voraussetzt, dass der Besteller eines dieser Rechte tatsächlich ausübt oder ausgeübt hat, und das dem Besteller sogar zustehen kann, wenn er im konkreten Fall über keines der übrigen Mängelrechte verfügt 4A_90/2013 (10.6.13) E. 4.2. Der Besteller kann aber als Mangelfolgeschaden keinen Anspruch geltend machen, welcher der Minderung oder dem Ersatz von Verbesserungskosten entspricht 4C.297/2003 (20.2.04) E. 2.1 fr., 126 III 388/391 f. E. 10a fr. – Voraussetzungen, unter denen die den Herabsetzungsbetrag übersteigenden Nachbesserungskosten als Mangelfolgeschaden geltend gemacht werden können 116 II 305/314. – Teuerungskosten sind bei geltend gemachter Minderung weder ein Mangelfolgeschaden noch ein «anderer Schaden» 117 II 550/553. – Auf dem Betrag zur Deckung des Mangelfolgeschadens ist ein Schadenszins (ab Eintritt des Schadens) geschuldet 116 II 305/315 E. 7. – *Verschulden:* Gemäss der Regel von Art. 97 hat der Unternehmer zu beweisen, dass ihn kein Verschulden trifft 93 II 311/315 E. 3a Pra 1968 (Nr. 50) 168. Jeder Verstoss gegen die fachtechnisch gebotene Vorsicht ist als Verschulden anzurechnen 70 II 215/219 E. 4. – *Kausalität:* Die Kausalität eines Mangels für den entstandenen Schaden ist zu verneinen, wenn der Schaden auch bei einem mängelfreien Werk eingetreten wäre 4C.106/2005 (7.10.05) E. 5.2. Eine mangelhafte Wartung ist dem Verantwortungsbereich des Bestellers nur dann zuzurechnen, wenn dieser um die Notwendigkeit der entsprechenden Wartung wusste. Diesbezüglich ist eine Haftung des Unternehmers also nur ausgeschlossen, wenn ihn entweder nach dem konkreten Vertrag keine Pflicht zum Hinweis auf die korrekten Wartungsmodalitäten trifft oder er diese Pflicht gehörig erfüllt hat 4C.106/2005 (7.10.05) E. 5.4. Die Kausalität eines Mangels ist vom Besteller zu beweisen, welcher einen Mangelfolgeschaden geltend machen will 4A_294/2009 (25.8.09) E. 3.2 fr. – *Anwendung von Art. 44 Abs. 1:* Analoge Anwendung von Art. 44 Abs. 1 bei der Liquidation von Mangelfolgeschäden 116 II 454/458 E. 3b, vgl. Rz. 6 zu Art. 369. – *Anwendungsfälle eines Mangelfolgeschadens:* 77 II 243/245 ff. E. 1–3 (in casu verursachte die fehlerhafte Anlage eines Rauchabzugrohres einen Brand im Gebäude 11 des Bestellers), 46 II 128/129 f. (in casu erkrankte das mangelhaft beschlagene Pferd an Starrkrampf und musste abgetan werden), 64 II 254/256 ff. E. 1–3 (in casu verunfallte der Besteller infolge mangelhafter Reparatur seines Steiggurtes; jedoch infolge verspäteter Mängelrüge des Bestellers keine Haftung des Unternehmers nach Art. 368), 126 III 388/392 E. 2b fr. (Expertenkosten im Zusammenhang mit der Feststellung der Mängel gemäss Art. 367 Abs. 2; vorprozessuale Anwaltskosten), 4C.297/2003 (20.2.04) E. 2.2 fr. (entgangener Mietzinsertrag einer Ferienwohnung als Folge des Mangels einer Heizung), 4C.165/2005 (22.7.05) E. 4 (Fehlinvestition als Folgeschaden einer unzutreffenden Feststellung in einem Prüfbericht), 126 III 388/392 ff. E. 11 fr. (die entgangene Nutzungsmöglichkeit eines Wohnhauses stellt für sich allein keinen rechtsrelevanten Schaden dar), 4A_90/2013 (10.6.13) E. 4.2 (nicht ordnungsgemäss funktionierende Entwässerung als Mangelfolgeschaden eines Planungsfehlers, wobei die Erstellung der Pläne durch den Architekten als werkvertragliche Pflicht qualifiziert wurde).

12 **Weiteres.** Der Bescheid des bauleitenden Architekten an den Besteller, wonach aufgrund der Schlussabrechnung das Saldoguthaben des Unternehmers auszuzahlen sei, gilt nicht als Genehmigung des Werkes nach Art. 370, welche den Unternehmer der Haftung für allfällige Mängel und Schäden entheben würde 89 II 232/234 f. E. 2.

13 ***Abs. 1*** **Wandelung.** Abs. 1 gibt dem Besteller ein Recht auf Wandelung, berechtigt ihn also zum Rücktritt 98 II 118/121 ff. Wandelung bedeutet Vertragsaufhebung; die gegenseitigen Ansprüche erlöschen und bereits Geleistetes ist zurückzuerstatten 4A_387/2014 (27.10.14) E. 4.1, zuzüglich Zins zum gesetzlichen Ansatz (Art. 73 Abs. 1) 4A_229/2012 (19.7.12) E. 6 fr. Fordert der Besteller den Unternehmer auf, das Werk zu entfernen und durch ein neues zu ersetzen, so liegt eine Wandelungserklärung vor (die Lieferung eines neuen Werkes kann von Gesetzes wegen nicht verlangt werden) 98 II 118/120 E. 2. – Ob dem Besteller die Annahme des abgelieferten Werks nicht zugemutet werden kann, beurteilt sich nach den gegenseitigen Interessen der Parteien, die nach den Grundsätzen der Billigkeit gegeneinander abzuwägen sind 98 II 118/122 E. 3a, 4A_290/2010 (10.12.10) E. 2.1, 4A_232/2016 (12.9.16), E. 3.5.1. Bei der Beurteilung dieser Frage verfügt der Sachrichter über einen weiten Ermessensspielraum 4A_290/2010 (10.12.10) E. 2.1, 4C.301/2002 (22.1.03) E. 3.4.1, 4A_232/2016 (12.9.16), E. 3.5.1. – Grundsätzlich verwirkt der Besteller sein Wandelungsrecht, wenn er das Werk trotz Kenntnis der Mangelhaftigkeit gebraucht 4C.126/2002 (19.8.02) E. 2. – In 4C.126/2002 (19.8.02) E. 2.2 liess das Bundesgericht eine Wandelung zu, obschon das Werk (Montagearbeiten) seiner Natur nach nicht zurückgegeben werden konnte. Der Besteller kann bei Wandelung das Werk (in casu Tankanlage), das der Unternehmer auf seinem Grundstück errichtet hat, ohne richterliche Ermächtigung durch einen Dritten entfernen lassen (Art. 98 Abs. 1 findet keine Anwendung) 98 II 118/123 E. 4, vgl. Rz. 26 zu Art. 368. – Aus der Tatsache, dass eine Nachbesserung oder Minderung möglich wäre, folgt nicht zwingend, dass dem Besteller die Annahme zugemutet werden kann und das Wandelungsrecht entsprechend ausgeschlossen wäre 4A_290/2010 (10.12.10) E. 2.3, 4A_232/2016 (12.9.16), E. 3.5.1.

14 ***Abs. 2*** **Allgemeines.** Die Bestimmung ist *dispositiver Natur* (in casu vom Gesetz und den übernommenen «Allgemeinen Bedingungen für die Ausführung von Hochbauarbeiten der SIA» abweichende Vereinbarung; Nichteinhaltung der vereinbarten Masse beim

Bau eines Schwimmbeckens) 93 II 317/325 f. E. 4b. – Der Besteller hat unter den gesetzlichen Voraussetzungen das Recht, zwischen den ihm vom Gesetz zur Verfügung gestellten Ansprüchen *frei* zu wählen. Dem Besteller steht die freie Wahl auch dann zu, wenn er die Absicht hat, das Werk zu verbessern oder verbessern zu lassen. Ohne gegenteilige Vereinbarung hat er auch bei der Minderung die Möglichkeit, vom Unternehmer zusätzlich Ersatz für den durch die Minderung nicht gedeckten Teil des Schadens zu verlangen – ausser der Unternehmer beweise, dass weder ihn (Art. 97) noch seine Hilfsperson (Art. 101) ein Verschulden trifft 107 II 438/439 Pra 1982 (Nr. 63) 141.

Minderung (Abzug am Werklohn). ***Grundsatz.*** Der dem Minderwert eines Werkes 15
entsprechende Abzug am Werklohn ist, wie der geminderte Preis einer Kaufsache, nach der relativen Berechnungsmethode zu ermitteln. Danach hat der vereinbarte zum geminderten Werklohn in gleichem Verhältnis zu stehen wie der Wert des mängelfreien zum Wert des mangelhaften Werkes 4C.7/2005 4C.11/2005 (30.6.05) E. 3.2 fr., 105 II 99/101 E. 4a, 111 II 162/163 E. 3a fr., 116 II 305/313 E. 4a, 4A_326/2007 (29.11.07) E. 5.1 fr., 4A_227/2014 (24.11.14) E. 3.1.2 fr., 4A_65/2012 (21.5.12) E. 12.6 fr., 4A_667/2016 (3.4.17) E. 5.2.1 fr. – *Minderwert:* Der Minderwert eines Werkes bemisst sich nach dem Unterschied zwischen seinem objektiven Wert im mangelfreien Zustand einerseits und im mangelhaften Zustand anderseits. Der Herabsetzungsbetrag entspricht der proportionalen Kürzung der Vergütung um das Mass des Minderwertes des Werkes (sog. relative Methode) 116 II 305/313 E. 4a, 111 II 162/163 E. 3a, 4A_326/2007 (29.11.07) E. 5.1 fr., 4A_667/2016 (3.4.17) E. 5.2.1 fr. – Auf den subjektiven Wert für den Besteller kommt es nicht an. In der Regel bestimmt sich der objektive Wert eines Werkes nach dem Verkehrs- oder Veräusserungswert. Ausschlaggebend ist dabei eine ausschliesslich wirtschaftliche Betrachtungsweise, sodass der Minderwert nicht mehr als die Kosten für die Verbesserung des Werkes ausmachen kann, jedenfalls wenn die Verbesserung dem Besteller nach Treu und Glauben im Geschäftsverkehr zuzumuten ist und durch sie das Werk vom minderwertigen in den mängelfreien, d.h. vertragsgemässen Zustand überführt werden kann (die Verbesserungskosten sind auch dann zu berücksichtigen, wenn durch die Verbesserung ein nur annähernd mängelfreier Zustand erreicht werden könnte, dies dem Besteller aber nach Treu und Glauben [und unter entsprechender Abgeltung] zuzumuten ist [in casu bejaht]) 105 II 99/101 ff. E. 4. – Der Besteller trägt die Beweislast für das Vorliegen der Mängel und für den Minderwert 4A_160/2010 (8.7.10) E. 6.1.1 it. – *Vermutungen:* Der vereinbarte Preis entspricht vermutungsweise dem objektiven Wert der Sache und der Minderwert den Kosten für die Behebung des Mangels 111 II 162/163 f. E. 3 fr., 116 II 305/313 f. E. 4a, 4A_65/2012 (21.5.12) E. 12.6 fr., 4C.140/2004 (19.7.04) E. 3.1 fr., 4A_326/2007 (29.11.07) E. 5.1, 4A_512/2009 (26.1.10) E. 4.2, 4A_667/2016 (3.4.17) E. 5.2.1 fr. – Die Vermutung, wonach der Minderwert den Kosten der Behebung des Mangels entspricht, kann indessen durch Gegenbeweis entkräftet werden: Zu denken ist an Fälle, bei denen trotz der Behebung des Mangels ein Minderwert verbleibt oder bei denen die Behebungskosten den Minderwert übersteigen, also insbesondere auch an jene Fälle, bei denen der Mangel gar keinen Minderwert bewirkt 4C.140/2004 (19.7.04) E. 3.1 fr. Liegen die Verbesserungskosten über dem relativ ermittelten Herabsetzungsbetrag, fallen sie nicht unter den Begriff der Minderung 116 II 305/314. Allerdings soll gemäss 4C.346/2003 (26.10.04) E. 4.3.2 fr. eine Verneinung des Minderwerts für geringfügige

Mängel dem Zweck des Minderungsrechtes widersprechen, welcher darin bestehe, einen Wertausgleich zwischen den Leistungen des Bestellers und des Unternehmers zu schaffen. Im gleichen Urteil sah das Bundesgericht auch keinen Widerspruch darin, einerseits dem Besteller in E. 4.2.2 das Recht auf Nachbesserung wegen Übermässigkeit der Kosten zu versagen, aber ihm andererseits in E. 4.3.2 einen nach den Verbesserungskosten bemessenen Minderwert zuzusprechen. – *Andere Methoden:* Gemäss 4C.201/2000 (12.6.01) E. 5b ist bundesrechtlich nicht zu beanstanden, den objektiven Minderwert eines vertragswidrig realisierten Entwässerungssystems nach den kapitalisierten Mehrkosten zu bemessen, die das realisierte System gegenüber dem vereinbarten System verursacht. – Im Falle einer ungenügenden Reinigung hat das Bundesgericht den Minderwert dadurch bestimmt, dass es den tatsächlich erbrachten Reinigungsaufwand mit dem für die einwandfreie Leistung nötigen Reinigungsaufwand (des Ersatzunternehmers) verglich und den Werklohn im gleichen Verhältnis kürzte 4C.231/2004 (8.10.04) E. 3.2 fr. – Für den Fall, dass der Mangel in fehlenden (Wohn-)Flächen besteht, hat das Bundesgericht in 4A_65/2012 (21.5.12) E. 12.6 fr. die Berechnung des Minderwerts durch Multiplikation der fehlenden Fläche mit dem Quadratmeterpreis geschützt; bestätigt in 4A_468/2015 (11.4.16) E. 5.2 fr., nach der Formel Werkpreis – (Werkpreis x (realisierte Fläche/geschuldete Fläche)) = Minderwert. – Weil im konkreten Fall davon ausgegangen werden konnte, dass der objektive Wert dem Ertragswert entspricht, hat das Bundesgericht den Minderwert in 4C.7/2005 (30.6.05) E. 3.2 fr. durch einen Vergleich des vertraglich in Aussicht gestellten Ertrages mit dem tatsächlichen Ertrag errechnet. – Nicht zulässig ist es, die Minderung statt in Anwendung der Grundsätze der Rechtsprechung einfach «ex aequo et bono» festzulegen 4A_326/2007 (29.11.07) E. 5.2 fr., obschon ein Ermessensspielraum des Richters im Sinne von Art. 42 Abs. 2 besteht, wenn der genaue Minderungsbetrag schwer feststellbar ist (z.B. im Falle ästhetischer Mängel oder künftigen Schadens) 4A_65/2012 (21.5.12) E. 12.6 fr. – *Zeitpunkt:* Massgeblicher Zeitpunkt für die Berechnung des Minderungsanspruchs ist der Gefahrübergang 117 II 550/552 E. 4b/bb. – *Teuerungskosten* haben nichts mit der Bestimmung des Preisminderungsanspruchs zu tun – es sei denn, die Parteien hätten einen Teuerungsausgleich vereinbart –, sondern mit der Konkretisierung des Nachbesserungsanspruchs 117 II 550/553 E. 4b/cc. – *Beginn der Zinspflicht:* Kann aus dem Minderungsanspruch der geleistete Werklohn teilweise zurückgefordert werden, beginnt die Zinspflicht im Zeitpunkt, in welchem der Unternehmer die zurückzuerstattende Vergütung erhalten hat 4C.7/2005 (30.6.05) E. 3.3 fr., 116 II 305/315 E. 7, 117 II 550/554 E. 4c.

16 ***Weiteres.*** Hat der Generalunternehmer zu vertreten, dass ein Werk mit einem gesetzlichen Grundpfandrecht zugunsten eines Unterakkordanten belastet ist, kann der Besteller vom vereinbarten Preis in sinngemässer Anwendung von Art. 368 Abs. 2 einen Abzug machen 104 II 348/355 E. 3b/bb fr. – Art. 169 Abs. 1 SIA-Norm 118 (1977): Der Minderungsanspruch des Bestellers geht nach SIA-Norm 118 unter, wenn er den Mangel durch einen Dritten beseitigen lässt, ohne vorher dem Unternehmer durch Fristansetzung Gelegenheit zur Nachbesserung gegeben zu haben 110 II 52/53 f. E. 4, 4C.77/2006 (25.7.06) E. 3 fr., vgl. Rz. 24 zu Art. 368. Zur Rechtslage nach Gesetz beachte 109 II 40/41 E. 6a Pra 1983 (Nr. 114) 312, 107 II 438/439 Pra 1982 (Nr. 63) 141: Das gesetzliche Minderungsrecht kann der Besteller auch dann ausüben, wenn er das Werk selber verbessern oder durch einen Dritten verbessern lassen will.

Nachbesserung (Verbesserung). Durch die Ausübung des Nachbesserungsrechts entsteht eine Verpflichtung des Unternehmers, den vertragsgemässen Zustand des Werkes herzustellen. Wie er diese Schuld erfüllt, steht ihm grundsätzlich frei. Der Unternehmer ist (soweit keine schutzwürdigen Interessen des Bestellers entgegenstehen) berechtigt, anstelle einer Nachbesserung des bestehenden Werkes eine Neuherstellung vorzunehmen 4C.80/2000 (4.4.01) E. 3a. – Das Nachbesserungsrecht beinhaltet im Grundsatz kein Recht des Bauherrn auf Neuherstellung. Wenn jedoch die Nachbesserung aus sachlichen Gründen unmöglich, die Neuherstellung aber möglich ist, hat der Besteller das Recht, vom Unternehmer die mögliche Neuherstellung anstatt der unmöglichen Nachbesserung zu verlangen 4C.258/2001 (5.9.02) E. 4.1.4, oder die Erstellung eines neuen Werkes (in casu Aufbringen eines neuen Linoleumbodens im Rahmen einer Ersatzvornahme, anstelle der (untauglichen) Reparatur des mangelhaften PU-Bodens) 4A_151/2016 (21.6.16) E. 3.4. – Der Besteller hat dem Unternehmer für die Nachbesserung eine angemessene Frist anzusetzen. Eine solche Frist ist indessen nicht erforderlich, wenn offensichtlich ist, dass der Unternehmer die Nachbesserung nicht vornehmen wird – sei es, weil er sich weigert oder weil er dazu nicht in der Lage ist. Der Besteller kann in solchen Fällen nach Art. 107 Abs. 2 vorgehen 4C.130/2006 (8.5.07) E. 6.1 fr., 136 III 273/275 E. 2.3 fr. – Der Besteller hat jene Kosten der Nachbesserung selber zu tragen, die er bei mängelfreier Ausführung ohnehin hätte tragen müssen (Ohnehinkosten) 4A_514/2016 (6.4.17) E. 3.2.1 fr. – Hat der Besteller das Nachbesserungsrecht gewählt, muss er dem Unternehmer den vollen vereinbarten Werkpreis bezahlen; er kann ihn allerdings bis zur Beseitigung der Mängel zurückhalten (Art. 82) 4D_3/2019 (1.4.19) E. 2.2, 2.5 fr. 17

Übermässige Kosten (somit Ausschluss des Anspruches auf Nachbesserung). Solche liegen vor, wenn zwischen den voraussichtlichen Nachbesserungskosten und dem Nutzen, den die Mängelbeseitigung dem Besteller bringt, ein Missverhältnis besteht 4C.346/2003 (26.10.04) E. 4.2.1 fr. Allein der Umstand, dass die Nachbesserungskosten den Werklohn übersteigen, lässt nicht auf «übermässige Kosten» schliessen 4C.258/2001 (5.9.02) E. 4.1.3. Nicht massgebend ist das arithmetische Verhältnis der Nachbesserungskosten zu den Baukosten oder zum vereinbarten Werklohn – ausser in extremen Fällen. Als extremer Fall könnte dabei gelten, wenn die Nachbesserungskosten doppelt so hoch sind wie der Werkpreis 4C.130/2006 (8.5.07) E. 5.1 fr. Diese Aussage hat das Bundesgericht in 4A_307/2010 (14.10.10) E. 2 fr. allerdings als blosse Wiedergabe einer Lehrmeinung bezeichnet und offengelassen, ob es daran festhält. Bei der Abwägung von Kosten und Nutzen können seitens des Bestellers auch nichtwirtschaftliche Interessen berücksichtigt werden 4C.258/2001 (5.9.02) E. 4.1.3, 111 II 173/173 f. E. 5. Vereinbaren die Parteien hingegen, dass bei der Ausführung der Arbeiten dem Unternehmer eine Toleranz von höchstens 1 cm gewährt ist und Abweichungen vom Unternehmer auf eigene Kosten zu verbessern sind, so kann der Besteller bei einer Abweichung von mehr als 1 cm *vorbehaltlos* die Verbesserung verlangen 93 II 317/326 E. 4b. – Die Nachbesserungskosten umfassen neben dem Aufwand für die eigentliche Mängelbeseitigung auch die damit verbundenen Begleitkosten für Vorbereitungs- und Wiederherstellungsarbeiten sowie die Mängelbehebungsfolgekosten, zu denen z.B. solche für die anderweitige Unterbringung von Hausbewohnern zählen 111 II 173/174. 18

Mangelhafte Verbesserung durch den Unternehmer. Führt der Unternehmer die vom Besteller verlangte Verbesserung des Werkes nur mangelhaft aus, so verfügt dieser 19 erneut über das in Art. 368 vorgesehene Wahlrecht 109 II 40/41 f. E. 6 Pra 1983 (Nr. 114) 312 vgl. 4C.347/2005 (13.2.06) E. 4 fr. Der Besteller hat sich weder mit einem Flickwerk noch mit einer blossen Behelfslösung zu begnügen 116 II 305/312 E. 3c.

20 ***Verweigerung der Nachbesserung.*** Der Fall der Verweigerung der Nachbesserung ist in den Bestimmungen zum Werkvertrag nicht geregelt, weshalb dafür die allgemeinen Grundsätze über die Nichterfüllung von Verträgen anwendbar sind (Art. 102 ff.) 4A_702/2011 (20.8.12) E. 6.2, 136 III 273/275 E. 2.3, 4A_290/2010 (10.12.10) E. 1.1. Die Verweigerung der Nachbesserung (in casu bei Anwendung von Art. 169 Abs. 2 SIA-Norm 118) kann sich aus verschiedenen, zusammenspielenden Verhaltensweisen des Unternehmers ergeben 4A_151/2016 (21.6.16) E. 3.2.3. Wenn sich der Unternehmer weigert, die Nachbesserung auszuführen, ist es in Anwendung von Art. 108 Ziff. 1 nicht notwendig, ihm eine Nachfrist anzusetzen, sodass der Besteller direkt nach Art. 107 Abs. 2 vorgehen kann 136 III 273/275 E. 2.3; in Anwendung von Art. 169 Abs. 2 SIA-Norm 118 4A_151/2016 (21.6.16) E. 3.3. Erweist sich der Unternehmer als völlig unfähig, das bestellte Werk richtig auszuführen, und begeht er Fehler, die geeignet sind, beim Besteller jedes Vertrauen in ihn zu zerstören, so ist dies einer Verweigerung der Verbesserung gleichzustellen: Der Besteller ist befugt, die Verbesserung durch einen Dritten vornehmen zu lassen und vollen Schadenersatz zu fordern; der geforderte Betrag entspricht alsdann dem Schadenersatz wegen Nichterfüllung 96 II 351/353 f. E. 3c Pra 1971 (Nr. 84) 268, 107 III 106/108 E. 2 fr. – Analoge Anwendung von Art. 366 Abs. 2: Dem Besteller, der die Nachbesserung wählt, steht gegenüber dem dazu nicht gewillten oder nicht fähigen Unternehmer das Recht zu, die Nachbesserung ohne richterliche Ermächtigung durch einen Dritten ausführen zu lassen und vom Unternehmer dafür Ersatz zu verlangen 107 II 50/55 f. E. 3, 4C.286/2001 (22.1.02) E. 3d, 4A_395/2019 (2.3.20), E. 4.2 fr. – Der Besteller hat einen Anspruch auf Bevorschussung der zu erwartenden Kosten der Ersatzvornahme durch den Unternehmer 128 III 416/418 E. 4.2.2, 4A_395/2019 (2.3.20), E. 4.2 fr.

21 ***Nachbesserung und Art. 107 Abs. 2.*** Verlangt der Besteller vom Unternehmer die Nachbesserung des Werkes, übt er damit in unwiderruflicher Weise ein Gestaltungsrecht aus 4A_90/2013 (10.6.13) E. 4, 136 III 273/274 f. E. 2.2 Pra 2010 (Nr. 129) 852; 109 II 40/41 f. E. 6a Pra 1983 (Nr. 114) 312, 107 III 106/108 E. 2 fr. Weigert sich der Unternehmer in der Folge, die Nachbesserungsarbeiten vorzunehmen, kann der Besteller nach den Regeln über den Schuldnerverzug (Art. 102 ff.) vorgehen 4A_90/2013 (10.6.13) E. 4, 136 III 273/275 E. 2.3 Pra 2010 (Nr. 129) 853. Wenn der Besteller nach Art. 107 Abs. 2 vorgehen kann, stehen ihm gemäss 136 III 273/275 f. E. 2.4 Pra 2010 (Nr. 129) 853. folgende Optionen offen: (1.) Der Besteller kann in Anwendung von Art. 107 Abs. 2 (von der Wahl des Nachbesserungsrechts) zurücktreten, d.h., es wird die Ausübung seines Gestaltungsrechts (Wahl der Nachbesserung) rückwirkend aufgehoben und er ist wieder in derselben Situation wie vor Ausübung des Wahlrechts, sodass er erneut zwischen den Mängelrechten des Art. 368 wählen kann. Will er gänzlich vom Vertrag zurücktreten, hat er die werkvertraglichen Besonderheiten zu berücksichtigen. Namentlich müssen die Voraussetzungen des Wandelungsrechts im Sinne von Art. 368 Abs. 1 erfüllt sein 4A_290/2010 (10.12.10) E. 2. (2.) Der Bauherr kann auf Erfüllung der Nachbesserungsschuld bestehen und, falls der Unternehmer die Nachbesserung nicht vornimmt, die Ausführung auf Kosten des Unternehmers durch einen Dritten vornehmen lassen, wobei der Unternehmer die entsprechenden Kosten bevorschussen muss. In Analogie zu Art. 366 Abs. 2 kann der Be-

steller die Arbeiten auch ohne vorgängige richterliche Genehmigung durch einen Ersatzunternehmer ausführen lassen. (3.) Der Bauherr kann auf seinen Nachbesserungsanspruch verzichten und Schadenersatz für die Nichterfüllung verlangen (positives Vertragsinteresse). Der aus Nichterfüllung der Nachbesserung zu ersetzende Schaden entspricht mindestens dem Wert der ausgebliebenen Nachbesserung, welcher sich wiederum nach den Verbesserungskosten bemisst, die zur Beseitigung des Mangels voraussichtlich aufzuwenden wären oder vom Besteller (unter Vermeidung unnötigen Aufwandes) tatsächlich aufgewendet wurden, jeweils reduziert um einen allfälligen Kostenanteil, der bei einer Nachbesserung durch den Unternehmer auf den Besteller gefallen wäre 4A_702/2011 (20.8.12) E. 6.2. Soweit sich der Schadenersatz nach Art. 107 Abs. 2 auf die Nachbesserungskosten bezieht, wird kein Verschulden des Unternehmers vorausgesetzt. Die Verschuldensfrage stellt sich erst, wenn eine Schadenersatzforderung gestellt wird, welche die Nachbesserungskosten übersteigt 4C.130/2006 (8.5.07) E. 6.2 fr.

Garantiezusage des Unternehmers. Wenn ein Unternehmer die Garantie über- 22
nimmt, dass das Werk bestimmte Eigenschaften aufweise, so steht dies (wie beim Kaufvertragsrecht) auf der gleichen Stufe wie die gesetzliche Mängelhaftung und eine Nachbesserungspflicht besteht demnach nur unter den durch die gesetzliche Ordnung (insb. Art. 368 und Art. 97) festgelegten Voraussetzungen 93 II 311/316 f. E. 3b Pra 1968 (Nr. 50) 169.

Schuldbetreibung und Konkurs. Fällt der Unternehmer nach Ausführung der Arbeit 23
in Nachlassliquidation, so kann der Besteller sein Nachbesserungsrecht gegenüber der Masse nur geltend machen, wenn diese die Nachbesserungspflicht ausdrücklich oder durch schlüssiges Verhalten übernommen hat (in casu verneint; in diesem Fall hätte der Besteller zur Wahrung seiner Rechte im Nachlassverfahren eine [entsprechende] Geldforderung [SchKG Art. 211 Abs. 1] geltend machen sollen) 107 III 106/109 ff. E. 3–5, teilweise übersetzt in Pra 1981 (Nr. 253) 679 ff.

Vorrang des Nachbesserungsrechts gem. SIA-Norm 118. Nach Art. 169 Abs. 1 SIA- 24
Norm 118 hat der Bauherr bei Mängeln zunächst einzig das Recht, vom Unternehmer die Beseitigung des Mangels innerhalb angemessener Frist zu verlangen 4A_511/2014 (4.3.15) E. 5.1. Ist demnach die Anwendung von Art. 169 SIA-Norm 118 (Vorrang des Nachbesserungsrechtes) vereinbart, so steht dem Besteller kein Wahlrecht zu 116 II 305/311 E. 3a, 116 II 450/453. Beseitigt der Besteller trotz vereinbartem Vorrang des Nachbesserungsrechtes die Mängel (selbst oder durch einen Dritten), ohne dem Unternehmer vorher Gelegenheit zur Nachbesserung zu geben, so verliert er seinen Anspruch auf Wandelung oder Minderung 116 II 305/311 f. E. 3a, 116 II 450/453 f. Er hat dann keinen Anspruch aus Mängelhaftung mehr 4C.77/2006 (25.7.06) E. 3 fr. Namentlich kann der Besteller in solchen Fällen die Kosten der Ersatzvornahme nicht auf den Unternehmer abwälzen 4C.91/2006 (29.5.06) E. 4. – Hat sich der Unternehmer aber ausdrücklich geweigert, eine Verbesserung vorzunehmen, oder ist er dazu offensichtlich nicht imstande, so stehen dem Bauherrn nach Art. 169 Abs. 2 SIA-Norm 118 die in Abs. 1 vorgesehenen Mängelrechte schon vor Ablauf der Verbesserungsfrist zu 4A_511/2014 (4.3.15) E. 5.1. Blosses Stillschweigen des Unternehmers ist noch keine ausdrückliche Weigerung, wie sie in Art. 169 Abs. 2 SIA-Norm 118 vorausgesetzt ist 4A_511/2014 (4.3.15) E. 5.4.2.

25 *Weiteres.* Keine Nachbesserung ist die Gewährung einer neuen oder die Erstreckung einer laufenden Garantiefrist. Bei rechtsgenüglich erfolgter Mängelrüge kommt einer solchen Garantieabsprache im Wesentlichen lediglich verjährungsrechtliche Bedeutung zu 116 II 305/312 f. E. 3c. – Offengelassen, ob sich der Besteller mit einer Nachbesserungsofferte des Subunternehmers begnügen muss, wenn der Vertragspartner seine Gewährleistungspflicht weiterhin bestreitet 116 II 305/313 E. 3c.

26 *Abs. 3* Ob dem Hersteller unverhältnismässige Nachteile drohen, beurteilt sich nach den Umständen des einzelnen Falles, insbesondere nach dem Wert, den das Werk in Verbindung mit dem Grundstück hat, und nach der Wertverminderung, die es im Fall einer Trennung erlitte (in casu Lieferung einer unbrauchbaren Tankanlage, deren Reparatur dem Besteller nicht zuzumuten war; unverhältnismässiger Nachteil bei Trennung verneint) 98 II 118/123 E. 3b. Nicht unverhältnismässig ist ein Nachteil des Unternehmers grundsätzlich dann, wenn das mangelhafte Werk für den Besteller unbrauchbar im Sinne von Art. 368 Abs. 1 OR ist. Unbrauchbarkeit ist nur gegeben, wenn das Werk gänzlich unbrauchbar ist und sich der Mangel auch nicht beheben lässt 4A_177/2014 (8.9.14) E. 4.1, 4C.126/2002 (19.8.02) E. 2.1. Wenn ein Werk aufgrund eines Mangels gänzlich unbrauchbar und wertlos ist, kann der Besteller die Wandelung auch dann verlangen, wenn das Werk auf seinem Grundstück steht und von dort nur durch Zerstörung entfernt werden kann 4C.347/2005 (13.2.06) E. 4 fr.

c. Verantwortlichkeit des Bestellers

Art. 369

Die dem Besteller bei Mangelhaftigkeit des Werkes gegebenen Rechte fallen dahin, wenn er durch Weisungen, die er entgegen den ausdrücklichen Abmahnungen des Unternehmers über die Ausführung erteilte, oder auf andere Weise die Mängel selbst verschuldet hat.

1 **Allgemeines.** Die Rechtsfolge tritt nur ein, wenn folgende Bedingungen kumulativ erfüllt sind: Der Mangel muss auf die Anweisung des Bestellers zurückzuführen sein, z.B. bezüglich Ausführungsmethoden und –mittel oder Technik; der Unternehmer muss abgemahnt haben, in dem Sinne, dass er den Besteller auf die Risiken seiner Anweisung aufmerksam gemacht hat, und darauf, dass seine Haftung entfällt, wenn aus der Befolgung der Anweisung ein Mangel entsteht; die Anweisung muss eine Ursache für den Mangel des Werkes sein; ist sie die einzige Ursache, wird der Unternehmer vollständig entlastet 4A_37/2019 (30.4.19) E. 3.4.1 fr.

2 **Abmahnung.** ***Form und Inhalt der Abmahnung.*** Die Bestimmung verlangt nicht eine schriftliche, hingegen eine ausdrückliche Abmahnung (strenger Massstab 95 II 43/51 E. 3d): Sie muss bestimmt, klar und deutlich sein und dem Besteller unmissverständlich zum Ausdruck bringen, dass bei der von ihm angeordneten Ausführung nach der Auffassung des Unternehmers möglicherweise Schäden auftreten könnten und dass der Besteller daher, wenn er auf seinen Anordnungen beharre, die damit verbundenen Gefahren auf sich nehme und den Unternehmer seiner Haftung entbinde 4C.217/2005 (20.2.06) E. 3.2.1, 95 II 43/50 E. 3c, 116 II 305/308 E. 2c/bb. Zeigt ein Unternehmer klar und deut-

lich auf, dass und aus welchem Grund die Weisungen des Bestellers zu einem Werkmangel führen müssen, wird daraus in der Regel auch zu folgern sein, er lehne die Verantwortung für die vorgeschriebene Ausführung ab 4C.452/1999 (27.3.00) E. 2b. Keine Abmahnung ist ein allgemeiner Vorbehalt des Unternehmers, er würde technisch anders vorgehen oder er hätte einen anderen Subunternehmer vorgezogen 116 II 305/308 ff. E. 2c/bb. – Art. 16 ist auf die Abmahnung im Sinne von Art. 369 nicht anwendbar (Art. 21 Abs. 2 SIA-Norm [1962], der eine schriftliche Abmahnung festlegt, ist blosse Ordnungsvorschrift) 95 II 43/45 ff. E. 2.

Adressat. Der Unternehmer hat dafür zu sorgen, dass die Abmahnung dem Besteller bzw. einer seiner leitenden Personen, die ihre Tragweite richtig einzuschätzen vermag, zur Kenntnis gelangt. Ungenügend ist, wenn der Unternehmer gegenüber einem Angestellten der Hilfsperson des Bestellers (berechtigte) Bedenken äussert, auf die Letzterer nicht eingeht (in casu jedoch Herabsetzung der Ersatzpflicht des Unternehmers infolge Selbstverschuldens des Bestellers bzw. des Angestellten, seiner Hilfsperson 95 II 43/52 ff. E. 4; Abwägung des beidseitigen Verschuldens 95 II 43/54 f. E. 5) 95 II 43/50 f. E. 3c. 3

Kausalität. Die Abmahnung hat die Wirkungen gemäss Art. 369 nur, wenn das Festhalten des Bestellers an der Weisung adäquat kausale Ursache für den später auftretenden Mangel ist 4C.217 (20.2.06) E. 3.2.1 fr. 4

Weiteres. Grundsätzlich muss angenommen werden, dass der Ersteller einer Maschine, der dem Besteller eine bestimmte Leistungsfähigkeit zugesichert hat, damit die volle Haftung für die von ihm gewählte Konstruktion und Ausführung übernimmt. Treten später Mängel in der Konstruktion auf, so kann er sich nicht darauf berufen, die von ihm gewählte Konstruktion oder Ausführung beruhe auf Wünschen, Angaben, ja sogar Anweisungen des Bestellers, es sei denn, er habe diesen Wünschen gegenüber Verwahrung eingelegt, oder es ergebe sich aus einer vernünftigen Betrachtung, der Besteller sei davon ausgegangen, die Befolgung seiner Wünsche schliesse die Garantie aus, oder es habe sich um Angaben gehandelt, die für die zu wählende Konstruktion die tatsächliche Grundlage bilden 42 II 622/634 E. 2. 5

Nachprüfungspflicht. Der Unternehmer muss die Fehlerhaftigkeit einer Weisung objektiv erkennen, wenn diese Fehlerhaftigkeit offensichtlich ist oder wenn er zur Nachprüfung der Weisung verpflichtet und nach dem vorausgesetzten Fachwissen in der Lage ist, die Fehlerhaftigkeit zu erkennen. Eine Nachprüfungspflicht des Unternehmers kann sich auch dann ergeben, wenn der Besteller eine Nachprüfung nach den Umständen des Einzelfalls in guten Treuen erwarten darf (insbesondere wenn der Sachverstand seitens des Unternehmers bedeutend weiter reicht als beim Besteller) 116 II 454/457 E. 2c/cc. 6

Beschränktes Selbstverschulden des Bestellers. Das beschränkte Selbstverschulden (bei dem die adäquate Ursache des Werkmangels, für die der Besteller einstehen muss, nicht die allein massgebliche Ursache bildet) fällt nicht unter den Tatbestand von Art. 369. Es kann jedoch zu einer teilweisen Entlastung des Unternehmers bezüglich des Ersatzes von Mangelfolgeschaden führen (sinngemässe Anwendung von Art. 44 Abs. 1 bei der Liquidation von Mangelfolgeschäden) 116 II 454/458 E. 3b, vgl. auch 116 II 305/311 E. 2c/ee. Das Bundesgericht äusserte sich aber nicht dazu, ob Art. 44 auch auf die verschuldensunabhängigen Mängelrechte anzuwenden wäre 116 II 454/458 E. 3b, 4A_213/2015 (31.8.15) E. 7.2.2. – Soweit die SIA-Norm 118 anwendbar ist, gilt Folgendes: Art. 166 Abs. 4 i.V.m. Art. 169 Abs. 1 Ziff. 2 und Art. 170 Abs. 3 SIA-Norm 118 sehen vor, dass bei 7

Teil- bzw. Mitverschulden eine Reduktion des Minderwertabzugs bzw. eine angemessene Verteilung der Verbesserungskosten zwischen Unternehmer und Bauherr stattfindet. Die SIA-Norm 118 beruht also nicht auf einem «Alles-oder-Nichts-Prinzip», sondern erlaubt eine abgestufte Berücksichtigung verschiedener Teilursachen. Daraus hat das Bundesgericht in 4A_213/2015 (31.8.15) E. 7.2.2 abgeleitet, dass im Geltungsbereich der SIA-Norm 118 Art. 44 OR auch dann auf die Teilverursachung von Mehrkosten anzuwenden ist, wenn es nicht um Schadenersatz, sondern um eine Mehrvergütung geht.

8 ***Ausnahmen von der Abmahnungspflicht.*** Die gesetzliche Regelung ist für den Fall einzuschränken, dass die Weisungen des (selbst sachverständigen oder fachmännisch beratenen) Bestellers ihrerseits sachverständig erteilt werden. Verfügt der Besteller über den erforderlichen (nicht nur über allgemeinen) Sachverstand, wird der Unternehmer von seiner Haftung auch dann befreit, wenn er eine Abmahnung unterlassen hat, es sei denn, er habe die Fehlerhaftigkeit der Weisung erkannt oder hätte sie erkennen müssen 116 II 454/456 E. 2c, 4A_166/2008 (7.8.08) E. 2.1, 4A_343/2008 (5.5.09) E. 5.4.2 it., 4A_213/2015 (31.8.15) E. 4.4.2, 4A_37/2019 (30.4.19) E. 3.4.2 fr. Allgemeiner Sachverstand genügt nicht. Vielmehr muss sich der Sachverstand aufseiten des Bestellers gerade auf die konkrete Anordnung beziehen 4A_213/2015 (31.8.15) E. 4.4.2. In 4A_273/2019 (17.4.20), E. 4 fr., wurde der Sachverstand des Bestellers bezüglich seiner Anweisung, ohne Baubewilligung Kellerräume auszubauen, bejaht. Ist der Sachverstand des Unternehmers bezüglich der erteilten Weisung grösser als jener des Bestellers (oder seiner Berater), bleibt der Unternehmer abmahnungspflichtig 4A_37/2019 (30.4.19) E. 3.4.2, 4.1 fr. Für eine Haftungsbefreiung trotz fehlender Abmahnung ist massgeblich, ob der Besteller über jene Fachkenntnisse verfügt, die es ihm gestatten, die erteilte Weisung auf ihre Richtigkeit hin zu durchschauen. Dabei ist nicht wesentlich, wie er diese Kenntnis erwirbt. Es spielt namentlich keine Rolle, ob die ihn beratende fachkundige Person mit ihm in einem Vertragsverhältnis steht oder ob sie seine Hilfsperson ist 4A_166/2008 (7.8.08) E. 2.2. Bei Weisungen über den Beizug eines Subunternehmers (im Gegensatz zu technischen Ausführungsweisungen oder Weisungen über den zu verwendenden Werkstoff) steht nicht die Frage des Sachverstandes, sondern diejenige nach den einschlägigen Erfahrungen im Vordergrund; dies gilt jedenfalls insoweit, als der vorgeschriebene Subunternehmer nicht wegen seiner Unerfahrenheit, seiner ungenügenden Kapazität oder seiner Branchenfremdheit allgemein als ungeeignet erscheint, die Leistung zu erbringen. Eignet sich der vorgeschriebene Subunternehmer nicht für die auszuführende Arbeit, haftet der Hauptunternehmer ausnahmsweise ohne Abmahnung dann nicht, wenn zwar nicht er, aber der Besteller kraft einschlägiger Erfahrung und Kenntnis Bedenken gegen diesen haben musste 116 II 305/310 E. 2c/cc.

9 ***Weisung.*** Eine Weisung kann die technische Ausführung, den zu verwendenden Werkstoff, aber namentlich auch den Beizug gewisser Unterakkordanten zum Gegenstand haben 116 II 305/307 ff. E. 2.

10 **Weiteres.** Der Besteller hat *«auf andere Weise die Mängel selbst verschuldet»,* wenn er z.B. vom Unternehmer gelieferte Probestücke, die mangelhaft sind, vor der Bestellung ausdrücklich oder stillschweigend genehmigt hat 52 II 75/78 ff. E. 2 fr. – Oder wenn er dem Unternehmer fehlerhaftes Material zur Verfügung stellt: Die Beweislast dafür, dass ein zur Bearbeitung übergebenes Werk (in casu ein Geigenbogen) einen Mangel aufgewiesen hat,

welcher dazu führt, dass das Werk bei der Bearbeitung zerstört wird, liegt allerdings beim Unternehmer 4A_594/2017 (13.11.18) E. 4.3.1 fr.

d. Genehmigung des Werkes

Art. 370

[1] Wird das abgelieferte Werk vom Besteller ausdrücklich oder stillschweigend genehmigt, so ist der Unternehmer von seiner Haftpflicht befreit, soweit es sich nicht um Mängel handelt, die bei der Abnahme und ordnungsmässigen Prüfung nicht erkennbar waren oder vom Unternehmer absichtlich verschwiegen wurden.

[2] Stillschweigende Genehmigung wird angenommen, wenn der Besteller die gesetzlich vorgesehene Prüfung und Anzeige unterlässt.

[3] Treten die Mängel erst später zu Tage, so muss die Anzeige sofort nach der Entdeckung erfolgen, widrigenfalls das Werk auch rücksichtlich dieser Mängel als genehmigt gilt.

Abs. 1 Zur Ablieferung des Werkes siehe unter Art. 367 Abs. 1. – Keine Genehmigung des Werkes durch den Besteller liegt vor, wenn dessen Architekt ihn auffordert, dem Unternehmer das ausstehende Saldoguthaben auszuzahlen (der Besteller verliert seine gesetzlichen Mängelrechte aus Art. 368 nicht) 89 II 232/234 f. E. 2. Wenn der Unternehmer im Gläubigerverzug des Bestellers das Werk hinterlegt (Art. 92), so kann der Besteller seine Mängelrechte geltend machen. Tut er es nicht, so gilt das Werk als stillschweigend genehmigt 4C.387/2001 (10.9.02) E. 6.4 fr. – Ist vertraglich eine Materialwahl vorgeschrieben, die sich aufgrund ihrer Farbe vom verbauten Material unterscheidet, ist der damit verbundene Mangel (Abweichung der Ist- von der Soll-Beschaffenheit) erkennbar; in casu Genehmigung in Anwendung von Art. 163 SIA-Norm 118 4A_646/2016 (8.3.17) E. 2.3. 1

Arglistige Verschweigung von Mängeln. Keine Genehmigung des Werkes besteht bei vom Unternehmer «absichtlich verschwiegenen» Mängeln. Absichtlich verschweigen ist als arglistig verschweigen zu verstehen 4A_646/2016 (8.3.17), E. 3.1. Der Unternehmer hat keine allgemeine Pflicht, bei der Entdeckung von Mängeln mitzuwirken; es braucht eine gewisse Arglist oder Täuschung von seiner Seite, mithin ein vorsätzliches Verhalten 4A_97/2014 (26.6.14) E. 4.1 fr., 4A_94/2013 (29.8.13) E. 3.2 fr., 4A_301/2010 (7.9.10) E. 3.2 fr. Dabei genügt Eventualvorsatz 4A_97/2014 (26.6.14) E. 4.1 fr., 4A_622/2012 (18.1.13) E. 3.2 fr., 4A_646/2016 (8.3.17), E. 3.1. Vorausgesetzt ist, dass der Unternehmer den Mangel selber kennt, wobei selbst eine grobfahrlässige Unkenntnis nicht ausreicht 4A_97/2014 (26.6.14) E. 4.1 fr., 4A_622/2012 (18.1.13) E. 3.2 fr. Wenn allerdings ein Unternehmer einen Mangel nicht kennt, weil er sich bewusst der Kenntnis verschliesst, ist er gleich zu behandeln wie wenn er den Mangel absichtlich verschweigen würde 4A_97/2014 (26.6.14) E. 4.1 fr., 4A_94/2013 (29.8.13) E. 3.2 fr. – Eine arglistige Verschweigung liegt vor, wenn der Unternehmer den Besteller nicht auf einen Mangel hinweist, obschon er entsprechende Informationspflichten hätte, welche sich aus den Grundsätzen des Handelns nach Treu und Glauben ergeben können 4A_245/2018 (4.7.18) E. 2.1.1 fr. Eine solche Pflicht besteht, wenn der Unternehmer davon ausgehen muss, dass der Besteller den Mangel nicht kennt und ihn nicht entdecken wird 4A_646/2016 (8.3.17) E. 3.1, und dass der Besteller seine Mängelrechte geltend machen würde, wenn er den 2

Mangel kennen würde 4A_94/2013 (29.8.13) E. 3.2, 4A_646/2016 (8.3.17) E. 3.1. Ein Verstoss gegen Treu und Glauben liegt auch dann vor, wenn der Unternehmer (z.B. durch Vorkehren oder falsche Auskünfte) darauf hinwirkt, dass die Entdeckung des Mangels verhindert wird 4A_646/2016 (8.3.17) E. 3.1. – Eine mangelhafte Ausführung schliesst nicht ohne Weiteres eine Verheimlichung in sich; für eine solche ist vielmehr erforderlich, dass der Unternehmer den Mangel gekannt und bewusst verschwiegen hat 4A_94/2013 (29.8.13) E. 3.2 fr., 89 II 405/409 E. 2b Pra 1964 (Nr. 33) 92, 4A_245/2018 (4.7.18) E. 2.1.2 fr. Eine Kenntnis des Mangels in allen Einzelheiten ist indessen nicht erforderlich. Nach Treu und Glauben besteht eine Informationspflicht, wenn der Unternehmer hinreichende Kenntnis der Ursache des Mangels hat (in casu «allgemein fehlerhafte Anlage des Unterbaus») 66 II 132/139 E. 6, 4A_97/2014 (26.6.14) E. 4.1 fr. Allein aus der Erheblichkeit des Mangels kann nicht auf eine absichtliche Täuschung geschlossen werden 4P.13/2007 (20.4.07) E. 6. – Offengelassen, ob ein offensichtlicher Mangel arglistig verschwiegen werden kann 4A_646/2016 (8.3.17) E. 3.5. – Die Beweislast für das arglistige Verschweigen liegt beim Besteller 4A_646/2016 (8.3.17) E. 3.1. – Anzumerken ist, dass die «absichtliche Verschweigung» nur von der «ordnungsgemässen Prüfung» (und der darauf basierenden Mängelrüge) dispensiert – nach der Rechtsprechung des Bundesgerichts aber nicht davon, den Mangel gemäss Art. 370 Abs. 3 «sofort nach der Entdeckung» zu rügen 4C.34/2005 (18.8.05) E. 5.3 fr., 100 II 30/34 E. 2.

3 *Abs. 2* Zur Mängelrüge siehe unter Art. 367 Abs. 1.

4 *Abs. 3* **Feststellung des Mangels.** Entdeckt ist ein Mangel mit dessen zweifelsfreier Feststellung. Die Rügefrist wird daher weder durch die objektive Erkennbarkeit des Mangels in Gang gesetzt noch durch die Feststellung der ersten Mängelspuren, sofern der Besteller nach Treu und Glauben davon ausgehen darf, es handle sich bloss um übliche Erscheinungen, die keine Abweichung vom Vertrag darstellen, wie das insbesondere für «wachsende» Mauerrisse zutreffen kann 117 II 425/427, 4A_82/2008 (29.4.09) E. 6.1, 4C.130/2006 (8.5.07) E. 4.1 fr., vgl. auch 118 II 142/148 f. E. 3b, 4A_83/2009 (6.5.09) E. 3.2.1 fr. Erkannt sind geheime Mängel, sobald der Besteller über deren Vorliegen Gewissheit hat, das heisst, wenn er vom Mangel eine solche Kenntnis erlangt hat, dass er eine genügend substanziierte Rüge erheben kann 4A_252/2010 (25.11.10) E. 6.2, 4A_82/2008 (29.4.09) E. 7.2, 118 II 142/148 E. 3b; er muss in der Lage sein, die Bedeutung und das Ausmass des Mangels einzuschätzen 4A_251/2018 (11.9.18) E. 3.3 fr. In 4A_293/2017 (13.2.18) E. 2.4 fr. mussten die Besteller nicht bereits beim ersten Erdrutsch auf fehlende Hangsicherungsmassnahmen schliessen, da dieser ein isoliertes Ereignis eines Naturphänomens hätte sein können. Die zweifelsfreie Feststellung ist als Zeitpunkt der Entdeckung insbesondere auch dann massgebend, wenn ein nicht sichtbarer Konstruktionsfehler sich noch nicht in einem Schaden manifestiert, sodass der Mangel nur durch Nachforschung aufgedeckt werden könnte 4C.379/2001 (3.4.02) E. 3a. Bei Mängeln, die nach und nach zum Vorschein kommen, darf eine Entdeckung erst angenommen werden, wenn der ernste Charakter des Zustandes deutlich wird, sodass dem Besteller bewusst werden muss, dass der Mangel eine Schlechterfüllung des Vertrages bedeutet 4A_82/2008 (29.4.09) E. 6.1, 4A_297/2008 (6.10.08) E. 4.2 fr., 4C.159/1999 (28.7.00) E. 1 b/aa, vgl. 131 III 145/150 E. 7.2 it., 4A_293/2017 (13.2.18) E. 2.2.3 fr. In 4A_82/2008 (29.4.09) E. 7.5 ging es um einen in Bausachen nicht versierten Bauherrn, welcher mit nach und nach

zum Vorschein kommenden Mängeln konfrontiert war, für welche die Verantwortlichkeit nur schwer bestimmt werden konnte. Er liess vor Erhebung der Mängelrüge die Bedeutung und Tragweite (d.h. den ernsthafter Charakter des Zustandes des Werkes bzw. dessen Mangelhaftigkeit im Rechtssinne) durch Expertisen abklären. Die unmittelbar nach Eingang der Expertise erhobene Rüge erachtete das Bundesgericht in casu als rechtzeitig.

Sofortige Mängelrüge. Die Pflicht zur sofortigen Mängelrüge ergibt sich aus ihrem 5
Zweck, den Unternehmer so rasch wie möglich über die Mangelhaftigkeit zu orientieren und ihm Gelegenheit zu geben, sich selber vom Zustand seines Werkes zu überzeugen und die erforderlichen Massnahmen zur Sicherung seiner Rechte, insbesondere gegenüber Dritten, zu ergreifen 4A_293/2017 (13.2.18) E. 2.2.4 fr. – Bei der Beurteilung, ob eine Rüge rechtzeitig erfolgt ist, muss auf die konkreten Umstände des Einzelfalles, insbesondere die Art der Mängel abgestellt werden 4A_251/2018 (11.9.18) E. 3.3. Die Rügefrist ist kurz zu bemessen, wenn es sich um einen Mangel handelt, bei dem die Gefahr besteht, dass ein Zuwarten zu einem grösseren Schaden führen kann. Dem Besteller ist auch eine Erklärungsfrist zuzubilligen, die jedoch ebenfalls kurz zu bemessen ist 118 II 142/148 E. 3b vgl. 4C.379/2001 (3.4.02) E. 2a. Eine Mängelrüge genügt der gesetzlichen oder vertraglichen Voraussetzung der Sofortigkeit, wenn sie innert zwei oder drei Tagen nach der Entdeckung erfolgt 4D_25/2010 (29.6.10) E. 2.2 fr., 4A_37/2007 (12.7.07) E. 6 fr. In Fällen, bei denen keine Gefahr einer Schadensvergrösserung durch Zuwarten entsteht, hält das Bundesgericht eine siebentägige Rügefrist für angemessen 4A_336/2007 (31.10.07) E. 4.4, 4A_51/2007 (11.9.07) E. 4.5, 4A_37/2007 (12.7.07) E. 6, 4C.130/2006 (8.5.07) E. 4.2.2 fr., 4C.82/2004 (3.5.04) E. 2.3 Pra 2004 (Nr. 146) 828. Dagegen sind Mängelrügen verspätet, welche 14, 17 oder 20 Tage nach der Entdeckung des Mangels erfolgen 4A_37/2007 (12.7.07) E. 6 fr., 4A_336/2007 (31.10.07) E. 4.4, verspätet auch bei 18 resp. 15 Tagen in 4A_251/2018 (11.9.18) E. 5.2.3 fr. (weitere Urteile zitiert in E. 3.3), bei 30 Tagen 4A_245/2018 (4.7.18) E. 2.2.2 fr. Relativierung der starren Beschränkung der Rügefrist auf eine Woche 4A_399/2018 (8.2.19) E. 3.2. – Pflicht des vom Besteller beauftragten Rechtsanwaltes, bei Dringlichkeit die Mängelrüge selber beim Unternehmer (Pra: Besteller) anzubringen Pra 1983 (Nr. 283) 766. Wie lange sich der Besteller mit der Rüge Zeit nehmen darf, ist nach objektiven Kriterien zu beurteilen, sodass namentlich der Staat als Besteller sich nicht auf die zeitraubende Pflicht zur Einhaltung des Dienstweges berufen kann 4C.159/1999 (28.7.00) E. 1 b bb. – Die Pflicht zur sofortigen Rüge besteht auch bei Entdeckung eines arglistig verschwiegenen Mangels 4C.34/2005 (18.8.05) E. 5.3 fr., 100 II 30/33 f.; offengelassen in 4A_245/2018 (4.7.18) E. 2.1 fr. – Der Besteller hat nach der allgemeinen Regel von ZGB Art. 8 die Rechtzeitigkeit der Rüge darzutun; dazu gehört der Beweis, wann der gerügte Mangel für ihn erkennbar war, wem er ihn mitgeteilt hat und wie die Rüge formuliert (Inhalt) war (in casu war die knapp drei Wochen nach Entdeckung des Mangels erfolgte Rüge verspätet) 107 II 172/176 f. E. 1a, b, vgl. 107 II 50/54 E. 2a, 4C.130/2006 (8.5.07) E. 4.2.2 fr., 4A_51/2007 (11.9.07) E. 4.5, 4A_83/2009 (6.5.09) E. 3.2.1 fr., 4A_202/2012 (12.7.12) E. 3.1 fr., 4A_231/2016 (12.7.16) E. 2.2, 2.4.3 fr. Wendet hingegen der Unternehmer ein, der Besteller habe den gerügten Mangel schon früher entdeckt, so hat der Unternehmer seinerseits diese Behauptung zu beweisen 118 II 142/147 E. 3a, 4C.159/1999 (28.7.00) E. 1 b bb, 4A_83/2009 (6.5.09) E. 3.2.1 fr. Entsprechend trägt der Unternehmer die Last der Beweislosigkeit

dafür, dass der Besteller den Mangel früher entdeckt habe, als der Besteller angibt 4C.159/1999 (28.7.00) E. 1 b bb. – Zum Thema «Trennung Behauptungs- und Beweislast» 4A_288/2018 (29.1.19) E. 6.1.2 fr.: Der Unternehmer muss behaupten, dass die Mängelrüge gar nicht oder zu spät erfolgt sei; der Besteller hingegen trägt die Beweislast dafür, dass die Mängelrüge überhaupt und rechtzeitig erfolgt ist; der Richter ist nicht gehalten, die Frage der Rechtzeitigkeit von Amtes wegen zu prüfen. Unterlässt der Unternehmer die entsprechende Behauptung, hat der Besteller die Rechtzeitigkeit der Mängelrüge nicht zu beweisen. – Der Unternehmer kann ausdrücklich oder stillschweigend auf sein Recht verzichten, sich auf die Verspätung einer Mängelrüge zu berufen; dies etwa dann, wenn er in Kenntnis der Verspätung vorbehaltlos Nachbesserungsarbeiten vornimmt 4C.149/2001 (19.12.01) E. 5 fr., oder seine Nachbesserungspflicht anerkennt. Kenntnisnahme der Mängelrüge ohne Einwendung der Verspätung ist kein Verzicht. Die Beweislast für den Verzicht liegt beim Besteller 4A_256/2018 (10.9.18) E. 3.2.2, 3.3.2 fr.

6 **Weiteres.** Als versteckter Mangel gilt auch die zu schnelle Abnutzung 4C.130/2006 (8.5.07) E. 4.1 fr. – Nach Art. 173 Abs. 1 SIA-Norm 118 kann der Bauherr während der Garantiefrist (Rügefrist) in Abweichung vom Gesetz (Art. 367 und 370) Mängel aller Art jederzeit rügen. Er muss den Mangel mithin nicht sofort geltend machen, sondern darf damit bis zum letzten Moment der Garantiefrist zuwarten. Zum Inhalt der Mängelrüge enthält die SIA-Norm 118 keine Bestimmung, weshalb diesbezüglich Art. 367 anwendbar ist 4A_511/2014 (4.3.15) E. 4.3, 4C.258/2001 (5.9.02) E. 2.2.

e. Verjährung

Art. 371

[1] Die Ansprüche des Bestellers wegen Mängel des Werkes verjähren mit Ablauf von zwei Jahren nach der Abnahme des Werkes. Soweit jedoch Mängel eines beweglichen Werkes, das bestimmungsgemäss in ein unbewegliches Werk integriert worden ist, die Mangelhaftigkeit des Werkes verursacht haben, beträgt die Verjährungsfrist fünf Jahre.

[2] Die Ansprüche des Bestellers eines unbeweglichen Werkes wegen allfälliger Mängel des Werkes verjähren gegen den Unternehmer sowie gegen den Architekten oder den Ingenieur, die zum Zwecke der Erstellung Dienste geleistet haben, mit Ablauf von fünf Jahren seit der Abnahme des Werkes.

[3] Im Übrigen kommen die Regeln für die Verjährung der entsprechenden Ansprüche des Käufers sinngemäss zur Anwendung.

1 **Allgemeines/Anwendungsbereich.** Auch die Schadenersatzansprüche aus Werkmängeln verjähren nach dieser Bestimmung 77 II 243/249, vgl. auch 113 II 264/267 E. 2c. – Keine (analoge) Anwendung auf die Honorarforderung des Architekten 98 II 186/186 ff. E. 3 (zur Qualifizierung des Architektenvertrages siehe unter Art. 363). – Der neue Wortlaut ist per 1. Januar 2013 in Kraft getreten. Die Rechtsprechung zum vormaligen Wortlaut von Art. 371 ist somit teilweise nicht mehr relevant. Die Rechtsprechung wurde im Folgenden insoweit belassen, als der Autor sie nach wie vor für relevant hält (wobei die Verweise auf Gesetzesbestimmungen aber angepasst wurden).

Ablieferung/Abnahme. (Vgl. Rz. 1 zu Art. 367, Rz. 2 zu Art. 372) – Ein unbewegliches Werk wird abgenommen und abgeliefert (Art. 367, 371, 372), wenn der Unternehmer dem Besteller mitteilt, das Werk sei fertig 89 II 405/409 E. 2a Pra 1964 (Nr. 33) 92, 115 II 456/459 E. 4. Vollendet ist das Werk, wenn alle im Vertrag vorgesehenen Arbeiten ausgeführt sind 94 II 161/164 E. 2c, was aber nicht heisst, dass es auch mängelfrei sein muss 113 II 264/267 E. 2b, 115 II 456/458 E. 4. Unvollendete Werke können nicht abgeliefert werden, auch wenn die Vollendung kurz bevorsteht 98 II 113/116 E. 3, vgl. aber zu Art. 367 Abs. 1 und 4C.469/2004 (17.3.05) E. 2.3 und E. 2.5. – Wenn der Besteller indessen nach Art. 377 vom Vertrag zurücktritt, ist das unvollendete Werk dem vollendeten Werk gleichzustellen, namentlich in Bezug auf die Mängelrechte. Entsprechend beginnt in diesen Fällen die Verjährungsfrist im Zeitpunkt der Wirksamkeit des Rücktritts oder wenn das unvollendete Werk dem Besteller übergeben wird 130 III 362/366 E. 4.2 Pra 2005 (Nr. 7) 60. – Eine Abnahme kann auch stillschweigend dadurch erfolgen, dass das Werk gemäss seinem Zweck gebraucht wird. Ein besonderer Abnahmewille des Bestellers oder seines Vertreters ist nicht erforderlich 115 II 456/459 E. 4. Ein Einfamilienhaus gilt demnach auch ohne Vollendungsanzeige als abgeliefert, wenn es vom Besteller bezogen wird 4A_275/2009 (12.8.09) E. 3 fr. – *Weitere Beispiele:* Auslegung einer Vereinbarung, wonach das Werk (in casu Gondelbahn) am 8. Dezember für das Eidg. Amt für Verkehr abnahmebereit zu halten und am 12. Dezember von diesem abgenommen dem Besteller zu übergeben ist: Wird die Anlage vom Eidg. Amt für Verkehr abgenommen und vom Besteller in Betrieb gesetzt, so ist das Werk abgenommen; eine weitergehende Bedeutung in dem Sinn, dass die Abnahme erst nach vollkommener baulicher Mängelfreiheit als erfolgt anzusehen wäre, kann einer solchen Vertragsbestimmung vernünftigerweise nicht beigemessen werden 107 II 50/52 f. E. 1a. Abnahme eines Lehrgerüstes für den Bau einer Brücke mit Beginn der Betonierungsarbeiten 113 II 264/267 E. 2b. – Wird der Architekt vom Bauherrn für Mängel eines Gesamtwerkes verantwortlich gemacht, das von mehreren Nebenunternehmern aufgrund gesonderter Verträge mit dem Bauherrn erstellt worden ist, so beginnt die Verjährungsfrist (unter Vorbehalt abweichender vertraglicher Vereinbarungen) mit der Abnahme jedes Teilwerkes zu laufen 115 II 456/459 E. 4. 2

Absichtliche Verschweigung. Bezüglich der Verjährung spielt es grundsätzlich keine Rolle, ob der Besteller vom Mangel Kenntnis hat oder nicht 130 III 362/366 E. 4.2 Pra 2005 (Nr. 7) 60. Verschweigt indessen der Unternehmer (der Architekt oder der Ingenieur 89 II 405/407 E. 1 Pra 1964 [Nr. 33] 90 f.) dem Besteller absichtlich einen Mangel, so gilt eine Verjährungsfrist von zehn Jahren 58 II 140/147 E. 3 it., 100 II 30/33 f. (seit Abnahme des Werkes). Seit der am 1.1.2013 in Kraft getretenen Revision gilt Art. 201 Abs. 6, der auch auf das Werkvertragsrecht anwendbar ist (Art. 371 Abs. 3) und vorsieht, dass die Verjährung nicht geltend gemacht werden kann, wenn dem Verkäufer eine absichtliche Täuschung des Käufers nachgewiesen wird. – Zur absichtlichen Verschweigung vgl. Art. 370 Abs. 1. 3

Hemmung und Unterbrechung der Verjährung. Der Grund, aus dem die Verjährung für einen der dem Besteller zustehenden Ansprüche stillsteht oder unterbrochen wird, wirkt auch mit Bezug auf die übrigen Ansprüche aus dem betreffenden Mangel (sog. Übergreifende Wirkung der Verjährungsunterbrechung) 96 II 181/185 f. Pra 1970 (Nr. 160) 520 f. Allerdings: Die Verjährung einer Nachbesserungsforderung kann nicht durch 4

Schuldbetreibung unterbrochen werden 4C.258/2001 (5.9.02) E. 4.1.2 – Unterbrechung der Verjährung durch die Vornahme von Nachbesserungsarbeiten 121 III 270/272 E. 3c Pra 1996 (Nr. 81) 236, 4C.258/2001 (5.9.02) E. 4.1.2. Unterbrechung der Verjährung durch die Erklärung des Unternehmers, die notwendigen Schritte zur Behebung eines Mangels zu unternehmen 4A_256/2018 (10.9.18) E. 3.4.3 fr. Die Berufung eines Architekten auf Verjährung ist rechtsmissbräuchlich, wenn er durch seine Aufforderung an den Bauherrn, bitte kein Gerichtsverfahren einzuleiten, und den Hinweis, dass er immer derart gesunden Menschenverstand haben werde, ein Verfahren zu vermeiden, diesen von der Ergreifung verjährungsunterbrechender Massnahmen abgehalten hat 4A_303/2017 (13.12.17) E. 3.4 fr. – Wenn ein Unternehmer sich zusammen mit dem Besteller an der Suche nach Lösungen für die Mängelbehebung beteiligt und parallel dazu versucht, Dritte einzubeziehen, ohne dabei ausdrücklich oder stillschweigend eine Haftung zu anerkennen, so kann der Besteller daraus nicht ableiten, dass eine aussergerichtliche Lösung höchstwahrscheinlich sei und dass daher auf jegliche Massnahme zur Unterbrechung der Verjährung verzichtet werden kann; es ist nicht rechtsmissbräuchlich, wenn der Unternehmer dann die zwischenzeitlich eingetretene Verjährung geltend macht 4C.421/2005 (6.4.06) E. 5.2 fr.

5 ***Abs. 1*** Die kurze Verjährungsfrist (1. Satz) soll verhüten, dass der Besteller seine Ansprüche erst in einem Zeitpunkt geltend macht, in dem der Unternehmer nicht mehr auf seine Gewährsleute, besonders auf die Materiallieferanten, zurückgreifen kann 93 II 242/245, 113 II 264/268 E. 2c. Der mit der per 1.1.2013 in Kraft getretenen Revision eingefügte 2. Satz hat (zusammen mit Art. 210 Abs. 2) ebenfalls den Zweck, den Rückgriff auf Dritte zu ermöglichen.

6 ***Abs. 2*** **Beginn der Fünfjahresfrist.** Die Bestimmung stellt nicht auf einen allenfalls vereinbarten Fertigstellungstermin (in casu Vereinbarung des Übergangs von Nutzen und Schaden auf einen bestimmten Zeitpunkt) ab, sondern auf den *tatsächlichen Zeitpunkt der Abnahme* 118 II 142/149 E. 4. – Aufgrund von 133 III 6/31 E. 5.4 und nach Massgabe der dort erwähnten Voraussetzungen ist wohl auch im Anwendungsbereich von Art. 371 – entgegen 115 II 50/50 – davon auszugehen, dass ein Rückgriff des einen ins Recht gefassten Verursachers eines Mangels auf einen weiteren Mitverursacher grundsätzlich auch dann noch möglich ist, wenn die Schuld dieses Mitverursachers gegenüber dem geschädigten Bauherrn bereits verjährt ist.

7 **Unbewegliches Werk gem. Abs. 2.** Die gegenüber Abs. 1 längere Verjährungsfrist liegt darin begründet, dass oft erst nach längerer Zeit erkennbar wird, ob das unbewegliche Werk den Anforderungen der Festigkeit oder den geologischen und atmosphärischen Verhältnissen standhält 93 II 242/245, 113 II 264/268 E. 2c, 120 II 214/216 E. 3a Pra 1995 (Nr. 77) 247. – Gemäss der vor dem 1.1.2013 geltenden Fassung galt die Fünfjahresfrist nur für das unbewegliche «Bauwerk», während diese Frist neu für jedes unbewegliche Werk gilt. Der Zweckgedanke blieb indessen unverändert und somit kann der Begriff des «unbeweglichen Werkes» m.E. wie schon beim «unbeweglichen Bauwerk» (a) nach dem Kriterium der Unbeweglichkeit und (b) der vom Bundesgericht vorgenommenen Abgrenzung auf der Grundlage des Zweckgedankens vorgenommen werden: (a) Die Verbindung eines Werkes mit dem Boden gilt nicht als dauerhaft, wenn es ohne erheblichen Wertver-

lust abmontiert und anderswo wieder aufgebaut werden kann 4A_235/2008 (23.7.08) E. 5.5, 96 II 181/183 f. E. 3a Pra 1970 (Nr. 160) 519, 92 II 227/232 E. 2c. (b) Die fünfjährige Frist betrifft ihrem Zweck entsprechend nur eine Sache bei der «typischerweise erst nach längerer Zeit erkennbar wird, ob sie den Anforderungen der Festigkeit oder den geologischen und atmosphärischen Verhältnissen standhält oder ob sie diesbezüglich mangelhaft ist» 4A_235/2008 (23.7.08) E. 5.5. – Ob ein «unbewegliches Werk» vorliegt, beurteilt sich nach dem Gegenstand des konkreten Werkvertrages und zwar unabhängig davon, ob das vertraglich geschuldete Werk als Teil eines grösseren Gesamtwerkes ausgeführt wird 120 III 214/216 E. 3a Pra 1995 (Nr. 77) 247, 109 II 34/39 f. E. 4b Pra 1983 (Nr. 147) 401 f., 93 II 242/246 E. 2b. – Die vor Ablauf der Verjährungsfrist an unbeweglichen Bauwerken ausgeführten Überarbeitungen, Vollendungen oder Ausbesserungen sind als Bestandteil des Werkes zu betrachten und unterliegen einer neuen fünfjährigen Frist 121 III 270/272 E. 3c Pra 1996 (Nr. 81) 236. – Die Auffassung, der Unternehmer sei für alle Werkleistungen, für die er Anspruch auf Eintragung des in ZGB Art. 837 Ziff. 3 vorgesehenen Grundpfandrechts hat, während fünf Jahren gewährleistungspflichtig, ist abzulehnen 93 II 242/245.

Anwendung von Abs. 2 auf Architekten und Ingenieure. Für den Architekten soll keine längere Verjährungsfrist gelten als für den Unternehmer, der mit seiner Arbeit den Mangel mitverursacht hat (Wahrung der Rückgriffsmöglichkeit) 115 II 456/457 ff. E. 2, 4. Wenn ein Architekt das Erstellen von Plänen als selbständige Leistung erbringt (d.h. nicht im Rahmen eines «Gesamtauftrages»), untersteht das Vertragsverhältnis den werkvertraglichen Regeln und für Mängel dieser Pläne gilt grundsätzlich die einjährige Verjährungsfrist des Art. 371 Abs. 1 (heute: zweijährige Verjährungsfrist). Wenn ein Planmangel indessen im Sinne eines Folgeschadens zu einem Mangel eines Bauwerkes führt, so gilt für die Ansprüche aus diesem Planmangel die fünfjährige Verjährungsfrist des Art. 371 Abs. 2. Die entsprechende Frist beginnt bei Ablieferung jenes Teiles des Bauwerkes, welcher vom Planmangel betroffen ist 130 III 362/365 f. E. 4.2 Pra 2005 (Nr. 7) 60. – Die Bestimmung ist nicht auf jeden Anspruch des Bauherrn anwendbar: Die fünfjährige Verjährung betrifft nur die *aus Mängeln des unbeweglichen Werkes* hergeleiteten Ansprüche; sie gilt hingegen nicht für den Schadenersatzanspruch, den der Bauherr gegen Unternehmer, Architekten oder Ingenieur geltend machen kann wegen einer Vertragsverletzung, die keinen Mangel im Sinne der Art. 367 ff. zur Folge hat (so z.B. wegen Verzugs in der Erstellung einer Baute oder wegen eines Begleitschadens) 102 II 413/418 f. E. 3 Pra 1977 (Nr. 87) 217, vgl. auch 111 II 170/172 fr. 8

Abs. 3 *Analoge Anwendung von Art. 210 Abs. 5* (einredeweise Geltendmachung über die Verjährung hinaus): Das über die Verjährung hinaus bestehende Einrederecht des Bestellers setzt voraus, dass dieser die betreffenden Mängel vor Ablauf der Verjährungsfrist gerügt hat 130 III 362/367 E. 4.3 Pra 2005 (Nr. 7) 61. – *Analoge Anwendung von Art. 210 Abs. 6* (absichtliche Verschweigung eines Mangels; in casu jedoch verneint) 89 II 405/409 E. 2b Pra 1964 (Nr. 33) 92 vgl. auch Art. 370 Abs. 1. 9

Vertragliche Abänderung der Verjährungsfrist. Die Rechtsprechung zum vor dem 1.1.2013 geltenden Wortlaut des Art. 371 steht heute unter dem Vorbehalt der erfolgten Änderungen, namentlich in Art. 210 (vgl. Art. 210 Abs. 4 i.V.m. Art. 371 Abs. 3, vgl. auch 10

Art. 199 i.V.m Art. 371 Abs. 3): Die gesetzliche Verjährungsfrist kann vertraglich abgekürzt werden (in casu auf zwei Jahre), wenn dem Gläubiger dadurch die Rechtsverfolgung nicht in unbilliger Weise erschwert wird; diese kann als unbillig erschwert gelten, wenn die vereinbarte Zweijahresfrist abläuft, bevor die Mängel genügend erkannt sind 108 II 194/196 f. E. 4b, vgl. auch 120 II 214/220 E. 3d Pra 1995 (Nr. 77) 251. – Erstreckung der Verjährungsfrist durch die Vereinbarung einer «Garantiezeit» oder «Garantiefrist» (im Zweifel ist darunter die Verjährungsfrist zu verstehen) 63 II 180. – Es ist zulässig, zwischen dem Subunternehmer und dem Generalunternehmer vertraglich zu vereinbaren, dass die Verjährung nicht von der Abnahme des Werkes des Subunternehmers, sondern ab Abnahme des von der Generalunternehmung hergestellten Werkes durch den Bauherrn berechnet wird und fünf Jahre nach dieser Werkabnahme endet. Nur eine Verlängerung der Verjährung über die Frist von 10 Jahren hinaus wäre nicht statthaft 4A_221/2010 (12.1.12) E. 3.2. – Bedeutung von zeitlich begrenzten *Einredeverzichten* 115 II 456/459 f. E. 6b.

II. Pflichten des Bestellers

Vorb. Art. 372–374

1 **Rückerstattung des zu viel bezahlten Werklohnes.** Der Anspruch auf Rückerstattung des zu viel bezahlten Werklohnes ergibt sich (entgegen der in 107 II 220/221 f. E. 3a, b geäusserten Ansicht) nicht aus Art. 62 ff., sondern aus Vertrag 126 III 119/122 E. 3d. Die Verjährungsfrist des Anspruchs auf Rückforderung zu viel bezahlter Akontozahlungen beginnt nicht erst mit der Schlussabrechnung zu laufen, sondern grundsätzlich mit dem Tag der Erbringung der Akontozahlung, soweit die zur Akontozahlung verpflichtete Vertragspartei die Fälligkeit der Rückforderung herbeiführen kann 4C.397/2005 (1.3.06) E. 2.2.2, 2.3.

2 **Abtretung der Werklohnforderung.** Der Unternehmer kann die auf einen bestimmten Betrag lautende Werklohnforderung in der Regel ohne Zustimmung des Bestellers einem Dritten abtreten (Art. 164 Abs. 1; offengelassen, ob dies auch für eine Abtretung der Gesamtheit der Vertragsansprüche gilt) 109 II 445/445 f. E. 2 Pra 1984 (Nr. 80) 197 f.

3 **Übernahmebedürftigkeit von SIA-Normen.** Soweit sie eine Grundlage für die Bestimmung des geschuldeten Werklohns sein sollen, bedürfen auch technische Regeln betreffend die Ermittlung der nach Einheitspreisen zu vergütenden Menge der Übernahme in den Werkvertrag. Das gilt erst recht für Regeln, die dem Unternehmer ein Abweichen vom tatsächlichen Ausmass gestatten 118 II 295/295 ff. E. 2.

4 **Weiteres.** Die verbindliche Anerkennung von Unternehmerrechnungen durch den Architekten setzt in der Regel eine ausdrückliche Vollmacht des Bauherrn voraus 118 II 313/315 f. E. 2a. Allerdings: Die Mitteilung gegenüber dem Unternehmer einer Vollmacht der Bauleitung gegenüber dem Unternehmer, in casu durch Art. 33 Abs. 2 SIA-Norm 118, bedeutet, dass die Einigung der Bauleitung mit dem Unternehmer über Einheitspreise für Nachträge für die Bauherrschaft bindend ist – zumal die Bauherrschaft in casu über die Ereignisse auf der Baustelle und die Tätigkeit der Bauleitung informiert war 4C.232/2006

(4.1.07) E. 3.1.2.2 fr. – Dagegen gibt die SIA-Norm 118 für die Phase vor Abschluss des Werkvertrages keine Vollmacht der Bauleitung kund. Für die Stellvertretung gelten dann die allgemeinen Bestimmungen von Art. 33 ff. 4A_580/2012 (18.2.13) E. 5.2.2. – Der Abschluss eines Werkvertrages setzt nicht voraus, dass der Besteller diesen persönlich abschliesst. Der Besteller kann sich vertreten lassen. Ein Besteller kann daher auch dann zu Leistung eines Werklohnes verpflichtet sein, wenn er das Werk nicht persönlich bestellt hat 4A_496/2013 (19.2.14) E. 2.2 fr. Es besteht ohne gegenteilige Anhaltspunkte eine natürliche Vermutung, dass ein Architekt in fremdem Namen handelt 4A_376/2011 (14.3.12) E. 4.

1. Fälligkeit der Vergütung

Art. 372

1 Der Besteller hat die Vergütung bei der Ablieferung des Werkes zu zahlen.

2 Ist das Werk in Teilen zu liefern und die Vergütung nach Teilen bestimmt, so hat Zahlung für jeden Teil bei dessen Ablieferung zu erfolgen.

Abs. 1 **Fälligkeit des Werklohnes.** Erste Voraussetzung für die Fälligkeit des Werklohnes ist die Ablieferung des vollendeten, dem Vertrag in allen Teilen entsprechenden Werkes 94 II 161/164 E. 2c, 110 II 176/178 E. 2a. Ob das Werk mängelfrei ist, spielt dabei keine Rolle 4C.85/2003 (25.8.03) E. 7.2 fr., 115 II 456/458 E. 4. – Bei vorzeitiger Vertragsauflösung wird der noch geschuldete Werklohn mit Beendigung des Vertrages fällig 4A_133/2019/4A_143/2019 (10.12.19) E. 10 it. – Es ist den Parteien unbenommen, die Fälligkeit des Werklohnes durch vertragliche Vereinbarung anders zu regeln – namentlich durch Übernahme der SIA-Norm 118, welche (in Art. 144) Abschlagszahlungen vorsieht, die (nach Art. 148 SIA-Norm 118) bei Eingang des ordnungsgemässen Zahlungsbegehrens fällig werden 4A_306/2008 (9.9.08) E. 4.1.1 fr. – Ungeachtet der Fälligkeit kann die Zahlung verweigert werden, wenn eine nicht nachvollziehbare oder nicht prüffähige Rechnung vorliegt. Der Verzug kann bis zur nachvollziehbaren und überprüfbaren Rechnungsstellung nicht eintreten 4A_305/2014, 4A_323/2014 (8.1.15) E. 6.3. 1

Ablieferung/Abnahme des Werkes. (Vgl. Rz. 1 zu Art. 367, Rz. 2 zu Art. 371) – Abgeliefert wird ein Werk durch die Übergabe oder durch die ausdrückliche oder stillschweigende Erklärung des Unternehmers, es sei vollendet 4C.85/2003 (25.8.03) E. 7.2 fr. Eine Abnahme kann auch stillschweigend dadurch erfolgen, dass das Werk gemäss seinem Zweck gebraucht wird 4C.301/2003 (4.2.04) E. 4.1 fr., 115 II 456/459 E. 4, 113 II 264/267 E. 2b. Ein besonderer Abnahmewille des Bestellers ist nicht erforderlich. Zu unterscheiden ist die Abnahme von der Genehmigung (Art. 370 Abs. 1), mit welcher der Besteller gegenüber dem Unternehmer seinen Willen äussert, das abgelieferte Werk als vertragsgemäss gelten zu lassen 115 II 456/459 E. 4. Bei Bauwerken ist der Einzug des Bestellers für sich allein nicht entscheidend; erfolgt er vor der vollständigen Vollendung aller Arbeiten, so liegt noch keine Ablieferung im Sinne des Gesetzes vor 94 II 161/164 E. 2c. Vollendet ist das Werk, wenn alle im Vertrag vorgesehenen Arbeiten ausgeführt sind 94 II 161/164 E. 2c, vgl. aber zu Art. 367 Abs. 1 und 4C.469/2004 (17.3.05) E. 2.3 und E. 2.5. – Auf den 2

Fall einer vorzeitigen Vertragsauflösung nach Art. 377 ist Art. 372 Abs. 1 nicht anwendbar 4C.241/2003 (11.11.03) E. 5.2 fr.

3 ***Zeitpunkt der Ablieferung des Werkes.*** Wenn die Parteien keine Lieferfristen vereinbart haben, ist auf den hypothetischen Parteiwillen abzustellen, wonach dem Unternehmer jener Zeitraum zur Verfügung steht, den ein versierter Unternehmer nach rechtzeitigem Beginn benötigen würde, um das Werk in zügiger Arbeit und mit dem üblichen Einsatz auszuführen und abzuliefern 4C.347/2003 (1.4.04) E. 4.1.1 fr., 4A_233/2016 (12.9.16) E. 6.2.

4 ***Werklohn trotz Mängeln.*** Nach 89 II 232/236 E. 4a hatte der Besteller Anspruch auf die Ablieferung eines mängelfreien Werkes und konnte entsprechend den gesamten Werklohn zur Durchsetzung des Verbesserungsanspruches zurückhalten, vgl. auch 94 II 161/164 E. 2c. Nach der neueren Rechtsprechung spielt die Mängelfreiheit in Bezug auf Art. 372 indessen keine Rolle 4C.85/2003 (25.8.03) E. 7.2 fr. vgl. 115 II 456/458 f. E. 4.

5 ***Skonto.*** Der Zweck des Skontos besteht darin, den Besteller zur pünktlichen Zahlung zu veranlassen und dadurch die Liquidität des Unternehmers zu erhöhen. Dem entspricht, dass der vereinbarte prozentuale Preisnachlass beim Skonto – im Gegensatz zum einfachen Rabatt – die prompte Bezahlung voraussetzt 118 II 63/64 f. E. 4a. Der Besteller, der seine Zahlung zurückhält, verliert den Anspruch auf den Skontoabzug auch dann, wenn er begründeten Anlass hatte, an der Richtigkeit der Rechnung zu zweifeln 118 II 63/65.

6 ***Rabatt.*** Ein vereinbarter Rabattansatz (7,9%), welcher dann aber während der gesamten Dauer des Vertragsverhältnisses unwidersprochen nie angewandt wurde (stattdessen: 5,9%), konnte in casu nicht erst bei der Schlussabrechnung geltend gemacht werden, da von einem konkludenten Verzicht auf den ursprünglichen Ansatz auszugehen war 4C.232/2006 (4.1.07) E. 4.2 fr. – Trotz einer Vertragsklausel, wonach der vereinbarte Vergaberabatt auch für Zusatzarbeiten anwendbar sein solle, wurde in Anwendung des Grundgedankens von Art. 86 SIA-Norm 118 entschieden, dass der derart vereinbarte Vergaberabatt nur für eine Mehrmenge von 20% gelte. Der Unternehmer, dem der Besteller im Rahmen einer Bestellungsänderung erhebliche Zusatzarbeiten überträgt, kann vernünftigerweise eine vollständige Entschädigung erwarten und nicht eine Entschädigung, welche um einen vor Vertragsabschluss verhandelten Rabatt vermindert ist 4C.21/2004 (12.1.05) E. 3.1.2 fr.

7 ***Weiteres.*** Der für die Nichteinhaltung der Erfüllungszeit vereinbarte Anspruch auf eine Konventionalstrafe geht unter, wenn der Besteller ihn nicht spätestens bei Ablieferung des Werkes geltend macht 97 II 350/352 ff. E. 2b, d. Nach Art. 98 Abs. 2 SIA-Norm 118 beurteilt sich die Frage, ob eine Konventionalstrafe, die der Unternehmer für die Überschreitung einer vertraglichen Frist versprochen hat, geschuldet ist, unter Mitberücksichtigung eines allfälligen Anspruchs auf Fristerstreckung. Demnach ist die Konventionalstrafe nur und erst dann geschuldet, wenn auch die zusätzliche Zeit, auf die der Unternehmer Anspruch hat, überschritten ist 4A_141/2008 (8.12.09) E. 7.1. – Übernahme eines von Art. 372 abweichenden Handelsbrauches (in casu verneint) 83 II 522/522 ff. E. 2 Pra 1958 (Nr. 2) 3 ff. – Vereinbarung eines von Art. 372 abweichenden Verjährungsbeginns für die Werklohnforderung durch Übernahme der SIA-Norm 118 (1962): Die Verjährungsfrist für das Restguthaben beginnt erst mit der Anerkennung der Schlussabrechnung zu laufen bzw. bei Säumnis des Unternehmers mit jenem Zeitpunkt, in dem die Schlussabrechnung nach Treu und Glauben spätestens hätte vorgelegt werden müssen

110 II 176/178 ff. E. 2, 3. – Erhält der Besteller die versprochene Leistung nur unvollständig und will er nicht vertragsgemässe Lieferung (d.h. Vollendung des Werkes) verlangen, so muss sich der Unternehmer nach Treu und Glauben einen vereinbarten Pauschalpreis entsprechend herabsetzen lassen; diese Herabsetzung unterliegt nicht den Vorschriften von Art. 367 f. 94 II 161/164 f. E. 2d, e.

Abs. 2 **Ablieferung in Teilen.** Diese Art der Vergütung setzt voraus, dass der Unternehmer zu Teillieferungen verpflichtet ist und dass die Vergütung nach den abzuliefernden Teilen bestimmt ist. Hat der Unternehmer sich zwar zu Teillieferungen verpflichtet, fehlt es aber an einer Vereinbarung, wonach die Vergütung sich nach den abzuliefernden Teilen bestimmt, wird die ganze Vergütung erst bei der Ablieferung des letzten Teiles fällig 4A_477/2008 (19.5.09) E. 4.1 it. 8

2. Höhe der Vergütung a. Feste Übernahme

Art. 373

[1] Wurde die Vergütung zum voraus genau bestimmt, so ist der Unternehmer verpflichtet, das Werk um diese Summe fertigzustellen, und darf keine Erhöhung fordern, selbst wenn er mehr Arbeit oder grössere Auslagen gehabt hat, als vorgesehen war.

[2] Falls jedoch ausserordentliche Umstände, die nicht vorausgesehen werden konnten oder die nach den von beiden Beteiligten angenommenen Voraussetzungen ausgeschlossen waren, die Fertigstellung hindern oder übermässig erschweren, so kann der Richter nach seinem Ermessen eine Erhöhung des Preises oder die Auflösung des Vertrages bewilligen.

[3] Der Besteller hat auch dann den vollen Preis zu bezahlen, wenn die Fertigstellung des Werkes weniger Arbeit verursacht, als vorgesehen war.

Abs. 1 **Allgemeines.** Es gibt zwei Arten von Festpreisen: Pauschalpreise und Einheitspreise 4A_156/2018 (24.4.19) E. 4.1 fr. – Vereinbaren die Parteien einen Festpreis, liegt eine resultatsbezogene Preisabsprache vor. Hier hat der Unternehmer die Folgen von allfälligem Mehraufwand zu tragen 4C.385/2005 (31.1.06) E. 5. – Ein Festpreis gilt nur für die vereinbarte Leistung, ohne qualitative oder quantitative Änderungen. Zusätzlich bestellte Leistungen berechtigen den Unternehmer zu einer Vergütung, welche nach Massgabe von Art. 374 zu bestimmen ist, d.h. nach dem Wert des eingesetzten Materials und der geleisteten Arbeit 4A_156/2018 (24.4.19) E. 4.2.3 fr. Soweit er eine zusätzliche Vergütung fordert, trägt der Unternehmer die Beweislast für die Bestellungsänderung (also dafür, dass die Leistung von der ursprünglich vereinbarten Leistung abweicht) und die daraus resultierenden Mehrkosten 4A_156/2018 (24.4.19) E. 4.2.3 fr. – Für eine feste Übernahme genügt nicht bereits, dass in den Vertragsverhandlungen von einer bestimmten Geldsumme die Rede ist; erforderlich ist die vertragliche Vereinbarung, dass die genannte Summe sowohl die obere wie auch untere Grenze des Werklohnes darstellen soll 4C.172/2001 (8.8.01) E. 3b. 4A_458/2016 (29.3.17) E. 6.1 fr., 4A_433/2017 (29.1.18) E. 3.1.2 fr. Wer die feste Übernahme behauptet, trägt die Beweislast für das Zustandekommen einer entsprechenden Vereinbarung 4C.203/2005 (9.1.06) E. 4.1 fr., 4C.23/2004 (14.12.04) E. 3.1 fr. Gelingt dieser Nachweis nicht, so bemisst sich die Vergütung nach Art. 374 4P.99/2005 (18.8.05) E. 3.2 fr., 4C.23/2004 (14.12.04) E. 3.1, 4C.85/2003 1

(25.8.03) E. 6.2.2. Sofern allerdings feststeht, dass beide Parteien keine Aufwandvergütung, sondern eine Vergütung auf der Basis eines Festpreises wollten, aber der konkrete Festpreis strittig ist, kann das Gericht als richterliche Lückenfüllung nach dem hypothetischen Parteiwillen einen angemessenen Festpreis festlegen 4A_465/2009 (9.11.09) E. 2.2.2.

2 **Pauschalpreis.** Ein Pauschalpreis ist ein fester Preis für ein ganzes Werk, für einen Teil eines Werkes oder für ein bestimmtes Ergebnis 4A_156/2018 (24.4.19) E. 4.1 fr. Er ist ein Festpreis in dem Sinne, dass er unabänderlich sowie unabhängig von den tatsächlichen Erstellungskosten des Werkes, den ausgeführten Leistungsmengen, Aufwendungen und Arbeiten ist; die Abweichung von den bei Vertragsabschluss vorgesehenen Erstellungskosten (Arbeits- und andere Kosten) ist daher (ausser in Anwendungsfällen des Art. 373 Abs. 2) ohne Belang 4C.90/2005 (22.6.05) E. 3.2, 4A_156/2018 (24.4.19) E. 4.1 fr. Der Pauschalpreis setzt sowohl eine Mindest- wie auch eine Höchstgrenze für die Vergütung des Unternehmers fest 4A_458/2016 (29.3.17) E. 6.1 f., 4A_156/2018 (24.4.19) E. 4.1 fr. – Der Vertrag kann eine Vergütung einer Pauschale für einen Teil des Werkes und eine Vergütung nach Aufwand für einen anderen Teil vorsehen («Teilpauschalen») 4A_458/2016 (29.3.17) E. 6.1 fr. – Bei einer Pauschalpreisvereinbarung muss der Unternehmer nur jene Leistungen erbringen, welche notwendig sind, um das vereinbarte Werk zu vollenden 4C.90/2005 (22.6.05) E. 3.2. – Der Pauschalpreis gilt ausschliesslich für das vereinbarte Werk, ohne irgendwelche quantitativen oder qualitativen Änderungen 4D_63/2013 (18.2.14) E. 2.2 fr., 4C.203/2005 (9.1.06) E. 4.1 fr., 4A_465/2017 (2.5.18) E. 2 fr. – Bestellungsänderungen, welche zu zusätzlichen Arbeiten führen, geben dem Unternehmer ein Recht auf Mehrvergütung, welche sich nach Art. 374 bemisst, wenn nichts anderes vereinbart ist 4D_63/2013 (18.2.14) E. 2.2 fr., 4C.409/1999 (17.4.00) E. 1c/cc fr., 113 II 513/516 E. 3b Pra 1989 (Nr. 17) 82, 4A_433/2017 (29.1.18) E. 3.1.2 fr. Dies gilt nicht nur, wenn die Änderungen vom Besteller ausgehen, sondern auch, wenn diese vom Unternehmer ausgehen und vom Besteller akzeptiert werden 4C.23/2004 (14.12.04) E. 4.1 fr. Die vorbehaltlose Annahme der Zusatzarbeiten durch den Bauherrn genügt für die Begründung einer Pflicht zur Vergütung des Mehraufwandes allerdings dann nicht, wenn vertraglich vereinbart wurde, dass Zusatzarbeiten auf einer schriftlichen Bestellung beruhen müssen 4C.385/2005 (31.1.06) E. 9. Auf die Anwendung einer Vertragsbestimmung, wonach Bestellungsänderungen auf einer schriftlichen Vereinbarung beruhen müssen, kann verzichtet werden, was der Unternehmer zu beweisen hat. Allein die Kenntnis des Bestellers von zusätzlich erbrachten Leistungen genügt für diesen Beweis nicht. Auch wenn die Parteien vereinzelt auf die Anwendung einer solchen Vertragsbestimmung verzichtet haben, bedeutet dies nicht unbedingt einen generellen Verzicht 4A_465/2017 (2.5.18) E. 3.2 fr. – Der streitige Umfang der Leistungen, welche durch eine Pauschale abgegolten werden sollen, ist durch Vertragsauslegung zu ermitteln 4A_71/2009 (25.3.09) E. 3.1, 4A_32/2009 (7.10.09) E. 4 it., 4D_63/2013 (18.2.14) E. 2.2 fr. Letztlich trägt aber der Unternehmer die Beweislast dafür, welche Leistungen zu diesem Preis zu erbringen sind und welche Leistungen Mehraufwand darstellen, die Anspruch auf Mehrvergütung geben 4C.86/2005 (2.6.05) E. 3. Der Unternehmer trägt die Beweislast dafür, dass eine Bestellungsänderung oder eine Zusatzbestellung erfolgt ist 4C.23/2004 (14.12.04) E. 4.1 fr., 4A_559/2011 (11.1.12) E. 2.1.2, 4A_465/2017 (2.5.18) E. 2 fr. Somit trägt der Unternehmer die Beweislast, wenn er geltend macht, ein Aufwand

sei nicht vom Pauschalpreis gedeckt 4A_291/2007 (29.10.07) E. 4.3. – Der Unternehmer hat nur dann Anspruch auf den Pauschalpreis, wenn das Werk in allen Teilen den getroffenen Abmachungen entspricht. Ist dies nicht der Fall, sondern hat (in casu) der Generalunternehmer einzelne Teile des Werkes überhaupt nicht oder in einer geringeren Qualität als der vertraglich vereinbarten ausgeführt, so erhält der Bauherr die versprochene Leistung nur unvollständig, während der Unternehmer bereichert ist. Will der Bauherr nicht die vertragsgemässe Lieferung, d.h. die Vollendung des Werkes verlangen, so muss der Unternehmer nach Treu und Glauben den Pauschalpreis entsprechend herabsetzen 94 II 161/165 E. 2e. – Gemäss SIA-Norm 118 ist ein Pauschalpreis (gem. Art. 41 i.V.m. Art. 40 SIA-Norm 118) eine «feste Übernahme» im Sinn von Art. 373 OR und Art. 38 SIA-Norm118. Auch in einem solchen Fall steht dem Unternehmer aber eine zusätzliche Vergütung bei «besonderen Verhältnissen zu, soweit dies die Art. 58–62 vorsehen» (Art. 38 Abs. 3 SIA-Norm 118). Namentlich sieht Art. 58 Abs. 2 SIA-Norm 118 vor, dass der Unternehmer bei Verschulden des Bauherrn Anspruch auf eine zusätzliche Vergütung hat, die sich nach Massgabe der sinngemäss anzuwendenden Art. 86–91 SIA-Norm 118 bestimmt 4A_213/2015 (31.8.15) E. 3.2. Art. 58 Abs. 2 SIA-Norm 118 setzt – im Sinn von Abs. 1 dieser Bestimmung – voraus, dass «besondere Verhältnisse», welche «die Ausführung einer zu festen Preisen (Art. 38 Abs. 1) übernommenen Bauleistung» erschweren, «erst nach Vertragsabschluss eintreten» oder für den Unternehmer erst dann «zutage treten». Ein Anspruch auf Mehrvergütung ist also von vorneherein auszuschliessen, wenn der Unternehmer den Fehler im Devis vor dem Vertragsschluss tatsächlich erkannt hatte. Denn dann wäre er nicht erst danach «zutage getreten» 4A_213/2015 (31.8.15) E. 4.3. – Haben sich die Parteien eines Werkvertrages mit Pauschalpreis unter Geltung der SIA-Norm 118 nicht im Voraus über die Bestimmung des Preises von Mehr- oder Minderleistungen geeinigt, und können sie sich nicht einigen, hat der Richter den Mehr- oder Minderpreis in sinngemässer Anwendung von Art. 89 SIA-Norm 118 zu bestimmen 143 III 545/549 E. 4.4.4.1. Dabei ist auf die allgemeinen Marktpreise im Zeitpunkt der Bestellungsänderung abzustellen. Zwar ist beim Pauschalpreis nicht von einer Preisfortschreibung auszugehen. Das Leistungsverzeichnis oder Preisanalysen bleiben aber beachtlich, weil die ursprünglichen Preise, nach Abzug von Rabatt und Nachlässen, auch zu einem späteren Zeitpunkt noch als konkurrenzfähig und damit einen allgemeinen Marktpreis reflektierend zu betrachten sind. Solche Unterlagen sind im Rahmen der gerichtlichen Bildung der Nachtragspreise zu berücksichtigen, und können als Hilfsmittel dazu dienen 143 III 545/551 E. 4.4.4.2. Das Gericht hat einen Ermessensentscheid zu treffen, und dabei alle Preiselemente zu berücksichtigen, die aufgrund der Parteibehauptungen vorhanden sind 143 III 545/553 E. 4.4.4.3. – Zur Reduktion eines Pauschalpreises nach Art. 84 ff. SIA-Norm 118 bei einer (einvernehmlichen) Projektreduktion vgl. 4A_234/2014 (8.9.14) E. 5.1, 5.2. – In 4A_213/2015 (31.8.15) E. 7.2.2 kam das Bundesgericht zum Schluss, dass im Geltungsbereich der SIA-Norm 118 der Art. 44 OR auch dann auf die Teilverursachung von Mehrkosten anzuwenden ist, wenn es nicht um Schadenersatz, sondern um eine Mehrvergütung geht. Über das Mass der Entlastung hat das Gericht nach Ermessen zu befinden.

Einheitspreis. Der Einheitspreis ist ein fester Preis im Sinne von Art. 373, welcher sich indessen nicht auf das gesamte Werk, sondern nur auf bestimmte Leistungseinheiten bezieht 4C.88/2005 (8.7.05) E. 2 fr., 4C.385/2005 (31.1.06) E. 6, 4A_156/2018 (24.4.19) 3

E. 4.1 fr. – Sind in einem Werkvertrag für alle Leistungen oder zumindest einen Teil davon Einheitspreise vereinbart, wird er als «Einheitspreisvertrag» bezeichnet. Solche Verträge enthalten in der Regel ein in den Vertrag integriertes Leistungsverzeichnis, in dem die Leistungspositionen mit der voraussichtlichen Menge der Leistungseinheiten multipliziert werden, welche allenfalls zusammen mit Pauschalpreisen zu einer Gesamt- bzw. Hauptsumme addiert werden 4A_418/2012 (3.12.12) E. 6.2. – Der Werkpreis bestimmt sich beim Einheitspreisvertrag nach der Menge der massgebenden Leistungseinheiten. Die für die Berechnung massgebliche Menge wird, je nach Inhalt des Vertrages, entweder nach dem tatsächlichen Ausmass ermittelt oder nach dem plangemässen theoretischen Ausmass (Ausführungspläne) 4C.88/2005 (8.7.05) E. 2 fr., 4C.385/2005 (31.1.06) E. 6, 4A_156/2018 (24.4.19) E. 4.1 fr. Nach welcher Methode das Ausmass bestimmt wird, hängt von der Parteivereinbarung ab; ist nichts vereinbart, ist das tatsächliche Ausmass massgebend 4A_156/2018 (24.4.19) E. 4.1 fr. – Kein Recht des Unternehmers, vereinbarte Einheitspreise wegen Bestellungsänderungen, Bauzeitverlängerung, höheren Lohnkosten und Bauablaufstörungen einseitig anzupassen, wenn der Vertrag vorsieht, dass der Besteller die Pläne jederzeit ändern darf, ohne Ansprüche des Unternehmers auszulösen, der Unternehmer die Arbeiten vorbehaltlos ausführt und sie zu den vereinbarten Einheitspreisen in Rechnung gestellt hat 4A_353/2017 (4.12.17) E. 5 it.

4 ***Abs. 2*** **Allgemeines/Anwendungsbereich.** Die Bestimmung enthält: einen gesetzlich geregelten Fall der *clausula rebus sic stantibus* und damit eine Ausnahme vom Grundsatz, dass ein Vertrag so zu halten ist, wie er abgeschlossen wurde 104 II 314/315 E. a; eine besondere Ausgestaltung der Irrtumsanfechtung im Werkvertragsrecht, die Art. 24 Abs. 1 Ziff. 4 vorgeht, soweit es um den Werkpreis geht 109 II 333/335 f. E. 2b. – Ist die Fehleinschätzung der Parteien auf ungenaue Angaben des Bestellers zu kostenrelevanten Faktoren zurückzuführen, kann u.U. eine Überschneidung von Ansprüchen aus 373 Abs. 2 und culpa in contrahendo vorliegen. Ist der Besteller für die Änderung der Ausführungsbedingungen verantwortlich (z.B. wegen Anweisungen, Materialmängel, Bodenmängel), kommt die Situation einer Bestellungsänderung gleich, für welche der Unternehmer Anspruch auf eine zusätzliche Vergütung hat 4A_156/2018 (24.4.19) E. 4.2.1 fr. – Der Eintritt ausserordentlicher Umstände kann zu einer Bestellungsänderung führen, welche zu Mehrvergütungen berechtigt. Ist nicht von einer Bestellungsänderung auszugehen, ist ein Anspruch i.S.v. Art. 373 Abs. 2 (Anpassung des Festpreises) zu prüfen 4A_156/2018 (24.4.19) E. 6.3 fr. – Die Bestimmung findet auch auf werkvertragsähnliche Rechtsverhältnisse Anwendung (in casu Verpflichtung des Vermieters, die Räume gegen eine Pauschalentschädigung zu heizen) 47 II 314/318. – Anwendung der Bestimmung, wenn sich die vertraglich vereinbarten Art. 86 und 87 der SIA-Norm 118 (1977) als unanwendbar erweisen 113 II 513/514 ff. E. 2, 3 Pra 1989 (Nr. 17) 81 f. – Ist der Vertrag im eigentlichen Sinne abgeändert worden, so ist das Werk (mangels anderer Vereinbarung) gemäss Art. 374 zu entschädigen 113 II 513/516 E. 3b Pra 1989 (Nr. 17) 82.

5 **Ausserordentliche Umstände** sind solche, mit denen der Unternehmer nicht zu rechnen brauchte, weil sie nach dem gewöhnlichen Lauf der Dinge *nicht voraussehbar* waren, oder mit denen beide Parteien nach *gemeinsamer* Vorstellung nicht gerechnet haben. Sie können bereits bei Vertragsabschluss bestehen (z.B. geologische Verhältnisse) oder erst nachträglich eintreten (z.B. aussergewöhnliches Ansteigen von Löhnen, Zinsen oder Material-

preisen) 104 II 314/316 b, 4A_156/2018 (24.4.19) E. 4.2.2 fr. Sie können somit nicht bloss natürlicher, sondern auch wirtschaftlicher Art sein (es verhält sich nicht grundsätzlich anders, wenn der Unternehmer bei seiner Preisfestsetzung in anderer Hinsicht von Voraussetzungen ausgegangen ist, die sich nachträglich als falsch erweisen 109 II 333/335 E. 2b). – Das Erfordernis der Unvorhersehbarkeit ist vom Standpunkt des sachkundigen und sorgfältigen Unternehmers aus und nach eher strengen Massstäben zu beurteilen 109 II 333/336 E. 3. Mit welchen Schwierigkeiten ein Unternehmer bei der Ausführung eines Baues nach der Erfahrung rechnen muss, hängt von den Besonderheiten des Einzelfalles ab, insbesondere von der Art und Dauer des Werkvertrages 104 II 314/316 f. E.b. Die ausserordentlichen Umstände müssen derartige Auswirkungen auf den Vertrag haben, dass die Einhaltung der offerierten Preise nach Treu und Glauben nicht mehr verlangt werden kann 113 II 513/516 E. 3b Pra 1989 (Nr. 17) 82, 4A_156/2018 (24.4.19) E. 4.2.2 fr. – Die ausserordentlichen Umstände dürfen nicht dem Verhalten des Unternehmers zuzuschreiben sein 104 II 314/316 E.b. Dem Unternehmer obliegt es, alles in seiner Macht Stehende zu tun, um sich über sämtliche die Herstellungskosten beeinflussende Verhältnisse genau ins Bild zu setzen 4C.292/2002 (20.11.03) E. 3.1. Mangelnde Sorgfalt des Unternehmers (oder seines Unterakkordanten) bei der Ausarbeitung der Offerte schliesst eine Berufung auf die Bestimmung aus 4C.292/2002 (20.11.03) E. 3.1, 109 II 333/337 E. 3c. – Wird der Pauschalpreis gestützt auf sachverständige Angaben des Bestellers berechnet, so kann sich der Unternehmer darauf zwar grundsätzlich ohne eigene Nachprüfung verlassen; im Falle einer offensichtlichen Unrichtigkeit dieser Angaben hat er den aufscheinenden Fehlern indessen bei der Kalkulation nachzugehen und diese zu korrigieren. Tut er Letzteres nicht, ist ihm verwehrt, nach Vollendung des Werkes gestützt auf Art. 373 Abs. 2 einen Mehrpreis zu verlangen 4C.292/2002 (20.11.03) E. 3.4, 4A_213/2015 (31.8.15) E. 4.4.2. Als «offensichtlich» gilt ein Fehler, wenn er ins Auge springt, d.h. ohne Weiteres auch ohne besondere Prüfung erkennbar ist 4A_213/2015 (31.8.15) E. 4.4.2. – Umstände, die im konkreten Fall eine Erhöhung des Einheitspreises nach der Bestimmung rechtfertigen 113 II 513/516 ff. E. 4 Pra 1989 (Nr. 17) 82 ff.

Übermässige Erschwerung. Zu berücksichtigen sind die Besonderheiten des einzelnen Falles, insbesondere die Art und Dauer des Werkvertrages. Erforderlich ist ein *krasses, offenbares Missverhältnis* zwischen dem Wert der erbrachten Leistung des Unternehmers und der versprochenen Gegenleistung des Bestellers 104 II 314/317. E.b. 6

Erhöhung des Preises. Die Mehrkosten sind beim Vergleich mit der vereinbarten Vergütung ohne Gewinn einzusetzen, denn die Bestimmung gibt dem Unternehmer keinen Anspruch darauf, dass die Erfüllung zu einem verlustfreien Geschäft werde. Der Ausgleich hat sich vielmehr auf ein Mass zu beschränken, das zwar nicht von der Leistungsfähigkeit des Unternehmers abhängig gemacht werden darf, aber die Werkausführung als objektiv zumutbar erscheinen lässt 104 II 314/317 E. b; erreicht werden soll ein tragbares Austauschverhältnis zwischen Leistung und Vergütung 4A_156/2018 (24.4.19) E. 4.2.2 fr. – Richterliches Ermessen mit Bezug auf die Erhöhung des Einheitspreises, wenn die Voraussetzungen der Bestimmung erfüllt sind, es aber nicht möglich ist, die Berechnungsfaktoren, auf die der Unternehmer seine Forderung stützt, völlig nachzuprüfen 113 II 513/519 ff. E. 5 Pra 1989 (Nr. 17) 85 ff. 7

Vertragsauflösung. Entgegen dem Wortlaut der Bestimmung kann der Unternehmer den Vertrag *ohne richterliche Ermächtigung* auflösen; hingegen hat dann der Richter 8 nachträglich zu entscheiden, ob die Vertragsauflösung gerechtfertigt war, wobei für die Beurteilung die Umstände im Zeitpunkt der Vertragsauflösung massgebend sind 48 II 119/125 fr.

9 ***Weiteres.*** Der Unternehmer verwirkt seinen Anspruch auf Preiserhöhung, wenn er das Werk trotz erkannter Abweichung von der Offerte fertigstellt, ohne die Vertragsauflösung zu erklären oder unverzüglich die Anpassung der Berechnungsgrundlagen und des Preises zu verlangen 116 II 315/315 f. E. 3 Pra 1991 (Nr. 120) 574 f. – Zur Verjährung der Rückforderung zu viel bezahlter Akontozahlungen 4C.397/2005 (1.3.06) E. 2.2.3.

b. Festsetzung nach dem Wert der Arbeit

Art. 374

Ist der Preis zum voraus entweder gar nicht oder nur ungefähr bestimmt worden, so wird er nach Massgabe des Wertes der Arbeit und der Aufwendungen des Unternehmers festgesetzt.

1 **Allgemeines.** Mangels anderer Vereinbarung ist ein Werk gemäss Art. 374 zu entschädigen 113 II 513/516 E. 3b Pra 1989 (Nr. 17) 82, 4A_256/2013 (17.10.13) E. 2.3 fr., 4A_456/2016 (3.2.17) E. 6, 7.3 fr. Wer einen Festpreis (Art. 373) behauptet, hat das Zustandekommen einer entsprechenden Vereinbarung zu beweisen 4C.203/2005 (9.1.06) E. 4.1 fr., 4C.23/2004 (14.12.04) E. 3.1 fr. Gelingt dieser Nachweis nicht, bestimmt sich der Werkpreis in Anwendung von Art. 374, d.h. nach Massgabe des Wertes der Arbeit und der Aufwendungen des Unternehmers 4P.99/2005 (18.8.05) E. 3.2 fr. – Wenn nichts anderes vereinbart ist, wird insbesondere auch der Werklohn für eine Bestellungsänderung nach Art. 374 bestimmt, und zwar auch dann, wenn für den ursprünglich vereinbarten Leistungsumfang ein Festpreis vereinbart wurde 4C.409/1999 (17.4.00) E. 1c/cc fr., 4D_63/2013 (18.2.14) E. 2.2 fr. Dabei setzt der Anspruch auf Mehrvergütung infolge Bestellungsänderung nicht voraus, dass der Unternehmer die Mehrforderung ankündigt 4C.16/2006 (17.11.06) E. 6.3, 4C.35/2001 (4.3.02) E. 3c. – In Ermangelung einer anderen Vereinbarung richtet sich die Entschädigung des Architekten für reine Planungsleistungen nach Art. 374 4C.336/2001 (22.1.02) E. 3a fr. Wenn ein Architektenvertrag indessen sowohl Planungsleistungen (Werkvertrag) als auch Bauleitungsaufgaben (Auftrag) umfasst, rechtfertigt es sich, die gesamte Vergütung nach Art. 394 Abs. 3 zu bemessen 4A_230/2013 (17.9.13) E. 2 fr. Das Bundesgericht hat es in 4A_271/2013 (26.9.13) E. 7.3 sodann zugelassen, die Entschädigung eines Architekten für reine Planungsleistungen nicht nach den Selbstkosten, sondern «nach der Übung» zu bemessen, d.h. nach der «Vergütung, die nach allgemein anerkannter Auffassung am Ort und zur Zeit der Werkausführung für den betreffenden Aufwand bezahlt werden muss.» Es verletzt Bundesrecht nicht, wenn sich das Gericht bei der Festlegung des Honoraranspruchs des Architekten auch dann an die SIA-Ordnung 102 anlehnt, wenn die Anwendbarkeit derselben nicht vereinbart wurde 4C.336/2001 (22.1.02) E. 3a fr. Nach 4A_230/2013 (17.9.13) E. 3 fr. ist aber genau dies in Ermangelung konkreter Vereinbarungen der Parteien heikel, weil die SIA-Ordnung 102 verschiedene Arten der Berechnung der Vergütung (Zeithonorar oder nach aufwandbestimmenden Baukosten) vorsieht und weil diese Berechnungsarten von Parametern abhängen, welche in der SIA-Ordnung 102 nicht enthalten sind und verein-

bart werden müssten. – Richterliches Ermessen mit Bezug auf den vergütungspflichtigen Mehraufwand, wenn die Voraussetzungen der Bestimmung erfüllt sind, es aber nicht möglich ist, die Berechnungsfaktoren, auf die der Unternehmer seine Forderung stützt, völlig nachzuprüfen 113 II 513/513 E. 5 Pra 1989 (Nr. 17) 85. – Anwendung der Bestimmung auf eine (über die unentgeltliche Offerte hinausgehende) Projektstudie zur Kostenermittlung 119 II 40/45 f. E. 2d, e Pra 1995 (Nr. 12) 49. – Anwendung der Bestimmung auf die Zusatzvergütung für Bestellungsänderungen 4C.409/1999 (17.4.00) E. 1c cc. fr. – Pflicht zur Vergütung von Zusatzarbeiten auch ohne formelle Bestellung, wenn die Arbeiten angenommen wurden 4C.57/1999 (15.5.00) E. 3b, 4D_63/2013 (18.2.14) E. 2.2 fr. Vorausgesetzt ist dabei allerdings, dass dem kein vertraglicher Vorbehalt (in casu die Vereinbarung, wonach Zusatzarbeiten auf einer vorgängigen schriftlichen Bestellung beruhen müssen) entgegensteht 4C.385/2005 (31.1.06) E. 9. Nicht als solcher Vorbehalt wurde eine Vertragsbestimmung qualifiziert, welche vorsah, dass Zusatzarbeiten im Rahmen eines Vertragszusatzes vereinbart werden sollten 4A_256/2013 (17.10.13) E. 2.3 fr. Auf die Anwendung eines vertraglichen Vorbehaltes kann indes verzichtet werden, was der Unternehmer zu beweisen hat. Allein die Kenntnis des Bestellers von zusätzlich erbrachten Leistungen genügt für diesen Beweis nicht 4A_465/2017 (2.5.18) E. 3.2 fr. – Wenn ein Unternehmer in Anwendung von Art. 374 auch die Bezahlung der Mehrwertsteuer fordert, so ist es eine vom Zivilgericht von Amtes wegen zu entscheidende Rechtsfrage, ob die erbrachte Leistung der Mehrwertsteuer unterliegt und welcher Steuersatz gegebenenfalls anwendbar ist 4C.21/2004 (12.1.05) E. 4.1.2 fr. – In 4P.99/2005 (18.8.05) E. 3.4 fr. befand es das Bundesgericht als nicht willkürlich, dass die Vorinstanz den Aufwand gestützt auf Art. 374 als erwiesen betrachtete, weil dieser in der Schlussabrechnung detailliert ausgewiesen war und während zweier Jahre vom Besteller nicht bestritten wurde.

Keine Anzeigepflicht. Es gibt keine allgemeine Aufklärungspflicht des Unternehmers 2
bezüglich der Kosten (hingegen kann sich der Besteller gegebenenfalls auf die Unverbindlichkeit des Vertrages infolge Grundlagenirrtums gemäss Art. 24 Abs. 1 Ziff. 4 oder auf culpa in contrahendo des Unternehmers berufen) 92 II 328/332 ff. E. 3 Pra 1967 (Nr. 30) 90 f. Keine Pflicht zur Anzeige von Mehrkosten im Rahmen von Bestellungsänderungen 4C.409/1999 (17.4.00) E. 3a fr.

Regierapporte. In der Baubranche ist es Usanz, dass der Unternehmer für sog. Regie- 3
arbeiten (d.h. Arbeiten, welche nach Aufwand vergütet werden) Zeitrapporte erstellt, welche der Bauherrschaft zur Gegenzeichnung vorgelegt werden 4C.227/2002 (24.1.03) E. 4, 4A_300/2019 (17.4.20), E. 4.2.1 fr. Regierapporte dienen allein dem Beweiszweck 4A_300/2019 (17.4.20), E. 4.2.1 fr. Die Gegenzeichnung begründet eine tatsächliche Vermutung für den darin ausgewiesenen Aufwand 4C.227/2002 (24.1.03) E. 4. Die Tatsache, dass ein Regierapport nicht unterzeichnet wird, schliesst den Vergütungsanspruch des Unternehmers nicht aus, entzieht ihm aber die Vermutung der Richtigkeit 4A_300/2019 (17.4.20), E. 4.2.1 fr. – Eine Vertragsklausel, wonach die Nichtunterzeichnung die Vergütungspflicht des Bauherrn entfallen lässt, würde die Vergütungspflicht in die Willkür der Bauherrschaft stellen und wäre daher als Knebelungsvertrag sittenwidrig und somit nichtig 4C.227/2002 (24.1.03) E. 4; vgl. auch 4A_300/2019 (17.4.20), E. 4.2.2 fr. – Wenn keine gegengezeichneten Regierapporte vorliegen und der Besteller den Aufwand bestrei-

tet, hat der Unternehmer vor Gericht zu substanziieren, an welchem Datum welche Mitarbeiter wie viele Stunden eingesetzt wurden, und zudem sind hinlängliche Angaben zu den erbrachten Arbeiten zu machen 4A_291/2007 (29.10.07) E. 3.4.

4 **Weiteres.** Falls der Umfang des gehabten Aufwandes (Arbeit, Material etc.), nach dem sich die vom Besteller gemäss Art. 374 geschuldete Vergütung bemisst, streitig ist, trägt der Unternehmer für diesen Aufwand die Beweislast 4A_160/2010 (8.7.10) E. 6.1.2 it. Es ist Sache des Unternehmers, die Tatsachen zu beweisen, welche für den Richter notwendig sind, um die Vergütung nach Art. 374 festzulegen – soweit sich der Unternehmer darauf beruft, gehören dazu namentlich auch die Preise für die erbrachten Leistungen, und zwar entweder die vereinbarten oder (wenn keine Vereinbarung vorliegt) die üblichen Preise 4A_219/2009 (25.9.09) E. 4 fr. – Für unnötigen Aufwand besteht kein Anspruch auf Vergütung, d.h., der Werklohn bestimmt sich nach der Arbeit, dem Stoff und dergleichen, die bei sorgfältigem Vorgehen des Unternehmers zur Ausführung des Werkes genügt hätten 96 II 58/60 E. 1. Das Bundesgericht hatte in 4A_291/2007 (29.10.07) E. 3.2 offengelassen, wer für die Angemessenheit des Aufwandes bzw. dessen Unangemessenheit die Beweislast trägt. In 4A_15/2011 (3.5.11) E. 3.3 wurde dann festgehalten, dass der Unternehmer die Beweislast für den bei sorgfältigem Vorgehen objektiv notwendigen Aufwand trage. Wer bei einer Vergütung nach Selbstkosten einen bestimmten Stundenansatz geltend macht, muss substanziieren, welcher Teil des Stundenansatzes die eigentlichen Lohnkosten betrifft und welcher allfällige Zuschläge abdeckt 4A_238/2013 (30.9.13) E. 3.3. – Soweit eine Bestellungsänderung im Rahmen eines Vertrages nach der SIA-Norm 118 nicht gestützt auf das einseitige Bestellungsänderungsrecht des Bauherrn (gem. Art. 84 SIA-Norm 118), sondern gestützt auf einen Konsens erfolgt, bestimmt sich die entsprechende Mehrvergütung in Ermangelung einer anderweitigen Absprache gemäss Auffassung des Bundesgerichts nach dem Aufwand (Art. 374), nicht nach den Regeln der SIA-Norm 118 über die Vergütung von Bestellungsänderungen 4A_183/2010 (27.5.10) E. 3.2 fr. In 4A_234/2014 (8.9.14) E. 5.1 befand das Bundesgericht indessen, dass das Vorgehen der Vorinstanz, welche Art. 84 ff. SIA-Norm 118 auf einvernehmliche Bestellungsänderungen sinngemäss zur Anwendung gebracht hatte, bundesrechtlich nicht zu beanstanden sei. Vgl. dazu aber 143 III 545/549 E. 4.4.4, für den Fall eines Pauschalvertrages, und einseitiger Bestellungsänderungen des Bauherrn.

C. Beendigung I. Rücktritt wegen Überschreitung des Kostenansatzes

Art. 375

[1] Wird ein mit dem Unternehmer verabredeter ungefährer Ansatz ohne Zutun des Bestellers unverhältnismässig überschritten, so hat dieser sowohl während als nach der Ausführung des Werkes das Recht, vom Vertrag zurückzutreten.

[2] Bei Bauten, die auf Grund und Boden des Bestellers errichtet werden, kann dieser eine angemessene Herabsetzung des Lohnes verlangen oder, wenn die Baute noch nicht vollendet ist, gegen billigen Ersatz der bereits ausgeführten Arbeiten dem Unternehmer die Fortführung entziehen und vom Vertrage zurücktreten.

1 **Allgemeines.** Die Bestimmung beruht auf der Überlegung – die massgebend ist für den Entscheid darüber, ob der ungefähre Kostenansatz in übermässiger Weise überschritten worden ist –, dass der Besteller das Werk nicht bestellt hätte, wenn er beim Vertragsschluss den effektiven Preis gekannt hätte. Art. 375 Abs. 1 kann als besondere Regelung eines Willensmangels im Bereich des Werkvertragsrechtes verstanden werden, welche die rückwirkende Auflösung des Vertrages erlaubt 98 II 299/303 f. E. 4c Pra 1973 (Nr. 59) 192. – Die Bestimmung enthält eine besondere Ausgestaltung der Irrtumsanfechtung in Bezug auf den Werklohn, die Art. 24 Abs. 1 Ziff. 4 vorgeht 109 II 333/335 f. E. 2b, 115 II 460/461 E. 3. – Mit Blick auf den Grundgedanken der Irrtumsregelung ist für die Anwendung von Art. 375 vorauszusetzen und muss aber auch genügen, dass die Kostenschätzung für den Besteller Geschäftsgrundlage bildete und nach Treu und Glauben im Geschäftsverkehr bilden durfte 4A_15/2011 (3.5.11) E. 3.2.1. Die im Werkvertragsrecht geregelten Rechtsfolgen der Überschreitung eines «ungefähren Kostenansatzes» gemäss Art. 375 Abs. 1 treten daher nur ein, wenn der Unternehmer dem Besteller eine Kostenschätzung im Sinne eines Richtpreises gegeben hat und dieser Kostenvoranschlag bei Vertragsschluss als Geschäftsgrundlage diente. Kein ungefährer Kostenansatz im Sinne dieser Bestimmung ist dagegen verabredet, wenn die Parteien lediglich vereinbart haben, der Preis sei nach Aufwand des Unternehmers zu berechnen. Auch die Höhe einer Akontorechnung stellt nicht generell die Zusicherung eines ungefähren Kostenansatzes dar 132 III 24/29 E. 5.1.2. Sind die Einzelleistungen des Unternehmers zu einem Einheitspreis zu entschädigen und die Mengeneinheiten geschätzt worden, so kann die daraus folgende Gesamt- bzw. Hauptsumme je nach den konkreten Umständen einen ungefähren Kostenansatz darstellen. Dabei ist zu berücksichtigen, inwieweit der Besteller die Ungenauigkeit der Schätzung erkennen konnte 4A_418/2012 (3.12.12) E. 7.3. Als erkennbar ungenau wurde in casu eine Offerte qualifiziert, die auf einer geologischen Prognose basierte, welche der Bauherr selber in Auftrag gegeben hatte und die erkennbar mit Unsicherheiten behaftet war 4A_418/2012 (3.12.12) E. 7.4. – Der Unternehmer ist verpflichtet, eine übermässige Überschreitung eines ungefähren Kostenansatzes (Art. 375 Abs. 1) anzuzeigen 4C.347/2003 (1.4.04) E. 4.2.1 fr., 4A_302/2014 (6.2.15) E. 3.1 fr., 4A_458/2016 (29.3.17) E. 7.3.2 fr. Diese Pflicht existiert indessen nur, soweit die Überschreitung ohne Zutun des Bestellers erfolgte 4C.99/2004 (28.6.04) E. 4.2 fr., 4A_302/2014 (6.2.15) E. 3.1 fr. – Mit Bezug auf den Umfang der Kostenüberschreitung und einem damit einhergehenden Herabsetzungsanspruch ist zunächst abzuklären, ob tatsächlich ein grösserer Aufwand erforderlich war als in der Kostenschätzung angenommen, der nicht auf Zusatzarbeiten und Zusatzmaterial zurückzuführen ist 4A_687/2014 (17.3.15) E. 2.6. Insbesondere sind vom Besteller gewünschte oder zumindest akzeptierte Bestellungsänderungen bei der Berechnung der Überschreitung nicht einzurechnen 4D_63/2013 (18.2.14) E. 2.2 fr. Denn: Bestellungsänderungen gelten als mit Zutun des Bestellers bewirkte Kosten 4A_302/2014 (6.2.15) E. 3.1 fr. Ausserdem kann der Besteller keine übermässige Kostenüberschreitung geltend machen, wenn dies Treu und Glauben widersprechen würde, also namentlich wenn er diese Überschreitung (stillschweigend) akzeptiert oder genehmigt hat 4A_458/2016 (29.3.17) E. 7.3.2 fr. Dabei wird von einem stillschweigenden Akzept ausgegangen, wenn der Besteller trotz Kenntnis der Kostenüberschreitung vorbehaltlos Rechnungen über der Grenze der generell zu tolerierenden Kostenüberschreitung (Faustregel: 10%) bezahlt 4A_302/2014 (6.2.15) E. 3.1 fr., 4A_302/2014

(6.2.15) E. 3.1 fr. – Der nachgewiesene tatsächlich notwendige Aufwand bildet die Grundlage, auf der die Frage einer allfälligen Herabsetzung zu beantworten ist. Sodann ist festzusetzen, welches die Toleranzgrenze der Überschreitung ist, die sich der Besteller gefallen zu lassen hat 4A_687/2014 (17.3.15) E. 2.6. Lehre und Rechtsprechung nehmen bei der Anwendung von Art. 375 Abs. 2 als Faustregel eine Toleranzgrenze von 10% an, in welchem Umfange die Überschreitung eines ungefähren Kostenansatzes noch nicht als übermässig erscheine. Eine mathematisch starre Anwendung der Faustregel ist allerdings abzulehnen, da andernfalls dem Gebot von Art. 4 ZGB, nach Recht und Billigkeit zu entscheiden, nicht mehr entsprochen würde 115 II 460/462 E. 3b, 4A_577/2008 (31.3.09) E. 3.1 fr. Umstände, welche ein Abweichen von dieser Regel rechtfertigen, waren in casu, dass der ungefähre Kostenansatz nicht aufgrund einer detaillierten Kostenberechnung, sondern bloss aufgrund einer approximativen, im Wesentlichen kubischen Berechnung ermittelt wurde und der Besteller um die Ungenauigkeit einer solchen Schätzung wissen musste (in casu: Toleranzgrenze von 20%) 115 II 460/462 f. E. 3c.

2 ***Abs. 1*** **Rücktritt/Kündigung.** Die Bestimmung gestattet die Vertragsauflösung *ex tunc*. Die Auflösung hat die Rückerstattung der gegenseitigen Leistungen zur Folge, unter Vorbehalt der Zusprechung von Schadenersatz bei Verschulden. Der Besteller, der das Werk nicht erhalten hat und nicht bereichert ist, schuldet dem Unternehmer nichts. Dieser hat dem Besteller allfällig geleistete Anzahlungen samt Zinsen zurückzuerstatten (Art. 62 Abs. 2) 98 II 299/303 ff. E. 4c, 5 Pra 1973 (Nr. 59) 192 f.

3 ***Abs. 2*** Diese Sonderregelung ist dadurch gerechtfertigt, dass das auf Grund und Boden des Bestellers errichtete Werk nach Massgabe des Fortschreitens der Arbeiten gemäss dem durch ZGB Art. 642, 667 und 671 gebilligten Grundsatz «superficies solo cedit» in sein Eigentum übergeht. Der Unternehmer, der die Herstellung eines beweglichen Werkes mit der Lieferung des dazugehörenden Stoffes schuldet, kann sich indes nicht auf die Regel des Art. 375 Abs. 2 berufen, der den Besteller bei Auflösung des Vertrages zum billigen Ersatz der bereits ausgeführten Arbeiten verpflichtet 98 II 299/303 E. 4b Pra 1973 (Nr. 59) 191. Auch genügt für die Anwendung der Bestimmung nicht, dass ein langfristiger Vertrag vorliegt 98 II 299/302 f. E. 4 Pra 1973 (Nr. 59) 191. In 4A_15/2011 (3.5.11) E. 3.2.2 ging es nicht um ein unbewegliches Werk; trotzdem liess es das Bundesgericht für die Anwendung des Art. 375 Abs. 2 genügen, dass es um Leistungen «im Zusammenhang mit der Vermarkung und Ersterhebung einer Landfläche» ging. – Beim Recht des Bestellers auf Herabsetzung des Werkpreises oder auf Rücktritt vom Vertrag handelt es sich um ein Gestaltungsrecht des Bestellers, welches dieser innert einer Verwirkungsfrist von einem Jahr nach Bekanntwerden der Kostenüberschreitung ausüben muss 4A_577/2008 (31.3.09) E. 3.1 fr., 4P.99/2005 (18.8.05) E. 3.1 fr. – Keine Berufung auf Art. 375, wenn der Besteller die Kostenüberschreitung akzeptiert oder genehmigt hat 4A_458/2016 (29.3.17) E. 7.3.2 fr. – Soweit der Besteller im Bereich von Art. 375 Abs. 2 die Herabsetzung des Werklohnes verlangt, ist der Werkpreis in der Regel um die Hälfte der Summe, welche die Toleranzgrenze überschreitet, herabzusetzen, wobei aber auch diesbezüglich gilt, dass ein mathematisch starrer Schematismus bei der Anwendung dieser Regel abgelehnt wird 115 II 460/462 E. 3b. – Die Anwendung von Art. 375 Abs. 2 erfolgt nach 4A_15/2011 (3.5.11) E. 3.6 in folgenden Schritten: (1.) Grundlage ist der nachgewiesene, notwendige Aufwand. (2.) Falls dieser Aufwand den in der Kostenschätzung angegebenen Betrag über-

steigt, ist von Bedeutung, ob Umstände, welche nicht vorausgesehen werden konnten oder nach den von beiden Parteien angenommenen Voraussetzungen ausgeschlossen waren, für die Kostenüberschreitung ursächlich waren und somit die höhere Werklohnforderung (teilweise) rechtfertigen. (3.) Es ist zu prüfen, ob die verbleibende Überschreitung Punkte betrifft, bei denen der Besteller auf die Kostenschätzung vertrauen durfte, oder Bereiche, bei denen der Besteller sich der Unzuverlässigkeit der Schätzung bewusst sein musste. (4.) Es ist festzustellen, bis zu welcher Toleranzgrenze der Besteller sich eine Kostenüberschreitung gefallen lassen muss. (5.) Soweit auch nach dem Hinzurechnen der Toleranzgrenze eine Differenz zur Kostenschätzung verbleibt, ist diese mit Blick auf die gesamten Umstände zwischen den Parteien aufzuteilen. Dabei darf die Lösung, den Werklohn um die Hälfte der verbleibenden Überschreitung herabzusetzen, nicht schematisch ohne Rücksicht auf den Einzelfall angewandt werden. – Hat der Unternehmer die Überschreitung durch eine unsorgfältige Schätzung verschuldet, ist dies bei der Herabsetzung zu berücksichtigen 4A_687/2014 (17.3.15) E. 2.6, 4A_15/2011 (3.5.11) E. 3.6.

II. Untergang des Werkes

Art. 376

[1] Geht das Werk vor seiner Übergabe durch Zufall zugrunde, so kann der Unternehmer weder Lohn für seine Arbeit noch Vergütung seiner Auslagen verlangen, ausser wenn der Besteller sich mit der Annahme im Verzug befindet.

[2] Der Verlust des zugrunde gegangenen Stoffes trifft in diesem Falle den Teil, der ihn geliefert hat.

[3] Ist das Werk wegen eines Mangels des vom Besteller gelieferten Stoffes oder des angewiesenen Baugrundes oder infolge der von ihm vorgeschriebenen Art der Ausführung zugrunde gegangen, so kann der Unternehmer, wenn er den Besteller auf diese Gefahren rechtzeitig aufmerksam gemacht hat, die Vergütung der bereits geleisteten Arbeit und der im Lohne nicht eingeschlossenen Auslagen und, falls den Besteller ein Verschulden trifft, überdies Schadenersatz verlangen.

Abs. 1 Die Bestimmung regelt materiell die Tragung von Vergütungs- und Leistungsgefahr 123 III 183/185 E. 3c. Der Unternehmer trägt bis zum Zeitpunkt der Ablieferung die Gefahr. Der entsprechende Grundsatz gilt nicht nur im Falle des Untergangs, sondern auch bei der Mängelhaftung: Der Unternehmer haftet auch für einen Mangel, der vor der Ablieferung durch die Einwirkung von Zufall entstanden ist. Beseitigt er vorher den Mangel, wozu er grundsätzlich verpflichtet ist, kann er dafür keine zusätzliche Vergütung verlangen 123 III 183/184 E. 3a. – Davon abweichend bestimmt Art. 187 Abs. 3 SIA-Norm 118, dass beim Untergang des Werkes infolge höherer Gewalt der Unternehmer einen Anspruch darauf hat, dass ihm die vor dem Untergang erbrachten Leistungen nach Billigkeit ganz oder teilweise vergütet werden (in casu Prüfung verschiedener Anwendungsfragen von SIA-Norm 118 Art. 187 Abs. 3 und 6) 123 III 183/183 f. E. 3a, 3c. 1

Abs. 2 **Stoff.** Darunter fällt auch das in Reparatur gegebene Objekt (in casu Fahrzeug, das auf einer Probefahrt durch einen Brand zerstört wird) 59 II 63/66 E. 2 fr. *«In diesem Fall»* bezieht sich auf den zufälligen Untergang in Abs. 1 (ist bei Untergang des Werkes der 2

Besteller nicht im Verzug [mit der Annahme], so trifft der Verlust des Stoffes jenen, der ihn geliefert hat) 59 II 63/67 fr.

3 ***Abs. 3*** Eine entsprechende Regelung enthält SIA-Norm 118 Art. 188. Abs. 5 dieser Bestimmung regelt ausserdem den Fall des Unternehmers, der durch eine Sorgfaltspflichtverletzung den Untergang des Werkes mitverursacht hat und seinen Vergütungsanspruch gegenüber dem ebenfalls verantwortlichen Besteller zwar nicht verliert, jedoch eine seinem Verschulden entsprechende Reduktion hinnehmen muss (Schadenstragung, wenn die Bauunternehmerin für den aus dem Werkuntergang entstandenen Vermögensschaden bisher allein aufgekommen ist, obwohl dafür auch die Bauingenieurfirma – infolge Schlechterfüllung des Ingenieurvertrages – und die Bauherrin – aufgrund von Art. 101 – einzustehen hatten) 119 II 127/130 ff. E. 4.

III. Rücktritt des Bestellers gegen Schadloshaltung

Art. 377

Solange das Werk unvollendet ist, kann der Besteller gegen Vergütung der bereits geleisteten Arbeit und gegen volle Schadloshaltung des Unternehmers jederzeit vom Vertrag zurücktreten.

1 **Abgrenzung zu Art. 375 und Art. 378 Abs. 1.** Ist der Besteller befugt, gemäss Art. 375 vom Vertrag zurückzutreten, so ist eine Anwendung von Art. 377 ausgeschlossen 98 II 299/302 E. 3b Pra 1973 (Nr. 59) 190 f. – Hat der Besteller infolge von Kriegsereignissen für das Werk keine Verwendung mehr, so kann er vor dessen Vollendung nur gemäss Art. 377 vom Vertrag zurücktreten; eine Anwendung von Art. 378 Abs. 1 ist ausgeschlossen 69 II 139/141 f. E. 2, 3 Pra 1943 (Nr. 105) 264 f. – Wenn die Vergütung von einer suspensiven Bedingung (in casu: Baubewilligung) abhängig gemacht wurde und der Besteller vor Eintritt dieser Bedingung zurücktritt, so ist eine Entschädigung nach Art. 377 nur dann geschuldet, wenn die Bedingung ohne den Rücktritt erfüllt worden wäre 4C.281/2005 (15.12.05) E. 3.4 fr.

2 **Unvollendet** ist das Werk im Sinne der Bestimmung, auch wenn es kurz vor seiner Vollendung steht 98 II 113/116 E. 3.

3 **Rücktritt.** Der Besteller ist berechtigt, *aus irgendwelchen Gründen* auf die Beendigung des Werkes zu verzichten 69 II 139/142 E. 4a Pra 1943 (Nr. 105) 265. –Die Rücktrittserklärung muss, um wirksam zu sein, kein Angebot auf Ersatz des Schadens enthalten 98 II 113/115 E. 3. Der Rücktritt nach Art. 366 Abs. 1 setzt grundsätzlich die Einräumung einer Nachfrist gemäss Art. 107 voraus; fehlt dieses Erfordernis, so ist die Erklärung des Rücktritts nach Art. 377 wirksam 98 II 113/115 E. 2, 4A_96/2014 (2.9.14) E. 4.1 fr., 4A_551/2015 (14.4.16) E. 6 fr. – Das Rücktrittsrecht ist seinem Wesen nach ein ex nunc wirkendes Kündigungsrecht. Es steht dem Besteller jederzeit zu, solange das Werk nicht vollendet ist, mithin auch bereits vor Inangriffnahme der Arbeiten durch den Unternehmer und selbst bei bloss vorvertraglicher Bindung 117 II 273/276 E. 4a, 4A_468/2019 (29.7.20) E. 3.2 fr. (wobei beim Vorvertrag dann die Verpflichtung zum Abschluss des Werkvertrages ent-

fällt). – Mit Fertigstellung des Werkes erlischt das Kündigungsrecht, unabhängig davon, ob das Werk Mängel aufweist 4A_566/2015 (8.2.16) E. 4.1 fr. – Der Abschluss eines Vertrages mit einem Nachfolgeunternehmer über dasselbe Werk ist ein sicheres Indiz für die Absicht, vom Vertrag mit dem Erstunternehmer zurückzutreten 4A_277/2019 (6.1.20) E. 6 fr. – Der Beginn der Werkausführung durch einen anderen Unternehmer kann ein Indiz dafür sein, dass der Besteller vom Vertrag mit dem Erstunternehmer zurückgetreten ist (resp. den Hauptvertrag nicht abschliessen wollte) 4A_468/2019 (29.7.20) E. 4 fr.

Volle Schadloshaltung des Unternehmers. Die Pflicht zur Schadloshaltung besteht 4
auch dann, wenn der vorvertraglich gebundene Besteller von seinem Rücktrittsrecht Gebrauch macht 4A_468/2019 (29.7.20) E. 3.3 fr. – Die bei einem Vertragsrücktritt geschuldete Vergütung für die bereits geleistete Arbeit entspricht dem positiven Vertragsinteresse, schliesst also den entgangenen Gewinn mit ein 4A_551/2015 (14.4.16) E. 7.3 fr.; 4A_129/2017 (11.6.18) E. 3.1 fr., 4A_468/2019 (29.7.20) E. 3.2 fr. Sie richtet sich proportional nach dem vertraglich vereinbarten Preis, wobei gegebenenfalls durch Expertise festgestellt werden muss, in welchem Ausmass das Werk erstellt wurde 4A_152/2009 (29.6.09) E. 2.5; massgeblich ist der Werkpreis, und nicht der objektive Wert der erbrachten Arbeit 4A_133/2019/4A_143/2019 (10.12.19) E. 9.3.2 it. Der Prozentsatz der erbrachten Arbeitsleistung entspricht nicht unbedingt dem Prozentsatz des Wertes dieser Arbeit; die Vergütung ist (beim Pauschalpreis) indes aufgrund des Verhältnisses zwischen dem Wert der erbrachten Teilleistung und dem Wert der gesamten geschuldeten Leistung zu bestimmen 4A_133/2019/4A_143/2019 (10.12.19) E. 9.3.3 it. – Der Beweis, welchen Wert das ausgeführte Werk im Verhältnis zum Wert des gesamten Werkes hat, ist durch ein Gutachten zu führen 4A_566/2015 (8.2.16) E. 4.1.3 fr. – Zu vergüten sind sämtliche notwendigen Arbeiten bis zum Zeitpunkt der Kündigung, einschliesslich Vorbereitungsarbeiten 4A_182/2014 (16.7.14) E. 2.2 fr., 4A_433/2017 (29.1.18) E. 3.1.1 fr. – Die Entschädigung darf den Werkpreis nicht übersteigen 4A_566/2015 (8.2.16) E. 4.1.2 fr. – Die vom Besteller zu bezahlende Entschädigung kann grundsätzlich auf zwei Arten berechnet werden: Nach der «Additionsmethode» ist die bereits geleistete Arbeit zu vergüten und das Erfüllungsinteresse zu ersetzen. Demgegenüber geht nach der «Abzugsmethode» der Vergütungs- im Schadenersatzanspruch auf. In diesem Fall hat der Besteller die volle, für das ganze Werk geschuldete Vergütung zu entrichten, wobei Ersparnisse und ein anderweitig erlangter oder absichtlich unterlassener Erwerb in Abzug zu bringen sind 4C.120/1999 (25.4.00) E. 5a, 4A_566/2015 (8.2.16) E. 4.1.2 fr. Es liegt im Ermessen des Richters, welcher Methode er folgen will 4A_566/2015 (8.2.16) E. 4.4 fr. – Nicht bundesrechtswidrig ist die in Art. 184 Abs. 2 SIA-Norm 118 vorgesehene Abzugsmethode, welche vorsieht, dass der Bauherr bei vorzeitigem Vertragsrücktritt grundsätzlich den vereinbarten Werklohn zu bezahlen habe und vom Unternehmer eingesparte Beträge nur abzuziehen sind, wenn sie vom Bauherrn nachgewiesen werden 4C.216/2003 (20.10.03) E. 2.6. Offengelassen, ob die Abzugsmethode nach Art. 377 auch dann angewandt werden kann, wenn sie nicht ausdrücklich vereinbart ist 4C.120/1999 (25.4.00) E. 5a, 4A_96/2014 (2.9.14) E. 4.1 fr. – Ist der Werkvertrag rechtsgültig (in casu wurde die Einrede der Übervorteilung verworfen), darf der Richter die sich aus dem Vertrag ergebende Gewinnmarge nicht herabsetzen 96 II 192/196 f. E. 5, 6 Pra 1971 (Nr. 41) 122 ff.

5 ***Substanziierung des Anspruchs des Unternehmers auf Schadloshaltung.*** Wenn eine kantonale Instanz die Klage zu Unrecht mit der Begründung abweist, sie sei nicht genügend substanziiert worden, verletzt sie materielles Bundesrecht. Wenn ein Unternehmer im Prozess vorbringt, dass das Werk beim Rücktritt des Bestellers kurz vor seiner Vollendung stand, so muss darüber Beweis abgenommen werden, auch wenn er nicht alle erbrachten Leistungen im Einzelnen dartut 98 II 113/117 f. E. 4b. Es ist Sache des Unternehmers, den Wert der erbrachten Leistungen zu belegen 4A_183/2011 (16.6.11) E. 3.2 fr. Schwer verständlich ist daher, wenn das Bundesgericht im gleichen Entscheid zulasten des Bestellers ein kantonales Urteil stützt, welches darauf beruhte, dass der Besteller die nicht erbrachten Leistungen nicht belegen und beziffern konnte. – *Beweismass:* Bei der Schadensberechnung gemäss Art. 377 ist eine Hypothese darüber aufzustellen, welcher Arbeitsaufwand bei der Ausführung entstanden wäre. Hypothesen können nicht strikte nachgewiesen werden und entsprechend wird das Beweismass auf die überwiegende Wahrscheinlichkeit vermindert 4C.288/2001 (16.1.02) E. 4c.

6 **Herabsetzung und Wegfall der Entschädigung.** Die Schadenersatzpflicht gemäss Art. 377 entfällt, wenn die Kündigung aus «wichtigen Gründen» erfolgt. Die Bejahung eines «wichtigen Grundes» darf nicht leichthin angenommen werden. Selbst wenn die Weiterführung des Vertrages dem Besteller unzumutbar ist, liegt ein «wichtiger Grund» nur dann vor, wenn der Unternehmer dafür verantwortlich ist 4C.387/2001 (10.9.02) E. 6.2 fr., 4A_468/2019 (29.7.20) E. 3.3 fr., resp. wenn sein Fehlverhalten in erheblichem Masse beigetragen hat, den Besteller zum Rücktritt zu veranlassen 4A_468/2019 (29.7.20) E. 3.3 fr. Der Verlust des Vertrauens in den Unternehmer ist für sich allein kein ausreichender Grund, welcher entgegen Art. 377 einen entschädigungslosen Vertragsrücktritt erlauben würde 4C.281/2005 (15.12.05) E. 3.6 fr., 4D_8/2008 (31.3.08) E. 3.4.1 fr., 4A_96/2014 (2.9.14) E. 4.1 fr., 4A_129/2017 (11.6.18) E. 3.1 fr., 4A_133/2019/4A_143/2019 (10.12.19) E. 8.3 it., 4A_468/2019 (29.7.20) E. 3.2 fr. – In analoger Anwendung von Art. 44 kann auch eine Reduktion der Entschädigung erfolgen, wenn der Unternehmer durch falsches Verhalten wesentlich dazu beigetragen hat, dass der Besteller den Vertrag auflöst 4C.393/2006 (27.4.07) E. 3.3.3 fr., 4D_8/2008 (31.3.08) E. 3.4.1 fr., 4A_96/2014 (2.9.14) E. 4.1 fr., 4A_551/2015 (14.4.16) E. 7.3 fr., 4A_129/2017 (11.6.18) E. 3.1 fr. Soweit das falsche Verhalten aber in einer schlechten Ausführung der Arbeiten oder Säumnis besteht, ist eine Reduktion der Entschädigung nicht möglich, weil diese Fälle abschliessend durch Art. 366 erfasst sind 4C.393/2006 (27.4.07) E. 3.3.3. mit Verweis auf 96 II 192/199 E. 8 Pra 1971 (Nr. 41) 125, 4A_133/2019/4A_143/2019 (10.12.19) E. 8.3 it. Wenn der Besteller trotzdem wegen schlechter Ausführung der Arbeiten oder Säumnis nach Art. 377 vom Vertrag zurücktritt, hat er kein Recht auf eine Reduktion der Entschädigung 4C.393/2006 (27.4.07) E. 3.3.3, 4D_8/2008 (31.3.08) E. 3.4.1 fr., 4A_96/2014 (2.9.14) E. 4.1 fr. – In 4A_468/2019 (29.7.20) E. 5 fr. war passives und unkooperatives Verhalten des Generalunternehmers bei den Verhandlungen über den Abschluss des Hauptvertrags ausreichender Grund für den Besteller, ohne Entschädigungspflicht von der vorvertraglichen Pflicht, den Hauptvertrag abzuschliessen, zurückzutreten. – Die Beurteilung, ob der Unternehmer massgeblichen Anlass zum Rücktritt gegeben hat, und dessen Auswirkungen auf die Entschädigung, erfolgt nach richterlichem Ermessen (Art. 4 ZGB); das Bundesgericht auferlegt sich bei der Überprüfung Zurückhaltung 4A_468/2019 (29.7.20) E. 3.3 fr.

Weiteres. Anwendbarkeit der Bestimmung, wenn von einer Gemeinde vergebene, begonnene Neubauten bei Annahme einer Gemeindeinitiative zurückgestellt werden müssen 94 I 120/126 E. 4a. – Anwendbarkeit der Bestimmung auf einen Werklieferungsvertrag mit suspensiv bedingter Bauverpflichtung 117 II 273/275 E. 3b, 278 E. 4c. – Der Vergütungsanspruch des Unternehmers für die geleistete Arbeit wird mit der Auflösung des Vertrages fällig 129 III 738/749 E. 7.3 Pra 2004 (Nr. 147) 837. (Änderung der Rechtsprechung, vorher: 117 II 273/278 E. 4c). – Ein Werkvertrag, welcher die Folgen des Rücktritts nach Art. 377 unerwähnt lässt, verstösst nicht bereits deswegen gegen das Persönlichkeitsrecht des Bestellers (daher keine Nichtigkeit gemäss ZGB Art. 27) 117 II 273/279 E. 5b. – Die Beweislast für das Recht zur Kündigung liegt beim Besteller 4A_566/2015 (8.2.16) E. 4.3 fr. Den Unternehmer trifft die Beweislast für die Kosten und Aufwendungen der ausgeführten Arbeiten, und den Schaden, welchen er erleidet 4A_566/2015 (8.2.16) E. 4.3 fr., 4A_433/2017 (29.1.18) E. 3.1.2 fr., 4A_133/2019/4A_143/2019 (10.12.19) E. 9.3.6 it. – Bei vorzeitiger Vertragsauflösung, zufolge Kündigung oder einvernehmlicher Aufhebung, gilt das Werk im dannzumaligen Zustand als abgeliefert und die damit verbundenen Rechtsfolgen auslösend 4A_319/2017 (23.11.17) E. 2.3.1. – Das Recht, den Vertrag aufzulösen, steht auch dem Unternehmer zu, wenn wichtige Gründe vorliegen. Trägt der Besteller die Verantwortung für die Auflösung des Vertrages durch den Unternehmer, richten sich die Rechtsfolgen nach Art. 377, wie wenn der Besteller den Vertrag aufgelöst hätte. In den anderen Fällen bestimmt sich eine Entschädigung in analoger Anwendung von Art. 379 Abs. 2 4A_667/2016 (3.4.17) E. 4.2.1 fr. 7

IV. Unmöglichkeit der Erfüllung aus Verhältnissen des Bestellers

Art. 378

1 Wird die Vollendung des Werkes durch einen beim Besteller eingetretenen Zufall unmöglich, so hat der Unternehmer Anspruch auf Vergütung der geleisteten Arbeit und der im Preise nicht inbegriffenen Auslagen.

2 Hat der Besteller die Unmöglichkeit der Ausführung verschuldet, so kann der Unternehmer überdies Schadenersatz fordern.

Allgemeines. Art. 378 kommt zur Anwendung, wenn die geschuldete Leistung nach Abschluss des Werkvertrages objektiv unmöglich wird – sei es wegen eines natürlichen Hinderungsgrundes oder wegen eines rechtlichen Hinderungsgrundes, namentlich wegen eines Bauverbots 4A_477/2008 (19.5.09) E. 3.1.2 it. – Die Tatsache, welche die Leistung objektiv unmöglich macht, muss dauerhaft sein, d.h., das Leistungshindernis kann nicht mehr beseitigt werden bzw. dessen Beseitigung ist nicht absehbar 4A_477/2008 (19.5.09) E. 3.1.2 it. – Es ist Sache des Unternehmers, der gestützt auf Art. 378 die Vergütung der geleisteten Arbeit verlangt, zu beweisen, dass ihm die Erfüllung objektiv und dauernd verunmöglicht ist 4A_477/2008 (19.5.09) E. 3.1.2 it. In casu wurde von einem *dauerhaften* Leistungshindernis ausgegangen, obschon die Behörde angegeben hatte, man müsse mit dem Bestand des Leistungshindernisses für einen Zeitraum von fünf bis sieben Jahren rechnen 4A_99/2015 (21.7.15) E. 4.2 fr. – Wie es die Marginalie erwähnt, muss die Tatsache, welche die Leistung objektiv unmöglich macht, dem Besteller bzw. seinen Hilfspersonen zuzurechnen sein bzw. in seiner Risikosphäre liegen. Zudem ist vorausgesetzt, 1 dass sich der Unternehmer diesbezüglich keinerlei Verschulden vorwerfen lassen muss. Es ist Sache des Unternehmers, zu beweisen, dass er sich in Bezug auf den Eintritt der hindernden Tatsache keinerlei Verschulden vorwerfen lassen muss 4A_99/2015 und 4A_101/2015 (21.7.15) E. 4.3 fr. In casu wurde ein Verschulden eines Totalunternehmers darin gesehen, dass er die Besteller entgegen seiner Pflicht gemäss Art. 365 Abs. 3 nicht auf die im konkreten Fall bestehende Gefahr hingewiesen hatte, dass die Baubewilligung angesichts der Lage des Baugrundstücks in einer Gefahrenzone nicht erteilt werden könnte 4A_99/2015 und 4A_101/2015 (21.7.15) E. 4.3 fr.

2 ***Abs. 1*** Hat der Besteller infolge von Kriegsereignissen für das Werk keine Verwendung mehr, so kann er vor dessen Vollendung nur gemäss Art. 377 vom Vertrag zurücktreten; eine Anwendung von Art. 378 Abs. 1 ist ausgeschlossen 69 II 139/141 f. E. 2, 3 Pra 1943 (Nr. 105) 264 f.

V. Tod und Unfähigkeit des Unternehmers

Art. 379

[1] Stirbt der Unternehmer oder wird er ohne seine Schuld zur Vollendung des Werkes unfähig, so erlischt der Werkvertrag, wenn er mit Rücksicht auf die persönlichen Eigenschaften des Unternehmers eingegangen war.

[2] Der Besteller ist verpflichtet, den bereits ausgeführten Teil des Werkes, soweit dieser für ihn brauchbar ist, anzunehmen und zu bezahlen.

1 ***Abs. 1*** Die Bestimmung setzt nicht voraus, dass der Unternehmer persönlich arbeitsunfähig wird; eine Geschäftsaufgabe muss genügen, wenn der Unternehmer sich damit der Möglichkeit zur ihm obliegenden persönlichen Ausführung oder persönlichen Leitung der Herstellungsarbeiten begibt (zum Erfordernis der persönlichen Ausführung siehe unter Art. 364 Abs. 2). Nach dem Wortlaut umfasst die Bestimmung zwar nur jene Fälle, in denen der Unternehmer «ohne seine Schuld» zur Vollendung des Werkes unfähig wird. Dies ist selbstverständlich dann nicht der Fall, wenn er sein Geschäft aus freiem Entschluss aufgibt. Indessen ist diese Unterscheidung nur im Hinblick auf die besondere Entschädigungsregelung von Abs. 2 bedeutsam 103 II 52/57 f. E. 5d. – Das Werk ist vollendet, wenn aufgrund des Vertrages nichts mehr zu tun ist 48 II 49/50 f., vgl. 94 II 161/164 E. 2c, 98 II 113/116 E. 3.

2 ***Abs. 2*** Hat der Unternehmer den Werkvertrag aufgelöst, und kann der Besteller die bis dahin erstellten Werkteile verwenden, sind diese Leistungen in analoger Anwendung von 379 Abs. 2 zu entschädigen. Die Verwendbarkeit hängt allein vom Interesse des Bestellers ab: er muss sie nutzen können, und sie müssen für ihn von Interesse sein. Der Besteller hat zu beweisen, dass sie für ihn unbrauchbar sind 4A_667/2016 (3.4.17) E. 2.3, 4.2.1, 4.2.2 fr.

Zwölfter Titel Der Verlagsvertrag

Vorb. Art. 380–393

Die Bestimmungen über den Verlagsvertrag sind durch das *Urheberrechtsgesetz* nicht ausser Kraft gesetzt worden (somit parallele Anwendung) 59 II 347/351 f. E. 1 fr. 1

A. Begriff

Art. 380

Durch den Verlagsvertrag verpflichten sich der Urheber eines literarischen oder künstlerischen Werkes oder seine Rechtsnachfolger (Verlaggeber), das Werk einem Verleger zum Zwecke der Herausgabe zu überlassen, der Verleger dagegen, das Werk zu vervielfältigen und in Vertrieb zu setzen.

Allgemeines. Das Verlagsrecht ist ein selbständiges, einem dinglichen nachgebildetes Recht, das (auch) Dritten gegenüber geltend gemacht werden kann 41 II 753 E. 4. 1

Wesensmerkmale. Die Übertragung urheberrechtlicher Befugnisse ist Wesensmerkmal des (echten) Verlagsvertrages (zum unechten Verlagsvertrag siehe unten) 101 II 102/104 E. 1b. Normalerweise liegt es im Wesen des Verlagsvertrages, dass es dem Verleger um die kommerzielle Auswertung des Werkes geht 69 II 53/55 E. 3 (in casu wurde ein Mathematiker von einem Kanton beauftragt, ein Schulrechenbuch auszuarbeiten, was vom Bundesgericht unter Verneinung einer kommerziellen Absicht als ein aus Werkvertrag, Auftrag und Verlagsvertrag gemischtes Rechtsverhältnis qualifiziert wurde). 2

Ein *unechter oder uneigentlicher Verlagsvertrag* liegt vor, wenn das Werk gemeinfrei ist; die Regeln über den Verlagsvertrag sind sinngemäss anwendbar 101 II 102/104 E. 1b. 3

Weiteres. Ein (echter oder unechter) Verlagsvertrag kann sich, wie aus Art. 382 Abs. 2 erhellt, auch auf die Veröffentlichung von Zeitungsartikeln und kleineren Beiträgen in Zeitschriften beziehen 101 II 102/104 E. 1b. Verpflichtung des Berechtigten der französischen Ausgabe eines Werkes, das gemeinsame Bildmaterial nicht in einer den Absatz der deutschen Ausgabe hindernden Weise zu gebrauchen 59 II 347/352 f. fr. (Schadenberechnung bei Verletzung; mögliche Faktoren [in casu Rückweisung an die Vorinstanz]). 4

B. Wirkungen I. Übertragung des Urheberrechts und Gewährleistung

Art. 381

[1] Die Rechte des Urhebers werden insoweit und auf so lange dem Verleger übertragen, als es für die Ausführung des Vertrages erforderlich ist.

[2] Der Verlaggeber hat dem Verleger dafür einzustehen, dass er zur Zeit des Vertragsabschlusses zu der Verlagsgabe berechtigt war, und wenn das Werk schutzfähig ist, dass er das Urheberrecht daran hatte.

[3] Er hat, wenn das Werk vorher ganz oder teilweise einem Dritten in Verlag gegeben oder sonst mit seinem Wissen veröffentlicht war, dem Verleger vor dem Vertragsabschlusse hievon Kenntnis zu geben.

1 ***Abs. 1*** Die Bestimmung ist *dispositiver* Natur (in casu gab eine Zeitschrift einen Artikel in Auftrag; mangels gegenteiliger Vereinbarung waren die Nutzungsrechte auf eine einmalige Veröffentlichung beschränkt; unerlaubte Weitergabe des Artikels durch den Verleger an eine andere Zeitschrift) 101 II 102/106 E. 3.

II. Verfügung des Verlaggebers

Art. 382

[1] Solange die Auflagen des Werkes, zu denen der Verleger berechtigt ist, nicht vergriffen sind, darf der Verlaggeber weder über das Werk im Ganzen noch über dessen einzelne Teile zum Nachteile des Verlegers anderweitig verfügen.

[2] Zeitungsartikel und einzelne kleinere Aufsätze in Zeitschriften darf der Verlaggeber jederzeit weiter veröffentlichen.

[3] Beiträge an Sammelwerke oder grössere Beiträge an Zeitschriften darf der Verlaggeber nicht vor Ablauf von drei Monaten nach dem vollständigen Erscheinen des Beitrages weiter veröffentlichen.

III. Bestimmung der Auflagen

Art. 383

[1] Wurde über die Anzahl der Auflagen nichts bestimmt, so ist der Verleger nur zu einer Auflage berechtigt.

[2] Die Stärke der Auflage wird, wenn darüber nichts vereinbart wurde, vom Verleger festgesetzt, er hat aber auf Verlangen des Verlaggebers wenigstens so viele Exemplare drucken zu lassen, als zu einem gehörigen Umsatz erforderlich sind, und darf nach Vollendung des ersten Druckes keine neuen Abdrücke veranstalten.

[3] Wurde das Verlagsrecht für mehrere Auflagen oder für alle Auflagen übertragen und versäumt es der Verleger, eine neue Auflage zu veranstalten, nachdem die letzte vergriffen ist, so kann ihm der Verlaggeber gerichtlich eine Frist zur Herstellung einer neuen Auflage ansetzen lassen, nach deren fruchtlosem Ablauf der Verleger sein Recht verwirkt.

IV. Vervielfältigung und Vertrieb

Art. 384

[1] Der Verleger ist verpflichtet, das Werk ohne Kürzungen, ohne Zusätze und ohne Abänderungen in angemessener Ausstattung zu vervielfältigen, für gehörige Bekanntmachung zu sorgen und die üblichen Mittel für den Absatz zu verwenden.

[2] Die Preisbestimmung hängt von dem Ermessen des Verlegers ab, doch darf er nicht durch übermässige Preisforderung den Absatz erschweren.

V. Verbesserungen und Berichtigungen

Art. 385

[1] Der Urheber behält das Recht, Berichtigungen und Verbesserungen vorzunehmen, wenn sie nicht die Verlagsinteressen verletzen oder die Verantwortlichkeit des Verlegers steigern, ist aber für unvorhergesehene Kosten, die dadurch verursacht werden, Ersatz schuldig.

[2] Der Verleger darf keine neue Ausgabe oder Auflage machen und keinen neuen Abdruck vornehmen, ohne zuvor dem Urheber Gelegenheit zu geben, Verbesserungen anzubringen.

Analoge Anwendung auf Schallplatteneinspielungen 62 II 243/249. 1

VI. Gesamtausgaben und Einzelausgaben

Art. 386

[1] Ist die besondere Ausgabe mehrerer einzelner Werke desselben Urhebers zum Verlag überlassen worden, so gibt dieses dem Verleger nicht auch das Recht, eine Gesamtausgabe dieser Werke zu veranstalten.

[2] Ebenso wenig hat der Verleger, dem eine Gesamtausgabe sämtlicher Werke oder einer ganzen Gattung von Werken desselben Urhebers überlassen worden ist, das Recht, von den einzelnen Werken besondere Ausgaben zu veranstalten.

VII. Übersetzungsrecht

Art. 387

Das Recht, eine Übersetzung des Werkes zu veranstalten, bleibt, wenn nichts anderes mit dem Verleger vereinbart ist, ausschliesslich dem Verlaggeber vorbehalten.

VIII. Honorar des Verlaggebers 1. Höhe des Honorars

Art. 388

[1] Ein Honorar an den Verlaggeber gilt als vereinbart, wenn nach den Umständen die Überlassung des Werkes nur gegen ein Honorar zu erwarten war.

[2] Die Grösse desselben bestimmt der Richter auf das Gutachten von Sachverständigen.

[3] Hat der Verleger das Recht zu mehreren Auflagen, so wird vermutet, dass für jede folgende von ihm veranstaltete Auflage dieselben Honorar- und übrigen Vertragsbedingungen gelten, wie für die erste Auflage.

2. Fälligkeit, Abrechnung und Freiexemplare

Art. 389

[1] Das Honorar wird fällig, sobald das ganze Werk oder, wenn es in Abteilungen (Bänden, Heften, Blättern) erscheint, sobald die Abteilung gedruckt ist und ausgegeben werden kann.

[2] Wird das Honorar ganz oder teilweise von dem erwarteten Absatze abhängig gemacht, so ist der Verleger zu übungsgemässer Abrechnung und Nachweisung des Absatzes verpflichtet.

[3] Der Verlaggeber hat mangels einer andern Abrede Anspruch auf die übliche Zahl von Freiexemplaren.

C. Beendigung I. Untergang des Werkes

Art. 390

[1] Geht das Werk nach seiner Ablieferung an den Verleger durch Zufall unter, so ist der Verleger gleichwohl zur Zahlung des Honorars verpflichtet.

[2] Besitzt der Urheber noch ein zweites Exemplar des untergegangenen Werkes, so hat er es dem Verleger zu überlassen, andernfalls ist er verpflichtet, das Werk wieder herzustellen, wenn ihm dies mit geringer Mühe möglich ist.

[3] In beiden Fällen hat er Anspruch auf eine angemessene Entschädigung.

II. Untergang der Auflage

Art. 391

[1] Geht die vom Verleger bereits hergestellte Auflage des Werkes durch Zufall ganz oder zum Teile unter, bevor sie vertrieben worden ist, so ist der Verleger berechtigt, die untergegangenen Exemplare auf seine Kosten neu herzustellen, ohne dass der Verlaggeber ein neues Honorar dafür fordern kann.

[2] Der Verleger ist zur Wiederherstellung der untergegangenen Exemplare verpflichtet, wenn dies ohne unverhältnismässig hohe Kosten geschehen kann.

III. Endigungsgründe in der Person des Urhebers und des Verlegers

Art. 392

[1] Der Verlagsvertrag erlischt, wenn der Urheber vor der Vollendung des Werkes stirbt oder unfähig oder ohne sein Verschulden verhindert wird, es zu vollenden.

[2] Ausnahmsweise kann der Richter, wenn die ganze oder teilweise Fortsetzung des Vertragsverhältnisses möglich und billig erscheint, sie bewilligen und das Nötige anordnen.

[3] Gerät der Verleger in Konkurs, so kann der Verlaggeber das Werk einem anderen Verleger übertragen, wenn ihm nicht für Erfüllung der zur Zeit der Konkurseröffnung noch nicht verfallenen Verlagsverbindlichkeiten Sicherheit geleistet wird.

1 ***Abs. 3*** Die Bestimmung enthält eine erfüllungsrechtliche Massnahme (Anwendungsfall von Art. 98 Abs. 1); der Verlaggeber wird anspruchsberechtigt auf die Differenz zwischen dem Vertragsanspruch gegenüber dem ursprünglichen Verleger und dem einem andern Verleger zu entrichtenden höheren Preis. Jedoch steht ihm alternativ das Zurückbehaltungs- und Rücktrittsrecht nach Art. 83 zu, und zwar auch dann, wenn er nach Vertrag vorleistungspflichtig ist 49 II 455/460 ff. E. 2.

D. Bearbeitung eines Werkes nach Plan des Verlegers

Art. 393

[1] Wenn einer oder mehrere Verfasser nach einem ihnen vom Verleger vorgelegten Plane die Bearbeitung eines Werkes übernehmen, so haben sie nur auf das bedungene Honorar Anspruch.

[2] Das Urheberrecht am Werke steht dem Verleger zu.

Keine Anwendung auf die Arbeit eines Filmmusikkomponisten 74 II 106/115 ff. E.b. 1

Abs. 2 Der Verleger kann aufgrund der Bestimmung (im Entscheid irrtümlich als Art. 382 Abs. 2 bezeichnet) ein allfälliges Urheberrecht am bestellten Werk (in casu Abhandlung) nur dann geltend machen, wenn der Verlaggeber das Werk inhaltlich in allen Einzelheiten nach seinen Weisungen gestalten musste und dieser daher bloss als Gehilfe bei der Ausführung einer fremden Idee zu betrachten ist (in casu verneint) 101 II 102/105 E. 2a. 2

Dreizehnter Titel
Der Auftrag

Erster Abschnitt
Der einfache Auftrag

Vorb. Art. 394–406

Abgrenzungen. ***Zum Arbeitsvertrag.*** Siehe Vorb. Art. 319–362. 1

Zum Werkvertrag. Dem Werkvertrag ist wesentlich, dass der Unternehmer ein Werk, d.h. ein Arbeitsergebnis, verspricht, während der Beauftragte sich nur zur Besorgung von Geschäften oder Diensten verpflichtet im Hinblick auf ein Resultat, das nicht zugesichert ist 109 II 34/36 E. 3a Pra 1983 (Nr. 147) 399 f., 127 III 328/329 ff. E. 2, 4P.65/2004 (6.5.04) E. 1.4. Bei unkörperlichen Arbeitsergebnissen ist von einem Werkvertrag auszugehen, wenn das Resultat nach objektiven Kriterien überprüft und als richtig oder falsch qualifiziert werden kann. Dagegen ist von einem Auftrag auszugehen, wenn die Richtigkeit des Ergebnisses nicht objektiv überprüft werden kann 4A_51/2007 (11.9.07) E. 4.3, 130 III 458/461 f. E. 4 fr. Siehe auch unter Art. 394 Abs. 1/Kein Auftrag. 2

Zum Trödelvertrag. Wer mit dem Verkauf einer Sache beauftragt ist, schuldet dem Auftraggeber lediglich den erzielten Preis, denn er ist in der Regel für einen Verlust nicht verantwortlich. Der Trödler hingegen schuldet dem Verträdler nicht mehr und nicht weniger als den vereinbarten Schätzungspreis 55 II 39/43 fr. – Zum Trödelvertrag im Allgemeinen siehe Vorb. Art. 184–551/Innominatverträge/Gemischte Verträge/Trödelvertrag. 3

Zur einfachen Gesellschaft. Die einfache Gesellschaft ist die vertragsmässige Verbindung von zwei oder mehreren Personen zur Erreichung eines gemeinsamen Zwecks mit gemeinsamen Kräften oder Mitteln (Art. 530). Bei der Gesellschaft werden durch den Zusammenschluss gemeinsame Interessen gefördert; jeder Gesellschafter hat durch seine Leistungen, deren Inhalt sehr verschieden sein kann und nicht zum Vornherein bestimmt sein muss, etwas zum gemeinsamen Zweck beizutragen; Dienstleistungen erfolgen dabei im Interesse aller Gesellschafter. Die zweiseitigen Verträge, zu denen auch der Auftrag gehört, sind hingegen durch den Interessengegensatz zwischen den Vertragsparteien sowie durch die Bestimmtheit ihres Gegenstandes charakterisiert; durch den Austausch von Gütern oder Dienstleistungen werden entgegengesetzte Interessen befriedigt. Auftrag und einfache Gesellschaft voneinander abzugrenzen, kann namentlich dann schwierig sein, wenn sowohl der Auftraggeber wie der Beauftragte an der Ausführung des Auftrags interessiert sind. Diesfalls ist nach der Lehre, welcher sich das Bundesgericht angeschlossen hat, ein Auftrag anzunehmen, wenn ihr Interesse am Geschäft nicht gleicher Art ist. Dass beim Auftrag ein Gewinnanteil ausbedungen wird, macht das Vertragsverhältnis zwar zu einem gesellschaftsähnlichen Vertrag, aber nicht zu einer einfachen Gesellschaft 4C.30/2007 (16.4.07) E. 4.1. Siehe auch Vorb. Art. 530–551/Abgrenzungen/Synallagmatische Verträge. 4

Weiteres. Der Entmündigte kann selbständig einem Rechtsanwalt einen Auftrag zur prozessualen Durchsetzung seiner höchstpersönlichen Rechte (in casu Verteidigung in 5 einer Strafsache) erteilen, falls er insoweit als urteilsfähig anzusehen ist 112 IV 9/10 f. E. 1b, c. – Selbst wenn die Ehegatten hinsichtlich der Vermögensverwaltung ausdrücklich oder konkludent einen Auftrag schliessen, richtet sich die Frage, wer wie viel an den Familienunterhalt beizutragen hat und welche Ansprüche bei ausserordentlichen Mehrleistungen bestehen, nach ZGB Art. 163 bzw. ZGB Art. 165. Für die Anwendung der Bestimmungen des Auftragsrechts bzw. über die ungerechtfertigte Bereicherung bleibt nur Raum, wenn die Leistungen des einen Ehegatten zugunsten des andern zu einem anderen Zweck als zum Familienunterhalt (ZGB Art. 165 Abs. 2) oder als Beitrag zum Beruf oder Gewerbe des andern (ZGB Art. 165 Abs. 1) erfolgen 127 III 46/54 f. E. 4. – AHVG: Ein Auftragsverhältnis schliesst nicht per se die Qualifikation des Beauftragten als Unselbständigerwerbender aus 122 V 169/175 E. 6a/aa, 122 V 281/287 E. 5b/bb.

A. Begriff

Art. 394

[1] Durch die Annahme eines Auftrages verpflichtet sich der Beauftragte, die ihm übertragenen Geschäfte oder Dienste vertragsgemäss zu besorgen.

[2] Verträge über Arbeitsleistung, die keiner besondern Vertragsart dieses Gesetzes unterstellt sind, stehen unter den Vorschriften über den Auftrag.

[3] Eine Vergütung ist zu leisten, wenn sie verabredet oder üblich ist.

▪ Abs. 1 Allgemeines (1) ▪ Form (2) ▪ Auftrag (3) ▪ Gemischte Verträge (7) ▪ Kein Auftrag (8) ▪ Zur Raterteilung insbesondere (9) ▪ Weiteres (10) ▪ Abs. 2 (11) ▪ Abs. 3 Entgeltlichkeit (13) ▪ Berechnung der Vergütung (18) ▪ Vergütung bei Vertragsauflösung (19) ▪ Weiteres (20)

1 ***Abs. 1*** **Allgemeines.** Der Auftrag ist die vertragliche Übernahme der Geschäftsbesorgung oder Dienstleistung durch den Beauftragten im Interesse und nach dem Willen des Auftraggebers 4C.40/2004 (25.6.04) E. 1.2. Mit der Annahme eines Auftrages legt sich der Beauftragte eine Treuepflicht auf, aus welcher sich verschiedenartige Pflichten ableiten wie z.B. Geheimhaltungs-, Schutz-, Informationspflichten oder das Verbot der Doppelvertretung 4P.166/3006 (9.11.06) E. 5.2.2 fr. Der einfache Auftrag kann durchaus auch als Dauerauftragsverhältnis ausgestaltet sein 4C.316/2001 (7.2.02) E. 1b, 4C.125/2002 (27.9.02) E. 2, 4P.28/2002 (10.4.02) E. 3c/bb fr. Der Erfolg als solcher gehört nicht zu den Begriffsmerkmalen des einfachen Auftrages. Der Beauftragte verspricht nur, im Interesse des Auftraggebers (oder eines Dritten 4C.60/2004 [2.6.04] E. 5.2.2 fr.) in einer bestimmten Richtung tätig zu werden 112 II 347/351 E. 1b, 115 II 62/64 E. 3a, 120 II 248/250 E. 2c (als Beauftragter schuldet der Arzt dem Patienten nicht die Wiederherstellung der Gesundheit, sondern lediglich eine darauf ausgerichtete Behandlung nach den Regeln der ärztlichen Kunst), vgl. ferner 120 Ib 411/412 f. E. 4a. Der Auftrag begründet unter den Parteien ein besonderes Vertrauensverhältnis 101 II 102/104 E. 1a, vgl. aber 117 II 387/392 E. 2d Pra 1992 (Nr. 184) 682, wonach zur Anwendung der Art. 394 ff. nicht notwendigerweise ein besonderes Vertrauensverhältnis vorausgesetzt ist. – Die Bestimmung umschreibt den Inhalt des Vertrages weit und in allgemeiner Form; der Auftrag kann auch den Abschluss eines Rechtsgeschäftes, namentlich die Vornahme von Akten der direkten und indirekten Stellvertretung zum Gegenstand haben 99 II 393/397 E. 6 Pra

1974 (Nr. 121) 364. – Die Arbeitsleistung, zu der sich der Beauftragte verpflichtet, kann unterschiedlicher Art sein; sie muss aber in jedem Fall die Geschäfte des Auftraggebers betreffen und die Wahrung fremder Interessen zum Ziel haben (kein Auftrag zwischen dem Gläubiger und einem Dritten, wenn Ersterer eine eigene Forderung einzieht, auch wenn der Dritte wirtschaftlich an der Erfüllung dieser Forderung interessiert ist, es sei denn, die Einziehung der Forderung erfolge in indirekter Stellvertretung auf Rechnung des Dritten) 122 III 361/364 ff. E. 3b ff.

Form. Ein Auftrag, durch den sich der Beauftragte gegenüber dem Auftraggeber zu einem Vertragsabschluss mit einem Dritten verpflichtet, unterliegt selbst dann keinem Formzwang, wenn das abzuschliessende Rechtsgeschäft (z.B. Grundstückkauf) formbedürftig ist (auch wenn der Beauftragte gehalten ist, die Liegenschaft durch öffentlich beurkundeten Vertrag an den Auftraggeber zu übertragen) 81 II 227/231 f. E. 3, 86 II 33/40 (entgeltlicher Auftrag, durch den sich der Beauftragte verpflichtet, im eigenen Namen und auf Rechnung des Auftraggebers eine Liegenschaft zu kaufen und dem Auftraggeber ein Kaufrecht an der gekauften Liegenschaft einzuräumen), neuerdings mit Zweifeln 4C.25/2001 (25.6.01) E. 1b fr. (mit Hinweis auf Art. 493 Abs. 6). 2

Auftrag. ***Beispiele.*** Das Inkasso auf eigene Rechnung im Rahmen eines Agenturvertrages (Art. 418a ff.) über den Verkauf von Flugscheinen 108 II 118/120 E. 1 Pra 1982 (Nr. 176) 449 f., zum Inkassoauftrag vgl. auch 119 II 452/454 f. E. 1 Pra 1994 (Nr. 225) 740 f. (in casu Frage der Klagebefugnis und der Einreden des Schuldners); ein «Managements-Vertrag», wonach eine angehende Schlagersängerin das ausschliessliche Recht ihres «Managements für Auftritte und Produktionen jeder Art» einem Tonstudio überträgt; vom Bundesgericht abgelehnt wurde die vom Tonstudio geforderte Qualifizierung als einfache Gesellschaft (das Ausbedingen eines Gewinnanteils macht das Vertragsverhältnis nicht zu einer einfachen Gesellschaft) oder als Agenturvertrag (in casu wurden aufgrund von Abs. 2 die auftragsrechtlichen Regeln für anwendbar erklärt; siehe jedoch die inzwischen geänderte Rechtsprechung zu Abs. 2: 109 II 462/465 f. E. 3d) 104 II 108/110 ff. E. 1–5 (in casu enthielt der Vertrag eine im Sinne von ZGB Art. 27 übermässige Bindung der angehenden Schlagersängerin); der Vertrag über eine Liegenschaftsverwaltung 106 II 157/159 E. 2a Pra 1980 (Nr. 228) 596 (allenfalls auch Vertrag sui generis, vgl. 83 II 525/529 f. E. 1 Pra 1958 (Nr. 44) 141, wonach – unter Vorbehalt des Falles, dass die Parteien ihn im Voraus als bloss vorübergehende Abmachung über bestimmte, näher umschriebene Verwaltungshandlungen ausgestaltet haben – ein Arbeitsvertrag oder ein Vertrag sui generis vorliegt; zur Zuordnung unter die auftragsrechtlichen Regeln siehe jedoch die inzwischen geänderte Rechtsprechung zu Abs. 2: 109 II 462/465 f. E. 3d); das Treuhandverhältnis (pactum fiduciae; siehe im Einzelnen unter Art. 18 Abs. 1/Fiduziarisches Rechtsverhältnis) 106 Ib 145/150, 99 II 393/396 E. 6 Pra 1974 (Nr. 121) 364 (in casu Bankkonto/Investitionsauftrag), vgl. auch 108 Ib 186/192 E. 5a, 112 III 90/95 E. 4b Pra 1987 (Nr. 73) 276, Pra 1997 (Nr. 55) 297 E. 4, 4C.125/2002 (27.9.02) E. 2; das Verhältnis zwischen Rechtsanwalt und Klient (zur Entgeltlichkeit siehe unter Abs. 3) Pra 1983 (Nr. 283) 765 f. E. 1 (in der Amtlichen BGE-Sammlung nicht veröffentlicht), 117 II 282/283 E. 4, 117 II 563/566 E. 2a Pra 1992 (Nr. 185) 684, 127 III 357/359 E. 1a, 95 I 21/24 ff. E. 5b (in casu «Beratervertrag»), 87 II 364/368 f. E. 1 (in casu Armenanwalt; zum Verhältnis unentgeltlicher Rechtsbeistand–Gemeinwesen sowie amtlicher Verteidi- 3 ger–Beschuldigter siehe unten unter: Kein Auftrag); das Verhältnis zwischen einer Privatschule und den Eltern eines Schülers («Unterrichtsvertrag») 4C.257/2002 (28.8.03) E. 4.1 fr. (in 132 III 753/755 E. 2.1 wird der «Unterrichtsvertrag» dagegen als gesetzlich nicht definierter Vertrag bezeichnet); das Verhältnis zwischen Arzt und Patient 133 V 416/418 E. 2.2, 119 II 452/458 E. 2 Pra 1995 (Nr. 72) 235, 105 II 283/284 E. 1 Pra 1980 (Nr. 135) 363, 114 Ia 350/358 E. 6 fr., vgl. aber 70 II 207/208 E. 1 Pra 1944 (Nr. 178) 423 (Haftung des Spitalarztes in Ausübung seiner öffentlichen Funktion nach kantonalem Beamtenrecht, allenfalls nach Art. 41 ff., siehe dazu auch unter Art. 61 Abs. 1 und Vorb. Art. 184–551/Innominatverträge/Gemischte Verträge/Spitalaufnahmevertrag), zum Verhältnis zwischen Versicherung, Antragsteller und Arzt, wenn Letzterer das Antragsformular ausfüllt, siehe 108 II 550/555 E. 2c; das Verhältnis zwischen der (privaten) Klinik und dem Patienten 5C.52/2001 (14.6.01) E. 1c; das Verhältnis zwischen Zahnarzt und Patient, auch wenn die Behandlung die Herstellung von Werken (wie Brücken, Kronen usw.) umfasst (Änderung der Rechtsprechung) 110 II 375/376 ff. E. 1 Pra 1985 (Nr. 59) 165 f.; das Verhältnis zwischen Tierhalter und Tierarzt 93 II 19/20 f. E. 1 fr.; das Verhältnis zwischen dem Generalagenten als selbständigem Gewerbetreibenden und der Versicherungsgesellschaft 45 I 207/214 E. 2; der Reisevermittlungsvertrag 115 II 474/477 E. 2a, 111 II 270/273 E. 4 (zum Reiseveranstaltungsvertrag siehe Vorb. Art. 184–551/Innominatverträge/Gemischte Verträge/Reiseveranstaltungsvertrag); der Bergführervertrag 4C.257/2002 (28.8.03) E. 4.1 fr.; der Vertrag betreffend Personentransport 115 II 108/110 E. 4a Pra 1989 (Nr. 255) 912, 126 III 113/115 E. 2a/bb Pra 2000 (Nr. 185) 1135 (in casu Benützung eines Skiliftes; unter den konkreten Umständen Verneinung der Pflicht zur Polsterung eines Mastes) 4A_396/2018 (29.8.19) E. 5.8.2 fr. (in casu Transferfahrt vom Flughafen zu einem Hotel); der Vertrag zur Einkassierung von Wechselakzepten (mangels aussergewöhnlicher Umstände ist der Beauftragte nicht verpflichtet, dem Auftraggeber mitzuteilen, dass die Akzepte von einem Dritten eingelöst worden sind) 44 II 260/263 f. E. 2 und 266 f. E. 4; der Akzeptkreditvertrag 41 III 215/218; die Verpflichtung eines auf den Handel mit Kunstgut spezialisierten Unternehmens, den Wert eines bestimmten Kunstgegenstandes zu schätzen 112 II 347/350 f. E. 1a, b (Entscheid aufgrund der konkreten Umstände); der Vertrag zwischen einer Treuhänderin und ihrem Kunden betreffend Abklärung und Auskünfte über die zu erwartenden Steuern bei Gründung einer Gesellschaft 128 III 22/24 E. 2a Pra 2002 (Nr. 74) 433; der Vertrag mit einer inländischen Bank, bei einer ausländischen Bank zugunsten des Lieferanten des Auftraggebers ein Akkreditiv zu eröffnen 51 II 550/559 (das Akkreditiv ist ein Anweisungsverhältnis gemäss Art. 466 ff.; neben dem Anweisungsverhältnis besteht in der Regel noch ein Auftragsverhältnis zwischen Anweisendem [Akkreditivsteller] und Angewiesenem [Akkreditivbank] 78 II 42/48 E. 3, 100 II 145/148 E. 3a, 130 III 462/468 E. 5.1 Pra 2005 (Nr. 19) 135, vgl. auch 111 II 76/80 E. 3b/cc Pra 1985 (Nr. 180) 527; das Verhältnis zwischen der Akkreditiv- und der Korrespondenzbank 113 III 26/30 E. 2b, 114 II 45/48 E. 4b Pra 1988 (Nr. 203) 755 (wenn die Akkreditivbank einer Korrespondenzbank den Auftrag erteilt, dem Verkäufer die Summe gemäss Akkreditiv auszuzahlen, so beauftragt sie die Korrespondenzbank, als Unterbeauftragte die Dokumente «aufzunehmen»), 119 II 173/176 f. E. 2; im Checkverhältnis die Verpflichtung des Bezogenen gegenüber dem Aussteller zur Einlösung des Checks 51 II 183/186 E. 2 (siehe jedoch die inzwischen geänderte Rechtsprechung zu Abs. 2: 109 II 462/465 f. E. d); das Verhältnis zwischen der Bank und den Revisoren 117 II 315/318 E. 5a Pra 1993 (Nr. 58) 217 (Leitsatz in Pra falsch) (gegen die Bankrevisionsstelle, welche nicht Kontrollorgan im Sinne des Gesellschaftsrechts ist [in casu Bank in der Rechtsform der Kommanditgesellschaft], können die Bankgläubiger nur aus unerlaubter Handlung klagen, Art. 41); die Übertragung der Arbeit an einen Nachbarn, einen Baum zu schütteln (kein Arbeitsvertrag, da fehlendes Moment der Dauer) 61 II 95/97 E. 3; das Verhältnis, wenn ein Knecht seinem Arbeitgeber Hilfe leistet zur Abwehr von Angriffen auf das ausserhalb dessen Hauses liegende Eigentum 48 II 487/489 f. E. 2; die Tätigkeit eines Notars im Rahmen einer Erbschaftsliquidation 124 III 423/424 E. 3a Pra 1999 (Nr. 22) 117, 126 III 370/373 E. 7b fr. (mit weiteren Beispielen nicht hoheitlicher Tätigkeiten von Notaren). – Girovertrag mit Kontokorrentabrede: Darunter ist ein allgemeiner, auf Dauer gerichteter Vertrag zur Besorgung von Geschäften zu verstehen; die Bank erhält von einem Kunden den Auftrag, seinen Zahlungsverkehr zu übernehmen, insbesondere an seiner Stelle Zahlungen auszuführen, Überweisungen für ihn entgegenzunehmen und gegenseitige Forderungen zu verrechnen (die Bank, die den Girovertrag mit einem Vertreter des Kunden abschliesst, hat seine Vertretungsbefugnis beim Vertragsabschluss zu prüfen) 100 II 368/370 f. E. 3b, 110 II 283/284 f. E. 1, 111 II 447/449 E. 1 fr., 126 III 20/21 f. E. 3a/aa, 4A_301/2007 (31.10.07) E. 2.1 fr. Die als einheitliches Rechtsgeschäft aufzufassende mehrgliedrige Überweisung findet ihre Grundlage in selbständigen, auftragsrechtlichen Regeln folgenden Giroverträgen, in denen sich die Banken verpflichten, für einen Kunden den bargeldlosen Zahlungsverkehr zu besorgen und dabei insbesondere Überweisungen auszuführen und entgegenzunehmen (in casu mehrgliedrige Geldüberweisung: eine allfällige Sittenwidrigkeit des Valutaverhältnisses schlägt auf das Deckungsverhältnis zwischen Erst- und Empfängerbank nicht durch) 124 III 253/256 (zum Girovertrag siehe auch unter Vorb. Art. 184–551/Innominatverträge/Gemischte Verträge/Girovertrag). – Der Architektenvertrag ist je nach versprochenen Architektenleistungen entweder Werkvertrag oder Auftrag. Verspricht der Architekt die Erstellung von Ausführungsplänen oder die Ausarbeitung eines Bauprojektes, liegt ein Werkvertrag vor (127 III 543/544 f. E. 2a Pra 2001 [Nr. 194] 1179 f. E. 2a, 130 III 362/365 E. 4.1 fr.). Wird der Architekt hingegen mit der Vergebung von Arbeiten und/oder mit der Bauaufsicht betraut, finden die auftragsrechtlichen Regeln Anwendung (127 III 543/545 E. 2a Pra 2001 [Nr. 194] 1179 f., vgl. auch 115 II 57/61: «Baubetreuungsvertrag»). Handelt es sich um einen «Gesamtvertrag», worin der Architekt sämtliche Architektenleistungen für die Realisierung eines Bauvorhabens verspricht, oder sonst um einen Vertrag, worin der Architekt sowohl werkvertragliche als auch auftragsrechtliche Leistungen verspricht, liegt ein gemischter Vertrag vor, für den je nach den konkreten Umständen eine sachgerechte Lösung nach Massgabe des Auftrags- oder des Werkvertragsrechts zu finden ist, was sich in einer Spaltung der Rechtsfolgen äussern kann 109 II 462/465 f. E. 3c, d (Art. 394 Abs. 2 zwingt demnach nicht dazu, ein komplexes Vertragsverhältnis wie den Architektenvertrag entweder ganz als Auftrag oder ganz als Werkvertrag zu beurteilen. Bei einem Projektierung und Bauausführung umfassenden Architektenvertrag kommt dem Vertrauensverhältnis zwischen dem Bauherrn und dem Architekten so grosse Bedeutung zu, dass die Auflösungsregel des Art. 404 den Vorzug verdient), bestätigt in 110 II 380/382 E. 2, 127 III 543/544 f. E. 2a Pra 2001 (Nr. 194) 1179 f., 4C.70/2000 (10.4.00) E. 3a fr., 4C.60/2001 (28.6.01) E. 2a fr., 4C.14/2002 (5.7.02) E. 4.2 fr., 4C.91/2003 (25.8.03) E. 4.3.2 fr., 4C.259/2006 (23.10.06) E. 2 fr. Die Erstellung eines Kostenvoranschlages unterliegt Auftragsrecht 134 III 361/364 f. E. 6.2 it., 4A_457/2017 (3.4.18) E. 4.1 fr. (anders noch 127 III 544/545 E. 2a Pra 2001 [Nr. 194] 1179 f., in dem das Auftragsrecht nur auf den im Rahmen eines Gesamtvertrages erstellten Kostenvoranschlag für anwendbar erklärt wurde). Zur Qualifizierung des Architektenvertrages siehe auch unter Art. 363. – Der reine Beratungsvertrag (in casu Abklärung der Eignung eines Klebstoffes für bestimmte Zwecke) beurteilt sich grundsätzlich nach Auftragsrecht. Dies gilt namentlich für den Sorgfaltsmassstab 4C.186/1999 (18.7.00) E. 2a, vgl. auch 124 III 155/161 E. 2b. – Wer sich verpflichtet, das Geschäft eines Dritten zu verkaufen, den Kaufpreis entgegenzunehmen und (nach einem entsprechenden Zeitungsaufruf) die Gläubiger des Verkäufers damit zu befriedigen, ist Beauftragter sowohl des Käufers wie auch des Verkäufers und seiner Gläubiger (zahlt er vor Kenntnis der Forderungen der Gläubiger einen Teil des erhaltenen Kaufpreises dem Verkäufer aus, so handelt er auf eigenes Risiko) 60 II 233/240 ff. E. 2 fr. – Insertionsvertrag: Die selbständige Tätigkeit des Reklameberaters unterliegt in der Regel selbst dann dem Auftragsrecht, wenn sie die Erteilung von Insertionsaufträgen umfasst (der dem Verleger oder seiner Annoncenagentur erteilte Insertionsauftrag unterliegt hingegen dem Werkvertragsrecht) 115 II 57/58 ff. E. 1 Pra 1989 (Nr. 249) 888 ff. (Präzisierung der Rechtsprechung). – Hat der Arbeitgeber im Rahmen des zwischen der Krankenkasse und seinen Arbeitnehmern bestehenden Versicherungsverhältnisses die Funktion einer Zahlstelle übernommen (zentrale Abrechnung über Prämienzahlungen der Arbeitnehmer und ihren Leistungsguthaben gegenüber der Krankenkasse), ohne hiezu nach Gesetz oder Statuten verpflichtet zu sein, so liegt zwischen ihm und der Krankenkasse ein (in casu formlos begründetes) Auftragsverhältnis vor (keine Pflicht des Arbeitgebers, die vom Arbeitnehmer zu Unrecht bezogenen Versicherungsleistungen der Krankenkasse zurückzuerstatten) 100 V 193/195 f. E. 2. Ein Auftrag liegt vor, wenn eine Partei Waren (in casu medizinische Instrumente) einer anderen Partei mit deren Zustimmung und in deren Interesse zu Demonstrationszwecken an eine Messe mit- und dort vorführt 4C.390/1999 (4.1.00) E. 3b. – Ein gemeinsames Konto (compte joint) lässt nicht auf eine bestimmte Ausgestaltung des Innenverhältnisses schliessen; möglich ist ein Gesamthandverhältnis (einfache Gesellschaft), ein Miteigentumsverhältnis oder ein Auftragsverhältnis 110 III 24/26 E. 3 (siehe auch unten/Gemischte Verträge). – aAFG Art. 8 Abs. 3: der Kollektiv-Anlagevertrag untersteht den Vorschriften über den Auftrag 100 II 420/423 E. 2, vgl. auch 101 Ib 422/424 f. E. 2 fr. und 110 II 75/78 f. E. 2 (in casu internationales Privatrecht). – Die Dienstleistung des Hotelportiers, das Fahrzeug eines Gastes zu parkieren, ist jenen Elementen des Gastaufnahmevertrages unterstellt, die zum Auftrag gehören (zum Gastaufnahmevertrag siehe Vorb. Art. 184–551/Innominatverträge/Gemischte Verträge/Gastaufnahmevertrag) 120 II 252/256 E. 2c Pra 1995 (Nr. 275) 941. Vertrag über Beratung, Vermittlung und Verwaltung bei Erwerb und Veräusserung von börsenmässig gehandelten Terminoptionen: In casu zur Hauptsache als Vermögensverwaltung qualifiziert 124 III 155/159 ff. E. 2 (Anwendung der auftragsrechtlichen Regeln betreffend Sorgfalts- und Treuepflicht, Art. 398 Abs. 2; ebenso 4C.151/2001 [23.10.01] E. 2, 4C.295/2006 [30.11.06] E. 4.2 fr.), 4C.18/2004 (3.12.04) E. 1.1 Pra 2005 (Nr. 73) 567, 138 III 755/759 E. 4.2 und 132 III 460/464 f. E. 4.1 (Auftragsrecht auf den Vermögensverwaltungsvertrag für anwendbar erklärt) – zur Qualifikation eines Schiedsrichtermandats 140 III 75/78 f. E. 3.2.1 Pra 2014 (Nr. 87) 677.

Mandata post mortem. Aufträge, die erst nach dem Tod des Auftraggebers oder eines Dritten ausgeführt werden können oder sollen (mandata post mortem), sind zulässig (Hauptanwendungsfall: Willensvollstrecker); derartige Aufträge beurteilen sich nach den Sonderregeln über den Willensvollstrecker 105 II 253/261 E. 2e. Dagegen unterstehen Vereinbarungen zwischen den Erben und dem Willensvollstrecker über dessen Vergütung den Regeln des Auftragsrechts 138 III 449/451 f. E. 4.2.2 Pra 2013 (Nr. 5) 36. 4

Auftragsähnliches Verhältnis bei der Beförderung von Wertsachen Privater durch einen diplomatischen Kurier 47 II 144/153 E. 4, beim gerichtlich bestellten Experten 114 Ia 461/464 E. 2b Pra 1990 (Nr. 70) 240 f. (in casu Rechtsmittelweg mit Bezug auf die behördliche Honorarfestsetzung), ebenso beim Auktionsvertrag 112 II 337/340 E. 2 (in casu Zuschlag an den Einlieferer). Bei der Abtretung nach SchKG Art. 260 handelt es sich um ein betreibungs- und prozessrechtliches Institut sui generis, das Ähnlichkeit mit der Abtretung gemäss Art. 164 ff. und dem Auftrag gemäss Art. 394 ff. aufweist 113 III 135/137 E. 3a fr.; zu SchKG Art. 260 siehe auch Vorb. Art. 164–174/Schuldbetreibung und Konkurs/SchKG Art. 260. – Mit der Hingabe der Leistung erfüllungshalber entsteht zwischen Gläubiger und Schuldner ein auftragsähnliches Rechtsverhältnis, das den Gläubiger verpflichtet, sich mit der gebotenen Sorgfalt um die Verwertung der Ersatzleistung zu bemühen 119 II 227/231 E. 3a. – Siehe auch unter Weiteres. 5

Organe einer Gesellschaft. Das Bundesgericht hat sich bereits mehrmals zur Frage des Rechtsverhältnisses zwischen einer Aktiengesellschaft und ihren Organen geäussert. Dabei hat es tendenziell die Direktoren als Arbeitnehmer und die Verwaltungsräte als Beauftragte betrachtet oder für diese das Bestehen eines mandatähnlichen Vertrages sui generis angenommen 125 III 78/81 E. 4 it., 5A_691/2012 (17.1.13) E. 3.2. Davon abweichend hat das Bundesgericht aber auch schon entschieden, dass der Verwaltungsrat ebenfalls in einem Arbeitsverhältnis stehen kann 120 II 58/61 E. 3a, 75 II 149/153 E. 2a Pra 1949 (Nr. 122) 361. Bei der Beantwortung der Frage ist jedenfalls zu beachten, dass die Qualifikation der Tätigkeit als selbständige oder unselbständige Arbeit nicht für alle Rechtsgebiete nach den gleichen Kriterien zu beurteilen ist 128 III 129/131 f. E. 1a/aa. Besonderheiten gelten zudem für die Unterscheidung zwischen selbständiger und unselbständiger Tätigkeit im Steuerrecht (121 I 259/262 E. 3a fr.) und bei der Arbeitslosenversicherung (105 V 101/103 f. E. 2). Richtigerweise ist deshalb die Beurteilung des Rechtsverhältnisses stets aufgrund der Besonderheiten des konkreten Falles vorzunehmen 128 III 129/132. Entscheidend ist dabei, ob die betroffene Person in dem Sinne in einem Abhängigkeitsverhältnis steht, dass sie Weisungen empfängt. Ist dies zu bejahen, liegt ein arbeits- und gesellschaftsrechtliches Doppelverhältnis vor 130 III 213/216 E. 2.1. Es ist nicht zu beanstanden, wenn Gerichte zwischen der auftrags- bzw. arbeitsrechtlichen Stellung einerseits und der gesellschaftsrechtlichen Stellung anderseits unterscheiden (so folgt die Abberufung eines Verwaltungsrats oder Direktors aus dessen Organstellung anderen Regeln als die Kündigung des Arbeits- oder Auftragsverhältnisses bzw. des Vertrags sui generis) 128 III 129/133 E. 1b. Das schuld- und gesellschaftsrechtliche Doppelverhältnis hat zur Folge, dass das in einem Anstellungsverhältnis stehende Organ sich sowohl an die Treuepflicht des Arbeitnehmers (Art. 321a) als auch an die organschaftliche Treuepflicht des Verwaltungsrats- oder Direktionsmitglieds nach Art. 717 OR halten muss. Es ist im konkreten Einzelfall somit getrennt zu prüfen, ob und welche Treuepflicht verletzt ist. 6

In der Regel geht die gesellschaftsrechtliche Treuepflicht weiter als die arbeitsvertragsrechtliche 130 III 213/217.

7 **Gemischte Verträge.** Der Annoncenpachtvertrag (in casu mit Elementen des Auftrages) 57 II 160/164 E. 3 fr. – Verpflichtet sich eine Bank, Geld und Wertschriften zu verwahren und zu verwalten, so liegt ein aus Kontokorrentvertrag, Hinterlegungsvertrag, Kommission und Auftrag gemischtes Rechtsgeschäft vor, auf das jedoch grundsätzlich Auftragsrecht anzuwenden ist 131 III 377/380 E. 4 Pra 2006 (Nr. 31) 220 ff., 101 II 117/119 f. E. 5, 96 II 145/149 E. 2, vgl. auch 63 II 240/242 fr. (Ausschluss der Haftung gemäss Art. 99 Abs. 2) und 102 II 297/301 E. 2b. – Der Zusammenarbeitsvertrag zwischen einem selbständigen («externen») Vermögensverwalter und einer Bank, die den Kunden des Vermögensverwalters als Depotbank oder Kommissionär dient, ist ein Innominatvertrag, der aus Elementen eines gemischten Vertrages und eines Vertrages sui generis besteht 4C.447/2004 (31.3.05) E. 4 fr. (in casu Art. 404 für anwendbar erklärt). – Der Kauf mit Montageüberwachung ist ein aus Kauf und Auftrag gemischtes Vertragsverhältnis, sofern die geschuldete Montageüberwachung nicht bloss eine untergeordnete Nebenpflicht des Kaufvertrages ist 4C.314/1992 (21.11.00) E. 6b/cc fr. (in casu Anwendung der Sorgfaltsregeln des Art. 398 Abs. 2 auf den auftragsrechtlichen Teil des Vertrages).

8 **Kein Auftrag.** Das Verhältnis zwischen dem Notar in seiner Stellung als Person des öffentlichen Glaubens im Rahmen der freiwilligen Gerichtsbarkeit und der Urkundspartei (anwendbar ist das kantonale öffentliche Recht, allenfalls Art. 41 ff.) 96 II 45/46 f. fr., 90 II 274/277 ff. E. 1, vgl. aber 50 II 46/48 ff. E. 1 (siehe auch unter Art. 396 Abs. 1 und 398 Abs. 1; zur strafrechtlichen Verantwortlichkeit des Notars gemäss StGB Art. 110 Ziff. 5 und Art. 317 113 IV 77/79 ff. E. 3–5; zur Qualifikation der nicht hoheitlichen Tätigkeit von Notaren vgl. oben Auftrag); das Verhältnis zwischen dem unentgeltlichen Rechtsbeistand und dem Gemeinwesen 117 Ia 22/23 E. 4a Pra 1993 (Nr. 23) 78, 120 Ia 14/16 E. 3d («öffentlich-rechtliches Mandat»), 122 I 322/325 E. 3b, 125 II 518/520 («öffentlich-rechtliches Auftragsverhältnis»); das Verhältnis zwischen dem amtlichen Verteidiger und dem Beschuldigten bei notwendiger Verteidigung 131 I 217/220 f. E. 2.4 fr.; der Putativauftrag (in casu keine Anwendung von Art. 402) 94 II 37/40 E. 5. Der berufsmässige An- und Verkauf von Wertpapieren durch die Banken als Beauftragte Dritter vollzieht sich ordentlicherweise nach den Regeln des Kommissionsvertrages (Art. 425 ff.) 41 II 571/573 E. 2. Die Erteilung einer Auskunft, die weder in Ausübung eines Gewerbes noch sonst gegen Entgelt gegeben wird, ist nicht Erfüllung einer vertraglichen Verpflichtung, sondern ein ausservertragliches Handeln 111 II 471/473 E. 2, 4C.394/2005 (29.3.06) E. 2.1 (dies gilt auch für die Auskunftserteilung durch eine Bank, wenn sie nicht im Rahmen eines Geschäftes mit einem Bankkunden erfolgt). Die Zeichnung (Subskription) einer bestimmten Anzahl von Obligationen (unter Vorauszahlung des Emissionspreises) gegenüber einer Bank, die zu einem Bankensyndikat gehört, das die betreffende Obligationenanleihe fest übernommen hat, begründet zwischen dem Zeichner und der Bank einen Kaufvertrag (Leistung von Titeln gegen Entrichtung des Emissionspreises), nicht einen Auftrag 112 II 444/447 f. Pra 1988 (Nr. 62) 246 (in casu daher keine Anwendung von Art. 401). – Kein Auftrag, sondern Werkvertrag, ist: das Aufstellen eines Kranes 111 II 170/171 E. 2 fr. (abweichend 92 II 234/240 E. 3a); das Aufstellen eines Gerüstes 113 II 264/266 f. E. 2a; im beurteilten Fall die Verpflichtung zur Ausführung eines Mosaikes auf einer Gebäudewand

115 II 50/54 fr.; zwischen dem Angewiesenen und dem Anweisungsempfänger entsteht eine vertragliche Bindung, die nicht einem Auftragsverhältnis gleichkommt; auch beim Akkreditiv und Warenakkreditiv entsteht kein Auftrag zwischen dem Empfänger und dem Dritten (bzw. zwischen der Akkreditivbank und dem Begünstigten), selbst dann nicht, wenn der Empfänger dem Dritten die Annahme bestätigt 113 II 522/526 E. 5a Pra 1988 (Nr. 231) 864. Der Totalunternehmervertrag ist ein Werkvertrag 114 II 53/54 ff. E. 2. – Der Sachwalter im Nachlassverfahren mit Vermögensabtretung wird von der Nachlassbehörde bestellt (SchKG Art. 295 Abs. 1) und erfüllt eine ihm vom öffentlichen Recht auferlegte Pflicht. Er ist weder Vertreter der Gläubiger noch des Schuldners und steht zu keiner Partei in einem privatrechtlichen Verhältnis 113 III 148/150 E. 2. – Der Vertrag, mit dem ein Künstler oder ein Orchester engagiert wird, ist ein Arbeitsvertrag oder ein Werkvertrag, allenfalls ein Innominatvertrag (in casu Arbeitsvertrag) 112 II 41/46 f. E. 1aa, bb fr., 4A_129/2017 (11.6.18) E. 4 fr. – Kein Auftrag zwischen einem Gläubiger und einem Dritten, wenn Ersterer seine Forderung einzieht, auch wenn der Dritte am Einziehen der Forderung wirtschaftlich interessiert ist, es sei denn, die Einziehung der Forderung erfolge in indirekter Stellvertretung auf Rechnung des Dritten 122 III 361/364 f. E. 3b und 368. – Fürsorgerischer Freiheitsentzug (ZGB Art. 397a ff.)/Einweisungen und Behandlungen: Die Ärzte handeln nicht aufgrund privatrechtlicher Aufträge, sondern in amtlicher Eigenschaft und in Verrichtung hoheitlicher Befugnisse 118 II 254/257 E. 1b. – Zum Rechtsverhältnis zwischen Patient und öffentlich-rechtlichem Spital siehe Vorb. Art. 184–551/Innominatverträge/Gemischte Verträge/Spitalaufnahmevertrag.

Zur Raterteilung insbesondere. Eine Auskunft, die weder in Ausübung eines Gewerbes noch sonst gegen Entgelt erteilt wird, ist nicht als Erfüllung einer vertraglich übernommenen Pflicht, sondern als ausservertragliches Handeln zu qualifizieren, so etwa bei Bankauskünften, die ein Kunde unabhängig von einem bestimmten Geschäft erbittet und erhält 124 III 363/368 E.II.5a. Findet aber eine Raterteilung im Rahmen eines Auftrags statt, hat sie unter Beachtung der auftragsrechtlichen Sorgfalts- und Treuepflicht zu erfolgen 4C.394/2005 (29.3.06) E. 2, Anwendungsbeispiel: 131 III 377/380 f. E. 4.1 Pra 2006 (Nr. 31) 220. 9

Weiteres. Die Erklärung, jemand handle im Rahmen eines Auftrages, genügt nicht zur Beurteilung, ob er als direkter oder indirekter Vertreter zu gelten habe (in casu offengelassen, welche Bedeutung dem Begriff «auftrags» insbesondere nach Bankusanzen zukomme) 110 II 183/186 E. 2a Pra 1984 (Nr. 178) 491. Fall, wo der Abschluss eines Inkassoauftrages an den verurkundenden Notar verneint wurde 113 II 522/525 E. 5 Pra 1988 (Nr. 231) 863 f. – Zur Sorgfaltspflicht des Pfandgläubigers bei vereinbarter freihändiger Verwertung (ZGB 891; analoge Anwendung der auftragsrechtlichen Regeln) 118 II 112/114 E. 2 it. 10

Abs. 2 Die Bestimmung ist *dispositiver* Natur (offengelassen, ob durch den dispositiven Charakter auch die Zulassung von Verträgen sui generis möglich ist; jedenfalls lassen sich gemischte Verträge, bei denen Elemente eines anderen gesetzlichen Vertragstyps neben solchen des Auftragsrechts gegeben sind, ohne Weiteres mit dem Wortlaut des Gesetzes vereinbaren). Die Bestimmung verlangt somit nicht, ein komplexes Vertragsverhältnis wie den Architektenvertrag entweder ganz als Auftrag oder ganz als Werkvertrag zu qualifizie- 11 ren 109 II 462/465 f. E. 3d (Änderung der Rechtsprechung; anders noch 106 II 157/159 E. 2a Pra 1980 [Nr. 228] 596 [in casu Liegenschaftsverwaltungsvertrag] und 104 II 108/110 f. E. 1, wonach die Bestimmung einen Vertrag auf Arbeitsleistung sui generis ausschliesst), Bestätigung der geänderten Rechtsprechung in 110 II 380/382 E. 2, ferner 112 II 41/46 E. 1aa fr.

12 Siehe auch Vorb. Art. 319–362/Abgrenzungen.

13 ***Abs. 3*** **Entgeltlichkeit.** ***Entgeltlicher Auftrag.*** Vergütung nebst Auslagen- und Verwendungsersatz; *unentgeltlicher Auftrag:* nur Auslagen- und Verwendungsersatz 94 II 263/268 E. 4a. Die gelegentliche Leistung von Gegendiensten macht das Auftragsverhältnis nicht ohne Weiteres zu einem entgeltlichen (in casu freundnachbarliche Hilfeleistungen, die mangels einer allgemeinen Ortsübung oder besonderer Umstände unentgeltlich sind) 61 II 95/98 f. E. 4 (zur Bedeutung der Unterscheidung entgeltlicher/unentgeltlicher Auftrag siehe insb. unter Art. 402 Abs. 2). – Entgeltlichkeit ist die Regel, wo die Geschäfts- oder Dienstleistung *berufsmässig* geschieht 135 III 259/261 E. 2.1 (Anwaltsleistungen), 82 IV 145/147 E. 2a (Arztleistungen), 4C.158/2001 (15.10.01) E. 1b fr. (Ingenieur- und Architektenleistungen), was nicht der Fall ist bei Leistungen eines ehrenamtlichen Vereinspräsidenten 4D_2/2008 (28.3.08) E. 2.4. – Die Verpflichtung eines auf den Handel mit Kunstgut spezialisierten Unternehmens zur Schätzung des Wertes eines bestimmten Kunstgegenstandes ist üblicherweise entgeltlich 112 II 347/351 E. 1b (irrtümlicher Verweis auf Art. 39 Abs. 3).

14 ***Vereinbarte Vergütung.*** Die Vereinbarung einer Vergütung kann im Zeitpunkt des Vertragsabschlusses oder zu einem späteren Zeitpunkt erfolgen. Sie kann auch nach Ausführung des Auftrages durch den Beauftragten von den Parteien vereinbart werden 4A_74/2015 (8.7.15) E. 3.2 fr. Der Nachweis einer Honorarvereinbarung obliegt dem Beauftragten, der eine solche behauptet 4A_100/2008 (29.5.08) E. 4.1, 4C.380/2006 (6.3.07) E. 8.2.2 fr. Macht der Beauftragte ein Honorar geltend, das auf einem vereinbarten Stundenansatz beruht, hat er sowohl die Honorarvereinbarung als auch den tatsächlichen Zeitaufwand zu beweisen, falls der Auftraggeber diesen bestreitet. Der Beweis ist nicht schon damit erbracht, dass der Beauftragte dem Auftraggeber eine Honorarrechnung hat zukommen lassen und dieser diese Rechnung nicht sofort bestritten hat 4A_212/2008 (15.7.08) E. 3.1, vgl. auch 4A_278/2014 (18.9.14) E. 4. – *Anwaltsrecht:* BGFA Art. 12 lit. e und i; ein Erfolgshonorar (pactum de palmario) ist grundsätzlich zulässig, muss sich aber in gewissen Grenzen bewegen 143 III 600/601 ff. E. 2.

15 ***Übliche Vergütung.*** Die Übung (Verkehrssitte) kann gegebenenfalls nicht nur den Grundsatz, sondern auch das Mass des Vergütungsanspruchs des Beauftragten bestimmen 135 III 259/262, 4A_481/2013 (26.3.14) E. 3.1 (Anwaltstarif, Verbot des pactum de quota litis), 101 II 109/112 E. 3 (Anwaltstarif), 117 II 282/284 (SIA-Normen). Diese sind nicht regelbildende Übung, weswegen nur dann darauf abgestellt werden kann, wenn die Parteien sie zum Vertragsinhalt erhoben haben (was auch stillschweigend gemacht werden kann). Bestätigt in 4C.353/2000 (22.2.01) E. 1b fr., 4C.158/2001 (15.10.01) E. 1c fr., 4C.261/2005 (9.12.05) E. 2.3. Besteht über das Mass und die Berechnung einer Vergütung im Einzelfall weder eine gesetzliche Regel noch eine Vereinbarung oder Verkehrssitte, so hat der Richter sie im Streitfall nach allgemeinen Grundsätzen festzusetzen, wobei die Vergütung den geleisteten Diensten entsprechen und ihnen objektiv angemessen

sein muss 4A_481/2013 (26.3.14) E. 3.1, 135 III 259/262. Um die objektiv angemessene Vergütung festzulegen, berücksichtigt der Richter die gesamten Umstände des Einzelfalles, namentlich die Art und Dauer sowie die Bedeutung und Schwierigkeit des Auftrages, die vollbrachte Arbeit, die auf dem Spiel stehenden Interessen, die Situation des Beauftragten und die Gattung seiner Tätigkeit 4C.380/2006 (6.3.06) E. 9 fr. (in casu hatte die Vorinstanz die beiden wichtigen Kriterien der Dauer des Auftrages und der vom Beauftragten eingesetzten Zeit für die Ausführung des Auftrages ausser Acht gelassen, was bundesrechtswidrig ist). Der Nachweis der Angemessenheit zwischen den geleisteten Diensten und der geforderten Vergütung obliegt dem fordernden Beauftragten 4C.380/2006 (6.3.06) E. 9.2 fr. – Aus der allgemeinen tatsächlichen Verbreitung einer Praxis (in casu Einbehaltung von Retrozessionen durch die Vermögensverwalter) allein kann weder in Bezug auf den Grundsatz noch auf die Höhe derartiger Einnahmen eine übliche Vergütung nach Handels- oder Ortsgebrauch im Sinne von Art. 394 Abs. 3 abgeleitet werden 132 III 466 f. E. 4.3. – Bei der Festsetzung der Höhe des üblichen Entgelts nach Art. 394 Abs. 3 handelt es sich im Wesentlichen um eine Tat- und Ermessensfrage 4A_496/2007 (31.3.08) E. 3.3, 117 II 282/289 E. 5a. – Beweislast: Die Beweislast für das Bestehen einer Übung trifft den Beauftragten; er hat eine Verkehrsübung nachzuweisen, wonach Aufträge der infrage stehenden Art gemeinhin nur gegen Vergütung übernommen werden 4A_606/2016 (10.3.17) E. 3.1.

Vergütung im Falle von Schlechterfüllung. Siehe unter Art. 398 Abs. 2/Allgemeines/Weiteres. 16

Weiteres. Auch im Bereich der Arbeitsleistungen kommen unverbindliche Gefälligkeiten vor, die eine Vertragsbindung nicht entstehen lassen und insbesondere zu keiner Vertragshaftung des Leistenden bei Nicht- oder Schlechterfüllung führen 141 V 112/116 ff. E. 5.2, 137 III 539/541 f. E. 4.1, 116 II 695/697 f. E. 2b/bb (massgebend sind die konkreten Umstände für die Abgrenzung der vertraglichen Bindung von der blossen Gefälligkeit). Vgl. auch 4C.346/1999 (4.2.00) E. 3, 4C.125/2002 (27.9.02) E. 2.1, 4C.40/2004 (25.6.04) E. 1.3. 17

Berechnung der Vergütung. Besteht über das Mass und die Berechnung des Honorars weder eine gesetzliche Regel (z.B. 119 III 68/69 E. 3a, b: GebV SchKG Art. 68 Abs. 1/Kriterien der Bemessung/hilfsweiser Beizug des kantonalen Anwaltstarifs) noch eine Vereinbarung noch eine Verkehrssitte, so hat sie der Richter im Streitfall nach allgemeinen Grundsätzen festzulegen (massgebend sind die Umstände des Einzelfalls) 135 III 259/261 ff. E. 2 (in casu Anwaltshonorar, Zulässigkeit eines kantonalen Gesetzes, wonach für die Festlegung des Honorarbetrages auch dem durch den Anwalt erzielten Ergebnis Rechnung zu tragen ist), 101 II 109/111 f. E. 2, 3 (in casu Vergütung für ein rechtswissenschaftliches Gutachten; Bedeutung des Anwaltstarifs), vgl. auch 120 V 515/520 fr., 4A_322/2014 (28.11.14) E. 3.2 fr. – Honoraranspruch des Rechtsanwalts: Die *Kantone* sind befugt, innerhalb des Rahmens, in dem ihnen die Rechtspflege als öffentlich-rechtliche Aufgabe zukommt, Vorschriften über die Anwaltstätigkeit, insbesondere die Honorierung, zu erlassen 135 III 259/261 ff. E. 2.2 und 2.4. – Zur Bedeutung des Moderationsverfahrens bei der Anwaltsrechnung 112 Ia 25/26 ff. E. 1. – Anwendungsfall 117 II 282/283 ff. E. 4 (in casu Leistungen eines Anwalts in einem aussergerichtlichen Verfahren; mangels einer Honorarvereinbarung Bestimmung der Entschädigung nach Art. 394 Abs. 3 und 18 nicht aufgrund des kantonalen Rechts über die Anwaltsgebühren; offengelassen, inwieweit ein Verbandstarif als regelbildende Übung in Betracht kommt).

19 **Vergütung bei Vertragsauflösung.** Lösen Parteien einen Auftrag durch Aufhebungsvereinbarung vorzeitig auf, hat der Beauftragte Anspruch auf eine Vergütung für die bis zur Vertragsauflösung erbrachten Leistungen. Wurde im Einzelfall ein Festpreis für den gesamten Auftrag vereinbart, ist *Art. 377 analog* anzuwenden, soweit es um die Berechnung der «Vergütung der bereits geleisteten Arbeit» geht 4C.259/2006 (23.10.06) E. 2 fr.

20 **Weiteres.** Die *Honorarforderungen des Arztes und des Rechtsanwalts* entstehen in der Regel erst nach Abschluss der gesamten Tätigkeit; Ausnahmen z.B., wenn viertel- oder halbjährliche Rechnungsstellung üblich ist 53 III 154/155 f. (in casu Frage des Zeitpunkts der Pfändbarkeit von Honoraransprüchen; keine Auskunftspflicht des Arztes gegenüber dem Betreibungsamt über die noch nicht abgeschlossenen Fälle), vgl. auch 139 V 244/248 E. 3.3.3 (in casu Honorarforderung des Arztes); bei verschiedenen Behandlungen vgl. 87 II 155/157 E. 2. – *Anwaltshonorar/Kostenvorschuss:* Ein Kostenvorschuss stellt eine bedingte Vorauszahlung dar, deren Zweck darin besteht, die Forderungen des Anwalts auf Honorar und Auslagenersatz, die im Zeitpunkt ihrer Entstehung fällig werden, durch Verrechnung zu tilgen. Dazu bedarf es in der Regel nicht einmal einer ausdrücklichen Verrechnungserklärung. Anderseits kann der Auftraggeber den Vorschuss nicht jederzeit, sondern erst im Zeitpunkt der Beendigung oder des Widerrufs des Auftrages und nur insoweit zurückfordern, als er noch nicht aufgebraucht ist 100 IV 227/229 E. 1, 4A_433/2007 (11.12.07) E. 3.2. Es ist üblich, dass der Anwalt von seinem Auftraggeber Kostenvorschüsse verlangt (in casu Frage der mehrwertsteuerrechtlichen Behandlung) 126 II 254 fr. – Vergütung, die in der Möglichkeit besteht, ein Haus zu bewohnen 94 II 263/268 E. 3b. – Vergütungspflicht als Voraussetzung der Kostenübernahme durch die Krankenversicherung 133 V 416/417 E. 2.1 (keine Kostenübernahme bei ärztlicher Selbstbehandlung).

B. Entstehung

Art. 395

Als angenommen gilt ein nicht sofort abgelehnter Auftrag, wenn er sich auf die Besorgung solcher Geschäfte bezieht, die der Beauftragte kraft obrigkeitlicher Bestellung oder gewerbsmässig betreibt oder zu deren Besorgung er sich öffentlich empfohlen hat.

1 Zu den mandata post mortem siehe unter Art. 394 Abs. 1/Auftrag.

C. Wirkungen I. Umfang des Auftrages

Art. 396

[1] Ist der Umfang des Auftrages nicht ausdrücklich bezeichnet worden, so bestimmt er sich nach der Natur des zu besorgenden Geschäftes.

[2] Insbesondere ist in dem Auftrage auch die Ermächtigung zu den Rechtshandlungen enthalten, die zu dessen Ausführung gehören.

[3] Einer besonderen Ermächtigung bedarf der Beauftragte, wenn es sich darum handelt, einen Vergleich abzuschliessen, ein Schiedsgericht anzunehmen, wechselrechtliche Verbindlichkeiten einzugehen, Grundstücke zu veräussern oder zu belasten oder Schenkungen zu machen.

Abs. 1 Fehlt eine konkrete Festlegung der vom Beauftragten zu erbringenden Leistung und haben sich die Parteien nur über den Auftragszweck geeinigt, ist nach Art. 396 Abs. 1 die Arbeit zu leisten, die geeignet bzw. zweckmässig ist, den Auftragserfolg herbeizuführen. Die Auslegungsregel des Art. 396 Abs. 1 erhält ihre Bedeutung auch im Zusammenhang mit der Honorarforderung des Beauftragten, soweit ihr der Auftraggeber entgegenhält, der Beauftragte habe mehr Aufwand betrieben, als zur Vertragserfüllung erforderlich gewesen wäre 4C.80/2005 (11.8.05) E. 2.1.1. Anwendungsfall 88 II 162/167 ff. E. 3, 4 Pra 1962 (Nr. 142) 426 f. (wird ein Notar von einem bauenden Grundeigentümer beauftragt, zum Zwecke der Geldbeschaffung Inhaberschuldbriefe zu errichten, und verpflichtet sich der Notar gegenüber dem Geldgeber zur Aushändigung der Titel, so darf er diese dem Geldgeber selber aushändigen, auch wenn der Auftraggeber den Auftrag inzwischen widerrufen hat, ohne dabei aber die vom Notar eingegangene Verpflichtung zu übernehmen [Art. 402 Abs. 1]). 1

Abs. 2 **Ermächtigung** zur direkten oder indirekten Stellvertretung 41 II 268/271 E. 3. Der Architekt bedarf für rechtsgeschäftliche Erklärungen im Namen des Bauherrn, die diesem erhebliche finanzielle Verpflichtungen auferlegen, einer ausdrücklichen Ermächtigung (Sondervollmacht). Dies gilt auch dann, wenn der Architekt mit der Bauleitung beauftragt ist. Eine – unter Umständen tatsächlich gar nie erteilte – Vollmacht kann aber auch dadurch begründet werden, dass der Bauherr sie dem gutgläubigen Unternehmer gegenüber kundgibt (Art. 33 Abs. 3) 118 II 313/315 f. E. 2, 4A_435/2014 (5.2.15) E. 4 it. – *Anwendungsfälle:* 4C.91/2003 (25.8.03) E. 5.2.2 fr. (Ermächtigung zur Vergabe von Arbeiten); 118 II 313/315 f. E. 2 und 109 II 452/459 E. 5c (Ermächtigung zur Anerkennung von Unternehmerrechnungen); 90 II 285/288 f. E. 1a (Ermächtigung zum Abschluss von Kaufverträgen); 78 II 369/373 E. 3 (Ermächtigung zur Errichtung eines Inhaberschuldbriefes mit Grundpfandbelastung), 63 II 14/18 Nr. 4. – Im Auftrag mit Vollmacht, ein Bankdepot zurückzuziehen, ist die Ermächtigung zur Vornahme einer Schenkung nicht miteingeschlossen 58 II 423/426. 2

Abs. 3 **Besondere Ermächtigung.** Die besondere Ermächtigung im Sinne des Art. 396 Abs. 3 kann auch durch konkludentes Verhalten erteilt werden 4C.271/2001 (18.9.02) E. 3.1 fr. – Die Vollmacht («pleins pouvoirs») zur Vertretung eines Erben im Erbteilungsverfahren schliesst nicht die Befugnis ein, einem Steigerungszuschlag für eine Nachlassliegenschaft zuzustimmen 48 II 68/71 ff. fr. 3

Offengelassen, ob die Bestimmung bei einem Arbeitsverhältnis analoge Anwendung findet; eine analoge Anwendung ist jedenfalls dann ausgeschlossen, wenn der Arbeitgeber «Inhaber eines Handels-, Fabrikations- oder eines andern nach kaufmännischer Art geführten Gewerbes» ist: In diesem Fall findet ausschliesslich Art. 462 Abs. 1 Anwendung 76 I 338/352 f. Keiner besonderen Ermächtigung bedarf es, wenn der Beauftragte bloss Ansprüche abwehrt, die ein Dritter in einem Prozess (in casu in einem Schlichtungsverfahren im Mietwesen) gegen den Auftraggeber geltend macht, solange die Abwehr noch im Rah- 4 men des Auftragszwecks liegt und von der Vollmacht (Art. 396 Abs. 2) gedeckt ist 4P.162/2000 (25.1.01) E. 3c.

II. Verpflichtungen des Beauftragten

Vorb. Art. 397–401

1 Der Beauftragte (in casu Architekt und Ingenieur) ist verpflichtet, die Interessen des Auftraggebers (in casu Bauherr) getreu und sorgfältig wahrzunehmen, das heisst, zu seinem Nutzen und nicht zu seinem Schaden zu handeln; dazu gehört auch, den Auftraggeber vor Schadenersatzansprüchen Dritter und damit verbundenen Prozesskosten zu bewahren Pra 1985 (Nr. 179) 521 E. b (in der amtlichen BGE-Sammlung nicht veröffentlicht, vgl. 111 II 72/74). – *Passivlegitimation* einer schweizerischen Tochtergesellschaft, die für die Begutachtung eines Kunstgegenstandes das ausländische Mutterhaus beizieht 112 II 347/352 E. 1c. Gegen die Bankrevisionsstelle, welche nicht Kontrollorgan im Sinne des Gesellschaftsrechts ist (in casu Bank in der Rechtsform der Kommanditgesellschaft), können die Bankgläubiger nur aus unerlaubter Handlung klagen (Art. 41) 117 II 315/316 ff. E. 4 Pra 1993 (Nr. 58) 215 f. (Leitsatz in Pra falsch). – Zur Sorgfaltspflicht des Beauftragten siehe unter Art. 397 Abs. 1 und Art. 398 Abs. 2/Allgemeines.

1. Vorschriftsgemässe Ausführung

Art. 397

[1] Hat der Auftraggeber für die Besorgung des übertragenen Geschäftes eine Vorschrift gegeben, so darf der Beauftragte nur insofern davon abweichen, als nach den Umständen die Einholung einer Erlaubnis nicht tunlich und überdies anzunehmen ist, der Auftraggeber würde sie bei Kenntnis der Sachlage erteilt haben.

[2] Ist der Beauftragte, ohne dass diese Voraussetzungen zutreffen, zum Nachteil des Auftraggebers von dessen Vorschriften abgewichen, so gilt der Auftrag nur dann als erfüllt, wenn der Beauftragte den daraus erwachsenen Nachteil auf sich nimmt.

1 **Allgemeines.** Weisungen sind empfangsbedürftige Willenserklärungen des Auftraggebers, mit denen der Auftraggeber dem Beauftragten erklärt, wie der Auftrag ausgeführt werden muss 4A_111/2019 (23.7.19) E. 3.3 fr., 4A_59/2009 (7.9.09) E. 5.3.2 fr. Von den Weisungen des Auftraggebers darf der Beauftragte nur dann abweichen, wenn die Wahrung der Interessen des Auftraggebers die Ergreifung dringender Handlungen erfordert (Art. 397 Abs. 1 in fine) oder wenn die erteilten Weisungen widerrechtlich, sitten- oder vernunftswidrig sind 4A_111/2019 (23.7.19) E. 3.3 fr., 4A_351/2007 (15.1.08) E. 2.3.1 fr., 4C.295/2006 (30.11.06) E. 4.2 fr. – Ist eine juristische Person Auftraggeberin, so steht ihr grundsätzlich das Weisungsrecht selbst zu, das sie durch ihre Organe ausübt 4C.18/2001 (25.10.01) E. 3c. – Die Nichtbefolgung einer Weisung des Auftraggebers gilt als Vertragsverletzung. Von der Weisungsabweichung ist die Lieferung eines aliud zu unterscheiden, bei welcher die Bestimmungen zur Geschäftsführung ohne Auftrag gemäss

Art. 419 ff. massgebend sind (in casu wurde gegen die Weisung, bestimmte Obligationen zum Limitkurs von 20,75% des Nominalwertes der Obligationen zu kaufen, verstossen, indem sie zum Kurs von 21,995% gekauft wurden) 4C.471/2004 (24.6.05) E. 2.3.

Abs. 1 **Anwendungsfälle.** 110 II 360/371 ff. E. 5 JdT 133 (1985) I 141 ff. E. 5 (in casu Haftung einer Bank; siehe auch unter Art. 398 Abs. 2/Haftung der Bank), 110 II 183/186 f. E. 2b Pra 1984 (Nr. 178) 492 (in casu Haftung einer unterbeauftragten Bank, die Weisungen des Erben des Hauptauftraggebers missachtet), 91 II 438/439 ff. E. 6 fr. (in casu Haftung des Anwalts, der für Vergleichsverhandlungen erteilte Weisungen missachtet), 77 II 367/368 ff. E. 1, 2 (in casu Sorgfaltspflicht einer Bank bei Entgegennahme und Vollzug telefonischer Verfügungen über ein Nummernkonto), 121 III 310/313 E. 3a (Geldüberweisung mithilfe des Bankclearingsystems: Zwischen dem Überweisenden und der Erstbank besteht ein den Auftragsregeln unterstehender Girovertrag; der in diesem Rahmen erfolgende Vergütungsauftrag ist eine an die Erstbank gerichtete Weisung nach Art. 397 des Inhalts, mit der kontoführenden Bank des Empfängers ein Anweisungsverhältnis im Sinne von Art. 466 ff. einzugehen), 124 III 253/255 ff. E. 3 (in casu mehrgliedrige Geldüberweisung; soweit der Auftraggeber erkennbar rechtswidrige oder unsittliche Weisungen erteilt, muss sie die Bank nicht befolgen); 126 III 20/22 E. 3a/bb (in casu Girovertrag: besteht kein Raum für die Auslegung eines widersprüchlichen Überweisungsauftrages, so fällt auch die Berücksichtigung des Verhaltens Dritter als Auslegungshilfe ausser Betracht), Pra 1997 (Nr. 55) 297 E. 4 (in casu Verwaltungstreuhand über Vorratsaktien/Weisung über die Transportart). 2

Sorgfaltspflicht des Beauftragten, *wenn der Auftraggeber unzweckmässige oder unerfüllbare Weisungen erteilt* (in casu Kostenlimite): Der Beauftragte hat den Auftraggeber über die Unzweckmässigkeit und Unerfüllbarkeit aufzuklären und dessen Stellungnahme zu erwirken. Sobald er die Unzweckmässigkeit oder Unerfüllbarkeit der Weisung erkennt, darf er demnach die Auftragsausführung nicht unter Missachtung dieser Weisung fortsetzen. Hat er Anlass zur Annahme, die Weisung könnte unzweckmässig oder unerfüllbar sein, so muss er, um seinen Sorgfaltspflichten zu genügen, nötige Abklärungen ohne Verzug vornehmen und, erweist sich danach die Annahme als zutreffend, den Auftraggeber sofort orientieren. Die weitere Auftragsausführung darf er daneben nur so weit vorantreiben, als dies im Blick auf die Erfüllung innert einer gesetzten Frist unbedingt nötig ist (die Verletzung von Sorgfaltspflichten stellt eine unrichtige Auftragsausführung dar, für welche die Gegenleistung nicht geschuldet ist, Art. 402) 108 II 197/198 E. 2a, vgl. auch 115 II 62/65 E. 3a. – Die Weisungen eines Patienten (in casu Student der Medizin) entbinden den Arzt nicht vom Vorgehen nach den Regeln der Kunst 62 II 274/276 fr. Nr. 70; vgl. auch 53 II 298/303 fr., wonach den Patienten bei der Wahl des Arztes eine gewisse Sorgfaltspflicht trifft (in casu Augenleiden, Aufsuchen eines Allgemeinpraktikers). 3

Siehe auch unter Art. 398 Abs. 2. 4

1bis. Meldepflicht

Art. 397a

Wird der Auftraggeber voraussichtlich dauernd urteilsunfähig, so muss der Beauftragte die Erwachsenenschutzbehörde am Wohnsitz des Auftraggebers benachrichtigen, wenn eine solche Meldung zur Interessenwahrung angezeigt erscheint.

2. Haftung für getreue Ausführung a. Im Allgemeinen

Art. 398

[1] Der Beauftragte haftet im Allgemeinen für die gleiche Sorgfalt wie der Arbeitnehmer im Arbeitsverhältnis.

[2] Er haftet dem Auftraggeber für getreue und sorgfältige Ausführung des ihm übertragenen Geschäftes.

[3] Er hat das Geschäft persönlich zu besorgen, ausgenommen, wenn er zur Übertragung an einen Dritten ermächtigt oder durch die Umstände genötigt ist, oder wenn eine Vertretung übungsgemäss als zulässig betrachtet wird.

▪Abs. 1 (1) ▪Abs. 2 Allgemeines (2) ▪Architekt (6) ▪Arzt (9) ▪Bank (24) ▪Bergbahnunternehmen/Skiliftbetreiber (38) ▪Bergführer (39) ▪Fiduziar (40) ▪Frachtführer (41) ▪Mäkler (42) ▪Notar (43) ▪Rechtsanwalt (46) ▪Steuerberater (47) ▪Spediteur (48) ▪Tierarzt (49) ▪Treuhandgesellschaft (50) ▪Vermögensverwalter (51) ▪Willensvollstrecker (52) ▪Zahnarzt (53) ▪Abs. 3 (54)

1 ***Abs. 1*** Die Verantwortlichkeit des Beauftragten tritt ein, wenn folgende vier Voraussetzungen gegeben sind: Sorgfaltspflichtverletzung, Verschulden, Schaden und (natürlicher und adäquater) Kausalzusammenhang zwischen der Pflichtverletzung und dem Schaden 4A_267/2014 (8.10.14) E. 2, 4A_493/2009 (1.12.09) E. 2.2 fr. Der Beauftragte haftet für den dem Auftraggeber absichtlich oder fahrlässig zugefügten Schaden (Art. 321e Abs. 1) Pra 1983 (Nr. 283) 766 E. 2 (in der amtlichen BGE-Sammlung nicht veröffentlicht), 110 II 375/379 E. 1 Pra 1985 (Nr. 59) 167 (Art. 321a), 119 II 456/458 E. 2 Pra 1995 (Nr. 72) 235, 4C.251/2000 (29.11.00) E. 2b fr. In Bezug auf das Mass der Sorgfalt verweist Art. 398 Abs. 1 auf die Bestimmungen zur Sorgfaltspflicht des Arbeitnehmers. Gemäss Art. 321e Abs. 2 richtet sich der Sorgfaltsmassstab nach den Fähigkeiten, Fachkenntnissen und Eigenschaften des Beauftragten, die der Auftraggeber kannte oder hätte kennen müssen. Allerdings hat der Beauftragte nicht für jede Massnahme oder Unterlassung einzustehen, welche aus nachträglicher Sicht den Schaden bewirkt hat oder vermieden hätte 4C.72/2004 (3.6.05) E. 1.3, 4C.80/2005 (11.8.05) E. 2.2.1. Der Sorgfaltsmassstab bestimmt sich nach objektiven Kriterien und gestützt auf die Umstände des Einzelfalles. Auszugehen ist grundsätzlich von der Sorgfalt, welche ein gewissenhafter Beauftragter in der gleichen Situation bei der Besorgung der ihm übertragenen Geschäfte anwenden würde 4C.18/2004 (3.12.04) E. 1.1 Pra 2005 (Nr. 73) 567, 4C.158/2006 (10.11.06) E. 3.1. Mit der Annahme eines Auftrages legt sich der Beauftragte eine Treuepflicht auf, aus welcher sich verschiedenartige Pflichten ableiten wie z.B. Geheimhaltungs-, Schutz-, Informationspflichten oder das Verbot der Doppelvertretung 4P.166/3006 (9.11.06) E. 5.2.2 fr. (in casu Pflicht zur Ausstellung einer korrekten Abrechnung von der Mehrwertsteuer unter-

liegenden Leistungen, sodass dem Auftraggeber das Zurückerhalten der Vorsteuer möglich ist, bejaht). – Die auftragsrechtliche Sorgfaltspflichtverletzung ist für das Vertragsrecht das, was die Widerrechtlichkeit für das ausservertragliche Haftpflichtrecht ist 4C.314/1992 (21.11.00) E. 8a fr. – Im Haftungsfall ist der Auftraggeber so zu stellen, wie wenn der Auftrag gehörig erfüllt, also der Vertrag nicht verletzt worden wäre (positives Vertragsinteresse oder Erfüllungsinteresse) 144 III 155/157 f. E. 2.2 (Anlageberatungsvertrag), 4C.40/2004 (25.6.04) E. 4.1. Hätte der Auftrag erfolgreich abgewickelt werden können, ist der Auftraggeber so zu stellen, wie wenn der angestrebte Auftragserfolg eingetreten wäre. Dabei wird von der Vermutung ausgegangen, dass die erfolgreiche Abwicklung des Auftrages möglich gewesen wäre. Dem Beauftragten steht der Beweis offen, dass der angestrebte Erfolg nicht hätte verwirklicht werden können 4C.471/2004 (24.6.05) E. 3.2.1. – Für die Bestimmung des aus Schlechterfüllung eines Auftrags entstandenen Schadens sind die Vermögensvorteile, die dem Auftraggeber aus derselben Vertragsverletzung zufallen, auf den zu ersetzenden Nachteil anzurechnen. Das Vorliegen solcher Vermögensvorteile hat der Beauftragte zu behaupten und zu beweisen 128 III 22/28 f. Pra 2002 (Nr. 74) 437 f. – Im Auftragsrecht trägt der Auftraggeber, der eine schlechte Auftragserfüllung durch den Beauftragten behauptet, die Beweislast für den Schaden, die Sorgfaltswidrigkeit und den natürlichen Kausalzusammenhang zwischen diesen beiden Elementen (ZGB Art. 8) 4C.225/2000 (8.3.01) E. 2a. Das Verschulden wird vermutet 4A_267/2014 (8.10.14) E. 2. Besteht die behauptete Sorgfaltswidrigkeit in einem Unterlassen und steht damit ein hypothetischer Kausalzusammenhang infrage, ist der Kausalzusammenhang zwischen Sorgfaltspflichtverletzung und Schaden dann zu bejahen, wenn die unterlassene Handlung, wäre sie vorgenommen worden, mit überwiegender Wahrscheinlichkeit zur Vermeidung des Schadens geführt hätte 124 III 155/165 E. 3d (unterlassene Aufklärung durch den Anlageberater und -vermittler), 4C.225/2000 (8.3.01) E. 2a (unterlassene Rechtsvorkehr durch den Anwalt), 111 II 72/75 f. (unterlassene Aufklärung durch den Architekten betreffend besondere Risiken eines Bauvorhabens und die sich daraus ergebende Notwendigkeit einer Bauherrenhaftpflichtversicherung). Bei Vorliegen einer Sorgfaltswidrigkeit wird das Verschulden des Beauftragten vermutet (Art. 97 Abs. 1). Offengelassen, inwiefern bei Aufträgen betreffend Dienstleistungsobligationen nach der Bejahung einer Sorgfaltswidrigkeit überhaupt noch der Entlastungsbeweis nach Art. 97 Abs. 1 in fine möglich ist 4C.186/1999 (18.7.00) E. 3. Zum Entlastungsbeweis des Beauftragten vgl. 4C.314/1992 (21.11.00) E. 8a fr. – Eine Vertrauenshaftung kommt nur infrage, wenn es darum geht, vertragsfremde Dritte zu belangen, nicht aber, wenn der angeblich Geschädigte seinen Vertragspartner zur Verantwortung ziehen möchte und die Haftung aus der Vertragsbeziehung ableitet 4C.194/2004 (17.9.04) E. 1. – Eine Haftungsreduktion wegen Unentgeltlichkeit des Auftrags (Art. 99 Abs. 2) kann entfallen, wenn der Beauftragte als Spezialist seine Sorgfaltspflichten klar verletzt; in diesem Fall wird die Unentgeltlichkeit durch die Professionalität aufgewogen 4C.40/2004 (25.6.04) E. 4.2.

<u>*Abs. 2*</u> **Allgemeines.** ***Sorgfaltspflicht/Treuepflicht/Informationspflicht.*** Der Sorgfaltsmassstab bestimmt sich nach objektiven Kriterien gestützt auf die Umstände des Einzelfalles. Auszugehen ist grundsätzlich von der Sorgfalt, welche ein gewissenhafter Beauftragter in der gleichen Situation bei der Besorgung der ihm übertragenen Geschäfte anwenden würde. Höhere Anforderungen sind an jenen Beauftragten zu stellen, der seine 2

Tätigkeit berufsmässig, gegen Entgelt, ausübt. Dabei ist nach der Art des Auftrages zu differenzieren und den besonderen Umständen des Einzelfalles Rechnung zu tragen. Bestehen für eine Berufsart oder ein bestimmtes Gewerbe allgemein befolgte Verhaltensregeln und Usanzen, so können sie bei der Bestimmung des Sorgfaltsmasses herangezogen werden 4A_140/2011 (27.6.11) E. 2.1, 4A_223/2007 (30.8.07) E. 6.1, 4C.18/2004 (3.12.04) E. 1.1 Pra 2005 (Nr. 73) 567, Anwendungsbeispiele: 4C.159/2000 (14.12.00) E. 1 und 2 (Usanz im Bankverkehr); 4C.158/2006 (10.11.06) E. 3 (Usanz in der Vermögensverwaltung). Aus der Treuepflicht des Beauftragten ergibt sich, dass er bei der Ausführung des Auftrages die Interessen des Auftraggebers umfassend zu wahren und deshalb alles zu unterlassen hat, was diesem Schaden zufügen könnte. Ausfluss der Treuepflicht ist insbesondere, dass der Beauftragte den Auftraggeber beraten und informieren muss. Mit regelmässiger Beratung hat er dem Auftraggeber bei der Wahl der geeigneten Massnahmen behilflich zu sein. Erhält er Anweisungen, welche den Interessen des Auftraggebers zuwiderlaufen, hat er davon abzuraten. Der Beauftragte hat als Fachmann dem Auftraggeber auch unaufgefordert über die Zweckmässigkeit des Auftrages und der Weisungen, die Kosten und Gefahren sowie die Erfolgschancen Auskunft zu geben 127 III 357/360 E. d, 115 II 62/64 f. E. a, 4C.18/2004 (3.12.04) E. 1.8 Pra 2005 (Nr. 73) 571 f., 4C.398/2006 (13.2.06) E. 3 fr. – Der Beauftragte haftet grundsätzlich für jedes, also auch für leichtes Verschulden 117 II 563/567 E. a Pra 1992 (Nr. 185) 685. Aufgrund der Treuepflicht hat der Beauftragte den Auftraggeber von sich aus und vor Beginn der Auftragsausführung gestützt auf sein Fachwissen nach den Umständen des Falles über Chancen und Risiken der Auftragsausführung aufzuklären 4C.265/2001 (15.1.02) E. 2a, 119 II 335 E. 5a. Gegenstand der Informationspflicht bildet alles, was für den Auftraggeber von Bedeutung ist. Über bedeutsame Tatsachen hat der Beauftragte (in casu ein Architekt) den Auftragnehmer stets von sich aus und im frühestmöglichen Zeitpunkt zu informieren 4A_111/2019 (23.7.19) E. 3.2 fr., 4C.273/1999 (2.3.00) E. 2c fr. Das Ausmass der Informationspflicht hängt vom Einzelfall ab, da es sich nach den Kenntnissen und dem Stand der Erfahrung des Auftraggebers richtet 4C.314/1992 (21.11.00) E. 8b fr.

3 ***Verhältnis zur culpa in contrahendo.*** Verletzt eine Partei im Rahmen von Vertragsverhandlungen ihre vorvertraglichen Pflichten (z.B. Informationspflichten), haftet sie nach den Grundsätzen der culpa in contrahendo. Wird im Anschluss an die Vertragsverhandlungen zwischen den Parteien der Vertrag geschlossen, wird die vorvertragliche Verantwortlichkeit von der Vertragshaftung absorbiert 4C.82/2005 (4.8.05) E. 7.1 fr.

4 ***Übernahmeverschulden.*** Wer sich als Spezialist anbietet, kann sich grundsätzlich nicht mit der Begründung entlasten, der Vertragspartner habe das Fehlen von Spezialkenntnissen erkennen müssen (es sei denn, der Vertragspartner habe um die mangelnde Fachkenntnis gewusst und die entsprechenden Risiken bewusst in Kauf genommen). Offengelassen, ob ein Übernahmeverschulden bloss für die Verschuldensfrage erheblich ist oder darin zusätzlich eine Sorgfaltspflicht- und damit Vertragsverletzung liegt 124 III 155/164 E. 3b., Anwendungsfall 4C.126/2004 (15.9.04) E. 2.2 Pra 2005 (Nr. 63) 489.

5 ***Weiteres.*** Wird der Auftrag nur teilweise oder mangelhaft ausgeführt, besteht der Honoraranspruch nur für die vertragskonform ausgeführte Tätigkeit. Die Schlechterfüllung des Auftrages kann daher neben der Leistung von Schadenersatz nach Art. 97 auch zu einer Minderung oder gar zu einem gänzlichen Wegfall des Anspruchs auf ein Honorar führen. Letzteres allerdings nur dann, wenn die Leistung völlig unbrauchbar ist und einer

gänzlichen Nichterfüllung des Mandats gleichkommt. Übernimmt der Beauftragte den durch die Schlechterfüllung des Auftrags verursachten Schaden, rechtfertigt sich eine analoge Anwendung von Art. 397 Abs. 2 und sein Vergütungsanspruch bleibt bestehen 4A_444/2019 (21.4.20) E. 3 fr., 4A_190/2019 (8.10.19) E. 6.1 fr., 4A_89/2017 (2.10.17) E. 5 fr., 4A_496/2009 (2.11.09) E. 4.3 fr., 4A_124/2007 (23.11.07) E. 6.1.1, 4C.408/1999 (11.2.00) E. 3a, vgl. auch 124 III 423/427 E. 4a Pra 1999 (Nr. 22) 119 (i), 4C.300/2001 (27.2.02) E. 2 c/bb fr. (Minderung des Honorars um 30% und Zusprechung von Schadenersatz). Für eine Herabsetzung der Honorarforderung genügt nicht, dass nicht ausgeschlossen werden kann, der Auftraggeber hätte bei rechtzeitiger Kenntnis einer Pflichtverletzung durch den Beauftragten den Auftrag widerrufen; vielmehr bestimmt sich nach dem gewöhnlichen Lauf der Dinge, wie der Auftraggeber bei korrekter Vertragserfüllung gestellt wäre 4C.463/2004 (16.3.05) E. 2.4.1. – Kann die richtige Erfüllung des Auftrages nicht mehr bewirkt werden, so bleibt als einzige zivilrechtliche Folge der Nichterfüllung die Verantwortlichkeit des Beauftragten für den durch sein Verhalten verursachten Schaden (Art. 398 Abs. 2, Art. 97 Abs. 1). – Für den *Umfang der Ersatzpflicht* verweist Art. 99 Abs. 3 auf die Bestimmungen über das Mass der Haftung aus unerlaubter Handlung (in casu verursachte die Verletzung von Affektionsinteressen, deren Wahrung Vertragsinhalt war, keine unter den Schadensbegriff fallende Vermögenseinbusse; zudem wurde mangels besonderer Schwere des Schadens und des Verschuldens des beauftragten Anwalts auch ein Anspruch auf eine Genugtuungssumme gemäss Art. 49 verneint) 87 II 290/291 f. E. 4a, b Pra 1962 (Nr. 29) 86 – Anwendung von Art. 99 Abs. 2: 92 II 234/240 E. 3. – Siehe auch Vorb. Art. 397–401.

Haftung des Architekten. Die ***Qualifizierung des Architektenvertrages*** – und damit 6
das auf die Haftung anwendbare Recht – hängt von den im Einzelfall vom Architekten geschuldeten Leistungen ab. Von einem Werkvertrag ist auszugehen, wenn der Architekt ausschliesslich Pläne zu erstellen hat. Demgegenüber liegt ein Auftrag vor, wenn der Architekt ausschliesslich die Bauleitung wahrnimmt. Erbringt der Architekt beide Leistungen, liegt ein sog. Gesamtvertrag vor, der ein gemischter Vertrag ist, was je nachdem, welche Leistung infrage steht, eine differenzierende Anwendung von Gesetzesbestimmungen zur Folge hat. Von der Vertragsqualifikation hängt auch die anwendbare Verjährung für die Haftung des Architekten ab 134 III 361/363 E. 5.1 und 5.2 it. So richtet sich die Haftung des Architekten als Planer (Vorstudien, Vorentwürfe, Projekte und Erstellung von Plänen und Ausschreibungsunterlagen) nach den Regeln des Werkvertrags; die Haftung des Architekten wegen unsorgfältiger Bauleitung folgt dagegen den Regeln des Auftrags; die Haftung des Architekten für die Überschreitung des Kostenvoranschlags und die mangelnde Kostenüberwachung während der Bauausführung unterliegt ebenfalls den Regeln des Auftrags 4A_89/2017 (2.10.17) E. 4 fr. Zur *Qualifizierung des Architektenvertrages* siehe auch unter Art. 363 und Art. 394. – Der Architekt, der eine bestimmte Konstruktion vorschlägt, muss sie so zur Ausführung bringen, dass sie den Regeln der Baukunst entspricht und für die Erreichung des angestrebten Resultats (in casu Undurchlässigkeit des Daches) Gewähr bietet; allenfalls hat er einen Spezialisten beizuziehen 93 II 311/314 E. 2a Pra 1968 (Nr. 50) 167. Nachlässiges Verhalten des Architekten (und des Ingenieurs) bei der Planung und Ausführung eines Aushubes in Hanglage sowie Verletzung der Aufklärungspflicht gegenüber dem Bauherrn bezüglich der Notwendigkeit einer Haftpflichtversicherung 111 II 72/75. Vgl. ferner 115 II 42/44 E. 1a.

7 ***Haftung für den Kostenvoranschlag.*** Die Haftung des Architekten, der bei der Erstellung des Kostenvoranschlages bezüglich der Baukosten einen Rechnungsfehler begangen hat, beurteilt sich nach Auftragsrecht 134 III 361/364 ff. E. 6 it., 4A_457/2017 (3.4.18) E. 4.1 fr. Wird ein Kostenvoranschlag überschritten und ist der Architekt dafür verantwortlich, so ist zu unterscheiden, ob die Mehrkosten auf Zusatzkosten oder auf Ungenauigkeit des Voranschlages bzw. auf mangelnde Kostenüberwachung zurückzuführen sind. Die Haftung für vertragswidrig verursachte Zusatzkosten, die dem Bauherrn bei richtiger Bauführung erspart geblieben wären, besteht unabhängig von der Erstellung eines Kostenvoranschlages; der Architekt hat diese Mehrkosten als Schaden zu ersetzen, soweit er sie schuldhaft (durch unwirtschaftliche oder fehlerhafte Planung, ungünstige Vergebung, unrichtige Weisungen usw.) verursacht hat 122 III 61/62 E. 2a, 4A_457/2017 (3.4.18) E. 4.1 fr., 4A_210/2015 (2.10.15) E. 4 fr., 4C.424/2004 (15.3.05) E. 3.1. Soweit sich der Kostenvoranschlag selbst toleranzbereinigt (10%) als ungenau erweist (etwa wegen Nichtberücksichtigung von Einzelleistungen, Rechnungsfehlern, mangelhafter Abklärung des Baugrunds, falschem Abschätzen der erforderlichen Leistungsmengen, des Umfangs von Regiearbeiten oder der erwarteten Preise), liegt eine unrichtige Auskunft des Architekten bezüglich der zu erwartenden Baukosten und damit eine Schlechterfüllung des Auftrags vor 4C.408/1999 (11.2.00) 3a., 4C.300/2001 (27.2.02) E. 2c/aa fr. Die beim Kostenvoranschlag zugebilligte Toleranzgrenze von 10% hat mangels besonderer Absprache nicht den Sinn einer Haftungsbeschränkungsklausel, die den Architekten im Umfang der Toleranzgrenze von der Haftung für Vertragsverletzungen befreien würde. Ist also ein Kostenvoranschlag nicht wegen Ungenauigkeit überschritten, sondern wegen Vertragspflichtwidrigkeiten des Architekten, die mit dem Prognose-Charakter des Voranschlages unmittelbar nichts zu tun haben, haftet der Architekt für Kostenüberschreitungen innerhalb der Toleranzgrenze. Sogar in Abwesenheit von Pflichtverletzungen kann sich der Architekt bei Kostenüberschreitung nur dann uneingeschränkt auf die Toleranzgrenze berufen, wenn er den Bauherrn über das Bestehen einer solchen und über deren Tragweite rechtzeitig orientiert hat. Ist eine solche Orientierung unterblieben, muss im Einzelfall festgestellt werden, welches konkrete Vertrauen der Bauherr nach Treu und Glauben in die Kosteninformationen des Architekten haben durfte 4C.424/2004 (15.3.04) E. 3.2.2. Der Toleranzgrenze kommt die Funktion eines doppelten Anscheinsbeweises zu: Kostenüberschreitungen, welche die Toleranzgrenze übersteigen, lassen auf eine Pflichtverletzung des Architekten schliessen; solche unterhalb dieser Grenze hingegen auf das Fehlen von Pflichtverletzungen. Dieser Anscheinsbeweis kann entkräftet werden, wenn die dadurch belastete Partei Tatsachen nachweist, die Zweifel an dieser Folgerung erwecken 4C.424/2004 (15.3.05) E. 3.2.2.1. Haben die Parteien eine Kostenlimite vereinbart oder hat der Architekt eine Bausummengarantie abgegeben, übernimmt Letzterer damit das Risiko der Kostenüberschreitung selbst im Rahmen der Toleranzgrenze (in casu absolute Kostenlimite aufgrund der Umstände und der Parteierklärungen bejaht, auch wenn der Architekt seinen Kostenvoranschlag als bloss «approximative Kostenschätzung» bezeichnet hat) 4C.424/2004 (15.3.05) E. 3.3 und 4. Der Schaden infolge Überschreitens des Kostenvoranschlages ist ein Vertrauensschaden, der daraus entsteht, dass der Bauherr im Vertrauen auf die Richtigkeit des Kostenvoranschlages Dispositionen zur Kostensenkung, die er in Kenntnis eines korrekten Kostenvoranschlages vorgenommen hätte, unterlassen hat. Zum Nachweis des Bauherrn, dass sich dieser bei richtiger Information anders

verhalten und damit Kosten erspart hätte, genügt grundsätzlich Glaubhaftmachung 4C.71/2003 (27.5.03) E. 3. Zur sorgfältigen Mandatsführung des Architekten gehört auch, dass dieser bei der Vergabe der Arbeiten darauf achtet, dass das vorgegebene Budget eingehalten wird und dass er die Entwicklung der Baukosten auf ihre Übereinstimmung mit dem Kostenvoranschlag hin überprüft. Bleibt der Architekt trotz sich abzeichnender Überschreitung des Kostenvoranschlages inaktiv, kann dies zur Schädigung des Bauherrn führen, namentlich wenn dieser im Glauben an die Einhaltung des Kostenvoranschlages kostenverursachende Dispositionen trifft 4C.54/2006 (9.5.06) E. 2.2 fr., 4C.300/2001 (27.2.02) E. 2c/aa fr. Zur Ermittlung des Vertrauensschadens ausführlich 119 II 249/251 ff., 122 III 61/64 E. 2c/aa (mit Präzisierungen zu 119 II 249/253 f. E. 3c), 4C.71/2003 (27.5.03) E. 3.

Weiteres. Die vertragliche Treuepflicht des Architekten verlangt, dass er den Bauherrn über die Kosten der Realisierung des von ihm geplanten Bauprojekts sowie über die eigenen Honorare informiert 4A_196/2014 (1.9.14) E. 41 fr. Den Architekten trifft gegenüber dem unerfahrenen Auftraggeber auch eine Informationspflicht betreffend die Verjährung und die Verwirkung von Rechten des Bauherrn nach Massgabe des Gesetzes und der SIA-Normen 4C.14/2002 (5.7.02) E. 5.2 fr. (in casu Haftung des Architekten gegenüber dem rechtskundigen Bauherrn abgelehnt). Auslegung von SIA-Norm 102 Art. 1.6/«dommage direct» 126 III 388/389 ff. E. 9, 10 fr. Zur Leistung eines Architekten, der nach kantonalem Recht zur Berufsausübung nicht berechtigt ist, vgl. 117 II 47/49 E. 2b Pra 1991 (Nr. 205) 878. 8

Haftung des Arztes. Die Rechtsbeziehung zwischen Patient und Arzt ist ein Auftrag. Gemäss Art. 398 Abs. 2 haftet der Arzt für getreue und sorgfältige Ausführung des ihm übertragenen Geschäfts. Die Verletzung seiner Sorgfaltspflicht – der «Kunstfehler» – stellt eine Nicht- oder Schlechterfüllung seiner Auftragspflicht dar 133 III 121/123 f., E. 3.1 Pra 2007 (Nr. 105) 715. Gemäss Lehre und Rechtsprechung gehört zu den vertraglichen Pflichten des Arztes auch die Aufklärungs- und Informationspflicht 4A_137/2015 (19.8.15) E. 4. 9

Aufklärungspflicht des Arztes/Einwilligung des Patienten. Der Arzt ist zu einer einfachen, verständlichen und wahrheitsgetreuen Aufklärung hinsichtlich der Diagnose, Prognose, Therapie, der Operationsrisiken und Heilungschancen, aber auch hinsichtlich der finanziellen Fragen, namentlich der Frage der Versicherungsdeckung, verpflichtet. Die Aufklärungspflicht umfasst die Risiken eines Eingriffs, damit der Patient seine Zustimmung in Kenntnis der Sachlage geben kann 133 III 121/129 E. 4.1.2 Pra 2007 (Nr. 105) 720, 113 Ib 420/426 E. 6 (in casu Haftung nach öffentlichem Recht). – Der Patient muss über die vorgeschlagene Behandlung und ihre möglichen Auswirkungen insoweit informiert werden, dass er ihr in Kenntnis der Sachlage zustimmen kann (4C.9/2005 [24.3.05] E. 4.3 fr., 4P.265/2002 [28.4.03] E. 4.2 fr.). – Die Einwilligung bezieht sich nur auf Risiken, die bei ordnungsgemässer Durchführung des Eingriffs bestehen, nicht auf solche, die auf einen Behandlungsfehler zurückzuführen sind 113 Ib 420/425 E. 4 (in casu Haftung nach öffentlichem Recht). – Allgemein gilt, dass der Arzt bei gewöhnlich mit grossen Risiken verbundenen Operationen, die schwerwiegende Folgen haben können, den Patienten ausführlicher aufklären muss, als wenn es sich um einen im Allgemeinen unproblematischen Eingriff handelt (in casu schwerwiegender Eingriff: unter dem Gesichtspunkt der 10

Beweistauglichkeit genügt es nicht, in der Krankengeschichte nur ganz allgemein zu vermerken, der Patient sei über die geplante Operation und ihre möglichen Komplikationen informiert worden) 117 Ib 197/203 ff. E. 3b, c. – Die Aufklärung darf beim Patienten jedoch keinen für die Gesundheit schädlichen Angstzustand hervorrufen (die Prognose einer schwerwiegenden oder gar zum Tode führenden Entwicklung darf dem Patienten verschwiegen, muss in der Regel aber seinen Angehörigen mitgeteilt werden 4P.265/2002 [28.4.03] E. 4.2 fr.). – Es ist Sache des Arztes, die Risiken einer vollständigen Aufklärung abzuwägen. Die Aufklärungspflicht entfällt, wenn der Patient bereits orientiert worden ist oder als orientiert betrachtet werden darf (z.B. wenn er selber Arzt ist) oder wenn er bei der Erteilung der Zustimmung zur vorgeschlagenen Behandlung ausdrücklich oder durch sein unmissverständliches Verhalten auf eine einlässlichere Aufklärung verzichtet 105 II 284/288 E. 6c Pra 1980 (Nr. 135) 365 f. – Der Arzt braucht einen Patienten oder dessen gesetzlichen Vertreter dann nicht in allen Einzelheiten über die Gefahren der geplanten Operation aufzuklären, wenn auf der Hand liegt, dass diesem aufgrund früherer ähnlicher oder gleicher Operationen die einschlägigen Risiken bereits bekannt sein müssen 133 III 121/129 E. 4.1.2 Pra 2007 (Nr. 105) 720, 115 Ib 175/178. – Nicht aufzuklären hat der Arzt ferner über Komplikationen, die mit einem grösseren Eingriff regelmässig verbunden sind oder ihm folgen können, wie zum Beispiel Blutungen, Infektionen, Thrombosen oder Embolien 117 Ib 197/197. – Keiner Aufklärung bedarf es schliesslich, wenn es sich um alltägliche Massnahmen handelt, die keine besondere Gefahr und keine endgültige oder länger dauernde Beeinträchtigung der körperlichen Integrität mit sich bringen 133 III 121/129 E. 4.1.2 Pra 2007 (Nr. 105) 720, 108 II 59/61 E. 2 Pra 1982 (Nr. 122) 299. – Zur Aufklärungspflicht vgl. auch 116 II 519/521 f. E. 3b (in casu Genugtuungsforderung/ Art. 49). – Die Aufklärung des Patienten muss, wo es die Umstände erlauben, frühzeitig erfolgen, sodass dieser eine Bedenkzeit (von mindestens drei Tagen bei schweren oder sehr riskanten Operationen) für den Entscheid über seine Einwilligung hat. Während dieser Bedenkzeit soll der Patient seine Entscheidung ohne Druck von aussen treffen können. Von einer Krankenhauseinweisung während dieser Zeit ist nach Möglichkeit abzusehen, da das Krankenhausumfeld der freien Willensbildung des Patienten abträglich sein kann 4P.265/2002 (28.4.03) E. 5.2 fr. Als sehr riskant gilt ein Eingriff, wenn er ein hohes Komplikations- und Misserfolgsrisiko mit sich bringt 4C.9/2005 (24.3.05) E. 5.3 fr.

11 ***Verletzung der Aufklärungspflicht.*** Der Arzt handelt rechtswidrig, wenn er ohne Information und Einwilligung des Patienten eine Operation vornimmt, und er ist für den verursachten Schaden verantwortlich (unabhängig davon, ob er einen Kunstfehler begangen hat oder nicht), mag in seinem Verhalten eine Verletzung seiner Pflichten als Beauftragter oder ein zivilrechtliches Delikt erblickt werden. Auch wenn der Chirurg sich im Laufe einer Operation vor die Entscheidung für oder gegen einen verstümmelnden Eingriff gestellt sieht, kann er auf die Einwilligung des Patienten nicht verzichten, ausser der Eingriff sei dringlich und unzweifelhaft nötig (133 III 121/129 E. 4.1.2 Pra 2007 (Nr. 105) 720; er muss also die Operation unterbrechen, soweit er dies ohne Gefahr für den Patienten tun kann. Fehlt die Einwilligung des Patienten, so ist die ganze Operation rechtswidrig (im Unterschied zum Kunstfehler, der lediglich die einzelne fehlerhafte Diagnose oder therapeutische Handlung unerlaubt macht) 4C.9/2005 (24.3.05) E. 4 fr., 4P.265/2002 (28.4.03) E. 4 fr., vgl. auch 114 Ia 350/359, 117 Ib 197/200 ff. E. 2. Dem Arzt steht immerhin die Möglichkeit offen, sich auf die *hypothetische Einwilligung* des Patienten zu berufen.

Vermag der Arzt zu beweisen, dass der Patient auch bei hinreichender Aufklärung in den Eingriff eingewilligt hätte, entfällt die Rechtswidrigkeit des Eingriffs und damit auch die Haftung des Arztes wegen einer Verletzung der Aufklärungspflicht. Bei Beurteilung der Hypothese ist nicht bloss darauf abzustellen, ob ein vernünftiger und besonnener Patient nach erfolgter Aufklärung seine Einwilligung verweigert hätte; massgebend ist vielmehr, wie sich der infrage stehende Patient unter den konkreten Umständen verhalten hätte. Vom Patienten kann allerdings verlangt werden, dass er glaubhaft macht oder wenigstens behauptet, warum er auch bei gehöriger Aufklärung die Einwilligung zur Vornahme des Eingriffes insbesondere aus persönlichen Gründen verweigert hätte. Insoweit ist ihm eine Mitwirkung bei der Sachverhaltsermittlung zuzumuten, weil es um Tatsachen geht, die im Allgemeinen aus seinem Wissensbereich stammen. Daraus folgt aber auch, dass im Falle fehlender Mitwirkung des Patienten dennoch nach objektiviertem Massstab darauf abgestellt werden kann, ob die Ablehnung des Eingriffes vom Standpunkt eines vernünftigen Patienten aus verständlich gewesen wäre. Grundsätzlich darf aber keine hypothetische Einwilligung angenommen werden, wenn die Schwere oder die Risiken eines Eingriffes einen gesteigerten Bedarf des Patienten an Aufklärung erfordert hätten. Denn in solchen Fällen ist wahrscheinlich, dass der Patient, wäre er ausreichend aufgeklärt worden, sich in einem echten Entscheidungskonflikt befunden hätte 133 III 121/130 E. 4.1.3 Pra 2007 (Nr. 105) 720 f., 4A_160/2015 (13.7.15) E. 5.1, 4A_453/2014 (23.2.15) E. 6, 4P.265/2002 (28.4.03) E. 5.5 fr., vgl. auch 117 Ib 197/200 ff. E. 5, Pra 2000 (Nr. 28) 167 ff. (in früheren Entscheiden, 108 II 59/63 f. Pra 1982 (Nr. 122) 301, 113 Ib 420/426, hatte das Bundesgericht noch offengelassen, ob dem Arzt der Einwand der hypothetischen Einwilligung des Patienten offensteht). Das hypothetische Verhalten der Kläger betrifft insoweit eine Tatfrage, als die Vorinstanz aus anderweitigen konkreten Umständen auf dieses Verhalten geschlossen hat; in dieser Hinsicht liegt ein Schluss auf das hypothetische tatsächliche Verhalten vor, das der Überprüfung im Berufungsverfahren entzogen ist. Soweit die Vorinstanz anderseits auf das typische Verhalten von Personen in der Situation der Kläger abgestellt hat, können ihre Schlüsse im Berufungsverfahren überprüft werden 4C.255/2003 (28.11.03) 4.1. Die Gültigkeit der vorgängigen Einwilligung des Patienten wird durch ZGB Art. 27 Abs. 2 begrenzt 114 Ia 350/359 E. 6 fr. Der Arzt trägt die Beweislast für seine Behauptung, der Patient hätte auch bei hinreichender Aufklärung in den Eingriff eingewilligt 133 III 121/129 E. 4.1.3 Pra 2007 (Nr. 105) 720 f. (in casu Beweis der tatsächlichen Einwilligung zwar nicht erbracht, dafür aber Beweis der hypothetischen Einwilligung) 117 Ib 197/208 f. (in casu Beweis der hypothetischen Einwilligung gescheitert), Pra 2000 (Nr. 28) 163 E. 4a (in casu Beweis der hypothetischen Einwilligung geleistet). – Zur Einwilligung handlungsunfähiger und urteilsunfähiger Personen 114 Ia 350/360 E. 7a und 362 f. E. 6b/bb fr. – Aufklärungspflicht bezüglich *Kostendeckung durch die Krankenversicherung:* Vertragliche Nebenpflicht; der Arzt hat den Patienten auf den Umstand hinzuweisen, dass die Kosten durch die Krankenversicherung nicht gedeckt sind (oder zumindest Zweifel darüber bestehen) 119 II 456/458 f. E. 2 Pra 1995 (Nr. 72) 235 ff. (in casu Haftung des Arztes bejaht). – Nicht der allein praktizierende Arzt, der den Patienten in das Spital einweist oder einliefert, sondern der Spitalarzt ist aufklärungspflichtig für den von ihm vorzunehmenden Eingriff Pra 2000 (Nr. 28) 166 E.bb.

Einwilligung des Patienten. Das Erfordernis der Einwilligung des Patienten in eine 12
ärztliche Behandlung leitet sich sowohl aus dem Schutz der freien Willensbildung des

Patienten wie auch aus dem Schutz seiner körperlichen Integrität, eines absoluten Rechts, ab. Ein Arzt, der ohne Information und Einwilligung des Patienten eine Operation vornimmt, handelt rechtswidrig und ist für den verursachten Schaden verantwortlich, mag in seinem Verhalten eine Verletzung seiner Pflichten als Beauftragter oder ein zivilrechtliches Delikt erblickt werden. Die Rechtswidrigkeit erfasst den gesamten Eingriff und beschlägt jede einzelne vorgenommene Handlung, selbst wenn diese im Einklang mit den Regeln der Kunst steht. Ein chirurgischer Eingriff ist demzufolge widerrechtlich, ausser es liegt eine die Widerrechtlichkeit ausschliessende Rechtfertigung vor. Wichtigster Rechtfertigungsgrund ist die vorherige Einwilligung des Patienten, der ausreichend über den beabsichtigten Eingriff aufgeklärt worden sein muss 133 III 121/128 f. E. 4.1.1 Pra 2007 (Nr. 105) 719 f. Der Arzt trägt die Beweislast für die rechtzeitige und richtige Aufklärung des Patienten und für dessen Einwilligung 133 III 121/129 E. 4.1.3 Pra 2007 (Nr. 105) 720 f., 4P.265/2002 (28.4.03) E. 4.2 fr. Dem Arzt wird allerdings bei Fehlen (des Nachweises) einer tatsächlichen Einwilligung die Möglichkeit eingeräumt, sich auf die *hypothetische Einwilligung* des Patienten zu berufen. Dafür muss er beweisen, dass der Patient auch bei hinreichender Aufklärung in den Eingriff eingewilligt hätte. Trotz dieser Beweislastverteilung wird vom Patienten verlangt, dass er glaubhaft macht oder wenigstens behauptet, warum er auch bei gehöriger Aufklärung die Einwilligung zur Vornahme des Eingriffs insbesondere aus persönlichen Gründen verweigert hätte. Grundsätzlich darf aber keine hypothetische Einwilligung angenommen werden, wenn die Schwere oder die Risiken eines Eingriffes einen gesteigerten Bedarf des Patienten an Aufklärung erfordert hätten. Denn in solchen Fällen ist wahrscheinlich, dass der Patient, wäre er ausreichend aufgeklärt worden, sich in einem echten Entscheidungskonflikt befunden hätte und dass er Bedenkzeit verlangt hätte 133 III 121/130 Pra 2007 (Nr. 105) 721.

13 ***Sorgfaltspflicht.*** Allgemein 133 III 121/123 ff. E. 3.1 Pra 2007 (Nr. 105) 715 f., 129 II 353/359 f. E. 4.7, 4A_403/2007 (24.6.08) E. 5 und 6 it. Darstellung der Rechtsprechung in 4C.345/2003 (11.1.05) E. 3.1 fr. Der Arzt haftet grundsätzlich für jede Pflichtverletzung. Die Anforderungen an die Sorgfaltspflicht, die einem Arzt zuzumuten ist, lassen sich allerdings nicht ein für alle Mal festlegen; sie richten sich vielmehr nach den Umständen des Einzelfalls, namentlich nach der Art des Eingriffs oder der Behandlung, den damit verbundenen Risiken, dem Ermessensspielraum, den Mitteln und der Zeit, die dem Arzt im einzelnen Fall zur Verfügung stehen, sowie nach dessen Ausbildung und Leistungsfähigkeit 133 III 121/124 E. 3.1 Pra 2007 (Nr. 105) 715 f., vgl. auch 113 II 429/432, 115 Ib 175/180 E. 2b Pra 2000 (Nr. 155) 927 f. (ein Arzt oder wie in casu eine Klinik hat grundsätzlich für jede Pflichtverletzung einzustehen; strenge Haftung von Anstalten für Patienten, die wegen ihrer Selbstgefährdung zu behandeln sind und welche die Klinik vor einer Selbstschädigung zu bewahren hat), 120 Ib 411/413, 120 II 248/250, 4C.255/2003 (28.11.03) E. 3.1. – Für die Umschreibung der im Einzelfall geschuldeten Sorgfalt ist stets die Situation massgebend, wie sie sich vor dem schädigenden Ereignis präsentierte; der Begriff der Sorgfaltspflichtverletzung darf nicht so verstanden werden, dass darunter jede ärztliche Massnahme oder Unterlassung fällt, welche aus nachträglicher Betrachtung den Schaden bewirkt oder vermieden hätte 120 Ib 411/413, 4C.53/2000 (13.6.00) E. 1c. – Der Arzt haftet nicht für einfache Fehlgriffe, die bis zu einem gewissen Grad in der Natur eines Berufes liegen, bei dem die Ansichten dermassen vielfältig und widersprüchlich sein können. Er haftet dagegen für einen offenkundigen Irrtum, für eine offensichtlich fehlerhafte

Behandlung, für einen klaren Kunstfehler oder die Unkenntnis von allgemein bekannten Grundlagen der ärztlichen Wissenschaft 105 II 284/285 E. 1 Pra 1980 (Nr. 135) 363, Pra 1983 (Nr. 283) 766 E. 2 (in der amtlichen BGE-Sammlung nicht veröffentlicht), in 113 II 429/432 f. insofern präzisiert, dass sich die Arzthaftung nicht auf grobe Verstösse gegen die Sorgfaltspflicht beschränkt, bestätigt in 116 II 519/521 E. 3a (in casu Genugtuungsforderung/Art. 49), ferner 120 II 248/249 f. E. 2c, 120 Ib 411/412 f. E. 4 (in casu Frage der Staatshaftung für spitalärztliche Tätigkeit). – Bei der Stellung der Diagnose hat der Arzt die Pflicht, die Untersuchung sorgfältig, nach den Regeln der Kunst und dem jeweiligen Stand der Wissenschaft vorzunehmen (der Praktiker hat sich über den aktuellen Stand der Wissenschaft auf dem Laufenden zu halten, dies gilt insbesondere für den Spezialisten 66 II 34/36 fr.). – Eine falsche Diagnose zieht nicht unter allen Umständen die Haftung des Arztes nach sich, denn auch bei pflichtgemässer Untersuchung kann eine falsche Diagnose unterlaufen (130 IV 7/12). Ist diese darauf zurückzuführen, dass der Arzt nicht alle gebotenen Untersuchungsmethoden angewendet hat (vgl. 57 II 196/205), so gereicht ihm dies zum Verschulden. Bei der Behandlung hat der Arzt nach den allgemein anerkannten und zum Gemeingut gewordenen Grundsätzen der medizinischen Wissenschaft zu verfahren (dies gilt auch für die Herstellung von Werken [in casu Zahnarzt/Anfertigung von Brücken und Kronen], die zur Erreichung des gesteckten Zieles bestimmt und geeignet sind 110 II 375/376 ff. E. 1, 2 Pra 1985 [Nr. 59] 167). – Nachlässige Behandlung, gewagte Versuche und Kunstfehler machen ihn haftbar 64 II 200/205 f. E. a, 105 II 284/285 E. 1. Pra 1980 (Nr. 135) 363. – Weder Ratschläge noch allfällige Weisungen des Patienten (in casu Student der Medizin) entbinden den Arzt vom Vorgehen nach den Regeln der Kunst 62 II 274/275 f. E. 1 fr. – Eine Haftung entfällt, wenn der durch das ärztliche Vorgehen verursachte Schaden auf eine Ursache zurückzuführen ist, die nach dem aktuellen Stand der Wissenschaft selbst bei aufmerksamer und gewissenhafter Prüfung nicht erkennbar war 93 II 19/21 E. 1 fr. – Pflicht des *Allgemeinpraktikers,* gegebenenfalls einen Spezialisten beizuziehen 67 II 22/23 fr., vgl. aber 53 II 298/303 fr. – Auf dem Gebiet der *Chirurgie* ist ganz besondere Zurückhaltung geboten. Dem Chirurgen muss beim Entscheid über die Angebrachtheit einer Operation wie auch hinsichtlich der Wahl der Operationstechnik eine weitgehende Ermessensfreiheit eingeräumt werden. Er ist jedoch verpflichtet, bei der Vornahme der Operation alle durch die Operationstechnik und die besonderen Umstände des Falles gebotenen Vorsichtsmassnahmen zu treffen 105 II 284/285 E. 1. Pra 1980 (Nr. 135) 363 f., vgl. ferner 113 II 429/433 f. E. 3b (in casu Haftung eines plastischen Chirurgen bejaht).

Regeln der ärztlichen Kunst. Verstösst das Verhalten des Arztes gegen Regeln der ärztlichen Kunst, liegt Nicht- oder Schlechterfüllung des Auftrages vor. Dabei ist die Haftung des Arztes nicht auf grobe Verstösse gegen Regeln der ärztlichen Kunst beschränkt 133 III 121/124 E. 3.1 Pra 2007 (Nr. 105) 715 f., 120 II 248/250. Regeln der ärztlichen Kunst sind solche, die, von der medizinischen Wissenschaft aufgestellt, allgemein anerkannt sind und von den Praktikern gemeinhin befolgt und angewendet werden 133 III 121/124 E. 3.1 Pra 2007 (Nr. 105) 716, 108 II 59/61 E. 1, 4A_403/2007 (24.6.08) E. 5.3 it., 4C.345/2003 (11.1.05) E. 3.1 fr. 14

Ärztliches Ermessen. Dem Arzt ist sowohl in der Diagnose als auch in der Bestimmung der Therapie häufig ein Entscheidungsspielraum gegeben, welcher eine Auswahl unter verschiedenen in Betracht fallenden Möglichkeiten zulässt. Sich diesbezüglich zu 15 entscheiden, fällt in das pflichtgemässe Ermessen des Arztes, ohne dass er zur Verantwortung gezogen werden könnte, wenn er bei nachträglicher Beurteilung nicht die objektiv beste Lösung gefunden hat. Eine Pflichtverletzung liegt nur dann vor, wenn eine Diagnose, eine Therapie oder ein sonstiges ärztliches Vorgehen nach dem allgemeinen fachlichen Wissensstand nicht mehr als vertretbar erscheint und damit ausserhalb der objektivierten ärztlichen Kunst steht 130 IV 7/12, 4C.345/2003 (11.1.05) E. 3.1 fr.

16 ***Dokumentationspflicht.*** Den Arzt trifft die vertragliche Nebenpflicht, die aus medizinischer Sicht für die ärztliche Behandlung wesentlichen medizinischen Fakten aufzuzeichnen. Die Dokumentationspflicht richtet sich danach, was für die Erfüllung des Behandlungsauftrages notwendig ist, ausgerichtet auf medizinische Üblichkeit und Erforderlichkeit. Der Zweck der Dokumentationspflicht besteht in der Sicherung wesentlicher medizinischer Daten und Fakten für den Behandlungsverlauf. Dagegen lässt sich vertragsrechtlich keine Beweissicherungspflicht gleichsam als Nebenpflicht der Behandlungspflicht begründen, die über die zur Behandlung erforderlichen Aufzeichnungen hinausgehen würde. Daran ändert auch nichts, dass die (als Nebenpflicht) geschuldete medizinisch begründete Dokumentationspflicht faktisch auch der Beweissicherung dient 141 III 363/365 ff. E. 5.

17 ***Haftung bei Tod des Patienten.*** Ausschliessliche Anwendung der Art. 45 und 47, wobei das Vertragsverhältnis zwischen Arzt und gestorbenem Patienten für die Verschuldensfrage insofern von Bedeutung ist, als die Haftung des Arztes aufgrund von Art. 45 gegenüber den Hinterbliebenen nicht strenger sein kann, als sie aufgrund des Vertragsverhältnisses gegenüber dem Patienten wäre 64 II 200/202 f. E. 1 (zur Rechtsnatur des Anspruchs bei Versorgerschaden vgl. auch 81 II 547/553 E. 3 Pra 1956 (Nr. 62) 199 und [abweichend] 36 II 218/220 f. E. 3).

18 ***Haftung bei Schädigung des Kindes bei der Geburt.*** Schädigt der Arzt während der Ausführung eines Auftrages zur Geburtshilfe das geborene Kind in sorgfaltswidriger Weise, so wird er im Falle seines Verschuldens der Mutter gegenüber wegen Vertragsverletzung haftbar, denn der Auftrag ist (in für den Arzt ohne Weiteres erkennbarer Weise) auf die Wahrung der Gesundheit sowohl der Mutter als auch des Kindes und auf die Vermeidung gesundheitsschädigender Ereignisse gerichtet. Deswegen kann die Mutter ihre Ansprüche (auch Genugtuung) aus dem Behandlungsvertrag mit dem Arzt ableiten 4C.32/2003 (19.5.03) E. 2.2.

19 ***Haftung für Sterilisationsfehler.*** Wurde eine Patientin infolge eines Sterilisationsfehlers ungewollt schwanger, haftet der Arzt für die Unterhaltskosten für das ungeplante Kind, die durch die (fehlgeschlagene) Sterilisation hätten vermieden werden sollen. Diese Unterhaltskosten sind als Schaden im Rechtssinne zu qualifizieren. Sowohl die Adoptionsfreigabe wie auch die Abtreibung sind in keinem Falle zumutbare Massnahmen zur Schadensminderung bzw. -abwendung (wobei die heutige Fristenregelung [des StGB] zum fraglichen Zeitpunkt noch nicht in Kraft war) 132 III 359/362 E. 3 und 4.

20 ***Haftung für Impfschäden.*** Gemäss aEpG Art. 23 Abs. 3 leisten die Kantone bei behördlich angeordneten oder empfohlenen Impfungen Entschädigungen für den Schaden aus Impffolgen, soweit er nicht anderweitig gedeckt wird. Diese staatliche Entschädigungspflicht erfasst sämtliche behördlich empfohlenen Impfungen, gleichgültig, ob die Impfung kostenlos vergeben wird. Gemäss dem Wortlaut von aEpG Art. 23 Abs. 3 haftet der Kanton nur in dem Umfang, der nach Inanspruchnahme anderer Ersatzpflichtiger ver-

bleibt. Bei Impfschäden ist deswegen zuerst danach zu fragen, ob ein allfälliger Impfschaden nicht auf einen (rechtswidrigen) ärztlichen Behandlungsfehler zurückzuführen sei. Für einen solchen Fehler kommt in der Regel eine durch Prämien finanzierte Versicherung (Berufshaftpflichtversicherung des Arztes) auf. Falls ein Behandlungsfehler des Arztes zu verneinen ist (womit dessen Haftpflicht wegfällt), muss in einem zweiten Schritt geprüft werden, ob es sich um behördlich angeordnete oder empfohlene Impfungen handelt, für die der Kanton nach Massgabe von aEpG Art. 23 Abs. 3 einstehen muss. Diese Staatshaftung greift allerdings nur, soweit nicht andere Leistungspflichtige (wie Sozialversicherungen) bestehen, die nach Gesetz oder Vertrag den Schaden zu decken haben 129 II 353/355 ff. E. 3 und 4.

Prozess. Im Haftpflichtprozess obliegt dem Arzt der Beweis, dass der Patient bezüglich eines Eingriffes hinreichend aufgeklärt wurde und zugestimmt hat. Er trägt ebenfalls den Beweis dafür, dass der Patient, welcher nicht genügend aufgeklärt worden ist, auch bei erfolgter oder ausreichender Aufklärung seine Einwilligung gegeben hätte (sog. hypothetische Einwilligung). Vom Patienten wird allerdings verlangt, dass er glaubhaft macht oder wenigstens behauptet, warum er auch bei gehöriger Aufklärung die Einwilligung zur Vornahme des Eingriffs insbesondere aus persönlichen Gründen verweigert hätte. In Ermangelung einer solchen Mitwirkung des Patienten ist nach objektiviertem Massstab darauf abzustellen, ob die Ablehnung des Eingriffs vom Standpunkt eines vernünftigen Patienten aus unverständlich gewesen wäre 4C.9/2005 (24.3.05) E. 4.4, 5.2 und 5.4 fr. (in casu hypothetische Einwilligung angesichts des hohen Komplikations- und Misserfolgsrisikos des vorgenommenen Eingriffs verneint). Im Übrigen hat der Geschädigte einen behaupteten Kunstfehler nachzuweisen sowie das Bestehen eines Schadens und des adäquaten Kausalzusammenhanges (dazu: 4C.9/2005 [24.3.05] E. 6 fr., 57 II 196/207 ff. E. 4) zwischen Kunstfehler und Schaden (Anwendungsbeispiel: 4C.88/2004 [2.6.04] E. 4 fr.). Liegen diese Voraussetzungen vor, so kann sich der Arzt von seiner Haftung nur befreien, wenn er seinerseits nachweist, dass ihm der Kunstfehler unter den besonderen Umständen des Falles nicht zum Verschulden angerechnet werden kann (Art. 97) 105 II 284/285 f. E. 1 Pra 1980 (Nr. 135)363 f., 4C.53/2000 (13.6.00) E. 2a Pra 2000 (Nr. 155) 928. Der Eintritt negativer Auswirkungen (in casu Infektion aufgrund einer Injektion) begründet eine tatsächliche Vermutung, dass nicht alle gebotenen Vorkehren getroffen worden sind und somit eine objektive Sorgfaltspflichtverletzung vorliegt; diese Vermutung dient der Beweiserleichterung, hat aber keine Umkehr der Beweislast zur Folge (die Vermutung kann vom Arzt erschüttert werden, indem er zum Beispiel dartut, welche konkreten Vorkehren er im Einzelnen getroffen hat, und nachweist, dass nach dem aktuellen Stand der medizinischen Wissenschaft auch bei Anwendung aller Sorgfalt ein nicht beherrschbares Restrisiko verbleibt oder eine ernst zu nehmende konkrete Möglichkeit eines atypischen Kausalverlaufes besteht) 120 II 248/250, präzisiert und relativiert in 4C.53/2000 (13.6.00) E. 2b Pra 2000 (Nr. 155) 928 f.: Das Bundesgericht hat in 120 II 248/248 ff. nicht entschieden, dass bei jeglicher Verschlechterung des Gesundheitszustandes während einer ärztlichen Behandlung eine natürliche Vermutung für eine Sorgfaltswidrigkeit spreche. Vielmehr hat es die Tragweite des Entscheides ausdrücklich auf die infrage stehende konkrete Art der Injektion beschränkt und ausgeführt, die natürliche Vermutung dürfe selbst auf Infektionsfälle, die mit einer anders gearteten ärztlichen Behandlung zusammenhängen, nicht ohne Weiteres übertragen werden. So bestätigt in 133 III 121/125 21

Pra 2007 (Nr. 105) 716, 4A_216/2016 (26.9.16) E. 3.3 und 3.4. Eine Verletzung der Sorgfaltspflicht ist jedenfalls dann gemäss Art. 97 Abs. 1 zu vermuten, wenn eine plastische Operation mit der Gefahr einer Verschlimmerung des vorbestehenden Zustandes verbunden ist und der Arzt dieses Risiko in Kauf nimmt, ohne den Patienten darauf aufmerksam zu machen 113 II 429/433 E. 3a. – Operiert der Chirurg versehentlich das falsche Organ (in casu Unterbindung einer falschen Arterie), so ist zu vermuten, dass er die erforderliche Sorgfalt nicht beobachtet hat; in diesem Fall trägt er die Beweislast, dass ihm sein Versehen mit Rücksicht auf die besonderen Umstände des Falles nicht zum Verschulden angerechnet werden kann (Umkehr der Beweislast) 70 II 207/211 Pra 1944 (Nr. 178) 426 (in casu Anwendungsfall von Art. 41). Liegt die (behauptete) Sorgfaltspflichtverletzung in einem Unterlassen, so ist der damit verbundenen Beweisnot des Klägers dadurch Rechnung zu tragen, dass ein strikter Beweis nicht gefordert wird und den Beklagten beim Nachweis negativer Tatsachen eine Mitwirkungspflicht trifft 4C.53/2000 (13.6.00) E. 2c. – Welche Anforderungen an die Sorgfaltspflicht des Arztes zu stellen sind, wann dieser insbesondere als Beauftragter den Vertrag verletzt, sind Rechtsfragen 113 II 429/431 E. 3a. Ob allerdings das konkrete Vorgehen eines Arztes in einer bestimmten Situation (nach dem allgemeinen fachlichen Wissensstand) vertretbar erscheint, ist nach medizinischen Kriterien zu beurteilen. Die diesbezüglich von der Vorinstanz aufgrund eines gerichtlichen Gutachtens gezogenen Schlüsse (in casu Behandlungsfehler bei der Geburt eines Kindes mit der Folge schwerer Gesundheitsschäden) stellen tatsächliche Feststellungen dar, an die das Bundesgericht vorbehältlich von Ausnahmen im Sinne von aOG Art. 63 Abs. 2 und Art. 64 gebunden ist 4C.32/2003 (19.5.03) E. 4.1. – Für die Feststellung natürlicher Kausalzusammenhänge im Bereich der Medizin ist die Verwaltung bzw. der Richter bisweilen auf Angaben ärztlicher Experten angewiesen; nach der Praxis weicht der Richter nicht ohne zwingende Gründe von der Einschätzung des Experten ab (es folgen Beispiele, welche eine Abweichung rechtfertigen) 118 V 286/290 E. 1b.

22 ***Rechtsweg.*** Gegen kantonale Gerichtsurteile über die Verantwortlichkeit des Gemeinwesens für rechtswidrige Handlungen von in öffentlichen Spitälern angestellten Ärzten, die in Anwendung von kantonalem öffentlichem Recht ergehen, steht die Beschwerde in Zivilsachen (Art. 72 Abs. 2 lit. b BGG) offen 133 III 462/465 f. E. 2.1.

23 ***Weiteres.*** Der Arzt haftet grundsätzlich für jedes, somit auch für leichtes Verschulden 115 Ib 175/180 E. 2b, 117 II 563/567 E. 2a Pra 1992 (Nr. 185) 685. Bedient der Arzt sich zur Erfüllung seiner Vertragspflichten einer Hilfsperson, so haftet er für deren Verhalten wie für ein eigenes (Art. 101) 116 II 519/522 E. 3c (in casu Arztgehilfin als Hilfsperson/Genugtuungsforderung des Patienten gemäss Art. 49). – Haftung eines privaten Sanatoriums nach Art. 101 für die medizinische Fehlbehandlung durch einen angestellten Arzt 92 II 15/18 ff. E. 2–5; vgl. auch Pra 2000 (Nr. 155) 927 E. 1a. Wer eine erwiesenermassen mit deutlichen Risiken für die Gesundheit der Patienten verbundene Psychotherapieform anbietet, hat dafür zu sorgen, dass während der Therapie Leben und Gesundheit der Patienten nicht gefährdet werden; diese Verpflichtung ergibt sich aus dem allgemeinen Gefahrensatz und den allgemeinen Auftragsregeln Pra 2000 (Nr. 188) 1150 f. E. aa (strafrechtlicher Entscheid/fahrlässige Tötung, StGB Art. 117). – Verjährungsbeginn mit Fälligkeit der Forderung aus unsorgfältiger ärztlicher Behandlung (in casu mehrere Aufträge des gleichen Patienten) 87 II 155/157 ff. E. 2, 3. – Zum Verhältnis zwischen Versicherung, Antragsteller und Arzt, wenn Letzterer das Antragsformular ausfüllt, siehe 108

II 550/555 E. 2c. – Zu den Fällen, in denen für die Haftung des Arztes nicht die auftragsrechtlichen Bestimmungen, sondern Art. 41 ff. bzw. kantonale Normen zur Anwendung kommen, siehe unter Art. 61 Abs. 1/Öffentlicher Beamter oder Angestellter, sowie Vorb. Art. 184–551/Innominatverträge/Gemischte Verträge/Spitalaufnahmevertrag.

Haftung der Bank. ***Sorgfaltspflicht.*** Die Bank hat Anweisungen des Kunden getreu und sorgfältig auszuführen 4C.191/2004 (7.9.04) E. 4.2 fr. (in casu Haftung der Bank wegen versehentlich falsch ausgeführten Kundenanweisungen). Welche Aufklärungs-, Beratungs- und Warnpflichten eine Bank im Verhältnis zum Kunden trifft, bestimmt sich nach Massgabe des Inhalts der Vertragsbeziehung zwischen beiden Parteien einerseits und des Wissensstandes des Kunden sowie der Art des infrage stehenden Rechtsgeschäfts andererseits. Kennt der Auftraggeber die Risiken einer beabsichtigten Spekulationstätigkeit, bedarf es diesbezüglich keiner Aufklärung durch die Bank (ausführlich dazu 4C.45/2001 [31.8.01] E. 4a fr.). Ist hingegen ohne Weiteres ersichtlich, dass der Auftraggeber betreffend die Risiken ahnungslos ist, muss ihn die Bank darauf hinweisen. Spekuliert der Kunde nicht (nur) mit seinem Vermögen, sondern (auch) mit nicht gesicherten Krediten der Bank, sind höhere Anforderungen an die Aufklärungspflicht zu stellen, da die Spekulation mit Bankkrediten besonders risikobehaftet ist (133 III 97/102 E. 7.1.1). Dagegen ist die Dauer der Geschäftsbeziehung kein Kriterium für die Bestimmung des Umfangs dieser Pflichten. 24

Aufklärungspflicht. Das Bundesgericht stellt in seiner Rechtsprechung differenzierte Anforderungen an die Aufklärungspflicht der Banken (124 III 155/162 f. 3a, 119 II 333/335 E. 5a). Demnach ist im Einzelfall unaufgefordert und umfassend einmal dann aufzuklären, wenn die Aufklärung Mitinhalt der Hauptschuld ist, namentlich im Vermögensverwaltungsvertrag auf Beratungsbasis. Wahrheitsgemäss und umfassend ist sodann stets aufzuklären, wenn im Einzelfall Auskunft oder Rat vom Kunden gewünscht und seitens der fachkundigen Bank erteilt wird. Weiter greift eine ausgeprägte Aufklärungspflicht dort, wo die Bank dem Kunden bestimmte Vermögensdispositionen, insbesondere Kapitalanlagen, auch ungefragt empfiehlt. Sie folgt diesfalls aus dem durch das besondere Fachwissen der Bank begründeten Vertrauen, das als Grundlage eines konkludenten Beratungsvertrags im Rahmen der Geschäftsabwicklung anzusehen ist 4C.20/2005 (21.2.06) E. 4.2.3. Im Falle eines Vermögensverwaltungsvertrages (Definition in 4C.171/2000 [6.12.00] E. 2a fr.) gilt wie gesagt eine uneingeschränkte Aufklärungspflicht (zum Umfang: 4C.251/2000 [29.11.00] E. 2b fr.), wobei die vermögensverwaltende Bank den Kunden von sich aus über Chancen und Risiken der Auftragsausführung aufzuklären hat (4C.18/2004 [3.12.04] E. 1.8 Pra 2005 [Nr. 73] 571 f.). Ferner obliegt ihr im Falle eines Vermögensverwaltungsvertrages auch, sich durch Befragung einlässlich über den Wissensstand und die Risikobereitschaft des Kunden zu informieren. Führt die Bank hingegen nur punktuell Geschäfte für den Auftraggeber aus (etwa im Rahmen einer Anlageberatung 4C.171/2000 [6.12.00] E. 2b fr.), so ist sie nicht zu einer generellen Interessenwahrung verpflichtet und muss deshalb den Auftraggeber in der Regel nur auf Verlangen aufklären 133 III 97/102 E. 7.1.1, 119 II 333/335 E. 5a, 4A_301/2007 (31.10.07) E. 2.3 fr., 4C.20/2005 (21.2.06) E. 4.2.3, 4C.265/2001 (15.1.02) E. 2a und 2b, 4C.151/2001 (23.10.01) E. 3. Im Rahmen ihres Anlageberatungsauftrages trifft die Bank allerdings eine umfassende Informationspflicht bezüglich der Chancen und Risiken der 25 beabsichtigten Geldanlagen. Die Information des Kunden hat exakt, verständlich und vollständig zu sein 4A_168/2008 (11.6.08) E. 2.4 fr. Die lediglich Kundenanweisungen ausführende Bank braucht den Kunden nicht von sich aus über wahrscheinliche Entwicklungen der vom Kunden gewählten Investitionen und angebrachte Massnahmen zur Risikolimitierung zu informieren 4C.366/2004 (4.11.05) E. 3.1 fr. Nicht generell aufzuklären braucht die Bank ferner den Kunden, der ihr zu verstehen gibt, dass er keine Beratung braucht 133 III 97/103 E. 7.1.2, 131 III 377/380 f. E. 4.1.1 Pra 2006 (Nr. 31) 220, 4C.385/2006 (2.4.07) E. 2 fr., 4C.20/2005 (21.2.06) E. 4.2.3, 4C.459/2004 (2.5.05) E. 2.1 fr. Aber auch im Falle blosser Ausführung von Kundenanweisungen gilt, dass die Bank den offensichtlich ahnungslosen Auftraggeber auf Risiken, welche seine Anweisungen mit sich bringen, hinzuweisen hat 133 III 97/103 E. 7.1.2, 4C.385/2006 (2.4.07) E. 2 fr., 4C.20/2005 (21.2.06) E. 4.2.1, 4C.108/2002 (23.7.02) E. 2b Pra 2003 (Nr. 51) 249. Ebenso besteht eine Aufklärungspflicht dort, wo die Bank zwar bloss auf gezielte Instruktionen des Kunden betreffend sein Konto tätig wird, die Parteien aber eine andauernde Geschäftsbeziehung pflegen, aufgrund welcher ein besonderes Vertrauensverhältnis besteht, weswegen der Kunde nach Treu und Glauben auch unaufgeforderte Beratung und Aufklärung erwarten darf 133 III 97/103 E. 7.1.2, 4C.20/2005 (21.2.06) E. 4.2.3, 4C.166/2000 (8.12.00) E. 5b/dd fr., 4C.202/2004 (14.9.04) E. 3.4 fr., 4C.459/2004 (2.5.05) E. 2.1 fr. Hat der Auftraggeber einen unabhängigen («externen») Vermögensverwalter beauftragt und mit entsprechender Vollmacht ausgestattet, trifft die Bank, die lediglich als Depotbank handelt, keine Pflicht, den Auftraggeber auf Risiken hinzuweisen oder seine Genehmigung zu Geschäften, die der Vermögensverwalter angeordnet hat, einzuholen 4C.108/2002 (23.7.02) E. 2b Pra 2003 (Nr. 51) 249, 4C.366/2004 (4.11.05) E. 3.1 fr. – Da der Handel mit Devisen allein von der Entscheidung und der Risikobereitschaft des sie veranlassenden Auftraggebers abhängt, besteht keine generelle Pflicht der Bank, dem aufgeklärten Kunden von solchen Geschäften abzuraten. Wünscht dieser Rat, muss ihn die Bank im Rahmen ihrer Treuepflicht sorgfältig und umfassend beraten, freilich ohne ihm damit die Verantwortung für seine Entscheidung abzunehmen. Sie haftet für einen objektiv falschen Rat unter Umständen nur, wenn dieser im Zeitpunkt seiner Erteilung offensichtlich unvernünftig war. Denn auch der Spekulant muss wissen, dass auf einen Rat, der ein zukünftiges und ungewisses Ereignis zur Grundlage hat, kein sicherer Verlass sein kann; er hat somit das Risiko grundsätzlich auch dann selber zu tragen, wenn er dem Rat der Bank gefolgt ist 119 II 333/336 E. 7a. Haftung wegen Verletzung der Informationspflicht gegenüber einem Bankkunden: Eine Bank, die einem ausländischen Kunden eine Geldanlage empfiehlt und fälschlicherweise die Befreiung von Negativzins und Verrechnungssteuer verspricht, verstösst gegen die Informationspflicht; deren Verletzung zieht den Ersatz des positiven Vertragsinteresses nach sich (d.h. Ersatz jenes Schadens, den der Kunde nicht erlitten hätte, wenn die Information richtig und vollständig gewesen wäre) 110 II 360/371 ff. E. 5 JdT 133 (1985) I 141 ff. E. 5. – Keine Verletzung ihrer Sorgfaltspflicht begeht eine akkreditiveröffnende Bank, wenn sie dem Begünstigten eines Akkreditivs gegen Vorweisung der im Akkreditiv bezeichneten, tatsächlich aber unechten Dokumente eine Zahlung ausrichtet, soweit die Bank weder erkannt hat noch aufgrund der von ihr zu erwartenden Aufmerksamkeit erkennen konnte, dass die ihr präsentierten Dokumente unecht sind 131 III 222/225 E. 4 Pra 2005 (Nr. 118) 825 ff. Ebenfalls keine Vertragsverletzung begeht die angewiesene Bank, wenn sie bei einem Akkreditiv mit aufgeschobener Zahlung dem Begünstigten die Akkreditivsumme vor Fälligkeit auszahlt. Auch aus den «Einheitlichen Richtlinien und Gebräuchen für Dokumenten-Akkreditive» (ERA) der Internationalen Handelskammer (Fassung von 1993) ergibt sich nichts anderes. Anders verhält es sich nur, falls die Parteien die vorzeitige Auszahlung ausdrücklich wegbedungen haben 130 III 462/472 E. 7.1.2 Pra 2005 (Nr. 19) 139 f. Dagegen besteht grundsätzlich keine Beratungspflicht der Bank im Rahmen gezielter Weisungen des Kunden zu kontorelevanten Verfügungen, weil der Kunde durch die unbedingte Erteilung entsprechender Aufträge oder Weisungen zu erkennen gibt, dass er Aufklärung und Beratung seitens der Bank weder benötigt noch wünscht. Eine Warnpflicht besteht hier nur in Ausnahmefällen, etwa wenn die Bank bei pflichtgemässer Aufmerksamkeit erkennen muss, dass der Kunde eine bestimmte mit der Anlage verbundene Gefahr nicht erkannt hat, oder wenn sich in der andauernden Geschäftsbeziehung zwischen der Bank und dem Kunden ein besonderes Vertrauensverhältnis entwickelt hat, aus welchem der Kunde nach Treu und Glauben auch unaufgeforderte Beratung und Abmahnung erwarten darf 133 III 97/103 E. 7.1.2, 4A_189/2007 (31.7.07) E. 2.3 fr., 4C.20/2005 (21.2.06) E. 4.2.3.

Bedeutung des aBEHG für das Vertragsrecht. Nach aBEHG Art. 11 hat der Effektenhändler gegenüber seinen Kunden eine Informationspflicht. Diese (an sich) öffentlichrechtliche Bestimmung hat die Funktion einer Doppelnorm, indem sie von den Behörden von Amtes wegen anzuwenden ist, gleichzeitig aber auch von den Vertragsparteien angerufen werden kann. Privatrechtliche Vereinbarungen sind zulässig, soweit sie den Verhaltensregeln von aBEHG Art. 11 nicht widersprechen. Andererseits sind diese Regeln im Bereich des Vertragsrechts auch dann zu berücksichtigen, wenn der konkrete Vertrag keine entsprechende Vereinbarung oder Bezugnahme enthält 133 III 97/99 E. 5.2, 4C.385/2006 (2.4.07) E. 2 fr., 4C.205/2006 (21.2.07) E. 3.3 fr. Gemäss aBEHG Art. 11 Abs. 1 lit. a hat der Effektenhändler den Kunden auf die mit einer bestimmten Geschäftsart verbundenen Risiken hinzuweisen. Das bedeutet, dass der Effektenhändler über die Risiken einer Geschäftsart an sich, dagegen nicht über die Risiken einer konkreten Effektenhandelstransaktion informieren muss (Anwendungsbeispiel in 4C. 205/2006 [21.2.07] E. 3.3 und 3.4 fr.). Zwar kann die Information in standardisierter Form erfolgen. In diesem Fall ist aber von einem unerfahrenen Kunden auszugehen. Das heisst, dass sich Umfang und Inhalt der Information nach Kunden mit einem objektiv tiefen Erfahrungs- und Kenntnisgrad zu richten haben. Eine Standardisierung setzt zudem voraus, dass die Information in allgemein verständlicher Form und für alle Kunden gleich erfolgt. In der Praxis werden standardisierte Informationen regelmässig mittels Risiko-Informationsschriften (sog. Risk Disclosure Statements) erteilt. Nicht unter die Informationspflicht gemäss aBEHG Art. 11 fallen grundsätzlich die Erforschung der finanziellen Verhältnisse des Kunden sowie die Beurteilung, ob eine Transaktion für einen bestimmten Kunden geeignet ist (Suitability-Prüfung). Die angloamerikanische Suitability-Doktrin ist vom schweizerischen Gesetzgeber nicht in das aBEHG übernommen worden. Eine Erkundigungs- und Beratungspflicht des Effektenhändlers kann sich wohl aber aus einem allenfalls konkludent geschlossenen Beratungsvertrag ergeben 133 III 97/100 E. 5.3 und 5.4. 26

Geldwäschereigesetz. Eine vertragliche Haftung der Bank ist ausgeschlossen, wenn diese in gutem Glauben (ZGB Art. 3) den Pflichten der Finanzintermediäre bei Geldwäschereiverdacht nachgekommen ist (GwG Art. 9–11). Der Kunde, der sich auf die Verantwortlichkeit der Bank beruft, hat deren bösen Glauben nachzuweisen oder tatsächliche 27

Umstände aufzuzeigen, die es der Bank verbieten, sich auf ihren guten Glauben zu berufen 143 III 653/658 E. 4 Pra 2019 (Nr. 15) 198 ff.

28 ***Haftung für getreue Ausführung des Auftrags.*** Hat ein Kunde die Verwaltung seiner Gelder und Geldanlagen einem bestimmt bezeichneten externen Vermögensverwalter übertragen, so darf die Bank, mit welcher der Kunde in einem Kontokorrent- und Depotverhältnis steht, keine Anweisungen von einer anderen Person entgegennehmen, die der Vermögensverwalter als neuen Vermögensverwalter bezeichnet, ohne zuvor die entsprechende Anweisung des Kunden eingeholt zu haben 4C.74/2001 (17.10.01) E. 2 it. (zur Schadensberechnung E. 4). Nimmt eine Bank eine Überweisung vor, ohne vorher das Kontrollvisum eines Dritten einzuholen, obwohl das so vereinbart worden ist, tut sie das auf eigene Gefahr. Erschöpft sich der Zweck der Visumpflicht in der Sicherstellung der Einhaltung der vertraglich vereinbarten Voraussetzungen für Überweisungen, hat die Bank ihre Schuldpflicht trotz der fehlenden Visa nicht verletzt, wenn die vertraglichen Voraussetzungen für die Erteilung des Visums objektiv erfüllt waren 4C.115/1999 (3.4.00) E. 3c. Weil es im Bankverkehr Usanz ist, ausländische, an der Schweizer Börse nicht kotierte Aktien nicht physisch (also in Papierform) ins Depot des Kunden einzuliefern, sondern solche Aktien als Buchwerte dem Depot gutzuschreiben, verletzt eine Bank ihre Sorgfaltspflichten nicht, wenn sie nicht den Eingang der Aktien abwartet, bevor sie die Gutschrift aufgrund einer entsprechenden Mitteilung ihrer Depotbank im Ausland vornimmt und dem Kunden diese Gutschrift anzeigt 4C.159/2000 (14.12.00) E. 1 und 2. – Sorgfaltspflicht der mit der Vermögensverwaltung betrauten Bank beim *Kauf von Wertpapieren:* Da der Handel mit Wertpapieren zwangsläufig einen spekulativen Einschlag hat, kann die Bank nicht für jeden Verlust haftbar gemacht werden 101 II 121/123 ff. E. 2, zur Sorgfaltspflicht im Rahmen einer Vermögensverwaltung vgl. ferner 115 II 62/64 ff. E. 3. Die Aufklärungspflicht gilt im Fall eines Vermögensverwaltungsauftrages uneingeschränkt; führt die Bank hingegen nur punktuell Geschäfte für den Auftraggeber aus, so ist sie nicht zu einer generellen Interessenwahrung verpflichtet und muss deshalb den Auftraggeber in der Regel nur auf Verlangen aufklären (in casu jeweils einzelne Börsenaufträge) 119 II 333/335 E. 5. Da der *Handel mit Devisen* allein von der Entscheidung und der Risikobereitschaft des sie veranlassenden Auftraggebers abhängt, besteht keine generelle Pflicht der Bank, dem aufgeklärten Kunden von solchen Geschäften abzuraten. Wünscht dieser Rat, muss ihn die Bank im Rahmen ihrer Treuepflicht sorgfältig beraten, freilich ohne ihm damit die Verantwortung für seine Entscheidung abzunehmen. Sie haftet für einen objektiv falschen Rat unter Umständen nur, wenn dieser im Zeitpunkt seiner Erteilung offensichtlich unvernünftig war. Denn auch der Spekulant muss wissen, dass auf einen Rat, der ein zukünftiges und ungewisses Ereignis zur Grundlage hat, kein sicherer Verlass sein kann; er hat somit das Risiko grundsätzlich auch dann selber zu tragen, wenn er dem Rat der Bank gefolgt ist 119 II 333/336 E. 7a. – Sorgfaltspflicht bei *Gewährung von Krediten:* Grundsätzlich ist die Bank, deren Kunde Kredit zur Finanzierung eines vom Bankgeschäft unabhängigen Projekts beansprucht, nicht verpflichtet, die Durchführbarkeit des Projekts in rechtlicher und tatsächlicher Hinsicht unaufgefordert zu prüfen oder den Kreditnehmer über Risiken der beabsichtigten Unternehmung aufzuklären. Eine allgemeine Beratungspflicht fällt von vornherein nur dann in Betracht, wenn es um die Finanzierung von Geschäften geht, die mit der Bank abgeschlossen, auf Veranlassung oder unter Vermittlung der Bank abgeschlossen werden. Immerhin kann sich eine Aufklärungspflicht der Bank im

Einzelfall daraus ergeben, dass die Bank um besondere Risiken der zu kreditierenden Unternehmung im Einzelfall weiss. Eine Aufklärungspflicht kann auch deswegen bestehen, weil zwischen den Parteien aufgrund einer andauernden Geschäftsbeziehung ein besonderes Vertrauensverhältnis besteht 4C.202/2004 (14.9.04) E. 3.3 und 3.4 fr., 4C.153/2004 (16.7.04) E. 3.1 fr. Es besteht im Regelfall also keine Sorgfaltspflicht der Bank, vor Abschluss eines Kreditvertrages das Kreditbedürfnis des Kunden, seine Absichten betreffend die Kreditverwendung oder die Zweckmässigkeit seines Kreditbegehrens zu überprüfen 4C.82/2005 (4.8.05) E. 6.2 fr. Sorgfaltspflicht bei der *Führung eines Kontokorrents:* Bei ungenauer Bezeichnung des Empfängers einer eingehenden Zahlung hat die Bank genau zu prüfen (allenfalls rückzufragen), für welchen Kunden die Zahlung bestimmt ist 89 II 239/245 ff. E. 4, vgl. auch 110 II 283/285 f. E. 2, 3; ferner 121 IV 258/259 ff. E. 2 (Recht der Bank zum Strafantrag im Zusammenhang mit einer Fehlüberweisung). Sorgfaltspflicht im Rahmen eines *Girovertrages:* Besteht nach dem Wortlaut des Überweisungsauftrages ein Widerspruch zwischen dem Namen des Empfängers und der Kontonummer, so ist die Bank zur Klärung des Widerspruchs vor Ausführung der Überweisung verpflichtet 126 III 20/22 f. E. 3a/bb. Sorgfaltspflicht der Bank, wenn sie (gestohlene) Inhaberpapiere zu Pfand nimmt (in casu Anwendung von Art. 41 ff.) 83 II 126/132 ff. E. 1–6 fr. *Nummernkonto:* Verletzung der Sorgfaltspflicht, wenn die Bank telefonische Aufträge vollzieht, ohne die Identität des Anrufers zu überprüfen, auch wenn der Kontoinhaber seine Kontonummern verschiedenen Geschäftspartnern mitgeteilt hat (was nicht als Verschulden im Sinne von Art. 402 Abs. 2 zu werten ist) 77 II 367/369 ff. E. 2. *Bank als Einkaufskommissionär:* Sorgfaltspflicht im Hinblick auf einen nicht auszuschliessenden Kurssturz auf den eingedeckten fremden Werten vor dem eigentlichen Ausführungsgeschäft 59 II 245/256 ff. E. 6. – Haftung der Bank als Fiduziar 108 Ib 186/192 f. E. 5a (die Bank hat auch bei Treuhandgeschäften dafür zu sorgen, dass sie keine zwingenden Normen der Bankengesetzgebung verletzt). – Ausführung eines gefälschten Vergütungsauftrages (zulässige vertragliche Risikoverteilung, wonach der Kunde die Folgen von Fälschungen zu tragen hat, ausser die Bank handle grobfahrlässig) 108 II 314/315 ff. E. 2, 4; vgl. auch 109 II 116/118 ff. E. 2, 3. – Auszahlung von Sparguthaben an einen Dritten aufgrund einer gefälschten Vollmacht (in casu Verschulden beider Parteien des Kontoverhältnisses) 111 II 263/265 f. E. 1c (Anwendung von Art. 398 offengelassen); vgl. ferner 112 II 450/456 E. 3b Pra 1987 (Nr. 144) 512. – Schadenersatzklage wegen Verletzung des Bankgeheimnisses: Der Geschädigte kann eine ihm von seinem Staat auferlegte Busse der Bank gegenüber nicht geltend machen (offengelassen, ob andere Schadensposten, die durch die Verletzung des Bankgeheimnisses entstanden sind, eingeklagt werden können) 115 II 72/74 ff. E. 3 fr. – Tragweite einer Klausel in allgemeinen Geschäftsbedingungen, die der Bank erlaubt, den Inhaber eines Sparheftes als Berechtigten zu betrachten (in casu konnte sich die Bank auf die betreffende Klausel nicht berufen) 116 II 459/461 f. E. 2 Pra 1990 (Nr. 272) 987 f. – Zur Sorgfaltspflicht der Bank bei Glattstellung nach Unterschreitung einer vereinbarten Deckungsmarge (in casu wegen Verlusten aus Devisengeschäften) 4A_521/2008 (26.2.09) E. 5.2, 4C.305/2003 (3.5.04) E. 3.2 Pra 2004 (Nr. 174) 1011 f. – Sorgfaltspflichtverletzung der Bank im Zusammenhang mit der Legitimationsprüfung 116 II 689/692 ff. E. 3c (Entscheid zu Art. 39). – Auftragsverletzung der Korrespondenzbank im Rahmen eines Akkreditivgeschäftes (Entgegennahme von nicht vertragsgemässen Dokumenten) 114 II 45/50 E. 4d Pra 1988 (Nr. 203) 756.

29 ***Zur Aufklärungspflicht der Bank.*** Beim Aktienkauf 133 III 97/97; beim Kauf von Anteilen eines Anlagefonds 4C.205/2006 (21.2.07) E. 3 fr., beim Devisenhandel 119 II 333/333; bei riskanten Wechselgeschäften 4C. 45/2001 (31.8.01) E. 4 fr.; bei der Gewährung eines Kredits 4C.202/2004 (14.9.04) E. 3 und 4 fr.

30 ***Auszahlung an unberechtigte Dritte.*** Mit der Auszahlung an einen unberechtigten Dritten bzw. an einen Bevollmächtigten, der den Umfang der ihm erteilten Vollmacht überschreitet, wird die Bank von ihrer Leistungspflicht nicht befreit. Vielmehr leistet sie zunächst aus ihrem eigenen Vermögen und nicht aus demjenigen des Kunden, für dessen Rechnung sie handelt. Im Fall einer Auszahlung an einen Unberechtigten ist sie daher nicht berechtigt, das Konto des Kunden zu belasten (zit. Urteil 4C.377/2000 (8.3.01) E. 1b). Verlangt der Kunde die Rückerstattung des Kontoguthabens, erhebt er mithin eine Klage auf Erfüllung des Vertrages und nicht eine Schadenersatzklage 4A_596/2013 (18.3.14) E. 4.1.

31 ***Sorgfaltspflichten der Bank bei der Ausführung einer Zahlungsanweisung.*** Zu den Sorgfaltspflichten der eine Zahlungsanweisung ausführenden Bank gehört auch, dass die Bank die Legitimation desjenigen überprüft, der die Zahlungsanweisung erteilt. Dagegen braucht sich die Bank nicht um die rechtlichen Verhältnisse zwischen den Anweisenden und dem Anweisungsempfänger zu kümmern 4A_301/2007 (31.10.07) E. 2.1 fr.

32 ***Sorgfaltspflichten bei Börsengeschäften.*** Hinsichtlich der vertragsrechtlichen Sorgfalts- und Treuepflicht der Bank bei der Abwicklung von Börsengeschäften für die Kundschaft wird zwischen drei verschiedenen Vertragsbeziehungen differenziert: die Vermögensverwaltung, die Anlageberatung und die blosse Konto-Depot-Beziehung. Die Anlageberatung zeichnet sich in Abgrenzung von der blossen Konto-Depot-Beziehung dadurch aus, dass der Kunde die Anlageentscheide zwar selber trifft, die Bank ihm jedoch beratend zur Seite steht. Die Zuständigkeit des Kunden für den Anlageentscheid unterscheidet die Anlageberatung (und die blosse Konto-Depot-Beziehung) von der Vermögensverwaltung, bei der die Bank die auszuführenden Transaktionen im Rahmen der Sorgfalts- und Treuepflicht sowie der vereinbarten Anlagestrategie selber bestimmt 144 III 155/156 f. E. 2.1 und 2.1.1, 4A_593/2015 (13.12.16) E. 7.1 fr. Im Falle eines *Vermögensverwaltungsvertrages* (vgl. dazu weiter unter Haftung des Vermögensverwalters) gilt eine umfassende Aufklärungs- und Beratungspflicht (zum Umfang: 4A_364/2013 (5.3.14) E. 6.2, 4C.251/2000 [29.11.00] E. 2b fr.), wobei die vermögensverwaltende Bank den Kunden von sich aus über Chancen und Risiken der Auftragsausführung aufzuklären hat (4C.18/2004 [3.12.04] E. 1.8 Pra 2005 [Nr. 73] 571 f.). Die Pflichten der vermögensverwaltenden Bank erfassen meist auch eine Überwachungspflicht hinsichtlich der Kundenanlagen 4A_364/2013 (5.3.14) E. 6.2. Ferner obliegt ihr im Falle eines Vermögensverwaltungsvertrages auch, sich durch Befragung einlässlich über den Wissensstand und die Risikobereitschaft des Kunden zu informieren. – Führt die Bank im Rahmen einer *Anlageberatung* (4C.171/2000 [6.12.00] E. 2b fr.) nur punktuell Börsengeschäfte für den Kunden aus, ist sie nach der Praxis des Bundesgerichts nicht zu einer generellen Interessenwahrung verpflichtet und muss diesen deshalb in der Regel nur auf Verlangen aufklären. Das Ausmass der Aufklärungspflicht richtet sich nach den Kenntnissen und dem Stand der Erfahrung des Auftraggebers. Kennt dieser die Risiken der Spekulationstätigkeit, braucht er keine Aufklärung. Ist ohne Weiteres ersichtlich, dass der Kunde von den Risiken keine Ahnung hat, muss ihn die Bank darauf hinweisen. Die Anforderungen

an ihre Aufklärungspflicht sind jedoch höher, wenn der Auftraggeber nicht nur mit seinem Vermögen, sondern auch mit von der Bank gewährten Krediten spekuliert 133 III 97/102 E. 7.1.1, 119 II 333/335 E. 5a, 4C.68/2007 (13.6.08) E. 7.1, 4C.265/2001 (15.1.02) E. 2a und 2b, 4C.151/2001 (23.10.01) E. 3. Aufgrund einer andauernden Geschäftsbeziehung zwischen der Bank und dem Kunden (z.B. im Rahmen einer Anlageberatung) kann sich ein besonderes Vertrauensverhältnis (in casu zweieinhalbjährige Vertragsbeziehung mit intensiven Kontakten) entwickeln, aus welchem der Kunde nach Treu und Glauben auch unaufgefordert Beratung und Abmahnung erwarten darf. In diesem Fall muss die Bank den Kunden nicht nur betreffend die mit den Aktienspekulationen verbundenen Risiken aufklären, sondern es besteht darüber hinaus grundsätzlich auch eine Pflicht zur Abmahnung des Kunden 133 III 97/103 E. 7.2. – Die Bank, die lediglich als *Depotbank* handelt, trifft grundsätzlich keine Pflicht, den Kunden auf Risiken hinzuweisen oder seine Genehmigung zu Geschäften, die ein externer Vermögensverwalter des Kunden angeordnet hat, einzuholen 4C.108/2002 (23.7.02) E. 2b Pra 2003 (Nr. 51) 249, 4C.366/2004 (4.11.05) E. 3.1 fr. Es trifft sie auch keine Pflicht, Wertschriften, die sich im Depot befinden, bei drohendem Wertverlust zu erkaufen 4C.243/2006 (10.7.07) E. 3.2 fr. Eine Beratungspflicht der Bank im Rahmen gezielter Weisungen des Kunden zu kontorelevanten Verfügungen wird ebenfalls verneint, wenn der Kunde durch die unbedingte Erteilung entsprechender Aufträge oder Weisungen zu erkennen gibt, dass er Aufklärung und Beratung seitens der Bank weder benötigt noch wünscht. Eine Warnpflicht besteht hier nur in Ausnahmefällen, etwa wenn die Bank bei pflichtgemässer Aufmerksamkeit erkennen muss, dass der Kunde eine bestimmte, mit der Anlage verbundene Gefahr nicht erkannt hat, oder wenn sich in der andauernden Geschäftsbeziehung zwischen der Bank und dem Kunden ein besonderes Vertrauensverhältnis entwickelt hat, aus welchem der Kunde nach Treu und Glauben auch unaufgefordert Beratung und Abmahnung erwarten darf 133 III 97/103 E. 7.1.2, 4C.410/1997 (23.6.98) E. 3b, Pra 1998 (Nr. 155) 827 E. 4a u. – Da der *Handel mit Devisen* allein von der Entscheidung und der Risikobereitschaft des sie veranlassenden Auftraggebers abhängt, besteht keine generelle Pflicht der Bank, dem aufgeklärten Kunden von solchen Geschäften abzuraten. Wünscht dieser Rat, muss ihn die Bank im Rahmen ihrer Treuepflicht sorgfältig und umfassend beraten, freilich ohne ihm damit die Verantwortung für seine Entscheidung abzunehmen. Sie haftet für einen objektiv falschen Rat unter Umständen nur, wenn dieser im Zeitpunkt seiner Erteilung offensichtlich unvernünftig war. Denn auch der Spekulant muss wissen, dass auf einen Rat, der ein zukünftiges und ungewisses Ereignis zur Grundlage hat, kein sicherer Verlass sein kann; er hat somit das Risiko grundsätzlich auch dann selber zu tragen, wenn er dem Rat der Bank gefolgt ist 119 II 333/336 E. 7a.

Verletzung der Sorgfaltspflicht gegenüber den Erben eines Kontoinhabers. Stirbt der Inhaber von Bankkonten, geht das Auftragsverhältnis mitsamt der geschuldeten Treue und Sorgfalt nicht unter, sondern auf dessen Erben über (Art. 405 Abs. 2). Besteht eine Vollmacht eines Dritten über den Tod hinaus, von der die Erben nichts wissen, hat die Bank die Interessen der Erben wahrzunehmen und darf nicht ohne Weiteres Anweisungen des Bevollmächtigten (in casu Transfer grosser Geldbeträge auf ein auf den eigenen Namen lautendes Konto) Folge leisten. Die geschuldete Sorgfalt der Bank bestimmt sich nach Vertrauensprinzip und kann sogar verlangen, dass die Bank nach möglichen Erben sucht, deren Interessen gefährdet erscheinen 4C.234/1999 (12.1.00) E. 3d und e Pra 2002 33

(Nr. 73) 424 f. – Zur Haftung des Anlageberaters 144 III 155/157 ff. E. 2.2, 124 III 155/162 f. E. 3a, 4C.171/2000 (6.12.00) E. 2c fr., 4A_168/2008 (11.6.08) E. 2 fr.

34 ***Bussen infolge schlechter Auftragsausführung.*** Allgemein gilt, dass eine Busse den Gebüssten durch eine Vermögensverminderung bestrafen soll. Wie jede Strafe ist auch die Busse höchstpersönlicher Natur, woraus folgt, dass eine vertragliche Vereinbarung, welche einen Dritten verpflichtet, die Busse ganz oder teilweise zu bezahlen, widerrechtlich im Sinne von Art. 20 Abs. 1 ist. Mit der höchstpersönlichen Natur der Busse (in casu Steuerbusse) ist auch nicht vereinbar, dass der Gebüsste bezüglich der durch sie erlittenen Vermögensverminderung von einem Dritten (in casu Steuerberater) wegen einer Vertragsverletzung Schadenersatz zugesprochen erhält. Etwas anderes gilt, wenn einem Kunden eine Busse auferlegt wird, obwohl ihm aufgrund der vertraglich vereinbarten Beratung kein eigenes Verschulden anzurechnen ist. Die Verhängung einer solchen verschuldensunabhängigen Strafe ist nach geltendem Recht ausgeschlossen (das strafrechtliche Verschuldensprinzip gilt grundsätzlich auch für Steuerstrafen) 134 III 59/64 E. 2.3.2 (Frage offengelassen, ob es sich anders verhält, wenn der Steuerberater dem Steuerpflichtigen die Möglichkeit genommen hat, mittels rechtzeitiger Selbstanzeige eine Strafmilderung zu erlangen).

35 ***Genehmigung durch Kunden.*** Weicht eine Bank in Verletzung ihrer Sorgfaltspflichten von einer mit dem Kunden vereinbarten Anlagestrategie ab, kann sie sich nicht mit der Behauptung entlasten, der (in casu in Bankgeschäften nicht versierte) Kunde habe durch den widerspruchslosen Empfang von Depotauszügen die Handlungsweise der Bank stillschweigend genehmigt. Vielmehr darf der in Anlagegeschäften unerfahrene Kunde in Ermangelung einer besonderen Aufklärung über Abweichungen vom Vereinbarten darauf vertrauen, dass die Bank sich tatsächlich an die vereinbarte Anlagestrategie hält und Anlagen mit einem Risikopotenzial tätigt, die dieser Strategie entsprechen 4C.18/2004 (3.12.04) E. 1.8 Pra 2005 (Nr. 73) 571 f.

36 ***Weiteres.*** Bei *Vornahme von Transaktionen* ohne Anweisung oder Einverständnis des Kunden haftet die Bank nach den Regeln der Geschäftsführung ohne Auftrag (Art. 419 ff.). Eine Klausel der Allgemeinen Geschäftsbedingungen der Bank, wonach nicht autorisierte Transaktionen als genehmigt gelten, wenn der Kunde nicht innert 30 Tagen seit Erhalt der Anzeige der Transaktion oder des relevanten Kontoauszuges durch die Bank reklamiert, ist zulässig und gültig 4A_262/2008 (23.9.08) E. 2.1 und 2.2 fr. Bei *Geldüberweisungen* ohne Anweisung des Kunden stellt sich die Frage der Sorgfaltspflichtsverletzung der Bank nicht. Denn das Geld, welches auf dem Bankkonto auf den Namen eines Kunden buchhalterisch festgehalten ist, steht im Eigentum der Bank, während der Kunde bloss eine Forderung darauf hat. Nimmt die Bank eine Geldüberweisung ohne Kundenanweisung vor, tut sie dies auf eigenes Risiko. Es entsteht ihr keine Forderung gegen den Kunden auf Rückerstattung des überwiesenen Geldbetrages. Umgekehrt wird die Forderung des Kunden gegen die Bank nach Massgabe des Kontostandes durch die Geldüberweisung nicht geschmälert. Dem Kunden entsteht also kein Schaden; die Frage der Sorgfaltspflichtsverletzung stellt sich nicht 4A_536/2008 (10.2.09) E. 5.2, 4A_438/2007 (29.1.08) E. 5.1 fr. Es ist aber nicht ungewöhnlich, dass die von den Parteien für anwendbar erklärten Allgemeinen Geschäftsbedingungen der Bank mit Bezug auf das Nichterkennen von Fälschungen das Risiko auf den Bankkunden abwälzen, soweit kein grobes Verschulden der Bank vorliegt 132 III 449/452 f. E. 2.

Zur Sorgfaltspflicht der Bank bei der Entgegennahme von Checks siehe unter Art. 1112 (121 III 69/70 ff.); zur Haftung der Empfängerbank gegenüber dem Auftraggeber bei der Kettenüberweisung siehe unter Art. 398 Abs. 3 und 399 Abs. 3. Siehe auch unten/Haftung des Vermögensverwalters. 37

Haftung des Bergbahnunternehmens/Skiliftbetreibers. Das Bergbahnunternehmen, das ein Skigebiet erschliesst und Skipisten anlegt und unterhält, haftet auch für die Pistensicherheit als eine vertragliche Nebenpflicht zum Transportvertrag. Das Bergbahnunternehmen (in casu eine Luftseilbahn) hat in diesem Fall für die Verkehrssicherung auf den Pisten und den Rettungsdienst zu sorgen; ferner trifft sie eine Informations- und Warnungspflicht betreffend den Pistenzustand und das Lawinenrisiko 113 II 246 ff. Konkretisierung der Pistensicherungspflicht: Feste Objekte, wie Skiliftmasten oder Bäume, sind entweder aus dem Skibereich zu entfernen oder durch geeignete Vorrichtungen (z.B. Polsterung) zu sichern, wobei blosse Warnzeichen nicht genügen. Sicherungsmassnahmen haben auch Hindernisse am Pistenrand zu erfassen, sofern diese eine besondere Gefahrenquelle darstellen 121 III 358/360 f. E. 4a. Skifahrer sind insbesondere vor Gefahren auf oder am Rande der Piste zu schützen, welche nicht ohne Weiteres erkennbar sind und sich daher als eigentliche Fallen erweisen 4C.258/2000 (30.11.00) E. 2a fr. (Haftung in casu bejaht). Wie weit die Pflicht zu Vorsichtsmassnahmen zum Schutz der Skipistenbenützer im Einzelnen reicht, entscheidet sich danach, was dem Bergbahnunternehmen zumutbar ist und von ihm vernünftigerweise erwartet werden darf 126 III 113/114 ff. E. 2 Pra 2000 (Nr. 185) 1134 ff. (Haftung des Skiliftbetreibers in casu verneint). 38

Haftung des Bergführers. *Anwendungsfall* 4C.257/2002 (28.8.03) E. 4 fr. (in casu Verletzung der Sorgfalts- und Schutzpflichten verneint). 39

Haftung des Fiduziars. Das Auftragsrecht auferlegt dem Fiduziar Sorgfaltspflichten (Art. 398), deren Nichtbeachtung eine haftungsbegründende Vertragsverletzung darstellt 108 Ib 186/192 f. E. 5a (in casu Bank). Zum fiduziarischen Rechtsverhältnis siehe unter Art. 18 Abs. 1/Fiduziarisches Rechtsverhältnis. 40

Haftung des Frachtführers. (Widerklageweise geltend gemachte) Schadenersatzansprüche eines Frachtführers gegen den von ihm eingesetzten Zwischenfrachtführer wegen entgangener Aufträge infolge des grob fehlerhaften Verhaltens des vom Frachtführer eingesetzten Zwischenfrachtführers (in casu analoge Anwendung von Art. 449) 107 II 238/243 ff. E. 5 (siehe auch unter Art. 399 Abs. 2). 41

Haftung des Mäklers. Siehe unter Art. 415. 42

Haftung des Notars. *Anwendungsfall* 50 II 46/48 ff. E. 1, 2 fr. (in casu Verantwortlichkeit eines Notars nach Auftragsrecht, der auf die Anfrage betreffend ein bereits bestehendes Nottestament ungenügende Auskunft gibt). Der Notar, der Klientengelder auf Bankkonti überweist, die auf seinen Namen lauten, muss in Erfüllung seines Auftrages (in casu verbunden mit einem depositum irregulare, Art. 481) die von der Bank bezahlten Zinsen den betreffenden Klienten gutschreiben 118 Ib 312/314 f. E. 2c fr. (in casu steuerrechtlicher Entscheid/kein Anspruch des Notars auf Rückerstattung der auf diesen Kapitalerträ- 43 gen erhobenen Verrechnungssteuer). – Die *Kantone* können den Notaren auch ausserhalb von Art. 61 besondere Sorgfaltspflichten auferlegen 70 II 221/223 ff. E. 1.

44 Zur *öffentlichen Beurkundung* siehe unter Art. 11 und 216.

45 Zu den Fällen, in denen für die Haftung des Notars nicht die auftragsrechtlichen Bestimmungen, sondern *Art. 41 ff. bzw. kantonale Normen* zur Anwendung kommen, siehe unter Art. 61 Abs. 1/Öffentlicher Beamter oder Angestellter.

46 **Haftung des Rechtsanwalts.** Der Rechtsanwalt haftet grundsätzlich für jedes, somit auch für leichtes Verschulden 117 II 563/567 E. 2a Pra 1992 (Nr. 185) 685. Allerdings trägt der Rechtsanwalt nicht die Verantwortung für spezifische Risiken, die mit der Bildung und Durchsetzung einer Rechtsauffassung an sich verbunden sind. Wegen dieser der Anwaltstätigkeit innewohnenden Risiken gilt, dass der Rechtsanwalt nicht für jede Handlung oder Unterlassung einzustehen hat, die aus nachträglicher Betrachtung den Schaden bewirkt oder vermieden hätte; vielmehr haftet er (seinem Klienten) nur dann, wenn sein Fehlverhalten als eine *Verletzung allgemein anerkannter und praktizierter Regeln* erscheint 127 III 357/359 E. 1, 4A_380/2016 (1.11.16) E. 4.1. Zur sorgfältigen Mandatsführung gehört neben der Abklärung des Sachverhaltes auch die Prüfung der Rechtslage 4C.80/2005 (11.8.05) E. 2.2.1. Zu den Sorgfaltspflichten des Rechtsanwaltes gehört die Kenntnis von klarem, nicht interpretationsbedürftigem Recht, dessen Missachtung durch den Rechtsanwalt sich auch nicht mit Verweis auf eine abweichende kantonale Übung rechtfertigen lässt 127 III 357/362 E. 3d (in casu Verkennen der Rechtswirkungen der gerichtlichen Genehmigung einer Scheidungskonvention). Der Klient darf mit anderen Worten erwarten, dass der Rechtsanwalt die einschlägigen Gesetze, die Rechtsprechung der oberen und obersten Gerichtsinstanzen und die herrschende Lehre kennt. Der Rechtsanwalt seinerseits darf nur Aufträge entgegennehmen, die Rechtsbereiche betreffen, in denen er sich entweder auskennt oder in nützlicher Frist die notwendigen Kenntnisse aneignen kann. Übersteigen die im Einzelfall geforderten Kenntnisse diejenigen des Anwalts, hat dieser einen Spezialisten beizuziehen 4P.317/2001 (28.2.02) E. 6 fr. Unter dem Gesichtspunkt der Anwaltshaftung darf von einem Anwalt nicht verlangt werden, dass er sämtliche Entscheide des Bundesgerichts kennt, die mittels Internet oder Fachzeitschriften öffentlich zugänglich gemacht werden. Das Bundesgericht publiziert seine Leitentscheide in der amtlichen Sammlung. Diese amtliche Publikation ist grundsätzlich entscheidend für die Frage, ab welchem Zeitpunkt ein Anwalt von einer neuen Rechtsprechung Kenntnis haben sollte 134 III 534/539 E. 3.2.3.3. Die publizierte kantonale Rechtsprechung hat der Anwalt jedenfalls in seinem örtlichen Wirkungskreis zu konsultieren 4C.80/2005 (11.8.05) E. 2.2.1. Unter die elementaren Regeln, die der Rechtsanwalt zu kennen und zu befolgen hat, fallen auch die Einhaltung der Verjährungs- und Verwirkungsfristen. Vor der Geltendmachung einer verjährten Forderung hat der Anwalt seinen Klienten über die Rechtslage zu informieren; hängt die Möglichkeit der Geltendmachung einer verjährten Forderung des Käufers oder Bestellers überdies von einer Mängelrüge ab, die noch rechtzeitig erfolgen kann (Art. 201, 370), so hat der Anwalt seinen Klienten ohne Verzug zu orientieren, nötigenfalls die Mängelrüge beim Verkäufer oder Unternehmer (Pra: Besteller) selber zu erheben Pra 1983 (Nr. 283) 765 f. E. 1, 3b (in der amtlichen BGE-Sammlung nicht veröffentlicht), 106 II 250/253 f. E. 3 Pra 1981 (Nr. 35) 76 f., 87 II 364/368 ff. E. 1, 3 (in casu Armenanwalt/Versäumung der Frist für die Vaterschaftsklage;

Ermässigung der Ersatzpflicht gemäss Art. 43 Abs. 1 und 44 Abs. 1 abgelehnt), 89 I 164 (in casu Irrtum über die Zulässigkeit eines Beweismittels). Der Rechtsanwalt haftet, wenn er einen klar erkennbaren Irrtum in den Instruktionen zur Eintragung eines Bauhandwerkerpfandrechts nicht berichtigt (in casu falsche Bezeichnung der zu belastenden Parzelle) 117 II 563/568 f. E. 3 Pra 1992 (Nr. 185) 686 f. – *Haftung für unsorgfältige Beratung.* Ein Anwalt verletzt seine Sorgfaltspflicht, wenn er seinen Mandanten in Verkennung der offensichtlich guten Erfolgschancen vom Weiterzug eines Urteils abhält. Der Mandant, der daraus Schadenersatzansprüche ableitet, hat zu beweisen, dass er im betreffenden Rechtsmittelverfahren obsiegt hätte 4A_53/2008 (19.5.08) E. 2 (wo den vorinstanzlichen Überlegungen zugestimmt wird). *Haftung für Fristversäumnis.* Versäumt der Anwalt eine Klagefrist, haftet er dem Klienten für den daraus entstehenden Schaden nur so weit, als angenommen werden darf, dass die Klage, wäre sie fristgerecht erfolgt, gutgeheissen worden wäre 87 II 364/372 ff., 4C.231/2003 (26.11.03) E. 1 it. *Haftung für unterlassene Rechtsvorkehr.* Steht ein Schaden aufgrund einer sorgfaltswidrig unterlassenen gerichtlichen Geltendmachung von Ansprüchen und damit ein hypothetischer Kausalverlauf infrage, ist der Kausalzusammenhang zwischen Sorgfaltspflichtverletzung und Schaden dann zu bejahen, wenn die unterlassene Rechtsvorkehr mit überwiegender Wahrscheinlichkeit zum Erfolg geführt hätte 4C.225/2000 (8.3.01) E. 2a, Anwendungsfall 4C.256/2006 (12.10.06) E. 5.2–5.4. *Haftung für verspätete Leistung von gerichtlich verlangten Kostenvorschüssen.* Ist eine Zahlungsanweisung via Telebanking deswegen der Bank nicht zugegangen, weil im selben Zeitpunkt, da die Anweisung gesendet wurde, ein Stromausfall die EDV-Anlage der Anwaltskanzlei ausser Betrieb gesetzt hat, begeht der Anwalt eine Sorgfaltspflichtverletzung, wenn er sich nicht gleich – zum Beispiel per Telefon – vergewissert, dass die Anweisung die Bank tatsächlich erreicht hat, sondern den Bericht des Informatikspezialisten (in casu 13 Tage später) abwartet, obwohl die vom Gericht gesetzte Frist zur Leistung der Kostenvorschüsse inzwischen abläuft 4C.2/2005 (30.3.05) E. 4.2 fr. – Aus der auftragsrechtlichen Treuepflicht ergibt sich für den Rechtsanwalt, dass dieser den Klienten über die Schwierigkeit und die Risiken der Geschäftsbesorgung umfassend aufzuklären hat 127 III 357/360 E. 1d, 4A_380/2016 (1.11.16) E. 4.1. – Wer nicht imstande ist, auch bei grosser Geschäftslast gewissenhaft zu arbeiten, muss sich entlasten, nötigenfalls durch Ablehnung von Aufträgen 87 I 217/222 (in casu Patentanwalt). – Der Anwalt hat *Mitteilungen über laufende Rechtsmittelfristen* seinem Klienten eingeschrieben zuzustellen oder sich rechtzeitig bei ihm zu vergewissern, ob dieser sich mit dem Urteil abfinden oder es weiterziehen will (in casu Entscheid über ein Gesuch nach aOG Art. 35 um Wiederherstellung einer versäumten Frist) 106 II 173/174 f., vgl. 110 Ib 94/95 E. 2 Pra 1984 (Nr. 124) 331. Der Anwalt hat dafür zu sorgen, dass das Büro auch bei seiner Abwesenheit in der Lage ist, die Fristen einzuhalten (keine Wiederherstellung nach aOG Art. 35 einer versäumten richterlichen Frist, wenn die Versäumung dem Verschulden eines Angestellten des Parteivertreters zuzuschreiben ist) 85 II 46/48 fr. – Bedient sich der Rechtsanwalt zur Erfüllung der Kostenvorschusspflicht eines Erfüllungsgehilfen (in casu Versicherungsgesellschaft), so muss er sich das Verhalten der Hilfsperson wie ein eigenes anrechnen lassen (Art. 101). Hilfsperson ist dabei nicht nur, wer der Autorität des Anwalts untersteht, sondern jeder Erfüllungsgehilfe; ein ständiges Rechtsverhältnis zur Hilfsperson ist nicht nötig (in casu Fall von aOG Art. 35; mangelnde Instruierung der Versicherungsgesellschaft durch den Rechtsanwalt) 107 Ia 168/169 f.

E. 2, 114 Ib 67/68 ff. E. 1, 2, vgl. ferner 119 II 232/234 f. E. 2. Legt der berufsmässige Beauftragte (in casu Rechtsanwalt) ein Rechtsmittel ein, von dem er wissen muss, dass es nicht offensteht, so kann keine Umwandlung von Amtes wegen in ein anderes Rechtsmittel stattfinden (verfahrensrechtlicher Entscheid) 120 II 270/272 E. 2 Pra 1996 (Nr. 18) 43 f. Der von einer Bank mit der Führung eines Zivilprozesses betraute Anwalt untersteht dem Bankgeheimnis 121 IV 45/46 ff. E. 2. – Für eine *Herabsetzung der Honorarforderung* genügt nicht, dass nicht ausgeschlossen werden kann, dass der Auftraggeber bei rechtzeitiger Kenntnis einer Pflichtverletzung durch den Beauftragten den Auftrag widerrufen hätte; vielmehr bestimmt sich nach dem gewöhnlichen Lauf der Dinge, wie der Auftraggeber bei korrekter Vertragserfüllung gestellt wäre (in casu bestand die Pflichtverletzung darin, dass der Rechtsanwalt entgegen Vereinbarung es unterliess, den Klienten jeweils zu informieren, wenn wieder Anwaltskosten von CHF 3000 aufgelaufen waren. Eine Honorarreduktion wegen Verletzung dieser Nebenpflicht wurde verneint) 4C.463/2004 (16.3.05) E. 2.4.1. – Zum Anbieten eines telefonischen Rechtsberatungsdienstes (Telebusiness)/Standesrecht vgl. 124 I 310/313 ff. E. 3–6 it. – Zur Haftung des Rechtsanwaltes eines Geschädigten wegen eines angeblich verfrüht und unter Zugrundelegung einer zu niedrigen Haftungsquote des Schädigers abgeschlossenen Vergleiches vgl. 4C.410/1999 (23.2.00) E. 3 und 4. – Zum anwaltlichen Berufsgeheimnis im Zivilprozess vgl. 4A_313/2018 (17.12.18) E. 3.6.4 Pra 2020 (Nr. 15) 159. – Zur strafrechtlichen Verantwortlichkeit wegen Verletzung des Berufsgeheimnisses vgl. StGB Art. 321, 112 Ib 606/606 ff. E. b und c.

47 **Haftung des Steuerberaters.** Ein Steuerberater, der mit der Besorgung der Steuerangelegenheiten seines Auftraggebers betraut wird, hat entsprechend dem Zweck des Auftrags die steuerliche Belastung des Auftraggebers so gering wie möglich zu halten. Gleichzeitig darf aber der Auftraggeber erwarten, dass der Beauftragte die massgeblichen Gesetze sowie die publizierte höchstrichterliche Rechtsprechung und die Standardliteratur kennt. Um im Einklang mit dem Recht zu handeln, hat sich der Beauftragte soweit erforderlich durch zweckgerichtete Abklärungen – allenfalls durch Einholung von Auskünften beim Spezialisten – kundig zu machen. Entsteht dem Auftraggeber deswegen ein Schaden (in casu Strafsteuerfolgen), weil der Beauftragte erforderliche Abklärungen betreffend Recht und Praxis unterliess, haftet Letzterer wegen Sorgfaltspflichtverletzung. Der Umstand, dass nicht *klares, eindeutiges Recht* betroffen war, ändert nichts an der Pflicht zur sorgfältigen Abklärung 4C.316/2001 (7.2.02) E. 2.

48 **Haftung des Spediteurs.** Siehe unter Art. 439.

49 **Haftung des Tierarztes.** Der Tierarzt haftet nach ähnlichen Kriterien wie der Arzt 93 II 19/20 ff. E. 1, 2 fr. Zur Haftung des Arztes siehe oben.

50 **Haftung der Treuhandgesellschaft.** Führt eine Treuhandgesellschaft eine banktypische Tätigkeit aus (in casu aufgrund eines Auftrages und Depotvertrages), kommt ihre Stellung derjenigen einer Bank gleich. Beschränkt sich die Treuhandgesellschaft darauf, punktuelle Anordnungen des Kunden auszuführen, trifft sie zwar keine allgemeine Pflicht, auf Gefahren hinzuweisen, welche eine bestimmte Anlage mit sich bringt. Anders verhält es sich indes, wenn für sie erkennbar ist, dass der Kunde bei einer über sie abgewickelten

oder durch sie begleiteten Geldanlage sich der übernommenen Gefahren nicht bewusst ist oder wenn ein derartiges Vertrauensverhältnis besteht, dass der Kunde in guten Treuen eine Aufklärung über die Gefahren erwarten kann 131 III 377/380 f. E. 4.1 Pra 2006 (Nr. 31) 220.

Haftung des Vermögensverwalters. Auf den Vermögensverwaltungsvertrag (Definition in 4C.171/2000 [6.12.00] E. 2a fr.) sind die auftragsrechtlichen Regeln anwendbar 138 III 755/759 E. 4.2, 137 III 393/395 E. 2.1, 132 III 460/464 E. 4.1. Das Mass der Sorgfalt des Vermögensverwalters bestimmt sich nach objektiven Kriterien. Erforderlich ist die Sorgfalt, die ein gewissenhafter Beauftragter in der gleichen Lage bei der Besorgung der ihm übertragenen Geschäfte anzuwenden pflegt. Höhere Anforderungen sind an den Beauftragten zu stellen, der seine Tätigkeit berufsmässig, gegen Entgelt, ausübt 4A_364/2013 (5.3.14) E. 6.1. Personen und Unternehmen, die sich berufsmässig mit dem Anlagegeschäft befassen, unterstehen bei der Anbahnung und Abwicklung von Verträgen über die Vermögensverwaltung einer besonderen Aufklärungspflicht; das gilt auch für Anlageberater und -vermittler, die auf dem Gebiet des börsenmässigen Handels mit Terminoptionen spezialisiert sind 124 III 155/162 E. 3a. Wer die berufsmässige Verwaltung des Vermögens anderer wahrnimmt, untersteht besonderen Aufklärungs-, Informations- und Warnpflichten. Welche Aufklärungs-, Informations- und Warnpflichten den Vermögensverwalter im Verhältnis zum Auftraggeber treffen, bestimmt sich nach Massgabe des Inhalts der Vertragsbeziehung zwischen beiden Parteien einerseits und des Wissensstandes des Auftraggebers sowie der Art des infrage stehenden Rechtsgeschäfts andererseits. Dem Vermögensverwalter obliegt auch, sich durch Befragung einlässlich über den Wissensstand und die Risikobereitschaft des Auftraggebers zu informieren. Eine Warnpflicht trifft den Vermögensverwalter insbesondere dann, wenn er dem Auftraggeber Geschäfte vorschlägt, die erfahrungsgemäss sehr spekulativ und risikobehaftet sind. Der in Geschäften der fraglichen Art unerfahrene Auftraggeber muss auf das Verlustrisiko, welches solchen Geschäften innewohnt, und auf das Risiko, dass das investierte Geld in kurzer Zeit verloren gehen kann, aufmerksam gemacht werden. Der Aufklärungspflicht genügt es nicht, nur pauschal auf das Verlustrisiko hinzuweisen, wenn gleichzeitig irreal hohe Gewinne in Aussicht gestellt werden 4C.51/2005 (5.7.05) E. 3.2 fr., 4A_140/2011 (27.6.11) E. 3.1. Der Kunde ist hinsichtlich der Risiken der beabsichtigten Investitionen aufzuklären, nach Bedarf in Bezug auf die einzelnen Anlagemöglichkeiten sachgerecht zu beraten und vor übereilten Entschlüssen zu warnen, wobei diese Pflichten inhaltlich durch den Wissensstand des Kunden einerseits und die Art des infrage stehenden Anlagegeschäfts anderseits bestimmt werden. Kennt aber der Kunde die Risiken der Spekulationstätigkeit, braucht er keine Aufklärung 133 III 97/102 E. 7.1.1, 124 III 155/162 f. E. 3a, 4A_364/2013 (5.3.14) E. 6.6.1. Zu den Sorgfaltspflichten des Vermögensverwalters gehört das Erstellen eines *Kundenprofils* vor oder gleichzeitig mit dem Abschluss des Vermögensverwaltungsvertrages (vgl. auch 4A_223/2007 [30.8.07] E. 6.2.3). Das Kundenprofil dient insbesondere dem Zweck, das Ausmass des Risikos zu bestimmen, das der Kunde bei der Anlage seines Geldes eingehen will und nach seinen Lebensumständen auch eingehen kann (sog. subjektive und objektive Risikofähigkeit des Kunden). Allerdings kommt dem Kundenprofil hinsichtlich der Risikofrage keine rechtliche Bedeutung zu, falls die tatsächlich getroffenen Abmachungen in diesem Punkt eindeutig sind. Hat sich der Auftraggeber vertraglich 51 mit einer riskanten, spekulativen Anlagepolitik einverstanden erklärt, kann er sich nicht nachträglich darauf berufen, ein (korrekt erstelltes) Kundenprofil hätte ergeben, dass eine konservative, primär auf Erhaltung des Vermögens ausgerichtete Anlagepolitik seinen persönlichen Verhältnissen angemessen gewesen wäre 4A_364/2013 (5.3.14) E. 6.5.1, 4C.158/2006 (10.11.06) E. 3.3.1 und 3.3.2. Die Pflichten des Vermögensverwalters erfassen meist auch eine Überwachungspflicht hinsichtlich der Kundenanlagen 4A_364/2013 (5.3.14) E. 6.2. Der Vermögensverwalter hat den Börsenkurs der von ihm für seine Kunden angelegten Wertpapiere zu überwachen und bei drohenden Verlusten die geeigneten Massnahmen zu treffen. Welche Massnahmen in einer solchen Situation zu ergreifen sind, beurteilt sich in erster Linie nach den vertraglichen Vereinbarungen mit dem Auftraggeber. Bestehen bezüglich der vom Vermögensverwalter zu befolgenden Anlagepolitik nur sehr allgemein gehaltene vertragliche Abmachungen, kommt dem Vermögensverwalter ein weiter Ermessensspielraum zu, der auch die Wahl einer langfristigen Anlagepolitik einschliessen kann, was bei einer allgemeinen Baisse an der Börse grundsätzlich ein «Aussitzen» erlaubt, wenn Anzeichen dafür bestehen, dass die Börsenkurse allgemein oder speziell jene der angelegten Titel wieder steigen werden 4C.158/2006 (10.11.06) E. 3.2 (in casu Verneinung der Pflicht des Vermögensverwalters, im Fall des Sinkens der Börsenkurse um 20% die für den Kunden gekauften Aktien zu veräussern, da vom Kunden kein entsprechender «stop-loss order» nachgewiesen werden konnte). Räumt der Kunde dem Vermögensverwalter für die Vermögensverwaltung grosse Freiheiten ein, begeht dieser nur dann eine Sorgfaltspflichtverletzung, wenn die von ihm getätigten Finanzoperationen bei objektiver Betrachtung unvernünftig sind 4A_90/2011 (22.6.11) E. 2.2.3 fr. (in casu Verneinung einer Pflichtverletzung wegen zu hoher Konzentration von Wertpapieren aus dem Technologiebereich). – Wer als berufsmässiger Vermögensverwalter seine Dienste anbietet, hat solche Fähigkeiten (Kenntnisse) zu besitzen, wie sie aufgrund seiner Sorgfaltspflicht gemäss Art. 398 Abs. 2 gefordert sind. Besitzt der beauftragte Vermögensverwalter diese Fähigkeiten nicht, so liegt bereits in der Übernahme einer solchen Tätigkeit ein haftungsbegründendes Übernahmeverschulden 4C.126/2004 (15.9.04) E. 2.2 Pra 2005 (Nr. 63) 489 (in casu Haftung des Vermögensverwalters, der es unterliess, beim Kauf von Optionen die zu Absicherungszwecken vertraglich erlaubte Menge korrekt zu ermitteln, sodass nur gerade 43% der gekauften Optionen durch den Vertrag gedeckt waren). – Anwendungsfall (in casu berufsmässig und entgeltlich handelnder Vermögensverwalter/Vermögensverwaltung, bei der die Vermögenserhaltung und nicht die Vermögensvermehrung im Vordergrund stand) 115 II 62/64 ff. E. 3. Vgl. auch 119 II 333/335 E. 5. – Zur Vermögensverwaltung unter Ehegatten vgl. Vorb. Art. 394–406/ Weiteres. – Zur Haftung der vermögensverwaltenden Bank vgl. oben unter Haftung der Bank.

52 **Haftung des Willensvollstreckers.** Der Willensvollstrecker unterliegt den gleichen Haftungsnormen wie der Beauftragte, sodass auch auf ihn die Grundsätze von Art. 398 anwendbar sind. Es ist Sache der geschädigten Erben, die Pflichtverletzung durch den Willensvollstrecker, den Schaden und den Kausalzusammenhang zwischen diesen beiden Elementen nachzuweisen 101 II 47/53 ff. E. 2, 5C.311/2001 (6.3.02) E. 2b. Gibt es mehrere Willensvollstrecker, so haften sie solidarisch (Art. 403 Abs. 2, ZGB Art. 518 Abs. 3) 142 III 9/10 E. 4.1 Pra 2017 (Nr. 11) 96, 101 II 47/53 f. E. 2, 5C.119/2004 (23.12.04)

E. 2.2, es sei denn, der Erblasser hätte die Aufgaben unter ihnen klar verteilt 142 III 9/11 E. 4.1 Pra 2017 (Nr. 11) 96. Dem Grundsatz nach muss der Willensvollstrecker seine Aufgaben persönlich wahrnehmen (Art. 398 Abs. 3, Art. 399 Abs. 1). Er kann sich jedoch in eigener Verantwortung Hilfspersonen für die Erfüllung besonderer Aufgaben bedienen. Im Falle einer rechtmässigen Substitution ist der Willensvollstrecker für die Sorgfalt verantwortlich, mit der er den Dritten ausgewählt und Anweisungen erteilt hat (Art. 399 Abs. 2) 142 III 9/11 E. 4.2 Pra 2017 (Nr. 11) 97. – Zur Verantwortlichkeit des Willensvollstreckers gegenüber einer Quotenvermächtnisnehmerin 144 III 217/219 ff. E. 5.

Haftung des Zahnarztes. Siehe unter Haftung des Arztes oben. 53

Abs. 3 Als *«übungsgemäss zulässig»* gilt die Übertragung der Geschäftsbesorgung auf einen Dritten auch dann, wenn der Auftraggeber von vornherein weiss, dass der Erstbeauftragte zur persönlichen Ausführung ausserstande ist (in casu Geldüberweisung mithilfe des Bankenclearingsystems; vertraglicher Direktanspruch des Überweisenden gegen die sich weisungswidrig verhaltende Empfängerbank) 121 III 310/313 f. E. 4. Ist der Beauftragte aufgrund eines Liegenschaftsverwaltungsvertrages berechtigt, die Eigentümer (in casu eine Erbengemeinschaft) einer Liegenschaft im mietrechtlichen Verfahren zu vertreten, so ist der Beizug eines Rechtsanwaltes «übungsmässig zulässig», sofern nicht die besondere Vertrauensbeziehung zwischen den Parteien eine persönliche Ausübung der Prozessführung durch den Beauftragten erfordert 4P.162/2000 (25.1.01) E. 2c. Siehe auch unter Art. 399 Abs. 2 und 3. 54

b. Bei Übertragung der Besorgung auf einen Dritten

Art. 399

1 Hat der Beauftragte die Besorgung des Geschäftes unbefugterweise einem Dritten übertragen, so haftet er für dessen Handlungen, wie wenn es seine eigenen wären.

2 War er zur Übertragung befugt, so haftet er nur für gehörige Sorgfalt bei der Wahl und Instruktion des Dritten.

3 In beiden Fällen kann der Auftraggeber die Ansprüche, die dem Beauftragten gegen den Dritten zustehen, unmittelbar gegen diesen geltend machen.

Dritter. Unterbeauftragter 110 II 183/186 f. E. 2b Pra 1984 (Nr. 178) 491. 1

Abs. 2 Nach der neueren Lehre ist die Bestimmung differenziert und restriktiv auszulegen; somit ist auch bei erlaubter Substitution u.a. danach zu unterscheiden, ob der Beauftragte für den Erfolg seiner Dienst- oder Arbeitsleistung garantiert hat und ob die Substitution im Interesse des Auftraggebers (z.B. Beizug eines Spezialisten durch einen beauftragten Arzt oder Anwalt) oder im Interesse des Beauftragten selbst (z.B. zur Vergrösserung seiner geschäftlichen Kapazität oder seines Umsatzes) erfolgt ist; im letzteren Fall dann volle Haftung 107 II 238/245 (in casu keine abschliessende Stellungnahme des Bundesgerichts zu dieser Lehre, da Art. 449 analog angewendet wurde), 118 II 112/114 E. 2 it. (in casu Sorgfaltspflicht des Pfandgläubigers bei freihändiger Pfandverwertung, ZGB Art. 891). Substituiert der Beauftragte im eigenen Interesse, so haftet er gemäss 2

Art. 101 Abs. 1 (vgl. 117 II 563/568 E. 3a Pra 1992 (Nr. 185) 686: Der Praktikant des Rechtsanwalts ist Hilfsperson. 4P.317/2001 [28.2.02] E. 5 fr.: Der unter Aufsicht und gemäss Weisungen des «Partners» arbeitende angestellte Anwalt ist Hilfsperson); zieht er hingegen im Interesse des Auftraggebers einen Spezialisten bei, so beschränkt sich die Haftung gemäss Art. 399 Abs. 2 112 II 347/353 f. E. 2 (in casu Haftung nach Art. 101, wenn eine auf die Schätzung von Kunstgegenständen spezialisierte Unternehmung einen Experten des Mutterhauses beizieht), 4P.317/2001 (28.2.02) E. 5 fr. (in casu Beizug eines anderen Partners desselben Anwaltsbüros als Substitution gewertet). – A fortiori findet die Bestimmung Anwendung, wenn der Auftrag von Anfang an dahin geht, einen Dritten mit der Ausführung zu betrauen (in casu Auftrag an eine inländische Bank, bei einer ausländischen ein Akkreditiv zugunsten des Lieferanten des Auftraggebers zu bestellen) 51 II 550/559 f.

3 Der vom Spediteur befugterweise eingesetzte Zwischenspediteur ist Substitut im Sinne der Bestimmung und nicht Hilfsperson nach Art. 101 103 II 59/61 f. E. 1a. Zieht die zur Schätzung des Wertes eines Kunstgegenstandes verpflichtete Spezialunternehmung einen Fachmann *ihres Mutterhauses* bei, so haftet sie für dessen fehlerhafte Schätzung nach Art. 101 und nicht nach dem für den Beauftragten milderen Art. 399 Abs. 2 112 II 347/354 E. 2b.

4 ***Abs. 3*** Der direkte Anspruch des Auftraggebers gegen den Substituten ist nicht davon abhängig, ob dieser den Beauftragten durch sein Verhalten geschädigt hat. Der Hauptauftraggeber ist gegenüber dem Substituten weisungsberechtigt, und dieser wird schadenersatzpflichtig, wenn er eine solche Weisung nicht befolgt (in casu Kettenüberweisung mithilfe des Bankenclearingsystems) 121 III 310/314 f. E. 4a. Der Direktanspruch des Hauptauftraggebers ist vertraglicher Natur und verjährt in zehn Jahren (Art. 127) 121 III 310/317 E. 5a. Zu den Ansprüchen gehören auch das Widerrufsrecht gemäss Art. 404 sowie das Recht, gemäss Art. 397 und 398 Abs. 2 Weisungen über die Abwicklung des Geschäftes zu erteilen 110 II 183/186 f. E. 2b Pra 1984 (Nr. 178) 491 f. (in casu Weisungen des *Erben* des Oberauftraggebers an den Unterbeauftragten). – Die Bestimmung gibt dem (Ober-)Auftraggeber eine direkte Klage gegen den Unterbeauftragten, nicht aber diesem eine direkte Klage gegen den Oberauftraggeber 41 II 268/271 E. 3. Der Oberauftraggeber hat gegen den Unterbeauftragten nicht mehr Rechte als der Beauftragte und Unterauftraggeber. Der Unterbeauftragte kann dem Oberauftraggeber alle Einreden und Einwendungen entgegenhalten, die ihm gegen den Unterauftraggeber zustehen 91 II 442/447 E. 3.

3. Rechenschaftsablegung

Art. 400

[1] Der Beauftragte ist schuldig, auf Verlangen jederzeit über seine Geschäftsführung Rechenschaft abzulegen und alles, was ihm infolge derselben aus irgendeinem Grunde zugekommen ist, zu erstatten.

[2] Gelder, mit deren Ablieferung er sich im Rückstande befindet, hat er zu verzinsen.

Abs. 1 **Allgemeines.** Die Bestimmung findet unabhängig von den persönlichen Beziehungen zwischen Auftraggeber und Beauftragtem (in casu Mutter und Sohn) Anwendung 110 II 181/182. – Der Auftraggeber kann seinen Ablieferungsanspruch nicht durchsetzen, ohne die Auslagen und Verwendungen des Beauftragten zu ersetzen, und der Beauftragte kann die Erfüllung seiner Forderung nicht verlangen, ohne die Gegenleistung zu erbringen (in casu unentgeltlicher Auftrag; analoge Anwendung von Art. 82) 94 II 263/267 E. 2, 3. Will der Beauftragte die Herausgabe des in Ausführung des Auftrages Erlangten zurückbehalten, bis der Auftraggeber das geschuldete Honorar beglichen hat, stehen ihm hierzu grundsätzlich das dingliche Retentionsrecht (ZGB Art. 895), das Leistungsverweigerungsrecht (Art. 82) und das von der Rechtsprechung und Lehre herausgebildete obligatorische Retentionsrecht zur Verfügung; ein obligatorisches Retentionsrecht an nicht verwertbaren Akten ist – vorbehältlich abweichender Vereinbarung – grundsätzlich ausgeschlossen 122 IV 322/326 ff. E. 3. – Mehrgliedrige Geldüberweisung: Die Banken können unter Umständen die Überweisung unter Verweis auf eine offensichtliche Gesetzes- oder Sittenwidrigkeit des Valutaverhältnisses verweigern, ohne schadenersatzpflichtig zu werden; akzeptieren sie jedoch den Überweisungsauftrag und führen sie ihn aus, muss dies vertrags- bzw. weisungskonform geschehen, andernfalls der Auftraggeber fordern kann, dass ihm der dafür belastete Betrag erneut gutgeschrieben oder die Überweisung entsprechend seiner Order vorgenommen wird 124 III 253/258 E. 3c. – Das Recht des Auftraggebers auf Rechenschaftsablegung durch den Beauftragten findet seine Schranke in ZGB Art. 2 (Rechtsmissbrauch): Rechtsmissbräuchlich verhält sich der Auftraggeber, wenn er vom Beauftragten Rechenschaft verlangt, obwohl er die gewünschten Informationen bereits innehat oder sie in seinen eigenen Akten finden kann, während der Beauftragte sie nur unter grossem Aufwand abrufen könnte, oder wenn der Auftraggeber jahrelang und ohne Vorbehalt keine Rechenschaft verlangt hat und nun eine solche fordert, obschon keine neuen Sachverhaltselemente aufgetreten sind, die dies rechtfertigen würden 4C.206/2006 (12.10.06) E. 4.3 fr. (in casu Rechtsmissbrauch bejaht). – Prozessuales. Die Pflichten des Beauftragten zur Rechenschaft und Herausgabe sind selbständige Nebenleistungspflichten, die Gegenstand einer Erfüllungsklage des Auftraggebers bilden können 4A_263/2017 (6.2.18) E. 3.2 fr., 141 III 564/568 E. 4.2.2 Pra 2016 (Nr. 80) 753, 138 III 728/732 E. 2.7 Pra 2013 (Nr. 35) 288 f., 5A_768/2012 (17.5.13) E. 4.1 fr., 4C.151/2001 (23.10.01) E. 6b. 1

Rechenschaft. Das Auskunftsrecht muss es dem Auftraggeber ermöglichen zu überprüfen, ob die Tätigkeit des Beauftragten der ordnungsgemässen und getreuen Ausführung des Auftrags entspricht, und gegebenenfalls Schadenersatz aufgrund der Haftung des Beauftragten zu verlangen. Aufgrund der erhaltenen Informationen kann der Auftraggeber auch den Gegenstand der Rückgabepflicht kennen. Die Auskunftspflicht kann sich auch auf den Inhalt interner Dokumente beziehen, soweit dies für die Kontrolle der Tätigkeit des Vertreters von Bedeutung ist 141 III 564/567 E. 4.2.1 Pra 2016 (Nr. 80) 752, 139 III 49/54 E. 4.1.2, 4A_353/2019 (14.6.20) E. 3. Die Rechenschaftsablegung als Vertragspflicht des Beauftragten kann selbständig eingeklagt werden 4C.151/2001 (23.10.01) E. 6b, 4A_263/2017 (6.2.18) E. 3.2 fr. Aus Art. 400 Abs. 1 wird abgeleitet, dass der Beauftragte bei der Rechnungsstellung nach Zeitaufwand Angaben über die erbrachten Bemühungen machen muss. Die Umschreibung der erbrachten Leistung muss so detailliert sein, 2 dass sie überprüfbar ist. Dem Richter steht hinsichtlich der Anforderungen an die Detaillierung einer Rechnung ein Ermessensspielraum zu.4A_459/2013 (22.1.14) E. 5.2.2. Für die Rechenschaftsablegung bedarf es nicht notwendigerweise Quittungen, sondern es genügen jene schriftlichen Aufzeichnungen, die der Beauftragte nach Vertrag gehalten ist über seine Tätigkeit zu verfassen. Ferner hat er die zur Abrechnung gehörenden Belege zu unterbreiten. Dem Beauftragten steht es jedoch offen, in anderer Weise als durch Vorlage von Belegen zu beweisen, dass er die betreffenden Verwendungen tatsächlich gemacht hat 4A_413/2007 (10.12.07) E. 3.3 fr., 110 II 181/182 f. E. 2. – Die Erben des Beauftragten haben das Recht, von der Bank alle Auskünfte über das Vermögen des Verstorbenen am Todestag zu erhalten. Sie sind nur dann berechtigt, von der Bank Auskünfte über Zahlungen und Überweisungen zu erhalten, die auf Anordnung des Erblassers vor seinem Tod erfolgten, wenn sie als Erben durch diese Vorgänge nachteilig betroffen sind 4A_383/2019 (30.3.20) E. 2.2 fr., 4A_522/2018 (18.7.19) E. 4 fr. – Gemeinschaftsdepot bei einer Bank: Diese ist gegenüber den Auftraggebern zur Rechenschaft verpflichtet; daraus ergibt sich auch der Anspruch der Auftraggeber auf Akteneinsicht, dem das Bankgeheimnis zu weichen hat 101 II 117/120 f. E. 5, vgl. auch 133 III 664/668 E. 2.6. – Eine Bank, die fiduziarisch handelt, ist als Beauftragte dem Treugeber gegenüber rechenschaftspflichtig 112 III 90/95 E. 4b Pra 1987 (Nr. 73) 276 (zur Rechenschaftspflicht gegenüber den Betreibungsbehörden 99 E. 6 fr.), 114 II 45/50 E. 4c Pra 1988 (Nr. 203) 755 f. (in casu Verhältnis zwischen Korrespondenzbank und Akkreditivbank). – Das Auftragsverhältnis erlischt mit dem Tod des Arztes (Art. 405 Abs. 1); die Verpflichtung der Erben gegenüber den Patienten beschränkt sich im Wesentlichen auf die Rechenschaftsablage, die Herausgabe und die Abrechnung (Art. 400 und 402) 119 II 222/226 E. 2b/cc. – Aus dem Wesen der Universalsukzession im Sinn von ZGB Art. 560 folgt, dass die vertraglichen Auskunftsansprüche auf die Erben übergehen, soweit sie nicht höchstpersönliche Rechte des Erblassers beschlagen, wobei diese Ansprüche jedem Erben einzeln zustehen 133 III 664/667 E. 2.5. Aber: Das Berufsgeheimnis des Anwalts schränkt das Recht der Erben des Auftraggebers auf Rechenschaftsablegung nach Art. 400 ein 135 III 597/602 E. 3.4 Pra 2010 (Nr. 52) 382 f. – *Verfahren* (aOG Art. 48, ZPO GE Art. 324 Abs. 2 lit. b/Anordnung vorsorglicher Massnahmen): Die Anordnung, einem Erben Rechenschaft über die Geschäftsführung abzulegen, ist ein berufungsfähiger Endentscheid 126 III 445/446 ff. E. 3 fr.

3 **Ablieferungspflicht.** ***Allgemeines.*** Die Pflicht zur Ablieferung ist – wie die Rechenschaftspflicht – ein zentrales Element der Fremdnützigkeit des Auftrags. Die Herausgabepflicht lässt sich als Konkretisierung der Treuepflicht nach Art. 398 Abs. 2 verstehen. Sie garantiert die Einhaltung der Treuepflicht und stellt insofern eine präventive Massnahme zur Wahrung der Interessen des Auftraggebers dar, indem sie der Gefahr vorbeugt, der Beauftragte könnte sich aufgrund der Zuwendung eines Dritten veranlasst sehen, die Interessen des Auftraggebers nicht ausreichend zu berücksichtigen. Die Ablieferungspflicht bezieht sich auf alle Vermögenswerte, die in einem inneren Zusammenhang mit der Auftragsausführung stehen. Der Beauftragte darf nur solche Vermögenswerte behalten, die er bei Gelegenheit der Auftragsausführung erhalten hat. Von der Ablieferungspflicht betroffen sind nicht nur Vermögenswerte, die der Beauftragte direkt vom Auftraggeber zur Auftragserfüllung erhalten hat, sondern auch alle Vorteile, die dem Beauftragten infolge der Auftragsausführung von Dritten (z.B. Retrozessionen, Bucheffekten, Wertpapiere, Rabat-

te, Provisionen, Früchte, sogar Schmiergelder usw.) zugekommen sind, und zwar unabhängig davon, ob diese Vermögenswerte nach dem Willen des Dritten ausschliesslich dem Beauftragten zugutekommen sollten oder nicht. Der Beauftragte soll durch den Auftrag – abgesehen von einem allfälligen Honorar – weder gewinnen noch verlieren; er hat daher alle Vermögenswerte herauszugeben, die in einem inneren Zusammenhang zur Auftragsausführung stehen. Behalten darf der Beauftragte nur, was er lediglich bei Gelegenheit der Auftragsausführung, ohne inneren Zusammenhang mit dem ihm erteilten Auftrag, von Dritten erhält 143 III 348/353 ff. E. 5.1 Pra 2018 (Nr. 131) 1244 ff. (Retrozessionen), 138 III 755/759 ff. E. 4.2, 5 und 8 (in casu der Bank zugeflossene Bestandespflegekommissionen), 138 III 137/141 E. 5.3.1, 137 III 393/395 E. 2.1, 132 III 460/464 f. E. 4.1. – *Zeitpunkt der Ablieferung.* In Ermangelung anderer vertraglicher Abmachung hat der Beauftragte dem Auftraggeber die während der Vertragsausführung erlangten Vermögenswerte sofort nach ihrem Erwerb herauszugeben, sofern er sie nicht für die Vertragserfüllung benötigt 4C.125/2002 (27.9.02) E. 3.1 in fine. – *Dispositiver Charakter des Art. 400 Abs. 1.* Eine Vereinbarung, wonach der Auftraggeber auf die Ablieferung bestimmter, auch künftig anfallender Werte verzichtet, ist zulässig. Für einen gültigen Verzicht muss der Auftraggeber allerdings die Parameter kennen, die zur Berechnung des Gesamtbetrags dieser Werte notwendig sind und einen Vergleich mit dem vereinbarten Honorar des Beauftragten erlauben. 138 III 755/771 ff. E. 6 (in casu Frage des Verzichts auf Bestandespflegekommissionen, die der vermögensverwaltenden Bank entrichtet werden) und 137 III 393/398 ff. E. 2.4 und 2.5 (in casu Frage des Verzichts auf die Ablieferung von im Rahmen der Vermögensverwaltung anfallenden Retrozessionen) – *Verjährung.* Der Herausgabeanspruch des Auftraggebers (in casu Mäklervertrag, Art. 412 ff.) verjährt in zehn Jahren (Art. 127) 81 II 358/365 f. E. 3. Die Verjährung beginnt nicht schon mit der Übergabe der Vermögenswerte an den Beauftragten, sondern grundsätzlich erst mit Beendigung des Vertragsverhältnisses infolge gegenseitiger Übereinkunft, Ablaufs der vereinbarten Dauer, Widerrufs oder Kündigung (Änderung der Rechtsprechung; der Umstand, dass der Beauftragte die ihm übergebenen Vermögenswerte veruntreut oder sie ihm abhandenkommen, bewirkt nicht ohne Weiteres die Beendigung des Vertragsverhältnisses) 91 II 442/449 ff. E. 5. – *Umfang.* Offengelassen, ob die hingegebene Geldsumme oder die vom Beauftragten damit erworbenen Wertpapiere bzw. deren Wert abzuliefern sind 91 II 442/455 E. 6. – Der Beauftragte kann die Rückgabe von ihm zur Auftragsausführung (in casu Erstellung einer Buchhaltung) überlassenen Unterlagen nicht davon abhängig machen, dass der Auftraggeber ihm Décharge erteile (keine Anwendung von Art. 82, da die Entlastung nicht Vertragsgegenstand ist, sondern lediglich eine der Vertragsauflösung zum Schutz der vormaligen Vertragspartei nachgehende Erklärung darstellt; der Beauftragte kann somit erst hinterher auf Entlastung klagen) 78 II 376/378. Anwendungsfall 54 II 283/287 f. E. c (in casu Pflicht zur Rückerstattung von Geld, das im Hinblick auf eine dann nicht zustande gekommene Ehe hingegeben wurde).

4. Übergang der erworbenen Rechte

Art. 401

[1] Hat der Beauftragte für Rechnung des Auftraggebers in eigenem Namen Forderungsrechte gegen Dritte erworben, so gehen sie auf den Auftraggeber über, sobald dieser seinerseits allen Verbindlichkeiten aus dem Auftragsverhältnisse nachgekommen ist.

[2] Dieses gilt auch gegenüber der Masse, wenn der Beauftragte in Konkurs gefallen ist.

[3] Ebenso kann der Auftraggeber im Konkurse des Beauftragten, unter Vorbehalt der Retentionsrechte desselben, die beweglichen Sachen herausverlangen, die dieser in eigenem Namen, aber für Rechnung des Auftraggebers zu Eigentum erworben hat.

▪ Zweck (1) ▪ Anwendung (2) ▪ Abs. 1 Subrogation (3) ▪ Weiteres (4) ▪ Abs. 2 und 3 Konkurs (5) ▪ Abs. 3 (6)

1 **Zweck.** Der Regelungsgedanke geht dahin, die Wirkungen der indirekten Stellvertretung soweit möglich denjenigen der direkten anzugleichen 117 II 429/432 Nr. 80.

2 **Anwendung.** Die Bestimmung ist auf *alle Auftragsverhältnisse* anwendbar, einschliesslich solche, die eine indirekte Stellvertretung umschliessen (in casu Reisebüro als indirekter Stellvertreter einer Fluggesellschaft bezüglich des Verkaufs von Flugkarten) 108 II 118/121 E. 2 Pra 1982 (Nr. 176) 450, vgl. auch 114 II 45/52 E. 4e Pra 1988 (Nr. 203) 756 ff. (in casu Verhältnis zwischen Korrespondenzbank und Akkreditivbank), 122 III 361/364 E. 3a (die Legalzession und das Aussonderungsrecht an Forderungen und beweglichen Sachen finden jedoch nur Anwendung, wenn ein Auftragsverhältnis vorliegt, in dessen Rahmen der Beauftragte Vermögenswerte zwar in eigenem Namen, aber auf Rechnung des Auftraggebers von Dritten erworben hat). Die Bestimmung findet auch dann Anwendung, wenn der Beauftragte, der in eigenem Namen für Rechnung des Auftraggebers Forderungen erwirbt, sich als solidarischer Mitschuldner oder Garant des Drittschuldners verpflichtet 108 II 118/122 E. 3 Pra 1982 (Nr. 176) 451. – Schliesslich kann sich auch der Fiduziant im Treuhandverhältnis auf Art. 401 berufen (nicht unter die Subrogation fällt ein im Grundbuch auf den Namen des Fiduziars eingetragenes Grundstück) 99 II 393/397 Pra 1974 (Nr. 121) 364, 115 II 468/471 E. 1b (in casu fiduziarische Gründung einer AG), 130 III 312/316 E. 5.1 (Treuhandanlagen), vgl. auch 123 IV 132/139 E. 4b/bb.

3 ***Abs. 1*** **Subrogation.** Die Subrogation wird von Gesetzes wegen begründet (vgl. 111 II 458/461 E. 3b, 112 II 444/448 E. 4 Pra 1988 [Nr. 62] 247), sobald die Voraussetzungen von Art. 401 Abs. 1 erfüllt sind; eine Mitwirkung des Beauftragten ist nicht erforderlich 102 II 297/301 E. 2c, 115 II 468/471 E. 2b. Art. 401 Abs. 1 verlangt die Erfüllung der Verpflichtungen aus dem konkreten Auftragsverhältnis (in casu Treuhandverhältnis, vgl. auch 115 II 468/470 ff. E. 2), das zur Begründung der Forderung gegen den Dritten geführt hat. Demgegenüber hindern aus anderen Rechtsverhältnissen zwischen den gleichen Parteien herrührende Verpflichtungen den Eintritt der Subrogation nicht 4C.123/1997 (2.3.04) E. 4.1. Auf die erfolgte Subrogation kann sich auch der Drittschuldner gegenüber dem Beauftragten und direkten Vertragspartner berufen 4C.123/1997 (2.3.04) E. 4.2. Für die Legalzession gemäss Art. 401 Abs. 1 gelten die *Vorschriften von*

Art. 164 ff. über die rechtsgeschäftliche Abtretung von Forderungen, insbesondere jene über die Einreden des Schuldners (Art. 169). Zu den Einreden, welche dem Drittschuldner auch nach Subrogation gemäss 401 Abs. 1 erhalten bleiben, gehört das Recht zur Verrechnung gegenüber dem Beauftragten (in casu einem Fiduziar). Dieses Verrechnungsrecht kann der Dritte also auch dem Auftraggeber (in casu einem Fiduzianten), auf den die Forderung übergegangen ist, entgegenhalten, und zwar nicht nur für solche Forderungen des Dritten gegenüber dem Beauftragten, die mit dem Auftragsverhältnis (in casu Treuhandanlage) zusammenhängen, sondern auch für Forderungen aus anderen Rechtsgründen wie z.B. aus Krediten, die der Dritte dem Beauftragten gewährt hat. Allerdings steht dieses Verrechnungsrecht nur dem gutgläubigen Dritten zu, der den Treuhandcharakter der übergegangenen Forderung nicht kannte und nicht kennen musste 130 III 312/316 f. E. 5.2, vgl. auch 99 II 393/399 E. 8a Pra 1974 (Nr. 121) 366, 115 II 468/471 E. 2c. Die Subrogation kann jederzeit geltend gemacht werden, wenn die Voraussetzungen der Bestimmung gegeben sind 112 III 90/96 E. 4c Pra 1987 (Nr. 73) 276 (in casu Treuhandverhältnis, Pfändung der Forderung des Treugebers). Eine Forderung kann nur so lange Gegenstand einer Subrogation sein, als sie nicht durch gültige Erfüllung an den Beauftragten erloschen ist 102 II 297/302 E. 2. Umfang der Legalzession: In casu umfasste die Legalzession auch gesellschaftsrechtliche Mitwirkungsrechte bezüglich einer Namenaktie 124 III 350/351 ff. E. 2. – Fiduziarische Aktienzeichnung: Besteht zwischen dem Strohmann und der Hinterperson ein Auftragsverhältnis, so gehen die Mitgliedschaftsrechte gemäss Art. 401 auf die Hinterperson über, wenn das Auftragsverhältnis endet 123 IV 132/139 E. 4b/bb.

Weiteres. Anwendungsfall 67 II 226/229 f. – Anwendung der Bestimmung in einem Widerspruchsverfahren nach SchKG 102 III 94/99. – Fiduziarische Gründung einer AG: Erst wenn das Treuhandverhältnis endet, erfolgt der Rechtsübergang von Gesetzes wegen. Dabei darf selbst bei erfolgter Legalzession der Drittschuldner den Fiduziar noch so lange als Gläubiger betrachten, bis ihm der Forderungsübergang angezeigt wird (Art. 167) 115 II 468/472 E. 2c. Zum Umfang der Legalzession bei Rechten aus Aktien 115 II 468/472 f. E. 2e. 4

Abs. 2 und 3 **Konkurs.** Die Bestimmung (als Ausnahme von SchKG Art. 197) bezieht sich nur auf Forderungen und bewegliche Sachen, die der Beauftragte im Rahmen der *ordentlichen* Ausführung des Auftrages in eigenem Namen auf Rechnung des Auftraggebers *erwirbt* (dies trifft weder zu, wenn der Beauftragte über sein Postcheckkonto für den Auftraggeber Mietzinse einkassiert [damit erwirbt er keine Forderung im Sinne der Bestimmung gegen die Mieter bzw. das Postcheckamt], noch, wenn er in Anbetracht seiner Zahlungsunfähigkeit diese Mietzinsgelder auf ein spezielles Konto überweist, auf dem sie mit anderen Summen vermischt werden und über das er frei verfügen kann [eine solche Überweisung gehört nicht in den Rahmen der ordentlichen Auftragserfüllung und birgt die Gefahr einer Bevorzugung einzelner Gläubiger in sich; zudem ist die betreffende Summe nicht individualisiert]). Die Bestimmung ist in der Regel nicht anwendbar auf eine Geldsumme, die der Beauftragte *vor* seinem Konkurs einkassiert hat; ob eine Ausnahme dann zu machen ist, wenn das einkassierte Geld einem Sonderkonto des Auftraggebers gutgeschrieben wird und von andern Mitteln des Beauftragten getrennt bleibt, hängt von den Umständen des Einzelfalls ab 102 II 03/106 ff. E. I, II Pra 1976 (Nr. 251) 627 ff. (Prä- 5 zisierung der in 99 II 393/398 E. 7 Pra 1974 (Nr. 121) 365 begründeten Rechtsprechung; vgl. auch 102 II 297/302 f. E. 3). – Missachtet die Konkursmasse den Subrogationsanspruch des Berechtigten, so hat dieser gegen sie eine Ersatzforderung gemäss SchKG Art. 262 Abs. 1 108 II 118/122 E. 2 Pra 1982 (Nr. 176) 450. – Dem Konkurs ist die Nachlassliquidation gleichzusetzen (Entscheid zu Abs. 2) 122 III 361/364 E. 3a.

6 ***Abs. 3*** Der auszusondernde Geldbetrag muss hinreichend individualisiert sein 127 III 273/276 E. 3. – *Fiduziarisches Rechtsverhältnis/Konkurs des Treuhänders:* Kein Aussonderungsrecht des Treugebers mit Bezug auf fiduziarisch übertragene Vermögenswerte 117 II 429/430 ff. E. 3.

III. Verpflichtungen des Auftraggebers

Art. 402

[1] Der Auftraggeber ist schuldig, dem Beauftragten die Auslagen und Verwendungen, die dieser in richtiger Ausführung des Auftrages gemacht hat, samt Zinsen zu ersetzen und ihn von den eingegangenen Verbindlichkeiten zu befreien.

[2] Er haftet dem Beauftragten für den aus dem Auftrage erwachsenen Schaden, soweit er nicht zu beweisen vermag, dass der Schaden ohne sein Verschulden entstanden ist.

▪ Abs. 1 und 2 (1) ▪ Abs. 1 Allgemeines (2) ▪ Verwendungsersatz/Befreiung von den eingegangenen Verpflichtungen (3) ▪ In richtiger Ausführung des Auftrages (6) ▪ Zins (7) ▪ Weiteres (8) ▪ Abs. 2 Allgemeines/Anwendungsbereich (9) ▪ Verschulden (10) ▪ Weiteres (11)

1 ***Abs. 1 und 2*** *Verwendung* (Abs. 1) ist ein freiwilliger, *Schaden* (Abs. 2) ein unfreiwilliger Vermögensverlust; der Unterschied ist jedoch nicht scharf: Wer im Interesse eines andern eine Sache bewusst einer Gefahr aussetzt, hat im Fall der Verwirklichung der Gefahr den Verlust gewollt und gleich gehandelt, wie wenn er eine Verwendung gemacht hätte (in casu Einkaufskommission, Art. 431 Abs. 1/Schaden durch Kursverlust auf den vom Einkaufskommissionär eingedeckten fremden Werten vor Vertragsausführung; jedoch Einrede der mangelnden Sorgfalt gemäss Art. 398 Abs. 1) 59 II 245/253 E. 5 und 256 f. E. 6.

2 ***Abs. 1*** **Allgemeines.** Mangels abweichender Vereinbarung findet *Art. 82* (Leistung Zug um Zug) Anwendung (sowohl beim entgeltlichen wie auch beim unentgeltlichen Auftrag) 94 II 263/267 f. E. 2, 3, 4a. Aufgrund der dispositiven Natur der Bestimmung (Anwendungsbeispiel: 4C.17/2003 [28.1.2004] E. 3.3 Pra 2004 [Nr. 117] 663 f.) können die Parteien insbesondere die Fälligkeit der verschiedenen Ansprüche auf Verwendungsersatz besonders umschreiben, gegenüber der gesetzlichen Regelung vorverlegen oder hinausschieben; solche Abreden können auch stillschweigend erfolgen, z.B., wenn sie sich aus dem Zweck eines bestimmten Geschäftes oder aus der damit verbundenen Übung ergeben (in casu Akkreditivgeschäft: «Zahlung gegen Dokumente» ist der Grundsatz, auf dem das ganze Dokumentenakkreditivgeschäft beruht) 78 II 42/51 f. – Gesellschaftsrechtliche Sonderregeln gehen vor 116 II 316/317 f. E. 2b.

3 **Verwendungsersatz/Befreiung von den eingegangenen Verpflichtungen.** ***Allgemeines.*** Verwendung im Sinne der Bestimmung ist jede durch die richtige Ausführung des

Auftrages begründete Aufwendung, bestehe sie in der Ausgabe von Geld, in der Übernahme von Verpflichtungen oder in irgendwelcher andersgearteter Verminderung des Vermögens des Beauftragten. Aufwendungen im engeren Sinn sind in Geld zu vergüten; von eingegangenen Verpflichtungen dagegen hat der Auftraggeber den Beauftragten zu befreien, d.h., es steht diesem der sog. Liberationsregress zu. Der Beauftragte kann Befreiung verlangen, sobald seine Verbindlichkeit gegenüber dem Dritten entstanden ist 78 II 42/51. – Kein Ersatzanspruch besteht beim Putativauftrag 94 II 37/40 E. 5.

Anwendungsfälle. Auftrag an die Bank, vom Konto des Auftraggebers Geld an einen Dritten auszuzahlen: Indem die Bank eigene Vermögenswerte weggibt, entsteht ihr ein Anspruch auf Erstattung des bezahlten Geldbetrages zuzüglich Auslagen gegen den Auftraggeber 4A_59/2009 (7.9.09) E. 5.3.2 fr. – Auftrag an eine inländische Bank, bei einer ausländischen Bank zugunsten des Lieferanten des Auftraggebers ein Akkreditiv zu eröffnen: Für ohne ihr Verschulden erfolgte ordnungswidrige Auszahlungen aus dem Akkreditiv und diesbezügliche Belastungen durch die ausländische Bank kann sich die inländische Bank unter dem Gesichtspunkt der Aufwendung an den Auftraggeber halten 51 II 550/560 ff. E. 3, 4. – Depot bei einer Bank: Erhält sie vom Hinterleger den Auftrag, einem Dritten (in casu ausländischer Staat, der über den Hinterleger eine Zwangsverwaltung verfügt hat) die Herausgabe des Depots zu verweigern, so hat der Hinterleger die Folgen eines Arrestes über Guthaben der Bank im betreffenden Staat zu tragen 46 II 440/442 ff. fr. 4

Befreiung von den eingegangenen Verpflichtungen. 88 II 162/169 E. 4 Pra 1962 (Nr. 142) 427, 120 II 34/34 f. E. 6d Pra 1995 (Nr. 147) 477 (in casu Befreiung des Beauftragten von der Schadenersatzpflicht aus einem Vertrag nach Art. 111). 5

In richtiger Ausführung des Auftrages. Der Satzteil «in richtiger Ausführung des Auftrags» ist insofern missverständlich, als er zu sagen scheint, dass der Beauftragte bei Schlechterfüllung des Auftrages seinen Anspruch auf Ersatz seiner Aufwendungen verliert, was in 110 II 283/285 f. E. 3 offenbar auch so verstanden wurde. Dies ist aber nicht die wirkliche Bedeutung des Art. 402 Abs. 1. Richtigerweise ist diese Gesetzesbestimmung so zu verstehen, dass Auslagen und Verwendungen des Beauftragten diesem dann zu ersetzen sind, wenn sie bei objektiver Betrachtungsweise notwendig gewesen sind, um den Auftrag auszuführen, oder den Anweisungen des Auftraggebers entsprechen. Deswegen sind Aufwendungen im Sinne des Art. 402 Abs. 1 auch dann zu ersetzen, wenn der Auftrag zwar schlecht erfüllt wurde, die Auswirkungen der Schlechterfüllung aber durch Schadenersatzleistung beseitigt worden sind und auch die korrekte Auftragsausführung die infrage stehenden Verwendungen verursacht hätte 4C.199/2004 (11.1.05) E. 10.3.2.1 fr. Unberechtigte Auslagen und Verwendungen sind von vornherein durch den Mandatskonsens nicht gedeckt, weshalb der Auftraggeber den Ersatz unnötiger oder überhöhter Auslagen ablehnen darf 4A_128/2011 (1.7.11) E. 3.2. 6

Zins. Anwendungsfall 57 II 324/328 Nr. 50. 7

Weiteres. Die *Honorarforderungen des Arztes und des Rechtsanwalts* entstehen in der Regel erst nach Abschluss der gesamten Tätigkeit; Ausnahmen z.B., wenn viertel- oder halbjährliche Rechnungsstellung üblich ist 139 V 244/248 E. 3.3.3, 53 III 154/155 f., bei verschiedenen Behandlungen vgl. 87 II 155/157 E. 2. Das Auftragsverhältnis erlischt mit dem Tod des Arztes (Art. 405 Abs. 1); die Verpflichtung der Erben gegenüber den Patienten 8 beschränkt sich im Wesentlichen auf die Rechenschaftsablage, die Herausgabe und die Abrechnung (Art. 400 und 402) 119 II 222/226 E. 2b/cc. – *Anwaltshonorar/Kostenvorschuss:* Ein Kostenvorschuss stellt eine bedingte Vorauszahlung dar, deren Zweck darin besteht, die Forderungen des Anwalts auf Honorar und Auslagenersatz, die im Zeitpunkt ihrer Entstehung fällig werden, durch Verrechnung zu tilgen. Dazu bedarf es in der Regel nicht einmal einer ausdrücklichen Verrechnungserklärung. Anderseits kann der Auftraggeber den Vorschuss nicht jederzeit, sondern erst im Zeitpunkt der Beendigung oder des Widerrufs des Auftrages und nur insoweit zurückfordern, als er noch nicht aufgebraucht ist 100 IV 227/229 E. 1. – Verhältnis Akkreditivbank–Korrespondenzbank/Fall, dass die Dokumente mit Wertpapiercharakter, die in das fiduziarische Eigentum der Akkreditivbank übergegangen sind, sich noch bei der Korrespondenzbank befinden: Diese hat ein Retentionsrecht oder wenigstens ein obligatorisches Rückbehaltungsrecht, bis die angewiesene Bank gemäss Art. 402 Abs. 1 von den eingegangenen Verbindlichkeiten befreit ist, die Auslagen ersetzt und die «Kommissionen» bezahlt sind 113 III 26/32 E. 3c (in casu Frage der Arrestierbarkeit von Akkreditivdokumenten im internationalen Akkreditivgeschäft).

9 *Abs. 2* **Allgemeines/Anwendungsbereich.** Den durch Zufall entstandenen Schaden (vgl. auch 46 II 440/444 fr.) trägt der Beauftragte; die Beweislast trifft den Auftraggeber 59 II 245/254. – Die Bestimmung ist nur auf den entgeltlichen Auftrag anwendbar; beim unentgeltlichen Auftrag hat der Auftraggeber dem Beauftragten den Schaden nach richterlichem Ermessen zu ersetzen, wie dies Art. 422 für die Geschäftsführung ohne Auftrag bestimmt 61 II 95/97 f. E. 3 (zur Unterscheidung entgeltlicher/unentgeltlicher Auftrag siehe unter Art. 394 Abs. 3).

10 **Verschulden.** Eine «culpa levissima» des Auftraggebers genügt 51 II 183/189 E. 3.

11 **Weiteres.** Anwendungsfall 77 II 368/369 ff. E. 2 (Nummernkonto bei einer Bank: Die beauftragte Bank verletzt ihre Sorgfaltspflicht [Art. 398 Abs. 2], falls sie telefonische Aufträge ausführt, ohne die Identität des Anrufers zu überprüfen, auch wenn der Inhaber des Kontos (Auftraggeber) die Kontonummer verschiedenen Geschäftspartnern mitgeteilt hat, was nicht als Verschulden im Sinne von Art. 402 zu werten ist). Auszahlung von Sparguthaben an einen Dritten aufgrund einer gefälschten Vollmacht/Verschulden beider Parteien des Kontoverhältnisses 111 II 263/265 E. 1c (Anwendung von Art. 402 Abs. 2 in casu offengelassen). Widerrechtliches Verhalten des Akkreditiv-Auftraggebers 111 II 76/79 E. 3b Pra 1985 (Nr. 180) 525 f.

IV. Haftung mehrerer

Art. 403

[1] Haben mehrere Personen gemeinsam einen Auftrag gegeben, so haften sie dem Beauftragten solidarisch.

[2] Haben mehrere Personen einen Auftrag gemeinschaftlich übernommen, so haften sie solidarisch und können den Auftraggeber, soweit sie nicht zur Übertragung der Besorgung an einen Dritten ermächtigt sind, nur durch gemeinschaftliches Handeln verpflichten.

Abs. 1 Diese Bestimmung sieht eine Solidarschuldnerschaft der Auftraggeber vor, nicht aber eine Solidargläubigerschaft. Deswegen kann jeder Auftraggeber seine Forderungen, insbesondere Schadenersatzansprüche, alleine geltend machen, ausser es läge eine unteilbare Leistung (Art. 70) vor 4C.70/2000 (10.4.00) E. 2. Art. 403 Abs. 1 ist analog anwendbar auf die Haftung mehrerer vollmachtloser Stellvertreter, wenn der «Vertretene» die Genehmigung verweigert (Art. 39) 58 II 429/429 f. – Haben mehrere zusammen dem Beauftragten den Auftrag erteilt, so können sie nur durch gemeinsame Erklärung den Auftrag widerrufen. Das gilt unabhängig davon, welches Verhältnis die Auftraggeber untereinander verbindet (sie brauchen insbesondere keine Gesamthandschaft wie z.B. Erbengemeinschaft zu sein), und auch dann, wenn wichtige Gründe für die Auftragsauflösung angeführt werden 4C.315/2002 (23.4.03) E. 4 it., vgl. auch 94 II 313/318 E. 6 Pra 1969 (Nr. 120) 404, 101 II 117/120. – Anwendungsfall: Haben beide Eltern das Einschreibformular einer Privatschule für das gemeinsame Kind unterschrieben, sind beide mit Bezug auf die Schulkosten solidarisch verpflichtet 4A_461/2018 (20.3.19) E. 4.4 fr. 1

Abs. 2 Nach dieser Bestimmung wird vermutet, dass zwei oder mehreren Beauftragten, welche gemeinsam beauftragt werden, eine Kollektivvollmacht erteilt wird, weswegen die Bevollmächtigten (in casu zwei Anwälte) bei der Kollektivvollmacht im Rahmen der aktiven Vertretung den Vollmachtgeber nur gemeinsam vertreten können. Demgegenüber gilt bei der passiven Vertretung die Regel, dass die Vertretungsmacht jedem Kollektivvertreter einzeln zusteht. Deshalb tritt die Vertretungswirkung auch dann ein, wenn eine Erklärung (in casu eine Aufforderung des Gerichts zur Leistung eines Kostenvorschusses) sich nur an einen einzelnen Kollektivvertreter richtet 4C.244/2005 (7.10.05) E. 2. Die Anwendbarkeit der Bestimmung setzt in erster Linie voraus, dass der Inhalt der Aufträge identisch ist 125 III 223/224 E. 6a Pra 1999 (Nr. 151) 808, 130 III 591/604 E. 5.5.3. *Analoge Anwendung* im öffentlichen Recht, wenn ein Befehl mehreren Personen gemeinschaftlich erteilt wird (in casu Verpflichtung des Vorstandes einer gelöschten Genossenschaft zur Wiedereintragung im Handelsregister; solidarische Haftung der Vorstandsmitglieder für die Entrichtung der Eintragungsgebühr) 58 I 326/331 E. 5. – *Nicht anwendbar* auf mehrere Testamentsvollstrecker, wenn der Erblasser ihre Arbeit aufgeteilt hat 78 II 123/129. 2

D. Beendigung

Vorb. Art. 404–406

Zur Frage, wann der einzelne Auftrag beendet ist bei mehreren Aufträgen zwischen den gleichen Parteien, vgl. 87 II 155/157 ff. E. 2, 3 (in casu Aufträge an einen Arzt; Verjährungsbeginn). 1

I. Gründe 1. Widerruf, Kündigung

Art. 404

¹ Der Auftrag kann von jedem Teile jederzeit widerrufen oder gekündigt werden.

² Erfolgt dies jedoch zur Unzeit, so ist der zurücktretende Teil zum Ersatze des dem anderen verursachten Schadens verpflichtet.

▪ Allgemeines (1) ▪ Abs. 1 Kündigung und Widerruf (2) ▪ Abs. 2 Unzeit (7) ▪ Anspruch auf Schadenersatz (8) ▪ Konventionalstrafe (10) ▪ Beweislast (11)

1 **Allgemeines.** Bei gemischten Verträgen, die Auftragselemente enthalten, und bei atypischen Auftragsverhältnissen neigt das Bundesgericht dazu, im Zweifelsfall Art. 404 für anwendbar zu erklären 4A_284/2013 (13.2.14) E. 3.5.1, 4C.447/2004 (31.3.05) E. 5.2 fr., so z.B. beim «Gesamtvertrag» 109 II 462/465 f. E. 3c, d, 110 II 380/382 E. 2, 127 III 543/544 f. E. 2a Pra 2001 (Nr. 194) 1179 f., 4C.60/2001 (28.6.01) E. 2a fr., 4C.14/2002 (5.7.02) E. 4.2 fr., 4C.91/2003 (25.8.03) E. 4.3.2 fr., 4C.259/2006 (23.10.06) E. 2 fr., beim gemischten Vertrag betreffend einen Intendanten, Solisten und Dirigenten 4A_129/2017 (11.6.18) E. 5 und 6 fr. sowie beim Internats- und Unterrichtsvertrag 4A_601/2015 (19.4.16) E. 1.2.1 fr., 4A_141/2011 (6.7.11) E. 2, 4A_237/2008 (29.7.08) E. 3.2 fr. – Der Chartervertrag gemäss Art. 94 ff. des BG über die Seeschifffahrt unter der Schweizer Flagge (SSG, SR 747.30) unterscheidet sich sowohl vom Transportvertrag wie vom Auftrag; keine Anwendung von Art. 404 115 II 108/111 E. 4c Pra 1989 (Nr. 255) 913, 4A_201/2016 (1.3.17) E. 3.2 fr. – Keine Anwendung von Art. 404 auf den Anschlussvertrag eines Arbeitgebers mit einer Sammel- oder Gemeinschaftsstiftung (Innominatvertrag) 120 V 299/305 E. 4b fr. Keine (analoge) Anwendung von Art. 404 auf den Franchisevertrag, welcher zwar auch Elemente eines einfachen Auftrages (z.B. eines Beratervertrages) enthalten kann, der aber als Dauerschuldverhältnis betreffend die Vertragsauflösung anderen Regeln unterliegt 4C.228/2000 (11.10.00) E. 4 (in dem auf die zutreffenden Erwägungen [E. 6a–6c] der Vorinstanz verwiesen wird). – Anwendung von Art. 404 auf einen Zusammenarbeitsvertrag zwischen einem selbständigen («externen») Vermögensverwalter und einer Bank, die den Kunden des Vermögensverwalters als Depotbank oder Kommissionär dient. Dieser ist ein Innominatvertrag, der sich aus einem gemischten Vertrag mit Auftragselementen und einem Vertrag sui generis zusammensetzt 4C.447/2004 (31.3.05) E. 3.2 und 5.2 fr.

2 ***Abs. 1*** **Kündigung und Widerruf.** ***Allgemeines.*** Das Recht, den Vertrag jederzeit zu kündigen bzw. zu widerrufen, darf weder vertraglich ausgeschlossen noch eingeschränkt werden; die Parteien können auch nicht im Voraus darauf verzichten 106 II 157/159 f. E. 2b Pra 1980 (Nr. 228) 596, 115 II 464/465 ff. E. 2, 117 II 466/478 E. 5, 4A_141/2011 (6.7.11) E. 2.2, 4A_196/2020 (16.7.20) E. 6.1 (zwingende Natur des Art. 404 Abs. 1 bestätigt). Die Rechtfertigung der Bestimmung ist darin zu erblicken, dass der Beauftragte meistens eine ausgesprochene Vertrauensstellung einnimmt, es aber keinen Sinn hat, den Vertrag noch aufrechterhalten zu wollen, wenn das Vertrauensverhältnis zwischen den Parteien zerstört ist 104 II 108/115 f. E. 4. Nicht gegen Art. 404 verstösst die Übernahme einer Verpflichtung zum Abschluss eines Vertrages mit einem Dritten oder zur Vermittlung eines mit einem Dritten zu schliessenden Vertrages, mag dieser Vertrag auch ein Auftrag sein. Denn die eingegangene Verpflichtung zugunsten des Dritten ist vom Vertrag, auf dessen Abschluss der Promittent hinzuwirken sich verpflichtet hat, klar zu trennen 4C.299/2006 (28.11.06) E. 2.2 fr.

3 ***Konventionalstrafe.*** Das Kündigungs- bzw. Widerrufsrecht darf nicht durch die Vereinbarung einer Konventionalstrafe erschwert werden 4A_237/2008 (29.7.08) E. 3.3 fr., 109 II 462/467 E. 4, 104 II 108/116 E. 4. Zulässig ist die Vereinbarung einer Konventionalstrafe für Vertragsverletzungen im Rahmen eines Auftrages. Art. 404 will nur die Möglich-

keit der jederzeitigen einseitigen Vertragsauflösung schützen; er verbietet den Parteien aber nicht die Festlegung von Vertragsstrafen für die Verletzung vertraglicher Vereinbarungen, soweit eben das Kündigungs- bzw. Widerrufsrecht nicht eingeschränkt oder aufgehoben wird 4A_237/2008 (29.7.08) E. 3.4 fr. (in casu Verstösse gegen die elementaren Regeln der Hausordnung eines Internates). – Frei widerruflicher Mäklervertrag (Art. 412 Abs. 2)/Vereinbarung einer Konventionalstrafe für verschiedene mögliche Vertragsverletzungen in der irrigen Meinung, sie sei auch im Falle eines Widerrufs vor Ablauf der vereinbarten Vertragsdauer geschuldet (in casu Anwendung von Art. 20 Abs. 2): Der «vorzeitige» Widerruf ändert weder an einer bereits begangenen Vertragsverletzung etwas noch berührt er eine dafür verfallene Konventionalstrafe 103 II 129/130 f. E. 1.

Kündigungs- bzw. Widerrufserklärung. Der Umstand, dass der Widerruf vorerst nicht ausgesprochen, sondern an eine Bedingung und diese an eine Frist geknüpft wird, schadet nicht; der Widerrufende ist nicht gehalten, nach Ausfall der Bedingung den Widerruf noch ausdrücklich zu erklären (in casu Mäklervertrag, Art. 412 Abs. 2) 57 II 187/190 f. E. 1. – Mäklervertrag mit Ausschliesslichkeitsklausel (siehe im Einzelnen unter Art. 412 Abs. 1): In der Beauftragung eines weiteren Mäklers einen teilweisen Widerruf des Auftragsverhältnisses zu erblicken, käme nur in Betracht, wenn sie dem Vertragspartner mitgeteilt worden wäre 103 II 129/131. 4

Vergütungsanspruch. Für die Tätigkeit bis zu dem von ihm ausgesprochenen Widerruf hat der Frachtführer (Art. 440) ebenso wie der Beauftragte beim entgeltlichen Auftrag Anspruch auf eine dieser Tätigkeit entsprechende Vergütung. Nach ZGB Art. 8 hat der Beauftragte (in casu Frachtführer), der den Vertrag widerrufen hat (Abs. 1), die Elemente seines Vergütungsanspruchs darzutun, während es seinem Vertragsgegner obliegt, den allfälligen Schaden nachzuweisen, den ihm der Widerruf zur Unzeit verursacht hat (Abs. 2) 109 II 231/233 E. 3c/aa Pra 1984 (Nr. 12) 34. – Mäklervertrag (Art. 412)/Widerruf durch den Auftraggeber: Der Mäkler hat für seine spätere Tätigkeit keinen Provisionsanspruch, auch wenn sie von Erfolg gekrönt ist; hingegen bleibt der Provisionsanspruch aus den bis zum Widerruf vollzogenen Bemühungen gewahrt, auch wenn der Erfolg erst nach dem Widerruf eingetreten ist. Wird der Provisionsanspruch vertraglich davon abhängig gemacht, dass der angestrebte Vertrag bis zu einem bestimmten Zeitpunkt abgeschlossen sein muss, so fällt der Provisionsanspruch durch Zeitablauf dahin, auch wenn der spätere Erfolg durch die früheren Bemühungen herbeigeführt worden ist 57 II 187/192 E. 2. – Widerruft der Auftraggeber den Auftrag aus einem Grund, den er allein zu vertreten hat, so schuldet er in analoger Anwendung von Abs. 2 dem Beauftragten auch dann Ersatz für Auslagen und Aufwendungen, die dieser im Hinblick auf die Ausführung des übernommenen Auftrages gemacht hatte, wenn der Widerruf nicht zur Unzeit erfolgte (offengelassen, ob dabei ein Verschulden des Widerrufenden vorausgesetzt ist) 55 II 183/183 f. Nr. 38 (in casu Frachtvertrag, Art. 440). – *Kein Vergütungsanspruch* des Beauftragten, wenn der Vertrag vom Auftraggeber nicht aufgrund von Art. 404 Abs. 1, sondern gemäss den allgemeinen Regeln in Art. 107 und 109 aufgelöst wird 115 II 50/56 f. E. 3 fr. 5

Weiteres. Das freie Widerrufsrecht gilt auch bezüglich einer Architektenklausel als Vorvertrag (Art. 22) im Rahmen eines Liegenschaftskaufs: Widerruft der Käufer den Architektenvertrag, so hat er dem daraus Berechtigten nur dann Schadenersatz zu leisten, wenn er beim Liegenschaftskauf ihm gegenüber eine unerlaubte Handlung (z.B. eine absichtliche Täuschung) begangen hat 98 II 305/312 f. E. 4 (zur Qualifizierung des Archi- 6 tektenvertrages siehe unter Art. 363). – Bei der Prozessvollmacht ist anzunehmen, dass sie für die ganze Dauer des Prozesses gelten soll, was ihre Widerruflichkeit nicht ausschliesst 50 II 27/30 E. 1 (siehe auch unter Art. 405 Abs. 1). – Haben mehrere zusammen dem Beauftragten den Auftrag erteilt, so können sie nur durch gemeinsame Erklärung den Auftrag widerrufen. Das gilt unabhängig davon, welches Verhältnis die Auftraggeber untereinander verbindet (sie brauchen insbesondere keine Gesamthandschaft wie z.B. Erbengemeinschaft zu sein), und auch dann, wenn wichtige Gründe für die Auftragsauflösung angeführt werden 4C.315/2002 (23.4.03) E. 4 it., vgl. auch 94 II 313/318 E. 6 Pra 1969 (Nr. 120) 404 (Inhaber eines Gemeinschaftskontos). – Das jederzeitige Widerrufsrecht des Art. 404 Abs. 1 schliesst die Anwendung des Art. 107 nicht aus, der namentlich dem Gläubiger erlaubt, auf die Vertragserfüllung zu verzichten und stattdessen Ersatz des aus der Nichterfüllung entstandenen Schadens zu verlangen 4C.18/2005 (30.5.05) E. 2.1 fr. – Kein Widerruf des Auftragsverhältnisses zwischen Anwalt und Klient, wenn der dem Anwalt geleistete Kostenvorschuss durch einen Gläubiger des Klienten gepfändet wird 100 IV 227/229 E. 1. – Im zu beurteilenden Fall kein Widerruf des Auktionsvertrages durch ein dem Zuschlag vorausgehendes Scheingebot des Einlieferers 112 II 337/346. – Verhältnis der Bestimmung zum aAFG, insbesondere Art. 8 Abs. 3: Der Fondsleitung ist die Kündigung nur einzelner Verträge verwehrt 95 I 583/589 f. E. 3. – Zur Niederlegung eines Schiedsrichtermandates 140 III 75/78 f. E. 3.2.1 Pra 2014 (Nr. 87) 677, 117 Ia 166/169 f. E. 6c.

7 ***Abs. 2*** **Unzeit.** Die Annahme eines unzeitigen Widerrufs durch den Auftraggeber setzt voraus, dass der Beauftragte dazu keinen begründeten Anlass gegeben hat und die Vertragsauflösung für den Beauftragten hinsichtlich des Zeitpunkts und der von ihm getroffenen Dispositionen nachteilig ist 4A_275/2019 (29.8.19) E. 1.3.1. Anwendung auf einen Architektenvertrag 110 II 380. Ein begründeter Anlass ist nicht bereits dann gegeben, wenn die kündigende Partei kein Verschulden an ihrem Kündigungsgrund trifft, sondern erst, wenn sie den Vertrag aus einem Grund kündigt, welcher der anderen Partei vorzuwerfen ist, insbesondere wenn deren Verhalten das Vertrauensverhältnis zerrüttet 134 II 297/307 f. E. 5, 4A_275/2019 (29.8.19) E. 1.3.2, 4A_601/2015 (19.4.16) E. 1.2.1 fr. – Verzögert ein Bauherr ohne Zutun des Architekten die Ausführung des Bauvorhabens und zwingt er ihn dadurch, die bereits vorgenommenen Dispositionen rückgängig zu machen, so kann er sich nicht nachträglich darauf berufen, dass der Widerruf nun nicht mehr zur Unzeit erfolge, weil der Architekt inzwischen umdisponiert habe 110 II 380/385 E. 3. Bei einem Unterrichtsvertrag ist der Widerruf in der Regel unzeitig, wenn er mitten im Semester erfolgt 4A_141/2011 (6.7.11) E. 2.4, vgl. auch 4A_275/2019 (29.8.19) E. 1 (vertraglich vereinbarter pauschalisierter Schadenersatz für die Kündigung – in casu wegen Krankheit – während einer sechssemestrigen Ausbildung an einer Hotelfachschule). Anders verhält es sich aber, wenn eine Partei (in casu der Schüler) der anderen (in casu ein Internat) einen wichtigen Grund (in casu Verstoss gegen wichtige Hausregeln) zur sofortigen Vertragsauflösung gibt. In diesem Fall lässt sich auch bei einer Kündigung zur Unzeit kein Schadenersatzanspruch aus Art. 404 Abs. 2 ableiten 4A_237/2008 (29.7.08) E. 3.2 fr.

8 **Anspruch auf Schadenersatz.** ***Voraussetzungen.*** Der Begriff der Unzeitigkeit der Auflösung steht in enger Beziehung zum Schaden, den sie zur Folge hat. Der Beauftragte

kann wegen grundlosen Widerrufs einen Schadenersatzanspruch nur dann geltend machen, wenn er dadurch *besondere* Nachteile erlitten hat; denn der Widerruf ist erlaubt, selbst wenn er jeden objektiven Grundes entbehrt 106 II 157/160 f. E. 2c Pra 1980 (Nr. 228) 596 f., 110 II 380/383 E. 3b. – Der Beauftragte, der seine vertraglichen Pflichten verletzt (etwa Informationspflichten) oder der Gegenpartei sonst einen Grund zur Vertragsauflösung gegeben hat (z.B. leichte Nachlässigkeiten), kann sich nicht auf Art. 404 Abs. 2 berufen und hat keinen Anspruch auf Schadenersatz 4A_237/2008 (29.7.08) E. 3.3 fr., 4C.78/2007 (9.1.08) E. 5.4 fr., 4C.273/1999 (2.3.00) E. 4c fr., 104 II 317/319 ff. E. 5 fr. Schadenersatzpflicht des Auftraggebers, der den Auftrag überstürzt kündigt, obschon es dafür keinen sachlichen Grund gab 134 II 307.

Schaden. Schadenersatz ist nach Art. 404 Abs. 2 grundsätzlich im Ausmass des negativen Interesses zu leisten. So kann Ersatz verlangt werden für mit Blick auf den Auftrag getätigte, nutzlos gewordene Aufwendungen oder für Gewinn, auf den der Beauftrage verzichtet hat, um sich dem Auftrag zu widmen. Das Interesse an der Fortdauer des Auftrages wird dagegen nicht geschützt 4A_196/2020 (16.7.20) E. 6.1. Dispositionen, die mit Blick auf die provisorische Weiterführung eines Vertrages getroffen werden, gehören zum ersatzfähigen Schaden 134 II 297/306 E. 5 (Lohnzahlungen). – *Zum entgangenen Gewinn insbesondere:* Art. 404 Abs. 2 schliesst den Ersatz des entgangenen Gewinns aus dem gekündigten Auftrag grundsätzlich aus. Dagegen umfasst er auch den Gewinn, der dem Beauftragten aus anderen Aufträgen entgeht, welche er deswegen ausschlagen musste, weil er seinen Betrieb auf den zur Unzeit gekündigten Auftrag ausgelegt hat 144 III 43/51 f. E. 3.4.4, 4A_129/2017 (11.6.18) E. 7.1 fr. Der entgangene Gewinn aus dem gekündigten Auftrag selbst ist allerdings ausnahmsweise dann geschuldet, wenn die Parteien ein Erfolgshonorar vereinbart haben und der Auftraggeber den Auftrag in einem Zeitpunkt kündigt, in dem sämtliche Vorbereitungen für den erfolgreichen Abschluss geleistet sind und nur noch der erfolgreiche Abschluss aussteht; denn darin liegt ein treuwidriges Verhalten mit dem Zweck, die Voraussetzungen für das Erfolgshonorar zu vereiteln 144 III 43/52 E. 3.4. – Anwendung des *Art. 42 Abs. 2* 4A_129/2017 (11.6.18) E. 7 fr. 9

Konventionalstrafe. Für den Widerruf zur Unzeit kann eine Konventionalstrafe vereinbart werden. Eine solche Konventionalstrafe ist nach der Rechtsprechung allerdings nur insoweit gültig, als sie nicht über den Rahmen hinausgeht, der gemäss Art. 404 Abs. 2 Voraussetzung der Schadenersatzpflicht der zurücktretenden Vertragspartei bildet 4A_196/2020 (16.7.20) E. 6.1, 4A_284/2013 (13.2.14) E. 3.6.1. SIA-Norm 102 (1969) Art. 8.1 (Honorarzuschlag bei Auftragsentzug durch den Bauherrn ohne Verschulden des Architekten) enthält eine Konventionalstrafe und keine Schadenspauschale; somit obliegt es dem Pflichtigen, einen allfälligen Herabsetzungsgrund geltend zu machen 109 II 462/467 ff. E. 4. Die Abrede in einem Unterrichtsvertrag, wonach das bezahlte Schulgeld bei Vertragsauflösung zur Unzeit durch die Schülerin nach Kursbeginn nicht zurückerstattet werde, ist eine wirksame Konventionalstrafe 4A_141/2011 (6.7.11) E. 2.4. 10

Beweislast. Wer Schaden durch einen unzeitigen Widerruf geltend macht, trägt die Beweislast 109 II 231/233 f. E. 3c Pra 1984 (Nr. 12) 34 f. 11

2. Tod, Handlungsunfähigkeit, Konkurs

Art. 405

[1] Der Auftrag erlischt, sofern nicht das Gegenteil vereinbart ist oder aus der Natur des Geschäfts hervorgeht, mit dem Verlust der entsprechenden Handlungsfähigkeit, dem Konkurs, dem Tod oder der Verschollenerklärung des Auftraggebers oder des Beauftragten.

[2] Falls jedoch das Erlöschen des Auftrages die Interessen des Auftraggebers gefährdet, so ist der Beauftragte, sein Erbe oder sein Vertreter verpflichtet, für die Fortführung des Geschäftes zu sorgen, bis der Auftraggeber, sein Erbe oder sein Vertreter in der Lage ist, es selbst zu tun.

1 *Abs. 1* **Erlöschen des Auftrages.** Die infolge Konkurseröffnung erloschene Prozessvollmacht lebt bei Einstellung des Konkursverfahrens mangels Aktiven (SchKG Art. 230) nicht wieder auf (auch keine Anwendung von Abs. 2; der Rechtsanwalt, der in einem solchen Fall ohne Vollmacht Berufung erklärt, hat die Prozesskosten zu übernehmen, Art. 39 Abs. 1) 46 II 408/411 f. E. 1, 2. – Das Auftragsverhältnis Arzt–Patient erlischt mit dem Tod des Arztes; die Verpflichtung seiner Erben beschränkt sich im Wesentlichen auf Rechenschaftsablage, die Herausgabe und die Abrechnung (Art. 400 und 402) 119 II 222/226 E. 2b/cc (keine Nichtigkeit nach Art. 20 eines Praxisveräusserungsvertrages mit eingeschlossen die Patientenkartei/Entscheid vor dem Inkrafttreten des BG über den Datenschutz).

2 **Weiterbestehen des Auftragsverhältnisses aufgrund der Natur des Geschäftes.** Bei *Bankgeschäften* wird im Allgemeinen angenommen, dass durch den Tod des Auftraggebers das Auftragsverhältnis nicht beendigt wird, sondern als mit den Erben fortgesetzt gilt 101 II 117/120 (in casu Gemeinschaftsdepot von Eheleuten/Tod eines der Auftraggeber und Solidargläubiger), 4C.234/1999 (12.1.00) E. 3d Pra 2002 (Nr. 73) 424 f. (in casu Tod eines Inhabers von Konten, Wertpapierbeständen und eines Tresors), 94 II 167/170 ff. E. 4 (in casu Tod beider Solidargläubiger [Eheleute] eines Gemeinschaftsdepots mit Merkmalen eines Hinterlegungsvertrages, der durch den Tod einer Partei nicht von Gesetzes wegen beendigt wird; den Vertragsparteien ist es unbenommen, die Vererblichkeit der Rechte aus dem Auftragsverhältnis durch entsprechende Abrede im Voraus auszuschliessen und damit einer Rechtsgefährdung vorzubeugen, vgl. auch 4C.114/2006 [30.8.06] E. 3.3.2 fr., 94 II 313/317 ff. E. 5, 6 Pra 1969 [Nr. 120] 403 f.). – *Auftrag zum Kauf einer Liegenschaft und Übertragung auf den Auftraggeber:* Stirbt der Beauftragte im Zeitpunkt, in dem er den Kaufvertrag mit dem Dritten bereits abgeschlossen hat (der Grundbucheintrag jedoch noch aussteht), und fällt sein Nachlass infolge Erbschaftsausschlagung in Konkurs, so erlöscht der nicht zu Ende geführte Auftrag nicht (Ausführungen über die Stellung der Konkursmasse gegenüber dem Auftraggeber) 64 II 220/223 ff. E. 2, 3. – Die *Prozessvollmacht* gilt unter Vorbehalt des Widerrufs über den Tod des Vollmachtgebers hinaus bis zur Beendigung des Prozesses 75 II 190/192 E. 1. Stirbt der Auftraggeber im Laufe des Prozesses und mangelt es an einer diesbezüglichen Vereinbarung, so besteht das Auftragsverhältnis fort, wenigstens bis zu jenem Zeitpunkt, in welchem – nachdem die Erben ermittelt sind – abgeklärt ist, ob diese den Prozess fortzuführen gedenken und wer gegebenenfalls hierzu ermächtigt ist (in casu Anwendung der Bestimmungen des OR aufgrund des Verweises in BZP Art. 18 Abs. 2) 110 V 389/391 f. E. 2c it.

II. Wirkung des Erlöschens

Art. 406

Aus den Geschäften, die der Beauftragte führt, bevor er von dem Erlöschen des Auftrages Kenntnis erhalten hat, wird der Auftraggeber oder dessen Erbe verpflichtet, wie wenn der Auftrag noch bestanden hätte.

Erster Abschnitt[bis] Auftrag zur Ehe- oder zur Partnerschaftsvermittlung

A. Begriff und anwendbares Recht

Art. 406a

[1] Wer einen Auftrag zur Ehe- oder zur Partnerschaftsvermittlung annimmt, verpflichtet sich, dem Auftraggeber gegen eine Vergütung Personen für die Ehe oder für eine feste Partnerschaft zu vermitteln.

[2] Auf die Ehe- oder die Partnerschaftsvermittlung sind die Vorschriften über den einfachen Auftrag ergänzend anwendbar.

B. Vermittlung von oder an Personen aus dem Ausland I. Kosten der Rückreise

Art. 406b

[1] Reist die zu vermittelnde Person aus dem Ausland ein oder reist sie ins Ausland aus, so hat ihr der Beauftragte die Kosten der Rückreise zu vergüten, wenn diese innert sechs Monaten seit der Einreise erfolgt.

[2] Der Anspruch der zu vermittelnden Person gegen den Beauftragten geht mit allen Rechten auf das Gemeinwesen über, wenn dieses für die Rückreisekosten aufgekommen ist.

[3] Der Beauftragte kann vom Auftraggeber nur im Rahmen des im Vertrag vorgesehenen Höchstbetrags Ersatz für die Rückreisekosten verlangen.

II. Bewilligungspflicht

Art. 406c

[1] Die berufsmässige Ehe- oder Partnerschaftsvermittlung von Personen oder an Personen aus dem Ausland bedarf der Bewilligung einer vom kantonalen Recht bezeichneten Stelle und untersteht deren Aufsicht.

[2] Der Bundesrat erlässt die Ausführungsvorschriften und regelt namentlich:

- **a. die Voraussetzungen und die Dauer der Bewilligung;**
- **b. die Sanktionen, die bei Zuwiderhandlungen gegen den Beauftragten verhängt werden;**
- **c. die Pflicht des Beauftragten, die Kosten für die Rückreise der zu vermittelnden Personen sicherzustellen.**

C. Form und Inhalt

Art. 406d

Der Vertrag bedarf zu seiner Gültigkeit der schriftlichen Form und hat folgende Angaben zu enthalten:

1. **den Namen und Wohnsitz der Parteien;**
2. **die Anzahl und die Art der Leistungen, zu denen sich der Beauftragte verpflichtet, sowie die Höhe der Vergütung und der Kosten, die mit jeder Leistung verbunden sind, namentlich die Einschreibegebühr;**

3. den Höchstbetrag der Entschädigung, die der Auftraggeber dem Beauftragten schuldet, wenn dieser bei der Vermittlung von oder an Personen aus dem Ausland die Kosten für die Rückreise getragen hat (Art. 406b);
4. die Zahlungsbedingungen;
5. das Recht des Auftraggebers, schriftlich und entschädigungslos innerhalb von 14 Tagen seinen Antrag zum Vertragsabschluss oder seine Annahmeerklärung zu widerrufen;
6. das Verbot für den Beauftragten, vor Ablauf der Frist von 14 Tagen eine Zahlung entgegenzunehmen;
7. das Recht des Auftraggebers, den Vertrag jederzeit entschädigungslos zu kündigen, unter Vorbehalt der Schadenersatzpflicht wegen Kündigung zur Unzeit.

D. Inkrafttreten, Widerruf, Kündigung

Art. 406e

[1] Der Vertrag tritt für den Auftraggeber erst 14 Tage nach Erhalt eines beidseitig unterzeichneten Vertragsdoppels in Kraft. Vor Ablauf dieser Frist darf der Beauftragte vom Auftraggeber keine Zahlung entgegennehmen.

[2] Innerhalb der Frist nach Absatz 1 kann der Auftraggeber seinen Antrag zum Vertragsabschluss oder seine Annahmeerklärung schriftlich widerrufen. Ein im Voraus erklärter Verzicht auf dieses Recht ist unverbindlich. Im Übrigen sind die Bestimmungen über die Widerrufsfolgen (Art. 40f) sinngemäss anwendbar.

[3] Die Kündigung bedarf der Schriftform.

E. …

Art. 406f

Diese Bestimmung wurde auf den 1. Januar 2016 aufgehoben (AS 2015 4107).

F. Information und Datenschutz

Art. 406g

[1] Der Beauftragte informiert den Auftraggeber vor der Vertragsunterzeichnung und während der Vertragsdauer über besondere Schwierigkeiten, die im Hinblick auf die persönlichen Verhältnisse des Auftraggebers bei der Auftragserfüllung auftreten können.

[2] Bei der Bearbeitung der Personendaten des Auftraggebers ist der Beauftragte zur Geheimhaltung verpflichtet; die Bestimmungen des Bundesgesetzes vom 19. Juni 1992 über den Datenschutz bleiben vorbehalten.

G. Herabsetzung

Art. 406h

Sind unverhältnismässig hohe Vergütungen oder Kosten vereinbart worden, so kann sie das Gericht auf Antrag des Auftraggebers auf einen angemessenen Betrag herabsetzen.

Zweiter Abschnitt
Der Kreditbrief und der Kreditauftrag

A. Kreditbrief

Art. 407

[1] Kreditbriefe, durch die der Adressant den Adressaten mit oder ohne Angabe eines Höchstbetrages beauftragt, einer bestimmten Person die verlangten Beträge auszubezahlen, werden nach den Vorschriften über den Auftrag und die Anweisung beurteilt.

[2] Wenn kein Höchstbetrag angegeben ist, so hat der Adressat bei Anforderungen, die den Verhältnissen der beteiligten Personen offenbar nicht entsprechen, den Adressanten zu benachrichtigen und bis zum Empfange einer Weisung desselben die Zahlung zu verweigern.

[3] Der im Kreditbriefe enthaltene Auftrag gilt nur dann als angenommen, wenn die Annahme bezüglich eines bestimmten Betrages erklärt worden ist.

1 Zum Akkreditiv (insb. Dokumentenakkreditiv) siehe unter Art. 394 Abs. 1, 402 Abs. 1 und 466.

B. Kreditauftrag I. Begriff und Form

Art. 408

[1] Hat jemand den Auftrag erhalten und angenommen, in eigenem Namen und auf eigene Rechnung, jedoch unter Verantwortlichkeit des Auftraggebers, einem Dritten Kredit zu eröffnen oder zu erneuern, so haftet der Auftraggeber wie ein Bürge, sofern der Beauftragte die Grenzen des Kreditauftrages nicht überschritten hat.

[2] Für diese Verbindlichkeit bedarf es der schriftlichen Erklärung des Auftraggebers.

1 ***Abs. 1*** Obwohl der Kreditauftraggeber «wie ein Bürge» haftet, ist die Haftung aus Kreditauftrag im Unterschied zur Haftung aus Bürgschaft nicht akzessorisch (vgl. z.B. Art. 409) 4C.217/2002 (24.6.03) E. 2.1.

II. Vertragsunfähigkeit des Dritten

Art. 409

Der Auftraggeber kann dem Beauftragten nicht die Einrede entgegensetzen, der Dritte sei zur Eingehung der Schuld persönlich unfähig gewesen.

III. Eigenmächtige Stundung

Art. 410

Die Haftpflicht des Auftraggebers erlischt, wenn der Beauftragte dem Dritten eigenmächtig Stundung gewährt oder es versäumt hat, gemäss den Weisungen des Auftraggebers gegen ihn vorzugehen.

IV. Kreditnehmer und Auftraggeber

Art. 411

Das Rechtsverhältnis des Auftraggebers zu dem Dritten, dem ein Kredit eröffnet worden ist, wird nach den Bestimmungen über das Rechtsverhältnis zwischen dem Bürgen und dem Hauptschuldner beurteilt.

Dritter Abschnitt Der Mäklervertrag

Vorb. Art. 412–418

1 **Allgemeines.** ***Kantonales Recht.*** Die Kantone können die Vertragsfreiheit bezüglich der Festsetzung des Mäklerlohnes (in casu gewerbsmässige Vermittlung von Wohn- und Geschäftsräumen) durch eine öffentlich-rechtliche Tarifordnung beschränken, soweit sich dies durch ein schutzwürdiges öffentliches Interesse rechtfertigen lässt (in casu staatsrechtliche Beschwerde) 110 Ia 111/113 f. E. 3c (Änderung der Rechtsprechung; anders noch 65 I 65/83 f. E. c fr. und 70 I 223/234 ff. E. 7); vgl. 65 I 65/81 E. a fr., wonach eine kantonale Bestimmung, welche die Schriftform vorschreibt, unzulässig ist. – Die Kantone können (unter der Voraussetzung, dass hiefür ein öffentliches Interesse besteht) die Berufsausübung (in casu gewerbsmässige Vermittlung von Geschäftsübertragungen) von der Leistung einer Kaution abhängig machen 80 I 116/118 ff. E. 2 Pra 1954 (Nr. 99) 288 f. – Fehlen der kantonalen Bewilligung zur Berufsausübung: Der Mäklervertrag ist nur dann nichtig (Art. 20), wenn diese Folge im kantonalen Erlass ausdrücklich vorgesehen ist oder sich aus dessen Sinn und Zweck ergibt (keine Überprüfung durch das Bundesgericht im Berufungsverfahren) 117 II 286/287 E. 4.

2 **Abgrenzungen.** ***Gewerbsmässige Arbeitsvermittlung.*** Die gewerbsmässige Arbeitsvermittlung im Sinne von AVG Art. 9 Abs. 1 (Verordnung I zum BG über die Arbeitsvermittlung [heute V über die Arbeitsvermittlung und den Personenverleih (AVV, SR 823.111)]) weist die Merkmale eines Mäklervertrages auf, ausser es handle sich um die Vermittlung von temporärer Arbeit; beim «Try and hire»-System muss im Einzelfall geprüft werden, ob die Merkmale des Mäklervertrages vorliegen 103 IV 210 f. E. a–c.

3 ***Einfacher Auftrag.*** Der Mäklervertrag unterscheidet sich vom einfachen Auftrag dadurch, dass der Mäkler bei der Organisation seiner Tätigkeit und bei der Wahl der dafür einzusetzenden Mittel viel freier ist als der Beauftragte, der den Anweisungen des Auftraggebers Folge leisten muss und von ihnen nur unter den Voraussetzungen des Art. 397 Abs. 1 abweichen darf 144 III 43/47 E. 3.1.2, 131 III 286/276 E. 5.1.2 Pra 2006 (Nr. 19) 148 f. Für die Abgrenzung des besonderen Auftrags der Mäkelei vom einfachen Auftrag kann insbesondere die Art der Honorarvereinbarung wesentlich sein; wird die Tätigkeit unentgeltlich geleistet oder wird das Entgelt nicht vom Erfolg abhängig gemacht, sondern z.B. nach dem Zeitaufwand bemessen, so liegt ein gewöhnlicher Auftrag vor. Die Erfolgsbedingtheit des Honoraranspruchs ist nicht blosse Rechtsfolge der Qualifikation des Auftrags als Mäklervertrag, sondern Begriffsmerkmal des Mäklervertrags 144 III 43/47 ff. E. 3.1.2 und 3.4.3 (in casu kein Mäklervertrag, sondern ein einfacher Auftrag), 4C.328/2006 (16.10.07) E. 3.2.

4 ***Handelsreisender/Agent.*** Der Mäkler ist sowohl bei der Vermittlungs- wie auch bei der Nachweismäkelei nur mit einem konkreten Einzelgeschäft oder mit gezählten mehreren Geschäften betraut. Gerade darin besteht der Unterschied zwischen dem Mäkler einerseits und dem Handelsreisenden und dem Agenten anderseits; Letztere stehen zum Auftraggeber in einem dauernden Verhältnis 75 II 53/54 E. 1a, 118 IV 403/404 Pra 1993 (Nr. 151) 591.

Vorvertrag. Kein Mäklervertrag, sondern ein Vorvertrag (Art. 22) ist die Verpflichtung, dafür zu sorgen, dass ein Dritter den (Haupt-)Vertrag abschliesst (Verpflichtung, für das Erfüllungsinteresse einzustehen, falls ein unbestimmter Dritter den Vertrag mit dem festgelegten Inhalt nicht abschliesst; in casu Liegenschaftskauf, Formerfordernis von Art. 216 Abs. 2) 50 II 250/254 f. E. 3. 5

A. Begriff und Form

Art. 412

[1] Durch den Mäklervertrag erhält der Mäkler den Auftrag, gegen eine Vergütung, Gelegenheit zum Abschlusse eines Vertrages nachzuweisen oder den Abschluss eines Vertrages zu vermitteln.

[2] Der Mäklervertrag steht im Allgemeinen unter den Vorschriften über den einfachen Auftrag.

▪ Abs. 1 Allgemeines (1) ▪ Zustandekommen des Mäklervertrages (2) ▪ Pflichten des Mäklers (5) ▪ Ausschliesslichkeitsklausel (8) ▪ Weiteres (12) ▪ Abgrenzungen (13) ▪ Lohnanspruch des Mäklers (14) ▪ Abs. 2 (15)

Abs. 1 **Allgemeines.** Charakteristisch für den Mäklervertrag ist dessen Entgeltlichkeit und Erfolgsbedingtheit aufgrund der Tätigkeit des Mäklers zum Nachweis oder zur Vermittlung eines Vertrages, der seinerseits unterschiedlichster Natur sein kann 144 III 43/46 E. 3.1.1, 4D_43/2014 (19.11.14) E. 3.2.2, 139 III 217/223 E. 2.3 Pra 2013 (Nr. 66) 507, 124 III 481/482 E. 3a (in casu Versicherungsmäklervertrag). Das Charakteristikum der Entgeltlichkeit verlangt nicht, dass die Mäklervergütung eine Geldleistung ist; auch andere geldwerte Leistungen oder Sachleistungen können zum Gegenstand des Mäklerlohnes gemacht werden 4C.121/2005 (5.7.05) E. 4.1. Unentgeltliche Vermittlungsdienste fallen unter die Bestimmungen des einfachen Auftrags. Entgeltlichkeit bedeutet, dass der Auftraggeber in seiner Eigenschaft als Vertragspartner des Mäklers die Vergütung versprochen hat. Leistungen Dritter, deren Rechtsgrund in einem anderen Rechtsverhältnis zu finden ist, stellen keine Gegenleistung im Sinne des Art. 412 Abs. 1 dar 4C.17/2003 (28.1.04) E. 3.2 Pra 2004 (Nr. 117) 662 f. Dagegen ist es durchaus möglich, dass ein Provisionsversprechen nach Erfüllung (in casu Vermittlung eines Vertriebsvertrages) und Erfolg (Abschluss des Vertriebsvertrages) einer Mäklertätigkeit abgegeben wird. Aus dem zeitlichen Ablauf dieser Ereignisse an sich kann nichts gegen die Gültigkeit der so zustande gekommenen Provisionsvereinbarung entnommen werden. Schliesslich spricht nichts gegen die Vereinbarung von gestaffelten Lohnansprüchen (etwa bei Vermittlung einer dauernden Geschäftsbeziehung, innerhalb welcher eine Reihe von Vertragsabschlüssen erfolgen soll) 4C.319/2003 (27.1.04) E. 4 in fine. Ein Mäklervertrag liegt auch dann vor, wenn der Auftraggeber dem Mäkler eine Provision dergestalt zusichert, dass er der anderen Partei des zu vermittelnden Geschäfts die Verpflichtung zur Bezahlung der Provision überbindet 4C.121/2005 (5.7.05) E. 4.1 (in casu hatte sich der Auftraggeber, der eine Liegenschaft verkaufen wollte, verpflichtet, die Provisionspflicht auf den Käufer, welchen der Mäkler ihm vermitteln würde, zu überbinden). 1

2 **Zustandekommen des Mäklervertrages.** ***Allgemeines.*** Der Mäklervertrag kann durch konkludentes Verhalten abgeschlossen werden, selbst wenn die Dienste des Mäklers vorerst abgelehnt wurden oder ein ihm zuvor erteilter Auftrag erloschen ist. Damit das Fehlen eines Widerspruchs vonseiten des «Auftraggebers» als Wille zum Abschluss eines Mäklervertrages gelten kann, ist ein Tätigwerden des Mäklers für den Auftraggeber von genügender Bestimmtheit erforderlich; daher kann das Schweigen des (potenziellen) Auftraggebers zu der einen oder anderen Bemühung oder Erklärung eines Mäklers nicht ohne Weiteres als Annahme betrachtet werden. Vielmehr muss das Verhalten des Mäklers hinreichend klar sein, damit das Schweigen des Auftraggebers als Zustimmung interpretiert werden kann. Deswegen untersteht ein Auftrag, der eine Vermittlungstätigkeit zum Gegenstand hat, nur dann den besonderen Regeln über den Mäklervertrag, wenn der Auftraggeber aus dem Verhalten des Beauftragten oder aus den Umständen eindeutig erkennen muss, dass der Beauftragte als Mäkler handelt. Es obliegt grundsätzlich dem Beauftragten, ausdrücklich klarzustellen, dass er ein vom Abschluss des zu vermittelnden Vertrages abhängiges Honorar beanspruchen werde, wenn aus den Umständen für die Auftraggeberin nicht offensichtlich ist, dass die auf den Erfolg eines Vertragsschlusses gerichtete Tätigkeit als Mäkelei ausgeübt werde. 4A_161/2011 (20.6.11) E. 2 (Abschluss eines Mäklervertrages durch konkludentes Verhalten verneint), 4A_67/2011 (7.6.11) E. 1.2 und 1.7.1 (Vertragsabschluss durch konkludentes Verhalten verneint), 4C.328/2006 (16.10.07) E. 3.1 und 3.5 (Abschluss eines Mäklervertrages für Bemühungen eines Honorarkonsuls durch konkludentes Verhalten verneint), 4C.333/2000 (28.3.01) E. 2 fr. (konkludenter Vertragsabschluss verneint), 72 II 84/87 E. 1 Pra 1946 (Nr. 105) 229 (konkludenter Vertragsabschluss verneint), 4C.334/2000 (29.1.01) E. 3a fr. (konkludenter Vertragsabschluss bejaht), 4A_510/2013 (3.3.14) E. 3.2 (konkludenter Abschluss in einem Fall, in dem der Mäkler bei früheren Projekten in Anspruch genommen wurde). Die Beweislast für das Vorliegen von Tatsachen, die auf den konkludenten Vertragsabschluss schliessen lassen, liegt beim Mäkler. Aus den bewiesenen Tatsachen muss sich ergeben, dass sich die Parteien über die wesentlichen Vertragspunkte (konkludent) geeinigt haben 4C.54/2001 (9.4.02) E. 2 fr. Ein konkludenter Vertragsabschluss ist sogar nach Beendigung oder Auflösung eines Mäklervertrages möglich, wenn der Mäkler mit Wissen des Auftraggebers seine Bemühungen im Sinne der vereinbarten Mäklertätigkeit fortsetzt 4C.70/2003 (6.6.03) E. 3.1 fr. «Verkaufsauftrag» in casu als Mäklervertrag 113 II 49/50 E. 1. – Der Mäklervertrag mit ausländischen Mäklern ist nicht deswegen nichtig, weil diese ihre Tätigkeit ohne fremdenpolizeiliche Bewilligung ausüben 114 II 297/281 E. b Pra 1989 (Nr. 37) 149 (mit Hinweis auf 62 II 108/111).

3 ***Objektiv wesentliche Punkte (essentialia negotii).*** Dazu gehören einerseits die Vereinbarung der Parteien, dass die Mäklerdienste zu entlöhnen sind (bei fehlender Bestimmung des Betrages: Art. 414), und andererseits die Abmachung darüber, ob der Mäkler nur die Gelegenheit zum Abschluss eines Vertrages nachweisen (Nachweismäkelei) oder aber dessen Abschluss vermitteln soll (Vermittlungsmäkelei) 131 III 268/275 E. 5.1.2 Pra 2006 (Nr. 19) 148. Eine Einigung darüber kann sich auch aus den Umständen, insbesondere aus dem Verhalten der Parteien vor und nach dem Vertragsabschluss ergeben (den Parteien steht es frei, z.B. auch erst nach erfolgtem Nachweis der Gelegenheit zum Vertragsabschluss zu vereinbaren, dass die versprochene Provision, falls der Kauf zustande komme, als Entgelt für diesen Nachweis zu zahlen sei) 90 II 92/103 ff. E. 6, 8, vgl. auch

111 II 366/369 E. 1. – Eine gesetzliche Auslegungsregel, wonach mangels einer abweichenden Vereinbarung blosse Nachweis- oder Zuführungsmäkelei zu gelten hätte, besteht nicht: Erhebt der Mäkler aufgrund eines Nachweises Anspruch auf den Lohn, so hat er zu beweisen (ZGB Art. 8), dass lediglich Nachweismäkelei vereinbart worden ist 90 II 92/96 f. Bestehen Zweifel über die Rechtsnatur des Vertrages – was etwa dann der Fall ist, wenn Elemente fehlen, die Aufschluss über den Umfang des Mäklerauftrags geben könnten – ist von der weniger weitreichenden Mäklertätigkeit, mithin von einer Nachweismäkelei, auszugehen 4C.322/2003 (5.4.04) E. 2.4 fr.

Beweislast. Den Mäkler, welcher einen Mäklerlohn fordert, trifft die Beweislast für 4
die Tatsachen, die auf den Abschluss eines Mäklervertrages schliessen lassen 4C.70/2003 (6.6.03) E. 3.1 fr.

Pflichten des Mäklers. ***Allgemeines.*** Ist der Mäkler zum Nachweis einer Abschluss- 5
gelegenheit verpflichtet, so muss er dem Auftraggeber einen Interessenten so konkret nachweisen, dass jener die Vertragsverhandlungen aufnehmen kann. Hat sich der Mäkler hingegen dazu verpflichtet, den Abschluss eines Vertrages zu vermitteln, ist mit dem blossen Nachweis eines Interessenten die Mäklerpflicht noch nicht getan (und der Mäklerlohn noch nicht verdient, selbst wenn der Vertrag tatsächlich zustande kommt). Vielmehr muss der Mäkler zusätzlich auf die Abschlussbereitschaft des Interessenten hinwirken und den Abschluss des Vertrages fördern 4C.268/2001 (12.11.01) E. 3b. Den Mäkler trifft eine Sorgfalts- und Treuepflicht, was aus dem Verweis in Art. 412 Abs. 2 auf das Auftragsrecht folgt 4A_329/2019 (25.11.19) E. 7.1 fr. – *Umfang der Pflichten.* Welchen Umfang die Pflichten des Mäklers im Einzelfall haben, hängt ab von der ausdrücklichen Vereinbarung der Parteien wie auch von der Natur der Leistungen, zu denen er sich verpflichtet hat. Grundsätzlich trifft den Mäkler nicht die allgemeine Pflicht, alles zu tun, um die Interessen des Auftraggebers bestmöglich zu wahren, wie denjenigen, der mit einem Geschäftsführungsauftrag betraut ist. Entfaltet er eine Tätigkeit zugunsten des Auftraggebers, so hat er aber für dessen Interessen zu sorgen; insbesondere hat er ihn über alle Umstände zu informieren, welche die Verwirklichung des angestrebten Zieles unmöglich machen könnten, derart, dass der Auftraggeber seine Entscheidung in Kenntnis der Sachlage treffen kann. Hängt die Verwirklichung des Zieles von der Zahlungsfähigkeit des Vertragspartners ab, so hat der Mäkler alles bekannt zu geben, was er über eine allfällige Zahlungsunfähigkeit des anvisierten Vertragspartners oder dessen ungenügende Zahlungskraft weiss 110 II 276/277 f. E. 2a Pra 1984 (Nr. 246) 671. Der Mäkler verpflichtet sich nicht, bestimmte, im Voraus festgelegte Handlungen vorzunehmen, sondern, eine auf ein bestimmtes Ziel gerichtete Tätigkeit zu entfalten, nämlich dem Auftraggeber einen Interessenten nachzuweisen oder als Vermittler Verhandlungen zu führen. Er kann seine Tätigkeit nach seinem Gutdünken organisieren und von denjenigen Mitteln Gebrauch machen, die ihm am geeignetsten erscheinen (vgl. auch 103 II 129/134 E. 3, 4C.318/1999 [17.4.00] E. 4c/bb it.); dabei ist er grundsätzlich nicht verpflichtet, die Meinung des Auftraggebers einzuholen. – *Führt eine Tätigkeit des Mäklers nicht zum Erfolg* (der Interessent lehnt ab), so ist er nicht verpflichtet, von dieser Bemühung dem Auftraggeber Kenntnis zu geben, ausser bei gegenteiliger Vereinbarung oder wenn er aus besonderen Gründen annehmen muss, sein Stillschweigen könne dem Auftraggeber schaden; der Auftraggeber darf, wenn ihn der Mäkler aus freien Stücken über alle Bemühungen auf dem Laufenden gehalten hat,

davon ausgehen, er besitze die vollständige Liste über alle vom Mäkler angegangenen Personen. – *Führt die Tätigkeit des Mäklers zum Erfolg,* so hat er den Auftraggeber immer zu benachrichtigen; insbesondere muss der Nachweismäkler die (potenziellen) Vertragsparteien miteinander in Verbindung bringen 84 II 521/527 E. d Pra 1959 (Nr. 48) 143 f. – Es gehört zu den elementaren Pflichten des Mäklers, sich zugunsten des Auftraggebers für einen Verkauf zu möglichst hohem Preis einzusetzen 83 II 147/149.

6 ***Zur Treuepflicht*** des Mäklers siehe unter Art. 415.

7 ***Folgen einer Pflichtverletzung.*** Ist der Mäkler seinen Pflichten nicht genügend nachgekommen, so hat er für den dem Auftraggeber entstandenen Schaden einzustehen, sofern er nicht beweist, dass ihn kein Verschulden trifft (Art. 97 Abs. 1). Führt die Tätigkeit des Mäklers zum Erfolg und teilt er dies dem Auftraggeber nicht mit, so hat er ihm jenen Schaden zu ersetzen, den dieser z.B. dadurch erleidet, dass er bei der Festlegung der Kaufbedingungen den dem Mäkler geschuldeten Lohn nicht miteinbezieht 84 II 521/526 ff. E. 2d Pra 1959 (Nr. 48) 143 f.

8 **Ausschliesslichkeitsklausel. *Allgemeines.*** Die Vereinbarung einer Ausschliesslichkeitsklausel ist zulässig (in casu zugunsten zweier Mäkler); sie kann mit einer Konventionalstrafe verbunden werden 103 II 129/131 f.

9 ***Zustandekommen.*** Eine Ausschliesslichkeitsklausel kann stillschweigend vereinbart werden, selbst wenn sie einen Verzicht auf das Erfordernis des Kausalzusammenhanges zwischen der Mäklertätigkeit und dem Vertragsabschluss (zum Erfordernis des Kausalzusammenhanges siehe unter Art. 413 Abs. 1) zur Folge hat (in casu Ausschliesslichkeitsklausel, die sich aus den übernommenen Allgemeinen Geschäftsbedingungen ergab) 100 II 361/367 Pra 1975 (Nr. 3) 7.

10 ***Verletzung der Ausschliesslichkeitsklausel durch den Auftraggeber.*** Der Auftraggeber verletzt die Ausschliesslichkeitsklausel bereits dann, wenn er einen Dritten wissentlich gewähren lässt, als Mäkler aufzutreten 103 II 129/132 E. 2. Keine Verletzung einer sogenannten «einfachen» Ausschliesslichkeitsklausel ist dagegen das eigene Tätigwerden des Auftraggebers; diesen trifft auch keine Pflicht, Interessenten, die er allein (d.h. ohne Vermittlung durch Dritte) gefunden hat, an den Mäkler zu verweisen. Anders verhält es sich, wenn die Parteien eine «komplette» bzw. «verschärfte» Exklusivitätsklausel vereinbart haben, wonach sowohl direkte als auch durch Dritte benannte Interessenten zunächst an den Mäkler zu verweisen sind, um ihm Gelegenheit zu geben, durch einen kausalen Beitrag zum Vertragsabschluss die Provision zu verdienen 4C.94/2000 (20.7.00) E. 1, 4C.320/2003 (4.3.03) E. 3, 4C.254/2004 (3.11.04) E. 3.1 fr. In 4C.228/2005 (25.10.05) E. 3 scheint das Bundesgericht die Frage der Zulässigkeit einer kompletten Exklusivitätsklausel offenzulassen. Hinsichtlich der Folgen der Verletzung einer Ausschliesslichkeitsklausel fallen zwei Lösungen in Betracht: Der Mäkler hat einen Schadenersatzanspruch (falls er den Schaden nachweist) aufgrund von Art. 98 Abs. 2 (Verstoss gegen eine Unterlassungspflicht) oder der Auftraggeber schuldet dem Mäkler die vereinbarte Provision; die Wahl zwischen diesen beiden Lösungen hängt letztlich vom Vertragsinhalt ab. Welche Lösung im Einzelfall greift, ergibt sich aus dem Inhalt des Vertrages 100 II 361/366 f. E. 4 Pra 1975 (Nr. 3) 6 f. (in casu zweite Lösung aufgrund der von den Parteien übernommenen Allgemeinen Geschäftsbedingungen, die bestimmen, dass die Provision auch dann geschuldet sei, wenn ein Dritter den Käufer gefunden habe), 4C.320/2003 (4.3.03) E. 3.2

(vertragliche Bestimmung, wonach die volle Provision auch dann fällig wird, wenn der Auftraggeber während der Auftragsdauer direkt – d.h. ohne Mitwirkung des Mäklers – mit einem Dritten einen Vertrag abschliesst). Gewöhnlich begründet die Verletzung der (in casu «einfachen») Exklusivitätsklausel für sich allein nur einen Schadenersatzanspruch, während eine zusätzliche Provisionsgarantie bzw. der Verzicht auf das Kausalitätserfordernis (siehe dazu unter Art. 413/Kausalzusammenhang zwischen Mäklertätigkeit und Abschluss des Hauptvertrages) dem Mäkler einen Anspruch auf die volle vereinbarte Provision verschafft 4C.94/2000 (20.7.00) E. 2c.

Weiteres. Der Exklusivmäkler ist zwar gleich wie der gewöhnliche Mäkler in der Auswahl seiner Werbemittel frei 103 II 129/134; indessen folgt aus einer Ausschliesslichkeitsabrede die Pflicht des Mäklers, für den Auftraggeber tätig zu werden. Eine völlige Untätigkeit des Mäklers (in casu länger als ein Jahr) stellt eine Verletzung dieser Pflicht dar 4C.257/1999 (17.1.00) E. 3 fr., 4C.228/2005 (25.10.05) E. 3. – Der Verzicht auf einen Kausalzusammenhang zwischen der Mäklertätigkeit und dem Vertragsabschluss stellt im Allgemeinen kein Schenkungsversprechen dar (vgl. auch 43 II 651/654 f. E. 3). Vorbehalten ist einzig das Versprechen eines Entgelts selbst für den Fall, dass der Mäkler keinerlei Tätigkeit entfaltet haben sollte, wobei aber zweifelhaft ist, ob eine solche Vereinbarung als Ausschliesslichkeitsklausel im Rahmen eines Mäklervertrages gültig wäre 100 II 361/366 f. E. 3, 4 Pra 1975 (Nr. 3) 6 f.; vgl. 103 II 129/133 f. E. 3, wonach der Exklusivmäkler für den Auftraggeber tätig werden *muss*. 11

Weiteres. Der Verkäufer (Auftraggeber) ist nicht zur Erfüllung eines Vertrages verpflichtet, den der Mäkler ohne entsprechende Vollmacht für ihn abgeschlossen hat 49 II 230/231 f. fr. – Versicherungsmäklervertrag: Der Versicherungsmäkler hat keinen Honoraranspruch gegenüber seinem Auftraggeber, dem Versicherungsnehmer, bei der Vermittlung von Bruttopolicen 142 III 657/659 ff. E. 4. Zwischen dem Versicherungsmäkler und der Versicherung besteht kein Mäklervertrag gemäss Art. 412 ff. 124 III 481/482 ff. E. 3, 4 (ein Mäklervertrag besteht zwischen dem Mäkler und dem Versicherungsnehmer; der Anspruch auf Courtage erlischt in der Regel mit der Beendigung des Versicherungsmäklervertrages). Zur zeitlichen Abgrenzung des Courtageanspruchs des Versicherungsmäklers gegenüber dem Versicherer bei einem Mäklerwechsel 142 III 657/667 ff. E. 5. 12

Zu den **Abgrenzungen** siehe Vorb. Art. 412–418. 13

Zum **Lohnanspruch des Mäklers** und seinen Voraussetzungen im Einzelnen siehe unter Art. 413 Abs. 1. 14

Abs. 2 Die Vorschriften über den Auftrag finden auf den Mäklervertrag Anwendung, soweit sie mit dessen Natur vereinbar sind 110 II 276/277 E. 2a Pra 1984 (Nr. 246) 671. – Siehe insbesondere unter Art. 404 Abs. 1. 15

B. Mäklerlohn I. Begründung

Art. 413

[1] Der Mäklerlohn ist verdient, sobald der Vertrag infolge des Nachweises oder infolge der Vermittlung des Mäklers zustande gekommen ist.

[2] Wird der Vertrag unter einer aufschiebenden Bedingung geschlossen, so kann der Mäklerlohn erst verlangt werden, wenn die Bedingung eingetreten ist.

[3] Soweit dem Mäkler im Vertrage für Aufwendungen Ersatz zugesichert ist, kann er diesen auch dann verlangen, wenn das Geschäft nicht zustande kommt.

1 Dispositives Recht 113 II 49/51 E. 1b.

2 *Abs. 1* **Allgemeines.** Art. 413 Abs. 1 ist dispositiver Natur 4D_43/2014 (19.11.14) E. 3.2.2; er lässt abweichende Abmachungen zwischen den Parteien zu. So kann etwa ein Honorar auch für den Fall, dass der nachzuweisende oder zu vermittelnde Vertrag nicht zustande kommt, zugesichert werden («Provisionsgarantie») 144 III 43/46 f. E. 3.1.1, 100 II 361/364 E. 3c fr., 131 III 268/275 E. 5.1.2 Pra 2006 (Nr. 19) 148. Die Parteien können einen Aufwendungsersatz auch bei Nichtzustandekommen des Hauptvertrages vereinbaren (Art. 413 Abs. 3). Allerdings hat die Ersatzpflicht in diesem Fall auf den effektiven Aufwand des Mäklers beschränkt zu bleiben; eine weiter gehende Ersatzpflicht würde auf eine Konventionalstrafe hinauslaufen, was im Widerspruch zur zwingenden Natur des jederzeitigen Kündigungsrechts des Auftraggebers nach Art. 404 Abs. 1 (Art. 412 Abs. 2) stünde 4C.43/2003 (24.4.03) E. 2. Die Vereinbarung, welche die Vergütung des Mäklers vom Zustandekommen des Hauptvertrages unabhängig gestaltet, indem zum Beispiel die vom Mäkler für das Geschäft aufgewendete Zeit und die unternommenen Bemühungen zu vergüten sind, wird nicht als Mäklervertrag, sondern als einfacher Auftrag gemäss Art. 394 ff. qualifiziert 131 III 268/276 Pra 2006 (Nr. 19) 148. – Der Auftraggeber ist nicht verpflichtet, den Vertrag mit den vom Mäkler nachgewiesenen Interessenten abzuschliessen. Diese Freiheit der Entscheidung des Auftraggebers über den Vertragsschluss gehört zum Wesen des Mäklervertrages 4C.43/2003 (24.4.03) E. 3 (widerspruchslose Erwähnung der vorinstanzlichen Erwägungen), vgl. auch 4C.228/2005 (25.10.05) E. 3 fr.

3 **Kausalzusammenhang zwischen Mäklertätigkeit und Abschluss des Hauptvertrages.** ***Allgemeines.*** Der Mäklerlohn ist dann geschuldet, wenn das Zustandekommen des Hauptvertrages darauf zurückzuführen ist, dass der Mäkler eine Tätigkeit von der Art, wie sie vereinbart wurde, entfaltet hat. Ist etwa Vermittlungsmäkelei vereinbart, hat der Mäkler die Provision nicht schon mit dem Nachweis eines Interessenten verdient (selbst wenn der Vertrag daraufhin zustande kommt), sondern erst mit getätigter Vermittlung 4C.268/2001 (12.11.01) E. 3a. Ist hingegen blosse Nachweismäkelei vereinbart, ist der erforderliche Kausalzusammenhang bereits hergestellt, wenn der Mäkler dem Auftraggeber eine diesem bis dahin unbekannte Gelegenheit zum Abschluss des gewünschten Hauptvertrages mitteilt und dieser Vertrag zustande kommt 4C.136/2004 (13.7.04)

E. 3.2 fr. Nicht notwendig ist aber, dass der Auftraggeber in Kenntnis der Tätigkeit des Mäklers den Vertrag abschliesst; hingegen kann im Umstand, dass der Mäkler einen Interessenten dem Auftraggeber nicht bekannt gegeben hat, eine Pflichtverletzung liegen (zu den Pflichten des Mäklers siehe unter Art. 412 Abs. 1) 84 II 521/525 f. E. 2b Pra 1959 (Nr. 48) 142 f. Der Entschluss des Interessenten zum Vertragsabschluss muss mit einer vor Aufhebung (oder Unterbrechung) des Mäklervertrages ergangenen Bemühung des Mäklers zusammenhängen 97 II 355/359. Hingegen ist bedeutungslos, in welchem Zeitpunkt der Hauptvertrag abgeschlossen wird. Der Mäklerlohn entsteht auch dann, wenn der Hauptvertrag erst nach Beendigung, Auflösung oder Widerruf des Mäklervertrages abgeschlossen wird. Der Zeitraum zwischen Mäklertätigkeit und Vertragsabschluss hat für sich keine rechtliche Bedeutung 4C.322/2003 (5.4.04) E. 2.4 fr. Nicht jeder ursächliche Zusammenhang zwischen der Mäklertätigkeit und dem Vertragsabschluss vermag einen Lohnanspruch des Mäklers zu begründen; erforderlich ist, dass der Mäkler bewusst, sei es direkt oder indirekt, auf den Kaufentschluss des Interessenten eingewirkt hat 76 II 378/382 E. 2. Der Mäkler hat selbst dann Anspruch auf den ungeschmälerten Lohn, wenn der Auftraggeber die von jenem in Gang gebrachten Unterhandlungen selber an die Hand nimmt und es erst ihm gelingt, den Vertrag auf der Basis der vom Mäkler angeknüpften Beziehungen zu schliessen 72 II 421/422. Die Provision ist aber bereits dann geschuldet, wenn die Tätigkeit des Mäklers den Dritten bloss mitbestimmt hat, den Vertrag abzuschliessen, wobei der Zeitpunkt des Abschlusses bedeutungslos ist 4A_629/2014 (9.3.15) E. 4.2 fr. Der Abschluss braucht nicht die unmittelbare Folge der Mäklertätigkeit zu sein; es reicht aus, wenn diese lediglich zu einer entfernteren Ursache des Entschlusses des Dritten geworden ist. Es muss nur dargetan werden, dass überhaupt ein *psychologischer Zusammenhang* zwischen den Bemühungen des Mäklers und diesem Entschluss besteht 4A_569/2019 (15.4.20) E. 3.1, 4A 153/2017 (29.11.17) E. 2.3.1 fr., 4A_673/2010 (3.3.11) E. 3.3 fr., 4A_155/2008 (24.4.08) E. 3.1, 4C.259/2005 (14.12.05) E. 2 fr., vgl. auch 84 II 542/546 und 548 ff. E. 3 und 5 (in casu Vermittlungsagent; Verweisung in Art. 418b auf Art. 412 ff.), 4C.318/1999 (17.4.00) E. 4c/bb it. Die Voraussetzung eines psychologischen Zusammenhangs macht nur bei der Vermittlungsmäkelei Sinn, nicht aber bei der Nachweismäkelei, wo der Mäkler dem Auftraggeber nur die Namen von potenziellen Vertragspartnern mitteilt, ohne den Willen dieser Personen zu beeinflussen 4A_337/2011 (15.11.11) E. 2.1 fr. Der psychologische Zusammenhang kann trotz des Abbruchs der Verhandlungen bestehen bleiben 72 II 84/89 E. 2 Pra 1946 (Nr. 105) 231. Er kann auch bestehen, wenn der Mäkler an den Verhandlungen nicht bis zuletzt teilnahm oder der Geschäftsabschluss durch einen anderen, nachträglich bestellten Mäkler zustande gekommen ist 62 II 342/344 fr., 4A_337/2011 (15.11.11) E. 2.1 fr. (zum Lohnanspruch bei Beteiligung mehrerer Mäkler siehe unter Weiteres).

In der Regel ist ein ***rechtlich erheblicher Zusammenhang*** zu verneinen, wenn der Vertrag nicht mit dem vom Mäkler bearbeiteten Interessenten, sondern mit einem Dritten zustande gekommen ist; dies gilt grundsätzlich auch dort, wo der Dritte durch den vom Mäkler bearbeiteten Interessenten zum Vertragsabschluss veranlasst wurde. Hingegen können in einem solchen Fall besondere Umstände den rechtlich erheblichen Zusammenhang erstellen: Besteht zwischen dem Mäkler und dem zum Mittelsmann gewordenen Interessenten befugterweise ein Unterauftragsverhältnis, so ist der Erfolg mittelbar dem Mäkler anzurechnen; ebenso, wenn der Vertrag nur der juristischen Form nach auf den 4

Namen des Dritten lautet, wirtschaftlich aber für Rechnung oder im Interesse des vom Mäkler bearbeiteten Interessenten geschlossen wurde; gleich verhält es sich, wenn zwischen dem Interessenten und dem Dritten ein enger wirtschaftlicher oder menschlich-sozialer Zusammenhang besteht (z.B. wenn eine Gesellschaft, an welcher der Interessent beteiligt ist, den Vertrag abschliesst bzw. wenn der Interessent und der Dritte, der den Vertrag schliesst, der gleichen Familie oder dem gleichen Hausstand angehören) 4A_155/2008 (24.4.08) E. 3.1, 76 II 378/382 f. E. 3.

5 ***Beweislast.*** Der Mäkler muss beweisen, dass seine Intervention zum vertraglich definierten Erfolg geführt hat 144 III 43/46 E. 3.1.1, 4C.333/2000 (28.3.01) E. 2d/bb fr., 4C.93/2006 (14.7.06) E. 2.1 fr. Obwohl es dem Mäkler obliegt, den Kausalzusammenhang zwischen seiner Tätigkeit und dem Zustandekommen des Hauptvertrages zu beweisen (4A_569/2019 [15.4.20] E. 3.1) spielt immerhin eine tatsächliche Vermutung zu seinen Gunsten: Soweit er nachweisbar Bemühungen unternommen hat, die objektiv betrachtet als geeignet erscheinen, den Abschluss des Hauptvertrages begünstigt zu haben, darf mangels anderer Anhaltspunkte angenommen werden, dass diese Bemühungen tatsächlich den Vertragsabschluss zur Folge hatten 4C.259/2005 (14.12.05) E. 2 fr., 4C.93/2006 (14.7.06) E. 2.1 fr.

6 ***Verzicht auf das Erfordernis eines Kausalzusammenhangs.*** Auf das Erfordernis eines Kausalzusammenhangs kann vertraglich verzichtet werden 97 II 355/357 E. 3, 100 II 361/364 f., 4C.335/1999 (25.8.00) E. 3 fr., 4C.178/2001 (28.11.01) E. 3b fr. In einem solchen Verzicht liegt eine Liberalität, die nach allgemeinen Rechtsgrundsätzen im Zweifel einschränkend auszulegen ist (in casu anteilsmässiger Provisionsanspruch am Gewinn beim Weiterverkauf von Baulandparzellen: Nettoerlös massgebend, obwohl bei wörtlicher Auslegung auf den Bruttoerlös abzustellen gewesen wäre) 43 II 651/654 f. E. 3, 4. Der Verzicht auf einen Kausalzusammenhang, sei es aufgrund einer Ausschliesslichkeitsklausel oder einer andern Bestimmung, stellt im Allgemeinen kein Schenkungsversprechen dar; vorzubehalten ist einzig das Versprechen eines Entgelts selbst für den Fall, dass der Mäkler keinerlei Tätigkeit entfaltet haben sollte 100 II 361/367 Pra 1975 (Nr. 3) 7 (zur Zulässigkeit des Verzichts auf einen Kausalzusammenhang bei einer Ausschliesslichkeitsklausel [Exklusivmäkler] siehe unter Art. 412 Abs. 1/Ausschliesslichkeitsklausel).

7 ***Weiteres.*** Sind mehrere Mäkler (gleichzeitig oder zeitlich gestaffelt) beauftragt worden, so ist die Bedeutung ihrer Tätigkeit innerhalb der zum Erfolg führenden Zusammenhänge gegenseitig abzuwägen und jedem von ihnen nach Massgabe seines Anteils am Erfolg ein entsprechender Anteil an dem vom Auftraggeber (insgesamt) nur einmal zu entrichtenden Mäklerlohn zukommen zu lassen (will sich ein Mäkler den ganzen Erfolg allein sichern, so kann er dies durch die Vereinbarung einer Ausschliesslichkeitsklausel erreichen; zur Ausschliesslichkeitsklausel im Einzelnen siehe unter Art. 412 Abs. 1) 72 II 421/422, 4C.178/2001 (28.11.01) E. 3b fr. – Mangels gegenteiliger Abrede hat der Nachweismäkler nur für das erste Geschäft mit dem von ihm nachgewiesenen Interessenten einen Provisionsanspruch; für allfällig weitere selbständige Abschlüsse zwischen den Parteien fehlt ein rechtserheblicher Zusammenhang 75 II 53/54 ff. E. 1. – Auslegung der vom Mäkler vorformulierten Vertragsbestimmung: «Die volle Verkaufsprovision ist fällig, wenn während der Vertragsdauer ein Kaufvertrag mit einem Kunden der Auftragnehmerin beurkundet werden kann» 113 II 49/50 ff. E. 1.

Zustandekommen des Hauptvertrages; Grundsatz der Adäquanz. Der Lohnanspruch des Mäklers setzt die Rechtsgültigkeit des vermittelten Geschäftes (Hauptvertrag) voraus; ist der Vertrag unverbindlich (in casu infolge Grundlagenirrtums), so hat der Mäkler eine allfällig bereits erhaltene Provision wegen ungerechtfertigter Bereicherung zurückzuerstatten 87 II 137/141 E. 7d. Ist der Hauptvertrag zustande gekommen, so hat der Mäkler einen Lohnanspruch auch dann, wenn die Parteien auf die Ausführung des Vertrages verzichten oder dessen Aufhebung vereinbaren 71 II 267/268 f. E. 2. – Damit der Mäklerlohn geschuldet ist, muss der Hauptvertrag nach dem «Grundsatz der Adäquanz» dem im Mäklervertrag vereinbarten Ziel der Mäklertätigkeit entsprechen. Dies beurteilt sich nach dem mit der Beauftragung des Mäklers angestrebten wirtschaftlichen Erfolg; die Mäklerprovision hat nämlich nach Treu und Glauben als für den Fall zugesichert zu gelten, dass der angestrebte wirtschaftliche Erfolg eintritt. Ob also der Mäklerlohn geschuldet ist, hängt entscheidend von der wirtschaftlichen Bedeutung des Vertrages und nicht von seiner rechtlichen Erscheinungsform ab (4C.320/2003 [4.3.03] E. 2.1: «wirtschaftliche Gleichwertigkeit», nicht «Identität» des im Mäklervertrag vereinbarten Vertrages mit dem tatsächlich zustande gekommenen Vertrag). Grundsätzlich genügt, dass die Hauptintentionen des Auftraggebers mit dem Zustandekommen des Hauptvertrages verwirklicht werden; unbedeutende Abweichungen, wie etwa sehr geringfügige Differenzen des tatsächlichen Verkaufspreises gegenüber dem im Mäklervertrag genannten Preis, haben keinen Einfluss auf die Mäklerprovision. Denn dem Mäkler muss eine Verhandlungsmarge zugestanden werden 114 II 357/359 E. 3a, 4C.334/2000 (29.1.01) E. 4b fr. (mit Beispielen aus unveröffentlichter Rechtsprechung: 2% oder 3,63% des im Mäklervertrag festgelegten Bruttopreises). Die Nennung eines Preises im Mäklervertrag hat denn auch bloss die Bedeutung eines Richtwertes, einer Wegleitung (4C.334/2000 [29.1.01] E. 4b fr.: «valeur indicative»). Dass die Erzielung dieses Preises derart als Preislimite zu verstehen sei, dass bei deren Nichterreichung kein Provisionsanspruch bestehen soll, hat der Auftraggeber zu beweisen. Allerdings darf auch in diesem Fall eine materiell bedeutungslose Abweichung von einer vereinbarten Mindestlimite dem Mäkler nicht zum Nachteil gereichen. Schliesslich darf sich der Auftraggeber nicht auf die Nichterreichung des Vertragspreises berufen, die er selber veranlasst hat 76 II 147/150 f. E. 2 und 3. Anwendungsfall (in casu vereinbarten die Parteien, dass die Provision «bei der notariellen Fertigung fällig» werde; darunter war gemäss der bundesgerichtlichen Auslegung nicht der Zeitpunkt der öffentlichen Beurkundung, sondern jener der Eintragung im Grundbuch zu verstehen; somit kein Provisionsanspruch, wenn der Käufer sich weigert, den Vertrag zu halten, und man dem Verkäufer nicht zumuten kann, die Erfüllung zu erzwingen) 52 II 80/83 ff. E. 1, 2. – Für die *Erfüllung des nachgewiesenen oder vermittelten Vertrages* hat der Mäkler von seiner charakteristischen Aufgabe und ihrer gesetzlichen Regelung her nicht einzustehen 106 II 224/225 E. 4, siehe auch unter Art. 415. – *Selbsteintritt des Mäklers:* Die Provision ist nicht geschuldet, wenn der Mäkler die Sache selber erwirbt unter jenem Preis, der im Rahmen des Mäklervertrages angegeben wurde (offengelassen, ob die Provision anderseits geschuldet ist, wenn der Mäkler die Sache selber erwirbt zum Preis, der im Mäklervertrag angegeben wurde) 83 II 147/149 f. 8

9 **Weiteres.** Setzt der Hauptvertrag bloss einen *Teilerfolg* voraus, so wird die Provision insoweit gekürzt, als der tatsächlich erzielte Erfolg in quantitativer Hinsicht hinter dem in Aussicht genommenen Erfolg zurückbleibt 114 II 357/360.

10 Zur Verteilung der Beweislast beim Streit, ob lediglich Nachweis- oder aber Vermittlungsmäkelei vereinbart wurde, siehe unter Art. 412 Abs. 1/Zustandekommen des Mäklervertrages/Objektiv wesentliche Punkte.

11 Zu den Ansprüchen des Mäklers bei *Widerruf* des Mäklervertrages durch den Auftraggeber siehe unter Art. 404 Abs. 1.

12 ***Abs. 2*** Der suspensiv bedingte Vertrag lässt den Provisionsanspruch (noch) nicht entstehen, auch wenn der Bedingungseintritt (allein) vom Willen des Auftraggebers abhängt, ausser im Nichteintretenlassen der Bedingung liege ein Verstoss gegen Treu und Glauben (Art. 156) 4C.93/2006 (14.7.06) E. 3.2.2 fr.; Letzteres ist nicht schon dann der Fall, wenn der Auftraggeber seine vertraglichen Pflichten gegenüber dem Dritten verletzt 44 II 494/497 ff. E. 1, 2. – Anwendungsfall 71 II 267/269 ff. E. 3.

13 ***Abs. 3*** Siehe Vorb. Art. 412–418.

II. Festsetzung

Art. 414

Wird der Betrag der Vergütung nicht festgesetzt, so gilt, wo eine Taxe besteht, diese und in Ermangelung einer solchen der übliche Lohn als vereinbart.

1 Aus Art. 414 wird ersichtlich, dass die Festlegung des Betrags des Mäklerlohns kein objektiv wesentlicher Vertragspunkt ist; besteht diesbezüglich keine Vereinbarung und ist eine Vergütung geschuldet, so richtet sich diese nach Art. 414 4A_96/2016 (4.4.16) E. 2.2 fr. Bei der Festsetzung der Höhe des üblichen Entgelts nach Art. 394 Abs. 3 handelt es sich im Wesentlichen um eine Tat- und Ermessensfrage 4A_496/2007 (31.3.08) E. 3.3, 117 II 286/289 E. 5a. – Keine Anwendung von Art. 417 auf den «üblichen» Mäklerlohn (letztlich aber offengelassen) 117 II 286/289 f. E. 5b. – Autonome Tarife von Berufsverbänden, welche einseitig die Interessen einer Vertragspartei wahren, können im Allgemeinen nicht als Ausdruck der Verkehrsübung gelten 117 II 286/290 E. 5b.

2 Siehe auch Vorb. Art. 412–418.

III. Verwirkung

Art. 415

Ist der Mäkler in einer Weise, die dem Vertrage widerspricht, für den andern tätig gewesen, oder hat er sich in einem Falle, wo es wider Treu und Glauben geht, auch von diesem Lohn versprechen lassen, so kann er von seinem Auftraggeber weder Lohn noch Ersatz für Aufwendungen beanspruchen.

1 Art. 415 betrifft Ausnahmesituationen; die Bestimmung ist daher restriktiv auszulegen 4A_529/2015 (4.3.16) E. 4.1 fr.

Treuepflicht des Mäklers. Gleich dem einfachen Auftrag begründet der Mäklervertrag ein Treueverhältnis zwischen den Beteiligten normalerweise für die Dauer seines Bestehens. Er endet wiederum in der Regel dadurch, dass der angestrebte Vertrag des Auftraggebers mit dem Dritten zustande kommt oder die Bemühungen des Mäklers innerhalb gesetzter oder nützlicher Frist erfolglos bleiben, allenfalls durch Widerruf 106 II 224/224 f. E. 4. Eine die Erledigung des spezifischen Auftrages überdauernde Treuepflicht kann sich hingegen aus einer vertraglichen Vereinbarung ergeben: Wird verabredet, dass nicht schon der Abschluss, sondern erst die Erfüllung des Vertrages mit dem Dritten den Provisionsanspruch begründen soll, dieser Anspruch oder der Vertrag mit dem Dritten aufschiebend bedingt ist, die Fälligkeit eines entstandenen Provisionsanspruches zeitlich hinausgeschoben oder unter bestimmten Voraussetzungen sein Wegfall vorgesehen ist, so treten auch entsprechende Ausweitungen der Treuepflicht ein. Eine ohne Vereinbarung solcher Art über den erfolgten Abschluss eines nachgewiesenen oder vermittelten Vertrages hinaus auf dessen Erfüllung übergreifende Treuepflicht des Mäklers lässt sich nicht aus dem Mäklervertrag als solchem herleiten, sondern nur aus ZGB Art. 2, sei es direkt oder über vertragliche Nebenpflichten. Dann aber zeitigt ihre Verletzung nicht eine rückwirkende Aufhebung bereits rechtsgültig entstandener Provisionsansprüche, sondern einen Schadenersatzanspruch des Auftraggebers 106 II 224/225 f. E. 5, 124 III 481/483 E. 3a. 2

Doppelmäkelei. Die Doppelmäkelei ist unter dem Vorbehalt der Interessenkollision zulässig 111 II 366/368 E. b (offengelassen, ob die Zulässigkeit der Doppelmäkelei auf die reine Nachweismäkelei einzuschränken sei). Eine Pflicht des Mäklers, den Auftraggeber über seine Doppelstellung aufzuklären, besteht nur in Fällen, in denen die Zulässigkeit zweifelhaft ist 4A_508/2007 (25.3.08) E. 3, 111 II 366/369 E. 2. – Im Immobilienbereich führt die Tatsache, dass ein Mäkler mit dem Verkäufer oder Käufer einer Liegenschaft einen Vermittlungsmäklervertrag abschliesst, zwangsläufig zu einem Interessenkonflikt, wenn er mit der anderen Vertragspartei einen zweiten Vermittlungsmäklervertrag abschliesst. In diesem Fall sind beide Mäklerverträge nichtig und der Mäkler verliert seinen Anspruch auf Mäklerlohn aus beiden Verträgen (141 III 64/66 f. E, 4.3 fr.). 3

Zur Frage der Herabsetzung der Provision siehe unter Art. 417. 4

IV. …

Art. 416

Diese Bestimmung wurde auf den 1. Januar 2000 aufgehoben (AS 1999 1118).

V. Herabsetzung

Art. 417

Ist für den Nachweis der Gelegenheit zum Abschluss oder für die Vermittlung eines Einzelarbeitsvertrages oder eines Grundstückkaufes ein unverhältnismässig hoher Mäklerlohn vereinbart worden, so kann ihn der Richter auf Antrag des Schuldners auf einen angemessenen Betrag herabsetzen.

▪ Allgemeines (1) ▪ Grundstückkauf (2) ▪ Richterliches Ermessen und Überprüfung (3) ▪ Antrag zur Herabsetzung (4) ▪ Übermässigkeit/Herabsetzung (5) ▪ Weiteres (6)

1 **Allgemeines.** Die Bestimmung ist *zwingend* 88 II 511/514 Pra 1963 (Nr. 59) 183, 111 II 366/369 f. E. 3a. Sie schützt nur den Auftraggeber, der einen unverhältnismässigen Mäklerlohn vereinbart hat, nicht aber den Mäkler, der sich einen zu tiefen Mäklerlohn hat versprechen lassen 4A_483/2009 (7.12.09) E. 4 fr. – Der Grundgedanke der Bestimmung liegt darin, übermässige rechtsgeschäftliche Bindungen analog der Vorschrift von ZGB Art. 27 Abs. 2 zu verhindern 117 II 286/290 Nr. 55. – Als Ausnahmebestimmung, die in die Vertragsfreiheit eingreift, ist Art. 417 einschränkend auszulegen 4C.121/2005 (5.7.05) E. 4.2.1. – Die Zahlung schliesst eine Rückforderung der übermässig hohen Provision nicht aus, es sei denn, der Auftraggeber habe sie in Kenntnis von Art. 417 vorbehaltlos vorgenommen und damit die Höhe des Anspruchs des Mäklers rechtswirksam anerkannt (vgl. auch 111 II 366/371); ob die Zahlung den Verzicht auf eine richterliche Herabsetzung in sich schliesse, ist Tatfrage (strenge Beweisanforderungen) 88 II 511/515 Pra 1963 (Nr. 59) 183 f.

2 **Grundstückkauf.** Der Ausdruck Grundstückkauf umfasst *jeden Vertrag, der die Veräusserung eines Grundstücks zum Gegenstand hat,* insbesondere auch den Vertrag über die Einräumung eines Kaufsrechts 83 II 151/153 E. 4b Pra 1957 (Nr. 83) 272 oder den Abschluss eines Baurechtsvertrages 106 II 56/56 f. E. 2a.

3 **Richterliches Ermessen und Überprüfung.** Die Herabsetzung einer Provisionsvereinbarung gemäss Art. 417 ist ein Ermessensentscheid, den das Bundesgericht an sich frei überprüft. Es übt sich dabei aber in Zurückhaltung und greift nur ein, wenn die Vorinstanz grundlos von in Lehre und Rechtsprechung anerkannten Grundsätzen abgegangen ist, wenn sie Tatsachen berücksichtigt hat, die für den Entscheid im Einzelfall keine Rolle hätten spielen dürfen, oder wenn sie umgekehrt Umstände ausser Betracht gelassen hat, die hätten berücksichtigt werden müssen 4A_334/2018 (20.3.19) E. 5.1 fr., 4C.121/2005 (5.7.05) E. 4.2.1.

4 **Antrag zur Herabsetzung.** *Einer ausdrücklichen Berufung auf Art. 417 bedarf es nicht,* und ebenso wenig ist erforderlich, die Herabsetzung zum Gegenstand eines besonderen Begehrens zu machen; es genügt, wenn der Auftraggeber seine Begehren so weit fasst, dass sie auch eine gerichtliche Herabsetzung der Vergütung in sich schliessen, was bei einem Antrag auf gänzliche Klageabweisung immer zutrifft 83 II 151/152 E. 4a Pra 1957 (Nr. 83) 271, 111 II 366/369 E. 3a, 138 III 669/371 E. 3.2 Pra 2013 (Nr. 55) 438, vgl. auch 109 II 120/122 E. 2b.

5 **Übermässigkeit/Herabsetzung.** Darstellung der Rechtsprechung in 138 III 669/669 ff. E. 3.1 Pra 2013 (Nr. 55) 436, 4C.121/2005 (5.7.05) E. 4.2. Bei der Feststellung der Übermässigkeit des Mäklerlohnes dient die übliche Provisionshöhe in der betreffenden Region als Massstab. Der tatsächliche Aufwand des Mäklers ist nicht entscheidend; aufgrund des aleatorischen Charakters der Mäkelei ist vom Grundsatz auszugehen, dass der Lohn den Erfolg des Mäklers entgilt und nicht seine Tätigkeit 138 III 669/669 f. E. 3.1 Pra 2013 (Nr. 55) 436, 4A_334/2018 (20.3.19) E. 5.1 fr. Bei der *Liegenschaftsmäkelei* werden Pro-

visionen von bis zu 3% von der Rechtsprechung in der Regel nicht als übermässig betrachtet 138 III 669/670 f. Pra 2013 (Nr. 55) 437 (mit Beispielen aus der Rechtsprechung). Nach 83 II 151/153 f. E. 4c Pra 1957 (Nr. 83) 272 f. beträgt bei der Grundstücksmäkelei die übliche Provision etwa 2% des Kaufpreises. Eine Provision von 11% ist offensichtlich übersetzt; das Missverhältnis ist umso stossender, wenn der Kläger nicht berufsmässiger Mäkler ist (er kann somit nicht geltend machen, das Gelingen dieses Geschäftes habe Misserfolge in anderen Fällen aufzuwiegen oder er habe mit dieser Vergütung allgemeine Unkosten zu decken; anderseits ist in Betracht zu ziehen, dass der Auftraggeber sich verpflichtet hatte, eine sehr hohe Vergütung zu bezahlen, was für die Bemühungen des Mäklers bestimmend war; in casu Herabsetzung der Vergütung auf knapp über 3% des Kaufpreises). Schliesslich kann selbst eine Provision, die sich nach den üblichen Prozentsätzen richtet, vom Richter herabgesetzt werden, wenn sie in Anbetracht des hohen Liegenschaftswertes und des geringen Aufwands des Mäklers unangemessen erscheint (in casu zwar keine Herabsetzung einer Provision von 3%, indessen aber die Feststellung, dass ein Grenzfall vorliegt) 4C.362/1999 (22.3.00) E. 4c fr., Zulässigkeit einer Provision von 3% bestätigt in 138 III 669/671 E. 3.2 Pra 2013 (Nr. 55) 438, 4C.121/2005 (5.7.05) E. 4.2.2.

Weiteres. Auch bei *mehreren Mäklern* kann die Provision herabgesetzt werden, wenn der vereinbarte Lohn in Hinsicht auf den Anteil des klagenden Mäklers am Erfolg als unverhältnismässig hoch erscheint 61 II 80/84 f. E. 4. 6

Bei der *Doppelmäkelei* sind die beiden Provisionen nicht getrennt zu beurteilen, sondern massgebend ist der zusammengerechnete Betrag 111 II 366/370 E. 3b. Ein durch zulässige Doppelmäkelei bedingter Mehraufwand des Mäklers rechtfertigt in der Regel keine Erhöhung der nach den ortsüblichen Ansätzen angemessenen Provision 112 II 459/460 f. E. 3 (der Entscheid ist in Pra 1987 (Nr. 210) 720 f. ausführlicher wiedergegeben als in der amtlichen BGE-Sammlung). 7

C. Vorbehalt kantonalen Rechtes

Art. 418

Es bleibt den Kantonen vorbehalten, über die Verrichtungen der Börsenmäkler, Sensale und Stellenvermittler besondere Vorschriften aufzustellen.

Die Kantone sind in der rechtlichen Normierung dieser Verträge frei, d.h. nicht an das Bundesrecht gebunden 34 I 82/89 f. E. 2 fr. – Siehe auch Vorb. Art. 412–418. 1

Vierter Abschnitt
Der Agenturvertrag

Vorb. Art. 418a–418v

1 **Abgrenzungen.** ***Zum Handelsreisenden.*** Auch wenn der Agent und der Handelsreisende gleichartige wirtschaftliche Funktionen ausüben, nehmen sie verschiedene Rechtsstellungen ein; das wesentliche Unterscheidungsmerkmal besteht darin, dass der Agent seinen Beruf in selbständiger Weise ausübt, während sich der Handelsreisende seinem Arbeitgeber gegenüber in einem rechtlichen Unterordnungsverhältnis befindet 99 II 313/313 f. Pra 1974 (Nr. 55) 174, 103 II 277/279 E. 1, 129 III 664/667 f. E. 3.2 Pra 2004 (Nr. 67) 383 f.

2 ***Zum Auftrag.*** Im Gegensatz zum Auftrag handelt es sich beim Agenturvertrag wesensnotwendig um ein Dauerschuldverhältnis. Rechtlich ist der Agent zwar selbständig, wirtschaftlich jedoch vom Auftraggeber in einem gesteigerten Masse abhängig 4C.218/2005 (3.4.06) E. 3.2 fr.

3 ***Zum Alleinvertreter.*** Beim Alleinvertretungsvertrag bezieht der Vertreter von seinem Alleinvertretungspartner Ware, die er auf eigene Rechnung weiterverkauft; dadurch unterscheidet er sich vom Agenten, dessen Aufgabe darin besteht, den Abschluss von Geschäften zu vermitteln oder solche im Namen und auf Rechnung seines Auftraggebers abzuschliessen (keine [analoge] Anwendung von Art. 418u auf den Alleinvertretungsvertrag) 88 II 169/170 E. 7 Pra 1962 (Nr. 127) 384, 88 II 325/327 f. E. 2 Pra 1962 (Nr. 150) 452; zum Alleinvertretungsvertrag im Allgemeinen siehe Vorb. Art. 184–551/Innominatverträge/Gemischte Verträge/Alleinvertretungsvertrag.

4 ***Annoncenverwaltung.*** Bei der Übertragung der Annoncenverwaltung einer Zeitschrift liegt ein Agenturvertrag vor, wenn der Verpflichtete die Verträge mit dem Dritten im Namen und auf Rechnung des Herausgebers abschliesst und von diesem entschädigt wird; hingegen liegt ein Pachtvertrag vor, wenn eine Zeitschrift jemandem gegen Entgelt zur Verfügung gestellt wird, damit dieser sich Dritten gegenüber in eigenem Namen und auf eigene Rechnung zur Veröffentlichung von Inseraten verpflichten kann 83 II 32/34 ff. E. 1.

5 ***«Managements-Vertrag».*** Kein Agenturauftrag ist der «Managements-Vertrag» im Rahmen einer Gesangsausbildung in der Unterhaltungsbranche (in casu wurde unter Anwendung des damals noch als zwingend qualifizierten Art. 394 Abs. 2 ein Auftrag angenommen; beachte jedoch die inzwischen geänderte Rechtsprechung zu dieser Bestimmung: 109 II 462/465 f. E. 3d 104 II 108/113 ff. E. 3, 4.

6 ***Know-how- und Lizenzvertrag*** 115 II 255/257 E. 2a.

7 Zur Abgrenzung zum ***Mäklervertrag*** siehe Vorb. Art. 412–418.

8 **Weiteres.** Zusammengesetzte Agenturverträge, d.h. Agentur in Verbindung mit andern Vertragstypen, kommen in der Praxis häufig vor und sind in verschiedensten Varianten denkbar. Für jede sich stellende Rechtsfrage ist diesfalls gesondert zu prüfen, nach welchen gesetzlichen Bestimmungen oder nach welchen Rechtsgrundsätzen sie zu beurteilen ist. Das Dauerelement des Agenturvertrags spricht gegen die Anwendung des Art. 404, sollte auch ein zusammengesetzter Agenturvertrag vorliegen 4C.66/2002 (11.6.02)

E. 2.1, vgl. auch 4C.270/2002 (11.2.03) E. 2.3 fr. – «Vertretungs-Vertrag» als Agenturvertrag mit Alleinvertretungsrecht im Sinne von Art. 418a–418v qualifiziert 122 III 66/68 E. 3.

A. Allgemeines I. Begriff

Art. 418a

[1] Agent ist, wer die Verpflichtung übernimmt, dauernd für einen oder mehrere Auftraggeber Geschäfte zu vermitteln oder in ihrem Namen und für ihre Rechnung abzuschliessen, ohne zu den Auftraggebern in einem Arbeitsverhältnis zu stehen.

[2] Auf Agenten, die als solche bloss im Nebenberuf tätig sind, finden die Vorschriften dieses Abschnittes insoweit Anwendung, als die Parteien nicht schriftlich etwas anderes vereinbart haben. Die Vorschriften über das Delcredere, das Konkurrenzverbot und die Auflösung des Vertrages aus wichtigen Gründen dürfen nicht zum Nachteil des Agenten wegbedungen werden.

Abs. 1 Der Agent, der auch eine juristische Person sein kann (4C.270/2002 [11.2.03] E. 2.2 fr.), übt seinen Beruf in *selbständiger* Weise aus, den Weisungsbefugnissen des Auftraggebers sind im Rahmen des Agenturvertrags enge Grenzen gezogen 136 III 518/519 ff. E. 4.4. Die Freiheit, seine Arbeit so zu organisieren, wie er es für richtig hält, und dementsprechend über seine Zeit nach seinem Gutdünken zu verfügen, ist charakteristisch für den Agenten als selbständigen Kaufmann 99 II 313/313 f. Pra 1974 (Nr. 55) 174, 4C.270/2002 (11.2.03) E. 2.2 fr. (der Agent trägt typischerweise selbst die Aufwendungen und Auslagen seiner Tätigkeit und die finanziellen Folgen der eigenen Fehler), vgl. 4C.218/2005 (3.4.06) E. 3.2 fr. Typisch für den Agenturvertrag ist, dass der Agent zwar rechtlich selbständig, wirtschaftlich jedoch vom Auftraggeber abhängig ist, namentlich wenn Exklusivität vereinbart wird 4C.66/2002 (11.6.02) E. 2.1. Art. 418a Abs. 1 erwähnt die Vergütung des Agenten nicht. Der Gesetzgeber ist zwar davon ausgegangen, dass die Leistung, welche der Agent für seine Tätigkeit erhält, im Regelfall eine Provision ist, die sich auf der Grundlage der Ergebnisse der Agententätigkeit bemisst. Er hat indessen davon abgesehen, die Provision des Agenten zu einem objektiv wesentlichen Punkt des Agentenvertrags zu machen, sodass auch Vereinbarungen, die dem Agenten eine andere Art der Vergütung vorsehen, vom Anwendungsbereich der Art. 418a ff. nicht ausgeschlossen werden 4C.218/2005 (3.4.06) E. 3.2 fr. Der Agent hat im Interesse des Auftraggebers tätig zu werden; im Rahmen eines Dauerauftrages verpflichtet er sich zu getreuer und sorgfältiger Tätigkeit für den Auftraggeber 122 III 66/68 E. 3a. Kein Agenturvertrag liegt vor, wenn die Zusammenarbeit der Parteien keine dauernde, sondern eine sehr kurze (in casu für die Dauer eines Messebesuchs) ist 4C.390/1999 (4.1.00) E. 3b. – Der Abschlussagent ist stets *direkter Vertreter* des Auftraggebers (in casu Agenturverhältnis zwischen einer Luftfahrtsgesellschaft und einem Reisebüro; Auftragsverhältnis gemäss Art. 394 ff. bezüglich Inkasso; Konkurs des Reisebüros, Aussonderungsrecht der Luftfahrtsgesellschaft nach SchKG Art. 242) 108 II 118/120 ff. E. 1–3 Pra 1982 (Nr. 176) 449 ff.; vgl. ferner 115 II 255/257 E. 2a. – Den Parteien steht es (aufgrund der Vertragsfreiheit gemäss Art. 19) frei, dem Agenten Aufgaben zuzuweisen, die über seine gesetzlichen Mindestauf- 1 gaben hinausgehen (z.B. die Verpflichtung des Agenten, die Erfüllung der abgeschlossenen Rechtsgeschäfte zu fördern) 83 II 32/38 E. 1b.

2 Handlungen des Agenten können dem Auftraggeber zugerechnet werden, wenn der Agent als Hilfsperson des Auftraggebers auftritt 4A_70/2007 (22.5.07) E. 5.2.3 fr. (in casu wurden Anwerber, die unter Angabe falscher Informationen über ein internationales Internat in der Schweiz chinesische Studenten dazu verleiteten, sich an diesem Internat einzuschreiben, als Hilfspersonen des Internatsinhabers qualifiziert).

3 Erteilt die Versicherung dem Arzt den Auftrag, den Fragebogen des Antragstellers auszufüllen, so kommt ihm die gleiche Stellung zu wie einem von der Versicherung beauftragten Vermittlungsagenten (dass der Antragsteller den Arzt selber wählen kann, ändert daran nichts) 108 II 550/555 E. 2c.

II. Anwendbares Recht

Art. 418b

[1] Auf den Vermittlungsagenten sind die Vorschriften über den Mäklervertrag, auf den Abschlussagenten diejenigen über die Kommission ergänzend anwendbar.

[2] …

1 ***Abs. 1*** Vermittlungsagent; Anwendungsfall des Verweises auf Art. 412 ff. (in casu Art. 413) 84 II 542/548 ff. E. 5.

B. Pflichten des Agenten I. Allgemeines und Delcredere

Art. 418c

[1] Der Agent hat die Interessen des Auftraggebers mit der Sorgfalt eines ordentlichen Kaufmannes zu wahren.

[2] Er darf, falls es nicht schriftlich anders vereinbart ist, auch für andere Auftraggeber tätig sein.

[3] Eine Verpflichtung, für die Zahlung oder anderweitige Erfüllung der Verbindlichkeiten des Kunden einzustehen oder die Kosten der Einbringung von Forderungen ganz oder teilweise zu tragen, kann er nur in schriftlicher Form übernehmen. Der Agent erhält dadurch einen unabdingbaren Anspruch auf ein angemessenes besonderes Entgelt.

1 ***Abs. 1*** Der Agent hat im Interesse des Auftraggebers tätig zu werden; im Rahmen eines Dauerauftrages verpflichtet er sich zu getreuer und sorgfältiger Tätigkeit für den Auftraggeber 122 III 66/68 E. 3a.

2 ***Abs. 2*** Die gesetzliche Treuepflicht kann dem Agenten aber verbieten, für einen Konkurrenten des Auftraggebers tätig zu werden oder den Auftraggeber selber zu konkurrenzieren. Ferner ist ihm verboten, eine Doppelvermittlung zu betreiben. Ausserdem gebietet ihm die Treuepflicht, Interessenkollisionen zu vermeiden oder bei solchen sein Interesse vor dem des Auftraggebers zurücktreten zu lassen 136 III 518/521.

II. Geheimhaltungspflicht und Konkurrenzverbot

Art. 418d

[1] Der Agent darf Geschäftsgeheimnisse des Auftraggebers, die ihm anvertraut oder auf Grund des Agenturverhältnisses bekannt geworden sind, auch nach Beendigung des Vertrages nicht verwerten oder anderen mitteilen.

[2] Auf ein vertragliches Konkurrenzverbot sind die Bestimmungen über den Dienstvertrag entsprechend anwendbar. Ist ein Konkurrenzverbot vereinbart, so hat der Agent bei Auflösung des Vertrages einen unabdingbaren Anspruch auf ein angemessenes besonderes Entgelt.

<u>*Abs. 2*</u> **Konkurrenzverbot/Unabdingbarer Anspruch auf ein angemessenes besonderes Entgelt.** ***Allgemeines.*** Der Agent behält seinen Entschädigungsanspruch, auch wenn er die Auflösung des Vertrages selber durch Kündigung herbeigeführt hat (keine analoge Anwendung von Art. 418u Abs. 3). Ein Verlust des Entschädigungsanspruches könnte höchstens dann in Betracht gezogen werden (in casu offengelassen), wenn der Agent durch sein Verhalten dem Auftraggeber Anlass gegeben hätte, den Vertrag aus wichtigen Gründen aufzuheben, der Entlassung aber durch eigene Kündigung zuvorkommt 95 II 143/149 ff. E. 3. – Weder das Fehlen eines Interesses aufseiten des Auftraggebers am Konkurrenzverbot noch dessen einseitiger Verzicht auf Einhaltung des Konkurrenzverbotes macht die Entschädigungspflicht gegenüber dem Agenten hinfällig (siehe jedoch unten/Bemessung der Entschädigung) 95 II 143/151 f. E. 4 (offengelassen, ob der Belastete beim Fehlen jedes schutzwürdigen Interesses des Berechtigten an der Aufrechterhaltung des Konkurrenzverbotes sich durch Verzicht auf die Entschädigung von der Konkurrenzenthaltungspflicht befreien könne). 1

Unabdingbar. Dies bedeutet nur, dass der Anspruch nicht im Vornherein wegbedungen, also kein unentgeltliches Konkurrenzverbot vereinbart werden darf. Hingegen ist dadurch die Vereinbarung einer Kündigungsklausel in Bezug auf das Konkurrenzverbot nicht ausgeschlossen 95 II 143/151 E. 4. 2

Bemessung der Entschädigung/Beweislast. Die Entschädigung stellt den Gegenwert für jenen Schaden dar, den der Agent infolge der ihm auferlegten Konkurrenzenthaltungspflicht erleidet. – Der Richter hat sowohl in grundsätzlicher wie in masslicher Hinsicht einen weiten Ermessensspielraum (er kann auch eine in der Höhe vertraglich festgelegte Entschädigung auf ihre Angemessenheit überprüfen). – Beweispflichtig für einen besonderen Umstand ist jene Partei, zu deren Gunsten sich dieser auswirkt; es obliegt daher grundsätzlich dem Agenten, Tatsachen zu beweisen, welche die Zusprechung einer Entschädigung in der von ihm geforderten Höhe rechtfertigen. – In Betracht fallende Umstände sind z.B.: Nettoverdienst des Agenten aus dem Agenturverhältnis; der infolge seiner neuen Tätigkeit erzielte Verdienst (Anrechnung auf den Ausfall); ein zumutbarer, aber versäumter Ersatzverdienst. Heranzuziehen sind auch Umstände, die erst während der Dauer des Konkurrenzverbotes eintreten (wie z.B. der Verzicht des Auftraggebers auf das Konkurrenzverbot [in casu als Herabsetzungsgrund bejaht]). Erzielt der Agent durch seine neue Tätigkeit ein höheres Einkommen als bisher, so steht ihm kein Entschädigungsanspruch zu 95 II 143/152 ff. E. 5. 3

Weiteres. Hat der Agent durch die schriftliche Vereinbarung eines Konkurrenzverbotes einen unabdingbaren Anspruch auf ein angemessenes besonderes Entgelt, so heisst 4 das nicht, er dürfe zugleich noch eine Kundschaftsentschädigung im Sinne von Art. 418u verlangen 103 II 277/282 E. 3a.

C. Vertretungsbefugnis

Art. 418e

[1] Der Agent gilt nur als ermächtigt, Geschäfte zu vermitteln, Mängelrügen und andere Erklärungen, durch die der Kunde sein Recht aus mangelhafter Leistung des Auftraggebers geltend macht oder sich vorbehält, entgegenzunehmen und die dem Auftraggeber zustehenden Rechte auf Sicherstellung des Beweises geltend zu machen.

[2] Dagegen gilt er nicht als ermächtigt, Zahlungen entgegenzunehmen, Zahlungsfristen zu gewähren oder sonstige Änderungen des Vertrages mit den Kunden zu vereinbaren.

[3] Die Artikel 34 und 44 Absatz 3 des Bundesgesetzes vom 2. April 1908 über den Versicherungsvertrag bleiben vorbehalten.

D. Pflichten des Auftraggebers I. Im Allgemeinen

Art. 418f

[1] Der Auftraggeber hat alles zu tun, um dem Agenten die Ausübung einer erfolgreichen Tätigkeit zu ermöglichen. Er hat ihm insbesondere die nötigen Unterlagen zur Verfügung zu stellen.

[2] Er hat den Agenten unverzüglich zu benachrichtigen, wenn er voraussieht, dass Geschäfte nur in erheblich geringerem Umfange, als vereinbart oder nach den Umständen zu erwarten ist, abgeschlossen werden können oder sollen.

[3] Ist dem Agenten ein bestimmtes Gebiet oder ein bestimmter Kundenkreis zugewiesen, so ist er, soweit nicht schriftlich etwas anderes vereinbart wurde, unter Ausschluss anderer Personen beauftragt.

1 ***Abs. 1*** Der Auftraggeber hat alles zu unterlassen, was das Interesse des Agenten auf seine Provision beeinträchtigen könnte. Die Nicht- oder Schlechterfüllung von Geschäften, die vom Agenten vermittelt wurden oder die dieser im Namen des Auftraggebers abgeschlossen hat, kann zum Verlust von Kunden führen, was sich wiederum negativ auf die Chancen des Agenten auswirken kann, Absatz zu finden. Ebenso trifft den Auftraggeber eine Informationspflicht, damit dem Agenten keine vermeidbaren oder unnötigen Kosten entstehen oder dieser den Kunden gegenüber nicht unwissentlich falsche Angaben macht (z.B. betreffend Verspätungen in der Herstellung oder vergriffene Ware) 4P.27/2001 (17.4.01) E. 4a fr.

2 ***Abs. 3*** Verletzung des vertraglichen Anspruchs auf Alleinvertretung im zugewiesenen Gebiet (Anwendungsbeispiel) 122 III 66/70 f.

II. Provision 1. Vermittlungs- und Abschlussprovision a. Umfang und Entstehung

Art. 418g

[1] Der Agent hat Anspruch auf die vereinbarte oder übliche Vermittlungs- oder Abschlussprovision für alle Geschäfte, die er während des Agenturverhältnisses vermittelt oder abgeschlossen hat, sowie, mangels gegenteiliger schriftlicher Abrede, für solche Geschäfte, die während des Agenturverhältnisses ohne seine Mitwirkung vom Auftraggeber abgeschlossen werden, sofern er den Dritten als Kunden für Geschäfte dieser Art geworben hat.

[2] Der Agent, dem ein bestimmtes Gebiet oder ein bestimmter Kundenkreis ausschliesslich zugewiesen ist, hat Anspruch auf die vereinbarte oder, mangels Abrede, auf die übliche Provision für alle Geschäfte, die mit Kunden dieses Gebietes oder Kundenkreises während des Agenturverhältnisses abgeschlossen werden.

[3] Soweit es nicht anders schriftlich vereinbart ist, entsteht der Anspruch auf die Provision, sobald das Geschäft mit dem Kunden rechtsgültig abgeschlossen ist.

Abs. 1 und 3 Hat die Tätigkeit des Agenten lediglich in der Werbung des Kunden bestanden, so muss auch der Abschluss des Geschäftes (der gemäss Abs. 3 mangels abweichender Vereinbarung oder Übung den Provisionsanspruch entstehen lässt) in den Zeitraum des Agenturverhältnisses fallen (die Bestimmung sagt dies ausdrücklich und wird durch Art. 418t Abs. 1 dahin ergänzt, dass – mangels abweichender Vereinbarung oder Übung – auch die Nachbestellungen des vom Agenten [lediglich] geworbenen Kunden nur dann einen Provisionsanspruch geben, wenn sie *vor* Beendigung des Agenturverhältnisses eintreffen). Besteht die Tätigkeit des Agenten hingegen (auch) in der *Vermittlung* des Geschäftes, so bestimmt weder Abs. 1 noch Abs. 3 noch Art. 418t Abs. 1 (der sich ausschliesslich auf den lediglich werbenden Agenten bezieht), der vom Auftraggeber selber vorgenommene Abschluss dieses Geschäftes müsse während des Agenturverhältnisses erfolgen. Für den Provisionsanspruch genügt in diesem Fall allein der ursächliche Zusammenhang zwischen Vermittlung und Abschluss des Geschäftes (Art. 413 Abs. 1, auf den Art. 418b Abs. 1 verweist) 84 II 542/545 f. E. 3, vgl. auch 121 III 414/416 f. E. 1a. 1

Abs. 1 Für die vom Agenten konkret vermittelten Geschäfte sind keine abweichenden Vereinbarungen möglich, da sonst kein Agenturvertrag vorliegt; daher können auch für die Beendigung des Agenturverhältnisses keine weiter gehenden Voraussetzungen aufgestellt werden 121 III 414/419 f. E. 2c. 2

Abs. 2 Die Bestimmung ordnet die Ansprüche des Agenten, dem ein bestimmtes Gebiet oder ein bestimmter Kundenkreis zugewiesen ist, nicht abschliessend: Weist der (Exklusiv-)Agent nach, dass das Geschäft aufgrund seiner *Vermittlertätigkeit* zustande gekommen ist, so finden Abs. 1 und Art. 418b Abs. 1 Anwendung. Der Provisionsanspruch besteht in diesem Fall auch dann, wenn in der Zwischenzeit das betreffende Gebiet oder der betreffende Kundenkreis einem anderen Agenten ausschliesslich zugewiesen worden ist (das Gesetz verpflichtet den Auftraggeber nicht, die Provision zweimal zu entrichten) 84 II 542/546 ff. E. 4. Zum Provisionsanspruch des Agenten bei durch den Auftraggeber verunmöglichter Tätigkeit vgl. 122 III 66/69 ff. E. 3b (in casu Rückweisung an die Vorinstanz). 3

4 ***Abs. 3*** Ob eine solche Vereinbarung vorliegt, ist Auslegungsfrage; die geforderte Schriftlichkeit ist gewahrt, wenn sich der übereinstimmende Wille zu einer solchen Regelung durch Auslegung aus den der Form genügenden Willenserklärungen der Parteien ergibt. Auslegung: Es erscheint keineswegs als stossend, wenn ein Provisionsanspruch auf den bei der Vertragsbeendigung pendenten Aufträgen bejaht wird, auch wenn bei diesen die sonst zum Aufgabenbereich des Agenten gehörenden weiteren Bemühungen während der Abwicklungsphase nicht mehr erfolgen 121 III 414/417 ff. E. 2. In einer vertraglichen Vereinbarung über die «Abrechnung und Bezahlung der Provision» liegt keine von der Bestimmung abweichende Vertragsklausel 90 III 109/112 ff. E. 1a, b, 2 (in casu entscheidend für die Frage nach dem Bestehen eines Konkursprivileges gemäss aSchKG Art. 219 Abs. 4 Dritte Klasse lit. c, das nur für die in den letzten zwölf Monaten vor der Konkurseröffnung über den Auftraggeber entstandenen Forderungen gilt).

b. Dahinfallen

Art. 418h

[1] Der Anspruch des Agenten auf Provision fällt nachträglich insoweit dahin, als die Ausführung eines abgeschlossenen Geschäftes aus einem vom Auftraggeber nicht zu vertretenden Grunde unterbleibt.

[2] Er fällt hingegen gänzlich dahin, wenn die Gegenleistung für die vom Auftraggeber bereits erbrachten Leistungen ganz oder zu einem so grossen Teil unterbleibt, dass dem Auftraggeber die Bezahlung einer Provision nicht zugemutet werden kann.

c. Fälligkeit

Art. 418i

Soweit nicht etwas anderes vereinbart oder üblich ist, wird die Provision auf das Ende des Kalenderhalbjahres, in dem das Geschäft abgeschlossen wurde, im Versicherungsgeschäft jedoch nach Massgabe der Bezahlung der ersten Jahresprämie fällig.

d. Abrechnung

Art. 418k

[1] Ist der Agent nicht durch schriftliche Abrede zur Aufstellung einer Provisionsabrechnung verpflichtet, so hat ihm der Auftraggeber auf jeden Fälligkeitstermin eine schriftliche Abrechnung unter Angabe der provisionspflichtigen Geschäfte zu übergeben.

[2] Auf Verlangen ist dem Agenten Einsicht in die für die Abrechnung massgebenden Bücher und Belege zu gewähren. Auf dieses Recht kann der Agent nicht zum voraus verzichten.

1 ***Abs. 1*** Eine vom Abrechnungspflichtigen dem Vertragspartner zugestellte Abrechnung gilt als genehmigt, wenn sie nicht innert angemessener Prüfungsfrist beanstandet wird 95 II 143/147 E. 2.

2. Inkassoprovision

Art. 418l

[1] Soweit nicht etwas anderes vereinbart oder üblich ist, hat der Agent Anspruch auf eine Inkassoprovision für die von ihm auftragsgemäss eingezogenen und abgelieferten Beträge.

[2] Mit Beendigung des Agenturverhältnisses fallen die Inkassoberechtigung des Agenten und sein Anspruch auf weitere Inkassoprovisionen dahin.

III. Verhinderung an der Tätigkeit

Art. 418m

[1] Der Auftraggeber hat dem Agenten eine angemessene Entschädigung zu bezahlen, wenn er ihn durch Verletzung seiner gesetzlichen oder vertraglichen Pflichten schuldhaft daran verhindert, die Provision in dem vereinbarten oder nach den Umständen zu erwartenden Umfange zu verdienen. Eine gegenteilige Abrede ist ungültig.

[2] Wird ein Agent, der für keinen andern Auftraggeber gleichzeitig tätig sein darf, durch Krankheit, schweizerischen obligatorischen Militärdienst oder ähnliche Gründe ohne sein Verschulden an seiner Tätigkeit verhindert, so hat er für verhältnismässig kurze Zeit Anspruch auf eine angemessene Entschädigung nach Massgabe des eingetretenen Verdienstausfalles, sofern das Agenturverhältnis mindestens ein Jahr gedauert hat. Auf dieses Recht kann der Agent nicht zum voraus verzichten.

<u>*Abs. 1*</u> Ist die Unmöglichkeit der Leistung des Alleinvertreters (in casu Agenturvertrag mit Alleinvertretungsrecht) durch den Auftraggeber verschuldet, so ist voller Schadenersatz in Höhe des entgangenen Gewinns zuzusprechen, der sich nach der vereinbarten Provision, abzüglich allenfalls ersparter Aufwendungen des Alleinvertreters, errechnet (sog. positives Vertragsinteresse oder Erfüllungsinteresse) 122 III 66/72 E. 3d, 4P.27/2001 (17.4.01) E. 4a fr. Anwendungsfall (in casu jedoch stillschweigender Verzicht des Agenten durch Genehmigung der Abrechnung nach Art. 418k Abs. 1) 95 II 143/145 ff. E. 1 und 2. 1

IV. Kosten und Auslagen

Art. 418n

[1] Soweit nicht etwas anderes vereinbart oder üblich ist, hat der Agent keinen Anspruch auf Ersatz für die im regelmässigen Betrieb seines Geschäftes entstandenen Kosten und Auslagen, wohl aber für solche, die er auf besondere Weisung des Auftraggebers oder als dessen Geschäftsführer ohne Auftrag auf sich genommen hat, wie Auslagen für Frachten und Zölle.

[2] Die Ersatzpflicht ist vom Zustandekommen des Rechtsgeschäftes unabhängig.

<u>*Abs. 1*</u> Beim Agenturvertrag ist eine Verpflichtung zum Ersatz von Kosten im Allgemeinen nicht üblich, weil der Agent nicht in den Betrieb des Auftraggebers eingeordnet wird, sondern eine selbständige wirtschaftliche Tätigkeit ausübt 104 II 108/114 f. E.b. 1

V. Retentionsrecht

Art. 418o

[1] Zur Sicherung der fälligen Ansprüche aus dem Agenturverhältnis, bei Zahlungsunfähigkeit des Auftraggebers auch der nicht fälligen Ansprüche, hat der Agent an den beweglichen Sachen und Wertpapieren, die er auf Grund des Agenturverhältnisses besitzt, sowie an den kraft einer Inkassovollmacht entgegengenommenen Zahlungen Dritter ein Retentionsrecht, auf das er nicht zum voraus verzichten kann.

[2] An Preistarifen und Kundenverzeichnissen kann das Retentionsrecht nicht ausgeübt werden.

E. Beendigung

Vorb. Art. 418p–418v

1 Für die Beendigung eines *Alleinvertretungsvertrages* durch einseitige Erklärung gelten nach der Rechtsprechung die gleichen Vorschriften wie für den Agenturvertrag 89 II 30/33 E. 2.

I. Zeitablauf

Art. 418p

[1] Ist der Agenturvertrag auf eine bestimmte Zeit abgeschlossen, oder geht eine solche aus seinem Zweck hervor, so endigt er ohne Kündigung mit dem Ablauf dieser Zeit.

[2] Wird ein auf eine bestimmte Zeit abgeschlossenes Agenturverhältnis nach Ablauf dieser Zeit für beide Teile stillschweigend fortgesetzt, so gilt der Vertrag als für die gleiche Zeit erneuert, jedoch höchstens für ein Jahr.

[3] Hat der Auflösung des Vertrages eine Kündigung vorauszugehen, so gilt ihre beiderseitige Unterlassung als Erneuerung des Vertrages.

II. Kündigung 1. Im Allgemeinen

Art. 418q

[1] Ist ein Agenturvertrag nicht auf bestimmte Zeit abgeschlossen, und geht eine solche auch nicht aus seinem Zwecke hervor, so kann er im ersten Jahr der Vertragsdauer beiderseits auf das Ende des der Kündigung folgenden Kalendermonates gekündigt werden. Die Vereinbarung einer kürzeren Kündigungsfrist bedarf der schriftlichen Form.

[2] Wenn das Vertragsverhältnis mindestens ein Jahr gedauert hat, kann es mit einer Kündigungsfrist von zwei Monaten auf das Ende eines Kalendervierteljahres gekündigt werden. Es kann jedoch eine längere Kündigungsfrist oder ein anderer Endtermin vereinbart werden.

[3] Für Auftraggeber und Agenten dürfen keine verschiedenen Kündigungsfristen vereinbart werden.

<u>*Abs. 1*</u> Keine analoge Anwendung der Bestimmung auf den Alleinvertretungsvertrag, dessen Klausel über die Vertragsdauer nichtig ist (Anwendung von Art. 20 Abs. 2) 107 II 216/218 E. 3a. 1

2. Aus wichtigen Gründen

Art. 418r

[1] Aus wichtigen Gründen kann sowohl der Auftraggeber als auch der Agent jederzeit den Vertrag sofort auflösen.

[2] Die Bestimmungen über den Dienstvertrag sind entsprechend anwendbar.

Die Vorschriften über die fristlose Kündigung aus wichtigen Gründen sind *zwingender Natur* und auch auf den Alleinvertretungsvertrag anwendbar 4A_435/2007 (26.3.08) E. 3.1 fr., 89 II 30/33 ff. E. 2, 5a. – Vereinbarungen, die vorsehen, dass nur bestimmte Tatbestände die fristlose Kündigung rechtfertigen, andere dagegen nicht, können rechtlich nur insofern von Bedeutung sein, als sich daraus unter Umständen ergeben kann, dass jener Partei, welche den Vertrag unter Berufung auf eine danach nicht als wichtiger Grund geltende Tatsache sofort auflösen will, die Fortsetzung des Vertrages bis zum Ablauf der vereinbarten Dauer oder der gesetzlichen oder vertraglichen Kündigungsfrist zuzumuten ist 89 II 30/36 E. 5a. – *Prozess:* Die blosse Tatsache, dass eine Prozesspartei nicht daran dachte, sich auf Art. 418r und Art. 352 (aOR 1911) zu berufen, sondern nach Art. 107 ff. vorgehen wollte, verbietet nicht etwa schon im Vornherein die Annahme, dass eine gültige Kündigung aus wichtigen Gründen vorliege 89 II 30/35 E. 4. – *Auf wichtige Gründe kann sich nicht berufen,* wer sich trotz ihm bekannter, nachträglich für die Auflösung vorgebrachter Gründe bereit erklärt, mit der Gegenpartei weiter zusammenzuarbeiten 99 II 308/309 ff. E. 5 fr. 1

<u>*Abs. 1*</u> *Wichtige Gründe* sind namentlich Treueverletzung, Tätlichkeit, Ehrverletzung, ungerechtfertigte Vorenthaltung oder unkorrekte Abrechnung der Provisionen 4C.216/2002 (19.9.03) E. 4 fr. (in casu Abwerbung von Angestellten des Auftraggebers als wichtiger Grund nach Art. 418r Abs. 1 gewertet). 2

<u>*Abs. 2*</u> Art. 418r Abs. 2 verweist für die Kündigung des Agenturvertrages aus wichtigen Gründen auf «die Bestimmungen über den Dienstvertrag», d.h. über den Arbeitsvertrag (Art. 337 ff. OR) 136 III 518/519 E. 4. Das umschliesst auch Art. 337c Abs. 1 und 2125 III 14/16 E. 2a. Es ist den Parteien eines Agenturvertrages, auf das die Schutzbestimmungen des Arbeits- und Agenturvertragsrechts analog anwendbar sind (vgl. Art. 337), nicht nur verunmöglicht, das Recht auf vorzeitige bzw. fristlose Vertragsauflösung vertraglich wegzubedingen; es ist ihnen überdies auch verwehrt, eine vorzeitige bzw. fristlose Vertragsauflösung durch eine abweichende Parteivereinbarung von weniger strengen Voraussetzungen abhängig zu machen als vom Vorliegen von wichtigen Gründen, die einer Partei die Fortsetzung des Vertragsverhältnisses unzumutbar machen, oder die wichtigen Gründe für den Richter verbindlich festzulegen 4A_148/2011 (8.9.11) E. 4.3.1. Im Allgemeinen ist für die Schadenberechnung der Zeitpunkt massgebend, bis zu dem die letzte kantonale Instanz noch neue Tatsachen berücksichtigen kann 125 III 14/17 E. 2c. Analoge 3

Anwendung von Art. 337c Abs. 1: Für die Festlegung der Entschädigung ist auf die in vergleichbaren vergangenen Perioden erzielten Provisionen abzustellen (unerwartet eingetretene und vom Agenten nicht zu vertretende Umstände nach Vertragsauflösung sind bei der Berechnung des Schadenersatzes nicht zu berücksichtigen) 125 III 14/16 ff. E. 2b, c.

III. Tod, Handlungsunfähigkeit, Konkurs

Art. 418s

[1] Das Agenturverhältnis erlischt durch den Tod und durch den Eintritt der Handlungsunfähigkeit des Agenten sowie durch den Konkurs des Auftraggebers.

[2] Durch den Tod des Auftraggebers erlischt das Agenturverhältnis, wenn der Auftrag wesentlich mit Rücksicht auf dessen Person eingegangen worden ist.

IV. Ansprüche des Agenten 1. Provision

Art. 418t

[1] Für Nachbestellungen eines vom Agenten während des Agenturverhältnisses geworbenen Kunden besteht, falls nicht etwas anderes vereinbart oder üblich ist, ein Anspruch auf Provision nur, wenn die Bestellungen vor Beendigung des Agenturvertrages eingelaufen sind.

[2] Mit der Beendigung des Agenturverhältnisses werden sämtliche Ansprüche des Agenten auf Provision oder Ersatz fällig.

[3] Für Geschäfte, die ganz oder teilweise erst nach Beendigung des Agenturverhältnisses zu erfüllen sind, kann eine spätere Fälligkeit des Provisionsanspruches schriftlich vereinbart werden.

1 Siehe auch unter Art. 418g Abs. 1 und 3.

2 ***Abs. 2*** Es tritt eine Vorverschiebung der Fälligkeit aller Provisionsansprüche des Agenten ein, die vor der Wirksamkeit des Beendigungsgrundes wenigstens entstanden sind. Mit der Beendigung des Agenturverhältnisses entstehen keine neuen Provisionsansprüche mehr, ausser jenen für vorher vermittelte Geschäfte oder eingelaufene Nachbestellungen, deren rechtsgültiger Abschluss zwischen Kunden und Auftraggeber erst später, nach Vertragsbeendigung erfolgt; hier fällt die Fälligkeit mit dem Geschäftsabschluss zusammen 121 III 414/416 E. 1a.

2. Entschädigung für die Kundschaft

Art. 418u

[1] Hat der Agent durch seine Tätigkeit den Kundenkreis des Auftraggebers wesentlich erweitert, und erwachsen diesem oder seinem Rechtsnachfolger aus der Geschäftsverbindung mit der geworbenen Kundschaft auch nach Auflösung des Agenturverhältnisses erhebliche Vorteile, so haben der Agent oder seine Erben, soweit es nicht unbillig ist, einen unabdingbaren Anspruch auf eine angemessene Entschädigung.

[2] Dieser Anspruch beträgt höchstens einen Nettojahresverdienst aus diesem Vertragsverhältnis, berechnet nach dem Durchschnitt der letzten fünf Jahre oder, wenn das Verhältnis nicht so lange gedauert hat, nach demjenigen der ganzen Vertragsdauer.

[3] Kein Anspruch besteht, wenn das Agenturverhältnis aus einem Grund aufgelöst worden ist, den der Agent zu vertreten hat.

Allgemeines. Die Entschädigungspflicht (in casu einer Krankenkasse) nach Art. 418u gilt auch bei befristeten Verträgen 4A_335/2009 (16.10.09) E. 3.1 fr. Die Entschädigung ist weder ein nachträgliches Entgelt für Leistungen des Agenten während der Vertragsdauer noch Ersatz für erlittenen Schaden, sondern ein *Ausgleich für einen Geschäftswert, den der Auftraggeber nach Beendigung des Auftrages weiter nutzen kann* 134 III 497/500 E. 4.1 Pra 2009 (Nr. 19) 107 f., 84 II 529/531 f. E. 2, 4C.399/1999 (2.5.00) E. 4a, 4P.27/2001 (17.4.01) E. 4b fr., 4C.218/2005 (3.4.06) E. 6.2 fr. Dadurch unterscheidet sie sich denn auch von der Abgangsentschädigung des Arbeitnehmers nach Art. 339b. Der Anspruch auf eine Vergütung gemäss Art. 418u setzt nicht voraus, dass die wirtschaftliche Existenz des Agenten infolge der Vertragsauflösung gefährdet sei; es genügt, dass das Vertragsverhältnis nicht aus Gründen, die der Agent zu vertreten hat, beendet wurde (siehe Abs. 3) und der Anspruch auch sonst nicht unbillig ist 103 II 277/280 E. 2, 122 III 66/72 E. 3d (in casu Agenturvertrag mit Alleinvertretungsrecht). Nach 110 II 280/281 f. E. 2c Pra 1984 (Nr. 213) 574 ist die Kundschaftsentschädigung jedenfalls eine auf *Billigkeitserwägungen* beruhende Leistung, die dem Agenten zusteht in Berücksichtigung des Vorteils, den der Auftraggeber nach Beendigung des Vertrages aus der Vergrösserung seiner Kundschaft zieht und welchem das dem Agenten während der Vertragsdauer gewährte Entgelt nicht oder nur unvollständig Rechnung getragen hat. Eine Entschädigung für die Kundschaft ist etwa dann geschuldet, wenn mit Nachbestellungen (der Kunden) zu rechnen ist, weil der vom Agenten geworbene Kundenkreis dem Auftraggeber sehr wahrscheinlich treu bleibt und er seinen Bedarf weiterhin bei diesem deckt, was praktisch ausschliesslich bei Waren und Dienstleistungen des wiederkehrenden Bedarfs zutrifft (im Bereich der Lebensversicherungen verneint) 4C.399/1999 (2.5.00) E. 4a. 1

Analoge Anwendung. Die Zulässigkeit einer analogen Anwendung von Art. 418u auf andere Vertragsverhältnisse ist von Fall zu Fall zu prüfen. Im Einzelfall kann sich die Zusprechung einer Entschädigung im Sinne des Art. 418u an den Alleinvertreter aufgrund seiner im Rahmen eines Alleinvertretungsvertrages entfalteten Tätigkeit rechtfertigen, wenn seine (wirtschaftliche) Position derjenigen eines Agenten ähnlich ist. 134 III 497/505 ff. E. 4.3 und 4.4 Pra 2009 (Nr. 19) 112 ff., 4A_71/2019 (8.10.19) E. 4.1 fr., anders noch 88 II 169/171 E. 7 Pra 1962 (Nr. 127) 384. 2

Abs. 1 und 2 **Bemessung der Entschädigung.** Innerhalb der Grenzen von *Abs. 1* («angemessen») und Abs. 2 («höchstens ein Nettojahresverdienst») hat der Richter die Höhe des Anspruchs nach *Ermessen,* d.h. nach Recht und Billigkeit, zu bestimmen (ZGB Art. 4) 84 II 529/531 E. 2. – *Abs. 2* setzt der Vergütung nicht nur eine obere Grenze, sondern will sie auch in ein angemessenes Verhältnis zum Jahresverdienst setzen (wird im Entscheid 3 unter verschiedenen Gesichtspunkten näher ausgeführt) 84 II 529/533 f. Weiter können von Bedeutung sein: in welchem Ausmass die Erweiterung des Kundenkreises mit der Tätigkeit des Agenten ursächlich zusammenhängt oder inwieweit sie anderen Umständen (wie z.B. den Bemühungen des Auftraggebers oder der Entwicklung der Wirtschaftslage) zuzuschreiben ist 84 II 529/533 und 538 E. 5; das Ausmass des wirtschaftlichen Vorteils für den Auftraggeber 84 II 529/533; die Dauer des Agenturverhältnisses (je kürzer die Vertragsdauer, desto höher ist die Entschädigung zu bemessen) 84 II 529/534 E. 2; die Höhe der bezogenen Provisionen 84 II 529/539 E. 6, 541; der Zeitpunkt der Vertragsauflösung (in casu günstiger Zeitpunkt für den Agenten) 84 II 529/539 f. E. 7; inwieweit den Gegenständen der vermittelten Geschäfte der Charakter von Verbrauchsgütern zukommt (in casu Zeitungsinserate) 84 II 529/536 f. E. 4, 103 II 277/282 E. 3a. – *Keine Bedeutung für die Bemessung der Entschädigung* hat hingegen der durch die Vertragsauflösung entgangene Gewinn (es spielt somit keine Rolle, ob der Agent nach Vertragsauflösung anderen oder gleichwertigen Verdienst gefunden hat) 84 II 529/532.

4 ***Abs. 1*** **Voraussetzungen.** Die Entschädigungspflicht gemäss Art. 418u Abs. 1 wird erst «nach Auflösung des Agenturverhältnisses» aktuell (4A_261/2007 [29.10.07] E. 3.1) und setzt ein Dreifaches voraus: Erstens muss eine wesentliche Erweiterung des Kundenkreises vorliegen. Zweitens müssen dem Auftraggeber oder seinem Rechtsnachfolger aus der Geschäftsverbindung mit der geworbenen Kundschaft auch nach Auflösung des Agenturverhältnisses erhebliche Vorteile erwachsen. Drittens darf der Entschädigungsanspruch des Agenten nicht unbillig sein 134 III 497/500 E. 4.1 Pra 2009 (Nr. 19) 107 f., 4A_71/2019 (8.10.19) E. 4.1.2 fr. Im Einzelnen:

5 ***Wesentliche Erweiterung des Kundenkreises.*** Die Erweiterung des Kundenkreises muss auf die Tätigkeit des Agenten zurückzuführen sein. Sie kann sich daraus ergeben, dass der Agent seine eigenen Klienten mitgebracht hat, dass er neue Klienten während der Vertragslaufzeit akquiriert oder dass er bestehende Klienten zum Abschluss neuer Geschäfte bewegt. Praktisch bemisst sich die Erweiterung des Kundenkreises am Umsatz. Die Erweiterung des Kundenkreises muss wesentlich sein 4C.218/2005 (3.4.06) E. 4.2 fr. Anwendungsfall: 84 II 164/166 E. 4 Pra 1958 (Nr. 108) 328 (in casu wesentliche Erweiterung des Kundenkreises bejaht, wenn der Agent zu den bei Tätigkeitsbeginn bestehenden 85 Kunden während des Agenturverhältnisses dem Auftraggeber 38 weitere Kunden innert 17 Monaten verschafft).

6 ***Erheblicher Vorteil.*** Ein solcher liegt vor, wenn der Nutzen wirtschaftlich ins Gewicht fällt 103 II 277/285, 84 II 529/532 f. Ein Vorteil ist nur anzunehmen, wenn der vom Agenten geworbene Kundenkreis dem Auftraggeber sehr wahrscheinlich *treu bleibt* (vgl. auch 84 II 164/166 E. 4 Pra 1958 [Nr. 108] 329, 4A_71/2019 [8.10.19] E. 4.1.3 fr.: überwiegende Wahrscheinlichkeit) und seinen Bedarf weiterhin bei diesem deckt; auch muss es sich dabei um Ware eines *wiederkehrenden* Bedarfs handeln (bejaht beim Verhältnis zwischen dem Hersteller von Textilerzeugnissen und dessen Grosskunden, vgl. auch 84 II 529/536 E. 4 und 540 E. 8 [in casu Zeitschrifteninserate]). Dies gilt auch im Versicherungsbereich 4C.218/2005 (3.4.06) E. 5.2 fr. *Ein Vorteil ist zu verneinen,* wenn der Agent den Kundenstamm im Falle einer neuen Vertretung in der gleichen Branche beibehalten, ihn also weiterhin selber nutzen kann 103 II 277/282 f. E. 3a. – Das Bundesgericht prüft

frei, ob die Vorinstanz aus den festgestellten Tatsachen rechtlich zutreffende Schlüsse gezogen oder den Rechtsbegriff des erheblichen Vorteils verkannt hat 103 II 277/284 E. 4a.

Unbilligkeit des Entschädigungsanspruches. Für die Beurteilung, ob ein Entschädigungsanspruch als unbillig erscheint, kommen namentlich Umstände wie besonders hohe Vergütungen während des früheren Vertragsverhältnisses, dessen lange Dauer oder besonders günstige Fürsorgeleistungen des früheren Arbeitgebers in Betracht 103 II 277/286 E. 5, 110 II 476/479 E. a (in casu vollumfängliche Berücksichtigung von Altersvorsorgeleistungen des Auftraggebers, obwohl sie nur dem einen Mitglied einer Familienkollektivgesellschaft zugutekamen). Aus Billigkeitsgründen kann eine Kundschaftsentschädigung auch *gänzlich verweigert* werden 110 II 476/482 f. E. e, bestätigt in 4C.218/2005 (3.4.06) E. 6.2 fr., noch offengelassen in 103 II 277/286 E. 5. 7

Unabdingbarer Anspruch. Der Agent kann auf den Anspruch erst dann verzichten, wenn das Agenturverhältnis beendet ist 85 II 118/118 f. Nr. 21. 8

Höhe der Entschädigung. Der Richter hat die Höhe der Entschädigung gemäss Art. 418u Abs. 1 nach seinem Ermessen festzulegen. Von Gesetzes wegen darf die Entschädigung ein Nettojahresverdienst aus dem fraglichen Vertragsverhältnis, berechnet nach dem Durchschnitt der letzten fünf Jahre oder, wenn das Verhältnis nicht so lange gedauert hat, nach demjenigen der ganzen Vertragsdauer, nicht überschreiten 134 III 497/499 f. E. 4.1 Pra 2009 (Nr. 19) 108. 9

Beweis. Dem *Agenten* obliegt der Beweis, dass die Voraussetzungen seines Anspruchs erfüllt sind; er hat nicht nur die *Erweiterung des Kundenkreises,* sondern auch den Vorteil darzutun, der sich daraus für den Auftraggeber ergibt. Dabei dürfen an den Beweis eines erheblichen Vorteils keine allzu strengen Anforderungen gestellt werden 134 III 497/499 f. E. 4.1 Pra 2009 (Nr. 19) 108, 103 II 277/281 ff. Umgekehrt muss der Auftraggeber den Beweis erbringen, dass der Entschädigungsanspruch unbillig ist oder dass er im Verhältnis zum Jahresverdienst des Agenten herabgesetzt werden muss 134 III 497/500 E. 4.1 Pra 2009 (Nr. 19) 108. 10

Verjährung. Der Entschädigungsanspruch des Agenten verjährt zehn Jahre (Art. 127) nach Beendigung des Agenturvertrages 4C.218/2005 (3.4.06) E. 3.3 fr. 11

Weiteres. Die Entschädigungspflicht des Auftraggebers besteht unabhängig davon, ob er den ihm verbleibenden Vorteil auch tatsächlich wahrnehmen will 103 II 277/281 E. 2. – Auch wer für mehrere Firmen tätig ist, hat als Agent nur insoweit Anspruch auf eine Entschädigung, als dem Auftraggeber tatsächlich ein erheblicher Vorteil erwächst 103 II 277/283 E. 3b. 12

__Abs. 2__ *Nettojahresverdienst.* Unter dem Nettojahresverdienst ist jener Verdienst zu verstehen, den der Agent nach Abzug aller von ihm zu diesem Zweck aufgewendeten Kosten (z.B. Reisekosten) erzielt hat. Diese Kosten sind unabhängig davon abzuziehen, ob für sie der Agent oder sein Auftraggeber aufzukommen hat 134 III 497/500 E. 4.1 Pra 2009 (Nr. 19) 108, 84 II 164/166 f. E. 5 Pra 1958 (Nr. 108) 329. «Verdienst aus diesem Vertragsverhältnis»: Betrifft den *vom Agenten* erzielten Verdienst 84 II 164/166 E. 5 Pra 1958 (Nr. 108) 329. 13

14 ***Abs. 3*** Art. 418u Abs. 3 ist im Lichte der Billigkeitsvoraussetzung nach Art. 418u Abs. 1 zu verstehen und konkretisiert, dass es unbillig wäre, den Auftraggeber zu einer Abgeltung der weiteren Kundschaftsnutzung zu verpflichten, wenn das frühzeitige Ende der Nutzungsmöglichkeit des Agenten diesem selbst zuzurechnen ist 4A_433/2011 (27.1.12) E. 6. Von der Verweigerung der Entschädigung ist *zurückhaltend* Gebrauch zu machen, wenn die Voraussetzungen von Abs. 1 erfüllt sind und es der Billigkeit entspricht, eine Entschädigung zu gewähren. Der Agent verliert seinen Anspruch nur, wenn er die Vertragsauflösung schuldhaft zu vertreten hat oder wenn er wenigstens den Vertrag ohne begründeten Anlass kündigt oder dem Auftraggeber einen begründeten Anlass zur Kündigung gibt. Dieser Begriff des begründeten Anlasses unterscheidet sich von demjenigen des wichtigen Grundes zur fristlosen Vertragsauflösung nach Art. 337 110 II 280/282 E.c. Pra 1984 (Nr. 213) 574. – Die Bestimmung erwähnt ausdrücklich nur den Fall, dass «kein Anspruch besteht»; das schliesst indessen *Zwischenlösungen* nicht aus, bei denen je nach der Bedeutung des «begründeten Anlasses», aus dem die eine oder die andere Partei den Vertrag kündigt, eine Entschädigung zwar geschuldet ist, ihre Höhe aber gegenüber dem in Abs. 2 vorgesehenen Höchstbetrag herabgesetzt wird 110 II 280/282 E.c. Pra 1984 (Nr. 213) 574.

V. Rückgabepflichten

Art. 418v

Jede Vertragspartei hat auf den Zeitpunkt der Beendigung des Agenturverhältnisses der andern alles herauszugeben, was sie von ihr für die Dauer des Vertrages oder von Dritten für ihre Rechnung erhalten hat. Vorbehalten bleiben die Retentionsrechte der Vertragsparteien.

Vierzehnter Titel
Die Geschäftsführung ohne Auftrag

Vorb. Art. 419–424

Allgemeines. Die Vorschriften über die Geschäftsführung ohne Auftrag erfassen nicht das Verhältnis zu Dritten, sondern regeln nur die Haftung und die Ansprüche des Geschäftsführers gegenüber dem Geschäftsherrn 83 III 121/127 E. 3, vgl. 42 II 467/471 f. fr. Auch wenn der Geschäftsherr die Geschäftsbesorgung des Geschäftsführers nachträglich genehmigt, hat der Dritte gegen den Geschäftsherrn kein Klagerecht, da er ausserhalb des Obligationennexus (der Geschäftsführung ohne Auftrag) steht 41 II 268/271 ff. E. 3, 4 (in casu jedoch Anspruch des Dritten aufgrund des Stellvertretungsrechts, Art. 38 Abs. 1; vgl. auch 46 II 411/412 f. E. 2). 1

Keine Anwendung der Bestimmungen. Kontokorrentverhältnis mit einer Bank: führt die Bank einen von einem Dritten gefälschten Vergütungsauftrag aus, so finden nicht die Bestimmungen über die Geschäftsführung ohne Auftrag Anwendung, sondern es ist auf das zwischen den Parteien bestehende Vertragsverhältnis abzustellen 108 II 314/315 f. E. 2. – Siehe auch unter Art. 420/Keine Anwendung. 2

A. Stellung des Geschäftsführers I. Art der Ausführung

Art. 419

Wer für einen anderen ein Geschäft besorgt, ohne von ihm beauftragt zu sein, ist verpflichtet, das unternommene Geschäft so zu führen, wie es dem Vorteile und der mutmasslichen Absicht des anderen entspricht.

Allgemeines. Gleich wie die Geschäftsführung ohne Auftrag das Bewusstsein in sich schliesst, das Geschäft eines *andern* zu besorgen, setzt sie auch das Wissen des Geschäftsführers voraus, hiezu *keinen Auftrag* zu haben. Somit sind die Bestimmungen über die Geschäftsführung ohne Auftrag nicht anwendbar, wenn jener, der das Geschäft eines andern besorgt, irrtümlicherweise annimmt, dazu dem Geschäftsherrn gegenüber aus Auftrag verpflichtet zu sein 75 II 225/226 E. 3 Pra 1950 (Nr. 4) 24. Nimmt der Handelnde also an, er sei zur Geschäftsführung beauftragt, liegt keine Geschäftsführung ohne Auftrag vor, wobei gleichgültig ist, ob der (angebliche) Auftrag vom Geschäftsherrn selbst oder von einem Dritten erteilt wurde 4P.8/2002 (19.3.02) E. 2e fr. – *Besorgung eines Geschäftes für einen andern* (auch: berechtigte Fremdgeschäftsführung 126 III 382/386 E. 4b/ee): Das Wesen der «Fremdheit» eines Geschäftes liegt darin, dass die Handlung eine Einmischung in den fremden Interessenkreis oder einen Eingriff in die fremde Rechtssphäre darstellt 68 II 36 (siehe auch unter Art. 423). – Gleich wie der Beauftragte (Art. 400) hat der Geschäftsführer ohne Auftrag Rechenschaft abzulegen und dem Geschäftsherrn herauszugeben, was er für ihn erhalten hat 112 II 450/458 f. E. 5 Pra 1987 (Nr. 144) 513. 1

2 **Geschäftsführung ohne Auftrag** liegt vor, wenn ein Vater seine verunfallte Tochter im Privatauto transportiert und die Mutter sie zu Hause während einer gewissen Zeit pflegt (ausnahmsweise auch die Reise der Mutter zur Tochter am Unfallort) 97 II 259/265 ff. E. 2, 4 fr. (liegt eine Schenkung vor, so ist zu vermuten, sie gelte nur der Tochter und nicht dem verantwortlichen Dritten); wenn der Sohn des Erblassers dessen Zahlungen an seinen Onkel weiterführt, gleichzeitig aber das ihn zu diesen Zahlungen verpflichtende Testament anficht (in casu keine moralische Pflicht zur unentgeltlichen Verwandtenunterstützung) 83 II 533/535 ff. E. 1, 2 Pra 1958 (Nr. 34) 98 ff.; wenn der Solidarbürge für seine Mitbürgen zahlt, sofern ihm diese nicht einen Auftrag zur Zahlung erteilt haben (zu seiner Sorgfaltspflicht gehört, für die Erhaltung jener Rechte und Sicherheiten zu sorgen, die mit der Befriedigung des Gläubigers auf ihn übergehen; hingegen kann ihm nicht zugemutet werden, dass er die Forderung gegen den Hauptschuldner rechtlich geltend mache: dies ist Sache der einzelnen ihrer Regresspflicht nachgekommenen Mitbürgen) 66 II 123/127 f. (siehe auch unter Art. 420 Abs. 1). – Erziehung und Unterhalt eines Kindes durch nahe Verwandte sind von jenem Zeitpunkt an Geschäftsführung ohne Auftrag, in dem sie von den Eltern unmissverständlich Kostenersatz verlangen 55 II 262/263 ff. fr., siehe auch 123 III 161/164 E. 4c Pra 1997 (Nr. 105) 576. – Geschäftsführung ohne Auftrag offengelassen, wenn eine Bank nach Beendigung eines Girovertrages Einzahlungen für ihren ehemaligen Kunden entgegennimmt 111 II 447/449 E. 1 fr.

3 **Keine Geschäftsführung ohne Auftrag.** Nimmt der Gläubiger vom Schuldner eine Zahlung entgegen, die nach dem Willen des Schuldners für einen Dritten bestimmt ist, dies für den Gläubiger aber nicht erkennbar ist, so handelt der Gläubiger nicht als Geschäftsführer ohne Auftrag für den Dritten (dieser kann somit den Betrag beim Gläubiger nicht herausverlangen) 68 II 29/32 ff. E. 1, 2, 4. – Der *Willensvollstrecker* kann bei der Unterzeichnung des Teilungsvertrages gemäss ZGB Art. 634 kraft seines Amtes nicht als Geschäftsführer ohne Auftrag betrachtet werden (somit ist die Schriftform gemäss ZGB Art. 634 Abs. 2 nicht erfüllt, wenn nicht alle Erben persönlich oder rechtsgültig vertreten unterzeichnen) 102 II 197/201 ff. E. 2.

4 **Weiteres.** Der Geschäftsführer ohne Auftrag kann für den Geschäftsherrn *Rechtsvorschlag* erheben 38 I 721/722 E. 4 fr., 112 III 81/85 E. 2 (in casu Rechtsanwalt als Geschäftsführer ohne Auftrag). – Geschäftsführung ohne Auftrag eines Bankkunden im Interesse zweier Banken (analoge Anwendung von Art. 87 Abs. 2 bei der Anrechnung der vom Bankkunden zurückerhaltenen Beträge auf seine Forderung gegenüber den beiden Banken) 112 II 450/458 f. E. 5 Pra 1987 (Nr. 144) 513 f.

II. Haftung des Geschäftsführers im Allgemeinen

Art. 420

[1] Der Geschäftsführer haftet für jede Fahrlässigkeit.

[2] Seine Haftpflicht ist jedoch milder zu beurteilen, wenn er gehandelt hat, um einen dem Geschäftsherrn drohenden Schaden abzuwenden.

[3] Hat er die Geschäftsführung entgegen dem ausgesprochenen oder sonst erkennbaren Willen des Geschäftsherrn unternommen und war dessen Verbot nicht unsittlich oder rechts-

widrig, so haftet er auch für den Zufall, sofern er nicht beweist, dass dieser auch ohne seine Einmischung eingetreten wäre.

Keine Anwendung. Wandelung des Kaufvertrages (Art. 208): Will der Käufer die Sache nur bei gleichzeitiger Rückzahlung des Kaufpreises herausgeben (weil er ein Retentionsrecht beansprucht oder Leistung Zug um Zug verlangt), so trifft ihn eine Sorgfaltspflicht für die Aufbewahrung der Sache, die jedoch nicht den Regeln über die Haftung des Geschäftsführers ohne Auftrag untersteht, sondern analog der Sorgfaltspflicht des Pfandgläubigers gegenüber der Pfandsache in seiner Hand zu beurteilen ist 109 II 26/30. 1

Abs. 1 Auch wenn der Geschäftsherr die Geschäftsbesorgung des Geschäftsführers nachträglich genehmigt, hat der Dritte gegen den Geschäftsherrn kein Klagerecht, da er ausserhalb des Obligationennexus (der Geschäftsführung ohne Auftrag) steht 41 II 268/271 ff. E. 3, 4 (in casu jedoch Anspruch des Dritten aufgrund des Stellvertretungsrechts, Art. 38 Abs. 1; vgl. auch 46 II 411/412 f. E. 2 und Vorb. Art. 419–424). – Eine Haftungsbeschränkungsabrede (in casu Grundstückkauf/Wegbedingung der Gewährleistung) ist auch bei einer allfälligen Haftung aus Geschäftsführung ohne Auftrag zu beachten (in casu am Baugrund nachträglich entdeckte Ölschäden) 107 II 161/168 E. 8b. – Gibt der zahlende und damit regressberechtigte Solidarbürge in schuldhafter Weise Sicherheiten auf, so ist er für den daraus entstehenden Schaden seinen regresspflichtigen Mitbürgen haftbar. Der Verlust einer Sicherheit führt jedoch nur dann zu einer Schädigung der regresspflichtigen Mitbürgen, wenn das übrige Vermögen des Hauptschuldners zu ihrer Befriedigung nicht mehr ausreicht; daher müssen sie für ihre Schadenersatzforderung diesen weiter gehenden Nachweis erbringen 66 II 123/128 f. E. 1, 2. 2

Abs. 3 **Kein unsittliches oder rechtswidriges Verbot.** Anwendungsfall: Zahlung der Schuld durch einen Dritten im Rahmen eines Betreibungsverfahrens: es ist nicht rechtsmissbräuchlich, wenn sich der Schuldner einer Einmischung widersetzt, die ihn nach der Meinung des Dritten mit einer Regresspflicht belasten würde; auch wenn der Schuldner kaum zu befürchten hat, dass der vom Dritten geplante Rückgriff Erfolg haben werde, so bietet ihm auf jeden Fall allein schon die Aussicht, in einen weiteren Prozess verwickelt zu werden, einen ernsthaften Grund, die Zahlung seiner Schuld durch den Dritten abzulehnen 72 III 6/8 f. (der Entscheid verweist irrtümlich auf Art. 420 Abs. 2), vgl. auch 86 II 18/25 E. 4 Pra 1960 (Nr. 50) 147. 3

III. Haftung des vertragsunfähigen Geschäftsführers

Art. 421

1 War der Geschäftsführer unfähig, sich durch Verträge zu verpflichten, so haftet er aus der Geschäftsführung nur, soweit er bereichert ist oder auf böswillige Weise sich der Bereicherung entäussert hat.

2 Vorbehalten bleibt eine weitergehende Haftung aus unerlaubten Handlungen.

B. Stellung des Geschäftsherrn I. Geschäftsführung im Interesse des Geschäftsherrn

Art. 422

[1] Wenn die Übernahme einer Geschäftsbesorgung durch das Interesse des Geschäftsherrn geboten war, so ist dieser verpflichtet, dem Geschäftsführer alle Verwendungen, die notwendig oder nützlich und den Verhältnissen angemessen waren, samt Zinsen zu ersetzen und ihn in demselben Masse von den übernommenen Verbindlichkeiten zu befreien sowie für andern Schaden ihm nach Ermessen des Richters Ersatz zu leisten.

[2] Diesen Anspruch hat der Geschäftsführer, wenn er mit der gehörigen Sorgfalt handelte, auch in dem Falle, wo der beabsichtigte Erfolg nicht eintritt.

[3] Sind die Verwendungen dem Geschäftsführer nicht zu ersetzen, so hat er das Recht der Wegnahme nach den Vorschriften über die ungerechtfertigte Bereicherung.

▪ Abs. 1 Allgemeines (1) ▪ Durch das Interesse des Geschäftsherrn geboten (2) ▪ Ersatz für andern Schaden nach richterlichem Ermessen (3) ▪ Verjährung des Anspruchs auf Verwendungsersatz (4) ▪ Analoge Anwendung auf Gefälligkeitshandlungen (5) ▪ Anwendungsfälle (6)

1 ***Abs. 1*** **Allgemeines.** Die Bestimmung setzt voraus, dass der Geschäftsführer in der Absicht gehandelt hat, den Geschäftsherrn zu verpflichten 86 II 18/25 E. 4 Pra 1960 (Nr. 50) 147. – Gesellschaftsrechtliche Sonderregeln gehen vor 116 II 316/317 f. E. 2b. – Der Dritte, der mit Geldleistungen freiwillig zum Unterhalt eines Kindes beiträgt und im Umfang seiner Leistungen die Eltern von deren Unterhaltspflicht befreit, hat (Schenkungsabsicht vorbehalten) aus Geschäftsführung ohne Auftrag Anspruch auf Ersatz 123 III 161/164 E. 4c Pra 1998 (Nr. 99) 576.

2 **Durch das Interesse des Geschäftsherrn geboten.** Nicht jede Geschäftsbesorgung, die nützlich ist, ist auch im Sinne der Bestimmung im Interesse des Geschäftsherrn geboten. Sie ist es namentlich dann nicht, wenn der Geschäftsherr (wie in casu) selber Anordnungen getroffen und damit kundgegeben hat, wie er die Geschäfte in seinem Interesse abgewickelt wissen will. Unter solchen Umständen könnte von einer im Interesse des Geschäftsherrn gebotenen Geschäftsbesorgung nur dann die Rede sein, wenn die Lage an Ort und Stelle anders gewesen wäre, als der Geschäftsherr glaubte, und sein Interesse mit einer gewissen Dringlichkeit die Abweichung von seinen Anordnungen verlangt hätte 95 II 93/104 E. 2. Nicht im Interesse des Geschäftsherrn ist die Begleichung einer von ihm bestrittenen Schuld 86 II 18/25 E. 4 Pra 1960 (Nr. 50) 147. Der Anwendung des Art. 422 steht auch ein eigenes Interesse des Geschäftsführers nicht entgegen, sofern sein Handeln auch durch das Interesse des Geschäftsherrn geboten war. Erst wenn der Geschäftsführer ausschliesslich oder überwiegend im eigenen Interesse handelt, liegt unechte Geschäftsführung ohne Auftrag (Art. 423) vor 4C.326/2003 (25.5.04) E. 3.5.1 fr. – Beruht die Geschäftsführung ohne Auftrag auf der Fehleinschätzung des Geschäftsführers, der zwar die Absicht hatte, im Interesse des Geschäftsherrn zu handeln, sein Handeln in Wirklichkeit aber von der Interessenlage des Geschäftsherrn betrachtet nicht geboten war oder den Interessen des Geschäftsherrn gar zuwiderlief, liegt eine echte, aber «irreguläre» Geschäftsführung ohne Auftrag vor 4C.389/2002 (21.3.03) E. 3.2 fr., 4C.326/2003 (25.5.04) E. 3.5.1 fr.

Ersatz für andern Schaden nach richterlichem Ermessen. *Kausalhaftung* des Geschäftsherrn: Der Schadenersatzanspruch nach dieser Bestimmung setzt kein Verschulden des Geschäftsherrn voraus. Es handelt sich um eine Kausalhaftung, weshalb es ausreicht, dass der Geschäftsführer im Rahmen der Geschäftsbesorgung und damit im Interesse des Geschäftsherrn tätig geworden ist; insbesondere wird nicht vorausgesetzt, dass das Verhalten des Geschäftsherrn für den Eintritt des Schadens ursächlich war 129 III 181/184 E. 4.1, 48 II 487/491. *Analoge Anwendung* auf den unentgeltlichen Auftrag 61 II 95/98 E. 3, 48 II 487/490 ff. E. 3. 3

Der **Anspruch auf Verwendungsersatz verjährt** in zehn Jahren 55 II 262/265 fr., auch 126 III 382/385 E. 4b/cc. 4

Analoge Anwendung auf Gefälligkeitshandlungen. Weil nicht nur das Handeln im Interesse eines anderen den Haftungsgrund von Art. 422 bildet, sondern auch der Umstand, dass sich der Geschäftsführer dabei in Gefahr begibt, rechtfertigt sich auch die analoge Anwendung von Art. 422 Abs. 1 auf die Fälle von Gefälligkeitshandlungen ohne Rechtsbindungswillen. Die Haftung greift allerdings nur dann, wenn sich das der gefährlichen Tätigkeit immanente Risiko verwirklicht. Nicht davon erfasst werden sogenannte Zufallsschäden. Deshalb ist eine Haftung zu verneinen, falls sich nicht das besondere Tätigkeitsrisiko, sondern das allgemeine Lebensrisiko verwirklicht hat 129 III 181/184 f. E. 4.1, Anwendungsfall 4C.62/2005 (1.11.05) E. 4. Art. 422 Abs. 1 sieht neben dem Ersatz des Schadens auch Auslagenersatz und die Befreiung von übernommenen Verbindlichkeiten vor. Diese beiden Ansprüche fallen bei Gefälligkeitshandlungen ohne Rechtsbindungswillen ausser Betracht. Es gilt hier das Gleiche wie im Fall des Geschäftsführers mit Schenkungswillen, bei dem die Liberalitätsabsicht die erwähnten Ansprüche ausschliesst 129 III 181/185 E. 4.2. 5

Anwendungsfälle. 97 II 259/265 f. E. 2 fr. (Verhältnis zwischen Verletztem und Haftpflichtversicherer: Anspruch auf Kostenersatz, wenn die verletzte Tochter sich von ihrem Vater im Privatauto transportieren lässt, um den Schaden damit möglichst klein zu halten); 83 II 533/537 Pra 1958 (Nr. 34) 100 (Anspruch auf Verwendungsersatz, wenn jemand seinen Onkel ohne moralische Pflicht finanziell unterstützt); 55 II 262/263 ff. fr. (Erziehung und Unterhalt eines Kindes durch nahe Verwandte; siehe auch unter Art. 419); 123 III 161/164 E. 4c Pra 1997 (Nr. 105) 575 f. (ein Dritter, der das Kind unterstützt, kann gegenüber den Eltern Rückgriffsansprüche aus Geschäftsführung ohne Auftrag geltend machen). 6

II. Geschäftsführung im Interesse des Geschäftsführers

Art. 423

1 Wenn die Geschäftsführung nicht mit Rücksicht auf das Interesse des Geschäftsherrn unternommen wurde, so ist dieser gleichwohl berechtigt, die aus der Führung seiner Geschäfte entspringenden Vorteile sich anzueignen.

2 Zur Ersatzleistung an den Geschäftsführer und zu dessen Entlastung ist der Geschäftsherr nur so weit verpflichtet, als er bereichert ist.

▪ Abs. 1 Allgemeines (2) ▪ Gewinnherausgabe (3) ▪ Beweislast (4) ▪ Abs. 2 Verjährung (5) ▪ Weiteres (6)

1 Die Bestimmung betrifft die *unechte Geschäftsführung ohne Auftrag* (bzw. *Geschäftsanmassung* oder *Eigengeschäftsführung* 126 III 382/384 E. 4b/aa): Der Geschäftsführer wird für seine eigene Rechnung und im eigenen Interesse tätig und nimmt dabei Handlungen vor, die er nicht ausführen kann, ohne dabei in das Vermögen eines andern einzugreifen 126 III 69/72 ff. E. 2 Pra 2001 (Nr. 11) 62 ff., 86 II 18/25 E. 4 Pra 1960 (Nr. 50) 147, vgl. 68 II 29/36 E. 4. Das entscheidende Merkmal der unechten Geschäftsführung ohne Auftrag bzw. der Geschäftsanmassung im Sinne des Art. 423 ist der Wille des Geschäftsherrn, ein fremdes Geschäft als das eigene zu behandeln und sich die daraus fliessenden Vorteile anzueignen 4C.163/2000 (5.1.01) E. 5a, 4C.389/2002 (21.3.03) E. 3.2 fr. Dass der Geschäftsführer im Einzelfall ein eigenes Interesse an der Geschäftsführung hat, bedeutet für sich allein noch keine Geschäftsanmassung im Sinne des Art. 423. Sofern sein Handeln auch durch das Interesse des Geschäftsherrn geboten war, gelangt Art. 422 zur Anwendung. Erst wenn der Geschäftsführer ausschliesslich oder überwiegend im eigenen Interesse handelt, liegt Geschäftsanmassung vor 4C.326/2003 (25.5.04) E. 3.5.1 fr. – Zu den Tatbestandselementen von Art. 423 im Detail 4A_88/2019 (12.11.19) E. 3.1.1 fr. – Wer die Leistung eines anderen, welche nicht für ihn bestimmt war oder welche ihm nicht zu diesem Zweck erbracht wurde, in seinem eigenen Interesse benützt, muss den Leistenden gemäss den Regeln über die ungerechtfertigte Bereicherung (Art. 62) oder die unechte Geschäftsführung ohne Auftrag (Art. 423) entschädigen, je nachdem, ob er gutgläubig oder bösgläubig gehandelt hat 119 II 40/43 E. 2b Pra 1995 (Nr. 12) 47. – Art. 423 findet nur auf den Fall Anwendung, da der Geschäftsführer bösgläubig ist 129 III 422/425 E. 4 (in dem für den Fall der Gutgläubigkeit auf Art. 62 Abs. 1 verwiesen wird), bestätigt in 4C.101/2003 (17.7.03) E. 6.2 fr. 4C.290/2005 (12.4.06) E. 3.1, vgl. auch 126 III 382/384 E. 4b/aa Pra 2000 (Nr. 139) 824, 126 III 69/72 E. 2a Pra 2001 (Nr. 11) 62. Bösgläubig handelt der Geschäftsführer, wenn er weiss oder wissen müsste, dass er im eigenen Interesse in die Rechtssphäre eines Dritten eingreift bzw. ein fremdes Geschäft besorgt, ohne dass eine Handlungspflicht besteht. Der Beweis der Bösgläubigkeit obliegt dem Geschäftsherrn 126 III 69/72 E. 2a Pra 2001 (Nr. 11) 62, 4C.101/2003 (17.7.03) E. 6.2 fr. – Weder die Ansprüche aus Geschäftsanmassung (Art. 423) noch diejenigen aus ungerechtfertigter Bereicherung (Art. 62) setzen voraus, dass zwischen dem Bereicherungsgläubiger (in casu einem Eigentümer, dessen Mobiliar von einem nicht dazu Berechtigten an einen Dritten vermietet wurde) und dem Bereicherungsschuldner eine unmittelbare Vermögensverschiebung stattgefunden hat; auszugleichen ist vielmehr in jedem Fall die Bereicherung, die der Schuldner auf Kosten eines andern erlangt hat 129 III 422/425 E. 4, 4A_211/2016 (7.7.16) E. 2 fr.

2 ***Abs. 1*** **Allgemeines.** Weite *Auslegung* der Bestimmung, insbesondere der Begriffe Geschäftsführung («gestione») und Geschäftsherr («padrone») 51 II 575/583 E. b it. – Die *ratio legis* der Bestimmung besteht darin, zu verhindern, dass sich eine unerlaubte Handlung auszahlt 126 III 382/386 E. 4b/ee Pra 2000 (Nr. 139) 825, 126 III 69/73 E. 2b Pra 2001 (Nr. 11) 63. – *Anwendungsfälle:* 126 III 69/72 ff. E. 2 Pra 2001 (Nr. 11) 63 (der Mieter, der die Mietsache nach Beendigung des Mietverhältnisses weiterhin untervermietet, hat dem Vermieter den durch diese Geschäftsanmassung erzielten Gewinn herauszuge-

ben); 51 II 575/580 ff. E. 2–4 it. (der Gläubiger [in casu Bank], der ihm zu Faustpfand gegebene Aktien eigenmächtig weiterverpfändet und bei der Wiederherstellung des Pfandes durch Anschaffung von gleichen Aktien infolge eines niedrigeren Ankaufspreises einen Gewinn erzielt, hat diesen dem Pfandschuldner herauszugeben); 47 II 195/197 f. E. 1 (wird ein bestehendes Pachtverhältnis durch Zwangspacht vorzeitig aufgehoben und erhält der Verpächter im neuen Vertrag mit dem Dritten einen höheren Pachtzins, so hat der frühere Pächter Anspruch auf die Differenz). – Im Falle einer reinen Vertragsverletzung setzt ein Gewinnherausgabeanspruch gemäss Art. 423 Abs. 1 voraus, dass der Geschäftsführer einen Gewinn aus einem Bereich erzielt, der nach der zwischen den Parteien geltenden Vertragsordnung ausschliesslich dem Geschäftsherrn zugewiesen ist 4A_310/2007 (4.12.07) E. 7.1 fr. – *Patentverwertung* durch einen hiezu nicht berechtigten Dritten: Massgebend ist der Nettogewinn; vom Erlös, der mit patentverletzenden Produkten erzielt worden ist, sind die Kosten abzuziehen, die dem Verletzer für die Erzielung dieses Ertrages entstanden sind 134 III 306/308 E. 4.1.1. Die Ansprüche des Patentinhabers auf Schadenersatz und Gewinnherausgabe bestehen selbständig, schliessen sich jedoch gegenseitig aus 97 II 169/177 f., vgl. 98 II 325/332 ff. E. 5 fr. – Da die bösgläubige Geschäftsanmassung eher deliktisch als vertragsähnlich ist, rechtfertigt es sich, auf den Gewinnherausgabeanspruch die deliktsrechtlichen *Verjährungsregeln* anzuwenden 126 III 382/387 E. 4b/ee Pra 2000 (Nr. 139) 826 (Leitentscheid). – Feststellungen zu Bestand und Umfang eines Gewinns sind tatsächlicher Natur und daher grundsätzlich vom kantonalen Gericht abschliessend zu beurteilen; dagegen sind die Definition des Gewinns und die Art der Gewinnberechnung als Rechtsfragen vom Bundesgericht frei zu prüfen (vgl. entsprechend zum Schaden 134 III 306/308 E. 4.1).

Gewinnherausgabe. Der erzielte Gewinn, den der Geschäftsherr nach Art. 423 aus der Eigengeschäftsführung beanspruchen kann, ist konkret festzustellen. Da es ausschliesslich darum geht, die Wertdifferenz im Vermögen des Geschäftsführers abzuschöpfen, die kausal auf die Geschäftsanmassung zurückzuführen ist, kann nicht erheblich sein, welche Unkosten dem Geschäftsherrn selber angefallen wären oder welche Kosten durchschnittlich anfallen. Zur Ermittlung des Nettogewinns sind vielmehr die konkret dem Geschäftsführer erwachsenen Unkosten festzustellen, während allfällige branchenübliche Kosten allenfalls für eine Schätzung nach Art. 42 Abs. 2 berücksichtigt werden können, wenn die Voraussetzungen dafür erfüllt sind. Dabei gibt es grundsätzlich keine Unkosten, welche ihrer Art nach nicht zum Abzug zugelassen werden können, sofern sie zur Erzielung des Gewinnes aus der Geschäftsanmassung tatsächlich anfallen und dafür auch erforderlich sind 134 III 306/310 f. E. 4.1.4 und 4.1.5. Im Falle eines sog. Kombinationseingriffs, bei dem der vom Geschäftsführer erzielte Gewinn sowohl aus der widerrechtlichen Verletzung der rechtlich geschützten Rechtsgüter des Geschäftsherrn als auch aus der rechtmässigen Tätigkeit des Geschäftsführers selbst resultiert (Know-how, Qualität seiner Dienstleistungen, Einsatz einer besonders erfolgreichen Marketingkampagne, effizientes Vertriebsnetz usw.), kann die Gewinnherausgabe nur den Teil des Gewinns betreffen, der aus der Verletzung der rechtlich geschützten Rechtsgüter durch den Geschäftsführer resultiert 4A_88/2019 (12.11.19) E. 3.1.3 fr. 3

Beweislast. Der Geschäftsherr trägt die Beweislast für den durch die Führung des fremden Geschäfts erzielten Bruttoerlös (plus Zinsen), während der Geschäftsführer seine da- 4 für erbrachten Aufwendungen zu beweisen hat. Schätzung des Gewinnes ist in analoger Anwendung von Art. 42 Abs. 2 zulässig (ausführlich und illustrativ dazu 143 III 297/322 ff. E. 8.2.5.2). Die Voraussetzungen für die Schätzung müssen aber auch hier erfüllt sein. Die beweisbelastete Partei, die sich auf diese Erleichterung beruft, muss alle Umstände, die für die Erzielung eines Gewinnes oder für dessen Verminderung sprechen, soweit möglich und zumutbar, behaupten und beweisen. Der Schädiger, der die Höhe seiner Gewinne bestreitet, muss dies spezifiziert unter Vorlage von Detailzahlen tun und kann sich nicht mit pauschaler Bestreitung begnügen 134 III 306/309 E. 4.1.2. Es ist Sache des Geschäftsherrn, den Kausalzusammenhang zwischen der unechten Geschäftsführung ohne Auftrag und den vom Geschäftsführer erzielten Nettogewinnen nachzuweisen. Was den Kausalverlauf anbelangt, genügt indes eine überwiegende Wahrscheinlichkeit, soweit sich ein direkter Beweis aufgrund der Natur der Sache nicht führen lässt 133 III 153/162 E. 3.3, 4A_88/2019 (12.11.19) E. 3.1.2 fr. – Im Streit um eine Gewinnherausgabe nach Art. 423 hat der Geschäftsherr gegenüber dem Geschäftsführer einen Hilfsanspruch auf Auskunft und Rechenschaft, damit er sich Informationen über erfolgte Eingriffe und deren Folgen verschaffen kann, von denen er noch keine (detaillierten) Kenntnisse hat 143 III 297/329 E. 8.3.5.5 (offengelassen, ob dieser Hilfsanspruch auf Art. 400 fusst).

5 ***Abs. 2*** **Verjährung.** Indem die Bestimmung die Höhe der Ersatzleistung des Geschäftsherrn auf dessen Bereicherung beschränkt, enthält sie eine Verweisung auf die Regeln der ungerechtfertigten Bereicherung. Somit verjährt der Anspruch in einem Jahr (aArt. 67); die Verjährungsfrist beginnt zu laufen, wenn der Geschädigte vom Schaden und der Person des Urhebers Kenntnis erhält 86 II 18/26 f. E. 7 Pra 1960 (Nr. 50) 148.

6 **Weiteres.** Gesellschaftsrechtliche Sonderregeln gehen vor 116 II 316/317 f. E. 2b.

III. Genehmigung der Geschäftsführung

Art. 424

Wenn die Geschäftsbesorgung nachträglich vom Geschäftsherrn gebilligt wird, so kommen die Vorschriften über den Auftrag zur Anwendung.

1 Eine Genehmigung nach Art. 424 kommt nicht nur bei der berechtigten, sondern auch bei einer unberechtigten Fremdgeschäftsführung infrage. Erfüllt die Tätigkeit des Geschäftsführers, der auftragslos ein fremdes Geschäft besorgt, die Voraussetzungen einer berechtigten Geschäftsführung nicht, da sie nicht im Sinne von Art. 422 im Interesse des Geschäftsherrn geboten ist, so kommen im Falle einer Genehmigung durch den Geschäftsherrn dennoch die Vorschriften über den Auftrag zur Anwendung 4A_496/2007 (31.3.08) E. 2.2. Durch die nachträgliche Genehmigung können die in der Zwischenzeit von Dritten erworbenen Rechte nicht mehr geschmälert werden 41 II 389/390 f. E. 2.

Fünfzehnter Titel
Die Kommission

Vorb. Art. 425–439

Abgrenzungen. ***Zum Trödelvertrag.*** Dem Trödler und dem (Verkaufs-)Kommissionär ist gemeinsam, dass sie die Geschäfte in eigenem Namen abschliessen und daher zur Eigentumsübertragung an den Drittkäufer ermächtigt sind. Der wesentliche Unterschied besteht darin, dass der Kommissionär auf Rechnung des Kommittenten handelt, während der Trödler die Ware auf eigene Rechnung weiterverkauft und daher auch die daraus entstehenden Vor- und Nachteile selber trägt. Diese Verschiedenheit äussert sich darin, dass die dem Trödler vom Geber erteilte dingliche Verfügungsmacht nicht, wie die des Kommissionärs, auf einen Verkauf zu dem vom Geber bestimmten Preis beschränkt ist; vielmehr ist der Trödler berechtigt, auch zu einem billigeren Preis zu verkaufen, als er selber dem Geber im Falle der Nichtrückgabe bezahlen muss (indessen ist dem Trödler das Verfügungsrecht über das Trödelgut als eine fremde Sache doch nur in den Schranken von ZGB Art. 2 gegeben) 69 II 110/115 f. E. 2; zum Trödelvertrag im Einzelnen siehe Vorb. Art. 184–551/Innominatverträge/Gemischte Verträge/Trödelvertrag. – Zum Vertrag über die ***Vermögensverwaltung*** 124 III 155/159 ff. E. 2, 4C.171/2000 (6.12.00) E. 2a fr. 1

A. Einkaufs- und Verkaufskommission I. Begriff

Art. 425

[1] Einkaufs- oder Verkaufskommissionär ist, wer gegen eine Kommissionsgebühr (Provision) in eigenem Namen für Rechnung eines anderen (des Kommittenten) den Einkauf oder Verkauf von beweglichen Sachen oder Wertpapieren zu besorgen übernimmt.

[2] Für das Kommissionsverhältnis kommen die Vorschriften über den Auftrag zur Anwendung, soweit nicht die Bestimmungen dieses Titels etwas anderes enthalten.

Abs. 1 **Allgemeines.** Beim Kommissionsvertrag ist wesentlich, dass Vor- und Nachteile des Verkaufes zugunsten und zulasten des Kommittenten gehen 47 II 218/221. Notwendig ist die Abrede, dass der Kommissionär für Rechnung des Kommittenten und gegen Provision verkauft; die alleinige Verwendung des Wortes «Kommission» ist nicht entscheidend (in casu Qualifizierung als Trödelvertrag aufgrund des Verhaltens der Parteien bei der Vertragsausführung) 47 II 218/220 ff. – Qualifikation des Auftrags für Optionen 124 III 155/159 E. 2. Der Kommissionär handelt als indirekter Stellvertreter des Kommittenten und schliesst den Vertrag im eigenen Namen ab. Er wird grundsätzlich nicht Eigentümer der zu verkaufenden Sache, sondern wird vom Kommittenten lediglich damit betraut, diese Sache zu verkaufen und sie dem Käufer zu verkaufen 4A_496/2014 (11.2.15) E. 3.3 fr. – Der Devisenhandel ist dem Einkauf oder Verkauf von beweglichen Sachen oder Wertpapieren gleichzusetzen und kann Gegenstand eines Kommissionsvertrages sein 4C.89/2005 (13.7.05) E. 3.2.2.3. – Die Provision ist ein Essentialium des Kommissionsvertrages; wird sie gänzlich ausgeschlossen, liegt kein Kommissionsvertrag vor, sondern ein einfacher Auftrag 4A_226/2019 (18.11.19) E. 7.8.2. 1

2 **Bank.** Der Auftrag des Kunden an die Bank, bei der Schweizer Börse Warrants zu erwerben, stellt einen Kommissionsvertrag dar 133 III 221/225 E. 5.1 Pra 2007 (Nr. 127) 887. Der berufsmässige An- und Verkauf von Wertpapieren durch die Banken als Beauftragte Dritter vollzieht sich ordentlicherweise nach den Regeln des Kommissionsvertrages (vgl. auch 114 II 57/63 E. 6a), und es schliesst alsdann die Bank das Geschäft in eigenem Namen ab. Um stattdessen ein gewöhnliches Stellvertretungsverhältnis als von den Parteien gewollt anzunehmen, bedarf es besonderer Anhaltspunkte (in casu nicht vorhanden) 41 II 571/573 E. 2, vgl. 101 II 121/123 (in casu ein aus Hinterlegungsvertrag, Auftrag und Kommissionsvertrag bestehendes gemischtes Rechtsgeschäft, bei dem der Kauf und Verkauf von Wertpapieren [somit Kommissionsrecht] im Vordergrund stand).

3 ***Abs. 2*** **Anwendung von Art. 398.** 4C.89/2005 (13.7.05) E. 3.3.1 (Haftung des Kommissionärs für unsorgfältige Auswahl des Dritten, mit welchem er den Vertrag über den Einkauf oder Verkauf von beweglichen Sachen oder Wertpapieren abschliesst); 115 II 62/64 E. 3 ff. (Haftung des berufsmässig und entgeltlich handelnden Vermögensverwalters wegen Verletzung der Sorgfalts- und Treuepflicht; in casu offengelassen, ob beim gemischten Vertragsverhältnis Elemente des Auftrags oder der Kommission im Vordergrund standen); 101 II 121/123 ff. E. 1, 2 (in casu Sorgfaltspflicht der Bank beim Kauf und Verkauf von Wertpapieren für den Kommittenten, siehe unter Art. 398) 59 II 245/256 f. E. 6. – *Anwendung von Art. 399 Abs. 2:* 103 II 59/60 ff. E. 1 (in casu Spediteur nach Art. 439, Haftung nach Auftragsrecht für den befugterweise eingesetzten Zwischenspediteur in Bezug auf einen Schaden ausserhalb des Transportes). – *Anwendung von Art. 400:* 139 III 49/53 ff. E. 3.4 und 4 fr. (Vertrag mit kommissions- und darlehensrechtlichen Elementen, Rechenschaftsablage über der Herausgabepflicht nicht unterliegende interne Dokumente). – *Anwendung von Art. 401:* 47 II 218/219 f., 41 II 571/573 f. E. 2, 4 (Übergang der Rechte auf den Kommittenten, insbesondere auch des Rechts zur Anfechtung des Geschäftes wegen Willensmängeln; beachtlich ist nur der Willensmangel des Kommissionärs, nicht jener des Kommittenten). – *Anwendung von Art. 402:* 59 II 245/253 ff. E. 5, 4A_429/2014 (20.7.15) E. 6.2.1 (siehe unter Art. 431).

II. Pflichten des Kommissionärs 1. Anzeigepflicht, Versicherung

Art. 426

[1] Der Kommissionär hat dem Kommittenten die erforderlichen Nachrichten zu geben und insbesondere von der Ausführung des Auftrages sofort Anzeige zu machen.

[2] Er ist zur Versicherung des Kommissionsgutes nur verpflichtet, wenn er vom Kommittenten Auftrag dazu erhalten hat.

1 ***Abs. 1*** Es gehört zu den Pflichten des Kommissionärs, die Preisschwankungen auf dem Markt zu verfolgen 48 II 74/77 E. 2. – *«Die erforderlichen Nachrichten geben»:* den Kommittenten auf dem Laufenden halten, damit er allenfalls weitere Weisungen erteilen kann 59 II 245/251.

2. Behandlung des Kommissionsgutes

Art. 427

[1] Wenn das zum Verkaufe zugesandte Kommissionsgut sich in einem erkennbar mangelhaften Zustande befindet, so hat der Kommissionär die Rechte gegen den Frachtführer zu wahren, für den Beweis des mangelhaften Zustandes und soweit möglich für Erhaltung des Gutes zu sorgen und dem Kommittenten ohne Verzug Nachricht zu geben.

[2] Versäumt der Kommissionär diese Pflichten, so ist er für den aus der Versäumnis entstandenen Schaden haftbar.

[3] Zeigt sich Gefahr, dass das zum Verkaufe zugesandte Kommissionsgut schnell in Verderbnis gerate, so ist der Kommissionär berechtigt und, soweit die Interessen des Kommittenten es erfordern, auch verpflichtet, die Sache unter Mitwirkung der zuständigen Amtsstelle des Ortes, wo sie sich befindet, verkaufen zu lassen.

3. Preisansatz des Kommittenten

Art. 428

[1] Hat der Verkaufskommissionär unter dem ihm gesetzten Mindestbetrag verkauft, so muss er dem Kommittenten den Preisunterschied vergüten, sofern er nicht beweist, dass durch den Verkauf von dem Kommittenten Schaden abgewendet worden ist und eine Anfrage bei dem Kommittenten nicht mehr tunlich war.

[2] Ausserdem hat er ihm im Falle seines Verschuldens allen weitern aus der Vertragsverletzung entstehenden Schaden zu ersetzen.

[3] Hat der Kommissionär wohlfeiler gekauft, als der Kommittent vorausgesetzt, oder teurer verkauft, als er ihm vorgeschrieben hatte, so darf er den Gewinn nicht für sich behalten, sondern muss ihn dem Kommittenten anrechnen.

Abs. 1 Schlägt der Versteigerer unter der vereinbarten Limite zu, ist er verpflichtet, dem Einlieferer den vertraglich zugesicherten Mindestnettobetrag auf jeden Fall zu erbringen 112 II 337/345 E. 4c. Dasselbe gilt auch im Falle des Freihandverkaufs 4C.343/2001 (13.2.02) E. 2b fr. 1

4. Vorschuss- und Kreditgewährung an Dritte

Art. 429

[1] Der Kommissionär, der ohne Einwilligung des Kommittenten einem Dritten Vorschüsse macht oder Kredit gewährt, tut dieses auf eigene Gefahr.

[2] Soweit jedoch der Handelsgebrauch am Orte des Geschäftes das Kreditieren des Kaufpreises mit sich bringt, ist in Ermangelung einer anderen Bestimmung des Kommittenten auch der Kommissionär dazu berechtigt.

5. Delcredere-Stehen

Art. 430

[1] Abgesehen von dem Falle, wo der Kommissionär unbefugterweise Kredit gewährt, hat er für die Zahlung oder anderweitige Erfüllung der Verbindlichkeiten des Schuldners nur dann einzustehen, wenn er sich hiezu verpflichtet hat, oder wenn das am Orte seiner Niederlassung Handelsgebrauch ist.

[2] Der Kommissionär, der für den Schuldner einsteht, ist zu einer Vergütung (Delcredere-Provision) berechtigt.

III. Rechte des Kommissionärs

Vorb. Art. 431–434

1 **Abschliessende Ordnung durch das Bundesprivatrecht.** Für eine kantonale Ordnung bleibt grundsätzlich kein Raum 70 I 223/235 f. (zulässig wäre eine kantonale Regelung nur in dem Sinne, dass der Staat selber anstelle des Berufsverbandes einen Tarif erlässt, auf den mangels Parteivereinbarung abzustellen wäre; jedoch könnte die gemäss Art. 432 Abs. 2 massgebliche Übung nicht unabhängig von tatsächlich herrschenden Gebräuchen durch regierungsrätliche Verordnung festgelegt werden).

1. Ersatz für Vorschüsse und Auslagen

Art. 431

[1] Der Kommissionär ist berechtigt, für alle im Interesse des Kommittenten gemachten Vorschüsse, Auslagen und andere Verwendungen Ersatz zu fordern und von diesen Beträgen Zinse zu berechnen.

[2] Er kann auch die Vergütung für die benutzten Lagerräume und Transportmittel, nicht aber den Lohn seiner Angestellten in Rechnung bringen.

1 ***Abs. 1*** Die Bestimmung weist auf Art. 402 Abs. 1 zurück: der Anspruch des Kommissionärs besteht nur dann, wenn die Verwendung «in richtiger Ausführung des Auftrages» gemacht worden ist. Unter dieser Voraussetzung sind die Aufwendungen jedoch auch dann zu ersetzen, wenn das Kaufsgeschäft nicht zur Ausführung gekommen ist 59 II 245/253 E. 5, vgl. auch 4A_429/2014 (20.7.15) E. 6.2.1 – Kurssturz und Verlust auf den durch den Einkaufskommissionär (in casu Bank) eingedeckten fremden Geldwerten vor Ausführung des vereinbarten Goldeinkaufes (wer im Interesse eines andern eine Sache bewusstermassen einer Gefahr aussetzt, hat im Falle der Verwirklichung der Gefahr den Verlust gewollt und gleich gehandelt, wie wenn er eine Verwendung gemacht hätte; in casu jedoch mangelnde Sorgfalt des Kommissionärs [Art. 398]) 59 II 245/256 ff. E. 6.

2. Provision a. Anspruch

Art. 432

[1] Der Kommissionär ist zur Forderung der Provision berechtigt, wenn das Geschäft zur Ausführung gekommen oder aus einem in der Person des Kommittenten liegenden Grunde nicht ausgeführt worden ist.

[2] Für Geschäfte, die aus einem andern Grunde nicht zur Ausführung gekommen sind, hat der Kommissionär nur den ortsüblichen Anspruch auf Vergütung für seine Bemühungen.

Der Anspruch auf Provision entsteht nicht, wenn der Kommittent seinen Verkaufsauftrag widerruft, bevor der Kommissionär einen Vertrag mit einem Dritten abgeschlossen hat 142 III 129/129 f. E. 3 Pra 2017 (Nr. 51) 515. 1

Abs. 1 Der Beweis, dass das Geschäft aus einem in der Person des Kommittenten liegenden Grunde nicht ausgeführt worden ist, obliegt dem Kommissionär 40 II 390/393 f. E. 3, 4 (in casu vereinbarten die Parteien jedoch, dass der Provisionsanspruch sich ausschliesslich aufgrund der gelieferten Quantitäten und nicht aufgrund der Anzahl der [dann durch den Kommittenten zum Teil annullierten] Vertragsabschlüsse berechne). 2

Abs. 2 Siehe Vorb. Art. 431–434. 3

b. Verwirkung und Umwandlung in Eigengeschäft

Art. 433

[1] Der Anspruch auf die Provision fällt dahin, wenn sich der Kommissionär einer unredlichen Handlungsweise gegenüber dem Kommittenten schuldig gemacht, insbesondere wenn er einen zu hohen Einkaufs- oder einen zu niedrigen Verkaufspreis in Rechnung gebracht hat.
[2] Überdies steht dem Kommittenten in den beiden letzterwähnten Fällen die Befugnis zu, den Kommissionär selbst als Verkäufer oder als Käufer in Anspruch zu nehmen.

3. Retentionsrecht

Art. 434

Der Kommissionär hat an dem Kommissionsgute sowie an dem Verkaufserlöse ein Retentionsrecht.

4. Versteigerung des Kommissionsgutes

Art. 435

[1] Wenn bei Unverkäuflichkeit des Kommissionsgutes oder bei Widerruf des Auftrages der Kommittent mit der Zurücknahme des Gutes oder mit der Verfügung darüber ungebührlich zögert, so ist der Kommissionär berechtigt, bei der zuständigen Amtsstelle des Ortes, wo die Sache sich befindet, die Versteigerung zu verlangen.

[2] Die Versteigerung kann, wenn am Orte der gelegenen Sache weder der Kommittent noch ein Stellvertreter desselben anwesend ist, ohne Anhören der Gegenpartei angeordnet werden.

[3] Der Versteigerung muss aber eine amtliche Mitteilung an den Kommittenten vorausgehen, sofern das Gut nicht einer schnellen Entwertung ausgesetzt ist.

5. Eintritt als Eigenhändler

Vorb. Art. 436–438

1 Ohne gegenteilige Abrede steht dem Kommissionär die wahlweise Ausübung einer Option zu, durch welche der Kommissionsauftrag aufgehoben (Art. 115) und durch einen Kaufvertrag ersetzt wird. In diesem Falle entstehen grundsätzlich zwischen dem ursprünglichen Veräusserer und dem definitiven Erwerber keine unmittelbaren Vertragsbeziehungen; vielmehr ist beider Vertragspartner die Bank als selbsteintretende Kommissionärin. Das schliesst indessen nicht aus, dass der Börsenklient mit dem Erwerb der Titel in den Stand gesetzt werden kann, auch Ansprüche gegen den ursprünglichen Veräusserer geltend zu machen 114 II 57/63 f. E. 6a. Das Recht zum Selbsteintritt des Kommissionärs ist ein *änderndes Gestaltungsrecht.* Der blosse Umstand, dass das Eintrittsrecht in einem früheren (unter gleichen Bedingungen geschlossenen) Vertrag ausgeübt worden war, genügt nicht zur Annahme, dass es auch im Rahmen eines späteren Vertrages ausgeübt wurde 59 II 245/249 f. E. 2.

a. Preisberechnung und Provision

Art. 436

[1] Bei Kommissionen zum Einkauf oder zum Verkauf von Waren, Wechseln und anderen Wertpapieren, die einen Börsenpreis oder Marktpreis haben, ist der Kommissionär, wenn der Kommittent nicht etwas anderes bestimmt hat, befugt, das Gut, das er einkaufen soll, als Verkäufer selbst zu liefern, oder das Gut, das er zu verkaufen beauftragt ist, als Käufer für sich zu behalten.

[2] In diesen Fällen ist der Kommissionär verpflichtet, den zur Zeit der Ausführung des Auftrages geltenden Börsen- oder Marktpreis in Rechnung zu bringen und kann sowohl die gewöhnliche Provision als die bei Kommissionsgeschäften sonst regelmässig vorkommenden Unkosten berechnen.

[3] Im Übrigen ist das Geschäft als Kaufvertrag zu behandeln.

1 Bedeutung einer analogen Heranziehung dieser Bestimmung für die Frage der Zulässigkeit des Selbsteintritts des Pfandgläubigers bei der Verpfändung von kotierten Aktien 119 II 344/346.

2 ***Abs. 1*** **«Wenn der Kommittent nicht etwas anderes bestimmt hat».** Er kann den Selbsteintritt des Kommissionärs verbieten oder bloss unter bestimmten Voraussetzungen zulassen; eine solche Beschränkung hat als stillschweigend angeordnet zu gelten, wenn und soweit der Selbsteintritt in einer dem Kommissionär erkennbaren Weise den Interessen des Kommittenten widerspräche 71 IV 124/125.

Erklärung des Kommissionärs. Der Selbsteintritt als Ausübung eines Gestaltungsrechtes bedarf einer an den Kommittenten gerichteten Erklärung des Kommissionärs, die vor dem Weiterverkauf der Ware abzugeben ist (in casu Lotterielose: zusätzlich erforderlich, dass die Erklärung ausdrücklich und spätestens bis zu dem vom Kommittenten bestimmten Stichtag zu erfolgen hat) 71 IV 124/125 f. 3

b. Vermutung des Eintrittes

Art. 437

Meldet der Kommissionär in den Fällen, wo der Eintritt als Eigenhändler zugestanden ist, die Ausführung des Auftrages, ohne eine andere Person als Käufer oder Verkäufer namhaft zu machen, so ist anzunehmen, dass er selbst die Verpflichtung eines Käufers oder Verkäufers auf sich genommen habe.

In Art. 437 i.V.m. Art. 436 Abs. 1 wird die Beweislastgrundregel des ZGB Art. 8 durch eine gesetzliche Vermutung ergänzt. Indem der Kommissionär die Ausführung des Auftrages meldet, ohne eine andere Person als Käuferin oder Verkäuferin zu nennen, löst er die Vermutung aus, er habe von der Befugnis gemäss Art. 436 Abs. 1 Gebrauch gemacht, selbst in das Geschäft als Käufer oder Verkäufer einzutreten. Diese Vermutung ist widerlegbar; die Beweislast der Widerlegung trägt der Kommissionär 138 III 781/782 ff. E. 3.3. und 3.5. Der Kommissionär ist verpflichtet, die Ausführung des Geschäftes dem Kommittenten anzuzeigen 59 II 245/251. – Keine Anzeige liegt vor, wenn der Kommissionär dem Kommittenten lediglich eine Vorbereitungshandlung im Sinne von Art. 426 Abs. 1 mitteilt (in casu Anzeige eines Deckungskaufs, der Grundlage für die eigentliche Vertragsausführung war; somit keine Vermutung des Selbsteintrittes) 59 II 245/250 f. E. 3. 1

c. Wegfall des Eintrittsrechtes

Art. 438

Wenn der Kommittent den Auftrag widerruft und der Widerruf bei dem Kommissionär eintrifft, bevor dieser die Anzeige der Ausführung abgesandt hat, so ist der Kommissionär nicht mehr befugt, selbst als Käufer oder Verkäufer einzutreten.

B. Speditionsvertrag

Art. 439

Wer gegen Vergütung die Versendung oder Weitersendung von Gütern für Rechnung des Versenders, aber in eigenem Namen, zu besorgen übernimmt (Spediteur), ist als Kommissionär zu betrachten, steht aber in Bezug auf den Transport der Güter unter den Bestimmungen über den Frachtvertrag.

Allgemeines. Bereits das gewöhnliche Speditionsgeschäft ist meistens mit *Nebenleistungen* verschiedenster Art verbunden, wie dem Abschluss von Versicherungen, der Verzollung der Ware, der Veranlassung von Expertisen und vor allem auch der Einziehung des 1

Fakturbetrages, allenfalls auch der Funktion einer Akkreditivstelle (in casu war der Spediteur zugleich formell Partei des Warenhandelsgeschäftes) 84 II 168/172 f. E. 1c. – Der Spediteur hat die *Pflicht,* alle zur Vorbereitung des Transportes notwendigen Vorkehrungen zu treffen; dazu gehört insbesondere auch das sorgfältige Ausfüllen der Transportpapiere 52 II 86/88. – Der Auftrag zur Versicherung des Transportes schliesst nicht ohne Weiteres auch den Auftrag zu einer Lagerversicherung mit ein 48 II 330/335 E. 3. – Allgemeine Geschäftsbedingungen (des Schweizerischen Spediteur-Verbandes) 77 II 154/155 f. E. 4 (in casu Haftungsbeschränkung des Spediteurs; stillschweigende Übernahme unter Kaufleuten), vgl. 103 II 59/63 E. 2 (in casu Übernahme offengelassen). – Abgrenzung zum *Hinterlegungsvertrag* (Art. 472 ff. OR): Hauptleistung beim Speditionsvertrag ist die Versendung bzw. Weitersendung von Gütern in eigenem Namen, aber für Rechnung des Versenders, während Entgegennahme und Aufbewahrung dieser Güter blosse Nebenleistungen des Spediteurs sind. Nimmt dagegen eine Vertragspartei von der Gegenpartei eine bewegliche Sache ohne konkrete Versendungsanordnung entgegen mit dem Versprechen, sie in einem Lager kostenlos aufzubewahren, liegt ein Hinterlegungs- und kein Speditionsvertrag vor 126 III 192/194 E. 2a Pra 2001 (Nr. 49) 287.

2 **Anwendung der Bestimmungen über die Kommission bzw. den Auftrag.** *(Art. 425 Abs. 2)* Bei Ausführung des Auftrages zur Versicherung des Transportgutes befindet sich der Spediteur in der Stellung des Kommissionärs 48 II 335 E. 3. – *Art. 398:* 88 II 430/433 ff. E. 1, 2 Pra 1963 (Nr. 60) 184 ff. (in casu Haftung des Spediteurs für einen vor der Weiterversendung der Ware eingetretenen Schaden [Diebstahl]; adäquater Kausalzusammenhang zwischen dem Verschulden des Spediteurs [bzw. seiner Organe und Hilfspersonen] und dem Schaden). – *Art. 399:* 103 II 59/61 f. E. 1a, b (in casu Verlust der Ware/Haftung des Spediteurs für einen befugterweise [gleichviel, ob auf Weisung des Auftraggebers oder von sich aus] eingesetzten Zwischenspediteur: dieser ist sein Substitut gemäss Art. 399 und nicht Hilfsperson gemäss Art. 101 [somit haftet der Spediteur nur für die gehörige Sorgfalt bei der Wahl und Instruktion des Zwischenspediteurs]).

3 **Anwendung der Bestimmungen über den Frachtvertrag.** *Art. 447–449:* 102 II 256/259 f. E. 1 (in casu Haftung für auf dem Transport abhandengekommene Ware). Wegbedingung der Haftung für die Handlungen des Zwischenspediteurs 94 II 197/206 E. 13. – Offengelassen, ob die Ausstellung des Frachtbriefes zu jenen Handlungen gehört, die sich auf den Transport der Güter beziehen 48 II 330/333 f., vgl. 52 II 86/88 ff. und 102 II 256/259 f. E. 1.

Sechzehnter Titel Der Frachtvertrag

Vorb. Art. 440–457

Haftung des Frachtführers. Die Bestimmungen des OR über die Verantwortlichkeit des Frachtführers sind mit Ausnahme von Art. 455 grundsätzlich nicht zwingend 94 II 197/206 E. 13 (betrifft insbesondere Art. 447–449). 1

Anwendungsfälle des Übereinkommens über den Beförderungsvertrag im internationalen Strassengüterverkehr vom 19. Mai 1956 (CMR, SR 0.771.611): Dieses Übereinkommen gilt gemäss dessen Art. 1 Ziff. 1 für jeden Vertrag über die entgeltliche Beförderung von Gütern auf der Strasse mittels Fahrzeugen, wenn der Ort der Übernahme des Gutes und der für die Ablieferung vorgesehene Ort, wie sie im Vertrag angegeben sind, in zwei verschiedenen Staaten liegen, von denen mindestens einer ein Vertragsstaat ist. Dies gilt ohne Rücksicht auf den Wohnsitz und die Staatsangehörigkeit der Parteien. Dabei gilt, dass das CMR den Frachtvertrag erfasst, nicht aber den Speditionsvertrag, der dem IPRG unterliegt. Wo die CMR keine Regelung enthält, kommt ergänzend das nationale Recht zur Anwendung. Soweit ein Sachverhalt jedoch unter die Bestimmungen der CMR fällt, sind diese zwingend und unabdingbar 132 III 626/629 f. E. 2.1, und 636 E. 4.1; subsidiäre Anwendung der Bestimmungen des OR 107 II 238/240 ff. E. 2–4, 109 II 471/472 E. 1 fr. (CMR Art. 37, der den Rückgriff unter aufeinanderfolgenden Frachtführern regelt, findet Anwendung auch auf die Rückgriffsklage eines Frachtführers gegen einen Unterfrachtführer, den er beauftragt hat, den gesamten Transport an seiner Stelle auszuführen); Verjährung der Forderung auf Frachtlohn (die einjährige Verjährungsfrist gemäss CMR Art. 32 Ziff. 1 geht der zehnjährigen Verjährungsfrist gemäss Art. 127 vor) 111 II 3717/372 f. E. 2. 2

Der Chartervertrag im Sinne des BG über die Seeschifffahrt unter der Schweizer Flagge (SSG, SR 747.30): Art. 94 Abs. 1 ist zwischen dem Vertrag über die Schiffsmiete und dem Seefrachtvertrag anzusiedeln (Vertrag sui generis) 115 II 108/109 ff. E. 4. Gegenüber dem Seeschifffahrtsgesetz haben die Art. 440 ff. lediglich subsidiäre Geltung 115 II 494/496 E. 1. 3

A. Begriff

Art. 440

[1] Frachtführer ist, wer gegen Vergütung (Frachtlohn) den Transport von Sachen auszuführen übernimmt.

[2] Für den Frachtvertrag kommen die Vorschriften über den Auftrag zur Anwendung, soweit nicht die Bestimmungen dieses Titels etwas anderes enthalten.

Abs. 1 **Allgemeines.** Der Frachtvertrag gilt im Zweifel als Vertrag zugunsten des Empfängers, Art. 112; dessen in der Regel gemäss Art. 112 Abs. 2 bestehendes Klagerecht ent- 1 steht erst, wenn die Ware am Bestimmungsort eingetroffen ist (Ausnahmen) 38 II 163/166 ff. E. 4.

2 Die **Vergütung** gehört notwendig zum Frachtvertrag 109 II 231/233 E. 3c/aa Pra 1984 (Nr. 12) 34 (in casu Widerruf des Vertrages durch den Frachtführer während des Transportes; siehe unter Abs. 2). Sie kann ausdrücklich versprochen werden oder sich aus den Umständen ergeben (in casu beides verneint/Mietvertrag mit Abrede über den Transport des Mietgegenstandes) 91 II 291/293 E. 1.

3 **Weiteres.** Schliesst der Frachtführer mit einem anderen Frachtführer einen (Unter-)Vertrag, so berührt dieser das Rechtsverhältnis zwischen dem ersten Frachtführer und seinem Auftraggeber nicht 44 II 280/281 f. E. 3.

4 ***Abs. 2*** Insbesondere gelten die Bestimmungen über die Haftung des Beauftragten für getreue und sorgfältige Ausführung des ihm übertragenen Geschäfts 107 II 238/242 E. 3.

5 Siehe insbesondere die Hinweise auf den Frachtvertrag unter Art. 398, 399 und 404.

6 Für die Abgrenzung des Frachtvertrages von anderen Verträgen, namentlich vom Arbeitsvertrag, sind die für den Auftrag entwickelten Abgrenzungskriterien heranzuziehen (in casu für einen als Dauervertrag ausgestalteten Transportvertrag, in welchem sich der Frachtführer verpflichtet, die Transportaufträge des Vertragspartners auf Abruf und prioritär entgegenzunehmen) 4C.331/1999 (6.3.00) E. 2–4 fr.

B. Wirkungen I. Stellung des Absenders 1. Notwendige Angaben

Art. 441

[1] Der Absender hat dem Frachtführer die Adresse des Empfängers und den Ort der Ablieferung, die Anzahl, die Verpackung, den Inhalt und das Gewicht der Frachtstücke, die Lieferungszeit und den Transportweg sowie bei wertvollen Gegenständen auch deren Wert genau zu bezeichnen.

[2] Die aus Unterlassung oder Ungenauigkeit einer solchen Angabe entstehenden Nachteile fallen zu Lasten des Absenders.

1 **Allgemeines.** Die Pflicht, den Vertragspartner auf den mit Blick auf das konkrete Vertragsverhältnis besonders hohen, jedoch für ihn nicht erkennbaren Wert von anvertrauten Gegenständen aufmerksam zu machen, mit dem die Gefahr des Eintritts eines ungewöhnlich hohen Schadens verbunden ist und der daher eine erhöhte Sorgfalt im Umgang mit ihr als angebracht erscheinen lässt, ist in Art. 441 für den Frachtvertrag konkretisiert, gilt aber als generelle Vertragspflicht auch für andere Verträge (in casu Pauschalreisevertrag) 130 III 182/186 f. E. 5.3.

2 ***Abs. 1*** Mangels gegenteiliger Übung ist der Absender nicht gehalten, dem Frachtführer (in casu Spediteur, Art. 439) Weisungen darüber zu erteilen, wie der Transport vorbereitet, mit dem Luftfrachtführer vereinbart und ausgeführt werden sollte (in casu Transport von Golduhren: nach der besonderen Natur des Geschäftes und den Aufgaben der Beteiligten durfte der Absender sich darauf verlassen, dass der Spediteur als internationales Transportunternehmen, das seit Jahren Uhren spediert, sich pflichtgemäss für die sichere

Transportart [«Valuable cargo» beim Luftfrachttransport] entscheiden werde; dies galt umso mehr, als das Wertfrachtsystem sich nach den Umständen aufdrängte) 102 II 256/262.

2. Verpackung

Art. 442

[1] Für gehörige Verpackung des Gutes hat der Absender zu sorgen.

[2] Er haftet für die Folgen von äusserlich nicht erkennbaren Mängeln der Verpackung.

[3] Dagegen trägt der Frachtführer die Folgen solcher Mängel, die äusserlich erkennbar waren, wenn er das Gut ohne Vorbehalt angenommen hat.

Die Bestimmung bezieht sich ausschliesslich auf das Verhältnis zwischen Frachtführer und Absender (nicht auf das Verhältnis zwischen Absender und Empfänger [z.B. Verkäufer und Käufer]) 17 I 285/295 E. 2 fr. 1

3. Verfügung über das reisende Gut

Art. 443

[1] Solange das Frachtgut noch in Händen des Frachtführers ist, hat der Absender das Recht, dasselbe gegen Entschädigung des Frachtführers für Auslagen oder für Nachteile, die aus der Rückziehung erwachsen, zurückzunehmen, ausgenommen:

1. **wenn ein Frachtbrief vom Absender ausgestellt und vom Frachtführer an den Empfänger übergeben worden ist;**
2. **wenn der Absender sich vom Frachtführer einen Empfangsschein hat geben lassen und diesen nicht zurückgeben kann;**
3. **wenn der Frachtführer an den Empfänger eine schriftliche Anzeige von der Ankunft des Gutes zum Zwecke der Abholung abgesandt hat;**
4. **wenn der Empfänger nach Ankunft des Gutes am Bestimmungsorte die Ablieferung verlangt hat.**

[2] In diesen Fällen hat der Frachtführer ausschliesslich die Anweisungen des Empfängers zu befolgen, ist jedoch hiezu, falls sich der Absender einen Empfangsschein hat geben lassen und das Gut noch nicht am Bestimmungsorte angekommen ist, nur dann verpflichtet, wenn dem Empfänger dieser Empfangsschein zugestellt worden ist.

Der Frachtführer und der Spediteur besitzen die Ware während des Transportes im Zweifel für ihren Auftraggeber (Versender), auch wenn sie den Frachtbrief dem Empfänger bereits übergeben haben 38 II 163/166 ff. E. 4 (zum Anspruch des Empfängers siehe unter Art. 440 Abs. 1). 1

II. Stellung des Frachtführers 1. Behandlung des Frachtgutes a. Verfahren bei Ablieferungshindernissen

Art. 444

[1] Wenn das Frachtgut nicht angenommen oder die Zahlung der auf demselben haftenden Forderungen nicht geleistet wird oder wenn der Empfänger nicht ermittelt werden kann, so hat der Frachtführer den Absender hievon zu benachrichtigen und inzwischen das Frachtgut auf Gefahr und Kosten des Absenders aufzubewahren oder bei einem Dritten zu hinterlegen.

[2] Wird in einer den Umständen angemessenen Zeit weder vom Absender noch vom Empfänger über das Frachtgut verfügt, so kann der Frachtführer unter Mitwirkung der am Orte der gelegenen Sache zuständigen Amtsstelle das Frachtgut zugunsten des Berechtigten wie ein Kommissionär verkaufen lassen.

b. Verkauf

Art. 445

[1] Sind Frachtgüter schnellem Verderben ausgesetzt, oder deckt ihr vermutlicher Wert nicht die darauf haftenden Kosten, so hat der Frachtführer den Tatbestand ohne Verzug amtlich feststellen zu lassen und kann das Frachtgut in gleicher Weise wie bei Ablieferungshindernissen verkaufen lassen.

[2] Von der Anordnung des Verkaufes sind, soweit möglich, die Beteiligten zu benachrichtigen.

c. Verantwortlichkeit

Art. 446

Der Frachtführer hat bei Ausübung der ihm in Bezug auf die Behandlung des Frachtgutes eingeräumten Befugnisse die Interessen des Eigentümers bestmöglich zu wahren und haftet bei Verschulden für Schadenersatz.

2. Haftung des Frachtführers

Vorb. Art. 447–449

1 BG über die Seeschifffahrt unter der Schweizer Flagge (SSG, SR 747.30): Art. 103–105 (Haftung des See- oder Binnenschiff-Frachtführers für Verlust, Untergang, Beschädigung oder Verspätung in der Ablieferung) schliessen die Anwendung von Art. 447 und 448 aus 94 II 197/205 E. 11, 115 II 494/496 E. 1.

2 Die Art. 447–449 enthalten eine *durch die Möglichkeit des Entlastungsbeweises gemilderte Kausalhaftung;* dadurch unterscheiden sie sich grundsätzlich von der Haftung gemäss allgemeinem Auftragsrecht (Art. 398 und 399) 103 II 59/61 (siehe auch unter Art. 447 Abs. 1). – Schaden und allfälliger Ausfall von Versicherungsleistungen sind auseinanderzuhalten 102 II 256/259 f. E. 1a.

3 Siehe auch Vorb. Art. 440–457.

a. Verlust und Untergang des Gutes

Art. 447

[1] Wenn ein Frachtgut verloren oder zugrunde gegangen ist, so hat der Frachtführer den vollen Wert zu ersetzen, sofern er nicht beweist, dass der Verlust oder Untergang durch die natürliche Beschaffenheit des Gutes oder durch ein Verschulden oder eine Anweisung des Absenders oder des Empfängers verursacht sei oder auf Umständen beruhe, die durch die Sorgfalt eines ordentlichen Frachtführers nicht abgewendet werden konnten.

[2] Als ein Verschulden des Absenders ist zu betrachten, wenn er den Frachtführer von dem besonders hohen Wert des Frachtgutes nicht unterrichtet hat.

[3] Verabredungen, wonach ein den vollen Wert übersteigendes Interesse oder weniger als der volle Wert zu ersetzen ist, bleiben vorbehalten.

Abs. 1 **Allgemeines.** Die Bestimmung enthält eine durch die Möglichkeit des Entlastungsbeweises gemilderte Kausalhaftung. Der Frachtführer haftet unabhängig davon, ob ihn persönlich oder eine für ihn handelnde Person ein Verschulden trifft (objektiv widerrechtliches Verhalten genügt). Dies bedeutet jedoch nicht, dass das Verschulden für die Haftung des Frachtführers keine Rolle spiele. Das wäre namentlich dann nicht zu verstehen, wenn die Parteien sich (wie in casu) gegenseitig vorwerfen, den Verlust der Ware mitverschuldet zu haben. Dazu kommt, dass das Verschulden des Absenders zu den Entlastungsgründen des Frachtführers gehört. Ist die Ersatzpflicht wegen Umständen, für die der Geschädigte einzustehen hat, zu ermässigen, so verlangt schon die Billigkeit, dass auch das Verhalten des Frachtführers und der für ihn handelnden Personen unter dem Gesichtspunkt des Verschuldens gewürdigt werde. Diese Umstände können das Mass der Haftung nach Art. 44 beeinflussen. Sie haben aber mehr Gewicht, wenn dem Belangten und seinen Untergebenen kein Verschulden zur Last fällt, als wenn dem einen oder anderen Fahrlässigkeit vorzuwerfen ist. Trifft Letzteres zu, so bleibt für einen Entlastungsbeweis zum Vornherein kein Raum, und der Frachtführer hat für den Schaden schon nach den Vorschriften über die Verschuldenshaftung aufzukommen, die durch die strengere Kausalhaftung gemäss der Bestimmung nicht ausgeschlossen wird 102 II 252/260 f. E. 2a. – Kausalzusammenhang zwischen dem Verschulden des Frachtführers und dem Verlust des Frachtgutes: Anwendungsfall 102 II 252/263 E. 3 (in casu unterliess es der Frachtführer, das Frachtgut unter «Valuable cargo» zu versenden). 1

Verlust des Frachtgutes. ***Weite Auslegung.*** Die Ware gilt auch dann als verloren, wenn sie einem nach Frachtvertrag nicht Berechtigten oder (wie in casu) nach erfolgtem Widerruf trotzdem an den (ursprünglich) als Empfänger Bezeichneten übergeben wurde 47 II 327/330 E. 2. 2

Ersatz des vollen Wertes. Die Bestimmung stellt nicht auf den tatsächlich erlittenen Schaden ab, sondern verpflichtet den Frachtführer *schlechthin,* den vollen Wert des verlorenen Gutes zu ersetzen. Diese Ersatzberechnung lässt weder für die Einrede Raum, der Schaden übersteige den Wert des Gutes, noch für die Einwendung, er erreiche diesen Wert nicht 47 II 327//331 E. 3. Im Unterschied zu Art. 448 ist ein allfälliger mittelbarer Schaden nicht zu ersetzen (keine Anwendung von Art. 97 ff.) 88 II 94/97 f. – Für die *Berech-* 3 *nung* des Wertes ist massgebend die Marktlage am Ablieferungsort zur Zeit, da nach dem Frachtvertrag die Ablieferung hätte erfolgen sollen 47 II 327/332.

4 ***Abs. 3*** Anwendbar ist die allgemeine Regel in Art. 100, wonach für grobe Fahrlässigkeit die Haftung weder wegbedungen noch beschränkt werden darf (in casu grobes Verschulden eines Organs des Frachtführers: somit keine Anwendung von Art. 8 Abs. 2 der Allgemeinen Geschäftsbedingungen des Schweizerischen Spediteur-Verbandes, wonach die Haftung auf CHF 25 je Kilo brutto und auf CHF 25 000 je Schadenereignis beschränkt ist) 102 II 252/263 ff. E. 4.

b. Verspätung, Beschädigung, teilweiser Untergang

Art. 448

[1] Unter den gleichen Voraussetzungen und Vorbehalten wie beim Verlust des Gutes haftet der Frachtführer für allen Schaden, der aus Verspätung in der Ablieferung oder aus Beschädigung oder aus teilweisem Untergange des Gutes entstanden ist.

[2] Ohne besondere Verabredung kann ein höherer Schadenersatz als für gänzlichen Verlust nicht begehrt werden.

1 ***Abs. 1*** Eine Vereinbarung des Empfängers des Gutes als Käufer mit dem Verkäufer, wonach der Kaufvertrag rückgängig gemacht werde unter Rückerstattung der gegenseitigen Leistungen, berührt das Rechtsverhältnis zwischen dem Frachtführer und seinem Auftraggeber (in casu Käufer) nicht (in casu Beschädigung des Gutes während des Transportes; abgelehnt wurde die Auffassung des Frachtführers, dass die Rücknahme des Gutes aufgrund einer solchen Vereinbarung einem Totalverlust im Sinne von Art. 447 gleichkomme und der Käufer durch die Rückerstattung des Kaufpreises für den erlittenen Schaden entschädigt sei) 88 II 94/95 f. E. 3. – Haftung für *allen* Schaden: darunter fällt auch der mittelbare Schaden (Abs. 2 enthält somit eine lediglich summenmässige Beschränkung) 88 II 94/97.

2 CMR (siehe Vorb. Art. 440–457) Art. 23 Ziff. 5: Anwendungsfall 107 II 238/242 E. 4.

c. Haftung für Zwischenfrachtführer

Art. 449

Der Frachtführer haftet für alle Unfälle und Fehler, die auf dem übernommenen Transporte vorkommen, gleichviel, ob er den Transport bis zu Ende selbst besorgt oder durch einen anderen Frachtführer ausführen lässt, unter Vorbehalt des Rückgriffes gegen den Frachtführer, dem er das Gut übergeben hat.

1 Die Bestimmung verweist nicht auf Art. 101 103 II 59/61 E. 1a, vgl. 107 II 238/245. – CMR (siehe Vorb. Art. 440–457) Art. 39/OR Art. 145 Abs. 2: Ein Frachtführer kann wegen eines Lohnabzuges, den er sich nicht gefallen lassen musste, auf einen anderen Frachtführer nicht zurückgreifen 107 II 238/242 E. 4. – Anwendungsfall: 47 II 327/329 f. E. 1.

3. Anzeigepflicht

Art. 450

Der Frachtführer hat sofort nach Ankunft des Gutes dem Empfänger Anzeige zu machen.

4. Retentionsrecht

Art. 451

1 Bestreitet der Empfänger die auf dem Frachtgut haftende Forderung, so kann er die Ablieferung nur verlangen, wenn er den streitigen Betrag amtlich hinterlegt.

2 Dieser Betrag tritt in Bezug auf das Retentionsrecht des Frachtführers an die Stelle des Frachtgutes.

5. Verwirkung der Haftungsansprüche

Art. 452

1 Durch vorbehaltlose Annahme des Gutes und Bezahlung der Fracht erlöschen alle Ansprüche gegen den Frachtführer, die Fälle von absichtlicher Täuschung und grober Fahrlässigkeit ausgenommen.

2 Ausserdem bleibt der Frachtführer haftbar für äusserlich nicht erkennbaren Schaden, falls der Empfänger solchen innerhalb der Zeit, in der ihm nach den Umständen die Prüfung möglich oder zuzumuten war, entdeckt und den Frachtführer sofort nach der Entdeckung davon benachrichtigt hat.

3 Diese Benachrichtigung muss jedoch spätestens acht Tage nach der Ablieferung stattgefunden haben.

6. Verfahren

Art. 453

1 In allen Streitfällen kann die am Orte der gelegenen Sache zuständige Amtsstelle auf Begehren eines der beiden Teile Hinterlegung des Frachtgutes in dritte Hand oder nötigenfalls nach Feststellung des Zustandes den Verkauf anordnen.

2 Der Verkauf kann durch Bezahlung oder Hinterlegung des Betrages aller angeblich auf dem Gute haftenden Forderungen abgewendet werden.

7. Verjährung der Ersatzklagen

Art. 454

1 Die Ersatzklagen gegen Frachtführer verjähren mit Ablauf eines Jahres, und zwar im Falle des Unterganges, des Verlustes oder der Verspätung von dem Tage hinweg, an dem die Ablieferung hätte geschehen sollen, im Falle der Beschädigung von dem Tage an, wo das Gut dem Adressaten übergeben worden ist.

[2] Im Wege der Einrede können der Empfänger oder der Absender ihre Ansprüche immer geltend machen, sofern sie innerhalb Jahresfrist reklamiert haben und der Anspruch nicht infolge Annahme des Gutes verwirkt ist.

[3] Vorbehalten bleiben die Fälle von Arglist und grober Fahrlässigkeit des Frachtführers.

1 Verjährung gemäss CMR Art. 32 Ziff. 1: siehe Vorb. Art. 440–457.

2 *Abs. 2* Da die Regressansprüche des Frachtführers gegen den Unterfrachtführer ebenfalls innert Jahresfrist verjähren, können Ansprüche gegen ihn auch verrechnungsweise nur erhoben werden, sofern innert Jahresfrist bei ihm reklamiert und er damit darauf aufmerksam gemacht wurde, dass er zur Verantwortung gezogen werde und sich seinen Regress sichern müsse 48 II 330/334 (in casu keine Anwendung von Art. 120 Abs. 3).

3 *Abs. 3* Die versehentliche Nichtanbringung der Transitklausel auf dem Frachtbrief ist mangels besonderer Umstände kein grobes Verschulden im Sinne der Bestimmung 48 II 330/335 E. 2.

C. Staatlich genehmigte und staatliche Transportanstalten

Art. 455

[1] Transportanstalten, zu deren Betrieb es einer staatlichen Genehmigung bedarf, sind nicht befugt, die Anwendung der gesetzlichen Bestimmungen über die Verantwortlichkeit des Frachtführers zu ihrem Vorteile durch besondere Übereinkunft oder durch Reglemente im voraus auszuschliessen oder zu beschränken.

[2] Jedoch bleiben abweichende Vertragsbestimmungen, die in diesem Titel als zulässig vorgesehen sind, vorbehalten.

[3] Die besonderen Vorschriften für die Frachtverträge der Anbieterinnen von Postdiensten, der Eisenbahnen und Dampfschiffe bleiben vorbehalten.

1 **Allgemeines.** Die Anwendung der Bestimmung setzt voraus, dass der Betrieb der Transportanstalt *als solcher* der Polizeierlaubnis bedarf. Diese Voraussetzung ist nicht schon dann erfüllt, wenn beim Einsatz der Transportmittel polizeiliche Vorschriften befolgt werden müssen, ja nicht einmal dann, wenn dieser Einsatz nur mit vorgängiger polizeilicher Erlaubnis erfolgen darf. Ebenso wenig spielt eine Rolle, ob der betreffende Betrieb zu den «schweizerischen Transportbetrieben im weitesten Sinne» zu zählen ist oder ob dieser eine monopolähnliche Stellung hat 94 II 197/207 f. E. 15.

2 **Keiner staatlichen Genehmigung** bedarf der Binnenschiff-Frachtführer (somit fällt er bezüglich der Vereinbarung einer Haftungsbeschränkung weder unter Art. 100 Abs. 2 noch unter Art. 101 Abs. 3) 94 II 197/206 f. E. 14 und 15.

D. Mitwirkung einer öffentlichen Transportanstalt

Art. 456

[1] Ein Frachtführer oder Spediteur, der sich zur Ausführung des von ihm übernommenen Transportes einer öffentlichen Transportanstalt bedient oder zur Ausführung des von einer solchen übernommenen Transportes mitwirkt, unterliegt den für diese geltenden besonderen Bestimmungen über den Frachtverkehr.

[2] Abweichende Vereinbarungen zwischen dem Frachtführer oder Spediteur und dem Auftraggeber bleiben jedoch vorbehalten.

[3] Dieser Artikel findet keine Anwendung auf Camionneure.

Abs. 1 **Allgemeines.** Die Spedition erschöpft sich nicht im (in casu) Eisenbahntransport. Sie beginnt nicht erst mit der Abstempelung des Frachtbriefes durch die Versandbahn und endet nicht mit der Ablieferung des Frachtgutes an der Empfangsstation. Sie wird auch nicht bloss zu den Eisenbahntarifsätzen übernommen. Zum Eisenbahntransport hinzu kommt eine weitgehende Behandlung vor und nach diesem Transport: die Besorgung des Verkehrs zwischen dem Versender, dem Empfänger und der Eisenbahn, die Wahrung der Rechte gegenüber der Eisenbahn, die Verzollung usw. Alle diese eigenen Verrichtungen des Spediteurs liegen ausserhalb des eigentlichen Eisenbahntransportes und sind daher nicht vom Eisenbahnfrachtrecht beherrscht; sie sind vielmehr nach den Bestimmungen des zivilen Frachtrechtes und des Mandates zu beurteilen 38 II 169/173 E. 4. 1

Zu den ***öffentlichen Transportanstalten*** sind auch andere als konzessionierte zu zählen, sofern sie jedermann zur Benützung offenstehen 48 II 278/281. 2

Besondere Bestimmungen über den Frachtverkehr. Darunter fallen neben den gesetzlichen Sondervorschriften auch allfällige die Haftung ausschliessende oder beschränkende Vertragsbestimmungen 48 II 278/281. 3

Weiteres. Auftrag zur Spedition (in casu durch die Eisenbahn) ins Ausland *ohne durchgehenden Frachtbrief:* Die Haftung des Spediteurs für den im Ausland eingetretenen Verlust des Frachtgutes bestimmt sich nach dem betreffenden ausländischen Eisenbahnfrachtrecht 47 II 203/204. 4

E. Haftung des Spediteurs

Art. 457

Der Spediteur, der sich zur Ausführung des Vertrages einer öffentlichen Transportanstalt bedient, kann seine Verantwortlichkeit nicht wegen mangelnden Rückgriffes ablehnen, wenn er selbst den Verlust des Rückgriffes verschuldet hat.

Die Bestimmung gilt auch dann, wenn der Verlust des Rückgriffs durch eine Hilfsperson verschuldet wurde 48 II 278/282 f. E. 2. 1

Siebzehnter Titel
Die Prokura und andere Handlungsvollmachten

A. Prokura I. Begriff und Bestellung

Art. 458

[1] Wer von dem Inhaber eines Handels-, Fabrikations- oder eines anderen nach kaufmännischer Art geführten Gewerbes ausdrücklich oder stillschweigend ermächtigt ist, für ihn das Gewerbe zu betreiben und «per procura» die Firma zu zeichnen, ist Prokurist.

[2] Der Geschäftsherr hat die Erteilung der Prokura zur Eintragung in das Handelsregister anzumelden, wird jedoch schon vor der Eintragung durch die Handlungen des Prokuristen verpflichtet.

[3] Zur Betreibung anderer Gewerbe oder Geschäfte kann ein Prokurist nur durch Eintragung in das Handelsregister bestellt werden.

Die Auffassung, einem gemeinsam zeichnungsberechtigten Mitglied des Verwaltungsrates einer Aktiengesellschaft könne ausserdem Einzelprokura erteilt werden, ist nicht offensichtlich unhaltbar (Entscheid zum alten Aktienrecht) 86 I 105/107 ff. E. 2, 3. 1

Abs. 1 Indem das Gesetz auch die stillschweigende Bestellung eines kaufmännischen Prokuristen zulässt, verzichtet es insoweit auf den Schutz des Geschäftsinhabers. Es besteht kein Grund, in der Annahme einer *stillschweigend erteilten Prokura* deshalb besonders zurückhaltend zu sein, weil blosse Handlungsbevollmächtigte gemäss Art. 462 Abs. 2 den Geschäftsherren nur mit ausdrücklicher Ermächtigung wechselmässig oder als Borger verpflichten können 94 II 117/118. Beispiel einer stillschweigenden Erteilung der kaufmännischen Prokura: 96 II 439/442 f. E. 2 Pra 1971 (Nr. 104) 322. 2

Abs. 2 Die Pflicht, die Erteilung der Prokura zur *Eintragung* anzumelden, ist lediglich Ordnungsvorschrift; die Eintragung hat keine konstitutive Wirkung. Die Kundgebung der Prokura kann daher in beliebiger Weise erfolgen 60 I 386/393 f. E. 3, 4. 3

II. Umfang der Vollmacht

Art. 459

[1] Der Prokurist gilt gutgläubigen Dritten gegenüber als ermächtigt, den Geschäftsherrn durch Wechsel-Zeichnungen zu verpflichten und in dessen Namen alle Arten von Rechtshandlungen vorzunehmen, die der Zweck des Gewerbes oder Geschäftes des Geschäftsherrn mit sich bringen kann.

[2] Zur Veräusserung und Belastung von Grundstücken ist der Prokurist nur ermächtigt, wenn ihm diese Befugnis ausdrücklich erteilt worden ist.

Der Prokurist ist von Gesetzes wegen zur Eingehung einer *Bürgschaft* befugt, sofern diese zu den Handlungen zählt, welche «der Zweck des Gewerbes oder Geschäftes des Geschäftsherrn mit sich bringen kann» 81 II 60/63 E. 1a; siehe auch unter Art. 493 Abs. 6. – Die Prokura kann als hinreichende *Generalvollmacht i.S.v. SchKG Art. 66 Abs. 1* 1

(Zustellung von Betreibungsurkunden) betrachtet werden 69 III 33/37. – Die Vollmacht eines beauftragten Rechtsvertreters steht der Vertretungsmacht eines Prokuristen oder sonstigen mit Verbindlichkeit gegenüber Dritten zur Vertretung Berufenen nicht gleich. Ein Vertreter der letzteren Art ist *nicht befugt, die Vertretung als solche abzulehnen*. Die Ablehnung der Entgegennahme einer im Rahmen seiner Vertreterstellung liegenden Zustellung durch ihn vermöge diese nicht unwirksam zu machen, so wenig wie die Ablehnung durch den Vertretenen selbst. Einem beauftragten Rechtsvertreter kommt aber keine solche Stellung zu 69 III 82/85. – *Missbraucht* der Vertreter seine Vertretungsmacht (im Unterschied zum blossen Überschreiten), so genügen beim Dritten schon relativ schwache Zweifel, um seinen guten Glauben zu zerstören (objektive Kriterien zur Beurteilung der erforderlichen Aufmerksamkeit) 119 II 23/26 f. E. 3c. Pra 1995 (Nr. 10) 40.

2 ***Abs. 1*** Der *Bereich der Befugnisse* des Prokuristen ist *weit zu fassen*. Die Generalvollmacht für den gesamten Betrieb erstreckt sich auf alle Rechtshandlungen, die, objektiv betrachtet, mit einem Gewerbe der betreffenden Art in Zusammenhang gebracht werden können. Der Prokurist ist auch zu ungewöhnlichen Geschäften befugt, sofern sie durch den Geschäftszweck nicht geradezu als ausgeschlossen erscheinen 84 II 168/170 E. 1, vgl. auch 95 II 442/450 E. 3. – Gutgläubige Annahme eines Dritten, die durch Zirkular mitgeteilte Beschränkung der Einzel-Prokura auf eine Kollektiv-Prokura sei durch konkludentes Verhalten des Geschäftsherrn aufgehoben worden 50 II 123/138 f. E. 3 (zum *guten Glauben* siehe auch a.a.O. E. 4).

3 ***Tatfrage*** ist, wer in welcher Form und unter welchen Umständen ein Rechtsgeschäft abgeschlossen hat. ***Rechtsfrage*** ist, ob die Person das Rechtsgeschäft im eigenen Namen oder im Namen des Geschäftsherrn abgeschlossen hat 96 II 439/443 E. 3a fr.

III. Beschränkbarkeit

Art. 460

[1] Die Prokura kann auf den Geschäftskreis einer Zweigniederlassung beschränkt werden.

[2] Sie kann mehreren Personen zu gemeinsamer Unterschrift erteilt werden (Kollektiv-Prokura), mit der Wirkung, dass die Unterschrift des Einzelnen ohne die vorgeschriebene Mitwirkung der übrigen nicht verbindlich ist.

[3] Andere Beschränkungen der Prokura haben gegenüber gutgläubigen Dritten keine rechtliche Wirkung.

1 ***Abs. 2*** **Kollektiv-Prokura.** Zwischen Geschäftsherr und Prokurist ist jede beliebige Beschränkung der Vertretungsmacht zulässig, und zwar in dem Sinne, dass sich der Prokurist bei seinem Auftreten nach aussen an diese Beschränkungen halten soll (in casu Verantwortlichkeit eines Prokuristen im Lichte von AHVG Art. 52 nicht nach seiner Handlungsvollmacht im Aussenverhältnis, sondern nach seinen Rechten und Pflichten im Innenverhältnis beurteilt) 111 V 172/178 E. 5a. Die Vertretungsbefugnis eines Prokuristen kann auf den Hauptsitz oder die Zweigniederlassung beschränkt werden; seine Zeichnungsbefugnis kann mit anderen Unterschriftsberechtigten verbunden werden 121 III 16/18 Nr. 5.

Begriff. Unter Kollektivprokura ist nicht eine Vertretung von gleichberechtigten Personen zu verstehen, die nur bei gegenseitiger Unterschrift verbindlich zu zeichnen imstande sind. Die Bestimmung schliesst eine sog. «halbseitige Kollektiv-Prokura» nicht aus (in casu zur Kollektivzeichnung befugter Prokurist mit der Ermächtigung, gemeinsam mit dem einzelzeichnungsberechtigten einzigen Verwaltungsrat zu zeichnen) 60 I 386/395 E. 4. 2

Bestellung. Implizit erklärte Umwandlung einer Einzel-Prokura in eine Kollektiv-Prokura; nachträgliche Aufgabe dieser Beschränkung durch konkludentes Verhalten 50 II 123/136, 138 f. E. 3. 3

Weiteres. Gesamtvertreter müssen weder gemeinschaftlich noch gleichzeitig handeln; die Wirksamkeit des Geschäftes tritt jedoch erst dann ein, wenn die Erklärung aller vorliegt (in casu vorgängige Zustimmung des einen Kollektivzeichnungsberechtigten zu einem Wechselakzept durch Unterzeichnung eines Vertrages, der die Unterzeichnung eines Akzeptes schon vorsah) 58 II 157/160 f. E. 3. 4

IV. Löschung der Prokura

Art. 461

¹ Das Erlöschen der Prokura ist in das Handelsregister einzutragen, auch wenn bei der Erteilung die Eintragung nicht stattgefunden hat.

² Solange die Löschung nicht erfolgt und bekannt gemacht worden ist, bleibt die Prokura gegenüber gutgläubigen Dritten in Kraft.

B. Andere Handlungsvollmachten

Art. 462

¹ Wenn der Inhaber eines Handels-, Fabrikations- oder eines andern nach kaufmännischer Art geführten Gewerbes jemanden ohne Erteilung der Prokura, sei es zum Betriebe des ganzen Gewerbes, sei es zu bestimmten Geschäften in seinem Gewerbe als Vertreter bestellt, so erstreckt sich die Vollmacht auf alle Rechtshandlungen, die der Betrieb eines derartigen Gewerbes oder die Ausführung derartiger Geschäfte gewöhnlich mit sich bringt.

² Jedoch ist der Handlungsbevollmächtigte zum Eingehen von Wechselverbindlichkeiten, zur Aufnahme von Darlehen und zur Prozessführung nur ermächtigt, wenn ihm eine solche Befugnis ausdrücklich erteilt worden ist.

Der Handlungsbevollmächtigte ist von Gesetzes wegen zur Eingehung einer *Bürgschaft* befugt, sofern diese zu den Handlungen zählt, welche «der Betrieb eines derartigen Gewerbes oder die Ausführung derartiger Geschäfte gewöhnlich mit sich bringt» (in casu bejaht für den Geschäftsbereich einer «Immobilien-Bank») 81 II 60/63 f. E. 1; siehe auch unter Art. 493 Abs. 6. 1

Abs. 1 Die Erteilung einer Handlungsvollmacht gemäss der Bestimmung ist an *keine Form* gebunden 81 II 60/64 E. 2. – *«Gewöhnlich»* hat nicht den Sinn von «alltäglich», sondern bildet den Gegensatz von «ungewöhnlich» oder «aussergewöhnlich» 76 I 338/353. Der gewöhnliche Rechtsgeschäftsbereich bestimmt sich dabei nach Übung und Erfahrung 2

4C.348/2006 (17.1.07) E. 8.1. Liegt die tatsächlich erteilte Vollmacht unter dem nach Art. 462 Abs. 1 vermuteten Umfang, ist ein Dritter in seinem guten Glauben geschützt, sofern die Handlungsvollmacht ohne die Beschränkung kundgegeben wurde oder der Dritte nach dem Vertrauensprinzip von deren Vorhandensein ausgehen durfte. Eine obere Grenze findet der Gutglaubensschutz im gesetzlich typisierten Umfang gemäss Art. 462 Abs. 1 4C.348/2006 (17.1.07) E. 8.1 (in casu Umfang der Vertretung im Verlustschein-Management). Die Vereinbarung einer Schiedsklausel gehört zum gewöhnlichen Betrieb eines Export-Import-Geschäftes 76 I 338/354. Offengelassen, ob die Tätigkeit eines Einkäufers gewöhnlich die Entgegennahme von Zahlungen mit sich bringt 106 IV 15/18. – Wer in einem Laden angestellt ist, gilt bloss zu Rechtshandlungen ermächtigt, die in einem derartigen CHF 200 000 für ein Verkaufsgeschäft der Sportbranche) 120 II 197/205. – Im Rahmen der kaufmännischen Handlungsvollmacht nach Art. 462 Abs. 1 kommt Art. 933 keine Bedeutung zu, da diese Vollmacht eben gerade nicht ins Handelsregister eingetragen werden kann 4C.348/2006 (17.1.07) E. 8.1.

3 ***Abs. 2*** **Allgemeines.** Eine erweiterte Vollmachterteilung muss zwar *ausdrücklich,* aber nicht unbedingt schriftlich erfolgen. Hingegen genügt es zur Annahme einer erweiterten Vollmacht nicht, wenn der Geschäftsherr seinen Geschäftsführer einfach walten lässt 99 IV 1/4 E.c. – Die Regel der ausdrücklichen Vollmachterteilung erfährt wegen des Vertrauensprinzips dort eine Ausnahme, wo der Geschäftsherr dem Prokuristen *auch die Prokura nur stillschweigend* eingeräumt hat 99 IV 1/3 E. c, grundlegend 94 II 117/118 f.

4 **Prozessführung.** Betreffend die Vertretung einer juristischen Person in der Schlichtungsverhandlung durch einen Handlungsbevollmächtigten 4A_612/2017 (8.3.18) E. 5 fr. Die Ermächtigung zur Prozessführung nach Art. 462 Abs. 2 kann nur einer Person erteilt werden, die (bereits) Handlungsbevollmächtigte i.S.v. Art. 462 Abs. 1 ist. Aus der Vollmacht zur Prozessführung muss sich mithin gleichzeitig ergeben, dass eine Handlungsvollmacht i.S.v. Art. 462 vorliegt (141 III 159/168 E. 3.3, 141 III 80/82 E. 1.3 Pra 2015 [Nr. 103] 841, 140 III 70/72 E. 4.3). Diese umfasst im Gegensatz zu Art. 396 Abs. 3 sowohl die *Anhebung eines Prozesses* als auch *dessen Abwehr* 99 IV 1/4 E.d. – Der Abschluss einer *Schiedsklausel oder Gerichtsstandsvereinbarung* fällt nicht unter den Begriff der Prozessführung 76 I 338/353. Die *Stellung eines Strafantrages* fällt zumindest dann nicht unter den Begriff der Prozessführung, wenn der Strafantrag lediglich darauf abzielt, den öffentlichen Ankläger in die Lage zu versetzen, das Strafverfahren einzuleiten. Offengelassen, ob etwas anderes gilt, wenn der Strafantrag der Einleitung eines Privatstrafklageverfahrens dient 73 IV 63/70 E. 3 Pra 1947 (Nr. 100) 258 f., 99 IV 1/4 f. E.d. Einer besonderen Ermächtigung bedarf es für den Antrag auf Strafverfolgung wegen Verletzung höchstpersönlicher Rechtsgüter (in casu Ehrverletzung), jedoch nicht, wo es um den Schutz des Geschäftsvermögens geht; in diesem Falle genügt es, dass der Strafantrag nicht gegen den Willen der Gesellschaftsorgane gestellt wird 99 IV 1/4 f. E. d, 118 IV 167/170 f. E. 1b, c Pra 1993 (Nr. 19) 57 (in casu Strafantrag wegen Hausfriedensbruchs; das Hausrecht als geschütztes Rechtsgut gehört zu den einfachen persönlichen Rechten und ist gleich zu behandeln wie die Vermögensrechte).

C. …

Art. 463

Diese Bestimmung wurde auf den 1. Januar 1972 aufgehoben (AS 1971 1465).

D. Konkurrenzverbot

Art. 464

[1] Der Prokurist, sowie der Handlungsbevollmächtigte, der zum Betrieb des ganzen Gewerbes bestellt ist oder in einem Arbeitsverhältnis zum Inhaber des Gewerbes steht, darf ohne Einwilligung des Geschäftsherrn weder für eigene Rechnung noch für Rechnung eines Dritten Geschäfte machen, die zu den Geschäftszweigen des Geschäftsherrn gehören.

[2] Bei Übertretung dieser Vorschrift kann der Geschäftsherr Ersatz des verursachten Schadens fordern und die betreffenden Geschäfte auf eigene Rechnung übernehmen.

Abs. 1 Der Prokurist und der Handlungsbevollmächtigte darf nicht die gleichen Produk- 1
te oder Dienstleistungen anbieten wie der Prinzipal 137 III 607/610 E. 2.2.1.

Abs. 2 Hat der Prokurist bzw. Handlungsbevollmächtigte die betreffenden Geschäfte in 2
eigenem Namen abgeschlossen, kann der Geschäftsherr die Ablieferung aller daraus tatsächlich erlangten Vermögenswerte verlangen. Art. 464 Abs. 2 beinhaltet also einen Anspruch auf Abschöpfung des erzielten Gewinns 137 III 607/612 E. 2.3.

E. Erlöschen der Prokura und der andern Handlungsvollmachten

Art. 465

[1] Die Prokura und die Handlungsvollmacht sind jederzeit widerruflich, unbeschadet der Rechte, die sich aus einem unter den Beteiligten bestehenden Einzelarbeitsvertrag, Gesellschaftsvertrag, Auftrag od. dgl. ergeben können.

[2] Der Tod des Geschäftsherrn oder der Eintritt seiner Handlungsunfähigkeit hat das Erlöschen der Prokura oder Handlungsvollmacht nicht zur Folge.

C. …

Art. 463

Diese Bestimmung wurde auf den 1. Januar 1972 aufgehoben (AS 1971 1465).

D. Konkurrenzverbot

Art. 464

[1] Der Prokurist, sowie der Handlungsbevollmächtigte, der zum Betrieb des ganzen Gewerbes bestellt ist oder in einem Arbeitsverhältnis zum Inhaber des Gewerbes steht, darf ohne Einwilligung des Geschäftsherrn weder für eigene Rechnung noch für Rechnung eines Dritten Geschäfte machen, die zu den Geschäftszweigen des Geschäftsherrn gehören.

[2] Bei Übertretung dieser Vorschrift kann der Geschäftsherr Ersatz des verursachten Schadens fordern und die betreffenden Geschäfte auf eigene Rechnung übernehmen.

Abs. 1 Der Prokurist und der Handlungsbevollmächtigte darf nicht die gleichen Produkte oder Dienstleistungen anbieten wie der Prinzipal: 137 III 607/610 E. 2.2.1.

Abs. 2 Hat der Prokurist bzw. Handlungsbevollmächtigte die betreffenden Geschäfte in eigenem Namen abgeschlossen, kann der Geschäftsherr die Ablieferung aller daraus tatsächlich erlangten Vermögenswerte verlangen. Art. 464 Abs. 2 beinhaltet also einen Anspruch auf Abschöpfung des erzielten Gewinns: 137 III 607/612 E. 2.3.

E. Erlöschen der Prokura und der andern Handlungsvollmachten

Art. 465

[1] Die Prokura und die Handlungsvollmacht sind jederzeit widerruflich, unbeschadet der Rechte, die sich aus einem unter den Beteiligten bestehenden Einzelarbeitsvertrag, Gesellschaftsvertrag, Auftrag od. dgl. ergeben können.

[2] Der Tod des Geschäftsherrn oder der Eintritt seiner Handlungsunfähigkeit hat das Erlöschen der Prokura oder Handlungsvollmacht nicht zur Folge.

Achtzehnter Titel
Die Anweisung

Vorb. Art. 466–471

▪ Allgemeines (1) ▪ Verhältnis zum Wertpapierrecht (2) ▪ Ungerechtfertigte Bereicherung (3) ▪ (Dokumenten-)Akkreditiv (4) ▪ Weiteres (16)

Allgemeines. Bei der Anweisung handelt es sich um eine Doppelermächtigung, an der drei Personen beteiligt sind: der Anweisende, der Angewiesene und der Anweisungsempfänger. Zu unterscheiden sind dementsprechend drei Rechtsverhältnisse: dasjenige zwischen dem Anweisenden und dem Angewiesenen (Deckungsverhältnis), dasjenige zwischen dem Anweisenden und dem Anweisungsempfänger (Valutaverhältnis) und dasjenige zwischen dem Angewiesenen und dem Anweisungsempfänger (Anweisungsverhältnis bzw. Leistungsverhältnis oder Einlösungsverhältnis). Die drei Rechtsbeziehungen sind jeweils getrennt zu betrachten 122 III 237/239 E. 1b, 126 III 20/22 E. 3a/aa, vgl. auch 124 III 253/258 E. 3c–d (keine Auswirkung der Sittenwidrigkeit im Valutaverhältnis auf das Deckungsverhältnis zwischen Erst- und Empfängerbank), Pra 1997 (Nr. 55) 299 E. 6b/aa. – Die Anweisung verschafft an sich dem Anweisungsempfänger noch kein Rückgriffsrecht gegenüber dem Anweisenden, wenn der Angewiesene die Leistung verweigert. Der Anweisungsempfänger kann in einem solchen Falle nur auf das zwischen ihm und dem Anweisenden bestehende Grundverhältnis (sog. Valutaverhältnis) zurückgreifen, dessen Bestand durch die Anweisung nicht beeinflusst wird, weil diese *keine Erfüllung des Valutaverhältnisses, sondern ein blosser Erfüllungsversuch* ist. Umgekehrt findet die gestützt auf die Anweisung empfangene Leistung ihren Rechtsgrund nicht im blossen Anweisungsverhältnis, sondern ausschliesslich in einem gültigen Grundverhältnis. Ein *Rückgriffsrecht auf den Anweisenden* hat der Anweisungsempfänger nur, wenn jener durch ein besonderes Garantieversprechen die Haftung dafür übernommen hat, dass der Angewiesene die Leistung an den Anweisungsempfänger erbringe 95 II 176/182 f. E. 5, 105 II 104/106 E. 2. – Hat der *Anweisungsempfänger die Anweisung an einen Dritten weitergegeben,* so kann dieser Dritte den Anspruch aus dem Valutaverhältnis gegenüber dem Aussteller nur geltend machen, wenn der erste Anweisungsempfänger ihm diesen abgetreten hat 95 II 176/183. 1

Verhältnis zum Wertpapierrecht. Das Wertpapierrecht geht den Bestimmungen der Art. 466 ff. als spezielleres Recht vor. Dass das Anweisungsrecht subsidiär zur Anwendung gelangt, ist etwa in Fällen bedeutsam, in denen ein formungültiges Wertpapier in eine gültige Anweisung konvertiert werden kann 4C.199/2004 (11.1.05) E. 6.2 fr. So stellt in der Regel ein formungültiger Check eine gültige Anweisung dar 80 II 82/87 E. 4 Pra 1954 (Nr. 46) 125. 2

Ungerechtfertigte Bereicherung. Wird eine Anweisung aus dem Deckungsverhältnis oder aus dem Valutaverhältnis fehlerhaft und damit rechtsgrundlos erteilt und vollzogen, entsteht der Bereicherungsanspruch unter den Personen, zwischen denen die grundlose Zuwendung stattgefunden hat, somit entweder zwischen denjenigen des Deckungs- oder 3 denjenigen des Valutaverhältnisses. Gleiches gilt, wenn es in beiden Leistungsverhältnissen an einem Rechtsgrund fehlt; auch diesfalls ist ein unmittelbarer Bereicherungsanspruch des Angewiesenen gegen den Leistungsempfänger zu verneinen. Die Rückabwicklung ist unter den jeweils an einem der Leistungsverhältnisse Beteiligten vorzunehmen, und der Anweisende muss sich einen sogenannten Durchgangsverkehr anrechnen lassen, wie wenn die Leistung zunächst seinem Vermögen zugeflossen wäre. Beruht der Rechnungsfehler im Deckungsverhältnis auf mangelnder Vollmacht des anweisenden Stellvertreters, haftet der vollmachtlose Stellvertreter als Schuldner anstelle oder je nach Verwendung der Leistung neben dem angeblich Vertretenen 116 II 689/691 f. E. 3. Die gleichen Grundsätze gelten beim anweisungsähnlichen Verhältnis (in casu blosse Zahlstelle) 117 II 404/406 ff. E. 3. Eine Abweichung von den genannten Grundsätzen rechtfertigt sich dort, wo die Zuwendung des Angewiesenen an den Anweisungsempfänger als solche fehlerhaft ist (z.B., wenn sie auf einer missverstandenen Anweisung beruht oder ihrerseits von der Gültigkeit eines oder beider Kausalverhältnisse abhängig gemacht worden ist). Gleich verhält es sich, wenn eine in Wirklichkeit nicht bestehende Forderung von einem Dritten in eigenem Namen bezahlt worden ist. Der Bereicherungsanspruch gegenüber dem vermeintlichen Gläubiger steht dann nicht dem vermeintlichen Schuldner, sondern dem Dritten zu (weil dieser eine echte Leistung im Rechtssinne erbracht hat) 117 II 404/408. – Auszahlung trotz Widerruf der Anweisung: Ein Anspruch des Angewiesenen gegen den Anweisungsempfänger aus ungerechtfertigter Bereicherung setzt voraus, dass letzterer bösgläubig ist, d.h. im Zeitpunkt der Auszahlung vom Widerruf Kenntnis hatte 121 III 109/113 ff. E. 4 Pra 1995 (Nr. 274) 934 ff. – Zum Verhältnis zwischen vertraglichem Ersatzanspruch und Anspruch aus ungerechtfertigter Bereicherung 124 III 253/259 E. 3d (in casu Schlechterfüllung des Girovertrages durch angewiesene Bank).

4 **(Dokumenten-)Akkreditiv.** ***Definition.*** Die «Einheitlichen Richtlinien und Gebräuche für Dokumenten-Akkreditive» der Internationalen Handelskammer von 1993 («ERA 500») definieren ein Dokumenten-Akkreditiv als Vereinbarung, «wonach eine im Auftrag und nach den Weisungen eines Kunden (Auftraggeber) oder im eigenen Interesse handelnde Bank (eröffnende Bank) gegen vorgeschriebene Dokumente i. eine Zahlung an einen Dritten (Begünstigter) oder dessen Order zu leisten oder vom Begünstigten gezogene Wechsel (Tratten) zu akzeptieren und zu bezahlen hat oder ii. eine andere (Bank) zur Ausführung einer solchen Zahlung oder zur Akzeptierung und Bezahlung derartiger Wechsel (Tratten) ermächtigt oder iii. eine andere Bank zur Negoziierung ermächtigt, sofern die Akkreditiv-Bedingungen erfüllt sind». Vgl. auch 108 Ib 270/277 E. 4a (Zitat der alten Definition gemäss ERA 1974).

5 ***Rechtsnatur.*** Das Akkreditiv (bzw. Dokumenten-Akkreditiv) stellt seinem Wesen nach ein (in der Regel abstraktes 49 II 195/199 f. E. 1) *Anweisungsverhältnis* i.S.v. Art. 466 ff. dar, in welchem der Akkreditivsteller als Anweisender, eine Bank (die Akkreditivbank oder die das Akkreditiv eröffnende Bank) als Angewiesene und der Akkreditierte (Akkreditivbegünstigter) als Anweisungsempfänger auftreten. Neben diesem Anweisungsverhältnis besteht zwischen Anweisendem und Angewiesenem in aller Regel noch ein *Auftragsverhältnis (Deckungsverhältnis)* 78 II 42/48 E. 3, vgl. auch 100 II 145/148 E. 3a und 114 II 45/48 f. E. 4a, b Pra 1988 (Nr. 203) 754 f., 117 III 76/77 E. 6a fr., 130 III 462/468 E. 5.1 Pra 2005 (Nr. 19) 135. Zwischen der Akkreditivbank als Angewiesene und

dem Begünstigten als Anweisungsempfänger besteht demgegenüber kein Auftrag, und zwar selbst dann nicht, wenn die Akkreditivbank dem Begünstigten die Annahme bestätigt. Allerdings entsteht durch die vorbehaltlose Annahme der Anweisung eine Verpflichtung (der Akkreditivbank gegenüber dem Begünstigten). Diese Verpflichtung ist abstrakt im Sinne des Art. 468 Abs. 1, steht aber unter der Bedingung im Sinne des Art. 151, dass der Begünstigte die in der Akkreditivklausel bezeichneten Dokumente aushändigt 113 II 522/526 E. 5a Pra 1988 (Nr. 231) 864, 131 III 222/224 E. 4.1 Pra 2005 (Nr. 118) 825. Zieht die Akkreditivbank eine zweite Bank, die Korrespondenzbank, bei, was üblich ist, wenn die eröffnende Bank nicht im Land des Verkäufers Sitz hat, und bestätigt die Korrespondenzbank das Akkreditiv, so entsteht zwischen beiden Banken dieselbe Geschäftsbeziehung (Kombination von Auftrag und Anweisung), wie sie bereits zwischen dem Akkreditivsteller und der Akkreditivbank besteht. Die Korrespondenzbank steht dann zum Akkreditivsteller in einem Unterauftragsverhältnis 130 III 462/468 E. 5.1. Pra 2005 (Nr. 19) 135 f. Es entspricht einer Grundregel des Dokumenten-Akkreditivgeschäfts, dass die beteiligten Banken mit dem *Valutaverhältnis* (in casu dem Akkreditiv zugrunde liegende Kaufverträge) nichts zu tun haben 100 II 145/150 E. 4a, 113 III 26/31 E. 2, 3a, vgl. auch 117 III 76/79 E. 6 fr.

Funktion. Die *Funktion* des (vor allem im internationalen Handel üblichen) Dokumenten-Akkreditivs besteht darin, zum Schutze der Parteien des Grundverhältnisses die beidseitige ordnungsgemässe Vertragserfüllung (üblicherweise eines Distanzkaufes) Zug um Zug zu sichern. Vor allem soll die Zahlung des Kaufpreises gesichert werden 114 II 45/48 f. E. 4b Pra 1988 (Nr. 203) 754 f., 130 III 462/462 E. 5.1 Pra 2005 (Nr. 19) 135 f., grundlegend 90 II 307. Der Gebrauch der Dokumente zur Verfügung über die Ware bedeutet die Genehmigung der Dokumente und gleichzeitig auch den Verzicht auf eine allenfalls zunächst ausgesprochene Beanstandung. Denn das Akkreditiv erfüllt seinen Zweck zur Sicherung aller Parteien nur, wenn der Verkäufer auf die vollständige und unbeschwerte Rückgabe der Dokumente vertrauen kann, damit ihm die Verfügungsgewalt über die Ware erhalten bleibt, falls die Akkreditivbank die Papiere aus irgendeinem Grund nicht aufnimmt. Der Zweck des Akkreditivs verlangt deswegen auch, dass jedes Verhalten der Bank, die dem Verkäufer die Verfügungsgewalt über die Ware nimmt, die gleichen Folgen hat wie die vorbehaltlose Annahme der Dokumente 132 III 620/623 f. E. 3.1. Dagegen bezweckt das Akkreditiv nicht, eine Schadenersatzforderung wegen Rücktritts vom zugrunde liegenden Vertrag sicherzustellen 49 II 195/201 E. 4. Ferner wird auch nicht das Risiko einer allfälligen Unechtheit der im Akkreditiv bezeichneten Dokumente auf die akkreditiveröffnende Bank abgewälzt 131 III 222/225 E. 4.2 Pra 2005 (Nr. 118) 826. 6

Unwiderrufliches Akkreditiv. Für das Verhältnis zwischen der eröffnenden Bank und dem Begünstigten massgeblich ist die Frage, ob es sich im Einzelfall um ein widerrufliches oder um ein unwiderrufliches Akkreditiv handelt. Das widerrufliche Geschäft kann durch die eröffnende Bank nach Art. 2 der «Einheitlichen Richtlinien und Gebräuche für Dokumenten-Akkreditive» (ERA), Fassung von 1975 (neu Art. 8 der «ERA 500» von 1993) jederzeit ohne vorherige Nachricht an den Begünstigten geändert oder annulliert werden (vgl. dazu auch 54 II 176/177). Demgegenüber begründet ein unwiderrufliches Akkreditiv eine feststehende Verpflichtung der eröffnenden Bank, sofern die vorgeschriebenen Dokumente der benannten Korrespondenzbank oder der eröffnenden Bank vorgelegt werden und die Akkreditivbedingungen erfüllt sind (ERA 500 Art. 9a). Mangels anderer An- 7 gaben gilt ein Dokumenten-Akkreditiv als unwiderruflich (ERA 500 Art. 6c) 130 III 462/469 E. 5.2 Pra 2005 (Nr. 19) 136, vgl. auch 108 Ib 270/277 E. 4a. Hat die Bank demnach ein unwiderrufliches Akkreditiv eröffnet, so wird ihr dadurch die Möglichkeit der nachträglichen Herabsetzung des Betrages, zu dessen Zahlung sie sich verpflichtet hat, entzogen (in casu Dokumenten-Akkreditiv «back to back») 108 Ib 270/277 E. 4a, vgl. auch 115 II 67/70 E. 1. Die bloss notifizierende Korrespondenzbank geht dem Begünstigten gegenüber keine Verpflichtung ein (verpflichtet ist in diesem Fall nur die das Akkreditiv ausstellende Bank) 121 III 436/437 E. 4b/bb fr. Anders verhält es sich im Falle einer bestätigenden Korrespondenzbank (siehe ERA 500 Art. 9b).

8 Der ***Grundsatz der Dokumenten- oder Akkreditivstrenge*** betrifft die Prüfung der Dokumente und kommt in erster Linie im Verhältnis der zur Aufnahme der Dokumente befugten Bank und dem Akkreditivauftraggeber zur Anwendung; er gilt aber entsprechend auch für das Verhältnis zwischen der Bank und dem Begünstigten. Der Grundsatz bedeutet, dass die eingereichten Dokumente von der Bank nur auf ihre formelle Ordnungsmässigkeit, d.h. auf die Übereinstimmung mit den Akkreditivbedingungen, nicht aber auf ihre materielle, inhaltliche Richtigkeit zu prüfen sind. Zudem haben Dokumenten- und Warengeschäft, von der Bank her gesehen, nichts miteinander zu tun *(Abstraktheit der Akkreditivverpflichtung)*. Wenn die Bank inhaltliche Unrichtigkeit vermutet, darf sie grundsätzlich akkreditivkonforme Dokumente ebenso wenig ablehnen, wie sie beim Nachweis vollständiger und ordnungsgemässer Erfüllung des Warengeschäfts Dokumente aufnehmen darf, die den Akkreditivbedingungen nicht entsprechen. Das sehen auch die ERA 500 vor 4C.393/2005 (9.11.06) E. 3, 115 II 67/70 f. E. 2a, 117 III 76/79 E. 6 fr. Bei rechtsmissbräuchlichem Verhalten kann von den Grundsätzen der Dokumentenstrenge und der Abstraktheit der Akkreditivverpflichtung derart abgewichen werden, dass trotz Vorliegens der Akkreditivbedingungen nicht geleistet werden muss 115 II 67/71 f. E. 2b und e. Anwendungsfälle: 130 III 462/470 f. E. 6.2 Pra 2005 (Nr. 19) 138 (betrügerische Machenschaften beim Dokumenten-Akkreditiv), 131 III 222/225 ff. E. 4.2 und 4.3 Pra 2005 (Nr. 118) 825 ff. (unechte Dokumente beim Dokumenten-Akkreditiv), siehe auch 138 III 241/245 E. 3.4 (Garantievertrag). Der Grundsatz, wonach einer Bank selbst bei Vorliegen der Akkreditivbedingungen die Einrede des Rechtsmissbrauchs bestehen bleibt, um ihre Leistung zu verweigern, greift allerdings nicht, wenn die Bank aufgrund der ihr in concreto obliegenden Prüfungs- und Sorgfaltspflichten erkennt oder erkennen müsste, dass die vorgelegten Dokumente unecht sind. In diesem Fall sind die Akkreditivbedingungen nicht erfüllt, weswegen sich die Missbrauchsfrage gar nicht stellt 131 III 222/225 E. 4.2 Pra 2005 (Nr. 118) 825 f. – Aus den Grundsätzen der Abstraktheit und der Dokumentenstrenge der Akkreditivverpflichtung folgt, dass sich der Käufer und Akkreditivsteller nur dadurch einigermassen gegen Lieferung vertragswidriger Ware sichern kann, dass er im Eröffnungsauftrag als Akkreditivbedingung die Vorlage eines Qualitätszeugnisses eines Sachverständigen des Versand- oder Ankunftsortes oder entsprechend feststehender Usanz die Aufnahme der Klausel «zahlbar nach Kontrolle oder Abnahme durch den Käufer» verlangt 100 II 145/150 E. 4.

9 ***Auslegung des Erfordernisses.*** Auslegung des Erfordernisses, dass die Dokumente «äusserlich in Ordnung» sein müssen 88 II 341/344 f. E. 1; von Anordnungen über die Art der Verschiffung 88 II 341/346 ff. E. 2; der Akkreditivbedingung «Verschiffung ungefähr Mitte September» 87 II 234/238 ff. E. 3, 4.

Dokumenten-Akkreditiv mit aufgeschobener Zahlung. Dieses liegt vor, wenn der Zeitpunkt der Vorweisung der Dokumente nicht dem Zeitpunkt der Zahlung entspricht, sondern die Zahlung auf einen im Akkreditiv vereinbarten späteren Zeitpunkt erfolgen soll. Dadurch gelangt der Käufer, der die im Akkreditiv vorgesehenen Dokumente übergeben hat, in den Besitz der Ware, bevor er den Kaufpreis bezahlen muss, was ihm erlaubt, die Ware vor Fälligkeit des Kaufpreises weiterzuverkaufen und mit dem Erlös die Akkreditivsumme am vereinbarten Tag zu begleichen. Das Dokumenten-Akkreditiv mit aufgeschobener Zahlung dient mit anderen Worten dazu, dem Akkreditivsteller Kredit zu verschaffen und ihn von der Verpflichtung zur Erfüllung Zug um Zug zu befreien. 122 III 73/75 f. E. a/aa fr., 130 III 462/469 E. 5.3 Pra 2005 (Nr. 19) 136. Die Bank, welche bei einem Akkreditiv mit aufgeschobener Zahlung dem Begünstigten die Akkreditivsumme vor Fälligkeit auszahlt, begeht weder eine Vertragsverletzung noch einen Verstoss gegen die «einheitlichen Richtlinien und Gebräuche für Dokumenten-Akkreditive» der Internationalen Handelskammer von 1993 (ERA 500). Vorbehalten bleibt freilich eine ausdrückliche gegenteilige Abrede zwischen den Parteien. Fehlt im Einzelfall eine solche Abrede und leistet die Bank, ohne eine Vertragsverletzung zu begehen, eine vorzeitige Auszahlung, so tut sie das auf eigenes Risiko (in casu wurde nach der vorzeitigen Auszahlung, aber vor der Fälligkeit ein Betrug entdeckt) 130 III 462/471 ff. E. 7 Pra 2005 (Nr. 19) 138 ff. 10

Aufnahme der Dokumente. Ob die der Bank vorgelegten Dokumente vollständig sind und dem Akkreditiv entsprechen, ist nach den (als Vertragsinhalt nach Treu und Glauben auszulegenden 88 II 341/344 f. E. 1) Akkreditivbestimmungen zu prüfen. Die *Prüfung der Dokumente* darf nicht durch eine solche der Ware ersetzt werden 104 II 275/276 f. E. 3. – Die Bank hat *Dokumente, die sie für ungenügend hält,* dem Begünstigten zur Verfügung zu halten oder ihm zurückzugeben. Händigt sie die Dokumente einem Dritten aus, so kann sie sich ihrer Zahlungspflicht nicht mit den Einwänden entziehen, die Dokumente hätten nicht dem Akkreditiv entsprochen oder seien nach Ablauf der Frist vorgelegt worden 104 II 275/278 ff. E. 5, grundlegend 90 II 302/307 f. Jedes Verhalten der Akkreditivbank, welches dem Begünstigten oder der einliefernden Bank die *Verfügungsmacht über die Ware entzieht,* muss dieselben Wirkungen haben wie eine vorbehaltlose Aufnahme der Dokumente. Dieselbe Regel gilt auch im Verhältnis zwischen der Akkreditivbank und ihrem Auftraggeber, dem Akkreditivsteller 111 II 76/79 f. E. 3b/bb, cc Pra 1985 (Nr. 180) 526 f. 11

Arrest. Werden bei der Korrespondenzbank Akkreditivdokumente eingereicht, die an Order oder auf den Namen der Akkreditivbank lauten, so erwirbt die Akkreditivbank daran fiduziarisches Eigentum, soweit diesen Dokumenten Wertpapiercharakter zukommt. Befinden sich diese Dokumente noch bei der Korrespondenzbank, so ist deren Verwertbarkeit vermindert, weil ein Ersteigerer die Dokumente erst herausverlangen kann, wenn die Ansprüche der Korrespondenzbank aus dem Auftragsverhältnis mit der Akkreditivbank befriedigt worden sind. Können zudem im konkreten Fall die Ansprüche der Akkreditivbank gegenüber dem Akkreditivsteller nicht arrestiert werden, so ist für die Realisierung der Dokumente gegenüber dem Akkreditivsteller mit so grossen Komplikationen zu rechnen, dass eine Versteigerung der Dokumente zu vernünftigen Bedingungen ausgeschlossen ist. Diese sind daher nicht arrestierbar 113 III 26/26 ff. – Die Korrespondenzbank, die zu Unrecht glaubt, dass die vom Verkäufer überreichten Dokumente mit 12 den im Akkreditiv bezeichneten Dokumenten übereinstimmen und daher dem aus dem Akkreditiv begünstigten Verkäufer und Anweisungsempfänger den im Akkreditiv ausgedrückten Betrag gutschreibt, verletzt ihre Verpflichtung als Beauftragte. Werden die Dokumente anschliessend an die Akkreditivbank überwiesen und bestreitet diese deren Konformität, so erwirbt die Akkreditivbank an diesen Dokumenten mangels eines gültigen Übertragungsgrundes kein Eigentum. Eigentümerin bleibt vielmehr die Korrespondenzbank. Diese kann daher Dokumente, die vom Anweisenden bei der Akkreditivbank arrestiert worden sind, gültig vindizieren 114 II 45/45 ff. Pra 1988 (Nr. 203) 753 ff. – Der auf Verlangen des Auftraggebers verfügte Arrest einer zugunsten des Arrestschuldners ausgestellten Bankgarantie ist weder unhaltbar noch willkürlich, auch wenn die Forderungen sich aus dem Grundvertrag ergeben 117 III 76/79 ff. E. 7 fr.

13 ***Verwendungsersatz.*** Es ist begriffsmässig und erfahrungsgemäss stets Inhalt und Sinn des Dokumenten-Akkreditivs, dass die Akkreditivbank, welche die akkreditivgemässen Dokumente hereinnimmt, damit ohne Weiteres und sofort das Recht erlangt, ihrerseits vom Auftraggeber die «Aufnahme» dieser Dokumente, d.h. die Abnahme gegen Zahlung (oder gegen gleichwertig vereinbarte Gutschrift usw.), zu verlangen und das vereinbarte oder übliche Entgelt für die Besorgung des Akkreditivgeschäfts zu fordern (siehe auch unter Art. 402 Abs. 1). Das ganze Dokumenten-Akkreditivgeschäft beruht auf dem Grundsatz «Zahlung gegen Dokumente» 78 II 42/52, vgl. auch 111 II 76/80 E. 3b/cc Pra 1985 (Nr. 180) 526. Der Anspruch auf Verwendungsersatz entsteht also nicht erst mit der tatsächlichen Zahlung der Akkreditivsumme; er ist mit der Vorlage der Dokumente fällig 78 II 42/53 ff. E. 5.

14 ***«Einheitliche Richtlinien und Gebräuche für Dokumenten-Akkreditive»*** (herausgegeben von der Internationalen Handelskammer). Diese sind zwar *nicht objektives Recht,* sodass ein Verstoss gegen sie an sich noch keine Widerrechtlichkeit begründet. Jedoch dürfen sie herangezogen werden zur Beurteilung der Frage, ob der Akkreditivaussteller einen Gefahrenzustand schuf 93 II 329/340. – Die *Auslegung der zum Vertragsinhalt erklärten Richtlinien* ist Rechtsfrage 87 II 234/237, vgl. auch 100 II 145/149. – Stillschweigende Anerkennung als Vertragsinhalt 111 II 76/78 E. 3a Pra 1985 (Nr. 180) 525.

15 ***Weiteres.*** Das Akkreditiv betrifft ein Spezialgebiet, auf dem den *Gepflogenheiten der Praxis* und den *Anschauungen der Fachleute* auch für die rechtliche Beurteilung grosse Bedeutung beizumessen ist (in casu Auslegung einer Klausel betreffend Aufschub der Zahlung) 100 II 145/149. – Beim bestätigten unwiderruflichen Akkreditiv i.S. der juristisch-technischen Definition der Akkreditivbestätigung gemäss Art. 7 der «Einheitlichen Richtlinien und Gebräuche für Dokumenten-Akkreditive» sind *zwei Akkreditive* vorhanden. Offengelassen, ob das Verhältnis der dem Akkreditierten zustehenden zwei Forderungen als Fall der Anspruchskonkurrenz oder als Solidarschuld anzusehen ist und ob die Verpflichtung der bestätigenden Bank als primär, diejenige der ersten Bank nur als subsidiär zu betrachten ist 78 II 42/49 f. E. 3. – Akkreditiv, bei dem die Anweisung nicht abstrakt ist, sondern *auf das zugrunde liegende Kaufgeschäft verwiesen* wird 49 II 195/200 E. 2, vgl. auch 100 II 145/153. – Unerlaubte Handlung (Art. 41) des Ausstellers eines unwiderruflichen, nicht übertragbaren Akkreditivs, der einen mit dem Begünstigten intern vereinbarten Deckungsvorbehalt nicht offen in das Eröffnungsschreiben aufnimmt und so dessen missbräuchliche Verwendung durch den Begünstigten bei Dritten nicht verhütet 93 II 329/337 ff. E. 4–7. – Ist die Bank Trägerin von Rechten, die in einem Seekonnossement

verkörpert sind, so hat sie das Recht, vom Frachtführer die Übergabe der Ware zu fordern 122 III 73/78 fr. – Zur Bedeutung eines letter of indemnity als Garantie für fehlende Konnossemente 122 III 73/79 E. bb fr. – Zur Dokumentar-*Garantie* vgl. 119 II 132/132 ff. E. 5 fr., 122 III 273/275 f. E. 3a/aa Pra 1996 (Nr. 225) 880 (Grundsatz der Dokumentenstrenge). – Zwischen der eröffnenden Bank und der Korrespondenzbank besteht ein Auftragsverhältnis, unabhängig davon, ob die Korrespondenzbank als Avisorin, als Zahlstelle oder als Bestätigungsbank auftritt 119 II 173/176 f. E. 2. – *Anwendbares Recht* 125 III 443/446 E. 3a Pra 2000 (Nr. 67) 409.

Weiteres. Zu den Anweisungsverhältnissen bei der *mehrgliedrigen Überweisung* (auch: Kettenüberweisung) vgl. 124 III 253/255 ff. E. 3, 121 III 310/312 f. E. 3. – *Verhältnis zum Girovertrag:* Die – als einheitliches Rechtsgeschäft aufzufassende – mehrgliedrige Überweisung findet ihre Grundlage in selbständigen, auftragsrechtlichen Regeln folgenden Giroverträgen, in welchen sich die Banken verpflichten, für einen Kunden den bargeldlosen Zahlungsverkehr zu besorgen und dabei insbesondere Überweisungen auszuführen und entgegenzunehmen 124 III 253/256 E. 3b. Ein im Rahmen eines Girovertrages erteilter Überweisungsauftrag ist als Weisung an die beauftragte Bank zu betrachten, mit welcher der Girovertrag konkretisiert wird; gleichzeitig liegt eine (gegenüber dem Deckungs- und Valutaverhältnis grundsätzlich abstrakte) Anweisung i.S.v. Art. 466 ff. vor 124 III 253/255 ff. E. 3, 126 III 20/22 E. 3a/aa (zum Girovertrag siehe auch unter Vorb. Art. 184–551/Innominatverträge/Gemischte Verträge/Girovertrag). – Die anweisungsrechtlichen Ansprüche des Anweisungsempfängers gegen den Angewiesenen sind *zivilrechtlicher Natur* i.S.v. aOG Art. 41, unabhängig davon, ob die Rechtsbeziehungen im Deckungs- und im Valutaverhältnis dem Privatrecht oder dem öffentlichen Recht zuzuordnen sind 122 III 237/239 ff. E. 1. – *Abgrenzung zur Abtretung:* Die Anweisung hat im Unterschied zur Abtretung keine bereits bestehende Forderung zum Gegenstand, die übertragen würde und deren Rechtsnatur dabei unverändert bliebe; sie schafft vielmehr, wenn sie angenommen wird, erst eine Forderung des Anweisungsempfängers gegenüber dem Angewiesenen 122 III 237/240 E. 1c. 16

A. Begriff

Art. 466

Durch die Anweisung wird der Angewiesene ermächtigt, Geld, Wertpapiere oder andere vertretbare Sachen auf Rechnung des Anweisenden an den Anweisungsempfänger zu leisten, und dieser, die Leistung von jenem in eigenem Namen zu erheben.

Allgemeines. Die Anweisung ist die Verbindung von zwei Willenserklärungen des Anweisenden. Eine Willenserklärung geht dahin, dass der Angewiesene ermächtigt wird, eine Leistung an den Anweisungsempfänger zu erbringen. Mit der anderen Willenserklärung erlaubt der Anweisende dem Anweisungsempfänger, die Leistung des Angewiesenen entgegenzunehmen. Weil die Anweisung kein Vertrag ist, wird durch sie der Angewiesene nicht verpflichtet, sondern bloss ermächtigt, an den Anweisungsempfänger zu leisten 132 III 609/617 Pra 2007 (Nr. 46) 301 f. Es gehört zum Wesen der Anweisung, dass ein Dritter begünstigt wird. Wenn der Angewiesene diesem gegenüber die vorbehaltlose Annahme 1 erklärt, erhält dieser – der Anweisungsempfänger – eine im eigenen Namen einklagbare Forderung. Zwischen dem Angewiesenen und dem Anweisungsempfänger entsteht somit eine vertragliche Bindung, die indessen nicht einem Auftragsverhältnis gleichkommt 113 II 522/525 f. E. 5a Pra 1988 (Nr. 231) 864. – Der Gegenstand der Anweisung ist genügend bestimmt, wenn er nach den objektiven, selbst zukünftigen Umständen bestimmbar ist 73 II 43/47 f. Pra 1947 (Nr. 75) 197 f. – Eine Zahlungsgarantie folgt nicht aus der Natur der Anweisung; diese schliesst nicht notwendigerweise eine vorbestehende Schuld oder eine Verpflichtung des Anweisenden gegenüber dem Anweisungsempfänger in sich 80 II 82/87 f. E. 4 Pra 1954 (Nr. 46) 125. – Eine Anweisung kann unter der Bedingung erteilt werden, dass das Valutaverhältnis zwischen Anweisendem und Anweisungsempfänger gültig ist. (Der Angewiesene nimmt dies allerdings selten an, da er nicht in der Lage ist, das Grundverhältnis zu prüfen.) 100 II 145/153, vgl. auch 49 II 200 E. 2. Siehe auch Vorb. Art. 466–471, Anweisungs- und Grundverhältnis. – Fehlt der Rechtsgrund, so hat der Angewiesene gegenüber dem Anweisungsempfänger allenfalls einen Rückforderungsanspruch aus ungerechtfertigter Bereicherung. (Die Zahlung zwecks Erfüllung der Verpflichtung eines Dritten bewirkt eine Bereicherung.) 92 II 335/340 f. E. 6 Pra 1967 (Nr. 79) 253 f. Siehe auch Vorb. 466–471. – Die obligationenrechtliche Anweisung darf der Übertragung einer Sache durch Besitzeskonstitut oder Besitzesanweisung nicht gleichgestellt werden, weil hier der Anweisende seiner Zahlungspflicht nicht schon mit seiner blossen Erklärung an den Angewiesenen nachkommt (in casu von Bedeutung für die Frage, ob eine Schenkung von Hand zu Hand i.S.v. Art. 242 Abs. 1 vorlag) 105 II 104/107 E. 3a. – Zulässigkeit der Anweisung, Unterhaltsbeiträge für ein mündig gewordenes Kind an den bisherigen Inhaber der elterlichen Gewalt zu leisten 107 II 465/474 f. E. 6b.

2 Die Banküberweisung ist als Anweisung im Sinne des Art. 466 zu qualifizieren 132 III 609/616 E. 5.1 Pra 2007 (Nr. 46) 300 f. (Bestätigung der Rechtsprechung). Anweisung, nicht blosse *Bezeichnung einer Zahlstelle* 73 II 43/46 f. fr., 92 II 335/337 E. 2 Pra 1967 (Nr. 79) 250, vgl. auch 117 II 404/407 E. 3a. – Offengelassen, ob der *«WIR»-Buchungsauftrag* eine Anweisung ist oder ob ihm doch auf jeden Fall eine solche zugrunde liegt 95 II 176/182 E. 5. – In einer blossen schriftlichen Anweisung an eine Bank lässt sich kein *Schenkungsversprechen* i.S.v. Art. 243 Abs. 1 erblicken 105 II 104/107 f. E. 3b. – Bankgarantie im Sinne der Annahme einer Anweisung (Art. 468 Abs. 1) 117 III 76/79 E. 6 Pra 1993 (Nr. 232) 865 f.

3 **(Dokumenten-)Akkreditiv.** Siehe Vorb. Art. 466–471.

B. Wirkungen I. Verhältnis des Anweisenden zum Anweisungsempfänger

Art. 467

[1] Soll mit der Anweisung eine Schuld des Anweisenden an den Empfänger getilgt werden, so erfolgt die Tilgung erst durch die von dem Angewiesenen geleistete Zahlung.

[2] Doch kann der Empfänger, der die Anweisung angenommen hat, seine Forderung gegen den Anweisenden nur dann wieder geltend machen, wenn er die Zahlung vom Angewiesenen gefordert und nach Ablauf der in der Anweisung bestimmten Zeit nicht erhalten hat.

[3] Der Gläubiger, der eine von seinem Schuldner ihm erteilte Anweisung nicht annehmen will, hat diesen bei Vermeidung von Schadenersatz ohne Verzug hievon zu benachrichtigen.

Rückgriffsrecht des Anweisungsempfängers auf den Anweisenden, *wenn der Angewiesene die Leistung verweigert:* siehe Vorb. Art. 466–471/Allgemeines. 1

Abs. 1 Vermutung, dass eine Leistung zahlungshalber erfolgt (und nicht an Zahlungs statt); Art. 467 Abs. 1 ist Ausdruck dieses obligationenrechtlichen Grundgedankens (vgl. ferner Art. 116 Abs. 2, 172 und 1103) 119 II 227/230 E. 2a. 2

Abs. 2 Art. 467 Abs. 2 ist dispositiver Natur und schliesst nicht aus, dass die Parteien die abweichende Regelung vereinbaren, wonach sich der Anweisende (in casu ein Akkreditivsteller) wiederum verpflichtet, nicht durch die Leistung des Angewiesenen (in casu also durch Akkreditiv) zu erfüllen, sondern dem Anweisungsempfänger (bzw. Akkreditivbegünstigten) persönlich zu leisten 5C.16/2003 E. 2.3.3 Pra 2004 (Nr. 55) 317. Analoge Anwendbarkeit auf die Abtretung von Forderungen erfüllungshalber 118 II 142/146 E. 1c. 3

II. Verpflichtung des Angewiesenen

Art. 468

[1] Der Angewiesene, der dem Anweisungsempfänger die Annahme ohne Vorbehalt erklärt, wird ihm zur Zahlung verpflichtet und kann ihm nur solche Einreden entgegensetzen, die sich aus ihrem persönlichen Verhältnisse oder aus dem Inhalte der Anweisung selbst ergeben, nicht aber solche aus seinem Verhältnisse zum Anweisenden.

[2] Soweit der Angewiesene Schuldner des Anweisenden ist und seine Lage dadurch, dass er an den Anweisungsempfänger Zahlung leisten soll, in keiner Weise verschlimmert wird, ist er zur Zahlung an diesen verpflichtet.

[3] Vor der Zahlung die Annahme zu erklären, ist der Angewiesene selbst in diesem Falle nicht verpflichtet, es sei denn, dass er es mit dem Anweisenden vereinbart hätte.

▪ Abs. 1 Annahme ohne Vorbehalt (1) ▪ Verpflichtung des Angewiesenen (2) ▪ Einreden (3) ▪ Einwand des Rechtsmissbrauchs (4) ▪ Abs. 2 (5) ▪ Weiteres (6)

Abs. 1 **Annahme ohne Vorbehalt.** Die Annahme bedarf der Abgabe einer entsprechenden (allenfalls konkludenten) Willenserklärung 135 III 562/565 E. 3.4 Pra 2010 (Nr. 39) 291 f. Die Annahme kann durch schlüssiges Verhalten (in casu Gutschrift) erfolgen 105 II 104/109 E. 3d, 121 III 109/112 E. 3a Pra 1995 (Nr. 274) 933, 127 III 553/557 E. 2e/bb Pra 2002 (Nr. 43) 223 f. Vorbehaltlose Annahme einer Anweisung durch konkludentes Verhalten, wenn der vom Liegenschaftsverkäufer angewiesene Notar dem Anweisungsempfänger den vom Erwerber bezahlten Kaufpreis ganz oder teilweise zukommen lässt 113 II 522/525 ff. E. 5 Pra 1988 (Nr. 231) 864. Die vorbehaltlose Annahme begründet eine neue, abstrakte Schuld 117 II 404/408, 117 III 76/79 E. 6 Pra 1993 (Nr. 232) 867 (in casu Bankgarantie), 121 III 109/112 E. 3a Pra 1995 (Nr. 274) 933. Anwendungsfall (keine Zahlung eines Checks unter einer auflösenden Bedingung) 95 I 256 f. E. 4. Annahme unter aufschiebender Bedingung (in casu offengelassen) 121 III 109/112 f. E. 3b Pra 1995 (Nr. 274) 934. – Ob der Angewiesene zur Annahme der Anweisung verpflichtet ist, 1 beurteilt sich aus dem Deckungsverhältnis, während er sich um die Rechtsbeziehungen zwischen Anweisendem und Anweisungsempfänger grundsätzlich nicht zu kümmern braucht; erkennbar rechtswidrige oder unsittliche Weisungen muss der Angewiesene nicht befolgen 124 III 253/257 E. 3c.

2 **Verpflichtung des Angewiesenen.** Die Verpflichtung des Angewiesenen gegenüber dem Anweisungsempfänger beruht auf der diesem erklärten Annahme. Sie ist von der Anweisung selbst und dem ihr zugrunde liegenden Rechtsverhältnis unabhängig. Der Angewiesene begründet nach Massgabe seiner Erklärung eine neue, abstrakte Schuld 92 II 335/338 E. 3 Pra 1967 (Nr. 79) 251, 121 III 109/112 E. 3a Pra 1995 (Nr. 274) 933, 4C.172/2000 (28.3.01) E. 3b. Hat er dem Anweisungsempfänger die vorbehaltlose Annahme erklärt, kann der Angewiesene die Erfüllung nicht unter Hinweis auf Mängel aus dem Deckungs- oder Valutaverhältnis verweigern 124 III 253/256 E. 3b. Diese neue abstrakte Forderung, die der Anweisungsempfänger erhält, tritt zu einer bereits bestehenden Forderung des Anweisungsempfängers aus dem Valutaverhältnis hinzu, was aus der Sicht des Anweisungsempfängers eine kumulative – aber nicht akzessorische – Schuldübernahme bedeutet. Die Annahme der Anweisung (also die Schuldübernahme) kann, wie jede andere Schuldübernahme auch, bereits vor der Entstehung der Hauptschuld und unabhängig vom Datum der Anweisung selbst, mithin auch antizipiert, erklärt werden 4C.183/2002 (9.11.02) E. 3.2.1.

3 **Einreden.** Aufgrund der abstrakten Natur der (aufgrund vorbehaltloser Annahme eingegangenen) Verpflichtung kann sich der Angewiesene grundsätzlich nicht auf Einreden aus seinem Verhältnis zum Anweisenden (Deckungsverhältnis) oder aus dem Verhältnis zwischen dem Anweisenden und dem Anweisungsempfänger (insb. auf das der Anweisung zugrunde liegende Geschäft, Valutaverhältnis) berufen (Grundsatz der Relativität von Forderungsrechten) 49 II 48/53 fr., 92 II 335/338 E. 3 Pra 1967 (Nr. 79) 251, 124 III 253/255 f. E. 3b, 127 III 553/557 E. 2e/bb Pra 2002 (Nr. 43) 223 f., vgl. auch Pra 1997 (Nr. 55) 299 E. 6b/aa. Dieser Ausschluss überweisungsfremder Einreden dient dem Funktionsschutz 124 III 253/257 E. 3b (zu den Kondiktionsmöglichkeiten des Angewiesenen im Falle mangelhaften Deckungs- und/oder Valutaverhältnisses 121 III 109/113 ff. E. 4a fr.). Der Grundsatz wird abgeschwächt durch eine weite Auslegung des Begriffes der «Einreden … die sich aus dem Inhalte der Anweisung selbst ergeben»: Zum Inhalt der Anweisung gehören alle Vorbehalte, Bedingungen und Fristen, die der Anweisungsempfänger mit der Annahmeerklärung verbindet und insofern die Anweisung «kausal» macht (so z.B. wenn der Angewiesene seine Leistungspflicht gegenüber dem Anweisungsempfänger vom Bestehen einer ausreichenden Deckung zwischen ihm und dem Anweisenden oder eines gültigen Anspruchs des Anweisungsempfängers gegenüber dem Anweisenden abhängig macht) 121 III 109/112 f. E. 3b fr., 4C.183/2002 (8.11.02) E. 3.1. Inwiefern sich der Angewiesene auch auf stillschweigende Vorbehalte und Bedingungen berufen kann, entscheidet sich nach dem Vertrauensprinzip: Es ist danach zu fragen, welchen Sinn der Anweisungsempfänger der Annahmeerklärung im Einzelfall in guten Treuen geben durfte und musste. Erfüllt etwa die Anweisung (für den Anweisungsempfänger ersichtlich) den Zweck, eine Schuld des Angewiesenen gegenüber dem Anweisenden zu tilgen (Anweisung auf Schuld), so schliesst sie die Bedingung in sich, dass diese Schuld tatsächlich besteht. Besteht sie nicht, kann der Angewiesene dem Anweisungsempfänger eine entspre-

chende Einrede entgegenhalten 92 II 335/338 f. E. 4 Pra 1967 (Nr. 79) 251 f., 4C.183/2002 (8.11.02) 3.2.2. Zu den (zulässigen) Einreden, die sich aus dem persönlichen Verhältnis zwischen dem Angewiesenen und dem Anweisungsempfänger ergeben, gehört auch die Einrede der Verrechnung; eine solche ist jedoch durch besondere Vereinbarung ausgeschlossen, wenn die Anweisung nicht einfach eine Ermächtigung zur Leistung von Geld an den Anweisungsempfänger auf Rechnung des Anweisenden bildet, sondern dabei dem Angewiesenen der bestimmte Auftrag, Barzahlung zu leisten, erteilt und von ihm angenommen wird 44 II 191/193 f. E. 1. Ausschluss der Verrechnung mit Ansprüchen des Angewiesenen gegenüber dem Anweisenden 113 II 522/526 E. 5a Pra 1988 (Nr. 231) 864.

Einwand des Rechtsmissbrauchs. Der Einredeausschluss des Art. 468 Abs. 1 gilt nicht absolut, sondern erfährt mit dem Einwand des Rechtsmissbrauchs eine Einschränkung im Sinne eines «Einwendungsdurchgriffes», wobei jeweils ein besonders schwerwiegender und offensichtlicher Rechtsmissbrauch vorausgesetzt wird. Dafür sind kumulativ drei Voraussetzungen verlangt: Der Mangel im Valutaverhältnis muss (1) schwer (z.B. Widerrechtlichkeit oder klarer Verstoss gegen die guten Sitten) sowie (2) rechtlich offensichtlich sein und (3) der Angewiesene, der sich auf den Einwendungsdurchgriff beruft, muss den Mangel – zumindest bei weniger schweren Mängeln – sofort liquide beweisen können. Für die Beurteilung dieser Voraussetzungen ist der Zeitpunkt massgeblich, in dem der Anweisungsempfänger die Zahlung vom Angewiesenen fordert. Ein Einwendungsdurchgriff kommt in aller Regel nicht infrage bei Einreden im engen Sinne aus dem Valutaverhältnis wie Stundung, Verjährung, Verrechnung etc. sowie bei der Geltendmachung von Willensmängeln oder Mängelrügen des Anweisenden. Hingegen schlagen Einwendungen wie Rechtswidrigkeit oder andere Nichtigkeit des Valutaverhältnisses auf das Leistungsverhältnis dann durch, wenn der Anweisungsempfänger weiss oder wissen muss, dass er offensichtlich keinen gültigen Anspruch aus dem Valutaverhältnis mehr besitzt, und zwar unter keinem vernünftiger- und redlicherweise in Betracht kommenden rechtlichen Aspekt. Beruft sich der Anweisungsempfänger gleichwohl auf den Einredeausschluss, handelt er rechtsmissbräuchlich 4C.172/2000 (28.3.01) E. 4b (in casu Waffenlieferungsgeschäft als offensichtlich sittenwidrig erachtet), 4C.344/2002 (12.11.03) E. 5.1 fr. Anwendungsfälle: 130 III 462/470 f. E. 6.2 Pra 2005 (Nr. 19) 138 (betrügerische Machenschaften beim Dokumenten-Akkreditiv), 131 III 222/225 ff. E. 4.2 und 4.3 Pra 2005 (Nr. 118) 825 ff. (unechte Dokumente beim Dokumenten-Akkreditiv). 4

Abs. 2 Entgegen dem, was der Wortlaut des Art. 468 Abs. 2 auszudrücken scheint, räumt er dem Anweisungsempfänger keine Ansprüche ein, sondern betrifft bloss das Recht des Anweisenden. Wie weit auch dem Anweisungsempfänger Rechte gegen den Angewiesenen zustehen, bestimmt allein Abs. 1 des Art. 468 4C.183/2002 (8.11.02) E. 3.1. 5

Weiteres. Checkrecht: Angesichts seiner bloss eingeschränkten Tragweite steht das Akzeptverbot namentlich der Verbindlichkeit einer Checkeinlösungszusage nicht entgegen, welche die bezogene Bank auf Anfrage des Checkinhabers erteilt; eine derartige Zusage ist als Annahme der im Check enthaltenen Anweisung (Art. 468 Abs. 1) aufzufassen 120 II 128/131 E. 2b/bb. 6

III. Anzeigepflicht bei nicht erfolgter Zahlung

Art. 469

Verweigert der Angewiesene die vom Anweisungsempfänger geforderte Zahlung oder erklärt er zum voraus, an ihn nicht zahlen zu wollen, so ist dieser bei Vermeidung von Schadenersatz verpflichtet, den Anweisenden sofort zu benachrichtigen.

C. Widerruf

Art. 470

[1] Der Anweisende kann die Anweisung gegenüber dem Anweisungsempfänger widerrufen, wenn er sie nicht zur Tilgung seiner Schuld oder sonst zum Vorteile des Empfängers erteilt hat.

[2] Gegenüber dem Angewiesenen kann der Anweisende widerrufen, solange jener dem Empfänger seine Annahme nicht erklärt hat.

[2bis] Bestimmen die Regeln eines Zahlungssystems nichts anderes, so ist die Anweisung im bargeldlosen Zahlungsverkehr unwiderruflich, sobald der Überweisungsbetrag dem Konto des Anweisenden belastet worden ist.

[3] Wird über den Anweisenden der Konkurs eröffnet, so gilt die noch nicht angenommene Anweisung als widerrufen.

1 Der *Tod des Anweisenden* führt nicht zum Dahinfallen des in der Anweisung enthaltenen Auftrages an den Angewiesenen 105 II 104/108 E. 3c.

2 ***Abs. 1*** Bei einer *schenkungshalber erteilten Anweisung* ist ein Widerruf gegenüber dem begünstigten Anweisungsempfänger so lange möglich, als nicht ein Schenkungsversprechen vorliegt, das den Erfordernissen des Art. 243 Abs. 1 genügt 105 II 104/109 E. 3d.

3 ***Abs. 2*** Nach der *zwingenden* Vorschrift von Art. 470 Abs. 2 kann das Widerrufsrecht des Anweisenden gegenüber dem Angewiesenen vertraglich nicht ausgeschlossen werden 122 III 237/244 E. 3c, 127 III 553/557 E. 2e/aa Pra 2002 (Nr. 43) 223 – Das Recht zum Widerruf gegenüber dem Angewiesenen kann auch dann ausgeübt werden, wenn die Voraussetzungen eines Widerrufs gegenüber dem Anweisungsempfänger (Abs. 1) nicht erfüllt sind 121 III 109/112 E. 3a Pra 1995 (Nr. 274) 933 E. 3a (zu den Folgen für den gutgläubigen Anweisungsempfänger, wenn der Angewiesene unter Missachtung des Widerrufs zahlt: E. 4). Der Anweisende kann die Anweisung gegenüber dem Angewiesenen widerrufen, solange dessen *Annahmeerklärung* dem Begünstigten nicht ordnungsgemäss zugestellt worden ist. Wird die Annahme nicht vor der Zahlung erklärt, so ist der Widerruf mindestens bis zur Gutschrift des Betrages auf dem Empfängerkonto möglich, bei Buchung auf einem sog. Konto pro Diverse sogar bis zur Anzeige der Gutschrift an den Empfänger 100 II 368/373 f. E. 5. Zur Annahme siehe auch unter Art. 468 Abs. 1. – Auch *das «unwiderrufliche» Akkreditiv* kann vor dem Akzept widerrufen werden 49 II 195/200 E. 2.

4 ***Abs. 3*** Anwendungsfall 88 II 18/26 E. 6.

D. Anweisung bei Wertpapieren

Art. 471

[1] Schriftliche Anweisungen zur Zahlung an den jeweiligen Inhaber der Urkunde werden nach den Vorschriften dieses Titels beurteilt, in dem Sinne, dass dem Angewiesenen gegenüber jeder Inhaber als Anweisungsempfänger gilt, die Rechte zwischen dem Anweisenden und dem Empfänger dagegen nur für den jeweiligen Übergeber und Abnehmer begründet werden.

[2] Vorbehalten bleiben die besonderen Bestimmungen über den Check und die wechselähnlichen Anweisungen.

Neunzehnter Titel
Der Hinterlegungsvertrag

Vorb. Art. 472–491

Abgrenzungen. Kein Hinterlegungsvertrag, sondern *Miete* liegt vor: wenn ein Hotelier seiner Kundschaft ein Schliessfach eines Geldschrankes (Safe) zur Verfügung stellt 95 II 541/543 f. E. 1, 2 Pra 1970 (Nr. 94) 313 f.; wenn ein Gastwirt (Restaurateur) seinem Gast einen Platz zur Ablage seiner Kleider und Effekten zur Verfügung stellt 108 II 449/452 E. 3a Pra 1983 (Nr. 56) 145; bei der Benutzung eines Schliessfaches in einem Bahnhof 102 Ib 318; bei der Einstellung eines Motorfahrzeuges in einer verschliessbaren Autobox (im Gegensatz zur Sammelgarage) 76 II 154/156 ff. E. 1–3. Anders als den Aufbewahrer trifft den Vermieter keine Obhuts- oder Verwahrungspflicht Pra 1999 (Nr. 21) 114 E. 3c. – Kein Hinterlegungs-, sondern ein *Speditionsvertrag* liegt vor, wenn die Hauptleistung in der Versendung oder Weitersendung von Gütern liegt, während Entgegennahme und Aufbewahrung dieser Güter blosse Nebenleistungen des Spediteurs sind 126 III 192/194 E. 2a Pra 2001 (Nr. 49) 287 – Hingegen liegt ein Hinterlegungsvertrag vor: wenn (ohne Übertragung des Besitzes) Einrichtungen für die Lagerung von Brennstoff zur Verfügung gestellt werden 98 II 211/216 ff. E. 5–7 fr. Ebenso liegt ein Hinterlegungs- und kein Speditionsvertrag vor, wenn der Empfänger von beweglichen Sachen sich verpflichtet, die Sache in der Erwartung einer allfälligen Anordnung zur Versendung in einem Lager kostenlos aufzubewahren 126 III 192/194 f. E. 2a Pra 2001 (Nr. 49) 287 – Wird das einem Garagisten zur Reparatur anvertraute Fahrzeug gestohlen, so bilden nicht die Bestimmungen über den Hinterlegungsvertrag, sondern jene über den *Werkvertrag* Rechtsgrundlage für die Haftung des Garagisten 113 II 421/422 E. 1 Pra 1988 (Nr. 110) 405 – Eine besondere Form der gewöhnlichen Hinterlegung (und kein irreguläres Depot i.S.v. Art. 481) ist das *Sammeldepot,* bei welchem mehrere Hinterleger an den gemeinsam verwahrten vertretbaren Sachen Miteigentum haben 90 II 158/162 f. E. 4b Pra 1964 (Nr. 130) 379. – Verpflichtet sich eine Bank, Geld und Wertschriften zu verwahren und überdies zu verwalten (in casu «dépôt conjoint» von Ehegatten), so liegt ein *aus Hinterlegungsvertrag und Auftrag gemischtes Rechtsgeschäft* vor, auf das jedoch grundsätzlich Auftragsrecht anzuwenden ist (das Schwergewicht liegt auf der Dienstleistung der Bank) 101 II 117/119 f. E. 5, 96 II 145/149 E. 2 (in casu Auftrag an eine Bank, zugunsten eines Dritten ein Konto mit dazugehörigem Depot zu errichten und diesem Vermögenswerte zuzufügen), vgl. auch 63 II 240/242 E. 1 fr. und 102 II 297/301. – *Abgrenzungen vom depositum irregulare* (insb. Darlehen): siehe unter Art. 481. – *Gast- und Stallwirtehaftung:* siehe unter Art. 487 und 490 (der Hotelier kann auch einen ordentlichen Hinterlegungsvertrag gemäss Art. 472–480 abschliessen, was aber nur dann anzunehmen ist, wenn er seinen Willen, sich diesbezüglich zu binden, klar zum Ausdruck gebracht hat [in casu verneint] 120 II 252/256 ff. E. 2d, 3 Pra 1995 (Nr. 275) 941 ff. Fiduziarischer Hinterlegungsvertrag oder *Anweisung?* 113 II 522/526 f. E. 5b Pra 1988 (Nr. 231) 864 f. 1

Weiteres. Ein Hinterlegungsvertrag i.S. der Bestimmungen liegt auch vor, wenn eine Person eine Sache freiwillig bei einer öffentlichen Kasse hinterlegt, die kraft kantonalen Rechts zur Annahme der Hinterlegung verpflichtet ist 72 I 13/16 Pra 1946 2

(Nr. 96) 206. – Hinterlegt ein Organ einer (ausländischen) öffentlichen Körperschaft öffentliche Gelder bei einer (schweizerischen) Bank, so entsteht ein Privatrechtsverhältnis 100 II 200/211 E. 7 fr. – Nimmt ein Staat in seiner öffentlichen Stellung eine Hinterlage von Privaten entgegen, so hat man es mit einem Rechtsgeschäft öffentlich-rechtlichen Charakters zu tun. Auf dieses ist mangels besonderer Bestimmungen des Verwaltungsrechts allenfalls Privatrecht anwendbar 55 II 107/112 ff. E. 3, 4. – Die Klage auf Herausgabe eines hinterlegten und anschliessend im Rahmen eines Strafverfahrens beschlagnahmten Geldbetrages fällt nicht unter den Begriff der Zivilrechtsstreitigkeit gemäss aOG Art. 42 118 II 206/210 f. E. 3 Pra 1992 (Nr. 237) 930 f.

3 Die Hinterlegung von Vermögenswerten durch deren fiduziarischen Verwalter schafft nur Rechtsbeziehungen zwischen der Bank und dem Fiduziar 100 II 200/211 ff. E. 8a, b fr., vgl. auch 96 II 145/149 E. 1.

A. Hinterlegung im Allgemeinen I. Begriff

Art. 472

[1] Durch den Hinterlegungsvertrag verpflichtet sich der Aufbewahrer dem Hinterleger, eine bewegliche Sache, die dieser ihm anvertraut, zu übernehmen und sie an einem sicheren Orte aufzubewahren.

[2] Eine Vergütung kann er nur dann fordern, wenn sie ausdrücklich bedungen worden ist oder nach den Umständen zu erwarten war.

▪ Abs. 1 Vertragsabschluss (1) ▪ Wesentliche Vertragselemente (3) ▪ Weiteres (4) ▪ Abs. 2 (5)

1 ***Abs. 1*** **Vertragsabschluss.** Ein Hinterlegungsvertrag (oder eine Hinterlegungsklausel in einem Gastaufnahmevertrag) kann ausdrücklich oder *durch konkludentes Verhalten* vereinbart werden 139 III 160/162 E. 2.4 Pra 2013 (Nr. 106) 824. Die Haftung des nicht unter Art. 487 ff. fallenden Gastwirtes (Restaurateurs) für die Garderobe ist die Ausnahme. In seinem Verhalten kann vernünftigerweise nur dann ein Angebot auf Abschluss eines Hinterlegungsvertrages gesehen werden, wenn er seinen Willen, sich diesbezüglich zu binden, klar zum Ausdruck gebracht hat (z.B. durch Ausstellung eines Empfangsscheins an einer bewachten Garderobe [vgl. 109 II 234 ff.] oder indem er auf ein Begehren eines Gastes, für ihn gewisse Sachen aufzubewahren, eingeht oder wenn er sich selber ausdrücklich oder durch schlüssiges Verhalten anerbietet, solche Sachen in seine Obhut zu nehmen und sie dem Gast auf Verlangen zurückzugeben; hingegen ist im Allgemeinen kein Abschluss eines Hinterlegungsvertrages anzunehmen, wenn der Gastwirt oder sein Personal sich darauf beschränkt, dem Gast beim An- und Ausziehen offenbar nicht individualisierter Kleidungsstücke zu helfen, die in einer offenen Garderobe untergebracht sind, wo die Gäste selber nach ihnen suchen können, und zwar selbst dann, wenn über die Garderobe eine gewisse Aufsicht ausgeübt wird) 108 II 449/453 f. E. 3a Pra 1983 (Nr. 56) 145 f. – *Vorgedruckte Reglementsbestimmungen* (in casu Bankreglement über die Aufbewahrung von Wertsachen) als Vertragsinhalt 64 II 355/356 f. E. 2.

2 Hinterlegung von Inhaberaktien 123 IV 132/138 E. 4b/aa. – Abgrenzung der Hinterlegung vom Speditionsvertrag (Art. 439) 126 III 192/194 E. 2a Pra 2001 (Nr. 49) 287

(Versendung/Weitersendung) und vom Lagergeschäft 126 III 192/195 E. 2a Pra 2001 (Nr. 49) 288 (Lagergeld).

3 **Wesentliche Vertragselemente.** Der Aufbewahrer hat die Pflicht, die ihm anvertraute Sache aufzubewahren, zu überwachen und zurückzugeben 139 III 160/162 E. 2.4 Pra 2013 (Nr. 106) 824, 126 III 192/196 E. 2c Pra 2001 (Nr. 49) 289. – Die *Rückgabepflicht* ist ein wesentliches Element des Hinterlegungsvertrages. Ein gewöhnlicher Hinterlegungsvertrag kann nur hinsichtlich Sachen erfüllt werden, deren unmittelbarer *Besitz dem Aufbewahrer übertragen* wird und die von diesem *individualisiert und identifiziert* werden 108 II 449/452 f. E. 3a Pra 1983 (Nr. 56) 145, 126 III 192/196 E. 2c Pra 2001 (Nr. 49) 289. Wesentlich ist dem Hinterlegungsvertrag sodann, dass die Sache zur *Aufbewahrung im Interesse des Hinterlegers* entgegengenommen wird 98 II 211/217 E. 6 fr. – Eine besondere Vereinbarung über die Pflichten des Aufbewahrers ist nicht konstitutives Vertragselement 98 II 211/217 f. E. 7a fr.

4 **Weiteres.** Der Hinterleger braucht nicht Eigentümer der hinterlegten Sache zu sein (vgl. Art. 479) 96 II 145/152 E. 5. – *Sorgfaltspflicht des Aufbewahrers:* siehe unter Art. 475 Abs. 1/Haftung.

5 ***Abs. 2*** Die Unentgeltlichkeit der Hinterlegung wird vermutet. Das Fehlen einer Vereinbarung über die Vergütung schliesst also den Abschluss eines Hinterlegungsvertrages nicht aus (in casu wurde jedoch für ein Vertragsverhältnis zwischen Transportunternehmen eine Vergütung als üblich betrachtet) 98 II 211/218 E. 7b fr.

II. Pflichten des Hinterlegers

Art. 473

1 Der Hinterleger haftet dem Aufbewahrer für die mit Erfüllung des Vertrages notwendig verbundenen Auslagen.

2 Er haftet ihm für den durch die Hinterlegung verursachten Schaden, sofern er nicht beweist, dass der Schaden ohne jedes Verschulden von seiner Seite entstanden sei.

1 Weigerung des Aufbewahrers im Auftrag des Hinterlegers, die Sache der deutschen (Kriegs-)Zwangsverwaltung des russischen Hinterlegers herauszugeben. Haftung des Hinterlegers für den dem Aufbewahrer aus den Massnahmen der Zwangsverwaltung (Arrest) entstandenen Schaden? (in casu Frage der Anwendbarkeit der Bestimmung offengelassen, da eine Haftung bereits aufgrund von Art. 402 angenommen wurde) 46 II 440/442 ff. fr.

III. Pflichten des Aufbewahrers 1. Verbot des Gebrauchs

Art. 474

1 Der Aufbewahrer darf die hinterlegte Sache ohne Einwilligung des Hinterlegers nicht gebrauchen.

[2] Andernfalls schuldet er dem Hinterleger entsprechende Vergütung und haftet auch für den Zufall, sofern er nicht beweist, dass dieser die Sache auch sonst getroffen hätte.

1 ***Abs. 1*** Unbefugter Gebrauch hinterlegter Inhaberaktien 123 IV 132/139 E. 4b/aa.

2 ***Abs. 2*** Analoge Anwendung auf das Mietverhältnis, wenn die Mietsache durch vertragswidrigen Gebrauch beschädigt wird 103 II 330/333 E. 2b Pra 1978 (Nr. 89) 202.

2. Rückgabe a. Recht des Hinterlegers

Art. 475

[1] Der Hinterleger kann die hinterlegte Sache nebst allfälligem Zuwachs jederzeit zurückfordern, selbst wenn für die Aufbewahrung eine bestimmte Dauer vereinbart wurde.

[2] Jedoch hat er dem Aufbewahrer den Aufwand zu ersetzen, den dieser mit Rücksicht auf die vereinbarte Zeit gemacht hat.

1 ***Abs. 1*** **Allgemeines.** In welcher Weise sich der Hinterleger oder ein als sein Vollmachtträger Auftretender bei der Rückforderung bzw. beim Gebrauch der Sache am Ort der Hinterlegung (in casu einer Bank zum Depot anvertrautes Sparheft) auszuweisen hat (*Legitimationsprüfung* durch den Aufbewahrer), wird im Gesetz nicht besonders geregelt; mangels entsprechender Parteivereinbarung gelten diesbezüglich die allgemeinen obligationenrechtlichen Grundsätze 64 II 355/356 E. 1. – Der *obligatorische Herausgabeanspruch* des Hinterlegers ist *unpfändbar* und damit *nicht arrestierbar* 108 III 94/97 f. E. 3, grundlegend 60 III 229/232 ff. E. 4. Eine Ausnahme von diesem Grundsatz gilt für den Anspruch des ausländischen Bankkunden gegen die inländische Depotbank auf Herausgabe von Wertpapieren, die im Namen der Depotbank bei ausländischen Korrespondenzbanken hinterlegt sind 108 III 94/98, grundlegend 102 III 94/102 ff. E. 4, 5. – Bei der Rückforderung aus Hinterlegungsvertrag hat der Gläubiger als Voraussetzung seines Anspruchs den *behaupteten Rechtsgrund zu beweisen;* diese Beweislage wird im Aberkennungsprozess nicht verändert 100 II 153/156 E.b. – Siehe auch unter Art. 486.

2 **Beendigung des Vertrages/Fälligkeit des Rückerstattungsanspruchs.** Wenn die Bestimmung vorsieht, der *Hinterleger* könne die Rückerstattung jederzeit verlangen, so bedeutet das, dass er jederzeit die Möglichkeit hat, den Hinterlegungsvertrag aufzuheben und damit den Rückerstattungsanspruch entstehen zu lassen 91 II 442/451 E. 5b. – Der Hinterlegungsvertrag wird durch den Tod einer Partei nicht beendigt 94 II 167/171 E. 4a. – Der Umstand, dass der *Verwahrer* die ihm übergebenen Vermögenswerte veruntreut oder dass sie ihm abhandenkommen, bewirkt nicht ohne Weiteres die Beendigung des Vertragsverhältnisses. Der Verwahrer kann es nur dadurch beenden, dass er gegenüber dem Hinterleger ausdrücklich oder durch schlüssiges Verhalten den Willen äussert, es aufzuheben. Auf diesen Willen lässt unter Umständen die Mitteilung schliessen, dass die zu verwahrenden Werte nicht mehr in seinen Händen sind. Solange das Vertragsverhältnis nicht beendigt wird, bleibt die Pflicht, für die Erhaltung des Vermögens zu sorgen, als Pflicht zur Wiederbeschaffung der nicht mehr vorhandenen Werte bestehen 91 II 442/452 f. E. 5c. Eine mit einer Gutschriftsanzeige des Verwahrers verbundene Verrech-

nungserklärung vermag ohne dahingehende Mitteilung noch keine Aufhebung des Depotvertrages und darum auch nicht die Fälligkeit der Rückforderung zu bewirken 78 II 243/255 f. E.d.

Verjährung des Rückforderungsanspruchs. Der Begriff «jederzeit» in der Bestimmung bedeutet nicht, dass die Klage auf Rückgabe nicht der ordentlichen *zehnjährigen Verjährungsfrist* (Art. 127) unterliegt 48 II 38/44 E. b it. JdT 70 I 360 E.b. – Für die Rückerstattung beginnt die Verjährung nicht schon mit der Übergabe der Vermögenswerte an den Aufbewahrer, sondern grundsätzlich erst mit der *Beendigung des Vertragsverhältnisses* infolge gegenseitiger Übereinkunft, Ablaufs der vereinbarten Dauer, Widerrufs oder Kündigung (keine Anwendbarkeit von Art. 130 Abs. 2). Dies gilt auch für den vertraglichen Anspruch, der im Falle der Veruntreuung oder des Abhandenkommens der Vermögenswerte entsteht. Ist streitig und nicht mehr abklärbar, ob und wann das Vertragsverhältnis beendigt worden und die Rückerstattung erfolgt sei, gilt Folgendes: Die Verjährungseinrede muss geschützt werden, wenn der auf Rückerstattung Belangte behauptet, er oder sein Rechtsvorgänger habe die fraglichen Vermögenswerte vor mehr als zehn Jahren zurückgegeben, und die klagende Partei das nicht zu widerlegen vermag; steht hingegen fest, dass die anvertrauten Vermögenswerte nicht zurückgegeben wurden, kann der Beklagte mit der Einrede der Verjährung nur durchdringen, wenn er nachweist, dass die Beendigung des Vertragsverhältnisses mehr als zehn Jahre zurückliegt, und wenn keine Hemmungs- oder Unterbrechungsgründe (Art. 134 f.) eingetreten sind 91 II 442/449 ff. E. 5 (Änderung der Rechtsprechung). – Dingliche Rechte bleiben von der Verjährung des Rückgabeanspruchs aus Hinterlegungsvertrag unberührt 78 II 243/252 E. 5a, grundlegend 48 II 38/44 ff. E. c it. JdT 70 I 360 ff. E.c. Kein *unverjährbarer dinglicher Herausgabeanspruch* besteht an dem vom Verwahrer einkassierten und übungsgemäss auf laufende Rechnung gutgeschriebenen Gegenwert eingelöster Wertpapiere 78 II 243/253 ff. E. c, vgl. auch 102 II 297/300 E. 1. 3

Haftung aus verletzter Aufbewahrungspflicht. Der Aufbewahrer, der die Sache nicht zurückgeben kann, hat *gemäss der allgemeinen Regel von Art. 97* den daraus entstandenen Schaden zu ersetzen, sofern er nicht beweist, dass ihn (oder seine Hilfsperson 76 II 154/161 E. 3) keinerlei Verschulden trifft. Die Rückgabepflicht verwandelt sich alsdann in eine Schadenersatzpflicht 98 II 211/219 f. E. 9 fr. – Die Ersatzpflicht erstreckt sich grundsätzlich auf den *gegenwärtigen Schaden* 97 II 360/361 f. E. 3 Pra 1972 (Nr. 53) 159. Der Schadenberechnung ist der Wert der Sache im Zeitpunkt der Rückforderung und nicht im Zeitpunkt, in dem die Rückgabe unmöglich geworden ist, zugrunde zu legen. Steigt der Wert der hinterlegten Sache im Zeitraum zwischen der Rückforderung und dem Datum des letzten kantonalen Urteils, so kann der Hinterleger auch für diese Wertsteigerung Ersatz verlangen; hingegen muss er sich eine Wertverminderung zwischen der Fälligkeit und dem Urteilsdatum nicht anrechnen lassen 109 II 474/475 ff. – *Herabsetzung der Ersatzpflicht* gemäss Art. 44 i.V.m. Art. 99 Abs. 3 98 II 211/220 E. 10 fr., 109 II 234/236 ff. E. 2. 4

b. Rechte des Aufbewahrers

Art. 476

[1] Der Aufbewahrer kann die hinterlegte Sache vor Ablauf der bestimmten Zeit nur dann zurückgeben, wenn unvorhergesehene Umstände ihn ausserstand setzen, die Sache länger mit Sicherheit oder ohne eigenen Nachteil aufzubewahren.

[2] Ist keine Zeit für die Aufbewahrung bestimmt, so kann der Aufbewahrer die Sache jederzeit zurückgeben.

1 *Abs. 2* Zur Wahrnehmung der Möglichkeit, die Sache jederzeit zurückzugeben, bedarf es, wo die Aushändigung nicht vollzogen wird, wenigstens einer entsprechenden Mitteilung (in casu durfte die mit einer Gutschriftsanzeige des Verwahrers verbundene Verrechnungserklärung nicht als solche Willensäusserung verstanden werden) 78 II 243/255 f. E.d.

c. Ort der Rückgabe

Art. 477

Die hinterlegte Sache ist auf Kosten und Gefahr des Hinterlegers da zurückzugeben, wo sie aufbewahrt werden sollte.

1 Die Rückgabepflicht ist somit eine Holschuld 100 II 153/158.

3. Haftung mehrerer Aufbewahrer

Art. 478

Haben mehrere die Sache gemeinschaftlich zur Aufbewahrung erhalten, so haften sie solidarisch.

4. Eigentumsansprüche Dritter

Art. 479

[1] Wird an der hinterlegten Sache von einem Dritten Eigentum beansprucht, so ist der Aufbewahrer dennoch zur Rückgabe an den Hinterleger verpflichtet, sofern nicht gerichtlich Beschlag auf die Sache gelegt oder die Eigentumsklage gegen ihn anhängig gemacht worden ist.

[2] Von diesen Hindernissen hat er den Hinterleger sofort zu benachrichtigen.

1 *Abs. 1* Der Aufbewahrer (in casu Bank) verletzt seine Pflichten nicht, wenn er dem Hinterleger die Sache vor Anzeige des gerichtlichen Beschlags zurückerstattet 100 II 200/214 f. E. 9, 221 E. 16 fr. Art. 479 setzt Dualität in der Berechtigung voraus und findet daher keine Anwendung, wenn die Hinterlegung in direkter Stellvertretung begründet wurde 4C.287/2002 (15.12.03) E. 3.2.

IV. Sequester

Art. 480

Haben mehrere eine Sache, deren Rechtsverhältnisse streitig oder unklar sind, zur Sicherung ihrer Ansprüche bei einem Dritten (dem Sequester) hinterlegt, so darf dieser die Sache nur mit Zustimmung der Beteiligten oder auf Geheiss des Richters herausgeben.

Bei der **Sequestration** geht es nicht um die Schaffung einer Garantie zugunsten eines Gläubigers, sondern darum, eine Sache zu erhalten, solange ihr Rechtsverhältnis ungewiss ist. Von der Sequestration zu unterscheiden ist der *Vertrag (sui generis) auf Hinterlegung sicherheitshalber,* mit dem der Schuldner (oder ein Dritter für ihn) eine Sache, deren Eigentümer er normalerweise ist, bei einem Dritten hinterlegt, um die Rechte eines Gläubigers sicherzustellen, wobei der Aufbewahrer die Sache dem Hinterleger nicht gegen den Willen des Gläubigers zurückgeben darf. Eine solche Hinterlegung begründet ein Pfandrecht zugunsten des Gläubigers 102 Ia 229/236 fr.; vgl. auch 4C.154/2003 (6.10.03) E. 7 it. 1

B. Die Hinterlegung vertretbarer Sachen

Art. 481

[1] Ist Geld mit der ausdrücklichen oder stillschweigenden Vereinbarung hinterlegt worden, dass der Aufbewahrer nicht dieselben Stücke, sondern nur die gleiche Geldsumme zurückzuerstatten habe, so geht Nutzen und Gefahr auf ihn über.

[2] Eine stillschweigende Vereinbarung in diesem Sinne ist zu vermuten, wenn die Geldsumme unversiegelt und unverschlossen übergeben wurde.

[3] Werden andere vertretbare Sachen oder Wertpapiere hinterlegt, so darf der Aufbewahrer über die Gegenstände nur verfügen, wenn ihm diese Befugnis vom Hinterleger ausdrücklich eingeräumt worden ist.

Kennzeichnend für die irreguläre Hinterlegung ist das *Verfügungsrecht des Aufbewahrers* 90 II 158/162 E. 4b Pra 1964 (Nr. 130) 379. – Art. 125 Ziff. 1 *(Verrechnungsverbot)* ist auch auf das depositum irregulare anwendbar 100 II 153/155 E. a, grundlegend 45 III 236/249. – Wem stehen die Zinsen zu? (Frage offengelassen) 118 Ib 312/314 E. 2c Pra 1993 (Nr. 63) 235. 1

Abs. 1 **Abgrenzungen.** Ob eine *Sparhefteinlage* den Charakter eines Darlehens oder eines depositum irregulare hat, ist nach den Umständen des Einzelfalles zu beurteilen. Massgebend ist in erster Linie der von den Parteien angenommene oder vorausgesetzte wirtschaftliche Zweck (vorwiegend Kapitalanlage oder sichere Verwahrung?). In der Regel beruht die Sparhefteinlage auf einem irregulären Hinterlegungsvertrag 100 II 153/155 ff. E. a–c (Rechtsnatur vor allem für die Frage der Verrechnung von Bedeutung); zum Sparheft siehe auch unter Art. 965/Wertpapiere. – Das sogenannte *«Time Deposit»* kann seiner Natur nach nur ein depositum irregulare oder ein Darlehen sein, wobei die Interessenlage eher für ein Darlehen zu sprechen scheint 104 Ia 367/374 E. 4a. 2

3 ***Abs. 2*** Die Vermutung bezieht sich lediglich auf die Folgen des Vertragsschlusses, den Inhalt des Vertrages, nicht aber auf den Vertragsschluss als solchen 117 II 404/406 E. 2. – Anwendungsfälle: 118 Ib 312/314 E. 2c Pra 1993 (Nr. 63) 235, 77 III 60/64.

4 ***Abs. 3*** Im Gegensatz zum irregulären Depot i.S. der Bestimmung wird der Aufbewahrer beim Sammeldepot und beim Vermengungsdepot im Lagergeschäft nicht Eigentümer der verwahrten Sachen, sondern die Hinterleger bzw. Einlagerer sind Miteigentümer 77 I 34/40 E. 3.

C. Lagergeschäft I. Berechtigung zur Ausgabe von Warenpapieren

Art. 482

[1] Ein Lagerhalter, der sich öffentlich zur Aufbewahrung von Waren anerbietet, kann von der zuständigen Behörde die Bewilligung erwirken, für die gelagerten Güter Warenpapiere auszugeben.

[2] Die Warenpapiere sind Wertpapiere und lauten auf die Herausgabe der gelagerten Güter.

[3] Sie können als Namen-, Ordre- oder Inhaberpapiere ausgestellt sein.

1 Die öffentliche Anerbietung zur Aufbewahrung von Waren stellt ein charakteristisches Element des Lagergeschäfts dar. Fehlt dieses Element, liegt kein Lagergeschäft vor, sondern ein anderes Geschäft, etwa ein Hinterlegungsvertrag i.S.v. Art. 472 ff. 139 III 160/161 E. 2.3 Pra 2013 (Nr. 106) 823. Ebenfalls kein Lagergeschäft, sondern gewöhnliche Hinterlegung, liegt vor, wenn für die Aufbewahrung keine Vergütung (Lagergeld nach Art. 485 Abs. 1) vereinbart wurde 126 III 192/195 E. 2a Pra 2001 (Nr. 49) 288.

II. Aufbewahrungspflicht des Lagerhalters

Art. 483

[1] Der Lagerhalter ist zur Aufbewahrung der Güter verpflichtet wie ein Kommissionär.

[2] Er hat dem Einlagerer, soweit tunlich, davon Mitteilung zu machen, wenn Veränderungen an den Waren eintreten, die weitere Massregeln als rätlich erscheinen lassen.

[3] Er hat ihm die Besichtigung der Güter und Entnahme von Proben während der Geschäftszeit sowie jederzeit die nötigen Erhaltungsmassregeln zu gestatten.

III. Vermengung der Güter

Art. 484

[1] Eine Vermengung vertretbarer Güter mit andern der gleichen Art und Güte darf der Lagerhalter nur vornehmen, wenn ihm dies ausdrücklich gestattet ist.

[2] Aus vermischten Gütern kann jeder Einlagerer eine seinem Beitrag entsprechende Menge herausverlangen.

[3] Der Lagerhalter darf die verlangte Ausscheidung ohne Mitwirkung der anderen Einlagerer vornehmen.

Das Vermengungsdepot im Lagergeschäft hat, gleich wie das Sammeldepot, rechtlich nicht den Charakter des irregulären Depots i.S.v. Art. 481, sondern es ist eine *besonders gestaltete Erscheinungsform gewöhnlicher Hinterlegung*. Die Einlagerer haben Miteigentum an den vermischten Waren (in casu Pflichtlager flüssiger Treib- und Brennstoffe in Anlagen des Bundes) 77 I 34/40 E. 3. 1

Abs. 2 Die Bestimmung geht ZGB Art. 650 f. vor. Sie verleiht dem Hinterleger die Befugnis, seinen Anteil herauszuverlangen, ohne dass er zuerst die Aufhebung des Miteigentums gegenüber den übrigen Hinterlegern zu verlangen braucht und ohne dass die Auseinandersetzung gemäss ZGB Art. 651 vor sich zu gehen braucht 112 II 406/415 f. E. 4b. 2

IV. Anspruch des Lagerhalters

Art. 485

1 Der Lagerhalter hat Anspruch auf das verabredete oder übliche Lagergeld, sowie auf Erstattung der Auslagen, die nicht aus der Aufbewahrung selbst erwachsen sind, wie Frachtlohn, Zoll, Ausbesserung.

2 Die Auslagen sind sofort zu ersetzen, die Lagergelder je nach Ablauf von drei Monaten seit der Einlagerung und in jedem Fall bei der vollständigen oder teilweisen Zurücknahme des Gutes zu bezahlen.

3 Der Lagerhalter hat für seine Forderungen an dem Gute ein Retentionsrecht, solange er im Besitze des Gutes ist oder mit Warenpapier darüber verfügen kann.

Abs. 3 Offengelassen, ob unpfändbare Sachen dem Retentionsrecht des Lagerhalters entzogen sind. Gegebenenfalls wäre die Unpfändbarkeit nach der Sachlage im Zeitpunkt zu beurteilen, in dem das Retentionsrecht entstehen konnte 83 III 31/33. 1

V. Rückgabe der Güter

Art. 486

1 Der Lagerhalter hat das Gut gleich einem Aufbewahrer zurückzugeben, ist aber an die vertragsmässige Dauer der Aufbewahrung auch dann gebunden, wenn infolge unvorhergesehener Umstände ein gewöhnlicher Aufbewahrer vor Ablauf der bestimmten Zeit zur Rückgabe berechtigt wäre.

2 Ist ein Warenpapier ausgestellt, so darf und muss er das Gut nur an den aus dem Warenpapier Berechtigten herausgeben.

Rückgabepflicht des Aufbewahrers, siehe unter Art. 475 ff. – Sicherung einer Schuld dadurch, dass der Schuldner Waren auf den Namen des Gläubigers hinterlegt. Voraussetzung für die Befreiung des Aufbewahrers gegenüber dem Gläubiger durch (an sich unbefugte) Rückgabe der Ware an den Schuldner 43 II 639/647 ff. E. 2. 1

D. Gast- und Stallwirte I. Haftung der Gastwirte 1. Voraussetzung und Umfang

Art. 487

[1] Gastwirte, die Fremde zur Beherbergung aufnehmen, haften für jede Beschädigung, Vernichtung oder Entwendung der von ihren Gästen eingebrachten Sachen, sofern sie nicht beweisen, dass der Schaden durch den Gast selbst oder seine Besucher, Begleiter oder Dienstleute oder durch höhere Gewalt oder durch die Beschaffenheit der Sache verursacht worden ist.

[2] Diese Haftung besteht jedoch, wenn dem Gastwirte oder seinen Dienstleuten kein Verschulden zur Last fällt, für die Sachen eines jeden einzelnen Gastes nur bis zum Betrage von 1000 Franken.

1 **Allgemeines.** Der *Gastwirt haftet nur dem Gast gegenüber,* ohne Rücksicht darauf, ob dieser Eigentümer der eingebrachten Sachen sei (in casu war die Klage des Dritteigentümers zulässig, weil aus den Umständen auf eine Abtretung des Anspruches geschlossen werden konnte) 46 II 116/118 E. 1. – Bei den *eingebrachten Sachen* geht es im Normalfall um solche, die der Gast nicht zum Aufbewahren gibt, sondern in eigener Obhut behält 109 II 234/238 E. 2c. – Die *Haftungsbeschränkung* auf CHF 1000 stellt eine Vergünstigung dar, welche die Belastung des Gastwirtes in einem tragbaren Rahmen halten und überdies einen gewissen Ausgleich für die ausserordentlich strenge Kausalhaftung für Schäden bis zu CHF 1000 schaffen soll 76 II 154/159 f., vgl. ferner 120 II 252/253 E. 2 Pra 1995 (Nr. 275) 939 – Mit der Haftungsbeschränkung ist eine *Umkehrung der Beweislast* verbunden 76 II 154/160. – Siehe auch Vorb. Art. 184–551/Innominatverträge/Gemischte Verträge/Gastaufnahmevertrag.

2 **Anwendbarkeit.** Die Bestimmung ist auf Gastwirte, die dem Gast keine Unterkunft gewähren, nicht anwendbar 109 II 238 E. c, grundlegend 108 II 449/451 f. E. 2 Pra 1983 (Nr. 56) 144. Anwendbar ist sie, wenn ein Motorfahrzeug in dem zu einem Hotelbetrieb gehörenden Garagenraum eingestellt wird (Änderung der Rechtsprechung) 76 II 154/161 ff. E. 4, 120 II 252/253 ff. E. 2 Pra 1995 (Nr. 275) 939 ff. (keine Haftung jedoch dann, wenn das Fahrzeug auf einem offenen, unbewachten Hotelparkplatz abgestellt wird) – siehe auch Vorb. Art. 472–491/Abgrenzungen.

3 **Entlastungsbeweis.** Der *Nachweis der objektiven Verursachung* genügt; es ist nicht auch noch derjenige eines Verschuldens des Gastes oder seiner Besucher, Begleiter oder Dienstleute bei Verursachung des Schadens erforderlich 46 II 116/119 f. E. 4. – Als Verursachung gilt nicht nur die unmittelbare Herbeiführung des Schadens, sondern es fällt auch ein im Mangel an Obhut liegender, bloss *mittelbarer Anteil* am ursächlichen Verlauf in Betracht 46 II 116/119 f. E. 4. – Bei einer schuldhaften Veranlassung oder Ermöglichung der Schadensstiftung (z.B. durch sorgloses, leichtsinniges Verhalten des Gastes) sind die Grundsätze über die Abwägung des darin liegenden Verschuldens anzuwenden. Trifft den Gast nur ein *leichtes Mitverschulden,* so ist sein Anteil am Verlust unter Berücksichtigung der Schwere seines Verschuldens im *Vergleich zu den übrigen Umständen,* insbesondere auch einem allfälligen Verschulden des Gastwirtes und seiner Angestellten, zu bemessen 46 II 116/120 ff. E. 4 ff.

2. Haftung für Kostbarkeiten insbesondere

Art. 488

[1] Werden Kostbarkeiten, grössere Geldbeträge oder Wertpapiere dem Gastwirte nicht zur Aufbewahrung übergeben, so ist er für sie nur haftbar, wenn ihm oder seinen Dienstleuten ein Verschulden zur Last fällt.

[2] Hat er die Aufbewahrung übernommen oder lehnt er sie ab, so haftet er für den vollen Wert.

[3] Darf dem Gast die Übergabe solcher Gegenstände nicht zugemutet werden, so haftet der Gastwirt für sie wie für die andern Sachen des Gastes.

Allgemeines. Der Begriff der *Kostbarkeit* bemisst sich nach dem Wert des einzelnen Gegenstandes, nicht nach der Summe des Wertes verschiedener Sachen 46 II 116/118 f. E. 3. Nicht unter die Kostbarkeit im Sinne der Bestimmung fällt das Fahrzeug des Hotelgastes 120 II 252/254 f. E. 2b Pra 1995 (Nr. 275) 940 – Keine Kausalhaftung des Gastwirtes, der einem Gast ein *Schliessfach* (Safe) eines Geldschrankes zur Verfügung stellt, um darin Wertsachen zu verwahren (Mietvertrag) 95 II 541/543 E. 1 Pra 1970 (Nr. 94) 313. Darstellung der Gesetzeslage: 4A_341/2016 (10.2.17) E. 4.2 fr. 1

Hinterlegung von Wertsachen. Offengelassen, ob die Verpflichtung des Hoteliers, den Reisenden *Gelegenheit zur Hinterlegung* ihrer Wertsachen zu geben, zeitlich zu begrenzen ist 105 II 110/113 f. E. 4 Pra 1979 (Nr. 175) 440. – Die objektive, intern geregelte Aufteilung der vom Hotel zu erfüllenden Verpflichtungen ist für die *Befugnis zur Entgegennahme eines Depots* – ungeachtet der subjektiven Vorstellung, die ein Gast allenfalls in dieser Hinsicht haben könnte – nicht allein massgebend. Mangels eines ausdrücklichen und klaren Hinweises hat der Gast keinen Grund, daran zu zweifeln, dass der Angestellte, der ihn empfängt und das Recht hat, die Zimmer im Namen des Hoteliers zu vermieten, auch zur Entgegennahme von Wertsachen befugt ist (in casu Haftung des Gastwirtes gegenüber dem Reisenden bejaht, der dem Nachtportier gegen Empfangsschein einen Umschlag mit Geld und weiteren Wertgegenständen übergab) 105 II 110/113 E. 3 Pra 1979 (Nr. 175) 439 f. 2

3. Aufhebung der Haftung

Art. 489

[1] Die Ansprüche des Gastes erlöschen, wenn er den Schaden nicht sofort nach dessen Entdeckung dem Gastwirte anzeigt.

[2] Der Wirt kann sich seiner Verantwortlichkeit nicht dadurch entziehen, dass er sie durch Anschlag in den Räumen des Gasthofes ablehnt oder von Bedingungen abhängig macht, die im Gesetze nicht genannt sind.

II. Haftung der Stallwirte

Art. 490

[1] Stallwirte haften für die Beschädigung, Vernichtung oder Entwendung der bei ihnen eingestellten oder von ihnen oder ihren Leuten auf andere Weise übernommenen Tiere und Wagen und der dazu gehörigen Sachen, sofern sie nicht beweisen, dass der Schaden durch den Einbringenden selbst oder seine Besucher, Begleiter oder Dienstleute oder durch höhere Gewalt oder durch die Beschaffenheit der Sache verursacht worden ist.

[2] Diese Haftung besteht jedoch, wenn dem Stallwirte oder seinen Dienstleuten kein Verschulden zur Last fällt, für die übernommenen Tiere, Wagen und dazu gehörigen Sachen eines jeden Einbringenden nur bis zum Betrage von 1000 Franken.

1 Die Bestimmung ist im Zeitalter des Automobils nahezu obsolet geworden, da sie ausschliesslich die *Unterbringung von Pferden und Pferdefuhrwerken* im Auge hat 95 II 541/543 f. E. 2 Pra 1970 (Nr. 94) 313, grundlegend 76 II 154/158 f. E. 2. Sie ist auf den Vertrag über die *Einstellung eines Autos* in einer Sammelgarage oder in einer Hotelgarage nicht (analog) anwendbar (Änderung der Rechtsprechung) 76 II 154/158 ff. E. 2, 4, vgl. ferner 120 II 252/255 E. 2c Pra 1995 (Nr. 275) 940 f. – Die *Haftungsbeschränkung* auf CHF 1000 stellt eine Vergünstigung dar, welche die Belastung des Stallwirtes in einem tragbaren Rahmen halten und überdies einen gewissen Ausgleich für die ausserordentlich strenge Kausalhaftung für Schäden bis zu CHF 1000 schaffen soll 76 II 154/159 f. – Mit der Haftungsbeschränkung ist eine *Umkehrung der Beweislast* verbunden 76 II 154/160.

III. Retentionsrecht

Art. 491

[1] Gastwirte und Stallwirte haben an den eingebrachten Sachen ein Retentionsrecht für die Forderungen, die ihnen aus der Beherbergung und Unterkunft zustehen.

[2] Die Bestimmungen über das Retentionsrecht des Vermieters finden entsprechende Anwendung.

Zwanzigster Titel
Die Bürgschaft

Vorb. Art. 492–512

▪ Allgemeines (1) ▪ Abgrenzungen (4) ▪ Weiteres (11)

Allgemeines. Ziel der *Revision des Bürgschaftsrechts* (BG vom 10. Dezember 1941, in Kraft seit 1. Juli 1942) war es, durch Erweiterung der formellen Vertragsbedingungen die Stellung des Bürgen zu verbessern 81 II 60/64 E. 1. 1

Die Vorschriften über das ordentliche Bürgschaftsrecht finden auf die *Wechselbürgschaft* (Art. 1020 ff.) keine Anwendung 79 II 79/80 E. 1. 2

Eine Busse (in casu wegen Widerhandlung gegen Bestimmungen über die Brotgetreideversorgung) kann nicht gültig verbürgt werden 86 II 71/75 ff. E. 4. – Eine Bürgschaft, die zur finanziellen Leistungsfähigkeit des Bürgen in einem Missverhältnis steht, ist *nicht gemäss ZGB Art. 27 Abs. 2 nichtig.* Eine Solidarbürgschaft im Höchstbetrage von CHF 84 000 zur Sicherung einer Kreditschuld von CHF 70 000 ist ihrem Inhalt nach *nicht unsittlich i.S.v. Art. 20.* Welcher Gefahr der Bürge sein Einkommen und sein Vermögen aussetzt, lässt sich nicht ausschliesslich anhand seiner eigenen Mittel beurteilen. Die Möglichkeit, dass der Hauptschuldner die Schuld aus eigenen Kräften tilgen könnte, ist ebenso mitzuberücksichtigen wie allfällige Pfänder, insbesondere wenn sie von Dritten bestellt wurden 95 II 55/57 ff. 3

Abgrenzungen. ***Abgrenzung zum Garantievertrag und zur kumulativen Schuldübernahme.*** Zur Abgrenzung von selbständigen und akzessorischen Verpflichtungen hat die Rechtsprechung verschiedene Indizien entwickelt, denen für sich allein allerdings keine entscheidende Bedeutung zukommt 129 III 702/705 ff. E. 2.2 und 2.4 sowie 4A_59/2017 (28.6.17) E. 2.4.3 (Darstellung der Rechtsprechung zur Abgrenzung zur kumulativen Schuldübernahme), 128 III 295/303 (Darstellung der Rechtsprechung zur Abgrenzung zum Garantievertrag). Als Abgrenzungskriterium zwischen der bürgschaftsähnlichen *Garantie* und der Bürgschaft steht die Akzessorietät im Vordergrund. Diese bedeutet, dass die Sicherheit das Schicksal der Hauptschuld teilt, indem die akzessorische Verpflichtung von der Hauptschuld abhängig ist und dieser als Nebenrecht folgt. Ist Akzessorietät gegeben, liegt eine Bürgschaft vor, fehlt sie, ist Garantie vereinbart 113 II 434/437 E. 2b, vgl. auch 117 III 76/78 E. 6b fr., 125 III 305/308 E. 2b Pra 1999 (Nr. 172) 897. Wie der Garantievertrag stellt auch die *kumulative Schuldübernahme* (gleichzeitig begründete Solidarschuld oder später erfolgter Schuldbeitritt) eine selbständige, zur Verpflichtung des Dritten hinzutretende eigene Verpflichtung dar 81 II 520/527 f. E. 4, 113 II 434/435 f. E. 2. Schuldbeitritt und Garantievertrag werden häufig unter dem Oberbegriff des selbständigen Schuldversprechens zusammengefasst 4C.259/2000 (1.2.01) E. 4a. Im Gegensatz zum Garantieversprechen nach Art. 111 hängt die kumulative Schuldübernahme aber ebenfalls vom Bestand der mitübernommenen Schuld ab, ist allerdings insofern nicht akzessorisch, als nicht jeder Wegfall der Verpflichtung des Hauptschuldners diejenige des Mitschuldners untergehen lässt. Ob die Solidarverpflichtung bei Wegfall der Primärschuld dahinfällt, beurteilt sich nach den Regeln der Solidarität (Art. 147) 129 III 702/704 4

E. 2.1. Soweit sie selbständig (also nicht akzessorisch) ist, stimmt die kumulative Schuldübernahme mit dem Garantievertrag überein 4C.259/2000 (1.2.01) E. 4a. Das Abgrenzungskriterium der Akzessorietät kann allerdings durch Vorschriften des geltenden Rechts durchbrochen werden, die *gewisse Sicherungsversprechen trotz fehlender Akzessorietät dem Bürgschaftsrecht unterstellen* (Art. 492 Abs. 3) und damit Vorschriften zum Schutze des Bürgen auf Fälle nicht akzessorischer Haftung ausdehnen. Diesen Schutzgedanken gilt es bei der Qualifikation des Sicherungsvertrages zu berücksichtigen 113 II 434/437 E. 2b.

5 ***Gesamte Umstände, Wortlaut.*** Bei der Prüfung der Frage, ob im konkreten Fall eine Bürgschaft oder ein selbständiges Schuldversprechen vorliegt, ist – auch bei für sich allein klarem Wortlaut – auf die gesamten Umstände abzustellen 101 II 323/325 E. 1. Auch die Verwendung präziser juristischer Bezeichnungen durch die Parteien hat für sich allein keine entscheidende Bedeutung. Gegenüber geschäftserfahrenen, im Gebrauch von Fachbegriffen gewandten Parteien kann allerdings eine strikte Auslegung nach dem Wortlaut angezeigt sein 129 III 702/707 E. 2.4. Bei nicht geschäftsgewandten Vertragsbeteiligten darf nicht ohne Weiteres vertrauenstheoretisch von einem klaren Vertragswortlaut auf den Willen geschlossen werden. Wollen solche Parteien tatsächlich eine kumulative Schuldübernahme oder eine Garantie anstelle einer Bürgschaft wählen, was ihnen freisteht, ist für die Kundgebung ihres klaren diesbezüglichen Willens mehr erforderlich als die blosse Verwendung präziser juristischer Fachausdrücke wie «Garantie» oder «solidarische Mitverpflichtung», allenfalls gekoppelt mit Zitaten der entsprechenden Gesetzesbestimmungen, damit es bei einer grammatikalischen Auslegung des Vertrages sein Bewenden haben kann. In solchen Fällen ist daher zum Schutze der sich verpflichtenden Partei erforderlich, dass im Vertrag selber für die nicht geschäftsgewandte Partei klar verständlich und in individueller, d.h. nicht formularmässiger Weise dargelegt wird, dass sich der Interzedent der Tragweite der eingegangenen Verpflichtung bewusst ist und aus welchen Gründen auf die Wahl der Rechtsform einer Bürgschaft verzichtet wird 129 III 702/709 E. 2.4.3, 4C.24/2007 (26.4.07) E. 5 fr.

6 ***Vermutungen.*** Wenn die Auslegung des Sicherungsvertrages nach Wortlaut, Sinn und Zweck, nach dem Sachzusammenhang und der inhaltlichen Ausgestaltung der einzelnen Erklärungen nicht zu einem eindeutigen Ergebnis führt, greifen verschiedene Vermutungen Platz (Darstellung in 4A_530/2008 [19.1.09] E. 5.1). So spricht es namentlich für eine Bürgschaft, wenn der Promittent erklärt, einzig für die Verbindlichkeiten des Hauptschuldners einstehen zu wollen, sein Leistungsversprechen mithin identisch mit der Leistungspflicht des Hauptschuldners ist, die er sicherstellt 125 III 305/309 E. 2b. Demgegenüber ist es ein Indiz für eine Garantie, wenn die Summe, die der Promittent zu zahlen verspricht, nicht mit derjenigen übereinstimmt, die der Hauptschuldner schuldet 128 III 295/295 E. 2d/bb. Vermutungsweise liegt eine Bürgschaft vor, wenn zur Feststellung der Garantenleistung vollumfänglich auf das Grundverhältnis zurückgegriffen werden muss, während es auf eine Garantie hindeutet, wenn im Sicherungsvertrag selber ein detaillierter, selbständiger Leistungsbeschrieb enthalten ist 125 III 305/309 E. 2b. Verzichtet der Promittent auf die Erhebung der dem Hauptschuldner zustehenden Einreden und Einwendungen, spricht dies dafür, es sei eine Garantie gewollt gewesen, wenn es auch für sich allein kaum die Annahme eines Garantievertrags zu begründen vermag, da es sich dabei auch um eine nach Massgabe des Bürgschaftsrechts (Art. 492 Abs. 4 i.V.m. Art. 502)

nichtige Verpflichtung handeln könnte 113 II 434/440 E. 3d, 131 III 511/526 E. 4.4 fr. Verspricht der Promittent zudem, auf erstes Verlangen zu bezahlen, spricht dies eher für einen Garantievertrag 131 III 511/525 E. 4.3 fr. Ferner gilt die Vermutung, dass zur Verwirklichung des vom Bürgschaftsrecht angestrebten Schutzes des Verpflichteten im Zweifelsfall eher auf Bürgschaft zu schliessen ist 4C.259/2000 (1.2.01) E. 4a. Weiter sollen Garantieerklärungen geschäftsgewandter Banken und Sicherungsverträge über Auslandverträge vermutungsweise als Garantien, Garantieerklärungen von Privatpersonen demgegenüber eher als Bürgschaften gewertet werden 113 II 434/437 f. E. 2c, vgl. auch 111 II 276/279 ff. E. 2b, c fr., 117 III 76/78 E. 6b fr., 131 III 511/525 E. 4. Während die Erklärung, wonach sich der Garant «unwiderruflich» verpflichtet, für sich allein noch kein Indiz für eine selbständige Garantie ist, indiziert die Verpflichtung, «auf erstes Anfordern» zu leisten, eine selbständige Garantie 131 III 511/525 E. 4.3 fr.

Sicherungszweck. Im Gegensatz zur Bürgschaft darf die Sicherung nicht das wesentliche Element im Rechtsgrund der Schuld aus kumulativer Schuldübernahme darstellen, wenn auch in jeder Schuldmitübernahme ein gewisser Sicherungseffekt liegt 129 III 702/705 E. 2.2, illustrativ: 4A_420/2007 (19.12.07) E. 2.2.3. 7

Eigenes Interesse des sich Verpflichtenden. Die akzessorische Bürgschaft unterscheidet sich von der kumulativen Schuldübernahme als selbständiger Verpflichtung indiziell darin, dass der sich Verpflichtende bei der Schuldübernahme, nicht aber bei der Bürgschaft regelmässig ein erkennbares eigenes Interesse am Geschäft hat, das zwischen dem Hauptschuldner und dem Gläubiger geschlossen wurde. Darin, dass bei der Bürgschaft ein solches Eigeninteresse fehlt und es sich um ein uneigennütziges Geschäft handelt, das typischerweise zur Sicherstellung einer Verpflichtung von Familienangehörigen oder engen Freunden eingegangen wird, liegt denn auch der Grund, dass sie besonderen Formvorschriften unterstellt wurde 129 III 702/710 f. E. 2.6, 4A_420/2007 (19.12.07) E. 2.2.3 und 2.5. Ein *unmittelbares eigenes Interesse* des Promittenten am Geschäft, für dessen Erfüllung er einzustehen verspricht, schliesst zwar nicht aus, dass im Einzelfall trotzdem eine Bürgschaft eingegangen wird (grundlegend 111 II 276/280 E. 2b fr., vgl. auch 113 II 434/441 E. 3g), ist aber ein Indiz für das Vorliegen einer (selbständigen) Garantie (125 III 305/309 E. 2b Pra 1999 [Nr. 172] 898, 128 III 295/303 fr.) oder einer kumulativen Schuldübernahme (129 III 702/710 E. 2.6, Anwendungsfall 4A_316/2007 [21.11.07] E. 5.4). Umgekehrt ist aber ein unmittelbares und materielles Interesse des Übernehmers, in das Geschäft einzutreten und es zu seinem eigenen zu machen, erforderlich, damit auf eine kumulative Schuldübernahme geschlossen werden kann. Für die Qualifikation als Schuldmitübernahme genügt es nicht, wenn der Übernehmer nur irgendeinen undefinierten Vorteil daraus zieht, dass er zugunsten des Hauptschuldners beitritt. Er muss sich erkennbar aufgrund des gleichen Rechtsgrundes für den gleichen Vertrag wie der Hauptschuldner verpflichten wollen 129 III 702/710 f. E. 2.6, 4A_420/2007 (19.12.07) E. 2.2.3, anders noch 81 II 520/526 E. 3d. 8

Weiteres. Die vollumfängliche Übereinstimmung der Verpflichtung des Dritten mit derjenigen des Hauptschuldners deutet zwar auf eine Bürgschaft hin 125 III 305/309 E. 2b Pra 1999 (Nr. 172) 898; sie ist indessen als Indiz für das Vorliegen einer Bürgschaft dann kein aussagekräftiges Element, wenn gerade Bürgschaft und Schuldbeitritt abzugrenzen sind 4C.259/2000 (1.2.01) E. 4a in fine. Für eine selbständige Verpflichtung spricht der Umstand, dass die Verpflichtung zum Zwecke der Sicherung der Hauptschuld 9 zu einem Zeitpunkt eingegangen wird, da feststeht, dass der Hauptschuldner (wohl) nicht in der Lage sein wird, zu leisten 4C.274/2001 (9.4.02) E. 3 fr. Bedeutung von Sachzusammenhang zwischen Dritt- und Sicherungsvertrag, Leistungsbeschrieb, Einredenverzicht, Regressklausel 113 II 434/438 ff. E. 3b–e, vgl. auch 117 III 76/78 f. E. 6b fr.; Zweck einer Vereinbarung 75 II 49/52 f.; Interessenlage 72 II 19/24 f. Auf die unrichtige Bezeichnung der versprochenen Garantie mit dem Ausdruck «Bürgschaft» kommt es nicht an 46 II 157/160 E. 2; zur Bedeutung der Vertragsbezeichnung vgl. auch 113 II 434/439 E. 3a. Der klare Wortlaut einer solidarischen Verbindlichkeit schliesst jede Auslegung im Sinne einer Bürgschaft aus 111 II 276/287 f. E. 2 fr. Es führt nicht notwendig zur Annahme einer Bürgschaft, wenn bereits die Leistung des Dritten ihrerseits auf einer vollstreckbaren Schuldverpflichtung gegenüber dem Promissar beruht 75 II 49/51. Eine selbständige Garantieverpflichtung, auf welche die Bürgschaftsbestimmungen nicht anwendbar sind, begründet das Versprechen des Abtretenden, für die Zahlungsunfähigkeit des Schuldners einzustehen (Art. 171 Abs. 2) 68 II 177/180 f. – Im Rahmen der normativen Auslegung kommt einem von den Parteien verwendeten juristischen Fachbegriff («porte-fort» anstatt «cautionnement») jedenfalls dann keine entscheidende Bedeutung zu, wenn es sich bei den Parteien um ausländische Personen handelt 125 III 305/309 E. 2c Pra 1999 (Nr. 172) 899.

10 ***Solidarbürgschaft gemäss SchKG Art. 277.*** Nicht unter den eigentlichen Bürgschaftsbegriff fällt die Solidarbürgschaft gemäss SchKG Art. 277. Diese ist ein Rechtsgeschäft sui generis, das dem Garantievertrag nahesteht. Der Solidarbürge gemäss SchKG Art. 277 leistet nicht für die Erfüllung der Obligation des Schuldners Sicherheit, sondern für das Vorhandensein der Arrestgegenstände; er wird daher nicht Schuldner des Arrestgläubigers 106 III 130/134 E. 2 fr.

11 **Weiteres.** Zulässigkeit *kantonaler öffentlich-rechtlicher Bestimmungen* über Garantiehinterlagen der Mieter, mit denen die Sicherheitsleistung mittels Solidarbürgschaft ausgeschlossen wird 102 Ia 372/377 ff. E. 4b, 5 fr. – Der Solidarbürge, der als Sicherheit für die Hauptschuld ein *Pfand* bestellt, sichert gleichzeitig auch seine Schuld aus der Bürgschaft. Zugleich Partei des Pfandvertrages und des Bürgschaftsvertrages ist seine Stellung diejenige eines Pfandschuldners (in casu Berufung des Bürgen auf SchKG Art. 41) 50 III 83/86 f. fr. – Die Bank, welche Kredite zur Errichtung eines Gebäudes gewährte, für das eine *Bundeshilfe in Form einer Bürgschaft* zugesichert worden war (gemäss BG über Massnahmen zur Förderung des Wohnungsbaues, abgelöst durch das BG über die Förderung von preisgünstigem Wohnraum, SR 842), ist zur Verwaltungsgerichtsbeschwerde gegen einen allfälligen Widerruf der Bundeshilfe legitimiert 107 Ib 43/45 f. E. 1 fr. – Voraussetzungen einer Inanspruchnahme des Bundes aus einer bereits in der Baukreditphase erteilten Bürgschaftszusicherung 110 Ib 268/68 ff.

A. Voraussetzungen I. Begriff

Art. 492

[1] Durch den Bürgschaftsvertrag verpflichtet sich der Bürge gegenüber dem Gläubiger des Hauptschuldners, für die Erfüllung der Schuld einzustehen.

[2] Jede Bürgschaft setzt eine zu Recht bestehende Hauptschuld voraus. Für den Fall, dass die Hauptschuld wirksam werde, kann die Bürgschaft auch für eine künftige oder bedingte Schuld eingegangen werden.

[3] Wer für die Schuld aus einem wegen Irrtums oder Vertragsunfähigkeit für den Hauptschuldner unverbindlichen Vertrag einzustehen erklärt, haftet unter den Voraussetzungen und nach den Grundsätzen des Bürgschaftsrechts, wenn er bei der Eingehung seiner Verpflichtung den Mangel gekannt hat. Dies gilt in gleicher Weise, wenn jemand sich verpflichtet, für die Erfüllung einer für den Hauptschuldner verjährten Schuld einzustehen.

[4] Soweit sich aus dem Gesetz nicht etwas anderes ergibt, kann der Bürge auf die ihm in diesem Titel eingeräumten Rechte nicht zum voraus verzichten.

Die Bürgschaft (auch die Solidarbürgschaft: 122 III 125/127 E. 2b fr.) ist akzessorisch. 1
Akzessorietät bedeutet, dass die Sicherheit das Schicksal der Hauptschuld teilt, indem die akzessorische Verpflichtung von Bestand und Inhalt der verbürgten Forderung (Hauptschuld) abhängig ist (125 III 435/437 E. 2a/bb Pra 2000 [Nr. 120] 707) und dieser als Nebenrecht folgt mit der Wirkung, dass der akzessorisch Verpflichtete dem Gläubiger die dem Hauptschuldner zustehenden Einreden entgegenhalten darf. Akzessorietät bedeutet hingegen nicht, dass die Bürgschaft als Dauerschuldverhältnis zu qualifizieren wäre; vielmehr trifft den Bürgen eine bedingte Pflicht zu einer bloss einfachen Leistung 4C.73/2000 (22.6.00) E. 4a/bb. Mit der Bürgschaft wird die Zahlungsfähigkeit des Schuldners oder die Erfüllung eines Vertrages gesichert 113 II 434/437 E. 3b, 120 II 35/37 E. 3 fr. Klagt der Gläubiger gegen den Bürgen, so hat er seine Forderung gegenüber dem Bürgen und zudem seine Forderung gegen den Hauptschuldner zu beweisen (in casu betreibungsrechtlicher Entscheid, Frage der provisorischen Rechtsöffnung in der Betreibung gegen den Solidarbürgen) 122 III 125/127 E. 2b fr. – Terminologie von Abs. 1, 2 und 3 der Bestimmung: vgl. 111 II 276/280 E. 2c fr.

Abs. 1 **Allgemeines.** Ein Vertragsverhältnis zwischen dem Bürgen und dem Haupt- 2
schuldner wird durch den Bürgschaftsvertrag nicht geschaffen. Der zahlende Bürge erfüllt nicht eine Schuld des Hauptschuldners oder eine Vertragspflicht gegenüber dem Hauptschuldner, sondern seine *eigene Schuld gegenüber dem Gläubiger* 70 II 271/273. – Die Bürgschaft steht kraft ihrer Eigenart in erhöhtem Masse im Schutze der Bestimmungen über *Treu und Glauben* im Rechtsverkehr. Daher darf der Gläubiger, auch wenn es in der Bürgschaftserklärung nicht zum Ausdruck gelangt ist, die Rechte aus der Bürgschaft nur so geltend machen, wie die Parteien es bei Eingehung der Bürgschaft beabsichtigten 64 II 208/212 E. 2. – Bürgschaftserklärungen sind wegen ihres «einseitig onerosen Charakters» *einschränkend auszulegen* 64 II 284/291 E. 3.

Die ***Verbürgung der Schuld aus einem Kontokorrentkreditvertrag*** (in casu bis zu 3
einem ziffernmässig begrenzten Betrag) wird durch Zahlungen des Schuldners während des Kontokorrentverhältnisses nicht berührt; massgebend ist der Saldo bei Abschluss der Rechnung und Aufhebung des Kontokorrentverhältnisses 44 II 255/261 f. E. 2, vgl. ferner 122 III 125/128 fr. (in casu betreibungsrechtlicher Entscheid), 120 II 35/42 E. 5 fr. – Eine bei einem Liegenschaftskauf für die Kaufsumme eingegangene Bürgschaft erstreckt sich auch auf die vom Käufer *auf Rechnung der Kaufsumme übernommenen Pfandforderungen*

50 II 518/522 E. 3. – Zulässigkeit der *Bürgschaft des Kommanditärs für die Kommanditgesellschaft* über den Kommanditbetrag hinaus. Offengelassen, ob auch eine Bürgschaft der Kommanditäre bis zur Kommanditsumme und eine solche des Komplementärs zulässig sei (OR 1911; zur im Entscheid auch erwähnten Bürgschaft des Kollektivgesellschafters siehe nun Art. 568 Abs. 3) 57 II 356/358 ff. E. 1.

4 ***Keine Bürgschaft*** begründet das Versprechen, für den von einem Dritten (in casu geisteskranker Sohn) verursachten Schaden (unabhängig vom Bestand einer Hauptschuld) Ersatz zu leisten 47 II 208/211 E. 2.

5 **Abschluss des Vertrages.** Die Bürgschaftserklärung bedarf der *Annahme durch den Gläubiger* 45 II 162/172, 56 II 96/101 E. 2. – Im Zeitpunkt des Vertragsabschlusses muss die *verbürgte Hauptschuld hinreichend individualisiert,* d.h. bestimmt oder zumindest bestimmbar sein. Dieses Erfordernis ist erfüllt, wenn der Gläubiger (und der Hauptschuldner) identifiziert werden können und der Schuldgrund bekannt ist (Ausnahme: Bürgschaftsversprechen zugunsten eines noch zu suchenden Darlehensgebers, vgl. auch 45 II 162/172) 46 II 95/97 f. E. 2, 128 III 434/437 f. E. 3.3, 4C.314/2005 (17.1.06) E. 3.1. Die Verpflichtung des Bürgen, für jede zukünftige Schuld des Hauptschuldners gegenüber dem Gläubiger einzustehen, unabhängig von ihrem Rechtsgrund, verstösst gegen ZGB Art. 27 Abs. 2 und OR Art. 19 Abs. 2 120 II 35/38 E. 3a fr. (in casu Teilnichtigkeit gemäss Art. 20 Abs. 2: E. 4). Im Allgemeinen hat der Bürgschaftsgläubiger nicht die Pflicht, sich beim Bürgen darüber zu vergewissern, ob dieser über die Art und Natur der zu verbürgenden Hauptschuld im Klaren sei. Wenn aber dem Gläubiger klar erkennbar ist, dass der Bürge über den für seine Verbindlichkeit wesentlichen Charakter der Hauptschuld eine abweichende Auffassung hat, so ist er verpflichtet, dies dem Bürgen kundzutun (in casu entfiel die Haftung der Bürgen, weil der Gläubiger, obwohl sich die Bürgen erkennbar für einen Baukredit verbürgen wollten, den Kredit als gewöhnlichen Kontokorrentkredit behandelte) 64 II 208/213 E. 3. – Die Bürgschaft kann auf dem Wege der *Stellvertretung* geschlossen werden, indem ein vom Bürgen Ermächtigter (der Hauptschuldner [bzw. dessen Vertreter 56 II 96/101 E. 2] oder sonst ein Dritter) die Erklärung des Bürgen dem Gläubiger übermittelt und dessen Annahmeerklärung für den Bürgen entgegennimmt. Auch die Auswahl des Gläubigers kann dem Stellvertreter übertragen werden. Ein solches Stellvertretungsverhältnis ist dann anzunehmen, wenn der Bürge die auf einen noch zu bestimmenden Gläubiger lautende Bürgschaftsurkunde einem anderen zur Benutzung übergibt (in casu Hypothekarobligation mit Bürgschaftsvermerk zugunsten desjenigen, auf den die Obligation übergeben wird) 45 II 162/172 f., vgl. auch 65 II 236/236 f. E. 1. Der Bürge muss die Kenntnis des wahren Sachverhalts durch seinen Vertreter gegen sich gelten lassen 56 II 96/105 f. E. 4.

6 **Mängel des Vertragsabschlusses.** ***Irrtum.*** Im Allgemeinen kann bei der Bürgschaft weder die Leistung von Pfändern für die verbürgte Forderung noch die Freiheit solcher Pfänder von vorgehenden Pfand- und Retentionsrechten als *notwendige Vertragsgrundlage* angesehen werden. Vielmehr kommt es auf den Einzelfall an (in casu unwesentlicher Irrtum des Bürgen über die Freiheit der Pfänder von Retentionsrechten) 56 II 96/102 ff. E. 3. Auch nicht als (objektiv) notwendige Grundlage des Bürgschaftsvertrages i.S.v. Art. 24 Abs. 1 Ziff. 4 betrachtet wurde die Zusicherung des Hauptschuldners, mit dem zu verbürgenden Darlehen würden allen Gläubigern, auch dem Bürgen selbst, 30% ihrer Forderung

unverkürzt ausbezahlt 53 II 35/40 E. 2c. Unwesentlicher Irrtum (*Motivirrtum,* Art. 24 Abs. 2) auch: bei der falschen Annahme des Bürgen, es sei zur Sicherung der zu verbürgenden Forderung eine rechtsgültige Pfandbestellung zustande gekommen 48 II 375/380; wenn sich der Bürge falsche Vorstellungen über die finanziellen Verhältnisse des Schuldners macht 45 II 43/47 E. 2.

Absichtliche Täuschung. Eine Aufklärungspflicht und infolgedessen Täuschung bei *absichtlichem Verschweigen* besteht nur dann, wenn der Gläubiger weiss, dass der Bürge bei Kenntnis des wirklichen Sachverhalts die Bürgschaft nicht eingehen würde (Art. 28) 59 II 236/242 E. 4. – Geht die Täuschung, durch die sich der Bürge zur Eingehung der Bürgschaft verleiten lässt, vom *Hauptschuldner* aus, so ist der Bürgschaftsvertrag anfechtbar, wenn der Gläubiger die Täuschung gekannt hat oder hätte kennen sollen oder wenn er sich bei der dem Hauptschuldner obliegenden Beibringung des Bürgen beteiligt hat, namentlich als Beauftragter des Schuldners tätig geworden ist (in casu keine Verleitung zum Vertragsschluss dadurch, dass der Wechselschuldner dem Bürgen verheimlicht, dass die Unterschriften angeblicher Bürgen auf früheren Wechseln gefälscht sind) 41 II 52/54 f. E. 3. 7

Zu den Mängeln des Vertragsabschlusses im Allgemeinen siehe unter Art. 23 ff. 8

Weiteres. Eine im Voraus erteilte Zustimmung des Bürgen zu jedem beliebigen *Schuldnerwechsel* ist unzulässig 67 II 128/130 f. E. 3 (siehe auch unter Art. 178 Abs. 2). – Die Forderung aus dem Bürgschaftsverhältnis kann *nur mit der verbürgten Hauptforderung abgetreten* werden 78 II 57/59 f. Pra 1952 (Nr. 63) 178 f. – Der Gläubiger, der dem Bürgen (stillschweigend) zugesichert hat, für die vom Hauptschuldner *versprochene Bestellung eines Pfandrechtes* zu sorgen, haftet für die Folgen der Nichtbestellung 48 II 375/381 f. E. 2. – Die Bürgschaft des einzigen Aktionärs für die Gesellschaft ist wegen der *wirtschaftlichen Identität des Bürgen mit dem Hauptschuldner* als eine im eigenen Interesse erfolgte Verpflichtung zu betrachten und schafft darum keinen Rückgriff gegenüber einem Mitbürgen 81 II 455/461 E. 2c. Die formalrechtliche Selbständigkeit der Einmanngesellschaft muss – mit Rücksicht auf die wirtschaftliche Identität zwischen Gesellschaft und Allein- bzw. Hauptaktionär – in deren Beziehungen zu Dritten unbeachtet bleiben, wo der Grundsatz von Treu und Glauben im Verkehr dies erfordert. Dies gilt auch, wenn bei gemeinsamer Bürgschaft des Alleinaktionärs und eines Dritten für Schulden der Gesellschaft eine vom gleichen Alleinaktionär beherrschte andere Gesellschaft die Forderung erwirbt und gegen den Mitbürgen geltend macht 81 II 455/459 ff. E. 2b (zur Einmann-AG siehe unter Art. 625 Abs. 2). – SchKG Art. 182 Ziff. 4: Eine Bürgschaft (selbst eine solidarische) ist keine hinreichende Hinterlegung im Sinne der genannten Bestimmung 119 III 75/77 E. 2 it. 9

Abs. 2 Die Bürgschaftsverpflichtung setzt den Bestand einer anderen (der sicherzustellenden) Verpflichtung voraus. Sie ist dieser beigeordnet und hängt in Bestand und Inhalt notwendigerweise von ihr ab; die Bürgschaft ist akzessorisch 4C.314/2005 (17.1.06) E. 3.1 (mit weiteren Verweisen). Die Verpflichtung des Bürgen, für jede zukünftige Schuld des Hauptschuldners gegenüber dem Gläubiger einzustehen, unabhängig ihres Rechtsgrundes, verstösst gegen ZGB Art. 27 Abs. 2 und OR Art. 19 Abs. 2 120 II 35/38 E. 3a fr. (in casu Teilnichtigkeit gemäss Art. 20 Abs. 2: E. 4). Hingegen ist die verbürgte Schuld hinreichend bestimmt, wenn sich die Bürgschaft auf bestehende Verpflichtungen bezieht, 10 die durch Auslegung spezifiziert werden können 120 II 35/37 ff. E. 3 fr. Das bedeutet aber nicht, dass sich der Rechtsgrund der Hauptschuld und die Identität des Gläubigers nicht aus der Bürgschaftserklärung selbst ergeben müssen 128 III 434/440 E. 3.5.

11 ***Abs. 3*** Die Bestimmung spricht nicht gegen die akzessorische Natur der Bürgschaft. Es liegt lediglich eine Fiktion vor, indem hier einem gewöhnlichen *Garantieversprechen* ausnahmsweise von Gesetzes wegen die Bedeutung und damit auch die Wirkungen einer Bürgschaft verliehen worden sind 56 II 375/381 f. E. 2, vgl. auch 113 II 434/437 E. 2b. – Verpflichtung, die von der Ehefrau im Interesse des Ehemannes eingegangen und vom Manne verbürgt worden war. Wollte der Gläubiger der gemäss aZGB Art. 177 Abs. 3 nichtigen Hauptschuld gestützt auf Art. 492 Abs. 3 Ansprüche erheben, so hatte er zu *beweisen,* dass dem Ehemann das Erfordernis der Zustimmung der Vormundschaftsbehörde für die Verpflichtung der Frau bekannt gewesen war 81 II 9/16 Pra 1955 (Nr. 126) 374.

12 ***Abs. 4*** Diese Bestimmung untersagt ausschliesslich den Vorausverzicht des Bürgen selbst auf die ihm, von Gesetzes wegen im Verhältnis zum Gläubiger und zum Hauptschuldner, zustehenden Rechte. Der Bürge kann demnach zwar nicht im Voraus darauf verzichten, dem Gläubiger die dem Hauptschuldner zustehenden Einreden und Einwendungen entgegenzusetzen, dagegen hindert Art. 492 Abs. 4 den Bürgen nicht daran, für die Erfüllung einer Schuld einzustehen, bezüglich welcher der Hauptschuldner in Abweichung vom dispositiven Gesetzesrecht auf Einwendungen oder Einreden verzichtet hat 138 III 453/458 ff. E. 2.3.2. – Zulässigkeit einer Vertragsbestimmung, mit der die Verpflichtung des Bürgen beschränkt wird (in casu Klausel, wonach die Bürgschaft für Forderungen, die bei Ablauf der Vertragsdauer nicht fällig sind, nur dann weitergelten soll, wenn der Gläubiger diese dem Bürgen innert bestimmter Frist anzeigt) 108 II 199/203 E. 4a fr.

II. Form

Art. 493

[1] Die Bürgschaft bedarf zu ihrer Gültigkeit der schriftlichen Erklärung des Bürgen und der Angabe des zahlenmässig bestimmten Höchstbetrages seiner Haftung in der Bürgschaftsurkunde selbst.

[2] Die Bürgschaftserklärung natürlicher Personen bedarf ausserdem der öffentlichen Beurkundung, die den am Ort ihrer Vornahme geltenden Vorschriften entspricht. Wenn aber der Haftungsbetrag die Summe von 2000 Franken nicht übersteigt, so genügt die eigenschriftliche Angabe des zahlenmässig bestimmten Haftungsbetrages und gegebenenfalls der solidarischen Haftung in der Bürgschaftsurkunde selbst.

[3] Bürgschaften, die gegenüber der Eidgenossenschaft oder ihren öffentlich-rechtlichen Anstalten oder gegenüber einem Kanton für öffentlich-rechtliche Verpflichtungen, wie Zölle, Steuern u. dgl. oder für Frachten eingegangen werden, bedürfen in allen Fällen lediglich der schriftlichen Erklärung des Bürgen und der Angabe des zahlenmässig bestimmten Höchstbetrages seiner Haftung in der Bürgschaftsurkunde selbst.

[4] Ist der Haftungsbetrag zur Umgehung der Form der öffentlichen Beurkundung in kleinere Beträge aufgeteilt worden, so ist für die Verbürgung der Teilbeträge die für den Gesamtbetrag vorgeschriebene Form notwendig.

[5] Für nachträgliche Abänderungen der Bürgschaft, ausgenommen die Erhöhung des Haftungsbetrages und die Umwandlung einer einfachen Bürgschaft in eine solidarische, genügt die Schriftform. Wird die Hauptschuld von einem Dritten mit befreiender Wirkung für den Schuldner übernommen, so geht die Bürgschaft unter, wenn der Bürge dieser Schuldübernahme nicht schriftlich zugestimmt hat.

[6] Der gleichen Form wie die Bürgschaft bedürfen auch die Erteilung einer besonderen Vollmacht zur Eingehung einer Bürgschaft und das Versprechen, dem Vertragsgegner oder einem Dritten Bürgschaft zu leisten. Durch schriftliche Abrede kann die Haftung auf denjenigen Teil der Hauptschuld beschränkt werden, der zuerst abgetragen wird.

[7] Der Bundesrat kann die Höhe der Gebühren für die öffentliche Beurkundung beschränken.

Allgemeines. Der *Zweck der (zwingenden) Formvorschriften* der Bestimmung besteht darin, dem Bürgen die Tragweite seiner Verpflichtung vor Augen zu führen und ihn vor übereilten Bürgschaftsversprechen abzuhalten 93 II 379/383 E. 4b, vgl. auch 111 II 175/178 E. 3a, 119 Ia 441/442 E. 2c. Die für eine noch zu gründende Aktiengesellschaft eingegangene Bürgschaftsverpflichtung bindet den Bürgen nur dann, wenn die für ihn persönlich vorgeschriebene Form eingehalten ist 123 III 24/30 E. 3. – *Formungültigkeit* 125 III 305/310 E. 2c Pra 1999 (Nr. 172) 900, 4C.334/2003 (17.2.04) E. 2 fr. In der Berufung auf einen nicht absichtlich herbeigeführten Formmangel liegt kein *Rechtsmissbrauch* 65 II 236/237 E. 2 (siehe auch unter Art. 11 Abs. 1/Rechtsmissbräuchliche Berufung auf einen Formmangel). 1

Weiteres. Ist die Bürgschaft ungültig, so hat der vom vermeintlichen Bürgen bezahlte Gläubiger im Verhältnis zu diesem ein indebitum erhalten und ist deshalb zu dessen Rückerstattung nach Bereicherungsgrundsätzen verpflichtet 70 II 271/272 ff. E. 4. Ein *Bereicherungsanspruch des vermeintlichen Bürgen* gegenüber dem *Hauptschuldner* besteht nur, wenn der ihm primär gegen den *Gläubiger* zustehende Bereicherungsanspruch dahinfällt und damit der Gelderwerb des Gläubigers unanfechtbar wird, sodass auch der Hauptschuldner nicht mehr mit einer Belangung durch den Gläubiger zu rechnen braucht 70 II 271/274 f. E. 5. – Anwendungsfall (in casu IPR-Entscheid) 123 III 35/41 E. 2c/aa. 2

Abs. 1 Die schriftliche Bürgschaftserklärung muss folgende wesentliche Elemente enthalten: die Unterschrift des Bürgen; die Bezeichnung des Gläubigers; die Angabe der verbürgten Schuld; die Bürgschaftserklärung; der zahlenmässig bestimmte Höchstbetrag der Bürgenhaftung. Schriftlichkeit gemäss Art. 493 Abs. 1 genügt für juristische Personen und Gesellschaften ohne Rechtspersönlichkeit; höhere Formerfordernisse gemäss Art. 493 Abs. 2 gelten nur für Bürgschaftserklärungen natürlicher Personen 4P.186/2003 (1.12.03) E. 2.4.2, klarstellend 128 III 434/440 E. 3.5: Rechtsgrund der Hauptschuld und die Identität des Gläubigers brauchen nicht aus der Bürgschaftserklärung selbst hervorzugehen; es genügt, wenn sich diese Punkte durch Auslegung der übereinstimmenden Willen der Parteien aufgrund äusserer Elemente ergeben (vgl. auch 120 II 35/38 fr.). – Eine *Beschränkung der Verpflichtung des Bürgen* (z.B. Vereinbarung einer Bedingung oder einer zeitlichen Beschränkung) ist formlos gültig 44 II 63/64, 50 II 245/249 JdT 72 I 504, siehe auch 125 III 131/133 E. 4b Pra 1999 (Nr. 132) 713. – Beim Vertragsschluss durch einen beschränkt Handlungsfähigen kann die *nachträgliche Genehmigung* durch den voll handlungsfähig gewordenen Kontrahenten formlos erfolgen (Änderung der Rechtsprechung) 75 II 337/340 ff. E. 1. 3

4 ***Abs. 2*** Der Mindestinhalt der öffentlich zu beurkundenden Bürgschaftserklärung bestimmt sich nach Bundesrecht 125 III 131/133 E. 4a, 5b Pra 1999 (Nr. 132) 713. Der öffentlichen Beurkundung unterliegen nach der Rechtsprechung alle objektiv und subjektiv wesentlichen Punkte. Objektiv wesentlich ist die durch den Bürgen erklärte Verpflichtung, akzessorisch für die Schuld eines Dritten bis zu einem bestimmten Betrag einzustehen. Hinsichtlich der subjektiv wesentlichen Punkte gilt, dass nur insoweit die gesetzliche Form einzuhalten ist, als sie die Lage des Bürgen erschweren 125 III 131/133 E. 4b Pra 1999 (Nr. 132) 713, 119 Ia 441/442 ff. E. 2. Die Orts- und Datumsangabe gehört allgemein nicht zu den wesentlichen Angaben einer Bürgschaftserklärung 4C.314/2005 (17.1.06) E. 2.3. – Die für eine noch zu gründende Aktiengesellschaft eingegangene Bürgschaftsverpflichtung bindet den Bürgen nur dann, wenn die für ihn persönlich vorgeschriebene Form eingehalten ist 123 III 24/30 E. 3.

5 ***Abs. 5*** Schuldübernahme und Schuldnerwechsel liegt auch vor, wenn von zwei Solidarschuldnern der eine entlassen wird und der andere die Schuld allein übernimmt 106 II 161/164 f. E. 2c Pra 1982 (Nr. 8) 11. – Siehe auch unter Art. 178 Abs. 2. – Die schriftliche Zustimmung des Bürgen gemäss Art. 493 Abs. 5 Satz 2 muss spätestens im Zeitpunkt der Schuldübernahme vorliegen. Danach kann eine Bürgschaft zugunsten des Schuldübernehmers nur noch durch neuen Bürgschaftsvertrag eingegangen werden 4C.23/2002 (1.7.02) E. 2.2 fr.

6 ***Abs. 6*** Frage offengelassen, ob die Vorschrift des Art. 493 Abs. 6, die ihrem Wortlaut nach nur die Vollmacht des direkten Stellvertreters betrifft, auch auf die Beauftragung eines indirekten Stellvertreters zur Eingehung einer Bürgschaft Anwendung finden sollte 4C.25/2001 (25.6.01) E. 1b fr. *Generelle Vollmachten* mit gesetzlich festgelegtem Inhalt (Prokura und andere Handlungsvollmachten) sind dem Formzwang nicht unterworfen 81 II 60/63 f. E. 1b. – Die *interne Übernahme* (Art. 175 Abs. 1) einer Zahlungspflicht aus einer Bürgschaft untersteht nicht den Formvorschriften des Bürgschaftsrechts 110 II 340/341 ff. E. 1 Pra 1985 (Nr. 81) 222 ff.

III. Zustimmung des Ehegatten

Art. 494

[1] Die Bürgschaft einer verheirateten Person bedarf zu ihrer Gültigkeit der im einzelnen Fall vorgängig oder spätestens gleichzeitig abgegebenen schriftlichen Zustimmung des Ehegatten, wenn die Ehe nicht durch richterliches Urteil getrennt ist.

[2] …

[3] Für nachträgliche Abänderungen einer Bürgschaft ist die Zustimmung des andern Ehegatten nur erforderlich, wenn der Haftungsbetrag erhöht oder eine einfache Bürgschaft in eine Solidarbürgschaft umgewandelt werden soll, oder wenn die Änderung eine erhebliche Verminderung der Sicherheiten bedeutet.

[4] Die gleiche Regelung gilt bei eingetragenen Partnerschaften sinngemäss.

1 Das Erfordernis der Zustimmung des andern Ehegatten stellt seinem Wesen nach eine bestimmte *Beschränkung der Handlungsfähigkeit Verheirateter,* d.h. ihrer speziellen Ge-

schäftsfähigkeit zur Eingehung von Bürgschaften, dar. Eine solche Einschränkung darf weder ausdehnend ausgelegt noch analog angewendet werden 110 II 466/468 f. E. 2a, 79 II 79/84 E.b. Die Bestimmung stellt kein sog. Ziel- oder Erfolgsverbot auf, sondern lediglich ein sog. Wegverbot 79 II 79/86. Vgl. auch FZG Art. 5 Abs. 2, der dem bürgschaftsrechtlichen Zustimmungserfordernis nachgebildet wurde 134 V 182/186.

Abs. 1 Die Eingehung einer *Wechselbürgschaft* (Art. 1020 ff.) durch eine verheiratete Person anstelle einer gewöhnlichen Bürgschaft bedeutet keine unzulässige Umgehung des für Letztere geltenden Erfordernisses der Zustimmung des andern Ehegatten 79 II 79/80 ff. E. 1, 4, 83 II 211/213. 2

Abs. 3 Die zum Schutz der Familie eingeführte Bestimmung will die Zustimmung des Ehegatten für jede rechtliche Veränderung verlangen, welche die Lage des Bürgen erschwert und einen Umstand betrifft, dessen Vorhandensein oder Fehlen den Ehegatten hätte veranlassen können, bei der Eingehung der Bürgschaft seine Zustimmung zu verweigern. Der Begriff der Sicherheit ist daher weit auszulegen. Eine *erhebliche Verminderung der Sicherheiten* liegt vor, wenn einer von zwei Solidarschuldnern befreit wird und der andere als alleiniger Schuldner verbleibt (bzw. allenfalls schon bei einem blossen Schuldnerwechsel) 106 II 161/162 ff. E. 2a–d Pra 1981 (Nr. 6) 10 ff. – Da die Zustimmung des Ehegatten eine Gültigkeitsvoraussetzung der Willenserklärung des Bürgen darstellt, ist dessen Einverständnis mit der Änderung seiner Lage ohne diese Zustimmung ungültig. Die Folge davon ist (gleich wie im Falle von Art. 493 Abs. 5) das *Erlöschen der Bürgschaft* 106 II 161/165 E. 2e Pra 1981 (Nr. 6) 12. 3

B. Inhalt I. Besonderheiten der einzelnen Bürgschaftsarten 1. Einfache Bürgschaft

Art. 495

1 Der Gläubiger kann den einfachen Bürgen erst dann zur Zahlung anhalten, wenn nach Eingehung der Bürgschaft der Hauptschuldner in Konkurs geraten ist oder Nachlassstundung erhalten hat oder vom Gläubiger unter Anwendung der erforderlichen Sorgfalt bis zur Ausstellung eines definitiven Verlustscheines betrieben worden ist oder den Wohnsitz ins Ausland verlegt hat und in der Schweiz nicht mehr belangt werden kann, oder wenn infolge Verlegung seines Wohnsitzes im Ausland eine erhebliche Erschwerung der Rechtsverfolgung eingetreten ist.

2 Bestehen für die verbürgte Forderung Pfandrechte, so kann der einfache Bürge, solange der Hauptschuldner nicht in Konkurs geraten ist oder Nachlassstundung erhalten hat, verlangen, dass der Gläubiger sich vorerst an diese halte.

3 Hat sich der Bürge nur zur Deckung des Ausfalls verpflichtet (Schadlosbürgschaft), so kann er erst belangt werden, wenn gegen den Hauptschuldner ein definitiver Verlustschein vorliegt, oder wenn der Hauptschuldner den Wohnsitz ins Ausland verlegt hat und in der Schweiz nicht mehr belangt werden kann, oder wenn infolge Verlegung des Wohnsitzes im Ausland eine erhebliche Erschwerung der Rechtsverfolgung eingetreten ist. Ist ein Nachlassvertrag abgeschlossen worden, so kann der Bürge für den nachgelassenen Teil der Hauptschuld sofort nach Inkrafttreten des Nachlassvertrages belangt werden.

4 Gegenteilige Vereinbarungen bleiben vorbehalten.

1 Der Gläubiger hat die fruchtlose Betreibung zu beweisen; der Bürge trägt die *Beweislast* für die mangelnde Sorgfalt des Gläubigers bzw. das bestehende Pfandrecht 47 II 341/352 fr. – Dem einfachen Bürgen steht die *Einrede der Vorausklage* zu 125 III 322/324 E. 2, auf die er aber (in casu durch konkludentes Verhalten) auch *verzichten* kann 47 II 341/349 E. 2 fr. – Forderung aus einfacher Bürgschaft im *Konkurs des Bürgen.* Gemäss SchKG Art. 210 Abs. 1 und 264 Abs. 3 kann der Gläubiger die Auszahlung der Dividende erst verlangen, wenn die Bedingungen von Art. 495 erfüllt sind 42 III 475/479 ff. E. 3, 4 it. JdT 1917 II 59 ff. E. 3, 4.

2 ***Abs. 2*** Ist das *Pfand untergegangen,* so kann der Bürge das beneficium excussionis (in der Amtlichen Sammlung: «bénéfice de discussion») nicht geltend machen, doch kann er allenfalls die ihn befreiende materiellrechtliche Einrede erheben, der Gläubiger habe den Untergang des Pfandes zu vertreten 47 II 341/352 fr.

2. Solidarbürgschaft

Art. 496

[1] Wer sich als Bürge unter Beifügung des Wortes «solidarisch» oder mit andern gleichbedeutenden Ausdrücken verpflichtet, kann vor dem Hauptschuldner und vor der Verwertung der Grundpfänder belangt werden, sofern der Hauptschuldner mit seiner Leistung im Rückstand und erfolglos gemahnt worden oder seine Zahlungsunfähigkeit offenkundig ist.

[2] Vor der Verwertung der Faustpfand- und Forderungspfandrechte kann er nur belangt werden, soweit diese nach dem Ermessen des Richters voraussichtlich keine Deckung bieten, oder wenn dies so vereinbart worden oder der Hauptschuldner in Konkurs geraten ist oder Nachlassstundung erhalten hat.

1 Es gehört zum Wesen der Solidarität, dass der Gläubiger nach seiner Wahl von allen Solidarschuldnern je nur einen Teil oder das Ganze fordern kann (Art. 144). Das gilt mit den gesetzlichen Einschränkungen (Art. 496, 497 Abs. 2, 501 Abs. 2) auch für die Bürgschaft 81 II 60/65. – Abgrenzung zur Bürgschaft gemäss Art. 497 Abs. 4 119 Ia 441/443 (in casu betreibungsrechtlicher Entscheid/staatsrechtliche Beschwerde). – Zulässigkeit *kantonaler öffentlich-rechtlicher Bestimmungen* über Garantiehinterlagen der Mieter, mit denen die Sicherheitsleistung mittels Solidarbürgschaft ausgeschlossen wird 102 Ia 372/377 ff. E. 4b, 5 fr. – Der Solidarbürge, der als Sicherheit für die Hauptschuld ein *Pfand* bestellt, sichert gleichzeitig auch seine Schuld aus der Bürgschaft. Zugleich Partei des Pfandvertrages und des Bürgschaftsvertrages, ist seine Stellung diejenige eines Pfandschuldners (Anwendbarkeit von SchKG Art. 41) 50 III 83/86 f. fr. – *Betreibung des Solidarbürgen:* Die Gewährung der provisorischen Rechtsöffnung setzt voraus, dass neben der Bürgschaftsurkunde eine Schuldanerkennung des Hauptschuldners vorliegt 122 III 125/126 ff. E. 2 fr. – In der *Einrede der mangelnden Vorausklage* gilt die Berufung auf die Einwendungen des Art. 496 als mitenthalten 70 II 276/278. – Wer nach Massgabe des Art. 181 Abs. 1 auch eine Solidarbürgschaft übernimmt, wird ohne Weiteres zusätzlicher Solidarbürge; der Übernehmer haftet dem Gläubiger des Hauptschuldners solidarisch mit dem bisherigen Solidarbürgen 126 III 375/378 E. 2c fr.

Abs. 1 **Leistungsrückstand.** Der Hauptschuldner gerät mit seiner Leistung in Rückstand, wenn er nach Eintritt der Fälligkeit nicht innert üblicher oder vom Gläubiger gewöhnlicherweise zugestandener Frist leistet 4A_223/2009 (14.7.09) E. 3.1 fr. *Mahnung.* Wenn auch die Mahnung gemäss Art. 496 Abs. 1 mit derjenigen gemäss Art. 102 Abs. 1 vergleichbar ist, so besteht dennoch ein Unterschied: Die Mahnung nach Art. 496 Abs. 1 hat in jedem Fall zu erfolgen, auch wenn bereits i.S.v. Art. 102 Abs. 1 gemahnt worden ist oder ein Verfalltag i.S.v. Art. 102 Abs. 2 vereinbart wurde. Ausserdem kann der Bürge nicht auf das Erfordernis der Mahnung verzichten (Art. 492 Abs. 4) 4A_223/2009 (14.7.09) E. 3.1 fr. – Anwendungsfall, in dem die Bürgschaftserklärung «pour caution solidaire» durch den Zusatz «bon pour garantie solidaire» nicht wieder (zugunsten eines Garantievertrages) hinfällig gemacht wurde 64 II 350 f. E. 2. 2

3. Mitbürgschaft

Art. 497

1 Mehrere Bürgen, die gemeinsam die nämliche teilbare Hauptschuld verbürgt haben, haften für ihre Anteile als einfache Bürgen und für die Anteile der übrigen als Nachbürgen.

2 Haben sie mit dem Hauptschuldner oder unter sich Solidarhaft übernommen, so haftet jeder für die ganze Schuld. Der Bürge kann jedoch die Leistung des über seinen Kopfanteil hinausgehenden Betrages verweigern, solange nicht gegen alle solidarisch neben ihm haftenden Mitbürgen, welche die Bürgschaft vor oder mit ihm eingegangen haben und für diese Schuld in der Schweiz belangt werden können, Betreibung eingeleitet worden ist. Das gleiche Recht steht ihm zu, soweit seine Mitbürgen für den auf sie entfallenden Teil Zahlung geleistet oder Realsicherheit gestellt haben. Für die geleisteten Zahlungen hat der Bürge, wenn nicht etwas anderes vereinbart worden ist, Rückgriff auf die solidarisch neben ihm haftenden Mitbürgen, soweit nicht jeder von ihnen den auf ihn entfallenden Teil bereits geleistet hat. Dieser kann dem Rückgriff auf den Hauptschuldner vorausgehen.

3 Hat ein Bürge in der dem Gläubiger erkennbaren Voraussetzung, dass neben ihm für die gleiche Hauptschuld noch andere Bürgen sich verpflichten werden, die Bürgschaft eingegangen, so wird er befreit, wenn diese Voraussetzung nicht eintritt oder nachträglich ein solcher Mitbürge vom Gläubiger aus der Haftung entlassen oder seine Bürgschaft ungültig erklärt wird. In letzterem Falle kann der Richter, wenn es die Billigkeit verlangt, auch bloss auf angemessene Herabsetzung der Haftung erkennen.

4 Haben mehrere Bürgen sich unabhängig voneinander für die gleiche Hauptschuld verbürgt, so haftet jeder für den ganzen von ihm verbürgten Betrag. Der Zahlende hat jedoch, soweit nicht etwas anderes vereinbart ist, anteilmässigen Rückgriff auf die andern.

Abs. 2 **Allgemeines.** Der zahlende Solidarbürge handelt für seine Mitbürgen, sofern ihm diese nicht einen *Auftrag* zur Zahlung erteilt haben, als *Geschäftsführer ohne Auftrag* 66 II 127. – Haben sich mehrere Personen gemeinsam (in casu solidarisch) verbürgt, so wirkt sich der *Übergang der Pfandrechte,* der infolge der von einem Bürgen geleisteten Zahlung eintritt (Art. 507 Abs. 1 und 2), auch zugunsten der anderen Bürgen aus. Der zahlende Bürge hat gegenüber den andern hinsichtlich der Erhaltung der Pfänder eine Sorgfaltspflicht nach den Regeln über den Auftrag oder die Geschäftsführung ohne Auftrag 94 III 1/3 E. 1 Pra 1968 (Nr. 89) 327. 1

2 **Rückgriff.** Soweit die Bestimmung keine besondere Regelung enthält, gelten für den Rückgriff des Solidarbürgen gegen die Mitbürgen die *allgemeinen Vorschriften* (Art. 148 f.), vgl. 53 II 25/29 E. 1. – Das Rückgriffsverhältnis unter den Solidarschuldnern ist *der Einwirkung des Gläubigers* gänzlich entzogen. Die Abtretung der verbürgten Forderung an einen von mehreren Solidarbürgen hat daher auf das Rückgriffsverhältnis zwischen den Solidarbürgen keine Wirkung 95 II 242/249 ff. E. 2. – Offengelassen, ob eine Bestimmung des Bürgschaftsvertrages, wonach die Bürgen vor Verwertung der Pfänder belangt werden können, auch im Verhältnis zwischen dem zahlenden Bürgen und den anderen Solidarbürgen gelte, gegen die der zahlende Bürge kraft seines Eintritts in die Rechte des Gläubigers sein Rückgriffsrecht ausübt 94 III 1/3 E. 2 Pra 1968 (Nr. 89) 327. Der zahlende Solidarbürge kann jedenfalls *vor Verwertung der Pfänder* auf die anderen Solidarbürgen zurückgreifen, wenn der Hauptschuldner in Konkurs geraten ist 94 III 1/3 f. E. 3 Pra 1968 (Nr. 89) 327 f. – Für den Rückgriff des Bürgen gegen einen Mitbürgen ist unerheblich, *aus wessen Vermögen er bezahlt hat,* ausser es sei aus dem Vermögen gerade des belangten Mitbürgen gewesen 56 II 133/139 f. E. 2, 3. – Die in Art. 402 und 422 zugunsten des Beauftragten bzw. des Geschäftsführers ohne Auftrag vorgesehene *Verzinslichkeit* gilt auch beim gesetzlichen Übergang des Gläubigerrechtes 57 II 324/328. – *Ausschluss des Rückgriffs,* wenn der zahlende Mitbürge Allein- oder Hauptaktionär der Gesellschaft ist, deren Schuld verbürgt wurde: siehe unter Art. 492 Abs. 1/Weiteres. – Der im Regressprozess belangte Solidarbürge kann die allen Solidarschuldnern zustehenden *Einreden* (in casu der Ungültigkeit der Bürgschaftsverpflichtung) erheben, die der vom Gläubiger belangte und zur Zahlung verurteilte Solidarschuldner bereits im (vorgängigen) Prozess mit dem Gläubiger (erfolglos) erhoben hatte 57 II 518/521 f. E. 1; das Regressrecht besteht unabhängig von einer allfälligen Streitverkündigung im vorgängigen Prozess 57 II 518/527 E. 4.

3 **Weiteres.** Anwendungsfall 122 III 125/126 E. 2a fr.

4 ***Abs. 3*** Die Bestimmung verlangt nicht, dass die anderen Bürgen in der Bürgschaftsurkunde aufgeführt werden (in casu betreibungsrechtlicher Entscheid/staatsrechtliche Beschwerde) 119 Ia 441/443. – Die *Anwendung* der Bestimmung muss wegen der singulären Natur auf den Fall der Bürgschaft beschränkt bleiben (in casu keine Anwendung auf eine gemeinsame, nicht solidarische Schuldverpflichtung) 49 III 205/210 E. 3. – Der Begriff *«Voraussetzung»* ist nicht identisch mit «Bedingung» 63 II 167/169 E. 1 fr. – Ein Bürge kann sich auf die Ungültigkeit der Mitbürgschaft berufen, auch wenn der *Gläubiger in der Betreibung gegen den Mitbürgen teilweise befriedigt* worden ist 59 II 28/32. – Der Gläubiger, der dem Bürgen (stillschweigend) zugesichert hat, für die vom Hauptschuldner *versprochene Bestellung eines Pfandrechtes* zu sorgen, haftet für die Folgen der Nichtbestellung 48 II 375/381 f. E. 2.

5 ***Abs. 4*** Willkürlich ist die Auffassung, eine Bürgschaft sei ungültig und stelle keinen provisorischen Rechtsöffnungstitel dar, weil nicht alle unabhängig voneinander mitverpflichteten Bürgen in der Bürgschaftsurkunde aufgeführt sind 119 Ia 441/442 ff. E. 2 (in casu betreibungsrechtlicher Entscheid/staatsrechtliche Beschwerde).

4. Nachbürgschaft und Rückbürgschaft

Art. 498

[1] Der Nachbürge, der sich dem Gläubiger für die Erfüllung der von den Vorbürgen übernommenen Verbindlichkeit verpflichtet hat, haftet neben diesem in gleicher Weise wie der einfache Bürge neben dem Hauptschuldner.

[2] Der Rückbürge ist verpflichtet, dem zahlenden Bürgen für den Rückgriff einzustehen, der diesem gegen den Hauptschuldner zusteht.

Abs. 1 Nachbürgschaft zugunsten einer Kommanditgesellschaft, deren Vorbürgen ihre Gesellschafter (Komplementär und Kommanditär) sind. Soweit die Vorbürgen nur als Gesellschafter haften, liegt keine Nachbürgschaft, sondern eine einfache Bürgschaft vor 57 II 356/358 ff. E. 1. 1

Abs. 2 Für die Rückbürgschaft gelten die gleichen Grundsätze wie für die Bürgschaft selbst 61 II 99/100. 2

II. Gemeinsamer Inhalt 1. Verhältnis des Bürgen zum Gläubiger

a. Umfang der Haftung

Art. 499

[1] Der Bürge haftet in allen Fällen nur bis zu dem in der Bürgschaftsurkunde angegebenen Höchstbetrag.

[2] Bis zu diesem Höchstbetrage haftet der Bürge, mangels anderer Abrede, für:

1. **den jeweiligen Betrag der Hauptschuld, inbegriffen die gesetzlichen Folgen eines Verschuldens oder Verzuges des Hauptschuldners, jedoch für den aus dem Dahinfallen des Vertrages entstehenden Schaden und für eine Konventionalstrafe nur dann, wenn dies ausdrücklich vereinbart worden ist;**
2. **die Kosten der Betreibung und Ausklagung des Hauptschuldners, soweit dem Bürgen rechtzeitig Gelegenheit gegeben war, sie durch Befriedigung des Gläubigers zu vermeiden, sowie gegebenenfalls die Kosten für die Herausgabe von Pfändern und die Übertragung von Pfandrechten;**
3. **vertragsmässige Zinse bis zum Betrage des laufenden und eines verfallenen Jahreszinses, oder gegebenenfalls für eine laufende und eine verfallene Annuität.**

[3] Wenn sich nicht etwas anderes aus dem Bürgschaftsvertrag oder aus den Umständen ergibt, haftet der Bürge nur für die nach der Unterzeichnung der Bürgschaft eingegangenen Verpflichtungen des Hauptschuldners.

Abs. 2 Ziff. 1 Die vom Gläubiger aus dem Konkurs des Hauptschuldners bezogene Dividende ist anzurechnen, soweit sie dem verbürgten Teil der Forderung des Gläubigers entspricht 39 II 387/389 f. E. 3. 1

Abs. 2 Ziff. 1 und 3 Auch wenn der Satz des Verzugszinses vertraglich vereinbart wurde, rechtfertigt es sich, den Zinsanspruch insgesamt unter die gesetzlichen Folgen des Verzuges gemäss Art. 499 Abs. 2 Ziff. 1 und nicht unter die vertragsgemässen Zinsen von Ziff. 3 zu subsumieren, und zwar namentlich wegen der zeitlichen Befristung der Haftung nach Ziff. 3105 II 229/233 f. E. 4b. 2

3 ***Abs. 2*** Anwendungsfälle: 4C.241/2005 (25.10.05) E. 3, 4A_530/2008 (29.1.09) E. 5.2.5.

4 ***Abs. 3*** Diese Bestimmung, die eine widerlegbare Vermutung aufstellt, bildet die Grundlage für die Sicherstellung künftiger Forderungen 128 III 434/439 E. 3.4.

b. Gesetzliche Verringerung des Haftungsbetrages

Art. 500

[1] Bei Bürgschaften natürlicher Personen verringert sich der Haftungsbetrag, soweit nicht von vorneherein oder nachträglich etwas anderes vereinbart wird, jedes Jahr um drei Hundertstel, wenn aber diese Forderungen durch Grundpfand gesichert sind, um einen Hundertstel des ursprünglichen Haftungsbetrages. In jedem Falle verringert er sich bei Bürgschaften natürlicher Personen mindestens im gleichen Verhältnis wie die Hauptschuld.

[2] Ausgenommen sind die gegenüber der Eidgenossenschaft oder ihren öffentlich-rechtlichen Anstalten oder gegenüber einem Kanton eingegangenen Bürgschaften für öffentlichrechtliche Verpflichtungen, wie Zölle, Steuern u. dgl. und für Frachten, sowie die Amts- und Dienstbürgschaften und die Bürgschaften für Verpflichtungen mit wechselndem Betrag, wie Kontokorrent, Sukzessivlieferungsvertrag, und für periodisch wiederkehrende Leistungen.

c. Belangbarkeit des Bürgen

Art. 501

[1] Der Bürge kann wegen der Hauptschuld vor dem für ihre Bezahlung festgesetzten Zeitpunkt selbst dann nicht belangt werden, wenn die Fälligkeit durch den Konkurs des Hauptschuldners vorgerückt wird.

[2] Gegen Leistung von Realsicherheit kann der Bürge bei jeder Bürgschaftsart verlangen, dass der Richter die Betreibung gegen ihn einstellt, bis alle Pfänder verwertet sind und gegen den Hauptschuldner ein definitiver Verlustschein vorliegt oder ein Nachlassvertrag abgeschlossen worden ist.

[3] Bedarf die Hauptschuld zu ihrer Fälligkeit der Kündigung durch den Gläubiger oder den Hauptschuldner, so beginnt die Frist für den Bürgen erst mit dem Tage zu laufen, an dem ihm diese Kündigung mitgeteilt wird.

[4] Wird die Leistungspflicht eines im Ausland wohnhaften Hauptschuldners durch die ausländische Gesetzgebung aufgehoben oder eingeschränkt, wie beispielsweise durch Vorschriften über Verrechnungsverkehr oder durch Überweisungsverbote, so kann der in der Schweiz wohnhafte Bürge sich ebenfalls darauf berufen, soweit er auf diese Einrede nicht verzichtet hat.

d. Einreden

Art. 502

[1] Der Bürge ist berechtigt und verpflichtet, dem Gläubiger die Einreden entgegenzusetzen, die dem Hauptschuldner oder seinen Erben zustehen und sich nicht auf die Zahlungsunfähigkeit des Hauptschuldners stützen. Vorbehalten bleibt die Verbürgung einer für den

Hauptschuldner wegen Irrtums oder Vertragsunfähigkeit unverbindlichen oder einer verjährten Schuld.

[2] Verzichtet der Hauptschuldner auf eine ihm zustehende Einrede, so kann der Bürge sie trotzdem geltend machen.

[3] Unterlässt es der Bürge, Einreden des Hauptschuldners geltend zu machen, so verliert er seinen Rückgriff insoweit, als er sich durch diese Einreden hätte befreien können, wenn er nicht darzutun vermag, dass er sie ohne sein Verschulden nicht gekannt hat.

[4] Dem Bürgen, der eine wegen Spiel und Wette unklagbare Schuld verbürgt hat, stehen, auch wenn er diesen Mangel kannte, die gleichen Einreden zu wie dem Hauptschuldner.

Das Recht des Bürgen, die Einreden und Einwendungen des Hauptschuldners zu erheben, gehört zu den unabdingbaren Schutzrechten des Bürgen (Art. 492 Abs. 4). Enthält ein Sicherungsvertrag einen Einredenverzicht, bleibt deshalb trotzdem zu prüfen, ob es sich um eine nach Massgabe des Bürgschaftsrechtes nichtige Vertragsbestimmung oder um eine zulässige Abrede eines Garantievertrags handelt 113 II 434/440 E. 3d. – Der Bürge ist nicht verpflichtet, die Einreden, die ihm persönlich gegen den Gläubiger zustehen, geltend zu machen 40 III 51/55 f. E. 2, vgl. auch 57 II 518/522 E. 1. 1

Abs. 1 Offengelassen, ob die «Verpflichtung» des Bürgen, dem Gläubiger die Einreden entgegenzusetzen, zwingend ist 102 Ia 372/377 E. 4b fr. 2

Abs. 2 Einreden, die für den Hauptschuldner wegen blosser Unterlassung ihrer Geltendmachung innert gesetzlicher Frist, also durch Verwirkung, untergehen (in casu Einrede des nicht erfüllten Vertrages), stehen auch dem Bürgen nicht mehr zu 45 II 568/570 ff. E. 2. – Verzichtet der Hauptschuldner nach Abschluss des Bürgschaftsvertrages und ohne Zustimmung des Bürgen auf eine ihm zustehende Verrechnungsforderung gegen den Gläubiger, so ist dem Bürgen mit der insofern einhelligen Lehre ein Leistungsverweigerungsrecht zuzugestehen. Dagegen kann sich der Bürge dann nicht auf Art. 502 Abs. 2 berufen, wenn er die Bürgschaft im Wissen darum eingegangen ist, dass der Hauptschuldner gegenüber dem Gläubiger auf die Verrechnung verzichtet hat 138 III 453/455 ff. E. 2.2.2. 3

e. Sorgfalts- und Herausgabepflicht des Gläubigers

Art. 503

[1] Vermindert der Gläubiger zum Nachteil des Bürgen bei der Eingehung der Bürgschaft vorhandene oder vom Hauptschuldner nachträglich erlangte und eigens für die verbürgte Forderung bestimmte Pfandrechte oder anderweitige Sicherheiten und Vorzugsrechte, so verringert sich die Haftung des Bürgen um einen dieser Verminderung entsprechenden Betrag, soweit nicht nachgewiesen wird, dass der Schaden weniger hoch ist. Die Rückforderung des zuviel bezahlten Betrages bleibt vorbehalten.

[2] Bei der Amts- und Dienstbürgschaft ist der Gläubiger dem Bürgen überdies verantwortlich, wenn infolge Unterlassung der Aufsicht über den Arbeitnehmer, zu der er verpflichtet ist, oder der ihm sonst zumutbaren Sorgfalt die Schuld entstanden ist oder einen Umfang angenommen hat, den sie andernfalls nicht angenommen hätte.

[3] Der Gläubiger hat dem Bürgen, der ihn befriedigt, die zur Geltendmachung seiner Rechte dienlichen Urkunden herauszugeben und die nötigen Aufschlüsse zu erteilen. Ebenso hat er

ihm die bei der Eingehung der Bürgschaft vorhandenen oder vom Hauptschuldner nachträglich eigens für diese Forderung bestellten Pfänder und anderweitigen Sicherheiten herauszugeben oder die für ihre Übertragung erforderlichen Handlungen vorzunehmen. Die dem Gläubiger für andere Forderungen zustehenden Pfand- und Retentionsrechte bleiben vorbehalten, soweit sie denjenigen des Bürgen im Rang vorgehen.

[4] Weigert sich der Gläubiger ungerechtfertigterweise, diese Handlungen vorzunehmen, oder hat er sich der vorhandenen Beweismittel oder der Pfänder und sonstigen Sicherheiten, für die er verantwortlich ist, böswillig oder grobfahrlässig entäussert, so wird der Bürge frei. Er kann das Geleistete zurückfordern und für den ihm darüber hinaus erwachsenen Schaden Ersatz verlangen.

1 Das revidierte Bürgschaftsrecht auferlegt dem Gläubiger im Verhältnis zum Bürgen nicht eine umfassende allgemeine Sorgfaltspflicht, sondern eine Reihe *besonderer Obliegenheiten,* deren Gehalt und Tragweite im Einzelfall unter Berücksichtigung der konkreten Umstände festzulegen sind 78 II 258/260 E. 5. – *Analoge Anwendung* der Bestimmung auf die Sorgfaltspflicht des zahlenden Solidarbürgen gegenüber regresspflichtigen Mitbürgen 66 II 123/126 ff. E. 1. – *Beweis des Schadens:* vgl. 66 II 123/129 f.

2 ***Abs. 1*** Eine *Verminderung von Sicherheiten* liegt nicht nur dann vor, wenn der Gläubiger die Sicherheiten preisgibt oder vernachlässigt, sondern auch, wenn er sie eigenmächtig und zu Unrecht anderweitig verwendet, insbesondere zu unstatthafter Deckung anderer, ihm gegen den Hauptschuldner zustehender Forderungen (in casu Verwendung für eine Vermehrung des Kredits) 48 II 196/210 E.c. Eine Minderung zum Nachteil des Bürgen ist dann gegeben, wenn sich die Sicherheiten während der Zeit, da sie sich in Verwahrung des Gläubigers befanden, verändert haben und nunmehr dem Bürgen nicht mehr die gleichen Möglichkeiten verschaffen, für die von ihm verlangte Zahlung Deckung zu erhalten 64 II 25/28 E. 3. – Soweit nach der Grundpfandverwertung die verspätete Herausgabe des Pfandausfallscheins die Fortführung der Betreibung ohne neuen Zahlungsbefehl (SchKG Art. 158) verunmöglicht, liegt bloss eine *Verminderung von Vorzugsrechten* vor (in casu kein Schaden) 78 II 258/265 E. 8. – *Beispiele:* Unterlassung, ein Retentionsrecht geltend zu machen 64 III 147/156 f. E. 5. – Verzicht auf Pfändungsrechte 66 II 123/129.

3 ***Abs. 2*** Die Bestimmung ist *nicht um der öffentlichen Ordnung* und Sittlichkeit willen aufgestellt; sie schützt lediglich persönliche Interessen des Amtsbürgen selbst 41 II 63/65 E. 2. – Die Einrede der mangelnden Beaufsichtigung des Hauptschuldners darf nicht von vornherein auf die Fälle beschränkt werden, wo es speziell der Mangel der erforderlichen Aufsicht gewesen ist, welcher den Schaden ermöglicht hat, sondern sie muss überall da zugelassen werden, wo die *Ursache der Schädigung* in einem Geschäftsgebaren des Arbeitgebers lag, welches mit den Anforderungen an den Betrieb eines ordentlichen Kaufmannes schlechterdings nicht mehr vereinbar ist 54 II 387/391 E. 2. – Die *Tragweite der Sorgfaltspflicht* ist aufgrund der besonderen Umstände des Einzelfalles und nach den Grundsätzen von Treu und Glauben zu beurteilen 48 II 92/96 E. 1 fr., 54 II 392 ff. E. 4, 5. Werden dem Arbeitnehmer Kompetenzen zugestanden, die ihm nach dem Arbeitsverhältnis nicht zustehen und deren Einräumung der Bürge vernünftigerweise kaum ahnen kann, so verstösst es gegen den Sinn des Vertrages und gegen Treu und Glauben, den Bürgen aus Schädigungen, die hieraus erwachsen, haftbar machen zu wollen (in casu Haftung des Bürgen wegen grober Vernachlässigung der Rücksichten, die der Gläubiger dem Dienst-

bürgen gegenüber hat, verneint) 54 II 387/391 ff. E. 2 ff. Offengelassen, ob der Gläubiger dem Bürgen gegenüber für jedes Verschulden oder nur für Arglist oder grobe Fahrlässigkeit einzustehen hat 54 II 394 E. 5.

__*Abs. 3*__ Die *Herausgabe der Beweismittel und Urkunden* hat mangels anderer Abrede *Zug um Zug* mit der Zahlung des Bürgen zu geschehen. Eine eigentliche Anbietungspflicht trifft den Gläubiger jedoch nicht. Es genügt, dass er sich auf Begehren des zahlenden Bürgen hin zur Herausgabe bereit findet 78 II 258/262 E. 7. – Im Falle von Art. 507 Abs. 2 *(teilweise Befriedigung)* kann dem Gläubiger an sich nicht verwehrt werden, die zur Durchsetzung seiner Restforderung geeigneten Urkunden bis zur vollständigen Befriedigung zu behalten. Leistet jedoch einer von mehreren Bürgen eine Teilzahlung gemäss Art. 504, so muss ihm der Rückgriff auf den Hauptschuldner gemäss Art. 507 oder auf den Mitbürgen gemäss Art. 497 Abs. 2 ermöglicht werden, und er hat daher grundsätzlich Anrecht auf Herausgabe der Beweismittel und Sicherheiten, die für den erlegten Teil der Schuld bestehen, allenfalls auf Teilabtretung oder wenigstens auf beglaubigte Urkundenabschrift 78 II 258/261 f. E. 6. 4

__*Abs. 4*__ Nicht jegliche, sondern allein die *ungerechtfertigte Herausgabeverweigerung* des Bürgschaftsgläubigers vermag den Bürgen zu befreien. Die Bestimmung ist insofern Art. 91 angeglichen und belässt dem Richter für seine Entscheidung Ermessensfreiheit. Es besteht kein sachlicher Grund, den Tatbestand der Herausgabeverweigerung strenger zu beurteilen als denjenigen der Entäusserung (in casu Voraussetzung der ungerechtfertigten Weigerung nicht erfüllt) 78 II 258/262 ff. E. 7. 5

f. Anspruch auf Zahlungsannahme

Art. 504

1 Ist die Hauptschuld fällig, sei es auch infolge Konkurses des Hauptschuldners, so kann der Bürge jederzeit verlangen, dass der Gläubiger von ihm Befriedigung annehme. Haften für eine Forderung mehrere Bürgen, so ist der Gläubiger auch zur Annahme einer blossen Teilzahlung verpflichtet, wenn sie mindestens so gross ist wie der Kopfanteil des zahlenden Bürgen.

2 Der Bürge wird frei, wenn der Gläubiger die Annahme der Zahlung ungerechtfertigterweise verweigert. In diesem Falle vermindert sich die Haftung allfälliger solidarischer Mitbürgen um den Betrag seines Kopfanteils.

3 Der Bürge kann den Gläubiger auch vor der Fälligkeit der Hauptschuld befriedigen, wenn dieser zur Annahme bereit ist. Der Rückgriff auf den Hauptschuldner kann aber erst nach Eintritt der Fälligkeit geltend gemacht werden.

__*Abs. 3*__ Anwendungsfall 106 III 114/116 E. 2 Pra 1981 (Nr. 116) 300. – Der Umstand, dass ein Bürge, der vom drohenden Konkurs des Hauptschuldners Kenntnis hat, sich seiner Bürgschaftsverpflichtung gegenüber dem Gläubiger vorzeitig entledigt, um sich eine Forderung zu verschaffen, die er der Konkursmasse verrechnungsweise entgegenhalten könnte, rechtfertigt für sich allein die Anwendung von SchKG Art. 214 nicht 106 III 114/117 f. E. 4 Pra 1981 (Nr. 116) 300 f. 1

g. Mitteilungspflicht des Gläubigers und Anmeldung im Konkurs und Nachlassverfahren des Schuldners

Art. 505

[1] Ist der Hauptschuldner mit der Bezahlung von Kapital, von Zinsen für ein halbes Jahr oder einer Jahresamortisation sechs Monate im Rückstand, so hat der Gläubiger dem Bürgen Mitteilung zu machen. Auf Verlangen hat er ihm jederzeit über den Stand der Hauptschuld Auskunft zu geben.

[2] Im Konkurs und beim Nachlassverfahren des Hauptschuldners hat der Gläubiger seine Forderung anzumelden und alles Weitere vorzukehren, was ihm zur Wahrung der Rechte zugemutet werden kann. Den Bürgen hat er vom Konkurs und von der Nachlassstundung zu benachrichtigen, sobald er von ihnen Kenntnis erhält.

[3] Unterlässt der Gläubiger eine dieser Handlungen, so verliert er seine Ansprüche gegen den Bürgen insoweit, als diesem aus der Unterlassung ein Schaden entstanden ist.

1 *Abs. 2* Abgrenzung des Konkurses des Hauptschuldners von demjenigen des Solidarschuldners 113 III 128/131.

2 *Abs. 2 und 3* Unterlassung, ein Retentionsrecht geltend zu machen 64 III 147/156 f. E. 5.

2. Verhältnis des Bürgen zum Hauptschuldner a. Recht auf Sicherstellung und Befreiung

Art. 506

Der Bürge kann vom Hauptschuldner Sicherstellung und, wenn die Hauptschuld fällig ist, Befreiung von der Bürgschaft verlangen:

1. **wenn der Hauptschuldner den mit dem Bürgen getroffenen Abreden zuwiderhandelt, namentlich die auf einen bestimmten Zeitpunkt versprochene Entlastung des Bürgen nicht bewirkt;**
2. **wenn der Hauptschuldner in Verzug kommt oder durch Verlegung seines Wohnsitzes in einen andern Staat seine rechtliche Verfolgung erheblich erschwert;**
3. **wenn durch Verschlimmerung der Vermögensverhältnisse des Hauptschuldners, durch Entwertung von Sicherheiten oder durch Verschulden des Hauptschuldners die Gefahr für den Bürgen erheblich grösser geworden ist, als sie bei der Eingehung der Bürgschaft war.**

1 Der Bürge ist nicht befugt, vom Hauptschuldner die Zahlung an den Gläubiger zu verlangen 41 III 94/99.

b. Das Rückgriffsrecht des Bürgen aa. Im Allgemeinen

Art. 507

[1] Auf den Bürgen gehen in demselben Masse, als er den Gläubiger befriedigt hat, dessen Rechte über. Er kann sie sofort nach Eintritt der Fälligkeit geltend machen.

[2] Von den für die verbürgte Forderung haftenden Pfandrechten und andern Sicherheiten gehen aber, soweit nichts anderes vereinbart worden ist, nur diejenigen auf ihn über, die bei Eingehung der Bürgschaft vorhanden waren oder die vom Hauptschuldner nachträglich eigens für diese Forderung bestellt worden sind. Geht infolge bloss teilweiser Bezahlung der

Schuld nur ein Teil eines Pfandrechtes auf den Bürgen über, so hat der dem Gläubiger verbleibende Teil vor demjenigen des Bürgen den Vorrang.

3 Vorbehalten bleiben die besonderen Ansprüche und Einreden aus dem zwischen Bürgen und Hauptschuldner bestehenden Rechtsverhältnis.

4 Wird ein für eine verbürgte Forderung bestelltes Pfand in Anspruch genommen, oder bezahlt der Pfandeigentümer freiwillig, so kann der Pfandeigentümer auf den Bürgen hiefür nur Rückgriff nehmen, wenn dies zwischen dem Pfandbesteller und dem Bürgen so vereinbart oder das Pfand von einem Dritten nachträglich bestellt worden ist.

5 Die Verjährung der Rückgriffsforderung beginnt mit dem Zeitpunkt der Befriedigung des Gläubigers durch den Bürgen zu laufen.

6 Für die Bezahlung einer unklagbaren Forderung oder einer für den Hauptschuldner wegen Irrtums oder Vertragsunfähigkeit unverbindlichen Schuld steht dem Bürgen kein Rückgriffsrecht auf den Hauptschuldner zu. Hat er jedoch die Haftung für eine verjährte Schuld im Auftrag des Hauptschuldners übernommen, so haftet ihm dieser nach den Grundsätzen über den Auftrag.

Rückgriffsrecht gegen die Mitbürgen: siehe unter Art. 497 Abs. 2. 1

Abs. 1 Die Mitteilung des Gläubigers an einen Solidarschuldner, die Hauptschuld sei durch Zahlung zweier anderer Solidarbürgen getilgt, bedeutet nach der Bestimmung Fortbestand der Hauptschuld unter Eintritt eines Gläubigerwechsels (und nicht Befreiung von der Bürgschaftsverpflichtung) 95 II 242/246 ff. E. 1. – Rechtsmissbräuchliche Berufung auf die Subrogation 60 II 100/109. – Die Bedeutung dieser Subrogation erschöpft sich darin, dass der Bürge vom Hauptschuldner grundsätzlich die Rückerstattung dessen verlangen kann, was er an seiner Stelle dem Gläubiger geleistet hat 45 III 107/110. 2

Abs. 1 und 2 Aus Art. 507 Abs. 2 ergibt sich, dass die Subrogation gemäss Art. 507 Abs. 1 die Pfandrechte umfasst 94 III 1/3 E. 1 Pra 1968 (Nr. 89) 327. 3

Abs. 5 Aus dieser und analogen Sonderbestimmungen lässt sich keine allgemeine Verjährungsbestimmung für Regressansprüche ableiten 115 II 42/50. 4

bb. Anzeigepflicht des Bürgen

Art. 508

1 Bezahlt der Bürge die Hauptschuld ganz oder teilweise, so hat er dem Hauptschuldner Mitteilung zu machen.

2 Unterlässt er diese Mitteilung und bezahlt der Hauptschuldner, der die Tilgung nicht kannte und auch nicht kennen musste, die Schuld gleichfalls, so verliert der Bürge seinen Rückgriff auf ihn.

3 Die Forderung gegen den Gläubiger aus ungerechtfertigter Bereicherung bleibt vorbehalten.

C. Beendigung der Bürgschaft I. Dahinfallen von Gesetzes wegen

Art. 509

[1] Durch jedes Erlöschen der Hauptschuld wird der Bürge befreit.

[2] Vereinigen sich aber die Haftung als Hauptschuldner und diejenige aus der Bürgschaft in einer und derselben Person, so bleiben dem Gläubiger die ihm aus der Bürgschaft zustehenden besondern Vorteile gewahrt.

[3] Jede Bürgschaft natürlicher Personen fällt nach Ablauf von 20 Jahren nach ihrer Eingehung dahin. Ausgenommen sind die gegenüber der Eidgenossenschaft oder ihren öffentlich-rechtlichen Anstalten oder gegenüber einem Kanton für öffentlich-rechtliche Verpflichtungen, wie Zölle, Steuern u.dgl., und für Frachten eingegangenen Bürgschaften sowie die Amts- und Dienstbürgschaften und die Bürgschaften für periodisch wiederkehrende Leistungen.

[4] Während des letzten Jahres dieser Frist kann die Bürgschaft, selbst wenn sie für eine längere Frist eingegangen worden ist, geltend gemacht werden, sofern der Bürge sie nicht vorher verlängert oder durch eine neue Bürgschaft ersetzt hat.

[5] Eine Verlängerung kann durch schriftliche Erklärung des Bürgen für höchstens weitere zehn Jahre vorgenommen werden. Diese ist aber nur gültig, wenn sie nicht früher als ein Jahr vor dem Dahinfallen der Bürgschaft abgegeben wird.

[6] Wird die Hauptschuld weniger als zwei Jahre vor dem Dahinfallen der Bürgschaft fällig, und konnte der Gläubiger nicht auf einen frühern Zeitpunkt kündigen, so kann der Bürge bei jeder Bürgschaftsart ohne vorherige Inanspruchnahme des Hauptschuldners oder der Pfänder belangt werden. Dem Bürgen steht aber das Rückgriffsrecht auf den Hauptschuldner schon vor der Fälligkeit der Hauptschuld zu.

1 Auch die Bürgschaft für eine (in casu gemäss ZGB Art. 807) unverjährbare Forderung unterliegt ihrer *eigenen Verjährung* 50 II 401/402 f. fr.

2 ***Abs. 1*** Wenn die Bestimmung vorsieht, dass die Befreiung des Hauptschuldners auch für den Bürgen wirkt, so können damit nur die *ordentlichen Befreiungsgründe* gemeint sein, nicht ganz aussergewöhnliche, durch die wirtschaftlichen und politischen Verhältnisse des Staates bedingte, von dessen Recht die Hauptschuld beherrscht ist (in casu Devisenvorschriften, OR 1911 Art. 501; siehe nun auch den neuen Art. 501 Abs. 4) 60 II 294/306 E.a. – *Anwendungsfälle:* Löschung des verbürgten Schuldbriefes im Grundbuch (in casu Rechtsirrtum der Parteien, die glaubten, die für die Schuldbriefforderung eingegangene Bürgschaft werde davon nicht berührt) 64 II 284/286 f. E. 2a; Novation der Hauptschuld 64 II 284/287 ff. E. b, d. – *Kein Rechtsmissbrauch* des Bürgen, wenn er sich auf den Untergang der Forderung und damit der Bürgschaft beruft, der ohne jedes Zutun von seiner Seite ausschliesslich infolge einer Handlung des Gläubigers, sei es aus Unachtsamkeit, sei es aus mangelnder Rechtskenntnis, sei es aus irgendeinem anderen Grunde eingetreten ist (OR 1911 Art. 501, ZGB Art. 2) 64 II 284/289 f. E. 3a. – Kein Erlöschen der Hauptschuld und demzufolge keine Befreiung des Bürgen, wenn die Schuld aus *Grundpfandverschreibung* oder aus *Schuldbrief* im *Konkursverfahren* dem Erwerber des Grundstückes überbunden wird (auch keine Anwendbarkeit von Art. 178 Abs. 2) 47 III 141/146 f. E. 2. – Mit dem *Wiederinkrafttreten der Hauptschuld* gemäss SchKG Art. 291 Abs. 2 lebt auch die dafür eingegangene Bürgschaft wieder auf 64 III 147/149 ff. E. 1–4. – Dahinfallen der Bürgschaft aufgrund eines (formfreien) Aufhebungsvertrages im Sinne von Art. 115 zwischen Gläubiger und Bürge 126 III 375/379 E. 2d fr.

Abs. 2 Die gesetzliche Frist von 20 Jahren ist eine Verwirkungsfrist, weswegen die Frage, ob diese Frist im Einzelfall bereits abgelaufen ist oder nicht, von Amtes wegen untersucht wird. Zur Wahrung seines Anspruchs gegen den Bürgen genügt es, dass der Gläubiger die Bürgschaft vor Ablauf der Verwirkungsfrist rechtlich geltend macht und den eingeschlagenen Rechtsweg (Betreibung oder Klage) ohne erhebliche Unterbrechung verfolgt. Tut er dies, so hat er die Verwirkung der Bürgschaft nicht mehr zu befürchten, auch wenn die 20-jährige Frist des Art. 509 Abs. 3 während des Verfahrens abläuft 4C.23/2002 (1.7.02) E. 2.3 fr. 3

II. Bürgschaft auf Zeit; Rücktritt

Art. 510

[1] Ist eine zukünftige Forderung verbürgt, so kann der Bürge die Bürgschaft, solange die Forderung nicht entstanden ist, jederzeit durch eine schriftliche Erklärung an den Gläubiger widerrufen, sofern die Vermögensverhältnisse des Hauptschuldners sich seit der Unterzeichnung der Bürgschaft wesentlich verschlechtert haben oder wenn sich erst nachträglich herausstellt, dass seine Vermögenslage wesentlich schlechter ist, als der Bürge in guten Treuen angenommen hatte. Bei einer Amts- oder Dienstbürgschaft ist der Rücktritt nicht mehr möglich, wenn das Amts- oder Dienstverhältnis zustande gekommen ist.

[2] Der Bürge hat dem Gläubiger Ersatz zu leisten für den Schaden, der ihm daraus erwächst, dass er sich in guten Treuen auf die Bürgschaft verlassen hat.

[3] Ist die Bürgschaft nur für eine bestimmte Zeit eingegangen, so erlischt die Verpflichtung des Bürgen, wenn der Gläubiger nicht binnen vier Wochen nach Ablauf der Frist seine Forderung rechtlich geltend macht und den Rechtsweg ohne erhebliche Unterbrechung verfolgt.

[4] Ist in diesem Zeitpunkt die Forderung nicht fällig, so kann sich der Bürge nur durch Leistung von Realsicherheit von der Bürgschaft befreien.

[5] Unterlässt er dies, so gilt die Bürgschaft unter Vorbehalt der Bestimmung über die Höchstdauer weiter, wie wenn sie bis zur Fälligkeit der Hauptschuld vereinbart worden wäre.

Abs. 3 Art. 510 Abs. 3 ist eine zwingende Gesetzesvorschrift im Sinne des Art. 492 Abs. 4, von der nicht zuungunsten des Bürgen abgewichen werden kann 4C.114/2003 (15.10.03) E. 2.2. 1

Bürgschaft auf Zeit ist nur anzunehmen, wenn die *Bürgschaft selber* (und nicht die verbürgte Forderung) befristet ist (mittels eines Datums oder einer bestimmten, mindestens aber bestimmbaren Frist 125 III 435/437 E. 2a/bb Pra 2000 (Nr. 120) 708, und nicht schon, wenn die Bürgschaft für eine Hauptschuld übernommen wird, die während einer bestimmten Zeit begründet 125 III 435/437 E. 2a/bb Pra 2000 (Nr. 120) 708 (in casu Sollsaldo im Kontokorrentverhältnis) oder auf einen bestimmten Zeitpunkt fällig wird 50 II 245/247 E. 2a it. JdT 72 I 503 E.a. Mit Blick auf die Garantiefunktion ist im Zweifelsfall unbefristete Bürgschaft zu vermuten (Umkehr der Beweislast), sodass die Befristung vom Bürgen zu beweisen ist 125 III 435/438 E. 2a/bb Pra 2000 (Nr. 120) 708; dieser Beweis kann auch mit andern Mitteln als dem Bürgschein erbracht werden 50 II 245/248 ff. E. b it. JdT 72 I 503 ff. E.b. 2

3 **Rechtliche Geltendmachung.** Die blosse Mahnung reicht nicht aus; es bedarf des Betreibungsbegehrens, der gerichtlichen Klage oder der Eingabe im Konkurs 4C.114/2003 (15.10.03) E. 2.3. Dabei erfasst Art. 510 Abs. 3 bei der einfachen Bürgschaft nur die verbürgte Hauptforderung, nicht auch die subsidiäre Bürgschaftsforderung. Ist eine rechtliche Belangung des Hauptschuldners vorausgegangen, genügt eine blosse Anzeige an den (einfachen) Bürgen. Diese Anzeige kann schon bei laufender Belangung des Hauptschuldners, muss aber – abweichende Parteivereinbarung vorbehalten – innert vier Wochen (Art. 510 Abs. 3 analog) nach beendetem Vorgehen gegen den Hauptschuldner erfolgen 125 III 322/325 ff. E. 3a–d. Anders verhält es sich bei der Solidarbürgschaft (Art. 496), soweit keine Bereinigung der Hauptforderung vorausgegangen ist. In diesem Fall ist die Bürgschaftsforderung innert der Frist des Art. 510 Abs. 3 rechtlich geltend zu machen 4C.114/2003 (15.10.03) E. 3.3.

4 **Begriff der erheblichen Unterbrechung.** Die Rechtsprechung legt einen strengen Massstab an 125 III 322/324 E. 2. Was eine erhebliche Unterbrechung darstellt, bestimmt sich danach, was von einem sorgfältigen und umsichtigen Geschäftsmann unter Berücksichtigung der Umstände im Einzelfall in guten Treuen erwartet werden darf 4C.2/2004 (9.6.04) E. 2.3.1 fr. Eine schematische Regel, wann eine Unterbrechung der Rechtsverfolgung als erheblich zu gelten habe, besteht indes nicht. Aus der vierwöchigen Frist für die Aufnahme der Rechtsverfolgung lässt sich jedoch einigermassen die Beschleunigung ableiten, mit welcher der Gläubiger die ganze Rechtsverfolgung durchzuführen hat (Beschleunigungsgebot). Der Gläubiger ist dem Bürgen gegenüber zu besonderer Sorgfalt verpflichtet; sein Vorgehen darf nicht bloss am Massstab eines sorgfältigen Gläubigers, der seine eigenen Interessen vertritt, gemessen werden. Bei Untätigkeit der angerufenen Behörde hat der Gläubiger allenfalls zu mahnen. Rein zeitlich ist eine über sechs Monate dauernde Unterbrechung des Rechtsweges ohne Zweifel wesentlich. Eine längere Unterbrechung kann jedoch aufgrund besonderer Umstände gerechtfertigt sein. Zudem kann der Bürge selber einer Verlängerung des Verfahrens zustimmen 108 II 199/201 f. E. 3 fr., 125 III 322/324 E. 2, grundlegend 64 II 191/193 ff. E. 3, 4. – Das Beschleunigungsgebot ist nur auf die Verfolgung der Haupt-, nicht auch der (subsidiären) Bürgschaftsforderung anwendbar. Es genügt, wenn der Gläubiger dem Bürgen nach Belangung des Hauptschuldners (vorbehältlich anderer Abrede) innert nützlicher Frist anzeigt, dass er die Bürgschaft geltend macht. Analoge Anwendung der Vierwochenfrist 125 III 322/325 ff. E. 3a–d.

5 **Verwirkungsfrist.** 61 II 148/154 E.c.

6 **Befreiung des Bürgen.** Siehe unter Art. 511 Abs. 3.

7 ***<u>Abs. 4 und 5</u>*** Zulässigkeit einer Vertragsbestimmung, wonach die Bürgschaft für Forderungen, die bei Ablauf der Vertragsdauer nicht fällig sind, nur dann weitergelten soll, wenn der Gläubiger dies dem Bürgen innert bestimmter Frist mitteilt 108 II 199/203 E. 4a fr.

III. Unbefristete Bürgschaft

Art. 511

[1] Ist die Bürgschaft auf unbestimmte Zeit eingegangen, so kann der Bürge nach Eintritt der Fälligkeit der Hauptschuld vom Gläubiger verlangen, dass er, soweit es für seine Belangbarkeit Voraussetzung ist, binnen vier Wochen die Forderung gegenüber dem Hauptschuldner rechtlich geltend macht, die Verwertung allfälliger Pfänder einleitet und den Rechtsweg ohne erhebliche Unterbrechung verfolgt.

[2] Handelt es sich um eine Forderung, deren Fälligkeit durch Kündigung des Gläubigers herbeigeführt werden kann, so ist der Bürge nach Ablauf eines Jahres seit Eingehung der Bürgschaft zu dem Verlangen berechtigt, dass der Gläubiger die Kündigung vornehme und nach Eintritt der Fälligkeit seine Rechte im Sinne der vorstehenden Bestimmung geltend mache.

[3] Kommt der Gläubiger diesem Verlangen nicht nach, so wird der Bürge frei.

Anwendbarkeit. Die Bestimmung ist auch auf *Solidarbürgschaften* anwendbar, in dem Sinne, dass der Rechtsweg alsdann vom Gläubiger gleichzeitig gegen den Hauptschuldner und den Bürgen beschritten werden kann oder auch nur gegen den Letzteren allein 54 II 289/292 E. 4, vgl. auch 54 III 153/157 f., 4C.58/2003 (8.7.03) E. 2.3.1 fr. – Keine Anwendung auf das Regressverhältnis zwischen den Mitbürgen 66 II 123/126 ff. E. 1. 1

Abs. 1 und 2 Nach der Bestimmung kann der Bürge nicht die Entlassung aus der Bürgschaft, sondern lediglich die *Liquidation der Hauptschuld* verlangen, woraus sich dann je nachdem seine Zahlungspflicht oder seine Befreiung ergibt 64 II 191/192 E. 1. – Die *Aufforderung des Bürgen* bedarf keiner besonderen Form, und es darf kein zu strenger Massstab an sie angelegt werden (in casu genügte die irrtümliche Anrufung von OR 1911 Art. 502 = neu Art. 510 Abs. 3; OR 1911 Art. 503) 54 II 289/293 f. Immerhin muss die Aufforderung inhaltlich genügend deutlich sein, dass daraus der Wille des Bürgen hervorgeht, vom Gläubiger ein Vorgehen nach Art. 511 zu verlangen 4C.58/2003 (8.7.03) E. 2.3.1 fr.; ein Hinweis auf die Bestimmung (ohne deren Inhalt wiederzugeben) mag genügen, jedoch nicht ein blosses Entlassungsgesuch oder eine «Kündigung» der Bürgschaft 64 II 191/192 E. 1, bestätigt in 4C.220/2005 (2.12.05) E. 2 fr. Nicht notwendig ist, dass die Aufforderung des Bürgen die Ansetzung der Frist von vier Wochen enthält 4C.58/2003 (8.7.03) E. 2.3.1 fr. – Begriff der *erheblichen Unterbrechung* der Rechtsverfolgung: siehe unter Art. 510 Abs. 3. 2

Abs. 3 Die Bestimmung setzt für die Befreiung des Bürgen nicht den Nachweis eines Schadens voraus, sondern stellt allein auf die Tatsache der erheblichen Unterbrechung als solche ab 64 II 191/197 E. 4d, vgl. auch 108 II 199/201 ff. E. 3. 3

IV. Amts- und Dienstbürgschaft

Art. 512

[1] Eine auf unbestimmte Zeit eingegangene Amtsbürgschaft kann unter Wahrung einer Kündigungsfrist von einem Jahr auf das Ende einer Amtsdauer gekündigt werden.

[2] Besteht keine bestimmte Amtsdauer, so kann der Amtsbürge die Bürgschaft je auf das Ende des vierten Jahres nach dem Amtsantritt unter Wahrung einer Kündigungsfrist von einem Jahr kündigen.

[3] Bei einer auf unbestimmte Zeit eingegangenen Dienstbürgschaft steht dem Bürgen das gleiche Kündigungsrecht zu wie dem Amtsbürgen bei unbestimmter Amtsdauer.

[4] Gegenteilige Vereinbarungen bleiben vorbehalten.

Einundzwanzigster Titel
Spiel und Wette

A. Unklagbarkeit der Forderung

Art. 513

[1] Aus Spiel und Wette entsteht keine Forderung.

[2] Dasselbe gilt von Darlehen und Vorschüssen, die wissentlich zum Behufe des Spieles oder der Wette gemacht werden, sowie von Differenzgeschäften und solchen Lieferungsgeschäften über Waren oder Börsenpapiere, die den Charakter eines Spieles oder einer Wette haben.

▪ Allgemeines (1) ▪ Verhältnis zum Strafrecht (2) ▪ Abs. 1 Begriff des Spiels (3) ▪ Abs. 2 Vorschüsse zu Spielzwecken (4) ▪ Differenzgeschäfte/Lieferungsgeschäfte mit Spielcharakter (5)

Allgemeines. Ob ein Geschäft Spielcharakter hat, ist *von Amtes wegen* zu prüfen 39 II 524/527 E. 1 fr. – Das Leistungsversprechen, das unter die Bestimmung fällt, begründet lediglich eine *unvollkommene Obligation* mit der Wirkung, dass die Schuldverpflichtung durch freiwillige Zahlung des Schuldners gültig erfüllt werden kann, das Recht des Gläubigers auf Leistung aber nicht erzwingbar ist 94 IV 14/14 f. Daraus ergibt sich, dass der Gewinner die ihm versprochene Summe weder verlangen noch einklagen noch in sonstiger Weise (z.B. durch Verrechnung) gegen den Willen des Verlierers sich verschaffen kann. Wenn aber der Verlierer sein Wort hält und freiwillig zahlt, so sieht das Gesetz darin ein korrektes Verhalten 126 IV 165/174 E. 3c. – Auch wenn das Vorgehen der Partei, vom Standpunkt der geschäftlichen Anständigkeit und kaufmännischen Ehre betrachtet, zu missbilligen ist, liegt in der Erhebung der Spieleinrede *kein Verstoss gegen Treu und Glauben* 61 II 114/120. 1

Verhältnis zum Strafrecht. Die zivilrechtliche Unklagbarkeit von Spielforderungen schliesst Betrug bei Spielgeschäften, insbesondere die betrügerische Erwirkung von Darlehen zu Spielzwecken, nicht aus 93 IV 14/15. – Wer ein für ein Spiel gewährtes Darlehen zu einem anderen Zweck verwendet, erfüllt nicht den Tatbestand der Veruntreuung 129 IV 257/261 Pra 2004 (Nr. 15) 71. 2

Abs. 1 **Begriff des Spiels.** Darunter fällt der Vertrag, mit dem sich die Parteien ohne wirtschaftlichen Grund gegenseitig und unter einer entgegengesetzten Bedingung eine bestimmte Leistung in der Weise versprechen, dass es auf jeden Fall einen Gewinner und einen Verlierer gibt, welche durch die Erfüllung oder das Ausbleiben der Bedingung bestimmt werden. (Offengelassen, ob ein Spiel i.S. der Bestimmung nur bei demjenigen vorliegt, der seinen Einsatz riskiert, und ob demzufolge bei organisierten Geldspielen wie dem Roulette der Bankier nicht spielt.) 77 II 45/47 E. 3 fr., 126 III 534/537 E. 2a fr., 126 IV 165/174 E. 3c. – Die Grenze zwischen der Spielregel, die keiner Rechtskontrolle durch staatliche Instanzen unterliegen kann, und der Rechtsnorm ist fliessend 103 Ia 410/412. Im Bereich des Sports ergibt sich dies aus der Tatsache, dass die in den Reglementen enthaltenen Bestimmungen sehr verschiedene Gegenstände betreffen. Abgrenzung zwischen Spielregel und Rechtsnorm im Zusammenhang mit Einschreibebedingungen bei einem 3 sportlichen Wettkampf 118 II 12/15 ff. E. 2 fr., 119 II 271/280 f. E. 3c fr. (in casu statutarische Strafen, die einer richterlichen Kontrolle zugänglich sind), 120 II 369/370 f. E. 2c fr. (in casu statutarische Strafe; der Abgrenzung zwischen Spielregel und Rechtsnorm kommt dann keine Bedeutung zu, wenn Persönlichkeitsrechte verletzt sind). Die richterliche Prüfung einer Vereinssanktion bleibt für Fälle vorbehalten, wo diese das Ergebnis eines Spiels oder eines Wettkampfes zwar beeinflusst, der Tatbestand jedoch, an den die Sanktion anknüpft, nichts mit dem Wettkampf, sondern mit allgemeinen Spieler- oder Spielervereinspflichten zu tun hat 108 II 15/21, 118 II 12/16 E. 2b fr. – Die Bestimmung wird durch Art. 515a derogiert, soweit es um Forderungen geht, die aus Glücksspielen in behördlich bewilligten Spielbanken entstehen 126 III 534/539 E. 2c Pra 2001 (Nr. 120) 720.

4 ***Abs. 2*** **Vorschüsse zu Spielzwecken.** Offengelassen, ob auch eine als Sicherheit zur Deckung zukünftiger Verluste geleistete Zahlung darunterfällt 77 II 45/47 E. 3 fr. *Darlehen zu Spielzwecken.* Das Eidgenössische Versicherungsgericht betrachtet eine Darlehensgewährung bei einem Versicherten als (sozialversicherungsrechtlich relevanten) Vermögensverzicht, wenn er das Darlehen als Spieldarlehen im Sinne von Art. 513 Abs. 2 übergibt, dem die Klagbarkeit wesensgemäss entzogen ist P 12/2001 (9.8.01) E. 2.1.

5 **Differenzgeschäfte/Lieferungsgeschäfte mit Spielcharakter.** Das Lieferungsgeschäft mit Spielcharakter unterscheidet sich weder in seiner äusseren Erscheinung noch in seiner Funktion vom ernsthaften Termingeschäft. Ergibt sich aus den gesamten Umständen das Vorwiegen des rein aleatorischen Elementes und die für den Börsenagenten leicht erkennbare Absicht des Spekulanten, einen zur Hauptsache auf dem Zufall beruhenden Gewinn aus der Kursdifferenz zu erzielen, so ist ein blosses Spiel anzunehmen. Als Indizien für die Spielabsicht des Spekulanten kommen dabei in Betracht: das Fehlen jedes Zusammenhanges zwischen der Spekulation und dem Beruf oder Geschäft des Spekulanten; das Fehlen von Kenntnissen im Börsenwesen; die Wahl- und Planlosigkeit im Abschluss der Geschäfte, wie z.B. die gleichzeitige Spekulation la hausse und la baisse; der Abschluss von Geschäften über Warenmengen, die auf dem Markt überhaupt nicht erhältlich sind; das Missverhältnis zwischen den Mitteln des Spekulanten und dem normalerweise zu überblickenden Verlustrisiko und dergleichen (sog. Differenzumstände). Für ein ernsthaftes Geschäft sprechen die effektive Lieferung der gehandelten Waren oder Wertpapiere, der Zusammenhang mit einem unstreitig ernsthaften Geschäft und dergleichen 65 II 21/25 ff. E. 5 (Änderung der Rechtsprechung, wonach das Kriterium des vertraglichen Ausschlusses der Effektivlieferung massgebend war), 78 II 61/65 E. 2 fr. – Gegen den Spielcharakter spricht bereits, wenn der Spekulant nicht gerade als Neuling in den betreffenden Börsengeschäften zu betrachten ist. Im Interesse der Verkehrssicherheit ist bei *Termingeschäften,* die über eine Börse oder einen anderen organisierten Handel abgewickelt werden, der Spieleinwand nur unter besonders strengen Voraussetzungen zuzulassen. Es gilt die Vermutung, ein Termingeschäft sei nicht in Spielabsicht geschlossen worden; die den Spieleinwand erhebende Partei hat demnach einerseits die eigene Spielabsicht sowie andererseits deren leichte Erkennbarkeit für die Gegenpartei zu beweisen 120 II 42/44 f. – Beim *reinen Differenzgeschäft* versprechen sich die Parteien gegenseitig, dass der Verlierer dem Gewinner den Preisunterschied zwischen dem vertraglich abgemachten Preis und dem Börsenpreis an einem bestimmten späteren Zeitpunkt, dem Stichtag, zu

zahlen habe. Beim *verschleierten Differenzgeschäft* bildet zwar wie beim reinen Differenzgeschäft nur die Preisdifferenz den Vertragsinhalt, aber der Vertrag ist in die Form eines fixen Lieferungsgeschäftes gekleidet 65 II 21/25 f. E. 5.

B. Schuldverschreibungen und freiwillige Zahlung

Art. 514

[1] Eine Schuldverschreibung oder Wechselverpflichtung, die der Spielende oder Wettende zur Deckung der Spiel- oder Wettsumme gezeichnet hat, kann trotz erfolgter Aushändigung, unter Vorbehalt der Rechte gutgläubiger Dritter aus Wertpapieren, nicht geltend gemacht werden.

[2] Eine freiwillig geleistete Zahlung kann nur zurückgefordert werden, wenn die planmässige Ausführung des Spieles oder der Wette durch Zufall oder durch den Empfänger vereitelt worden ist, oder wenn dieser sich einer Unredlichkeit schuldig gemacht hat.

Abs. 1 Bei einer *Neuerung* durch Anerkennung des Kontokorrentsaldos bleibt die Einrede der Unklagbarkeit der Forderungen aus Spiel und Wette grundsätzlich vorbehalten (Frage offengelassen für den Fall, dass der anerkannte Saldo nur teilweise Spielforderungen betrifft) 44 II 154/156 f. E. 2 fr. 1

Abs. 2 Grundsätzlich verbietet das Gesetz die Rückforderung des gezahlten Spielverlustes 126 IV 165/175 E. 3c. – Das Rückforderungsrecht setzt nicht voraus, dass der Verlierer seine Schuld erst nachträglich beglichen hat. Eine *vor oder während des Spiels vorgenommene Zahlung* fällt nicht notwendigerweise unter Art. 513 Abs. 2. Wer seinen Einsatz im Voraus bei einem Dritten zuhanden des Gewinners hinterlegt, kann diesen so lange zurückfordern, als ihn der Letztere nicht in Empfang genommen hat 77 II 45/47 f. E. 4 Pra 1951 (Nr. 70) 198. – Nicht als Zahlung (und auch nicht als Vorschuss) gilt die *Leistung von Sicherheiten* 39 II 527/528 E. 2 fr. 2

C. Lotterie- und Ausspielgeschäfte

Art. 515

[1] Aus Lotterie- oder Ausspielgeschäften entsteht nur dann eine Forderung, wenn die Unternehmung von der zuständigen Behörde bewilligt worden ist.

[2] Fehlt diese Bewilligung, so wird eine solche Forderung wie eine Spielforderung behandelt.

[3] Für auswärts gestattete Lotterien oder Ausspielverträge wird in der Schweiz ein Rechtsschutz nur gewährt, wenn die zuständige schweizerische Behörde den Vertrieb der Lose bewilligt hat.

Begriff der Lotterie: vgl. 69 I 278/278 ff.; 132 IV 76/76 («Schenkkreis» als lotterieähnliche Unternehmung im Sinne der LV Art. 43 Ziff. 1). 1

D. Spiel in Spielbanken, Darlehen von Spielbanken

Art. 515a

Aus Glücksspielen in Spielbanken entstehen klagbare Forderungen, sofern die Spielbank von der zuständigen Behörde genehmigt wurde.

1 Die Bestimmung derogiert Art. 513 Abs. 1, soweit es um Forderungen geht, die aus Glücksspielen in behördlich bewilligten Spielbanken entstehen 126 III 534/539 E. 2c Pra 2001 (Nr. 120) 720 (keine Unvereinbarkeit mit dem schweizerischen Ordre public bei einem ausländischen Urteil über eine in einer bewilligten Spielbank eingegangene Spielschuld).

Zweiundzwanzigster Titel
Der Leibrentenvertrag und die Verpfründung

A. Leibrentenvertrag

Vorb. Art. 516–520

Die in einer Scheidungskonvention vereinbarte Rente hat, auch wenn sie von den Parteien frei vereinbart worden ist, ihren Rechtsgrund im Scheidungsrecht und unterscheidet sich daher in wesentlicher Hinsicht von den Leibrenten i.S.v. Art. 516 ff. 100 II 1/3. – Analoge Anwendung der Bestimmungen auf richterlich oder durch Verfügung von Todes wegen begründete Renten 110 Ib 234/245 E.d. 1

I. Inhalt

Art. 516

[1] Die Leibrente kann auf die Lebenszeit des Rentengläubigers, des Rentenschuldners oder eines Dritten gestellt werden.

[2] In Ermangelung einer bestimmten Verabredung wird angenommen, sie sei auf die Lebenszeit des Rentengläubigers versprochen.

[3] Eine auf die Lebenszeit des Rentenschuldners oder eines Dritten gestellte Leibrente geht, sofern nicht etwas anderes verabredet ist, auf die Erben des Rentengläubigers über.

Abs. 1 **Begriff der Rente/Leibrente.** Unter einer Rente im weitesten Sinne ist jede der Höhe nach festgelegte – meist, aber nicht notwendigerweise in Geld bestehende – Leistung zu verstehen, der eine gesetzliche oder vertragliche Verpflichtung zugrunde liegt und die sich in regelmässigen Abständen bis zu einem bestimmten Zeitpunkt wiederholt, wobei mitunter – wie im Falle der Leibrente – ungewiss ist, wann dieser Zeitpunkt eintritt. Der Vertrag, der das Recht auf eine Rente begründet, kann entgeltlich oder unentgeltlich sein. Beruht der Rentenanspruch auf einem Schenkungsversprechen (Art. 243), so sind die für die Schenkung geltenden besonderen Vorschriften (Art. 250 f., ZGB Art. 19) anwendbar, sodass insbesondere die schriftliche Form nach Art. 243 erforderlich ist, selbst wenn es sich nicht um eine unter Art. 517 fallende Leibrente handelt 100 Ib 287/290 E. 4a Pra 1975 (Nr. 14) 40 f. Die Leibrente ist eine an das Leben einer (oder mehrerer) Person(en) geknüpfte Verpflichtung zur Leistung zeitlich wiederkehrender, in der Regel gleichbleibender Zahlungen, zumeist in Form von Geld, an den Rentengläubiger; stirbt die versicherte Person, endet die Rentenverpflichtung und fällt ein noch vorhandenes Kapital an den Rentenschuldner, sofern keine Rückgewähr verabredet ist 138 II 311/312 E. 2.1. 1

Weiteres. Der Leibrentenvertrag fällt unter den Begriff der *Sukzessivlieferungsverpflichtung* 82 II 441/442 E. 3 Pra 1956 (Nr. 178) 592. – Anwendungsfall der *clausula rebus sic stantibus* (Aufwertung der Rentenleistung bei Geldentwertung) 53 II 76/79 ff. E. 3. 2

3 ***Abs. 2*** Die Bestimmung ist auf eine in einer Scheidungskonvention vereinbarte Rente nicht ohne Weiteres anwendbar 100 II 1/3. Siehe auch unter Vorb. Art. 516–520.

II. Form der Entstehung

Art. 517

Der Leibrentenvertrag bedarf zu seiner Gültigkeit der schriftlichen Form.

1 Das beim Abschluss oder während der Dauer des Arbeitsvertrages abgegebene, mit diesem zusammenhängende *Ruhegehaltsversprechen* ist formlos gültig 73 II 226/226 f. – Beim *unentgeltlichen Leibrentenvertrag* genügt es, wenn der Schuldner der Rente die Urkunde unterzeichnet (Art. 13) 110 II 156/161 E. 2d Pra 1984 (Nr. 243) 664.

III. Rechte des Gläubigers 1. Geltendmachung des Anspruchs

Art. 518

[1] Die Leibrente ist halbjährlich und zum voraus zu leisten, wenn nicht etwas anderes vereinbart ist.

[2] Stirbt die Person, auf deren Lebenszeit die Leibrente gestellt ist, vor dem Ablaufe der Periode, für die zum voraus die Rente zu entrichten ist, so wird der volle Betrag geschuldet.

[3] Fällt der Leibrentenschuldner in Konkurs, so ist der Leibrentengläubiger berechtigt, seine Ansprüche in Form einer Kapitalforderung geltend zu machen, deren Wert durch das Kapital bestimmt wird, womit die nämliche Leibrente zur Zeit der Konkurseröffnung bei einer soliden Rentenanstalt bestellt werden könnte.

1 ***Abs. 1*** Ist beim entgeltlichen Leibrentenvertrag der Schuldner mit der Rentenzahlung in Verzug, so kann der Gläubiger vom Vertrag zurücktreten (analoge Anwendbarkeit der Art. 107 ff.) 82 II 441/441 ff. E. 3 Pra 1956 (Nr. 178) 592 ff.

2. Übertragbarkeit

Art. 519

[1] Der Leibrentengläubiger kann, sofern nicht etwas anderes vereinbart ist, die Ausübung seiner Rechte abtreten.

[2] …

1 ***Abs. 1*** Das *Stammrecht* des Rentengläubigers ist nicht abtretbar und daher absolut unpfändbar 64 III 179/180 E. 1 fr., grundlegend 61 III 193/194 f. Hingegen sind *einzelne Rentenforderungen* relativ pfändbar (SchKG Art. 93), zukünftige allerdings nur für die Dauer eines Jahres 64 III 179/181 f. E. 2–4 fr.

2 ***Abs. 2*** Aufgehoben auf den 1. Januar 1997 (AS 1995 1310). Zur Rechtsprechung zur aufgehobenen Bestimmung vgl. Gauch/Aepli/Casanova, OR Besonderer Teil, Rechtsprechung des Bundesgerichts, Art. 184–1186, 3. Aufl., Zürich 1993, und 120 III 121/122 E. 2.

IV. Leibrenten nach dem Gesetz über den Versicherungsvertrag

Art. 520

Die Bestimmungen dieses Gesetzes über den Leibrentenvertrag finden keine Anwendung auf Leibrentenverträge, die unter dem Bundesgesetz vom 2. April 1908 über den Versicherungsvertrag stehen, vorbehältlich der Vorschrift betreffend die Entziehbarkeit des Rentenanspruchs.

Die Bestimmung schliesst die Anwendung der mit dem VVG nicht in Widerspruch stehenden Vorschriften des OR (insb. Art. 519) nicht aus 61 III 193/195 ff. 1

B. Verpfründung I. Begriff

Art. 521

[1] Durch den Verpfründungsvertrag verpflichtet sich der Pfründer, dem Pfrundgeber ein Vermögen oder einzelne Vermögenswerte zu übertragen, und dieser, dem Pfründer Unterhalt und Pflege auf Lebenszeit zu gewähren.

[2] Ist der Pfrundgeber als Erbe des Pfründers eingesetzt, so steht das ganze Verhältnis unter den Bestimmungen über den Erbvertrag.

Abs. 1 Der Verpfründungsvertrag ist ein zweiseitiger Vertrag, bei dem die Leistung des Pfründers den Unterhalt und die Pflege, die der Pfrundgeber ihm zu gewähren hat, zumindest teilweise aufwiegt 133 V 265/274 E. 6.3.1 fr. (Abgrenzung zur Schenkung). Es kann vereinbart werden, dass der Pfründer anstelle der Naturalleistungen die Ausrichtung einer *Rente* verlangen kann. Für die Qualifikation des Vertrages ist auch unerheblich, dass der Pfrundgeber allenfalls neben der Gewährung von Unterhalt und Pflege an die Pfründer noch *weitere Leistungen* erbringen muss 105 II 43/45 E. 2, grundlegend (in casu war ein «Kaufvertrag», durch den eine Liegenschaft übertragen wurde, gegen die Hauptverpflichtung zur Gewährung von Pflege und Unterhalt auf Lebenszeit, als Verpfründungsvertrag zu betrachten) 67 II 149/155 f. E. 1. Aus Art. 526 ergibt sich, dass der Verpfründungsvertrag nicht notwendigerweise die Gleichwertigkeit der beidseitigen Leistungen voraussetzt und eine Schenkungsabsicht einer Partei nicht ausschliesst 44 II 343/346 fr. – Die *Übertragung von Vermögen* oder Vermögenswerten braucht nicht zu Eigentum zu erfolgen 44 II 343/345 fr. – Ein Verpfründungsvertrag ist trotz *Beurkundung eines zu niedrigen Grundstückpreises* als gültig zu behandeln, wenn die Berufung auf den Formmangel gegen Treu und Glauben verstösst (in casu bejaht) 98 II 313/315 f. E. 2. – Der Anspruch des Pfrundgebers auf Übertragung der Liegenschaft des Pfründers untersteht der zehnjährigen *Verjährungsfrist* (Art. 127) 89 II 256/260 E. 3. 1

Abs. 2 Von einem gemäss der Bestimmung den Vorschriften über den Erbvertrag unterstehenden Verhältnis kann nur dann gesprochen werden, wenn darin eine Verfügung erbrechtlicher Natur getroffen, also z.B. der Pfrundgeber als Erbe eingesetzt oder mit einem Vermächtnis bedacht worden ist 45 II 371/375 E. 1. – Siehe auch unter Art. 525 Abs. 3. 2

II. Entstehung 1. Form

Art. 522

[1] Der Verpfründungsvertrag bedarf zu seiner Gültigkeit, auch wenn keine Erbeinsetzung damit verbunden ist, derselben Form wie der Erbvertrag.

[2] Wird der Vertrag mit einer staatlich anerkannten Pfrundanstalt zu den von der zuständigen Behörde genehmigten Bedingungen abgeschlossen, so genügt die schriftliche Vereinbarung.

1 ***Abs. 1*** Auch ein aus Elementen der Verpfründung und des Kaufs *gemischter Vertrag* untersteht der Formvorschrift der Bestimmung 105 II 43/45 E. 2. – Die *Formerfordernisse* für den Erbvertrag finden sich in ZGB Art. 512 und 499 ff. Beim Verpfründungsvertrag muss sich die Zeugenbestätigung gemäss ZGB Art. 501 Abs. 2 auf beide Vertragsparteien beziehen 105 II 43/45 ff. E. 3, 4. – *Missbräuchliche Berufung* der Erben des Pfründers auf die Formvorschrift, wenn ihr Rechtsvorgänger nach Abschluss des Vertrages, durch den Pfrundleistungen versprochen wurden, darauf verzichtet hat, diesen als (teilweises) Pfrundverhältnis durchzuführen 99 II 53/54 f. Missbräuchliche Berufung des Pfründers auf Formmangel verneint 67 II 149/159 f. E. 3 (siehe auch unter Art. 11 Abs. 1/Rechtsmissbräuchliche Berufung auf einen Formmangel). – *Beurkundung eines zu niedrigen Grundstückpreises:* siehe unter Art. 521 Abs. 1.

2 Mit der *Nichtigkeit des Verpfründungsvertrages wegen Formmangels* fällt auch die Gültigkeit der Eigentumsübertragung an einer Liegenschaft 67 II 149/158 f. E. 2 oder eines mit dem Verpfründungsvertrag wirtschaftlich und nach der Absicht der Parteien zusammenhängenden anderen Vertrages (in casu behauptete Schenkung) dahin 44 II 343/345 f. fr. Auseinandersetzung hinsichtlich der bereits erbrachten Pfrundleistungen 67 II 149/160 ff. E. 4, 5.

2. Sicherstellung

Art. 523

Hat der Pfründer dem Pfrundgeber ein Grundstück übertragen, so steht ihm für seine Ansprüche das Recht auf ein gesetzliches Pfandrecht an diesem Grundstück gleich einem Verkäufer zu.

III. Inhalt

Art. 524

[1] Der Pfründer tritt in häusliche Gemeinschaft mit dem Pfrundgeber, und dieser ist verpflichtet, ihm zu leisten, was der Pfründer nach dem Wert des Geleisteten und nach den Verhältnissen, in denen er bishin gestanden hat, billigerweise erwarten darf.

[2] Er hat ihm Wohnung und Unterhalt in angemessener Weise zu leisten und schuldet ihm in Krankheitsfällen die nötige Pflege und ärztliche Behandlung.

[3] Pfrundanstalten können diese Leistungen in ihren Hausordnungen unter Genehmigung durch die zuständige Behörde als Vertragsinhalt allgemein verbindlich festsetzen.

Abs. 1 und 2 Der Pfründer muss einerseits geachtet und wie ein Familienmitglied behandelt werden und andererseits die Hausgewalt des Familienhauptes anerkennen und sich der Hausordnung unterstellen, sofern diese auf die Interessen aller Beteiligten in billiger Weise Rücksicht nimmt (ZGB Art. 331 f.) 54 II 380/383 fr. 1

IV. Anfechtung und Herabsetzung

Art. 525

1 Ein Verpfründungsvertrag kann von denjenigen Personen angefochten werden, denen ein gesetzlicher Unterstützungsanspruch gegen den Pfründer zusteht, wenn der Pfründer durch die Verpfründung sich der Möglichkeit beraubt, seiner Unterstützungspflicht nachzukommen.

2 Anstatt den Vertrag aufzuheben, kann der Richter den Pfrundgeber zu der Unterstützung der Unterstützungsberechtigten verpflichten unter Anrechnung dieser Leistungen auf das, was der Pfrundgeber vertragsgemäss dem Pfründer zu entrichten hat.

3 Vorbehalten bleiben ferner die Klage der Erben auf Herabsetzung und die Anfechtung durch die Gläubiger.

Offengelassen, ob SchKG Art. 286 Abs. 2 Ziff. 2 (Schenkungspauliana) auch die Verpfründung erfasst. Auf jeden Fall steht Art. 525 einer ausdehnenden Auslegung nicht entgegen 64 III 179/187 E. 2 fr. 1

Abs. 3 Der Herabsetzung unterliegt die Summe, um welche die dem Pfrundgeber zugekommenen Vermögenswerte die von diesem übernommenen Gegenleistungen schenkungshalber übersteigen. Zur Berechnung ist nicht auf die tatsächlich erbrachten Pfrundleistungen abzustellen, sondern auf die beim Vertragsschluss abschätzbaren Leistungen 45 II 371/378 ff. 2

V. Aufhebung 1. Kündigung

Art. 526

1 Der Verpfründungsvertrag kann sowohl von dem Pfründer als dem Pfrundgeber jederzeit auf ein halbes Jahr gekündigt werden, wenn nach dem Vertrag die Leistung des einen dem Werte nach erheblich grösser ist, als die des andern, und der Empfänger der Mehrleistung nicht die Schenkungsabsicht des andern nachweisen kann.

2 Massgebend ist hiefür das Verhältnis von Kapital und Leibrente nach den Grundsätzen einer soliden Rentenanstalt.

3 Was im Zeitpunkt der Aufhebung bereits geleistet ist, wird unter gegenseitiger Verrechnung von Kapitalwert und Zins zurückerstattet.

Wird die Bestimmung mit Recht angerufen, so ist eine Umwandlung der Verpfründung in eine Leibrente (Art. 527 Abs. 3) ausgeschlossen 70 II 54/54 f. Pra 1944 (Nr. 50) 136 f. 1

2. Einseitige Aufhebung

Art. 527

[1] Sowohl der Pfründer als der Pfrundgeber kann die Verpfründung einseitig aufheben, wenn infolge von Verletzung der vertraglichen Pflichten das Verhältnis unerträglich geworden ist oder wenn andere wichtige Gründe dessen Fortsetzung übermässig erschweren oder unmöglich machen.

[2] Wird die Verpfründung aus einem solchen Grunde aufgehoben, so hat neben der Rückgabe des Geleisteten der schuldige Teil dem schuldlosen eine angemessene Entschädigung zu entrichten.

[3] Anstatt den Vertrag vollständig aufzuheben, kann der Richter auf Begehren einer Partei oder von Amtes wegen die häusliche Gemeinschaft aufheben und dem Pfründer zum Ersatz dafür eine Leibrente zusprechen.

1 Die Bestimmung ist auch auf einen *Verpfründungsvertrag mit kaufvertraglichen Elementen* anwendbar 79 II 169/173 f. E.c. – Nach *allgemeinen Vertragsgrundsätzen,* deren Anwendung durch das Recht des Verpfründungsvertrages nicht grundsätzlich ausgeschlossen ist, kann der Gläubiger nach vergeblicher Fristansetzung schlechtweg vom Vertrag zurücktreten, was gemäss Art. 109 zur Rückerstattung der beidseitigen Leistungen führt 79 II 169/171. – Siehe auch unter Art. 109.

2 ***Abs. 1*** Das Vorliegen eines *wichtigen Grundes* zur einseitigen Aufhebung der Verpfründung setzt nicht unbedingt ein Verschulden einer Partei voraus. Der Richter hat nach Recht und Billigkeit aufgrund der besonderen Natur des Vertragsverhältnisses und der Umstände des konkreten Falles zu beurteilen, ob ein Grund vorliegt, der die Fortsetzung des Vertragsverhältnisses übermässig erschwert oder unmöglich macht. Als wichtige Gründe gelten alle Umstände, die aus Gründen der Sittlichkeit oder nach den Regeln von Treu und Glauben die eine oder die andere Partei ermächtigen, die Freiheit zurückzugewinnen (z.B. schlechte Behandlung, Drohungen, ungenügende Nahrung, gesundheitsschädigende Unterkunft usw., doch können auch wiederholte Kränkungen, welche keine eigentliche Vertragsverletzung darstellen, ständige unbegründete Klagen, übertriebene Forderungen oder die andauernde Missachtung der Hausgewalt das Zusammenleben unerträglich machen) 54 II 380/384 f. fr.

3 ***Abs. 3*** **Allgemeines.** Die Umwandlung in eine Leibrente ist ausgeschlossen, wenn mit Recht der in Art. 526 vorgesehene Aufhebungsgrund geltend gemacht wird 70 II 54/54 f. Pra 1944 (Nr. 50) 136 f. – Bei einer Umwandlung kann der Richter die Leibrente nicht erhöhen, sondern er ist durch den Wert der vertraglichen Gegenleistung des Schuldners gebunden 70 II 54/55 Pra 1944 (Nr. 50) 137, vgl. auch 54 II 380/386 fr. (Berechnung der Rente). – Vertragliche Vereinbarung der Möglichkeit, die Verpfründung in eine Leibrente umzuwandeln: siehe unter Art. 521 Abs. 1.

4 **Voraussetzungen der Umwandlung.** Eine Umwandlung kann an sich dann in Erwägung gezogen werden, wenn die häusliche Gemeinschaft aus persönlichen oder nicht persönlichen Gründen gescheitert ist, vom Standpunkt beider Parteien aus aber dem Pfründer die Annahme einer Rente als Ersatz für die vertraglichen oder gesetzlichen Pfrundgeberleistungen zugemutet werden darf. Nicht zumutbar ist eine solche Umwand-

lung jedoch, wenn der Pfrundgeber in grob schuldhafter Weise seinen Verpflichtungen nicht nachgekommen ist oder wenn keine Gewissheit besteht, dass der Pfründer die Rentenzahlungen tatsächlich und rechtzeitig erhalten hat 79 II 169/171 f. E. 2a, b.

3. Aufhebung beim Tod des Pfrundgebers

Art. 528

[1] Beim Tode des Pfrundgebers kann der Pfründer innerhalb Jahresfrist die Aufhebung des Pfrundverhältnisses verlangen.

[2] In diesem Falle kann er gegen die Erben eine Forderung geltend machen, wie sie im Konkurse des Pfrundgebers ihm zustände.

VI. Unübertragbarkeit, Geltendmachung bei Konkurs und Pfändung

Art. 529

[1] Der Anspruch des Pfründers ist nicht übertragbar.

[2] Im Konkurse des Pfrundgebers besteht die Forderung des Pfründers in dem Betrage, womit die Leistung des Pfrundgebers dem Werte nach bei einer soliden Rentenanstalt in Gestalt einer Leibrente erworben werden könnte.

[3] Bei der Betreibung auf Pfändung kann der Pfründer für diese Forderung ohne vorgängige Betreibung an der Pfändung teilnehmen.

Abs. 2 Massgebend für die Kapitalisierung ist der Wert der Pfrundleistung zur Zeit der Konkurseröffnung 98 II 313/317. 1

Dreiundzwanzigster Titel
Die einfache Gesellschaft

Vorb. Art. 530–551

▪ Abgrenzungen (1) ▪ Vertrag mit einem aussenstehenden Dritten (10) ▪ Verhältnis des Gesellschaftsrechts zu den allgemeinen Bestimmungen des OR (11) ▪ Strafrechtliche Verantwortlichkeit eines Gesellschafters (12)

Abgrenzungen. ***Synallagmatische Verträge.*** Schliessen sich nur zwei Personen zusammen und werden ihre Rechte und Pflichten ungleich geregelt, so nähert sich die einfache Gesellschaft dem zweiseitigen Vertrag. Bei der Gesellschaft werden durch den Zusammenschluss jedoch gemeinsame Interessen, also ein gemeinsamer Zweck gefördert; jeder Gesellschafter hat durch seine Leistungen etwas zum gemeinsamen Zweck beizutragen. Sachleistungen des einen gehen dabei nicht auf einen anderen Gesellschafter über, und Dienstleistungen erfolgen im Interesse aller. Demgegenüber sind synallagmatische resp. zweiseitige Verträge durch den Interessengegensatz zwischen den Vertragsparteien sowie durch die Bestimmtheit ihres Gegenstandes charakterisiert 104 II 108/112 E. 2, 4A_284/2013 (13.2.14) E. 3.1. Durch den Austausch von Gütern oder Dienstleistungen werden entgegengesetzte Interessen befriedigt 4A_284/2013 (13.2.14) E. 3.1. Weder ein Interesse beider Parteien am Erfolg noch die Vereinbarung einer Gewinnbeteiligung machen den Vertrag zur einfachen Gesellschaft, wenn das Hauptinteresse der Parteien unterschiedlich ist. Wesentlich ist vielmehr ein gemeinsames Hauptinteresse, an das beide Parteien gleichberechtigt beitragen. Eine ungleiche Stellung, wie namentlich eine Weisungsgebundenheit der einen Partei, verträgt sich nicht mit einem Gesellschaftsvertrag 4A_526/2018 (4.4.19) E. 3.5.1. Eine krasse Ungleichstellung verträgt sich nicht mit dem Grundgedanken von Art. 530 (in casu «Managements-Vertrag» mit einer angehenden Schlagersängerin mit ungleichen Rechten und Pflichten als Auftrag qualifiziert) 104 II 108/113 E. 2. Vertragliche Nebenpflichten (in casu die Übernahme von Baukosten) können auch in einem auf Austausch von Leistungen gerichteten Vertrag vorkommen und begründen als solche noch kein Gesellschaftsverhältnis 4C.276/2000 (8.2.01) E. 5. Sind sowohl der Auftraggeber als auch der Auftragnehmer an der Ausführung des Auftrags interessiert, ist ein Auftrag und keine einfache Gesellschaft anzunehmen, wenn das Interesse von Auftraggeber und Auftragnehmer nicht gleicher Art ist (in casu Auftrag mit vereinbarter Gewinnbeteiligung) 4C.30/2007 (16.4.07) E. 4.1. 1

Partiarisches Darlehen. Die Hingabe eines Darlehens mit Beteiligung (auch) am Verlust genügt zur Annahme eines animus societatis (und damit eines Gesellschaftsvertrages) nicht. Damit sind die wesentlichen Voraussetzungen einer Gesellschaft, namentlich das Erfordernis eines gemeinsamen Willens der Beteiligten, die gesellschaftlichen Verpflichtungen zu übernehmen, nicht nachgewiesen (zur Qualifizierung eines solchen Rechtsverhältnisses sind sämtliche Umstände zu berücksichtigen, insbesondere die Art, wie die Parteien den Vertrag erfüllen; in casu Hingabe eines Darlehens zum Erwerb von Grundeigentum mit Gewinn- und Verlustbeteiligung, aber ohne dass der Darleiher z.B. Schuldner der Hypothekargläubiger geworden wäre: Qualifizierung als partiarisches Darlehen) 99 II 303/304 ff. E. 3–5 Pra 1974 (Nr. 31) 98 ff. 2

3 ***Aleatorische Vergütung.*** Die Vereinbarung einer aleatorischen Vergütung (mit der Folge der Mitübernahme von Verlust und Gewinn) genügt zur Annahme einer Gesellschaft nicht. Ein Agent oder ein Mäkler kann durch eine Beteiligung am Gewinn entlöhnt werden, ohne dadurch mit seinem Auftraggeber in ein Gesellschaftsverhältnis zu treten (in casu Verpflichtung, die von einem andern verlegten Bücher zu vertreiben gegen Bezahlung einer nach Massgabe des Umsatzes berechneten Vergütung, nicht als Gesellschaftsvertrag qualifiziert) 94 II 122/126 f. E. c, d, 5 Pra 1968 (Nr. 147) 519 f. Vgl. auch 48 I 408 ff. E. 2.

4 ***Arbeitsvertrag.*** Vom Arbeitsvertrag unterscheidet sich der Gesellschaftsvertrag durch die Stellung der Parteien. Während beim Arbeitsvertrag ein Subordinationsverhältnis vorliegt, stehen sich die Parteien beim Gesellschaftsvertrag auf gleicher Stufe gegenüber (in casu Beteiligung an der Transfersumme als Teil des Arbeitsvertrages und nicht als selbständiger Gesellschaftsvertrag) 4A_59/2007 (17.7.07) E. 3.2. Vgl. auch 4A_526/2018 (4.4.19) E. 3.5.1. – Entscheidend ist die Stellung der Parteien, namentlich das Bestehen eines Subordinationsverhältnisses, der Einfluss auf und/oder die Kontrollrechte über den Geschäftsgang sowie die Vergütung bzw. die Beteiligung an Gewinn und Verlust 4A_194/2011 (5.7.11) E. 5.6.1 fr.

5 ***Auftrag.*** Den Auftrag von der einfachen Gesellschaft abzugrenzen kann namentlich dann schwierig sein, wenn sowohl der Auftraggeber wie der Beauftragte an der Ausführung des Auftrages interessiert ist. Diesfalls ist ein Auftrag anzunehmen, wenn das Interesse der Parteien am Geschäft nicht gleicher Art ist. Dass beim Auftrag oder dessen Abarten ein Gewinnanteil ausbedungen wird, macht das Verhältnis zwar zu einem gesellschaftsähnlichen, aber nicht zu einer einfachen Gesellschaft (in casu wurde ein «Managements-Vertrag» mit einer angehenden Schlagersängerin nicht als einfache Gesellschaft qualifiziert) 104 II 108/112 f. – Eine ungleiche Stellung, wie namentlich eine Weisungsgebundenheit der einen Partei, verträgt sich nicht mit einem Gesellschaftsvertrag 4A_477/2017 (11.1.18) E. 4.1 (in casu gemeinsame Leitung eines Immobilienfonds). – Ein gemeinsames Interesse oder Motiv genügt nicht. Vielmehr setzt die einfache Gesellschaft voraus, dass die Parteien einen gemeinsamen Zweck als Gegenstand einer gemeinsamen vertraglichen Pflicht vereinbart haben, der über das durch die Gewinnbeteiligung gesteigerte Interesse am Erfolg oder an der richtigen Vertragserfüllung hinausgeht 4A_284/2013 (13.2.14) E. 3.4.2 (in casu «Zusammenarbeits-Vereinbarung»).

6 ***Agenturvertrag.*** Ausschliessliche Vertretung für Inseratengeschäfte (Übertragung einer Annoncenverwaltung): Auch wenn beide Parteien am Einbringen möglichst vieler Inseratenaufträge interessiert waren, könnte von einem gemeinsamen Zweck (im Sinne des Gesellschaftsrechts) nur dann die Rede sein, wenn sie die Rechte und Pflichten aus den eingebrachten Aufträgen als eine gemeinsame Angelegenheit betrachtet hätten. Der Vertrag ist auf den Austausch von Leistung und Gegenleistung und damit nicht auf die Erreichung eines gemeinsamen Zweckes gerichtet, wenn der Auftraggeber sich – gegen Leistung einer nach dem Erfolg bemessenen Vergütung – die Hilfe des Beauftragten sichert, um eigene Geschäfte zu tätigen, während dieser darauf abzielt, zum Zustandekommen und teilweise auch noch zur Erfüllung von Geschäften des Auftraggebers beizutragen, um die Vergütung zu verdienen (in casu Qualifizierung als Agenturvertrag) 83 II 32/38 f. E. c, d.

Trödelvertrag. Der Trödelvertrag ist keine einfache Gesellschaft 55 II 39/43 fr. (zum Trödelvertrag siehe Vorb. Art. 184–551/Innominatverträge/Gemischte Verträge/Trödelvertrag). 7

Kollektivgesellschaft. Abgrenzungskriterium ist unter anderem das Auftreten unter gemeinsamer Firma, deren Bildung sich nach Art. 947 Abs. 1 bestimmt (in casu Anwaltssozietät) 124 III 363/367 E.c. Wird ein kaufmännisches Unternehmen im Namen eines Gesellschafters fortgeführt, so kann die vertragliche Beziehung zwischen den Gesellschaftern als stille Gesellschaft oder als Kollektivgesellschaft qualifiziert werden 4A_21/2011 (4.4.11) E. 3.3.1 fr. 8

Verein. Ein Verein verfolgt nur dann einen wirtschaftlichen Zweck, der die Erlangung der Rechtspersönlichkeit ausschliesst (somit einfache Gesellschaft, ZGB Art. 62), wenn er selber ein kaufmännisches Gewerbe betreibt; Vereinigungen (wie z.B. Berufsverbände), die allgemein geartete wirtschaftliche Zwecke anstreben, ohne selber ein nach kaufmännischer Art geführtes Gewerbe zu betreiben, können sich der Vereinsform bedienen 90 II 333/341 ff. E. 5, 7 Pra 1965 (Nr. 35) 114 ff. (Wiederherstellung der Rechtsprechung vor 88 II 209/216 ff. E. I). 9

Vertrag mit einem aussenstehenden Dritten. Das Vertrauen eines Dritten in den Bestand einer einfachen Gesellschaft ist insoweit geschützt, als der Vertrag zwischen ihm und der einfachen Gesellschaft auch dann wirksam ist, wenn der Gesellschaftsvertrag infolge eines Mangels ungültig ist. In diesen Fällen beurteilt sich das Aussenverhältnis trotz des Mangels nach Gesellschaftsrecht. Ein Vertrauensschutz besteht auch insoweit, als die Überlassung der Geschäftsführung an einen Gesellschafter die Vermutung begründet, dieser sei auch ermächtigt, die Mitgesellschafter gegenüber Dritten zu vertreten und zu verpflichten. Gegenüber gutgläubigen Dritten ist diese Vermutung unwiderlegbar. Tritt beim Vertragsabschluss nur ein einzelner Gesellschafter auf, so ist nach dem Vertrauensprinzip zu beurteilen, ob er den Vertrag nur in eigenem Namen oder namens der Gesellschaft bzw. sämtlicher Gesellschafter abgeschlossen hat. Die aus Art. 544 Abs. 3 abgeleitete Solidarhaftung gilt allerdings nur, sofern auch wirklich eine einfache Gesellschaft besteht. Der Anschein einer einfachen Gesellschaft kann indessen einen Umstand darstellen, aus welchem der Vertragspartner nach dem Vertrauensprinzip schliessen darf, dass bei einer Mehrzahl von Personen auf der Gegenseite eine solidarische Verpflichtung und nicht bloss eine Teilhaftung gewollt ist (Art. 143 Abs. 1) 116 II 707/709 E. b, sowie 4A_526/2007 (29.2.08) E. 3.2 fr. – Zum Vertrauensschutz im Gesellschaftsrecht vgl. auch 4C.20/2002 (18.6.02) E. 3.2 sowie 4C.198/2001 (3.12.01) E. 7a. 10

Verhältnis des Gesellschaftsrechts zu den allgemeinen Bestimmungen des OR. Die allgemeinen Bestimmungen des OR sind nur insoweit anwendbar, als nicht Sonderregeln des Gesellschaftsrechts bestehen. Dazu gehören namentlich die gesetzliche oder vertragliche Ordnung des Innenverhältnisses der Gesellschafter (in casu Art. 537 Abs. 1 als lex specialis zu Art. 62, 148 Abs. 2 und 149 Abs. 1; das Gleiche galt gegenüber den vom Kläger angerufenen Art. 402 Abs. 1, 422 Abs. 1 und 423 Abs. 2) 116 II 316/317 f. E.b. Beim Austritt aus der einfachen Gesellschaft gelten nicht die auf zweiseitige Verträge anwendbaren Rücktrittsbestimmungen der Art. 107 ff., sondern es greifen die besonderen Regeln von Art. 545 Platz 49 II 475/491 E. 11

12 **Strafrechtliche Verantwortlichkeit eines Gesellschafters.** ***Tatbestände.*** Betrug gemäss aStGB Art. 148. Anwendungsfall: 78 IV 26 f. (Betrug zum Nachteil einer einfachen Gesellschaft [oder Kollektivgesellschaft], an deren Vermögen der Täter beteiligt ist). Ungetreue Geschäftsführung gemäss aStGB Art. 159. Die Bestimmung setzt voraus, dass dem Täter die Stellung eines Geschäftsführers zukommt (selbständige Verfügungsbefugnis über fremde Vermögenswerte); die Mitgliedschaft bei einer einfachen Gesellschaft genügt allein nicht 100 IV 33/36 f. E. 2, 3 fr. Der Geschäftsführer ist (auch) zur Vermehrung des Gesellschaftsvermögens verpflichtet und kann sich bei Verletzung dieser Pflicht der ungetreuen Geschäftsführung schuldig machen 80 IV 243/246 ff. E. 1–3 (in casu Kollektivgesellschaft).

13 ***Verfahren.*** Der einzelne Gesellschafter muss, wenn alle übrigen Mitgesellschafter Straftaten zum Nachteil der einfachen Gesellschaft begangen haben, selber ein Rechtsmittel zu deren Schutz ergreifen können 119 Ia 342/345 f. E.a.

A. Begriff

Art. 530

[1] Gesellschaft ist die vertragsmässige Verbindung von zwei oder mehreren Personen zur Erreichung eines gemeinsamen Zweckes mit gemeinsamen Kräften oder Mitteln.

[2] Sie ist eine einfache Gesellschaft im Sinne dieses Titels, sofern dabei nicht die Voraussetzungen einer andern durch das Gesetz geordneten Gesellschaft zutreffen.

▪ Abs. 1 Wesensmerkmal (1) ▪ Zustandekommen (2) ▪ Zwei oder mehrere Personen (3) ▪ Leistungen der Gesellschafter (4) ▪ Rechtsstellung (5) ▪ Beispiele (6) ▪ EDV-Entwicklung (7) ▪ Joint Venture (8) ▪ Konkubinat (9) ▪ Keine einfache Gesellschaft (10) ▪ Weiteres (16)

1 ***Abs. 1*** **Wesensmerkmal.** ***Animus societatis.*** Wesensmerkmal der einfachen Gesellschaft bildet der gemeinsame animus societatis, das heisst der Wille, die Kräfte mit Blick auf ein gemeinsames Ziel zu vereinigen 4C.20/2002 (18.6.02) E. 3.2. Die Annahme eines gemeinsamen Zweckes bzw. eines «animus societatis» setzt die Bereitschaft der Partner voraus, Vermögenswerte, Ressourcen oder Aktivitäten zusammenzulegen, um ein bestimmtes Ziel zu erreichen, Entscheidungen zu beeinflussen und nicht nur Risiken und Gewinne, sondern vor allem die Substanz des Unternehmens zu teilen. Dieser Wille ergibt sich aus der Gesamtheit der Umstände und nicht aus dem Vorliegen oder dem Fehlen einzelner Elemente 4A_377/2018 (5.7.19) E. 4.2 fr. – Zweck. Der Zweck einer Gesellschaft ist das Ziel, zu dessen Erreichung sich die Beteiligten zusammengetan haben, der Erfolg, den zu erlangen sie bestrebt sind. Worin der Zweck besteht und ob er noch erreicht werden kann, ist eine Tatfrage 4P.146/2004 (28.9.04) E. 5.2.3. Der Zweck muss nicht rein oder vorwiegend wirtschaftlicher Natur sein 99 II 315/322 E.b. Nicht erforderlich ist, dass die Gesellschaft versucht, einen Gewinn zu realisieren. Der Zweck kann auch vorübergehender Natur sein 4A_491/2010 (30.8.11) E. 3.1 fr. Der Zweck der Gesellschaft kann vorübergehend oder dauerhaft sein 4A_74/2015 (8.7.15) E. 4.2.1 fr. Zweck einer einfachen Gesellschaft kann auch der gemeinschaftliche Abschluss eines Erwerbs- oder Veräusserungsgeschäftes sein 116 II 707/710 E. a, vgl. auch 4C.198/2001 (3.12.01) E. 4a. Zur Finanzierung als Mittel zur Erreichung des Hauptzweckes 4C.20/2002 (18.6.02)

E. 3.3. – *Gemeinsamer* Zweck. Gleichartiger Zweck genügt nicht (in casu Zwangsversteigerung eines Grundstücks/gemeinsamer Erwerb durch zwei Hypothekarsolidarbürgen; keine einfache Gesellschaft) 47 III 213/214 E. 1. Der Zweck einer einfachen Gesellschaft kann eng begrenzt sein. Mitgesellschafter können über das gemeinsame Ziel hinaus für sich selber weitere Ziele verfolgen, welche vom Gesellschaftszweck nicht mehr umfasst sind. Fehlt der Wille, die zur Verfolgung des gemeinsamen Zwecks notwendigen Mittel aufzubringen und sich am Verlust zu beteiligen, sind Zweifel angebracht, ob ein gemeinsamer Zweck und damit eine einfache Gesellschaft vorliegt 4C.214/2003 (21.11.03) E. 3.1. Dass die Parteien neben dem gemeinsamen Zweck auch Individualinteressen verfolgen, schliesst eine gemeinsame Zweckverfolgung nicht aus 4A_533/2014 (29.4.15) E. 2.2.3. Besteht kein Wille, die eigene Rechtsstellung einem gemeinsamen Zweck unterzuordnen, kann nicht von der Verfolgung eines gemeinsamen Zwecks gesprochen werden 4C.173/2006 (9.7.07) E. 3.1. Ob in der gemeinsamen Führung eines Restaurantbetriebes ein gemeinsamer Gesellschaftszweck liegt, hängt von den tatsächlich gelebten Verhältnissen ab, namentlich der Ausgestaltung der Beschlussfassung und der Gewährung von Einsichts- und Kontrollrechten 4A_533/2014 (29.4.15) E. 2.3. – Übereinstimmende Motive bilden noch keinen gemeinsamen Gesellschaftszweck (in casu beabsichtigte Übernahme eines gastgewerblichen Betriebs) 4A_533/2014 (29.4.15) E. 2.2.4. – *Vertragliche Verpflichtung.* Der Wille, ein gemeinsames Ziel zu erreichen, reicht nicht. Es braucht eine vertragliche Verpflichtung zur gemeinsamen Zweckförderung 4A_251/2016 (13.12.16) E. 5.2.1 fr. – Siehe auch Vorb. Art. 530–551/Abgrenzungen.

Zustandekommen. ***Form.*** Der Abschluss eines Vertrages über eine einfache Gesellschaft ist an *keine besondere Form* gebunden 96 II 332 E.c. Der Abschluss des Gesellschaftsvertrages kann auch stillschweigend erfolgen und sich aus dem Verhalten der Partner ergeben, wobei diesen nicht bewusst sein muss, dass daraus eine einfache Gesellschaft entsteht 116 II 707/710 E. a, vgl. auch 4A_377/2018 (5.7.19) E. 4.1 fr., 5A_881/2018 (19.6.19) E. 3.1.1.3 fr., 124 III 363/365 E. a, 4C.20/2002 (18.6.02) E. 3.2, 4C.278/2001 (20.2.02) E. 5c it., 4C.41/1999 (12.7.00) E. 5b fr. Stillschweigender Abschluss durch konkludentes Verhalten 81 II 577/582 JdT 104 I 459, vgl. 108 II 204/209 E. b (in casu Konkubinat) und 57 II 170/174 (in casu mündlicher Vertrag behauptet/Nachweis der essentialia negotii). Für die Annahme des Bestehens einer einfachen Gesellschaft ist es nicht entscheidend, ob die Parteien ihrer Verpflichtung, den vereinbarten Beitrag zu leisten, nachgekommen sind 4C.22/2006 (5.5.06) E. 6.2 fr. Beachte aber: Einen beidseitig unbewussten und ungewollten Vertragsschluss gibt es nicht 4C.24/2000 (28.3.00) E. 3d; die Bildung einer einfachen Gesellschaft setzt einen Rechtsbindungswillen voraus 4A_27/2008 (9.5.08) E. 2.3. Die Bezeichnung des Rechtsgeschäfts durch die Parteien ist nicht entscheidend 73 I 311/315 E. 2 (in casu Kollektivgesellschaft als einfache Gesellschaft nach Art. 530 bezeichnet), 94 II 122/125 f. E. 3, 4 Pra 1968 (Nr. 147) 518 f. (in casu wurde hingegen der Umstand, dass der Vertrag im Gegensatz zum Entwurf den Ausdruck «Gesellschaft» nicht mehr enthielt, bei der Auslegung mitberücksichtigt). Zum Zustandekommen einer Gesellschaft aufgrund des Vertrauensprinzips 4C.24/2000 (28.3.00) E. 4. – Ob eine einfache Gesellschaft besteht und wenn ja, ab welchem Zeitpunkt, ist eine Rechtsfrage, welche vom Bundesgericht, aufgrund des festgestellten Sachverhaltes, frei geprüft wird 4A_12/2012 (10.7.12) E. 4. – *Substanziierungspflicht.* Zur Substanziierungs- 2 pflicht bei der Berufung auf das Bestehen einer einfachen Gesellschaft 4C.150/2000 (10.10.00) E. 3b bzw. 4C.154/2000 (10.10.00) E. 3b.

3 **Zwei oder mehrere Personen.** Gesellschafter können natürliche oder juristische Personen sein 4A_74/2015 (8.7.15) E. 4.2.1 fr.

4 **Leistungen der Gesellschafter.** ***Beiträge.*** Die Verfolgung eines gemeinsamen Zweckes genügt nicht. Eine einfache Gesellschaft setzt voraus, dass der Zweck mit gemeinsamen Kräften oder Mitteln verfolgt wird 4C.20/2002 (18.6.02) E. 3.3. Zur Verfolgung des Gesellschaftszwecks hat jeder Beteiligte beizutragen. Die Leistungen können sehr verschieden und müssen nicht zum Voraus bestimmt sein 4C.198/2001 (3.12.01) E. 4a, 116 II 707/710 E. a, 108 II 204/208 E. 4. Die Beiträge können in vermögensrechtlichen oder persönlichen Leistungen bestehen 4C.41/1999 (12.7.00) E. 5b fr., 4C.166/2005 (24.8.05) E. 3.1 fr. Die Leistungen müssen nicht gleich sein und sie müssen nicht in Geld bewertet werden können 137 III 455 E. 3.1 fr. Die Tatsache, dass lediglich ein Gesellschafter für das Bankkonto zeichnungsberechtigt ist, spricht nicht gegen die Annahme einer einfachen Gesellschaft 4A_21/2011 (4.4.11) E. 3.3 fr. Vertragliche Nebenpflichten (in casu die Übernahme von Baukosten) können auch in einem auf Austausch von Leistungen gerichteten Vertrag vorkommen und begründen als solche noch kein Gesellschaftsverhältnis 4C.276/2000 (8.2.01) E. 5. – *Realerfüllung.* Eine Klage auf Realerfüllung ist auch bei Sachleistungen aus einem Gesellschaftsvertrag möglich (in casu Klage auf Übertragung des Miteigentums an einem Grundstück) 110 II 287/291 E.a.

5 **Rechtsstellung.** ***Rechtspersönlichkeit.*** Die einfache Gesellschaft (oder die Geschäftsstelle einer solchen) besitzt *keine Rechtspersönlichkeit* und ist weder partei- noch prozessfähig 96 III 100/103 E. 1. – *Partei- und Prozessfähigkeit.* Klagen sind gegen die Gesellschafter persönlich zu richten 41 II 184/188 fr., 88 II 209/230 E. 1. Der einfachen Gesellschaft fehlt die Legitimation zur staatsrechtlichen und verwaltungsrechtlichen Beschwerde 78 I 104/106 f. E. 1, 71 I 179/184 E. 1 (in beiden Fällen wurde die Eingabe hingegen als Beschwerde der darin angeführten Mitglieder entgegengenommen, denen die Befugnis zur Beschwerde zusteht). – *Betreibungsfähigkeit.* Die einfache Gesellschaft kann als solche nicht betrieben werden (möglich ist hingegen eine Betreibung gegen die einzelnen Gesellschafter) 72 III 42/43 it., 43 III 176/177 f. (die gegen eine einfache Gesellschaft gerichtete Betreibung ist nichtig). – *Handelsregister.* Die einfache Gesellschaft kann nicht im Handelsregister eingetragen werden (zulässig ist hingegen die Eintragung der Mitglieder persönlich als Einzelfirmen) 79 I 179/181 f. E. 2 Pra 1953 (Nr. 84) 254 f.

6 **Beispiele.** Die Abrede, verschiedene Parzellen gemeinsam als Ganzes zu verkaufen 4A_562/2011 (16.1.12) E. 4.1 fr. – Gemeinsamer Betrieb eines Geschäftes, welches den Handel mit Zweirädern zum Zweck hat 4A_21/2011 (4.4.11) E. 3.3 fr. – Gemeinsamer Betrieb eines Tearooms 4A_320/2010 (17.8.10) E. 4 fr. – Eine Zusammenarbeit, in der die eine Partei verspricht, Pläne zu erstellen, und die andere, Finanzpartner zu suchen, kann eine einfache Gesellschaft entstehen lassen 4C.374/2004 (13.4.05) E. 4.2 fr. – Die Vereinbarung, eine Liegenschaft zu hälftigem Miteigentum zu erwerben, diese gemeinsam zu nutzen, umzubauen und später in Stockwerkeigentum überzuführen 4C.20/2002 (18.6.02) E. 3.3 vgl. auch 110 II 287/290 E. 2a. – Die Abrede, ein Motorfahrzeug gemein-

sam zu erwerben, zu benützen und weiterzuveräussern 4C.140/2001 (18.10.01) E. 2a fr., vgl. auch 99 II 315/321 f. E.a. – Die Gründer einer Aktiengesellschaft bis zur Eintragung im Handelsregister 102 II 420/423 E. a, 123 III 24/27 E.d. – Die Vereinbarung der Teilhaber einer im Handelsregister nicht eingetragenen Kommanditgesellschaft, die kein nach kaufmännischer Art geführtes Gewerbe betreibt (Art. 595) 79 I 57/59. – Die Vereinbarung von Aktionären über die Ausübung von Aktionärsrechten 88 II 172/175 E. 2b Pra 1962 (Nr. 128) 386, 109 II 43/44 f. E. 2 (in casu Abgrenzung vom Aktionärpool bzw. -syndikat in Form der einfachen Gesellschaft zum Aktionärsbindungsvertrag als Rechtsverhältnis sui generis). – Der Kauf einer Liegenschaft zu Gesamteigentum mit Mitteln der Errungenschaft, ohne dass die Ehegatten unter dem Güterstand der Gütergemeinschaft stehen 78 II 302/310 E. b (in casu Anwendung der Liquidationsbestimmungen, Art. 548 ff.). – Grundstückkaufvertrag/Verpflichtung des Käufers, auf eigene Kosten ein Stammgeleise zu erstellen (in casu werkvertragsähnlicher Innominatvertrag mit gesellschaftsrechtlichen Elementen) 122 III 10/14 f. E. 3. – Eine Gelegenheitsgesellschaft (vgl. auch 100 Ib 246/248 E. 4 Pra 1975 [Nr. 53] 138 und 49 II 475/491 E. 2) mit dem Zweck, gemeinsam Strafklage gegen einen Dritten einzureichen 48 II 439/441 ff. E. 2, 3, vgl. auch 4A_290/2007 (10.12.07) E. 7.2.2 fr. bzw. 4A_292/2007 (10.12.07) E. 7.2.2 fr. – Ein Bankenkonsortium zur Wahrung der Interessen einer Anleihensgläubigerschaft 43 II 341/347 it. – Ein Initiativkomitee 43 II 190/197 E. 3. – Ein Bündnis zur Durchführung einer Platzkundgebung 132 I 256/258 E. 1.1. – Ein Gesellschaftsvertrag mit dem Zweck der Tilgung der Hypothekarschuld eines Dritten, der Auslösung mitverpfändeter Gegenstände und des gemeinsamen Verkaufs dieser 40 II 114/116 ff. E. 2, 3. – Die Vereinbarung zweier Brüder, ein landwirtschaftliches Heimwesen gemeinsam zu bewirtschaften 113 II 493/495 f. E. 2 a. – Unter Umständen die Mitglieder eines Orchesters 112 II 41/48 E. aa fr. – Wenn mehrere Personen eine Erklärung abgeben, wonach sie ein ihnen zustehendes Vorkaufsrecht gemeinsam zur gesamten Hand ausüben werden 116 II 49/52 E. 3. – Der gemeinsame Abschluss eines Erwerbs- oder Veräusserungsgeschäftes (in casu Aktionäre, welche ihre Aktien gemeinsam und gleichzeitig dem gleichen Käufer verkauften) 116 II 707/710 E.a. – Die gemeinsame Miete einer Geschäftsliegenschaft 4C.236/2003 (30.1.04) E. 2 fr., vgl. auch 4A_10/2008 (30.4.08) E. 5 fr. – Die gemeinsame Miete durch Eheleute 4A_391/2017 (26.3.18) E. 3.1 fr. (in casu wurde der Gesellschaftsvertrag durch die Scheidung nicht aufgelöst). – Die gemeinsame Vermietung einer Liegenschaft 4C.266/2002 bzw. 4C.268/2002 (2.4.03) E. 4.2.2 it. – Die Vereinbarung mit dem Zweck, gemeinsam den Abschluss von Kauf- und Werkverträgen über geplante Einfamilienhäuser zu erreichen 124 III 355/357 E. 1–3, vgl. auch 4C.278/2001 (20.2.02) E. 5c it. – Gemeinsamer Kauf eines Grundstückes, gemeinsamer Bau eines Gebäudes 4A_619/2011 (20.3.12) lit. A bzw. E. 3.7, 4A_747/2011 (2.4.12) E. 2.2 fr., 134 III 597/601 E. 3.2 fr., 130 III 248/249 lit. a fr., 127 III 46/52 E. 3b. – Die Vereinbarung, mit der mehrere Parteien ihre Kräfte und Mittel vereinigen, um ein Grundstück zu erwerben und darauf ein Gebäude zu bauen; dabei ist unerheblich, wenn die Parteien von vornherein beabsichtigt haben, die Liegenschaft anschliessend in Stockwerkeigentum überzuführen 137 III 455/458 E. 3.2 fr. Vgl. auch 4A_377/2018 (5.7.19) E. 4.1 fr.: Es stellt einen typischen Zweck einer einfachen Gesellschaft dar, gemeinsam eine Immobilie zu kaufen oder ein Haus zu bauen. – Gemeinsame Bewirtschaftung eigener oder gepachteter Flächen zu Landwirtschaftszwecken sowie der gemeinsame Kauf von Tieren und Geräten 4A_586/2011 (8.3.12) E. 5.2 fr.

7 **EDV-Entwicklung.** Eine Individualsoftware kann im Rahmen einer einfachen Gesellschaft entwickelt werden. Gestaltet der Kunde durch sein branchenspezifisches Fachwissen die Entwicklung der Software massgebend mit, ist nicht von einer werkvertraglichen Mitwirkungsobliegenheit, sondern von einem gesellschaftsrechtlichen Beitrag auszugehen. Das Interesse des Entwicklers über die Vergütung hinaus Branchenwissen zu erwerben, das Bestreben nach einer Standardisierung der Software, die Bezeichnung des Vorhabens als Pilotprojekt oder auch die gemeinschaftliche Berechtigung am Entwicklungsergebnis, sind Indizien für das Vorliegen eines Gesellschaftsverhältnisses 4C.166/2005 (24.8.05) E. 3.1.

8 **Joint Venture.** Das Joint Venture umfasst in der Regel mindestens vier Elemente: den Basisvertrag, die gemeinsame Gesellschaft, den Aktionärsbindungsvertrag und die Satellitenverträge. In vielen Fällen enthält das Joint Venture Elemente von gesellschaftsrechtlichen und synallagmatischen Verträgen, wobei der Basisvertrag allgemein als einfache Gesellschaft qualifiziert wird 4C.22/2006 (5.5.06) E. 5 fr. – Auch ein sog. «Contractual Joint Venture», in dem die Parteien, ohne eine juristische Person zu gründen, auf vertraglicher Basis ein gemeinsames Unternehmen betreiben (ein typisches Beispiel sind Baukonsortien; vgl. Urteil des Bundesgerichts 4C.22/2006 vom 5. Mai 2006 E. 5 und 6), setzt eine Vergemeinschaftung des Zwecks voraus. Die blosse örtliche Platzierung der Liegenschaftsabteilung der einen Partei in den Räumen der anderen Partei und deren Führung durch die letztere beinhaltet keine solche Zweckgemeinschaft 4A_284/2013 (13.2.14) E. 3.4.5.

9 **Konkubinat.** Beim Zusammenleben von Personen muss im Einzelfall geprüft werden, ob und inwieweit die konkreten Umstände die Anwendung der Bestimmungen über die einfache Gesellschaft erlauben. Bewahren die Partner in jeder Hinsicht eine starke Selbständigkeit, rechtfertigt sich die Annahme einer einfachen Gesellschaft nicht. Eine einfache Gesellschaft ist hingegen anzunehmen, wenn ein Wille besteht, die eigene Rechtsstellung einem gemeinsamen Zweck unterzuordnen, um auf diese Weise einen Beitrag an die Gemeinschaft zu leisten (in casu wirtschaftliche Gemeinschaft mit gemeinsamer Kasse, an die beide durch finanzielle Leistungen oder Haushaltsarbeiten beitragen) 4C.195/2006 (12.10.07) E. 2.4.1, 4A_383/2007 (19.12.07) E. 4.1. Bei Auflösung eines Konkubinats sind die Liquidationsbestimmungen der einfachen Gesellschaft anwendbar (vgl. auch 4P.118/2004 (10.9.04) E. 2.2.2.1 fr.), sofern die konkreten Umstände dies erlauben (Rechtsfrage). Gesellschaftsrecht ist auf die wirtschaftlichen Beziehungen zwischen den Konkubinatspartnern stets nur insoweit anwendbar, als ein Bezug zur Gemeinschaft gegeben ist (vgl. auch 4A_383/2007 (19.12.07) E. 4.1). Es ist daher möglich, dass zwischen den Partnern neben der einfachen Gesellschaft noch besondere Vertragsverhältnisse bestehen. Anderseits können im Rahmen einer einfachen Gesellschaft Leistungen erbracht werden, die für sich allein durchaus einem zweiseitigen Vertrag (z.B. Auftrag 108 II 204/209 E. a; Arbeitsvertrag 4C.184/2004 [10.9.04] E. 3 fr.) zuzuordnen wären; ob sie gemeinsame oder entgegengesetzte Interessen der Parteien befriedigen, lässt sich nur aufgrund einer Gesamtbetrachtung beurteilen (in casu Anwendung des Gesellschaftsrechts und nicht der arbeitsrechtlichen Bestimmungen) 109 II 228/230 f. E. b (Hälftenteilung des Gewinns nach Art. 533 Abs. 1), vgl. 108 II 204/208 ff. E. 4–6 (in casu Anwendung des Gesellschaftsrechts und nicht der auftragsrechtlichen Bestimmungen [Inkassomandat].

Passivsaldo bei der Auflösung des Konkubinats; die Lohneingänge eines Partners sind keine Vermögensbeiträge, die bei der Liquidation gemäss Art. 549 Abs. 2 vorweg zurückzuerstatten wären). Vgl. auch 4P.118/2004 (10.9.04) E. 2.2.2.1 fr., 111 II 295/297 f.

Keine einfache Gesellschaft. ***Anwaltskanzlei.*** Zur rechtlichen Qualifikation einer Anwaltssozietät: 124 III 363/364 ff. E.II. Schliessen sich mehrere Personen mit dem Zweck zusammen, gewerbsmässig anwaltliche Dienstleistungen zu erbringen, bedienen sie sich dafür einer betrieblichen Infrastruktur, die auf Dauer ausgerichtet ist, und erreichen sie den erforderlichen Mindestumsatz, bilden sie regelmässig eine Kollektivgesellschaft 4A_66/2008 (27.5.08) E. 2.2. 10

Private Equity Geschäfte. Charakteristisch ist die entgeltliche Finanzierung der unternehmerischen Tätigkeit der Gegenpartei durch einen Investor, was eine Qualifikation des gesamten Vertragsverhältnisses sowie auch des zugrunde liegenden Aktionärsbindungsvertrags als einfache Gesellschaft in der Regel ausschliesst 4C.214/2003 (21.11.03) E. 3.3. 11

Stille Gesellschaft. Der stille Teilhaber will gegen aussen nicht als Gesellschafter erscheinen (vgl. auch 73 I 311/314 E. 2) oder als beteiligt gelten (ausschliesslich Innenverhältnis). Nimmt er an Vertragsverhandlungen zwischen seinem Vertragspartner und einem Dritten teil (in casu Mitunterzeichnung eines Darlehensvertrages), und weiss der Dritte nicht nur um das Innenverhältnis, sondern auch, dass der stille Teilhaber nicht aus seiner Rolle treten will, so kann dieser nicht als Gesellschafter behandelt und auch nicht als solcher haftbar gemacht werden (in casu jedoch Haftung des stillen Teilhabers aufgrund eines Garantievertrages oder einer Solidarschuld bejaht) 81 II 520/523 ff. E. 2–4. 12

«Zusammenarbeits-Vereinbarung», gemäss der die Liegenschaftsverwaltung der einen Partei in die Räumlichkeiten der anderen Partei verlegt und dort von dieser organisiert und geleitet werden sollte. Diese Form der Zusammenarbeit genügt nicht für die Annahme einer einfachen Gesellschaft, sofern die eine Partei mit dem Geschäft die Verwaltung der von ihr betreuten Liegenschaften zu optimieren sucht, während die andere nach einem möglichst hohen Entgelt für die von ihr gemäss der Vereinbarung zu erbringende Leistung trachtet 4A_284/2013 (13.2.14) E. 3.4.3. 13

Lösegeldzahlung. Bemühen sich ein Staat und ein Arbeitgeber gemeinsam für die Freilassung einer Geisel, bilden sie keine einfache Gesellschaft 4A_174/2008 (10.7.08) E.B.b.b fr. 14

Weiteres. Das gemeinsame Erheben einer Klage durch mehrere juristische Personen genügt nicht, um eine notwendige Streitgenossenschaft zu begründen 4A_492/2008 (12.3.09) E. 2.2 fr. 15

Weiteres. ***Mitgliedschaft.*** Wegen ihrer höchstpersönlichen Natur gilt die Mitgliedschaft bei einer einfachen Gesellschaft als unvererblich 119 II 119/123 E.b. 16

Sozialversicherungsrecht. Wer bloss mit einer Kapitaleinlage zur Erreichung des Erwerbszwecks einer einfachen Gesellschaft beiträgt, muss sich als Versicherter die vom geschäftsführenden Gesellschafter auf Rechnung der übrigen Gesellschafter ausgeübte Tätigkeit wie eine eigene Erwerbstätigkeit anrechnen lassen 114 V 72/76 E. b fr. 17

Abfindungsklausel. Zur Rechtsnatur einer *Abfindungsklausel* siehe unter Art. 245 Abs. 2/Anwendungsfälle. 18

B. Verhältnis der Gesellschafter unter sich I. Beiträge

Art. 531

[1] Jeder Gesellschafter hat einen Beitrag zu leisten, sei es in Geld, Sachen, Forderungen oder Arbeit.

[2] Ist nicht etwas anderes vereinbart, so haben die Gesellschafter gleiche Beiträge, und zwar in der Art und dem Umfange zu leisten, wie der vereinbarte Zweck es erheischt.

[3] In Bezug auf die Tragung der Gefahr und die Gewährspflicht finden, sofern der einzelne Gesellschafter den Gebrauch einer Sache zu überlassen hat, die Grundsätze des Mietvertrages und, sofern er Eigentum zu übertragen hat, die Grundsätze des Kaufvertrages entsprechende Anwendung.

1 ***Abs. 1*** Die Beitragspflicht (in casu Hingabe von Geld) ist nach Bestand und Umfang insofern eine bedingte, als sie der Erreichung des Gesellschaftszwecks zu dienen hat: Der Gesellschafter hat ein Rückforderungsrecht, insoweit der Gesellschaftszweck den vollen Beitrag nicht erfordert (Pflicht des geschäftsführenden Gesellschafters zur Rückerstattung) 40 II 114/121 f. E. 5. Abgesehen von den Beiträgen (Geld, Sachen, Forderungen oder Arbeit) schulden die Gesellschafter einander keinen über den Gesellschaftsvertrag oder den Gesellschaftszweck hinausgehenden Beistand (dies im Unterschied zum Rechtsverhältnis der Ehe/steuerrechtlicher Entscheid) 122 I 139/149 E.d. – Beiträge müssen nicht notwendigerweise geldwerte und verbuchbare Leistungen sein 4A_491/2010 (30.8.11) E. 3.1 fr. – Lässt die Zusammenarbeit (in casu Planung bzw. Suche nach einem Finanzpartner) eine einfache Gesellschaft entstehen, ist die Leistung als Beitrag zu qualifizieren und als solche unentgeltlich zu erbringen 4C.374/2004 (13.4.05) E. 4.2 fr. – Ein Arbeitsvertrag mit der einfachen Gesellschaft schliesst nicht aus, dass der Arbeitnehmer zugleich Gesellschafter ist 4A_320/2010 (17.8.10) E. 3.3.1 fr. – Für die gültige Übertragung eines Grundstücks zu Eigentum der Gesellschaft bedarf es der Einhaltung der Formvorschriften beim Grundstückkauf 105 II 204/207 E.b.

2 **Weiteres.** Realerfüllung des Aktionärsbindungsvertrags: Gesellschaftsrechtliche Ansprüche haben die Gesellschafter entweder gemeinsam (gegen einen Dritten oder einen den Vertrag verletzenden Mitgesellschafter) einzuklagen (sog. Gesellschaftsklage) oder ein Gesellschafter klagt allein, aber auf Leistung an die Gesellschaft (sog. actio pro socio). Einzig für gewöhnliche schuldrechtliche Ansprüche aus einem Aktionärsbindungsvertrag ist ein einzelner Aktionär (allein) klagelegitimiert. Reduziert sich der Gesellschaftsvertrag auf ein Zweiparteienverhältnis, steht er einem Austauschverhältnis so nahe, dass es sich rechtfertigt, ihn auch bezüglich möglicher Einreden wie einen solchen zu behandeln. Im Übrigen wird auch für die actio pro socio vertreten – und Entsprechendes müsste ebenso für die Gesellschaftsklage gelten –, dass dieser alle Einreden entgegenstehen, die dem beklagten Gesellschafter gegen seine Leistungspflicht zustehen 143 III 480/487 E. 4.3.

3 ***Abs. 2*** Die Bestimmung ist dispositiver Natur. Die Gesellschafter sind frei, Art und Umfang der Beiträge festzulegen 4A_398/2010 (14.12.10) E. 5.2.3.2 fr. – Eine detaillierte Festsetzung von Art und Umfang der Beiträge im Gesellschaftsvertrag ist nicht erforderlich. Fehlt es hingegen an der Einigung über einen für die Parteien wesentlichen Vertragspunkt, kann aus Art. 531 Abs. 2 kein Anspruch abgeleitet werden 4A_310/2009 (29.9.09)

E. 1.4 (in casu konnte dem Beschwerdegegner die Verwirklichung eines abgeänderten Projektes unter Mehrkostenbeteiligung nicht aufgezwungen werden). – Anwendungsfall einer abweichenden Vereinbarung 88 II 172/175 E. b Pra 1962 (Nr. 128) 386.

II. Gewinn und Verlust 1. Gewinnteilung

Art. 532

Jeder Gesellschafter ist verpflichtet, einen Gewinn, der seiner Natur nach der Gesellschaft zukommt, mit den andern Gesellschaftern zu teilen.

Anwendungsfall: Die Tatsache, dass eine Person alleine handelt, schliesst nicht aus, dass 1
sie für die einfache Gesellschaft handelt 4A_320 (17.8.10) E. 3.3.2 fr.

2. Gewinn- und Verlustbeteiligung

Art. 533

[1] Wird es nicht anders vereinbart, so hat jeder Gesellschafter, ohne Rücksicht auf die Art und Grösse seines Beitrages, gleichen Anteil an Gewinn und Verlust.

[2] Ist nur der Anteil am Gewinne oder nur der Anteil am Verluste vereinbart, so gilt diese Vereinbarung für beides.

[3] Die Verabredung, dass ein Gesellschafter, der zu dem gemeinsamen Zwecke Arbeit beizutragen hat, Anteil am Gewinne, nicht aber am Verluste haben soll, ist zulässig.

Abs. 1 Anwendbar auf den Abfindungsanspruch des Kollektivgesellschafters gemäss 1
Art. 580 Abs. 2 77 II 48/50 f. E.b. – Ist nach Tilgung der Schulden und Ersatz der Auslagen und Verwendungen das gemeinschaftliche Vermögen nicht ausreichend, um alle geleisteten Vermögensbeiträge zurückzuerstatten, liegt ein Verlust vor. Diesen Verlust tragen die Gesellschafter zu gleichen Teilen 4A_48/2017 (2.6.17) E. 3.2.2 fr. – Ist das gemeinschaftliche Vermögen nicht ausreichend, um alle geleisteten Vermögensbeiträge zurückzuerstatten, sind die Gesellschafter unter Umständen verpflichtet, einen Nachschuss zu leisten 4A_398/2010 (14.12.10) E. 5.2.4.5 fr., 4A_328/2019 (9.12.19) E. 4.2.3.2 fr. – Anwendungsfälle: Von der Konkubine im Dienste des Partners geleistete Arbeit 109 II 228/231. Regressforderung des im Konkubinat lebenden Mannes gegen seine Konkubine für Steuerschulden, die (auch) aus den Lohneingängen der Konkubine hätten bezahlt werden sollen 108 II 204/212 E.a. Regelmässige Geldbeiträge 4P.118/2004 (10.9.04) E. 2.2.2.1 fr.

Abs. 2 Anwendbar auf die *Kollektivgesellschaft;* ebenso auf die *Kommanditgesellschaft* 2
(das freie richterliche Ermessen in Art. 601 Abs. 2 bezieht sich nur auf den Fall von Art. 533 Abs. 1) 42 II 124/128 f. E. 2. Vgl. auch 53 II 491/496.

Abs. 3 Offengelassen, ob die Norm den Ausschluss der Verlustbeteiligung verbietet, so- 3
weit der Beitrag nicht in Arbeit besteht oder dem Ausschluss der Verlustbeteiligung grundsätzlich nicht entgegensteht 4C.214/2003 (21.11.03) E. 3.4.

III. Gesellschaftsbeschlüsse

Art. 534

[1] Gesellschaftsbeschlüsse werden mit Zustimmung aller Gesellschafter gefasst.

[2] Genügt nach dem Vertrage Stimmenmehrheit, so ist die Mehrheit nach der Personenzahl zu berechnen.

1 ***Abs. 1*** Scheitern die Gesellschafter endgültig am Erfordernis der Einstimmigkeit, so muss die Gesellschaft allenfalls aufgelöst und liquidiert werden 110 II 287/292 E. 2c. Wird ein Grundstück von einer einfachen Gesellschaft vermietet, muss der Beschluss, den Mietvertrag aufzulösen, einstimmig gefasst und von den Gesellschaftern gemeinsam mitgeteilt werden 4C.266/2002 bzw. 4C.268/2002 (2.4.03) E. 4.2.2 it.

2 ***Abs. 2*** Offengelassen, ob die Bestimmung dispositiver oder zwingender Natur ist 90 II 333/341 E. 5a Pra 1965 (Nr. 35) 114. Anwendungsfall: 88 II 172/175 E. b Pra 1962 (Nr. 128) 386 (in casu Aktionärsbindungsvertrag). – *Erfordernis der Einstimmigkeit.* Massnahmen, die über den Zweck der Liquidation (und in casu damit auch der Festsetzung des Guthabens eines ausscheidenden Gesellschafters) hinausgehen, bedürfen unter allen Umständen eines einstimmigen Beschlusses aller Beteiligten 59 II 419/426 f., siehe auch Vorb. Art. 545–551.

IV. Geschäftsführung

Art. 535

[1] Die Geschäftsführung steht allen Gesellschaftern zu, soweit sie nicht durch Vertrag oder Beschluss einem oder mehreren Gesellschaftern oder Dritten ausschliesslich übertragen ist.

[2] Steht die Geschäftsführung entweder allen oder mehreren Gesellschaftern zu, so kann jeder von ihnen ohne Mitwirkung der übrigen handeln, es hat aber jeder andere zur Geschäftsführung befugte Gesellschafter das Recht, durch seinen Widerspruch die Handlung zu verhindern, bevor sie vollendet ist.

[3] Zur Bestellung eines Generalbevollmächtigten und zur Vornahme von Rechtshandlungen, die über den gewöhnlichen Betrieb der gemeinschaftlichen Geschäfte hinausgehen, ist, sofern nicht Gefahr im Verzuge liegt, die Einwilligung sämtlicher Gesellschafter erforderlich.

1 **Allgemeines.** Als Geschäftsführung ist jede auf die Förderung des Gesellschaftszwecks gerichtete Tätigkeit zu verstehen. Die Geschäftsführungsbefugnis besteht nur für Rechtsgeschäfte, die im Rahmen der ordentlichen Geschäftsführung erfolgen. Was als gewöhnliches und was als aussergewöhnliches Rechtsgeschäft zu gelten hat, bestimmt sich nach den Umständen im Einzelfall. Entscheidend sind namentlich die Art und das Ausmass des Rechtsgeschäfts. Wird der Gesellschaftszweck überschritten oder steht das Rechtsgeschäft zu den der Gesellschaft zur Verfügung stehenden Mitteln in einem Missverhältnis, ist von einem aussergewöhnlichen Rechtsgeschäft auszugehen. Von Bedeutung kann auch der Rechtsschein des rechtsgeschäftlichen Handelns gegenüber Dritten sein 4C.191/2003 (15.6.03) E. 2.2, vgl. auch 4C.217/2006 (15.8.07) E. 5.2 (in casu konnte die Baukommission die einfache Gesellschaft zur Genehmigung der Schlussrechnung ver-

pflichten, da es sich um ein gewöhnliches Geschäft handelte), 4C.16/2006 (17.11.06) E. 7.3 (in casu wurde festgehalten, dass Bestellungsänderungen nicht generell als aussergewöhnliche Rechtsgeschäfte zu betrachten sind). – Zum schutzwürdigen Vertrauen in die Vertretungsmacht 4C.198/2001 (3.12.01) E. 7a.

Abs. 1 Die Geschäftsführung kann einem Gesellschafter auch stillschweigend übertragen werden 79 II 389/392 E. 1. – Anwendungsfall: Ausschliessliche Geschäftsführung durch einen Dritten (in casu Kollektivgesellschaft [Art. 557] bezüglich eines Hotelbetriebes) 77 III 119/122. – Fehlt es nach dem Gesellschaftsvertrag an der Geschäftsführungsbefugnis, kann auch die zu Verträgen und Gesellschaftsbeschlüssen subsidiäre gesetzliche Regelung nicht zum Tragen kommen, welche die Geschäftsführung allen Gesellschaftern zugesteht 118 II 313/318 E.b. – Einfache Gesellschaft mit vereinsähnlicher Organisation 88 II 209/228 ff. E.II. 2

Abs. 3 Der Geschäftsführer ist in analoger Anwendung von Art. 396 befugt, prozessuale Handlungen vorzunehmen 79 II 389/393 E. 1. – Der Entscheid, eine Kündigung des Mietvertrages betreffend eine gemeinsame Geschäftsliegenschaft anzufechten, stellt eine Rechtshandlung dar, die über den gewöhnlichen Betrieb der gemeinschaftlichen Geschäfte hinausgeht und der Einwilligung sämtlicher Gesellschafter bedarf 4C.236/2003 (30.1.04) E. 2.1 fr. 3

V. Verantwortlichkeit unter sich 1. Konkurrenzverbot

Art. 536

Kein Gesellschafter darf zu seinem besonderen Vorteile Geschäfte betreiben, durch die der Zweck der Gesellschaft vereitelt oder beeinträchtigt würde.

Die gesetzliche Regelung ist dispositiver Natur 4A_65/2011 (1.4.11) E. 4.3 fr. (in casu Präzisierung der Treuepflicht), 4A_119/2008 (10.6.08) E. 2.2.3 (in casu Auslegung einer Konkurrenzklausel). – Aus der Zweckförderungs- und Treuepflicht folgt, dass die Gesellschafter im Konflikt zwischen ihren persönlichen Interessen und den Interessen der Gesellschaft denjenigen der Gesellschaft den Vorzug zu geben haben, sofern der Konflikt in den Bereich der Zweckverfolgung fällt 4A_619/2011 (20.3.12) E. 3.6 und E. 3.8 (in casu: Gesellschafter der eine von ihm beherrschte Aktiengesellschaft zur Vertragserfüllung beizieht und bei der Abrechnung gegen die Interessen des Konsortiums verstösst). 1

2. Ansprüche aus der Tätigkeit für die Gesellschaft

Art. 537

[1] Für Auslagen oder Verbindlichkeiten, die ein Gesellschafter in den Angelegenheiten der Gesellschaft macht oder eingeht, sowie für Verluste, die er unmittelbar durch seine Geschäftsführung oder aus den untrennbar damit verbundenen Gefahren erleidet, sind ihm die übrigen Gesellschafter haftbar.

[2] Für die vorgeschossenen Gelder kann er vom Tage des geleisteten Vorschusses an Zinse fordern.

[3] Dagegen steht ihm für persönliche Bemühungen kein Anspruch auf besondere Vergütung zu.

1 **Abgrenzung.** Im Rahmen der Liquidation sind vorab die Schulden zu begleichen und die Auslagen zu vergüten. Erst danach, bei genügendem Gesellschaftsvermögen, können Einlagen rückerstattet und ein allfälliger Überschuss als Gewinn (Art. 549 Abs. 1) verteilt werden 4A_398/2010 (14.12.10) E. 5.2.4.5. – Ob Beiträge als Einlagen im Sinne von Art. 531 zu qualifizieren sind, auf deren Rückerstattung Gesellschafter während dem laufenden Gesellschaftsverhältnis grundsätzlich keinen Anspruch haben, oder als Auslagen, die sie nach Art. 537 Abs. 1 grundsätzlich schon während der Dauer der Gesellschaft zurückfordern können, ist nicht leicht zu unterscheiden 4A_509/2010 (11.3.11) E. 6.1. – Ist eine Leistung nicht als Beitrag, sondern als Leistung im Rahmen eines Austauschvertrages («aussergesellschaftliche Leistung») zu qualifizieren, richtet sich die Rückerstattung nach dem Vertrag. Ist eine Leistung als Beitrag im Sinne von Art. 531 zu qualifizieren, steht dem Gesellschafter kein Anspruch auf Vergütung zu. Während die Art der Leistung der Beiträge im Rahmen der Liquidation von Bedeutung sein kann, ist die Natur der Beiträge – das heisst, ob der Beitrag quoad sortem oder quoad usum geleistet worden ist 4A_21/2014 (7.1.15) E. 3 it. – für sich alleine nicht entscheidend 4A_328/2019 (9.12.19) E. 4.2.3.2 fr. – Beiträge in Geld sind nicht anders zu behandeln als andere Beiträge, beispielsweise Beiträge in der Form von Arbeit 4P.118/2004 (10.9.04) E. 2.2.2.1 fr. – Verlust im Sinne der Liquidationsvorschriften ist ein Überschuss der Passiven über die Aktiven. Die Lohneingänge stellen dabei keine Vermögensbeiträge dar, die bei der Liquidation vorweg zurückzuerstatten wären 108 II 204/212 E. 6a sowie 4P.118/2004 (10.9.04) E. 2.2.2.1 fr. – Ist nicht etwas anderes vereinbart, haben die Gesellschafter den Verlust zu gleichen Teilen zu tragen 4A_48/2017 (2.6.17) E. 3.2.2 fr.

2 ***Abs. 1*** Ist die Liquidation der Gesellschaft eingeleitet, so hat der einzelne Gesellschafter nach dem Grundsatz der Einheitlichkeit der Liquidation keinen Anspruch darauf, eine Forderung aus einem einzelnen Vorgang losgelöst von der Gesamtheit der gesellschaftsrechtlichen Beziehungen geltend machen zu können 116 II 316/318 E. d, vgl. auch 4.A_10/2008 (30.4.08) E. 6 fr. Offengelassen, ob die Regressforderung erst mit der Liquidation der Gesellschaft fällig wird 125 III 257/260, vgl. auch 127 III 46/54 E. 3. Der Grundsatz der Einheitlichkeit der Liquidation wird durch die richterliche Anordnung von Abschlagszahlungen betreffend liquide Teilforderungen nicht verletzt 4C.36/2001 (2.7.01) E. 9a. Vertragsverhältnisse zwischen den Gesellschaftern, die keinen Bezug zum Gesellschaftsvertrag haben, sind vom Grundsatz der Einheitlichkeit der Liquidation ausgenommen 4C.443/2004 (14.4.05) E. 2.3 fr.

3 ***Abs. 3*** Die Bestimmung ist *dispositiv* (in casu Kollektivgesellschaft, Art. 557) 72 II 180/182 Pra 1946 (Nr. 120) 275, vgl. auch 43 II 496/503.

3. Mass der Sorgfalt

Art. 538

[1] Jeder Gesellschafter ist verpflichtet, in den Angelegenheiten der Gesellschaft den Fleiss und die Sorgfalt anzuwenden, die er in seinen eigenen anzuwenden pflegt.

[2] Er haftet den übrigen Gesellschaftern für den durch sein Verschulden entstandenen Schaden, ohne dass er damit die Vorteile verrechnen könnte, die er der Gesellschaft in andern Fällen verschafft hat.

[3] Der geschäftsführende Gesellschafter, der für seine Tätigkeit eine Vergütung bezieht, haftet nach den Bestimmungen über den Auftrag.

Abs. 1 Die erforderliche Sorgfalt beurteilt sich im Übrigen nach den konkreten Verhältnissen, namentlich auch nach der persönlichen Struktur der Gesellschaft 108 II 204/212 E. b (in casu Konkubinat; Bejahung einer Verletzung der Sorgfaltspflicht durch die Konkubine). 1

Abs. 2 Es geht um eine vertragliche Verantwortlichkeit. Es braucht eine Vertragsverletzung, einen Schaden, einen Kausalzusammenhang und eine Widerrechtlichkeit. Die Beweislast für das Fehlen der Widerrechtlichkeit liegt beim Schuldner 4A_610/2017 (29.5.18) E. 6.1 fr., 4C.22/2006 (5.5.06) E. 7.3.2 fr. – Anwendungsfall (in casu Haftung des einen Gesellschafters verneint, da sein riskantes Vorgehen vom andern gebilligt worden war) 43 II 496/501 f. E. 1. 2

Schaden. Personen- und Sachschaden (in casu Haftung des Mithalters und Fahrzeuglenkers gegenüber dem anderen Mithalter und Mitfahrer) 99 II 315/322 f. E.b. 3

Selbständiges Klagerecht. Erleidet ein Gesellschafter aus der Verletzung des Aktionärsbindungsvertrags einen direkten Schaden, steht ihm gegenüber dem Gesellschafter, der den Vertrag verletzt hat, ein selbständiges Klagerecht zu. Gleiches gilt für allfällige Konventionalstrafen 4A_65/2011 (1.4.11) E. 3.3.1 fr. 4

Verjährung. Der Schadenersatzanspruch wegen unsorgfältiger Geschäftsführung verjährt in zehn Jahren (Art. 127); die Verjährung beginnt mit der Vornahme der schädigenden Handlung und damit unabhängig von der Schadenskenntnis der übrigen Gesellschafter zu laufen 100 II 339/342 f. E. 2 Pra 1975 (Nr. 89) 260 f., vgl. 99 II 315/321 E. 5. 5

Weiteres. Anwendbarkeit der Bestimmung im Rahmen der Festsetzung des dem ausscheidenden Gesellschafter zukommenden Betrages 4A_31/2009 (30.11.09) E. 5.1.1 fr. 6

VI. Entzug und Beschränkung der Geschäftsführung

Art. 539

[1] Die im Gesellschaftsvertrage einem Gesellschafter eingeräumte Befugnis zur Geschäftsführung darf von den übrigen Gesellschaftern ohne wichtige Gründe weder entzogen noch beschränkt werden.

[2] Liegen wichtige Gründe vor, so kann sie von jedem der übrigen Gesellschafter selbst dann entzogen werden, wenn der Gesellschaftsvertrag etwas anderes bestimmt.

[3] Ein wichtiger Grund liegt namentlich vor, wenn der Geschäftsführer sich einer groben Pflichtverletzung schuldig gemacht oder die Fähigkeit zu einer guten Geschäftsführung verloren hat.

VII. Geschäftsführende und nicht geschäftsführende Gesellschafter 1. Im Allgemeinen

Art. 540

[1] Soweit weder in den Bestimmungen dieses Titels noch im Gesellschaftsvertrage etwas anderes vorgesehen ist, kommen auf das Verhältnis der geschäftsführenden Gesellschafter zu den übrigen Gesellschaftern die Vorschriften über Auftrag zur Anwendung.

[2] Wenn ein Gesellschafter, der nicht zur Geschäftsführung befugt ist, Gesellschaftsangelegenheiten besorgt, oder wenn ein zur Geschäftsführung befugter Gesellschafter seine Befugnis überschreitet, so finden die Vorschriften über die Geschäftsführung ohne Auftrag Anwendung.

1 **Allgemeines.** Zur Verjährung des Schadenersatzanspruches wegen unsorgfältiger Geschäftsführung 100 II 339/342 f. E. 2 Pra 1975 (Nr. 89) 260 f. Vgl. auch unter Art. 538 Abs. 2.

2 ***Abs. 1*** Eine anders lautende Bestimmung ist beispielsweise Art. 538 Abs. 3 108 II 204/210.

2. Einsicht in die Gesellschaftsangelegenheiten

Art. 541

[1] Der von der Geschäftsführung ausgeschlossene Gesellschafter hat das Recht, sich persönlich von dem Gange der Gesellschaftsangelegenheiten zu unterrichten, von den Geschäftsbüchern und Papieren der Gesellschaft Einsicht zu nehmen und für sich eine Übersicht über den Stand des gemeinschaftlichen Vermögens anzufertigen.

[2] Eine entgegenstehende Vereinbarung ist nichtig.

1 **Allgemeines.** Art. 82 findet auf Gesellschaftsverträge keine Anwendung. Die Verletzung eines Konkurrenzverbotes oder einer Treuepflicht bewirkt keine Einschränkung der Informationsrechte 4A_4/2011 (20.7.11) E. 6 it.

2 ***Abs. 1*** Die Bestimmung statuiert ein Kontrollrecht, keine Kontrollpflicht. Die Tatsache, dass der Geschäftspartner nie Einblick in die Geschäftsbücher verlangt hat, spricht nicht gegen die Annahme einer einfachen Gesellschaft 4A_21/2011 (4.4.11) E. 3.3 fr. – Basiert die Ausübung des Anspruchs auf Rechenschaftsablegung auf keinem schützenswerten Interesse, namentlich weil es schikanös oder nicht zweckmässig erscheint, kann das Begehren als rechtsmissbräuchlich qualifiziert werden und unbeachtet bleiben. Dies ist namentlich der Fall, wenn der Gesellschafter bereits über die notwendigen Informationen verfügt; wenn der Gesellschafter in der Lage wäre, die notwendigen Informationen seinen eigenen Unterlagen zu entnehmen, währenddem es für die Gesellschafter sehr schwierig wäre, die

entsprechenden Unterlagen bereitzustellen; oder wenn der Gesellschafter während Jahren keinen Anspruch erhoben, keine Vorbehalte angebracht und keine neuen Tatsachen für sein Begehren vorgebracht hat 4C.206/2006 (12.10.06) E. 4.3.1 fr. Rechtsmissbräuchlichkeit wird nur in Ausnahmefällen angenommen 4A_4/2011 (20.7.11) E. 7.2 it.

VIII. Aufnahme neuer Gesellschafter und Unterbeteiligung

Art. 542

[1] Ein Gesellschafter kann ohne die Einwilligung der übrigen Gesellschafter keinen Dritten in die Gesellschaft aufnehmen.

[2] Wenn ein Gesellschafter einseitig einen Dritten an seinem Anteile beteiligt oder seinen Anteil an ihn abtritt, so wird dieser Dritte dadurch nicht zum Gesellschafter der übrigen und erhält insbesondere nicht das Recht, von den Gesellschaftsangelegenheiten Einsicht zu nehmen.

Abs. 2 Die einseitige Abtretung des Anteils im Sinne von Art. 542 Abs. 2 ist von der Übertragung der Mitgliedschaft zu unterscheiden. Art. 542 Abs. 2 lässt es zu, dass ein Gesellschafter seine aus dem Gesellschaftsvertrag entspringenden Forderungsrechte an einen Dritten abtritt, ohne seine Mitgliedschaftsrechte und -pflichten zu übertragen. Mitgliedschaftsrechte und -pflichten bleiben beim Zedenten. Einseitig abtretbar sind Individualansprüche, welche aus dem Gesellschaftsvermögen befriedigt werden müssen. Die Zustimmung sämtlicher Gesellschafter vorausgesetzt, kann die Mitgliedschaft einer einfachen Gesellschaft mit einem Abtretungsvertrag auf einen Dritten übertragen werden. Haben die Gesellschafter an den gemeinsamen Vermögenswerten eine Bruchteilsberechtigung vereinbart, führt die Übertragung des Gesellschaftsanteils nicht automatisch auch zum Verlust der dinglichen Berechtigung an diesen Werten. Die Gesellschafterstellung und die dingliche Berechtigung stehen nicht in einem unauflöslichen Zusammenhang. Die Mitgliedschaft der einfachen Gesellschaft darf unabhängig vom dinglichen Recht am Miteigentumsanteil übertragen werden 134 III 597/602 E. 3.3.2 Pra 2009 (Nr. 43) 281. 1

C. Verhältnis der Gesellschafter gegenüber Dritten

Vorb. Art. 543–544

Vgl. Vorb. Art. 530–551/Vertrag mit einem aussenstehenden Dritten. 1

I. Vertretung

Art. 543

[1] Wenn ein Gesellschafter zwar für Rechnung der Gesellschaft, aber in eigenem Namen mit einem Dritten Geschäfte abschliesst, so wird er allein dem Dritten gegenüber berechtigt und verpflichtet.

[2] Wenn ein Gesellschafter im Namen der Gesellschaft oder sämtlicher Gesellschafter mit einem Dritten Geschäfte abschliesst, so werden die übrigen Gesellschafter dem Dritten ge-

genüber nur insoweit berechtigt und verpflichtet, als es die Bestimmungen über die Stellvertretung mit sich bringen.

[3] Eine Ermächtigung des einzelnen Gesellschafters, die Gesellschaft oder sämtliche Gesellschafter Dritten gegenüber zu vertreten, wird vermutet, sobald ihm die Geschäftsführung überlassen ist.

1 *Abs. 2* **Persönliche Verpflichtung.** Gibt ein Gesellschafter ein Versprechen im Namen der Gesellschaft oder sämtlicher Gesellschafter ab, so wird er dadurch immer auch persönlich verpflichtet, unabhängig davon, ob er ermächtigt war, auch die anderen Gesellschafter zu vertreten 4C.243/2004 (30.3.05) E. 2.1, vgl. auch 95 II 62. – *Vertretungswirkung.* Fehlt es an einem berechtigten Vertrauen des Dritten in das Bestehen einer einfachen Gesellschaft mit entsprechender Geschäftsführungsbefugnis der Beteiligten, beurteilt sich die Vertretungswirkung nach den allgemeinen Regeln, Art. 32 Abs. 1 und 33 Abs. 2 in Verbindung mit Art. 543 Abs. 2 bzw. Art. 38 Abs. 1 in Verbindung mit 543 Abs. 2. Dabei bedeutet Stillschweigen nur dann Genehmigung, wenn ein Widerspruch möglich und zumutbar war 124 III 355/357 ff. E. 4a und E. 5a. – *Missbrauch der Vollmacht* vgl. 4C.243/2004 (30.3.05) E. 2.1.

2 *Abs. 3* **Gesetzliche Vermutung.** Auf die gesetzliche Vermutung kann sich einerseits der handelnde Geschäftsführer gegenüber seinen Mitgesellschaftern, anderseits aber auch der Dritte berufen 124 III 355/358 f. E. 4a. Die gesetzliche Vermutung ist gegenüber dem gutgläubigen Dritten unwiderlegbar; fehlt es hingegen an einem berechtigten Vertrauen des Dritten in das Bestehen einer einfachen Gesellschaft mit entsprechender Geschäftsführungsbefugnis der Beteiligten, so gelangt die Bestimmung nicht zur Anwendung (die Vertretungswirkung beurteilt sich alsdann nach den allgemeinen Regeln, Art. 32 Abs. 1 und 33 Abs. 2 in Verbindung mit Art. 543 Abs. 2 bzw. Art. 38 Abs. 1 in Verbindung mit 543 Abs. 2) 124 III 355/358 f. E. 4a, vgl. auch 4C.339/2004 (12.1.05) E. 3.2. Die gesetzliche Vermutung setzt grundsätzlich voraus, dass im massgeblichen Zeitpunkt eine einfache Gesellschaft mit den angeblich vertretenen Mitgliedern bestand 4C.339/2004 (12.1.05) E. 3.2, 4C.150/2000 bzw. 4C.154/2000 (10.10.00) E. 3b. Liegt kein Fall einer vermeintlich bestehenden Gesellschaft oder Vollmacht vor, stellt sich die Frage des Schutzes des Vertrauens Dritter nicht 4C.243/2004 (30.3.05) E. 1. – Ausnahmsweise kommt die gesetzliche Vermutung in Betracht, wenn ein Dritter aufgrund des Verhaltens der vermeintlichen Gesellschafter in guten Treuen davon ausgehen durfte, dass eine einfache Gesellschaft bestand 4C.339/2004 (12.1.05) E. 3.3. Nur ein nach aussen hin kund gegebenes Gesellschaftsverhältnis vermag ein schutzwürdiges Vertrauen in die Vertretungsmacht zu begründen 124 III 355/358 f. E. 4a, wobei nicht jeder vage Anhaltspunkt genügt, sondern das Verhalten der Beteiligten mit hinreichender Klarheit auf das Bestehen einer Gesellschaft hindeuten muss 4C.339/2004 (12.1.05) E. 3.3, vgl. auch 4A_253/2017 (18.6.18) E. 4.1 fr., 4A_513/2015 (13.4.16) E. 3.1 fr., 4C.198/2001 (3.12.01) E. 7a. Lässt das Verhalten der Beteiligten keinen hinreichenden Schluss auf das Bestehen einer Gesellschaft zu, ist es an den Dritten, sich über das Bestehen einer einfachen Gesellschaft und die Vertretungsmacht zu erkundigen 4C.339/2004 (12.1.05) E. 3.3, 124 III 355/360 E. 4b. Ein einmal erstelltes, gerechtfertigtes Vertrauen bleibt mangels besonderer Umstände bestehen 4C.339/2004 (12.1.05) E. 3.3. – Wer einen Mietvertrag im Namen aller Mitglieder einer einfachen Gesellschaft unterzeichnet, verpflichtet damit nur jene Personen, die

im Zeitpunkt der Vertragsunterzeichnung bereits Gesellschafter waren 4A_12/2012 (10.7.12) E. 4 fr. – Fehlt es nach dem Gesellschaftsvertrag an einer Geschäftsführungsbefugnis, kann auch die zu Verträgen und Gesellschaftsbeschlüssen subsidiäre gesetzliche Regelung nicht zum Tragen kommen, welche die Geschäftsführung allen Gesellschaftern zugesteht (Art. 535 Abs. 1). Damit entfällt aber die gegenüber gutgläubigen Dritten unwiderlegbare Vollmachtsvermutung von Art. 543 Abs. 3 (in casu Frage nach der Vollmacht eines Architekten, der zugleich Mitglied des Baukonsortiums ist) 118 II 313/318 E.b. – Die gegenüber gutgläubigen Dritten unwiderlegbare Vermutung von Art. 543 Abs. 3 erfasst nur gewöhnliche, im Rahmen der ordentlichen Geschäftsführung erfolgende Rechtsgeschäfte 4C.16/2006 (17.11.06) E. 7.2. Zur Abgrenzung von gewöhnlichen und aussergewöhnlichen Rechtsgeschäften vgl. unter Art. 535/Allgemeines.

II. Wirkung der Vertretung

Art. 544

1 Sachen, dingliche Rechte oder Forderungen, die an die Gesellschaft übertragen oder für sie erworben sind, gehören den Gesellschaftern gemeinschaftlich nach Massgabe des Gesellschaftsvertrages.

2 Die Gläubiger eines Gesellschafters können, wo aus dem Gesellschaftsvertrage nichts anderes hervorgeht, zu ihrer Befriedigung nur den Liquidationsanteil ihres Schuldners in Anspruch nehmen.

3 Haben die Gesellschafter gemeinschaftlich oder durch Stellvertretung einem Dritten gegenüber Verpflichtungen eingegangen, so haften sie ihm solidarisch, unter Vorbehalt anderer Vereinbarung.

▪ Abs. 1 Allgemeines (1) ▪ Actio pro socio (2) ▪ Verrechnung (3) ▪ Abtretung (4) ▪ Dispositives Recht (5) ▪ Weiteres (6) ▪ Abs. 3 Allgemeines (7) ▪ Solidarische Haftung (8) ▪ Weiteres (9)

Abs. 1 **Allgemeines.** Das Recht eines jeden Gesellschafters geht auf die ganze Sache (ZGB Art. 652). Die Rechte der Gemeinschaft können daher nur von allen Gesellschaftern gemeinsam, gegebenenfalls durch bevollmächtigte Stellvertreter, wahrgenommen werden (ZGB Art. 653 Abs. 2) 119 Ia 345 E. a (beachte aber: in casu internes Verhältnis. Der einzelne Gesellschafter muss, wenn alle übrigen Mitgesellschafter Straftaten zum Nachteil der einfachen Gesellschaft begangen haben, selber ein Rechtsmittel ergreifen können), vgl. auch 4P.226/2002 (21.1.03) E. 2.2 fr. (in casu gemeinsame Verfügung über eine Liegenschaft), 4C.352/2006 (25.1.07) E. 3.2.2 (in casu Geltendmachung von gemeinschaftlichen Ansprüchen durch alle Gesellschafter gemeinsam als notwendige aktive Streitgenossenschaft), 4A_491/2010 (30.8.11) E. 3.4 fr. (in casu Schadenersatzforderung gegenüber dem Architekten). – Die Regel von Art. 544 Abs. 1 gilt für alle Forderungen, die der einfachen Gesellschaft zustehen, einschliesslich allfälliger Schadenersatzforderungen 137 III 455/459 E. 3.4 und 3.5 fr. – Zur notwendigen materiellen Streitgenossenschaft 4A_217 (4.8.17) E. 3.3.2 fr., 142 III 782/783 E. 3.1.2 Pra 2018 (Nr. 46) 395, 140 III 598/600 E. 3.2 fr., 136 III 123/128 E. 4.4.1 fr. Zweck der notwendigen aktiven Streitgenossenschaft ist der Schutz der Gemeinschaft bzw. ihrer Mitglieder vor schädlichen Sonderaktionen einzelner Gemeinschafter 4A_275/2010 (11.8.10) E. 5.3 (in casu Schaden- 1 ersatzforderung gegenüber der gerichtlich eingesetzten Liquidatorin). – Im Passivprozess betreffend vermögensrechtliche Angelegenheiten bilden die Gesellschafter einer einfachen Gesellschaft keine notwendige, sondern eine einfache Streitgenossenschaft. Die Beklagten können somit als Einzelperson Beschwerde in Zivilsachen erheben 4A_159/2008 (7.8.08) E. 1.2 it. – Für Gesellschaftsschulden gegenüber Dritten haften die Gesellschafter je einzeln und solidarisch. Daraus kann aber nicht der Umkehrschluss gezogen werden, der einzelne Gesellschafter könne alleine, unabhängig von den anderen Solidarschuldnern gegen den Gläubiger vorgehen. Die Solidarhaft ändert nichts daran, dass alle Gesellschafter der einfachen Gesellschaft grundsätzlich zusammen als Kläger auftreten müssen, da sie nur gemeinsam über die Aktiven der Gesellschaft verfügen können 4A_275/2010 (11.8.10) E. 6. – Bei der Frage der Passivlegitimation ist zu beachten, dass die Gesellschafter von der gesetzlichen Regelung (Gesamteigentum im Sinne von Art. 652 ff. ZGB) abweichen und Miteigentum im Sinne von Art. 646 ff. ZGB vereinbaren können 4A_542/2010 (18.1.11) E. 2.4.2 fr. (in casu Klage gegen einen von mehreren Miterwerbern eines Grundstückes). – Die Sachlegitimation als materiellrechtliche Voraussetzung des eingeklagten Anspruchs ist vom Richter von Amtes wegen zu prüfen. Unter der Herrschaft der Verhandlungsmaxime gilt dies allerdings bloss nach Massgabe des behaupteten und festgestellten Sachverhalts 4A_197/2012 (30.7.12) E. 4.2. – Zum Gesellschaftsvermögen gehören auch Forderungen, welche der Gesellschaft gegenüber Dritten aus Delikt zustehen: Ist im Gesellschaftsvertrag nichts anderes vereinbart, sind alle Gesellschafter gemeinsam aktivlegitimiert. Individuell berechtigt sind die Gesellschafter an Zinsen, Gewinnanteilen, Honoraren, festen Bezügen und am Liquiditätsanteil 4C.218/2000 (6.10.00) E. 2.a–d. – Zu den Befugnissen des Ehegatten eines Gesellschafters vgl. 4C.412/1999 (8.2.00) E. 3. – Zum Erlöschen der Gesamthand. 119 II 119/124 E. c (die Gesamthand erlöscht nicht mit Eintritt eines Auflösungsgrundes, sondern erst mit vollzogener Auseinandersetzung). – Wird eine Forderung, die den Gesellschaftern gemeinschaftlich gehört, gutgeheissen, müssen die zugestandenen Beträge an alle Kläger bzw. an den von diesen bezeichneten Vertreter oder an die von diesen angegebene Zahlungsstelle überwiesen werden 4A_90/2007 (31.5.07) E. 5.3 fr. – Die Abtretung von Forderungen der einfachen Gesellschaft bedingt das Mitwirken sämtlicher Gesellschafter, da die Forderung den Gesellschaftern gemeinsam gehört 4A_302/2016 (16.11.16) E. 2.1.1 fr., 130 III 248/255 E. 4.1 fr.

2 **Actio pro socio.** Unter der «actio pro socio» wird das Recht jedes Gesellschafters verstanden, von Mitgesellschaftern die Erfüllung ihrer Verpflichtungen gegenüber der Gesellschaft zu verlangen und im eigenen Namen Klage auf Leistung an die Gesellschaft zu erheben. Die «actio pro socio», die nur gegen Gesellschafter, nicht indessen gegen Dritte erhoben werden kann, ist auch nicht analog gegen Dritte anwendbar. Der Umstand, wonach die untereinander vollständig zerstrittenen Gesellschafter die Gesellschaftsklage nicht erheben würden, stellt keinen Grund dar, welcher die Aktivlegitimation eines einzelnen Gesellschafters in Analogie zur «actio pro socio» zu rechtfertigen vermöchte 4A_275/2010 (11.8.10) E. 5.1 und 5.3; vgl. auch 4A_197/2012 (30.7.12) E. 4.1.

3 **Verrechnung.** Ein Gesellschafter kann eine persönliche Schuld nicht mit einer Forderung verrechnen, die der Gesellschaft zusteht. – Art. 573 Abs. 2 gilt analog für die einfache Gesellschaft 4C.214/2000 (27.10.00) E. 4a.

Abtretung. Die Abtretung einer Forderung der Gesellschaft bedarf der Mitwirkung sämtlicher Gesellschafter; fehlt einem Gesellschafter die Verfügungsgewalt, ist die Abtretung nichtig 4C.275/2003 (29.1.04) E. 4.1 fr. – Zur Abtretung von Urheberrechten und zur Abtretung des Liquidationsanteils 4C.277/2002 (7.2.03) E. 3.3 fr. 4

Dispositives Recht. Die Gesellschafter können vereinbaren, dass sie als Solidargläubiger berechtigt sind 4C.4/2004 (20.4.04) E. 3.3. – Die durch mehrere Gläubiger eingeleitete Betreibung ist betreibungsrechtlich sowohl für Gesamthandforderungen, als auch für Solidarforderungen zulässig 71 III 164/164 sowie auch 4C.4/2004 (20.4.04) E. 3.2. 5

Weiteres. Ist der Vertrag zwischen der Vergabebehörde und dem Anbieter noch nicht geschlossen, müssen die Gesellschafter eines übergangenen Konsortiums gegen den Vergabeentscheid gemeinschaftlich Beschwerde führen. Ist der Vertrag abgeschlossen und richtet sich die Klage nunmehr auf die Feststellung der Rechtswidrigkeit des Vergabeentscheides und Schadenersatz, stellt sich die Frage, ob der einzelne Gesellschafter aktivlegitimiert ist 131 I 153/159 ff. E. 5–6 fr. 6

Abs. 3 **Allgemeines.** Die Solidarhaftung gilt allerdings nur, sofern auch wirklich eine einfache Gesellschaft besteht. Der Anschein einer einfachen Gesellschaft kann indessen einen Umstand darstellen, aus welchem der Vertragspartner nach dem Vertrauensprinzip schliessen darf, dass bei einer Mehrzahl von Personen auf der Gegenseite eine solidarische Verpflichtung und nicht bloss eine Teilhaftung gewollt ist 116 II 707/709 E. b sowie 4C.173/2006 (9.7.07) E. 3.2. – Bei einer gegen die Mitglieder einer einfachen Gesellschaft gerichteten Klage ist nicht von einer notwendigen passiven Streitgenossenschaft auszugehen 4C.352/2006 (25.1.07) E. 3.2.2. Im Passivprozess betreffend vermögensrechtliche Angelegenheiten bilden die Gesellschafter einer einfachen Gesellschaft eine einfache Streitgenossenschaft 4A_159/2008 (7.8.08) E. 1.2 it. – Keine Anwendung der Bestimmung auf das Innenverhältnis: Die Gesellschafter haften als Mitschuldner gegenüber jenem Gesellschafter, der mehr als seinen Schuldanteil bezahlt hat, nicht solidarisch (Art. 148 Abs. 2 und 3) 103 II 137/138 ff. E. 4 Pra 1977 (Nr. 159) 384 f. – Eine gemeinschaftlich begründete Verpflichtung liegt vor, wenn der Vertrag von allen Gesellschaftern unterzeichnet wird. Die Solidarhaftung gilt «unter Vorbehalt anderer Vereinbarung» mit dem Gläubiger. Eine Vereinbarung unter den Gesellschaftern genügt nicht 4A_562/2011 (16.1.12) E. 4.2 fr. – Solidarität besteht unter den Gesellschaftern für alle Schulden, die sich aus der Geschäftstätigkeit der Gesellschaft ergeben, unbekümmert darum, aus welchem Rechtsgrund sie entstehen. Eine solidarische Verpflichtung entsteht somit nicht nur rechtsgeschäftlich, sondern auch aus der Tatsache des gesellschaftlichen Betriebes. Eine Beschränkung der Solidarhaftung auf einen der beiden Schuldner, das heisst eine Übernahme als Alleinhaftender im externen Verhältnis, bedarf einer entsprechenden Vereinbarung mit dem Gläubiger 4A_73/2014 (19.6.14) E. 5.1. Von einem Forderungsverzicht eines Gläubigers gegenüber einem Dritten im Rahmen eines Vergleichs mit einem Solidarschuldner ist nur mit Zurückhaltung auszugehen 4A_73/2014 (19.6.14) E. 5.3. 7

Solidarische Haftung. Für die *unerlaubten Handlungen* eines Gesellschafters haften die übrigen nicht, sofern er nicht mit ihrem Einverständnis gehandelt hat 90 II 501/508, 84 II 381/382 f. E. b (keine analoge Anwendung von Art. 55 und 567 Abs. 3), vgl. auch 72 II 8

255/266 E. 4 (in casu Unfall beim Betrieb der einer landwirtschaftlichen Gesellschaft gehörenden Dreschmaschine) und 87 II 184/186 E. 1 Pra 1961 (Nr. 143) 409. – Solidarische Haftung besteht auch für die *Schulden,* die *von Gesetzes wegen* aus der Tatsache des gesellschaftlichen Betriebes entstehen 72 II 255/266 E. 4, sowie für die *Steuerschulden* 71 I 179/183 f. E. 1, vgl. auch 109 V 86/90 E.a. – Zur Haftung des *stillen Teilhabers* siehe unter Art. 530/Keine einfache Gesellschaft/Stille Gesellschaft.

9 **Weiteres.** Der Gläubiger einer einfachen Gesellschaft, der einen Gesellschafter als Solidarschuldner für die ganze Forderung belangt, entlässt dadurch die anderen Gesellschafter nicht aus der Solidarität (Art. 144 Abs. 2) 56 II 108/115. – Der Grundsatz der Solidarhaftung schliesst die Möglichkeit einer notwendigen passiven Streitgenossenschaft zwischen den Gesellschaftern gegenüber Gläubigern aus 4P.226/2002 (21.1.03) E. 2.2 fr. – Die Anwaltskanzlei haftet für Pflichtverletzungen eines ihrer Mitglieder nur dann kollektiv, wenn das anspruchsbegründende Mandat den einfachen Gesellschaftern als Gesamtmandat und nicht einem bestimmten Gesellschafter als Einzelmandat erteilt wurde 124 III 363/367 E.d. – Im entschiedenen Fall kein offensichtlich rechtsmissbräuchliches Verhalten, wenn ein Gesellschafter auf einem formell zulässigen, für den Vertragspartner einfacheren Weg zur Erfüllung seiner Verbindlichkeiten angehalten wird, als ihn die gesellschaftsinterne Regressordnung vorschreibt 125 III 257/258 ff. E. 2.

D. Beendigung der Gesellschaft

Vorb. Art. 545–551

1 **Allgemeines.** ***Beendigung der Gesellschaft.*** Das Gesellschaftsverhältnis wird nicht schon mit dem Eintritt eines Auflösungsgrundes, sondern erst mit dem *Abschluss der Liquidation* beendet 105 II 204/206 f. E. a, 119 II 119/122 E. a, 4P.146/2004 (28.9.04) E. 5.4.2, 4C.416/2005 (24.2.06) E. 3.1. Die Gesamthand (Art. 544 Abs. 1) erlischt nicht mit Eintritt eines Auflösungsgrundes, sondern erst mit vollzogener Auseinandersetzung 119 II 119/124 E.c. – *Eintritt des Auflösungsgrundes.* Der Eintritt eines Auflösungsgrundes («Auflösung») bewirkt daher zunächst nur, dass ein Anspruch auf Durchführung der Liquidation und Beendigung der Gesellschaft entsteht 70 II 55/56 (in casu Kollektivgesellschaft). *Die Gesellschaft besteht über ihre Auflösung hinaus noch fort,* soweit es die Liquidation des Gesellschaftsvermögens erfordert. Dies gilt auch für den Fall, dass ein Gesellschafter ausscheidet und die Gesellschaft von den übrigen (das heisst von den nicht kündigenden Gesellschaftern 88 II 209/234 E. e) fortgesetzt oder neu gegründet wird (der ausgeschiedene Gesellschafter ist berechtigt, an jener später stattfindenden Versammlung teilzunehmen, welche die Bilanz für die Zeit seiner Mitgliedschaft behandelt; keine Geltung des im Gesellschaftsvertrag vereinbarten Abstimmungsmodus durch Mehrheitsbeschlüsse: Die Festsetzung des Anteils des ausscheidenden Gesellschafters am Gesellschaftsvermögen ist von diesem und den übrigen Teilhabern gemeinsam vorzunehmen und hat einstimmig zu erfolgen [oder dann doch zum Mindesten durch eine Mehrheit, der auch der ausscheidende Gesellschafter angehört]); Gesellschaftsbeschlüsse, die über den Zweck der Liquidation hinausgehen, bedürfen eines einstimmigen Beschlusses 59 II 419/423 ff. E. 3 (in casu offen gelassen, ob einfache Gesellschaft oder Kollektivgesellschaft). – *Vertretung von Erben.* Zur Anwendung von Art. 584 auf die einfache Gesellschaft 119 II 119/122 f. E.a.

I. Auflösungsgründe 1. Im Allgemeinen

Art. 545

[1] Die Gesellschaft wird aufgelöst:

1. **wenn der Zweck, zu welchem sie abgeschlossen wurde, erreicht oder wenn dessen Erreichung unmöglich geworden ist;**
2. **wenn ein Gesellschafter stirbt und für diesen Fall nicht schon vorher vereinbart worden ist, dass die Gesellschaft mit den Erben fortbestehen soll;**
3. **wenn der Liquidationsanteil eines Gesellschafters zur Zwangsverwertung gelangt oder ein Gesellschafter in Konkurs fällt oder unter umfassende Beistandschaft gestellt wird;**
4. **durch gegenseitige Übereinkunft;**
5. **durch Ablauf der Zeit, auf deren Dauer die Gesellschaft eingegangen worden ist;**
6. **durch Kündigung von seiten eines Gesellschafters, wenn eine solche im Gesellschaftsvertrage vorbehalten oder wenn die Gesellschaft auf unbestimmte Dauer oder auf Lebenszeit eines Gesellschafters eingegangen worden ist;**
7. **durch Urteil des Gerichts im Falle der Auflösung aus einem wichtigen Grund.**

[2] Aus wichtigen Gründen kann die Auflösung der Gesellschaft vor Ablauf der Vertragsdauer oder, wenn sie auf unbestimmte Dauer abgeschlossen worden ist, ohne vorherige Aufkündigung verlangt werden.

▪ Allgemeines (1) ▪ Abs. 1 Ziff. 1 (3) ▪ Abs. 1 Ziff. 2 (4) ▪ Abs. 1 Ziff. 3 Zwangsverwertung (5) ▪ Abs. 1 Ziff. 4 (6) ▪ Abs. 1 Ziff. 5 (7) ▪ Abs. 1 Ziff. 6 (8) ▪ Abs. 1 Ziff. 7 (9) ▪ Abs. 2 (10)

Allgemeines. ***Auflösung.*** Die Auflösung der Gesellschaft bedeutet nicht ihre sofortige Beendigung; die Gesellschaft besteht vielmehr als sogenannte Abwicklungsgesellschaft bis zur vollständigen Liquidation fort 4C.416/2005 (24.2.06) E. 3.1. Die Verletzung gesellschaftlicher Pflichten durch einen Gesellschafter (in casu Konkurrenzverbot) befreit die anderen Gesellschafter nicht davon, ihrerseits die im Gesellschaftsvertrag statuierten Pflichten einzuhalten. Daraus, dass verschiedene Gesellschafter gegen unterschiedliche gesellschaftsrechtliche Pflichten verstossen, kann nicht auf eine Auflösung der Gesellschaft geschlossen werden 4A_340/2011 (13.9.11) E. 3.4.3. Koppelung einer einfachen Gesellschaft und einer Kollektivgesellschaft: Die Parteien können, jederzeit und ohne Beachtung einer bestimmten Form, vereinbaren, dass die Gesellschaftsverträge gekoppelt sind und denselben Bestimmungen über die Auflösung unterliegen 4A_146/2013 (31.7.13) E. 2.2 fr. 1

Austritt. Beim Austritt aus der einfachen Gesellschaft gelten nicht die auf zweiseitige Verträge anwendbaren Rücktrittsbestimmungen der Art. 107 ff., sondern es greifen die besonderen Regeln von Art. 545 Platz 49 II 491 E. 2. – Neben den in Art. 545 festgelegten Austrittsmöglichkeiten ist auch ZGB Art. 27 Abs. 2 zu beachten 48 II 439/442 f. E. 3 (in casu einfache Gesellschaft mit dem Zweck, gegen einen Dritten Strafklage zu erheben: Der Austritt muss jedem Gesellschafter jederzeit freistehen, und eine für den Austritt vereinbarte Konventionalstrafe ist ungültig). – *Wirkung des Austritts.* Der Austritt aus der Gesellschaft wirkt ex nunc, d.h. der austretende Gesellschafter kann verlangen, dass mit der Auflösung im Zeitpunkt seines Austrittes die Liquidation eintrete, wobei er lediglich einen Anspruch auf das Liquidationsergebnis hat, das nicht so sehr von seiner Einlage als vom seitherigen Schicksal der Gesellschaft überhaupt abhängt 49 II 475/492 E. 2. Zur Anwendung von Art. 580 Abs. 2 (Abfindungsanspruch) auf die einfache Gesellschaft 4A_31/2009 2

(30.11.09) E. 5.1.1 fr., 4C.278/2005 (8.5.06) E. 4.1 fr., 4C.292/2001 (13.5.02) E. 3b fr. – *Ausschluss.* Die Möglichkeit, einen *Gesellschafter auszuschliessen,* sieht das Gesetz nicht vor (keine analoge Anwendung von Art. 577); hingegen kann sie im Gesellschaftsvertrag vereinbart werden 94 II 119/120 f., 4A_624/2011 (27.1.12) E. 2.2 fr. *Keine analoge Anwendung von Art. 577:* Die Ausschliessung eines Gesellschafters aus wichtigen Gründen ist nur zulässig, wenn sie vertraglich vorgesehen ist 94 II 119/120 f.

3 ***Abs. 1 Ziff. 1*** Der Zweck einer Gesellschaft ist das Ziel, zu dessen Erreichung sich die Beteiligten zusammengetan haben, der Erfolg, den zu erlangen sie bestrebt sind. Worin der Zweck besteht und ob er noch erreicht werden kann, ist eine Tatfrage 4P.146/2004 (28.9.04) E. 5.2.3. Anwendungsfall: Kann das ursprüngliche Bauprojekt mangels Bewilligung nicht vollendet werden und kommt bezüglich der Ausführung des abgeänderten Projekts keine Einigung zustande, bleibt nur die Auflösung der Gesellschaft 4A_310/2009 (29.9.09) E. 1.3. – Die Unmöglichkeit, den Zweck zu erreichen, führt – wie der Tod des Gesellschafters gemäss Art. 545 Abs. 1 Ziff. 2 – zur sofortigen Auflösung der Gesellschaft 4A_426/2016 (10.1.17) E. 3.3.1 fr. (in casu lag lediglich eine subjektive Unmöglichkeit vor).

4 ***Abs. 1 Ziff. 2*** Gestattet Ziff. 2 dem Gesellschafter ausdrücklich, mit den andern im Voraus zu vereinbaren, die Gesellschaft solle mit seinen Erben fortgesetzt werden, so können die Gesellschafter um so mehr übereinkommen, dass beim Ausscheiden des einen ein *anderer* in seine Rechte und Pflichten trete 88 II 209/234 E.f. – Ob eine Vertragsbestimmung, wonach beim Tod eines Gesellschafters (von insgesamt zwei) die Gesellschaft (in casu Kollektivgesellschaft) mit dessen Erben als Kollektiv- oder Kommanditgesellschaft fortgesetzt werden soll, auch beim Tod des *zweiten* Gesellschafters (Gründers) gilt, ist durch Auslegung zu ermitteln (in casu bei einem Familienunternehmen bejaht) 95 II 547/551 ff. E. 3. – Eine im Gesamteigentum zweier einfacher Gesellschafter stehende Liegenschaft wird ohne besondere Abrede beim Tod des einen Gesellschafters nicht Alleineigentum des andern Gesellschafters (Bestätigung der Rechtsprechung) 119 II 119/121 ff. E. 3. Anwendung von Art. 583 Abs. 2 und 584 119 II 119/122 f. E a. – Die *Fortsetzung der Gesellschaft* (in casu Kollektivgesellschaft) kann auch erst nach dem Tod eines Gesellschafters vereinbart werden. An die Stelle des verstorbenen Gesellschafters treten seine Erben, die zusammen mit den überlebenden Gesellschaftern auf den Auseinandersetzungsanspruch verzichten und die Fortsetzung der vom Auflösungsgrund betroffenen, aber noch nicht liquidierten Gesellschaft vereinbaren können. Ein solcher Beschluss bedarf der Zustimmung aller Erben und aller Gesellschafter; er kann sich aus konkludentem Verhalten ergeben 70 II 55/57, 116 II 49/53 E.b. – Nur im Fall der Weiterführung der einfachen Gesellschaft gestützt auf eine Fortsetzungsvereinbarung führt das Ausscheiden eines Gesellschafters dazu, dass dessen Anteile bzw. dessen Rechte den verbleibenden Gesellschaftern anwachsen 4A_556/2012 und 4A_564/2012 (9.4.13) E. 7.2.2. – Zur Fortsetzung, nachdem die Gesellschaft bereits aufgelöst ist 4C.339/2004 (12.1.05) E. 2.2. – Die Fortsetzungsvereinbarung bedarf keiner besonderen Form (konkludentes Handeln genügt) 116 II 49/53 E. b sowie auch 4C.339/2004 (12.1.05) E. 2.2. Anwendungsfall 113 II 493/496 E.b. – Der Tod eines Komplementärs ist ein Auflösungsgrund der Kommanditgesellschaft (vgl. Art. 619 Abs. 1 bzw. Art. 574 Abs. 1) mit der Folge, dass die Gesellschaft in das Liquidationsstadium tritt 114 V 2/4 E.b.

Abs. 1 Ziff. 3 **Zwangsverwertung.** Ordnet die kantonale Aufsichtsbehörde die Auflösung der einfachen Gesellschaft samt Verwertung ihres Vermögens an, tritt die Gesellschaft in das Liquidationsstadium, weshalb es keiner zusätzlichen Kündigung des Gesellschaftsvertrages gegenüber allen Mitgliedern bedarf 134 III 133/135 E. 1.6 (Präzisierung der Rechtsprechung 52 III 4/4 ff.). Zur Zwangsverwertung des Liquidationsanteils eines Gesellschafters 113 III 40/41 f. E. a Pra 1989 (Nr. 141) 468 f. (keine Befugnis der Betreibungsbehörden, materiellrechtliche Fragen zu entscheiden; in casu Auflösung einer einfachen Gesellschaft unter Ehegatten in Scheidung: Es besteht kein Grund, die Zwangsverwertung eines Grundstücks aufzuschieben, bis die güterrechtliche Auseinandersetzung stattgefunden hat). – *Konkurs.* Das Zustandekommen eines Liquidationsvergleichs ist der Konkurseröffnung gleichgestellt 107 III 25/27 f. E. 3 c Pra 1981 (Nr. 224) 600. Das Kreisschreiben des Bundesgerichts vom 1. Februar 1926 über die Behandlung von Miteigentum und Gesamteigentum im Konkurs (52 III 56/56 ff.) ist durch die Revision der Verordnung über die Zwangsverwertung von Grundstücken (VZG) hinfällig geworden 102 III 113/113. 5

Abs. 1 Ziff. 4 Erforderlich ist eine übereinstimmende gegenseitige Willensäusserung der Gesellschafter 4C.447/1999 (9.3.00) E. 2a/bb fr. Der übereinstimmende Willen der Gesellschafter, die einfache Gesellschaft aufzulösen, kann in einem formellen Beschluss zum Ausdruck kommen oder sich auch stillschweigend ergeben 4A_31/2009 (30.11.09) E. 4.3.2 fr. – Eine Fortführungsklausel im Gesellschaftsvertrag findet keine Anwendung, wenn die Gesellschafter einstimmig die Auflösung der Gesellschaft beschlossen haben 4A_398/2010 (14.12.10) E. 5.2.4.4 fr. Vgl. Anwendungsfall 116 II 685/686 E.a. – Wird die Gesellschaft durch gegenseitige Übereinkunft aufgelöst, verfolgt sie ab diesem Moment allein den Zweck der Liquidation 4A_586/2011 (8.3.12) E. 2 fr. Vgl. auch 4A_398/2010 (14.12.10) E. 5.2.4.5 fr., 119 II 119/122 E. 3a. 6

Abs. 1 Ziff. 5 Siehe Art. 546 Abs. 3. 7

Abs. 1 Ziff. 6 Die Auflösung der Gesellschaft als Folge der Kündigung bedeutet nicht deren sofortige Beendigung. Die Gesellschaft besteht als sogenannte Abwicklungsgesellschaft bis zur vollständigen Liquidation weiter. Die Gesellschafter können sich auch dann noch auf eine Weiterführung einigen, wenn ein Beteiligter bereits ausgetreten und die Gesellschaft bereits aufgelöst ist 4C.339/2004 (12.1.05) E. 2.2. Die nicht kündigenden Gesellschafter können ausdrücklich oder stillschweigend übereinkommen, unter sich in einem dem alten analogen Rechtsverhältnis zu bleiben (damit vereinbaren sie ein neues Gesellschaftsverhältnis, auch wenn sie den Namen des alten übernehmen und dessen Vermögen nicht vollständig liquidieren) 88 II 209/234 E.e. Die Austrittserklärung bedarf keiner besonderen Form 4C.339/2004 (12.1.05) E. 2.2, vgl. auch 116 II 49/53 E.b. Die Kündigung ist ein formeller Akt, der die Auflösung der Gesellschaft bewirkt und auf den der Kündigende nicht einseitig zurückkommen kann 4A_146/2013 (31.7.13) E. 2.2 fr. Die Kündigung bedarf keiner Begründung. Werden gesetzliche oder vertragliche Fristen und Termine nicht eingehalten, gilt die Kündigung für den nächstmöglichen Termin (in casu Kündigung der Kollektivgesellschaft) 4C.278/2005 (8.5.06) E. 4.1 fr. Die Kündigung setzt nicht das Vorliegen eines wichtigen Grundes voraus und kann, Rechtsmissbräuchlichkeit vorbehalten, jederzeit erfolgen (in casu Kündigung der Kommanditgesellschaft) 8

4C.148/2006 (5.7.06) E. 2.3 fr. Besteht die Gesellschaft weiter, so wachsen die Rechte des Austretenden den andern Gesellschaftern an, ohne dass es dazu besonderer Übertragungshandlungen bedürfte. Selbst dann bestehen keine Formerfordernisse, wenn das Gemeinschaftsvermögen aus Grundstücken besteht 116 II 49/53 E. b (in casu gesamthänderisches Vorkaufsrecht an einem Grundstück). Betreffend die Festsetzung des dem ausscheidenden Gesellschafter zukommenden Betrages finden die in Art. 580 Abs. 2 festgelegten Regeln Anwendung 4A_31/2009 (30.11.09) E. 5.1.1 fr.

9 Abs. 1 Ziff. 7 Wichtige Gründe liegen vor, wenn die wesentlichen Voraussetzungen persönlicher oder sachlicher Natur, unter denen der Gesellschaftsvertrag eingegangen wurde, nicht mehr vorhanden sind, sodass die Erreichung des Gesellschaftszwecks in der bei der Eingehung der Gesellschaft beabsichtigten Art nicht mehr möglich ist oder wesentlich erschwert oder gefährdet wird und aus diesem Grund den Gesellschaftern die Fortsetzung der Gesellschaft nicht mehr zugemutet werden kann (in casu Auflösung einer Kommanditgesellschaft) 4C.249/2006 (13.11.06) E. 3.1. – Unter den Begriff wichtiger Grund fallen auch persönliche Eigenschaften eines Gesellschafters, welche das Weiterführen der Gesellschaft für den anderen Gesellschafter unerträglich machen 4C.160/2006 (24.8.06) E. 3.3. Das Urteil, das die Auflösung ausspricht, hat *konstitutive* Bedeutung mit Wirkung ex nunc 74 II 172/173 E. 1. Vgl. auch 4A_426/2016 (10.1.17) E. 3.3.1 fr. – *Auflösungsklage.* Bestreitet der Beklagte das Bestehen einer einfachen Gesellschaft, so beläuft sich der Streitwert auf den Gesamtwert des gemeinsamen Vermögens 94 II 122/124 E. 1 Pra 1968 (Nr. 147) 517.

10 Abs. 2 Die Bestimmung ist *dispositiv;* im Gesellschaftsvertrag kann vereinbart werden, dass bei Vorliegen wichtiger Gründe anstelle der richterlichen Auflösung eine solche durch Kündigung treten soll 74 II 172/175.

2. Gesellschaft auf unbestimmte Dauer

Art. 546

[1] Ist die Gesellschaft auf unbestimmte Dauer oder auf Lebenszeit eines Gesellschafters geschlossen worden, so kann jeder Gesellschafter den Vertrag auf sechs Monate kündigen.

[2] Die Kündigung soll jedoch in guten Treuen und nicht zur Unzeit geschehen und darf, wenn jährliche Rechnungsabschlüsse vorgesehen sind, nur auf das Ende eines Geschäftsjahres erfolgen.

[3] Wird eine Gesellschaft nach Ablauf der Zeit, für die sie eingegangen worden ist, stillschweigend fortgesetzt, so gilt sie als auf unbestimmte Zeit erneuert.

1 Abs. 1 Die Bestimmung ist *dispositiv* 106 II 226/228 f. E. a (Änderung der Rechtsprechung, anders noch 90 II 333/341 E. 5a Pra 1965 (Nr. 35) 114). Das gesetzliche Kündigungsrecht kann eine unvollständige vertragliche Kündigungsordnung selbst dann ergänzen, wenn eine Gesellschaft auf Lebenszeit eines Gesellschafters vereinbart worden ist 106 II 226/229 ff. E. b, c. – Keine analoge Anwendung der Bestimmung auf den Alleinverkaufsvertrag, dessen Klausel über die Vertragsdauer nichtig ist; hingegen in casu analoge Anwendung hinsichtlich der Kündigungsfrist von sechs Monaten 107 II 216/218 E.a. und

220 E. 4. Zum Alleinverkaufsvertrag siehe Vorb. Art. 184–551/Innominatverträge/Gemischte Verträge/Alleinverkaufsvertrag. – Schuldbetreibung. Verwertung eines Gesellschaftsanteils (gemäss der V des Bundesgerichts über die Pfändung und Verwertung von Anteilen an Gesellschaftsvermögen vom 17. Januar 1923): Ordnet die kantonale Aufsichtsbehörde die Auflösung der einfachen Gesellschaft samt Verwertung ihres Vermögens an, tritt die Gesellschaft in das Liquidationsstadium, weshalb es keiner zusätzlichen Kündigung des Gesellschaftsvertrages gegenüber allen Mitgliedern bedarf 134 III 133/134 f. E. 1.5 und 1.6 (Präzisierung der Rechtsprechung 52 III 4/4 ff.).

Abs. 3 Diese Norm ist nicht eine einschränkend auszulegende Ausnahmebestimmung, sondern eine aus der Rechtsnatur der Auflösung sich ergebende, vom Gesetz für einen bestimmten Fall gezogene Folgerung: Auch bei Auflösung der Gesellschaft infolge Todes eines Gesellschafters ist die Fortsetzung möglich 70 II 55/56 f. (zu den Voraussetzungen siehe unter Art. 545 Abs. 1 Ziff. 2). 2

II. Wirkung der Auflösung auf die Geschäftsführung

Art. 547

1 Wird die Gesellschaft in anderer Weise als durch Kündigung aufgelöst, so gilt die Befugnis eines Gesellschafters zur Geschäftsführung zu seinen Gunsten gleichwohl als fortbestehend, bis er von der Auflösung Kenntnis hat oder bei schuldiger Sorgfalt haben sollte.

2 Wird die Gesellschaft durch den Tod eines Gesellschafters aufgelöst, so hat der Erbe des verstorbenen Gesellschafters den andern den Todesfall unverzüglich anzuzeigen und die von seinem Erblasser zu besorgenden Geschäfte in guten Treuen fortzusetzen, bis anderweitige Fürsorge getroffen ist.

3 Die andern Gesellschafter haben in gleicher Weise die Geschäfte einstweilen weiter zu führen.

Abs. 2 Anwendungsfall (in casu Beteiligung der Erben eines verstorbenen Gesellschafters an der zu liquidierenden Gesellschaft) 119 II 119/125 E. 4. – Anwendbar auf die Kollektivgesellschaft 93 II 247/252 E. bb (der Entscheid verweist irrtümlich auf Abs. 3). 1

III. Liquidation

Vorb. Art. 548–550

▪ Dispositives Recht (1) ▪ Voraussetzungen des Anspruchs der Gesellschafter auf Durchführung der Liquidation (2) ▪ Rechtsbegehren (3) ▪ Ernennung des Liquidators (4) ▪ Grundsatz der Einheitlichkeit und der Versilberung (5) ▪ Die Beendigung der Liquidation (6) ▪ Auflösung der Ehegattengesellschaft (7) ▪ Anwendbare Bestimmungen (8) ▪ Weiteres (9)

Dispositives Recht. Die Parteien können für die Auflösung der einfachen Gesellschaft von vornherein oder nachträglich eine Vereinbarung treffen 93 II 387/391 E. 4, vgl. auch 4A_48/2017 (2.6.17) E. 3.2.2 fr., 4A_586/2011 (8.3.12) E. 2 fr., 4A_398/2010 (14.12.10) E. 5.2.4.5 fr., 4C.443/2004 (14.4.05) E. 2.3 fr. – Zur Ergänzung der Vereinbarung über die Liquidation der Gesellschaft analog Art. 2 Abs. 2 sowie zur Berücksichtigung mietrechtli- 1 cher Komponenten bei der Abschreibung vgl. 4C.105/2005 (17.6.05) E. 5.3. – Der Anspruch auf Durchführung der Liquidation ist zwingend 4C.447/1999 (9.3.00) E. 2a/cc fr.

2 **Voraussetzungen des Anspruchs der Gesellschafter auf Durchführung der Liquidation.** Der Anspruch der Gesellschafter auf die Durchführung der Liquidation setzt das Vorhandensein von Aktiven voraus, die verteilt werden können, sowie ein Interesse des die Liquidation begehrenden Gesellschafters 100 II 339/343 E. 2a Pra 1975 (Nr. 89) 261, vgl. auch 108 II 204/211 E. 6.

3 **Rechtsbegehren.** Jeder Gesellschafter hat das Recht, mittels Klage die Durchführung der Liquidation zu verlangen. Dabei kann er vom Richter die Ernennung eines Liquidators verlangen. Innerhalb gewisser Schranken kann vom Richter auch verlangt werden, dem Liquidator Weisungen zu erteilen betreffend die Durchführung einzelner spezifizierter Liquidationshandlungen. Der klagende Gesellschafter kann, muss aber nicht die Erteilung von Weisungen verlangen. Wenn der klagende Gesellschafter vom Richter die Erteilung bestimmter Weisungen an den Liquidator verlangen will, genügt das allgemeine Rechtsbegehren, «es sei die einfache Gesellschaft zu liquidieren», nicht 4A_443/2009 (17.12.09) E. 3.3. Vgl. auch zur Klage 4C.447/1999 (9.3.00) E. 2a cc fr.

4 **Ernennung des Liquidators.** Die Ernennung des Liquidators durch den Richter kann auf zwei Arten erfolgen: Einerseits hat jeder Gesellschafter das Recht, die Durchführung der Liquidation zu verlangen. Andererseits hat jeder Gesellschafter das Recht, die Ernennung eines Liquidators zu verlangen. Art. 583 Abs. 2 ist im Recht der einfachen Gesellschaft analog anwendbar. Voraussetzung für die Ernennung eines Liquidators ist, dass sich die Gesellschaft in Liquidation befindet. Dies ist der Fall, wenn die Gesellschaft im Sinne von Art. 550 Abs. 1 aufgelöst ist oder wenn eine Auflösung ohne Liquidation vorgesehen ist 4A_143/2013 (30.9.13) E. 2.2 fr.

5 **Grundsatz der Einheitlichkeit und der Versilberung.** Die Liquidation der einfachen Gesellschaft wird vom Grundsatz der Einheitlichkeit beherrscht; sie umfasst alle liquidationsbedürftigen Verhältnisse. Dabei entspricht es dem Gesamthandprinzip, dass der Gesellschafter keinen Anspruch auf Naturalteilung hat, sondern nur auf Wert- oder Reinvermögensteilung, mithin auf einen seinem Anteil entsprechenden Betrag in Geld (Versilberung in analoger Anwendung von Art. 585 Abs. 1, soweit es die Auseinandersetzung erfordert bzw. die Teilung unter den Gesellschaftern dadurch erleichtert wird; in casu öffentliche Versteigerung eines Grundstücks [ein Entscheid, der im Hinblick auf die Liquidation die Versilberung von Grundstücken anordnet, ist ein berufungsfähiger Endentscheid im Sinne von aOG Art. 48 Abs. 1]) 93 II 387/390 E. 2 und 387/391 f. E. 4. Ist die Liquidation eingeleitet, so hat der einzelne Gesellschafter nach dem Grundsatz der Einheitlichkeit der Liquidation keinen Anspruch darauf, eine Forderung aus einem einzelnen Vorgang losgelöst von der Gesamtheit der gesellschaftlichen Beziehungen geltend machen zu können. Die Auseinandersetzung umfasst vielmehr den gesamten Komplex der liquidationsbedürftigen Verhältnisse. Die Liquidation kann sich nicht auf die Abwicklung einzelner Rechtsverhältnisse beschränken, sondern muss vollständig durchgeführt werden und ist erst beendet, wenn in jeder Beziehung eine Auseinandersetzung nach Gesellschaftsrecht stattgefunden hat 116 II 316/318 E. 2d, vgl. auch 4A_586/2011 (8.3.12) E. 2

fr., 4A_509/2010 (11.3.11) E. 6.2, 4A_443/2009 (17.12.09) E. 3.2. Zu den Schulden der Gesellschaft zählen auch Ansprüche auf Ersatz von Aufwendungen im Sinne von Art. 537 4C.416/2005 (24.2.06) E. 3.3. Der Grundsatz der Einheitlichkeit der Liquidation wird durch die richterliche Anordnung von Abschlagszahlungen betreffend liquide Teilforderungen nicht verletzt 4C.36/2001 (2.7.01) E. 9a. Vertragsverhältnisse zwischen den Gesellschaftern, die keinen Bezug zum Gesellschaftsvertrag haben, sind vom Grundsatz der Einheitlichkeit der Liquidation ausgenommen 4C.443/2004 (14.4.05) E. 2.3 fr. Ist bekannt, welche Aktiven und Passiven nach Auflösung der Gesellschaft vorhanden sind, können alle liquidationsbedürftigen Verhältnisse berücksichtigt werden, weshalb die Liquidation im Gerichtsverfahren vorgenommen werden kann 4C.284/2004 (19.7.05) E. 2.

Die Beendigung der Liquidation kann gleich wie die Gründung der Gesellschaft durch schlüssiges Verhalten erfolgen (in casu durch die Übertragung der Aktiven auf eine neue Gesellschaft und die Begleichung der Gesellschaftsschulden) 100 II 339/343 E. 2a Pra 1975 (Nr. 89) 261. Die Liquidation ist erst beendet, wenn in jeder Beziehung eine Auseinandersetzung nach Gesellschaftsrecht stattgefunden hat 116 II 316/318 E. 2d, vgl. auch 4A_398/2010 (14.12.10) E. 5.2.4.5 fr. Sind keine Liquidationshandlungen mehr vorzunehmen, d.h., sind alle Schulden bezahlt, und bestehen die Aktiven aus Bargeld, kann jeder Gesellschafter mittels Leistungsklage die Ausrichtung seines Liquidationsanteils verlangen. Dabei genügt es, diejenigen einzuklagen, die im Besitze des Liquidationsanteils sind 4C.416/2005 (24.2.06) E. 3.4. 6

Auflösung der Ehegattengesellschaft. Bei der Auflösung der Ehegattengesellschaft sowie der Auflösung des Güterstandes (wegen Scheidung) sind zwei Phasen zu unterscheiden: Vorerst ist die einfache Gesellschaft zu liquidieren und dann das Liquidationsergebnis güterrechtlich zuzuordnen. Das vorhandene Gesellschaftsvermögen dient in erster Linie der Tilgung gemeinschaftlicher Schulden und dem Ersatz von Auslagen und Aufwendungen (Art. 549). Sodann sind die Einlagen der Gesellschafter – in Kapital, Sachwerten oder Dienstleistungen – dem Werte nach, berechnet auf den Zeitpunkt des Einbringens, zurückzuerstatten (Art. 548). Ein verbleibender Überschuss ist als Gewinn, ein allfälliger Fehlbetrag, der auch die Einlagen übersteigen kann, als Verlust im Sinne von Art. 533 jedem Gesellschafter als Liquidationsanteil zuzuteilen, d.h. mangels anderer Vereinbarung hälftig zu teilen. Mit der Verteilung des Gewinns bzw. Verlusts ist die Liquidation der einfachen Gesellschaft abgeschlossen. Anschliessend sind die Liquidationserlöse bei jedem Ehegatten güterrechtlich zuzuweisen 5A_656/2013 (22.1.14) E. 2.1. 7

Anwendbare Bestimmungen. Die gesetzliche Liquidationsordnung der einfachen Gesellschaft geht den sachenrechtlichen Bestimmungen über die Aufhebung des Gesamteigentums (ZGB Art. 654 Abs. 2) vor 93 II 387/392 E. 4 und kann auch bei einer erbrechtlichen Auseinandersetzung nicht ausser Acht gelassen werden 113 II 493/500 E. e (in casu Ablehnung der Integralzuweisung eines Heimwesens gemäss ZGB Art. 620, weil es sich in zwei verschiedenen Erbmassen befand, wobei die eine aus einer einfachen Gesellschaft bestand, deren Liquidation noch nicht durchgeführt worden war). – Die in Art. 582–590 für die Kollektivgesellschaft vorgesehene Liquidationsordnung kann sinngemäss auf die einfache Gesellschaft angewendet werden, sofern diese einen der Kollektivgesellschaft ähnlichen Zweck verfolgt (in casu sinngemässe Anwendung bejaht bei einem Gesell- 8 schaftszweck, die erworbenen Grundstücke parzellenweise zu überbauen und nachher zu verkaufen oder Teilstücke unüberbaut weiterzuveräussern/Betrieb eines nach kaufmännischer Art geführten Gewerbes) 93 II 387/391 E. 3. – Zur analogen Anwendung von Art. 583 Abs. 2 4A_398/2010 (14.12.10) E. 5.2.4.6 fr. – Zur analogen Anwendung von Art. 585 Abs. 1 4A_398/2010 (14.12.10) E. 5.2.4.5 fr.

9 **Weiteres.** Ein Anspruch auf Schadenersatz aus Verantwortlichkeit (Art. 538) kann im Rahmen der Liquidation geltend gemacht werden 108 II 204/212 E. b (in casu Auflösung eines Konkubinats). – Zur Anwendung der Art. 548–550 siehe auch unter Art. 530 Abs. 1/ Beispiele (insbesondere Konkubinat).

1. Behandlung der Einlagen

Art. 548

[1] Bei der Auseinandersetzung, die nach der Auflösung die Gesellschafter unter sich vorzunehmen haben, fallen die Sachen, die ein Gesellschafter zu Eigentum eingebracht hat, nicht an ihn zurück.

[2] Er hat jedoch Anspruch auf den Wert, für den sie übernommen worden sind.

[3] Fehlt es an einer solchen Wertbestimmung, so geht sein Anspruch auf den Wert, den die Sachen zur Zeit des Einbringens hatten.

1 ***Abs. 1*** Im Rahmen der Liquidation ist entscheidend, ob der Beitrag quoad sortem oder quoad usum geleistet worden ist. Wurden Sachen zur Nutzung eingebracht, bleibt der Gesellschafter Eigentümer, weshalb der konjunkturelle Mehrwert ihm alleine zusteht (4A_70/2008 und 4A_230/2009 (12.8.09) E. 4.2). Anderes gilt, wenn der Wert des Beitrages dank der Bemühungen der einfachen Gesellschaft zugenommen hat. In diesem Fall ist der Mehrwert unter den Gesellschaftern aufzuteilen (vgl. 105 II 204/208 E. 2b und c). Wurden Sachen zu Eigentum eingebracht, steht der gesamte Mehrwert, auch der konjunkturelle, der Gesellschaft zu 4A_485/2013 (4.3.14) E. 6.1 fr. – Wird eine Sache (in casu Liegenschaft) nur zum Gebrauch oder zur Verfügung einer Gesellschaft in diese eingebracht, so fällt sie bei Auflösung der Gesellschaft an jenen Gesellschafter zurück, dessen Eigentum sie geblieben ist. Wird der Gesellschaft ein Grundstück zur Verfügung gestellt, damit sie es ihrem Zwecke gemäss überbauen kann, so ist bei der Auflösung der Gesellschaft für die Gewinnberechnung nur jener Betrag zu berücksichtigen, um den der Wert des Grundstücks bis zur Auflösung zugenommen hat 105 II 204/206 ff. E. 2. Vgl. auch 4A_245/2016 (19.12.16) E. 3 fr. – Sachbeiträge zu Gesamteigentum sind im Wert, für den sie übernommen wurden, zu ersetzen. Lassen die Aktiven eine Rückerstattung nicht zu, ist der Ausfall als Verlust von allen Gesellschaftern zu tragen 4A_398/2010 (14.12.10) E. 5.2.4.5 fr. – Anwendungsfälle: 119 II 119/122 E. a (in casu Liegenschaft im Gesamteigentum der Gesellschafter), 4A_441/2007 (17.1.08) E. 6 fr. (in casu Mobiliar bei Auflösung des Konkubinats), 4A_586/2011 (8.3.12) E. 5.2 fr. (in casu Felder, Tiere und Geräte eines gemeinsam geführten Landwirtschaftsbetriebs). Dass die Wertzunahme während der Dauer der Gesellschaft den Gesellschaftern zusteht, gilt zumindest dann, wenn die Wertzunahme nicht nur konjunkturell bedingt erscheint, sondern Resultat der Bemühungen der einfachen Gesellschaft ist 4C.378/2002 (1.4.03) E. 4.2 fr. – Auch nicht registrier-

te Zeichen können einen gewissen, namentlich lauterkeitsrechtlichen Schutz geniessen, weshalb im Rahmen der Liquidation über den weiteren Gebrauch dieser Zeichen durch die Gesellschafter zu entscheiden ist 4C.51/2001 (7.6.01) E. 5c.

2. Verteilung von Überschuss und Fehlbetrag

Art. 549

[1] Verbleibt nach Abzug der gemeinschaftlichen Schulden, nach Ersatz der Auslagen und Verwendungen an einzelne Gesellschafter und nach Rückerstattung der Vermögensbeiträge ein Überschuss, so ist er unter die Gesellschafter als Gewinn zu verteilen.

[2] Ist nach Tilgung der Schulden und Ersatz der Auslagen und Verwendungen das gemeinschaftliche Vermögen nicht ausreichend, um die geleisteten Vermögensbeiträge zurückzuerstatten, so haben die Gesellschafter das Fehlende als Verlust zu tragen.

Allgemeines. Die Liquidation gestaltet sich grundsätzlich in zwei Schritten: Vorab erfolgt die gesellschaftsexterne Liquidation (Begleichung der Schulden; Einziehen der Forderungen), dann erfolgt die gesellschaftsinterne Liquidation, in der die Beziehungen zwischen den Gesellschaftern geregelt werden 4C.443/2004 (14.4.05) E. 2.3 fr. Zur Durchführung der Liquidation 4A_398/2010 (14.12.10) E. 5.2.4.5 fr., 4A_443/2009 (17.12.09) E. 3.2, siehe auch Vorb. Art. 548–550. 1

Abs. 1 Die Gewinnverteilung richtet sich primär nach dem Gesellschaftsvertrag, subsidiär nach Art. 533 Abs. 1 (gleicher Anteil an Gewinn) 4A_48/2017 (2.6.17) E. 3.2.2 fr. Mangelt es an einer vertraglichen oder gesetzlichen Regel, ist für die richterliche Vertragsanpassung auf den hypothetischen Parteiwillen abzustellen. Das Gericht hat zu ermitteln, was die Parteien nach dem Grundsatz von Treu und Glauben vereinbart haben würden, wenn sie den eingetretenen Verlauf der Dinge in Betracht gezogen hätten 127 III 300/307 E. 6a. – Der Anspruch auf den Gewinnanteil verjährt in zehn Jahren (Art. 127) 100 II 339/342 E. 2 Pra 1975 (Nr. 89) 260. Siehe auch Art. 537/Abgrenzung. 2

Abs. 2 Verlust im Sinne der Liquidationsvorschriften ist nicht, was während der Gesellschaftstätigkeit verbraucht worden oder verschwunden ist, sondern ein Überschuss der Passiven über die Aktiven 108 II 204/211 f. E. 6a (in casu Auflösung eines Konkubinats). Hat ein Gesellschafter die alleinige Rückzahlung von Bankschulden übernommen, kann er im Rahmen der Liquidation der Gesellschaft, soweit die gegenüber der Bank übernommene Schuld mehr als die Hälfte des Gesellschaftsverlustes beträgt, Regress nehmen und vom Mitgesellschafter Geldersatz verlangen 4C.284/2004 (19.7.05) E. 2. In die Gewinn- und Verlustrechnung der Gesellschaft finden nur diejenigen Veränderungen des Wertes der Aktiven Eingang, die auf Leistungen der Gesellschaft beruhen. Wertsteigerungen konjunktureller Natur fallen mangels abweichender Vereinbarung ausser Betracht 4A_70/2008, 4A_230/2009 (12.8.09) E. 4.2. Lassen die Aktiven der Gesellschaft eine Rückzahlung eines Beitrages nicht zu, ist der Ausfall in Anwendung von Art. 533 von allen Gesellschaftern gemeinsam zu tragen. Die Gesellschafter können zu Nachschüssen verpflichtet werden 4A_398/2010 (14.12.10) E. 5.2.4.5 fr. Eingehend 4A_328/2019 (9.12.19) E. 4.2.3.2 fr. 3

3. Vornahme der Auseinandersetzung

Art. 550

[1] Die Auseinandersetzung nach Auflösung der Gesellschaft ist von allen Gesellschaftern gemeinsam vorzunehmen mit Einschluss derjenigen, die von der Geschäftsführung ausgeschlossen waren.

[2] Wenn jedoch der Gesellschaftsvertrag sich nur auf bestimmte einzelne Geschäfte bezog, die ein Gesellschafter in eigenem Namen auf gemeinsame Rechnung zu besorgen hatte, so hat er diese Geschäfte auch nach Auflösung der Gesellschaft allein zu erledigen und den übrigen Gesellschaftern Rechnung abzulegen.

1 ***Abs. 1*** Die Liquidation ist grundsätzlich gemeinsam durchzuführen. Vertraglich kann die Liquidation an einen Dritten übertragen werden. Zulässig ist es auch, die Durchführung der Liquidation vertraglich zu regeln 4A_586/2011 (8.3.12) E. 2 fr.; vgl. auch 4C.443/2004 (14.4.05) E. 2.3 fr., 119 II 119/122 E. 3a. – Art. 583 Abs. 2 ist im Recht der einfachen Gesellschaft analog anwendbar 4A_143/2013 (30.9.13) E. 2.2 fr. – Hat keine Liquidation stattgefunden und wurde weder die Durchführung der Liquidation noch die Ernennung eines Liquidators verlangt, ist die Forderung betreffend Ausrichtung eines Liquidationsanteils abzuweisen 4A_74/2015 (8.7.15) E. 4.2.2 fr. – Die Auseinandersetzung umfasst sowohl die Abwicklung der Beziehungen zu Dritten (äussere Liquidation) als auch die Verteilung der verbleibenden Werte oder allfälliger Schulden unter den Gesellschaftern (innere Liquidation) 119 II 119/122 E.a. – Siehe auch Vorb. Art. 545–551 und Vorb. Art. 548–550.

IV. Haftung gegenüber Dritten

Art. 551

An den Verbindlichkeiten gegenüber Dritten wird durch die Auflösung der Gesellschaft nichts geändert.

Dritte Abteilung

Die Handelsgesellschaften und die Genossenschaft

Vorb. Art. 552–926

▪ Numerus clausus (1) ▪ Verhältnis zum Allgemeinen Teil des OR (2) ▪ Organe (3) ▪ Haftung im Konzern (4) ▪ Vertrauensschutz (5) ▪ Schutz der Persönlichkeit (6) ▪ Prozessrechtliche Aspekte (7) ▪ Strafrechtliche Aspekte (8) ▪ Weiteres (9)

Numerus clausus. Die Gesellschaftsformen sind nach übereinstimmender Auffassung im Gesetz abschliessend aufgezählt 125 III 18/26 E. c Pra 1999 (Nr. 55) 324. 1

Verhältnis zum Allgemeinen Teil des OR. Die allgemeinen Bestimmungen des OR sind nur insoweit anwendbar, als nicht Sonderregeln des Gesellschaftsrechts bestehen. Dazu gehören namentlich die gesetzliche oder vertragliche Ordnung des Innenverhältnisses der Gesellschafter (in casu Art. 537 Abs. 1 als lex specialis zu Art. 62, 148 Abs. 2 und 149 Abs. 1; das Gleiche galt gegenüber den vom Kläger angerufenen Art. 402 Abs. 1, 422 Abs. 1 und 423 Abs. 2) 116 II 316/317 f. E.b. 2

Organe juristischer Personen sind nicht Vertreter im Sinne der Art. 32 ff., sondern bringen direkt den Willen der juristischen Person zum Ausdruck und verpflichten diese durch ihre Rechtsgeschäfte bzw. unerlaubten Handlungen 111 II 284/289 fr. Als Organ einer juristischen Person sind jene Personen zu betrachten, welche durch Gesetz, Statuten oder aufgrund der faktischen Organisation an der Willensbildung der Gesellschaft teilhaben und auch mit entsprechender rechtlicher oder tatsächlicher Entscheidkompetenz ausgestattet sind; für die Annahme einer Organeigenschaft genügt es nicht, wenn ein Mitarbeiter in einem stark eingeschränkten Geschäftsbereich die ihm übertragene Tätigkeit selbständig ausführt 122 III 225/227 E. 4b (in casu Frage der strafrechtlichen Verjährungsfrist bei der Hilfspersonenhaftung, Art. 55 und 60 Abs. 2). Zwischen dem Organ und der juristischen Person besteht in der Regel ein Arbeits- oder ein Auftragsverhältnis. Beide schliessen eine Haftung aus unerlaubter Handlung (Art. 41) nicht aus (Anspruchskonkurrenz) 120 II 58/61 E. a (in casu versicherungsrechtlicher Entscheid/Regress der Versicherung auf das fehlbare Organ gemäss VVG Art. 72). 3

Haftung im Konzern. Vgl. Vorb. Art. 620–763. 4

Vertrauensschutz. Auch im Gesellschaftsrecht gilt das Prinzip des Vertrauensschutzes, namentlich des Rechtsscheins, wonach rechtsgeschäftliche Bindung nicht einen bestimmt gearteten inneren Willen voraussetzt, sondern auch aus einem Verhalten folgen kann, aus dem die Gegenseite in guten Treuen auf das Vorhandensein eines bestimmten Willens schliessen durfte (konkludentes Entstehen einer einfachen Gesellschaft bzw. einer Kollektivgesellschaft aus dem Verhalten der Gesellschafter, ohne dass ihnen diese Rechtsfolge bewusst sein muss) 124 III 363/365 E. a, vgl. auch 4C.20/2002 (18.6.02) E. 3.2, 4C.198/2001 (3.12.01) E. 7a, 4C.24/2000 (28.3.00) E. 4a, 125 IV 17/27 f. E.bb. 5

Schutz der Persönlichkeit. Der Persönlichkeitsschutz gemäss ZGB Art. 27 und 28 ist nicht nur auf natürliche Personen zugeschnitten, sondern erstreckt sich grundsätzlich auch auf juristische Personen. Schon bei den natürlichen Personen ist aber in jedem Einzelfall eine Interessenabwägung nötig, um die Grenze zwischen der erlaubten und der unzulässigen Beeinträchtigung der persönlichen Freiheit im Sinne von ZGB Art. 27 Abs. 2 6 zu ziehen. Dies gilt noch weit mehr für die juristischen Personen, bei denen darüber hinaus noch zu prüfen ist, ob es sich nicht um Rechte handelt, welche die natürlichen Eigenschaften des Menschen zur Voraussetzung haben. Der Schutz von ZGB Art. 27 Abs. 2 kann demnach für die juristischen Personen nicht so weit gehen wie für die natürlichen. Sicher bedeutet es auch für eine juristische Person eine unzulässige Beschränkung, wenn sie sich ihrer Freiheit gänzlich entäussert zugunsten eines Dritten, mit dem sie nichts verbindet. Anders verhält es sich hingegen mit den Beziehungen zu jenen Personen, von denen sie abhängig ist. Hier liegt eine unzulässige Beschränkung der Freiheit nur vor, wenn die Mitglieder der juristischen Person oder Dritte in schutzwürdigen Interessen verletzt sind; die Anrufung von ZGB Art. 27 Abs. 2 dient wesentlich dazu, Minderheitsrechte zu schützen oder den «Durchgriff» zu verwirklichen. Damit ist gesagt, dass eine Verletzung von ZGB Art. 27 Abs. 2 nicht ohne Weiteres zu einer von Amtes wegen festzustellenden Nichtigkeit im Sinne von Art. 20 führen muss (in casu Abtretung aller gegenwärtigen und zukünftigen Forderungen einer AG an eine andere AG, die mit ihr eng verbunden ist; keine Nichtigerklärung von Amtes wegen) 106 II 369/377 ff. E. 4 Pra 1981 (Nr. 96) 225 f. – Namensschutz gemäss ZGB Art. 29 116 II 463/469 E. 3a.

7 **Prozessrechtliche Aspekte.** Das Bundesgericht kann im Rahmen eines Berufungsverfahrens die Parteifähigkeit prüfen 108 II 398/399 E. 2a fr. Die Klage auf Feststellung der *Nichtigkeit* einer juristischen Person (in casu AG, Auflösung gemäss ZGB Art. 57 Abs. 1 und 3) ist *persönlichkeitsrechtlicher Natur* 112 II 1/3 E. 2 und 191/192 E.b. Die Anwendung von aOG Art. 42 ist somit ausgeschlossen 112 II 191/191 f. E. 2. – Weder [a]BV Art. 4 [vgl. BV Art. 29 Abs. 3] noch die EMRK verlangen, dass juristischen Personen *unentgeltliche Rechtspflege* in gleicher Weise wie natürlichen Personen gewährt wird (Offengelassen, unter welchen Voraussetzungen juristischen Personen unentgeltliche Rechtspflege zu gewähren ist) 119 Ia 337/338 ff. E. 1–5 Pra 1994 (Nr. 103) 351 ff. Vgl. aber: Die Kollektivgesellschaft hat Anspruch auf unentgeltliche Zivilrechtspflege, wenn die Prozessarmut sowohl der Gesellschaft wie aller unbeschränkt haftenden Gesellschafter erstellt ist 116 II 651/656.

8 **Strafrechtliche Aspekte.** ***Deliktsfähigkeit der juristischen Person.*** Juristische Personen sind nicht deliktsfähig, sofern nicht ein Bundesgesetz oder kantonales Recht die Deliktsfähigkeit ausdrücklich vorsieht 105 IV 172/175 E. 3, vgl. 104 IV 140/141 E. 1 (ist die juristische Person nicht strafbar, so haften an ihrer Stelle die Organe usw., die für sie gehandelt haben) und 6P.61/2002 (24.9.02) E. 5.1, 122 IV 103/126 E. 6, 116 IV 26/28 E.b. – *Strafbare Handlungen im Geschäftsbetrieb von juristischen Personen.* Werden strafbare Handlungen im Geschäftsbetrieb einer juristischen Person begangen, so sind hierfür die natürlichen Personen strafbar, welche die Handlungen verübt haben. Selbst dann, wenn die juristische Person haftet, haftet sie grundsätzlich nur neben der fehlbaren natürlichen Person. Trifft die im Gesetz umschriebene Tätereigenschaft auf die juristische Person zu, so ist es bei Schweigen des Gesetzes eine Frage der Auslegung des betreffenden Tatbestandes, ob diese Eigenschaft auch die natürliche Person kennzeichnet, welche die Handlung als Organ (im strafrechtlichen Sinne) der juristischen Person begangen hat 106 IV 20/22 E. b (wer als Angestellter einer Bank für die Verwaltung von Kundenvermögen [mit-]verantwortlich ist, ist berufsmässiger Vermögensverwalter im Sinne von aStGB Art. 140 Ziff. 2, vgl. dazu auch 110 IV 15/16 ff. E. 2–4). – *Strafrechtlicher Schutz der Ehre*

der juristischen Person. Juristische Personen des Privatrechts oder allenfalls des öffentlichen Rechts (vorbehältlich Spezialgesetz und Hoheitsrecht) sind aller (privatrechtlichen) Rechte fähig und teilhaftig, die nicht natürliche Eigenschaften des Menschen zur notwendigen Voraussetzung haben. So steht ihnen zumindest für jene Fälle, in welchen die eingeklagte Äusserung gegenüber Dritten getan wurde, die strafrechtlich geschützte Ehre zu (in casu gemischtwirtschaftliche Unternehmung; Art. 762 bzw. 926) 108 IV 21/21 f. E. 2. Geschützt ist auch die Kollektivgesellschaft (in casu Aktivlegitimation einer Kollektivgesellschaft im Rahmen von StGB Art. 177) 114 IV 14/15 E. 2a. *Befugnis zur Stellung eines Strafantrages.* Der Generalbevollmächtigte ist ohne vorherigen Beschluss des Verwaltungsrates dort zur Stellung eines Strafantrages befugt, wo es um den Schutz des Geschäftsvermögens geht und der Strafantrag nicht gegen den Willen der Gesellschaftsorgane gestellt wird. Bei Verletzung höchstpersönlicher Rechtsgüter einer Gesellschaft hat grundsätzlich die Verwaltung selbst zu handeln 118 IV 167/169 ff. E. 1 fr.

Weiteres. Die Betreibungsbehörden haben nicht zu prüfen, ob die im Handelsregister erfolgten Eintragungen und Löschungen gerechtfertigt sind oder nicht 120 III 4/6 E. 4 (in casu Konkursbetreibung gegen ein Mitglied einer Kollektivgesellschaft). – Zustellung von Betreibungsurkunden an einen Vertreter der juristischen Person (SchKG Art. 65) 125 III 384/385 f. E. 2. – BGBB: Eine juristische Person kann Selbstbewirtschafterin sein, wenn ihre Mitglieder oder Gesellschafter sich in wesentlichem Umfang auf dem Grundstück betätigen, d.h. den Boden bearbeiten 122 III 287/291 E.c. 9

Vierundzwanzigster Titel
Die Kollektivgesellschaft

Vorb. Art. 552–593

Allgemeines. Zum *Sozialversicherungsrecht,* vgl. 114 V 72/76 E. b fr. sowie unter Art. 530/Weiteres. – Zum *strafrechtlichen Schutz der Ehre,* vgl. 114 IV 14/15 E. 2a sowie unter Vorb. 552–926/Strafrechtliche Aspekte. – Zur *Rechtsnatur* der Kollektivgesellschaft, vgl. unter Art. 552 Abs. 1/Rechtsnatur. – Zur *Abgrenzung zur einfachen Gesellschaft,* vgl. unter Vorb. Art. 530–551/Abgrenzungen/Kollektivgesellschaft. – Zur *juristischen Person im Allgemeinen,* vgl. unter Vorb. Art. 552–926. 1

Erster Abschnitt
Begriff und Errichtung

A. Kaufmännische Gesellschaft

Art. 552

[1] Die Kollektivgesellschaft ist eine Gesellschaft, in der zwei oder mehrere natürliche Personen, ohne Beschränkung ihrer Haftung gegenüber den Gesellschaftsgläubigern, sich zum Zwecke vereinigen, unter einer gemeinsamen Firma ein Handels-, ein Fabrikations- oder ein anderes nach kaufmännischer Art geführtes Gewerbe zu betreiben.

[2] Die Gesellschafter haben die Gesellschaft in das Handelsregister eintragen zu lassen.

▪ Abs. 1 Allgemeines (1) ▪ Rechtsnatur (2) ▪ Entstehung/Form (3) ▪ Zusammenschluss natürlicher Personen (4) ▪ Zuständigkeit (5) ▪ Weiteres (6) ▪ Abs. 2 (7)

1 ***Abs. 1*** **Allgemeines.** Charakteristika der Kollektivgesellschaft 134 III 643/647 E. 5.1 fr. Im Unterschied zur einfachen Gesellschaft (Art. 530 Abs. 2) spricht keine gesetzliche Vermutung für das Vorliegen einer Kollektivgesellschaft 100 Ib 246/249 f. E. 5 Pra 1975 (Nr. 53) 139. Die Kollektivgesellschaft wird gewöhnlich zu kommerziellen Zwecken errichtet; abgesehen von den Beiträgen (die in Geld, Sachen, Forderungen oder Arbeitsleistungen bestehen können [Art. 531 in Verbindung mit Art. 557]) schulden die Gesellschafter einander keinen über den Gesellschaftsvertrag oder den Gesellschaftszweck hinausgehenden Beistand (dies im Unterschied zum Rechtsverhältnis der Ehe/steuerrechtlicher Entscheid) 122 I 139/149 E.d. – Die Vermietung einer Liegenschaft, auch wenn über deren Einnahmen und Ausgaben Buch geführt wird, stellt kein kaufmännisches Gewerbe dar. Ebensowenig das Innehaben eines Hotels im gemeinsamen Eigentum und gleichzeitiger Betriebsverpachtung an einen Gesellschafter 4A_460/2018 (13.6.19) E. 4.3. Nur die Führung des Hotels stellt ein nach kaufmännischer Art geführtes Gewerbe im Sinne von Art. 552 dar 59 III 103/108 E. 2. – Die Gesellschaft als solche kann nicht weiterbestehen, wenn sich in ihr nur zwei Personen vereinigt haben und eine der beiden ausscheidet 4A_66/2016 (22.8.16) E. 1.2 fr., 101 Ib 456/460 E. 2c.

2 **Rechtsnatur.** Die Kollektivgesellschaft ist *keine juristische Person* 72 II 180/181 f. fr., 95 II 547/549 E. 2, 113 II 283/285 E. 2, 4C.262/2005 (22.11.05) E. 2.2 (siehe auch unter Art. 562). Sie erscheint als Gesamthandgemeinschaft, die allerdings in bestimmter Hinsicht wie eine juristische Person behandelt wird (geläufige Formel, wonach die Kollektivgesellschaft im Innenverhältnis als Gesamthandschaft, im Aussenverhältnis dagegen als juristische Person zu bezeichnen ist) 116 II 651/654 f. E.d. Zur Frage der unentgeltlichen Rechtspflege siehe unter Art. Vorb. Art. 552–926/Prozessrechtliche Aspekte.

3 **Entstehung/Form.** Für die Gesellschaftsgründung ist weder ein schriftlicher Vertrag erforderlich (sie kann stillschweigend durch schlüssiges Verhalten erfolgen, beruht aber notwendigerweise auf einem Vertrag zwischen den Gesellschaftern) 100 Ib 246/249 E. 4 Pra 1975 (Nr. 53) 139 noch die Eintragung im Handelsregister notwendig 81 II 358/361 E. 1. Prinzip des Vertrauensschutzes: Entstehung durch konkludentes Verhalten ist mög-

lich, ohne dass den Gesellschaftern diese Rechtsfolge bewusst sein muss 124 III 363/365 E. a, ferner 126 III 101/109 it. Zur deklaratorischen Natur des Eintrags 4A_264/2008 (23.9.08) E. 5 fr. – Die ein kaufmännisches Unternehmen führende «einfache Gesellschaft» wird ipso iure zur Kollektivgesellschaft, wenn bei ihr die beiden qualifizierenden Merkmale der Kollektivgesellschaft (ausschliesslich natürliche Personen als Gesellschafter sowie Führung eines kaufmännischen Unternehmens) hinzutreten oder aber die limitierenden Elemente (wie zum Beispiel die frühere Mitgliedschaft einer juristischen Person) wegfallen. Für die Entstehung einer Kollektivgesellschaft ist nicht erforderlich, dass die Gesellschafter vom Willen getragen werden, eine Kollektivgesellschaft zu gründen; eine solche kann sich auch aus dem Verhalten der Parteien ergeben, ohne dass ihnen diese Rechtsfolge bewusst sein muss 4A_234/2013 (20.1.14) E. 3.4. – Tritt bei einer aus mindestens zwei Komplementären und einem Kommanditär bestehenden Kommanditgesellschaft (Art. 594 ff.) der Kommanditär aus, so wird die Gesellschaft (ohne Weiteres) eine Kollektivgesellschaft. Tritt ein Kollektivgesellschafter aus, so bleibt die Gesellschaft bestehen, wenn noch mindestens zwei unbeschränkt haftende Gesellschafter vorhanden sind 95 II 547/550.

Zusammenschluss natürlicher Personen. Juristische Personen können nicht Teilhaber einer Kollektivgesellschaft sein 84 II 381/381 E.a. 4

Zuständigkeit. Nicht die Registerbehörden, sondern der ordentliche (Zivil-)Richter ist zuständig für die Entscheidung darüber, ob einer bestimmten Person die Eigenschaft eines Teilhabers an einer Kollektivgesellschaft zukommt (nach 68 I 184/186 f. E. 1 können die Registerbehörden über diese materiellrechtliche Frage höchstens dann hinweggehen, wenn der Betreffende irgendwie nach aussen als Gesellschafter in Erscheinung getreten ist, namentlich wenn sein Name Bestandteil der Firma ist); dies gilt auch, wenn die angeblichen Gesellschafter bestreiten, zu einer solchen Gesellschaft verbunden zu sein, es sei denn, deren Bestehen sei offensichtlich und gehe aus dem Verhalten unbestreitbar hervor (in casu verneint; somit obliegt der Beweis des Bestehens einer solchen Gesellschaft dem Dritten, der gegen sie klagen will) 100 Ib 246/249 E. 4 Pra 1975 (Nr. 53) 139. Ebenso entscheidet nur der Richter über die Qualifizierung eines Rechtsverhältnisses (in casu Frage, ob eine Forderung gegen die Gesellschaft oder ein Anspruch eines Gesellschafters gegen einen Mitgesellschafter vorliegt) 60 I 23/29 E. 2 (aOR). 5

Weiteres. Zur rechtlichen Qualifikation einer *Anwaltssozietät:* 124 III 363/364 ff. E.II. Schliessen sich mehrere Personen mit dem Zweck zusammen, gewerbsmässig anwaltliche Dienstleistungen zu erbringen, bedienen sie sich dafür einer betrieblichen Infrastruktur, die auf Dauer ausgerichtet ist, und erreichen sie den erforderlichen Mindestumsatz, bilden sie regelmässig eine Kollektivgesellschaft 4A_66/2008 (27.5.08) E. 2.2. 6

Abs. 2 Der Handelsregistereintrag hat für den Bestand der Gesellschaft keine konstitutive Wirkung, da er ein bereits bestehendes Gesellschaftsverhältnis betrifft 73 I 311/315 E. 2, vgl. auch 4A_21/2011 (4.4.11) E. 3.3.1 fr. und 4A_66/2008 (27.5.08) E. 2.2. – Die Eintragungspflicht beurteilt sich nach den Umständen, die im Zeitpunkt der in Art. 941 und aHRegV Art. 57 Abs. 1 vorgesehenen Aufforderung bestanden haben; ob die Voraussetzungen der Eintragungspflicht nachträglich dahingefallen sind (z.B. wegen Einstellung 7 des Betriebes), ist unerheblich 100 Ib 246/248 E. 3 Pra 1975 (Nr. 53) 138. Nach 55 III 146/150 entfällt die Eintragungspflicht, wenn die Liquidation beendet ist. – Die Voraussetzungen der Eintragungspflicht ergeben sich (u.a.) aus der HRegV 63 II 90/93 ff. E. 2 (in casu Merkmale des kaufmännischen Betriebes). – Weigert sich jemand, als Gesellschafter im Handelsregister eingetragen zu werden, so hat der Handelsregisterführer analog nach aHRegV Art. 32 Abs. 2 vorzugehen 68 I 184/187 E. 2.

B. Nichtkaufmännische Gesellschaft

Art. 553

Betreibt eine solche Gesellschaft kein nach kaufmännischer Art geführtes Gewerbe, so entsteht sie als Kollektivgesellschaft erst, wenn sie sich in das Handelsregister eintragen lässt.

1 Die Verwaltung gemeinsamen Vermögens gilt auch dann nicht als kaufmännisches Gewerbe, wenn das Vermögen beträchtlich ist und die Geschäftsführung über den Rahmen einer gewöhnlichen Vermögensverwaltung hinausgeht; dabei bleibt es selbst dann, wenn die Vermögensverwaltung einen stark spekulativen oder sogar bankähnlichen Charakter annimmt, solange kein eigentlicher Kundenverkehr vorhanden ist 98 Ia 212/217 ff. E. 2, 3 (in casu Frage des Steuerdomizils: Bei einer nichtkaufmännischen Kollektivgesellschaft, deren Tätigkeit sich in einer gewöhnlichen Vermögensverwaltung erschöpft, sind die Anteile am Vermögen und Ertrag der einzelnen Gesellschafter an ihrem Wohnsitz zu besteuern). Vgl. auch 121 V 80/82 E.b.

C. Registereintrag I. Ort der Eintragung

Art. 554

Die Gesellschaft ist ins Handelsregister des Ortes einzutragen, an dem sie ihren Sitz hat.

1 Die eintragungspflichtigen Tatsachen ergeben sich aus HRegV Art. 41. Ebenfalls eingetragen werden muss die Auflösung, wenn eine Kollektivgesellschaft zum Zwecke der Liquidation aufgelöst wird (HRegV Art. 42 Abs. 1 i.V.m. OR Art. 574 Abs. 2). Weiter sind gemäss Art. 583 Abs. 3 die Liquidatoren in das Handelsregister einzutragen, auch wenn dadurch die bisherige Vertretung der Gesellschaft nicht geändert wird. Ist eine Tatsache im Handelsregister eingetragen, so muss auch jede Änderung dieser Tatsache eingetragen werden 4A_554/2012 (21.3.13) E. 2.1.1.

II. Vertretung

Art. 555

In das Handelsregister können nur solche Anordnungen über die Vertretung eingetragen werden, die deren Beschränkung auf einen oder einzelne Gesellschafter oder eine Vertretung durch einen Gesellschafter in Gemeinschaft mit andern Gesellschaftern oder mit Prokuristen vorsehen.

III. Formelle Erfordernisse

Art. 556

[1] Die Anmeldung der einzutragenden Tatsachen oder ihrer Veränderung muss von allen Gesellschaftern persönlich beim Handelsregisteramt unterzeichnet oder schriftlich mit beglaubigten Unterschriften eingereicht werden.

[2] Die Gesellschafter, denen die Vertretung der Gesellschaft zustehen soll, haben die Firma und ihre Namen persönlich beim Handelsregisteramt zu zeichnen oder die Zeichnung in beglaubigter Form einzureichen.

Abs. 1 Die Anmeldung der einzutragenden Tatsachen oder ihrer Veränderung muss *von allen Gesellschaftern* persönlich beim Handelsregisteramt unterzeichnet oder schriftlich mit beglaubigten Unterschriften eingereicht werden. Dies gilt insbesondere auch für die Anmeldung der Auflösung und der Liquidatoren 4A_554/2012 (21.3.13) E. 2.1.2. – Ein Kündigungsschreiben, das ausschliesslich an die beiden Mitgesellschafter adressiert ist, kann nicht als an das Handelsregisteramt gerichtete Willenserklärung ausgelegt werden 4A_554/2012 (21.3.13) E. 2.3. – Aus Art. 566 kann nicht abgeleitet werden, dass die Löschung der dort genannten Zeichnungsberechtigungen auch durch einen Gesellschafter allein beim Handelsregister angemeldet werden kann. Für die Änderung des Handelsregistereintrags ist vielmehr die Anmeldung sämtlicher Gesellschafter erforderlich 4A_554/2012 (21.3.13) E. 3. 1

Zweiter Abschnitt
Verhältnis der Gesellschafter unter sich

A. Vertragsfreiheit, Verweisung auf die einfache Gesellschaft

Art. 557

[1] Das Rechtsverhältnis der Gesellschafter untereinander richtet sich zunächst nach dem Gesellschaftsvertrag.

[2] Soweit keine Vereinbarung getroffen ist, kommen die Vorschriften über die einfache Gesellschaft zur Anwendung, jedoch mit den Abweichungen, die sich aus den nachfolgenden Bestimmungen ergeben.

1 ***Abs. 2*** Anwendung der Bestimmungen über die einfache Gesellschaft siehe insb. unter Art. 533 Abs. 2, 535 Abs. 1. – Zur strafrechtlichen Verantwortlichkeit eines Gesellschafters siehe Vorb. Art. 530–551. – Abgrenzung zur ehelichen Gemeinschaft 122 I 139/149 E. d (steuerrechtlicher Entscheid).

Vorb. Art. 558–560

1 **Allgemeines.** Die Arbeit des Gesellschafters für die Kollektivgesellschaft ist nur zu vergüten, wenn dies entsprechend vereinbart war. Fehlt eine derartige Vereinbarung, ist die Arbeit als Beitrag zu qualifizieren, der im Rahmen der Gewinnbeteiligung vergütet wird. Beträge, welche trotz Verlust an den Gesellschafter ausbezahlt werden, können ein Indiz für eine geschuldete Vergütung sein. Bei Gewinn ergibt sich die Höhe des Honorars aus dem objektiven Wert der Arbeit. Der Überschuss ist als Gewinnbeteiligung zu qualifizieren 4A_173/2012 (28.6.12) E. 3.2 fr.

B. Gewinn- und Verlustrechnung

Art. 558

[1] Für jedes Geschäftsjahr sind auf Grund der Gewinn- und Verlustrechnung sowie der Bilanz der Gewinn oder Verlust zu ermitteln und der Anteil jedes Gesellschafters zu berechnen.

[2] Jedem Gesellschafter dürfen für seinen Kapitalanteil Zinse gemäss Vertrag gutgeschrieben werden, auch wenn durch den Verlust des Geschäftsjahres der Kapitalanteil vermindert ist. Mangels vertraglicher Abrede beträgt der Zinssatz vier vom Hundert.

[3] Ein vertraglich festgesetztes Honorar für die Arbeit eines Gesellschafters wird bei der Ermittlung von Gewinn und Verlust als Gesellschaftsschuld behandelt.

1 ***Abs. 1*** Die Einlagen der Gesellschafter sind als Passivposten einzusetzen 45 II 533/537 (in casu Kommanditgesellschaft).

2 ***Abs. 3*** Erleidet die Gesellschaft infolge Vertragsbruchs eines Dritten einen Schaden, so kann sie als Gewinnausfall den gesamten Betrag geltend machen, der ihr aus dem betreffenden Geschäft zugeflossen wäre, einschliesslich der den Gesellschaftern als Gehalt aus-

gerichteten Beträge (eine solche Schadensberechnung wird durch Art. 570 Abs. 2 nicht ausgeschlossen) 72 II 180/181 f. Pra 1946 (Nr. 120) 275.

C. Anspruch auf Gewinn, Zinse und Honorar

Art. 559

[1] Jeder Gesellschafter hat das Recht, aus der Gesellschaftskasse Gewinn, Zinse und Honorar des abgelaufenen Geschäftsjahres zu entnehmen.

[2] Zinse und Honorare dürfen, soweit dies der Vertrag vorsieht, schon während des Geschäftsjahres, Gewinne dagegen erst nach Feststellung der Bilanz bezogen werden.

[3] Soweit ein Gesellschafter Gewinne, Zinse und Honorare nicht bezieht, werden sie nach Feststellung der Bilanz seinem Kapitalanteil zugeschrieben, sofern nicht einer der andern Gesellschafter dagegen Einwendungen erhebt.

D. Verluste

Art. 560

[1] Ist der Kapitalanteil durch Verluste vermindert worden, so behält der Gesellschafter seinen Anspruch auf Ausrichtung des Honorars und der vom verminderten Kapitalanteil zu berechnenden Zinse; ein Gewinnanteil darf erst dann wieder ausbezahlt werden, wenn die durch den Verlust entstandene Verminderung ausgeglichen ist.

[2] Die Gesellschafter sind weder verpflichtet, höhere Einlagen zu leisten, als dies im Vertrage vorgesehen ist, noch ihre durch Verlust verminderten Einlagen zu ergänzen.

E. Konkurrenzverbot

Art. 561

Ohne Zustimmung der übrigen Gesellschafter darf ein Gesellschafter in dem Geschäftszweige der Gesellschaft weder für eigene noch für fremde Rechnung Geschäfte machen, noch an einer andern Unternehmung als unbeschränkt haftender Gesellschafter, als Kommanditär oder als Mitglied einer Gesellschaft mit beschränkter Haftung teilnehmen.

Dritter Abschnitt
Verhältnis der Gesellschaft zu Dritten

A. Im Allgemeinen

Art. 562

Die Gesellschaft kann unter ihrer Firma Rechte erwerben und Verbindlichkeiten eingehen, vor Gericht klagen und verklagt werden.

1 **Rechte erwerben und Verbindlichkeiten eingehen.** Obschon die Kollektivgesellschaft keine juristische Person ist, kann sie Partei eines Mietvertrages sein 4C.262/2005 (22.11.05) E. 2.2.

2 **Prozess.** *Parteifähigkeit.* Solange eine aufgelöste Gesellschaft noch Ansprüche gegen Dritte besitzt oder solange Forderungen Dritter gegen sie vorhanden sind (die Liquidation somit noch nicht beendet ist), besteht sie trotz Löschung im Handelsregister weiter, und es kann denn auch grundsätzlich ihre Wiedereintragung verlangt werden. Folglich kann unbekümmert um die zu Unrecht erfolgte Löschung einer Kollektivgesellschaft ein vor beendigter Liquidation angehobener Aktiv- oder Passivprozess ohne Änderung der Partei weitergeführt, und es können neue Prozesse im Namen der Gesellschaft oder gegen sie angehoben werden, wobei das Urteil auf den Namen der Gesellschaft auszufällen ist. Das Gleiche gilt auch im Falle einer sogenannten Abschichtung gemäss Art. 579: Bis zum Zeitpunkt der vollständigen Ausrichtung des Anteils des ausscheidenden Gesellschafters bleibt die Gesellschaft bestehen 81 II 358/361 f. E. 1, vgl. 90 II 333/334 E. 1 Pra 1965 (Nr. 35) 109 – *Unentgeltliche Rechtspflege (aOG Art. 152).* Die Kollektivgesellschaft hat Anspruch auf unentgeltliche Zivilrechtspflege, wenn die Prozessarmut sowohl der Gesellschaft wie aller unbeschränkt haftenden Gesellschafter erstellt ist 116 II 651/656 vgl. auch 119 Ia 337/338 ff. E. 1–5 Pra 1994 (Nr. 103) 351 ff. – *Wirkung des Urteils.* Das Urteil gegen eine Kollektiv- oder Kommanditgesellschaft wirkt auch gegenüber den bisherigen oder später eintretenden Gesellschaftern. Allerdings hindert die Rechtskraft die Erhebung persönlicher Ansprüche und Einreden der Gesellschafter nicht 71 II 39/40 f. E. 2 (in casu abgewiesene Patentnichtigkeitsklage einer Kollektivgesellschaft; die materielle Rechtskraft des Urteils erstreckt sich indessen nur auf jene Nichtigkeitsgründe, über die entschieden wurde). – *Weiteres.* Das arglistige Verhalten eines Gesellschafters *vor* der Gesellschaftsgründung kann der Gesellschaft in der Regel nicht entgegengehalten werden (in casu wurde die Einrede der Arglist jedoch zugelassen: Veräusserung eines Patents durch jenen, der es selber erwirkt hatte; nachträgliche Anfechtung dieses Patents wegen Nichtigkeit gegenüber dem Erwerber durch eine vom Veräusserer inzwischen gegründete Gesellschaft bei bösem Glauben auch des Mitgesellschafters) 38 II 83/88 ff. E. 2.

3 **Betreibung einer im Handelsregister nicht eingetragenen Personengesellschaft.** Die Betreibung ist nicht durch Pfändung fortzusetzen (da die Kollektivgesellschaft gemäss SchKG Art. 39 der Konkursbetreibung unterliegt), sondern das Betreibungsamt hat zunächst die Handelsregisterbehörden um eine Entscheidung über die Eintragungspflicht anzugehen; ist jedoch hinreichend bekannt, dass die betriebene Gesellschaft kein Han-

dels-, Fabrikations- oder anderes nach kaufmännischer Art geführtes Gewerbe betreibt, oder wird die Eintragungspflicht (von den Handelsregisterbehörden) verneint, so ist die Anhebung bzw. die Fortsetzung der Betreibung abzulehnen 55 III 146/151.

Weiteres. Die Unterlassung des Gläubigers einer Kollektivgesellschaft, seine Forderung im öffentlichen Inventar über einen verstorbenen Gesellschafter anzumelden, lässt seine Rechte gegenüber der in Liquidation getretenen Gesellschaft unberührt, ebenso gegenüber dem Übernehmer des Gesellschaftsvermögens mit Aktiven und Passiven 42 II 696/704 f. 4

B. Vertretung I. Grundsatz

Art. 563

Enthält das Handelsregister keine entgegenstehenden Eintragungen, so sind gutgläubige Dritte zu der Annahme berechtigt, es sei jeder einzelne Gesellschafter zur Vertretung der Gesellschaft ermächtigt.

Die Übertragung einer über den Handelsregistereintrag hinausgehenden Vollmacht ist zulässig; sie kann ausdrücklich oder stillschweigend erteilt werden (blosses Dulden genügt) 66 II 249/254 E. 3. – Die Vertretungsbefugnis ist unvererblich 69 III 1/2 E. 1. 1

II. Umfang

Art. 564

1 Die zur Vertretung befugten Gesellschafter sind ermächtigt, im Namen der Gesellschaft alle Rechtshandlungen vorzunehmen, die der Zweck der Gesellschaft mit sich bringen kann.

2 Eine Beschränkung des Umfangs der Vertretungsbefugnis hat gegenüber gutgläubigen Dritten keine Wirkung.

Allgemeines. Trotz der Bezeichnung «Vertretungsbefugnis» bestimmt die Norm nicht, welche Rechtshandlungen der Vertreter zulasten der Gesellschaft vornehmen *darf,* sondern welche er vornehmen *kann;* gemeint ist die Vertretungs*macht* 95 II 442/449 f. – Bei Überschreiten der gesetzlichen Vertretungsmacht kann der Vertragsgegner nicht unter Berufung auf seinen guten Glauben gegen die Gesellschaft Rechte ableiten (Art. 38) 95 II 442/455 f. E. 7. – Zu Doppelvertretung/Selbstkontrahieren siehe Vorb. Art. 32–40. 1

Abs. 1 **Rechtshandlungen, die der Zweck der Gesellschaft mit sich bringen kann.** 2
Darunter sind nicht nur Rechtshandlungen zu verstehen, die dem Vertretenen nützlich sind oder in seinem Betrieb vorkommen, sondern alle Rechtshandlungen, die – objektiv betrachtet – im Interesse des von ihm verfolgten Zweckes liegen können, d.h. durch diesen nicht geradezu ausgeschlossen werden. Es genügt, wenn die Handlung den Zweck auch nur mittelbar fördert oder fördern kann. Dies trifft z.B. zu, wenn sie dem Kredit eines Kollektivgesellschafters dient und dadurch mittelbar auch jenen der Kollektivgesellschaft hebt, wenn sie dem Vertretenen mittelbar Geschäftsabschlüsse einträgt, die dem von ihm verfolgten Zweck entsprechen, oder wenn sie sonst wie geeignet ist, die geschäftliche Lage

des Vertretenen zu verbessern. Immer muss aber erwiesen sein, dass das *konkrete* Rechtsgeschäft, dessen Gültigkeit infrage steht, vom Gesellschaftszweck (unmittelbar oder mittelbar) mit sich gebracht werden konnte. Es genügt also z.B. nicht, dass der Gesellschaftszweck an sich die Eingehung von Bürgschaften erfordern kann, sondern er muss die unter ganz bestimmten Umständen eingegangene konkrete Bürgschaft mit sich bringen haben können. Diesen Zusammenhang hat nachzuweisen, wer aus ihm Rechte ableitet (ZGB Art. 8), d.h., wer behauptet, das umstrittene Rechtsgeschäft habe entgegen dem durch seinen Inhalt erweckten Anschein vom Gesellschaftszweck mit sich gebracht werden können 95 II 442/450 f. E. 3, 96 II 439/445 E. b Pra 1971 (Nr. 104) 323 f.

III. Entziehung

Art. 565

[1] Die Vertretungsbefugnis kann einem Gesellschafter aus wichtigen Gründen entzogen werden.

[2] Macht ein Gesellschafter solche Gründe glaubhaft, so kann auf seinen Antrag das Gericht, wenn Gefahr im Verzug liegt, die Vertretungsbefugnis vorläufig entziehen. Diese gerichtliche Verfügung ist im Handelsregister einzutragen.

IV. Prokura und Handlungsvollmacht

Art. 566

Die Prokura sowie eine Handlungsvollmacht zum Betriebe des ganzen Gewerbes können nur mit Einwilligung aller zur Vertretung befugten Gesellschafter bestellt, dagegen durch jeden von ihnen mit Wirkung gegen Dritte widerrufen werden.

V. Rechtsgeschäfte und Haftung aus unerlaubten Handlungen

Art. 567

[1] Die Gesellschaft wird durch die Rechtsgeschäfte, die ein zu ihrer Vertretung befugter Gesellschafter in ihrem Namen schliesst, berechtigt und verpflichtet.

[2] Diese Wirkung tritt auch dann ein, wenn die Absicht, für die Gesellschaft zu handeln, aus den Umständen hervorgeht.

[3] Die Gesellschaft haftet für den Schaden aus unerlaubten Handlungen, die ein Gesellschafter in Ausübung seiner geschäftlichen Verrichtungen begeht.

1 ***Abs. 3*** Keine Anwendung auf die einfache Gesellschaft 84 II 381/383 E.b. – Für die Auslegung der Bestimmung sind Lehre und Rechtsprechung zu ZGB Art. 55 von Bedeutung 66 II 249/251 E. 2. – Für die beim oder durch den Abschluss von Rechtsgeschäften erfolgte unerlaubte Handlung haftet die Gesellschaft nur, wenn der betreffende Gesellschafter vertretungsberechtigt war; vom Erfordernis der Vertretungsmacht kann nur bei solchen unerlaubten Handlungen abgesehen werden, die rein tatsächliche Verrichtungen darstellen, so etwa bei Patentverletzungen oder körperlichen Schädigungen durch den von einem nicht vertretungsberechtigten Teilhaber geführten Gewerbebetrieb der Gesellschaft 66 II

249/252 f. Wenn hingegen mit Wissen aller Gesellschafter oder aber aus Fahrlässigkeit derselben ein Zustand geschaffen wird, der bei Dritten den Eindruck erwecken muss, dass *tatsächlich* eine andere, für sie günstigere Vertretungsordnung gehandhabt wird als die im Handelsregister eingetragene, so muss die Gesellschaft dies gegen sich gelten lassen 66 II 249/254 E. 3.

C. Stellung der Gesellschaftsgläubiger I. Haftung der Gesellschafter

Art. 568

[1] Die Gesellschafter haften für alle Verbindlichkeiten der Gesellschaft solidarisch und mit ihrem ganzen Vermögen.

[2] Eine entgegenstehende Verabredung unter den Gesellschaftern hat Dritten gegenüber keine Wirkung.

[3] Der einzelne Gesellschafter kann jedoch, auch nach seinem Ausscheiden, für Gesellschaftsschulden erst dann persönlich belangt werden, wenn er selbst in Konkurs geraten oder wenn die Gesellschaft aufgelöst oder erfolglos betrieben worden ist. Die Haftung des Gesellschafters aus einer zugunsten der Gesellschaft eingegangenen Solidarbürgschaft bleibt vorbehalten.

Abs. 1 Besonderheiten der Haftung der Gesellschafter 134 III 643/648 E. 5.2 fr. Der Gesellschafter hat auch für Schulden einzustehen, die ihm bei Auflösung der Gesellschaft noch nicht bekannt waren 44 II 294/307. – Die Anwaltskanzlei haftet für Pflichtverletzungen eines ihrer Mitglieder nur dann kollektiv, wenn das anspruchsbegründende Mandat der Kollektivgesellschaft als Gesamtmandat und nicht einem Gesellschafter als Einzelmandat erteilt wurde 124 III 363/367 E.d. – *Wirkungen eines Nachlassvertrages.* Durch den einer Kollektivgesellschaft bewilligten Nachlassvertrag (mit oder ohne Vermögensabtretung) werden die Gesellschafter für den ungedeckten Teil der Gesellschaftsschulden von der Haftung befreit (Präzisierung der Rechtsprechung bezüglich der in 101 Ib 456/461 E. 3 offengelassenen Frage; keine Anwendung von SchKG Art. 303). Der Nachlassvertrag ist nicht einer erfolglosen Betreibung im Sinne von Abs. 3 gleichzustellen 109 III 128/129 ff. E. 1 Pra 1984 (Nr. 59) 144 f. Nach 45 II 299/301 f. E. 1 it. gehen auch jene Forderungen unter, für die sich ein Gesellschafter noch persönlich verpflichtet hat. – Die befreiende Wirkung des bewilligten Nachlassvertrages tritt für die Gesellschafter von selbst ein, ohne dass sie in der Zustimmungserklärung oder im Bestätigungsentscheid erwähnt werden müsste (aus diesem Grund sollte die zuständige Behörde vor der Bestätigung eines Nachlassvertrages die Leistungsfähigkeit der Gesellschafter ernsthaft prüfen, und es wäre angezeigt, die Gläubiger über die befreiende Wirkung eines allfälligen Nachlassvertrages zu orientieren) 109 III 128/131 E. 2 Pra 1984 (Nr. 59) 145 f. 1

Abs. 3 Die Tatsache, dass der Gläubiger das Recht hat, jeden Gesellschafter persönlich für die Schulden der Gesellschaft zu belangen, wenn die Gesellschaft aufgelöst ist, hindert ihn nicht, die Konkursbetreibung gegen die Gesellschaft selbst, aufgrund von SchKG Art. 40, fortzusetzen 135 III 370/373 E. 3.2.3 fr. – Ist der Gesellschafter belangbar, so wird er Solidarschuldner mit der Gesellschaft (der Gläubiger muss, weil der Gesellschafter an seinem persönlichen Wohnsitz ins Recht zu fassen ist, gegebenenfalls einem verschiede- 2 nen Gerichtsstand Rechnung tragen) 100 II 376/378 f. E. 2. – *Verrechnung.* Ansprüche der Gesellschaftsgläubiger gegen die Kollektivgesellschafter stehen nicht der Gesellschaft bzw. im Falle eines Konkurses der Konkursmasse zu, sondern den einzelnen Gläubigern. Entsprechend kann die Konkursmasse eine Masseforderung eines Kollektivgesellschafters nicht mit Ansprüchen aus der persönlichen Haftung verrechnen 134 III 643/652 E. 5.5 fr. Die Verrechnung mit einer Forderung gegenüber einer Kollektivgesellschaft setzt voraus, dass der Kollektivgesellschafter im Zeitpunkt der Verrechnungserklärung persönlich belangbar ist. Das heisst, die Kollektivgesellschaft muss im Zeitpunkt der Erklärung aufgelöst sein und dies wiederum muss dem Erklärenden bekannt sein 4C.19/2001 (25.5.01) E. 4c. – *Auflösung der Gesellschaft.* Mit der Auflösung der Gesellschaft kann der Gesellschafter für Gesellschaftsschulden belangt werden. Gemäss SchKG Art. 208 f. endet der Zinslauf gegenüber einem konkursiten Solidarschuldner, mit der Folge, dass Mitverpflichteten für später aufgelaufene Zinsen kein Regressrecht zusteht. Der Umstand, dass der Solidarschuldner aus der – aufgelösten, aber noch nicht liquidierten – Gesellschaft trotz persönlichem Konkurs nicht ausschied, ändert daran nichts 4C.89/2006 (24.5.06) E. 3.2 und E. 3.3. Der Auflösung gleichgestellt ist die Übernahme von Aktiven und Passiven der Gesellschaft durch einen Dritten oder einen Teil der Gesellschafter 100 II 376/379 E.a. – Keine Auflösung im Sinne der Bestimmung ist das Ausscheiden eines Gesellschafters in den Fällen der Art. 576–579, da die Gesellschaft (Art. 576–578) bzw. das Geschäft (Art. 579) fortgesetzt wird 101 Ib 456/458 ff. E. 2. – *Erfolglose Betreibung.* Darunter fällt nicht ein Nachlassvertrag mit Dividende (Prozentvergleich) 101 Ib 456/458 E. 2a, bestätigt in 109 III 128/130 E. 1 Pra 1984 (Nr. 73) 144 f. (in casu Nachlassvertrag mit Vermögensabtretung). – *Weiteres.* Keine unmittelbare Haftung der Stockwerkeigentümer neben der Gemeinschaft (in casu offengelassen, ob die Einrede der Vorausklage analog dem Recht der Kollektivgesellschaft oder aber fehlende Passivlegitimation anzunehmen ist) 119 II 404/409 ff. E. 6. Die Haftung des ausgeschiedenen Gesellschafters für Schulden der (ehemaligen) Kollektivgesellschaft gemäss Art. 568 Abs. 3 bei Weiterführung des Unternehmens als Einzelfirma durch einen der bisherigen Gesellschafter nach Massgabe des Art. 579 Abs. 1 umfasst auch AHV-Beitragsschulden 136 V 268/275 f. E. 4.1 und 4.2 (Änderung der Rechtsprechung gemäss 119 V 389/400 f. E. 7).

II. Haftung neu eintretender Gesellschafter

Art. 569

1 Wer einer Kollektivgesellschaft beitritt, haftet solidarisch mit den übrigen Gesellschaftern und mit seinem ganzen Vermögen auch für die vor seinem Beitritt entstandenen Verbindlichkeiten der Gesellschaft.

2 Eine entgegenstehende Verabredung unter den Gesellschaftern hat Dritten gegenüber keine Wirkung.

1 **Allgemeines.** Bei der Gründung einer Kollektivgesellschaft unter Übernahme des von einem der Gesellschafter als Einzelinhaber geführten Geschäftes findet ausschliesslich Art. 182 Abs. 2 Anwendung 60 II 100/106. – Die Bestimmung ist ein Anwendungsfall des Grundsatzes, dass ein neuer Gesellschafter im Aussenverhältnis in die Gesamtheit der Rechtsbeziehungen so eintritt, wie er sie vorfindet (in casu musste der neue Gesellschafter

ein Urteil, durch das über Patentnichtigkeitsansprüche der Gesellschaft entschieden wurde, für sich als verbindlich anerkennen) 71 II 39/40 f. E. 2.

Abs. 1 Damit der Beitritt die solidarische Haftbarkeit begründet, muss er nach aussen wirksam geworden sein; hierzu ist jedoch nicht unter allen Umständen ein Handelsregistereintrag erforderlich: Der Beitritt kann sich gegen aussen z.B. bereits dadurch ergeben, dass die Gesellschaft den Geschäftsbetrieb unter gemeinsamer, d.h. dem nunmehrigen Gesellschaftsverhältnis adäquater Firma mit dem neuen Gesellschafter fortgesetzt hat 47 II 156/158 f. E. 2. – Der neu eingetretene Gesellschafter kann nicht dem gutgläubigen, wohl aber dem bösgläubigen (Gesellschafter-)Gläubiger die Unverbindlichkeit des Eintritts in die Gesellschaft (in casu infolge Täuschung) entgegenhalten 60 II 100/109 ff. E. 5. 2

III. Konkurs der Gesellschaft

Art. 570

1 Die Gläubiger der Gesellschaft haben Anspruch darauf, aus dem Gesellschaftsvermögen unter Ausschluss der Privatgläubiger der einzelnen Gesellschafter befriedigt zu werden.

2 Die Gesellschafter können am Konkurse für ihre Kapitaleinlagen und laufenden Zinse nicht als Gläubiger teilnehmen, wohl aber für ihre Ansprüche auf verfallene Zinse sowie auf Forderungen für Honorar oder für Ersatz von im Interesse der Gesellschaft gemachten Auslagen.

IV. Konkurs von Gesellschaft und Gesellschaftern

Art. 571

1 Der Konkurs der Gesellschaft hat den Konkurs der einzelnen Gesellschafter nicht zur Folge.

2 Ebenso wenig bewirkt der Konkurs eines Gesellschafters den Konkurs der Gesellschaft.

3 Die Rechte der Gesellschaftsgläubiger im Konkurse des einzelnen Gesellschafters richten sich nach den Vorschriften des Schuldbetreibungs- und Konkursgesetzes vom 11. April 1889.

D. Stellung der Privatgläubiger eines Gesellschafters

Art. 572

1 Die Privatgläubiger eines Gesellschafters sind nicht befugt, das Gesellschaftsvermögen zu ihrer Befriedigung oder Sicherstellung in Anspruch zu nehmen.

2 Gegenstand der Zwangsvollstreckung ist nur, was dem Schuldner an Zinsen, Honorar, Gewinn und Liquidationsanteil aus dem Gesellschaftsverhältnis zukommt.

E. Verrechnung

Art. 573

[1] Gegen eine Forderung der Gesellschaft kann der Schuldner eine Forderung, die ihm gegen einen einzelnen Gesellschafter zusteht, nicht zur Verrechnung bringen.

[2] Ebenso wenig kann ein Gesellschafter gegenüber seinem Gläubiger eine Forderung der Gesellschaft verrechnen.

[3] Ist dagegen ein Gesellschaftsgläubiger gleichzeitig Privatschuldner eines Gesellschafters, so wird die Verrechnung sowohl zugunsten des Gesellschaftsgläubigers als auch des Gesellschafters zugelassen, sobald der Gesellschafter für eine Gesellschaftsschuld persönlich belangt werden kann.

1 ***Abs. 1*** Analoge Anwendung auf die einfache Gesellschaft 82 II 48/55 E. 2, vgl. auch 4C.214/2000 (27.10.00) E. 4a.

2 ***Abs. 3*** Im Zeitpunkt der Erklärung der Verrechnung muss der Gläubiger wissen, dass ein Grund für die Auflösung der Kollektivgesellschaft besteht und der Gesellschafter im Sinne von Art. 568 Abs. 3 persönlich belangbar ist 4C.19/2001 (25.5.01) E. 4d.

Vierter Abschnitt
Auflösung und Ausscheiden

A. Im Allgemeinen

Art. 574

[1] Die Gesellschaft wird aufgelöst durch die Eröffnung des Konkurses. Im Übrigen gelten für die Auflösung die Bestimmungen über die einfache Gesellschaft, soweit sich aus den Vorschriften dieses Titels nicht etwas anderes ergibt.

[2] Die Gesellschafter haben die Auflösung, abgesehen vom Falle des Konkurses, beim Handelsregisteramt anzumelden.

[3] Ist eine Klage auf Auflösung der Gesellschaft angebracht, so kann das Gericht auf Antrag einer Partei vorsorgliche Massnahmen anordnen.

Abs. 1 **Auflösung.** Der auf unbestimmte Dauer abgeschlossene Vertrag unter Kollektivgesellschaftern ist gestützt auf Art. 545 Abs. 1 Ziff. 6 und Art. 546 Abs. 1 i.V.m. Art. 557 Abs. 2 und Art. 574 Abs. 1 auf sechs Monate kündbar. Die Kündigung ist an keine Formvorschrift gebunden und bedarf keiner Begründung. Werden gesetzliche oder vertragliche Fristen und Termine nicht eingehalten, gilt die Kündigung für den nächst möglichen Termin 4C.278/2005 (8.5.06) E. 4.1 fr. – *Wirkung.* Die Auflösung der Gesellschaft bedeutet nicht schon ihre vollständige Beendigung; sie bewirkt nur das Dahinfallen der gegenseitigen Pflicht, die Erreichung des Gesellschaftszweckes zu fördern. Die Gesellschaft besteht weiter, jedoch lediglich noch mit dem Abwicklungszweck (zu den Pflichten des verbleibenden Gesellschafters siehe unter Art. 547) 93 II 247/252 f. E.bb. Bei Eintritt eines Auflösungsgrundes hat jeder Gesellschafter Anspruch auf Auseinandersetzung nach den Bestimmungen über die Liquidation (indessen kann die Fortsetzung der Gesellschaft trotz eines Auflösungsgrundes vereinbart werden) 100 II 376/379 E.a. – *Konkurs.* Die Gesellschaft behält ein Handelsgeschäft am Ort ihres Sitzes ungeachtet des Konkurses, jedenfalls solange die Liquidation noch nicht beendet ist 78 I 117/122 f. Pra 1952 (Nr. 104) 283. – *Weiteres.* Anwendung der Bestimmungen über die einfache Gesellschaft siehe insb. Vorb. Art. 545–551, unter Art. 545 Abs. 1, 547 Abs. 2. 1

Abs. 2 Die Bestimmung ist *zwingend* 60 I 239/239 f. 2

B. Kündigung durch Gläubiger eines Gesellschafters

Art. 575

[1] Ist ein Gesellschafter in Konkurs geraten, so kann die Konkursverwaltung unter Beobachtung einer mindestens sechsmonatigen Kündigungsfrist die Auflösung der Gesellschaft verlangen, auch wenn die Gesellschaft auf bestimmte Dauer eingegangen wurde.

[2] Das gleiche Recht steht dem Gläubiger eines Gesellschafters zu, der dessen Liquidationsanteil gepfändet hat.

[3] Die Wirkung einer solchen Kündigung kann aber, solange die Auflösung im Handelsregister nicht eingetragen ist, von der Gesellschaft oder von den übrigen Gesellschaftern durch Befriedigung der Konkursmasse oder des betreibenden Gläubigers abgewendet werden.

1 ***Abs. 1*** Analoge Anwendung auf den Nachlassvertrag mit Vermögensabtretung (Liquidationsvergleich, SchKG Art. 316a). Anders als im Falle von Abs. 2 müssen der Kündigung des Gesellschaftsverhältnisses keine Einigungshandlungen vorangehen (V des Bundesgerichts über die Pfändung und Verwertung von Anteilen an Gemeinschaftsvermögen [VVAG, SR 281.41] Art. 7, 9) 102 III 33/36 ff. E. 4, 5.

C. Ausscheiden von Gesellschaftern

Vorb. Art. 576–581

1 **Allgemeines.** Die auf dem Gesellschaftsvertrag beruhenden Rechtsbeziehungen zwischen den ausscheidenden Gesellschaftern und den übrigen bestehen mit anderem Inhalt weiter bis zur *vollständigen Abfindung* der Ersteren 97 II 230/231 f. E. 1 Pra 1972 (Nr. 1) 1 f. (in casu Anwendungsfall von Art. 579). – *Keine Auflösung im Sinne von Art. 568 Abs. 3* ist das Ausscheiden eines Gesellschafters in den Fällen der Art. 576–579, da die Gesellschaft (Art. 576–578) bzw. das Geschäft (Art. 579) fortgesetzt wird 101 Ib 456/458 ff. E. 2.

I. Übereinkommen

Art. 576

Sind die Gesellschafter vor der Auflösung übereingekommen, dass trotz des Ausscheidens eines oder mehrerer Gesellschafter die Gesellschaft unter den übrigen fortgesetzt werden soll, so endigt sie nur für die Ausscheidenden; im Übrigen besteht sie mit allen bisherigen Rechten und Verbindlichkeiten fort.

1 Die Vereinbarung, die Gesellschaft fortzusetzen, muss nicht notwendigerweise schon im Gesellschaftsvertrag enthalten sein; sie kann auch später getroffen werden, ja sogar erst erfolgen im Zeitpunkt, in welchem ein Gesellschafter seine Austrittsabsicht den übrigen zur Kenntnis bringt, oder gar erst nach der Eintragung der Auflösung im Handelsregister. Es genügt, dass der ausscheidende Gesellschafter mit der Fortsetzung der Gesellschaft durch die verbleibenden Mitglieder einverstanden ist; einer Mitwirkung des Richters bedarf es nicht 69 II 118/119 f. E.b.

II. Ausschliessung durch das Gericht

Art. 577

Wenn die Auflösung der Gesellschaft aus wichtigen Gründen verlangt werden könnte und diese vorwiegend in der Person eines oder mehrerer Gesellschafter liegen, so kann das Gericht auf deren Ausschliessung und auf Ausrichtung ihrer Anteile am Gesellschaftsvermögen erkennen, sofern alle übrigen Gesellschafter es beantragen.

1 **Keine analoge Anwendung** der Bestimmung auf die einfache Gesellschaft 94 II 119/119 ff. E.a. – *Die Bestimmung ist dispositiver Natur:* Der Gesellschaftsvertrag kann die Ausschlies-

sung erleichtern, indem er der Mehrheit der Gesellschafter oder selbst dem Einzelnen das Recht auf Stellung des Ausschliessungsbegehrens einräumt oder bestimmt, dass beim Vorliegen wichtiger Gründe die Ausschliessung eines Gesellschafters durch einstimmigen oder Mehrheitsbeschluss der übrigen Gesellschafter ausgesprochen werden könne. Ficht der Ausgeschlossene den Entscheid nicht an, so entfaltet die Ausschliessung ihre rechtlichen Wirkungen ohne jedes Eingreifen des (staatlichen) Richters. Ebenso kann die Entscheidung über die Ausschliessung auch einem Schiedsgericht übertragen werden 69 II 118/120 f. – *Keine Anwendung von Art. 82:* Der Richter kann einen Gesellschafter aus wichtigen Gründen ausschliessen, auch wenn die damit verbundenen vermögensrechtlichen Folgen nicht zum Gegenstand des Prozesses gemacht worden sind 89 II 133/136 f.

III. Durch die übrigen Gesellschafter

Art. 578

Fällt ein Gesellschafter in Konkurs oder verlangt einer seiner Gläubiger, der dessen Liquidationsanteil gepfändet hat, die Auflösung der Gesellschaft, so können die übrigen Gesellschafter ihn ausschliessen und ihm seinen Anteil am Gesellschaftsvermögen ausrichten.

IV. Bei zwei Gesellschaftern

Art. 579

1 Sind nur zwei Gesellschafter vorhanden, so kann derjenige, der keine Veranlassung zur Auflösung gegeben hatte, unter den gleichen Voraussetzungen das Geschäft fortsetzen und dem andern Gesellschafter seinen Anteil am Gesellschaftsvermögen ausrichten.

2 Das gleiche kann das Gericht verfügen, wenn die Auflösung wegen eines vorwiegend in der Person des einen Gesellschafters liegenden wichtigen Grundes gefordert wird.

<u>*Abs. 1*</u> **Fortsetzung des Geschäftes.** Auch wenn sich die Bestimmung in erster Linie 1
auf die Fälle in Art. 577 und 578 bezieht, ist nicht ausgeschlossen, dass eine Fortsetzung der Gesellschaft von den Gesellschaftern bereits im Gesellschaftsvertrag oder erst nachträglich, während der Dauer der Gesellschaft, (namentlich auch stillschweigend 4A_591/2009 [18.3.10] E. 4.1 it.) vereinbart wird. Bei einer Fortsetzung des Geschäfts findet keine Liquidation statt (somit ist die Wiedereintragung der [durch das Ausscheiden des einen von zwei Gesellschaftern] aufgelösten und im Handelsregister gelöschten Gesellschaft ausgeschlossen). Es erfolgt aber auch keine Übernahme des Unternehmens mit Aktiven und Passiven, sondern vielmehr die Umwandlung des früheren Gesellschaftsvermögens in Alleinvermögen des nunmehrigen Geschäftsinhabers durch Anwachsung 75 I 273/274 ff., 101 Ib 456/459 f. E. c, 4A_591/2009 (18.3.10) E. 4.1 it.

Abfindung des ausscheidenden Gesellschafters. Sie erfolgt nach denselben Grund- 2
sätzen, die für das Ausscheiden aus einer fortbestehenden Gesellschaft gelten (Art. 580) 101 Ib 456/460. Die güterrechtliche Auseinandersetzung im Scheidungsurteil ist unabhängig von der Liquidation der Kollektivgesellschaft, an der beide Ehegatten beteiligt waren. Wird die Auflösung des Güterstandes vorgenommen, bevor der Abfindungsanspruch entstanden ist, kann lediglich der Anteil des Ehegatten an der Kollektivgesellschaft be-

rücksichtigt werden, nicht aber die Abfindungsforderung, welche noch gar nicht besteht 4A_40/2009 (9.6.09) E. 3.2.

3 ***Zur Haftung des ausgeschiedenen Gesellschafters.*** Siehe unter Art. 568 Abs. 3 sowie auch Vorb. Art. 576–581, unter Art. 562 und 580 Abs. 2.

4 *Abs. 2* Das Urteil ist ein Gestaltungsurteil mit Wirkung ex nunc 4A_66/2016 (22.8.16) E. 4.2.4 fr. Anwendungsfall 4A_624/2011 (27.1.12) E. 2.2 fr.

V. Festsetzung des Betrages

Art. 580

1 Der dem ausscheidenden Gesellschafter zukommende Betrag wird durch Übereinkunft festgesetzt.

2 Enthält der Gesellschaftsvertrag darüber keine Bestimmung und können sich die Beteiligten nicht einigen, so setzt das Gericht den Betrag in Berücksichtigung der Vermögenslage der Gesellschaft im Zeitpunkt des Ausscheidens und eines allfälligen Verschuldens des ausscheidenden Gesellschafters fest.

1 *Abs. 1* Die Vereinbarung im Rahmen eines Gesellschaftsvertrages, wonach alle (bis auf einen der) Gesellschafter bei ihrem Ausscheiden lediglich aufgrund der Buchwerte (d.h. ohne Berücksichtigung der stillen Reserven) abgefunden werden, kann *steuerrechtlich* als Schenkung von Todes wegen qualifiziert werden, auch wenn die Formvorschrift in Art. 245 Abs. 2 nicht eingehalten wurde 98 Ia 258/260 ff. E. 2–4.

2 *Abs. 2* **Berechnung des Gesellschaftsvermögens.** Massgebend ist weder eine Betriebs- noch eine Liquidationsbilanz, sondern die *Abfindungsbilanz* (auch Abschichtungsbilanz genannt): Jener Wert ist zu ermitteln, den die einzelnen Vermögensbestandteile *für das weiterbestehende Unternehmen* haben; demgemäss hat der Ausscheidende (bzw. seine Erben) auch Anspruch auf einen Anteil am mutmasslichen Reingewinn aus hängigen Geschäften, an den Vorteilen, die sich aus dem Vorhandensein eines eingearbeiteten Angestelltenstabes und aus dem Verbleiben in den bisherigen Geschäftsräumen usw. ergeben (wobei das allfällige Verschulden des Ausgeschiedenen aufgrund des Gesetzes zu berücksichtigen ist) 93 II 247/254 ff. E. b, c (in casu Anwendungsfall von Art. 579). Zu berücksichtigen sind namentlich die stillen Reserven, der Goodwill und der zu erwartende Nettoertrag. Die Bewertung ergibt sich aus dem Substanz- und/oder dem Ertragswert. Art. 580 Abs. 2 OR schreibt keine bestimmte Methode vor. Die Wahl der Methode ergibt sich aus den Umständen des Einzelfalls 4A_173/2012 (28.6.12) E. 4.2.2 fr. Vgl. auch 4A_31/2009 (30.11.09) E. 5.1.1 fr., 4C.278/2005 (8.5.06) E. 5 fr., 102 II 176/185 E. 4a fr., 100 II 376/379 E. 2b.

3 ***Anteil am Gesellschaftsvermögen.*** Die Abfindungsbilanz weist einen Vermögenszuwachs oder eine Vermögensverminderung aus, die sich nach Massgabe der vertraglichen oder gesetzlichen Gewinn- und Verlustbeteiligung auf die Kapitalanteile niederschlägt. Der Kapitalanteil ist für jeden Gesellschafter einzeln zu bestimmen. Er setzt sich zusammen aus der ursprünglichen und allfällig späteren Einlagen, Gutschriften für nicht bezogene Gewinne und Zinsen, abzüglich Entnahmen und Verluste für die kein Ausgleich statt-

gefunden hat 4A_173/2012 (28.6.12) E. 4.2.3 fr. Mangels einer Vereinbarung oder einer Einigung der Parteien über die Abfindungssumme findet (auch in den Fällen von Art. 579) Art. 533 (analoge) Anwendung 77 II 48/49 ff. E. 2. Vom Gesellschaftsvermögen sind die Beiträge sämtlicher Gesellschafter abzuziehen. Ein allfälliger Überschuss stellt den Gewinn dar. Der ausscheidende Gesellschafter erhält seinen Anteil am Gewinn zuzüglich den Wert seines Beitrages 4A_31/2009 (30.11.09) E. 5.1.1 fr.

Berücksichtigung eines allfälligen Verschuldens. Analoge Anwendung von Art. 97 4
Abs. 1 4C.22/2006 (5.5.06) E. 7.3.2 fr.; 4A_31/2009 (30.11.09) E. 5.1.1 fr.

Verzinsung der Abfindung. Die Abfindungssumme ist ab Eintritt des Auflösungs- 5
grundes bis zur Zahlung angemessen zu verzinsen, wenn nicht etwas anderes verabredet ist oder besondere Gründe gegen die Verzinsung sprechen (so etwa, wenn eine im Aufbau begriffene aufgelöste Gesellschaft auf Jahre hinaus keinen Ertrag abgeworfen hätte) 100 II 376/381 f. E.a.

Tod eines Gesellschafters. Sind die Erben mit der Weiterführung der Gesellschaft 6
durch die übrigen Gesellschafter einverstanden, so haben sie Anspruch auf eine Abfindung der Beteiligung des Ausgeschiedenen am Gesellschaftsvermögen; dieser Anspruch berechnet sich nach dem Wert des «lebenden Geschäftes» am Todestag des Ausgeschiedenen 100 II 376/379 E.b., 4C.292/2001 (13.5.02) E. 3b fr.

Weiteres. Anwendung der Bestimmung auf die einfache Gesellschaft 4C.292/2001 7
(13.5.02) E. 3b fr. Leitet der nach Art. 579 übrig gebliebene Gesellschafter die Liquidation wohl ein (indem er beim Handelsregisteramt die Auflösung der Gesellschaft anmeldet), geht er in der Folge jedoch nicht nach den betreffenden Bestimmungen (Art. 585) vor, sondern zieht er das Geschäft faktisch an sich, so sind die Vorschriften über die Fortsetzung des Geschäftes (Art. 579 f.) sinngemäss anwendbar (somit ist die Abfindungs- und nicht die Liquidationsbilanz massgebend) 93 II 247/250 ff. E. 1, 2. – Siehe auch unter Art. 577/Keine Anwendung von Art. 82.

VI. Eintragung

Art. 581

Das Ausscheiden eines Gesellschafters sowie die Fortsetzung des Geschäftes durch einen Gesellschafter müssen in das Handelsregister eingetragen werden.

Sind bei Auflösung der Gesellschaft und der Übernahme des Geschäftes durch einen der 1
Gesellschafter die Parteien darüber uneinig, in welchem Zeitpunkt Aktiven und Passiven übergehen, so ist zur Änderung des Handelsregistereintrages der ordentliche Richter anzugehen 67 I 245/246 f. E. 3. Wer, ohne Gesellschafter zu sein, als solcher im Handelsregister eingetragen ist, hat einzig Anspruch auf Berichtigung der unzutreffenden Eintragung (er kann somit keine Gesellschaftsrechte ausüben) 69 II 33/40.

C. Mängel in der Organisation der Gesellschaft

Art. 581a

Bei Mängeln in der vorgeschriebenen Organisation der Kollektivgesellschaft sind die Vorschriften des Aktienrechts entsprechend anwendbar

Fünfter Abschnitt
Liquidation

A. Grundsatz

Art. 582

Nach der Auflösung der Gesellschaft erfolgt ihre Liquidation gemäss den folgenden Vorschriften, sofern nicht eine andere Art der Auseinandersetzung von den Gesellschaftern vereinbart oder über das Vermögen der Gesellschaft der Konkurs eröffnet ist.

Die *Rechtsbeziehungen zwischen den Gesellschaftern* bestehen (mit anderem Inhalt) bis zum Abschluss der Liquidation weiter 97 II 230/231 E. 1 Pra 1972 (Nr. 1) 1 (zur rechtlichen Lage der aufgelösten Gesellschaft siehe unter Art. 574 Abs. 1). – *Auflösung der Gesellschaft infolge Konkurses:* Die Gesellschaft behält ein Handelsgeschäft am Ort ihres Sitzes ungeachtet des Konkurses, jedenfalls solange die Liquidation noch nicht beendet ist 78 I 117/122 f. Pra 1952 (Nr. 104) 283. – *Keine Liquidation* erfolgt bei Fortsetzung des Geschäftes durch einen der beiden Teilhaber gemäss Art. 579 75 I 273/274 ff. (in den Fällen von Art. 579 ist die Wiedereintragung der Gesellschaft ausgeschlossen). – Leitet der nach Art. 579 übrig gebliebene Gesellschafter die Liquidation wohl ein (indem er beim Handelsregisteramt die Auflösung der Gesellschaft anmeldet), geht er in der Folge jedoch nicht nach den betreffenden Bestimmungen vor (Art. 585), sondern zieht er das Geschäft faktisch an sich, so sind die Vorschriften über die Fortsetzung des Geschäftes (Art. 579 f.) sinngemäss anwendbar (somit ist die Abfindungs- und nicht die Liquidationsbilanz massgebend) 93 II 247/250 f. E. 1. – Siehe auch Vorb. Art. 545–551. 1

B. Liquidatoren

Art. 583

[1] Die Liquidation wird von den zur Vertretung befugten Gesellschaftern besorgt, sofern in ihrer Person kein Hindernis besteht und soweit sich die Gesellschafter nicht auf andere Liquidatoren einigen.

[2] Auf Antrag eines Gesellschafters kann das Gericht, sofern wichtige Gründe vorliegen, Liquidatoren abberufen und andere ernennen.

[3] Die Liquidatoren sind in das Handelsregister einzutragen, auch wenn dadurch die bisherige Vertretung der Gesellschaft nicht geändert wird.

Allgemeines. Die Vertretungsbefugnis des Gesellschafters und seine Stellung als Liquidator sind *unvererblich* (sie gehen auch nicht auf den Erbenvertreter gemäss Art. 584 über) 69 III 1/2 E. 1. – Ist eine Gesellschaft ohne Liquidatoren, so kann bei der Vormundschaftsbehörde die Ernennung eines Beistandes im Sinne von ZGB Art. 393 Ziff. 4 beantragt werden 69 III 1/4. 1

Abs. 1 Die vertretungsberechtigten Gesellschafter haben einen *Anspruch,* die Liquidation durchzuführen (in casu Kommanditgesellschaft, Art. 619 Abs. 1) 69 II 33/35 E. 2. – Hin- 2 dernis im Sinne von *Abs. 1* ist die *absolute tatsächliche oder rechtliche Verhinderung,* wie namentlich bei Krankheit, Landesabwesenheit, Bevormundung oder Konkurs. *Relative Hindernisse,* wie vorab Tatsachen, die mangelndes Vertrauen in die Unparteilichkeit eines als Liquidator Berufenen rechtfertigen, fallen unter *Abs. 2.* Bis zur Beendigung eines allfälligen Abberufungsverfahrens (bzw. wenigstens bis zum Erlass einer vorsorglichen Verfügung des Abberufungsrichters) ist der weder tatsächlich noch rechtlich in absoluter Weise Verhinderte somit als Liquidator im Handelsregister einzutragen. Es steht den Handelsregisterbehörden nicht zu, in die Kompetenzen des Richters gemäss Abs. 2 einzugreifen 68 I 116/117 (in casu Kommanditgesellschaft, Art. 619 Abs. 1).

3 ***Abs. 2*** *Zur Abberufungsklage aktivlegitimiert* ist ausschliesslich ein *Gesellschafter* (bzw. seine Erben, wenn er im Zeitpunkt des Todes Gesellschafter war und Gesellschaftsrechte auf die Erben übergegangen sind); nicht aktivlegitimiert sind Gesellschaftsgläubiger und Personen, die im Handelsregister zu Unrecht als Gesellschafter eingetragen sind. Bei der Prüfung der Aktivlegitimation muss abgeklärt werden, ob die Auseinandersetzung unter den Gesellschaftern nicht bereits stattgefunden hat 69 II 33/37 ff. E. 4, 5. – Das Urteil über die Abberufung eines Gesellschafters ist *berufungsfähig* (Offengelassen, ob das Abberufungsbegehren einer Streitwertangabe bedürfe) 69 II 33/36 E. 2 (in casu Kommanditgesellschaft, Art. 619 Abs. 1). – Anwendung der Bestimmung auf die einfache Gesellschaft 119 II 119/123 E.a.

C. Vertretung von Erben

Art. 584

Die Erben eines Gesellschafters haben für die Liquidation einen gemeinsamen Vertreter zu bezeichnen.

1 Abberufungsbegehren des Erbenvertreters gegen einen Erben, der Liquidator ist (in casu Teilungsamt als Erbenvertreter; zuständig ist der jeweilige Amtsinhaber) 69 II 33/36 f. E. 3. Anwendung der Bestimmung auf die einfache Gesellschaft 119 II 119/122 f. E.a.

D. Rechte und Pflichten der Liquidatoren

Art. 585

[1] Die Liquidatoren haben die laufenden Geschäfte zu beendigen, die Verpflichtungen der aufgelösten Gesellschaft zu erfüllen, die Forderungen einzuziehen und das Vermögen der Gesellschaft, soweit es die Auseinandersetzung verlangt, zu versilbern.

[2] Sie haben die Gesellschaft in den zur Liquidation gehörenden Rechtsgeschäften zu vertreten, können für sie Prozesse führen, Vergleiche und Schiedsverträge abschliessen und, soweit es die Liquidation erfordert, auch neue Geschäfte eingehen.

[3] Erhebt ein Gesellschafter Widerspruch gegen einen von den Liquidatoren beschlossenen Verkauf zu einem Gesamtübernahmepreis, gegen die Ablehnung eines solchen Verkaufs oder gegen die beschlossene Art der Veräusserung von Grundstücken, so entscheidet auf Begehren des widersprechenden Gesellschafters das Gericht.

[4] Die Gesellschaft haftet für Schaden aus unerlaubten Handlungen, die ein Liquidator in Ausübung seiner geschäftlichen Verrichtungen begeht.

Allgemeines. Die Befugnisse stehen *ausschliesslich den Liquidatoren* zu (unabhängig davon, ob der Schuldner ein Dritter oder ein Gesellschafter ist) 45 II 419/423 f. fr. – Die Liquidatoren vertreten nicht die Gläubiger, sondern die *Gesellschaft* (in casu Liquidation einer Bank: Die Liquidatoren können – abgesehen von den gesetzlichen Ausnahmen – nicht mehr Rechte geltend machen als die Bank selbst, ausser sie seien von den Anspruchsberechtigten ausdrücklich bevollmächtigt worden) 106 Ib 357/364 ff. E. b–d fr., vgl. ferner 123 III 60/64 E. 5b Pra 1997 (Nr. 107) 584. – Tod eines von zwei Gesellschaftern (Art. 579): Der verbleibende Gesellschafter ist zur einstweiligen Fortführung der hängigen Geschäfte verpflichtet, und die Erben des verstorbenen Gesellschafters haben Anspruch darauf, dass jener seine Fürsorgepflicht erfüllt; diese gebietet die bestmögliche Liquidation 93 II 247/252 f. E.bb. 1

Abs. 1 Auch nicht registrierte Zeichen können einen gewissen, namentlich lauterkeitsrechtlichen Schutz geniessen, weshalb im Rahmen der Liquidation über den weiteren Gebrauch dieser Zeichen durch die Gesellschafter zu entscheiden ist 4C.51/2001 (7.6.01) E. 5c. 2

Abs. 3 Der richterliche Entscheid über das Begehren eines widersprechenden Gesellschafters ist nicht berufungsfähig 70 II 164/165 ff. 3

E. Vorläufige Verteilung

Art. 586

[1] Die während der Liquidation entbehrlichen Gelder und Werte werden vorläufig auf Rechnung des endgültigen Liquidationsanteiles unter die Gesellschafter verteilt.

[2] Zur Deckung streitiger oder noch nicht fälliger Verbindlichkeiten sind die erforderlichen Mittel zurückzubehalten.

F. Auseinandersetzung I. Bilanz

Art. 587

[1] Die Liquidatoren haben bei Beginn der Liquidation eine Bilanz aufzustellen.

[2] Bei länger andauernder Liquidation sind jährliche Zwischenbilanzen zu errichten.

II. Rückzahlung des Kapitals und Verteilung des Überschusses

Art. 588

[1] Das nach Tilgung der Schulden verbleibende Vermögen wird zunächst zur Rückzahlung des Kapitals an die Gesellschafter und sodann zur Entrichtung von Zinsen für die Liquidationszeit verwendet.

[2] Ein Überschuss ist nach den Vorschriften über die Gewinnbeteiligung unter die Gesellschafter zu verteilen.

G. Löschung im Handelsregister

Art. 589

Nach Beendigung der Liquidation haben die Liquidatoren die Löschung der Firma im Handelsregister zu veranlassen.

1 Die Löschung im Handelsregister hat lediglich deklaratorische Wirkung. Die Gesellschaft besteht weiter, solange sie Aktiven und Passiven hat, und ist prozessfähig. Im Anschluss an die Veröffentlichung der Löschung im Handelsregister können die Gesellschaftsgläubiger während 6 Monaten die Fortsetzung der Betreibung auf Konkurs verlangen 135 III 370/371 E. 3.2 fr. Die Wiedereintragung der gelöschten Gesellschaft kann von den unbefriedigten Gesellschaftsgläubigern verlangt werden (Voraussetzungen) 60 I 23/28 f. E. 2 (in casu Kommanditgesellschaft), 81 II 358/361 E. 1. Führt der im Fall von Art. 579 übrigbleibende Gesellschafter das Geschäft weiter, so ist die Wiedereintragung der Gesellschaft ausgeschlossen 75 I 273/274 ff.

H. Aufbewahrung der Bücher und Papiere

Art. 590

[1] Die Bücher und Papiere der aufgelösten Gesellschaft werden während zehn Jahren nach der Löschung der Firma im Handelsregister an einem von den Gesellschaftern oder, wenn sie sich nicht einigen, vom Handelsregisteramt zu bezeichnenden Ort aufbewahrt.

[2] Die Gesellschafter und ihre Erben behalten das Recht, in die Bücher und Papiere Einsicht zu nehmen.

Sechster Abschnitt
Verjährung

Vorb. Art. 591–593

Allgemeines. Aus der gesetzlichen Regelung, welche den Schadenersatzanspruch nach AHVG Art. 52 als persönlichen öffentlich-rechtlichen Anspruch gegen den Arbeitgeber konstituiert und von den Gesellschaftsschulden unterscheidet, ergibt sich, dass der ausgeschiedene Gesellschafter unter Umständen während eines bedeutend längeren Zeitraums als der Verjährungsfrist gemäss Art. 591 oder 592 zur Rechenschaft gezogen werden kann 136 V 268/273 E. 2.6. 1

A. Gegenstand und Frist

Art. 591

[1] Die Forderungen von Gesellschaftsgläubigern gegen einen Gesellschafter für Verbindlichkeiten der Gesellschaft verjähren in fünf Jahren nach der Veröffentlichung seines Ausscheidens oder der Auflösung der Gesellschaft im Schweizerischen Handelsamtsblatt, sofern nicht wegen der Natur der Forderung eine kürzere Verjährungsfrist gilt.

[2] Wird die Forderung erst nach dieser Veröffentlichung fällig, so beginnt die Verjährung mit dem Zeitpunkt der Fälligkeit.

[3] Auf Forderungen der Gesellschafter untereinander findet diese Verjährung keine Anwendung.

Abs. 1 Für den *Verjährungsbeginn* ist neben der Veröffentlichung im Schweizerischen Handelsamtsblatt (massgebend Art. 931) eine *gültige* Handelsregistereintragung vorausgesetzt; die Veröffentlichung heilt das Fehlen oder (wie in casu) die Nichtigkeit der Eintragung nicht 83 II 41/48 E. 3. – Die Bestimmung schliesst die allfälligen Einreden des belangten Gesellschafters gemäss Art. 127 ff. nicht aus (dieser kann sich z.B. auf eine Verjährungsfrist berufen, die fünf Jahre übersteigt, aber trotzdem vor jener des Art. 591 Abs. 1 abläuft, weil sie früher begonnen hat; ist die Forderung gegen die Gesellschaft verjährt, so steht auch dem Gesellschafter die entsprechende Einrede zu, selbst wenn die Verjährung im Zeitpunkt seines Ausscheidens oder der Auflösung der Gesellschaft noch nicht abgelaufen war) 83 II 41/49 f. E. 4. – Der Gläubiger kann die Verjährung gemäss Art. 135 unterbrechen 41 III 329/333. – Die Klage, mit der Darlehenszinsen bis zum Zeitpunkt der Konkurseröffnung geltend gemacht werden, unterbricht die Verjährung für das Kapital, das heisst die Darlehensforderung, nicht 4C.139/2006 (15.8.06) E. 2.2. 1

B. Besondere Fälle

Art. 592

[1] Die fünfjährige Verjährung kann dem Gläubiger, der seine Befriedigung nur aus ungeteiltem Gesellschaftsvermögen sucht, nicht entgegengesetzt werden.

² Übernimmt ein Gesellschafter das Geschäft mit Aktiven und Passiven, so kann er den Gläubigern die fünfjährige Verjährung nicht entgegenhalten. Dagegen tritt für die ausgeschiedenen Gesellschafter an Stelle der fünfjährigen die zweijährige Frist nach den Grundsätzen der Schuldübernahme; ebenso wenn ein Dritter das Geschäft mit Aktiven und Passiven übernimmt.

1 ***Abs. 2*** Der französische und der italienische Text verweisen auf die gemäss den Bestimmungen über die Schuldübernahme geltende «Verjährung von 2 Jahren». Dagegen nimmt der deutsche Text nur Bezug auf die *Dauer* der Frist in Art. 181, ohne irgendeinen Hinweis auf deren Natur. Art. 592 Abs. 2 bietet daher keine entscheidende Auslegungshilfe und ist nicht geeignet, die Natur der zweijährigen Frist im ganzen System von Art. 181 zu verdeutlichen 108 II 107/110 E. 3 Pra 1982 (Nr. 148) 375 (bei der zweijährigen Frist in Art. 181 Abs. 2 handelt es sich um eine Verwirkungsfrist). – Anwendungsfall 121 III 324/327 E. 3 b fr.

C. Unterbrechung

Art. 593

Die Unterbrechung der Verjährung gegenüber der fortbestehenden Gesellschaft oder einem andern Gesellschafter vermag die Verjährung gegenüber einem ausgeschiedenen Gesellschafter nicht zu unterbrechen.

1 Die Bestimmung begünstigt nur den *ausgeschiedenen* Gesellschafter: Die gegen die Gesellschaft wirkenden Unterbrechungsgründe unterbrechen auch die Verjährung gegen die nicht ausgeschiedenen Gesellschafter 83 II 41/50 f. E. 6.

Fünfundzwanzigster Titel
Die Kommanditgesellschaft

Vorb. Art. 594–619

Allgemeines. Zur *Rechtsnatur der Kommanditgesellschaft* siehe unter Art. 602. Zur *juris-* 1
tischen Person im Allgemeinen siehe Vorb. Art. 552–926.

Erster Abschnitt
Begriff und Errichtung

A. Kaufmännische Gesellschaft

Art. 594

1 Eine Kommanditgesellschaft ist eine Gesellschaft, in der zwei oder mehrere Personen sich zum Zwecke vereinigen, ein Handels-, ein Fabrikations- oder ein anderes nach kaufmännischer Art geführtes Gewerbe unter einer gemeinsamen Firma in der Weise zu betreiben, dass wenigstens ein Mitglied unbeschränkt, eines oder mehrere aber als Kommanditäre nur bis zum Betrag einer bestimmten Vermögenseinlage, der Kommanditsumme, haften.

2 Unbeschränkt haftende Gesellschafter können nur natürliche Personen, Kommanditäre jedoch auch juristische Personen und Handelsgesellschaften sein.

3 Die Gesellschafter haben die Gesellschaft in das Handelsregister eintragen zu lassen.

1 ***Abs. 1*** **Rechtsnatur.** Siehe unter Art. 602.

2 **Entstehung.** Die Kommanditgesellschaft kann stillschweigend, durch schlüssiges Verhalten gegründet werden. Tritt in eine Kollektivgesellschaft ein nur beschränkt haftender Gesellschafter ein, so wird sie damit (ohne Weiteres) zur Kommanditgesellschaft (Alte Fassung: Eine solche Umwandlung ist auch ohne entsprechende Bestimmung im Gesellschaftsvertrag zulässig; neue Fassung: FusG Art. 54 f.) 95 II 547/549 f. E. 2.

3 **Stellung des Komplementärs.** Unbeschränkt haftender Gesellschafter: sog. *Komplementär* 99 III 1/2 E. 2.

4 **Stellung des Kommanditärs.** Die Stellung des Kommanditärs kann im Einzelfall sehr unterschiedlich ausgestaltet sein und – wirtschaftlich gesehen – von einer blossen Kapitalbeteiligung bis zu einer dem Komplementär entsprechenden Stellung reichen 100 V 140/144 f. E. b (in casu AHVV Art. 17 lit. c und Art. 20 Abs. 3; Frage der Beitragspflicht des Kommanditärs als Selbständigerwerbender).

5 **Weiteres.** ***Steuerrecht.*** Geschäftsvermögen und Geschäftsgewinn der (kaufmännischen) Kommanditgesellschaft sind an ihrem Sitz (und an allfälligen Betriebsstätten) zu versteuern (bundesrechtlich ist unzulässig, die einzelnen Gesellschafter für ihren Anteil an ihrem Wohnsitz zu besteuern) 98 Ia 212/217 E. 3. – Schenkung von Kommanditanteilen, die teilweise auch Liegenschaften umfassen: Das Steuerdomizil ist auf den Ort der Liegenschaften und den Wohnort des Schenkers aufzuteilen 78 I 10/13 E. 4 fr.

6 ***Zwangsvollstreckungsverbot unter Ehegatten (ZGB Art. 173).*** Nicht darunter fällt die Betreibung seitens der Ehefrau gegen eine Kommanditgesellschaft, der ihr Ehemann angehört, auch wenn dieser der einzige Komplementär und die betreibende Ehefrau die einzige Kommanditärin der Gesellschaft ist 99 III 1/3 f.

7 ***Beispiel.*** Bank 117 II 315/316 E. 4a Pra 1993 (Nr. 58) 215 (gegen die Revisionsstelle können die Bankgläubiger nur aus unerlaubter Handlung gemäss Art. 41 klagen [Leitsatz in Pra falsch]).

B. Nichtkaufmännische Gesellschaft

Art. 595

Betreibt eine solche Gesellschaft kein nach kaufmännischer Art geführtes Gewerbe, so entsteht sie als Kommanditgesellschaft erst, wenn sie sich in das Handelsregister eintragen lässt.

Die Kommanditgesellschaft, die kein nach kaufmännischer Art geführtes Gewerbe betreibt, entsteht erst mit dem (freiwilligen) Eintrag. Lässt sie sich eintragen, so untersteht sie den Vorschriften der Kommanditgesellschaft, wenn nicht, ist sie einfache Gesellschaft 79 I 57/59. – *Kein nach kaufmännischer Art geführtes Gewerbe* ist die Verwaltung gemeinsamen Vermögens der Gesellschafter, auch wenn sie einen spekulativen Charakter trägt und der Betrieb einen bankähnlichen Charakter annimmt, solange kein eigentlicher Kundenverkehr vorhanden ist 79 I 57/60 E. c, vgl. auch 98 Ia 212/217 E. 2 (in casu Kollektivgesellschaft, Art. 553). 1

C. Registereintrag I. Ort der Eintragung und Sacheinlagen

Art. 596

[1] Die Gesellschaft ist ins Handelsregister des Ortes einzutragen, an dem sie ihren Sitz hat.

[2] …

[3] Soll die Kommanditsumme nicht oder nur teilweise in bar entrichtet werden, so ist die Sacheinlage in der Anmeldung ausdrücklich und mit bestimmtem Wertansatz zu bezeichnen und in das Handelsregister einzutragen.

II. Formelle Erfordernisse

Art. 597

[1] Die Anmeldung der einzutragenden Tatsachen oder ihrer Veränderung muss von allen Gesellschaftern beim Handelsregisteramt unterzeichnet oder schriftlich mit beglaubigten Unterschriften eingereicht werden.

[2] Die unbeschränkt haftenden Gesellschafter, denen die Vertretung der Gesellschaft zustehen soll, haben die Firma und ihre Namen persönlich beim Handelsregisteramt zu zeichnen oder die Zeichnung in beglaubigter Form einzureichen.

Zweiter Abschnitt
Verhältnis der Gesellschafter unter sich

A. Vertragsfreiheit. Verweisung auf die Kollektivgesellschaft

Art. 598

[1] Das Rechtsverhältnis der Gesellschafter untereinander richtet sich zunächst nach dem Gesellschaftsvertrag.

[2] Soweit keine Vereinbarung getroffen ist, kommen die Vorschriften über die Kollektivgesellschaft zur Anwendung, jedoch mit den Abweichungen, die sich aus den nachfolgenden Bestimmungen ergeben.

1 ***Abs. 2*** Zur Anwendung der *Bestimmungen über die Kollektivgesellschaft* siehe auch unter Art. 558. Anwendung von Art. 558 Abs. 1 45 II 533/537.

B. Geschäftsführung

Art. 599

Die Geschäftsführung der Gesellschaft wird durch den oder die unbeschränkt haftenden Gesellschafter besorgt.

1 Die Bestimmung ist dispositiver Natur; aus der Ordnung der Vertretung (Art. 603; in casu wurden Kommanditäre als Handlungsbevollmächtigte und Prokuristen bestellt) lässt sich jedoch nicht auf die Ordnung der Geschäftsführung schliessen (in casu blieb es somit bei der gesetzlichen Regelung des Art. 599) 70 I 26/29 E. 2 (steuerrechtlicher Entscheid).

C. Stellung des Kommanditärs

Art. 600

[1] Der Kommanditär ist als solcher zur Führung der Geschäfte der Gesellschaft weder berechtigt noch verpflichtet.

[2] Er ist auch nicht befugt, gegen die Vornahme einer Handlung der Geschäftsführung Widerspruch zu erheben, wenn diese Handlung zum gewöhnlichen Geschäftsbetrieb der Gesellschaft gehört.

[3] Er ist berechtigt, eine Abschrift der Gewinn- und Verlustrechnung und der Bilanz zu verlangen und deren Richtigkeit unter Einsichtnahme in die Bücher und Papiere zu prüfen oder durch einen unbeteiligten Sachverständigen prüfen zu lassen; im Streitfalle bezeichnet der Richter den Sachverständigen.

D. Gewinn- und Verlustbeteiligung

Art. 601

[1] Am Verlust nimmt der Kommanditär höchstens bis zum Betrage seiner Kommanditsumme teil.

[2] Fehlt es an Vereinbarungen über die Beteiligung des Kommanditärs am Gewinn und am Verlust, so entscheidet darüber das Gericht nach freiem Ermessen.

[3] Ist die Kommanditsumme nicht voll einbezahlt oder ist sie nach erfolgter Einzahlung vermindert worden, so dürfen ihr Zinse, Gewinne und allfällige Honorare nur so weit zugeschrieben werden, bis sie ihren vollen Betrag wieder erreicht hat.

Abs. 1 Gemäss interner Abrede kann der Kommanditär sogar von jeglicher Verlustbeteiligung befreit werden 100 V 140/144 E.b. 1

Abs. 2 Das *freie richterliche Ermessen* bezieht sich nur auf den Fall von Art. 533 Abs. 1, nicht aber auf den Fall von Art. 533 Abs. 2 42 II 124/128 f. E. 2, vgl. auch 53 II 491/496. 2

Dritter Abschnitt
Verhältnis der Gesellschaft zu Dritten

A. Im Allgemeinen

Art. 602

Die Gesellschaft kann unter ihrer Firma Rechte erwerben und Verbindlichkeiten eingehen, vor Gericht klagen und verklagt werden.

1 **Rechtsnatur.** Die Kommanditgesellschaft hat *keine eigene Rechtspersönlichkeit.* Träger der Rechte und Pflichten der Gesellschaft sind einzig die Gesellschafter. Diese sind zur *gesamten Hand* am Gesellschaftsvermögen berechtigt und haften *persönlich* für die Schulden der Gesellschaft, der Komplementär mit seinem ganzen Vermögen, der Kommanditär bis zur Höhe der Kommanditsumme. Die Kommanditgesellschaft kann indessen nach Art. 602 unter ihrer Firma Rechte erwerben und Verbindlichkeiten eingehen, vor Gericht klagen und verklagt werden. Insofern ist sie *rechts- und parteifähig* wie eine juristische Person. Insbesondere kann sie als Gläubigerin oder Schuldnerin *Partei einer Betreibung* sein; dabei kann sie ihre Rechte im Betreibungsverfahren selber wahrnehmen 99 III 1/2 f. E. 2, vgl. 78 I 117/120 f. E. 4 Pra 1952 (Nr. 104) 281 f. E. 4. Vgl. ferner 113 II 283/285 E. 2. Nach einer geläufigen Formel ist die Kommanditgesellschaft im Innenverhältnis als Gesamthandschaft, im Aussenverhältnis dagegen als juristische Person zu bezeichnen 116 II 651/655. Die Kommanditgesellschaft hat einen Anspruch auf unentgeltliche Zivilrechtspflege nach aOG Art. 152, wenn die Prozessarmut sowohl der Gesellschaft wie aller unbeschränkt haftenden Gesellschafter erstellt ist 116 II 651/656. Siehe auch unter Art. 562.

B. Vertretung

Art. 603

Die Gesellschaft wird nach den für die Kollektivgesellschaft geltenden Vorschriften durch den oder die unbeschränkt haftenden Gesellschafter vertreten.

1 Der Kommanditär kann als Handlungsbevollmächtigter oder als Prokurist bestellt werden und als solcher Befugnisse haben, die dem Umfang der gesetzlichen Vertretungsmacht des Komplementärs nahe kommen 70 I 26/29 E. 2.

C. Haftung des unbeschränkt haftenden Gesellschafters

Art. 604

Der unbeschränkt haftende Gesellschafter kann für eine Gesellschaftsschuld erst dann persönlich belangt werden, wenn die Gesellschaft aufgelöst oder erfolglos betrieben worden ist.

1 Die Klage gegen den unbeschränkt haftenden Gesellschafter setzt nicht die vorgängige Wiedereintragung der gelöschten Gesellschaft voraus. Im Falle der Übernahme durch ei-

nen Dritten gilt die Frist von zwei Jahren gemäss Art. 592 Abs. 2 in fine, auf den Art. 619 Abs. 1 verweist 121 III 324/327 f. E. 3b fr.

D. Haftung des Kommanditärs I. Handlungen für die Gesellschaft

Art. 605

Schliesst der Kommanditär für die Gesellschaft Geschäfte ab, ohne ausdrücklich zu erklären, dass er nur als Prokurist oder als Bevollmächtigter handle, so haftet er aus diesen Geschäften gutgläubigen Dritten gegenüber gleich einem unbeschränkt haftenden Gesellschafter.

II. Mangelnder Eintrag

Art. 606

Ist die Gesellschaft vor der Eintragung in das Handelsregister im Verkehr aufgetreten, so haftet der Kommanditär für die bis zur Eintragung entstandenen Verbindlichkeiten Dritten gegenüber gleich einem unbeschränkt haftenden Gesellschafter, wenn er nicht beweist, dass ihnen die Beschränkung seiner Haftung bekannt war.

III. …

Art. 607

Diese Bestimmung wurde auf den 1. Juli 2016 aufgehoben (AS 2016 1507).

Siehe unter Art. 947 Abs. 4. 1

IV. Umfang der Haftung

Art. 608

[1] Der Kommanditär haftet Dritten gegenüber mit der im Handelsregister eingetragenen Kommanditsumme.

[2] Hat er selbst oder hat die Gesellschaft mit seinem Wissen gegenüber Dritten eine höhere Kommanditsumme kundgegeben, so haftet er bis zu diesem Betrage.

[3] Den Gläubigern steht der Nachweis offen, dass der Wertansatz von Sacheinlagen ihrem wirklichen Wert im Zeitpunkt ihres Einbringens nicht entsprochen hat.

Abs. 1 Anwendungsfall 121 III 324/328 E. aa fr. 1

V. Verminderung der Kommanditsumme

Art. 609

[1] Wenn der Kommanditär die im Handelsregister eingetragene oder auf andere Art kundgegebene Kommanditsumme durch Vereinbarung mit den übrigen Gesellschaftern oder

durch Bezüge vermindert, so wird diese Veränderung Dritten gegenüber erst dann wirksam, wenn sie in das Handelsregister eingetragen und veröffentlicht worden ist.

[2] Für die vor dieser Bekanntmachung entstandenen Verbindlichkeiten bleibt der Kommanditär mit der unverminderten Kommanditsumme haftbar.

VI. Klagerecht der Gläubiger

Art. 610

[1] Während der Dauer der Gesellschaft haben die Gesellschaftsgläubiger kein Klagerecht gegen den Kommanditär.

[2] Wird die Gesellschaft aufgelöst, so können die Gläubiger, die Liquidatoren oder die Konkursverwaltung verlangen, dass die Kommanditsumme in die Liquidations- oder Konkursmasse eingeworfen werde, soweit sie noch nicht geleistet oder soweit sie dem Kommanditär wieder zurückerstattet worden ist.

1 *Abs. 2* *Einbezahlte Kommanditsumme.* Der Kommanditär kann die Kommanditschuld durch Verrechnung tilgen (in casu jedoch paulianische Anfechtung gemäss SchKG Art. 287 Abs. 2) 42 III 489/492 ff. E. 2–4. – *Wiedereinwerfung der zurückerstatteten Kommanditsumme.* Die Pflicht zur Wiedereinwerfung besteht unabhängig davon, ob im Zeitpunkt, in welchem dem Kommanditär die Kommanditsumme zurückerstattet wurde, die Gesellschaft noch bestand, oder ob sie mit Aktiven und Passiven (in casu) auf den Komplementär bereits übergegangen war 77 II 52/52 f. – Berechtigt die Bestimmung, eine noch nicht eingeworfene oder wieder zurückgezogene Kommanditsumme in bar einzufordern bzw. wieder einzufordern, so kann a fortiori auch die Rückgängigmachung einer Gutschrift verlangt werden, durch die der Kommanditär die bereits einbezahlte Kommanditsumme zwar nicht in bar zurückerhalten hat, wohl aber von einer Forderung befreit worden ist, mit welcher die Konkursverwaltung sonst eine von ihm eingegebene Konkursforderung hätte verrechnen können 42 III 122/135 E. 4. – *Übernahme einer Kommanditgesellschaft mit Aktiven und Passiven durch eine neu gegründete AG (alte Fassung; beachte nun Art. 181 Abs. 4).* Solidarische Haftung während zwei Jahren gemäss Art. 181 Abs. 2. Dieser Fall ist von Art. 610 Abs. 2 nicht erfasst (echte Gesetzeslücke, Lückenfüllung durch den Richter gemäss ZGB Art. 1 Abs. 2): Der Kommanditär haftet mit der AG solidarisch, wobei seine Haftung auf den Betrag der Kommanditsumme beschränkt ist. Somit hat ein Gläubiger der im Handelsregister gelöschten Kommanditgesellschaft kein Interesse an ihrer Wiedereintragung 121 III 324/329 f. E. bb fr. Im beurteilten Fall Entlassung der von einer AG übernommenen Kommanditgesellschaft durch die Gläubigerin (Neuerung der bestehenden Schuldverpflichtung gemäss Art. 116 mit dem Ergebnis der alleinigen Haftung der übernehmenden AG) 126 III 375/377 ff. E. 2 fr.

VII. Bezug von Zinsen und Gewinn

Art. 611

[1] Auf Auszahlung von Zinsen und Gewinn hat der Kommanditär nur Anspruch, wenn und soweit die Kommanditsumme durch die Auszahlung nicht vermindert wird.

2 Der Kommanditär ist verpflichtet, unrechtmässig bezogene Zinsen und Gewinne zurückzubezahlen. Artikel 64 findet Anwendung.

Abs. 1 Die Kommanditsumme ist unvermindert, solange sich bei der Gegenüberstellung von Aktiven und Passiven (die Kommanditsummen miteingerechnet) kein Passivsaldo ergibt 45 II 533/537. 1

Abs. 2 [Zu aArt. 611 Abs. 2] Ordnungsmässige Bilanz. Massgebend ist die Bilanz des Bezugsjahres: Werden Zinse im Voraus bezogen, so sind sie im Falle eines Verlustes zurückzuerstatten 45 II 533/539 f. E. 3. 2

VIII. Eintritt in eine Gesellschaft

Art. 612

1 Wer einer Kollektiv- oder Kommanditgesellschaft als Kommanditär beitritt, haftet mit der Kommanditsumme auch für die vor seinem Beitritt entstandenen Verbindlichkeiten.

2 Eine entgegenstehende Verabredung unter den Gesellschaftern hat Dritten gegenüber keine Wirkung.

Keine Anwendung auf die stille Gesellschaft 47 II 156/158 E. 1. 1

E. Stellung der Privatgläubiger

Art. 613

1 Die Privatgläubiger eines unbeschränkt haftenden Gesellschafters oder eines Kommanditärs sind nicht befugt, das Gesellschaftsvermögen zu ihrer Befriedigung oder Sicherstellung in Anspruch zu nehmen.

2 Gegenstand der Zwangsvollstreckung ist nur, was dem Schuldner an Zinsen, Gewinn und Liquidationsanteil sowie an allfälligem Honorar aus dem Gesellschaftsverhältnis zukommt.

F. Verrechnung

Art. 614

1 Ein Gesellschaftsgläubiger, der gleichzeitig Privatschuldner des Kommanditärs ist, kann diesem gegenüber eine Verrechnung nur dann beanspruchen, wenn der Kommanditär unbeschränkt haftet.

2 Im Übrigen richtet sich die Verrechnung nach den Vorschriften über die Kollektivgesellschaft.

G. Konkurs I. Im Allgemeinen

Art. 615

[1] Der Konkurs der Gesellschaft hat den Konkurs der einzelnen Gesellschafter nicht zur Folge.

[2] Ebenso wenig bewirkt der Konkurs eines Gesellschafters den Konkurs der Gesellschaft.

II. Konkurs der Gesellschaft

Art. 616

[1] Im Konkurse der Gesellschaft wird das Gesellschaftsvermögen zur Befriedigung der Gesellschaftsgläubiger verwendet unter Ausschluss der Privatgläubiger der einzelnen Gesellschafter.

[2] Was der Kommanditär auf Rechnung seiner Kommanditsumme an die Gesellschaft geleistet hat, kann er nicht als Forderung anmelden.

1 *Abs. 1* Bestehen zur Zeit der Konkurseröffnung über eine Kommanditgesellschaft noch Verbindlichkeiten aus der Zeit vor dem Austritt früherer Kommanditäre, so sind von Amtes wegen zwei Kollokationspläne aufzustellen: neben dem allgemeinen ein Separatkollokationsplan über die vor dem Austritt eingegangenen Verbindlichkeiten 59 III 199/201.

III. Vorgehen gegen den unbeschränkt haftenden Gesellschafter

Art. 617

Wenn das Gesellschaftsvermögen zur Befriedigung der Gesellschaftsgläubiger nicht hinreicht, so sind diese berechtigt, für den ganzen unbezahlten Rest ihrer Forderungen aus dem Privatvermögen jedes einzelnen unbeschränkt haftenden Gesellschafters in Konkurrenz mit seinen Privatgläubigern Befriedigung zu suchen.

IV. Konkurs des Kommanditärs

Art. 618

Im Konkurse des Kommanditärs haben weder die Gesellschaftsgläubiger noch die Gesellschaft ein Vorzugsrecht vor den Privatgläubigern.

Vierter Abschnitt
Auflösung, Liquidation, Verjährung

Art. 619

[1] Für die Auflösung und Liquidation der Gesellschaft und für die Verjährung der Forderungen gegen die Gesellschafter gelten die gleichen Bestimmungen wie bei der Kollektivgesellschaft.

[2] Fällt ein Kommanditär in Konkurs oder wird sein Liquidationsanteil gepfändet, so sind die für den Kollektivgesellschafter geltenden Bestimmungen entsprechend anwendbar. Dagegen haben der Tod und die Errichtung einer umfassenden Beistandschaft für den Kommanditär nicht die Auflösung der Gesellschaft zur Folge.

Abs. 1 Für die Auflösung und Liquidation der Kommanditgesellschaft gelten die Bestimmungen der Kollektivgesellschaft, welche wiederum (Art. 574 Abs. 1) auf die Bestimmungen der einfachen Gesellschaft verweisen. Für die einfache Gesellschaft sieht Art. 545 Abs. 1 Ziff. 7 die Auflösung durch Urteil des Richters aus wichtigem Grund vor. Allein in der Änderung der Unterschriftenberechtigung der Komplementäre und in der Veranlassung einer externen Jahresprüfung durch die Komplementäre, ist kein wichtiger Grund für die Auflösung der Gesellschaft zu sehen 4C.249/2006 (13.11.06) E. 3.3 sowie E. 3.6. – Die Kündigung gestützt auf Art. 619 i.V.m. Art. 574 i.V.m. Art. 545 Abs. 1 Ziff. 6 setzt nicht das Vorliegen eines wichtigen Grundes voraus und kann, Rechtsmissbräuchlichkeit vorbehalten, jederzeit erfolgen 4C.148/2006 (5.7.06) E. 2.3 fr. Wer einen Gesellschaftsvertrag kündigt, weil der geschäftsführende Gesellschafter, ohne Zustimmung des Kommanditärs, Rechtsgeschäfte tätigt, die ausserhalb des gewöhnlichen Geschäftsbetriebes liegen, handelt nicht treuwidrig. Die Kündigung ist auch dann nicht treuwidrig, wenn die Auflösung und Liquidation der Gesellschaft, rein wirtschaftlich gesehen, nicht als beste Lösung erscheint 4C.148/2006 (5.7.06) E. 3.3 fr. – Anwendungsfall: Nachlassvertrag mit Vermögensabtretung einer Einzelfirma, wobei zu den überlassenen Aktiven der Gesellschaftsanteil an einer Kommanditgesellschaft gehört / Kündigung dieses Gesellschaftsverhältnisses durch den Liquidator (Art. 575 Abs. 1): Die Auflösung der Kommanditgesellschaft kann verhindert werden, wenn sich jemand findet, der die Stellung des Komplementärs einnimmt, und die übrigen Gesellschafter den Inhaber der Einzelfirma bzw. die Nachlassmasse ausschliessen und den entsprechenden Anteil am Gesellschaftsvermögen auszahlen (Art. 578). Denkbar ist auch, dass der Inhaber der Einzelfirma seine Gläubiger selber abfinden und so die Auflösung verhindern kann 102 III 33/38 E.c. – Zur Anwendung der Bestimmungen über die Kollektivgesellschaft: siehe auch unter Art. 583 und 589. Anwendung von Art. 592 Abs. 2 121 III 324/327 E. 3b fr. 1

Sechsundzwanzigster Titel
Die Aktiengesellschaft

Vorb. Art. 620–763

Konzern. *Allgemeines.* Als Konzern wird ein Gebilde aus mehreren juristischen Personen verstanden, die zum Zweck einer unternehmerisch tätigen wirtschaftlichen Einheit unter eine leitende Obergesellschaft gestellt werden, welche die anderen juristischen Personen kontrolliert 4A_180/2017 (31.10.17) E. 4.4. Im Konzernverhältnis kann das in die Vertrauens- und Kreditwürdigkeit des Konzerns erweckte Vertrauen ebenso schutzwürdig sein wie dasjenige, das sich die Partner von Vertragsverhandlungen hinsichtlich der Richtigkeit, der Ernsthaftigkeit und der Vollständigkeit ihrer gegenseitigen Erklärungen entgegenbringen. Wenn Erklärungen der Konzern-Muttergesellschaft bei Geschäftspartnern der Tochtergesellschaft in dieser Weise Vertrauen hervorrufen (in casu werbemässige Aussagen), so entsteht deshalb eine dem Vertragsverhandlungsverhältnis vergleichbare rechtliche Sonderverbindung, aus der sich auf Treu und Glauben beruhende Schutz- und Aufklärungspflichten ergeben. Die Verletzung solcher Pflichten kann Schadenersatzansprüche auslösen 120 II 331/336, vgl. auch 123 III 220/231 (nicht von vornherein auszuschliessen ist, dass unter besonderen Umständen auch eine Tochtergesellschaft einen Vertrauenstatbestand bezüglich ihrer Muttergesellschaft schaffen kann). Eine Haftung entsteht nur, wenn die Muttergesellschaft durch ihr Verhalten bestimmte Erwartungen in ihr Konzernverhalten und ihre Konzernverantwortung erweckt, später aber in treuwidriger Weise enttäuscht 124 III 297/304 E. a (das blosse Bestehen einer Konzernverbindung vermag keine Grundlage für eine Vertrauenshaftung abzugeben). Vgl. auch 4C.71/2001 (30.5.01) E. 6, 4A_306/2009 (8.2.10) E. 5.1. – Zur Frage, ob im Konzern die (gesellschafts- und arbeitsvertragsrechtliche) Treuepflicht eines im Anstellungsverhältnis stehenden Organs gegenüber der einzelnen Konzerngesellschaft oder gegenüber dem Konzern als Ganzem besteht, vgl. 130 III 213/217 E. 2.2.1. – Zur Haftung der Muttergesellschaft als faktisches Organ der Tochtergesellschaft siehe Rz. 2 zu Art. 754; zur Haftung der Muttergesellschaft bei Doppelorganschaft siehe Rz. 1 zu Art. 722. 1

Weiteres. Krankenkasse als AG/Betreibung von Prämien: Trotz der öffentlich-rechtlichen Ausgestaltung des Obligatoriums besteht im Einzelfall ein Vertragsverhältnis mit einer juristischen Person des Privatrechts, was die Subsumtion unter SchKG Art. 43 Ziff. 1 ausschliesst 125 III 250/252. 2

Erster Abschnitt Allgemeine Bestimmungen

A. Begriff

Art. 620

[1] Die Aktiengesellschaft ist eine Gesellschaft mit eigener Firma, deren zum voraus bestimmtes Kapital (Aktienkapital) in Teilsummen (Aktien) zerlegt ist und für deren Verbindlichkeiten nur das Gesellschaftsvermögen haftet.

[2] Die Aktionäre sind nur zu den statutarischen Leistungen verpflichtet und haften für die Verbindlichkeiten der Gesellschaft nicht persönlich.

[3] Die Aktiengesellschaft kann auch für andere als wirtschaftliche Zwecke gegründet werden.

1 ***Abs. 2*** **Durchgriff.** Ein sog. aktienrechtlicher Durchgriff («principe de la transparence») bedeutet die ausnahmsweise Aufhebung der Trennung zwischen einer Aktiengesellschaft und ihren Aktionären, das Ausserachtlassen der eigenen Rechtspersönlichkeit der juristischen Person. Ein Durchgriff kommt nur in Ausnahmefällen in Betracht. Die Unterscheidung zwischen zwei formell selbständigen Personen kann durchbrochen werden, wenn zwischen einem Schuldner und einem Dritten eine wirtschaftliche Identität besteht und wenn die Berufung auf die rechtliche Selbständigkeit offensichtlich zweckwidrig und damit rechtsmissbräuchlich erfolgt 145 III 351/361 E. 4.2, 144 III 541/545 ff. E. 8.3.1–8.3.2 Pra 2019 (Nr. 98) 989 ff., 4A_379/2018 (3.4.19) E. 4.1, 4C.381/2001 (2.5.02) E. 3a f. (in casu wurde verneint, dass sich eine Alleinaktionärin rechtsmissbräuchlich auf die rechtliche Selbständigkeit der von ihr beherrschten Aktiengesellschaft als einen die Verrechnung ausschliessenden Umstand berufen hat), vgl. auch 4A_666/2015 (26.4.16) E. 3.4.2, 4A_417/2011 (30.11.11) E. 2.2–2.3 fr., 4C.327/2005 (24.11.06) E. 3.2.4, 4C.15/2004 (12.5.04) E. 5.2.

2 **Voraussetzungen.** Die erste Voraussetzung des Durchgriffs besteht in der wirtschaftlichen Identität von juristischer Person und ihrem Mitglied. Sie beinhaltet die Möglichkeit der Beherrschung und bedingt ein Abhängigkeitsverhältnis, das irgendwie – zulässig oder unzulässig, lang- oder kurzfristig, zufällig oder planmässig – geartet sein kann und das auf Anteilseignerschaft oder aber auf anderen Gründen beruht, wie vertraglichen Bindungen, verwandtschaftlichen oder freundschaftlichen Beziehungen. Die zweite Voraussetzung des Durchgriffs besteht in der rechtsmissbräuchlichen Berufung auf die rechtliche Selbständigkeit der juristischen Person. Es bedarf nicht der Gründung einer juristischen Person zu missbräuchlichen Zwecken, sondern es genügt die missbräuchliche Verwendung bzw. die missbräuchliche Berufung auf die Trennung zwischen juristischer Person und beherrschender Person. Zur Annahme von Rechtsmissbrauch müssen geradezu eine Massierung unterschiedlicher und ausserordentlicher Verhaltensweisen im Sinne eigentlicher Machenschaften und eine qualifizierte Schädigung Dritter vorliegen. Typische Fallgruppen sind namentlich die Sphären- und Vermögensvermischung, d.h. die ungenügende Beachtung der Selbständigkeit der juristischen Person gegenüber der beherrschenden Person, die Fremdsteuerung, z.B. durch Verfolgung von Sonderinteressen der beherrschenden Person zulasten der juristischen Person, oder die Unterkapitalisierung der juristischen

Person in einer Weise, dass ihre Lebensfähigkeit gefährdet ist 144 III 541/546 E. 8.3.2 Pra 2019 (Nr. 98) 990 f., 5A_587/2007 (28.2.08) E. 2.2 Pra 2008 (Nr. 108) 694. Der häufigste Fall des Missbrauchs liegt in der zweckwidrigen Verwendung einer juristischen Person durch einen beherrschenden Aktionär, um sich persönlichen Verpflichtungen zu entziehen 145 III 351/361 E. 4.2, 144 III 541/546 f. E. 8.3.2 Pra 2019 (Nr. 98) 990 f. (der Schuldner überweist seine Mittel in missbräuchlicher Weise auf eine Gesellschaft, die er kontrolliert und mit der er eine wirtschaftliche Einheit bildet, um die Vermögenswerte dem Zugriff der Gläubiger zu entziehen), m.w.H. 132 III 489/493 E. 3.2. Der Rechtsmissbrauch muss im Einzelfall vorliegen. Es genügt nicht, dass eine juristische Person ihre Schulden nicht mehr bezahlen kann, selbst wenn sie nur einen Aktionär und Verwaltungsrat hat 144 III 541/546 E. 8.3.2 Pra 2019 (Nr. 98) 990 f.

Man unterscheidet **den direkten und den umgekehrten Durchgriff.** Beim direkten Durchgriff wird das Vermögen des beherrschenden Aktionärs für Schulden der Gesellschaft in Anspruch genommen. Beim umgekehrten Durchgriff haftet das Gesellschaftsvermögen für Schulden des Aktionärs 144 III 541/548 E. 8.3.4 Pra 2019 (Nr. 98) 992 f. Neben dem soeben beschriebenen Durchgriff gibt es auch den Fall, in dem nicht ein Vermögen für eine Drittschuld haftet, sondern eine vertragliche Verpflichtung auf einen Dritten ausgedehnt wird 145 III 351/361 E. 4.2. Das Bundesgericht hat die Erstreckung einer vertraglichen Unterlassungs- und Nebenleistungspflicht des Gesellschafters auf die Gesellschaft bejaht in einem Fall, in dem der Käufer eines Patents dessen Verwertung durch eine von ihm beherrschte, erst nach dem Kauf gegründete Gesellschaft vornahm 145 III 351/361 E. 4.2 unter Verweis auf 71 II 272. 3

Es ist jeweils zu prüfen, um welche Art von Durchgriff es sich handelt, weil die Anforderungen beim umgekehrten Durchgriff strenger sind als beim direkten Durchgriff 145 III 351/363 E. 4.3.2. 4

Hinsichtlich der Kriterien für einen Durchgriff wird in der Lehre zu Recht festgestellt, es sei schwierig, allgemeine Anforderungen an den Umfang der Beteiligung der für einen Durchgriff massgeblichen Gesellschafter zu formulieren. Wenn etwa (zumindest) eine beherrschende Stellung verlangt wird 5A_739/2012 (17.5.13) E. 7.2.1, 4A_417/2011 (30.11.11) E. 2.3 («domination économique» bzw. «tout l'actif ou la quasi-totalité de l'actif»), 5A_330/2012 (17.7.12) E. 3.2, 4C.381/2001 (2.5.02) E. 3a («Hauptaktionär»), 92 II 160 («die grosse Mehrheit der Aktien besitzenden Person»), so rechtfertigt sich dies insbesondere beim *direkten Durchgriff* auf das Vermögen des Gesellschafters, denn nur wenn ein Gesellschafter eine entsprechende Finanzverantwortung für die Gesellschaft hatte, besteht eine Rechtfertigung für den Durchgriff auf sein Privatvermögen, nicht jedoch hinsichtlich eines blossen sog. «Anlagegesellschafters» 145 III 351/363 E. 4.3.2. 5

Strenger sind die Anforderungen beim *umgekehrten Durchgriff.* So verlangte das Bundesgericht in einem Fall, in dem es um einen umgekehrten Haftungsdurchgriff ging (Verrechnungsdurchgriff), über die Alleingesellschafterstellung hinaus, dass der umgekehrte Durchgriff einer «ganz besondere[n] Begründung» bedürfe, denn es sei im Hinblick auf die Gläubiger der Gesellschaft nicht das Gleiche, ob der Alleinaktionär besonderer Umstände wegen für Verbindlichkeiten der Gesellschaft mithaften soll oder umgekehrt die Mithaftung der Gesellschaft für Verbindlichkeiten des Alleinaktionärs infrage stehe. Überdies hielt das Bundesgericht fest, die Gesellschaft sei im konkreten Fall nicht nur berech- 6 tigt, sondern geradezu verpflichtet, sich der Verrechnung zu widersetzen. Die zur Vertretung der Gesellschaft befugten Personen würden sich sonst unter Umständen gemäss Art. 754 haftbar machen 85 II 111/115 f. E. 3, bestätigt in 102 III 165/172 E.II.3, 4C.200/2001 (31.10.01) E. 2c, 4C.10/1999 (8.4.99) E. 2a, s. auch 145 III 351/363 f. E. 4.3.2. Solche besonderen Gründe erkannte das Bundesgericht in einem Fall vollständiger Vermögensvermischung, wo der beherrschende Aktionär sowohl einziger Aktionär als auch einziger Gläubiger seiner Gesellschaft war 102 III 165/172 E. II.3, s. auch 145 III 351/363 f. E. 4.3.2. Sodann schützte es einen Entscheid, in dem die Vorinstanz in diesem Sinn einen umgekehrten Durchgriff durch Vermögensvermischung angenommen hatte in einer Situation, in welcher der beherrschende Aktionär (nur) über rund 95% der Aktien verfügte und allein zeichnungsberechtigter Verwaltungsrat war, nachdem sich die Beschwerdeführerin mit der vorinstanzlichen Begründung nicht auseinandergesetzt hatte 5A_330/2012 E. 4.1–4.2 (17.7.12), s. auch 145 III 351/363 f. E. 4.3.2.

B. Mindestkapital

Art. 621

Das Aktienkapital muss mindestens 100 000 Franken betragen.

C. Aktien I. Arten

Art. 622

[1] Die Aktien lauten auf den Namen oder auf den Inhaber. Sie können als Wertpapiere ausgegeben werden. Die Statuten können bestimmen, dass sie als Wertrechte nach Artikel 973c oder 973d oder als Bucheffekten im Sinne des Bucheffektengesetzes vom 3. Oktober 2008 (BEG) ausgegeben werden.

[1bis] Inhaberaktien sind nur zulässig, wenn die Gesellschaft Beteiligungspapiere an einer Börse kotiert hat oder die Inhaberaktien als Bucheffekten im Sinne des BEG ausgestaltet und bei einer von der Gesellschaft bezeichneten Verwahrungsstelle in der Schweiz hinterlegt oder im Hauptregister eingetragen sind.

[2] Beide Arten von Aktien können in einem durch die Statuten bestimmten Verhältnis nebeneinander bestehen.

[2bis] Eine Gesellschaft mit Inhaberaktien muss im Handelsregister eintragen lassen, ob sie Beteiligungspapiere an einer Börse kotiert hat oder ihre Inhaberaktien als Bucheffekten ausgestaltet sind.

[2ter] Werden sämtliche Beteiligungspapiere dekotiert, so muss die Gesellschaft die bestehenden Inhaberaktien innerhalb einer Frist von sechs Monaten entweder in Namenaktien umwandeln oder als Bucheffekten ausgestalten.

[3] Die Statuten können bestimmen, dass Namenaktien später in Inhaberaktien oder Inhaberaktien in Namenaktien umgewandelt werden sollen oder dürfen.

[4] Der Nennwert der Aktie muss mindestens 1 Rappen betragen.

[5] Die Aktientitel müssen durch mindestens ein Mitglied des Verwaltungsrates unterschrieben sein. Die Gesellschaft kann bestimmen, dass auch auf Aktien, die in grosser Zahl ausgegeben werden, mindestens eine Unterschrift eigenhändig beigesetzt werden muss.

II. Zerlegung und Zusammenlegung

Art. 623

[1] Die Generalversammlung ist befugt, durch Statutenänderung bei unverändert bleibendem Aktienkapital die Aktien in solche von kleinerem Nennwert zu zerlegen oder zu solchen von grösserem Nennwert zusammenzulegen.

[2] Die Zusammenlegung von Aktien bedarf der Zustimmung des Aktionärs.

III. Ausgabebetrag

Art. 624

[1] Die Aktien dürfen nur zum Nennwert oder zu einem diesen übersteigenden Betrage ausgegeben werden. Vorbehalten bleibt die Ausgabe neuer Aktien, die an Stelle ausgefallener Aktien treten.

[2–3] …

D. Aktionäre

Art. 625

Eine Aktiengesellschaft kann durch eine oder mehrere natürliche oder juristische Personen oder andere Handelsgesellschaften gegründet werden.

E. Statuten I. Gesetzlich vorgeschriebener Inhalt

Art. 626

Die Statuten müssen Bestimmungen enthalten über:

1. **die Firma und den Sitz der Gesellschaft;**
2. **den Zweck der Gesellschaft;**
3. **die Höhe des Aktienkapitals und den Betrag der darauf geleisteten Einlagen;**
4. **Anzahl, Nennwert und Art der Aktien;**
5. **die Einberufung der Generalversammlung und das Stimmrecht der Aktionäre;**
6. **die Organe für die Verwaltung und für die Revision;**
7. **die Form der von der Gesellschaft ausgehenden Bekanntmachungen.**

Allgemeines. Gesellschaftsstatuten sind wie Willenserklärungen, die bei Schuldverträgen abgegeben werden, nach dem Vertrauensprinzip auszulegen, wobei sich bei Gesellschaften mit einem breit gestreuten Aktionärskreis zudem eine analoge Anwendung der für die Interpretation von Gesetzesrecht entwickelten Grundsätze rechtfertigt 4C.386/2002 (12.10.04) E. 3.4.2. 1

Ziff. 1 SchKG Art. 65 f.: Übernimmt eine AG das Domizil einer anderen AG, so ist eine Betreibungsurkunde dem nach SchKG Art. 65 Abs. 1 Ziff. 2 zuständigen Vertreter der Domizilhalterin auszuhändigen 119 III 57/59 E. d, vgl. auch 120 III 64/66 f. E. 3. 2

II. Weitere Bestimmungen 1. Im Allgemeinen

Art. 627

Zu ihrer Verbindlichkeit bedürfen der Aufnahme in die Statuten Bestimmungen über:

1. **Die Änderung der Statuten, soweit sie von den gesetzlichen Bestimmungen abweichen;**
2. **die Ausrichtung von Tantiemen;**
3. **die Zusicherung von Bauzinsen;**
4. **die Begrenzung der Dauer der Gesellschaft;**
5. **Konventionalstrafen bei nicht rechtzeitiger Leistung der Einlage;**
6. **die genehmigte und die bedingte Kapitalerhöhung;**
7. **…**
8. **die Beschränkung der Übertragbarkeit von Namenaktien;**
9. **die Vorrechte einzelner Kategorien von Aktien, über Partizipationsscheine, Genussscheine und über die Gewährung besonderer Vorteile;**
10. **die Beschränkung des Stimmrechts und des Rechts der Aktionäre, sich vertreten zu lassen;**
11. **die im Gesetz nicht vorgesehenen Fälle, in denen die Generalversammlung nur mit qualifizierter Mehrheit Beschluss fassen kann;**
12. **die Ermächtigung zur Übertragung der Geschäftsführung auf einzelne Mitglieder des Verwaltungsrates oder Dritte;**
13. **die Organisation und die Aufgaben der Revisionsstelle, sofern dabei über die gesetzlichen Vorschriften hinausgegangen wird;**
14. **die Möglichkeit, in bestimmter Form ausgegebene Aktien in eine andere Form umzuwandeln, sowie eine Verteilung der dabei entstehenden Kosten, soweit sie von der Regelung des Bucheffektengesetzes vom 3. Oktober 2008 abweicht.**

2. Im besonderen Sacheinlagen, Sachübernahmen, besondere Vorteile

Art. 628

[1] Leistet ein Aktionär eine Sacheinlage, so müssen die Statuten den Gegenstand und dessen Bewertung sowie den Namen des Einlegers und die ihm zukommenden Aktien angeben.

[2] Übernimmt die Gesellschaft von Aktionären oder einer diesen nahe stehenden Person Vermögenswerte oder beabsichtigt sie solche Sachübernahmen, so müssen die Statuten den Gegenstand, den Namen des Veräusserers und die Gegenleistung der Gesellschaft angeben.

[3] Werden bei der Gründung zugunsten der Gründer oder anderer Personen besondere Vorteile ausbedungen, so sind die begünstigten Personen in den Statuten mit Namen aufzuführen, und es ist der gewährte Vorteil nach Inhalt und Wert genau zu bezeichnen.

[4] Die Generalversammlung kann nach zehn Jahren Bestimmungen der Statuten über Sacheinlagen oder Sachübernahmen aufheben. Bestimmungen über Sachübernahmen können auch aufgehoben werden, wenn die Gesellschaft endgültig auf die Sachübernahme verzichtet.

1 ***Abs. 2*** Der durch Ersteigerung erfolgte und unbestreitbar zur statutarischen Tätigkeit der ersteigernden Gesellschaft gehörende Erwerb von Vermögenswerten (in casu ein Hotelkomplex) fällt nicht unter Art. 628 Abs. 2 128 III 178/179 E. 4.

F. Gründung I. Errichtungsakt 1. Inhalt

Art. 629

[1] Die Gesellschaft wird errichtet, indem die Gründer in öffentlicher Urkunde erklären, eine Aktiengesellschaft zu gründen, darin die Statuten festlegen und die Organe bestellen.

[2] In diesem Errichtungsakt zeichnen die Gründer die Aktien und stellen fest:

1. **dass sämtliche Aktien gültig gezeichnet sind;**
2. **dass die versprochenen Einlagen dem gesamten Ausgabebetrag entsprechen;**
3. **dass die gesetzlichen und statutarischen Anforderungen an die Leistung der Einlagen erfüllt sind;**
4. **dass keine anderen Sacheinlagen, Sachübernahmen und beabsichtigten Sachübernahmen, Verrechnungstatbestände oder besonderen Vorteile bestehen als die in den Belegen genannten.**

2. Aktienzeichnung

Art. 630

Die Zeichnung bedarf zu ihrer Gültigkeit:

1. **der Angabe von Anzahl, Nennwert, Art, Kategorie und Ausgabebetrag der Aktien;**
2. **einer bedingungslosen Verpflichtung, eine dem Ausgabebetrag entsprechende Einlage zu leisten.**

II. Belege

Art. 631

[1] Im Errichtungsakt muss die Urkundsperson die Belege über die Gründung einzeln nennen und bestätigen, dass sie ihr und den Gründern vorgelegen haben.

[2] Dem Errichtungsakt sind folgende Unterlagen beizulegen:

1. **die Statuten;**
2. **der Gründungsbericht;**
3. **die Prüfungsbestätigung;**
4. **die Bestätigung über die Hinterlegung von Einlagen in Geld;**
5. **die Sacheinlageverträge;**
6. **bereits vorliegende Sachübernahmeverträge.**

III. Einlagen 1. Mindesteinlage

Art. 632

[1] Bei der Errichtung der Gesellschaft muss die Einlage für mindestens 20 Prozent des Nennwertes jeder Aktie geleistet sein.

[2] In allen Fällen müssen die geleisteten Einlagen mindestens 50 000 Franken betragen.

Wer Aktien gezeichnet hat, die nicht voll eingezahlt sind, haftet gegenüber der Gesellschaft in Höhe des nicht eingezahlten Kapitals, das auf der Aktivseite der Bilanz ausgewie- 1 sen wird. Die Verpflichtung zur Einzahlung des restlichen Aktienkapitals ist bedingungslos und unwiderruflich 4A_529/2017 (21.2.18) E. 1.1.3.

2. Leistung der Einlagen a. Einzahlungen

Art. 633

[1] Einlagen in Geld müssen bei einem dem Bankengesetz vom 8. November 1934 unterstellten Institut zur ausschliesslichen Verfügung der Gesellschaft hinterlegt werden.

[2] Das Institut gibt den Betrag erst frei, wenn die Gesellschaft in das Handelsregister eingetragen ist.

b. Sacheinlagen

Art. 634

Sacheinlagen gelten nur dann als Deckung, wenn:
1. **sie gestützt auf einen schriftlichen oder öffentlich beurkundeten Sacheinlagevertrag geleistet werden;**
2. **die Gesellschaft nach ihrer Eintragung in das Handelsregister sofort als Eigentümerin darüber verfügen kann oder einen bedingungslosen Anspruch auf Eintragung in das Grundbuch erhält;**
3. **ein Gründungsbericht mit Prüfungsbestätigung vorliegt.**

1 **Allgemeines.** Eine Forderung gegen einen Dritten kann eine Sacheinlage darstellen, sofern sie einen wirtschaftlichen Wert hat und realisierbar ist 4C.280/2005 (10.11.05) E. 3.2.

2 ***Ziff. 2*** Überträgt der Sacheinleger der Gesellschaft Fahrnis zu Eigentum, hinsichtlich derer ein Dritter einen obligatorischen Anspruch auf Einräumung eines Pfandrechts hat, kann die Gesellschaft darüber frei verfügen (in casu strafrechtlicher Entscheid/Falschbeurkundung verneint) 119 IV 319/324 E. cc (Entscheid unter altem Aktienrecht [aOR Art. 633 Abs. 4] mit Verweis auf das neue Aktienrecht).

c. Nachträgliche Leistung

Art. 634a

[1] Der Verwaltungsrat beschliesst die nachträgliche Leistung von Einlagen auf nicht voll liberierte Aktien.

[2] Die nachträgliche Leistung kann in Geld, durch Sacheinlage oder durch Verrechnung erfolgen.

1 ***Abs. 1*** Die Beschlusskompetenz des Verwaltungsrates entfällt im Konkurs der Gesellschaft und geht auf die Konkursverwaltung über 4C.229/2004 (9.8.04) E. 4.3.

3. Prüfung der Einlagen a. Gründungsbericht

Art. 635

Die Gründer geben in einem schriftlichen Bericht Rechenschaft über:

1. **die Art und den Zustand von Sacheinlagen oder Sachübernahmen und die Angemessenheit der Bewertung;**
2. **den Bestand und die Verrechenbarkeit der Schuld;**
3. **die Begründung und die Angemessenheit besonderer Vorteile zugunsten von Gründern oder anderen Personen.**

b. Prüfungsbestätigung

Art. 635a

Ein zugelassener Revisor prüft den Gründungsbericht und bestätigt schriftlich, dass dieser vollständig und richtig ist.

Art. 636–639

Diese Bestimmungen wurden auf den 1. Juli 1992 aufgehoben (AS 1992 733).

G. Eintragung ins Handelsregister I. Gesellschaft

Art. 640

Die Gesellschaft ist ins Handelsregister des Ortes einzutragen, an dem sie ihren Sitz hat.

II. …

Art. 641

Diese Bestimmung wurde auf den 1. Januar 2021 aufgehoben (AS 2020 957).

Die Zweigniederlassung hat keine juristische Rechtspersönlichkeit und kann nicht betrieben werden 120 III 11/13 E. 1a Pra 1994 (Nr. 279) 924. 1

III. Sacheinlagen, Sachübernahmen, besondere Vorteile

Art. 642

Der Gegenstand von Sacheinlagen und die dafür ausgegebenen Aktien, der Gegenstand von Sachübernahmen und die Gegenleistung der Gesellschaft sowie Inhalt und Wert besonderer Vorteile müssen ins Handelsregister eingetragen werden.

Die Zweigniederlassung an und für sich kann an ihrem Ort weder betreiben noch betrie- 1
ben werden. Hingegen kann die Gesellschaft am Ort der Zweigniederlassung betreiben und betrieben werden in Angelegenheiten der Zweigniederlassung 120 III 11/13 E. 1a Pra

1994 (Nr. 279) 924 (in casu falsche Parteibezeichnung/Heilung, wenn die andere Partei über die wahre Identität keine Zweifel haben konnte und in ihren Interessen nicht verletzt ist). – Geschäftsbetrieb der Zweigniederlassung: Zum Beispiel Arbeitsverträge mit Angestellten der Zweigniederlassung oder Mietverträge über Gegenstände der Zweigniederlassung 124 V 104/105 f. E. 2 fr.

H. Erwerb der Persönlichkeit I. Zeitpunkt; mangelnde Voraussetzungen

Art. 643

[1] Die Gesellschaft erlangt das Recht der Persönlichkeit erst durch die Eintragung in das Handelsregister.

[2] Das Recht der Persönlichkeit wird durch die Eintragung auch dann erworben, wenn die Voraussetzungen der Eintragung tatsächlich nicht vorhanden waren.

[3] Sind jedoch bei der Gründung gesetzliche oder statutarische Vorschriften missachtet und dadurch die Interessen von Gläubigern oder Aktionären in erheblichem Masse gefährdet oder verletzt worden, so kann das Gericht auf Begehren solcher Gläubiger oder Aktionäre die Auflösung der Gesellschaft verfügen.

[4] Das Klagerecht erlischt, wenn die Klage nicht spätestens drei Monate nach der Veröffentlichung im Schweizerischen Handelsamtsblatt angehoben wird.

II. Vor der Eintragung ausgegebene Aktien

Art. 644

[1] Die vor der Eintragung der Gesellschaft ausgegebenen Aktien sind nichtig; dagegen werden die aus der Aktienzeichnung hervorgehenden Verpflichtungen dadurch nicht berührt.

[2] Wer vor der Eintragung Aktien ausgibt, wird für allen dadurch verursachten Schaden haftbar.

III. Vor der Eintragung eingegangene Verpflichtungen

Art. 645

[1] Ist vor der Eintragung in das Handelsregister im Namen der Gesellschaft gehandelt worden, so haften die Handelnden persönlich und solidarisch.

[2] Wurden solche Verpflichtungen ausdrücklich im Namen der zu bildenden Gesellschaft eingegangen und innerhalb einer Frist von drei Monaten nach der Eintragung in das Handelsregister von der Gesellschaft übernommen, so werden die Handelnden befreit, und es haftet nur die Gesellschaft.

1 *Abs. 1* **Allgemeines.** Aus dem Schutzzweck der Bestimmung (Einschränkung des Handelns der noch nicht entstandenen Gesellschaft einerseits, Schutz des Vertragspartners anderseits) folgt, dass zu den persönlich Haftenden, ausser den unmittelbar am Vertragsabschluss beteiligten Personen, auch jene zu rechnen sind, mit deren Wissen und Willen das Geschäft namens der Gesellschaft abgeschlossen wird. Gegenüber der zu gründenden Gesellschaft stehen die für sie Handelnden nach wohl zutreffender Auffassung (in

casu offengelassen) in der Rechtsstellung eines Geschäftsführers ohne Auftrag 123 III 24/29 E. c, vgl. auch 4C.273/2003 (7.1.04) E. 2.2. – Unter diese Norm fällt auch der Fall, in welchem für den Kontrahenten ungewiss ist, ob die Gesellschaft bereits im Handelsregister eingetragen ist. Gehen indes die Vertragspartner übereinstimmend davon aus, dass die Gesellschaft nicht existiert, fällt dieser Tatbestand nicht unmittelbar unter Art. 645. Eine analoge Anwendung von Art. 645 Abs. 1 rechtfertigt sich dennoch, weil die Handelnden als Organe einer Aktiengesellschaft aufgetreten sind, ohne es zu sein 128 III 137/139 f. E. 3b.

Formbedürftiges Rechtsgeschäft. Die für die noch nicht entstandene Gesellschaft Handelnden werden aus dem Rechtsgeschäft nur und insoweit verpflichtet, als dieses ihnen gegenüber gültig begründet worden ist (in casu Bürgschaft in Schriftform über einen Betrag, der CHF 2000 übersteigt: Keine Haftung mangels öffentlicher Beurkundung gemäss Art. 493 Abs. 2) 123 III 24/29 ff. E. 2e und 3. 2

Weiteres. Die Gründer bilden bis zur Eintragung der AG eine einfache Gesellschaft 123 III 24/27 E.d. 3

Abs. 2 **Allgemeines.** Die Regelung dient dem Zweck, unmittelbar vor der Gründung stehenden Aktiengesellschaften das nötige Handlungsinstrument zu verleihen, damit diese im Zeitpunkt der Erlangung der Rechtspersönlichkeit sogleich aktiv werden kann 128 III 137/141 f. E. 4c. – Die Befreiung tritt unabhängig davon ein, ob der Dritte mit der Schuldübernahme nachträglich einverstanden ist, und zwar selbst dann, wenn sich herausstellt, dass die Gesellschaft ihren Verpflichtungen nicht nachkommen kann 128 III 137/140 E. 4; vgl. zur entsprechenden Vorschrift im Recht der GmbH (Art. 779a) auch 4A_451/2008 E. 2.1 fr. – Eine Haftungsbefreiung tritt nicht ein, wenn die Verpflichtungen nicht durch eine neu gebildete, sondern durch eine bestehende, von den Handelnden erworbene und umfirmierte Gesellschaft einseitig übernommen wird 130 III 633/635 E. 2.2.2.2.1, 128 III 137/141 E. 4a. 4

Umfang. Der Wortlaut der Bestimmung nennt zwar nur «Haftung» und «Verpflichtung»; gemeint sind aber auch ganze Vertragsverhältnisse (in casu ein Arbeitsvertrag). Dabei kann jeweils nur das Vertragsverhältnis übernommen werden, wie es eingegangen worden ist. Weil das Vertragsverhältnis übernommen und nicht neu begründet wird, ist unerheblich, was die zuständigen Organe wussten und dachten, als sie den Übernahmebeschluss fassten 4C.8/2001 (16.8.01) E. 2b. 5

Art. 646

Diese Bestimmung wurde auf den 1. Juli 1992 aufgehoben (AS 1992 733).

J. Statutenänderung

Art. 647

Jeder Beschluss der Generalversammlung oder des Verwaltungsrates über eine Änderung der Statuten muss öffentlich beurkundet und ins Handelsregister eingetragen werden.

1 Ein innerer Wille des Verwaltungsrates, eine Statutenbestimmung zu ändern, vermag eine bestehende Statutenbestimmung nicht aufzuheben oder ausser Kraft zu setzen; dasselbe gilt für die Nichtanwendung einer Statutenbestimmung während längerer Zeit 4C.386/2002 (12.10.04) E. 3.1.

Art. 648–649

Diese Bestimmungen wurden auf den 1. Juli 1992 aufgehoben (AS 1992 733).

K. Erhöhung des Aktienkapitals I. Ordentliche und genehmigte Kapitalerhöhung
1. Ordentliche Kapitalerhöhung

Art. 650

[1] Die Erhöhung des Aktienkapitals wird von der Generalversammlung beschlossen; sie ist vom Verwaltungsrat innerhalb von drei Monaten durchzuführen.

[2] Der Beschluss der Generalversammlung muss öffentlich beurkundet werden und angeben:

1. **den gesamten Nennbetrag, um den das Aktienkapital erhöht werden soll, und den Betrag der darauf zu leistenden Einlagen;**
2. **Anzahl, Nennwert und Art der Aktien sowie Vorrechte einzelner Kategorien;**
3. **den Ausgabebetrag oder die Ermächtigung an den Verwaltungsrat, diesen festzusetzen, sowie den Beginn der Dividendenberechtigung;**
4. **die Art der Einlagen, bei Sacheinlagen deren Gegenstand und Bewertung sowie den Namen des Sacheinlegers und die ihm zukommenden Aktien;**
5. **bei Sachübernahmen den Gegenstand, den Namen des Veräusserers und die Gegenleistung der Gesellschaft;**
6. **Inhalt und Wert von besonderen Vorteilen sowie die Namen der begünstigten Personen;**
7. **eine Beschränkung der Übertragbarkeit neuer Namenaktien;**
8. **eine Einschränkung oder Aufhebung des Bezugsrechtes und die Zuweisung nicht ausgeübter oder entzogener Bezugsrechte;**
9. **die Voraussetzungen für die Ausübung vertraglich erworbener Bezugsrechte.**

[3] Wird die Kapitalerhöhung nicht innerhalb von drei Monaten ins Handelsregister eingetragen, so fällt der Beschluss der Generalversammlung dahin.

1 Bei der Anmeldung einer ordentlichen Kapitalerhöhung (insbesondere bei Barliberierung) ist eine Stampaerklärung einzureichen (hingegen besteht keine Vorschrift, wie die Erklärung abzugeben ist) 119 II 463/466 E. 2c.

2 ***Abs. 2*** Die Bestimmung zählt abschliessend auf, welchen Inhalt der Beschluss der Generalversammlung über die Kapitalerhöhung haben muss 121 III 420/429 E.bb.

Abs. 2 Ziff. 2 Diese Angaben sind dann nicht notwendig, wenn die Aktienstruktur durch die zur Kapitalerhöhung neu geschaffenen Aktien nicht verändert wird, weil diese Aktien in ihrer Art und dem Nennwert den bisherigen (mit der Kapitalherabsetzung abgeschriebenen) Aktien entsprechen. Das gilt jedenfalls dann, wenn die Generalversammlung (wie in casu) beschliesst, die mit der Herabsetzung des Aktienkapitals abgeschriebenen Aktien zu vernichten. Davon zu unterscheiden ist der Fall, dass die alten Aktien zu solchen ohne Nennwert umgestaltet werden; diese stellen eine eigene Aktienart im Sinne von Art. 650 Abs. 2 dar. Ihre Anzahl und Ausgestaltung hinsichtlich des Stimmrechts müssen deshalb Gegenstand des Beschlusses der Generalversammlung bilden. Darüber hinaus ist eine Änderung der Statuten erforderlich 121 III 420/429 f. E.bb. – An die Stelle neuer Aktien kann auch die Heraufsetzung des Nennwerts der bestehenden Titel treten. Da die Namenaktien nicht vollständig, sondern nur zu mindestens 20% liberiert sein müssen, kann bei einer Gesellschaft, die bisher über ein voll liberiertes Aktienkapital verfügte, eine Kapitalerhöhung durchgeführt werden, indem die Nennwerte der Aktien entsprechend erhöht, jedoch keine zusätzlichen Mittel eingeschüttet, sondern lediglich erklärt wird, das Kapital sei nur teilweise liberiert. Diese Art der Kapitalerhöhung setzt allerdings voraus, dass die Zeichnung durch die bisherigen Aktionäre erfolgt 4A_512/2012 (28.1.13) E. 5. 3

Abs. 2 Ziff. 8 Das Bezugsrecht der Aktionäre ist nach dem Gesetzeswortlaut dadurch verstärkt worden, dass es zum einen nicht mehr durch generelle statutarische Anordnung, sondern bloss noch mit qualifiziertem Mehrheitsbeschluss der Generalversammlung im Einzelfall (Art. 650 Abs. 2 Ziff. 8 i.V.m. Art. 704 Abs. 1 Ziff. 6) und zum andern nur aus wichtigen Gründen und unter Wahrung des Gleichbehandlungsgrundsatzes aufgehoben werden kann (Art. 652b Abs. 2) 121 III 219/223 E.b. – Zuweisung nicht ausgeübter oder entzogener Bezugsrechte: zum Grad der Individualisierung der Enderwerber vgl. 121 III 219/238 E. 4a. 4

Abs. 3 HRegV aArt. 80 Abs. 2 präzisiert die Bestimmung dahingehend, dass nicht die Eintragung, sondern die vollständige Anmeldung der Kapitalerhöhung innerhalb dreier Monate nach dem Generalversammlungsbeschluss erfolgt sein muss 119 II 463/465 ff. E. c (in casu offengelassen, ob das Handelsregisteramt aufgrund des Vertrauensprinzips innerhalb der Frist auf die Unvollständigkeit der Anmeldungsunterlagen hätte aufmerksam machen müssen). 5

2. Genehmigte Kapitalerhöhung a. Statutarische Grundlage

Art. 651

1 Die Generalversammlung kann durch Statutenänderung den Verwaltungsrat ermächtigen, das Aktienkapital innert einer Frist von längstens zwei Jahren zu erhöhen.

2 Die Statuten geben den Nennbetrag an, um den der Verwaltungsrat das Aktienkapital erhöhen kann. Das genehmigte Kapital darf die Hälfte des bisherigen Aktienkapitals nicht übersteigen.

3 Die Statuten enthalten überdies die Angaben, welche für die ordentliche Kapitalerhöhung verlangt werden, mit Ausnahme der Angaben über den Ausgabebetrag, die Art der Einlagen, die Sachübernahmen und den Beginn der Dividendenberechtigung.

[4] Im Rahmen der Ermächtigung kann der Verwaltungsrat Erhöhungen des Aktienkapitals durchführen. Dabei erlässt er die notwendigen Bestimmungen, soweit sie nicht schon im Beschluss der Generalversammlung enthalten sind.

[5] Vorbehalten bleiben die Vorschriften des Bankengesetzes vom 8. November 1934 über das Vorratskapital.

1 *Abs. 3* **Ausschluss des Bezugsrechts.** Einschränkung des Wortlauts: Eine Delegation des Entscheides über den Bezugsrechtsausschluss an den Verwaltungsrat ist zulässig unter der Voraussetzung, dass der Ermächtigungsbeschluss die wesentlichen Zwecke nennt, zu deren Verfolgung das Bezugsrecht ausgeschlossen werden darf 121 III 219/232 ff. Gegen Missbräuche der rechtmässig delegierten Kompetenz durch den Verwaltungsrat kann sich ein betroffener Aktionär nur mit den Haftungsklagen gemäss Art. 722 und 754 zur Wehr setzen 121 III 219/233.

b. Anpassung der Statuten

Art. 651a

[1] Nach jeder Kapitalerhöhung setzt der Verwaltungsrat den Nennbetrag des genehmigten Kapitals in den Statuten entsprechend herab.

[2] Nach Ablauf der für die Durchführung der Kapitalerhöhung festgelegten Frist wird die Bestimmung über die genehmigte Kapitalerhöhung auf Beschluss des Verwaltungsrates aus den Statuten gestrichen.

3. Gemeinsame Vorschriften a. Aktienzeichnung

Art. 652

[1] Die Aktien werden in einer besonderen Urkunde (Zeichnungsschein) nach den für die Gründung geltenden Regeln gezeichnet.

[2] Der Zeichnungsschein muss auf den Beschluss der Generalversammlung über die Erhöhung oder die Ermächtigung zur Erhöhung des Aktienkapitals und auf den Beschluss des Verwaltungsrates über die Erhöhung Bezug nehmen. Verlangt das Gesetz einen Emissionsprospekt, so nimmt der Zeichnungsschein auch auf diesen Bezug.

[3] Enthält der Zeichnungsschein keine Befristung, so endet seine Verbindlichkeit drei Monate nach der Unterzeichnung.

b. …

Art. 652a

Diese Bestimmung wurde auf den 1. Januar 2020 aufgehoben (AS 2019 4417).

1 Zur strafrechtlichen Relevanz eines Emissionsprospektes vgl. 120 IV 122/124 ff. E. 3–6 (der Entscheid verweist auf S. 128 irrtümlich auf Art. 652).

c. Bezugsrecht

Art. 652b

1 Jeder Aktionär hat Anspruch auf den Teil der neu ausgegebenen Aktien, der seiner bisherigen Beteiligung entspricht.

2 Der Beschluss der Generalversammlung über die Erhöhung des Aktienkapitals darf das Bezugsrecht nur aus wichtigen Gründen aufheben. Als wichtige Gründe gelten insbesondere die Übernahme von Unternehmen, Unternehmensteilen oder Beteiligungen sowie die Beteiligung der Arbeitnehmer. Durch die Aufhebung des Bezugsrechts darf niemand in unsachlicher Weise begünstigt oder benachteiligt werden.

3 Die Gesellschaft kann dem Aktionär, welchem sie ein Recht zum Bezug von Aktien eingeräumt hat, die Ausübung dieses Rechtes nicht wegen einer statutarischen Beschränkung der Übertragbarkeit von Namenaktien verwehren.

Abs. 2 Nicht abschliessende Aufzählung der wichtigen Gründe (in casu Berücksichtigung der Elemente des Zeitbedarfs und des marktbezogenen Finanzierungsspielraumes) 121 III 219/236 ff. 1

d. Leistung der Einlagen

Art. 652c

Soweit das Gesetz nichts anderes vorschreibt, sind die Einlagen nach den Bestimmungen über die Gründung zu leisten.

e. Erhöhung aus Eigenkapital

Art. 652d

1 Das Aktienkapital kann auch durch Umwandlung von frei verwendbarem Eigenkapital erhöht werden.

2 Die Deckung des Erhöhungsbetrags ist mit der Jahresrechnung in der von den Aktionären genehmigten Fassung und dem Revisionsbericht eines zugelassenen Revisors nachzuweisen. Liegt der Bilanzstichtag mehr als sechs Monate zurück, so ist ein geprüfter Zwischenabschluss erforderlich.

Anwendungsfall 122 V 178/180 E. 4a Pra 1997 (Nr. 60) 322 (in casu AHVG: Die Abgabe von Gratisaktien an Angestellte der Gesellschaft stellt kein beitragspflichtiges Einkommen dar). 1

f. Kapitalerhöhungsbericht

Art. 652e

Der Verwaltungsrat gibt in einem schriftlichen Bericht Rechenschaft über:

1. **die Art und den Zustand von Sacheinlagen oder Sachübernahmen und die Angemessenheit der Bewertung;**
2. **den Bestand und die Verrechenbarkeit der Schuld;**

3. die freie Verwendbarkeit von umgewandeltem Eigenkapital;
4. die Einhaltung des Generalversammlungsbeschlusses, insbesondere über die Einschränkung oder die Aufhebung des Bezugsrechtes und die Zuweisung nicht ausgeübter oder entzogener Bezugsrechte;
5. die Begründung und die Angemessenheit besonderer Vorteile zugunsten einzelner Aktionäre oder anderer Personen.

1 *Ziff. 4* Die Verwaltung hat die sich aus dem Gebot der schonenden Rechtsausübung ergebenden Schranken beim Entscheid über den Bezugsrechtsentzug besonders sorgfältig zu beachten, weshalb auch hohe Anforderungen an die im Rechenschaftsbericht aufzuführende Begründung zu stellen sind 121 III 219/238 E. 3.

g. Prüfungsbestätigung

Art. 652f

[1] Ein zugelassener Revisor prüft den Kapitalerhöhungsbericht und bestätigt schriftlich, dass dieser vollständig und richtig ist.

[2] Keine Prüfungsbestätigung ist erforderlich, wenn die Einlage auf das neue Aktienkapital in Geld erfolgt, das Aktienkapital nicht zur Vornahme einer Sachübernahme erhöht wird und die Bezugsrechte nicht eingeschränkt oder aufgehoben werden.

h. Statutenänderung und Feststellungen

Art. 652g

[1] Liegen der Kapitalerhöhungsbericht und, sofern erforderlich, die Prüfungsbestätigung vor, so ändert der Verwaltungsrat die Statuten und stellt dabei fest:
1. dass sämtliche Aktien gültig gezeichnet sind;
2. dass die versprochenen Einlagen dem gesamten Ausgabebetrag entsprechen;
3. dass die Einlagen entsprechend den Anforderungen des Gesetzes, der Statuten oder des Generalversammlungsbeschlusses geleistet wurden;
4. dass keine anderen Sacheinlagen, Sachübernahmen und beabsichtigten Sachübernahmen, Verrechnungstatbestände oder besonderen Vorteile bestehen als die in den Belegen genannten.

[2] Beschluss und Feststellungen sind öffentlich zu beurkunden. Die Urkundsperson hat die Belege, die der Kapitalerhöhung zugrunde liegen, einzeln zu nennen und zu bestätigen, dass sie dem Verwaltungsrat vorgelegen haben.

[3] Der öffentlichen Urkunde sind die geänderten Statuten, der Kapitalerhöhungsbericht, die Prüfungsbestätigung sowie die Sacheinlageverträge und die bereits vorliegenden Sachübernahmeverträge beizulegen.

i. Eintragung in das Handelsregister; Nichtigkeit vorher ausgegebener Aktien

Art. 652h

[1] Der Verwaltungsrat meldet die Statutenänderung und seine Feststellungen beim Handelsregister zur Eintragung an.

[2] Einzureichen sind:

1. die öffentlichen Urkunden über die Beschlüsse der Generalversammlung und des Verwaltungsrates mit den Beilagen;
2. eine beglaubigte Ausfertigung der geänderten Statuten.

[3] Aktien, die vor der Eintragung der Kapitalerhöhung ausgegeben werden, sind nichtig; die aus der Aktienzeichnung hervorgehenden Verpflichtungen werden dadurch nicht berührt.

II. Bedingte Kapitalerhöhung 1. Grundsatz

Art. 653

[1] Die Generalversammlung kann eine bedingte Kapitalerhöhung beschliessen, indem sie in den Statuten den Gläubigern von neuen Anleihens- oder ähnlichen Obligationen gegenüber der Gesellschaft oder ihren Konzerngesellschaften sowie den Arbeitnehmern Rechte auf den Bezug neuer Aktien (Wandel- oder Optionsrechte) einräumt.

[2] Das Aktienkapital erhöht sich ohne weiteres in dem Zeitpunkt und in dem Umfang, als diese Wandel- oder Optionsrechte ausgeübt und die Einlagepflichten durch Verrechnung oder Einzahlung erfüllt werden.

[3] Vorbehalten bleiben die Vorschriften des Bankengesetzes vom 8. November 1934 über das Wandlungskapital.

Abs. 1 Die Ausgestaltung des Optionsrechts ist weitgehend der Gesellschaft überlassen. 1
Insbesondere kann die Ausübung des Rechts bis zu einem bestimmten Verfalltag (American style option) oder nur an einem bestimmten Verfalltag (European style option) erfolgen 130 III 495/500 E. 4.1. Zur Kollision zwischen zwingenden arbeitsrechtlichen und gesellschaftsrechtlichen Normen 4C.329/2003 (8.4.04) E. 4.2.

2. Schranken

Art. 653a

[1] Der Nennbetrag, um den das Aktienkapital bedingt erhöht werden kann, darf die Hälfte des bisherigen Aktienkapitals nicht übersteigen.

[2] Die geleistete Einlage muss mindestens dem Nennwert entsprechen.

3. Statutarische Grundlage

Art. 653b

[1] Die Statuten müssen angeben:
1. den Nennbetrag der bedingten Kapitalerhöhung;
2. Anzahl, Nennwert und Art der Aktien;
3. den Kreis der Wandel- oder der Optionsberechtigten;
4. die Aufhebung der Bezugsrechte der bisherigen Aktionäre;
5. Vorrechte einzelner Kategorien von Aktien;
6. die Beschränkung der Übertragbarkeit neuer Namenaktien.

[2] Werden die Anleihens- oder ähnlichen Obligationen, mit denen Wandel- oder Optionsrechte verbunden sind, nicht den Aktionären vorweg zur Zeichnung angeboten, so müssen die Statuten überdies angeben:

1. die Voraussetzungen für die Ausübung der Wandel- oder der Optionsrechte;
2. die Grundlagen, nach denen der Ausgabebetrag zu berechnen ist.

[3] Wandel- oder Optionsrechte, die vor der Eintragung der Statutenbestimmung über die bedingte Kapitalerhöhung im Handelsregister eingeräumt werden, sind nichtig.

1 ***Abs. 1 Ziff. 3*** Der Aktionär hat Anspruch darauf, zu wissen, welcher Betrag des bedingten Kapitals maximal den Mitarbeitern zur Verfügung gestellt wird 121 III 219/240 E.a.

4. Schutz der Aktionäre

Art. 653c

[1] Sollen bei einer bedingten Kapitalerhöhung Anleihens- oder ähnliche Obligationen, mit denen Wandel- oder Optionsrechte verbunden sind, ausgegeben werden, so sind diese Obligationen vorweg den Aktionären entsprechend ihrer bisherigen Beteiligung zur Zeichnung anzubieten.

[2] Dieses Vorwegzeichnungsrecht kann beschränkt oder aufgehoben werden, wenn ein wichtiger Grund vorliegt.

[3] Durch die für eine bedingte Kapitalerhöhung notwendige Aufhebung des Bezugsrechtes sowie durch eine Beschränkung oder Aufhebung des Vorwegzeichnungsrechtes darf niemand in unsachlicher Weise begünstigt oder benachteiligt werden.

1 ***Abs. 2*** Die für den Entzug des Vorwegzeichnungsrechts erforderlichen wichtigen Gründe sind im Delegationsbeschluss mindestens in abstrakter Form anzugeben; ihre Bestimmung kann nicht dem Verwaltungsrat überlassen werden 121 III 219/240 f. E.b. Bei Entzug: Vorgehen nach Art. 653b Abs. 2 121 III 219/239 E. 5.

5. Schutz der Wandel- oder Optionsberechtigten

Art. 653d

[1] Dem Gläubiger oder dem Arbeitnehmer, dem ein Wandel- oder ein Optionsrecht zum Erwerb von Namenaktien zusteht, kann die Ausübung dieses Rechtes nicht wegen einer Beschränkung der Übertragbarkeit von Namenaktien verwehrt werden, es sei denn, dass dies in den Statuten und im Emissionsprospekt vorbehalten wird.

[2] Wandel- oder Optionsrechte dürfen durch die Erhöhung des Aktienkapitals, durch die Ausgabe neuer Wandel- oder Optionsrechte oder auf andere Weise nur beeinträchtigt werden, wenn der Konversionspreis gesenkt oder den Berechtigten auf andere Weise ein angemessener Ausgleich gewährt wird, oder wenn die gleiche Beeinträchtigung auch die Aktionäre trifft.

6. Durchführung der Kapitalerhöhung a. Ausübung der Rechte; Einlage

Art. 653e

[1] Wandel- oder Optionsrechte werden durch eine schriftliche Erklärung ausgeübt, die auf die Statutenbestimmung über die bedingte Kapitalerhöhung hinweist; verlangt das Gesetz einen Emissionsprospekt, so nimmt die Erklärung auch auf diesen Bezug.

[2] Die Leistung der Einlage durch Geld oder Verrechnung muss bei einem Bankinstitut erfolgen, das dem Bankengesetz vom 8. November 1934 unterstellt ist.

[3] Die Aktionärsrechte entstehen mit der Erfüllung der Einlagepflicht.

b. Prüfungsbestätigung

Art. 653f

[1] Ein zugelassener Revisionsexperte prüft nach Abschluss jedes Geschäftsjahres, auf Verlangen des Verwaltungsrats schon vorher, ob die Ausgabe der neuen Aktien dem Gesetz, den Statuten und, wenn ein solcher erforderlich ist, dem Emissionsprospekt entsprochen hat.

[2] Er bestätigt dies schriftlich.

c. Anpassung der Statuten

Art. 653g

[1] Nach Eingang der Prüfungsbestätigung stellt der Verwaltungsrat in öffentlicher Urkunde Anzahl, Nennwert und Art der neu ausgegebenen Aktien sowie die Vorrechte einzelner Kategorien und den Stand des Aktienkapitals am Schluss des Geschäftsjahres oder im Zeitpunkt der Prüfung fest. Er nimmt die nötigen Statutenanpassungen vor.

[2] In der öffentlichen Urkunde stellt die Urkundsperson fest, dass die Prüfungsbestätigung die verlangten Angaben enthält.

d. Eintragung in das Handelsregister

Art. 653h

Der Verwaltungsrat meldet dem Handelsregister spätestens drei Monate nach Abschluss des Geschäftsjahres die Statutenänderung an und reicht die öffentliche Urkunde und die Prüfungsbestätigung ein.

Der Eintrag der bedingten Kapitalerhöhung im Handelsregister hat insoweit «konstitutive» Wirkung, dass Mängel des Erhöhungsverfahrens das Bestehen weder der Aktien noch der erhöhten Sperrzahl (Aktienkapitalsumme) infrage stellen können. Aus Gründen des Gläubigerschutzes kann eine fehlerhafte Kapitalerhöhung nicht mehr durch Änderung des Registereintrages oder durch richterliches Urteil, sondern nur noch durch ein Kapitalherabsetzungsverfahren und damit unter erschwerten Voraussetzungen korrigiert werden 4A_331/2008 (15.9.08) E. 2.2. 1

7. Streichung

Art. 653i

[1] Sind die Wandel- oder die Optionsrechte erloschen und wird dies von einem zugelassenen Revisionsexperten in einem schriftlichen Prüfungsbericht bestätigt, so hebt der Verwaltungsrat die Statutenbestimmungen über die bedingte Kapitalerhöhung auf.

[2] **In der öffentlichen Urkunde stellt die Urkundsperson fest, dass der Prüfungsbericht die verlangten Angaben enthält.**

III. Vorzugsaktien 1. Voraussetzungen

Art. 654

[1] **Die Generalversammlung kann nach Massgabe der Statuten oder auf dem Wege der Statutenänderung die Ausgabe von Vorzugsaktien beschliessen oder bisherige Aktien in Vorzugsaktien umwandeln.**

[2] **Hat eine Gesellschaft Vorzugsaktien ausgegeben, so können weitere Vorzugsaktien, denen Vorrechte gegenüber den bereits bestehenden Vorzugsaktien eingeräumt werden sollen, nur mit Zustimmung sowohl einer besonderen Versammlung der beeinträchtigten Vorzugsaktionäre als auch einer Generalversammlung sämtlicher Aktionäre ausgegeben werden. Eine abweichende Ordnung durch die Statuten bleibt vorbehalten.**

[3] **Dasselbe gilt, wenn statutarische Vorrechte, die mit Vorzugsaktien verbunden sind, abgeändert oder aufgehoben werden sollen.**

Art. 655

Diese Bestimmung wurde auf den 1. Juli 1992 aufgehoben (AS 1992 733).

2. Stellung der Vorzugsaktien

Art. 656

[1] **Die Vorzugsaktien geniessen gegenüber den Stammaktien die Vorrechte, die ihnen in den ursprünglichen Statuten oder durch Statutenänderung ausdrücklich eingeräumt sind. Sie stehen im Übrigen den Stammaktien gleich.**

[2] **Die Vorrechte können sich namentlich auf die Dividende mit oder ohne Nachbezugsrecht, auf den Liquidationsanteil und auf die Bezugsrechte für den Fall der Ausgabe neuer Aktien erstrecken.**

L. Partizipationsscheine I. Begriff; anwendbare Vorschriften

Art. 656a

[1] **Die Statuten können ein Partizipationskapital vorsehen, das in Teilsummen (Partizipationsscheine) zerlegt ist. Diese Partizipationsscheine werden gegen Einlage ausgegeben, haben einen Nennwert und gewähren kein Stimmrecht.**

[2] **Die Bestimmungen über das Aktienkapital, die Aktie und den Aktionär gelten, soweit das Gesetz nichts anderes vorsieht, auch für das Partizipationskapital, den Partizipationsschein und den Partizipanten.**

[3] **Die Partizipationsscheine sind als solche zu bezeichnen.**

II. Partizipations- und Aktienkapital

Art. 656b

[1] Das Partizipationskapital darf das Doppelte des Aktienkapitals nicht übersteigen.

[2] Die Bestimmungen über das Mindestkapital und über die Mindestgesamteinlage finden keine Anwendung.

[3] In den Bestimmungen über die Einschränkungen des Erwerbs eigener Aktien, die allgemeine Reserve, die Einleitung einer Sonderprüfung gegen den Willen der Generalversammlung und über die Meldepflicht bei Kapitalverlust ist das Partizipationskapital dem Aktienkapital zuzuzählen.

[4] Eine genehmigte oder eine bedingte Erhöhung des Aktien- und des Partizipationskapitals darf insgesamt die Hälfte der Summe des bisherigen Aktien- und Partizipationskapitals nicht übersteigen.

[5] Partizipationskapital kann im Verfahren der genehmigten oder bedingten Kapitalerhöhung geschaffen werden.

III. Rechtsstellung des Partizipanten 1. Im Allgemeinen

Art. 656c

[1] Der Partizipant hat kein Stimmrecht und, sofern die Statuten nichts anderes bestimmen, keines der damit zusammenhängenden Rechte.

[2] Als mit dem Stimmrecht zusammenhängende Rechte gelten das Recht auf Einberufung einer Generalversammlung, das Teilnahmerecht, das Recht auf Auskunft, das Recht auf Einsicht und das Antragsrecht.

[3] Gewähren ihm die Statuten kein Recht auf Auskunft oder Einsicht oder kein Antragsrecht auf Einleitung einer Sonderprüfung (Art. 697a ff.), so kann der Partizipant Begehren um Auskunft oder Einsicht oder um Einleitung einer Sonderprüfung schriftlich zuhanden der Generalversammlung stellen.

2. Bekanntgabe von Einberufung und Beschlüssen der Generalversammlung

Art. 656d

[1] Den Partizipanten muss die Einberufung der Generalversammlung zusammen mit den Verhandlungsgegenständen und den Anträgen bekannt gegeben werden.

[2] Jeder Beschluss der Generalversammlung ist unverzüglich am Gesellschaftssitz und bei den eingetragenen Zweigniederlassungen zur Einsicht der Partizipanten aufzulegen. Die Partizipanten sind in der Bekanntgabe darauf hinzuweisen.

3. Vertretung im Verwaltungsrat

Art. 656e

Die Statuten können den Partizipanten einen Anspruch auf einen Vertreter im Verwaltungsrat einräumen.

4. Vermögensrechte a. Im Allgemeinen

Art. 656f

[1] Die Statuten dürfen die Partizipanten bei der Verteilung des Bilanzgewinnes und des Liquidationsergebnisses sowie beim Bezug neuer Aktien nicht schlechter stellen als die Aktionäre.

[2] Bestehen mehrere Kategorien von Aktien, so müssen die Partizipationsscheine zumindest der Kategorie gleichgestellt sein, die am wenigsten bevorzugt ist.

[3] Statutenänderungen und andere Generalversammlungsbeschlüsse, welche die Stellung der Partizipanten verschlechtern, sind nur zulässig, wenn sie auch die Stellung der Aktionäre, denen die Partizipanten gleichstehen, entsprechend beeinträchtigen.

[4] Sofern die Statuten nichts anderes bestimmen, dürfen die Vorrechte und die statutarischen Mitwirkungsrechte von Partizipanten nur mit Zustimmung einer besonderen Versammlung der betroffenen Partizipanten und der Generalversammlung der Aktionäre beschränkt oder aufgehoben werden.

b. Bezugsrechte

Art. 656g

[1] Wird ein Partizipationskapital geschaffen, so haben die Aktionäre ein Bezugsrecht wie bei der Ausgabe neuer Aktien.

[2] Die Statuten können vorsehen, dass Aktionäre nur Aktien und Partizipanten nur Partizipationsscheine beziehen können, wenn das Aktien- und das Partizipationskapital gleichzeitig und im gleichen Verhältnis erhöht werden.

[3] Wird das Partizipationskapital oder das Aktienkapital allein oder verhältnismässig stärker als das andere erhöht, so sind die Bezugsrechte so zuzuteilen, dass Aktionäre und Partizipanten am gesamten Kapital gleich wie bis anhin beteiligt bleiben können.

M. Genussscheine

Art. 657

[1] Die Statuten können die Schaffung von Genussscheinen zugunsten von Personen vorsehen, die mit der Gesellschaft durch frühere Kapitalbeteiligung oder als Aktionär, Gläubiger, Arbeitnehmer oder in ähnlicher Weise verbunden sind. Sie haben die Zahl der ausgegebenen Genussscheine und den Inhalt der damit verbundenen Rechte anzugeben.

[2] Durch die Genussscheine können den Berechtigten nur Ansprüche auf einen Anteil am Bilanzgewinn oder am Liquidationsergebnis oder auf den Bezug neuer Aktien verliehen werden.

[3] Der Genussschein darf keinen Nennwert haben; er darf weder Partizipationsschein genannt noch gegen eine Einlage ausgegeben werden, die unter den Aktiven der Bilanz ausgewiesen wird.

[4] Die Berechtigten bilden von Gesetzes wegen eine Gemeinschaft, für welche die Bestimmungen über die Gläubigergemeinschaft bei Anleihensobligationen sinngemäss gelten. Den Verzicht auf einzelne oder alle Rechte aus den Genussscheinen können jedoch nur die Inhaber der Mehrheit aller im Umlauf befindlichen Genussscheintitel verbindlich beschliessen.

[5] Zugunsten der Gründer der Gesellschaft dürfen Genussscheine nur aufgrund der ursprünglichen Statuten geschaffen werden.

Art. 658

Diese Bestimmung wurde auf den 1. Juli 1992 aufgehoben (AS 1992 733).

N. Eigene Aktien I. Einschränkung des Erwerbs

Art. 659

1 Die Gesellschaft darf eigene Aktien nur dann erwerben, wenn frei verwendbares Eigenkapital in der Höhe der dafür nötigen Mittel vorhanden ist und der gesamte Nennwert dieser Aktien 10 Prozent des Aktienkapitals nicht übersteigt.

2 Werden im Zusammenhang mit einer Übertragbarkeitsbeschränkung Namenaktien erworben, so beträgt die Höchstgrenze 20 Prozent. Die über 10 Prozent des Aktienkapitals hinaus erworbenen eigenen Aktien sind innert zweier Jahre zu veräussern oder durch Kapitalherabsetzung zu vernichten.

II. Folgen des Erwerbs

Art. 659a

1 Das Stimmrecht und die damit verbundenen Rechte eigener Aktien ruhen.

2 Die Gesellschaft hat für die eigenen Aktien einen dem Anschaffungswert entsprechenden Betrag gesondert als Reserve auszuweisen.

III. Erwerb durch Tochtergesellschaften

Art. 659b

1 Ist eine Gesellschaft an Tochtergesellschaften mehrheitlich beteiligt, so gelten für den Erwerb ihrer Aktien durch diese Tochtergesellschaften die gleichen Einschränkungen und Folgen wie für den Erwerb eigener Aktien.

2 Erwirbt eine Gesellschaft die Mehrheitsbeteiligung an einer anderen Gesellschaft, die ihrerseits Aktien der Erwerberin hält, so gelten diese Aktien als eigene Aktien der Erwerberin.

3 Die Reservebildung obliegt der Gesellschaft, welche die Mehrheitsbeteiligung hält.

Zweiter Abschnitt
Rechte und Pflichten der Aktionäre

A. Recht auf Gewinn- und Liquidationsanteil I. Im Allgemeinen

Art. 660

[1] Jeder Aktionär hat Anspruch auf einen verhältnismässigen Anteil am Bilanzgewinn, soweit dieser nach dem Gesetz oder den Statuten zur Verteilung unter die Aktionäre bestimmt ist.
[2] Bei Auflösung der Gesellschaft hat der Aktionär, soweit die Statuten über die Verwendung des Vermögens der aufgelösten Gesellschaft nichts anderes bestimmen, das Recht auf einen verhältnismässigen Anteil am Ergebnis der Liquidation.
[3] Vorbehalten bleiben die in den Statuten für einzelne Kategorien von Aktien festgesetzten Vorrechte.

1 *Abs. 1* Fehlt eine Bestimmung in den Statuten, die eine Ausschüttung von Gewinnanteilen an die Mitglieder des Verwaltungsrates vorsieht, so verletzt eine von der Generalversammlung beschlossene Ausschüttung von Tantiemen den Anspruch der Aktionäre auf einen verhältnismässigen Anteil am Reingewinn 4C.386/2002 (12.10.04) E. 3.1. Die Frage, *ob* überhaupt Dividenden ausgeschüttet werden, liegt in der Zuständigkeit der Generalversammlung, die in diesem Bereich über weitestgehendes Ermessen verfügt (Art. 698 Abs. 2 Ziff. 4). Nur ein willkürlicher, jeder vernünftigen Grundlage barer Generalversammlungsbeschluss über die Gewinnverwendung wäre unter dem Gesichtspunkt von Art. 660 Abs. 1 widerrechtlich 4A_43/2007 (11.7.07) E. 3.

II. Berechnungsart

Art. 661

Die Anteile am Gewinn und am Liquidationsergebnis sind, sofern die Statuten nicht etwas anderes vorsehen, im Verhältnis der auf das Aktienkapital einbezahlten Beträge zu berechnen.

B. Geschäftsbericht

Vorb. Art. 662–670

1 Die aktienrechtlichen Bestimmungen über die Rechnungslegung beruhen auf dem Gedanken der Kapitalerhaltung und stellen einen zentralen Ansatzpunkt für die Verantwortlichkeit des Verwaltungsrates und der Geschäftsleitung dar. Die Buchführung dient damit einerseits den Kapitaleignern, in deren Auftrag Verwaltung und Geschäftsleitung tätig sind, anderseits den Gläubigern und schliesslich bei hinreichender wirtschaftlicher Bedeutung auch einer weiteren Öffentlichkeit zur Information über die Ertragslage der Gesellschaft. Schliesslich erfüllt sie als Informationsgrundlage des Verwaltungsrates auch

die Funktion eines Führungsinstruments. Es kommt ihr in diesem Sinne Garantiefunktion zu 122 IV 25/28 (in casu Frage der Falschbeurkundung nach StGB Art. 251 Ziff. 1).

Art. 662–663b

Diese Bestimmungen wurden auf den 1. Januar 2013 aufgehoben (AS 2012 6679).

I. Zusätzliche Angaben bei Gesellschaften mit kotierten Aktien 1. Vergütungen

Art. 663b^{bis}

1 Gesellschaften, deren Aktien an einer Börse kotiert sind, haben im Anhang zur Bilanz anzugeben:

1. **alle Vergütungen, die sie direkt oder indirekt an gegenwärtige Mitglieder des Verwaltungsrates ausgerichtet haben;**
2. **alle Vergütungen, die sie direkt oder indirekt an Personen ausgerichtet haben, die vom Verwaltungsrat ganz oder zum Teil mit der Geschäftsführung betraut sind (Geschäftsleitung);**
3. **alle Vergütungen, die sie direkt oder indirekt an gegenwärtige Mitglieder des Beirates ausgerichtet haben;**
4. **Vergütungen, die sie direkt oder indirekt an frühere Mitglieder des Verwaltungsrates, der Geschäftsleitung und des Beirates ausgerichtet haben, sofern sie in einem Zusammenhang mit der früheren Tätigkeit als Organ der Gesellschaft stehen oder nicht marktüblich sind;**
5. **nicht marktübliche Vergütungen, die sie direkt oder indirekt an Personen ausgerichtet haben, die den in den Ziffern 1–4 genannten Personen nahe stehen.**

2 Als Vergütungen gelten insbesondere:

1. **Honorare, Löhne, Bonifikationen und Gutschriften;**
2. **Tantiemen, Beteiligungen am Umsatz und andere Beteiligungen am Geschäftsergebnis;**
3. **Sachleistungen;**
4. **die Zuteilung von Beteiligungen, Wandel- und Optionsrechten;**
5. **Abgangsentschädigungen;**
6. **Bürgschaften, Garantieverpflichtungen, Pfandbestellungen zugunsten Dritter und andere Sicherheiten;**
7. **der Verzicht auf Forderungen;**
8. **Aufwendungen, die Ansprüche auf Vorsorgeleistungen begründen oder erhöhen;**
9. **sämtliche Leistungen für zusätzliche Arbeiten.**

3 Im Anhang zur Bilanz sind zudem anzugeben:

1. **alle Darlehen und Kredite, die den gegenwärtigen Mitgliedern des Verwaltungsrates, der Geschäftsleitung und des Beirates gewährt wurden und noch ausstehen;**
2. **Darlehen und Kredite, die zu nicht marktüblichen Bedingungen an frühere Mitglieder des Verwaltungsrates, der Geschäftsleitung und des Beirates gewährt wurden und noch ausstehen;**
3. **Darlehen und Kredite, die zu nicht marktüblichen Bedingungen an Personen, die den in den Ziffern 1 und 2 genannten Personen nahe stehen, gewährt wurden und noch ausstehen.**

4 Die Angaben zu Vergütungen und Krediten müssen umfassen:

1. **den Gesamtbetrag für den Verwaltungsrat und den auf jedes Mitglied entfallenden Betrag unter Nennung des Namens und der Funktion des betreffenden Mitglieds;**
2. **den Gesamtbetrag für die Geschäftsleitung und den höchsten auf ein Mitglied entfallenden Betrag unter Nennung des Namens und der Funktion des betreffenden Mitglieds;**

3. den Gesamtbetrag für den Beirat und den auf jedes Mitglied entfallenden Betrag unter Nennung des Namens und der Funktion des betreffenden Mitglieds.

5 Vergütungen und Kredite an nahe stehende Personen sind gesondert auszuweisen. Die Namen der nahe stehenden Personen müssen nicht angegeben werden. Im Übrigen finden die Vorschriften über die Angaben zu Vergütungen und Krediten an Mitglieder des Verwaltungsrates, der Geschäftsleitung und des Beirates entsprechende Anwendung.

2. Beteiligungen

Art. 663c

1 Gesellschaften, deren Aktien an einer Börse kotiert sind, haben im Anhang zur Bilanz bedeutende Aktionäre und deren Beteiligungen anzugeben, sofern diese ihnen bekannt sind oder bekannt sein müssten.

2 Als bedeutende Aktionäre gelten Aktionäre und stimmrechtsverbundene Aktionärsgruppen, deren Beteiligung 5 Prozent aller Stimmrechte übersteigt. Enthalten die Statuten eine tiefere prozentmässige Begrenzung der Namenaktien (Art. 685d Abs. 1), so gilt für die Bekanntgabepflicht diese Grenze.

3 Anzugeben sind weiter die Beteiligungen an der Gesellschaft sowie die Wandel- und Optionsrechte jedes gegenwärtigen Mitglieds des Verwaltungsrates, der Geschäftsleitung und des Beirates mit Einschluss der Beteiligungen der ihm nahe stehenden Personen unter Nennung des Namens und der Funktion des betreffenden Mitglieds.

1 Die Regelung soll die Beherrschungsverhältnisse bei börsenkotierten Gesellschaften im Interesse der Publikumsaktionäre und einer weiteren Öffentlichkeit allgemein zugänglich machen. Im Rahmen des Anwendungsbereichs der Bestimmung hat der Aktionär kein Recht auf Anonymität (Entscheid zur Anwendung der Bestimmung im Rahmen des BankG) 124 II 581/584 E. c/aa.

Art. 663d–669

Diese Bestimmungen wurden auf den 1. Januar 2013 aufgehoben (AS 2012 6679).

II. Bewertung. Aufwertung

Art. 670

1 Ist die Hälfte des Aktienkapitals und der gesetzlichen Reserven infolge eines Bilanzverlustes nicht mehr gedeckt, so dürfen zur Beseitigung der Unterbilanz Grundstücke oder Beteiligungen, deren wirklicher Wert über die Anschaffungs- oder Herstellungskosten gestiegen ist, bis höchstens zu diesem Wert aufgewertet werden. Der Aufwertungsbetrag ist gesondert als Aufwertungsreserve auszuweisen.

2 Die Aufwertung ist nur zulässig, wenn ein zugelassener Revisor zuhanden der Generalversammlung schriftlich bestätigt, dass die gesetzlichen Bestimmungen eingehalten sind.

C. Reserven I. Gesetzliche Reserven 1. Allgemeine Reserve

Art. 671

[1] 5 Prozent des Jahresgewinnes sind der allgemeinen Reserve zuzuweisen, bis diese 20 Prozent des einbezahlten Aktienkapitals erreicht.

[2] Dieser Reserve sind, auch nachdem sie die gesetzliche Höhe erreicht hat, zuzuweisen:

1. **ein bei der Ausgabe von Aktien nach Deckung der Ausgabekosten über den Nennwert hinaus erzielter Mehrerlös, soweit er nicht zu Abschreibungen oder zu Wohlfahrtszwecken verwendet wird;**
2. **was von den geleisteten Einzahlungen auf ausgefallene Aktien übrig bleibt, nachdem ein allfälliger Mindererlös aus den dafür ausgegebenen Aktien gedeckt worden ist;**
3. **10 Prozent der Beträge, die nach Bezahlung einer Dividende von 5 Prozent als Gewinnanteil ausgerichtet werden.**

[3] Die allgemeine Reserve darf, soweit sie die Hälfte des Aktienkapitals nicht übersteigt, nur zur Deckung von Verlusten oder für Massnahmen verwendet werden, die geeignet sind, in Zeiten schlechten Geschäftsganges das Unternehmen durchzuhalten, der Arbeitslosigkeit entgegenzuwirken oder ihre Folgen zu mildern.

[4] Die Bestimmungen in Absatz 2 Ziffer 3 und Absatz 3 gelten nicht für Gesellschaften, deren Zweck hauptsächlich in der Beteiligung an anderen Unternehmen besteht (Holdinggesellschaften).

[5] ...

[6] ...

2. Reserve für eigene Aktien

Art. 671a

Die Reserve für eigene Aktien kann bei Veräusserung oder Vernichtung von Aktien im Umfang der Anschaffungswerte aufgehoben werden.

3. Aufwertungsreserve

Art. 671b

Die Aufwertungsreserve kann nur durch Umwandlung in Aktienkapital sowie durch Wiederabschreibung oder Veräusserung der aufgewerteten Aktiven aufgelöst werden.

II. Statutarische Reserven 1. Im Allgemeinen

Art. 672

[1] Die Statuten können bestimmen, dass der Reserve höhere Beträge als 5 Prozent des Jahresgewinnes zuzuweisen sind und dass die Reserve mehr als die vom Gesetz vorgeschriebenen 20 Prozent des einbezahlten Aktienkapitals betragen muss.

[2] Sie können die Anlage weiterer Reserven vorsehen und deren Zweckbestimmung und Verwendung festsetzen.

2. Zu Wohlfahrtszwecken für Arbeitnehmer

Art. 673

Die Statuten können insbesondere auch Reserven zur Gründung und Unterstützung von Wohlfahrtseinrichtungen für Arbeitnehmer des Unternehmens vorsehen.

III. Verhältnis des Gewinnanteils zu den Reserven

Art. 674

[1] Die Dividende darf erst festgesetzt werden, nachdem die dem Gesetz und den Statuten entsprechenden Zuweisungen an die gesetzlichen und statutarischen Reserven abgezogen worden sind.

[2] Die Generalversammlung kann die Bildung von Reserven beschliessen, die im Gesetz und in den Statuten nicht vorgesehen sind oder über deren Anforderungen hinausgehen, soweit

1. **dies zu Wiederbeschaffungszwecken notwendig ist;**
2. **die Rücksicht auf das dauernde Gedeihen des Unternehmens oder auf die Ausrichtung einer möglichst gleichmässigen Dividende es unter Berücksichtigung der Interessen aller Aktionäre rechtfertigt.**

[3] Ebenso kann die Generalversammlung zur Gründung und Unterstützung von Wohlfahrtseinrichtungen für Arbeitnehmer des Unternehmens und zu anderen Wohlfahrtszwecken aus dem Bilanzgewinn auch dann Reserven bilden, wenn sie in den Statuten nicht vorgesehen sind.

D. Dividenden, Bauzinse und Tantiemen I. Dividenden

Art. 675

[1] Zinse dürfen für das Aktienkapital nicht bezahlt werden.

[2] Dividenden dürfen nur aus dem Bilanzgewinn und aus hierfür gebildeten Reserven ausgerichtet werden.

1 ***Abs. 1*** Der Anspruch auf Zahlung einer Dividende wird grundsätzlich fällig, sobald letztere bestimmt worden ist 4C.140/2006 (14.8.06) E. 4.2 fr.

2 ***Abs. 2*** Ausschüttungen an die Aktionäre, die sich nicht auf eine revidierte und genehmigte Jahresbilanz stützen, sind rechtswidrig. Wird ausnahmsweise eine Dividendenausschüttung während des Geschäftsjahres als zulässig erachtet, ist stets vorausgesetzt, dass der für die Ausschüttung verwendete Betrag auf einer revidierten und genehmigten Bilanz beruht 4A_248/2012 (7.1.13) E. 3.2. – Agio kann als Teil der (ungesperrten) allgemeinen Reserve im Verfahren der Dividendenausschüttung ausbezahlt werden 140 III 533/548 E. 6.2.2. Hingegen sperren konzerninterne Darlehen, die nicht unter Drittbedingungen ausgerichtet werden, das freie Eigenkapital insoweit, als der Betrag im Umfang der Darlehensvaluta nicht zur Dividendenausschüttung zur Verfügung steht 140 III 533/544 E. 4.

II. Bauzinse

Art. 676

[1] Für die Zeit, die Vorbereitung und Bau bis zum Anfang des vollen Betriebes des Unternehmens erfordern, kann den Aktionären ein Zins von bestimmter Höhe zu Lasten des Anlagekontos zugesichert werden. Die Statuten müssen in diesem Rahmen den Zeitpunkt bezeichnen, in dem die Entrichtung von Zinsen spätestens aufhört.

[2] Wird das Unternehmen durch die Ausgabe neuer Aktien erweitert, so kann im Beschlusse über die Kapitalerhöhung den neuen Aktien eine bestimmte Verzinsung zu Lasten des Anlagekontos bis zu einem genau anzugebenden Zeitpunkt, höchstens jedoch bis zur Aufnahme des Betriebes der neuen Anlage zugestanden werden.

III. Tantiemen

Art. 677

Gewinnanteile an Mitglieder des Verwaltungsrates dürfen nur dem Bilanzgewinn entnommen werden und sind nur zulässig, nachdem die Zuweisung an die gesetzliche Reserve gemacht und eine Dividende von 5 Prozent oder von einem durch die Statuten festgesetzten höheren Ansatz an die Aktionäre ausgerichtet worden ist.

Die Statuten können eine Ausschüttung von Anteilen des Gewinnes an die Verwaltungs- 1
ratsmitglieder vorsehen. Ist eine solche Grundlage in den Statuten nicht vorhanden, so verletzt eine von der Generalversammlung beschlossene Tantiemenausschüttung den Anspruch der Aktionäre auf einen verhältnismässigen Anteil am Reingewinn 4C.386/2002 (12.10.04) E. 3.1 (in casu wurde der Beschluss der Generalversammlung nicht als statutenwidrig qualifiziert). – Die Statuten können die Ausrichtung von Tantiemen sowohl zwingend als auch fakultativ vorsehen. Sind sie zwingend vorgeschrieben, haben die Mitglieder des Verwaltungsrates einen Rechtsanspruch auf die Tantieme, den sie mit einer Leistungsklage geltend machen können, ohne den Generalversammlungsbeschluss, der diesen Anspruch missachtet, nach Art. 706 anfechten zu müssen. Ob die Statuten einen solchen Anspruch vorsehen, ist durch Auslegung zu ermitteln 4C.386/2002 (12.10.04) E. 3.4.2.

E. Rückerstattung von Leistungen I. Im Allgemeinen

Art. 678

[1] Aktionäre und Mitglieder des Verwaltungsrates sowie diesen nahe stehende Personen, die ungerechtfertigt und in bösem Glauben Dividenden, Tantiemen, andere Gewinnanteile oder Bauzinse bezogen haben, sind zur Rückerstattung verpflichtet.

[2] Sie sind auch zur Rückerstattung anderer Leistungen der Gesellschaft verpflichtet, soweit diese in einem offensichtlichen Missverhältnis zur Gegenleistung und zur wirtschaftlichen Lage der Gesellschaft stehen.

[3] Der Anspruch auf Rückerstattung steht der Gesellschaft und dem Aktionär zu; dieser klagt auf Leistung an die Gesellschaft.

[4] Die Pflicht zur Rückerstattung verjährt fünf Jahre nach Empfang der Leistung.

1 Eine grundsätzliche Subsidiarität der Verantwortlichkeitsklage gegenüber der Rückerstattungsklage nach Art. 678 ist zu verneinen, eine solche lässt sich insbesondere nicht aus der allgemeinen Schadensminderungspflicht ableiten 140 III 533/540 E. 3. Die Rückerstattung gemäss Art. 678 beruht auf einer Inhaltskontrolle des strittigen Geschäfts, während es bei der Rechtsprechung zum Selbstkontrahieren um eine Frage der gültigen Stellvertretung geht, 4A_195/2014 (27.11.14), E. 6.1.

2 ***Abs. 2*** zielt auf verdeckte Gewinnausschüttungen an Aktionäre, Mitglieder des Verwaltungsrates und diesen nahestehende Personen. Diese sind zur Rückerstattung «anderer Leistungen» – das heisst nicht formaler Gewinnausschüttungen gemäss Abs. 1 – verpflichtet, soweit diese in einem offensichtlichen Missverhältnis zur Gegenleistung und zur wirtschaftlichen Lage der Gesellschaft stehen. Das Missverhältnis zwischen Leistung und Gegenleistung ist anhand der konkreten Umstände zu beurteilen. Es ist «offensichtlich», wenn es jedermann, der gerecht und billig denkt und die konkreten Verhältnisse vernünftig beurteilt, in die Augen fällt. Die Gegenleistung kann nicht nur in entstandenem Aufwand bestehen, sondern auch in einem für die Gesellschaft erzielten Erfolg. Das Kriterium der Beeinträchtigung der wirtschaftlichen Lage der Gesellschaft ist insoweit unscharf, als eine finanzstarke Gesellschaft kleinere verdeckte Gewinnausschüttungen verkraften würde, ohne dass ihre wirtschaftliche Lage dadurch merklich beeinträchtigt wird. Ihm kommt jedoch Bedeutung zu für das Ermessen, das den Gesellschaften zugebilligt wird. Auch bei guten wirtschaftlichen Verhältnissen steht Abs. 2 einer offensichtlichen Begünstigung einzelner Verwaltungsräte zulasten des Gesellschaftsvermögens entgegen. Die Rückerstattungspflicht setzt voraus, dass der Empfänger nicht gutgläubig ist. Bei einem offensichtlichen Missverhältnis fehlen die Voraussetzungen, dass sich der Begünstigte auf den guten Glauben berufen könnte 140 III 602/604 E. 8 ff.

II. Tantiemen im Konkurs

Art. 679

1 Im Konkurs der Gesellschaft müssen die Mitglieder des Verwaltungsrates alle Tantiemen, die sie in den letzten drei Jahren vor Konkurseröffnung erhalten haben, zurückerstatten, es sei denn, sie weisen nach, dass die Voraussetzungen zur Ausrichtung der Tantiemen nach Gesetz und Statuten erfüllt waren; dabei ist insbesondere nachzuweisen, dass die Ausrichtung aufgrund vorsichtiger Bilanzierung erfolgte.

2 …

F. Leistungspflicht des Aktionärs I. Gegenstand

Art. 680

1 Der Aktionär kann auch durch die Statuten nicht verpflichtet werden, mehr zu leisten als den für den Bezug einer Aktie bei ihrer Ausgabe festgesetzten Betrag.

2 Ein Recht, den eingezahlten Betrag zurückzufordern, steht dem Aktionär nicht zu.

Abs. 2 Dem Aktionär steht kein Recht zu, den (für die Liberierung seiner Aktien) eingezahlten Betrag zurückzufordern, woraus die Rechtsprechung ein Kapitalrückzahlungsverbot ableitet, welches auch die Gesellschaft bindet 61 I 147/147; 1P.573/1999 (3.1.00) E. 4b. – Entsprechend kann ein Aktionär, abgesehen von den besonderen gesetzlichen Bestimmungen (wie Art. 732, 736 ff.), nur aus der Gesellschaft austreten, indem er die Aktien verkauft 4A_405/2018 (3.6.19) E. 3.1.1. – Eine unzulässige Kapitalrückzahlung liegt etwa dann vor, wenn ein Aktionär für die Liberierung der von ihm gezeichneten Aktien ein kurzfristiges Darlehen aufnimmt und ihm die Gesellschaft den Betrag wieder zur Verfügung stellt, damit er jenes Darlehen zurückzahlen kann 109 II 128/129 E. 2. – Mit Art. 680 Abs. 2 vereinbar ist, wenn aus dem Erlös der Aktienliberierung Forderungen erfüllt werden, welche einem Aktionär gegenüber der Gesellschaft bereits vor der Kapitalerhöhung zustanden 87 II 169/181 E. 9. Entscheidend ist mit Blick auf Art. 680 Abs. 2 nicht die Art und Weise, wie das Geld an den Aktionär gelangt, sondern dass damit eine reale Schuld der Gesellschaft gegenüber dem Aktionär beglichen wird: Erfolgt die Leistung auf eine ausgewiesene (und nicht bloss fiktive) Gesellschaftsschuld hin, wird nicht Eigenkapital zurückerstattet, sondern Fremdkapital zurückbezahlt (was selbst dann gilt, wenn es um die Rückzahlung eines sog. «kapitalersetzenden Darlehens» geht, wird doch eine Umqualifikation von Fremd- in Eigenkapital im Aktienrecht grundsätzlich abgelehnt) 4A_496/2010 (14.2.11) E. 2.4. – Konzerninterne Darlehen, die nicht unter Drittbedingungen ausgerichtet werden, sperren das freie Eigenkapital insoweit, als der Betrag im Umfang der Darlehensvaluta nicht zur Dividendenausschüttung zur Verfügung steht. Demgegenüber unterliegt das Agio nicht dem Verbot der Einlagenrückgewähr gemäss Abs. 2. 140 III 533/544 E. 4 u. E. 6.3. – Tritt die Gesellschaft in Liquidation, fällt das Verbot dahin 123 III 473/482 E.b. 1

II. Verzugsfolgen 1. Nach Gesetz und Statuten

Art. 681

1 Ein Aktionär, der den Ausgabebetrag seiner Aktie nicht zur rechten Zeit einbezahlt, ist zur Zahlung von Verzugszinsen verpflichtet.

2 Der Verwaltungsrat ist überdies befugt, den säumigen Aktionär seiner Rechte aus der Zeichnung der Aktien und seiner geleisteten Teilzahlungen verlustig zu erklären und an Stelle der ausgefallenen neue Aktien auszugeben. Wenn die ausgefallenen Titel bereits ausgegeben sind und nicht beigebracht werden können, so ist die Verlustigerklärung im Schweizerischen Handelsamtsblatt sowie in der von den Statuten vorgesehenen Form zu veröffentlichen.

3 Die Statuten können einen Aktionär für den Fall der Säumnis auch zur Entrichtung einer Konventionalstrafe verpflichten.

2. Aufforderung zur Leistung

Art. 682

1 Beabsichtigt der Verwaltungsrat, den säumigen Aktionär seiner Rechte aus der Zeichnung verlustig zu erklären oder von ihm die in den Statuten vorgesehene Konventionalstrafe zu fordern, so hat er im Schweizerischen Handelsamtsblatt sowie in der von den Statuten vor-

gesehenen Form mindestens dreimal eine Aufforderung zur Einzahlung zu erlassen, unter Ansetzung einer Nachfrist von mindestens einem Monat, von der letzten Veröffentlichung an gerechnet. Der Aktionär darf seiner Rechte aus der Zeichnung erst verlustig erklärt oder für die Konventionalstrafe belangt werden, wenn er auch innerhalb der Nachfrist die Einzahlung nicht leistet.

[2] Bei Namenaktien tritt an die Stelle der Veröffentlichungen eine Zahlungsaufforderung und Ansetzung der Nachfrist an die im Aktienbuch eingetragenen Aktionäre durch eingeschriebenen Brief. In diesem Falle läuft die Nachfrist vom Empfang der Zahlungsaufforderung an.

[3] Der säumige Aktionär haftet der Gesellschaft für den Betrag, der durch die Leistungen des neuen Aktionärs nicht gedeckt ist.

G. Ausgabe und Übertragung der Aktien I. Inhaberaktien

Art. 683

[1] Auf den Inhaber lautende Aktien dürfen erst nach der Einzahlung des vollen Nennwertes ausgegeben werden.

[2] Vor der Volleinzahlung ausgegebene Aktien sind nichtig. Schadenersatzansprüche bleiben vorbehalten.

1 **Allgemeines.** Das OR geht von der Idee aus, dass eine Inhaberaktie einem Inhaberwertpapier entspricht. Die Übertragung einer in einem Wertpapier verbrieften Aktie folgt den Regeln für die Übertragung beweglicher Sachen 4A_314/2016 (17.11.16) E. 4. Häufig ist jedoch eine Inhaberaktie nicht in einem Wertpapier verbrieft, wie im Fall eines Wertrechts (Art. 973c) oder bei Fehlen jeglichen Titels oder Wertrechts 4A_314/2016 (17.11.16) E. 4.2. Unter diesen Umständen folgt die Übertragung der Inhaberaktien den Regeln der Forderungszession (Art. 164) 4A_314/2016 (17.11.16) E. 4.2.1, 4A_248/2015 (15.1.16) E. 3. Hat eine Gesellschaft ihre Inhaberaktien nicht als Wertpapier ausgegeben, kann der Inhaber nur durch eine bis zur Gründung zurückreichende, lückenlose Zessionskette identifiziert werden. Wurde die Kette unterbrochen, kann sie nicht mit Wirkung ex tunc repariert werden, und der gutgläubige Erwerber ist nicht geschützt. Der Zessionar trägt die Beweislast für die lückenlose Zessionskette. Die Gesellschaft kann ihn von diesem Nachweis nicht entbinden (auch nicht, indem sie bestätigt, der Zedent sei rechtmässiger Inhaber der Aktien) 4A_314/2016 (17.11.16) E. 4.2.3. Bei Inhaberaktien ist eine Legalzession (Art. 401 Abs. 1) von vornherein ausgeschlossen, weil der Besitz am Papier für den Nachweis der Legitimation erforderlich ist, bis zum Beweis des Gegenteils aber auch ausreicht 124 III 350/353 E.c. Formvoraussetzung bei der Zession von nicht verbrieften Inhaberaktien ist erfüllt, wenn die schriftlichen und unterzeichneten Protokolle der Generalversammlung die Beteiligungsverhältnisse darstellen und die Verwaltungsräte die beteiligten Personen sind (Zedent und Zessionar) 4A_248/2015 (15.1.16) E. 4.3.

2 ***Abs. 2*** Teilliberierte Inhaberaktien können nicht übertragen werden. Damit wird ein Übergang der Liberierungspflicht des Zeichners auf einen zahlungsunfähigen Dritten verhindert. Dieser Zweck verbietet der Gesellschaft auch, die Übertragung der Liberierungsverpflichtung des Zeichners auf einen Dritten im Sinne einer Schuldübernahme zu genehmigen 4C.229/2004 (9.8.04) E. 2.2.

II. Namenaktien

Art. 684

[1] Die Namenaktien sind, wenn nicht Gesetz oder Statuten es anders bestimmen, ohne Beschränkung übertragbar.

[2] Die Übertragung durch Rechtsgeschäft kann durch Übergabe des indossierten Aktientitels an den Erwerber erfolgen.

Abs. 1 Namenaktien sind Ordrepapiere 120 IV 276/278 E. 3 fr. Verbriefte Namenaktien, bei denen es sich in der Regel um Ordrepapiere handelt, werden regelmässig durch Indossierung übertragen, können jedoch auch zediert werden (Besitzverschaffung am Papier ist Voraussetzung für den Übergang der Rechte, Art. 967 Abs. 2) 124 III 350/353 E.c. 1

H. Beschränkung der Übertragbarkeit I. Gesetzliche Beschränkung

Art. 685

[1] Nicht voll liberierte Namenaktien dürfen nur mit Zustimmung der Gesellschaft übertragen werden, es sei denn, sie werden durch Erbgang, Erbteilung, eheliches Güterrecht oder Zwangsvollstreckung erworben.

[2] Die Gesellschaft kann die Zustimmung nur verweigern, wenn die Zahlungsfähigkeit des Erwerbers zweifelhaft ist und die von der Gesellschaft geforderte Sicherheit nicht geleistet wird.

II. Statutarische Beschränkung 1. Grundsätze

Art. 685a

[1] Die Statuten können bestimmen, dass Namenaktien nur mit Zustimmung der Gesellschaft übertragen werden dürfen.

[2] Diese Beschränkung gilt auch für die Begründung einer Nutzniessung.

[3] Tritt die Gesellschaft in Liquidation, so fällt die Beschränkung der Übertragbarkeit dahin.

Abs. 1 Zur Zulässigkeit einer prozentualen Begrenzung von Namenaktien 4C.35/2007 (18.4.07) E. 3. 1

Keine Anwendung der Business Judgment Rule. Ein Entscheid des Verwaltungsrats, mit welchem er von der gesetzlichen (oder auch statutarischen) Befugnis gemäss Art. 685a Abs. 1 zum Ankauf eigener Aktien und der Verweigerung der Übertragung auf einen anderen Erwerber Gebrauch macht, fällt nicht in den Anwendungsbereich der Überprüfungsbeschränkung der Business Judgment Rule. Diese ist auf Geschäftsentscheide anwendbar, mit der Begründung, dass sich das Gericht nicht anmasst, eigentliche unternehmerische Entscheide im Nachhinein besser beurteilen zu können als die damalig im konkreten Geschäft tätigen verantwortlichen Personen. Demgegenüber eignen sich andere Aufgaben des Verwaltungsrats, namentlich Kontroll- und Organisationsaufgaben, für eine justizmässige Nachkontrolle 4A_623/2018 (31.7.19) E. 3.1 (in 145 III 351 n.p. E.). 2

2. Nicht börsenkotierte Namenaktien a. Voraussetzungen der Ablehnung

Art. 685b

[1] Die Gesellschaft kann das Gesuch um Zustimmung ablehnen, wenn sie hierfür einen wichtigen, in den Statuten genannten Grund bekanntgibt oder wenn sie dem Veräusserer der Aktien anbietet, die Aktien für eigene Rechnung, für Rechnung anderer Aktionäre oder für Rechnung Dritter zum wirklichen Wert im Zeitpunkt des Gesuches zu übernehmen.

[2] Als wichtige Gründe gelten Bestimmungen über die Zusammensetzung des Aktionärskreises, die im Hinblick auf den Gesellschaftszweck oder die wirtschaftliche Selbständigkeit des Unternehmens die Verweigerung rechtfertigen.

[3] Die Gesellschaft kann überdies die Eintragung in das Aktienbuch verweigern, wenn der Erwerber nicht ausdrücklich erklärt, dass er die Aktien im eigenen Namen und auf eigene Rechnung erworben hat.

[4] Sind die Aktien durch Erbgang, Erbteilung, eheliches Güterrecht oder Zwangsvollstreckung erworben worden, so kann die Gesellschaft das Gesuch um Zustimmung nur ablehnen, wenn sie dem Erwerber die Übernahme der Aktien zum wirklichen Wert anbietet.

[5] Der Erwerber kann verlangen, dass das Gericht am Sitz der Gesellschaft den wirklichen Wert bestimmt. Die Kosten der Bewertung trägt die Gesellschaft.

[6] Lehnt der Erwerber das Übernahmeangebot nicht innert eines Monates nach Kenntnis des wirklichen Wertes ab, so gilt es als angenommen.

[7] Die Statuten dürfen die Voraussetzungen der Übertragbarkeit nicht erschweren.

1 ***Abs. 1*** **Allgemeines.** Das bedingte Ankaufsrecht gemäss Abs. 1 ermöglicht der Gesellschaft, bei nicht kotierten Aktien auch ohne das Vorliegen wichtiger Gründe auf die personelle Zusammensetzung des Aktionärskreises Einfluss zu nehmen, unerwünschte Personen als Aktionäre fernzuhalten und Veränderungen der bestehenden Machtverhältnisse innerhalb der Gesellschaft zu verhindern 4C.202/2006 (29.9.06) E. 4.5.1, 4C.242/2001 (5.3.03) E. 5.2, 109 II 43/46 E. 3b. Zur Bedeutung von Abs. 1 in Sanierungskonstellationen, vgl. 4C.202/2006 (29.9.06) E. 4.5.2. Die mit der Ablehnung der Zustimmung zu verbindende Erklärung der Gesellschaft, die Namenaktien selber zum wirklichen Wert übernehmen zu wollen, stellt ein Übernahmeangebot dar. Eine Veräusserung der Aktien an die Gesellschaft kommt nur zustande, wenn dieses Angebot angenommen wird 4C.242/2001 (5.3.03) E. 2.2.

2 **Aktivlegitimation des abgelehnten Erwerbers zur Klage gegen die AG.** Das Gesetz regelt die Klagerechte, mit denen die richterliche Überprüfung der Handhabung der Vinkulierung durch die Gesellschaft angerufen werden kann, nicht im Zusammenhang. Das Bundesgericht hat unter früherem Recht festgestellt, der Anspruch richte sich gegen die Gesellschaft, gleichgültig welches ihrer Organe mit der Gewährung oder Verweigerung der Zustimmung betraut ist. Gehe die Verweigerung vom Verwaltungsrat aus, sei nicht der Verwaltungsratsbeschluss anzufechten. Vielmehr könne mit einer Leistungsklage auf Erfüllung, d.h. auf Zustimmung zur Übertragung und Eintragung ins Aktienbuch geklagt werden 145 III 351/355 f. E. 2 unter Verweis auf 76 II 51/67 f. E. 4 (der bereits durch 4C.242/2001 [5.3.03] implizit bestätigt wurde). In 76 II 51/67 f. E. 4 wurde offengelassen, ob neben dem Aktienveräusserer auch der Erwerber zur Klage berechtigt wäre. In der Lehre sind die Auffassungen im Falle von nicht kotierten Namenaktien geteilt. Der vom Veräusserer ursprünglich ausgewählte, nun durch die Gesellschaft abgelehnte Erwerber

hätte eigentlich als Nichtaktionär keine Klage gegen die Gesellschaft. Jedoch trifft es zu, wie von den Befürwortern einer Klageberechtigung des Erwerbers gesagt wird, dass das gesetzliche Ankaufsrecht der Gesellschaft gemäss Art. 685b Abs. 1 in jeden Kaufvertrag über vinkulierte nicht kotierte Namenaktien eingreift und deshalb bei Widerrechtlichkeit der Ablehnung auch der Erwerber aktivlegitimiert sein muss 145 III 351/355 f. E. 2.

Randbedingungen beim Übernahmeangebot zum wirklichen Wert. Eine Gesell- 3
schaft kann einen Erwerber nach Art. 685b Abs. 1 nur ablehnen, wenn sie entweder wichtige Gründe geltend machen kann oder die Übernahme der Aktien zum wirklichen Wert anbietet (sog. «escape clause»). Bei einem Übernahmeangebot zum wirklichen Wert müssen keine wichtigen Gründe vorliegen und überhaupt müssen Gründe auch nicht genannt werden. Gleichwohl muss der Entscheid gewisse Randbedingungen beachten. Er muss das Gleichbehandlungsgebot achten und darf nicht rechtsmissbräuchlich sein. Ein offenbarer Missbrauch des Rechts liegt vor, wenn der Entscheid sich nicht durch vernünftige wirtschaftliche Erwägungen rechtfertigen lässt bzw. keine in der Interessensphäre der Gesellschaft liegenden vertretbaren Gründe gegen die Anerkennung des Erwerbers sprechen oder die Interessen der Minderheit offensichtlich beeinträchtigt und Sonderinteressen der Mehrheit ohne Grund bevorzugt werden. Für die Rechtfertigung eines Beschlusses durch vernünftige wirtschaftliche Erwägungen ist auf die Interessen der Gesellschaft und der Gesamtheit der Aktionäre abzustellen, wobei indessen keine Prüfung seiner Angemessenheit erfolgt 145 III 351/357 E. 3.2.1, 4C.242/2001 (5.3.03) E. 2.2. Gemäss gewissen Lehrmeinungen ist Rechtsmissbrauch auch ausgeschlossen, wenn die Ausübung der «escape clause» der Verwirklichung eines Erwerbsvorrechts der bisherigen Aktionäre gegenüber Dritten dient 145 III 351/357 E. 3.2.1. In casu Rechtsmissbräuchlichkeit verneint, weil die «escape clause» durch vernünftige wirtschaftliche Überlegungen gerechtfertigt ist 145 III 351/357 E. 3.2.2.

Abs. 4 Zum wirklichen Wert vgl. 4C. 363/2000 (3.4.01) E. 3, 120 II 259/260 ff. E. 2 4
(Entscheid zu aOR Art. 686 Abs. 4).

Abs. 5 Im Rahmen eines Erb- und Erbverzichtsvertrages kann die Kostentragung abwei- 5
chend geregelt werden 4C.363/2000 (3.4.01) E. 5.

Abs. 6 Das Übernahmeangebot gilt als angenommen, wenn es nicht innert eines Monats 6
nach Kenntnis des wirklichen Wertes abgelehnt wird. Das Gesetz spricht hier versehentlich von der Ablehnung durch den Erwerber; die Ablehnung hat indessen ebenfalls durch den Veräusserer zu erfolgen, dem die Übernahme durch die Gesellschaft anzubieten ist. Insoweit ist das Ankaufsrecht der Gesellschaft bedingt, das heisst von der Annahme des Angebots durch den Veräusserer abhängig. Es weist gesetzlichen Charakter auf, da es seinen Rechtsgrund im Gesetz selbst hat und keiner ausdrücklichen Verankerung in den Statuten bedarf. Voraussetzung für dessen Bestand ist einzig, dass die Statuten die Übertragung der Aktien von der Zustimmung der Gesellschaft abhängig machen 4C.242/2001 (5.3.03) E. 2.2.

b. Wirkung

Art. 685c

[1] Solange eine erforderliche Zustimmung zur Übertragung von Aktien nicht erteilt wird, verbleiben das Eigentum an den Aktien und alle damit verknüpften Rechte beim Veräusserer.

[2] Beim Erwerb von Aktien durch Erbgang, Erbteilung, eheliches Güterrecht oder Zwangsvollstreckung gehen das Eigentum und die Vermögensrechte sogleich, die Mitwirkungsrechte erst mit der Zustimmung der Gesellschaft auf den Erwerber über.

[3] Lehnt die Gesellschaft das Gesuch um Zustimmung innert dreier Monate nach Erhalt nicht oder zu Unrecht ab, so gilt die Zustimmung als erteilt.

1 Die Genehmigung der Übertragung von Namensaktien durch das zuständige Organ der Aktiengesellschaft ist ein juristischer Gestaltungsakt, da sie dem Aktionär die Möglichkeit gibt, über seine Aktientitel zu verfügen, die er zuvor nicht besass; Gestaltungsakte sind in der Regel unwiderruflich 4A_440/2017 (3.4.20) E. 4.

3. Börsenkotierte Namenaktien a. Voraussetzungen der Ablehnung

Art. 685d

[1] Bei börsenkotierten Namenaktien kann die Gesellschaft einen Erwerber als Aktionär nur ablehnen, wenn die Statuten eine prozentmässige Begrenzung der Namenaktien vorsehen, für die ein Erwerber als Aktionär anerkannt werden muss, und diese Begrenzung überschritten wird.

[2] Die Gesellschaft kann überdies die Eintragung in das Aktienbuch verweigern, wenn der Erwerber auf ihr Verlangen nicht ausdrücklich erklärt, dass er die Aktien im eigenen Namen und auf eigene Rechnung erworben hat.

[3] Sind börsenkotierte Namenaktien durch Erbgang, Erbteilung oder eheliches Güterrecht erworben worden, kann der Erwerber nicht abgelehnt werden.

b. Meldepflicht

Art. 685e

Werden börsenkotierte Namenaktien börsenmässig verkauft, so meldet die Veräussererbank den Namen des Veräusserers und die Anzahl der verkauften Aktien unverzüglich der Gesellschaft.

c. Rechtsübergang

Art. 685f

[1] Werden börsenkotierte Namenaktien börsenmässig erworben, so gehen die Rechte mit der Übertragung auf den Erwerber über. Werden börsenkotierte Namenaktien ausserbörslich erworben, so gehen die Rechte auf den Erwerber über, sobald dieser bei der Gesellschaft ein Gesuch um Anerkennung als Aktionär eingereicht hat.

[2] Bis zur Anerkennung des Erwerbers durch die Gesellschaft kann dieser weder das mit den Aktien verknüpfte Stimmrecht noch andere mit dem Stimmrecht zusammenhängende Rech-

te ausüben. In der Ausübung aller übrigen Aktionärsrechte, insbesondere auch des Bezugsrechts, ist der Erwerber nicht eingeschränkt.

[3] Noch nicht von der Gesellschaft anerkannte Erwerber sind nach dem Rechtsübergang als Aktionär ohne Stimmrecht ins Aktienbuch einzutragen. Die entsprechenden Aktien gelten in der Generalversammlung als nicht vertreten.

[4] Ist die Ablehnung widerrechtlich, so hat die Gesellschaft das Stimmrecht und die damit zusammenhängenden Rechte vom Zeitpunkt des richterlichen Urteils an anzuerkennen und dem Erwerber Schadenersatz zu leisten, sofern sie nicht beweist, dass ihr kein Verschulden zur Last fällt.

d. Ablehnungsfrist

Art. 685g

Lehnt die Gesellschaft das Gesuch des Erwerbers um Anerkennung innert 20 Tagen nicht ab, so ist dieser als Aktionär anerkannt.

4. Aktienbuch a. Eintragung

Art. 686

[1] Die Gesellschaft führt über die Namenaktien ein Aktienbuch, in welches die Eigentümer und Nutzniesser mit Namen und Adresse eingetragen werden. Sie muss es so führen, dass in der Schweiz jederzeit darauf zugegriffen werden kann.

[2] Die Eintragung in das Aktienbuch setzt einen Ausweis über den Erwerb der Aktie zu Eigentum oder die Begründung einer Nutzniessung voraus.

[3] Die Gesellschaft muss die Eintragung auf dem Aktientitel bescheinigen.

[4] Im Verhältnis zur Gesellschaft gilt als Aktionär oder als Nutzniesser, wer im Aktienbuch eingetragen ist.

[5] Die Belege, die einer Eintragung zugrunde liegen, müssen während zehn Jahren nach der Streichung des Eigentümers oder Nutzniessers aus dem Aktienbuch aufbewahrt werden.

Abs. 1 Wenn das Aktienkapital ausschliesslich aus Inhaberaktien besteht, muss kein Aktienbuch geführt werden 4C.41/2004 (3.5.04) E. 3.2. 1

Abs. 2 Der Fiduziant, der sich auf den Rechtsübergang gemäss Art. 401 Abs. 1 beruft, hat seine Legitimation nachzuweisen 124 III 350/354. 2

b. Streichung

Art. 686a

Die Gesellschaft kann nach Anhörung des Betroffenen Eintragungen im Aktienbuch streichen, wenn diese durch falsche Angaben des Erwerbers zustande gekommen sind. Dieser muss über die Streichung sofort informiert werden.

5. Nicht voll einbezahlte Namenaktien

Art. 687

[1] Der Erwerber einer nicht voll einbezahlten Namenaktie ist der Gesellschaft gegenüber zur Einzahlung verpflichtet, sobald er im Aktienbuch eingetragen ist.

[2] Veräussert der Zeichner die Aktie, so kann er für den nicht einbezahlten Betrag belangt werden, wenn die Gesellschaft binnen zwei Jahren seit ihrer Eintragung in das Handelsregister in Konkurs gerät und sein Rechtsnachfolger seines Rechtes aus der Aktie verlustig erklärt worden ist.

[3] Der Veräusserer, der nicht Zeichner ist, wird durch die Eintragung des Erwerbers der Aktie im Aktienbuch von der Einzahlungspflicht befreit.

[4] Solange Namenaktien nicht voll einbezahlt sind, ist auf jedem Titel der auf den Nennwert einbezahlte Betrag anzugeben.

1 *Abs. 2* Die Bestimmung gilt ausschliesslich für den Verkauf von teilliberierten Namenaktien. Da teilliberierte Inhaberaktien nicht ausgegeben werden dürfen und damit auch nicht verkauft werden können, liegt keine Gesetzeslücke vor. Für Inhaberaktien gilt die allgemeine Verjährungsfrist von zehn Jahren gemäss Art. 127 4C.229/2004 (9.8.04) E. 3.1.

III. Interimsscheine

Art. 688

[1] Auf den Inhaber lautende Interimsscheine dürfen nur für Inhaberaktien ausgegeben werden, deren Nennwert voll einbezahlt ist. Vor der Volleinzahlung ausgegebene, auf den Inhaber lautende Interimsscheine sind nichtig. Schadenersatzansprüche bleiben vorbehalten.

[2] Werden für Inhaberaktien auf den Namen lautende Interimsscheine ausgestellt, so können sie nur nach den für die Abtretung von Forderungen geltenden Bestimmungen übertragen werden, jedoch ist die Übertragung der Gesellschaft gegenüber erst wirksam, wenn sie ihr angezeigt wird.

[3] Interimsscheine für Namenaktien müssen auf den Namen lauten. Die Übertragung solcher Interimsscheine richtet sich nach den für die Übertragung von Namenaktien geltenden Vorschriften.

J. Persönliche Mitgliedschaftsrechte I. Teilnahme an der Generalversammlung

1. Grundsatz

Art. 689

[1] Der Aktionär übt seine Rechte in den Angelegenheiten der Gesellschaft, wie Bestellung der Organe, Abnahme des Geschäftsberichtes und Beschlussfassung über die Gewinnverwendung, in der Generalversammlung aus.

[2] Er kann seine Aktien in der Generalversammlung selbst vertreten oder durch einen Dritten vertreten lassen, der unter Vorbehalt abweichender statutarischer Bestimmungen nicht Aktionär zu sein braucht.

Abs. 2 Vorliegen eines sachlichen Grundes für die Beschränkung der Vertretung auf Aktionäre bejaht 4C.35/2007 (18.4.07) E. 4. 1

2. Berechtigung gegenüber der Gesellschaft

Art. 689a

[1] Die Mitgliedschaftsrechte aus Namenaktien kann ausüben, wer durch den Eintrag im Aktienbuch ausgewiesen oder vom Aktionär dazu schriftlich bevollmächtigt ist.

[2] Die Mitgliedschaftsrechte aus Inhaberaktien kann ausüben, wer sich als Besitzer ausweist, indem er die Aktien vorlegt. Der Verwaltungsrat kann eine andere Art des Besitzesausweises anordnen.

Abs. 1 Der Stimmrechtsvertreter eines Namenaktionärs legitimiert sich also doppelt: durch den Aktienbucheintrag des Aktionärs und dessen schriftliche Vollmacht 4A_260/2018 (28.11.18) E. 3.2.1. 1

Abs. 2 Entsprechend den sachenrechtlichen Regeln (ZGB Art. 930) begründet der Besitz einer Inhaberaktie die Vermutung, dass der Besitzer auch Inhaber des materiellen Mitgliedschaftsrechts ist 4C.275/2005 (21.12.05) E. 2.1, 123 IV 132/140 f. E. d (Gegenbeweis ist nicht ausgeschlossen). 2

3. Vertretung des Aktionärs a. Im Allgemeinen

Art. 689b

[1] Wer Mitwirkungsrechte als Vertreter ausübt, muss die Weisungen des Vertretenen befolgen.

[2] Wer eine Inhaberaktie aufgrund einer Verpfändung, Hinterlegung oder leihweisen Überlassung besitzt, darf die Mitgliedschaftsrechte nur ausüben, wenn er vom Aktionär hierzu in einem besonderen Schriftstück bevollmächtigt wurde.

Abs. 2 Die Legitimationsvermutung aus dem Besitz der Inhaberaktie auf das Mitgliedschaftsrecht ist Ausfluss des Gutglaubensschutzes; daraus leitet sich insbesondere ab, dass bei anvertrauten Inhaberaktien die Vertretungsermächtigung des Aktionärs (Art. 689b Abs. 2) keine körperschaftliche Legitimationsermächtigung des Aktionärs entfaltet und eine statutarische Erschwerung der Legitimation durch den Besitz am Inhaberpapier unzulässig ist 123 IV 132/140 f. E.d. 1

b. Organvertreter

Art. 689c

Schlägt die Gesellschaft den Aktionären ein Mitglied ihrer Organe oder eine andere abhängige Person für die Stimmrechtsvertretung an einer Generalversammlung vor, so muss sie zugleich eine unabhängige Person bezeichnen, die von den Aktionären mit der Vertretung beauftragt werden kann.

c. Depotvertreter

Art. 689d

[1] Wer als Depotvertreter Mitwirkungsrechte aus Aktien, die bei ihm hinterlegt sind, ausüben will, ersucht den Hinterleger vor jeder Generalversammlung um Weisungen für die Stimmabgabe.

[2] Sind Weisungen des Hinterlegers nicht rechtzeitig erhältlich, so übt der Depotvertreter das Stimmrecht nach einer allgemeinen Weisung des Hinterlegers aus; fehlt eine solche, so folgt er den Anträgen des Verwaltungsrates.

[3] Als Depotvertreter gelten die dem Bankengesetz vom 8. November 1934 unterstellten Institute und die Finanzinstitute nach dem Finanzinstitutsgesetz vom 15. Juni 2018.

d. Bekanntgabe

Art. 689e

[1] Organe, unabhängige Stimmrechtsvertreter und Depotvertreter geben der Gesellschaft Anzahl, Art, Nennwert und Kategorie der von ihnen vertretenen Aktien bekannt. Unterbleiben diese Angaben, so sind die Beschlüsse der Generalversammlung unter den gleichen Voraussetzungen anfechtbar wie bei unbefugter Teilnahme an der Generalversammlung.

[2] Der Vorsitzende teilt die Angaben gesamthaft für jede Vertretungsart der Generalversammlung mit. Unterlässt er dies, obschon ein Aktionär es verlangt hat, so kann jeder Aktionär die Beschlüsse der Generalversammlung mit Klage gegen die Gesellschaft anfechten.

4. Mehrere Berechtigte

Art. 690

[1] Steht eine Aktie in gemeinschaftlichem Eigentum, so können die Berechtigten die Rechte aus der Aktie nur durch einen gemeinsamen Vertreter ausüben.

[2] Im Falle der Nutzniessung an einer Aktie wird diese durch den Nutzniesser vertreten; er wird dem Eigentümer ersatzpflichtig, wenn er dabei dessen Interessen nicht in billiger Weise Rücksicht trägt.

1 ***Abs. 1*** Die Rechte aus einer Aktie sind unteilbar; insbesondere die Ausübung des Stimmrechts in der Generalversammlung soll durch einen gemeinsam bestimmten Vertreter erfolgen 4A_197/2008 (24.6.08) E. 2.2. Gemeinschaftliches Eigentum: z.B. Erbengemeinschaft 118 II 496/500 fr.; Aktionärskonsortium 4A_197/2008 (24.6.08). Die Regelung ist erforderlich, weil die Rechte aus einer Aktie unteilbar sind 4A_197/2008 (24.6.08) E. 2.2. Aktionäre, die Miteigentümer sind, können nur durch einen gemeinsamen Vertreter an der Generalversammlung teilnehmen und das Stimmrecht ausüben. Die Ernennung des gemeinsamen Vertreters richtet sich nach den für die betreffende Gemeinschaft geltenden Regeln (im Falle einer Erbgemeinschaft wird der Vertreter einstimmig von ihren Mitgliedern oder, in Ermangelung dessen, vom Richter bestimmt, ZGB Art. 602 Abs. 3). Es liegt in der Verantwortung der Berechtigten und nicht des Unternehmens, die Ernennung eines gemeinsamen Vertreters zu beantragen. Art. 690 Abs. 1 soll die Funktionsfähigkeit der Gesellschaft ermöglichen und befreit sie von der Pflicht, das Innenverhältnis zwischen

den Personen, die Miteigentümer sind, zu untersuchen. In Ermangelung eines gemeinsamen Vertreters sind die Aktien somit nicht im Sinne von Art. 703 vertreten, weder in Bezug auf die Teilnahme an der Generalversammlung noch in Bezug auf die Ausübung des Stimmrechts 4A_516/2016 (28.8.17) E. 7.2.2 fr.

II. Unbefugte Teilnahme

Art. 691

[1] Die Überlassung von Aktien zum Zwecke der Ausübung des Stimmrechts in der Generalversammlung ist unstatthaft, wenn damit die Umgehung einer Stimmrechtsbeschränkung beabsichtigt ist.

[2] Jeder Aktionär ist befugt, gegen die Teilnahme unberechtigter Personen beim Verwaltungsrat oder zu Protokoll der Generalversammlung Einspruch zu erheben.

[3] Wirken Personen, die zur Teilnahme an der Generalversammlung nicht befugt sind, bei einem Beschlusse mit, so kann jeder Aktionär, auch wenn er nicht Einspruch erhoben hat, diesen Beschluss anfechten, sofern die beklagte Gesellschaft nicht nachweist, dass diese Mitwirkung keinen Einfluss auf die Beschlussfassung ausgeübt hatte.

Abs. 3 **Allgemeines.** Der dem Aktionär zur Verfügung stehende Rechtsbehelf ist ein Unterfall der allgemeinen Anfechtungsklage nach Art. 706 f. Es handelt sich um eine Gestaltungsklage, die auf eine rückwirkende Aufhebung des angefochtenen Generalversammlungsbeschlusses für und gegen alle Aktionäre abzielt (das Bundesgericht verweist irrtümlich auf Art. 705 Abs. 5, recte: 706 Abs. 5). Sie steht einzig für die Behauptung offen, ein Beschluss der Generalversammlung verstosse zwar nicht inhaltlich, aber wegen der Art seines Zustandekommens gegen das Gesetz oder die Statuten. Anfechtungsobjekt ist dessen ungeachtet der Beschluss in seiner materiellen Tragweite und begehrt wird die Beseitigung seiner Rechtswirkung 4C.107/2005 (29.6.05) E. 2.1, 122 III 279/281 E. 2. – Eine positive Beschlussfeststellungsklage auf die vorliegende Bestimmung zu stützen ist unzulässig, weil eine derartige Klageform dem schweizerischen Rechtssystem unbekannt ist 4P.22/2000 (28.3.00) E. 2.a. 1

Nachweis der Gesellschaft, dass das Abstimmungsergebnis nicht beeinflusst worden ist. Dreht sich der Anfechtungsstreit ausschliesslich um die Frage einer Missachtung von Stimmverbotsvorschriften und nicht (auch) um die Teilnahme Unbefugter an der Generalversammlung, ist im Rahmen der Kausalitätswiderlegung einzig zu prüfen, ob die unzulässig abgegebenen Stimmen das Abstimmungsergebnis zahlenmässig beeinflusst haben 122 III 279/285 E.cc. 2

Rechtsschutzinteresse des Anfechtenden. Dieses fehlt, wenn der Anfechtende bloss die Bestätigung eines Mehrheitsbeschlusses mit der Feststellung eines neuen Stimmenverhältnisses erreichen will. Das gilt selbst dann, wenn der betreffende Mehrheitsbeschluss gleichzeitig Gegenstand einer Anfechtungsklage anderer Aktionäre ist 122 III 279/282 ff. E. 3. 3

III. Stimmrecht in der Generalversammlung 1. Grundsatz

Art. 692

[1] Die Aktionäre üben ihr Stimmrecht in der Generalversammlung nach Verhältnis des gesamten Nennwerts der ihnen gehörenden Aktien aus.

[2] Jeder Aktionär hat, auch wenn er nur eine Aktie besitzt, zum mindesten eine Stimme. Doch können die Statuten die Stimmenzahl der Besitzer mehrerer Aktien beschränken.

[3] Bei der Herabsetzung des Nennwerts der Aktien im Fall einer Sanierung der Gesellschaft kann das Stimmrecht dem ursprünglichen Nennwert entsprechend beibehalten werden.

1 ***Abs. 3*** Unentziehbares Recht des Aktionärs auf mindestens eine Stimme 121 III 420/431 E. 4c/cc.

2. Stimmrechtsaktien

Art. 693

[1] Die Statuten können das Stimmrecht unabhängig vom Nennwert nach der Zahl der jedem Aktionär gehörenden Aktien festsetzen, so dass auf jede Aktie eine Stimme entfällt.

[2] In diesem Falle können Aktien, die einen kleineren Nennwert als andere Aktien der Gesellschaft haben, nur als Namenaktien ausgegeben werden und müssen voll liberiert sein. Der Nennwert der übrigen Aktien darf das Zehnfache des Nennwertes der Stimmrechtsaktien nicht übersteigen.

[3] Die Bemessung des Stimmrechts nach der Zahl der Aktien ist nicht anwendbar für:

1. die Wahl der Revisionsstelle;
2. die Ernennung von Sachverständigen zur Prüfung der Geschäftsführung oder einzelner Teile;
3. die Beschlussfassung über die Einleitung einer Sonderprüfung;
4. die Beschlussfassung über die Anhebung einer Verantwortlichkeitsklage.

1 ***Abs. 3 Ziff. 1*** Nach Art. 693 Abs. 1 können die Statuten das Stimmrecht unabhängig vom Nennwert nach der Zahl der jedem Aktionär gehörenden Aktien festsetzen, sodass auf jede Aktie eine Stimme entfällt. Die Bemessung des Stimmrechts nach der Zahl der Aktien ist jedoch nach Art. 693 Abs. 3 nicht anwendbar für bestimmte Geschäfte, namentlich für die Wahl der Revisionsstelle (Art. 693 Abs. 3 Ziff. 1). Hier bemisst sich die Stimmkraft nach dem Nominalwert der Aktien und entscheidet im Ergebnis die Kapitalmehrheit 143 III 120/123 E. 3.1. Die Statuten können dem Vorsitzenden der Generalversammlung den Stichentscheid für den Fall der Stimmengleichheit verleihen, um deren Beschlussfähigkeit zu ermöglichen 95 II 555/559 ff. E. 2. Der Vorsitzende der Generalversammlung ist in der Regel wie vorliegend der Verwaltungsratspräsident. Der Verwaltungsrat und mindestens indirekt auch dessen Präsident (vgl. Art. 712) wird von der Generalversammlung gewählt (Art. 698 Abs. 2 Ziff. 2). Für diese Wahl ist jedoch – wenn die Statuten wie hier nichts Abweichendes vorsehen – die Mehrheit der Aktienstimmen und damit gerade nicht die Kapitalmehrheit massgebend (vgl. Art. 693, Art. 704). Dass aber eine mit der Stimmenmehrheit und dem entsprechenden Übergewicht der Stimmrechtsaktien gewählte Person durch Stichentscheid über die Wahl der Revisionsstelle entscheiden kann, ist mit Art. 693 Abs. 3 nicht vereinbar. Denn für die Wahl der Revisionsstelle ist der Grundsatz der kapital-

mässigen Bemessung des Stimmrechts nach Art. 693 Abs. 3 zwingend 143 III 120/123 f. E. 3.2.

3. Entstehung des Stimmrechts

Art. 694

Das Stimmrecht entsteht, sobald auf die Aktie der gesetzlich oder statutarisch festgesetzte Betrag einbezahlt ist.

4. Ausschliessung vom Stimmrecht

Art. 695

[1] Bei Beschlüssen über die Entlastung des Verwaltungsrates haben Personen, die in irgendeiner Weise an der Geschäftsführung teilgenommen haben, kein Stimmrecht.

[2] …

Abs. 1 Die Bestimmung schliesst aus, dass die mit der Geschäftsführung betrauten Aktionäre gegen den Willen der übrigen Aktionäre Entlastung erteilen und letztlich über den Verzicht der Gesellschaft auf eine gegen sie selbst gerichtete Forderung beschliessen können. Der Entlastungsbeschluss lässt allfällige Schadenersatzansprüche der Gesellschaft gegenüber ihren Organen untergehen oder bedeutet eine negative Schuldanerkennung. Entlastungsbeschlüsse, an denen nicht stimmberechtigte Personen mitgewirkt haben, sind im Sinne von Art. 706 anfechtbar und nicht nichtig 4C.107/2005 (29.6.05) E. 2.2. – Ein Aktionär, der mit der Geschäftsführung betraut ist, ist auch insofern von der Beschlussfassung der Generalversammlung über die Entlastung des Verwaltungsrates ausgeschlossen, als er die Stimme eines nicht an der Geschäftsführung beteiligten Aktionärs vertritt 128 III 142/145 E. 3c. 1

IV. Kontrollrechte der Aktionäre 1. Bekanntgabe des Geschäftsberichtes

Art. 696

[1] Spätestens 20 Tage vor der ordentlichen Generalversammlung sind der Geschäftsbericht und der Revisionsbericht den Aktionären am Gesellschaftssitz zur Einsicht aufzulegen. Jeder Aktionär kann verlangen, dass ihm unverzüglich eine Ausfertigung dieser Unterlagen zugestellt wird.

[2] Namenaktionäre sind hierüber durch schriftliche Mitteilung zu unterrichten, Inhaberaktionäre durch Bekanntgabe im Schweizerischen Handelsamtsblatt sowie in der von den Statuten vorgeschriebenen Form.

[3] Jeder Aktionär kann noch während eines Jahres nach der Generalversammlung von der Gesellschaft den Geschäftsbericht in der von der Generalversammlung genehmigten Form sowie den Revisionsbericht verlangen.

Abs. 3 Dieses Informationsrecht ist ein persönliches Mitgliedschaftsrecht des Aktionärs. 1
Es soll diesem ermöglichen, die finanzielle Lage der Gesellschaft einzuschätzen und seine

Kontrollrechte gegenüber der Gesellschaft und ihren Organen wahrzunehmen. Dieser Schutzzweck entfällt, wenn ein Aktionär seine Aktien verkauft. Ein ehemaliger Aktionär hat kein schützenswertes Interesse mehr an der Ausübung seiner vormaligen Informationsrechte 4C.9/2003 (4.4.03) E. 2.3 (n.p. in 129 III 499).

2. Auskunft und Einsicht

Art. 697

[1] Jeder Aktionär ist berechtigt, an der Generalversammlung vom Verwaltungsrat Auskunft über die Angelegenheiten der Gesellschaft und von der Revisionsstelle über Durchführung und Ergebnis ihrer Prüfung zu verlangen.

[2] Die Auskunft ist insoweit zu erteilen, als sie für die Ausübung der Aktionärsrechte erforderlich ist. Sie kann verweigert werden, wenn durch sie Geschäftsgeheimnisse oder andere schutzwürdige Interessen der Gesellschaft gefährdet werden.

[3] Die Geschäftsbücher und Korrespondenzen können nur mit ausdrücklicher Ermächtigung der Generalversammlung oder durch Beschluss des Verwaltungsrates und unter Wahrung der Geschäftsgeheimnisse eingesehen werden.

[4] Wird die Auskunft oder die Einsicht ungerechtfertigterweise verweigert, so ordnet das Gericht sie auf Antrag an.

1 **Zweck beider Ansprüche.** Sowohl das Einsichtsrecht als auch das Auskunftsrecht dienen dazu, dem Aktionär jene Informationen zu verschaffen, die zur sinnvollen Ausübung der Aktionärsrechte erforderlich sind. In Betracht kommen insbesondere das Stimmrecht, d.h. die Meinungsbildung hinsichtlich der Abnahme der Jahresrechnung und der Gewinnverteilung sowie der Wahlen und Décharge-Erteilung, sodann das Recht auf Durchführung einer Sonderprüfung, die Anfechtung von Beschlüssen der Generalversammlung und die Verantwortlichkeitsklage. Auch das Recht auf Veräusserung der Aktien kann zu Einsichtsbegehren Anlass bilden, wenn der Aktionär den wirklichen Wert seiner Aktien erfahren will 132 III 71/75 f. E. 1.3 (zum Einsichtsrecht), 4C.234/2002 (4.6.03) E. 4.1 (zum Auskunftsrecht); s. zum Recht auf Veräusserung als Anlass für ein Einsichtsbegehren auch 4A_107/2018 (29.10.18) E. 8.

2 **Unterscheidung der Ansprüche.** Das Recht auf Einsicht und das Recht auf Auskunft weisen nicht nur in Bezug auf den Inhalt, sondern auch in Bezug auf das für die Geltendmachung einzuhaltende Verfahren Unterschiede auf. Gegenstand des Einsichtsrechts sind bestehende Dokumente. Bei der Auskunftserteilung formuliert demgegenüber der Verwaltungsrat selbst einen Informationsinhalt über einen bestimmten Sachverhalt. Dieser Informationsinhalt wird grundsätzlich mündlich an der Generalversammlung bekannt gegeben und protokolliert. Durch die mündliche Bekanntgabe erlangen alle an der Generalversammlung anwesenden Aktionäre und durch die Möglichkeit, in das Generalver-

sammlungsprotokoll Einsicht zu nehmen, auch die übrigen Aktionäre vom Informationsinhalt Kenntnis. Die durch die Einsicht in Geschäftsunterlagen erlangte Kenntnis bleibt hingegen auf den betreffenden Aktionär beschränkt. Während beim Einsichtsrecht das Dokument zu bezeichnen ist, auf welches sich das Begehren bezieht, ist beim Auskunftsbegehren der konkrete Sachverhalt zu umschreiben 132 III 71/82 E. 2.1. Die Auskunftserteilung dient nicht der Wiedergabe von Urkunden, sondern der Beantwortung von Fragen zu bestimmten Sachverhalten 132 III 71/83 E. 2.2. Entsprechend kann die Auskunftserteilung auch nicht als blosses Minus betrachtet werden, das im gestellten Begehren um Gewährung von Einsicht enthalten ist 132 III 71/82 E. 2.1. – S. sodann zu den unterschiedlichen Prüfungstiefen für Auskunft und Einsicht die Bemerkungen zu Abs. 4.

Trotz dieser Unterschiede bleiben folgende *Zusammenhänge* zu beachten: Fehlt der 3
Nachweis, dass die Einsicht in bestimmte Unterlagen zur Ausübung der Aktionärsrechte erforderlich ist, so fehlt dieser auch für die Erforderlichkeit einer Auskunft darüber 132 III 71/83 E. 2.2. Wird sodann umgekehrt die Erforderlichkeit der anbegehrten Auskunft für die Ausübung der Aktionärsrechte zu Recht verneint, fehlt es ohne Weiteres auch an der Erforderlichkeit der Einsichtnahme. Denn fehlt der Nachweis, dass die Auskunft für die Ausübung der Aktionärsrechte erforderlich ist, fehlt es auch an der Erforderlichkeit einer Einsicht in die Unterlagen, aus welchen sich die mit dem Auskunftsbegehren verlangten Informationen ergeben würden 4A_655/2016 (15.3.17) E. 5.5. – Das Gesetz differenziert beim Auskunfts- und Einsichtsrecht der Aktionäre nicht nach der Höhe der Aktienbeteiligung. Vielmehr gilt auch hier der Grundsatz der Gleichbehandlung der Aktionäre 132 III 71/80 E. 1.3.4.

Abs. 1 Das Recht auf Auskunftserteilung muss an der Generalversammlung ausgeübt 4
werden, um eine Gleichstellung aller Aktionäre bezüglich des Informationsstandes zu erreichen 140 III 610/611 E. 2.2, 133 III 133/137 E. 3.3, 4A_107/2018 (29.10.18) E. 4.2. Dabei ist die erteilte Antwort zu protokollieren (Art. 702 Abs. 2 Ziff. 3). Auch Aktionäre, die nicht an der Generalversammlung teilgenommen haben, sind berechtigt, das Protokoll einzusehen (Art. 702 Abs. 3). Sind für die Auskunftserteilung auf ein erst an der Generalversammlung gestelltes Begehren noch weitere Abklärungen erforderlich, muss die Beantwortung allenfalls nach der Generalversammlung erfolgen, wobei die erteilte Antwort ebenfalls mit einem entsprechenden Vermerk in das Protokoll aufzunehmen ist 133 III 133/137 E. 3.3. Unter Umständen, namentlich bei Begehren um Informationen, die nicht ohne Weiteres zur Verfügung stehen, oder bei einem umfangreichen Fragenkatalog kann es angezeigt sein, das Auskunftsbegehren vor der Generalversammlung schriftlich einzureichen 140 III 610/611 E. 2.2, 132 III 71/81 E. 2.1 (wonach die Voranfrage erwünscht sein kann, um dem Verwaltungsrat zu ermöglichen, die erforderlichen Abklärungen zu treffen, damit er an der Generalversammlung sachgerecht Auskunft zu erteilen vermag), 4C.419/2006 (19.4.07) E. 3.2 fr. Festzuhalten ist schliesslich, dass das Informationsrecht inhaltlich nicht auf die Punkte der Traktandenliste beschränkt ist, obwohl es während der Generalversammlung ausgeübt werden muss 4C.234/2002 (4.6.03) E. 4.1.

Abs. 2 **Umfang/Grenzen.** Die sachliche Eingrenzung des Auskunftsanspruchs ergibt 5
sich aus der Voraussetzung, dass die verlangten Informationen für die Ausübung der Aktionärsrechte, insbesondere des Stimmrechts, erforderlich sein müssen 132 III 71/75 f. E. 1.3, 4A_655/2016 (15.3.17) E. 4.2, 4C.419/2006 (19.4.07) E. 3.2 fr. Ob die verlangte

Einsicht zur Meinungsbildung hinsichtlich der Ausübung der Aktionärsrechte erforderlich ist, bestimmt sich nach dem Massstab eines vernünftigen Durchschnittsaktionärs 4A_655/2016 (15.3.17) E. 4.2 (unter Verweis auf 132 III 71/75 f. E. 1.3 betreffend die Einsicht), 4C.81/2005 (2.11.05) E. 1.3, 4C.234/2002 (4.6.03) E. 4.2.1. Innerhalb dieses Rahmens besteht eine natürliche Vermutung zugunsten des Aktionärs, welche von der Gesellschaft entkräftet werden kann 4C.81/2005 (2.11.05) E. 1.3.1, 4C.234/2002 (4.6.03) E. 4.2.2. Auch ein einzelnes Geschäft kann Gegenstand des Auskunftsanspruchs bilden, denn auch einem einzelnen Geschäft kommt unter Umständen eine derartige Tragweite zu, dass der Aktionär ein berechtigtes Informationsinteresse hat 4C.234/2002 (4.6.03) E. 4.1 (in casu ein Darlehen in der Höhe von CHF 10 Mio.).

6 ***Konzern.*** Im Konzern fliessen die mit Dritten getätigten Geschäftsvorgänge der Tochtergesellschaft in die Konzernrechnung ein. Hat ein solcher Vorgang eine entsprechende Tragweite, bildet er einen zulässigen Gegenstand des Auskunftsanspruchs 4C.234/2002 (4.6.03) E. 4.1. Vgl. auch 132 III 71/75 ff. E. 1.2 und E. 1.3.2 ff. betreffend das Einsichtsrecht im Konzern und 4A_180/2017 (31.10.17) E. 4.1 betreffend die Sonderprüfung.

7 ***Anforderungen an das Auskunfts- oder Einsichtsbegehren.*** Die Grenzen des Auskunftsrechts werden sodann durch das Auskunftsbegehren selbst bestimmt. Es ist Sache des um Auskunft begehrenden Aktionärs, seine Klagebegehren korrekt zu umschreiben und die Frage präzise zu formulieren. Es ist den Aktionären zuzumuten, bei der Formulierung ihres Auskunfts- oder Einsichtsbegehrens eine gewisse Sorgfalt aufzuwenden und darin so klar, wie es ihnen aufgrund ihres Kenntnisstandes möglich ist, zum Ausdruck zu bringen, worüber sie weiteren Aufschluss zu erhalten wünschen 140 III 610/611 E. 2.2, 123 III 261/265 E. 3a. Will der Aktionär z.B. wissen, welche Bewertungsmethode für die Aktienpreisbestimmung angewendet wurde, so muss er konkret danach fragen 4A_655/2016 (15.3.17) E. 4.7.2. Umgekehrt darf sich aber der Verwaltungsrat nicht hinter einer wortklauberischen Auslegung verschanzen und von vornherein nur ausdrücklich gestellte Fragen beantworten 140 III 610/611 E. 2.2, 123 III 261/265 E. 3a.

8 ***Rechtsmissbrauch.*** Schliesslich darf der Auskunftsanspruch vom Aktionär nicht für sachfremde Zwecke wie zum Beispiel zur Befriedigung von Informationsinteressen der Konkurrenz oder zur absichtlichen Schädigung der Gesellschaft missbraucht werden. Er steht insoweit wie jede Rechtsausübung unter dem Vorbehalt des Rechtsmissbrauchs 4C.234/2002 (4.6.03) E. 4.2.4. S. auch 4A_36/2010 (20.4.10) E. 3.1.

9 **Geschäftsgeheimnis.** Die Informationsinteressen des Aktionärs sind gegenüber den Geheimhaltungsinteressen der Gesellschaft abzuwägen 4C.234/2002 (4.6.03) E. 4.3.1. Dies gilt jedoch nur für die relativen Geschäftsgeheimnisse. Bei absoluten Geschäftsgeheimnissen darf die Auskunft verweigert werden (als absolutes Geschäftsgeheimnis wird eine Tatsache bezeichnet, zu deren Geheimhaltung die Gesellschaft gegenüber Dritten verpflichtet ist; relative Geschäftsgeheimnisse sind demgegenüber solche, die allein im Interesse der Gesellschaft verschwiegen werden) 4C.234/2002 (4.6.03) E. 4.3.3.1 f. (in casu fällt ein Darlehen, über das Stillschweigen vereinbart wurde, nicht unter die Kategorie der absoluten Geschäftsgeheimnisse). Die Beweislast liegt in diesem Fall bei der Gesellschaft. Die Gefährdung der Interessen der Gesellschaft müssen konkret behauptet wer-

den und als wahrscheinlich erscheinen, Glaubhaftmachen genügt nicht 4C.234/2002 (4.6.03) E. 4.3.1 f.

Stille Reserven. Der Informationsanspruch der Aktionäre hinsichtlich stiller Reserven ist auf jene Angaben beschränkt, die in aOR Art. 663b Ziff. 8 aufgezählt werden. Die besonderen Bestimmungen über die stillen Reserven gehen somit den anderen gesetzlichen Vorschriften des Aktienrechts vor, da eine solche Auskunft geeignet ist, die Interessen der Gesellschaft in vielfacher Hinsicht zu gefährden 4C.234/2002 (4.6.03) E. 5.1.3, 109 II 47/51 E. 3c, 82 II 216/221 ff. E. 2. 10

Abs. 3 **Gegenstand.** ***Allgemeines.*** Gegenstand des Einsichtsrechts sind gemäss Art. 697 Abs. 3 die «Geschäftsbücher und Korrespondenzen» der Gesellschaft. Dies ist indessen keine abschliessende Aufzählung der Schriftstücke, in die Einsicht genommen werden kann. Vielmehr sind die beiden Begriffe extensiv auszulegen und umfassen alle bei der Gesellschaft befindlichen schriftlichen Unterlagen, die für die Ausübung der Aktionärsrechte mit Einschluss der Beurteilung der Lage der Gesellschaft von Bedeutung sind 132 III 71/75 E. 1.2 bzw. sich auf das vom Einsicht verlangenden Aktionär bezeichnete Geschäft beziehen 4C.234/2002 (4.6.03) E. 6.2. 11

Im Konzern bezieht sich das Einsichtsrecht des Aktionärs auf die schriftlichen Unterlagen, die sich bei jener Gesellschaft befinden, an welcher er selbst direkt beteiligt ist. Ist er an der Konzernobergesellschaft beteiligt, können dies auch vorhandene Unterlagen über die Untergesellschaften sein 132 III 71/75 E. 1.2. Ausführlich zu Voraussetzungen und Gegenstand des Einsichtsrechts im Fall einer zu einem Konzern gehörenden Gesellschaft 132 III 71/77 ff. E. 1.3.2 ff. Vgl. auch 4C.234/2002 (4.6.03) E. 4.1 (betreffend das Auskunftsrecht im Konzern) und 4A_180/2017 (31.10.17) E. 4.1 (betreffend die Sonderprüfung). 12

Umfang. Wie das Recht auf Auskunft besteht das Einsichtsrecht soweit, als die Einsicht für die Ausübung der Aktionärsrechte erforderlich ist (Abs. 2). Ausserdem sind die Geschäftsgeheimnisse zu wahren (Abs. 3) 4A_655/2016 (15.3.17) E. 5.2. Ob die verlangte Einsicht zur Meinungsbildung hinsichtlich der Ausübung der Aktionärsrechte erforderlich ist, bestimmt sich nach dem Massstab eines vernünftigen Durchschnittsaktionärs 132 III 71/75 f. E. 1.3. Offengelassen hat das Bundesgericht, ob der Anspruch des Aktionärs gemäss Art. 697 Abs. 3 auf eine Einsicht im eigentlichen Wortsinn beschränkt ist oder ob der Aktionär auch Kopien der Unterlagen verlangen kann, auf welche sich der Einsichtsanspruch bezieht 132 III 71/81 E. 1.4. 13

Ausdrückliche Ermächtigung/Beschluss. Für die Gewährung der Einsicht ist ein formeller Beschluss der Generalversammlung oder des Verwaltungsrates erforderlich. Anders kann es sich dagegen mit der Verweigerung der Einsicht verhalten. In der Lehre wird zutreffend festgehalten, dass als Verweigerung der Einsicht oder Auskunft durch den Verwaltungsrat auch eine «Nichtbehandlung des Begehrens» oder eine materiell unbefriedigende Auseinandersetzung mit dem Begehren gelten muss 4C.234/2002 (4.3.03) E. 6.1. 14

Geschäftsgeheimnis. Wird generell Einsicht in Geschäftsunterlagen verlangt, die ein bestimmtes Geschäft oder eine geschäftliche Beziehung betreffen, ist die Gefahr, dass 15

Geheimhaltungs- oder andere Gesellschaftsinteressen verletzt werden können, wesentlich höher, als wenn nur um Einsicht in ein einzelnes genau bezeichnetes Dokument ersucht wird 4C.234/2002 (4.6.03) E. 6.2.

16 ***Abs. 4*** **Voraussetzung und Umfang der Klage.** Voraussetzung der Klage ist, dass ein Auskunfts- oder Einsichtsbegehren gestellt und die Auskunft oder Einsicht ungerechtfertigt verweigert wurde 132 III 71/82 E. 2.1 (betreffend ein Auskunftsbegehren), 4C.234/2002 (4.6.03) E. 6.1 (betreffend ein Einsichtsbegehren). Die Auskunftsklage steht nur im Umfang des zuvor verweigerten Auskunftsersuchens zur Verfügung und kann nicht darüber hinausgehen. Dies verbietet es dem Richter, einer Frage überschiessenden Gehalt beizumessen 4A_655/2016 (15.3.17) E. 4.7.2 (in casu war weder im Wortlaut der Frage des Aktionärs noch in seiner Erläuterung in der Klageschrift von den Methoden der Bewertung die Rede; nach Ansicht des Bundesgerichts konnte solches namentlich nicht in den Begriff «Prinzipien» hineininterpretiert werden, ohne die Grenzen des Auskunftsbegehrens zu sprengen; denn nach der eigenen Erklärung des Beschwerdeführers zielte die Frage auf die Preisbildung ab, also ob der Preis nach dem Prinzip der Verkaufsverhandlung oder demjenigen der Bewertung bestimmt worden war).

17 **Beweis.** Im Streitfall hat der Aktionär zu beweisen, dass die Einsicht im Hinblick auf die Ausübung seiner Rechte erforderlich ist (4A_655/2016 (15.3.17) E. 4.2. Es genügt aber vorerst der Beweis, dass der entsprechende Bezug in genereller Art für einen Durchschnittsaktionär gegeben ist, ohne spezifischen Nachweis bezogen auf die individuelle Situation des die Einsicht verlangenden Aktionärs und seine konkreten Interessen. In diesem Rahmen ergibt sich eine natürliche Vermutung zugunsten des Aktionärs, die von der Gesellschaft allenfalls entkräftet werden kann. Liegt das Auskunftsbegehren dagegen ausserhalb dieses Rahmens, hat der Aktionär sein individuelles Interesse unter Nachweis entsprechender konkreter Umstände zu belegen 132 III 71/76 E. 1.3.1, 4C.234/2002 (4.6.03) E. 4.2.2.

18 **Summarisches Verfahren.** Im Rahmen der gesellschaftsrechtlichen Angelegenheiten weist ZPO Art. 250 lit. c Ziff. 7 dem summarischen Verfahren namentlich die Anordnung der Auskunftserteilung an Aktionäre (Art. 697 Abs. 4) und Gläubiger (Art. 958e Abs. 2) zu. Dabei handelt es sich ebenso wie beim Recht auf Auskunft und Einsicht eines Verwaltungsratsmitglieds um einen materiellen (Auskunfts- und Einsichts-)Anspruch, der in einem streitigen Zivilverfahren zu beurteilen ist. Bei dem darüber ergehenden Entscheid handelt es sich um einen Endentscheid, der in materielle Rechtskraft erwächst (vgl. 4A_359/2007 [26.11.07] E. 1). Daher gelangt auch das Regelbeweismass – immerhin mit seinen allgemeingültigen Durchbrechungen – zur Anwendung; blosse Glaubhaftmachung genügt nicht (noch vor Erlass der ZPO 4C.234/2002 [4.6.03] E. 4.2.2 und 4.3.2). Zudem kann diesfalls der Verfahrenszweck erfordern, andere Beweismittel als Urkunden zuzulassen (vgl. ZPO Art. 254 Abs. 1 und 2 lit. b). Das bei Art. 697 Abs. 4 zur Anwendung gelangende Summarverfahren kann infolgedessen als «atypisch» bezeichnet werden – der summarische Charakter erschöpft sich bei ihm in der Verfahrensbeschleunigung. Der Grund für die Zuweisung von Art. 697 Abs. 4 zum Summarverfahren ist denn auch in der Raschheit und Flexibilität dieses Verfahrens zu sehen (u.a. Wegfall des Schlichtungsverfahrens [ZPO Art. 198 lit. a], Möglichkeit des Gerichts, von einer Verhandlung abzusehen

[ZPO Art. 256 Abs. 1], sowie verkürzte Berufungsfristen [ZPO Art. 314 Abs. 1]). Diese Auskunfts- und Einsichtsrechte, die der Ausübung der Aktionärsrechte dienen, sind regelmässig auf eine zügige gerichtliche Durchsetzung angewiesen, um ihren Zweck verwirklichen zu können. Nicht zu übersehen ist allerdings, dass das Gericht dabei – obwohl im summarischen Verfahren zu entscheiden ist – zuweilen diffizile Interessenprüfungen und Abwägungen vorzunehmen hat, wobei erst noch unterschiedliche Prüfungstiefen einerseits für die Auskunft (Art. 697 Abs. 1 und 2) und andererseits für die Einsicht (Art. 697 Abs. 3) zur Anwendung gelangen (illustrativ zu alledem 4C.234/2002 [4.6.03] E. 4.2.3 betr. Auskunftsinteresse des Aktionärs, E. 4.3.3 betr. Geheimnisbegriff, E. 5 betr. Umfang des Informationsanspruchs und E. 6.4 betr. Ermessensausübung des Verwaltungsrats) 144 III 100/108 f. E. 6.

Kognition (unterschiedliche Prüfungstiefen für Auskunft und Einsicht): Die Erteilung oder Verweigerung der *Einsicht* steht im freien Ermessen der Generalversammlung bzw. des Verwaltungsrates. Damit hat das vom Aktionär gestützt auf Art. 697 Abs. 4 angerufene Gericht lediglich zu entscheiden, ob der ablehnende Entscheid sachlich vertretbar ist, was einer auf Willkür beschränkten Prüfung entspricht. War die Kognition der Vorinstanz auf eine Willkürprüfung beschränkt, prüft das Bundesgericht auch im Rahmen der Berufung mit freier Kognition, ob die Vorinstanz zu Unrecht das Vorliegen von Willkür bejaht oder verneint hat 132 III 71/74 E. 1.1, 4A_655 (15.3.17) E. 5.2, 4C.234/2002 (4.6.03) E. 6.3. Im Gegensatz dazu hat der Gesetzgeber das *Auskunftsrecht* nicht von der ausdrücklichen Ermächtigung der Generalversammlung oder von einem Beschluss des Verwaltungsrates abhängig gemacht. Die strengeren formellen Anforderungen an die Einsicht finden ihre Rechtfertigung darin, dass die Ausübung des Einsichtsrechts in besonderem Masse Geschäftsgeheimnisse und Gesellschaftsinteressen verletzen kann 4C.234/2002 (4.6.03) E. 6.3. 19

Weiteres. Die Informationsklage unterliegt mangels einer gesetzlichen Anordnung keiner Verwirkungsfrist. Die gerichtliche Durchsetzung des Anspruchs steht jedoch unter dem Vorbehalt des allgemeinen Rechtsmissbrauchsverbots 4C.234/2002 (4.6.03) E. 3.1. Der blosse Zeitablauf begründet für sich allein keine Vermutung des Rechtsmissbrauchs. Art. 706a Abs. 1 lässt sich nicht analog anwenden, da sich die Interessenlage bei der Informationsklage grundsätzlich von jener bei der Anfechtungsklage unterscheidet 4C.234/2002 (4.6.03) E. 3.2. 20

V. Recht auf Einleitung einer Sonderprüfung 1. Mit Genehmigung der Generalversammlung

Art. 697a

[1] Jeder Aktionär kann der Generalversammlung beantragen, bestimmte Sachverhalte durch eine Sonderprüfung abklären zu lassen, sofern dies zur Ausübung der Aktionärsrechte erforderlich ist und er das Recht auf Auskunft oder das Recht auf Einsicht bereits ausgeübt hat.

[2] Entspricht die Generalversammlung dem Antrag, so kann die Gesellschaft oder jeder Aktionär innert 30 Tagen das Gericht um Einsetzung eines Sonderprüfers ersuchen.

1 ***Abs. 1*** **Allgemeines.** In der aktienrechtlichen Informationsordnung bildet die Sonderprüfung das dritte Element neben der vom Verwaltungsrat ausgehenden Informationsvermittlung durch den Geschäftsbericht (Art. 696) und der aktiven Informationsbeschaffung seitens des Aktionärs durch die Ausübung seines Auskunftsrechts (Art. 697) 140 III 610/611 E. 2.2, 133 III 133/137 E. 3.3, 4A_107/2018 (29.10.18) E. 4.2. Da dieses Instrument für die Gesellschaft mit erheblichen Umtrieben und Kosten verbunden ist, stellt es unter den drei Möglichkeiten die letzte Stufe dar und ist gegenüber den beiden anderen subsidiär 140 III 610 E. 2.2, 138 III 246 E. 3.1, 133 III 133/135 E. 3.2 f., 123 III 261/264 ff. E. 3a. Allen drei Elementen ist im Übrigen gemeinsam, dass die Information an die Gesamtheit der Aktionäre ergeht 133 III 133/137 E. 3.3.

2 **Zweck und Voraussetzung der Sonderprüfung.** Das Institut der Sonderprüfung hat den *Zweck,* die Informationsrechte der Aktionäre, namentlich der Minderheitsaktionäre, und damit die Transparenz gesellschaftsrechtlich bedeutsamer Vorgänge zu verbessern 120 II 393/396 E. 4. Sie soll dem Informationsdefizit abhelfen, das dadurch entsteht, dass die Minderheitsaktionäre kaum Möglichkeiten haben, an Interna der Gesellschaft heranzukommen 133 III 180/183 E. 3.4, 123 III 261/263 E. 2a. Die Sonderprüfung ist also ein Mittel der Informationsbeschaffung des Aktionärs über interne Vorgänge der Gesellschaft, das dem Informationsdefizit der Minderheitsaktionäre abhelfen soll 4A_180/2017 (31.10.17) E. 4.1. – *Voraussetzung* der Sonderprüfung ist, dass die Abklärung der fraglichen Sachverhalte zur Ausübung der Aktionärsrechte erforderlich ist. Im Vordergrund steht dabei die Relevanz der abzuklärenden Sachverhalte für eine allfällige Verantwortlichkeitsklage oder für die Ausübung der Mitwirkungsrechte 4A_180/2017 (31.10.17) E. 4.1, vgl. auch 4A_107/2018 (29.10.18) E. 7.3. – *Im Vergleich zum Auskunfts- und Einsichtsrecht* ist folgender Unterschied zu beachten: Der Aktionär kann sein Gesuch an die Generalversammlung um Auskunft oder Einsicht damit begründen, dass er im Hinblick auf sein Recht zur Veräusserung der Aktien deren wirklichen Wert erfahren will. Wird dem Gesuch nicht entsprochen, hat der Aktionär gemäss Art. 697b Abs. 2 eine Verletzung von Gesetz oder Statuten und eine dadurch bewirkte Schädigung glaubhaft zu machen 4A_107/2018 (29.10.18) E. 8.

3 **Subsidiarität.** ***Allgemeines.*** Der Anspruch auf Einsetzung eines Sonderprüfers ist gegenüber dem Recht auf Auskunft und auf Einsicht (Art. 697) subsidiär 140 III 610/611 E. 2.2, 138 III 246/246 E. 3.1, 133 III 133/135 E. 3.2 f., 123 III 261/264 ff. E. 3a, 4A_107/2018 (29.10.18) E. 4.2. Aus der Subsidiarität der Sonderprüfung folgt, dass das Sonderprüfungsbegehren thematisch vom vorgängigen Auskunfts- oder Einsichtsbegehren gedeckt sein muss 4A_107/2018 (29.10.18) E. 4.2 und somit durch den Gegenstand des Auskunftsbegehrens thematisch begrenzt wird 133 III 133/136 E. 3.2, 123 III 261/264 f. E. 3a, 4A_215/2010 (27.7.10) E. 3.1.1, 4A_359/2007 (26.11.07) E. 3.6. Durch das Auskunfts- oder Einsichtsbegehren soll der Verwaltungsrat die Gelegenheit erhalten, das Informationsbedürfnis der Aktionäre von sich aus zu befriedigen, bevor das mit Aufwand und Umtrieben verbundene Verfahren auf Sonderprüfung eingeleitet wird. Massgebend für die thematische Begrenzung der Zulässigkeit eines Sonderprüfungsbegehrens ist

deshalb das Informationsbedürfnis der antragstellenden Aktionäre, wie es der Verwaltungsrat nach Treu und Glauben aus dem vorgängigen Auskunfts- oder Einsichtsbegehren erkennen musste 140 III 610/611 E. 2.2, 123 III 261/265 E. 3a, 4A_107/2018 (29.10.18) E. 4.2, 4C.165/2004 (30.7.04) E. 3.3.

Umfang/Grenzen. Die von Abs. 1 verlangte vorherige Ausübung des Rechts auf Auskunft oder Einsicht bezieht sich allein auf das jedem Aktionär in dieser Eigenschaft zustehende Kontrollrecht gemäss Art. 697. Nicht erforderlich ist hingegen, dass ein Aktionär, welcher dem Verwaltungsrat angehört oder in diesem vertreten ist, auch den ihm in dieser Eigenschaft zustehenden umfassenden Auskunftsanspruch geltend gemacht hat 133 III 133/139 E. 3.3. Dabei genügt die Ausübung in der Generalversammlung. Eine gerichtliche Durchsetzung des Auskunfts- oder Einsichtsanspruchs (Art. 697 Abs. 4) ist nicht erforderlich. Insoweit ist die Klage auf richterliche Einsetzung eines Sonderprüfers im Verhältnis zur gerichtlichen Durchsetzung des Auskunfts- und Einsichtsrechts ein alternativer Rechtsbehelf 133 III 133/135 E. 3.2. 4

Beweis. Der Gesuchsteller hat die vorgängige Ausübung des Auskunfts- oder Einsichtsrechts nicht bloss glaubhaft zu machen, sondern nachzuweisen. Er muss erreichen, dass das Gericht nach dem Regelbeweismass der vollen Überzeugung keine ernsthaften Zweifel mehr hat 140 III 610/615 E. 4.3.4. 5

Antrag und Abstimmung sind unverzichtbar, entscheidet doch die konkrete Beschlussfassung durch die Generalversammlung, welches Verfahren zur Anwendung gelangt: dasjenige nach Art. 697a Abs. 2 bei Gutheissung, dasjenige nach Art. 697b bei Ablehnung des Antrags. Einen direkten Weg zum Richter gibt es nicht. Vielmehr muss der Aktionär sein Anliegen zuerst der Generalversammlung unterbreiten 138 III 246/252 ff. E. 3.1. u. 3.3, 4A_180/2017 (31.10.17) E. 4.3. 6

Bestimmte Sachverhalte. Aus dem Zweck der Sonderprüfung folgt, dass sie nur zur Beschaffung von Informationen zur Verfügung steht, die gesellschafts*interne* Verhältnisse betreffen (ausgeschlossen ist es daher insbesondere, einen Sonderprüfer mit einer allgemeinen Untersuchung der Marktlage in einem bestimmten Wirtschaftssektor zu beauftragen) 123 III 261/264 E. 2a. Immerhin können mit der Sonderprüfung gewisse Beziehungen zu Dritten abgeklärt werden 4A_180/2017 (31.10.17) E. 4.1. Der Sonderprüfer hat bestimmte Sachverhalte zu untersuchen, ohne sich aber über Rechtsfragen (wie bspw. behauptete Ansprüche von Aktionären) auszusprechen 123 III 261/268 E.a. Die Sonderprüfung ist kein Instrument zur Ausforschung oder zu einer allgemeinen und umfassenden Untersuchung der Geschäftsführung oder generellen Prüfung der Ordnungsmässigkeit der Rechnungslegung 138 III 252/256 E. 3 Pra 2012 (Nr. 109) 754 ff., 4A_180/2017 (31.10.17) E. 5, 4C.190/2005 (6.9.06) E. 3.3. Die Sonderprüfung muss darauf ausgerichtet sein, konkrete Tatsachen zu ermitteln, und darf nicht auf eine rechtliche Beurteilung oder ein Werturteil abzielen 138 III 252/256 E. 3 Pra 2012 (Nr. 109) 754 ff. Sie hat grundsätzlich nicht zum Ziel, eine umfassende Bilanzprüfung durch eine gesetzmässige Revisionsstelle zu ersetzen, und kommt nur subsidiär als letztes Mittel zur Verbesserung der Informationslage des Aktionärs zum Zuge, wenn das Auskunfts- und Einsichtsrecht keine Hilfe bringt 133 III 453/461 E. 7.5, 133 III 133/135 E. 3.2. 140 III 610/611 E. 2. 7

8 **Konzern.** Die Informationen, die dem Aktionär für seine Investitionsentscheide, für die Ausübung seiner Mitverwaltungsrechte oder als Grundlage für eine eventuelle Haftbarmachung der Gesellschaftsorgane dienen, umfassen die schriftlichen Unterlagen, die sich bei jener Gesellschaft befinden, an welcher er selbst direkt beteiligt ist. Ist er an der Konzernobergesellschaft beteiligt, können dies auch vorhandene Unterlagen über die Untergesellschaften sein 132 III 71/75 E. 1.2 (vgl. auch 133 III 453/458 ff. E. 7.3). Entsprechend können die finanziellen Verhältnisse von Tochtergesellschaften grundsätzlich Gegenstand einer Sonderprüfung sein. Dabei erscheint nicht ausgeschlossen, in Würdigung der konkreten Verhältnisse von der Obergesellschaft auch den Beizug von Unterlagen der Tochtergesellschaft zu verlangen, die sich nicht bei ihr befinden, sofern diese für die Sonderprüfung bei im Übrigen gegebenen Voraussetzungen erforderlich sind. Voraussetzung ist dafür jedenfalls, dass sich die im Rahmen einer Tochtergesellschaft abzuklärenden Geschäftsvorfälle auf die finanzielle Lage der Obergesellschaft auswirken können. Das ist z.B. nicht der Fall, wenn bei der Schädigung einer Tochtergesellschaft das betreffende Aktivum im Rahmen der Obergesellschaft absolut oder relativ von geringer Bedeutung ist 4A_180/2017 (31.10.17) E. 4.1. Als wesentlich erscheint sodann, dass die Ausgestaltung der Leitung und Kontrolle der Obergesellschaft ermöglicht, die Unterlagen der Tochtergesellschaft beizuziehen, wenn sie sich nicht ohnehin bei ihr befinden. Unter dieser Voraussetzung können Unterlagen der Tochtergesellschaft Gegenstand der Sonderprüfung der Obergesellschaft bilden, sofern die übrigen Voraussetzungen erfüllt sind – namentlich wenn glaubhaft gemacht ist, dass die verlangten Informationen für die Ausübung der Aktionärsrechte in der Obergesellschaft erforderlich sind 4A_180/2017 (31.10.17) E. 4.4.

9 ***Abs. 2*** Ein Erfordernis der «Personenidentität» besteht nicht: Auch Aktionäre, welche erst aufgrund des von einem anderen Aktionär gestellten Auskunftsbegehrens und der darauf vom Verwaltungsrat an der Generalversammlung erteilten Auskunft Kenntnis von bestimmten Sachverhalten und ihrer Tragweite erhalten, sollen die Möglichkeit haben, der Generalversammlung die Durchführung einer Sonderprüfung zu beantragen 133 III 133/135 f. E. 3.2, 140 III 610/612 E. 2. Auch für sie gilt die thematische Begrenzung des Sonderprüfungsbegehrens durch den Gegenstand des Auskunftsbegehrens 123 III 261/264 E. 3a. – Für ein zusätzliches Erfordernis der Ausschöpfung des Auskunftsanspruchs des Verwaltungsrats (Art. 715a), falls einer der klagenden Aktionäre persönlich dem Verwaltungsrat angehört oder in diesem vertreten ist, finden sich im Wortlaut des Gesetzes keine Anhaltspunkte. Vielmehr verweist Art. 697a Abs. 1 auf das Recht auf Auskunft oder Einsicht, welches dem Aktionär als solchem zusteht. Auch die systematische Stellung legt es nahe, das Erfordernis der vorherigen Ausschöpfung des Rechts auf Auskunft oder Einsicht allein auf das im unmittelbar vorangehenden Art. 697 geregelte Informationsrecht des Aktionärs zu beziehen 133 III 133/136 f. E. 3.3.

2. Bei Ablehnung durch die Generalversammlung

Art. 697b

[1] Entspricht die Generalversammlung dem Antrag nicht, so können Aktionäre, die zusammen mindestens 10 Prozent des Aktienkapitals oder Aktien im Nennwert von 2 Millionen

Franken vertreten, innert dreier Monate das Gericht ersuchen, einen Sonderprüfer einzusetzen.

[2] Die Gesuchsteller haben Anspruch auf Einsetzung eines Sonderprüfers, wenn sie glaubhaft machen, dass Gründer oder Organe Gesetz oder Statuten verletzt und damit die Gesellschaft oder die Aktionäre geschädigt haben.

▪ Abs. 1 Quorum (1) ▪ Abs. 2 (3) ▪ Glaubhaftmachen (4) ▪ Verfahren (5) ▪ Übergangsrecht (8)

Abs. 1 **Quorum.** Um bei ablehnendem Beschluss der Generalversammlung das Quorum von Abs. 1 zu erreichen, muss die Möglichkeit bestehen, dass sich dem Begehren auch Aktionäre anschliessen, welche in der Generalversammlung selbst keinen entsprechenden Antrag gestellt haben, oder dass das Begehren ausschliesslich von anderen Aktionären gestellt wird. Die Frist von drei Monaten für die Einreichung der Klage soll es gerade ermöglichen, andere Aktionäre zu suchen, welche das Begehren unterstützen, um die vom Gesetz geforderte repräsentative Minderheit formieren zu können. Damit ist auch nicht erforderlich, dass die klagenden Aktionäre an der Generalversammlung, welche den Antrag auf Durchführung einer Sonderprüfung abgelehnt hat, teilgenommen oder dem Antrag zugestimmt haben 133 III 133/136 E. 3.2. 1

Da mit dem Quorum eine gewisse Repräsentanz des Anliegens der Minderheitsaktionäre gewährleistet werden soll, muss dieses Erfordernis zwar nicht während der ganzen Dauer der Sonderprüfung, aber doch bis zur Einsetzung des Sonderprüfers durch das Gericht erfüllt sein 133 III 180/182 E. 3.3. Mit dem Quorum wollte der Gesetzgeber einen Ausgleich zwischen den widerstrebenden Interessen der Minderheitsaktionäre und der Gesellschaft erreichen: Während die Sonderprüfung zwar den Aktionären die erforderlichen Informationen zur Ausübung ihrer Rechte verschaffen soll, stellt sie für die Gesellschaft eine Belastung dar, denn sie ist stets mit der Offenlegung vertraulicher Information verbunden, behindert den normalen Geschäftsablauf und verursacht unproduktive Arbeit 133 III 180/183 E. 3.4. Diesem vom Gesetzgeber gewollten Interessenausgleich entspricht, dass die qualifizierte Minderheit während des Verfahrens auf Anordnung der Sonderprüfung und Einsetzung des Sonderprüfers – und damit wenigstens bis zum Beginn der Prüfung – an ihrem Anliegen festhalten muss. Dem entspricht im Übrigen, dass die Aktivlegitimation – zu deren Voraussetzungen das Quorum gehört 4C.412/2005 (23.2.06) E. 3 – als materiellrechtliche Voraussetzung eines bundesrechtlichen Anspruchs im Zeitpunkt des richterlichen Entscheides gegeben sein muss 133 III 180/182 E. 3.3, 130 III 550/551 E. 2 fr., 130 III 248/251 E. 2. fr. 2

Abs. 2 Der Gesuchsteller muss glaubhaft machen, dass ein Verhalten oder Unterlassen der Organe eine bestimmte gesetzliche oder eine statutarische Bestimmung verletzt, und aufzeigen, worin diese Verletzung besteht 138 III 252 Regeste. Sodann obliegt es dem Gesuchsteller, nicht nur die Verletzung von Gesetz oder Statuten, sondern auch einen Zusammenhang zwischen den von ihm anvisierten Aktionärsrechten und dem Thema der beantragten Untersuchung glaubhaft zu machen 4A_107/2018 (29.10.18) E. 4.1, 4A_180/2017 (31.10.17) E. 5.1, 4A_260/2013 (6.8.13) E. 3.1, 4A_359/2007 (26.11.07) E. 2.2, 4C.190/2005 (6.9.06) E. 3.2. Diese Voraussetzung ist nicht erfüllt, wenn der Gesuchsteller wegen Verjährung oder Verwirkung der Aktionärsrechte oder aus anderen Gründen gar nicht mehr in der Lage ist, mit den angestrebten Informationen die entspre- 3 chenden Rechte durchzusetzen 4C.190/2005 (6.9.06) E. 3.2. – In *Konzernverhältnissen* müssen die Aktionäre der Obergesellschaft, die die Unterlagen einer Tochtergesellschaft beiziehen wollen, insbesondere glaubhaft machen, dass sich die bei einer Tochtergesellschaft abzuklärenden Geschäftsvorfälle auf die Vermögenslage der Obergesellschaft auswirken können 4A_180/2017 (31.10.17) E. 5.1.

4 **Glaubhaftmachen.** Eine Tatsache gilt als glaubhaft gemacht, wenn für deren Vorhandensein gewisse Elemente sprechen, selbst wenn das Gericht noch mit der Möglichkeit rechnet, dass sie sich nicht verwirklicht haben könnte 143 III 140/146 f. E. 4.1.3, 140 III 610/612 f. E. 4.1, 132 III 715/719 f. E. 3.1, 130 III 321/325 f. E. 3.3, 120 II 393/397 f. E. 4c, 104 Ia 408/412 f. E. 4, 88 I 11/13 ff. E. 5a, 4A_180/2017 (31.10.17) E. 5.2.3. Im Erfordernis der Glaubhaftmachung einer Schädigung, die auf Gesetzes- oder Statutenverletzungen von Organen zurückzuführen ist, liegt der Angelpunkt des Sonderprüfungsrechts. Bei übertriebenen Anforderungen könnte der Anspruch auf Sonderprüfung toter Buchstabe bleiben. Bei zu grosszügiger Handhabung entstünde dagegen ein Widerspruch zum Regelungsgedanken des Gesetzgebers, wonach die zwangsweise Sonderprüfung nicht leichthin zuzulassen sei 4A_359/2007 (26.11.07) E. 2.3, 4C.64/2003 (18.7.03) E. 5.3 Pra 2004 (Nr. 28) 138 f. – Das Glaubhaftmachen betrifft sowohl Tat- wie Rechtsfragen. In *tatsächlicher* Hinsicht sind bestimmte Handlungen oder Unterlassungen von Gründern oder Organen und der damit zusammenhängende Schaden glaubhaft zu machen. In Bezug auf diese Tatsachen darf das Gericht weder blosse Behauptungen genügen lassen noch einen stringenten Beweis verlangen 4A_359/2007 (26.11.07) E. 2.3, 120 II 393/398 f. (in casu glaubhaft gemacht, dass der Verwaltungsrat die von der Sonderprüfung betroffenen Veräusserungs- und Erwerbsgeschäfte pflicht- und kompetenzwidrig selber beschlossen hat, anstatt sie der Generalversammlung zu unterbreiten). Ziel der Sonderprüfung ist es, die Informationslage der Gesuchsteller zu verbessern. Das Gericht darf deshalb von den Gesuchstellern nicht diejenigen Nachweise verlangen, die erst der Sonderprüfer erbringen soll. Dennoch hat es die von den Gesuchstellern vorgebrachten Verdachtsmomente auf ihre Plausibilität hin zu prüfen. Aufgrund dieser Verdachtsmomente muss eine gewisse Wahrscheinlichkeit dafür sprechen, dass Handlungen oder Unterlassungen von Gründern oder Organen in der Tat Schaden angerichtet haben könnten. Entsprechendes gilt hinsichtlich der *Rechtsfragen,* wie sie sich namentlich im Zusammenhang mit den von den Gesuchstellern behaupteten oder vermuteten Pflichtverletzungen von Gründern oder Organen stellen. Auch hier hat das Gericht die Rechts- oder Statutenwidrigkeit nicht abschliessend zu beurteilen. Dem Gesuch auf Einsetzung eines Sonderprüfers ist vielmehr bereits dann zu entsprechen, wenn sich die rechtlichen Vorbringen zu den Anspruchsvoraussetzungen von Abs. 2 bei summarischer Prüfung als einigermassen aussichtsreich oder doch zum Mindesten als vertretbar erweisen 4A_359/2007 (26.11.07) E. 2.3, 4C.168/1997 (5.12.97) E. 1a.

5 **Verfahren.** ***Antrag.*** Es ist ein Antrag auf Durchführung einer Sonderprüfung in der Generalversammlung erforderlich, über den die Generalversammlung abzustimmen hat. Antrag und Abstimmung sind unverzichtbar, entscheidet doch die konkrete Beschlussfassung durch die Generalversammlung, welches Verfahren zur Anwendung gelangt: dasjenige nach Art. 697a Abs. 2 bei Gutheissung, dasjenige nach Art. 697b bei Ablehnung des Antrags. Einen direkten Weg zum Richter gibt es nicht. Vielmehr muss der Aktionär sein

Anliegen zuerst der Generalversammlung unterbreiten 138 III 246/247 f. E. 3.3, 4A_107 (29.10.18) E. 4.3. Der Antrag auf Durchführung einer Sonderprüfung ist nicht traktandierungspflichtig (siehe Art. 700 Abs. 3). Er kann auch «überfallartig» erst an der Generalversammlung gestellt werden 138 III 246/247 f. E. 3.3.

Endentscheid. Der gerichtliche Entscheid über die Einsetzung eines Sonderprüfers stellt einen Endentscheid in einer Zivilrechtsstreitigkeit vermögensrechtlicher Natur dar, welcher bei Vorliegen der übrigen Voraussetzungen nach BGG mit zivilrechtlicher Beschwerde angefochten werden kann 4A_107/2018 (29.10.18) E. 1, 4A_319/2014 (19.11.14) E. 1 (nicht publiziert in 140 III 610), 4A_260/2013 (6.8.13) E. 1, 4A_359/2007 (26.11.07) E. 1; zur Zulässigkeit der Berufung nach aOG vgl. bereits 4C.334/2006 (7.2.07) E. 2, 4C.190/2005 (6.9.06) E. 1, 129 III 301/304 E. 1.2.2, 120 II 393/394 f. E. 2. Auch bei der grundsätzlichen Anordnung einer Sonderprüfung handelt es sich um einen Endentscheid, nämlich um einen Teilentscheid (als Variante des Endentscheids) i.S.v. BGG Art. 91 lit. a; da über diesen Grundsatz wie bei objektiv gehäuften Begehren unabhängig von der Person des Sonderprüfers und von der Höhe des Kostenvorschusses entschieden werden kann 4A_180/2017 (31.10.17) E. 1.2, 4A_260/2013 (6.8.13) E. 1 (ordnet also das Gericht in Ziff. 1 des Dispositivs die Sonderprüfung im Grundsatz an und entscheidet über deren Umfang, lässt aber in den Dispositiv-Ziffern 2 und 3 die Fragen nach der Person des Sonderprüfers und der Höhe des Kostenvorschusses noch offen, macht dies die Dispositiv-Ziffer 1 nicht zu einem Zwischenentscheid). Die Qualifikation der objektiven Anordnung einer Sonderprüfung über bestimmte abzuklärende Fragen als Teilentscheid im Sinne von BGG Art. 91 lit. a bedeutet, dass die Beschwerde dagegen zulässig ist, ohne dass ein nicht wiedergutzumachender Nachteil gemäss BGG Art. 93 Abs. 1 lit. a nachzuweisen wäre. Da anderseits mit einem Teilentscheid als Variante des Endentscheids über das Rechtsbegehren abschliessend befunden wird (135 III 212/217 E. 1.2.1), läuft nach Eröffnung dieses Entscheids die Beschwerdefrist (BGG Art. 100) und kann dieser Entscheid später (nach Ernennung des Prüfers) nicht mehr angefochten werden 4A_180/2017 (31.10.17) E. 1.3. Es ist nicht ohne Weiteres willkürlich, wenn ein Gericht für die Regelung der Kosten- und Entschädigungsfolgen des Antragsverfahrens gemäss Art. 697b f. zunächst vom glaubhaft zu machenden mutmasslichen Schaden ausgeht 123 III 261/269 f. (staatsrechtliches Beschwerdeverfahren). 6

Willkürprüfung. Die Frage, ob eine Schädigung infolge des Verhaltens von Gründern oder Organen aufgrund der tatsächlichen Vorbringen der Parteien und aufgrund der von ihnen beigebrachten beweismässigen Anhaltspunkte hinreichend glaubhaft erscheinen, betrifft die Beweiswürdigung 120 II 393/399 E. 4c/bb, 4C.168/1997 (5.12.97) E. 1a. Sie kann daher vom Bundesgericht nur unter dem Blickwinkel der Willkür überprüft werden 4A_359/2007 (26.11.07) E. 2.4. 7

Übergangsrecht. Der (zwingende) Anspruch auf Sonderprüfung untersteht inhaltlich uneingeschränkt dem Grundsatz der sofortigen Anwendbarkeit des neuen Rechts, und zwar unabhängig davon, wann sich die zu prüfenden Sachverhalte ereignet haben. Das Rückwirkungsverbot nach SchlT ZGB Art. 1 Abs. 1 gilt einzig für die rechtliche Beurteilung dieser Sachverhalte 120 II 393/396 E. 3. 8

3. Einsetzung

Art. 697c

[1] Das Gericht entscheidet nach Anhörung der Gesellschaft und des seinerzeitigen Antragstellers.

[2] Entspricht das Gericht dem Gesuch, so beauftragt es einen unabhängigen Sachverständigen mit der Durchführung der Prüfung. Es umschreibt im Rahmen des Gesuches den Prüfungsgegenstand.

[3] Das Gericht kann die Sonderprüfung auch mehreren Sachverständigen gemeinsam übertragen.

4. Tätigkeit

Art. 697d

[1] Die Sonderprüfung ist innert nützlicher Frist und ohne unnötige Störung des Geschäftsganges durchzuführen.

[2] Gründer, Organe, Beauftragte, Arbeitnehmer, Sachwalter und Liquidatoren müssen dem Sonderprüfer Auskunft über erhebliche Tatsachen erteilen. Im Streitfall entscheidet das Gericht.

[3] Der Sonderprüfer hört die Gesellschaft zu den Ergebnissen der Sonderprüfung an.

[4] Er ist zur Verschwiegenheit verpflichtet.

1 ***Abs. 2*** Die Norm ist eine bundesrechtliche Beweis- oder Prozessvorschrift, welche keinen privatrechtlichen Anspruch des Sonderprüfers gegenüber den auskunftspflichtigen Dritten, sondern bloss deren verfahrensbezogene Auskunfts- und Editionspflicht begründet. Streitigkeiten über solche Pflichten in einem Drittverfahren sind keine Zivilrechtsstreitigkeiten im Sinne von aOG Art. 46 129 III 301/304 E. 1.2.3.

5. Bericht

Art. 697e

[1] Der Sonderprüfer berichtet einlässlich über das Ergebnis seiner Prüfung, wahrt aber das Geschäftsgeheimnis. Er legt seinen Bericht dem Gericht vor.

[2] Das Gericht stellt den Bericht der Gesellschaft zu und entscheidet auf ihr Begehren, ob Stellen des Berichtes das Geschäftsgeheimnis oder andere schutzwürdige Interessen der Gesellschaft verletzen und deshalb den Gesuchstellern nicht vorgelegt werden sollen.

[3] Er gibt der Gesellschaft und den Gesuchstellern Gelegenheit, zum bereinigten Bericht Stellung zu nehmen und Ergänzungsfragen zu stellen.

1 ***Abs. 1*** Die Sonderprüfung hat die Aufgabe, die Geheimhaltungsinteressen der Gesellschaft und die Informationsinteressen der Aktionäre in Einklang zu bringen 4C.165/2004 (30.7.04) E. 6.

2 ***Abs. 3*** Der Richter hat nach Art. 697e Abs. 3 den gesuchstellenden Aktionären und der geprüften Gesellschaft ausdrücklich Gelegenheit einzuräumen, eine Stellungnahme zum

Sonderprüfungsbericht abzugeben und Ergänzungsfragen dazu zu stellen 145 III 446. Der Richter kann dieser Pflicht dadurch nachkommen, dass er den Parteien je nach den konkreten Umständen des Einzelfalls entweder eine kurze Frist ansetzt, damit diese ihre Stellungnahme und Fragen schriftlich einreichen können, oder sie zu einer mündlichen Verhandlung vorlädt 145 III 446/450 f. E. 4.4 (wobei das Bundesgericht klarstellt, dass es einzig für die spezifische Sondervorschrift von Art. 697e Abs. 3 entschieden hat, dass der Richter den Parteien ausdrücklich Gelegenheit im obigen Sinn einzuräumen hat; das Bundesgericht nimmt keine Stellung zu anderen (prozessualen) Vorschriften, nach denen der Richter den Parteien Gelegenheit zur Stellungnahme oder zu Ergänzungsfragen einzuräumen hat, namentlich nicht zur Wahrung des Replikrechts).

6. Behandlung und Bekanntgabe

Art. 697f

1 Der Verwaltungsrat unterbreitet der nächsten Generalversammlung den Bericht und die Stellungnahmen dazu.

2 Jeder Aktionär kann während eines Jahres nach der Generalversammlung von der Gesellschaft eine Ausfertigung des Berichtes und der Stellungnahmen verlangen.

7. Kostentragung

Art. 697g

1 Entspricht das Gericht dem Gesuch um Einsetzung eines Sonderprüfers, so überbindet es den Vorschuss und die Kosten der Gesellschaft. Wenn besondere Umstände es rechtfertigen, kann es die Kosten ganz oder teilweise den Gesuchstellern auferlegen.

2 Hat die Generalversammlung der Sonderprüfung zugestimmt, so trägt die Gesellschaft die Kosten.

Abs. 1 Es ist zu unterscheiden zwischen den Kosten des Antragsverfahrens auf Einsetzung eines Sonderprüfers gemäss Art. 697b und den Kosten der Sonderprüfung selbst und des damit zusammenhängenden weiteren richterlichen Verfahrens 4C.190/2005 (6.9.06) E. 4.1. 1

Die Tragung der Kosten, die *nach Gutheissung* des Begehrens um Einsetzung eines Sonderprüfers weiter anfallen, regelt Art. 697g. Nach dieser Bestimmung trifft die Vorschusspflicht für die Kosten der Sonderprüfung gemäss uneingeschränkt die Gesellschaft. Erst bei der definitiven Kostenverlegung nach Durchführung der Sonderprüfung können Kosten wegen besonderer Umstände den Gesuchstellern auferlegt werden. *Weist* der Richter das Begehren um Einsetzung eines Sonderprüfers *ab,* besteht gar kein Anlass, einen solchen Vorschuss zu erheben. Die Einforderung eines Vorschusses in einer separaten Verfügung vor dem Entscheid über das Begehren ist deshalb unzulässig und verstösst gegen den klaren Wortlaut von Art. 697g Abs. 1, der die Vorschussleistung ausdrücklich nur für den Fall der Gutheissung des Begehrens vorsieht. Die Erhebung eines Vorschusses auf Vorrat zu einem Zeitpunkt, da noch gar nicht entschieden ist, ob überhaupt eine Sonderprü- 2 fung durchgeführt werden wird, entbehrt sachlicher Gründe und widerspricht dem Sinn von Art. 697g 4C.190/2005 (6.9.06) E. 4.1.

3 Die Tragung der amtlichen Kosten und der Parteikosten des Antragsverfahrens bei einem ablehnenden Entscheid der Generalversammlung sowie die allfällige Vorschuss- und Kautionspflicht für diese Kosten regelt demgegenüber das kantonale Zivilprozessrecht 4C.190/2005 (6.9.06) E. 4.1.

4 ***Abs. 2*** Die ausnahmsweise Überbindung des Vorschusses und der Kosten auf die Gesuchsteller gemäss Abs. 1 ist nicht anwendbar, wenn die Generalversammlung der Gesellschaft selbst die Durchführung einer Sonderprüfung beschlossen hat 4C.190/2005 (6.9.06) E. 4.1.

Art. 697h

Diese Bestimmung wurde auf den 1. Januar 2013 aufgehoben (AS 2012 6679).

Art. 697i

Diese Bestimmung wurde auf den 1. Mai 2021 aufgehoben (AS 2019 3161).

K. Meldepflicht des Aktionärs I. Meldung der an Aktien wirtschaftlich berechtigten Person

Art. 697j

[1] Wer allein oder in gemeinsamer Absprache mit Dritten Aktien einer Gesellschaft, deren Beteiligungsrechte nicht an einer Börse kotiert sind, erwirbt und dadurch den Grenzwert von 25 Prozent des Aktienkapitals oder der Stimmrechte erreicht oder überschreitet, muss der Gesellschaft innert Monatsfrist den Vor- und den Nachnamen und die Adresse der natürlichen Person melden, für die er letztendlich handelt (wirtschaftlich berechtigte Person).

[2] Ist der Aktionär eine juristische Person oder Personengesellschaft, so muss als wirtschaftlich berechtigte Person jede natürliche Person gemeldet werden, die den Aktionär in sinngemässer Anwendung von Artikel 963 Absatz 2 kontrolliert. Gibt es keine solche Person, so muss der Aktionär dies der Gesellschaft melden.

[3] Ist der Aktionär eine Kapitalgesellschaft, deren Beteiligungsrechte an einer Börse kotiert sind, wird er von einer solchen Gesellschaft im Sinne von Artikel 963 Absatz 2 kontrolliert oder kontrolliert er in diesem Sinne eine solche Gesellschaft, so muss er nur diese Tatsache sowie die Firma und den Sitz der Kapitalgesellschaft melden.

[4] Der Aktionär muss der Gesellschaft innert 3 Monaten jede Änderung des Vor- oder des Nachnamens oder der Adresse der wirtschaftlich berechtigten Person melden.

[5] Die Meldepflicht besteht nicht, wenn die Aktien als Bucheffekten ausgestaltet und bei einer Verwahrungsstelle in der Schweiz hinterlegt oder im Hauptregister eingetragen sind. Die Gesellschaft bezeichnet die Verwahrungsstelle.

Art. 697k

Diese Bestimmung wurde auf den 1. Mai 2021 aufgehoben (AS 2019 3161).

II. Verzeichnis der wirtschaftlich berechtigten Personen

Art. 697l

[1] Die Gesellschaft führt ein Verzeichnis über die ihr gemeldeten wirtschaftlich berechtigten Personen.

[2] Dieses Verzeichnis enthält den Vor- und den Nachnamen sowie die Adresse der wirtschaftlich berechtigten Personen.

[3] Die Belege, die einer Meldung nach Artikel 697j zugrunde liegen, müssen nach der Streichung der Person aus dem Verzeichnis während zehn Jahren aufbewahrt werden.

[4] Das Verzeichnis muss so geführt werden, dass in der Schweiz jederzeit darauf zugegriffen werden kann.

III. Nichteinhaltung der Meldepflichten

Art. 697m

[1] Solange der Aktionär seinen Meldepflichten nicht nachgekommen ist, ruhen die Mitgliedschaftsrechte, die mit den Aktien verbunden sind, deren Erwerb gemeldet werden muss.

[2] Die Vermögensrechte, die mit solchen Aktien verbunden sind, kann der Aktionär erst geltend machen, wenn er seinen Meldepflichten nachgekommen ist.

[3] Kommt der Aktionär seinen Meldepflichten nicht innert eines Monats nach dem Erwerb der Aktien nach, so sind die Vermögensrechte verwirkt. Holt er die Meldung zu einem späteren Zeitpunkt nach, so kann er die ab diesem Zeitpunkt entstehenden Vermögensrechte geltend machen.

[4] Der Verwaltungsrat stellt sicher, dass keine Aktionäre unter Verletzung der Meldepflichten ihre Rechte ausüben.

Dritter Abschnitt
Organisation der Aktiengesellschaft

A. Die Generalversammlung I. Befugnisse

Art. 698

[1] Oberstes Organ der Aktiengesellschaft ist die Generalversammlung der Aktionäre.

[2] Ihr stehen folgende unübertragbare Befugnisse zu:

1. **die Festsetzung und Änderung der Statuten;**
2. **die Wahl der Mitglieder des Verwaltungsrates und der Revisionsstelle;**
3. **die Genehmigung des Lageberichts und der Konzernrechnung;**
4. **die Genehmigung der Jahresrechnung sowie die Beschlussfassung über die Verwendung des Bilanzgewinnes, insbesondere die Festsetzung der Dividende und der Tantieme;**
5. **die Entlastung der Mitglieder des Verwaltungsrates;**
6. **die Beschlussfassung über die Gegenstände, die der Generalversammlung durch das Gesetz oder die Statuten vorbehalten sind.**

1 *Abs. 2* Die gesetzliche Kompetenzordnung ist allerdings auslegungsbedürftig. So kollidiert zum Beispiel Art. 698 Abs. 2 Ziff. 1, wonach allein die Generalversammlung zur Änderung der Statuten zuständig ist, mit der gesetzlichen Pflicht und Kompetenz des Verwaltungsrats nach Art. 652g Abs. 1 und Art. 653g Abs. 1, den Vollzug von Kapitalerhöhungen festzustellen und die Statuten entsprechend zu ändern. Der Konflikt, der auf einem gesetzgeberischen Versehen beruhen dürfte, ist nach dem Grundsatz der prioritären speziellen Norm zu lösen 121 III 219/226 f. E.bb. – Der Widerruf eines Auflösungsbeschlusses ist ein mit der Änderung des Gesellschaftszweckes vergleichbarer Vorgang und fällt in die alleinige Kompetenz der Generalversammlung 123 III 473/481 (zur Zulässigkeit des Widerrufs eines Auflösungsbeschlusses siehe unter Art. 739 Abs. 2). – Im Bereich der Gewinnverwendung nach Ziff. 4 verfügt die Generalversammlung über weitestgehendes Ermessen 4A_43/2007 (11.7.07) E. 3 fr. Eine Statutenbestimmung, die zur Vermeidung einer allfälligen Blockadesituation im Aktionariat eine automatische Wiederwahl der Verwaltungsräte vorsieht, widerspricht dem unübertragbaren Recht der Generalversammlung, die Mitglieder des Verwaltungsrates zu wählen, und ist demnach nichtig 140 III 349/354 E. 2.6 fr.

II. Einberufung und Traktandierung 1. Recht und Pflicht

Art. 699

[1] Die Generalversammlung wird durch den Verwaltungsrat, nötigenfalls durch die Revisionsstelle einberufen. Das Einberufungsrecht steht auch den Liquidatoren und den Vertretern der Anleihensgläubiger zu.

[2] Die ordentliche Versammlung findet alljährlich innerhalb sechs Monaten nach Schluss des Geschäftsjahres statt, ausserordentliche Versammlungen werden je nach Bedürfnis einberufen.

[3] Die Einberufung einer Generalversammlung kann auch von einem oder mehreren Aktionären, die zusammen mindestens 10 Prozent des Aktienkapitals vertreten, verlangt werden. Aktionäre, die Aktien im Nennwerte von 1 Million Franken vertreten, können die Traktandierung eines Verhandlungsgegenstandes verlangen. Einberufung und Traktandierung werden schriftlich unter Angabe des Verhandlungsgegenstandes und der Anträge anbegehrt.

[4] Entspricht der Verwaltungsrat diesem Begehren nicht binnen angemessener Frist, so hat das Gericht auf Antrag der Gesuchsteller die Einberufung anzuordnen.

Abs. 2 Die sechsmonatige Frist zur Durchführung der ordentlichen Generalversammlung ist nicht zwingender Natur 4C.130/2002 (12.2.02) E. 2b. 1

Abs. 3 Entgegen dem Wortlaut von Art. 699 Abs. 3 steht das Traktandierungsrecht nicht nur Aktionären zu, die über Aktien im Nennwert von CHF 1 Mio. verfügen, sondern auch solchen, die mindestens 10% des Aktienkapitals vertreten. Es kann nicht dem gesetzgeberischen Willen entsprochen haben, ein Traktandierungsrecht nur in Aktiengesellschaften mit mindestens CHF 1 Mio. Aktienkapital vorzusehen (sonst wäre ein Traktandierungsrecht in allen Aktiengesellschaften mit weniger als CHF 1 Mio. Aktienkapital gar nicht denkbar, was statistisch gesehen auf über 90% aller Aktiengesellschaften in der Schweiz zuträfe). Vielmehr müssen diejenigen Aktionäre, die eine Einberufung der Generalversammlung verlangen können, auch zur Traktandierung eines Verhandlungsgegenstands berechtigt sein. Ein Traktandierungsrecht steht mithin jenen Aktionären zu, die über 10% des Aktienkapitals *oder* über Aktien im Nennwert von CHF 1 Mio. verfügen 142 III 16/19 f. E. 2.3 (sowie Regeste), vgl. auch 4A_507/2014 (15.4.15), mit dem das Bundesgericht ein Einberufungs- und Traktandierungsbegehren eines Aktionärs gutgeheissen hat, der über Aktien verfügte, die 85% eines Aktienkapitals von lediglich CHF 100 000 ausmachten. – Der Verwaltungsrat kann die Aufnahme eines Geschäfts in die Traktandenliste der Generalversammlung verweigern, das von seinem Inhalt her zweifellos nicht in die Kompetenz der Generalversammlung fällt. Sobald allerdings darüber irgendwelche Zweifel bestehen, hat er das Geschäft zu traktandieren 137 III 505/509 f. 3 E. 3.2 und 3.3 fr. 2

Abs. 4 **Richterliche Befugnisse.** In der Lehre ist umstritten, welche Befugnisse dem Richter gemäss Art. 699 Abs. 4 zustehen. Unter Berücksichtigung der praktischen Bedürfnisse hat sich das Bundesgericht der Meinung der herrschenden Lehre angeschlossen, nach welcher der Richter berechtigt ist, die Generalversammlung – insbesondere wenn Gefahr in Verzug ist – selbst einzuberufen, wenn der Verwaltungsrat einem Begehren der in Art. 699 Abs. 3 genannten Aktionäre nicht nachkommt; die Einschaltung des Verwaltungsrats oder einer neutralen Drittperson ist nicht erforderlich 132 III 555 Regeste. 3

Einberufungsgesuch. Das Begehren muss sich gegen die Gesellschaft richten 4A_529/2017 (21.2.18) E. 3.2. Bei der Beurteilung eines Gesuchs gestützt auf Art. 699 Abs. 4 sind nur formelle Fragen zu prüfen, d.h., ob der oder die Gesuchsteller Aktionäre sind, die formellen Voraussetzungen von Art. 699 Abs. 3 Satz 1 erfüllt sind und ob tatsächlich ein Einberufungsbegehren an den Verwaltungsrat gestellt wurde, dem innert angemessener Frist nicht entsprochen wurde. Der Einberufungsrichter unterzieht das Einberufungs- und Traktandierungsbegehren keiner materiellen Prüfung. Denn bei der richterlichen Einberufung gestützt auf Art. 699 Abs. 4 handelt es sich um eine rein formelle Massnahme, die inhaltlich weder die Generalversammlung noch den Richter bindet, der über die Anfech- 4 tung von Beschlüssen entscheidet, die an der auf richterliche Anordnung hin einberufenen Versammlung gefasst worden sind. Der Einberufungsrichter hat daher bei einem Einberufungsgesuch auch nicht zu beurteilen, ob die an der Generalversammlung zu fassenden Beschlüsse gültig sein werden; diese Fragen sind vielmehr erst im Rahmen einer allfälligen Anfechtungs- oder Nichtigkeitsklage (Art. 706 ff.) gegen die gefassten Beschlüsse zu prüfen 142 III 16/20 f. E. 3.1, 4A_184/2019 (15.7.19) E. 2.1, 4A_529/2017 (21.2.18) E. 3.2 f. Es kann auch nach erfolgter Einberufung und Abhaltung der Generalversammlung weiterhin ein schutzwürdiges Interesse an der richterlichen Einberufung bestehen, wenn der Verwaltungsrat lediglich eine Schein-Generalversammlung durchführt, mit dem Zweck, den Aktionär an der Ausübung seiner Aktionärsrechte zu hindern 4A_507/14 (15.4.15) E. 5.2 und 5.8 fr. – Immerhin ist bei der Ausübung des Einberufungs- und Traktandierungsrechts das *Rechtsmissbrauchsverbot* nach ZGB Art. 2 Abs. 2 zu beachten: Der offenbare Missbrauch dieses Rechts findet keinen Rechtsschutz. Der Einberufungsrichter hat mithin einem Einberufungs- und Traktandierungsbegehren nicht stattzugeben, wenn sich dieses als offensichtlich missbräuchlich oder schikanös herausstellt 142 III 16/20 f. E. 3.1, 4A_529/17 (21.2.18) E. 3.2 f. (in casu Missbrauch bejaht).

2. Form

Art. 700

[1] Die Generalversammlung ist spätestens 20 Tage vor dem Versammlungstag in der durch die Statuten vorgeschriebenen Form einzuberufen.

[2] In der Einberufung sind die Verhandlungsgegenstände sowie die Anträge des Verwaltungsrates und der Aktionäre bekanntzugeben, welche die Durchführung einer Generalversammlung oder die Traktandierung eines Verhandlungsgegenstandes verlangt haben.

[3] Über Anträge zu nicht gehörig angekündigten Verhandlungsgegenständen können keine Beschlüsse gefasst werden; ausgenommen sind Anträge auf Einberufung einer ausserordentlichen Generalversammlung, auf Durchführung einer Sonderprüfung und auf Wahl einer Revisionsstelle infolge eines Begehrens eines Aktionärs.

[4] Zur Stellung von Anträgen im Rahmen der Verhandlungsgegenstände und zu Verhandlungen ohne Beschlussfassung bedarf es keiner vorgängigen Ankündigung.

1 ***Abs. 2*** Die Umschreibung der einzelnen Verhandlungsgegenstände hat für einen durchschnittlichen Aktionär klar verständlich zu sein 121 III 420/424 E. a (in casu Sanierungsmassnahmen).

2 ***Abs. 4*** Die Bestimmung stellt klar, dass im Rahmen der gehörig angekündigten Traktanden weitere Anträge gestellt oder gestellte Anträge modifiziert werden können 121 III 420/424 E.a.

3. Universalversammlung

Art. 701

[1] Die Eigentümer oder Vertreter sämtlicher Aktien können, falls kein Widerspruch erhoben wird, eine Generalversammlung ohne Einhaltung der für die Einberufung vorgeschriebenen Formvorschriften abhalten.

[2] In dieser Versammlung kann über alle in den Geschäftskreis der Generalversammlung fallenden Gegenstände gültig verhandelt und Beschluss gefasst werden, solange die Eigentümer oder Vertreter sämtlicher Aktien anwesend sind.

An der Universalversammlung ist, wie bei jeder Art von Generalversammlung, ein Protokoll zu führen 120 IV 199/201 E. 1. – Eine Universalversammlung ist nur gültig, wenn sämtliche Aktien vertreten sind 123 IV 132/134 E. b; vgl. auch 4C.41/2004 (3.5.04) E. 1.1. 1

III. Vorbereitende Massnahmen; Protokoll

Art. 702

[1] Der Verwaltungsrat trifft die für die Feststellung der Stimmrechte erforderlichen Anordnungen.

[2] Er sorgt für die Führung des Protokolls. Dieses hält fest:

1. **Anzahl, Art, Nennwert und Kategorie der Aktien, die von den Aktionären, von den Organen, von unabhängigen Stimmrechtsvertretern und von Depotvertretern vertreten werden;**
2. **die Beschlüsse und die Wahlergebnisse;**
3. **die Begehren um Auskunft und die darauf erteilten Antworten;**
4. **die von den Aktionären zu Protokoll gegebenen Erklärungen.**

[3] Die Aktionäre sind berechtigt, das Protokoll einzusehen.

Abs. 2 Ob das GV-Protokoll unterzeichnet werden muss, ist in der Lehre strittig. Jedenfalls kann aus einer Unterzeichnung durch den Verwaltungsratspräsidenten keine – noch zu interpretierende – Willensäusserung an die Adresse einer nicht anwesenden juristischen Person abgeleitet werden 4A_265/2018 (3.9.18) E. 2.2.3. Dem Gesetz kann keine Frist zur Erstellung des Protokolls entnommen werden. Die Erstellung des Protokolls ist nach Treu und Glauben aber grundsätzlich spätestens dann geboten, wenn die Einsicht rechtmässig verlangt wird 4A_79/2019 (8.4.19) E. 5 (in casu ging es um eine GmbH [Art. 702 i.V.m. Art. 805 Abs. 5 Ziff. 7]; die Geschäftsführerin [und Beschwerdeführerin] hatte das Protokoll mehr als ein Jahr nach der Versammlung noch nicht erstellt; das Bundesgericht hielt fest, dafür seien keine Gründe ersichtlich; vielmehr mache es den Eindruck, dass es sich um eine blosse Schikane gegenüber dem Beschwerdegegner handeln könnte, die keinen Rechtsschutz verdiene). – Erschleichen eines Handelsregistereintrages durch unwahre Protokolle 123 IV 132/137 f. E.b. 1

Abs. 2 Ziff. 2 Das Protokoll über eine Generalversammlung, bei der eine Neuwahl des Verwaltungsrates erfolgt, bedarf nicht der öffentlichen Beurkundung 120 IV 199/201 E. 1. 2

IV. Teilnahme der Mitglieder des Verwaltungsrates

Art. 702a

Die Mitglieder des Verwaltungsrates sind berechtigt, an der Generalversammlung teilzunehmen. Sie können Anträge stellen.

V. Beschlussfassung und Wahlen 1. Im Allgemeinen

Art. 703

Die Generalversammlung fasst ihre Beschlüsse und vollzieht ihre Wahlen, soweit das Gesetz oder die Statuten es nicht anders bestimmen, mit der absoluten Mehrheit der vertretenen Aktienstimmen.

1 **Quorum.** Stimmberechtigt für die vertretenen Aktien (Grundlage für die Berechnung der Mehrheit) i.S.v. Art. 703 sind die Stimmen derjenigen Aktien, die durch anwesende Aktionäre vertreten sind oder die zu diesem Zweck Vertreter (Art. 689 Abs. 2), d.h. Personen, die zur Teilnahme an der Generalversammlung und zur Ausübung des Stimmrechts berechtigt sind, bestellt haben. Bei der *Bestimmung dieser Berechnungsgrundlage* werden daher die Stimmen der abwesenden oder nicht vertretenen Aktionäre nicht berücksichtigt. Ebenso der Aktionäre, deren Stimmrecht allgemein oder für eine bestimmte Angelegenheit (z.B. für die Décharge) ausgeschlossen ist. Die Anzahl der vertretenen Stimmen (Grundlage für die Berechnung der Mehrheit) kann daher während der Generalversammlung variieren. Hingegen werden ungültige Stimmen und Stimmenthaltungen von anwesenden (oder vertretenen) Aktionären i.S.v. Art. 703 vertreten und somit berücksichtigt. Die absolute Mehrheit (absolutes Mehr) entspricht der Hälfte der vertretenen Stimmen plus einer Stimme. Ungültige Stimmen, leere Stimmzettel und Stimmenthaltungen werden als Ablehnung behandelt. Die absolute Mehrheit kann während der Generalversammlung variieren 4A_516/2016 (28.8.17) E. 7.2.2 fr. – Die *Statuten* können dem Vorsitzenden der Generalversammlung den Stichentscheid für den Fall der Stimmengleichheit verleihen, um deren Beschlussfähigkeit zu ermöglichen 143 III 120/123 f. E. 3.2, 95 II 555/559 ff. E. 2 (wonach die statutarische Anordnung des Stichentscheids des Vorsitzenden in der Generalversammlung nicht gegen zwingendes Recht verstösst).

2 **Schranken.** Der Richter hat einzuschreiten, wenn die Mehrheitsaktionäre die Macht, die ihnen die Bestimmung einräumt, im Hinblick auf entgegengesetzte Interessen der Minderheitsaktionäre offensichtlich missbrauchen (in casu war der Beschluss, der dem Verwaltungsrat die statutarisch festgelegte Tantieme zusprach, nicht rechtsmissbräuchlich) 4C.386/2002 (12.10.04) E. 3.4.1. – Nach dem Gebot der schonenden Rechtsausübung soll die Mehrheit zur Erreichung eines bestimmten Ziels jenen Weg wählen, der für die Minderheit die geringsten schädigenden Wirkungen hat 4C.242/2001 (5.3.03) E. 4.2.

2. Wichtige Beschlüsse

Art. 704

[1] **Ein Beschluss der Generalversammlung, der mindestens zwei Drittel der vertretenen Stimmen und die absolute Mehrheit der vertretenen Aktiennennwerte auf sich vereinigt, ist erforderlich für:**

1. **die Änderung des Gesellschaftszweckes;**
2. **die Einführung von Stimmrechtsaktien;**
3. **die Beschränkung der Übertragbarkeit von Namenaktien;**
4. **eine genehmigte oder eine bedingte Kapitalerhöhung oder die Schaffung von Vorratskapital gemäss Artikel 12 des Bankengesetzes vom 8. November 1934;**
5. **die Kapitalerhöhung aus Eigenkapital, gegen Sacheinlage oder zwecks Sachübernahme und die Gewährung von besonderen Vorteilen;**
6. **die Einschränkung oder Aufhebung des Bezugsrechtes;**
7. **die Verlegung des Sitzes der Gesellschaft;**
8. **die Auflösung der Gesellschaft.**

[2] **Statutenbestimmungen, die für die Fassung bestimmter Beschlüsse grössere Mehrheiten als die vom Gesetz vorgeschriebenen festlegen, können nur mit dem vorgesehenen Mehr eingeführt werden.**

[3] **Namenaktionäre, die einem Beschluss über die Zweckänderung oder die Einführung von Stimmrechtsaktien nicht zugestimmt haben, sind während sechs Monaten nach dessen Veröffentlichung im Schweizerischen Handelsamtsblatt an statutarische Beschränkungen der Übertragbarkeit der Aktien nicht gebunden.**

Abs. 1 Ziff. 6 Das Bezugsrecht der Aktionäre ist nach dem Gesetzeswortlaut dadurch verstärkt worden, dass es zum einen nicht mehr durch generelle statutarische Anordnung, sondern bloss noch mit qualifiziertem Mehrheitsbeschluss der Generalversammlung im Einzelfall (Art. 650 Abs. 2 Ziff. 8 i.V.m. Art. 704 Abs. 1 Ziff. 6) und zum andern nur aus wichtigen Gründen und unter Wahrung des Gleichbehandlungsgrundsatzes aufgehoben werden kann (Art. 652b Abs. 2) 121 III 219/223 E. b und 227 f. 1

3. Umwandlung von Inhaber- in Namenaktien

Art. 704a

Der Beschluss der Generalversammlung über die Umwandlung von Inhaberaktien in Namenaktien kann mit der Mehrheit der abgegebenen Stimmen gefasst werden. Die Statuten dürfen die Umwandlung nicht erschweren.

VI. Abberufung des Verwaltungsrates und der Revisionsstelle

Art. 705

[1] **Die Generalversammlung ist berechtigt, die Mitglieder des Verwaltungsrates und der Revisionsstelle sowie allfällige von ihr gewählte Bevollmächtigte und Beauftragte abzuberufen.**

[2] **Entschädigungsansprüche der Abberufenen bleiben vorbehalten.**

VII. Anfechtung von Generalversammlungsbeschlüssen

Vorb. Art. 706–706b

1 Nach dem Grundsatz der Rechtssicherheit ist die Anfechtbarkeit die Regel und die Nichtigkeit die Ausnahme. Von Nichtigkeit ist nur bei schwerwiegenden Verstössen gegen geschriebene oder ungeschriebene *Grundprinzipien* des Gesellschaftsrechts auszugehen 4A_516/2016 (28.8.17) E. 6 fr. (s. auch 115 II 468/473 E. 3b). – Beim Entscheid über die Zulässigkeit des Entzugs oder der Einschränkung von Aktionärsrechten durch die Generalversammlung ist wegleitend, dass *unentziehbare Aktionärsrechte* bestehen (vgl. z.B. die in Art. 706b Ziff. 1 aufgezählten Rechte). Dazu gehören die Mitgliedschaft und das Recht auf mindestens eine Stimme. Diese Rechte können bei einer sanierungsbedingten vollständigen Abschreibung des Aktienkapitals jenen Aktionären, die sich an der Sanierung nicht beteiligen wollen, nicht gegen ihren Willen entzogen werden 121 III 420/428 E.a. – Der Grundsatz der *Gleichbehandlung* der Aktionäre stellt in Bezug auf ZGB Art. 2 Abs. 2 keine lex specialis dar; ein Beschluss der Generalversammlung, der den Gleichbehandlungsgrundsatz respektiert, kann dennoch als Rechtsmissbrauch qualifiziert werden. Ein Mehrheitsbeschluss ist rechtsmissbräuchlich, wenn er sich nicht durch wirtschaftliche Gründe rechtfertigen lässt, die Interessen der Minderheit offenbar verletzt und die besonderen Interessen der Mehrheit ohne Grund begünstigt 4A_205/2008 (19.8.08) E. 4.1 fr.

1. Legitimation und Gründe

Art. 706

[1] Der Verwaltungsrat und jeder Aktionär können Beschlüsse der Generalversammlung, die gegen das Gesetz oder die Statuten verstossen, beim Gericht mit Klage gegen die Gesellschaft anfechten.

[2] Anfechtbar sind insbesondere Beschlüsse, die:
1. unter Verletzung von Gesetz oder Statuten Rechte von Aktionären entziehen oder beschränken;
2. in unsachlicher Weise Rechte von Aktionären entziehen oder beschränken;
3. eine durch den Gesellschaftszweck nicht gerechtfertigte Ungleichbehandlung oder Benachteiligung der Aktionäre bewirken;
4. die Gewinnstrebigkeit der Gesellschaft ohne Zustimmung sämtlicher Aktionäre aufheben.

[3–4] …

[5] Das Urteil, das einen Beschluss der Generalversammlung aufhebt, wirkt für und gegen alle Aktionäre.

▪ Verfahren (1) ▪ Abs. 1 Anfechtungsklage (2) ▪ Abs. 2 (3) ▪ Abs. 2 Ziff. 1 (4) ▪ Abs. 2 Ziff. 2 (5) ▪ Abs. 2 Ziff. 3 (6) ▪ Abs. 5 (7)

1 **Verfahren.** Im Prozess vorgetragene Begehren sind materiell nur zu beurteilen, wenn sie auf einem hinreichenden und in der Regel aktuellen *Interesse* gründen. Ein solches fehlt im Allgemeinen, wenn der streitige Anspruch bereits befriedet ist oder überhaupt nicht befriedet werden kann. Erforderlich ist im Regelfall ein persönliches Interesse des

Petenten, welches in dem Sinn rechtlicher Natur ist, als die anbegehrte Feststellung oder Gestaltung einer Rechtslage ihm einen Nutzen eintragen muss. Dies gilt im Grundsatz ebenfalls für die aktienrechtliche Anfechtungsklage, wenngleich nach der Rechtsprechung in diesem Bereich ein weitgefasster Interessenbegriff greift und – vorbehältlich des Rechtsmissbrauchsverbots – die Absicht genügt, die Gesellschaftsinteressen wahrzunehmen. Erforderlich ist aber auch hier, dass durch ein die Begehren gutheissendes Urteil die Rechtsstellung des anfechtenden Aktionärs berührt wird 122 III 279/282 E. 3a, 116 II 196/199 E. 2a, 4A_516/2016 (28.8.17) E. 8.1, 4A_404/2011 (7.11.11) E. 5.1, 4C.45/2006 (26.4.07) E. 5. Interesse bejaht im Falle einer Anfechtung eines Generalversammlungsbeschlusses, mit dem eine Revisionsstelle gewählt wird, der es an der gesetzlich geforderten Unabhängigkeit und Befähigung fehlt. Dieses Interesse kann sich auch auf vergangene Geschäftsjahre beziehen, auch wenn die Jahresrechnungen für diese Jahre von der Generalversammlung genehmigt worden und allenfalls nach einer Beschlussfassung über die Verwendung des Bilanzgewinns (Art. 698 Abs. 2 Ziff. 5) gewisse irreversible Fakten geschaffen worden sind. Die Aufdeckung von allfälligen Unregelmässigkeiten in den früheren Geschäftsjahren und die Beseitigung diesbezüglicher Unsicherheiten werden durch die Genehmigung der entsprechenden Jahresrechnungen nicht bedeutungslos 133 III 453/458 E. 7.3. Die prozessuale Frage nach dem Bestehen des Rechtsschutzinteresses beurteilt sich unabhängig von den Erfolgsaussichten der Klage 4C.45/2006 (26.4.07) E. 6. – Unerheblich, ob der Aktionär an der Generalversammlung teilgenommen hat und/oder stimmberechtigt war 4A_516/2016 (28.8.17) E. 8.1. – Befinden sich Aktien in gemeinschaftlichem Eigentum, stellt sich die Frage, ob nur der gemeinsame Vertreter i.S.v. Art. 690 aktivlegitimiert ist. Frage offengelassen, da kein solcher Vertreter bestellt worden war. Somit bildeten die Erben als gemeinschaftliche Eigentümer der Aktien eine notwendige Streitgenossenschaft (ZGB Art. 602, ZPO Art. 70) 4A_516/2016 (28.8.17) E. 8.1.

Abs. 1 **Anfechtungsklage.** Passivlegitimiert im Anfechtungsprozess ist ausschliesslich die Gesellschaft; die Mehrheitsaktionäre, die den Beschluss gefasst haben, sind es nicht, können der Gesellschaft aber allenfalls nach Massgabe des anwendbaren Prozessrechts als Nebenintervenienten beitreten 122 III 279/283 E.aa.S. auch 4A_516/2016 (28.8.17) E. 6.3 (Klage gegen die Gesellschaft und eine Aktionärin; die Aktionärin ist nicht passivlegitimiert). – Bei der Anfechtung von Generalversammlungsbeschlüssen bemisst sich der Streitwert nach dem Interesse der Gesellschaft am Prozessausgang und nicht nach jenem des klagenden Aktionärs 4C.47/2006 (30.5.06) E. 1.2 fr., 4P.208/2003 (12.10.04) E. 2.3. – Nach herkömmlicher Rechtsprechung ist eine Anfechtungsklage gegenüber den Beschlüssen der Generalversammlung unzulässig, wenn sie sich auf einen Sachverhalt stützt, der Gegenstand einer *Verantwortlichkeitsklage* gegen die Gesellschaftsorgane bilden kann 100 II 384/389 E. 2a, 92 II 243/246 E. 2. Zur Relativierung dieser Position 121 III 219/233 E. 1d/cc, 117 II 304 f. E. 4e/cc; Frage offengelassen 133 III 453/460 E. 7.4. 2

Abs. 2 Zu den anfechtbaren Beschlüssen i.S.v. Art. 706 Abs. 2 gehören hauptsächlich solche, die Rechte zum Schutz der Aktionäre verletzen. Namentlich sind Beschlüsse anfechtbar, die gegen den Grundsatz der Verhältnismässigkeit verstossen und insbesondere das Gebot der schonenden Rechtsausübung missachten. So sind statutarische Beschränkungen der Einflussmöglichkeiten von Minderheitsaktionären unzulässig, welche zur Erreichung der angestrebten gesellschaftsrechtlichen Ziele nicht erforderlich sind oder 3 deren Zweck mit weniger einschneidenden Mitteln gleichfalls erreicht werden kann 143 III 120/125 E. 4.3, 4A_531/2017 (20.2.18) E. 3.1 (mit dem Beispiel von Mehrheitsentscheiden, deren Ziel auch mit einem geringeren oder ohne Eingriff in Minderheitenrechte erreicht werden kann), 4A_516/2016 (28.8.17) E. 6. Nach der Rechtsprechung sind aufgrund des Gebots schonender Rechtsausübung an die Begründung eines Entzugs oder einer Einschränkung des Bezugsrechts hohe Anforderungen zu stellen 143 III 120/125 E. 4.3.

4 *Abs. 2 Ziff. 1* Entlastungsbeschlüsse, an denen nicht stimmberechtigte Personen mitgewirkt haben, sind anfechtbar 4C.107/2005 (29.6.05) E. 2.2.

5 *Abs. 2 Ziff. 2* Ein Beschluss auf Ausschüttung einer statutarisch vorgesehenen Tantieme bedeutet keine unsachliche Beschränkung der Rechte der Aktionäre 4C.386/2002 (12.10.04) E. 3.2.

6 *Abs. 2 Ziff. 3* Sind im Verwaltungsrat nur Mehrheitsaktionäre vertreten und kommen nur diese in den Genuss einer Tantieme, ist dies kein Verstoss gegen den Grundsatz der Gleichbehandlung, sondern eine blosse Folge der Zusammensetzung des Verwaltungsrates 4C.386/2002 (12.10.04) E. 3.3. – Die von der Bestimmung verlangte Gleichbehandlung gilt nicht absolut, sondern nur relativ. Es darf davon abgewichen werden, soweit dies für die Verfolgung des Gesellschaftszwecks im Interesse der Gesamtheit aller Aktionäre unumgänglich notwendig ist 4C.242/2001 (5.3.03) E. 3.1. – Der Grundsatz der Gleichbehandlung der Aktionäre, wie er in Abs. 2 Ziff. 3 teilweise Gesetzestext geworden ist, gilt im Gesellschaftsrecht generell als ungeschriebener Grundsatz 4C.419/2006 (19.4.07) E. 3.3 fr., 131 III 459/464 f. E. 5.4.2.

7 *Abs. 5* Auflösendes Gestaltungsurteil, das zur rückwirkenden Aufhebung des angefochtenen Generalversammlungsbeschlusses führt 138 III 204/211 f. E. 4.1, 110 II 387/390 E. 2c, 4A_579/2016 (28.2.17) E. 2.1.

2. Verfahren

Art. 706a

[1] Das Anfechtungsrecht erlischt, wenn die Klage nicht spätestens zwei Monate nach der Generalversammlung angehoben wird.

[2] Ist der Verwaltungsrat Kläger, so bestellt das Gericht einen Vertreter für die Gesellschaft.

[3] ...

1 Bei der Zweimonatsfrist nach Abs. 1 handelt es sich um eine Verwirkungsfrist, deren Einhaltung das Gericht von Amtes wegen prüft 4A_404/2011 (7.11.11) E. 5.1 fr. Innerhalb dieser Frist müssen sowohl die Klage angehoben als auch sämtliche Anfechtungsgründe vorgebracht worden sein 86 II 78/87 E. 6a. Ein Nachschieben von Anfechtungsgründen ist unzulässig. Der kurzen Befristung des Anfechtungsrechts auf zwei Monate liegt die Zielsetzung zugrunde, mit Rücksicht auf die Rechtssicherheit und die Interessen der Beteiligten (Gesellschaft, Aktionäre, Gläubiger) möglichst rasch abzuklären, ob und in welchem

Umfang die Rechtsbeständigkeit von Generalversammlungsbeschlüssen ungewiss ist und mit deren Aufhebung gerechnet werden muss 86 II 78/88 E. 6a. Bezüglich der Anfechtungsgründe, die nach der Zweimonatsfrist von Abs. 1 angerufen werden, ist das Klagerecht verwirkt 4A_10/2012 (2.10.12) E. 3.1.

VIII. Nichtigkeit

Art. 706b

Nichtig sind insbesondere Beschlüsse der Generalversammlung, die:

1. **das Recht auf Teilnahme an der Generalversammlung, das Mindeststimmrecht, die Klagerechte oder andere vom Gesetz zwingend gewährte Rechte des Aktionärs entziehen oder beschränken;**
2. **Kontrollrechte von Aktionären über das gesetzlich zulässige Mass hinaus beschränken oder**
3. **die Grundstrukturen der Aktiengesellschaft missachten oder die Bestimmungen zum Kapitalschutz verletzen.**

Schwere Mängel. Nichtig sind Entscheidungen mit schweren Mängeln. Die Gründe für die Nichtigkeit von Beschlüssen der Generalversammlung einer Aktiengesellschaft sind in Art. 706b nicht abschliessend aufgezählt. Neben den ausdrücklich aufgeführten schweren Mängeln primär inhaltlicher Natur können auch schwerwiegende formelle Mängel in der Beschlussfassung zur Nichtigkeit führen 137 III 460/465 E. 3.3.2, 4A_516/2016 (28.8.17) E. 6, 4A_197/2008 (24.6.08) E. 2.1 ff. Nichtigkeit von sog. *Schein- oder Nichtbeschlüssen,* die keine Generalversammlungsbeschlüsse sind, weil es an einer als Generalversammlung zu qualifizierenden Zusammenkunft bzw. einer Beschlussfassung fehlt 137 III 460/465 3.3.2. 1

Beispiele. Nichtig sind unter anderem alle von einer gar nicht in gültiger Weise zustande gekommenen bzw. beschlussunfähigen Generalversammlung gefassten Beschlüsse, sei es, dass nur ein Teil der Aktionäre eingeladen wurde, dass die Generalversammlung von einer unzuständigen Stelle einberufen worden ist oder dass Nichtaktionäre an der Beschlussfassung entscheidend mitgewirkt haben 115 II 468/473 E. 3b, 4A_248/2015 (15.1.16) E. 2.3 (Nichtigkeit, wenn ein Aktionär nicht an der GV teilnimmt, weil er nicht eingeladen wurde, wobei es nicht darauf ankommt, ob es sich um eine Universalversammlung oder eine ordentliche GV handelt) 4C.107/2005 (29.6.05) E. 2.1. So stellt eine Universalversammlung in Abwesenheit auch nur eines Aktionärs oder seiner Vertretung einen schwerwiegenden formellen Mangel dar, der zur Nichtigkeit der anlässlich dieser Versammlung getroffenen Beschlüsse führen muss 137 III 460/466 E. 3.3.2. Nichtigkeit ist wegen ihrer die Rechtssicherheit gefährdenden Wirkung nicht leichthin, sondern nur bei schweren Verstössen gegen die Grundsätze des geschriebenen oder ungeschriebenen Rechts anzunehmen 137 III 460/465 E. 3.3.2, 4C.107/2005 (29.6.05) E. 2.1. Wird ein Bezugsrecht lediglich im Einzelfall ohne hinreichenden wichtigen Grund entzogen bzw. beschränkt, liegt kein Anwendungsfall der Nichtigkeit, sondern der Anfechtbarkeit vor 4A_10/2012 (2.10.12) E. 4. Nach der Rechtsprechung liegt ein schwerer formeller Mangel vor, der zur Nichtigkeit von Entscheiden führen kann, wenn die Rechte aus Aktien in gemeinschaftlichem Eigentum entgegen Art. 690 nicht durch einen gemeinsamen Vertreter ausgeübt wurden. Der formelle Mangel kann aber nur dann zur Nichtigkeit der Ent- 2 scheidungen führen, wenn die korrekte Durchführung des Verfahrens zu anderen Entscheidungen geführt hätte 4A_516/2016 (28.8.17) E. 7.2.1, 4A_197/2008 (24.6.08) E. 2.2 f.

3 ***Feststellung der Nichtigkeit.*** Eine *Klage* auf Nichtigkeit der Beschlüsse der Generalversammlung (Art. 706b) kann jederzeit gegen die Gesellschaft und von jedermann, der ein rechtliches Interesse hat, erhoben werden 137 III 460/465 E. 3.3.2, 115 II 468/473 E. 3b, 4A_516 (28.8.17) E. 6. – *Feststellung von Amtes wegen:* Zwar trifft es zu, dass Nichtigkeit jederzeit und von sämtlichen staatlichen Instanzen von Amtes wegen zu beachten ist und auch im Rechtsmittelweg festgestellt werden kann 137 III 217/226 E. 2.4.3, 5A_351/2015 (1.12.15) E. 4.2. Die Prüfung bzw. Feststellung der Nichtigkeit von Amtes wegen setzt aber voraus, dass der Entscheid/Beschluss, dessen Nichtigkeit infrage steht, überhaupt Gegenstand des Verfahrens ist. – Wird ein Beschluss der Generalversammlung als ungültig angefochten (Art. 706 f.) und ergibt sich, dass das Klagerecht hinsichtlich bestimmter Anfechtungsgründe verwirkt ist, so kann die Nichtigkeit des Beschlusses (Art. 706b) von Amtes wegen hinsichtlich der im Rahmen von Art. 706 f. nicht mehr zu prüfenden Sachverhalte beurteilt werden 4A_10/2012 (2.10.12) E. 3 u. 4. Feststellung der Nichtigkeit eines Vereinsbeschlusses nach Ablauf der Anfechtungsfrist (ZGB Art. 75) 5A_482/2014 (14.1.15) E. 2 u. 5. Die Nichtigkeit eines Entscheids kann aber nicht von Amtes wegen überprüft werden, wenn dieser nicht Gegenstand des Verfahrens ist und sich dessen allfällige Nichtigkeit auch nicht auf die Beschwerdesache auswirken kann 4A_364/2017 (28.2.18) E. 7.2.2 (in 144 III 100 n.p. E.) unter Verweis auf 5A_150/2012 (28.3.12) E. 6 betreffend Nichtigkeit eines früheren familienrechtlichen Urteils in einem späteren Abänderungsverfahren.

B. Der Verwaltungsrat

Vorb. Art. 707–726

1 Umstritten ist, ob zwischen dem Mitglied des Verwaltungsrates und der AG ein Arbeitsvertrag oder ein Auftrag besteht 121 I 259/262 E. a fr. (in casu einkommenssteuerrechtliche Qualifikation der Tätigkeit eines Verwaltungsratsmitgliedes); richtigerweise hat die Beurteilung des Rechtsverhältnisses aufgrund der Besonderheiten des konkreten Falles zu erfolgen 130 III 213/216 E. 2.1; vgl. auch 75 II 149/153 E. 2a Pra 1949 (Nr. 122) 361, 125 III 78/81 E. 4 (kein arbeitsvertragliches Verhältnis zwischen der AG und dem sie wirtschaftlich beherrschenden Organ; eher ist ein dem Auftrag verwandtes Innominatverhältnis anzunehmen); beim Verhältnis zwischen Mitgliedern des Verwaltungsrates bzw. der Geschäftsführung einerseits und der Gesellschaft andererseits handelt es sich um ein arbeits- und gesellschaftsrechtliches Doppelverhältnis 130 III 213/216 E. 2.1. – Nebenamt eines kantonalen Beamten als Verwaltungsrat (in casu schützte das Bundesgericht den ablehnenden Entscheid des Regierungsrates) 121 I 326/328 ff. E. 2. – Zur Rückforderung der dem mitarbeitenden Verwaltungsratsmitglied zu Unrecht ausbezahlten Kurzarbeitsentschädigung vgl. 122 V 270/271 ff. E. 2–5. – Haftung des Verwaltungsratsmitgliedes nach AHVG Art. 52 ab dem Zeitpunkt des effektiven Eintritts in den Verwaltungsrat (d.h. unabhängig vom Zeitpunkt des Handelsregistereintrages) 123 V 172/173 f. E. 3 fr.; Haftung bis zum Zeitpunkt der tatsächlichen Beendigung des Verwaltungsratsmandates 126

V 61/61 ff. E. 4. Zum Anspruch des Mitglieds des Verwaltungsrates auf Insolvenzentschädigung nach AVIG Art. 51 Abs. 2 vgl. 126 V 134/137 E.b.

Zur Sachlage, wenn das Mitglied des Verwaltungsrates zur Gesellschaft gleichzeitig noch in ein Vertragsverhältnis tritt, siehe die Rechtsprechung zu Art. 717. 2

I. Im Allgemeinen 1. Wählbarkeit

Art. 707

[1] Der Verwaltungsrat der Gesellschaft besteht aus einem oder mehreren Mitgliedern.

[2] ...

[3] Ist an der Gesellschaft eine juristische Person oder eine Handelsgesellschaft beteiligt, so ist sie als solche nicht als Mitglied des Verwaltungsrates wählbar; dagegen können an ihrer Stelle ihre Vertreter gewählt werden.

Wer mangels Zeit oder genügender Fachkenntnisse seine Verwaltungsratspflichten nicht sorgfältig erfüllen kann, hat auf einen Verwaltungsratssitz zu verzichten 4A_248/2009 (27.10.09) E. 8.1. 1

Art. 708

Diese Bestimmung wurde auf den 1. Januar 2008 aufgehoben (AS 2007 4791).

2. Vertretung von Aktionärskategorien und -gruppen

Art. 709

[1] Bestehen in Bezug auf das Stimmrecht oder die vermögensrechtlichen Ansprüche mehrere Kategorien von Aktien, so ist durch die Statuten den Aktionären jeder Kategorie die Wahl wenigstens eines Vertreters im Verwaltungsrat zu sichern.

[2] Die Statuten können besondere Bestimmungen zum Schutz von Minderheiten oder einzelnen Gruppen von Aktionären vorsehen.

Abs. 1 Unterschiede zwischen Aktiengruppen beruhen auf einer in den Statuten festgelegten Dotierung an mitgliedschaftlichen Rechten für bestimmte Aktien. Durch die Aktienrevision wurden diese Rechte insoweit konkretisiert, als die Bestimmung namentlich das Stimmrecht und die vermögensrechtlichen Ansprüche nennt. Der Begriff der Aktienkategorie blieb unverändert, weshalb auf die Rechtsprechung und Literatur zu aOR Art. 708 Abs. 4 abgestellt werden kann (es gilt weiterhin der Grundsatz der engen Auslegung dieses Begriffs) 120 II 47/50 E.c. – Die Bestimmung enthält einen Kategorien- und nicht einen Minderheitenschutz 120 II 47/52. – Art. 762 derogiert Art. 709 Abs. 1 120 II 47/52. 1

3. Amtsdauer

Art. 710

[1] Die Mitglieder des Verwaltungsrates werden auf drei Jahre gewählt, sofern die Statuten nichts anderes bestimmen. Die Amtsdauer darf jedoch sechs Jahre nicht übersteigen.

[2] Wiederwahl ist möglich.

1 Eine stillschweigende Verlängerung des Verwaltungsratsmandats kann nicht angenommen werden, wenn der Verwaltungsrat die Einberufung der Generalversammlung verhindert, um dadurch sein Mandat zu bewahren 4A_507/2014 (15.4.15) E. 5.1 fr.

Art. 711

Diese Bestimmung wurde auf den 1. Januar 2008 aufgehoben (AS 2007 4791).

II. Organisation 1. Präsident und Sekretär

Art. 712

[1] Der Verwaltungsrat bezeichnet seinen Präsidenten und den Sekretär. Dieser muss dem Verwaltungsrat nicht angehören.

[2] Die Statuten können bestimmen, dass der Präsident durch die Generalversammlung gewählt wird.

2. Beschlüsse

Art. 713

[1] Die Beschlüsse des Verwaltungsrates werden mit der Mehrheit der abgegebenen Stimmen gefasst. Der Vorsitzende hat den Stichentscheid, sofern die Statuten nichts anderes vorsehen.

[2] Beschlüsse können auch auf dem Wege der schriftlichen Zustimmung zu einem gestellten Antrag gefasst werden, sofern nicht ein Mitglied die mündliche Beratung verlangt.

[3] Über die Verhandlungen und Beschlüsse ist ein Protokoll zu führen, das vom Vorsitzenden und vom Sekretär unterzeichnet wird.

1 ***Abs. 3*** Auch unter neuem Recht ist über Sitzungen eines Einpersonen-Verwaltungsrates Protokoll zu führen. Allerdings ist unbestritten, dass das Fehlen eines Protokolls nicht zur Nichtigkeit gefasster Verwaltungsratsbeschlüsse führt 133 III 77/79 E. 5 Pra 2007 (Nr. 92) 625 f.

3. Nichtige Beschlüsse

Art. 714

Für die Beschlüsse des Verwaltungsrates gelten sinngemäss die gleichen Nichtigkeitsgründe wie für die Beschlüsse der Generalversammlung.

Allgemeines. Gestützt auf die Bestimmung kann die Nichtigkeit von Verwaltungsratsbeschlüssen, die erhebliche Mängel aufweisen, festgestellt werden. Darin liegt eine Ausnahme vom Grundsatz, dass Beschlüsse des Verwaltungsrates gerichtlich nicht überprüft werden können 4C.7/2003 (26.5.03) E. 6.2 Pra 2003 (Nr. 213) 1167 f. – Nichtig sind namentlich Verwaltungsratsbeschlüsse, die in schwerwiegender Weise gegen zwingende und grundlegende Normen des Aktienrechts verstossen 4A_364/2017 (28.2.18) E. 7 (in 144 III 100 n.p. E.). Die Bedeutung dieser Bestimmung für Verwaltungsratsbeschlüsse ist im Einzelnen umstritten. Fest steht immerhin, dass die Nichtigkeit eines Beschlusses eine Ausnahme darstellt, z.B. bei dauernder und schwerwiegender Verletzung zwingender Bestimmungen von grundlegender Bedeutung 133 III 77/79 E. 5 Pra 2007 (Nr. 92) 625 f., 115 II 468/473 f. E. 3b, s. zur Nichtigkeit als Ausnahme auch 144 III 100/104 f. E. 5.2.2. – Die Einberufung einer Verwaltungsratssitzung ist zur Fassung von Verwaltungsratsbeschlüssen nicht zwingend erforderlich. Vielmehr sieht das Gesetz die Möglichkeit der Beschlussfassung auf dem schriftlichen Zirkularweg vor, sofern keines der Verwaltungsratsmitglieder eine Beratung verlangt (Art. 713 Abs. 2). Das Fehlen einer förmlichen Verwaltungsratssitzung führt damit nicht zur Nichtigkeit des Beschlusses eines Einpersonen-Verwaltungsrates 133 III 77/79 E. 5 Pra 2007 (Nr. 92) 625 f. – Ebenso hat das Fehlen eines schriftlichen Sitzungsprotokolls nicht die Nichtigkeit des Verwaltungsratsbeschlusses zur Folge 133 III 77/79 E. 5 Pra 2007 (Nr. 92) 625 f. 1

Prozessuales. Gegen einen nichtigen Beschluss kann eine Klage auf Feststellung der Nichtigkeit erhoben werden. Das Feststellungsurteil, das die Nichtigkeit feststellt, wirkt gegenüber jedermann 4A_364/2017 (28.2.18) E. 7 (in 144 III 100 n.p. E.), 138 III 204/212 E. 4.2. Grundsätzlich ist die Nichtigkeit jederzeit und von sämtlichen staatlichen Instanzen von Amtes wegen zu beachten und kann auch im Rechtsmittelweg festgestellt werden. Die Prüfung bzw. Feststellung der Nichtigkeit von Amtes wegen setzt aber voraus, dass der Entscheid/Beschluss, dessen Nichtigkeit infrage steht, überhaupt Gegenstand des Verfahrens ist. Die Nichtigkeit eines Entscheids über den Ausschluss von Verwaltungsratssitzungen kann nicht von Amtes wegen überprüft werden, wenn sich das Rechtsbegehren nicht auf Auskunft, sondern lediglich auf Einsicht in verschiedene Bücher und Akten richtet und sich so eine allfällige Nichtigkeit des Ausschlusses nicht auf die Beschwerdesache auswirken kann 4A_364/2017 (28.2.18) E. 7.2.2 (in 144 III 100 n.p. E.). – Anders als die Nichtigkeit von Verfügungen und anderer staatlicher Akte, die auch ohne entsprechendes Begehren dispositivmässig festgestellt werden kann, setzt die in Rechtskraft erwachsende Feststellung der Nichtigkeit von Verwaltungsratsbeschlüssen im Dispositiv ein dahingehendes Begehren voraus (vgl. ZPO Art. 58), auch wenn Nichtigkeit als solche von Amtes wegen zu beachten ist 4A_364/2017 (28.2.18) E. 7.2.2 (in 144 III 100 n.p. E.). – Die Nichtigkeit kann auch einredeweise gegenüber einer auf einen entsprechenden Beschluss des 2

Verwaltungsrats gestützten Klage geltend gemacht werden 4A_364/2017 (28.2.18) E. 7 (in 144 III 100 n.p. E.), 74 II 41/41 ff. E. 4a.

4. Recht auf Einberufung

Art. 715

Jedes Mitglied des Verwaltungsrates kann unter Angabe der Gründe vom Präsidenten die unverzügliche Einberufung einer Sitzung verlangen.

5. Recht auf Auskunft und Einsicht

Art. 715a

[1] Jedes Mitglied des Verwaltungsrates kann Auskunft über alle Angelegenheiten der Gesellschaft verlangen.

[2] In den Sitzungen sind alle Mitglieder des Verwaltungsrates sowie die mit der Geschäftsführung betrauten Personen zur Auskunft verpflichtet.

[3] Ausserhalb der Sitzungen kann jedes Mitglied von den mit der Geschäftsführung betrauten Personen Auskunft über den Geschäftsgang und, mit Ermächtigung des Präsidenten, auch über einzelne Geschäfte verlangen.

[4] Soweit es für die Erfüllung einer Aufgabe erforderlich ist, kann jedes Mitglied dem Präsidenten beantragen, dass ihm Bücher und Akten vorgelegt werden.

[5] Weist der Präsident ein Gesuch auf Auskunft, Anhörung oder Einsicht ab, so entscheidet der Verwaltungsrat.

[6] Regelungen oder Beschlüsse des Verwaltungsrates, die das Recht auf Auskunft und Einsichtnahme der Verwaltungsräte erweitern, bleiben vorbehalten.

1 **Zweck und Dauer.** Der umfassende Auskunftsanspruch soll sicherstellen, dass der Verwaltungsrat seine Hauptaufgaben als Führungs- und Aufsichtsgremium wirksam und effizient wahrnehmen kann. Als solcher ist er das Gegenstück zur individuellen Verantwortlichkeit der Verwaltungsratsmitglieder 144 III 100/104 f. E. 5.2.2. Ein Verwaltungsratsmitglied unterliegt bezüglich Informationen, die es erhält, grundsätzlich der Pflicht zur Verschwiegenheit 133 III 133/137 E. 3.3. Nach Beendigung der Tätigkeit des Verwaltungsrates entfällt in der Regel der Grund seines Auskunfts- und Einsichtsrechts. Ein solches besteht nur insofern fort, als ein ehemaliger Verwaltungsrat Informationen benötigt, um allfällige Verantwortlichkeits- oder Honoraransprüche zu beurteilen 129 III 499/501 E. 3.3, 4C.7/2003 (26.5.03) E. 6.2 Pra 2003 (Nr. 213) 1167 f. – Kriterien sind namentlich: ob die verlangten Informationen zur Erfüllung des Verwaltungsratsmandats erforderlich sind, ob nach allfälliger Beendigung des Mandats ein hinreichender Zusammenhang (etwa aufgrund strittiger Verantwortlichkeits- oder Honoraransprüche) noch besteht (vgl. 129 III 499/501 f. E. 3.3) oder ob der Einsicht durch das (ehemalige) Verwaltungsratsmitglied überwiegende (Geheimhaltungs-)Interessen der Gesellschaft entgegenstehen 144 III 100/106 f. E. 5.2.3.2.

2 **Möglichkeit der Leistungsklage.** Die Auskunfts- und Einsichtsrechte der Mitglieder des Verwaltungsrats einer Aktiengesellschaft gemäss Art. 715a können mittels Leistungs-

klage gerichtlich durchgesetzt werden 144 III 100 Regeste. Dem steht nicht entgegen, dass Art. 697 Abs. 4 für die Informationsansprüche der Aktionäre ausdrücklich die gerichtliche Durchsetzung vorsieht, während eine solche explizite Nennung bei Art. 715a fehlt. Denn wenn das Gesetz einen Anspruch gewährt, ist grundsätzlich davon auszugehen, dass dieser auch gerichtlich durchgesetzt werden kann, auch wenn dies nicht ausdrücklich gesagt wird 144 III 100/105 E. 5.2.3.1. – Der Anspruch des Verwaltungsratsmitglieds auf Einsicht und Auskunft nach Art. 715a ist im *summarischen Verfahren* nach ZPO Art. 252–256 ff. zu beurteilen. Atypisches Summarverfahren, da der Entscheid ein Endentscheid ist, der in materielle Rechtskraft erwächst, und das Regelbeweismass anwendbar ist. Der summarische Charakter erschöpft sich in der Verfahrensbeschleunigung 144 III 100/107 ff. E. 6.

III. Aufgaben 1. Im Allgemeinen

Art. 716

[1] Der Verwaltungsrat kann in allen Angelegenheiten Beschluss fassen, die nicht nach Gesetz oder Statuten der Generalversammlung zugeteilt sind.

[2] Der Verwaltungsrat führt die Geschäfte der Gesellschaft, soweit er die Geschäftsführung nicht übertragen hat.

2. Unübertragbare Aufgaben

Art. 716a

[1] Der Verwaltungsrat hat folgende unübertragbare und unentziehbare Aufgaben:

1. **die Oberleitung der Gesellschaft und die Erteilung der nötigen Weisungen;**
2. **die Festlegung der Organisation;**
3. **die Ausgestaltung des Rechnungswesens, der Finanzkontrolle sowie der Finanzplanung, sofern diese für die Führung der Gesellschaft notwendig ist;**
4. **die Ernennung und Abberufung der mit der Geschäftsführung und der Vertretung betrauten Personen;**
5. **die Oberaufsicht über die mit der Geschäftsführung betrauten Personen, namentlich im Hinblick auf die Befolgung der Gesetze, Statuten, Reglemente und Weisungen;**
6. **die Erstellung des Geschäftsberichtes sowie die Vorbereitung der Generalversammlung und die Ausführung ihrer Beschlüsse;**
7. **die Benachrichtigung des Gerichts im Falle der Überschuldung.**

[2] Der Verwaltungsrat kann die Vorbereitung und die Ausführung seiner Beschlüsse oder die Überwachung von Geschäften Ausschüssen oder einzelnen Mitgliedern zuweisen. Er hat für eine angemessene Berichterstattung an seine Mitglieder zu sorgen.

Abs. 1 Ziff. 1 Bei der Oberleitung handelt es sich um eine mittel- und langfristige Planung der Unternehmensstrategie. Die Führung der Gesellschaft als Ganzes ist von der Führung einzelner Geschäfte der Gesellschaft abzugrenzen, welche aufgrund ihrer operativen Natur nach Art. 716b an einzelne Mitglieder übertragen werden kann 4A_349/2017 (23.1.18) E. 3.1. – Anwendungsbeispiel: Die Gestaltung ihres identifizierenden Zeichens (Logo) betrifft eine Gesellschaft als Ganzes. Der Entscheid bezüglich der Änderung des Logos stellt keine bloss operative und damit übertragbare Geschäftsführungsaufgabe dar, 1 sondern einen strategischen Unternehmensentscheid, der unter die Oberleitung der Gesellschaft i.S.v. Art. 716a Abs. 1 Ziff. 1 fällt und dem Gesamtverwaltungsrat nicht entzogen werden kann 4A_349/2017 (23.1.18) E. 3.2.

3. Übertragung der Geschäftsführung

Art. 716b

[1] Die Statuten können den Verwaltungsrat ermächtigen, die Geschäftsführung nach Massgabe eines Organisationsreglementes ganz oder zum Teil an einzelne Mitglieder oder an Dritte zu übertragen.

[2] Dieses Reglement ordnet die Geschäftsführung, bestimmt die hierfür erforderlichen Stellen, umschreibt deren Aufgaben und regelt insbesondere die Berichterstattung. Der Verwaltungsrat orientiert Aktionäre und Gesellschaftsgläubiger, die ein schutzwürdiges Interesse glaubhaft machen, auf Anfrage hin schriftlich über die Organisation der Geschäftsführung.

[3] Soweit die Geschäftsführung nicht übertragen worden ist, steht sie allen Mitgliedern des Verwaltungsrates gesamthaft zu.

1 Unter dem Begriff der Geschäftsführung nach Art. 716 Abs. 2 ist die Geschäftsführung im engeren Sinn zu verstehen, das heisst die interne Leitung der Gesellschaft (sämtliche Elemente, die im Innenverhältnis der Gesellschaft wirken, wie etwa die Organisation von Produktion und Vertrieb, die Finanzplanung, die Führung der Geschäftsbücher, die Leitung des Personals oder die Festlegung der Ziele für Forschung und Entwicklung) 137 III 503/509 E. 3.1 fr. Demgegenüber ist die externe Seite der Geschäftsführung im weiteren Sinn, die Vertretung, separat in Art. 718 ff. geregelt 4A_248/2009 (27.10.09) E. 6.3.

2 Die dem Verwaltungsrat gewährte Befugnis zur Übertragung der Geschäftsführung kann statutarischen Einschränkungen unterworfen werden, um insbesondere die Minderheitsaktionäre zu schützen 137 III 503/514 f. E. 4.2 fr. – Der Erlass eines Organisationsreglements nach Art. 716b Abs. 1 ist – neben der entsprechenden Grundlage in den Gesellschaftsstatuten – zwingend vorgeschrieben, damit von einer befugten Delegation ausgegangen werden kann. Dies ist jedenfalls dann nicht der Fall, wenn nicht einmal ein protokollierter Mehrheitsbeschluss des Verwaltungsrats vorliegt, der die nach Art. 716b Abs. 2 vorgesehenen Elemente der Organisation der Geschäftsführung regelt 4A_501/2007 (22.2.08) E. 3.2.2, 4A_503/2007 (22.2.08) E. 3.2.2. Das Erfordernis eines Reglements zur gültigen Übertragung der Geschäftsführung mit einem gesetzlich vorgeschriebenen Mindestinhalt setzt voraus, dass eine Delegation auch in formeller Hinsicht gewissen Mindestanforderungen genügt 4A_503/2007 (22.2.08) E. 3.2.1. Wurde kein Organisationsreglement erlassen, wurde die Geschäftsführung nicht gültig delegiert 4A_259/2016 (13.12.16) E. 5.1. – Die Geschäftsführung kann auch durch Abschluss eines Managementvertrags auf eine andere Konzerngesellschaft übertragen werden 137 III 503/509 f. E. 3.2 u. 3.3 fr. – Auch bei Delegation der Geschäftsführung bleibt der Verwaltungsrat zur Überwachung der ausführenden Personen verpflichtet, selbst wenn die Geschäftsführung dem Alleinaktionär delegiert wurde 4A_120/2013 (27.8.13) E. 3 fr.

3 Der Verwaltungsrat kann trotz statutarischer Ermächtigung darauf verzichten, die Geschäftsführung zu übertragen, wenn er der Meinung ist, die dafür von der Generalversammlung auferlegten Bedingungen seien nicht akzeptabel 137 III 503/516 E. 4.3 u.

3.3 fr. – Eine von den Statuten zwar vorgesehene, aber vom Verwaltungsrat nicht gemäss Art. 716b gültig vorgenommene Delegation führt nicht zur Haftungsbeschränkung im Sinne von Art. 754 Abs. 2 4A_503/2007 (22.2.08) E. 3.1.

IV. Sorgfalts- und Treuepflicht

Art. 717

[1] Die Mitglieder des Verwaltungsrates sowie Dritte, die mit der Geschäftsführung befasst sind, müssen ihre Aufgaben mit aller Sorgfalt erfüllen und die Interessen der Gesellschaft in guten Treuen wahren.

[2] Sie haben die Aktionäre unter gleichen Voraussetzungen gleich zu behandeln.

Allgemeines. Die Bestimmung gilt, obwohl im Bankengesetz nicht enthalten, auch für den Verwaltungsrat einer Bankaktiengesellschaft 4C.201/2001 (19.6.02) E. 2.2.1. Sie ist ferner anwendbar auf Liquidatoren 132 III 758/761 E. 3.3 Pra 2007 (Nr. 80) 534 f., 4A_102/2015 (4.9.15) E. 3.3 – Die Geschäftsführer einer AG stehen in einem schuldrechtlichen und gesellschaftsrechtlichen Doppelverhältnis zur Gesellschaft mit der Folge, dass sich das in einem Anstellungsverhältnis stehende Organ sowohl an die Treuepflicht des Arbeitnehmers nach Art. 321a wie auch an die organschaftliche Treuepflicht nach Art. 717 halten muss 140 III 409/412 E. 3.1, 130 III 213/216 E. 2.1, 4A_349/2017 (23.1.18) E. 4.3, 4A_55/2017 (16.6.17) E. 4.2. 1

Abs. 1 Das Gebot der Sorgfaltspflicht ist mehr als nur eine einfache Pflicht, denn es legt den Sorgfaltsmassstab bei der Erfüllung aller anderen Pflichten fest. Die Sorgfaltspflicht bezieht sich auf alle Aufgaben, welche dem Verwaltungsrat unentziehbar und unübertragbar zustehen 4A_373/2015 (26.1.16) E. 3.1.1. Bei der Prüfung, ob die nötige Sorgfalt aufgewendet wurde, ist jedes getätigte Geschäft einzeln zu beurteilen 4C.201/2001 (19.6.02) E. 2.1.1. – Für die Prüfung, ob die nötige Sorgfalt angewendet wurde, gilt ein objektiver Massstab. Die Verwaltungsräte sind zu aller Sorgfalt verpflichtet und nicht nur zur Vorsicht, die sie in eigenen Geschäften anzuwenden pflegen. Das Verhalten eines Verwaltungsratsmitgliedes wird deshalb mit demjenigen verglichen, das billigerweise von einer abstrakt vorgestellten, ordnungsgemäss handelnden Person in einer vergleichbaren Situation erwartet werden kann. Bei überdurchschnittlichen Fachkenntnissen eines Verwaltungsrats ist ein höherer Massstab an die Sorgfaltspflicht anzulegen (in casu war der beklagte Verwaltungsrat einer Bank ausgebildeter Betriebswirtschafter mit dem Abschluss als Dr. oec.) 4C.201/2001 (19.6.02) E. 2.1.1. – Die Sorgfalt richtet sich nach dem Recht, dem Wissensstand und den Massstäben im Zeitpunkt der fraglichen Handlung oder Unterlassung. Bei der Beurteilung von Sorgfaltspflichtverletzungen hat mithin eine Ex-ante-Betrachtung stattzufinden 139 III 24/26 E. 3.2, 4A_74/2012 (18.6.12) E. 5.1. – Bei der nachträglichen Beurteilung von Geschäftsentscheiden, die in einem einwandfreien, auf einer angemessenen Informationsbasis beruhenden und von Interessenkonflikten freien Entscheidprozess zustande gekommen sind, haben sich die Gerichte zurückzuhalten und den Geschäftsentscheid nur auf seine Vertretbarkeit zu prüfen 4A_74/2012 (18.6.12) E. 5.1, 4A_306/2009 (8.2.10) E. 7.2.4, 139 III 24/26 E. 3.2. In der Unterlassung sich aufdrängender Abklärungen liegt eine offensichtliche Unsorgfalt. Dies gilt aber nur 2 insoweit, als zumutbare Möglichkeiten zur Nachforschung bestehen und die zu erwartenden Ergebnisse für den Geschäftsentscheid relevant sind 4A_626/2013 (8.4.14) E. 6, 4A_97/2013 (28.8.13) E. 4.2 – In die Beurteilung der Vertretbarkeit eines Geschäftsentscheides müssen auch die Chancen, die der Geschäftsentscheid mit sich bringt, einfliessen 4A_626/2013 (8.4.14) E. 7. – Liegt kein gültiger Verwaltungsratsbeschluss vor, ist die Entscheidfindung bereits in formeller Hinsicht ungenügend 4A_97/2013 (28.8.13) E. 5.2.

3 Aufgrund seiner Sorgfalts- und Treuepflicht ist ein Verwaltungsratsmitglied gehalten, wie das für den Auftrag ausdrücklich in Art. 400 Abs. 1 vorgesehen ist, über seine Geschäftsführung Rechenschaft abzulegen und alles, was ihm infolge seines Amtes zugekommen ist, zu erstatten 4C.155/2002 (9.9.02) E. 2.3. – Schliesst das Mitglied des Verwaltungsrates im Hinblick auf die Erbringung einer Dienst- oder Arbeitsleistung einen Vertrag (in casu Arbeitsvertrag), so muss er diesen an (allenfalls durch Dritte zu bestimmende) marktüblichen Bedingungen ausrichten und jegliche eigene Begünstigung vermeiden. Diese Pflicht zur Wahrung der Gesellschaftsinteressen trifft auch den als Verwaltungsrat tätigen Einmannaktionär 4C.402/1998 (14.12.99) E. 2a Pra 2000 (Nr. 50) 288 f. – Demgegenüber sind die Aktionäre bei ihrer Stimmabgabe nicht gehalten, ein übergeordnetes Gesellschaftsinteresse zu wahren 4C.143/2003 (14.10.03) E. 6. – Im Konzern gilt die Treuepflicht gegenüber der Konzern-Tochtergesellschaft, deren Organ der Handelnde ist 130 III 213/219 E. 2.2.2. – Der ungerechtfertigte Entzug bzw. die ungerechtfertigte Vorenthaltung von Kapital, das der Gesellschaft zusteht, ist auch ohne Überschuldungssituation ein sorgfalts- bzw. treuwidriges Verhalten des Verwaltungsrates 4C.252/2000 (5.12.00) E. 3 b. So liegt auch die Vergabe eines ungesicherten Darlehens an eine nicht konzernmässig verbundene Rechtseinheit nicht im Interesse der Gesellschaft und ist sorgfaltswidrig, sofern nicht besondere Umstände vorliegen 4A_15/2013 (11.7.13) E. 7.2.2. Der Verwaltungsrat muss eine prekäre finanzielle Situation nicht nur dann erkennen, wenn eine Bilanz darüber Aufschluss gibt, sondern auch, soweit andere Alarmzeichen im Zusammenhang mit der Geschäftsentwicklung vorliegen. Deshalb muss der Verwaltungsrat pflichtgemäss die finanzielle und wirtschaftliche Situation der Gesellschaft umsichtig beobachten 132 III 564/572 E. 5.1 Pra 2007 (Nr. 57) 382 f. 5.1, 4A_373/2015 (26.1.16) E. 3.1.1. Grundsätzlich ist daher im Zusammenhang mit der Darlehensgewährung an eine konzerninterne Tochtergesellschaft trotz Überschuldung derselben von einer schuldhaften Pflichtwidrigkeit auszugehen 4A_74/2012 (18.6.12) E. 5.2. – Die missbräuchliche Inanspruchnahme eines Gerichtsverfahrens ohne sorgfältige Abwägung der Prozesschancen sowie Prozessvorbereitung verstösst gegen die Treuepflicht 4A_267/2008 (8.12.08) E. 5.6, 139 III 24/27 E. 3.3. Das Gesellschaftsinteresse bildet dabei in zweierlei Hinsicht Richtschnur für die Beurteilung von Prozessführungsentscheiden des Verwaltungsrats: Zum einen kann es nicht im Interesse der Gesellschaft liegen, von vornherein aussichtslose Prozesse zu führen, die nur unnötige Kosten für die Gesellschaft generieren. Zum andern verbietet das Gesellschaftsinteresse, Prozesse zu führen, mit denen nicht ein im Gesellschaftsinteresse liegendes Ziel verfolgt wird 139 III 24/27 E. 3.3. – Befindet sich ein Mitglied in einem permanenten Interessenkonflikt, hat es gegebenenfalls aus dem Verwaltungsrat zurückzutreten (in casu: keine Sorgfaltspflichtverletzung des VR-Mitglieds gegenüber einer Immobiliengesellschaft durch den Umstand, dass dieses auch Organ der Verwaltungsgesellschaft ist) 4A_317/2009 (1.10.09) E. 2.5.

Abs. 2 Sinn und Funktion des aktienrechtlichen Gleichbehandlungsgebots ist, einen Machtmissbrauch zu verhindern. Die Gleichbehandlung beruht dabei auf der kapitalbezogenen Struktur der Gesellschaft, bei welcher sich die vermögensmässigen Rechte nach der Kapitalbeteiligung richten. Die vom Gesetz verlangte Gleichbehandlung gilt indessen nicht absolut, sondern nur relativ, indem davon abgewichen werden darf, soweit dies für die Verfolgung des Gesellschaftszwecks im Interesse der Gesamtheit aller Aktionäre unumgänglich notwendig ist. Beim an den Verwaltungsrat gerichteten Gleichbehandlungsgebot ist dieser Vorbehalt des Gesellschaftsinteresses im Hinweis enthalten, dass die Aktionäre unter gleichen Voraussetzungen gleich zu behandeln seien 4C.242/2001 (5.3.03) E. 3.1. Die Verwaltungsorgane haben zudem ihr Ermessen in der Weise auszuüben, dass sie weder einzelnen Aktionären Sondervorteile verschaffen noch deren Partikularinteressen fördern. Das Gesetz stellt das Gleichbehandlungsgebot für den Verwaltungsrat auf die gleiche Ebene wie die Sorgfalts- und die Treuepflicht 4C.242/2001 (5.3.03) E. 3.3. – Selbst wenn anzunehmen wäre, dass der Gleichbehandlungsgrundsatz nicht nur in gesellschaftsrechtlichen, sondern auch in vertraglichen Beziehungen zwischen Aktionär und Gesellschaft zum Tragen kommt, ist dies nicht bei jedem Rechtsgeschäft, das die Gesellschaft mit einem Aktionär abschliesst, sondern nur dann der Fall, wenn das Rechtsgeschäft einen Konnex zur Aktionärsstellung aufweist 4A_655/2016 (15.3.17) E. 4.4.4 (z.B. Einräumung von Darlehen an Aktionäre zu Sonderkonditionen). 4

V. Vertretung 1. Im Allgemeinen

Art. 718

[1] Der Verwaltungsrat vertritt die Gesellschaft nach aussen. Bestimmen die Statuten oder das Organisationsreglement nichts anderes, so steht die Vertretungsbefugnis jedem Mitglied einzeln zu.

[2] Der Verwaltungsrat kann die Vertretung einem oder mehreren Mitgliedern (Delegierte) oder Dritten (Direktoren) übertragen.

[3] Mindestens ein Mitglied des Verwaltungsrates muss zur Vertretung befugt sein.

[4] Die Gesellschaft muss durch eine Person vertreten werden können, die Wohnsitz in der Schweiz hat. Diese Person muss Mitglied des Verwaltungsrates oder Direktor sein. Sie muss Zugang zum Aktienbuch sowie zum Verzeichnis nach Artikel 697l haben, soweit dieses Verzeichnis nicht von einem Finanzintermediär geführt wird.

Allgemeines. Eine AG kann sich nicht nur durch Zeichnungsberechtigte nach Art. 718, sondern auch durch Personen gestützt auf die bürgerliche Stellvertretung nach Art. 32 ff. vertreten lassen 4A_455/2018 (9.10.19) E. 5, 4A_36/2011 (15.3.11) E. 2.2.2 fr. – Zur sog. Wissensvertretung 4C.335/1999 (25.8.00) E. 5. 1

Abs. 1 Nach dem zweiten Satz dieses Absatzes ist jedes Mitglied des Verwaltungsrates befugt, die Gesellschaft allein zu vertreten; das bedeutet insbesondere, dass jedes Verwaltungsratsmitglied ein In-Sich-Geschäft nachträglich genehmigen kann, welches ein anderes Verwaltungsratsmitglied eingegangen ist; in Fällen, da der Verwaltungsrat von einem einzigen Mitglied gebildet wird, liegt die Kompetenz zu einer solchen Genehmigung bei der Generalversammlung; sofern die Vertretungsbefugnis der Liquidatoren nicht speziell 2 beschränkt ist, gilt für diese dasselbe 4C.148/2002 (30.7.02) E. 3.1; vgl. auch 127 III 332/334 E. 2. b/aa, 4C.25/2005 (15.8.05) E. 1.1–1.3.

3 *Abs. 2* Gegenüber Dritten wird die Gesellschaft verpflichtet durch Rechtshandlungen, die von den durch das Handelsregister ausgewiesenen Organen vorgenommen werden, und zwar unbeschadet darum, ob diese Organe interne Zuständigkeitsregeln wie z.B. einen Genehmigungsvorbehalt durch Verwaltungsrat oder Generalversammlung verletzt haben. Solche internen Regeln beschneiden lediglich die Vertretungsbefugnis, nicht jedoch die Vertretungsmacht, deren Umfang sich einzig aus dem Handelsregister ergibt 4A_357/2007 (8.4.08) E. 4.2 fr. – Die Übertragung der Vertretung bedarf weder einer statutarischen Grundlage noch eines Organisationsreglements 4A_248/2009 (27.10.09) E. 6.1.

4 *Abs. 3* Besteht der Verwaltungsrat nur (noch) aus einer einzigen Person, so ist diese von Gesetzes wegen zur Vertretung der Gesellschaft ermächtigt, selbst wenn sich aus dem Handelsregister etwas anderes ergibt (in casu: Kollektivzeichnungsberechtigung zu zweien) 133 III 77/80 E. 6 Pra 2007 (Nr. 92) 626.

2. Umfang und Beschränkung

Art. 718a

[1] Die zur Vertretung befugten Personen können im Namen der Gesellschaft alle Rechtshandlungen vornehmen, die der Zweck der Gesellschaft mit sich bringen kann.

[2] Eine Beschränkung dieser Vertretungsbefugnis hat gegenüber gutgläubigen Dritten keine Wirkung; ausgenommen sind die im Handelsregister eingetragenen Bestimmungen über die ausschliessliche Vertretung der Hauptniederlassung oder einer Zweigniederlassung oder über die gemeinsame Vertretung der Gesellschaft.

1 *Abs. 1* Die Vorschrift von Art. 718a Abs. 1 wird in Lehre und Rechtsprechung weit ausgelegt. Unter Rechtshandlungen, die der Gesellschaftszweck mit sich bringen kann, sind nicht bloss solche zu verstehen, die der Gesellschaft nützlich sind oder in ihrem Betrieb gewöhnlich vorkommen; erfasst sind vielmehr ebenfalls ungewöhnliche Geschäfte, sofern sie auch nur möglicherweise im Gesellschaftszweck begründet sind, d.h. durch diesen zumindest nicht geradezu ausgeschlossen werden 116 II 320/323 E. 3a, 126 III 361/364 E. 3a, 4A_55/2017 (16.6.17) E. 5.2.1, 4A_46/2016 (20.6.16) E. 5.2, 4A_617/2013 (30.6.14) E. 5.1. Der Gesellschaftszweck schränkt somit die Vertretungsmacht lediglich in Extremfällen ein 4A_46/2016 (20.6.16) E. 5.2, 4A_122/2013 (31.10.13) E. 3.5 fr. Die Beurteilung erfolgt generell und abstrakt 4C.259/2000 (1.1.01) E. 2a. Rechtsgeschäfte hingegen, welche die Gesellschaft dem Wesen nach verändern, führen zu einer Änderung des Gesellschaftszwecks und sind daher von diesem nicht mehr gedeckt. Dies ist bspw. der Fall bei der Umwandlung einer Betriebsgesellschaft in eine Verwaltungs- und Holdinggesellschaft oder bei der Veräusserung des gesamten Betriebes mit allen Aktiven der Gesellschaft 116 II 320/323 E. 3a, 4A_485/2008 (4.12.28) E. 2.1. Die Beschränkung der Vertretungsmacht kann entfallen, wenn die Aufgabe des Gesellschaftszwecks zufolge Überschuldung der Gesellschaft unausweichlich ist, dringender Handlungsbedarf besteht

und eine rechtzeitige Einberufung einer Generalversammlung nicht mehr möglich ist 116 II 320/323 E. 3a. – Der Einzelaktionär, der nicht Mitglied des Verwaltungsrats ist, ist ohne Vollmacht nicht zur Vornahme von Geschäften für die Gesellschaft berechtigt 4A_122/2013 (31.10.13) E. 3.4. fr.

Abs. 2 **Gutglaubensschutz** auch dann, wenn der Dritte zwar die Möglichkeit eines Interessenkonfliktes erkannt hat (in casu Insichgeschäft), ihm aber das zuständige Organ bzw. die für eine Beistandsernennung zuständige Vormundschaftsbehörde das Bestehen der Vertretungsmacht bestätigt hat 120 II 5/10. Auch bei einem eigentlichen Missbrauch der Vertretungsmacht bedarf es zur Zerstörung des guten Glaubens «objektiver Missbrauchsindizien» bzw. «objektiver Anhaltspunkte», die auf einen Missbrauch hindeuten 131 III 511/519 E. 3.2.2 Pra 2006 (Nr. 66) 474. – Zur Entgegennahme von Betreibungsurkunden muss sowohl der nicht dem Verwaltungsrat angehörende Geschäftsführer als auch der Prokurist berechtigt sein 121 III 16/18 E.d. – Statutarische Klauseln, welche eine Kombination von Kollektivunterschriften vorsehen (in casu L. und M. als Mitglieder des Verwaltungsrates «avec signature collective à deux, mais ne signant toutefois pas entre eux»), können im Handelsregister eingetragen werden (Art. 641 Ziff. 8) 121 III 368/373 ff. E. 4 fr. (eintragungsrechtlicher Entscheid), 4A_536/2015 (3.3.16) E. 2.1 ff. Eintragbar ist auch eine Beschränkung, wonach eine Person nur mit einer bestimmten anderen Person zeichnen kann 4A_36/2011 (15.3.11), E. 2.2.1 fr. 2

Selbstkontrahieren und Doppelvertretung. Das Kontrahieren eines Vertreters mit sich selbst ist grundsätzlich unzulässig, weil es regelmässig zu Interessenkollisionen führt und somit vom Gesellschaftszweck nicht erfasst wird. Selbstkontrahieren hat deshalb grundsätzlich die Ungültigkeit des betreffenden Rechtsgeschäftes zur Folge. Zulässig ist ein Geschäft aber dann, wenn die Gefahr einer Benachteiligung des Vertretenen nach der Natur des Geschäftes ausgeschlossen ist oder wenn der Vertretene den Vertreter zum Vertragsabschluss mit sich selbst besonders ermächtigt bzw. das Geschäft nachträglich genehmigt hat. Anwendbar auch auf die gesetzliche Vertretung juristischer Personen durch ihre Organe, wo es einer besonderen Ermächtigung oder einer nachträglichen Genehmigung durch ein über- oder nebengeordnetes Organ bedarf, wenn die Gefahr einer Benachteiligung besteht 144 III 388/390 E. 5.1, 127 III 332/333 f. E. 2, 126 III 361/363 f. E. 3a. 3

Verwandte Fälle. Anwendung dieser Rechtsprechung unter Vorbehalt des Schutzes gutgläubiger Dritter auf Fälle, in denen nicht ein Selbstkontrahieren, jedoch sonst ein Konflikt zwischen den Interessen der juristischen Person und den handelnden Organen vorliegt. Denn grundsätzlich ist davon auszugehen, dass die Vertretungsbefugnis nach dem mutmasslichen Willen der juristischen Person stillschweigend jene Geschäfte ausschliesst, welche sich als interessen- bzw. pflichtwidriges Vertreterhandeln erweisen 144 III 388/390 5.1, 126 III 361/363 f. E. 3a, 4A_195/2014/4A_197/2014 (27.11.14) E. 6.1 (in 140 III 602 n.p. E.), 4C.25/2005 (15.8.05) E. 1.1 (in 131 III 636 n.p. E.), 4A_55/2017 (16.6.17) E. 5.2.1. 4

Ausnahme. Ein Schutzbedürfnis (der vertretenen Gesellschaft) entfällt aber, wenn der mit sich selbst kontrahierende Vertreter zugleich Alleinaktionär ist, da unter diesen Umständen zwingend zu folgern ist, der Abschluss des betreffenden Geschäfts entspreche zugleich dem Willen der Generalversammlung und werde deshalb von der Vertretungsmacht des Organs gedeckt 144 III 388/390 5.1, 126 III 361/366 E. 5a, 4C.93/2007 5

(13.8.07) E. 2.2. Mit der Zulassung der Einpersonengesellschaft durch Art. 625 und der Regelung gemäss Art. 718b betreffend Verträgen zwischen der Gesellschaft und ihrem Vertreter (Schrifterfordernis) hat der Gesetzgeber bestätigt, dass Insichgeschäfte unter vertretungsrechtlichen Gesichtspunkten nicht grundsätzlich unzulässig sind 144 III 388/392 ff. E. 5.3.2. – Anwendung auf vergleichbare Situationen, in denen es an gegenläufigen Interessen fehlt 144 III 388/391 f. 5.3.1, 126 III 361 (Gültigkeit der Vertretung bei einem Konflikt der Interessen der juristischen Person mit jenen des handelnden Organs).

3. Verträge zwischen der Gesellschaft und ihrem Vertreter

Art. 718b

Wird die Gesellschaft beim Abschluss eines Vertrages durch diejenige Person vertreten, mit der sie den Vertrag abschliesst, so muss der Vertrag schriftlich abgefasst werden. Dieses Erfordernis gilt nicht für Verträge des laufenden Geschäfts, bei denen die Leistung der Gesellschaft den Wert von 1000 Franken nicht übersteigt.

1 Die Berufung auf die Formungültigkeit eines Vertrags ist unstatthaft, wenn sie – etwa wegen widersprüchlichen Verhaltens – gegen Treu und Glauben verstösst und damit einen offenbaren Rechtsmissbrauch gemäss ZGB Art. 2 Abs. 2 darstellt. Ob dies zutrifft, ist in Würdigung aller Umstände des konkreten Falls zu prüfen, wobei namentlich das Verhalten der Parteien bei und nach Abschluss des Vertrags zu würdigen und überdies zu berücksichtigen ist, ob der Schutzzweck einer Formvorschrift bezüglich jener Partei verletzt wurde, die sich auf den Formmangel beruft 4A_545/2019 (13.2.20) E. 5.2.4 (offengelassen, welche Folgen der Formmangel hat, wenn der alleinige Gesellschafter und Geschäftsführer als Vertreter der Gesellschaft mit sich selbst einen formungültigen Darlehensvertrag abschliesst [Art. 718b i.V.m. Art. 814 Abs. 4], wobei aber die Berufung auf den Formmangel durch den Geschäftsführer in casu rechtsmissbräuchlich war).

4. Zeichnung

Art. 719

Die zur Vertretung der Gesellschaft befugten Personen haben in der Weise zu zeichnen, dass sie der Firma der Gesellschaft ihre Unterschrift beifügen.

5. Eintragung

Art. 720

Die zur Vertretung der Gesellschaft befugten Personen sind vom Verwaltungsrat zur Eintragung in das Handelsregister anzumelden, unter Vorlegung einer beglaubigten Abschrift des Beschlusses. Sie haben ihre Unterschrift beim Handelsregisteramt zu zeichnen oder die Zeichnung in beglaubigter Form einzureichen.

Durch die Publikation im Handelsregister gibt die Gesellschaft gegen aussen kund, wer sie vertreten kann; damit sind Handlungen der gemäss Handelsregistereintrag zur Vertretung ermächtigten Personen der Gesellschaft zuzurechnen, und zwar unabhängig davon, ob die entsprechenden Organe die gesellschaftsinternen Kompetenz- und Handlungsrichtlinien beachtet haben 4A_46/2016 (20.6.16) E. 5.2, 4A_147/2014 (19.11.14) E. 3.2.5, 4A_617/2013 (30.6.14) E. 5.2, 4A_459/2013 (22.1.14) E. 3.1.3, 4A_357/2007 (8.4.08) E. 4.2. 1

6. Prokuristen und Bevollmächtigte

Art. 721

Der Verwaltungsrat kann Prokuristen und andere Bevollmächtigte ernennen.

Die Übertragung der Vertretung bedarf weder einer statutarischen Grundlage noch eines Organisationsreglements 4A_248/2009 (27.10.09) E. 6.1. 1

VI. Haftung der Organe

Art. 722

Die Gesellschaft haftet für den Schaden aus unerlaubten Handlungen, die eine zur Geschäftsführung oder zur Vertretung befugte Person in Ausübung ihrer geschäftlichen Verrichtungen begeht.

Aufgrund dieser Bestimmung hat die Konzern-Muttergesellschaft unter Umständen für Eingriffe ihrer Organe in die Geschäftsführung der Tochtergesellschaft einzustehen; dabei ist aber vorausgesetzt, dass die fraglichen Handlungen widerrechtlich (Art. 41 Abs. 1) oder zumindest sittenwidrig sind (Art. 41 Abs. 2) und dass die betreffenden Personen sowohl als Organe der Muttergesellschaft als auch als Organe der Tochtergesellschaft gehandelt haben 124 III 297/299 f. E. a (in casu Haftung verneint; die Widerrechtlichkeit eines Verhaltens lässt sich weder aus dem Gefahrensatz noch aus ZGB Art. 2 herleiten). S. auch 4A_455/2018 (9.10.19) E. 6.1. 1

Art. 723–724

Diese Bestimmungen wurden auf den 1. Juli 1992 aufgehoben (AS 1992 733).

VII. Kapitalverlust und Überschuldung 1. Anzeigepflichten

Art. 725

[1] Zeigt die letzte Jahresbilanz, dass die Hälfte des Aktienkapitals und der gesetzlichen Reserven nicht mehr gedeckt ist, so beruft der Verwaltungsrat unverzüglich eine Generalversammlung ein und beantragt ihr Sanierungsmassnahmen.

[2] Wenn begründete Besorgnis einer Überschuldung besteht, muss eine Zwischenbilanz erstellt und diese einem zugelassenen Revisor zur Prüfung vorgelegt werden. Ergibt sich aus der Zwischenbilanz, dass die Forderungen der Gesellschaftsgläubiger weder zu Fortführungs- noch zu Veräusserungswerten gedeckt sind, so hat der Verwaltungsrat das Gericht zu benachrichtigen, sofern nicht Gesellschaftsgläubiger im Ausmass dieser Unterdeckung im Rang hinter alle anderen Gesellschaftsgläubiger zurücktreten.

[3] Verfügt die Gesellschaft über keine Revisionsstelle, so obliegen dem zugelassenen Revisor die Anzeigepflichten der eingeschränkt prüfenden Revisionsstelle.

▪ Allgemeines (1) ▪ Abs. 1 (2) ▪ Abs. 2 Allgemeines (3) ▪ Ermessensspielraum (4) ▪ Fortführungsschaden zufolge Konkursverschleppung (5) ▪ Rangrücktritt (6)

1 **Allgemeines.** In welcher finanziellen Situation sich eine Gesellschaft zu einem gegebenen Zeitpunkt befindet, ist Tatfrage 4C.130/2002 (12.2.02) E. 2c.

2 ***Abs. 1*** Die Bestimmung dient dem Schutz der Aktionäre 121 III 420/425 E. 3a. Das Gesetz verlangt nicht, dass der Verwaltungsrat der Sanierungsversammlung einen Zwischenabschluss vorlegen muss 121 III 420/426 E.a.

3 ***Abs. 2*** **Allgemeines.** Die Bestimmung dient dem Gläubigerschutz und bildet die Voraussetzung für die Benachrichtigung des Richters, welche – auch im Interesse der Allgemeinheit und künftiger Kreditgeber – gesetzlich für den Fall der Überschuldung vorgeschrieben wird 121 III 420/425 E. 3a. Die Bestimmung dient nicht nur dem Aktionärs- oder Gläubigerschutz, sondern auch dem Schutz der Gesellschaft 4C.130/2002 (12.2.02) E. 2b. Die Pflicht zur Benachrichtigung des Richters trifft allein den Verwaltungsrat der Gesellschaft, nicht die Gläubiger 4C.55/2007 (26.4.07) E. 4.3.5 fr. Auch kann sich der Verwaltungsrat nicht darauf berufen, die Kompetenz einem anderen Organ übertragen zu haben. 4A_84/2013 (7.8.13) E. 2.5. Eine Bank hat weder die Pflicht noch die Befugnis, anstelle ihrer Klientin den Richter im Fall einer Überschuldung zu benachrichtigen. Dies würde eine faktische Organschaft voraussetzen 4A_389/2009 (9.11. 09) E. 2.4. Die Möglichkeit, die Berechnung der Überschuldung neben den Liquidationswerten alternativ auch auf die Fortführungswerte zu stützen, soll verhindern, dass eine Gesellschaft unmittelbar nach ihrer Gründung als überschuldet anzusehen ist, nur weil ihre Vermögenswerte zu Liquidationswerten zu bewerten sind 4C.58/2007 (25.5.07) E. 2.4. – Umgekehrt kann die Bewertung zu Liquidationswerten stille Reserven zutage fördern, die bei der Bewertung zu Fortführungswerten nicht berücksichtigt sind 4A_214/2015 (8.9.15) E. 3.2.2. – Verfügt der Richter über keine anderen zuverlässigen Unterlagen, so kann er die Einreichung einer durch die Revisionsstelle der Gesellschaft geprüften Zwischenbilanz verlangen 120 II 425/426 ff. E. 2 (Übergangsrecht: E. 3) Pra 1995 (Nr. 135) 441 ff. – Von einer sofortigen Benachrichtigung des Richters kann abgesehen werden, wenn konkrete Aussichten auf eine Sanierung der überschuldeten Gesellschaft bestehen und die Forderungen der Gesellschaftsgläubiger durch eine neuerliche Verschlechterung der finanziellen Lage nicht gefährdet werden. Unerlässlich dafür ist, dass die Voraussetzungen für einen Konkursaufschub nach Art 725a Abs. 1 erfüllt sind. 4C.366/2000 (19.6.01) E. 4b.

Ermessensspielraum. Den Organen kommt bei der Beurteilung von Sanierungsmassnahmen ein grosser Ermessensspielraum zu; bei der gerichtlichen Beurteilung von Geschäftsleitungsentscheiden ist grundsätzlich Zurückhaltung zu üben 4A_306/2009 (8.2.10) E. 7.2.4. 4

Fortführungsschaden zufolge Konkursverschleppung. Besteht der Schaden in der Vergrösserung der Verschuldung infolge verspäteter Konkurserklärung, so ist die tatsächlich eingetretene Überschuldung der Konkursitin mit jener zu vergleichen, die bei einem Konkurs zum früheren Zeitpunkt bestanden hätte 132 III 342/348 ff. E. 2.3.3 u. E. 6.2, 136 III 322/325 E. 3.2. Es ist jeweils vom Liquidationswert (und nicht vom Fortführungswert) auszugehen. Dabei müssen sämtliche Schulden berücksichtigt werden, d.h. auch die nachrangigen Forderungen 4A_478/2008 (16.12.08) E. 4.2 fr. Der Schaden kann in der Weise festgestellt werden, dass der aus den Buchhaltungsunterlagen ersichtliche Saldo im Zeitpunkt der Verletzung der Benachrichtigungspflicht mit dem (höheren) Verlust im Zeitpunkt der tatsächlich erfolgten Konkurseröffnung verglichen wird 4C.263/2004 (23.5.05) E. 3. Die Gesamtheit der rechtskräftig kollozierten Forderungen bildet dabei keine verbindliche Grundlage, welche der Schadensberechnung zugrunde zu legen ist; vielmehr ist zu prüfen, ob die Kollokation zu Recht erfolgt ist 136 III 322/326 E. 3.3, 132 III 342/348 E. 2.3.3. – Zur Bemessung des Schadens siehe auch Rz. 3 zu Art. 754. 5

Rangrücktritt. Der Rangrücktritt hat den Zweck, die Benachrichtigung des Richters wegen Überschuldung der Gesellschaft zu vermeiden. Er hat für sich allein keine sanierende Wirkung, sondern ist mit Sanierungsmassnahmen zu kombinieren, wobei sich der rücktrittsbelastete Gläubiger nicht zwangsläufig an diesen Massnahmen beteiligen muss 4C.47/2003 (2.7.03) E. 2.2. Vgl. auch 129 III 129/131 f. E. 7.3–7.4. Ein Rangrücktritt erhöht weder die Substanz für den Insolvenzfall noch reduziert er den von den Gläubigern erlittenen Schaden. Der Rangrücktritt hat keinen Einfluss auf die Aktiven; er kann gegebenenfalls Ausfälle anderer Gläubiger verhindern oder verringern. Da mit dem Rangrücktritt die betreffenden Schulden der Gesellschaft nicht wegfallen, bleibt dieser ohne Einfluss auf das Gesellschaftsvermögen 4C.58/2007 (25.5.07) E. 4.3. Bei der Bemessung des Schadens müssen deshalb auch die nachrangigen Forderungen berücksichtigt werden 4A_478/2008 (16.12.08) E. 4.2 fr. 6

2. Eröffnung oder Aufschub des Konkurses

Art. 725a

[1] Das Gericht eröffnet auf die Benachrichtigung hin den Konkurs. Es kann ihn auf Antrag des Verwaltungsrates oder eines Gläubigers aufschieben, falls Aussicht auf Sanierung besteht; in diesem Falle trifft es Massnahmen zur Erhaltung des Vermögens.

[2] Das Gericht kann einen Sachwalter bestellen und entweder dem Verwaltungsrat die Verfügungsbefugnis entziehen oder dessen Beschlüsse von der Zustimmung des Sachwalters abhängig machen. Es umschreibt die Aufgaben des Sachwalters.

[3] Der Konkursaufschub muss nur veröffentlicht werden, wenn dies zum Schutze Dritter erforderlich ist.

1 Es handelt sich um eine Bestimmung mit *doppelter Schutzfunktion* (Schutz der Gesellschaft einerseits und der Gläubiger anderseits) 127 III 374/378 E. 3c.

2 ***Abs. 1*** Für die Zulässigkeit einer Sanierung müssen deren Erfolgsaussichten geprüft werden 4C. 366/2000 (19.6.01) E. 5, 6a. – Kein überspitzter Formalismus, wenn der Konkursaufschub von der Einreichung einer durch die Revisionsstelle geprüften Zwischenbilanz abhängig gemacht wird, falls dem Richter keine anderen zuverlässigen Unterlagen zur Verfügung stehen 120 II 425/426 ff. E. 2 Pra 1995 (Nr. 135) 441 ff. – Bei Konkursaufschub werden die Betreibungen ausgesetzt 120 II 425/427 Pra 1995 (Nr. 135) 442.

VIII. Abberufung und Einstellung

Art. 726

[1] Der Verwaltungsrat kann die von ihm bestellten Ausschüsse, Delegierten, Direktoren und andern Bevollmächtigten und Beauftragten jederzeit abberufen.

[2] Die von der Generalversammlung bestellten Bevollmächtigten und Beauftragten können vom Verwaltungsrat jederzeit in ihren Funktionen eingestellt werden, unter sofortiger Einberufung einer Generalversammlung.

[3] Entschädigungsansprüche der Abberufenen oder in ihren Funktionen Eingestellten bleiben vorbehalten.

I. Revisionspflicht 1. Ordentliche Revision

Art. 727

[1] Folgende Gesellschaften müssen ihre Jahresrechnung und gegebenenfalls ihre Konzernrechnung durch eine Revisionsstelle ordentlich prüfen lassen:

1. **Publikumsgesellschaften; als solche gelten Gesellschaften, die:**
   - a. **Beteiligungspapiere an einer Börse kotiert haben,**
   - b. **Anleihensobligationen ausstehend haben,**
   - c. **mindestens 20 Prozent der Aktiven oder des Umsatzes zur Konzernrechnung einer Gesellschaft nach Buchstabe a oder b beitragen;**
2. **Gesellschaften, die zwei der nachstehenden Grössen in zwei aufeinander folgenden Geschäftsjahren überschreiten:**
   - a. **Bilanzsumme von 20 Millionen Franken,**
   - b. **Umsatzerlös von 40 Millionen Franken,**
   - c. **250 Vollzeitstellen im Jahresdurchschnitt;**
3. **Gesellschaften, die zur Erstellung einer Konzernrechnung verpflichtet sind.**

[2] Eine ordentliche Revision muss auch dann vorgenommen werden, wenn Aktionäre, die zusammen mindestens 10 Prozent des Aktienkapitals vertreten, dies verlangen.

[3] Verlangt das Gesetz keine ordentliche Revision der Jahresrechnung, so können die Statuten vorsehen oder kann die Generalversammlung beschliessen, dass die Jahresrechnung ordentlich geprüft wird.

2. Eingeschränkte Revision

Art. 727a

[1] Sind die Voraussetzungen für eine ordentliche Revision nicht gegeben, so muss die Gesellschaft ihre Jahresrechnung durch eine Revisionsstelle eingeschränkt prüfen lassen.

[2] Mit der Zustimmung sämtlicher Aktionäre kann auf die eingeschränkte Revision verzichtet werden, wenn die Gesellschaft nicht mehr als zehn Vollzeitstellen im Jahresdurchschnitt hat.

[3] Der Verwaltungsrat kann die Aktionäre schriftlich um Zustimmung ersuchen. Er kann für die Beantwortung eine Frist von mindestens 20 Tagen ansetzen und darauf hinweisen, dass das Ausbleiben einer Antwort als Zustimmung gilt.

[4] Haben die Aktionäre auf eine eingeschränkte Revision verzichtet, so gilt dieser Verzicht auch für die nachfolgenden Jahre. Jeder Aktionär hat jedoch das Recht, spätestens zehn Tage vor der Generalversammlung eine eingeschränkte Revision zu verlangen. Die Generalversammlung muss diesfalls die Revisionsstelle wählen.

[5] Soweit erforderlich passt der Verwaltungsrat die Statuten an und meldet dem Handelsregister die Löschung oder die Eintragung der Revisionsstelle an.

Voraussetzungen für den Verzicht auf die eingeschränkte Revision (Opting-out): keine Pflicht zur ordentlichen Revision, Nichtüberschreiten von zehn Vollzeitstellen im Jahresdurchschnitt sowie Verzicht sämtlicher Aktionäre/Gesellschafter auf eine eingeschränkte Revision 139 III 449/453 E. 2.3.1, 4A_589/2017 (9.2.18) E. 2.2.1. 1

Verzichtserklärung. Nach HRegV Art. 62 Abs. 3 kann die Erklärung bereits bei der Gründung abgegeben werden, auch wenn dies Art. 727a nicht ausdrücklich vorsieht 4A_589/2017 (9.2.18) E. 2.2.3. Da Handelsregistereinträge aber die eintragungspflichtigen Tatsachen und Rechtslagen stets zutreffend wiedergeben sollen, darf das Opting-out im Rahmen der Gründung nicht (vorbehaltlos) eingetragen werden, wenn erforderliche Belege fehlen oder die Erklärung der verantwortlichen Organe nicht glaubwürdig erscheint 4A_589/2017 (9.2.18) E. 2.3.1. – Der Beschluss über den Verzicht auf die eingeschränkte Revision gilt auch für die nachfolgenden Jahre, soweit nicht ein Aktionär die Einsetzung einer Revisionsstelle verlangt, eine der beiden Voraussetzungen des Opting-out entfällt oder der Beschluss widerrufen wird. Tritt ein Grund ein, der das Opting-out beendet, so muss eine Revisionsstelle gewählt und vom Verwaltungsrat beim Handelsregister angemeldet werden 4A_589/2017 (9.2.18) E. 2.3.2. – Zur Befugnis des Handelsregisteramtes, die Beteiligten zur Erfüllung der Meldepflicht anzuhalten 4A_589/2017 (9.2.18) E. 2.3.3. 2

Nachweis. Die *Jahresrechnung* (bestehend aus Bilanz und Erfolgsrechnung) dient insbesondere als Beleg dafür, dass die erste Voraussetzung erfüllt ist. Es reicht aus, dass sie den massgeblichen Normen des Rechnungslegungsrechts entspricht; eines Prüfungsberichts einer Revisionsstelle bedarf es nicht 139 III 449/454 E. 2.3.2 (summarische Prüfung durch das Handelsregisteramt), 4A_589/2017 (9.2.18) E. 2.2.1, 4A_509/2012 (8.3.13) E. 2.2. – Der Nachweis der *Verzichtserklärung* aller Aktionärinnen und Aktionäre kann entweder mit einzelnen Verzichtserklärungen der Aktionäre oder mit einem Protokoll der Generalversammlung erbracht werden, aus dem hervorgeht, dass sämtliche Aktionäre auf die eingeschränkte Revision verzichtet haben. Denn der Verzicht auf die eingeschränkte 3

Revision kann nicht nur im Rahmen einer Generalversammlung erfolgen, sondern auch ausserhalb der Generalversammlung durch schriftlich eingeholte Verzichtserklärungen der Aktionäre 4A_509/2012 (8.3.13) E. 2.2.

II. Anforderungen an die Revisionsstelle 1. Bei ordentlicher Revision

Art. 727b

[1] Publikumsgesellschaften müssen als Revisionsstelle ein staatlich beaufsichtigtes Revisionsunternehmen nach den Vorschriften des Revisionsaufsichtsgesetzes vom 16. Dezember 2005 bezeichnen. Sie müssen Prüfungen, die nach den gesetzlichen Vorschriften durch einen zugelassenen Revisor oder einen zugelassenen Revisionsexperten vorzunehmen sind, ebenfalls von einem staatlich beaufsichtigten Revisionsunternehmen durchführen lassen.

[2] Die übrigen Gesellschaften, die zur ordentlichen Revision verpflichtet sind, müssen als Revisionsstelle einen zugelassenen Revisionsexperten nach den Vorschriften des Revisionsaufsichtsgesetzes vom 16. Dezember 2005 bezeichnen. Sie müssen Prüfungen, die nach den gesetzlichen Vorschriften durch einen zugelassenen Revisor vorzunehmen sind, ebenfalls von einem zugelassenen Revisionsexperten durchführen lassen.

1 [Zu aArt. 727b Abs. 2] Eine spezifische, auf die Gesellschaft bezogene Eignung, welche über die in der Bestimmung geforderten fachlichen Qualifikationen hinausgeht, ist nicht Wählbarkeitsvoraussetzung 4C.386/2002 (12.10.04) E. 4.1.

2. Bei eingeschränkter Revision

Art. 727c

Die Gesellschaften, die zur eingeschränkten Revision verpflichtet sind, müssen als Revisionsstelle einen zugelassenen Revisor nach den Vorschriften des Revisionsaufsichtsgesetzes vom 16. Dezember 2005 bezeichnen.

III. Ordentliche Revision 1. Unabhängigkeit der Revisionsstelle

Art. 728

[1] Die Revisionsstelle muss unabhängig sein und sich ihr Prüfungsurteil objektiv bilden. Die Unabhängigkeit darf weder tatsächlich noch dem Anschein nach beeinträchtigt sein.

[2] Mit der Unabhängigkeit nicht vereinbar ist insbesondere:

1. **die Mitgliedschaft im Verwaltungsrat, eine andere Entscheidfunktion in der Gesellschaft oder ein arbeitsrechtliches Verhältnis zu ihr;**
2. **eine direkte oder bedeutende indirekte Beteiligung am Aktienkapital oder eine wesentliche Forderung oder Schuld gegenüber der Gesellschaft;**
3. **eine enge Beziehung des leitenden Prüfers zu einem Mitglied des Verwaltungsrats, zu einer anderen Person mit Entscheidfunktion oder zu einem bedeutenden Aktionär;**
4. **das Mitwirken bei der Buchführung sowie das Erbringen anderer Dienstleistungen, durch die das Risiko entsteht, als Revisionsstelle eigene Arbeiten überprüfen zu müssen;**
5. **die Übernahme eines Auftrags, der zur wirtschaftlichen Abhängigkeit führt;**

6. der Abschluss eines Vertrags zu nicht marktkonformen Bedingungen oder eines Vertrags, der ein Interesse der Revisionsstelle am Prüfergebnis begründet;
7. die Annahme von wertvollen Geschenken oder von besonderen Vorteilen.

[3] Die Bestimmungen über die Unabhängigkeit gelten für alle an der Revision beteiligten Personen. Ist die Revisionsstelle eine Personengesellschaft oder eine juristische Person, so gelten die Bestimmungen über die Unabhängigkeit auch für die Mitglieder des obersten Leitungs- oder Verwaltungsorgans und für andere Personen mit Entscheidfunktion.

[4] Arbeitnehmer der Revisionsstelle, die nicht an der Revision beteiligt sind, dürfen in der zu prüfenden Gesellschaft weder Mitglied des Verwaltungsrates sein noch eine andere Entscheidfunktion ausüben.

[5] Die Unabhängigkeit ist auch dann nicht gegeben, wenn Personen die Unabhängigkeitsvoraussetzungen nicht erfüllen, die der Revisionsstelle, die an der Revision beteiligten Personen, den Mitgliedern des obersten Leitungs- oder Verwaltungsorgans oder anderen Personen mit Entscheidfunktion nahe stehen.

[6] Die Bestimmungen über die Unabhängigkeit erfassen auch Gesellschaften, die mit der zu prüfenden Gesellschaft oder der Revisionsstelle unter einheitlicher Leitung stehen.

Allgemeines. Dem *Handelsregisterführer* fällt eine wichtige Rolle bei der Durchsetzung der Unabhängigkeitsvorschriften zu: Er hat die Eintragung des Revisors abzulehnen, wenn dieser die Unabhängigkeit im Sinne der Bestimmung offensichtlich nicht aufweist 123 III 31/33 E.b. 1

Abs. 1 Unabhängigkeit bedeutet Freiheit von Instruktion, Freiheit in der Beurteilung und Freiheit in der Entscheidfindung. Die Revisoren müssen insbesondere unabhängig sein vom Verwaltungsrat und von einem Aktionär, der die Stimmenmehrheit innehat. Die Revisoren dürfen insbesondere nicht im Dienst der zu revidierenden Gesellschaft stehen oder für diese Arbeiten ausführen, die mit der Tätigkeit als Revisoren unverträglich sind 4C.419/2006 (19.4.07) E. 3.5 fr. Die *erforderliche Unabhängigkeit* fehlt, wenn zwei Gesellschaften sich gegenseitig prüfen; ebenso bei vergleichbaren Fällen (wie im beurteilten Fall: Eine Revisionsgesellschaft hätte eine Gesellschaft zu revidieren, deren Verwaltung mit jener ihrer eigenen Revisionsstelle identisch ist) 123 III 31/33 E. 2 (Anwendungsfall zu Art. 727d Abs. 3). Das Aktienrecht verlangt nicht nur innere Unabhängigkeit, sondern richtet sich bereits gegen jede äussere Beziehung, welche den Anschein der Befangenheit zu begründen vermag (auch weniger leicht erkennbare beteiligungsmässige, hierarchische oder wegen anderer Zusammenhänge gegebene Abhängigkeiten sollen durch die Bestimmung vermieden werden), 4C.419/2006 (19.4.07) E. 3.5 fr., 131 III 38/41 f. E. 4.2.1, 129 III 129/131 E. 7.2, 4C.386/2002 (12.10.04) E. 4.2.1, 123 V 161/165 E. cc (in casu AHVV Art. 7 lit. h/Entscheid über die beitragsrechtliche Qualifikation eines nebenberuflichen Revisors). Zu vermeiden ist auch eine wirtschaftliche Abhängigkeit, die den Revisor in seiner Entscheidungsfreiheit wesentlich einschränkt. Die Treuhandkammer hat zu diesem Zweck Richtlinien erlassen. Diese sind für die Konkretisierung der Unabhängigkeit heranzuziehen, besitzen aber keine Gesetzeskraft 4C.386/2002 (12.10.04) E. 4.2.4. 2

2. Aufgaben der Revisionsstelle a. Gegenstand und Umfang der Prüfung

Art. 728a

[1] Die Revisionsstelle prüft, ob:

1. die Jahresrechnung und gegebenenfalls die Konzernrechnung den gesetzlichen Vorschriften, den Statuten und dem gewählten Regelwerk entsprechen;

2. der Antrag des Verwaltungsrats an die Generalversammlung über die Verwendung des Bilanzgewinnes den gesetzlichen Vorschriften und den Statuten entspricht;

3. ein internes Kontrollsystem existiert.

[2] Die Revisionsstelle berücksichtigt bei der Durchführung und bei der Festlegung des Umfangs der Prüfung das interne Kontrollsystem.

[3] Die Geschäftsführung des Verwaltungsrats ist nicht Gegenstand der Prüfung durch die Revisionsstelle.

1 Die Revisionsstelle hat sich zu vergewissern, dass die in der Bilanz aufgeführten Aktiven vorhanden und die Passiven der Gesellschaft vollständig erfasst sind. Sie muss nicht die richtige Bewertung der Aktiven, sondern die Einhaltung der gesetzlichen und statutarischen Bewertungsvorschriften überprüfen. Ebenso wenig ist die Revisionsstelle allgemein verpflichtet, die Geschäftsführung zu kontrollieren und systematisch nach eventuellen Unregelmässigkeiten zu forschen 4P.208/2003 (12.10.04) E. 2.4.1.

b. Revisionsbericht

Art. 728b

[1] Die Revisionsstelle erstattet dem Verwaltungsrat einen umfassenden Bericht mit Feststellungen über die Rechnungslegung, das interne Kontrollsystem sowie die Durchführung und das Ergebnis der Revision.

[2] Die Revisionsstelle erstattet der Generalversammlung schriftlich einen zusammenfassenden Bericht über das Ergebnis der Revision. Dieser Bericht enthält:

1. eine Stellungnahme zum Ergebnis der Prüfung;

2. Angaben zur Unabhängigkeit;

3. Angaben zu der Person, welche die Revision geleitet hat, und zu deren fachlicher Befähigung;

4. eine Empfehlung, ob die Jahresrechnung und die Konzernrechnung mit oder ohne Einschränkung zu genehmigen oder zurückzuweisen ist.

[3] Beide Berichte müssen von der Person unterzeichnet werden, die die Revision geleitet hat.

1 ***Abs. 2*** Zur Bedeutung des Revisionsberichts 133 III 453/456 E. 7.2 und 7.3.

c. Anzeigepflichten

Art. 728c

[1] Stellt die Revisionsstelle Verstösse gegen das Gesetz, die Statuten oder das Organisationsreglement fest, so meldet sie dies schriftlich dem Verwaltungsrat.

[2] Zudem informiert sie die Generalversammlung über Verstösse gegen das Gesetz oder die Statuten, wenn:

1. **diese wesentlich sind; oder**
2. **der Verwaltungsrat auf Grund der schriftlichen Meldung der Revisionsstelle keine angemessenen Massnahmen ergreift.**

[3] Ist die Gesellschaft offensichtlich überschuldet und unterlässt der Verwaltungsrat die Anzeige, so benachrichtigt die Revisionsstelle das Gericht.

Abs. 1 Die Meldepflicht ist nicht auf den Prüfungsgegenstand der Revisionstätigkeit beschränkt, sondern bezieht sich auf alle festgestellten Unregelmässigkeiten 129 III 129/130 E. 7.1, 4P.208/2003 (12.10.04) E. 2.4.1. 1

Abs. 2 Diese Bestimmung bezweckt, im Interesse der aktuellen und künftiger Gläubiger der Gesellschaft wie der Allgemeinheit ein Hinauszögern des Konkurses und damit insbesondere eine weitere Überschuldung zu verhindern. Aussichten für eine kurzfristig realisierbare Sanierung können jedoch nach den Umständen rechtfertigen, auf eine sofortige Benachrichtigung des Richters zu verzichten, wenn es sich nicht um bloss übersteigerte Erwartungen oder vage Hoffnungen handelt 4C.436/2006 (18.4.07) E. 4.1, 127 IV 110/113 E. 5a mit Verweis. In diesem Zusammenhang ist insbesondere möglich, mit dem Mittel des Rangrücktritts eine Benachrichtigung des Richters zu vermeiden, wobei allerdings die Revisionsstelle dessen Gültigkeit, die Vertrauenswürdigkeit des den Rangrücktritt erklärenden Gläubigers und einen eventuellen Interessenkonflikt prüfen muss 4C.436/2006 (18.4.07) E. 4.1, 129 III 129/131 E. 7.1. – Wo die Aussichten auf eine Sanierung kaum realistisch erscheinen, ist die subsidiäre Pflicht der Revisionsstelle zur Benachrichtigung des Richters gemäss Abs. 2 grundsätzlich streng zu verstehen. Von der Revisionsstelle wird verlangt, dass sie nach Ansetzung einer nützlichen Frist an den Verwaltungsrat selbst tätig wird 4C.436/2006 (18.4.07) E. 4.4. Dieser Pflicht dürfte die Revisionsstelle auch bei der aufgelösten Gesellschaft unterstellt sein, und zwar nicht nur, falls die Liquidation in den Händen des Verwaltungsrates liegt, sondern auch dann, wenn die Liquidation durch besondere Liquidatoren besorgt wird und diese die Überschuldung nicht anzeigen 123 III 437/478 f. E. a, vgl. auch 4C.160/2001 (18.12.01) E. 2b. Ein Verzicht auf die subsidiäre Anzeige der Revisionsstelle an den Richter lässt sich rechtfertigen, wenn nach den Umständen konkrete Aussicht besteht, eine Schädigung der Gläubiger ohne Konkurs abzuwenden 4C.436/2006 (18.4.07) E. 4.4. 2

Abs. 3 Eine für die Umwandlung beigezogene Revisionsexpertin ist nicht zur Erstattung einer Überschuldungsanzeige gemäss Art. 728c Abs. 3 verpflichtet. Die in den Art. 725 ff. verankerten Anzeigepflichten sind auf die ordentliche Revisionsstelle bzw. auf einen Ad-hoc-Revisor zur Prüfung einer Zwischenbilanz zugeschnitten. Bei der Prüfung nach FusG Art. 62 Abs. 4 geht es in erster Linie um die in FusG Art. 56 vorgesehene Wahrung der Anteils- und Mitgliedschaftsrechte und die in FusG Art. 57 enthaltenen Vorschriften in Bezug auf die Gründung. Die Umwandlung bewirkt lediglich einen Wechsel der Rechtsform und führt nicht zur Neugründung einer Gesellschaft. Trotzdem müssen die auf die neue Rechtsform anwendbaren spezifischen Gründungsvoraussetzungen eingehalten werden. Angesichts dieses Zwecks unterscheidet sich die Umwandlungsprüfung von der ordentlichen und der eingeschränkten Revision, die der Kontrolle der Konformität der Jahresrechnung mit den gesetzlichen und statutarischen Vorschriften (Art. 728a und 729a) dienen und für welche je eine (subsidiäre) Anzeigepflicht bei offensichtlicher Überschuldung 3 statuiert ist (Art. 728c Abs. 3 und Art. 729c). Entsprechend muss der Umwandlungsprüfer keine Überschuldungsanzeige an das Gericht machen 4A_574/2015 (11.4.16) E. 5.

IV. Eingeschränkte Revision (Review) 1. Unabhängigkeit der Revisionsstelle

Art. 729

[1] Die Revisionsstelle muss unabhängig sein und sich ihr Prüfungsurteil objektiv bilden. Die Unabhängigkeit darf weder tatsächlich noch dem Anschein nach beeinträchtigt sein.

[2] Das Mitwirken bei der Buchführung und das Erbringen anderer Dienstleistungen für die zu prüfende Gesellschaft sind zulässig. Sofern das Risiko der Überprüfung eigener Arbeiten entsteht, muss durch geeignete organisatorische und personelle Massnahmen eine verlässliche Prüfung sichergestellt werden.

2. Aufgaben der Revisionsstelle a. Gegenstand und Umfang der Prüfung

Art. 729a

[1] Die Revisionsstelle prüft, ob Sachverhalte vorliegen, aus denen zu schliessen ist, dass:

1. **die Jahresrechnung nicht den gesetzlichen Vorschriften und den Statuten entspricht;**
2. **der Antrag des Verwaltungsrats an die Generalversammlung über die Verwendung des Bilanzgewinnes nicht den gesetzlichen Vorschriften und den Statuten entspricht.**

[2] Die Prüfung beschränkt sich auf Befragungen, analytische Prüfungshandlungen und angemessene Detailprüfungen.

[3] Die Geschäftsführung des Verwaltungsrats ist nicht Gegenstand der Prüfung durch die Revisionsstelle.

b. Revisionsbericht

Art. 729b

[1] Die Revisionsstelle erstattet der Generalversammlung schriftlich einen zusammenfassenden Bericht über das Ergebnis der Revision. Dieser Bericht enthält:

1. **einen Hinweis auf die eingeschränkte Natur der Revision;**
2. **eine Stellungnahme zum Ergebnis der Prüfung;**
3. **Angaben zur Unabhängigkeit und gegebenenfalls zum Mitwirken bei der Buchführung und zu anderen Dienstleistungen, die für die zu prüfende Gesellschaft erbracht wurden;**
4. **Angaben zur Person, welche die Revision geleitet hat, und zu deren fachlicher Befähigung.**

[2] Der Bericht muss von der Person unterzeichnet werden, die die Revision geleitet hat.

c. Anzeigepflicht

Art. 729c

Ist die Gesellschaft offensichtlich überschuldet und unterlässt der Verwaltungsrat die Anzeige, so benachrichtigt die Revisionsstelle das Gericht.

Ein Umwandlungsprüfer muss keine Überschuldungsanzeige an das Gericht machen. Bei der Prüfung nach FusG Art. 62 Abs. 4 geht es in erster Linie um die in FusG Art. 56 vorgesehene Wahrung der Anteils- und Mitgliedschaftsrechte und die in FusG Art. 57 enthaltenen Vorschriften in Bezug auf die Gründung. Die Umwandlung bewirkt lediglich einen Wechsel der Rechtsform und führt nicht zur Neugründung einer Gesellschaft. Trotzdem müssen die auf die neue Rechtsform anwendbaren spezifischen Gründungsvoraussetzungen eingehalten werden. Angesichts dieses Zwecks unterscheidet sich die Umwandlungsprüfung von der ordentlichen und der eingeschränkten Revision, die der Kontrolle der Konformität der Jahresrechnung mit den gesetzlichen und statutarischen Vorschriften (Art. 728a und 729a) dienen und für welche je eine (subsidiäre) Anzeigepflicht bei offensichtlicher Überschuldung statuiert ist (Art. 728c Abs. 3 und Art. 729c) 4A_574/2015 (11.4.16) E. 5. 1

V. Gemeinsame Bestimmungen 1. Wahl der Revisionsstelle

Art. 730

1 Die Generalversammlung wählt die Revisionsstelle.

2 Als Revisionsstelle können eine oder mehrere natürliche oder juristische Personen oder Personengesellschaften gewählt werden.

3 Finanzkontrollen der öffentlichen Hand oder deren Mitarbeiter können als Revisionsstelle gewählt werden, wenn sie die Anforderungen dieses Gesetzes erfüllen. Die Vorschriften über die Unabhängigkeit gelten sinngemäss.

4 Wenigstens ein Mitglied der Revisionsstelle muss seinen Wohnsitz, seinen Sitz oder eine eingetragene Zweigniederlassung in der Schweiz haben.

2. Amtsdauer der Revisionsstelle

Art. 730a

1 Die Revisionsstelle wird für ein bis drei Geschäftsjahre gewählt. Ihr Amt endet mit der Abnahme der letzten Jahresrechnung. Eine Wiederwahl ist möglich.

2 Bei der ordentlichen Revision darf die Person, die die Revision leitet, das Mandat längstens während sieben Jahren ausführen. Sie darf das gleiche Mandat erst nach einem Unterbruch von drei Jahren wieder aufnehmen.

3 Tritt eine Revisionsstelle zurück, so hat sie den Verwaltungsrat über die Gründe zu informieren; dieser teilt sie der nächsten Generalversammlung mit.

4 Die Generalversammlung kann die Revisionsstelle jederzeit mit sofortiger Wirkung abberufen.

Demissioniert ein Revisor im Zeitraum zwischen zwei Generalversammlungen, so ist eine ausserordentliche Generalversammlung einzuberufen, um einen neuen Revisor zu wählen 120 II 425/427 E.b. Pra 1995 (Nr. 135) 442. 1

3. Auskunft und Geheimhaltung

Art. 730b

[1] Der Verwaltungsrat übergibt der Revisionsstelle alle Unterlagen und erteilt ihr die Auskünfte, die sie für die Erfüllung ihrer Aufgaben benötigt, auf Verlangen auch schriftlich.

[2] Die Revisionsstelle wahrt das Geheimnis über ihre Feststellungen, soweit sie nicht von Gesetzes wegen zur Bekanntgabe verpflichtet ist. Sie wahrt bei der Berichterstattung, bei der Erstattung von Anzeigen und bei der Auskunftserteilung an die Generalversammlung die Geschäftsgeheimnisse der Gesellschaft.

4. Dokumentation und Aufbewahrung

Art. 730c

[1] Die Revisionsstelle muss sämtliche Revisionsdienstleistungen dokumentieren und Revisionsberichte sowie alle wesentlichen Unterlagen mindestens während zehn Jahren aufbewahren. Elektronische Daten müssen während der gleichen Zeitperiode wieder lesbar gemacht werden können.

[2] Die Unterlagen müssen es ermöglichen, die Einhaltung der gesetzlichen Vorschriften in effizienter Weise zu prüfen.

5. Abnahme der Rechnung und Gewinnverwendung

Art. 731

[1] Bei Gesellschaften, die verpflichtet sind, ihre Jahresrechnung und gegebenenfalls ihre Konzernrechnung durch eine Revisionsstelle prüfen zu lassen, muss der Revisionsbericht vorliegen, bevor die Generalversammlung die Jahresrechnung und die Konzernrechnung genehmigt und über die Verwendung des Bilanzgewinns beschliesst.

[2] Wird eine ordentliche Revision durchgeführt, so muss die Revisionsstelle an der Generalversammlung anwesend sein. Die Generalversammlung kann durch einstimmigen Beschluss auf die Anwesenheit der Revisionsstelle verzichten.

[3] Liegt der erforderliche Revisionsbericht nicht vor, so sind die Beschlüsse zur Genehmigung der Jahresrechnung und der Konzernrechnung sowie zur Verwendung des Bilanzgewinnes nichtig. Werden die Bestimmungen über die Anwesenheit der Revisionsstelle missachtet, so sind diese Beschlüsse anfechtbar.

6. Besondere Bestimmungen

Art. 731a

[1] Die Statuten und die Generalversammlung können die Organisation der Revisionsstelle eingehender regeln und deren Aufgaben erweitern.

[2] Der Revisionsstelle dürfen weder Aufgaben des Verwaltungsrates, noch Aufgaben, die ihre Unabhängigkeit beeinträchtigen, zugeteilt werden.

[3] Die Generalversammlung kann zur Prüfung der Geschäftsführung oder einzelner Teile Sachverständige ernennen.

D. Mängel in der Organisation der Gesellschaft

Art. 731b

[1] Ein Aktionär oder ein Gläubiger kann dem Gericht bei folgenden Mängeln in der Organisation der Gesellschaft beantragen, die erforderlichen Massnahmen zu ergreifen:
1. **Der Gesellschaft fehlt eines der vorgeschriebenen Organe.**
2. **Ein vorgeschriebenes Organ der Gesellschaft ist nicht richtig zusammengesetzt.**
3. **Die Gesellschaft führt das Aktienbuch oder das Verzeichnis über die ihr gemeldeten wirtschaftlich berechtigten Personen nicht vorschriftsgemäss.**
4. **Die Gesellschaft hat Inhaberaktien ausgegeben, ohne dass sie Beteiligungspapiere an einer Börse kotiert hat oder die Inhaberaktien als Bucheffekten ausgestaltet sind.**
5. **Die Gesellschaft hat an ihrem Sitz kein Rechtsdomizil mehr.**

[1bis] Das Gericht kann insbesondere:
1. **der Gesellschaft unter Androhung ihrer Auflösung eine Frist ansetzen, binnen deren der rechtmässige Zustand wiederherzustellen ist;**
2. **das fehlende Organ oder einen Sachwalter ernennen;**
3. **die Gesellschaft auflösen und ihre Liquidation nach den Vorschriften über den Konkurs anordnen.**

[2] Ernennt das Gericht das fehlende Organ oder einen Sachwalter, so bestimmt es die Dauer, für die die Ernennung gültig ist. Es verpflichtet die Gesellschaft, die Kosten zu tragen und den ernannten Personen einen Vorschuss zu leisten.

[3] Liegt ein wichtiger Grund vor, so kann die Gesellschaft vom Gericht die Abberufung von Personen verlangen, die dieses eingesetzt hat.

[4] Die zur Liquidation der Gesellschaft nach den Vorschriften über den Konkurs eingesetzten Liquidatoren haben, sobald sie eine Überschuldung feststellen, das Gericht zu benachrichtigen; es eröffnet den Konkurs.

Allgemeines. Mit dieser Norm hat der Gesetzgeber eine einheitliche Ordnung für die Behebung und Sanktionierung organisatorischer Mängel innerhalb einer Gesellschaft geschaffen 136 III 369/370 E. 11.4.1. Die Bestimmung erfasst diejenigen Fälle, in denen eine zwingende gesetzliche Vorgabe hinsichtlich der Organisation der Gesellschaft nicht oder nicht mehr eingehalten wird 4A_457/2010 (5.1.11) E. 2.2.1. Sie bezieht sich sowohl auf das Fehlen als auch auf die nicht rechtsgenügende Zusammensetzung obligatorischer Gesellschaftsorgane 138 III 294/297 f. E. 3.1.2, 4A_589/2017 (9.2.18) E. 2.1. Zu den gesetzlich zwingend vorgeschriebenen Gesellschaftsorganen gehört nach Art. 727 ff. die Revisionsstelle, sofern die Gesellschaft nicht berechtigt ist, auf die eingeschränkte Revision zu verzichten (Opting-out), und dies tatsächlich getan hat 4A_589/2017 (9.2.18) E. 2.1. Die Unmöglichkeit der Generalversammlung, mangels erforderlicher Stimmenzahl die Wahl der Verwaltungsräte vorzunehmen, stellt eine Blockade (Patt) im Sinne der Rechtsprechung dar, die dem Richter auferlegt, Massnahmen nach Art. 731b Abs. 1 anzuordnen 140 III 349 Regeste, 138 III 294/299 E. 3.1.5, 4A_499/2019 (25.3.20) E. 3.1.2. Auch Interessenkollisionen von Organwaltern können in bestimmten Konstellationen zur Funktionsunfähigkeit eines Organs und damit zu einem Organisationsmangel führen 4A_717/2014 (29.6.15) E. 2.3, 126 III 499/501 E. 3a. Ein sich zu einem Organisationsmangel verdichtender Interessenkonflikt liegt immer vor, wenn die Gesellschaftsinteres- 1 sen in einer bestimmten Angelegenheit deshalb nicht mehr unabhängig wahrgenommen und vertreten werden können, weil sämtliche Verwaltungsratsmitglieder gegenläufige Interessen verfolgen 4A_717/2014 (29.6.15) E. 2.5.2.

2 ***Konzern.*** Der Doppelorganschaft im Konzern ist ein latenter Interessenkonflikt des Organwalters geradezu inhärent, wobei aber die Doppelorganschaft ein in der Konzernpraxis weit verbreitetes Mittel zur Durchsetzung der gesetzlich vorgesehenen Konzernleitung ist, weshalb ein derartiger Konflikt keinen Organisationsmangel darstellen kann 4A_522/2011 (13.1.12) E. 2.

3 ***Abs. 1*** Die **Massnahmen** gemäss Abs. 1 stehen in einem Stufenverhältnis. In Anwendung des Verhältnismässigkeitsprinzips soll die Auflösung gemäss Ziffer 3 erst angeordnet werden, wenn die milderen Massnahmen gemäss Ziffer 1 und Ziffer 2 nicht genügen oder erfolglos geblieben sind 138 III 407/409 E. 2.4, 138 III 294/298 E. 3.1.4, 4A_499/2019 (25.3.20) E. 3.1.3, 4A_51/2017 (30.5.17) E. 5. Dies ist etwa der Fall, wenn Verfügungen nicht zustellbar sind, sich die Gesellschaft in keiner Art und Weise vernehmen lässt oder auf zweifache Fristansetzung zur Einsetzung einer Revisionsstelle nicht reagiert 138 III 407/409 E. 2.4, 138 III 294/299 E. 3.1.4, 4A_706/2012 (29.7.13) E. 2.2.2, nicht aber, wenn sich die mängelbehaftete Gesellschaft auf entsprechende Aufforderung hin um Mangelbehebung bemüht 4A_354/2013 (16.12.13) E. 2.3, selbst wenn erstinstanzlich die Auflösung bereits verfügt wurde 4A_4/2013 (13.5.13) E. 3.4 fr. – Durch einen Antrag auf *Auflösung* der Gesellschaft dürfen die strengen Voraussetzungen der Auflösungsklage gemäss Art. 736 Ziff. 4 nicht unterlaufen werden 138 III 294/299 f. E. 3.1.6 (keine Möglichkeit der erleichterten Auflösung einer Aktiengesellschaft), 4A_499/2019 (25.3.20) E. 5.1.

4 **Weitere Massnahmen.** Das Gericht verfügt über Ermessen, um eine mit Blick auf die konkreten Umstände des Einzelfalles angemessene und verhältnismässige Massnahme treffen zu können 142 III 629/631 f. E. 2.3.1, 138 III 407/409 E. 2.4, 138 III 294/298 E. 3.1.4, 138 III 166/170 E. 3.5 Pra 2012 (Nr. 102) 709, 136 III 369/371 E. 11.4.1 Pra 2011 (Nr. 19) 133 f., 4A_51/2017 (30.5.17) E. 5. Bei den genannten Massnahmen zur Behebung des Organisationsmangels handelt es sich um einen exemplifikativen, nicht abschliessenden Katalog, und das Gericht kann auch eine in Abs. 1 nicht gesetzlich typisierte Massnahme anordnen 142 III 629/632 E. 2.3.1, 138 III 294/303 E. 3.3.3, 136 III 369/371 E. 11.4.1 Pra 2011 (Nr. 19) 133 f., 4A_499/2019 (25.3.20) E. 3.1.3, 4A_51/2017 (30.5.17) E. 5. Dies umfasst etwa die Abberufung von Verwaltungsräten (4A_161/2013 [28.6.13] E. 2.2.2) oder die Einberufung einer Generalversammlung (4A_605/2014 [5.2.15] E. 2.1). Für den Fall einer blockierten Zweipersonenaktiengesellschaft hat das Bundesgericht schliesslich auf die Möglichkeit einer Übernahme der Aktien des einen Aktionärs durch den anderen im Rahmen einer richterlich angeordneten Versteigerung hingewiesen 142 III 629/632 E. 2.3.1, 138 III 294/303 E. 3.3.3, 4A_499/2019 (25.3.20) E. 3.1.3, 4A_51/2017 (30.5.17) E. 5. Auch die Einsetzung jener Person, die von der sich in einem Patt befindenden und damit blockierten Generalversammlung als Verwaltungsrat nicht wiedergewählt wurde, liegt noch im richterlichen Ermessen 4A_147/2015 (15.7.15) E. 2.5.

Verfahren. Jede auf Behebung von Organisationsmängeln der Gesellschaft gerichtete Massnahme untersteht dem summarischen Verfahren, ungeachtet der Tatsache, dass ZPO Art. 250 lit. c in Ziff. 6 und 11 bloss zwei der Massnahmen nennt, die aufgrund der nicht abschliessenden Aufzählung von Art. 731b angeordnet werden können 138 III 166 Regeste, s. auch 144 III 100/108 E. 6. Die Behebung von Organisationsmängeln steht im Interesse eines funktionierenden Rechtsverkehrs und kann die Interessen von Anspruchsgruppen («Stakeholder») berühren, die sich am Verfahren nach Art. 731b nicht beteiligen (Arbeitnehmer, Gläubiger, Aktionäre). Aufgrund der Interessen Dritter sowie der Öffentlichkeit ist der Richter an spezifizierte Anträge der Parteien nicht gebunden 142 III 629/632 E. 2.3.1, 138 III 294/298 E. 3.1.3, 138 III 166/170 E. 3.5, 4A_499/2019 (25.3.20) E. 3.1.3, 4A_51/2017 (30.5.17) E. 5. Das im Summarium durchzuführende Organisationsmängelverfahren (138 III 166/172 f. E. 3.9) ist mithin vom *Offizialgrundsatz* beherrscht (ZPO Art. 58 Abs. 2): Die Parteien haben keine Verfügungsbefugnis über den Streitgegenstand und können sich namentlich auch nicht vergleichen 138 III 294/298 E. 3.1.3, 4A_499/2019 (25.3.20) E. 3.1.3. Der *Streitwert* bestimmt sich in der Regel nach dem Nominalkapital der Gesellschaft 4A_142/2016 (25.11.16) E. 1.2.2, 4A_630/2011 (7.3.12) E. 1 (in 138 III 166 n.p. E.), 4A_315/2010 (19.8.10) E. 2, vgl. auch 4A_215/2015 (2.10.15) E. 1.1. – Ein Konkursverfahren, welches vom Richter gestützt auf Abs. 1 Ziff. 3 angeordnet wurde, kann nicht gestützt auf SchKG Art. 195 Abs. 1 widerrufen werden, und für eine analoge Anwendung besteht kein Raum 141 III 43/47 E. 2.5.5. 5

Vierter Abschnitt
Herabsetzung des Aktienkapitals

Vorb. Art. 732–735

1 Aus dem Prinzip der Gleichbehandlung der Aktionäre leitet sich deren Anspruch ab, im Rahmen einer Kapitalherabsetzung nicht ohne wichtigen Grund eine Verringerung der Beteiligungsquote an der AG in Kauf nehmen zu müssen. Ziehen die Mehrheitsaktionäre einen Vorteil aus einer Kapitalherabsetzung, die auf vernünftigen wirtschaftlichen Motiven basiert und die Interessen der Minderheitsaktionäre nicht beeinträchtigt, liegt kein Rechtsmissbrauch vor 4A_205/2008 (19.8.08) E. 3.1 u. 4.2 fr.

2 Siehe auch Vorb. Art. 706–706b.

A. Herabsetzungsbeschluss

Art. 732

[1] Beabsichtigt eine Aktiengesellschaft, ihr Aktienkapital herabzusetzen, ohne es gleichzeitig bis zur bisherigen Höhe durch neues, voll einzubezahlendes Kapital zu ersetzen, so hat die Generalversammlung eine entsprechende Änderung der Statuten zu beschliessen.

[2] Sie darf einen solchen Beschluss nur fassen, wenn ein zugelassener Revisionsexperte in einem Prüfungsbericht bestätigt, dass die Forderungen der Gläubiger trotz der Herabsetzung des Aktienkapitals voll gedeckt sind. Der Revisionsexperte muss an der Generalversammlung anwesend sein.

[3] Im Beschluss ist das Ergebnis des Prüfungsberichts festzustellen und anzugeben, in welcher Art und Weise die Kapitalherabsetzung durchgeführt werden soll.

[4] Ein aus der Kapitalherabsetzung allfällig sich ergebender Buchgewinn ist ausschliesslich zu Abschreibungen zu verwenden.

[5] Das Aktienkapital darf nur unter 100 000 Franken herabgesetzt werden, sofern es gleichzeitig durch neues, voll einzubezahlendes Kapital in der Höhe von mindestens 100 000 Franken ersetzt wird.

1 ***Abs. 1*** Nicht gesetzlich vorgeschrieben ist der besondere Revisionsbericht, wenn das Aktienkapital gleichzeitig bis zur bisherigen Höhe durch neues, voll einzubezahlendes Kapital ersetzt wird 121 III 420/426 E.b.

2 ***Abs. 2*** Der besondere Revisionsbericht bildet eine notwendige Grundlage für den Herabsetzungsbeschluss der Generalversammlung. Er soll dem allgemeinen Zweck der Vorschriften über die Kapitalherabsetzung entsprechend einen wirksamen Gläubigerschutz gewährleisten. Der besondere Revisionsbericht ist daher auch im Falle des vereinfachten Herabsetzungsverfahrens zur Beseitigung einer Unterbilanz unentbehrlich 121 III 420/426 E.b. Art. 732 Abs. 2 wurde gemäss Ziff. I 3 des BG vom 16. Dezember 2005 neu gefasst (AS 2007 4791), in Kraft seit 1. Januar 2008.

B. Vernichtung von Aktien im Fall einer Sanierung

Art. 732a

[1] Wird das Aktienkapital zum Zwecke der Sanierung auf null herabgesetzt und anschliessend wieder erhöht, so gehen die bisherigen Mitgliedschaftsrechte der Aktionäre mit der Herabsetzung unter. Ausgegebene Aktien müssen vernichtet werden.

[2] Bei der Wiedererhöhung des Aktienkapitals steht den bisherigen Aktionären ein Bezugsrecht zu, das ihnen nicht entzogen werden kann.

C. Aufforderung an die Gläubiger

Art. 733

Hat die Generalversammlung die Herabsetzung des Aktienkapitals beschlossen, so veröffentlicht der Verwaltungsrat den Beschluss dreimal im Schweizerischen Handelsamtsblatt und überdies in der in den Statuten vorgesehenen Form und gibt den Gläubigern bekannt, dass sie binnen zwei Monaten, von der dritten Bekanntmachung im Schweizerischen Handelsamtsblatt an gerechnet, unter Anmeldung ihrer Forderungen Befriedigung oder Sicherstellung verlangen können.

Für den Fall von Streitigkeiten zwischen Gesellschaft und Gläubiger über die Sicherstellung oder Befriedigung bei der Kapitalherabsetzung sieht das Gesetz eine Regelung vor. Dies schliesst das Vorliegen einer echten Gesetzeslücke aus 4C.328/2006 (16.10.07) E. 4.2. 1

D. Durchführung der Herabsetzung

Art. 734

Die Herabsetzung des Aktienkapitals darf erst nach Ablauf der den Gläubigern gesetzten Frist und nach Befriedigung oder Sicherstellung der angemeldeten Gläubiger durchgeführt und erst in das Handelsregister eingetragen werden, wenn durch öffentliche Urkunde festgestellt ist, dass die Vorschriften dieses Abschnittes erfüllt sind. Der Urkunde ist der Prüfungsbericht beizulegen.

Art. 734a–734e

Diese Bestimmungen treten zu einem späteren Zeitpunkt in Kraft (AS 2020 4005).

VII. Vertretung der Geschlechter im Verwaltungsrat und in der Geschäftsleitung

Art. 734f

Sofern nicht jedes Geschlecht mindestens zu 30 Prozent im Verwaltungsrat und zu 20 Prozent in der Geschäftsleitung vertreten ist, sind im Vergütungsbericht bei Gesellschaften, welche die Schwellenwerte gemäss Artikel 727 Absatz 1 Ziffer 2 überschreiten, anzugeben:

1. **die Gründe, weshalb die Geschlechter nicht wie vorgesehen vertreten sind; und**
2. **die Massnahmen zur Förderung des weniger stark vertretenen Geschlechts.**

E. Herabsetzung im Fall einer Unterbilanz

Art. 735

Die Aufforderung an die Gläubiger und ihre Befriedigung oder Sicherstellung können unterbleiben, wenn das Aktienkapital zum Zwecke der Beseitigung einer durch Verluste entstandenen Unterbilanz in einem diese letztere nicht übersteigenden Betrage herabgesetzt wird.

Fünfter Abschnitt
Auflösung der Aktiengesellschaft

A. Auflösung im Allgemeinen I. Gründe

Art. 736

Die Gesellschaft wird aufgelöst:
1. **nach Massgabe der Statuten;**
2. **durch einen Beschluss der Generalversammlung, über den eine öffentliche Urkunde zu errichten ist;**
3. **durch die Eröffnung des Konkurses;**
4. **durch Urteil des Gerichts, wenn Aktionäre, die zusammen mindestens zehn Prozent des Aktienkapitals vertreten, aus wichtigen Gründen die Auflösung verlangen. Statt derselben kann das Gericht auf eine andere sachgemässe und den Beteiligten zumutbare Lösung erkennen;**
5. **in den übrigen vom Gesetze vorgesehenen Fällen.**

Ziff. 2 Der Auflösungsbeschluss kann vor dem Beginn der Verteilung des Gesellschaftsvermögens widerrufen werden (Änderung der Rechtsprechung) 123 III 473/474 ff. E. 2–5. 1

Ziff. 3 Mit der Konkurseröffnung verliert eine Aktiengesellschaft ihre juristische Persönlichkeit nicht, sondern ihre rechtliche Existenz hört erst auf, wenn – nach Beendigung der Liquidation – ihre Firma im Handelsregister gelöscht wird. Indessen tritt die Gesellschaft durch die Eröffnung des Konkurses unmittelbar ins Stadium der Liquidation und ihre Handlungsfähigkeit wird zugunsten der Konkursmasse aufgehoben. Im Rahmen des Konkurses wird die Aktiengesellschaft durch die Konkursverwaltung nach den Vorschriften des Konkursrechts liquidiert und die Organe der Gesellschaft behalten die Vertretungsbefugnis nur insoweit, als eine Vertretung durch sie noch notwendig ist. Daran ändert sich auch nichts, wenn im Konkursverfahren ein Nachlassvertrag angestrebt wird: Bis zum Konkurswiderruf bleibt dem Schuldner die Befugnis entzogen, über sein Vermögen frei zu verfügen 117 III 39/42 E. 3b, 4A_87/2013 (22.1.14) E. 1.3 fr. 2

Ziff. 4 **Allgemeines.** Die Bestimmung bezweckt den Minderheitenschutz 126 III 266/268 E. a und 271 E. a fr. Das Recht einer Aktionärsminderheit, aus wichtigen Gründen die Auflösung der Aktiengesellschaft zu verlangen, soll dem Mehrheitsprinzip etwas von seiner Strenge nehmen 136 III 278/279 E. 2.2.2 Pra 2010 (Nr. 21) 140. 3

Wichtiger Grund. Offene Formulierung; der Anwendungsbereich der Bestimmung beschränkt sich nicht auf den Fall, dass der Mehrheitsaktionär seine beherrschende Stellung missbraucht. Unter gegebenen Umständen kann dem Minderheitsaktionär auch dann die Aufrechterhaltung der Gesellschaft nicht zugemutet werden, wenn die schlechte Geschäftsführung unweigerlich in den Ruin führt (in casu bejaht) 126 III 266/268 ff. E. a–c fr. – Wiederkehrende Konflikte zwischen Aktionären stellen für sich alleine keinen wichtigen Grund dar; Auflösung erst, wenn die Situation so ernst ist, dass die Gesellschaft ihre Existenzberechtigung verloren hat und folglich aufgelöst werden muss. Wichtige Gründe im Sinne von Art. 736 Ziff. 4 sind unter anderem der Missbrauch einer Mehrheitsstellung 4 zum Zweck der Beeinträchtigung der Interessen der Gesellschaft oder der Rechte und Interessen von Minderheitsaktionären, eine ruinöse Geschäftsführung, eine anhaltende Verletzung der Rechte der Minderheitsaktionäre, ein mit dem Gesellschaftszweck unvereinbares Verhalten, dem Gesellschaftszweck zuwiderlaufende Entscheidungen, eine Situation der Blockade der Organe sowie Entscheidungen, welche die Gesellschaft ihrer ökonomischen Substanz entleeren 136 III 278/279 E. 2.2.2 Pra 2010 (Nr. 21) 140, 4A_164/2011 (10.11.11) E. 3.2.

5 **Subsidiarität der Auflösungsklage.** Die Auflösung der Gesellschaft ist eine subsidiäre Massnahme, welche nur zu ergreifen ist, wenn das Mehrheitsprinzip eine unzumutbare Situation für die Minderheitsaktionäre herbeiführt und diese ihre legitimen Interessen nicht durch ein milderes Mittel – wie z.B. mittels Anfechtung von Generalversammlungsbeschlüssen oder Klagen auf Auskunftserteilung – verteidigen können (Frage der Verhältnismässigkeit; Interessenabwägung durch den Richter gemäss ZGB Art. 4 unter Berücksichtigung der Interessen aller Aktionäre und nicht nur der Interessen des klagenden Aktionärs, in die das Bundesgericht nur mit Zurückhaltung eingreift) 126 III 266/271 ff. E. 2 fr., 136 III 278/280 E. 2.2.2, Pra 2010 (Nr. 21) 140.

II. Anmeldung beim Handelsregister

Art. 737

Erfolgt die Auflösung der Gesellschaft nicht durch Konkurs oder richterliches Urteil, so ist sie vom Verwaltungsrat zur Eintragung in das Handelsregister anzumelden.

III. Folgen

Art. 738

Die aufgelöste Gesellschaft tritt in Liquidation, unter Vorbehalt der Fälle der Fusion, der Aufspaltung und der Übertragung ihres Vermögens auf eine Körperschaft des öffentlichen Rechts.

B. Auflösung mit Liquidation

Vorb. Art. 739–747

1 Die Generalversammlung bleibt auch im Liquidationsstadium oberstes Organ der Gesellschaft, das nach wie vor den Willen der Aktionäre zum Ausdruck bringt; auch die Revisionsstelle behält während der Liquidation ihre Aufgaben 123 III 473/478 E.a. – Vornehmlich oder ausschliesslich dem Gläubigerschutz dienen die Vorschriften über die Verpflichtungen zur Bilanzerrichtung (Art. 742 Abs. 1) und zum Schuldenruf (Art. 742 Abs. 2), über die Verwertung der Aktiven und Erfüllung der Gesellschaftsverbindlichkeiten (Art. 743 Abs. 1), über die gerichtliche Sicherstellung (Art. 744) und insbesondere über die Verteilung des Gesellschaftsvermögens unter die Aktionäre (Art. 745) 123 III 473/482 E.b.Vgl. auch 4C.17/2000 (17.4.00) E. 5a.

I. Zustand der Liquidation. Befugnisse

Art. 739

[1] Tritt die Gesellschaft in Liquidation, so behält sie die juristische Persönlichkeit und führt ihre bisherige Firma, jedoch mit dem Zusatz «in Liquidation», bis die Auseinandersetzung auch mit den Aktionären durchgeführt ist.

[2] Die Befugnisse der Organe der Gesellschaft werden mit dem Eintritt der Liquidation auf die Handlungen beschränkt, die für die Durchführung der Liquidation erforderlich sind, ihrer Natur nach jedoch nicht von den Liquidatoren vorgenommen werden können.

Abs. 1 Die Gesellschaft behält ihre juristische Persönlichkeit und ist mit der unaufgelösten Gesellschaft identisch 123 III 473/480 E. 4. 1

Abs. 2 Die Bestimmung ist *zwingender Natur* 123 III 473/479 E.b. – Der Widerruf des Auflösungsbeschlusses durch die Generalversammlung ist so lange zulässig, als noch nicht mit der Verteilung des Gesellschaftsvermögens begonnen worden ist (Änderung der Rechtsprechung) 123 III 473/483 E.c. – Eine Gesellschaft, die in Liquidation tritt, hat die Verfolgung des statutarischen Zweckes definitiv aufgegeben; ihr nunmehr einziger Zweck besteht in der Durchführung ihrer eigenen Liquidation 4C.17/2000 (17.4.00) E. 4b. 2

II. Bestellung und Abberufung der Liquidatoren 1. Bestellung

Art. 740

[1] Die Liquidation wird durch den Verwaltungsrat besorgt, sofern sie nicht in den Statuten oder durch einen Beschluss der Generalversammlung anderen Personen übertragen wird.

[2] Die Liquidatoren sind vom Verwaltungsrat zur Eintragung in das Handelsregister anzumelden, auch wenn die Liquidation vom Verwaltungsrat besorgt wird.

[3] Wenigstens einer der Liquidatoren muss in der Schweiz wohnhaft und zur Vertretung berechtigt sein.

[4] Wird die Gesellschaft durch richterliches Urteil aufgelöst, so bestimmt das Gericht die Liquidatoren.

[5] Im Falle des Konkurses besorgt die Konkursverwaltung die Liquidation nach den Vorschriften des Konkursrechtes. Die Organe der Gesellschaft behalten die Vertretungsbefugnis nur, soweit eine Vertretung durch sie noch notwendig ist.

Den Organen der konkursiten Aktiengesellschaft fehlt nach Abs. 5 die Befugnis zur Vertretung der Gesellschaft; sie behalten die Vertretungsbefugnis nur insoweit, als – immer im Hinblick auf die Liquidation – eine Vertretung durch sie noch notwendig ist 117 III 39/42 E. 3b, 4A_87/2013 (22.1.14) E. 1.3 fr., 4A_150/2013 (11.2.14) E. 3.1. 1

2. Abberufung

Art. 741

[1] Die Generalversammlung kann die von ihr ernannten Liquidatoren jederzeit abberufen.

[2] Auf Antrag eines Aktionärs kann das Gericht, sofern wichtige Gründe vorliegen, Liquidatoren abberufen und nötigenfalls andere ernennen.

1 *Abs. 2* **Wichtiger Grund.** Als wichtige Gründe sind Umstände zu betrachten, die nach objektiver Wertung darauf schliessen lassen, dass die Liquidation nicht ordentlich durchgeführt wird und deshalb Aktionärs- und Gesellschaftsinteressen gefährdet oder verletzt werden könnten. Infrage kommen (Urteils-)Unfähigkeit, Nachlässigkeit, Abwesenheit oder Unredlichkeit des Liquidators sowie die zu befürchtende Abhängigkeit von einer Aktionärsmehrheit, die zu missbräuchlichen Entscheidungen bereit ist 132 III 758/761 E. 3.3 Pra 2007 (Nr. 80) 534 f., 4C.92/2005 (19.7.05) E. 2.1, 4C.139/2001 (13.8.01) E. 2a. Im letztgenannten Entscheid wurde die Absetzung des Liquidators geschützt, da er die Liquidationseröffnungsbilanz nicht rechtzeitig erstellt (E. 3a) sowie durch sein Verhalten als ehemaliger Geschäftsführer gezeigt hat, dass ihm seine eigenen Interessen näher stehen als jene der Gesellschaft (E. 3c). Ein wichtiger Grund kann auch darin liegen, dass der Liquidator der aufgelösten Gesellschaft zugleich Verwaltungsrat einer neuen Gesellschaft ist, welche Vermögenswerte der alten Gesellschaft übernehmen soll (Doppelmandat), oder wenn der Liquidator mit einem Aktionär oder einer Aktionärsgruppe in Streit steht 132 III 758/761 E. 3.3 Pra 2007 (Nr. 80) 534 f. Ebenfalls liegt ein wichtiger Grund vor, wenn der Liquidator das Gebot der Gleichbehandlung der Aktionäre verletzt, indem er einen Aktionär im Rahmen seiner Liquidationshandlungen bevorzugt 4A_46/2014 (15.4.14) E. 4.3.2. fr. Über das Vorliegen von wichtigen Gründen entscheidet der Richter nach Recht und Billigkeit 132 III 758/761 E. 3.3 Pra 2007 (Nr. 80) 534 f., 4C.92/2005 (19.7.05) E. 2.1.

2 **Verfahren.** Aktivlegitimiert im Abberufungsprozess ist jeder Aktionär, passivlegitimiert die Gesellschaft (nicht der Liquidator) 132 III 758/760 E. 3.2 Pra 2007 (Nr. 80) 534. Basiert das Mandat eines Liquidators auf Gesetz, Statuten, einem Entscheid der Gesellschaft oder auf Vertrag, so stellt die Klage auf Abberufung eines Liquidators eine zivilrechtliche Streitigkeit über eine vermögensrechtliche Angelegenheit dar, in der die Berufung an das BGer zulässig ist 4C.235/2006 (23.10.06) E. 1.1 fr. Erkennt das Bundesgericht im Verfahren der eidgenössischen Berufung auf Abberufung des Liquidators, weist es die Sache an die kantonale Vorinstanz zur Ernennung eines neuen Liquidators nach Art. 741 Abs. 2 in fine zurück. Die richterliche Ernennung eines Liquidators ist ein Akt der nicht streitigen Gerichtsbarkeit und entzieht sich der bundesgerichtlichen Zuständigkeit im Berufungsverfahren 132 III 758/769 E. 3.7 Pra 2007 (Nr. 80) 541, 117 II 163/164 E. 1a.

III. Liquidationstätigkeit 1. Bilanz. Schuldenruf

Art. 742

[1] Die Liquidatoren haben bei der Übernahme ihres Amtes eine Bilanz aufzustellen.

[2] Die aus den Geschäftsbüchern ersichtlichen oder in anderer Weise bekannten Gläubiger sind durch besondere Mitteilung, unbekannte Gläubiger und solche mit unbekanntem Wohnort durch öffentliche Bekanntmachung im Schweizerischen Handelsamtsblatt und überdies in der von den Statuten vorgesehenen Form von der Auflösung der Gesellschaft in Kenntnis zu setzen und zur Anmeldung ihrer Ansprüche aufzufordern.

2. Übrige Aufgaben

Art. 743

[1] Die Liquidatoren haben die laufenden Geschäfte zu beendigen, noch ausstehende Aktienbeträge nötigenfalls einzuziehen, die Aktiven zu verwerten und die Verpflichtungen der Gesellschaft, sofern die Bilanz und der Schuldenruf keine Überschuldung ergeben, zu erfüllen.

[2] Sie haben, sobald sie eine Überschuldung feststellen, das Gericht zu benachrichtigen; dieses hat die Eröffnung des Konkurses auszusprechen.

[3] Sie haben die Gesellschaft in den zur Liquidation gehörenden Rechtsgeschäften zu vertreten, können für sie Prozesse führen, Vergleiche und Schiedsverträge abschliessen und, soweit erforderlich, auch neue Geschäfte eingehen.

[4] Sie dürfen Aktiven auch freihändig verkaufen, wenn die Generalversammlung nichts anderes angeordnet hat.

[5] Sie haben bei länger andauernder Liquidation jährliche Zwischenbilanzen aufzustellen.

[6] Die Gesellschaft haftet für den Schaden aus unerlaubten Handlungen, die ein Liquidator in Ausübung seiner geschäftlichen Verrichtungen begeht.

Abs. 1 Eine Forderungsabtretung kann in den Aufgabenbereich der Liquidatoren fallen 4C.148/2002 (30.7.02) E. 3.2. 1

3. Gläubigerschutz

Art. 744

[1] Haben bekannte Gläubiger die Anmeldung unterlassen, so ist der Betrag ihrer Forderungen gerichtlich zu hinterlegen.

[2] Ebenso ist für die nicht fälligen und die streitigen Verbindlichkeiten der Gesellschaft ein entsprechender Betrag zu hinterlegen, sofern nicht den Gläubigern eine gleichwertige Sicherheit bestellt oder die Verteilung des Gesellschaftsvermögens bis zur Erfüllung dieser Verbindlichkeiten ausgesetzt wird.

4. Verteilung des Vermögens

Art. 745

[1] Das Vermögen der aufgelösten Gesellschaft wird nach Tilgung ihrer Schulden, soweit die Statuten nichts anderes bestimmen, unter die Aktionäre nach Massgabe der einbezahlten Beträge und unter Berücksichtigung der Vorrechte einzelner Aktienkategorien verteilt.

[2] Die Verteilung darf frühestens nach Ablauf eines Jahres vollzogen werden, von dem Tage an gerechnet, an dem der Schuldenruf zum dritten Mal ergangen ist.

[3] Eine Verteilung darf bereits nach Ablauf von drei Monaten erfolgen, wenn ein zugelassener Revisionsexperte bestätigt, dass die Schulden getilgt sind und nach den Umständen angenommen werden kann, dass keine Interessen Dritter gefährdet werden.

1 **Allgemeines.** Die Liquidation kann auch in Form von Forderungsabtretungen erfolgen 4C.148/2002 (30.7.02) E. 3.2.

2 ***Abs. 1*** Im Einverständnis der Generalversammlung kann anstelle von Geld auch eine Realleistung in Gestalt eines Gesellschaftsaktivums erfolgen (kein Vorkaufsfall nach Art. 216c liegt vor, wenn Grundstücke einer AG in Liquidation auf einen Aktionär übertragen werden) 126 III 187/188 f. E. 2 Pra 2000 (Nr. 122) 717 ff.

IV. Löschung im Handelsregister

Art. 746

Nach Beendigung der Liquidation ist das Erlöschen der Firma von den Liquidatoren beim Handelsregisteramt anzumelden.

1 **Allgemeines.** Die rechtliche Existenz einer in Liquidation befindlichen Aktiengesellschaft hört in dem Zeitpunkt auf, in dem die Gesellschaft nach beendeter Liquidation aus dem Handelsregister gelöscht wird 132 III 731/733 E. 3.1 Pra 2007 (Nr. 81) 544, 117 III 39/41 E. 3b. Dabei ist allerdings zu beachten, dass einer Löschung der Gesellschaft im Handelsregister lediglich deklaratorische Wirkung zukommt und vor beendigter Liquidation nicht zum Verlust von deren Rechtspersönlichkeit führt 4A_231/2011 (20.9.11) E. 2. Werden nach Abschluss der Liquidation nicht berücksichtigte Vermögensgegenstände oder Forderungen der gelöschten Gesellschaft entdeckt, so kann die gelöschte Gesellschaft unter gewissen Voraussetzungen wieder im Handelsregister eingetragen werden 132 III 731/733 E. 3.1 Pra (Nr. 81) 2007 544, 4A.3/1993 (29.7.93) E. 1a.

2 **Voraussetzungen der Wiedereintragung.** Nach der Rechtsprechung kann ein Gläubiger der gelöschten Gesellschaft die Wiedereintragung verlangen, wenn er seine Forderung glaubhaft macht und ein schützenswertes Interesse an der Wiedereintragung hat 4A.3/1993 (29.7.93) E. 1b. An diesem Interesse fehlt es, wenn der Gläubiger die Forderung auf einem anderen, ihm ebenfalls zumutbaren Weg durchsetzen kann oder wenn die Gesellschaft keine verwertbaren Aktiven mehr hat und damit von vornherein feststeht, dass der Ansprecher den Zweck, den er mit der Wiedereintragung der Firma verfolgt, nicht erreicht 132 III 731/734 E. 3.2 Pra 2007 (Nr. 81) 544 f., 121 III 324/326 E. 1, 115 II

276/277 E. 2, 110 II 396/397 E. 2. Glaubhaftmachung genügt, weil es nicht Sache der Registerbehörden, sondern des Richters ist, endgültig über die materiellen Wiedereintragungvoraussetzungen zu entscheiden 132 III 731/734 E. 3.2 Pra 2007 (Nr. 81) 544 f., 115 II 276/276 f. E. 2, 110 II 396/397 E. 2. Wegen Fehlens eines schützenswerten Interesses an der Wiedereintragung abzuweisen sind damit nur Gesuche, die missbräuchlich erscheinen. Da nach Art. 2 Abs. 2 ZGB nur der offenbare Rechtsmissbrauch keinen Schutz findet, ist der Begriff eines solchen Interesses indes nicht eng zu fassen 132 III 731/734 E. 3.2 Pra 2007 (Nr. 81) 544 f., 115 II 276/277 E. 2. Siehe zum Antrag auf Wiedereintragung Art. 935.

Wiedereintragung nach Konkurs. In der Praxis ist anerkannt, dass ein Gläubiger, der nebst seiner Forderung auch Ansprüche aus Art. 756 ff. geltend macht, auch nach Abschluss des Konkursverfahrens die Wiedereintragung der gelöschten Gesellschaft verlangen kann 132 III 731/734 E. 3.3 Pra 2007 (Nr. 81) 545, 4A.3/1993 (29.7.93) E. 1a, 110 II 396/397 E. 2. Zweck der Wiedereintragung ist hier, dem Gläubiger zu ermöglichen, von der Gläubigerversammlung die Abtretung des Schadenersatzanspruchs der Gesellschaft gegen das für den Schaden verantwortliche Organ zu erwirken (Art. 260 SchKG) 132 III 731/734 E. 3.3 Pra 2007 (Nr. 81) 545, 110 II 396/397 E. 2 (zum Verfahren 132 III 564/570 E. 3.2.2 Pra 2007 (Nr. 57) 380). Dies betrifft den Fall eines direkten Schadens der Gesellschaft. Ist der Gläubiger selbst geschädigt (indirekter Schaden), verfügt er über eine direkte Klage, mit der er seine Ansprüche gegen das verantwortliche Organ unabhängig vom Auflösungsverfahren geltend machen kann 132 III 564/570 E. 3.2.1 Pra 2007 (Nr. 57) 379. In diesem Fall kommt eine Wiedereintragung der gelöschten Gesellschaft nicht infrage 132 III 731/734 E. 3.3 Pra 2007 (Nr. 82) 549. 3

V. Aufbewahrung von Aktienbuch, Geschäftsbüchern und Verzeichnis

Art. 747

[1] Das Aktienbuch, die Geschäftsbücher und das Verzeichnis nach Artikel 697l sowie die diesem zugrunde liegenden Belege müssen während zehn Jahren nach der Löschung der Gesellschaft an einem sicheren Ort aufbewahrt werden. Dieser Ort wird von den Liquidatoren bezeichnet oder, wenn sie sich nicht einigen können, vom Handelsregisteramt.

[2] Das Aktienbuch sowie das Verzeichnis sind so aufzubewahren, dass in der Schweiz jederzeit darauf zugegriffen werden kann.

C. Auflösung ohne Liquidation I. …

Art. 748–750

Diese Bestimmungen wurden auf den 1. Juli 2004 aufgehoben (AS 2004 2617).

II. Übernahme durch eine Körperschaft des öffentlichen Rechts

Art. 751

[1] Wird das Vermögen einer Aktiengesellschaft vom Bunde, von einem Kanton oder unter Garantie des Kantons von einem Bezirk oder von einer Gemeinde übernommen, so kann mit Zustimmung der Generalversammlung vereinbart werden, dass die Liquidation unterbleiben soll.

[2] Der Beschluss der Generalversammlung ist nach den Vorschriften über die Auflösung zu fassen und beim Handelsregisteramt anzumelden.

[3] Mit der Eintragung dieses Beschlusses ist der Übergang des Vermögens der Gesellschaft mit Einschluss der Schulden vollzogen, und es ist die Firma der Gesellschaft zu löschen.

Sechster Abschnitt Verantwortlichkeit

A. Haftung I. ...

Art. 752

Diese Bestimmung wurde auf den 1. Januar 2020 aufgehoben (AS 2019 4417).

▪ Allgemeines (1) ▪ Haftungsvoraussetzung (2) ▪ Kausalität (3) ▪ Beweis und Beweiserleichterung (5)

Allgemeines. Zur strafrechtlichen Relevanz eines Emissionsprospektes vgl. 120 IV 122/124 ff. E. 3–6. – Aktivlegitimiert ist der Erwerber der Titel, dem durch die Falschangaben ein Schaden verursacht worden ist. Gemeint sind damit die Ersterwerber der neu ausgegebenen Titel. Es ist jedoch nicht nur der Zeichner während der Angebotsfrist, sondern auch der spätere Käufer klageberechtigt, sofern die Angaben im Prospekt kausal für seinen Kaufentschluss waren 131 III 306/308 E. 2.1. 1

Haftungsvoraussetzung der in Art. 752 vorgesehenen Prospekthaftung ist unter anderem, dass die Angaben im Prospekt kausal für den Kaufentschluss des Anlegers bzw. den später eingetretenen Schaden waren 131 III 306/308 E. 2.1. Dabei ist vorausgesetzt, dass zwischen den Angaben im Emissionsprospekt und dem Schaden sowohl ein natürlicher als auch ein adäquater Kausalzusammenhang bestehen 132 III 715/718 E. 2.1. 2

Kausalität. ***Handeln.*** Die natürliche Kausalität ist gegeben, wenn ein Handeln (z.B. falsche Angaben im Emissionsprospekt) Ursache im Sinn einer conditio sine qua non für den Eintritt eines Schadens ist. Dies ist eine Tatfrage, die vor Bundesgericht nur unter dem Gesichtswinkel der Willkür gerügt werden kann. Rechtsfrage ist demgegenüber, ob zwischen der Ursache und dem Schadenseintritt ein adäquater Kausalzusammenhang besteht. Dies ist eine Wertungsgesichtspunkten unterliegende Rechtsfrage, die im Berufungsverfahren überprüft werden kann 132 III 715/718 E. 2.2, 123 III 110/111 E. 2. 3

Unterlassen. Nicht nur ein Handeln, sondern auch ein Unterlassen (z.B. Unterdrücken von relevanten Angaben im Emissionsprospekt) kann kausal für die Schädigung eines Anlegers sein. Grundsätzlich unterscheidet die Rechtsprechung auch bei Unterlassungen zwischen natürlichem und adäquatem Kausalzusammenhang. Während bei Handlungen die wertenden Gesichtspunkte erst bei der Beurteilung der Adäquanz zum Tragen kommen, spielen diese Gesichtspunkte bei Unterlassungen in der Regel schon bei der Feststellung des hypothetischen Kausalverlaufs eine Rolle. Es ist daher bei Unterlassungen in der Regel nicht sinnvoll, den festgestellten oder angenommenen hypothetischen Geschehensablauf auch noch auf seine Adäquanz zu prüfen. Die Feststellungen des Sachrichters im Zusammenhang mit Unterlassungen sind daher entsprechend der allgemeinen Regel über die Verbindlichkeit der Feststellungen zum natürlichen Kausalzusammenhang für das Bundesgericht bindend. Nur wenn die hypothetische Kausalität ausschliesslich gestützt auf die allgemeine Lebenserfahrung – und nicht gestützt auf 4

Beweismittel – festgestellt wird, unterliegt sie der Überprüfung im Berufungsverfahren 132 III 715/718 E. 2.3, 132 III 305/311 E. 3.5.

5 **Beweis und Beweiserleichterung.** ***Beweis.*** Dass im Bereich der Prospekthaftung generell die Vermutung gelte, dass allfällige falsche Angaben im Emissionsprospekt kausal für den Kaufentschluss des Anlegers und den damit in Zusammenhang stehenden Schaden sind, kann nicht gesagt werden 132 III 715/719 E. 3. Vielmehr gelten für die Verantwortlichkeit aus der Prospekthaftung grundsätzlich die allgemeinen Haftungsvoraussetzungen, nach welchen der Kläger grundsätzlich den Nachweis zu erbringen hat, dass er sich beim Kaufentscheid auf fehlerhafte Prospektangaben gestützt hat und mit besserem Wissen die Titel nicht oder nicht zu diesem Preis erworben hätte 132 III 715/720 E. 3.2. Allerdings ist wie allgemein beim Kausalitätsnachweis auch im Bereich der Prospekthaftung der Nachweis der Kausalität schwer zu erbringen. Der klagende Anleger dürfte sich oft in «Beweisnot» befinden. Die Rechtsprechung sieht daher schon seit Langem – in Einklang mit dem allgemeinen Schadenersatzrecht – eine Beweiserleichterung für den Nachweis des Kausalzusammenhangs vor. Erforderlich ist nicht ein strikter und absoluter Beweis. Vielmehr hat sich der Richter mit derjenigen Gewissheit zufrieden zu geben, die nach dem gewöhnlichen Lauf der Dinge und der Lebenserfahrung verlangt werden kann 132 III 715/720 E. 3.2.1. Das Beweismass der überwiegenden Wahrscheinlichkeit gilt insbesondere für den Nachweis des natürlichen bzw. hypothetischen Kausalzusammenhangs bei der Frage der Haftung aus Unterlassung 128 III 271/276 E. 2b/aa; zum Beweismass allgemein 132 III 715/719 E. 3.1. – Auch in der Lehre herrscht Einigkeit darin, dass das Beweismass der überwiegenden Wahrscheinlichkeit für den Nachweis des Kausalzusammenhangs ausreicht und kein strikter Beweis verlangt werden kann 132 III 715/720 E. 3.2.1.

6 ***Beweiserleichterung.*** Eine solche Beweiserleichterung gilt zunächst für den Erstkäufer, der die Aktien innerhalb der Zeichnungsfrist gestützt auf die Angaben im Prospekt am Primärmarkt zum Emissionspreis erwirbt. In diesem Fall ist davon auszugehen, dass die Angaben im Prospekt direkt kausal für den Kaufentschluss sind. Das Beweismass der überwiegenden Wahrscheinlichkeit gilt. Das Beweismass der überwiegenden Wahrscheinlichkeit gilt nach der neueren Literatur jedoch auch für den späteren Erwerber, der die Aktientitel am Sekundärmarkt zum – vom Markt gebildeten – Aktienkurs kauft, und zwar auch dann, wenn er den Emissionsprospekt nicht gelesen hat. Unter der Annahme eines effizienten Kapitalmarktes darf der Erwerber nämlich davon ausgehen, dass die Preisbildung am Markt unter Einbezug der Informationen aus dem Emissionsprospekt zustande gekommen ist. Freilich ist in diesem Fall im Rahmen des Wahrscheinlichkeitsbeweises zu berücksichtigen, dass im Laufe der Zeit andere Faktoren wie neuere Unternehmensdaten, Presseberichte, Konjunktureinschätzungen, positive oder negative Marktstimmung etc. für die Einschätzung des Wertpapiers bestimmend werden können 132 III 715/719 E. 3.1.

7 ***Beweismass.*** Die Beweiserleichterung in Bezug auf das Beweismass (Wahrscheinlichkeitsbeweis anstatt strikter Beweis) hat keinen Einfluss auf die Beweislastverteilung. Als Anspruchsvoraussetzung für die Prospekthaftung liegt die Beweislast auch für den Kausalzusammenhang – genau gleich wie für die anderen Anspruchsvoraussetzungen – beim Kläger. In der Literatur wird zwar zum Teil die Auffassung vertreten, der Kläger

habe nicht nachzuweisen, dass er sich auf angebliche Falschangaben im Prospekt verlassen habe, weil er annehmen dürfte, die Titel würden vom Markt unter Berücksichtigung der vorhandenen Informationen richtig bewertet. Eine solche Umkehr der Beweislast ist jedoch systemfremd und findet auch im Gesetz keine Stütze. Genau gleich wie im allgemeinen Schadenersatzrecht hat der Kläger auch bei der Prospekthaftung den Nachweis zu erbringen, dass zwischen der pflichtwidrigen Handlung und dem eingetretenen Schaden ein Kausalzusammenhang besteht, weil er sich beim Kaufentscheid auf die fehlerhaften Prospektangaben gestützt hat und mit besserem Wissen die Titel nicht oder nicht zu diesem Preis erworben hätte 132 III 715/722 E. 3.2.2.

Weiteres. Der Kläger, der sich auf eine Prospekthaftung gemäss Art. 752 beruft, kommt insofern in den Genuss einer Beweiserleichterung, als er für den Nachweis des natürlichen bzw. hypothetischen Kausalzusammenhangs keinen strikten Beweis, sondern nur den Beweis der überwiegenden Wahrscheinlichkeit zu erbringen hat 132 III 715/720 E. 3.2.1. Dagegen ändert diese Beweiserleichterung nichts daran, dass die Beweislast beim Kläger bleibt. Eine Beweislastumkehr, wie sie in der Literatur vereinzelt befürwortet wird, ist im Gesetz nicht vorgesehen und wäre auch systemfremd 132 III 715/722 E. 3.2.2. Die Beweiserleichterung reicht aus, die legitimen Interessen des Klägers, der sich bei der Durchsetzung seiner Ansprüche in Beweisschwierigkeiten befinden kann, zu schützen. Innerhalb dieses bundesrechtlich abgesteckten Rahmens verfügt der kantonale Sachrichter bei der Beweiswürdigung über den erforderlichen Ermessensspielraum, um den individuell gelagerten Einzelfällen gerecht zu werden 132 III 715/722 E. 3.2.3. 8

II. Gründungshaftung

Art. 753

Gründer, Mitglieder des Verwaltungsrates und alle Personen, die bei der Gründung mitwirken, werden sowohl der Gesellschaft als den einzelnen Aktionären und Gesellschaftsgläubigern für den Schaden verantwortlich, wenn sie:

1. **absichtlich oder fahrlässig Sacheinlagen, Sachübernahmen oder die Gewährung besonderer Vorteile zugunsten von Aktionären oder anderen Personen in den Statuten, einem Gründungsbericht oder einem Kapitalerhöhungsbericht unrichtig oder irreführend angeben, verschweigen oder verschleiern, oder bei der Genehmigung einer solchen Massnahme in anderer Weise dem Gesetz zuwiderhandeln;**
2. **absichtlich oder fahrlässig die Eintragung der Gesellschaft in das Handelsregister aufgrund einer Bescheinigung oder Urkunde veranlassen, die unrichtige Angaben enthält;**
3. **wissentlich dazu beitragen, dass Zeichnungen zahlungsunfähiger Personen angenommen werden.**

Gründer. Die Bestimmung gilt für alle Personen, die an der Gründung einer Gesellschaft mitgewirkt haben. Eine Verantwortlichkeit in diesem Sinne setzt aber voraus, dass die mitwirkenden Personen einen spürbaren Einfluss auf die Gründung ausgeübt haben 4P.161/2003 (12.11.03) E. 4.3.2. 1

Pflichtwidrigkeit. Die der Gründungshaftung zugrunde liegenden Pflichtwidrigkeiten sind in den Ziffern 1–3 abschliessend umschrieben 4A_61/2009 (26.3.09) E. 3. – Zu Ziff. 1, Sachübernahmegründung: Kann die Gesellschaft über ein Aktivum, welches in der 2

Übernahmebilanz und im Übernahmevertrag aufgeführt ist, nicht frei verfügen, so reduziert sich der Wert der Sacheinlage um den Wert des Aktivums. Ist das Aktivum eine Liegenschaft, so muss ein bedingungsloser Anspruch auf Eintragung der Gesellschaft im Grundbuch im Sinne von Art. 779 Abs. 4 bestehen. Ansonsten gilt die Liegenschaft als nicht eingebracht 4A_61/2009 (26.3.09) E. 4.2. – Zum Zweck der Stampaerklärung 119 II 463/464 f. E. a (Entscheid im Zusammenhang mit einer ordentlichen Kapitalerhöhung).

3 **Schaden.** Bei der Gründungshaftung ist nicht von einem besonderen Schadensbegriff auszugehen, es ist der allgemeine Schadensbegriff anwendbar. Der Schaden kann demnach auch grösser sein als das Liberierungsmanko. Bei einer unrichtigen Umschreibung der Sacheinlage in den Statuten besteht der Schaden aus der Differenz zwischen dem tatsächlichen Wert der Sacheinlage und ihrer Anrechnung auf das Grundkapital 4A_61/2009 (26.3.09) E. 5.4.

III. Haftung für Verwaltung, Geschäftsführung und Liquidation

Art. 754

[1] Die Mitglieder des Verwaltungsrates und alle mit der Geschäftsführung oder mit der Liquidation befassten Personen sind sowohl der Gesellschaft als den einzelnen Aktionären und Gesellschaftsgläubigern für den Schaden verantwortlich, den sie durch absichtliche oder fahrlässige Verletzung ihrer Pflichten verursachen.

[2] Wer die Erfüllung einer Aufgabe befugterweise einem anderen Organ überträgt, haftet für den von diesem verursachten Schaden, sofern er nicht nachweist, dass er bei der Auswahl, Unterrichtung und Überwachung die nach den Umständen gebotene Sorgfalt angewendet hat.

1 **Allgemeines.** Ein Mitglied des Verwaltungsrates ist für den Schaden der Gesellschaft verantwortlich, den es durch absichtliche oder fahrlässige Verletzung seiner Pflichten adäquat kausal verursacht 4A_373/2015 (26.1.16) E. 3, 4C.135/2005 (20.6.05) E. 3, 4C.19/2004 (19.5.04) E. 1.4, 4C.155/2002 (9.9.02) E. 2.3, 4C.160/2001 (18.12.01) E. 2b, 4C.92/2001 (11.7.01) E. 2a. – Die Sorgfaltspflichten gelten auch für Verwaltungsräte, die bloss als «Strohmänner» fungieren (4A_555/2009 [3.5.10] E. 2.3), und für Verwaltungsräte, die unentgeltlich arbeiten (wobei die Unentgeltlichkeit im Rahmen von Art. 99 Abs. 2 berücksichtigt wird) 4A_373/2015 (26.1.16) E. 3.2.2 f. – Die förmliche oder informelle Einwilligung der Gesellschaft hat gesellschaftsinterne Bedeutung 4A_518/2015 (3.3.16) E. 3.1 m.w.H. Eine Verantwortlichkeit fällt ausser Betracht, wenn die ins Recht gefasste Organperson nachzuweisen vermag, dass sie mit dem Einverständnis des Geschädigten gehandelt hat. So kann sich die Organperson gegenüber der klagenden Gesellschaft auf die haftungsbefreiende Einrede «volenti non fit iniuria» berufen, wenn sie im ausdrücklichen oder stillschweigenden Einverständnis aller Aktionäre gehandelt hat oder einen gesetzeskonform gefassten und unangefochtenen Beschluss der Generalversammlung vollzieht. Ferner sind Schadenersatzansprüche der Gesellschaft auch ausgeschlossen,

wenn die Generalversammlung den verantwortlichen Organen gemäss Art. 758 Abs. 1 die Décharge erteilt hat. Analog entfällt eine Haftung gegenüber der Gesellschaft, wenn diese bzw. deren Alleinaktionär in Kenntnis der Verhältnisse Organhandlungen toleriert, die normalerweise Schadenersatzansprüche i.S.v. Art. 754 begründen würden. Die Gesellschaft, welche eine allfällige Verletzung dieser Vorschriften toleriert hat, kann sich nicht später auf die Verletzung eben dieser Vorschriften berufen. Einer solchen Gesellschaftsklage läge ein widersprüchliches Verhalten zugrunde, das keinen Rechtsschutz verdient (ZGB Art. 2 Abs. 2) 131 III 640/644 ff. E. 4.2.1 ff., 4A_518/2015 (3.3.16) E. 3.1 (wenn der Alleinaktionär bestimmte Geschäftspraktiken kennt und generell duldet, dann kann er sich insoweit nicht nachträglich auf eine Pflichtverletzung berufen, unabhängig davon, ob er vom konkreten Geschäft Kenntnis hatte). – Das Recht bzw. die Pflicht der Verwaltungsräte, sich zu informieren, entspricht deren potenzieller Haftung aus Verantwortlichkeit. Dennoch können Verwaltungsräte nur für etwas haften, das sie wussten oder hätten wissen müssen. Gegenüber allfälligen Verantwortlichkeitsansprüchen kann sich ein Verwaltungsrat, dessen Auskunftsbegehren gemäss Art. 715a abgewiesen wurde, immerhin dadurch absichern, dass er die Protokollierung seines Auskunftsantrages und der entsprechenden Abweisung verlangt 4C.7/2003 (26.5.03) E. 6.3 Pra 2003 (Nr. 213) 1160. Arbeitsvertrag zwischen einem Mitglied des Verwaltungsrates und der Gesellschaft mit marktwidrigen Bedingungen zulasten der AG: Die Gesellschaft kann bereits der auf widerrechtlichem Verhalten gründenden Rechtsausübung die Einrede des Rechtsmissbrauchs entgegenhalten, ohne den Anspruch des treuwidrig handelnden Mitgliedes des Verwaltungsrates als gegeben akzeptieren und ihm eine Gegenforderung aus aktienrechtlicher Verantwortlichkeit verrechnungs- oder widerklageweise entgegenhalten zu müssen 4C.402/1998 (14.12.99) E. 2b Pra 2000 (Nr. 50) 289.

Organ. Damit ein Angestellter als ***formelles Organ*** qualifiziert werden kann, ist erforderlich, dass dieser direkt dem höchsten mit der Verwaltung und Vertretung betrauten Organ unterstellt ist, d.h. im Falle einer Aktiengesellschaft dem Verwaltungsrat. Wenn von Organstellung infolge Kundgabe gesprochen wird, dann wird auf die besondere Herleitung der Organstellung Bezug genommen; der eigentliche Inhalt des Organbegriffs bleibt hingegen gleich, d.h., die Gesellschaft muss den Anschein eines formellen oder faktischen Organs geschaffen oder zugelassen haben 4A_544/2008 (10.2.09) E. 2.3 fr. 2

Faktisches Organ ist jede Person, die die Geschäftsführung oder Liquidation der Gesellschaft besorgt, die tatsächlich Entscheidungen trifft, die normalerweise Organen vorbehalten sind, oder die sich um die Geschäftsführung kümmert und damit in entscheidender Art und Weise zur gesellschaftlichen Willensbildung beiträgt 132 III 523/528 E. 4.5 Pra 2007 (Nr. 32) 205 f., 128 III 29/30 E. 3a, 4A_268/2018 (18.11.19) E. 5, 4A_603/2014 (11.11.15) E. 4.2.2. Für die Organverantwortlichkeit ist erforderlich, dass die nach der internen Organisation tatsächlich mit der Leitung der Gesellschaft befasste Person in eigener Entscheidbefugnis die sich daraus ergebenden Pflichten zu erfüllen hat, sie also selbständig und eigenverantwortlich handelt. Eine blosse Mithilfe bei der Entscheidung genügt demgegenüber für eine Organstellung nicht 4A_306/2009 (8.2.10) E. 7.1.1. Die betreffende Person muss die Möglichkeit gehabt haben, einen Schaden zu verursachen oder zu verhindern 132 III 523/528 E. 4.5 Pra 2007 (Nr. 32) 205 f., 128 III 29/30 E. 3a, 4A_268/2018 (18.11.19) E. 5 (diese Voraussetzung ist in jedem Fall erforderlich, jedoch 3 nicht ausreichend), s. auch 136 III 14/21 E. 2.4 (Werkvertrag, Verantwortlichkeit der Bank; was eine Bank unternimmt, um ihre Gläubigerinteressen wahrzunehmen, stellt keine Einmischung in die Geschäftsführung einer Gesellschaft dar, die sie als faktisches Organ erscheinen liesse). – Als faktische Organe kommen auch *juristische Personen* in Betracht 132 III 523/528 E. 4.5. – Im Konzern kann eine übergeordnete Gesellschaft (Muttergesellschaft) dadurch als faktisches Organ der Untergesellschaft verantwortlich werden, dass sie sich als herrschende Gesellschaft in die Verwaltung und Geschäftsführung der Tochtergesellschaft einmischt (117 II 570/574 E. 4a). Dies kann insbesondere eintreten, wenn die Organe der Tochtergesellschaft gleichzeitig Organe der Muttergesellschaft, mithin Doppelorgane sind und sich in der Eigenschaft als Organ der Muttergesellschaft in die Verwaltung und Geschäftsführung der Tochtergesellschaft einmischen 4A_306/2009 (8.2.10) E. 7.1.1. Während eine blosse Einflussnahme von Organen einer Muttergesellschaft auf diejenigen der Tochtergesellschaft regelmässig keine Organverantwortung gegenüber der Tochtergesellschaft begründet, entsteht eine faktische Organschaft in der Tochtergesellschaft, wenn sich (übertragene oder usurpierte) Zuständigkeiten bilden 128 III 92/94 E. 3a, 4A_268/2018 (18.11.19) E. 5 (wonach das faktische Organ «organtypische Funktionen» wahrnehmen müsse und somit verlangt wird, dass das faktische Organ die Kompetenzen eines formellen Organs usurpiert oder diese delegiert erhält).

4 ***Abs. 1*** **Schaden.** Das Bestehen und der Umfang eines Schadens sind Tatfragen 4C.130/2002 (12.2.02) E. 2c. – Ob der juristische Schadensbegriff missachtet wurde, ist Rechtsfrage 4P.305/2001 (18.3.02) E. 2b. – Der Schaden wird auch mit Blick auf die aktienrechtliche Verantwortlichkeit nach der Differenztheorie bestimmt 4C.58/2007 (25.5.07) E. 2.5 fr., 4C.105/2004 (31.8.04) E. 4.1, 4C.19/2004 (19.5.04) E. 1.5, 4C.292/2003 (25.5.04) E. 3.3, 4C.160/2001 (18.12.01) E. 2d/aa, 4P.305/2001 (18.3.02) E. 2b. – Ein Schadenszins ist vom Zeitpunkt an zu bezahlen, ab welchem sich das schädigende Ereignis ausgewirkt hat 4C.19/2004 (19.5.04) E. 3.4. – Besteht der Schaden in der Vergrösserung der Verschuldung der Konkursitin, welche durch eine verspätete Konkurserklärung entstanden ist («Fortführungsschaden»), so ist die tatsächlich eingetretene Überschuldung der Konkursitin mit jener zu vergleichen, die bei einem Konkurs zum früheren Zeitpunkt bestanden hätte. Bei der Berechnung des Schadens der Gesellschaft ist auf die Gesamtheit der in der Bilanz erscheinenden Passiven abzustellen, einschliesslich Aktionärsforderungen, die Gegenstand eines Rangrücktritts sind 4A_478/2008 (16.12.08) E. 4.2 und 4.3.2 fr., 4C.58/2007 (25.5.07) E. 2.5 fr.,4A_509/2007 (28.1.08) E. 2.1 (betreffend eine Verantwortlichkeitsklage gegen Organe einer GmbH); 132 III 564/575 E. 6.1 Pra 2008 (Nr. 58) 384 f., 132 III 342/348 E. 2.3.3, 136 III 322/324 E. 3. – Anders als bei der Frage, ob der Richter gemäss Art. 725 Abs. 2 zu benachrichtigen sei, ist für die Berechnung des Schadens allein auf den Liquidationswert abzustellen, da die Konkurseröffnung zur Auflösung (Art. 736 Ziff. 3) und Liquidation der Gesellschaft (Art. 740 Abs. 5) führt. Damit ist der Liquidationswert nicht nur einschlägig zur Bestimmung des Ausmasses der Überschuldung im Zeitpunkt der Konkurseröffnung, sondern auch zur Bestimmung des Ausmasses der Überschuldung in dem Zeitpunkt, in dem der Konkurs eröffnet worden wäre, wenn das verantwortliche Organ seine Pflichten wahrgenommen hätte. In beiden Fällen ist der Fortführungswert nicht mehr sachhaltig. Dazu kommt, dass unter dem Ge-

sichtspunkt der Schadensberechnung nach der Differenztheorie auf zwei vergleichbare Bewertungsgrundlagen abzustellen ist. Im ersten Zeitpunkt auf Fortführungswerte und im zweiten auf Liquidationswerte abzustellen, würde in den meisten Fällen zu einer künstlichen Aufblähung des Schadens führen 4C.58/2007 (25.5.07) E. 2.5 fr. S. zum Fortführungsschaden auch 4A_597/2016 (22.1.18) E. 4 it., 4A_97/2017 (4.10.17) E. 4.1, 4A_271/2016 (16.1.17) E. 3.1, 4A_270/2016 (7.10.16) E. 2.2 ff., 4A_611/2015 (19.4.16) E. 3.2, 4A_574/2016 (11.4.16) E. 6.2 ff., 4A_373/2015 (26.1.16) E. 3.4.1, 4A_418/2015 (6.1.16) E. 3.1, 4A_214/2015 (8.9.15) E. 3.1 ff. (mit Erwägungen zur Berücksichtigung von Art. 42 Abs. 2). – Zum Fortführungsschaden bei Verschleppung der Konkurseröffnung siehe auch Rz. 5 zu Art. 725.

Absicht und Fahrlässigkeit. Voraussetzung einer Verantwortlichkeitsklage aus Art. 754 5
ist eine *schuldhafte* Pflichtwidrigkeit. Fahrlässigkeit – selbst leichte – genügt 4A_74/2012 (18.6.12) E. 5, 139 III 24/27 E. 3.2. Das Kriterium des Verschuldens beurteilt sich nach objektiven Kriterien. Es ist immer dann erfüllt, wenn der Beklagte sich nicht so verhalten hat, wie es ein Organ an seiner Stelle getan hätte, das über die verlangten Qualitäten verfügt hätte. Nur aussergewöhnliche Umstände können zu einer unverschuldeten Pflichtverletzung führen 4A_174/2007 (13.9.07) E. 4.3.2.

Pflichtwidrigkeit. ***Allgemeines.*** Nach Art. 717 Abs. 1 müssen die Mitglieder des Ver- 6
waltungsrats, sowie Dritte, die mit der Geschäftsführung befasst sind, ihre Aufgaben mit aller Sorgfalt erfüllen und die Interessen der Gesellschaft in guten Treuen wahren. Die gesetzlich normierte Treuepflicht verlangt, dass die Mitglieder des Verwaltungsrats ihr Verhalten am Gesellschaftsinteresse ausrichten. Für die Sorgfalt, die der Verwaltungsrat bei der Führung der Geschäfte der Gesellschaft aufzuwenden hat, gilt ein objektiver Massstab. Die Verwaltungsräte sind zu aller Sorgfalt verpflichtet und nicht nur zur Vorsicht, die sie in eigenen Geschäften anzuwenden pflegen 122 III 195/198 E. 3a, 113 II 52/56 E. 3a. Das Verhalten eines Verwaltungsratsmitglieds wird deshalb mit demjenigen verglichen, das billigerweise von einer abstrakt vorgestellten, ordnungsgemäss handelnden Person in einer vergleichbaren Situation erwartet werden kann. Die Sorgfalt richtet sich nach dem Recht, Wissensstand und den Massstäben im Zeitpunkt der fraglichen Handlung oder Unterlassung. Bei der Beurteilung von Sorgfaltspflichtverletzungen hat mithin eine Ex-ante-Betrachtung stattzufinden 4A_74/2012 (18.6.12) E. 5.1, 4A_467 (5.1.11) E. 3.3.

Business Judgment Rule. Gerichte haben sich bei der nachträglichen Beurteilung 7
von Geschäftsentscheiden, die in einem einwandfreien, auf angemessener Informationsbasis beruhenden und von Interessenkonflikten freien Entscheidprozess zustande gekommen sind, Zurückhaltung aufzuerlegen 139 III 24/26 E. 3.2, 4A_642/2016 (27.6.17) E. 2.1, 4A_259/2016 (13.12.16) E. 5.1, 4A_603/2014 (11.11.15) E. 7.1.1, 4A_219/2015 (8.9.15) E. 4.2.1, 4A_74 (18.6.12) E. 5.1, 4A_306/2009 (8.2.10) E. 7.2.4. Sind diese Voraussetzungen erfüllt, prüft das Gericht den Geschäftsentscheid in inhaltlicher Hinsicht lediglich darauf, ob er als vertretbar erscheint («Business Judgment Rule»). Andernfalls rechtfertigt es sich nicht, bei der Prüfung der Sorgfaltspflichtverletzung besondere Zurückhaltung zu üben und nur zu prüfen, ob der Entscheid noch im Rahmen des Vertretbaren liegt. Vielmehr reicht es dann aus, dass ein Geschäftsentscheid in der gegebenen Situation bei freier bzw. umfassender Prüfung als fehlerbehaftet erscheint 4A_642/2016

(27.6.17) E. 2.1, 4A_259/2016 (13.12.16) E. 5.1, 4A_219/2015 (8.9.15) E. 4.2.1, 4A_97/2013 (28.8.13) E. 5.2, 4A_626/2013 (8.4.14) E. 7, 4A_219/2015 (8.9.15) E. 4.2.1, 4A_603/2014 (11.11.15) E. 7.1.1. – Keine Anwendung der Business Judgment Rule: Ein Entscheid des Verwaltungsrats, mit welchem er von der gesetzlichen (oder auch statutarischen) Befugnis gemäss Art. 685a Abs. 1 zum Ankauf eigener Aktien und der Verweigerung der Übertragung auf einen anderen Erwerber Gebrauch macht, fällt nicht in den Anwendungsbereich der Überprüfungsbeschränkung der Business Judgment Rule. Diese ist lediglich auf Geschäftsentscheide anwendbar, mit der Begründung, dass sich das Gericht nicht anmasst, eigentliche unternehmerische Entscheide im Nachhinein besser beurteilen zu können als die damalig im konkreten Geschäft tätigen verantwortlichen Personen. Demgegenüber eignen sich andere Aufgaben des Verwaltungsrats, namentlich Kontroll- und Organisationsaufgaben, für eine justizmässige Nachkontrolle 4A_623/2018 (31.7.19) E. 3.1 (in 145 III 351 n.p. E.).

8 ***Beispiele.*** Zur Sorgfaltspflicht gehört, ein Mandat nicht anzunehmen, wenn man die entsprechenden Fähigkeiten nicht mitbringt oder weiss, dass man einem einflussreichen Verwaltungsrat nicht wird widersprechen können 4A_373/2015 (26.1.16) E. 3.2.1. Sodann darf sich ein Verwaltungsrat nicht hinter den Zusicherungen des Geschäftsführers verstecken, wenn er den Fehler hätte bemerken müssen 4A_373/2015 (26.1.16) E. 3.2.2. Ebenso wenig können sich die Verwaltungsräte von jeglicher Sorgfaltspflichtverletzung befreien, wenn sie den in der Geschäftsführung aktiven Verwaltungsräten vertrauen oder sich darauf berufen, sie hätten nicht über genügend Informationen verfügt 4A_373/2015 (26.1.16) E. 3.3, s. auch 4A_259/2016 (13.12.06) (wonach sich das passive Verhalten des Verwaltungsrats nicht mit der pflichtgemässen Erfüllung seiner Aufgaben vereinbaren liess). – Die missbräuchliche Führung eines Gerichtsverfahrens kann grundsätzlich einen Verstoss gegen die Treuepflicht nach Art. 717 Abs. 1 darstellen 139 III 24/26 f. E. 3.3. Ein Verstoss gegen Art. 725 Abs. 2 vermag eine Verantwortlichkeit des Verwaltungsrates zu begründen 4C.19/2001 (25.5.01) E. 2c. In der Nicht-Benachrichtigung des Richters liegt indes keine Sorgfaltspflichtverletzung, wenn konkrete, ernsthafte und schnell umsetzbare Aussichten auf eine Sanierung bestehen 132 III 564/573 E. 5.1, 116 II 533/542 E. 5a, 4A_373/2015 (26.1.16) E. 3.1.3. Die Ausschüttung von Dividenden oder verdeckten Dividenden kann eine Pflichtverletzung eines Verwaltungsrates begründen und zu einer Verantwortlichkeitsklage i.S.v. Art. 754 führen, wenn eine solche Ausschüttung angesichts der wirtschaftlichen Situation der Gesellschaft im Zeitpunkt der Ausschüttung als unzulässig erscheint 4A_174/2007 (13.9.07) E. 4.3.1, 4A_357/2007 (13.9.07) E. 4.3.2. Von einem sachkundigen Organ kann bei einem Liquiditätsengpass und unsicheren Rückzahlungsaussichten objektiv verlangt werden, ein Darlehen nur bei gleichzeitiger Bestellung einer Sicherheit zu gewähren 4A_15/2013 (11.7.13) E. 8.2. – Ein Geschäftsführer einer *Konzern-Tochtergesellschaft* hat allein deren Interesse zu wahren. Er verletzt seine Treuepflicht gemäss Art. 717 Abs. 1, wenn er Handlungen zugunsten einer anderen Konzern-Tochtergesellschaft vornimmt (in casu eine Gutschrift zugunsten einer anderen Konzern-Tochtergesellschaft veranlasst) 130/219 III 213 E. 2.2.2. Die Unterlassung, von der Muttergesellschaft Sicherstellung einer ungedeckten Forderung zu verlangen, stellt keine Sorgfaltspflichtverletzung dar, sofern kein «faktischer Beistandszwang» gemäss 116 Ib 331/339 vorliegt 4A_188/2008 (9.9.08) E. 5.2. Eine Pflichtverletzung liegt vor, wenn in Konzernverhältnissen Aufwendungen, welche zulasten einer einzelnen Konzerngesell-

schaft verbucht werden, die aber (teilweise) zugunsten einer anderen Konzerngesellschaft erfolgen, nicht entsprechend den konkreten Interessen der Gesellschaften aufgeteilt werden; Fehlbuchungen stellen grundsätzlich im vollen Umfang Schaden dar 4A_675/2014 (9.3.15) E. 2.2 u. 3.6.

Beweis. Die Beweislast für die Pflichtwidrigkeit trägt die Verantwortlichkeitsklägerin, also die Beschwerdegegnerin 132 III 564/572 E. 4.2, 4A_259/2016 (13.12.16) E. 5.2. Das blosse Bestehen eines Interessenkonflikts ist nicht per se pflichtwidrig 4A_219/2015 (8.9.15) E. 4.2.2. Liegt ein solcher vor, ist allerdings nach der allgemeinen Lebenserfahrung zu befürchten, dass beim fraglichen Entscheid die Interessen der Gesellschaft nicht an erster Stelle stehen und nicht allein diese gewahrt werden. Aufgrund dessen wird bei nachgewiesenem Interessenkonflikt auf tatsächlicher Ebene ein pflichtwidriges Handeln vermutet 4A_642/2016 (27.6.17) E. 2.1, 4A_259/2016 (13.12.16) E. 5.2, 4C.139/2001 (13.8.01) E. 2a/bb, s. sodann (im Zusammenhang mit Art. 741 Abs. 2) 132 III 758/761 f. E. 3.3. Eine tatsächliche Vermutung betrifft die Beweiswürdigung und bewirkt keine Umkehr der Beweislast; der Vermutungsgegner hat nicht etwa den Beweis des Gegenteils zu erbringen, sondern den Gegenbeweis 141 III 241/244 E. 3.2 und 3.2.2, 135 II 161/166 E. 3. Gelingt der Gegenbeweis nicht, ist die Pflichtwidrigkeit aufgrund der tatsächlichen Vermutung erstellt. Liegt am Ende aber Beweislosigkeit vor, wirkt sich dies zulasten der nach wie vor die Beweislast tragenden Verantwortlichkeitsklägerin aus, und eine Pflichtverletzung ist diesfalls nicht nachgewiesen. Schliesslich bleibt darauf hinzuweisen, dass beim ebenfalls von der Verantwortlichkeitsklägerin zu beweisenden Schaden u.a. der hypothetische Vermögensstand ohne das schädigende Ereignis nachzuweisen ist. Dies dürfte regelmässig Ausführungen von ihr zum Inhalt und den Folgen pflichtgemässen Handelns erfordern, wovon die genannte tatsächliche Vermutung betreffend Pflichtwidrigkeit nicht entbindet 4A_259/2016 (13.12.16) E. 5.2, s. auch 4A_642/2016 (27.6.17) E. 2.1. 9

Kausalzusammenhang. Das Feststellen der natürlichen Kausalität ist Tatfrage 4C.130/2002 (12.2.02) E. 2c. – Eine Haftung aus aktienrechtlicher Verantwortlichkeit setzt namentlich voraus, dass zwischen dem pflichtwidrigen Verhalten der Mitglieder des Verwaltungsrates und dem behaupteten Schaden ein adäquater Kausalzusammenhang besteht. Dieser kann durch ein Selbstverschulden der geschädigten Person unterbrochen werden 4C.92/2001 (11.7.01) E. 2b. – An die Adäquanz sind im Bereich der aktienrechtlichen Verantwortlichkeit keine allzu hohen Anforderungen zu stellen. Es genügt, wenn die Pflichtwidrigkeit eine Teilursache für den Schadenseintritt darstellt (in casu wurde ein Darlehen in bedeutender Höhe nicht bilanziert, hingegen nicht existierende Debitorenbestände aufgeführt; der Kreditgeber befand sich somit im Irrtum über die tatsächliche finanzielle Situation der Gesellschaft) 4C.344/1998 (24.11.00) E. 4c. – Das Hinauszögern des Konkurses einer überschuldeten Gesellschaft hat im Allgemeinen nach dem gewöhnlichen Lauf der Dinge und der Lebenserfahrung zur Folge, dass die Unterdeckung zunimmt 4C.130/2001 (12.2.02) E. 2c. Unter dem Gesichtspunkt der Kausalität ist jede Verzögerung der Benachrichtigung des Richters i.S.v. Art. 725 Abs. 2 für die Gesellschaft grundsätzlich schädlich 132 III 564/576 E. 6.3 Pra 2007 (Nr. 57) 386. 10

Unmittelbarer (direkter)/mittelbarer (indirekter) Schaden. Bezüglich der Klage eines Gesellschaftsgläubigers oder Aktionärs gegen die Organe sind in Abhängigkeit von der Art des erlittenen Schadens drei Situationen zu unterscheiden: 11

12 ***Direkter Schaden des Gläubigers/Aktionärs.*** Erstens kann der Gesellschaftsgläubiger oder Aktionär durch das Verhalten eines Gesellschaftsorgans persönlich geschädigt sein, ohne dass dadurch gleichzeitig auch die Gesellschaft geschädigt wäre. Hier spricht man von einem direkten Schaden 132 III 564/568 E. 3.1.1 Pra 2007 (Nr. 57) 378, 4C.142/2004 (4.10.04) E. 4; 110 II 391/393 E. 1. – In diesem Fall kann der geschädigte Gläubiger oder Aktionär selbständig seine Schadenersatzforderung gegen den Verantwortlichen geltend machen 131 III 306/311 E. 3.1.2. Seine Klage unterliegt den üblichen Voraussetzungen einer Klage aus unerlaubter Handlung und kann jederzeit, insbesondere ausserhalb des Gesellschaftskonkurses, geltend gemacht werden 132 III 564/569 E. 3.2.1 Pra 2007 (Nr. 57) 379, 127 III 374/377 E. 3.a, 4A_174/2007 (13.9.07) E. 3.2.1 fr. – Der Schaden, den ein Arbeitnehmer daraus erleidet, dass die Krankentaggeldversicherung aufgrund des Nichtbezahlens der Versicherungsprämien die Leistungen verweigert, kann gegenüber den fehlbaren Organen als direkter Schaden gemäss Art. 41 geltend machen werden, da das Nichtbezahlen der Prämien eine Verletzung der Schutznorm von StGB Art. 159 darstellt 141 III 112/113 E. 4 ff. Pra 2015 (Nr. 96) 766 ff.

13 ***Indirekter Schaden des Gläubigers/Aktionärs.*** Zweitens kann ein Gesellschaftsgläubiger dadurch einen Schaden erleiden, dass das Verhalten eines Gesellschaftsorgans die Gesellschaft schädigt und der Gläubiger als Folge dessen seine Forderung gegen die Gesellschaft nicht mehr oder nur teilweise realisieren kann. Der Schaden des Gesellschaftsgläubigers ist hier nur indirekt, da dieser sich erst aus der Insolvenz der Gesellschaft ergibt 131 III 306/311 E. 3.1.1, 128 III 180/183 E. 2.c. In diesem praktisch häufigen Fall schädigen die Pflichtverletzungen der Organe in erster Linie die Gesellschaft selbst; der Gläubiger erleidet hier nur einen sog. Reflexschaden. Solange die Gesellschaft zahlungsfähig bleibt, verbleibt der Schaden in ihrer Sphäre, ohne dass dadurch die Gesellschaftsgläubiger berührt würden. Erst wenn das Fehlverhalten der Organe zur Zahlungsunfähigkeit und zum Konkurs der Gesellschaft führt, erleidet der Gläubiger einen indirekten oder Reflexschaden 132 III 564/568 E. 3.1.2 Pra 2007 (Nr. 57) 378 f., 4C.142/2004 (4.10.04) E. 4. – Im Fall des Reflexschadens ergibt sich aus allgemeinen haftpflichtrechtlichen Grundsätzen, dass zunächst nur die geschädigte Gesellschaft aktivlegitimiert ist. Der Gesellschaftsgläubiger selbst verfügt über keine Klagemöglichkeit, um seinen Reflexschaden geltend zu machen 131 III 306/311 E. 3.1.1. Fällt die Gesellschaft in Konkurs, wird die Forderung der letzteren gegen das verantwortliche Organ ersetzt durch eine entsprechende Forderung der Gemeinschaft der Gläubiger, die zunächst von der Konkursverwaltung geltend zu machen ist 117 II 432/439 E. 1.b/dd. Verzichtet die Konkursverwaltung auf die Geltendmachung dieser Ansprüche (Art. 757 Abs. 2), so ist jeder Gesellschaftsgläubiger oder Aktionär berechtigt, den von der Gesellschaft direkt erlittenen Schaden geltend zu machen 131 III 306/311 E. 3.1.1. Der Kläger macht in diesem Fall einen Anspruch der Gemeinschaft der Gläubiger geltend, mit der Besonderheit, dass der Erlös der Klage zunächst der Deckung der kollozierten Forderungen des klagenden Gläubigers oder Aktionärs dient 132 III 342/345 E. 2.1, 117 II 432/440 E. 1b/ff. Diese Abtretung der Ansprüche untersteht SchKG Art. 260 (zum Zusammenhang dieser Bestimmung mit Art. 757 4C.263/2004 (23.5.05) E. 1.2. Der Gesellschaftsgläubiger, der sich die Ansprüche der Konkursmasse hat abtreten lassen, handelt aufgrund eines Prozessmandats (Prozessführungsbefugnis) 132 III 342/345 E. 2.2, 121 III 488/492 E. 2b, aufgrund dessen er legitimiert ist, den von der Gesellschaft erlittenen Schaden geltend zu machen

132 III 564/570 E. 3.2.2 Pra 2007 (Nr. 57) 380. – Bestätigung dieser Rechtsprechung 4A_174/2007 (13.9.07) E. 3.2.2 und E. 3.3 fr.

Weitere Fälle. Drittens ist an die seltenere Situation zu denken, in der das Fehlverhalten des Gesellschaftsorgans gleichzeitig zu einem Direktschaden des Gläubigers und zu einem Direktschaden der Gesellschaft führt 131 III 306/311 E. 3.1.2. Mit anderen Worten schädigt das Organverhalten das Gesellschaftsvermögen und das Vermögen des Gesellschaftsgläubigers, ohne dass allerdings der Schaden des Letzteren vom Gesellschaftskonkurs abhinge 132 III 564/569 E. 3.1.3 Pra 2007 (Nr. 57) 379. – Um einen Wettlauf zwischen der Konkursverwaltung und den direkt klagenden Gläubigern und Aktionären zu verhindern, hat die Rechtsprechung in diesen – und nur in diesen! – Fällen die Klagebefugnis der Aktionäre und Gläubiger zur Geltendmachung von Verantwortlichkeitsansprüchen eingeschränkt 131 III 306/311 E. 3.1.2, 4C.48/2005 (13.5.05) E. 2.1. Danach können die Aktionäre und Gläubiger ihren direkten Schaden nur ausnahmsweise geltend machen. Dies trifft zu, wenn das Verhalten eines Gesellschaftsorgans gegen aktienrechtliche Bestimmungen verstösst, die ausschliesslich dem Gläubiger- bzw. Aktionärsschutz dienen, oder wenn die Schadenersatzpflicht auf einem anderen widerrechtlichen Verhalten des Organs im Sinne von Art. 41 oder einem Tatbestand der culpa in contrahendo gründet 132 III 564/570 E. 3.2.3 Pra 2007 (Nr. 57) 380 f., 131 III 306/311 E. 3.1.2 mit Verweisen. – Bestätigung dieser Rechtsprechung 4A_174/2007 (13.9.07) E. 3.2.3 fr. 14

Vgl. zu diesem Themenkreis ferner 4A_407/2018 (5.2.19) E. 2, 4A_76/2007 (7.11.07) E. 5 it. 15

<u>Abs. 2</u> **Befugte Delegation.** Damit von einer befugten Delegation ausgegangen werden kann, ist – neben der Grundlage in den Gesellschaftsstatuten – der Erlass eines Organisationsreglements nach Art. 716b Abs. 1 zwingend vorgeschrieben. Davon kann jedenfalls dann nicht die Rede sein, wenn nicht einmal ein protokollierter Mehrheitsbeschluss des Verwaltungsrats vorliegt, der die nach Art. 716b Abs. 2 vorgesehenen Elemente der Organisation der Geschäftsführung regelt 4A_501/2007 (22.2.08) E. 3.2.2, 4A_503/2007 (22.2.08) E. 3.2.2. Eine von den Statuten zwar vorgesehene, aber vom Verwaltungsrat nicht gemäss Art. 716b gültig vorgenommene Delegation führt nicht zur Haftungsbeschränkung im Sinne von Abs. 2 4A_501/2007 (22.2.08) E. 3.2.2, 4A_503/2007 (22.2.08) E. 3.1. Das Erfordernis eines Reglements zur gültigen Übertragung der Geschäftsführung mit einem gesetzlich vorgeschriebenen Mindestinhalt setzt voraus, dass eine Delegation auch in formeller Hinsicht gewissen Mindestanforderungen zu genügen hat. Darauf weist auch die Diskussion über die Frage der Publizität im Rahmen des Gesetzgebungsverfahrens hin, wobei schliesslich die schriftliche Orientierung (Art. 716b Abs. 2 Satz 2) der im bundesrätlichen Entwurf zum revidierten Aktienrecht vorgeschlagenen Hinterlegung des Organisationsreglements beim Handelsregister vorgezogen wurde (vgl. Botschaft vom 23. Februar 1983 über die Revision des Aktienrechts, BBl 1983 II 745 ff., 924 und 984) 4A_501/2007 (22.2.08) E. 3.2.2, 4A_503/2007 (22.2.08) E. 3.2.1. Wurde kein Organisationsreglement erlassen, wurde die Geschäftsführung nicht gültig delegiert 4A_259/2016 (13.12.16) E. 5.1. 16

IV. Revisionshaftung

Art. 755

[1] Alle mit der Prüfung der Jahres- und Konzernrechnung, der Gründung, der Kapitalerhöhung oder Kapitalherabsetzung befassten Personen sind sowohl der Gesellschaft als auch den einzelnen Aktionären und Gesellschaftsgläubigern für den Schaden verantwortlich, den sie durch absichtliche oder fahrlässige Verletzung ihrer Pflichten verursachen.

[2] Wurde die Prüfung von einer Finanzkontrolle der öffentlichen Hand oder von einem ihrer Mitarbeiter durchgeführt, so haftet das betreffende Gemeinwesen. Der Rückgriff auf die an der Prüfung beteiligten Personen richtet sich nach dem öffentlichen Recht.

1 Die Verantwortlichkeit der Revisionsstelle setzt einen Schaden, eine Pflichtwidrigkeit, ein Verschulden sowie einen adäquaten Kausalzusammenhang zwischen Pflichtwidrigkeit und Schaden voraus 4C.118/2005 (8.8.05) E. 4, 129 III 129/134 f. E. 8, 127 III 453/455 E. 5a Pra 2001 (Nr. 179) 1086. – Ein Verstoss gegen Art. 729b Abs. 2 vermag allenfalls eine Verantwortlichkeit der Revisionsstelle zu begründen 4C.19/2001 (25.5.01) E. 2c. S. auch 4A_236/2015 (15.9.15) E. 3 (Verletzung der Anzeigepflicht nach Art. 729b, aber fehlende Kausalität).

B. Schaden der Gesellschaft I. Ansprüche ausser Konkurs

Art. 756

[1] Neben der Gesellschaft sind auch die einzelnen Aktionäre berechtigt, den der Gesellschaft verursachten Schaden einzuklagen. Der Anspruch des Aktionärs geht auf Leistung an die Gesellschaft.

[2] …

1 ***Abs. 1*** Ausserhalb des Konkurses steht dem Aktionär – nicht aber dem Gesellschaftsgläubiger – die Möglichkeit offen, mittels Gesellschaftsklage Schadenersatz für die Gesellschaft einzuklagen. Für mittelbar geschädigte Gläubiger gibt es keine Möglichkeit, ihren eigenen Reflexschaden mittels Individualklage geltend zu machen 131 III 306/310 E. 3.1.1, 4A_384/2016 (1.2.17) E. 2.1.1. – Zur Geltendmachung der Ansprüche aus dem Gesellschaftsschaden reicht es, wenn dem für die Gesellschaft klagenden Aktionär die Aktionärseigenschaft im Zeitpunkt der Klageanhebung zukommt 4C.79/2005 (19.8.05) E. 4.1.

II. Ansprüche im Konkurs

Art. 757

[1] Im Konkurs der geschädigten Gesellschaft sind auch die Gesellschaftsgläubiger berechtigt, Ersatz des Schadens an die Gesellschaft zu verlangen. Zunächst steht es jedoch der Konkursverwaltung zu, die Ansprüche von Aktionären und Gesellschaftsgläubigern geltend zu machen.

[2] Verzichtet die Konkursverwaltung auf die Geltendmachung dieser Ansprüche, so ist hierzu jeder Aktionär oder Gläubiger berechtigt. Das Ergebnis wird vorab zur Deckung der Forde-

rungen der klagenden Gläubiger gemäss den Bestimmungen des Schuldbetreibungs- und Konkursgesetzes vom 11. April 1889 verwendet. Am Überschuss nehmen die klagenden Aktionäre im Ausmass ihrer Beteiligung an der Gesellschaft teil; der Rest fällt in die Konkursmasse.

[3] Vorbehalten bleibt die Abtretung von Ansprüchen der Gesellschaft gemäss Artikel 260 des Schuldbetreibungs- und Konkursgesetzes vom 11. April 1889.

▪ Allgemeines (1) ▪ Einreden des Organs (2) ▪ Abs. 1 (4) ▪ Abs. 2 und 3 Bei Löschung der Gesellschaft (5)

Allgemeines. Art. 757 begründet einen einheitlichen Anspruch der Gläubigergesamtheit, wobei der in Art. 757 Abs. 3 enthaltene Vorbehalt der Abtretung von Ansprüchen der Gesellschaft gemäss SchKG Art. 260 keine weiteren Rechte verleiht. In materiellrechtlicher Hinsicht besteht kein Unterschied zwischen dem Anspruch, den sich ein Gläubiger nach SchKG Art. 260 abtreten lässt, und demjenigen, den die Aktionäre oder Gläubiger direkt aus OR Art. 757 Abs. 1 und 2 erheben 4A_384/2016 (1.2.17) E. 2.1.2, 4A_446/2009 (8.12.09) E. 2.3 f. (n.p. in 136 III 107). Der Gesellschaftsgläubiger macht den Anspruch aus aktienrechtlicher Verantwortlichkeit im Namen der Gläubigergesamtheit geltend, sei es gestützt auf Art. 757 oder nach SchKG Art. 260 (vgl. 117 II 432/439 f. E. 1b/ff.). Er tritt dabei als Prozessstandschafter, d.h. als Partei in eigenem Namen auf 132 III 342/345 f. E. 2.2 und nimmt die verfahrensrechtliche Stellung der Konkursmasse ein (vgl. 132 III 564/570 E. 3.2.2); die Masse ist nicht Partei, bleibt aber Rechtsträgerin der (behaupteten) Ansprüche 4A_355/2018 (3.1.19) E. 6.1, 4A_384/2016 (1.2.17) E. 2.1.2, 4A_231/2011 (20.9.11) E. 2 (bzw. die konkursite Gesellschaft bleibt Rechtsträgerin, s. dazu sogleich Rz. 5). – Dem gestützt auf SchKG Art. 260 klagenden Abtretungsgläubiger kann nicht die fehlende Aktivlegitimation entgegengehalten werden, selbst dann nicht, wenn seine Forderung gegenüber der in Konkurs gefallenen Gesellschaft zu Unrecht kolloziert worden ist 132 III 342/346 E. 2.2.2. Die materielle Begründetheit der Forderung des rechtskräftig kollozierten Abtretungsgläubigers darf im Verantwortlichkeitsprozess vom Gericht nicht überprüft werden 132 III 342/345 E. 2. 1

Einreden des Organs. Das beklagte Organ kann dem Abtretungsgläubiger nicht alle Einreden, welche ihm gegenüber der Gesellschaft oder gegenüber dem Klagenden persönlich zustehen, geltend machen, sondern nur diejenigen, welche ihm auch gegenüber der Gläubigergesamtheit zustehen. Persönlichen Einreden wie z.B. ein Mitverschulden oder eine Verrechnungsforderung können dem Gesellschaftsgläubiger hingegen nicht entgegengehalten werden. Da Schulden der Gesellschaft im Konkurs bestehen bleiben, können sie der Gläubigergemeinschaft entgegengehalten werden 132 III 342/351 E. 4.4, 136 III 148/149 f. E. 2.4 und 2.5 Pra 2010 (Nr. 114) 775 ff. Die Einreden müssen unabhängig von der Willensbildung der Gesellschaft vor Konkurseröffnung bestanden haben. Unter den Ausschluss fällt die Einrede der relativen Verjährung, da die zur Verantwortung gezogenen Organe nicht von ihrer eigenen Untätigkeit profitieren sollen und die Abtretungsgläubiger vor Konkurseröffnung die Verjährung nicht unterbrechen können 4C.363/2006 (13.3.07) E. 4.3, 136 III 322/332 E. 4.5; anders betr. die absolute Verjährung, die mit der schädigenden Handlung zu laufen beginnt. 2

3 Zur Unterscheidung zwischen direktem und indirektem Schaden und den damit einhergehenden Konsequenzen auf die Legitimation zur Verantwortlichkeitsklage vgl. oben Rz. 11–15 zu Art. 754.

4 ***Abs. 1*** Die Konkurs- bzw. die Nachlassverwaltung ist nicht befugt, mittels Verantwortlichkeitsklage (Gesellschaftsklage) gegen die Gesellschaftsorgane den Schaden geltend zu machen, der ausschliesslich im Vermögen der Gesellschaftsgläubiger entstand, ohne dass im Vermögen der Gesellschaft selber ein Schaden eintrat 142 III 23 Regeste. Denn Gläubiger, die in ihrem Vermögen geschädigt sind, können unbeschränkt gegen die Gesellschaftsorgane vorgehen, wenn nicht auch die Gesellschaft durch die geltend gemachte Pflichtverletzung einen Schaden erlitten hat. Zudem setzt die Klage der Gesellschaft bzw. der Nachlassmasse voraus, dass im Vermögen der Gesellschaft bzw. in deren Masse ein Schaden im Sinne der Differenztheorie eingetreten ist 142 III 23/32 E. 4.3. Nicht darunter fallen Ansprüche der Gläubiger aus einer Schädigung, die allein sie im Konkurs wegen einer blossen Verminderung des Verwertungssubstrats infolge Bezahlung einer fälligen Schuld durch die Gesellschaft erlitten haben, ohne dass gleichzeitig eine Schädigung der Gesellschaft vorliegt, da bei ihr der Abnahme von Aktiven eine gleichzeitige Abnahme der Passiven gegenübersteht. Eine solche die Stellung der nicht befriedigten Gläubiger im Vollstreckungsverfahren verschlechternde Verminderung des Verwertungssubstrats in der Konkurs- bzw. der Nachlassmasse (Verminderung der flüssigen Mittel der Gesellschaft) kann Gegenstand einer gegen den Zahlungsempfänger gerichteten paulianischen Anfechtung durch die Masse sein (SchKG Art. 285 Abs. 1 und 2 Ziff. 2 und SchKG Art. 288 Abs. 1 sowie SchKG Art. 325) 101 III 92/94 E. 4a, nicht indessen einer Verantwortlichkeitsklage der Konkurs- bzw. der Nachlassmasse gegen die Gesellschaftsorgane 142 III 23/35 E. 4.4. Bestätigt in 4A_623/2017 (24.8.18) E. 2.3. – Klage des Abtretungsgläubigers nach SchKG Art. 260: Verzichtet die Konkursverwaltung darauf, Verantwortlichkeitsansprüche geltend zu machen, kann ein Abtretungsgläubiger nicht mehr oder anderes verlangen, als es die Konkursverwaltung als Vertreterin der Konkursmasse könnte, und deshalb einen Schaden, der ausschliesslich im Vermögen von Konkursgläubigern eingetreten ist, nicht geltend machen. Er kann somit den Schaden der Verminderung des Verwertungssubstrats nicht mittels Verantwortlichkeitsklage einklagen 4A_623/2017 (24.8.18) E. 3.4.

5 ***Abs. 2 und 3*** **Bei Löschung der Gesellschaft.** Dass eine Gesellschaft vor Beendigung der Prozesse über die nach SchKG Art. 260 abgetretenen Ansprüche gelöscht wird, entspricht nicht nur den Verordnungen zum SchKG, sondern einer verbreiteten Praxis 4A_19/2020 (19.8.20) E. 2.7 (zur Publ. vorgesehen). – Zu den Auswirkungen der Löschung auf den Anspruch des Gläubigers 4A_384/2016 (1.2.17). Es kommt darauf an, ob der Anspruch zuvor bereits gemäss SchKG Art. 260 an den Gläubiger abgetreten wurde 4A_19/2020 (19.8.20) (zur Publ. vorgesehen).

6 Ist ***keine Abtretung erfolgt*** und wurde das Konkursverfahren mangels Aktiven eingestellt und die Gesellschaft gelöscht, können sich Gesellschaftsgläubiger dennoch auf Art. 757 Abs. 2 berufen 110 II 396/397 E. 2. Denn ein mangels Aktiven geschlossener Konkurs kann vom Konkursrichter wiedereröffnet werden, wenn nachträglich noch zur Masse gehörendes Vermögen der Gesellschaft entdeckt wird, z.B. ein Verantwortlichkeitsanspruch 110 II 396/397 E. 2, 5A_306/2014 (17.10.14) E. 3.1. Der Gesellschaftsgläubi-

ger, der einen Verantwortlichkeitsanspruch gestützt auf Art. 757 Abs. 2 geltend machen will, kann zu diesem Zweck die Wiedereintragung der Aktiengesellschaft im Handelsregister verlangen 132 III 731/734 f. E. 3.2 und 3.3, 110 II 396/397 E. 2. Damit wird der Rechtsträger des Verantwortlichkeitsanspruchs wieder konstituiert und dem Gesellschaftsgläubiger wird ermöglicht, zunächst eine Kollokation seiner Forderung gegenüber der Gesellschaft zu erwirken. Anschliessend kann er eine Abtretung des Prozessführungsrechts nach SchKG Art. 260 verlangen oder den Anspruch auf Ersatz seines mittelbaren Gläubigerschadens gestützt auf Art. 757 Abs. 2 geltend machen 132 III 731/734 E. 3.3. Denn nur ein rechtskräftig kollozierter Gesellschaftsgläubiger ist zur aktienrechtlichen Verantwortlichkeitsklage nach Art. 757 Abs. 2 befugt 136 III 322/333 E. 4.7. Mit der Wiedereintragung der Gesellschaft wird mithin die Grundlage geschaffen, um die zur Durchsetzung des mittelbaren Gläubigerschadens notwendigen Schritte einzuleiten 4A_19/2020 (19.8.20) E. 2.1 (zur Publ. vorgesehen).

Wurde der ***Anspruch bereits abgetreten,*** muss die gelöschte Gesellschaft nicht wieder eingetragen werden: Bei der «Abtretung» nach SchKG Art. 260 handelt es sich nicht um eine Abtretung im zivilrechtlichen Sinne, sondern vielmehr um ein betreibungs- und prozessrechtliches Institut sui generis (die als eine Form der Prozessstandschaft bezeichnet werden kann) 145 III 101/103 E. 4.1.1, 144 III 552/554 E. 4.1.1, s. auch 109 III 27/29 E. 1a, mit dem die Prozessführungsbefugnis übertragen wird 4A_19/2020 (19.8.20) E. 2.5.1 (zur Publ. vorgesehen). Die Prozessführungsbefugnis der Abtretungsgläubiger entspringt einer vollstreckungsrechtlichen Spezialregelung, mit welcher dem Gläubiger das Klagerecht der Konkursmasse übertragen wird 117 II 432/439 f. E. 1b/ff. SchKG Art. 260 eröffnet eine besondere Möglichkeit, der Konkursmasse zu Aktiven zu verhelfen, die zwar bestritten sind, aber zur Masse gehören 111 II 81/85 E. 3b. Sie dient dem mit der Konkurseröffnung über eine Gesellschaft allgemein verfolgten Zweck, im Interesse der Gesellschaftsgläubiger das zur Masse gehörende Vermögen erhältlich zu machen 4A_19/2020 (19.8.20) E. 2.5.1 (zur Publ. vorgesehen), 4A_5/2008 (22.5.08) E. 1.4. Die Abtretungsgläubiger handeln zwar im Prozess in eigenem Namen, auf eigene Rechnung und auf eigenes Risiko, werden durch die Abtretung indes nicht Träger des abgetretenen Anspruchs 139 III 391/394 E. 5.1, 121 III 488/492 E. 2b. Die Konkursmasse bzw. die konkursite Gesellschaft ist aber nicht Prozesspartei. Die Abtretungsgläubiger können Leistung direkt an sich selbst verlangen 139 III 391/394 f. E. 5.1. Unter diesen Gesichtspunkten ist es für den Prozess der Abtretungsgläubiger nicht notwendig, dass die Gesellschaft im Handelsregister eingetragen bleibt 4A_19/2020 (19.8.20) E. 2.5.1 (zur Publ. vorgesehen). Die Löschung der Gesellschaft hat mithin in Bezug auf die Möglichkeit, eine nach SchKG Art. 260 abgetretene Forderung durchzusetzen, keine Auswirkung. Eine Wiedereintragung ist entgegen dem zit. 4A_384/2016 zur Durchsetzung der abgetretenen Ansprüche nicht notwendig 4A_19/2020 (19.8.20) E. 2.8 (zur Publl. vorgesehen). 7

III. Wirkung des Entlastungsbeschlusses

Art. 758

[1] Der Entlastungsbeschluss der Generalversammlung wirkt nur für bekanntgegebene Tatsachen und nur gegenüber der Gesellschaft sowie gegenüber den Aktionären, die dem Beschluss zugestimmt oder die Aktien seither in Kenntnis des Beschlusses erworben haben.

[2] Das Klagerecht der übrigen Aktionäre erlischt sechs Monate nach dem Entlastungsbeschluss.

1 ***Abs. 1*** Schadenersatzansprüche der Gesellschaft sind ausgeschlossen, wenn die Generalversammlung den verantwortlichen Organen die Décharge erteilt hat 131 III 640/644 E. 4.2.1. Die Décharge lässt allfällige Verantwortlichkeitsansprüche der Gesellschaft gegenüber ihren Organen untergehen 128 III 142/144 E. 3b, 4A_259/2016 (13.12.16) E. 5.3, 4A_155/2014 (5.8.14) E. 6.3 bzw. bedeutet eine negative Schuldanerkennung 4A_259/2016 (13.12.16) E. 5.3, 4A_155/2014 (5.8.14) E. 6.3. – Im Falle eines Konkurses können Gesellschaftsgläubiger die verantwortlichen Organe trotz Entlastungsbeschluss in Anspruch nehmen. Lässt sich ein Gesellschaftsgläubiger die Verantwortlichkeitsansprüche der Konkursmasse abtreten, kann ihm der Entlastungsbeschluss nicht entgegengehalten werden 4A_630/2012 (19.3.13) E. 3.2 fr.

2 **Umfang der Entlastung.** Ein *allgemein* gefasster Entlastungsbeschluss bezieht sich in sachlicher Hinsicht auf den gesamten Geschäftsgang in der betroffenen Zeitperiode (in der Regel die Geschäftstätigkeit des abgelaufenen Geschäftsjahres) 4A_259/2016 (13.12.16) E. 5.3, 4A_155/2014 (5.8.14) E. 6.3. Dabei kommt es auf den Zeitpunkt der Vornahme der pflichtwidrigen Handlung und nicht darauf an, wann sich die allfälligen Pflichtverletzungen auswirken 4A_155/2014 (5.8.14) E. 6.3, 4C.107/2005 (29.6.05) E. 4.2. – Der Déchargebeschluss kann auch als bloss *spezielle* Entlastung für einzelne bestimmte Geschäftsvorfälle ausgestaltet sein. Möglich ist schliesslich eine allgemeine Entlastung unter Vorbehalt bestimmter Geschäftsvorfälle. Die materielle Tragweite des Entlastungsbeschlusses ist mithin durch Auslegung des Beschlusses und des ihm zugrunde liegenden Antrages zu ermitteln 4A_155/2014 (5.8.14) E. 6.3. Ein allgemeiner und vorbehaltloser Entlastungsbeschluss für das abgelaufene Geschäftsjahr erfasst somit grundsätzlich auch Vorfälle aus früheren Geschäftsjahren, von denen die Generalversammlung seit der letzten Décharge-Erteilung Kenntnis erlangt hat 4A_155/2014 (5.8.14) E. 6.3.

3 Die Entlastung wirkt nach Art. 758 Abs. 1 ***nur für bekannt gegebene Tatsachen*** 4A_259/2016 (13.12.16) E. 5.3, 4A_155/2014 (5.8.14) E. 6.3. An der Generalversammlung wenigstens im Grundsatz bekannt gegebene Tatsachen sind, soweit ihre Tragweite nicht bewusst heruntergespielt wird und die an der Generalversammlung teilnehmenden Aktionäre durch die Art der Darstellung nicht getäuscht werden, als im Sinne von Art. 758 Abs. 1 bekannt gegeben zu betrachten. Die Bekanntgabe sämtlicher Umstände eines Geschäftsvorfalls, die für den Entscheid über die Entlastung von Bedeutung sein können, ist in jedem Fall ausreichend 4A_259/2016 (13.12.16) E. 5.3, 4C.107/2005 (29.6.05) E. 3.2.

C. Solidarität und Rückgriff

Art. 759

[1] Sind für einen Schaden mehrere Personen ersatzpflichtig, so ist jede von ihnen insoweit mit den anderen solidarisch haftbar, als ihr der Schaden aufgrund ihres eigenen Verschuldens und der Umstände persönlich zurechenbar ist.

[2] Der Kläger kann mehrere Beteiligte gemeinsam für den Gesamtschaden einklagen und verlangen, dass das Gericht im gleichen Verfahren die Ersatzpflicht jedes einzelnen Beklagten festsetzt.

[3] Der Rückgriff unter mehreren Beteiligten wird vom Gericht in Würdigung aller Umstände bestimmt.

Allgemeines. Die differenzierte Solidarität verhindert nicht, dass das Verhalten eines Haftpflichtigen gegebenenfalls solidarisch Mithaftende von einer Haftung befreien kann, wenn zwischen dem Verhalten dieser grundsätzlich Mithaftenden und dem eingetretenen Schaden kein adäquater Kausalzusammenhang mehr gesehen werden kann. Das Verschulden des Dritten oder der geschädigten Person muss derart schwer und ihr Verhalten derart unvernünftig sein, dass es die betreffende widerrechtliche Handlung völlig in den Hintergrund drängt und nicht mehr als adäquate Schadensursache erscheinen lässt. Eine Beschränkung (und a fortiori eine Befreiung) von der Haftung wegen Mitverschuldens eines Dritten darf nur mit grösster Zurückhaltung angenommen werden, wenn vermieden werden soll, dass der durch die Solidarhaftung mehrerer Schuldner bezweckte Schutz des Geschädigten zu einem grossen Teil illusorisch gemacht wird 127 III 453/457 E. 5d Pra 2001 (Nr. 179) 1087 f. – Zum Begriff der differenzierten Solidarität vgl. 4C.192/2003 (13.10.03) E. 3.4. Vgl. auch 133 III 116/118 E. 4. 1

Abs. 1 Führt der Beschluss eines Kollegialorgans zu einem Schaden, so kann sich ein zustimmendes Mitglied nicht darauf berufen, der Beschluss wäre auch ohne seine Stimme zustande gekommen. Anstelle einer solchen Entlastung unter dem Gesichtspunkt der Kausalität bewirkt das Zusammenwirken mehrerer Personen eine Solidarhaftung 4C.201/2001 (19.6.02) E. 2.4. 2

Abs. 2 Das Bundesgericht hat diese Bestimmung im Lichte der Materialien und der Systematik in dem Sinn ausgelegt, dass der Kläger, der mehrere Verantwortliche für den Gesamtschaden gemeinsam einklagt, das Kosten- und Entschädigungsrisiko nur gegenüber einer Gegenpartei trägt und nicht gegenüber jedem Beklagten 4A_267/2008 (8.12.08) E. 7.1, 122 III 324/325 f. E. 7.b Pra 1997 (Nr. 39) 218. Dieser Grundsatz befriedigt nur dann nicht, wenn mehrere beklagte Organe intern in einem Interessenkonflikt (z.B. Verwaltungsratsmitglieder und Revisionsstelle) stehen und es einem Anwalt standesrechtlich untersagt ist, alle Beklagten gemeinsam zu vertreten, weil sie sich gegenseitig belasten. In solchen Fällen rechtfertigt es sich, den beklagten Streitgenossen je eine Parteientschädigung zuzusprechen 4A_267/2008 (8.12.08) E. 7.1, 125 III 138/140 E. 2d. – Diese Kostenverteilung ist jedoch nur für das erstinstanzliche Verfahren zwingend. Im Rechtsmittelverfahren können die allgemeinen Prozessvorschriften für die Kostenliquidation Anwendung finden. Der Schutzzweck von Art. 759 Abs. 2 entfällt im Rechtsmittelverfahren, da dort die Unsicherheit bezüglich der ins Recht zu fassenden Beteiligten weitgehend ausgeräumt ist. Die Vorschrift begründet zudem keinen Automatismus für den Richter, sondern will den Umständen des Einzelfalls durchaus Rechnung tragen 4A_267/2008 (8.12.08) E. 7.1, 125 III 138/139 ff. E. 2c. S. zum Ganzen auch 4A_603/2014 (11.11.15) E. 12.2.1 sowie 4A_268/2018 (18.11.19) E. 10. 3

4 ***Abs. 3*** Die Bestimmung übernimmt im Wesentlichen das alte Recht: Sie handelt vom Rückgriff unter mehreren Beteiligten im Innenverhältnis 132 III 526/526 E. 4.1 Pra 2007 (Nr. 32) 203 f., 122 III 324/326 E. 7.b Pra 1997 (Nr. 39) 218.

D. Verjährung

Art. 760

1 Der Anspruch auf Schadenersatz gegen die nach den vorstehenden Bestimmungen verantwortlichen Personen verjährt in fünf Jahren von dem Tage an, an dem der Geschädigte Kenntnis vom Schaden und von der Person des Ersatzpflichtigen erlangt hat, jedenfalls aber mit dem Ablaufe von zehn Jahren, vom Tage an gerechnet, an welchem das schädigende Verhalten erfolgte oder aufhörte.

2 Hat die ersatzpflichtige Person durch ihr schädigendes Verhalten eine strafbare Handlung begangen, so verjährt der Anspruch auf Schadenersatz frühestens mit Eintritt der strafrechtlichen Verfolgungsverjährung. Tritt diese infolge eines erstinstanzlichen Strafurteils nicht mehr ein, so verjährt der Anspruch frühestens mit Ablauf von drei Jahren seit Eröffnung des Urteils.

altArt. 760

Diese Bestimmung wurde per 1. Januar 2020 abgeändert (AS 2018 5343).

1 Der Anspruch auf Schadenersatz gegen die nach den vorstehenden Bestimmungen verantwortlichen Personen verjährt in fünf Jahren von dem Tage an, an dem der Geschädigte Kenntnis vom Schaden und von der Person des Ersatzpflichtigen erlangt hat, jedenfalls aber mit dem Ablaufe von zehn Jahren, vom Tage der schädigenden Handlung an gerechnet.

2 Wird die Klage aus einer strafbaren Handlung hergeleitet, für die das Strafrecht eine längere Verjährung vorschreibt, so gilt diese auch für den Zivilanspruch.

1 **Allgemeines.** Die Verjährungsfristen der Bestimmung gelten sowohl für den unmittelbaren als auch für den mittelbaren Schaden 4C.142/2004 (4.10.04) E. 5.1. – Die vor Konkurseröffnung eingeleitete Betreibung einer auf «Haftung aus aktienrechtlicher Verantwortlichkeit» gestützten Forderung eines Gesellschaftsgläubigers (direkter Schaden) vermag die Verjährung allfälliger Forderungen der Gesellschaft bzw. der Gläubigergesamtheit gegenüber den Organen der später in Konkurs gefallenen Gesellschaft aus aktienrechtlicher Verantwortlichkeit (indirekter Schaden) nicht zu unterbrechen 4C.363/2006 (13.3.06) E. 4.5. Der Schadenersatzanspruch aus aktienrechtlicher Verantwortlichkeit richtet sich ausschliesslich nach der Verjährungsbestimmung von Art. 760 und insbesondere nicht nach Art. 60 4A_452/2013 (31.3.14) E. 6.1, 4C.142/2004 (4.10.04) E. 2.1, 4C.155/2002 (9.9.02) E. 2.2, 4C.298/2000 (21.12.00) E. 3, 4C.343/1999 (3.2.00) E. 3. Der Anwendungsbereich von Art. 760 erfasst alle Fälle der Verantwortlichkeit gemäss Art. 753–755, unabhängig davon, ob sie durch die Einzelklage des Gesellschaftsgläubigers oder des Aktionärs für den ihm entstandenen direkten Schaden, insbesondere aus den Artikeln 41 ff., durch die Gesellschaftsklage der Gesellschaft oder eines Aktionärs (Art. 756) oder durch die Klage der Gläubigergemeinschaft, sei es durch die Konkursverwaltung, einen Gesellschaftsgläubiger oder einen Aktionär, geltend gemacht werden 4A_496/2018 (21.6.19) E. 4.1.3.

Abs. 1 **Kenntnis vom Schaden.** Die Frist beginnt mit dem Zeitpunkt, in dem der Geschädigte tatsächlich Kenntnis vom Schaden hat, nicht mit demjenigen, in welchem er bei Anwendung der nach den Umständen gebotenen Aufmerksamkeit ausreichende Kenntnis vom Schaden hätte erlangen können 136 III 322/329 f. E. 4.1. Der Geschädigte muss die Existenz eines Schadens sowie dessen Beschaffenheit und wesentlichen Merkmale, d.h. alle tatsächlichen Umstände kennen, die geeignet sind, eine Klage zu veranlassen und zu begründen. Hinreichende Kenntnisse sind für die aktienrechtliche Verantwortlichkeitsklage aus mittelbarer Schädigung regelmässig gegeben, wenn der Kollokationsplan und das Inventar zur Einsicht aufgelegt worden sind (122 III 195/202 E. 9c, 111 II 164/167 E. 1a). Die Information der Gesellschaft an die Aktionäre während der Dauer der Nachlassstundung, dass das ganze Kapital verloren ist, begründet hingegen keine Kenntnis vom Schaden 4C.298/2000 (21.12.00) E. 5b. Die fünfjährige (relative) Verjährung für Verantwortlichkeitsansprüche der Gesamtheit der Gläubiger, welche einem Gesellschaftsgläubiger nach SchKG Art. 260 abgetreten wurden, kann nicht einsetzen, bevor über die Gesellschaft der Konkurs eröffnet wurde 122 III 195/202 E. 9c, 136 III 322/331 E. 4.4. 2

Kenntnis von der Person des Ersatzpflichtigen. 4C.298/2000 (21.12.00) E. 5a (in casu: Die Kenntnis von der Person des Ersatzpflichtigen tritt nicht schon im Zeitpunkt ein, da der Geschädigte vermutet, eine bestimmte Person sei der Schädiger; sie tritt erst im Zeitpunkt ein, da der Geschädigte die Tatsachen kennt, welche die Ersatzpflicht dieser Person begründen). 3

Beginn der absoluten Verjährungsfrist. Die absolute Verjährungsfrist von zehn Jahren beginnt mit der schädigenden Handlung, wobei bei fortgesetzten Handlungen bzw. Unterlassungen die Verjährung erst mit deren Abschluss zu laufen beginnt (in casu: Die Revisionsstelle stellte das Risiko, welches von erteilten Krediten ausging, nicht hinreichend fest, was als Einheit zu betrachten sei) 4A_67/2008 (27.8.09) E. 7.3. 4

Unterbrechung der Verjährung. Anwendungsbeispiel 4C.298/2000 (21.12.00) E. 4. 5

Abs. 2 Vertritt die Konkursverwaltung den Gemeinschuldner im Strafprozess, dann handelt sie in dessen Namen und kann alle Rechte geltend machen, welche ihm als geschädigter Person i.S.v. StPO Art. 115 Abs. 1 zustehen. Demgegenüber handelt der Abtretungsgläubiger gemäss SchKG Art. 260 nicht für den Gemeinschuldner, sondern in eigenem Namen. Somit kann er nur so weit tätig werden, als er selber unmittelbar in seinen Rechten verletzt ist. Die Abtretung gemäss SchKG Art. 260 hat nicht zur Folge, dass die Geschädigtenstellung auf ihn übergeht 140 IV 155/161 E. 3.4.4, s. auch 4A_496/2018 (21.6.19) E. 3. Entsprechend findet die längere strafrechtliche Verjährungsfrist gemäss Art. 760 Abs. 2 auf den Abtretungsgläubiger gemäss SchKG Art. 260 grundsätzlich keine Anwendung (sondern nur, wenn er eine geschädigte Person nach StPO Art. 115 Abs. 1 ist) 4A_496/2018 (21.6.19) E. 4.1.4. 6

Art. 761

Diese Bestimmung wurde auf den 1. Januar 2001 aufgehoben (AS 2000 2355).

Siebenter Abschnitt
Beteiligung von Körperschaften des öffentlichen Rechts

Art. 762

[1] Haben Körperschaften des öffentlichen Rechts wie Bund, Kanton, Bezirk oder Gemeinde ein öffentliches Interesse an einer Aktiengesellschaft, so kann der Körperschaft in den Statuten der Gesellschaft das Recht eingeräumt werden, Vertreter in den Verwaltungsrat oder in die Revisionsstelle abzuordnen, auch wenn sie nicht Aktionärin ist.

[2] Bei solchen Gesellschaften sowie bei gemischtwirtschaftlichen Unternehmungen, an denen eine Körperschaft des öffentlichen Rechts als Aktionär beteiligt ist, steht das Recht zur Abberufung der von ihr abgeordneten Mitglieder des Verwaltungsrates und der Revisionsstelle nur ihr selbst zu.

[3] Die von einer Körperschaft des öffentlichen Rechts abgeordneten Mitglieder des Verwaltungsrates und der Revisionsstelle haben die gleichen Rechte und Pflichten wie die von der Generalversammlung gewählten.

[4] Für die von einer Körperschaft des öffentlichen Rechts abgeordneten Mitglieder haftet die Körperschaft der Gesellschaft, den Aktionären und den Gläubigern gegenüber, unter Vorbehalt des Rückgriffs nach dem Recht des Bundes und der Kantone.

1 Die Bestimmung entspricht – mit Ausnahme redaktioneller Änderungen, namentlich der Streichung der Befreiung von der Aktienhinterlegungspflicht infolge Abschaffung der Pflichtaktien – aOR Art. 762 120 II 47/51 E.d. – Sie derogiert Art. 709 Abs. 1 120 II 47/52. – Die Rechtsbeziehungen einer AG zu privaten Dritten unterstehen, auch wenn es sich um eine gemischtwirtschaftliche Unternehmung im Sinne von Art. 762 handelt, den einschlägigen Regeln des Privatrechts, soweit keine anderslautenden Vorschriften bestehen; das gilt auch für die gegenüber privaten Kunden erbrachten Dienstleistungen (in casu Verträge der Schweizerischen Mustermesse AG über Standplätze; keine hoheitlichen Akte im Sinne von aOG Art. 84 Abs. 1) 126 I 250/254 E.c.

2 ***Abs. 3*** Die Vertreter des Gemeinwesens geniessen die gleichen Rechte und Pflichten wie die übrigen Aktionäre, mit Ausnahme der Haftung des Gemeinwesens anstelle der persönlichen Haftung des Verwaltungsratsmitgliedes 120 II 47/51 f. E.d.

Achter Abschnitt
Ausschluss der Anwendung des Gesetzes auf öffentlich-rechtliche Anstalten

Art. 763

[1] Auf Gesellschaften und Anstalten, wie Banken, Versicherungs- oder Elektrizitätsunternehmen, die durch besondere kantonale Gesetze gegründet worden sind und unter Mitwirkung öffentlicher Behörden verwaltet werden, kommen, sofern der Kanton die subsidiäre Haftung für deren Verbindlichkeiten übernimmt, die Bestimmungen über die Aktiengesellschaft auch dann nicht zur Anwendung, wenn das Kapital ganz oder teilweise in Aktien zerlegt ist und unter Beteiligung von Privatpersonen aufgebracht wird.

[2] Auf Gesellschaften und Anstalten, die vor dem 1. Januar 1883 durch besondere kantonale Gesetze gegründet worden sind und unter Mitwirkung öffentlicher Behörden verwaltet werden, finden die Bestimmungen über die Aktiengesellschaft auch dann keine Anwendung, wenn der Kanton die subsidiäre Haftung für die Verbindlichkeiten nicht übernimmt.

Siebenundzwanzigster Titel Die Kommanditaktiengesellschaft

Vorb. Art. 764–771

Zur juristischen Person im Allgemeinen siehe Vorb. Art. 552–926. 1

A. Begriff

Art. 764

[1] Die Kommanditaktiengesellschaft ist eine Gesellschaft, deren Kapital in Aktien zerlegt ist und bei der ein oder mehrere Mitglieder den Gesellschaftsgläubigern unbeschränkt und solidarisch gleich einem Kollektivgesellschafter haftbar sind.

[2] Für die Kommanditaktiengesellschaft kommen, soweit nicht etwas anderes vorgesehen ist, die Bestimmungen über die Aktiengesellschaft zur Anwendung.

[3] Wird ein Kommanditkapital nicht in Aktien zerlegt, sondern in Teile, die lediglich das Mass der Beteiligung mehrerer Kommanditäre regeln, so gelten die Vorschriften über die Kommanditgesellschaft.

B. Verwaltung I. Bezeichnung und Befugnisse

Art. 765

[1] Die unbeschränkt haftenden Mitglieder bilden die Verwaltung der Kommanditaktiengesellschaft. Ihnen steht die Geschäftsführung und die Vertretung zu. Sie sind in den Statuten zu nennen.

[2] Der Name, der Wohnsitz, der Heimatort und die Funktion der Mitglieder der Verwaltung sowie der zur Vertretung befugten Personen sind ins Handelsregister einzutragen.

[3] Für Änderungen im Bestande der unbeschränkt haftenden Mitglieder bedarf es der Zustimmung der bisherigen Mitglieder und der Änderung der Statuten.

Abs. 2 Die Namen der Mitglieder des Verwaltungsrates sind in das Handelsregister einzutragen unabhängig davon, ob sie vertretungsberechtigt sind oder nicht 120 II 137/140 E. a fr. 1

II. Zustimmung zu Generalversammlungsbeschlüssen

Art. 766

Beschlüsse der Generalversammlung über Umwandlung des Gesellschaftszweckes, Erweiterung oder Verengerung des Geschäftsbereiches und Fortsetzung der Gesellschaft über die in den Statuten bestimmte Zeit hinaus bedürfen der Zustimmung der Mitglieder der Verwaltung.

III. Entziehung der Geschäftsführung und Vertretung

Art. 767

1 Den Mitgliedern der Verwaltung kann die Geschäftsführung und Vertretung unter den gleichen Voraussetzungen wie bei der Kollektivgesellschaft entzogen werden.

2 Mit der Entziehung endigt auch die unbeschränkte Haftbarkeit des Mitgliedes für die künftig entstehenden Verbindlichkeiten der Gesellschaft.

C. Aufsichtsstelle I. Bestellung und Befugnisse

Art. 768

1 Die Kontrolle, in Verbindung mit der dauernden Überwachung der Geschäftsführung, ist einer Aufsichtsstelle zu übertragen, der durch die Statuten weitere Obliegenheiten zugewiesen werden können.

2 Bei der Bestellung der Aufsichtsstelle haben die Mitglieder der Verwaltung kein Stimmrecht.

3 Die Mitglieder der Aufsichtsstelle sind in das Handelsregister einzutragen.

II. Verantwortlichkeitsklage

Art. 769

1 Die Aufsichtsstelle kann namens der Gesellschaft die Mitglieder der Verwaltung zur Rechenschaft ziehen und vor Gericht belangen.

2 Bei arglistigem Verhalten von Mitgliedern der Verwaltung ist die Aufsichtsstelle zur Durchführung von Prozessen auch dann berechtigt, wenn ein Beschluss der Generalversammlung entgegensteht.

D. Auflösung

Art. 770

1 Die Gesellschaft wird beendigt durch das Ausscheiden, den Tod, die Handlungsunfähigkeit oder den Konkurs sämtlicher unbeschränkt haftender Gesellschafter.

2 Im übrigen gelten für die Auflösung der Kommanditaktiengesellschaft die gleichen Vorschriften wie für die Auflösung der Aktiengesellschaft; doch kann eine Auflösung durch Beschluss der Generalversammlung vor dem in den Statuten festgesetzten Termin nur mit Zustimmung der Verwaltung erfolgen.

3 …

E. Kündigung

Art. 771

[1] **Dem unbeschränkt haftenden Gesellschafter steht das Recht der Kündigung gleich einem Kollektivgesellschafter zu.**

[2] **Macht einer von mehreren unbeschränkt haftenden Gesellschaftern von seinem Kündigungsrechte Gebrauch, so wird die Gesellschaft, sofern die Statuten es nicht anders bestimmen, von den übrigen fortgesetzt.**

Achtundzwanzigster Titel
Die Gesellschaft mit beschränkter Haftung

Vorb. Art. 772–827

Mit dem Bundesgesetz vom 16. Oktober 2005 über die Änderung des OR wurde das Recht der Gesellschaft mit beschränkter Haftung geändert. Nachfolgend finden sich die Bestimmungen (Art. 772–827), die am 1. Januar 2008 in Kraft getreten sind. Die Rechtsprechung zum alten Recht wurde – soweit weiterhin einschlägig – den neuen Bestimmungen zugeordnet. Für den alten Gesetzestext und dazu ergangene Rechtsprechung siehe 6. Auflage. 1

Zur juristischen Person im Allgemeinen siehe Vorb. Art. 552–926. 2

Abklärung durch die eidgenössische Bankenkommission, ob eine GmbH unter die Bankengesetzgebung fällt 121 II 147/148 ff. E. 3, 4. 3

Erster Abschnitt
Allgemeine Bestimmungen

A. Begriff

Art. 772

[1] Die Gesellschaft mit beschränkter Haftung ist eine personenbezogene Kapitalgesellschaft, an der eine oder mehrere Personen oder Handelsgesellschaften beteiligt sind. Ihr Stammkapital ist in den Statuten festgelegt. Für ihre Verbindlichkeiten haftet nur das Gesellschaftsvermögen.

[2] Die Gesellschafter sind mindestens mit je einem Stammanteil am Stammkapital beteiligt. Die Statuten können für sie Nachschuss- und Nebenleistungspflichten vorsehen.

B. Stammkapital

Art. 773

Das Stammkapital muss mindestens 20 000 Franken betragen.

C. Stammanteile

Art. 774

[1] Der Nennwert der Stammanteile muss mindestens 100 Franken betragen. Im Falle einer Sanierung kann er bis auf einen Franken herabgesetzt werden.

[2] Die Stammanteile müssen mindestens zum Nennwert ausgegeben werden.

D. Genussscheine

Art. 774a

Die Statuten können die Schaffung von Genussscheinen vorsehen; die Vorschriften des Aktienrechts sind entsprechend anwendbar.

E. Gesellschafter

Art. 775

Eine Gesellschaft mit beschränkter Haftung kann durch eine oder mehrere natürliche oder juristische Personen oder andere Handelsgesellschaften gegründet werden.

F. Statuten

Vorb. Art. 776–778

Zur Auslegung von Gesellschaftsstatuten siehe unter Art. 1 Abs. 1. 1

I. Gesetzlich vorgeschriebener Inhalt

Art. 776

Die Statuten müssen Bestimmungen enthalten über:
1. **die Firma und den Sitz der Gesellschaft;**
2. **den Zweck der Gesellschaft;**
3. **die Höhe des Stammkapitals sowie die Anzahl und den Nennwert der Stammanteile;**
4. **die Form der von der Gesellschaft ausgehenden Bekanntmachungen.**

II. Bedingt notwendiger Inhalt

Art. 776a

1 Zu ihrer Verbindlichkeit bedürfen der Aufnahme in die Statuten Bestimmungen über:
1. **die Begründung und die Ausgestaltung von Nachschuss- und Nebenleistungspflichten;**
2. **die Begründung und die Ausgestaltung von Vorhand-, Vorkaufs- oder Kaufsrechten der Gesellschafter oder der Gesellschaft an den Stammanteilen;**
3. **Konkurrenzverbote der Gesellschafter;**
4. **Konventionalstrafen zur Sicherung der Erfüllung gesetzlicher oder statutarischer Pflichten;**
5. **Vorrechte, die mit einzelnen Kategorien von Stammanteilen verbunden sind (Vorzugsstammanteile);**
6. **Vetorechte von Gesellschaftern betreffend Beschlüsse der Gesellschafterversammlung;**
7. **die Beschränkung des Stimmrechts und des Rechts der Gesellschafter, sich vertreten zu lassen;**
8. **Genussscheine;**
9. **statutarische Reserven;**
10. **Befugnisse der Gesellschafterversammlung, die dieser über die gesetzlichen Zuständigkeiten hinaus zugewiesen werden;**
11. **die Genehmigung bestimmter Entscheide der Geschäftsführer durch die Gesellschafterversammlung;**
12. **das Erfordernis der Zustimmung der Gesellschafterversammlung zur Bezeichnung von natürlichen Personen, die für Gesellschafter, die juristische Personen oder Handelsgesellschaften sind, das Recht zur Geschäftsführung ausüben;**
13. **die Befugnis der Geschäftsführer, Direktoren, Prokuristen sowie Handlungsbevollmächtigte zu ernennen;**
14. **die Ausrichtung von Tantiemen an die Geschäftsführer;**
15. **die Zusicherung von Bauzinsen;**
16. **die Organisation und die Aufgaben der Revisionsstelle, sofern dabei über die gesetzlichen Vorschriften hinausgegangen wird;**
17. **die Gewährung eines statutarischen Austrittsrechts, die Bedingungen für dessen Ausübung und die auszurichtende Abfindung;**
18. **besondere Gründe für den Ausschluss von Gesellschaftern aus der Gesellschaft;**
19. **andere als die gesetzlichen Auflösungsgründe.**

[2] Zu ihrer Verbindlichkeit bedürfen ebenfalls der Aufnahme in die Statuten von den gesetzlichen Vorschriften abweichende Regelungen:
1. **der Beschlussfassung über die nachträgliche Schaffung von neuen Vorzugsstammanteilen;**
2. **der Übertragung von Stammanteilen;**
3. **der Einberufung der Gesellschafterversammlung;**
4. **der Bemessung des Stimmrechts der Gesellschafter;**
5. **der Beschlussfassung in der Gesellschafterversammlung;**
6. **der Beschlussfassung der Geschäftsführer;**
7. **der Geschäftsführung und der Vertretung;**
8. **zu den Konkurrenzverboten der Geschäftsführer.**

G. Gründung I. Errichtungsakt

Art. 777

[1] Die Gesellschaft wird errichtet, indem die Gründer in öffentlicher Urkunde erklären, eine Gesellschaft mit beschränkter Haftung zu gründen, darin die Statuten festlegen und die Organe bestellen.

[2] In diesem Errichtungsakt zeichnen die Gründer die Stammanteile und stellen fest, dass:
1. **sämtliche Stammanteile gültig gezeichnet sind;**
2. **die Einlagen dem gesamten Ausgabebetrag entsprechen;**
3. **die gesetzlichen und statutarischen Anforderungen an die Leistung der Einlagen erfüllt sind;**
4. **sie die statutarischen Nachschuss- oder Nebenleistungspflichten übernehmen;**
5. **keine anderen Sacheinlagen, Sachübernahmen und beabsichtigten Sachübernahmen, Verrechnungstatbestände oder besonderen Vorteile bestehen als die in den Belegen genannten.**

1 **Strafrecht.** Urkundenfälschung und Erschleichen einer Falschbeurkundung bei der Gründung einer Gesellschaft mit beschränkter Haftung 81 IV 240 ff. E. 1–3.

II. Zeichnung der Stammanteile

Art. 777a

[1] Die Zeichnung der Stammanteile bedarf zu ihrer Gültigkeit der Angabe von Anzahl, Nennwert und Ausgabebetrag sowie gegebenenfalls der Kategorie der Stammanteile.

[2] In der Urkunde über die Zeichnung muss hingewiesen werden auf statutarische Bestimmungen über:
1. **Nachschusspflichten;**
2. **Nebenleistungspflichten;**
3. **Konkurrenzverbote für die Gesellschafter;**
4. **Vorhand-, Vorkaufs- und Kaufsrechte der Gesellschafter oder der Gesellschaft;**
5. **Konventionalstrafen.**

III. Belege

Art. 777b

[1] **Im Errichtungsakt muss die Urkundsperson die Belege über die Gründung einzeln nennen und bestätigen, dass sie ihr und den Gründern vorgelegen haben.**

[2] **Dem Errichtungsakt sind folgende Unterlagen beizulegen:**
1. **die Statuten;**
2. **der Gründungsbericht;**
3. **die Prüfungsbestätigung;**
4. **die Bestätigung über die Hinterlegung von Einlagen in Geld;**
5. **die Sacheinlageverträge;**
6. **bereits vorliegende Sachübernahmeverträge.**

IV. Einlagen

Art. 777c

[1] **Bei der Gründung muss für jeden Stammanteil eine dem Ausgabebetrag entsprechende Einlage vollständig geleistet werden.**

[2] **Im Übrigen sind die Vorschriften des Aktienrechts entsprechend anwendbar für:**
1. **die Angabe der Sacheinlagen, der Sachübernahmen und der besonderen Vorteile in den Statuten;**
2. **die Eintragung von Sacheinlagen, Sachübernahmen und von besonderen Vorteilen ins Handelsregister;**
3. **die Leistung und die Prüfung der Einlagen.**

H. Eintragung ins Handelsregister I. Gesellschaft

Art. 778

Die Gesellschaft ist ins Handelsregister des Ortes einzutragen, an dem sie ihren Sitz hat.

II. …

Art. 778a

Diese Bestimmung wurde auf den 1. Januar 2021 aufgehoben (AS 2020 957).

J. Erwerb der Persönlichkeit I. Zeitpunkt; mangelnde Voraussetzungen

Art. 779

[1] **Die Gesellschaft erlangt das Recht der Persönlichkeit durch die Eintragung ins Handelsregister.**

[2] **Sie erlangt das Recht der Persönlichkeit auch dann, wenn die Voraussetzungen für die Eintragung tatsächlich nicht erfüllt sind.**

[3] **Waren bei der Gründung gesetzliche oder statutarische Voraussetzungen nicht erfüllt und sind dadurch die Interessen von Gläubigern oder Gesellschaftern in erheblichem Masse ge-**

fährdet oder verletzt worden, so kann das Gericht auf Begehren einer dieser Personen die Auflösung der Gesellschaft verfügen.

4 Das Klagerecht erlischt drei Monate nach der Veröffentlichung der Gründung der Gesellschaft im Schweizerischen Handelsamtsblatt.

1 ***Abs. 4*** Die Auflösungsklage nach Abs. 3 verwirkt nach drei Monaten. Nicht willkürlich ist die Auffassung, wonach ein Gesuch um (super-)provisorische Massnahmen nach ZPO Art. 62 Abs. 1 lediglich für das Massnahmeverfahren, jedoch nicht für die Auflösungsklage Rechtshängigkeit begründet und daher ein Massnahmegesuch eine materielle Verwirkungsfrist nach ZPO Art. 64 Abs. 2 nicht wahrt 4A_230/2017 (4.9.17) E. 2.2 f.

II. Vor der Eintragung eingegangene Verpflichtungen

Art. 779a

1 Personen, die vor der Eintragung ins Handelsregister im Namen der Gesellschaft handeln, haften dafür persönlich und solidarisch.

2 Übernimmt die Gesellschaft innerhalb von drei Monaten nach ihrer Eintragung Verpflichtungen, die ausdrücklich in ihrem Namen eingegangen werden, so werden die Handelnden befreit, und es haftet nur die Gesellschaft.

1 ***Abs. 2*** Zur Befreiung des oder der Handelnden von der eingegangenen Verpflichtung ist die Zustimmung des Gläubigers zur Schuldübernahme durch die Gesellschaft nicht erforderlich, selbst wenn letztere nicht in der Lage ist, ihren Verpflichtungen nachzukommen. Voraussetzung dieser Befreiungswirkung ist lediglich, dass ausdrücklich, d.h. in klar ersichtlicher Weise, im Namen der zu gründenden Gesellschaft gehandelt wurde. Der Gläubiger muss sich im Zeitpunkt des Vertragsabschlusses vergegenwärtigen können, dass die zu gründende Gesellschaft seine Schuldnerin ist und dass er im Voraus mit dem Schuldnerwechsel einverstanden ist 4A_451/2008 (18.11.08) E. 2.1 fr. (zu aArt. 783 Abs. 3), 128 III 137/140 ff. E. 4 und 4c.

K. Statutenänderung

Art. 780

Jeder Beschluss der Gesellschafterversammlung über eine Änderung der Statuten muss öffentlich beurkundet und ins Handelsregister eingetragen werden.

L. Erhöhung des Stammkapitals

Art. 781

1 Die Gesellschafterversammlung kann die Erhöhung des Stammkapitals beschliessen.

2 Die Ausführung des Beschlusses obliegt den Geschäftsführern.

3 Die Zeichnung und die Einlagen richten sich nach den Vorschriften über die Gründung. Der Hinweis auf statutarische Rechte und Pflichten ist nicht erforderlich, wenn der Zeichner bereits Gesellschafter ist. Für den Zeichnungsschein sind zudem die Vorschriften über die

Erhöhung des Aktienkapitals entsprechend anwendbar. Ein öffentliches Angebot zur Zeichnung der Stammanteile ist ausgeschlossen.

4 Die Erhöhung des Stammkapitals muss innerhalb von drei Monaten nach dem Beschluss der Gesellschafterversammlung beim Handelsregister zur Eintragung angemeldet werden; sonst fällt der Beschluss dahin.

5 Im Übrigen sind die Vorschriften des Aktienrechts über die ordentliche Kapitalerhöhung entsprechend anwendbar für:

1. **die Form und den Inhalt des Beschlusses der Gesellschafterversammlung;**
2. **das Bezugsrecht der Gesellschafter;**
3. **die Erhöhung des Stammkapitals aus Eigenkapital;**
4. **den Kapitalerhöhungsbericht und die Prüfungsbestätigung;**
5. **die Statutenänderung und die Feststellungen der Geschäftsführer;**
6. **die Eintragung der Erhöhung des Stammkapitals ins Handelsregister und die Nichtigkeit vorher ausgegebener Urkunden.**

M. Herabsetzung des Stammkapitals

Art. 782

1 Die Gesellschafterversammlung kann die Herabsetzung des Stammkapitals beschliessen.

2 Das Stammkapital darf in keinem Fall unter 20 000 Franken herabgesetzt werden.

3 Zur Beseitigung einer durch Verluste entstandenen Unterbilanz darf das Stammkapital nur herabgesetzt werden, wenn die Gesellschafter die in den Statuten vorgesehenen Nachschüsse voll geleistet haben.

4 Im Übrigen sind die Vorschriften über die Herabsetzung des Aktienkapitals entsprechend anwendbar.

N. Erwerb eigener Stammanteile

Art. 783

1 Die Gesellschaft darf eigene Stammanteile nur dann erwerben, wenn frei verwendbares Eigenkapital in der Höhe der dafür nötigen Mittel vorhanden ist und der gesamte Nennwert dieser Stammanteile zehn Prozent des Stammkapitals nicht übersteigt.

2 Werden im Zusammenhang mit einer Übertragbarkeitsbeschränkung, einem Austritt oder einem Ausschluss Stammanteile erworben, so beträgt die Höchstgrenze 35 Prozent. Die über 10 Prozent des Stammkapitals hinaus erworbenen eigenen Stammanteile sind innerhalb von zwei Jahren zu veräussern oder durch Kapitalherabsetzung zu vernichten.

3 Ist mit den Stammanteilen, die erworben werden sollen, eine Nachschusspflicht oder eine Nebenleistungspflicht verbunden, so muss diese vor deren Erwerb aufgehoben werden.

4 Im Übrigen sind für den Erwerb eigener Stammanteile durch die Gesellschaft die Vorschriften über eigene Aktien entsprechend anwendbar.

Abs. 1 [Zu aArt. 807 Abs. 2] Die Auffassung des Handelsregisterführers, die Gesellschaft dürfe ihr Stammkapital unmittelbar zulasten ihrer freien Rücklagen erhöhen, ist nicht offensichtlich unhaltbar 85 I 62/64 ff. E. 2. 1

Zweiter Abschnitt
Rechte und Pflichten der Gesellschafter

A. Stammanteile I. Urkunde

Art. 784

[1] Wird über Stammanteile eine Urkunde ausgestellt, so kann diese nur als Beweisurkunde oder Namenpapier errichtet werden.

[2] In die Urkunde müssen dieselben Hinweise auf statutarische Rechte und Pflichten aufgenommen werden wie in die Urkunde über die Zeichnung der Stammanteile.

II. Übertragung 1. Abtretung a. Form

Art. 785

[1] Die Abtretung von Stammanteilen sowie die Verpflichtung zur Abtretung bedürfen der schriftlichen Form.

[2] In den Abtretungsvertrag müssen dieselben Hinweise auf statutarische Rechte und Pflichten aufgenommen werden wie in die Urkunde über die Zeichnung der Stammanteile, ausser wenn der Erwerber bereits Gesellschafter ist.

b. Zustimmungserfordernisse

Art. 786

[1] Die Abtretung von Stammanteilen bedarf der Zustimmung der Gesellschafterversammlung. Die Gesellschafterversammlung kann die Zustimmung ohne Angabe von Gründen verweigern.

[2] Von dieser Regelung können die Statuten abweichen, indem sie:

1. **auf das Erfordernis der Zustimmung zur Abtretung verzichten;**
2. **die Gründe festlegen, die die Verweigerung der Zustimmung zur Abtretung rechtfertigen;**
3. **vorsehen, dass die Zustimmung zur Abtretung verweigert werden kann, wenn die Gesellschaft dem Veräusserer die Übernahme der Stammanteile zum wirklichen Wert anbietet;**
4. **die Abtretung ausschliessen;**
5. **vorsehen, dass die Zustimmung zur Abtretung verweigert werden kann, wenn die Erfüllung statutarischer Nachschuss- oder Nebenleistungspflichten zweifelhaft ist und eine von der Gesellschaft geforderte Sicherheit nicht geleistet wird.**

[3] Schliessen die Statuten die Abtretung aus oder verweigert die Gesellschafterversammlung die Zustimmung zur Abtretung, so bleibt das Recht auf Austritt aus wichtigem Grund vorbehalten.

c. Rechtsübergang

Art. 787

[1] **Ist für die Abtretung von Stammanteilen die Zustimmung der Gesellschafterversammlung erforderlich, so wird die Abtretung erst mit dieser Zustimmung rechtswirksam.**

[2] **Lehnt die Gesellschafterversammlung das Gesuch um Zustimmung zur Abtretung nicht innerhalb von sechs Monaten nach Eingang ab, so gilt die Zustimmung als erteilt.**

2. Besondere Erwerbsarten

Art. 788

[1] **Werden Stammanteile durch Erbgang, Erbteilung, eheliches Güterrecht oder Zwangsvollstreckung erworben, so gehen alle Rechte und Pflichten, die damit verbunden sind, ohne Zustimmung der Gesellschafterversammlung auf die erwerbende Person über.**

[2] **Für die Ausübung des Stimmrechts und der damit zusammenhängenden Rechte bedarf die erwerbende Person jedoch der Anerkennung der Gesellschafterversammlung als stimmberechtigter Gesellschafter.**

[3] **Die Gesellschafterversammlung kann ihr die Anerkennung nur verweigern, wenn ihr die Gesellschaft die Übernahme der Stammanteile zum wirklichen Wert im Zeitpunkt des Gesuches anbietet. Das Angebot kann auf eigene Rechnung oder auf Rechnung anderer Gesellschafter oder Dritter erfolgen. Lehnt die erwerbende Person das Angebot nicht innerhalb eines Monates nach Kenntnis des wirklichen Wertes ab, so gilt es als angenommen.**

[4] **Lehnt die Gesellschafterversammlung das Gesuch um Anerkennung nicht innerhalb von sechs Monaten ab Eingang ab, so gilt die Anerkennung als erteilt.**

[5] **Die Statuten können auf das Erfordernis der Anerkennung verzichten.**

3. Bestimmung des wirklichen Werts

Art. 789

[1] **Stellen das Gesetz oder die Statuten auf den wirklichen Wert der Stammanteile ab, so können die Parteien verlangen, dass dieser vom Gericht bestimmt wird.**

[2] **Das Gericht verteilt die Kosten des Verfahrens und der Bewertung nach seinem Ermessen.**

4. Nutzniessung

Art. 789a

[1] **Für die Bestellung einer Nutzniessung an einem Stammanteil sind die Vorschriften über die Übertragung der Stammanteile entsprechend anwendbar.**

[2] **Schliessen die Statuten die Abtretung aus, so ist auch die Bestellung einer Nutzniessung an den Stammanteilen ausgeschlossen.**

5. Pfandrecht

Art. 789b

[1] Die Statuten können vorsehen, dass die Bestellung eines Pfandrechts an Stammanteilen der Zustimmung der Gesellschafterversammlung bedarf. Diese darf die Zustimmung nur verweigern, wenn ein wichtiger Grund vorliegt.

[2] Schliessen die Statuten die Abtretung aus, so ist auch die Bestellung eines Pfandrechts an den Stammanteilen ausgeschlossen.

III. Anteilbuch

Art. 790

[1] Die Gesellschaft führt über die Stammanteile ein Anteilbuch. Sie muss es so führen, dass in der Schweiz jederzeit darauf zugegriffen werden kann.

[2] In das Anteilbuch sind einzutragen:

1. **die Gesellschafter mit Namen und Adresse;**
2. **die Anzahl, der Nennwert sowie allenfalls die Kategorien der Stammanteile jedes Gesellschafters;**
3. **die Nutzniesser mit Namen und Adresse;**
4. **die Pfandgläubiger mit Namen und Adresse.**

[3] Gesellschafter, die nicht zur Ausübung des Stimmrechts und der damit zusammenhängenden Rechte befugt sind, müssen als Gesellschafter ohne Stimmrecht bezeichnet werden.

[4] Den Gesellschaftern steht das Recht zu, in das Anteilbuch Einsicht zu nehmen.

[5] Die Belege, die einer Eintragung zugrunde liegen, müssen während zehn Jahren nach der Streichung der eingetragenen Person aus dem Anteilbuch aufbewahrt werden.

IIIbis. Meldung der an Stammanteilen wirtschaftlich berechtigten Person

Art. 790a

[1] Wer allein oder in gemeinsamer Absprache mit Dritten Stammanteile erwirbt und dadurch den Grenzwert von 25 Prozent des Stammkapitals oder der Stimmrechte erreicht oder überschreitet, muss der Gesellschaft innert Monatsfrist den Vor- und den Nachnamen und die Adresse der natürlichen Person melden, für die er letztendlich handelt (wirtschaftlich berechtigte Person).

[2] Ist der Gesellschafter eine juristische Person oder Personengesellschaft, so muss als wirtschaftlich berechtigte Person jede natürliche Person gemeldet werden, die den Gesellschafter in sinngemässer Anwendung von Artikel 963 Absatz 2 kontrolliert. Gibt es keine solche Person, so muss der Gesellschafter dies der Gesellschaft melden.

[3] Ist der Gesellschafter eine Kapitalgesellschaft, deren Beteiligungsrechte an einer Börse kotiert sind, wird er von einer solchen Gesellschaft im Sinne von Artikel 963 Absatz 2 kontrolliert oder kontrolliert er in diesem Sinne eine solche Gesellschaft, so muss er nur diese Tatsache sowie die Firma und den Sitz dieser Kapitalgesellschaft melden.

[4] Der Gesellschafter muss der Gesellschaft innert 3 Monaten jede Änderung des Vor- oder des Nachnamens oder der Adresse der wirtschaftlich berechtigten Person melden.

[5] Die Bestimmungen des Aktienrechts betreffend das Verzeichnis über die wirtschaftlich berechtigten Personen (Art. 697l) und die Folgen der Nichteinhaltung der Meldepflichten (Art. 697m) sind sinngemäss anwendbar.

IV. Eintragung ins Handelsregister

Art. 791

[1] Die Gesellschafter sind mit Name, Wohnsitz und Heimatort sowie mit der Anzahl und dem Nennwert ihrer Stammanteile ins Handelsregister einzutragen.

[2] Die Gesellschaft muss die Eintragung anmelden.

V. Gemeinschaftliches Eigentum

Art. 792

Steht ein Stammanteil mehreren Berechtigten ungeteilt zu, so:

1. **haben diese gemeinsam eine Person zu bezeichnen, die sie vertritt; sie können die Rechte aus dem Stammanteil nur durch diese Person ausüben;**
2. **haften diese für Nachschusspflichten und Nebenleistungspflichten solidarisch.**

B. Leistung der Einlagen

Art. 793

[1] Die Gesellschafter sind zur Leistung einer dem Ausgabebetrag ihrer Stammanteile entsprechenden Einlage verpflichtet.

[2] Die Einlagen dürfen nicht zurückerstattet werden.

C. Haftung der Gesellschafter

Art. 794

Für die Verbindlichkeiten der Gesellschaft haftet nur das Gesellschaftsvermögen.

D. Nachschüsse und Nebenleistungen I. Nachschüsse 1. Grundsatz und Betrag

Art. 795

[1] Die Statuten können die Gesellschafter zur Leistung von Nachschüssen verpflichten.

[2] Sehen die Statuten eine Nachschusspflicht vor, so müssen sie den Betrag der mit einem Stammanteil verbundenen Nachschusspflicht festlegen. Dieser darf das Doppelte des Nennwertes des Stammanteils nicht übersteigen.

[3] Die Gesellschafter haften nur für die mit den eigenen Stammanteilen verbundenen Nachschüsse.

2. Einforderung

Art. 795a

[1] Die Nachschüsse werden durch die Geschäftsführer eingefordert.

[2] Sie dürfen nur eingefordert werden, wenn:
1. **die Summe von Stammkapital und gesetzlichen Reserven nicht mehr gedeckt ist;**
2. **die Gesellschaft ihre Geschäfte ohne diese zusätzlichen Mittel nicht ordnungsgemäss weiterführen kann;**
3. **die Gesellschaft aus in den Statuten umschriebenen Gründen Eigenkapital benötigt.**

[3] Mit Eintritt des Konkurses werden ausstehende Nachschüsse fällig.

3. Rückzahlung

Art. 795b

Geleistete Nachschüsse dürfen nur dann ganz oder teilweise zurückbezahlt werden, wenn der Betrag durch frei verwendbares Eigenkapital gedeckt ist und ein zugelassener Revisionsexperte dies schriftlich bestätigt.

4. Herabsetzung

Art. 795c

[1] Eine statutarische Nachschusspflicht darf nur dann herabgesetzt oder aufgehoben werden, wenn das Stammkapital und die gesetzlichen Reserven voll gedeckt sind.

[2] Die Vorschriften über die Herabsetzung des Stammkapitals sind entsprechend anwendbar.

5. Fortdauer

Art. 795d

[1] Für Gesellschafter, die aus der Gesellschaft ausscheiden, besteht die Nachschusspflicht unter Vorbehalt der nachfolgenden Einschränkungen während dreier Jahre weiter. Der Zeitpunkt des Ausscheidens bestimmt sich nach der Eintragung ins Handelsregister.

[2] Ausgeschiedene Gesellschafter müssen Nachschüsse nur leisten, wenn die Gesellschaft in Konkurs fällt.

[3] Ihre Nachschusspflicht entfällt, soweit sie von einem Rechtsnachfolger erfüllt wurde.

[4] Die Nachschusspflicht ausgeschiedener Gesellschafter darf nicht erhöht werden.

II. Nebenleistungen

Art. 796

[1] Die Statuten können die Gesellschafter zu Nebenleistungen verpflichten.

[2] Sie können nur Nebenleistungspflichten vorsehen, die dem Zweck der Gesellschaft, der Erhaltung ihrer Selbstständigkeit oder der Wahrung der Zusammensetzung des Kreises der Gesellschafter dienen.

3 Gegenstand und Umfang wie auch andere nach den Umständen wesentliche Punkte einer mit einem Stammanteil verbundenen Nebenleistungspflicht müssen in den Statuten bestimmt werden. Für die nähere Umschreibung kann auf ein Reglement der Gesellschafterversammlung verwiesen werden.

4 Statutarische Verpflichtungen zur Zahlung von Geld oder zur Leistung anderer Vermögenswerte unterstehen den Bestimmungen über Nachschüsse, wenn keine angemessene Gegenleistung vorgesehen wird und die Einforderung der Deckung des Eigenkapitalbedarfs der Gesellschaft dient.

III. Nachträgliche Einführung

Art. 797

Die nachträgliche Einführung oder Erweiterung statutarischer Nachschuss- oder Nebenleistungspflichten bedarf der Zustimmung aller davon betroffenen Gesellschafter.

E. Dividenden, Zinse, Tantiemen I. Dividenden

Art. 798

1 Dividenden dürfen nur aus dem Bilanzgewinn und aus hierfür gebildeten Reserven ausgerichtet werden.

2 Die Dividende darf erst festgesetzt werden, nachdem die dem Gesetz und den Statuten entsprechenden Zuweisungen an die gesetzlichen und statutarischen Reserven abgezogen worden sind.

3 Die Dividenden sind im Verhältnis des Nennwerts der Stammanteile festzusetzen; wurden Nachschüsse geleistet, so ist deren Betrag für die Bemessung der Dividenden dem Nennwert zuzurechnen; die Statuten können eine abweichende Regelung vorsehen.

II. Zinsen

Art. 798a

1 Für das Stammkapital und geleistete Nachschüsse dürfen keine Zinsen bezahlt werden.

2 Die Ausrichtung von Bauzinsen ist zulässig. Die Vorschrift des Aktienrechts über Bauzinse ist entsprechend anwendbar.

III. Tantiemen

Art. 798b

Die Statuten können die Ausrichtung von Tantiemen an Geschäftsführer vorsehen. Die Vorschriften des Aktienrechts über Tantiemen sind entsprechend anwendbar.

F. Vorzugsstammanteile

Art. 799

Für Vorzugsstammanteile sind die Vorschriften des Aktienrechts über Vorzugsaktien entsprechend anwendbar.

G. Rückerstattung von Leistungen

Art. 800

Für die Rückerstattung von Leistungen der Gesellschaft an Gesellschafter, Geschäftsführer sowie diesen nahe stehende Personen sind die Vorschriften des Aktienrechts entsprechend anwendbar.

H. Geschäftsbericht, Reserven und Offenlegung

Art. 801

Für den Geschäftsbericht, für die Reserven sowie für die Offenlegung der Jahresrechnung und der Konzernrechnung sind die Vorschriften des Aktienrechts entsprechend anwendbar.

J. Zustellung des Geschäftsberichts

Art. 801a

1 Der Geschäftsbericht und der Revisionsbericht sind den Gesellschaftern spätestens zusammen mit der Einladung zur ordentlichen Gesellschafterversammlung zuzustellen.

2 Die Gesellschafter können verlangen, dass ihnen nach der Gesellschafterversammlung die von ihr genehmigte Fassung des Geschäftsberichts zugestellt wird.

K. Auskunfts- und Einsichtsrecht

Art. 802

1 Jeder Gesellschafter kann von den Geschäftsführern Auskunft über alle Angelegenheiten der Gesellschaft verlangen.

2 Hat die Gesellschaft keine Revisionsstelle, so kann jeder Gesellschafter in die Bücher und Akten uneingeschränkt Einsicht nehmen. Hat sie eine Revisionsstelle, so besteht ein Recht zur Einsichtnahme nur, soweit ein berechtigtes Interesse glaubhaft gemacht wird.

3 Besteht Gefahr, dass der Gesellschafter die erlangten Kenntnisse zum Schaden der Gesellschaft für gesellschaftsfremde Zwecke verwendet, so können die Geschäftsführer die Auskunft und die Einsichtnahme im erforderlichen Umfang verweigern; auf Antrag des Gesellschafters entscheidet die Gesellschafterversammlung.

4 Verweigert die Gesellschafterversammlung die Auskunft oder die Einsicht ungerechtfertigterweise, so ordnet sie das Gericht auf Antrag des Gesellschafters an.

Den Gesellschaftern muss der Geschäftsführer als Organ für die Gesellschaft Auskunft geben. Eine analoge Anwendung von Art. 400 auf das gesellschaftsrechtliche Verhältnis zwischen Gesellschaft und Organ ist indessen nicht am Platz. Die eigenständige auftragsrechtliche Rechenschaftspflicht lässt sich nicht allgemein und ohne Rücksicht auf die konkreten vertraglichen Vereinbarungen auf das gesellschaftsrechtliche Verhältnis zwischen einer Gesellschaft und ihren Organen übertragen 140 III 409/414 E. 3.2.2. 1

L. Treuepflicht und Konkurrenzverbot

Art. 803

[1] Die Gesellschafter sind zur Wahrung des Geschäftsgeheimnisses verpflichtet.

[2] Sie müssen alles unterlassen, was die Interessen der Gesellschaft beeinträchtigt. Insbesondere dürfen sie nicht Geschäfte betreiben, die ihnen zum besonderen Vorteil gereichen und durch die der Zweck der Gesellschaft beeinträchtigt würde. Die Statuten können vorsehen, dass die Gesellschafter konkurrenzierende Tätigkeiten unterlassen müssen.

[3] Die Gesellschafter dürfen Tätigkeiten ausüben, die gegen die Treuepflicht oder ein allfälliges Konkurrenzverbot verstossen, sofern alle übrigen Gesellschafter schriftlich zustimmen. Die Statuten können vorsehen, dass stattdessen die Zustimmung der Gesellschafterversammlung erforderlich ist.

[4] Die besonderen Vorschriften über das Konkurrenzverbot von Geschäftsführern bleiben vorbehalten.

Dritter Abschnitt Organisation der Gesellschaft

A. Gesellschafterversammlung I. Aufgaben

Art. 804

[1] Oberstes Organ der Gesellschaft ist die Gesellschafterversammlung.

[2] Der Gesellschafterversammlung stehen folgende unübertragbare Befugnisse zu:

1. die Änderung der Statuten;
2. die Bestellung und die Abberufung von Geschäftsführern;
3. die Bestellung und die Abberufung der Mitglieder der Revisionsstelle und des Konzernrechnungsprüfers;
4. die Genehmigung des Lageberichts und der Konzernrechnung;
5. die Genehmigung der Jahresrechnung sowie die Beschlussfassung über die Verwendung des Bilanzgewinnes, insbesondere die Festsetzung der Dividende und der Tantieme;
6. die Festsetzung der Entschädigung der Geschäftsführer;
7. die Entlastung der Geschäftsführer;
8. die Zustimmung zur Abtretung von Stammanteilen beziehungsweise die Anerkennung als stimmberechtigter Gesellschafter;
9. die Zustimmung zur Bestellung eines Pfandrechts an Stammanteilen, falls die Statuten dies vorsehen;
10. die Beschlussfassung über die Ausübung statutarischer Vorhand-, Vorkaufs- oder Kaufsrechte;
11. die Ermächtigung der Geschäftsführer zum Erwerb eigener Stammanteile durch die Gesellschaft oder die Genehmigung eines solchen Erwerbs;
12. die nähere Regelung von Nebenleistungspflichten in einem Reglement, falls die Statuten auf ein Reglement verweisen;
13. die Zustimmung zu Tätigkeiten der Geschäftsführer und der Gesellschafter, die gegen die Treuepflicht oder das Konkurrenzverbot verstossen, sofern die Statuten auf das Erfordernis der Zustimmung aller Gesellschafter verzichten;
14. die Beschlussfassung darüber, ob dem Gericht beantragt werden soll, einen Gesellschafter aus wichtigem Grund auszuschliessen;
15. der Ausschluss eines Gesellschafters aus in den Statuten vorgesehenen Gründen;
16. die Auflösung der Gesellschaft;
17. die Genehmigung von Geschäften der Geschäftsführer, für die die Statuten die Zustimmung der Gesellschafterversammlung fordern;
18. die Beschlussfassung über die Gegenstände, die das Gesetz oder die Statuten der Gesellschafterversammlung vorbehalten oder die ihr die Geschäftsführer vorlegen.

[3] Die Gesellschafterversammlung ernennt die Direktoren, die Prokuristen sowie die Handlungsbevollmächtigten. Die Statuten können diese Befugnis auch den Geschäftsführern einräumen.

II. Einberufung und Durchführung

Art. 805

[1] Die Gesellschafterversammlung wird von den Geschäftsführern, nötigenfalls durch die Revisionsstelle, einberufen. Das Einberufungsrecht steht auch den Liquidatoren zu.

[2] Die ordentliche Versammlung findet alljährlich innerhalb von sechs Monaten nach Schluss des Geschäftsjahres statt. Ausserordentliche Versammlungen werden nach Massgabe der Statuten und bei Bedarf einberufen.

[3] Die Gesellschafterversammlung ist spätestens 20 Tage vor dem Versammlungstag einzuberufen. Die Statuten können diese Frist verlängern oder bis auf zehn Tage verkürzen. Die Möglichkeit einer Universalversammlung bleibt vorbehalten.

[4] Beschlüsse können auch schriftlich gefasst werden, sofern nicht ein Gesellschafter die mündliche Beratung verlangt.

[5] Im Übrigen sind die Vorschriften des Aktienrechts entsprechend anwendbar für:
1. **die Einberufung;**
2. **das Einberufungs- und Antragsrecht der Gesellschafter;**
3. **die Verhandlungsgegenstände;**
4. **die Anträge;**
5. **die Universalversammlung;**
6. **die vorbereitenden Massnahmen;**
7. **das Protokoll;**
8. **die Vertretung der Gesellschafter;**
9. **die unbefugte Teilnahme.**

Abs. 5 Ziff. 7 *i.V.m. Art. 702 Abs. 2.* Dem Gesetz kann keine Frist zur Erstellung des Protokolls entnommen werden. Die Erstellung des Protokolls ist nach Treu und Glauben aber grundsätzlich spätestens dann geboten, wenn die Einsicht rechtmässig verlangt wird 4A_79/2019 (8.4.19) E. 5 (in casu hatte die Geschäftsführerin [und Beschwerdeführerin] das Protokoll mehr als ein Jahr nach der Versammlung noch nicht erstellt; das Bundesgericht hielt fest, dafür seien keine Gründe ersichtlich; vielmehr mache es den Eindruck, dass es sich um eine blosse Schikane gegenüber dem Beschwerdegegner handeln könnte, die keinen Rechtsschutz verdiene). 1

III. Stimmrecht 1. Bemessung

Art. 806

[1] Das Stimmrecht der Gesellschafter bemisst sich nach dem Nennwert ihrer Stammanteile. Die Gesellschafter haben je mindestens eine Stimme. Die Statuten können die Stimmenzahl der Besitzer mehrerer Stammanteile beschränken.

[2] Die Statuten können das Stimmrecht unabhängig vom Nennwert so festsetzen, dass auf jeden Stammanteil eine Stimme entfällt. In diesem Fall müssen die Stammanteile mit dem tiefsten Nennwert mindestens einen Zehntel des Nennwerts der übrigen Stammanteile aufweisen.

[3] Die Bemessung des Stimmrechts nach der Zahl der Stammanteile ist nicht anwendbar für:
1. **die Wahl der Mitglieder der Revisionsstelle;**
2. **die Ernennung von Sachverständigen zur Prüfung der Geschäftsführung oder einzelner Teile davon;**
3. **die Beschlussfassung über die Anhebung einer Verantwortlichkeitsklage.**

2. Ausschliessung vom Stimmrecht

Art. 806a

[1] Bei Beschlüssen über die Entlastung der Geschäftsführer haben Personen, die in irgendeiner Weise an der Geschäftsführung teilgenommen haben, kein Stimmrecht.

[2] Bei Beschlüssen über den Erwerb eigener Stammanteile durch die Gesellschaft hat der Gesellschafter, der die Stammanteile abtritt, kein Stimmrecht.

[3] Bei Beschlüssen über die Zustimmung zu Tätigkeiten der Gesellschafter, die gegen die Treuepflicht oder das Konkurrenzverbot verstossen, hat die betroffene Person kein Stimmrecht.

3. Nutzniessung

Art. 806b

Im Falle der Nutzniessung an einem Stammanteil stehen das Stimmrecht und die damit zusammenhängenden Rechte dem Nutzniesser zu. Dieser wird dem Eigentümer ersatzpflichtig, wenn er bei der Ausübung seiner Rechte nicht in billiger Weise auf dessen Interessen Rücksicht nimmt.

IV. Vetorecht

Art. 807

[1] Die Statuten können Gesellschaftern ein Vetorecht gegen bestimmte Beschlüsse der Gesellschafterversammlung einräumen. Sie müssen die Beschlüsse umschreiben, für die das Vetorecht gilt.

[2] Die nachträgliche Einführung eines Vetorechts bedarf der Zustimmung aller Gesellschafter.

[3] Das Vetorecht kann nicht übertragen werden.

V. Beschlussfassung 1. Im Allgemeinen

Art. 808

Die Gesellschafterversammlung fasst ihre Beschlüsse und vollzieht ihre Wahlen mit der absoluten Mehrheit der vertretenen Stimmen, soweit das Gesetz oder die Statuten es nicht anders bestimmen.

2. Stichentscheid

Art. 808a

Der Vorsitzende der Gesellschafterversammlung hat den Stichentscheid. Die Statuten können eine andere Regelung vorsehen.

3. Wichtige Beschlüsse

Art. 808b

[1] Ein Beschluss der Gesellschafterversammlung, der mindestens zwei Drittel der vertretenen Stimmen sowie die absolute Mehrheit des gesamten Stammkapitals auf sich vereinigt, mit dem ein ausübbares Stimmrecht verbunden ist, ist erforderlich für:

1. **die Änderung des Gesellschaftszweckes;**
2. **die Einführung von stimmrechtsprivilegierten Stammanteilen;**
3. **die Erschwerung, den Ausschluss oder die Erleichterung der Übertragbarkeit der Stammanteile;**
4. **die Zustimmung zur Abtretung von Stammanteilen beziehungsweise die Anerkennung als stimmberechtigter Gesellschafter;**
5. **die Erhöhung des Stammkapitals;**
6. **die Einschränkung oder Aufhebung des Bezugsrechtes;**
7. **die Zustimmung zu Tätigkeiten der Geschäftsführer sowie der Gesellschafter, die gegen die Treuepflicht oder das Konkurrenzverbot verstossen;**
8. **den Antrag an das Gericht, einen Gesellschafter aus wichtigem Grund auszuschliessen;**
9. **den Ausschluss eines Gesellschafters aus in den Statuten vorgesehenen Gründen;**
10. **die Verlegung des Sitzes der Gesellschaft;**
11. **die Auflösung der Gesellschaft.**

[2] Statutenbestimmungen, die für die Fassung bestimmter Beschlüsse grössere Mehrheiten als die vom Gesetz vorgeschriebenen festlegen, können nur mit dem vorgesehenen Mehr eingeführt werden.

VI. Anfechtung von Beschlüssen der Gesellschafterversammlung

Art. 808c

Für die Anfechtung der Beschlüsse der Gesellschafterversammlung sind die Vorschriften des Aktienrechts entsprechend anwendbar.

B. Geschäftsführung und Vertretung I. Bezeichnung der Geschäftsführer und Organisation

Art. 809

[1] Alle Gesellschafter üben die Geschäftsführung gemeinsam aus. Die Statuten können die Geschäftsführung abweichend regeln.

[2] Als Geschäftsführer können nur natürliche Personen eingesetzt werden. Ist an der Gesellschaft eine juristische Person oder eine Handelsgesellschaft beteiligt, so bezeichnet sie gegebenenfalls eine natürliche Person, die diese Funktion an ihrer Stelle ausübt. Die Statuten können dafür die Zustimmung der Gesellschafterversammlung verlangen.

[3] Hat die Gesellschaft mehrere Geschäftsführer, so muss die Gesellschafterversammlung den Vorsitz regeln.

[4] Hat die Gesellschaft mehrere Geschäftsführer, so entscheiden diese mit der Mehrheit der abgegebenen Stimmen. Der Vorsitzende hat den Stichentscheid. Die Statuten können eine andere Regelung der Beschlussfassung durch die Geschäftsführer vorsehen.

1 Als mit der Geschäftsführung befasst gelten nicht nur Personen, die ausdrücklich als Geschäftsführer ernannt worden sind (sog. formelle Organe); dazu gehören auch Personen, die faktisch die Funktion eines Geschäftsführers ausüben 126 V 237/239 f. (zum altrechtlichen Art. 811). Auch wenn die GmbH tatsächlich von den geschäftsführenden Gesellschaftern beherrscht wird, obliegt dem Geschäftsführer, der nicht Gesellschafter ist, die gleiche Sorgfaltspflicht, wie sie nach Art. 717 für die Organe der Aktiengesellschaft Geltung hat. Bei einer Delegation von Geschäftsführungsaufgaben kann das Vertrauen in die Einhaltung der gesetzlichen Vorschriften aufseiten eines Mitgeschäftsführers eine Lockerung von effektiven gegenseitigen Kontrollen erst dann rechtfertigen, wenn sich das mit der Geschäftsführung betraute Organ über lange Zeit durch eine tadellose Haltung und ausgewiesene Fachkompetenz bewährt hat 9C_6/2009 (7.8.09) it. – Zur Organhaftung gemäss AHVG Art. 52 vgl. 126 V 238 ff. E. 4.

II. Aufgaben der Geschäftsführer

Art. 810

[1] Die Geschäftsführer sind zuständig in allen Angelegenheiten, die nicht nach Gesetz oder Statuten der Gesellschafterversammlung zugewiesen sind.

[2] Unter Vorbehalt der nachfolgenden Bestimmungen haben die Geschäftsführer folgende unübertragbare und unentziehbare Aufgaben:

1. **die Oberleitung der Gesellschaft und die Erteilung der nötigen Weisungen;**
2. **die Festlegung der Organisation im Rahmen von Gesetz und Statuten;**
3. **die Ausgestaltung des Rechnungswesens und der Finanzkontrolle sowie der Finanzplanung, sofern diese für die Führung der Gesellschaft notwendig ist;**
4. **die Aufsicht über die Personen, denen Teile der Geschäftsführung übertragen sind, namentlich im Hinblick auf die Befolgung der Gesetze, Statuten, Reglemente und Weisungen;**
5. **die Erstellung des Geschäftsberichtes (Jahresrechnung, Jahresbericht und gegebenenfalls Konzernrechnung);**
6. **die Vorbereitung der Gesellschafterversammlung sowie die Ausführung ihrer Beschlüsse;**
7. **die Benachrichtigung des Gerichts im Falle der Überschuldung.**

[3] Wer den Vorsitz der Geschäftsführung innehat, beziehungsweise der einzige Geschäftsführer hat folgende Aufgaben:

1. **die Einberufung und Leitung der Gesellschafterversammlung;**
2. **Bekanntmachungen gegenüber den Gesellschaftern;**
3. **die Sicherstellung der erforderlichen Anmeldungen beim Handelsregister.**

III. Genehmigung durch die Gesellschafterversammlung

Art. 811

[1] Die Statuten können vorsehen, dass die Geschäftsführer der Gesellschafterversammlung:

1. **bestimmte Entscheide zur Genehmigung vorlegen müssen;**
2. **einzelne Fragen zur Genehmigung vorlegen können.**

[2] Die Genehmigung der Gesellschafterversammlung schränkt die Haftung der Geschäftsführer nicht ein.

IV. Sorgfalts- und Treuepflicht; Konkurrenzverbot

Art. 812

[1] Die Geschäftsführer sowie Dritte, die mit der Geschäftsführung befasst sind, müssen ihre Aufgabe mit aller Sorgfalt erfüllen und die Interessen der Gesellschaft in guten Treuen wahren.

[2] Sie unterstehen der gleichen Treuepflicht wie die Gesellschafter.

[3] Sie dürfen keine konkurrenzierenden Tätigkeiten ausüben, es sei denn, die Statuten sehen etwas anderes vor oder alle übrigen Gesellschafter stimmen der Tätigkeit schriftlich zu. Die Statuten können vorsehen, dass stattdessen die Zustimmung durch die Gesellschafterversammlung erforderlich ist.

Die Geschäftsführer einer GmbH stehen wie die Geschäftsführer einer AG in einem schuldrechtlichen und gesellschaftsrechtlichen Doppelverhältnis zur Gesellschaft mit der Folge, dass sich das in einem Anstellungsverhältnis stehende Organ sowohl an die Treuepflicht des Arbeitnehmers nach Art. 321a wie auch an die organschaftliche Treuepflicht nach Art. 812 halten muss 140 III 409/412 E. 3.1, vgl. auch 130 III 213/216 E. 2.1, 4A_349/2017 (23.1.18) E. 4.3, 4A_55/2017 (16.6.17) E. 4.2. 1

Abs. 1 und 2 Die in Art. 812 Abs. 1 und 2 vorgesehene Treuepflicht der Geschäftsführer einer GmbH schreibt diesen vor, ihre eigenen Interessen und diejenigen von ihnen nahestehenden Personen hinter die Interessen der Gesellschaft zu stellen. Insbesondere sind dem Geschäftsführer Insichgeschäfte grundsätzlich untersagt. Zudem ergibt sich aus der Treuepflicht die Pflicht zur Geheimhaltung 140 III 409/413 E. 3.2.2. 2

Abs. 3 Die Nichtbeachtung des Konkurrenzverbots stellt eine schwere Verletzung der Geschäftsführerpflichten dar 4A_72/2012 (12.4.12) E. 3 fr. 3

V. Gleichbehandlung

Art. 813

Die Geschäftsführer sowie Dritte, die mit der Geschäftsführung befasst sind, haben die Gesellschafter unter gleichen Voraussetzungen gleich zu behandeln.

VI. Vertretung

Art. 814

[1] Jeder Geschäftsführer ist zur Vertretung der Gesellschaft berechtigt.

[2] Die Statuten können die Vertretung abweichend regeln, jedoch muss mindestens ein Geschäftsführer zur Vertretung befugt sein. Für Einzelheiten können die Statuten auf ein Reglement verweisen.

[3] Die Gesellschaft muss durch eine Person vertreten werden können, die Wohnsitz in der Schweiz hat. Diese Person muss Geschäftsführer oder Direktor sein. Sie muss Zugang zum Anteilbuch sowie zum Verzeichnis über die wirtschaftlich berechtigten Personen nach Artikel 697l haben.

[4] Für den Umfang und die Beschränkung der Vertretungsbefugnis sowie für Verträge zwischen der Gesellschaft und der Person, die sie vertritt, sind die Vorschriften des Aktienrechts entsprechend anwendbar.

[5] Die zur Vertretung der Gesellschaft befugten Personen haben in der Weise zu zeichnen, dass sie der Firma der Gesellschaft ihre Unterschrift beifügen.

[6] Sie müssen ins Handelsregister eingetragen werden. Sie haben ihre Unterschrift beim Handelsregisteramt zu zeichnen oder die Zeichnung in beglaubigter Form einzureichen.

1 *Abs. 1 und 2* Vertretungsbefugnis gestützt auf Gesetz, Statuten oder einen Entscheid der Gesellschafterversammlung, der seinerseits auf einer statutarischen Grundlage beruht, wonach die Gesellschafterversammlung die Vertretung gestützt auf ein Organisationsreglement abweichend regeln kann. Der Geschäftsführer kann die Vertretungsberechtigung nur dann an einen Dritten weiterdelegieren, wenn ihm die Statuten oder ein Organisationsreglement diese Kompetenz (sog. Kompetenzkompetenz) übertragen. Mangels einer solchen Grundlage muss er die Gesellschaft persönlich vertreten 4A_187/2018 (21.2.19) E. 3.1.1.2 fr.

2 *Abs. 4* Formmangel. Die Berufung auf die Formungültigkeit eines Vertrags ist unstatthaft, wenn sie – etwa wegen widersprüchlichen Verhaltens – gegen Treu und Glauben verstösst und damit einen offenbaren Rechtsmissbrauch gemäss ZGB Art. 2 Abs. 2 darstellt. Würdigung aller Umstände des konkreten Falls, wobei namentlich das Verhalten der Parteien bei und nach Abschluss des Vertrags zu würdigen ist. Zu berücksichtigen ist auch, ob der Schutzzweck einer Formvorschrift bezüglich der Partei verletzt wurde, die sich auf den Formmangel beruft 4A_545/2019 (13.2.20) E. 5.2.4.

3 **Schuldbetreibung und Konkurs.** Bei kollektiver Zeichnungsberechtigung kann einer der Zeichnungsberechtigten zwar allein für die Gesellschaft Rechtsvorschlag erheben, nicht aber gegen den Willen des andern Zeichnungsberechtigten Beschwerde (gemäss SchKG Art. 17 ff.) führen oder einen Beschwerdeentscheid weiterziehen (es sei denn, gegen den Widersprechenden laufe ein prozessuales Verfahren auf Entziehung der Vertretungsbefugnis) 65 III 72/73 f.

VII. Abberufung von Geschäftsführern; Entziehung der Vertretungsbefugnis

Art. 815

[1] Die Gesellschafterversammlung kann von ihr gewählte Geschäftsführer jederzeit abberufen.

[2] Jeder Gesellschafter kann dem Gericht beantragen, einem Geschäftsführer die Geschäftsführungs- und Vertretungsbefugnis zu entziehen oder zu beschränken, wenn ein wichtiger Grund vorliegt, namentlich wenn die betreffende Person ihre Pflichten grob verletzt oder die Fähigkeit zu einer guten Geschäftsführung verloren hat.

[3] Die Geschäftsführer können Direktoren, Prokuristen oder Handlungsbevollmächtigte jederzeit in ihrer Funktion einstellen.

[4] Sind diese Personen durch die Gesellschafterversammlung eingesetzt worden, so ist unverzüglich eine Gesellschafterversammlung einzuberufen.

[5] Entschädigungsansprüche der abberufenen oder in ihren Funktionen eingestellten Personen bleiben vorbehalten.

Abs. 2 Die Klage auf Entzug oder Beschränkung der Geschäftsführungs- und Vertretungsbefugnis dient dazu, die Funktionstauglichkeit der Gesellschaftsorgane aufrechtzuerhalten, sodass die Gesellschaft fortgeführt werden kann. Bei der Beurteilung der Frage, ob ein wichtiger Grund i.S.v. Art. 815 Abs. 2 vorliegt, ist mithin das Interesse der Gesellschaft massgebend, eine Organisation aufrechtzuerhalten, die ihr erlaubt, den Gesellschaftszweck zu erreichen. Die Klage dient nicht dazu, die individuellen Interessen der Geschäftsführer oder der Gesellschafter zu wahren 4A_693/2015 (11.7.16) E. 3.2.2, 4A_8/2014 (6.6.14) E. 2.3. Die Nichtbeachtung des Konkurrenzverbots nach Art. 812 Abs. 3 stellt eine grobe Pflichtverletzung dar und gilt somit als wichtiger Grund gemäss Abs. 2 4A_72/2012 (12.4.12) E. 3.3 fr. – Bei der Klage nach Abs. 2 ist nicht der betroffene Geschäftsführer, sondern die Gesellschaft passivlegitimiert, selbst wenn nur zwei Gesellschafter bestehen, die zusammen die Geschäftsführung wahrnehmen 4A_693/2015 (11.7.16) E. 3.2.2, 4A_8/2014 (6.6.14) E. 2.3. 1

Zum altrechtlichen Art. 814 Abs. 2: Die einem Gesellschafter durch Gesetz oder Statuten übertragene Geschäftsführung ist unwiderruflich, es sei denn, dass wichtige Gründe vorliegen (Art. 539). Hingegen kann die einem Gesellschafter lediglich durch Gesellschaftsbeschluss übertragene Geschäftsführung ohne wichtigen Grund (durch Mehrheitsbeschluss) entzogen werden 81 II 544/545 f. 2

VIII. Nichtigkeit von Beschlüssen

Art. 816

Für die Beschlüsse der Geschäftsführer gelten sinngemäss die gleichen Nichtigkeitsgründe wie für die Beschlüsse der Generalversammlung der Aktiengesellschaft.

IX. Haftung

Art. 817

Die Gesellschaft haftet für den Schaden aus unerlaubten Handlungen, die eine zur Geschäftsführung oder zur Vertretung befugte Person in Ausübung ihrer geschäftlichen Verrichtungen begeht.

Zum altrechtlichen Art. 814 Abs. 4: Die Haftung der Gesellschaft setzt zweierlei voraus: Einerseits, dass die schädigende Handlung in Ausübung geschäftlicher Verrichtungen für die Gesellschaft erfolgt, wobei es genügt, dass die Handlung eine funktionelle Beziehung zu den Befugnissen des Handlungsträgers aufweist; andererseits, dass die schädigende Handlung von einer Person ausgeht, die entweder formell oder faktisch befugt ist, die Geschäfte der Gesellschaft zu führen oder diese zu vertreten 4C.106/2000 (13.9.00) E. 3a. 1

C. Revisionsstelle

Art. 818

[1] Für die Revisionsstelle sind die Vorschriften des Aktienrechts entsprechend anwendbar.

[2] Ein Gesellschafter, der einer Nachschusspflicht unterliegt, kann eine ordentliche Revision der Jahresrechnung verlangen.

1 Die Voraussetzungen für den Verzicht auf die eingeschränkte Revision (Opting-out) ergeben sich aus Art. 727 i.V.m. Art. 727a Abs. 2 und werden in HRegV Art. 62 Abs. 1 lit. a–c wiederholt 139 III 449/453 E. 2.3.1, 4A_589/2017 (9.2.18) E. 2.2.1. Sie gelten nach Art. 818 und HRegV Art. 83 auch für die GmbH. Voraussetzungen im Einzelnen: keine Pflicht zur ordentlichen Revision, Nichtüberschreiten von zehn Vollzeitstellen im Jahresdurchschnitt sowie Verzicht sämtlicher Aktionäre/Gesellschafter auf eine eingeschränkte Revision 139 III 449/453 E. 2.3.1, 4A_589/2017 (9.2.18) E. 2.2.1. – Siehe im Übrigen zu Art. 727a.

D. Mängel in der Organisation der Gesellschaft

Art. 819

Bei Mängeln in der Organisation der Gesellschaft sind die Vorschriften des Aktienrechts entsprechend anwendbar.

E. Kapitalverlust und Überschuldung

Art. 820

[1] Für die Anzeigepflichten bei Kapitalverlust und Überschuldung der Gesellschaft sowie für die Eröffnung und den Aufschub des Konkurses sind die Vorschriften des Aktienrechts entsprechend anwendbar.

[2] Das Gericht kann den Konkurs auf Antrag der Geschäftsführer oder eines Gläubigers aufschieben, namentlich wenn ausstehende Nachschüsse unverzüglich einbezahlt werden und Aussicht auf Sanierung besteht.

Vierter Abschnitt
Auflösung und Ausscheiden

A. Auflösung I. Gründe

Art. 821

[1] Die Gesellschaft mit beschränkter Haftung wird aufgelöst:
1. **wenn ein in den Statuten vorgesehener Auflösungsgrund eintritt;**
2. **wenn die Gesellschafterversammlung dies beschliesst;**
3. **wenn der Konkurs eröffnet wird;**
4. **in den übrigen vom Gesetz vorgesehenen Fällen.**

[2] Beschliesst die Gesellschafterversammlung die Auflösung, so bedarf der Beschluss der öffentlichen Beurkundung.

[3] Jeder Gesellschafter kann beim Gericht die Auflösung der Gesellschaft aus wichtigem Grund verlangen. Das Gericht kann statt auf Auflösung auf eine andere sachgemässe und den Beteiligten zumutbare Lösung erkennen, so insbesondere auf die Abfindung des klagenden Gesellschafters zum wirklichen Wert seiner Stammanteile.

II. Folgen

Art. 821a

[1] Für die Folgen der Auflösung sind die Vorschriften des Aktienrechts entsprechend anwendbar.

[2] Die Auflösung einer Gesellschaft muss ins Handelsregister eingetragen werden. Die Auflösung durch Urteil ist vom Gericht dem Handelsregister unverzüglich zu melden. Die Auflösung aus anderen Gründen muss die Gesellschaft beim Handelsregister anmelden.

B. Ausscheiden von Gesellschaftern I. Austritt

Art. 822

[1] Ein Gesellschafter kann aus wichtigem Grund beim Gericht auf Bewilligung des Austritts klagen.

[2] Die Statuten können den Gesellschaftern ein Recht auf Austritt einräumen und dieses von bestimmten Bedingungen abhängig machen.

II. Anschlussaustritt

Art. 822a

[1] Reicht ein Gesellschafter eine Klage auf Austritt aus wichtigem Grund ein oder erklärt ein Gesellschafter seinen Austritt gestützt auf ein statutarisches Austrittsrecht, so müssen die Geschäftsführer unverzüglich die übrigen Gesellschafter informieren.

[2] Falls andere Gesellschafter innerhalb von drei Monaten nach Zugang dieser Mitteilung auf Austritt aus wichtigem Grund klagen oder ein statutarisches Austrittsrecht ausüben, sind

alle austretenden Gesellschafter im Verhältnis des Nennwerts ihrer Stammanteile gleich zu behandeln. Wurden Nachschüsse geleistet, so ist deren Betrag dem Nennwert zuzurechnen.

III. Ausschluss

Art. 823

[1] Liegt ein wichtiger Grund vor, so kann die Gesellschaft beim Gericht auf Ausschluss eines Gesellschafters klagen.

[2] Die Statuten können vorsehen, dass die Gesellschafterversammlung Gesellschafter aus der Gesellschaft ausschliessen darf, wenn bestimmte Gründe vorliegen.

[3] Die Vorschriften über den Anschlussaustritt sind nicht anwendbar.

1 *Abs. 1* Ob im Einzelfall ein wichtiger Grund vorliegt, entscheidet das Gericht nach seinem Ermessen (Billigkeitsentscheidung gemäss ZGB Art. 4). Zu prüfen ist die Frage der Zumutbarkeit der Fortdauer der Mitgliedschaft des auszuschliessenden Gesellschafters aus Sicht der Gesellschaft 144 III 394/402 f. E. 4.3.6. Im Rahmen dieser Prüfung muss ein zwischen dem auszuschliessenden Gesellschafter und dem verbleibenden Hauptbeteiligten bestehender langjähriger Konflikt berücksichtigt werden. Relevanz der Ausgestaltung der Gesellschaft als GmbH, da es für die Frage der Zumutbarkeit der Fortdauer der Mitgliedschaft massgebend auf den Typus der Gesellschaft (personalistische oder kapitalistische Ausgestaltung) ankommt. Die im GmbH-Recht vorgesehene Möglichkeit des Ausschlusses eines Gesellschafters ist Ausdruck der Personenbezogenheit dieser Gesellschaftsform 144 III 394/402 f. E. 4.3.5.2. – Keine Anwendung von Art. 82: Der Richter kann einen Gesellschafter aus wichtigen Gründen ausschliessen, auch wenn die damit verbundenen vermögensrechtlichen Folgen nicht zum Gegenstand des Prozesses gemacht worden sind 89 II 133/135 ff. E. 4b (zu aArt. 822).

IV. Vorsorgliche Massnahme

Art. 824

In einem Verfahren betreffend das Ausscheiden eines Gesellschafters kann das Gericht auf Antrag einer Partei bestimmen, dass einzelne oder alle mitgliedschaftlichen Rechte und Pflichten der betroffenen Person ruhen.

V. Abfindung 1. Anspruch und Höhe

Art. 825

[1] Scheidet ein Gesellschafter aus der Gesellschaft aus, so hat er Anspruch auf eine Abfindung, die dem wirklichen Wert seiner Stammanteile entspricht.

[2] Für das Ausscheiden auf Grund eines statutarischen Austrittsrechts können die Statuten die Abfindung abweichend festlegen.

2. Auszahlung

Art. 825a

[1] Die Abfindung wird mit dem Ausscheiden fällig, soweit die Gesellschaft:
1. über verwendbares Eigenkapital verfügt;
2. die Stammanteile der ausscheidenden Person veräussern kann;
3. ihr Stammkapital unter Beachtung der entsprechenden Vorschriften herabsetzen darf.

[2] Ein zugelassener Revisionsexperte muss die Höhe des verwendbaren Eigenkapitals feststellen. Reicht dieses zur Auszahlung der Abfindung nicht aus, so muss er zudem zur Frage Stellung nehmen, wie weit das Stammkapital herabgesetzt werden könnte.

[3] Für den nicht ausbezahlten Teil der Abfindung hat der ausgeschiedene Gesellschafter eine unverzinsliche nachrangige Forderung. Diese wird fällig, soweit im jährlichen Geschäftsbericht verwendbares Eigenkapital festgestellt wird.

[4] Solange die Abfindung nicht vollständig ausbezahlt ist, kann der ausgeschiedene Gesellschafter verlangen, dass die Gesellschaft eine Revisionsstelle bezeichnet und die Jahresrechnung ordentlich revidieren lässt.

C. Liquidation

Art. 826

[1] Jeder Gesellschafter hat Anspruch auf einen Anteil am Liquidationsergebnis, der dem Verhältnis der Nennwerte seiner Stammanteile zum Stammkapital entspricht. Wurden Nachschüsse geleistet und nicht zurückbezahlt, so ist deren Betrag den Stammanteilen der betreffenden Gesellschafter und dem Stammkapital zuzurechnen. Die Statuten können eine abweichende Regelung vorsehen.

[2] Für die Auflösung der Gesellschaft mit Liquidation sind die Vorschriften des Aktienrechts entsprechend anwendbar.

Fünfter Abschnitt Verantwortlichkeit

Art. 827

Für die Verantwortlichkeit der Personen, die bei der Gründung mitwirken oder mit der Geschäftsführung, der Revision oder der Liquidation befasst sind, sind die Vorschriften des Aktienrechts entsprechend anwendbar.

1 Die Gesellschaft kann aus Tatsachen, die allen Gründern bei der Gründung bekannt waren, keinen Schadenersatzanspruch gegen die Gründer ableiten (daran vermag auch der Umstand, dass die Gesellschaftsanteile seit der Gründung in andere Hände übergegangen sind, nichts zu ändern) 83 II 53/56 f. E. 2. – Als mit der Geschäftsführung befasst gelten nicht nur Personen, die ausdrücklich als Geschäftsführer ernannt worden sind (sog. formelle Organe); dazu gehören auch Personen, die faktisch die Funktion eines Geschäftsführers ausüben 126 V 237/239 f. – Zur Organhaftung gemäss AHVG Art. 52 vgl. 126 V 237/238 ff. E. 4. – Die ordnungsgemässe Buchführung i.S.v. Art. 957 ist Aufgabe der Geschäftsführer; unterbleibt sie, liegt eine Sorgfaltspflichtverletzung. Dauert dieser Zustand während mehreren Jahren an, ist dies nach allgemeiner Lebenserfahrung geeignet, den Konkurs einer Gesellschaft herbeizuführen 4A_77/2014 (21.5.14) E. 6.1.2.1. – Ausführlich zu den Haftungsvoraussetzungen 4C.188/2003 (22.10.03) E. 3 (Schaden) und E. 4 (Verschulden, Kausalzusammenhang und Beweislast) fr.

C. Errichtung I. Erfordernisse 1. Im Allgemeinen

Art. 830

Die Genossenschaft entsteht nach Aufstellung der Statuten und deren Genehmigung in der konstituierenden Versammlung durch Eintragung in das Handelsregister.

2. Zahl der Mitglieder

Art. 831

[1] Bei der Gründung einer Genossenschaft müssen mindestens sieben Mitglieder beteiligt sein.

[2] Sinkt in der Folge die Zahl der Genossenschafter unter diese Mindestzahl, so sind die Vorschriften des Aktienrechts über Mängel in der Organisation der Gesellschaft entsprechend anwendbar.

Abs. 1 Zur fehlenden Beschwerdeberechtigung des Gründungsmitglieds einer Genossenschaft 2C_66/2015 E. 1.3 Pra 2017 (Nr. 44) 418. 1

Abs. 2 Die Mindestmitgliederzahl von sieben Genossenschaftern ist ein begriffsbestimmendes Element der Genossenschaft. Sinkt die Mitgliederzahl auf unter sieben, liegt damit nicht lediglich eine mangelhafte Organisation der Körperschaft vor, sondern ist der Tatbestand der Genossenschaft als solcher nicht mehr gegeben. Für den Fall des Unterschreitens der Mindestzahl von sieben Genossenschaftern kommen von den in Art. 731b Abs. 1 beispielhaft aufgeführten Massnahmen nur die in Ziff. 1 und 3 aufgeführten Handlungen, also die Ansetzung einer Frist zur Wiederherstellung des rechtmässigen Zustandes sowie die Auflösung der Gesellschaft, infrage. Der Richter kann fehlende Mitglieder nicht selber ernennen 138 III 407/410 E. 2.5.2. Die Auflösung stellt die ultima ratio dar 4A_370/2015 (16.12.15) E. 2.3. Das Absinken der Genossenschafter unter die Mindestzahl von sieben steht einer Aufnahme neuer Genossenschafter nicht entgegen. Vielmehr obliegt es der Genossenschaft in einer solchen Situation, neue Genossenschafter aufzunehmen, um die Mindestmitgliederzahl wiederherzustellen 4A_370/2015 (16.12.15) E. 2.8. 2

II. Statuten

Vorb. Art. 832–833

Auslegung der Statuten. Die Auslegung der Statuten kann entsprechend der Grösse der Gesellschaft variieren: Bei grossen Gesellschaften erfolgt die Auslegung eher nach den Regeln der Gesetzesauslegung, bei kleineren Gesellschaften nach den Regeln der Vertragsauslegung. In letzterem Fall ist auch der Grundsatz «in dubio contra stipulatorem» zu beachten. Neben der grammatikalischen und der logischen Auslegung sind sodann namentlich auch der Zweck der Gesellschaft und die Treuepflicht der Gesellschafter zu beachten 4C.350/2002 (25.2.03) E. 3.2 fr. Genossenschaft mit dem Zweck «de veiller aux intérêts généraux des fabricants de boîtes de montres en or de la Suisse»: Lediglich durch 1 extensive Auslegung einer Statutenbestimmung kann den Mitgliedern einer Genossenschaft nicht das Verbot auferlegt werden, ihren Betrieb ohne Zustimmung der Genossenschaft abzutreten 46 II 265/268 ff. fr., vgl. auch 101 II 125/128 f. E.b. – Auslegung der Statuten einer von einem Privatunternehmen in Genossenschaftsform errichteten Pensionskasse: Anwendung des für den Versicherungsvertrag (und andere Formularverträge) geltenden Grundsatzes, dass unklare Bestimmungen zuungunsten jener Partei auszulegen sind, die sie aufgestellt hat 87 II 89/95 E. 3. – Zur Auslegung von Gesellschaftsstatuten im Allgemeinen siehe unter Art. 1 Abs. 1.

II. Statuten 1. Gesetzlich vorgeschriebener Inhalt

Art. 832

Die Statuten müssen Bestimmungen enthalten über:

1. **den Namen (die Firma) und den Sitz der Genossenschaft;**
2. **den Zweck der Genossenschaft;**
3. **eine allfällige Verpflichtung der Genossenschafter zu Geld- oder andern Leistungen sowie deren Art und Höhe;**
4. **die Organe für die Verwaltung und für die Revision und die Art der Ausübung der Vertretung;**
5. **die Form der von der Genossenschaft ausgehenden Bekanntmachungen.**

1 **Allgemeines.** *Die Nichtbeachtung dieser Vorschrift* hat zur Folge, dass die Genossenschaft nicht in das Handelsregister eingetragen werden darf (Art. 940) und demzufolge auch das Recht der Persönlichkeit nicht erlangen kann (Art. 830) 93 II 30/37 Pra 1967 (Nr. 118) 371.

2 *Ziff. 3* Unter gesetzessystematischem Gesichtspunkt gehört die Bestimmung zu Art. 833: Die Beitragspflicht ist nicht gesetzlich notwendiger Bestandteil einer Genossenschaft 93 II 30/35 ff. E. 4a Pra 1967 (Nr. 118) 370 f. Nicht konzessionierte Versicherungsgenossenschaft (Art. 841 Abs. 1): Von einer mitgliedschaftlichen (und nicht von einer vertraglichen) Grundlage des Versicherungsverhältnisses ist auszugehen, wenn das Rechtsverhältnis seine Regelung in den Statuten erfährt, so insbesondere hinsichtlich der Pflicht zur Prämienentrichtung als Beitrag im Sinne von Art. 832 Ziff. 3, und wenn insoweit die Versicherungsbedingungen als Statutenbestandteil im Handelsregister eingetragen sind 124 III 30/32 E.c.

2. Weitere Bestimmungen

Art. 833

Zu ihrer Verbindlichkeit bedürfen der Aufnahme in die Statuten:

1. **Vorschriften über die Schaffung eines Genossenschaftskapitals durch Genossenschaftsanteile (Anteilscheine);**
2. **Bestimmungen über nicht durch Einzahlung geleistete Einlagen auf das Genossenschaftskapital (Sacheinlagen), deren Gegenstand und deren Anrechnungsbetrag, sowie über die Person des einlegenden Genossenschafters;**

3. **Bestimmungen über Vermögenswerte, die bei der Gründung übernommen werden, über die hiefür zu leistende Vergütung und über die Person des Eigentümers der zu übernehmenden Vermögenswerte;**
4. **von den gesetzlichen Bestimmungen abweichende Vorschriften über den Eintritt in die Genossenschaft und über den Verlust der Mitgliedschaft;**
5. **Bestimmungen über die persönliche Haftung und die Nachschusspflicht der Genossenschafter;**
6. **von den gesetzlichen Bestimmungen abweichende Vorschriften über die Organisation, die Vertretung, die Abänderung der Statuten und über die Beschlussfassung der Generalversammlung;**
7. **Beschränkungen und Erweiterungen in der Ausübung des Stimmrechtes;**
8. **Bestimmungen über die Berechnung und die Verwendung des Reinertrages und des Liquidationsüberschusses.**

III. Konstituierende Versammlung

Art. 834

1 Die Statuten sind schriftlich abzufassen und einer von den Gründern einzuberufenden Versammlung zur Beratung und Genehmigung vorzulegen.

2 Überdies ist ein schriftlicher Bericht der Gründer über allfällige Sacheinlagen und zu übernehmenden Vermögenswerte der Versammlung bekanntzugeben und von ihr zu beraten. Die Gründer haben zu bestätigen, dass keine anderen Sacheinlagen, Sachübernahmen und beabsichtigten Sachübernahmen, Verrechnungstatbestände oder besonderen Vorteile bestehen als die in den Belegen genannten.

3 Diese Versammlung bestellt auch die notwendigen Organe.

4 Bis zur Eintragung der Genossenschaft in das Handelsregister kann die Mitgliedschaft nur durch Unterzeichnung der Statuten begründet werden.

IV. Eintragung ins Handelsregister 1. Gesellschaft

Art. 835

Die Gesellschaft ist ins Handelsregister des Ortes einzutragen, an dem sie ihren Sitz hat.

2. …

Art. 836

Diese Bestimmung wurde auf den 1. Januar 2021 aufgehoben (AS 2020 957).

3. Genossenschafterverzeichnis

Art. 837

1 Die Genossenschaft führt ein Verzeichnis, in dem der Vor- und der Nachname oder die Firma der Genossenschafter sowie die Adresse eingetragen werden. Sie muss das Verzeichnis so führen, dass in der Schweiz jederzeit darauf zugegriffen werden kann.

[2] Die Belege, die einer Eintragung zugrunde liegen, müssen während zehn Jahren nach der Streichung des Genossenschafters aus dem Verzeichnis aufbewahrt werden.

V. Erwerb der Persönlichkeit

Art. 838

[1] Die Genossenschaft erlangt das Recht der Persönlichkeit erst durch die Eintragung in das Handelsregister.

[2] Ist vor der Eintragung im Namen der Genossenschaft gehandelt worden, so haften die Handelnden persönlich und solidarisch.

[3] Wurden solche Verpflichtungen ausdrücklich im Namen der zu bildenden Genossenschaft eingegangen und innerhalb einer Frist von drei Monaten nach der Eintragung in das Handelsregister von der Genossenschaft übernommen, so werden die Handelnden befreit, und es haftet die Genossenschaft.

1 ***Abs. 3*** Die Befreiung der Handelnden tritt unabhängig von der Zustimmung der Gläubiger ein, selbst wenn die Gesellschaft ihren Verpflichtungen nicht nachkommen können sollte. Die Befreiung tritt jedoch nur ein, wenn die Verpflichtung ausdrücklich, das heisst in einer klar erkennbaren Art und Weise, im Namen der zu bildenden Genossenschaft eingegangen wurde. Der Gläubiger muss sich bei Vertragsschluss Rechenschaft geben können, dass die zu gründende Gesellschaft sein künftiger Vertragspartner sein wird und dass er den Wechsel der Vertragspartei im Voraus akzeptiert 4A_451/2008 (18.11.08) E. 2.1 fr.

Zweiter Abschnitt
Erwerb der Mitgliedschaft

Vorb. Art. 839–841

Prozess. Berufung: Der Prozess um die Mitgliedschaft bei einer Genossenschaft ist kein Streit vermögensrechtlicher Natur 66 II 43/46, vgl. 98 II 221/223 E. 1; anders jedoch bei Versicherungsgenossenschaften und insbesondere bei anerkannten Krankenkassen 80 II 71/75 f. E. 1, vgl. 108 III 77/79 E.a. 1

A. Grundsatz

Art. 839

[1] In eine Genossenschaft können jederzeit neue Mitglieder aufgenommen werden.

[2] Die Statuten können unter Wahrung des Grundsatzes der nicht geschlossenen Mitgliederzahl die nähern Bestimmungen über den Eintritt treffen; sie dürfen jedoch den Eintritt nicht übermässig erschweren.

Allgemeines. Das Gesetz lässt den Genossenschaften grosse Freiheit in der Auswahl ihrer Mitglieder. Sie dürfen zwar deren Zahl nicht von vornherein beschränken und den Eintritt neuer Mitglieder nicht übermässig erschweren, doch können sie die Mitgliedschaft von der Ausübung eines bestimmten Berufes und andern tatsächlichen oder rechtlichen Eigenschaften abhängig machen 69 II 41/45 E. 3. – Einem Anwärter steht *kein klagbares Recht auf Eintritt* in eine Genossenschaft zu (selbst wenn er die statutarischen Eintrittsvoraussetzungen erfüllt), ausser die Nichtaufnahme durch die Genossenschaft sei rechtsmissbräuchlich oder verletze das Recht der Persönlichkeit 98 II 221/225 ff. E. 4, 5, 118 II 435/437 f. E. 2, 4C.350/2002 (25.2.03) E. 3.1 fr. Jedenfalls keinen Anspruch auf Aufnahme hat, wer Ziele verfolgt, die den von der Genossenschaft geförderten oder gesicherten wirtschaftlichen Interessen ganz oder teilweise widersprechen 86 II 365/368 f. E. 1. 1

Abs. 2 Die Bestimmung verbietet nur die übermässige Erschwerung des Eintritts in eine Genossenschaft. Es darf kein faktischer numerus clausus eingeführt werden. Wann Eintrittsbedingungen übermässig erschwerend sind, lässt sich nicht allgemein umschreiben; vielmehr kommt es auf den konkreten Fall an 118 II 435/439 E.c. Zulässig in casu die Statutenbestimmung einer Baugenossenschaft, wonach nur Mieter Genossenschafter sein können und nur ein Mieter pro Wohnung Genossenschafter werden darf 4C.101/2002 (8.8.02) E. 4.3.1. 2

B. Beitrittserklärung

Art. 840

[1] Zum Beitritt bedarf es einer schriftlichen Erklärung.

[2] Besteht bei einer Genossenschaft neben der Haftung des Genossenschaftsvermögens eine persönliche Haftung oder eine Nachschusspflicht der einzelnen Genossenschafter, so muss die Beitrittserklärung diese Verpflichtungen ausdrücklich enthalten.

[3] Über die Aufnahme neuer Mitglieder entscheidet die Verwaltung, soweit nicht nach den Statuten die blosse Beitrittserklärung genügt oder ein Beschluss der Generalversammlung nötig ist.

1 ***Abs. 2*** Massgebend sind der deutsche und der italienische Text: Enthält die Beitrittserklärung nicht den vorgeschriebenen Inhalt, so kann der Beweis der Kenntnisgabe durch die Genossenschaft und der tatsächlichen Kenntnisnahme durch den einzelnen Genossenschafter *auch auf andere Weise* erbracht werden (beweispflichtig ist, wer die Haftung oder die Nachschusspflicht geltend macht). Will ein Genossenschafter die ihm erst nach dem Eintritt bekannt gewordene statutarische Haftung von sich abwenden, so darf er jedenfalls nicht stillschweigen und die Mitgliedschaft einfach fortsetzen (im Übrigen offengelassen, was er zur Abwendung der Haftung unternehmen müsste) 78 III 33/37 ff. E. 6, 7.

2 ***Abs. 3*** Einen Anspruch, in die Genossenschaft aufgenommen zu werden, gibt es grundsätzlich nicht, selbst wenn alle statutarischen Voraussetzungen für die Aufnahme erfüllt sind. Ein Anspruch auf Aufnahme besteht nur dann, wenn die Ablehnung rechtsmissbräuchlich wäre oder eine Verletzung der Persönlichkeitsrechte darstellen würde 4C.350/2002 (25.2.03) E. 3.1 fr. Der Entscheid der Verwaltung über das Aufnahmegesuch ist an keine besondere Form gebunden und kann auch durch konkludentes Handeln erfolgen. Sofern die Statuten keinen Rekurs an die Generalversammlung vorsehen, ist der Aufnahmeentscheid endgültig 4A_370/2015 (16.12.15) E. 2.4.

C. Verbindung mit einem Versicherungsvertrag

Art. 841

[1] Ist die Zugehörigkeit zur Genossenschaft mit einem Versicherungsvertrag bei dieser Genossenschaft verknüpft, so wird die Mitgliedschaft erworben mit der Annahme des Versicherungsantrages durch das zuständige Organ.

[2] Die von einer konzessionierten Versicherungsgenossenschaft mit den Mitgliedern abgeschlossenen Versicherungsverträge unterstehen in gleicher Weise wie die von ihr mit Dritten abgeschlossenen Versicherungsverträge den Bestimmungen des Bundesgesetzes vom 2. April 1908 über den Versicherungsvertrag.

1 ***Abs. 1*** Nicht konzessionierte Versicherungsgenossenschaft: Das Versicherungsverhältnis kann mitgliedschaftlicher oder vertraglicher Natur sein (zu untersuchen ist, ob die Versicherung in die Mitgliedschaft einbezogen ist oder auf einem besonderen Vertrag beruht; in casu Schweizerische Ärzte-Krankenkasse/vertragliche Ausgestaltung des Versicherungsverhältnisses) 124 III 30/31 f. E.a.

Dritter Abschnitt
Verlust der Mitgliedschaft

A. Austritt I. Freiheit des Austrittes

Art. 842

[1] Solange die Auflösung der Genossenschaft nicht beschlossen ist, steht jedem Genossenschafter der Austritt frei.

[2] Die Statuten können vorschreiben, dass der Austretende zur Bezahlung einer angemessenen Auslösungssumme verpflichtet ist, wenn nach den Umständen durch den Austritt der Genossenschaft ein erheblicher Schaden erwächst oder deren Fortbestand gefährdet wird.

[3] Ein dauerndes Verbot oder eine übermässige Erschwerung des Austrittes durch die Statuten oder durch Vertrag sind ungültig.

Abs. 2 Keine abschliessende Aufzählung der Austrittserschwerungen (vgl. Abs. 3) 89 II 138/150 E.b. – Auslösungssumme: Der Rückbehalt eines bestimmten Kapitalanteils kann schon rein begrifflich keine Auslösungssumme darstellen. Die Auslösungssumme ist ein Entgelt, mittels welchem sich der Genossenschafter von der gesellschaftlichen Bindung lösen kann; sie ist eine spezifische Leistungspflicht des austretenden Genossenschafters 115 V 362/365 E. 5b. 1

Abs. 3 Ob eine *übermässige Erschwerung des Austritts* vorliegt, lässt sich nicht in einer für alle Fälle gültigen Weise zum vornherein beantworten. Es muss vielmehr die *besondere Art der infrage stehenden Genossenschaft* mitberücksichtigt werden, und ferner kommt den konkreten Verhältnissen des zu beurteilenden Falles im Zeitpunkt, in welchem die Zulässigkeit der Austrittserschwerung streitig wird, entscheidende Bedeutung zu (in casu Siedlungsgenossenschaft; Zulässigkeit der Statutenbestimmung, wonach ein Mitglied nur beim Verkauf seiner Liegenschaft an einen der Genossenschaft beitretenden Erwerber aus der Genossenschaft austreten kann) 89 II 138/150 ff. E. c, vgl. 61 II 188/189 f. E. 1. – Art. 842 Abs. 3 bietet keinen Schutz vor der Austrittserschwerung, die aus dem gesetzlich zulässigen Verfall der virtuellen Ansprüche auf das Genossenschaftsvermögen (Art. 864) resultiert. Dementsprechend liegt keine übermässige Austrittserschwerung im Sinne der Bestimmung vor, wenn dem Ausscheidenden aufgrund der Satzungen kein Abfindungsanspruch zusteht (in casu Pensionskasse als Genossenschaft: Der in den Statuten vorgesehene Abzug von 10% des Deckungskapitals stellt keine übermässige Austrittserschwerung im Sinne von Art. 842 Abs. 3 dar) 115 V 362/366 E. 6. – Eine statutarische Bestimmung, die das austretende Mitglied verpflichtet, eine schadensunabhängige Auslösungssumme zu leisten, d.h., ohne dass die Genossenschaft ihre durch den Austritt verursachte Schädigung dartun muss, ist ungültig 138 III 785/787 E. 2.1 Pra 2013 (Nr. 67) 509 f. 2

II. Beschränkung des Austrittes

Art. 843

[1] Der Austritt kann durch die Statuten oder durch Vertrag auf höchstens fünf Jahre ausgeschlossen werden.

[2] Auch während dieser Frist kann aus wichtigen Gründen der Austritt erklärt werden. Die Pflicht zur Bezahlung einer angemessenen Auslösungssumme unter den für den freien Austritt vorgesehenen Voraussetzungen bleibt vorbehalten.

1 ***Abs. 1*** *Keine abschliessende Aufzählung* der Austrittserschwerungen (vgl. Art. 842 Abs. 3) 89 II 138/150 E.b.

2 ***Abs. 2*** Ein *wichtiger Grund* liegt dann vor, wenn wesentliche persönliche oder sachliche Voraussetzungen, unter denen der Eintritt in die Genossenschaft erfolgte, nicht mehr vorhanden sind und infolgedessen dem Genossenschafter das weitere Verbleiben nicht mehr zugemutet werden kann. Nicht erforderlich ist, dass die Genossenschaft an diesen Verhältnissen ein Verschulden treffe. Zum Austritt muss nicht der *Richter* angegangen werden (jedoch obliegt im Streitfall dem Austretenden der Nachweis eines wichtigen Grundes 89 II 138/153 f. E. 7) 61 II 188/193 f. E. 3, 4, vgl. auch 105 V 86/88 E. 2 (Würdigung aller Umstände nach vernünftigem Ermessen; in casu Austritt aus einer Krankenkasse/analoge Anwendung der zivilrechtlichen Grundsätze).

III. Kündigungsfrist und Zeitpunkt des Austrittes

Art. 844

[1] Der Austritt kann nur auf Schluss des Geschäftsjahres und unter Beobachtung einer einjährigen Kündigungsfrist stattfinden.

[2] Den Statuten bleibt vorbehalten, eine kürzere Kündigungsfrist vorzuschreiben und den Austritt auch im Laufe des Geschäftsjahres zu gestatten.

IV. Geltendmachung im Konkurs und bei Pfändung

Art. 845

Falls die Statuten dem ausscheidenden Mitglied einen Anteil am Vermögen der Genossenschaft gewähren, kann ein dem Genossenschafter zustehendes Austrittsrecht in dessen Konkurse von der Konkursverwaltung oder, wenn dieser Anteil gepfändet wird, vom Betreibungsamt geltend gemacht werden.

1 **Zwingendes Recht.** Genossenschaftsanteile (in casu einer Wohngenossenschaft) können auch dann gepfändet werden, wenn die Statuten ihre Übertragung oder Verpfändung ausschliessen 84 III 21/22 f.

B. Ausschliessung

Art. 846

[1] Die Statuten können die Gründe bestimmen, aus denen ein Genossenschafter ausgeschlossen werden darf.

[2] Überdies kann er jederzeit aus wichtigen Gründen ausgeschlossen werden.

[3] Über die Ausschliessung entscheidet die Generalversammlung. Die Statuten können die Verwaltung als zuständig erklären, wobei dem Ausgeschlossenen ein Rekursrecht an die Generalversammlung zusteht. Dem Ausgeschlossenen steht innerhalb drei Monaten die Anrufung des Gerichts offen.

[4] Das ausgeschlossene Mitglied kann unter den für den freien Austritt aufgestellten Voraussetzungen zur Entrichtung einer Auslösungssumme verhalten werden.

Allgemeines. ***Statutarische Regelung der Folgen einer Ausschliessung.*** Unzulässig ist die Statutenbestimmung einer genossenschaftlich organisierten Pensionskasse, wonach beim Ausschluss eines Mitglieds dessen bereits entstandene Rentenansprüche dahinfallen 80 II 123/133 ff. E.c. 1

Koppelung des körperschaftlichen Verhältnisses und des Schuldverhältnisses. Wenn das zwischen dem Genossenschaftsmieter und der Genossenschaft bestehende körperschaftliche Verhältnis und das Schuldverhältnis, das aus dem Abschluss eines Mietvertrags zwischen der Genossenschaft und dem Genossenschaftsmieter resultiert, nicht durch eine spezifische Vereinbarung der Parteien gekoppelt sind, kann die Genossenschaft den Mietvertrag kündigen, ohne den Genossenschaftsmieter aus der Genossenschaft auszuschliessen. Die Kündigung des Mietvertrags setzt allerdings voraus, dass der Kündigungsgrund auch einen Ausschluss aus der Genossenschaft zulassen würde 136 III 65/68 ff. E. 2.1–2.4 fr. Bestätigung der Rechtsprechung 4A_247/2015 (6.10.15) E. 3.1. – Siehe auch unter Art. 848. 2

<u>Abs. 1</u> Ausschlussklausel in den Statuten einer Wohngenossenschaft 118 II 168/172 E. bb Pra 1993 (Nr. 113) 444. 3

<u>Abs. 2</u> Als *wichtige Gründe* können lediglich Umstände in Betracht fallen, unter denen die Fortführung der Mitgliedschaft für die Genossenschaft vernünftigerweise *nicht mehr zumutbar* erscheint (in casu Mieterbaugenossenschaft; kein wichtiger Grund, wenn bei Fehlen entsprechender Statutenbestimmungen ein Genossenschafter den Umzug in eine kleinere Wohnung ablehnt, obwohl durch die Unterbesetzung seiner Wohnung das Platzbedürfnis sich verringert hat) 101 II 125/129 E. b, 38 II 107/117 E. 6 (in casu statutenwidriges Verhalten, das gleichzeitig als wichtiger Grund im Sinne des Gesetzes gelten konnte). In der Wohngenossenschaft stellt die fehlende Rücksichtnahme gegenüber den Nachbarn eine Verletzung der Treuepflicht im Genossenschaftsrecht dar, die eine Ausschliessung aus der Genossenschaft zulässt 136 III 65/72 E. 2.5 fr. Der Versuch des Genossenschafters, von der Genossenschaft eine überhöhte Vergütung zu erhalten, kann das Vertrauensverhältnis zwischen den Parteien zerstören 4A_59/2018 (23.8.18) E. 4 fr. Bei der Beurteilung, ob ein wichtiger Grund vorliegt, steht dem Richter ein grosses Ermessen zu 4A_359/2010 (8.11.10) E. 2.2.1 fr. (in casu wurde als Folge der Verurteilung eines Gründungsmitgliedes und ehemaligen Geschäftsführers wegen Vermögensdelikten ein 4 wichtiger Grund angenommen, da die Genossenschaft, mit dem gemeinnützigen Zweck, günstigen Wohnraum zu schaffen, auf einen tadellosen Ruf angewiesen ist, um die zur Erreichung des Zwecks notwendigen Finanzmittel mittels Krediten zu beschaffen).

5 ***Abs. 3** Zwingendes Recht.* Der Ausgeschlossene kann erst dann den Richter anrufen, wenn die Generalversammlung den vom Vorstand verhängten Ausschluss bestätigt hat 85 II 525/535, vgl. 72 II 110/112 f. E. c (in casu missbräuchliche Verschleppung des Ausschlussverfahrens durch den Vorstand). – Die Befugnis zum Ausschluss kann der Verwaltung im Sinne von Art. 894 f., *nicht aber der Geschäftsführung* im Sinne von Art. 898 übertragen werden 80 II 71/80 f. E. 4 (in casu genossenschaftlich organisierte Krankenkasse). – Die Erledigung des Streites über den Ausschluss eines Genossenschafters kann auch einem *Schiedsgericht* übertragen werden 71 II 176/180 f. E. 2 Pra 1945 (Nr. 192) 462 f. – Der Genossenschafter kann nicht im Voraus gültig auf das Recht verzichten, gegen seine (allfällige) Ausschliessung den Richter anzurufen 71 II 176/181 Pra 1945 (Nr. 192) 463. – Zum Verfahren betreffend den Ausschluss bei der Wohngenossenschaft vgl. 4A_14/2015 (26.2.15) E. 2 fr.

C. Tod des Genossenschafters

Art. 847

[1] Die Mitgliedschaft erlischt mit dem Tode des Genossenschafters.

[2] Die Statuten können jedoch bestimmen, dass die Erben ohne weiteres Mitglieder der Genossenschaft sind.

[3] Die Statuten können ferner bestimmen, dass die Erben oder einer unter mehreren Erben auf schriftliches Begehren an Stelle des verstorbenen Genossenschafters als Mitglied anerkannt werden müssen.

[4] Die Erbengemeinschaft hat für die Beteiligung an der Genossenschaft einen gemeinsamen Vertreter zu bestellen.

1 Die Statuten dürfen der Gesellschaft ein Vetorecht einräumen oder Voraussetzungen festlegen, welche die Erben erfüllen müssen 4C.350/2002 (25.2.03) E. 3.1 fr. Anwendungsfall 108 II 95/99 E. b (in casu sahen die Statuten einer Siedlungsgenossenschaft die Genehmigung des Eintritts des Erben durch den Vorstand vor; in diesem Fall liegt ein derivativer, nicht ein originärer Rechtserwerb der Mitgliedschaft vor).

D. Wegfall einer Beamtung oder Anstellung oder eines Vertrages

Art. 848

Ist die Zugehörigkeit zu einer Genossenschaft mit einer Beamtung oder Anstellung verknüpft oder die Folge eines Vertragsverhältnisses, wie bei einer Versicherungsgenossenschaft, so fällt die Mitgliedschaft, sofern die Statuten es nicht anders ordnen, mit dem Aufhören der Beamtung oder Anstellung oder des Vertrages dahin.

1 Zwischen Mieter und Wohngenossenschaft sind zwei Rechtsbeziehungen zu beachten: die genossenschaftsrechtliche Beziehung (welche durch die Aufnahme der Genossen-

schaftsmieter in die Genossenschaft entsteht) und die vertragsrechtliche Beziehung (welche durch den Abschluss eines Mietvertrags zwischen der Genossenschaft und dem Genossenschaftsmieter entsteht) 136 III 65/68 E. 2.2 fr., 4A_247/2015 (6.10.15) E. 3. Sind das körperschaftliche Verhältnis und das Schuldverhältnis miteinander gekoppelt, kann der Mietvertrag grundsätzlich nur aus Gründen aufgelöst werden, welche gleichzeitig einen Ausschluss aus der Gesellschaft rechtfertigen 136 III 65/70 E. 2.4.1 fr., 4A_247/2015 (6.10.15) E. 3.1. Sind das körperschaftliche Verhältnis und das Schuldverhältnis nicht miteinander verbunden, können beide Rechtsbeziehungen grundsätzlich unabhängig voneinander beendet werden 136 III 65/71 E. 2.4.2 fr. Der Genossenschaftsmieter kann, auch wenn er den Ausschluss nicht gerichtlich anficht, eine mit dem Ausschluss zusammenhängende Kündigung mit der Begründung anfechten, die Voraussetzung für eine Kündigung (begründeter Ausschluss aus der Genossenschaft) sei nicht gegeben gewesen. Der Verzicht auf die Anfechtung des Ausschlusses macht eine unzulässige Kündigung nicht nachträglich gültig. Der Genossenschaftsmieter verliert mangels Anfechtung des Ausschlusses seine Stellung als Genossenschafter, während das Mietverhältnis bei erfolgreicher Anfechtung der Kündigung bestehen bleibt 4A_247/2015 (6.10.15) E. 3.3. – Anwendungsfall 4A_386/2014 (11.11.14) E. 3.2 fr.

E. Übertragung der Mitgliedschaft I. Im Allgemeinen

Art. 849

[1] Die Abtretung der Genossenschaftsanteile und, wenn über die Mitgliedschaft oder den Genossenschaftsanteil eine Urkunde ausgestellt worden ist, die Übertragung dieser Urkunde machen den Erwerber nicht ohne weiteres zum Genossenschafter. Der Erwerber wird erst durch einen dem Gesetz und den Statuten entsprechenden Aufnahmebeschluss Genossenschafter.

[2] Solange der Erwerber nicht als Genossenschafter aufgenommen ist, steht die Ausübung der persönlichen Mitgliedschaftsrechte dem Veräusserer zu.

[3] Ist die Zugehörigkeit zu einer Genossenschaft mit einem Vertrage verknüpft, so können die Statuten bestimmen, dass die Mitgliedschaft mit der Übernahme des Vertrages ohne weiteres auf den Rechtsnachfolger übergeht.

II. Durch Übertragung von Grundstücken oder wirtschaftlichen Betrieben

Art. 850

[1] Die Mitgliedschaft bei einer Genossenschaft kann durch die Statuten vom Eigentum an einem Grundstück oder vom wirtschaftlichen Betrieb eines solchen abhängig gemacht werden.

[2] Die Statuten können für solche Fälle vorschreiben, dass mit der Veräusserung des Grundstückes oder mit der Übernahme des wirtschaftlichen Betriebes die Mitgliedschaft ohne weiteres auf den Erwerber oder den Übernehmer übergeht.

[3] Die Bestimmung betreffend den Übergang der Mitgliedschaft bei Veräusserung des Grundstückes bedarf zu ihrer Gültigkeit gegenüber Dritten der Vormerkung im Grundbuche.

1 **Allgemeines.** Die Bestimmung will nicht etwa eine besondere Art der Austrittserschwerung vorsehen, sondern lediglich *die Übertragung der Mitgliedschaft erleichtern* (die Zulässigkeit einer Statutenbestimmung, wonach das Mitglied der Genossenschaft angehöre, solange es Eigentümer der Liegenschaft bleibe, ist aufgrund der Gesetzesvorschriften über den Austritt aus der Genossenschaft [Art. 842/843] zu beurteilen) 89 II 138/148 E.c.

2 ***Abs. 1*** Offengelassen, ob zum Übergang der Mitgliedschaft der Erwerb *nur eines Teils der Liegenschaft* genügt 98 II 221/225 E. 3. – Auslegung einer Statutenbestimmung, die den Entscheid über den Erwerb der Mitgliedschaft der Generalversammlung vorbehält 98 II 221/223 ff. E. 3.

3 ***Abs. 2 und 3*** Die Vormerkung im Grundbuch ist nicht formelles Gültigkeitserfordernis für den Übergang der Mitgliedschaft. Sie ist nur Voraussetzung dafür, dass die Mitgliedschaft ohne Rücksicht auf den Willen des Erwerbers auf ihn übergeht. Beim Fehlen der Vormerkung kann sich der Erwerber einer Statutenbestimmung im Sinne von Abs. 2 durch schlüssiges Verhalten unterziehen (darin liegt nicht eine Beitrittserklärung, die gemäss Art. 840 Abs. 1 der Schriftform bedürfte) 90 II 310/312 f. E. 1, vgl. auch 98 II 221/224. – Durch die Vormerkung entsteht eine *Realobligation* 89 II 138/145 f.

F. Austritt des Rechtsnachfolgers

Art. 851

Bei Übertragung und Vererbung der Mitgliedschaft gelten für den Rechtsnachfolger die gleichen Austrittsbedingungen wie für das frühere Mitglied.

Vierter Abschnitt
Rechte und Pflichten der Genossenschafter

A. Ausweis der Mitgliedschaft

Art. 852

[1] Die Statuten können vorschreiben, dass für den Ausweis der Mitgliedschaft eine Urkunde ausgestellt wird.

[2] Dieser Ausweis kann auch im Anteilschein enthalten sein.

B. Genossenschaftsanteile

Art. 853

[1] Bestehen bei einer Genossenschaft Anteilscheine, so hat jeder der Genossenschaft Beitretende mindestens einen Anteilschein zu übernehmen.

[2] Die Statuten können bestimmen, dass bis zu einer bestimmten Höchstzahl mehrere Anteilscheine erworben werden dürfen.

[3] Die Anteilscheine werden auf den Namen des Mitgliedes ausgestellt. Sie können aber nicht als Wertpapiere, sondern nur als Beweisurkunden errichtet werden.

Die Ausgabe und Zuteilung neuer Anteilscheine sind *nichtig,* wenn sie gegen die guten Sitten verstossen (in casu irreführende Anbietung durch den Vorstand) 72 II 91/116. Allenfalls unzulässig ist die Übertragung von Anteilscheinen, wenn sie dem Erwerber nicht das volle Recht aus dem Titel verschaffen soll, sondern nur simuliert ist mit dem einzigen Zweck, das Stimmrechtsverhältnis zugunsten der wahren Stimmberechtigten zu beeinflussen 72 II 91/118 E. 8. – Die gesetzliche Ordnung schliesst die Ausgabe von Partizipationsscheinen bei der Genossenschaft aus. Eine Lücke im Rechtssinn, die nach Art. 1 Abs. 2 ZGB zu füllen wäre, liegt nicht vor 140 III 206/219 f. E. 3.7. – Die *Steuerbehörde* handelt nicht willkürlich, wenn sie das «Pflichtanteilskapital» (in casu rechtlich und wirtschaftlich eine Ergänzung des Genossenschaftskapitals), zu dessen Einzahlung in casu jeder Mieter einer Wohnung einer Baugenossenschaft verpflichtet war, nicht zum Fremd-, sondern zum steuerbaren Eigenkapital der Genossenschaft zählt 90 I 153/156 ff. E. 2. 1

C. Rechtsgleichheit

Art. 854

Die Genossenschafter stehen in gleichen Rechten und Pflichten, soweit sich aus dem Gesetz nicht eine Ausnahme ergibt.

Das in Art. 854 niedergelegte Gebot der Gleichbehandlung verbietet nicht die *Berücksichtigung tatsächlicher Verschiedenheiten* (relatives Gleichheitsprinzip; in casu zulässige Ungleichheit in der Behandlung austretender Genossenschafter) 89 II 138/152 E. 5, 69 II 41/43 ff. E. 2 (die Bestimmung wäre verletzt, wenn eine Genossenschaft nur solche Mit- 1 glieder als Delegierte wählbar erklären würde, die eine bestimmte Anzahl von Genossenschaftsanteilen besitzen). Keine Verletzung der Rechtsgleichheit liegt vor, wenn sich eine Lösung im Rahmen der nachgiebigen Gesetzesordnung bewegt 80 II 271/276 E.b. Die Genossenschaft darf die Gleichheit der Mitglieder beschränken, sofern und soweit sie dies *im Hinblick auf ihren Zweck* tut (zulässig ist die Statutenbestimmung einer Konsumgenossenschaft, wonach Mitglieder, die gleichzeitig einer andern Konsumgenossenschaft angehören, nicht als Delegierte wählbar sind) 69 II 41/48. Aus Art. 854 folgt nicht, dass eine Genossenschaft gegen alle Mitglieder, die (zugleich) Konkurrenten sind, gleich vorgehen müsse; sie kann sehr wohl nur einen einzigen Konkurrenten als für sich gefährlich erachten (und dementsprechende Vorkehren treffen) 69 II 41/51. Das Gebot der Gleichbehandlung gibt keinen Anspruch darauf, dass die relative Stimmkraft des einzelnen Gesellschafters erhalten bleibt 4C.101/2002 (8.8.02) E. 4.3.2. Führt in der Wohngenossenschaft die Anfechtung eines missbräuchlichen Mietzinses zu ungleichen Verhältnissen, bedeutet diese Ungleichheit keine Verletzung des Gleichbehandlungsgebotes 134 III 159/163 E. 5.2.2 fr. bzw. 4A_423/2007 (28.1.08) E. 5.2.2 fr. bzw. 4A_425/2007 (28.1.08) E. 5.2.2 fr. – Unzulässig ist die Statutenbestimmung, wonach der Stimme des als Mitglied beteiligten Gemeinwesens eine erhöhte Stimmkraft zukommt 67 I 262/268.

D. Rechte I. Stimmrecht

Art. 855

Die Rechte, die den Genossenschaftern in den Angelegenheiten der Genossenschaft, insbesondere in Bezug auf die Führung der genossenschaftlichen Geschäfte und die Förderung der Genossenschaft zustehen, werden durch die Teilnahme an der Generalversammlung oder in den vom Gesetz vorgesehenen Fällen durch schriftliche Stimmabgabe (Urabstimmung) ausgeübt.

II. Kontrollrecht der Genossenschafter 1. Bekanntgabe der Bilanz

Art. 856

1 Spätestens zehn Tage vor der Generalversammlung oder der Urabstimmung, die über die Genehmigung des Lageberichts, der Konzernrechnung und der Jahresrechnung zu entscheiden hat, sind diese mit dem Revisionsbericht zur Einsicht der Genossenschafter am Sitz der Genossenschaft aufzulegen.

2 Die Statuten können bestimmen, dass jeder Genossenschafter berechtigt ist, auf Kosten der Genossenschaft eine Abschrift der Betriebsrechnung und der Bilanz zu verlangen.

2. Auskunfterteilung

Art. 857

1 Die Genossenschafter können die Revisionsstelle auf zweifelhafte Ansätze aufmerksam machen und die erforderlichen Aufschlüsse verlangen.

[2] Eine Einsichtnahme in die Geschäftsbücher und Korrespondenzen ist nur mit ausdrücklicher Ermächtigung der Generalversammlung oder durch Beschluss der Verwaltung und unter Wahrung des Geschäftsgeheimnisses gestattet.

[3] Das Gericht kann verfügen, dass die Genossenschaft dem Genossenschafter über bestimmte, für die Ausübung des Kontrollrechts erhebliche Tatsachen durch beglaubigte Abschrift aus ihren Geschäftsbüchern oder von Korrespondenzen Auskunft zu erteilen hat. Durch diese Verfügung dürfen die Interessen der Genossenschaft nicht gefährdet werden.

[4] Das Kontrollrecht der Genossenschafter kann weder durch die Statuten noch durch Beschlüsse eines Genossenschaftsorgans aufgehoben oder beschränkt werden.

III. Allfällige Rechte auf den Reinertrag 1. …

Art. 858

Diese Bestimmung wurde auf den 1. Januar 2013 aufgehoben (AS 2012 6679).

<u>*Abs. 1*</u> Eine *Pflicht zur doppelten Buchführung* besteht nur dann, wenn eine solche nach Art und Umfang des Geschäftes erforderlich ist. Andernfalls genügt eine *einfache Buchhaltung,* bei welcher am Schluss des Geschäftsjahres nicht eine Gewinn- und Verlustrechnung, sondern eine blosse Betriebsrechnung erstellt wird 88 I 273/274 (in casu Berechnung des steuerbaren Reinertrages im Falle einer einfachen Buchführung). 1

2. Verteilungsgrundsätze

Art. 859

[1] Ein Reinertrag aus dem Betriebe der Genossenschaft fällt, wenn die Statuten es nicht anders bestimmen, in seinem ganzen Umfange in das Genossenschaftsvermögen.

[2] Ist eine Verteilung des Reinertrages unter die Genossenschafter vorgesehen, so erfolgt sie, soweit die Statuten es nicht anders ordnen, nach dem Masse der Benützung der genossenschaftlichen Einrichtungen durch die einzelnen Mitglieder.

[3] Bestehen Anteilscheine, so darf die auf sie entfallende Quote des Reinertrages den landesüblichen Zinsfuss für langfristige Darlehen ohne besondere Sicherheiten nicht übersteigen.

3. Pflicht zur Bildung und Äufnung eines Reservefonds

Art. 860

[1] Soweit der Reinertrag in anderer Weise als zur Äufnung des Genossenschaftsvermögens verwendet wird, ist davon jährlich ein Zwanzigstel einem Reservefonds zuzuweisen. Diese Zuweisung hat während mindestens 20 Jahren zu erfolgen; wenn Anteilscheine bestehen, hat die Zuweisung auf alle Fälle so lange zu erfolgen, bis der Reservefonds einen Fünftel des Genossenschaftskapitals ausmacht.

[2] Durch die Statuten kann eine weitergehende Äufnung des Reservefonds vorgeschrieben werden.

[3] Soweit der Reservefonds die Hälfte des übrigen Genossenschaftsvermögens oder, wenn Anteilscheine bestehen, die Hälfte des Genossenschaftskapitals nicht übersteigt, darf er nur zur Deckung von Verlusten oder zu Massnahmen verwendet werden, die geeignet sind, in

Zeiten schlechten Geschäftsganges die Erreichung des Genossenschaftszweckes sicherzustellen.

4 ...

4. Reinertrag bei Kreditgenossenschaften

Art. 861

1 Kreditgenossenschaften können in den Statuten von den Bestimmungen der vorstehenden Artikel abweichende Vorschriften über die Verteilung des Reinertrages erlassen, doch sind auch sie gehalten, einen Reservefonds zu bilden und den vorstehenden Bestimmungen gemäss zu verwenden.

2 Dem Reservefonds ist alljährlich mindestens ein Zehntel des Reinertrages zuzuweisen, bis der Fonds die Höhe von einem Zehntel des Genossenschaftskapitals erreicht hat.

3 Wird auf die Genossenschaftsanteile eine Quote des Reinertrages verteilt, die den landesüblichen Zinsfuss für langfristige Darlehen ohne besondere Sicherheiten übersteigt, so ist von dem diesen Zinsfuss übersteigenden Betrag ein Zehntel ebenfalls dem Reservefonds zuzuweisen.

5. Fonds zu Wohlfahrtszwecken

Art. 862

1 Die Statuten können insbesondere auch Fonds zur Gründung und Unterstützung von Wohlfahrtseinrichtungen für Angestellte und Arbeiter des Unternehmens sowie für Genossenschafter vorsehen.

2–4 ...

6. Weitere Reserveanlagen

Art. 863

1 Die dem Gesetz und den Statuten entsprechenden Einlagen in Reserve- und andere Fonds sind in erster Linie von dem zur Verteilung gelangenden Reinertrag in Abzug zu bringen.

2 Soweit die Rücksicht auf das dauernde Gedeihen des Unternehmens es als angezeigt erscheinen lässt, kann die Generalversammlung auch solche Reserveanlagen beschliessen, die im Gesetz oder in den Statuten nicht vorgesehen sind oder über deren Anforderungen hinausgehen.

3 In gleicher Weise können zum Zwecke der Gründung und Unterstützung von Wohlfahrtseinrichtungen für Angestellte, Arbeiter und Genossenschafter sowie zu andern Wohlfahrtszwecken Beiträge aus dem Reinertrag auch dann ausgeschieden werden, wenn sie in den Statuten nicht vorgesehen sind; solche Beiträge stehen unter den Bestimmungen über die statutarischen Wohlfahrtsfonds.

IV. Abfindungsanspruch

Vorb. Art. 864–865

Allgemeines. Kein Abfindungsanspruch im Sinne der Bestimmungen ist ein fällig gewordener Rentenanspruch gegenüber einer Pensionskasse (dieser erlangt mit seiner Entstehung selbständigen Charakter und hat die Eigenschaft eines wohlerworbenen Rechts) 80 II 123/130 E.b. 1

1. Nach Massgabe der Statuten

Art. 864

[1] Die Statuten bestimmen, ob und welche Ansprüche an das Genossenschaftsvermögen den ausscheidenden Genossenschaftern oder deren Erben zustehen. Diese Ansprüche sind auf Grund des bilanzmässigen Reinvermögens im Zeitpunkt des Ausscheidens mit Ausschluss der Reserven zu berechnen.

[2] Die Statuten können dem Ausscheidenden oder seinen Erben ein Recht auf gänzliche oder teilweise Rückzahlung der Anteilscheine mit Ausschluss des Eintrittsgeldes zuerkennen. Sie können die Hinausschiebung der Rückzahlung bis auf die Dauer von drei Jahren nach dem Ausscheiden vorsehen.

[3] Die Genossenschaft bleibt indessen auch ohne statutarische Bestimmung hierüber berechtigt, die Rückzahlung bis auf drei Jahre hinauszuschieben, sofern ihr durch diese Zahlung ein erheblicher Schaden erwachsen oder ihr Fortbestand gefährdet würde. Ein allfälliger Anspruch der Genossenschaft auf Bezahlung einer angemessenen Auslösungssumme wird durch diese Bestimmung nicht berührt.

[4] Die Ansprüche des Ausscheidenden oder seiner Erben verjähren in drei Jahren vom Zeitpunkt an gerechnet, auf den die Auszahlung verlangt werden kann.

Abs. 1 Die Berechnung aufgrund des bilanzmässigen Reinvermögens im Zeitpunkt des Ausscheidens ist zwingend 4C.35/2002 (6.6.02) E. 2b, 127 III 415/416 ff. E. 3. Zur Erschwerung des Austrittes vgl. unter Art. 842 Abs. 2 und Abs. 3. 1

Abs. 2 Auch wenn die Statuten einen Anspruch auf Rückerstattung des Nennwertes der Anteilsscheine einräumen, ist die Höhe des Rückerstattungsbetrages durch das bilanzmässige Reinvermögen im Zeitpunkt des Ausscheidens zwingend beschränkt 127 III 415/419 ff. E. 5. 2

2. Nach Gesetz

Art. 865

[1] Enthalten die Statuten keine Bestimmung über einen Abfindungsanspruch, so können die ausscheidenden Genossenschafter oder ihre Erben keine Abfindung beanspruchen.

[2] Wird die Genossenschaft innerhalb eines Jahres nach dem Ausscheiden oder nach dem Tode eines Genossenschafters aufgelöst und wird das Vermögen verteilt, so steht dem Ausgeschiedenen oder seinen Erben der gleiche Anspruch zu wie den bei der Auflösung vorhandenen Genossenschaftern.

E. Pflichten I. Treuepflicht

Art. 866

Die Genossenschafter sind verpflichtet, die Interessen der Genossenschaft in guten Treuen zu wahren.

1 **Allgemeines.** Die Treuepflicht beurteilt sich in erster Linie nach dem von der Genossenschaft *angestrebten Zweck* und den dafür in den Statuten vorgesehenen *Mitteln.* Der weitere Statuteninhalt ist für die Bestimmung der Treuepflicht beachtlich, wenn sich aus diesem über die eigentliche Zweckbestimmung und die dafür vorgesehenen Mittel hinaus besondere Pflichten der Genossenschafter ergeben. Die Statuten sind somit einerseits Grundlage und anderseits Schranke der Treuepflicht des Genossenschafters 101 II 125/127 f. E.a. – Aus der Treuepflicht kann sich nach den Umständen für die Genossenschafter das Verbot ergeben, die Genossenschaft zu konkurrenzieren 69 II 41/46.

2 **Anwendungsfälle.** ***Verstoss gegen die Treuepflicht.*** In der Wohngenossenschaft stellt die fehlende Rücksichtnahme gegenüber den Nachbarn eine Verletzung der Treuepflicht dar 136 III 65/72 E. 2.5 fr. Wer von einer Genossenschaft zu günstigen Bedingungen eine Liegenschaft erwirbt und damit als Genossenschafter auch gewisse Lasten (in casu Bezugs- und Kostentragungspflichten) übernehmen muss, verstösst gegen die Treuepflicht, wenn er sich nachträglich mit dem Hinweis auf die (allenfalls) ungültige statutarische Austrittsordnung durch einfache Kündigung des Genossenschaftsverhältnisses von den übernommenen Verpflichtungen befreien will 89 II 138/154 f. E. 8.

3 ***Kein Verstoss gegen die Treuepflicht.*** Wenn das Mitglied einer Mieterbaugenossenschaft bei Fehlen entsprechender Statutenbestimmungen den Umzug in eine kleinere Wohnung ablehnt, obwohl durch eine Unterbesetzung seiner Wohnung sein Platzbedürfnis sich verringert hat 101 II 125/129. – Wenn der Genossenschafter zur Verfolgung eines legitimen Interesses sich im Rahmen des Gesetzes und der Statuten auch des Mittels der Übertragung von Anteilscheinen und der dadurch bewirkten, statutarisch zulässigen Verstärkung seines Stimmrechts bedient 72 II 91/117 f. E.b.

II. Pflicht zu Beiträgen und Leistungen

Art. 867

[1] Die Statuten regeln die Beitrags- und Leistungspflicht.

[2] Sind die Genossenschafter zur Einzahlung von Genossenschaftsanteilen oder zu andern Beitragsleistungen verpflichtet, so hat die Genossenschaft diese Leistungen unter Ansetzung einer angemessenen Frist und mit eingeschriebenem Brief einzufordern.

[3] Wird auf die erste Aufforderung nicht bezahlt und kommt der Genossenschafter auch einer zweiten Zahlungsaufforderung innert Monatsfrist nicht nach, so kann er, sofern ihm dies mit eingeschriebenem Brief angedroht worden ist, seiner Genossenschaftsrechte verlustig erklärt werden.

[4] Sofern die Statuten es nicht anders ordnen, wird der Genossenschafter durch die Verlustigerklärung nicht von fälligen oder durch die Ausschliessung fällig werdenden Verpflichtungen befreit.

__Abs. 1__ Beitrags- und Leistungspflichten können als Leistungs-, Duldungs- und Unterlassungspflichten statuiert werden 4C.137/2003 (2.9.03) E. 1.3. 1

III. Haftung 1. Der Genossenschaft

Art. 868

Für die Verbindlichkeiten der Genossenschaft haftet das Genossenschaftsvermögen. Es haftet ausschliesslich, sofern die Statuten nichts anderes bestimmen.

2. Der Genossenschafter a. Unbeschränkte Haftung

Art. 869

[1] Die Statuten können, ausgenommen bei konzessionierten Versicherungsgenossenschaften, die Bestimmung aufstellen, dass nach dem Genossenschaftsvermögen die Genossenschafter persönlich unbeschränkt haften.

[2] In diesem Falle haften, soweit die Gläubiger im Genossenschaftskonkurse zu Verlust kommen, die Genossenschafter für alle Verbindlichkeiten der Genossenschaft solidarisch mit ihrem ganzen Vermögen. Diese Haftung wird bis zur Beendigung des Konkurses durch die Konkursverwaltung geltend gemacht.

b. Beschränkte Haftung

Art. 870

[1] Die Statuten können, ausgenommen bei konzessionierten Versicherungsgenossenschaften, die Bestimmung aufstellen, dass die Genossenschafter über die Mitgliederbeiträge und Genossenschaftsanteile hinaus für die Verbindlichkeiten der Genossenschaft nach dem Genossenschaftsvermögen persönlich, jedoch nur bis zu einem bestimmten Betrage haften.

[2] Wenn Genossenschaftsanteile bestehen, ist der Haftungsbetrag für die einzelnen Genossenschafter nach dem Betrag ihrer Genossenschaftsanteile zu bestimmen.

[3] Die Haftung wird bis zur Beendigung des Konkurses durch die Konkursverwaltung geltend gemacht.

__Abs. 1 und 2__ Hält sich eine statutarische Haftungsnorm an die Regel in Abs. 1, ohne der in Abs. 2 vorgeschriebenen Abstufung Rechnung zu tragen, so hat es damit sein Bewenden, wenn die Eintragung im Handelsregister unangefochten geblieben ist 78 III 33/47 f. E. 12. 1

c. Nachschusspflicht

Art. 871

[1] Die Statuten können die Genossenschafter an Stelle oder neben der Haftung zur Leistung von Nachschüssen verpflichten, die jedoch nur zur Deckung von Bilanzverlusten dienen dürfen.

[2] Die Nachschusspflicht kann unbeschränkt sein, sie kann aber auch auf bestimmte Beträge oder im Verhältnis zu den Mitgliederbeiträgen oder den Genossenschaftsanteilen beschränkt werden.

[3] Enthalten die Statuten keine Bestimmungen über die Verteilung der Nachschüsse auf die einzelnen Genossenschafter, so richtet sich diese nach dem Betrag der Genossenschaftsanteile oder, wenn solche nicht bestehen, nach Köpfen.

[4] Die Nachschüsse können jederzeit eingefordert werden. Im Konkurse der Genossenschaft steht die Einforderung der Nachschüsse der Konkursverwaltung zu.

[5] Im Übrigen sind die Vorschriften über die Einforderung der Leistungen und über die Verlustigerklärung anwendbar.

d. Unzulässige Beschränkungen

Art. 872

Bestimmungen der Statuten, welche die Haftung auf bestimmte Zeit oder auf besondere Verbindlichkeiten oder auf einzelne Gruppen von Mitgliedern beschränken, sind ungültig.

e. Verfahren im Konkurs

Art. 873

[1] Im Konkurs einer Genossenschaft mit persönlicher Haftung oder mit Nachschusspflicht der Genossenschafter hat die Konkursverwaltung gleichzeitig mit der Aufstellung des Kollokationsplanes die auf die einzelnen Genossenschafter entfallenden vorläufigen Haftungsanteile oder Nachschussbeträge festzustellen und einzufordern.

[2] Uneinbringliche Beträge sind auf die übrigen Genossenschafter im gleichen Verhältnis zu verteilen, Überschüsse nach endgültiger Feststellung der Verteilungsliste zurückzuerstatten. Der Rückgriff der Genossenschafter unter sich bleibt vorbehalten.

[3] Die vorläufige Feststellung der Verpflichtungen der Genossenschafter und die Verteilungsliste können nach den Vorschriften des Schuldbetreibungs- und Konkursgesetzes vom 11. April 1889 durch Beschwerde angefochten werden.

[4] Das Verfahren wird durch eine Verordnung des Bundesrates geregelt.

1 **Allgemeines.** Die Einforderung der Gesellschafterhaftung ist eine Sonderregel, die nicht extensiv ausgelegt und nicht analog auf die Kollektivgesellschaft angewendet werden darf 4A_264/2008 (23.9.08) E. 1 fr.

2 ***Abs. 4*** Keine Anwendung der V des Bundesgerichts über den Genossenschaftskonkurs (VGeK, SR 281.52) auf die Gesellschaft mit beschränkter Haftung 70 III 86/87 ff. fr.

f. Änderung der Haftungsbestimmungen

Art. 874

[1] Änderungen an den Haftungs- oder Nachschussverpflichtungen der Genossenschafter sowie die Herabsetzung oder Aufhebung der Anteilscheine können nur auf dem Wege der Statutenrevision vorgenommen werden.

[2] Auf die Herabsetzung oder Aufhebung der Anteilscheine finden überdies die Bestimmungen über die Herabsetzung des Grundkapitals bei der Aktiengesellschaft Anwendung.

[3] Von einer Verminderung der Haftung oder der Nachschusspflicht werden die vor der Veröffentlichung der Statutenrevision entstandenen Verbindlichkeiten nicht betroffen.

[4] Die Neubegründung oder Vermehrung der Haftung oder der Nachschusspflicht wirkt mit der Eintragung des Beschlusses zugunsten aller Gläubiger der Genossenschaft.

g. Haftung neu eintretender Genossenschafter

Art. 875

[1] Wer in eine Genossenschaft mit persönlicher Haftung oder mit Nachschusspflicht der Genossenschafter eintritt, haftet gleich den andern Genossenschaftern auch für die vor seinem Eintritt entstandenen Verbindlichkeiten.

[2] Eine entgegenstehende Bestimmung der Statuten oder Verabredung unter den Genossenschaftern hat Dritten gegenüber keine Wirkung.

h. Haftung nach Ausscheiden oder nach Auflösung

Art. 876

[1] Wenn ein unbeschränkt oder beschränkt haftender Genossenschafter durch Tod oder in anderer Weise ausscheidet, dauert die Haftung für die vor seinem Ausscheiden entstandenen Verbindlichkeiten fort, sofern die Genossenschaft innerhalb eines Jahres oder einer statutarisch festgesetzten längern Frist seit der Eintragung des Ausscheidens in das Handelsregister in Konkurs gerät.

[2] Unter den gleichen Voraussetzungen und für die gleichen Fristen besteht auch die Nachschusspflicht fort.

[3] Wird eine Genossenschaft aufgelöst, so bleiben die Mitglieder in gleicher Weise haftbar oder zu Nachschüssen verpflichtet, falls innerhalb eines Jahres oder einer statutarisch festgesetzten längeren Frist seit der Eintragung der Auflösung in das Handelsregister der Konkurs über die Genossenschaft eröffnet wird.

Abs. 1 Das für den Fristbeginn massgebende Datum der Eintragung des Ausscheidens im Handelsregister kann nicht nachträglich geändert werden 89 I 285/289 E.c. Anwendungsfall 78 III 33/42. 1

i. Anmeldung von Ein- und Austritt im Handelsregister

Art. 877

[1] Sind die Genossenschafter für die Genossenschaftsschulden unbeschränkt oder beschränkt haftbar oder sind sie zu Nachschüssen verpflichtet, so hat die Verwaltung jeden Eintritt oder Austritt eines Genossenschafters innerhalb drei Monaten beim Handelsregisteramt anzumelden.

[2] Überdies steht jedem austretenden oder ausgeschlossenen Mitgliede sowie den Erben eines Mitgliedes die Befugnis zu, die Eintragung des Austrittes, des Ausschlusses oder des Todesfalles von sich aus vornehmen zu lassen. Das Handelsregisteramt hat der Verwaltung der Genossenschaft von einer solchen Anmeldung sofort Kenntnis zu geben.

[3] Die konzessionierten Versicherungsgenossenschaften sind von der Pflicht zur Anmeldung ihrer Mitglieder beim Handelsregisteramt befreit.

k. Verjährung der Haftung

Art. 878

[1] Die Ansprüche der Gläubiger aus der persönlichen Haftung der einzelnen Genossenschafter können noch während der Dauer eines Jahres vom Schlusse des Konkursverfahrens an von jedem Gläubiger geltend gemacht werden, sofern sie nicht nach gesetzlicher Vorschrift schon vorher erloschen sind.

[2] Der Rückgriff der Genossenschafter unter sich verjährt mit Ablauf von drei Jahren vom Zeitpunkt der Zahlung an, für die er geltend gemacht wird.

altArt. 878

Diese Bestimmung wurde per 1. Januar 2020 abgeändert (AS 2018 5343).

[1] Die Ansprüche der Gläubiger aus der persönlichen Haftung der einzelnen Genossenschafter können noch während der Dauer eines Jahres vom Schlusse des Konkursverfahrens an von jedem Gläubiger geltend gemacht werden, sofern sie nicht nach gesetzlicher Vorschrift schon vorher erloschen sind.

[2] Der Rückgriff der Genossenschafter unter sich verjährt ebenfalls in einem Jahre vom Zeitpunkt der Zahlung an, für die er geltend gemacht wird.

Fünfter Abschnitt
Organisation der Genossenschaft

A. Generalversammlung I. Befugnisse

Art. 879

[1] Oberstes Organ der Genossenschaft ist die Generalversammlung der Genossenschafter.

[2] Ihr stehen folgende unübertragbare Befugnisse zu:
1. **die Festsetzung und Änderung der Statuten;**
2. **Wahl der Verwaltung und der Revisionsstelle;**
3. **die Genehmigung des Lageberichts und der Konzernrechnung;**
4. **die Entlastung der Verwaltung;**
5. **die Beschlussfassung über die Gegenstände, die der Generalversammlung durch das Gesetz oder die Statuten vorbehalten sind.**

Allgemeines. Zwingendes Recht (die Statuten können z.B. nicht bestimmen, dass Statutenänderungen nur mit Zustimmung eines bestimmten Einzelmitgliedes [z.B. des beteiligten Gemeinwesens] oder eines Dritten [z.B. einer Behörde] beschlossen werden können). Die Bestimmung grenzt die Befugnisse der Generalversammlung von denjenigen anderer Körperschaftsorgane ab 67 I 262/264. 1

Abs. 2 Ziff. 4 Durch Auslegung ist zu ermitteln, ob ein Beschluss über die Rechnungsabnahme zugleich die Entlastung der Verwaltung mit sich bringe (dabei ist zu bedenken, dass der Rechnungsgenehmigung in der Genossenschaft eine weniger wichtige Bedeutung zukommt als in der AG) 78 II 155/156. 2

II. Urabstimmung

Art. 880

Bei Genossenschaften, die mehr als 300 Mitglieder zählen oder bei denen die Mehrheit der Mitglieder aus Genossenschaften besteht, können die Statuten bestimmen, dass die Befugnisse der Generalversammlung ganz oder zum Teil durch schriftliche Stimmabgabe (Urabstimmung) der Genossenschafter ausgeübt werden.

III. Einberufung 1. Recht und Pflicht

Art. 881

[1] Die Generalversammlung wird durch die Verwaltung oder ein anderes nach den Statuten dazu befugtes Organ, nötigenfalls durch die Revisionsstelle einberufen. Das Einberufungsrecht steht auch den Liquidatoren und den Vertretern der Anleihensgläubiger zu.

[2] Die Generalversammlung muss einberufen werden, wenn wenigstens der zehnte Teil der Genossenschafter oder, bei Genossenschaften von weniger als 30 Mitgliedern, mindestens drei Genossenschafter die Einberufung verlangen.

[3] Entspricht die Verwaltung diesem Begehren nicht binnen angemessener Frist, so hat das Gericht auf Antrag der Gesuchsteller die Einberufung anzuordnen.

1 ***Abs. 1*** Eine nicht ordnungsgemässe Einberufung der Generalversammlung kann *die Nichtigkeit* der getroffenen Beschlüsse zur Folge haben (z.B. dann, wenn die Einladung gar nicht vom zuständigen Organ ausgegangen und auch nicht von ihm genehmigt worden ist oder wenn Machenschaften vorliegen, die darauf gerichtet waren, einzelne Mitglieder [allenfalls eine grosse Anzahl] vom Erscheinen abzuhalten und eine Anfechtung binnen gesetzlicher Frist zu verhindern) 78 III 33/46 E. 11.

2 ***Abs. 2*** Die Verwaltung muss dem Gesuch nachkommen, wenn die formellen Voraussetzungen erfüllt sind. Die Verwaltung ist nicht berechtigt, darüber zu entscheiden, ob die beantragten Traktanden sinnvoll sind oder nicht 4C.272/2001 (4.6.02) E. 5.2.

3 ***Abs. 3*** Ob eine bestimmte Frist angemessen ist, ist eine Ermessensfrage. Eine Vertröstung bis zur nächsten ordentlichen Generalversammlung in vier bis sechs Monaten ist als nicht mehr angemessen zu betrachten 4C.272/2001 (4.6.02) E. 5.1.2. Der Antrag auf Einberufung einer Generalversammlung wird im Falle seiner Geltendmachung vor Gericht lediglich daraufhin geprüft, ob die formellen Voraussetzungen erfüllt sind 4C.272/2001 (4.6.02) E. 5.2. – Der Präsident, der ein formell korrektes Gesuch um Einberufung einer Generalversammlung ablehnt, hat für die Kostenfolgen der deswegen angehobenen Traktandierungsklage einzustehen 4C.272/2001 (4.6.02) E. 5.3.

2. Form

Art. 882

[1] Die Generalversammlung ist in der durch die Statuten vorgesehenen Form, jedoch mindestens fünf Tage vor dem Versammlungstag einzuberufen.

[2] Bei Genossenschaften von über 30 Mitgliedern ist die Einberufung wirksam, sobald sie durch öffentliche Auskündigung erfolgt.

1 ***Abs. 1*** Anwendungsfall einer statutenwidrig einberufenen Generalversammlung einer Krankenkasse 116 II 713/715 E. 3 Pra 1992 (Nr. 12) 57. – Zur nicht ordnungsgemässen Einberufung siehe unter Art. 881 Abs. 1.

3. Verhandlungsgegenstände

Art. 883

[1] Bei der Einberufung sind die Verhandlungsgegenstände, bei Abänderung der Statuten der wesentliche Inhalt der vorgeschlagenen Änderungen bekanntzugeben.

[2] Über Gegenstände, die nicht in dieser Weise angekündigt worden sind, können Beschlüsse nicht gefasst werden, ausser über einen Antrag auf Einberufung einer weitern Generalversammlung.

[3] Zur Stellung von Anträgen und zu Verhandlungen ohne Beschlussfassung bedarf es der vorgängigen Ankündigung nicht.

Abs. 1 Da Art. 883 zwar zwingend ist, aber lediglich den Schutz der privaten Interessen der einzelnen Genossenschafter bezweckt, sind Beschlüsse, die in Verletzung der Bestimmung zustande gekommen sind (in casu Ankündigung einer Statutenänderung, ohne jedoch den wesentlichen Inhalt der Neuerung zu nennen), nur *anfechtbar* und nicht nichtig 80 II 271/275 E.a. 1

4. Universalversammlung

Art. 884

Wenn und solange alle Genossenschafter in einer Versammlung anwesend sind, können sie, falls kein Widerspruch erhoben wird, Beschlüsse fassen, auch wenn die Vorschriften über die Einberufung nicht eingehalten wurden.

IV. Stimmrecht

Art. 885

Jeder Genossenschafter hat in der Generalversammlung oder in der Urabstimmung eine Stimme.

Zwingendes Recht 90 II 333/342 E. b Pra 1965 (Nr. 35) 115. Die Verleihung eines Stimmrechts an Dritte ist unzulässig 128 III 375/377 ff. E. 3.2. 1

V. Vertretung

Art. 886

1 Bei der Ausübung seines Stimmrechts in der Generalversammlung kann sich ein Genossenschafter durch einen andern Genossenschafter vertreten lassen, doch kann kein Bevollmächtigter mehr als einen Genossenschafter vertreten.

2 Bei Genossenschaften mit über 1000 Mitgliedern können die Statuten vorsehen, dass jeder Genossenschafter mehr als einen, höchstens aber neun andere Genossenschafter vertreten darf.

3 Den Statuten bleibt vorbehalten, die Vertretung durch einen handlungsfähigen Familienangehörigen zulässig zu erklären.

VI. Ausschliessung vom Stimmrecht

Art. 887

1 Bei Beschlüssen über die Entlastung der Verwaltung haben Personen, die in irgendeiner Weise an der Geschäftsführung teilgenommen haben, kein Stimmrecht.

2 …

VII. Beschlussfassung 1. Im Allgemeinen

Art. 888

[1] Die Generalversammlung fasst ihre Beschlüsse und vollzieht ihre Wahlen, soweit das Gesetz oder die Statuten es nicht anders bestimmen, mit absoluter Mehrheit der abgegebenen Stimmen. Dasselbe gilt für Beschlüsse und Wahlen, die auf dem Wege der Urabstimmung vorgenommen werden.

[2] Für die Auflösung der Genossenschaft sowie für die Abänderung der Statuten bedarf es einer Mehrheit von zwei Dritteln der abgegebenen Stimmen. Die Statuten können die Bedingungen für diese Beschlüsse noch erschweren.

1 *Abs. 2* Zum altrechtlichen Art. 888 Abs. 2. Offengelassen, ob die qualifizierte Mehrheit mit Bezug auf die Fusion nicht nur für den grundsätzlichen Fusionsbeschluss, sondern auch für die weiteren Beschlüsse im Zusammenhang mit der Fusion gilt (insbesondere auch für die Wahl der Aufnahmegesellschaft) 116 II 713/715 E. 3 Pra 1992 (Nr. 12) 57.

2. Bei Erhöhung der Leistungen der Genossenschafter

Art. 889

[1] Beschlüsse über die Einführung oder die Vermehrung der persönlichen Haftung oder der Nachschusspflicht der Genossenschafter bedürfen der Zustimmung von drei Vierteilen sämtlicher Genossenschafter.

[2] Solche Beschlüsse sind für Genossenschafter, die nicht zugestimmt haben, nicht verbindlich, wenn sie binnen drei Monaten seit der Veröffentlichung des Beschlusses den Austritt erklären. Dieser Austritt ist wirksam auf den Zeitpunkt des Inkrafttretens des Beschlusses.

[3] Der Austritt darf in diesem Falle nicht von der Leistung einer Auslösungssumme abhängig gemacht werden.

1 *Abs. 1* **Zwingendes Recht.** Ein nicht mit der erforderlichen Mehrheit gefasster Beschluss ist nicht nur anfechtbar, sondern *ungültig.* Bleibt er aber trotzdem unangefochten während mehrerer Jahre im Handelsregister eingetragen, so können sich gutgläubige Dritte auf den Eintrag berufen 78 III 33/43 ff. E. 9.

VIII. Abberufung der Verwaltung und der Revisionsstelle

Art. 890

[1] Die Generalversammlung ist berechtigt, die Mitglieder der Verwaltung und der Revisionsstelle sowie andere von ihr gewählte Bevollmächtigte und Beauftragte abzuberufen.

[2] Auf den Antrag von wenigstens einem Zehntel der Genossenschafter kann das Gericht die Abberufung verfügen, wenn wichtige Gründe vorliegen, insbesondere wenn die Abberufenen die ihnen obliegenden Pflichten vernachlässigt haben oder zu erfüllen ausserstande waren. Es hat in einem solchen Falle, soweit notwendig, eine Neuwahl durch die zuständigen Genossenschaftsorgane zu verfügen und für die Zwischenzeit die geeigneten Anordnungen zu treffen.

[3] Entschädigungsansprüche der Abberufenen bleiben vorbehalten.

Abs. 2 Die Verfolgung eigennütziger Interessen durch ein Vorstandsmitglied ist anders (strenger) zu beurteilen als diejenige eines gewöhnlichen Genossenschafters. Insbesondere darf das Vorstandsmitglied die ihm kraft seiner Organstellung zustehenden grösseren Befugnisse nicht (wie in casu) zur Verfolgung seiner privaten, mit denjenigen anderer Genossenschafter im Widerstreit liegenden Interessen ausnützen 72 II 91/120. 1

IX. Anfechtung der Generalversammlungsbeschlüsse

Art. 891

¹ Die Verwaltung und jeder Genossenschafter können von der Generalversammlung oder in der Urabstimmung gefasste Beschlüsse, die gegen das Gesetz oder die Statuten verstossen, beim Gericht mit Klage gegen die Genossenschaft anfechten. Ist die Verwaltung Klägerin, so bestimmt das Gericht einen Vertreter für die Genossenschaft.

² Das Anfechtungsrecht erlischt, wenn die Klage nicht spätestens zwei Monate nach der Beschlussfassung angehoben wird.

³ Das Urteil, das einen Beschluss aufhebt, wirkt für und gegen alle Genossenschafter.

Abs. 1 **Allgemeines.** Ein Beschluss ist bloss *anfechtbar* und nicht nichtig, wenn er nur die Statuten, Gesetzesbestimmungen dispositiven Rechts oder zwingende Vorschriften, die aber lediglich den Schutz der privaten Interessen der einzelnen Aktionäre (bzw. Genossenschafter) bezwecken, verletzt 80 II 271/275 E. a, 71 I 383/387 E. 2. 1

Anfechtbarkeit. Einem Nichtmitglied der Genossenschaft fehlt die Aktivlegitimation zu einer Klage über die Verbindlichkeit bestimmter Organhandlungen für die Genossenschafter oder über die Auslegung von Beschlüssen über die interne Organisation der Genossenschaft 72 II 91/102 E. 1. – *Beispiele:* Blosse Anfechtbarkeit bei einer Verletzung von Art. 883 Abs. 1 (ungenügende Angaben über eine vorgesehene Statutenänderung) 80 II 271/275 E.a. – Anfechtung eines Generalversammlungsbeschlusses über die Entlastung der Verwaltung 51 II 65/69 ff. E. 2, 3. 2

Nichtigkeit. Als *nichtig* zu behandeln sind vor allem solche Willensäusserungen von Körperschaftsmitgliedern, die wegen formeller Mängel nicht als Beschlüsse von Mitgliederversammlungen gelten können; denn blosse Anfechtbarkeit setzt voraus, dass überhaupt ein solcher Beschluss vorliegt 71 I 383/387 E.a. – Juristische oder praktische Schwierigkeiten, welche die Wiederherstellung des früheren Zustandes hervorrufen können, stellen in der Regel keinen hinreichenden Grund dar, eine Klage auf Aufhebung oder auf Feststellung der Nichtigkeit eines Fusionsbeschlusses, den die Generalversammlung einer Genossenschaft in Verletzung gesetzlicher oder statutarischer Bestimmungen gefasst hat, als gegenstandslos zu erklären 116 II 713/715 ff. E. 4 Pra 1992 (Nr. 12) 57. *Beispiele:* Nichtig ist der Beschluss über die Einführung der persönlichen Haftung gemäss Art. 889 Abs. 1, wenn er nicht mit dem erforderlichen Quorum gefasst wurde (bleibt er aber während mehrerer Jahre im Handelsregister eingetragen, so können sich gutgläubige Dritte auf den Eintrag berufen) 78 III 33/43 ff. E. 9, vgl. 49 II 380/390 ff. E. 5. – Eine Einberufung der Generalversammlung (Art. 881 Abs. 1), die nicht vom zuständigen Organ ausgeht und von ihm auch nicht genehmigt worden ist, oder bei Machenschaften, die 3 darauf gerichtet sind, einzelne Mitglieder (allenfalls eine grosse Anzahl) vom Erscheinen abzuhalten und eine Anfechtung binnen gesetzlicher Frist zu verhindern 78 III 33/46 E. 11, 71 I 383/388. – Der Generalversammlungsbeschluss, der einen unmöglichen oder gegen Gesetz oder Statuten verstossenden Inhalt hat oder gegen das Recht der Persönlichkeit verstösst 93 II 30/33 ff. E. 3, 4 Pra 1967 (Nr. 118) 369 f. – Der Generalversammlungsbeschluss auf Erhebung von Beiträgen bei den Mitgliedern ohne vorgängige Aufnahme einer solchen Verpflichtung in die Statuten 93 II 30/33 ff. E. 4e Pra 1967 (Nr. 118) 374, vgl. auch 46 II 313/318 ff. E. 2.

4 **Weiteres.** Der Präsident hat für die sorgfaltswidrige Abklärung der Stimmberechtigung und für die Kostenfolgen der deswegen angehobenen Anfechtungsklage einzustehen 4C.272/2001 (4.6.02) E. 4.4.

5 ***Abs. 2*** Anwendungsfall 4A_165/2010 (4.6.10) E. 3.3 fr.

X. Delegiertenversammlung

Art. 892

[1] Genossenschaften, die mehr als 300 Mitglieder zählen oder bei denen die Mehrheit der Mitglieder aus Genossenschaften besteht, können durch die Statuten die Befugnisse der Generalversammlung ganz oder zum Teil einer Delegiertenversammlung übertragen.

[2] Zusammensetzung, Wahlart und Einberufung der Delegiertenversammlung werden durch die Statuten geregelt.

[3] Jeder Delegierte hat in der Delegiertenversammlung eine Stimme, sofern die Statuten das Stimmrecht nicht anders ordnen.

[4] Im Übrigen gelten für die Delegiertenversammlung die gesetzlichen Vorschriften über die Generalversammlung.

1 ***Abs. 2*** Die Statuten einer Konsumgesellschaft können bestimmen, dass Mitglieder, die gleichzeitig einer anderen Konsumgenossenschaft angehören, nicht in die Delegiertenversammlung wählbar sind 69 II 41/50 ff. E. 4.

XI. Ausnahmebestimmungen für Versicherungsgenossenschaften

Art. 893

[1] Die konzessionierten Versicherungsgenossenschaften mit über 1000 Mitgliedern können durch die Statuten die Befugnisse der Generalversammlung ganz oder zum Teil der Verwaltung übertragen.

[2] Unübertragbar sind die Befugnisse der Generalversammlung zur Einführung oder Vermehrung der Nachschusspflicht, zur Auflösung, zur Fusion, zur Spaltung und zur Umwandlung der Rechtsform der Genossenschaft.

B. Verwaltung I. Wählbarkeit 1. Mitgliedschaft

Art. 894

[1] Die Verwaltung der Genossenschaft besteht aus mindestens drei Personen; die Mehrheit muss aus Genossenschaftern bestehen.

[2] Ist an der Genossenschaft eine juristische Person oder eine Handelsgesellschaft beteiligt, so ist sie als solche nicht als Mitglied der Verwaltung wählbar; dagegen können an ihrer Stelle ihre Vertreter gewählt werden.

Abs. 1 Die Statuten können vorsehen, dass der Vorstand sich selber organisiert und auch Beisitzer ernennen kann 72 II 91/109 ff. E. 7. 1

2. …

Art. 895

Diese Bestimmung wurde auf den 1. Januar 2008 aufgehoben (AS 2007 4791).

II. Amtsdauer

Art. 896

[1] Die Mitglieder der Verwaltung werden auf höchstens vier Jahre gewählt, sind aber, wenn die Statuten nicht etwas anderes bestimmen, wieder wählbar.

[2] Bei den konzessionierten Versicherungsgenossenschaften finden für die Amtsdauer der Verwaltung die für die Aktiengesellschaft geltenden Vorschriften Anwendung.

III. Verwaltungsausschuss

Art. 897

Die Statuten können einen Teil der Pflichten und Befugnisse der Verwaltung einem oder mehreren von dieser gewählten Verwaltungsausschüssen übertragen.

IV. Geschäftsführung und Vertretung 1. Im Allgemeinen

Art. 898

[1] Die Statuten können die Generalversammlung oder die Verwaltung ermächtigen, die Geschäftsführung oder einzelne Zweige derselben und die Vertretung an eine oder mehrere Personen, Geschäftsführer oder Direktoren zu übertragen, die nicht Mitglieder der Genossenschaft zu sein brauchen.

[2] Die Genossenschaft muss durch eine Person vertreten werden können, die Wohnsitz in der Schweiz hat. Diese Person muss Mitglied der Verwaltung, Geschäftsführer oder Direktor sein. Diese Person muss Zugang zum Verzeichnis nach Artikel 837 haben.

2. Umfang und Beschränkung

Art. 899

[1] Die zur Vertretung befugten Personen sind ermächtigt, im Namen der Genossenschaft alle Rechtshandlungen vorzunehmen, die der Zweck der Genossenschaft mit sich bringen kann.

[2] Eine Beschränkung dieser Vertretungsbefugnis hat gegenüber gutgläubigen Dritten keine Wirkung, unter Vorbehalt der im Handelsregister eingetragenen Bestimmungen über die ausschliessliche Vertretung der Hauptniederlassung oder einer Zweigniederlassung oder über die gemeinsame Führung der Firma.

[3] Die Genossenschaft haftet für den Schaden aus unerlaubten Handlungen, die eine zur Geschäftsführung oder zur Vertretung befugte Person in Ausübung ihrer geschäftlichen Verrichtungen begeht.

3. Verträge zwischen der Genossenschaft und ihrem Vertreter

Art. 899a

Wird die Genossenschaft beim Abschluss eines Vertrages durch diejenige Person vertreten, mit der sie den Vertrag abschliesst, so muss der Vertrag schriftlich abgefasst werden. Dieses Erfordernis gilt nicht für Verträge des laufenden Geschäfts, bei denen die Leistung der Gesellschaft den Wert von 1000 Franken nicht übersteigt.

4. Zeichnung

Art. 900

Die zur Vertretung der Genossenschaft befugten Personen haben in der Weise zu zeichnen, dass sie der Firma der Genossenschaft ihre Unterschrift beifügen.

5. Eintragung

Art. 901

Die zur Vertretung der Genossenschaft befugten Personen sind von der Verwaltung zur Eintragung in das Handelsregister anzumelden unter Vorlegung einer beglaubigten Abschrift des Beschlusses. Sie haben ihre Unterschrift beim Handelsregisteramt zu zeichnen oder die Zeichnung in beglaubigter Form einzureichen.

V. Pflichten 1. Im Allgemeinen

Art. 902

[1] Die Verwaltung hat die Geschäfte der Genossenschaft mit aller Sorgfalt zu leiten und die genossenschaftliche Aufgabe mit besten Kräften zu fördern.

[2] Sie ist insbesondere verpflichtet:

1. die Geschäfte der Generalversammlung vorzubereiten und deren Beschlüsse auszuführen;

2. die mit der Geschäftsführung und Vertretung Beauftragten im Hinblick auf die Beobachtung der Gesetze, der Statuten und allfälliger Reglemente zu überwachen und sich über den Geschäftsgang regelmässig unterrichten zu lassen.

[3] Die Verwaltung ist dafür verantwortlich, dass ihre Protokolle und diejenigen der Generalversammlung, die notwendigen Geschäftsbücher sowie das Genossenschafterverzeichnis regelmässig geführt werden, dass die Betriebsrechnung und die Jahresbilanz nach den gesetzlichen Vorschriften aufgestellt und der Revisionsstelle zur Prüfung unterbreitet und die vorgeschriebenen Anzeigen an das Handelsregisteramt über Eintritt und Austritt der Genossenschafter gemacht werden.

2. Anzeigepflicht bei Überschuldung und bei Kapitalverlust

Art. 903

[1] Besteht begründete Besorgnis einer Überschuldung, so hat die Verwaltung sofort auf Grund der Veräusserungswerte eine Zwischenbilanz aufzustellen.

[2] Zeigt die letzte Jahresbilanz und eine daraufhin zu errichtende Liquidationsbilanz oder zeigt eine Zwischenbilanz, dass die Forderungen der Genossenschaftsgläubiger durch die Aktiven nicht mehr gedeckt sind, so hat die Verwaltung das Gericht zu benachrichtigen. Dieses hat die Konkurseröffnung auszusprechen, falls nicht die Voraussetzungen eines Aufschubes gegeben sind.

[3] Bei Genossenschaften mit Anteilscheinen hat die Verwaltung unverzüglich eine Generalversammlung einzuberufen und diese von der Sachlage zu unterrichten, wenn die letzte Jahresbilanz ergibt, dass die Hälfte des Genossenschaftskapitals nicht mehr gedeckt ist.

[4] Bei Genossenschaften mit Nachschusspflicht muss das Gericht erst benachrichtigt werden, wenn der durch die Bilanz ausgewiesene Verlust nicht innert drei Monaten durch Nachschüsse der Mitglieder gedeckt wird.

[5] Auf Antrag der Verwaltung oder eines Gläubigers kann das Gericht, falls Aussicht auf Sanierung besteht, die Konkurseröffnung aufschieben. In diesem Falle trifft es die zur Erhaltung des Vermögens geeigneten Massnahmen, wie Inventaraufnahme, Bestellung eines Sachwalters.

[6] Bei konzessionierten Versicherungsgenossenschaften gelten die Ansprüche der Mitglieder aus Versicherungsverträgen als Gläubigerrechte.

Abs. 5 Der Konkursaufschub ist öffentlich zu publizieren 101 III 99/105 f. E. 4. 1

VI. Rückerstattung entrichteter Zahlungen

Art. 904

[1] Im Konkurse der Genossenschaft sind die Mitglieder der Verwaltung den Genossenschaftsgläubigern gegenüber zur Rückerstattung aller in den letzten drei Jahren vor Konkursausbruch als Gewinnanteile oder unter anderer Bezeichnung gemachten Bezüge verpflichtet, soweit diese ein angemessenes Entgelt für Gegenleistungen übersteigen und bei vorsichtiger Bilanzierung nicht hätten ausgerichtet werden sollen.

[2] Die Rückerstattung ist ausgeschlossen, soweit sie nach den Bestimmungen über die ungerechtfertigte Bereicherung nicht gefordert werden kann.

[3] Das Gericht entscheidet unter Würdigung aller Umstände nach freiem Ermessen.

VII. Einstellung und Abberufung

Art. 905

[1] Die Verwaltung kann die von ihr bestellten Ausschüsse, Geschäftsführer, Direktoren und andern Bevollmächtigten und Beauftragten jederzeit abberufen.

[2] Die von der Generalversammlung bestellten Bevollmächtigten und Beauftragten können von der Verwaltung jederzeit in ihren Funktionen eingestellt werden unter sofortiger Einberufung einer Generalversammlung.

[3] Entschädigungsansprüche der Abberufenen oder in ihren Funktionen Eingestellten bleiben vorbehalten.

C. Revisionsstelle I. Im Allgemeinen

Art. 906

[1] Für die Revisionsstelle sind die Vorschriften des Aktienrechts entsprechend anwendbar.

[2] Eine ordentliche Revision der Jahresrechnung durch eine Revisionsstelle können verlangen:

1. **10 Prozent der Genossenschafter;**
2. **Genossenschafter, die zusammen mindestens 10 Prozent des Anteilscheinkapitals vertreten;**
3. **Genossenschafter, die einer persönlichen Haftung oder einer Nachschusspflicht unterliegen.**

II. Prüfung des Genossenschafterverzeichnisses

Art. 907

Bei Genossenschaften mit persönlicher Haftung oder Nachschusspflicht der Genossenschafter hat die Revisionsstelle festzustellen, ob das Genossenschafterverzeichnis korrekt geführt wird. Verfügt die Genossenschaft über keine Revisionsstelle, so muss die Verwaltung das Genossenschafterverzeichnis durch einen zugelassenen Revisor prüfen lassen.

D. Mängel in der Organisation

Art. 908

Bei Mängeln in der Organisation der Genossenschaft sind die Vorschriften des Aktienrechts entsprechend anwendbar.

Art. 909 und Art. 910

Diese Bestimmungen wurden auf den 1. Januar 2008 aufgehoben (AS 2007 4791).

Sechster Abschnitt
Auflösung der Genossenschaft

A. Auflösungsgründe

Art. 911

Die Genossenschaft wird aufgelöst:

1. **nach Massgabe der Statuten;**
2. **durch einen Beschluss der Generalversammlung;**
3. **durch Eröffnung des Konkurses;**
4. **in den übrigen vom Gesetze vorgesehenen Fällen.**

__Ziff. 2__ Der Auflösungsbeschluss ist unwiderruflich 91 I 438/440 ff. E. 2–5. 1

__Ziff. 3__ Die Verwertung des von einem Dritten bestellten Pfandes für eine Schuld der Genossenschaft setzt nicht ihre Wiedereintragung voraus 59 I 161/163 f. 2

B. Anmeldung beim Handelsregister

Art. 912

Erfolgt die Auflösung der Genossenschaft nicht durch Konkurs, so ist sie von der Verwaltung zur Eintragung in das Handelsregister anzumelden.

C. Liquidation, Verteilung des Vermögens

Art. 913

1 Die Genossenschaft wird, unter Vorbehalt der nachfolgenden Bestimmungen, nach den für die Aktiengesellschaft geltenden Vorschriften liquidiert.

2 Das nach Tilgung sämtlicher Schulden und Rückzahlung allfälliger Genossenschaftsanteile verbleibende Vermögen der aufgelösten Genossenschaft darf nur dann unter die Genossenschafter verteilt werden, wenn die Statuten eine solche Verteilung vorsehen.

3 Die Verteilung erfolgt in diesem Falle, wenn die Statuten nicht etwas anderes bestimmen, unter die zur Zeit der Auflösung vorhandenen Genossenschafter oder ihre Rechtsnachfolger nach Köpfen. Der gesetzliche Abfindungsanspruch der ausgeschiedenen Genossenschafter oder ihrer Erben bleibt vorbehalten.

4 Enthalten die Statuten keine Vorschrift über die Verteilung unter die Genossenschafter, so muss der Liquidationsüberschuss zu genossenschaftlichen Zwecken oder zur Forderung gemeinnütziger Bestrebungen verwendet werden.

5 Der Entscheid hierüber steht, wenn die Statuten es nicht anders ordnen, der Generalversammlung zu.

__Abs. 1__ Die *Organe* haben während der Dauer des Konkursverfahrens keine Vertretungsbefugnis im Hinblick auf einen zur Konkursmasse gehörenden Anspruch (aArt. 740 Abs. 5). Wird eine durch Konkurseröffnung aufgelöste Genossenschaft nach Einstellung 1 und Schliessung des Konkursverfahrens im Handelsregister nicht gelöscht, weil sie noch Aktiven besitzt, die das Konkursamt kannte, aber als zur Deckung der Konkurskosten nicht ausreichend erachtete, so ist (vorbehältlich abweichender Anordnungen der Statuten oder der Generalversammlung) die Verwaltung befugt, diese Aktiven zum Zwecke der Liquidation freihändig zu veräussern (aArt. 740 Abs. 1/aArt. 743 Abs. 4). Dass sie lediglich im Namen der Genossenschaft und nicht im Namen der Genossenschaft «in Liquidation» gehandelt hat, macht ihre Verfügung nicht ungültig (aArt. 739 Abs. 1) 90 II 247/252 ff. E. 2, 3. – Anwendung der aArt. 738/739 91 I 438/440 f. E. 2.

2 ***Abs. 2*** Zulässig ist eine Statutenbestimmung, wonach die Beteiligung am Liquidationsüberschuss von der Erfüllung der statutarischen Mitgliedschaftspflichten abhängig ist 80 II 271/276 ff. E.b.

D. …

Art. 914

Diese Bestimmung wurde auf den 1. Juli 2004 aufgehoben (AS 2004 2617).

E. Übernahme durch eine Körperschaft des öffentlichen Rechts

Art. 915

1 Wird das Vermögen einer Genossenschaft vom Bunde, von einem Kanton oder unter Garantie des Kantons von einem Bezirk oder von einer Gemeinde übernommen, so kann mit Zustimmung der Generalversammlung vereinbart werden, dass die Liquidation unterbleiben soll.

2 Der Beschluss der Generalversammlung ist nach den Vorschriften über die Auflösung zu fassen und beim Handelsregisteramt anzumelden.

3 Mit der Eintragung dieses Beschlusses ist der Übergang des Vermögens der Genossenschaft mit Einschluss der Schulden vollzogen, und es ist die Firma der Genossenschaft zu löschen.

Siebenter Abschnitt
Verantwortlichkeit

Vorb. Art. 916–920

Gründerhaftung. Die Haftung der Gründer verjährt gemäss Art. 60 in einem Jahr 66 II 164 E.a. 1

Durchgriff. Ein Durchgriff ist möglich, wenn die Berufung auf die Trennung zwischen Gesellschaftern und Gesellschaft legitime Interessen manifest verletzt bzw. die rechtliche Trennung zu unlauteren Zwecken angerufen wird 5C.279/2002 (14.3.03) E. 5.2. Die Möglichkeit des Durchgriffs besteht auch im Kollokationsprozess 5C.279/2002 (14.3.03) E. 2.3. 2

Umgekehrter Durchgriff. Wird eine Gesellschaft von einem Nichtgesellschafter nach Belieben beherrscht, wird dieser faktisch zum Alleingesellschafter und zum wirtschaftlich Alleinberechtigten. Zwischen dem Nichtgesellschafter und der Gesellschaft ist von einer wirtschaftlichen Identität auszugehen, womit die Voraussetzung für einen Durchgriff erfüllt ist 5C.209/2001 (12.2.02) E. 3a und 3b. Anwendungsfall: Ausnahmsweise ist es zulässig, das Eigentum einer juristischen Person in der Zwangsvollstreckung gegen eine natürliche Person zu pfänden und nötigenfalls zu verwerten 5A_587/2007 (28.2.08) E. 2. 3

A. Haftung gegenüber der Genossenschaft

Art. 916

Alle mit der Verwaltung, Geschäftsführung, Revision oder Liquidation befassten Personen sind der Genossenschaft für den Schaden verantwortlich, den sie ihr durch absichtliche oder fahrlässige Verletzung der ihnen obliegenden Pflichten verursachen.

Allgemeines. Die Organhaftung ist eine Haftung aus Vertrag 66 II 161/164 f. E.b. – Die Mitglieder der Verwaltung haften für jedes Verschulden. Fahrlässigkeit ist gegeben, wenn das schädigende Ereignis für den Verantwortlichen vorauszusehen war. Ein strenger Massstab ist anzulegen, wenn Mitglieder der Verwaltung nicht im Interesse der Gesellschaft, sondern im eigenen Interesse handeln 4C.272/2001 (4.6.02) E. 4.2. – Die Déchargeerteilung deckt die aus den unterbreiteten Vorlagen erkennbare Geschäftsführung der Verwaltungsorgane, nicht aber Geschehnisse, die der Generalversammlung nicht zur Kenntnis gebracht worden sind. In derartigen Belangen bleiben Verantwortlichkeit und Schadenersatzansprüche trotz gewährter Entlastung bestehen 78 II 155/156. 1

B. Haftung gegenüber Genossenschaft, Genossenschaftern und Gläubigern

Art. 917

[1] Die Mitglieder der Verwaltung und die Liquidatoren, welche die für den Fall der Überschuldung der Genossenschaft vom Gesetz aufgestellten Pflichten absichtlich oder fahrlässig verletzen, haften der Genossenschaft, den einzelnen Genossenschaftern und den Gläubigern für den entstandenen Schaden.

[2] Der Ersatz des Schadens, der den Genossenschaftern und den Gläubigern nur mittelbar durch Schädigung der Genossenschaft verursacht wurde, ist nach den für die Aktiengesellschaft aufgestellten Vorschriften geltend zu machen.

C. Solidarität und Rückgriff

Art. 918

[1] Sind mehrere Personen für denselben Schaden verantwortlich, so haften sie solidarisch.

[2] Der Rückgriff unter mehreren Beteiligten wird vom Gericht nach dem Grade des Verschuldens des einzelnen bestimmt.

D. Verjährung

Art. 919

[1] Der Anspruch auf Schadenersatz gegen die nach den vorstehenden Bestimmungen verantwortlichen Personen verjährt in fünf Jahren von dem Tage an, an dem der Geschädigte Kenntnis vom Schaden und von der Person des Ersatzpflichtigen erlangt hat, jedenfalls aber mit dem Ablaufe von zehn Jahren, vom Tage an gerechnet, an welchem das schädigende Verhalten erfolgte oder aufhörte.

[2] Hat die ersatzpflichtige Person durch ihr schädigendes Verhalten eine strafbare Handlung begangen, so verjährt der Anspruch auf Schadenersatz frühestens mit Eintritt der strafrechtlichen Verfolgungsverjährung. Tritt diese infolge eines erstinstanzlichen Strafurteils nicht mehr ein, so verjährt der Anspruch frühestens mit Ablauf von drei Jahren seit Eröffnung des Urteils.

altArt. 919

Diese Bestimmung wurde per 1. Januar 2020 abgeändert (AS 2018 5343).

[1] Der Anspruch auf Schadenersatz gegen die nach den vorstehenden Bestimmungen verantwortlichen Personen verjährt in fünf Jahren von dem Tage an, an dem der Geschädigte Kenntnis vom Schaden und von der Person des Ersatzpflichtigen erlangt hat, jedenfalls aber mit dem Ablaufe von zehn Jahren, vom Tage der schädigenden Handlung an gerechnet.

[2] Wird die Klage aus einer strafbaren Handlung hergeleitet, für die das Strafrecht eine längere Verjährung vorschreibt, so gilt diese auch für den Zivilanspruch.

E. Bei Kredit- und Versicherungsgenossenschaften

Art. 920

Bei Kreditgenossenschaften und konzessionierten Versicherungsgenossenschaften richtet sich die Verantwortlichkeit nach den Bestimmungen des Aktienrechts.

Offengelassen, ob die Bestimmung die *Gründer* mitumfasst 66 II 161/163. – *Keine Anwendung* auf nicht konzessionierte Versicherungsgesellschaften 66 II 161/163. 1

Achter Abschnitt
Genossenschaftsverbände

A. Voraussetzungen

Art. 921

Drei oder mehr Genossenschaften können einen Genossenschaftsverband bilden und ihn als Genossenschaft ausgestalten.

B. Organisation I. Delegiertenversammlung

Art. 922

[1] Oberstes Organ des Genossenschaftsverbandes ist, sofern die Statuten es nicht anders ordnen, die Delegiertenversammlung.

[2] Die Statuten bestimmen die Zahl der Delegierten der angeschlossenen Genossenschaften.

[3] Jeder Delegierte hat, unter Vorbehalt anderer Regelung durch die Statuten, eine Stimme.

II. Verwaltung

Art. 923

Die Verwaltung wird, sofern die Statuten es nicht anders bestimmen, aus Mitgliedern der angeschlossenen Genossenschaften gebildet.

III. Überwachung. Anfechtung

Art. 924

[1] Die Statuten können der Verwaltung des Verbandes das Recht einräumen, die geschäftliche Tätigkeit der angeschlossenen Genossenschaften zu überwachen.

[2] Sie können der Verwaltung des Verbandes das Recht verleihen, Beschlüsse, die von den einzelnen angeschlossenen Genossenschaften gefasst worden sind, beim Gericht durch Klage anzufechten.

IV. Ausschluss neuer Verpflichtungen

Art. 925

Der Eintritt in einen Genossenschaftsverband darf für die Mitglieder der eintretenden Genossenschaft keine Verpflichtungen zur Folge haben, denen sie nicht schon durch das Gesetz oder die Statuten ihrer Genossenschaft unterworfen sind.

1 Offengelassen, ob die Bestimmung auf Vereine und Vereinsverbände analog anwendbar ist 70 II 63/69.

Neunter Abschnitt
Beteiligung von Körperschaften des öffentlichen Rechts

Art. 926

[1] Bei Genossenschaften, an denen Körperschaften des öffentlichen Rechts, wie Bund, Kanton, Bezirk oder Gemeinde, ein öffentliches Interesse besitzen, kann der Körperschaft in den Statuten der Genossenschaft das Recht eingeräumt werden, Vertreter in die Verwaltung oder in die Revisionsstelle abzuordnen.

[2] Die von einer Körperschaft des öffentlichen Rechts abgeordneten Mitglieder haben die gleichen Rechte und Pflichten wie die von der Genossenschaft gewählten.

[3] Die Abberufung der von einer Körperschaft des öffentlichen Rechts abgeordneten Mitglieder der Verwaltung und der Revisionsstelle steht nur der Körperschaft selbst zu. Diese haftet gegenüber der Genossenschaft, den Genossenschaftern und den Gläubiger für diese Mitglieder, unter Vorbehalt des Rückgriffs nach dem Rechte des Bundes und der Kantone.

Abs. 1 **Keine ausdehnende Auslegung.** Unzulässig ist eine Auslegung z.B. in dem Sinn, dass dem Gemeinwesen auch ein Einspracherecht bei Statutenänderung eingeräumt werden könnte 67 I 262/265. 1

Abs. 3 Siehe Vorb. Art. 552–926/Strafrechtliche Aspekte. 2

Vierte Abteilung

Handelsregister, Geschäftsfirmen und kaufmännische Buchführung

Dreissigster Titel
Das Handelsregister

Der dreissigste Titel des Obligationenrechts wurde revidiert. Die revidierten Bestimmungen traten am 1. Januar 2021 in Kraft (AS 2020 957). Die Rechtsprechung zu den altrechtlichen Bestimmungen wurde, soweit es als sinnvoll erschien, den revidierten Bestimmungen zugeordnet.

Vorb. Art. 927–943

Allgemeines. *Zweck.* Der Zweck des Handelsregisters besteht darin, den Gläubigern und dem Publikum im Allgemeinen in klarer Weise die für den Geschäftsverkehr bedeutsamen Verhältnisse, insbesondere die Verantwortlichkeitsordnung der eintragungspflichtigen Geschäftsbetriebe, zur Kenntnis zu bringen 108 II 122/129 E. 5 Pra 1982 (Nr. 239) 612, grundlegend 104 Ib 321/322 E. a it. JdT 127 I 627 f. E. 2a, vgl. auch 109 II 478/482 E. 3 Pra 1984 (Nr. 62) 152, 119 II 259/263 fr. sowie 120 II 137/139 f. E. 3a Pra 1996 (Nr. 78) 223. Auch wenn das Handelsregister in erster Linie dem privatrechtlichen Rechtsverkehr dient, wird auch im öffentlichen Recht verschiedentlich an den Handelsregistereintrag angeknüpft, beispielsweise hinsichtlich der Beitragspflicht der Teilhaber von Personengesellschaften oder der Dauer der Beitragspflicht eines Selbständigerwerbenden, dessen Einzelfirma in eine AG umgewandelt wird 122 V 270/276 E.aa. – *Wirkungen.* Die Wirkungen des Handelsregisters bestehen (abgesehen von der Verleihung der Rechtspersönlichkeit an gewisse Gebilde) hauptsächlich in der Verschaffung des Firmenrechts und Firmenschutzes, in der Unterwerfung unter die kaufmännische Buchführungspflicht (siehe dazu aber unter Art. 957/Rechtsprechung zu aArt. 957/Buchführungspflicht), die Konkurs- und Wechselbetreibung und dergleichen 75 I 74/78. Der Eintrag einer *Einzelfirma* im Handelsregister begründet keine Fiktion der Handlungsfähigkeit des Firmeninhabers und ersetzt auch nicht die Bewilligung der Vormundschaftsbehörde gemäss ZGB Art. 412, wenn ein Unmündiger oder Entmündigter den Eintrag durch eigenmächtiges Vorgehen erwirkt hat 66 III 25/28. 1

Strafrecht. Das Bundesgesetz vom 6. Oktober 1923 betreffend Strafbestimmungen zum Handelsregister- und Firmenrecht behält die Anwendbarkeit schwererer allgemeiner Strafbestimmungen vor (in casu Urkundenfälschung, StGB Art. 251, und Erschleichung falscher Beurkundungen, StGB Art. 253, durch Vortäuschung und Überbewertung von Sacheinlagen in einer Bilanz, dem Sacheinlagevertrag, den Statuten, dem öffentlichen Errichtungsakt und dem Handelsregistereintrag anlässlich der Gründung einer GmbH) 81 IV 238/246 ff. E. 4. Die Verwendung ohne Täuschungsabsicht einer Firma, die mit der im Handelsregister eingetragenen nicht übereinstimmt, bleibt straflos, wenn sie nicht geeignet ist, im geschäftlichen Verkehr eine Täuschung über eine erhebliche Tatsache zu bewirken. Die Verwendung der falschen Firma muss vorsätzlich erfolgen; hinsichtlich ihrer Eignung zu erheblicher Täuschung genügt Fahrlässigkeit 103 IV 202/202 ff. 2

A. Begriff und Zweck

Art. 927

[1] Das Handelsregister ist ein Verbund staatlich geführter Datenbanken. Es bezweckt namentlich die Erfassung und die Offenlegung rechtlich relevanter Tatsachen über Rechtseinheiten und dient der Rechtssicherheit sowie dem Schutz Dritter.

[2] Rechtseinheiten im Sinne dieses Titels sind:

1. **Einzelunternehmen;**
2. **Kollektivgesellschaften;**
3. **Kommanditgesellschaften;**
4. **Aktiengesellschaften;**
5. **Kommanditaktiengesellschaften;**
6. **Gesellschaften mit beschränkter Haftung;**
7. **Genossenschaften;**
8. **Vereine;**
9. **Stiftungen;**
10. **Kommanditgesellschaften für kollektive Kapitalanlagen;**
11. **Investmentgesellschaften mit festem Kapital;**
12. **Investmentgesellschaften mit variablem Kapital;**
13. **Institute des öffentlichen Rechts;**
14. **Zweigniederlassungen.**

B. Organisation I. Handelsregisterbehörden

Art. 928

[1] Die Führung der Handelsregisterämter obliegt den Kantonen. Es steht ihnen frei, das Handelsregister kantonsübergreifend zu führen.

[2] Der Bund übt die Oberaufsicht über die Handelsregisterführung aus.

1 **[Rechtsprechung zu aArt. 927 Abs. 3]** Gemäss der Bestimmung ist *nur eine kantonale Aufsichtsbehörde* zulässig. Es steht den Kantonen frei, entweder richterliche oder administrative Behörden oder Einzelpersonen als Aufsichtsbehörde zu bezeichnen 100 II 453/456 f. E. 2. Diese Rechtslage hat sich mit der Einführung von aOG Art. 98a insoweit geändert, als die Kantone nun zwingend eine *gerichtliche Kontrolle* in Handelsregistersachen vorzusehen haben; vor diesem Hintergrund ist ein zweistufiger Rechtsmittelzug in Handelsregistersachen bundesrechtskonform 124 III 259/261 ff. E. 2 f., siehe auch aHRegV Art. 3 Abs. 4bis.

II. Zusammenarbeit zwischen den Behörden

Art. 928a

[1] Die Handelsregisterbehörden arbeiten zur Erfüllung ihrer Aufgaben zusammen. Sie erteilen einander diejenigen Auskünfte und übermitteln einander diejenigen Unterlagen, die sie zur Erfüllung ihrer Aufgaben benötigen.

[2] Sofern das Gesetz nichts anderes vorsieht, teilen Gerichte und Verwaltungsbehörden des Bundes und der Kantone den Handelsregisterämtern Tatsachen mit, die eine Pflicht zur Eintragung, Änderung oder Löschung im Handelsregister begründen.

[3] Auskünfte und Mitteilungen erfolgen gebührenfrei.

C. Zentrale Datenbanken

Art. 928b

[1] Die Oberaufsichtsbehörde des Bundes betreibt die zentralen Datenbanken über die Rechtseinheiten und die Personen, die in den kantonalen Registern eingetragen sind. Die zentralen Datenbanken dienen der Verknüpfung der Daten, der Unterscheidung und dem Auffinden der eingetragenen Rechtseinheiten und Personen.

[2] Die Datenerfassung für die zentrale Datenbank Rechtseinheiten obliegt der Oberaufsichtsbehörde des Bundes. Diese macht die öffentlichen Daten der Rechtseinheiten für Einzelabfragen im Internet gebührenfrei zugänglich.

[3] Die Datenerfassung für die zentrale Datenbank Personen obliegt den Handelsregisterämtern.

[4] Der Bund ist für die Sicherheit der Informationssysteme und die Rechtmässigkeit der Datenbearbeitung verantwortlich.

D. AHV-Versichertennummer und Personennummer

Art. 928c

[1] Die Handelsregisterbehörden verwenden zur Identifizierung von natürlichen Personen systematisch die AHV-Versichertennummer.

[2] Sie geben die AHV-Versichertennummer nur anderen Stellen und Institutionen bekannt, die sie zur Erfüllung ihrer gesetzlichen Aufgaben im Zusammenhang mit dem Handelsregister benötigen und zur systematischen Verwendung dieser Nummer berechtigt sind.

[3] Den in der zentralen Datenbank Personen erfassten natürlichen Personen wird zusätzlich eine nichtsprechende Personennummer zugeteilt.

E. Eintragung, Abänderung und Löschung I. Grundsätze

Art. 929

[1] Einträge im Handelsregister müssen wahr sein und dürfen weder zu Täuschungen Anlass geben noch einem öffentlichen Interesse zuwiderlaufen.

[2] Die Eintragung ins Handelsregister beruht auf einer Anmeldung. Die einzutragenden Tatsachen sind zu belegen.

[3] Eintragungen können auch aufgrund eines Urteils oder einer Verfügung eines Gerichts oder einer Verwaltungsbehörde oder von Amtes wegen erfolgen.

II. Unternehmens-Identifikationsnummer

Art. 930

Die im Handelsregister eingetragenen Rechtseinheiten erhalten eine Unternehmens-Identifikationsnummer nach dem Bundesgesetz vom 18. Juni 2010 über die Unternehmens-Identifikationsnummer.

III. Eintragungspflicht und freiwillige Eintragung 1. Einzelunternehmen und Zweigniederlassungen

Art. 931

1 Eine natürliche Person, die ein Gewerbe betreibt, das im letzten Geschäftsjahr einen Umsatzerlös von mindestens 100 000 Franken erzielt hat, muss ihr Einzelunternehmen am Ort der Niederlassung ins Handelsregister eintragen lassen. Von dieser Pflicht ausgenommen sind die Angehörigen der freien Berufe sowie die Landwirte, falls sie kein nach kaufmännischer Art geführtes Gewerbe betreiben.

2 Zweigniederlassungen sind ins Handelsregister des Ortes einzutragen, an dem sie sich befinden.

3 Einzelunternehmen und Zweigniederlassungen, die nicht zur Eintragung verpflichtet sind, haben das Recht, sich eintragen zu lassen.

1 **[Rechtsprechung zu aArt. 934 Abs. 1]** Der Eintrag im Handelsregister weist eine Partei als Subjekt aus, die ein Handels-, Fabrikations- oder ein anderes nach kaufmännischer Art geführtes Gewerbe betreibt. Wenn ZPO Art. 6 Abs. 2 lit. a den Zusammenhang mit der geschäftlichen Tätigkeit einer Partei verlangt, geht es um die geschäftliche Tätigkeit, welche diese Partei als selbständiger Kaufmann mit ihrem eigenen, im Handelsregister eingetragenen Gewerbe führt. Ein (eingetragenes) Organ betreibt kein eigenes nach kaufmännischer Art geführtes Gewerbe, der Inhaber eines Einzelunternehmens aber schon 142 III 96/101 E. 3.3.4. Dass es sich bei den strittigen Kaufgeschäften um Privatgeschäfte der beiden im Handelsregister mit ihren Einzelunternehmen eingetragenen Beschwerdegegnern handelte, schliesst die Zuständigkeit des Handelsgerichts nicht aus 142 III 96/101 E. 3.3.5. – Bei einem Einzelunternehmen ist die Eintragung nicht konstitutiv; das Unternehmen besteht also schon vor seiner Eintragung 4A_23/2014 (8.7.14) E. 2.1.1 fr. – *Handels-, Fabrikations- oder anderes nach kaufmännischer Art geführtes Gewerbe.* Siehe aHRegV Art. 52 ff. – Für die *freien Berufe* besteht keine Verpflichtung zur Eintragung im Handelsregister nach Art. 934 Abs. 1 und aHRegV Art. 52 ff., sofern sie nicht mit einer kaufmännischen Tätigkeit verbunden sind 106 Ib 311/315 E. c Pra 1981 (Nr. 140) 368. Eine kaufmännische Tätigkeit ist unter Berücksichtigung aller Umstände insbesondere dann anzunehmen, wenn die Rentabilität z.B. durch Finanzplanung und optimierte Werbung Vorrang vor den persönlichen Beziehungen zu Klient resp. Patient erhält, so in casu bei einem Architekturbüro 130 III 708/709 ff. E. 4 Pra 2005 (Nr. 75) 587 ff. Anwendungsfall: HRegV Art. 152 Abs. 2 statuiert eine Mitwirkungspflicht der betroffenen Person. Es ist von einer Beweislastumkehr auszugehen, und das Handelsregisteramt ist nicht verpflichtet, den Sachverhalt von Amtes wegen abzuklären. Unterbleibt der Nachweis, beispielsweise wegen fehlender Kooperation, hat das Handelsregister die Eintragung zwangsweise vor-

zunehmen 4A_526/2008 (21.1.09) E. 4.5.1 und E. 4.5.2. – Die Eintragungspflicht von Landwirtschafts- und Gemüsebaubetrieben unterliegt nicht eigenen Kriterien, sondern beurteilt sich, wie bei anderen Betrieben, danach, ob nach den gesamten Umständen des Einzelfalls ein bedeutendes Gewerbe vorliegt. Die wichtigsten Indizien für ein bedeutendes Gewerbe sind die Unterhaltung von Geschäftsbeziehungen zu einem grösseren Kreis von Lieferanten und Kunden, die Beanspruchung von Krediten in erheblichem Ausmass sowie die Tatsache, dass der Betriebsleiter die fachliche Arbeit nicht selber besorgt und sich stattdessen auf die Oberleitung beschränkt 135 III 304/312 E. 5.4. – Der *Inhaber einer infolge Konkurses gelöschten Einzelfirma* hat sich im Handelsregister eintragen zu lassen, wenn er ein neues Unternehmen gründet, das die Voraussetzungen der Art. 934 Abs. 1 und aHRegV Art. 52 ff. erfüllt, selbst wenn er nicht zu neuem Vermögen gekommen ist 102 Ib 14/15 f. E. 1 Pra 1976 (Nr. 133) 316. – Die Frage der Eintragungspflicht ist gegebenenfalls nach den *Umständen im Zeitpunkt der in Art. 941 und aHRegV Art. 57 Abs. 1 vorgesehenen Aufforderung zur Eintragung* zu beurteilen (massgebend ist allein die Aufforderung, die dem Verfahren gemäss aHRegV Art. 57 f. vorangegangen ist; frühere Aufforderungen, denen keine Folge gegeben wurde, bleiben ausser Betracht) 100 Ib 246/248 E. 3 Pra 1975 (Nr. 53) 138, 104 Ib 261/262 E. 1 fr. Entsprechend besteht keine Eintragungspflicht, wenn die Umstände, an welche die Eintragspflicht anknüpft, im Zeitpunkt der letzten Aufforderung zur Eintragung nicht mehr gegeben sind 4A.2/2005 (28.11.05) E. 4.3 bis 4.5. – *Hauptniederlassung.* Für die AG ist die *Hauptniederlassung* i.S.v. Art. 934 identisch mit dem Sitz der Gesellschaft i.S.v. Art. 640 f. (Entscheid zum «alten» Aktienrecht) 108 II 122/125 E. 2 Pra 1982 (Nr. 239) 610. – *Weiteres.* Nach Art. 21 Abs. 1 des Gebührentarifs haften auch Notare für die *Gebühren* und Auslagen des Handelsregisteramtes, wenn sie von ihm eine Handlung verlangen. Ob sie sich im Auftrag Dritter oder von sich aus an das Amt wenden, ist gleichgültig 115 II 93/93 ff.

[Rechtsprechung zu aArt. 935 Abs. 1] Zweigniederlassung. Der Begriff der Zweigniederlassung ist in den Art. 642, 935, 782 und 837 derselbe. Zweigniederlassung ist jeder Geschäftsbetrieb, der zwar von einem Hauptunternehmen abhängt, dessen rechtlicher Bestandteil er ist, der aber *in eigenen Lokalitäten dauernd eine gleichartige Tätigkeit ausübt,* wobei er im wirtschaftlichen und geschäftlichen Bereich eine *gewisse Selbständigkeit* geniesst. Der Betrieb ist autonom in diesem Sinne, wenn er ohne tief greifende Änderungen als selbständiges Unternehmen betrieben werden könnte. Nicht erforderlich ist, dass die Zweigniederlassung alle Tätigkeiten des Hauptsitzes ausüben könnte. Es genügt, wenn das örtliche Unternehmen dank seinem *spezialisierten Personal* und seiner *eigenen Organisation* ohne grosse Änderung imstande wäre, seine Tätigkeit als örtliche Niederlassung selbständig zu betreiben. Es handelt sich um eine *Selbständigkeit in den Aussenbeziehungen,* die unter Berücksichtigung der gesamten Umstände von Fall zu Fall zu würdigen ist; die interne Unterordnung oder Zentralisierung ist dagegen ohne entscheidende Bedeutung 103 II 199/200 ff. E. 3a, b Pra 1977 (Nr. 129) 318 f. (in casu Detailverkaufsgeschäft nicht als Zweigniederlassung qualifiziert) 108 II 122/124 f. E. 1 Pra 1982 (Nr. 239) 609 f., vgl. auch 117 II 85/87 E. 3 sowie 120 III 11/13 E. 1a Pra 1994 (Nr. 279) 924, 4C.373/2004 (27.1.05) E. 2.3. Bezüglich der für eine Zweigniederlassung erforderlichen Selbständigkeit ist also die Autonomie nach aussen massgebend, wie immer die interne Organisation auch ausgestaltet sein mag. Wenn die Hauptleitung bloss ihren Wirkungsbereich auf eine 2 von der Hauptniederlassung getrennte Geschäftsstelle ausweitet, fehlt die Eigenständigkeit 117 II 85/87 ff. E. 4. Nicht erforderlich ist, dass das Personal und die Räumlichkeiten der Zweigniederlassung ausschliesslich der Hauptgesellschaft zur Verfügung stehen 108 II 122/126 ff. E. 3 Pra 1982 (Nr. 239) 611. – Im Bereich der Familienzulagen wird der Begriff der Zweigniederlassung bundesrechtskonform durch FamZV Art. 9 umschrieben: Die Zweigniederlassung ist eine Einrichtung oder Betriebsstätte von längerer, d.h. mindestens zwölfmonatiger Dauer 141 V 272/279 E. 4.9. – Zur Zweigniederlassung eines ausländischen Effektenhändlers i.S. des BEHG siehe 126 II 74 E. 5a it. – Für die AG ist der *Hauptsitz* i.S.v. Art. 935 identisch mit dem Sitz der Gesellschaft i.S.v. Art. 640 f. 108 II 122/125 E. 2 Pra 1982 (Nr. 239) 610. – Der Eintrag der Zweigniederlassung einer AG kann nicht mit der Begründung abgelehnt werden, die Gesellschaft übe ihre *Haupttätigkeit nicht am Hauptsitz, sondern am Sitz der Zweigniederlassung* aus 108 II 122/125 E. 2 Pra 1982 (Nr. 239) 610.

3 **[Rechtsprechung zu aArt. 935 Abs. 2]** Der *Gläubiger hat ein schutzwürdiges Interesse* daran, durch die zuständige Behörde die Existenz einer Zweigniederlassung feststellen zu lassen und zu erreichen, dass eine tatsächlich vorhandene Zweigniederlassung im Hinblick auf die Wahrheit und Vollständigkeit des Handelsregisters darin auch aufgeführt wird 108 II 122/130 Pra 1982 (Nr. 239) 613. – Die Eintragungspflicht bezüglich einer schweizerischen Zweigniederlassung darf nicht durch Gründung einer *«Dienstleistungsgesellschaft», die im Namen und auf Rechnung der ausländischen Firma handelt,* umgangen werden 108 II 122/128 f. E. 5 Pra 1982 (Nr. 239) 612 f. – Selbst wenn die Handelsregisterbehörden *ernsthafte Zweifel an der Wahrheit des statutarischen Sitzes im Ausland und am rechtlichen Bestand einer Gesellschaft* haben, müssen sie, ohne weitere Abklärungen und ohne einen richterlichen Entscheid abzuwarten, die Zweigniederlassung eintragen, wenn der Betrieb, um den es sich handelt, in der Schweiz eine gewisse Geschäftstätigkeit in genügend selbständiger Weise ausübt 108 II 122/125 f. E. 2 Pra 1982 (Nr. 239) 610. Zur Prüfungsbefugnis des Registerführers siehe unter Art. 937/Prüfungsbefugnis. – *Zweck und Wirkungen von Art. 935 und SchKG Art. 50 Abs. 1* sind nicht dieselben. Die erste Bestimmung begründet einen Gerichtsstand, die zweite einen der besonderen Betreibungsorte (Betreibungsstände). Für die Begründung des schweizerischen Betreibungsortes ist nicht erforderlich, dass die Geschäftsniederlassung in der Schweiz eines im Ausland wohnenden Schuldners im Handelsregister eingetragen ist 114 III 6/8 ff. E. 1 Pra 1988 (Nr. 206) 769 ff.

2. Institute des öffentlichen Rechts

Art. 932

[1] Institute des öffentlichen Rechts müssen sich ins Handelsregister eintragen lassen, wenn sie überwiegend eine privatwirtschaftliche Erwerbstätigkeit ausüben oder wenn das Recht des Bundes, des Kantons oder der Gemeinde eine Eintragung vorsieht. Sie lassen sich am Ort eintragen, an dem sie ihren Sitz haben.

[2] Institute des öffentlichen Rechts, die nicht zur Eintragung verpflichtet sind, haben das Recht, sich eintragen zu lassen.

IV. Änderung von Tatsachen

Art. 933

[1] Ist eine Tatsache im Handelsregister eingetragen, so muss auch jede Änderung dieser Tatsache eingetragen werden.

[2] Eine ausgeschiedene Person hat das Recht, die Löschung ihres Eintrags anzumelden. Die Verordnung regelt die Einzelheiten.

[Rechtsprechung zu aArt. 937] Ist eine bestehende Geschäftsfirma im Handelsregister ganz oder teilweise *auf einen anderen Namen zu übertragen,* so bedarf es eines Rechtsgrundes, der sich aus einer Parteivereinbarung oder aus einem vollstreckbaren Urteil ergibt. Der Registerführer darf die Übertragung nicht schon gestützt auf eine durch einen Dritten eigenmächtig veränderte Sachlage vornehmen 103 Ib 11/14 ff. E. 2–4 fr. – Die tatsächlichen Daten der Ernennung von Verwaltungsräten, ihres Rücktritts und der Mitteilung an das Handelsregisteramt sind (im Gegensatz zum Datum der Eintragung) keine Angaben, die der Registrierung und Veröffentlichung bedürfen 104 Ib 321/326 E. 3c Pra 1979 (Nr. 125) 318. – Scheidet ein Gesellschafter einer Kollektivgesellschaft infolge Todes aus und sind die Nachfolgerechte streitig, so kann das Handelsregister schrittweise bereinigt werden 80 I 272/274 f. E. 2. 1

V. Löschung von Amtes wegen 1. Bei Rechtseinheiten ohne Geschäftstätigkeit und ohne Aktiven

Art. 934

[1] Weist eine Rechtseinheit keine Geschäftstätigkeit mehr auf und hat sie keine verwertbaren Aktiven mehr, so löscht das Handelsregisteramt sie aus dem Handelsregister.

[2] Das Handelsregisteramt fordert die Rechtseinheit auf, ein Interesse an der Aufrechterhaltung des Eintrags mitzuteilen. Bleibt diese Aufforderung ergebnislos, so fordert es weitere Betroffene durch dreimalige Publikation im Schweizerischen Handelsamtsblatt auf, ein solches Interesse mitzuteilen. Bleibt auch diese Aufforderung ergebnislos, so wird die Rechtseinheit gelöscht.

[3] Machen weitere Betroffene ein Interesse an der Aufrechterhaltung des Eintrags geltend, so überweist das Handelsregisteramt die Angelegenheit dem Gericht zum Entscheid.

[Rechtsprechung zu aArt. 938a Abs. 1] Bei der Löschung von Amtes wegen nach Art. 938a Abs. 1 handelt es sich um ein Verfahren mit eigenen Voraussetzungen und Fristen. Die Löschung setzt unter anderem einen dreimaligen ergebnislosen Rechnungsruf voraus. Der Ablauf der im Rahmen des Verfahrens nach Art. 941a Abs. 1 angesetzten 30-tägigen Frist zur Behebung des Organisationsmangels (HRegV Art. 154 Abs. 1) kann nicht durch einen Antrag auf gänzlich anderer Grundlage (d.h. einen Antrag auf Löschung nach Art. 938a i.V.m. HRegV Art. 155) verhindert oder verzögert werden 4A_336/2016 (26.8.16) E. 3.3 bzw. 4A_338/2016 (26.8.16) E. 3.3. 1

[Rechtsprechung zu aArt. 938] Da der *Löschung* im Sinne von aHRegV Art. 89 konstitutive Wirkung zukommt und sie zum Verlust der juristischen Persönlichkeit führt, ist unter 1

anderem von den zuständigen Behörden in Erfahrung zu bringen, ob Steuerschulden ausstehen 4A.3/2002 (3.7.02) E. 4.1 fr.

2. Bei fehlendem Rechtsdomizil von Einzelunternehmen und Zweigniederlassungen

Art. 934a

[1] Hat ein Einzelunternehmen kein Rechtsdomizil mehr, so wird es vom Handelsregisteramt nach dreimaliger ergebnisloser Aufforderung im Schweizerischen Handelsamtsblatt aus dem Handelsregister gelöscht.

[2] Hat eine Zweigniederlassung mit Hauptniederlassung in der Schweiz kein Rechtsdomizil mehr, so wird die Zweigniederlassung vom Handelsregisteramt nach ergebnisloser Aufforderung der Hauptniederlassung aus dem Handelsregister gelöscht.

VI. Wiedereintragung

Art. 935

[1] Wer ein schutzwürdiges Interesse glaubhaft macht, kann dem Gericht beantragen, eine gelöschte Rechtseinheit wieder ins Handelsregister eintragen zu lassen.

[2] Ein schutzwürdiges Interesse besteht insbesondere, wenn:

1. **nach Abschluss der Liquidation der gelöschten Rechtseinheit nicht alle Aktiven verwertet oder verteilt worden sind;**
2. **die gelöschte Rechtseinheit in einem Gerichtsverfahren als Partei teilnimmt;**
3. **die Wiedereintragung für die Bereinigung eines öffentlichen Registers erforderlich ist; oder**
4. **im Fall eines Konkurses die Wiedereintragung der gelöschten Rechtseinheit für den Schluss des Konkursverfahrens erforderlich ist.**

[3] Bestehen Mängel in der Organisation der Rechtseinheit, so ergreift das Gericht zusammen mit der Anordnung der Wiedereintragung die erforderlichen Massnahmen.

1 **[Rechtsprechung zu aArt. 939 Abs. 3]** Voraussetzungen für die Wiedereintragung einer Gesellschaft, gegen die ein Dritter Klage auf Feststellung der Ungültigkeit einer Marke erheben will 115 II 276/276 ff., vgl. auch 121 III 321/326 E. 1 fr. Legt ein Gläubiger seine Forderung und sein Interesse an der Wiedereintragung glaubhaft dar, ist die Wiedereintragung nur zurückzuweisen, wenn das Gesuch missbräuchlich erscheint. Dies ist der Fall, wenn ein rechtliches Interesse fehlt 4A.12/2006 (19.9.06) E. 3.2 Pra 2007 (Nr. 81) 544 f. Siehe auch unter Art. 937/Rechtsprechung zu aArt. 940/Wiedereintragung.

F. Öffentlichkeit und Wirksamkeit I. Öffentlichkeit und Veröffentlichung im Internet

Art. 936

[1] Das Handelsregister ist öffentlich. Die Öffentlichkeit umfasst die Einträge, die Anmeldungen und die Belege. Die AHV-Versichertennummer ist nicht öffentlich.

[2] Die Einträge, Statuten und Stiftungsurkunden werden im Internet gebührenfrei zugänglich gemacht. Weitere Belege sowie Anmeldungen sind beim jeweiligen Handelsregisteramt einsehbar oder können von diesem auf Anfrage über das Internet zugänglich gemacht werden.

[3] In den im Internet zugänglich gemachten Einträgen des Handelsregisters ist eine Suche nach bestimmten Kriterien zu ermöglichen.

[4] Änderungen im Handelsregister müssen chronologisch nachvollziehbar bleiben.

[Rechtsprechung zu aArt. 930] Das öffentliche Interesse gebietet, dass die Hinterlegung der Unterlagen über die besondere Befähigung der Revisoren im Hauptregister am Ort des Sitzes der Revisionsstelle eingetragen und im Schweizerischen Handelsamtsblatt publiziert wird (vgl. Art. 3 Abs. 3 der V über die fachlichen Anforderungen an besonders befähigte Revisoren, abgelöst durch die V über die Zulassung und Beaufsichtigung der Revisorinnen und Revisoren [RAV, SR 221.302]) 119 II 259/262 f. E. 4 fr. Ein von einer Urkundsperson zu beglaubigender Protokollauszug, der als Beleg zur Handelsregisteranmeldung einzureichen ist (aHRegV Art. 28 Abs. 2), nimmt an der Öffentlichkeit des Handelsregisters teil 120 IV 199/204 E. c, 123 IV 132/135 E. 1e. Aus der Öffentlichkeit des Registers ergibt sich das Recht des Bürgers auf Handelsregisterauszüge (aHRegV Art. 9) 109 II 478/480 f. E. 3c Pra 1984 (Nr. 62) 151 f. 1

II. Veröffentlichung im Schweizerischen Handelsamtsblatt und Beginn der Wirksamkeit

Art. 936a

[1] Die Einträge ins Handelsregister werden im Schweizerischen Handelsamtsblatt elektronisch veröffentlicht. Sie werden mit der Veröffentlichung wirksam.

[2] Ebenso erfolgen alle gesetzlich vorgesehenen Veröffentlichungen elektronisch im Schweizerischen Handelsamtsblatt.

[Rechtsprechung zu aArt. 931 Abs. 1] Konkretisierung durch aHRegV Art. 113 ff., wobei die Angemessenheit der Dauer sich nicht absolut bestimmt. Vielmehr ist sie im Einzelfall unter Berücksichtigung der gesamten Umstände zu beurteilen und in ihrer Gesamtheit zu würdigen. Es sind insbesondere die Komplexität der Angelegenheit, das Verhalten der betroffenen Privaten und der Behörden, die Bedeutung für die Betroffenen sowie die für die Sache spezifischen Entscheidungsabläufe zu berücksichtigen 4A.1/2006 (31.3.06) E. 3.2, 124 I 139/142 E. 2c. – Die Praxis des EHRA, der Anmelderin zwei Tage nach der Eintragung von der beabsichtigten Nichtgenehmigung Kenntnis zu geben und ihr Gelegenheit zur Stellungnahme einzuräumen, verursacht keine unangemessene Verzögerung 4A.1/2006 (31.3.06) E. 3.3. 1

[Rechtsprechung zu aArt. 932 Abs. 2] Die im SHAB publizierten Tatsachen sind notorisch und müssen nicht nachgewiesen werden 5A_62/2009 (2.7.09) E. 2.1 fr. Bei einer Aktiengesellschaft wird die Sitzverlegung im Hinblick auf Art. 647 Abs. 3 unmittelbar mit der Eintragung in das Handelsregister wirksam. Die Gesellschaft ist daher von diesem Tag an am Ort des neuen Sitzes zu betreiben. Auf die Publikation der Sitzverlegung im Schweizerischen Handelsamtsblatt kommt es dabei – entgegen der sonst geltenden Regel – nicht an 116 III 1/2 ff. E. 2. – Die Löschung eines Verwaltungsratsmandats im Handelsregister wird gegenüber (gutgläubigen 123 V 172/173 E. 3a fr.) Dritten mit der Veröffentlichung im SHAB wirksam 103 V 120/123 f. E. 5, 109 V 86/93 f. E. 13. – Bedeutung einer durch das Handelsregister und die entsprechenden Bekanntmachungen im Schweizerischen 2

Handelsamtsblatt mit Publizität versehenen Tatsache für die zumutbare Kenntnis der Rückerstattungsvoraussetzungen einer Kurzarbeitsentschädigung, die dem mitarbeitenden Verwaltungsratsmitglied einer AG zu Unrecht ausbezahlt worden ist (Lauf der Verwirkungsfrist des AVIG Art. 95 Abs. 4) 122 V 270/275 f. E. b/aa.

III. Wirkungen

Art. 936b

[1] Wurde eine Tatsache ins Handelsregister eingetragen, so kann niemand einwenden, er habe sie nicht gekannt.

[2] Wurde eine Tatsache, deren Eintragung vorgeschrieben ist, nicht ins Handelsregister eingetragen, so kann sie einem Dritten nur entgegengehalten werden, wenn bewiesen wird, dass sie diesem bekannt war.

[3] Wer sich gutgläubig auf eine eingetragene Tatsache verlassen hat, obwohl sie unrichtig war, ist in seinem guten Glauben zu schützen, wenn dem keine überwiegenden Interessen entgegenstehen.

1 **Positive Publizitätswirkung.** Dem Handelsregister kommt grundsätzlich positive Publizitätswirkung zu, sodass der Einwand, die im Handelsamtsblatt publizierten Eintragungen seien nicht bekannt gewesen, verwehrt ist 117 II 575/581 E. 5b/aa. So kann sich grundsätzlich (in Verbindung mit Art. 718a Abs. 2) ein gutgläubiger Dritter nicht darauf berufen, eine im Handelsregister eingetragene Beschränkung der Vertretungsmacht nicht gekannt zu haben 4C.147/2000 (23.8.00) E. 2b/aa. Diese positive Publizitätswirkung beschränkt sich indes auf die eingetragenen Tatsachen, erstreckt sich demgemäss nicht auf die Schlüsse, welche daraus gezogen werden können 123 III 220/223 f. E. 3a, b. – Zum unterbliebenen Protest bzw. zur berechtigten Annahme der Duldung einer Rechtsverletzung vgl. 4A_630/2018 (17.6.19) E. 3.2 fr., 4A_257/2014 (29.9.14) E. 6.2 fr., 4C.25/2002 (23.7.02) E. 5.2 fr., 117 II 575/581 E. 5b/aa. – Vom Grundsatz, den aArt. 933 Abs. 1 festsetzt, muss indessen abgewichen werden, wenn Treu und Glauben dies gebieten. Die Nichteinsicht in das Handelsregister schadet dem Gutgläubigen namentlich dann nicht, wenn die *Gegenpartei zum guten Glauben an eine vom Registereintrag abweichende Rechtslage Anlass gegeben* hat (in casu wurde die im Rahmen von Vertragsverhandlungen bestehende Aufklärungspflicht verletzt; unter den konkreten Umständen hätte über das Ausscheiden des Vorstandspräsidenten der Baugenossenschaft aufgeklärt werden müssen) 106 II 346/351, vgl. auch 123 III 220/223 E. 3a. Der Gesellschaft ist die Berufung auf die im Handelsregister eingetragene Beschränkung der Vertretungsmacht nur dann zu versagen, wenn ihr Verhalten auch unter Berücksichtigung der Möglichkeit zur Einsicht in das Handelsregister als rechtsmissbräuchlich erscheint 4C.147/2000 (23.8.00) E. 2b/aa. Missbraucht der Vertreter seine Vertretungsmacht (im Unterschied zum blossen Überschreiten), so genügen beim Dritten schon relativ schwache Zweifel, um seinen guten Glauben zu zerstören (objektive Kriterien zur Beurteilung der erforderlichen Aufmerksamkeit) 119 II 23/26 f. E. c Pra 1995 (Nr. 10) 40. – *Wechselrecht.* Es erscheint sachlich gerechtfertigt, dass Art. 997 im Interesse der Umlaufsfähigkeit des Wechsels und des Schutzes des Verkehrs aArt. 933 Abs. 1 vorgeht (die Auffassung, dass das Vorhandensein einer mit dem Handelsregistereintrag im Widerspruch stehenden Firmenunterschrift auf

dem Wechsel nicht dessen Ungültigkeit zur Folge habe, erscheint daher nicht als schlechthin unhaltbar) 99 Ia 1/5 E.a. Fehlt auf einem Wechsel die Zweitunterschrift für die rechtsgültige Verpflichtung des Wechselausstellers, so reicht der Hinweis auf die Publizitätswirkung des Handelsregistereintrages in Bezug auf die Kollektivunterschrift zur Begründung der Unredlichkeit des Wechselschuldners gemäss Art. 1007 nicht aus 99 Ia 1/7 E.a.

Negative Publizitätswirkung. Die Unterlassung einer Handelsregistereintragung hat 2
für den Eintragungspflichtigen nur dann keine besonderen Folgen, wenn der Dritte auch ohne die Eintragung *sichere Kenntnis* von der eintragungspflichtigen Tatsache hat. Selbst schuldhafte fahrlässige Unkenntnis oder der Beweis des Kennenmüssens genügen nicht, um dem Dritten die Tatsache entgegenhalten zu können 65 II 85/87 f.

[Rechtsprechung zu aArt. 933] Wirkungen gegenüber gutgläubigen Dritten. Die 3
Eintragungen im Handelsregister haben, anders als jene im Grundbuch (ZGB Art. 973), keine allgemeine Schutzwirkung zugunsten gutgläubiger Dritter. Ausnahmsweise ergibt sich aber der Schutz des gutgläubigen Dritten aus den Grundsätzen des materiellen Rechts. Dazu ist eine ausdrückliche Vorschrift nicht erforderlich; es genügt, dass eine zugunsten Dritter erfolgte Eintragung, namentlich wenn dieser vom Gesetz rechtsbegründende Wirkung beigelegt ist, aus unabweislichen praktischen Gründen als richtig gelten muss (in casu konnten sich die gutgläubigen Dritten auf die mangels der gesetzlich vorgeschriebenen Mehrheit [Art. 889 Abs. 1] an sich ungültige, jedoch unangefochten und während längerer Zeit eingetragene Einführung einer persönlichen Haftung der Genossenschafter berufen) 78 III 33/45 f. E. 9. Die Abberufung und Kündigung eines Geschäftsführers oder der Rücktritt eines Mitgliedes des Verwaltungsrates ist im Innenverhältnis ohne Rücksicht auf einen entsprechenden Eintrag im Handelsregister wirksam 111 II 480/483 E. 1b; gutgläubigen Dritten gegenüber entfalten Abberufung oder Rücktritt ihre Wirkung jedoch erst nach der Eintragung ins Handelsregister 104 Ib 321/323 f. E. b Pra 1979 (Nr. 125) 318 f., vgl. auch 111 II 480/483 ff. E. 2. Die im Handelsregister eingetragene Kollektivzeichnungsberechtigung ändert nichts daran, dass die Gesellschaft einer Person, namentlich auch einem Organ (vgl. 4C_293/2006 [17.11.06] E. 2.1.3), ein Recht zur Stellvertretung nach Art. 32 ff. einräumen kann. Ist aber der Stellvertreter im Handelsregister eingetragen, wird eine über den Eintrag hinausgehende Anscheinsvollmacht nur mit Zurückhaltung angenommen 4A_271/2009 (3.8.09) E. 2.3 fr. – Zur *Wirkung des Handelsregisters im Allgemeinen* siehe Vorb. Art. 927–943/Allgemeines. – *Weiteres.* Bei unterbliebener Änderung begründet der Eintrag im Handelsregister weder Haftung noch Honoraranspruch, wenn der Geschäftsführer den Geschäftsgang nicht beeinflussen konnte oder wenn er das Fehlen der Löschung zu verantworten hat 111 II 480/483 ff. E. 2. Keine Fortdauer der Haftung nach AHVG Art. 52 bei unterbliebener Löschung der Verwaltungsratsstellung 126 V 61/62 E. 4c. Dem Handelsregistereintrag kommt bei Stiftungen regelmässig keine heilende Wirkung zu 120 II 374/379.

G. Pflichten I. Prüfungspflicht

Art. 937

Die Handelsregisterbehörden prüfen, ob die rechtlichen Voraussetzungen für eine Eintragung ins Handelsregister erfüllt sind, insbesondere ob die Anmeldung und die Belege keinen zwingenden Vorschriften widersprechen und den rechtlich vorgeschriebenen Inhalt aufweisen.

▪ Allgemeines (1) ▪ Prüfungsbefugnis. Registerrechtliche Voraussetzungen (2) ▪ Prüfungsbefugnis. Materielles Recht (3) ▪ Rechtsprechung zu aArt. 940: Wiedereintragung (4) ▪ Rechtsprechung zu aArt. 940 (5 u. 6)

1 **Allgemeines.** Die Prüfungs- und Entscheidbefugnis ist im *ordentlichen Anmeldeverfahren* und bei der *Eintragung von Amtes* wegen dieselbe 78 I 449/450 f. E. 7. – Das Handelsregisterrecht kennt für den Fall, dass die gesetzlichen Voraussetzungen für die Eintragung nicht erfüllt sind, *keine vorläufige oder bedingte Eintragung* (in casu Eintragung einer AG, deren Statuten Art. 699 Abs. 2 widersprachen, abgelehnt) 107 II 246/249. – Ob die Voraussetzungen einer Eintragung erfüllt sind, ist *von Amtes wegen* und somit unbekümmert um die Vorbringen der Parteien zu prüfen 100 Ib 37/38 E. 1. – Der Handelsregisterführer darf von der inhaltlichen Richtigkeit der ihm eingereichten Erklärungen und Belege ausgehen und hat nur im Zweifelsfall eine beschränkte Nachprüfungspflicht 114 II 68/70, vgl. auch 120 IV 199/204 E. c (in casu inhaltlich unrichtiges Protokoll einer Universalversammlung; Versuch der Erschleichung einer Falschbeurkundung). – Der Handelsregisterführer kann sich seiner Prüfungspflicht nicht durch Übertragung an eine andere Behörde entschlagen (in casu Eintragung einer Stiftung) 120 II 374/379. – Fehlt einer der in aHRegV Art. 80 Abs. 1 genannten Belege (in casu Stampaerklärung) oder ergibt die Prüfung durch den Registerführer, dass sie mangelhaft sind, ist die Anmeldung unvollständig und nach Ablauf der dreimonatigen Frist abzuweisen 119 II 463/467 E. 2d. – Die privatrechtliche Klagemöglichkeit gemäss aHRegV Art. 32 Abs. 2 (Einsprache gegen die Eintragung) schliesst die Legitimation zu verwaltungsrechtlichen Rechtsmitteln aus 4A.2/2006 (31.3.06) E. 2.4. – aHRegV Art. 3 Abs. 3 beinhaltet, mit Bezug auf die Natur der Entscheidung, welche Gegenstand einer Beschwerde an die kantonale Aufsichtsbehörde sein kann, keine Limitierung 4A.11/2006 (1.9.06) E. 5.1 fr.

2 **Prüfungsbefugnis.** ***Registerrechtliche Voraussetzungen.*** Der Registerführer prüft die *registerrechtlichen Voraussetzungen* frei 91 I 362 fr., 114 II 68/69 E. 2, 121 III 368/371 E. 2a fr., 125 III 18/21 E. 3b Pra 1999 (Nr. 55) 320, 4A.1/2000 (16.11.00) E. 3 fr., 4A.4/2006 (20.4.06) E. 2.1. Der Registerführer verfügt mit Bezug auf die registerrechtlichen formellen Voraussetzungen, das heisst betreffend die Einhaltung der Normen, welche unmittelbar die Führung des Handelsregisters betreffen, über eine umfassende Prüfungsbefugnis. Die freie Prüfungsbefugnis steht dem Registerführer namentlich auch zu, wenn es darum geht, die Rechtmässigkeit einer verlangten Eintragung von gesetzlich nicht vorgesehenen Rechtsformen oder Umwandlungen zu beurteilen 4A.4/2006 (20.4.06) E. 2.1, 4A_363/2013 (28.4.14) E. 2.1. – In Fällen, die fundamentale Fragen des Gesellschaftsrechts betreffen, bejaht das Bundesgericht die freie Prüfungsbefugnis des Registerführers

4A_363/2013 (28.4.14) E. 2.2 (in casu die Frage der Zulässigkeit des vorgesehenen Beteiligungsschein- bzw. Partizipationskapitals 4A_363/2013 [28.4.14] E. 2.4).

Prüfungsbefugnis. ***Materielles Recht.*** Steht hingegen *materielles Recht* infrage, so hat der Registerführer bloss auf die Einhaltung jener *zwingenden Gesetzesbestimmungen* zu achten, die im öffentlichen Interesse oder zum Schutze Dritter aufgestellt sind, während die Beachtung von Vorschriften, die nachgiebigen Rechts sind oder nur private Interessen berühren, von den Betroffenen mit der Anfechtungsklage durchzusetzen ist. Die Eintragung ist nur dann abzulehnen, *wenn sie offensichtlich und unzweideutig dem Recht widerspricht,* nicht dagegen, falls sie auf einer ebenfalls denkbaren Gesetzesauslegung beruht, deren Beurteilung dem Richter überlassen bleiben muss 107 II 246/247 f. (in casu verletzte der Handelsregisterführer weder Registerrecht noch materielles Bundesrecht, indem er die Eintragung einer AG ablehnte, deren Statuten der zwingenden und mittelbar dem Schutze Dritter sowie öffentlicher Interessen dienenden Vorschrift von Art. 699 Abs. 2 widersprachen). Vgl. auch Bestätigung der Rechtsprechung in 117 II 186/188 E. 1. – Ob der Aufnahmeentscheid bei der Genossenschaft zu Recht erfolgt ist, hat der Handelsregisterführer grundsätzlich nicht zu prüfen. Denn dieser hat lediglich die Einhaltung zwingender Gesetzesbestimmungen zu beachten, die im öffentlichen Interesse oder zum Schutze Dritter aufgestellt worden sind, wozu statutarische Anforderungen an den Kreis der Genossenschafter gerade nicht gehören 4A_370/2015 (16.12.15) E. 2.8. 3

[Rechtsprechung zu aArt. 940] Wiedereintragung. Ein Gläubiger, der die *Wiedereintragung einer AG* verlangt, hat die Voraussetzungen dafür und den Bestand seiner Forderung bloss glaubhaft zu machen, weil es nicht Sache der Registerbehörden, sondern des Richters ist, darüber endgültig zu entscheiden. Anders verhält es sich nur, wenn der Gläubiger seine Ansprüche auf einem anderen, ihm ebenfalls zumutbaren Wege durchsetzen kann. Dasselbe gilt für die Verteilung von Gesellschaftsaktiven. Auch hier dürfen die Registerbehörden bloss abklären, ob offensichtlich kein Vermögen mehr vorhanden ist 110 II 360/396 f. E. 2. Erscheint die Durchsetzung eines Anspruchs auf anderem Weg als zumutbar oder steht von vornherein fest, dass der Ansprecher den mit der Wiedereintragung verfolgten Zweck nicht erreicht, so fehlt ein schutzwürdiges Interesse an der Wiedereintragung (Rechtsmissbrauch) 115 II 276/277 E. 2, vgl. auch 121 III 324/326 E. 1 fr. Siehe auch unter Art. 935. – *Zusätzliche Prüfungspflicht gemäss BewG Art. 18.* Der Handelsregisterführer darf die Eintragung einer Immobiliengesellschaft erst vornehmen, wenn die Bewilligungspflicht von vornherein auszuschliessen ist. Allenfalls hat er das Eintragungsverfahren auszusetzen und den Antragstellern eine Frist von 30 Tagen einzuräumen, um bei der Bewilligungsbehörde entweder die Bewilligung zu erwirken oder die Feststellung einzuholen, dass eine Bewilligung nicht notwendig ist 114 Ib 261/264 f. E. 2 Pra 1989 (Nr. 200) 694. – Die «Weisung vom 4. Februar 1993 über die Eintragung von Mitgliedern des Stiftungsrates», die vom Eidgenössischen Amt für das Handelsregister erlassen worden ist, hat nicht Gesetzeskraft 120 II 137/138 f. E. 2 Pra 1996 (Nr. 78) 222 f., vgl. auch 120 II 374/378. 4

[Rechtsprechung zu aArt. 940 Abs. 1] Der Handelsregisterführer darf von der inhaltlichen Richtigkeit der ihm eingereichten Erklärungen und Belege ausgehen und hat nur im Zweifelsfall eine beschränkte Nachprüfungspflicht 114 II 68/70, vgl. auch 120 IV 199/204 5

E. c, 123 IV 132/137 E. 3b/aa. – Dies gilt auch dann, wenn Beschlüsse der Generalversammlung einer Aktiengesellschaft zur Eintragung angemeldet werden. Leidet der Beschluss allerdings an einem Mangel, der ihn nicht nur als anfechtbar, sondern eindeutig als nichtig erscheinen lässt, so ist er auch ohne Vorliegen eines richterlichen Feststellungsentscheides nicht zu berücksichtigen. Dem Entscheid des Registerführers kommt aber nicht die Wirkung einer abschliessenden Qualifikation des Mangels als Nichtigkeitsgrund zu 114 II 68/70 f. (in casu eindeutige Nichtigkeit verneint für den als gültig ausgewiesenen Beschluss einer möglicherweise nicht ordnungsgemäss einberufenen und zusammengesetzten Universalversammlung). – Generalversammlungsbeschlüsse, die an Mängeln leiden, die sie nicht nur anfechtbar, sondern als nichtig erscheinen lassen, sind vom Handelsregisteramt zu beanstanden; bereits vorgenommene Eintragungen sind in solchen Fällen von Amtes wegen rückgängig zu machen 4A_24/2007 (22.6.07) E. 2.2. – Basiert die Eintragung einer Kapitalherabsetzung (während der Dauer des Verfahrens zur Erwirkung einer vorsorglichen Verfügung im Sinne von aHRegV Art. 32 Abs. 2) auf einem formellen Fehler, rechtfertigt das überwiegende Interesse der Gläubiger es nicht, die Eintragung in diesem Verfahrensstadium zu löschen 133 III 368/376 E. 2.4.2 Pra 2008 (Nr. 5) 42. – Der Registerführer hat einen ihm vorgelegten, als gültig ausgewiesenen Beschluss der Aktionäre entgegenzunehmen, ohne zu prüfen, ob die Generalversammlung ordnungsgemäss einberufen und zusammengesetzt war 4A_24/2007 (22.6.07) E. 2.2 (in casu Beschluss der Universalversammlung). – Die Handelsregisterbehörden haben die beantragte Eintragung selbst dann (ohne weitere Abklärungen und ohne einen richterlichen Entscheid abzuwarten) vorzunehmen, wenn sie erhebliche Zweifel hegen (in casu an der Wahrheit des statutarischen Hauptsitzes im Ausland und am rechtlichen Bestand der Gesellschaft) 108 II 122/125 f. E. 2 Pra 1982 (Nr. 239) 610, siehe auch 130 II 56/62 ff. – Der Handelsregisterführer hat vor Eintragung einer AG wie auch im Falle der Eintragung neuer Mitglieder des Verwaltungsrates von Amtes wegen zu prüfen, ob die Wahl der Verwaltung bzw. ihres Mitgliedes ordnungsgemäss erfolgt ist. Im Falle der Wahl von abwesenden Personen als Mitglieder des Verwaltungsrates muss eine Annahmeerklärung derselben vorgelegt werden. (Die Annahme kann auch stillschweigend erfolgen, z.B. durch Unterzeichnung der Anmeldung gemäss aHRegV Art. 22 Abs. 2) 105 II 130/132 E. 1 Pra 1979 (Nr. 214) 530. – Ob der dem Eintragungsbegehren zugrunde liegende Entscheid gegen die *Statuten* der juristischen Person verstösst, hat allein der Richter zu entscheiden 91 I 360/362 fr. – Die Eintragung ist zu verweigern, wenn die Sacheinlage, mittels welcher liberiert werden sollte, nicht den Wert erreicht, den sie gemäss Sacheinlagevertrag haben muss 132 III 668/672 E. 3.1. – Obschon die Umwandlung im Gesetz nicht ausdrücklich vorgesehen ist, kann sie unter bestimmten Voraussetzungen im Handelsregister eingetragen werden 125 III 18/21 E. 3b Pra 1999 (Nr. 55) 320 (in casu Umwandlung einer GmbH in eine Aktiengesellschaft). – Art. 940 Abs. 1 schliesst eine Prüfung der Begründetheit der verlangten Eintragung nicht aus. Die Eintragung muss gesetzmässig sein 4A_363/2013 (28.4.14) E. 2.1. – Der Handelsregisterführer muss den richterlichen Entscheid, namentlich die Anordnung einer vorsorglichen Massnahme, respektieren 4A.1/2000 (16.11.00) E. 3 fr. (in casu Eintragung unter Verletzung einer einstweiligen richterlichen Verfügung).

6 **[Rechtsprechung zu aArt. 940 Abs. 2]** Statutarische Klauseln, die eine Kombination von Kollektivunterschriften vorsehen, müssen im Handelsregister eingetragen werden 121 III

368/371 E. a fr. – Die Eintragung darf verweigert werden, wenn Normen zwingender Natur, die im öffentlichen Interesse oder zum Schutz Dritter aufgestellt sind, offensichtlich verletzt werden 4A.12/1997 (12.2.98) E. 2b/aa Pra 1998 (Nr. 120) 678 (in casu Eintragung einer AG deren Statuten Art. 693 Abs. 2 i.V.m. SchlBest Art. 5 widersprachen, abgelehnt), vgl. auch 4A_363/2013 (28.4.14) E. 2.1. – Die Eintragung ist nur vorzunehmen, wenn die gesetzlichen Voraussetzungen erfüllt sind; dazu gehört insbesondere, dass die Statuten keinen zwingenden gesetzlichen Vorschriften widersprechen 107 II 246/249 (in casu Eintragung einer AG, deren Statuten Art. 699 Abs. 2 widersprachen, abgelehnt). – Nicht verweigern darf der Registerführer den Eintrag einer Statutenbestimmung, welche den Verwaltungsrat berechtigt, Eintragungen ins Aktienbuch, die mit falschen Angaben erschlichen worden sind, mit Rückwirkung auf das Datum der Eintragung im Aktienregister rückgängig zu machen 117 II 186/189 ff. E. 2. – Einzutragen ist eine statutarische Bestimmung, welche den Verwaltungsrat für berechtigt erklärt, mit Banken Vereinbarungen bezüglich des Depotstimmrechts zu treffen, die von der statutarisch festgelegten Beschränkung des Stimmrechts eines einzelnen Aktionärs auf einen bestimmten Prozentsatz sämtlicher Aktienstimmen abweichen 117 II 186/191 f. E. 3 (Entscheid zum alten Aktienrecht).

II. Aufforderung und Eintragung von Amtes wegen

Art. 938

[1] Das Handelsregisteramt fordert die Beteiligten zur Erfüllung der Eintragungspflicht auf und setzt ihnen dazu eine Frist.

[2] Kommen die Beteiligten der Aufforderung innerhalb der gesetzten Frist nicht nach, so nimmt es die vorgeschriebenen Eintragungen von Amtes wegen vor.

[Rechtsprechung zu aArt. 941] Der Registerführer hat auch im Falle der zwangsweisen Eintragung die *Prüfungspflicht* gemäss Art. 940. Die Prüfungs- und Entscheidungsbefugnis für den Bereich des materiellen Zivilrechts ist im Zwangsverfahren nicht grösser als im ordentlichen Anmeldeverfahren 78 I 449/450 f. E. 7. Die Eintragungspflicht ist nach den *Umständen im Zeitpunkt der Aufforderung zur Eintragung* zu beurteilen (bei mehreren Aufforderungen bleiben die früheren, denen keine Folge gegeben wurde, ausser Betracht) 100 Ib 246/248 E. 3 Pra 1975 (Nr. 53) 138, 104 Ib 261/262 E. 1 fr. 1

III. Mängel in der Organisation

Art. 939

[1] Stellt das Handelsregisteramt Mängel fest in der gesetzlich als zwingend vorgeschriebenen Organisation von im Handelsregister eingetragenen Handelsgesellschaften, Genossenschaften, Vereinen, nicht der Aufsicht unterstellten Stiftungen oder Zweigniederlassungen mit Hauptniederlassung im Ausland, so fordert es die betreffende Rechtseinheit auf, den Mangel zu beheben, und setzt ihr dazu eine Frist.

[2] Wird der Mangel nicht innerhalb der Frist behoben, so überweist es die Angelegenheit dem Gericht. Dieses ergreift die erforderlichen Massnahmen.

[3] Bei Stiftungen und Rechtseinheiten, die gemäss Kollektivanlagengesetz vom 23. Juni 2006 der Aufsicht unterstellt sind, wird die Angelegenheit der Aufsichtsbehörde überwiesen.

1 **[Rechtsprechung zu aArt. 941a Abs. 1]** Das Handelsregisteramt ist nach Art. 941a Abs. 1 i.V.m. HRegV Art. 154 Abs. 3 nicht nur befugt, sondern auch verpflichtet, dem Gericht bei Entdeckung von Organisationsmängeln in einer Gesellschaft den Antrag zu stellen, die erforderlichen Massnahmen zu ergreifen. Es steht dem Handelsregisteramt nicht frei, ob es ein gerichtliches Organisationsmängelverfahren einleiten will oder nicht 4A_336/2016 (26.8.16) E. 3.3 bzw. 4A_338/2016 (26.8.16) E. 3.3, 4A_560/2012 (1.3.13) E. 2.4. – Mit Art. 731b Abs. 1 wollte der Gesetzgeber dem Gericht einen Handlungsspielraum gewähren, um eine dem Einzelfall angemessene Massnahme treffen zu können. Das Gericht ist bei der Ausübung dieses Handlungsspielraums nicht ungebunden: Die in Art. 731b Abs. 1 genannten Massnahmen stehen in einem Stufenverhältnis. Das Gericht soll die drastische Massnahme der Auflösung erst anordnen, wenn die milderen Massnahmen gemäss Ziff. 1 und Ziff. 2 nicht genügen *(ultima ratio)*. Dies ist etwa der Fall, wenn Verfügungen nicht zustellbar sind oder wenn sich die Gesellschaft in keiner Art und Weise vernehmen lässt 4A_706/2012 (29.7.13) E. 2.1.3. Dem Gericht wird es regelmässig als angemessen erscheinen, der Ernennung einer Revisionsstelle gegenüber der Anordnung der Auflösung und der Liquidation der Gesellschaften den Vorzug zu geben. Aus prozessökonomischen Gründen kann das Gericht der Gesellschaft bei Einsetzung einer Revisionsstelle gleichzeitig unter Androhung der Auflösung bei Nichtbeachtung eine Frist zur Bezahlung des zu leistenden Vorschusses ansetzen. Ein solches Vorgehen ermöglicht dem Gericht, die Gesellschaft nach unbenutztem Fristablauf direkt aufzulösen 4A_706/2012 (29.7.13) E. 2.1.4. Zur Abwicklung des gestützt auf Art. 731b Abs. 1 Ziff. 3 eröffneten Konkursverfahrens ist in sachlicher Hinsicht das Konkursamt zuständig. In örtlicher Hinsicht ist das Konkursamt am Sitz der Gesellschaft zuständig 4A_706/2012 (29.7.13) E. 3.1. – Eine desolate finanzielle Situation führt nach der gesetzlichen Regelung nicht dazu, dass die Gesellschaft zur ordentlichen (oder eingeschränkten) Revision verpflichtet würde; die Solvenz der Gesellschaft bildet nach der gesetzlichen Regelung auch keine Voraussetzung für die Gültigkeit des Beschlusses zum Opting-out. Derartige Umstände begründen keine Pflicht der Gesellschaft zur Wahl einer Revisionsstelle 4A_589/2017 (9.2.18) E. 2.4.3 f. (in casu keine Einleitung eines Organisationsmängelverfahrens).

H. Ordnungsbussen

Art. 940

Wer vom Handelsregisteramt unter Hinweis auf die Strafdrohung dieses Artikels aufgefordert wird, seine Eintragungspflicht zu erfüllen, und dieser Pflicht nicht innerhalb der gesetzten Frist nachkommt, kann vom Handelsregisteramt mit einer Ordnungsbusse bis zu 5000 Franken bestraft werden.

1 **[Rechtsprechung zu aArt. 943 Abs. 1]** Die Ordnungsbusse bezweckt die *Bestrafung jedes absichtlichen oder fahrlässigen Verstosses* gegen die Pflicht, eine Eintragung (oder Löschung) im Handelsregister zu beantragen 104 Ib 261/263 E. 3 Pra 1979 (Nr. 27) 72. – Bei *juristischen Personen* werden die verantwortlichen Organe bestraft 64 I 53/53 ff. – Die

Ordnungsbusse ist ihrer Natur nach eine *Disziplinarstrafe,* die nur mit der *Verwaltungsgerichtsbeschwerde* und nicht mit der Nichtigkeitsbeschwerde an den Kassationshof angefochten werden kann; dies gilt selbst dann, wenn nur die Busse allein, unabhängig vom Entscheid über die Eintragungspflicht, angefochten wird 72 I 249/253 ff. E. 2 Pra 1946 (Nr. 127) 289 ff., 104 Ib 261/263 E. 3 Pra 1979 (Nr. 27) 71.

I. Gebühren

Art. 941

[1] Wer eine Verfügung einer Handelsregisterbehörde veranlasst oder von dieser eine Dienstleistung beansprucht, hat eine Gebühr zu bezahlen.

[2] Der Bundesrat regelt die Erhebung der Gebühren im Einzelnen, insbesondere:
1. **die Bemessungsgrundlage der Gebühren;**
2. **den Verzicht auf die Gebührenerhebung;**
3. **die Haftung im Fall einer Mehrheit von Gebührenpflichtigen;**
4. **die Fälligkeit, Rechnungsstellung und Bevorschussung von Gebühren;**
5. **die Verjährung von Gebührenforderungen;**
6. **den Anteil des Bundes an den Gebühreneinnahmen der Kantone.**

[3] Er beachtet bei der Regelung der Gebühren das Äquivalenzprinzip und das Kostendeckungsprinzip.

[Rechtsprechung zu aArt. 929 Abs. 1] Die in der Bestimmung erwähnten Gebühren unterliegen den Grundsätzen der Gesetzmässigkeit, der Verhältnismässigkeit und der Gleichbehandlung. Die Delegationsnorm bildet eine ausreichende gesetzliche Grundlage, auch wenn sie den Betrag der Gebühren nicht angibt; diese müssen sich nämlich im Rahmen des Kostendeckungs- und des Äquivalenzprinzips halten, die beide aus dem Verhältnismässigkeitsprinzip abzuleiten sind (in casu wurde das Äquivalenzprinzip verletzt durch Bemessung der Gebühr für einen Handelsregisterauszug über eine AG nach der Höhe des Aktienkapitals) 109 II 478/480 ff. E. 3 Pra 1984 (Nr. 62) 151 f. – Da die Handelsregisterverordnung keinen Vorbehalt zugunsten kantonaler Gebührenordnungen enthält, ist von einer abschliessenden bundesrechtlichen Tarifregelung auszugehen 124 III 259/265 E. 4. – Befugnis des Bundesrates, gestützt auf die Bestimmung im Gebührentarif eine autonome Haftungsregel zu schaffen, die über den Grundsatz des Art. 32 Abs. 1 hinausgeht 115 II 93/95 E. a, vgl. aber 4A.12/1999 (2.3.00) E. 2. – Die Delegationsnorm umfasst die Regelung des innerkantonalen Instanzenzugs in Handelsregistersachen, wie sie der Bundesrat in HRegV Art. 165 umgesetzt hat 137 III 217/221 E. 2.4. HRegV Art. 165 schreibt einen lediglich einstufigen kantonalen Instanzenzug gegen Verfügungen der Handelsregisterämter vor. Die Bestimmung steht im Einklang mit dem Prinzip der «double instance» 137 III 217/224 E. 2.4.1.5. 1

[Rechtsprechung zu aArt. 929 Abs. 2] Verfassungskonform ausgelegt, kann sich die Bestimmung nicht auf die Gebühren für einen Handelsregisterauszug beziehen 109 II 478/481 E. c Pra 1984 (Nr. 62) 152. 2

J. Rechtsschutz

Art. 942

[1] Verfügungen der Handelsregisterämter können innert 30 Tagen nach deren Eröffnung angefochten werden.

[2] Jeder Kanton bezeichnet ein oberes Gericht als einzige Beschwerdeinstanz.

[3] Die kantonalen Gerichte teilen ihre Entscheide unverzüglich dem Handelsregisteramt mit und eröffnen sie der Oberaufsichtsbehörde des Bundes.

K. Verordnung

Art. 943

Der Bundesrat erlässt Vorschriften über:

1. **die Führung des Handelsregisters und die Oberaufsicht;**
2. **die Anmeldung, Eintragung, Änderung, Löschung und Wiedereintragung;**
3. **den Inhalt der Einträge;**
4. **die Belege und deren Prüfung;**
5. **die Öffentlichkeit und Wirksamkeit;**
6. **die Organisation des Schweizerischen Handelsamtsblatts und dessen Veröffentlichung;**
7. **die Zusammenarbeit und Auskunftspflicht;**
8. **die Verwendung der AHV-Versichertennummer sowie der Personennummer;**
9. **die zentralen Datenbanken über die Rechtseinheiten und über die Personen;**
10. **die Modalitäten der elektronischen Übermittlung;**
11. **die Verfahren.**

Einunddreissigster Titel
Die Geschäftsfirmen

Vorb. Art. 944–956

Anwendbarkeit. Gegenstand des Firmenschutzes können nur die (im Handelsregister eingetragenen 93 I 566/567 E. 1 Pra 1968 [Nr. 112] 405) Geschäftsfirmen sein, auf die sich der ganze 31. Titel des OR bezieht. Die Art. 944 ff. sind daher auf den *Namen von Stiftungen und Vereinen* nicht anwendbar, und zwar unabhängig davon, ob sie verpflichtet sind, sich ins Handelsregister eintragen zu lassen 103 Ib 6/8 f. E. 4, vgl. auch Pra 1997 (Nr. 125) 674 f. (Hingegen gilt der mit Art. 944 Abs. 1 übereinstimmende aHRegV Art. 38 Abs. 1; für die Namen von *Verbänden* siehe 69 I 122/123 E. 1). Für Vereine und Stiftungen wird eine analoge Anwendung des Firmenrechts neben den Bestimmungen des ZGB über den Namens- und Persönlichkeitsschutz als unnötig abgelehnt (grundlegend 83 II 249/255); das schliesst indessen nicht aus, Firmenrecht dort heranzuziehen, wo es die Ähnlichkeit der Interessen rechtfertigt 102 II 161/165 E. 2, vgl. auch 116 II 605/606 E. 4a sowie 117 II 513/517 E. 3a. 1

Weiteres. Nebst den Sondervorschriften des Firmenrechts gelten für die juristischen Personen des OR in zweiter Linie die Bestimmungen des ZGB über den Namen 102 II 161/165 E. 2, 117 II 513/517 E. 3a. – Die firmenrechtlichen Bestimmungen und die Vorschriften des UWG können kumulativ anwendbar sein, wenn die Parteien miteinander im Wettbewerb stehen 100 II 395/397 E. 1. – Eine nach Art. 944 ff. zulässige Firma darf nur dann als Marke benutzt werden, wenn sie den Gültigkeitserfordernissen des MSchG entspricht. Darüber hinaus untersteht auch die Verwendung derjenigen Firma, welche den Bestimmungen des OR über die Bildung von Geschäftsfirmen nicht widerspricht, dem Lauterkeitsgebot des Wettbewerbsrechts 116 II 614/617 E.c. – Das neue Markenrecht erlaubt dem Markeninhaber, gegen jede Verwendung seiner Marke vorzugehen, einschliesslich der Verwendung als Firma 120 II 144/147 f. E. 2b Pra 1995 (Nr. 255) 847. Siehe auch unter Art. 956 Abs. 1/Allgemeines. – Die sich aus dem Firmenrecht ergebenden privatrechtlichen Schutzansprüche führen nicht dazu, dass der Gebrauch der Firma eines Unternehmens grundsätzlich nicht öffentlich-rechtlichen Beschränkungen des kantonalen oder kommunalen Rechts unterworfen werden darf 116 Ia 345/354 E.bb. 2

A. Grundsätze der Firmenbildung I. Allgemeine Bestimmungen

Art. 944

[1] Jede Firma darf, neben dem vom Gesetze vorgeschriebenen wesentlichen Inhalt, Angaben enthalten, die zur näheren Umschreibung der darin erwähnten Personen dienen oder auf die Natur des Unternehmens hinweisen oder eine Phantasiebezeichnung darstellen, vorausgesetzt, dass der Inhalt der Firma der Wahrheit entspricht, keine Täuschungen verursachen kann und keinem öffentlichen Interesse zuwiderläuft.

[2] Der Bundesrat kann Vorschriften darüber erlassen, in welchem Umfange nationale und territoriale Bezeichnungen bei der Bildung von Firmen verwendet werden dürfen.

▪ Abs. 1 Allgemeines (1) ▪ Firmenbildung im Allgemeinen (2) ▪ Wahrheitsgebot und Täuschungsverbot (3) ▪ Verstoss gegen öffentliche Interessen (5) ▪ Weiteres (7) ▪ Abs. 2 Allgemeines (8) ▪ Nationale, territoriale oder regionale Bezeichnungen (9) ▪ Besondere Umstände, die eine Ausnahme rechtfertigen (10) ▪ Beispiele (11) ▪ Weiteres (12)

1 ***Abs. 1*** **Allgemeines.** Die Handelsregisterbehörden haben *von Amtes wegen zu prüfen,* ob eine Firma gegen die Grundsätze der Bestimmung verstösst (Art. 940, 955). Sie dürfen die Eintragung nicht verweigern, wenn die beanspruchte Firma einer bereits registrierten ähnlich ist. In einem solchen Falle handelt es sich um eine materiellrechtliche Frage, die im Zweifel der prozessualen Auseinandersetzung der Beteiligten vorbehalten werden muss 101 Ib 361/366 E. 5, 123 III 220/226. Der Handelsregisterführer weist nur völlig oder beinahe identische Fassungen von Firmen zurück. Dass er eine Firma trotz Verwechslungsgefahr ohne Beanstandungen einträgt, darf daher nicht als Zusicherung der Rechtmässigkeit aufgefasst werden 117 II 575/582 E. aa, vgl. auch 123 III 220/227. Jedermann ist befugt, dem Handelsregister einen Verstoss gegen Art. 944 Abs. 1 anzuzeigen. Weist das Handelsregister den Einwand ab, können sich Private an den Zivilrichter wenden. Die Behörde kann nicht an den Zivilrichter verwiesen werden 4A_306/2014 (3.9.14) E. 6 Pra 2015 (Nr. 46) 367. – Liegen gleichzeitig zwei unter dem Gesichtspunkt von Art. 941 Abs. 1 unvereinbare Gesuche vor, so ist keine der beanspruchten Firmen einzutragen 99 Ib 34/38 E. 2c, 3 Pra 1973 (Nr. 115) 316 f. (in casu berief sich das BGer allerdings zu Unrecht auf Art. 941 Abs. 1 anstatt auf den inhaltlich übereinstimmenden aHRegV Art. 38 Abs. 1, vgl. 103 Ib 6/9 E. 4). – Das Handelsregisteramt verfügt über ein gewisses Ermessen, wenn es eine Firmenbezeichnung auf ihren Wahrheitsgehalt und auf eine allfällige Täuschungsgefahr zu prüfen hat. Es hat sich aber von sachlichen Gesichtspunkten leiten zu lassen und nach Recht und Billigkeit zu entscheiden. In der Regel hat es nicht privaten Klagen aus Namensrecht vorzubeugen 112 II 59/63 E. 2. – Ob eine beanspruchte Firma den Anforderungen der Bestimmung entspricht, ist eine *Rechtsfrage,* welche das BGer grundsätzlich frei prüft; soweit es allerdings um unbestimmte Rechtsbegriffe wie den Grundsatz des öffentlichen Interesses geht, überprüft es die Auslegung durch die Verwaltungsbehörden mit Zurückhaltung, besonders wenn diese den massgebenden örtlichen oder persönlichen Verhältnissen näherstehen 130 III 58/62 (betr. Enseigne), 114 II 284/286 E. 2a Pra 1989 (Nr. 39) 156 f., 117 II 192/194 E.b. – Das öffentliche Interesse an der Durchsetzung der Grundsätze von Art. 944 Abs. 1 geht den privaten Interessen des Betroffenen vor, sodass ein durch die Änderung der Firma drohender Schaden grundsätzlich nicht ins Gewicht fällt 100 Ib 240/245 E. 6, vgl. aber 108 II 130/134 E. 5 (Frage offengelassen). Hingegen ist für die Änderung eine angemessene Frist zu gewähren 100 Ib 29/36 E. 9 fr. – Zum Grundsatz der Unübertragbarkeit der Firma 123 III 220/227.

2 **Firmenbildung im Allgemeinen.** Die Firma ist der Name eines kaufmännischen Unternehmens. Sie bezweckt, ein *Unternehmen zu kennzeichnen und zu unterscheiden.* Sie ist nicht dazu bestimmt, es als wichtig, gross oder leistungsfähig hinzustellen. Bezeichnungen, die nur der *Reklame* dienen, dürfen gemäss aHRegV Art. 44 Abs. 1 nicht in eine Firma aufgenommen werden 114 II 284/285 f. E. 2a Pra 1989 (Nr. 139) 156, 101 Ib 361/363 E. 3, vgl. auch 118 II 319/320 E. 4a. Auch kennzeichnende Zusätze dürfen nur verwendet werden, wenn sie zur näheren Bezeichnung und damit zur Individualisierung des Unternehmens dienen 94 I 613/614 E. 1. – *Unzulässigen Reklamecharakter haben:* Die Enseigne

«JohnsonDiversey Schweiz» 130 III 58/62 ff. – Die Enseigne «Pharmacie générale» 80 I 424/425 f. Pra 1955 (Nr. 41) 131. – Der Firmenbestandteil oder -zusatz «Grossimporteur» (in casu Verbandsbezeichnung) 69 I 122/123 ff. E. 2–6. – Die Firma «Universal-Werke AG» für ein kleineres Fabrikunternehmen 69 I 31/131 ff. *Nicht reklamehaft sind:* Die Firma «Airgenève S.A.» für ein Lufttransportunternehmen in Genf (in casu jedoch Bewilligung der territorialen und nationalen Bezeichnung verweigert) 85 I 128/131 f. E. 2 Pra 1959 (Nr. 124) 356. – Die Verwendung der Wörter «Fiducia», «Treuhand», «treuhänderisch», «Fides» 80 II 138/144 E. 2 b. – Die Verwendung des Wortes «Exactus» in der Firma einer Uhrenfabrik (ebenso wenig wie die Bezeichnungen «Veritas», «Sekuritas», «Hygiena», «Express» usw.) 78 II 457/459 E. 2. – *Sachbezeichnungen ohne Kennzeichnungskraft* (in casu «Inkasso AG») dürfen nicht als alleiniger Inhalt einer Firma anerkannt werden 101 Ib 361/363 ff. E. 4, 5. Dieser Grundsatz ist jedoch eng auszulegen, und eine Firma ist nur dann nicht zuzulassen, wenn sie offensichtlich aus einer rein deskriptiven Sachbezeichnung besteht. Ein unterscheidungskräftiges Zeichen, das den Sachbegriff begleitet, genügt, um die Firmenbildung zulässig zu machen. Ebenso genügt es, einen zweiten Sachbegriff beizufügen, wenn dieser zusammen mit dem ersten eine Fantasiebezeichnung ergibt (Präzisierung der Rechtsprechung; in casu Zulässigkeit der Geschäftsfirma «Aeroleasing S.A.» im Gegensatz etwa zu «Avionleasing» oder «Autoleasing») 114 II 284/286 f. E. b, c Pra 1989 (Nr. 10) 57 f. – *Keine reinen Sachbezeichnungen* sind z.B.: – die Zusammenstellung «Index Management» 107 II 246/250 E. 2. – «LN Industries» 106 II 352/355 E. e fr. – «Fiducia» 80 II 138/143 E.a. – Auf die *Natur des Unternehmens* weisen z.B. Zusätze über sein Arbeitsgebiet, die Art seines Betriebes oder seiner Geschäftstätigkeit hin. Das Wort «international» kann daher an sich Bestandteil einer Firma bilden (in casu allerdings wegen Reklamecharakters und Täuschungsgefahr als unzulässig betrachtet) 95 I 279 E. 3. – *Fantasiebezeichnungen* (in casu «Index Management») unterliegen wesensgemäss dem Wahrheitsgebot nicht 107 II 246/250 E. 2. – Die *Verwendung des eigenen Namens* bei der Firmenbildung ist nur innert gewisser Schranken gestattet (jedoch zwingend im Falle von Art. 945 Abs. 1) 102 II 161/170 f. E. aa, vgl. auch 118 II 319/321 E.b. Massgeblichkeit der Schreibweise der im Zivilstandsregister eingetragenen Personennamen 112 II 64/67 f. – Zulässigkeit der Firmenbildung mit einem *Künstlernamen,* der sich insbesondere mit einem weitverbreiteten Familiennamen deckt 112 II 59/60 ff. E. 1. – Hinweise auf *akademische Titel* sind zulässig, wenn dadurch keine Täuschungen verursacht werden können 113 II 280/281 f. E. 3. – Firmen müssen in lateinischen Buchstaben geschrieben werden und dürfen weder bildliche Darstellungen noch fremdländische Schriftzeichen enthalten. Firmen mit regelwidrig gebildeten Folgen von *Buchstaben und Interpunktionszeichen* sind als figurativ zurückzuweisen 118 II 319/320 ff. E. 4. Die Fantasiebezeichnung «MacCooperative» wurde wegen des regelwidrig gebildeten Grossbuchstabens C als unzulässiger Firmenbestandteil betrachtet 118 II 319/321 f. E.b. – *Untertitel, Kurzbezeichnungen* und ähnliche Ausdrücke sind gemäss aHRegV Art. 44 Abs. 2 nur gestattet, wenn sie Bestandteile der Firma sind. Nicht jeder beliebige Firmenbestandteil darf jedoch als Kurzbezeichnung im formellen Geschäftsverkehr, also z.B. beim Abschluss von Verträgen, verwendet werden; die Bezeichnung muss vielmehr erkennbar als solche in der Firma enthalten sein. Im formlosen Verkehr (z.B. Werbetexte, Inserate und dergleichen) können jedoch auch Kurzbezeichnungen zulässig sein, die nicht Bestandteil der Firma sind 100 II 395/401 f. E. 4a. – Bei der Anwendung der Bestimmung ist in allen Fällen, unter dem Gesichtspunkt der Firmenwahrheit, der Täuschungsgefahr und des öffentlichen Interesses, *Strenge* am Platz 87 I 305/309 E. 2.

3 **Wahrheitsgebot und Täuschungsverbot.** Siehe auch bei Art. 951 und 956. Ausfluss des firmenrechtlichen Täuschungsverbots sind die Gebote der *Firmenwahrheit* und der *Firmenklarheit;* danach darf die Firma einerseits den tatsächlichen Gegebenheiten nicht widersprechen, hat ihnen anderseits aber auch möglichst deutlich Ausdruck zu geben. Das Wahrheitsgebot verbietet dabei grundsätzlich, eine tatsächlich nicht ausgeübte Tätigkeit in der Firma vorzugeben 117 II 192/194 E.a. Der Grundsatz der Firmenwahrheit erfordert, dass jede Änderung einer Tatsache, die im Handelsregister einzutragen ist, dort vermerkt wird (siehe auch Art. 933) 103 Ib 11/15 E. 4 fr. Sind die *Anforderungen der Bestimmungen nicht mehr erfüllt* oder stellt sich erst nachträglich heraus, dass gegen die Bestimmung verstossen wurde, so hat der Handelsregisterführer von Amtes wegen einzuschreiten 100 Ib 29/31 E. 1, 34 E. 5 fr. Dass allenfalls die Firma während mehreren Jahren ungestört und gutgläubig benutzt wurde, schliesst ein solches Eingreifen nicht aus 100 Ib 29/35 f. E. 8 fr. Die Firma ist insbesondere auch an die veränderten Verhältnisse anzupassen, wenn die Struktur des Unternehmens nicht mehr dem Inhalt der Firma entspricht oder die statutarische Zweckangabe unwahr wird 117 II 192/194 E.b. – Die Firma muss als Ganzes betrachtet werden, und zwar nach dem Eindruck, den sie einem *durchschnittlich aufmerksamen Publikum* oder einem Durchschnittsleser macht 131 III 572/576 E. 3 fr., 130 III 58/62 (betr. Enseigne), 117 II 192/193 f. E. 3a. Das Täuschungsverbot ist vor allem verletzt, wenn das Durchschnittspublikum aus der Firmenbezeichnung unzutreffende Schlüsse hinsichtlich des Sitzes oder der Natur des Unternehmens oder hinsichtlich der Art seiner Tätigkeit zieht. Unerheblich ist, ob eine Täuschungsabsicht bestand oder die Täuschungsgefahr den handelnden Personen bewusst war 4A.6/2006 (29.3.06) E. 4.1 Pra 2007 (Nr. 33) 212, 4A.5/2000 (25.1.01) E. 4a fr., 123 III 220/226. Die *Täuschungsmöglichkeit* genügt; dass es tatsächlich zu Täuschungen kommt oder diese einen Dritten sogar schädigen müssten, ist nicht erforderlich 4A.6/2006 (29.3.06) E. 4.2.2 Pra 2007 (Nr. 33) 213, 117 II 192/193 f. E. 3a. Da sich eine Handelsfirma nicht nur an ihre Kunden, sondern stets auch an weitere Kreise wendet, ist eine beanspruchte Bezeichnung aus der Sicht des Publikums überhaupt zu beurteilen 104 Ib 261/266 f. E. 3. Es geht um das schweizerische Publikum; zunächst ist der Sinn der in der Firma verwendeten Wörter in der Sprache massgebend, in der die Firma eingetragen ist, doch ist auch auf den Eindruck abzustellen, den diese auf den Durchschnittsleser einer anderen Landessprache macht 106 II 250/253 E. 1 fr., 110 II 395/399 f. E. 1a fr. – Ob die Verwendung einer bestimmten Bezeichnung zu Täuschungen Anlass geben kann, ist nicht abstrakt, sondern anhand der besonderen *Umstände des Einzelfalles* zu beurteilen 130 III 58/62 (betr. Enseigne), 4A.5/2000 (25.1.01) E. 4a fr., 108 II 130/133 E. 4, 123 III 220/226, wobei grundsätzlich von der Firmenbezeichnung als Ganzen auszugehen ist, selbst wenn einem einzelnen Bestandteil erhöhte Bedeutung zukommt 112 II 59/61 E.b. – Ist es während langer Zeit zu keiner Verwechslung gekommen, so kann dies höchstens ein Indiz dafür sein, dass keine Täuschungsgefahr besteht 100 Ib 29/33 E. 3 Pra 1974 (Nr. 166) 47. – Die Eintragung im Handelsregister verleiht kein Recht auf Benützung einer Einzel- oder Geschäftsfirma, die unwahr oder trügerisch ist oder dem öffentlichen Interesse zuwiderläuft (in casu Löschung einer Firma, die entgegen den Bestimmungen des BG zum Schutz von Namen und Zeichen der Organi-

sationen der Vereinten Nationen und anderer zwischenstaatlicher Organisationen [SR 232.23] gebildet und eingetragen worden war) 105 II 135/141 f. E. 4 fr., vgl. auch 117 II 575/582 E.aa. – Von der Täuschungsgefahr zu unterscheiden ist die *Verwechslungsgefahr* (grundsätzlich Frage des Firmenschutzes) 123 III 220/226. Ob Täuschungen wegen Verwechslungsgefahr möglich sind, beurteilt sich unter dem Gesichtspunkt von Art. 944 Abs. 1 *nur nach dem Inhalt der Firma.* Die Bestimmung verschärft die Anforderungen an die Unterscheidungskraft der Firma nicht, wenn die Wettbewerbsverhältnisse es erfordern (wohl aber kann allenfalls das Gesetz über den unlauteren Wettbewerb das tun) 85 II 323/329 E.e.

Anwendungsfälle. *Als zulässig betrachtet wurden:* – Die *Nennung nur eines von mehreren Geschäftszweigen* in der Firma begründet nicht notwendigerweise eine Täuschungsgefahr. Das Gebot der Firmenwahrheit kann erst verletzt sein, wenn eine ganz nebensächliche Tätigkeit unter Verschweigung des Hauptzweckes hervorgehoben wird (in casu offengelassen, ob der Hinweis auf den Automobil-«Service» unter Verschweigung des Handels täuschend wirkte) 91 I 212/218 f. E. e, 117 II 192/198 – Ein *neu eröffnetes Unternehmen* darf die verschiedenen Geschäftszweige, auf die es angelegt ist, in der Firma angeben, ohne sich vorerst über entsprechende Aufträge ausweisen zu müssen 68 I 118/121 E. 3, 117 II 192/194 E.a. – Es besteht keine *Täuschungsgefahr,* wenn die «Société Anonyme du Journal de Genève et de la Gazette de Lausanne» als Geschäftszweck die Fusion mit dem «Nouveau Quotidien» und die Herausgabe der «Le Temps» aufführt, womit der Name der herausgegebenen Zeitung keine Verbindung mehr zur Firma haben wird, die sich aus der alten, nicht mehr herausgegebenen Zeitung ableitet 4A.5/2000 (25.1.01) E. 4 fr. – Auch *Ortsangaben* in der Firma unterstehen dem Wahrheitsgebot und dem Täuschungsverbot. Dies gilt namentlich dort, wo sie vom Publikum als Hinweis auf den Sitz des Unternehmens oder Beziehungen aufgefasst werden, die den tatsächlichen Gegebenheiten widersprechen. Eine Ortsangabe in einer Firma verstösst gegen das Täuschungsverbot, wenn sie den Eindruck einer räumlichen Beziehung erwecken kann, die tatsächlich nicht besteht. «Bachtel-Versand AG» weist nicht wie «Isolationswerk Bern» auf den Sitz oder den Ort des Betriebes hin. Das schliesst indessen nicht aus, dass in Verbindung mit anderen Angaben, besonders über die Natur der Unternehmung, gleichwohl eine täuschende Wirkung zustande kommen kann, wie z.B. bei «Bachtel Tourismus AG», «Lägern Immobilien AG» oder «Eiger-Granitwerk AG», die entsprechende örtliche Beziehungen wenn nicht für den Sitz, so doch für die Tätigkeit der Unternehmung voraussetzen. Die Verbindung «Bachtel-Versand AG» stellt jedoch (wie etwa auch «Etzel Finanz AG») keinerlei Zusammenhang zwischen Ortsangabe und Tätigkeit der Unternehmung her und ist daher auch in dieser Hinsicht nicht zu beanstanden (in casu Sitzverlegung an einen Ort ausserhalb des Bachtelgebietes) 108 II 130/132 ff. E. 3, 4, vgl. auch 113 II 179/180 E. 2, 117 II 192/197 f. E.bb. – Die Firmenbezeichnung «Münsterkellerei AG», obwohl die Lagerung und Abfüllung der Weine einige Kilometer vom Verkaufsort (im Nachbarbereich des Berner Münsters) entfernt sowie durch Dritte (aber auf Weisung, unter Aufsicht und unter der Verantwortung der Gesellschaft) besorgt werden 117 II 192/194 ff. E. 4. – Die Firmenbildung «Circus Monti AG», obwohl der verwendete Künstlername mit einem weitverbreiteten Familiennamen identisch ist 112 II 59/60 ff. E. 1. – Die Firmenbezeichnung «Index Management» für eine insbesondere im Bereiche der Treuhandgeschäfte sowie der Unternehmensberatung und -führung tätige AG 107 II 246/250 f. E. 2. – Der Firmenzusatz 4

«Treuhand und Revisionsbüro» für ein Unternehmen, das in irgendwelcher Form die Betreuung fremden Gutes oder fremder Interessen übernimmt (Vertretung nach aussen oder blosse interne Beratung und Nachprüfung) 72 I 125/127 f. E. 1, 2. – *Als unwahr und täuschend betrachtet wurden:* – Die Bezeichnung «Grand Casinò» ist nach Gesetz nur für Gesellschaften vorgesehen, die über eine Konzession A verfügen. Die Verwendung der Bezeichnung für eine Gesellschaft, welche lediglich über eine Konzession B verfügt, verletzt die gesetzlichen Grundsätze der Firmenbildung 4A.6/2005 (29.3.06) E. 4 Pra 2007 (Nr. 33) 212. – Der Bestandteil *«international»* ist geeignet, über die Bedeutung des Unternehmens oder seine Struktur auszusagen, oder er kann darauf hindeuten, dass das damit gekennzeichnete Unternehmen in mehreren Staaten Mitglieder, Tochtergesellschaften oder Betriebsstätten hat oder dass seine Leistungen sich über die Staatsgrenzen hinaus erstrecken oder in mehreren Ländern erhältlich sind. Die Beifügung «international» ist nicht wahr, wenn Organisation, Einrichtungen oder Tätigkeit des Firmeninhabers überhaupt nicht oder nur in untergeordneter Hinsicht zwischenstaatlicher Natur sind. Von einem Unternehmen, das in der Firma sich oder seiner Tätigkeit ein internationales Gepräge zuschreibt, wird vorausgesetzt, dass dieses seinem ganzen Wesen entspreche, es vom Durchschnitt anderer im Handelsregister eingetragener Betriebe unterscheide. Eine AG gilt firmenrechtlich auch nicht schon dann als «international», wenn Angehörige verschiedener Staaten Aktionäre sind oder dem Verwaltungsrat neben Schweizern auch Ausländer angehören. Schliesslich darf nicht der Eindruck erweckt werden, die internationalen Beziehungen des Unternehmens seien anderer Art, als sie in Wirklichkeit sind (in casu «International Bank of Berne» nicht zugelassen) 95 I 276/279 ff. E. 3 ff., grundlegend (in casu «Internationale Asbiton A.G.» abgelehnt) 87 I 305/307 ff. E. 2, 3. – Mit dem Begriff «Center», «centre», «Zentrum» verbindet sich die Vorstellung eines Anziehungs- oder Sammelpunktes. Auf wirtschaftliche Unternehmungen bezogen erweckt das Wort im Publikum die Vorstellung, ein bestimmter Geschäftsbetrieb hebe sich durch seine überragende Bedeutung, insbesondere durch den Umsatz und die Grösse, die Verschiedenheit und die Reichhaltigkeit des Warenangebotes, deutlich von der Konkurrenz ab (in casu für die Bezeichnungen «Centre» und *«Leasing»* präzisierende Zusätze verlangt) 96 I 606/610 ff. E. 4a fr., grundlegend (in casu Firmenzusatz «Hosen-Center» abgelehnt) 94 I 613/614 f. E. 2. Davon inhaltlich verschieden ist der sinnverwandte Begriff *«Zentrale»*. Eine solche liegt vor, wenn der Träger einer Firma über ein Unternehmen verfügt, das mehrere Betriebsstätten umfasst oder dank ausgedehnter Organisation und grossen Geschäftsverkehrs seine Leistungen zu Bedingungen anbieten kann, die für den Kunden besonders günstig sind 94 I 613/614 f. E. 2a; es genügt nicht, dass das Unternehmen einerseits Sammel- und anderseits Verteilungsstelle ist und in diesem Sinne eine zentrale Stellung zwischen den die Leistungen anbietenden und den sie aufnehmenden Kreisen einnimmt 82 I 40/47 f. E. 3. – Der Ausdruck *«Industrie»* ist ein Kollektivbegriff, der zu verwenden ist für die Zusammenfassung der gewerblichen Tätigkeit zur Gewinnung von Rohstoffen, deren Verarbeitung zu Produkten und die Veredelung von solchen, und zwar ganz allgemein, oder mit Bezug auf grössere oder kleinere territoriale Gebiete, oder mit Rücksicht auf einzelne Branchen. Er kann auch die Bedeutung von «Industriebetrieb» haben. Wird er in der Einzahl als Bezeichnung eines besonderen Tätigkeitsbereiches verwendet (z.B. «Wäsche-Industrie», «Uhrenindustrie»), so kann er den Eindruck einer vorherrschenden Tätigkeit erwecken, was unzulässig ist. Bei Verwendung in der Mehrzahl ohne Hinweis auf einen bestimmten Tätigkeitsbereich (in casu «LN Industries») hat der Ausdruck jedoch nicht diesen verallgemeinernden Sinn, und er ist daher in dieser Hinsicht nicht täuschend 106 II 352/353 ff. E. 2 fr. – Die Übernahme der bis ins letzte Detail identischen Firmenbezeichnung, welche eine vorbestehende Gesellschaft gleichentags durch Firmenänderung aufgegeben hatte (ohne Massnahmen zur Verhinderung einer Verwechslung) 123 III 220/222 ff. Die Firmenbestandteile «Croix d'Ouchy» für ein Restaurant in ca. 300 m Entfernung von der entsprechenden Strassenkreuzung, da sich im unmittelbaren Kreuzungsbereich ein gleichnamiges Lokal befand 117 II 192/197 E.bb. – Der Hinweis auf einen ausländischen Ehrendoktor-Titel, wenn die Gleichwertigkeit mit einem entsprechenden schweizerischen Titel nicht gewährleistet ist (offengelassen, ob die Eintragung des Titels in Originalsprache und mit erkennbarem Hinweis auf die verleihende Institution zulässig wäre) 113 II 280/282 f. – Der Begriff «gymnase» in der Firma eines Genfer Unternehmens zur Bezeichnung einer Turnhalle (weil der Durchschnittsleser darunter im Allgemeinen eine Lehranstalt höherer Stufe versteht) 110 II 395/400 E. 1b fr. – Die Firmenbezeichnung «Ecole polytechnique par correspondance SA» (weil «polytechnisch» für Fernkurse nicht zutrifft und wegen der Verwechslungsgefahr mit den eidgenössischen Hochschulen) 100 Ib 29/31 ff. E. 2, 3 Pra 1974 (Nr. 166) 474. – Die Ortsbezeichnung «Bern» für ein mit Sitz und Betriebsstätte nach Schüpfen verlegtes Unternehmen 100 Ib 240/243 E. 4, vgl. auch 113 II 179/179 f. – Eine nur vorsorglich eingetragene Firma, unter welcher in Wirklichkeit gar kein Unternehmen betrieben wird 93 II 256/258 E. 2. – Der Firmenbestandteil «Fraumünster» für einen Verlag und eine Buchhandlung, die vorwiegend katholisches Gedankengut verbreiten 77 I 158/160 f. E. 1. – Die Firma «Cinéma Palermo AG» für eine Gesellschaft, die nur das Eigentum am Kinogrundstück hat, ohne das Kino selber zu betreiben 62 I 114/121.

Verstoss gegen öffentliche Interessen. Der in der Bestimmung ausgesprochene Grundsatz des öffentlichen Interesses ist ein unbestimmter Rechtsbegriff, dessen Sinn nicht nach Ermessen, sondern frei zu ermitteln ist. Das vorbehaltene öffentliche Interesse hat den Sinn einer Generalklausel. Es dürfte in erster Linie Firmen betreffen, die ihm im konkreten Fall zuwiderlaufen, wie z.B. unsittliche Bezeichnungen, die gegen das religiöse, sittliche oder nationale Empfinden verstossen. Zudem kann es für sich genommen auch generelle Gesichtspunkte wie das Freihaltebedürfnis decken, nicht aber Bezeichnungen verhindern, die das Gesetz selbst ausdrücklich zulässt. Das öffentliche Interesse dringt angesichts des heutigen Wirtschaftsgeschehens (Konzentration und Diversifikation) mehr denn je auf klare Unterscheidung der Firmen; es gebietet daher schon beim Erstbenützer einer Sachbezeichnung, dass diese die Firma kennzeichne und von andern unterscheide 101 Ib 361/367 ff. E. 5, vgl. auch 123 III 220/226. Die Verletzung öffentlicher Interessen setzt nicht notwendigerweise einen Verstoss gegen eine öffentlich-rechtliche Vorschrift voraus 100 Ib 29/33 E. 4 Pra 1974 (Nr. 166) 475. 5

Anwendungsfälle. Die Wahl einer Firmenbezeichnung, welche die ideellen Interessen einer öffentlich-rechtlichen Körperschaft verletzt (in casu Firmenbezeichnung «Ecole polytechnique par correspondance SA») 100 Ib 29/33 f. E. 4 Pra 1974 (Nr. 166) 475 f. – Die eine Täuschungsgefahr begründende Verwendung des Namens einer protestantischen Kirchgemeinde (Fraumünster) durch einen Verlag und eine Buchhandlung katholischer Tendenz 77 I 158/161 E. 1, vgl. auch 100 29/Ib 33 E. 4 Pra 1974 (Nr. 166) 475. – Die ge- 6 gen die kantonale Sanitätsgesetzgebung verstossende Bezeichnung «Neue zahnärztliche Privatklinik» 65 I 269/276 f. E. 4. – Die Verwendung des Firmenbestandteils «international», wenn dieses Wort z.B. dazu führen könnte, das Unternehmen mit Einrichtungen des öffentlichen Rechts zu verwechseln 87 I 305/309 E. 2. – Die Firma, die gegen Bestimmungen des BG zum Schutz von Namen und Zeichen der Organisationen der Vereinten Nationen und anderer zwischenstaatlicher Organisationen (SR 232.23) verstösst 105 II 135/135 ff. fr. – In der Regel kein öffentliches Interesse, privaten Klagen aus Namensrecht vorzubeugen 112 II 59/63 E. 2.

7 **Weiteres.** Es kann einer Behörde nicht verwehrt sein, eine Übung aufzugeben, die sie als unrichtig erkannt hat oder deren Verschärfung sie wegen veränderter Verhältnisse oder zunehmender Missbräuche für zweckmässig hält (in casu Ablehnung von reinen Sachbezeichnungen). Eine solche *Praxisänderung* bleibt jedoch ohne Einfluss auf Firmen, die früher eingetragen wurden und den neuen Grundsätzen nicht entsprechen; diese sind weiterhin nach Art. 956 geschützt 101 Ib 361/370 E. 6. Dass ein Begriff in andern Fällen zugelassen wurde, vermag nur dann einen Rechtsanspruch auf Gleichbehandlung im Unrecht zu begründen, wenn die Behörde es anscheinend ablehnt, die in anderen Fällen geübte, rechtswidrige Praxis aufzugeben 110 II 395/400 f. E. 2 fr.

8 ***Abs. 2*** **Allgemeines.** Die *aHRegV Art. 45 und 46,* die sich auf OR Art. 944 Abs. 2 stützen, verbieten es den Einzelfirmen, Handelsgesellschaften und Genossenschaften, in ihrer Firma nationale, territoriale oder regionale Bezeichnungen zu verwenden; *Ausnahmen* können jedoch gestattet werden, wenn sie durch besondere Umstände gerechtfertigt sind. Zweck dieser Bestimmungen ist es, Missbräuchen vorzubeugen: die nationale oder territoriale Bezeichnung soll nicht nur Reklamezwecken dienen oder auf dem Bestreben beruhen, gegenüber der Konkurrenz einen Vorteil zu erlangen 102 Ib 16/18 E. 2a fr. Der Zweck des grundsätzlichen Verbotes erschöpft sich jedoch nicht darin, reklamehaften Zusätzen vorzubeugen. Die Verwendung nationaler, territorialer oder regionaler Bezeichnungen kann auch verboten werden, wenn diese zu keinen Täuschungen Anlass geben können 104 Ib 261/265 f. E. 2a. Art. 944 Abs. 1 gilt auch für nationale, territoriale oder regionale Bezeichnungen in Firmen 82 I 40/44 ff. E. 2, 91 I 212/216 f. E. 3. – *Territoriale Zusätze in substantivischer Form,* die zur *Bezeichnung des Sitzes der Firma* dienen, bedürfen gemäss aHRegV Art. 46 Abs. 3 keiner Bewilligung. Aus dem substantivischen Zusatz muss jedoch klar ersichtlich sein, dass die Ortschaftsangabe den Geschäftssitz bezeichnet und nicht anders aufgefasst werden kann. Das trifft auf die Präposition «of» («von», «de») nicht zu 95 I 276/282 E. 8. Der territoriale Zusatz in der Wortverbindung «Airgenève» kann nicht als blosse Sitzangabe verstanden werden 85 I 128/133 E. a Pra 1959 (Nr. 124) 357. Hingegen versteht der Durchschnittsleser das Wort «Bern» als Ortsangabe und nicht als territoriale oder regionale Bezeichnung, wie sie durch den adjektivischen Zusatz «Berner» oder «bernisch» zum Ausdruck gebracht werden könnte 100 Ib 240/243 f. E. 5a, vgl. auch 113 II 179/180 E. 2. Auf nationale Bezeichnungen ist aHRegV Art. 46 Abs. 3 nicht anwendbar 92 I 298/299 f. E. 3. – aHRegV Art. 45 f. gelten auch für die Eintragungen von *Vereinen,* die nicht ausschliesslich einen nicht wirtschaftlichen Zweck verfolgen, insbesondere für die als Vereine konstituierten Berufsverbände (aHRegV Art. 47). Dass diese Vereine dem Firmenrecht nicht unterstehen und den Schutz von Art. 956 nicht geniessen, ist in diesem Zusammenhang ohne Belang 99 Ib 34/36 f. E. 1 Pra 1973 (Nr. 115) 315, 116 II 605/606

E. 4a. Hingegen sind aHRegV Art. 45 f. auf die Namen von *Stiftungen* nicht anwendbar 103 Ib 6/8 E. 2. – Das eidgenössische Amt für das Handelsregister hat *nach objektiven Kriterien sowie nach Recht und Billigkeit* (ZGB Art. 4) zu beurteilen, ob die besonderen Umstände die Verwendung einer nationalen, territorialen oder regionalen Bezeichnung rechtfertigen. Im Rahmen einer *Verwaltungsgerichtsbeschwerde* setzt das BGer nicht sein eigenes Ermessen anstelle jenes des Amtes, sondern es prüft bloss, ob der angefochtene Entscheid Bundesrecht verletze oder nicht, d.h., ob das Amt von objektiv massgebenden Kriterien ausgegangen sei und ob es den ihm zustehenden Ermessensspielraum überschritten habe 102 Ib 16/18 f. E. 2b fr., 116 II 605/606 E. 4a. – Die Einschränkung des Gebrauchs nationaler Bezeichnungen beruht ausschliesslich auf Gründen des öffentlichen Interesses. Die *Legitimation eines Dritten zur Verwaltungsgerichtsbeschwerde* ist daher nur gegeben, wenn der behauptete Verstoss gegen das öffentliche Recht gleichzeitig einen unrechtmässigen Eingriff in seine subjektive Rechtssphäre darstellt (in casu war ein Berufsverband, dem die Führung der Bezeichnung «schweizerisch» seinerzeit bewilligt worden war, nicht legitimiert, die Erteilung der gleichen Bewilligung an einen Konkurrenzverband anzufechten) 66 I 277/278 ff. – Die *Meinungsäusserungen der zuständigen Stellen* (aHRegV Art. 45 Abs. 2 und 46 Abs. 2) müssen dem Gesuchsteller grundsätzlich zugänglich sein 96 I 606/609 f. E. 3 Pra 1971 (Nr. 62) 189 f.

Nationale, territoriale oder regionale Bezeichnungen. Unter den *Begriff der nationalen Bezeichnung* fällt nicht nur der voll ausgeschriebene Namen eines Staates, sondern auch jeder andere Hinweis auf einen bestimmten Staat. Als solche Bezeichnungen haben besonders auch Wörter zu gelten, die bloss Bestandteil eines Staatsnamens sind, vorausgesetzt, dass sie die Gedanken des Lesers oder Hörers auf den betreffenden Staat lenken (z.B. «schweizerisch», «Schweiz», «American») 91 I 212/215 E.b. Nationale Bezeichnungen sind z.B. «Rütli» oder «Grütli» 66 I 277/282 f. E. 1. – Als *territoriale Bezeichnungen* gelten nicht bloss Angaben über Gebiete mit bestimmten politischen oder administrativen Grenzen, sondern auch Hinweise auf einen geografischen Raum, der nicht genau bestimmbar zu sein braucht (z.B. «Middle East», «American», «Orient», «oriental», jedoch nicht Welt, Erde, Ozean, «Overseas» usw.) 102 Ib 110/111 f. E. 3 fr., 104 Ib 261/267 E. 3. – Als *nationale, territoriale oder regionale Bezeichnungen* fallen auch solche in Betracht, die in der Firma nicht ein selbständiges Wort bilden, sondern mit andern Ausdrücken zu einem einzigen Wort verbunden sind (z.B. «Airgenève») 85 I 128/132 f. E. 3a Pra 1959 (Nr. 124) 356 f. Keine nationalen oder territorialen Bezeichnungen sind z.B.: das Wort «international» 95 I 276/279 E. 2; der Firmenbestandteil «Bachtel» 108 II 130/132 E. 2. Bezeichnung «Schweiz», «Europa» 111 II 86/87 f. fr., vgl. auch Pra 1997 (Nr. 125) 675 f. E. 4c. 9

Besondere Umstände, die eine Ausnahme rechtfertigen. Der Begriff «Ausnahmen» bedeutet nicht, dass die Verwendung nationaler, territorialer oder regionaler Bezeichnungen möglichst selten bleiben muss. Die Bewilligung muss erteilt werden, wenn der Gesuchsteller ein *schutzwürdiges Interesse* hat, insbesondere wenn die Bezeichnung der Individualisierung des Unternehmens durch ein Element dient, das es objektiv von andern unterscheidet. Es ist nicht erforderlich, dass das fragliche Unternehmen in seinem Gebiet eine Monopolstellung hat. Die Möglichkeit, dass der Gesuchsteller sein Ziel auf andere Weise als durch Verwendung einer nationalen oder territorialen Bezeichnung erreichen 10 kann, ist kein genügender Grund für die Verweigerung der Bewilligung. Hingegen braucht das Handelsregisteramt nicht schon deshalb eine Ausnahme zu machen, weil der beanspruchte Zusatz weder täuschend noch reklamehaft ist 102 Ib 16/18 E. 2a fr., 104 Ib 261/265 f. E. 2a, vgl. auch 113 II 179/180 E. 2 sowie 116 II 605/606 E. 4a. Es genügt nicht, die Geschäftstätigkeit einer Gesellschaft auf einen bestimmten Raum auszurichten, um die Verwendung einer entsprechenden territorialen Bezeichnung in ihrer Firma zu rechtfertigen 104 Ib 261/267 E. 4, 100 Ib 240/244 E.a. Schützenswerte Interessen, welche die Führung der nationalen Bezeichnung rechtfertigen, liegen z.B. vor, wenn der Geschäftsinhaber eine die gesamte Schweiz betreffende offizielle oder offiziöse Tätigkeit entfaltet oder eine wirtschaftliche Stellung errungen hat, die ihn zum tatsächlichen Vertreter gesamtschweizerischer Interessen macht, sowie wenn die Bezeichnung nach Wortlaut und Sinn – z.B. durch das in Klammern gesetzte Wort «Schweiz» oder durch die Wendung «Verkauf Schweiz» – lediglich erläutert, dass der Inhaber der Firma nur den das Gebiet der Schweiz betreffenden Teil der geschäftlichen Tätigkeit einer Muttergesellschaft fördern will 92 I 298/305 E. 1, 116 II 605/606 E. 4a. Ein schützenswertes Interesse kann auch gegeben sein, weil sich der Inhaber der Firma durch die territoriale oder regionale Bezeichnung von andern mit ihm wirtschaftlich eng verbundenen Gesellschaften oder Genossenschaften unterscheiden will 98 Ib 299 E. 1. Dass eine Unternehmung neben wirtschaftlichen auch, vielleicht sogar überwiegend, ideale Zwecke verfolgt, ist nicht schon notwendigerweise ein Umstand, der Anspruch auf eine nationale Bezeichnung gäbe. Der gemischte, d.h. aus wirtschaftlichen und idealen Zwecken zusammengesetzte Charakter einer Unternehmung vermag vielmehr nur dazu zu führen, dass je nach der Bedeutung der idealen Elemente weniger strenge Anforderungen an die Bewilligungsvoraussetzungen zu stellen sind 66 I 277/284.

11 **Beispiele.** *Bewilligt wurden:* Die Bezeichnung «African» in der Firma der schweizerischen Zweigniederlassung einer Gesellschaft, die ihren Sitz in Liberia hatte und bezweckte, mit dem afrikanischen Kontinent zusammenhängende Veröffentlichungen herauszugeben 102 Ib 16/16 ff. fr. – Die Firma «Coop Oberwallis» 98 Ib 298/298 ff. – Der Zusatz «Schweiz» für die schweizerische Tochterfirma eines internationalen Konzerns 92 I 298/298 ff. – Der Zusatz «Verkauf Schweiz» für ein Unternehmen, das sich als Tochtergesellschaft eines schweizerischen (jedoch auch exportierenden) Fabrikationsunternehmens mit dem Vertrieb von dessen Erzeugnissen im Gebiete der Schweiz befassen sollte 92 I 293/293 ff. – *Als unzulässig betrachtet wurden:* – Der Vereinsname «Wirtschaftskammer Schweiz-Australien» (mangels offizieller oder offiziöser Stellung) 116 II 605/607 f. E. b, c. – Die Firma «Pars-Oriental AG Zürich» (im Gegensatz etwa zu «Pars Oriental Carpets AG») für eine Gesellschaft, die den «Verkauf von persischen und anderen orientalischen Teppichen ab Freilager Zürich sowie alle damit zusammenhängenden Tätigkeiten» bezweckte 104 Ib 261/264 ff. – Die Zusätze «Euro» und «Europa» für ein kleines, wenn auch international tätiges Transport- und Speditionsunternehmen 97 I 73/73 ff. – Der Firmenbestandteil «romand» für eine in der Westschweiz tätige Leasing-Gesellschaft 96 I 606/611 f. E. b fr. – Der Zusatz «schweizerische» für eine Wohnbaugenossenschaft, die keine offizielle bzw. offiziöse Tätigkeit entfaltete und erst den Willen hatte, gesamtschweizerisch tätig zu sein 92 I 298/303 ff. – Die Firma «American Automobile Service» für ein Unternehmen, das mit den Vereinigten Staaten von Amerika nur insofern zusammenhing,

als es mit Motorwagen amerikanischer Herkunft Handel betrieb und vorwiegend solche instand stellte und betriebsbereit hielt 91 I 212/212 ff. – Die Firma «Airgenève» für ein kleines privates Lufttransportunternehmen 85 I 128/128 ff. Pra 1959 (Nr. 124) 355 ff. – Die Bezeichnung «Rütli» bzw. «Grütli» für eine im wirtschaftlichen Konkurrenzkampf stehende Genossenschaft 66 I 277/280 ff. – Der Firmenzusatz «suisse» für eine Sprachschule 67 I 259/260 f.

Weiteres. Die *Bewilligung,* in der Firma eine nationale Bezeichnung zu führen, kann *widerrufen* werden, wenn die Bezeichnung den Verhältnissen nicht oder nicht mehr entspricht 82 I 40/43 f. E. 1. – Es kann einer Behörde nicht verwehrt sein, eine bestimmte *Bewilligungspraxis aufzugeben,* deren Unrichtigkeit sie erkannt hat oder deren Verschärfung sie wegen veränderter Verhältnisse oder zunehmender Missbräuche für zweckmässig hält 91 I 212/217 f. E. c; siehe auch unter Art. 944 Abs. 1/Weiteres. 12

II. Einzelunternehmen 1. Wesentlicher Inhalt

Art. 945

[1] Wer als alleiniger Inhaber ein Geschäft betreibt, muss den wesentlichen Inhalt seiner Firma aus dem Familiennamen mit oder ohne Vornamen bilden.

[2] Enthält die Firma weitere Familiennamen, so muss aus ihr hervorgehen, welches der Familienname des Inhabers ist.

[3] Der Firma darf kein Zusatz beigefügt werden, der ein Gesellschaftsverhältnis andeutet.

Abs. 1 Die Firma des Einzelkaufmanns oder -unternehmers ist nur der Name, unter dem er sein Geschäft betreibt. Diese Firma schafft kein vom Inhaber verschiedenes Rechtssubjekt 74 II 224/226 E. 2. – Was unter dem *Begriff des Familiennamens* zu verstehen ist, ergibt sich aus dem Zweck der Personenfirma, mindestens eine persönlich haftende Person bekannt zu machen, damit sie identifiziert werden kann (rechtmässig geführter und im Zivilstandsregister erscheinender Name) 116 II 76/77 E. 2a. Der Familienname einer verheirateten Frau mit einem Doppelnamen gemäss ZGB Art. 160 Abs. 2 kann nur ihr voller Doppelname sein 116 II 76/79 E.c. – Offengelassen, ob sich angesichts dieser Bestimmung und mit Blick auf die gesetzliche Firmengebrauchspflicht ein grundsätzliches Verbot der Namensbenutzung in allen denkbaren Kombinationen mit dem Bundesrecht vereinbaren liesse 116 II 614/619 f. E.d. Die *Einschränkung des Rechts auf Verwendung des eigenen Namens im Geschäftsverkehr* kann jedenfalls nicht weitergehen, als es die aktuelle Interessenlage zu rechtfertigen mag (dieses Interesse deckt künftige, ungewisse und rein hypothetische Geschäftsabsichten nicht) 116 II 614/620 f. E. 6. 1

2. Ausschliesslichkeit der eingetragenen Firma

Art. 946

[1] Eine im Handelsregister eingetragene Einzelfirma darf von keinem andern Geschäftsinhaber an demselben Orte verwendet werden, selbst dann nicht, wenn er den gleichen Vor- und Familiennamen hat, mit dem die ältere Firma gebildet worden ist.

[2] Der neue Geschäftsinhaber hat in einem solchen Falle seinem Namen in der Firma einen Zusatz beizufügen, durch den diese deutlich von der älteren Firma unterschieden wird.

[3] Gegenüber einer an einem andern Orte eingetragenen Einzelfirma bleiben die Ansprüche aus unlauterem Wettbewerb vorbehalten.

1 ***Abs. 1*** Als Ort im Sinne der Bestimmung gilt die politische Gemeinde, in welcher die Unternehmung ihren Sitz hat, sowie das unmittelbare wirtschaftliche Umfeld 131 III 572/576 E. 3. – Keine Prüfung der Verwechslungsgefahr von Amtes wegen 123 III 220/226. – Auch der Inhaber einer nicht eintragungspflichtigen Einzelfirma hat die Rechte des im Register eingetragenen Firmeninhabers zu respektieren, d.h., er muss insbesondere für eine genügende Unterscheidbarkeit der Firmen sorgen 131 III 572/576 ff. E. 3 und 4.4 fr. – Zur Verwechslungsgefahr siehe bei Art. 946, 951 und 956.

2 ***Abs. 3*** Verhältnis des Marken- und Wettbewerbsrechts zum Firmenrecht 116 II 614/617 ff. E. c, d. Kein genereller Vorrang des Markenrechts gegenüber dem Firmenrecht 125 III 91/93 E. 3c Pra 1999 (Nr. 133) 719. – Siehe auch unter Art. 956.

Art. 947

Diese Bestimmung wurde auf den 1. Juli 2016 aufgehoben (AS 2016 1507).

1 ***Abs. 1*** Es ist nicht Zweck der Firmenbildung, im Einzelnen über die Zusammensetzung der Gesellschaft Aufschluss zu geben, sondern es genügt, wenn aus der Firma das *Bestehen eines Gesellschaftsverhältnisses ersichtlich* ist. Der Zusatz «Gebrüder» oder die blosse Nennung zweier von mehreren Gesellschaftern in der Firmenbezeichnung machen das Bestehen eines Gesellschaftsverhältnisses bereits ersichtlich 60 I 49/54 f. E. 2, 3. – Enthält die Firma einer Gesellschaft, die alle Erfordernisse einer Kollektivgesellschaft erfüllt, entgegen den Vorschriften über die Gesellschaftsfirmen *keinen Familiennamen,* so bleibt dies für den Charakter der Gesellschaft als Kollektivgesellschaft u.U. (wie in casu) ohne Bedeutung 73 I 311/314 E. 2, vgl. auch 124 III 363/367 E. II/2c. – Begriff des Familiennamens: siehe unter Art. 945. Freiheit, es in der Firmenbezeichnung beim Familiennamen bewenden zu lassen oder ihm auch den Vornamen beizufügen 116 II 76/78 f. E.b.

2 ***Abs. 4*** Die Bestimmung hängt mit Art. 607 zusammen 71 I 270/272 E. 1. – Wenn die «Namen» der Kommanditäre von der Firma ausgeschlossen werden, so kann dies nach dem Zweck der Vorschrift nur den Sinn haben, dass in der Firma einer Kollektivgesellschaft überhaupt niemand individuell bezeichnet werden darf, der nicht unbeschränkt haftet. Der Ausdruck «Namen» bedeutet «Bezeichnung» (in casu individuelle Bezeichnung der Kommanditäre durch den Zusatz «und Söhne») 71 I 270/272 f. E. 2. – Art. 947 Abs. 4 bestimmt als Ausführungsvorschrift zu Art. 944 Abs. 1, in welcher Weise Täuschungen vermieden werden sollen. Vom darin enthaltenen Grundsatz sind selbst dann *keine Ausnahmen* zu gestatten, wenn die Firma nicht täuschend wirken würde 71 I 270/274.

Art. 948

Diese Bestimmung wurde auf den 1. Juli 2016 aufgehoben (AS 2016 1507).

Art. 949

Diese Bestimmung wurde auf den 1. Januar 2008 aufgehoben (AS 2007 4791).

III. Gesellschaftsfirmen 1. Bildung der Firma

Art. 950

[1] Handelsgesellschaften und Genossenschaften können unter Wahrung der allgemeinen Grundsätze der Firmenbildung ihre Firma frei wählen. In der Firma muss die Rechtsform angegeben werden.

[2] Der Bundesrat legt fest, welche Abkürzungen der Rechtsformen zulässig sind.

Allgemeines. Die folgende Rechtsprechung erging zur alten Bestimmung. – Allgemeine Grundsätze der Firmenbildung: siehe unter Art. 944 Abs. 1 und 2. 1

Abs. 1 Aus dem *Grundsatz der Firmenwahlfreiheit* ist nicht zu schliessen, dass die Firma der AG – im Unterschied zu den Personenangaben gemäss Art. 945 und 947 – von Gesetzes wegen einen wesentlichen Inhalt nicht besitzt, sodass reine Sachbezeichnungen des sprachlichen Gemeingebrauchs zum ausschliesslichen Inhalt einer Firma gemacht werden könnten 101 Ib 561/368 f. E. 3. 2

Abs. 2 Einem Familiennamen kommt in der Firma einer Aktiengesellschaft im Unterschied zu andern Gesellschaftsformen (Art. 945 und 947 f.) rechtlich keine besondere Bedeutung zu, weil Aktionäre nicht persönlich haften. Es besteht daher auch kein Grund, zwischen dem Träger des Namens und der Gesellschaft einen unmittelbaren oder besonders engen Zusammenhang zu verlangen, um nach Art. 944 Abs. 1 eine Gleichbehandlung aller Gesellschaftsformen zu gewährleisten 112 II 59/62 E.b. – Wenn eine Wortmarke oder eine kombinierte Marke den Namen einer Person enthält und es zu einem Konflikt zwischen dieser Marke und dem von einem gleichnamigen getragenen Namen kommt, so ist in der Regel das Recht auf den Namen stärker als das Recht aus der Marke 70 II 182/183 f. E. 4a Pra 1944 (Nr. 104) 309 f., siehe auch 125 III 91/93 E. 3c Pra 1999 (Nr. 133) 719. – Die Bestimmung gestattet nicht die Aufnahme der Firma einer Kollektiv- oder Kommanditgesellschaft 73 II 119/122. 3

2. Ausschliesslichkeit der eingetragenen Firma

Art. 951

Die Firma einer Handelsgesellschaft oder einer Genossenschaft muss sich von allen in der Schweiz bereits eingetragenen Firmen von Handelsgesellschaften und Genossenschaften deutlich unterscheiden.

▪ Verwechslungsgefahr im Allgemeinen (1) ▪ Adressaten der Firma (2) ▪ Kennzeichnungsgehalt der Firma (3) ▪ Bezeichnungen mit geringer Kennzeichnungskraft (4) ▪ Nachträgliche Verwechslungsgefahr (5) ▪ Beispiele (6) ▪ Abs. 1 (7) ▪ Abs. 2 (8)

1 **Verwechslungsgefahr im Allgemeinen.** Das Gebot deutlicher Unterscheidbarkeit *dient nicht der Ordnung des Wettbewerbs,* sondern will den Inhaber der älteren Firma um seiner Persönlichkeit und seiner gesamten Geschäftsinteressen willen vor Verletzungen bewahren sowie das Publikum vor Irreführung schützen 100 II 224/226 E. 2. Ob sich zwei Firmen hinreichend deutlich unterscheiden, ist aufgrund des Gesamteindrucks zu prüfen, den sie beim Publikum hinterlassen. Die Gefahr der Verwechslung besteht, wenn die Firma eines Unternehmens für die eines anderen gehalten werden kann (unmittelbare Verwechslungsgefahr) oder wenn bei Aussenstehenden der unzutreffende Eindruck entsteht, die Unternehmen seien wirtschaftlich oder rechtlich verbunden (mittelbare Verwechslungsgefahr) 4A_170/2019 (24.9.19) E. 2.1. – Der firmenrechtliche Schutz einer Handelsgesellschaft besteht für die ganze Schweiz 4A_510/2018 (7.5.19) E. 4.4. Die Verwechslungsgefahr wird für alle Nationalsprachen geprüft 4A_630/2018 (17.6.19) E. 4.2.2 fr., 106 II 352/353 E. 1. – Eine Verwechslungsgefahr i.S. der Bestimmung kann auch dann bestehen, wenn die Inhaber zweier Firmen *nicht am gleichen Ort niedergelassen* sind und, angesichts der Natur ihrer Geschäfte, *nicht miteinander im Wettbewerb* stehen 4C.199/2003 (20.10.03) E. 2.3, 4C.31/2003 (1.5.03) E. 1, 4C.206/1999 (14.3.00) E. 2b, 97 II 234/237, 95 II 456/458 f. E. 2 fr., vgl. auch 114 II 432/433 E. a Pra 1989 (Nr. 116) 394. Haben jedoch zwei Unternehmen ihren Sitz am gleichen Ort, stehen sie miteinander im Wettbewerb oder wenden sie sich aus andern Gründen an die gleichen Kreise, so besteht eine *erhöhte Verwechslungsgefahr,* welche besondere Zurückhaltung bei der Firmenwahl erheischt 4A_170/2019 (24.9.19) E. 2.1, 4A_630/2018 (17.6.19) E. 4.2.1 fr., 4A_590/2018 (25.3.19) E. 2.1, 131 III 572/580 E. 4.4 fr., 4C.199/2003 (20.10.03) E. 2.3, 4C.31/2003 (1.5.03) E. 1, 4C.165/2001 (16.7.02) E. 1.1, 118 II 322/324. Es genügt die Gefahr, dass der unzutreffende Eindruck entsteht, das mit der Firma gekennzeichnete Unternehmen sei mit einem anderen Unternehmen rechtlich oder wirtschaftlich verbunden 4C.199/2003 (20.10.03) E. 2.3, 4C.31/2003 (1.5.03) E. 1, 4C.396/1999 (15.2.00) E. 1, 118 II 322/324. Der Besserberechtigte braucht sich nicht einmal den durch die Ähnlichkeit der Firma hervorgerufenen Eindruck gefallen zu lassen, er stehe mit dem anderen in *rechtlichen oder wirtschaftlichen Beziehungen* 98 II 67/70 f. So hat sich die neuere Firma von der älteren auch dann deutlich zu unterscheiden, wenn sie auf eine Verbindung zu einem international tätigen Konzern hinweisen soll 4C.206/1999 (14.3.00) E. 3b. – Der Begriff der Verwechslungsgefahr ist grundsätzlich *für das gesamte Kennzeichnungsrecht einheitlich* zu umschreiben, d.h., ein Kennzeichen im Schutzbereich des Firmen-, Namens-, Marken- oder Wettbewerbsrechts wird durch gleiche oder ähnliche Zeichen in seiner Individualisierungsfunktion gefährdet 4A_170/2019 (24.9.19) E. 2.1, 131 III 572/577 E. 3 fr., 4C.31/2003 (1.5.03) E. 1, 4C.165/2001 (16.7.02) E. 1.1, 128 III 146/146 ff. – Beachte aber: Wegen der unterschiedlichen Rechtslage bezüglich der Eintragungsfähigkeit im Firmen- und im Markenrecht kann aus dem Umstand, dass eine Firma firmenrechtlich eintragungsfähig ist und Schutz geniesst, nicht geschlossen werden, dass diese Bezeichnung auch hinsichtlich der konkret beanspruchten Waren und Dienstleistungen unterscheidungskräftig ist und markenrechtlichen Schutz beanspruchen kann 140 III 297/301 E. 3.5. Das im Markenrecht verankerte Branchenprinzip ist im Firmenrecht nicht anwendbar; die Firma als Hinweis auf die Identität des Unternehmens soll diesem für den Fall erhalten bleiben, da es in neuen Branchen tätig werden will 4C.206/1999 (14.3.00) E. 3c. Vgl. auch 4A_590/2018 (25.3.19) E. 2.3, 4A_167/2019 (8.8.19) E. 3.1.4 fr., 4A_45/2012 (12.7.12)

E. 3.3.2. – Ob eine Verwechslungsgefahr vorliegt, ist eine vom BGer frei überprüfbare Rechtsfrage 4A_170/2019 (24.9.19) E. 2.1, 4C.403/2006 (6.6.07) E. 3, 128 III 401/404 E. 5, 95 II 456/458 E. 1 fr.

Adressaten der Firma. Die Verwechslungsgefahr zweier Firmen hängt vorab von der Aufmerksamkeit ab, die in den Kreisen üblich ist, mit denen die beiden Firmen geschäftlich verkehren; zum geschützten *Publikum* zählen jedoch neben den Geschäftskunden auch Dritte, wie Stellensuchende, Behörden und öffentliche Dienste 4C.199/2003 (20.10.03) E. 2.3, 4C.165/2001 (16.7.02) E. 1.1, 4C.165/2001 (16.7.02) E. 1.1, 100 II 224/226 E. 2, 118 II 322/323 f. E. 1. Es genügt nicht, dass zwei Firmen bei aufmerksamem Vergleich unterscheidbar sind; sie müssen vielmehr in der *Erinnerung* deutlich auseinander gehalten werden können 4C.403/2006 (6.6.07) E. 3.1, 4C.310/2006 (28.11.06) E. 2.2, 131 III 572/576 E. 3 fr., 4C.199/2003 (20.10.03) E. 2.3, 4C.396/1999 (15.2.00) E. 1, 122 III 369/370 E. 1, 97 II 234/236 E. 1. Die Verwechslungsgefahr besteht nicht nur, wenn es tatsächlich zu Verwechslungen gekommen ist, sondern schon dann, wenn solche *wahrscheinlich* eintreten werden 4C.199/2003 (20.10.03) E. 2.3, 4C.165/2001 (16.7.02) E. 1.1, 95 II 456/458 E. 1 fr. Vorgekommene Verwechslungen (auch ausserhalb konkreter Geschäftsbeziehungen) können jedoch als Indiz für die fehlende Unterscheidungskraft gewertet werden 118 II 322/326 f. E. 3, vgl. auch 122 III 369/373 E. 2c. 2

Kennzeichnungsgehalt der Firma. Grundsätzlich ist für die Beurteilung der Verwechselbarkeit die *Firma als Ganzes* zu berücksichtigen, doch kommt Bestandteilen, die durch ihren Klang oder Sinn hervorstechen, erhöhte Bedeutung zu, weil sie in der Erinnerung besser haften bleiben und im mündlichen und schriftlichen Verkehr oft allein verwendet werden; daher kann schon der Gebrauch oder die Nachahmung des *Hauptbestandteils* einer Firma die Unterscheidung so erschweren, dass Verwechslungen möglich sind 4C.310/2006 (28.11.06) E. 2.2 und E. 2.4, 131 III 572/576 E. 3 fr., 4C.197/2003 (5.5.04) E. 5.3, 4C.199/2003 (20.10.03) E. 2.3, 4C.396/1999 (15.2.00) E. 1, 122 III 369/370 f. E. 1, 97 II 153/155 f. E. 2 b, 234/235 E. 1, (doch ergibt sich allein aus der blossen Verwendung des wesentlichen Merkmals einer älteren Firma als Zusatz in einer jüngeren Firma noch nicht eine Verwechslungsgefahr 74 II 235/237). 3

Bezeichnungen mit geringer Kennzeichnungskraft. Die Bestimmung ist auch anwendbar, wenn die eingetragene Firma vorwiegend aus *Wörtern des allgemeinen Sprachschatzes* besteht 88 II 293/297, 95 II 568/570 fr. Hingegen sagt die Bestimmung nicht, dass Sachbegriffe ohne Kennzeichnungskraft zuzulassen seien, wenn nicht schon ein gleicher Eintrag besteht 101 Ib 361/369 E. d; siehe dazu unter Art. 944 Abs. 1/Firmenbildung im Allgemeinen. Ist jedoch die Sachbezeichnung in der älteren Firma *durch langen Gebrauch zum Individualzeichen geworden* (d.h., hat sie die Bedeutung eines schlagwortähnlichen Hinweises auf den Firmeninhaber und sein Geschäft erlangt), so darf sie selbst in Verbindung mit Zusätzen nicht als charakteristischer Bestandteil in die jüngere Firma aufgenommen werden 98 II 57/63 E. 3. Trotz der Rechtsprechungsänderung von 101 Ib 361/361 (kein alleiniger Sachbegriff des Allgemeingebrauchs) können die unter alter Praxis eingetragenen reinen Sachfirmen nach wie vor firmenrechtliche Exklusivität beanspruchen 128 III 224/227. Wie im Markenrecht, rechtfertigt es sich auch im Firmenrecht, Zeichen, die insgesamt als kennzeichnungsschwach erscheinen, *nicht den gleichen* 4 *geschützten Ähnlichkeitsbereich* zuzubilligen, wie er starken Zeichen zukommt 122 III 369/371 E. 1. – *Akronyme* scheinen im Geschäftsverkehr allgemein selten verwechselt zu werden, weil sich das Publikum daran gewöhnt hat, bei ihrer Zuordnung Vorsicht walten zu lassen und allfällige Unklarheiten durch rechtzeitige Rückfragen zu beheben 122 III 369/372 E. 2b. Die Kennzeichnungskraft von Abkürzungen und Buchstabenkombinationen ist sehr unterschiedlich. Wenn der Wechsel von Vokalen und Konsonanten erlaubt, eine Buchstabenfolge wie ein Fantasiewort auszusprechen, kann sie verhältnismässig stark prägende Kraft haben. Eine Buchstabenfolge, die nicht ausgesprochen werden kann, sondern bloss buchstabiert wird, prägt sich dagegen dem Gedächtnis weniger leicht ein und bleibt daher, jedenfalls solange sie sich nicht aufgrund langjähriger Firmenführung durchgesetzt und Verkehrsgeltung erlangt hat (wie zum Beispiel «IBM» oder «BP»), als Firmenbestandteil eher kennzeichnungsschwach. Bereits ein verhältnismässig kennzeichnungsschwacher Zusatz kann ausreichen, um genügend Abstand zur älteren Firma zu schaffen 4A_541/2018 (29.1.19) E. 3.4.3 f. – Sachbezeichnungen kommt für die Kennzeichnung geringe Bedeutung zu. Reine Fantasiebezeichnungen hingegen prägen sich in der Erinnerung des Adressaten stark ein und wirken entsprechend kennzeichnend 4C.403/2006 (6.6.07) E. 3.1. Wer (kennzeichnungsschwache) Sachbezeichnungen verwendet, hat grundsätzlich für hinreichend deutliche Abhebung von älteren Firmen zu sorgen, indem er die eigene Firma mit individualisierenden zusätzlichen Elementen ergänzt. Dazu genügen i.d.R. beschreibende Zusätze, die lediglich auf die Rechtsform oder den Tätigkeitsbereich hinweisen, nicht 131 III 572/576 E. 3 fr., 4C.197/2003 (5.5.04) E. 5.3, 4C.199/2003 (20.10.03) E. 2.3, 4C.165/2001 (16.7.02) E. 1.1, 4C.79/2000 (16.6.00) E. 2, 90 II 192/201 ff. E. 4 und 5b Pra 1964 (Nr. 133) 392 ff., 94 II 128/129 f. E. 2, 82 II 152/154 f. E. 1. Dennoch dürfen bei Sachbezeichnungen die Anforderungen an die Kennzeichnungskraft abhebender Zusätze nicht überspannt werden. Bereits ein verhältnismässig kennzeichnungsschwacher Zusatz kann deshalb ausreichen, um genügend Abstand zu einer älteren Firma mit gleichen Sachbezeichnungen zu schaffen 4C.310/2006 (28.11.06) E. 2.3, 131 III 572/576 f. E. 3 fr., 4C.31/2003 (1.5.03) E. 1.2, 122 III 369/371. – Beim Firmenbestandteil «immobilien» handelt es sich um einen beschreibenden und damit kennzeichnungsschwachen Firmenbestandteil 4A_125/2019 (16.7.19) E. 2.4. – Einer neu gegründeten Aktiengesellschaft kann die Aufnahme eines der Wahrheit entsprechenden Familiennamens in die Firma firmenrechtlich nicht untersagt werden, auch wenn der gleiche Name bereits Bestandteil der Firma einer in der gleichen Branche tätigen älteren Gesellschaft bildet 4A_83/2018 (1.10.18) E. 3.3.2.

5 **Nachträgliche Verwechslungsgefahr.** Es ist möglich, dass der Inhaber einer Firma, der ursprünglich die Löschung einer andern nicht hätte erwirken können, dieses Recht in der Folge erlangt, wenn der *Inhaber der jüngeren Firma nachträglich sein Konkurrent* wird. Allerdings hat auch in diesem Falle nicht unter allen Umständen die jüngere Firma zu weichen. Es sind vielmehr in Würdigung sämtlicher Umstände die beidseitigen Interessen gegeneinander abzuwägen. (So wird z.B. die Beanstandung der jüngeren Firma dort abzulehnen sein, wo die Verwechslungsgefahr durch die Änderung des Tätigkeitsbereichs der älteren herbeigeführt worden ist.) 73 II 110/116.

6 **Beispiele.** *Als zulässig betrachtet wurden:* «Archroma Management GmbH» neben «accroma labtec AG» 4A_170/2019 (24.9.19) E. 2.3.2. – «Arveron SA» neben «ARVEYRON-

RHÔNE Sàrl» 4A_167/2019 (8.819) E. 3.1.4 fr. – «altrimo ag» neben «atrimos immobilien gmbh» 4A_125/2019 (16.7.19) E. 2.6. – «SRC Wirtschaftsprüfungen GmbH» neben «SRC Consulting GmbH» 4A_541/2018 (29.1.19) E. 3.4.4. – «Pachmann Rechtsanwälte AG» neben «Bachmann Rechtsanwälte AG» 4A_83/2018 (1.10.18) E. 3.3.3. – «Biomed AG» neben «Biomet Orthopaedics Switzerland GmbH» 4C.310/2006 (28.11.06) E. 2.4. – «Wintegra» neben «Integra» 4C.31/2003 (1.5.03) E. 1. – «SMP Management Programm St. Gallen AG» neben «MZSG Management Zentrum St. Gallen» 122 III 369/372 f. E. 2. – «Pharmacal SA» neben «Pharmac SA» 95 II 456/460 E. 3. – «Meubles Graber, Au Bûcheron» neben «Au Bûcheron SA» (Geschäfte an verschiedenen Orten) 88 II 28/36 ff. E. 1b Pra 1962 (Nr. 71) 225 f. – «Louis A. Leuba SA» neben «Compagnie des montres Favre-Leuba SA» 88 II 371/373 f. E. 2 b fr. – «Meyer-Munzinger, Wollenhof» neben «Wollenhof AG» 74 II 236/236 ff. E. 2. *Die Verwechslungsgefahr wurde bejaht für:* «Swiss Avia Consult Sàrl» neben «AVIA Fédération» und «Avia SA» bzw. «Avio-Leasing AG» neben «Avia AG» bzw. «Aviatour AG» neben «AVIA Mineralöl AG» bzw. «Avia AG» neben «Aviareps Airline Management GmbH» 4A_630/2018 (17.6.19) E. 4.3 fr. – «Tecton» neben «DEKTON» 4A_510/2018 (7.5.19) E. 4. – «Riverlake Group SA» bzw. «Riverlake Shipping SA» bzw. «Riverlake Solutions SA» bzw. «Riverlake Barging SA» neben «RiverLake Capital AG» 4A_590/2018 (25.3.19) E. 2.3. – «CF Centro Funerario di Lugano SA» neben «ti Centro Funerario SA» 4A_663/2015 (14.3.17) E. 5.2 it. – «StraBAG Strassenbau und Beton AG» neben «Murer Strabag AG bzw. Züblin Strabag AG» 4C.403/2006 (6.6.07) E. 3.3. – «Modesa Stoffe + Vorhänge AG» neben «Modissa AG» 4C.240/2006 (13.10.06) E. 2.4.3. – Die nicht im Handelsregister eingetragene Einzelfirma «Institut de beauté Atlantis», im Telefonbuch eingeschrieben unter «Atlantis Lombardo Sabrina», neben «Simao Institut de beauté Atlantis» 4C.120/2005 (7.9.05) E. 4 fr. – «Euregio Bodensee Immobilien AG» neben «Euregio Immobilien-Treuhand AG» 4C.199/2003 (20.10.03) E. 2. – «Astra Pharmaceutica AG» neben «Astra (Schweiz) AG» 4C.396/1999 (15.2.00) E. 1. – «Fertrans AG» neben «Ferosped AG» 118 II 322/325 f. E. 2. – «Aussenhandels-Finanz AG» neben «Aussenhandel AG» 100 II 224/227 E. 3. – «Interstop AG» neben «Intershop Holding AG» 97 II 234/236 ff. E. 2. – «Elektrisola Feindraht AG» neben «Schweizerische Isola-Werke AG» 97 II 153/155 ff. E. 2. – «Standard Commerz Bank» neben «Commerzbank Aktiengesellschaft» bzw. «The Standard Bank Limited» 98 II 57/62 ff. E. 4, 68 ff. E. 5 – «Sodibel SA» neben «Sodip SA» 95 II 456/459 f. E. 3 fr. – «Rubinia AG» neben «Helena Rubinstein SA» 93 II 40/44 ff. E. 2c. – «Interim Service SA» neben «Adia Interim S.à.r.l.» 95 II 568/569 ff. E. 2 fr. – «Aquafiltro AG» neben «Filtro SA» 94 II 128/129 ff. E. 2. – «Bavag Bau- und Verwaltungs-AG» neben «Pavag AG» 92 II 98 ff. E. 3–5. – «Mondial Trust Reg.» neben «Mondia SA» 90 II 192/201 ff. E. 5 Pra 1964 (Nr. 133) 393 ff. – «Adreg AG» neben «Adrema AG» 88 II 176/181 f. E. 5. – «Merkur Liegenschaften AG Frauenfeld» neben «Merkur Immobilien AG» 88 II 293/295 ff. E. 2, 3. – «Zermatter Ski-Schule» neben «Schweizer Ski-Schule Zermatt» 82 II 152/155 ff. E. 2–5. – «EMET Eisen- und Metall Aktiengesellschaft» neben «Eisen und Metall AG» 82 II 340/340 ff. E. 1, 2. – «Silta Werke AG» neben «Papierfabrik an der Sihl» 77 II 321/324 ff. E. 1, 2. – «Max Müller-Endres» (Einzelfirma) neben «Autogen Endress AG» 73 II 110/112 ff. E. 1–2. – «Napro AG» neben «Nago Nährmittel-Werke AG» 72 II 183/184 ff. E. 1–4.

7 ***Abs. 1*** *Keine Anwendbarkeit* der Bestimmung auf den Inhaber einer Einzelfirma 114 II 432/432 f. E. 2a Pra 1989 (Nr. 116) 393. Dennoch hat auch der Inhaber einer nicht eintragungspflichtigen Einzelfirma die Rechte des im Register eingetragenen Firmeninhabers zu respektieren, d.h., er muss insbesondere für eine genügende Unterscheidbarkeit der Firmen sorgen 131 III 572/576 E. 3 fr. – Der Tatbestand des Art. 951 Abs. 1 in Verbindung mit Art. 946 liegt z.B. nicht vor bei einer neuen Firma «Gottfr. Gennheimer & Co., Nachfolger Max Weber-Gennheimer & Co.» neben der Firma «Carl Gennheimer & Cie.» 85 II 323/328 f. E.c.

8 ***Abs. 2*** Der Anspruch auf Ausschliesslichkeit der Firma setzt notwendig den Eintrag im (schweizerischen) Register voraus 79 II 305/310 E. c, 90 II 192/199 E. c Pra 1964 (Nr. 133) 391. – Da die Aktiengesellschaften ihre Firma frei wählen können, sind an die Unterscheidbarkeit *strenge Anforderungen* zu stellen 4A_170/2019 (24.9.19) E. 2.1, 4C.199/2003 (20.10.03) E. 2.3, 4C.31/2003 (1.5.03) E. 1, 4C.165/2001 (16.7.02) E. 1.1, 4C.396/1999 (15.2.00) E. 1, 122 III 369/370 E. 1, 100 II 224/226 E. 2. Dies gilt namentlich dann, wenn es um *Phantasiebezeichnungen* geht, weil hier im Vergleich zu Personen- und Sachbezeichnungen die grössere Auswahl an unterscheidungskräftigeren Zeichen zur Verfügung steht. Indessen dürfen auch *Sachbezeichnungen* zu keinen Täuschungen Anlass geben, und sie haben auch den Ausschliesslichkeitsanspruch der älteren Firma zu beachten 131 III 572/580 E. 4.4 fr., 4C.31/2003 (1.5.03) E. 1, 118 II 322/324 f. E. 1, 122 III 369/371. – Da im Firmenrecht – im Gegensatz zum Marken-, Muster- und Patentrecht – die Nichtigkeit durch Klage oder Einrede nicht geltend gemacht werden kann, hat das Gericht beim Entscheid über die Verwechselbarkeit nicht zu prüfen, ob eine Firma zu Recht eingetragen worden ist 101 Ib 361/364.

IV. Zweigniederlassungen

Art. 952

[1] Zweigniederlassungen müssen die gleiche Firma führen wie die Hauptniederlassung; sie dürfen jedoch ihrer Firma besondere Zusätze beifügen, sofern diese nur für die Zweigniederlassung zutreffen.

[2] Die Firma der Zweigniederlassung eines Unternehmens, dessen Sitz sich im Auslande befindet, muss überdies den Ort der Hauptniederlassung, den Ort der Zweigniederlassung und die ausdrückliche Bezeichnung als solche enthalten.

1 ***Abs. 1*** der Bestimmung ist auf die schweizerische Zweigniederlassung eines Unternehmens mit Hauptsitz im Ausland ebenso anwendbar wie auf die Zweigniederlassung eines schweizerischen Geschäftes. Das ausländische Unternehmen, das in der Schweiz eine Zweigniederlassung errichten will, untersteht (obwohl die Firma der Hauptniederlassung, mit der diejenige der Zweigniederlassung übereinstimmen muss, durch das ausländische Recht bestimmt wird) der schweizerischen Gesetzgebung; die schweizerische Zweigniederlassung kann im Handelsregister nur eingetragen werden, wenn ihre Firma den zwingenden Vorschriften des schweizerischen öffentlichen Rechts über die Firmenbildung entspricht. Können die Anforderungen von Art. 951 Abs. 2 allenfalls auch nicht mit einem Zusatz erfüllt werden, so muss die Firma der ausländischen Hauptniederlassung geändert

werden 102 Ib 16/18 E. 1 fr., 102 Ib 110/111 E. 2 fr., grundlegend 90 II 192/200 f. E. 4 Pra 1964 (Nr. 133) 392. Bei Beurteilung der Firmen von Unternehmen, die in Verbandsländern der Pariser Übereinkunft zum Schutze des gewerblichen Eigentums (SR 0232.01) niedergelassen sind, ist jedoch eine gewisse Zurückhaltung angebracht, sofern die Geschäftsfirmen nicht dem schweizerischen Ordre public widersprechen 102 Ib 110/114 E. d fr. – Der Zusatz «Schweiz» ist charakteristisch für Tochtergesellschaften ausländischer Unternehmen. Als Enseigne-Zusatz für eine Zweigniederlassung besteht eine unzulässige Täuschungsgefahr 130 III 58/62 ff.

V. …

Art. 953

Diese Bestimmung wurde auf den 1. Juli 2016 aufgehoben (AS 2016 1507).

<u>***Abs. 1***</u> Die als Bestandteil eines Geschäftes mitübernommene Firma unterliegt der Anpassung an die für die Neubildung geltenden Vorschriften; der Übernehmer des Geschäftes hat insbesondere den Grundsatz der Firmenwahrheit sowie die Vorschriften über die Verwendung nationaler und territorialer Bezeichnungen (Art. 944) zu beachten 72 I 358/359 E. 1. 1

<u>***Abs. 2***</u> Die Bestimmung gilt auch für den *Erben eines Unternehmens* 93 I 566/567 E. 1 Pra 1968 (Nr. 112) 405. – Für die Eintragung der übernommenen Firma ist nicht erforderlich, dass die Firma schon durch den Vorgänger im *Handelsregister* eingetragen wurde 93 I 566/567 ff. E. 1–3 Pra 1968 (Nr. 112) 405 ff. – Das Gebot, dass der neue Inhaber in der neuen Firma genannt sein müsse, gilt für *Aktiengesellschaften* nicht. Es ist offensichtlich auf Verhältnisse zugeschnitten, bei denen der neue Inhaber mit seinem Familiennamen in der Firma genannt sein muss. Auch die Vorschrift, dass das Nachfolgeverhältnis durch einen besonderen Zusatz zum Ausdruck gebracht werden müsse, bezieht sich in erster Linie auf Einzelfirmen und Kollektiv- und Kommanditgesellschaften. Sie dient ausschliesslich der Vermeidung von Täuschungen des Publikums über die an der Firma beteiligten Personen. Wird ein Personenname oder die Firma einer Kollektiv- oder Kommanditgesellschaft mit der Bezeichnung als AG verbunden, so ist das Nachfolgeverhältnis genügend angedeutet 73 II 119/120 ff. E. 2. Die Bestimmung verpflichtet den Handelsregisterführer nicht, von Amtes wegen *Beweise* zu erheben. Hat er z.B. Zweifel über den früheren Gebrauch der Firma, deren Unternehmen der Gesuchsteller übernommen hat, so kann er diesen auffordern, den Beweis dafür zu erbringen 93 I 566/568 E. 2 Pra 1968 (Nr. 112) 406. 2

VI. Namensänderung

Art. 954

Die bisherige Firma kann beibehalten werden, wenn der darin enthaltene Name des Geschäftsinhabers oder eines Gesellschafters von Gesetzes wegen oder durch die zuständige Behörde geändert worden ist.

1 Gestützt auf die Bestimmung kann eine Ehefrau, die schon vor ihrer Heirat unter einer ihren damaligen Namen enthaltenden Geschäftsfirma eine selbständige Tätigkeit ausgeübt hatte, die Firma unverändert weiterführen 108 II 161/163 E. 2. Wird hingegen eine Firma erst nach der Heirat gebildet, ist im Interesse der Firmenwahrheit zu verlangen, dass sich die Firma nach dem gesetzlichen, mit der Heirat erworbenen Namen richtet (keine Ausweitung des Ausnahmetatbestandes von Art. 954 durch eine verfassungskonforme Auslegung von Art. 947 Abs. 3) 116 II 76/79 f. E.d.

B. Firmen- und Namensgebrauchspflicht

Art. 954a

[1] In der Korrespondenz, auf Bestellscheinen und Rechnungen sowie in Bekanntmachungen muss die im Handelsregister eingetragene Firma oder der im Handelsregister eingetragene Name vollständig und unverändert angegeben werden.

[2] Zusätzlich können Kurzbezeichnungen, Logos, Geschäftsbezeichnungen, Enseignes und ähnliche Angaben verwendet werden.

1 *Abs. 1* Aus der Funktion der Firma und dem firmenrechtlichen Täuschungsverbot fliesst auch die Firmengebrauchspflicht. Die Verletzung der Firmengebrauchspflicht ist strafbar 123 III 220/227 f. E.c. – Wer gegen die gesetzlichen Bestimmungen der Firmenbildung und -gebrauchspflicht verstösst, haftet dem Dritten aus Art. 41 123 III 220/227 f. E. b, c. (Haftung aus erwecktem Konzernvertrauen? 123 III 220/231 f. E.e.)

2 *Abs. 2* Die Verwendung von Kurzbezeichnungen ist zulässig unter der Voraussetzung, dass die Öffentlichkeit nicht getäuscht wird 2C_796/2008 (12.3.09) E. 3.2 it.

C. Überwachung

Art. 955

Der Registerführer ist von Amtes wegen verpflichtet, die Beteiligten zur Beobachtung der Bestimmungen über die Firmenbildung anzuhalten.

1 Die Einhaltung der Grundsätze der Firmenbildung ist von den Handelsregisterführern von Amtes wegen zu beachten 123 III 220/226.

D. Vorbehalt anderer bundesrechtlicher Vorschriften

Art. 955a

Die Eintragung einer Firma entbindet den Berechtigten nicht von der Einhaltung anderer bundesrechtlicher Vorschriften, namentlich zum Schutz vor Täuschungen im Geschäftsverkehr.

E. Schutz der Firma

Art. 956

[1] Die im Handelsregister eingetragene und im Schweizerischen Handelsamtsblatt veröffentlichte Firma eines einzelnen Geschäftsinhabers oder einer Handelsgesellschaft oder Genossenschaft steht dem Berechtigten zu ausschliesslichem Gebrauche zu.

[2] Wer durch den unbefugten Gebrauch einer Firma beeinträchtigt wird, kann auf Unterlassung der weitern Führung der Firma und bei Verschulden auf Schadenersatz klagen.

▪ Abs. 1 Allgemeines (1) ▪ Eintrag im Handelsregister (2) ▪ Weiteres (3) ▪ Abs. 2 Unbefugter Gebrauch (4) ▪ Unterlassungs-/Beseitigungsanspruch (5) ▪ Prozess (6) ▪ Weiteres (7)

1 ***Abs. 1*** **Allgemeines.** Der Firmenschutz gemäss der Bestimmung kann sich nur *gegen die Verwendung einer Bezeichnung als Firma* richten; er besteht nicht, wenn eine Firmenbezeichnung als Marke, als Enseigne, zu Werbezwecken usw. verwendet wird 77 II 321/327 E. a, 107 II 356/362 E. 3 Pra 1982 (Nr. 8) 13, anders wohl 131 III 572/578 E. 4.1 betr. Enseigne. Bei einer Kollision geht ein Markenrecht dem Recht an einer Firma nicht grundsätzlich vor 125 III 91/93 E. 3c Pra 1999 (Nr. 133) 719 (Abwägung der Interessen im Einzelfall). – *Aktivlegitimiert* ist nur der Inhaber einer Firma, nicht wer eine Bezeichnung bloss als Enseigne oder zu Werbezwecken benutzt 76 II 77/86 E. 4a fr. – Die firmenrechtlichen Bestimmungen des OR und die *Vorschriften des UWG* können kumulativ anwendbar sein, wenn die Parteien miteinander im Wettbewerb stehen 100 II 395/397 E. 1, vgl. auch 4C.240/2006 (13.10.06) E. 2.4.2. – Schutz gewähren können allenfalls auch die Bestimmungen des *Persönlichkeitsrechts* (ZGB Art. 28) und des *Namensrechts* (ZGB Art. 29) 102 II 161/165 ff. E. 2, 3 sowie jene des *Markenrechts* 88 II 32 ff. E. 3 fr., 72 II 183/188 E. 5, vgl. auch 116 II 614/617 E.c., 120 II 144/147 f. E. 2b Pra 1995 (Nr. 255) 847, 4C.79/2000 (16.6.00) E. 1 sowie betreffend Domain-Namen 128 III 353/353 ff., 126 III 239/244 f., vgl. auch 4C.360/2005 (12.1.06) E. 3. – Anwendungsfall (Verwechslungsgefahr verneint bei «Pierre Keller Alligator publicité» neben «Lacoste Alligator SA») 114 II 432/432 ff. Pra 1989 (Nr. 116) 393 f.

2 **Eintrag im Handelsregister.** Die Bestimmung schützt nur die Inhaber der im Handelsregister eingetragenen und im Schweizerischen Handelsamtsblatt veröffentlichten Firmen, die des Firmenschutzes teilhaftig sind; Letzteres trifft auf Vereine nicht zu 99 Ib 34/37 f. E. 1 und E. 3 Pra 1973 (Nr. 115) 315 ff.; siehe auch Vorb. Art. 944–956/Anwendbarkeit. Wird eine gewählte Firmenbezeichnung im Zeitpunkt ihrer Eintragung im Handelsregister nicht mehr von einem andern Firmeninhaber beansprucht (in casu gleichzeitige Löschung), so gelangt der Firmenschutz gemäss Art. 956 nicht zur Anwendung; die geschaffene Verwechslungsgefahr muss unter dem Gesichtspunkt von Art. 944 Abs. 1 Beachtung finden 123 III 220/226. – Die schweizerische Gesetzgebung über das Firmenrecht stellt Tatsachen, die im Ausland eingetreten sind, insbesondere die Eintragung in einem *ausländischen Register* und die im Ausland erfolgte Veröffentlichung, nicht den in der Schweiz eingetretenen Tatsachen gleich 90 II 192/199 E. c Pra 1964 (Nr. 133) 391. Auch Art. 8 der *Pariser Übereinkunft zum Schutz des gewerblichen Eigentums* (SR 0232.01) befreit die Angehörigen der Vertragsländer nicht von der Pflicht zur Eintragung im schweizerischen Handelsregister, wenn sie den gleichen Schutz wie die eingetragenen Geschäfts-

firmen geniessen wollen 90 II 192/197 f. E. c Pra 1964 (Nr. 133) 390 f., grundlegend 79 II 305/307 ff. E. 1 (Änderung der Rechtsprechung).

3 **Weiteres.** Das subjektive Recht an der Firma gilt nur gegenüber Dritten, jedoch *nicht im Verhältnis zum Staat* 105 II 135/141 E. 4 b fr., grundlegend 82 I 40/43 E. 1. – Eine *nur vorsorglich eingetragene Firma,* die tatsächlich kein Unternehmen betreibt, verstösst gegen den Grundsatz der Firmenwahrheit sowie das Täuschungsverbot und kann daher keinen Firmenschutz beanspruchen 93 II 256/258 f. E. 2.

4 ***Abs. 2*** **Unbefugter Gebrauch.** Unbefugt ist der Gebrauch einer Firma (d.h. ihr Eintrag im Handelsregister oder ihre Verwendung in irgendeinem Zusammenhang mit der geschäftlichen Tätigkeit des Unternehmens, vgl. 92 II 95/101 E. 6) nicht nur dann, wenn diese sich ungenügend vom Geschäftsnamen eines andern unterscheidet (siehe dazu insbesondere unter Art. 951 Abs. 2). Jeder *Verstoss gegen objektives Recht* macht den Gebrauch der Firma unbefugt 93 II 256/259, grundlegend 73 II 180/181 E. 2a Pra 1947 (Nr. 172) 419 f. Nicht nur die Verwendung einer identischen Firma ist von Abs. 2 erfasst, sondern bereits die Verwendung einer Firma, die durch ungenügende Unterscheidung eine Verwechslungsgefahr hervorruft 131 III 572/575 f. E. 3 fr., 4C.197/2003 (5.5.04) E. 5.3, 114 II 432/432 E. 2a. Zur Frage der Verwechslungsgefahr vgl. bei Art. 944 sowie bei Art. 951. – Aus dem Zusammenhang mit Art. 946 Abs. 1 ergibt sich, dass sich der Firmenschutz auf den *Ort der Eintragung* beschränkt. Als Ort gilt die politische Gemeinde, in welcher die Unternehmung ihren Sitz hat, sowie das unmittelbare wirtschaftliche Umfeld 131 III 572/576 E. 3. – Auch der Inhaber einer nicht eintragungspflichtigen Einzelfirma hat die Rechte des im Register eingetragenen Firmeninhabers zu respektieren, d.h., er muss insbesondere für eine genügende Unterscheidbarkeit der Firmen sorgen 131 III 572/576 ff. E. 3 und 4.4 fr. – Der unbefugte Gebrauch einer Firma ist ab initio rechtswidrig; der Anspruch auf Ausschliesslichkeit hat nicht etwa bloss zur Folge, dass der Inhaber der jüngeren Firma von der Entdeckung der Kollision an zur Unterlassung ihres weiteren Gebrauches verpflichtet ist 79 II 305/310 E.c.

5 **Unterlassungs-/Beseitigungsanspruch.** Der Unterlassungsanspruch und der sich daraus ergebende Beseitigungsanspruch bestehen nur so lange, als die *Wiederholungsgefahr* bzw. der *rechtswidrige Zustand* andauert. Es bedarf daher *keiner Verjährungsfrist,* um das Klagerecht zeitlich zu begrenzen 88 II 176/178 ff. E. 1, 2. Mit der Konkurseröffnung über eine beklagte AG fällt das rechtliche Interesse an einer Klage aus Firmenrecht nicht dahin 93 II 40/43 E. 1. – Bloss entfernte Möglichkeiten gelten nicht als *drohende Beeinträchtigung* 76 II 77/90 f. E. c fr. – *Verwirkung* von firmenrechtlichen Beseitigungs- und Unterlassungsansprüchen wegen verzögerter Rechtsausübung (ZGB Art. 2) kann nicht leichthin angenommen werden. Der blosse Zeitablauf begründet für sich allein keinen Rechtsmissbrauch. Der Verletzte muss von der Wettbewerbsverletzung Kenntnis haben, trotzdem untätig bleiben und dadurch beim Verletzer die Erwartungen begründen, auch in Zukunft nicht in Anspruch genommen zu werden 4C.240/2006 (13.10.06) E. 3.1.1, vgl. auch 4A_630/2018 (17.6.19) E. 3.2 fr., 4A_257/2014 (29.9.14) E. 6.2 fr., 4C.25/2002 (23.7.02) E. 5.2 fr., 117 II 575/581 E. 5b/aa, 100 II 395/397 ff. E. 2, 3, 4b. Durch die Duldung des Gebrauchs eines Firmenbestandteiles durch Dritte wird das Klagerecht nicht verwirkt. Wird das Verfahren ein Jahr nach der Firmenänderung eingeleitet, stellt sich die

Frage der Verwirkung wegen verzögerter Rechtsausübung nicht 4C.403/2006 (6.6.07) E. 3.3. Ob ein Verstoss gegen Treu und Glauben vorliegt, kann nur anhand der Umstände des einzelnen Falles beurteilt werden. Die Frage ist nicht leichthin zu bejahen, besonders nicht bei Eingriffen in Firmenrechte (in casu verneint) 88 II 176/180 E. 3.

Prozess. Unzulässigkeit einer *Feststellungsklage* 76 II 77/90 E. c fr. – Der Unterlassungsanspruch kann allenfalls *einredeweise* geltend gemacht werden (Berufung auf die Schutzunfähigkeit der Firma des Klägers) 93 II 256/259. – Ob ein *einstweiliger Rechtsschutz* möglich ist, wird ausschliesslich vom kantonalen Prozessrecht bestimmt 63 II 397/399 f. E. 2. – In Streitigkeiten über den Gebrauch einer Geschäftsfirma ist gemäss aOG Art. 45 lit. a die *Berufung* ohne Rücksicht auf den Streitwert zulässig. Bei Zusammentreffen von Firmen- und Wettbewerbsrecht kann das BGer die Sache auf Berufung hin trotz der Vorschrift von aOG Art. 46 ungeachtet des Streitwertes nach beiden Richtungen hin überprüfen 100 II 395/397 E. 1. – Die Unterlassungsklage steht nur demjenigen Firmeninhaber zu, der durch den unbefugten Gebrauch einer Firma beeinträchtigt wird. Der Kanton bzw. kantonale Behörden sind nicht befugt, eine Klage im Sinne von Art. 956 Abs. 2 zu erheben. Dies gilt auch dann, wenn eine Firma Täuschungen verursachen kann und dem öffentlichen Interesse zuwiderläuft 4A_306/2014 (3.9.14) E. 5 fr. – Besteht eine Verwechslungsgefahr, wird der Beklagte in der Regel verpflichtet, die Firma anzupassen. Kann ein Zusatz eine Verwechslungsgefahr nicht beseitigen, kann das Gericht die Nutzung eines bestimmten Firmenbestandteils verbieten 4A_630/2018 (17.6.19) E. 5.1.1 fr., 4A_257/2014 (29.9.14) E. 6.8.1 fr. 6

Weiteres. Wird die Beseitigung eines Handelsregistereintrages angeordnet, so ist der Beklagten eine angemessene *Frist* zu setzen 92 II 95/101 E. 6, vgl. auch 100 Ib 29/36 E. 9 fr. – Das Verbot des Gebrauchs einer Firma und der Befehl, die Bezeichnung aus dem Handelsregister entfernen zu lassen, sind von Amtes wegen mit der *Strafandrohung* gemäss StGB Art. 292 zu verbinden 97 II 234/238 E. 2. 7

Zweiunddreissigster Titel
Kaufmännische Buchführung und Rechnungslegung

Der zweiunddreissigste Titel des Obligationenrechts wurde revidiert. Die revidierten Bestimmungen traten am 1. Januar 2013 in Kraft (AS 2012 6680). Die Rechtsprechung zu den altrechtlichen Bestimmungen wurde, soweit es als sinnvoll erschien, den revidierten Bestimmungen zugeordnet.

Vorb. Art. 957–964f

Strafrecht. Die kaufmännische Buchhaltung stellt (wie übrigens auch die gesetzlich nicht vorgeschriebene 91 IV 188/189 ff. E. 4 Pra 1966 [Nr. 45] 158 f., 125 IV 17/26 E. 2b/aa) eine *Urkunde gemäss aStGB Art. 110 Ziff. 5 und 251* dar. Die kaufmännische Buchführung und ihre Bestandteile (Belege, Bücher, Buchhaltungsauszüge über Einzelkonten, Bilanzen oder Erfolgsrechnungen) sind als Absichtsurkunden kraft Gesetzes bestimmt und geeignet, Tatsachen von rechtlicher Bedeutung bzw. die in ihr enthaltenen Tatsachen zu beweisen, wobei für ihren Urkundencharakter der mit der Buchführung verfolgte Zweck keine Rolle spielt 114 IV 31/31 E. 2, 116 IV 52/54 f. E. 2a, 122 IV 25/28 E. b, 125 IV 17/23 E. 2a/aa, grundlegend 79 IV 162/163 f. E. 3, vgl. auch 114 IV 31/33 E. 2 sowie 116 IV 343/343 ff., 118 IV 35/40 und 120 IV 361/362 E. 2b fr. Eine qualifizierte schriftliche Lüge i.S. der Falschbeurkundung (StGB Art. 251 Ziff. 1) wird nach der bundesgerichtlichen Rechtsprechung nur angenommen, wenn der Urkunde eine erhöhte Glaubwürdigkeit zukommt, d.h., wenn allgemein gültige objektive Garantien die Wahrheit der Erklärung gewährleisten, wie sie u.a. in gesetzlichen Vorschriften liegen, die, wie etwa die Bilanzvorschriften der Art. 958 ff. oder die Bestimmungen über die ordnungsgemässe Rechnungslegung des Aktienrechts in Art. 662a ff., gerade den Inhalt bestimmter Schriftstücke näher festlegen 122 IV 25/27 ff. E. 2 (in casu Falschbeurkundung durch Verbuchung von Vergünstigungen und Ausgaben privater Art als geschäftsbedingter Aufwand oder von Lohnzahlungen auf einem sachfremden Aufwandkonto), vgl. auch 122 IV 332/335 ff. E. 2, 123 IV 61/65 E. 5b, 123 IV 132/137 E. 3b/aa, 125 IV 17/23 E. 2a/aa, 126 IV 65/68 E. 2a fr. – Der Rechnungsaussteller kann sich der Falschbeurkundung strafbar machen, wenn die inhaltlich unwahre Rechnung nicht nur Rechnungsfunktion hat, sondern objektiv und subjektiv in erster Linie als Beleg für die Buchhaltung der Rechnungsempfängerin bestimmt ist, die damit verfälscht wird. Eine objektive Zweckbestimmung als Buchhaltungsbeleg muss angenommen werden, wenn der Rechnungsaussteller mit der buchführungspflichtigen Rechnungsempfängerin bzw. deren Organen oder Angestellten zusammenwirkt und auf deren Geheiss oder Anregung hin oder mit deren Zustimmung eine inhaltlich unwahre Rechnung erstellt, die als Buchhaltungsbeleg dient 138 IV 130/139 E. 2.4.3. Wird eine Buchhaltung ausschliesslich zwecks Erlangung von Steuervorteilen unrichtig (unvollständig) geführt, so ist nur *Steuerstrafrecht* anwendbar. Konkurrenz zwischen Steuerdelikt und gemeinrechtlichem Urkundendelikt besteht hingegen, wenn der Täter mit seiner Fälschung oder Falschbeurkundung nicht nur einen steuerlichen Vorteil erstrebte, sondern auch eine Verwendung des Dokumentes im nicht fiskalischen Bereich beabsichtigte oder zumindest in Kauf nahm (Änderung der Rechtsprechung) 108 IV 1

27/30 ff. E. 3, 117 IV 181/181 ff., 122 IV 25/30 ff. E. 3. – Wer, wenn auch bewusst und gewollt, der gesetzlichen Pflicht, Geschäftsbücher ordnungsgemäss zu führen, nicht nachkommt, ohne den Vorsatz zu haben, dadurch seinen Vermögensstand zu verschleiern, macht sich nicht der *Unterlassung der Buchführung* (StGB Art. 166; siehe auch 77 IV 164/165 f. E. 1), sondern bloss der *ordnungswidrigen Führung der Geschäftsbücher* schuldig (StGB Art. 325) 72 IV 17/18 ff. – Zum Urkundencharakter einer Rechnung 138 IV 130/138 E. 2.4.2, 6B_571/2011 (24.5.12) E. 2.2.

2 **Weiteres.** Die Buchführung dient in erster Linie der Selbstinformation des Unternehmens und damit der Förderung der Interessen der Betriebsangehörigen sowie dem Schutz der Gläubiger. Sie dient bei der AG (aktienrechtliche Bestimmungen über die Rechnungslegung) einerseits den Kapitaleignern, in deren Auftrag Verwaltung und Geschäftsleitung tätig sind, anderseits den Gläubigern und schliesslich bei hinreichender wirtschaftlicher Bedeutung auch einer weiteren Öffentlichkeit zur Information über die Ertragslage der Gesellschaft. Schliesslich erfüllt sie als Informationsgrundlage des Verwaltungsrates auch die Funktion eines Führungsinstrumentes. Es kommt ihr in diesem Sinne Garantiefunktion zu 122 IV 25/28 E.b.

3 *Editionspflicht nach aArt. 963 Abs. 1:* Die Bestimmung ist prozessrechtlicher Natur. Der Richter, der sie gegen einen am Prozess nicht beteiligten Dritten anwendet, macht von einer öffentlich-rechtlichen Befugnis Gebrauch. Sein Entscheid ist, da es sich nicht um eine Zivilsache handelt, nicht berufungsfähig 93 II 60/62 f. E. 2, 4, vgl. auch 55 II 203/205 ff. E. 2. – Keine extensive Auslegung oder analoge Anwendung der Bestimmung. Die Editionspflicht ist auf Streitigkeiten beschränkt, welche mit oder ohne Beteiligung des Inhabers der Unternehmung diese als solche zum Gegenstand haben 73 I 358/359 f. Die Bestimmung ist auf eine nicht kaufmännische Buchhaltung – auch wenn sie gleich geführt wird wie eine kaufmännische – nicht anwendbar. Die Editionspflicht kann sich bezüglich dieser Beweisstücke jedoch aus der anwendbaren Prozessordnung ergeben 91 IV 188/190 E. 4 Pra 1966 (Nr. 45) 159, vgl. dazu 125 IV 17/24 E. 2a/aa. – Der Begriff des berechtigten Interesses an der Vorlegung der Geschäftsbücher und der Korrespondenz ist ein Rechtsbegriff, welcher vom BGer frei überprüft werden kann. Mit welchen Rechtsbehelfen der Anspruch auf Vorlegung durchzusetzen ist, bestimmt das kantonale Prozessrecht 71 II 245/245 Pra 1945 (Nr. 200) 477.

Erster Abschnitt
Allgemeine Bestimmungen

A. Pflicht zur Buchführung und Rechnungslegung

Art. 957

[1] Der Pflicht zur Buchführung und Rechnungslegung gemäss den nachfolgenden Bestimmungen unterliegen:
1. **Einzelunternehmen und Personengesellschaften, die einen Umsatzerlös von mindestens 500 000 Franken im letzten Geschäftsjahr erzielt haben;**
2. **juristische Personen.**

[2] Lediglich über die Einnahmen und Ausgaben sowie über die Vermögenslage müssen Buch führen:
1. **Einzelunternehmen und Personengesellschaften mit weniger als 500 000 Franken Umsatzerlös im letzten Geschäftsjahr;**
2. **diejenigen Vereine und Stiftungen, die nicht verpflichtet sind, sich ins Handelsregister eintragen zu lassen;**
3. **Stiftungen, die nach Artikel 83b Absatz 2 ZGB von der Pflicht zur Bezeichnung einer Revisionsstelle befreit sind.**

[3] Für die Unternehmen nach Absatz 2 gelten die Grundsätze ordnungsmässiger Buchführung sinngemäss.

[Rechtsprechung zu aArt. 957] Buchführungspflicht. Buchführungspflichtig ist nur, wer *nach Art. 934* zur Eintragung ins Handelsregister verpflichtet ist (siehe auch unter Art. 931 Abs. 1), nicht aber, wer – ohne ein kaufmännisches Gewerbe zu betreiben – sich zur Erlangung der Rechtspersönlichkeit eintragen muss. Gewöhnliche *Stiftungen* unterliegen daher der Buchführungspflicht nur, wenn sie i.S.v. Art. 934 ein Handels-, Fabrikations- oder ein anderes nach kaufmännischer Art geführtes Gewerbe betreiben 110 Ib 17/19 E.a. Die einfache Gesellschaft ist nicht gemäss Art. 957 ff. buchführungspflichtig, da sie nicht im Handelsregister eingetragen werden kann 125 IV 17/23 E. 2a/aa (unabhängig davon ist ihre Buchhaltung eine Urkunde im Sinne von aStGB Art. 110 Ziff. 5, E. 2b/aa). Eintragungspflicht auch der freien Berufe, wenn die Voraussetzungen erfüllt sind Pra 2000 (Nr. 168) 1027 E. 2c (in casu aber Anwaltskanzlei in der Rechtsform einer einfachen Gesellschaft, womit die handelsrechtliche Buchführungspflicht entfällt). Ob ein Eintragungspflichtiger tatsächlich eingetragen bzw. sich dieser Verpflichtung bewusst ist oder nicht, ist unerheblich 89 I 281/282 E. 2, 93 I 354/357 f. E. 2. – Die bloss eintragungsfähigen, aber nicht eintragungsbedürftigen sowie die lediglich *freiwillig eingetragenen Subjekte* sind nicht buchführungspflichtig 79 I 57/58 f. E. 1a. 1

B. Buchführung

Art. 957a

[1] Die Buchführung bildet die Grundlage der Rechnungslegung. Sie erfasst diejenigen Geschäftsvorfälle und Sachverhalte, die für die Darstellung der Vermögens-, Finanzierungs- und Ertragslage des Unternehmens (wirtschaftliche Lage) notwendig sind.

[2] Sie folgt den Grundsätzen ordnungsmässiger Buchführung. Namentlich sind zu beachten:

1. **die vollständige, wahrheitsgetreue und systematische Erfassung der Geschäftsvorfälle und Sachverhalte;**
2. **der Belegnachweis für die einzelnen Buchungsvorgänge;**
3. **die Klarheit;**
4. **die Zweckmässigkeit mit Blick auf die Art und Grösse des Unternehmens;**
5. **die Nachprüfbarkeit.**

[3] Als Buchungsbeleg gelten alle schriftlichen Aufzeichnungen auf Papier oder in elektronischer oder vergleichbarer Form, die notwendig sind, um den einer Buchung zugrunde liegenden Geschäftsvorfall oder Sachverhalt nachvollziehen zu können.

[4] Die Buchführung erfolgt in der Landeswährung oder in der für die Geschäftstätigkeit wesentlichen Währung.

[5] Sie erfolgt in einer der Landessprachen oder in Englisch. Sie kann schriftlich, elektronisch oder in vergleichbarer Weise geführt werden.

1 ***Abs. 3*** Dokumente, welche für die Nachprüfung der Buchhaltung nicht notwendig sind, sind keine Buchungsbelege und fallen nicht unter die Bestimmungen von Art. 957 Abs. 1 Ziff. 2 i.V.m. Art. 958f Abs. 1 4A_583/2018 (14.3.19) E. 6 fr. Die Aufbewahrungspflicht bezweckt einzig, die Kontrolle der Buchführung und der Rechnungslegung zu erleichtern 144 III 514/517 E. 3.3 Pra 2019 (Nr. 77) 785.

2 **Urkundencharakter der Buchhaltung/Strafrecht:** siehe Vorb. Art. 957–964f.

C. Rechnungslegung I. Zweck und Bestandteile

Art. 958

[1] Die Rechnungslegung soll die wirtschaftliche Lage des Unternehmens so darstellen, dass sich Dritte ein zuverlässiges Urteil bilden können.

[2] Die Rechnungslegung erfolgt im Geschäftsbericht. Dieser enthält die Jahresrechnung (Einzelabschluss), die sich aus der Bilanz, der Erfolgsrechnung und dem Anhang zusammensetzt. Die Vorschriften für grössere Unternehmen und Konzerne bleiben vorbehalten.

[3] Der Geschäftsbericht muss innerhalb von sechs Monaten nach Ablauf des Geschäftsjahres erstellt und dem zuständigen Organ oder den zuständigen Personen zur Genehmigung vorgelegt werden. Er ist vom Vorsitzenden des obersten Leitungs- oder Verwaltungsorgans und der innerhalb des Unternehmens für die Rechnungslegung zuständigen Person zu unterzeichnen.

1 **[Rechtsprechung zu aArt. 961]** Die Bestimmung enthält nur eine Ordnungsvorschrift. Das Fehlen der Unterschrift auf der Bilanz ist für die Frage der Beweiseignung ohne Belang, sofern sich feststellen lässt, dass sie vom Unterzeichnungspflichtigen aufgestellt oder genehmigt worden ist 103 IV 23/25 E.b.

II. Grundlagen der Rechnungslegung 1. Annahme der Fortführung

Art. 958a

[1] Die Rechnungslegung beruht auf der Annahme, dass das Unternehmen auf absehbare Zeit fortgeführt wird.

[2] Ist die Einstellung der Tätigkeit oder von Teilen davon in den nächsten zwölf Monaten ab Bilanzstichtag beabsichtigt oder voraussichtlich nicht abwendbar, so sind der Rechnungslegung für die betreffenden Unternehmensteile Veräusserungswerte zugrunde zu legen. Für die mit der Einstellung verbundenen Aufwendungen sind Rückstellungen zu bilden.

[3] Abweichungen von der Annahme der Fortführung sind im Anhang zu vermerken; ihr Einfluss auf die wirtschaftliche Lage ist darzulegen.

2. Zeitliche und sachliche Abgrenzung

Art. 958b

[1] Aufwände und Erträge müssen voneinander in zeitlicher und sachlicher Hinsicht abgegrenzt werden.

[2] Sofern die Nettoerlöse aus Lieferungen und Leistungen oder die Finanzerträge 100 000 Franken nicht überschreiten, kann auf die zeitliche Abgrenzung verzichtet und stattdessen auf Ausgaben und Einnahmen abgestellt werden.

III. Grundsätze ordnungsmässiger Rechnungslegung

Art. 958c

[1] Für die Rechnungslegung sind insbesondere die folgenden Grundsätze massgebend:

1. **Sie muss klar und verständlich sein.**
2. **Sie muss vollständig sein.**
3. **Sie muss verlässlich sein.**
4. **Sie muss das Wesentliche enthalten.**
5. **Sie muss vorsichtig sein.**
6. **Es sind bei der Darstellung und der Bewertung stets die gleichen Massstäbe zu verwenden.**
7. **Aktiven und Passiven sowie Aufwand und Ertrag dürfen nicht miteinander verrechnet werden.**

[2] Der Bestand der einzelnen Positionen in der Bilanz und im Anhang ist durch ein Inventar oder auf andere Art nachzuweisen.

[3] Die Rechnungslegung ist unter Wahrung des gesetzlichen Mindestinhalts den Besonderheiten des Unternehmens und der Branche anzupassen.

[Rechtsprechung zu aArt. 959] An einer der Bestimmung genügenden Buchführung sind bei einer AG nicht bloss (andere) Aktionäre interessiert, sondern auch Arbeitnehmer (Art. 322a) sowie Gläubiger und Schuldner des Unternehmens (in casu Gesichtspunkt der Schädigung anderer gemäss StGB Art. 251) 101 IV 53/57 E. b); zur Anwendbarkeit von StGB Art. 251 siehe Vorb. Art. 957–964f. – Offengelassen, ob bereits die allgemeinen Grundsätze der Bilanzwahrheit und -klarheit eine Kompensation von Ertrags- und Aufwandposten sowie Verschiebungen innerhalb der beiden Erfolgsreihen ausschliessen kön- 1 nen (jedenfalls für Banken muss eine solche Kompensation aufgrund der besonderen bankenrechtlichen Vorschriften verneint werden) 105 Ib 406/411 f. E. 5. – Die schweizerische Tochtergesellschaft einer ausländischen Muttergesellschaft darf ihre Bilanz nicht mit fiktiven Schulden belasten und in ihrer Gewinn- und Verlustrechnung nicht Aufwendungen buchen, die keine sind (in casu Verschiebung von Gewinnen innerhalb eines Konzerns) 110 Ib 131/133 E. cc Pra 1984 (Nr. 257) 709.

IV. Darstellung, Währung und Sprache

Art. 958d

[1] Die Bilanz und die Erfolgsrechnung können in Konto- oder in Staffelform dargestellt werden. Positionen, die keinen oder nur einen unwesentlichen Wert aufweisen, brauchen nicht separat aufgeführt zu werden.

[2] In der Jahresrechnung sind neben den Zahlen für das Geschäftsjahr die entsprechenden Werte des Vorjahres anzugeben.

[3] Die Rechnungslegung erfolgt in der Landeswährung oder in der für die Geschäftstätigkeit wesentlichen Währung. Wird nicht die Landeswährung verwendet, so müssen die Werte zusätzlich in der Landeswährung angegeben werden. Die verwendeten Umrechnungskurse sind im Anhang offenzulegen und gegebenenfalls zu erläutern.

[4] Die Rechnungslegung erfolgt in einer der Landessprachen oder in Englisch.

D. Offenlegung und Einsichtnahme

Art. 958e

[1] Jahresrechnung und Konzernrechnung sind nach der Genehmigung durch das zuständige Organ mit den Revisionsberichten entweder im Schweizerischen Handelsamtsblatt zu veröffentlichen oder jeder Person, die es innerhalb eines Jahres nach der Genehmigung verlangt, auf deren Kosten in einer Ausfertigung zuzustellen, wenn das Unternehmen:
1. **Anleihensobligationen ausstehend hat; oder**
2. **Beteiligungspapiere an einer Börse kotiert hat.**

[2] Die übrigen Unternehmen müssen den Gläubigern, die ein schutzwürdiges Interesse nachweisen, Einsicht in den Geschäftsbericht und in die Revisionsberichte gewähren. Im Streitfall entscheidet das Gericht.

1 ***Abs. 2*** ZPO Art. 250 lit. c Ziff. 7 weist die Anordnung der Auskunftserteilung an Gläubiger dem summarischen Verfahren zu. Dabei handelt es sich um einen materiellen (Auskunfts- und Einsichts-)Anspruch, der in einem streitigen Zivilverfahren zu beurteilen ist. Bei dem darüber ergehenden Entscheid handelt es sich um einen Endentscheid, der in materielle Rechtskraft erwächst. Daher gelangt auch das Regelbeweismass zur Anwendung; blosse Glaubhaftmachung genügt nicht. Zudem kann der Verfahrenszweck erfordern, andere Beweismittel als Urkunden zuzulassen 144 III 100/108 E. 6.

E. Führung und Aufbewahrung der Geschäftsbücher

Art. 958f

[1] Die Geschäftsbücher und die Buchungsbelege sowie der Geschäftsbericht und der Revisionsbericht sind während zehn Jahren aufzubewahren. Die Aufbewahrungsfrist beginnt mit dem Ablauf des Geschäftsjahres.

[2] Der Geschäftsbericht und der Revisionsbericht sind schriftlich und unterzeichnet aufzubewahren.

[3] Die Geschäftsbücher und die Buchungsbelege können auf Papier, elektronisch oder in vergleichbarer Weise aufbewahrt werden, soweit dadurch die Übereinstimmung mit den zugrunde liegenden Geschäftsvorfällen und Sachverhalten gewährleistet ist und wenn sie jederzeit wieder lesbar gemacht werden können.

[4] Der Bundesrat erlässt die Vorschriften über die zu führenden Geschäftsbücher, die Grundsätze zu deren Führung und Aufbewahrung sowie über die verwendbaren Informationsträger.

Abs. 1 Die Aufbewahrungspflicht hat einzig zum Zweck, die Kontrolle der Buchführung und der Rechnungslegung zu erleichtern 144 III 514 E. 3.3 Pra 2019 (Nr. 77) 785. 1

[Rechtsprechung zu aArt. 962 Abs. 1] Die Aufbewahrungspflicht wurde offenbar im Hinblick auf Art. 127 auf 10 Jahre festgesetzt 91 II 442/454 E.d. Keine Anwendbarkeit der buchführungsrechtlichen Aufbewahrungsfrist: vgl. 111 Ib 182/190 E.d. Keine Berufung auf die zehnjährige Aufbewahrungspflicht dessen, der nicht buchführungspflichtig ist (in casu Auskunftspflicht in einem Steuerhinterziehungsverfahren; Vollständigkeitsbescheinigung) 121 II 257/262 E. dd fr. – Beweiseignung von auf magnetischen Datenträgern gespeicherten Daten bzw. des Ausdrucks oder der Bildschirmanzeige 116 IV 343/343 ff. 2

Zweiter Abschnitt
Jahresrechnung

A. Bilanz I. Zweck der Bilanz, Bilanzierungspflicht und Bilanzierungsfähigkeit

Art. 959

[1] Die Bilanz stellt die Vermögens- und Finanzierungslage des Unternehmens am Bilanzstichtag dar. Sie gliedert sich in Aktiven und Passiven.

[2] Als Aktiven müssen Vermögenswerte bilanziert werden, wenn aufgrund vergangener Ereignisse über sie verfügt werden kann, ein Mittelzufluss wahrscheinlich ist und ihr Wert verlässlich geschätzt werden kann. Andere Vermögenswerte dürfen nicht bilanziert werden.

[3] Als Umlaufvermögen müssen die flüssigen Mittel bilanziert werden sowie andere Aktiven, die voraussichtlich innerhalb eines Jahres ab Bilanzstichtag oder innerhalb des normalen Geschäftszyklus zu flüssigen Mitteln werden oder anderweitig realisiert werden. Als Anlagevermögen müssen alle übrigen Aktiven bilanziert werden.

[4] Als Passiven müssen das Fremd- und das Eigenkapital bilanziert werden.

[5] Verbindlichkeiten müssen als Fremdkapital bilanziert werden, wenn sie durch vergangene Ereignisse bewirkt wurden, ein Mittelabfluss wahrscheinlich ist und ihre Höhe verlässlich geschätzt werden kann.

[6] Als kurzfristig müssen die Verbindlichkeiten bilanziert werden, die voraussichtlich innerhalb eines Jahres ab Bilanzstichtag oder innerhalb des normalen Geschäftszyklus zur Zahlung fällig werden. Als langfristig müssen alle übrigen Verbindlichkeiten bilanziert werden.

[7] Das Eigenkapital ist der Rechtsform entsprechend auszuweisen und zu gliedern.

1 ***Abs. 2*** Die Verfügungsmacht ergibt sich nicht einzig aus dem Eigentumsrecht, sondern auch aus der wirtschaftlichen Kontrolle 143 II 350 E. 5.4 Pra 2018 (Nr. 69) 578.

II. Mindestgliederung

Art. 959a

[1] Unter den Aktiven müssen ihrem Liquiditätsgrad entsprechend mindestens folgende Positionen einzeln und in der vorgegebenen Reihenfolge ausgewiesen werden:

1. Umlaufvermögen:
   - **a. flüssige Mittel und kurzfristig gehaltene Aktiven mit Börsenkurs,**
   - **b. Forderungen aus Lieferungen und Leistungen,**
   - **c. übrige kurzfristige Forderungen,**
   - **d. Vorräte und nicht fakturierte Dienstleistungen,**
   - **e. aktive Rechnungsabgrenzungen;**

2. Anlagevermögen:
   - **a. Finanzanlagen,**
   - **b. Beteiligungen,**
   - **c. Sachanlagen,**
   - **d. immaterielle Werte,**
   - **e. nicht einbezahltes Grund-, Gesellschafter- oder Stiftungskapital.**

[2] Unter den Passiven müssen ihrer Fälligkeit entsprechend mindestens folgende Positionen einzeln und in der vorgegebenen Reihenfolge ausgewiesen werden:

1. kurzfristiges Fremdkapital:
   a. Verbindlichkeiten aus Lieferungen und Leistungen,
   b. kurzfristige verzinsliche Verbindlichkeiten,
   c. übrige kurzfristige Verbindlichkeiten,
   d. passive Rechnungsabgrenzungen;
2. langfristiges Fremdkapital:
   a. langfristige verzinsliche Verbindlichkeiten,
   b. übrige langfristige Verbindlichkeiten,
   c. Rückstellungen sowie vom Gesetz vorgesehene ähnliche Positionen;
3. Eigenkapital:
   a. Grund-, Gesellschafter- oder Stiftungskapital, gegebenenfalls gesondert nach Beteiligungskategorien,
   b. gesetzliche Kapitalreserve,
   c. gesetzliche Gewinnreserve,
   d. freiwillige Gewinnreserven oder kumulierte Verluste als Minusposten,
   e. eigene Kapitalanteile als Minusposten.

[3] Weitere Positionen müssen in der Bilanz oder im Anhang einzeln ausgewiesen werden, sofern dies für die Beurteilung der Vermögens- oder Finanzierungslage durch Dritte wesentlich oder aufgrund der Tätigkeit des Unternehmens üblich ist.

[4] Forderungen und Verbindlichkeiten gegenüber direkt oder indirekt Beteiligten und Organen sowie gegenüber Unternehmen, an denen direkt oder indirekt eine Beteiligung besteht, müssen jeweils gesondert in der Bilanz oder im Anhang ausgewiesen werden.

B. Erfolgsrechnung; Mindestgliederung

Art. 959b

[1] Die Erfolgsrechnung stellt die Ertragslage des Unternehmens während des Geschäftsjahres dar. Sie kann als Produktionserfolgsrechnung oder als Absatzerfolgsrechnung dargestellt werden.

[2] In der Produktionserfolgsrechnung (Gesamtkostenverfahren) müssen mindestens folgende Positionen je einzeln und in der vorgegebenen Reihenfolge ausgewiesen werden:

1. Nettoerlöse aus Lieferungen und Leistungen;
2. Bestandesänderungen an unfertigen und fertigen Erzeugnissen sowie an nicht fakturierten Dienstleistungen;
3. Materialaufwand;
4. Personalaufwand;
5. übriger betrieblicher Aufwand;
6. Abschreibungen und Wertberichtigungen auf Positionen des Anlagevermögens;
7. Finanzaufwand und Finanzertrag;
8. betriebsfremder Aufwand und betriebsfremder Ertrag;
9. ausserordentlicher, einmaliger oder periodenfremder Aufwand und Ertrag;
10. direkte Steuern;
11. Jahresgewinn oder Jahresverlust.

[3] In der Absatzerfolgsrechnung (Umsatzkostenverfahren) müssen mindestens folgende Positionen je einzeln und in der vorgegebenen Reihenfolge ausgewiesen werden:

1. Nettoerlöse aus Lieferungen und Leistungen;
2. Anschaffungs- oder Herstellungskosten der verkauften Produkte und Leistungen;
3. Verwaltungsaufwand und Vertriebsaufwand;
4. Finanzaufwand und Finanzertrag;

5. betriebsfremder Aufwand und betriebsfremder Ertrag;
6. ausserordentlicher, einmaliger oder periodenfremder Aufwand und Ertrag;
7. direkte Steuern;
8. Jahresgewinn oder Jahresverlust.

4 Bei der Absatzerfolgsrechnung müssen im Anhang zudem der Personalaufwand sowie in einer Position Abschreibungen und Wertberichtigungen auf Positionen des Anlagevermögens ausgewiesen werden.

5 Weitere Positionen müssen in der Erfolgsrechnung oder im Anhang einzeln ausgewiesen werden, sofern dies für die Beurteilung der Ertragslage durch Dritte wesentlich oder aufgrund der Tätigkeit des Unternehmens üblich ist.

C. Anhang

Art. 959c

1 Der Anhang der Jahresrechnung ergänzt und erläutert die anderen Bestandteile der Jahresrechnung. Er enthält:

1. Angaben über die in der Jahresrechnung angewandten Grundsätze, soweit diese nicht vom Gesetz vorgeschrieben sind;
2. Angaben, Aufschlüsselungen und Erläuterungen zu Positionen der Bilanz und der Erfolgsrechnung;
3. den Gesamtbetrag der aufgelösten Wiederbeschaffungsreserven und der darüber hinausgehenden stillen Reserven, soweit dieser den Gesamtbetrag der neugebildeten derartigen Reserven übersteigt, wenn dadurch das erwirtschaftete Ergebnis wesentlich günstiger dargestellt wird;
4. weitere vom Gesetz verlangte Angaben.

2 Der Anhang muss weiter folgende Angaben enthalten, sofern diese nicht bereits aus der Bilanz oder der Erfolgsrechnung ersichtlich sind:

1. Firma oder Name sowie Rechtsform und Sitz des Unternehmens;
2. eine Erklärung darüber, ob die Anzahl Vollzeitstellen im Jahresdurchschnitt nicht über 10, über 50 beziehungsweise über 250 liegt;
3. Firma, Rechtsform und Sitz der Unternehmen, an denen direkte oder wesentliche indirekte Beteiligungen bestehen, unter Angabe des Kapital- und des Stimmenanteils;
4. Anzahl eigener Anteile, die das Unternehmen selbst und die Unternehmen, an denen es beteiligt ist, halten;
5. Erwerb und Veräusserung eigener Anteile und die Bedingungen, zu denen sie erworben oder veräussert wurden;
6. der Restbetrag der Verbindlichkeiten aus kaufvertragsähnlichen Leasinggeschäften und anderen Leasingverpflichtungen, sofern diese nicht innert zwölf Monaten ab Bilanzstichtag auslaufen oder gekündigt werden können;
7. Verbindlichkeiten gegenüber Vorsorgeeinrichtungen;
8. der Gesamtbetrag der für Verbindlichkeiten Dritter bestellten Sicherheiten;
9. je der Gesamtbetrag der zur Sicherung eigener Verbindlichkeiten verwendeten Aktiven sowie der Aktiven unter Eigentumsvorbehalt;
10. rechtliche oder tatsächliche Verpflichtungen, bei denen ein Mittelabfluss entweder als unwahrscheinlich erscheint oder in der Höhe nicht verlässlich geschätzt werden kann (Eventualverbindlichkeit);
11. Anzahl und Wert von Beteiligungsrechten oder Optionen auf solche Rechte für alle Leitungs- und Verwaltungsorgane sowie für die Mitarbeitenden;
12. Erläuterungen zu ausserordentlichen, einmaligen oder periodenfremden Positionen der Erfolgsrechnung;

13. wesentliche Ereignisse nach dem Bilanzstichtag;
14. bei einem vorzeitigen Rücktritt der Revisionsstelle: die Gründe, die dazu geführt haben.

[3] Einzelunternehmen und Personengesellschaften können auf die Erstellung des Anhangs verzichten, wenn sie nicht zur Rechnungslegung nach den Vorschriften für grössere Unternehmen verpflichtet sind. Werden in den Vorschriften zur Mindestgliederung von Bilanz und Erfolgsrechnung zusätzliche Angaben gefordert und wird auf die Erstellung eines Anhangs verzichtet, so sind diese Angaben direkt in der Bilanz oder in der Erfolgsrechnung auszuweisen.

[4] Unternehmen, die Anleihensobligationen ausstehend haben, müssen Angaben zu deren Beträgen, Zinssätzen, Fälligkeiten und zu den weiteren Konditionen machen.

D. Bewertung I. Grundsätze

Art. 960

[1] Aktiven und Verbindlichkeiten werden in der Regel einzeln bewertet, sofern sie wesentlich sind und aufgrund ihrer Gleichartigkeit für die Bewertung nicht üblicherweise als Gruppe zusammengefasst werden.

[2] Die Bewertung muss vorsichtig erfolgen, darf aber die zuverlässige Beurteilung der wirtschaftlichen Lage des Unternehmens nicht verhindern.

[3] Bestehen konkrete Anzeichen für eine Überbewertung von Aktiven oder für zu geringe Rückstellungen, so sind die Werte zu überprüfen und gegebenenfalls anzupassen.

[Rechtsprechung zu aArt. 959] Bei der Bewertung von Aktiven ist einer der wichtigsten Grundsätze die Vorsicht. Aus dem Grundsatz der Vorsicht folgt, dass im Zweifel der Rechnungslegung der für die Unternehmung ungünstigste Fall zugrunde zu legen ist, unter Beachtung aller Ungewissheitsfaktoren und der vom Gesetz dem Ermessen gezogenen Schranken. Aus dem Grundsatz der Vorsicht folgen die Grundsätze der Realisation und der Imparität 115 Ib 55/59 f. E. 5b Pra 1989 (Nr. 225) 788. Nach dem Imparitätsprinzip dürfen Erträge erst bei der Realisierung und müssen Verluste bereits bei der Feststellung bilanzmässig berücksichtigt werden. Realisiert sind Erträge, wenn die entsprechenden Leistungen erbracht oder rechtlich vollstreckbar geschuldet sind 116 II 533/539 E dd. – Zum Begriff der Wertberichtigung und der Rückstellung 113 II 52/55, vgl. auch 116 II 533/534 ff. E. 2. 1

II. Aktiven 1. Im Allgemeinen

Art. 960a

[1] Bei ihrer Ersterfassung müssen die Aktiven höchstens zu den Anschaffungs- oder Herstellungskosten bewertet werden.

[2] In der Folgebewertung dürfen Aktiven nicht höher bewertet werden als zu den Anschaffungs- oder Herstellungskosten. Vorbehalten bleiben Bestimmungen für einzelne Arten von Aktiven.

[3] Der nutzungs- und altersbedingte Wertverlust muss durch Abschreibungen, anderweitige Wertverluste müssen durch Wertberichtigungen berücksichtigt werden. Abschreibungen und Wertberichtigungen müssen nach den allgemein anerkannten kaufmännischen Grundsätzen vorgenommen werden. Sie sind direkt oder indirekt bei den betreffenden Aktiven

zulasten der Erfolgsrechnung abzusetzen und dürfen nicht unter den Passiven ausgewiesen werden.

[4] Zu Wiederbeschaffungszwecken sowie zur Sicherung des dauernden Gedeihens des Unternehmens dürfen zusätzliche Abschreibungen und Wertberichtigungen vorgenommen werden. Zu den gleichen Zwecken kann davon abgesehen werden, nicht mehr begründete Abschreibungen und Wertberichtigungen aufzulösen.

1 **[Rechtsprechung zu aArt. 960 Abs. 2]** Die Aktiven sind stets nach dem subjektiven Geschäftswert in die Bilanz einzusetzen, d.h. nach dem Wert, den sie für das betreffende Geschäft unter dem Gesichtspunkt des fortdauernden Betriebes haben (und zwar gleichgültig, ob mit der subjektiven Wertminderung eine objektive Entwertung verbunden ist oder nicht) 75 I 16/22. – Ist nicht aufgrund dieser Bestimmung feststellbar, welchen Wert ein Aktivum für die Unternehmung hat, so ist gemäss Art. 959 auf die allgemein anerkannten kaufmännischen Grundsätze zurückzugreifen 115 Ib 55/59 E. 5a Pra 1989 (Nr. 225) 788. – Grundsätze für die Risikobewertung bei unsicheren Forderungen (in casu Erstellung der Jahresrechnung einer Bank) 115 Ib 55/59 ff. E. 5 Pra 1989 (Nr. 225) 788 ff. Wann liegt ein in der Gewinn- und Verlustrechnung auszuweisender *Debitorenverlust,* wann ein zu verbuchender *Ertrag* vor? 105 Ib 406/410 f. E. 4.

2. Aktiven mit beobachtbaren Marktpreisen

Art. 960b

[1] In der Folgebewertung dürfen Aktiven mit Börsenkurs oder einem anderen beobachtbaren Marktpreis in einem aktiven Markt zum Kurs oder Marktpreis am Bilanzstichtag bewertet werden, auch wenn dieser über dem Nennwert oder dem Anschaffungswert liegt. Wer von diesem Recht Gebrauch macht, muss alle Aktiven der entsprechenden Positionen der Bilanz, die einen beobachtbaren Marktpreis aufweisen, zum Kurs oder Marktpreis am Bilanzstichtag bewerten. Im Anhang muss auf diese Bewertung hingewiesen werden. Der Gesamtwert der entsprechenden Aktiven muss für Wertschriften und übrige Aktiven mit beobachtbarem Marktpreis je gesondert offengelegt werden.

[2] Werden Aktiven zum Börsenkurs oder zum Marktpreis am Bilanzstichtag bewertet, so darf eine Wertberichtigung zulasten der Erfolgsrechnung gebildet werden, um Schwankungen im Kursverlauf Rechnung zu tragen. Solche Wertberichtigungen sind jedoch nicht zulässig, wenn dadurch sowohl der Anschaffungswert als auch der allenfalls tiefere Kurswert unterschritten würden. Der Betrag der Schwankungsreserven ist insgesamt in der Bilanz oder im Anhang gesondert auszuweisen.

3. Vorräte und nicht fakturierte Dienstleistungen

Art. 960c

[1] Liegt in der Folgebewertung von Vorräten und nicht fakturierten Dienstleistungen der Veräusserungswert unter Berücksichtigung noch anfallender Kosten am Bilanzstichtag unter den Anschaffungs- oder Herstellungskosten, so muss dieser Wert eingesetzt werden.

[2] Als Vorräte gelten Rohmaterial, Erzeugnisse in Arbeit, fertige Erzeugnisse und Handelswaren.

4. Anlagevermögen

Art. 960d

[1] **Als Anlagevermögen gelten Werte, die in der Absicht langfristiger Nutzung oder langfristigen Haltens erworben werden.**

[2] **Als langfristig gilt ein Zeitraum von mehr als zwölf Monaten.**

[3] **Als Beteiligungen gelten Anteile am Kapital eines anderen Unternehmens, die langfristig gehalten werden und einen massgeblichen Einfluss vermitteln. Dieser wird vermutet, wenn die Anteile mindestens 20 Prozent der Stimmrechte gewähren.**

III. Verbindlichkeiten

Art. 960e

[1] **Verbindlichkeiten müssen zum Nennwert eingesetzt werden.**

[2] **Lassen vergangene Ereignisse einen Mittelabfluss in künftigen Geschäftsjahren erwarten, so müssen die voraussichtlich erforderlichen Rückstellungen zulasten der Erfolgsrechnung gebildet werden.**

[3] **Rückstellungen dürfen zudem insbesondere gebildet werden für:**
1. **regelmässig anfallende Aufwendungen aus Garantieverpflichtungen;**
2. **Sanierungen von Sachanlagen;**
3. **Restrukturierungen;**
4. **die Sicherung des dauernden Gedeihens des Unternehmens.**

[4] **Nicht mehr begründete Rückstellungen müssen nicht aufgelöst werden.**

Dritter Abschnitt
Rechnungslegung für grössere Unternehmen

A. Zusätzliche Anforderungen an den Geschäftsbericht

Art. 961

Unternehmen, die von Gesetzes wegen zu einer ordentlichen Revision verpflichtet sind, müssen:

1. **zusätzliche Angaben im Anhang der Jahresrechnung machen;**
2. **als Teil der Jahresrechnung eine Geldflussrechnung erstellen;**
3. **einen Lagebericht verfassen.**

B. Zusätzliche Angaben im Anhang zur Jahresrechnung

Art. 961a

Im Anhang der Jahresrechnung müssen zusätzlich Angaben gemacht werden:

1. **zu den langfristigen verzinslichen Verbindlichkeiten, aufgeteilt nach Fälligkeit innerhalb von einem bis fünf Jahren und nach fünf Jahren;**
2. **zum Honorar der Revisionsstelle je gesondert für Revisionsdienstleistungen und andere Dienstleistungen.**

C. Geldflussrechnung

Art. 961b

Die Geldflussrechnung stellt die Veränderung der flüssigen Mittel aus der Geschäftstätigkeit, der Investitionstätigkeit und der Finanzierungstätigkeit je gesondert dar.

D. Lagebericht

Art. 961c

[1] Der Lagebericht stellt den Geschäftsverlauf und die wirtschaftliche Lage des Unternehmens sowie gegebenenfalls des Konzerns am Ende des Geschäftsjahres unter Gesichtspunkten dar, die in der Jahresrechnung nicht zum Ausdruck kommen.

[2] Der Lagebericht muss namentlich Aufschluss geben über:

1. **die Anzahl Vollzeitstellen im Jahresdurchschnitt;**
2. **die Durchführung einer Risikobeurteilung;**
3. **die Bestellungs- und Auftragslage;**
4. **die Forschungs- und Entwicklungstätigkeit;**
5. **aussergewöhnliche Ereignisse;**
6. **die Zukunftsaussichten.**

[3] Der Lagebericht darf der Darstellung der wirtschaftlichen Lage in der Jahresrechnung nicht widersprechen.

E. Erleichterung infolge Konzernrechnung

Art. 961d

[1] Auf die zusätzlichen Angaben im Anhang zur Jahresrechnung, die Geldflussrechnung und den Lagebericht kann verzichtet werden, wenn das Unternehmen selbst oder eine juristische Person, die das Unternehmen kontrolliert, eine Konzernrechnung nach einem anerkannten Standard zur Rechnungslegung erstellt.

[2] Es können eine Rechnungslegung nach den Vorschriften dieses Abschnitts verlangen:

1. **Gesellschafter, die mindestens 10 Prozent des Grundkapitals vertreten;**
2. **10 Prozent der Genossenschafter oder 20 Prozent der Vereinsmitglieder;**
3. **jeder Gesellschafter oder jedes Mitglied, das einer persönlichen Haftung oder einer Nachschusspflicht unterliegt.**

Vierter Abschnitt
Abschluss nach anerkanntem Standard zur Rechnungslegung

A. Im Allgemeinen

Art. 962

[1] Es müssen zusätzlich zur Jahresrechnung nach diesem Titel einen Abschluss nach einem anerkannten Standard zur Rechnungslegung erstellen:
1. **Gesellschaften, deren Beteiligungspapiere an einer Börse kotiert sind, wenn die Börse dies verlangt;**
2. **Genossenschaften mit mindestens 2000 Genossenschaftern;**
3. **Stiftungen, die von Gesetzes wegen zu einer ordentlichen Revision verpflichtet sind.**

[2] Es können zudem einen Abschluss nach einem anerkannten Standard verlangen:
1. **Gesellschafter, die mindestens 20 Prozent des Grundkapitals vertreten;**
2. **10 Prozent der Genossenschafter oder 20 Prozent der Vereinsmitglieder;**
3. **Gesellschafter oder Mitglieder, die einer persönlichen Haftung oder einer Nachschusspflicht unterliegen.**

[3] Die Pflicht zur Erstellung eines Abschlusses nach einem anerkannten Standard entfällt, wenn eine Konzernrechnung nach einem anerkannten Standard erstellt wird.

[4] Das oberste Leitungs- oder Verwaltungsorgan ist für die Wahl des anerkannten Standards zuständig, sofern die Statuten, der Gesellschaftsvertrag oder die Stiftungsurkunde keine anderslautenden Vorgaben enthalten oder das oberste Organ den anerkannten Standard nicht festlegt.

B. Anerkannte Standards zur Rechnungslegung

Art. 962a

[1] Wird ein Abschluss nach einem anerkannten Standard zur Rechnungslegung erstellt, so muss dieser im Abschluss angegeben werden.

[2] Der gewählte anerkannte Standard muss in seiner Gesamtheit und für den ganzen Abschluss übernommen werden.

[3] Die Einhaltung des anerkannten Standards muss durch einen zugelassenen Revisionsexperten geprüft werden. Es ist eine ordentliche Revision des Abschlusses durchzuführen.

[4] Der Abschluss nach einem anerkannten Standard muss dem obersten Organ anlässlich der Genehmigung der Jahresrechnung vorgelegt werden, bedarf aber keiner Genehmigung.

[5] Der Bundesrat bezeichnet die anerkannten Standards. Er kann die Voraussetzungen festlegen, die für die Wahl eines Standards oder den Wechsel von einem Standard zum andern erfüllt sein müssen.

Fünfter Abschnitt Konzernrechnung

A. Pflicht zur Erstellung

Art. 963

[1] **Kontrolliert eine rechnungslegungspflichtige juristische Person ein oder mehrere rechnungslegungspflichtige Unternehmen, so muss sie im Geschäftsbericht für die Gesamtheit der kontrollierten Unternehmen eine konsolidierte Jahresrechnung (Konzernrechnung) erstellen.**

[2] **Eine juristische Person kontrolliert ein anderes Unternehmen, wenn sie:**

1. **direkt oder indirekt über die Mehrheit der Stimmen im obersten Organ verfügt;**
2. **direkt oder indirekt über das Recht verfügt, die Mehrheit der Mitglieder des obersten Leitungs- oder Verwaltungsorgans zu bestellen oder abzuberufen; oder**
3. **aufgrund der Statuten, der Stiftungsurkunde, eines Vertrags oder vergleichbarer Instrumente einen beherrschenden Einfluss ausüben kann.**

[3] **Ein nach Artikel 963b anerkannter Standard kann den Kreis der zu konsolidierenden Unternehmen definieren.**

[4] **Vereine, Stiftungen und Genossenschaften können die Pflicht zur Erstellung einer Konzernrechnung an ein kontrolliertes Unternehmen übertragen, wenn das betreffende kontrollierte Unternehmen durch Stimmenmehrheit oder auf andere Weise sämtliche weiteren Unternehmen unter einheitlicher Leitung zusammenfasst und nachweist, dass es die Beherrschung tatsächlich ausübt.**

B. Befreiung von der Pflicht zur Erstellung

Art. 963a

[1] **Eine juristische Person ist von der Pflicht zur Erstellung einer Konzernrechnung befreit, wenn sie:**

1. **zusammen mit den kontrollierten Unternehmen zwei der nachstehenden Grössen in zwei aufeinander folgenden Geschäftsjahren nicht überschreitet:**
   a. **Bilanzsumme von 20 Millionen Franken,**
   b. **Umsatzerlös von 40 Millionen Franken,**
   c. **250 Vollzeitstellen im Jahresdurchschnitt;**
2. **von einem Unternehmen kontrolliert wird, dessen Konzernrechnung nach schweizerischen oder gleichwertigen ausländischen Vorschriften erstellt und ordentlich geprüft worden ist; oder**
3. **die Pflicht zur Erstellung einer Konzernrechnung an ein kontrolliertes Unternehmen nach Artikel 963 Absatz 4 übertragen hat.**

[2] **Eine Konzernrechnung ist dennoch zu erstellen, wenn:**

1. **dies für eine möglichst zuverlässige Beurteilung der wirtschaftlichen Lage notwendig ist;**
2. **Gesellschafter, die mindestens 20 Prozent des Grundkapitals vertreten oder 10 Prozent der Genossenschafter oder 10 Prozent der Vereinsmitglieder dies verlangen;**
3. **ein Gesellschafter oder ein Vereinsmitglied, der oder das einer persönlichen Haftung oder einer Nachschusspflicht unterliegt, dies verlangt; oder**
4. **die Stiftungsaufsichtsbehörde dies verlangt.**

[3] Verzichtet eine juristische Person gemäss Absatz 1 Ziffer 2 auf die Erstellung der Konzernrechnung für den Unterkonzern, so muss sie die Konzernrechnung des Oberkonzerns nach den Vorschriften für die eigene Jahresrechnung bekannt machen.

C. Anerkannte Standards zur Rechnungslegung

Art. 963b

[1] Die Konzernrechnung folgender Unternehmen muss nach einem anerkannten Standard zur Rechnungslegung erstellt werden:

1. **Gesellschaften, deren Beteiligungspapiere an einer Börse kotiert sind, wenn die Börse dies verlangt;**
2. **Genossenschaften mit mindestens 2000 Genossenschaftern;**
3. **Stiftungen, die von Gesetzes wegen zu einer ordentlichen Revision verpflichtet sind.**

[2] Artikel 962a Absätze 1–3 und 5 ist sinngemäss anwendbar.

[3] Die Konzernrechnung von übrigen Unternehmen untersteht den Grundsätzen ordnungsmässiger Rechnungslegung. Im Anhang zur Konzernrechnung nennt das Unternehmen die Bewertungsregeln. Weicht es davon ab, so weist es im Anhang darauf hin und vermittelt in anderer Weise die für den Einblick in die Vermögens-, Finanzierungs- und Ertragslage des Konzerns nötigen Angaben.

[4] Eine Konzernrechnung ist dennoch nach einem anerkannten Standard zur Rechnungslegung zu erstellen, wenn:

1. **Gesellschafter, die mindestens 20 Prozent des Grundkapitals vertreten oder 10 Prozent der Genossenschafter oder 20 Prozent der Vereinsmitglieder dies verlangen;**
2. **ein Gesellschafter oder ein Vereinsmitglied, der oder das einer persönlichen Haftung oder einer Nachschusspflicht unterliegt, dies verlangt; oder**
3. **die Stiftungsaufsichtsbehörde dies verlangt.**

Art. 964

Diese Bestimmung wurde auf den 1. Juni 2002 aufgehoben (AS 2002 949).

Sechster Abschnitt
Transparenz bei Rohstoffunternehmen

A. Grundsatz

Art. 964a

1 Unternehmen, die von Gesetzes wegen zu einer ordentlichen Revision verpflichtet und selber oder durch ein von ihnen kontrolliertes Unternehmen im Bereich der Gewinnung von Mineralien, Erdöl oder Erdgas oder des Einschlags von Holz in Primärwäldern tätig sind, müssen jährlich einen Bericht über die Zahlungen an staatliche Stellen verfassen.

2 Hat das Unternehmen eine konsolidierte Jahresrechnung zu erstellen, so muss es einen konsolidierten Bericht über Zahlungen an staatliche Stellen verfassen (Konzernzahlungsbericht); dieser ersetzt die Berichterstattung der einzelnen Gesellschaften.

3 Ist das Unternehmen mit Sitz in der Schweiz in den von ihm oder einem anderen Unternehmen mit Sitz im Ausland nach schweizerischen oder gleichwertigen Vorschriften erstellten Konzernzahlungsbericht einbezogen, so muss es keinen separaten Bericht über Zahlungen an staatliche Stellen verfassen. Es muss jedoch im Anhang der Jahresrechnung angeben, bei welchem anderen Unternehmen es in den Bericht einbezogen wurde, und diesen Bericht veröffentlichen.

4 Die Gewinnung umfasst alle Unternehmenstätigkeiten auf den Gebieten der Exploration, Prospektion, Entdeckung, Erschliessung und Förderung von Mineralien, Erdöl- und Erdgasvorkommen und des Einschlags von Holz in Primärwäldern.

5 Als staatliche Stellen gelten nationale, regionale oder kommunale Behörden eines Drittlandes sowie von diesen Behörden kontrollierte Abteilungen oder Unternehmen.

B. Arten von Leistungen

Art. 964b

1 Die Zahlungen an staatliche Stellen können in Geld- oder Sachleistungen bestehen. Sie umfassen insbesondere folgende Arten von Leistungen:

1. Zahlungen für Produktionsansprüche;
2. Steuern auf der Produktion, den Erträgen oder Gewinnen von Unternehmen, ausgenommen Mehrwert- oder Umsatzsteuern und andere Steuern auf dem Verbrauch;
3. Nutzungsentgelte;
4. Dividenden, ausgenommen die an eine staatliche Stelle als Gesellschafterin dieses Unternehmens gezahlten Dividenden, solange diese unter denselben Bedingungen an die staatliche Stelle wie an die anderen Gesellschafter gezahlt werden;
5. Unterzeichnungs-, Entdeckungs- und Produktionsboni;
6. Lizenz-, Miet- und Zugangsgebühren oder sonstige Gegenleistungen für Bewilligungen oder Konzessionen;
7. Zahlungen für die Verbesserung der Infrastruktur.

2 Bei Sachleistungen sind Gegenstand, Wert, Bewertungsmethode und gegebenenfalls Umfang anzugeben.

C. Form und Inhalt des Berichts

Art. 964c

[1] Der Bericht über Zahlungen an staatliche Stellen erstreckt sich nur auf Zahlungen, die sich aus der Geschäftstätigkeit in der mineral-, erdöl- oder erdgasgewinnenden Industrie oder auf dem Gebiet des Holzeinschlags in Primärwäldern ergeben.

[2] Er umfasst alle Zahlungen von mindestens 100 000 Franken pro Geschäftsjahr an staatliche Stellen, und zwar sowohl Einzelzahlungen wie auch Zahlungen in mehreren Teilbeträgen, die zusammen mindestens 100 000 Franken erreichen.

[3] Anzugeben ist der Betrag der Zahlungen, die insgesamt und aufgeschlüsselt nach Art der Leistung an jede staatliche Stelle und an jedes Projekt geleistet werden.

[4] Der Bericht ist schriftlich in einer Landessprache oder in Englisch abzufassen und vom obersten Leitungs- oder Verwaltungsorgan zu genehmigen.

D. Veröffentlichung

Art. 964d

[1] Der Bericht über Zahlungen an staatliche Stellen ist innerhalb von sechs Monaten nach Ablauf des Geschäftsjahres elektronisch zu veröffentlichen.

[2] Er muss mindestens zehn Jahre lang öffentlich zugänglich sein.

[3] Der Bundesrat kann Vorschriften zur Struktur der im Bericht verlangten Daten erlassen.

E. Führung und Aufbewahrung

Art. 964e

Für die Führung und die Aufbewahrung des Berichts über Zahlungen an staatliche Stellen gilt Artikel 958f entsprechend.

F. Ausdehnung des Anwendungsbereichs

Art. 964f

Der Bundesrat kann im Rahmen eines international abgestimmten Vorgehens festlegen, dass die Verpflichtungen nach den Artikeln 964a–964e auch auf Unternehmen Anwendung finden, die mit Rohstoffen handeln.

Fünfte Abteilung
Die Wertpapiere

Dreiunddreissigster Titel
Die Namen-, Inhaber- und Ordrepapiere

Erster Abschnitt
Allgemeine Bestimmungen

Vorb. Art. 965–1155

Unbenannte Wertpapiere. Offengelassen, ob es im schweizerischen Recht unbenannte Wertpapiere gibt, d.h. Urkunden, die, ohne dass ihnen das Gesetz diese Eigenschaft ausdrücklich zuerkennt, Wertpapiere sind aufgrund der blossen Tatsache, dass sie die allgemeinen Voraussetzungen von Art. 965 ff. erfüllen und weil die Parteien ihnen diesen Charakter geben wollen 80 II 82/86 f. E. 3 Pra 1954 (Nr. 46) 124, grundlegend (jedoch eher verneinend) 65 II 66/77 f. E. 6. 1

Zwangsvollstreckung. Die mit der Urkunde verknüpfte Forderung kann nur *mit der Urkunde selbst* gepfändet oder verarrestiert werden 98 III 74/77 E. 2b Pra 1973 (Nr. 180) 543, 99 III 18/20 E. 3. – Wertpapiere (in casu Dividendencoupons) können nur am *Ort, wo sie sich befinden,* verarrestiert werden 99 III 18/20 E. 4. Der Arrest an einem verpfändeten, als Wertpapier qualifizierten deutschen Schuldbrief kann nicht am Ort vollzogen werden, wo dessen Besitzerin (in casu eine Aktiengesellschaft) lediglich ein Briefkastendomizil hat und keinerlei Geschäftstätigkeit ausübt, und zwar ungeachtet des Umstandes, dass die Gesellschaft am erwähnten Ort ihren Sitz hat 112 III 115/118 E.a. – Die *Arrestierung eines Checks beim Bezogenen* ist weder hinsichtlich des Checks selber noch hinsichtlich der damit verbundenen Forderung gültig 98 III 74/77 E. 2 Pra 1973 (Nr. 180) 542 f. 2

Weiteres. Steht eine Klausel der beigedruckten allgemeinen Bedingungen (in casu Legitimationsklausel und Vorbehalt, nach Gutfinden Ausweise zu verlangen) in Widerspruch zum übrigen Inhalt der Urkunde (in casu Bezeichnung des Inhabers als Gläubiger), so kann ihr nicht ohne Weiteres jegliche Bedeutung abgesprochen werden 67 II 30/31 f. E. 1. – Gewährleistung beim Verkauf von Wertpapieren: siehe unter Art. 197 Abs. 1/Mangel. – Infolge der Annahmeverweigerung des Wechsels durch den Bezogenen kann zwar kein Begebungsvertrag, jedoch ein *Sonderverhältnis* entstehen, infolge dessen der Bezogene für Schaden aus erwecktem Vertrauen haftet. Diese Haftung untersteht den Regeln der Vertragshaftung 128 III 324/326 ff. E. 2 (in casu erwecktes Vertrauen in die Echtheit der Unterschrift des Bezogenen). 3

A. Begriff des Wertpapiers

Art. 965

Wertpapier ist jede Urkunde, mit der ein Recht derart verknüpft ist, dass es ohne die Urkunde weder geltend gemacht noch auf andere übertragen werden kann.

1 **Allgemeines.** Die dem Wertpapier eigene Verkörperung des Rechts in der Urkunde hat zur Folge, dass der Eigentümer der Urkunde stets mit dem Gläubiger des verurkundeten Rechts *identisch* ist, mit anderen Worten, das Recht am Papier und das Recht aus dem Papier immer den gleichen Träger haben 98 IV 241/244 E.b. Aus der Bestimmung folgt nicht, dass das verurkundete Recht untergeht, wenn das *Papier vernichtet* wird (in casu bestanden die Mitgliedschaftsrechte des Aktionärs trotz Vernichtung der Inhaberaktien und Unmöglichkeit ihrer Kraftloserklärung fort) 4P.178/2003 (22.12.03) E. 5.1, 83 II 445/454 f. E. 4. – *Unbenannte Wertpapiere:* siehe Vorb. Art. 965–1155.

2 **Wertpapiere** sind z.B.: ein Sparheft mit eindeutiger Präsentationsklausel (Frage früher stets offengelassen) 117 II 166/167 f. E. 2a; Konnossemente 114 II 45/48 E. a Pra 1988 (Nr. 203) 754, 122 III 73/77 E. b/aa fr.; die *Hypothekarobligation auf den Inhaber* (wenn die Urkunde so abgefasst ist, dass sie den Anforderungen des Art. 965 genügt) 100 II 319/322 E. 1, 319/325 E. 5 fr.; das (anstelle von gedruckten Aktientiteln ausgegebene) *Aktien-Zertifikat* 86 II 95/98, vgl. auch 103 IV 239/240 E. 2; *Inhaberaktien* 88 III 140/142 E. 2a; *Namenaktien* 105 II 188/192 E. 3a. Namenaktien sind nicht Namenpapiere im engern Sinne von Rektapapieren, sondern, wie sich aus Art. 684 Abs. 2 ergibt, gesetzliche Ordrepapiere 81 II 197/202, 120 IV 276/278 E. 3 fr., zum Begriff des Ordrepapiers vgl. auch 4C.235/2002 (23.9.02) E. 2.1 fr., 127 III 559/563 f. E. 4a. Vinkulierte Namenaktien sind nur dann keine Ordrepapiere, wenn die Statuten die Übertragung durch Indossament ausschliessen und eine solche nur in der Form der Zession zulassen; damit wird die Namenaktie zum Rektapapier 83 II 297/304 E. c, 92 III 20/25 (Fälle zum alten Aktienrecht).

3 ***Kein Wertpapier*** ist der sog. *«WIR»-Check* 95 II 176/181 f. E. 4 (Rechtsfolgen, wenn das vertraglich vereinbarte Zahlungsmittel der WIR-Buchungen nicht zur Tilgung der Schuld führt 119 II 227/230 f. E. 2b); das *Kinobillett* 80 II 26/34 f. E. 3b.

4 ***Namen-Ausweispapiere*** fallen urkundenrechtlich nur in Betracht, wenn sie nicht bloss die Personalien oder eine bestimmte Eigenschaft der benannten Person verurkunden, sondern eine Pflicht des Ausstellers zu einer Leistung festhalten. Ihr rechtlicher Gehalt ist also im Einzelfall nach Massgabe der konkreten Verhältnisse zu ermitteln (in casu hatte ein Presseausweis blosse Legitimationsfunktion) 80 II 26/31 ff. E. a, b.

5 **Weiteres.** Unter *Wertpapieren gemäss ZGB Art. 895 Abs. 1* (Retentionsrecht) sind solche i.S.v. OR Art. 965 zu verstehen 105 II 188/192 E. 3a. – Wertpapiere sind Sachen i.S.v. *ZGB Art. 714* 124 III 241/243 E. 3b Pra 1998 (Nr. 152) 815 und i.S.v. [a]StGB Art. 137 ff. 100 IV 31/32, vgl. auch 103 IV 87/88 f. E. 1 sowie 116 IV 134/137 E.c. – Der Besitz eines Namen-Sparheftes schafft die Vermutung, dass der Inhaber, der sich über seine Identität mit dem darauf Bezeichneten ausweist, auch der Forderungsberechtigte ist 89 II 87/94 E. 7 Pra 1963 (Nr. 111) 333. – Originärer Eigentumserwerb an einem verlorenen Inhaberschuldbrief 124 III 241/241 ff. Pra 1998 (Nr. 152) 814 ff.

B. Verpflichtung aus dem Wertpapier

Art. 966

1 Der Schuldner aus einem Wertpapier ist nur gegen Aushändigung der Urkunde zu leisten verpflichtet.

[2] Der Schuldner wird durch eine bei Verfall erfolgte Leistung an den durch die Urkunde ausgewiesenen Gläubiger befreit, wenn ihm nicht Arglist oder grobe Fahrlässigkeit zur Last fällt.

Diese Bestimmung erfasst auch Inhaberpapiere, welche eine urkundliche Schuldanerkennung darstellen 123 IV 132/142 E. 4d. – Zahlt der Wertpapierschuldner an den wirklichen Gläubiger oder an dessen Vertreter, so wird er von seiner Schuld auch dann befreit, wenn er sich die Urkunde nicht vorlegen lässt. Indessen hat der Gutglaubensschutz nach Art. 34 Abs. 3 hinter den Schutz des Vertrauens des Gläubigers in die wertpapiermässige Verbriefung seines Forderungsrechts zurückzutreten (in casu Sparheft mit Präsentationsklausel) 117 II 166/168 f. E. 3. 1

Abs. 2 Diese Vorschrift regelt die Frage, in welchem Umfang der Schuldner die Berechtigung des Ansprechers zu prüfen hat. Bei Inhaberpapieren insbesondere hat die Leistung an den Präsentanten nur dann befreiende Wirkung, wenn sie nicht vorzeitig erfolgt und der Schuldner gutgläubig ist 123 IV 132/142 E. 4d. – Der Schuldner leistet dann ohne grobe Fahrlässigkeit, wenn er die Unrichtigkeit des Gläubigerausweises nicht kennt und diese Unkenntnis nicht darauf beruht, dass er elementarste Sorgfaltsregeln ausser Acht gelassen hat 123 IV 132/143 E. 4d. – Offengelassen, ob der Schuldner die Nichtberechtigung des Präsentanten liquide nachweisen muss 123 IV 132/143 E. 4d. 2

C. Übertragung des Wertpapiers I. Allgemeine Form

Art. 967

[1] Zur Übertragung des Wertpapiers zu Eigentum oder zu einem beschränkten dinglichen Recht bedarf es in allen Fällen der Übertragung des Besitzes an der Urkunde.

[2] Bei Ordrepapieren bedarf es überdies der Indossierung, bei Namenpapieren einer schriftlichen Erklärung, die nicht auf das Wertpapier selbst gesetzt werden muss.

[3] Durch Gesetz oder Vertrag kann für die Übertragung die Mitwirkung anderer Personen, wie namentlich des Schuldners, vorgeschrieben werden.

Strafrecht. Wem der Besitz der Urkunde eines auf seinen Namen lautenden Checks nicht übertragen wird, ist nicht zur Stellung des Strafantrages wegen Unterschlagung berechtigt (in casu irrtümliche Zustellung der Postsendung an einen Dritten, der den Check einlöste) 98 IV 241/242 ff. 1

Übertragung von (vinkulierten) Namenaktien. Vgl. 120 IV 278 E. 3 fr. 2

Abs. 1 Die Übertragung des Eigentums an Wertpapieren ist *kausal,* sie setzt die Übertragung des Besitzes und einen gültigen Rechtsgrund voraus 114 II 45/49 ff. E. c, f. Pra 1988 (Nr. 203) 755 ff. – Die Bestimmung enthält keinen besonderen wertpapierrechtlichen *Begriff der Besitzesübertragung.* Ob eine Besitzesübertragung stattgefunden habe, entscheidet sich nach den sachenrechtlichen Regeln (ZGB Art. 922 ff.), wobei als Besitz der reine Sachbesitz an einer Urkunde zu verstehen ist. Unter bestimmten Umständen kann die Übertragung jedoch auch ohne Übergabe des Papiers geschehen, nämlich bei offener Besitzlage (ZGB Art. 922 Abs. 2), bei der Besitzwandlung («brevi manu traditio»), 3 beim Besitzeskonstitut und der Besitzesanweisung (ZGB Art. 924) 93 II 461/479 f. E. 5c fr., 98 V 241/243 E. a, vgl. auch 112 II 444/449 E. 4 Pra 1988 (Nr. 62) 247 (in casu fehlende Übertragung des Besitzes nach Zeichnung von Obligationen anlässlich einer Obligationenanleihe).

4 ***Abs. 2*** Die schriftliche Erklärung i.S. der Bestimmung ist eine *Abtretungserklärung i.S.v. Art. 165 Abs. 1* 90 II 164/179 E. 6.

5 ***Abs. 3*** Die Veräusserung vinkulierter Namenaktien stellt kein Dreiparteiengeschäft i.S. der Bestimmung dar. Die wertpapierrechtliche Funktion der Aktie für den Rechtsverkehr besteht gerade darin, die in ihr verbrieften Rechte dergestalt darzustellen, dass diese mit ihr untrennbar verbunden sind, demzufolge auch nicht für sich allein ohne die Urkunde auf andere übertragen werden können, zumal die Aktie als verkehrsfähiges Wertpapier im Rechtsverkehr die Vermutung für den vollen Bestand der durch sie verkörperten Rechte begründet. Diesen Grundsätzen und den Erfordernissen des gesicherten Rechtsverkehrs aber würde es widersprechen, Aktienpakete als Rechtsobjekte zuzulassen, welche nur Vermögensrechte enthalten würden und aller Mitgliedschaftsrechte wegen deren «Dereliktion» entkleidet wären. Dies ergäbe letztlich die auch vom Bundesgericht abgelehnte echte Aktienspaltung. In ganz besonderem Masse muss das dort gelten, wo die Namenaktie zufolge einer Rektaklausel als echtes Namenpapier ausgestaltet worden ist 114 II 57/60 f. E.bb. Enthalten die Urkunde oder die Statuten der Gesellschaft einen Übertragungsvorbehalt, können, wenn die Zustimmung verweigert wird, die Rechte nicht übergehen 114 II 57/62 E. b (Entscheid zum alten Aktienrecht).

II. Indossierung 1. Form

Art. 968

[1] Die Indossierung erfolgt in allen Fällen nach den Vorschriften über den Wechsel.

[2] Das ausgefüllte Indossament gilt in Verbindung mit der Übergabe der Urkunde als genügende Form der Übertragung.

2. Wirkung

Art. 969

Mit der Indossierung und der Übergabe der indossierten Urkunde gehen bei allen übertragbaren Wertpapieren, soweit sich aus dem Inhalt oder der Natur der Urkunde nicht etwas anderes ergibt, die Rechte des Indossanten auf den Erwerber über.

D. Umwandlung

Art. 970

[1] Ein Namen- oder Ordrepapier kann nur mit Zustimmung aller berechtigten und verpflichteten Personen in ein Inhaberpapier umgewandelt werden. Diese Zustimmung ist auf der Urkunde selbst zu erklären.

[2] Der gleiche Grundsatz gilt für die Umwandlung von Inhaberpapieren in Namen- oder Ordrepapiere. Fehlt in diesem Falle die Zustimmung einer der berechtigten oder verpflichteten Personen, so ist die Umwandlung wirksam, jedoch nur zwischen dem Gläubiger, der sie vorgenommen hat, und seinem unmittelbaren Rechtsnachfolger.

E. Kraftloserklärung I. Geltendmachung

Art. 971

[1] Wird ein Wertpapier vermisst, so kann es durch den Richter kraftlos erklärt werden.

[2] Die Kraftloserklärung kann verlangen, wer zur Zeit des Verlustes oder der Entdeckung des Verlustes an dem Papier berechtigt ist.

II. Verfahren. Wirkung

Art. 972

[1] Nach der Kraftloserklärung kann der Berechtigte sein Recht auch ohne die Urkunde geltend machen oder die Ausstellung einer neuen Urkunde verlangen.

[2] Im übrigen kommen für das Verfahren und die Wirkung der Kraftloserklärung die bei den einzelnen Arten von Wertpapieren aufgestellten Bestimmungen zur Anwendung.

Abs. 1 Die Kraftloserklärung («Amortisation») von Wertpapieren ist die gerichtliche Erklärung, dass der Schuldner in Aufhebung des Grundsatzes von Art. 965 auch ohne Vorweisung der Urkunde leisten darf. Sie beraubt den Titel der formellen Legitimation, die er dem Inhaber verschafft 84 II 174/176 E. 1, 82 II 224/226 f. E. 3b, 4A_501/2018 (3.12.18) E. 5.2, 4P.178/2003 (22.12.03) E. 5.1. Das Recht wird vom Papier getrennt und der Berechtigte kann das Recht ohne Vorlage der Urkunde geltend machen (Art. 972 Abs. 1). Der Gesuchsteller wird damit in die Lage versetzt, in der er sich befände, wenn er im Besitz der Urkunde wäre und diese vorweisen könnte 84 II 174/176 E. 1; 82 II 224/226 f. E. 3b. Er kann sich mit dem Kraftloserklärungsentscheid gegenüber dem Schuldner legitimieren, wie wenn er das verlorene Wertpapier noch besässe 82 II 224/226 f. E. 3b. Bezeichnete sich der Gesuchsteller im Kraftloserklärungsverfahren als Gläubiger (was die Regel ist), wird er mit dem Urteil als solcher legitimiert 4A_501/2018 (3.12.18) E. 5.2. Die Wirkungen der Kraftloserklärung sind aber rein legitimationsrechtlicher Natur; die materielle Rechtslage bleibt davon unberührt 4A_501/2018 (3.12.18) E. 5.2, 4P.178/2003 (22.12.03) E. 5.1. Die Kraftloserklärung verleiht dem Gesuchsteller keine neuen Rechte gegen den Schuldner 84 II 174/176 f. E. 1. Der Schuldner erleidet keine Einbusse in seinen Rechten und behält alle Einreden, die er dem Gesuchsteller entgegenhalten konnte, als dieser den Titel noch besass 84 II 174/176 f. E. 1, 82 II 224/226 f. E. 3b. Der Schuldner kann damit insbesondere den Bestand des Rechts bestreiten, das im Wertpapier verkörpert war, oder geltend machen, der Gesuchsteller sei nicht dessen Inhaber 84 II 174/176 f. E. 1. Der Schuldner hat aber die Umstände, die für seine Einwendungen sprechen, zu behaupten und zu beweisen 4A_501/2018 (3.12.18) E. 5.3. Nach erfolgter Kraftloserklärung kann der Berechtigte indessen die Ausfertigung einer neuen Urkunde verlangen und 1 damit das Recht wiederum wertpapiermässig einkleiden 84 II 174/177 E. 1, 4P.178/2003 (22.12.03) E. 5.1.

2 Siehe auch unter Art. 981 ff. – Der Ausstellung eines Ersatztitels kommt die Bedeutung einer Schuldanerkennung zu. Sie ist folglich in einem kontradiktorischen Verfahren mit Beteiligung des Schuldners zu erwirken 4P.178/2003 (22.12.03) E. 7.1, 84 II 174/177 f. E. 1 (Nr. 110) 33. – Anwendungsfall 4A_501/2018 (3.12.18) E. 5.3.

F. Besondere Vorschriften

Art. 973

Die besondern Vorschriften über die Wertpapiere, wie namentlich über den Wechsel, den Check und die Pfandtitel, bleiben vorbehalten.

G. Sammelverwahrung, Globalurkunde und einfache Wertrechte I. Sammelverwahrung von Wertpapieren

Art. 973a

1 Der Aufbewahrer ist befugt, vertretbare Wertpapiere mehrerer Hinterleger ungetrennt zu verwahren, es sei denn, ein Hinterleger verlangt ausdrücklich die gesonderte Verwahrung seiner Wertpapiere.

2 Werden vertretbare Wertpapiere einem Aufbewahrer zur Sammelverwahrung anvertraut, so erwirbt der Hinterleger mit der Einlieferung beim Aufbewahrer Miteigentum nach Bruchteilen an den zum Sammelbestand gehörenden Wertpapieren gleicher Gattung. Für die Bestimmung des Bruchteils ist der Nennwert, bei Wertpapieren ohne Nennwert die Stückzahl massgebend.

3 Der Hinterleger hat einen jederzeitigen, von der Mitwirkung oder Zustimmung der anderen Hinterleger unabhängigen Anspruch auf Herausgabe von Wertpapieren aus dem Sammelbestand im Umfang seines Bruchteils.

II. Globalurkunde

Art. 973b

1 Der Schuldner kann Globalurkunden ausgeben oder mehrere vertretbare Wertpapiere, die einem einzigen Aufbewahrer anvertraut sind, durch eine Globalurkunde ersetzen, sofern die Ausgabebedingungen oder die Gesellschaftsstatuten dies vorsehen oder die Hinterleger dazu ihre Zustimmung erteilt haben.

2 Die Globalurkunde ist ein Wertpapier gleicher Art wie die durch sie verkörperten Einzelrechte. Sie steht im Miteigentum der daran beteiligten Hinterleger, und zwar im Verhältnis ihrer Beteiligung. Für die Stellung und die Rechte der Miteigentümer an der Globalurkunde gilt Art. 973a Abs. 2 singgemäss.

III. Einfache Wertrechte

Art. 973c

[1] Der Schuldner kann einfache Wertrechte ausgeben oder vertretbare Wertpapiere oder Globalurkunden, die einem einzigen Aufbewahrer anvertraut sind, durch einfache Wertrechte ersetzen, sofern die Ausgabebedingungen oder seine Statuten dies vorsehen oder die Hinterleger dazu ihre Zustimmung erteilt haben.

[2] Der Schuldner führt über die von ihm ausgegebenen Wertrechte ein Buch, in das die Anzahl und Stückelung der ausgegebenen Wertrechte sowie die Gläubiger einzutragen sind. Das Buch ist nicht öffentlich.

[3] Die Wertrechte entstehen mit Eintragung in das Buch und bestehen nur nach Massgabe dieser Eintragung.

[4] Zur Übertragung von Wertrechten bedarf es einer schriftlichen Abtretungserklärung. Ihre Verpfändung richtet sich nach den Vorschriften über das Pfandrecht an Forderungen.

H. Registerwertrechte I. Errichtung

Art. 973d

[1] Ein Registerwertrecht ist ein Recht, das gemäss einer Vereinbarung der Parteien:
1. in einem Wertrechteregister gemäss Absatz 2 eingetragen ist; und
2. nur über dieses Wertrechteregister geltend gemacht und auf andere übertragen werden kann.

[2] Das Wertrechteregister muss die folgenden Anforderungen erfüllen:
1. Es vermittelt den Gläubigern, nicht aber dem Schuldner, mittels technischer Verfahren die Verfügungsmacht über ihre Rechte.
2. Seine Integrität ist geschützt, indem es durch angemessene technische und organisatorische Massnahmen, wie die gemeinsame Verwaltung durch mehrere voneinander unabhängige Beteiligte, gegen unbefugte Veränderungen geschützt ist.
3. Der Inhalt der Rechte, die Funktionsweise des Registers und die Registrierungsvereinbarung sind im Register oder in damit verknüpften Begleitdaten festgehalten.
4. Die Gläubiger können die sie betreffenden Informationen und Registereinträge einsehen sowie die Integrität des sie betreffenden Registerinhalts ohne Zutun Dritter überprüfen.

[3] Der Schuldner hat sicherzustellen, dass das Wertrechteregister dessen Zweck entsprechend organisiert ist. Insbesondere ist sicherzustellen, dass das Register jederzeit gemäss Registrierungsvereinbarung funktioniert.

II. Wirkungen

Art. 973e

[1] Der Schuldner aus einem Registerwertrecht ist nur an den durch das Wertrechteregister ausgewiesenen Gläubiger sowie gegen entsprechende Anpassung des Registers zu leisten berechtigt und verpflichtet.

[2] Er wird durch eine bei Verfall erfolgte Leistung an den durch das Wertrechteregister ausgewiesenen Gläubiger befreit, auch wenn der ausgewiesene nicht der tatsächliche Gläubiger ist, wenn dem Schuldner nicht Arglist oder grobe Fahrlässigkeit zur Last fällt.

[3] Wer in einem Wertrechteregister vom dort ausgewiesenen Gläubiger ein Registerwertrecht erworben hat, ist in seinem Erwerb zu schützen, auch wenn der Veräusserer zur Verfügung nicht befugt war, es sei denn, der Erwerber handelte beim Erwerb bösgläubig oder grobfahrlässig.

[4] Der Schuldner kann der Forderung aus einem Registerwertrecht nur Einreden entgegensetzen, die:
1. entweder gegen die Gültigkeit der Registrierung gerichtet sind oder aus dem Wertrechteregister oder dessen Begleitdaten selbst hervorgehen;
2. ihm persönlich gegen den aktuellen Gläubiger des Registerwertrechts zustehen; oder
3. sich auf die unmittelbare Beziehung des Schuldners zu einem früheren Gläubiger des Registerwertrechts gründen, wenn der aktuelle Gläubiger bei dem Erwerb des Registerwertrechts bewusst zum Nachteil des Schuldners gehandelt hat.

III. Übertragung

Art. 973f

[1] Die Übertragung des Registerwertrechts untersteht den Regeln der Registrierungsvereinbarung.

[2] Wird über den Gläubiger eines Registerwertrechts der Konkurs eröffnet, die Pfändung vollzogen oder die Nachlassstundung bewilligt, so sind seine Verfügungen über Registerwertrechte rechtlich verbindlich und Dritten gegenüber wirksam, wenn sie:
1. vorgängig eingebracht wurden;
2. nach den Regeln des Wertrechteregisters oder eines anderen Handelssystems unwiderruflich wurden; sowie
3. innerhalb von 24 Stunden tatsächlich in das Wertrechteregister eingetragen wurden.

[3] Steht in Bezug auf dasselbe Recht dem gutgläubigen Empfänger eines Wertpapiers ein gutgläubiger Empfänger des Registerwertrechts gegenüber, so geht der Erste dem Letzteren vor.

IV. Sicherheiten

Art. 973g

[1] Eine Sicherheit kann auch ohne Übertragung des Registerwertrechts errichtet werden, wenn:
1. die Sicherheit im Wertrechteregister ersichtlich ist; und
2. gewährleistet ist, dass ausschliesslich der Sicherungsnehmer im Falle der Nichtbefriedigung über das Registerwertrecht verfügen kann.

[2] Im Übrigen richtet sich:
1. das Retentionsrecht an Registerwertrechten nach den für Wertpapiere geltenden Bestimmungen über das Retentionsrecht (Art. 895–898 ZGB);
2. das Pfandrecht an Registerwertrechten nach den für Wertpapiere geltenden Bestimmungen über das Pfandrecht an Forderungen und anderen Rechten (Art. 899–906 ZGB).

V. Kraftloserklärung

Art. 973h

[1] Der an einem Registerwertrecht Berechtigte kann verlangen, dass das Gericht das Registerwertrecht kraftlos erklärt, sofern er seine ursprüngliche Verfügungsmacht sowie deren Verlust glaubhaft macht. Nach der Kraftloserklärung kann er sein Recht auch ausserhalb des Registers geltend machen oder auf seine Kosten vom Schuldner die Zuteilung eines neuen Registerwertrechts verlangen. Im Übrigen sind für das Verfahren und die Wirkung der Kraftloserklärung die Artikel 982–986 sinngemäss anwendbar.

[2] Die Parteien können eine vereinfachte Kraftloserklärung durch Herabsetzung der Zahl der öffentlichen Aufforderungen oder durch Verkürzung der Fristen vorsehen.

VI. Information und Haftung

Art. 973i

[1] Der Schuldner aus einem Registerwertrecht oder einem Recht, das als solches angeboten wird, hat jedem Erwerber bekannt zu geben:

1. den Inhalt des Wertrechts;
2. die Funktionsweise des Wertrechteregisters sowie die Massnahmen zum Schutz des Funktionierens und der Integrität des Wertrechteregisters nach Artikel 973d Absätze 2 und 3.

[2] Er haftet für den Schaden, der dem Erwerber durch unrichtige, irreführende oder den gesetzlichen Anforderungen nicht entsprechende Angaben entsteht, sofern er nicht nachweist, dass er die erforderliche Sorgfalt angewendet hat.

[3] Vereinbarungen, welche diese Haftung beschränken oder wegbedingen, sind nichtig.

Zweiter Abschnitt
Die Namenpapiere

A. Begriff

Art. 974

Ein Wertpapier gilt als Namenpapier, wenn es auf einen bestimmten Namen lautet und weder an Ordre gestellt noch gesetzlich als Ordrepapier erklärt ist.

1 **Namenaktien; Sparheft.** Siehe unter Art. 965/Wertpapiere.

B. Ausweis über das Gläubigerrecht I. In der Regel

Art. 975

[1] Der Schuldner ist nur demjenigen zu leisten verpflichtet, der Inhaber der Urkunde ist und der sich als die Person oder als Rechtsnachfolger der Person ausweist, auf welche die Urkunde lautet.

[2] Leistet der Schuldner ohne diesen Ausweis, so wird er gegenüber einem Dritten, der seine Berechtigung nachweist, nicht befreit.

1 Im Gegensatz zu Art. 978, der sich auf Inhaberpapiere bezieht, verpflichtet Art. 975 den Schuldner aus einem Namenpapier nicht zur Bezahlung an jeden Inhaber, der sich über seine Identität mit der Person ausweist, auf deren Namen der Titel lautet. Er *ermächtigt* lediglich den Schuldner, gestützt auf diesen Ausweis, an den Inhaber zu zahlen, und befreit ihn von jeder Haftung, wenn er auf diese Weise zahlt 89 II 87/95 E. 8 Pra 1963 (Nr. 111) 333 f.

II. Beim hinkenden Inhaberpapier

Art. 976

Hat sich der Schuldner im Namenpapier das Recht vorbehalten, jedem Inhaber der Urkunde leisten zu dürfen, so wird er durch die in gutem Glauben erfolgte Leistung an den Inhaber befreit, auch wenn er den Ausweis über das Gläubigerrecht nicht verlangt hat; er ist indessen nicht verpflichtet, an den Inhaber zu leisten.

1 Der Begriff des guten Glaubens i.S. der Bestimmung unterscheidet sich nicht von jenem in ZGB Art. 3116 II 459/461 E. 1 Pra 1990 (Nr. 272) 987. Tragweite einer Vertragsklausel, die der Bank erlaubt, den Inhaber eines Sparheftes als Berechtigten zu betrachten 116 II 459/461 f. E. 2 Pra 1990 (Nr. 272) 987 f., vgl. auch 116 IV 25 (in casu missbräuchliche Verwendung eines Namen-Sparheftes mit Legitimationsklausel; Strafbarkeit gemäss StGB Art. 148).

C. Kraftloserklärung

Art. 977

[1] Die Namenpapiere werden, wenn keine besondern Vorschriften aufgestellt sind, nach den für die Inhaberpapiere geltenden Bestimmungen kraftlos erklärt.

[2] Der Schuldner kann in der Urkunde eine vereinfachte Kraftloserklärung durch Herabsetzung der Zahl der öffentlichen Aufforderungen oder durch Verkürzung der Fristen vorsehen, oder sich das Recht vorbehalten, auch ohne Vorweisung der Urkunde und ohne Kraftloserklärung gültig zu leisten, wenn der Gläubiger die Entkräftung des Schuldscheins und die Tilgung der Schuld in einer öffentlichen oder beglaubigten Urkunde ausspricht.

Dritter Abschnitt
Die Inhaberpapiere

A. Begriff

Art. 978

[1] Ein Wertpapier gilt als Inhaberpapier, wenn aus dem Wortlaut oder der Form der Urkunde ersichtlich ist, dass der jeweilige Inhaber als Berechtigter anerkannt wird.

[2] Der Schuldner darf jedoch nicht mehr bezahlen, wenn ein gerichtliches oder polizeiliches Zahlungsverbot an ihn erlassen worden ist.

1 **Allgemeines.** Diese Bestimmung begründet lediglich eine gesetzliche Vermutung zugunsten des Inhaberpapiers 109 II 239/241 E. 2a. Diese kann umgestossen werden durch die Existenz eines Eigentumsrechts einer nicht besitzenden Person 4A_390/2007 (17.12.07) E. 2.3. Ob eine Urkunde ein Inhaberpapier ist oder nicht, beurteilt sich ohne jede Rücksicht auf den Inhalt der Vereinbarung zwischen Aussteller und Nehmer, welcher zufolge Ersterer dem Letzteren die Urkunde ausgestellt hat, sondern einzig nach dem in der Urkunde zum Ausdruck gebrachten Willen des Ausstellers, selbst wenn er mit jener Vereinbarung im Widerspruch stünde 53 II 156/159, vgl. auch 123 IV 132/142 E. 4d. – Qualifizierung einer auf den Inhaber ausgestellten Urkunde, die in den beigedruckten allgemeinen Bedingungen eine mit dem Wesen des Inhaberpapieres unvereinbare Klausel enthält 53 II 156/160 f., vgl. auch 67 II 30/31 f.

2 **Inhaberpapiere.** Die als Nebenpapiere zu einer Aktie gehörenden Dividendencoupons sind Inhaberpapiere, und zwar auch dann, wenn die Aktie auf den Namen lautet 99 III 18/20 E. 3. – Siehe auch unter Art. 965/Wertpapiere.

3 ***Abs. 1*** Der Besitzer von Inhaberaktien hat selbst als *Fiduziar* die gesetzliche Vermutung für sich, der aus den Aktien Berechtigte zu sein (in casu Umtauschverfahren bei Umwandlung von Inhaberaktien in vinkulierte Namenaktien) 109 II 239/240 ff. E. 2 (Entscheid zum alten Aktienrecht). Kraft der Inhaberklausel wird die Befugnis zur Ausübung der im Wertpapier verkörperten Rechte durch dessen blosse Vorlegung dargetan. Ausser den Fällen, wo begründeter Anlass zu Verdacht besteht, ist der Schuldner gegenüber dem Inhaber erfüllungspflichtig. Bei Inhaberpapieren ist nicht zwischen dem Nachweis der Gläubigereigenschaft und demjenigen der Vertretungsbefugnis und der Identität des Berechtigten mit dem Inhaber zu unterscheiden (in casu Inkasso-Mandatar) 84 II 281/286 ff. E. 2a, b Pra 1958 (Nr. 139) 447 ff.

4 ***Abs. 2*** Anwendungsfall zu Art. 966 Abs. 2 123 IV 132/142 E. 4d.

B. Einreden des Schuldners I. Im Allgemeinen

Art. 979

[1] Der Schuldner kann der Forderung aus einem Inhaberpapier nur solche Einreden entgegensetzen, die entweder gegen die Gültigkeit der Urkunde gerichtet sind oder aus der Urkunde selbst hervorgehen, sowie solche, die ihm persönlich gegen den jeweiligen Gläubiger zustehen.

[2] Einreden, die sich auf die unmittelbaren Beziehungen des Schuldners zu einem früheren Inhaber gründen, sind zulässig, wenn der Inhaber bei dem Erwerb der Urkunde bewusst zum Nachteil des Schuldners gehandelt hat.

[3] Ausgeschlossen ist die Einrede, dass die Urkunde wider den Willen des Schuldners in den Verkehr gelangt sei.

Offengelassen, in welcher Beziehung die Bestimmung zu ZGB Art. 872 steht 70 II 147/156. 1

Abs. 1 Eine *gegen die Gültigkeit der Urkunde gerichtete Einrede* ist z.B. jene der Handlungsunfähigkeit des Ausstellers 89 II 387/391 E. 3. – Der Schuldner kann als *persönliche Einreden* nur jene erheben, die ihm gegen den im eigenen Namen handelnden Inhaber zustehen, selbst wenn dieser ein Vertreter des Eigentümers sein sollte (in casu Inkassomandatar) 84 II 281/291 E. e Pra 1958 (Nr. 139) 451 f. 2

Abs. 2 Ein *bewusstes Handeln zum Nachteil des Schuldners* liegt z.B. vor, wenn der Erwerber weiss, dass ihm die Urkunde übertragen wird, um dem Schuldner die Erhebung der Einreden gegen den früheren Inhaber zu verunmöglichen 77 II 360/366 E. 2 Pra 1952 (Nr. 29) 81, vgl. auch 70 II 147/155 f. 3

II. Bei Inhaberzinscoupons

Art. 980

[1] Gegen die Forderung aus Inhaberzinscoupons kann der Schuldner die Einrede, dass die Kapitalschuld getilgt sei, nicht erheben.

[2] Der Schuldner ist aber berechtigt, bei Bezahlung der Kapitalschuld den Betrag der erst in Zukunft verfallenden Inhaberzinscoupons, die ihm nicht mit dem Haupttitel abgeliefert werden, bis nach Ablauf der für diese Coupons geltenden Verjährungsfrist zurückzubehalten, es sei denn, dass die nicht abgelieferten Coupons kraftlos erklärt worden sind oder dass deren Betrag sichergestellt wird.

C. Kraftloserklärung

Vorb. Art. 981–988

Verfahren. Die Kraftloserklärung von Wertpapieren untersteht dem *Bundesrecht,* das in dieser Beziehung nicht nur eine materiellrechtliche Regelung trifft, sondern auch gewisse Verfahrensfragen ordnet. Der *kantonale Gesetzgeber* ist zum Eingreifen nur insoweit befugt, als das Verfahren nicht durch Bundesrecht geregelt ist 82 II 224/226 E. 3 Pra 1956 (Nr. 126) 406. – Das Verfahren auf Kraftloserklärung ist ein *Verfahren der freiwilligen* 1

Gerichtsbarkeit. Es richtet sich gegen den unbekannten Inhaber, wird jedoch zur blossen Formalität, wenn feststeht, dass das Wertpapier zerstört worden ist. Der Schuldner als solcher kann nicht Partei des Verfahrens sein. Hingegen steht jeder Person (allenfalls auch dem Schuldner) ein *Einspruchsrecht* zu, die aus der Urkunde Ansprüche erhebt, welche sie durch eine Kraftloserklärung verlöre 82 II 224/227 f. E. c, d Pra 1956 (Nr. 126) 407 f., 84 II 174/177 E. 1 Pra 1958 (Nr. 110) 334. Allerdings kommt der Ausstellung eines Ersatztitels die Bedeutung einer Schuldanerkennung zu. Sie ist folglich in einem kontradiktorischen Verfahren mit Beteiligung des Schuldners zu erwirken 4P.178/2003 (22.12.03) E. 7.1. – Das *Wertpapier* muss im Gesuch um Kraftloserklärung, in der Aufforderung zur Vorlegung sowie im Entscheid über die Kraftloserklärung *genau bezeichnet* werden, und zwar nicht nur durch Angabe der Gattung, sondern durch Nennung eines Merkmals, das nur ihm allein eigen ist, sodass es zuverlässig von Wertpapieren der gleichen Art unterschieden werden kann. Ein Entscheid, der ein nur der Gattung nach bezeichnetes Wertpapier kraftlos erklärt, ist nichtig 83 II 445/450 ff. E. 1–3.

2 **Weiteres.** Die Kraftloserklärung von Inhaberpapieren ist in den Art. 981 ff. abschliessend geordnet. Eine Aktiengesellschaft, von deren ausgegebenen Inhaberaktien einzelne Stücke gemäss jenen Vorschriften der Entkräftung unterworfen werden und die nicht durch statutarische oder andere interne Bestimmungen zu weiteren Vorkehren gehalten ist, braucht nicht eine Nachkontrolle eingelöster Coupons nur zu dem Zwecke vorzunehmen, einen so ermittelten Aktienbesitzer auf das laufende Amortisationsverfahren hinzuweisen. Abweichend könnte es sich vielleicht verhalten, wenn nachgewiesen wäre, dass die Gesellschaft um die Einlösung gerade der Coupons zu einer der Kraftloserklärung unterliegenden Aktie wusste und trotzdem den Inhaber nicht verständigte 80 II 267/270 (Entscheid zum alten Aktienrecht).

I. Im Allgemeinen 1. Begehren

Art. 981

[1] Inhaberpapiere, wie Aktien, Obligationen, Genussscheine, Couponsbogen, Bezugsscheine für Couponsbogen, jedoch mit Ausschluss einzelner Coupons, werden auf Begehren des Berechtigten durch den Richter kraftlos erklärt.

[2] …

[3] Der Gesuchsteller hat den Besitz und Verlust der Urkunde glaubhaft zu machen.

[4] Ist dem Inhaber eines mit Couponsbogen oder Bezugsschein versehenen Papiers bloss der Couponsbogen oder Bezugsschein abhanden gekommen, so genügt zur Begründung des Begehrens die Vorzeigung des Haupttitels.

1 **Gesuchsteller** kann nur der ehemalige Inhaber des Wertpapiers oder sein Rechtsnachfolger sein 82 II 224/226 E. 3a Pra 1956 (Nr. 126) 406.

2 ***Abs. 2*** *(aufgehoben durch aGestG.* – Die nachfolgende Rechtsprechung erging zur aufgehobenen Bestimmung.) Ist der *Schuldner eine AG mit einer Zweigniederlassung,* so ist für die Kraftloserklärung der Inhaberpapiere (in casu Obligationen) auch dann der Richter

am Sitz der AG und nicht am Ort der Zweigniederlassung zuständig, wenn Letztere die Inhaberpapiere ausgegeben hat 74 II 244/245 f. (Entscheid zum alten Aktienrecht).

3 ***Abs. 3*** **Verlust der Urkunde.** Als verloren hat ein Wertpapier dann zu gelten, wenn es dem bisherigen Inhaber gegen seinen Willen abhandengekommen ist und es sich nicht in den Händen eines bekannten neuen Inhabers befindet (in casu Verlust nicht glaubhaft gemacht) 66 II 37/39 ff. E. 3. – Der Verlust umfasst auch die *Zerstörung,* wenigstens wenn diese unfreiwillig erfolgt ist 82 II 224/226 E. 3a Pra 1956 (Nr. 126) 406. – Bei einer *Enteignung* (in casu Depotzwang gemäss der deutschen Verordnung über den Einsatz des jüdischen Vermögens) ist der neue Inhaber nicht unbekannt 66 II 37/42 f. E. 5. Indem der Gesetzgeber vorschreibt, dass der Gesuchsteller Besitz und Verlust der Urkunde lediglich glaubhaft machen muss, nimmt er in Kauf, dass eine Kraftloserklärung erfolgen kann, auch wenn tatsächlich kein Verlust stattgefunden hat. Nach erfolgter Kraftloserklärung muss sich ein besserberechtigter Dritter grundsätzlich an den Gesuchsteller halten 4A_23/2018 (8.2.19) E. 3.5.

4 **Weiteres.** Die Frage, ob ein allfälliger *neuer Inhaber* die Urkunde zu Recht besitze, kann nicht Gegenstand des Verfahrens auf Kraftloserklärung sein 82 II 224/230 E.f. Pra 1956 (Nr. 126) 410. – Genaue *Bezeichnung des Wertpapiers:* siehe Vorb. Art. 981–988/Verfahren.

2. Zahlungsverbot

Art. 982

[1] Dem aus dem Wertpapier Verpflichteten kann auf Verlangen des Gesuchstellers die Einlösung unter Hinweis auf die Gefahr doppelter Zahlung verboten werden.

[2] Soll ein Couponsbogen kraftlos erklärt werden, so findet auf die während des Verfahrens verfallenden einzelnen Coupons die Bestimmung über die Kraftloserklärung der Zinscoupons entsprechende Anwendung.

3. Aufgebot, Anmeldungsfrist

Art. 983

Erachtet der Richter die Darstellung des Gesuchstellers über seinen frühern Besitz und über den Verlust der Urkunde für glaubhaft, so fordert er durch öffentliche Bekanntmachung den unbekannten Inhaber auf, das Wertpapier innerhalb bestimmter Frist vorzulegen, widrigenfalls die Kraftloserklärung ausgesprochen werde. Die Frist ist auf mindestens sechs Monate festzusetzen; sie läuft vom Tage der ersten Bekanntmachung an.

4. Art der Bekanntmachung

Art. 984

[1] Die Aufforderung zur Vorlegung der Urkunde ist dreimal im Schweizerischen Handelsamtsblatt zu veröffentlichen.

[2] In besonderen Fällen kann der Richter noch in anderer Weise für angemessene Veröffentlichung sorgen.

5. Wirkung a. Bei Vorlegung der Urkunde

Art. 985

[1] Wird das abhanden gekommene Inhaberpapier vorgelegt, so setzt der Richter dem Gesuchsteller Frist zur Anhebung der Klage auf Herausgabe der Urkunde.

[2] Klagt der Gesuchsteller nicht binnen dieser Frist, so gibt der Richter die Urkunde zurück und hebt das Zahlungsverbot auf.

b. Bei Nichtvorlegung

Art. 986

[1] Wird das abhanden gekommene Inhaberpapier innert der angesetzten Frist nicht vorgelegt, so kann der Richter die Urkunde kraftlos erklären oder je nach Umständen weitere Anordnungen treffen.

[2] Die Kraftloserklärung eines Inhaberpapiers ist sofort im Schweizerischen Handelsamtsblatt, nach Ermessen des Richters auch anderweitig zu veröffentlichen.

[3] Nach der Kraftloserklärung ist der Gesuchsteller berechtigt, auf seine Kosten die Ausfertigung einer neuen Urkunde oder die Erfüllung der fälligen Leistung zu fordern.

1 **Wirkungen der Kraftloserklärung.** Die Kraftloserklärung beraubt den Titel der formellen Legitimation, die er dem Inhaber verschafft. Sie versetzt den Gesuchsteller in die Lage, in der er sich befände, wenn er das Wertpapier noch besässe, ohne ihm jedoch neue Rechte gegen den Schuldner zu verleihen. Dieser behält alle Einreden; er kann somit den Bestand des Rechtes bestreiten, das im Wertpapier verkörpert war, oder geltend machen, der Gesuchsteller sei nicht dessen Inhaber, sowie sich allenfalls darauf berufen, es liege keine gültige Rechtsübertragung vor. Der Schuldner kann die Einreden auch erheben, wenn der Gesuchsteller nach erfolgter Kraftloserklärung die Ausstellung eines Ersatztitels fordert 4P.178/2003 (22.12.03) E. 5, 84 II 174/176 f. E. 1 Pra 1958 (Nr. 110) 334 f., 82 II 224/226 f. E. 3b Pra 1956 (Nr. 126) 407.

2 ***Abs. 1*** **Allgemeines.** Die mit dem Haupttitel zusammenhängenden und später verfallenden *Coupons* können zugleich mit dem Haupttitel kraftlos erklärt werden. Unter einem Couponbogen ist auch ein aus bloss zwei oder mehr Coupons bestehender Rest eines Bogens zu verstehen 64 II 30/33 E. 2.

3 **Kraftloserklärung.** Ein Wertpapier kann nur dann kraftlos erklärt werden, wenn es nach der entsprechenden Aufforderung *nicht vorgelegt* wird 82 II 224/226 E. 3a Pra 1956 (Nr. 126) 406. – Genaue *Bezeichnung des Wertpapiers:* siehe Vorb. Art. 981–988/Verfahren. – *Legitimation* zur Anfechtung der Kraftloserklärung: siehe Vorb. Art. 981–988/Verfahren.

Weitere Anordnungen. Darunter fallen ausschliesslich *Beweismassnahmen.* Die Bestimmung erlaubt dem Richter nicht, Dritten das Recht zur Einmischung in das Verfahren und zur Erhebung von Einsprachen zu geben 82 II 224/228 E. d Pra 1956 (Nr. 126) 408. 4

Abs. 3 Die *Ausstellung eines Ersatztitels* bedeutet eine Schuldanerkennung. Sie ist nicht Gegenstand des Verfahrens auf Kraftloserklärung, sondern muss allenfalls in einem selbständigen kontradiktorischen Verfahren angeordnet werden 4P.178/2003 (22.12.03) E. 7.1, 84 II 174/177 f. E. 1 Pra 1958 (Nr. 110) 335. – Ein Rechtsbegehren auf Ausstellung von Ersatztiteln (Aktien) kann u.U. auch als Antrag auf *Feststellung der sich aus der Aktionärseigenschaft ergebenden Rechte* zu verstehen sein 83 II 445/457 E. 6. 5

II. Bei Coupons im besondern

Art. 987

1 Sind einzelne Coupons abhanden gekommen, so hat der Richter auf Begehren des Berechtigten zu verfügen, dass der Betrag bei Verfall oder, sofern der Coupon bereits verfallen ist, sofort gerichtlich hinterlegt werde.

2 Nach Ablauf von drei Jahren seit dem Verfalltage ist, wenn sich inzwischen kein Berechtigter gemeldet hat, der Betrag nach Verfügung des Richters an den Gesuchsteller herauszugeben.

Anwendungsfall (Verlust von Obligationencoupons, die mit den Titeln abhandengekommen und nachträglich von diesen abgetrennt worden sind) 64 II 30. 1

III. Bei Banknoten und ähnlichen Papieren

Art. 988

Bei Banknoten und andern in grösserer Anzahl ausgegebenen, auf Sicht zahlbaren Inhaberpapieren, die zum Umlauf als Ersatzmittel für Geld bestimmt sind und auf feste Beträge lauten, findet eine Kraftloserklärung nicht statt.

D. Schuldbrief

Art. 989

Vorbehalten bleiben die besondern Bestimmungen über den Schuldbrief, der auf den Inhaber lautet.

Vierter Abschnitt
Der Wechsel

Vorb. Art. 990–1099

1 **Allgemeines.** Die Schweiz hat das *Abkommen über das Einheitliche Wechselgesetz* (SR 0.221.554.1) ratifiziert. Damit verpflichtete sie sich nicht nur, das in der Anlage I des Abkommens enthaltene Gesetz zu übernehmen – was sie durch Erlass von Art. 991 ff. getan hat –, sondern auch, es im Geiste des Abkommens anzuwenden und auszulegen. Bei der *Auslegung* ist zu berücksichtigen, dass der französische und der englische Wortlaut des Gesetzes die massgebenden Urtexte sind. Ferner sind die Verhandlungen, die zum Abschluss des Abkommens geführt haben, als Quelle zur Auslegung des Gesetzes heranzuziehen, soweit sie den Willen der vertragsschliessenden Staaten klar erkennen lassen 90 II 121/124 f. E. 2.

2 **Eingehung einer Wechselverbindlichkeit/Neuerung.** Siehe unter Art. 116 Abs. 2.

3 **Weiteres.** Eine *Wechselreiterei* liegt vor, wenn zwei oder mehrere Personen sich gegenseitig über ihre wirkliche finanzielle Leistungsfähigkeit hinaus Gefälligkeitswechsel ausstellen, um auf diese Weise den dritten Wechselnehmer zu täuschen und zu ungerechtfertigter Kreditgewährung zu veranlassen 70 II 103/107 f. E. 2. – Wer sog. *Finanz- oder Gefälligkeitswechsel* unterschreibt, hat damit zu rechnen, dass er sie einlösen muss. Der Inhaber ist nicht verpflichtet, sich beim Erwerb des Wechsels nach dem Grundgeschäft zu erkundigen 99 II 324/331 E. 2. – Die interne Übernahme (Art. 175 Abs. 1) einer Wechselschuld untersteht nicht den Formvorschriften des Wechselrechts 110 II 340/341 ff. E. 1, 2 Pra 1985 (Nr. 81) 222 ff.

A. Wechselfähigkeit

Art. 990

Wer sich durch Verträge verpflichten kann, ist wechselfähig.

B. Gezogener Wechsel I. Ausstellung und Form des gezogenen Wechsels

1. Erfordernisse

Art. 991

Der gezogene Wechsel enthält:

1. **die Bezeichnung als Wechsel im Texte der Urkunde, und zwar in der Sprache, in der sie ausgestellt ist;**
2. **die unbedingte Anweisung, eine bestimmte Geldsumme zu zahlen;**
3. **den Namen dessen, der zahlen soll (Bezogener);**
4. **die Angabe der Verfallzeit;**
5. **die Angabe des Zahlungsortes;**

6. den Namen dessen, an den oder an dessen Ordre gezahlt werden soll;
7. die Angabe des Tages und des Ortes der Ausstellung;
8. die Unterschrift des Ausstellers.

Enthält der vorgelegte Titel die vom Gesetz geforderten Angaben offensichtlich nicht, muss der Betreibungsbeamte die Wechselbetreibung verweigern 111 III 33/35 f. E. 1 Pra 1985 (Nr. 158) 458, vgl. auch 113 III 123/127 E. 5 f. Der Einwand, es fehle an einem Wechselprotest, führt zu einer materiellrechtlichen Frage, die vom Rechtsöffnungsrichter zu beurteilen ist. Der Betreibungsbeamte und in gleicher Weise die Aufsichtsbehörden über Schuldbetreibung und Konkurs haben demgegenüber nur zu prüfen, ob die eingereichte Forderungsurkunde alle wesentlichen Erfordernisse eines Wechsels erfüllt und eine wechselmässige Verpflichtung des Schuldners begründet 118 III 24/25 f. E. 3. 1

Ziff. 2 Die Wechselsumme muss im Text der Anweisung angegeben sein (sonst liegt ein Blankowechsel vor) 99 II 324/326 f. E.b. 2

Ziff. 3 Mit der Angabe «Hotel Rössli, Hergiswil a/See» kann nicht der Besitzer dieses Hotels als unzweideutig bezeichnet gelten 67 III 151/152 f. – Ein Akzept ersetzt die fehlende Angabe des Namens des Bezogenen nicht 67 III 151/153. – Zweideutiger Wortlaut der Urkunde; Berücksichtigung des Protestes als Auslegungsmittel 111 III 33/36 E. 2 Pra 1985 (Nr. 158) 459; vgl. auch 113 III 123/124 f. E. 3. 3

Ziff. 5 Die klare Nennung des Zahlungsdomizils auf dem Wechsel begründet für den im Ausland wohnenden Schuldner den Betreibungsort des erwählten Spezialdomizils gemäss SchKG Art. 50 Abs. 2 86 III 81/82 f. E. 2 Pra 1960 (Nr. 187) 538 f., grundlegend 47 III 31/32 ff. fr. 4

Ziff. 6 Die Bestimmung schliesst den Inhaberwechsel aus 108 II 320 E. 4. 5

Ziff. 8 Eine *formelle Gültigkeit der Unterschrift* liegt schon vor, wenn der Name (bürgerlicher Name oder Firma), den die Unterschrift angibt, eine wechselfähige Person oder Firma zu bezeichnen vermag, auch wenn die Unterschrift selbst erdichtet, gefälscht, von einem Nichtvertreter gezeichnet ist oder aus einem andern Grunde eine Verbindlichkeit nicht begründen kann. Fehlt eine Kollektivunterschrift beim Handeln im Namen einer juristischen Person, so fehlt die Unterschrift des Ausstellers nicht, sondern sie ist bloss mangelhaft (Anwendbarkeit von Art. 997 und – analog – Art. 998) 99 Ia 1/2 ff. E. 1, 2. – Der angebliche Aussteller, dessen Unterschrift auf dem Wechsel gefälscht ist, haftet selbst dann nicht wechselmässig, wenn er die *Unterschrift nachträglich genehmigt* 41 II 369/372 f. E. 2. 6

2. Fehlen von Erfordernissen

Art. 992

[1] Eine Urkunde, der einer der im vorstehenden Artikel bezeichneten Bestandteile fehlt, gilt nicht als gezogener Wechsel, vorbehaltlich der in den folgenden Absätzen bezeichneten Fälle.

[2] Ein Wechsel ohne Angabe der Verfallzeit gilt als Sichtwechsel.

[3] Mangels einer besonderen Angabe gilt der bei dem Namen des Bezogenen angegebene Ort als Zahlungsort und zugleich als Wohnort des Bezogenen.

[4] Ein Wechsel ohne Angabe des Ausstellungsortes gilt als ausgestellt an dem Orte, der bei dem Namen des Ausstellers angegeben ist.

1 Das Wechselrecht ist durch Formstrenge gekennzeichnet. Die Gültigkeit bzw. Ungültigkeit des Wechsels muss sich aus der Urkunde selbst ergeben 108 II 319/320 E. 4. – Ein Wechsel, der den Namen des Bezogenen nicht enthält, gilt nicht als Wertpapier 111 III 33/36 f. E. 2b Pra 1985 (Nr. 158) 459, vgl. auch 67 III 151/153.

3. Arten

Art. 993

[1] Der Wechsel kann an die eigene Ordre des Ausstellers lauten.

[2] Er kann auf den Aussteller selbst gezogen werden.

[3] Er kann für Rechnung eines Dritten gezogen werden.

1 ***Abs. 2*** Anwendungsfall 111 III 33/37 E. 2b Pra 1985 (Nr. 158) 459.

4. Zahlstellen. Domizilwechsel

Art. 994

Der Wechsel kann bei einem Dritten, am Wohnorte des Bezogenen oder an einem anderen Orte zahlbar gestellt werden.

5. Zinsversprechen

Art. 995

[1] In einem Wechsel, der auf Sicht oder auf eine bestimmte Zeit nach Sicht lautet, kann der Aussteller bestimmen, dass die Wechselsumme zu verzinsen ist. Bei jedem anderen Wechsel gilt der Zinsvermerk als nicht geschrieben.

[2] Der Zinsfuss ist im Wechsel anzugeben; fehlt diese Angabe, so gilt der Zinsvermerk als nicht geschrieben.

[3] Die Zinsen laufen vom Tage der Ausstellung des Wechsels, sofern nicht ein anderer Tag bestimmt ist.

6. Verschiedene Bezeichnung der Wechselsumme

Art. 996

[1] Ist die Wechselsumme in Buchstaben und in Ziffern angegeben, so gilt bei Abweichungen die in Buchstaben angegebene Summe.

[2] Ist die Wechselsumme mehrmals in Buchstaben oder mehrmals in Ziffern angegeben, so gilt bei Abweichungen die geringste Summe.

Die Bestimmung ändert an der Vorschrift des Art. 991 Ziff. 2 nichts 99 II 324/327 E. 1b. 1

7. Unterschriften von Wechselunfähigen

Art. 997

Trägt ein Wechsel Unterschriften von Personen, die eine Wechselverbindlichkeit nicht eingehen können, gefälschte Unterschriften, Unterschriften erdichteter Personen oder Unterschriften, die aus irgendeinem anderen Grunde für die Personen, die unterschrieben haben oder mit deren Namen unterschrieben worden ist, keine Verbindlichkeit begründen, so hat dies auf die Gültigkeit der übrigen Unterschriften keinen Einfluss.

Die Bestimmung ist im Interesse der Umlaufsfähigkeit des Wechsels und zum Schutze des 1
Verkehrs aufgestellt. Sie enthält den *Grundsatz der Unabhängigkeit (Selbständigkeit) der einzelnen Wechselverpflichtungen.* Die einzelne Wechselerklärung mag materiell ungültig sein, dies führt jedoch nicht zur Ungültigkeit aller übrigen Wechselerklärungen und des Wechsels als solchen. Für die Wirksamkeit der übrigen wechselrechtlichen Erklärungen auf dem Wechsel genügt das äusserliche formelle Vorhandensein einer Unterschrift, sei es des Akzeptanten bzw. Remittenten bzw. Ausstellers 99 Ia 1/2 ff. E. 1, 2.

8. Unterschrift ohne Ermächtigung

Art. 998

Wer auf einem Wechsel seine Unterschrift als Vertreter eines anderen setzt, ohne hierzu ermächtigt zu sein, haftet selbst wechselmässig und hat, wenn er den Wechsel einlöst, dieselben Rechte, die der angeblich Vertretene haben würde. Das gleiche gilt von einem Vertreter, der seine Vertretungsbefugnis überschritten hat.

Die Bestimmung ist wie Art. 997 im Interesse der Umlaufsfähigkeit des Wechsels und zum 1
Schutze des Verkehrs aufgestellt und führt dazu, dass in den genannten Fällen *keine Ungültigkeit des Wechsels* vorliegt. Obwohl sich die Bestimmung nach ihrem Wortlaut auf das Stellvertretungsverhältnis eines Dritten bezieht, ist es nicht willkürlich, sie auch auf das *Vertretungsmachtverhältnis der Organe der juristischen Person* anzuwenden (in casu Anwendung auf den Fall des Fehlens der zweiten Kollektivunterschrift) 99 Ia 1/6 E. 2b. – Die wechselmässige Haftung des vollmachtlosen Wechselzeichners *setzt kein Verschulden voraus.* Der Zeichner ist für das Bestehen einer gültigen Ermächtigung beweispflichtig. Er wird *von seiner Haftung befreit,* wenn der Vertretene die Handlung nachträglich genehmigt oder wenn der Kläger das Fehlen einer Ermächtigung kannte oder zumindest nicht ohne grobes, an Arglist grenzendes Verschulden übersehen konnte. Die Beweislast für die Voraussetzungen der Arglisteinrede trägt der Zeichner. Keine Einrede steht ihm jedoch offen, wenn der Kläger das Fehlen der Ermächtigung bei Aufwendung der nach den Umständen gebotenen Sorgfalt hätte kennen müssen. Zugunsten des Wechselinhabers ist zu vermuten, dass er sich auf die Gültigkeit der auf den Wechsel gesetzten Unterschriften

habe verlassen dürfen. Art. 39 Abs. 1 in fine ist nicht anwendbar 85 II 28/29 ff. E. 1 Pra 1959 (Nr. 99) 292 f.

9. Haftung des Ausstellers

Art. 999

[1] Der Aussteller haftet für die Annahme und die Zahlung des Wechsels.

[2] Er kann die Haftung für die Annahme ausschliessen; jeder Vermerk, durch den er die Haftung für die Zahlung ausschliesst, gilt als nicht geschrieben.

1 ***Abs. 1*** Das zwischen dem Aussteller und dem Wechselnehmer begründete Rechtsverhältnis aus der Wechselziehung erschöpft sich darin, dass der Aussteller dem Wechselnehmer wechselmässig für die Annahme und Zahlung des Wechsels haftet. In der Wechselremittierung ist keine Abtretung der der Wechselziehung zugrunde liegenden Forderung zu erblicken 56 II 57/59 f. E. 2. – Nachträgliche Genehmigung der gefälschten Unterschrift durch den (angeblichen) Aussteller: siehe unter Art. 991 Ziff. 8.

10. Blankowechsel

Art. 1000

Wenn ein Wechsel, der bei der Begebung unvollständig war, den getroffenen Vereinbarungen zuwider ausgefüllt worden ist, so kann die Nichteinhaltung dieser Vereinbarungen dem Inhaber nicht entgegengesetzt werden, es sei denn, dass er den Wechsel in bösem Glauben erworben hat oder ihm beim Erwerb eine grobe Fahrlässigkeit zur Last fällt.

1 **Vervollständigung des Blankowechsels.** Die Vervollständigung des Blankowechsels lässt nicht den Anspruch als solchen entstehen, sondern lediglich das Recht auf seine Geltendmachung. Sie ist *Voraussetzung für das wechselmässige Vorgehen gegenüber dem Schuldner:* Der Inhaber muss einen Wechsel vorlegen, der im Zeitpunkt der Geltendmachung des Anspruchs vollständig ist. Der Wechsel kann grundsätzlich vervollständigt werden, *solange die Wechselklage möglich ist,* ja sogar noch während des Prozesses, in dem der Inhaber seine Forderung geltend macht 91 II 108/110 f. E. 2 Pra 1965 (Nr. 126) 374 f. – Die *Ausfüllungsbefugnis* (in casu betreffend Namen und Unterschrift des Ausstellers) ist als Nebenrecht mit dem unvollständigen Papier verbunden, das bereits eine unwiderrufliche wechselrechtliche Erklärung (in casu Akzept) enthält. Es handelt sich dabei nicht um ein höchstpersönliches Recht, sodass die Ausfüllung auch einem Organ der Zwangsvollstreckung zusteht und ferner durch Zwangsverwertung des Papiers auf den Erwerber übertragen werden kann. (Ein Blankowechsel ist am Ort, wo er gefunden wird, arrestierbar.) 88 III 98/99 ff., vgl. auch 120 II 53/55 f. E. d Pra 1994 (Nr. 247) 829. – Auf die Ausübung des Rechts zur Vervollständigung des Wechsels kann *verzichtet* werden. Der Verkäufer, dem zahlungshalber ein Wechselblankett übergeben wird, kann auf die Kaufpreisforderung zurückgreifen 89 II 337/343 E. 5. – Das Recht zur Vervollständigung berechtigt auch dazu, den Verfalltag i.S.v. Art. 1069 zu bestimmen 120 II 53/56 E. d Pra 1994 (Nr. 247) 829.

Unverbindlichkeit der Wechselverpflichtung. Wer sich auf die Unverbindlichkeit seiner Wechselverpflichtung beruft, trägt die *Beweislast* dafür, dass der Wechsel abredewidrig ausgefüllt worden ist und dass der Inhaber beim Erwerb des Wechsels bösgläubig oder grobfahrlässig gehandelt hat 99 II 324/328 E. 2a. – Der Einwand, der Wechsel sei *abredewidrig in Umlauf gesetzt* worden, ist nach der Bestimmung nicht zu hören, da sich diese nur auf das abredewidrige *Ausfüllen* des Wechsels bezieht 99 II 324/331 E. 3. – *Bösgläubigkeit bzw. Grobfahrlässigkeit des Wechselinhabers* liegt vor, wenn er wusste oder bei Anwendung einiger Sorgfalt hätte erkennen können, dass der Wechsel blanko unterschrieben und abredewidrig ausgefüllt worden ist 99 II 324/329 E.b. 2

II. Indossament 1. Übertragbarkeit

Art. 1001

[1] Jeder Wechsel kann durch Indossament übertragen werden, auch wenn er nicht ausdrücklich an Ordre lautet.

[2] Hat der Aussteller in den Wechsel die Worte: «nicht an Ordre» oder einen gleichbedeutenden Vermerk aufgenommen, so kann der Wechsel nur in der Form und mit den Wirkungen einer gewöhnlichen Abtretung übertragen werden.

[3] Das Indossament kann auch auf den Bezogenen, gleichviel ob er den Wechsel angenommen hat oder nicht, auf den Aussteller oder auf jeden anderen Wechselverpflichteten lauten. Diese Personen können den Wechsel weiter indossieren.

Das Indossament ist zur Übertragung aller Rechte aus dem Wechsel bestimmt. Es setzt also *Rechte des Indossanten am Wechsel* voraus. Es kann vom ersten oder von jedem späteren unmittelbaren oder mittelbaren Wechselnehmer ausgestellt werden, nicht dagegen von jemandem, der aus dem Wechsel nichts zu fordern hat. Wer einen Wechsel «indossiert», ohne aus ihm berechtigt zu sein, überträgt durch seine Unterschrift keine Rechte; die Unterschrift kann insbesondere auch nicht die Garantiefunktion eines gültigen Indossamentes haben 90 II 121/125 ff. E. 3. 1

2. Erfordernisse

Art. 1002

[1] Das Indossament muss unbedingt sein. Bedingungen, von denen es abhängig gemacht wird, gelten als nicht geschrieben.

[2] Ein Teilindossament ist nichtig.

[3] Ein Indossament an den Inhaber gilt als Blankoindossament.

Abs. 2 Da der Besitz des Wechsels Voraussetzung für die Gläubigerschaft ist und das Papier selber nicht geteilt werden kann, steht auch eine Teilung der Gläubigerschaft in mehrere Teile mit dem Wesen des Wechsels in Widerspruch 65 II 66/73. 1

3. Form

Art. 1003

[1] Das Indossament muss auf den Wechsel oder auf ein mit dem Wechsel verbundenes Blatt (Anhang, Allonge) gesetzt werden. Es muss von dem Indossanten unterschrieben werden.

[2] Das Indossament braucht den Indossatar nicht zu bezeichnen und kann selbst in der blossen Unterschrift des Indossanten bestehen (Blankoindossament). In diesem letzteren Falle muss das Indossament, um gültig zu sein, auf die Rückseite des Wechsels oder auf den Anhang gesetzt werden.

1 *Abs. 1* Die Bestimmung enthält eine Ausnahme, die ausdrücklich auf das Indossament beschränkt ist; das steht nicht nur einer extensiven Auslegung, sondern auch einer analogen Anwendung der Bestimmung auf die Feststellung, dass die Zahlung eines Checks verweigert wird (Art. 1128 Ziff. 2), entgegen 102 II 270/274.

4. Wirkungen a. Übertragungsfunktion

Art. 1004

[1] Das Indossament überträgt alle Rechte aus dem Wechsel.

[2] Ist es ein Blankoindossament, so kann der Inhaber
1. **das Indossament mit seinem Namen oder mit dem Namen eines anderen ausfüllen;**
2. **den Wechsel durch ein Blankoindossament oder an eine bestimmte Person weiter indossieren;**
3. **den Wechsel weiter begeben, ohne das Blankoindossament auszufüllen und ohne ihn zu indossieren.**

b. Garantiefunktion

Art. 1005

[1] Der Indossant haftet mangels eines entgegenstehenden Vermerks für die Annahme und die Zahlung.

[2] Er kann untersagen, dass der Wechsel weiter indossiert wird; in diesem Falle haftet er denen nicht, an die der Wechsel weiter indossiert wird.

1 Die *Garantiefunktion* ist nicht Zweck, sondern nur Folge des Indossamentes. Die Garantiefunktion des Indossamentes besteht nur in der Haftung gegenüber den Nachmännern des Indossanten. Eine Abspaltung der Garantiefunktion des Indossamentes von seiner Übertragungsfunktion ist ausgeschlossen. Eine Unterschrift, die keine Wechselrechte überträgt, weil sie weder vom ersten Wechselnehmer noch von einem durch eine ununterbrochene Reihe von Indossamenten legitimierten Indossatar stammt, kann auch nicht die Garantiefunktion eines gültigen Indossamentes haben 90 II 121/125 ff. E. 3.

c. Legitimation des Inhabers

Art. 1006

[1] Wer den Wechsel in Händen hat, gilt als rechtmässiger Inhaber, sofern er sein Recht durch eine ununterbrochene Reihe von Indossamenten nachweist, und zwar auch dann, wenn das letzte ein Blankoindossament ist. Ausgestrichene Indossamente gelten hiebei als nicht geschrieben. Folgt auf ein Blankoindossament ein weiteres Indossament, so wird angenommen, dass der Aussteller dieses Indossaments den Wechsel durch das Blankoindossament erworben hat.

[2] Ist der Wechsel einem früheren Inhaber irgendwie abhanden gekommen, so ist der neue Inhaber, der sein Recht nach den Vorschriften des vorstehenden Absatzes nachweist, zur Herausgabe des Wechsels nur verpflichtet, wenn er ihn in bösem Glauben erworben hat oder ihm beim Erwerb eine grobe Fahrlässigkeit zur Last fällt.

Abs. 2 Anwendungsfall (in casu Einrede abgewiesen) 99 Ia 1/7 f. E.b. 1

5. Einreden

Art. 1007

Wer aus dem Wechsel in Anspruch genommen wird, kann dem Inhaber keine Einwendungen entgegensetzen, die sich auf seine unmittelbaren Beziehungen zu dem Aussteller oder zu einem früheren Inhaber gründen, es sei denn, dass der Inhaber bei dem Erwerb des Wechsels bewusst zum Nachteil des Schuldners gehandelt hat.

Liegt der Eigenwechsel ununterbrochen oder mittels Rückindossierung wiederum beim ersten Nehmer, besteht nur die Grundforderung aus dem unterliegenden Rechtsverhältnis zwischen Gläubiger und Schuldner. Vorbehältlich einer Novationsabrede bleibt daher die *ursprüngliche Forderung* mit ihren Nebenrechten durch die Ausstellung eines Wechsels unberührt, womit die Wechselverbindlichkeit auch späteren Änderungen der ursprünglichen Forderung unterworfen ist (vgl. Art. 17). Diese Rechtslage ändert sich erst, wenn die Wechselforderung über den Kreis der unmittelbaren Kontrahenten hinausgelangt, d.h. mit seiner Indossierung an einen gutgläubigen Dritten 4C.235/2002 (23.9.02) E. 2.1 fr., 127 III 559/564 f. E. 4, vgl. aber noch 96 II 378/381 E. 2 fr. – Das erst *nach der Anhebung der gewöhnlichen Betreibung gegen den Wechselschuldner auf den Wechsel gesetzte Indossament* vermag insofern nur beschränkte Rechtswirkungen zu entfalten, als die Rechtsstellung des Betriebenen dadurch nicht verschlechtert werden darf. Der Indossatar kann in diesem Falle für sich nicht die Vorzugsstellung aus Art. 1007 in Anspruch nehmen, sondern nur diejenigen Rechte geltend machen, die schon seinem Vormann, d.h. dem Indossanten, zustanden 83 II 211/214 f. E.b. 1

Für die Annahme einer *unredlichen Handlung des Wechselgläubigers* genügt blosses Kennensollen des Mangels selbst dann nicht, wenn er diesen beim Erwerb des Wechsels schon mit einem Mindestmass an Sorgfalt hätte erkennen können (in casu durch Einsichtnahme in das Handelsregister) 99 Ia 1/7 E.a. – Der Annehmende kann dem Wechselnehmer (im Rubrum des Entscheides wurde «preneur» irrtümlicherweise mit «Aussteller» übersetzt) die *Einreden aus dem Rechtsgeschäft, das der Wechselbegebung zugrunde liegt,* entgegenhalten 96 II 378/381 E. 2 fr. Unzulässig sind diese Einreden jedoch gegenüber 2 dem Indossatar, der nicht Partei des Grundgeschäftes ist 96 II 378/381 f. E. 2 fr., grundlegend 58 II 157/159 E. 1. – Wer bei Abgabe des Akzeptes von einem Mangel der Ausstellerunterschrift Kenntnis hat, kann sich gegenüber dem Wechselinhaber nicht auf diesen Mangel berufen *(Verstoss gegen Treu und Glauben)* 99 Ia 1/7 E.a.

3 **Rechtsvorschlag in der Wechselbetreibung.** Eine Solidarbürgschaft stellt keine hinreichende *Hinterlegung* i.S.v. SchKG Art. 182 Ziff. 4 dar 119 III 75/77 E. 2 Pra 1994 (Nr. 253) 838 f.

6. Vollmachtsindossament

Art. 1008

[1] Enthält das Indossament den Vermerk «Wert zur Einziehung», «zum Inkasso», «in Prokura» oder einen anderen nur eine Bevollmächtigung ausdrückenden Vermerk, so kann der Inhaber alle Rechte aus dem Wechsel geltend machen; aber er kann ihn nur durch ein weiteres Vollmachtsindossament übertragen.

[2] Die Wechselverpflichteten können in diesem Falle dem Inhaber nur solche Einwendungen entgegensetzen, die ihnen gegen den Indossanten zustehen.

[3] Die in dem Vollmachtsindossament enthaltene Vollmacht erlischt weder mit dem Tod noch mit dem Eintritt der Handlungsunfähigkeit des Vollmachtgebers.

7. Offenes Pfandindossament

Art. 1009

[1] Enthält das Indossament den Vermerk «Wert zur Sicherheit», «Wert zum Pfande» oder einen anderen eine Verpfändung ausdrückenden Vermerk, so kann der Inhaber alle Rechte aus dem Wechsel geltend machen; ein von ihm ausgestelltes Indossament hat aber nur die Wirkung eines Vollmachtsindossaments.

[2] Die Wechselverpflichteten können dem Inhaber keine Einwendungen entgegensetzen, die sich auf ihre unmittelbaren Beziehungen zu dem Indossanten gründen, es sei denn, dass der Inhaber bei dem Erwerb des Wechsels bewusst zum Nachteil des Schuldners gehandelt hat.

8. Nachindossament

Art. 1010

[1] Ein Indossament nach Verfall hat dieselben Wirkungen wie ein Indossament vor Verfall. Ist jedoch der Wechsel erst nach Erhebung des Protestes mangels Zahlung oder nach Ablauf der hiefür bestimmten Frist indossiert worden, so hat das Indossament nur die Wirkungen einer gewöhnlichen Abtretung.

[2] Bis zum Beweis des Gegenteils wird vermutet, dass ein nicht datiertes Indossament vor Ablauf der für die Erhebung des Protestes bestimmten Frist auf den Wechsel gesetzt worden ist.

1 Ein Nachindossament nach Erhebung des Protestes mangels Zahlung entfaltet einzig zessionsrechtliche Wirkungen; es gehen nicht die Rechte, wie sie sich aus dem Wechsel er-

geben, auf den Nachindossatar über, sondern nur die Rechte in der Gestalt, wie sie dem Nachindossanten zustanden. So ist insbesondere die Regresshaftung von Gesetzes wegen ausgeschlossen 124 III 112/118 E. 2b/aa. – Konversion einer ungültigen Ehrenzahlung in ein Nachindossament 124 III 112/119 E. 2b/bb.

III. Annahme 1. Recht zur Vorlegung

Art. 1011

Der Wechsel kann von dem Inhaber oder von jedem, der den Wechsel auch nur in Händen hat, bis zum Verfall dem Bezogenen an seinem Wohnorte zur Annahme vorgelegt werden.

2. Gebot und Verbot der Vorlegung

Art. 1012

1 Der Aussteller kann in jedem Wechsel mit oder ohne Bestimmung einer Frist vorschreiben, dass der Wechsel zur Annahme vorgelegt werden muss.

2 Er kann im Wechsel die Vorlegung zur Annahme untersagen, wenn es sich nicht um einen Wechsel handelt, der bei einem Dritten oder an einem von dem Wohnort des Bezogenen verschiedenen Ort zahlbar ist oder der auf eine bestimmte Zeit nach Sicht lautet.

3 Er kann auch vorschreiben, dass der Wechsel nicht vor einem bestimmten Tage zur Annahme vorgelegt werden darf.

4 Jeder Indossant kann, wenn nicht der Aussteller die Vorlegung zur Annahme untersagt hat, mit oder ohne Bestimmung einer Frist vorschreiben, dass der Wechsel zur Annahme vorgelegt werden muss.

3. Pflicht zur Vorlegung bei Nachsichtwechseln

Art. 1013

1 Wechsel, die auf eine bestimmte Zeit nach Sicht lauten, müssen binnen einem Jahre nach dem Tage der Ausstellung zur Annahme vorgelegt werden.

2 Der Aussteller kann eine kürzere oder eine längere Frist bestimmen.

3 Die Indossanten können die Vorlegungsfristen abkürzen.

4. Nochmalige Vorlegung

Art. 1014

1 Der Bezogene kann verlangen, dass ihm der Wechsel am Tage nach der ersten Vorlegung nochmals vorgelegt wird. Die Beteiligten können sich darauf, dass diesem Verlangen nicht entsprochen worden ist, nur berufen, wenn das Verlangen im Protest vermerkt ist.

2 Der Inhaber ist nicht verpflichtet, den zur Annahme vorgelegten Wechsel in der Hand des Bezogenen zu lassen.

5. Form der Annahme

Art. 1015

[1] Die Annahmeerklärung wird auf den Wechsel gesetzt. Sie wird durch das Wort «angenommen» oder ein gleichbedeutendes Wort ausgedrückt; sie ist vom Bezogenen zu unterschreiben. Die blosse Unterschrift des Bezogenen auf der Vorderseite des Wechsels gilt als Annahme.

[2] Lautet der Wechsel auf eine bestimmte Zeit nach Sicht oder ist er infolge eines besonderen Vermerks innerhalb einer bestimmten Frist zur Annahme vorzulegen, so muss die Annahmeerklärung den Tag bezeichnen, an dem sie erfolgt ist, sofern nicht der Inhaber die Angabe des Tages der Vorlegung verlangt. Ist kein Tag angegeben, so muss der Inhaber, um seine Rückgriffsrechte gegen die Indossanten und den Aussteller zu wahren, diese Unterlassung rechtzeitig durch einen Protest feststellen lassen.

1 ***Abs. 1*** Der zweite Satz der Bestimmung hat es nicht auf den Schutz des Annehmenden abgesehen, sondern nur auf die Klarheit über die Bedeutung seiner Unterschrift. Trotzdem enthält er nicht eine blosse Empfehlung, die zulässt, dass der Annahmewille auch anders (z.B. durch das lückenlose Anschliessen der blossen Unterschrift an die Erklärung eines andern Wechselverpflichteten) bekundet werde. Die ausdrückliche Kundgabe des Annahmewillens ist Gültigkeitsvoraussetzung, unter Vorbehalt der vom dritten Satz der Bestimmung begründeten Ausnahme. Die blosse Unterzeichnung auf der Rückseite des Wechsels kann daher keine Annahme bewirken 90 II 121/129 ff. E. 4b. – Offengelassen, ob die auf der Allonge angebrachte Annahmeerklärung gültig ist 124 III 112/114 f. E. 1b.

6. Einschränkungen der Annahme

Art. 1016

[1] Die Annahme muss unbedingt sein; der Bezogene kann sie aber auf einen Teil der Wechselsumme beschränken.

[2] Wenn die Annahmeerklärung irgendeine andere Abweichung von den Bestimmungen des Wechsels enthält, so gilt die Annahme als verweigert. Der Annehmende haftet jedoch nach dem Inhalte seiner Annahmeerklärung.

7. Domiziliat und Zahlstelle

Art. 1017

[1] Hat der Aussteller im Wechsel einen von dem Wohnorte des Bezogenen verschiedenen Zahlungsort angegeben, ohne einen Dritten zu bezeichnen, bei dem die Zahlung geleistet werden soll, so kann der Bezogene bei der Annahmeerklärung einen Dritten bezeichnen. Mangels einer solchen Bezeichnung wird angenommen, dass sich der Annehmer verpflichtet hat, selbst am Zahlungsorte zu zahlen.

[2] Ist der Wechsel beim Bezogenen selbst zahlbar, so kann dieser in der Annahmeerklärung eine am Zahlungsorte befindliche Stelle bezeichnen, wo die Zahlung geleistet werden soll.

8. Wirkung der Annahme a. Im Allgemeinen

Art. 1018

[1] Der Bezogene wird durch die Annahme verpflichtet, den Wechsel bei Verfall zu bezahlen.

[2] Mangels Zahlung hat der Inhaber, auch wenn er der Aussteller ist, gegen den Annehmer einen unmittelbaren Anspruch aus dem Wechsel auf alles, was auf Grund der Artikel 1045 und 1046 gefordert werden kann.

b. Bei Streichung

Art. 1019

[1] Hat der Bezogene die auf den Wechsel gesetzte Annahmeerklärung vor der Rückgabe des Wechsels gestrichen, so gilt die Annahme als verweigert. Bis zum Beweis des Gegenteils wird vermutet, dass die Streichung vor der Rückgabe des Wechsels erfolgt ist.

[2] Hat der Bezogene jedoch dem Inhaber oder einer Person, deren Unterschrift sich auf dem Wechsel befindet, die Annahme schriftlich mitgeteilt, so haftet er diesen nach dem Inhalt seiner Annahmeerklärung.

IV. Wechselbürgschaft

Vorb. Art. 1020–1022

Die *Vorschriften über das ordentliche Bürgschaftsrecht* (Art. 492 ff.) sind auf die Wechselbürgschaft nicht anwendbar. Denn bei der Wechselbürgschaft handelt es sich nicht um eine bloss akzessorische Verpflichtung, sondern um eine selbständige Wechselverpflichtung 79 II 79/80 E. 1, vgl. auch 96 III 35/39 E. 1. Die Eingehung einer Wechselbürgschaft durch eine verheiratete Person anstelle einer gewöhnlichen Bürgschaft bedeutet keine unzulässige Umgehung des für Letztere geltenden Erfordernisses der Zustimmung des andern Ehegatten 79 II 79/80 ff. E. 1, 4, 83 II 211/213. Die Nichtanwendbarkeit der Formerfordernisse des Bürgschaftsrechts auf die Wechselbürgschaft ist in der Lehre anerkannt und wurde in der jüngeren bundesgerichtlichen Rechtsprechung bestätigt 4A_460/260 (2.11.10) E. 3.6 fr. 1

Das Verb «to avalise» (obwohl im Englischen nicht existierend) auf einer «promissory note» entspricht der Wechselbürgschaft (französisch «aval») nach Art. 1020–1022 4A_460/2010 (2.11.10) E. 3.4 fr. 2

1. Wechselbürgen

Art. 1020

[1] Die Zahlung der Wechselsumme kann ganz oder teilweise durch Wechselbürgschaft gesichert werden.

[2] Diese Sicherheit kann von einem Dritten oder auch von einer Person geleistet werden, deren Unterschrift sich schon auf dem Wechsel befindet.

2. Form

Art. 1021

[1] Die Bürgschaftserklärung wird auf den Wechsel oder auf einen Anhang (Allonge) gesetzt.

[2] Sie wird durch die Worte «als Bürge» oder einen gleichbedeutenden Vermerk ausgedrückt; sie ist von dem Wechselbürgen zu unterschreiben.

[3] Die blosse Unterschrift auf der Vorderseite des Wechsels gilt als Bürgschaftserklärung, soweit es sich nicht um die Unterschrift des Bezogenen oder des Ausstellers handelt.

[4] In der Erklärung ist anzugeben, für wen die Bürgschaft geleistet wird; mangels einer solchen Angabe gilt sie für den Aussteller.

1 Die interne Übernahme (Art. 175 Abs. 1) einer Zahlungspflicht aus einer Wechselbürgschaft untersteht keiner besonderen Formvorschrift 110 II 340/341 ff. E. 1, 2 Pra 1985 (Nr. 81) 222 ff.

2 *Abs. 2 und 3* Die Bestimmungen sind Art. 1015 Abs. 1 nachgebildet. Art. 1021 Abs. 2 will nicht den Bürgen schützen, sondern nur Klarheit über den Sinn seiner Unterschrift schaffen. Trotzdem enthält er nicht eine blosse Empfehlung, die zulässt, dass der Bürgschaftswille auch anders (z.B. durch das lückenlose Anschliessen der blossen Unterschrift an die Erklärung eines andern Wechselverpflichteten) bekundet werde. Die ausdrückliche Kundgabe des Bürgschaftswillens ist Gültigkeitsvoraussetzung, unter Vorbehalt der von Art. 1021 Abs. 3 geschaffenen Ausnahme. Die blosse Unterzeichnung auf der Rückseite des Wechsels begründet daher keine Wechselbürgschaft 90 II 121/129 ff. E. 4.

3 *Abs. 4* Es bedarf keiner ausdrücklichen *Angabe, für wen die Bürgschaft geleistet wird.* Es genügt, wenn dies aus Indizien, die in der Wechselurkunde selber enthalten sind, abgeleitet werden kann. Das ist der Fall, wenn die Bürgschaftserklärung sich unmittelbar an die Unterschrift des Avalierten anschliesst 91 II 108/109 E. 1 Pra 1965 (Nr. 126) 373, grundlegend 77 II 250/252 ff. E. 2. – Die Auslegungsregel in Art. 1021 Abs. 4 ist erst dann von Bedeutung, wenn feststeht, dass die Angabe eines Avalierten fehlt. Die *Vermutung des Avals für den Aussteller* ist im Verhältnis zwischen Wechselinhaber und Wechselschuldner unwiderlegbar, im Verhältnis zwischen dem Wechselbürgen und dem (allenfalls regresspflichtigen) Aussteller jedoch widerlegbar 77 II 250/251 f. E. 1, 2, 74 II 246/248 ff. E. 5.

3. Wirkungen

Art. 1022

[1] Der Wechselbürge haftet in der gleichen Weise wie derjenige, für den er sich verbürgt hat.

[2] Seine Verpflichtungserklärung ist auch gültig, wenn die Verbindlichkeit, für die er sich verbürgt hat, aus einem andern Grund als wegen eines Formfehlers nichtig ist.

[3] Der Wechselbürge, der den Wechsel bezahlt, erwirbt die Rechte aus dem Wechsel gegen denjenigen, für den er sich verbürgt hat, und gegen alle, die diesem wechselmässig haften.

1 *Abs. 1* **Allgemeines.** Der Wechselbürge wird nach aussen, gegenüber dem Wechselgläubiger, nicht als Bürge behandelt, sondern ist *Solidarschuldner der Wechselverbindlich-*

keit (Art. 1044 Abs. 1) und hat weder wie ein einfacher Bürge die Einrede der vorgängigen Belangung desjenigen, für den er sich verbürgt hat, noch (bei mehrfacher Wechselbürgschaft) die Einrede der Teilung der Schuld. Seine Verpflichtung hängt zwar ihrem Inhalt nach von der Verpflichtung desjenigen ab, für den er sich verbürgt hat. Im Übrigen handelt es sich dabei aber um eine *selbständige Wechselverpflichtung.* Die Belangbarkeit des Wechselbürgen setzt demgemäss im Unterschied zur Belangbarkeit des Solidarbürgen (Art. 496) nicht voraus, dass derjenige, für den er sich verbürgt hat, mit seiner Leistung in Rückstand gekommen und erfolglos gemahnt worden oder offenkundig zahlungsunfähig ist. Es steht vielmehr im *Belieben des Wechselgläubigers,* den Wechselbürgen vor den andern Wechselverpflichteten zu belangen (vgl. Art. 1044 Abs. 2) 4C.235/2002 (23.9.02) E. 2.2 fr., 96 III 35/39 E. 1. Regressrechte des Nachindossatars gegen den Wechselbürgen 124 III 112/119 E. 2b/aa. – Da der Wechselbürge in der gleichen Weise haftet wie derjenige, für den er sich verbürgt hat, stehen ihm auch die gleichen Einreden zu, insbesondere diejenige des Unterganges der Forderung. Die Bestimmung begründet *inhaltliche Akzessorietät,* weshalb der Wechselbürge sich auf jeden Mangel der Hauptobligation, der nach Entstehung der Wechselbürgschaft eintritt, berufen kann. Alle Tatsachen, die nach Übernahme der Wechselbürgschaft die Hauptverpflichtung aufheben oder schwächen, mindern auch die Verpflichtung des Bürgen in gleicher Weise; dem Wechselbürgen bleibt somit auch die Berufung auf das dem Wechsel zugrunde liegende Geschäft gewahrt 84 II 645/648 f. E. 2. – Wurde die *Bürgschaft für den Akzeptanten* geleistet, so kann der Wechselbürge ohne vorgängige Protesterhebung belangt werden 124 III 112/121 E. 3a. Im Verhältnis zum Wechselbürgen, der sich neben dem Akzeptanten verpflichtet hat, kann daher ein Blankowechsel vom Inhaber, der seine Rechte aus ihm geltend macht, auch nach dem Protest noch vervollständigt werden (in casu Bezeichnung des Wechselnehmers) 91 II 108/110 f. E. 2a Pra 1965 (Nr. 126) 374 f. – Beim Eigenwechsel, bei dem der Aussteller in gleicher Weise haftet wie der Annehmer eines gezogenen Wechsels (Art. 1099 Abs. 1), entfällt die Obliegenheit zum Wechselprotest auch gegenüber dem Hauptschuldner und seinem Wechselbürgen, weshalb eine allfällige Fristversäumnis (Art. 1050 Abs. 1) die Rückgriffsrechte gegenüber dem Wechselbürgen nicht verwirken lässt 124 III 112/121 E. 3a, vgl. 127 III 559/562 E. 3a. – Die Begebung eines gezogenen Wechsels als qualifizierte Zahlungsanweisung erfolgt vermutungsweise zahlungshalber und nicht an Erfüllungs statt (Art. 116 Abs. 2). Erfolgt entsprechend keine Novation, wird die Grundschuld nicht aufgehoben und die Frage stellt sich nicht, ob der Bürge bereits mit der Neuerung befreit wurde 127 III 559/562 f. E. 3b (vgl. auch Art. 510 Abs. 3).

Konkurs. Der Wechselgläubiger kann auch dann, wenn der *Wechselbürge in Konkurs* 2
fällt, zunächst diesen in Anspruch nehmen, und zwar selbst dann, wenn die verbürgte Wechselschuld zur Zeit der Konkurseröffnung noch nicht fällig war. Als selbständige Verbindlichkeit wird die Schuldpflicht des Wechselbürgen gemäss SchKG Art. 208 Abs. 1 mit der Konkurseröffnung über ihn gegenüber der Konkursmasse fällig. Teilzahlungen, die der Wechselgläubiger vor der Anmeldung seiner Forderung im Konkurs des Wechselbürgen von andern Wechselverpflichteten erhalten hat, hindern ihn nach SchKG Art. 217 Abs. 1 nicht, in diesem Konkurs die Wechselforderung in ihrem vollen ursprünglichen Betrage anzumelden. Die Wechselforderung bleibt als Konkursforderung auch dann im vollen ursprünglichen Betrage aufrecht, wenn der Wechselgläubiger *nach* ihrer Anmel-

dung und Kollokation von andern Wechselverpflichteten teilweise oder ganz befriedigt wird. Der Wechselgläubiger erhält nach SchKG Art. 217 Abs. 3 die auf den vollen Forderungsbetrag entfallende Dividende, soweit er darauf zu seiner vollständigen Befriedigung angewiesen ist. Aus einem allfälligen Überschuss erhalten die rückgriffsberechtigten andern Wechselverpflichteten, die Zahlungen geleistet haben, nach der gleichen Bestimmung die auf ihre Regressforderungen entfallenden Dividenden. Der Rest verbleibt der Masse (SchKG Art. 217 Abs. 3) 96 III 39 f. E. 1.

3 ***Abs. 3*** Im Konkurs des Wechselbürgen erwirbt die Konkursmasse gemäss der Bestimmung (die anstelle von SchKG Art. 215 Abs. 2 erster Satz eingreift) für den Betrag, den der Wechselgläubiger aus dem Konkurserlös erhält, die Rechte aus dem Wechsel gegenüber demjenigen, für den der Gemeinschuldner sich verbürgt hat, und gegen alle, die diesem wechselmässig haften, im Falle der Wechselbürgschaft für den Akzeptanten also die Rechte gegen diesen und nur gegen diesen, da dem Akzeptanten als dem Endschuldner aus dem gezogenen Wechsel kein anderer Wechselverpflichteter wechselmässig haftet 96 III 35/40 f.

V. Verfall 1. Im Allgemeinen

Art. 1023

[1] Ein Wechsel kann gezogen werden:
auf Sicht;
auf eine bestimmte Zeit nach Sicht;
auf eine bestimmte Zeit nach der Ausstellung;
auf einen bestimmten Tag.

[2] Wechsel mit anderen oder mit mehreren aufeinander folgenden Verfallzeiten sind nichtig.

1 Bei einer einfachen Prolongation im Sinne eines pactum de non petendo in tempus wird der Wechsel ungeachtet der Prolongation am wechselmässigen Verfalltag zur Zahlung fällig; anders wird bei einer qualifizierten Prolongation der Verfalltag des Wechsels hinausgeschoben, weshalb die gesetzliche Zinspflicht des Prolongatars und Hauptschuldners entfällt 124 III 112/121 E. 3b. – Zur Konversion eines nichtigen Wechsels in eine akzeptierte Anweisung (Art. 468 Abs. 1) 4C.172/2000 (28.3.01) E. 2 (obiter).

2. Bei Sichtwechseln

Art. 1024

[1] Der Sichtwechsel ist bei der Vorlegung fällig. Er muss binnen einem Jahre nach der Ausstellung zur Zahlung vorgelegt werden. Der Aussteller kann eine kürzere oder eine längere Frist bestimmen. Die Indossanten können die Vorlegungsfristen abkürzen.

[2] Der Aussteller kann vorschreiben, dass der Sichtwechsel nicht vor einem bestimmten Tage zur Zahlung vorgelegt werden darf. In diesem Fall beginnt die Vorlegungsfrist mit diesem Tage.

3. Bei Nachsichtwechseln

Art. 1025

[1] Der Verfall eines Wechsels, der auf eine bestimmte Zeit nach Sicht lautet, richtet sich nach dem in der Annahmeerklärung angegebenen Tage oder nach dem Tage des Protestes.

[2] Ist in der Annahmeerklärung ein Tag nicht angegeben und ein Protest nicht erhoben worden, so gilt dem Annehmer gegenüber der Wechsel als am letzten Tage der für die Vorlegung zur Annahme vorgesehenen Frist angenommen.

4. Fristenberechnung

Art. 1026

[1] Ein Wechsel, der auf einen oder mehrere Monate nach der Ausstellung oder nach Sicht lautet, verfällt an dem entsprechenden Tage des Zahlungsmonats. Fehlt dieser Tag, so ist der Wechsel am letzten Tage des Monats fällig.

[2] Lautet der Wechsel auf einen oder mehrere Monate und einen halben Monat nach der Ausstellung oder nach Sicht, so werden die ganzen Monate zuerst gezählt.

[3] Ist als Verfallzeit der Anfang, die Mitte oder das Ende eines Monats angegeben, so ist darunter der erste, der fünfzehnte oder der letzte Tag des Monats zu verstehen.

[4] Die Ausdrücke «acht Tage» oder «fünfzehn Tage» bedeuten nicht eine oder zwei Wochen, sondern volle acht oder fünfzehn Tage.

[5] Der Ausdruck «halber Monat» bedeutet fünfzehn Tage.

5. Zeitberechnung nach altem Stil

Art. 1027

[1] Ist ein Wechsel an einem bestimmten Tag an einem Orte zahlbar, dessen Kalender von dem des Ausstellungsortes abweicht, so ist für den Verfalltag der Kalender des Zahlungsortes massgebend.

[2] Ist ein zwischen zwei Orten mit verschiedenem Kalender gezogener Wechsel eine bestimmte Zeit nach der Ausstellung zahlbar, so wird der Tag der Ausstellung in den nach dem Kalender des Zahlungsortes entsprechenden Tag umgerechnet und hienach der Verfalltag ermittelt.

[3] Auf die Berechnung der Fristen für die Vorlegung von Wechseln findet die Vorschrift des vorstehenden Absatzes entsprechende Anwendung.

[4] Die Vorschriften dieses Artikels finden keine Anwendung, wenn sich aus einem Vermerk im Wechsel oder sonst aus dessen Inhalt ergibt, dass etwas anderes beabsichtigt war.

VI. Zahlung 1. Vorlegung zur Zahlung

Art. 1028

[1] Der Inhaber eines Wechsels, der an einem bestimmten Tag oder bestimmte Zeit nach der Ausstellung oder nach Sicht zahlbar ist, hat den Wechsel am Zahlungstag oder an einem der beiden folgenden Werktage zur Zahlung vorzulegen.

[2] Die Einlieferung in eine von der Schweizerischen Nationalbank anerkannte Abrechnungsstelle steht der Vorlegung zur Zahlung gleich.

2. Recht auf Quittung. Teilzahlung

Art. 1029

[1] Der Bezogene kann vom Inhaber gegen Zahlung die Aushändigung des quittierten Wechsels verlangen.

[2] Der Inhaber darf eine Teilzahlung nicht zurückweisen.

[3] Im Falle der Teilzahlung kann der Bezogene verlangen, dass sie auf dem Wechsel vermerkt und ihm eine Quittung erteilt wird.

1 *Abs. 1 und 3* Die Bestimmungen stimmen mit dem Grundsatz von Art. 88 überein und gelten auch für das Konnossement 48 II 83.

3. Zahlung vor und bei Verfall

Art. 1030

[1] Der Inhaber des Wechsels ist nicht verpflichtet, die Zahlung vor Verfall anzunehmen.

[2] Der Bezogene, der vor Verfall zahlt, handelt auf eigene Gefahr.

[3] Wer bei Verfall zahlt, wird von seiner Verbindlichkeit befreit, wenn ihm nicht Arglist oder grobe Fahrlässigkeit zur Last fällt. Er ist verpflichtet, die Ordnungsmässigkeit der Reihe der Indossamente, aber nicht die Unterschriften der Indossanten zu prüfen.

1 *Abs. 3* **Ordnungsmässigkeit der Reihe der Indossamente.** Ein Indossament, das seinem Wortlaut nach den Zusammenhang nicht gibt, kann nur aus der Wechselurkunde selbst und nur dann ergänzt werden, wenn die Richtigkeit dieser Ergänzung nicht ernsthaft bezweifelt werden kann 41 II 743/745 ff. E. 3.

4. Zahlung in fremder Währung

Art. 1031

[1] Lautet der Wechsel auf eine Währung, die am Zahlungsorte nicht gilt, so kann die Wechselsumme in der Landeswährung nach dem Werte gezahlt werden, den sie am Verfalltage besitzt. Wenn der Schuldner die Zahlung verzögert, so kann der Inhaber wählen, ob die Wechselsumme nach dem Kurs des Verfalltages oder nach dem Kurs des Zahlungstages in die Landeswährung umgerechnet werden soll.

[2] Der Wert der fremden Währung bestimmt sich nach den Handelsgebräuchen des Zahlungsortes. Der Aussteller kann jedoch im Wechsel für die zu zahlende Summe einen Umrechnungskurs bestimmen.

[3] Die Vorschriften der beiden ersten Absätze finden keine Anwendung, wenn der Aussteller die Zahlung in einer bestimmten Währung vorgeschrieben hat (Effektivvermerk).

4 Lautet der Wechsel auf eine Geldsorte, die im Lande der Ausstellung dieselbe Bezeichnung, aber einen anderen Wert hat als in dem der Zahlung, so wird vermutet, dass die Geldsorte des Zahlungsortes gemeint ist.

5. Hinterlegung

Art. 1032

Wird der Wechsel nicht innerhalb der im Artikel 1028 bestimmten Frist zur Zahlung vorgelegt, so kann der Schuldner die Wechselsumme bei der zuständigen Behörde auf Gefahr und Kosten des Inhabers hinterlegen.

VII. Rückgriff mangels Annahme und mangels Zahlung 1. Rückgriff des Inhabers

Art. 1033

1 Der Inhaber kann gegen die Indossanten, den Aussteller und die anderen Wechselverpflichteten bei Verfall des Wechsels Rückgriff nehmen, wenn der Wechsel nicht bezahlt worden ist.

2 Das gleiche Recht steht dem Inhaber schon vor Verfall zu:
1. **wenn die Annahme ganz oder teilweise verweigert worden ist;**
2. **wenn über das Vermögen des Bezogenen, gleichviel ob er den Wechsel angenommen hat oder nicht, der Konkurs eröffnet worden ist oder wenn der Bezogene auch nur seine Zahlungen eingestellt hat oder wenn eine Zwangsvollstreckung in sein Vermögen fruchtlos verlaufen ist;**
3. **wenn über das Vermögen des Ausstellers eines Wechsels, dessen Vorlegung zur Annahme untersagt ist, der Konkurs eröffnet worden ist.**

Kein Rückgriff gegen denjenigen, der den Wechsel «indossiert» hat, ohne aus ihm berechtigt zu sein 90 II 121/126. 1

2. Protest

Vorb. Art. 1034–1041

Die Vorlegung des Protestes ist notwendig, falls die wechselrechtlichen Wirkungen, auf die sich der Gläubiger beruft, davon abhängen: Titel und Protest bilden ein Ganzes, das der Betreibungsbeamte in seiner Gesamtheit zu prüfen hat, wenn es um die Feststellung geht, ob der Titel bei erster Betrachtung eine Wechselbetreibung zulasse 111 III 33/36 E. 2a Pra 1985 (Nr. 158) 459, vgl. auch 113 III 123/124 f. E. 3 und 118 III 24/26 E.a. 1

a. Fristen und Erfordernisse

Art. 1034

1 Die Verweigerung der Annahme oder der Zahlung muss durch eine öffentliche Urkunde (Protest mangels Annahme oder mangels Zahlung) festgestellt werden.

2 Der Protest mangels Annahme muss innerhalb der Frist erhoben werden, die für die Vorlegung zur Annahme gilt. Ist im Falle des Artikels 1014 Absatz 1 der Wechsel am letzten Tage der Frist zum ersten Male vorgelegt worden, so kann der Protest noch am folgenden Tage erhoben werden.

3 Der Protest mangels Zahlung muss bei einem Wechsel, der an einem bestimmten Tag oder bestimmte Zeit nach der Ausstellung oder nach Sicht zahlbar ist, an einem der beiden auf den Zahlungstag folgenden Werktage erhoben werden. Bei einem Sichtwechsel muss der Protest mangels Zahlung in den gleichen Fristen erhoben werden, wie sie im vorhergehenden Absatz für den Protest mangels Annahme vorgesehen sind.

4 Ist Protest mangels Annahme erhoben worden, so bedarf es weder der Vorlegung zur Zahlung noch des Protestes mangels Zahlung.

5 Hat der Bezogene, gleichviel ob er den Wechsel angenommen hat oder nicht, seine Zahlungen eingestellt, oder ist eine Zwangsvollstreckung in sein Vermögen fruchtlos verlaufen, so kann der Inhaber nur Rückgriff nehmen, nachdem der Wechsel dem Bezogenen zur Zahlung vorgelegt und Protest erhoben worden ist.

6 Ist über das Vermögen des Bezogenen, gleichviel ob er den Wechsel angenommen hat oder nicht, oder über das Vermögen des Ausstellers eines Wechsels, dessen Vorlegung zur Annahme untersagt ist, Konkurs eröffnet worden, so genügt es zur Ausübung des Rückgriffsrechts, dass der gerichtliche Beschluss über die Eröffnung des Konkurses vorgelegt wird.

b. Zuständigkeit

Art. 1035

Der Protest muss durch eine hierzu ermächtigte Urkundsperson oder Amtsstelle erhoben werden.

c. Inhalt

Art. 1036

1 Der Protest enthält:

1. den Namen der Person oder die Firma, für die und gegen die der Protest erhoben wird;
2. die Angabe, dass die Person oder die Firma, gegen die der Protest erhoben wird, ohne Erfolg zur Vornahme der wechselrechtlichen Leistung aufgefordert worden oder nicht anzutreffen gewesen ist oder dass ihr Geschäftslokal oder ihre Wohnung sich nicht hat ermitteln lassen;
3. die Angabe des Ortes und des Tages, an dem die Aufforderung vorgenommen oder ohne Erfolg versucht worden ist;
4. die Unterschrift der den Protest erhebenden Person oder Amtsstelle.

2 Wird eine Teilzahlung geleistet, so ist dies im Protest zu vermerken.

3 Verlangt der Bezogene, dem der Wechsel zur Annahme vorgelegt worden ist, die nochmalige Vorlegung am nächsten Tage, so ist auch dies im Protest zu vermerken.

d. Form

Art. 1037

[1] Der Protest ist auf ein besonderes Blatt zu setzen, das mit dem Wechsel verbunden wird.

[2] Wird der Protest unter Vorlegung mehrerer Ausfertigungen desselben Wechsels oder unter Vorlegung der Urschrift und einer Abschrift erhoben, so genügt die Verbindung des Protestes mit einer der Ausfertigungen oder dem Originalwechsel.

[3] Auf den anderen Ausfertigungen oder der Abschrift ist zu vermerken, dass sich der Protest auf einer der übrigen Ausfertigungen oder auf der Urschrift befindet.

e. Bei Teilannahme

Art. 1038

Ist der Wechsel nur zu einem Teil der Wechselsumme angenommen worden und wird deshalb Protest erhoben, so ist eine Abschrift des Wechsels auszufertigen und der Protest auf diese Abschrift zu setzen.

f. Gegen mehrere Personen

Art. 1039

Muss eine wechselrechtliche Leistung von mehreren Verpflichteten verlangt werden, so ist über die Proteste nur eine Urkunde erforderlich.

g. Abschrift der Protesturkunde

Art. 1040

[1] Die den Protest erhebende Urkundsperson oder Amtsstelle hat eine Abschrift der Protesturkunde zu erstellen.

[2] Auf dieser Abschrift sind anzugeben:

1. **der Betrag des Wechsels;**
2. **die Verfallzeit;**
3. **Ort und Tag der Ausstellung;**
4. **der Aussteller des Wechsels, der Bezogene sowie der Name der Person oder die Firma, an die oder an deren Ordre gezahlt werden soll;**
5. **wenn eine vom Bezogenen verschiedene Person oder Firma angegeben ist, durch die die Zahlung erfolgen soll, der Name dieser Person oder dieser Firma;**
6. **die Notadressen und Ehrenannehmer.**

[3] Die Abschriften der Protesturkunden sind durch die den Protest erhebende Urkundsperson oder Amtsstelle in der Zeitfolge geordnet aufzubewahren.

h. Mangelhafter Protest

Art. 1041

Ist der Protest von einer zuständigen Urkundsperson oder Amtsstelle unterschrieben worden, so ist er auch dann gültig, wenn er nicht vorschriftsgemäss erhoben worden ist oder wenn die darin enthaltenen Angaben unrichtig sind.

3. Benachrichtigung

Art. 1042

[1] Der Inhaber muss seinen unmittelbaren Vormann und den Aussteller von dem Unterbleiben der Annahme oder der Zahlung innerhalb der vier Werktage benachrichtigen, die auf den Tag der Protesterhebung oder, im Falle des Vermerks «ohne Kosten», auf den Tag der Vorlegung folgen. Jeder Indossant muss innerhalb zweier Werktage nach Empfang der Nachricht seinem unmittelbaren Vormanne von der Nachricht, die er erhalten hat, Kenntnis geben und ihm die Namen und Adressen derjenigen mitteilen, die vorher Nachricht gegeben haben, und so weiter in der Reihenfolge bis zum Aussteller. Die Fristen laufen vom Empfang der vorhergehenden Nachricht.

[2] Wird nach Massgabe des vorhergehenden Absatzes einer Person, deren Unterschrift sich auf dem Wechsel befindet, Nachricht gegeben, so muss die gleiche Nachricht in derselben Frist ihrem Wechselbürgen gegeben werden.

[3] Hat ein Indossant seine Adresse nicht oder in unleserlicher Form angegeben, so genügt es, dass sein unmittelbarer Vormann benachrichtigt wird.

[4] Die Nachricht kann in jeder Form gegeben werden, auch durch die blosse Rücksendung des Wechsels.

[5] Der zur Benachrichtigung Verpflichtete hat zu beweisen, dass er in der vorgeschriebenen Frist benachrichtigt hat. Die Frist gilt als eingehalten, wenn ein Schreiben, das die Benachrichtigung enthält, innerhalb der Frist zur Post gegeben worden ist.

[6] Wer die rechtzeitige Benachrichtigung versäumt, verliert nicht den Rückgriff; er haftet für den etwa durch seine Nachlässigkeit entstandenen Schaden, jedoch nur bis zur Höhe der Wechselsumme.

1 *Abs. 1 und 6* Anwendungsfall (in casu nicht eingelöster Check, vgl. Art. 1143 Abs. 1 Ziff. 10) 99 II 332/340 ff. E. 4.

4. Protesterlass

Art. 1043

[1] Der Aussteller sowie jeder Indossant oder Wechselbürge kann durch den Vermerk «ohne Kosten», «ohne Protest» oder einen gleichbedeutenden auf den Wechsel gesetzten und unterzeichneten Vermerk den Inhaber von der Verpflichtung befreien, zum Zwecke der Ausübung des Rückgriffs Protest mangels Annahme oder mangels Zahlung erheben zu lassen.

[2] Der Vermerk befreit den Inhaber nicht von der Verpflichtung, den Wechsel rechtzeitig vorzulegen und die erforderlichen Nachrichten zu geben. Der Beweis, dass die Frist nicht eingehalten worden ist, liegt demjenigen ob, der sich dem Inhaber gegenüber darauf beruft.

[3] Ist der Vermerk vom Aussteller beigefügt, so wirkt er gegenüber allen Wechselverpflichteten; ist er von einem Indossanten oder einem Wechselbürgen beigefügt, so wirkt er nur

diesen gegenüber. Lässt der Inhaber ungeachtet des vom Aussteller beigefügten Vermerks Protest erheben, so fallen ihm die Kosten zur Last. Ist der Vermerk von einem Indossanten oder einem Wechselbürgen beigefügt, so sind alle Wechselverpflichteten zum Ersatze der Kosten eines dennoch erhobenen Protestes verpflichtet.

Abs. 1 Der nicht auf der Wechselurkunde vermerkte Protesterlass hat keine wechselmässigen Wirkungen. Er lässt aber nach den allgemeinen Bestimmungen des Vertragsrechts eine Haftung entstehen. Wenn daher mit Rücksicht auf die Versicherung eines Rückgriffsschuldners, den Wechsel auch ohne Protest einlösen zu wollen, der Inhaber die Protesterhebung versäumt, so kann er dennoch aufgrund jener als Garantieversprechen zu wertenden Zusage die Einlösung verlangen 78 II 157/159 E. 2b. 1

5. Solidarische Haftung der Wechselverpflichteten

Art. 1044

[1] Alle die einen Wechsel ausgestellt, angenommen, indossiert oder mit einer Bürgschaftserklärung versehen haben, haften dem Inhaber als Gesamtschuldner.

[2] Der Inhaber kann jeden einzeln oder mehrere oder alle zusammen in Anspruch nehmen, ohne an die Reihenfolge gebunden zu sein, in der sie sich verpflichtet haben.

[3] Das gleiche Recht steht jedem Wechselverpflichteten zu, der den Wechsel eingelöst hat.

[4] Durch die Geltendmachung des Anspruches gegen einen Wechselverpflichteten verliert der Inhaber nicht seine Rechte gegen die anderen Wechselverpflichteten, auch nicht gegen die Nachmänner desjenigen, der zuerst in Anspruch genommen worden ist.

Stellung des Wechselbürgen. Siehe unter Art. 1022 Abs. 1. 1

6. Inhalt des Rückgriffs a. Des Inhabers

Art. 1045

[1] Der Inhaber kann im Wege des Rückgriffs verlangen:

1. **die Wechselsumme, soweit der Wechsel nicht angenommen oder nicht eingelöst worden ist, mit den etwa bedungenen Zinsen;**
2. **Zinsen zu sechs vom Hundert seit dem Verfalltage;**
3. **die Kosten des Protestes und der Nachrichten sowie die anderen Auslagen;**
4. **eine Provision von höchstens einem Drittel Prozent.**

[2] Wird der Rückgriff vor Verfall genommen, so werden von der Wechselsumme Zinsen abgezogen. Diese Zinsen werden auf Grund des öffentlich bekanntgemachten Diskontsatzes (Satz der Schweizerischen Nationalbank) berechnet, der am Tage des Rückgriffs am Wohnorte des Inhabers gilt.

Abs. 1 Ziff. 2 Verzugszinsen bei einfacher und bei qualifizierter Wechselprolongation: Bei einfacher Prolongation sind Verzugszinsen zu 6% geschuldet, während bei qualifizierter Prolongation die gesetzliche Zinspflicht entfällt 124 III 112/121 E. 3b. 1

b. Des Einlösers

Art. 1046

Wer den Wechsel eingelöst hat, kann von seinen Vormännern verlangen:
1. **den vollen Betrag, den er gezahlt hat;**
2. **die Zinsen dieses Betrages zu sechs vom Hundert seit dem Tage der Einlösung;**
3. **seine Auslagen;**
4. **eine Provision von höchstens 2 Promille.**

1 *Ziff. 2* Verzugszinspflicht beim Einlösungsrückgriff 124 III 112/122 E. 3b.

c. Recht auf Aushändigung von Wechsel, Protest und Quittung

Art. 1047

[1] Jeder Wechselverpflichtete, gegen den Rückgriff genommen wird oder genommen werden kann, ist berechtigt, zu verlangen, dass ihm gegen Entrichtung der Rückgriffssumme der Wechsel mit dem Protest und eine quittierte Rechnung ausgehändigt werden.

[2] Jeder Indossant, der den Wechsel eingelöst hat, kann sein Indossament und die Indossamente seiner Nachmänner ausstreichen.

d. Bei Teilannahme

Art. 1048

Bei dem Rückgriff nach einer Teilannahme kann derjenige, der den nicht angenommenen Teil der Wechselsumme entrichtet, verlangen, dass dies auf dem Wechsel vermerkt und ihm darüber Quittung erteilt wird. Der Inhaber muss ihm ferner eine beglaubigte Abschrift des Wechsels und den Protest aushändigen, um den weiteren Rückgriff zu ermöglichen.

e. Rückwechsel

Art. 1049

[1] Wer zum Rückgriff berechtigt ist, kann mangels eines entgegenstehenden Vermerks den Rückgriff dadurch nehmen, dass er auf einen seiner Vormänner einen neuen Wechsel (Rückwechsel) zieht, der auf Sicht lautet und am Wohnort dieses Vormannes zahlbar ist.

[2] Der Rückwechsel umfasst, ausser den in den Artikeln 1045 und 1046 angegebenen Beträgen, die Mäklergebühr und die Stempelgebühr für den Rückwechsel.

[3] Wird der Rückwechsel vom Inhaber gezogen, so richtet sich die Höhe der Wechselsumme nach dem Kurse, den ein vom Zahlungsorte des ursprünglichen Wechsels auf den Wohnort des Vormannes gezogener Sichtwechsel hat. Wird der Rückwechsel von einem Indossanten gezogen, so richtet sich die Höhe der Wechselsumme nach dem Kurse, den ein vom Wohnorte des Ausstellers des Rückwechsels auf den Wohnort des Vormannes gezogener Sichtwechsel hat.

7. Präjudizierung a. Im Allgemeinen

Art. 1050

[1] Mit der Versäumung der Fristen

für die Vorlegung eines Wechsels, der auf Sicht oder auf eine bestimmte Zeit nach Sicht lautet,

für die Erhebung des Protestes mangels Annahme oder mangels Zahlung,

für die Vorlegung zur Zahlung im Falle des Vermerkes «ohne Kosten»

verliert der Inhaber seine Rechte gegen die Indossanten, den Aussteller und alle anderen Wechselverpflichteten, mit Ausnahme des Annehmers.

[2] Versäumt der Inhaber die vom Aussteller für die Vorlegung zur Annahme vorgeschriebene Frist, so verliert er das Recht, mangels Annahme und mangels Zahlung Rückgriff zu nehmen, sofern nicht der Wortlaut des Vermerkes ergibt, dass der Aussteller nur die Haftung für die Annahme hat ausschliessen wollen.

[3] Ist die Frist für die Vorlegung in einem Indossament enthalten, so kann sich nur der Indossant darauf berufen.

Fristversäumnis führt nicht zur Verwirkung von Rückgriffsrechten gegenüber dem Wechselbürgen beim Eigenwechsel, da gegenüber dem Hauptschuldner keine Obliegenheit zum Wechselprotest besteht und der Wechselbürge in der gleichen Weise haftet wie derjenige, für den er sich verbürgt hat (Art. 1022 Abs. 1) 124 III 112/121 E. 3a. 1

b. Höhere Gewalt

Art. 1051

[1] Steht der rechtzeitigen Vorlegung des Wechsels oder der rechtzeitigen Erhebung des Protestes ein unüberwindliches Hindernis entgegen (gesetzliche Vorschrift eines Staates oder ein anderer Fall höherer Gewalt), so werden die für diese Handlungen bestimmten Fristen verlängert.

[2] Der Inhaber ist verpflichtet, seinen unmittelbaren Vormann von dem Falle der höheren Gewalt unverzüglich zu benachrichtigen und die Benachrichtigung unter Beifügung des Tages und Ortes sowie seiner Unterschrift auf dem Wechsel oder einem Anhange zu vermerken; im übrigen finden die Vorschriften des Artikels 1042 Anwendung.

[3] Fällt die höhere Gewalt weg, so muss der Inhaber den Wechsel unverzüglich zur Annahme oder zur Zahlung vorlegen und gegebenenfalls Protest erheben lassen.

[4] Dauert die höhere Gewalt länger als 30 Tage nach Verfall, so kann Rückgriff genommen werden, ohne dass es der Vorlegung oder der Protesterhebung bedarf.

[5] Bei Wechseln, die auf Sicht oder auf eine bestimmte Zeit nach Sicht lauten, läuft die dreissigtägige Frist von dem Tage, an dem der Inhaber seinen Vormann von dem Falle der höheren Gewalt benachrichtigt hat; diese Nachricht kann schon vor Ablauf der Vorlegungsfrist gegeben werden. Bei Wechseln, die auf bestimmte Zeit nach Sicht lauten, verlängert sich die dreissigtägige Frist um die im Wechsel angegebene Nachsichtfrist.

[6] Tatsachen, die rein persönlich den Inhaber oder denjenigen betreffen, den er mit der Vorlegung des Wechsels oder mit der Protesterhebung beauftragt hat, gelten nicht als Fälle höherer Gewalt.

c. Ungerechtfertigte Bereicherung

Art. 1052

[1] Soweit der Aussteller eines Wechsels und der Annehmer zum Schaden des Wechselinhabers ungerechtfertigt bereichert sind, bleiben sie diesem verpflichtet, auch wenn ihre wechselmässige Verbindlichkeit durch Verjährung oder wegen Unterlassung der zur Erhaltung des Wechselanspruches gesetzlich vorgeschriebenen Handlungen erloschen ist.

[2] Der Bereicherungsanspruch besteht auch gegen den Bezogenen, den Domiziliaten und die Person oder Firma, für deren Rechnung der Aussteller den Wechsel gezogen hat.

[3] Ein solcher Anspruch besteht dagegen nicht gegen die Indossanten, deren wechselmässige Verbindlichkeit erloschen ist.

1 Der subsidiäre Anspruch aus ungerechtfertigter Bereicherung gemäss der Bestimmung verjährt nach zehn Jahren; die Verjährungsfrist beginnt erst mit dem Erlöschen des wechselrechtlichen Anspruchs zu laufen 67 II 175/176 ff. fr.

VIII. Übergang der Deckung

Art. 1053

[1] Ist über den Aussteller eines Wechsels der Konkurs eröffnet worden, so geht ein allfälliger zivilrechtlicher Anspruch des Ausstellers gegen den Bezogenen auf Rückgabe der Deckung oder Erstattung gutgebrachter Beträge auf den Inhaber des Wechsels über.

[2] Erklärt der Aussteller auf dem Wechsel, dass er seine Ansprüche aus dem Deckungsverhältnisse abtrete, so stehen diese dem jeweiligen Wechselinhaber zu.

[3] Der Bezogene darf, sobald der Konkurs veröffentlicht oder ihm die Abtretung angezeigt ist, nur an den gehörig ausgewiesenen Inhaber gegen Rückgabe des Wechsels Zahlung leisten.

IX. Ehreneintritt

Vorb. Art. 1054–1062

1 Der Ehreneintritt bezweckt, einen drohenden Rückgriff mangels Zahlung abzuwenden. Er soll dem Begünstigten die hohen Kosten aus einem Rücklauf des Wechsels durch alle Indossanten ersparen und Kreditschädigungen vermeiden, die für den Notadressaten oder Honoraten als Rückgriffsschuldner entstehen können 124 III 112/114 E. 1a.

1. Allgemeine Vorschriften

Art. 1054

[1] Der Aussteller sowie jeder Indossant oder Wechselbürge kann eine Person angeben, die im Notfall annehmen oder zahlen soll.

[2] Der Wechsel kann unter den nachstehend bezeichneten Voraussetzungen zu Ehren eines jeden Wechselverpflichteten, gegen den Rückgriff genommen werden kann, angenommen oder bezahlt werden.

[3] Jeder Dritte, auch der Bezogene, sowie jeder aus dem Wechsel bereits Verpflichtete, mit Ausnahme des Annehmers, kann einen Wechsel zu Ehren annehmen oder bezahlen.

[4] Wer zu Ehren annimmt oder zahlt, ist verpflichtet, den Wechselverpflichteten, für den er eintritt, innerhalb zweier Werktage hiervon zu benachrichtigen. Hält er die Frist nicht ein, so haftet er für den etwa durch seine Nachlässigkeit entstandenen Schaden, jedoch nur bis zur Höhe der Wechselsumme.

2. Ehrenannahme a.Voraussetzungen. Stellung des Inhabers

Art. 1055

[1] Die Ehrenannahme ist in allen Fällen zulässig, in denen der Inhaber vor Verfall Rückgriff nehmen kann, es sei denn, dass es sich um einen Wechsel handelt, dessen Vorlegung zur Annahme untersagt ist.

[2] Ist auf dem Wechsel eine Person angegeben, die im Notfall am Zahlungsort annehmen oder zahlen soll, so kann der Inhaber vor Verfall gegen denjenigen, der die Notadresse beigefügt hat, und gegen seine Nachmänner nur Rückgriff nehmen, wenn er den Wechsel der in der Notadresse bezeichneten Person vorgelegt hat und im Falle der Verweigerung der Ehrenannahme die Verweigerung durch einen Protest hat feststellen lassen.

[3] In den anderen Fällen des Ehreneintritts kann der Inhaber die Ehrenannahme zurückweisen. Lässt er sie aber zu, so verliert er den Rückgriff vor Verfall gegen denjenigen, zu dessen Ehren die Annahme erklärt worden ist, und gegen dessen Nachmänner.

b. Form

Art. 1056

Die Ehrenannahme wird auf dem Wechsel vermerkt; sie ist von demjenigen, der zu Ehren annimmt, zu unterschreiben. In der Annahmeerklärung ist anzugeben, für wen die Ehrenannahme stattfindet; mangels einer solchen Angabe gilt sie für den Aussteller.

Die Interventionserklärung kann gültig auch auf der Allonge vermerkt werden 124 III 112/116 E. 1b. 1

c. Haftung des Ehrenannehmenden. Wirkung auf das Rückgriffsrecht

Art. 1057

[1] Wer zu Ehren annimmt, haftet dem Inhaber und den Nachmännern desjenigen, für den er eingetreten ist, in der gleichen Weise wie dieser selbst.

[2] Trotz der Ehrenannahme können der Wechselverpflichtete, zu dessen Ehren der Wechsel angenommen worden ist, und seine Vormänner vom Inhaber gegen Erstattung des im Artikel 1045 angegebenen Betrags die Aushändigung des Wechsels und gegebenenfalls des erhobenen Protestes sowie einer quittierten Rechnung verlangen.

3. Ehrenzahlung a. Voraussetzungen

Art. 1058

[1] Die Ehrenzahlung ist in allen Fällen zulässig, in denen der Inhaber bei Verfall oder vor Verfall Rückgriff nehmen kann.

[2] Die Ehrenzahlung muss den vollen Betrag umfassen, den der Wechselverpflichtete, für den sie stattfindet, zahlen müsste.

[3] Sie muss spätestens am Tage nach Ablauf der Frist für die Erhebung des Protestes mangels Zahlung stattfinden.

1 Beim Eigenwechsel ist der Ehreneintritt nur in Form der Ehrenzahlung möglich 124 III 112/114 E. 1a.

b. Verpflichtung des Inhabers

Art. 1059

[1] Ist der Wechsel von Personen zu Ehren angenommen, die ihren Wohnsitz am Zahlungsort haben, oder sind am Zahlungsort wohnende Personen angegeben, die im Notfall zahlen sollen, so muss der Inhaber spätestens am Tage nach Ablauf der Frist für die Erhebung des Protestes mangels Zahlung den Wechsel allen diesen Personen vorlegen und gegebenenfalls Protest wegen unterbliebener Ehrenzahlung erheben lassen.

[2] Wird der Protest nicht rechtzeitig erhoben, so werden derjenige, der die Notadresse angegeben hat oder zu dessen Ehren der Wechsel angenommen worden ist, und die Nachmänner frei.

c. Folge der Zurückweisung

Art. 1060

Weist der Inhaber die Ehrenzahlung zurück, so verliert er den Rückgriff gegen diejenigen, die frei geworden wären.

d. Recht auf Aushändigung von Wechsel, Protest und Quittung

Art. 1061

[1] Über die Ehrenzahlung ist auf dem Wechsel eine Quittung auszustellen, die denjenigen bezeichnet, für den gezahlt wird. Fehlt die Bezeichnung, so gilt die Zahlung für den Aussteller.

[2] Der Wechsel und der etwa erhobene Protest sind dem Ehrenzahler auszuhändigen.

1 Die Ehrenzahlung muss nicht zwingend auf dem Wechsel, sondern kann auch auf einer Allonge quittiert werden 124 III 112/116 E. 1b. – Konversion einer ungültigen Ehrenzahlung durch einen Wechselbürgen in ein Nachindossament 124 III 112/119 E. 2b/bb.

e. Übergang der Inhaberrechte. Mehrere Ehrenzahlungen

Art. 1062

[1] Der Ehrenzahler erwirbt die Rechte aus dem Wechsel gegen den Wechselverpflichteten, für den er gezahlt hat, und gegen die Personen, die diesem aus dem Wechsel haften. Er kann jedoch den Wechsel nicht weiter indossieren.

[2] Die Nachmänner des Wechselverpflichteten, für den gezahlt worden ist, werden frei.

[3] Sind mehrere Ehrenzahlungen angeboten, so gebührt derjenigen der Vorzug, durch welche die meisten Wechselverpflichteten frei werden. Wer entgegen dieser Vorschrift in Kenntnis der Sachlage zu Ehren zahlt, verliert den Rückgriff gegen diejenigen, die sonst frei geworden wären.

Der Ehrenzahler subrogiert in die Rechtsposition des befriedigten Wechselinhabers. Ausser dem Aussteller haften ihm der Honorat und dessen Vormänner sowie ein etwaiger Wechselbürge des Honoraten, nicht aber dessen Nachmänner, welche durch die Ehrenzahlung aus dem Wechsel nicht mehr belangt werden können 124 III 112/118 E. 2b/aa. – Der Ehrenzahler erwirbt die wechselrechtlichen Ansprüche nur bei vorgängiger Protestaufnahme 124 III 112/117 E. 2a. 1

X. Ausfertigung mehrerer Stücke eines Wechsels (Duplikate), Wechselabschriften (Wechselkopien) 1. Ausfertigungen a. Recht auf mehrere Ausfertigungen

Art. 1063

[1] Der Wechsel kann in mehreren gleichen Ausfertigungen (Duplikaten) ausgestellt werden.

[2] Diese Ausfertigungen müssen im Texte der Urkunde mit fortlaufenden Nummern versehen sein; andernfalls gilt jede Ausfertigung als besonderer Wechsel.

[3] Jeder Inhaber eines Wechsels kann auf seine Kosten die Übergabe mehrerer Ausfertigungen verlangen, sofern nicht aus dem Wechsel zu ersehen ist, dass er in einer einzigen Ausfertigung ausgestellt worden ist. Zu diesem Zwecke hat sich der Inhaber an seinen unmittelbaren Vormann zu wenden, der wieder an seinen Vormann zurückgehen muss, und so weiter in der Reihenfolge bis zum Aussteller. Die Indossanten sind verpflichtet, ihre Indossamente auf den neuen Ausfertigungen zu wiederholen.

b. Verhältnis der Ausfertigungen

Art. 1064

[1] Wird eine Ausfertigung bezahlt, so erlöschen die Rechte aus allen Ausfertigungen, auch wenn diese nicht den Vermerk tragen, dass durch die Zahlung auf eine Ausfertigung die anderen ihre Gültigkeit verlieren. Jedoch bleibt der Bezogene aus jeder angenommenen Ausfertigung, die ihm nicht zurückgegeben worden ist, verpflichtet.

[2] Hat ein Indossant die Ausfertigungen an verschiedene Personen übertragen, so haften er und seine Nachmänner aus allen Ausfertigungen, die ihre Unterschrift tragen und nicht herausgegeben worden sind.

c. Annahmevermerk

Art. 1065

[1] Wer eine Ausfertigung zur Annahme versendet, hat auf den anderen Ausfertigungen den Namen dessen anzugeben, bei dem sich die versendete Ausfertigung befindet. Dieser ist verpflichtet, sie dem rechtmässigen Inhaber einer anderen Ausfertigung auszuhändigen.

[2] Wird die Aushändigung verweigert, so kann der Inhaber nur Rückgriff nehmen, nachdem er durch einen Protest hat feststellen lassen:

1. **dass ihm die zur Annahme versendete Ausfertigung auf sein Verlangen nicht ausgehändigt worden ist;**
2. **dass die Annahme oder die Zahlung auch nicht auf eine andere Ausfertigung zu erlangen war.**

2. Abschriften a. Form und Wirkung

Art. 1066

[1] Jeder Inhaber eines Wechsels ist befugt, Abschriften (Wechselkopien) davon herzustellen.

[2] Die Abschrift muss die Urschrift mit den Indossamenten und allen anderen darauf befindlichen Vermerken genau wiedergeben. Es muss angegeben sein, wie weit die Abschrift reicht.

[3] Die Abschrift kann auf dieselbe Weise und mit denselben Wirkungen indossiert und mit einer Bürgschaftserklärung versehen werden wie die Urschrift.

b. Auslieferung der Urschrift

Art. 1067

[1] In der Abschrift ist der Verwahrer der Urschrift zu bezeichnen. Dieser ist verpflichtet, die Urschrift dem rechtmässigen Inhaber der Abschrift auszuhändigen.

[2] Wird die Aushändigung verweigert, so kann der Inhaber gegen die Indossanten der Abschrift und gegen diejenigen, die eine Bürgschaftserklärung auf die Abschrift gesetzt haben, nur Rückgriff nehmen, nachdem er durch einen Protest hat feststellen lassen, dass ihm die Urschrift auf sein Verlangen nicht ausgehändigt worden ist.

[3] Enthält die Urschrift nach dem letzten, vor Anfertigung der Abschrift daraufgesetzten Indossament den Vermerk «von hier ab gelten Indossamente nur noch auf der Abschrift» oder einen gleichbedeutenden Vermerk, so ist ein später auf die Urschrift gesetztes Indossament nichtig.

XI. Änderungen des Wechsels

Art. 1068

Wird der Text eines Wechsels geändert, so haften diejenigen, die nach der Änderung ihre Unterschrift auf den Wechsel gesetzt haben, entsprechend dem geänderten Text. Wer früher unterschrieben hat, haftet nach dem ursprünglichen Text.

Änderungen ausserhalb des Wechseltextes fallen so wenig unter die Bestimmung wie das (allenfalls abredewidrige) nachträgliche Ausfüllen jener Stellen, die für die Angabe der Wechselsumme in Buchstaben bestimmt sind (Blankowechsel) 99 II 324/327 f. E. 1 b, c. – Konkludente Genehmigung einer Wechselprolongation durch einen Wechselbürgen 124 III 112/121 E. 3b. – Unterscheidung zwischen einfacher und qualifizierter Wechselprolongation 124 III 112/121 E. 3b. 1

XII. Verjährung

Vorb. Art. 1069–1071

Internationales Privatrecht. Es ist nicht willkürlich, aus dem Erlass der Art. 1070 f., welche eine Lücke des «Einheitlichen Wechselgesetzes» (siehe dazu Vorb. Art. 1086–1099) schliessen, zu folgern, der schweizerische Gesetzgeber habe die Gründe für die Unterbrechung und Hemmung der Verjährung auf alle Fälle – unabhängig von dem für die Wechselverpflichtung massgebenden Recht (vgl. Art. 1090) – dem internen Recht unterstellen wollen 77 I 4/10 f. E. 4 Pra 1951 (Nr. 105) 285 f. Im Entscheid 91 II 362/364 f. E. 1 hat das Bundesgericht allerdings offengelassen, ob Art. 1090 Abs. 2 auch für die Verjährung gelte. 1

1. Fristen

Art. 1069

[1] Die wechselmässigen Ansprüche gegen den Annehmer verjähren in drei Jahren vom Verfalltage.

[2] Die Ansprüche des Inhabers gegen die Indossanten und gegen den Aussteller verjähren in einem Jahre vom Tage des rechtzeitig erhobenen Protestes oder im Falle des Vermerks «ohne Kosten» vom Verfalltage.

[3] Die Ansprüche eines Indossanten gegen andere Indossanten und gegen den Aussteller verjähren in sechs Monaten von dem Tage, an dem der Wechsel vom Indossanten eingelöst oder ihm gegenüber gerichtlich geltend gemacht worden ist.

Für das Kausalverhältnis bleibt trotz Ausstellung des Wechsels die ordentliche Verjährungsfrist bestehen 78 II 455/456 f. E. 4 Pra 1953 (Nr. 66) 204 f. Die Wechselklage gegen den Bürgen unterliegt der dreijährigen Verjährungsfrist von Art. 1069 Abs. 1 120 II 53/55 Pra 1994 (Nr. 247) 828. Die Verjährung von Blankowechseln beginnt, unter Vorbehalt von Art. 1000, an dem vom Gläubiger angegebenen Verfalltag an zu laufen (Art. 1069 Abs. 1 entspricht der allgemeinen Bestimmung von Art. 130 Abs. 1; keine Anwendbarkeit von Art. 130 Abs. 2) 120 II 53/55 f. E. 3d Pra 1994 (Nr. 247) 828 f. Beginn der Verjährung beim Sichtwechsel 120 II 53/56 E. 3d Pra 1994 (Nr. 247) 829. 1

2. Unterbrechung a. Gründe

Art. 1070

Die Verjährung wird durch Anhebung der Klage, durch Einreichung des Betreibungsbegehrens, durch Streitverkündung oder durch Eingabe im Konkurse unterbrochen.

1 Die Bestimmung legt nur die für die Wechselforderung geltenden Unterbrechungsgründe fest; für den *Wiederbeginn des Verjährungslaufes* ist Art. 138 massgebend 91 II 361/365 ff. E. 2–9.

2 Zur Unterbrechung der Verjährung genügt, dass das (den wesentlichen Anforderungen des SchKG genügende) *Betreibungsbegehren* beim Amt gestellt wurde; die Zustellung eines Zahlungsbefehls ist nicht erforderlich 104 III 20/22 E. 2 Pra 1978 (Nr. 79) 182 f. – Ein *rechtswirksames,* die Verjährung unterbrechendes Betreibungsbegehren liegt in der Wechselbetreibung nicht vor, solange der Wechsel dem Betreibungsamt nicht vorgelegt worden ist 51 II 563/566 ff. E. 1.

b. Wirkungen

Art. 1071

[1] Die Unterbrechung der Verjährung wirkt nur gegen den Wechselverpflichteten, in Ansehung dessen die Tatsache eingetreten ist, welche die Unterbrechung bewirkt.

[2] Mit der Unterbrechung der Verjährung beginnt eine neue Verjährungsfrist von gleicher Dauer zu laufen.

1 ***Abs. 2*** Die Bestimmung legt den Ausgangspunkt der neuen Verjährungsfrist nicht fest 91 II 362/368 f. E. 7; siehe auch unter Art. 1070.

XIII. Kraftloserklärung 1. Vorsorgliche Massnahmen

Art. 1072

[1] Derjenige, dem ein Wechsel abhanden gekommen ist, kann beim Richter verlangen, dass dem Bezogenen die Bezahlung des Wechsels verboten werde.

[2] Der Richter ermächtigt mit dem Zahlungsverbot den Bezogenen, am Verfalltage den Wechselbetrag zu hinterlegen, und bestimmt den Ort der Hinterlegung.

2. Bekannter Inhaber

Art. 1073

[1] Ist der Inhaber des Wechsels bekannt, so setzt der Richter dem Gesuchsteller eine angemessene Frist zur Anhebung der Klage auf Herausgabe des Wechsels.

[2] Klagt der Gesuchsteller nicht binnen dieser Frist, so hebt der Richter das dem Bezogenen auferlegte Zahlungsverbot auf.

3. Unbekannter Inhaber

Vorb. Art. 1074–1077

Die Bestimmungen sind auch auf das Wechselblankett anwendbar, sofern es genügend 1
gekennzeichnet ist, um Verwechslungen auszuschliessen 40 II 35/36 f. E. 1.

a. Pflichten des Gesuchstellers

Art. 1074

1 Ist der Inhaber des Wechsels unbekannt, so kann die Kraftloserklärung des Wechsels verlangt werden.

2 Wer die Kraftloserklärung begehrt, hat den Besitz und Verlust des Wechsels glaubhaft zu machen und entweder eine Abschrift des Wechsels oder Angaben über dessen wesentlichen Inhalt beizubringen.

b. Einleitung des Aufgebots

Art. 1075

Erachtet der Richter die Darstellung des Gesuchstellers über den frühern Besitz und über den Verlust des Wechsels für glaubhaft, so fordert er durch öffentliche Bekanntmachung den Inhaber auf, innerhalb bestimmter Frist den Wechsel vorzulegen, widrigenfalls die Kraftloserklärung ausgesprochen werde.

c. Fristen

Art. 1076

1 Die Vorlegungsfrist beträgt mindestens drei Monate und höchstens ein Jahr.

2 Der Richter ist indessen an die Mindestdauer von drei Monaten nicht gebunden, wenn bei verfallenen Wechseln die Verjährung vor Ablauf der drei Monate eintreten würde.

3 Die Frist läuft bei verfallenen Wechseln vom Tage der ersten öffentlichen Bekanntmachung, bei noch nicht verfallenen Wechseln vom Verfall an.

d. Veröffentlichung

Art. 1077

1 Die Aufforderung zur Vorlegung des Wechsels ist dreimal im Schweizerischen Handelsamtsblatt zu veröffentlichen.

2 In besondern Fällen kann der Richter noch in anderer Weise für angemessene Veröffentlichung sorgen.

4. Wirkung a. Bei Vorlegung des Wechsels

Art. 1078

[1] **Wird der abhanden gekommene Wechsel vorgelegt, so setzt der Richter dem Gesuchsteller eine Frist zur Anhebung der Klage auf Herausgabe des Wechsels.**

[2] **Klagt der Gesuchsteller nicht binnen dieser Frist, so gibt der Richter den Wechsel zurück und hebt das dem Bezogenen auferlegte Zahlungsverbot auf.**

b. Bei Nichtvorlegung

Art. 1079

[1] **Wird der abhanden gekommene Wechsel innert der angesetzten Frist nicht vorgelegt, so hat der Richter ihn kraftlos zu erklären.**

[2] **Nach der Kraftloserklärung des Wechsels kann der Gesuchsteller seinen wechselmässigen Anspruch noch gegen den Annehmenden geltend machen.**

5. Richterliche Verfügungen

Art. 1080

[1] **Der Richter kann schon vor der Kraftloserklärung dem Annehmer die Hinterlegung und gegen Sicherstellung selbst die Zahlung des Wechselbetrages zur Pflicht machen.**

[2] **Die Sicherheit haftet dem gutgläubigen Erwerber des Wechsels. Sie wird frei, wenn der Wechsel kraftlos erklärt wird oder die Ansprüche aus ihm sonst erlöschen.**

XIV. Allgemeine Vorschriften 1. Fristbestimmungen a. Feiertage

Art. 1081

[1] **Verfällt der Wechsel an einem Sonntag oder einem anderen staatlich anerkannten Feiertag, so kann die Zahlung erst am nächsten Werktage verlangt werden. Auch alle anderen auf den Wechsel bezüglichen Handlungen, insbesondere die Vorlegung zur Annahme und die Protesterhebung, können nur an einem Werktage stattfinden.**

[2] **Fällt der letzte Tag einer Frist, innerhalb deren eine dieser Handlungen vorgenommen werden muss, auf einen Sonntag oder einen anderen staatlich anerkannten Feiertag, so wird die Frist bis zum nächsten Werktage verlängert. Feiertage, die in den Lauf einer Frist fallen, werden bei der Berechnung der Frist mitgezählt.**

b. Fristberechnung

Art. 1082

Bei der Berechnung der gesetzlichen oder im Wechsel bestimmten Fristen wird der Tag, von dem sie zu laufen beginnen, nicht mitgezählt.

c. Ausschluss von Respekttagen

Art. 1083

Weder gesetzliche noch richterliche Respekttage werden anerkannt.

2. Ort der Vornahme wechselrechtlicher Handlungen

Art. 1084

[1] Die Vorlegung zur Annahme oder zur Zahlung, die Protesterhebung, das Begehren um Aushändigung einer Ausfertigung des Wechsels sowie alle übrigen bei einer bestimmten Person vorzunehmenden Handlungen müssen in deren Geschäftslokal oder in Ermangelung eines solchen in deren Wohnung vorgenommen werden.

[2] Geschäftslokal oder Wohnung sind sorgfältig zu ermitteln.

[3] Ist jedoch eine Nachfrage bei der Polizeibehörde oder Poststelle des Ortes ohne Erfolg geblieben, so bedarf es keiner weiteren Nachforschungen.

3. Eigenhändige Unterschrift. Unterschrift des Blinden

Art. 1085

[1] Wechselerklärungen müssen eigenhändig unterschrieben sein.

[2] Die Unterschrift kann nicht durch eine auf mechanischem Wege bewirkte Nachbildung der eigenhändigen Schrift, durch Handzeichen, auch wenn sie beglaubigt sind, oder durch eine öffentliche Beurkundung ersetzt werden.

[3] Die Unterschrift des Blinden muss beglaubigt sein.

XV. Geltungsbereich der Gesetze

Vorb. Art. 1086–1099

Die Schweiz hat das *Abkommen vom 7. Juni 1930 über Bestimmungen auf dem Gebiete des internationalen Wechselprivatrechts* (SR 0.221.554.2) ratifiziert und die Bestimmungen in das OR eingefügt (Art. 1086–1095), vgl. 90 II 121/123 f. E. 1, 91 II 362/364 E. 1. Die Ordnung, welche die Schweiz in Ausführung der Genfer Abkommen aufgestellt hat, ist nicht nur gegenüber Angehörigen der Vertragsstaaten anwendbar, sondern ganz allgemein auf alle internationalen Fälle, mit denen die schweizerischen Gerichte befasst werden 77 I 4/11 Pra 1951 (Nr. 106) 286. 1

1. Wechselfähigkeit

Art. 1086

[1] Die Fähigkeit einer Person, eine Wechselverbindlichkeit einzugehen, bestimmt sich nach dem Recht des Landes, dem sie angehört. Erklärt dieses Recht das Recht eines anderen Landes für massgebend, so ist das letztere Recht anzuwenden.

[2] Wer nach dem im vorstehenden Absatz bezeichneten Recht nicht wechselfähig ist, wird gleichwohl gültig verpflichtet, wenn die Unterschrift in dem Gebiet eines Landes abgegeben worden ist, nach dessen Recht er wechselfähig wäre.

2. Form und Fristen der Wechselerklärungen a. Im Allgemeinen

Art. 1087

[1] Die Form einer Wechselerklärung bestimmt sich nach dem Recht des Landes, in dessen Gebiete die Erklärung unterschrieben worden ist.

[2] Wenn jedoch eine Wechselerklärung, die nach den Vorschriften des vorstehenden Absatzes ungültig ist, dem Recht des Landes entspricht, in dessen Gebiet eine spätere Wechselerklärung unterschrieben worden ist, so wird durch Mängel in der Form der ersten Wechselerklärung die Gültigkeit der späteren Wechselerklärung nicht berührt.

[3] Ebenso ist eine Wechselerklärung, die ein Schweizer im Ausland abgegeben hat, in der Schweiz gegenüber einem anderen Schweizer gültig, wenn sie den Formerfordernissen des schweizerischen Rechtes genügt.

1 Der **Begriff der «Form»** ist in einem weiten Sinn zu verstehen und umfasst insbesondere die Erfordernisse für die Gültigkeit des Wechsels, die Parteivertretung und den Bestand eines bei der Begebung unvollständigen Blankowechsels. Massgebend ist der Ort, wo die Erklärung wirklich unterschrieben wurde 90 II 108/118 E. a fr.

b. Handlungen zur Ausübung und Erhaltung des Wechselrechts

Art. 1088

Die Form des Protestes und die Fristen für die Protesterhebung sowie die Form der übrigen Handlungen, die zur Ausübung oder Erhaltung der Wechselrechte erforderlich sind, bestimmen sich nach dem Recht des Landes, in dessen Gebiet der Protest zu erheben oder die Handlung vorzunehmen ist.

c. Ausübung des Rückgriffs

Art. 1089

Die Fristen für die Ausübung der Rückgriffsrechte werden für alle Wechselverpflichteten durch das Recht des Ortes bestimmt, an dem der Wechsel ausgestellt worden ist.

3. Wirkung der Wechselerklärungen a. Im Allgemeinen

Art. 1090

[1] Die Wirkungen der Verpflichtungserklärungen des Annehmers eines gezogenen Wechsels und des Ausstellers eines eigenen Wechsels bestimmen sich nach dem Recht des Zahlungsorts.

[2] Die Wirkungen der übrigen Wechselerklärungen bestimmen sich nach dem Recht des Landes, in dessen Gebiete die Erklärungen unterschrieben worden sind.

Abs. 1 Anwendungsfall 90 II 108/118 f. E. 6b fr. 1

Abs. 2 Anwendungsfälle 90 II 121/123 f. E. 1, 91 II 362/364 E. 1. 2

b. Teilannahme und Teilzahlung

Art. 1091

Das Recht des Zahlungsortes bestimmt, ob die Annahme eines gezogenen Wechsels auf einen Teil der Summe beschränkt werden kann und ob der Inhaber verpflichtet oder nicht verpflichtet ist, eine Teilzahlung anzunehmen.

c. Zahlung

Art. 1092

Die Zahlung des Wechsels bei Verfall, insbesondere die Berechnung des Verfalltages und des Zahlungstages sowie die Zahlung von Wechseln, die auf eine fremde Währung lauten, bestimmen sich nach dem Recht des Landes, in dessen Gebiete der Wechsel zahlbar ist.

d. Bereicherungsanspruch

Art. 1093

Der Bereicherungsanspruch gegen den Bezogenen, den Domiziliaten und die Person oder Firma, für deren Rechnung der Aussteller den Wechsel gezogen hat, bestimmt sich nach dem Recht des Landes, in dessen Gebiet diese Personen ihren Wohnsitz haben.

Die Bestimmung erfasst nur den Fall von Art. 1052 90 II 108/117 f. E. 6 fr. Dass der Aussteller in Art. 1093 im Gegensatz zu Art. 1052 nicht erwähnt ist, beruht nicht auf einem Versehen. Der Bereicherungsanspruch gegen den Aussteller richtet sich nach dem Recht des Ausstellungsortes 102 II 270/276 ff. E. 2. 1

e. Übergang der Deckung

Art. 1094

Das Recht des Ausstellungsortes bestimmt, ob der Inhaber eines gezogenen Wechsels die seiner Ausstellung zugrunde liegende Forderung erwirbt.

f. Kraftloserklärung

Art. 1095

Das Recht des Zahlungsortes bestimmt die Massnahmen, die bei Verlust oder Diebstahl eines Wechsels zu ergreifen sind.

C. Eigener Wechsel

Vorb. Art. 1096–1099

1 Beim Eigenwechsel handelt es sich um eine abstrakte Schuldanerkennung im Sinne von Art. 17 in Wechselform. Ein auf Englisch verfasstes Dokument mit der Bezeichnung «Promissory Note» und dem Wortlaut «we promise to pay» stellt typischerweise einen Eigenwechsel dar 4A_460/260 (2.11.10) E. 3.3. fr.

1. Erfordernisse

Art. 1096

Der eigene Wechsel enthält:

1. **die Bezeichnung als Wechsel im Texte der Urkunde, und zwar in der Sprache, in der sie ausgestellt ist;**
2. **das unbedingte Versprechen, eine bestimmte Geldsumme zu zahlen;**
3. **die Angabe der Verfallzeit;**
4. **die Angabe des Zahlungsortes;**
5. **den Namen dessen, an den oder an dessen Ordre gezahlt werden soll;**
6. **die Angabe des Tages und des Ortes der Ausstellung;**
7. **die Unterschrift des Ausstellers.**

1 Enthält der vorgelegte Titel die vom Gesetz geforderten Angaben offensichtlich nicht, muss der Betreibungsbeamte die Wechselbetreibung verweigern 111 III 33/35 f. E. 1 Pra 1985 (Nr. 158) 458, vgl. auch 113 III 123/127 E. 5 f.

2 *Ziff. 1* Einem französisch abgefassten «billet ordre» kommt (im Gegensatz zur Rechtslage unter OR 1881 Art. 825 ff.) auch ohne die Bezeichnung «de change» voller Wechselcharakter zu 70 III 39/40 ff. – Das Erfordernis der Bezeichnung des Eigenwechsels als «Wechsel» in der Sprache, in welcher der Eigenwechsel ausgestellt wird, bedeutet nicht, dass dieser nicht mehrsprachig sein kann, wobei die Wechselbezeichnung in der Sprache der eigentlichen Verpflichtung des Ausstellers erfolgen muss 4A_460/260 (2.11.10) E. 3.3. fr.

3 *Ziff. 2* Ein Wechsel, der den Namen des Bezogenen nicht enthält, kann, da das Zahlungsversprechen fehlt, nicht als Eigenwechsel betrachtet werden 111 III 33/37 E. 3 Pra 1985 (Nr. 158) 459 f.

4 *Ziff. 5* Die Bestimmung schliesst den Inhaberwechsel aus 108 II 319/320 E. 4. – Spezialdomizil gemäss SchKG Art. 50 Abs. 2: siehe unter Art. 991 Ziff. 5.

5 *Ziff. 7* Ob eine Unterschrift, die der Aussteller eines Eigenwechsels am Rande der Urkunde quer zum übrigen Wechseltext anbringt, den Unterzeichner verpflichtet, ist umstritten. Es ist deshalb nicht willkürlich, die Frage zu verneinen 103 II 145/146 ff. E. a, b. – Der angebliche Aussteller, dessen Unterschrift auf dem Wechsel gefälscht ist, haftet selbst dann nicht wechselmässig, wenn er die Unterschrift nachträglich genehmigt 41 II 369/372 f. E. 2.

2. Fehlen von Erfordernissen

Art. 1097

[1] Eine Urkunde, der einer der im vorstehenden Artikel bezeichneten Bestandteile fehlt, gilt nicht als eigener Wechsel, vorbehaltlich der in den folgenden Absätzen bezeichneten Fälle.

[2] Ein eigener Wechsel ohne Angabe der Verfallzeit gilt als Sichtwechsel.

[3] Mangels einer besonderen Angabe gilt der Ausstellungsort als Zahlungsort und zugleich als Wohnort des Ausstellers.

[4] Ein eigener Wechsel ohne Angabe des Ausstellungsortes gilt als ausgestellt an dem Orte, der bei dem Namen des Ausstellers angegeben ist.

Abs. 1 Siehe unter Art. 1096 Ziff. 2. 1

Abs. 3 Die Bestimmung ist auf «andere indossierbare Papiere» (Art. 1152) nicht anwendbar 65 II 66/77 E. 5. – Anwendungsfall 86 III 81/83 f. E. 2 Pra 1960 (Nr. 187) 539 (im Text wird irrtümlich auf Abs. 2 der Bestimmung verwiesen). 2

3. Verweisung auf den gezogenen Wechsel

Art. 1098

[1] Für den eigenen Wechsel gelten, soweit sie nicht mit seinem Wesen in Widerspruch stehen, die für den gezogenen Wechsel gegebenen Vorschriften über:

das Indossament (Art. 1001–1010);

den Verfall (Art. 1023–1027);

die Zahlung (Art. 1028–1032);

den Rückgriff mangels Zahlung (Art. 1033–1047, 1049–1051);

die Ehrenzahlung (Art. 1054, 1058–1062);

die Abschriften (Art. 1066 und 1067);

die Änderungen (Art. 1068);

die Verjährung (Art. 1069–1071);

die Kraftloserklärung (Art. 1072–1080);

die Feiertage, die Fristenberechnung, das Verbot der Respekttage, den Ort der Vornahme wechselrechtlicher Handlungen und die Unterschrift (Art. 1081–1085).

[2] Ferner gelten für den eigenen Wechsel die Vorschriften über gezogene Wechsel, die bei einem Dritten oder an einem von dem Wohnort des Bezogenen verschiedenen Ort zahlbar sind (Art. 994 und 1017), über den Zinsvermerk (Art. 995), über die Abweichungen bei der Angabe der Wechselsumme (Art. 996), über die Folgen einer ungültigen Unterschrift (Art. 997) oder die Unterschrift einer Person, die ohne Vertretungsbefugnis handelt oder ihre Vertretungsbefugnis überschreitet (Art. 998), und über den Blankowechsel (Art. 1000).

[3] Ebenso finden auf den eigenen Wechsel die Vorschriften über die Wechselbürgschaft Anwendung (Art. 1020–1022); im Falle des Artikels 1021 Absatz 4 gilt die Wechselbürgschaft, wenn die Erklärung nicht angibt, für wen sie geleistet wird, für den Aussteller des eigenen Wechsels.

1 Die Vorlegung des Protestes ist notwendig, falls die wechselrechtlichen Wirkungen, auf die sich der Gläubiger beruft, davon abhängen: Titel und Protest bilden ein Ganzes, das der Betreibungsbeamte in seiner Gesamtheit zu prüfen hat, wenn es um die Feststellung geht, ob der Titel bei erster Betrachtung eine Wechselbetreibung zulasse 111 III 33/36 E. 2a Pra 1985 (Nr. 158) 459, vgl. auch 113 III 123/124 f. E. 3 und 118 III 24/26 E.a.

4. Haftung des Ausstellers. Vorlegung zur Sichtnahme

Art. 1099

[1] Der Aussteller eines eigenen Wechsels haftet in der gleichen Weise wie der Annehmer eines gezogenen Wechsels.

[2] Eigene Wechsel, die auf eine bestimmte Zeit nach Sicht lauten, müssen dem Aussteller innerhalb der im Artikel 1013 bezeichneten Fristen zur Sicht vorgelegt werden. Die Sicht ist von dem Aussteller auf dem Wechsel unter Angabe des Tages und Beifügung der Unterschrift zu bestätigen. Die Nachsichtfrist läuft vom Tage des Sichtvermerks. Weigert sich der Aussteller, die Sicht unter Angabe des Tages zu bestätigen, so ist dies durch einen Protest festzustellen (Art. 1015); die Nachsichtfrist läuft dann vom Tage des Protestes.

1 Der Aussteller eines Eigenwechsels haftet in gleicher Weise wie der Annehmer eines gezogenen Wechsels, weshalb gegenüber dem Hauptschuldner die Obliegenheit zum Wechselprotest entfällt 124 III 112/121 E. 3a.

Fünfter Abschnitt
Der Check

Vorb. Art. 1100–1144

Allgemeines. Der Check ist eine *besondere Form der Anweisung* 80 II 82/87 E. 4 Pra 1954 (Nr. 47) 125. – Die Ausstellung eines Checks begründet ein *Vertragsverhältnis nur zwischen dem Aussteller und dem Bezogenen* 61 II 184/187 E. 2 fr. – Im Checkverhältnis beruht die Verpflichtung des Bezogenen gegenüber dem Aussteller zur Einlösung eines Checks auf einem *Auftrag* 51 II 182/186 E. 2. – Der Check *verschafft dem Inhaber keine Rechte gegenüber dem Bezogenen.* Der Checkinhaber hat gegenüber dem Bezogenen kein direktes eigenes Forderungsrecht, denn Art. 1104 schliesst die Annahme des Checks aus. Er kann auch nicht verlangen, dass der Bezogene das Guthaben des Ausstellers sperre, damit der Check im Zeitpunkt der Vorweisung eingelöst werden könne 99 II 332/336 E. 2a, 102 II 336 E. 2a, vgl. aber auch 120 II 128/129 ff. E. 2 (Tragweite des checkrechtlichen Akzeptverbotes). 1

Haftung der Bank (gemäss Art. 55), deren Angestellter die elementarsten Vorkehren zur Prüfung der Identität des Inhabers eines an Ordre ausgestellten Checks unterlässt 61 II 184/187 f. E. 3 fr., siehe auch 126 IV 113/118 ff. E. 3b. 2

Strafrecht. Checkkartenmissbrauch 111 IV 134/134 ff., 122 IV 149/149 ff., vgl. auch 122 IV 246/246 ff. Pra 1997 (Nr. 27) 152 ff. Betrug im Checkverkehr 126 IV 13/114 ff. 3

I. Ausstellung und Form des Checks 1. Erfordernisse

Art. 1100

Der Check enthält:
1. **die Bezeichnung als Check im Texte der Urkunde, und zwar in der Sprache, in der sie ausgestellt ist;**
2. **die unbedingte Anweisung, eine bestimmte Geldsumme zu zahlen;**
3. **den Namen dessen, der zahlen soll (Bezogener);**
4. **die Angabe des Zahlungsortes;**
5. **die Angabe des Tages und des Ortes der Ausstellung;**
6. **die Unterschrift des Ausstellers.**

Der Check enthält wesensgemäss die *unbedingte Anweisung,* eine bestimmte Geldsumme zu bezahlen (Art. 1100 Ziff. 2). Es handelt sich um einen abstrakten Titel. Nur die im Gesetz ausdrücklich vorgesehenen Bedingungen sind zulässig; jede andere auf der Urkunde oder anderswo vermerkte Bedingung ist nichtig 100 II 200/216 f. E. c fr. – Der sog. *«WIR»-Check* ist kein Scheck i.S. des Gesetzes 95 II 176/181 E. 4. Hingegen gilt der Postcheck als vollgültiger Check 67 III 97/98 f. E. 1. – Enthält der vorgelegte Titel die vom Gesetz geforderten Angaben offensichtlich nicht, muss der Betreibungsbeamte die Wechselbetreibung verweigern 111 III 33/35 f. E. 1 Pra 1985 (Nr. 158) 458, vgl. auch 113 III 123/123 ff. 1

2. Fehlen von Erfordernissen

Art. 1101

[1] Eine Urkunde, in der einer der im vorstehenden Artikel bezeichneten Bestandteile fehlt, gilt nicht als Check, vorbehältlich der in den folgenden Absätzen bezeichneten Fälle.

[2] Mangels einer besonderen Angabe gilt der bei dem Namen des Bezogenen angegebene Ort als Zahlungsort. Sind mehrere Orte bei dem Namen des Bezogenen angegeben, so ist der Check an dem an erster Stelle angegebenen Orte zahlbar.

[3] Fehlt eine solche und jede andere Angabe, so ist der Check an dem Orte zahlbar, an dem der Bezogene seine Hauptniederlassung hat.

[4] Ein Check ohne Angabe des Ausstellungsortes gilt als ausgestellt an dem Orte, der bei dem Namen des Ausstellers angegeben ist.

1 ***Abs. 1*** Ein formungültiger Check stellt in der Regel eine Anweisung (Art. 466 ff.) dar 80 II 82/87 E. 4 Pra 1954 (Nr. 46) 125. Er kann infolge fehlender Kongruenz nicht auf dem Wege der Konversion in ein Innominatpapier umgewandelt werden, weil der Checkaussteller nur nach Protest haftet, während der Aussteller eines Innominatpapiers auch ohne Protest für seine Verpflichtung einzustehen hat 80 II 82/87 E. 3, 126 III 182/185 E. 3b.

2 ***Abs. 1 und 4*** Eine vom Unterzeichner als Check bezeichnete Urkunde, die den Ort der Ausstellung nicht angibt und neben dem Namen des Ausstellers keine Ortsangabe enthält, ist als Check ungültig 80 II 82/85 f. E. 2 Pra 1954 (Nr. 46) 123.

3 ***Abs. 2*** Anwendungsfall 80 II 82/85 E. 2 Pra 1954 (Nr. 46) 123.

3. Passive Checkfähigkeit

Art. 1102

[1] Auf Checks, die in der Schweiz zahlbar sind, kann als Bezogener nur ein Bankier bezeichnet werden.

[2] Ein auf eine andere Person gezogener Check gilt nur als Anweisung.

1 **Bankier.** Siehe Art. 1135. – Der Postcheck bildet eine Ausnahme von Abs. 1 der Bestimmung; er hat daher nicht gemäss Abs. 2 als blosse Anweisung zu gelten 67 III 97/98 f. E. 1.

4. Deckungserfordernis

Art. 1103

[1] Ein Check darf nur ausgestellt werden, wenn der Aussteller beim Bezogenen ein Guthaben besitzt und gemäss einer ausdrücklichen oder stillschweigenden Vereinbarung, wonach der Aussteller das Recht hat, über dieses Guthaben mittels Checks zu verfügen. Die Gültigkeit der Urkunde als Check wird jedoch durch die Nichtbeachtung dieser Vorschriften nicht berührt.

[2] Kann der Aussteller beim Bezogenen nur über einen Teilbetrag verfügen, so ist der Bezogene zur Zahlung dieses Teilbetrages verpflichtet.

[3] Wer einen Check ausstellt, ohne bei dem Bezogenen für den angewiesenen Betrag verfügungsberechtigt zu sein, hat dem Inhaber des Checks ausser dem verursachten Schaden fünf vom Hundert des nicht gedeckten Betrages der angewiesenen Summe zu vergüten.

In der Bestimmung hat der Grundgedanke seinen Niederschlag gefunden, dass der Gläubiger, der vom Schuldner eine andere als eine Geldleistung anzunehmen bereit ist, nicht auch noch die Gefahr tragen soll, dadurch schlechtergestellt zu werden 119 II 227/230 E. 2a. Verhältnis zwischen Aussteller und Bezogenem: siehe Vorb. Art. 1100–1144. 1

5. Ausschluss der Annahme

Art. 1104

Der Check kann nicht angenommen werden. Ein auf den Check gesetzter Annahmevermerk gilt als nicht geschrieben.

Tragweite des checkrechtlichen Akzeptverbots. Die Bestimmung ist rein wertpapierrechtlich zu verstehen und schliesst nicht aus, dass sich die bezogene Bank nach den allgemeinen schuldrechtlichen Regeln gegenüber dem Checkinhaber zur Zahlung verpflichtet (ob allenfalls eine Checkeinlösungszusage oder eine Deckungsbestätigung vorliegt, entscheidet sich danach, wie der Empfänger die Erklärung nach den Umständen in guten Treuen verstehen durfte) 120 II 128/129 ff. E. 2. 1

6. Bezeichnung des Remittenten

Art. 1105

[1] Der Check kann zahlbar gestellt werden:

an eine bestimmte Person, mit oder ohne den ausdrücklichen Vermerk «an Ordre»;

an eine bestimmte Person, mit dem Vermerk «nicht an Ordre» oder mit einem gleichbedeutenden Vermerk;

an den Inhaber.

[2] Ist dem Check eine bestimmte Person mit dem Zusatz «oder Überbringer» oder mit einem gleichbedeutenden Vermerk als Zahlungsempfänger bezeichnet, so gilt der Check als auf den Inhaber gestellt.

[3] Ein Check ohne Angabe des Nehmers gilt als zahlbar an den Inhaber.

7. Zinsvermerk

Art. 1106

Ein in den Check aufgenommener Zinsvermerk gilt als nicht geschrieben.

8. Zahlstellen. Domizilcheck

Art. 1107

Der Check kann bei einem Dritten, am Wohnort des Bezogenen oder an einem andern Orte zahlbar gestellt werden, sofern der Dritte Bankier ist.

II. Übertragung 1. Übertragbarkeit

Art. 1108

[1] Der auf eine bestimmte Person zahlbar gestellte Check mit oder ohne den ausdrücklichen Vermerk «an Ordre» kann durch Indossament übertragen werden.

[2] Der auf eine bestimmte Person zahlbar gestellte Check mit dem Vermerk «nicht an Ordre» oder mit einem gleichbedeutenden Vermerk kann nur in der Form und mit den Wirkungen einer gewöhnlichen Abtretung übertragen werden.

[3] Das Indossament kann auch auf den Aussteller oder jeden anderen Checkverpflichteten lauten. Diese Personen können den Check weiter indossieren.

2. Erfordernisse

Art. 1109

[1] Das Indossament muss unbedingt sein. Bedingungen, von denen es abhängig gemacht wird, gelten als nicht geschrieben.

[2] Ein Teilindossament ist nichtig.

[3] Ebenso ist ein Indossament des Bezogenen nichtig.

[4] Ein Indossament an den Inhaber gilt als Blankoindossament.

[5] Das Indossament an den Bezogenen gilt nur als Quittung, es sei denn, dass der Bezogene mehrere Niederlassungen hat und das Indossament auf eine andere Niederlassung lautet als diejenige, auf die der Check gezogen worden ist.

3. Legitimation des Inhabers

Art. 1110

Wer einen durch Indossament übertragbaren Check in Händen hat, gilt als rechtmässiger Inhaber, sofern er sein Recht durch eine ununterbrochene Reihe von Indossamenten nachweist, und zwar auch dann, wenn das letzte ein Blankoindossament ist. Ausgestrichene Indossamente gelten hiebei als nicht geschrieben. Folgt auf ein Blankoindossament ein weiteres Indossament, so wird angenommen, dass der Aussteller dieses Indossaments den Check durch das Blankoindossament erworben hat.

1 Prüfungs- und Erkundigungspflicht der Bank bei der Entgegennahme von Ordrechecks 121 III 69/71 f. E. c, vgl. auch 122 III 26/32 E. a/aa.

4. Inhabercheck

Art. 1111

Ein Indossament auf einem Inhabercheck macht den Indossanten nach den Vorschriften über den Rückgriff haftbar, ohne aber die Urkunde in einen Ordrecheck umzuwandeln.

5. Abhandengekommener Check

Art. 1112

Ist der Check einem früheren Inhaber irgendwie abhanden gekommen, so ist der Inhaber, in dessen Hände der Check gelangt ist – sei es, dass es sich um einen Inhabercheck handelt, sei es, dass es sich um einen durch Indossament übertragbaren Check handelt und der Inhaber sein Recht gemäss Artikel 1110 nachweist –, zur Herausgabe des Checks nur verpflichtet, wenn er ihn in bösem Glauben erworben hat oder ihm beim Erwerb eine grobe Fahrlässigkeit zur Last fällt.

Der Begriff des Abhandenkommens i.S. der Bestimmung ist weiter als jener von ZGB Art. 935 und umfasst alle Fälle, in denen ein Check ohne rechtswirksamen Begebungsvertrag in fremde Hände gelangt (in casu Veräusserung durch einen Vertreter ohne Vertretungsmacht) 121 III 69/71 E.a. Ansprüche des Berechtigten gegen die Bank, die bösgläubig oder grobfahrlässig einen Check vom Nichtberechtigten entgegengenommen hat 121 III 69/71 E.b. Um eine missbräuchliche Benutzung von Bankkonten zu verhindern, ist die Bank verpflichtet, bei der Eröffnung eines Kontos die Identität des Kunden zu überprüfen und sich, wenn die Umstände darauf hinweisen, zu erkundigen, ob der Kunde für einen Dritten als wirtschaftlich Berechtigten handelt. Besondere Vorsicht drängt sich dann auf, wenn der Kunde gleichzeitig mit der Kontoeröffnung einen Check einreicht und den gutzuschreibenden Betrag sogleich bar wieder abhebt 121 III 69/72 f. E.d. Der Schadenersatzanspruch gemäss Art. 1112 i.V.m. ZGB Art. 940 Abs. 1 kann in Anwendung von Art. 44 Abs. 1 herabgesetzt werden, wenn Umstände zur Schadensverursachung beigetragen haben, für die der Geschädigte einzustehen hat. Dabei hat eine juristische Person die Gefahr, dass die von ihr bestellten Organpersonen ihr Schaden zufügen, grundsätzlich selbst zu tragen, und zwar auch insoweit, als sie diese Gefahr nicht schuldhaft herbeigeführt oder erhöht hat 121 III 69/73 f. E. 4. 1

6. Rechte aus dem Nachindossament

Art. 1113

[1] Ein Indossament, das nach Erhebung des Protests oder nach Vornahme einer gleichbedeutenden Feststellung oder nach Ablauf der Vorlegungsfrist auf den Check gesetzt wird, hat nur die Wirkungen einer gewöhnlichen Abtretung.

[2] Bis zum Beweis des Gegenteils wird vermutet, dass ein nicht datiertes Indossament vor Erhebung des Protests oder vor der Vornahme einer gleichbedeutenden Feststellung oder vor Ablauf der Vorlegungsfrist auf den Check gesetzt worden ist.

III. Checkbürgschaft

Art. 1114

[1] Die Zahlung der Checksumme kann ganz oder teilweise durch Checkbürgschaft gesichert werden.

[2] Diese Sicherheit kann von einem Dritten, mit Ausnahme des Bezogenen, oder auch von einer Person geleistet werden, deren Unterschrift sich schon auf dem Check befindet.

IV. Vorlegung und Zahlung 1. Verfallzeit

Art. 1115

[1] Der Check ist bei Sicht zahlbar. Jede gegenteilige Angabe gilt als nicht geschrieben.

[2] Ein Check, der vor Eintritt des auf ihm angegebenen Ausstellungstages zur Zahlung vorgelegt wird, ist am Tage der Vorlegung zahlbar.

2. Vorlegung zur Zahlung

Art. 1116

[1] Ein Check, der in dem Lande der Ausstellung zahlbar ist, muss binnen acht Tagen zur Zahlung vorgelegt werden.

[2] Ein Check, der in einem anderen Lande als dem der Ausstellung zahlbar ist, muss binnen 20 Tagen vorgelegt werden, wenn Ausstellungsort und Zahlungsort sich in demselben Erdteile befinden, und binnen 70 Tagen, wenn Ausstellungsort und Zahlungsort sich in verschiedenen Erdteilen befinden.

[3] Hiebei gelten die in einem Lande Europas ausgestellten und in einem an das Mittelmeer grenzenden Lande zahlbaren Checks, ebenso wie die in einem an das Mittelmeer grenzenden Lande ausgestellten und in einem Lande Europas zahlbaren Checks als Checks, die in demselben Erdteile ausgestellt und zahlbar sind.

[4] Die vorstehend erwähnten Fristen beginnen an dem Tage zu laufen, der in dem Check als Ausstellungstag angegeben ist.

3. Zeitberechnung nach altem Stil

Art. 1117

Ist ein Check auf einen Ort gezogen, dessen Kalender von dem des Ausstellungsortes abweicht, so wird der Tag der Ausstellung in den nach dem Kalender des Zahlungsortes entsprechenden Tag umgerechnet.

4. Einlieferung in eine Abrechnungsstelle

Art. 1118

Die Einlieferung in eine von der Schweizerischen Nationalbank anerkannte Abrechnungsstelle steht der Vorlegung zur Zahlung gleich.

5. Widerruf a. Im Allgemeinen

Art. 1119

[1] Ein Widerruf des Checks ist erst nach Ablauf der Vorlegungsfrist wirksam.

[2] Wenn der Check nicht widerrufen ist, kann der Bezogene auch nach Ablauf der Vorlegungsfrist Zahlung leisten.

[3] Behauptet der Aussteller, dass der Check ihm oder einem Dritten abhanden gekommen sei, so kann er dem Bezogenen die Einlösung verbieten.

Abs. 3 Fehlendes Verschulden der Bank, die verfälschte Eurochecks einlöst, nachdem ihr der Kunde den Diebstahl gemeldet hat 122 III 373/380 f. E. 4 Pra 1997 (Nr. 25) 147 f. 1

b. Bei Tod, Handlungsunfähigkeit, Konkurs

Art. 1120

Auf die Wirksamkeit des Checks ist es ohne Einfluss, wenn nach der Begebung des Checks der Aussteller stirbt oder handlungsunfähig wird oder wenn über sein Vermögen der Konkurs eröffnet wird.

6. Prüfung der Indossamente

Art. 1121

Der Bezogene, der einen durch Indossament übertragbaren Check einlöst, ist verpflichtet, die Ordnungsmässigkeit der Reihe der Indossamente, aber nicht die Unterschriften der Indossanten, zu prüfen.

Ob eine Indossamentskette lückenlos ist, beurteilt sich nach dem Ausstellungsort 4C.292/2000 (21.12.00) E. 3c/bb. Zum Begriff der Lückenlosigkeit 4C.292/2000 (21.12.00) E. 3c/aa. 1

7. Zahlung in fremder Währung

Art. 1122

[1] Lautet der Check auf eine Währung, die am Zahlungsorte nicht gilt, so kann die Checksumme in der Landeswährung nach dem Werte gezahlt werden, den sie am Tage der Vorlegung besitzt. Wenn die Zahlung bei Vorlegung nicht erfolgt ist, so kann der Inhaber wählen, ob die Checksumme nach dem Kurs des Vorlegungstages oder nach dem Kurs des Zahlungstages in die Landeswährung umgerechnet werden soll.

[2] Der Wert der fremden Währung bestimmt sich nach den Handelsgebräuchen des Zahlungsortes. Der Aussteller kann jedoch im Check für die zu zahlende Summe einen Umrechnungskurs bestimmen.

[3] Die Vorschriften der beiden ersten Absätze finden keine Anwendung, wenn der Aussteller die Zahlung in einer bestimmten Währung vorgeschrieben hat (Effektivvermerk).

[4] Lautet der Check auf eine Geldsorte, die im Lande der Ausstellung dieselbe Bezeichnung, aber einen andern Wert hat als in dem der Zahlung, so wird vermutet, dass die Geldsorte des Zahlungsortes gemeint ist.

V. Gekreuzter Check und Verrechnungscheck 1. Gekreuzter Check a. Begriff

Art. 1123

[1] Der Aussteller sowie jeder Inhaber können den Check mit den im Artikel 1124 vorgesehenen Wirkungen kreuzen.

[2] Die Kreuzung erfolgt durch zwei gleichlaufende Striche auf der Vorderseite des Checks. Die Kreuzung kann allgemein oder besonders sein.

[3] Die Kreuzung ist allgemein, wenn zwischen den beiden Strichen keine Angabe oder die Bezeichnung «Bankier» oder ein gleichbedeutender Vermerk steht; sie ist eine besondere, wenn der Name eines Bankiers zwischen die beiden Striche gesetzt ist.

[4] Die allgemeine Kreuzung kann in eine besondere, nicht aber die besondere Kreuzung in eine allgemeine umgewandelt werden.

[5] Die Streichung der Kreuzung oder des Namens des bezeichneten Bankiers gilt als nicht erfolgt.

1 Mit einer Kreuzung des Checks werden Anordnungen für den Vorgang der Einlösung getroffen, die zum Zweck haben, das Risiko der Zahlung an einen Nichtberechtigten zu vermindern. Dabei soll die Tatsache bestehender Kundenbeziehungen der am Inkasso beteiligten Banken genutzt werden (Entdeckung irregulärer Einlösungsbegehren sowie von Fälschungen, Rückgängigmachung einer allfälligen Auszahlung an den Nichtberechtigten) 122 III 26/27 f. E. 3a, 124 III 313/318 E. 3a.

b. Wirkungen

Art. 1124

[1] Ein allgemein gekreuzter Check darf vom Bezogenen nur an einen Bankier oder an einen Kunden des Bezogenen bezahlt werden.

[2] Ein besonders gekreuzter Check darf vom Bezogenen nur an den bezeichneten Bankier oder, wenn dieser selbst der Bezogene ist, an dessen Kunden bezahlt werden. Immerhin kann der bezeichnete Bankier einen andern Bankier mit der Einziehung des Checks betrauen.

[3] Ein Bankier darf einen gekreuzten Check nur von einem seiner Kunden oder von einem anderen Bankier erwerben. Auch darf er ihn nicht für Rechnung anderer als der vorgenannten Personen einziehen.

[4] Befinden sich auf einem Check mehrere besondere Kreuzungen, so darf der Check vom Bezogenen nur dann bezahlt werden, wenn nicht mehr als zwei Kreuzungen vorliegen und die eine zum Zwecke der Einziehung durch Einlieferung in eine Abrechnungsstelle erfolgt ist.

[5] Der Bezogene oder der Bankier, der den vorstehenden Vorschriften zuwiderhandelt, haftet für den entstandenen Schaden, jedoch nur bis zur Höhe der Checksumme.

Die Bestimmung dient der Einhaltung der Sicherheitsbestimmungen der Kreuzung 126 IV 113/118 E. 3b und begründet ein besonderes Verhältnis der Einreicherbank zum Vermögensgegenstand 126 IV 113/119 E. 3c/cc. – Der checkrechtliche Kundenbegriff bezeichnet eine bestehende Geschäftsbeziehung, die tatsächlich gepflegt wird und dadurch gesicherte Rückschlüsse auf die Identität des Einlösers erlaubt. Ein Konto bei der Einreicherbank ist mithin weder nötig noch in jedem Fall hinreichend. Von einer sicheren Identifikation kann nicht schon aufgrund der Angaben bei der Kontoeröffnung, sondern erst dann gesprochen werden, wenn sich Personalien und Wohnsitz des Kunden (Einreichers) im Laufe einer gefestigten und gelebten Geschäftsbeziehung als richtig erweisen. Ob eine gefestigte Beziehung vorliegt, kann nicht anhand formaler Kriterien (Dauer oder Art der Geschäftsbeziehung, Anzahl abgewickelter Bankgeschäfte) entschieden werden, sondern ist aufgrund der konkreten Kenntnisse des Bankiers und der Umstände im Einzelfall zu beurteilen 124 III 313/319 E. 3b (in casu begründeten zwei geschäftliche Kontakte zwischen Einreicherbank und Einlöser keine Kundenbeziehung). 1

Abs. 3 Zentrale «Filter- oder Siebfunktion» der Einreicherbank, die namentlich den Aussteller vor Checkmissbrauch schützen soll und insofern eine gesteigerte Verantwortung der Einreicherbank für dessen Vermögen begründet 4C.182/2004 (23.8.04) E. 5.1, 126 IV 113/118 E. 3b, 3c/cc; diese vorgelagerte Missbrauchskontrolle bleibt der Bezogenen in der Folge weitgehend verschlossen 126 IV 113/119 E. 3c/cc. – Anzuwenden ist grundsätzlich das gleiche Mass an Sorgfalt, wie es bei direktem Eingang des Checks bei der Bezogenen anwendbar wäre 126 IV 113/118 E. 3b. – Gegen die Bestimmung (Adressat ist der vom Bezogenen verschiedene Bankier) verstösst die Einreicherbank, welche einen gekreuzten Check an einen Nichtkunden bezahlt; Bedeutung der Kundenbeziehung 122 III 26/28 f. E. b, c, 124 III 313/318 E. 3. – Zum Begriff des Kunden 4C.182/2004 (23.8.04) E. 2 und 3 fr. 2

Abs. 5 Keine Solidarhaftung der bezogenen Bank für das kreuzungswidrige Verhalten der Einreicherbank 122 III 26/29 ff. E.d. Die Haftung nach der Bestimmung stellt eine Legalhaftung dar, die ihrem Wesen und Gehalt nach zivilrechtlicher Natur ist 122 III 26/30. – Herabsetzung wegen Selbstverschulden 124 III 313/320 E. 5. – Die Haftung ist deliktsrechtlicher Natur und *verjährt* nach Art. 60 4C.182/2004 (23.8.04) E. 2 und 5 fr. 3

2. Verrechnungscheck

Vorb. Art. 1125–1127

Der sog. «WIR»-Check ist kein Scheck i.S. des Gesetzes 95 II 176/181 E. 4. Rechtsfolgen, wenn das vertraglich vereinbarte Zahlungsmittel der WIR-Buchungen nicht zur Tilgung der Schuld führt 119 II 227/230 f. E. 2b. 1

a. Im Allgemeinen

Art. 1125

[1] Der Aussteller sowie jeder Inhaber eines Checks kann durch den quer über die Vorderseite gesetzten Vermerk «nur zur Verrechnung» oder durch einen gleichbedeutenden Vermerk untersagen, dass der Check bar bezahlt wird.

[2] Der Bezogene darf in diesem Falle den Check nur im Wege der Gutschrift einlösen (Verrechnung, Überweisung, Ausgleichung). Die Gutschrift gilt als Zahlung.

[3] Die Streichung des Vermerks «nur zur Verrechnung» gilt als nicht erfolgt.

[4] Der Bezogene, der den vorstehenden Vorschriften zuwiderhandelt, haftet für den entstandenen Schaden, jedoch nur bis zur Höhe der Checksumme.

1 Mit dem Verrechnungscheck wird – wie mit dem gekreuzten Check (Art. 1125) – bezweckt, das Risiko einer Zahlung an einen Nichtberechtigten durch Anordnungen für den Vorgang der Einlösung zu vermindern 124 III 313/318 E. 3a (zum gekreuzten Check).

b. Rechte des Inhabers bei Konkurs, Zahlungseinstellung, Zwangsvollstreckung

Art. 1126

[1] Der Inhaber eines Verrechnungschecks ist jedoch befugt, vom Bezogenen Barzahlung zu verlangen und bei Nichtzahlung Rückgriff zu nehmen, wenn über das Vermögen des Bezogenen der Konkurs eröffnet worden ist oder wenn er seine Zahlungen eingestellt hat oder wenn eine Zwangsvollstreckung in sein Vermögen fruchtlos verlaufen ist.

[2] Dasselbe gilt, wenn der Inhaber infolge von Massnahmen, die auf Grund des Bankengesetzes vom 8. November 1934 getroffen worden sind, über die Gutschrift beim Bezogenen nicht verfügen kann.

c. Rechte des Inhabers bei Verweigerung der Gutschrift oder der Ausgleichung

Art. 1127

Der Inhaber eines Verrechnungschecks ist ferner berechtigt, Rückgriff zu nehmen, wenn er nachweist, dass der Bezogene die bedingungslose Gutschrift ablehnt oder dass der Check von der Abrechnungsstelle des Zahlungsortes als zur Ausgleichung von Verbindlichkeiten des Inhabers ungeeignet erklärt worden ist.

VI. Rückgriff mangels Zahlung 1. Rückgriffsrechte des Inhabers

Art. 1128

Der Inhaber kann gegen die Indossanten, den Aussteller und die anderen Checkverpflichteten Rückgriff nehmen, wenn der rechtzeitig vorgelegte Check nicht eingelöst und die Verweigerung der Zahlung festgestellt worden ist:

1. **durch eine öffentliche Urkunde (Protest) oder**
2. **durch eine schriftliche, datierte Erklärung des Bezogenen auf dem Check, die den Tag der Vorlegung angibt, oder**

3. durch eine datierte Erklärung einer Abrechnungsstelle, dass der Check rechtzeitig eingeliefert und nicht bezahlt worden ist.

Rückgriff des Checkinhabers gegen einen Indossanten. Einrede des Indossanten, der Inhaber habe den Auftrag, sich vor Einlösung der Checks nach der Deckung zu erkundigen und die Auskunft an ihn weiterzuleiten, nicht pflichtgemäss ausgeführt. Beweislast 99 II 332/335 ff. E. 1–3. 1

Ziff. 2 Die Erklärung des Bezogenen, dass er die Zahlung verweigere, muss (innert der dafür vorgesehenen Frist) auf dem Check selber angegeben werden. Beachtet der Bezogene diese Form nicht (wozu er auch nicht verpflichtet ist), so ist es Sache des Checkinhabers, zur Wahrung des Rückgriffsrechtes den öffentlichen Protest vorzunehmen (in casu auch keine missbräuchliche Berufung auf die Formvorschrift) 102 II 270/273 ff. E. 1 b–c, 124 III 112/116 E. 1b. – Aus 111 III 33/33 ff. Pra 1985 (Nr. 158) 458 ff. lässt sich nicht ableiten, dass das Betreibungsamt auch die Feststellung der Nichtzahlung i.S.v. Art. 1128 Ziff. 2 zu prüfen habe 113 III 123/124 f. E. 3. 2

2. Protesterhebung. Fristen

Art. 1129

[1] Der Protest oder die gleichbedeutende Feststellung muss vor Ablauf der Vorlegungsfrist vorgenommen werden.

[2] Ist die Vorlegung am letzten Tage der Frist erfolgt, so kann der Protest oder die gleichbedeutende Feststellung auch noch an dem folgenden Werktage vorgenommen werden.

Die Bestimmung sieht nicht eine andere Form des Protestes vor als Art. 1128, sondern sie gibt bloss die Fristen an, innert denen die Verweigerung der Zahlung gemäss Art. 1128 festzustellen ist 102 II 270/274 f. E.b. – Die Vorlegung des Protestes ist notwendig, falls die wechselrechtlichen Wirkungen, auf die sich der Gläubiger beruft, davon abhängen: Titel und Protest bilden ein Ganzes, das der Betreibungsbeamte in seiner Gesamtheit zu prüfen hat, wenn es um die Feststellung geht, ob der Titel bei erster Betrachtung eine Wechselbetreibung zulasse 111 III 33/36 E. 2a Pra 1985 (Nr. 158) 459, vgl. auch 113 III 123/124 f. E. 3 und 118 III 24/26 E.a. 1

3. Inhalt der Rückgriffsforderung

Art. 1130

Der Inhaber kann im Wege des Rückgriffs verlangen:
1. **die Checksumme, soweit der Check nicht eingelöst worden ist;**
2. **Zinsen zu sechs vom Hundert seit dem Tage der Vorlegung;**
3. **die Kosten des Protestes oder der gleichbedeutenden Feststellung und der Nachrichten sowie die anderen Auslagen;**
4. **eine Provision von höchstens einem Drittel Prozent.**

4. Vorbehalt der höheren Gewalt

Art. 1131

[1] Steht der rechtzeitigen Vorlegung des Checks oder der rechtzeitigen Erhebung des Protestes oder der Vornahme einer gleichbedeutenden Feststellung ein unüberwindliches Hindernis entgegen (gesetzliche Vorschrift eines Staates oder ein anderer Fall höherer Gewalt), so werden die für diese Handlungen bestimmten Fristen verlängert.

[2] Der Inhaber ist verpflichtet, seinen unmittelbaren Vormann von dem Falle der höheren Gewalt unverzüglich zu benachrichtigen und die Benachrichtigung unter Beifügung des Tages und Ortes sowie seiner Unterschrift auf dem Check oder einem Anhang zu vermerken; im übrigen finden die Vorschriften des Artikels 1042 Anwendung.

[3] Fällt die höhere Gewalt weg, so muss der Inhaber den Check unverzüglich zur Zahlung vorlegen und gegebenenfalls Protest erheben oder eine gleichbedeutende Feststellung vornehmen lassen.

[4] Dauert die höhere Gewalt länger als 15 Tage seit dem Tage, an dem der Inhaber selbst vor Ablauf der Vorlegungsfrist seinen Vormann von dem Falle der höheren Gewalt benachrichtigt hat, so kann Rückgriff genommen werden, ohne dass es der Vorlegung oder der Protesterhebung oder einer gleichbedeutenden Feststellung bedarf.

[5] Tatsachen, die rein persönlich den Inhaber oder denjenigen betreffen, den er mit der Vorlegung des Checks oder mit der Erhebung des Protestes oder mit der Herbeiführung einer gleichbedeutenden Feststellung beauftragt hat, gelten nicht als Fälle höherer Gewalt.

VII. Gefälschter Check

Art. 1132

Der aus der Einlösung eines falschen oder verfälschten Checks sich ergebende Schaden trifft den Bezogenen, sofern nicht dem in dem Check genannten Aussteller ein Verschulden zur Last fällt, wie namentlich eine nachlässige Verwahrung der ihm überlassenen Checkformulare.

1 Die in der Bestimmung enthaltene Risikoverteilung zwischen Aussteller und Bezogenem ist dispositiver Natur (Zulässigkeit der Überwälzung des Risikos der Checkfälschung durch Allgemeine Geschäftsbedingungen auf den Aussteller; offengelassen, ob eine zusätzliche Haftungsbeschränkung auf «grobes Verschulden der Bank» unter dem Gesichtswinkel von Art. 100 f. zulässig sei) 122 III 26/32 E.a. Risikoverteilung bei Eurochecks 122 III 373/375 ff. E. 2 Pra 1997 (Nr. 25) 142 ff. In der Schweiz weichen die meisten allgemeinen Bedingungen der Banken von Art. 1132 ab. Weicht eine Klausel vom anwendbaren Gesetz ab, fällt sie, auch wenn die Abweichungen zur Regel werden, aus diesem einzigen Grund nicht notwendigerweise unter UWG Art. 8 oder unter die Ungewöhnlichkeitsregel von ZGB Art. 2 Abs. 2 122 III 373/378 f. E. a Pra 1997 (Nr. 25) 145 f. E. c (recte a). Verschulden des Ausstellers, der seine Eurocheck-Karte mit 32 Checkformularen in einem abgestellten Fahrzeug zurücklässt 122 III 373/379 f. E. b Pra 1997 (Nr. 25) 146 f. E. d (recte b). Fehlendes Verschulden der Bank, die verfälschte Eurochecks einlöst, nachdem ihr der Kunde deren Diebstahl gemeldet hat 122 III 373/380 f. E. 4 Pra 1997 (Nr. 25) 147 f.

VIII. Ausfertigung mehrerer Stücke eines Checks

Art. 1133

Checks, die nicht auf den Inhaber gestellt sind und in einem anderen Lande als dem der Ausstellung oder in einem überseeischen Gebiete des Landes der Ausstellung zahlbar sind, und umgekehrt, oder in dem überseeischen Gebiete eines Landes ausgestellt und zahlbar sind, oder in dem überseeischen Gebiete eines Landes ausgestellt und in einem anderen überseeischen Gebiete desselben Landes zahlbar sind, können in mehreren gleichen Ausfertigungen ausgestellt werden. Diese Ausfertigungen müssen im Texte der Urkunde mit fortlaufenden Nummern versehen sein; andernfalls gilt jede Ausfertigung als besonderer Check.

IX. Verjährung

Art. 1134

[1] Die Rückgriffsansprüche des Inhabers gegen die Indossanten, den Aussteller und die anderen Checkverpflichteten verjähren in sechs Monaten vom Ablauf der Vorlegungsfrist.

[2] Die Rückgriffsansprüche eines Verpflichteten gegen einen andern Checkverpflichteten verjähren in sechs Monaten von dem Tage, an dem der Check von dem Verpflichteten eingelöst oder ihm gegenüber gerichtlich geltend gemacht worden ist.

X. Allgemeine Vorschriften 1. Begriff des «Bankiers»

Art. 1135

In diesem Abschnitt sind unter der Bezeichnung «Bankier» Firmen zu verstehen, die dem Bankengesetz vom 8. November 1934 unterstehen.

2. Fristbestimmungen a. Feiertage

Art. 1136

[1] Die Vorlegung und der Protest eines Checks können nur an einem Werktage stattfinden.

[2] Fällt der letzte Tag einer Frist, innerhalb derer eine auf den Check bezügliche Handlung, insbesondere die Vorlegung, der Protest oder eine gleichbedeutende Feststellung vorgenommen werden muss, auf einen Sonntag oder einen anderen staatlich anerkannten Feiertag, so wird die Frist bis zum nächsten Werktag verlängert. Feiertage, die in den Lauf einer Frist fallen, werden bei der Berechnung der Frist mitgezählt.

b. Fristberechnung

Art. 1137

Bei der Berechnung der in diesem Gesetz vorgesehenen Fristen wird der Tag, an dem sie zu laufen beginnen, nicht mitgezählt.

XI. Geltungsbereich der Gesetze 1. Passive Checkfähigkeit

Art. 1138

[1] Das Recht des Landes, in dem der Check zahlbar ist, bestimmt die Personen, auf die ein Check gezogen werden kann.

[2] Ist nach diesem Recht der Check im Hinblick auf die Person des Bezogenen nichtig, so sind gleichwohl die Verpflichtungen aus Unterschriften gültig, die in Ländern auf den Check gesetzt worden sind, deren Recht die Nichtigkeit aus einem solchen Grunde nicht vorsieht.

2. Form und Fristen der Checkerklärungen

Art. 1139

[1] Die Form einer Checkerklärung bestimmt sich nach dem Recht des Landes, in dessen Gebiete die Erklärung unterschrieben worden ist. Es genügt jedoch die Beobachtung der Form, die das Recht des Zahlungsortes vorschreibt.

[2] Wenn eine Checkerklärung, die nach den Vorschriften des vorstehenden Absatzes ungültig ist, dem Recht des Landes entspricht, in dessen Gebiet eine spätere Checkerklärung unterschrieben worden ist, so wird durch Mängel in der Form der ersten Checkerklärung die Gültigkeit der späteren Checkerklärung nicht berührt.

[3] Ebenso ist eine Checkerklärung, die ein Schweizer im Ausland abgegeben hat, in der Schweiz gegenüber einem anderen Schweizer gültig, wenn sie den Formerfordernissen des schweizerischen Rechts genügt.

1 *__Abs. 1__* Anwendungsfall 80 II 82/84 f. E. 1 Pra 1954 (Nr. 46) 122.

3. Wirkung der Checkerklärungen a. Recht des Ausstellungsortes

Art. 1140

Die Wirkungen der Checkerklärungen bestimmen sich nach dem Recht des Landes, in dessen Gebiete die Erklärungen unterschrieben worden sind.

1 Das Recht des Ausstellungsortes ist massgebend für den Bereicherungsanspruch gegen den Checkaussteller 102 II 270/276 ff. E. 2. – Ob eine Indossamentskette lückenlos ist, beurteilt sich nach dem Ausstellungsort 4C.292/2000 (21.12.00) E. 3 c/bb.

b. Recht des Zahlungsortes

Art. 1141

Das Recht des Landes, in dessen Gebiet der Check zahlbar ist, bestimmt:

1. **ob der Check notwendigerweise bei Sicht zahlbar ist oder ob er auf eine bestimmte Zeit nach Sicht gezogen werden kann und welches die Wirkungen sind, wenn auf dem Check ein späterer als der wirkliche Ausstellungstag angegeben ist.**
2. **die Vorlegungsfrist;**
3. **ob ein Check angenommen, zertifiziert, bestätigt oder mit einem Visum versehen werden kann, und welches die Wirkungen dieser Vermerke sind;**

4. ob der Inhaber eine Teilzahlung verlangen kann und ob er eine solche annehmen muss;
5. ob ein Check gekreuzt oder mit dem Vermerk «nur zur Verrechnung» oder mit einem gleichbedeutenden Vermerk versehen werden kann, und welches die Wirkungen der Kreuzung oder des Verrechnungsvermerks oder eines gleichbedeutenden Vermerks sind;
6. ob der Inhaber besondere Rechte auf die Deckung hat und welches der Inhalt dieser Rechte ist;
7. ob der Aussteller den Check widerrufen oder gegen die Einlösung des Checks Widerspruch erheben kann;
8. die Massnahmen, die im Falle des Verlustes oder des Diebstahls des Checks zu ergreifen sind;
9. ob ein Protest oder eine gleichbedeutende Feststellung zur Erhaltung des Rückgriffs gegen die Indossanten, den Aussteller und die anderen Checkverpflichteten notwendig ist.

Ziff. 9 Anwendungsfall 102 II 270/272 f. E. 1a. 1

c. Recht des Wohnsitzes

Art. 1142

Der Bereicherungsanspruch gegen den Bezogenen oder den Domiziliaten bestimmt sich nach dem Recht des Landes, in dessen Gebiet diese Personen ihren Wohnsitz haben.

Dass der Checkaussteller in Art. 1142 im Gegensatz zum (i.V.m. Art. 1143 Abs. 1 Ziff. 14 anwendbaren) Art. 1052 nicht erwähnt ist, beruht nicht auf einem Versehen. Der Bereicherungsanspruch gegen den Aussteller richtet sich nach dem Recht des Ausstellungsortes 102 II 270/276 ff. E. 2. 1

XII. Anwendbarkeit des Wechselrechts

Art. 1143

[1] Auf den Check finden die nachstehenden Bestimmungen des Wechselrechts Anwendung:
1. Artikel 990 über die Wechselfähigkeit;
2. Artikel 993 über Wechsel an eigene Ordre, auf den Aussteller und für Rechnung eines Dritten;
3. Artikel 996–1000 über verschiedene Bezeichnung der Wechselsumme, Unterschriften von Wechselunfähigen, Unterschrift ohne Ermächtigung, Haftung des Ausstellers und Blankowechsel;
4. Artikel 1003–1005 über das Indossament;
5. Artikel 1007 über die Wechseleinreden;
6. Artikel 1008 über die Rechte aus dem Vollmachtsindossament;
7. Artikel 1021 und 1022 über Form und Wirkungen der Wechselbürgschaft;
8. Artikel 1029 über das Recht auf Quittung und Teilzahlung;
9. Artikel 1035–1037 und 1039–1041 über den Protest;
10. Artikel 1042 über die Benachrichtigung;
11. Artikel 1043 über den Protesterlass;
12. Artikel 1044 über die solidarische Haftung der Wechselverpflichteten;
13. Artikel 1046 und 1047 über die Rückgriffsforderung bei Einlösung des Wechsels und das Recht auf Aushändigung von Wechsel, Protest und Quittung;

14. Artikel 1052 über den Bereicherungsanspruch;
15. Artikel 1053 über den Übergang der Deckung;
16. Artikel 1064 über das Verhältnis mehrerer Ausfertigungen;
17. Artikel 1068 über Änderungen;
18. Artikel 1070 und 1071 über die Unterbrechung der Verjährung;
19. Artikel 1072–1078 und 1079 Absatz 1 über die Kraftloserklärung;
20. Artikel 1083–1085 über den Ausschluss von Respekttagen, den Ort der Vornahme wechselrechtlicher Handlungen und die eigenhändige Unterschrift;
21. Artikel 1086, 1088 und 1089 über den Geltungsbereich der Gesetze in Bezug auf Wechselfähigkeit, Handlungen zur Ausübung und Erhaltung des Wechselrechts und Ausübung der Rückgriffsrechte.

[2] In Wegfall kommen bei diesen Artikeln die Bestimmungen, die sich auf die Annahme des Wechsels beziehen.

[3] Die Artikel 1042 Absatz 1, 1043 Absätze 1 und 3 und 1047 werden für die Anwendung auf den Check in dem Sinne ergänzt, dass an die Stelle des Protestes die gleichbedeutende Feststellung nach Artikel 1128 Ziffern 2 und 3 treten kann.

1 *Abs. 1 Ziff. 10* Anwendungsfall 99 II 332/340 ff. E. 4.

2 *Abs. 1 Ziff. 21* Anwendungsfall 102 II 270/272 f. E. 1a.

XIII. Vorbehalt besondern Rechtes

Art. 1144

Vorbehalten bleiben die besondern Bestimmungen über den Postcheck.

1 Der Postcheck ist ein vollgültiger Check. Wechselbetreibung kann auch gegen den Aussteller eines Postchecks angehoben werden 67 III 97/98 f. E. 1. – Die Haftpflicht der PTT-Betriebe aus dem Postcheckverkehr richtet sich nach dem Postverkehrsgesetz abgelöst durch das Postgesetz (PG, SR 783.0) 95 I 79/79 ff.

Sechster Abschnitt
Wechselähnliche und andere Ordrepapiere

Vorb. Art. 1145–1152

Die Vereinbarung der teilweisen Übertragbarkeit schliesst das Vorliegen eines Wertpapiers (in casu i.S.v. Art. 1151) aus; die Klausel gilt nicht bloss als nicht geschrieben 65 II 66/72 ff. E. 4. – Rechtsnatur der vinkulierten Namenaktie: siehe unter Art. 965/Wertpapiere. Konversion eines ungültigen Ordrepapiers (in casu i.S.v. Art. 1151) in ein abstraktes Schuldversprechen 65 II 66/79 f. E. 7. 1

A. Im Allgemeinen I. Voraussetzungen

Art. 1145

Ein Wertpapier gilt als Ordrepapier, wenn es an Ordre lautet oder vom Gesetze als Ordrepapier erklärt ist.

II. Einreden des Schuldners

Art. 1146

1 Wer aus einem Ordrepapier in Anspruch genommen wird, kann sich nur solcher Einreden bedienen, die entweder gegen die Gültigkeit der Urkunde gerichtet sind oder aus der Urkunde selbst hervorgehen, sowie solcher, die ihm persönlich gegen den jeweiligen Gläubiger zustehen.

2 Einreden, die sich auf die unmittelbaren Beziehungen des Schuldners zum Aussteller oder zu einem frühern Inhaber gründen, sind zulässig, wenn der Inhaber bei dem Erwerb des Ordrepapiers bewusst zum Nachteil des Schuldners gehandelt hat.

B. Wechselähnliche Papiere I. Anweisungen an Ordre 1. Im Allgemeinen

Art. 1147

Anweisungen, die im Texte der Urkunde nicht als Wechsel bezeichnet sind, aber ausdrücklich an Ordre lauten und im übrigen den Erfordernissen des gezogenen Wechsels entsprechen, stehen den gezogenen Wechseln gleich.

Anwendungsfall 78 II 157/158 E. 2. 1

2. Keine Annahmepflicht

Art. 1148

[1] Die Anweisung an Ordre ist nicht zur Annahme vorzulegen.

[2] Wird sie trotzdem vorgelegt, aber ihre Annahme verweigert, so steht dem Inhaber ein Rückgriffsrecht aus diesem Grunde nicht zu.

3. Folgen der Annahme

Art. 1149

[1] Wird die Anweisung an Ordre freiwillig angenommen, so steht der Annehmer der Anweisung dem Annehmer des gezogenen Wechsels gleich.

[2] Der Inhaber kann jedoch nicht vor Verfall Rückgriff nehmen, wenn über den Angewiesenen der Konkurs eröffnet worden ist oder wenn der Angewiesene seine Zahlungen eingestellt hat oder wenn eine Zwangsvollstreckung in sein Vermögen fruchtlos verlaufen ist.

[3] Ebenso steht dem Inhaber der Rückgriff vor Verfall nicht zu, wenn über den Anweisenden der Konkurs eröffnet worden ist.

4. Keine Wechselbetreibung

Art. 1150

Die Bestimmungen des Schuldbetreibungs- und Konkursgesetzes vom 11. April 1889 betreffend die Wechselbetreibung finden auf die Anweisung an Ordre keine Anwendung.

II. Zahlungsversprechen an Ordre

Art. 1151

[1] Zahlungsversprechen, die im Texte der Urkunde nicht als Wechsel bezeichnet sind, aber ausdrücklich an Ordre lauten und im übrigen den Erfordernissen des eigenen Wechsels entsprechen, stehen den eigenen Wechseln gleich.

[2] Für das Zahlungsversprechen an Ordre gelten jedoch die Bestimmungen über die Ehrenzahlung nicht.

[3] Die Bestimmungen des Schuldbetreibungs- und Konkursgesetzes vom 11. April 1889 betreffend die Wechselbetreibung finden auf das Zahlungsversprechen an Ordre keine Anwendung.

1 Die Vereinbarung der teilweisen Übertragbarkeit schliesst das Vorliegen eines Wertpapiers (in casu i.S. der Bestimmung) aus; die Klausel gilt nicht bloss als nicht geschrieben 65 II 66/72 ff. E. 4. Konversion des als Wertpapier ungültigen Verpflichtungsschreibens in ein abstraktes Schuldversprechen 65 II 66/79 f. E. 7. – Zulässigkeit gewillkürter Ordrepapiere? Siehe Vorb. Art. 965–973/Unbenannte Wertpapiere.

C. Andere indossierbare Papiere

Art. 1152

[1] Urkunden, in denen der Zeichner sich verpflichtet, nach Ort, Zeit und Summe bestimmte Geldzahlungen zu leisten oder bestimmte Mengen vertretbarer Sachen zu liefern, können, wenn sie ausdrücklich an Ordre lauten, durch Indossament übertragen werden.

[2] Für diese Urkunden sowie für andere indossierbare Papiere, wie Lagerscheine, Warrants, Ladescheine, gelten die Vorschriften des Wechselrechtes über die Form des Indossaments, die Legitimation des Inhabers, die Kraftloserklärung sowie über die Pflicht des Inhabers zur Herausgabe.

[3] Dagegen sind die Bestimmungen über den Wechselrückgriff auf solche Papiere nicht anwendbar.

Zu den andern indossierbaren Papieren gehören auch die *Konnossemente* 48 II 83; siehe 1
auch unter Art. 1029 Abs. 1 und 3. – Dass die Urkunde ausdrücklich «an Ordre» lauten muss, heisst nicht, dass das Wort «Ordre» selber Verwendung finden muss 43 II 798/800. – Die Ordreverpflichtungsscheine i.S. der Bestimmung verlangen im Gegensatz zum wechselähnlichen Zahlungsversprechen nicht die Angabe von Ort und Zeit der Ausstellung, wohl aber die *ausdrückliche Angabe des Erfüllungsortes.* Die indossablen Urkunden i.S. der Bestimmung stellen vom Eigenwechsel und den wechselähnlichen Ordrepapieren unabhängige Papiere dar; für sie gilt die in Art. 1097 Abs. 3 aufgestellte Vermutung, dass der Ausstellungsort als Zahlungsort gilt, nicht 65 II 66/76 f. E. 5. – *Zulässigkeit gewillkürter Ordrepapiere?* Siehe Vorb. Art. 965–973/Unbenannte Wertpapiere.

Siebenter Abschnitt
Die Warenpapiere

A. Erfordernisse I. Im Allgemeinen

Art. 1153

Warenpapiere, die von einem Lagerhalter oder Frachtführer als Wertpapier ausgestellt werden, müssen enthalten:

1. **den Ort und den Tag der Ausstellung und die Unterschrift des Ausstellers;**
2. **den Namen und den Wohnort des Ausstellers;**
3. **den Namen und den Wohnort des Einlagerers oder des Absenders;**
4. **die Bezeichnung der eingelagerten oder aufgegebenen Ware nach Beschaffenheit, Menge und Merkzeichen;**
5. **die Gebühren und Löhne, die zu entrichten sind oder die vorausbezahlt wurden;**
6. **die besondern Vereinbarungen, die von den Beteiligten über die Behandlung der Ware getroffen worden sind;**
7. **die Zahl der Ausfertigungen des Warenpapiers;**
8. **die Angabe des Verfügungsberechtigten mit Namen oder an Ordre oder als Inhaber.**

1 Eine Urkunde (in casu «delivery order»), die eine der nach der Bestimmung erforderlichen Angaben nicht enthält, stellt kein Warenpapier i.S.v. ZGB Art. 902 dar: Die Übertragung des Eigentums an der Ware oder deren Verpfändung kann nicht durch blosse Übergabe eines solchen Titels erfolgen 109 II 144/146 f. E. 2 Pra 1983 (Nr. 265) 713 f., vgl. auch 122 III 73/78 fr. Ein unter dem Gesichtspunkt von Art. 1153 ungültiges Wertpapier behält seine Gültigkeit als Beweismittel und Legitimationsausweis für den Inhaber (Art. 1155 Abs. 1): Die Übergabe eines solchen Titels kann als Besitzanweisung zur Begründung eines Faustpfandrechtes betrachtet werden (ZGB Art. 924 Abs. 1); allerdings muss in einem solchen Fall der unmittelbare Besitzer der Ware benachrichtigt werden (ZGB Art. 924 Abs. 2) 109 II 144/147 ff. E. 3 Pra 1983 (Nr. 265) 714 ff. Incoterms 1980, CIF-Klausel. Pflicht des Verkäufers, ein Konnossement auszustellen und dem Käufer unverzüglich zukommen zu lassen. Im Eisenbahnverkehr entsprechen dem Seekonnossement am ehesten die Frachtbriefe, obschon sie dem Empfänger, wenn sie ihm übergeben werden, nicht die gleiche Stellung zu verleihen vermögen wie ein Seekonnossement 122 III 106/106 ff.

II. Gleichwertige Titel in Wertrechteregistern

Art. 1153a

[1] Die Parteien können Warenpapiere in der Form von Registerwertrechten vorsehen. Die Artikel 1154 und 1155 sind sinngemäss anwendbar.

[2] Die Unterschrift des Ausstellers kann entfallen, wenn der Titel ihm auf andere Weise eindeutig zugeordnet werden kann. Der weitere Inhalt des Titels samt dessen Lasten muss im Wertrechteregister selbst oder in damit verknüpften Begleitdaten festgehalten werden.

B. Der Pfandschein

Art. 1154

[1] Wird von mehreren Warenpapieren eines für die Pfandbestellung bestimmt, so muss es als Pfandschein (Warrant) bezeichnet sein und im Übrigen der Gestalt eines Warenpapiers entsprechen.

[2] Auf den andern Ausfertigungen ist die Ausstellung des Pfandscheines anzugeben und jede vorgenommene Verpfändung mit Forderungsbetrag und Verfalltag einzutragen.

C. Bedeutung der Formvorschriften

Art. 1155

[1] Scheine, die über lagernde oder verfrachtete Waren ausgestellt werden, ohne den gesetzlichen Formvorschriften für Warenpapiere zu entsprechen, werden nicht als Wertpapiere anerkannt, sondern gelten nur als Empfangsscheine oder andere Beweisurkunden.

[2] Scheine, die von Lagerhaltern ausgegeben werden, ohne dass die zuständige Behörde die vom Gesetz verlangte Bewilligung erteilt hat, sind, wenn sie den gesetzlichen Formvorschriften entsprechen, als Wertpapiere anzuerkennen. Ihre Aussteller unterliegen einer von der zuständigen kantonalen Behörde zu verhängenden Ordnungsbusse bis zu 1000 Franken.

Abs. 1 Siehe unter Art. 1153. 1

Vierunddreissigster Titel Anleihensobligationen

Vorb. Art. 1156–1186

Siehe auch BG vom 18. März 1994 über die Anlagefonds; dieses wurde durch den Anhang Ziff. I des BG über die kollektiven Kapitalanlagen (KAG, SR 951.31) abgelöst. – Die *Anleihe* ist ein in Teilbeträge aufgeteiltes Grossdarlehen auf einheitlicher Rechtsgrundlage (Zinssatz, Ausgabepreis, Laufzeit, Zeichnungsfrist und Liberierungsdatum). Gestützt auf seine Anleihensbedingungen schliesst der Anleihensnehmer mit einer Vielzahl von Darleihern selbständige Einzelverträge ab, wobei er für die Rückforderung jedes Teilbetrages dem Darleiher ein Wertpapier (Anleihensobligation) begibt. Die Gläubiger sind weder untereinander verbunden noch in der Regel dem Emittenten bekannt. Das wirkt sich nachteilig aus, namentlich wenn sich eine Änderung der Anleihensbedingungen aufdrängt. Die Gläubigergemeinschaft ermöglicht deshalb unter bestimmten Voraussetzungen ein gemeinsames Vorgehen der Gläubiger 113 II 283/288 E. 5a. – Abgrenzung von Anleihensobligationen und *Genussscheinen* 113 II 528/530 ff. – Die Auflage von Anleihen ist keine gewerbsmässige Entgegennahme von Publikumseinlagen; als solche gelten Anleihensobligationen dann nicht, wenn die Gläubiger in einem dem Art. 1156 entsprechenden Umfang informiert worden sind 121 II 147/150 E. b/aa. – Verhältnis der zivil- und bankenrechtlichen Schutzbestimmungen 121 II 147/150 f. E.c. 1

Erster Abschnitt

...

Art. 1156

Diese Bestimmung wurde auf den 1. Januar 2020 aufgehoben (AS 2019 4417).

1 ***Abs. 3*** Ist die Gesellschaft, welche die Obligationen ausgegeben hat, keine Aktiengesellschaft, richtet sich die Prospekthaftung nicht nach Art. 752, sondern ausschliesslich nach Art. 1156 Abs. 3 129 III 71/74 E. 2.3 Pra 2003 (Nr. 70) 368. – Abgrenzung zur *privaten Platzierung* 4C.20/2005 (21.2.06) E. 4.2. – Die Gläubigergemeinschaft ist zur Erhebung einer Prospekthaftungsklage gegenüber einer Emissionsbank nicht aktivlegitimiert 113 II 283/283 ff. Siehe auch bei Art. 752. – Ein Prospekt ist *unrichtig,* wenn er Informationen verschweigt, die für die Zeichner und Erwerber der Obligationen wichtig sind. Der Prospekt muss wahrheitsgetreue Auskünfte über die Situation des Emittenten zum Zeitpunkt der Emission beinhalten 129 III 71/75 E. 2.4 Pra 2003 (Nr. 70) 369. – Fahrlässigkeit bedingt, dass objektiv gegen eine Sorgfaltspflicht verstossen wurde. Grundsätzlich darf sich die Emissionsbank auf Angaben der Anwälte sowie der Revisionsstelle des Emittenten verlassen, muss sie aber mit der nötigen Sorgfalt prüfen. Eine weiter gehende Überprüfungs- und Nachforschungspflicht trifft sie nur bei alarmierenden Anzeichen 129 III 71/75 f. E. 2.4 ff. Pra 2003 (Nr. 70) 369 f. – Es handelt sich um eine *deliktische Haftung.* Entsprechend hat der Gläubiger das Verschulden zu beweisen 129 III 71/75 E. 2.5 Pra 2003 (Nr. 70) 368 f.

Zweiter Abschnitt
Gläubigergemeinschaft bei Anleihensobligationen

A. Voraussetzungen

Art. 1157

1 Sind Anleihensobligationen von einem Schuldner, der in der Schweiz seinen Wohnsitz oder eine geschäftliche Niederlassung hat, mit einheitlichen Anleihensbedingungen unmittelbar oder mittelbar durch öffentliche Zeichnung ausgegeben, so bilden die Gläubiger von Gesetzes wegen eine Gläubigergemeinschaft.

2 Sind mehrere Anleihen ausgegeben, so bilden die Gläubiger jedes Anleihens eine besondere Gläubigergemeinschaft.

3 Die Vorschriften dieses Abschnittes sind nicht anwendbar auf Anleihen des Bundes, der Kantone, der Gemeinden und anderer Körperschaften und Anstalten des öffentlichen Rechts.

Handelt es sich beim Schuldner um eine ausländische Gesellschaft, so sind die Art. 1157 ff. 1
nur dann anwendbar, wenn sie als Vertragsinhalt übernommen wurden, nicht aber, wenn die Parteien eine generelle Rechtswahl zugunsten des schweizerischen Rechts getroffen haben 129 III 71/77 E. 3.3 Pra 2003 (Nr. 70) 371 f.

B. Anleihensvertreter I. Bestellung

Art. 1158

1 Vertreter, die durch die Anleihensbedingungen bestellt sind, gelten mangels gegenteiliger Bestimmung als Vertreter sowohl der Gläubigergemeinschaft wie des Schuldners.

2 Die Gläubigerversammlung kann einen oder mehrere Vertreter der Gläubigergemeinschaft wählen.

3 Mehrere Vertreter üben, wenn es nicht anders bestimmt ist, die Vertretung gemeinsam aus.

Solange der Gläubigergemeinschaft kein Vertreter bestellt worden ist, kann sie nicht als 1
Partei im Betreibungsverfahren auftreten. (Betreibungshandlung eines vollmachtlosen Vertreters kann vom Vertretenen nachträglich genehmigt werden.) 107 III 49/50 f. E. 1.

II. Befugnisse 1. Im Allgemeinen

Art. 1159

1 Der Vertreter hat die Befugnisse, die ihm durch das Gesetz, die Anleihensbedingungen oder die Gläubigerversammlung übertragen werden.

2 Er verlangt vom Schuldner, wenn die Voraussetzungen vorliegen, die Einberufung einer Gläubigerversammlung, vollzieht deren Beschlüsse und vertritt die Gemeinschaft im Rahmen der ihm übertragenen Befugnisse.

3 Soweit der Vertreter zur Geltendmachung von Rechten der Gläubiger ermächtigt ist, sind die einzelnen Gläubiger zur selbständigen Ausübung ihrer Rechte nicht befugt.

1 *Abs. 3* Eine Betreibung im Namen sowohl der Gläubigergemeinschaft als auch der einzelnen Anleihensgläubiger ist unzulässig 107 III 49/51 f. E. 2.

2. Kontrolle des Schuldners

Art. 1160

[1] Solange der Schuldner sich mit der Erfüllung seiner Verpflichtungen aus dem Anleihen im Rückstande befindet, ist der Vertreter der Gläubigergemeinschaft befugt, vom Schuldner alle Aufschlüsse zu verlangen, die für die Gemeinschaft von Interesse sind.

[2] Ist eine Aktiengesellschaft, Kommanditaktiengesellschaft, Gesellschaft mit beschränkter Haftung oder Genossenschaft Schuldnerin, so kann der Vertreter unter den gleichen Voraussetzungen an den Verhandlungen ihrer Organe mit beratender Stimme teilnehmen, soweit Gegenstände behandelt werden, welche die Interessen der Anleihensgläubiger berühren.

[3] Der Vertreter ist zu solchen Verhandlungen einzuladen und hat Anspruch auf rechtzeitige Mitteilung der für die Verhandlungen massgebenden Grundlagen.

3. Bei pfandgesicherten Anleihen

Art. 1161

[1] Ist für ein Anleihen mit Grundpfandrecht oder mit Fahrnispfand ein Vertreter des Schuldners und der Gläubiger bestellt worden, so stehen ihm die gleichen Befugnisse zu wie dem Pfandhalter nach Grundpfandrecht.

[2] Der Vertreter hat die Rechte der Gläubiger, des Schuldners und des Eigentümers der Pfandsache mit aller Sorgfalt und Unparteilichkeit zu wahren.

III. Dahinfallen der Vollmacht

Art. 1162

[1] Die Gläubigerversammlung kann die Vollmacht, die sie einem Vertreter erteilt hat, jederzeit widerrufen oder abändern.

[2] Die Vollmacht eines durch die Anleihensbedingungen bestellten Vertreters kann durch einen Beschluss der Gläubigergemeinschaft mit Zustimmung des Schuldners jederzeit widerrufen oder abgeändert werden.

[3] Der Richter kann aus wichtigen Gründen auf Antrag eines Anleihensgläubigers oder des Schuldners die Vollmacht als erloschen erklären.

[4] Fällt die Vollmacht aus irgendeinem Grunde dahin, so trifft auf Verlangen eines Anleihensgläubigers oder des Schuldners der Richter die zum Schutze der Anleihensgläubiger und des Schuldners notwendigen Anordnungen.

IV. Kosten

Art. 1163

[1] Die Kosten einer in den Anleihensbedingungen vorgesehenen Vertretung sind vom Anleihensschuldner zu tragen.

[2] Die Kosten einer von der Gläubigergemeinschaft gewählten Vertretung werden aus den Leistungen des Anleihensschuldners gedeckt und allen Anleihensgläubigern nach Massgabe des Nennwertes der Obligationen, die sie besitzen, in Abzug gebracht.

C. Gläubigerversammlung I. Im Allgemeinen

Art. 1164

[1] Die Gläubigergemeinschaft ist befugt, in den Schranken des Gesetzes die geeigneten Massnahmen zur Wahrung der gemeinsamen Interessen der Anleihensgläubiger, insbesondere gegenüber einer Notlage des Schuldners, zu treffen.

[2] Die Beschlüsse der Gläubigergemeinschaft werden von der Gläubigerversammlung gefasst und sind gültig, wenn die Voraussetzungen erfüllt sind, die das Gesetz im Allgemeinen oder für einzelne Massnahmen vorsieht.

[3] Soweit rechtsgültige Beschlüsse der Gläubigerversammlung entgegenstehen, können die einzelnen Anleihensgläubiger ihre Rechte nicht mehr selbständig geltend machen.

[4] Die Kosten der Einberufung und der Abhaltung der Gläubigerversammlung trägt der Schuldner.

<u>*Abs. 1*</u> Die Gläubigergemeinschaft ist nicht als juristische Person ausgestaltet und damit nach herrschenden Auffassung auch nicht rechtsfähig. Wie andern nicht mit juristischer Persönlichkeit ausgestalteten Rechtsgemeinschaften (z.B. Kollektiv- und Kommanditgesellschaften, Stockwerkeigentümergemeinschaft) sind ihr durch das Gesetz bestimmte Befugnisse verliehen, welche ihr erlauben, am Rechtsverkehr selbständig, unabhängig von den in ihr zusammengefassten Obligationären, teilzunehmen. Damit wird ihr auch als nicht rechtsfähigem Gebilde von Bundesrechts wegen in bestimmtem Umfang Parteifähigkeit zuerkannt. Insoweit ist die Gemeinschaft auch prozessfähig 113 II 283/285 E. 2. Gemeinsame Interessen der Obligationäre i.S. der Bestimmung liegen nur vor, wenn sie auf das Anleihensverhältnis Bezug haben. Die Gläubigergemeinschaft ist daher darauf beschränkt, auf eine Änderung der Anleihensbedingungen hinzuwirken oder Massnahmen zu treffen, die für die Erhaltung des Haftungssubstrats des Anleihensschuldners geboten erscheinen 113 II 283/288 f. E. 5a (in casu Befugnis der Gläubigergemeinschaft zur Erhebung einer Prospekthaftungsklage gegenüber einer Emissionsbank verneint). 1

II. Einberufung 1. Im Allgemeinen

Art. 1165

[1] Die Gläubigerversammlung wird durch den Schuldner einberufen.

[2] Der Schuldner ist verpflichtet, sie binnen 20 Tagen einzuberufen, wenn Anleihensgläubiger, denen zusammen der zwanzigste Teil des im Umlauf befindlichen Kapitals zusteht, oder der Anleihensvertreter die Einberufung schriftlich und unter Angabe des Zweckes und der Gründe verlangen.

[3] Entspricht der Schuldner diesem Begehren nicht, so kann das Gericht die Gesuchsteller ermächtigen, von sich aus eine Gläubigerversammlung einzuberufen. Zwingend zuständig ist das Gericht am gegenwärtigen oder letzten Sitz des Schuldners in der Schweiz.

[4] Hat oder hatte der Schuldner nur eine Niederlassung in der Schweiz, so ist das Gericht am Ort dieser Niederlassung zwingend zuständig.

1 Das ordentliche Einberufungsverfahren gemäss der Bestimmung gilt auch für die Versammlung der Anleihensgläubiger einer Luftseilbahn 101 II 130/131 f. Pra 1975 (Nr. 275) 781 f.

2. Stundung

Art. 1166

[1] Vom Zeitpunkte der ordnungsmässigen Veröffentlichung der Einladung zur Gläubigerversammlung an bis zur rechtskräftigen Beendigung des Verfahrens vor der Nachlassbehörde bleiben die fälligen Ansprüche der Anleihensgläubiger gestundet.

[2] Diese Stundung gilt nicht als Zahlungseinstellung im Sinne des Schuldbetreibungs- und Konkursgesetzes vom 11. April 1889; eine Konkurseröffnung ohne vorgängige Betreibung kann nicht verlangt werden.

[3] Während der Dauer der Stundung ist der Lauf der Verjährungs- und Verwirkungsfristen, welche durch Betreibung unterbrochen werden können, für die fälligen Ansprüche der Anleihensgläubiger gehemmt.

[4] Missbraucht der Schuldner das Recht auf Stundung, so kann sie von der oberen kantonalen Nachlassbehörde auf Begehren eines Anleihensgläubigers aufgehoben werden.

III. Abhaltung 1. Stimmrecht

Art. 1167

[1] Stimmberechtigt ist der Eigentümer einer Obligation oder sein Vertreter, bei in Nutzniessung stehenden Obligationen jedoch der Nutzniesser oder sein Vertreter. Der Nutzniesser wird aber dem Eigentümer ersatzpflichtig, wenn er bei der Ausübung des Stimmrechts auf dessen Interessen nicht in billiger Weise Rücksicht nimmt.

[2] Obligationen, die im Eigentum oder in der Nutzniessung des Schuldners stehen, gewähren kein Stimmrecht. Sind hingegen Obligationen verpfändet, die dem Schuldner gehören, so steht das Stimmrecht dem Pfandgläubiger zu.

[3] Ein dem Schuldner an Obligationen zustehendes Pfandrecht oder Retentionsrecht schliesst das Stimmrecht ihres Eigentümers nicht aus.

2. Vertretung einzelner Anleihensgläubiger

Art. 1168

[1] Zur Vertretung von Anleihensgläubigern bedarf es, sofern die Vertretung nicht auf Gesetz beruht, einer schriftlichen Vollmacht.

[2] Die Ausübung der Vertretung der stimmberechtigten Anleihensgläubiger durch den Schuldner ist ausgeschlossen.

IV. Verfahrensvorschriften

Art. 1169

Der Bundesrat erlässt die Vorschriften über die Einberufung der Gläubigerversammlung, die Mitteilung der Tagesordnung, die Ausweise zur Teilnahme an der Gläubigerversammlung, die Leitung der Versammlung, die Beurkundung und die Mitteilung der Beschlüsse.

D. Gemeinschaftsbeschlüsse I. Eingriffe in die Gläubigerrechte 1. Zulässigkeit und erforderliche Mehrheit a. Bei nur einer Gemeinschaft

Art. 1170

1 Eine Mehrheit von mindestens zwei Dritteln des im Umlauf befindlichen Kapitals ist zur Gültigkeit des Beschlusses erforderlich, wenn es sich um folgende Massnahmen handelt:

1. **Stundung von Zinsen für die Dauer von höchstens fünf Jahren, mit der Möglichkeit der zweimaligen Verlängerung der Stundung um je höchstens fünf Jahre;**
2. **Erlass von höchstens fünf Jahreszinsen innerhalb eines Zeitraumes von sieben Jahren;**
3. **Ermässigung des Zinsfusses bis zur Hälfte des in den Anleihensbedingungen vereinbarten Satzes oder Umwandlung eines festen Zinsfusses in einen vom Geschäftsergebnis abhängigen Zinsfuss, beides für höchstens zehn Jahre, mit der Möglichkeit der Verlängerung um höchstens fünf Jahre;**
4. **Verlängerung der Amortisationsfrist um höchstens zehn Jahre durch Herabsetzung der Annuität oder Erhöhung der Zahl der Rückzahlungsquoten oder vorübergehende Einstellung dieser Leistungen, mit der Möglichkeit der Erstreckung um höchstens fünf Jahre;**
5. **Stundung eines fälligen oder binnen fünf Jahren verfallenden Anleihens oder von Teilbeträgen eines solchen auf höchstens zehn Jahre, mit der Möglichkeit der Verlängerung um höchstens fünf Jahre;**
6. **Ermächtigung zu einer vorzeitigen Rückzahlung des Kapitals;**
7. **Einräumung eines Vorgangspfandrechts für dem Unternehmen neu zugeführtes Kapital sowie Änderung an den für ein Anleihen bestellten Sicherheiten oder gänzlicher oder teilweiser Verzicht auf solche;**
8. **Zustimmung zu einer Änderung der Bestimmungen über Beschränkung der Obligationenausgabe im Verhältnis zum Aktienkapital;**
9. **Zustimmung zu einer gänzlichen oder teilweisen Umwandlung von Anleihensobligationen in Aktien.**

2 Diese Massnahmen können miteinander verbunden werden.

Die unter dem früheren Recht (d.h. vor dem 1. Januar 1950) genossenen Erleichterungen sind bei der Anwendung der Bestimmung angemessen zu berücksichtigen (Ziff. 3 Abs. 3 der Schlussbestimmungen des BG vom 1. April 1949 betreffend Abänderung der Vorschriften des Obligationenrechts über die Gläubigergemeinschaft bei Anleihensobligationen) 77 II 53/55 f. E. 2 Pra 1951 (Nr. 100) 272, 96 II 200/203 fr. 1

Abs. 1 Ziff. 3 Die Umwandlung des festen in einen vom Geschäftsergebnis abhängigen Zins kann mit der Ermässigung des Zinsfusses bis zur Hälfte des vertraglichen Zinsfusses verbunden werden 77 II 53/56 f. E. 3 Pra 1951 (Nr. 100) 272 f. 2

Abs. 1 Ziff. 5 Die Stundung eines Obligationenanleihens, dessen Dauer bereits über die in der Bestimmung vorgesehene Stundungs- und Verlängerungsmöglichkeiten hinaus er- 3 streckt worden ist, bedarf der Zustimmung sämtlicher Obligationäre 96 II 200/202 ff. E. 2 fr.

4 *Abs. 1 Ziff. 6* Anwendungsfall (Verbindung der Massnahme mit derjenigen nach Ziff. 9) 89 II 344/350 E. 2.

5 *Abs. 1 Ziff. 9* **Ablösung des Obligationenkapitals durch teilweise Barzahlung und teilweise Umwandlung in Aktien mit Vorverlegung des Rückzahlungstermins.** Auch die bis zum Ende der Anleihensdauer bzw. bis zum vorverlegten Termin noch auflaufenden Zinse dürfen umgewandelt werden. Der Nennwert der Ersatzaktien darf den Betrag der umgewandelten Kapital- und Zinsforderungen nicht übersteigen 89 II 344/350 f. E. 2. – Der von der Nachlassbehörde (vgl. Art. 1176) oder vom BGer (vgl. Art. 1185 Abs. 3) genehmigte Umwandlungsbeschluss tritt an die Stelle der Aktienzeichnung und ist auf Liberierung der Ersatzaktien durch Verrechnung mit der Obligationärforderung angelegt. Sofern die bisherigen Aktionäre die entsprechende Änderung des Grundkapitals in gehöriger Weise beschlossen haben, bedarf es daher nicht ausserdem der Einberufung einer die bisherigen und die neuen Aktionäre vereinigenden Generalversammlung, die gemäss aOR Art. 653 Abs. 1 festzustellen hätte, dass die zur Abfindung für Obligationenbeträge auszugebenden neuen Aktien gezeichnet und die erforderlichen Einzahlungen geleistet seien 89 II 344/354 E. 4 (Entscheid zum alten Aktienrecht).

b. Bei mehreren Gemeinschaften

Art. 1171

[1] Bei einer Mehrheit von Gläubigergemeinschaften kann der Schuldner eine oder mehrere der im vorangehenden Artikel vorgesehenen Massnahmen den Gemeinschaften gleichzeitig unterbreiten, im ersten Falle mit dem Vorbehalte, dass die Massnahme nur gültig sein soll, falls sie von allen Gemeinschaften angenommen wird, im zweiten Falle mit dem weitern Vorbehalte, dass die Gültigkeit jeder Massnahme von der Annahme der übrigen abhängig ist.

[2] Die Vorschläge gelten als angenommen, wenn sie die Zustimmung der Vertretung von mindestens zwei Dritteln des im Umlauf befindlichen Kapitals aller dieser Gläubigergemeinschaften zusammen gefunden haben, gleichzeitig von der Mehrheit der Gemeinschaften angenommen worden sind und in jeder Gemeinschaft mindestens die einfache Mehrheit des vertretenen Kapitals zugestimmt hat.

c. Feststellung der Mehrheit

Art. 1172

[1] Für die Feststellung des im Umlauf befindlichen Kapitals fallen Anleihensobligationen, die kein Stimmrecht gewähren, ausser Betracht.

[2] Erreicht ein Antrag in der Gläubigerversammlung nicht die erforderliche Stimmenzahl, so kann der Schuldner die fehlenden Stimmen durch schriftliche und beglaubigte Erklärungen binnen zwei Monaten nach dem Versammlungstage beim Leiter der Versammlung beibringen und dadurch einen gültigen Beschluss herstellen.

2. Beschränkungen a. Im Allgemeinen

Art. 1173

[1] Kein Anleihensgläubiger kann durch Gemeinschaftsbeschluss verpflichtet werden, andere als die in Artikel 1170 vorgesehenen Eingriffe in die Gläubigerrechte zu dulden oder Leistungen zu machen, die weder in den Anleihensbedingungen vorgesehen noch mit ihm bei der Begebung der Obligation vereinbart worden sind.

[2] Zu einer Vermehrung der Gläubigerrechte ist die Gläubigergemeinschaft ohne Zustimmung des Schuldners nicht befugt.

Beschränkung der Aktivlegitimation der Gläubigergemeinschaft durch das Verbot der Gläubigerbelastung? (Frage offengelassen) 113 II 283/291 E. 6. 1

b. Gleichbehandlung

Art. 1174

[1] Die einer Gemeinschaft angehörenden Gläubiger müssen alle gleichmässig von den Zwangsbeschlüssen betroffen werden, es sei denn, dass jeder etwa ungünstiger behandelte Gläubiger ausdrücklich zustimmt.

[2] Unter Pfandgläubigern darf die bisherige Rangordnung ohne deren Zustimmung nicht abgeändert werden. Vorbehalten bleibt Artikel 1170 Ziffer 7.

[3] Zusicherungen oder Zuwendungen an einzelne Gläubiger, durch die sie gegenüber andern der Gemeinschaft angehörenden Gläubigern begünstigt werden, sind ungültig.

c. Status und Bilanz

Art. 1175

Ein Antrag auf Ergreifung der in Artikel 1170 genannten Massnahmen darf vom Schuldner nur eingebracht und von der Gläubigerversammlung nur in Beratung gezogen werden auf Grund eines auf den Tag der Gläubigerversammlung aufgestellten Status oder einer ordnungsgemäss errichteten und gegebenenfalls von der Revisionsstelle als richtig bescheinigten Bilanz, die auf einen höchstens sechs Monate zurückliegenden Zeitpunkt abgeschlossen ist.

3. Genehmigung a. Im Allgemeinen

Art. 1176

[1] Die Beschlüsse, die einen Eingriff in Gläubigerrechte enthalten, sind nur wirksam und für die nicht zustimmenden Anleihensgläubiger verbindlich, wenn sie von der oberen kantonalen Nachlassbehörde genehmigt worden sind.

[2] Der Schuldner hat sie dieser Behörde innerhalb eines Monats seit dem Zustandekommen zur Genehmigung zu unterbreiten.

[3] Die Zeit der Verhandlung wird öffentlich bekanntgemacht mit der Anzeige an die Anleihensgläubiger, dass sie ihre Einwendungen schriftlich oder in der Verhandlung auch mündlich anbringen können.

[4] Die Kosten des Genehmigungsverfahrens trägt der Schuldner.

b. Voraussetzungen

Art. 1177

Die Genehmigung darf nur verweigert werden:

1. **wenn die Vorschriften über die Einberufung und das Zustandekommen der Beschlüsse der Gläubigerversammlung verletzt worden sind;**
2. **wenn der zur Abwendung einer Notlage des Schuldners gefasste Beschluss sich als nicht notwendig herausstellt;**
3. **wenn die gemeinsamen Interessen der Anleihensgläubiger nicht genügend gewahrt sind;**
4. **wenn der Beschluss auf unredliche Weise zustande gekommen ist.**

1 *Ziff. 2 und 3* Anwendungsfall (in casu hielt die Sanierung einer Eisenbahnunternehmung durch Massnahmen gemäss Art. 1170 Ziff. 6 und 9 der Überprüfung nach Art. 1177 Ziff. 2 und 3 stand) 89 II 344/352 ff. E. 3.

c. Weiterzug

Art. 1178

[1] Wird die Genehmigung erteilt, so kann sie von jedem Anleihensgläubiger, der dem Beschluss nicht zugestimmt hat, innerhalb 30 Tagen beim Bundesgericht wegen Gesetzesverletzung oder Unangemessenheit angefochten werden, wobei das für die Rechtspflege in Schuldbetreibungs- und Konkurssachen vorgesehene Verfahren Anwendung findet.

[2] Ebenso kann der Entscheid, mit dem die Genehmigung verweigert wird, von einem Anleihensgläubiger, der dem Beschluss zugestimmt hat, oder vom Schuldner angefochten werden.

d. Widerruf

Art. 1179

[1] Stellt sich nachträglich heraus, dass der Beschluss der Gläubigerversammlung auf unredliche Weise zustande gekommen ist, so kann die obere kantonale Nachlassbehörde auf Begehren eines Anleihensgläubigers die Genehmigung ganz oder teilweise widerrufen.

[2] Das Begehren ist binnen sechs Monaten, nachdem der Anleihensgläubiger vom Anfechtungsgrunde Kenntnis erhalten hat, zu stellen.

[3] Der Widerruf kann vom Schuldner und von jedem Anleihensgläubiger innerhalb 30 Tagen beim Bundesgericht wegen Gesetzesverletzung oder Unangemessenheit in dem für die Rechtspflege in Schuldbetreibungs- und Konkurssachen vorgesehenen Verfahren angefochten werden. Ebenso kann die Verweigerung des Widerrufs von jedem Anleihensgläubiger, der den Widerruf verlangt hat, angefochten werden.

II. Andere Beschlüsse 1. Vollmacht des Anleihensvertreters

Art. 1180

[1] Die Zustimmung der Vertretung von mehr als der Hälfte des im Umlauf befindlichen Kapitals ist erforderlich für den Widerruf und für die Abänderung der einem Anleihensvertreter erteilten Vollmacht.

[2] Der gleichen Mehrheit bedarf ein Beschluss, durch welchen einem Anleihensvertreter Vollmacht zur einheitlichen Wahrung der Rechte der Anleihensgläubiger im Konkurs erteilt wird.

2. Die übrigen Fälle

Art. 1181

[1] Für Beschlüsse, die weder in die Gläubigerrechte eingreifen noch den Gläubigern Leistungen auferlegen, genügt die absolute Mehrheit der vertretenen Stimmen, soweit das Gesetz es nicht anders bestimmt oder die Anleihensbedingungen nicht strengere Bestimmungen aufstellen.

[2] Diese Mehrheit berechnet sich in allen Fällen nach dem Nennwert des in der Versammlung vertretenen stimmberechtigten Kapitals.

3. Anfechtung

Art. 1182

Beschlüsse im Sinne der Artikel 1180 und 1181, die das Gesetz oder vertragliche Vereinbarungen verletzen, können von jedem Anleihensgläubiger der Gemeinschaft, der nicht zugestimmt hat, binnen 30 Tagen, nachdem er von ihnen Kenntnis erhalten hat, beim Richter angefochten werden.

E. Besondere Anwendungsfälle I. Konkurs des Schuldners

Art. 1183

[1] Gerät ein Anleihensschuldner in Konkurs, so beruft die Konkursverwaltung unverzüglich eine Versammlung der Anleihensgläubiger ein, die dem bereits ernannten oder einem von ihr zu ernennenden Vertreter die Vollmacht zur einheitlichen Wahrung der Rechte der Anleihensgläubiger im Konkursverfahren erteilt.

[2] Kommt kein Beschluss über die Erteilung einer Vollmacht zustande, so vertritt jeder Anleihensgläubiger seine Rechte selbständig.

II. Nachlassvertrag

Art. 1184

[1] Im Nachlassverfahren wird unter Vorbehalt der Vorschriften über die pfandversicherten Anleihen ein besonderer Beschluss der Anleihensgläubiger über die Stellungnahme zum

Nachlassvertrag nicht gefasst, und es gelten für ihre Zustimmung ausschliesslich die Vorschriften des Schuldbetreibungs- und Konkursgesetzes vom 11. April 1889.

[2] Auf die pfandversicherten Anleihensgläubiger kommen, soweit eine über die Wirkungen des Nachlassverfahrens hinausgehende Einschränkung ihrer Gläubigerrechte stattfinden soll, die Bestimmungen über die Gläubigergemeinschaft zur Anwendung.

III. Anleihen von Eisenbahn- oder Schifffahrtsunternehmungen

Art. 1185

[1] Auf die Anleihensgläubiger einer Eisenbahn- oder Schifffahrtsunternehmung sind die Bestimmungen des gegenwärtigen Abschnittes unter Vorbehalt der nachfolgenden besondern Vorschriften anwendbar.

[2] Das Gesuch um Einberufung einer Gläubigerversammlung ist an das Bundesgericht zu richten.

[3] Für die Einberufung der Gläubigerversammlung, die Beurkundung, die Genehmigung und die Ausführung ihrer Beschlüsse ist das Bundesgericht zuständig.

[4] Das Bundesgericht kann nach Eingang des Gesuches um Einberufung einer Gläubigerversammlung eine Stundung mit den in Artikel 1166 vorgesehenen Wirkungen anordnen.

1 Die Bestimmung hat ihren Ursprung im BG über Verpfändung und Zwangsliquidation von Eisenbahn- und Schifffahrtsunternehmungen (VZEG, SR 742.211). Der Begriff der Eisenbahn i.S.v. Art. 1185 ergibt sich also aus der im Eisenbahnengesetz (EBG, SR 742. 101) enthaltenen Definition. Art. 1185 ist auf die Anleihensgläubiger eines Seilbahnunternehmens nicht anwendbar 101 II 130/132 Pra 1975 (Nr. 275) 781 f.

2 ***Abs. 2*** Das BGer weist ein gemäss der Bestimmung bei ihm eingereichtes Gesuch um Einberufung einer Gläubigerversammlung ab, wenn von vornherein feststeht, dass es den Vorschlag, über den die Versammlung abstimmen soll, nicht genehmigen kann 96 II 200/202 E. 1 fr.

F. Zwingendes Recht

Art. 1186

[1] Die Rechte, die das Gesetz der Gläubigergemeinschaft und dem Anleihensvertreter zuweist, können durch die Anleihensbedingungen oder durch besondere Abreden zwischen den Gläubigern und dem Schuldner weder ausgeschlossen noch beschränkt werden.

[2] Die erschwerenden Bestimmungen der Anleihensbedingungen über das Zustandekommen der Beschlüsse der Gläubigerversammlung bleiben vorbehalten.

Schluss- und Übergangsbestimmungen

Übersicht

I. Übergangsbestimmungen des Bundesgesetzes vom 30. März 1911

I. Der Schlusstitel des Schweizerischen Zivilgesetzbuches vom 10. Dezember 1907 wird abgeändert wie folgt:

Die Artikel 58 und 59 sind aufgehoben.
Die Artikel 60 und 61 werden zu Artikeln 58 und 59.
Artikel 62 wird zu Artikel 60 und erhält folgende Fassung: ...
Artikel 63 Absätze 1 und 2 werden zu Artikel 61.

II. Dieses Gesetz tritt mit dem 1. Januar 1912 in Kraft.

Der Bundesrat ist beauftragt, auf Grundlage der Bestimmungen des Bundesgesetzes vom 17. Juni 1874 betreffend die Volksabstimmung über Bundesgesetze und Bundesbeschlüsse die Bekanntmachung dieses Gesetzes zu veranstalten.

II. Schlussbestimmungen der Änderung vom 23. März 1962

A. Konkursprivileg

Art. 1

Artikel 219 des Bundesgesetzes vom 11. April 1889 über Schuldbetreibung und Konkurs erhält folgenden Zusatz: ...

B. Unlauterer Wettbewerb

Art. 2

Die Artikel 1 und 13 des Bundesgesetzes vom 30. September 1943 über den unlauteren Wettbewerb werden wie folgt ergänzt (bei Art. 1: Buchstaben i und k, bei Art. 13: Buchstaben h und i): ...

C. Übergangsrecht

Art. 3

[1] Die Artikel 226f, 226g, 226h, 226i und 226k finden auch auf Abzahlungsverträge Anwendung, die vor dem Inkrafttreten dieses Gesetzes abgeschlossen worden sind.

[2] Auf Vorauszahlungsverträge, die vor dem Inkrafttreten dieses Gesetzes abgeschlossen wurden, findet nur Artikel 226k Anwendung. Solche Verträge sind indessen innert Jahresfrist den Bestimmungen des Artikels 227b anzupassen, widrigenfalls sie dahinfallen und dem Käufer sein gesamtes Guthaben mit allen ihm gutgeschriebenen Zinsen und Vergünstigungen auszuzahlen ist.

D. Inkrafttreten

Art. 4

Der Bundesrat bestimmt den Zeitpunkt des Inkrafttretens dieses Gesetzes.

III. Schlussbestimmungen zum Achten Titel und zum Achten Titel[bis]

Art. 1

Der Bundesbeschluss vom 30. Juni 1972 über Massnahmen gegen Missbräuche im Mietwesen wird aufgehoben.

Art. 2

Das Bundesgesetz vom 4. Oktober 1985 über die landwirtschaftliche Pacht wird wie folgt geändert: ...

Art. 3

Das Bundesgesetz über Schuldbetreibung und Konkurs vom 11. April 1889 wird wie folgt geändert: ...

Art. 4

Das Schweizerische Strafgesetzbuch vom 21. Dezember 1937 wird wie folgt geändert: ...

Art. 5

[1] Die Vorschriften über den Kündigungsschutz bei Miete und Pacht von Wohn- und Geschäftsräumen sind auf alle Miet- und Pachtverhältnisse anwendbar, die nach dem Inkrafttreten dieses Gesetzes gekündigt werden.

[2] Wurde jedoch ein Miet- oder Pachtverhältnis vor dem Inkrafttreten dieses Gesetzes, aber mit Wirkung auf einen Zeitpunkt danach gekündigt, so beginnen die Fristen für die Anfechtung der Kündigung und das Erstreckungsbegehren (Art. 273) mit dem Inkrafttreten des Gesetzes.

1 ***Abs. 2*** Die Bestimmung stellt einen schwerwiegenden Eingriff in den Grundsatz der Nichtrückwirkung von Gesetzen dar. Ihr problematischer Charakter muss dazu führen, sie in Zweifelsfällen nur mit Zurückhaltung anzuwenden 117 II 412 E. 1. Ist im Anschluss an eine Kündigung ein Anfechtungs- oder Erstreckungsverfahren angehoben und vor dem 1. Juli 1990 rechtskräftig erledigt worden, hat bei Inkrafttreten des neuen Mietrechts für eine Klage mit identischem Streitgegenstand keine neue Frist im Sinne von Art. 273 zu laufen begonnen 117 II 413 E. 2.

Art. 6

[1] Dieses Gesetz untersteht dem fakultativen Referendum.

[2] Der Bundesrat bestimmt das Inkrafttreten.

IV. Schluss- und Übergangsbestimmungen zum X. Titel

Änderung des OR

Art. 1

Das Obligationenrecht vom 30. März 1911 wird wie folgt geändert: ...

Änderung des ZGB

Art. 2

Das Schweizerische Zivilgesetzbuch vom 10. Dezember 1907 wird wie folgt geändert: ...

Änderung des Versicherungsvertragsgesetzes

Art. 3

Das Bundesgesetz vom 2. April 1908 über den Versicherungsvertrag wird wie folgt geändert:

Art. 87. Aus der kollektiven Unfall- oder Krankenversicherung steht demjenigen, zu dessen Gunsten die Versicherung abgeschlossen worden ist, mit dem Eintritt des Unfalls oder der Krankheit ein selbständiges Forderungsrecht gegen den Versicherer zu.

Änderung des Landwirtschaftsgesetzes

Art. 4

Das Bundesgesetz vom 3. Oktober 1951 über die Förderung der Landwirtschaft und die Erhaltung des Bauernstandes (Landwirtschaftsgesetz) wird wie folgt geändert: ...

Änderung des Arbeitsgesetzes

Art. 5

Das Bundesgesetz vom 13. März 1964 über die Arbeit in Industrie, Gewerbe und Handel (Arbeitsgesetz) wird wie folgt geändert: ...

Aufhebung eidgenössischer Vorschriften

Art. 6

Mit dem Inkrafttreten dieses Gesetzes werden aufgehoben:

1. **Artikel 159 und 463 des schweizerischen Obligationenrechts,**
2. **Artikel 130 des Bundesgesetzes vom 13. Juni 1911 über die Kranken- und Unfallversicherung,**
3. **Artikel 20–26, 28, 29 und 69 Absätze 2 und 5 des Bundesgesetzes vom 18. Juni 1914 über die Arbeit in den Fabriken,**

4. Artikel 4, 8 Absätze 1, 2 und 5, 9 und 19 des Bundesgesetzes vom 12. Dezember 1940 über die Heimarbeit,
5. das Bundesgesetz vom 13. Juni 1941 über das Anstellungsverhältnis der Handelsreisenden,
6. das Bundesgesetz vom 1. April 1949 über die Beschränkung der Kündigung von Anstellungsverhältnissen bei Militärdienst,
7. Artikel 96 und 97 des Bundesgesetzes vom 3. Oktober 1951 über die Förderung der Landwirtschaft und die Erhaltung des Bauernstandes (Landwirtschaftsgesetz),
8. Artikel 32 des Bundesgesetzes vom 25. September 1952 über die Erwerbsausfallentschädigung an Wehrpflichtige (Erwerbsersatzordnung),
9. Artikel 19 des Bundesgesetzes vom 28. September 1956 über die Allgemeinverbindlicherklärung von Gesamtarbeitsverträgen,
10. Artikel 49 des Bundesgesetzes vom 23. März 1962 über den Zivilschutz,
11. Artikel 20 Absatz 2 und 59 des Bundesgesetzes vom 20. September 1963 über die Berufsbildung,
12. Artikel 64 und 72 Absatz 2 Buchstabe a des Bundesgesetzes vom 13. März 1964 über die Arbeit in Industrie, Gewerbe und Handel (Arbeitsgesetz).

Anpassung altrechtlicher Verhältnisse

Art. 7

[1] Die im Zeitpunkt des Inkrafttretens dieses Gesetzes bestehenden Arbeitsverträge (Einzelarbeitsverträge, Normalarbeitsverträge und Gesamtarbeitsverträge) sind innert der Frist von einem Jahr seinen Vorschriften anzupassen; nach Ablauf dieser Frist sind seine Vorschriften auf alle Arbeitsverträge anwendbar.

[2] Die im Zeitpunkt des Inkrafttretens bestehenden Personalfürsorgeeinrichtungen [331] haben bis spätestens zum 1. Januar 1977 ihre Statuten oder Reglemente unter Beachtung der für die Änderung geltenden Formvorschriften den Artikeln 331a, 331b und 331c anzupassen; ab 1. Januar 1977 sind diese Bestimmungen auf alle Personalfürsorgeeinrichtungen anwendbar.

1 *Abs. 1* Die Bestimmung geht SchlT ZGB Art. 2–4 über die Rückwirkung neuen Rechts vor. Sie schrieb die Anpassung für alle Arbeitsverträge vor, gleichviel ob die Verträge sich mit dem neuen Recht vertrugen oder im Vergleich damit lediglich Lücken aufwiesen. Auf ein Dienstverhältnis, das vor dem 1. Januar 1973 endete, dessen Vertragsbestimmungen aber nicht an die neuen Vorschriften über den Arbeitsvertrag (vom 25. Juni 1971) angepasst worden sind, ist das neue Recht (in casu Art. 339b) nicht anwendbar 101 II 100 f. E. 1.

2 *Abs. 2* Vgl. 100 Ib 149 ff.

Inkrafttreten des Gesetzes

Art. 8

Der Bundesrat bestimmt den Zeitpunkt des Inkrafttretens dieses Gesetzes.

V. Schlussbestimmungen zum vierten Abschnitt des XIII. Titels

A. Übergangsrecht

Art. 1

[1] Auf die beim Inkrafttreten des neuen Rechts bereits bestehenden Agenturverträge finden die Artikel 418d Absatz 1, 418f Absatz 1, 418k Absatz 2, 418o, 418p, 418r und 418s sofort Anwendung.

[2] Im übrigen sind die im Zeitpunkt des Inkrafttretens des neuen Rechts bestehenden Agenturverträge innerhalb der Frist von zwei Jahren seinen Vorschriften anzupassen. Nach Ablauf dieser Frist ist das neue Recht auch auf die früher abgeschlossenen Agenturverträge anwendbar.

[3] Auf die beim Inkrafttreten des neuen Rechts bestehenden Agenturverträge von Agenten, die als solche bloss im Nebenberuf tätig sind [418[2]], finden die Vorschriften dieses Abschnittes mangels gegenteiliger Abrede nach Ablauf von zwei Jahren ebenfalls Anwendung.

__Abs. 2__ Was die Parteien unter altem Recht vereinbart haben, gilt (unter Vorbehalt zwingender Bestimmungen des Gesetzes) ohne Weiteres auch unter neuem Recht 83 II 40 f. E. 7. 1

B. Konkursprivileg

Art. 2

Der Artikel 219 des Bundesgesetzes vom 11. April 1889 über Schuldbetreibung und Konkurs erhält folgenden Zusatz: ...

C. Inkrafttreten

Art. 3

Der Bundesrat bestimmt den Zeitpunkt des Inkrafttretens dieses Gesetzes.

VI. Übergangsbestimmungen zum XX. Titel

[1] Die Bestimmungen des neuen Rechts finden Anwendung auf alle Bürgschaften, die nach dem Inkrafttreten dieses Gesetzes eingegangen worden sind.

[2] Auf Bürgschaften, die vor dem Inkrafttreten dieses Gesetzes eingegangen worden sind, finden die Bestimmungen des neuen Rechts nur hinsichtlich der später eintretenden Tatsachen und mit folgenden Einschränkungen Anwendung:

1. Nicht anwendbar sind die neuen Artikel 492 Absatz 3, 496 Absatz 2, 497 Absätze 3 und 4, 499, 500, 501 Absatz 4, 507 Absätze 4 und 6, 511 Absatz 1.
2. Die Vorschriften der neuen Artikel 493 über die Form und 494 über das Erfordernis der Zustimmung des Ehegatten sind auf altrechtliche Bürgschaften nur anwendbar, soweit sie sich auf nachträgliche Änderungen der Bürgschaft beziehen.
3. Artikel 496 Absatz 1 gilt mit der Massgabe, dass der Bürge nicht nur vor dem Hauptschuldner und vor Verwertung der Grundpfänder, sondern auch vor Verwertung der übrigen Pfandrechte belangt werden kann, sofern der Hauptschuldner mit seiner Leistung im Rückstand und erfolglos gemahnt worden oder seine Zahlungsunfähigkeit offenkundig ist.
4. Für die Mitteilung des Rückstandes gemäss Artikel 505 Absatz 1 wird dem Gläubiger eine Frist von sechs Monaten nach Eintritt des Rückstandes, mindestens aber eine solche von drei Monaten seit dem Inkrafttreten des Gesetzes gewährt.
5. Die Bestimmung des Artikels 505 Absatz 2 findet nur Anwendung auf Konkurse, die mindestens drei Monate nach Inkrafttreten des Gesetzes eröffnet, sowie auf Nachlassstundungen, die mindestens drei Monate nach Inkrafttreten des Gesetzes bewilligt worden sind.
6. Die in Artikel 509 Absatz 3 genannte Frist beginnt für altrechtliche Bürgschaften erst mit dem Inkrafttreten des Gesetzes zu laufen.

[3] Die Vorschriften der Art. 77–80 des Zollgesetzes vom 18. März 2005 bleiben vorbehalten.

[4] Der Bundesrat bestimmt den Zeitpunkt des Inkrafttretens dieses Gesetzes.

VII. Schluss- und Übergangsbestimmungen zu den Titeln XXIV–XXXIII

A. Anwendbarkeit des Schlusstitels

Art. 1

Die Vorschriften des Schlusstitels des Schweizerischen Zivilgesetzbuches vom 10. Dezember 1907 finden auch Anwendung auf dieses Gesetz.

Anwendungsfall (auf die Verantwortlichkeit der Gründer und Organe einer Genossenschaft sowie die Verjährung der Haftungsansprüche anwendbares Recht) 66 I 162 E. 2. 1

B. Anpassung alter Gesellschaften an das neue Recht I. Im Allgemeinen

Art. 2

[1] Aktiengesellschaften, Kommanditaktiengesellschaften und Genossenschaften, die im Zeitpunkte des Inkrafttretens dieses Gesetzes im Handelsregister eingetragen sind, jedoch den gesetzlichen Vorschriften nicht entsprechen, haben binnen einer Frist von fünf Jahren ihre Statuten den neuen Bestimmungen anzupassen.

[2] Während dieser Frist unterstehen sie dem bisherigen Rechte, soweit ihre Statuten den neuen Bestimmungen widersprechen.

[3] Kommen die Gesellschaften dieser Vorschrift nicht nach, so sind sie nach Ablauf der Frist durch den Handelsregisterführer von Amtes wegen als aufgelöst zu erklären.

[4] Für Versicherungs- und Kreditgenossenschaften kann der Bundesrat im einzelnen Fall die Anwendbarkeit des alten Rechts verlängern. Der Antrag hierzu muss vor Ablauf von drei Jahren seit Inkrafttreten des Gesetzes gestellt werden.

Die Bestimmung geht derjenigen des SchlT ZGB vor. Wohlerworbene Rechte brauchen vor ihr nicht zu weichen 74 I 522 ff. E. 5 (Präzisierung der Rechtsprechung). 1

Abs. 1 Dass in der Bestimmung die Anpassung der Statuten und nicht der Gesellschaft verlangt wird, kann keinen einschränkenden, sondern höchstens einen ausdehnenden Sinn haben, dahingehend, dass nicht bloss Widersprüche hinsichtlich der Struktur der Gesellschaft, sondern grundsätzlich alle Statutenbestimmungen der Anpassungspflicht unterlagen 74 I 520 E. 3a. 2

Abs. 2 Die Bestimmung galt auch für Statutenbestimmungen, welche gegen den Ordre public im Sinne des neuen Rechts verstiessen 74 I 523 E. 5a, grundlegend 65 I 153 E. 4 fr. 3

Abs. 3 Keine Befugnis des Richters, zur Vermeidung eines solches Resultates rechtsgestaltend einzugreifen 72 II 107 f. E. 5. 4

II. Wohlfahrtsfonds

Art. 3

Haben Aktiengesellschaften, Kommanditaktiengesellschaften und Genossenschaften vor dem Inkrafttreten dieses Gesetzes Vermögensteile zur Gründung und Unterstützung von Wohlfahrtseinrichtungen für Angestellte und Arbeiter sowie für Genossenschafter erkennbar gewidmet, so haben sie diese Fonds binnen fünf Jahren den Bestimmungen der Artikel 673 und 862 anzupassen.

Art. 4

Diese Bestimmung wurde auf den 1. Juli 2004 aufgehoben (AS 2004 2617).

C. Bilanzvorschriften I. Vorbehalt ausserordentlicher Verhältnisse

Art. 5

1 Der Bundesrat ist berechtigt, wenn ausserordentliche wirtschaftliche Verhältnisse es erfordern, Bestimmungen zu erlassen, die den Bilanzpflichtigen Abweichungen von den in diesem Gesetz aufgestellten Bilanzierungsvorschriften gestatten. Ein solcher Beschluss des Bundesrates ist zu veröffentlichen.

2 Wenn bei der Aufstellung einer Bilanz ein solcher Bundesratsbeschluss zur Anwendung gekommen ist, ist dies in der Bilanz zu vermerken.

II. Früher entstandene Währungsverluste

Art. 6

Soweit die Bilanzen, die unter der Herrschaft des Bundesratsbeschlusses vom 26. Dezember 1919 betreffend die Folgen der Währungsentwertungen bei Aktiengesellschaften und Genossenschaften errichtet worden sind, Währungsverluste ausweisen, finden die Vorschriften dieses Bundesratsbeschlusses Anwendung, bis jene Währungsverluste getilgt sind.

D. Haftungsverhältnisse der Genossenschafter

Art. 7

1 Durch Veränderungen, die nach den Vorschriften dieses Gesetzes in den Haftungsverhältnissen der Genossenschafter eintreten, werden die Rechte der im Zeitpunkte des Inkrafttretens vorhandenen Gläubiger nicht beeinträchtigt.

2 Genossenschaften, deren Mitglieder lediglich kraft der Vorschrift des Artikels 689 des bisherigen Obligationenrechts persönlich für die Verbindlichkeiten der Genossenschaft haften, stehen während fünf Jahren unter den Bestimmungen des bisherigen Rechts.

3 Während dieser Frist können Beschlüsse über ganze oder teilweise Ausschliessung der persönlichen Haftung oder über ausdrückliche Feststellung der Haftung in der Generalversammlung mit absoluter Mehrheit der Stimmen gefasst werden. Die Vorschrift des Artikels 889 Absatz 2 über den Austritt findet keine Anwendung.

E. Geschäftsfirmen

Art. 8

[1] Die beim Inkrafttreten dieses Gesetzes bestehenden Firmen, die dessen Vorschriften nicht entsprechen, dürfen während zwei Jahren von diesem Zeitpunkte an unverändert fortbestehen.

[2] Bei irgendwelcher Änderung vor Ablauf dieser Frist sind sie jedoch mit gegenwärtigem Gesetze in Einklang zu bringen.

F. Früher ausgegebene Wertpapiere I. Namenpapiere.

Art. 9

Die vor dem Inkrafttreten dieses Gesetzes als Namenpapiere ausgestellten Sparkassen- und Depositenhefte, Spareinlage- und Depositenscheine unterstehen den Vorschriften von Artikel 977 über Kraftloserklärung von Schuldurkunden auch dann, wenn der Schuldner in der Urkunde sich nicht ausdrücklich vorbehalten hat, ohne Vorweisung der Schuldurkunde und ohne Kraftloserklärung zu leisten.

II. Aktien 1. Nennwert

Art. 10

Aktien, die vor dem Inkrafttreten des Gesetzes ausgegeben worden sind, können

1. **einen Nennwert unter 100 Franken beibehalten;**
2. **innerhalb drei Jahren seit dem Inkrafttreten des Gesetzes bei einer Herabsetzung des Grundkapitals auf einen Nennwert unter 100 Franken gebracht werden.**

2. Nicht voll einbezahlte Inhaberaktien

Art. 11

[1] Auf den Inhaber lautende Aktien und Interimsscheine, die vor dem Inkrafttreten des Gesetzes ausgegeben worden sind, unterstehen den Bestimmungen der Artikel 683 und 688 Absätze 1 und 3 nicht.

[2] Das Rechtsverhältnis der Zeichner und Erwerber dieser Aktien richtet sich nach dem bisherigen Rechte.

III. Wechsel und Checks

Art. 12

Vor dem Inkrafttreten dieses Gesetzes ausgestellte Wechsel und Checks unterstehen in allen Beziehungen dem bisherigen Rechte.

G. Gläubigergemeinschaft

Art. 13

Für Fälle, auf die die Bestimmungen der Verordnung vom 20. Februar 1918 betreffend die Gläubigergemeinschaft bei Anleihensobligationen und der ergänzenden Bundesratsbeschlüsse angewendet worden sind, gelten diese Vorschriften auch fernerhin.

H. ...

Art. 14

Diese Bestimmung wurde auf den 1. Januar 1989 aufgehoben (AS 1988 1776).

J. Abänderung des Schuldbetreibungs- und Konkursgesetzes

Art. 15

Das Bundesgesetz vom 11. April 1889 über Schuldbetreibung und Konkurs wird abgeändert wie folgt: ...

K. Verhältnis zum Bankengesetz I. Allgemeiner Vorbehalt

Art. 16

Die Vorschriften des Bundesgesetzes vom 8. November 1934 über die Banken und Sparkassen bleiben vorbehalten.

II. Abänderung einzelner Vorschriften

Art. 17

Das Bundesgesetz vom 8. November 1934 über die Banken und Sparkassen wird abgeändert wie folgt: ...

L. Aufhebung von Bundeszivilrecht

Art. 18

Mit dem Inkrafttreten dieses Gesetzes sind die damit im Widerspruch stehenden zivilrechtlichen Bestimmungen des Bundes, insbesondere die dritte Abteilung des Obligationenrechts, betitelt: «Die Handelsgesellschaften, Wertpapiere und Geschäftsfirmen» (BG vom 14. Juni 1881 über das Obligationenrecht, Art. 552–715 und 720–880), aufgehoben.

M. Inkrafttreten dieses Gesetzes

Art. 19

1 Dieses Gesetz tritt mit dem 1. Juli 1937 in Kraft.

2 Ausgenommen ist der Abschnitt über die Gläubigergemeinschaft bei Anleihensobligationen (Art. 1157–1182), dessen Inkrafttreten der Bundesrat festsetzen wird.

3 Der Bundesrat wird mit dem Vollzug dieses Gesetzes beauftragt.

VIII. Schlussbestimmungen des Bundesgesetzes über die Revision des Aktienrechts vom 4. Oktober 1991

A. Schlusstitel des Zivilgesetzbuches

Art. 1

Der Schlusstitel des Zivilgesetzbuches gilt für dieses Gesetz.

1 Anwendungsfall (anwendbares Recht auf die Frage der Zuständigkeit für den Entscheid über das Einsichtsrecht des Gläubigers) 119 II 48 ff. E. 1.

B. Anpassung an das neue Recht I. Im Allgemeinen

Art. 2

[1] Aktiengesellschaften und Kommanditaktiengesellschaften, die im Zeitpunkt des Inkrafttretens dieses Gesetzes im Handelsregister eingetragen sind, jedoch den neuen gesetzlichen Vorschriften nicht entsprechen, müssen innert fünf Jahren ihre Statuten den neuen Bestimmungen anpassen.

[2] Gesellschaften, die ihre Statuten trotz öffentlicher Aufforderung durch mehrfache Publikation im Schweizerischen Handelsamtsblatt und in den kantonalen Amtsblättern nicht innert fünf Jahren den Bestimmungen über das Mindestkapital, die Mindesteinlage und die Partizipations- und Genussscheine anpassen, werden auf Antrag des Handelsregisterführers vom Richter aufgelöst. Der Richter kann eine Nachfrist von höchstens sechs Monaten ansetzen. Gesellschaften, die vor dem 1. Januar 1985 gegründet wurden, sind von der Anpassung ihrer Statutenbestimmung über das Mindestkapital ausgenommen. Gesellschaften, deren Partizipationskapital am 1. Januar 1985 das Doppelte des Aktienkapitals überstieg, sind von dessen Anpassung an die gesetzliche Begrenzung ausgenommen.

[3] Andere statutarische Bestimmungen, die mit dem neuen Recht unvereinbar sind, bleiben bis zur Anpassung, längstens aber noch fünf Jahre, in Kraft.

II. Einzelne Bestimmungen 1. Partizipations- und Genussscheine

Art. 3

[1] Die Artikel 656a, 656b Absätze 2 und 3, 656c und 656d sowie 656g gelten für bestehende Gesellschaften mit dem Inkrafttreten dieses Gesetzes, auch wenn ihnen die Statuten oder Ausgabebedingungen widersprechen. Sie gelten für Titel, die als Partizipationsscheine oder Genussscheine bezeichnet sind, einen Nennwert haben und in den Passiven der Bilanz ausgewiesen sind.

[2] Die Gesellschaften müssen für die in Absatz 1 genannten Titel innert fünf Jahren die Ausgabebedingungen in den Statuten niederlegen und Artikel 656f anpassen, die erforderlichen Eintragungen in das Handelsregister veranlassen und die Titel, die sich im Umlauf befinden und nicht als Partizipationsscheine bezeichnet sind, mit dieser Bezeichnung versehen.

[3] Für andere als in Absatz 1 genannte Titel gelten die neuen Vorschriften über die Genussscheine, auch wenn sie als Partizipationsscheine bezeichnet sind. Innert fünf Jahren müssen

sie nach dem neuen Recht bezeichnet werden und dürfen keinen Nennwert mehr angeben. Die Statuten sind entsprechend abzuändern. Vorbehalten bleibt die Umwandlung in Partizipationsscheine.

2. Ablehnung von Namenaktionären

Art. 4

In Ergänzung zu Artikel 685d Absatz 1 kann die Gesellschaft, aufgrund statutarischer Bestimmung, Personen als Erwerber börsenkotierter Namenaktien ablehnen, soweit und solange deren Anerkennung die Gesellschaft daran hindern könnte, durch Bundesgesetze geforderte Nachweise über die Zusammensetzung des Kreises der Aktionäre zu erbringen.

3. Stimmrechtsaktien

Art. 5

Gesellschaften, die in Anwendung von Artikel 10 der Schluss- und Übergangsbestimmungen des Bundesgesetzes vom 18. Dezember 1936 über die Revision der Titel 24–33 des Obligationenrechtes Stimmrechtsaktien mit einem Nennwert von unter zehn Franken beibehalten haben, sowie Gesellschaften, bei denen der Nennwert der grösseren Aktien mehr als das Zehnfache des Nennwertes der kleineren Aktien beträgt, müssen ihre Statuten dem Artikel 693 Absatz 2 zweiter Satz nicht anpassen. Sie dürfen jedoch keine neuen Aktien mehr ausgeben, deren Nennwert mehr als das Zehnfache des Nennwertes der kleineren Aktien oder weniger als zehn Prozent des Nennwertes der grösseren Aktien beträgt.

4. Qualifizierte Mehrheiten

Art. 6

Hat eine Gesellschaft durch blosse Wiedergabe von Bestimmungen des bisherigen Rechts für bestimmte Beschlüsse Vorschriften über qualifizierte Mehrheiten in die Statuten übernommen, so kann binnen eines Jahres seit dem Inkrafttreten dieses Gesetzes mit absoluter Mehrheit aller an einer Generalversammlung vertretenen Aktienstimmen die Anpassung an das neue Recht beschlossen werden.

C. Änderung von Bundesgesetzen

Art. 7

Es werden geändert:

1. **Bundesgesetz vom 27. Juni 1973 über die Stempelabgaben.**
2. **Bundesgesetz vom 13. Oktober 1965 über die Verrechnungssteuer.**
3. **Versicherungsaufsichtsgesetz vom 23. Juni 1978.**

D. Referendum

Art. 8

Dieses Gesetz untersteht dem fakultativen Referendum.

E. Inkrafttreten

Art. 9

Der Bundesrat bestimmt das Inkrafttreten.

IX. Schlussbestimmungen zum zweiten Abschnitt des XXXIV. Titels

1. In Artikel 657 des Obligationenrechts wird Absatz 3 gestrichen; als letzter Absatz wird beigefügt: ...
2. Die Artikel 71 Absatz 1, 72 Absatz 1 und 73 des Bundesgesetzes vom 28. September 1944 über rechtliche Schutzmassnahmen für die Hotel- und Stickereiindustrie werden aufgehoben und durch folgende Bestimmungen ersetzt: ...
3. Die unter dem bisherigen Recht gefassten Gemeinschaftsbeschlüsse behalten ihre Gültigkeit unter dem neuen Recht.
   Für Beschlüsse, die nach Inkrafttreten dieses Gesetzes gefasst werden, sind die Vorschriften des neuen Rechts massgebend.
   Sind indessen einem Schuldner schon unter dem bisherigen Recht durch Gläubigergemeinschaftsbeschlüsse Erleichterungen gewährt worden, die den in Artikel 1170 vorgesehenen gleich oder entsprechend sind, so müssen sie bei der Anwendung dieser Vorschrift angemessen berücksichtigt werden.
   Im Übrigen sind die Schluss- und Übergangsbestimmungen des Bundesgesetzes vom 18. Dezember 1936 über die Revision der Titel XXIV–XXXIII des Obligationenrechts anwendbar.
4. Mit dem Inkrafttreten dieses Gesetzes werden die widersprechenden Bestimmungen, insbesondere die Verordnung des Bundesrates vom 20. Februar 1918 betreffend die Gläubigergemeinschaft bei Anleihensobligationen, aufgehoben.
5. Der Bundesrat bestimmt den Zeitpunkt des Inkrafttretens dieses Gesetzes.

X. Übergangsbestimmungen der Änderung vom 16. Dezember 2005

A. Allgemeine Regel

Art. 1

[1] Der Schlusstitel des Zivilgesetzbuches gilt für dieses Gesetz, soweit die folgenden Bestimmungen nichts anderes vorsehen.

[2] Die Bestimmungen des neuen Gesetzes werden mit seinem Inkrafttreten auf bestehende Gesellschaften anwendbar.

B. Anpassungsfrist

Art. 2

[1] Gesellschaften mit beschränkter Haftung, die im Zeitpunkt des Inkrafttretens dieses Gesetzes im Handelsregister eingetragen sind, jedoch den neuen Vorschriften nicht entsprechen, müssen innerhalb von zwei Jahren ihre Statuten und Reglemente den neuen Bestimmungen anpassen.

[2] Bestimmungen der Statuten und Reglemente, die mit dem neuen Recht nicht vereinbar sind, bleiben bis zur Anpassung, längstens aber noch zwei Jahre, in Kraft.

[3] Für Gesellschaften mit beschränkter Haftung, die im Zeitpunkt des Inkrafttretens dieses Gesetzes im Handelsregister eingetragen sind, finden die Artikel 808a und 809 Absatz 4 zweiter Satz erst nach Ablauf der Frist zur Anpassung der Statuten Anwendung.

[4] Aktiengesellschaften und Genossenschaften, die im Zeitpunkt des Inkrafttretens dieses Gesetzes im Handelsregister eingetragen sind und deren Firma den neuen gesetzlichen Vorschriften nicht entspricht, müssen ihre Firma innerhalb von zwei Jahren den neuen Bestimmungen anpassen. Nach Ablauf dieser Frist ergänzt das Handelsregisteramt die Firma von Amtes wegen.

C. Leistung der Einlagen

Art. 3

[1] Wurden in Gesellschaften mit beschränkter Haftung, die im Zeitpunkt des Inkrafttretens dieses Gesetzes im Handelsregister eingetragen sind, keine dem Ausgabebetrag aller Stammanteile entsprechenden Einlagen geleistet, so müssen diese innerhalb von zwei Jahren erbracht werden.

[2] Bis zur vollständigen Leistung der Einlagen in der Höhe des Stammkapitals haften die Gesellschafter nach Artikel 802 des Obligationenrechts in der Fassung vom 18. Dezember 1936.

D. Partizipationsscheine und Genussscheine

Art. 4

[1] Anteile an Gesellschaften mit beschränkter Haftung, die einen Nennwert aufweisen und in den Passiven der Bilanz ausgewiesen werden, die aber kein Stimmrecht vermitteln (Partizi-

pationsscheine), gelten nach Ablauf von zwei Jahren als Stammanteile mit gleichen Vermögensrechten, wenn sie nicht innerhalb dieser Frist durch Kapitalherabsetzung vernichtet werden. Werden die Anteile vernichtet, so muss den bisherigen Partizipanten eine Abfindung in der Höhe des wirklichen Werts ausgerichtet werden.

2 Die erforderlichen Beschlüsse der Gesellschafterversammlung können mit der absoluten Mehrheit der vertretenen Stimmen gefasst werden, auch wenn die Statuten etwas anderes vorsehen.

3 Für Anteile an Gesellschaften mit beschränkter Haftung, die nicht in den Passiven der Bilanz ausgewiesen werden, finden nach dem Inkrafttreten dieses Gesetzes die Vorschriften über die Genussscheine Anwendung, dies auch dann, wenn sie als Partizipationsscheine bezeichnet sind. Sie dürfen keinen Nennwert angeben und müssen als Genussscheine bezeichnet werden. Die Bezeichnung der Titel und die Statuten sind innerhalb von zwei Jahren anzupassen.

E. Eigene Stammanteile

Art. 5

Haben Gesellschaften mit beschränkter Haftung vor dem Inkrafttreten dieses Gesetzes eigene Stammanteile erworben, so müssen sie diese, soweit sie 10 Prozent des Stammkapitals übersteigen, innerhalb von zwei Jahren veräussern oder durch Kapitalherabsetzung vernichten.

F. Nachschusspflicht

Art. 6

1 Statutarische Verpflichtungen zur Leistung von Nachschüssen, die vor dem Inkrafttreten dieses Gesetzes begründet wurden und die das Doppelte des Nennwerts der Stammanteile übersteigen, bleiben rechtsgültig und können nur im Verfahren nach Artikel 795c herabgesetzt werden.

2 Im Übrigen finden nach dem Inkrafttreten dieses Gesetzes die neuen Vorschriften Anwendung, so namentlich für die Einforderung der Nachschüsse.

G. Revisionsstelle

Art. 7

Die Bestimmungen dieses Gesetzes zur Revisionsstelle gelten vom ersten Geschäftsjahr an, das mit dem Inkrafttreten dieses Gesetzes oder danach beginnt.

H. Stimmrecht

Art. 8

1 Gesellschaften mit beschränkter Haftung, die das Stimmrecht vor dem Inkrafttreten dieses Gesetzes unabhängig vom Nennwert der Stammanteile festgelegt haben, müssen die entsprechenden Bestimmungen nicht an die Anforderungen von Artikel 806 anpassen.

2 Bei der Ausgabe neuer Stammanteile muss Artikel 806 Absatz 2 zweiter Satz in jedem Fall beachtet werden.

J. Anpassung statutarischer Mehrheitserfordernisse

Art. 9

Hat eine Gesellschaft mit beschränkter Haftung durch blosse Wiedergabe von Bestimmungen des alten Rechts Vorschriften in die Statuten aufgenommen, die für die Beschlussfassung der Gesellschafterversammlung qualifizierte Mehrheiten vorsehen, so kann die Gesellschafterversammlung innerhalb von zwei Jahren mit der absoluten Mehrheit der vertretenen Stimmen die Anpassung dieser Bestimmungen an das neue Recht beschliessen.

K. Vernichtung von Aktien und Stammanteilen im Fall einer Sanierung

Art. 10

Wurde das Aktienkapital oder das Stammkapital vor dem Inkrafttreten dieses Gesetzes zum Zwecke der Sanierung auf null herabgesetzt und anschliessend wieder erhöht, so gehen die Mitgliedschaftsrechte der früheren Aktionäre oder Gesellschafter mit dem Inkrafttreten unter.

L. Ausschliesslichkeit eingetragener Firmen

Art. 11

Die Ausschliesslichkeit von Firmen, die vor dem Inkrafttreten dieses Gesetzes im Handelsregister eingetragen wurden, beurteilt sich nach Artikel 951 des Obligationenrechts in der Fassung vom 18. Dezember 1936.

XI. Übergangsbestimmung zur Änderung vom 17. Juni 2011

Änderung des OR

I. Das Obligationenrecht wird wie folgt geändert: …

II. Übergangsbestimmung zur Änderung vom 17. Juni 2011
Die Bestimmung dieser Änderung gilt vom ersten Geschäftsjahr an, das mit dem Inkrafttreten dieser Änderung oder danach beginnt.

XII. Übergangsbestimmungen der Änderung vom 23. Dezember 2011

A. Allgemeine Regel

Art. 1

1 Die Bestimmungen des Schlusstitels des Zivilgesetzbuches gelten für dieses Gesetz, soweit die folgenden Bestimmungen nichts anderes vorsehen.

2 Die Bestimmungen der Gesetzesänderung vom 23. Dezember 2011 werden mit ihrem Inkrafttreten auf bestehende Unternehmen anwendbar.

B. Kaufmännische Buchführung und Rechnungslegung

Art. 2

1 Die Vorschriften des 32. Titels finden erstmals Anwendung für das Geschäftsjahr, das zwei Jahre nach Inkrafttreten dieser Gesetzesänderung beginnt.

2 Für die Anwendung der Bestimmungen zur Rechnungslegung von grösseren Unternehmen sind die Bilanzsumme, der Umsatzerlös und die Vollzeitstellen im Jahresdurchschnitt in den zwei vor dem Inkrafttreten dieser Gesetzesänderung vorangegangenen Geschäftsjahren massgebend.

3 Die Bestimmungen zur Konzernrechnung finden erstmals Anwendung auf das Geschäftsjahr, das drei Jahre nach Inkrafttreten dieser Gesetzesänderung beginnt. Für die Befreiung von der Pflicht zur Erstellung einer Konzernrechnung sind die zwei vorangehenden Geschäftsjahre massgebend.

4 Bei erstmaliger Anwendung der Vorschriften zur Rechnungslegung kann auf die Nennung der Zahlen der Vorjahre verzichtet werden. Bei der zweiten Anwendung müssen nur die Zahlen des Vorjahres angegeben werden. Werden Zahlen der vorgängigen Geschäftsjahre genannt, so kann auf die Stetigkeit der Darstellung und die Gliederung verzichtet werden. Im Anhang ist auf diesen Umstand hinzuweisen.

XIII. Übergangsbestimmungen der Änderung vom 12. Dezember 2014

A. Allgemeine Regel

Art. 1

[1] Die Artikel 1–4 des Schlusstitels des Zivilgesetzbuches gelten für dieses Gesetz, soweit die folgenden Bestimmungen nichts anderes vorsehen.

[2] Die Bestimmungen der Änderung vom 12. Dezember 2014 werden mit ihrem Inkrafttreten auf bestehende Gesellschaften anwendbar.

B. Anpassung von Statuten und Reglementen

Art. 2

[1] Gesellschaften, die im Zeitpunkt des Inkrafttretens der Änderung vom 12. Dezember 2014 im Handelsregister eingetragen sind, jedoch den neuen Vorschriften nicht entsprechen, müssen innerhalb von zwei Jahren ihre Statuten und Reglemente den neuen Bestimmungen anpassen.

[2] Bestimmungen der Statuten und Reglemente, die mit dem neuen Recht nicht vereinbar sind, bleiben bis zur Anpassung, längstens aber noch zwei Jahre in Kraft.

C. Meldepflichten

Art. 3

[1] Personen, die beim Inkrafttreten der Änderung vom 12. Dezember 2014 bereits Inhaberaktien halten, müssen den Meldepflichten nachkommen, die nach den Artikeln 697i und 697j beim Aktienerwerb gelten.

[2] Die Frist für die Verwirkung der Vermögensrechte (Art. 697m Abs. 3) läuft in diesem Fall sechs Monate nach Inkrafttreten der Änderung vom 12. Dezember 2014 ab.

XIV. Übergangsbestimmungen der Änderung vom 25. September 2015

A. Allgemeine Regel

Art. 1

[1] Die Artikel 1–4 des Schlusstitels des Zivilgesetzbuches gelten für dieses Gesetz, soweit die folgenden Bestimmungen nichts anderes vorsehen.

[2] Die Bestimmungen der Änderung vom 25. September 2015 werden mit ihrem Inkrafttreten auf bestehende Rechtseinheiten anwendbar.

B. Anpassung eingetragener Firmen

Art. 2

Kollektiv-, Kommandit- und Kommanditaktiengesellschaften, die im Zeitpunkt des Inkrafttretens der Änderung vom 25. September 2015 im Handelsregister eingetragen sind und deren Firma den Vorschriften dieser Änderung vom 25. September 2015 nicht entspricht, können ihre Firma unverändert fortführen, solange die Artikel 947 und 948 des bisherigen Rechts keine Änderung erfordern.

C. Ausschliesslichkeit der eingetragenen Firma

Art. 3

Wurde die Firma einer Kollektiv-, Kommandit- oder Kommanditaktiengesellschaft vor dem Inkrafttreten der Änderung vom 25. September 2015 ins Handelsregister eingetragen, so beurteilt sich ihre Ausschliesslichkeit nach Artikel 946 des geltenden und nach Artikel 951 des bisherigen Rechts.

XV. Übergangsbestimmungen der Änderung vom 17. März 2017

A. Allgemeine Regeln

Art. 1

[1] Die Artikel 1–4 des Schlusstitels des Zivilgesetzbuches gelten für die Änderung vom 17. März 2017, soweit die folgenden Bestimmungen nichts anderes vorsehen.

[2] Das neue Recht wird mit seinem Inkrafttreten auf bestehende Rechtseinheiten anwendbar.

B. Eintragungspflicht von Instituten des öffentlichen Rechts

Art. 2

Institute des öffentlichen Rechts, die vor Inkrafttreten des neuen Rechts errichtet wurden und die eine überwiegend privatwirtschaftliche Erwerbstätigkeit ausüben, müssen sich innert zwei Jahren ins Handelsregister eintragen lassen.

XVI. Übergangsbestimmungen der Änderung vom 21. Juni 2019

A. Allgemeine Bestimmungen

Art. 1

1 Die Artikel 1–4 des Schlusstitels des Zivilgesetzbuches gelten für dieses Gesetz, soweit die folgenden Bestimmungen nichts anderes vorsehen.

2 Die Bestimmungen der Änderung vom 21. Juni 2019 werden mit Inkrafttreten auf bestehende Gesellschaften anwendbar.

B. Meldung der Ausnahmefälle beim Handelsregisteramt

Art. 2

Aktiengesellschaften und Kommanditaktiengesellschaften mit Inhaberaktien, die Beteiligungspapiere an einer Börse kotiert haben oder deren Inhaberaktien als Bucheffekten ausgestaltet sind, müssen vom Handelsregisteramt innerhalb einer Frist von 18 Monaten ab dem Inkrafttreten von Artikel 622 Absatz 1bis die Eintragung nach Artikel 622 Absatz 2bis verlangen.

C. Gesellschaften ohne börsenkotierte Beteiligungspapiere mit nicht als Bucheffekten ausgestalteten Inhaberaktien 1. Geltungsbereich

Art. 3

Die Artikel 4–8 gelten für Gesellschaften, die keine Beteiligungspapiere an einer Börse kotiert haben und deren Inhaberaktien nicht als Bucheffekten ausgestaltet sind, sowie für Gesellschaften, die keine Eintragung nach Artikel 622 Absatz 2bis verlangt haben.

2. Umwandlung von Inhaberaktien in Namenaktien

Art. 4

1 Haben Aktiengesellschaften und Kommanditaktiengesellschaften 18 Monate nach Inkrafttreten von Artikel 622 Absatz 1bis noch Inhaberaktien, die nicht Gegenstand einer Eintragung nach Artikel 622 Absatz 2bis sind, so werden diese von Gesetzes wegen in Namenaktien umgewandelt. Die Umwandlung wirkt gegenüber jeder Person, unabhängig von allfälligen anderslautenden Statutenbestimmungen oder Handelsregistereinträgen und unabhängig davon, ob Aktientitel ausgegeben worden sind oder nicht.

2 Das Handelsregisteramt nimmt die sich aus Absatz 1 ergebenden Änderungen der Einträge von Amtes wegen vor. Es trägt auch eine Bemerkung ein, dass die Belege vom Eintrag abweichende Angaben enthalten.

3 Die umgewandelten Aktien behalten ihren Nennwert, ihre Liberierungsquote und ihre Eigenschaften in Bezug auf das Stimmrecht und die vermögensrechtlichen Ansprüche. Ihre Übertragbarkeit ist nicht beschränkt.

3. Anpassung der Statuten und Eintragung ins Handelsregister

Art. 5

[1] Die Aktiengesellschaften und Kommanditaktiengesellschaften, deren Aktien umgewandelt worden sind, müssen bei der nächsten Statutenänderung die Statuten an die Umwandlung anpassen.

[2] Das Handelsregisteramt weist jede Anmeldung zur Eintragung einer anderen Statutenänderung in das Handelsregister zurück, solange diese Anpassung nicht vorgenommen worden ist.

[3] Eine Gesellschaft, die börsenkotierte Beteiligungspapiere hat oder deren umgewandelte Aktien als Bucheffekten ausgestaltet sind, muss ihre Statuten nicht anpassen, sofern:

a. die Generalversammlung beschliesst, die umgewandelten Aktien in Inhaberaktien umzuwandeln, ohne die Anzahl, den Nennwert oder die Aktienkategorie zu ändern; und

b. die Gesellschaft die Eintragung nach Artikel 622 Absatz 2bis verlangt.

[4] Hat die Gesellschaft die Statuten nach Absatz 1 an die Umwandlung angepasst oder ist eine Anpassung nach Absatz 3 nicht erforderlich, so löscht das Handelsregisteramt die Bemerkung nach Artikel 4 Absatz 2.

4. Aktualisierung des Aktienbuchs und Suspendierung von Rechten

Art. 6

[1] Nach der Umwandlung von Inhaberaktien in Namenaktien trägt die Gesellschaft die Aktionäre, die ihre in Artikel 697i des bisherigen Rechts vorgesehene Meldepflicht erfüllt haben, in das Aktienbuch ein.

[2] Die Mitgliedschaftsrechte der Aktionäre, die der Meldepflicht nicht nachgekommen sind, ruhen, und die Vermögensrechte verwirken. Der Verwaltungsrat stellt sicher, dass keine Aktionäre unter Verletzung dieser Bestimmung ihre Rechte ausüben.

[3] In das Aktienbuch wird eingetragen, dass diese Aktionäre der Meldepflicht nicht nachgekommen sind und die mit den Aktien verbundenen Rechte nicht ausgeübt werden können.

5. Nachholen der Meldung

Art. 7

[1] Aktionäre, die ihrer Meldepflicht nach Artikel 697i des bisherigen Rechts nicht nachgekommen sind und deren Inhaberaktien nach Artikel 4 in Namenaktien umgewandelt worden sind, können innert fünf Jahren nach Inkrafttreten von Artikel 622 Absatz 1bis mit vorgängiger Zustimmung der Gesellschaft beim Gericht ihre Eintragung in das Aktienbuch der Gesellschaft beantragen. Das Gericht heisst den Antrag gut, wenn der Aktionär seine Aktionärseigenschaft nachweist.

[2] Das Gericht entscheidet im summarischen Verfahren. Der Aktionär trägt die Gerichtskosten.

[3] Heisst das Gericht den Antrag gut, so nimmt die Gesellschaft die Eintragung vor. Die Aktionäre können die ab diesem Zeitpunkt entstehenden Vermögensrechte geltend machen.

6. Endgültiger Verlust der Aktionärseigenschaft

Art. 8

1 Aktien von Aktionären, die fünf Jahre nach Inkrafttreten von Artikel 622 Absatz 1bis beim Gericht ihre Eintragung in das Aktienbuch der Gesellschaft nach Artikel 7 nicht beantragt haben, werden von Gesetzes wegen nichtig. Die Aktionäre verlieren ihre mit den Aktien verbundenen Rechte. Die nichtigen Aktien werden durch eigene Aktien ersetzt.

2 Aktionäre, deren Aktien ohne eigenes Verschulden nichtig geworden sind, können unter Nachweis ihrer Aktionärseigenschaft zum Zeitpunkt des Nichtigwerdens der Aktien innerhalb von zehn Jahren nach diesem Zeitpunkt gegenüber der Gesellschaft einen Anspruch auf Entschädigung geltend machen. Die Entschädigung entspricht dem wirklichen Wert der Aktien zum Zeitpunkt ihrer Umwandlung nach Artikel 4. Ist der wirkliche Wert der Aktien zum Zeitpunkt der Geltendmachung des Anspruchs tiefer als zum Zeitpunkt ihrer Umwandlung, so schuldet die Gesellschaft diesen tieferen Wert. Eine Entschädigung ist ausgeschlossen, wenn die Gesellschaft nicht über das erforderliche frei verwendbare Eigenkapital verfügt.

XVII. Übergangsbestimmungen der Änderung vom 19. Juni 2019

D. Vertretung der Geschlechter

Art. 4

[1] Die Pflicht zur Berichterstattung im Vergütungsbericht gemäss Artikel 734f gilt für den Verwaltungsrat spätestens ab dem Geschäftsjahr, das fünf Jahre nach Inkrafttreten des neuen Rechts beginnt.

[2] Die Pflicht zur Berichterstattung im Vergütungsbericht gemäss Artikel 734f gilt für die Geschäftsleitung spätestens ab dem Geschäftsjahr, das zehn Jahre nach Inkrafttreten des neuen Rechts beginnt.

G. Transparenz bei Rohstoffunternehmen

Art. 7

Die Artikel 964a–964e finden erstmals Anwendung auf das Geschäftsjahr, das ein Jahr nach Inkrafttreten des neuen Rechts beginnt.

Sachregister

Verantwortlich für die Nachführung dieses Sachregisters waren Tobias ZIEGLER (BLaw) und Nina PETER (MLaw).

Das Sachregister verweist sowohl auf den Gesetzestext als auch auf den Präjudizientext, also auf Urteilssätze aus der verarbeiteten Rechtsprechung. Zahlen ohne weitere Angaben (z.B. 41) stehen für die entsprechende Gesetzesbestimmung. Zahlen mit Querstrich (z.B. 41/5) verweisen auf die Gesetzesbestimmung (Art. 41) mit zugehöriger Randziffer im Präjudizientext (41/5 = Randziffer 5 zu Art. 41 OR).

Verwiesen wird stets nur auf ganze Gesetzesbestimmungen, nicht auf einzelne Absätze, und dies auch dort, wo nur ein einzelner Absatz einschlägig ist.

A

B

C

D

E

F

G

H

I

J

K

L

M

N

O

P

Q

R

S

T

U

V

W

Z

Inhaltsübersicht

Ihr Rubbelcode zum E-Book:

Die Anleitung zum Freischalten finden Sie unter: www.schulthess.com/printplus

Zur **Zitierweise.** Artikel ohne Gesetzesbezeichnung sind solche des OR. Die in der Amtlichen Sammlung veröffentlichten Bundesgerichtsentscheide werden ohne den Zusatz BGE aufgeführt (Beispiel: 146 III 14/21). Bei den Angaben zu den Seitenzahlen (Beispiel: 25/35) steht die erste Zahl für die Seite, auf welcher der Entscheid in der BGE-Sammlung beginnt, während die zweite Zahl jene Seite bezeichnet, auf die sich die Angabe im Präjudizientext bezieht. Die «Praxis» (= Pra) wird stets mit dem Erscheinungsjahr, der jeweiligen Nummer des Entscheids innerhalb eines Bands der «Praxis» sowie der Seitenzahl zitiert, unter der sich die entsprechende Erwägung findet (Beispiel: Pra 2019 [Nr. 103] 1038). Auf Urteile, die lediglich im Internet (nicht auch in der Amtlichen Sammlung) publiziert wurden, wird unter Angabe des Aktenzeichens und des Urteilsdatums verwiesen (Beispiel: 4A_6/2020 [12.2.20]).

Im Übrigen gilt folgende Zitierweise:

146 III 14/21 E. 6.1.2	=	BGE, Originaltext deutsch
145 III 241/245 f. E. 3.3 Pra 2020 (Nr. 58) 560 f.	=	BGE, Originaltext französisch oder italienisch, deutsche Übersetzung in der «Praxis»
121 III 260/264 f. E. 5b JdT 144 (1996) I 248 E. 5b	=	BGE, Originaltext deutsch oder italienisch, französische Übersetzung im «Journal des Tribunaux»
146 III 121/129 E. 3.2.1 fr.	=	BGE, Originaltext französisch, keine deutsche Übersetzung in der «Praxis»
133 III 221/226 E. 5.2.3 it.	=	BGE, Originaltext italienisch, keine deutsche Übersetzung in der «Praxis»
4A_503/2019 (6.1.20)	=	Urteil des BGer (in der amtlichen Bezeichnung ab 2007), veröffentlicht im Internet, in der Amtlichen Sammlung und der «Praxis» nicht oder noch nicht publiziert
4C.205/2006 (21.2.07)	=	Urteil des BGer (in der amtlichen Bezeichnung vor 2007), veröffentlicht im Internet, in der Amtlichen Sammlung und der «Praxis» nicht oder noch nicht publiziert
4A_313/2018 (17.12.18) E. 3.6.4 Pra 2020 (Nr. 15) 159	=	Urteil des BGer, veröffentlicht in der «Praxis», in der Amtlichen Sammlung nicht oder noch nicht publiziert